Y GEIRIADUR MAWR
THE COMPLETE WELSH - ENGLISH
ENGLISH - WELSH DICTIONARY

Y GERIADUR MAWR

THE COMPLETE
WELSH-ENGLISH
ENGLISH-WELSH
DICTIONARY

H. Meurig Evans, M.A.

W. O. Thomas, B.A.

GOLYGYDD YMGYNGHOROL (CONSULTING EDITOR):
Yr Athro Stephen J. Williams, M.A., D.Litt.

GWASG GOMER, LLANDYSUL
A
CHRISTOPHER DAVIES (CYHOEDDWYR) CYF.,
LLANDYBÏE

Cyhoeddwyd gan Wasg Gomer, Llandysul, Ceredigion SA44 4JL

Argraffiad Cyntaf—1958
Argraffiad Newydd—1994
Adargraffwyd—1995, 1996, 1997, 2001, 2003,
2004, 2006, 2007, 2009, 2012, 2014, 2018.

ⓑ H. Meurig Evans

ISBN 978 0 85088 462 3

Argraffwyd yng Nghymru gan
Wasg Gomer, Llandysul, Ceredigion

I

WERIN CYMRU

Y CYFLWYNIR

Y GYFROL HON

CYNNWYS — CONTENTS

RHAGAIR

PAN oeddid yn cyhoeddi'r *Geiriadur Newydd* yn 1953 yr oedd maint y
llyfr a'r costau'n ystyriaethau tra phwysig, ac oblegid hynny bu
raid i'r Golygyddion (Mr. H. Meurig Evans a Mr. W. O. Thomas) gwtogi
llawer ar y defnydd a gasglasent. Yn fuan wedyn aethant ati, gyda
chefnogaeth y Cyhoeddwyr, i baratoi geiriadur llawer mwy, a bellach
daeth y gorchwyl trwm hwnnw i ben.

Y mae'r gwaith a gyhoeddir yn awr yn llawer amgenach nag
argraffiad diwygiedig a helaethach o'r geiriadur blaenorol. Fe gadwyd
un o nodweddion gwerthfawrocaf hwnnw, sef rhoi amryw gyfystyron
Cymraeg, yn ogystal â Saesneg, i'r geiriau a restrwyd. Helaethwyd y
Rhestrau Amrywiol, ac yn arbennig y rhestrau o enwau adar a phlan-
higion. Y mae arwyddocâd i waith y Golygyddion yn corffori nifer
helaeth o dermau technegol (yn hytrach na'u rhestru ar wahân) yn
ogystal â chynnwys llu o eiriau ansathredig. Dengys hyn fod y Gym-
raeg, i'w bryd hwy, yn gyfrwng meddwl a mynegiant yn y byd sydd
ohoni heddiw heblaw bod yn offeryn traddodiad llenyddol gwych. Ac
yn sicr y maent yn synied yn iawn !

Yn ystod oriau hamdden a gwyliau ysgol dros gyfnod maith y
cyflawnodd y Golygyddion eu gwaith, a haeddant bob clod am eu
hymroddiad i orchwyl a ofynnai am ddyfalbarhad yn ogystal â manyl-
dra ysgolheictod.

Hyderir y bydd Y GEIRIADUR MAWR yn gaffaeliad i ddarllenwyr
Cymraeg, ac yn arbennig i'r sawl a fo'n astudio'r iaith, boed ei famiaith
yn Gymraeg neu Saesneg.

Rhagfyr, 1958   STEPHEN J. WILLIAMS

FOREWORD

WHEN the *New Welsh Dictionary* was published in 1953 the size of
the book and publishing costs were very important consider-
ations, and therefore the Editors were obliged to curtail much of their
prepared material. Soon afterwards, encouraged by the Publishers, they
began to prepare a much larger dictionary, and by now that weighty
task is completed.

The present work is far more than a revised and enlarged edition of
the previous dictionary. One of the most valuable features of that has
been retained, viz., the many Welsh synonyms of words listed as well as
English equivalents. The inclusion of a large number of technical
terms (now incorporated in the main parts, and not in separate lists)
together with a host of obsolete words is significant. It shows that the
Editors regard Welsh as a medium of thought and expression in the
modern world and not only as the vehicle of a fine literary tradition.
And how right they are !

The Editors did their work in leisure hours and school holidays, and
they deserve all praise for their devotion to a task which demanded
endurance as well as exactness of scholarship.

It is hoped that this work will be of great value to Welsh readers, and
especially to students of the language, be their mother-tongue Welsh or
English.

December, 1958.   STEPHEN J. WILLIAMS

RHAGLITH I'R ARGRAFFIAD CYNTAF

SYMBYLWYD ni i gyflwyno'r gwaith hwn gan y derbyniad cynnes a gafodd *Y Geiriadur Newydd* mewn cartref ac ysgol, a theimlwyd y byddai cyhoeddi cyfrol debyg yn cynnwys geiriau ansathredig a'r termau technegol diweddaraf yn gaffaeliad i lawer Cymro.

Yr Athro Stephen J. Williams, D.Litt. yn anad neb a barodd i ni ddechrau cydweithio ac amhosibl yw mesur ein hedmygedd ohono am ei lafur mawr iawn ar adeg brysur yn golygu a diwygio'r gyfrol a hefyd yn cywiro a gwella'r cyfan. Heb ei awgrymiadau manwl a'i ofal cyson ef byddai ein gorchwyl yn anos o lawer. Derbynied ef ein diolchgarwch cynhesaf a mwyaf diffuant.

Amhosibl yw llunio geiriadur heb deimlo'n ddyledus iawn i lawer o ymchwilwyr dyfal a fu'n llafurio ym myd geiriau a dymunwn gydnabod yn ddiolchgar gymorth parod a phersonol Syr Ifor Williams, D.Litt. ynglŷn â llawer gair tywyll, yr Athro Thomas Jones, D.Litt. am ei gynhorthwy gwerthfawr yntau, ac yn arbennig i Mr. R. J. Thomas, M.A. a'i gydweithwyr am eglurhad manwl ar nifer mawr o eiriau.

Manteisiwyd hefyd ar nodiadau eglurhaol llawer o hen destunau a llyfrau gan ein hathro Syr Thomas Parry-Williams, D.Litt.; y Prifathro Thomas Parry, D.Litt. ; Dr. Henry Lewis, C.B.E. ; yr Athro A. O. H. Jarman, M.A. ac yn arbennig Syr Ifor Williams, D.Litt. Yr ydym yn dra diolchgar iddynt.

Rhaid cydnabod mai dyledus ydym i Brifysgol Cymru am y termau technegol newydd a fathwyd ac y mae gwaith safonol y diweddar Athro J. Lloyd-Jones, D.Litt. ar hen eiriau barddonol wedi bod yn amhrisiadwy.

Cawsom gefnogaeth barod ac eiddgar fel arfer gan Mr. Alun T. Davies, M.A., LL.B. a'i frwdfrydedd heintus ef drwy'r blynyddoedd a ysbrydolodd ein gwaith.

Bu'r argraffwyr, Mr. Edward Lewis, O.B.E., a Mr. Rhys Lewis, Gwasg Gomer, Llandysul, a'r cysodwyr yn amyneddgar iawn, a diolchwn iddynt am eu cywirdeb a'u hawgrymiadau niferus.

Cafwyd cynhorthwy gwerthfawr ynglŷn â darllen y proflenni a chywiro amryw o frychau gan y Parch. W. R. Nicholas, B.A., B.D., y Parch. E. Llwyd Williams, a Mr. Emlyn Evans, B.Sc., Llyfrau'r Dryw, Llandybïe. Gwerthfawrogwn eu hamynedd a'u parodrwydd.

Yr awduron eu hunain sydd yn gyfrifol am unrhyw ddiffyg yn y gyfrol.

H. MEURIG EVANS.

W. O. THOMAS.

Rhagfyr, 1958.

PREFACE TO FIRST EDITION

WE were stimulated to undertake this work by the warm reception which greeted *The New Welsh Dictionary* in schools and homes and we felt that the publication of a similar volume containing obsolete words and the latest technical terms would be an acquisition to many Welshmen.

Professor Stephen J. Williams, D.Litt. above all was instrumental in bringing us together and our respect for his great labour in editing and amending the volume and in correcting and improving the whole work during a busy period is immeasurable. Without his detailed suggestions and his constant care our task would have been much more difficult. May he accept our warmest and sincerest thanks.

It is impossible to compile a dictionary without feeling indebted to many assiduous research workers who have laboured in this field and we wish to acknowledge thankfully the ready assistance of Sir Ifor Williams, D.Litt. regarding certain obscure words, Professor Thomas Jones, D.Litt. for his valuable help, and especially Mr. R. J. Thomas, M.A. and his fellow-workers for detailed explanations of many words.

We took advantage of explanatory notes on many old texts and books by our professor Sir Thomas Parry-Williams, D.Litt.; Principal Thomas Parry, D.Litt. ; Dr. Henry Lewis, C.B.E. ; Professor A. O. H. Jarman, M.A. and especially the work of Sir Ifor Williams, D.Litt. We are exceedingly grateful to them.

We are also indebted to the University of Wales for recently coined technical terms and the standard work of the late Professor J. Lloyd-Jones, D.Litt. on old poetic words has been invaluable.

Mr. Alun T. Davies, M.A., LL.B. as usual gave us ready and keen support and his infectious enthusiasm throughout the years inspired our work.

The printers, Mr. Edward Lewis, O.B.E., and Mr. Rhys Lewis, Gomerian Press, Llandysul, and the compositors were very patient and we thank them for their exactitude and numerous suggestions.

Valuable assistance was given by the Rev. W. R. Nicholas, B.A., B.D., the Rev. E. Llwyd Williams, and Mr. Emlyn Evans, B.Sc., Llyfrau'r Dryw, Llandybïe, with the proofs and many faults were corrected. We appreciate their patience and willingness.

The authors themselves are responsible for any defects in this volume.

H. MEURIG EVANS.

December, 1958.   W. O. THOMAS.

RHAGLITH I'R ARGRAFFIAD DIWEDDARAF

UNWAITH eto daeth adeg cyhoeddi argraffiad newydd o'r gyfrol hon a chan mai iaith sy'n tyfu o ddydd i ddydd yw'r Gymraeg rhaid oedd cynnwys cannoedd o'r geiriau technegol diweddaraf. Felly ychwanegir atodiad at y ddwy adran gan y byddai'n waith costus ac anodd i'r cyhoeddwyr eu cynnwys yng nghorff y geiriadur.

Edmygwn yn fawr lafur y cyhoeddwyr a'r argraffwyr a dymunwn ddatgan ein diolchiadau cynhesaf iddynt am eu hamynedd mawr.

Tachwedd 1968.

H. MEURIG THOMAS
W. O. THOMAS

PREFACE TO THE LATEST EDITION

ONCE again the time has come to publish a new edition of this volume and because Welsh is a language which grows day by day hundreds of the latest technical terms had to be included. Thus an appendix has been added to the two sections since it would be expensive and difficult to include these terms in the body of the dictionary.

We greatly appreciate the labour of the publishers and printers and we wish to express our most fervent thanks to them for their great patience.

November 1968.

H. MEURIG EVANS
W. O. THOMAS

GEIRIADUR
Cymraeg - Saesneg

DICTIONARY
Welsh - English

BYRFODDAU — ABBREVIATIONS

a.	... ansoddair	... adjective.
ab.	... ansoddair benywaidd	... feminine adjective.
adf.	... adferf	... adverb.
ardd.	... arddodiad	... preposition.
b.	... benywaidd	... feminine.
be.	... berfenw	... verb-noun.
bf.	... berf	... verb.
cys.	... cysylltiad	... conjunction.
eb.	... enw benywaidd	... feminine noun.
ebg.	... enw { benywaidd / gwrywaidd	... feminine / masculine } noun.
ebych.	... ebychiad	... interjection.
e.e.	... er enghraifft	... for example.
eg.	... enw gwrywaidd	... masculine noun.
egb.	... enw { gwrywaidd / benywaidd	... masculine / feminine } noun.
ell.	... enw lluosog	... plural noun.
e. torf.	... enw torfol	... collective noun.
g.	... gwrywaidd	... masculine.
gof.	... gofynnol	... interrogative.
geir.	... geiryn	... particle.
ll.	... lluosog	... plural.
med.	... meddygol	... medical.
psych.	... seicoleg	... psychology
rhag.	... rhagenw	... pronoun.
rhagdd.	... rhagddodiad	... prefix.
taf.	... tafodieithol	... colloquial.
un.	... unigol	... singular.
vet.	... milfeddygol	... veterinary.
:	... yr un ystyr â	... similar in meaning.
*	... hen eiriau neu hen ystyr	... obsolete words or meanings.

A, y llythyren gyntaf yn yr wyddor Gymraeg. A (THE FIRST LETTER OF THE ALPHABET).

a, *rhag. perth.* yn y cyflwr enwol a gwrthrychol. e.e. Y dyn a ddaeth. Y dyn a welais. WHO(M), WHICH.

a, *geir. gof.* o flaen berf. e.e. A ddaeth y dyn ? (INTERROGATIVE PARTICLE BEFORE A VERB).

a, *ebych.* AH !

a : **ac**, *cys.* a o flaen cytsain ; ac (sain *ag*) o flaen llafariad. e.e. Bara a chaws. Aur ac arian. AND.

â : **ag**, *ardd.* â o flaen cytsain ; ag o flaen llafariad. e.e. Lladdai'r gwair â phladur. Torrodd ei fys ag erfyn miniog. WITH, BY MEANS OF.

â : **ag**, *cys.* ar ôl gradd gyfartal ansoddair. e.e. Mae'r wybren mor goch â thân. Rhedai adref cyn gynted ag ewig. AS.

â, *bf.* 3 person unigol presennol, mynegol *mynd.* HE, SHE, IT GOES.

ab : **ap**, *eg.* yn fab i (mewn enwau). ab o flaen llafariad ; ap o flaen cytsain. e.e. Dafydd ab Edmwnd. Dafydd ap Gwilym. SON OF.

***âb**, *egb. ll.* abau, abiaid. epa. APE.

abad, *eg. ll.* -au. pennaeth ar fynachlog. ABBOT.

abadaeth, *eb. ll.* -au. adeilad neu dir dan awdurdod abad, swydd abad. ABBACY, ABBOTSHIP.

abades, *eb. ll.* -au. penaethes abaty. ABBESS.

***aball**, *eb.* 1. dinistr ; pla. DESTRUCTION ; PLAGUE.

2. methiant. FAILURE.

***aballu**, *be.* 1. darfod ; diflannu. TO PERISH, TO VANISH.

2. gwrthod, nacáu. TO REFUSE.

***aballwr**, *eg. ll.* -wyr. torrwr mechnïaeth. DEFAULTER.

***aban**,*eg.* terfysg, rhyfel. TUMULT, WAR.

***abar**,1. *eg.* celain, burgyn. CORPSE.

2. *a.* gwan. WEAK.

abaty, *eg. ll.* abatai. mynachlog ac abad yn ben arni. ABBEY.

***abediw**,*eg. ll.* -(i)au. tâl i frenin neu arglwydd ar farwolaeth un o'i ddeiliaid. HERIOT.

aber, *egb. ll.* -oedd. 1. genau afon ; cymer. ESTUARY ; CONFLUENCE.

2. ffrwd, nant. STREAM.

aberfa, *eb.* hafan ; aber. HAVEN ; ESTUARY.

abergofi, *be.* anghofio. TO FORGET.

abergofiant, *eg.* anghofrwydd. FORGETFULNESS.

aberth, *egb. ll.* -au, ebyrth. offrwm, rhodd gostus. SACRIFICE.

***aberthawr**, *eg.* offeiriad. PRIEST.

aberthged, *eb.* ysgub o ŷd, etc. yn seremoni'r Orsedd. SHEAF OF CORN IN GORSEDD CEREMONY.

***aberthog**, *a.* cyfoethog. RICH.

aberthol, *a.* yn aberthu. SACRIFICIAL.

aberthu, *be.* offrymu, cyflwyno. TO SACRIFICE.

aberthwr, *eg. ll.* -wyr. un sy'n aberthu. SACRIFICER.

aberu, *be.* llifo i mewn. TO FLOW INTO.

abid, *egb.* gwisg (mynach). (MONK'S) HABIT.

abiéc, *egb.* yr wyddor. ALPHABET.

abl, *a.* 1. cryf, nerthol ; medrus. STRONG ; ABLE.

2. cyfoethog, cefnog. RICH.

3. digon, digonol. SUFFICIENT.

abladol,*eg.* ac *a.* cyflwr yn Lladin, etc., yn perthyn i'r cyflwr hwnnw. ABLATIVE.

ablawt, *eg.* cyfnewidiad llafariad. ABLAUT.

abledd, *eg.* 1. gallu. ABILITY.

2. digonedd. ABUNDANCE.

ablwch, *eg.* digonedd. PLENTY.

***abo**, *eg.* corff marw anifail. CARCASS.

***abostol**,*eg. ll.* -ion, ebystyl. apostol. APOSTLE.

***abraidd**, *a.* braidd, prin. SCARCELY.

***abredig**, *a.* drwg. EVIL.

***abredu**, *be.* trawsfudo. TO TRANSMIGRATE.

***abrwysg**, *a.* 1. anferth. HUGE.

2. meddw. DRUNK.

***abrwysgl**, *a.* enfawr. HUGE.

***abrwysgo**,*be.*meddwi. TO GET DRUNK.

absen, *egb. ll.* -nau. 1. athrod, enllib. SLANDER.

2. absenoldeb. ABSENCE.

***absennair**, *eg.* athrod. SLANDER.

absennol, *a.* heb fod yn bresennol. ABSENT.

absenoldeb, *eg.* ⎫ bod i ffwrdd.
absenoliad, *eg.* ⎬ ABSENCE.
absenoliaeth, *eb.* ⎭

absenolwr, *eg. ll.*-wyr. un sy'n absennol. ABSENTEE.

absennu, *be.* 1. bod yn absennol. TO ABSENT ONESELF.

2. athrodi. TO SLANDER.

absennus, *a.* athrodus. SLANDEROUS.

absolfen : **absolfeniad**, *eg.* gollyngdod, maddeuant. PARDON.

absolfennu, *be.* gollwng. TO ABSOLVE.

absoliwt : **absolwt**, *a.* diamod, digyfnewid. ABSOLUTE, COMPLETE.

absolwtiaeth, *eb.* diamodaeth. ABSOLUTISM.

abwth, *eg.* ofn ; anaf. FRIGHT ; INJURY.

*abwy, *eg. ll.* -od. corff marw anifail. CARCASS.

abwyd : **abwydyn,** *eg. ll.* abwydod.
1. llith. BAIT.
2. mwydyn, pryf genwair. EARTH-WORM.
Abwydyn y cefn. SPINAL CORD.

academaidd : **academig,** *a.* ysgol-heigaidd. SCHOLARLY.

acen, *eb. ll.* -nau, -ion. 1. dull o siarad. PECULIAR INTONATION.
2. pwyslais ar sillaf. ACCENT.

aceniad, *eg. ll.* -au. pwyslais. ACCENT-UATION, STRESS.

acennu, *be.* pwysleisio sillaf. TO ACCENTUATE, TO STRESS.

*acenwawd, *eb.* cerdd. SONG.

acer, *eb. ll.* -i. erw, cyfair, cyfer. ACRE.

acolâd, *eg.* arwydd urddo'n farchog. ACCOLADE.

acolit, *eg. ll.*-iaid. gwas offeiriad, dysgwr. ACOLYTE.

*acses, *egb.* y cryd. AGUE.

acsiom, *eg.* gwerseb. AXIOM.

acsiwn, *eb. ll.* -iynau. arwerthiant. AUCTION.

acstri : **acstro,** *eg.* echel men, etc. AXLE.

act, *eb. ll.* -au. 1. gweithred. ACT.
2. prif raniad mewn drama. ACT.
3. gorchymyn neu ystatud lyw-odraethol. DECREE, STATUTE.

actio, *be.* 1. gweithredu. TO ACT.
2. perfformio, dynwared. TO ACT.

actol, *a.* yn perthyn i actio. PERFORM-ABLE.
Cân actol. ACTION SONG.

actor, *eg. ll.* -ion. perfformwr. ACTOR, PERFORMER.

actwr, *eg. ll.* -wyr. actor, perfformwr. ACTOR.

acw, *adf.* yna, draw. THERE, YONDER.

acwariwm, *eg.* lle i gadw anifeiliad y dŵr, pysgoty. AQUARIUM.

*ach¹, *ardd.* gerllaw. NEAR.

ach¹, *eb.ll.* -au, -oedd. llinach, tras, cof-restr hynafiaid. LINEAGE, PEDIGREE.

ach², *ebych.* ych ! mynegi atgasedd. UGH !

acha, *ymad. ardd.* ar gefn ; ar ; â. ASTRIDE ; ON, BY MEANS OF.

*achadw, *be.* gwarchod. TO GUARD.

*achan, *eb.* cân o fawl. PÆAN.

*achar, *a.* annwyl. DEAR.

*acharu, *be.* blysio, chwennych. TO DESIRE.

*achas, *eg.* casineb. HATRED.

*achen, *eb.* tras ; pais arfau. LINEAGE ; COAT OF ARMS.

*achenoctid, *eg.* eisiau. WANT.

*achenog,*eb.ll.* -ion. cardotyn. BEGGAR.

*aches, *eg.* 1. môr. SEA.
2. huodledd. ELOQUENCE.

acheuwr, *eg. ll.* -wyr. achydd. GEN-EALOGIST.

*achfre, *eg. ll.* -au. 1. amddiffyniad. PROTECTION.
2. gorchudd. COVERING.

*achlân, *adf.* yn llwyr, oll. ENTIRELY, WHOLLY.

achles, *egb. ll.* -au. 1. nodded, lloches. REFUGE.
2. tail, gwrtaith. MANURE.

achlesu, *be.* 1. noddi, amddiffyn. TO SHELTER, TO PROTECT.
2. gwrteithio. TO MANURE.

achleswr, *eg. ll.* -wyr. noddwr. SUCC-OURER.

achlesydd, *eg. ll.* -ion. amddiffynnwr. PROTECTOR.

achlin, *eb. ll.* -au, -oedd. tras. LINEAGE.

achlod, *eb.* cywilydd, gwarth, sarhad, sen. SHAME.
Yr achlod iddo ! SHAME ON HIM !

*achludd,*eg.* 1. cuddfan. HIDING-PLACE.
2. angau. DEATH.

achlust, *eg.* sôn. RUMOUR.

achlysur, *eg. ll.* -on. 1. adeg, amser. OCCASION.
2. achos, rheswm. CAUSE, REASON.
3. mantais, cyfle. ADVANTAGE, OPPORTUNITY.

achlysur(i)aeth, *eb.* sistem arbennig o athroniaeth sy'n egluro gweithrediad y meddwl ar fater. OCCASIONALISM.

achlysurol, *a.* ar brydiau, weithiau. OCCASIONAL.

achofydd, *eg. ll.* -ion. achydd. GENEAL-OGIST.

*achor, *eg.* ofn ; cynnwrf. FEAR ; TUMULT.

achos, 1. *eg. ll.*-ion. rheswm, achlysur, cyflwr. REASON, CAUSE, OCCASION, CASE.
2. *ardd.* o achos. BECAUSE.

achosi, *be.* peri. TO CAUSE.

achosiaeth, *eb.* perthynas achos ac effaith. CAUSALITY.

achosiant, *eg.* y weithred o achosi. CAUSATION.

achosionaeth, *eb.* camddadlau. CAS-UISTRY.

achredu, *be.* credu. TO BELIEVE.

*achredwr,*eg. ll.* -wyr. echwynnwr. CREDITOR.

achres, *eb. ll.* -au, -i. rhestr achau. GENEALOGICAL TABLE.

2

*achretor : achretwr, *eg.* gweler
achredwr.

*achreth, *eg.* cryd, dychryn. FEVER,
FRIGHT.

*achrethol, *a*, yn crynu. SHIVERING.

*achrwm,*a.(b.* achrom). cam. CROOKED.

*achrynu, *be.* crynu. TO SHIVER.

achub, *be.* arbed, cadw. TO SAVE.
    Achub y cyfle. TO SEIZE THE
    OPPORTUNITY.
    Achub y blaen. TO FORESTALL.

achubol, *a.* yn achub. SAVING.

achubwr, *eg. ll.* -wyr. gwaredwr,
achubydd. SAVIOUR.

achubydd, *eg. ll.*-ion. achubwr. SAV-
IOUR.

*achudd, *eg.* encil. RETREAT.

*achuddiad, *eg. ll.*-au. gorchudd.
COVERING.

*achul, *a.* main. THIN, NARROW.

*achwanecáu, *be.* ychwanegu. TO IN-
CREASE.

*achwaneg, *eg.* rhagor. MORE.

*achwanegu, *be.* gweler *achwanecáu.*

*achwedl, *egb. ll.*-au. chwedl, si.
TALE, REPORT.

*achwedd, *eb. ll.*-au. llinach. LINEAGE.

*achwerig, *a.* gweler *chwerig.*

*achwrain, *be.* amddiffyn. TO DEFEND.

*achwre, *eg.* gweler *achfre.*

achwyn (ŵy), 1. *eg. ll.*-ion. cwyn, cy-
huddiad. COMPLAINT.
    2. *be.* cwyno, grwgnach, cyhuddo.
    TO COMPLAIN.

achwyngar, *a.* yn hoff o achwyn.
COMPLAINING.

achwyniad, *eg. ll.* -au. cwyn, cyhudd-
iad. COMPLAINT.

achwynwr, *eg. ll.*-wyr. cwynwr, grwg-
nachwr; achwynydd. COMPLAINER,
GRUMBLER ; PLAINTIFF.

*achwys, *eg.* achos. CAUSE.

achydd, *eg. ll.*-ion. olrheiniwr achau.
GENEALOGIST.

achyddiaeth, *eb.* gwyddor achau.
GENEALOGY.

ad-, rhagdd. 1. tra. e.e. atgas. VERY.
    2. ail. e.e. adladd. SECOND.
    3. drwg. e.e. adflas. BAD.
    4. trachefn. e.e. adleisio. RE-,
    AGAIN.

adacen, *eb. ll.*-ion. acen eilradd.
SECONDARY ACCENT.

*adaf, *eb. ll.* edyf. llaw. HAND.

*adail, *be.* adeiladu. TO BUILD.

adain, *eb. ll.* adaned. asgell. WING.

adalw, *be.* galw'n ôl. TO RECALL.

*adameg, *eb.* dywediad ; dameg.
SPEECH ; PARABLE.

adara, *be.* hela, dal neu faglu adar.
TO FOWL, TO CATCH BIRDS.

adareg, *eb.* astudiaeth adar, adar-
yddiaeth. ORNITHOLOGY.

adarfogi, *be.* ailarfogi. TO REARM

*adargop, *eg.* pryf copyn, corryn.
SPIDER.

*adargopwe, *eb.*gwe-cor. SPIDER'S WEB.

adargraffiad, *eg. ll.*-au. argraffiad
arall. REPRINT.

adariaeth, *eb.* adareg. ORNITHOLOGY.

adarwr, *eg. ll.* -wyr. heliwr adar.
FOWLER.

adarydd, *eg. ll.*-ion. astudiwr adar.
ORNITHOLOGIST.

adaryddiaeth, *eb.* astudiaeth adar.
ORNITHOLOGY.

*adaw,*be.* gadael ; ymadael. TO LEAVE ;
TO DEPART.

*adaw(i)ad, *eg.* anialwch. DESERT.

adbelydru, *be.* adlewyrchu. TO RE-
FLECT.

*adbiler, *eg. ll.*-au, -i. piler bach.
SMALL PILLAR.

adbrofi, *be.* ailbrofi. TO RE-TEST, TO
TRY AGAIN.

ad-drefnu, *be.* gweler *atrefnu.*

ad-ddail, *ell.* blagur, egin. SPROUTS.

*ad-dduwiaeth, *eb.* annuwiaeth.
ATHEISM.

*ad-ddyn, *eg. ll.*-ion. adyn. WRETCH.

*adeb, *eg. ll.*-au. ateb. REPLY.

*adebru, *be.* adfywio. TO REVIVE.

*adeffeithio, *be.* adweithio. TO REACT.

adeg, *eb. ll.*-au. 1. cyfle, achlysur.
OPPORTUNITY.
    2. amser, tymor. SEASON.
    3. gwendid (y lleuad). WANE (OF
    THE MOON).
    Ar adegau. AT TIMES.

adegol, *a.* ar adegau. SPASMODIC.

adeilad, *eg. ll.*-au. lle wedi ei godi gan
saer, etc. BUILDING.

*adeilad, *be.* gweler *adeiladu.*

adeiladaeth, *eb. ll.*-au. 1. saernïaeth.
CONSTRUCTION.
    2. pensaernïaeth. ARCHITECTURE.
    3. cynnydd moesol, etc. EDI-
    FICATION.

adeiladol, *a.* llesol, addysgiadol, hyff-
orddiadol. EDIFYING, CONSTRUCTIVE.

adeiladu, *be.* codi, saernïo, llunio.
TO BUILD, TO CONSTRUCT.

*adeiladwriaeth : adeiladyddiaeth,
eb. pensaernïaeth. ARCHITECTURE.

*adeilawdr,*eg.ll.*-odron : ***adeilawdur**,
eg. ll.-on. adeiladwr. BUILDER.

adeiledig, *a.* wedi ei adeiladu. BUILT.

*adeileg, *eb.* pensaernïaeth. ARCHI-
TECTONICS.

*adeilfawr, *a.* wedi ei adeiladu'n rhagorol. WELL-BUILT.

*adeilglwyd, *eb. ll.*-au. ysgaffaldwaith. SCAFFOLDING.

*adeilio, *be.* 1. adeiladu. TO BUILD.
2. gwau. TO WEAVE.
3. dyrchafu. TO EDIFY.
4. barddoni. TO COMPOSE POETRY.

*adeilweb, *eb.* : ***adeilwyneb,** *eg.* wyneb adeilad. FAÇADE.

*adeilym, *a.* yn barddoni'n rhwydd. EASY IN COMPOSING POETRY.

adein(i)o, *be.* noddi ; hedfan. TO SUCCOUR ; TO FLY.

adeiniol, *a.* yn perthyn i adenydd. RELATING TO WINGS.

*adeinwr, *eg. ll.*-wyr. amddiffynnwr. PROTECTOR.

*adeirio, *be.* ailadrodd. TO REPEAT.

aden, *eb. ll.*-ydd. adain, asgell. WING.

adenedigaeth, *eb.* ailenedigaeth. RE-BIRTH.

adeni, *eg.* brych ; adfywiad. AFTER-BIRTH ; REVIVAL.

adenw, *eg. ll.*-au. ail enw ; ansoddair. SECOND NAME ; ADJECTIVE.

aderyn, *eg. ll.* adar. edn, ehediad. BIRD.

adethol, *be.* ailddewis. TO RE-ELECT.

*adfad, *a.* anfad, drwg. EVIL.

*adfaeth, *eg.* bwyd. FOOD.

adfail, *egb. ll.* adfeilion. murddun. RUIN.

*adfan, *eg. ll.*-nau. bro, ardal. REGION.

*adfa(i)n, *eg.* dyn dieithr. STRANGER.

adfannig, *eg. ll.* adfanigion. minim. MINIM.

*adfant, 1. *a.* ofer ; trist ; diflanedig. VAIN ; SAD ; EVANESCENT.
2. *eg.* gwacter. EMPTINESS.

*adfar, *eg.* tristwch. SORROW.

adfarn, *eb.* eilfarn. REVERSED JUDGE-MENT.

*adfawr, *a.* enfawr. HUGE.

adfeddiad, *eg. ll.*-au. y weithred o feddiannu. APPROPRIATION.

adfeddu, *be.* cymryd meddiant. TO APPROPRIATE.

adfeiliant, *eg.* dirywiad. DECAY.

adfeilio, *be.* 1. cwympo, dirywio. TO FALL.
2. syrthio a malurio ; darfod. TO BECOME A RUIN.

*adfeilliog, *a.* trist. SAD.

*adfel, *a.* cryf. STRONG.

Adfent, *eg.* y pedwar Sul cyn y Nadolig. ADVENT.

adfer, *be.* 1. edfryd, dychwelyd. TO RETURN.
2. dwyn yn ôl i iechyd, etc. TO RESTORE TO HEALTH, etc.

*adferaeth, *eb.* adferiad. RESTORATION.

adferf, *eb. ll.*-au. rhan ymadrodd yn goleddfu berf, ansoddair, etc. ADVERB.

adferfol, *a.* yn perthyn i adferf. ADVERBIAL.

adferiad, *eg.* dychweliad, iachâd. RESTORATION, RECOVERY.

*adferth, *eg. ll.*-oedd. nerth. STRENGTH.

adferu, *be.* gweler *adfer*.

adferwr, *eg. ll.*-wyr. un sy'n adfer. RESTORER.

adfilwr, *eg. ll.*-wyr. recriwt. RECRUIT.

*adfirain, *a.* atgas. HATEFUL.

adflas, *eg. ll.*-au. blas cas. BAD TASTE.

adflith, *eg. ll.*-ion. ail laeth. SECOND MILK.

*adfocad, *eg.* dadleuwr. ADVOCATE.

*adfod, *eg.* ail fodolaeth ; adfyd. SECOND EXISTENCE ; DISTRESS.

adforio, *be.* allforio eilwaith. TO RE-EXPORT.

adforion, *ell.* allforion a adforir. RE-EXPORTS.

*adfraidd, *a.* braidd. SCARCELY.

*adfrawd, *eb.* ail farn. SECOND JUDGE-MENT.

adfresych, *ell.* (*un. b.* -en). ysgewyll. SPROUTS.

adfwl, *eg.* tarw wedi ei ddisbaddu. GELDED BULL.

adfyd, *eg.* gofid, helbul, trallod, cyfyngder. ADVERSITY, AFFLICTION.

*adfydi, *eg.* adfyd. ADVERSITY.

*adfydig, *a.* truenus. WRETCHED.

adfydwch, *eg.* gweler *adfydi*.

*adfynach, *eg.* gwrthgiliwr o fynach. RENEGADE MONK.

adfynegi, *be.* ail fynegi. TO RESTATE.

*adfyrru, *be.* cwtogi. TO SHORTEN.

adfyw, *a.* hanner marw, lledfyw. HALF DEAD.

adfywiad, *eg. ll.*-au. adnewyddiad, adferiad. REVIVAL.

adfywio, *be.* adfer. TO REVIVE.

adfywiol, *a.* yn adfywio. REFRESHING.

*adheddychu, *be.* cymodi. TO RE-CONCILE.

*adiaith, *eb.* tafodiaith. DIALECT.

*adian, *egb.* llinach. LINEAGE.

*adill, *egb.* gwrach. HAG.

adio, *be.* ychwanegu rhifau at ei gilydd. TO ADD.

adladd, *eg.* ail gnwd o wair yr un haf, tyfiant ar ôl lladd gwair. AFTERMATH, AFTERGRASS.

*adlaes, *a.* hardd. FAIR.

adlais, *eg. ll.* adleisiau. sain, atsain. ECHO.

*adlam, *eg.* preswylfa. DWELLING.

adlam, *eg. ll.*-au. llam yn ôl. REBOUND.
Cic adlam. DROP-KICK.

adlaw, 1. *a.* taeog. SERVILE.
2. *eg.* glaw ; terfyn. RAIN ; END.

adledd, *eg.* gweler *adladd.*

adlef, *eb.* adlais. ECHO.

adleisio, *be.* atseinio, ailadrodd. TO ECHO, TO RESOUND.

adlewyrchu, *be.* taflu goleuni a phelydrau'n ôl. TO REFLECT.

adlewyrchydd, *eg.* teclyn adlewyrchu. REFLECTOR.

adlif, *eg. ll.*-oedd. llanw ; trai. FLOW ; EBB.

adlifo, *be.* treio ; ail-lifo. TO FLOW BACK ; TO REFLOW.

***adliwio,** *be.* edliw ; barneisio. TO REPROACH; TO VARNISH.

***adlo,** 1. *ardd.* o achos. BECAUSE.
2. *eg.* achos. CAUSE.

adlodd, *eg.* gweler *adladd.*

adlog, *eg. ll.*-au. llog cyfansawdd. COMPOUND INTEREST.

adloniadol, *a.* difyrrus. ENTERTAINING.

adloniant, *eg. ll.* adloniannau. difyr-rwch. ENTERTAINMENT, RECREATION.

adnabod, *be.* gwybod pwy yw pwy neu beth yw beth, gallu gwahaniaethu. TO BE ACQUAINTED WITH, TO RECOGNIZE.

adnabyddiaeth, *eb.* gwybod am berson neu am beth, cynefindra. KNOWLEDGE OF PERSON OR THING.

adnabyddus, *a.* hysbys, gwybyddus, cynefin â. FAMILIAR, WELL-KNOWN.

adnaid, *eb. ll.*-neidiau. adlam. REBOUND.

adnau, *eg.ll.*-euon. peth a ymddiriedir, gwystl. DEPOSIT, PLEDGE.

adneirio, *be.* edliwio. TO REPROACH.

***adnes,** 1. *eg.* bwyd, ymborth. FOOD.
2. *be.* bwydo, porthi. TO FEED.

adneuo, *be.* gofalu am ; rhoi i'w gadw (am arian). TO TAKE CARE OF ; TO DEPOSIT.

adneuwr, *eg.ll.*-wyr. ⎫ un sy'n adneuo.
adneuydd, *eg. ll.*-ion. ⎭ DEPOSITOR.

adnod, *eb. ll.*-au. rhan o bennod o'r Beibl. VERSE (FROM BIBLE).

adnoddau, *ell.* cyflenwad wrth gefn. RESOURCES.

adolwg, *eb. ll.*-ygon. ail olwg, adolygiad. RETROSPECT.

adolwyn, *eg.* dymuniad, erfyniad. WISH.

adolygiad, *eg. ll.*-au. beirniadaeth ar lyfr neu waith llenyddol. REVIEW.

adolygu, *be.* bwrw golwg dros, beirniadu llenyddiaeth, etc. TO REVIEW, TO REVISE.

adolygwr, *eg. ll.*-wyr. ⎫ beirniad llyfr.
adolygydd, *eg. ll.*-ion. ⎭ REVIEWER.

***adoralw,** *be.* gweiddi. TO SHOUT.

***adorth,** *a.* awyddus, eiddgar. KEEN.

adran, *eb. ll.*-nau. 1. dosbarth, israniad. SECTION.
2. cyfadran (mewn ysgol neu goleg). DEPARTMENT.

adref, *adf.* i gyfeiriad cartref, tuag adref, tua thref. HOMEWARDS.

adrefu, *be.* 1. dychwelyd adref. TO RETURN HOME.
2. adfer. TO RESTORE.

adrodd, *be.* 1. traethu, mynegi, cofnodi, rhoi cyfrif. TO RELATE.
2. datgan neu ddweud o flaen cynulleidfa. TO RECITE.

adroddgan, *eb.* darn o gerddoriaeth i'w adrodd. RECITATIVE.

adroddiad, *eg. ll.*-au. hanes, cofnodiad, mynegiad, dywediad, crybwylliad. ACCOUNT, REPORT, RECITATION.

adroddwedd, *eb. ll.*-au, -ion. priodddull. IDIOM.

adroddwr, *eg. ll.*-wyr. un sy'n adrodd. RECITER, NARRATOR.

***adrybedd,** *eg.* gwybodaeth, sôn. KNOWLEDGE, RUMOUR.

aduniad, *eg.ll.*-au. ailuniad. REUNION.

aduno, *be.* ailuno. TO REUNITE.

***adwaed,** *eg.* gwaed isel. INFERIOR BLOOD.

adwaen, *bf.* person cyntaf unigol presennol mynegol *adnabod.* I KNOW, I RECOGNIZE.

adwaith, *eg. ll.* adweithiau. ymateb. REACTION.

***adwedd,** *a.* gwan. WEAK.

adwedd, *eg.* 1. gorffwys ; marwolaeth. REST ; DEATH.
2. cartref. HOME.
3. dychweliad. RETURN.

adweinyddol, *a.* yn perthyn i adweinyddu. ADMINISTRATIVE.

adweinyddu, *be.* gweinyddu. TO ADMINISTRATE.

adweithiad, *eg. ll.*-au. ymateb, adwaith. REACTION.

adweithred, *eb. ll.*-iadau. atblyg. REFLEX.

adweithydd, *eg. ll.*-ion. 1. sylwedd cemegol sy'n profi presenoldeb sylwedd arall. REAGENT.
2. twr atomig. REACTOR.

adweled, *be.* gweled eto. TO SEE AGAIN.

***adwern,** *eb.* lle corsog. SWAMPY PLACE.

***adwers,** *eb. ll.*-i. ailadroddiad. REPETITION.

***adwerydd,** *eb.* hen ferch. OLD MAID.

*adwledd, *eb. ll.*-oedd. gwledd wael. POOR FEAST.

*adwn, 1. *eg.* arweinydd. LEADER.

2. *a.* blaen. LEADING.

*adwr, *eg. ll.*-wyr. llwfrgi. COWARD.

*adwriaeth, *eb.* llyfrdra. COWARDICE.

*adwrygio, *be.* atgyfnerthu. TO RECUPERATE.

*adwyar, *a.* gwaedlyd. BLOODY.

*adwydd, 1. *a.* miniog. SHARP.

2. *eg.* tir braenar. FALLOW LAND.

*adwyn, *eg.* metel. METAL.

*adŵyn, *be.* cipio. TO SEIZE.

adwyo, *be.* gwneud adwy. TO BREACH.

adŵyr, *a.* cam. CROOKED.

adwyth, *eg. ll.*-au. drwg, anffawd. EVIL, MISFORTUNE.

adwythig, *a.* drwg, niweidiol. EVIL, BANEFUL, MALIGNANT.

adyn, *eg. ll.*-od. truan, dyn drwg, dihiryn, cnaf, cenau. WRETCH, SCOUNDREL.

*adyrgop(yn), *eg.* corryn, pryf copyn. SPIDER.

*addail, *ell.* glaswellt; dail. GRASS; LEAVES.

*addain, *a.* araf. SLOW.

addas, *a.* iawn, cymwys, priodol. FITTING, SUITABLE.

addasrwydd, *eg.* cymhwyster, priodoldeb. SUITABILITY.

addasu, *be.* cymhwyso, cyfaddasu, paratoi. TO ADAPT.

*addawd : **addod,** *eg.* gorffwysfan. RESTING PLACE.

addef, *be.* cyfaddef, cyffesu; arddel. TO CONFESS ; TO OWN.

*addefig, *a.* cyffesol. CONFESSED.

addewid, *egb. ll.*-ion. adduned. PROMISE.

*addfain, *a.* main, tenau. SLENDER.

addfed, *a.* gweler *aeddfed.*

*addfeinus, *a.* main, tenau. SLENDER.

addfwyn, *a.* mwyn, llariaidd, tyner, tirion, boneddigaidd. GENTLE, MEEK.

addfwynbryd, *eg.* harddwch. BEAUTY.

addfwyndeg, *a.* gwych. FINE.

addfwynder, *eg.* mwynder, llarieidddra, tynerwch, tiriondeb. MEEKNESS, GENTLENESS.

addfwyneiddrwydd, *eg.* tynerwch. GENTLENESS.

addfwynol : **addfwynus,** *a.* tyner. GENTLE.

*addiain,a.mwyn, ardderchog. GENTLE, GLORIOUS.

*addien, a. hardd, tirion. FINE, GENTLE.

*addig, *a.* dig iawn. VERY ANGRY.

addo, *be.* rhoi addewid, addunedu. TO PROMISE.

addod, *eg. ll.*-au. trysorfa, trysor. DEPOSITARY. TREASURE.

*addoed, *eg.* 1. marwolaeth. DEATH.

2. anaf, niwed. HARM.

*addoedi, *be.* 1. clwyfo. TO WOUND.

2. *be.* gohirio. TO POSTPONE.

*addoer, *a.* oer, trist. COLD, SAD.

addoldy, *eg. ll.*-dai. lle i addoli, capel, eglwys. PLACE OF WORSHIP.

addolgar, *a.* yn ymroi i addoli, defosiynol. DEVOUT.

addoli, *be.* anrhydeddu, parchu, plygu gerbron, ymgrymu. TO WORSHIP.

addoliad, *eg. ll.*-au. 1. y weithred o addoli. WORSHIP.

2. gwasanaeth crefyddol. RELIGIOUS SERVICE.

addolwr, *eg. ll.*-wyr. un sy'n addoli. WORSHIPPER.

*addug, *eg.* ymosodiad, cyrch. ATTACK.

adduned, *eb. ll.*-au. addewid, llw, ymrwymiad. VOW.

addunedu, *be.* addo, gwneud llw, ymrwymo. TO VOW.

addurn, *eg. ll.*-au. harddwch, tegwch. ADORNMENT.

addurniad, *eg. ll.*-au. trwsiad. ORNAMENT.

*addurniant, *eg.* harddwch. BEAUTY.

addurno, *be.* harddu, tecáu, urddasu, trwsio. TO ADORN, TO DECORATE.

*addwyd, *eg.* gweler *addoed.*

*addwyn,a. 1. tyner ; gwych. GENTLE ; FINE.

2. da ; dewr. GOOD ; BRAVE.

addysg, *eb.* dysg, dysgeidiaeth, gwybodaeth, hyfforddiant. EDUCATION.

addysgfa, *eb. ll.* -oedd, -feydd. lle i addysgu. SEMINARY.

addysgu, *be.* dysgu, hyfforddi, cyfarwyddo. TO TEACH.

*aed, *eg.* cymorth. AID.

aeddfed, *a.* 1. parod i'w fedi, etc. RIPE.

2. wedi crynhoi pen (am ddolur). GATHERED.

3. yn ei lawn dwf. FULLY GROWN.

*aeddfededd, *eg.* } aeddfedrwydd.
*aeddfediant, *eg.* } MATURITY.

aeddfedrwydd, *eg.* llawn dwf, llawn oed. RIPENESS, MATURITY.

aeddfedu, *be.* tyfu'n aeddfed. TO RIPEN, TO GATHER.

*aeg, *eb.* (*gair ffug*). iaith. LANGUAGE.

ael[1], *eb. ll.*-iau. 1. rhan isaf y talcen uwchben y llygaid. BROW.

2. lle y cerddir mewn capel neu eglwys. AISLE.

ael[2], *eb. ll.*-oedd. torllwyth. LITTER.

*aelau, *eg.* dioddefaint. SUFFERING.

*aelaw, *a*. 1. aml; cyfoethog. MANY ; RICH.

2. hael. LIBERAL.

eg. cyfoeth. WEALTH.

*aelawd, *eg*. terfysg, cyffro. TUMULT.

*aele, *a*. gresynus. SAD.

*aeled, *eg*. 1. alaeth; cystudd. GRIEF ; PAIN. 2. henaint. OLD AGE.

*aelgeth, *eb*. gên. JAW.

*aelgraig, *eb*. dibyn. PRECIPICE.

aelio, *be*. ymestyn allan. TO PROTRUDE.

aelod, *eg*. *ll.*-au. 1. rhan o'r corff (megis coes neu fraich). LIMB.

2. un yn perthyn i gymdeithas neu eglwys, etc. MEMBER.

aelodaeth, *eb*. bod yn perthyn i gymdeithas neu i eglwys, etc. MEMBERSHIP.

aelwyd, *eb*. *ll.*-ydd. 1. cartref, annedd. HOME.

2. y rhan o ystafell ger y lle-tân. HEARTH.

*aer, *eb*. *ll.*-au, -oedd. rhyfel, byddin, brwydr. WAR, ARMY, BATTLE.

aer, *eg*. *ll.*-ion. etifedd. HEIR.

aer, *eg*. awyr. AIR.

*aerawd, *eb*. cynulliad. GATHERING.

*aerbais, *eb*. pais ryfel. COAT OF MAIL.

*aerdarf, *eg*. twrf rhyfel. BATTLE TUMULT.

*aerdrawd, *eg*. ymosodiad, cyrch. ATTACK.

*aerdrodi, *be*. mynd i frwydr. TO GO TO BATTLE.

*aere, *eg*. gweler *aerdrawd*.

aeres, *eb*. *ll.*-au. etifeddes. HEIRESS.

*aerfa, *eb*. *ll*. aerfâu. gweler *aer*.

*aerfaidd, *a*. dewr. BRAVE.

*aerfan, *a*. yn cael ei ddal yn uchel mewn brwydr. HELD HIGH IN BATTLE.

*aerfen, *a*. clodfawr mewn brwydr. RENOWNED IN BATTLE.

*aerfyn, *a*. yn lladd mewn brwydr. KILLING IN BATTLE.

*aerffysg, *eg*. gweler *aerdarf*.

*aergi, *eg. ll.*-gwn. milwr dewr. BATTLE-WARRIOR.

*aergrain, *eg*. lladdfa. SLAUGHTER.

*aergun, *eg. ll.*-iaid. arweinydd brwydr. BATTLE-LEADER.

*aeriaeth, *eb*. etifeddiaeth. INHERITANCE

*aerllaith, *eg*. gweler *aergrain*.

*aerllyw, *eg*. gweler *aergun*.

*aerog, *a*. rhyfelgar. WARLIKE.

aeron, *ell*. ffrwythau, grawn. FRUITS, BERRIES.

aeronotig, *a*. yn ymwneud â gwyddor ehedeg. AERONAUTICAL.

*aerwawr, *eg*. arwr mewn brwydr. BATTLE-HERO.

*aerwr, *eg. ll.*-wyr. milwr. SOLDIER.

*aerwrol, *a*. dewr. BRAVE.

aerwy, *eg. ll.*-on, -au. 1. torch neu gadwyn addurnol. ORNAMENTED TORQUE OR CHAIN.

2. cadwyn. CHAIN.

3. cadwyn am wddf buwch i'w chlymu. COW-COLLAR.

*aerwyog, *a*. â thorch. WEARING A TORQUE.

*aes, *eb. ll.*-awr, -or : **aesawr**, *eb*. tarian. SHIELD.

*aestalch, *eb*. tarian, astalch. SHIELD.

*aestrawd, *eg*. brwydr. BATTLE.

aestheteg, *eb*. gwerthfawrogiad o'r cain, estheteg. AESTHETICS.

aeth, *eg. ll.*-au. 1. poen, tristwch. PAIN, GRIEF.

2. ofn, ias. FEAR, SHOCK.

*aethder : ***aethdod**, *eg*. braw. FEAR.

*aethlon : ***aethlyd**, *a*. brawychus. DREADFUL.

aethnen, *eb*. math o boplysen, ' tafod y merched.' ASPEN.

*aethol, *a*. brawychus. DREADFUL.

aethus, *a*. poenus, ofnadwy, arswydus, gofidus, trallodus, echrydus. GRIEVOUS, POIGNANT, SHOCKING.

*aethwellt, *eg*. adladd. AFTER-GRASS.

*aethwladaeth, *eb*. alltudiad. BANISHMENT.

*aethwladu, *be*. alltudio. TO BANISH.

afagddu, *eb*. tywyllwch hollol, y fagddu, uffern. UTTER DARKNESS, HELL.

afal, *egb. ll.*-au. 1. ffrwyth yr afallen. APPLE.

2. ffrwyth ar goed neu lysiau yn debyg i afal. FRUIT RESEMBLING AN APPLE.

Afalau surion. CRAB APPLES.

Afal breuant. ADAM'S APPLE.

afalans, *eg. ll.*-au. cwymp eira. AVALANCHE.

*afall, *eg. ll.*-au, efyll. pren afalau, afallen. APPLE-TREE.

afallen, *eb. ll.*-nau. pren afalau. APPLE-TREE.

afan, *ell*. (*un. b.* -en). mafon, ffrwyth bach coch meddal. RASPBERRIES.

afanc, *eg. ll.*-od. llostlydan. BEAVER.

*afar(wy), *eg*. tristwch. SORROW.

*Afia, *eb*. Arabia. ARABIA.

afiach, *a*. claf, anhwylus, sâl, tost, aflan, budr, brwnt, ffiaidd. UNHEALTHY, SICK, DIRTY, UNWHOLESOME.

afiaith, *eg*. hwyl, llawenydd. MIRTH, ZEST.

afiechyd, *eg. ll.*-on. gwaeledd, salwch, clefyd, aflendid. ILLNESS, DISEASE.

*afieithra, *eg.* miri. MIRTH.

afieithus, *a.* yn llawn miri. MIRTHFUL.

aflafar, *a.* cras, garw, cas. HARSH.

aflan, *a.* budr, brwnt, amhur, afiach, ffiaidd. UNCLEAN.

aflem, *a.* mwy na sgwâr (am ongl). OBTUSE.

aflendid, *eg.* bryntni, budredd, amhurdeb, baw, tom. FILTH.

aflêr, *a.* anniben, anhrefnus, di-drefn. UNTIDY.

aflonydd, *a.* anesmwyth, diorffwys, afreolus, ofnus, terfysglyd, pryderus, cyffrous. RESTLESS, ANXIOUS.

aflonyddu, *be.* 1. cyffroi, blino. TO DISTURB.
2. anesmwytho. TO GROW RESTLESS.

afloyw, *a.* heb fod yn loyw. OPAQUE.

afluniaidd, *a.* di-lun, anferth, anghelfydd. DEFORMED, UNSHAPELY.

aflwydd, *eg. ll.*-au, -ion. ˥ anffawd,
aflwyddiant, *eg. ll.*-nnau. ʃ anlwc, trychineb, anap, anghaffael. MISFORTUNE, FAILURE.

aflwyddiannus, *a.* anffodus, anffortunus. UNSUCCESSFUL.

*aflwyr, *a.* amherffaith. IMPERFECT.

*aflym, *a.* pŵl, araf. BLUNT, SLOW.

aflywodraeth, *eb.* afreolaeth. MISRULE, ANARCHY.

*afnaws, *a.* sarrug. SURLY.

*afneued, *eg.* cyflawnder. ABUNDANCE.

afon, *eb. ll.*-ydd. ffrwd gref o ddŵr. RIVER.
Afon ladrad. RIVER CAPTURE.

afonfarch, *eg. ll.*-feirch. march afon. HIPPOPOTAMUS.

afonig, *eb.* afon fechan, nant, ffrwd. BROOK.

afradlon, *a.* gwastraffus, ofer. WASTEFUL, PRODIGAL.

afradlonedd, *eg.* oferedd, gwastraff. PRODIGALITY.

afradu, *be.* gwastraffu, afradloni, bradu, difetha. TO WASTE.

afraid, *a.* dianghenraid, dieisiau. UNNECESSARY.

afraslon : afrasol, *a.* anfoneddigaidd. UNGRACIOUS.

*afrdwyth, *eg.* caledi. HARDSHIP.

*afrddwl, *a.* trist, anffodus. SAD, UNFORTUNATE.

afreidiol, *a.* dieisiau. UNNECESSARY.

*afrengi, *be.* anfoddhau. TO DISPLEASE

afreolaeth, *egb.* anhrefn, aflywodraeth, dryswch, terfysg, cyffro. DISORDER, UNRULINESS.

---

afreolaidd, *a.* heb fod yn rheolaidd, anhrefnus, anarferol. IRREGULAR.

afreolus, *a.* aflywodraethus. UNRULY.

afresymol, *a.* croes i reswm, direswm. UNREASONABLE.

afresymoldeb, *eg.* : **afresymoliaeth,** *eb.* diffyg rheswm, gwrthuni. UNREASONABLENESS.

*afrif(adwy), *a.* di-rif. INNUMERABLE.

afrifed, *a.* di-rif, aneirif, difesur. INNUMERABLE.

*afrifo, *be.* diystyru. TO DISREGARD.

*afrifus, *a.* ffroenuchel. ARROGANT.

afrllad, *eb. ll.*-au. ˥ bara'r offeren,
afrlladen, *eb. ll.*-nau. ʃ teisen denau. (MASS) WAFER.

*afrllaw, *a.* parod. READY.

*afrôl, *eb.* afreolaeth. DISORDER.

afrosgo, *a.* trwsgl, lletchwith, llibin, trwstan. CLUMSY, UNGAINLY.

*afrwol, *eg.* afreolaeth. DISORDER.

afrwydd, *a.* 1. anodd, caled. DIFFICULT.
2. trwsgl, afrosgo. CLUMSY.

afrwyddineb, *eg.* anhawster. DIFFICULTY.

afryw, *a.* cymysgryw. HETEROGENEOUS (gram.) ; IMPROPER (OF COMPOUNDS).

afrywiog, *a.* gwrthnysig, llym. PERVERSE, HARSH. (gram.) ; RISING (OF DIPHTHONG) ; IMPROPER (OF REL. CLAUSE).

afu, *egb.* chwarren sy'n cynhyrchu bustl a phuro'r gwaed, iau. LIVER.
Afu glas. GIZZARD.

*afwch, *eg.* min, craffter. EDGE, KEENNESS.

*afwladu, *be.* alltudio. TO BANISH.

afwyn (ŵy), *eb. ll.*-au. awen, llinyn ffrwyn. REIN.

*affaith, *eg.* effaith, cymorth, trosedd. EFFECT, HELP, ACCESSORY, CRIME.

*affan, 1. *eg.* poen. PAIN.
2. *a.* poenus. PAINFUL.

affeithiad, *eg. ll.*-au. effaith llafariad neu gytsain ar lafariad neu gytsain arall mewn gair. VOWEL OR CONSONANTAL AFFECTION.

affeithiol, *a.* cynorthwyol. ACCESSARY.

affeithiwr, *eg. ll.*-wyr. cynorthwywr. ACCESSARY.

afflau, *eg.* côl ; gafael. BOSOM ; HOLD.

affliw, *eg.* gronyn. PARTICLE, SHRED.

affrae, *eb. ll.*-on. ysgarmes, anghydfod. AFFRAY.

affrwythog, *a.* hipogynaidd. HYPOGYNOUS.

*affwys, 1. *a.* dwfn. DEEP.
2. *eg.* dyfnder. ABYSS.

8

affwysedd, *eg.* cyfnewidiad o'r urddasol i'r cyffredin. BATHOS.

affwysol, *a.* dwfn, difesur ; chwerthinllyd. ABYSMAL ; BATHETIC.

*agarw,*a.* garw, didrugaredd. ROUGH, MERCILESS.

*agatfydd : *agatoedd, *adf.* efallai. PERHAPS.

agen, *eb. ll.*-nau. hollt, adwy, bwlch, daeardor. CLEFT, SLOT, FISSURE.

agendor, *egb.* bwlch, hollt, dyfnder. GAP, ABYSS.

agennog, *a.* â llawer o agennau. FULL OF CLEFTS.

agennu, *be.* hollti, bylchu. TO SLOT.

ager, *eg.* tawch dŵr berw, anwedd, stêm. VAPOUR, STEAM.

agerlong, *eb. ll.*-au. llong a yrrir gan ager. STEAMER.

*agerw, *a.*ffyrnig. FEROCIOUS.

agolch, *eg.* bwyd moch. SWILL.

agor, *be.* gwneud yn agored, torri, rhwyddhau'r ffordd. TO OPEN.

agorawd, *eb. ll.*-au. rhagarweiniad i oratorio neu opera. OVERTURE.

agored, *a.* heb fod yn gaeëdig, wedi ei agor. OPEN.

agorfa, *eb. ll.*-oedd. agoriad, twll. OPENING, VENT.

agoriad, *eg. ll.*-au. 1. agorfa, cyfle. OPENING.

2. allwedd. KEY.

3. y weithred o agor. ACT OF OPENING.

Agoriad llygad. EYE OPENER.

agoriadol, *a.* dechreuol. INAUGURAL.

agoryd, *be.* gweler *agor.*

agos (at, i), *a.* 1. gerllaw, cyfagos, ar gyfyl. NEAR (PLACE, TIME).

2. annwyl, cu. DEAR, INTIMATE.

agos, *adf.* o fewn ychydig, bron â, o fewn dim. ALMOST.

agosáu, *be.* nesáu, dynesu. TO APPROACH.

agosatrwydd, *eg.* hynawsedd. INTIMACY.

agosrwydd, *eg.* y cyflwr o fod yn agos at neu'n gynefin â. NEARNESS.

*agro, *a.* trist. SAD.

agronomeg, *eb.* gwyddor trefnu ffermydd. AGRONOMY.

agwedd, *egb. ll.*-au. cyflwr neu osgo meddwl, ymarweddiad, arwedd. ATTITUDE, ASPECT, FORM.

*agweddi,*eg. ll.*-ïau. anrheg, gwaddol. GIFT, DOWRY.

*agweddïol,*a.*yn ymwneud â gwaddol. RELATING TO DOWRY.

*agwrdd, *a.* cadarn, cryf. MIGHTY.

*agwyddor,*eb.ll.*-ion. gweler *egwyddor.*

*agŵyr, *a.* gwyrgam. AWRY, ASKEW.

*ang, *a.* (*gair ffug*). eang. VAST.

*angad, *eb.* gafael, llaw. GRASP, HAND.

*angadr, *a.* hyll, hagr. UGLY.

*angar, *a.* creulon. CRUEL.

angau, *eg. ll.* angheuoedd. marwolaeth, tranc. DEATH.

*angawr, 1. *eg.* cybydd. MISER.

2. *a.* gwancus, GREEDY.

*angdo, *eg.* gorchudd. COVERING.

*angdde,*a.* wedi ei wasgu. CRUSHED.

angel,*eg.ll.* angylion, engyl. (*b.* angyles). cennad ddwyfol. ANGEL.

Angel gwarcheidiol. GUARDIAN ANGEL.

*angelystor, *eg. ll.*-ion. efengylydd. EVANGELIST.

*angell, *eb. ll.*-hellau, engyll. coes, adain, aelod. LEG, WING, LIMB.

angen, *eg. ll.* anghenion. eisiau, rhaid, diffyg. NEED.

*angen, *eg. ll.* anghenoedd. brwydr. A BATTLE.

angenrheidiol, *a.* na ellir ei hepgor, y mae'n rhaid wrtho, rheidiol. NECESSARY, NEEDFUL.

angerdd, *egb.* 1. nwyd, gwŷn, traserch, teimlad. PASSION.

2. ffyrnigrwydd, cyffro. VIOLENCE.

3. grym. FORCE.

4. cynneddf. PECULIARITY.

angerddol, *a.* nwydus, tanbaid, ffyrnig, eiddgar, selog, brwdfrydig. VIOLENT, INTENSE.

*anghael : *angael, *eg.* diffyg. FAULT.

anghaffael, *egb.* aflwydd, rhwystr, anffawd, diffyg. HINDRANCE, FAILURE, DEFECT.

*anghaled, *a.* hael. GENEROUS.

*anghawrdeb : *anghawrder, *eg.* cybydd-dod. MISERLINESS.

anghelfydd, *a.* lletchwith, trwsgl. CLUMSY, UNSKILFUL.

*anghelyw, *a.* trachwantus. GREEDY.

*anghendid : *anghendod, *eg.* eisiau. NEED.

anghenfil, *eg. ll.* angenfilod. creadur anferth. MONSTER.

*anghengaeth, *eg.* gorfodaeth. COMPULSION.

anghenraid, *eg. ll.* angenrheidiau. rheidrwydd, rhaid, angen. NECESSITY.

anghenus, *a.* tlawd, rheidus. NEEDY.

*angherdded, *eg.* anffawd, crwydr. MISFORTUNE, WANDERING.

angheuol,*a.* marwol. DEADLY, MORTAL.

*anghlaear, *a.* oer, gwael. COLD, WRETCHED.

*anghlawdd,*eg.* angladd, cynhebrwng. FUNERAL.

anghlod, *eg.* cywilydd, anfri. DIS-
HONOUR, DISPRAISE.
anghofiedig, *a.* wedi ei anghofio.
FORGOTTEN.
anghofio, *be.* gollwng dros gof. TO
FORGET.
anghofrwydd, *eg.* angof, ebargofiant.
FORGETFULNESS.
anghofus, *a.* yn dueddol i anghofio.
FORGETFUL.
*anghori, *be.* (*ffug*). cynghori. TO
ADVISE.
*anghraff,*a.*hael; anneallus. GENEROUS;
UNINTELLIGENT.
*anghraifft, *eb.* cerydd. REPROACH.
anghredadun, *eg.* *ll.*-iaid, anghred-
inwyr. anghredwr, pagan, anffydd-
iwr. INFIDEL.
anghredadwy, *a.* 1. na ellir ei gredu,
di-gred. INCREDIBLE.
    2. di-gred. INFIDEL.
anghrediniaeth, *eb.* anffyddiaeth. UN-
BELIEF, INFIDELITY.
anghredu, *be.* peidio â chredu. TO
DISBELIEVE.
*anghreifftio,*be.*cerddu. TO CHASTISE.
anghrist(io)nogol, *a.* gwrthwyneb
neu'n annhebyg i Gristnogol. UN-
CHRISTIAN.
*anghrogyniad, *eb.* *ll.*-iaid. Annibyn-
nwr. AN INDEPENDENT.
*anghrynhowch, *eg.* anhrefn. DIS-
ORDER.
*anghwaethach, *adf.* chwaethach. NOT
TO MENTION.
anghwrtais, *a.* anfoesgar. DISCOURT-
EOUS.
*anghwyraidd,*a.*digabol. UNPOLISHED.
*anghychwïawr, *a.* di-ail. INCOMPAR-
ABLE.
anghydfod, *eg.* *ll.*-au. anghytundeb,
cweryl, cynnen, anghydwelediad.
DISAGREEMENT.
Anghydffurfiaeth, *eb.* Ymneilltuaeth.
NONCONFORMITY.
Anghydffurfiol, *a.* Ymneilltuol. NON-
CONFORMIST.
Anghydffurfiwr, *eg.* *ll.* Anghydffurf-
wyr. Ymneilltuwr, person nad yw'n
cydymffurfio â'r eglwys sefydledig
neu wladol. NONCONFORMIST.
anghydnabyddus, *a.* anghyfarwydd â,
anghynefin â. UNFAMILIAR.
anghydrif, *a.* ac. *eg.* *ll.*-au. amnifer.
ODD NUMBER.
anghyfaddas, *a.* anaddas, anghymwys,
amhriodol. UNSUITABLE.
*anghyfair, *eg.* nodded. REFUGE.
anghyfannedd, *a.* 1. heb fod â thai
neu anheddau. UNINHABITED.

2. unig. LONELY.
    3. diffaith, anial. DESOLATE.
*anghyfarchwyl,*eg.*difrawder. APATHY.
anghyfartal, *a.* heb fod yn gyfartal
neu'n gymesur, anghymesur. UNEQUAL.
*anghyfath, *a.* gwahanol. DIFFERENT.
anghyfeb, *a.* diffrwyth. BARREN.
*anghyfeis(i)or, *a.* gweler anghych-
wïawr.
anghyfesur, *a.* na ellir ei fesur. IN-
COMMENSURABLE.
anghyfiaith, *a.* estron. FOREIGN.
anghyfiawn, *a.* anuniawn, ar gam,
anghyfreithlon, annheg. UNJUST, UN-
FAIR.
anghyfiawnder, *eg.* *ll.*-au. cam, cam-
wedd, anuniondeb, cyfeiliornad, cam-
wri, niwed, trawsedd, annhegwch.
INJUSTICE, INIQUITY.
anghyfieithus, *a.* estron. FOREIGN.
anghyflawn, *a.* heb fod yn gyflawn,
anorffenedig. INCOMPLETE.
anghyfleus, *a.* anhwylus, anaddas.
INCONVENIENT.
anghyfleuster : anghyfleustra,
eg. anhwylustod. INCONVENIENCE.
*anghyfliw, *a.* amryliw. MOTLEY.
*anghyflwr, *eg.* anffawd. MISFORTUNE.
*anghyfnerth,*egb.*gwendid. WEAKNESS.
anghyfnewidiol, *a.* digyfnewid.
CHANGELESS.
anghyfreithiol : anghyfreithlon, *a.*
anghyfiawn. UNLAWFUL, ILLEGAL.
*anghyfuwch, *a.* crwm. BENT.
anghyffredin, *a.* eithriadol, hynod,
nodedig. UNCOMMON, RARE.
*anghyngel, *eg.* *ll.*-iau. anghenfil.
MONSTER.
*anghyngres, *a.* llonydd. CALM.
*anghyman, *a.* toredig. BROKEN.
*anghymen, *a.* ynfyd ; garw. FOOLISH ;
COARSE.
anghymen, *a.* anniben. UNTIDY.
anghymeradwy, *a.* annerbyniol. UN-
ACCEPTABLE.
*anghymes, *a.*difesur. IMMEASURABLE.
*anghymon, *a.* anweddus. UNSEEMLY.
anghymwys, *a.* anaddas, anghyfadd-
as, amhriodol. UNSUITABLE.
anghynefin, *a.* anghyfarwydd, ang-
hydnabyddus. UNACCUSTOMED, UN-
FAMILIAR.
*anghynnes, *a.* ffyrnig. SAVAGE.
anghynnes, *a.* oer. COLD.
*anghynwystra,*eg.* cyfog. VOMITING.
*anghyolwch, *a.* dicllon. ANGRY.
*anghyrrith,*a.* hael, digyrrith. GENER-
OUS.
anghysbell, *a.* anodd mynd ato, di-
arffordd, pell, pellennig. REMOTE.

10

*anghysgaid, *a*. effro. VIGILANT, REST-
LESS.
*anghysgog(ed), *a*. disymud. IMMOV-
ABLE.
anghyson, *a*. heb fod yn gyson, di-
ddal, anwadal, gwamal. INCONSIST-
ENT.
anghysonair, *a*. cynhennus. CONTENT-
IOUS.
anghysondeb, *eg. ll.*-au. ⎱anghytun-
anghysonder, *eg. ll.*-au. ⎰ deb, an-
wadalwch, gwahaniaeth. INCONSIST-
ENCY.
anghytbwys, *a*. heb fod o'r un pwysau.
UNEQUAL IN WEIGHT, UNBALANCED.
anghytgord, *eg. ll.*-iau. 1. anghysein-
edd. DISCORD.
　　2. anghydfod. DISSENSION.
anghytûn, *a*. heb gytundeb, anghyson.
DISUNITED.
anghytundeb, *eg. ll.*-au. ymraniad,
ymrafael. DISAGREEMENT.
anghytuno, *be*. anghydweld, anghyd-
synio. TO DISAGREE.
anghywair, *a*. anniben, anfedrus.
SLOVEN, UNSKILFUL.
*anghywas, *a*. sydyn. SUDDEN.
*anghyweirdabus,*a*.anniben. UNTIDY.
*anghyweith(i)as, *a*. cyndyn. PER-
VERSE.
*anghyweithdra, *eg*. creulondeb.
CRUELTY.
anghywir, *a*. heb fod yn iawn, gwallus,
cyfeiliornus. WRONG, FALSE.
anghywirdeb, *eg*. 1. twyll. DECEIT.
　　2. gwall, camgymeriad. MISTAKE.
*anghywlad, 1. *eb*. gwlad estron. FOR-
EIGN LAND.
　　2. *a*. estron. FOREIGN.
angladd, *egb. ll.*-au. claddedigaeth,
cynhebrwng. FUNERAL.
angladdol, *a*. yn perthyn i angladd,
fel angladd. FUNERAL, FUNEREAL.
*angled, *eg*. darn aur. ANGELET.
*anglef, *eb*. bloedd. SHOUT.
*angnawd, *a*. anarferol. UNUSUAL.
angoel, *egb. ll.*-ion. diffyg cred. DIS-
BELIEF.
angof, *eg*. ebargofiant, anghofrwydd.
FORGETFULNESS.
*angor, 1. *a*. gwancus; cybyddlyd.
GREEDY; MISERLY.
　　2. *eg*. cybydd. MISER.
angor,*egb. ll.*-au, -ion. offeryn bachog o
haearn i sicrhau llong wrth waelod y
môr. ANCHOR.
*angorddwr, *eg*. angorfa. ANCHORAGE.
angorfa, *eb. ll*. angorfeydd. hafan,
porthladd, lle i angori llongau, etc.
ANCHORAGE.

angori, *be*. sicrhau ag angor. TO
ANCHOR.
*angrymus, *a*. gwan. WEAK.
*angu, *a*. diserch. UNPLEASANT.
*angwaneg,*a*.ac *eg*. ychwaneg. MORE.
*angwanegu, *be*. cynyddu. TO IN-
CREASE.
ai, *geir*. 1. mewn gofyniad o flaen
rhannau ymadrodd ac eithrio berf.
IS IT ?
　　2. mewn gosodiadau neu gwestiyn-
au dwbl pan fônt yn gyferbyniol
â'i gilydd. Ai . . . ai . . . EITHER
　　. . . OR . . .
âi, *bf*. 3 person unigol amherffaith
mynegol *mynd*. (S)HE WAS GOING,
USED TO GO.
-aid, terfyniad enw i ddynodi maint a
chynnwys ; yn llawn o. -FUL.
aig, *eb*. 1. mintai, torf. HOST, BAND.
SHOAL.
　　2. (*ffurf wallus*), môr, cefnfor. SEA,
OCEAN.
ail, *a*. 1. yn dilyn y cyntaf. SECOND.
　　2 tebyg, fel. LIKE.
ail-, *rhagdd*. o flaen enwau a berfau.
RE-, AGAIN.
ailadrodd, *be*. adrodd eto, ail-ddweud.
TO REPEAT.
*ailbresennu,*be*. (*gair ffug*). cynrych-
ioli. TO REPRESENT.
ailbrisiad, *eg*. y weithred o brisio o'r
newydd. REVALUATION.
ailenedigaeth, *eb*. geni o'r newydd,
cyfnewid mewn calon a'i throi at
gariad Duw. REBIRTH.
aileni, *be*. cynhyrchu o'r newydd,
newid o'r materol i'r ysbrydol. TO
REGENERATE.
*aillt, *eg. ll*. eillt(iaid). 1. gwrêng.
SUBJECT.
　　2. taeog. VILLEIN.
　　3. caethwas. SLAVE.
*ainc, *eg*. ⎱ trachwant, blys. LUST,
*aing, *eg*. ⎰ GREED.
*ais, *eb*. mynwes. BOSOM.
ais, *ell*. (*un. b*. asen). 1. yr esgyrn sy'n
amgylchynu'r ddwyfron. RIBS.
　　2. darnau o goed i gryfhau neu
ffurfio ochr llong. RIBS.
*aith, *ell*. eithin. FURZE.
âl, *eb*. geni anifail. PARTURITION.
alaeth, 1. *eg*. tristwch, galar. SORROW,
GRIEF, GRIEVOUS, SAD.
　　2. *a*. trist, galarus. SORROWFUL.
alaethus, *a*. blin, gofidus, galarus.
SORROWFUL.
*alaf, *eg. ll.*-au, -oedd, -on, elyf.
1. cyfoeth ; gyrr. WEALTH ; HERD.
　　2. amheuthun. DELICACY.

*alan, *eg.* carw ifanc. YOUNG DEER.

alar, *eg.* blinder, diflastod. SURFEIT.

alarch, *eg. ll.* eleirch, elyrch. (*b.* -es). aderyn dŵr urddasol. SWAN.

alaru (ar), *be.* blino ar, syrffedu. TO SURFEIT, TO LOATHE.

*alathr, *a.* gwych. FINE.

alaw, 1. *egb.* lili, lili'r dŵr. LILY, WATER LILY.

    2. *eb. ll.*-on. tôn, tiwn, cainc, melodi. AIR, TUNE.

    Alaw werin. FOLK TUNE, MELODY.

alban,*eg.* cyhydnos. EQUINOX, SOLSTICE.

Albanwr, *eg. ll.* Albanwyr. brodor o'r Alban, Sgotyn. SCOT.

*albras(t),*eg. ll.*-iau. bwa croes. CROSS-BOW.

alcali, *eg. ll.*-ïau. gwrthsur. ALKALI.

alcam, *eg.* metel llwydwyn meddal, tun. TIN, TINPLATE.

alcemeg, *eb.* cemeg gynnar. ALCHEMY.

*Alclud, *eb.* tref yn yr Alban (ar afon Glud). DUMBARTON.

*alch, *eb. ll.*-au, eilch. gradell, grât; arch. GRID-IRON, GRATE ; ARK.

aldramon, *eg. ll.*-myn. henadur. ALDERMAN.

*alfarch, *eg.* gwaywffon. SPEAR.

algebreg, *eb.* rhifyddeg drwy gyfrwng symbolau. ALGEBRA.

*aliwn, 1. *eg. ll.*-s. estron. ALIEN.

    2. *a.* estronol. FOREIGN.

Almaenaidd, *a.* yn perthyn i'r Almaen. GERMAN.

Almaeneg, *eb.* iaith yr Almaen. GERMAN LANGUAGE.

Almaenig, *a.* Almaenaidd. GERMAN.

Almaenwr, *eg. ll.*-wyr. (*b.* Almaenes). brodor o'r Almaen. A GERMAN.

almanac, *eg. ll.*-(i)au. calendr neu flwyddiadur yn rhoi manylion am y flwyddyn. ALMANAC.

*almari, *eg. ll.*-ïau. cwpwrdd. CUP-BOARD.

almon, *eg.* ffrwyth y pren almon neu'r pren ei hun. ALMOND.

aloe, *eg.* pren dwyreiniol. ALOE.

aloi, *eg. ll.* aloeon. metelau wedi eu cymysgu. ALLOY.

alotropi, *eg.* y gallu i newid ffurf, etc. ALLOTROPY.

alsoddeg, *eb.* algebreg. ALGEBRA.

*alwar, *eg.* pwrs. PURSE.

*all,*a.* arall, estron. ANOTHER, FOREIGN.

allafon, *eb. ll.*-ydd. afon yn llifo o afon fwy. DISTRIBUTARY.

allan, *adf.* i maes, tu faes. OUT, OUTSIDE.

allanol, *a.* yn perthyn i'r tu allan. EXTERNAL.

*allardd, *a.* hyll. UGLY.

allblyg,*a.*yn troi tuag allan. EXTROVERT

alldaflu, *be.* ysgarthu. TO EXCRETE.

alledu, *be.* arllwys (am nwy). TO EFFUSE.

alleg, *eb. ll.*-au, -ion. alegori. ALLEGORY.

allergedd, *eg.* diadwaith. ALLERGY.

allforio, *be.* cludo neu ddanfon allan i wlad dramor. TO EXPORT.

allforion, *ell.* nwyddau a allforir. EXPORTS.

allfro, *eg.* estron. FOREIGNER.

allfwriol, *a.* allgyrchol, yn bwrw allan. CENTRIFUGAL.

allgaredd, *eg.* : allgarwch, *eg.* ymroddiad i ddiddordeb eraill. ALTRUISM.

allor, *eb. ll.*-au. 1. lle i aberthu. ALTAR.

    2. bwrdd y cymun. ALTAR.

allordal, *eg. ll.*-oedd. tâl allor. ALTARAGE.

allt, *eb. ll.* elltydd. 1. llethr, bryn. HILL-SIDE.

    2. coedwig. WOOD.

    3. rhiw, tyle. HILL (ON ROAD).

*alltraw,*eg.ll.*-on. tad neu fam fedydd. GODFATHER, GODMOTHER.

alltud, *eg. ll.*-ion. un a ddanfonwyd allan o'r wlad ; un yn byw y tu faes i'w wlad. EXILE.

alltudedd : alltudiaeth, *eb.* y cyflwr o fod yn alltud. EXILE.

alltudio, *be.* gyrru un o'i wlad. TO EXILE.

allwedd, *eb. ll.*-i, -au. agoriad. KEY.

*allwest, *eb.* porfa. PASTURAGE.

*allwynig : *allwynin, *a.* trist. SAD.

am, *ardd.* (amdanaf, amdanat, amdano, amdanom, amdanoch, amdanynt. ABOUT ME, ETC.).

    1. oherwydd, oblegid, o achos, os. BECAUSE.

    2. ar, o gwmpas, o boptu, oddeutu, ynghylch, ynglŷn â. ABOUT, AT, AROUND, ETC.

*amadlaes, *a.* pwyllog. DELIBERATE.

*amaerwy,*eg. ll.*-au, -on. rhwymyn ; ymyl. BOND ; BORDER.

*amaeth, *eg. ll.*-iaid, emeith, emyth. llafurwr tir. HUSBANDMAN.

amaeth, *eg.* amaethyddiaeth. AGRICULTURE.

amaethdy, *eg. ll.* amaethdai. tŷ ffarm. FARMHOUSE.

amaethu, *be.* trin y tir, ffermio, ffarmo. TO CULTIVATE.

amaethwr, *eg. ll.* amaethwyr. ffarmwr, ffermwr. FARMER.

amaethyddiaeth, *eb.* celfyddyd trin y tir, ffermwriaeth. AGRICULTURE.

amaethyddol, *a.* yn perthyn i waith ffarm neu driniaeth tir. AGRICULTUR-AL.

***amar**, 1. *eg.* clwyf. WOUND.
2. *a.* clwyfedig. WOUNDED.

amarch, *eg.* gwaradwydd, anfri, sen, gwarth. DISHONOUR.

amatur, *eg. ll.*-iaid. un sy'n gwneud rhywbeth er mwyn pleser yn hytrach nag er mwyn elw ; un anghyfarwydd, dechreuwr. AMATEUR.

amau, *be.* petruso, drwgdybio, ang-hytuno. TO DOUBT, SUSPECT, DISPUTE.

***ambechrwydd**, *eg.* pechod. SIN.

ambell, *a.* rhif neu fesur amhendant ; ychydig, achlysurol. SOME ; FEW, OCCASIONAL.
Ambell waith. SOMETIMES.

ambiwlans, *eg.* cerbyd i gario cleifion i ysbyty, etc., trefniant arbennig yn ymwneud ag anafusion a chleifion. AMBULANCE.

***ambor**, *eg.* porfa ; byrbryd. PASTURE ; SNACK.

***ambrydu**, *be.* gwrthod. TO REFUSE.

***ambwyllo**, *be.* trafferthu ; ystyried. TO BOTHER ; TO CONSIDER.

amcan, *eg. ll.*-ion. pwrpas, bwriad, diben, nod, perwyl, syniad, crap. PURPOSE, NOTION.
Ar amcan. AT RANDOM.

amcangyfrif, *eg. ll.*-on. cyfrif bras, cyfrif agos. ESTIMATE.

amcanu, *be.* bwriadu, arfaethu, pwrpasu, golygu, arofun. TO INTEND, TO AIM.

amcanus, *a.* 1. medrus. SKILFUL.
2. tebygol. LIKELY.
3. bwriadol. PURPOSED.

amchwaraefa, *eb.* theatr gron, amffi-theatr. AMPHITHEATRE.

amdaith, *eb. ll.*-deithiau. cwrs trydan. CIRCUIT (ELECTRICAL).

***amdir**, *eg. ll.*-oedd, -edd. bro, ardal. NEIGHBOURHOOD.

amdo, *eg. ll.*-oeau. amwisg, gwisg y meirw. SHROUD.

***amdost**, *a.* poenus, truenus. PAINFUL, WRETCHED.

***amdrai**, *a.*toredig, yfflon. SHATTERED.

amdrist, *a.* trist iawn. SORROWFUL.

amdro, *a.* yn troi fel olwyn. ROTARY.

am-droi, *be.* dirwyn ; newid drwy ddefnyddio rhywbeth cyfartal. TO WIND ; TO CONVERT.

***amdrwch**, *a.*(*b.* amdroch). chwilfriw. SHATTERED.

***amdrychu**, *be.* darnio. TO SHATTER.

***amdde**, *a.* eiddgar, tanllyd. EAGER, FIERY.

amddifad, 1. *eg. ll.* amddifaid. plentyn heb dad neu fam neu heb y ddau. ORPHAN.
2. *a.* heb rieni, diymgeledd, anghenus, di-gefn, diffygiol. DESTITUTE.

amddifadu, *be.* difreinio, peri bod yn anghenus, difuddio, difeddiannu. TO DEPRIVE.

***amddiffryd**, *be.* amddiffyn. TO PRO-TECT.

amddiffyn, *be.* diogelu, noddi, achlesu, gwarchod, achub, gwaredu. TO DE-FEND, TO PROTECT.

amddiffynfa, *eb. ll.* amddiffynfeydd. caer, castell, lle cadarn, noddfa. FORTRESS.

amddiffyniad, *eg.* diogelwch, nodded, cysgod, nawdd. PROTECTION, DE-FENCE.

***amddiffynnawdr**, *eg. ll.*-odron. amddiffynnwr. PROTECTOR.

amddiffynnwr, *eg. ll.* amddiffynwyr. diogelwr, noddwr. DEFENDER.

***amddiffynnwys**, *eg.* amddiffyn. DE-FENCE.

***amddyfrwys**, *a.* cryf. STRONG.

amedr, *eg.* peth i fesur cerrynt trydan. AMMETER.

***amel**, *eg.* owmal. ENAMEL.

***amer**, *a.* chwerw. BITTER.

Americanaidd, *a.* yn perthyn i America. AMERICAN.

Americanwr, *eg. ll.* Americanwyr. gŵr o America. AN AMERICAN.

***amesgud**, *a.* chwim. SWIFT.

***ameth**, *eg.* diffyg. DEFICIENCY.

***ameuadwy** : ***ameuedig**, *a.* amheus. DOUBTFUL.

amfeddu, *be.* gosod eiddo eglwysig yn nwylo lleygwr. TO IMPROPRIATE.

amfesur, *eg.* perimedr, cylchfesur. PERIMETER.

***amfrud(i)o**, *be.* proffwydo. TO PROPH-ESY.

amgaeëdig, *a.* wedi ei gau i mewn neu ei gynnwys o fewn. ENCLOSED.

***amgaer**, *eb. ll.*-au, -ydd : ***amgaerfa**, *eb.* amddiffynfa. FORTRESS.

***amgaled**, *a.* cybyddlyd. MISERLY.

amgant, *eg.* cylch, bro, goror. REGION, BOUNDS.

amgarn, *egb. ll.*-au. cylch ; amgorn ; modrwy. CIRCLE ; FERRULE ; RING.

amgáu, *be.* cau i mewn, cynnwys o fewn, amgylchu, cwmpasu. TO EN-CLOSE.

amgeledd, *eg.* ymgeledd, pryder, gofal. ANXIETY, CARE.

*amgeleddus : *amgelog, a. pryder-us, gofalus. ANXIOUS, CAREFUL.

*amgelwch, eg. gofal. CARE.

amgen(ach), a. ac adf. arall, gwahanol, gwell, amryw, yn hytrach. DIFFER-ENT, OTHERWISE, BETTER.
Nid amgen. NAMELY.
Os amgen. IF OTHERWISE.

*amgenu, be. gwella, newid. TO IM-PROVE, TO CHANGE.

*amgenwisg, eb. gwisg brydferth. FINE DRESS.

*amgoch, a. coch iawn. VERY RED.

*amgorni,be.amgylchynu. TO ENVELOP.

*amgreinio, be. ymdrybaeddu. TO WALLOW.

amgrwm, a. argrwm, yn troi i maes. CONVEX.

*amguedd, eg. cyfoeth, trysor. WEALTH, TREASURE.

amgueddfa, eb. ll. amgueddfeydd. lle i gadw ac arddangos pethau o bwys ; creirfa, cywreinfa. MUSEUM.
Amgueddfa werin. FOLK MUSEUM.

*amgyffrau, eg. teithi. ATTRIBUTE.

*amgyffrawd, eg. ymosodiad. ATTACK.

amgyffred, be. dirnad, deall, gwybod, adnabod, dychmygu. TO COMPRE-HEND.

amgyffred(iad), eg. dealltwriaeth, dir-nadaeth, syniad. COMPREHENSION.

*amgyffryd, eg. lled. WIDTH.

*amgyhafal, a. tebyg. LIKE.

amgylch, 1. eg. ll.-oedd. cylch, cwmpas, amgylchedd. CIRCUIT, ENVIRONMENT.
2. eg. ll.-au. cylch am ffigur ond heb ei dorri. CIRCUMSCRIBED CIRCLE.

*amgylchaidd,a.achlysurol. OCCASION-AL.

amgylchedd, eg. ll.-au, -ion. 1. cylch, cwmpas, cylchfesur. CIRCUMFERENCE.
2. amgylchfyd. ENVIRONMENT.

*amgylchen, eb. ll.-nau. achlysur. CIRCUMSTANCE.

amgylchiad, eg. ll.-au. achlysur, adeg, digwyddiad, cyflwr. OCCASION.

*amgylchiadu, be. amgylchynu. TO SURROUND.

amgylchu, be. cwmpasu, amgylchynu, cylchynu, teithio o gylch. TO EN-CIRCLE.

amgylchus, a. yn dibynnu ar amgylch-iadau. CIRCUMSTANTIAL.

*amgylchyn, ardd. o gwmpas. ROUND ABOUT.

amgylchynol, a. yn amgylchynu. SURROUNDING.

amgylchynu, be. gweler amgylchu.

*amgyrraedd, egb. dealltwriaeth. COM-PREHENSION.

*amgywir, a. didwyll. GENUINE.

*am(h)ad,1. eg. had amrywiol. VARIED SEED.
2. a. cymysg. MIXED.

*amhar, a. wedi cael niwed. HURT.

amharchu, be. peidio â pharchu, cam-drin, dianrhydeddu, gwarthruddo, sarhau, gwaradwyddo, difrïo, di-ystyru. TO DISHONOUR.

amhariad, eg. diffyg, niwed. IMPAIR-MENT, DAMAGE.

amharod, a. heb fod yn barod, an-ewyllysgar, anfodlon. UNPREPARED.

*amharol, a. dirywiedig. DECAYED.

amharu (ar), be. niweidio, andwyo, difrodi, difetha. TO HARM, TO IMPAIR.

amharus, a. dirywiedig. DECAYED.

*amheir(i)ant, eg. niwed. INJURY.

amhendant : amhenodol, a. heb fod yn bendant, penagored, ansicr, amwys. INDEFINITE, VAGUE.

*amhêr, a. chwerw. BITTER.

amherffaith, a. diffygiol, beius, ang-hyflawn, anorffenedig. IMPERFECT.

amherffeithrwydd, eg. bai, diffyg, gwendid, anghyflawnder. IMPERFECT-ION.

amherthnasol, a. heb fod yn ym-wneud â. IRRELEVANT.

*amherthyn, a. amherthnasol. IR-RELEVANT.

amherthynol, a. heb fod yn perthyn i. IRRELEVANT.

*amherthynus, a. amherthnasol. IR-RELEVANT.

amheuaeth, eb. ll.-au. 1. petruster, an-sicrwydd. DOUBT.
2. drwgdybiaeth. SUSPICION.

amheuedd, eg. amheuaeth. DOUBT.

amheuon, ell. amheuaethau, drwg-dybiaethau. DOUBTS, SUSPICIONS.

amheus, a. 1. mewn amheuaeth, petrus, ansicr. DOUBTFUL.
2. drwgdybus. SUSPICIOUS.
3. amwys. AMBIGUOUS.

amheuthun, 1. a. dewisol, blasus. CHOICE.
2. a. prin, anghyffredin. RARE.
3. eg. danteithfwyd, enllyn, moeth-yn. DELICACY.
4. eg. peth prin. RARITY.

amheuwr, eg. ll. amheuwyr. un sy'n amau, anghredwr, anffyddiwr. DOUBTER, SCEPTIC.

amhin(i)og, eg. ll.-au, -ion. 1. ystlys-bost. ARCHITRAVE, DOOR-POST.
2. hiniog. THRESHOLD.

amhlaid : amhleidiol : amhleitgar, *a.* amhartïol. IMPARTIAL.

*amhorthi, *be.* rhwystro. TO HINDER.

amhosibl, *a.* heb fod yn bosibl, annichonadwy. IMPOSSIBLE.

amhriodol, *a.* anaddas, anghyfaddas, anghymwys. IMPROPER.

*amhriodoledd, *eg.*⎫ anghymhwys-
*amhriodoliaeth, *eb.*⎬ ter.
*amhriodolrwydd,*eg.*⎭ IMPROPRIETY.

*amhriodor,*a.*di-hawl (i dir). WITHOUT CLAIM (TO LAND).

amhrisiadwy, *a.* uwchlaw gwerth, gwerthfawr iawn. PRICELESS.

amhrofiadol, *a.* dibrofiad, anghyfarwydd. INEXPERIENCED.

*amhrudd, *a.* ynfyd, byrbwyll. IMPRUDENT, RASH.

amhur, *a.* heb fod yn bur, budr, aflan, llygredig. IMPURE.

amhurdeb, *eg. ll.*-au : amhuredd, *eg. ll.*-au. aflendid, budredd, llygredigaeth. IMPURITY.

amhurol, *a.* amhur. IMPURE.

*amhwyllig, *a.* ynfyd. FOOLISH.

amhwyllo, *be.* gwallgofi, ynfydu, mwydro. TO BECOME MAD.

amhwyllog, *a.* ynfyd. FOOLISH.

amhwyllter, *eg.*⎫ gwallgofrwydd.
amhwylltod, *eg.*⎬ MADNESS.
amhwylltra, *eg.*⎭

amhwyllus, *a.* ynfyd. FOOLISH.

*amhwyntio, *be.* niweidio. TO HURT.

*amhwyntus, *a.* claf. SICK.

*amhybyr, *a.* gwan, eiddil. FEEBLE.

*amin, *eg.* ffrâm drws. DOOR-FRAME.

*amis, *eg.* gwisg, rhan o wisg pen offeiriad. AMICE.

aml, *a.* mynych, llawer. FREQUENT.

*amlaen,*eg.*blaen. LEAD, SUPERIORITY.

*amlaw, 1. *eb.* maneg. GLOVE.

2. *a.* gwael. COMMON.

3. *ardd.* ar wahân i. BESIDES.

amlblwyfydd, *eg. ll.*-ion. offeiriad â mwy nag un plwyf. PLURALIST.

amlblyg, *a.* amrywiol. VARIOUS.

amlder : amldra, *eg.* digonedd, cyflawnder, helaethrwydd. ABUNDANCE.

*amledigaeth,*eb.*amlder, amrywiaeth. MULTITUDE, VARIETY.

amlen, *eb. ll.*-ni. cas llythyr, clawr. ENVELOPE.

*amler, *eg.* ceffyl rhygyngog. AMBLING HORSE.

amlgainc, *a.* ag aml gainc. SYMPODIAL.

amlffurf, *a.* ag aml ffurf. POLYMORPHIC.

amlhau, *be.* lluosogi, cynyddu. TO INCREASE.

*amlin, *egb. ll.*-iau. amlinell. CONTOUR, OUTLINE.

amlinell, *eb. ll.*-au. llinell derfyn, cylchlinell. OUTLINE, CONTOUR.

amlinelliad, *eg. ll.*-au. brasddarlun, cynllun, cylchlinell. OUTLINE.

*amliw, 1. *eg.* lliw. COLOUR.

2. *a.* amryliw. VARIEGATED.

*amliwiaeth, *eb.* edliwiad. REPROACH.

amliwio, *be.* 1. newid lliw. TO CHANGE COLOUR.

2. gwelwi. TO BECOME PALE.

3. cywilyddio. TO FEEL ASHAMED.

amlochrog, *a.* 1. â llawer o ochrau. MANY-SIDED, MULTILATERAL.

2. amryddawn. VERSATILE.

*amlwch, *eg.* digonedd. ABUNDANCE.

amlwg,*a.* 1. eglur, golau, clir. EVIDENT.

2. gweledig. VISIBLE.

3. enwog, blaenllaw. FAMOUS, PROMINENT.

amlwreiciaeth, *eb.* â mwy nag un wraig ar y tro. POLYGAMY.

*amlycâd,*eg.*esboniad. EXPLANATION.

*amlycáu, *be.* egluro. TO EXPLAIN.

amlygiad, *eg.* datguddiad, eglurhad, mynegiad. MANIFESTATION.

amlygrwydd, *eg.* eglurder, pwys, pwysigrwydd. PROMINENCE.

amlygu, *be.* egluro, datguddio, ymddangos, mynegi. TO REVEAL.

amlygyn, *eg. ll.*-nau. 1. arwydd. MARK.

2. baner. BANNER.

*amlymu, *be.* trwsio. TO TRIM.

*amlynu,*be.*meddiannu. TO ACQUIRE.

*amlys,*a.*gwaharddedig. FORBIDDEN.

*amnad, *a.* gwych. FINE.

amnaid, *eb. ll.* amneidiau. arwydd, awgrym, nòd. BECK, NOD, SIGN.

*amnawdd, *eg.* nodded. PROTECTION.

amneidio, *be.* rhoi arwydd â'r pen neu â'r llaw ; nodio, awgrymu. TO BECKON; TO NOD.

amner, *eg. ll.*-au. pwrs. PURSE.

amnewid, *be.* cyfrdroi. TO PERMUTE.

amnewidiad, *eg. ll.*-au. cyfrdroad. PERMUTATION.

amnifer, *eg. ll.*-oedd. 1. llu. HOST.

2. rhif anghyfartal. ODD NUMBER.

a. 1. di-rif. COUNTLESS.

2. anghyfartal. UNEQUAL.

amnoeth, *a.* noeth. NAKED.

*amnwyth, *eg.* dewrder. BRAVERY.

amod, *egb. ll.*-au. cytundeb, teler, cyfamod, ymrwymiad. CONDITION.

Amodau. TERMS.

amodi, *be.* gwneud telerau, cytuno, rhwymo. TO AGREE, TO COVENANT.

amodig, *a.* cytûn. IN AGREEMENT.

amodol, *a.* ar amod. CONDITIONAL.

*amogor,*egb*. bwyd ; tŷ. FOOD ; HOUSE.

*amor, *eg*. ffawd. FORTUNE.

*amorth, *eg*. anffawd; melltith. MIS-FORTUNE ; CURSE.

ampêr, *eg*. uned cerrynt trydan. AMPERE.

*ampir, *eg*. ymherodr. EMPEROR.

*amrafael, *eg*. *ll*.-ion. ymryson. QUARREL.

*amraint, *eb*. anfri. DISGRACE.

*amraisg, *a*. gwan. WEAK.

amrant, *eg*. *ll*. amrannau. clawr y llygad. EYELID.

amrantiad, *eg*. trawiad llygad, eiliad, moment. INSTANT.

amrantun, *egb*. cyntun, eiliad. NAP, MOMENT.

amrantuno, *be*. hepian. TO DOZE.

amrantyn, *egb*. cyntun, eiliad. NAP, MOMENT.

*amrel,*eg.ll*.-iaid. llyngesydd. ADMIRAL.

*amrith, *a*. amrywiol. VARIOUS.

*amrithio, *be*. amrywio. TO VARY.

*amrosgo, *a*. afrosgo. CLUMSY.

*amrosgoyw, *a*. afrosgo ; ar groes. CLUMSY ; DIAGONAL.

amrwd, *a*. heb ei goginio neu heb ei drin, anaeddfed, crai. RAW, CRUDE.

*amrwysg, *a*. rhwysgfawr. POMPOUS.

amrydedd, *eg*. anaeddfedrwydd. RAW-NESS.

amryddawn, *a*. â llawer o ddoniau, amlochrog. VERSATILE.

amryfal, *a*. amrywiol, gwahanol, an-nhebyg. VARIOUS.

amryfath, *a*. amryfal. MULTIFARIOUS.

amryfodd, *a*. amryfal. VARIOUS.

amryfus, *a*. cyfeiliornus ; anghofus. ERRONEOUS ; FORGETFUL.

amryfusedd, *eg*. *ll*.-au. camgymeriad, camsyniad, cyfeiliornad, gwall. ERROR.

amryfuso, *be*. cyfeiliorni. TO ERR.

*amryfflau, *a*. enfawr. HUGE.

*amryffrau, *eg*. cyfoeth. WEALTH.

*amrygoll, *eg*. llwyr golled. UTTER LOSS.

amrygor, *a*. rhanedig fel edau. STRANDED.

*amryiaith,*a*. medrus mewn sawl iaith. POLYGLOT.

amryliw, *a*. o amryw liwiau, lliw cymysg, brith. VARIEGATED.

amrysain, *a*. ag amryw seiniau. OF DIFFERENT SOUNDS.

*amrysedd, *eg*. rhuthr, cwrs. ATTACK, COURSE.

*amrysgoyw, *a*. gweler *amrosgoyw*.

amryw, *a*. gwahanol, llawer, amrywiol, amryfal. SEVERAL, VARIOUS.

*amrywder, *eg*. amrywiaeth. VARIETY.

amrywedd, *eg*. heterogenedd. HETER-OGENEITY.

amrywiad, *eg*. *ll*.-au. amrywiaeth. VARIATION, VARIANT.

amrywiaeth, *egb*. *ll*.-au. gwahaniaeth, amrywiad. VARIETY.

amrywio, *be*. gwahaniaethu, newid, annhebygu. TO VARY.

amrywiol, *a*. gwahanol. VARIOUS.

*amrywogaeth, *eb*. amrywiaeth. VARIETY.

*amsang,*eg*.damsang, sathriad. TREAD.

*amsangu, *be*. sathru. mathru. TO TREAD.

amser, 1. *eg*. *ll*.-au, -oedd. pryd, adeg, tro, cyfnod, oes; amseriad. TIME ; TEMPO.

    2. *eg*. *ll*.-au (gram.) ffurf ar rediad berf i fynegi gwahanol adegau. TENSE.

amseriad, *eg*. *ll*.-au. dyddiad, pryd, adeg; curiad (cerddoriaeth). TIMING ; TEMPO.

amserol, *a*. mewn pryd, tymhoraidd, tymhorol. TIMELY, SEASONABLE.

amseroni, *eg*. *ll*.-iau. almanac. ALMAN-AC.

amseru, *be*. dyddio, nodi dyddiad, penderfynu cyflymder. TO DATE, TO TIME.

amsugniad, *eg*. sugniad. ABSORPTION.

amsugno, *be*. sugno. TO ABSORB.

*amswrn,*eg*. cyffro ; helynt. TUMULT ; CONTENTION.

*amur, *a*. amhur. IMPURE.

*amwall, *a*. adfeiliog. RUINED.

*amwar, *a*. addfwyn. GENTLE.

*amweddi,*eb*. *ll*.-iau. dymuniad. WISH.

*amwenith,*eg*. gwenith cymysg. MIXED WHEAT.

amwisg, *eb*. *ll*.-oedd. 1. amdo. SHROUD.

    2. dilledyn. GARMENT.

*amwlch, 1. *eg*. adwy. GAP.

    2. *a*. wedi ei hollti. SPLIT.

amws,*eg*.*ll*. emys. ceffyl, march. STEED.

*amwyd, *a*. newynog. HUNGRY.

amwyll, 1. *a*. ynfyd. MAD, FOOLISH.

    2. *eg*. gwallgofrwydd; dyn gwallgof. MADNESS ; MADMAN.

*amwyllt, *a*. cynddeiriog. FURIOUS.

*amwyn,*a*. gwyn iawn. VERY WHITE.

*amŵyn,*be*. meddiannu, cymryd. TO POSSESS, TO TAKE HOLD OF.

*amwynt,*eg*.*ll*.-iau. afiechyd. AFFLICT-ION.

amwys, *a*. ag ystyr ansicr, mwys, amheus. AMBIGUOUS.

*amwyth, *eg*. dicter. ANGER.

amyd, *eg.* ŷd cymysg, siprys. MIXED CORN.

***amygiad,** *eg.* cipiwr. SNATCHER.

***amyn,** 1. *cys.* namyn, ond. BUT.

2. *ardd.* namyn, onid. EXCEPT, ONLY.

amynedd, *eg.* goddefgarwch, dioddefgarwch, dyfalbarhad, pwyll. PATIENCE.

amyneddgar, *a.* â llawer o amynedd, goddefgar, hirymarhous, pwyllog. PATIENT.

***amyneddol** : ***amyneddus,** *a.* amyneddgar. PATIENT.

***amysgafn,** *a.* sionc, heini. NIMBLE.

***an,** *rhag.* ein. OUR.

anabledd, *eg.* anallu. INABILITY.

***anach,** *egb.* *ll.*-au. 1. rhwystr (priodi). OBJECTION (TO MARRIAGE).

2. rhybudd. WARNING.

anad, *ardd.* o flaen, yn hytrach na. BEFORE.

Yn anad dim. ABOVE ALL.

Yn anad neb. MORE THAN ANYONE.

anad, *a.* arbennig. SPECIAL.

anadl, *egb.* yr awyr sy'n mynd i mewn i'r ysgyfaint ac i maes ohono; chwyth. BREATH.

anadlu, *be.* llanw a gwacáu'r ysgyfaint ag awyr. TO BREATHE.

***anadlwynt,** *eg.* gwth o wynt. GUST OF WIND.

anadnabyddus, *a.* anhysbys, dieithr. STRANGE, UNKNOWN.

anaddas, *a.* amhriodol, anweddus. IMPROPER, UNSUITABLE.

anaddef, *a.* blin. UNPLEASANT.

***anaddwyn,** *a.* anhawddgar, hyll. UNPLEASANT, UGLY.

anael, *a.* ac *eg.* gweler *anhael.*

anaelau, *eg.* dolur, tristwch. PAIN, SADNESS.

    a. 1. marwol, dychrynllyd. FATAL, TERRIBLE.

    2. anghyffredin. EXTREMELY.

***anaelaw,** *a.* di-les. UNPROFITABLE.

anaele, *a.* ofnadwy, arswydus, dychrynllyd, gresynus. AWFUL.

***anaergryf,** *a.* gwan mewn brwydr. WEAK IN BATTLE.

anaf, *eg.* *ll.*-au. bai, mefl, nam, diffyg, archoll gwall, briw. BLEMISH, WOUND.

anafdod, *eg.* diffyg, anaf. DEFECT.

anafraid, *a.* angenrheidiol. NECESSARY.

anafu, *be.* brifo, briwio, clwyfo, archolli, derbyn niwed, cael dolur. TO INJURE, TO BE HURT.

anafus, *a.* â nam arno, clwyfus, dolurus. BLEMISHED, INJURED.

anair, *eg.* *ll.* aneiriau. gair drwg, enw drwg, gwarth, enllib. ILL REPORT, INFAMY, SLANDER.

anallu, *eg.* *ll.*-oedd : **analluedd,** *eg.* diffyg gallu, gwendid. INABILITY, IMPOTENCE.

analluog, *a.* anfedrus, anabl, methiannus. INCAPABLE.

analluogi, *be.* gwneud rhywun neu rywbeth yn analluog. TO INCAPACITATE.

anaml, *a.* prin, anfynych, anghyffredin. RARE.

anamserol, *a.* heb fod ar yr adeg iawn. UNTIMELY.

***anant,** *e. torf.* cerddorion, beirdd. MUSICIANS, BARDS.

anap, *eg.* anffawd, aflwydd, damwain, niwed, colled. MISHAP.

Hap ac anap. ADVENTURES.

anaraf, *a.* gwyllt. WILD.

anaraul, *a.* di-haul, anhyfryd. SUNLESS, CHEERLESS.

***anardymyr,** *eg.* 1. anhwylder. SICKNESS.

2. tywydd gwael. BAD WEATHER.

anarferol, *a.* anghyffredin, eithriadol. UNUSUAL.

***anarlloes,** *a.* heb ei drin. UNCULTIVATED.

***anarlloestrefn,** *a.* heb ei glirio. UNCLEARED.

anataliad, *eg.* amhurdeb mewn nwyd. INCONTINENCE.

anatomaidd, *a.* yn ymwneud ag anatomi. ANATOMICAL.

anatomeg : **anatomi,** *eb.* gwyddor adeiladwaith y corff. ANATOMY.

***anaw,** 1. *a.* cyfoethog. RICH.

2. *eg.* cyfoeth. RICHES.

anawd, *eg.* *ll.* anodau. blaenffrwyth i'r Pab. ANNATE.

***anawell,** *a.* clir. CLEAR.

***anawr,** *eg.* cymorth; amddiffyn. HELP; PROTECTION.

***ancr,** *egb.* meudwy. HERMIT.

***ancrain,** *eg.* ymdreiglad. SPRAWL.

    a. 1. crwm. BENT.

    2. yn ymdreiglo. SPRAWLING.

***ancres,** *eb.* meudwyes; lleian. ANCHORESS ; NUN.

***ancus,** *a.* gwancus. GREEDY.

***ancwyn,** *eg.* *ll.*-ion. dogn, gwledd, pryd o fwyd, bwyd blasus. RATION, FEAST, MEAL, DELICACY.

***anchwaethach,** *a.* chwaethach. PREFERABLE.

***anchwant,** *a.* 1. awchus. DESIRABLE.

2. teg. FAIR.

anchwiliadwy, *a.* na ellir ei chwilio, diamgyffred. UNSEARCHABLE.

*anchwith, *a.* dechau, medrus. DEXTEROUS, CLEVER.

*anchwyrn, *a.* addfwyn. GENTLE.

*andaw, *be.* gwrando. TO LISTEN.

andras, *eg.* *ll.*-iaid. 1. drygioni. EVIL. 2. cnaf, diafol. RASCAL, DEVIL.

andwyo, *be.* niweidio, drygu, distrywio, difetha. TO HARM, TO SPOIL.

aneffeithiol, *a.* heb fod yn effeithiol. INEFFECTUAL.

aneglur, *a.* tywyll. OBSCURE.

*aneglwg, *a.* aneglur. OBSCURE.

anegni, *eg.* yn fyr o egni. INERTIA.

*aneilfydd, *a.* digymar. INCOMPARABLE.

*aneilun, *eg.**ll.*-od. drychiolaeth. PHANTOM.

*aneilydd, *a.* digymar. INCOMPARABLE.

*aneirfuwch, *eb.* treisiad, anner. HEIFER.

*aneirian, *a.* hyll. UGLY.

aneirif, *a.* di-rif, afrifed, dirifedi, difesur. INNUMERABLE.

*aneis(i)or, *a.* digymar. INCOMPARABLE.

aneliad, *eg.* *ll.*-au. 1. y weithred o anelu. DRAWING OF A BOW, AIM. 2. penbleth. PERPLEXITY.

*aneliaeth, *eb.* gwaith anniben. CLUMSY WORK.

anelio, *be.* poethi ac oeri metel i'w wneud yn llai brau. TO ANNEAL.

anelog, *a.* ar annel. GUIDED, AIMING. Arfau anelog. GUIDED MISSILES.

*anelp, *eg.* niwed, rhwystr. INJURY, HINDRANCE.

anelu, *be.* tynnu (bwa), cyfeirio, cyrchu, ymgyrraedd at, amcanu. TO AIM, ATTEMPT.

anelw, 1. *a.* di-les. UNPROFITABLE. 2. *eg.* colled. LOSS.

*anelwig, *a.* di-werth di-les. PROFITLESS, WORTHLESS.

*anelyf, *a.* anfesurol, difesur. IMMEASURABLE.

*anenwir, *a.* didwyll. SINCERE.

anenwog, *a.* di-nod, heb fod yn enwog, distadl. UNRENOWNED.

*anerchgael : anerchgar, *a.* a gyferchir yn aml. MUCH GREETED.

*anerchglaer, *a.* mwyn ei ymadrodd. OF GENTLE SPEECH.

anerchiad, *eg.* *ll.*-au. araith fer, annerch, cyfarchiad. ADDRESS, GREETING.

*anerchog, *a.* a gyferchir yn aml. MUCH GREETED.

*anerchol, *a.* yn annerch. GREETING.

*anerchwawd, *eg.* cân o gyfarch. SONG OF GREETING.

*anerchwedd, *a.* prydferth. BEAUTIFUL.

*anerfai, *a.* hyll; truenus. UGLY; WRETCHED.

anesgor(ol), *a.* anorfod ; anwelladwy. INEVITABLE ; INCURABLE.

anesmwyth, *a.* aflonydd, diorffwys, anghysurus, blin, trafferthus, pryderus. RESTLESS.

anesmwythder, *eg.* aflonyddwch, anghysur, blinder, pryder. UNEASINESS.

anesmwytho, *be.* aflonyddu, pryderu, dechrau gofidio. TO BE RESTLESS.

anesmwythyd, *eg.* aflonyddwch, anesmwythder, blinder, pryder. UNEASINESS.

*anewybr, *a.* araf. SLOW.

anewyllysgar, *a.* anfodlon. UNWILLING.

anfad, *a.* ysgeler, erchyll, echrys, echryslon, echrydus, drygionus. WICKED.

*anfadfaint, *eg.* anferthedd. IMMENSITY.

*anfadfawr, *a.* anferth. HUGE.

*anfadful, *a.* ynfyd iawn. VERY FOOLISH.

*anfadog : *anfadol, *a.* drygionus. EVIL.

*anfadran, *eb.* dinistr. DESTRUCTION.

anfadwaith, *eg.* ysgelerder, erchylltra, drygioni, echryslonder. VILLAINY.

*anfadwallt, *a.* â gwallt wedi crino. WITH WITHERED HAIR.

*anfadwas, *eg.*
*anfadwr, *eg.* }dyn drwg. VILLAIN.
*anfadyn, *eg.*

anfaddeugar, *a.* yn pallu maddau. UNFORGIVING.

anfaddeuol, *a.* na ellir ei faddau. UNPARDONABLE.

anfantais, *eg.* *ll.* anfanteision. rhywbeth anffafriol, colled, niwed. DISADVANTAGE.

anfanteisiol, *a.* di-les, anghyfleus, amhroffidiol. DISADVANTAGEOUS.

anfarwol, *a.* 1. tragwyddol, yn byw byth, di-dranc. IMMORTAL. 2. gwych, bythgofiadwy. UNFORGETTABLE.

anfarwoldeb, *eg.* rhyddhad o farwolaeth neu anghofrwydd, bri. IMMORTALITY.

anfarwoli, *be.* gwneud yn anfarwol. TO IMMORTALIZE.

*anfatgi, *eg.* *ll.*-gwn. ci ffyrnig. SAVAGE DOG.

*anfatswmp, *eg.* pentwr anferth. HUGE PILE.

*anfatynaidd, *a.* ysgeler. VILLAINOUS.

*anfawl, *eg.* anfri. DISPRAISE.

*anfedr, *a.*   } *a.* difesur, anfesuradwy.
*anfedredd, *a.* }
*anfedrol, *a.*   } IMMEASURABLE.

anfedrus, *a.* di-fedr, diallu, lletchwith, llibin. UNSKILFUL.

***anfedydd**, *a.* anghristionogol. UN-CHRISTIAN.

anfeidraidd, *a.* na ellir ei fesur, anfeidrol. INFINITE.

anfeidredd, *eg.* maint neu nifer difesur. INFINITE.

anfeidrol, *a.* heb fod yn feidrol, difesur, diddiwedd, diderfyn. INFINITE.

anfeidroledd, *eg.* annherfynoldeb. IM-MENSITY.

***anfeisgors**, *eb.* cors ddofn. DEEP SWAMP.

anferth, *a.* enfawr, difesur, aruthr, dirfawr. HUGE.

anferthedd, *eg.* hagrwch; aruthredd. UGLINESS; HUGENESS.

anferthol, *a.* enfawr, dirfawr. HUGE.

anferthrwydd, *eg.* hagrwch. UGLINESS.

anferthu, *be.* hagru. TO DISFIGURE.

***anfethiant**, *eg.* llwyddiant. SUCCESS.

***anfethlig**, *a.* di-rwystr. UNHINDERED.

***anfirain**, *a.* hagr, salw. UGLY.

***anfod**,1. *eg.* anfodolaeth. NON-EXIST-ENCE.

    2. *a.* ansefydlog, digartref. HOME-LESS.

anfodlon, *a.* anewyllysgar, anfoddhaus, anfoddog, croes. DISCONTENT-ED, UNWILLING.

anfodlonrwydd, *eg.* amharodrwydd, anewyllysgarwch. UNWILLINGNESS.

***anfodog**, *a.* crwydrol. WANDERING.

anfodd, *eg.* amharodrwydd, anewyllysgarwch. UNWILLINGNESS.

***anfoddedig**, *a.* anfoddog. DISSATIS-FIED.

***anfoddgarwch** : ***anfoddineb**, *eg.* anfodlonrwydd. DISSATISFACTION.

anfoddog, *a.* anfodlon. UNWILLING, DISSATISFIED.

anfoddogrwydd, *eg.* anfodlonrwydd. UNWILLINGNESS, DISSATISFACTION.

anfoddol, *a.* ⎱ 1. anfodlon. UNWILLING.
anfoddus, *a.* ⎰ 2. anweddus. UNSEEMLY.

anfoes, *eb. ll.*-au. 1. drygfoes. UN-SEEMLINESS.

    2. anfoesoldeb. IMMORALITY.

anfoesgarwch, *eg.* anghwrteisi, afledneisrwydd. INCIVILITY.

anfoesol, *a.* anfoesgar, digywilydd, anfucheddol, llygredig, anllad. IM-MORAL.

anfoesoldeb, *eg.* llygredd moesol, anlladrwydd, gwŷd. IMMORALITY.

anfon, *be.* danfon, gyrru, hela, hebrwng. TO SEND.

anfonedig, *a.* wedi ei anfon, danfonedig. SENT.

anfonedigaeth, *eb.* danfoniad. MISSION.

anfonog, *eg. ll.*-ion. cynrychiolydd. DELEGATE.

anfri, *eg.* gwarth, amarch, gwaradwydd, sarhad, sen, difenwad, dirmyg. DISRESPECT, DISGRACE.

***anfrïo**, *be.* difenwi. TO REVILE.

***anfrïol**, *a.* difrïol. REVILING.

***anfuchedd** : ***anfucheddoldeb**, *eb.* anfoesoldeb. IMMORALITY.

***anfud**, *a.* swnllyd. NOISY.

anfuddiol, *a.* di-les, dielw, diwerth, di-fudd. UNPROFITABLE.

anfwriadol, *a.* difwriad, difeddwl. UN-INTENTIONAL.

anfwyn, *a.* angharedig. UNKIND.

***anfwyniant**, *eg.* anghysur, adfyd. DIS-COMFORT, ADVERSITY.

***anfydraidd**,*a.*anfarddonol. UNPOETIC.

***anfynnu**, *be.* gwarafun. TO GRUDGE.

***anfynog**, *a.* enwog. RENOWNED.

anfynud : ***anfynudol**, *a.* anfwyn, anfoesgar. UNKIND, DISCOURTEOUS.

anfynych, *a.* ambell waith, anaml. SELDOM.

anfyr, *a.* hir. LONG.

anfytynaidd, *a.* trwsgl. CLUMSY.

anfyw, *a.* difywyd. INANIMATE.

anfywiol, *a.* difywyd. INANIMATE, IN-ACTIVE.

anffaeledig, *a.* di-feth, di-ffael. IN-FALLIBLE.

anffaeledigrwydd, *eg.* heb ffaeledd. INFALLIBILITY.

anffawd, *eb. ll.* anffodion. aflwydd, anap, trychineb, trallod. MISFORTUNE.

***anffel**, *a.* annoeth. UNWISE.

***anffetus**,*a.* anfedrus, twp. UNSKILFUL, STUPID.

***anffodiad**,*eg.* aflwydd. MISFORTUNE.

***anffodiog** : **anffodus**, *a.* anffortunus, anlwcus, aflwyddiannus, truenus. UNFORTUNATE.

anffortunus, *a.* anffodus, anlwcus. UNFORTUNATE.

anffurf, *eg. ll.*-iau : **anffurfiad**, *eg. ll.*-au. anaf, nam. DISFIGUREMENT.

anffurfio, *be.* anharddu, andwyo, llygru. TO DISFIGURE.

***anffurfiog** : **anffurfiol**, *a.* afluniaidd. DEFORMED.

anffurfiol, *a.* heb fod yn ffurfiol. INFORMAL.

***anffurfiwch**, *eg.* nam. DEFORMITY.

***anffydd**, *eb.* anffyddlondeb. UNFAITH-FULNESS.

anffyddiaeth, *eb.* annuwiaeth, anghrediniaeth. ATHEISM.

anffyddiwr, *eg. ll.* anffyddwyr. ang-
hrediniwr, un na chred yn Nuw.
ATHEIST.
anffyddlon, *a.* anghywir, anonest,
bradwrus, twyllodrus. UNFAITHFUL.
anffyddlondeb, *eg.* anghywirdeb,
twyll. UNFAITHFULNESS.
anffynadwy, *a.* ⎫ aflwyddiannus.
anffynedig, *a.* ⎬ UNSUCCESSFUL.
anffyniannus, *a.* ⎭
*anffyrf, *a.* (*b.* anfferf). gwan. WEAK.
*angar, *eg.* ⎫ ager, tarth, mwg.
*anger, *eg.* ⎬ VAPOUR, SMOKE.
*angr, *eg.* ⎭
*angudd, *a.* enwog. FAMOUS.
*angiriol : anguriol, *a.* ofnadwy,
creulon. TERRIBLE, CRUEL.
anhaeddedigaeth, *eb.* : anhaeddedig-
rwydd, *eg.* anhaeddiant. UNWORTHI-
NESS.
anhaeddol, *a.* heb haeddiant. UN-
DESERVED.
anhael, 1. *a.* cybyddlyd. MISERLY.
2. *eg.* cybydd. MISER.
*anhaelder : anhaeledd, *eg.* cyb-
ydd-dod. MEANNESS.
*anhafal, *a.* digymar, di-ail. INCOM-
PARABLE.
*anhafarch, *a.* bywiog. ENERGETIC.
*anhalar, *a.* dig. ANGRY.
*anhalog, *a.* pur, dihalog. CHASTE.
anhapus, *a.* annedwydd, anlwcus,
adfydus. UNHAPPY, UNLUCKY.
*anhapynt, *eg.* anffawd. MISFORTUNE.
anhardd, *a.* hyll. UGLY.
*anhawddfyd,*eg.*anffawd.MISFORTUNE.
*anhawddgoll,*eg.* colled fawr. GREAT
LOSS.
*anhawsedd : anhawster, *eg.*
ll. anawsterau. cyfyngder, caledi,
afrwyddineb, rhwystr, dryswch.
DIFFICULTY.
anheddfa, *eb.* ⎫ annedd, trigfan.
anheddfan, *eg.* ⎬ ABODE.
anheddfod, *eg.* ⎭
anheddol, *a.* cyfannedd. HABITABLE.
anheddu, *be.* sefydlu, gwladychu. TO
SETTLE.
anheddwch, *eg.* cynnen. CONTENTION.
*anhefelydd,*a.*dihafal. INCOMPARABLE.
*anheodr,*a.*annymunol. UNPLEASANT.
anhepgor : anhepgorol, *a.* yn wir
angenrheidiol, hanfodol, rheidiol.
INDISPENSABLE.
*anhepgorus,*a.* angenrheidiol,di-feth.
INDISPENSABLE, UNFAILING.
*anhepgorwch, *eg.* anghenraid. NEC-
ESSITY.
anheintus, *a.* yn ddiogel rhag haint,
heintrydd. IMMUNE.

*anhodd-deb, *eg.* anhawster. DIFFI-
CULTY.
*anhoen, *egb.* afiechyd. ILLNESS.
*anhoffaidd : *anhoffgar, *a.* atgas.
HATEFUL.
*anhoywaidd, *a.* difywyd. LIFELESS.
anhrefn, *egb.* diffyg trefn, annibendod,
dryswch, tryblith. DISORDER, CHAOS.
anhrefnu, *be.* gwneud yn ddi-drefn.
TO MAKE UNTIDY.
anhrefnus, *a.* heb drefn, di-drefn,
anniben, blith draphlith. DISORDER-
LY.
anhreuliedig, *a.* heb ddarfod. UN-
SPENT.
anhringar, *a.* afreolus. UNMANAGE-
ABLE.
*anhrugar : anhrugarog, *a.* di-
drugaredd, didostur. MERCILESS.
*anhuawdr, *a.* annymunol. UNPLEAS-
ANT.
anhudded, *eg.* gorchudd ; amdo. COV-
ERING ; SHROUD.
anhuddo, *be.* cuddio, gorchuddio,
enhuddo. TO COVER (ESPECIALLY OF
FIRE).
anhuddol, *a.* gorchuddiedig. COVERED.
anhun, *eg.* diffyg cwsg. SLEEPLESSNESS.
anhunawd, *a.* effro. AWAKE.
anhunedd, *eg.* diffyg cwsg. SLEEPLESS-
NESS.
*anhunfardd,*eg.* bardd di-gwsg. SLEEP-
LESS POET.
*anhuno,*be.* colli cwsg. TO LOSE SLEEP.
anhunog : anhunol, *a.* effro. SLEEP-
LESS.
anhwyl, *eg. ll.*-iau. anhwyldeb. SICK-
NESS.
anhwyldeb, *eg. ll.*-au : anhwylder, *eg.*
ll.-au. salwch, tostrwydd, clefyd,
gwaeledd, afiechyd. SICKNESS.
anhwylus, *a.* 1. claf, sâl, tost, gwael.
UNWELL.
2. anghyfleus. INCONVENIENT.
anhwylustod, *eg.* 1. clefyd, salwch,
gwaeledd. ILLNESS.
2. anghyfleustra. INCONVENIENCE.
anhwysiad, *eg.* bwriad. INTENTION.
*anhy, *a.* ofnus, swil. TIMID, SHY.
*anhyall, *a.* amhosibl ; annealladwy.
IMPOSSIBLE ; UNINTELLIGIBLE.
*anhyar,*a.* anodd ei aredig. INARABLE.
*anhybarth, *a.* anrhanadwy. INDIVIS-
IBLE.
*anhyber, *a.* diflas. UNPLEASANT.
anhyblyg, *a.* na ellir ei blygu, an-
ystwyth, ystyfnig, syth, cyndyn,
diwyro. STUBBORN, RIGID.
anhybris, *a.* amhrisiadwy. PRICELESS.
*anhybwyll,*a.* disynnwyr. SENSELESS.

anhydawdd, *a.* na ellir ei doddi. IN-
SOLUBLE.
*anhyderu, *be.* anghredu. TO DIS-
BELIEVE.
*anhydr, *a.* ansicr, brau. UNCERTAIN,
FRAGILE.
anhydrig, *a.* anaddas i drigo ynddo,
anial. UNINHABITABLE, UNINHABITED.
anhydrin, *a.* anhywaith, anhydyn,
afreolus, anystywallt. UNMANAGE-
ABLE.
anhydwf, *a.* byr. SHORT.
anhydwyth, *a.* anhyblyg. STIFF.
*anhydyb, *a.* anghredadwy. INCRED-
IBLE.
anhydyn, *a.* anhydrin. INTRACTABLE.
anhydynder : anhydynrwydd, *eg.*
cyndynrwydd. OBSTINACY.
anhyddwyn, *a.* annioddefol. UNBEAR-
ABLE.
*anhyed, *a.* heini, sionc. NIMBLE.
*anhyedd, *eg.* 1. gweniaith. FLATTERY.
2. ymbil. ENTREATY.
*anhyeddwr, *eg.* *ll.*-wyr. gwenieithwr.
FLATTERER.
anhyf, *a.* gweler *anhy.*
*anhyfaeth, *eb.* afrywiog, anhydrin.
ILL-BRED, INTRACTABLE.
anhyfedr, *a.* lletchwith. CLUMSY.
*anhyflin, *a.* diflino. TIRELESS.
anhyfreg, *a.* perffaith, difregus.
PERFECT, NOT FRAGILE.
anhyfryd, *a.* annymunol, ffiaidd. UN-
PLEASANT.
anhyfrydu, *be.* tristáu. TO BECOME
DEJECTED.
anhyfrydwch, *eg.* atgasedd ; gofid.
DISAGREEABLENESS ; GRIEF.
*anhyffordd, *a.* ystyfnig. OBSTINATE.
anhyffordd, *a.* diarffordd, anghysbell.
INACCESSIBLE.
anhygar, *a.* anhawddgar, diserch, hyll,
hagr. UNPLEASANT, UGLY.
anhyglyw, *a.* na ellir ei glywed, ang-
hlywadwy. INAUDIBLE.
anhygoel, *a.* anghredadwy, amheus.
INCREDIBLE.
anhygof, *a.* anodd ei gofio, anghofus.
NOT EASILY REMEMBERED, IMMEM-
ORIAL.
*anhygon, *a.* (*gair ffug*). amhosibl.
IMPOSSIBLE.
*anhylar, *a.* dig. ANGRY.
anhylaw, *a.* 1. anfedrus. UNSKILFUL.
2. drwg. EVIL.
anhyludd, *a.* na ellir ei rwystro. UN-
ABLE TO BE CHECKED.
anhylwydd, *a.* aflwyddiannus. UN-
FORTUNATE.

anhynod, *a.* aneglur ; anenwog. IN-
DISTINCT ; NOT FAMOUS.
*anhyrif, *a.* aneirif. INNUMERABLE.
anhysbys, *a.* anadnabyddus. UN-
KNOWN.
anhysbysrwydd, *eg.* ansicrwydd. UN-
CERTAINTY.
*anhysom,*a.*cywir; didwyll. ACCURATE;
SINCERE.
*anhyswi, *eb.* *ll.*-ïod. maeden, slwt.
SLUT.
anhywaith, *a.* anhydrin, gwyllt, af-
reolus, aflonydd, anesmwyth. WILD,
INTRACTABLE, RESTLESS.
*anhywel, *a.* anweledig. INVISIBLE.
*anhywir, *a.* anffyddlon. UNFAITHFUL.
*anhyys, *a.* anfwytadwy. INEDIBLE.
*aniach,*a.*afiach,sâl. UNHEALTHY, SICK.
aniaeth, *eb.* anian. NATURE.
anial, *a.* 1. diffaith, gwyllt, anghyf-
annedd. DESOLATE, WILD.
2. gofidus. GRIEVOUS.
3. gwych. FINE.
eg. anialwch. DESERT.
anialdir, *eg.* *ll.*-oedd. anialwch. WILD-
ERNESS.
*anialog, *a.* 1. truenus. GRIEVOUS.
2. gwyllt, diffaith. WILD, DESOLATE.
anialu, *be.* troi'n anial. TO LAY WASTE.
anialwch, *eg.* anial, anialdir, diffeith-
wch. WILDERNESS, DESERT.
anian, *egb.* *ll.*-au. 1. natur. NATURE.
2. anianawd, tymer. TEMPER-
AMENT.
anianaeth, *eb.* 1. ffiseg. PHYSICS,
NATURAL SCIENCES.
2. ffisioleg. PHYSIOLOGY.
anianawd, *eg.* tymer, anian, natur,
naws. TEMPERAMENT.
anianeg, *eb.* ffisioleg. PHYSIOLOGY.
*aniangrawn, *eg.* crawn. PUS.
anianofydd, *eg.* *ll.*-ion. ffisiolegwr.
PHYSIOLOGIST.
*anianol, *adf.* tra, rhyfeddol. VERY.
anianol, *a.* 1. naturiol. NATURAL.
2. cynhenid. INNATE.
*anianus, *a.* ffrwythlon. FRUITFUL.
anianydd, *eg.* *ll.*-ion. 1. naturiaethwr,
ffisegydd. NATURALIST, PHYSICIST.
2. athronydd. PHILOSOPHER.
*anïas, *eg.* twrw ; brwydr. UPROAR ;
BATTLE.
aniawn, *a.* cam ; anghywir. CROOKED ;
WRONG.
*aniddim, *a.* tlawd. POOR.
*aniesin, *a.* hagr, diserch. UGLY, UN-
PLEASANT.
anifail, *eg.* *ll.* anifeiliaid. creadur,
milyn, bwystfil. ANIMAL.

anifeilaidd, *a.* fel anifail, ffiaidd, brwnt, budr, aflan, bwystfilaidd. BEASTLY.

anifeiliaeth, *eb.* bod fel anifail. ANIMAL-ISM.

anifeilyn, *eg.* anifail bach. SMALL ANIMAL.

*anifeiriog,*a.*cyfrwys iawn. VERY WILY.

*anir, *a.* crin ; byr. SERE ; SHORT.

*anlan, *a.* aflan. UNCLEAN.

*anlendid, *eg.* aflendid. UNCLEANNESS.

*anlew, *a.* llwfr. COWARDLY.

anlwc, *eg.* anffawd, anghaffael, aflwydd, trychineb. MISFORTUNE.

anlwcus, *a.* anffodus, aflwyddiannus, anffortunus. UNLUCKY.

anllad, *a.* trythyll, anniwair. WANTON.

*anlladfegr, *eg.* cardotyn anllad. WANTON BEGGAR.

*anlladoer, *a.* anllad a didostur. WANTON AND RUTHLESS.

anlladrwydd, *eg.* trythyllwch, anniweirdeb. WANTONNESS.

anlladu, *be.* trythyllu. TO WANTON.

*anlladus, *a.* anniwair. WANTON.

*anllai, *adf.* sut bynnag. HOWEVER.

*anllatgras, *a.* anllad a chwrs. WANTON AND COARSE.

anllathraid, *a.* anghwrtais. DISCOURTEOUS.

*anllawdd, *a.* gwerthfawr. COSTLY.

*anlloddi, *be.* canmol. TO PRAISE.

*anlloedd, *eg.* ⎫ 1. cyfoeth. WEALTH.
*anlloeth, *eg.* ⎰ 2. annedd. DWELLING.
   3. llanw. TIDE.

*anllofi, *be.* rhoddi. TO GIVE.

anllosgadwy, *a.* na ellir ei losgi. INCOMBUSTIBLE.

*anllyfasus, *a.* llwfr. COWARDLY.

anllygredig, *a.* dilwgr, pur, dihalog. INCORRUPT, PURE.

anllygredigaeth, *eb.* dilygredd, purdeb. PURITY.

*anllysadwy, *a.* anwadadwy. UNDENIABLE.

anllythrennog, *a.* heb fedru darllen, anwybodus. ILLITERATE.

anllywodraeth, *a.* afreolaeth, aflywodraeth. ANARCHY.

annaearol, *a.* heb fod o'r ddaear, iasol, annaturiol. UNEARTHLY.

annaturiol, *a.* anghyffredin, dieithr. UNNATURAL.

annaturus, *a.* (*taf*). drwg ei dymer. ILL-TEMPERED.

*annawd, *a.* anaml. INFREQUENT.

*annawn, 1. *eg.* anffawd. MISFORTUNE.
   2. *a.* di-werth. USELESS.

*annaws, *eb.* anffawd. MISFORTUNE.

*anneallol, *a.* anneallus. SENSELESS.

anneallus, *a.* heb fod yn deall. LACKING IN UNDERSTANDING.

*anneau, *a.* anfedrus, trwsgl. AWKWARD.

*annebre, *a.* anhygyrch. INACCESSIBLE.

annedwydd, *a.* anhapus, aflawen, trist, gofidus. UNHAPPY.

annedd, *egb.* *ll.* anheddau. tŷ, cartref, preswyl, trigfa. DWELLING.

*annehau, *a.* gweler *anneau*.

*an(n)eiryd, *a.* priodol ; di-ail. FITTING ; PEERLESS.

annel, *egb.* *ll.* anelau, anelion. 1. magl. TRAP.
   2. amcan ; plyg. PURPOSE ; BENDING.
   3. ateg. PROP.

annelwig, *a.* di-lun, afluniaidd, aneglur. SHAPELESS.

anner, *eb.* *ll.* aneiri, aneirod. buwch ieuanc, treisiad, heffer. HEIFER.

annerch, *eg.* *ll.* anerchion. anerchiad, cyfarchiad. GREETING, ADDRESS.

annerch, *be.* 1. cyfarch, croesawu. TO GREET.
   2. traddodi araith. TO ADDRESS.

*annerth, *eg.* gwendid. WEAKNESS.

*annerthog : ***annerthol,** *a.* llesg. FEEBLE.

annethau, *a.* diddechau, lletchwith. CLUMSY.

*annewr : ***annewraidd,** *a.* llwfr. COWARDLY.

*annewrder : ***annewredd,** *eg.* llyfrdra. COWARDICE.

annewydd, *a.* hen. OLD.

annhangnefedd, *eg.* rhyfel. WAR.

*annhaw, *a.* di-daw. UNSILENT.

annheg, *a.* anonest, anghyfiawn. UNFAIR.

annhegwch, *eg.* anghyfiawnder, anonestrwydd. UNFAIRNESS.

annheilwng, *a.* heb fod yn deilwng, anhaeddiannol. UNWORTHY.

annheilyngdod, *eg.* heb deilyngdod. UNWORTHINESS.

*annheithi, *ell.* anhrefn. DISORDER.

*annhelediw, *a.* hyll ; anniben. UGLY ; UNTIDY.

*annhêr, *a.* amhur. FOUL.

annherfynol, *a.* diderfyn, di-ben-draw, difesur, anfeidrol. INFINITE.

*annherwyn, *a.* heb frwdfrydedd. NOT FERVENT.

annhiriog, *a.* heb dir. LANDLESS.

*annhoreithus, *a.* gwastraffus. THRIFTLESS.

annhueddrwydd, *eg.* heb duedd. DISINCLINATION.

*annhybus, *a.* anffaeledig, di-feth. INFALLIBLE, UNFAILING.

annhyciannol : annhyciannus, *a.*
seithug, ofer. UNAVAILING.

annhyciant, *eg.* methiant. FAILURE.

annhymer, *egb. ll.*-au, -oedd. an-
hwylder. ILLNESS.

annhymig, *a.* cynamserol, anaeddfed.
PREMATURE.

*annhywallt, *a.* swnllyd. NOISY.

annïau, *a.* ansicr. UNCERTAIN.

*annibech, *a.* pechadurus. SINFUL.

anniben, *a.* anhrefnus, aflêr, di-lun,
blith draphlith. UNTIDY.

annibendod, *eg.* anhrefn, aflerwch.
UNTIDINESS.

annibynnol : annibynnus, *a.* heb
ddibynnu ar neb na dim. INDEPEN-
DENT.

Annibynnwr, *eg. ll.* Annibynwyr.
aelod o'r Eglwys Annibynnol. AN
INDEPENDENT.

annichon, *a.* amhosibl. IMPOSSIBLE.

*anniddarbod, *eg.* difaterwch. UN-
CONCERN.

anniddig, *a.* croes, anfoddog, blin,
anfodlon. IRRITABLE.

anniddigrwydd, *eg.* anfoddogrwydd.
anesmwythyd. PEEVISHNESS, UN-
EASINESS.

*annielwedd, *eg.* digonedd, toreth.
ABUNDANCE.

*annïen, *a.* 1. hagr. UGLY.
2. araf. SLOW.

annifai, *a.* drwg. EVIL.

annifeiriol : annifer, *a.* afrifed.
COUNTLESS.

*anniferiog, *a.* diniwed. HARMLESS.

*annifiged, *eg.* tristwch. SORROW.

*anniflant, *a.* anniflanedig, arhosol.
PERPETUAL.

annifyr, *a.* diflas, anhyfryd, annym-
unol. MISERABLE, UNPLEASANT.

*annifflais, *a.* anniogel. UNSAFE.

*annigonadwy, *a.* anniwall. INSATI-
ABLE.

annigonol, *a.* heb fod yn ddigon,
diffygiol, anniwall. INSUFFICIENT.

*annigonoladwy, *a.* anniwall. IN-
SATIABLE.

*annigrif, *a.* annymunol. UNPLEASANT.

*annihewydus,*a.*difater. INDIFFERENT.

annileadwy, *a.* na ellir ei ddileu.
INDELIBLE.

*anniles, *a.* llesol. PROFITABLE.

annilys,*a.*ansicr,gau. DOUBTFUL, FALSE

*annillyngedig,*a.*tyn, diollwng. FAST.

annillyn, *a.* 1. hagr. UGLY.
2. trwsgl. CLUMSY.
3. anweddus. UNSEEMLY.

*anninasaidd : anninasol, *a.* bar-
baraidd. BARBARIC, UNCIVIL.

annioddefol, *a.* na ellir ei ddioddef.
UNBEARABLE.

*annïohor, *a.* ffyrnig. FIERCE.

anniolch, *eg.* 1. cerydd. REPROOF.
2. anniolchgarwch. THANKLESSNESS.

*annir, *a.* amheus. DOUBTFUL.

*annisbur, *a.* pur. PURE.

annisgwyliadwy, *a.* heb ei ddisgwyl,
heb yn wybod. UNEXPECTED.

*annisgywen, *a.* pŵl. DULL.

*annisyml, *a.* 1. taeog. CHURLISH.
2. syml. GUILELESS.

*anniwaith, *a.* dyfal, prysur. BUSY.

anniwall, *a.* diwala. INSATIABLE.

anniwarth, *a.* gwarthus. SHAMEFUL.

*annod, *eg. ll.* anodau. 1. oediad. DELAY.
2. gwrthwynebiad; rhwystr. OBJEC-
TION; HINDRANCE.

annoeth : *annoethig, *a.* ffôl, ang-
all, ynfyd, gwirion. UNWISE.

annof, *a.* gwyllt. WILD.

annog, *be.* cymell, calonogi, annos,
argymell, denu. TO URGE.

*annoniog, *a.* di-ddawn. UNGIFTED.

annormal, *a.* afreolaidd, o chwith.
ABNORMAL, INVERTED.

annos, *be.* gyrru, hela, annog, cymell,
cyffroi. TO INCITE, URGE, SET.

annosbarth, 1. *eg.* anhrefn, cyffro.
DISORDER.
2. *a.* aflywodraethus. DISORDERLY.

annosbarthus, *a.* afreolus, gwyllt.
UNRULY.

*annotáu, *be.* gohirio. TO DELAY.

*annudd, 1. *eg.* gorchudd. COVER.
2. *a.* o'r golwg. HIDDEN.

annuwiol, *a.* heb dduw, anffyddiol,
anghrefyddol. UNGODLY.

annuwioldeb, *eg.* annuwiaeth, an-
ffyddiaeth. UNGODLINESS.

annwfn : annwn, *eg.* 1. y byd o
dan y ddaear, y byd arall. THE
UNDER-WORLD, THE OTHER WORLD.
2. uffern. HELL.

annwyd, 1. *eg. ll.* anwydau. anhwyl-
deb oherwydd oerni, etc. A COLD.
2. *eb.* anian; natur; ysmudiad.
NATURE; PASSION; EMOTION.

annwyl, *a.* cu, hoff, cariadus, serchus,
hawddgar. DEAR.
O'r annwyl ! O DEAR ME !

*annwyn, *a.* annymunol. UNPLEASANT.

*annyfrwys, *a.* garw. ROUGH.

*annyfyn, *a.* di-alw'n ôl. IRREVOCABLE.

annymunol, *a.* anhyfryd, cas, atgas.
UNDESIRABLE, UNPLEASANT.

*annyn, *eg.* adyn. WRETCH.

annynol, *a.* ciaidd, creulon, brwnt.
INHUMAN.

annysgedig, *a.* di-ddysg, anwybodus. UNLEARNED.

*annyun, *a.* anghytûn. DISUNITED.

annywenydd, *eg.* tristwch. SADNESS.

anobaith, *eg.* diffyg gobaith, digalon-did. DESPAIR.

anobeithio, *be.* digalonni, gwangalonni. TO DESPAIR.

anobeithiol, *a.* diobaith, digalon. HOPELESS.

*anober, *eg.* peth diwerth. A WORTHLESS THING.

*anoberi, *eg.* *ll.*-ïau. person (neu beth) diwerth. A USELESS PERSON (OR THING).

anochel : anocheladwy, *a.* na ellir ei osgoi, anorfod. UNAVOIDABLE.

anodîn, *eg.* lliniarydd. ANODYNE.

*anodor, *a.* di-dor. UNBROKEN.

*anodrig, *a.* annioddefol. UNBEARABLE.

*anodus, *a.* rhwystredig. FRUSTRATED.

anodd, *a.* heb fod yn hawdd, caled, afrwydd. DIFFICULT.

*anoddau, *eg.* 1. cam anfwriadol. UN-INTENTIONAL WRONG.

   2. anffawd. MISFORTUNE.

*anoddi, *be.* treiddio. TO PENETRATE.

*anoddun, *eg.* *ll.*-oedd. 1. dyfnder. DEPTH.

   2. carchar. PRISON.

   3. uffern. HELL.

   a. dwfn iawn. VERY DEEP.

*anoddyfn, *a.* diwaelod. BOTTOMLESS.

*anoddyn, *eg.* ac *a.* gweler *anoddun*.

*anoed, *a.* heb drefnu oed; heb oedran. WITHOUT APPOINTMENT ; AGELESS.

*anoesfod, *eg.* ymryson. CONTENTION.

*anoeth, 1. *eg.* *ll.*-au, -ion. rhyfeddod. WONDER.

   2. *a.* rhyfedd. STRANGE.

*anoethach, *adf.* chwaethach. LET ALONE, NOT TO MENTION.

*anofais, *a.* dwfn iawn. VERY DEEP.

anogaeth, *eb.* *ll.*-au. cymhelliad, symbyliad, calondid. EXHORTATION.

*anolaith, *a.* anorfod. INEVITABLE.

*anoleddf, *a.* cymesur. SYMMETRICAL.

*anoleith(i)og, *a.* anorfod. INEVITABLE.

*anolesg, *a.* hoyw. LIVELY.

*anolo, *a.* diwerth. WORTHLESS.

anonest, *a.* twyllodrus. DISHONEST.

anonestrwydd, *eg.* twyll. DISHONESTY.

anorchfygol, *a.* na ellir ei orchfygu, anorfod. INVINCIBLE.

*anorchwyledd, *eg.* anweddusrwydd. UNSEEMLINESS.

anorfod, *a.* 1. anorchfygol. UN-CONQUERABLE.

   2. anochel, sicr. INEVITABLE.

*anorfynt, *eg.* cenfigen. JEALOUSY.

anorffenedig, *a.* heb ei orffen, anghyflawn. INCOMPLETE.

*anorraith, *a.* anhydrin. INTRACTABLE.

*anortho, *a.* diffyg. DEFECT.

*an(w)osgo, *a.* cadarn; trwsgl. STRONG; CLUMSY.

anras, *eg.* anffawd ; drygioni. MISFORTUNE ; EVIL.

*anrhaid, *a.* dieisiau. UNNECESSARY.

*anrhaith, 1. *eb.* anwylyd. DARLING.

   2. *a.* mawr; toreithiog. GREAT ; ABUNDANT.

anrhaith, *eb.* *ll.* anrheithiau, anrheithi. 1. ysbail, lladrad. SPOIL, BOOTY.

   2. distryw. DESTRUCTION.

   3. cyfoeth ; gyrroedd. WEALTH ; HERDS.

*anrhedud, *be.* dynwared. TO IMITATE.

anrheg, *eb.* *ll.*-ion. rhodd, cyflwyniad. GIFT.

*anrheglyw, *eg.* arglwydd hael. GENEROUS LORD.

anrhegu, *be.* rhoi yn rhad, cyflwyno. TO PRESENT.

anrheithio, *be.* ysbeilio, lladrata, ysglyfaethu, difrodi. TO PLUNDER, TO DESTROY.

*anrheswm, *eg.* heb reswm. UNREASON.

anrhydedd, *egb.* *ll.*-au. bri, parch, clod, urddas, enwogrwydd. HONOUR.

anrhydeddu, *be.* parchu, clodfori, moli, dyrchafu. TO HONOUR.

anrhydeddus, *a.* parchus, clodfawr, urddasol. HONOURABLE.

*anrhyfedd(og), *a.* rhyfedd. WONDERFUL.

*anrhyfeddod, *eg.* rhyfeddod. WONDER.

*anrhygoll, *a.* digolled. WITHOUT LOSS.

anrhywiol, *a.* heb ryw. ASEXUAL.

ansad, *a.* simsan, ansefydlog, anwadal, di-ddal, gwamal. UNSTEADY, FICKLE.

ansadrwydd, *eg.* gwamalrwydd, ansefydlogrwydd, anwadalwch. INSTABILITY, FICKLENESS.

ansathredig, *a.* 1. didramwy, anhygyrch. UNFREQUENTED.

   2. anghyffredin. UNCOMMON, OBSOLETE.

ansawdd, *eg.* *ll.* ansoddau. natur, anian, stad, cyflwr, rhinwedd, cynneddf, dull. QUALITY, CONDITION, MANNER, NATURE.

ansefydlog, *a.* gwamal, ansad, simsan, anwadal. UNSETTLED.

*ansiawns, *eb.* anffawd. MISFORTUNE.

ansicr, *a.* amheus, petrus. DOUBTFUL.

ansicrwydd, *eg.* amheuaeth, petruster. UNCERTAINTY.

ansir, *eg.* tristwch. GRIEF.
ansiriedig, *a.* digysur. CHEERLESS.
ansodd, *eg.* gweler *ansawdd.*
ansoddair, *eg. ll.* ansoddeiriau. gair sy'n disgrifio enw. ADJECTIVE.
ansoddeiriol, *a.* yn perthyn i ansoddair. ADJECTIVAL.
ansutiol, *a.* anghymedrol. IMMODERATE.
ansyber(w), *a.* anghwrtais ; anniben. DISCOURTEOUS ; UNTIDY.
ansymlant, *egb.* salwch. SICKNESS.
ansyw,*a.* angall, annoeth. UNWISE.
anterliwt, *egb. ll.*-iau. math o ddrama ddifyr a moesegol. INTERLUDE.
anterliwtiwr, *eg. ll.*-wyr. cyfansoddwr anterliwtiau. COMPOSER OF INTERLUDES.
anterth, *eg.* bore (o naw i ddeuddeg). FORENOON.
anterth, *eg.* y man uchaf, uchafbwynt, eithaf. HEIGHT, PRIME, ZENITH.
antred, *eg.* plastr. PLASTER.
antur,*egb.ll.*-iau, -ion. 1. camp. FEAT.
  2. ymgais. ATTEMPT.
  adf. prin, odid. HARDLY, SCARCELY.
antur, *egb. ll.*-iau. gorchwyl beiddgar neu beryglus, mentr, anturiaeth. VENTURE.
  Ar antur. AT RANDOM.
anturiaeth, *eb. ll.*-au. ymgais, cynnig mentrus, antur. ADVENTURE.
anturiaethus, *a.* beiddgar, mentrus, anturus. ADVENTUROUS.
anturio, *be.* mentro, cynnig, beiddio, herio. TO VENTURE.
anturus, *a.* mentrus, beiddgar, gwrol, hy. ADVENTUROUS.
anturwedd, *a.* beiddgar, anturus. ADVENTUROUS.
anthem, *eb. ll.*-au.: **antem**, *eb. ll.*-au. emyn neu gân grefyddol a genir gan y gwahanol leisiau. ANTHEM.
anudon, *eg. ll.*-au. ⎫ llw twyllodrus.
anudonedd, *eg. ll.*-au. ⎬
anudoniaeth, *eb. ll.*-au. ⎭ PERJURY.
  Tyngu anudon. TO PERJURE ONESELF.
anufudd, *a.* ystyfnig, anystywallt. DISOBEDIENT.
anufudd-dod, *eg.* gwrthod ufuddhau, ystyfnigrwydd. DISOBEDIENCE.
anufuddhau, *be.* pallu ufuddhau, ystyfnigo. TO DISOBEY.
anun, *eg.* diffyg cwsg. SLEEPLESSNESS.
anunion[1], *a.* cam. CROOKED.
anunion[2] : **anuniongyrchol**, *a.* heb fod yn uniongyrchol, cwmpasog. INDIRECT.
anustru, *a.* dirmygus. INSOLENT.

anuun, *a.* anghytûn. DISAGREEING.
anwadal, *a.* ansefydlog, gwamal, oriog, simsan, cyfnewidiol, ansad. CHANGEABLE, FICKLE.
anwaedol, *a.* garw. COARSE.
anwaedu, *be.* gwaedu. TO BLEED.
anwael : **anwaelaidd**, *a.* rhagorol. EXCELLENT.
anwaelwr,*eg.ll.*-wyr. gŵr da. A GOOD MAN.
anwagelog, *a.* diofal. CARELESS.
anwahanadwy, *a.* na ellir ei wahanu a'i rannu. INSEPARABLE.
anwair, *a.* ffyddlon. FAITHFUL.
anwar, *1.a.* barbaraidd, gwyllt, anfwyn, anfoesgar, anfoneddigaidd, trahaus, creulon. UNCIVILISED, WILD, CRUEL.
  2. *eg. ll.*-iaid. barbariad. SAVAGE.
anwaraidd, *a.* anwar, barbaraidd, gwyllt, creulon. SAVAGE, WILD, CRUEL.
anwarawd, *a.* cynddaredd. FRENZY.
an-wardd,*a.*di-wardd, direol. UNRULY.
anwaredud, *be.* gweler *anrhedud.*
anwaredd, *eg.*: **anwariaeth**, *eb.* gwylltineb, ffyrnigrwydd. FEROCITY.
anwas, *a.* aflonydd. RESTLESS.
anwastad, *a.* 1. heb fod yn wastad neu lyfn, garw. UNEVEN.
  2. ansefydlog, gwamal. FICKLE.
anwastadrwydd, *eg.* garw, heb fod yn wastad. UNEVENNESS.
anwastnaid, *a.* ysbonciog. JERKY.
anwaws, *a.* creulon. CRUEL.
anwedig, *adf.* enwedig. ESPECIALLY.
anwedd, *a.* 1. aruthrol. ENORMOUS.
  2. tra. VERY.
  3. anweddus. INDECENT.
anwedd, *eg.* tawch oddi ar ddŵr berw, tarth, ager, stêm. STEAM, VAPOUR.
anweddaidd, *a.* anweddus, heb fod yn weddaidd, gwrthun, aflednais, difoes, amhriodol. UNSEEMLY, INDECENT.
anweddiad, *eg.* y weithred o droi'n dawch. VAPORIZATION.
anweddu, *be.* troi'n darth neu ager, ymageru. TO EVAPORATE.
anweddus, *a.* anweddaidd, gwrthun, aflednais, difoes. INDECENT, UNSEEMLY.
anwel : **anweledig**, *a.* na ellir ei weld, anamlwg, aneglur. INVISIBLE.
anwelladwy, *a.* na ellir ei wella, anfeddyginiaethol. INCURABLE.
anwellyniog, *a.* 1. gwastraffus. WASTEFUL. 2. anniben. UNTIDY.
anwes, *eg. ll.*-au. 1. maldod, mwythau, anwyldeb. FONDNESS, FONDLING.
  2. llythyr maddeuant. INDULGENCE.
  Capel anwes. CHAPEL OF EASE.

anwesu, *be.* anwylo, maldodi, coleddu, mynwesu, mwytho, tolach. TO FONDLE, TO CHERISH.

anwir, *a.* celwyddog, gau, twyllodrus. FALSE.

anwiredd, *eg. ll.*-au. celwydd, twyll. UNTRUTH, LIE.

anwireddus, *a.* celwyddog. LYING, UNTRUTHFUL.

anwiw, *a.* annheilwng. UNWORTHY.

***an(w)ogawn**,*a.*anferth; digon. HUGE; SUFFICIENT.

anwr, *eg. ll.* anwyr. adyn, dihiryn, llwfrgi. WRETCH, COWARD.

anŵraidd, *a.* llwfr, gwangalon. COW-ARDLY.

***anwreangwaith**, *a.* taeog. CHURLISH.

anwrteithiedig, *a.* heb ei wrteithio neu ei drin. UNCULTIVATED.

***anwrthebair**, *eg.* gwerseb, gwireb. AXIOM.

anwybod, *eg.* : **anwybodaeth**, *egb. ll.*-au.diffyg gwybodaeth.IGNORANCE.

anwybodus, *a.* heb wybodaeth, diddysg, annysgedig. IGNORANT.

anwybyddu, *be.* diystyru, dibrisio, gwadu, esgeuluso. TO IGNORE.

anwych, *a.* gwael, truan. BASE, WRETCHED.

***anwydin** : ***anwydog**, *a.* ffyrnig. FEROCIOUS.

anwydog : **anwydus**, *a.* yn dioddef oddi wrth annwyd, oer, oerllyd, fferllyd, rhynllyd. CHILLY, SHIVERY.

anwyl, *eg. ll.*-iau. gweler *anhwyl.*

anwylo, *be.* maldodi, mwytho, tolach, caru. TO FONDLE, TO LOVE.

anwyledd, *eg.*
anwyl(i)aeth, *eb.* } cariad. LOVE,
anwyliant, *eg.* } FONDNESS,
anwylwch, *eg.* } ENDEARMENT.

anwylyd, *egb.* cariad, cyfaill. BELOVED.

***anwymp**, *a.* anweddus, hagr. UN-SEEMLY, UGLY.

anwythiad, *eg.* casgliad. INDUCTION.

anwytho, *be.* casglu egwyddor o ffeithiau arbennig. TO INDUCE.

***anymmannerch**,*a.*tawedog. TACITURN.

anymarferol, *a.* heb fod yn ymarferol, na ellir ei wneuthur. IMPRACTICABLE.

***anymgyhydr**, *a.* anghymharol, digymar. PEERLESS, MATCHLESS.

anymyrraeth, *eb.* y weithred o beidio ag ymyrraeth. NON-INTERVENTION.

anynad, *a.* croes, blin, afrywiog, sarrug, cecrus, cynhennus. PEEVISH.

***anysbryd**, *eg. ll.*-ion. diafol. DEVIL.

***anysgoged**,*a.* cadarn, diysgog. STEAD-FAST, IMMOVABLE.

***anysgymod**,*eg.* anghydfod. CONTENT-ION.

***anystig**, *a.* diog. LAZY.

***anystumgar**,*a.*anystwyth, anhyblyg. INFLEXIBLE.

anystwyth, *a.* anhyblyg, syth. IN-FLEXIBLE.

anystywallt, *a.* anhydrin, gwyllt, anhywaith. INTRACTABLE, WILD.

ap, *eg.* gweler *ab.*

apêl, *egb. ll.* apelau : **apeliad**, *eg. ll.*-au. erfyniad, ymbil, gofyniad taer. APPEAL.

apelio, *be.* erfyn, ymbil, crefu. TO APPEAL.

apelydd,*eg.ll.*-ion. apeliwr. APPELLANT.

apolegwr, *eg. ll.*-wyr. un sy'n ymddiheuro. APOLOGIST.

apostol, *eg. ll.*-ion. 1. un a anfonir i bregethu'r Efengyl. APOSTLE.
    2. un blaenllaw mewn mudiad newydd. LEADER OF A REFORM.

apostolaidd, *a.* perthynol i'r Apostolion, tebyg i'r Apostolion. APOSTOLIC.

aprofi, *be.* cymeradwyo. TO APPROVE.

âr, *eg.* tir wedi ei aredig. TILTH.
    Tir âr. ARABLE LAND.

ar, *ardd.* (arnaf, arnat, arno, arni, arnom, arnoch, arnynt. ON ME, ETC.). ON.
    Ar draws, ar groes. ACROSS.
    Ar fin. ON THE POINT OF.
    Ar gerdded. AWAY, GOING ON.
    Ar y gorau. AT BEST.
    Ar y lleiaf. RATHER TOO LITTLE.
    Ar y mwyaf. RATHER TOO MUCH.
    Ar fyr o dro. SHORTLY.

arab, *a.* hyfryd, llawen, ffraeth, llon, doniol, ysmala, cellweirus. PLEASANT, WITTY, JOCULAR.

Arab, *eg. ll.*-iaid. brodor o Arabia. AN ARAB.

arabedd, *eg.* ffraethineb, ysmaldod, donioldeb, digrifwch. WIT, HUMOUR.

aradr, *egb. ll.* erydr. offeryn i droi'r tir (aredig), gwŷdd. PLOUGH.

***aradru**, *be.* aredig. TO PLOUGH.

aradrwr, *eg. ll.*-wyr. arddwr. PLOUGH-MAN.

***aradu**, *be.* aredig. TO PLOUGH.

arae, *eg.* trefn. ARRAY.

***arael**,*a.* hyfryd, dymunol. PLEASANT.

araf : **arafaidd**, *a.* pwyllog, hamddenol, hwyrfrydig. SLOW, LEISURELY.

arafeiddiwch, *eg.* pwyll ; mwyneidd-dra. DELIBERATION ; GENTLENESS.

arafiad, *eg. ll.*-au. y weithred o arafu. DECELERATION.

***arafin**, *eb.* tywydd teg. FINE WEATHER.

arafu, *be.* pwyllo, symud yn arafach. TO SLOW, TO TAKE TIME.

arafwch, *eg.* pwyll, hwyrfrydigrwydd, cymedroldeb. SLOWNESS.

*****arafynt,** *eb.* taith araf. SLOW JOURNEY.

arail, *be.* 1. gwylio, gofalu am. TO CARE FOR.

2. diwyllio; meithrin. TO CULTIVATE ; TO FOSTER.

araith, *eb. ll.* areithiau. anerchiad, sgwrs. SPEECH, ADDRESS.

arall, *a. ll.* eraill. nid yr un, amgen. OTHER.

*****arallaw,** *be.* digwydd. TO HAPPEN.

aralleg, *eb. ll.*-au, -ion. aralleiriad ; alegori. PARAPHRASE ; ALLEGORY.

aralleiriad, *eg.* darn o ryddiaith neu farddoniaeth wedi ei ddodi mewn geiriau gwahanol. PARAPHRASE.

aralleirio, *be.* rhoi ystyr darn o lyfr, etc. mewn geiriau eraill neu wahanol. TO PARAPHRASE.

*****arallog,** *eb. ll.*-au. alegori. ALLEGORY.

*****arallu,** *be.* newid. TO CHANGE.

arallu, *be.* estroni, dieithrio. TO ALIENATE.

araul, *a.* heulog, teg, gloyw, disglair, hyfryd. SUNNY, SERENE.

arawd, *eb. ll.* arodion. araith ; mawl ; gweddi. SPEECH ; PRAISE ; PRAYER.

*****arawl,** *eb. ll.* arholion. hawl. CLAIM.

arbed, *be.* achub, hepgor, cadw, gwaredu, sbario. TO SPARE, TO SAVE.

arbedwr, *eg. ll.*-wyr. cybydd ; gwaredwr. MISER ; SAVIOUR.

arbelydriad, *eg.* gwasgariad pelydrau. IRRADIATION.

arbelydru, *be.* goleuo, llewyrchu. TO IRRADIATE.

arbenigo, *be.* bod â gwybodaeth arbennig. TO SPECIALIZE.

*****arbenigol,** *a.* 1. brenhinol. ROYAL. 2. arbennig. PARTICULAR, SPECIALIST. *eg.* brenin, teyrn. KING.

arbenigrwydd, *eg.* nodwedd arbennig, rhagoriaeth, godidowgrwydd, goruchafiaeth. DISTINCTION.

arbenigwr, *eg. ll.*-wyr. un a gwybodaeth arbennig ganddo. SPECIALIST.

arbennig, *a.* anghyffredin, neilltuol, rhagorol. SPECIAL.

*****arber,** *eb.* gardd ; deildy. GARDEN ; BOWER.

arbetalaidd, *a.* a phetalau arno. EPIPETALOUS.

*****arblast(r)** : *****arbras,** *eg.* bwa croes. CROSSBOW.

arbrawf, *eg. ll.* arbrofion. ymgais i brofi rhywbeth megis damcaniaeth, etc. ; cynnig. EXPERIMENT.

arbrofi, *be.* gwneud cais i brofi rhywbeth megis damcaniaeth, etc. TO EXPERIMENT.

arbrofol, *a.* yn arbrofi. EXPERIMENTAL.

arch, 1. *eb. ll.* eirchion, eirchiau. deisyfiad, cais, erfyniad, dymuniad. REQUEST.

2. *eb. ll.* eirch. cist coffr, ysgrin, coffin. COFFIN, ARK.

Bwa'r arch. RAINBOW.

arch-, *rhagdd.* 1. prif, pennaf. CHIEF, ARCH-. e.e. Archdderwydd. ARCHDRUID.

2. gwaethaf, carn. WORST OF. e.e. archelyn. WORST ENEMY.

archaeoleg, *eb.* gwyddor hen gelfyddydau, arferion, etc. ARCHAEOLOGY.

archaeolegwr, *eg. ll.*-wyr. un sy'n astudio archaeoleg. ARCHAEOLOGIST.

archaf, *bf.* gweler *erchi.*

*****archaf(a)el,**1. *be.* dyrchafu. TO EXALT. 2. *eg.* dyrchafael, codiad. ASCENSION.

archangel, *eg. ll.* archangylion. prif angel. ARCHANGEL.

*****archan,** *eb. ll.*-au. arch, cais. REQUEST.

archeb, *eb. ll.*-ion. gorchymyn (am nwyddau), ordor. ORDER.

Archeb bost. POSTAL ORDER.

archebu, *be.* rhoi archeb, gorchymyn, ordro, erchi. TO ORDER.

*****archen,** *eb. ll.*-au : *****archenad,** *eg. ll.*-au. esgid ; dillad. SHOE ; CLOTHING.

*****archenydd,** *eg.* crydd. SHOEMAKER.

archesgob, *eg. ll.*-ion. prif esgob. ARCHBISHOP.

archesgobaeth, *eb. ll.*-au. swydd a maes awdurdod esgob. ARCHBISHOPRIC.

archfa, *eb. ll.*-feydd. drewdod, sawr drwg, drygsawr. STENCH.

*****archfain,** *a.* lluniaidd, gosgeiddig. SHAPELY, GRACEFUL.

*****archgrwn,** *a.* llyfndew. PLUMP.

*****archlen,** *eb.* ⎱ corff. BODY.
*****archlun,** *eg.* ⎰

*****archlyfn,** *a.* llyfndew. PLUMP.

archoll, *egb. ll.*-ion. clwyf, briw, cwt, toriad, dolur, anaf, gweli. WOUND.

archolli, *be.* clwyfo, gwanu, niweidio, brifo. TO WOUND.

*****archwa,** *eb.* gweler *archfa.*

archwaeth, *egb. ll.*-au : *****archwaith,** *egb.ll.*-weithiau. blas, chwant, awydd, chwaeth. APPETITE, TASTE.

archwaethu, *be.* blasu, chwantu. TO SAVOUR, TO RELISH.

archwiliad, *eg. ll.*-au. y weithred o archwilio. EXAMINATION, AUDIT.

archwilio, *be.* chwilio i mewn i gynnwys rhywbeth, profi. TO EXAMINE, TO AUDIT.

archwiliwr, *eg. ll.*-wyr. profwr, chwiliwr cyfrifon. EXAMINER, AUDITOR.

archwys, *eg.* y weithred o golli chwys, chwysiant. EXUDATION.

ardal, *eb. ll.*-oedd. rhandir, cymdogaeth, parth, dosbarth. DISTRICT.

ardalaeth,*eb. ll.*-au. bro, ardal. REGION.

*****ardalm**, *eg.* paratoad, darpariaeth. PREPARATION.

*****ardalwy**, *eb.* terfyn. goror, ffin. BOUNDARY, FRONTIER.

ardalydd, *eg. ll.*-ion. pendefig o radd is na dug. MARQUIS.

ardaro, *be.* cyffwrdd â. TO IMPINGE.

*****ardeb**, *egb. ll.*-au, -ion. arwyddlun, delw. SYMBOL, IMAGE.

*****ardebydd**,*eg.ll.*-ion. peintiwr. PAINTER.

*****ardeg**, *a.* gwan, eiddil. WEAK.

*****ardeml**, *eb.* torf ; adeilad ; ystad. CROWD ; BUILDING ; ESTATE.

*****ardolwyn**, *eb.* atolwg. PRAY.

ardrawiad, *eg.* trawiad. IMPACT.

ardrem, *eb. ll.*-iau. 1. wyneb. FACE.
   2. golygfa. VIEW.
   3. edrychiad. LOOK.

ardreth, *eb. ll.*-i. treth ; cyllid. RATE ; REVENUE.

ardro, *eg.* crymedd. CURVE.

*****ardrwsiad**,*eg.ll.* -au. achles,gwrtaith. MANURE.

*****ardwy**, *eg. ll.*-au. nodded, nawdd, amddiffyn. PROTECTION.

*****ardwyad**, *eg. ll.* ardwyaid. noddwr, amddiffynnwr. PROTECTOR.

*****ardwyo**, *be.* noddi, amddiffyn. TO FOSTER, TO PROTECT.

*****ardymyr**, *eg.* 1. tywydd (braf). (FAIR) WEATHER.
   2. tymheredd. TEMPERATURE.
   3. natur, anian. NATURE.

ardyst, *a.* wedi ei ardystio, profedig. ATTESTED.

ardystiad, *eg.* tystiolaeth, prawf. ATTESTATION, ENDORSEMENT.

ardystiedig, *a.* ardyst, wedi ei ardystio. ATTESTED, ENDORSED.

ardystio, *be.* tystiolaethu, profi. TO ATTEST, TO ENDORSE.

*****ardywynnig**, *a.* clir, disglair. CLEAR, BRIGHT.

*****ardd**, 1. *eb.* bryn. HILL.
   2. *a.* uchel. HIGH.

arddaearol, *a.* ar y ddaear. EPIGEAL.

arddangos, *be.* dangos rhywbeth mewn arddangosfa neu sioe. TO EXHIBIT, TO DEMONSTRATE.

arddangosfa, *eb. ll.* arddangosfeydd : arddangosiad, *eb. ll.*-au. sioe, siew. SHOW, EXHIBITION, DEMONSTRATION.

arddangoswr, *eg. ll.*-wyr. un sy'n arddangos. EXHIBITOR, DEMONSTRATOR.

*****arddal**,*be.*haeru, cynnal. TO MAINTAIN, TO SUPPORT.

arddel, *be.* cydnabod, hawlio, addef cydnabyddiaeth. TO OWN, TO CLAIM.

arddeliad, *eg. ll.*-au. argyhoeddiad, sicrwydd, eneiniad, cydnabyddiaeth. APPROVAL, UNCTION, CONVICTION.

arddelu : **arddelwi**, *be.* 1. arddel, honni. TO CLAIM, TO OWN.
   2. cymeradwyo. TO APPROVE.

ardderchog : *****ardderchol**, *a.* rhagorol, godidog, campus, ysblennydd, gwych. EXCELLENT.

*****arddïog**,*a.*swrth, difywyd. LIFELESS.

*****arddisbyddu**, *be.* disbyddu. TO EXHAUST.

arddodiad, *eg. ll.* arddodiaid. gair a ddodir o flaen enw neu ragenw i ddangos ei berthynas â gair arall yn y frawddeg. PREPOSITION.

*****arddu**, 1. *a.* tywyll. DARK.
   2. *eb.* tywyllwch, DARKNESS.

*****arddufrych**, *a.* croenddu. SWARTHY.

arddull, *egb. ll.*-iau. dull o ysgrifennu neu siarad neu gyfansoddi cerddoriaeth, etc. ; modd, ieithwedd. STYLE.

arddullio, *be.* dynwared. TO IMITATE.

arddulliwr, *eg. ll.*-wyr. ⎫ 1. dynwared-wr. IMITATOR.
arddullydd, *eg. ll.*-ion. ⎭ 2. un galluog mewn arddull. STYLIST.

arddun, *a.* 1. aruchel. SUBLIME.
   2. prydferth. BEAUTIFUL.

arddunedd,*eg.* ⎫ arucheledd.
ardduniant, *eg.* ⎭ SUBLIMITY.

ardduniad, *eg.* 1. arucheledd, mawredd. SUBLIMITY.
   2. harddwch. BEAUTY.
   3. anrhydedd. FAME, HONOUR.

arddunol, *a.* aruchel, mawreddog, dyrchafedig, hardd. SUBLIME, BEAUTIFUL.

*****arddunwawd**,*eg.*cân o fawl. EULOGY.

*****arddustru**, *a.* gofidus. GRIEVOUS.

*****arddwl**, *a.* trist iawn. VERY SAD.

arddwr, *eg. ll.* arddwyr. aradrwr, ffarmwr. amaethwr. PLOUGHMAN, FARMER.

arddwrn, *eg. ll.* arddyrnau. y cymal sy'n cysylltu'r llaw â'r fraich. WRIST.

*****arddwyrain**,*be.* dyrchafu ; codi. TO EXALT ; TO RISE.

*****arddyfrwys**, *a.* cadarn. STRONG.

arddyrchafael : arddyrchafu, be. dyrchafu ; anrhydeddu. TO EXALT ; TO HONOUR.

arddywediad, eg. ll.-au. darllenawd. DICTATION.

aredig, be. troi tir ag aradr, dymchwelyd tir. TO PLOUGH.

*aredd, eg. triniaeth tir, ffermwriaeth. HUSBANDRY.

*areglydd, eg. haeddwr, teilyngwr. ONE WHO IS DESERVING.

areitheg, eb. rhethreg. RHETORIC.

areithio, be. siarad yn gyhoeddus, rhoi anerchiad, traethu, llefaru. TO MAKE A SPEECH.

areithiwr, eg. ll. areithwyr : areithydd, eg. ll.-ion. siaradwr cyhoeddus, ymadroddwr. SPEAKER, ORATOR.

areithyddiaeth, eb. rhethreg, rhetoreg, huodledd. ORATORY, RHETORIC.

arel, eg. pren llawryf. LAUREL.

aren, eb. ll. -nau. un o'r ddwy chwarren sy'n rhannu'r carthion a'r dŵr oddi wrth y gwaed, elwlen. KIDNEY.

*aren, a. 1. ffraeth, huawdl. WITTY, ELOQUENT.
2. doeth. WISE.
3. haerllug. IMPUDENT.

*arenrwydd, eg. ffraethineb ; doethineb ; haerllugrwydd. WIT ; WISDOM ; IMPUDENCE.

*aresg, ell. hesg. SEDGES.

arestiad, eg. ll.-au. y weithred o restio. ARREST.

areulder : areuledd, eg. hyfrydwch, serenedd. PLEASANTNESS, SERENITY.

arf, egb. ll.-au. offeryn, erfyn, twlsyn. WEAPON, TOOL.
Arfau anelog. GUIDED MISSILES.

*arfa, eb. ll.-feydd. cystadleuaeth aredig, preimin. PLOUGHING MATCH.

arfaeth, eb. ll.-au. pwrpas, bwriad, amcan, cynllun. PURPOSE, DESIGN.

arfaethu, be. amcanu, bwriadu, cynllunio, arofun. TO PLAN, TO INTEND.

*arfanwl, a. cybyddlyd, llawgaead. MISERLY.

*arfedig, a. ag arfau, arfog. ARMED.

*arfedd(yd), eg. arfaeth, amcan. INTENT.

*arfeiddgar, a. ⎫ mentrus, beiddgar.
*arfeiddiog, a. ⎬ DARING.
*arfeiddiol, a. ⎭

*arfeisio, be. cerdded. TO WALK.

*arfelydd, eg. ll.-ion. peintiwr. PAINTER.

arfer, be. defnyddio, cyfarwyddo, ymarfer. TO USE, TO ACCUSTOM.

arfer, egb. ll.-ion : arferiad, eg. ll.-au. defod, moes, tuedd. CUSTOM.

*arferog : arferol, a. cyffredin, cynefin. USUAL.

*arferus, a. 1. hyddysg. LEARNED.
2. cyffredin, arferol. USUAL.

*arfgryd, eg. twrf arfau. TUMULT OF ARMS.

arfin, eg. darn o ddur fel min cyllell ar fantol, etc. KNIFE-EDGE.

arfod, ebg. 1. ergyd ag arf. STROKE OF A WEAPON.
2. brwydr. BATTLE.

*arfod, eg. 1. gofal. CARE.
2. cyfle. OPPORTUNITY.

*arfod(i), be. ergydio, taro. TO STRIKE.

*arfodiog : *arfodus, a. ergydiol. GIVING BLOWS.

*arfodd, eg. 1. hyfrydwch. PLEASURE.
2. mesur, maint. MEASURE.
    ardd. o gwmpas, oddeutu. ABOUT.

arfog, a. yn gwisgo rhyfelwisg, yn cludo arfau, ag arfau. ARMED.

arfogaeth, eb. rhyfelwisg, offer rhyfel. ARMOUR, ARMAMENT.

arfogi, be. cyflenwi ag arfau, paratoi i frwydr. TO ARM.

*arfoliaeth, eb. : *arfoliant, eg. mawl. PRAISE.

*arfoloch, a. bygythiol, ofnadwy. THREATENING, FEARFUL.

*arfoll, eg. ll.-au. 1. addewid. PROMISE.
2. derbyniad. RECEPTION.

*arfoll(i), be. derbyn ; cofleidio ; cyfamodi ; beichiogi. (TO) RECEIVE ; EMBRACE ; COVENANT ; CONCEIVE.

arfordir, eg. ll.-oedd : arfordwy, eg. tir ar lan y môr. COAST.

*arfreiddo, be. petruso. TO HESITATE.

arfwisg, eb. ll.-oedd. gwisg ryfel. ARMOUR.

*arfynaig, eg. dymuniad. WISH.

arffed, eb. ll.-au. y plyg lle mae gwaelod y bol a'r cluniau yn cyfarfod, cofl, côl. LAP.

*arffedog, egb. ll.-au. amddiffynnwr. PROTECTOR.

arffedog, eb. ll.-au. ffedog, barclod, brat. APRON.

argae, eg. ll.-au. clawdd i gadw dŵr draw, dyfrglawdd, morglawdd, cronfur, cored. EMBANKMENT, DAM, WEIR.

argaen, eg. ll.-iau. haen denau o bren ar yr wyneb. VENEER.

*argais, a. awyddus. EAGER, KEEN.

*argan(nu), be. goleuo. TO LIGHTEN.

argan, eg. cwynfan. LAMENTATION.

argel, 1. a. cudd, dirgel. HIDDEN, SECRET.
2. egb. ll.-ion. encil, encilfa, dirgelfa. SECRET PLACE.

*argelwch, *eg.* encil, dirgelwch. SEC-LUSION, SECRET.

*argiad, *eg.* dadl. DEBATE.

*arglais, *eg.* dicllonedd. ANGER.

*argledr, *eg.* ⎫ amddiffynnwr.
*argledrydd, *eg.* ⎬ DEFENDER.
*argleidriad, *eg.* ⎭

*argledd, *a.* aswy, chwith. LEFT.

*arglodig, *a.* enwog. RENOWNED, FAM-OUS.

arglwydd, *eg. ll.*-i. gŵr o radd uchel, meistr, llywodraethwr, pendefig. LORD.

arglwyddes, *eb. ll.*-au. meistres, gwraig arglwydd, pendefiges. LADY.

arglwyddiaeth, *eb. ll.*-au. 1. awdurdod, llywodraeth. DOMINION.
    2. tir arglwydd, ystad. LORDSHIP.

arglwyddiaethu, *be.* rheoli, traawdurdodi, llywodraethu, gweithredu fel arglwydd. TO HAVE DOMINION.

*argoed, *e. torf.* coed ; ymyl coedwig. TREES ; EDGE OF FOREST.

argoel, *eb. ll.*-ion. arwydd, awgrym, rhagarwydd, nod. SIGN, OMEN.

argoeli, *be.* arwyddo, awgrymu, rhagarwyddo, darogan. TO PORTEND.

argoeliad, *eg. ll.*-au. 1. arwydd, argoel. SIGN.
    2. barn. OPINION.

*argofio, *be.* dwyn i gof. TO REMEMBER.

*argor, *eg.* amddiffynfa o goed ar lan y môr. GROYNE.

*argosb, *eb. ll.*-ion. cosb. PUNISHMENT.

*argrad, *eg.* ofn, cyffro, cynnwrf. FEAR, COMMOTION.

argraff, *eb. ll.*-au. nod, ôl, delw, argraffnod. IMPRESSION, IMPRINT.

argraffdy, *eg. ll.* argraffdai. swyddfa argraffu. PRINTING-OFFICE.

argraffedig, *a.* wedi ei argraffu, mewn print. PRINTED.

argraffiad, *eg. ll.*-au. y copïau a argreffir yr un adeg. EDITION.

argraffu, *be.* gwasgu ar feddwl neu ar bapur, gadael argraff ar. TO PRINT, TO IMPRESS.

argraffwr, *eg. ll.*-wyr : argraffydd, *eg. ll.*-ion. un sy'n argraffu. PRINTER.

argrwm : argrwn, *a.* amgrwm. CONVEX.

*argyfrain, 1. *be.* claddu, troi corff heibio. TO BURY, TO LAY OUT A DEAD BODY.
    2. *eg.* corff claddedig. BURIED BODY.

*argyfrau, *eg.* gwaddol. DOWRY.

argyfwng, *eg. ll.* argyfyngau. yr adeg bwysicaf mewn amgylchiad peryglus, cyfyngder, creisis. CRISIS.

*argyngerth, *a.* plethedig. PLAITED.

argyhoeddi, *be.* ceryddu, darbwyllo, gwrthbrofi, perswadio. TO CONVINCE, TO REBUKE.

argyhoeddiad, *eg. ll.*-au. cred gadarn, darbwylliad. CONVICTION.

*argyllaeth, *eg.* tristwch, gofid. SORROW.

argymell, *be.* cymell, annog, annos, calonogi, cymeradwyo. TO URGE.

argymhelliad, *eg.* cymhelliad, anogaeth. INDUCEMENT.

*argyswr, *eg.* dychryn, braw. TERROR.

*argysyru, *be.* ofni. TO BE TERRIFIED, TO FEAR.

*argywedd, *eg. ll.*-ion. niwed, drwg, briw. HARM, HURT.

*argyweddu, *be.* niweidio. TO HURT..

arholi, *be.* holi, cwestiyno, profi. TO EXAMINE.

arholiad, *eg. ll.*-au. prawf, ymholiad. EXAMINATION.

arholwr, *eg. ll.*-wyr. un sy'n arholi, holwr, chwiliwr, profwr. EXAMINER.

*arhonnaid, *a.* enwog, nodedig. FAMOUS.

arhosfa, *eb. ll.* arosfeydd. trigfa, man aros, gorffwysfa. ABODE, STOPPING-PLACE.

arhosiad, *eg.* oediad, trigiad, preswyliad. A STAY.

arhosol, *a.* parhaol, parhaus, sefydlog. LASTING.

arial, *egb.* nwyf, bywiogrwydd. VIGOUR, LIVELINESS.

arian, 1. *eg.* metel gwyn gwerthfawr. SILVER.
    2. *ell.* arian bath o'r metel hwn. MONEY.
    Arian byw. QUICKSILVER.
    Arian bath. CURRENT MONEY.
    Arian cochion. COPPER MONEY.
    Arian drwg. BASE COIN.
    Arian gwynion, arian gleision. SILVER MONEY.
    Arian parod. CASH.
    Arian pen, arian cywir. EXACT MONEY.
    Arian sychion. HARD CASH.
    Arian breiniol. CURRENCY.
    Arian treigl. CURRENT MONEY.

ariandy, *eg. ll.* ariandai. lle i gadw neu newid arian, banc. BANK.

ariangar, *a.* hoff o arian, cybyddlyd, clòs, crintach. FOND OF MONEY.

ariangarwch, *eg.* hoffter o arian, cybydd-dod. LOVE OF MONEY.

*arianllaw, *a.* hael. GENEROUS.

ariannaid : ariannaidd, *a.* wedi ei wneud o arian, fel arian. OF SILVER, SILVERY.

ariannog, *a.* cyfoethog, goludog, cefnog. WEALTHY.

ariannol, *a.* perthynol i arian, cyllidol. FINANCIAL.

ariannu, *be.* 1. gorchuddio neu addurno ag arian. TO SILVER.

    2. gwneud rhywbeth yn debyg i arian. TO MAKE SILVERY.

*ariant, *eg.* arian. SILVER, MONEY.

*ariantal, *eg.* tâl, taliad. PAYMENT.

arien,*eg.*barrug, llwydrew. HOAR-FROST.

arlais, *eb. ll.* arleisiau. y rhan o'r pen rhwng y talcen a'r clust. TEMPLE (OF THE HEAD).

*arloes, 1. *a.* gwag. EMPTY.

    2. *eg.* gofod, lle gwag. SPACE.

arloesi, *be.* clirio neu baratoi'r ffordd, torri tir newydd (mewn llên, etc.), darparu. TO PREPARE THE WAY, TO PIONEER.

arloeswr, *eg. ll.*-wyr : **arloesydd,** *eg.* un sy'n paratoi'r ffordd, cychwynnydd mudiad newydd. PIONEER.

arlog, *eg.* adlog. COMPOUND INTEREST.

arluniaeth, *eb.* celfyddyd arlunio, gwaith arlunydd. ART OF PORTRAYING.

arlunio, *be.* tynnu lluniau â phensil neu frws, etc. TO DRAW, TO PAINT.

arlunydd, *eg. ll.* arlunwyr. artist, peintiwr. ARTIST.

arlwy, *eb. ll.*-on. 1. paratoad, darpariaeth. PREPARATION.

    2. gwledd. FEAST.

arlwyngig, *eg.* syrlwyn. SIRLOIN.

arlwyaeth, *eg.* y weithred o arlwyo. CATERING, PURVEYANCE.

arlwyo, *be.* darparu, trefnu, paratoi bord. TO PREPARE.

arlywydd, *eg. ll.*-ion. pennaeth gwlad dan werinlywodraeth. PRESIDENT (OF COUNTRY).

*arllaw, *be.* rhoddi. TO GIVE.

*arllawdd, *eg.* tâl, taliad. PAYMENT.

arlliw, *eg. ll.*-iau. blas, lliw, argoel, ôl. SAVOUR, TRACE, HUE, TINT.

*arlloes, *a.* gwag. EMPTY.

*arlloesi, *be.* gwacáu. TO EMPTY.

*arllost, *eb.* bôn arf. STOCK.

*arlludd,*eg.* rhwystr. OBSTACLE, HINDRANCE.

*arlluddias : arlluddio, *be.* rhwystro, llesteirio. TO HINDER.

arllwys, *be.* tywallt, diwel. TO POUR.

*armáu, *be.* paratoi. TO PREPARE.

armel, *eg.* yr ail laeth. THE SECOND MILK.

*armell, *eb.* breichled. BRACELET.

*armerth, *eg.* paratoad, arlwy. PREPARATION.

*armes, *eb.* 1. proffwydoliaeth. PROPHECY.

    2. colled. LOSS.

arnawdd, *egb.* y darn rhwng cyrn a swch yr aradr, arnodd. PLOUGH-BEAM.

*arnod, *eg. ll.*-au, -ion. nod. MARK.

arnodd, *egb.* y darn rhwng cyrn a swch yr aradr. PLOUGH-BEAM.

*arnoethi, *be.* dinoethi. TO DENUDE.

*aro, *bf.* aros ! WAIT !

arobryn, *a.* teilwng, yn haeddu gwobr. WORTHY, MERITORIOUS, PRIZEWINNING.

*arodrydd, *eg.* areithydd, areithiwr. ORATOR.

arofun, *be.* bwriadu, arfaethu, amcanu, golygu, meddwl, anelu. TO INTEND.

arofun : arofuned, *eg.* bwriad, arfaeth, amcan. INTENTION.

*arofyn *be.* ceisio ; hawlio. TO SEEK ; TO CLAIM.

arogl, *eg. ll.*-au : **aroglau,** *eg. ll.* arogleuon. sawr, perarogl. SCENT, PERFUME, SMELL.

arogldarth, *eg.* sawr perlysau a losgir mewn defodau crefyddol. INCENSE.

arogldarthu, *be.* llosgi arogldarth. TO BURN INCENSE.

arogledd, *eg.* arogl, perarogl ; synnwyr arogleuo. ODOUR, FRAGRANCE; SENSE OF SMELL.

arogleuo, *be.* clywed gwynt neu arogli, gwyntio, sawru. TO SMELL, TO GIVE ODOUR.

arogleuog : arogleuol, *a.* peraroglus. FRAGRANT, ODOROUS.

arogli, *be.* gwyntio, sawru, arogleuo. TO SMELL, TO GIVE ODOUR.

arogliad, *eg.* synnwyr arogleuo. SENSE OF SMELL.

*aroglin, *a.* persawrus, peraroglus. FRAGRANT.

aroglus, *a.* peraroglus. ODOROUS.

*aroloedd, *eg.* tyrfa, torf. CROWD.

arolwg, *eg. ll.* arolygon. ardrem, archwiliad. SURVEY.

arolygiaeth, *eb.* swydd arolygwr. SUPERINTENDENCY, SUPERVISION.

arolygu, *be.* archwilio, goruchwylio. TO SURVEY, TO SUPERINTEND.

arolygwr, *eg. ll.*-wyr : **arolygydd,** *eg. ll.*-ion. 1. un sy'n mesur tir, archwiliwr, tirfesurydd. SURVEYOR.

    2. goruchwyliwr Ysgol (Sul), etc. SUPERINTENDENT, INSPECTOR.

aros, *be.* sefyll, oedi, trigo, preswylio, disgwyl. TO WAIT, TO STAY.

*aros, *cys.* o gymaint â. BY THAT MUCH.

*arosod, *eg.* ergyd, cyrch. BLOW, ATTACK.

*arro, *eb.* glan. BANK.

*arsang, *eg. ll.*-au. gormes, trais. OPPRESSION.

*arsain, *eb.* : *arswn, *eg.* twrw, twrf, trwst, sŵn uchel. LOUD NOISE.

arswyd, *eg.* dychryn, braw, ofn mawr. TERROR.

arswydo, *be.* brawychu, dychrynu, ofni'n fawr. TO DREAD, TO FEAR.

arswydus, *a.* dychrynllyd, ofnadwy, brawychus, echrydus, erchyll, echryslon. DREADFUL, HORRIBLE, TERRIBLE.

*artaith, *ebg. ll.* arteithiau, dinistr. DESTRUCTION.

artaith, *eb. ll.* arteithiau. poen, dirboen. TORTURE, AGONY.

arteithglwyd, *eb. ll.*-i. offeryn poenydio. RACK.

*arteithig, *a.* dirboenus, dirdynnol. TORTURING.

arteithio, *be.* dirboeni, poenydio. TO TORTURE.

arteithiol, *a.* poenus iawn. VERY PAINFUL, EXCRUCIATING PAIN.

arteithiwr, *eg. ll.*-wyr. poenydiwr. TORTURER.

arth, *ebg. ll.* eirth. anifail rheibus a thrwm. BEAR.

arthes, *eb. ll.*-au. arth fenyw. SHE-BEAR.

arthog, *a.* fel arth, sarrug. SURLY.

aruchel, *a.* arddunol, mawreddog, godidog, dyrchafedig. SUBLIME, MAJESTIC.

aruthr, *a.* 1. ofnadwy, rhyfeddol, syn. TERRIBLE, WONDERFUL.

2. tra. VERY.

3. creulon. CRUEL.

*aruthrder, *eg.* 1. ofn. TERROR.

2. anferthedd. ENORMITY.

aruthredd, *eg. ll.*-au. ofn ; rhyfeddod. FEAR ; WONDER.

aruthrol, *a.* gweler *aruthr.*

*aruthrwydd, *eg.* ofn ; rhyfeddod. FEAR ; MARVEL.

*arwaesaf, *eg.* : *arwaesogaeth, *eb.* gwarant. GUARANTEE.

*arwain, *be.* 1. cludo, dwyn, cario. TO CARRY, TO WEAR.

2. ysbeilio, lladrata. TO STEAL.

arwain, *be.* tywys, blaenori, cyfarwyddo. TO LEAD.

*arwar, 1. *eg.* diddanwch, difyrrwch. DELIGHT, AMUSEMENT.

2. *be.* diddanu, difyrru. TO AMUSE.

*arwedd, *eb. ll.*-au, -ion. agwedd, ffurf. PHASE, FORM.

arwedd, *egb.* cludiad ; ymarweddiad. BEARING ; CONDUCT.

*arweddawdr : *arweddiad, *eg.* cludwr, cariwr, dygwr. BEARER.

arweddiad, *eg.* ymddygiad. BEHAVIOUR.

*arweddog, *a.* yn cludo, yn cario. BEARING.

*arweddu, *be.* cludo ; arwain. TO BEAR ; TO LEAD.

*arweddus, *a.* prydferth, teg. BEAUTIFUL.

*arweddwr, *eg. ll.*-wyr. gweler *arweddawdr.*

*arweddyd, *ebg.* gwisg, dilledyn. GARMENT.

arweiniad, *eg.* blaenoriaeth, cyfarwyddyd, hyfforddiant, tywysiad ; rhagymadrodd. GUIDANCE, LEADERSHIP ; INTRODUCTION.

arweinydd, *eg. ll.*-ion. tywysydd, blaenor, hyfforddwr, cyfarwyddwr. LEADER, CONDUCTOR.

*arwen, *be.* cludo, dwyn. TO CARRY.

arwerthiant, *eg. ll.* arwerthiannau. ocsiwn, arwerthiad, marchnad, gwerthiant, mart. SALE, AUCTION.

arwerthu, *be.* dodi ar ocsiwn. TO SELL BY AUCTION.

arwerthwr, *eg. ll.*-wyr. un sy'n gwerthu mewn ocsiwn, gwerthwr. AUCTIONEER.

*arwest(r), *eb. ll.*-au, -i. 1. tant ; gwregys. STRING ; BELT.

2. cerddoriaeth. MUSIC.

*arwestyn, *eg.* clerwr. MINSTREL.

*arwiriant, *eg.* tystiolaeth. EVIDENCE.

arwisg, *eb. ll.*-oedd. dilledyn allanol, clog, mantell. OUTER GARMENT, CLOAK.

arwisgo, *be.* dilladu, gwisgo, addurno, urddwisgo. TO ENROBE, TO INVEST.

arwr, *eg. ll.* arwyr. gwron, gŵr dewr, gŵr enwog, y prif berson mewn nofel neu ffilm, etc. HERO.

*arwredd, *eg.* dewrder, gwroldeb. HEROISM.

arwres, *eb. ll.*-au. merch ddewr, etc. HEROINE.

arwriaeth, *eb.* dewrder, gwroldeb. HEROISM.

arwrol, *a.* 1. dewr, gwrol. HEROIC.

2. epig, hanesiol. EPIC.

arwrwas, *eg.* arwr, gŵr dewr. BRAVE MAN, HERO.

*arwyar, *a.* gwaedlyd. BLOODY.

arwych, *a.* gwych, godidog. FINE.

arwydd (ŵy), *egb. ll.*-ion. nod, argoel, amnaid, awgrym. SIGN, PORTENT.

arwyddair, *eg. ll.* arwyddeiriau. ymadrodd ar bais arfau ysgol neu dref, etc. ; gair cyswyn. MOTTO.

arwyddlun, *eg. ll.*-iau. arwydd, symbol. EMBLEM, SYMBOL.

arwyddnod, *eg. ll.*-au. nod, marc, llofnodiad. MARK.

arwyddo, *be.* amneidio, nodi, awgrymu, llofnodi, dynodi. TO SIGN, TO SIGNIFY.

arwyddocâd, *eg.* yr hyn a olygir neu a awgrymir ; ystyr, meddwl, pwysigrwydd. SIGNIFICATION.

arwyddocáu, *be.* 1. mynegi drwy arwydd, amneidio. TO BECKON.

    2. cyfleu, dynodi, golygu, meddwl. TO SIGNIFY, TO INDICATE.

arwyl (ŵy), *eb. ll.*-ion : **arwyl(i)ad,** *eg.* angladd, claddedigaeth, cynhebrwng, defodau angladdol. FUNERAL, FUNERAL RITES.

arwylaidd, *a.* angladdol. FUNEREAL.

arwyliant, *eg. ll.*-iannau. gweler *arwyl.*

*arwymp : ***arwyn,** *a.* prydferth, hardd, cain. BEAUTIFUL, FINE.

arwyneb, *eg. ll.*-au. maint yn cynnwys lled neu hyd heb drwch, arwynebedd. PLANE, SURFACE.

arwynebedd, *eg.* wyneb, y tu allan, rhan allanol. SURFACE.

arwynebol, *a.* yn perthyn i'r wyneb neu arno ; bas, heb ddyfnder. SUPERFICIAL.

*arwynol, *a.* teg, prydferth ; ofnadwy. BEAUTIFUL ; TERRIBLE.

*arwynt, *eg.* sawr, arogl. SMELL.

*arwyrain, 1. *be.* dyrchafu, cyfodi. TO EXALT, TO RISE.

    2. *egb.* moliant. PRAISE.

*arwyre,1. *be.* dyrchafu, codi. TO RAISE, TO RISE.

    2. *eg.* dyrchafwr. EXALTER.

*aryant, *eg.* arian. SILVER.

*arymes, *eb.* 1. proffwydoliaeth. PROPHECY.

    2. colled. LOSS.

*arynaig, *eg.* dychryn, braw. TERROR.

*aryneigio, *be.* dychrynu, ofni. TO FEAR.

*aryneigus, *a.* ofnadwy. FEARFUL.

arysgrifen, *eb. ll.* arysgrifau. argraff neu ysgrifen ar rywbeth. INSCRIPTION.

as, 1. *eb.* y cerdyn chwarae pwysicaf ; mymryn. ACE ; PARTICLE.

    2. *eg.* asyn, mul. DONKEY.

asb, *eb. ll.*-iaid. sarff neu neidr wenwynllyd o'r Aifft. ASP.

asbri, *egb.* 1. bywiogrwydd, nwyf, hoen. VIVACITY.

    2. drygioni. WICKEDNESS.

asbrïog,
asbrïol, } *a.* bywiog ; drygionus.
*asbrïus, } VIVACIOUS ; WICKED.
*asbrus, }

ased, *eg. ll.*-ion. meddiannau person. ASSET.

asen, *eb. ll.*-nau, ais. un o'r esgyrn sy'n ymestyn o'r asgwrn cefn hyd at y frest. RIB.

asen, *eb. ll.*-nod. asyn benyw, mules. SHE-ASS.

*aserw, *a.* 1. diogel. SAFE.

    2. llachar, gloyw. BRIGHT.

aseth, *eb. ll.* esyth. gwialen, polyn. LATH, STAKE.

asethu, *be.* cysylltu. TO JOIN.

asgell, *eb. ll.* esgyll. adain. WING.

asgellwr, *eg. ll.*-wyr. un sy'n chwarae ar yr asgell, adeiniwr. WING (FOOTBALL).

asgellog, *a.* ag adenydd neu esgyll, hedegog, adeiniog. WINGED.

asgellwynt, *eg.* gwynt o'r ochr. SIDEWIND.

asgen, *eb. ll.*-nau. 1. niwed. HARM.

    2. tuedd. TENDENCY.

asgennu, *be.* esgyn, dringo. TO ASCEND.

asgetiaeth, *eb.* meudwyaeth. ASCETICISM.

asgetig, *a.* un sy'n ymwrthod â phleserau'r cnawd. ASCETIC.

asglodyn, *eg. ll.* asglod, asglodion. darn o bren nadd, dellten. CHIP (OF WOOD).

asgre, *eb.* mynwes, bron, calon. BOSOM, HEART.

asgwrn, *eg. ll.* esgyrn. sylwedd caled sy'n rhan o ysgerbwd dyn neu anifail, etc. BONE.

    Asgwrn y gynnen. BONE OF CONTENTION.

    Asgwrn tynnu. WISH-BONE.

    Di-asgwrn-cefn. SPINELESS.

asgwrneiddio, *be.* troi'n asgwrn. TO OSSIFY.

asiant, *eg. ll.*-au. gweithredwr. AGENT.

asid, *eg.* defnydd sur, suryn. ACID.

asiedydd, *eg. ll.*-ion. un sy'n asio. JOINER.

asio, *be.* cydio wrth, ieuo, cyfannu, cysylltu, uno, sodro. TO WELD, TO JOIN.

asol, *eb. ll.*-au, -ydd. braenar. FALLOW LAND.

astell, *eb. ll.* estyll, estyllod. 1. ystyllen, dellten, planc. PLANK.

    2. silff. LEDGE, SHELF.

*astrlabr, *eg.* offeryn seryddol. ASTROLABE.

astrus, *a.* dyrys, aneglur, amwys. DIFFICULT, AMBIGUOUS.

astrusi, *eg.* dryswch, aneglurder, amwysedd. CONFUSION, AMBIGUITY.

astud, *a.* ystyriol, myfyriol, myfyrgar, prysur, diflin, diwyd, dyfal. ATTENTIVE, DILIGENT.

astudiaeth, *eb. ll.*-au. myfyrdod, efrydiaeth, ymchwil, sylw. STUDY.

astudio, *be.* myfyrio, efrydu, meddwl, dysgu. TO STUDY.

astudrwydd, *eg.* 1. diwydrwydd. DILIGENCE.
    2. astudiaeth. STUDY.

astyllodi, *be.* torri'n estyll. TO SPLIT.

aswy, *a.* chwith, yr ochr chwith. LEFT (SIDE).

*aswyn, *eb.* ymbiliad ; esgus. ENTREATY ; ESSOIN.

asyn, *eg. ll.*-nod. creadur hirglust ystyfnig ; mul. ASS, DONKEY.

asynnaidd, *a.* fel asyn. ASININE.

at, *ardd.* (ataf, atat, ato, ati, atom, atoch, atynt. TO ME, ETC.). TO, TOWARDS.

atafael, 1. *be.* dwyn eiddo i dalu dyled. TO CONFISCATE.
    2. *eg.* dwyn eiddo. DISTRAINT.

atafaelu, *be.* cymryd meddiant (o eiddo). TO DISTRAIN.

atal, 1. *be.* lluddias, llesteirio, cadw'n ôl, rhwystro, gwahardd. TO STOP, TO PREVENT.
    2. *eg.* atalfa. IMPEDIMENT.

atalfa, *eb. ll.*-feydd : **ataliad,** *eg. ll.*-au : **ataliaeth,** *eb. ll.*-au. rhwystr, gwaharddiad. STOPPAGE, CHECK, PREVENTION.

ataliol, *a.* yn atal. PREVENTIVE.

atalnod, *eg. ll.*-au. nod i ddynodi seibiant wrth ddarllen. PUNCTUATION MARK.

atalnodi, *be.* dodi atalnodau. TO PUNCTUATE.

atalnodiad, *eg.* : **atalnodiaeth,** *eb.* y weithred o atalnodi. PUNCTUATION.

atalnwyd, *eb. ll.*-au. cymhleth, ystad annormal yn y meddwl. COMPLEX, INHIBITION.

*atalu, *be.* ad-dalu, talu'n ôl. TO REPAY.

atbawr, *eg.* gweddillion. REMNANTS.

atblyg, *eg. ll.*-ion. adweithred. REFLEX.

atblygol, *a.* yn troi'n ôl, adweithredol. REFLEXIVE.

atbor, *eg. ll.*-ion. gweddillion. REMNANTS.

atchwyl, *eg. ll.*-iau. 1. cylchdro. REVOLUTION.
    2. ystyriaeth. CONSIDERATION.

ateb, *eg. ll.*-ion. 1. atebiad, gwrtheb. ANSWER.
    2. dehongliad, datrysiad. SOLUTION.

ateb, *be.* rhoi ateb, dweud yn ôl. TO ANSWER.

*atecbawl : atecbost, *eg.* polyn, ateg, cynhalbren. PROP.

ateg, *eb. ll.*-ion. post, cynhalbren, gwanas. PROP, STAY.

ategiad, *eg.* cadarnhad, cefnogaeth. SUPPORT, CONFIRMATION, CORROBORATION.

ategol, *a.* yn ategu, yn cadarnhau. SUPPORTING, CORROBORATIVE.

ategu, *be.* cynnal, dal i fyny, cadarnhau, cefnogi, cydsynio. TO CONFIRM, TO SUPPORT, TO PROP.

*atepgan,*eb.ll.*-au.antiffoni. ANTIPHONY

atethol, *a.* dirmygedig. CONTEMPTUOUS.

atfydd, *adf.* efallai. PERHAPS.

*atgan, *eb. ll.*-au. cân. SONG.

atgas, *a.* cas iawn, ffiaidd, gwrthun, annymunol. HATEFUL, ODIOUS, PERVERSE.

*atgasáu, *be.* casáu. TO HATE, TO LOATHE.

atgasedd : atgasrwydd, *eg.* cas, casineb, gwrthuni, ffieidd-dra, digasedd. HATRED, ODIUM.

*atgasu, *be.*casáu, ffieiddio. TO HATE, TO LOATHE.

*atgen, *eg.* ffrwyth. FRUIT.

atgenhedliad, *eg.* ailgenhedliad. REGENERATION.

atgenhedlu, *be.* ailgenhedlu. TO REGENERATE.

atglaf, *a.* claf eilwaith. RELAPSE.

atglafychu, *be.* clafychu eilwaith. TO RELAPSE.

*atgludion, *ell.* mewnforion. IMPORTS.

*atgludo, *be.* mewnforio. TO IMPORT.

atgno, *eg. ll.*-au : **atgnofa,** *eb. ll.*-feydd. ail gnoad, cnoad cil ; edifeirwch. SECOND CHEWING ; REMORSE.

atgnoi, *be.* ail-gnoi, cnoi cil. TO CHEW THE CUD.

atgof, *eg. ll.*-ion. cof, coffa, argraff ar y cof. REMEMBRANCE, REMINISCENCE, MEMORY.

atgofio, *be.* dwyn i gof ; peri i gofio. TO RECOLLECT ; TO REMIND.

atgofus, *a.* llawn o atgof, hiraethus. REMINISCENT.

atgoffa ; atgoffáu, *be.* atgofio cofio, cofláu, dwyn i gof. TO RECALL, TO REMIND.

atgor   athrawaidd

atgor, *eg. ll.*-au, etgyr. 1. cwys, gwedd aredig. FURROW, PLOUGHING TEAM. 2. dychweliad. RETURN. *be.* 1. dychwelyd. TO RETURN. 2. aredig. TO PLOUGH.

atgrychyn, *eg. ll.*-nau. hanner cwafer. SEMIQUAVER.

atgryfhau, *be.* cryfhau o'r newydd. TO REINVIGORATE.

atgwymp, *eg.* atglafychiad. RELAPSE.

atgwympo, *be.* atglafychu, clafychu eilwaith. TO RELAPSE.

atgyfannu, *be.* ailgyfannu, ailieuo. TO REINTEGRATE.

atgyfeiriad, *eg. ll.*-au. safle gwrthrych mewn perthynas ag arall. BEARING.

atgyflyru, *be.* ail-wneud, ail-lunio. TO RECONDITION.

atgyfnerthion, *ell.* milwyr atgyfnerthol. REINFORCEMENTS.

atgyfnerthol, *a.* yn atgyfnerthu, cryfhaol. REINFORCING.

atgyfnerthu, *be.* cefnogi o'r newydd, cryfhau, ymfywiogi. TO SUPPORT, TO REFRESH, TO REINFORCE.

atgyfodi, *be.* 1. cyfodi eto, ailgodi. TO RISE AGAIN, TO RAISE. 2. adfer i fywyd, dod yn ôl o farw, adfywio. TO REVIVE.

atgyfodiad, *eg.* adferiad i fywyd, adfywiad, ailgyfodiad. RESURRECTION.

atgynhyrchu, *be.* ailgynhyrchu. TO REPRODUCE.

atgynnull, *be.* ailgynnull, cynnull o'r newydd. TO REASSEMBLE.

atgyweiriad, *eg.* ailgyweiriad, cyweiriad. REPAIR, RESTORATION.

atgyweirio, *be.* ailgyweirio, ail-wneud, ail-lunio. TO REFIT, TO REPAIR, TO RESTORE, TO MEND.

atgyweiriwr, *eg.* ail-luniwr, cyweiriwr. RESTORER, REPAIRER.

***atïang**, *a.* dihangol, diogel. SAVED.

atodeg, *eb.* problem sy'n codi o'r cynigiad blaenorol. RIDER.

atodi, *be.* ychwanegu ; ôl-ddodi. TO APPEND, TO ADD ; TO AFFIX.

atodiad, *eg. ll.*-au. ychwanegiad at lyfr. APPENDIX, SUPPLEMENT.

atodol, *a.* ychwanegol. ADDITIONAL, SUPPLEMENTARY.

***atoedd** : ***atoeth**, *adf.* efallai. PERHAPS.

atol, *eg. ll.*-au. craig gwrel gron yn amgáu lagŵn. ATOLL.

atolwg, *ebych.* yn wir, erfyniaf. PRITHEE.

atolygu, *be.* deisyf, erfyn, ymbil, crefu. TO BESEECH, TO BEG, TO IMPLORE.

atom, *egb. ll.*-au. y gronyn lleiaf o fater. ATOM.

atomeg, *eb.* gwyddor atomau. ATOMICS.

atomegwr, *eg. ll.*-wyr : **atomegydd**, *eg. ll.*-ion. un hyddysg mewn gwyddor atomau. ATOMICIAN.

atomeiddio, *be.* rhannu'n atomau. TO ATOMISE.

atomfa, *eb. ll.*-âu, -feydd. gorsaf atomig. ATOMIC POWER STATION.

atomiaeth, *eb.* y gred taw'r atom yw hanfod mater. ATOMISM.

atomig, *a.* yn perthyn i'r atom. ATOMIC.

***ator**, 1. *eg.* dychweliad. RETURN. 2. *adf.* yn ôl. BACK.

atosodiad, *eg.* cyfosodiad. SUPPOSITION.

***atrais**, *eg.* dial. REPRISAL.

***atre**, *eg.* dychweliad. RETURN.

***atregu**, *be.* cynnal. TO SUPPORT.

***atregwch**, *eg.* 1. gofid. GRIEF. 2. oediad ; hoe. DELAY ; RESPITE.

atroi, *be.* troi'n ôl. TO TURN BACK.

atsain, *eb. ll.* atseiniau. adlais, datsain, adlef, ailadroddiad. ECHO.

atseinio, *be.* adleisio, diasbedain, datsain. TO RESOUND, TO ECHO.

atseiniol, *a.* yn atseinio, yn diasbedain. RESOUNDING, RESONANT.

***atsofl**, *eg. ll.*-au. tir braenar. FALLOW.

atwf, *eg.* ail-dwf. SECOND GROWTH.

atwrnai, *eg.* twrnai. ATTORNEY.

***atychwel**, *be.* ailddychwelyd. TO RETURN AGAIN.

atyfiant, *eg.* ail-dwf, ailegino. REGERMINATION.

atyfu, *be.* aildyfu. TO GROW AGAIN.

atynfa, *eb. ll.*-feydd : **atyniad**, *eg. ll.*-au. tynfa, swyn. ATTRACTION, CAPILLARITY.

atyniadol : **atynnol**, *a.* deniadol, hudol. ATTRACTIVE.

atynnu, *be.* denu, swyno ; tynnu'n ôl. TO ATTRACT ; TO WITHDRAW.

***atywyn**, *eg.* adlewyrchiad. REFLECTION.

***athal**, *eg.* tâl, gwobr. PAYMENT.

***athaw**, 1. *a.* distaw iawn. VERY QUIET. 2. *eg.* distawrwydd. QUIETNESS, SILENCE.

***athechu**, *be.* osgoi. TO AVOID.

athletaidd : **athletig**, *a.* mabolgampaidd. ATHLETIC.

***athoedd**, *bf.* aethai. (S)HE HAD GONE.

***athoeddwn**, *bf.* aethwn. I HAD GONE.

***athoeddynt**, *bf.* aethent. THEY HAD GONE.

athraidd, *a.* hydraidd. PERMEABLE.

athraw, *eg.* gweler *athro*.

athrawaidd, *a.* yn dueddol i ddysgu. APT TO TEACH.

athrawes, *eb. ll.*-au. ysgolfeistres. TEACHER, GOVERNESS.

athrawiaeth, *eb. ll.*-au. dysgeidiaeth, credo. DOCTRINE.

athrawiaethol, *a.* yn ymwneud ag athrawiaeth. DOCTRINAL.

athrawiaethu, *be.* dysgu, hyfforddi, addysgu, cyfarwyddo. TO INSTRUCT, TO INDOCTRINATE.

*athrawu, *be.* dysgu. TO TEACH.

athrawus, *a.* yn tueddu i ddysgu. APT TO TEACH.

*athref, *eb. ll.*-i. trigfan. HABITATION.

athrist, *a.* trist iawn, prudd, galarus, blin, gofidus. SORROWFUL, PENSIVE.

athro, *eg. ll.* athrawon. 1. (athraw), ysgolfeistr, dysgwr. TEACHER.
    2. pennaeth adran mewn coleg. PROFESSOR.

athrod, *eg. ll.*-ion. enllib, anair, anghlod, drygair, cabl. SLANDER, LIBEL.

athrodgar, *a.* enllibus. SLANDEROUS.

athrodi, *be.* enllibio. TO DEFAME, TO SLANDER, TO LIBEL.

athrodiaeth, *eb.* athrod, enllib. SLANDER.

athrodus, *a.* enllibus. LIBELLOUS.

athrodwr, *eg. ll.*-wyr. enllibiwr, cablwr. LIBELLER, SLANDERER.

athrofa, *eb. ll.* athrofeydd. coleg, ysgol, academi. COLLEGE, ACADEMY.

athrofaol, *a.* perthynol i athrofa. COLLEGIATE, ACADEMIC(AL).

*athrofäwr, *eg. ll.*-fäwyr. athro mewn athrofa. ACADEMICIAN.

athroniaeth, *eb. ll.*-au. astudiaeth o'n gwybodaeth o bob agwedd ar fodolaeth a gwerth. PHILOSOPHY.

*athronol, *a.* athronyddol. PHILOSOPHICAL.

athronydd, *eg. ll.*-ion, athronwyr. un sy'n astudio athroniaeth. PHILOSOPHER.

athronyddol, *a.* yn ymwneud ag athroniaeth. PHILOSOPHICAL.

athronyddu, *be.* egluro trwy athroniaeth, damcaniaethu. TO PHILOSOPHIZE.

*athrotgar, *a.* enllibus. SLANDEROUS.

*athrugar, *a.* 1. didrugaredd. MERCILESS.
    2. trugarog. MERCIFUL.
    3. enfawr. HUGE.

*athrwm, *a.* trwm iawn. VERY HEAVY.

athrylith, *eb. ll.*-oedd. gallu cynhenid arbennig, medr, talent, cywreinrwydd. TALENT, INTUITION, GENIUS, INGENUITY.

athrylithgar, *a.* yn meddu ar athrylith, talentog, dysgedig. TALENTED, HAVING GENIUS, INTUITIVE.

*athrywyn, 1. *be.* gwahanu; cymodi. TO INTERVENE ; TO RECONCILE.
    2. gwahaniad; cymodiad. SEPARATION ; RECONCILIATION.

*athrywynwr, *eg. ll.*-wyr. cymodwr, dyddiwr. MEDIATOR, RECONCILER.

*athwll, *a.* tyllog. FULL OF HOLES.

au, *eg. ll.* euon. iau, afu. LIVER.

aur, *eg.* metel melyn gwerthfawr. GOLD.
    Aur coeth ; aur mâl. PURE OR REFINED GOLD.

awch, *eg.* 1. min, miniogrwydd, llymder. EDGE.
    2. eiddgarwch, sêl, awydd. ZEST, ARDOUR, RELISH.

*awchgrai, *a.*
*awchled, *a.*
*awchlif, *a.*   miniog. SHARP.
*awchliw, *a.*
*awchlud, *a.*
*awchlyd, *a.*

awchlym, *a.* miniog ; craff. SHARP-EDGED ; KEEN, ACUTE.

awchlymu, *be.* miniogi, awchu. TO SHARPEN, TO WHET.

awchus, *a.* 1. miniog, llym. SHARP.
    2. eiddgar, angerddol. ARDENT, EAGER.

awdl, *eb. ll.*-au. cân hir mewn cynghanedd. ODE.

awdlaidd, *a.* perthynol i awdl. PERTAINING TO AN ODE.

awdur, *eg. ll.*-on. un sy'n creu llenyddiaeth, creawdwr. AUTHOR.

awdurdod, *egb. ll.*-au. gallu cyfreithlon, gallu sy'n gysylltiedig â swydd neu gymeriad, corff neu fwrdd rheoli. AUTHORITY.

awdurdodedig, *a.* ac awdurdod ganddo. AUTHORIZED.

awdurdodi, *be.* rhoi gallu yn llaw rhywun, cyfreithloni, rhoi hawl. TO AUTHORIZE.

awdurdodol, *a.* ac awdurdod ganddo, swyddogol, dilys. AUTHORITATIVE.

awdures, *eb. ll.*-au. merch o awdur, un sy'n creu llenyddiaeth. AUTHORESS.

*awdurfawr, *a.* awdurdodol. AUTHORITATIVE.

*aweddwr, *eg.* dŵr rhedegog. RUNNING WATER.

awel, *eb. ll.*-on. chwa, gwynt ysgafn. BREEZE.
    Awel o wynt. GUST OF WIND.

awelog, *a.* ag awel. BREEZY.

awen, *eb. ll.*-au. 1. afwyn, llinyn ffrwyn. REIN.
2. athrylith neu ysbrydoliaeth farddonol, dawn, talent. POETIC GIFT, THE MUSE.

*awengerdd, *egb. ll.*-au, -ion. cerdd, barddoniaeth. POEM, POETRY.

awenog : **awenol,** *a.* ag awen. POETIC.

*awenydd, *egb. ll.*-au, -ion. 1. awen. MUSE.
2. athrylith. INGENUITY.

awenydd, *eg. ll.*-ion. bardd, prydydd. POET.

awenyddiaeth, *eb.* barddoniaeth. POETRY.

awenyddol, *a.* barddonol. POETICAL.

awff(t), *eg.* penbwl, hurtyn, cnaf. LOUT, RASCAL, OAF.

awgrym, *eg. ll.*-iadau. awgrymiad, arwydd, crybwylliad. SUGGESTION, HINT.

awgrymiad, *eg. ll.*-au. awgrym. SUGGESTION.

awgrymiadol : **awgrymog,** *a.* yn cyfleu awgrym. SUGGESTIVE.

awgrymu, *be.* rhoi awgrym, lledfynegi. TO SUGGEST.

awr, *eb. ll.* oriau. 1. trigain munud. HOUR. 2. amser. TIME.

*awr, *eb. ll.* oriau. gweddi. PRAYER.

*awran, *eb.* : **awron,** *eb.* (gyda'r fannod), yn awr, weithian. NOW.

*awrfynag, *ebg.* cloc, awrlais, oriawr. CLOCK, WATCH.

awrlais, *eg. ll.* awrleisiau. cloc. CLOCK.

awrlestr, *eg. ll.*-i : **awrwydr,** *eg. ll.*-au. llestr i ddangos ysbaid o amser drwy ddefnyddio tywod. HOUR-GLASS.

*awsen, *eb.* absenoldeb. ABSENCE.

Awst, *eg.* yr wythfed mis o'r flwyddyn. AUGUST.

awtarchiaeth, *eb.* gallu absolwt. AUTARCHY.

awtocrat, *eg. ll.*-iaid. un sy'n rheoli heb amodau, unben. AUTOCRAT.

awtocratiaeth, *eb.* unbennaeth. AUTOCRACY.

awtocratig, *a.* awdurdodol. AUTOCRATIC.

awydd, *eg.* dymuniad cryf, dyhead, chwant, chwenychiad. DESIRE, EAGERNESS.

awyddfryd, *eg.* sêl, dymuniad taer. ZEAL, EARNEST DESIRE.

awyddfrydig, *a.* awyddus, awchus. EAGER.

awyddu, *be.* dymuno. TO DESIRE.

awyddus, *a.* awchus, chwannog, eiddgar, gwancus, selog. DESIROUS, EAGER, ZEALOUS.

awyr, *eb.* aer, ffurfafen, wybren, wybr. AIR, SKY.

awyrblan, *eb. ll.*-au. : **awyrblen,** *eb. ll.*-au. awyren. AEROPLANE.

awyren, *eb. ll.*-nau. eroplen, plên, awyrblan. AEROPLANE.
Awyren hofran. HELICOPTER.

awyrendy, *eg. ll.*-dai. adeilad i gadw awyrennau. HANGAR.

awyrenfa, *eb.* maes awyr. AIRFIELD.

awyrennwr, *eg. ll.* awyrenwyr. un sy'n hedfan mewn awyren, ehedwr. AIRMAN, AVIATOR.

awyrgylch, *egb.* yr awyr sy'n cwmpasu'r ddaear ; aer, awyr, naws, teimlad. ATMOSPHERE, AIR.

awyrgylchol, *a.* yn perthyn i'r awyrgylch. ATMOSPHERIC.

awyrlong, *eb. ll.*-au. llong awyr. AIRSHIP.

awyro, *be.* caledu (dillad) ; gwyntyllu. TO AIR ; TO VENTILATE.

awyrol, *a.* yn perthyn i'r awyr, yn yr awyr. AERIAL, AIRY.

awyru, *be.* awyro. TO AIR ; TO VENTILATE.

B

baban, *eg. ll.*-od. plentyn bach ieuanc, maban, babi. BABY.

babanaidd, *a.* fel plentyn, plentynnaidd. CHILDLIKE, CHILDISH.

babandod, *eg.* 1. plentyndod, mabandod, mebyd, maboed. INFANCY.
2. dechreuad. BEGINNING.

babanu, *be.* maldodi ; mynd yn blentynnaidd. TO PET ; TO GROW CHILDISH.

bacas, *eb. ll.*-au. coes hosan ; blew yr egwyd. FOOTLESS STOCKING ; FETLOCK HAIR.

bacilws, *eg.* hedyn afiechyd. BACILLUS.

bacterioleg, *eb.* astudiaeth bacteria. BACTERIOLOGY.

bacteriolegwr, *eg. ll* -wyr. un sy'n astudio bacteria. BACTERIOLOGIST.

bacteriwm, *eg. ll.*-ia. mewnfil sy'n achosi clefydau. BACTERIUM.

bacwn, *eg. ll.* bacynau. cig moch wedi ei halltu. BACON.

bach, 1. *eg. ll.*-au. darn o fetel i ddal rhywbeth ; colyn. HOOK ; HINGE.
Bach a dolen. HOOK AND EYE.
Bach drws. HINGE OF DOOR.
Bach pysgota. FISHING-HOOK.
Bach petryal. SQUARE BRACKETS.
2. *eb.* cilfach, congl, tro sydyn. NOOK, CORNER, BEND.

bach, *a.* 1. bychan, mân, bitw. SMALL.
2. annwyl, cu, hoff. DEAR.

bachdro, *eg. ll.*-droeau, -droeon. tro sydyn. SHARP BEND.

bachell, *eb. ll.*-au, -ion. cornel ; magl ; gafael. CORNER ; SNARE ; CLUTCH.

bachgen, *eg. ll.* bechgyn. llanc, llencyn, crwt, gŵr ifanc, hogyn, mab, gwas. BOY.
Yr hen fachgen. OLD NICK.

bachgendod, *eg.* mebyd, bore oes, maboed, ieuenctid, llencyndod. BOY-HOOD.

bachgennaidd, *a.* fel bachgen, yn perthyn i fachgen, plentynnaidd. BOYISH, CHILDISH.

bachgennes, *eb.* merch, geneth. GIRL.

bachgennyn, *eg.* bachgen bychan, llanc, crwt, hogyn. LAD.

bachiad, *eg.* y weithred o fachu. HITCH.

bachigyn, *eg. ll.* bachigion. rhywbeth llai na'r cyffredin, peth bach iawn. DIMINUTIVE.

bachog, *a.* â bach, gafaelgar, treiddgar. HOOKED, INCISIVE.

bachu, *be.* 1. dal â bach, gafaelyd, cydio, sicrhau. TO HOOK, TO GRAPPLE.
2. camu; llechu. TO BEND ; TO SKULK.

bachwr, *eg. ll.*-wyr. un sy'n bachu. HOOKER, GRAPPLE.

bachwy, *eg. ll.*-on. bae. BAY.

bachyn, *eg. ll.* bachau. bach. HOOK.

*****bad**, *eb.* pla, haint. PLAGUE.

bad, *eg. ll.*-au. cwch, ysgraff. BOAT.

badwr, *eg. ll.* badwyr. cychwr. BOAT-MAN.

badd, *eg. ll.*-au : **baddon**, *eg. ll.*-au : *****baddwm**, *eg.* ymdrochle, ymolchfa. BATH.

bae, 1. *eg. ll.*-au. cilfach fôr, angorfa. BAY.
2. *eg. ll.* bae(a)s. llawryf. LAUREL.

*****baeard** : *****baeart**, *eg.* ceffyl gwinau. BAY-HORSE, BAYARD.

baedd, *eg. ll.*-od. mochyn gwryw, twrch. BOAR.
Baedd coed : baedd gwyllt. WILD BOAR.

baeddu, *be.* 1. curo, taro, bwrw, trechu, gorchfygu. TO BEAT, TO THUMP.
2. difwyno, llygru, llychwino. TO SOIL.

bael, *eg.* gwystl. BAIL.

*****baeli**, *eg.* beili. BAILIFF.

baeol, *eg. ll.*-au. llestr, ystên, bwced. POT, PITCHER, BUCKET.

baetio, *be.* poenydio. TO BAIT.

baets, *eg.* bathodyn. BADGE.

*****baewydd**, *ell.* (*b.*-en). llawryf. LAUREL, BAY TREES.

bag, *eg. ll.*-au, -iau. cwd, cod, ysgrepan, sach, ffetan. BAG.

bagad, *egb. ll.*-au. 1. mintai, lliaws, torf, nifer, llawer. HOST.
2. clwstwr, swp. CLUSTER, BUNCH.
3. haid, praidd. FLOCK.

bagadog, *a.* clystyrog ; niferus. BUNCHY ; NUMEROUS.

bagadu, *be.* clystyru, ymgasglu. TO CLUSTER.

bagedyn, *eg.* clwstwr bychan. SMALL CLUSTER.

bagio, *be.* 1. rhoi mewn cwd. TO BAG.
2. bacio. TO BACK.

bagl, *eb. ll.*-au. 1. ffon gnwpa, bugeil-ffon. CRUTCH.
2. coes, hegl. LEG.
Bagl esgob. CROSIER.

baglan, *eb.* ffon gnwpa, ffon fagl. CRUTCH.

baglan, *be.* 1. llithro, cwympo, tripio. TO STUMBLE, TO TRIP.
2. rhedeg ymaith, heglu. TO RUN AWAY.

baglor, *eg. ll.*-ion. person wedi ennill y radd gyntaf. BACHELOR (UNIVERS-ITY).

bagloriaeth, *eb.* y radd gyntaf mewn prifysgol. BACHELORSHIP.

baglu, *be.* 1. llithro, cwympo, tripio. TO STUMBLE, TO TRIP.
2. rhedeg ymaith, heglu. TO RUN AWAY.

*****bagwnnog**, *a.* cryf. STRONG.

*****bagwy**, *eg. ll.*-on, -au. 1. clwstwr, swp. CLUSTER, BUNCH.
2. blaen. TIP, POINT.

bai, *eg. ll.* beiau. 1. diffyg, ffaeledd, nam. FAULT.
2. drygioni, trosedd. VICE.
3. cyfrifoldeb. BLAME.

baich, *eg. ll.* beichiau. 1. pwn, llwyth, pwysau. LOAD, BURDEN.
2. byrdwn, prif fater. MAIN POINT.

*****baidd**, *eg.* antur, her. CHALLENGE.

*****bainc**, *eb. ll.* beinciau. mainc, sedd. BENCH, SEAT.

*****bais**, *eg.* rhyd ; camu. FORD ; STEPPING.

bâl   baniar

*bâl, *eg.ll.* balau. swp, bwndel. BUNDLE.
Bâl o lin. BALL OF FLAX.
*bâl, *eb. ll.* baloedd. pig, copa. SUMMIT.
bal, *a.* 1. â seren ar dalcen (ceffyl).
HAVING A WHITE SPOT ON THE FORE-
HEAD.
    2. twp, hurt. STUPID.
*bala, *eg.* arllwysfan afon o lyn. PLACE
WHERE RIVER FLOWS FROM LAKE.
*balaen, 1. *a.* dur. STEEL.
    2. *eg.* cleddyf dur; tarian. SWORD;
SHIELD.
*balaon,*ell.*carlymod, anifeiliaid gwyllt.
MARTENS, WILD BEASTS.
balc, *eg. ll.*-iau. 1. bai, gwall. MISTAKE,
FAULT.
    2. darn heb ei aredig. BALK.
balc(i)og, *a.* â balciau, anniben. FULL
OF BALKS, UNTIDY.
balcon(i), *eg.* llawr ar bileri y tu allan i
ffenestr. BALCONY.
*balch, *eb.* Arch (Noa). ARK.
balch, *a.* 1. gwych, urddasol. FINE,
STATELY.
    2. trahaus, ffroenuchel, chwydd-
edig, ymffrostgar. PROUD.
balchder : balchedd, *eg.* 1. gwych-
der, urddas. GLORY, DIGNITY.
    2. cyflwr balch, rhodres, trahaus-
ter. PRIDE, VANITY.
*balchwydd,*eg.* rhyfyg. PRESUMPTION.
*baldog,*egb.* clebrwr, clebren. GOSSIPER.
baldordd, *eg.* lol, dadwrdd. BABBLE,
CLAMOUR.
baldorddi, *be.* clebran, preblan, dad-
wrdd, siarad lol. TO BABBLE.
baldorddus, *a.* clebrog. BABBLING.
bale, *eg.* sioe ddawnsio. BALLET.
baled, *eb. ll.*-i. cân ysgafn yn adrodd
stori; dyri. BALLAD.
baledol, *a.* yn perthyn i faled(i).
BALLADIC.
baledwr, *eg. ll.* baledwyr. canwr neu
gyfansoddwr baledi, gwerthwr baledi.
COMPOSER OF BALLADS, BALLAD-
MONGER.
balm, *eg.* rhywbeth i leddfu poen, eli,
ennaint. BALM.
balmaidd, *a.* fel balm, tyner, lliniarus,
iachusol. BALMY.
*balog, *eg.* offeiriad. PRIEST.
balog, *eb. ll.*-au. tafod bwcl ; agoriad
blaen trywsus, etc. TONGUE ; COD-
PIECE.
balŵn, *egb.* pêl wedi ei llenwi ag awyr
neu nwy. BALLOON.
*balwyf, *eb.* : balwyfen, *eb. ll.*-au.
palmwydden. PALM TREE.
*ball, *eb.* pla, marwolaeth. PLAGUE,
DEATH.

*ballasar, *a.* glas, asur. AZURE.
*ballasarn, *a.* pinc. PINK.
*ballasg, *eg.* 1. plisg, masgl. HUSKS.
    2. draenog mawr. PORCUPINE.
*balleg, *eb. ll.*-au. cawell pysgod ;
rhwyd ; cod. BASKET ; NET ; PURSE.
*ballog, 1. *eg.* draenog. HEDGEHOG.
    2. *a.* brith. SPECKLED.
*ballu, *be.* marw, trengi. TO DIE.
*bâm, *eg.* balm. BALM.
*bân, *a.* gwyn. WHITE.
ban¹,*egb.ll.*-nau. 1. crib, copa, uchelder.
PEAK.
    2. cornel, congl, rhan, parth.
CORNER, QUARTER.
    3. braich, cainc. ARM, BRANCH.
    4. pennill, rhan o linell. VERSE,
PART OF LINE.
ban², *a.* 1. uchel, tal. LOFTY.
    2. swnllyd, llafar. LOUD.
banadl, *ell. (un. b.* banhadlen). llwyn a
blodau melyn bach arno. BROOM.
banc, 1. *eg. ll.*-iau, bencydd. codiad tir,
bryn, bryncyn, ponc, twyn, twm-
path, crug. MOUND, BANK, HILLOCK.
    2. *eg. ll.*-iau. lle i gadw arian a'u
newid, ariandy. BANK.
*bancaw,*eg. ll.*-iau. rhwymyn ; tusw.
BAND ; TUFT.
*bancawio, *be.* rhwymo, sicrhau. TO
BIND, TO FASTEN.
bancr, *eg.* gorchudd cadair ; ffender.
CHAIR-BACK ; FENDER.
bancwr, *eg. ll.*-wyr. un sy'n gofalu am
ariandy. BANKER.
band, *eg. ll.*-au, -iau. 1. cwmni o
gerddorion, seindorf. BAND.
    2. rhwymyn. BINDING.
baner, *eb. ll.*-i, -au. lluman, fflag.
BANNER, FLAG.
banerog,*a.* yn cludo baner. BANNERED.
banerwr, *eg. ll.*-wyr. un yn cludo
baner. STANDARD-BEARER.
banffagl, *eb. ll.*-au. coelcerth. BONFIRE.
*bangaw, *a.* uchel, huawdl. LOUD ;
ELOQUENT.
*bangeibr, *eb.ll.*-au. eglwys fawr, prif
eglwys. LARGE CHURCH, MINSTER.
bangor, *ebg. ll.*-au. 1. plethwaith
perth, perth blethedig. WATTLE,
WATTLED FENCE.
    2. mynachlog; coleg. MONASTERY ;
COLLEGE.
bangoren,*eb.* plethwaith ar ben gwrych.
WATTLE.
banhadlen, *eb.* gweler *banadl.*
banhadlog, *a.* â banadl. FULL OF
BROOM.
*baniar,*egb.* 1. bloedd, gwaedd. SHOUT.
    2. baner. BANNER.

39

banllawr, *eg. ll.* banlloriau. llwyfan.
PLATFORM.

banllef, *eb. ll.*-au. bonllef, gwaedd
uchel, bloedd, crochlef. A LOUD
SHOUT.

*****bannas,** *eg.* mat. MAT.

bannawg, *a.* gweler *bannog.*

bannig, *eg. ll.* banigion. hanner-brif.
SEMIBREVE.

bannod, *ebg. ll.* banodau. 1. llinell,
cymal, rhan. LINE, CLAUSE, PART.

2. yr enw a roir ar y geiriau *y, yr,*
'r pan ddônt o flaen enw. THE
DEFINITE ARTICLE.

bannog, *a.* 1. uchel, o fri. HIGH, FAMOUS.

2. corniog. HORNED.

3. â thyrau. TURRETED.

4. llinell farddonol. LINE.

banon, *eb. ll.*-au. rhiain, brenhines.
MAIDEN, QUEEN.

*****banred,** *eg.*marchog, barwnig. KNIGHT,
BARONET.

*****banw,** 1. *egb.* porchell. YOUNG PIG.

2. *eg.* carw bach. DEER.

3. *eb.* benyw, gwraig. WOMAN.

4. *a.* benywaidd. FEMALE.

bar, *eg. ll.*-rau. 1. darn hir o fetel,
bollt, trosol. BAR.

2. lle y saif carcharorion mewn
llys. BAR.

3. cownter tŷ tafarn. BAR.

4. rhaniad darn o gerddoriaeth,
mesur. BAR.

Bar llorwedd. HORIZONTAL BAR.

Barrau cyflin. PARALLEL BARS.

Barrau gwal (mur). WALL BARS.

bâr, *eg.* 1. llid, dicter, cynddaredd,
ffyrnigrwydd, gofid. ANGER, AD-
VERSITY.

2. chwant, trachwant. GREED.

bara, *eg.* bwyd cyffredin ; torth, torth-
au. BREAD.

Bara brith. CURRANT BREAD.

Bara ceirch. OAT BREAD.

Bara lawr. LAVER BREAD.

Bara croyw. UNLEAVENED BREAD.

Bara planc. GRIDDLE BREAD,
PLANK BREAD.

*****baran,***eg.*bâr, digofaint. FURY, WRATH.

*****barannog,** *a.* ffyrnig. FIERCE.

*****barannwg :** *****baranres,** *eg.* bâr,
digofaint. FURY, RAGE.

barbaraidd, *a.* anwar, ffyrnig. SAVAGE,
FIERCE.

barbareidd-dra, *eg.* creulondeb, ffyrn-
igrwydd. BARBARITY.

barbareiddiwch, *eg.* creulondeb,
ffyrnigrwydd. BARBARITY.

barbwr, *eg. ll.* barbwyr. eilliwr neu
dorrwr gwallt. BARBER.

barc, *eg.* rhisgl. BARK.

barcer, *eg. ll.*-iaid. crwynwr. TANNER.

barclod, *eg. ll.*-au. dilledyn uchaf ar
yr arffed, ffedog, brat. APRON.

barcty, *eg. ll.* barctai. tanerdy.
TANNERY.

barcut, *eg. ll.*-iaid : **barcutan,** *eg.*
ll.-od. aderyn ysglyfaethus. KITE.

bardas, *ell.* pysgod cregyn, sioni naill
ochr. SHRIMPS.

bardd, *eg. ll.* beirdd. prydydd, awen-
ydd. BARD, POET.

barddas, *ebg.* prydyddiaeth, bardd-
oniaeth. POETRY, POETICS.

barddol, *a.* barddonol. POETIC.

barddoni, *be.* cyfansoddi barddon-
iaeth, prydyddu. TO COMPOSE POETRY.

barddoniaeth, *eb.* prydyddiaeth,
awenyddiaeth. POETRY.

barddonïaidd, *a.* barddol, barddon-
llyd. BARDIC, AFFECTEDLY POETIC.

barddonllyd, *a.* ffug-farddonol, bardd-
onïaidd. AFFECTEDLY POETIC.

barddonol, *a.* prydyddol, barddol.
POETIC.

barddrin, *eb.* awen ; dysg farddonol.
MUSE ; POETIC LORE.

barddwawd, *eb.* barddoniaeth ; awen.
POETRY ; MUSE.

barf, *eb. ll.*-au. blew a dyf ar ên dyn,
etc. ; cernflew. BEARD.

barfan, *eb.* barf fechan. SMALL BEARD.

*****barflen,** *eb. ll.*-ni. miswrn. VISOR.

barfog, *a.* â barf, blewog. BEARDED.

barfwr,*eg.ll.* barfwyr. barbwr. BARBER.

bargeinio, *be.* gwneuthur cytundeb.
TO BARGAIN.

bargen, *eb. ll.*-iau, barge(i)nion. cytun-
deb rhwng prynwr a gwerthwr ; peth
a brynir yn rhad. BARGAIN.

bargenna, *be.* bargeinio. TO BARGAIN.

bargod, *eg. ll.*-ion. 1. y rhan isaf y to
sy'n ymestyn allan ; bondo, godre.
EAVES.

2. ymyl, ffin, goror. EDGE, MARCH-
ES.

bargodi, *be.* ymestyn allan. TO PRO-
JECT.

bargyfreithiwr, *eg. ll.* bargyfreithwyr.
un â hawl i ddadlau wrth y bar
mewn llys barn. BARRISTER.

*****barhau,** *be.* ffyrnigo. TO BECOME
ANGRY.

bariaeth, *ebg.* 1. bâr ; drygioni. WRATH ;
EVIL.

2. trachwant. GREED.

baril, *egb. ll.*-au. 1. casgen. BARREL,
CASK.

2. tiwb metel dryll. BARREL.

bario, *be*. 1. cau â bar, bolltio. TO BAR.
2. marcio â bar. TO MARK WITH A BAR.

bariwns, *eg*. clwyd symudol mewn adwy ; camfa. MOVABLE BARRIER ; STILE.

barlad : **barlat**, *eg*. meilart, ceiliog hwyad. DRAKE, MALLARD.

barlys, *e. torf. (un. g.* -yn, *un. b.* -en). haidd. BARLEY.

barllyd, *a*. 1. ffyrnig. FEROCIOUS.
2. gwancus, glwth. GREEDY.

barn, *eb*. *ll*.-au. tyb, meddwl, dedfryd, dyfarniad, daliad, cred, coel. OPINION, JUDGEMENT, SENTENCE.

barnais, *eb*. arlliw. VARNISH.

barnedigaeth, *eb*. *ll*.-au. barn ; cosb ; opiniwn. JUDGEMENT ; PUNISHMENT ; OPINION.

*****barneiswin**, *eg*. gwin melys o'r Eidal. VERNAGE WINE.

barnllyd, *a*. beirniadol. CRITICAL.

barnol, *a*. 1. yn barnu. JUDGING.
2. ofnadwy. TERRIBLE.
3. annymunol. OBJECTIONABLE.

barnu, *be*. rhoi barn, beirniadu, dedfrydu. TO JUDGE, TO ADJUDICATE, TO CONSIDER.

barnus, *a*. beirniadol. CRITICAL.

barnwr, *eg*. *ll*.-wyr : **barnydd**, *eg*. *ll*.-ion. ynad, ustus ; beirniad. JUDGE ; ADJUDICATOR.

*****barog**, *a*. dicllon. ANGRY.

baromedr, *eg*. offeryn i fesur pwysedd awyr. BAROMETER.

*****barrog**, *eg*. ysbardun. SPUR.

barrug, *eg*. llwydrew, arien, crwybr. HOAR-FROST, RIME.

*****barth**,*eg*. llawr cegin, aelwyd ; daear. GROUND FLOOR, HEARTH ; EARTH.

barugo, *be*. llwydrewi. TO RIME.

barugog, *a*. â llwydrew. COVERED WITH HOAR-FROST.

barus, *a*. 1. gwancus, trachwantus, rheibus, bolrwth. GREEDY.
2. dicllon, llidiog. ANGRY.

barwn, *eg*. *ll*.-iaid. uchelwr. BARON.

barwniaeth, *eb*. urddas barwn, tir barwn. BARONAGE, BARONY.

barwnig, *eg*. swydd is na barwn. BARONET.

barwnol, *a*. yn ymwneud â barwn. BARONIAL.

bas, 1. *a*. arwynebol, heb fod yn ddwfn, diwerth. SHALLOW.
2. *eg*. y llais canu isaf. BASS.
3. *eg*. sylfaen. BASE.
4. *eg*. sylwedd cemegol. BASE.
5. *eb*. llewyg. FAINT.
6. *eg*. sgert wedi ei phlethu. BASE.

basaidd, 1. *a*. heb fod yn ddwfn. SHALLOW. 2. fel bas. BASS.

*****basarn(en)**,*egb*.cawg, cwpan o fasarn. MAZER CUP OR BOWL.

basged, *eb*. *ll*.-au, -i. llestr neu gawell a wneir o wiail plethedig neu frwyn, etc. BASKET.

basgedaid, *eb*. llond basged. BASKETFUL.

basgedwr, *eg*. *ll*.-wyr. gwneuthurwr basgedi. BASKET-MAKER.

basgerfiad, *eg*. *ll*.-au. cerfwaith darluniol. BAS-RELIEF.

basgwch, *eg*. *ll*.-gychod. bad bas. PUNT.

basigrwydd, *eg*. yr ansawdd o fod yn sylfaenol (cemeg). BASICITY.

*****basil**, *eg*. sarff ; gwn. SERPENT ; GUN.

*****baslard** : *****baslart**, *eg*. dagr, cleddyf byr. BASELARD.

baslun, *eg*. *ll*.-iau. basgerfiad. BAS-RELIEF.

baslyn, *eg*. *ll*.-noedd. llyn bas, lagŵn. LAGOON.

basn, *eg*. *ll*.-au, -ys. llestr dwfn crwn i ddal bwydydd. BASIN.

bastard, *eg*. *ll*.-iaid : **bastardd**, *eg*. *ll*.-iaid. plentyn anghyfreithlon. BASTARD.

bastard(d)es, *eb*. *ll*.-au. merch anghyfreithlon. ILLEGITIMATE GIRL.

bastardyn : **bastart**, *eg*. plentyn anghyfreithlon. BASTARD.

*****bastwn**, *eg*. pastwn, ffon. CUDGEL, STICK.

bastynwr, *eg*. clerwr. MINSTREL.

baswn, *eg*. offeryn cerdd. BASSOON.

baswr, *eg*. *ll*.-wyr. dyn yn canu bas. BASS.

bat, *eg*. *ll*.-iau. offeryn taro pêl. BAT.

*****batail**,*eb*. : **batel**, *eb*. *ll*.-au, -ion, -oedd. brwydr. BATTLE.

*****batel**, *eb*. *ll*.-oedd. tâl am fwyd colegol yn Rhydychen. BATTELS.

*****batelu**, *be*. brwydro. TO FIGHT.

bating(en), *egb*. *ll*.-au, -od : **batin(en)**, *egb*. *ll*.-au, -od. tyweirch wedi eu digroeni a'u llosgi. TURF PARED FOR BURNING.

batingo, *be*. ceibio tyweirch, hofio. TO PARE TURF, TO HOE.

batl, *eb*. gweler *batail*.

batlo, *be*. gweler *batelu*.

batog, *eb*. *ll*.-au. caib, hof. MATTOCK, HOE.

bath, 1. *eg*. *ll*.-au. math, gradd dosbarth, rhywogaeth. KIND.
2. *eg*. baddon. BATH.
3. *a*. wedi eu bathu. MINTED.
Arian bath. MONEY.

2*   41

bathdy, *eg. ll.*-dai. lle i fathu arian. MINT.

bathfa, *eb. ll.*-feydd. bathdy. MINT.

bathodi, *be.* bathu, llunio. TO COIN, TO FORM.

bathodyn, *eg. ll.*-nau, bathodau. darn o fetel argraffedig, medal. BADGE, MEDAL.

bathofydd, *eg. ll.*-ion. dyn hyddysg mewn arian bath. NUMISMATIST.

bathofyddiaeth, *eb.* gwyddor arian bath. NUMISMATICS.

bathol, *a.* wedi ei fathu. COINED.

bathor, *eg. ll.*-ion. pathew. DORMOUSE.

bathoriaeth, *eb.* bathdy. MINT.

bathu, *be.* troi metel yn arian, llunio, ffurfio. TO COIN, TO SHAPE.

baw, *eg.* llaid, mwd, llaca, tom, tail, bryntni, budredd. DIRT, DUNG, MUCK, FILTH.

*bawai, *eg. ll.* bawheion. adyn brwnt. DIRTY VILE WRETCH.

bawaidd, *a.* brwnt ; claf ; cybyddlyd. DIRTY ; ILL ; NIGGARDLY.

bawd, *eg. ll.* bodiau. y bys byr trwchus ar y llaw neu'r droed. THUMB, BIG TOE.

bawdfedi, *be.* medi â'r dwylo. TO HAND-REAP.

bawdfys, *eg. ll.*-edd. bys bawd, bawd. THE THUMB.

*bawdring, *eg.* rhwymyn. BAUDRY.

bawdy, *eg. ll.*-dai. geudy, tŷ-bach. CLOSET.

*bawdd, *eg.* boddiad. DROWNING.

bawddyn, *eg. ll.*-ion. adyn budr. VILE WRETCH.

bawedaidd, *a.* budr, crintach. DIRTY, MEAN.

*bawedi, *eg.* ⎤ bryntni, crin-
*bawedd, *eg.* ⎱ tachrwydd.
baweidd-dra, *eg.* ⎰ VILENESS,
baweiddrwydd, *eg.* ⎠ MEANNESS.

baw(i)ach, *ell.* dihirod ; petheuach, sothach. RASCALS ; TRASH.

bawlyd, *a.* brwnt, budr, lleidiog, aflan. DIRTY, FILTHY, NASTY.

*bawm, *eg.* balm. BALM.

bawyn, *eg.* cnaf brwnt. DIRTY RASCAL.

becsio, *be.* gofidio, blino, poeni. TO WORRY, TO VEX.

becwn, *egb.* siaced laes â chynffon hir, gŵn nos, betgwn. WELSH DRESS, BEDGOWN.

bechan, *ab.* bychan, bach. SMALL.

*bechanigen, *eb.* anwylyd fach. LITTLE DARLING.

bechgynnos, *ell.* bechgyn bach. SMALL BOYS.

bechyn, *eg.* bach, bachyn bychan. SMALL HOOK.

*bed, *ardd.* hyd at. AS FAR AS.

bedel, *eg. ll.*-au. plwyfwas. BEADLE.

bedlam, *egb. ll.*-od, -iaid : **bedlem,** *egb. ll.*-od, -iaid : ***bedlemydd,** *eg. ll.*-ion. gwallgofddyn ; crwydryn. MADMAN ; VAGRANT.

bedwen, *eb. ll.* bedw. coeden â rhisgl gwyn llyfn a phren caled. BIRCH.
    Bedwen Fai. MAYPOLE.
    Bedwen arian. SILVER BIRCH.

*bedwerw, *eb.* tir a bedw'n tyfu arno, bedwlwyn. BIRCH LAND, BIRCH GROVE.

bedwlwyn, *eg. ll.*-i. llwyn bedw. BIRCH GROVE.

bedydd, *eg.* derbyniad i'r grefydd Gristnogol drwy daenelliad neu drochiad. BAPTISM, CHRISTENING.

bedyddfa, *eb. ll.*-fâu, -feydd. bedydd-fan mewn eglwys, bedyddfaen. BAPTISTERY, FONT.

bedyddfaen, *eg. ll.* bedyddfeini. llestr dŵr bedydd. FONT.

bedyddfan, *eb. ll.*-nau. bedyddfa. BAPTISTERY.

bedyddiad, *eg. ll.*-au. bedydd. BAPTISM, BAPTIZING.

bedyddiedig, *a.* wedi ei fedyddio. BAPTIZED.

bedyddio, *be.* 1. gweinyddu'r ordinhad o fedydd. TO BAPTIZE.
    2. enwi plentyn trwy daenellu dŵr arno. TO CHRISTEN.

bedyddiol, *a.* 1. bedyddiedig. BAPT-IZED.
    2. yn perthyn i fedydd. BAPTISMAL.

Bedyddiwr, *eg. ll.* Bedyddwyr. un yn perthyn i enwad y Bedyddwyr. BAPTIST.

bedydd-lestr, *eg. ll.*-i. bedyddfaen. FONT.

*bedysawd, *eg.* gweler *bydysawd.*

bedd, *eg. ll.*-au. lle i gladdu'r meirw. GRAVE.

beddadail, *egb.* cofadail ar fedd. MONUMENT, SEPULCHRE.

beddargraff, *eg. ll.*-iadau. geiriau coffa ar garreg fedd. EPITAPH.

*beddfa, *eb. ll.*-oedd, -feydd. bedd. GRAVE.

beddfaen, *eg. ll.* beddfeini. carreg fedd. TOMBSTONE.

beddgell, *eb. ll.*-oedd. lle tanddaearol i gladdu'r meirw. VAULT.

*beddgor, *egb. ll.*-au. bedd. GRAVE, TOMB.

*beddlith, *eb. ll.*-iau. beddargraff. EPITAPH.

beddrod, *egb. ll.*-au. bedd. GRAVE.

befer, *eg. ll.*-od. afanc. BEAVER.

begegyr, *eg. ll.*-on. cacynen. HORNET.

beger, *eg. ll.*-iaid. cardotyn. BEGGAR.

begera, *be.* cardota. TO BEG.

begian : **begio,** *be.* cardota. TO BEG.

behemoth, *eg.* afonfarch. BEHEMOTH.

Beibl, *eg. ll.*-au. ysgrythurau sanctaidd yr Eglwys Gristionogol. BIBLE.

Beiblaidd, *a.* yn ymwneud â'r Beibl. BIBLICAL.

beichiad, *eg.* y weithred o feichio neu frefu. LOWING, BELLOWING.

beichio, *be.* 1. llwytho, pynio. TO BURDEN.
    2. brefu. TO LOW (AS CATTLE).
    3. igian, beichio wylo. TO SOB.

beichiog, *a.* yn disgwyl plentyn, llwythog. PREGNANT, BURDENED.

beichiogi, *be.* gwneuthur neu fynd yn feichiog. TO CONCEIVE.

beichiogi, *eg.* rhith ; beichiogrwydd. FOETUS ; PREGNANCY.

beichiogiad : **beichiogrwydd,** *eg.* cyflwr gwraig feichiog. PREGNANCY.

beichus, *a.* llethol, gormesol, gorthrymus, gwasgedig. BURDENSOME, OPPRESSIVE.

beidr, *eb.* lôn, heol fach. LANE.

beiddgar, *a.* hy, eofn, haerllug, digywilydd, rhyfygus. DARING, BOLD, PRESUMPTUOUS.

*beiddiad, *eg. ll.*-iadon, -iaid. : ***beiddiawd,** *eg.* : ***beiddiawdr,** *eg. ll.*-odron. beiddiwr, milwr. CHALLENGER, WARRIOR.

beiddio, *be.* meiddio, rhyfygu, anturio. TO DARE, TO VENTURE.

*beiddiog, *a.* beiddgar, hy, eofn. DARING, BOLD.

beili, *eg. ll.*-ïaid. goruchwyliwr, hwsmon. BAILIFF.

beili, *eg. ll.*-ïau. mur castell, clos, buarth, cwrt. BAILEY, YARD.

beilïaeth, *eb.* swydd ac awdurdod beili. JURISDICTION, BAILIFFSHIP.

beio, *be.* cyhuddo, ceryddu. TO BLAME, TO ACCUSE.

beirniad, *eg. ll.* beirniaid. un sy'n beirniadu, barnwr. ADJUDICATOR, CRITIC.

beirniadaeth, *eb. ll.*-au. dyfarniad, barn. ADJUDICATION, CRITICISM.

beirniadol, *a.* yn beirniadu, barnllyd. CRITICAL, CONDEMNATORY.

beirniadu, *be.* barnu, cloriannu, beio. TO ADJUDICATE, TO CRITICIZE.

*beis, *eg.* gwaelod, rhyd, lle bas. BOTTOM, FORD, SHALLOWS.

beisfa, *eb. ll.*-oedd, -feydd. : **beisfan,** *egb. ll.*-nau. lle bas. SHALLOW PLACE.

beisfor, *eg. ll.*-oedd. môr bas. SHALLOW SEA.

beisgawn, *eb. ll.*-au. tas, pentwr o ŷd, gwair neu wellt, rhan o dŷ-gwair neu ysgubor yn cynnwys ŷd. STACK, RICK.

beisgawnu, *be.* teisio, mydylu. TO STACK.

*beisgiad, *eg.* helfa (bysgod). HAUL (OF FISH).

beisio, *be.* 1. cerdded, rhydio. TO WALK, TO FORD. 2. plymio. TO SOUND.

beisle, *eg. ll.*-oedd. beisfan, lle bas. SHALLOW PLACE.

beiston, *eb. ll.*-nau. traeth, lle bas. BEACH, SHALLOWS.

beius, *a.* i'w feio, diffygiol, ar fai, camweddus. FAULTY, CULPABLE, GUILTY, AMISS.

beiusrwydd, *eg.* euogrwydd, diffyg. GUILT, CULPABILITY.

beiwr, *eg.* un sy'n beio. BLAMER.

bela, *eg.* ⎱ *ll.* balaon, balawon,
belau, *eg.* ⎰ beleod. creadur tebyg
bele, *eg.* ⎰ i'r wenci, (blaidd).
           MARTEN, (WOLF).

*belu, *be.* lladd. TO KILL.

bellach, *adf.* yn awr, o hyn allan, mwyach. AT LENGTH, NOW, FURTHER.

ben, *eb. ll.*-ni. men, gwagen, cert. WAGGON, CART.

bendigaid : **bendigedig,** *a.* sanctaidd, gwynfydedig. BLESSED.

*bendigiad, *eg.* bendithiwr. BLESSER.

*bendigiad, *eg.* bendith. BLESSING.

bendigo, *be.* 1. clodfori, moliannu. TO PRAISE. 2. bendithio. TO BLESS.

bendith, *eb. ll.*-ion. 1. arwydd o ffafr ddwyfol, rhad. BLESSING.
    2. mawl, diolch. THANKS.
    3. gras o flaen bwyd. GRACE.
    Y Fendith Apostolaidd. THE BENEDICTION.
    Bendith y mamau. FAIRIES' BLESSING.

bendithio, *be.* rhoi bendith, bendigo, cysegru, rhoi diolch. TO BLESS.

bendithiol, *a.* yn bendithio, llesol. CONFERRING BLESSINGS, BENEFICENT.

bendithiwr, *eg.* un sy'n bendithio. BLESSER.

*benffycio, *be.* benthycio. TO BORROW.

bensen, *eg.* cyfansawdd sy'n cynnwys carbon a hidrogen. BENZENE.

benthyca : **benthycio,** *be.* rhoi benthyg, derbyn benthyg, echwynna. TO BORROW, TO LEND.

benthyciad, *be. ll.*-au. rhywbeth a fenthycir. LOAN.

benthyciwr, *eg. ll.*-wyr. un sy'n benthyca. BORROWER, LENDER.

benthyg, 1. *eg. ll.* benthycion. echwyn. LOAN.
 2. *a.* benthyciol. BORROWED, LOANED.

benthyg(io), *be.* gweler *benthyca*.

*benwig, *eb.* hwch ifanc. YOUNG SOW.

benyw, 1. *eb. ll.*-od. menyw, gwraig, merch. WOMAN.
 2. *a.* benywaidd. FEMALE.

benywaidd, *a.* un o ddwy genedl enwau, etc., merchedaidd. FEMALE, FEMININE.

benyweta, *be.* mercheta, puteinio. TO WENCH, TO WHORE.

benywetach, *ell.* merchetach, gwrageddos. SILLY WOMEN.

benywol, *a.* benywaidd. FEMALE, FEMININE.

*bêr, *eg. ll.* berau, beri. 1. picell, gwaywffon. SPEAR, LANCE.
 2. cigwain. SPIT, SKEWER.

ber, *ebg. ll.* berrau. coes. LEG.

ber, *a.* ffurf fenywaidd *byr.* SHORT.

bera, *ebg. ll.*-on, -âu. tas, mwdwl, helm. RICK, STACK.

*berai, *eg. ll.*-eion. peth sy'n troi bêr. TURNSPIT.

*beran, *eb.* bêr bach. LITTLE SPIT.

berdas, *ell.* pysgod cregyn. SHRIMPS.

*bêr-dröell, *eb. ll.*-au. peiriant troi bêr. JACK.

berdys, *ell.* (*un. g.*-yn, *un. b.*-en). berdas. SHRIMPS.

*berddig, *a.* barddol. BARDIC.

berem, *eg.* berman, burum. YEAST.

berf, *eb. ll.*-au. rhan ymadrodd yn dynodi bod neu weithred. VERB.

berfa, *eb. ll.*-âu. cerbyd bach un olwyn, whilber. WHEELBARROW.

berfâid, *eb. ll.*-eidiau. llond berfa. BARROWFUL.

berfain, *a.* meingoes, coesfain. THIN-LEGGED.

berfenw, *eg. ll.*-au. ffurf seml ar y ferf sy'n dangos ei hystyr. VERB-NOUN.

berfol, *a.* yn perthyn i ferf. VERBAL.

bergam, *a.* bongam, coesgam. BANDY-LEGGED.

beri, *eg. ll.*-ïon. barcud. KITE.

*beriach, *eb.* llinach fer. SHORT LINEAGE.

beriau, *eb. ll.* berieuau. iau fer. SHORT YOKE.

beril, *eg.* maen gwerthfawr, beryl. BERYL.

*berllysg, *eb. ll.*-au. byrllysg, gwialen, ffon, teyrnwialen. ROD, SCEPTRE, STAFF, MACE.

*berm : **berman**, *eg.* burum, berem. YEAST.

bermanu, *be.* eplesu, ewynnu. TO FERMENT, TO FOAM.

*bern, *eg.* tristwch. SORROW.

bernais, *eg.* arlliw, barnais. VARNISH.

*berneiswin, *eg. ll.*-oedd. gwin melys o'r Eidal. VERNAGE WINE.

berroes, *eb.* oes fer. SHORT LIFE.

*berrwy(f), *eb. ll.*-au. hual, llyffethair. FETTER.

*berth, 1. *a.* hardd ; cyfoethog. BEAUTIFUL ; RICH.
 2. *eg.* cyfoeth. RICHES.

*berthedd, *eg. ll.*-au. harddwch ; cyfoeth. BEAUTY ; WEALTH.

*berthid, *eg. ll.*-au. rhyfeddod ; cyfoeth. WONDER ; WEALTH.

*berthog, *a.* hardd ; cyfoethog. BEAUTIFUL ; WEALTHY.

*berthogi, *be.* gwaddoli. TO ENDOW.

*berthogrwydd, *eg.* cyfoeth. WEALTH.

*berthol, *a.* prydferth. BEAUTIFUL.

*berthu, *be.* gwaddoli ; harddu. TO ENDOW ; TO BEAUTIFY.

*berthus, *a.* prydferth. FAIR.

*berthwr, *eg. ll.*-wyr. bonheddwr. GENTLEMAN.

*beru, *be.* 1. diferu, llifo. TO DRIP, TO FLOW.
 2. trywanu â bêr. TO PIERCE.

berw, 1. *a.* yn berwi, wedi berwi, berwedig, cythryblus. BOILING, SEETHING.
 2. *eg.* bwrlwm, cynnwrf, cythrwfl. A BOILING, TURMOIL, TUMULT.

berw, *eg.* planhigyn bwytadwy o deulu'r mwstard. CRESS.
 Berw'r dŵr. WATER CRESS.

berwad, *eg.* y weithred o ferwi. A BOILING.

berwedig, *a.* berw. BOILING, SEETHING.

berwedydd, *eg. ll.*-ion. pair at ferwi. BOILER.

berweddu, *be.* bragu, macsu. TO BREW.

berwi, *be.* codi gwres hylif nes ei fod yn byrlymu. TO BOIL.

*berwias, *eb.* cythrwfl, cyffro. TURMOIL.

*berwog : **berwol**, *a.* berwedig, cyffrous. BOILING, SEETHING.

berwr : **berwy**, *eg* planhigyn bwytadwy, berw. CRESS.

*berwyn, 1. *a.* ewynnog. FOAMING.
 2. *eg.* nwyd. PASSION.

*bery, *eg.* barcud. KITE.

beryren, *eb. ll.* berwr. planhigyn bwytadwy, berw. CRESS.

beryw : **berywydd**, *ell.* meryw. JUNIPER.

***besawns** : ***besawnt**, *ebg.* darn o aur, talent. BEZANT.

bet, 1. *eg.* casineb. HATRED.

   2. *eb. ll.*-iau. cyngwystl. BET, WAGER.

betgwn, *egb.* becwn ; gŵn nos. WELSH DRESS ; BEDGOWN.

betingo, *be.* digroeni tir, ceibio, hofio. TO PARE GROUND, TO HOE.

***betin**, *eg.* cribau San Ffraid. BETONY.

betio, *be.* dodi arian ar, cyngwystlo. TO BET.

***betni** : **betoni**, *eg.* cribau San Ffraid. BETONY.

***betws**, *eg. ll.*-ysau. 1. tŷ gweddi, capel. HOUSE OF PRAYER, ORATORY.

   2. llwyn bedw. BIRCH-GROVE.

betys, *ell.* (*un. b.* -en). llysiau gardd, melged. BEETROOT.

   Betys siwgr. SUGAR-BEET.

beth, *rhag.* pa beth ? WHAT ?

bethma, *a.* ac *eg.* 'bechingalw.' WHAT-D'YOU-CALL-IT.

beudaġ, *eb.* rhan uchaf y llwnc, larincs. LARYNX.

beudy, *eg. ll.*-dái, dyau. adeilad i gadw gwartheg, etc. COWSHED.

***beunoeth** : **beunos**, *adf.* bob nos; parhaus. NIGHTLY ; CONSTANTLY.

beunydd, *adf.* bob dydd, yn feunydd-iol, o ddydd i ddydd; parhaus. DAILY; CONSTANTLY.

***bi**, *bf.* 3ydd person unigol dyfodol *bod*, bydd. THERE WILL BE.

***biach**, *eg.* gïach. SNIPE.

***bibi**, *eg.* : ***bibïaeth**, *eb.* gwawd ; ofer-edd. MOCKERY ; FRIVOLITY.

***bicar**, *eg. ll.*-iaid : ***bicer**, *eg. ll.*-iaid. offeiriad. VICAR.

bicer, *eg.* gwydryn i fesur hylifau. BEAKER.

***bicra** : **bicre**, 1. *be.* ymrafael, ym-ryson. TO BICKER.

   2. *ebg.* ymrafael. BICKER.

bid[1], *bf.* bydded, boed. BE IT.

bid[2], *eb. ll.*-iau. perth wedi ei thorri a'i phlygu. LOPPED HEDGE.

***bidan**, *eg.* eiddilyn. WEAKLING.

bidio, *be.* trwsio a phlygu perth. TO SET A HEDGE.

bidoġ, *ebg. ll.*-au. cleddyf byr a ddodir ar enau gwn. BAYONET.

bidogan, *eb.* dagr cwta. SHORT DAGGER, STILETTO.

bidoġi, *be.* trywanu â bidog. TO BAYONET, TO STAB.

***bidoseb**, *a.* parod. READY.

bing, *eg. ll.*-oedd. y llwybr yr ochr draw i'r côr mewn beudy. ALLEY, BIN.

***bil**, *eg.* 1. cwyn, cais. BILL.

   2. cleddyf, dagr. SWORD, DAGGER.

bil, *eg. ll.*-iau. 1. papur ysgrifenedig ac arno swm sydd i'w dalu. BILL.

   2. bilwg. BILLHOOK.

   Bil achwyn. BILL OF COMPLAINT.

   Bil cyfnewid. BILL OF EXCHANGE.

   Bil llwytho. BILL OF LADING.

***bilaen**, *eg. ll.*-iaid : ***bilain**, *eg.ll.* bilein-iaid. taeog ; dihiryn. VILLEIN; RAS-CAL.

***bilan**, *egb.* gwaywffon. SPEAR.

bildio, *be.* adeiladu. TO BUILD.

biled, *eg. ll.*-au. llety milwr. BILLET.

biledu, *be.* lletya milwyr. TO BILLET.

***bileindra**, *eg.* anfadwaith. VILLAINY.

***bileines**, *eb.ll.*-au. cythreules. VILLAIN-ESS.

bilidowcar, *eg.* mulfran, morfran. CORMORANT.

biliwr, *eg. ll.*-wyr. cyhuddwr. ACCUSER.

bilwġ, *eg. ll.*-ygau. offeryn torri coed, gwddi, bil. BILLHOOK.

bioleg, *eb.* astudiaeth o bethau byw, bywydeg. BIOLOGY.

biolegwr : **bioleġydd**, *eg. ll.*-wyr. bywydegwr. BIOLOGIST.

bioteg, *eg.* gwyddor priodwedd pethau byw. BIOTICS.

bir, *eg. ll.*-oedd. cwrw. BEER.

biswail, *eg.* tail gwartheg. DUNG.

bisweilio, *be.* teilo. TO DROP DUNG.

biswel, *eg.* tail gwartheg. DUNG.

***biswn**, *eg.* lliain main. FINE LINEN, BYSSUS.

***bitail** : ***bitel**, *eg. ll.*-oedd. bwyd. VICTUALS.

***biteilio**, *be.* ⎫
***bitelio**, *be.* ⎬ bwydo. TO VICTUAL.
***bitelu**, *be.* ⎭

***bitolws**, *eg.* tarw. BULL.

bitw, *a.* biti, pitw, bach iawn. TINY.

***bitwoseb**, *a.* parod. READY.

***biw**, 1. *ell.* gwartheg. CATTLE.

   2. *eb.* buwch. COW.

biwbo, *a. eg.* ysturmant. JEW'S HARP.

biwred, *eg.* tiwb gwydr a graddau arno i fesur hylifau. BURETTE.

biwrô, *eg.* swyddfa. BUREAU.

biwrocrat, *eg. ll.*-iaid. un sy'n ffafrio biwrocratiaeth. BUREAUCRAT.

biwrocratiaeth, *eb.* llywodraeth gan swyddogion. BUREAUCRACY.

biwrocratiġ, *a.* yn perthyn i fiwro-crat. BUREAUCRATIC.

blaen, 1. *a.* cyntaf, arweiniol. FORE-MOST, FIRST.

   2. *eg. ll.*-au. pig, pen, copa ; tardd-ell. POINT, END, SUMMIT ; SOURCE.

   3. *eg.* goror, ffin. LIMITS, CONFINES.

   4. *eg.* arweiniad. LEAD.

blaenafiad, *eg. ll.*-iaid. hynafiad. AN-CESTOR.

*blaenai, *eg.* arweinydd. LEADER.

blaenasgell, *eb. ll.* blaenesgyll : **blaen-asgellwr,** *eg. ll.*-wyr. blaenwr ar ochr rheng ôl y sgrym. WING-FORWARD.

   Blaenasgell olau. OPEN-SIDE WING-FORWARD.

   Blaenasgell dywyll. BLIND-SIDE WING-FORWARD.

*blaenbarch, *a.* rhagorol, campus. EXCELLENT.

blaenbrawf, *eg. ll.*-brofion. rhagflas. FORETASTE, TEST.

*blaenbren, *eg.* 1. lwc dda. GOOD LUCK.

   2. prif bren. CHIEF TREE.

blaenbrofi, *be.* rhagflasu ; rhagweld. TO FORETASTE ; TO ANTICIPATE.

blaenbwl, *a.* di-awch. BLUNT.

blaendal, *eg. ll.*-iadau. tâl ymlaen llaw. PREPAYMENT, DEPOSIT.

blaendardd, *eg. ll.*-au, -ion. eginyn. SHOOT.

blaendarddu, *be.* egino. TO SPROUT.

blaendir, *eg. ll.*-oedd. 1. gororau. MARCHES. 2. tir blaen. FOREGROUND.

blaendorri, *be.* torri blaen neu frig rhywbeth. TO LOP.

blaendrwch, *eg. ll.* blaendrychion. torri llythyren neu sillaf ar ddechrau gair. APHÆRESIS.

blaenddod : blaenddodiad, *eg. ll.* blaenddodiaid. rhagddodiad. PREFIX.

blaenddodi, *be.* dodi ar flaen gair. TO PREFIX.

*blaeneudir, *eg. ll.*-oedd. ucheldir ; goror. UPLAND ; BORDER.

*blaeneuig, *a.* mynyddig, ucheldirol. UPLAND.

blaenfain, *a.* pigfain, blaenllym. POINT-ED, TAPERING.

blaenfyddin, *eb. ll.*-oedd. byddin flaen, milwyr blaen. VANGUARD.

blaenffrwyth, *eg. ll.*-au. y ffrwyth cyntaf, anawd. FIRST FRUITS, AN-NATE.

blaengad, *eb.* byddin flaen. VANGUARD.

blaengar, *a.* blaenllaw ; llym ; eofn. PROMINENT ; SHARP ; PROGRESSIVE.

blaengnwd, *eg. ll.*-gnydau. cnwd cyntaf. FIRST CROP.

blaengroen, *eg. ll.*-grwyn. croen blaen gwialen gŵr. FORESKIN.

*blaengwr, *eg. ll.*-gwyr. milwr dewr ym mlaen byddin. BRAVE SOLDIER IN THE VAN.

blaengynllun, *eg. ll.*-iau. cynllun cynnar. BLUE-PRINT.

*blaeniad, *eg. ll.*-iaid. arweinydd. LEAD-ER.

blaenio, *be.* 1. arwain, blaenori ; marw. TO LEAD ; TO DIE.

   2. blaenllymu. TO SHARPEN.

   3. tynnu'r llaeth cyntaf. TO DRAW THE FIRST MILK.

blaenllaw, *a.* 1. amlwg, enwog, pwysig. PROMINENT.

   2. blaenorol. PREVIOUS.

   3. parod. READY.

   4. beiddgar. BOLD.

blaenllith, *eb. ll.*-iau, -oedd. rhagym-adrodd. PREFACE.

blaenllym, *a.* 1. llym, pigfain, miniog. POINTED, SHARP.

   2. tost. ACUTE.

blaenllymder, *eg.* miniogrwydd, awch. SHARPNESS.

blaenllymu, *be.* rhoi min neu flaen, minio, awchu. TO SHARPEN, TO WHET.

blaenor, *eg. ll.* -iaid. 1. arweinydd cerddorfa, etc. ; pennaeth, penadur. LEADER.

   2. diacon, henuriad. DEACON.

   3. cyndad, hynafiad. PREDECESSOR.

blaenori, *be.* bod ar y blaen, arwain, tywys ; rhagflaenu ; rhagori. TO LEAD ; TO PRECEDE ; TO SURPASS.

blaenoriaeth, *ebg. ll.*-au. 1. y safle o fod ar y blaen, y lle blaenaf, rhagor-iaeth. PREFERENCE, PRECEDENCE, SUPREMACY.

   2. diaconiaeth. DEACONSHIP.

blaenorol, *a.* 1. rhagflaenol, cynt. PRECEDING, PREVIOUS.

   2. pennaf, prif. CHIEF.

*blaenorwr, *eg. ll.*-wyr : **blaenorydd,** *eg. ll.*-ion. arweinydd, pennaeth, rhagflaenydd. LEADER, CHIEF, PRE-DECESSOR.

*blaenrhed, 1. *a.* rhagflaenol. PRE-CEDING.

   2. *eg.* rhagflaenydd. PREDECESSOR.

blaenrhes, *eb. ll.*-au, -i. y rhes neu'r rheng flaenaf. FRONT RANK.

blaenu, *be.* arwain, blaenori, tywys ; rhagflaenu ; rhagori. TO LEAD ; TO PRECEDE ; TO SURPASS.

*blaenuriad, *eg. ll.*-iaid. arweinydd. LEADER.

*blaenwedd, *eb. ll.*-au. pen, copa, blaen. TOP, SUMMIT, POINT.

blaenweddi

blaenweddi, *eb.* gweddi ragarweiniol. INTRODUCTORY PRAYER.

*blaenwel, *eg.* 1. crib, copa. TOP, SUMMIT.

2. arweinydd. LEADER.

blaenwelediad, *eg.* rhagwelediad. FORESIGHT.

blagur, *ell.* (*un. g.* -yn.) egin, impiau, canghennau ieuainc. BUDS, SHOOTS.

blaguro, *be.* egino, blaendarddu, glasu, torri allan. TO SPROUT, TO BUD, TO SHOOT.

blagurog, *a.* ⎫
blagurol, *a.* ⎬ yn egino. BUDDING, SPROUTING.
blagurus, *a.* ⎭

blaguryn, *eg.* eginyn. SHOOT, BUD.

blaidd, *eg. ll.* bleiddiaid, bleiddiau. anifail rheibus. WOLF.

blanc, *eg.* ebol, swclyn. COLT, FOAL.

blanced, *eb. ll.*-i. gwrthban, cwrpan, blanced. BLANKET.

blaned, *eb.* planed. PLANET.

blas, *eg.* chwaeth, archwaeth, sawr; awch. TASTE, FLAVOUR; ZEST.

*blasáu : **blasio,** *be.* blasu; rhoi blas. TO TASTE ; TO FLAVOUR.

blaslyn, *eg. ll.*-nau, -noedd. saws. SAUCE.

blasu, *be.* clywed blas, rhoi blas, chwaethu, sawru, hoffi, mwynhau. TO TASTE, TO RELISH, TO FLAVOUR.

blasus, *a.* a blas arno, chwaethus, archwaethus, dymunol. TASTY, SAVOURY, DELICIOUS.

blasusfwyd, *eg. ll.*-ydd. danteithfwyd, amheuthun. DELICACY, DAINTY.

blasuso, *be.* blasu, gwneud yn flasus, profi. TO GIVE RELISH, TO FLAVOUR, TO TASTE.

*blawd, *eg.* blodeuyn. BLOOM.

blawd, *eg. ll.* blodiau. ŷd wedi ei falu, can, fflŵr. FLOUR, MEAL.
Blawd llif. SAWDUST.

*blawdfardd, *eg. ll.*-feirdd. bardd yn cardota blawd, etc. BEGGING POET.

*blawdd, *eg.* 1. ofn; cynnwrf. FEAR; COMMOTION.

2. ymffrost. BOAST.

a. 1. cynhyrfus; dychrynllyd. THRILLING; TERRIBLE.

2. cyflym. SWIFT.

*blawr, 1. *a.* llwyd. GREY.

2. *eg.* nitr; amonia. NITRE; AMMONIA.

*blawrio, *be.* 1. britho; gwelwi. TO GROW GREY ; TO BECOME PALE.

2. gwneud nitr. TO MAKE NITRE.

*blawta, *be.* cardota blawd. TO BEG MEAL.

ble, *rhag.* pa le ? ym mha le ? WHERE ?

blin

bleiddan, *eg. ll.*-od. blaidd ifanc. YOUNG WOLF.

bleiddast, *eb. ll.*-eist. blaidd benyw. WOLF-BITCH.

bleiddgi, *eg. ll.*-gwn. ci i hela blaidd. WOLF-HOUND.

*bleiddiad, *eg. ll.*-iaid. ymladdwr ffyrnig. FEROCIOUS WARRIOR.

bleiddian, *eg. ll.*-od. blaidd ifanc. YOUNG WOLF.

bleiddiast, *eb. ll.*-ieist. blaidd benyw. WOLF-BITCH.

*bleiddig, *a.* fel blaidd. WOLFISH.

ble(i)ddyn, 1. *eg.* cenau blaidd. WOLF-CUB.

2. *a.* fel blaidd. WOLFISH.

bleind, *eg. ll.*-iau. cyrten. BLIND.

*bleiniad, *eg. ll.*-iaid. arweinydd. LEADER.

blêr, *a.* aflêr, anniben, anhrefnus, esgeulus. UNTIDY, NEGLIGENT.

*blermain, *be.* rhuo. TO ROAR.

blerwch, *eg.* aflerwch, annibendod, anhrefn ; esgeulustod. UNTIDINESS ; NEGLECT.

*blerwm, *eg.* clebrwr ; dyn aflêr. CHATTERER ; SLOVEN.

blew, *ell.* (*un. g.*-yn). 1. tyfiant allanol ar y pen neu'r corff. HAIR, FUR.

2. esgyrn mân pysgodyn. SMALL BONES OF FISH.
Tynnu blewyn cwta. TO DRAW LOTS.
Trwch y blewyn. HAIR'S BREADTH.
Blewyn glas. FRESH GRASS.

blewcyn, *eg.* (*b.* blewcen). dyn blewog. A HAIRY MAN.

blewiach, *ell.* manflew, manblu. FINE HAIR, DOWN.

blewog, *a.* â llawer o flew. HAIRY, SHAGGY.

blewyn, *eg. ll.* blew. 1. tyfiant allanol. HAIR, FUR.

2. glaswelltyn. BLADE OF GRASS.

3. mymryn. BIT.

blewynna, *be.* pori ; segura. TO BROWSE ; TO LOAF.

*bliant, *eg.* lliain main. FINE LINEN, CAMBRIC.

*blif, *eg. ll.*-iau. peiriant taflu cerrig. CATAPULT.

blingo, *be.* tynnu croen ymaith, digroeni, croeni. TO SKIN, TO FLAY.

blin, *a.* 1. lluddedig, blinedig, blinderus, llesg. TIRED, TIRESOME.

2. croes, gofidus, poenus. CROSS, GRIEVOUS, TROUBLOUS.

blinder, *eg. ll.*-au. 1. lludded. WEARI-
NESS.
    2. gofid, helbul, trafferth. TROUBLE,
ADVERSITY, AFFLICTION.

blinderog : **blinderus**, *a.* 1. blin.
WEARY, TIRESOME.
    2. gofidus, trallodus. TROUBLOUS,
GRIEVOUS.

*blinderwch, *eg.* gorthrymder. TRIBUL-
ATION.

blinedig, *a.* 1. blin, lluddedig. WEARI-
SOME, TIRED.
    2. gofidus, trallodus. GRIEVOUS.

blinfyd, *eg.* adfyd, gorthrymder. AD-
VERSITY, AFFLICTION.

*blinhau : **blino**, *be.* 1. blino, di-
ffygio. TO BECOME TIRED.
    2. gofidio, poeni, trafferthu. TO
WORRY, TO VEX.

blith, 1. *eg. ll.*-ion. llaeth. MILK.
    2. *a. ll.*-ion. llaethog. MILCH.

blith draphlith, *adf.* mewn anhrefn,
mewn dryswch. IN CONFUSION,
HELTER-SKELTER.

blith(i)og, *a.* epiliog ; llaethog. BEAR-
ING OFFSPRING ; FULL OF MILK.

bloc(yn), *eg. ll.* blociau, darn o brên
neu garreg neu adeiladwaith. BLOCK.

blocâd, *eg. ll.*-au. gwarchae. BLOCK-
ADE.

*blochda,*eg.*caws, hufen, caul. CHEESE,
CREAM, CURD.

blodau, *ell. (un. g.* blodeuyn, blodyn).
blaenffrwyth yr had. FLOWERS.

*bloden, *eb. ll.*-nau. blodeuyn, petal.
BLOOM, PETAL.

blodeua, *be.* casglu blodau. TO GATHER
FLOWERS.

blodeugerdd, *eb. ll.*-i. casgliad o bigion
barddoniaeth. ANTHOLOGY.

blodeuglwm, *eg.* swp o flodau, etc. ;
clwm o flodau, pwysi. BUNCH,
BOUQUET.

blodeugoes, *eg. ll.*-au. coes sy'n dal
blodeuyn. PEDICLE.

blodeulen, *eg. ll.*-ni. bract. BRACT.

blodeuo, *be.* tyfu blodau ; llewyrchu.
TO FLOWER ; TO FLOURISH.

blodeuog : **blodeuol**, *a.* llawn o
flodau ; llewyrchus. FLOWERING ;
FLOURISHING.

*blodeurwydd, *eg.* harddwch, tegwch.
BEAUTY.

blodfresych, *ell. (un. b.*-en). bresych a
blodau arnynt. CAULIFLOWER.
    Blodfresych caled. ⎫ BROCCOLI.
    Blodfresych gaeaf. ⎭

blodigyn, *eg.* blodau mân sy'n ym-
ddangos fel un blodyn. FLORET.

blodio, *be.* gwneud blawd. TO MAKE
MEAL.

blodionyn, *eg.* blodigyn. FLORET.

blodiwr, *eg. ll.*-wyr. gwerthwr blawd.
MEAL SELLER.

blodwraiġ, *eb. ll.*-wragedd. gwraig
sy'n gwerthu blawd. WOMAN SELLING
MEAL.

blodyn, *eg. ll.* blodau, blodeuyn.
FLOWER.

bloddest, 1. *eb. ll.*-au. gwaedd, cymer-
adwyaeth. SHOUT, APPLAUSE.
    2. *be.* gweiddi. TO SHOUT.

bloedd, *eg. ll.*-iau, -iadau. gwaedd,
llef, dolef, bonllef, crochlef. SHOUT.

bloeddfawr, *a.* swnllyd, trystfawr.
VOCIFEROUS, NOISY.

bloeddġar, *a.* swnllyd, stwrllyd. NOISY.

bloeddian : **bloeddio**, *be.* gweiddi,
llefain yn uchel, crochlefain. TO
SHOUT.

bloeddiwr, *eg. ll.*-wyr. gwaeddwr,
llefwr. SHOUTER.

bloeddnad, *eb. ll.*-au. ysgrech. SCREAM.

bloesg, *a.* aneglur, myngus, anhyglyw.
INDISTINCT, INARTICULATE.

bloesġedd : **bloesġni**, *eg.* tafod
tew, siarad aneglur. LISPING, IN-
DISTINCT SPEECH.

bloesġwr, *eg. ll.*-wyr : **bloesġyn**, *eg.*
siaradwr aneglur. LISPER.

blong, *ab.* blwng, sarrug, anfoesgar ;
gwgus. SURLY ; ANGRY ; FROWNING.

bloneg, *eg.* braster, gwêr, saim. LARD,
FAT, GREASE.

blonegen, *eb.* haenen o floneg yn y bol.
LAYER OF FAT.

blonegog, *a.* bras, tew. FAT, GREASY.

blorai, *eg.* nitrogen. NITROGEN.

bloriġ : **blorol**, *a.* nitrus, nitrig.
NITRIC.

blot, *eg. ll.*-(i)au. blotyn, ysmotyn du,
anaf. BLOT.

*blota,*be.* cardota blawd. TO BEG MEAL.

*blotai, *egb. ll.*-teion. cardotwr blawd.
MEAL BEGGAR.

blotio, *be.* symud inc o bapur, dileu ;
duo. TO BLOT ; TO BLACKEN.

bloty, *eg. ll.*-tai. adeilad i falu blawd.
MEAL-HOUSE.

blotyn, *eg.* blot. BLOT.

*blothach,*egb.* person tew. FAT PERSON.

*blowman,*eg. ll.*-iaid, -myn.⎫ dyn du.
*blowmon,*eg. ll.*-iaid, -myn.⎭ NEGRO.

blwch, *eg. ll.* blychau. llestr, cist, cas,
bocs. BOX.

blwng, *a.* sarrug, anfoesgar, gwgus.
SURLY, ANGRY, FROWNING.

blwydd, *eb.* ac *a. ll.*-i. wedi byw am flwyddyn, deuddeng mis oed. YEAR OLD.

blwydd-dâl, *eg. ll.*-daliadau. tâl blynyddol. ANNUITY.

blwyddiadur, *eg. ll.*-on. llyfr a gyhoeddir bob blwyddyn, calendr. YEAR-BOOK, CALENDAR.

*blwyddol, *a.* blynyddol. YEARLY.

blwyddyn, *eb. ll.* blynyddoedd. deuddeng mis. YEAR.

*blwyddynol, *a.* blynyddol. ANNUAL.

*blwyn, *eb.* blwyddyn. YEAR.

blychaid, *eg. ll.*-eidiau. llond blwch. BOXFUL.

*blydd, *a.* ir, meddal. JUICY, SOFT.

*blyngder, *eg.* ffyrnigrwydd. FEROCITY.

*blynghau : **blyngu**, *be.* digio. TO BE ANGRY.

blynedd, *ell.* (*un. b.* blwyddyn). ffurf a ddefnyddir yn lle *blwyddyn* ar ôl rhifolion, e.e. pum mlynedd. YEARS.

blynyddol, *a.* bob blwyddyn. ANNUAL, YEARLY.

blys, *eg. ll.*-iau. chwant, trachwant, archwaeth. CRAVING, LONGING, LUST.

blysgar : **blysig**, *a.* chwantus, trachwantus. GREEDY, LUSTFUL.

blysio, *be.* crefu, deisyf, chwennych, trachwantu. TO CRAVE, TO LUST.

blysiog, *a.* blysig. GREEDY, LONGING.

bo¹, *eg.* bwci, bwgan. BUGBEAR.

bo², *eg.* bw, gair. BO, WORD.

bo³, *bf.* 3 person unigol, presennol dibynnol *bod.* MAY BE.

boba, *eb.* modryb. AUNT.

bocs, 1. *eg.* bocyswydden. BOX-TREE. 2. *eg. ll.*-ys. blwch. BOX.

bocsach, *egb.* ymffrost ; cenfigen. BOAST ; JEALOUSY.

bocsachu, *be.* ymffrostio ; cenfigennu. TO BOAST ; TO BE JEALOUS.

bocsachus, *a.* ymffrostgar. BOASTFUL.

bocys, *eg.* : **bocyswydden**, *eb.* pren bocs. BOX-TREE.

boch, *eb. ll.*-au. grudd, cern. CHEEK.

bochdwll, *eg. ll.*-dyllau. twll yn y foch. DIMPLE.

bochgern, *eb. ll.*-au. cern, grudd. CHEEK.

bochgoch, *a.* â bochau coch, gruddgoch. ROSY-CHEEKED.

bochian : **bochio**, *be.* 1. traflyncu. TO GOBBLE. 2. taflu allan. TO BULGE.

bochog, *a.* â bochau llawn. FULL-CHEEKED.

bod, *be.* bodoli, byw. TO BE.

bod, *eg. ll.*-au. 1. bodolaeth. EXISTENCE. 2. rhywun neu rywbeth sy'n bodoli. BEING.

*boda, *adf.* bob, pawb. EVERYONE.

boda, *eg. ll.*-od. aderyn ysglyfaethus, bwncath. BUZZARD.

*bodaeth : ***bodedigaeth**, *eb.* bodolaeth. EXISTENCE.

bodfys, *eg. ll.*-edd. bys bawd. THUMB.

*bodiad, *eg.* bodolaeth. EXISTENCE.

bodiad, *eg.* yr act o fodio. HANDLING, FINGERING.

bodio, *be.* teimlo â'r bodiau neu'r bysedd, trafod, trin. TO THUMB, TO FINGER.

bodiwr, *eg. ll.*-wyr. un sy'n bodio (am gludiad). FEELER ; HITCH-HIKER.

bodlon, *a.* ewyllysgar, boddhaus. WILLING, PLEASED, CONTENT.

bodlondeb : **bodlonedd**, *eg.* boddhad, ewyllysgarwch. SATISFACTION, WILLINGNESS.

bodlongar, *a.* ewyllysgar, boddhaus. PLEASING, PLEASED.

bodlonrwydd, *eg.* bodlondeb. SATISFACTION, WILLINGNESS.

*bodo, *adf.* pawb, i gyd. EVERYONE.

bodo, *eb.* modryb. AUNT.

*bodog, *a.* cadarn, disymud. STEADFAST.

bodol, *a.* hanfodol. ESSENTIAL.

bodolaeth, *eb.* bod, hanfod, bywyd. EXISTENCE, BEING.

bodoli, *be.* bod. TO BE, TO EXIST.

bodd, *eg.* ewyllys, caniatâd, pleser, hyfrydwch, llawenydd. WILL, PLEASURE, CONSENT.

    Rhwng bodd ac anfodd. GRUDGINGLY.

    Wrth ei fodd. HAPPY, CONTENTED.

    Rhyngu bodd. TO PLEASE.

boddfa, *eb.* gwlychfa, llif. WETTING, FLOOD.

boddhad, *eg.* bodlonrwydd, llawenydd, hyfrydwch. SATISFACTION, PLEASURE.

boddhaol, *a.* yn rhoi boddhad, dymunol, hyfryd. SATISFACTORY, PLEASING.

boddhau, *be.* rhyngu bodd, plesio, boddio, bodloni. TO PLEASE, TO SATISFY.

boddhaus, *a.* wrth ei fodd, bodlon. PLEASED.

boddi, *be.* suddo mewn dŵr, gorlifo (tir). TO DROWN, TO BE DROWNED, TO FLOOD.

boddiant, *eg.* bodlonrwydd. SATISFACTION.

boddiedig, *a.* bodlon. PLEASED.

boddineb, *eg.* bodlonrwydd. SATIS-
FACTION.

boddiwr, *eg. ll.*-wyr. un sy'n rhyngu
bodd. PLEASER, SATISFIER.

boddlon, *a.* bodlon. WILLING, PLEASED,
CONTENT.

boddlonrwydd, *eg.* bodlondeb. SATIS-
FACTION, WILLINGNESS.

*****boddol** : *****boddus,** *a.* boddhaol.
SATISFACTORY, PLEASING.

boed, *bf.* bid, bydded. BE IT.

*****bogal,** *eb. ll.*-iaid. llafariad. VOWEL.

bogail, *egb. ll.* bogeiliau. botwm bol,
canol. NAVEL, NAVE (OF WHEEL),
BOSS (OF SHIELD).

*****bogail,** *eb. ll.* bogeiliaid. llafariad.
VOWEL.

bogel, *eg.* bogail, botwm bol, canol.
NAVEL, NAVE (OF WHEEL), BOSS (OF
SHIELD).

bogelyn, *eg. ll.*-nau : **boglwm,** *eg.*
ll.-lymau : **boglyn,** *eg. ll.*-nau. 1. cnap
crwn, bwcl, addurn. KNOB, BUCKLE,
BOSS.

    2. bwrlwm, cloch ddŵr. BUBBLE.

    3. clwstwr. CLUSTER.

boglynnog, *a.* a boglynnau arno.
EMBOSSED.

boglynnu, *be.* 1. gosod boglynnau. TO
EMBOSS.

    2. byrlymu. TO BUBBLE.

bôl[1], *ebg. ll.*-iau. cawg. BOWL.

bôl[2], *eg. ll.* bôls. pelen, pêl. BALL.

bol, *eg. ll.*-iau : **bola,** *eg. ll.* bolâu.
tor, cylla, stumog. BELLY, STOMACH,
ABDOMEN.

bol(i)aid, *eg. ll.* boleidiau. llond bol.
BELLYFUL, STOMACHFUL.

*****bolch,** *eg. ll.* bylchau. bwlch ; rhic.
GAP ; NOTCH.

*****bolchog,** *a.* bylchog. GAPPED, NOTCHED.

bolchwydd, *eg.* 1. chwydd yn y bol.
SWELLING OF THE BELLY.

    2. rhodres. POMP.

bolchwyddo, *be.* chwyddo o'r bol,
ymffrostio. TO SWELL, TO BOAST.

boldyn, *a.* â bol tyn, tordyn. FULL-
BELLIED, FAT.

bolera, *be.* traflyncu. TO GORGE.

bolerwr, *eg.* gloddestwr. GLUTTON.

*****bolgan,** *eb. ll.*-au. cwdyn croen. HIDE
BAG.

bolgar, *a.* trachwantus, glwth.
GLUTTON.

bolgno, *eg.* : **bolgnofa,** *eb.* poen yn y
bol. GRIPES.

bolheulo, *be.* torheulo, gorwedd mewn
heulwen. TO SUNBATHE.

bolio, *be.* traflyncu ; ymchwyddo. TO
GORGE ; TO BULGE.

boliog, *a.* tew, corffol, cestog. COR-
PULENT, FAT.

*****boloch,** *eg.* cur, poen. PAIN.

bolrwth, *a.* gwancus, awchus. GREEDY.

bolrwym, *a.* rhwym o gorff.
CONSTIPATED.

bolrwymedd : **bolrwymiad,** *eg.*
rhwymedd corff. CONSTIPATION.

bolrwymyn, *eg. ll.*-au. rhwymyn am y
bol. BELLY-BAND.

bolrythu, *be.* trachwantu, traflyncu.
TO GORGE.

bolsbryd, *eg.* polyn hwyl. BOWSPRIT.

bolwst, *ebg.* gwayw yn y bol. COLIC.

bolystyn, *eg.* hernia, tor llengig.
RUPTURE.

*****boll,** *a.* agored, rhwth. OPEN.

*****bolli,** *be.* agor. TO OPEN.

bollt, *egb. ll.*-au, byllt. 1. math o far i
sicrhau drws. BOLT.

    2. dart. DART, BOLT.

    3. taranfollt. THUNDERBOLT.

bolltaid, *eg.* bwndel, swp. BUNDLE.

*****bolltawd** : *****bolltod,** *eg.* ergyd
bollt. BLOW WITH A BOLT.

bom, *eg. ll.*-au, -iau. cas metel yn
llawn o ddefnydd ffrwydrol. BOMB.
Bom atomig. ATOMIC BOMB.
Bom hidrogen. HYDROGEN BOMB.

bôm, *eg.* balm, ennaint. BALM.

*****bombas,** *eg.* cotwm. COTTON.

bôn, *eg. ll.*-au, bonion. cyff, gwaelod,
coes, boncyff. BASE, TRUNK, STUMP.

boncath, *eg. ll.*-od. bwncath, boda.
BUZZARD.

bonclust, *eg. ll.*-iau. cernod, clewten.
BOX ON THE EARS.

bonclustio, *be.* cernodio. TO BOX THE
EAR.

boncyff, *eg. ll.*-ion. cyff. STUMP, TRUNK.

bond, *egb. ll.*-iau. 1. cytundeb. AGREE-
MENT.

    2. coler. COLLAR, BAND.

bondid, *eb. ll.*-au. cadwyn fôn aradr.
MAIN PLOUGH-CHAIN.

bondigrybwyll, 1. *adf.* mewn gwir-
ionedd. FORSOOTH.

    2. *a.* na bo ond ei grybwyll. HARD-
LY MENTIONABLE.

bondo, *eg.* bargod. EAVES.

bondrwm, *a.* cymen (am ffracsiwn).
PROPER (FRACTION).

*****bonedd,** *eg.* tarddiad, dechreuad.
ORIGIN, BEGINNING.

bonedd, *eg.* 1. urddas, mawredd,
gwychder. NOBILITY.

    2. ach, hil, tylwyth, haniad, llinach.
DESCENT.

boneddigaidd, *a.* 1. urddasol, pendefigaidd. NOBLE.
　2. moesgar, llednais, hawddgar. GENTLE.

boneddigeiddrwydd, *eg.* pendefigaeth ; lledneisrwydd. NOBILITY ; GENTLENESS.

boneddiges, *eb. ll.*-au. gwraig fonheddig. LADY.

boneddigion, *ell.* gwŷr bonheddig ; pendefigion. GENTLEMEN ; GENTRY.

*boneddigrwydd, *eg.* pendefigaeth ; lledneisrwydd. NOBILITY ; GENTLENESS.

bonesig, *eb.* boneddiges. LADY.

bonffagl, *eb. ll.*-au. coelcerth. BONFIRE.

bongam, *a.* bergam, coesgam. BANDY-LEGGED.

bongamu, *be.* cerdded ar led. TO WADDLE.

bonglwm, *eg.* clwm. KNOT.

bongorff, *eg. ll.*-gyrff. rhan uchaf y corff. TRUNK.

bonheddig, *a.* 1. urddasol, pendefigaidd. NOBLE.
　2. moesgar, llednais. GENTLE.

bonheddwr, *eg. ll.* bonheddwyr, boneddigion. uchelwr ; gŵr bonheddig. NOBLEMAN ; GENTLEMAN.

*boniad,*eg.ll.*-iaid : ***boniwr**,*eg. ll.*-wyr. ych olaf gwedd. HINDMOST OX IN A TEAM.

bonllef, *eb. ll.*-au. gwaedd, bloedd, crochlef. A LOUD SHOUT.

*bonllost,*eb. ll.*-au. 1. gwialen gŵr, cal. PENIS.
　2. cynffon, cwt. TAIL.

bonllwm, *a.* noethlwm. NAKED.

bonsyg, *eb. ll.*-iau. bondid. MAIN PLOUGH-CHAIN.

bontin, *eb.* pen-ôl, tin, ffolen. BUTTOCK, RUMP.

*bonwm, *eg.* boncyff ; ffolen. STUMP ; BUTTOCK.

bonws, *eg.* tâl ychwanegol. BONUS.

bonyn, *eg.* bôn, boncyff, cyff. STUMP, STOCK.

bopa, *eb.* modryb. AUNT.

borau,(*ffurf wallus*).*eg.* bore. MORNING.

bord, *eb.* 1. *ll.*-ydd, -au. bwrdd. TABLE.
　2. *ll.*-au. astell, borden. BOARD.

bordar, *eg. ll.*-iaid. un sy'n byw ar y ffin. BORDERER.

*bordir, *eg. ll.*-oedd. goror. BORDERLAND.

bore, 1. *eg. ll.*-au. rhan gynnar neu gyntaf y dydd, cyn y nawn. MORNING.
　2. *a.* cynnar. EARLY, MORNING.
　Yn fore. EARLY.

borebryd, *eg. ll.*-au. brecwast. BREAKFAST.

boreddydd, *eg. ll.*-iau. cyfddydd, gwawr, bore. BREAK OF DAY, MORNING.

*boregad, *eb.ll.*-au. brwydr yn y bore, brwydr gynnar. MORNING BATTLE.

boregwaith, *eb.* rhyw fore. ONE MORNING.

boreol, *a.* yn perthyn i'r bore, cynnar. MORNING, EARLY.

*boreugwaith, *eb.* rhyw fore. ONE MORNING.

*borëwr, *eg.* codwr bore. EARLY RISER.

*bors,*egb.* hernia, tor llengig. HERNIA, RUPTURE.

*bos, *eb.* cledr llaw. PALM (OF HAND).

*bos, *eg. ll.*-au. lwmp, boglyn. KNOB, BOSS.

bost,*eg.* ymffrost, brol, bocsach. BOAST.

bostfawr, *a.* ymffrostgar. BOASTFUL.

bostio, *be.* 1. ymffrostio, brolio. TO BOAST.
　2. byrstio. TO BURST.

bostiwr, *ll.*-wyr. ymffrostiwr. BOASTER.

botaneg, *eb.* llysieueg, llysieuaeth. BOTANY.

botanegol, *a.* llysieuol. BOTANIC.

botanegwr, *eg. ll.*-wyr. un hyddysg mewn botaneg. BOTANIST.

botasen, *eb. ll.* botias. 1. arfogaeth i'r goes. LEG-HARNESS.
　2. esgid, esgid uchel marchog, etc. BOOT, BUSKIN.

botaswr, *eg. ll.*-wyr. lluniwr botasau. BOOT-MAKER.

botwm, *eg. ll.* botymau. 1. boglyn. BOSS.
　2. cnepyn o fetel neu asgwrn, etc. i gau gwisg. BUTTON.

botymu, *be.* cau â botwm. TO BUTTON.

*both, *eb. ll.*-au. potel. BOTTLE.

both, *eb. ll.*-au. canol tarian ; bŵl olwyn. BOSS (OF SHIELD) ; NAVE (OF WHEEL).

bothell, *eb.* gweler *pothell*.

bothog, *a.* byrdew. CHUBBY.

bowlen, *eb. ll.*-ni, bowliau. powlen. BOWL.

bowlio, *be.* powlio, taflu pêl. TO BOWL.

bowliwr, *eg. ll.*-wyr. un sy'n bowlio. BOWLER.

brac, *a.* parod ; rhydd, hael. READY ; FREE, GENEROUS.

bracty, *eg. ll.*-tai. tŷ i fragu cwrw. BREWERY.

brad, *eg. ll.*-au. bradychiad, bradwriaeth, dichell, ffalster, ystryw. TREACHERY, BETRAYAL, TREASON.

bradfwriadu, *be.* cynllwyno. TO PLOT, TO CONSPIRE.

51

bradog : **bradol,** *a.* twyllodrus. TREACHEROUS.

bradu, *be.* 1. bradychu. TO BETRAY, TO COMMIT TREASON.

2. cynllwyno. TO PLOT.

bradu, *be.* afradu. TO WASTE.

*__bradw(y),__ 1. *a.* toredig, treuliedig. BROKEN, WORN.

2. *eg.* rhwyg, adwy, toriad. GAP, FRACTURE.

bradwr, *eg. ll.*-wyr. bradychwr. TRAITOR, BETRAYER.

bradwriaeth, *eb.* brad. TREACHERY.

bradwriaethol, *a.* ⎫
bradwriaethus, *a.* ⎬ bradychus.
bradwrol, *a.* ⎨ TREACHEROUS.
bradwrus, *a.* ⎭

*__bradwyo,__ *be.* rhwygo, darnio, treulio. TO REND, TO DECAY.

bradychu, *be.* bod yn ffals neu ddichellgar, bradu, twyllo. TO BETRAY.

bradychus, *a.* yn bradychu. TREACHEROUS, BETRAYING.

bradychwr, *eg. ll.*-wyr. bradwr. TRAITOR, BETRAYER.

*__bradynus,__ *a.* bradychus. TREACHEROUS.

*__braddug,__ *eg.* gwalch, dihiryn. RASCAL.

braen, *a.* pwdr, llwgr. ROTTEN, CORRUPT.

braenar, *eg. ll.*-au. tir wedi ei aredig a'i adael heb had. FALLOW LAND.

braenaru, *be.* troi tir a'i adael heb had. TO FALLOW.

*__braendod,__ *eg.* ⎫ pydredd, llyg-
*__braenedigaeth,__ *eb.* ⎬ redd.
*__braenedd,__ *eg.* ⎨ ROTTENNESS,
*__braeniad,__ *eg.* ⎭ CORRUPTION.

*__braenllyd,__*a.*pwdr; llwgr; wedi llwydo. ROTTEN ; CORRUPT ; MOULDY.

*__braenllydrwydd,__*eg.* gweler *braendod.*

*__braens,__ *eb.* cangen ; etifedd. BRANCH ; SCION.

braf, *a.* teg, hyfryd, hardd, dymunol, pleserus, gwych, coeth. FINE, NICE, PLEASANT.

brafiaeth, *eb.* ⎫ gwychder,
brafiwch, *eg.* ⎬ ysblander.
brafri, *eg.* ⎭ SPLENDOUR.

brag, *eg.* grawn wedi ei baratoi i wneud diod. MALT.

*__bragad,__ *eb.* byddin, brwydr; epil. ARMY, BATTLE ; OFFSPRING.

bragaldian, *be.* : **bragaldio,** *be.* clebran. TO JABBER.

bragdy, *eg. ll.*-dai. bracty, darllawdy. BREWERY.

bragio, *be.* ymffrostio. TO BOAST.

bragiwr, *eg. ll.*-wyr. ymffrostiwr. BOASTER.

*__bragod,__ *eg. ll.*-au, -ydd. diod frag yn cynnwys cwrw a mêl. BRAGGET.

*__bragodi,__ *be.* rhoi neu wneud bragod. TO GIVE OR MAKE BRAGGET.

*__bragodlyn,__ *eg.* bragod. BRAGGET.

bragu, *be.* darllaw, gwneud brag. TO BREW, TO MAKE MALT.

bragwair, *eg.* gwair rhos. MOORLAND HAY.

bragwr, *eg. ll.*-wyr. gwneuthurwr brag, darllawydd. MALTSTER, BREWER.

braich, *ebg. ll.* breichiau. aelod yn ymestyn o'r ysgwydd i'r llaw ; cilfach o'r môr. ARM.

Braich olwyn. SPOKE OF A WHEEL.

Breichiau trol (cart). CART-SHAFTS.

Braich-neidio. ARM JUMPING.

Braich-gerdded. ARM WALKING.

braidd, *adf.* bron, ymron, agos, prin, hytrach. NEAR, ALMOST, RATHER, JUST, SCARCELY.

O'r braidd. HARDLY.

braint, *ebg. ll.* breintiau, breiniau. hawl neu ffafr arbennig, anrhydedd, mantais, rhagorfraint, cymwynas. PRIVILEGE, RIGHT, HONOUR, STATUS.

braisg, *a.* tew, cadarn ; beichiog. FAT, STRONG ; PREGNANT.

braith, *ab.* (*g.* brith). amryliw, cymysgliw, brech. SPECKLED, MOTLEY.

bral, *eg. ll.*-au. rhecsyn, cerpyn. RAG.

bralgi, *eg. ll.*-gwn. gŵr carpiog. RAGGED FELLOW.

bralog, *a.* carpiog ; penwan. TATTERED ; HARE-BRAINED.

bram, *eb.* rhech, cnec. FART.

bran, *eg.* bwyd anifeiliaid a wneir o blisg gwenith, neu haidd neu geirch. BRAN.

brân, *eb. ll.* brain. aderyn mawr du. CROW.

Brân dyddyn : brân syddyn. CARRION CROW.

branes, *eb.ll.*-i. haid o frain. FLIGHT OF CROWS.

bras, *a.* ffrwythlon, toreithiog, tew, mawr, braisg, seimllyd, cyffredinol. THICK, FAT, LARGE, RICH, GREASY, GENERAL.

brasáu, *be.* pesgi. TO FATTEN.

brasbwyth, *eg. ll.*-au. pwyth mawr. LARGE STITCH.

brasgamu, *be.* gwneud camau mawr a cherdded yn gyflym. TO STRIDE.

*__brasled,__*eb.ll.*-au. breichled. BRACELET.

brasliain, *eg. ll.*-lieiniau. cynfas. CANVAS.

braslun, *eg. ll.*-iau. cynllun cyntaf darlun, amlinelliad, disgrifiad byr. OUTLINE, SKETCH.

braslunio, *be.* tynnu braslun. TO OUT-
LINE, TO SKETCH.

brasnaddu, *be.* llunio'n arw. TO ROUGH-
HEW.

braster, *eg. ll.*-au. tewder ; saim,
bloneg. GROSSNESS ; FAT.

brastod, *eg.* 1. mawredd. GREATNESS.
2. afledneisrwydd. COARSENESS.

***brastwll,** *a.* (*b.* brastoll). tyllog. FULL
OF HOLES.

braswydd, 1. *a.* garw. ROUGH.
2. *ell.* coed mawr. LARGE TREES.

brat, *eg. ll.*-au, -iau. cerpyn, rhecsyn,
llarp, bretyn ; arffedog. RAG ; APRON.

***bratáu,** *be.* bradychu. TO BETRAY.

bratiog, *a.* carpiog, carbwl, clytiog,
llarpiog. RAGGED.

brath, *eg. ll.*-au. cnoad, pigiad, gwan-
iad. BITE, STING, STAB, WOUND.

brathedig, *a.* clwyfedig, cnoëdig.
WOUNDED, BITTEN.

brathgi, *eg. ll.*-gwn. ci ffyrnig. FIERCE
DOG.

brathiad, *eg. ll.*-au. brath. BITE, STING,
STAB, WOUND.

brathog, *a.* yn brathu. BITING.

brathu, *be.* cnoi, pigo. TO BITE, TO
STING, TO STAB.

***brau,** *a.* parod, hael. READY, GENER-
OUS.

brau, *a.* hyfriw, bregus, gwan, eiddil.
BRITTLE, FRAGILE, FRAIL.

braw, *eg. ll.*-iau. ofn, dychryn, arswyd.
TERROR, FRIGHT.

brawd, 1. *eg. ll.* brodyr. mab i'r un
tad neu fam. BROTHER.
2. *eb. ll.* brodiau. barn. JUDGEMENT.

brawdgarwch, *eg.* cariad brawdol.
BROTHERLY LOVE.

***brawdio,** *be.* barnu. TO JUDGE.

brawdladdiad, *eg. ll.*-au. llofruddiad
brawd. FRATRICIDE.

brawdle, *eg. ll.*-oedd. llys barn. COURT
OF LAW.

brawdlys, *eg. ll.*-oedd. llys barn, cwrt.
COURT OF LAW, ASSIZES.

brawdol, *a.* fel brawd, caredig.
BROTHERLY.

brawdoliaeth, *eb.* perthynas frawdol,
cymdeithas o bobl. BROTHERHOOD.

brawdoriawl,a.*brawdol. BROTHERLY.

brawdwr, *eg. ll.*-wyr. barnwr. JUDGE.

brawdwraidd, *a.* barnwrol, cyfiawn.
JUDICIAL, RIGHTEOUS.

***brawdwriaeth,** *eb.* swydd barnwr ;
dedfryd ; brawdgarwch. JUDGE'S
OFFICE ; SENTENCE ; BROTHERLY
LOVE.

brawdydd,eg.ll.*-ion. barnwr. JUDGE.

***brawdyn,** *eg.* brawd bach ; adyn,
truan. LITTLE BROTHER ; WRETCH.

brawddeg, *eb. ll.*-au. cyfres o eiriau'n
mynegi un meddwl yn ramadegol
gyflawn. SENTENCE.

brawddegu, *be.* llunio brawddegau.
TO CONSTRUCT SENTENCES.

brawedig, *a.* brawychus. ALARMED.

***brawhau,** *be.* brawychu, ofni. TO
TERRIFY, TO FEAR.

brawl, *egb.* ymryson swnllyd, ymffrost.
BRAWL, BOAST.

brawn, *eg.* cyhyr, cig a chyhyrau an-
ifail. BRAWN.

***brawniog,** *a.* cyhyrog, cryf. BRAWNY,
STRONG.

***brawus,** *a.* ofnus. AFRAID.

brawychu, *be.* dychrynu. TO TERRIFY,
TO FRIGHTEN.

brawychus, *a.* ofnadwy, arswydus,
dychrynllyd, echrydus. TERRIBLE,
FRIGHTFUL, ALARMING.

brawychwr, *eg. ll.*-wyr. dychrynwr.
TERRIFIER.

***bre,**1. *eb. ll.*-oedd, -on. bryn, tir uchel.
HILL, HIGHLAND.
2. *a.* uchel. HIGH.

brebwl, *eg. ll.*-byliaid. twpsyn ; cleb-
rwr. BLOCKHEAD ; BABBLER.

brecan,egb.* carthen, cwrlid. BLANKET,
COVERLET.

breci, *eg. ll.*-au. 1. cwrw newydd. WORT.
2. meddwdod. DRUNKENNESS.
Te breci : te cryf.

brecini,eg.* ewyn breci. FROTH, FOAM.

brecwast : **brecwest,** *eg. ll.*-au.
borebryd. BREAKFAST.

brecwasta, *be.* bwyta brecwast. TO
BREAKFAST.

brech[1]**,** *eb. ll.*-au. tosau neu blorynnau
bychain ar y croen. ERUPTION (ON
SKIN), POX.
Brech fawr. SYPHILIS.
Brech goch. MEASLES.
Brech wen. SMALLPOX.
Brech y fuwch. COWPOX.
Brech yr ieir. CHICKENPOX.
Y frech. VACCINATION.

brech[2]**,** *ab.* brych. BRINDLED, FRECK-
LED.

brechdan, *eb. ll.*-au. tafell neu doc o
fara-menyn. SLICE OF BUTTERED
BREAD.
Brechdan gig. MEAT SANDWICH.
Brechdan gaws. CHEESE SANDWICH.

brechedig, *a.* wedi cael y frech.
VACCINATED.

brechiad, *eg. ll.*-au. y weithred o gael y
frech i ddiogelu'r corff rhag haint.
INOCULATION.

brechlyd, *a.* â brech. HAVING ERUPTIONS (ON SKIN).

brechlyn, *eg.* defnydd y frech. VACCINE.

bredych, *eg.* *ll.*-au, -ion. 1. brad. TREACHERY.

2. ofn. FEAR.

3. gwalch, dihiryn. RASCAL.

*bredychus, *a.* bradychus ; ofnus. TREACHEROUS ; FEARFUL.

*breddyn, *eg.* uchelwr, pendefig. NOBLEMAN.

bref, *eb.* *ll.*-iadau. cri buwch neu ddafad, etc. BLEATING, LOWING.

*brefant, *eg.* gweler *breuant.*

breferad, 1. *eg.* bref. BELLOWING.

2. *be.* brefu. TO BELLOW, TO ROAR.

brefiad, *eg.* *ll.*-au. y weithred o frefu. LOWING, BLEATING.

brefu, *be.* gwneud sŵn (gan fuwch neu ddafad, etc.) ; rhuo. TO BLEAT, TO LOW ; TO ROAR.

breg, *eg.* asiad ddaearegol. JOINT (GEOL.).

*breg, 1. *a.* diffygiol ; brau. DEFECTIVE ; FRAGILE.

2. *eg.* diffyg ; twyll ; rhwyg. FAULT, DECEIT ; RENT.

*bregedd, *egb.* breuder ; gwagedd. FRAILTY ; VANITY.

bregliach, 1. *be.* clebran, baldorddi. TO JABBER.

2. *eg.* cleber, baldordd. PRATTLE.

breglyd, *a.* : **bregus,** *a.* brau, eiddil, gwan, llesg, simsan. FRAIL, FRAGILE, RICKETY.

bregysu, *be.* eplesu. TO FERMENT.

brehyr, *eg.* gweler *brëyr.*

*brehyrdir, *eg.* *ll.*-oedd. tir arglwydd neu farwn. BARON-LAND.

*brehyres, *eb.ll.*-au. arglwyddes, barwnes. LADY, BARONESS.

*brehyriaeth, *eb.* *ll.*-au. arglwyddiaeth, barwniaeth. BARONAGE.

*brehyrllin, *a.* bonheddig, pendefig. NOBLE.

*brehyr(i)ol, *a.* yn perthyn i farwn neu arglwydd. BARONIAL, LORDLY.

breichdlws, *eb.* *ll.*-dlysau. breichled. BRACELET.

breicheidio, *be.* cofleidio. TO EMBRACE.

*breichfras, *a.*â breichiau cryf. STRONG-ARMED.

breichled, *eb.* *ll.*-au : ***breichrwy,** *egb.* *ll.*-au. addurn a wisgir ar y fraich. BRACELET.

breichus, *a.* â breichiau cryf. STRONG-ARMED.

*breiddfyw, *a.* lledfyw. HALF-DEAD.

*breiddgar, *a.* anturus ; dewr. ADVENTUROUS ; BRAVE.

breiferad, *eg.* a *be.* gweler *breferad.*

*breila : ***breilen,** *egb.* rhosyn. ROSE.

*breiliog, *a.* rhosynnog. ROSY.

*breindir, *eg.* *ll.*-oedd. tir dan siartr, cytir. CHARTER-LAND, COMMON-LAND.

breinig, *a.* pwdr, mall. ROTTEN.

breinio, *be.* 1. rhoi ffafr neu fraint, anrhydeddu. TO PRIVILEGE, TO HONOUR. 2. rhyddhau. TO MAKE FREE.

breiniog[1], *a.* pwdr, mall. ROTTEN.

breiniog[2] : **breiniol,** *a.* wedi cael braint neu hawl, urddasol. PRIVILEGED, DIGNIFIED.

breinlen,*eb.ll.*-ni, -nau. siartr. CHARTER.

breinlys, *eg.* *ll.*-oedd : **breinllys,** *eg.* *ll.*-oedd. llys brenhinol. ROYAL COURT.

breintal, *eg.* bonws, tâl hawlfraint. BONUS, ROYALTY.

breintio, *be.* breinio. TO PRIVILEGE, TO HONOUR, TO MAKE FREE.

brein(t)us, *a.* breiniol, anrhydeddus. PRIVILEGED, HONOURABLE.

*breiscter, *eg.* praffter ; llwyddiant. THICKNESS ; SUCCESS.

breisgaidd, *a.* braisg, tew, cryf. FAT, STRONG.

breisgáu : **breisgio,** *be.* tewhau. TO BECOME FAT.

*breithell, *eb.* *ll.*-au. 1. gwlad, bro. COUNTRY, REGION.

2. brwydr. BATTLE.

*breithell, *eb.ll.*-au. ymennydd, croenen yr ymennydd. BRAIN, BRAIN MEMBRANE.

breithgad, *eb.* *ll.*-au. brwydr waedlyd. BLOODY BATTLE.

breithin, *eb.* tywydd cyfatal. UNSETTLED WEATHER.

brelyn, *eg.* bral, rhecsyn. RAG.

brêm, *eg.* math o bysgodyn, gwrachen ddu. BREAM.

bremain, *be.* rhechain, bramu. TO FART.

brenhinaidd, *a.* fel brenin. REGAL, KINGLY.

brenhindy, *eg.* *ll.*-dai. plas brenin. ROYAL PALACE.

brenhines, *eb.* *ll.* breninesau. gwraig brenin, teyrn o wraig. QUEEN.

brenhinfainc, *eb.* gorsedd. THRONE.

brenhinfraint, *eb.* braint frenhinol. ROYAL PREROGATIVE.

brenhiniaeth, *eb.* *ll.* breniniaethau. teyrnas, swydd brenin, teyrnasiad. KINGDOM, SOVEREIGNTY, REIGN.

brenhinllin : **brenhinllwyth,** *eb.* llinach frenhinol. DYNASTY.

brenhinol, *a.* yn ymwneud â brenin, teyrnaidd. ROYAL.

brenhinyn, *eg.* brenin bychan. KINGLET.

breni, *eb.* fflureg. PROW.

brenin, *eg. ll.* brenhinedd, brenhinoedd. teyrn, penadur, pennaeth. KING.

brennig. *ell.* (*un. b.* brenigen). 'llygaid meheryn.' LIMPETS.

brest, *eb.ll.*-iau. bron, mynwes. BREAST, CHEST.

bresych, *ell.* (*un. b.*-en). bwydlys gwyrdd o'r ardd, cabaits. CABBAGES.

bretyn, *eg.* brat bach, clwtyn. SMALL RAG.

brethyn, *eg. ll.*-nau. defnydd wedi ei wau. CLOTH.

    Brethyn cartref. ⎫ HOMESPUN
    Brethyn (tal) pentan. ⎭ CLOTH.

brethynnwr, *eg.*-ynwyr. ⎫ dilledydd.
brethynnydd,*eg.* ⎭ DRAPER.

*__breuad,__ *eg.ll.*-aid. pryf y bedd. GRAVEWORM.

*__breuan,__ *eb.ll.*-au. 1. melin law. HANDMILL.

    2. printen (o ymenyn). PRINT (OF BUTTER).

*__breuanllif,__ *eg.* maen hogi, maen melin. GRINDSTONE, MILLSTONE.

*__breuant,__ *egb. ll.*-nnau. pibell wynt, corn gwddf. WINDPIPE.

*__breuanu,__ *be.* malu. TO GRIND.

*__breudeg,__ *a.* ffraeth, rhugl. FLUENT.

breuder, *eg.* cyflwr brau neu fregus, gwendid, eiddilwch. BRITTLENESS, FRIABILITY.

breuddwyd, *ebg. ll.*-ion. yr hyn a â drwy'r meddwl yn ystod cwsg, gweledigaeth. DREAM.

breuddwydio, *be.* cael breuddwyd, dychmygu. TO DREAM.

breuddwydiol, *a.* fel breuddwyd, llawn o freuddwydion. DREAMY.

breuddwydiwr, *eg. ll.*-wyr. un sy'n breuddwydio. DREAMER.

*__breuddyn,__ *eg.* gŵr hael. GENEROUS PERSON.

*__breu(f)er,__ *a.* uchel; huawdl. LOUD; ELOQUENT.

*__breufawr,__ *a.* hael. GENEROUS.

*__breugerdd,__ *eb. ll.*-i. barddoniaeth rwydd. FLUENT POETRY.

breuhau, *be.* breuo, darfod, malu. TO BECOME FRAGILE, TO DECAY, TO POUND.

*__breulan,__ *a.* hael. GENEROUS, KIND.

*__breulif(aid),__ *a.* miniog, llym. SHARP, WHETTED.

*__breulon,__ *a.* caredig. KIND.

breulyd, *a.* brau. BRITTLE.

breuo, *be.* mynd yn frau. TO BECOME BRITTLE.

*__breuog,__ *eg.* pryf y bedd. GRAVE-WORM.

*__breuol,__ *a.* brau, bregus, marwol. FRAIL, BRITTLE, MORTAL.

breuoldeb, *eg.* ⎫ breuder, eiddilwch,
breuolder, *eg.* ⎭ marwoldeb. FRAILTY,
*__breuoledd,__ *eg.* ⎡ WEAKNESS, MORTAL-
*__breuoliaeth,__*eb.* ⎭ ITY.

brewlan, *be.* 1. bwrw glaw mân, briwlan. TO DRIZZLE.

    2. ymryson, baldorddi. TO BRAWL, TO PRATE.

*__brewychus,__ *a.* brawychus. TERRIBLE, FEARFUL.

*__brëyr,__ *eg. ll.* brehyron, -iaid. arglwydd, barwn. LORD, BARON.

*__brëyres,__ *eb.* gweler *brehyres.*

bri, *eg.* clod, enwogrwydd, enw da, anrhydedd, urddas. FAME, HONOUR, DISTINCTION.

briallu, *e.torf.* (*un. b.* briallen). blodau melynwyn y gwanwyn. PRIMROSES.
    Briallu Mair. COWSLIPS.

brib, 1. *eg. ll.*-iau. llwgrwobrwy. BRIBE.

    2. *eg. ll.*-ys. darn. FRAGMENT.

bribio, *be.* llwgrwobrwyo. TO BRIBE.

bribis, *ell.* ⎫ (*un.g.* bribysyn, bribsyn) ;
bribys, *ell.* ⎭ darnau, tameidiau. FRAGMENTS, BITS.

*__bricbrennu,__ *be.* gwawdio. TO MOCK.

*__bricni,__ *eg.* adyn. WRETCH.

brics, *ell.* (*un.b.*-en). priddfeini. BRICKS.

brid, *eg. ll.*-iau. rhywogaeth. BREED.

bridio, *be.* magu, epilio. TO BREED.

bridiwr, *eg. ll.*-wyr. magwr. BREEDER.

*__briduw,__ *eg.* 1. llw cysegredig. SOLEMN OATH.

    2. gwarant. GUARANTEE.

    3. ernes. EARNEST.

brifo, *be.* clwyfo, niweidio ; briwo. TO HURT, TO WOUND ; TO CRUMBLE.

briff, *eg. ll.*-iau. gwrit. BRIEF.

brig, *eg. ll.*-au. 1. crib, copa. TOP, SUMMIT.

    2. cangen, brigyn. TWIG(S).
    Glo brig. OPEN-CAST COAL.
    Brig y nos. DUSK.

brigâd, *eb. ll.*-au. adran o fyddin. BRIGADE.
    Y Frigâd Dân. FIRE BRIGADE.

brigadydd, *eg. ll.*-ion. un â gofal brigâd. BRIGADIER.

*__brigawn(s)__ : *__brigawndr,__ *eg.* arfogaeth fodrwyog o haearn llurig. BRIGANDINE.

*__brigawns,__ *ell.* lladron. BRIGANDS.

brigbori, *be.* blaenbori, blewynna. TO BROWSE.

brigdorri, *be.* torri'r brig. TO PRUNE, TO LOP.

*__brigedd,__ *eg.* rhagoriaeth ; uchelder. EXCELLENCE ; HEIGHT.

briger, *egb*. gwallt ; pen. HAIR ; HEAD.
 Briger blodeuyn. STAMENS, ANTHER.
brigerog, *a*. â briger. HAIRY, STAMIN-
ATE.
brigeryn, *eg*. briger. STAMEN.
brigiad, *eg*. y weithred o frigo. OUT-
CROP.
brigladd, *be*. blaendorri. TO LOP THE
TOPS.
briglaes, *a*. canghennog. BRANCHY.
briglwyd, *a*.penllwyd. HOARY-HEADED.
brigo, *be*. 1. canghennu ; egino. TO
BRANCH ; TO SPROUT.
 2. torri i'r wyneb. TO OUTCROP.
 3. brigdorri. TO TOP.
brigog, *a*. 1. canghennog. BRANCHY.
 2. gwalltog. HAIRY.
*brigwn, *eg. ll*. brigynau. gobed. AND-
IRON.
brigyn, *eg. ll*. brigau. ysbrigyn, imp,
impyn, cangen fach, brig. TWIG.
brigystod, *eb. ll*.-iau. yr ystod uchaf.
TOP SWATH.
bril(yn), *eg. ll*.-iau. rhecsyn ; ffŵl. RAG.
FOOL.
*bris, *eg*. cyrch, ymosodiad. ATTACK.
*brisg, *a*. ôl troed, llwybr. TRAIL, PATH.
brith, *a*. (*b*. braith). brych, amryliw ;
aneglur, llwyd. SPECKLED, MOTLEY ;
INDISTINCT, VAGUE ; GREY.
 Ceffyl brith. PIEBALD HORSE.
 Brith gof. FAINT RECOLLECTION.
 Yn frith gan (o). STUDDED WITH.
brithder, *eg*. brychni, amrywiaeth
lliw. SPOTTEDNESS, VARIEGATION.
*brithfyd, *eg*. cynnwrf, rhyfel. CON-
FUSION, WAR.
brithgi, *eg. ll*.-gwn. ci o dras cymysg.
MONGREL.
brithlaw, *eg*. glaw mân, gwlithlaw.
DRIZZLE.
brithlen, *eb. ll*.-ni. tapin. TAPESTRY.
brithlwyd, *a*. brithlas ; wedi llwydo.
DAPPLE-GREY ; MOULDY.
brithni, *eg*. brychni. SPECKLEDNESS.
britho, *be*. 1. ysmotio, brychu. TO
DAPPLE.
 2. gwynnu (am wallt), llwydo. TO
TURN GREY.
*brithred, *eg*. cynnwrf, cyffro ; rhyfel.
STRIFE ; WAR.
brithryw, *a*. cymysgryw, heterogenus.
HETEROGENEOUS.
brithwaith, *eg*. gwaith cymysg ;
gwaith gwael ; gwaith â lliwiau
gwahanol. MISCELLANY ; POOR WORK ;
MOSAIC.
brithwas, *eg. ll*.-weision. cnaf, adyn.
KNAVE, WRETCH.
brithyd, *eg*. ŷd cymysg. MIXED CORN.

brithyll, *eg. ll*.-od, -iaid. pysgodyn
brith cyffredin. TROUT.
briw, *eg. ll*.-iau. clwyf, archoll, gweli,
dolur, clais, ysigiad, cwt, anaf.
WOUND, CUT.
briw, *a*. briwedig, clwyfedig, archoll-
edig, toredig, drylliog, blin, tost,
dolurus, poenus, anafus. BROKEN,
BRUISED, SORE.
*briwadwy, *a*. hyfriw. FRIABLE.
briwdwll, 1. *a*. (*b*. briwdoll). drylliedig ;
clwyfedig ; wedi ei dyllu. SHATTERED ;
WOUNDED ; PIERCED.
 2. *eg*. clwyf, twll. WOUND, OPENING.
*briwdwn, *a*. (*b*. briwdon). toredig,
wedi ei ysigo. BROKEN, BRUISED.
briwedig, *a*. wedi ei friwo, clwyfedig.
BROKEN, BRUISED, WOUNDED.
briwfwyd, *eg*. briwsion, darnau o fwyd.
CRUMBS, FRAGMENTS OF FOOD.
briwgig, *eg*. cnawd wedi ei dorri, cig
mân. BROKEN FLESH, MINCE.
briwlan, *be*. bwrw glaw mân. TO
DRIZZLE.
briwlian : briwlio, *be*. brwylio,
llosgi. TO BROIL.
briwo, *be*. brifo, archolli, clwyfo,
niweidio, anafu, darnio. TO WOUND,
TO DAMAGE, TO TEAR.
*briwod, *eg*. eira a yrrir gan y gwynt.
DRIVEN SNOW.
briwsion, *ell*. (*un. g*.-yn). tameidiau o
fara, darnau, mwydion. CRUMBS,
FRAGMENTS.
briwsioni, *be*. mynd yn friwsion,
darnio. TO CRUMB, TO CRUMBLE.
briwsionllyd, *a*. yn briwsioni. CRUMBY,
CRUMBLY.
briwydd, *ell*. brigau toredig, tanwydd.
BROKEN TWIGS, FIREWOOD.
briwydd, *eb*. gwendon. BEDSTRAW.
bro, *eb. ll*. bröydd. ardal, tir isel, parth.
REGION, COUNTRY, VALE, LOWLAND.
 Bro a bryn. HILL AND DALE.
 Bro Morgannwg. VALE OF GLAM-
ORGAN.
broc, *a*. amryliw, cymysgliw, brych,
llwydwyn. ROAN, GRIZZLED, MIXED
COLOUR.
 Ceffyl broc. ROAN HORSE.
 Dafad froc. GRIZZLED SHEEP.
broc, *eg*. yr hyn a olchir i'r lan gan y
môr neu afon. DRIFT-WOOD, WRECK-
AGE.
brocen, *eb*. bron, mynwes. BREAST,
BOSOM.
brocer, *eg. ll*.-iaid. prynwr a gwerthwr
cyfranddaliadau i eraill. BROKER.

broch   **brudio**

broch, 1. *eg. ll.*-ion, -od. mochyn daear,
pryf llwyd. BADGER.
2. *eg.* ewyn ; dicter ; cyffro. FOAM ;
ANGER ; TUMULT.
3. *a.* dig. ANGRY.
*brochell, *eb. ll.*-oedd. storm. STORM.
brochi, *be.* ewynnu, cynhyrfu, berwi,
anesmwytho, ffromi, rhuo. TO FOAM,
TO CHAFE, TO ROAR.
brochlyd : **brochus,** *a.* yn brochi.
FUMING, BLUSTERING.
*brochwart, *eg.* ceidwad broch.
BADGER-KEEPER.
*broder, *ell.* brodyr. BROTHERS.
brodiad, *eg. ll.*-au : **brodiaeth,** *eb.
ll.*-au. brodwaith. EMBROIDERY.
*brodig, 1. *a.* yn perthyn i farn. JUDIC-
IAL.
2. *eg.* dydd brawd. DAY OF JUDGE-
MENT.
brodio, *be.* llunio brodwaith, cyweirio.
TO EMBROIDER, TO DARN.
brodiog, *a.* wedi ei frodio. EMBROIDER-
ED, DARNED.
brodir, *ebg. ll.*-oedd. ardal, gwlad.
REGION, COUNTRY.
brodor, *eg. ll.*-ion. un wedi ei eni
mewn lle neu wlad. NATIVE.
brodordy, *eg. ll.*-dai. mynachlog.
MONASTERY, FRIARY.
brodoriaeth, *eb. ll.*-au. 1. cymdeithas o
frodyr. FRATERNITY.
2. brawdoliaeth. BROTHERHOOD.
3. urdd o frodyr. ORDER OF FRIARS.
*brodorion, *ell.* brodyr. BROTHERS.
brodorol, *a.* genedigol o, yn ymwneud
â brodor. NATIVE.
*brodre, *eg.* clog, mantell. ROBE. •
brodwaith, *eg. ll.* brodweithiau. pat-
rymau ar ddefnydd wedi eu gweithio
â nodwydd ac edau. EMBROIDERY.
broes, *eg. ll.*-au. peg neu bin. BROACH.
*broe(t)sio, *be.* agor casgen. TO TAP
(CASK).
broga, *eg. ll.*-od. llyffant melyn, ffroga.
FROG.
brogaredd : **brogarwch,** *eg.* cariad
at fro. AFFECTION FOR LOCALITY.
brogla, *a.*
broglau, *a.* }brych. ROAN, GRIZZLED.
brogle, *a.*
brol, *eg. ll.*-iau. ymffrost. BOAST.
brolgi, *eg. ll.*-gwn. ymffrostiwr, clebr-
wr. BOASTER, BABBLER.
brolian : **brolio,** *be.* ymffrostio,
bocsachu. TO BOAST.
broliwr, *eg. ll.*-wyr. ymffrostiwr.
BOASTER.
bron, *adf.* ymron, agos, braidd. ALMOST.

bron, 1. *eb. ll.*-nau. mynwes, dwyfron,
brest. BREAST.
2. *eb. ll.*-nydd. llethr bryn. BREAST
OF HILL.
*bronbel, *eb. ll.*-au. addurn, addurn ar
y fron. JEWEL, ORNAMENT.
*brondor : *bronddor, *eb.* arfog-
aeth i'r fynwes ; tarian. BREAST-
PLATE ; SHIELD.
*bronfoll(t) : *bronffoll, *eb. ll.*-au.
mynwes ;'arfogaeth i'r fron. BREAST ;
BREASTPLATE.
bronfraith, *eb. ll.* bronfreithiaid. ad-
eryn bach llwyd cerddgar. (SONG)
THRUSH.
brongengl, *eb. ll.*-au. cengl am ganol
ceffyl. BREAST-LEATHER.
brongoch, *eb. ll.*-iaid. bronrhuddyn,
coch-gam, robin goch. ROBIN RED-
BREAST.
*broniad, *eg. ll.*-iaid. cofleidiwr. EM-
BRACER.
broniallt, *eb.* llethr bryn, bron goed-
iog. HILL SLOPE, WOODED SLOPE.
*bronllech, *eb.* prudd-der ; calon. SAD-
NESS ; HEART.
bronnallt, *eb.* gweler *broniallt.*
bronneg, *eb. ll.* bronegau. dwyfronneg.
BREASTPLATE.
*bronrhain, *a.* balch. PROUD.
bronrhuddog, *eg. ll.*-od : bronrhudd-
yn, *eg. ll.* -nod. brongoch. THE
REDBREAST.
bront, *ab.* brwnt. DIRTY, CRUEL, SURLY.
bronten, *eb.* gwraig front. DIRTY
WOMAN.
*bronwala, 1. *a.* bodlon, digon. SATIS-
FIED.
2. *eg.* bodlonrwydd, digonedd. SATIS-
FACTION.
bronwen, 1. *a.* â bron wen. WHITE-
BREASTED.
2. *eb.* gwenci. WEASEL.
bronwyllt, *a.* nwydus, cyffrous.
PASSIONATE, EXCITED.
*bros, *eb.* gwisg. DRESS.
*brot(yn), *eg.* mymryn. PARTICLE.
brown, *a.* cochddu, melynddu, gwinau,
llwyd (am bapur). BROWN.
*browys, *a.* 1. bywiog ; eiddgar. LIVELY ;
ARDENT.
2. teg. FAIR.
browysedd, *eg.* hwyl. FUN.
*browysig, *a.* bywiog ; eiddgar. LIVELY ;
ARDENT.
bru, *eg. ll.*-oedd. croth ; bol. WOMB ;
BELLY.
*brud : *brut, *eg. ll.*-iau. darogan ;
cronicl. PROPHECY ; CHRONICLE.
*brudio, *be.* proffwydo. TO PROPHESY.

57

brudiwr

brydio

*brudiwr, *eg.ll.*-wyr. daroganwr, dewin, croniclydd. SOOTHSAYER, MAGICIAN, CHRONICLER.

*brutio, *be.* proffwydo. TO PROPHESY.

*brutiwr, *eg.ll.*-wyr. daroganwr, dewin; croniclydd. SOOTHSAYER, MAGICIAN; CHRONICLER.

brwchan, *eg.* llymru. THIN FLUMMERY.

brwd, *a.* gwresog, poeth, twym, selog. HOT, WARM, FERVENT.

brwdaniaeth, *eb.* gwres, brwdfrydedd. HEAT, FERVOUR.

brwdfrydedd, *eg.* tanbeidrwydd, aidd, hwyl, eiddgarwch. ENTHUSIASM, ARDOUR.

brwdfrydig, *a.* tanbaid, taer, eiddgar, selog. ENTHUSIASTIC.

brwdias, *a.* poeth. HOT.

*brwg, *eg.* llwyn; gwisg. BRAKE; GARMENT.

brwmstan, *eg.* defnydd melyn brau sy'n llosgi â fflam las, llosgfaen. BRIMSTONE.

brwnt, *a. ll.* bryntion. (*b.* bront). 1. aflan, budr, bawaidd, bawlyd, tomlyd. DIRTY, FOUL.
2. sarrug, creulon. CRUEL, SURLY, HARSH.

brws, *eg. ll.*-ys. gwrych neu flew wedi eu sicrhau wrth goes i bwrpas glanhau neu beintio, etc.; ysgubell, gwrychell. BRUSH.

brwsio, *be.* defnyddio brws, ysgubo, dysgub. TO BRUSH.

*brwth, *eg.* cynnwrf; ffrae. TUMULT; QUARREL.

*brwyd, 1. *eg. ll.*-au. blaen; rhan sy'n symud edafedd ar wŷdd. POINT; HEDDLES. 2. *a.* amryliw; bregus. VARIEGATED; FRAIL.

brwydo, *be.* 1. brodio. TO EMBROIDER.
2. gwneud tyllau. TO HOLE.

brwydr, *eb. ll.*-au. ymladdfa, cad, gornest, ymryson. BATTLE, CONFLICT.

*brwydrin, 1. *eb.* brwydr. BATTLE.
2. *a.* ffyrnig. FIERCE.

brwydro, *be.* ymladd, ymryson, gwrthdaro. TO FIGHT.

brwydrwr, *eg. ll.*-wyr. ymladdwr. FIGHTER.

brwydwaith, *eg.* brodwaith. EMBROIDERY.

brwyliad, *eg. ll.*-iaid. cyw tyner tri mis. BROILER.

brwylian : brwylio, *be.* rhostio cig o flaen tân. TO BROIL.

brwyn, *ell.* (*un. b.*-en.) planhigion yn tyfu mewn cors, llafrwyn, pabwyr. RUSHES.

Cannwyll frwyn. RUSH-CANDLE.

*brwyn, 1. *a.* trist. SAD.
2. *eg.* tristwch. SADNESS.

brwyna, *be.* casglu brwyn. TO GATHER RUSHES.

brwynen, *eb.* 1. llafrwynen. RUSH.
2. cerrynt. CURRENT.
Brwynen afon. MIDDLE STREAM.

*brwynfryd, *eg.* tristwch. SADNESS.

brwyniad, *eg. ll.*-iaid. brithyll môr. SMELT.

*brwyn(i)o, *be.* gofidio. TO GRIEVE.

*brwynog, *a.* trist. SAD.

*brwys, 1. *eg.* tyfiant mawr. LUXURIANCE.
2. *a.* tyfadwy, ir. LUXURIANT.

brwyscáu, *be.* meddwi. TO GET DRUNK.

brwysg, *a.* meddw. DRUNK.

brwysged, *eb.* brest anifail. BRISKET.

brwysg(n)i, *eg.* meddwdod. DRUNKENNESS.

*brwysgl, *a.* enfawr; ofnadwy. HUGE; TERRIBLE.

brwysg(i)o, *be.* 1. cyffroi. TO STIR.
2. meddwi. TO GET DRUNK.

*brycan, *ebg. ll.*-au. planced, cwrlid. BLANKET, COVERLET.

brycini, *eg.* gweler *brecini.*

brych¹, *a.* (*b.* brech). brith, amryliw. FRECKLED, SPOTTED.

brych², *eg. ll.*-au. 1. smotyn, bai, diffyg, nam, mefl. SPOT.
2. y garw. AFTER-BIRTH (OF COW).

brychan, *eg. ll.*-au. brethyn brych, planced, PLAID, TARTAN, BLANKET.

brycheulyd, *a.* llawn brychau. SPOTTED, FRECKLED.

brycheuyn, *eg. ll.* brychau. smotyn, bai, nam, anaf. SPOT, MOTE, SPECK.

brychi, *eg.* brychni, staen. SPOTS, FRECKLE, STAIN.

brychiad, *eg. ll.*-iaid : **brychiedyn,** *eg.* 1. gwyniedyn. SALMON-TROUT.
2. un brych. SPOTTED ONE.

brychni, *eg.* brychau, blodau haf. SPOTS, FRECKLES.

brychu, *be.* smotio, ffurfio blodau haf. TO SPOT, TO FRECKLE.

*brychwelw, *a.* brithlwyd. DAPPLE-GREY.

brychyll, *eg. ll.*-iaid. brithyll. TROUT.

bryd, *eg. ll.*-iau. meddwl, bwriad, amcan. MIND, THOUGHT, INTENT.

*brydaer, *a.* rhyfelgar. WARLIKE.

brydaniaeth, *eb.* 1. gwres. WARMTH.
2. brwdfrydedd. ENTHUSIASM.

*brydiant : *brydineb, *eg.* gwres, sêl. HEAT, ZEAL.

*brydio, *be.* myfyrio; amcanu. TO MEDITATE; TO INTEND.

58

brydio

brydio, *be.* twymo ; berwi ; llidio. TO WARM ; TO BOIL ; TO INFLAME.

brydiog, *a.* gwresog, selog. WARM, ZEALOUS.

*brydni, *eg.* gwres. HEAT.

*brydych, *eg.* gweler *bredych.*

*brydd, *a.* eiddil. WEAK, FEEBLE.

*bryddoneg, *eg.* dwli, ffiloreg. NONSENSE.

*bryf, *eg. ll.*-iau. gorchymyn (cyfreithiol). BRIEF.

brygawthan, l.*be.* bregliach, baldorddi, clebran. TO JABBER, TO PRATE.
2. *eg.* cleber, baldordd. BABBLE.

*brymston, *eg.* brwmstan. BRIMSTONE.

bryn, *eg. ll.*-iau. darn uchel o dir llai na mynydd, (g)allt, rhiw, tyle, llethr. HILL.

*brŷn, *eg. ll.* brynau. malais, casineb. HATRED, MALICE.

brynar, *eg.* braenar. FALLOW-LAND.

bryncyn, *eg. ll.*-nau. bryn bychan, cnwc, twmpath. HILLOCK.

bryndir, *eg. ll.*-oedd. tir bryniog. HILL-COUNTRY.

*brynicáu, *be.* drewi. TO STINK.

bryniog, *a.* â llawer o fryniau. HILLY.

brynnig, *a.* drewllyd, aflan. STINKING, FILTHY.

*bryntai, *eg. ll.*-eion. dyn budr. DIRTY WRETCH.

brynti : bryntni, *eg.* aflendid, budreddi, baw, tom, llaid. FILTH, DIRTINESS, DEFILEMENT.

bryntog, *a.* brwnt. DIRTY.

brys, *eg.* ffrwst, prysurdeb. HASTE.

bryseb, *eb. ll.*-au : brysfynag, *eg. ll.*-fynegion. teligram, brysneges. TELEGRAM.

*brysg, *a.* cyflym, buan. QUICK, BRISK.

brysgar, *a.* brysiog, cyflym. HASTY.

brysged, *eb.* brwysged. BRISKET.

brysgerdded, 1. *be.* brasgamu. TO WALK BRISKLY.
2. *eg.* cerdded brysiog. HURRIED WALKING.

brysglwyn, *eg. ll.*-i. prysglwyn. THICKET.

*brysgyll, *egb.* gweler *byrllysg.*

brysiad, *eg.* prysuriad. HASTENING.

brysio, *be.* prysuro, cyflymu. TO HURRY, TO SPEED.

brysiog, *a.* llawn brys, ar frys. HASTY.

brysneges, *eg. ll.*-au. teligram, bryseb. TELEGRAM.

*brysyll, *eg. ll.*-au. gweler *byrllysg.*

Brytanaidd, *a.* Prydeinig. BRITISH.

brytáu, *be.* twymo. TO WARM.

budr

*Brytwn, *eg.* : Brython, *eg. ll.*-iaid. Prydeiniwr, Cymro. BRITON, WELSHMAN.

Brythoneg, *eb.* iaith y Brythoniaid. BRITISH LANGUAGE, BRYTHONIC.

*brythwch, *eg.* storm, cynnwrf. STORM, TUMULT.

*bryw, *a.* cryf, egnïol. STRONG, VIGOROUS.

brywes, *eg. ll.*-au. bara (ceirch) mewn dŵr (neu laeth) poeth. BREWIS.

*brywiog, *a.* cryf, egnïol. STRONG, VIGOROUS.

*brywus : *brywys, *a.* 1. bywiog ; eiddgar. LIVELY ; ARDENT.
2. teg. FAIR.

*bu, *eb.* buwch. COW.

*buach, *eg. ll.*-od. 1. hurtyn, twpsyn. BLOCKHEAD.
2. gofalwr gwartheg. COWHERD.

bual, *eg. ll.* buail, -od, -au. ych gwyllt. BUFFALO, BISON.

*bual, *eg. ll.* buail. 1. corn yfed. DRINKING-HORN.
2. arglwydd(es). LORD, LADY.

buan, *a. ll.* buain. cyflym, ebrwydd, clau. SWIFT, QUICK, FAST.
Yn fuan. QUICKLY, SOON.

buander, *eg.* ⎫ cyflymder.
buandra, *eg.* ⎬ SPEED,
buanedd, *eg. ll.*-au. ⎭ VELOCITY.
*buanrwydd, *eg.*

buarth, *eg. ll.*-au. clos, beili. YARD.

buarthfor, *eg.* bae. BAY.

buartho : buarthu, *be.* corlannu, llocio. TO PEN.

*buch, *eb.* buwch. COW.

buchdraeth : buchdraith, *eb. ll.*-au. bywgraffiad. BIOGRAPHY.

buchedd, *eb. ll.*-au. bywyd ; ymddygiad, ymarweddiad ; moesoldeb. LIFE ; CONDUCT ; MORALITY.

*bucheddocáu, *be.* byw, ymddwyn. TO LIVE, TO BEHAVE.

bucheddol, *a.* yn ymwneud â buchedd, moesol, duwiol, defosiynol. DEVOUT, MORAL, RIGHT-LIVING.

bucheddu, *be.* byw, preswylio. TO LIVE, TO DWELL.

buches, *eb. ll.*-au. nifer o wartheg godro neu'r lle i'w godro. HERD, FOLD.

*buchesa, *be.* corlannu. TO FOLD.

buchfrechu, *be.* rhoi'r frech, brechu. TO VACCINATE.

*buchynt, *eb.* bywyd. LIFE.

budr, *a. ll.*-on. brwnt, aflan, afiach, bawlyd, cas, tomlyd ; hynod. DIRTY, NASTY, FOUL, VILE ; REMARKABLE.

budrchwil, *eb. ll.*-od : **budrchwilen**, *eb. ll.*-nod. madfall, genau-goeg. NEWT, LIZARD.

budredd : **budreddi**, *eg.* bryntni, aflendid, baw, tom. FILTH.

*budreddu, *be.* difwyno, maeddu. TO DEFILE, TO SOIL.

budr-elw, *eg.* elw a geir drwy ffyrdd amheus. FILTHY LUCRE.

budr-elwa, *be.* elwa drwy ffyrdd amheus. TO GET FILTHY LUCRE.

*budrfys, *eg. ll.*-edd. y bys canol. MIDDLE FINGER.

budro, *be.* difwyno, maeddu. TO DEFILE, TO SOIL.

*budrog(en), *eb. ll.*-od, -au. putain ; slwt. PROSTITUTE ; SLUT.

budrog, *a.* brwnt, aflan. DIRTY.

budrogaidd, *a.* trythyll. LEWD.

*budryn, *eg.* adyn, truan. WRETCH.

budd, *eg. ll.*-ion. lles, elw, ennill. BENEFIT, PROFIT, BOTE.

buddai, *eb. ll.* buddeiau. casgen y gwneir ymenyn ynddi. CHURN.

*buddai, *eb. ll.*-eiod. rhodd. GIFT.

buddair, *eb.* boda, boncath. BITTERN.

budd-dâl, *eg.* tâl llesol. BENEFIT.

buddel(w), *eg. ll.* buddelwydd. postyn y clymir buwch wrtho mewn beudy. COW-HOUSE POST.

buddfawr, *a.* manteisiol, buddiol iawn. ADVANTAGEOUS.

*buddged, 1. *eb. ll.*-au. gwobr, lles. GAIN, BENEFIT.

2. *a.* manteisiol, llesol. ADVANTAGEOUS.

buddged, *eb. ll.*-au. tlws, troffi. TROPHY.

buddiant, *eg. ll.*-nnau. elw ; lles ; anrhaith. GAIN ; WELFARE ; BOOTY.

*buddig, *a.* buddugol; buddiol. VICTORIOUS ; BENEFICIAL.

buddiol, *a.* yn dwyn elw neu les, llesol, proffidiol. BENEFICIAL, PROFITABLE.

buddioldeb, *eg.* budd, elw. PROFITABLENESS.

buddioli, *be.* llesoli. TO MAKE PROFITABLE.

*buddlam, 1. *eg.* ffawd. FATE, LUCK.
2. *a.* ffodus. LUCKY.

buddles, *eg.* elw, budd. BENEFIT.

*buddran, *eb. ll.*-nau. elw. GAIN.

buddran, *eb. ll.*-nau. difidend. DIVIDEND.

buddsoddi, *be.* prynu cyfranddaliadau. TO INVEST.

buddsoddion, *ell.* arian a fuddsoddir. INVESTMENTS.

buddsoddwr, *eg. ll.*-wyr. un sy'n buddsoddi. INVESTOR.

*buddug, *a.* buddugol ; buddiol. VICTORIOUS ; BENEFICIAL.

*buddugo, *be.* llwyddo ; gorchfygu, elwa. TO SUCCEED ; TO CONQUER, TO GAIN ADVANTAGE.

buddugol, *a.* wedi ennill, buddugoliaethus, gorchfygol. VICTORIOUS, WINNING, TRIUMPHANT.

*buddugoliaeth, *eb. ll.*-au. bri, gogoniant, rhwysg. FAME, POMP.

buddugoliaeth, *eb. ll.*-au. goruchafiaeth, gorchfygiad. VICTORY.

*buddugoliaethol : **buddugoliaethus**, *a.* buddugol, gorchfygol. TRIUMPHANT, VICTORIOUS.

buddugwr, *eg. ll.*-wyr. enillydd, gorchfygwr. WINNER, VICTOR.

*buddwas,*eg.* gorchfygwr. CONQUEROR.

*buddydd, 1. *eg.* dewin. MAGICIAN.
2. *be.* ymladd. TO FIGHT.

*buelin, 1. *eg.* corn yfed. DRINKING-HORN.
2. *a.* o fual. (OF) BISON.

*buelydd, *eg.* gofalwr gwartheg. COW-HERD.

*buelyn, *eg.* gweler *bual.*

*bugad, *egb.* bugunad, beichiad, sŵn. BELLOWING, LOWING, NOISE.

*bugadu, *be.* bugunad, beichio. TO LOW, TO BELLOW.

bugail, *eg. ll.* bugeiliaid, bugelydd.
1. gŵr sy'n gofalu am ddefaid. SHEPHERD.
2. un sy'n gofalu am eglwys. PASTOR.

bugeilaidd, *a.* yn perthyn i fugail. PASTORAL.

bugeileg, *eb. ll.*-ion. bugeilgerdd. ECLOGUE, PASTORAL POEM.

bugeiles, *eb. ll.*-au. merch sy'n gofalu am ddefaid. SHEPHERDESS.

bugeilffon, *eb. ll.*-ffyn. ffon fugail. CROOK ; CROSIER.

bugeilgerdd, *eb. ll.*-i. cerdd neu gân yn ymwneud â bywyd yn y wlad. PASTORAL POEM.

bugeilgi, *eg. ll.*-gwn. ci defaid. SHEEP-DOG.

bugeiliaeth, *eb. ll.*-au. gwaith bugail, gofal eglwys. SHEPHERDING, PASTORATE.

bugeilio, *be.* gofalu am, gwylio, gwarchod, bugeila. TO SHEPHERD.

bugeiliol, *a.* yn ymwneud â bugail. PASTORAL.

bugeiliwr, *eg. ll.*-wyr. bugail. SHEPHERD.

*bugeilrhes, *ebg.* hwyl, cellwair. FUN, JEST.

*bugel, *eg. ll.*-ydd. bugail. SHEPHERD.

*bugloddi(o), *be.* beichio, rhuo. TO BELLOW, TO ROAR.

*bugloddiad, *eg.* beichiad, rhuad. BELLOWING, ROAR.

bugunad, 1. *eg.* beichiad, rhuad. BELLOWING ROAR.

    2. *be.* beichio, rhuo. TO BELLOW, TO ROAR.

*bugunawd : ***bugunawr**, *eg.* bloedd, rhu. SHOUT, ROAR.

*bùl, *eg. ll.-au.* gorchymyn gan y Pab. PAPAL BULL.

bùl, *eg. ll.-ion.* plisgyn. BOLL.

bulwg, *eg.* ller. CORN POPPY.

bun, *eb.* merch, geneth, morwyn, gwyry, llances, mun, cariad. MAIDEN, WOMAN, SWEETHEART.

*buna, *eg. ll.-âu.* miliwn. MILLION.

burgyn, *eg. ll.-od.* celain, corff, corpws, ysgerbwd. CARCASE.

*buri, *eg. ll.-ïon.* barcut. KITE.

buria, *eg. ll.* buriâu. corff marw anifail. CARCASS.

*burm, *eg.* burum. YEAST.

burmanog : **burmog**, *a.* ewynnog, yn eplesu, fel burum. FOAMING, YEASTY.

*burth, *eg. ll.-ion.* hyrddiad, gwasgariad. THRUST, SCATTERING.

*burthio, *be.* hyrddio'n ôl, gwasgaru. TO REPULSE, TO SCATTER.

burum, *eg.* berm, berman, berem. YEAST.

*burwy, *eg. ll.-au.* hual buwch. COW-FETTER.

busnes, *eg. ll.-ion.* masnach, gwaith, gorchwyl, neges. BUSINESS.

busnesa, *be.* ymyrryd, ymyrraeth, ymhel â. TO MEDDLE.

busnesgar : **busneslyd**, *a.* ymyrgar. MEDDLESOME.

    Dyn busneslyd. BUSYBODY.

busnesol, *a.* yn perthyn i fusnes. BUSINESS.

busnesu, *be.* busnesa, ymyrryd. TO MEDDLE.

bustach, *eg. ll.* bustych. eidion, ych. BULLOCK.

bustachu, *be.* bwnglera, ymdrechu'n ofer. TO BUNGLE, TO EXERT IN VAIN.

bustl, *eg. ll.-au.* 1. geri, sylwedd chwerw. BILE, CHOLER.

    2. cyfog. BILIOUSNESS.

bustlaidd, *a.* fel bustl. LIKE GALL.

bustlo, *be.* cynhyrchu bustl. TO YIELD GALL.

*butráu, *be.* difwyno, baeddu. TO DIRTY, TO SOIL.

*buw, *eb.* buwch. COW.

buwch, *eb. ll.* buchod. (*g.* tarw). anifail mawr dof. COW.

*buyn, *eg.* buwch, eidion. COW, BULLOCK.

bw, 1. *ebych.* gair neu sŵn brawychus. BO, BOO !

    2. *eg.* ofn ; bwgan. FEAR ; BUGBEAR.

    3. *eg.* sŵn tarw neu fuwch. BELLOW, LOWING.

bwa, *eg. ll.* bwâu. 1. offeryn i yrru saethau. BOW.

    2. adeiladwaith a thro ynddo. ARCH.

    Bwa'r arch : bwa'r Drindod. RAINBOW.

bwaog, *a.* ar ffurf bwa. ARCHED.

bwáu, *be.* plygu fel bwa. TO BEND, TO ARCH.

bwbach, *eg. ll.-od.* bwgan, bwci, pwci, pwca, hudwg, hwdwch ; bwgan brain. BOGEY ; SCARECROW.

bwbachu, *be.* dychrynu. TO SCARE.

bwbi, *eg.* hurtyn. LOUT.

bwced, *egb. ll.-i.* stwc, cunnog. BUCKET.

bwcedaid, *eg. ll.-eidiau.* llond bwced. BUCKETFUL.

bwci, *eg. ll.-ïod.* bwgan. BOGEY, HOBGOBLIN.

bwcl, *eg. ll.* byclau. gwäeg. BUCKLE.

bwcled, *egb. ll.-i.* tarian. BUCKLER.

bwcram : **bwcran**, *eg.* brethyn cwrs. BUCKRAM, BOOK CLOTH.

bwch, *eg. ll.* bychod. gwryw'r afr neu'r ysgyfarnog neu'r gwningen, etc. BUCK.

*bwd, *eg.* caban, bwthyn. BOOTH, COTTAGE.

bwdram, *eg.* : **bwdran**, *eg.* llymru tenau. THIN FLUMMERY.

*bwg(a), *eg.* drychiolaeth, ysbryd. GHOST.

bwgan, *eg. ll.-od.* bwbach, bwci. BOGEY.

*bwgwl, *eg. ll.* bygylau. 1. ofn. FEAR.

    2. bygwth. THREAT.

    a. ofnus. TIMID.

bwgwth, 1. *be.* bygythio. TO THREATEN.

    2. *eg.* bygythiad. A THREAT.

bwng, *eg. ll.* byngau. agoriad casgen. BUNG.

bwhwman, *be.* symud ôl a blaen, gwamalu, anwadalu. TO GO TO AND FRO, TO WAVER.

bwi, *eg.* gwrthrych rhybuddiol ar y môr. BUOY.

bwl, *eg.* gweler *búl.*

bŵl, *eg.* bylau. bwlyn, dwrn (drws, etc.), pêl, pelen. KNOB, BALL, BOWL.

bwla, *eg. ll.-od.* tarw, tarw wedi ei ddisbaddu. BULL, CASTRATED BULL.

bwlaets : **bwlas**, *eg.* eirin duon bach. SLOES.

bwlch, *eg. ll.* bylchau, bylch, adwy, agen, culffordd, ceunant, agendor, rhic. GAP, PASS, NOTCH.

bwldagu, *be.* hanner tagu. TO HALF CHOKE.

bwled, *egb. ll.*-i. darn o blwm a saethir o ddryll. BULLET.

bwlgan, *eb. ll.*-au. llestr gwellt i ddal ŷd. STRAW, CORN-VESSEL.

bwli, *eg. ll.*-ïod, -ïaid. bygythiwr. BULLY.

bwlian, *be.* bowlio, rholio. TO BOWL, TO ROLL.

bwlio, *be.* 1. bygwth. TO BULLY.
2. bowlio. TO BOWL.

*bwliwns, *ell.* darnau metel addurnol. BULLIONS.

bwlwg, *eg.* pabi coch yr ŷd. CORN POPPY.

*bwly, *eg.*bwla. BULL, CASTRATED BULL.

bwlyn, *eg.* bŵl. KNOB.

bwm, *eg.* sŵn gwag ; bwrlwm. BOOM ; BUBBLE.

bwmbart, *eg.* math o offeryn cerdd. BOMBARD.

bwmbeili, *eg.* ceisbwl. BUM-BAILIFF.

*bwmbras, *eg.* arfogaeth i'r elin. VAMBRACE.

*bwmbwl, *eg.* bwrlwm. BUBBLE.

*bwmbwr, *eg.* murmur, rhu. MURMUR, ROAR.

bwmbwr(th), *eg.* mwgwd anifail. BLIND-BOARD.

*bwmp, *eg.* sŵn gwag. BOOM.

bwmpa, *eb.* afal. APPLE.

bwn, *eg. ll.* byniaid. aderyn y bwn, bwn y gors. BITTERN.

bwncath, *eg. ll.*-od. boda. BUZZARD.

bwndel, *eg. ll.*-i. sypyn, bwrn. BUNDLE.

bwndelu, *be.* dodi mewn bwndel. TO BUNDLE.

*bwned, *ebg.* hwyl ychwanegol llong. BONNET.

bwngler, *eg. ll.*-iaid. person trwsgl. BUNGLER.

bwnglera, *be.* gwneud rhywbeth yn lletchwith a thrwsgl, amryfuso. TO BUNGLE.

bwnglerwaith, *eg.* gwaith anniben. BUNGLE, BOTCHERY.

bwnglerwch, *eg.* lletchwithdod. AWKWARDNESS.

*bwr, *a. ll.* byr. cryf, tew, mawr. STRONG, FAT, BIG.

*bŵr, *eg.* caer. FORT.

*bwrch, *eg. ll.* byrchau. mur, caer ; bwrdeisdref. WALL, FORT ; BOROUGH.

bwrdais, *eg. ll.* bwrdeisiaid. un sy'n byw mewn bwrdeisdref. BURGESS.

bwrdeisiaeth,*eb.* dinasfraint; bwrdeistref. CITIZENSHIP ; MUNICIPALITY.

bwrdeistref, *eb. ll.*-i. tref a chorfforaeth iddi. BOROUGH.

Bwrdeistref gyfrannol. CONTRIBUTORY BOROUGH.

Bwrdeistref bwdr. ROTTEN BOROUGH.

*bwrdio, *be.* gwawdio. TO MOCK.

*bwrdiwr, *eg. ll.*-wyr. gwawdiwr. MOCKER.

bwrdd, *eg. ll.* byrddau. 1. bord. TABLE.
2. astell. BOARD.
3. dec. BOARD.
4. pwyllgor. BOARD.

*bwrfais, *eb.* bwriad, amcan; dadwrdd. PURPOSE, INTENT ; HUBBUB.

*bwrgais, *eg. ll.* bwrgeisiaid. bwrdais. BURGESS.

bwriad, *eg. ll.*-au. amcan, arfaeth, diben, cynllun, pwrpas. PURPOSE, INTENTION, DESIGN.

bwriadol, *a.* o bwrpas, o wirfodd, amcanus. INTENTIONAL, INTENDED.

bwriadu, *be.* amcanu, pwrpasu, arfaethu, golygu, arofun, dyfeisio. TO INTEND, TO MEAN, TO DESIGN, TO DEVISE.

bwriadus, *a.* bwriadol, o wirfodd. INTENTIONAL.

bwriadwaith, *eg.* cynllun. PROJECT.

bwrlésg,*ebg.*dynwarediad. BURLESQUE.

bwrlwm, *eg. ll.* byrlymau. cloch y dŵr ; sŵn dŵr. BUBBLE ; GURGLING.

bwrn, *eg. ll.* byrnau. 1. bwndel, sypyn, baich, blinder. BUNDLE, BALE, LOAD, BURDEN.
2. nifer, twr. NUMBER.

bwrnais, *eg.* gloywder. BURNISHING.

bwrnel, *eg. ll.*-i. bwndel. BUNDLE.

bwrw¹, *be.* taflu, lluchio ; curo, ergydio, taro ; glawio ; cyfrif ; tybio ; treulio. TO CAST, TO STRIKE, TO RAIN, TO COUNT, TO SUPPOSE ; TO SPEND.

Bwrw amcan. TO GUESS.

Bwrw ewyn. TO FOAM.

Bwrw glaw. TO RAIN.

Bwrw'r Sul. TO SPEND THE WEEK-END.

bwrw², *eg.* 1. tafliad ; ergyd ; tywalltiad. THROW ; BLOW ; POURING.
2. dylif. WARP.

bws, *eg. ll.* bysau, bysiau. cerbyd cyhoeddus. BUS.

bwtler, *eg. ll.*-iaid. gwas. BUTLER.

bwtri, *eg.* pantri, llaethdy. PANTRY, DAIRY.

bwtsias, *ell.* botias. LEG-HARNESS, BOOTS, BUSKINS.

*bwtwm, *eg. ll.* bytymau : **bwtwn,***eg. ll.* bytynau. botwm. BUTTON.

bwth, *eg. ll.* bythod, bythau. lluest, caban, cwt, cut. HUT, BOOTH, COT.

bwthyn, *eg. ll.* bythynnod. tŷ bychan. COTTAGE.

*bwyaid, *eg.* offeren ; gwynfyd. MASS ; BEATITUDE.

bwyall, *eb. ll.* bwyeill, bwyyll. offeryn i naddu a thorri coed. AXE.

bwyd, *eg. ll.*-ydd. ymborth, lluniaeth. FOOD, MEAT.
  Bwyd a diod : bwyd a llyn. FOOD AND DRINK.

bwyda, *be.* bwydo. TO FEED.

bwydgell, *eb. ll.*-oedd. pantri. PANTRY.

bwydlen, *eb. ll.*-ni. rhestr bwydydd. MENU.

bwydlys, *eg. ll.*-iau. llysiau gardd, salad. VEGETABLES, SALAD.

bwydlysieuwr, *eg. ll.*-wyr. un na fwyty ddim ond llysiau. VEGETARIAN.

bwydo, *be.* rhoi bwyd, porthi. TO FEED.

bwyell, *eb. ll.* bwyeill. bwyall. AXE.

bwyellan, *eb.* bwyell fach. HATCHET.

*bwyellawd, *eb. ll.* bwylledau. ergyd â bwyell. AXE-STROKE.

bwyellgaib, *eb.* picas. PICK-AXE.

bwyellig, *eb.* bwyell fach. HATCHET.

bwyellod, *eb. ll.*-au. ergyd â bwyell. AXE-STROKE.

bwygilydd, *adf.* i'r llall. TO THE OTHER.
  O ben bwygilydd. FROM END TO END.

bwylltid, *eg. ll.*-au. swifl. SWIVEL.

*bwyllwr(w), *eg. ll.* bwyllyriau. ymborth, bwyd ar gyfer teithio. FOOD (FOR JOURNEY).

bwysel, *eg. ll.*-i. mesur o bedwar pec neu wyth galwyn. BUSHEL.

*bw(y)smant : *bw(y)sment, *eg.* rhagod. AMBUSH.

*bwyst, *eg. ll.*-i, -iaid. anifail. ANIMAL.

bwystfil, *eg. ll.*-od, -edd, -aid. anifail gwyllt, mil ; dyn cas. WILD BEAST ; BRUTE.

bwystfilaidd, *a.* anifeilaidd, direswm, ffiaidd, aflan. BEASTLY, BRUTISH.

bwystfileiddiwch, *eg.* creulondeb. BEASTLINESS.

*bwystgun, *eg. ll.*-ion. anifail rheibus. BEAST OF PREY.

*bwystus, *a.* anifeilaidd. BEASTLY.

bwyta, *be.* ymborthi, cymryd bwyd, pori, difa, ysu, cyrydu. TO EAT, TO CONSUME, TO CORRODE.

bwytadwy, *a.* y gellir ei fwyta. EDIBLE.

*bwytal, *eg.* tâl ar ffurf bwyd. PAYMENT IN VICTUALS.

bwytäwr, *eg. ll.*-wyr. un sy'n bwyta. EATER.

bwyteig, *a.* gwancus ; blasus. GREEDY ; DELICIOUS.

*bwytgyn, *eg.* dagr blaenfain. BODKIN.

bwyty, *eg. ll.*-tai. 1. pantri. PANTRY.
  2. tŷ bwyta, caffe. CAFE.

*by, *a.* gweler *pa*.

*by, *cys.* gweler *pe, pei*.

byclu, *be.* cau â bwcl. TO BUCKLE.

bych, *bf.* byddych, byddech. (THOU) MAYEST BE.

bychan, *a.* bach, bitw, mân. SMALL, LITTLE, MINUTE.

bychander : bychandra, *eg.* y stad o fod yn fach. SMALLNESS.

bychanig, *a.* bach iawn. DIMINUTIVE.

bychanigion, *ell.* pethau bach iawn. DIMINUTIVES.

bychanigyn, 1. *eg.* peth bach iawn. DIMINUTIVE.
  2. *a.* bychan iawn, annwyl. VERY SMALL, DEAR.

bychanu, *be.* gwneud yn fach o rywun, dirmygu, sarhau, difrïo, amharchu. TO BELITTLE, TO DISPARAGE.

bychanus, *a.* dirmygus, difrïol. SLIGHTING, DISPARAGING.

bychanwr, *eg. ll.*-wyr. difrïwr. DETRACTOR.

*bychdid, *eg.* ⎫ ychydig.
*bychod, *eg.* ⎪ SMALL
*bychodedd, *eg.* ⎬ QUANTITY.
*bychodrwydd : *bychydig, *eg.* ⎭
ychydig. FEW, LITTLE.

byd, *eg. ll.*-oedd. bydysawd, hollfyd ; bywyd, hoedl ; nifer. WORLD ; STATE ; LIFE ; MULTITUDE.

*byd, *eg.* trysor, anwylyd. TREASURE, DARLING.

bydaf, *egb. ll.*-au. haid o wenyn gwyllt, cwch gwenyn. SWARM OF WILD BEES, BEEHIVE.

bydan, *eg.* byd bychan. SMALL WORLD.

byd-eang, *a.* drwy'r byd. WORLDWIDE.

byd-enwog, *a.* enwog drwy'r byd, o fri mawr, hyglod. WORLD-FAMOUS.

*bydiaith, *eb.* iaith naturiol. NATURAL LANGUAGE.

bydio, *be.* byw, blodeuo. TO LIVE, TO FLOURISH.

byd-lydan, *a.* byd-eang. WORLD-WIDE.

bydol : bydolaidd, *a.* yn ymwneud â phethau'r byd, lleyg, daearol. WORLDLY, SECULAR, EARTHLY.

bydoldeb, *eg.* yr ansawdd o fod yn fydol. WORLDLINESS.

bydolddyn, *eg. ll.*-ion. dyn bydol, cybydd. WORLDLY MAN, MISER.

bydolrwydd, *eg.* bydoldeb. WORLDLINESS.

*bydraith, *eb.* llywodraeth y byd. WORLD GOVERNMENT.

bydwraig, *eb. ll.*-wragedd. gwraig sy'n cynorthwyo ar adeg genedigaeth, gwidwith. MIDWIFE.

bydwreigiaeth, *eb.* gwyddor genedigaeth. GYNAECOLOGY, MIDWIFERY.

bydyn, *eg.* byd bach. SMALL WORLD.

bydysawd, *eg.* y byd i gyd, yr hollfyd. UNIVERSE.

*byddag(l), *eb. ll.*-au. cwlwm, magl, trap. KNOT, SNARE, TRAP.

*byddaglu, *be.* maglu. TO ENSNARE.

byddar, 1. *a.* analluog i glywed. DEAF. 2. *eg. ll.*-iaid. person na all glywed. DEAF PERSON.

byddardod : *byddarni, *eg.* anallu i glywed. DEAFNESS.

byddarol, *a.* yn byddaru, swnllyd iawn. DEAFENING.

byddaru, *be.* creu byddardod, gwneud yn hurt, hurto. TO DEAFEN, TO STUN.

byddarwch : *bydderi, *eg.* byddardod. DEAFNESS.

byddin, *eb. ll.*-oedd. llu arfog, llu o filwyr. ARMY, HOST.

*byddinawr, *ell.* byddinoedd. ARMIES.

byddino, *be.* lluyddu, dygyfor. TO MOBILISE, TO MARSHAL.

byddinog, *a.* â byddinoedd. WITH ARMIES.

byddinwr, *eg. ll.*-wyr. un â gofal byddin. MARSHAL.

byddych, *bf.* byddech, bych. (THOU) MAYEST BE.

bygegyr, *eg.* gweler begegyr.

*bygilydd, *adf.* gweler bwygilydd.

bygwl, *eg. ll.* bygylau. 1. bygwth. THREAT. 2. ofn. FEAR. *a.* ofnus. TIMID.

bygwth, 1. *eg. ll.* bygythion. bygythiad. A THREAT. 2. *be.* bygythio, bwgwth, bygylu. TO THREATEN.

*bygyledd, *eg.* ofn, bygythiad. FEAR, THREAT.

*bygylgar : *bygylog, *a.* bygythiol. THREATENING.

*bygylu, *be.* arswydo, dychrynu. TO FEAR, TO TERRIFY.

bygylu, *be.* bygwth. TO THREATEN.

bygylus, *a.* bygythiol. THREATENING.

bygylwr, *eg. ll.*-wyr. bygythiwr, bwli. THREATENER, BULLY.

bygythiad, *eg. ll.*-au. bygwth. THREAT.

bygythiain : *bygythio, *be.* bygwth. TO THREATEN.

bygythiol : *bygythus, *a.* yn bygwth. THREATENING.

byl, *ebg. ll.*-au. ymyl, min. EDGE, BRIM.

bylan, *egb.* llestr o wellt i ddal ŷd. STRAW CORN-VESSEL.

*bylch, *eg.* cornel, congl. CORNER.

bylchog, *a.* a bwlch ynddo, adwyog. GAPPED, NOTCHED, INDENTED, INCONSECUTIVE.

bylchu, *be.* torri bwlch neu adwy, rhicio, agennu. TO BREACH, TO NOTCH.

*byle, *eg. ll.*-on. cist, blwch. CHEST, BOX.

*bylio, *be.* chwarae bowliau, treiglo. TO PLAY BOWLS, TO ROLL.

bynnag, *rhag.* (beth) bynnag. (WHAT)-SOEVER. (pwy) bynnag. (WHO)EVER.

byr, *a. ll.* byrion. (*b.* ber). bach o ran hyd, cwta, prin, swta. SHORT. Ar fyr. SHORTLY.

byrbryd, *eg. ll.*-au. tamaid i aros pryd, llond pen, pryd brysiog. SNACK.

byrbwyll, *a.* yn fyr o bwyll, gwyllt, difeddwl, anystyriol. RASH, IMPULSIVE.

byrbwylltra, *eg.* diffyg pwyll, gwylltineb. RASHNESS, IMPULSIVENESS.

byrder : byrdra, *eg.* bychander hyd, prinder, diffyg. SHORTNESS, SCARCITY.

byrdwn, *eg.* 1. cytgan, brawddeg neu bennill a ailadroddir mewn cân. REFRAIN. 2. ystyr. MEANING, BURDEN.

byrddiad, *eg.* y weithred o fyrddio. BOARDING.

byrddio, *be.* 1. lletya. TO BOARD. 2. dodi estyll. TO PLACE BOARDS. 3. mynd ar long. TO EMBARK.

byrddiwr, *eg. ll.*-wyr. un sy'n byrddio. BOARDER.

byrddu, *be.* gweler byrddio.

byrddydd, *eg. ll.*-iau. dydd byr. SHORT DAY.

byrfodd, *eg. ll.*-au. talfyriad gair. ABBREVIATION.

byrfwch, *eg. ll.*-fychod. bwch gafr ; mochyn daear. HE-GOAT ; BADGER.

byrfyfyr, *a.* ar y pryd, difyfyr. IMPROMPTU.

byrfys, *eg. ll.*-edd. bys bach. LITTLE FINGER.

byrgoed, *ell.* coed bach. SHRUBS.

byrgofus, *a.* anghofus. FORGETFUL.

byrhad, *eg. ll.*-au. cwtogiad, byrfodd. SHORTENING, ABBREVIATION.

byrhau, *be.* cwtogi, talfyrru, crynhoi. TO SHORTEN, TO ABBREVIATE.

byrhoedledd, *eg.* byrder einioes. SHORTNESS OF LIFE.

byrhoedlog, *a.* â bywyd neu hoedl fer, byr ei barhad. SHORT-LIVED.

*byrhwch, *eg. ll.*-hychod. mochyn daear. BADGER.

*byriad, *eg. ll.*-au. braich. ARM.

byriau, *eg.* iau fer. SHORT YOKE.

*byriawdr, *eg.* taflwr. THROWER.

byrlymu, *be.* llifo'n gryf gan wneud sŵn. TO BUBBLE, TO GURGLE.

*byrllawiog : ***byrlloflog**, *a.* gwastraffus; tlawd. EXTRAVAGANT; POOR.

*byrllysg, *egb. ll.*-au. gwialen, pastwn, ffon, teyrnwialen. ROD, CUDGEL, MACE, SCEPTRE.

*byrn, *ell.* byrnau, bwndeli. BALES.

byrnio : **byrnu**, *be.* dodi mewn byrnau, bwndelu. TO BALE, TO BUNDLE.

byrnwr, *eg. ll.*-wyr. peiriant byrnu gwair. BALER.

bys, *eg. ll.*-edd. rhan o'r llaw neu'r droed. FINGER, TOE, HAND (OF CLOCK, ETC.).
Bys bawd. THUMB.
Bys modrwy. RING-FINGER.

*bysant, *ebg. ll.*-nnau. darn o aur. BYZANT.

bysedda, -u, *be.* ⎫ trafod â'r bysedd.
bysio, *be.* ⎭ TO FINGER.

bysle, *eg.*
bysledr, *eg. ll.*-au. ⎱ gorchudd bys.
byslen, *eg. ll.*-ni. ⎰ FINGER-STALL.
bysog, *eb.*

*bystwm : ***bystwn**, *eg.* ewinor, ffelwm. WHITLOW.

bysu, *be.* trafod â'r bysedd. TO FINGER.

byswynog, *eb.* gweler *myswynog.*

bytwn, *eg.* y byd hwn. THE PRESENT WORLD.

byth, 1. *adf.* o hyd, bob amser, yn wastad, yn dragywydd. EVER, STILL, ALWAYS.
2. *eg.* tragwyddoldeb. ETERNITY.
Byth a hefyd. CONTINUALLY.
Am byth. FOR EVER.
Byth bythoedd. FOR EVER AND EVER.

bythan, *eg.* bwth bach. LITTLE BOOTH.

bytheiad, *eg. ll.*-aid : **bytheiadgi**, *eg. ll.*-gwn. ci hela, helgi. HOUND.

bytheiriad, *eg.* codiad gwynt o'r stumog. BELCHING.

bytheirio, *be.* codi gwynt o'r stumog drwy'r genau ; ebychu ; chwythu bygythion. TO BELCH ; TO EJACULATE ; TO UTTER THREATS.

bythgofiadwy, *a.* y cofir amdano am byth, diangof. EVER-MEMORABLE, IMMEMORIAL.

*bythig, *a.* gwrol. VIRILE.

bythol, *a.* yn parhau byth, tragwyddol, oesol, diddiwedd. EVERLASTING, ETERNAL.

*bytholdeb, *eg.* parhad bythol. EVERLASTINGNESS.

bytholi, *be.* achosi i barhau. TO PERPETUATE.

*bytholiad : ***bytholrwydd**, *eg.* parhad bythol. EVERLASTINGNESS.

byth(ol)wyrdd, *a.* yn wyrdd trwy gydol y flwyddyn. EVERGREEN.

bythu, *be.* trigo, preswylio. TO DWELL.

byw, 1. *be.* bod, oesi, preswylio. TO LIVE, TO DWELL.
2. *a.* yn fyw, bywiol, bywiog, hoenus. ALIVE, LIVE.
3. *eg.* einioes, bywyd. LIFE.
Byw y llygad. PUPIL OF THE EYE.
Yn fy myw. FOR THE LIFE OF ME.
I'r byw. TO THE QUICK.

byw(i)edig, *a.* byw. LIVING.

bywgraffiad, *eg. ll.*-au. hanes bywyd person, cofiant. BIOGRAPHY.

bywgraffiadol, *a.* cofiannol. BIOGRAPHICAL.

bywgraffiadur, *eg. ll.*-on. geiriadur bywgraffyddol. BIOGRAPHICAL DICTIONARY.

bywgraffydd, *eg. ll.*-ion. cofiannydd. BIOGRAPHER.

bywgraffydol, *a.* bywgraffiadol. BIOGRAPHICAL.

bywhaol, *a.* yn bywhau. ANIMATING.

bywhau, *be.* bywiocáu, dodi bywyd mewn rhywbeth. TO ANIMATE, TO ENLIVEN.

bywi, *ell.* cnau daear. EARTH-NUTS.

*byw(i)ad, *eg. ll.*-iaid. bywyd ; anifail. LIFE ; ANIMAL.

*bywiant, *eg.* bywyd, egni, ynni. LIFE, VIGOUR.

*bywiawdr, *eg.* creawdwr. CREATOR.

bywiocaol, *a.* bywhaol. ENLIVENING.

bywiocáu, *be.* bywhau. TO ANIMATE, TO ENLIVEN.

bywiocáus, *a.* bywhaol. ENLIVENING.

bywiog, *a.* llawn bywyd, hoenus, hoyw, sionc, heini. LIVELY, VIVACIOUS.

bywiogi, *be.* bywhau. TO ENLIVEN.

bywiogrwydd, *eg.* hoywder, sioncrwydd. LIVELINESS.

bywiol, *a.* yn fyw, yn rhoi bywyd. LIVING.

byw(i)oliaeth, *eb. ll.*-au. y modd i fyw, cynhaliaeth. LIVELIHOOD.

bywion, *ell.* (*un. g.* -yn.) gwybed ; morgrug. GNATS ; ANTS.

*bywull, *ell.* (*un. g.*-yn). blagur, egin. BUDS, SHOOTS.

*bywus, *a.* bywiog. LIVELY.

bywyd, *eg. ll.*-au. byw, einioes, bod-olaeth. LIFE, EXISTENCE.

bywydaeth, *eb.* pwrpas organeb byw oherwydd grym neu egwyddor bwysig. VITALISM.

bywydeg, *eb.* bioleg. BIOLOGY.

bywydegwr, *eg. ll.*-wyr. biolegwr. BIOLOGIST.

bywydfad, *eg. ll.*-au. bad achub. LIFEBOAT.

bywydol, *a.* yn perthyn i fywyd. ANIMATE.

bywyn, *eg. ll.*-nau. man tyner neu feddal ynghanol rhywbeth, mwyd-ionyn, mêr. PITH, CORE.

Bywyn bara. THE CRUMB OF BREAD.

Bywyn carn ceffyl. THE TENDER PART OF A HORSE'S HOOF.

C

cab, *eg.* caban, bwth, cell ; cerbyd. CABIN ; CAB.

cabaets : cabaits, *ell.* (*un. b.*-en) bresych. CABBAGE.

cabal, *eg. ll.*-au. cwmni, clic. CABAL.

caban, *eg. ll.*-au. 1. bwth, lluest, cwt, cut. HUT, BOOTH.

    2. ystafell fach mewn llong, etc. CABIN.

cabarddulio : cabarlatsio, *be.* siarad dwli, baldorddi. TO TALK NONSENSE.

*cabidwl, *eg. ll.* cabidylau. 1. synod. SYNOD.

    2. tŷ'r siapter. CHAPTER-HOUSE.

    3. cymysgwch. CONFUSION.

    4. llith (eglwys). LESSON (CHURCH).

*cabidyldy, *eg. ll.*-dai. cabidwl ; teml yn Rhufain. CHAPTER-HOUSE ; CAPITOL.

cabl, *eg. ll.*-au. cabledd, enllib. BLAS-PHEMY, CURSE, SLANDER.

cabl, *eg. ll.*-au. rhaff drwchus o wifrau, cablen. CABLE.

*cablaeth, *eb. ll.*-au. cabledd. BLAS-PHEMY, SLANDER.

cablaidd, *a.* cableddus. BLASPHEMOUS.

cablair, *eg. ll.*-eiriau. cabledd. BLAS-PHEMY.

cablawd, *eg.* enllib, cabledd. SLANDER.

cabledigaeth, *eb.* cabledd. BLASPHEMY, CALUMNY.

cabledd, *egb. ll.*-au. ymadrodd am-harchus am Dduw, etc. ; difenwad, gwaradwydd. BLASPHEMY ; CALUMNY.

*cableddgar, *a.* ⎤
*cableddog, *a.* ⎟ enllibus. SLANDER-
*cableddol, *a.* ⎟ OUS, BLASPHEMOUS.
cableddus, *a.* ⎦

cablen, *eb. ll.*-ni. cabl, rhaff gref o wifrau. CABLE.

cablu, *be.* tyngu a rhegi, siarad yn amharchus am Dduw, etc. TO BLASPHEME.

cablwr, *eg. ll.*-wyr. un sy'n cablu. BLASPHEMER.

Cablyd, *eg.* dydd Iau o flaen y Pasg. MAUNDY THURSDAY.

*cablyd, *eg.* cabledd. BLASPHEMY.

cablydd, *eg. ll.*-ion. cablwr. BLAS-PHEMER.

cabol, *a.* ⎤ wedi ei loywi, coeth.
cabolaid, *a.* ⎟ POLISHED.
caboledig, *a.* ⎦

caboledd, *eg.* gorffennedd. POLISH, FINISH.

cabolfaen, *eg. ll.*-fain, -feini. maen cabol(i). POLISHED STONE, POLISHING STONE.

caboli, *be.* gloywi, llyfnhau, llathru, llyfnu. TO POLISH.

cabwllt, *eg.* ceiliog wedi ei gaponeiddio. CAPON.

cacamwci, *eg.* cedowrach, cyngaw. BURDOCK.

cacen, *eb. ll.*-nau, -ni. teisen. CAKE.

cacimwci, *eg.* cacamwci, cedowrach. BURDOCK.

caclwm, *eg.* dicllonedd. FURY.

cacynen, *eb. ll.* cacwn. pryf tebyg i wenynen. WASP, HORNET.

cachadur, *eg. ll.*-iaid (*b.*-es) : **cachad-ydd,** *eg. ll.*-ion. llwfryn. COWARD.

*cachan, *a.* llwfr. COWARDLY.

cachgi, *eg. ll.*-gwn. llwfryn. COWARD.

cachgiaidd, *a.* llwfr. COWARDLY.

*cachiad, *eg.* dyn llwfr. COWARD.

cachmon, *eg. ll.* cechmyn, carthwr, dihiryn. SCAVENGER, WRETCH.

cachu, *be.* ysgarthu. TO DEFECATE.

cad, *eb. ll.*-au, -oedd. brwydr, ym-laddfa, byddin. BATTLE, ARMY.

    Cad ar faes. PITCHED BATTLE.

    Cad Gamlan. BATTLE OF CAMLAN, CONFUSION.

cadach, *eg. ll.*-au. neisied, hances, napcyn, macyn. CLOTH, HANDKER-CHIEF.

*cadachan, *eg.* rhwymyn baban. SWADDLING-CLOTHES.

*cadafael, *eg.* hurtyn. SIMPLETON.

cadafarth, *eg.* bresych yr ŷd. CHAR-LOCK.

*cadafwy, *a.* cadarn mewn brwydr. STRONG IN BATTLE.

cadair, *eb. ll.* cadeiriau. 1. sedd â phedair coes , c rud. CHAIR ; CRADLE. 2. piw neu bwrs buwch. UDDER.

cadarn, *a.* cryf, disyfl, safadwy, di-ysgog. POWERFUL, FIRM, STRONG, MIGHTY.

cadarnhad, *eg.* sicrhad, cryfhad. AFFIRMATION, CONFIRMATION.

cadarnhaol, *a.* sicrhaol, cryfhaol. AFFIRMATIVE.

cadarnhau, *be.* 1. cryfhau, grymuso, nerthu. TO STRENGTHEN. 2. gwirio, eilio, ategu. TO CONFIRM, TO AFFIRM.

***cadarnsyth**, *a.* disyfl. STEADFAST.

***cadas**, *eg. ll.*-au. cadis, brodwaith. CADDICE, BRAID.

cadawarth, *eg.* cadafarth, bresych yr ŷd. CHARLOCK.

cad-drefnu, *be.* trefnu cad. TO MANOEUVRE.

cadechyn, *eg.* cadach. RAG.

***cadeirdraw**, *eg. ll.*-on. athro (mewn prifysgol). PROFESSOR.

cadeirfardd, *eg. ll.*-feirdd. bardd cadeiriol. CHAIRED BARD.

cadeirio, *be.* 1. dodi yn y gadair, gwneud yn gadeirydd, urddo rhywun. TO CHAIR. 2. ymganghennu. TO BRANCH.

cadeiriog, *a.* 1. cadeiriol. CHAIRED. 2. canghennog. SPREADING.

cadeiriol, *a.* yn perthyn i gadair. CHAIRED.

cadeirydd, *eg.ll.*-ion. (*b.*-es). yr un sydd yn rheoli cyfarfod. CHAIRMAN.

***cadeithi**, *eg.* rhyfel. WAR.

cadernid, *eg.* cryfder, grym, gallu, nerth. STRENGTH.

***cadernid**, *eg.* cadarnhad, sicrwydd. gwarant. CONFIRMATION, WARRANTY.

***cadfa**, *eb. ll.*-fâu, -feydd. brwydr; llu, tyrfa. BATTLE ; TROOP, HOST.

cadfaes, *egb. ll.*-feysydd : **cadfan**, *eg. ll.*-nau. maes y gad. BATTLEFIELD.

***cadfaon**, *ell.* milwyr. SOLDIERS.

cadfarch, *eg. ll.*-feirch. rhyfelfarch. WAR-HORSE.

***cadfiled**, *eg.* byddin. ARMY.

cadfridog, *eg. ll.*-ion. pennaeth byddin, cadlywydd. GENERAL.

cadfwyall, *eb. ll.*-eill : **cadfwyell**, *eb. ll.*-yll. bwyall gad. BATTLE-AXE.

cadgamlan, *eb.* ciwed gythryblus. RABBLE, CONFUSION.

cadi, *egb.* dyn merchetaidd. EFFEMINATE MALE PERSON.

Cadi haf. MAYPOLE.

cadis, *eg.* cadas, brodwaith. CADDICE, BRAID.

***cadlais**, *eb.* gweler *cadlas.*

***cadlan**, *eb. ll.*-nau. brwydr, maes y gad. BATTLE(FIELD).

cadlas, *eb. ll.* cadlesydd. darn o dir amgaeëdig wrth y tŷ, iard, buarth. ENCLOSURE, YARD.

***cadle**, *eg.ll.*-oedd. brwydr, maes y gad. BATTLE(FIELD).

cadlong, *eb.ll.*-au. llong ryfel. WARSHIP.

cadlys, *eb. ll.*-oedd. mur ; buarth castell ; cwrt ; pencadlys ; gwersyll. WALL ; BAILEY ; COURTYARD ; HEADQUARTERS ; CAMP.

cadlyw, *eg. ll.*-iaid : **cadlywydd**, *eg. ll.*-ion. cadfridog. GENERAL ; MARSHAL.

cadno, *eg. ll.* cadnoaid, cadnawon, cedny. (*b.* cadnöes, cadnawes). llwynog, madyn. FOX.

cadoediad, *eg. ll.*-au. seibiant mewn rhyfel, diwedd rhyfel. ARMISTICE, TRUCE.

cadofydd, *eg. ll.*-ion. trefnydd rhyfel, strategydd. STRATEGIST.

cadofyddiaeth, *eb.* tacteg filwrol. strategiaeth. STRATEGY.

cadoffer, *ell.* arfau rhyfel. ARMAMENTS.

***cadr**, *a.* prydferth ; cryf ; dewr. FINE ; MIGHTY ; BOLD.

***cadredd** : ***cadrwch**, *eg.* prydferthwch ; grym. BEAUTY ; MIGHT.

cadw, *be.* 1. dal, cynnal. TO KEEP, TO PRESERVE. 2. arbed, achub, gwared. TO SAVE. 3. amddiffyn, gwarchod. TO GUARD.

***cadw**, *eg.* praidd, haid. FLOCK, HERD.

***cadwalch**, *eg. ll.*-weilch. arwr. HERO.

***cadwch**, *eg. ll.* cadychau. gwg ; blew cern. FROWN ; WHISKERS.

cadwedig, *a.* wedi ei gadw, achubedig. SAVED.

cadwedigaeth, *eb.* y weithred o gadw, iachawdwriaeth, iechydwriaeth, achubiaeth. SALVATION.

cadweinydd, *eg. ll.*-ion. swyddog sy'n cynorthwyo cadfridog. AIDE-DE-CAMP.

***cadwen(t)**, *eb.ll.*-nnoedd. brwydr, maes brwydr. BATTLE(FIELD).

cadw-mi-gei, *eg.* blwch cadw arian. MONEY-BOX.

***cadwr**, *eg. ll.*-wyr. milwr. SOLDIER.

cadwr, *eg. ll.*-wyr. un sy'n cadw, ceidwad. KEEPER.

cadwraeth, *eb.* gofal, diogelwch, cynhaliaeth ; gwarchodaeth. KEEPING, PRESERVATION ; CHARGE ; OBSERVANCE.

cadwrfa, *eb. ll.*-fâu, -feydd. ystordy. STOREHOUSE.

***cadwriaeth**, *eb.* gweler *cadwraeth.*

cadwrus, *a.* graenus, mewn gwedd dda, tew, corffol. IN GOOD CONDITION, WELL-PRESERVED.

cadwyn, *eb. ll.*-au, -i. nifer o fodrwyau neu ddolenni cysylltiedig; nifer o benillion wedi eu cysylltu â geiriau arbennig. CHAIN, SERIES.

cadwyno, *be.* gosod ynghlwm â chadwyn. TO CHAIN.

cadwynog, *a.* ynghlwm wrth gadwyn. CHAINED.

caddug, *eg.* tywyllwch, gwyll; tarth, niwl, niwlen, düwch. DARKNESS; MIST, FOG.

caddugo, *be.* tywyllu. TO DARKEN.

*****cae,** *eg. ll.*-au. perth; tlws; talaith. gwäeg. HEDGE; BROOCH; CHAPLET; CLASP.

cae, *eg. ll.*-au. maes wedi ei amgáu. FIELD, ENCLOSURE.

caead, 1. *eg. ll.*-au. clawr, gorchudd. COVER.

    2. *be.* cau, amgáu, terfynu. TO SHUT.

caeadfrig, *a.* cysgodol, â brigau trwchus. SHADY, CLOSE-BRANCHED.

caeadle, *eg. ll.*-oedd. lle caeëdig. ENCLOSURE.

*****caeadlen,** *eb. ll.*-ni. llen. CURTAIN.

*****caeadlwyn,***eg. ll.*-i. tewlwyn. THICKET.

*****caeadu,** *be.* cylymu; cau. TO BIND; TO CLOSE.

caeëdig, *a.* wedi ei gau. SHUT, ENCLOSED.

cael, *be.* dyfod o hyd i, derbyn, meddu, ennill, cyrraedd, canfod. TO HAVE, TO GET, TO OBTAIN, TO GAIN, TO WIN, TO FIND.

    Cael a chael. TOUCH AND GO.

    Ar gael. TO BE HAD.

caen, *eb. ll.*-au. gorchudd, haen, cen, pilen, pilionen, rhuchen, golchiad. LAYER, PEEL, COATING.

*****caened,** 1.*eg.* brethyn llwyd; gwisg. KENNET; DRESS.

    2. *a.* llwyd. GREY.

caenen, *eb. ll.*-nau. gorchudd, haen, pilen. COVERING, LAYER, FILM.

*****caenllaw,** *eg.* eigion. OCEAN.

*****caentach,** *be.* gweler *ceintach.*

*****caeog,** *a.* yn gwisgo coron neu dalaith. WEARING A DIADEM.

*****caeor,** *eb. ll.*-au. corlan. SHEEP-FOLD.

caer, *eb. ll.*-au. mur; lle wedi ei gryfhau, amddiffynfa, castell. WALL; FORT, CASTLE, CITADEL.

    Caer Wydion. THE MILKY WAY.

*****caered,** *eb. ll.*-au. mur, caeadle. WALL, ENCLOSURE.

caeriwrch, *eg. ll.*-iyrchod.   carw bach. ROEBUCK.

caerog, *a.* wedi ei nerthu, castellog. FORTIFIED, WALLED.

    Brethyn caerog. TWILL, RIBBED CLOTH.

caeru, *be.* cryfhau, codi mur. TO FORTIFY, TO WALL.

*****caerug,** *eg.* talaith o rug. CHAPLET OF HEATHER.

caerwyr, *ell.* milwyr mewn caer. GARRISON.

*****caerwys,** *a.* teg, hardd. BEAUTIFUL.

caets, *eg. ll.*-ys. cawell. CAGE.

caeth, 1. *a. ll.*-ion. ynghlwm, heb fod yn rhydd, llym. BOUND, CAPTIVE, CONFINED, STRICT.

    Mesurau caeth. STRICT METRES.

    2. *eg. ll.*-ion. (*b.* caethes). carcharor, caethwas. CAPTIVE, SLAVE.

*****caetháu,** *be.* caethiwo. TO BIND.

*****caethawdr,** *eg. ll.*-odron. un sy'n caethiwo. ENSLAVER.

caethder : caethdra, *eg.* carchariad; diffyg anadl. IMPRISONMENT, CAPTIVITY; ASTHMA.

caethfab, *eg. ll.*-feibion. caethwas. SLAVE.

caethfasnach, *eb.* masnach mewn caethweision. SLAVE-TRADE.

caethferch, *eb. ll.*-ed : **caethforwyn,** *eb. ll.*-forynion. caethes. SLAVE.

caethfyd, *eb.* ⎫ caethiwed.
caethglud, *eb.* ⎬ CAPTIVITY.
caethgludiad, *eg. ll.*-au. ⎭

caethgludo, *be.* dwyn fel caethwas. TO LEAD INTO CAPTIVITY.

caethineb : caethiwed, *eg.* cyflwr caeth, caethwasanaeth. CAPTIVITY, SLAVERY.

caethiwo, *be.* gwneud yn gaeth, carcharu. TO ENSLAVE.

caethiwus, *a.* caeth; yn caethiwo. CONFINED; CONFINING.

*****caethle,** *eg. ll.*-oedd. carchar. PRISON.

caethlong, *eb. ll.*-au. llong yn cludo caethion. SLAVE-SHIP.

*****caethnawd,** *eg.* caethiwed. CAPTIVITY.

*****caethu,** *be.* caethiwo. TO RESTRICT.

caethwas, *eg. ll.*-weision. caeth, un mewn caethiwed. SLAVE.

caethwasanaeth : caethwasiaeth, *eb.* cyflwr caethwas. SLAVERY.

*****caethwlad,** *a.* alltud. EXILE.

caethwr, *eg. ll.*-wyr. caethwas, carcharor. SLAVE, PRISONER.

caethwraig, *eb. ll.*-wragedd. caethes. BOND-WOMAN.

*****caeu,** *be.* amgylchynu, dal, clymu. TO SURROUND, TO TIE.

caewr, *eg. ll.*-wyr. un sy'n cau. CLOSER.

caewydd, *ell.* mangoed. UNDERWOOD.

*****cafall,** *eg.* march. STEED.

*****cafas,** *bf.* cafodd. HE HAD, HE GOT.

*****cafel,** *be.* cael. TO HAVE.

cafell, *eb. ll.*-au. cell, cangell, cysegr, noddfa, teml. CELL, CHAMBER, SANCTUARY, TEMPLE.

cafn, *eg. ll.*-au. llestr hirgul i ddal dŵr, etc. TROUGH.

*****cafn,** *eg. ll.*-au. cwch, bad. BOAT.

cafndra : cafnedd, *eg.* ffurf cafn, ceudod. CONCAVITY.

cafnio, *be.* llunio fel cafn. TO HOLLOW, TO SCOOP.

cafn(i)og, *a.* ar ffurf cafn, cau. HOLLOW, CONCAVE.

cafod, *eb. ll.*-au, -ydd. cawod. SHOWER.

caff, *eg. ll.*-iau. 1. gafael. GRAPPLE.

2. fforch dail. DUNG-FORK.

caffael, *be.* cael, derbyn. TO OBTAIN.

caffaeliad, *eg. ll.* caffaeliaid. ennill, lles; ysbail. ACQUISITION ; PREY, SPOIL.

*****caffael(i)od,***eg.*caffaeliad, lles. ACQUISITION.

caffell, *eb. ll.*-au. falf. VALVE.

caffiad, *eg.* gafaeliad. SNATCHING.

caffio, *be.* 1. gafael, cipio. TO GRASP, TO SNATCH.

2. fforchi. TO FORK.

caffiwr, *eg. ll.*-wyr. cipiwr, gafaelwr. SNATCHER.

cafflo, *be.* twyllo (yn enwedig wrth chwarae). TO CHEAT.

*****caffon,** *ell.* ceffylau. HORSES.

cagl, *eg. ll.*-au. tail defaid, baw. SHEEPDUNG, DIRT.

caglen, *eb. ll.*-nod. gwraig front, slwt. SLUT.

caglog, *a.* brwnt, budr. DIRTY.

caglu, *be.* difwyno. TO BEFOUL.

cangell, *eb. ll.* canghellau. rhan o eglwys lle mae'r allor. CHANCEL.

cangelloriaeth, *eb.* swydd canghellor. CHANCELLORSHIP.

cangen, *eb. ll.* canghennau. cainc, adran. BRANCH.

canghellog, *a.* â changell. HAVING A CHANCEL.

canghellor, *eb. ll.* cangellorion.
1. swyddog yn y llywodraeth sy'n gyfrifol am y cyllid. CHANCELLOR.
2. pennaeth prifysgol. CHANCELLOR. Canghellor y Trysorlys. CHANCELLOR OF THE EXCHEQUER.

canghennog, *a.* â llawer o ganghennau neu gylymau. BRANCHY ; KNOTTY.

cangog, *a.* ceinciog. BRANCHY.

caib, *eb. ll.* ceibiau. offeryn miniog i gloddio, batog. MATTOCK.

*****caifn,** *eg. ll.* ceifnaint. trydydd cefnder. THIRD COUSIN.

cail, *eb. ll.* ceiliau. corlan ; praidd. FOLD ; FLOCK.

caill, *eb. ll.* ceilliau. carreg gŵr. TESTICLE.

cain, *a.* gwych, teg, coeth, têr, dillyn. ELEGANT, FAIR, BEAUTIFUL. Celfau cain. FINE ARTS.

cainc, 1. *eb. ll.* cangau. cangen, brigyn. BRANCH. Cainc o fôr. BRANCH OF THE SEA.
2. *eb. ll.* ceinciau. tôn, tiwn. TUNE, SONG.
3. *eb.* cwlwm (pren). KNOT.

cais, *eg. ll.* ceisiadau. 1. cynnig, ymdrech, ymgais, sgôr (rygbi). ATTEMPT, APPLICATION, TRY.
2. dymuniad, arch. deisyfiad. REQUEST.

*****caith,** *ell.* taeogion ; carcharorion. VILLEINS ; PRISONERS.

cal(a), *eb. ll.* caliau. gwialen gŵr. PENIS.

calaf, *eb.* ac *ell. ll.*-au, -on. corsen, coes, cyrs, coesau. REED(S), STALK(S).

*****calamus,** *eg.* corsen. REED.

calan, *eg.* diwrnod cyntaf mis neu dymor. FIRST DAY (OF MONTH OR SEASON). Dydd Calan. NEW YEAR'S DAY. Calan Mai. MAY DAY. Calan Gaeaf. ALL SAINTS' DAY.

*****calaniadur,** *eg. ll.*-on. calendr. CALENDAR.

calc(yn), *eg.* pigyn ar bedol. CALKIN.

calcio, *be.* pygu llong. TO CAULK.

calcwlws, *eg.* adran uwch mewn mathemateg. CALCULUS.

calch, *eg.* cynnyrch y garreg galch wedi ei llosgi mewn odyn. LIME.

calchaid, *a.* gwyngalchog, calchog. WHITE-WASHED, LIMED.

calchaidd, *a.* calchog. LIMED.

*****calchdöed,** 1. *eg.* arfwisg. ARMOUR.
2. *a.* arfog, llurigog. ARMOURED.

calchen, *eb.* : **calchfaen,** *eg. ll.*-feini. carreg galch. LIMESTONE.

calchgas, *a.* yn gwrthod calch. CALCIFUGE.

calcho, *be.* calchu. TO LIME.

calchog : calchol, *a.* â chalch, gwyngalchog. LIMY, WHITEWASHED.

calchu, *be.* calcho. TO LIME.

caled, *a.* 1. heb fod yn feddal, sych, cras. HARD.
2. cadarn, cryf, gwydn. HARDY.
3. llym, anodd. SEVERE, DIFFICULT.

*****caled,** *eg.* cybydd. MISER.

calededd, *eg.* : **caleden,** *eb. ll.*-nau. chwydd caled ar y croen, corn. CALLOSITY, CALLUS.

caledfyd, *eg.* adfyd. ADVERSITY.

caledi, *eg.* rhywbeth anodd ei oddef megis llafur neu dlodi, etc. HARDSHIP.

calediad, *eg.* y weithred o galedu. HARDENING, SCLEROSIS.

caledrwydd, *eg.* caledwch ; anhawster. HARDNESS ; DIFFICULTY.

caledu, *be.* mynd neu wneud yn galed. TO HARDEN.

caledwaith, *eg.* gwaith caled neu anodd. HARD LABOUR.

caledwch, *eg.* y stad o fod yn galed ; anhawster. HARDNESS ; DIFFICULTY.

calefyn, *eg.* coes, corsen. STALK, REED.

calen, *eb. ll.*-nau, -ni. 1. carreg hogi, hogfaen. WHETSTONE.
    2. telpyn o ymenyn, sebon, etc. LUMP OF BUTTER, ETC.

calendr, *eg. ll.*-au. math o almanac. CALENDAR.

calennig, *eg.* rhodd Dydd Calan. NEW YEAR'S GIFT.

calibr, *eg.* tryfesur. CALIBRE.

calibrad, *eg.* yr act o gael tryfesur. CALIBRATION.

calibro, *be.* mesur tryfesur, tryfesuro. TO CALIBRATE.

***caligl,** *eg.* cwpan, ffiol. CHALICE, CUP.

***calis,** *eg.* cwpan Cymun. CHALICE.

caliwr, *eg.* cydiwr. COPULATOR.

calon, *eb. ll.*-nau. yr organ sy'n gyrru'r gwaed drwy'r gwythiennau ; canol, rhuddin, craidd ; dewrder. HEART ; PLUCK.

***calon,** *eb. ll.*-nau. croth, bol, perfedd. WOMB, BELLY, INTESTINES.

calondid, *eg.* cysur, ysbrydoliaeth, symbyliad. ENCOURAGEMENT.

calongaledwch, *eg.* y cyflwr o fod â chalon galed. HARD-HEARTEDNESS.

***calonnog,** *a.* dewr, gwrol. COURAGEOUS.

calonnog, *a.* ysbrydol, gobeithiol, siriol. HOPEFUL, HEARTY.

***calonoctid,** *eg.* calondid. ENCOURAGE-MENT.

calonogi, *be.* ysbrydoli, annog, cefnogi, sirioli. TO ENCOURAGE.

calonogrwydd, *eg.* dewrder. VALOUR.

***calonswyn,** *eg. ll.*-ion. cordial. CORDIAL.

calori, *eg. ll.*-ïau. 1. uned gwres, etc. CALORIE.
    2. uned gwerth bwyd fel cyn-hyrchydd egni. CALORIE.

caly, *eb.* gweler *cal(a)*.

***calyn,** *be.* gweler *canlyn*.

call, *a.* doeth, synhwyrol, pwyllog. WISE, PRUDENT, SENSIBLE.

***callawr,** *egb.ll.* callorion. pair, crochan. CAULDRON.

calledd, 1. *eg.* cyfrwystra. CUNNING.
    2. *ell.* tyfiant; coed. GROWTH; TREES.

callestr, *eb. ll.* cellystr. carreg dân. FLINT.

callestredig, *a.* ⎱ fel callestr.
callestrig, *a.* ⎰ FLINTY.
callestrol, *a.* ⎰

callineb, *eg.* doethineb, synnwyr, pwyll. PRUDENCE, WISDOM.

callio, *be.* dod yn gallach. TO GROW WISER.

callod(r), *ell.* (*un. g.* callod(r)yn). tyfiant, gwrysg ; mwsogl. GROWTH, HAULMS ; MOSS.

***callor,** *egb. ll.*-au. pair, crochan. CAULDRON.

callter, *eg.* callineb, cyfrwystra. WISDOM, CUNNING.

callwr, *eg.ll.*-wyr. dyn doeth. WISE MAN.

cam, *eg. ll.*-au. 1. symudiad y goes wrth gerdded, etc. ; hyd y symudiad hwnnw. STRIDE, STEP.
    2. anghyfiawnder, camwri. WRONG, INJURY.

cam, *a. ll.* ceimion. 1. crwca, anunion. CROOKED, BENT.
    2. anghywir, gau, cyfeiliornus. WRONG, FALSE.

camamseriad, *eg. ll.*-au. amseriad anghywir. ANACHRONISM, MISTIMING.

camamseru, *be.* amseru'n anghywir. TO MISTIME.

camarfer, *be.* camddefnyddio. TO ABUSE, TO MISUSE.

camarfer, *egb. ll.*-ion. camddefnydd-iad. MISUSE.

camarwain, *be.* cynghori neu arwain yn anghywir. TO MISLEAD.

camarweiniol, *a.* cyfeiliornus. MIS-LEADING.

***camas,** *eb. ll.* cemais. tro afon, bae. RIVER BEND, BAY.

camatal, *be.* cadw'n ôl yn anghyf-reithlon. TO WITHOLD WRONGFULLY.

***camawn,** *eb.* brwydr. BATTLE.

***cambost,** *eg.ll.*-byst. ateg, piler. PROP, PILLAR.

cambren, *eg. ll.*-ni. pren cam i hongian mochyn neu bren i'w ddodi wrth flaen aradr. GAMBREL, SWINGLE-TREE.

cambwll, *eg.ll.*-byllau. trobwll. WHIRL-POOL.

camchwarae, *eg.* chwarae annheg, anghyfiawnder. FOUL PLAY, IN-JUSTICE.

camder : **camdra,** *eg.* camedd. CROOKEDNESS.

camdreuliad, *eg.* diffyg traul. IN-
DIGESTION.

camdreulio, *be.* treulio'n ddrwg ;
gwario arian o chwith. TO DIGEST
BADLY ; TO MIS-SPEND.

cam-drin, *be.* camarfer, camddefnydd-
io, difrïo, difenwi. TO ILL-TREAT, TO
ABUSE.

camdriniaeth, *eb.* camddefnyddiad.
ILL-TREATMENT.

camdro, *eg.* rhan o gamwerthyd sy'n
peri symudiad. CRANK.

cam-dro, *eg.* camder. CROOKEDNESS.

cam-droi, *be.* camddefnyddio. TO PER-
VERT.

*camdwy, *eg.* trosedd, camwedd.
TRANSGRESSION.

cam-dyb, *eb.* *ll.*-iau. barn anghywir,
gwall. ERROR.

camdybus, *a.* anghywir, gwallus.
WRONG, MISTAKEN.

camdyngu, *be.* tyngu'n gelwyddog. TO
SWEAR FALSELY.

camdystiolaeth, *eb.* *ll.*-au. tystiolaeth
anghywir. FALSE WITNESS.

camddarlunio, *be.* darlunio'n annheg.
TO MISREPRESENT.

camddeall, *be.* deall yn anghywir. TO
MISUNDERSTAND.

camddealltwriaeth, *eb.* anneallt-
wriaeth, camsyniad. MISUNDER-
STANDING.

camddefnydd, *eg.* camarfer. MISUSE.

camddefnyddio, *be.* camarfer. TO MIS-
USE.

camddull, *eg.* *ll.*-iau. dull anghywir.
WRONG MANNER.

camddywediad, *eg.* *ll.*-au. dywediad
anghywir. MIS-STATEMENT.

camedd, *eg.* tro, camder. BEND,
CURVATURE.

cameg, *eb.* *ll.*-au, cemyg. cant olwyn.
FELLOE OF A WHEEL.

camel, *eg.* *ll.*-od. anifail yr anialwch.
CAMEL.

camen, *eb.* *ll.*-nau. ateg ; camder.
PROP ; CROOKEDNESS.

camenw, *eg.* *ll.*-au. enw anghywir.
MISNOMER.

camfa, *eb.* *ll.*-feydd. sticil, sticill. STILE.

cam-faeth, *eb.* maeth anghymwys neu
annigonol. MALNUTRITION.

cam-farn, *eb.* *ll.*-au. gwall, camsyniad ;
barn anghywir. ERROR ; WRONG
JUDGEMENT.

camfarnu, *be.* barnu'n anghywir. TO
MISJUDGE.

camfodd, *eg.* *ll.*-au. camwedd. TRANS-
GRESSION.

camfucheddu, *be.* byw'n ddrygionus.
TO LIVE AMISS.

camfrawd, *eb.* *ll.*-frodiau. barn ang-
hyfiawn. FALSE JUDGEMENT.

cam-ġoel, *eb.* *ll.*-ion. heresi. HERESY.

camġoelio, *be.* camgredu. TO MIS-
BELIEVE.

camġolledu, *be.* twyllo. TO DEFRAUD.

cam-ġred, *eb.**ll.*-oau. cam-goel, heresi.
MISBELIEF, HERESY.

*camġwl, *eg.* *ll.*-gylau. dirwy, cosb.
FINE, PENALTY.

camġyfrif, *be.* cyfrif yn anghywir. TO
MISCALCULATE.

camġyhuddo, *be.* cyhuddo'n annheg.
TO ACCUSE FALSELY.

*camġylus, *a.* beius, euog ; yn haeddu
cosb. CULPABLE, GUILTY ; WORTHY OF
PUNISHMENT.

camġymeriad, *eg.* *ll.*-au. cyfeiliornad,
gwall. MISTAKE.

camġymryd, *be.* cyfeiliorni, amryfuso.
TO ERR.

camhyder, *eg.* hyder cyfeiliornus,
rhyfyg. FALSE CONFIDENCE, PRES-
UMPTION.

camhysbysu, *be.* camarwain. TO MIS-
INFORM.

camil, *egb.* camomil. CAMOMILE.

*camin, *eg.* *ll.*-od. hebog arbennig.
PEREGRINE FALCON.

*camlan, *eb.* brwydr ffyrnig. FEROC-
IOUS BATTLE.

camlas, *eb.* *ll.* camlesi, camlesydd.
dyfrffos. CANAL, DITCH.

*camle, *eg.* camwedd. OFFENCE.

*camled, *eg.* defnydd ysgafn. CAMLET.

camleoli, *be.* dodi'n amhriodol. TO
MISPLACE.

camliwio, *be.* camddarlunio. TO MIS-
REPRESENT.

*camlod, *eg.* defnydd ysgafn. CAMLET.

camlw, *eg.* *ll.*-lwon, -lyau. llw gau.
FALSE OATH.

*camlwrw : ***camlwry,** *eg.* *ll.*-lyrau,
-lyriau. 1. dirwy. FINE.

    2. drwg. EVIL.

    3. dryswch. DISORDER.

*camlyrus, *a.* agored i ddirwy ; annheg.
LIABLE TO A FINE ; UNFAIR.

cam(n)i, *eg.* *ll.*-ïau. camder. CROOKED-
NESS.

camochri, *adf.* camsefyll mewn
chwarae. OFFSIDE.

camog, *egb.**ll.*-au. 1. cameg. FELLOE OF
WHEEL.

    2. eog gwryw. MALE SALMON.

*camoleg, *eb.* camau. FOOTSTEPS.

camomil, *eg.* camil, camri. CAMOMILE.

camosod, *be.* camleoli. TO MISPLACE.

camosodiad, *eg. ll.*-au. camleoliad.
MISPLACING.

camp, *eb. ll.*-au. 1. gorchest, gwrhydri;
rhagoriaeth ; rhinwedd. FEAT ; EX-
CELLENCE ; VIRTUE.

2. gêm, chwarae. GAME.

campfa, *eb. ll.*-oedd, -feydd. cae
chwarae amgaeëdig ; theatr. STAD-
IUM ; THEATRE.

campio, *be.* chwarae gêm ; gwersyllu.
TO PLAY A GAME ; TO CAMP.

*campiog, *a.* campus. EXCELLENT.

*camplid, *eg.* math o win. CAMPLETE.

campus, *a.* ⎤ godidog, rhagorol,
*campusaidd, *a.* ⎬ardderchog, gwych,
*campusol, *a.* ⎦ penigamp, ys-
blennydd. EXCELLENT, SPLENDID.

campwaith, *eg. ll.*-weithiau. gorchest-
waith. MASTERPIECE.

campwr, *eg. ll.*-wyr. arwr, arbenigwr.
HERO, CHAMPION, EXPERT.

*campwri, *eg.* : *campwriaeth, *eb.*
campwaith. FEAT.

*camraith, *eb. ll.*-reithiau. anghyfiawn-
der. INJUSTICE.

camrau, gwall am *camre.*

camre, *eg.* cerddediad, rhes o gamau,
ôl traed, taith. FOOTSTEPS, WALK,
JOURNEY.

camri, *eg.* camil. CAMOMILE.

*camrig, *eg.* lliain main o Fflandrys.
CAMBRIC.

*camrodd, *eb. ll.*-ion. llwgrwobrwy.
BRIBE.

*camrwy : camrwysg, *eg.* gormes.
OPPRESSION.

*camryfyg, *eg.* rhyfyg, balchder. PRE-
SUMPTION, PRIDE.

*camryfygus, *a.* rhyfygus, balch. PRE-
SUMPTUOUS, PROUD.

*camse, *eg.* gwisg. DRESS.

*camsyberwyd, *eg.* trahauster. ARROG-
ANCE.

camsyniad, *eg. ll.*-au. camgymeriad,
cyfeiliornad. MISTAKE, ERROR.

camsynied, *be.* cyfeiliorni. TO MISTAKE.

camsyniol, *a.* cyfeiliornus. MISTAKEN.

*camsynnus,*a.*camsyniol, cyfeiliornus.
ERRONEOUS.

camu, *be.* 1. cerdded, brasgamu, mesur
â chamau. TO STEP, TO STRIDE.

2. plygu, gwyro. TO BEND, TO STOOP.

camwedd, *eg. ll.*-au. trosedd, cam, bai,
drygioni, cyfeiliornad. WRONG, TRANS-
GRESSION.

camweddog : camweddol, *a.* cam-
weddus. WRONGFUL, WICKED.

camweddu, *be.* troseddu, cyfeiliorni.
TO TRANSGRESS.

camweddwr, *eg. ll.*-wyr. troseddwr.
TRANSGRESSOR.

camwerthyd, *eb.* roden y cranc.
CRANKSHAFT.

*camwobr,*eb.ll.*-au : *camwobrwy,*eb.*
ll.-on. llwgrwobrwy. BRIBE.

camwr, *eg. ll.*-wyr. un sy'n camu.
STRIDER.

*camwr,*eg.ll.*-wyr. campwr. CHAMPION.

*cam(h)wri, *eg.* gorchest. FEAT.

camwri, *eg.* cam, drwg, niwed. INJURY,
WRONG.

*camwrog, *a.* gorchestol. CHAMPION.

*camwy, *eg. ll.*-au. niwed, drwg.
INJURY.

camymddwyn, *be.* ymddwyn yn
ddrwg. TO MISBEHAVE.

camymddygiad, *eg. ll.*-au. ymddygiad
drwg. MISBEHAVIOUR.

camystyr, *eg. ll.*-on. ystyr anghywir.
WRONG SENSE.

cân, *eb. ll.* caniadau, caneuon.

1. rhywbeth a genir, caniad. SONG.

2. darn o farddoniaeth, cerdd.
POEM.

Cân actol : cân ystum. ACTION
SONG.

can, 1. *a.* cannaid, gwyn. WHITE.

2. *eg.* blawd, fflŵr. FLOUR.

3. *a.* cant. HUNDRED.

4. *eg. ll.*-iau. tun. CAN, TIN.

*canawl, *eg.* 1. gweler *canol.* 2. rhigol,
sianel. GROOVE, CHANNEL.

canbost, *eg. ll.*-byst. ateg, cynhalbren,
colofn. PROP, COLUMN.

canclwm, *eg.* y waedlys. KNOT-GRASS.

cancr, *eg.* tyfiant niweidiol, dafaden
wyllt. CANCER.

candryll, *a.* ac *ell.* yfflon, cyrbibion,
teilchion. SHATTERED, FRAGMENTS.

*candy, *eg.* pandy. FULLING-MILL.

*canddaredd, *eb.* cynddaredd. RAGE,
MADNESS.

caneidrwydd, *eg.* disgleirdeb, ys-
blander. BRILLIANCE, SPLENDOUR.

caneitio, *be.* disgleirio. TO SHINE.

*canél, *eg. ll.*-elau, -elydd. camlas.
CANAL.

canel, *eg.* 1. sinamon. CINNAMON.

2. cwter. GUTTER.

3. cwb ci. KENNEL.

4. twll, tap. FAUCET.

canewin, *eg.* y canclwm. KNOT-GRASS.

canfed, *a.* yr olaf o gant. HUNDREDTH.
Ar ei ganfed. A HUNDREDFOLD.

canfod, *be.* gweled, dirnad, amgyffred,
deall. TO PERCEIVE, TO BEHOLD, TO
SEE.

canfyddadwy, *a.* gweledig. PERCEPT-
IBLE.

canfyddiad

canfyddiad, *eg. ll.*-au. y weithred o ganfod. PERCEPTION.

canfyddol, *a.* gweladwy. PERCEPTIVE.

*canhebrwng, *be.* ac *eg.* gweler *cynhebrwng.*

*canhonwr, *eg. ll.*-wyr. canon. CANON.

*canhorthwy, *eg.* cynhorthwy. HELP, ASSISTANCE.

canhwyllarn, *eg. ll.* canwyllerni, -au : canhwyllbren, *eg. ll.*-nau. llestr i ddal cannwyll. CANDLESTICK.

canhwyllwr, *eg. ll.*-wyr : canhwyllydd, *eg. ll.*-ion. gwneuthurwr canhwyllau. CHANDLER.

canhwyllyr, *eg. ll.*-on. canhwyllbren. CANDLESTICK, CHANDELIER.

*canhwynol, *a.* gweler *cynhwynol.*

*caniad, *egb. ll.*-au. caniatâd. PERMISSION, LEAVE, CONSENT.

caniad, *eg. ll.*-au. cân, cathl, cerdd. SONG, SINGING.

caniadaeth, *eb.* caniad, cerdd, miwsig. SINGING, MUSIC.

*caniadu, *be.* 1. caniatáu. TO PERMIT. 2. cyfaddef. TO ADMIT.

*caniadur, *eg. ll.*-iaid : *caniadwr, *eg. ll.*-wyr. cerddor, cantwr. MUSICIAN, SINGER.

caniatâd, *eg.* cennad, hawl, trwydded. PERMISSION, CONSENT.

caniataol, *a.* wedi ei ganiatáu, goddefol. PERMITTED, PERMISSIVE.

caniatáu, *be.* rhoi caniatâd. TO ALLOW, TO PERMIT.

caniedydd, *eg. ll.*-ion. canwr ; llyfr canu. SONGSTER ; SONG-BOOK.

canig, *eb. ll.*-ion. cân fechan, cytgan, cân i sawl llais. LITTLE SONG, GLEE.

canio, *be.* dodi mewn tun. TO CAN.

canion, *eg.* ceunant, hafn. CANYON.

canlyn,*be.* dilyn. TO FOLLOW, TO ENSUE.

*canlynawdr, *eg. ll.*-odron. erlynydd. PROSECUTOR.

canlyniad, *eg. ll.*-au. effaith, ffrwyth. RESULT, CONSEQUENCE.

canlynol, *a.* yn canlyn, dilynol, ar ôl (hynny). FOLLOWING, ENSUING.

canlynwr, *eg. ll.*-wyr : canlynydd, *eg. ll.*-ion. dilynwr ; olynydd. FOLLOWER; SUCCESSOR.

*canllaidd : *canllaith, *a.* tyner, meddal. TENDER, SOFT.

canllaw, *egb. ll.*-iau. rheilen i'r llaw. HANDRAIL.

*canllaw, *eg.* amddiffynnydd ; carfan ; cynorthwywr. PROTECTOR ; FACTION ; HELPER.

canllawiaeth, *eb.* cymorth. SUPPORT.

*canlle(f), *eb.* dolef. LAMENT.

canoliad

canmlwydd, *a.* yn gant oed. HUNDRED YEARS OLD.

canmlwyddiant, *eg.* can mlynedd, dathliad rhywbeth sy'n ganmlwydd oed. CENTENARY.

canmol, 1. *be.* clodfori, moli. TO PRAISE, TO COMMEND. 2. *eg.* canmoliaeth, clod. PRAISE.

canmoladwy : canmoledig, *a.* teilwng o glod neu o fawl. PRAISEWORTHY.

canmoliaeth, *eb. ll.*-au. clod, mawl, moliant. PRAISE, COMPLIMENT.

canmoliaethol : canmoliaethus, *a.* clodforus. COMMENDATORY, COMPLIMENTARY.

cannaid, 1. *a.* disglair, gwyn, llachar. BRIGHT, WHITE, LUMINOUS. 2. *eb.* y lloer ; haul. MOON ; SUN.

*cannawdd, *eg.* nodded, noddfa. REFUGE.

*cannerth, *eg.* cymorth. HELP.

cannu, *be.* gwynnu, gloywi. TO BLEACH, TO WHITEN.

cannwr, *eg. ll.* canwyr. un sy'n cannu. BLEACHER.

cannwyll (ŵy), *eb. ll.* canhwyllau. pabwyr â gwêr o'i gwmpas. CANDLE. Cannwyll y llygad. PUPIL OF THE EYE. Cannwyll gorff. CORPSE CANDLE.

cannyn, *ell.* cant o ddynion. A HUNDRED MEN.

canol, 1. *eg. ll.*-au. calon, craidd, rhuddin, canolbwynt. MIDDLE, CENTRE. 2. *a.* yn perthyn i'r canol. MIDDLE.

canolbarth, *eg. ll.*-au. y rhan ganol o dir neu wlad. MIDLAND. Canolbarth Lloegr. THE MIDLANDS.

canolbris, *eg. ll.*-iau. y pris canol, cyfartaledd pris. AVERAGE PRICE.

canolbwynt, *eg. ll.*-iau. y man canol, craidd. CENTRE POINT.

canolbwyntio, *be.* canoli. TO CENTRE.

canoldir, *eg. ll.*-oedd. tir nad yw'n cyffwrdd â'r môr. INLAND REGION.

canolddydd, *eg.* nawn. NOON.

canolfa, *eb. ll.*-fâu : canolfan, *eb. ll.*-nau. y prif fan-cyfarfod, etc. CENTRE.

canolfur, *eg. ll.*-iau : canolgae, *eg. ll.*-au. mur sy'n gwahanu. DIVIDING BARRIER.

canoli, *be.* crynhoi o amgylch y canol, gosod yn y canol, canolbwyntio. TO CENTRE, TO ARBITRATE.

*canoli, *be.* atalnodi â cholon. TO INSERT A COLON.

canoliad, *eg.* cyfartaledd. AVERAGE.

canolig, *a.* 1. cymedrol, gweddol, rhesymol, symol, cyffredin. MIDDLING, ORDINARY, INDIFFERENT, SO-SO.
   2. *taf.* gwael. ILL.

canoligyn, *eg. ll.*-ion. cynnyrch a geir o ganol proses. INTERMEDIATE PRODUCT.

canolog, *a.* yn y canol. CENTRAL.

canolradd(ol), *a.* o'r radd ganol. INTERMEDIATE.

canolwr, *eg. ll.*-wyr. 1. cyfryngwr, dyn canol. MEDIATOR, REFEREE.
   2. chwaraewr canol. CENTRE-HALF, CENTRE.
   Canolwr blaen. CENTRE-FORWARD.

canon, 1. *egb. ll.*-au. cyfarwyddyd ynglŷn ag ymddygiad. CANON LAW, RULE.
   2. *eg. ll.*-iaid. offeiriad sy'n perthyn i eglwys gadeiriol. CANON.

canonaidd, *a.* yn perthyn i ganonau. CANONICAL.

canoneiddio, *be.* urddo'n ganon. TO CANONIZE.

canoniaeth, *eb. ll.*-au. swydd canon. CANONRY.

canonwr, *eg. ll.*-wyr. canon; dehonglydd canonau. CANONIST.

canplyg, *a.* ar ei ganfed. HUNDREDFOLD.

canradd, *a.* â chant o raddau. CENTIGRADE.

canran, *eg. ll.*-nau. hyn a hyn y cant. PERCENTAGE.

canrif, *eb. ll.*-au, -oedd. can mlynedd, cant mewn nifer. CENTURY.

***canrhaid,** *eg.* gweler *canrhed.*

***canrhawd,** *eb.* llu. TROOP, HOST.

***canrhed,** *eg.* cymdeithas; cymorth; nodded. SOCIETY; HELP; PROTECTION.

canrhyg, *eg.* cymysgedd o wenith a rhyg. RYE AND WHEAT MIXED.

cans, *cys.* canys, oherwydd. BECAUSE.

cansen, *eb. ll.*-nau, -ni. gwialen, ffon. CANE.

cansiwn, *eg.* llencyn main. LANKY LAD.

canslad, *eg.* diddymiad. CANCELLATION.

canslo, *be.* diddymu, croesi allan. TO CANCEL.

cant[1], *eg. ll.*-au. ymyl cylch, min; teiar; cromen. RIM; TYRE; DOME.

cant[2], *eg. ll.*-nnoedd. pum ugain; canpwys. HUNDRED; HUNDREDWEIGHT.

cantawd, *eb. ll.*-au. cantata, cerddoriaeth i gôr. CANTATA.

cantel, *eg. ll.*-au. cylch het, ymyl, min. RIM, BRIM.

cantell, *eb. ll.*-au. cylch, ymyl, cant. CIRCLE, RIM.

cantigl, *eb. ll.*-au. cân, canig, emyn. CANTICLE.

cantor, *eg. ll.*-ion.(*b.* cantores). un sy'n canu, cerddor, canwr. SINGER.

cantref, *eg. ll.*-i, -ydd. hen raniad o wlad yn cynnwys i ddechrau gant o drefi. A HUNDRED (DIVISION OF LAND).

cantro, *a.* canwaith. CENTUPLE.

cantroed, 1. *eg.* anifail â chant o draed. CENTIPEDE.
   2. *a.* â chant o draed. CENTIPEDAL.

cantwr, *eg.* canwr, cantor. SINGER.

canu, *be.* gwneud sŵn cerddorol, cathlu. TO SING, TO PLAY, TO CROW.
   Canu cloch. TO RING A BELL.
   Canu'n iach. TO SAY GOODBYE.
   Codwr canu. PRECENTOR.

canu, *eg. ll.*-au, -oedd. cân; baled. SONG; BALLAD.

canŵ, *eg.* math o gwch. CANOE.

canwaith, *adf.* cant o weithiau. HUNDRED TIMES.

canwelw, *a.* lledwyn. PALE WHITE.

canwr, *eg. ll.*-wyr. cantor, cantwr. SINGER.

canwriad, *eg. ll.*-iaid. swyddog Rhufeinig oedd â gofal can milwr. CENTURION.

canŵyr, *eg. ll.*-au, -ion. 1. plaen. PLANE (CARPENTER'S).
   2.nod clust defaid. SHEEP EARMARK.

canwyro, *be.* plaenio; nodi defaid. TO PLANE; TO EAR-MARK SHEEP.

canŵyrwr, *eg.* plaeniwr. PLANER.

canymdaith,1.*eg.*cydymaith. COMPANION. 2.*be.*cyd-deithio.TO ACCOMPANY.

***canymdeithydd,** *eg.* cyd-deithiwr. FELLOW-TRAVELLER.

***canymdo,** *eg. ll.*-ion. milwyr neu longau amddiffynnol. ESCORT, CONVOY.

***canymdoi,** *be.* amddiffyn wrth deithio. TO PROTECT, TO CONVOY.

canys, *cys.* oherwydd, oblegid, o achos, gan, am. BECAUSE.

caolin, *eg.* clai o Gernyw. KAOLIN.

cap, *eg. ll.*-au, -iau. capan, gwisg i'r pen. CAP, HOOD.

capan, *eg. ll.*-au. 1. cap, cap bach. SMALL CAP.
   2. darn o bren neu garreg uwchben drws. LINTEL.
   3. mantell. MANTLE, CAPE.
   Capan-drwyn (esgid). TOE-CAP.

capel, *eg. ll.*-i, -au. addoldy, tŷ cwrdd. CHAPEL.
   Capel anwes. CHAPEL OF EASE.

capelwr, *eg. ll.*-wyr. mynychwr capel; caplan. CHAPEL-GOER; CHAPLAIN.

***capelydd,** *eg.ll.*-ion. caplan. CHAPLAIN.

capio, *be.* codi neu roi cap, ymgrymu. TO CAP, TO BOW.

*capitl, *eg.* pennod. CHAPTER.

caplan, *eg. ll.*-iaid. clerigwr mewn capel preifat neu gyda'r lluoedd arfog. CHAPLAIN.

caplaniaeth, *eb.* swydd caplan. CHAPLAINCY.

*caprig, *eg.* gwin gwyn ; camrig. CAPRIKE ; CAMBRIC.

caprwn, *eg. ll.*-ryniaid. ceiliog wedi ei ddisbaddu. CAPON.

capten, *eg. ll.*-iaid, -einiaid. swyddog yn y fyddin, un sydd â gofal llong, un sy'n arwain neu reoli tîm chwarae neu ysgol, etc. CAPTAIN.

capte(i)niaeth, *eb.* swydd capten. CAPTAINCY.

capwl(d), *eg. ll.* capyl(d)iaid. caprwn. CAPON.

capw(l)lt, *eg. ll.* capy(l)ltiaid. ceiliog wedi ei ddisbaddu. CAPON.

car, *eg. ll.* ceir. cerbyd, cert, men. CAR, TRAP.
  Car llusg. SLEDGE.

câr, *eg. ll.* ceraint. (*b.* cares). perthynas, cyfaill, cyfeilles. KINSMAN, RELATIVE, FRIEND.

*caradas, *eb.* serch dirgel. CONCUBINAGE.

carafán, *eb. ll.*-au. men, cerbyd neu dŷ ar olwynion. CARAVAN.

caran, *eg.* garan. CRANE.

*carannaid : ***carannog**, *a.* annwyl. DEAR.

*carant, *ell.* ceraint. KINSMEN, FRIENDS.

carbonaidd, *a.* yn cynnwys carbon. CARBONACEOUS.

carboneiddio, *be.* troi'n garbon, golosgi. TO CARBONIZE.

carburedur, *eg.* offeryn anweddu petrol. CARBURETTOR.

carbwl, *a.* trwsgl, anfedrus, lletchwith, trwstan. AWKWARD, CLUMSY.

carbwncl, *eg.* 1. maen gwerthfawr coch. RUBY, CARBUNCLE.
  2. casgliad llidus. CARBUNCLE.

carc, *eb.* gofal, sylw, cadwraeth, gwarchodaeth. CARE.

carco, *be.* gofalu, gwarchod, gwylio. TO MIND, TO TAKE CARE.

carcus, *a.* gofalus, pwyllog, gofidus, gwyliadwrus. ANXIOUS, CAREFUL.

carchar, *eg. ll.*-au. lle i gadw'r rhai sy'n torri'r gyfraith. PRISON.

carchardy, *eg. ll.*-dai. tŷ carchar, carchar. PRISON-HOUSE, PRISON.

carchariad, *eg.* y weithred o garcharu. IMPRISONMENT.

carcharor, *eg. ll.*-ion. caeth, un a gedwir mewn carchar, gelyn a ddaliwyd mewn rhyfel. PRISONER.

carcharu, *be.* dodi mewn carchar, caethiwo. TO IMPRISON.

carcharwisg, *eb. ll.*-oedd. gwisg carchar. PRISON DRESS.

carcharwr, *eg.* gweler *carcharor.*

cardail, *eg.* tail a gludir ar gar ; gwrtaith. CAR-DUNG ; MANURE.

carden, *eb. ll.* card(i)au. darn o bapur trwchus, cerdyn. CARD.

cardio, *be.* trin gwlân. TO CARD.

cardiwr, *eg. ll.*-wyr. 1. chwaraewr cardiau. CARD-PLAYER.
  2. un sy'n trin gwlân. CARDER.

cardod, *eb. ll.*-au. rhodd i'r tlawd, elusen. CHARITY.

cardodol : ***cardodus**, *a.* caredig. CHARITABLE.

cardodwyn, *eg.* gweler *cardydwyn.*

cardota, *be.* gofyn am gardod neu elusen. TO BEG.

*cardotai, *eg. ll.*-eion : **cardotwr**, *eg. ll.*-wyr. cardotyn. BEGGAR.

cardotyn, *eg. ll.* cardotwyr. un sy'n cardota. BEGGAR.

cardydwyn, *eg.* (*b.* cardydwen). y mochyn gwannaf mewn tor. THE WEAKEST OF A LITTER.

*cardd, *eg.* 1. gwarth. SHAME.
  2. carcharor. PRISONER.

*cardden, *eb. ll.*-nau. tewlwyn ; caer. THICKET ; FORT.

*carddu, *be.* 1. carcharu, caethiwo. TO IMPRISON, TO ENSLAVE.
  2. gwaradwyddo. TO SHAME.

*carddwy, *eg.* hadau persawrus, carwas. CARAWAY.

carddychwel, *a.* yn dod yn ôl, â hawl i ddod yn ôl. RETURNING OR WITH A RIGHT TO RETURN.

caredig, *a.* 1. yn cael ei garu, annwyl. LOVED, DEAR.
  2. mwyn, cymwynasgar. KIND.

*caredigol, *a.* caredig, hael. KIND, LOVING, CHARITABLE.

caredigrwydd, *eg.* cymwynasgarwch, gwasanaeth. KINDNESS.

*caredd, *eb. ll.*-au. 1. serch. LOVE.
  2. trosedd. TRANSGRESSION.

caregan : **caregen**, *eb. ll.* caregos. carreg fechan. SMALL STONE.

*caregl, *eg. ll.*-au, cerygl. cwpan, cwpan y Cymun. CUP, CHALICE.

caregog, *a.* â llawer o gerrig, garw. STONY.

caregos, *ell.* cerrig mân. PEBBLES, SMALL STONES.

caregu, *be.* troi yn galed fel carreg. TO PETRIFY.

***careisio**, *be.* cludo. TO CARRY.

***careisiwr**, *eg.* cludwr. CARRIER.

***carel**, *eg. ll.*-au. cordial. CORDIAL.

caren, *egb. ll.*-nod. gwrach. WITCH, HAG.

carennydd, 1. *ell.* perthnasau. RELATIVES.

    2. *egb.* perthynas. RELATIVE.

cares, *eb.* cyfeilles ; perthynas benywaidd. FEMALE FRIEND ; KINSWOMAN.

carfagl, *eb. ll.*-au. godre gwisg ; magl. HEM ; TRAP.

carfaglach, *eg.* creadur trwsgl. CLUMSY PERSON.

carfaglog, *a.* lletchwith, trwsgl. CLUMSY, AWKWARD.

carfaglu, *be.* maglu. TO TRAP.

carfan, *ebg. ll.*-au. 1. rhes, gwanaf ; plaid. ROW, SWATH ; PARTY, FACTION.

    2. rheilen. RAIL.

    3. rhan o ŵydd. BEAM.

    4. pentwr. PILE.

    5. *cig dannedd. GUM.

carfanu, *be.* crynhoi'n garfanau. TO COLLECT INTO SWATHS.

***carfen**, *eb. ll.*-ni. cerbyd, car, cerbyd rhyfel. CAR, CHARIOT.

***carfil**, 1. *eg. ll.*-od. 1. anifail gwaith. WORKING ANIMAL.

    2. aderyn y môr. THE AUK.

    3. *eb.* llong fach. CARVEL.

***cargychwyn**, *eg.* crwydryn; symudiad o gartref. WANDERER; MOVING (FROM HOME).

cariad, *egb. ll.*-on. 1. carwr, cariadfab, cariadferch. LOVER.

    2. serch, hoffter, anwyldeb. LOVE, CHARITY.

cariadlon : **cariadlawn**, *a.* serchog, serchus, caruaidd. FULL OF LOVE.

cariadol : **cariadus**, *a.* annwyl, anwesol. DEAR, BELOVED, CARESSING.

cariadwraig, *eb. ll.*-wragedd. meistres, gordderch. MISTRESS, CONCUBINE.

cario, *be.* cludo, dwyn. TO CARRY, TO BEAR.

    Cario'r dydd. TO WIN.

cariwr, *eg. ll.*-wyr. cludwr, cludydd. CARRIER.

***cariwrch**, *eg.* gweler *caeriwrch*.

***carl**, *eg. ll.*-iaid, -od. taeog. CHURL.

carlam, *eg. ll.*-au : **carlamiad**, *eg. ll.*-au. symudiad cyflym, yr act o garlamu. GALLOP.

carlamu, *be.* symud yn gyflym fel y gwna ceffyl pan gwyd ei draed gyda'i gilydd wrth redeg. TO GALLOP.

carlibwn(s), *eg.* twr anhrefnus. UNTIDY MASS.

***carlwng** : **carlwm**, *eg. ll.* carlymod. anifail bychan tebyg i wenci. STOAT, ERMINE.

***carlwr**, *eg. ll.*-wyr. taeog. CHURL.

carllwyth, *eg. ll.*-i. llond cert. CARTLOAD.

carllyd, *a.* cariadus. AMOROUS.

carn, *eg. ll.*-au. 1. rhan galed troed anifail ; ewingarn. HOOF.

    2. dwrn cyllell neu gleddyf. HILT, HANDLE.

    3. llawer, llu. CROWD.

carn, *eb. ll.*-au. carnedd, pentwr, crug. CAIRN, HEAP.

carn-, *rhagdd.* arch-, prif-. ARCH-, NOTORIOUS.

carnben, *eg.* pen mawr neu galed. BIG OR HARD HEAD.

carnboer, *eg.* crachboer. PHLEGM.

***carnbwl**, *a.* carbwl, trwsgl. CLUMSY, AWKWARD.

carnedd, *eb. ll.*-au, -i. carn, pentwr, crug. CAIRN, HEAP, MOUND, TUMULUS.

carneddog, *a.* â charneddau. HAVING CAIRNS.

***carnen**, 1. *eb. ll.*-ni. carn fechan. SMALL CAIRN.

    2. *eb.* hwch wyllt. WILD SOW.

***carnewin**, *eg. ll.*-edd. blaen carn neu grafanc. FORE-PART OF HOOF OR CLAW.

***carngragen**, *eb.* â charn fel cragen, SHELL-HOOFED.

***carnial**, *eg.* sathriad. TRAMPLING.

carnog, *a. ll.*-ion : **carnol**, *a. ll.*-ion. â charnau. HOOFED.

carnu, *be.* pentyrru. TO PILE UP.

carnymorddiwes, *eg.* 1. trawiad carn ôl wrth un blaen. OVER-REACH (OF HORSE).

    2. bai cerdd dafod. PROSODY FAULT.

carodog, *eg.* cyfaill. FRIEND.

carol, *eb. ll.*-au. cân o lawenydd neu o fawl, cân, cerdd. CAROL.

caroli, *be.* canu carolau. TO CAROL.

carolwr, *eg. ll.*-wyr. canwr carolau. CAROLLER.

carp, *eg. ll.*-iau. cerpyn, clwt, brat, rhecsyn, llarp. RAG, CLOUT.

carped, *eg. ll.*-i, -au. defnydd gwlanog i orchuddio llawr, etc. CARPET.

carpedu, *be.* gorchuddio â charped TO CARPET.

carpio : **carpu**, *be.* dryllio, rhwygo. TO TEAR TO SHREDS.

carpiog, *a.* bratiog, clytiog. RAGGED.

carrai, *eb. ll.* careiau. llinyn lledr i glymu esgid, etc. LACE, THONG.

carreg, *eb. ll.* cerrig. maen ; craig; dincodyn. STONE ; ROCK ; PIP OF FRUIT.
 Carreg ateb : carreg lafar : carreg lefain. ECHO-STONE.
 Carreg dân. FLINT.

***carrog**, *eb.* ffrwd. TORRENT.

carsiwn, *eg.* ciwed, garsiwn. GARRISON.

carst, *eg.* tir calchog. KARST.

cart, *ebg. ll.* ceirt. cerbyd dwy olwyn, trol. CART, WAIN.

***cart**, *egb. ll.*-iau. 1. siart. CHART.
 2. taflen achau. GENEALOGICAL TABLE.

cartel, *eg. ll.*-au. cytundeb cwmnïau busnes, cytundeb i newid carchar-orion. CARTEL.

cartref, *eg. ll.*-i, -ydd. lle i fyw ynddo, tŷ, annedd, preswylfa, trigfa. HOME.
 Gartref : yn nhref. AT HOME.

cartrefig, *a.* cartrefol ; brodorol. HOME-LY ; NATIVE.

cartrefle, *eg. ll.*-oedd. cartref. HOME.

cartrefol, *a.* nodweddiadol o gartref. HOMELY ; HOME.

cartrefolrwydd, *eg.* yr ansawdd o fod yn gartrefol. HOMELINESS.

cartrefu, *be.* trigo, preswylio, trig-iannu. TO DWELL.

carth, *eg. ll.*-ion. pethau diwerth, ysbwrial, gwehilion, gwehilion cyw-arch. OFFSCOURING, TOW.

carthbren, *eg. ll.*-ni. rhaw i lanhau aradr. PLOUGH-STAFF.

carthen, *eb. ll.*-ni. gorchudd o wlân ar wely. SHEET OF COARSE CLOTH, BLANKET.

carthffos, *eb. ll.*-ydd. ffos neu bibell i gario aflendid neu garthion, ceuffos. DRAIN, SEWER.

carthffosaeth, *eb.* cludiad carthion. SEWERAGE.

carthlyn, *eg. ll.*-nau. peth i weithio'r corff. PURGATIVE.

carthu, *be.* glanhau, sgwrio, puro. TO CLEANSE, TO SCOUR, TO CLEAN OUT.
 Carthu'r gwddf. TO CLEAR THE THROAT.

carthwr, *eg. ll.*-wyr. un sy'n carthu. CLEANSER, SCAVENGER.

caru, *be.* serchu, hoffi, ymserchu. TO LOVE, TO COURT.

caruaidd, *a.* cariadus, hoffus, serchog, hawddgar. LOVING, KIND, AFFECTION-ATE.

carueiddrwydd : **carueiddwch**, *eg.* cariad, caredigrwydd, hawdd-garwch. LOVE, KINDNESS, AFFECTION.

carw, *eg. ll.* ceirw. (*b.* ewig). hydd. DEER, STAG.

carwas, *eg.* hadau persawrus, carddwy. CARAWAY.

carwden, *eb. ll.*-ni. tres haearn cert ; llabwst. BACK-CHAIN ; TALL CLUMSY FELLOW.

carwr, *eg. ll.*-wyr. un sy'n caru, cariad ; perthynas. LOVER, WOOER ; KINSMAN.

carwriaeth, *eb. ll.*-au. yr act o garu. COURTSHIP.

carwriaethol, *a.* perthynol i garu. RELATING TO COURTSHIP.

cas[1], *bf.* cafodd. (HE) GOT, HAD.

cas[2], *eg.* 1. gorchudd am rywbeth. CASE.
 Cas llythyr : amlen. ENVELOPE.
 2. casineb, atgasedd, gelyniaeth. HATRED, ENMITY.

cas[3], *a.* atgas, annymunol, angharedig. HATEFUL, HATED, NASTY, UNKIND.

cas[4], *eg. ll.*-eion. casáwr, gelyn. HATER, ENEMY.

casáu, *be.* dwyn casineb, ffieiddio. TO DETEST, TO HATE.

casáwr, *eg. ll.*-wyr. un sy'n casáu. HATER.

casbeth, *eg. ll.*-au. peth a gaséir. AVERSION.

casddyn, *eg. ll.*-ion. un a gaséir. ONE WHO IS HATED.

caseg, *eb. ll.* cesig. anifail dof benyw-aidd (*g.* ceffyl, etc.). MARE.
 Caseg eira. A LARGE SNOWBALL.
 Caseg fagu. BROOD-MARE.
 Caseg fedi. HARVEST QUEEN.
 Caseg wanwyn. WOODPECKER.

casg, *eb. ll.*-iau. casgen. CASK.

casged, *eb. ll.*-au. blwch tlysau. CASKET.

casgen, *eb. ll.*-ni, casgiau. twb, twba, baril. CASK.

casgl, *egb. ll.*-ion. 1. casgliad, twr. COLLECTION, HEAP.
 2. crynhofa. ABSCESS.

casgliad, *eg. ll.*-au. 1. crynhoad (arian, etc.). COLLECTION.
 2. barn derfynol. CONCLUSION.
 3. gôr neu fater. GATHERING.

casglu, *be.* 1. crynhoi, hel, cynnull, ymgynnull, tyrru, cronni. TO COLLECT.
 2. awgrymu, cyfleu. TO INFER.

casglwr, *eg. ll.*-wyr : **casglydd**, *eg. ll.*-ion. un sy'n casglu. COLLECTOR.

casin, *eg.* prodin a geir o laeth, elfen sylfaenol caws. CASEIN.

casineb, *eg.* cas, atgasedd, gelyniaeth. HATRED, ENMITY.

casio, *be.* rhwymo (llyfr). TO BIND (A BOOK).

***casmai**, *eg.* mantell ; addurniadau. MANTLE ; ORNAMENTS.

*casnar, *a.* creulon, llidiog. CRUEL, ANGRY. *eg.* 1. llid, poen, ANGER, PAIN.
  2. arwr, arglwydd. HERO, LORD.

casnod, *e. torf.* (*un.* casnodyn, casnoden). 1. cnufiau gwlân. FLEECES OF WOOL.
  2. llysnafedd ar ddŵr. SLIME.

casog, *eb. ll.*-au. gŵn hir. CASSOCK.

*casog, 1. *eg. ll.*-ion. gelyn. ENEMY.
  2. *a.* graenus, cadwrus. WELL-FED.

*casogen, *eb.* menyw atgas. A HATED WOMAN.

cast, *eg. ll.*-au, -iau. ystryw, pranc, tric, dichell, stranc, cnac. TRICK, KNACK.
  Castiau hud. JUGGLERY.

castan, *eb. ll.*-au. ffrwyth y gastanwydden. CHESTNUT.

castaned, *eg. ll.*-au. offeryn cerdd ar ffurf dwy gragen o ifori neu bren. CASTANET.

castanwydden, *eb. ll.* castanwydd. pren mawr â chnau cochlyd. CHESTNUT TREE.

castell, *eg. ll.* cestyll, castelli, -au, -oedd. amddiffynfa, caer. CASTLE.

castellaidd : **castellog**, *a.* caerog, wedi ei nerthu. CASTELLATED.

*castelltref, *eb. ll.*-i, -ydd. tref gaerog. FORTIFIED TOWN.

castellu, *be.* cadarnhau, cryfhau, caeru. TO FORTIFY.

castellwr, *eg. ll.*-wyr. ceidwad castell ; un o filwyr castell. CASTELLAN ; MEMBER OF A GARRISON.

castellydd, *eg. ll.*-wyr. llywodraethwr neu gapten castell. CASTELLAN.

castio, *be.* 1. chwarae castiau, twyllo. TO PLAY TRICKS, TO CHEAT.
  2. moldio. TO MOULD.
  3. cyfrif. TO CAST FIGURES.
  4. dewis cast drama. TO CAST FOR A PLAY.

castiog, *a.* ystrywgar, dichellgar, twyllodrus, pranciog, cnaciog. FULL OF TRICKERY.

castiwr, *eg. ll.*-wyr. un sy'n chwarae castiau. TRICKSTER.

casul, *egb. ll.*-iau. mantell ; casog. CLOAK ; CHASUBLE.

caswir, *eg.* gwirionedd annymunol neu gas. UNPALATABLE TRUTH.

cat, *eg. ll.*-au, -iau. darn, tamaid. BIT, PIECE.
  Yn gat(i)au. IN PIECES.

cataid, *eg. ll.*-eidiau. llond pib, pib. PIPEFUL, PIPE.

cataledd, *eg.* dadelfeniad trwy gyfrwng defnydd arall. CATALYSIS.

*catáu, *be.* rhyfela. TO FIGHT.

cateceisio, *be.* holwyddori, holi. TO CATECHIZE.

cateceisiwr, *eg. ll.*-wyr. holwyddorwr. CATECHIZER.

catecism, *egb. ll.*-au. holwyddoreg. CATECHISM.

catel, *e. torf.* 1. gwartheg. CATTLE.
  2. eiddo, meddiannau. CHATTELS.

*caterwen, *eb. ll.* caterw, cateri. derwen fawr ganghennog. LARGE OAK.

*catffer, *a.* cryf mewn brwydr. STRONG IN BATTLE.

catffwl, *eg. ll.*-ffyliaid. twpsyn. NUMSKULL.

catgi, *eg. ll.*-gwn. ci rhyfel ; milwr ; gafaelgi. DOG OF WAR ; WARRIOR ; MASTIFF.

catgor, *eg. ll.*-iau. ympryd ; tymor ympryd. FAST ; EMBER.
  Dyddiau catgor. EMBER DAYS.

*catgordd, *eg. ll.*-au. bagad o filwyr. TROOP OF SOLDIERS.

catgorn, *eg. ll.*-gyrn. corn y gad. BATTLE-HORN.

*catgun, *eg.* arweinydd brwydr. LEADER IN BATTLE.

catgyrch, *eg. ll.*-au. cyrch milwrol. CAMPAIGN.

*catorfa, *eb.* gweler *catyrfa*.

*catorfod, *eg.* brwydr. BATTLE.

catrawd, *eb. ll.* catrodau. adran o fyddin dan awdurdod cyrnol. REGIMENT.
  Y Gatrawd Gymreig. THE WELCH REGIMENT.

catrodi, *be.* llunio'n gatrodau. TO FORM INTO REGIMENTS.

catrodol, *a.* yn perthyn i gatrawd. REGIMENTAL.

*catwrdd, *eg.* penbwl. NUMSKULL.

*catyrfa, *eb. ll.*-fâu, -oedd, -feydd. llu, tyrfa ; can mil. HOST, MULTITUDE ; HUNDRED THOUSAND.

cath, *eb. ll.*-od. anifail dof. CAT.
  Cath fach. KITTEN.
  Cath goed : cath wyllt. WILD CAT.
  Gwrcath. TOMCAT.

cathaidd, *a.* fel cath. CAT-LIKE, FELINE.

cath(d)erig, *a.* yn gofyn gwrcath. CATERWAULING.

*cathefrach, *be.* blino. TO MOLEST.

cathl, *eb. ll.*-au, cethlydd. cân, cerdd, melodi. MELODY, SONG.

cathlaidd, *a.* melodaidd. MELODIOUS.

*cathlef, *eb.* cân. SONG.

cathlu, *be.* canu, pyncio, trydar. TO SING, TO CHIRP.

cathôd, *eg.* electrod negyddol. CATHODE.

catholig, *a.* cyffredinol, byd-eang, pabaidd, pabyddol. CATHOLIC.

Catholigiaeth, *eb.* Pabyddiaeth ; cyff-redinolrwydd. CATHOLICISM.

catholigrwydd, *eg.* rhyddid oddi wrth ragfarn ; Catholigiaeth. CATHOLICISM.

Catholigydd, *eg. ll.*-ion. Pabydd. CATHOLIC.

cau[1], *be.* gwneud yn gaeëdig, caead, cloi, diweddu, terfynu. TO CLOSE, TO CLASP, TO CONCLUDE.

cau[2], *a.* gwag, coeg ; ceugrwm ; wedi ei gau, amgaeëdig. HOLLOW ; CONCAVE, SHUT, ENCLOSED.

*****cau**, *eg. ll.* ceuoedd. gwacter, gwactod. HOLLOW, VACUUM.

caul, *eg. ll.* ceuliau, ceulion. llaeth sur, cyweirdeb ; cropa, cylla. CURD, RENNET ; MAW.

caw, 1. *a.* celfydd, medrus. SKILFUL.
   2. *eg. ll.*-(i)au. rhwymyn, cadachau. BAND, SWADDLING CLOTHES.
   Bardd caw. GRADUATED BARD.

cawad, *eb. ll.*-au, cawedydd. cawod, tywalltiad byr o law, etc. SHOWER.
   Cawad o niwl. A FALL OF MIST.
   Cawad o wynt. A GUST OF WIND.

cawci, *eg. ll.*-ïod. cogfran. JACKDAW.

cawdel, *eg.* cymysgfa, cymysgedd, cybolfa, cawl. MESS.

cawdelu, *be.* gwneud cawdel. TO MAKE A MESS.

*****cawdd**, *eg. ll.* coddion. llid ; gofid, tristwch. ANGER ; VEXATION, SAD-NESS.

cawell, *eg. ll.* cewyll. 1. basged. BASKET, CREEL.
   2. crud. CRADLE.
   3. caets. CAGE.
   Cawell saethau. QUIVER.

cawellwr, *eg. ll.*-wyr. gwneuthurwr basgedi. BASKET-MAKER.

cawg, *eg. ll.*-iau. powlen, bowlen, noe, basn, piser. BOWL, BASIN, PITCHER, VASE.

cawio, *be.* rhwymo, clymu. TO TIE.

cawl, *eg.* 1. bwyd a wneir wrth ferwi cig, llysiau, etc. ; potes, sew, grual. SOUP, BROTH, GRUEL.
   2. cybolfa, cymysgfa, cawdel. MESS.

cawnen, *eb. ll.* cawn. 1. corsen. REED.
   2. gwelltyn, calefyn, bonyn, cecys-en. STALK.

cawna, *be.* casglu cawn. TO GATHER REEDS.

cawod, *eb. ll.*-ydd, -au. cawad. SHOWER.

cawodog, *a.* yn bwrw cawodau. SHOWERY.

cawr, *eg. ll.* cewri. dyn anferth. GIANT.

cawraidd, *a.* fel cawr, anferth. GIGANTIC.

cawres, *eb. ll.*-au. gwraig anferth. GIANTESS.

cawrfarch, *eg. ll.*-feirch. camel. CAMEL.

cawrfil, *eg. ll.*-od. eliffant. ELEPHANT.

caws, *eg.* ac e. *torf.* bwyd a wneir o laeth. CHEESE.

cawsa, *be.* casglu caws. TO COLLECT CHEESE.

*****cawsai**, *eg. ll.*-eion. cardotwr caws. CHEESE BEGGAR.

*****cawsai**, *egb. ll.*-eiau. sarn. CAUSEWAY.

cawsaidd, *a.* fel caws. CHEESY.

cawsellt, *eg. ll.*-au, -i, -ydd. cawslestr. CHEESE-VAT.

cawsio : **cawsu**, *be.* troi'n gaws. tewhau, tewychu, ceulo. TO TURN TO CHEESE, TO CURDLE.

cawsion, *ell.* caul. CURDS.

cawslestr, *eg. ll.*-i. cawsellt. CHEESE-VAT.

cawswasg, *eb. ll.*-au. gwasg gaws. CHEESE-PRESS.

cawswr, *eg. ll.*-wyr. gwerthwr caws. CHEESEMONGER.

cebystr, *eg. ll.*-au. peth i glymu ceffyl, penffestr, tennyn, rhaff ; melltith. HALTER, TETHER, ROPE ; CURSE.

cebystru, *be.* clymu â thennyn. TO HALTER.

cec, *eg.* 1. ergyd. BLOW.
   2. atal dweud. STAMMER.

cecian, *be.* siarad ag atal. TO STAMMER.

cecr, *eg.* : **cecraeth**, *eb.* ymryson, cweryl, ffrae. BRAWL, WRANGLING.

cecren, *eb. ll.*-nod. benyw gecrus. SHREW.

cecri, *eg.* ymryson. WRANGLING.

cecru, *be.* ffraeo, cweryla, ymryson, ymrafael. TO BICKER.

cecrus, *a.* ymrafaelus, cwerylgar, ymrysongar. CONTENTIOUS, QUARREL-SOME.

cecryn, *eg. ll.*-nod. gŵr cecrus. WRANGLER.

cecsyth, *a.* trahaus. ARROGANT.

cecys, *ell.* (*un.* cecysyn, cecysen). cawn, cyrs. KEX, REEDS.

*****ced**, *cys.* gweler *cyd*.

ced, *ebg. ll.*-ion, -au, -oedd. rhodd, anrheg, ffafr ; treth. GIFT, BOUNTY, FAVOUR ; TAX.

*****cedawl**, *a.* gweler *cedol*.

cedenog, *a.* â blew hir. SHAGGY.

cedenu, *be.* gwneud yn gedenog. TO MAKE SHAGGY.

*****cedernid**, *eg.* cadernid. STRENGTH, MIGHT.

*****cedfawr**, *a.* haelionus. BOUNTIFUL.

*****cedig**, *a.* llidiog. ANGRY.

*****cedny**, *ell.* cadnoaid. FOXES.

*cedol, *a.* haelionus. GENEROUS.

cedor, *eb. ll.*-au. blew'r arffed. PUBIC HAIR.

cedorfa, *eb.* yr arffed. THE PUBES.

cedowrach, *eb.* cacimwci. BURDOCK.

cedr : **cedrwydd**, *ell.* prennau mawr bythwyrdd. CEDAR TREES.

cedrŵydd, *a.* haelionus. GENEROUS.

cedw, *eg.* mwstart. MUSTARD.

*cedwyr, *ell.* milwyr. WARRIORS.

cedys, *ell.* (*un. b.*-en). bwndeli, sypynnau. FAGGOTS, BUNDLES.

cefn, *eg. ll.*-au. rhan ôl y corff, y tu ôl ; cefnen ; cynhalbren ; cefnogaeth. BACK ; RIDGE ; STAY ; SUPPORT.

cefnbant, *a.* â chefn isel. SADDLE-BACKED.

cefnbeithyn, *ell.* (*un. b.*-en). teils ar grib adeilad. RIDGE-TILES.

cefndedyn, *eg.* perfeddlen, pancreas llo neu oen. THE MESENTERY, SWEETBREAD.

cefnder : **cefnderw**, *eg. ll.*-oedd, cefndyr. mab i fodryb neu ewythr. FIRST COUSIN (MALE).

cefndir, *eg. ll.*-oedd. y tir neu'r ffeithiau y tu ôl. BACKGROUND.

cefndres, *eb. ll.*-i. cadwyn ôl. BACK-CHAIN.

cefnddwr, *eg.* llif. FLOOD.

cefnen, *eb. ll.*-nau. trum, llethr, bron, crib, esgair. RIDGE, SLOPE.

cefnfor, *eg. ll.*-oedd. eigion, y môr mawr, gweilgi, cyfanfor. OCEAN.

cefnforeg, *eb.* astudiaeth o'r cefnforoedd. OCEANOGRAPHY.

cefnfrwd, *a.* â chefn tost. SORE-BACKED.

*cefnffordd, *eb. ll.*-ffyrdd. priffordd. HIGHWAY.

cefngefn, *adf.* cefn wrth gefn. BACK TO BACK.

cefngrwba, *a.*
cefngrwca, *a.*
cefngrwm, *a.*
cefnhwrwg, *a.*   } â chefn crwm. HUMP-BACKED.

cefnir, *a.* â chefn hir. LONG-BACKED.

*cefnllif, *eg.* gweler *cenllif*.

cefnlloer, *ebg. ll.*-au. lleuad lawn ; hanner lleuad. FULL MOON ; WAXING MOON.

cefnllwm, *a.* â chefn moel. BARE-BACKED.

cefnlen, *eg. ll.*-ni. llen cefn llwyfan. BACKCLOTH.

cefnlu, *eg.* y bobl neu'r milwyr wrth law. RESERVES.

cefnog, *a.* 1. dewr, gwrol. COURAGEOUS. 2. cyfoethog, goludog. RICH.

cefnogaeth, *eb.* calondid, anogaeth, cymorth, ysbrydiaeth. SUPPORT, ENCOURAGEMENT.

cefnogi, *be.* ategu, annog, calonogi, cynorthwyo. TO SUPPORT, TO ENCOURAGE.

cefnogol, *a.* yn cefnogi. ENCOURAGING.

cefnogwr, *eg. ll.*-wyr. un sy'n cefnogi. ENCOURAGER, SUPPORTER.

cefnraff, *eb. ll.*-au. rhaff gefn. BACK-BAND.

cefnrhwd, *a.* â chefn dolurus, cefnfrwd. GALLBACKED.

cefnu (ar), *be.* ymadael â, gwrthod, gadael, ffoi, encilio. TO FORSAKE, TO DESERT.

cefnwden, *eb. ll.*-ni. cefndres. BACK-CHAIN.

cefnwlad, *eb. ll.*-wledydd. y wlad tu hwnt (i fôr neu afon). HINTERLAND.

ceffyl, *eg. ll.*-au. (*b.* caseg). anifail mawr cryf a dof, march, cel. HORSE.
    Ceffyl gwedd. TEAM-HORSE.
    Ceffyl rhedeg. RACEHORSE.
    Ceffylau bach. ROUNDABOUTS.

ceg, *eb. ll.*-au. genau, safn, pen, agoriad. MOUTH, ORIFICE.

cega, *be.* dodi yn y geg, traflyncu ; clebran ; cecru. TO MOUTH, TO GULP ; TO PRATE ; TO BICKER.

cegaid, *eb. ll.*-eidiau. llond ceg. MOUTHFUL.

ceges, *eb. ll.*-au. clebren. TELLTALE, BLAB.

cegiden, *eb. ll.* cegid. cnocell y coed ; planhigyn gwenwynig, cegyr. GREEN WOODPECKER ; HEMLOCK.

cegin, *eb. ll.*-au. ystafell goginio, ystafell waith yn y tŷ. KITCHEN.
    Cegin gefn : cegin fach. BACK-KITCHEN.

*cegin, *eb.* sgrech y coed. JAY.

*cegin, *eg.* trum. RIDGE.

*ceginwrych, *eg.* cyffro, berw. AGITATION, FOAM.

cegog, *a.* siaradus, tafodrydd. GARRULOUS, ABUSIVE.

cegrwth, *a.* yn dylyfu gên, safnrhwth. GAPING, WIDEMOUTHED.

cegrythu, *be.* safnrhythu, dylyfu gên. TO YAWN.

cegu, *be.* 1. traflyncu. TO GORGE.
    2. safnu. TO MOUTH.
    3. cecru, ceryddu. TO WRANGLE, TO SCOLD.
    4. tagu. TO STRANGLE.

cegwm, *eg.* clepgi. BLAB, TELLTALE.

cegyr, *e. torf.* cegid. HEMLOCK.

cengl, *eb. ll.*-au. rhwymyn i ddal cyfrwy ar geffyl ; sgaen. GIRTH, BAND ; HANK.

cenglu, *be.* dodi mewn cenglau ; dirwyn. TO HANK, TO GIRTH ; TO WIND.

cenglyn, *eg. ll.*-ion. rhwymyn. BAND, BANDAGE.

cei, *eg.* lle i lwytho llongau, porthladd bychan, glanfa, angorfa. QUAY.

ceian, *eb.* ceilys. PINK.

ceibio, *be.* defnyddio caib. TO PICK WITH A PICKAXE, TO DIG.

ceibr, *eg. ll.*-au. : **ceibren,** *eg. ll.*-ni. tulath, trawst, cwpl. RAFTER, JOIST.

ceidwad, *eg. ll.*-aid. 1. gofalwr, gwarchodydd, diogelwr. KEEPER.
  2. achubwr, gwaredwr. SAVIOUR.

ceidwadaeth, *eb.* gwarchodaeth, gofal, achubiaeth. CONSERVATISM, CONSERVATION, CUSTODY, CHARGE.

ceidwadol, *a.* yn cadw, yn diogelu, yn amddiffyn. CONSERVATIVE.

Ceidwadwr, *eg. ll.*-wyr. un sy'n perthyn i'r blaid Geidwadol. A CONSERVATIVE.

ceidwadwy, *a.* y gellir ei gadw. PRESERVABLE.

*ceifn, *eg. ll.*-aint. perthynas nesaf ar ôl cyfyrder. THIRD COUSIN.

ceiliagwydd, *eg. ll.*-au. ceiliog gŵydd, clacwydd. GANDER.

*ceilio, *be.* corlannu, llocio. TO FOLD, TO PEN.

ceiliog, *eg. ll.*-od. aderyn gwryw. COCK.
  Ceiliog gwynt. WEATHERCOCK.
  Ceiliog rhedyn. GRASSHOPPER.

ceilys¹, *eg.* ceian. PINK.

ceilys², *ell. (un. g.*-yn). sgitl. SKITTLES.

ceillgwd, *eg.* cod y ceilliau. SCROTUM.

ceimiad, *eg. ll.*-iaid. 1. campwr, arwr. CHAMPION, HERO.
  2. cydymaith. COMPANION.
  3. rhedwr. RUNNER.

ceinach, *eb. ll.*-od. ysgyfarnog. HARE.

ceincio, *be.* 1. canghennu. TO BRANCH.
  2. canu, pyncio. TO SING.

ceinciog : **ceinciol,** *a.* canghennog. BRANCHY.

ceindeg, *a.* hardd, teg, ysblennydd. FAIR, ELEGANT.

ceinder, *eg.* prydferthwch, coethder, gwychder, tegwch. BEAUTY, ELEGANCE.

ceinfaglog, *a.* cefngrwm. HUMP-BACKED.

ceinfalch, *a.* coegwych. OSTENTATIOUS.

*ceingadr, *a.* cadarn. MIGHTY.

ceiniad, *eg. ll.* ceiniaid, -on. cantwr, cantor. SINGER.

ceiniog, *eb. ll.*-au. darn arian gwerth dwy ddimai. PENNY.

ceiniogwerth, *eb. ll.*-au, -i. gwerth ceiniog. PENNYWORTH.

ceinion, *ell.* pethau neu weithiau prydferth, addurniadau, gemau, tlysau. WORKS OF ART, GEMS, JEWELS.

*ceinmyg : ***ceinmyged,** *a.* urddasol, ysblennydd, anrhydeddus. SPLENDID, HONOURABLE.

*ceinmygu : ***ceinmynnu,** *be.* anrhydeddu. TO HONOUR.

*ceinrwyf, *a.* llwyddiannus, ffyniannus. PROSPEROUS.

ceintach, *be.* 1. achwyn, grwgnach, cwyno, conach. TO GRUMBLE.
  2. cweryla, ffraeo, ymrafael. TO QUARREL, TO BRAWL.

ceintachlyd : **ceintachus,** *a.* 1. achwyngar, grwgnachlyd. PLAINTIVE.
  2. cwerylgar, ymrafaelgar, cecrus. QUERULOUS.

ceinwych, *a.* gwych iawn, ysblennydd. GORGEOUS, ELEGANT.

ceirch, *e. torf. (un. b.*-en. *g.*-yn). grawn a ddefnyddir yn fwyd. OATS.
  Bara ceirch. OATCAKES.

ceirios, *ell. (un. b.*-en). ffrwythau bach coch, sirian. CHERRIES.

ceisbwl, *eg. ll.*-byliaid. swyddog siryf. CATCHPOLE, BAILIFF.

ceisiad, *eg. ll.*-iaid. 1. chwiliwr. SEEKER.
  2. holwr. INQUISITOR.
  3. ceisbwl. BAILIFF.

ceisiedydd, *eg. ll.*-ion. ymgeisydd; ceisiwr. APPLICANT ; SEEKER.

ceisio, *be.* deisyfu, dymuno, erchi, erfyn, chwilio am, ymofyn, ymgeisio, cynnig am. TO SEEK, TO ASK, TO TRY, TO APPLY.

ceisiwr, *eg. ll.*-wyr. ymgeisydd. APPLICANT.

ceislen, *eb. ll.*-ni. ffurflen gais. APPLICATION FORM.

*ceithiw, 1. *a.* yn gwarchae. BESIEGING.
  2. *ag.* caethiwed ; gwarchae. CAPTIVITY ; SIEGE.

cel, *eg.* ceffyl. HORSE.

cêl¹, 1. *eg.* cuddiad. HIDING.
  2. *a.* o'r golwg, cuddiedig, dirgel. HIDDEN, SECRET.

cêl², *eg.* gwaelod llong. KEEL.

celain, *eb. ll.* celanedd. corff marw, burgyn, ysgerbwd. DEAD BODY, CARCASS.
  Yn farw gelain. STONE-DEAD.

celanedd, *e. torf.* lladdfa. SLAUGHTER.

celc, *eg.* twyll. DECEIT.

celcio : **celcu,** *be.* cuddio ; lladrata. TO HIDE ; TO STEAL, TO PILFER.

celchyn, *eg.* darn o galch. PIECE OF LIME.

*celdy, *eg. ll.*-dai. deildy. BOWER.

*celefrad, *eg.* offeren. MASS.

*celefrydd, *e. torf.* sofl. STUBBLE.

celefyn, *eg.* bonyn, coes, conyn. STALK, STEM.

celf, *eb. ll.*-au. gwaith, celfyddyd, crefft. ART, CRAFT.
   Celfau cain. FINE ARTS.

celfair, *eg.* gair technegol. TECHNICAL TERM.

celfi, *ell.* (*un. g.* celficyn). 1. offer, arfau, gêr. TOOLS, GEAR.
   Celfi min. EDGED TOOLS.
   2. dodrefn. FURNITURE.

celfydd : **celfyddgar**, *a.* medrus, galluog, cywrain, hyfedr. SKILFUL, INGENIOUS.

celfyddgarwch, *eg.* cariad at gelfydd-yd. LOVE FOR THE ARTISTIC.

celfyddwaith, *eg.* gwaith celfydd. WORK OF SKILL OR ART.

celfyddwr, *eg. ll.*-wyr. gŵr celfydd. ARTIST, ARTIFICER.

celfyddyd, *eb. ll.*-au. celf, crefft, cywreinrwydd. ART, SKILL.
   Celfyddyd gain. FINE ART.

celfyddydol, *a.* artiffisial. ARTIFICIAL.

celff, *eg. ll.*-i. cyff, piler. STOCK, PILLAR.

*celffaint, 1.*eg.* boncyff crin. WITHERED STUMP.
   2. *a.* adfeiliedig. RUINED.

celffeinio, *be.* crino. TO WITHER.

celg, *eg.* celc, twyll. DECEIT.

celgwr, *eg. ll.*-wyr. twyllwr. DECEIVER.

*Celi, *eg.* nefoedd ; Duw. HEAVEN ; GOD.

celrym, *eg.* marchnerth. HORSE-POWER.

Celteg, *eb.* iaith y Celt. CELTIC.

celu, *be.* cuddio, cadw'n gyfrinachol. TO HIDE, TO SECRETE.

celwrn, *eg. ll.* celyrnau. twb, twba, twbyn, stwc ; casgen. TUB, BUCKET, PAIL ; BARREL.

celwydd (wŷ), *eg. ll.*-au. anwiredd, dywediad gau, twyll. LIE, UNTRUTH.

celwyddgar, *a.* anwireddus. MEND-ACIOUS.

celwyddgi, *eg. ll.*-gwn. un sy'n dweud celwydd. LIAR.

celwyddo, *be.* dweud celwydd. TO TELL LIES.

celwyddog, *a.* anwir, anwireddus, gau, twyllodrus. UNTRUTHFUL, LYING, FALSE.

celwyddwr, *eg. ll.*-wyr. celwyddgi. LIAR.

celyn, *ell.* (*un. b.*-nen). coed bythol-wyrdd â dail pigog. HOLLY.

celynnog, 1.*a.* â chelyn. HAVING HOLLY.
   2. *eb.* llwyn celyn. HOLLY-GROVE.

celyrnaid, *eg. ll.*-eidiau. llond celwrn. TUBFUL, PAILFUL.

cell, *eb. ll.*-oedd. ystafell fach mewn carchar neu fynachlog, etc. CELL.

cellddeillio, *be.* cynhyrchu celloedd. CELL-REPRODUCTION.

celli, *eb. ll.*-ïau, -ïoedd. llwyn, coedwig fechan, gwigfa. GROVE.

cellog, *a.* yn cynnwys celloedd. CELLED.

cellwair, *eg. ll.* cellweiriau. ffraetheb, ysmaldod. JOKE, FUN.

cellwair : **cellweirio**, *be.* dweud rhywbeth doniol, smalio, gwatwar. TO JOKE, TO MOCK.

cellweiriol : **cellweirus**, *a.* ysmala, ffraeth, doniol. JOCULAR, JESTING.

cellweiriwr, *eg. ll.*-wyr. ysmaliwr. JESTER.

cemeg, *eb.* fferylliaeth. CHEMISTRY.

cemegol, *a.* yn perthyn i gemeg. CHEMICAL.

cemegwr, *eg. ll.*-wyr. un sy'n astudio cemeg. CHEMIST.

*cemys, *eg. ll.* -au. crys merch. CHEMISE.

cemyw, *eg. ll.*-ion. eog gwryw. MALE SALMON.

cen, *eg.* pilen, pilionen, haenen, caenen, gorchudd, lliw. FILM, LAYER, SCALES ; DYE.
   Cen y cerrig : cen y coed. LICHEN.

cenadwri, *eb. ll.*-ïau. neges, cen-hadaeth, gair. MESSAGE, MISSION.

cenadwriaeth, *eb.* cenadwri, newydd-ion. MESSAGE.

cenau, *eg. ll.* cenawon, canawon.
   1. anifail ifanc (megis cadno, etc.). CUB.
   2. gwalch, dihiryn, cnaf. RASCAL.

cenawes, *eb. ll.*-au. cenau benyw ; menyw ddrwg. SHE-CUB ; VIXEN (OF A WOMAN).

cenedl, *eb. ll.* cenhedloedd. 1. pobl o'r un dras neu wlad. NATION, RACE.
   2. math, rhywogaeth. KIND.
   3. *ll.* cenhedlau. rhyw geiriau (mewn gramadeg). GENDER.
   Y Cenhedloedd. GENTILES.

cenedlaethol, *a.* yn perthyn i genedl neu wlad. NATIONAL.

cenedlaetholdeb, *eg.* cred yn y genedl neu ymdeimlad gwladgarol. NATION-ALISM.

cenedlaetholi, *be.* gwladoli. TO NATION-ALIZE.

cenedlaetholwr, *eg. ll.*-wyr. cefnogwr cenedlaetholdeb. NATIONALIST.

cenedl-ddyn, *eg. ll.*-ion. ethnig, nid Iddew. GENTILE.

cenedledig, *a.* wedi ei genhedlu. BEGOTTEN.

cenedlgarol, *a.* yn caru cenedl, gwladgarol. PATRIOTIC.

cenedlgarwch, *eg.* cenedlaetholdeb ; gwladgarwch. NATIONALISM; PATRIOTISM.

cenel, *eg.* gweler *canel.*

***cenfain : cenfaint,** eb. ll.* cenfeiniau, cenfeinoedd. gyr, diadell, haid, nifer fawr. HERD, SWARM, MULTITUDE.

cenfigen, *eb. ll.*-nau. eiddigedd, malais. JEALOUSY, ENVY.

cenfigennu, *be.* eiddigeddu. TO ENVY, TO GRUDGE.

cenfigenllyd : cenfigennus, *a.* eiddigeddus, maleisus. JEALOUS.

cenhadaeth, *eb. ll.* cenadaethau. neges, cenadwri, gwaith arbennig. MISSION, EMBASSY.

***cenhadiad,** eg.* caniatâd. PERMISSION.

cenhadol, *a.* yn ymwneud â chenhadaeth, ar gennad. MISSIONARY.

***cenhadu,** be.* caniatáu. TO ALLOW.

cenhadwr, *eg. ll.* cenhadon, cenhadwyr. (*b.* cenhades). un sy'n efengylu, cennad, negesydd. A MISSIONARY.

cenhedlaeth, *eb. ll.* cenedlaethau. pobl o'r un oedran neu gyfnod, hiliogaeth, oes, to. GENERATION, OFFSPRING.

***cenhedlaeth,** eb.* cenedl, pobl. NATION, PEOPLE.

cenhedlig, *a.* yn perthyn i'r cenhedloedd, ethnig, pagan. GENTILE, PAGAN.

***cenhedlog,** a.* yn cenhedlu, ffrwythlon, epiliog. PROLIFIC, FRUITFUL.

cenhedlu, *be.* epilio. TO BEGET, TO PROCREATE.

cenlli(f), *eg.* llifeiriant, llif, ffrydlif, dilyw. TORRENT, DELUGE.

cenllysg, *e. torf.* glaw wedi rhewi, cesair. HAILSTONES.

cenna, *be.* casglu cen. TO GATHER LICHEN.

cennad, *eb. ll.* cenhadau, cenhadon.
 1. caniatâd, hawl. PERMISSION.
 2. negesydd, cenhadwr. MESSENGER, AMBASSADOR.
 3. cenhadaeth, neges. MISSION.

cennin, *ell.* (*un. b.* cenhinen). llysau gardd tebyg eu blas i'r wynwyn. LEEKS.
 Cennin Pedr. DAFFODILS.
 Cennin syfi. CHIVES.

cennog, *a.* â chen. SCURFY, SCALY.

cennu, *be.* ffurfio cen, pilio. TO SCURF, TO SCALE.

cenol, *a.* (*taf.*) canol. MIDDLE.

cêr, *ell.* offer, gêr ; celfi, dodrefn ; tacl. TOOLS ; FURNITURE ; TACKLE.

***cer,** ardd.* ger, gerllaw. NEAR, CLOSE BY.

ceraint, *ell.* perthynasau. RELATIVES.

cerbyd, *eg. ll.*-au. peth i gludo, car, coets, siarret. VEHICLE, COACH, CARRIAGE, CHARIOT.
 Ôl-gerbyd. TRAILER.

cerbydres, *eb. ll.*-i. trên. TRAIN.

cerbydwr, *eg. ll.*-wyr. dyn â gofal cerbyd. COACHMAN, CHARIOTEER.

cerdinen, *eb. ll.* cerdin. cerddinen, criafolen. MOUNTAIN ASH.

***cerdod,** eb.* cardod. ALMS, CHARITY.

cerdyn, *eg. ll.* cardiau. carden. CARD.

cerdd, *eb. ll.*-au, -i, cyrdd.
 1. ymdaith, tro. GOING.
 2. crefft. ART.
 3. cerdd dafod ; cân, miwsig. POETIC ART ; SONG, MUSIC.
 a. crwydrol. WANDERING.
 Cerdd dant. INSTRUMENTAL MUSIC.
 Offer cerdd. MUSICAL INSTRUMENTS.
 Cerdd arwest. STRING MUSIC.

cerddber, *a.* melodaidd. MELODIOUS.

cerddbrenni, *ell.* chwythoffer pren. WOOD-WINDS.

cerddbresi, *ell.* adran bres cerddorfa. BRASS SECTION (ORCHESTRA).

cerdded, 1. *be.* rhodio, teithio ar draed, mynd. TO WALK, TO GO.
 2. *eg.* rhodiad, symudiad ; cyflwr. GOING, MOTION ; PLIGHT.

cerddediad, *eg.* 1. rhodiad ; tro. GAIT ; WALK.
 2. mesur cam. PACE.

cerddedwr, *eg. ll.*-wyr. cerddwr, teithiwr. WALKER, TRAVELLER.

cerddgar, *a.* cerddorol. MUSICAL.

***cerddglyd,** a.* enwog mewn cân. FAMED IN SONG.

cerddinen, *eb. ll.* cerddin. cerdinen, criafolen. MOUNTAIN ASH.

***cerddoliad,** eg.* cerddor, prydydd, bardd. MINSTREL, POET.

***cerddor,** eg. ll.*-ion. crefftwr. CRAFTSMAN.

cerddor, *eg. ll.*-ion. lluniwr cerdd, chwaraewr cerdd. MUSICIAN.

cerddorfa, *eb. ll.* cerddorfeydd. parti o offerynwyr cerdd. ORCHESTRA.

cerddoriaeth, *eb.* miwsig. MUSIC.

cerddorol, *a.* yn ymwneud â cherddoriaeth. MUSICAL.

***cerddwr,** eg. ll.*-wyr. cerddor. MINSTREL, MUSICIAN.

cerddwr, *eg. ll.*-wyr. cerddedwr, rhodiwr, heiciwr. WALKER.

cerddwriaeth, *eb.* cerddoriaeth. MUSIC, MINSTRELSY.

*cerennydd, *eg.* cyfeillach, carennydd. FRIENDSHIP, KINSHIP.

cerfddelw, *eb. ll.*-au. cerfiad, delw gerfiedig. STATUE, GRAVEN IMAGE.

cerfiad, *eg. ll.*-au : cerfiadaeth, *eb. ll.*-au. ysgythriad, cerflun. CARVING, SCULPTURE.

cerfiedig, *a.* wedi ei gerfio. CARVED, SCULPTURED.

cerfiedydd, *eg. ll.*-ion. cerfiwr, ysgythrwr. SCULPTOR, ENGRAVER.

cerfio, *be.* gwneud delw, etc. ar fetel neu garreg ; ysgythru, llunio, naddu. TO CARVE, TO SCULPTURE ; TO ENGRAVE.

cerfiwr, *eg. ll.*-wyr. un sy'n cerfio, ysgythrwr, naddwr. SCULPTOR, CARVER, ENGRAVER.

cerflun, *eg. ll.*-iau. delw gerfiedig, cerfddelw ; engrafiad. STATUE ; ENGRAVING.

cerfluniaeth, *eb.* gwaith cerflunydd, cerfwaith. SCULPTURE.

cerflunydd, *eg. ll.*-ion, -wyr. cerfiwr maen. SCULPTOR.

cerfwaith, *eg.* gwaith cerfiedig, cerflun. CARVING, SCULPTURE.

cerfysgrif, *eb. ll.*-au. arysgrif. INSCRIPTION.

ceriach, *ell.* pethau diwerth, petheuach. ODDS AND ENDS, TRIFLES.

cerigog, *a.* caregog. STONY.

cerigos, *ell.* caregos. SMALL STONES.

cerlyn, *eg.* taeog, gŵr sarrug. CHURL.

cern, *eb. ll.*-au. ochr yr wyneb o dan y llygad, grudd, boch, gên. SIDE OF HEAD, CHEEK, JAW.

cernen, *eb. ll.*-nau : cernod, *eb. ll.*-iau. bonclust. A SLAP.

cernodio, *be.* rhoi ergyd ar y gern. TO SLAP.

cernodiwr, *eg. ll.*-wyr. clewtiwr. STRIKER, BUFFETER.

Cernyweg, *eb.* iaith Cernyw. CORNISH LANGUAGE.

cerpyn, *eg. ll.* carpiau. clwt, brat, rhecsyn. RAG.

cerrynt, *eg.* llwybr ; llif ; dull ; taith. WAY ; CURRENT ; MANNER ; JOURNEY. Cerrynt union. DIRECT CURRENT. Cerrynt tonnog. ALTERNATING CURRENT.

*cersi,*eg.*lliain garw o wlân hir. KERSEY.

cert, *eg. ll.* ceirt, certi. trol. CART.

certiwr, *eg. ll.*-wyr. troliwr. CARTER.

*certwain, *eb. ll.*-weiniau. cert. CART, WAIN.

certh, *a.* 1. sicr, gwir. CERTAIN, TRUE.
2. aruthr. WONDROUS.
3. dychrynllyd. TERRIBLE.

4. plethedig. WOVEN.
eg. iawn. RIGHT.

cerub, *eg. ll.*-iaid. un fel angel. CHERUB.

cerwyn (ŵy), *eb. ll.*-i. twb, twba. TUB, VAT.

cerwynaid, *eb. ll.*-eidiau. llond cerwyn. TUBFUL.

cerydd, *eg. ll.*-on. cystwyad, cosbedigaeth, sen. REBUKE, CHASTISEMENT, SCOLDING.

ceryddgar, *a.* yn ceryddu. REPROVING.

ceryddiad, *eg.* cerydd. CHASTISEMENT.

ceryddol, *a.* yn ceryddu. CHASTISING.

ceryddu,*be.* cystwyo, cosbi, cymhennu, dwrdio. TO PUNISH, TO REBUKE, TO REPROVE.

*ceryddus, *a.* beius, euog. REPROBATE.

ceryddwr, *eg. ll.*-wyr. cystwywr, cosbwr, cymhennwr, dwrdiwr. CHASTISER, REBUKER.

cesail, *eb. ll.* ceseiliau. y rhan o'r corff dan fôn y fraich. ARMPIT.

cesair, *e. torf.* cenllysg. HAILSTONES.

ceseilaid, *eb. ll.*-eidiau. llond côl, bwndel, swp. ARMFUL, BUNDLE.

ceseirio, *be.* bwrw cesair. TO HAIL.

cest, *eb. ll.*-au. llestr ; bol. RECEPTACLE ; BELLY.

cestog, *a.* tew, boliog, tordyn. CORPULENT.

cestyn, *eg.* ystryw, cast, pranc. TRICK, PRANK.

cetyn, *eg. ll.* catau, catiau. 1. darn, tamaid, gronyn, mymryn. BIT, PIECE.
2. pib. (TOBACCO) PIPE.
3. ysbaid, egwyl. WHILE.

cethern, *eb.* torf o ysbrydion drwg, ellyllon, cythreuliaid ; ciwed, mintai, FIENDS ; MOB, HOST.

cethin, *a.* 1. tywyll, rhuddgoch. DUN, DUSKY.
2. ffyrnig, gwyllt. SAVAGE.
3. hyll, hagr. UGLY.
4. anghyffredin. EXCEEDING.

cethlydd, 1. *eg. ll.*-ion. canwr, telorydd. SINGER, WARBLER.
2. *eb.* y gog. THE CUCKOO.

*cethr, *eg. ll.*-au, -i. hoel, picell. NAIL, SPIKE, PRICK.

*cethren,*eb.* hoel, picell ; gwaywffon. NAIL, PRICK ; SPEAR.

cethrin, *a.* erchyll, creulon. HORRID, CRUEL.

cethru,*be.* gwanu, trywanu, symbylu. TO PIERCE, TO GOAD.

cethw, *eg.* mwstard. MUSTARD.

*ceubal, *eg.* ysgraff, cwch ; bol. FERRYBOAT, SKIFF ; BELLY.

ceubalfa, *eb.* fferi. FERRY.

ceubont, *eb. ll.*-ydd. pont ar ffurf pibell. TUBULAR BRIDGE.

ceubren, *eg. ll.*-nau. pren neu goeden â gwacter yn y canol. HOLLOW TREE.

ceubwll, *eg. ll.*-byllau. pwll, pwll cau, twll mewn heol, tir, etc. HOLLOW PIT, POT-HOLE.

*ceudab, *eg.*⎤ lle cau neu wag, gwac-
*ceudeb, *eg.* ⎬ter ; bol ; calon, myn-
ceudod, *eg.* ⎦wes ; meddwl. CAVITY, HOLLOW ; ABDOMEN ; HEART, BOSOM ; MIND.

ceudwll, *eg. ll.*-dyllau. ceudod ; sinws. CAVITY, CRATER ; SINUS.

*ceuedd, *eg.* ceudod. CAVITY.

ceufad, *eg. ll.*-au. canŵ. CANOE.

ceufedd, *eg.* bedd. GRAVE.

ceuffordd, *eb. ll.*-ffyrdd. twnnel. TUNNEL.

ceuffos, *eb. ll.*-ydd. ffos ; pwll dwfn. DRAIN ; DEEP PIT.

*ceugant, *a.* sicr. gwir. SURE, TRUE.

ceugrwm, *a.* cafnog. CONCAVE.

ceulad, *eg.* tewychiad, tortheniad. COAGULATION.

ceulaidd, *a.* fel caul. CURDY.

ceulan, *eb. ll.*-nau, ceulennydd. glan serth a dofn afon, torlan. HOLLOW BANK OF RIVER.

ceule, *eg. ll.*-oedd. ceudod. HOLLOW.

ceuled, *eg.* caul. RENNET.

ceulfwyd, *eg. ll.*-ydd. sieli. JELLY.

ceulo, *be.* troi'n sur, cawsu, torthi. TO CURDLE, TO COAGULATE, TO CLOT.

ceunant, *eg. ll.* ceunentydd. cwm cul dwfn, hafn, nant ddofn. RAVINE, GORGE.

ceuol, *a.* cau. HOLLOW.

cewc, *eb.* cilolwg ; golwg. GLANCE ; REGARD.

cewyn, *eg. ll.*-nau, cawiau. cadach, clwt, carp. CLOUT, NAPKIN.

ci, *eg. ll.* cŵn. (*b.* gast). anifail dof cyffredin. DOG.

cïaidd, *a.* yn ymddwyn fel ci, bwystfilaidd, creulon, annynol. BRUTAL, INHUMAN.

cïan, *eg.* cenau ci. PUPPY, WHELP.

cib, *eg. ll.*-au. 1. llestr, cawg, cist. CUP, RECEPTACLE, CHEST, COFFER.
2. plisgyn, mesglyn. POD, HUSK.
Cibyn wy : masgl wy. EGGSHELL.

cibddall, *a.* bron yn ddall, coegddall, dwl, hurt. PURBLIND.

*cibedrychiad, *eg.* cipolwg, ciledrychiad. GLANCE.

cibo, *be.* gwgu, cuchio. TO FROWN.

cibog, *a.* gwgus, cuchiog. FROWNING.

cibwst, *eb.* maleithau, llosg eira. CHILBLAINS.

cibyn, *eg.* cwpan ; hanner bwysel. CUP ; HALF A BUSHEL.

cibynnaid, *eg. ll.* cibyneidiau. hanner bwysel. HALF A BUSHELFUL.

cic, *eg. ll.*-iau. ergyd â throed. KICK.
Cic adlam. DROP-KICK.
Cic gosb. PENALTY-KICK.

*cicai, *eg.* cardotwr cig. MEAT BEGGAR.

cicaion, *eg.* math o blanhigyn dwyreiniol neu ei ffrwyth. GOURD.

cicio, *be.* rhoi ergyd â throed, tynnu cic. TO KICK.

ciconia, *eg.* chwibon. STORK.

cidwm, *eg. ll.* cidymod. blaidd ; cnaf. WOLF ; KNAVE.

cidws, *eb. ll.* cidysod. gafr. GOAT.

cieidd-dra, *eg.* creulondeb. BRUTALITY.

cig, *eg. ll.*-oedd. cnawd. MEAT.
Cig bras : cig tew. FAT MEAT.
Cig coch. LEAN MEAT.
Cig eidion. BEEF.
Cig moch. BACON, PORK.
Cig llo. VEAL.
Cig gwedder. MUTTON.

cigaidd, *a.* cnawdol. FLESHY.

cigfa, *eb. ll.*-oedd. siop gig ; llanastr. BUTCHER'S SHOP ; SHAMBLES.

cigfach, *eg. ll.*-au. bach cig. FLESH-HOOK, MEAT-HOOK.

cigfran, *eb. ll.* cigfrain. aderyn tebyg i frân. RAVEN.

*cigfreinig, *a.* gwancus, rheibus. RAVENOUS.

*ciglau, *bf.* gweler *cigleu*.

*ciglef, *bf.* clywais. I HEARD.

*cigleu, *bf.* clywodd. HE HEARD.

cigliw, *a.* lliw cig neu gnawd. FLESH-COLOURED.

ciglyd, *a.* cnawd, fel cnawd. FLESHY, LIKE FLESH.

cignoeth, *a.* i'r byw, poenus. RAW, PAINFUL.

cigog, *a.* llawn cig. FULL OF FLESH.

cigwain, *eb. ll.* cigweiniau. cigfach ; gwaywffon ; gafael. FLESH-HOOK ; SPEAR ; CLUTCH.

cigweinio, *be.* gafael â chigwain. TO GRAPPLE.

cigydd, *eg. ll.*-ion. un sy'n gwerthu cig. BUTCHER.

cigyddiaeth, *eb.* crefft cigydd. BUTCHER'S TRADE.

cigyddio, *be.* lladd. TO SLAUGHTER.

cigysol, *a.* yn byw ar gig. CARNIVOROUS.

cil, *eg. ll.*-iau, -ion. lloches, cornel, congl ; encil. enciliad. RECESS, CORNER ; RETREAT.
Cnoi cil. TO CHEW THE CUD.
Cil y llygad. CORNER OF THE EYE.
Cil haul. SUNSET, A SHADY PLACE.
Cil y lleuad. WANE OF THE MOON.

cilagor, *be.* lled agor, hanner agor. TO OPEN PARTLY, TO HALF OPEN.

cilagored, *a.* lledagored. PARTLY OPEN, AJAR.

cilan, *eb.* bae. COVE.

cilbost, *eg. ll.*-byst. post llidiart. GATE-POST.

cilbren, *eg. ll.*-nau. gwaelod llong, cêl. KEEL.

cilcyn, *eg. ll.*-ion. talp, darn. LUMP, FRAGMENT.

*cilchwyrn, *ell.* (*un. b.*-en). chwarennau. GLANDS.

cildant, *eg. ll.* cildannau. tant uchaf telyn. TOP STRING OF HARP.

cil-droi, *be.* troi'n ôl. TO TURN BACK.

cil-dwrn, *eg.* rhan isaf dwrn ; rhodd ddirgel. LOWER SIDE OF FIST; GRATUITY, TIP.

cildyn, *a.* ⎫ cyndyn. OBSTINATE.
*cildyniog, *a.* ⎭

cildynnu,*be.*ystyfnigo. TO BE OBSTINATE

cildynnus, *a.* ystyfnig, cyndyn. STUBBORN, OBSTINATE.

cildynrwydd, *eg.* cyndynrwydd, ystyfnigrwydd. OBSTINACY.

· cilddant, *eg. ll.* cilddannedd. dant ôl, dant malu. MOLAR TOOTH.

cilfach, *eb. ll.*-au. cornel clyd, lloches ; bae. NOOK, RECESS ; COVE.

cilfilyn, *eg. ll.*-filod anifail sy'n cnoi ei gil. RUMINANT.

cilfin, *eg. ll.*-iau. ymyl, min. EDGE, MARGIN, BRINK.

cilgant, *eg. ll.*-nau. ffurf lleuad newydd. CRESCENT.

*cilgi, *eg. ll.*-gwn. llwfrgi. COWARD.

*cilgïedd, *eg.* llwfrdra. COWARDICE.

cilgnoi, *be.* cnoi cil. TO CHEW THE CUD.

cilgwthio, *be.* gwthio i'r naill ochr ; gwthio. TO THRUST ASIDE ; TO PUSH.

ciliad, *eg. ll.*-au. enciliad ; erlidiwr. FLIGHT ; PURSUER.

cilio, *be.* ffoi, dianc, encilio, mynd yn ôl. TO RETREAT, TO FLY, TO FLEE.

cilolwg, *egb. ll.*-ygon. edrychiad â chil llygad. SIDELONG GLANCE.

cilwen, *eb. ll.*-au. glaswen. SMIRK.

cilwenu, *be.* glaswenu. TO SIMPER, TO SMIRK.

cilwg, *eg. ll.*-ygon. gwg, cuwch. FROWN, SCOWL.

cilwgus, *a.* gwgus, cuchiog. FROWNING, SCOWLING.

*cilydd, *eg. ll.*-ion. cyfaill. COMPANION.

cilyddol, *a.* ymeffeithiol. RECIPROCAL.

cimwch, *eg. ll.*-ychiaid. anifail y môr. LOBSTER.

Cimwch coch. CRAYFISH.

cinetig, *a.* yn ymwneud â symudiad. KINETIC.

cingroen, *eg.* caws llyffant drewllyd. STINK-HORN.

ciniawa, *be.* cael cinio. TO DINE.

cinio, *egb. ll.* ciniawau. pryd canol dydd, pryd mwyaf y dydd. DINNER.

ciniog, *a.* carpiog. TATTERED.

cinnyn, *eg. ll.*-ion. dernyn, cerpyn. SHRED, SNIP.

cinynio, *be.* darnio. TO SHRED.

cip, *eg. ll.*-iau, -ion. 1. plwc, tyniad, lladrad. A SNATCHING.
2. trem, cipdrem, cipolwg. GLIMPSE.

cipar : ciper, *eg. ll.* ciperiaid. ceidwad helwriaeth. GAMEKEEPER.

cipdrem, *eb. ll.*-iau. cipolwg, trem, cil-edrychiad. GLIMPSE, GLANCE.

cipedrych, *be.* ciledrych. TO GLANCE.

cipedrychiad, *eg. ll.*-au. ciledrychiad. GLANCE, GLIMPSE.

cipial, *be.* cyfarth (llwynog). TO YELP.

cipio, *be.* plycio, tynnu, dwyn, lladrata, crapio. TO SNATCH.

cipiog, *a.* parod i gipio ; gwancus. READY TO SNATCH ; GREEDY.

cipiwr, *eg. ll.*-wyr. un sy'n cipio. SNATCHER.

cipolwg, *eg. ll.*-ygon. cipdrem. GLANCE.

ciprys, *eg. ll.*-au. ymgiprys, ymryson. SCRAMBLE, STRUGGLE.

ciprys, *be.* ymgiprys, ymryson. TO STRUGGLE.

cipyll, *eg. ll.*-ion. cyff, boncyff. STOCK, TRUNK.

cipysg, *e. torf.* carp. CARP.

*ciried, *eb.* rhodd, elusen, haelioni. GIFT, ALMS, GENEROSITY.

*ciriedus, *a.* hael. GENEROUS.

cirosis, *eg.* caledwch yr afu. CIRRHOSIS.

cis, *eg. ll.*-ion. ergyd ysgafn. SLAP, TAP. Chwarae cis. TO PLAY TIP.

cist, *eb. ll.*-iau. coffr, blwch mawr. CHEST, COFFER.

cistaid, *eb. ll.* cisteidiau. llond cist. CHESTFUL.

*cistanwr, *eg. ll.*-wyr. gwneuthurwr dodrefn. CABINET-MAKER.

*cistbridd, *eg.* pridd y crochenydd. POTTER'S CLAY.

cistfaen, *eb. ll.* cistfeini. hen fedd Brythonig yn cynnwys pedair carreg ac un arall ar eu pen. BRITISH SEPULCHRE.

ciw, *eg.* cwt. QUEUE.

ciwboid, *a.* ar ffurf ciwb. CUBOID.

*ciwdod, *eb. ll.*-au -oedd. llwyth, cenedl, torf. TRIBE, NATION, PEOPLE.

*ciwdodwr,eg. ll.-wyr. dinesydd, preswyliwr, milwr. CITIZEN, INHABITANT, SOLDIER.

ciwed, eb. haid neu dorf afreolus a stwrllyd ; pobl, cenedl. RABBLE, MOB ; PEOPLE, NATION.

ciw-pi, eg. dull o rannu gwallt. MODE OF PARTING THE HAIR, Q.P.

ciwrad, eg. ll.-iaid. curad. CURATE.

ciwrio, be. gwella. TO CURE.

ciwt, a. cyfrwys, call. CUTE, CLEVER.

cladd, eg. ll.-au. ffos, pwll, pydew ; lle i gladdu tatws, etc., cloddio. TRENCH, PIT, BURYING PLACE, A DIGGING.

claddedigaeth, eb. ll.-au. angladd, cynhebrwng. BURIAL, FUNERAL.

claddedigaethol, a. angladdol. FUNEREAL.

claddedigol, a. angladdol. FUNEREAL.

claddfa, eb. ll.-feydd. lle claddu, mynwent, erw Duw. BURYING PLACE, SPAWNING GROUND ; CEMETERY.

claddgell, eb. ll.-oedd. ystafell gladdu. BURIAL-CHAMBER.

claddogof, eb. ll.-au. ogof gladdu. CATACOMB.

claddu, be. gosod mewn cladd neu fedd, cuddio yn y ddaear, ceibio. TO BURY, TO DEPOSIT (SPAWN), TO DIG.

claddwr, eg. ll.-wyr. un sy'n claddu. BURIER, UNDERTAKER.

*claear, a. 1. mwyn, tirion. GENIAL, GENTLE.

2. disglair, gloyw. BRIGHT, SHINING.

claear, a. llugoer, oeraidd, difater, di-ddrwg-didda. LUKEWARM.

claearu, be. 1. mwynhau, tirioni. TO BECOME MILD.

2. lliniaru, esmwytháu. TO SOOTHE.

claer, a. 1. disglair, llachar, gloyw. BRIGHT.

2. clir, eglur. CLEAR.

claerder, eg. disgleirdeb, eglurder. BRIGHTNESS, CLEARNESS.

claerder, eg. ⎱ bod yn glaear, di-
claeredd, eg. ⎰faterwch, difrawder.
claerineb, eg. ⎰ LUKEWARMNESS.

claerwych, a. ysblennydd, llachar. GORGEOUS.

claerwyn, a. (b. claerwen). disgleirwyn. BRILLIANT WHITE.

claf, 1. a. sâl, tost, afiach, anhwylus. ILL.

2. eg. ll. cleifion. un sâl, person tost, dioddefydd. SICK PERSON.

clafaidd, a. tost, anhwylus, sâl. SICKLY.

clafdy, eg. ll.-dai. ysbyty. HOSPITAL.

clafeiddio, be. clafychu. TO SICKEN.

*clafes, eb. merch glaf. SICK WOMAN.

claficord, eg. hen offeryn cerdd. CLAVICHORD.

clafr, eg. math o glefyd y croen ar anifeiliaid, etc. ; brech y cŵn, crach, gwahanglwyf. LEPROSY.
Clafr y meillion. CLOVER ROT.

*clafres, eb. gwraig glafrllyd. LEPROUS WOMAN.

clafri, eg. gweler clafr.

clafrllyd, a. yn dioddef gan y clafr. LEPROUS.

*clafwr, eg. ll.-wyr. un gwahanglwyfus. LEPER.

clafychu, be. mynd yn sâl. TO SICKEN.

clai, eg. pridd trwm a gludiog. CLAY.
Clai'r crochenydd. POTTER'S CLAY.

claim, eg. hawl. CLAIM.

*clair, a. gweler claer.

*clairch, eg. gweler cleiriach.

clais, eg. ll. 1. cleisiau. briw, dolur, anaf. BRUISE, MARK.

2. nant, ffrwd, ffos. STREAM, RIVULET, DITCH.

clamp, eg. peth anferth, clobyn, talp. MONSTER, LUMP, MASS.

*clander, eg. calendar. CALENDAR.

clandro, be. cyfrif, archwilio. TO CALCULATE, TO EXAMINE.

clap, eg. ll.-iau. telpyn, talp, cwlff. LUMP.

clap, eg. ll. 1. clec, clep, cleber. GOSSIP.

2. trwst megis sŵn melin. CLACK.

clapgi, eg. ll.-gwn. clepgi, clocyn. TALEBEARER.

clapian, be. dweud clecau. TO TELL TALES.

clapio, be. 1. cnapio, ffurfio talpau. TO FORM LUMPS.

2. dweud clecau, clebran. TO TELL TALES, TO GOSSIP.

clapiog, a. â thalpiau. LUMPY.

*clarai, eg. gwin cymysg. CLARY.

clarc, eg. ll.-od. clerc. CLERK.

clared, eg. gwin coch. CLARET.

*clas, eg. ll.-au. 1. cwfaint. CLOISTER.

2. pobl, gwlad, mintai, cymuned. PEOPLE, REGION, COMMUNITY.

claseglwys, eb. eglwys coleg. COLLEGIATE CHURCH.

*clasgeli, eb. ll.-oedd. ⎱ clwysdy.
*clasordy, eg. ll.-dai. ⎰ CLOISTER.

clastir, eg. ll.-oedd. tir mynachlog. GLEBE-LAND.

clasur, eg. ll.-on. campwaith mewn llên neu gelfyddyd. A CLASSIC.

clasurol, a. perthynol i gampwaith, yn ymwneud â Groeg a Lladin. CLASSICAL.

*claswr, eg. ll.-wyr. mynach. MONK.

clatsien, *eb.* ergyd. BLOW.
clatsio, *be.* ergydio. TO STRIKE.
clau, *a.* 1. buan, cyflym, parod. SWIFT, READY.
    2. uchel. LOUD.
clawdd, *eg. ll.* cloddiau. ffos, pwll. DITCH, PIT, MINE, BARRIER.
clawr, *eg. ll.* cloriau. gorchudd, caead ; arwynebedd. COVER, LID ; SURFACE.
***clawr,** *eg.* gweler *clafr.*
***clawstwr,** *eg.* ⎱ clas. CLOISTER.
***clawstyr,** *eg* ⎰
***cleb,** 1.*a.* gwan, eiddil. FEEBLE, INFIRM.
    2. *eg. ll.*-ion. cleiriach. DECREPIT OLD MAN.
clebar, *egb.* : **cleber,** *egb.* mân-siarad, siaradach. TATTLE.
clebran, *be.* baldorddi, brygawthan, cyboli, preblan. TO CHATTER, TO GOSSIP
clebryn, *eg. (b.* clebren). un sy'n clebran. CHATTERER.
clec, *eb. ll.*-iadau. 1. ergyd, sŵn trwm. CRACK, CLICK, REPORT.
    2. clap, chwedl, mân-siarad. GOSSIP.
clec(i)an, *be.* 1. bwrw'n drwm, ergydio, clician. TO CLICK, TO SMACK, TO SNAP.
    2. chwedleua, hel straeon, cario clec (clep). TO GOSSIP.
clecyn, *eg. ll.* clecwn. clapgi, clepgi, chwedleuwr, prepiwr. A TELL-TALE.
clechdyr, *a.* yn deilchion, yn yfflon. IN PIECES.
cledr : **cledren,** *eb. ll.* cledrau. ffon, llath, post, piler, rheilen. STAVE, POLE, PILLAR, RAIL.
    Cledr dwyfron. BREAST-BONE.
    Cledr y llaw. PALM OF THE HAND.
cledrffordd, *eb. ll.*-ffyrdd. rheilffordd. RAILWAY.
cledro : **cledru,** *be.* 1. gosod cledrau. TO RAIL, TO PALE.
    2. curo â phastwn, curo. TO CUDGEL, TO CUFF.
cledrwaith, *eg. ll.*-on. rhwyllwaith, delltwaith. LATTICE-WORK.
cledd[1] : **cleddau,** *eg. ll.* cleddyfau. cleddyf. SWORD.
cledd[2], *a.* ac *eb.* chwith. LEFT.
cleddyf, *eg. ll.* cleddyfau, cleddyfawr. arf â llafn hir miniog. SWORD.
***cleddyfal** : ***cleddyfawd,** *eg.* ergyd â chleddyf. STROKE OF A SWORD.
cleddyfan, *eg.* cleddyf byr, dagr. SHORT SWORD.
cleddyfod, *eg.* ergyd cleddyf. SWORD-STROKE.
cleddyfog, *a.* â chleddyf. SWORDED.
cleddyfwr, *eg. ll.*-wyr. ymladdwr â chleddyf. SWORDSMAN, FENCER.

***clefychu,** *be.* gweler *clafychu.*
clefyd, *eg. ll.*-au, -on. afiechyd, salwch, anhwyldeb, haint, selni. DISEASE, SICKNESS.
    Clefyd melyn. JAUNDICE.
    Clefyd y gwaed. DYSENTERY.
    Clefyd coch. SCARLET FEVER.
    Clefyd y môr. SEA-SICKNESS.
clegar, 1. *be.* gwneud sŵn gan iâr, crecian. TO CACKLE, TO CLUCK.
    2. *eg.* sŵn iâr, etc. CACKLE, CLUCK.
clegyr, *eg. ll.*-au. craig, dibyn. ROCK, CLIFF, CRAG.
clegyrog, *a.* creigiog. ROCKY.
cleibwll, *eg. ll.*-byllau. pwll clai. CLAY-PIT.
cleidir, *eg. ll.*-oedd. tir cleiog. CLAY-LAND.
cleien, *eb.* pridd neu garreg gleiog. CLAYEY SOIL OR STONE.
cleilenwi, *be.* cleio. TO PUG.
cleilyd, *a.* cleiog. CLAYEY.
cleimio, *be.* hawlio. TO CLAIM.
cleinsio, *be.* gafael. TO CLINCH.
cleio, *be.* troi'n glai, cleilenwi. TO BECOME CLAY, TO PUG.
cleiriach : **cleirch,** *eg.* person musgrell. DECREPIT PERSON.
***cleisio,** *be.* gwawrio. TO DAWN.
cleisio, *be.* peri clais, marcio, anafu, brifo. TO BRUISE.
cleisiog, *a.* â chlais. BRUISED.
clem, 1. *eb.* newyn. STARVATION.
    2. *eg.* amcan, syniad, crap. NOTION, IDEA.
clemio, *be.* newynu. TO STARVE.
clên, *a.* hynaws, caruaidd, hoffus. AFFABLE, AGREEABLE.
clenc, *eg.* tafell. SLICE.
clenigwr, *eg. ll.*-wyr. rhoddwr calennig. GIVER OF NEW YEAR'S GIFT.
clep, *eb. ll.*-iau. 1. ergyd, sŵn trwm. CLAP, CLACK.
    2. clap, chwedl, clec, mân-siarad. GOSSIP.
clepian, *be.* gweler *clecian.*
clepyn, *eg. ll.*-nau. cnepyn. LUMP.
clêr[1], *ell. (un.* cleren). gwahanol fathau o bryfed. GADFLIES, FLIES.
clêr[2], *eb.* ac *e. torf.* beirdd, cerddorion crwydrol. BARDS, WANDERING MINSTRELS.
clera, *be.* crwydro fel clerwyr. TO WANDER AS MINSTRELS.
clerc, *eg. ll.*-od. clarc. CLERK.
clercio, *be.* clarcio. TO ACT AS CLERK.
cleren, *eb. ll.* clêr. cylionen. FLY, GADFLY.
clerig, *eg. ll.*-iaid. clerigwr, offeiriad, person. CLERIC.

clerigol, *a.* yn perthyn i glerigwr. CLERICAL.

clerigwr, *eg. ll.*-wyr. offeiriad, person, gweinidog. CLERGYMAN.

*clermwnt, *eg.* clerwr. WANDERING MINSTREL.

*clertian, *be.* segura, ofera. TO IDLE.

*clertiog, *a.* ofer, segurllyd, diog. LAZY, IDLE.

clerwr, *eg. ll.*-wyr. cerddor crwydrol. WANDERING MINSTREL.

clerwraidd, *a.* fel clerwr. LIKE A MINSTREL.

clerwriaeth, *eb.* crefft clerwr. MINSTRELSY.

*clesydd, *eg.* cantor. SONGSTER.

clewt, *eg. ll.*-iau. ergyd, clewten; cerydd. CLOUT ; SCOLDING.

clewtian, *be.* ergydio ; ceryddu. TO CLOUT ; TO SCOLD.

clewyn, *eg. ll.*-nau. cornwyd, pendduyn. BOIL.

clic(i)ed, *eb. ll.*-au, -i. 1. bach i gau drws. LATCH.
    2. y darn a dynnir i danio gwn neu ddryll. TRIGGER.

clic(i)edu, *be.* codi clic(i)ed, cau clic(i)ed. TO LATCH.

climach, *eg. ll.*-od. dyn tal tenau. TALL SLIM FELLOW.

clindarddach, 1. *be.* gwneud sŵn craciog. TO CRACKLE.
    2. *eg.* sŵn craciog. CRACKLING.

*clïor,*eg.* blwch, cist. CASKET, LOCKER.

clipen, *eb.* clewten, ergyd. SLAP, SMACK.

clipio, *be.* tocio. TO CLIP.

clips : clipsys, *eg.* diffyg ar yr haul neu'r lleuad. ECLIPSE.

clir, *a.* eglur, amlwg, plaen, rhydd, dieuog. CLEAR.

clirio, *be.* symud rhwystrau, glanhau, rhyddhau. TO CLEAR.

clo, *eg. ll.*-eau, -eon. peth i ddiogelu neu sicrhau drws. LOCK.

cload, *eg.* y weithred o gloi. LOCKING.

cloben, *eb.* benyw fawr, clampen. A HUGE WOMAN.

clobyn, *eg.* un mawr o gorff, clamp. HUGE ONE.

cloc, *eg. ll.*-au, -iau. peiriant i fesur amser, awrlais. CLOCK.
    Cloc wyth niwrnod. EIGHT-DAY CLOCK, GRANDFATHER'S CLOCK.

clocian, *be.* clwcian. TO CLUCK.

clociwr, *eg. ll.*-wyr. gwneuthurwr clociau. CLOCK-MAKER.

clocsen, *eb. ll.* clocsau, clocsiau. esgid â gwadn pren. CLOG.

clocsio, *be.* gwneud clocsiau ; cadw sŵn mawr (fel clocsiau). TO MAKE CLOGS ; TO CLATTER (AS IN CLOGS).

clocsiwr, *eg. ll.*-wyr. gwneuthurwr clocsiau. CLOG-MAKER.

cloch, *eb. ll.* clychau, clych. llestr gwag o fetel sy'n canu wrth ei daro. BELL.
    Cloch iâ. ICICLE.
    Cloch y dwfr. BUBBLE.
    Cloch maban. SNOWDROP.
    O'r gloch. O'CLOCK.

clochaidd, *a.* uchel, swnllyd, soniarus. RESONANT, NOISY.

clochdar, *be.* ⎱ gwneud sŵn gan
clochdorian, *be.* ⎰ iâr, clwcian. TO
clochdran, *be.* ⎰ CLUCK, TO CACKLE.

clochdy, *eg. ll.*-dai. lle cedwir y gloch mewn eglwys, etc. BELFRY.

clochi, *be.* codi'n glychau dŵr. TO BUBBLE.

clochog, *a.* clochaidd, swnllyd, uchel, croch. CLAMOROUS, NOISY.

clochydd, *eg. ll.*-ion. swyddog mewn eglwys sy'n canu'r gloch, torrwr beddau. SEXTON.

clod, *egb. ll.*-ydd. enw da, bri, enwogrwydd, anrhydedd, canmoliaeth, mawl. PRAISE, FAME, CREDIT.

*clod, *a.* enwog. FAMOUS.

*clodfan, *a.* ⎱ teilwng o glod, enwog.
clodfawr, *a.* ⎰ FAMOUS, CELEBRATED.

clodforedd, *eg.* mawl, enwogrwydd. PRAISE, RENOWN.

clodfori, *be.* canmol, moli. TO PRAISE.

clodforus, *a.* ⎱ clodfawr, PRAISE-
*clodgar, *a.* ⎰ WORTHY, RENOWNED.

*clodleu,*a.* disglair ei glod. CELEBRATED.

*clodrydd,*a.* haelionus ei glod. GENEROUS IN PRAISE.

*clodwawd,*eg.* clod, moliant. PRAISE, EULOGY.

clodwiw, *a.* canmoladwy. PRAISE-WORTHY.

cloddfa, *eb. ll.*-feydd. chwarel, mwnglawdd. QUARRY, MINE.

cloddiad, *eg. ll.*-au. y weithred o gloddio. EXCAVATION.

cloddilion, *ell.* ffosiliau. FOSSILS.

cloddio, *be.* gwneud clawdd, ceibio, turio, palu, ffosi, rhychu, rhigoli. TO BANK, TO DIG, TO EXCAVATE, TO QUARRY.

cloddiwr, *eg. ll.*-wyr. un sy'n cloddio, llafurwr. DIGGER, EXCAVATOR, LABOURER.

cloddolion, *ell.* cloddilion, ffosiliau. FOSSILS.

cloëdig, *a.* wedi ei gloi. LOCKED.

*cloëdigaeth, *eb.* casgliad. CONCLUSION.

clöen, *eb. ll.*-au. boglwm, boglyn. BOSS, STUD.

cloer, *eg. ll.*-au. 1. *clerigwr. CLERIC. 2. cist, cell. LOCKER.

clofer, *e.torf.* meillion. CLOVER.

cloff, *a.* â gwendid yn y coesau, llipa, efrydd. LAME.

cloffi[1], gwneud yn gloff, methu yn y coesau, petruso. TO LAME, TO BECOME LAME.
Cloffi rhwng dau feddwl. TO HESITATE.

cloffi[2], : **cloffni**, *eg.* y cyflwr o fod yn gloff, diffyg yn y coesau. LAMENESS.

cloffrwym, *eg. ll.*-au. llyffethair. FETTER.

cloffrwymo, *be.* llyffetheirio. TO FETTER.

clog, *ebg. ll.*-au. mantell, clogyn. CLOAK, MANTLE.

*****clog**, *eb.* craig, clogwyn. CRAG, CLIFF.

clogfaen, *eg. ll.*-feini. maen mawr. BOULDER.

*****clogfryn**, *eg. ll.*-iau. craig, clogwyn. CRAG, CLIFF.

cloglai, *eg.* rhewglai, clai iâ. BOULDER CLAY.

clogwrn, *eg. ll.*-gyrnau. craig. CRAG.

clogwyn, *eg. ll.*-au, -i. dibyn, craig. CLIFF, CRAG.

clogyn, *eg. ll.*-au. clog, mantell. CLOAK.

clogyrnach, *eg.* mesur barddonol. POETIC METRE.

clogyrnaidd, *a.* lletchwith, trwsgl, garw, carbwl. CLUMSY, ROUGH, RUGGED.

clogyrnog, *a.* garw, creigiog. RUGGED, CRAGGY.

cloi, *be.* diogelu drws, diweddu. TO LOCK, TO CLOSE.

cloig, *eb.* : **clöig**, *ll.*-ion. bach, bwcl ; cleifis. HASP, HITCH ; CLEVIS.

cloigo, *be.* 1. bachu, byclu, bolltio. TO HASP, TO BOLT. 2. dyrnu (heb ddatod ysgub). TO THRESH (WITHOUT UNTYING SHEAF).

clompyn, *eg.* (*b.* clompen). 1. talp. LUMP. 2. un mawr. MONSTER.

clonc, *eb. ll.*-iau. clec ; mân-siarad, cleber ; talp. CLANG ; GOSSIP ; LUMP.

clonc, *a.* clwc. ADDLED.

cloncian : **cloncio**, *be.* cadw sŵn ; clebran. TO CLANK ; TO GOSSIP.

clonciog, *a.* anwastad, talpiog. UN-EVEN, LUMPY.

cloncwy, *eg.* wy clwc. ADDLED EGG.

clop, *eg. ll.*-au. bŵl, boglwm. KNOB, BOSS.

clopa, *eb. ll.*-nau. pen (ffon, pin). KNOB, HEAD.

clôr, *ell.* cnau'r ddaear. EARTH-NUTS.

clorad, *eg.* halen asid clorin. CHLORATE.

cloren, *eb. ll.*-nau. bôn, cynffon, cwt, llosgwrn. RUMP, TAIL.

clorian, *egb. ll.*-nau. mantol, tafol. PAIR OF SCALES.

cloriannu, *be.* pwyso, mantoli, barnu, ystyried. TO WEIGH.

clorid, *eg.* cyfansawdd o glorin a metel. CHLORIDE.

clorino, *be.* trwytho â chlorin. TO CHLORINATE.

clorio, *be.* dodi clawr. TO PUT ON A COVER.

cloroffil, *eg.* y lliw gwyrdd mewn plan-higion. CHLOROPHYLL.

cloron, *ell.* (*un. b.*-en). tatw(s). POTA-TOES.

clos[1], *a.* gweler *tlws, tlos.*

clos[2], 1. *eg. ll.*-au. llodrau, trwser byr. PAIR OF BREECHES.
2. *eg. ll.*-ydd. buarth, iard, beili. YARD.

clòs, *a.* trymaidd, mwrn, mwrnaidd, mwll, mwygl. CLOSE.

closio, *be.* agosáu. TO DRAW NEAR.

*****closter**, *eg. ll.*-au : *****clostr**, *eg. ll.*-au. clas, clwysty. CLOISTER.

clowrllyd, *a.* crachlyd, clafriog. SCABBY, MANGY.

clöyn, *eg. ll.*-nau. clap, clop, boglyn. BOSS, KNOB.
Clöyn iâ. ICICLE.

*****clud**, 1. *eb.* cerbyd. VEHICLE.
2. *egb.* bagiau ; cyfoeth. BAGGAGE ; RICHES.

cludair, *eb. ll.* cludeiriau. 1. pentwr ; buarth coed. HEAP ; WOOD YARD.
2. ysgraff. RAFT.

cludbridd, *eg.* pridd wedi ei gludo. TRANSPORTED SOIL.

*****cludfalch**, *a.* cyfoethog. RICH.

*****cludfan**,1. *eg.* moliant, mawl. PRAISE.
2. *a.* clodfawr. PRAISEWORTHY.
3. *eg.* pentwr uchel. HIGH PILE.

cludiad, *eg. ll.*-au. y weithred neu'r gost o gludo, trosglwyddiad. CONVEY-ANCE.

cludiant, *eg.* cludiad, dull cludo. TRANSPORT.

cludo,*be.*cario, dwyn, cywain. TO CARRY.

*****cludrad**, *eg.* dawn, rhodd. GIFT.

*****cludwair** : **cludwedd**, *eb.* pentwr ; buarth coed. PILE ; WOOD YARD.

cludwr, *eg. ll.*-wyr. un sy'n cludo, cariwr. CARRIER, PORTER, BEARER.

cludydd, *eg. ll.*-ion. cludwr, peth sy'n cludo. CARRIER, BEARER, CONVEYOR.

clugiar, *eb.ll.*-ieir. petrisen.PARTRIDGE.

clul, *eg. ll.*-iau. cnul. KNELL.

*clun, *eg.* maes, dôl. MEADOW.

clun, *eb. ll.*-iau. y rhan o'r goes uwch-law'r ben-lin. HIP, THIGH, LEG.

clunhecian : clunhercian, *be.* cerdded yn gloff. TO LIMP.

clunhercyn, *eg.* person cloff. A LAME PERSON.

clunllaes, *a.* cloff. LIMPING.

clunwst, *eg.* poen yn y glun. SCIATICA.

cluro, *be.* rhwbio ; iro. TO RUB ; TO SMEAR.

clust, *egb. ll.*-iau. organ y clyw. EAR.

clust(d)lws, *eg. ll.* clust(d)lysau, addurn clust. EAR-RING.

clusten, *eb.* 1. rhan o'r glust. LOBE (OF EAR).

    2. rhan o'r galon. AURICLE.

    3. bonclust. BOX ON EAR.

clustew, *a.* trwm o glyw. HARD OF HEARING.

clustfeinio, *be.* gwrando'n astud. TO LISTEN INTENTLY.

clustfodrwy, *eb. ll.*-au. clustdlws. EAR-RING.

clustfyddar, *a.* byddar. DEAF.

clustgell, *eb.* y glust allanol ; dwy ran uchaf y galon. AURICLE.

clustiog, *a.* â chlustiau. EARED.

clustog, *eb. ll.*-au. peth i orffwys pen arno, gobennydd. PILLOW, CUSHION.

clustogwlad, *eb. ll.*-wledydd. gwlad fel byffer rhwng dwy wlad. BUFFER-STATE.

clustrwm, *a.* trwm o glyw. HARD OF HEARING.

clwb, *eg. ll.* 1. clybiau. cymdeithas o bobl yn diddori yn yr un pethau. CLUB.

    2. pastwn, cnap. CUDGEL, KNOB.

clwc, *eg. ll.*-ion. sŵn iâr. CLUCKING.

clwc, *a.* 1. drwg, gorllyd, clonc. BROODY, ADDLED.

    Iâr glwc. BROODY HEN.

    Wy clwc. ADDLED EGG.

    2. gwael, sâl, tost. ILL.

    3. toredig mewn sŵn. BROKEN-SOUNDED.

clwcian, *be.* clochdar. TO CLUCK.

*clwch, *eg. ll.* clychod. craig ; bryncyn ; chwydd. CRAG ; HILLOCK ; SWELLING.

clwff, *eg. ll.* clyffiau. talp. LUMP.

clwm, *eg. ll.* clymau. y peth a wneir ar linyn wrth ei glymu, clymiad. KNOT, TIE.

*clwm, *eg.* melodi, tôn. MELODY, TUNE.

clwpa, *eg. ll.*-od. clopa. KNOB, BOSS.

clws, *a.* gweler *tlws*.

clwstwr, *eg. ll.* clystyrau. swp, sypyn. CLUSTER.

clwt : clwtyn, *eg. ll.* clytau, clytiau. darn o frethyn, darn, llain, brat, cerpyn. PIECE, RAG.

    Yn glwt. COMPLETELY.

    Ar y clwt. STRANDED, HOMELESS.

clwyd, *eb. ll.*-i, -au. 1. llidiart, iet, gât, porth. GATE, HURDLE.

    2. esgynbren. ROOST.

*clwydedd, *eg.* drws. DOOR.

clwyden, *eb. ll.*-ni. clwyd. HURDLE.

clwydo, *be.* mynd i orffwys dros nos (gan ieir). TO ROOST.

clwyf, *eg. ll.*-au. archoll, briw, gweli ; clefyd. WOUND ; DISEASE.

    Clwyf gwahanol : clwyf mawr. LEPROSY.

    Clwyf melyn. JAUNDICE.

    Clwyf pennau. MUMPS.

    Clwyf y marchogion. PILES.

clwyfedig, *a. ll.*-ion. archolledig. WOUNDED.

*clwyfiant, *eg.* anaf, dolur. WOUND, PAIN.

clwyfo, *be.* archolli ; clafychu. TO WOUND ; TO SICKEN.

clwyfog, *a.* clwyfedig. WOUNDED.

clwyfus, *a.* tost, blin, dolurus, poenus, anhwylus. WOUNDED, SORE, SICK.

*clwyr, 1. *ell.* clêr, beirdd. MINSTRELS.

    2. *eg.* clerigwr. CLERIC.

*clwysty, *eg. ll.*-tai. clas. CLOISTER.

clybio, *be.* ffurfio clwb. TO CLUB.

*clybod, 1. *be.* clywed. TO HEAR, TO FEEL.

    2. *eg.* clyw. HEARING.

clybodeg, *eb.* gwyddor sŵn. ACOUSTICS.

clybodig, *a.* yn ymwneud â sŵn. ACOUSTIC.

*clybodigaeth, *eb.* clyw. HEARING.

clych, *ell.* clychau. BELLS.

clyd, *a.* cysurus, diddos, cysgodol, cynnes, cryno. COSY, SNUG, SHELTER-ED, WARM.

clydwch, *eg.* cysur, cysgod, diddos-rwydd. SHELTER, WARMTH.

clydwr, *eg.* cysgod, clydwch. SHELTER, REFUGE.

clyfar, *a.* medrus ; clên. CLEVER ; AGREEABLE, AFFABLE.

*clyfaredd, *eg.* cytundeb. AGREEMENT.

clyfrwch, *eg.* medrusrwydd. CLEVER-NESS.

clymblaid, *eb. ll.*-bleidiau. clic, carfan. CLIQUE, COTERIE, COALITION.

clymbleidiaeth, *eb.* y cyflwr o fod yn glymblaid. CLANNISHNESS.

clymhercian, *be.* gweler *clunhercian.*

clymhercyn, *a.* yn hercian. HOBBLING.

clymog, *a.* â cheinciau, â chlymau. KNOTTY.

clymu, *be.* cylymu, rhwymo. TO TIE.

*clŷr, *ell.* (*un. g.* cleheryn). cacwn y meirch. GADFLIES.

clytio, *be.* cywiro rhwyg, gosod darnau wrth ei gilydd. TO PATCH.

clytiog, *a.* bratiog, yn ddarnau, wedi ei glytio. PATCHED, RAGGED.

clytwaith, *eg.* gwaith clytiog. PATCH-WORK.

clyw, *eg.* y gallu i glywed, clybod, clywedigaeth. HEARING.

clywadwy, *a.* y gellir ei glywed, hyglyw. AUDIBLE.

clywed, *be.* amgyffred â'r glust neu'r trwyn neu'r tafod neu'r galon, etc. ; teimlo. TO HEAR, TO FEEL, TO TASTE, TO SMELL.

clywedig, *a.* clywadwy, wedi ei glywed. AUDIBLE, HEARD.

clywedigaeth, *eb.* clyw ; clybodeg ; cynulleidfa. HEARING ; ACOUSTICS ; AUDIENCE.

clywedydd, *eg. ll.*-ion. un sy'n clywed. HEARER.

cnaf, *eg. ll.*-on. dihiryn, gwalch, adyn, twyllwr, cenau. RASCAL, KNAVE.

cnafaidd, *a.* fel cnaf, drwg. KNAVISH.

cnaif, *eg. ll.* cneifiau, cneifion. cnuf ; y weithred o gneifio. FLEECE ; A SHEARING.

cnap, *eg. ll.*-au, -iau. telpyn, talp, clap, darn ; cainc ; botwm. KNOB, LUMP ; KNOT ; BUTTON.

cnapan, *eg.* pêl bren ; math o chwarae. BALL OF WOOD ; A KIND OF GAME.

cnapiog, *a.* talpiog, clapiog. LUMPY, KNOBBED, KNOTTED.

cnau, *ell.* (*un. b.* cneuen). ffrwythau'r gollen, etc. NUTS.

*cnaw, *eg.* asgwrn, asgwrn pen. BONE, SKULL BONE.

cnawd, *eg.* cig. FLESH.

*cnawd, *a.* gweler *gnawd*.

cnawdol, *a.* yn perthyn i'r cnawd, corfforol. OF FLESH, CARNAL, FLESHY, BODILY.

cnawdoli, *be.* gwneud yn gnawd. TO INCARNATE.

cnawdoliaeth, *eb.* ymgnawdoliad. IN-CARNATION.

cnawdolrwydd, *eg.* y cyflwr o fod yn gnawdol. CARNALITY.

cnec, *eb. ll.*-iau. clec, rhech, bram. CRACK, FART, SNAP.

cnecian, *be.* ⎱ clecian. TO CRACK, TO
cnecu, *be.* ⎰ FART, TO SNAP.

cneifdy, *eg. ll.*-dai. tŷ cneifio. SHEAR-ING-HOUSE.

cneifio, *be.* gwelleifio, tocio, torri. TO SHEAR.

cneifion, *ell.* cnufau. CLIPPINGS.

cneifiwr, *eg. ll.*-wyr. un sy'n cneifio, gwelleifydd. SHEARER.

cnepyn, *eg.* clap bychan. SMALL LUMP.

*cnes, *eg.* clawr, croen. COVER, SKIN.

cneua, *be.* casglu cnau. TO NUT.

cneuen, *eb. ll.* cnau. ffrwyth y gollen, etc. NUT.

cnewyllaidd,-ol, *a.* niwclear. NUCLEAR.

cnewyllog, *a.* chwarennog. GLANDULAR.

cnewyllyn, *eg. ll.* cnewyll. y tu mewn i gneuen, bywyn. KERNEL, NUCLEUS.

cnic, *eg. ll.*-au. ergyd ysgafn, cnith. RAP, TAP.

cnipell, *eb.* bryncyn. HILLOCK.

*cnipws, *eg.* ergyd ysgafn. RAP.

cnith, *eg.* ergyd ysgafn, brathiad. RAP, BITE.

cnithio, *be.* ergydio, plicio. TO TAP, TO PLUCK.

*cniw, *eg. ll.*-iau. twr, haid. SET, PACK.

cno, *eg. ll.*-eon. ⎱ brathiad, tamaid.
cnoad, *eg. ll.*-au. ⎰ BITE.

cnoc, *egb. ll.*-au. ergyd, trawiad. A KNOCK.

cnocell, *eb. ll.*-au. trawiad, ergyd ysgafn. BLOW, TAP.

cnocellu, *be.* taro, ergydio. TO TAP.

cnocio, *be.* taro, ergydio, curo. TO STRIKE, TO KNOCK, TO BEAT.

*cnodig, *a.* ⎱ cigog, bras, tew.
cnodiog, *a.* ⎰ FLESHY, FAT.

cnodwe, *eb. ll.*-oedd. y sylwedd sy'n ffurfio organau'r corff. TISSUE.

cnofa, *eb. ll.*-feydd. cnoad, poen. GNAWING, ACHE, PANG.

    Cnofa cydwybod. REMORSE.

cnofain, *be.* cnoi, deintio. TO GNAW.

cnoi, *be.* torri â'r dannedd, brathu, curio. TO BITE, TO CHEW, TO ACHE.

cnot, *eg. ll.*-iau. 1. cwlwm. KNOT.

    2. aeron, grawn. BERRY.

cnotyn, *eg.* cnepyn ; cwlwm. SMALL KNOB ; KNOT.

cnöwr, *eg. ll.*-wyr. un sy'n cnoi. CHEWER.

cnu, *eb. ll.*-au. cnuf, cnaif. FLEECE.

cnuch, *eg.* cymal ; cydiad. JOINT ; COPULATION.

cnuch(i)o, *be.* cydio. TO COPULATE.

*cnud, *eg. ll.*-oedd. haid (o fleiddiaid), llu. PACK (OF WOLVES), HOST.

cnul, *eg. ll.*-iau. sŵn cloch, sŵn cloch ar farwolaeth neu angladd. KNELL.

cnulio, *be.* canu cnul. TO KNELL.

cnwb, *eg. ll.* cnybiau. tusw, cnap. BUNCH, KNOB.

cnwc, *eg. ll.* cnycau. bryncyn, ponc, bryn, twmpath ; ergyd ; cnap, chwydd. HILLOCK ; BUMP ; LUMP ; BUTTE.

cnwch, *eg.* boglwm ; cymal ; cydiad. BOSS ; JOINT ; COPULATION.

cnwd, *eg. ll.* cnydau. cynnyrch, ffrwyth. CROP.

***cnwmp**, *eg. ll.* cnympiau. pastwn. CLUB.

cnwpa, *eb.* talp ; pastwn. KNOB ; CLUB.

cnyciog, *a.* talpog, anwastad. LUMPY, BUMPY.

cnydfawr, *a.* toreithiog, ffrwythlon, cynhyrchiol. PRODUCTIVE, FRUITFUL.

cnydio, *be.* cynhyrchu, ffrwytho. TO CROP.

cnydiog, *a.* ⎱ ffrwythlon, cnydfawr.
cnydiol, *a.* ⎰ PRODUCTIVE.

cnyw, *eg. ll.*-ion. anifail ifanc, cyw, ebol. YOUNG ANIMAL, FOAL.

cob¹, *eg. ll.*-au. twff ; corryn. TUFT ; SPIDER.

cob², *eg. ll.*-iau. clawdd, ffos, argae. EMBANKMENT.

côb, *eb. ll.* cobau. ⎱ mantell ; côt.
coban, *eb. ll.* -au. ⎰ CLOAK ; COAT.
Coban nos. NIGHT-SHIRT.

cobler, *eg. ll.*-iaid. crydd. COBBLER.

coblera, *be.* gwneud gwaith cobler. TO COBBLE.

cobleraidd, *a.* trwsgl. CLUMSY.

coblyn, *eg.* bwgan, ellyll, pwca, bwci. SPRITE, GOBLIN.

cobyn, *eg. ll.*-nau. twff. TUFT.

cocian, *be.* clochdar, clwcian. TO CACKLE.

cocos, *ell.* dannedd olwyn. COGS.

cocos : cocs, *ell.* (*un. b.* cocsen). pysgod y môr sy'n byw mewn cregyn, rhython. COCKLES.

cocraeth, *eg.* maldod. PAMPERING.

cocwll, *eg.* cwcwll, cwfl. HOOD, COWL.

coch, *a. ll.*-ion. lliw gwaed, rhudd, ysgarlad. RED.
Coch y berllan. BULLFINCH.

cochder, *eg.* cochni. REDNESS.

cochddu, *a.* dugoch, brown. BROWNISH.

cochi, 1. *be.* troi'n goch, gwneud yn goch, gwrido. TO REDDEN, TO BLUSH.
2. *eg.* cochni. REDNESS.

cochiad, *eg. ll.*-iaid. grugiar. GROUSE.

***cochineb**, *eg.* cochni. REDNESS.

cochl, *eb. ll.*-au. mantell, clogyn, hugan, coban. MANTLE, CLOAK.

cochlas, *a.* porffor. PURPLE.

cochli, *be.* cuddio, mantellu. TO HIDE, TO CLOAK.

cochni, *eg.* gwrid, lliw coch. REDNESS.

cochrudd, *a.* rhuddgoch, gwaedlyd. CRIMSON, RUDDY.

***cochwedd**, 1. *a.* coch, gwaedlyd. RED, BLOOD-STAINED.
2. *eg.* lladdfa. SLAUGHTER.

***cochwyddawl**, *a.* cochlyd. REDDISH.

cod, *eg. ll.*-au. 1. cwd, cwdyn, ffetan, sach. BAG, POUCH, SCROTUM.
2. coden, plisgyn, masgl, cibyn. POD, HUSK.

codaid, *eg. ll.*-eidiau. llond cod. BAGFUL.

***codarmur**, *eg.* arfwisg. COAT-ARMOUR.

codeiddio, *be.* cyfundrefnu. TO CODIFY.

codeiddiwr, *eg. ll.*-wyr. un sy'n codeiddio. CODIFIER.

coden, *eb. ll.*-nau. cwd ; plisgyn ; cod â gôr. BAG, POUCH ; HUSK, POD ; CYST.

codennog, *a.* â chodau, â phlisg. HAVING BAGS, HAVING PODS OR CYSTS.

codi, *be.* 1. cyfodi, cwnnu, tarddu. TO RISE.
2. adeiladu. TO ERECT.
3. chwyddo. TO SWELL.
4. achosi, creu. TO CAUSE.
5. cynhyrchu. TO PRODUCE.
6. prynu (ticed). TO BUY.
7. tynnu allan. TO WITHDRAW (MONEY).

codiad, *eg. ll.*-au. y weithred o godi. esgynfa, tarddiad, dyrchafiad, cynnydd. RISING, RISE, SOURCE, ELEVATION, ADVANCE.

codl, *eb.* cymysgwch, lol. MUDDLE, NONSENSE.

codlo, *be.* drysu, cymysgu ; siarad dwli. TO CODDLE ; TO TALK NONSENSE.

codlwr, *eg. ll.*-wyr. cymysgwr, dryswr, bwnglerwr. MUDDLER.

codog, 1. *a.* â chodau, cyfoethog. BAGGY, RICH.
2. *eg.* cybydd. MISER.

codowrach, *eb.* ac *e.torf.* cacimwci. BURDOCK, DEADLY NIGHT-SHADE.

codwarth, *eg.* gweler *codowrach.*

codwm, *eg. ll.* codymau. cwymp, disgyniad. A FALL.
Ymaflyd codwm. TO WRESTLE.

codwr, *eg. ll.*-wyr. 1. un sy'n codi, dyrchafwr. RISER, RAISER.
Codwr canu. PRECENTOR.
2. peiriant codi. ELEVATOR.

codymu, *be.* cwympo ; ymaflyd codwm. TO FALL ; TO WRESTLE.

***codded**, *eg. ll.*-au. llid ; gofid, poen. VEXATION ; ANNOYANCE.

***coddedig**, *a.* llidiog ; gofidus. ANGRY ; VEXATIOUS.

***coddi**, *be.* llidio ; blino. TO OFFEND ; TO ANNOY.

***coddiad**, *eg.* ⎱ digofaint, blinder, sar-
***coddiant**, *eg.* ⎰ had. INDIGNATION, ANNOYANCE, INSULT.

***coddig**, *a.* gweler *coddedig.*

coed, *ell.* (*un. b.* coeden). prennau, gwŷdd ; coedwig. TREES, TIMBER ; WOOD.

coediar, *eb. ll.*-ieir. ffesant. PHEASANT.

coedio, *be.* 1. cryfhau neu guddio â choed. TO TIMBER.
2. pastynu. TO CUDGEL.

coed(i)og, *a.* â llawer o goed. WOODY.

coediwr, *eg. ll.*-wyr. torrwr coed. WOODMAN.

coedlan, *eb. ll.*-nau. coedwig fach. COPSE, COPPICE.

coedol, *a.* yn ymwneud â choed. ARBOREAL.

coedwal, *eb. ll.*-au. prysglwyn. THICKET.

coedwig, *eb. ll.*-oedd. gwig, fforest, coed, gwŷdd. FOREST, WOOD.

coedwigaeth, *eb.* gwyddor sy'n ymwneud â choed. FORESTRY.

coedwigo, *be.* plannu coed, fforesta. TO PLANT TREES.

coedwigwr, *eg. ll.*-wyr. torrwr coed, fforestwr. FORESTER.

coedyn, *eg. ll.* coed. pric, darn o goed. STICK, LOG.

coedd, *a.* yn perthyn i bawb, cyhoeddus, cyffredin. PUBLIC. Ar goedd. PUBLICLY.

coeg, *a.* 1. gwag. EMPTY.
2. ofer. VAIN.
3. gwirion, ffôl. SILLY.
4. dall, tywyll. BLIND.

coegbeth, *eg. ll.*-au. peth diwerth. BAUBLE.

coegddall, *a.* cibddall. PURBLIND.

coegddigrif, *a.* masweddus. RIBALD.

coegddyn, *eg. ll.*-ion. coegyn ; ffŵl. FOP ; FOOL.

coegedd, *eg.* gwagedd, oferedd ; gwamalrwydd. VANITY ; FRIVOLITY.

coegen, *eb.* merch neu wraig ofer, un wamal. COQUETTE, WENCH.

coegfalch, *a.* coegwych. FOPPISH.

coegfall, *a.* gwawdlyd, dychanol. SATIRICAL.

coegfeddyg, *eg. ll.*-on. crachfeddyg, cwac. QUACK DOCTOR.

coegfeddyginiaeth, *eb.* cwacyddiaeth. QUACKERY.

coegi, *be.* gwatwar, gwawdio. TO MOCK, TO DERIDE.

coegio, *be.* twyllo, gweithredu'n ddichellgar. TO DECEIVE, TO CHEAT.

coeglyd, *a.* coeg, gwatwarus, sbeitlyd. VAIN, SATIRICAL.

coegni, *eg.* gweler *coegedd*.

coegsiarad, *eg.* gwag-siarad. EMPTY TALK.

coegwr, *eg. ll.*-wyr. cnaf, ffŵl. KNAVE, FOOL.

coegwych, *a.* llachar, gorwych. GARISH, GAUDY.

coegyn, *eg. ll.*-nod. person balch neu hunanol. COXCOMB, FOP.

coegynnaidd, *a.* coegwych, mursennaidd. FOPPISH.

coel, *eb. ll.*-ion. 1. arwydd. OMEN.
2. cred, ymddiried. BELIEF, TRUST.
3. credyd. CREDIT.
4. cofl. EMBRACE.
Ar goel. ON CREDIT.

coelbren, *eg. ll.*-nau, -ni. tynged. LOT, BALLOT.
Coelbren y beirdd. BARDIC ALPHABET.

coelcerth, *eb. ll.*-i. tân mawr yn yr awyr agored. BONFIRE.

*****coelfain,** *eb. ll.* colfeiniau. 1. yn arwyddo'n dda ; newydd da. GOOD OMEN OR TIDINGS.
2. rhodd, dawn. REWARD, GIFT.

*****coelfuchedd,** *eb.* ofergoeliaeth. SUPERSTITION.

*****coelgae,** *eg.* sicrwydd. CERTAINTY.

coelgrefydd, *eb. ll.*-au. ofergoeliaeth. SUPERSTITION.

coelio, *be.* credu, ymddiried, hyderu, goglyd, bwrw coelbren. TO BELIEVE, TO TRUST, TO CAST LOTS.

coeliwr, *eg. ll.*-wyr. credwr, un sy'n rhoi credyd. BELIEVER, CREDITOR.

*****coelwan,** *eg.* cyflafan sicr. CERTAIN SLAUGHTER.

*****coelydd,** *eg.* credwr. BELIEVER.

coes, 1. *ebg. ll.*-au. un o aelodau'r corff, esgair. LEG.
Coes osod. ARTIFICIAL LEG.
2. *eg.* bonyn, dwrn, carn, corn. STALK, HANDLE.

coesarf, *eg. ll.*-au. arf i amddiffyn y goes. GREAVE.

*****coesed,** *eg.* ac *a.* o gan ; bara can. MANCHET.

*****coesfoll,** *a.* coesgam. BANDY-LEGGED.

coesgam, *a.* gargam. BANDY-LEGGED.

coesgoch, *a.* â choesau coch. RED-LEGGED. 1. dail Robin. HERB ROBERT.
2. aderyn â choesau coch. RED-SHANK.

coesgroes, *a.* â choesau wedi eu croesi. CROSS-LEGGED.

coesgyn, *eg.* coes. LEG, STEM.

coeta, *be.* casglu coed. TO GATHER WOOD.

coetan, *eb. ll.*-au. } cylch haearn trwm
coeten, *eb. ll.*-au. } a deflir mewn chwarae arbennig. QUOIT.

coetgae, *eg.* parc, maes. PARK, FIELD.

coetgi, *eg. ll.*-gwn. ci gwyllt. WILD DOG.

coetwch, *eb. ll.*-hychod. hwch wyllt. WILD SOW.

coetir, *eg. ll.*-oedd. tir coediog. WOOD-LAND.

coetre, *eb.* cartref yn y coed. WOODLAND DWELLING.

coety, *eg. ll.*-tai. coetre ; deildy ; tŷ coed. WOODLAND DWELLING ; BOWER ; WOODHOUSE.

coeth, *a.* 1. pur, glân, purlan. PURE, REFINED.
2. gwych, cain. FINE.
3. diwylliedig. CULTURED.

coethder, *eg.* ceinder, gwychder, puredd, coethiad. REFINEMENT.

coethedig, *a.* coeth, gwych. REFINED, FINE.

coethi, *be.* puro ; blino ; cosbi ; cyffroi ; clebran. TO REFINE ; TO WORRY ; TO PUNISH ; TO STIR ; TO PRATE.

coethwr, *eg. ll.*-wyr. 1. un sy'n coethi. REFINER.
2. anogwr. INSTIGATOR.

cof, *eg. ll.*-ion. y gallu i alw yn ôl i'r meddwl neu i gadw yn y meddwl, atgof, coffa, coffadwriaeth, synnwyr iawn. MEMORY, REMEMBRANCE, RIGHT MIND.

cofadail, *eb. ll.*-eiliau, -eiladau. cofgolofn. MONUMENT.

*cofaint, *eg.* gweler *cwfaint.*

*cof(i)awdr, 1. *eg.* cofiadur. REMEMBRANCER.
2. *a.* cofus. MINDFUL.

cofeb, *eb. ll.*-ion. cofarwydd. MEMORIAL.

*cofedig, *a.* cofiadwy. MEMORABLE.

cofgolofn, *eb. ll.*-au. cofadail. MONUMENT.

*cofiad, *eg.* cofiwr. REMEMBRANCER.

cofiadur, *eg. ll.*-on, -iaid. un sy'n cofnodi. RECORDER.

cofiadwy, *a.* cofus, gwerth ei gofio. MEMORABLE.

cofiannol, *a.* perthynol i gofiant, bywgraffyddol. BIOGRAPHICAL.

cofiannu, *be.* ysgrifennu cofiant. TO WRITE A BIOGRAPHY.

cofiannydd, *eg. ll.* cofianyddion. cofiannwr, ysgrifennwr cofiant, bywgraffydd. BIOGRAPHER.

*cofiant, *eg. ll.*-nnau. cofeb. MEMORIAL.

cofiant, *eg. ll.*-nnau. bywgraffiad. BIOGRAPHY.

cofiedydd, *eg. ll.*-ion. 1. cofiadur. RECORDER.
2. cofiwr. REMEMBRANCER.

cofio, *be.* dwyn i gof, bod ar gof, atgofio. TO REMEMBER.

cofiwr, *eg. ll.*-wyr. un â chof da ; un sy'n cofio. PERSON WITH GOOD MEMORY ; REMEMBRANCER.

cofl, *eb.* mynwes ; cofleidiad. BOSOM ; EMBRACE.

coflaid, *eb. ll.*-eidiau. llond côl ; anwylyd. ARMFUL ; DARLING.

cofleidiad, *eg. ll.*-au. anwesiad. EMBRACE.

cofleidio, *be.* mynwesu, gwasgu, anwesu. TO EMBRACE.

coflyfr, *eg. ll.*-au. llyfr cofnodi, cronicl. RECORD, REGISTER, CHRONICLE.

*cofnod, *eg.* cofadail. MONUMENT.

cofnod, *eg. ll.*-ion. cofysgrif. MEMORANDUM, MINUTE.

cofnodi, *be.* dodi ar glawr, nodi mewn ysgrifen. TO RECORD.

cofrestr, *eb. ll.*-au, -i. catalog ; rhestr. CATALOGUE ; REGISTER.

cofrestru, *be.* gwneud rhestr o enwau, rhoi enw i ymuno. TO REGISTER.

cofrestrwr, *eg. ll.*-wyr. 1 un sy'n cof-
cofrestrydd, *eg. ll.*-ion. ∫ restru. REGISTRAR.

cofrodd, *eb. ll.*-ion. rhodd er cof am rywun. KEEPSAKE, SOUVENIR.

cofus, *a.* cofiadwy ; â chof da. MEMORABLE ; WITH GOOD MEMORY.

cofweini, *be.* cynorthwyo rhywun i gofio. TO PROMPT.

cofweinydd, *eg. ll.*-ion. un sy'n cofweini. PROMPTER.

coffa, *eg. ll.*-on, -eion. cof ; cofeb. MEMORY ; MEMORIAL.

coffâd, *eg.* coffa. REMEMBRANCE.

coffadwriaeth, *eb. ll.*-au. coffâd, cof. REMEMBRANCE, MEMORY.

coffadwriaethol, *a.* er cof. MEMORIAL.

coffadwy, *a.* cofus. MEMORABLE.

coffáu, *be.* atgofio, atgoffa, atgofféu. TO RECOLLECT, TO COMMEMORATE.

coffi, *eg.* diod gyffredin. COFFEE.

coffr, *eg. ll.*-au. cist, coffor, blwch. COFFER, CHEST.

cofftio, *be.* traflyncu. TO QUAFF.

cog[1], *eb. ll.*-au. cwcw. CUCKOO.

cog[2], *eg. ll.*-au. cogydd. COOK.

cogail, *eg. ll.* cogeiliau. pastwn ; ffon i ddal llin. CUDGEL ; DISTAFF.

cogeilgorff, *eg. ll.*-gyrff. corff union. STRAIGHT BODY.

cogeilyn, *eg.* cogail, ffon. DISTAFF.

coges, *eb. ll.*-au. cogyddes. COOK.

cogfran, *eb. ll.*-frain. jac-y-do. JACKDAW.

coginiaeth, *eb.* cogyddiaeth. COOKERY.

*coginiaethu, *be.* ⎱ gwneud bwyd. TO
coginio, *be.* ⎰ COOK.

cogio, *be.* cymryd ar, ffugio, honni, ffuantu, twyllo. TO PRETEND, TO CHEAT.

cogiwr, *eg. ll.*-wyr. ymhonnwr, ffuant-
wr, twyllwr. PRETENDER, SWINDLER.

*****coglofft,** *eb. ll.*-ydd. nennawr, garet.
GARRET.

cogor, 1. *be.* trydar, cadw sŵn (gan
adar), crawcian. TO CHATTER, TO
CROAK.

    2. *eg.* crawc, trydar. CHATTERING.

cogorus, *a.* trystfawr. NOISY.

cogr-droi, *be.* troelli, chwyrlïo. TO
SPIN.

cogwrn, *eg. ll.* cogyrnau, cegyrn.
tas fach, helm; côn; masgl wy;
dwrn. STACK OF CORN, CONE; EGG-
SHELL; KNOB.

cogydd, *eg. ll.*-ion. cog. COOK.

cogyddes,*eb. ll.*-au. gwraig sy'n cogin-
io. COOK.

cogyddiaeth, *eb.* coginiaeth. COOKERY.

congl, *eb. ll.*-au. cornel, cwr. CORNER.

conglfaen, *eg. ll.* conglfeini, -fain.
maen congl. CORNER-STONE.

conglog, *a.* â chonglau. CORNERED.

coiff, *eg.* cap. COIF.

col, *eg. ll.*-ion. 1. barf ŷd. (BEARD OF
CORN).

    2. colyn. STING.

col, *eg. ll.*-au. bwlch mewn rhes o
fynyddoedd. COL.

côl, *eb.* arffed, mynwes. LAP, BOSOM.

cola, *eg.* col. BEARD (OF CORN).

coladu, *eb.* cymharu, trefnu. TO
COLLATE.

*****colas,** *eg.* tŷ siaptr. CHAPTER-HOUSE.

colb(i)o, *be.* curo, dyrnu. TO THRASH.

colect, *eg. ll.*-au. ⎱ gweddi fer. COLLECT.
*****coled,** *eg.* ⎰

coledd, *be.* coleddu, noddi. TO CHERISH,
TO FOSTER.

coleddiad, *eg. ll.*-au. meithriniad.
FOSTERAGE.

coleddu, *be.* meithrin, noddi, llochesu.
TO CHERISH, TO FOSTER.

coleddwr, *eg. ll.*-wyr. un sy'n coleddu,
noddwr, cefnogwr. CHERISHER,
PATRON.

coleg, *eg. ll.*-au. canolfan addysg
uwchraddol. COLLEGE.

    Coleg Hyfforddi. TRAINING COLLEGE.

    Coleg Technegol. TECHNICAL COLLEGE.

colegol, *a.* yn perthyn i goleg. COLLEG-
IATE.

colegwr, *eg. ll.*-wyr. myfyriwr mewn
coleg. COLLEGIAN.

coler, *egb. ll.*-i, -au. rhwymyn am y
gwddf, torch. COLLAR.

colera, *eg.* y geri marwol CHOLERA.

colero, *be.* gafael wrth y coler, dal. TO
COLLAR.

colfach, *eg. ll.*-au. colyn. HINGE.

colfachu, *be.* troi ar golyn. TO HINGE,
TO PIVOT.

colfen, *eb. ll.*-ni, -nau. 1. cainc, cangen.
BRANCH.

    2. coeden. TREE.

colio, *be.* pigo, colynnu. TO STING.

coliog, *a.* 1. â cholyn. HAVING A STING.

    2. â barf neu gola. HAVING A
BEARD (OF CORN).

colm, *eg.* gwibdaith, tro. JAUNT.

colma, *be.* ⎱ gwibdeithio, mynd am
colmio, *be.* ⎰ dro. TO JAUNT.

colofn, *eb. ll.*-au. piler uchel, rhes.
COLUMN, PILLAR.

colofnfa, *eb. ll.*-feydd. colofnres. COL-
ONNADE.

coloid,*eg.* cyfansawdd gludiog. COLLOID.

coloidaidd, *a.* gludiol, yn cydio.
COLLOIDAL.

colomen, *eb. ll.*-nod. aderyn cyffredin.
PIGEON, DOVE.

colomendy, *eg. ll.*-dai. adeilad lle
cedwir colomennod. DOVE-COTE.

colomennaidd, *a.* fel colomen. DOVE-
LIKE.

*****colon,** *eb. ll.*-au. colofn. COLUMN.

colon, *eg.* gorwahannod. COLON.

colp, *eg. ll.*-au. dart; cledren flaenllym.
DART; POINTED SPAR.

colres,*eb.ll.*-i.manion diwerth. TRIFLES.

*****cols,** *eg.* pendorïad. DECOLLATION.

colsyn, *eg. ll.* cols. marworyn. EMBER.

coludd, *e.torf.* ⎱ (*un. g.* coluddyn).
coluddion, *e.torf.* ⎰ ymysgaroedd, per-
fedd. BOWELS, INTESTINES.

coluro, *be.* 1. lliwio, peintio. TO COLOUR,
TO MAKE UP.

    2. cuddio. TO CONCEAL.

    3. rhwbio yn erbyn. TO RUB
AGAINST.

*****colwedd,** *eb.* calon. HEART.

colwyn (ŵy), *eg. ll.*-od. cenau, ci bach.
PUPPY.

*****colwynes,** *eb. ll.*-au. bydwraig. MID-
WIFE.

*****colwyno,** *be.* gweini fel bydwraig;
anwesu, mwytho. TO ACT AS MID-
WIFE; TO FONDLE.

*****colwynyddiaeth,** *eb.* bydwreigiaeth,
obstetreg. MIDWIFERY, OBSTETRICS.

colyn, *eg.* 1. peth sy'n pigo, col. STING.

    2. colfach. HINGE, PIVOT.

colynnog, *a.* â cholyn; â cholfach.
STINGING; HINGED.

colynnu, *be.* pigo, colio. TO STING.

coll, 1. *eg. ll.*-iadau. diffyg, nam,
gwendid, ffaeledd, colled. DEFECT,
LOSS. 2. *a.* colledus. LOST.

colladwy, *a.* y gellir ei golli. PERISH-
ABLE.

*collborth, *eb. ll.*-byrth. porth distryw. GATE OF PERDITION.

collddail, *a.* yn colli dail. DECIDUOUS.

colled, *egb. ll.*-ion. yr hyn sydd ar goll, y stad o golli. LOSS.

*colledau, *ell.* colledion. LOSSES.

colledig, *a.* ar goll, ar grwydr, wedi ei ddamnio. LOST, DAMNED.

colledigaeth, *eb.* distryw, colled. PERDITION, LOSS.

colledu, *be.* peri colled. TO CAUSE LOSS.

colledus, *a.* â cholled, yn dwyn colled. FRAUGHT WITH LOSS, INJURIOUS.

colledwr, *eg. ll.*-wyr. un sy'n colli. LOSER.

collen, *eb. ll.* cyll. pren cnau. HAZEL.

collfarn, *eb.ll.*-au. tynged ; cyhuddiad ; condemniad. DOOM ; CONVICTION ; CONDEMNATION.

collfarnu, *be.* condemnio. TO CONDEMN.

colli, *be.* methu dod o hyd i, gweld eisiau, methu, gwastraffu, gollwng. TO LOSE, TO SPILL, TO FAIL, TO MISS.

colliad, *eg. ll.*-au. colled ; diffyg, nam. LOSS ; DEFECT.

colliant, *eg. ll.*-nnau. colled. LOSS.

collnod, *eg. ll.*-au. sillgoll ('). APOSTROPHE.

collwr, *eg. ll.*-wyr. un sy'n colli. LOSER.

collwydd, *ell. (un. b.*-en). coed cnau. HAZEL TREES.

collwyn, *eg. ll.*-i. llwyn cyll. HAZEL GROVE.

coma, *eg.* gwahannod. COMMA.

combr, *eg.* lliain main. CAMBRIC.

comed, *eb. ll.*-au. seren gynffon. COMET.

*comffordd, *eg.* cysur. COMFORT.

*comfforddus, *a.* cyffyrddus, cysurus. COMFORTABLE.

comin, *eg. ll.*-s. tir cyd, cytir, tir cyffredin. COMMON (LAND).

cominwr, *eg. ll.*-wyr. gwerinwr, aelod o Dŷ'r Cyffredin. COMMONER.

comisiwn, *eg.* dirprwyaeth. COMMISSION.

Comiwnydd, *eg. ll.*-ion. credwr mewn Comiwnyddiaeth. COMMUNIST.

Comiwnyddiaeth, *eb.* yr athrawiaeth sy'n dweud y dylai nwyddau, ynghyd â'r modd i'w cynhyrchu, etc. fod yn eiddo cymdeithas. COMMUNISM.

Comiwnyddol, *a.* yn perthyn i Gomiwnyddiaeth. COMMUNIST.

*compod, *eg. ll.*-au. mesur, safon. MEASURE, STANDARD.

comun, *eg. ll.*-au. rhanbarth, cymdeithas. COMMUNE.

côn, *eg. ll.* conau. curn. CONE.

conaidd, *a.* fel côn. CONOID.

conach, *be.* ⎱ grwgnach, cwyno, ach-
conan, *be.* ⎰ wyn. TO GRUMBLE, TO MUTTER.

concro, *be.* gorchfygu, trechu, maeddu, curo. TO CONQUER.

concwerio, *be.* ⎱ gorchfygu, concro. TO
concweru, *be.* ⎰ CONQUER.

concwerwr, *eg. ll.*-wyr. gorchfygwr, trechwr. CONQUEROR.

concwest, *eb. ll.*-au. buddugoliaeth, goruchafiaeth. VICTORY.

condemniad, *eg. ll.*-au. yr act o gondemnio, euogfarn. CONDEMNATION.

condemnio, *be.* barnu yn euog, euogfarnu. TO CONDEMN.

condemniwr, *eg. ll.*-wyr. un sy'n condemnio. CONDEMNER.

*coned, 1. *a.* gwych. FINE.

2. *eg.* gogoniant, anrhydedd. GLORY, HONOUR.

conell, *eb. ll.*-au. cynffon, bôn. TAIL, RUMP.

confentigl, *eg. ll.*-au. cyfarfod dirgel afreolaidd. CONVENTICLE.

conffesor, *eg. ll.*-iaid. cyffeswr. CONFESSOR.

conffirmasiwn, *eg.* y weithred o gonffirmio. CONFIRMATION.

conffirmio, *be.* derbyn yn aelod eglwysig. TO CONFIRM.

*confford(d), *eg.* cysur. COMFORT.

*confforddus, *a.* cysurus. COMFORTABLE.

conigol, *a.* curnol, yn perthyn i gôn. CONICAL.

conio, *be.* deintio. TO NIBBLE.

conion, *ell.* bonau. STUMPS.

cono, *eg.* dyn, ' creadur.' FELLOW, FOGEY.

consentrig, *a.* cynghreiddig. CONCENTRIC.

consul, *eg. ll.*-iaid. cynrychiolydd llywodraeth. CONSUL.

consuriaeth, *eb.* castau hud. CONJURING.

consurio, *be.* peri i ymddangos, ymarfer castau hud. TO CONJURE.

consuriwr, *eg. ll.*-wyr. un sy'n consurio, dyn hysbys. CONJURER.

cont, *eb. ll.*-au. dirgelwch gwraig. VAGINA.

conyn, *eg. ll.*-nod, cawn. coes ; colyn ; bonyn. STALK ; STING ; STUMP.

cop, *eg.* copyn, corryn, pryf copyn. SPIDER.

copa, *eg. ll.* copâu, copaon. pen, crib, brig, blaen, twff. SUMMIT, TOP, TUFT.

copi, *eg.* prysglwyn. COPSE.

4

copi, *eg. ll.* copïau. 1. adysgrif, efel-
ychiad.
   2. llyfr ysgrifennu, cyfrol. COPY-
   BOOK, VOLUME.
copiddaliad, *eg. ll.*-au. deiliadaeth tir
(gynt). COPYHOLD.
copiddeiliad, *eg. ll.*-iaid. deiliad tir
(gynt). COPYHOLDER.
*copinod, *eg. ll.*-au. gwybodaeth,
awgrym, newyddion. INFORMATION,
HINT, NEWS.
copïo, *be.* adysgrifennu, efelychu,
dynwared. TO COPY.
copïwr, *eg. ll.* copïwyr. un sy'n ad-
ysgrifennu neu ddynwared. COPYIST.
copog, *a.* â thwff neu gopa. TUFTED,
CRESTED.
copr, *eg.* metel melyngoch. COPPER.
copraidd, *a.* fel copr. COPPERY.
*copras, *eg.*   ⎫ haearn sylffad.
*coprys, *eg.*   ⎬ COPPERAS.
copyn, *eg. ll.*-nau, -nod. corryn. SPIDER.
côr, *eg. ll.* corau. 1. mintai o gantorion.
CHOIR.
   2. sedd, eisteddle. PEW.
   3. lle i fwydo ceffyl neu fuwch.
   STALL.
*cor, *eg.* gweler *cordd²*.
cor, *eg. ll.*-rod. 1. dyn bach, corrach.
DWARF.
   2. corryn, copyn. SPIDER.
*corawg, 1. *eg.* dyn haelionus. GENER-
OUS PERSON.
   2. *a.* haelionus. LIBERAL.
corawl, *a.* yn ymwneud â chôr.
CHORAL.
corbedwyn, *eg.* gweler *cardydwyn*.
corberth, *eb. ll.*-i. perth fechan. DWARF
BUSH.
corbwll, *eg. ll.*-byllau. pwllyn. PUDDLE.
corbys, *ell.* pys bychain. DWARF PULSE.
corc, *eg.* 1. corcyn. CORK.
   2. ysbonc, naid. BOUNCE, HOP.
corco, *be.* 1. ysboncio, llamu. TO HOP.
   2. dodi corcyn. TO CORK.
cord, *eg. ll.*-iau. 1. llinell gysylltiol dwy
arc. CHORD.
   2. cyd-drawiad dau nodyn neu
fwy. CHORD (MUSIC).
   3. cordyn. CORD.
cordeddog, *a.* wedi ei gordeddu,
troellog. TWISTED ; MEANDERING.
cordeddu, *be.* cyfrodeddu, troi, nyddu.
TO TWIST, TO TWINE.
corden, *eb. ll.*-ni. cordyn, llinyn, rhaff.
CORD, STRING, ROPE.
*cordiad, *eg. ll.*-au. cytundeb. AGREE-
MENT.
*cordio, *be.* cytuno. TO AGREE.

*cordref, *eb. ll.*-i, -ydd. treflan, pentref.
HAMLET, VILLAGE.
*cordwal, *eg.*   ⎫ lledr o Gordofa. COR-
*cordwan, *eg.*   ⎬ DOVAN LEATHER.
cordyn, *eg. ll.*-ion. tennyn, llinyn,
rheffyn. CORD, STRING.
*cordd¹, *eb. ll.*-au. 1. llestr mawr i ddal
llaeth. CHURN.
   2. corddiad. CHURNING.
*cordd², *eg. ll.*-au, cyrdd. llwyth,
torf, teulu. TRIBE, HOST, FAMILY.
corddi, *be.* 1. gwneud ymenyn mewn
buddai, ewynnu. TO CHURN, TO
FOAM.
   2. terfysgu. TO AGITATE.
corddiad, *eg. ll.*-au. y weithred o
gorddi, cynhyrfiad. A CHURNING.
corddlan, *eb. ll.*-nau. corlan. FOLD.
corddwr, *eg. ll.*-wyr. un sy'n corddi ;
buddai. CHURNER ; CHURN.
corddyn¹, *eg.* colfach, colyn, echel.
HINGE, PIVOT, AXLE.
corddyn², *eg. ll.*-ion. corrach. DWARF.
cored, *eb. ll.*-au. mur o bolion ar draws
afon i ddal pysgod, cronfa, argae.
WEIR, DAM.
*coredwr, *eg. ll.*-wyr. pysgotwr. FISH-
ERMAN, WEIR-MAN.
*corelw, *eg. ll.*-au, -on.⎫ dawns.
*corelwest, *eb. ll.*-au. ⎬ DANCE.
*corelwi, *be.* dawnsio ; chwyrlïo, troelli.
TO DANCE ; TO WHIRL.
corf, 1. *eb. ll.*-au. corn cyfrwy. POMMEL
OF SADDLE.
   2. *eg. ll.*-au. colofn, cynheiliad.
COLUMN, SUPPORT.
corfan, *eg. ll.*-nau. bar mewn llinell
o farddoniaeth. METRICAL FOOT.
corfannu, *be.* dadansoddi llinell yn
gorfannau. TO SCAN.
corfedw, *ell.* (*un. b.*-en) bedw bach.
DWARF BIRCH.
corfran, *eb. ll.*-frain. cogfran. JACKDAW.
corff, *eg. ll.* cyrff (corffau, corffoedd).
   1. y cwbl o ddyn neu anifail. BODY.
   2. celain. CORPSE.
   3. nifer o bersonau â'r un diddor-
deb. SOCIAL BODY.
   4. swm o arian mewn banc, etc.
CAPITAL.
corffilyn, *eg. ll.* corffilod. cell yn y
gwaed. CORPUSCLE.
*corfflan, *eb. ll.*-nau. mynwent, claddfa.
CEMETERY.
corfflosgfa, *eb. ll.*-feydd. crematoriwm,
darlosgfa. CREMATORIUM.
corfflu, *eg. ll.*-oedd. adran o fyddin.
CORPS.
corffog, *a.* ⎫ tew, mawr. CORPULENT.
corffol, *a.* ⎬

corffolaeth, *eb.* maint, corff ; corfforaeth. STATURE, SIZE ; CORPORATION.

corffoledd, *eg.* corff. PHYSIQUE.

corffoli, *be.* ymgorffori, cyfuno. TO EMBODY.

corfforaeth, *eb. ll.*-au. cymdeithas neu gorff a all trwy gyfraith weithredu fel un person, cwmni. CORPORATION. Corfforaeth Ddarlledu. BROAD- CASTING CORPORATION.

corfforaethol, *a.* yn perthyn i gorff- oraeth. CORPORATE.

corffori, *be.* cynnwys, cyfuno. TO INCORPORATE.

corfforol, *a.* yn ymwneud â'r corff, yn gyfan gwbl. BODILY.

corffyn, *eg.* corff (bach). BODY.

corgan, *eb. ll.*-au. cân i gôr, erddigan, siant. CHANT.

corganu, *be.* sianto, llafarganu. TO CHANT.

corgeiniad, *eg. ll.*-iaid. aelod o gôr ; un sy'n llafarganu. CHORISTER ; CHANTER.

corgi, *eg. ll.*-gwn. 1. ci a choesau byr ganddo. CORGI.
2. un annymunol, costog. CUR.

corgimwch, *eg. ll.*-ychiaid. anifail y môr. PRAWN.

*****coriar,** *eb. ll.*-ieir. petrisen ; bantam. PARTRIDGE ; BANTAM.

corlan, *eb. ll.*-nau. ffald, lloc. FOLD, PEN.

corlannu, *be.* gosod mewn corlan neu ffald, llocio, ffaldio. TO FOLD, TO PEN.

corn, *eg. ll.* cyrn. 1. sylwedd caled sy'n tyfu ar ben rhai anifeiliaid. HORN.
2. offeryn cerdd, utgorn. TRUMPET, HORN.
3. croen caled ar law neu droed. CORN.
4. offeryn cario sŵn a ddefnyddir gan feddyg. STETHOSCOPE.
5. *Beibl.* nerth. MIGHT.
Corn aradr. PLOUGH-HANDLE.
Corn gwddf : chwyth. WINDPIPE.
Corn mwg : corn simnai. CHIMNEY.
Corn y radio. LOUDSPEAKER.
Yn feddw gorn. REELING DRUNK.
Corn pori. GULLET.

cornaid, *eg. ll.*-eidiau. llond corn. HORNFUL.

cornaidd, *a.* fel corn. HORNY.

cornant, *eb. ll.* cornentydd. nant fechan, afonig, ffrwd, gofer. BROOK.

*****cornawr,** *eg.* un sy'n canu corn ; arweinydd. BUGLER, TRUMPETER ; LEADER.

cornboer, *eg.* llysnafedd. PHLEGM.

corned, *eg. ll.*-au. corn. CORNET.

cornel, *eb. ll.*-au. congl, cwr, cil, ongl. CORNER.

cornelog, *a.* â chonglau. CORNERED.

cornelu, *be.* gyrru i gornel, cuddio. TO CORNER, TO HIDE.

cornelyn, *eg.* cornel bach. SMALL CORNER.

cornet, *eg. ll.*-au. corn. CORNET.

cornicyll, *eg. ll.*-od. cornchwiglen. LAPWING, PLOVER.

cornio, *be.* 1. ymosod â chyrn, cyrchu. TO GORE.
2. archwilio â chorn meddyg. TO EXAMINE WITH A STETHOSCOPE.

corniog, *a.* cyrnig. HORNED.

*****cornor,** *eg. ll.*-ion. arweinydd. LEADER.

cornor, *eg. ll.*-ion. canwr corn. BUGLER.

cornwyd, *eg. ll.*-ydd. chwydd llidus yn cynnwys crawn, pendduyn, llinoryn. BOIL, ABSCESS, SORE.

*****cornwyd.** *eg.* pla. PLAGUE, PESTILENCE.

*****corodyn,** *eg.* corryn, llyg. SPIDER, SHREW.

coron, 1. *eb. ll.*-au. penwisg brenin neu fardd, etc. CROWN. (*ac yn ffig.*).
2. *eg. ll.*-au, coronau. darn o arian gwerth pum swllt. FIVE SHILL- INGS (CROWN).

coronbleth, *eb. ll.*-au. talaith, coron. CHAPLET, DIADEM.

coronedigaeth, *eb.* coroniad. CORON- ATION.

*****coronhau,** *be.* coroni. TO CROWN.

coroni, 1. *be.* gosod coron ar frenin neu fardd, etc. ; anrhydeddu. TO CROWN.
2. *eg.* coroniad. CORONATION.

coroniad, *eg. ll.*-au. y weithred o goroni, coroni. CORONATION.

coronig, *eb.* coron fach. CORONET.

coronog, *a.* â choron, wedi ei goroni. CROWNED.

corpws, *eg.* corff. BODY.

corrach, *eg. ll.* corachod. dyn neu anifail neu blanhigyn llai na'r cyffredin, un bach. DWARF, PYGMY.

corres, *eb.* coraches. FEMALE DWARF.

corryn, *eg. ll.* corynnod. 1. cor, pryf copyn, cop, copyn. SPIDER.
2. corrach. DWARF.

cors, *eb. ll.*-ydd. tir gwlyb a meddal, mignen, siglen. BOG, FEN.

corsen, *eb. ll.*-nau, cyrs. cawnen, cecysen, calaf. REED, STALK, STEM.

corsennaidd, *a.* ⎫ llawn o gorsennau.
corsennog, *a.* ⎭ REEDY.

corslyd, *a.* ⎫
corsog, *a.* ⎬ gwlyb, fel cors. BOGGY.

corstir, *eg. ll.*-oedd. tir corsog, mignen. MARSH-LAND, BOG.

*cort, *eg. ll.* cyrt. cordyn, rhaff. CORD, ROPE.

*corten, *eb. ll.*-ni. llen. CURTAIN.

cortyn, *eg. ll.*-nau. 1. cordyn, rhaff. CORD, ROPE.

    2. *llen. CURTAIN.

corun, *eg. ll.*-au. 1. copa'r pen. CROWN (OF THE HEAD), TOP.

    2. pen wedi ei eillio. TONSURE.

    O'r corun i'r sawdl. FROM TIP TO TOE.

*corunog, *a.* 1. coronog, â chorun wedi ei eillio. CROWNED, TONSURED.

corus, *eg.* mesur Iddewig. MEASURE OF CAPACITY (HEBREW).

corwg, *eg. ll.*-ygau. ⎫ 1. cwrwgl.
corwgl, *eg. ll.*-yglau. ⎬ CORACLE.

    2. corff, (byw neu farw), cnaf. BODY, CORPSE, KNAVE.

corwynt, *eg. ll.*-oedd. trowynt, hyrddwynt. WHIRLWIND, HURRICANE.

cos, *eb. ll.* cosfeydd. y crafu, y clafr. ITCH.

cosb, *eb. ll.*-au. cosbedigaeth, dirwy, cerydd. PUNISHMENT, PENALTY.

cosbadwy, *a.* y gellir ei gosbi. PUNISHABLE.

*cosbawd, *eg.* cosb. PUNISHMENT.

cosbedigaeth, *eb.* cosb, cerydd. PUNISHMENT, AFFLICTION.

cosbedigaethol, *a.* ⎫ cosbol. PUNITIVE,
cosbedigol, *a.* ⎬ PENAL.

cosbi, *be.* ceryddu, poeni. TO PUNISH, TO CHASTIZE.

cosbol, *a.* yn cosbi, PUNITIVE.

cosbwr, *eg. ll.*-wyr. ⎫ un sy'n cosbi.
cosbydd, *eg. ll.*-ion. ⎬ PUNISHER.

cosfa, *eb. ll.*-feydd. 1. enynfa, cosi. ITCH, IRRITATION.

    2. crasfa, cweir, curfa, cot, coten. THRASHING.

*cosgordd, *eb. ll.*-ion. gosgordd, teulu, mintai. RETINUE, HOST.

cosi, 1. *eg.* y crafu, enynfa. ITCH.

    2. *be.* crafu, ysu. TO ITCH.

cost, *eb. ll.*-au. pris, traul, gwerth. COST.

costawci, *eg.* corgi. CUR, MASTIFF, WATCH-DOG.

costfawr, *a.* costus, drud, prid. COSTLY.

costio, *be.* talu am. TO COST, TO EXPEND.

costog, 1. *a.* sarrug, taeog. SURLY.

    2. *eg.* corgi, taeog, cerlyn. CUR, CHURL.

*costom : costwm, *eg.* arfer, defod. CUSTOM.

costrel, *eb. ll.*-au, -i. potel. BOTTLE.

costrelaid, *eb. ll.*-eidiau. potelaid, llond costrel. BOTTLEFUL.

costrelu, *be.* gosod mewn costrel, potelu. TO BOTTLE.

costus, *a.* drud, prid, gwerthfawr, drudfawr. EXPENSIVE.

cosyn, *eg. ll.*-nau. darn cyflawn crwn o gaws. A CHEESE.

*cot, *eg. ll.*-iaid. cerlyn; cybydd. CHURL.; MISER.

cot, *eb. ll.*-au. ⎫ gwisg uchaf. COAT.
côt, *eb. ll.* cotiau. ⎬

    Cot law. MACKINTOSH.

    Rhoi cot. TO GIVE A THRASHING.

cota, *ab.* cwta, byr. SHORT, ABRUPT.

*cotardi, *eb.* siaced dynn. TUNIC.

*cotarmur, *eg.* pais arfau. arfwisg, COAT OF MAIL, COAT OF ARMS.

cotiar, *eb. ll.*-ieir. iâr y gors. COOT.

cotwm, *eg. ll.* cotymau. defnydd meddal i wneud dillad. COTTON.

cotymaidd, *a.* fel cotwm. COTTONY.

*cotyn, *eg. ll.* cotiaid. cybydd, cerlyn. MISER, CHURL.

cowlaid, *eb.* gweler *coflaid*.

cowlas, *egb. ll.*-au. cwlas, adran tu mewn i feudy, etc. BAY (OF BUILDING).

cowmon : cowman, *eg. ll.*-myn. un â gofal gwartheg. COW-MAN.

cownt, *eg.* cyfrif. ACCOUNT.

cowntio, *be.* cyfrif, clandro. TO COUNT, TO CALCULATE.

cowper, *eg. ll.*-iaid. gwneuthurwr casgenni, etc. COOPER.

cowpog, *egb.* brech. VACCINATION.

*cowyll, *eg. ll.*-ion. gwisg, gorchudd; rhodd briodas y gŵr i'r wraig. DRESS; MARRIAGE GIFT.

*cowyn, *eg.* pla marwol. PLAGUE.

crab, *eg.* afal sur; person sur. CRAB-APPLE; SOUR PERSON.

crabaidd, *a.* sarrug, blin. CRABBED, SURLY.

crabas, *ell.* gweler *crabys*.

crabed, *a.* sarrug, afrywiog. CRABBED, ILL-TEMPERED.

crabi, *eg.* camder, cemi, CROOKEDNESS.

crabio, *be.* crebachu, cilio. TO SHRINK.

crablyd, *a.* 1. sarrug, afrywiog. CRABBED.

    2. bach iawn, crebachlyd. STUNTED.

crabys, *ell.* (*un. g.*-yn, *b.*-en). afalau surion bach. CRAB-APPLES.

crac, 1. *eg. ll.*-au, -iau. agen, hollt, toriad, rhaniad. CRACK.

    2. *a.* llidiog, cynddeiriog. ANGRY.

cracio, *be.* hollti, torri. TO CRACK.

crac(i)og, *a.* a chrac ynddo. CRACKED.

crach, *ell.* gweler *crachen*.

crachach, *ell.* crachfoneddwyr. SNOBS.

crachboer, *eg.* poer llysnafeddog. PHLEGM.

crachen, *eb. ll.* crach. 1. cramen neu groen newydd ar glwyf. SCAB.
2. *ll.* clefyd tatws neu ffrwythau, etc. SCAB.

crachennu, *be.* magu crach(en). TO BECOME SCABBY.

crachfardd, *eg. ll.*-feirdd. rhigymwr. POETASTER.

crachfeddyg, *eg. ll.*-on. cwac. QUACK DOCTOR.

crachfonedd, *eg.* crachuchelwyr ; snobyddiaeth. UPSTARTS ; SNOBBERY.

crachfonheddig, *a.* snobyddlyd. SNOBBISH.

crachfonheddwr, *eg. ll.*-wyr. coeg uchelwr. UPSTART.

crachlyd, *a.* ⎱ â chrach. SCABBY,
crachog, *a.* ⎰ MANGY.

craen, *eg. ll.*-iau. peiriant codi pwysau trwm. CRANE.

*craesawu, *be.* croesawu. TO WELCOME.

*craesed, *eg.* llestr haearn i losgi olew. CRESSET.

*cra, *e.torf.* ⎱ garlleg.
*craf, *e. torf.* ⎰ GARLIC.

crafangio, *be.* cipio (â chrafanc). TO CLAW, TO CLUTCH.

crafangwr, *eg. ll.*-wyr. cipiwr, gafaelwr. GRASPER, GRABBER.

crafanc, *eb. ll.* crafangau. ewin aderyn neu anifail, pawen, palf. CLAW, TALON.

crafat : crafet, *egb.* defnydd hir a wisgir am y gwddf a'r ysgwyddau, sgarff, ffunen. SCARF.

crafell, *eb.* llafn, ysgrafell, ffeil, offeryn pobydd i symud torthau mewn ffwrn. SCRAPER, RASP, BAKER'S PEEL.

crafiad, *eg. ll.*-au. clwyf arwynebol, cripiad, cosiad. A SCRATCH.

crafion, *ell.* yr hyn a grefir neu a neddir, creifion, ysgrafion, pilion, naddion. SCRAPINGS, SHAVINGS.

crafu¹, *eg.* cos, cosfa. ITCH.

crafu², *be.* 1. rhwbio ag offeryn miniog, cosi. TO SCRATCH, TO ITCH.
2. trachwantu, crafangu. TO GRAB, TO SCRAPE.

crafwr, *eg. ll.*-wyr. un sy'n crafu, offeryn crafu. SCRATCHER, SCRAPER.

craff¹, *eb. ll.*-au. gafael ; gafaelfach. CLASP ; CRAMP.

craff², *a.* 1. eiddgar, llym, awchus, miniog. KEEN.
2. sylwgar, treiddgar. OBSERVANT, PENETRATING.
3. cyflym, clau. QUICK.
4. call, doeth. SAGACIOUS.
5. cryf. FIRM.

craffaidd, *a.* craff, doeth. KEEN, WISE.

craffter, *eg.* 1. eiddgarwch, llymder. KEENNESS.
2. sylwadaeth fanwl. CLOSE OBSERVATION.
3. cyflymder. QUICKNESS.
4. callineb. SAGACITY.

craffu, *be.* gafael ; sylwi'n fanwl. TO GRASP ; TO LOOK OR LISTEN INTENTLY.

craffus, *a.* craff, eiddgar. KEEN.

cragen, *eb. ll.* cregyn. gorchudd caled am rai creaduriaid, crogen, tagell (pysgodyn). SHELL, GILL.

crai, *a.* ffres, newydd, amrwd, gwyrf, ir, croyw. NEW, FRESH, RAW.
Defnyddiau crai. RAW MATERIALS.
Bara crai : bara croyw. UNLEAVENED BREAD.

craidd, *eg. ll.* creiddiau. canol, calon, rhuddin. CENTRE, HEART, MIDDLE.

craiff, *a.* trugarog. MERCIFUL.

*craifft, *ebg. ll.* creifftiau. arysgrif. INSCRIPTION.

craig, *eb. ll.* creigiau. darn enfawr o garreg, clogwyn, clegr. ROCK, CRAG.

*crain, 1. *a.* yn ymdreiglo, ar wastad. WALLOWING, PROSTRATE.
2. *eg.* ymdreiglad, cwymp. WALLOWING, FALL.

crair, *eg. ll.* creiriau. darn er cof am rywbeth, rhywbeth a gedwir i goffáu sant, swyn, trysor. RELIC, HOLY THING, TALISMAN, TREASURE.

craith, *eb. ll.* creithiau. ôl clwyf neu ddolur. SCAR.

crallo, *eg.* hurtyn. CRAZY PERSON.

cramen, *eb. ll.*-nau. crachen, crawen. SCAB, CRUST.

cramennog, *a.* yn llawn crach ; crawennog. SCABBY ; CRUSTED.

cramennu, *be.* crachennu ; crawennu. TO SCAB ; TO CRUST.

cramenogion, *ell.* anifeiliaid y dŵr a chragen ganddynt. CRUSTACEA.

cramwythen, *eb. ll.* cramwyth. crempogen, ffroesen, ffreisen, poncagen. PANCAKE.

cranc¹, *eg. ll.*-od. 1. creadur bach y môr ac iddo gragen galed. CRAB.
2. cig marw, cancr. GANGRENE, CANCER.
3. corrach. DWARF.

cranc², *eg. ll.*-iau. 1. gwerthyd i droi olwyn, etc. CRANK.
2. dyn mympwyol. CRANK.

crand, *a.* ardderchog, mawreddog, godidog. GRAND.

crandrwydd, *eg.* ardderchowgrwydd, mawredd, godidowgrwydd, gwych-der. GRANDEUR.

crap, *eg.* 1. gafael, dalfa. GRIP.
   2. gwybodaeth brin arwynebol, syniad. SMATTERING, NOTION.

crapio,*be.*gafael, bachu, gafaelyd, bach-ellu, cipio. TO GRAPPLE, TO SNATCH.

cras, *a. ll.* creision. 1. wedi ei grasu. BAKED.
   2. crasboeth, sych. SCORCHED, ARID.
   3. aflafar, llym, gerwin, cas. HARSH, ROUGH, RUDE.

crasboeth, *a.* cras, sych. PARCHED, SCORCHED, TORRID.

crasdant, *eg. ll.*-nnau. tant cras caled. SHARPENED HARP-STRING.

crasfa, *eb. ll.*-feydd. cot, cweir, curfa. THRASHING.

crasgalaf, *e.torf.* cawn cras. DRY REEDS.

crasgnoi, *be.* cnoi'n swnllyd. TO CRUNCH.

crasiad, *eg.* pobad, y weithred o grasu. BAKING.

craslyd, *a.* cras. HARSH; SCORCHED.

crasog, *a.* garw, cras. ROUGH, HARSH.

craster, *eg.* yr ansawdd o fod yn gras, sychter. HARSHNESS, ARIDITY.

crastir, *eg. ll.*-oedd. tir cras. PARCHED LAND.

crasu, *be.* pobi, llosgi, sychu; rhoi cweir, curo. TO BAKE, TO SCORCH, TO ROAST; TO BEAT.

craswr, *eg. ll.*-wyr. un sy'n crasu, pobydd. DRYER, BAKER.

crasyd, *e. torf.* llafur neu ŷd cras. PARCHED CORN.

*crau, 1. *eg.* gwaed. BLOOD.
   2. *a.* gwaedlyd. BLOODY.

crau, *eg. ll.* creuau. 1. twll, agorfa, soced, llygad. SOCKET, EYE.
   2. *eg.* twlc, cwt. PIGSTY.

*craw, *eg.* 1. llechen wael. WORTHLESS SLATE.
   eg. 2. crawen. CRUST.

crawc, *eb. ll.*-iau. sŵn isel aflafar brân neu froga, etc. CROAK.

crawcian, *be.*⎫ crïo'n aflafar, swnio fel
crawcio, *be.* ⎭ brân neu froga, etc.; crygleisio, grymial. TO CROAK.

crawcwellt, *eg.* glaswellt cwrs. COARSE GRASS.

crawen, *eb. ll.*-nau. wyneb caled bara, etc.; crofen, crystyn. CRUST.

crawennog, *a.* cramennog, crofennog. CRUSTY, CRUSTACEOUS.

crawennu, *be.* cramennu, crofennu. TO CRUST.

crawn, *eg.* mater tew mewn clwyf gwenwynllyd, gôr, madredd, gwaedgrawn. PUS.

*crawn, *eg. ll.*-au. cronfa; trysor. HOARD; TREASURE.

crawni, *be.* ⎫ casglu (am glwyf), cryn-
crawnio, *be.* ⎭ hoi, gori. TO GATHER PUS.

crawnllyd, *a.* gorllyd, madreddog. PURULENT, MATTERY.

cread, *eg.* yr hyn a grewyd, cread-igaeth, bydysawd, hollfyd. CREAT-ION, UNIVERSE.

creadigaeth, *eb. ll.*-au. cread, bydys-awd, holl fyd, peth creëdig. CREAT-ION.

creadigol, *a.* yn creu; wedi ei greu. CREATIVE; CREATED.

creadur, *eg. ll.*-iaid. peth byw, anifail, mil, milyn, bwystfil. CREATURE.

creadures, *eb. ll.*-au. creadur benyw. (FEMALE) CREATURE.

creaduriaeth, *eb.* ⎫ creadigaeth.
creadwriaeth, *eb.* ⎭ CREATION.

*creadwu, *be.* creu. TO CREATE.

creawdwr, *eg. ll.*-wyr. ⎫ un sy'n creu,
creawdydd, *eg. ll.*-ion. ⎭ crëwr. CREATOR.

crebach, *a.* ⎫ wedi tynnu ato, wedi
crebachlyd, *a.* ⎭ crychu, crychlyd. WITHERED, SHRUNK.

crebachu,*be.* tynnu at, mynd yn llai, cywasgu, crychu, gwywo, crino. TO SHRINK, TO WITHER, TO SHRIVEL.

crebwyll, *eg. ll.*-ion. ffansi, darfelydd, dychymyg. FANCY, INVENTION.

crec, *eb. ll.*-iau. clec, clep; toriad; eiliad. CRACK; BREAK; INSTANT.

creciad, *eg. ll.*-au. crec, clec; trydar. CRACKLE, CLACK; CHIRPING.

crecian, *be.* 1. clecian, clepian. TO CLACK, TO CLAP.
   2. trydar, clochdar. TO CHIRP, TO CLUCK.

creciar, *eb. ll.* crecieir. rhegen yr ŷd. CORNCRAKE.

crechwen, *eb.* chwerthin uchel, chwerthin gwawdlyd. LOUD LAUGH-TER, DERISIVE LAUGHTER.

crechwen(u), *be.* chwerthin yn uchel neu'n wawdlyd. TO LAUGH LOUDLY, TO MOCK.

crechydd, *eg.* crychydd, crëyr. HERON.

cred, *eb. ll.*-au. 1. crediniaeth, coel, ffydd, credo, crefydd, ymddiriedaeth. BELIEF, FAITH, RELIGION, TRUST.
   2. llw, addewid. OATH, PROMISE.
   3. y byd Cristionogol. CHRISTEN-DOM.

credadun, 1. *eb. ll.*-ion, credinwyr. un sy'n credu, credwr Cristionogol. BELIEVER (RELIGIOUS). 2. *a.* credadwy, cywir, ffyddlon. CREDIBLE, FAITHFUL.

*credaduniaeth, *eb.* cytundeb, llw. AGREEMENT, OATH.

credadwy, *a.* y gellir ei gredu, hygoel, hygred. CREDIBLE.

crediniaeth, *ebg. ll.*-au. cred, credo, crefydd, ffydd, y byd Cristionogol. BELIEF, RELIGION, FAITH, CHRISTENDOM.

crediniol, 1. *a.* yn credu. BELIEVING. 2. *eg.* credadun. BELIEVER.

credo, *eb. ll.*-au. cred, crediniaeth, cyffes ffydd. CREED, BELIEF.

*credofydd, *eg. ll.*-ion. pennaeth ffydd. LORD OF FAITH.

credu, *be.* 1. coelio, ymddiried, hyderu, goglyd. TO BELIEVE, TO TRUST. 2. tueddu at. TO BE DISPOSED.

*creduniaeth, *eb.* gweler *crediniaeth*.

credwr, *eg. ll.*-wyr. credadun ; echwynnwr. BELIEVER ; CREDITOR.

credyd, *eg. ll.*-au. ymddiriedaeth ; cymeriad, enw da. CREDIT.

*credd, *eg. ll.*-au. tymer, anianawd. NATURE, DISPOSITION.

creëdig, *a.* wedi ei greu, yn perthyn i'r cread. CREATED, BELONGING TO CREATION.

cref, *ab.* cryf. STRONG, MIGHTY.

*crefadur, *ebg. ll.*-au. pilionen yr ymennydd, breithell. MENINX.

crefu, *be.* ymbil, erfyn, deisyf, atolygu, ymhŵedd, cardota. TO BEG, TO IMPLORE.

crefydd, *eb. ll.*-au, -on. cyfundrefn o ffydd ac addoliad, cred, defosiwn, cred yn Nuw, urdd. RELIGION, DEVOTION, ORDER.

crefydda, *be.* crefyddu, addoli, bod yn grefyddol. TO WORSHIP, TO BE RELIGIOUS.

crefydd-dy, *eg. ll.*-dai. mynachlog, lleiandy. MONASTERY, CONVENT.

crefyddes, *eb. ll.*-au. gwraig grefyddol, lleian. RELIGIOUS WOMAN, NUN.

crefyddgar, *a.* ⎱ duwiol, defosiynol.
crefyddol, *a.* ⎰ RELIGIOUS, DEVOUT.

crefyddoldeb,-der, *eg.* duwioldeb, defosiwn. RELIGIOUSNESS, PIETY.

*crefyddus, *a.* crefyddol. RELIGIOUS.

*crefyddwas, *eg. ll.*-weision. mynach ifanc. ACOLYTE.

crefyddwr, *eg. ll.*-wyr. dyn crefyddol, credadun ; offeiriad ; mynach. RELIGIOUS PERSON ; PRIEST ; MONK.

crefft, *eb. ll.*-au. gwaith celfydd neu gywrain, galwedigaeth, celfyddyd, gwaith llaw. SKILL, CRAFT, HANDICRAFT, TRADE.

crefftwaith, *eg.* celfyddyd, crefft, gwaith celfydd. CRAFTSMANSHIP.

crefftwr, *eg. ll.*-wyr. un celfydd neu gywrain, llaw-weithiwr, celfyddydwr, celfyddwr. CRAFTSMAN.

crefftwra, *be.* ymhél â chrefft. TO PRACTISE A CRAFT.

crefftwraidd, *a.* ⎱ medrus, celfydd ; yn
crefftwrol, *a.* ⎰ perthyn i grefft. SKIL-
crefftwrus, *a.* ⎰ FUL ; PERTAINING TO A CRAFT.

creffyn, *eg. ll.*-nau. gafaelfach, rhwymyn haearn, clamp. CLAMP, BRACE, CRAMP-IRON.

creffynnu, *be.* sicrhau â chreffyn. TO BRACE, TO FASTEN.

creglach, *ell.* petheuach. TRIFLES.

creglais, *eg.* gweler *cryglais*.

*creglyd, *a.* cryg, cryglyd. HARSH, HOARSE.

cregynna, *be.* casglu cregyn. TO GATHER SHELLS.

cregynnem, *ebg.* haen loyw cregyn. MOTHER OF PEARL.

cregynnog, *a.* â chregyn. HAVING SHELLS.

cregynnydd, *eg. ll.*-ion. astudiwr cregyn, casglwr cregyn. CONCHOLOGIST, SHELL-GATHERER.

crehyren, *eb.* ⎱ *ll.*-nau. cacynen y
crehyryn, *eg.* ⎰ meirch. GADFLY.

*creiaw, *eg.* math o aredig. KIND OF PLOUGHING.

creider, *eg.* ffresni, purdeb. FRESHNESS, PURITY.

*creiddio, *be.* canoli ; treiddio. TO CENTRALISE ; TO PENETRATE.

creifion, *ell.* crafion, cribinion, pilion. SCRAPINGS, SCRAPS, PARINGS.

creigardd, *eb. ll.*-erddi. gardd o gerrig a blodau yn tyfu arnynt. ROCK-GARDEN.

creigfa, *eb. ll.* creigfeydd. man lle ceir creigiau a blodau arnynt ; creigle. ROCKERY ; ROCKY PLACE.

creighalen, *eg.* solpitar. SALTPETRE.

creigiog, *a.* wedi ei wneud o graig, yn llawn creigiau, ysgithrog, garw. ROCKY.

creigiwr, *eg. ll.*-wyr. chwarelwr sy'n gweithio ar wyneb y graig. QUARRYMAN (ON ROCK FACE).

creiglan, *eb. ll.*-nau, -lennydd. glan greigiog. ROCKY SHORE.

creigle, *eg. ll.*-oedd. lle creigiog. ROCKY PLACE.

creiglethr, *ebg. ll.*-au. llechwedd craig. ROCKY SLOPE.

creigolew, *eg.* olew a geir o greigiau. PETROLEUM.

creigwely, *eg.* craig isaf. BED ROCK.

***creilwg,** *ell.* bonion eithin wedi eu llosgi. BURNT STALKS OF FURZE.

***creilwm,** *a.* noethlwm. BARE.

***creinio,** *be.* ymdreiglo, treiglo, cwympo ; cynffonna. TO WALLOW, TO ROLL DOWN, TO FALL ; TO GROVEL.

creiniog, *a.* ⎱ yn ymdrybaeddu.
creiniol, *a.* ⎰ WALLOWING.

creirfa, *eb. ll.*-feydd, -oedd. lle i gadw creiriau ; amgueddfa. RELIQUARY ; MUSEUM.

***creirhau,** *be.* ⎱ tyngu (ar greiriau),
***creirio,** *be.* ⎰ cadarnhau. TO SWEAR (BY RELICS), TO CONFIRM.

creision, *ell.* sindrys. CINDERS.

creisioni, *be.* torri'n greision, llosgi'n lludw. TO CALCINE, TO BURN TO ASHES.

creithen, *eb. ll.*-nau. craith. SCAR.

creithio, *be.* gadael craith, cael craith. TO SCAR, TO BECOME SCARRED.

creithiog, *a.* â chraith neu greithiau. SCARRED.

crempog, *eb. ll.*-au. : **crempogen,** ffroesen, cramwythen. PANCAKE.

crensio, *be.* creinsio, malu. TO CRUNCH.

creol, *a.* creadigol ; creëdig. CREATIVE ; CREATED.

***crepa,** *eg.* corrach, dyn bach. DWARF, SMALL MAN.

crepach, 1. *a.* gwyw, cwsg, diffrwyth, crebachlyd. WITHERED, NUMB, SHRUNK.
    2. *eg.* diffrwythdra, fferdod. NUMBNESS.

crepachu, *be.* gweler *crebachu.*

crepian, *be.* cropian, hercian. TO CREEP, TO HOBBLE.

crep(i)anog, *eg.* aderyn sy'n ymgripio, planhigyn tebyg. CREEPER.

***cresawu,** *be.* croesawu. TO WELCOME.

***creso,** *eg.* croeso. WELCOME.

crest, *eg. ll.*-i. 1. copa, brig. TOP, CREST.
    2. helm. HELMET.

crest, *e. torf. (un. b.*-en). crachen ; cen ; sorod. SCAB ; SCURF ; SCUM.

crestog, *a.* crachennog ; cennog. SCABBY ; SCURFY.

crestennu, *be.* cramennu ; magu crach neu gen. TO ENCRUST ; TO GROW SCABBY OR SCURFY.

***creth,** *eb.* 1. ansawdd, ffurf, cyflwr. DISPOSITION, FORM, STATE.
    2. cryndod. SHIVERING.

creu, *be.* dod â pheth i fod, peri, achosi, gwneud. TO CREATE.

***crëu,** *be.* 1. crawcian, crygleisio. TO CROAK, TO CAW.
    2. deisyf, erfyn. TO IMPLORE.

***creudde,** *a.* gwaedlyd, creulyd. BLOODY.

***creugar,** *a.* gwaedlyd, chwannog am waed. BLOODY, BLOODTHIRSTY.

***creulan,** *eb.* lle gwaedlyd, brwydr. FIELD OF BLOOD, BATTLE.

***creulawn,** *a.* creulon, gwaedlyd, cïaidd. BLOODY, CRUEL, BRUTAL.

***creuled,** *a.* gweler *creulyd.*

***creulon,** *a.* cyflym, buan, gwaedlyd. SWIFT, BLOODY.

creulon, *a.* anfad, cïaidd, echrydus, milain, ffyrnig, anwar, ysgeler, echryslon, erchyll. CRUEL, HORRIBLE, SAVAGE, TERRIBLE.

creulondeb, *eg. ll.*-au. ⎱ anfadwaith,
creulonder, *eg. ll.*-au. ⎰ cïeidd-dra, ysgelerder, mileindra, erchylltra, echryslonder. CRUELTY.

creuloni, *be.* troi'n greulon, ffyrnigo ; digio. TO BECOME CRUEL ; TO GROW ANGRY.

***creulyd,** *a.* gwaedlyd. BLOODY.

creulys, *eb.* planhigyn bychan a blodau melyn iddo. GROUNDSEL.

***creuol,** *a.* gwaedlyd. BLOODY.

crewcian, *be.* crawcian, crygleisio. TO CROAK, TO CAW.

crëwr, *eg. ll.* crewyr. un sy'n creu, creawdwr. CREATOR.

crewtian, *be.* ⎱ cwynfan, swnian crio.
crewtio, *be.* ⎰ TO WHINE.

***crewyll,** *a.* heb ei ddiwyllio. UNCULTIVATED.

crewyn, *eg. ll.*-nau. pentwr, tas, llwyth. PILE, RICK, LOAD.

***crëydd,** *eg. ll.*-ion. crëwr, creawdwr. CREATOR.

crëyr, *eg.* ⎱ *ll.* crehyrod. crychydd,
crehyr, *eg.* ⎰ crŷr. HERON.

cri, *egb. ll.*-au. llef, dolef, gwaedd, bloedd ; wylofain, nâd. CRY ; LAMENT.

cri, *a.* crai, amrwd ; ffres ; heb lefain ; garw. RAW ; FRESH ; UNLEAVENED ; ROUGH.

criafol, *ell.* ⎱ aeron (y gerdinen),
criafon, *ell.* ⎬ crawel. (MOUNTAIN-ASH)
criawol, *ell.* ⎰ BERRIES.
    Criafolen : pren criafol. MOUNTAIN-ASH.

crib, *egb. ll.*-au. 1. copa, trum, brig. CREST, SUMMIT, RIDGE.
    2. offeryn danheddog i drin gwallt neu wlân, etc. ; cribell, ysgrafell. COMB.

3. tyfiant ar ben adar. BIRD'S COMB.
4. dil mêl. HONEYCOMB.

cribddail, *eg.* y weithred o gribddeilio, trais. EXTORTION, RAPINE.

cribddeilgar, *a.* yn hoff o gribddeilio, gwancus. EXTORTIONATE.

cribddeiliedig, *a.* cribddeilgar. EXTORTIONATE.

cribddeilio, *be.* crafangu, ysbeilio, treisio. TO EXTORT, TO PLUNDER, TO RAVISH.

cribddeiliwr, *eg. ll.*-wyr. un sy'n cribddeilio, crafangwr. EXTORTIONER, PLUNDERER, PROFITEER.

cribell, *eb. ll.*-au. crib aderyn, crib fechan, trum. CREST OF BIRD, SMALL COMB, RIDGE.

cribin, *eb. ll.*-iau. rhaca. RAKE.

cribinio, *be.* crafu â rhaca, rhacanu, crafangu. TO RAKE, TO SCRAPE TOGETHER.

cribiniwr, *eg. ll.*-wyr. un sy'n cribinio, crafangwr, cybydd. RAKER, MISER.

cribo, *be.* defnyddio crib, crafu, sgrafellu, cardio. TO COMB, TO CARD.

*****cribod**, *eg.* crwybr, dil mêl. HONEYCOMB.

cribog, *a.* 1. a chrib iddo, cobynnog, danheddog. CRESTED, INDENTED.
2. serth. STEEP.

cribwr, *eg. ll.*-wyr. un sy'n cribo neu gardio gwlân. COMBER, CARDER.

cric, 1. *eg.* clep, clec. CRACK, SNAP.
2. *eg. ll.*-iaid. criciedyn, cricsyn. CRICKET.
3. *eg. ll.*-iau. poen brathog. CRICK.

criced, *eg.* gêm boblogaidd. CRICKET.

cricedwr, *eg. ll.*-wyr. chwaraewr criced. CRICKETER.

criglyn, *eg. ll.*-nau. tamaid, ôl. SCRAP, TRACE.

crimog, *eb. ll.*-au. 1. asgwrn mawr rhan flaen y goes, coes. SHIN, LEG.
2. coesarf. GREAVE.

crimogi, *be.* ergydio neu gicio'r grimog. TO STRIKE OR KICK THE SHINS.

crimp, 1. *eg. ll.*-(i)au. crimog ; trum ; ymyl galed finiog. SHIN, RIDGE ; SHARP HARD EDGE.
2. *a.* sych, caled ; brau. CRISP ; BRITTLE.

*****crimpaid**, *eg. ll.*-eidiau. pinsiad, ychydig iawn. A PINCH.

crimpen, *eb.* benyw gybyddlyd. STINGY WOMAN.

crimpio, *be.* pinsio, sychu, tolio. TO PINCH, TO CRIMP, TO STINT.

crimpiog, *a.* crych, crebachlyd. CRISP, CRINKLED.

crin, *a. ll.*-ion. gwyw, sych, gwywedig, crebachlyd, crintach. WITHERED, WRINKLED, MISERLY.

*****crinc(a)**, *a.* crinsych. CRIMP, CRISP.

crinder, *eg.* sychder, gwywder. DRYNESS, SEARNESS.

crindir, *eg. ll.*-oedd. tir cras, crastir. PARCHED LAND, DESERT.

*****crinell**, *eb. ll.*-au. 1. pren sych, tanwydd. DRY STICK, FUEL.
2. clec. SNAP, CRACK.

crinellu, *be.* clecian, crino, cadw sŵn megis halwynau twym. TO CRACKLE, TO WITHER, TO DECREPITATE.

cringoch, *a.* llwytgoch, melyngoch, coch. RUSSET, RED.

criniad, *eg. ll.*-au. gwywiad. A WITHERING.

crinllyd, *a.* gwywedig, crychlyd. WITHERED, WRINKLED.

crinllys, *ell.* fioled. VIOLET.

crino, *be.* gwywo, sychu, deifio. TO WITHER, TO DRY UP.

crinsian, *be.* crensian. TO CRUNCH.

crintach, *a.* ⎱ cybyddlyd, llaw
crintachlyd, *a.* ⎰ gaead, llawdyn, prin. MEAN, MISERLY.

crintachrwydd, *eg.* cybydd-dod. NIGGARDLINESS.

crintachu, *be.* gorgynilo, arbed. TO SCRIMP, TO STINT.

crintachwr, *eg. ll.*-wyr. cybydd. MISER.

*****crinus**, *a.* yn chwilfriw. SHATTERED.

*****crinwas**, *eg. ll.*-weision. ⎱ cybydd.
*****crinwaswr**, *eg. ll.*-wyr. ⎰ MISER.

crinwydd, *ell.* coed gwyw. WITHERED STICKS.

crio, *be.* gweiddi, wylo, llefain. TO SHOUT, TO PROCLAIM, TO WEEP.

crip, *eg. ll.*-iau. ⎱ crafiad. SCRATCH.
cripiad, *eg. ll.*-au. ⎰

cripian, *be.* ⎱ 1. crafu. TO SCRATCH.
cripio, *be.* ⎰ 2. ymlusgo, cropian. TO CREEP.

*****crisbin**, *a.* sych, crimp ; gwyw. CRISP ; WITHERED.

crisial(t), *eg.* ac *a.* ⎱ grisial. CRYSTAL.
crisiallt, *eg.* ac *a.* ⎰

crisialu, *be.* cymryd ffurf grisial. TO CRYSTALLIZE.

Cristion, *eg. ll.* Crist(io)nogion. credwr yng Nghrist. CHRISTIAN.

*****Cristionig**, *a.* Cristnogol. CHRISTIAN.

Crist(io)nogaeth, *eb.* crefydd y Cristion, cred yng Nghrist. CHRISTIANITY.

Crist(io)nogol, *a.* â chred yng Nghrist, fel Cristion. CHRISTIAN.

criw, *eg. ll.*-iau. dwylo llong, nifer, cwmni. CREW.

crïwr, *eg. ll.* crïwyr. gwaeddwr, wylwr. CRIER.

crocbont : crogbont, *eb. ll.*-ydd. pont grog. SUSPENSION BRIDGE.

crocbren, *egb. ll.*-ni, -nau. pren a ddefnyddir i grogi person, croesbren. GALLOWS, CROSS.

crocbris, *eg. ll.*-iau. pris afresymol, gorbris. EXORBITANT PRICE.

crocodil, *eg. ll.*-iaid, -od. ymlusgiad mawr trofannol. CROCODILE.

***crocys,** *eg.* twyll ; cynnen. DECEIT ; STRIFE.

***crocysu,** *be.* ymrafael, cynhennu. TO CONTEND, TO DISPUTE.

***crocyswr,** *eg. ll.*-wyr. ymrafaelwr. DISPUTANT.

croch, *a.* uchel, garw, aflafar, brochus ; ffyrnig. LOUD, VOCIFEROUS ; FIERCE.

crochan, *eg. ll.*-au. llestr pridd neu fetel at ferwi neu goginio, berwedydd, pair, callor. CROCK, POT, CAULDRON.

crochenydd, *eg. ll.*-ion. gwneuthurwr llestri pridd. POTTER.

crochenyn, *eg.* crochan bach. LITTLE CROCK.

crochlais, 1. *eg. ll.*-leisiau. bloedd, twrw. SHOUT, NOISE.
2. *a.* â llais uchel. LOUD.

crochlefain, *be.* llefain yn groch, gweiddi, bloeddio. TO CLAMOUR, TO CRY ALOUD.

crochlefwr, *eg. ll.*-wyr. gwaeddwr ; cyhoeddwr. SHOUTER, CRIER ; AN-NOUNCER.

crochwaedd, *eb.* crochlef. SHOUT.

crochweiddi, *be.* crochlefain. TO CLAM-OUR.

croen, *eg. ll.*-crwyn. gorchudd allanol corff neu ffrwyth, etc. ; cen, pil, pilionyn, crawen, masgl, rhisgl. SKIN, PEEL, RIND.

croendenau, *a.* hawdd ei ddigio, llid-iog, teimladwy, teimladol, hydeiml. TOUCHY, SENSITIVE.

croendew, *a.* ⎫ caled, dideimlad, â
croengaled, *a.* ⎭ chroen tew neu galed. THICK-SKINNED, CALLOUS.

***croengyffeithydd,** *eg. ll.*-wyr, -ion. cyweiriwr croen. SKIN CURER.

croeni(o), *be.* ffurfio croen, tyfu croen· TO FORM A SKIN.

croeniach, *a.* heb niwed, dianaf, di-hangol. UNHURT, UNHARMED.

croenlan, *a.* â chroen golau. FAIR-SKINNED.

croenllwm, *a.* noethlwm, llwm. NAKED, BARE.

croenog, *a.* â chroen. HAVING A SKIN.

croenol, *a.* perthynol i'r croen. CUTAN-EOUS.

croenyn, *eg. ll.*-nau. croen tenau, pilionen, tonnen. THIN SKIN.

croes¹, *eb. ll.*-au. 1. croesbren, crog. A CROSS, CRUCIFIX.
Y Groes. THE CROSS.
2. cystudd, adfyd. ADVERSITY.

croes², *a.* traws, blin, anynad, dig. CROSS.
Yn groes i. CONTRARY TO.
Ar groes : yn groes : ar draws. ACROSS.

croesair, *eg. ll.*-eiriau. pos geiriol. CROSSWORD.

croesan, *eg. ll.*-iaid. cellweiriwr, digrif-ddyn. BUFFOON, JESTER.

***croesanaeth,** *eb.* ysmaldod, mas-wedd ; gwatwar. BUFFOONERY, RIBAL-DRY ; ABUSE.

***croesanaidd,** *a.* ysmala, masweddol, difrïol, serth. RIBALD, SCURRILOUS.

***croesaneth,** *eb.* croesanaeth, ysmal-dod. maswedd, gwatwar. BUFFOON-ERY, RIBALDRY ; ABUSE.

***croesanol,** *a.* gweler *croesanaidd.*

croesaw, *eg.* gweler *croeso.*

croesawgar, *a.* yn rhoi croeso, llety-gar. HOSPITABLE.

croesawiad, *eg.* croeso. WELCOME.

croesawu, *be.* rhoi derbyniad cynnes, cyfarch. TO WELCOME.

croesawus, *a.* croesawgar. HOSPITABLE.

croesbren, *eg. ll.*-ni, -nau. pren ar ffurf croes. CROSS.

croesdynnu, *be.* cecru, ffraeo. TO WRANGLE, TO QUARREL.

croesddweud, *be.* gwrth-ddweud. TO CONTRADICT.

croesddywediad, *eg. ll.*-au. gwrth-ddywediad. CONTRADICTION.

***croesed,** *eb.* bagl esgob. CROSIER.

croesfa, *eb. ll.*-fâu. lle i groesi. CROSSING.

croesffordd, *eb. ll.*-ffyrdd. lle cyferfydd heolydd, sgwâr. CROSS-ROAD.

croesffurf(iog), *a.* ar ffurf croes. CRUCIFORM.

croesgad, *eb. ll.*-au. crwsâd. CRUSADE.

croesgadwr, *eg. ll.*-wyr. crwsadwr. CRUSADER.

croeshoeliad, *eg.* y weithred o groes-hoelio. CRUCIFIXION.

croeshoeliedig, *a.* wedi ei groeshoelio. CRUCIFIED.

croeshoelio, *be.* hongian ar groes, dodi i farwolaeth ar groes. TO CRUCIFY.

croeshoeliwr, *eg. ll.*-wyr. un sy'n croeshoelio. CRUCIFIER.

croesholi, *be.* holi gan wrthwynebydd fel y gwneir mewn llys barn. TO CROSS-EXAMINE.

croesholiad, *eg. ll.*-au. y weithred o groesholi. CROSS-EXAMINATION.

croesi, *be.* 1. mynd yn groes, bod yn groes neu yn erbyn, mynd dros. TO CROSS.

    2. ymswyno. TO MAKE THE SIGN OF THE CROSS.

    3. gwrthwynebu. TO OPPOSE.

    4. croesfridio. TO CROSS (OF BREEDS).

croesineb, *eg. ll.*-au. croesni, anghytundeb, aflwydd. CROSSNESS, DISAGREEMENT, ADVERSITY.

croeslath, *eb. ll.*-au. tulath. PURLIN.

croesni, *eg.* croesineb. CROSSNESS.

croeso, *eg.* derbyniad cynnes, croesawiad. WELCOME.

croesog, *a.* yn dwyn croes, yn croesi, gwrthwynebus. BEARING A CROSS, CONTRARY.

croesryw, *eg.* ac *a.* (planhigyn neu anifail) o ddwy rywogaeth. HYBRID.

croestoriad, *eg.* toriad ar draws. INTERSECTION.

croestorri, *be.* torri'n groes neu ar draws. TO INTERSECT.

croestynnu, *be.* anghytuno, tynnu yn groes. TO DISAGREE, TO PULL IN THE OPPOSITE DIRECTION.

croeswr, *eg. ll.*-wyr. 1. Gwaredwr. SAVIOUR.

    2. un sy'n cario bagl esgob. CROSIER-BEARER.

    3. crwsadwr. CRUSADER.

    4. gwrthwynebwr. OPPONENT.

croeswynt, *eg. ll.*-oedd. gwynt gwrthwynebol. CROSS-WIND.

croesymgroes, -yng(h)roes, *a.* criscroes. CRISS-CROSS.

croew, *a.* gweler *croyw*.

crofen, *eb. ll.*-nau. gweler *crawen*.

crofft, *eb. ll.*-ydd, -au. maes bychan. CROFT.

crofften, *eb.* crofft fach. SMALL CROFT.

crog, 1. *eb. ll.*-au. croes, croesbren, crocbren. CROSS, GALLOWS, ROOD, CRUCIFIX.

    2. *a.* crogedig, yn hongian. HANGING.

    Gŵyl y Grog. HOLY ROOD DAY.

crogardd, *eb. ll.*-erddi. gardd grogedig. HANGING GARDEN.

*crogaw, *be.* gweler *crogi*.

crogbren, *eg.* gweler *crocbren*.

crog(i)edig, *a.* wedi ei grogi, yn hongian, crog. CRUCIFIED, HANGING.

crogedigaeth, *eb.* croeshoeliad, crogiad. CRUCIFIXION, HANGING.

crogen, *eb. ll.*-nau. cragen, tagell, gên. SHELL, GILL, JAW.

crogfa, *eb. ll.*-feydd. crogiad, lle i grogi. HANGING, PLACE OF EXECUTION.

crogi, *be.* rhoi i farwolaeth drwy grogi, croeshoelio, hongian. TO HANG, TO CRUCIFY.

*crogiawdr, *eg.* crogwr, croeshoeliwr. HANGMAN, CRUCIFIER.

croglath, *eb. ll.*-au. magl, hoenyn. SNARE, GIN.

*crogleisio, *be.* crochleisio, crawcian. TO CROAK.

croglen, *eb. ll.*-ni, -nau. cyrten, llen. CURTAIN.

Croglith, *egb. ll.*-iau. efengyl am y Croeshoeliad, diwrnod y Croeshoeliad. THE GOSPEL FOR GOOD FRIDAY, GOOD FRIDAY.

croglofft, *eb. ll.*-ydd. llofft fechan yn nho tŷ. GARRET.

crogwely, *eg. ll.*-au. gwely crogedig. HAMMOCK.

crogwr, *eg. ll.*-wyr. un sy'n crogi, un i'w grogi. HANGMAN, CONDEMNED PERSON.

*crogwydd, 1. *eg.* croesbren, crocbren. CROSS, GALLOWS.

    2. *ell.* prennau croes. CROSS TIMBERS.

crogyn, *eg.* un sy'n haeddu ei grogi, cnaf. ONE WHO DESERVES TO BE HANGED, KNAVE.

cronglwyd, *eb. ll.*-i. clwyd to, to, nen. ROOF-HURDLE, ROOF.

crom, *ab.* crwm. BENT, BENDING.

cromatig, *a.* 1. yn perthyn i liwiau. CHROMATIC.

    2. graddfa gerddorol. MUSICAL SCALE.

crombeithyn, *ell.* (*un. b.*-en). cafnbeithyn. GUTTER-TILES.

crombil, *egb. ll.*-iau. stumog aderyn, cropa, glasog, bol, perfedd. CROP (OF BIRD), BELLY, BOWELS.

cromell, *eb. ll.*-au. bwa, arc. ARC.

cromen, *eb. ll.*-nau. twˆr bwaog, cryndo, cromen. DOME.

cromennog, *a.* bwaog. DOMED.

cromfachau, *ell.* bachau crwm bob ochr i air neu eiriau. ROUND BRACKETS.

cromgell, *eb. ll.*-oedd. ystafell fwaog danddaearol. VAULT.

cromiwm, *eg.* metel i atal rhwd. CHROMIUM.

cromlech, *eb. ll.*-au, -i. hen gofadail fegalithig. CROMLECH.

cromlin, *eb. ll.*-iau. tro, cord. CURVE, CHORD.

cromnen, *eb. ll.*-nau. to bwaog. VAULT.

cromosom, *eg. ll.*-au. gronyn cell sy'n penderfynu nodweddion etifeddol. CHROMOSOME.

cron, *ab.* crwn. ROUND.

cronadur, *eg. ll.*-on. offeryn i gadw trydan. ACCUMULATOR.

cronfa, *eb. ll.*-feydd. 1. rhywbeth wedi ei gronni (megis dŵr, etc.) ; argae. RESERVOIR.
2. ffynhonnell o arian, trysorfa, casgliad. FUND.

*croniad, *eg. ll.*-au. casgliad. COLLECTION, GATHERING.

cronicl, *egb. ll.*-au. llyfr hanes, coflyfr. CHRONICLE, RECORD.

croniclo, *be.* cofnodi, dodi ar gof a chadw, cofrestru. TO RECORD.

*cronig(l), *eg.* cronicl. CHRONICLE.

cronnell, *eb. ll.* cronellau, cronelli. pêl, pelen, sffêr. BALL, GLOBE, SPHERE.

cronni, *be.* casglu, crynhoi, cynnull, codi argae. TO COLLECT, TO AMASS, TO DAM UP.

cropa, *eb. ll.*-od, cropâu. glasog, stumog aderyn. CROP, GIZZARD.

cropian, *be.* ymlusgo, ymgripio. TO CRAWL, TO CREEP.

crosiet, *eg.* nodyn cerddorol cyfwerth â hanner minim. CROTCHET.

croten, *eb. ll.*-nod. } geneth, hogen,
crotes, *eb. ll.*-i, -au. } llances. LASS.

crotyn (*taf.*), *eg. ll.* crots, cryts (*taf.*), crwt, crwtyn, llencyn, llanc. LAD.

croth, *eb. ll.*-au. y rhan o gorff benyw sy'n cynnwys y baban cyn ei eni, bru ; bol, tor. WOMB ; BELLY.
Croth coes. CALF (OF LEG).

crothaid, *a.* llond croth. WOMBFUL.

crothell, *eb. ll.*-au. brithyll y dom, pilcyn. STICKLEBACK, MINNOW.

crothell, *eb.* croth fechan. SMALL WOMB.

crothog, *a.* chwyddog, boliog. SWOLLEN, PAUNCHY.

*crowyn, *eg.* 1. ffald, twlc, cut. FOLD, SHED, STY.
2. bol. BELLY.

croyw, *a. ll.*-on. gloyw, claer, clir, amlwg ; ffres, newydd, gwyrf, ir ; crai. CLEAR, PLAIN ; FRESH, NEW ; UNLEAVENED.

croywber, *a.* persain. MELODIOUS.

croywder, *eg.* eglurder, gloywder, ffresni. CLARITY, FRESHNESS.

croywi, *be.* troi'n groyw, puro, melysu. TO PURIFY, TO SWEETEN.

*crubothon, *eg.* cenau blaidd. WOLF-CUB.

crud, *eg. ll.*-(i)au. cawell baban. CRADLE.

crug, *eg. ll.*-iau. twyn, twmpath, carnedd, tomen, pentwr, llu, chwydd, cornwyd. HILLOCK, HEAP, CAIRN, HOST, SWELLING, BOIL.

crugdardd : crucdardd, *eg.* llinoryn, ploryn, pothell. PUSTULE, BLISTER.

crugio, *be.* pentyrru ; chwyddo ; gofidio. TO PILE ; TO SWELL; TO WORRY.

cruglwyth, *eg. ll.*-i, -au. swm mawr o fater, crug, pentwr, carnedd. MASS, HEAP.

cruglwytho, *be.* pentyrru ; llethu, gorlwytho. TO PILE ; TO OVERLOAD.

crugo, *be.* gofidio, poeni ; pentyrru. TO FRET, TO VEX ; TO PILE.

crugyn, *eg. ll.* -nau. twr, pentwr, nifer dda. SMALL HEAP, CROWD.

crup(i)l, 1. *eg. ll.*-(i)aid. person cloff, person efrydd. A CRIPPLE.
2. *a.* cloff, efrydd. CRIPPLE.

cruplo, *be.* gwneuthur yn grupl. TO CRIPPLE.

cruwed, *eg.* potel i ddal finegr, etc., costrel fach. CRUET, PHIAL.

crwb, *eg. ll.*-(i)au. crwbi, lwmp ; crwbach. HUMP, LUMP ; HUNCHBACK.

crwba, *eg.* crwbi, crwmp. HUMP.

crwbach, 1. *eg.* dyn â chrwbi. HUNCHBACK.
2. *a.* crwca, gwargrwm. HUNCHBACKED.

crwban, 1. *eg. ll.*-od. ymlusgiad â phlisgyn caled ar ei gefn ; cimwch. TORTOISE ; LOBSTER.
2. *a.* cefngrwm. HUNCHBACKED.

crwbi, 1. *eg.* crwba. HUMP.
2. *a.* gwargrwm, crwca. HUNCHBACKED.

crwbio, *be.* gwargrymu. TO STOOP.

crwc[1], *eg. ll.* cryciau. bwced ; twba ; piser. BUCKET ; TUB ; PITCHER.

crwc[2], *eg.* crygwst. CROUP.

crwca, *a.* cam, anunion, gwargrwm, crwbi. CROOKED, BENT, HUNCHBACKED.

crwd, *eg.* crwth. CROWD.

*crwlyn, *eg.* cnaf, dihiryn. RASCAL.

crwm, *a.* (*b.* crom). yn crymu, plygedig, yn gwargamu, amgrwm, cam. BENT, CONVEX, CROOKED.

crwmach, 1. *eg. ll.* crymachau. crymedd ; cwman ; crwmp. CONVEXITY ; STOOPING ; HUMP.
2. *a.* cam, crwca. CROOKED, BENT, STOOPING.

crwman, *eg. ll.*-od. person gwargrwm; crwban. STOOPING PERSON; TORTOISE.

crwmp, *eg.* pedrain ; crwbi. CRUPPER ; HUMP.

crwn, *a. ll.* crynion (*b.* cron). 1. o ffurf cylch neu bêl, rownd, cylchog.
2. cyflawn, cyfan ; byrdew. COM-PLETE, TOTAL ; STOCKY.
3. ifanc, bach. YOUNG, SMALL.

crwner, 1. *eg. ll.*-iaid. trengholydd, coronwr. CORONER.
2. *eg. ll.*-s. un sy'n crwno. CROONER.

crwno, *be.* crochleisio. TO CROON.

crwper, *eg.* pedrain, bontin. CRUPPER, RUMP.

crwsâd, *egb. ll.*-au. croesgad. CRUSADE.

crwsadwr, *eg. ll.*-wyr. croesgadwr. CRUSADER.

crwst, *eg. ll.* crystiau. crystyn, crawen. CRUST.

crwt, *eg. ll.* crytiaid, cryts. glaslanc. BOY, LAD.

crwtyn, *eg.* gweler *crotyn*.

crwth, *eg. ll.* crythau. hen offeryn cerdd a genid â bwa, ffidil, fiol. CROWD, VIOLIN.
Canu crwth (cath). PURRING.

***crwth**, *eg. ll.* crythau. 1. llestr, basged cist. VESSEL, BASKET, BOX.
2. crwmp, crwbi, person cefngrwm. HUMP, HUNCHBACK.

crwthi, *a.* crwca. HUNCHBACKED.

crwybr, *eg. ll.*-au. 1. sgum, gorewyn. SCUM, FOAM.
2. barrug, llwydrew, arien ; tawch. GROUND-FROST ; MIST.
3. y peth y ceidw gwenyn fêl ynddo, dil mêl. HONEYCOMB.

***crwybrgwyr**, *eg.* cŵyr melyn. YELLOW WAX.

crwydr, *eg. ll.*-au. ⎫ treiglad o le i le.
crwydrad, *eg. ll.*-au. ⎰ A WANDERING.
2. *a.* crwydrol. WANDERING.

crwydr(i)ad, *eg. ll.*-(i)aid. crwydryn. WANDERER.

crwydraidd, *a.* crwydrol. WANDERING.

***crwydr-ddyn**, *eg. ll.*-ion. crwydryn. WANDERER.

crwydredig, *a.* yn crwydro. WANDER-ING.

crwydren, *eb.* benyw grwydrol. VAGRANT WOMAN.

crwydro, *be.* troi oddi ar y ffordd iawn, mynd o fan i fan, treiglo'n ddi-amcan, cyfeiliorni. TO WANDER, TO STRAY, TO DIGRESS, TO ERR.

crwydrol, *a.* yn crwydro; cyfeiliornus. WANDERING, NOMADIC ; ERRING.

crwydrus, *a.* crwydrol, cyfeiliornus ; tlawd. WANDERING, ERRING ; POOR.

crwydrwr, *eg. ll.*-wyr. ⎫ un sy'n
crwydryn, *eg. ll.* crwydriaid. ⎰ crwydro, trempyn. WANDERER, TRAMP.

crwynwr, *eg. ll.*-wyr. un sy'n trin neu werthu crwyn. SKINNER, FELL-MONGER.

***crwys¹**, *ell.* croesau. CROSSES .

crwys², *eb. ll.*-au. croes. CROSS.
Dan ei grwys : wedi ei droi heibio. LAID OUT FOR BURIAL.

***crwysedd**, *eg.* cynnen, cweryl. CON-TENTION.

***crwysgad**, *eb. ll.*-au. croesgad,crwsâd. CRUSADE.

***crwysgadwr**, *eg. ll.*-wyr. crwsadwr, croesgadwr. CRUSADER.

crybachu, *be.* crebachu. TO SHRINK, TO WITHER, TO SHRIVEL.

crybwyll¹, *be.* sôn am, cyfeirio at, awgrymu, clodfori. TO MENTION, TO PRAISE.

crybwyll², *eg. ll.*-ion. ⎫ sylw, sôn,
crybwylliad, *eg. ll.*-au. ⎰ cyfeiriad, awgrym. MENTION, REFERENCE.

crybychu, *be.* gweler *crebachu*.

crycydu, *be.* cyrcydu, swatio, gwyro, plygu. TO STOOP, TO SQUAT.

crych¹, *eg. ll.*-(i)au, -ion. 1. plygiad croen, rhych. WRINKLE.
2. cyffro ar ddŵr, lle mae afon yn crychu. RIPPLE, RUFFLED WATER.

crych², *a.* wedi crychu, â phlygiadau bychain, cyrliog, gwyw, byrlymog, garw. WRINKLED, CRUMPLED, CURLY, BUBBLING, ROUGH.

crychdon, *eb. ll.*-nau. ton fach. RIPPLE.

crychdonni, *be.* codi'n donnau bach. TO RIPPLE.

crychedd, *eg.* garwedd, crychni. ROUGH-NESS, CRISPNESS, CURLINESS.

crychiad, *eg. ll.*-au, crychiaid. 1. rhych-iad, crebachiad, bwrlwm. WRINK-LING, CRUMPLING, BUBBLING.
2. cryndod llais. TREMOLO.

crychias, 1. *a.* yn berwi, cyffrous. BOILING, SEETHING.
2. *egb.* berw, cyffro. BOIL, STIR.

crychio, *be.* gweler *crychu*.

crychiog, *a.* gweler *crychog*.

crychlais, *eg. ll.*-leisiau. tremolo. TREMOLO.

crychlam, *eg. ll.*-au. ysbonc, llam. BOUND.

crychlyd, *a.* rhychiog, crebachlyd, cyrliog. WRINKLED, SHRIVELLED, CURLY.

crychnaid, *eb. ll.*-neidiau. crychlam, ysbonc. BOUND, CAPER.

crychneidio, *be.* crychlamu, ysboncio. TO CAPER, TO SKIP.

crychni, *eg.* plygiadau yn y croen, rhychau, bod â modrwyau (am wallt), cyrliau. WRINKLE, CURLINESS.

crychnod, *eg. ll.*-au. cwafer. QUAVER.

crychnodwydd, *eb. ll.*-au. pin cyrlio gwallt. CURLING-PIN.

crychog, *a.* rhychiog, cyrliog, crimp. WRINKLED, CURLY, CRINKLED.

crychrawn, *a.* â rhawn crychiog. FRIZZLY-MANED, FRIZZLY-TAILED.

crychu, *be.* 1. rhychio, rhychu, crimpio. TO WRINKLE, TO CRIMP.
2. cyrlio. TO CURL.
3. cyffroi dŵr, tonni. TO RIPPLE.

crychwaith,*eg.* gwaith crosio. CROCHET.

crychydd, *eg. ll.*-ion. crëyr, crehyr, crŷr. HERON.

crychyn, *eg. ll.*-nau. cwafer, crychnod, crychni. QUAVER, WRINKLE.

cryd, *eg. ll.*-iau. afiechyd sy'n peri codi gwres yn y gwaed, clefyd crynu, twymyn, clefyd, cryndod. SHIVERING. AGUE, FEVER, DISEASE.
Cryd cymalau. RHEUMATISM.

crydio, *be.* crynu, ysgwyd, peri cryndod. TO QUAKE, TO SHAKE, TO CAUSE TO SHIVER.

*****crydr,** *eg.* cryndod. SHAKING, VIBRATION.

crydu, *be.* gweler *crydio.*

crydus, *a.* yn crynu. SHIVERING.

crydwellt, *eg.* gwellt crynedig, gwenith yr ysgyfarnog. QUAKING GRASS.

crydwst, *eb.* cryndod, ysgryd. SHIVERING, AGUE, TREMOR.

crydd, *eg. ll.*-ion. gwneuthurwr neu drwsiwr esgidiau, cobler, coblwr. SHOEMAKER, COBBLER.

crydda, *be.* coblera. TO COBBLE.

*****cryddaniaeth,** *eb.* ⎫
*****cryddiaeth,** *eb.* ⎬ crefft y crydd.
SHOE-MAKER'S CRAFT.

*****cryddu,** *be.* crebachu, dihoeni. TO SHRINK, TO PINE.

cryf, *a.ll.*-ion. (*b.* cref). grymus, cadarn, galluog, nerthol, maethlon. STRONG, POWERFUL, NOURISHING.

*****cryfachu,** *be.* crebachu, tynnu ato. TO SHRINK, TO SHRIVEL.

cryfbair, *eb.* tonig, ffisig cryfhaol. TONIC.

cryfder, *eg.* ⎫ grym, nerth, gallu, cad-
cryfdwr, *eg.* ⎬ ernid. STRENGTH, MIGHT, POWER.

cryfhaol, *a.* yn cryfhau, atgyfnerthol. STRENGTHENING, INVIGORATING.

cryfhau : **cryffa,** *be.* nerthu, grymuso, cadarnhau. TO STRENGTHEN, TO BECOME STRONG.

cryg, *a.* (*b.* creg) â llais cras neu arw, bloesg. HOARSE, HARSH, INDISTINCT.

crygi, *eg.* yr ansawdd o fod yn gryg, crygni. HOARSENESS.

cryglais, *eg. ll.*-leisiau. gwaedd, bloedd, crawc, crygni. YELL, SHRIEK, CROAK, HARSHNESS, HOARSE VOICE.

crygleisio, *be.* gweiddi, bloeddio, crawcian. TO YELL, TO SHRIEK, TO CROAK.

cryglyd, *a.* cryg. HOARSE, HARSH.

crygni, *eg.* gweler *crygi.*

crygu, *be.* mynd neu wneud yn gryg. TO BECOME OR TO MAKE HOARSE.

crygwst, *eg.* crwc. CROUP.

cryhyr, *eg.* gweler *crëyr.*

cryman, *eg. ll.*-au. offeryn crwm i dorri ŷd neu berth, etc. SICKLE.

crymana, *be.* ⎫ defnyddio cryman,
crymanu, *be.* ⎬ medi â chryman. TO USE A SICKLE, TO REAP WITH A SICKLE.

crymanwr, *eg. ll.*-wyr. defnyddiwr cryman, medelwr â chryman. SICKLE USER, REAPER.

crymder, *eg.* ⎫ camedd, cemi. CURVE,
crymedd, *eg.* ⎬ CONVEXITY.

*****crymfachau,** *ell.* gweler *cromfachau.*

crymffast, *eg. ll.*-iau. bachgen (mawr), lleban, llabwst. (STRONG) LAD, LOUT.

crymgledd, *eg. ll.*-au. sabr. SABRE.

crymiad, *eg. ll.*-au. plygiad, camedd. STOOPING, CROOKEDNESS.

crymlinell, *eb. ll.*-au. cromlin. CURVE.

crymu, *be.* plygu, camu, gwyro, gwargamu, gwargrymu. TO BEND, TO STOOP, TO CURVE.

cryn[1], *a.* gweddol, mawr, llawer, tipyn, bach. MODERATE, GREAT, NUMEROUS.
Cryn-. SMALL.
Cryn dipyn. A GOOD BIT.

cryn[2], ⎫ *eg.* ac *a.* cryndod ; crynedig.
crŷn, ⎬ A SHIVERING; TREMBLING.

crynder, *eg.* yr ansawdd o fod yn grwn. ROUNDNESS.

cryndo, *eg. ll.*-eau, -eon. to crwn. DOME.

cryndod, *eg.* y weithred o grynu, rhyndod, ias. TREMBLING, SHIVERING, SHUDDER.

crynddyn, *eg. ll.*-ion. bachgen bach, plentyn. SMALL BOY, CHILD.

crynedig, *a.* yn crynu, crŷn, rhynllyd, ofnus. TREMBLING, FEARFUL.

crynfa, *eb. ll.*-fâu, -feydd. cryndod, cryd, ias. TREMBLING, SHIVER.

*****crynfaen,** *eg. ll.*-feini, -fain. carreg gron, carreg fach. PEBBLE.

*****crynfarch,** *eg. ll.*-feirch. ceffyl bach, merlyn, cob. PONY, NAG, COB.

crynfyd, *eg. ll.*-oedd. hollfyd, bydysawd. THE EARTH, THE UNIVERSE.

*****cryngwd,** *eg.* sachgwd. SACK.

cryngylch, *eg. ll.*-au, -oedd. cylch. CIRCLE.

crynhau, *be.* gwneud neu fynd yn grwn. TO MAKE OR BECOME ROUND.

crynhoad, *eg. ll.* crynoadau. pethau wedi eu crynhoi at ei gilydd, casgliad, cynulliad, crynodeb. COLLECTION, COMPENDIUM, DIGEST, ASSEMBLY.

crynhoi, *be.* hel at ei gilydd, casglu, cynnull, ymgynnull, talfyrru, tyrru, crawni. TO COLLECT, TO GATHER, TO SUMMARIZE, TO FESTER.

cryniad, *eg. ll.-au.* cryndod, crynfa, dirgryniad. TREMBLING, VIBRATION.

cryno, *a.* cyflawn, byr, twt, taclus, trefnus, buddiol, llesol, cyfaddas. COMPLETE, COMPACT, TIDY, EXPEDIENT, USEFUL, SUITABLE.

crynodeb, *egb. ll.-au.* crynhoad, talfyriad, byrhad, cwtogiad, taclusrwydd, trefnusrwydd. COMPACTNESS, PRÉCIS, COMPENDIUM, SUMMARY, TIDINESS.

crynodebu, *be.* gwneud crynodeb. TO SUMMARIZE.

crynodedig, *a.* wedi ei ddwysáu. CONCENTRATED.

crynoder, *eg.* byrdra, taclusrwydd, croniad. COMPACTNESS, NEATNESS, HOARDING.

crynofa, *eb.* casgliad, cynulliad. GATHERING, FESTERING.

****crynog,** 1. *a.* crwn. ROUND.

    2. *eg.* cylch ; mesur. CIRCLE ; DRY MEASURE.

crynswth, *eg.* cyfanswm, swm, cwbl, cyfan, cyfanrwydd, cyflawnder. ENTIRETY, WHOLE, MASS.

crynu, *be.* ysgwyd gan oerfel neu ofn, etc. ; rhynnu, echrydu, arswydo, dirgrynu, siglo. TO SHIVER, TO QUAKE, TO GNASH.

****crynwas,** *eg. ll.*-weision. crinwas, cnaf, llencyn. MEAN PERSON, KNAVE, LAD.

crynwr, *eg. ll.-wyr.* dyn bach gwan, dihiryn ; un sy'n achosi cryndod. PUNY PERSON, WRETCH ; ONE WHO CAUSES TREMBLING.

Crynwr, *eg. ll.-wyr.* aelod o Gymdeithas y Cyfeillion. QUAKER.

crynẁraidd, *a.* afrywiog, taeog ; crintach. SURLY, CHURLISH ; MISERLY.

crynwreiddiog, *a.* oddfog, â gwreiddiau crwn. BULBOUS.

Crynydd, *eg. ll.-ion.* Crynwr. QUAKER.

Crynyddiaeth, *eb.* credo'r Crynwyr. QUAKERISM.

crŷr, *ell.* gweler *crëyr.*

crys, *eg. ll.-au.* dilledyn isaf. SHIRT.

crysbais, *eb. ll.*-beisiau. gwasgod, sircyn, siaced. WAISTCOAT, JERKIN, JACKET.

****crysfad,** *eg. ll.-au.* confffirmasiwn. CONFIRMATION.

****crysgwyddiad,** *eg.* cyrch, brwydr. RAID, BATTLE.

****crysio,** *be.* rhuthro, cyrchu, brysio. TO RUSH, TO ATTACK, TO HASTEN.

****cryst(i)og,** *a.* crawennog. CRUSTY.

crystyn, *eg. ll.* crystiau. crwst, crawen, crofen. CRUST.

crythor, *eg. ll.-ion.* canwr crwth neu ffidil. CROWDER, VIOLINIST.

crythorio, *be.* canu crwth neu ffidil. TO PLAY A CROWD OR FIDDLE.

crythwr, *eg. ll.-wyr.* canwr crwth neu ffidil. CROWDER, VIOLINIST.

cryw, *eg. ll.-iau.* cawell i ddal pysgod ; cored. CREEL ; WEIR.

****crywyn,** *eg.* 1. ffald, twlc, cut. FOLD, PEN, STY.

    2. bol. BELLY.

cu,[1] *a.*   ⎰ annwyl, cariadus, hoff,
cuaidd, *a.* ⎱ hawddgar, serchus, serchog, caruaidd, hynaws. DEAR, BELOVED, AMIABLE, PLEASANT.

cu,[2] *eg.* un annwyl. DEAR ONE.

****cuall,** 1. *a.* sydyn, ynfyd, hurt. SUDDEN, FOOLISH, STUPID.

    2. *eg.* hurtyn. BLOCKHEAD.

****cuan,** *eb. ll.*-od. tylluan. OWL.

cub, *eg. ll.*-au. ciwb. CUBE.

****cuch,** *egb. ll.*-iau. cuwch, gwg. FROWN, SCOWL.

cuchio, *be.* crychu talcen neu wyneb, cilwgu, gwgu. TO FROWN, TO SCOWL.

cuchiog, *a.* ⎰ gwgus, cilwgus. FROWN-
cuchiol, *a.* ⎱ ING, SCOWLING.

cuchiwr, *eg. ll.-wyr.* un sy'n cuchio. FROWNER.

****cud,** *eg. ll.*-iaid. barcud. KITE.

cudab, *eg.* ⎱ anwylder, cariad, serch,
cudeb, *eg.* ⎰carwriaeth. FONDNESS,
cuder, *eg.* ⎰ AFFECTION, COURTSHIP.

cudyll, *eg. ll.*-od. hebog bychan, corwalch. HAWK, KESTREL.

cudyn, *eg. ll.*-nau. llyweth, tusw. LOCK, TUFT.

cudynnog, *a.* â chudynnau, llywethog, crych. HAVING LOCKS OF CURLY HAIR.

cudd, 1. *eg. ll.*-iau. -ion. cuddfan, ymguddfa, lle dirgel. HIDING, CONCEALMENT, HIDING-PLACE.

    2. *a.* cuddiedig, o'r golwg, ynghudd. CONCEALED, HIDDEN.

cuddan, *eb. ll.*-od. ysguthan. WOODPIGEON.

cuddfa, *eb. ll.*-fâu, -feydd. ymguddfa, lloches, dirgelfa, cronfa. HIDINGPLACE, RETREAT, HOARD.

cuddfan, *eb. ll.*-nau. cuddfa. HIDINGPLACE.

cuddiad, *eg. ll.*-au. y weithred o guddio. CONCEALMENT.

cudd(i)edig, *a.* cudd, o'r golwg. HIDDEN, CONCEALED.

*****cudd(i)edigaeth**, *eb. ll.*-au. cuddiad. CONCEALMENT.

*****cuddigl**, *egb. ll.*-au. cell, ystafell fach. gwely, lloches. CELL, SMALL ROOM, BED, CUBICLE, RETREAT.

*****cuddiglyn**, *a.* preifat. PRIVATE, SHUT IN.

cuddio, *be.* celu, gorchuddio, claddu, gorthoi. TO HIDE, TO COVER, TO BURY.

*****cuddiog**, *a.* cudd, cêl. HIDDEN, CONCEALED.

cuddiwr, *eg. ll.*-wyr. un sy'n cuddio. HIDER.

cuddle, *eg. ll.*-oedd. cuddfan. HIDING-PLACE.

cuddlen, *eb. ll.*-ni, -nau. cyrten, llen. CURTAIN, VEIL.

cuddon, *eb.* gweler *cuddan.*

cuddserch, *eg.* anwylder. FONDNESS, AFFECTION.

cuddswyddog, *eg. ll.*-ion. ditectif. DETECTIVE.

*****cuddygl**, *egb.* gweler *cuddigl.*

*****cuddyglyn**, *egb.* cell fach. SMALL CELL.

*****cuelli**, *eg.* ffyrnigrwydd, dicter. FEROCITY, ANGER.

*****cuert**, *eg.* lloches, cwfert. COVERT.

*****cuf**, *a.* gweler *cu.*

*****cufigl**, *egb.* gweler *cuddigl.*

cufodd, *a.* hynaws, hawddgar. GENIAL, PLEASANT.

cufydd, *eg. ll.*-au. mesur tua hanner llathen. CUBIT.

cufyddol, *a.* perthynol i gufydd. CUBITAL.

cul, *a. ll.*-ion. heb fod yn llydan, cyfyng, caeth, tenau, main, rhag-farnllyd. NARROW, LEAN, NARROW-MINDED.

*****cùl**, *eg. ll.*-iau. bwthyn bach, twlc, cwt, odyn. BOOTH, STY, HUT, KILN.

culaidd, *a.* hytrach yn gul, cyfyng. NARROWISH.

culder, *eg.* culni, meinder. NARROWNESS, LEANNESS.

culdir, *eg. ll.*-oedd. darn cul o dir yn ymwthio i'r môr, llain cul o dir. ISTHMUS, NARROW STRIP OF LAND.

culfa, *eb. ll.*-oedd, -feydd. lle cul; culfor. NARROW PLACE ; STRAIT.

culfarn, *eb. ll.*-au. rhagfarn. PREJUDICE.

culfor, *eg. ll.*-oedd. darn cul o fôr yn uno darnau mwy, cyfyngfor, sianel. STRAIT, CHANNEL.

culffordd, *eb. ll.*-ffyrdd. ffordd gul ; bwlch cul. NARROW WAY ; PASS.

culhau, *be.* mynd neu wneud yn gulach neu'n deneuach, cyfyngu, teneuo, meinhau. TO NARROW ; TO BECOME LEAN.

*****culi**, *eg.* meinder, cyfyngder, nychdod. LEANNESS, STRAITNESS, AFFLICTION.

*****cul(i)o**, *be.* teneuo, nychu. TO BECOME THIN, TO LANGUISH.

culni, *eg.* y stad o fod yn gul mewn lle neu feddwl, cyfyngder, rhagfarn, culfarn, crintachrwydd. NARROWNESS, THINNESS, NARROW-MINDEDNESS, MEANNESS.

culwas, *eg. ll.*-weision. ⎫ bachgen ten-
culwr, *eg. ll.*-wyr. ⎰ au, dyn tenau. A THIN LAD, A THIN MAN.

*****culwydd**, *eg.* 1. arglwydd, pennaeth. LORD, CHIEF.

2. Duw, Crist. GOD, CHRIST.

cun, *a.* aruchel, prydferth, annwyl. SUBLIME, FINE, DEAR.

*****cun**, 1. *eg. ll.*-iaid. arglwydd, pennaeth. LORD CHIEF.

2. *e. torf.* haid o gŵn, etc. llu. PACK OF DOGS, ETC., HOST.

*****cuniad**, *eg. ll.* cuniaid. arglwydd, pennaeth. LORD, CHIEF.

*****cunllaith**, 1. *e. torf.* glaswellt, gwlydd. GRASS.

2. *eg.* brwydr, lladdfa. BATTLE, SLAUGHTER.

*****cunnach**, *eb.* fflagen. FLAGON.

cunnog, *eb. ll.* cunogau. llestr neu fwced godro, pwced, stwc, stên. MILKING PAIL, BUCKET.

cunogyn, *eg.* cunnog fach, bwced godro bach. SMALL MILKING PAIL.

cur, *egb. ll.*-(i)au. 1. poen, dolur, gwŷn, gloes. PAIN, ACHE, PANG.

2. gofid, pryder, gofal. ANXIETY.

3. trawiad, curfa, brwydr. BEATING, STRIKING, BATTLE.

*****cur**, *eg. ll.*-iau. 1. gofal, gofalaeth. CARE, CHARGE.

2. gwellhad. CURE.

curad, *eg. ll.*-iaid. clerigwr sy'n cynorthwyo offeiriad. CURATE.

curadiaeth, *eb. ll.*-au. swydd curad. CURACY.

*****curan**, *eg. ll.*-au. esgid o groen, llopan. BOOT, BUSKIN.

*****curas**, *eg. ll.*-au. arfwisg i amddiffyn y fynwes a'r cefn, llurig. CUIRASS, BREASTPLATE.

*****curaswr**, *eg. ll.*-wyr. un yn gwisgo curas. CUIRASSER.

curfa, *eb. ll.*-fâu, -feydd. cweir, cosfa ; trechiad. A BEATING ; DEFEAT.

curiad, *eg. ll.*-au. trawiad, ergyd, dychlamiad. A BEATING, BLOW, BEAT, PULSE.

curiedig, *a.* nychlyd ; tenau. LANGUISHING ; EMACIATED.

*curin, *eg.* storm o law, curlaw. RAINSTORM.

curio, *be.* 1. dihoeni, nychu, difa. TO PINE, TO LANGUISH.

    2. gofalu am ; gwella. TO CARE FOR ; TO CURE.

curiwr, *eg. ll.*-wyr. 1. maeddwr, curwr. BEATER.

    2. trechwr. VICTOR.

curlaw, *eg.* glaw trwm. PELTING RAIN.

curn, *eg. ll.*-au. ⎱crug, pentwr ;
curnen, *eb. ll.*-nau. ⎰côn, twˆr pigfain. MOUND, HEAP ; CONE, SPIRE.

curennu, *be.* pentyrru. TO HEAP.

curnol, *a.* conaidd. CONICAL.

curo, *be.* taro, ergydio, trechu, maeddu, ffusto, dychlamu. TO STRIKE, TO BEAT, TO KNOCK, TO THROB, TO DEFEAT.

    Curo amser. BEATING TIME (MUSIC).
    Curo dwylo. TO CLAP HANDS.

curwr, *eg. ll.*-wyr. gweler *curiwr.*

curyll, *eg. ll.*-od. cudyll. KESTREL, HAWK.

    Curyll glas. SPARROW-HAWK.

*cus, *eg. ll.*-au. cusan. KISS.

cusan, *egb. ll.*-au. cyffyrddiad serchog â'r gwefusau, sws. KISS.

    Dal â chusan. KISS IN THE RING.

cusanu, *be.* rhoi cusan, cyffwrdd yn ysgafn. TO KISS.

cusanwr, *eg. ll.*-wyr. un sy'n cusanu. KISSER.

*custaws, *eg.* ceidwad, gwyliwr. GUARDIAN, WATCHMAN.

*cusul, *eg.* cyngor. ADVICE.

cut, *eg. ll.*-iau. bwthyn, cwt, caban, sied, twlc, ffald. COTTAGE, HUT, HOVEL, SHED, STY, PEN.

cuwch, 1. *eg. ll.* cuchiau. gwg, cilwg. FROWN, SCOWL.

    -2. *a.* cyfuwch. AS HIGH AS.

*cw, *adf.* pa le, o ble, i ble ? WHERE, WHENCE, WHITHER ?

cwac, *eg. ll.*-iaid. crachfeddyg. QUACK.

Cwacer, *eg. ll.*-iaid. Crynwr. QUAKER.

Cwaceriaeth, *eb.* credo'r Crynwyr. QUAKERISM.

cwacyddiaeth, *eb.* crachfeddygaeth. QUACKERY.

cwafar, *eg.*⎤ *ll.*-au, -s. crychyn, crych-
cwafer, *eg.* ⎬nod ; addurn. QUAVER ;
cwafr, *eg.* ⎦ FLOURISH.

cwafrio, *be.* canu neu siarad â llais crynedig, crynu, crychleisio. TO TRILL, TO QUAVER, TO TREMBLE.

cwafftio, *be.* llowcio. TO GULP, TO QUAFF.

cwar, *eg. ll.* cwarrau. 1. chwarel. QUARRY.

    2. cwarel, paen. PANE.

*cwaran, *eb. ll.*-au. esgid o groen, llopan. BOOT, BUSKIN.

*cwarel, *eg. ll.*-iau. saeth bwa croes. CROSS BOW ARROW, QUARREL.

cwarel, 1. *eg. ll.*-i, -au. paen. PANE.

    2. *eg. ll.*-au. chwarel. QUARRY.

    3. *eg.* cweryl, ffrae. QUARREL.

cwart, *eg. ll.*-(i)au. chwart. chwarter, QUART ; QUARTER OF A YARD.

*cwart, *eg.* cwt, toriad. CUT.

*cwartan, *a.* bob pedwar diwrnod. QUARTAN.

cwarter, *eg.* gweler *chwarter.*

cwarterfeistr, *eg. ll.*-i. swyddog cyflenwi byddin, is-swyddog llynges. QUARTERMASTER.

cwato, *be.* cuddio, cysgodi ; cyrcydu. TO HIDE, TO SHELTER ; TO SQUAT.

cwb, *eg. ll.* cybiau. cenel cwt, caets, twlc. KENNEL, COOP, CAGE, STY.

cwbl, 1. *eg.* y cyfan, popeth. ALL, TOTAL, EVERYTHING.

    2. *a.* cyfan, holl, cyflawn. ALL, ENTIRE, COMPLETE.

cwbledd, *eg.* cyflawnder, cyfanswm, perffeithrwydd. COMPLETENESS, WHOLENESS, PERFECTION.

cwblgyfan, *a.* cyfan gwbl. ALTOGETHER, WHOLLY.

cwblhad, *eg.* cyflawniad, cwplâd. FULFILMENT.

cwblhau, *be.* cwpláu, gorffen, cyflawni, dod i ben, dibennu. TO FINISH, TO COMPLETE.

cwc, *egb.* ⎱ *ll.*-s. cog, cogyddes. COOK.
cŵc, *egb.* ⎰

cwcio, *be.* coginio. TO COOK.

cwcw, *eb. ll.* cwcwod. cog, cethlydd, y gog. CUCKOO.

cwcwald, *eg.* ⎱ *ll.*-iaid, -od. gŵr i wraig
cwcwallt, *eg.* ⎰ anffyddlon. CUCKOLD.

cwcwll, *eg. ll.* cycyllau. penwisg, cwfl, penguwch ; mwgwd. COWL, MASK.

cwcwy, *eg. ll.*-au. wy perffaith, wy ffrwythlon. PERFECT EGG.

cwcwyo, *be.* ceiliogi. TO TREAD (HEN).

cwch, *eg. ll.* cychod. 1. bad, llong. BOAT.

    2. llestr gwenyn. BEEHIVE.

    3. rhywbeth tebyg i gwch. ANYTHING LIKE A BOAT.

cwd, *eg. ll.* cydau. cod, ysgrepan, pwrs, ceillgwd, sach, ffetan. BAG, PURSE, SCROTUM, SACK.

*cwd(d), *adf.* gweler *cw.*

cwdwm, *eg. ll.* cydymau. codwm, cwymp. A FALL.

cwdyn, *eg.* gweler *cwd.*

cweir, *eg.* curfa, cosfa, crasfa, cot, coten. A THRASHING, A HIDING.

*cŵert, *eg.* cwfert, lloches. COVERT.

cweryl, *eg. ll.*-on, -au. ymrafael, cynnen, ymryson, ffrae, achos. QUARREL, DISPUTE, CASE.

cweryla, *be.* ymryson, ymrafael, cynhennu, ffraeo. TO QUARREL.

cwerylgar, *a.* ymrysongar, cecrus, ymrafaelgar. QUARRELSOME.

cwerylo, *be.* ⎱ cweryla, ymryson. TO
cwerylu, *be.* ⎰   QUARREL.

cwerylwr, *eg. ll.*-wyr. ymrysonwr, cecryn. QUARRELLER, WRANGLER.

cwest, *eg. ll.*-au. archwiliad cyfreithiol, prawf, trengholiad. QUEST, TRIAL, INQUEST.

cwestio, *be.* cynnal cwest, barnu. TO HOLD A QUEST, TO JUDGE.

cwestiwn, *eg. ll.* cwestiynau. gofyniad, hawl, holiad, dadl, testun, cynnig. QUESTION, SUBJECT, MOTION.

*cwestiwr, *eg. ll.*-wyr. un sy'n cynnal cwest, hysbyswr. QUESTMAN, INFORMER.

cwestiyna, *be.* ⎱
cwestiyno, *be.* ⎬ holi. TO QUESTION.
cwestiynu, *be.* ⎰

cwfaint, *egb.* teulu mynachlog, cynulliad, mynachlog. CONVENT, CONGREGATION, MONASTERY.

*cwfeiniad, *eg. ll.*-iaid. aelod o gwfaint. MEMBER OF A CONVENT.

*cwfeiniol, *a.* yn perthyn i gwfaint. CONVENTUAL.

*cwfent, *eg. ll.*-nnoedd. gweler *cwfaint.*

cwfert, *eg.* lloches ; gorchudd. COVERT ; COVER.

cwfl, *eg. ll.* cyflau. penwisg mynach, cwcwll. COWL, HOOD.

cwff, *eg. ll.* cyffiau. 1. gwaelod llawes. CUFF.
   2. ergyd. BLOW.

cwffas(t), *eb.* ysgarmes, brwydr. SCRAP, FIGHT.

cwffio, *be.* ymladd, paffio, curo. TO FIGHT, TO BOX.

cwffiwr, *eg. ll.*-wyr. ymladdwr, paffiwr. FIGHTER, BOXER.

cwgn, *eg. ll.* cygnau. cymal ; cwlwm, cainc. JOINT, KNUCKLE ; KNOT.

cwhwfan, 1. *eg.* chwifiad, ysgydwad. A WAVING, A FLUTTERING.
   2. *be.* chwifio, ysgwyd. TO WAVE, TO FLUTTER.

cwifr, *eg.* cawell saethau. QUIVER.

cwil, *eg. ll.*-s, -iau. ⎱ plufyn mawr,
cwilsyn, *eg. ll.*-nau. ⎰ plufyn ysgrifennu. QUILL, QUILL-PEN.

cwîl, *eg.* rhaff wellt. STRAW ROPE.

cwilt, *eg. ll.*-iau. gorchudd gwely, cwrlid. QUILT.

cwir[1], *eg. ll.*-oedd. pedair dalen ar hugain o bapur ysgrifennu. QUIRE.

cwir[2], *eg. ll.*-iau. côr eglwys, cangell, sedd (eglwys, etc.) CHURCH CHOIR, CHANCEL, PEW.

cwit, *adf.* buan, cyflym. QUICK, SPEEDY.

cŵl, *eg. ll.* cyliau. cam, bai, drwg. BLAME, FAULT, WRONG.

cwla, *a.* claf, anhwylus, clwyfus, sâl, gwael, tlawd, llesg. AILING, ILL, FEEBLE.

cwlas, *eg. ll.*-au. gweler *cowlas.*

cwlbren[1], *eg. ll.*-ni, -nau. pastwn, ffon. CUDGEL, STAFF.

cwlbren[2], *eg. ll.*-ni. coelbren. LOT.

*cwlen, *eb. ll.*-ni. het. HAT.

cwlff, *eg. ll.* cylff(i)au. ⎱ talp, cnepyn,
cwlffyn, *eg.*   ⎰ darn mawr. HUNK, LUMP.

cwlin, *eg. ll.*-s.   ⎱ peth gwael, ys-
cwling, *eg. ll.*-od. ⎰ bwriel. INFERIOR THING, REFUSE.

cwlio, *be.* 1. dewis, dethol. TO CULL, TO CHOOSE.
   2. beio. TO BLAME.

*cwlm, *eg. ll.* cylmau. cwlwm. KNOT.

cwlwm, *eg. ll.* clymau, cylymau. tro ar linyn, etc. ; cainc ; rhwymyn ; tusw, pwysi, nifer. KNOT ; BOND ; BUNCH ; NUMBER.
   Cwlwm rhedeg. SLIP-KNOT.

*cwll, *eg. ll.* cyllau. mynwes, bol. BOSOM, BELLY.

cwlltr, *eg.*   ⎱ *ll.* cylltyrau. llafn ar flaen
cwlltwr, *eg.* ⎰ swch aradr. COULTER.

cwm, *eg. ll.* cymoedd. dyffryn cul, glyn. VALLEY, GLEN.

cwman, *eg. ll.* cymanod. 1. crwbi, crwmp, pedrain, crymiad, cwrcwd. HUMP, RUMP, STOOP.
   2. llestr, buddai. VESSEL, CHURN.

cwmanu, *be.* gwargamu, cyrcydu. TO STOOP.

*cwmbrus, *a.* beichus, blinderus. CUMBERSOME, TROUBLESOME.

*cwmbrusrwydd, *eg.* baich. ENCUMBRANCE.

cwmin[1], *ell.* hadau planhigyn o'r dwyrain. CUMMIN.

cwmin², 1. *a.* cyffredin. COMMON.
  2. *eg.* comin, cytir. COMMON.

cwmni, *eg. ll.* cwmnïau. mintai,
  casgliad o bobl, cwmpeini, cym-
  deithas fusnes. COMPANY.

cwmnïaeth, *eb.* cyfeillach, cyfeill-
  garwch, cymdeithas. COMPANIONSHIP,
  ASSOCIATION.

cwmnïwr, *eg. ll.* cwmnïwyr. ⎱ cyfaill,
cwmnïydd, *eg. ll.*-ion. ⎰ cydym-
  aith, un da mewn cwmni, ymgomiwr.
  COMPANION, CONVERSATIONALIST.

*****cwmpaen,** *eg.* cwmni, mintai.
  COMPANY, BAND.

*****cwmpâr,** *eg.* cymar, cystedlydd.
  COMPEER, RIVAL.

*****cwmpario,** *be.* cymharu. TO COM-
  PARE.

cwmpas, *eg. ll.*-au, -oedd. cylch,
  cylchdro, y gymdogaeth o amgylch,
  amgylchoedd, offeryn tynnu cylch-
  oedd, cwmpawd. CIRCLE, CIRCUIT,
  SURROUNDINGS, COMPASS, DIVIDERS.

cwmpasog, *a.* cylchynol, yn cwmpasu,
  amleiriog. ENCOMPASSING, SURROUND-
  ING, VERBOSE.

cwmpasu, *be.* amgylchynu, amgylchu,
  cylchynu, deall. TO ENCOMPASS, TO
  COMPREHEND.

cwmpawd, *eg. ll.* cwmpodau. cwmpas,
  offeryn i ddangos cyfeiriad, offeryn
  tynnu cylchoedd. COMPASS.

cwmpeini, *eg.* cwmni, cwmpni.
  COMPANY.

cwmpe(i)niaeth, *eb.* cwmnïaeth.
  COMPANIONSHIP, ASSOCIATION.

*****cwm(p)li,** *a.* gweddus ; cyflawn. COME-
  LY ; COMPLETE.

*****cwmplid,** *a.* cyflawn. COMPLETE.

*****cwmplin : cwmpli,** *eg.* gwasanaeth
  olaf y dydd yn Eglwys Rufain.
  COMPLINE.

*****cwmplit,** *a.* gweler *cwmplid.*

cwmpnïwr, *eg. ll.* cwmpnïwyr. cwm-
  nïwr, cymar. COMPANION.

cwmpod, *eg. ll.*-au. cwmpawd. cwmp-
  as. COMPASS.

cwmwd, *eg. ll.* cymydau. adran o
  diriogaeth lai na chantref, talaith,
  ardal. COMMOTE, PROVINCE, REGION.

cwmwl, *eg. ll.* cymylau. tawch sy'n
  symud yn yr awyr. CLOUD.

cwmwr, *eg.* pompren. FOOTBRIDGE.

*****cwncwerwr,** *eg. ll.*-wyr. gorchfygwr.
  CONQUEROR.

*****cwndid¹,** *eg.* hebryngiad. ESCORT.

*****cwndid²,** *eg. ll.*-au. sianel, cwrs, ffos ;
  cwthr. CHANNEL ; RECTUM.

*****cwndid³,** *eg. ll.*-au. cân, carol, cerdd
  grefyddol. CONDUT, CAROL, RELIG-
  IOUS SONG.

*****cwndidwr,** *eg. ll.*-wyr. cyfansoddwr
  cwndidau. AUTHOR OF RELIGIOUS
  SONGS.

*****cwndit,** *eg. ll.*-au. sianel, cwrs, ffos ;
  cwthr. CHANNEL ; RECTUM.

*****cwngyr : cwngwr,** *eb. ll.*-s. llysywen
  fawr, congren. CONGER EEL.

*****cwning,** *ell.* cwningod ; anifeiliaid
  arbennig ym Mhalesteina. RABBITS ;
  HYRAX.

*****cwning,** 1. *eg.* dichell. GUILE.
  2. *a.* dichellgar. FULL OF GUILE.

cwningen, *eb. ll.* cwningod. anifail
  bychan o deulu'r ysgyfarnog. RABBIT.

*****cwnllaith,** *eg.* gweler *cunllaith.*

cwnnu, *be.* gweler *codi.*

*****cwnsallt,** *eg. ll.*-au. mantell, arfwisg.
  CLOAK, ARMOUR.

*****cwnsel,** *eg. ll.*-au, -i, -oedd. 1. cyngor
  (eglwysig). ECCLESIASTICAL COUNCIL.
  2. cyngor. ADVICE.

*****cwnsillt,** *eg. ll.*-au. offeryn gof, eingion.
  BLACKSMITH'S TOOL, ANVIL.

cwnsler, *eg. ll.*-iaid. cynghorwr, cyf-
  reithiwr. COUNSELLOR, COUNSEL.

*****cwnsli,** *eg. ll.*-au. gweler *cwnsel.*

cwnstabl, *eg. ll.*-iaid. prif swyddog y
  brenin ar gastell, plismon, heddwas.
  CONSTABLE, POLICEMAN.

cwota, *eg. ll.* y rhan a ganiateir i rywun,
  dogn. QUOTA.

*****cwpa,** *egb.* ⎱ llestr bychan i yfed
cwpan, *egb.* ⎰ ohono, dysgl. CUP.

cwpanaid, *eg. ll.*-eidiau. llond cwpan.
  CUPFUL.

cwpeliad, *eg. ll.*-au. coethiad. CUPELL-
  ATION.

cwpelu, *be.* puro, coethi mewn llestr
  bychan. TO CUPELLATE.

cwpl, *eg. ll.* cyplau. 1. dau, pâr, nifer
  lled dda. COUPLE.
  2. pennill, cwpled. STANZA, COUP-
  LET.
  3. cowlas, duad. BAY OF BUILDING.
  4. cyswllt, cwlwm. CONNECTION,
  COUPLING.

cwpla, *be.* ⎱ gorffen, diweddu, di-
cwpláu, *be.* ⎰ bennu. TO FINISH, TO
  COMPLETE.

cwpled, *eg. ll.*-i, -au. dwy linell (yn
  odli mewn barddoniaeth). COUPLET.

cwpledig, *a.* 1. wedi ei gwpláu.
  COMPLETED.
  2. cysylltiedig. COUPLED.

cwplws, *eg. ll.* cyplysau. cyswllt, cwpl.
  COUPLING, COUPLE.

cwpon, *eg. ll.*-au. tocyn, ffurflen ar gyfer cystadleuaeth. COUPON, etc.

cwpwrdd, *eg. ll.* cypyrddau. cas caeëdig i gadw bwyd neu lestri, etc. CUPBOARD.

Cwpwrdd tridarn. THREE-TIERED CUPBOARD.

Cwpwrdd cornel. CORNER CUP-BOARD.

cwr, *eg. ll.* cyrrau, cyriau, cyrion. 1. pen, cornel, congl. CORNER, END. 2. ffin, goror, cyffin, ymyl, godre. BORDER, LIMIT, EDGE.

*cwraets, *eg.* ⎱ dewrder. COURAGE.
*cwraits, *eg.* ⎰

cwrb, *eg. ll.* cyrbau. ymyl neu gant olwyn, etc. RIM OF WHEEL, ETC.

cwrbits, *eg.* curfa. A THRASHING.

cwrbyn, *eg.* ymyl palmant neu lwybr, etc. KERB.

cwrcath, *eg. ll.*-od. gwrcath. TOM-CAT.

cwrcwd, *eg. ll.* cyrcydau. y stad o gyrcydu; cyrcydwr, person byr llydan. SQUATTING; SQUATTER, SMALL SQUAT PERSON.

cwrcyn, *eg.* gwrcath. TOM-CAT.

cwrdd, *eg. ll.* cyrddau. cyfarfod, oedfa, gwasanaeth, cynulliad. MEETING, SERVICE, CONGREGATION.

Tŷ cwrdd. MEETING HOUSE.

cwrdd, *be.* ⎱ cyfarfod â ; cyffwrdd â.
cwrddyd, *be.* ⎰ TO MEET ; TO TOUCH.

cwrel, *eg. ll.*-au, cyrelau. sylwedd caled lliwiog yn tyfu yn y môr. CORAL.

cwrens, *ell.* cyrens, cyrans. CURRANTS.

*cwrf, *eg. ll.* cyrfau. cwrw, bir. ALE, BEER.

cwrian, *be.* cyrcydu. TO COWER, TO SQUAT.

cwricwlwm, *eg.* cwrs astudiaeth. CURRICULUM.

cwrier, *eg.* 1. negesydd. COURIER. 2. cyweiriwr crwyn. CURRIER.

*cwriwr, *eg.* cyweiriwr crwyn, cwrier. CURRIER.

cwrliad, *eg.* cyrliad. A CURLING.

cwrlid, *eg. ll.*-au. gorchudd uchaf gwely, cwilt ysgafn, cwrpan. COVER-LET.

cwrliwns, *ell.* adar gylfinir. CURLEWS.

cwrnad, 1. *eb.* sŵn aflafar. JARRING NOISE.
2. *be.* gweiddi, lleisio. TO SHOUT, TO BAWL.

cwrp, *eg.* salwch, anhwylder. SICKNESS.

*cwrpri, *eg. ll.*-iau. clog, mantell. CLOAK.

*cwrrach, *eg. ll.* cwrachau. hen lyfr, cyfrol dreuliedig. OLD BOOK, MUCH-USED VOLUME.

*cwrrwm, *eg.* crymedd (cefn). A BEND-ING, STOOP.

cwrs [1]**,** *eg. ll.* cyrs(i)au. 1. gyrfa, hynt, helynt, rhediad, rhedegfa. COURSE. 2. nifer o wersi, etc. COURSE. 3. cyfnod. ysbaid. SPACE (OF TIME). 4. saig o fwyd. COURSE.

cwrs [2]**,** *a.* bras, garw. COARSE.

*cwrser, *eg. ll.*-iaid. helfarch, march rhyfel ; marchog. COURSER ; KNIGHT.

*cwrsi, *eg. ll.*-ïau. cadach, lliain pen. KERCHIEF, COIF.

*cwrsiwr, *eg. ll.*-wyr. heliwr. COURSER.

cwrt, *eg. ll.*-(i)au, -ydd. llys, cyntedd, iard, clos. COURT.

Cwrt Siawnsri. CHANCERY.

Cwrt Pledion Cyffredin. COMMON PLEAS.

Cwrt Bach. PETTY SESSIONS.

Cwrt Deisyfion. REQUESTS.

Cwrt Gward a Lifrai. WARDS AND LIVERIES.

Cwrt Marchnad. PIEPOWDER COURT.

cwrtais, *a.* moesgar, boneddigaidd, hynaws ; gwylaidd. COURTEOUS ; MODEST.

cwrteisi, *eg.* ⎱ moesgarwch,
cwrteisrwydd, *eg.* ⎰ boneddigeidd-rwydd, hynawsedd. COURTESY.

cwrtiwr, *eg. ll.*-wyr. gŵr llys, person cwrtais. COURTIER, COURTLY PERSON.

cwrw, ⎱ *ll.* cyrfau. diod feddwol a
*cwrwf, *eg.* ⎰ wneir o frag a hopys, bir. BEER.

cwrwg, *eg.* ⎱
cwrwgl, *eg.* ⎰ gweler *corwg(l)*.

cwsg [1]**,** *eg.* 1. hun. SLEEP. 2. fferdod, diffyg teimlad. NUMB-NESS.

cwsg [2]**,** *a.* 1. yn cysgu. ASLEEP. 2. fferllyd, heb deimlad. NUMB.

cwsmer, *eg. ll.*-iaid. prynwr, prynwr cyson. CUSTOMER.

cwsmeriaeth, *eb.* bod yn gwsmer, masnach gyson, cwstwm. CUSTOM.

cwsner, *eg.* twyllwr. CHEAT.

*cwstos, *eg.* ceidwad, gwyliwr. KEEPER, GUARDIAN.

cwstwm, *eg. ll.* cystymau. 1. arferiad. CUSTOM. 2. cwsmeriaeth. PATRONAGE, CUST-OM.

cwt, 1. *eg. ll.* cytiau. bwthyn, cut. COTTAGE, HUT. 2. *eg. ll.* cytau. archoll, clwyf, gweli, briw ; tamaid. WOUND ; CUT, PIECE. 3. *egb. ll.* cytau. cynffon, llosgwrn. QUEUE, TAIL.

4. *eg.* adflas cas. UNPLEASANT AFTER-TASTE.

5. *eg. ll.* cyt(i)au. coelbren. LOT.

cwta, *a. (b.* cota). 1. byr, prin, cryno. SHORT.

2. sydyn, swta, disymwth. ABRUPT.

3. cybyddlyd. NIGGARDLY.

cwtáu, *be.* ⎫ byrhau, cwtogi. TO
cwtanu, *be.* ⎭ SHORTEN.

cwter, *eb. ll.*-i, -ydd. ffos, rhigol, sianel. GUTTER, CHANNEL.

cwtiad, 1. *eg. ll.*-iaid. cwtiar; rhostog. COOT; PLOVER.

2. *eg. ll.*-au. cwtogiad, byrhad. ABRIDGEMENT, ABBREVIATION.

cwtio, *be.* 1. byrhau, cwtogi. TO SHORTEN.

2. dodi mewn cwt, etc. TO PLACE IN A HUT, etc.

cwtiar, *eb. ll.*-ieir. iar ddŵr. MOORHEN.

*cwtig, *a,* ⎫ byr. SHORT.
*cwtog, *a.* ⎭

cwtogi, *be.* byrhau, talfyrru, prinhau, crynhoi. TO SHORTEN, TO ABBREVIATE, TO DOCK.

cwtogiad, *eg. ll.*-au. byrhad, talfyriad, lleihad. SHORTENING, ABRIDGEMENT, REDUCTION.

cwtoglaw, *a.* byr ei allu. SHORTHANDED.

cwtogwr, *eg. ll.*-wyr. byrhawr, talfyrrwr. CURTAILER, ABBREVIATOR.

cwtsach, *eb.* sach fach, cod. SMALL SACK, BAG.

cwtws, 1. *eg. ll.* cytysau. coelbren, rhan. LOT, SHARE.

2. *eb.* cynffon. TAIL.

cwtwslonni, *be.* ysgwyd cynffon, llawenhau. TO WAG THE TAIL, TO REJOICE.

cwtyn, *eg.* twc. TUCK (IN A DRESS).

*cwthr, *eg. ll.* cythrau. pen ôl, tin; croth, bru. RECTUM, ANUS; WOMB.

cwthwal, *eg.* hofel, tŷ gwael. HOVEL.

cwyddo, *be.* cwympo, syrthio; dymchwelyd. TO FALL; TO CAST DOWN.

cwyddog, *a.* simsan, sigledig. TOTTERING.

*cwyfr, *eg.* cawell saethau. A QUIVER.

cwymp (ŵy), *ll.*-au, -iau. codwm, disgyniad, syrthiad. FALL, SLOPE, COLLAPSE.

cwymp(i)edig, *a. ll.*-ion. syrthiedig, lladdedig. FALLEN, KILLED.

cwymp(i)ad, *eg. ll.*-au. codwm, cwymp, disgyniad, gwaered, rhaeadr. FALL, SLOPE, DESCENT, WATERFALL.

cwympo, *be.* syrthio, disgyn, torri i lawr, cymynu. TO FALL, TO FELL, TO THROW DOWN.

cwympod, *eg. ll.*-au, -ion. cwymp; disgyniad; cyflwr. FALL; DESCENT; CASE.

cwympwr, *eg. ll.*-wyr. bwriwr i lawr, dymchwelwr. FELLER, OVERTHROWER.

cwyn (ŵy), *ebg. ll.*-ion, -au. achwyniad, cyhuddiad, cwynfan, galar. COMPLAINT, LAMENT, PLAINT.

cwyn, *eg.* cinio, swper; gwledd. DINNER, SUPPER; BANQUET.

cwynad, *eg.* achwyniad, cwyn. COMPLAINT.

*cwynawdr, *eg.* achwynwr. COMPLAINANT.

cwynfan, *egb. ll.*-au, -ion. cwyn; galar. LAMENTATION; MOURNING.

cwynfan, *be.* ⎫ achwyn, grwgnach,
*cwynfa(n)nu, *be.* ⎭ dolefain, cwyno, galaru. TO COMPLAIN, TO LAMENT, TO MOURN.

cwynfanllyd, *a.* tueddol i gwynfan. MOANFUL.

cwynfa(n)nus, *a.* griddfanus, dolefus, galarus, alaethus. MOANING, LAMENTING.

cwyno, *be.* gweler *cwynfan.*

cwynofain, 1. *be.* cwynfan, cwyno; galaru. TO LAMENT; TO MOURN.

2. *eg.* cwynfan; galar. LAMENTATION; GRIEF.

*cwynofus, *a.* gweler *cwynfa(n)nus.*

*cwynos, *egb. ll.*-au, cynosau. swper, gwledd, pryd bwyd. SUPPER, FEAST, MEAL.

*cwynosa, *be.* swpera. TO EAT SUPPER,

cwynosfwyd, *eg.* swper, te. SUPPER, TEA.

cwynus, *a.* cwynfa(n)nus. PLAINTIVE.

cwynwr, *eg. ll.*-wyr. achwynwr, grwgnachwr; erlynydd; casglwr milwyr. COMPLAINER; PLAINTIFF; RECRUITING OFFICER.

cŵyr, *eg. ll.*-au. sylwedd melyn a wneir gan wenyn; gwêr; cannwyll wêr. BEES-WAX; WAX; WAX CANDLE.

*cwyraid, *a.* wedi ei gŵyro. WAXED.

cwyraidd, *a.* fel cŵyr; galluog, celfydd. WAXY, WAXEN; SKILFUL.

cwyrdeb, *eg. ll.*-au. ceuled. RENNET.

cwyredig, *a.* wedi ei gŵyro. WAXED.

cwyrel, *eg.* ceuled; cawsiad. CURD; COAGULATION.

cwyren, *eb. ll.*-nau. darn o gŵyr; cannwyll gŵyr. CAKE OF WAX; WAX CANDLE.

cŵyro, *be.* rhwbio â chŵyr, sgleinio. TO RUB WITH WAX, TO POLISH.

cwys(ŵy), *eb. ll.*-i, -au. rhych a wneir gan aradr, rhigol, tywarchen, bedd. FURROW, SOD, GRAVE.

cwysed, *eb. ll.*-i. darn trichornel ar ddilledyn. GUSSET.

cwysiad, *eg. ll.*-au. y weithred o gwyso. A FURROWING.

cwyso, *be.* torri cwys, aredig. TO FURROW, TO PLOUGH.

cwyswr, *eg. ll.*-wyr. torrwr cwysi, arddwr. PLOUGHMAN.

*cy, *cys.* cyn. AS.

cybôl, *eg.* dwli, lol, ffwlbri NONSENSE.

cybolfa, *eb.* cawdel, llanastr. MESS.

cyboli, *be.* siarad dwli, clebran, baldorddi. TO TALK NONSENSE.

cybolwr, *eg. ll.*-wyr. un sy'n cymysgu pethau ; clebrwr. MUDDLER ; JABBERER.

cybydd, 1. *eg. ll.*-ion. un sy'n cronni arian, mab y crinwas. MISER.

    2. *a.* crintachlyd. MISERLY.

cybydda, *be.* trachwantu, bod yn grintach. TO COVET, TO STINT.

cybyddaidd, *a.* cybyddlyd. MISERLY.

cybydd-dod, *eg.* } crintachrwydd.
cybydd-dra, *eg.* } MISERLINESS.

cybyddes, *eb. ll.*-au. gwraig gybyddlyd. FEMALE MISER.

*cybyddiaeth, *eb.* cybydd-dod. MISERLINESS.

cybyddlyd, *a.* } crintach, llawgaead,
*cybyddog, *a.* } tyn, clós. MISERLY,
*cybyddol, *a.* } MEAN.

*cybyddu, *be.* cybydda, trachwantu. TO COVET, TO STINT.

cycyllog, *a.* â chwcwll. COWLED, HOODED.

cycyllu, *be.* rhoi cwcwll ar. TO HOOD.

cychaid, *eg. ll.*-eidiau. llond cwch (gwenyn). BOATFUL ; HIVEFUL.

cych(i)o, *be.* } rhoi gwenyn mewn
cychu, *be.* } cwch. TO HIVE.

*cychmyn, *ell.* gweler *cechmyn*.

*cychwedl, *eb. ll.*-au. chwedl, stori. TALE, STORY.

cychwr, *eg. ll.*-wyr. badwr, rhwyfwr, gwneuthurwr badau. BOATMAN, BOAT MAKER.

cychwyn[1], *eg.* dechreuad, symudiad, cyffroad, cynhyrfiad. BEGINNING, START, MOVE, STIR.

cychwyn[2] **(wŷ)**, *be.* symud, dechrau, codi, cyffroi, cynhyrfu. TO START, TO BEGIN, TO RISE, TO STIR.

cychwynfa, *eb. ll.*-fâu, -feydd. cychwyniad, dechreuad. START, BEGINNING.

cychwyniad, *eg. ll.*-au. cychwyn, symudiad, dechreuad. START, BEGINNING.

cychwynnol, *a.* dechreuol, cynhenid, yn cychwyn, yn codi. INITIAL, STARTING, RISING.

*cychwynnu, *be.* symud, dechrau, cychwyn, codi. TO START, TO BEGIN, TO RISE.

cychwynnwr, *eg. ll.*-wyr. } dechreuwr,
cychwynnydd, *eg. ll.*-ion. } sefydlydd, STARTER, ORIGINATOR.

cyd[1], *eg. ll.*-iau. 1. cydiad, uniad, cysylltiad. A COUPLING, A JOINING, JUNCTION.

    2. cytgnawd. COPULATION.

cyd[2], *a.* 1. unedig, cytûn. JOINT, UNITED.

    2. cyhyd, mor hir â. AS LONG AS.

*cyd, *cys.* er ; pe. ALTHOUGH ; IF.

cyd-, *rhagdd.* gyda'i gilydd, ynghyd. CO-, COMMON, FELLOW-, INTER-.

cydadrodd, *be.* adrodd gyda'i gilydd. TO RECITE TOGETHER.

    Côr cydadrodd. CHORAL SPEAKERS.

cydaddoli, *be.* addoli ynghyd. TO WORSHIP TOGETHER.

cydaid, *eg. ll.*-eidiau. llond cwd. BAGFUL.

*cydair, *a.* cytûn, unedig. AGREED, UNITED.

cydamserol, *a.* cyfoes ; yn digwydd ar yr un amser. CONTEMPORARY ; SYNCHRONOUS.

*cydarfoll, *eg.* cytundeb. AGREEMENT.

*cydarfolli, *be.* ymuno â. TO ALLY.

*cydarfollwr, *eg. ll.*-wyr. cynghreiriwr. ALLY.

cydawr, 1. *a.* yn cydseinio. SOUNDING TOGETHER.

    2. *eb.* cyd-floedd. UNITED SHOUT.

cydbartïaeth, *eb.* rhagfarn. PARTISANSHIP.

cydbwysedd, *eg.* cyfartaledd rhwng dau beth. BALANCE, EQUILIBRIUM.

cydbwyso, *be.* cloriannu, bod yn gytbwys ; gwrthbwyso. TO BALANCE ; TO COUNTERBALANCE.

cyd-deimladwy, *a.* tosturiol. SYMPATHETIC.

cyd-deimlo, *be.* cydymdeimlo. TO SYMPATHIZE WITH.

cyd-destun, *eg. ll.*-au. rhannau o flaen neu ar ôl ymadrodd mewn llyfr, etc. CONTEXT.

cyd-doriad, *eg. ll.*-au. enwaediad. CONCISION.

cyd-drawiad, *eg.* 1. cytgord ; cydddigwyddiad. HARMONY ; COINCIDENCE.

    2. gwrthdrawiad. COLLISION.

cyd-dymheru, *be.* cymedroli, cymysgu. TO MODERATE, TO TEMPER.

cyd-dynnu, *be.* crebachu ; cydweithio. TO SHRINK ; TO WORK IN HARMONY.

cyd-ddigwyddiad, *eg. ll.*-au. dau beth yn digwydd yr un pryd. COINCIDENCE.

cyd-ddinesydd, *eg. ll.* cyd-ddinasydd-ion. dinesydd o'r un dref. FELLOW-CITIZEN.

cyd-ddiogelwch, *eg.* diogelwch cyff-redin mwy nag un wlad. COLLECTIVE SECURITY.

*****cyd-ddolurio**, *be.* cydymdeimlo. TO SYMPATHIZE.

*****cyd-ddrychiol**, *a.* presennol. PRESENT.

cyd-ddwyn, *be.* 1. goddef. TO BEAR WITH.
   2. cludo gydag arall. TO CARRY WITH ANOTHER.

cyd-ddyn, *eg. ll.*-ion. un sy'n byw yr un pryd â. FELLOW-MAN.

cydenw, *eg. ll.*-au. un o'r un enw ag un arall. NAMESAKE.

cyd-etifedd, *eg. ll.*-ion. etifedd â'r un hawl ag arall. JOINT HEIR.

*****cydfa**, *eb. ll.*-oedd. cynulliad. ASSEMB-LY.

cydfaeth, *a.* wedi ei gydfagu. NURTUR-ED TOGETHER.

cydfarn, *eb. ll.*-au. cyd-ddyfarnaid. JOINT OPINION.

cydfasnach,*eb.*trafnidiaeth. COMMERCE.

cydfod, *egb. ll.*-au. cytundeb, cyfamod, cytgord, cyfatebiaeth. AGREEMENT, COMPACT, HARMONY.

cydfodol, *a.* 1. cytûn. AGREEABLE.
   2. yn bod yr un pryd. COEXISTENT.

cydfodoli, *be.* bodoli ynghyd. TO COEXIST.

cydfrad, *eg. ll.*-au. ⎫ brad, cyn-
cydfradwriaeth, *eb. ll.*-au. ⎰ llwyn. CONSPIRACY, TREACHERY.

cydfwriad, *eg. ll.*-au. cynllwyn, cyng-hrair. CONSPIRACY, ALLIANCE.

cydfwriadu,*be.*cynllwyn. TO CONSPIRE.

cydfyd, *eg.* hollfyd. UNIVERSE.

cydfydio, *be.* cyd-fyw, cytal. TO CO-HABIT, TO LIVE TOGETHER.

cyd-fynd, *be* ⎫ cytuno, cydsynio, cyf-
cydfyned, *be.* ⎰ ateb, cydfod. TO AGREE.

cyd-fyw, *be.* cytal, byw gydag un arall. TO LIVE TOGETHER.

cydffurfio, *be.* cydymffurfio. TO CON-FORM.

cydffurfiol, *a.* yn cydymffurfio, cyson. CONFORMING.

cydganlyn, *be.* hebrwng, cydfyned. TO ACCOMPANY.

cydganu, *be.* canu gyda'i gilydd. TO SING TOGETHER.

cydgasglu, *be.* ymgynnull. TO GATHER TOGETHER.

cydgeisio, *be.* cystadlu. TO COMPETE.

cydgeisiwr, *eg. ll.*-wyr. cystadleuwr. COMPETITOR.

cydgenedl, *eb.* (*torf.*). cyd-dylwyth ; pobl o'r un wlad. KINSFOLK; FELLOW-COUNTRYMEN.

cydgenedlaethol, *a.* cydwladol. INTER-NATIONAL.

cydgerdded, *be.* cydrodio, cytuno. TO WALK TOGETHER, TO AGREE.

cydgloi, *be.* cydrwymo, cloi ynghyd. TO BIND TOGETHER, TO INTERLOCK.

cydgnawdio, *be.* ymgydio. TO COPU-LATE.

cydgordiad, *eg. ll.*-au. cytundeb, cysondeb. AGREEMENT, CONSISTENCY.

cydgordio, *be.* cytuno, cyfateb. TO ACCORD, TO AGREE.

cyd-gorff, *eg.* un corff. ONE BODY.

cydgreirio, *be.* tyngu gyda'i gilydd. TO CONJURE.

cydgroesi, *be.* croesi gyda'i gilydd. TO CONCUR.

cydgrynhoi, *be.* ymgynnull. TO GATHER TOGETHER.

cydgyfalaf, *eg.* cyfalaf yn perthyn i lawer o bobl. JOINT STOCK.

cydgyfarch, *eg.* anerchiad y naill y llall. MUTUAL GREETING.

cydgyfarfyddiad, *eg. ll.*-au. y weithred o gydgyfarfod, cyd-ddigwyddiad. MEETING TOGETHER, COINCIDENCE.

cydgyfeirio, *be.* mynd i'r un cyfeiriad nes cyfarfod. TO CONVERGE.

cydgyfnewidiad, *eg. ll.*-au. cyfrdroad. PERMUTATION.

cydgyfrannog, 1.*a.* yn cydgyfranogi. PARTICIPATING. 2. *eg. ll.* cydgyfranog-ion. un sy'n cydgyfranogi. PARTICI-PANT.

cydgyfranogi, *be.* cymryd rhan gydag eraill. TO PARTICIPATE.

cydgyngor, *eg. ll.* cydgynghorion. cydystyriaeth ; cyngres. JOINT COUNSEL ; CONGRESS.

cydgynnull, *be.* cydgasglu. TO GATHER TOGETHER.

cydhanfod, *eg. ll.*-au. cydfodolaeth. COEXISTENCE.

cydiad, *eg. ll.*-au. cyswllt, cymal, cyfuniad, uniad, asiad, ieuad ; cyt-gnawd. JOINT, COUPLING ; COPUL-ATION.

cydiaith, *eb.* iaith gyffredin. COMMON LANGUAGE.

cydied, *be.* ⎫ 1. uno, cysylltu, asio, ieuo.
cydio, *be.* ⎭ TO JOIN, TO CONNECT, TO COUPLE.
2. ymgydio. TO COPULATE.
3. cymryd gafael, glynu, gafael. TO GRASP, TO STICK, TO BITE.

cydiog, *a.* ⎫ cysylltiol ; ymgydiol.
cydiol, *a.* ⎭ COUPLING, CONNECTIVE ; COPULATIVE.

cydiwr, *eg. ll.*-wyr. 1. un sy'n cysylltu, asiedydd, gafaelwr. JOINER, ONE WHO GRIPS.
2. ymgydiwr. COPULATOR.
3. rhan o beiriant sy'n peri i gêr gydio. CLUTCH.

cydladd, *be.* 1. cyd-daro, cyffwrdd. TO STRIKE TOGETHER, TO TOUCH.
2. cydweddu, cytuno. TO ACCORD, TO AGREE.

cydlais, 1. *eg.* cynghanedd, cytgord. HARMONY.
2. *a.* cydgordiol. HARMONIOUS.

***cydlawn,** *a.* cyflawn. COMPLETE.

cydlef, 1. *a.* yn cydlefain. CONSONOUS.
2. *eb. ll.*-au. bloedd unedig. UNITED SHOUT.

cydles, *eg.* lles cyffredin. COMMON GOOD.

cydletya, *be.* lletya gydag arall. TO LODGE TOGETHER.

cydlif, *eg. ll.*-au. cymer, aber. CONFLUENCE.

***cydliw,** *a.* cyfliw. OF THE SAME COLOUR.

***cydlwynach,** *be.* cydanwesu. TO FONDLE ONE ANOTHER.

cydnabod[1], *egb. ll.* cydnabyddion.
1. addefiad, cydnabyddiaeth, tâl. ACKNOWLEDGEMENT, ACQUAINTANCE, PAYMENT.
2. person a adwaenir. ACQUAINTANCE.

cydnabod[2], *be.* cyfaddef, addef, arddel, caniatáu, talu. TO ACKNOWLEDGE, TO RECOGNIZE.

cydnabyddedig, *a.* a gydnabyddir, wedi ei gydnabod. ACKNOWLEDGED, RECOGNIZED.

cydnabyddiad, *eg. ll.*-au. ⎫ addefiad,
cydnabyddiaeth, *eb. ll.*-au. ⎭ adnabyddiaeth, gwybodaeth, taliad. ACKNOWLEDGEMENT, RECOGNITION, KNOWLEDGE.

cydnabyddol, *a.* ⎫ adnabyddus, cyf-
cydnabyddus, *a.* ⎭ arwydd ; yn cydnabod. ACQUAINTED, FAMILIAR ; ACKNOWLEDGING.

***cydnaid,** *a.* yn cydneidio, yn cydsymud ; cydamserol. LEAPING TOGETHER ; SIMULTANEOUS.

cydnaws, 1. *a.* cytûn, mewn cytgord. CONGENIAL, COMPATIBLE.
2. *eg.* cydweddiad. CONGENIALITY.

***cydne,** *a.* cyfliw. OF THE SAME COLOUR.

cydnerth, *a.* cryno ei nerth, cryf, cadarn. STRONGLY BUILT, WELL SET.

cydnod, *egb. ll.*-au. cysylltnod. HYPHEN.

cydoed, *a.* ac *eg.* ⎫ o'r un oed, cyfoes ;
***cydoes,** *a.* ac *eg.* ⎭ cyfoeswr. OF THE SAME AGE, CONTEMPORARY ; A CONTEMPORARY.

cydoesi, *be.* byw yn yr un cyfnod â. TO BE CONTEMPORARY.

cydoesol, *a.* yn byw yr un pryd â. CONTEMPORARY.

cydoeswr, *eg. ll.*-wyr. cyfoeswr. CONTEMPORARY.

cydol, 1. *egb.* crynswth, cwbl, cyfan. THE WHOLE.
2. *a.* holl, cyfan. ENTIRE, WHOLE.

cydolwg, *eg.* crynodeb. SYNOPSIS.

cydolygol, *a.* cytûn ; cyfolwg. IN AGREEMENT ; SYNOPTIC(AL).

cydolygu, *be.* cydedrych, cytuno ; cydbaratoi. TO CONSIDER JOINTLY, TO AGREE ; TO CO-EDIT.

cydolygydd, *eg.* un o ddau neu ragor yn cydolygu darn o lenyddiaeth. CO-EDITOR.

cydorwedd, *be.* gorwedd gyda'i gilydd ; ymgydio. TO LIE TOGETHER ; TO COPULATE.

cydradd, 1. *a.* o'r un radd neu safle, cyfartal, cyfwerth. EQUAL.
2. *eg. ll.*-au. cyfesuryn. CO-ORDINATE.

cydraddio, *be.* gweler *cydraddu.*

cydraddol, *a. ll.*-ion. cyfartal, cydradd. EQUAL.

cydraddoldeb, *eg.* ⎫ y cyflwr o fod
***cydraddoliaeth,** *eb.* ⎭ yn gyfartal o ran gradd, cyfartaledd. EQUALITY.

***cydraddu,** *be.* cyfartalu, cymharu. TO COMPARE, TO MAKE EQUAL.

cydran, *eb. ll.*-nau. rhan gyfartal ; elfen. EQUAL SHARE ; COMPONENT.

cydrannog, *a.* â rhan neu gyfran. HAVING A SHARE.

cydrannu, *be.* rhannu ; dosrannu. TO SHARE ; TO DISTRIBUTE.

cydredol, *a.* cyfochrog ; yn cydredeg. PARALLEL ; CONCURRENT.

cydrodd, *eb. ll.*-ion. cyfraniad. CONTRIBUTION.

cydroddi, *be.* cyfrannu. TO CONTRIBUTE.

cydroddiad, *eg. ll.*-au. cyfraniad. CONTRIBUTION.

***cydrych(i)ol,** *a.* presennol. PRESENT.

*cydrych(i)oldeb, *eg.* ⎱ presenoldeb,
*cydrych(i)older, *eg.* ⎰ portread.
PRESENCE, PRESENTATION.

cydryw, *a.* o'r un rhywogaeth neu deulu, homogenus. HOMOGENEOUS.

cydrywiaeth, *eb.* homogenedd. HOMO-GENEITY.

cydrywiog, *a.* ⎱ cydryw, homogenus.
cydrywiol, *a.* ⎰ HOMOGENEOUS.

cydrywogaeth, *eb. ll.*-au. rhywogaeth debyg. SIMILAR SPECIES.

cyd-rhwng, *ardd.* rhwng. BETWEEN.

cydsain, *eb. ll.*-seiniau. cytsain. CON-SONANT.

cydsefyll, *be.* sefyll gyda'i gilydd. TO STAND TOGETHER.

cydseiniad, *eg. ll.*-au. cytgord ; cytundeb. HARMONY ; AGREEMENT.

cydseinio, *be.* seinio gyda'i gilydd, cydgordio. TO SOUND TOGETHER, TO HARMONIZE.

cydseiniol, *a.* cydgordiol, cytûn. HARM-ONIOUS, AGREED.

cydseiniwr, *eg. ll.*-wyr. cytunwr. ONE WHO AGREES.

cyd-stad, *a.* cyfartal. EQUAL.

cydsylweddu, *be.* uno yn un sylwedd. TO CONSUBSTANTIATE.

cydsylweddol, *a.* cydhanfodol. CON-SUBSTANTIAL.

cydsyniad, *eg. ll.*-au. caniatâd, cytundeb, cyfatebiaeth ; myfyrdod. CON-SENT, AGREEMENT ; CONTEMPLATION.

cydsynied, *be.* ⎱ cytuno, bodloni, can-
cydsynio, *be.* ⎰ iatáu. TO AGREE, TO ALLOW.

cydsyniol, *a.* cytûn, unfrydol. AGREE-ING, UNANIMOUS.

cydsyniwr, *eg. ll.*-wyr. cytunwr. ONE WHO AGREES.

*cydundeb, *eg.* cytundeb, cydsyniad, undeb, ACCORD, AGREEMENT, UNITY.

cyduno, *be.* cysylltu ; cytuno. TO JOIN, TO UNITE ; TO AGREE.

cydwaed : cyd-waed, 1. *a.* cytras, o'r un waed. CONSANGUINEOUS.
    2. *eg.* câr. KINSMAN.

*cydwaisg, *a.* cydnerth. WELL BUILT.

cydwastad, *a.* o'r un uchder, lefel â. LEVEL (WITH).

cydwastadrwydd, *eg.* cydraddoldeb. EQUALITY.

cydwedd, 1. *egb. ll.*-ion, -au, -iaid. cyfaill, cystedlydd. FRIEND, PEER.
    2. *a.* tebyg, cyffelyb, cystal, LIKE, EQUAL.

cydweddiad, *eg. ll.*-au. cyfatebiaeth, cytundeb, cymhariaeth, tebygrwydd. CORRESPONDENCE, ANALOGY.

cydweddiaeth, *eb.* tebygrwydd. AFFIN-ITY.

cydweddog, 1. *eg. ll.*-ion. cyfaill. PARTNER, CONSORT.
    2. *a.* priodasol, unedig ; dan yr un iau. CONJUGAL, UNITED ; YOKED TOGETHER.

cydweddol, *a.* cydymffurfiol, cytûn, cyson, cydnaws. AGREEABLE, CON-SISTENT, SUITABLE.

cydweddoldeb, *eg.* cysondeb, cyd-bwysedd. CONSISTENCY, SYMMETRY.

cydweddu, *be.* cytuno ; cydymffurfio. TO AGREE ; TO CONFORM.

cydweddus, *a.* addas, gweddus. SUIT-ABLE, SEEMLY.

cydweithio, *be.* gweithio gydag arall. TO CO-OPERATE.

cydweithiol, *a.* cydweithredol. CO-OPERATIVE.

cydweithiwr, *eg. ll.*-wyr. un sy'n cyd-weithio. FELLOW-WORKER.

cydweithrediad, *eg. ll.*-au. y weithred o gydweithio. CO-OPERATION.

cydweithredu, *be.* cydweithio. TO CO-OPERATE.

cydweithredwr, *eg. ll.*-wr. ⎱ cydweith-
cydweithredydd, *eg. ll.*-ion. ⎰ iwr.
FELLOW-WORKER, CO-OPERATOR.

cyd-weld : cydweled, *be.* cydsynio, cytuno, bodloni, dygymod ; gweld gyda'i gilydd. TO AGREE ; TO SEE TOGETHER.

cydwelediad, *eg. ll.*-au. cytundeb. AGREEMENT.

cydwely, *eg.* cywely, cymar gwely. BEDFELLOW.

*cydwelydd, *eg. ll.*-on. cyfaill, aelod o'r un llwyth. FRIEND, FELLOW TRIBES-MAN.

*cydwerswr, *eg. ll.*-wyr. cyfoeswr. CONTEMPORARY.

cydwerth, *a.* cyfwerth. EQUIVALENT.

cydwladol, *a.* rhyngwladol. INTER-NATIONAL.

cydwladwr, *eg. ll.*-wyr. dyn o'r un wlad ag arall. COMPATRIOT.

*cydwr, *eg. ll.*-wyr. cymar, cydymaith. FELLOW, COMPANION.

*cydwybedydd, *eg. ll.*-ion. cyfaill. FRIEND.

cydwybod, *eb. ll.*-au. yr ymdeimlad o ddrwg a da. CONSCIENCE.

cydwybodol, *a.* yn gweithredu'n ôl cydwybod, yn cymryd trafferth, dyfal, gofalus, diwyd. CONSCIENT-IOUS.

cydwybodoldeb, *eg.* ⎱ ymwybyddiaeth.
cydwybodolder, *eg.* ⎰ CONSCIOUSNESS.

*cydwybodus, *a.* cydwybodol. CON-
SCIENTIOUS.

*cydwydd, *ell.* coed yn tyfu gyda'i
gilydd. TREES GROWING TOGETHER.

cydymagweddu, *be.* cydymffurfio. TO
CONFORM.

cydymaith, *eg. ll.* cymdeithion. ⎫
*cydymdaith, *eg. ll.* cydymdeithion. ⎬
cyd-deithiwr, cyfaill, cymar.
FELLOW-TRAVELLER, COMPANION.

*cydymdaith, *be.* cyd-deithio. TO
TRAVEL TOGETHER.

cydymdeimlad, *eg. ll.*-au. tosturi,
trugaredd. COMPASSION.

cydymdeimladol, *a.* tosturiol.
SYMPATHETIC.

cydymdeimlo, *be.* teimlo dros arall,
tosturio. TO SYMPATHIZE.

*cydymdeithas, *eb. ll.*-au. cymdeithas ;
cyfeillgarwch. SOCIETY; FELLOWSHIP.

*cydymdeithes, *eb. ll.*-au. cyfeilles.
FEMALE COMPANION.

*cydymdeithio, *be.* cyd-deithio ; cyf-
eillachu. TO TRAVEL TOGETHER ; TO
ASSOCIATE WITH.

*cydymdeithocáu, *be.* cymdeithasu,
gwneud yn gyfaill. TO ASSOCIATE
WITH, TO MAKE ONE A COMPANION.

cydymdrech, *egb. ll.*-ion. ymdrech
unedig. JOINT EFFORT.

*cydymddaith, *be.* gweler *cydymdaith.*

cydymddwyn, *be.* cydoddef ; dioddef,
goddef. TO TOLERATE ; TO SUFFER.

*cydymeithas, *eb.* gweler *cydymdeithas.*

cydymffurfiad, *eg. ll.*-au. ⎫ cydffurf-
cydymffurfiaeth, *eb. ll.*-au. ⎬ iad.
CONFORMITY.

cydymffurfiwr, *eg. ll.*-wyr. un sy'n
cydymffurfio â rheol neu drefn.
CONFORMIST.

cydymffurfio, *be.* dilyn trefn neu
arferiad, cydffurfio. TO CONFORM.

cydymgais, *eg. ll.*-geisiau. cystadleu-
aeth, ymgais unedig. COMPETITION,
JOINT EFFORT.

cydymgeisiaeth, *eb.* cystadleuaeth.
COMPETITION, RIVALRY.

cydymgeisiol, *a.* cystadleuol. COMP-
ETITIVE.

cydymgeisiwr, *eg. ll.*-wyr. ⎫ cystad-
cydymgeisydd, *eg. ll.*-ion. ⎬ leuydd,
un ymgeisydd o blith llawer. COMP-
ETITOR, RIVAL, CANDIDATE.

cydymgyfarfod, *be.* cydgyfarfod, ym-
gynnull. TO ASSEMBLE.

cydymgymysgu, *be.* cymysgu. TO
MIX.

cydymgynnull, *be.* cydgyfarfod, ym-
gynnull. TO ASSEMBLE TOGETHER.

cydyn, *eg. ll.*-nau. cwd bach, cwdyn,
cod fach, pwrs. SMALL BAG, POUCH.

cydystyried, *be.* ⎫ ystyried ynghyd.
cydystyrio, *be.* ⎬ TO CONSIDER TO-
GETHER.

cydystyrol, *a.* cyfystyrol. SYNON-
YMOUS.

cyddwysiad, *eg.* troi'n ddŵr. CON-
DENSATION.

cyfa, 1. *a.* cyfan, cwbl, llwyr, cyflawn.
WHOLE, ENTIRE, COMPLETE.
2. *eg. ll.* cyfanion. y cwbl, swm,
crynswth ; cyfanrif. ALL, TOTAL,
ENTIRETY ; INTEGER.

*cyfach[1], *eg.* 1. cydwaedoliaeth. JOINT
DESCENT.
2. geirdarddiad. ETYMOLOGY.

*cyfach[2], *a.* o'r un tras, cytras.
COGNATE.

*cyfachyddiaeth, *eb.* ffurfiant, geir-
darddiad. ACCIDENCE, ETYMOLOGY.

*cyfadail, *egb.* saernïaeth. STRUCTURE.

*cyfadeilio, *be.* saernïo. TO CONSTRUCT.

*cyfadlo, *be.* cyfrif, priodoli. TO
RECKON, TO IMPUTE.

*cyfadnabod, 1. *be.* addef ; adnabod. TO
ACKNOWLEDGE ; TO KNOW (A PERSON).
2. *eg.* cydnabod, adnabyddiaeth.
AN ACQUAINTANCE, ACKNOW-
LEDGEMENT, ACQUAINTANCE.

*cyfadnod, *eb. ll.*-au. cyd-destun. CON-
TEXT.

cyfadran, *eb. ll.*-nau. uned o adrannau
mewn coleg ; cyfnod. FACULTY (IN
COLLEGE) ; PERIOD (MUSIC).

*cyfadrodd, *be.* sôn am, adrodd am.
TO MENTION, TO RELATE.

cyfaddas, *a.* cymwys, addas, priodol,
cyfamserol, ffafriol, cyfleus. SUIT-
ABLE, APPROPRIATE, FITTING, CON-
VENIENT.

cyfaddasiad, *eg. ll.*-au. y weithred o
gyfaddasu, cymhwysiad. ADAPT-
ATION.

cyfaddasol, *a.* cyfaddas, cymwys.
FITTING, SUITABLE, QUALIFIED.

cyfaddasrwydd, *eg.* ⎫ addasrwydd,
*cyfaddasteb, *eg.* ⎬ priodoldeb, cyfle.
cyfaddaster, *eg.* ⎭ SUITABLENESS,
APPROPRIATENESS, OPPORTUNITY.

cyfaddasu, *be.* addasu, cymhwyso. TO
ADAPT, TO FIT, TO SUIT.

cyfaddawd, *eg. ll.*-au, cyfaddodau.
cytundeb trwy oddefiad, cymrodedd.
COVENANT, COMPROMISE.

cyfaddawdu, *be.* cymrodeddu. TO
COMPROMISE.

cyfaddef, *be.* cyffesu, cydnabod, addef.
TO CONFESS, TO ACKNOWLEDGE, TO
ADMIT.

cyfaddefiad, *eg. ll.*-au. cyffes, cyffesiad, addefiad. CONFESSION, ACKNOWLEDGEMENT.

cyfaddefol, *a.* addefedig. ADMITTED, AVOWED.

cyfaddefwr, *eg. ll.*-wyr. cyffeswr. CONFESSOR.

*****cyfaelio,** *be.* masnachu. TO TRADE.

*****cyfaenad,** 1. *eg.* cân, cerdd. SONG.
   2. *a.* cywair. HARMONIOUS.

*****cyfaered,** *be.* dod neu fynd at. TO MAKE FOR.

cyfagos, *a.* agos, yn ymyl, ar gyfyl, yn ffinio, ar bwys. CLOSE, NEAR, ADJACENT, ADJOINING.

cyfagosrwydd, *eg.* yr ansawdd o fod yn gyfagos. NEARNESS.

*****cyfai,** *cys.* ac *adf.* er ; hyd yn oed. THOUGH; EVEN.

cyfaill, *eg.* }*ll.* cyfeillion, -iaid. (*b.* cyf-
*****cyfaillt,** *eg.* }eilles). cydymaith, cymar, ffrind, cydnabod. FRIEND, COMPANION.

*****cyfaint,** *eg.* cwfaint. CONVENT.

cyfaint, *eg. ll.* cyfeintiau. gofod a fesurir ag unedau ciwbig. VOLUME.

cyfair, *egb. ll.* cyfeiriau, cyfeiri. 1. cyfeiriad, rhanbarth ; lle cyferbyn. DIRECTION, REGION; OPPOSITE PLACE. 2. cyfer, erw. ACRE.

*****cyfair,** *eg. ll.* cyfeiriau. cyfystyr. SYNONYM.

*****cyfal,** *a.* cyffelyb, tebyg, cydradd. LIKE, SIMILAR, EQUAL.

cyfalaf, *eg.* arian neu stoc wrth gefn cwmni neu berson, prifswm. CAPITAL.

cyfalafiaeth, *eb.* y gredo mewn meddiant cyfalaf gan unigolion neu gwmnïoedd preifat. CAPITALISM.

cyfalafol, *a.* perthynol i gyfalaf neu gyfalafiaeth. CAPITALISTIC.

cyfalafwr, *eg. ll.*-wyr. }cefnogwr, cyf-
cyfalafydd, *eg. ll.*-ion. }alafiaeth, perchennog cyfalaf. CAPITALIST.

cyfalaw, *egb. ll.*-on. desgant. DESCANT, COUNTER-MELODY.

cyfalawiad, *eg.* trawsgyweiriad. MODULATION.

*****cyfaledd,** *eg. ll.*-au. cydweddiad, cyfatebiaeth. ANALOGY.

*****cyfalhau,** *be.* gwneud yn debyg ; gwastatáu. TO MAKE SIMILAR ; TO LEVEL.

*****cyfalle(dd),** *eg.* uniad, cysylltiad ; cymar. UNION, A JOINING ; HUSBAND, WIFE.

*****cyfallu,** *eg. ll.*-oedd. gallu, grym. ABILITY, CAPACITY.

*****cyfallwy,** *a.* addas, galluog, cymwys, abl ; cyfan. SUITABLE, COMPETENT ; COMPLETE.

cyfamod, *eg. ll.*-au. cytundeb, bargen, ymrwymiad. COVENANT, CONTRACT, PACT.

cyfamodi, *be.* gwneud cyfamod, bargeinio. TO COVENANT, TO BARGAIN.

cyfamodol, *a.* dan gyfamod ; ffederal. COVENANTED ; FEDERAL.

cyfamodwr, *eg. ll.*-wyr. un sy'n cyfamodi neu dan gyfamod. COVENANTER.

*****cyfamrudd,** *eg.* ac *a.* lladdfa ; gwaedlyd. SLAUGHTER ; BLOODY.

*****cyfamryson,** *eg. ll.*-au. ymryson. DISPUTE.

cyfamser, *eg. ll.*-au, -oedd. yr amser rhwng un digwyddiad ac un arall, cyfwng, egwyl ; cyfle. INTERVAL, MEANTIME ; OPPORTUNITY.

cyfamserol, *a.* amserol, ffafriol, cyfaddas, cyfleus, cydamserol. OPPORTUNE, TIMELY, CONVENIENT, SYNCHRONOUS.

cyfamseru, *be.* cydamseru. TO SYNCHRONIZE.

*****cyfamwyn,** *be.* brwydro ; amddiffyn. TO FIGHT ; TO DEFEND.

cyfan, 1. *eg. ll.*-ion. y cwbl, swm, crynswth ; cyfanrif. ALL, TOTAL, ENTIRETY ; INTEGER.
   2. *a.* cwbl, llwyr, cyflawn. WHOLE, ENTIRE, COMPLETE.

*****cyfanbwyll,** *a.* yn llawn ystyr a synnwyr. WITH COMPLETE SENSE.

cyfander, *eg.* cyfanrwydd ; onestrwydd. ENTIRETY, ENTIRENESS ; INTEGRITY.

cyfandir, *eg. ll.*-oedd. un o rannau enfawr y byd, y tir mawr. CONTINENT.

cyfandirol, *a.* yn perthyn i gyfandir. CONTINENTAL.

cyfandroed, 1. *eg. ll.*-draed. creadur â throed cyfan. WEB-FOOT.
   2. *a.* â throed cyfan neu â chroen yn cysylltu'r bysedd. WEB-FOOTED.

cyfandwf, *a.* yn ei lawn dwf. FULLY GROWN, ADULT.

cyfanfod, *eg.* undod ; bydysawd. UNITY ; UNIVERSE.

cyfanfor, *eg. ll.*-oedd. eigion, cefnfor. OCEAN, MAIN.

cyfanfyd, *eg.* hollfyd, bydysawd. UNIVERSE.

cyfanfydol, *a.* yn perthyn i'r hollfyd. UNIVERSAL.

*cyfangan, 1. *eb.* cerdd felodaidd; cynghanedd. HARMONIOUS SONG; HARMONY.

2. *a.* cydgordiol. HARMONIOUS.

cyfangerdd, *eb. ll.*-i. melodi; helynt. MELODY; BOTHER.

cyfangorff, *eg. ll.*-gyrff. y cyfan, crynswth, swm, cwbl, cyfanswm. WHOLE, MASS, ENTIRETY.

cyfan gwbl, *a.* i gyd, llwyr, cyfan a chyflawn, holl. ALTOGETHER, COMPLETE, WHOLE.

cyfanhau, *be.* cyfannu, gwneud yn gyfan, uno, cysylltu, mynd yn gyfan. TO MAKE WHOLE, TO JOIN, TO UNITE, TO BECOME WHOLE.

cyfanheddfa, *eb. ll.* cyfaneddfâu. annedd. ABODE.

cyfanheddle, *eg. ll.*-oedd. trigfa; lle dymunol. ABODE; PLEASANT PLACE.

cyfanheddol, *a.* addas i fyw ynddo, cyfannedd. HABITABLE.

*cyfanheddrwydd, *eg.* diddanwch, difyrrwch. DELIGHT, DIVERSION.

*cyfanheddu, *be.* difyrru, diddanu. TO ENTERTAIN.

cyfanheddu, *be.* preswylio, trigo, trigiannu. TO INHABIT, TO DWELL.

cyfanheddwr, *eg. ll.*-wyr. preswylydd. INHABITANT.

cyfaniad, *eg. ll.*-au. y weithred o wneud yn un. A MAKING COMPLETE.

*cyfanian, *a.* cydnaws, o'r un natur. OF LIKE NATURE, CONGENIAL.

cyfannedd, 1. *eg. ll.* cyfanheddau, -ion. annedd; preswylydd; lle cyfanheddol. DWELLING; INHABITANT; INHABITED PLACE.

2. *a.* cyfanheddol, trigiannol; difyr, dymunol. HABITABLE; ENTERTAINING, PLEASANT.

*cyfannod, 1. *egb. ll.* cyfanodau. brawddeg gyfan; atalnod llawn. PERIOD (GRAMMAR); FULL STOP.

2. *a.* enwog. FAMOUS.

cyfannol, *a.* integral, hanfodol. INTEGRAL, ESSENTIAL.

cyfannu, *be.* gwneud yn gyfan, uno, cysylltu, dod yn gyfan. TO MAKE WHOLE, TO JOIN, TO UNITE, TO BECOME WHOLE, TO SQUARE.

cyfanrif, *eg. ll.*-au. cyfanswm, integr. TOTAL, INTEGER.

cyfanrwydd, *eg.* crynswth, cwbl, cyfan, swm, cyflawnder, undod. ENTIRETY, WHOLENESS, UNITY.

cyfansawdd, 1. *eg. ll.* cyfansoddion, -iau. cyfuniad, cyfansoddiad. A PUTTING TOGETHER, COMPOSITION.

2. *a.* yn cynnwys nifer o elfennau neu rannau, cymysg. COMPOUND.

cyfansoddair, *eg. ll.*-eiriau. gair cyfansawdd. COMPOUND WORD.

cyfansoddi, *be.* trefnu neu ddodi ynghyd; ysgrifennu llyfrau neu erthyglau neu gerddoriaeth, etc.; creu, saernïo; sefydlu. TO COMPOSE; TO ESTABLISH.

cyfansoddiad, *eg. ll.*-au. 1. gwaith creadigol. COMPOSITION.

2. egwyddorion neu gyfreithiau sy'n penderfynu'r modd i lywodraethu gwlad, etc. CONSTITUTION.

3. corffolaeth. PHYSIQUE.

cyfansoddiadaeth, *eb.* celfyddyd cyfansoddi. THE ART OF COMPOSING.

cyfansoddiadol, *a.* yn perthyn i gyfansoddiad. RELATING TO COMPOSITION OR CONSTITUTION.

cyfansoddol, *a.* cyfansawdd; yn ymwneud â chyfansoddi neu gyfansoddiad. COMPONENT; RELATING TO COMPOSITION, CONSTITUTIONAL.

cyfansoddwr, *eg. ll.*-wyr. } un sy'n
cyfansoddydd, *eg. ll.*-ion. } cyfansoddi, darparwr, cysodydd. COMPOSER, PREPARER, COMPOSITOR.

cyfansoddyn, *eg.* sylwedd sy'n rhan o rywbeth cyfansawdd; elfen. CONSTITUENT.

cyfanswm, *eg. ll.*-symiau. cyfanrif, cwbl, swm y cyfan, crynswth. TOTAL, AMOUNT, SUM TOTAL.

*cyfantol, 1. *eg.* cydbwysedd. EQUILIBRIUM.

2. *a.* cytbwys. BALANCING.

cyfantoledd, *eg.* cydbwysedd. EQUILIBRIUM.

cyfantoli, *be.* cydbwyso. TO BALANCE.

cyfanwaith, *eg. ll.*-weithiau. gwaith cyflawn gorffenedig. A COMPLETE COMPOSITION.

cyfanwerth, 1. *eg.* gwerthiant pethau yn eu crynswth. WHOLESALE.

2. *a.* yn ymwneud â chyfanwerthu. WHOLESALE.

cyfanwerthol, *a.* yn ymwneud â chyfanwerthol. WHOLESALE.

cyfanwerthu, *be.* gwerthu nwyddau mewn symiau mawr neu yn eu crynswth. TO WHOLESALE.

cyfanwerthwr, *eg. ll.*-wyr. gwerthwr nwyddau mewn symiau mawr. WHOLESALER.

*cyfar, *eg.* 1. cydaredig; tir âr. JOINT PLOUGHING; ARABLE LAND.

2. cymdeithas, cyfathrach. SOCIETY, INTERCOURSE.

*cyfarad, *eg.* cymdeithas, cyfathrach. FELLOWSHIP, INTERCOURSE.

cyfarch, 1. *egb.* *ll.*-ion. cyfarchiad, annerch ; arch. GREETING, REQUEST. 2. *be.* annerch, croesawu, gofyn, erchi. TO GREET, TO REQUEST.

*cyfarchafael, 1. *eg.* dyrchafael, es- gyniad. ASCENSION, EXALTATION. 2. *be.* dyrchafael, esgyn. TO EXALT, TO ASCEND.

cyfarchgar, *a.* cwrtais, hoff o gyfarch. COURTEOUS.

cyfarchiad, *eg.ll.*-au. cyfarch, annerch, anerchiad, croeso, dymuniad da. GREETING, ADDRESS.

cyfarchol, *a.* yn cyfarch ; galwedigol (cyflwr mewn gramadeg). GREETING ; VOCATIVE.

*cyfarchu, *be.* gweler *cyfarch.*

cyfarchus, *a.* cwrtais, boneddigaidd. COURTEOUS.

*cyfarchwel, *eg.* cysgod, diogelwch; lloches ; dychweliad ; gofal. SHELTER; RETURN ; CHARGE.

*cyfarchwelu, *be.* ⎱ arwain, dwyn yn
*cyfarchwelyd, *be.* ⎰ ôl. TO LEAD, TO RETURN.

*cyfarchwylio, *be.* ystyried, gofalu am, arolygu. TO CONSIDER, TO CARE FOR, TO SURVEY.

*cyfardir, *eg.* tir wedi ei gydaredig. LAND WHICH HAS BEEN CO-TILLED.

*cyfarddonau, *ell.* swynion. CHARMS.

*cyfarddun, *a.* syml ; aruchel. SIMPLE ; SUBLIME.

cyfarddwr, *eg.* *ll.*-wyr. un sy'n cyd- aredig. JOINT-PLOUGHMAN.

*cyfaredd, *eb.* *ll.*-au, -ion. meddygin- iaeth, moddion, cyffur. REMEDY, MEDICINE.

cyfaredd, *eb.* *ll.*-au, -ion. swyn, hud, hudoliaeth, dewiniaeth. CHARM, MAGIC, ENCHANTMENT.

cyfareddol, *a.* swynol, hudolus, hudol ; meddyginiaethol. ENCHANTING ; REM- EDIAL.

cyfareddu, *be.* swyno, hudo, rheibio. TO CHARM, TO BEWITCH.

cyfareddus, *a.* cyfareddol, swynol, hudol. CHARMING, ENCHANTING.

cyfareddwr, *eg.* *ll.*-wyr. swynwr, dewin. ENCHANTER, MAGICIAN.

*cyfarf, 1. *eg.* rhyfelwr. WARRIOR. 2. *a.* yn gwbl arfog. WELL-ARMED.

cyfarfod[1], *eg.* *ll.*-ydd. cyfarfyddiad, cwrdd, cynulliad, cymanfa ; brwydr. MEETING, ASSEMBLY ; BATTLE.

cyfarfod[2], *be.* ymgynnull, dod ynghyd, dod ar draws, taro ar, cyffwrdd, talu am. TO MEET, TO ENCOUNTER, TO PAY FOR.

*cyfarfodedigaeth, *eb.* ⎱ cyfarfod.
*cyfarfodiad, *eg.* *ll.*-au. ⎰ MEETING.

*cyfarfog, *a.* yn gwbl arfog. FULLY ARMED.

cyfarfyddiad, *eg.* *ll.*-au. cyfarfod. MEETING.

*cyfargod, *eb.* *ll.*-ion. bondo. EAVES.

*cyfariaeth, *eb.* y weithred o gydaredig. JOINT-PLOUGHING.

cyfariaith, *eb.* sgwrs, ymgom. CON- VERSATION.

*cyfarlludd, *eg.* rhwystr. HINDRANCE.

*cyfarmerth, *eb.ll.*-au. paratoad. PRE- PARATION.

cyfaros, *be.* aros am, aros. TO WAIT FOR, TO STAY.

cyfarpar, *eg.* 1. amcan. AIM, PURPOSE. 2. peiriannaeth. EQUIPMENT, APPAR- ATUS. 3. deiet. DIET.

cyfarpar(u), *be.* paratoi. TO PREPARE.

*cyfarsang, *eg.* *ll.*-au. gormes, gorth- rymder. OPPRESSION.

*cyfarsangedigaeth,*eb.ll.*-au. ⎱ dam-
*cyfarsangiad, *eg.* *ll.*-au. ⎰ sangiad, gwasgfa. A TRAMPLING, CRUSH.

*cyfarsangu, *be.* ⎱ mathru, sangu, gor-
*cyfarsengi, *be.* ⎰ mesu. TO TRAMPLE, TO OPPRESS.

*cyfartal, *a.* gweddus, cymedrol. SEEM- LY, MODERATE.

cyfartal, *a.* cydradd, cystal, cyfwerth, canolbris. EQUAL, AVERAGE, EQUAT- IVE.

*cyfartalai, *eg.ll.*-eion. mesur safonol. GAUGE.

cyfartaledd, *eg.* cydraddoldeb, y safon gyffredin, canolrif, cydbwysedd. EQUALITY, MEAN, AVERAGE, PRO- PORTION.

cyfartalion, *ell.* elfennau cemegol sy'n medru gwahaniaethu er aros ohonynt yn yr un elfen. ISOTOPES.

cyfartalog, *a.* ar gyfartaledd ; cym- esur ; yn gyfartal. AVERAGE ; PRO- PORTIONAL ; EQUAL.

cyfartalrif, *eg.* canolrif. AVERAGE NUMBER.

cyfartalrwydd, *eg.* cydbwysedd ; cyd- raddoldeb. PROPORTION ; EQUALITY.

cyfartalu, *be.* gwneud yn gyfartal, mantoli, cymesuro. TO MAKE EQUAL, TO BALANCE, TO PROPORTION.

cyfartalwch,*eg.* cyfartaledd ; cymesur- edd. EQUALITY ; PROPORTION.

cyfarth[1], *be.* gwneud sŵn cras cwta (fel ci, etc.) ; pesychu. TO BARK ; TO COUGH.

cyfarth², *eg.* cyfarthiad, sẁn cras ci, etc. A BARKING.

Ar ei gyfarth. AT BAY.

Torri cyfarth. TO BREAK AWAY.

Rhoddi cyfarth. TO STAND AT BAY.

*cyfarthelid, *a.* cyson, gwastad. CONSTANT, EVEN.

cyfarthfa, *eb.* cyfarthiad ; brwydr. A BARKING ; BATTLE.

cyfarthiad, *eg. ll.*-au. cyfarth, sẁn cras ci, etc. A BARKING.

cyfarthwr, *eg. ll.*-wyr. un sy'n cyfarth ; gwaeddwr. BARKER ; SHOUTER.

*cyfaru, *be.* cydaredig ; cydweithio ; cymdeithasu. TO PLOUGH TOGETHER ; TO WORK TOGETHER ; TO ASSOCIATE.

cyfarwain, *be.* 1. arwain, blaenori. TO LEAD.

2. cyflwyno. TO INTRODUCE.

*cyfarwaith, *eg.* brwydr, ymladdfa. BATTLE.

*cyfarwar, 1. *a.* llawen, difyr. JOYOUS, AMUSING.

2. *eg.* llawenydd, difyrrwch. JOY, AMUSEMENT.

*cyfarwas, *eg.* cweryl, ymryson, ffrae. QUARREL.

*cyfarwel, *eg. ll.*-ion. golygfa. VIEW, PROSPECT.

*cyfarwoloedd, *eg.* cryfder. STRENGTH.

*cyfarwr, *eg. ll.*-wyr. cydarddwr, cydweithiwr. CO-TILLER, JOINT-WORKER.

*cyfarws, *eg. ll.*-au. tâl, gwobr, anrheg. PAYMENT, REWARD, GIFT.

*cyfarwsog, *a.* yn cael neu â hawl i rodd. RECEIVING A GIFT, ENTITLED TO A GIFT.

cyfarwydd, *a.* wedi cyfarwyddo, hysbys, cynefin, medrus, hyfedr, adnabyddus, celfydd, cywrain. FAMILIAR, SKILLED, ACQUAINTED.

*cyfarwydd, *eg. ll.*-iaid, -ion, -iau. 1. ystorïwr, chwedleuwr. STORY-TELLER.

2. cyfarwyddyd ; arweinydd ; arbenigwr. INFORMATION ; GUIDE, LEADER ; EXPERT.

3. cyfaredd, dewiniaeth. SPELL, MAGIC.

*cyfarwyddai, *eg. ll.*-eion. dewin. MAGICIAN.

cyfarwydd-dab, *eg.* ⎱ arweiniad ;
cyfarwydd-deb, *eg.* ⎰ cynefindra. GUIDANCE ; ACQUAINTANCE.

cyfarwydd-der, *eg.* cynefindra ; gallu. FAMILIARITY ; ABILITY.

cyfarwyddiad, *eg. ll.*-au. arweiniad, cyngor ; cyfeiriad. GUIDANCE, ADVICE ; ADDRESS.

cyfarwyddiadur, *eg. ll.*-on. llyfr sy'n rhoi cyfarwyddyd ynglŷn ag enwau personau a'u cyfeiriadau. DIRECTORY.

cyfarwyddineb, *eg.* cynefindra. FAMILIARITY.

cyfarwyddlyfr, *eg. ll.*-au. cyfarwyddiadur. DIRECTORY.

cyfarwyddo, *be.* arwain, cyfeirio ; arfer, cynefino, hyfforddi, addysgu, dysgu. TO LEAD, TO DIRECT ; TO FAMILIARIZE, TO INSTRUCT.

cyfarwyddol, *a.* yn cyfarwyddo ; addysgiadol. DIRECTING ; INSTRUCTIVE.

cyfarwyddwr, *eg. ll.*-wyr. un sy'n cyfarwyddo neu gyfeirio, llywodraethwr, llywydd. GUIDE, LEADER, INSTRUCTOR, DIRECTOR.

cyfarwyddyd, *egb. ll.*-au. arweiniad, hyfforddiant, dysg, addysg, cyngor meddyg. GUIDANCE, INSTRUCTION, INFORMATION, KNOWLEDGE, RECIPE, ACCOUNT.

*cyfarwyddyd, *eg.* stori, chwedl ; hanes. STORY ; ACCOUNT.

*cyfarwyneb, *adf.* gogyfer, yn wynebu, gyferbyn. OPPOSITE, FACING.

*cyfarwynebog, *a.* cyferbyn. OPPOSITE.

*cyfarwyrain, *be.* clodfori, dyrchafu. TO PRAISE, TO EXALT.

*cyfarwys, *eg.* gweler *cyfarws*.

*cyfarwysog, *a.* gweler *cyfarwsog*.

*cyfarystlys, *a.* ochr yn ochr ; ar ei ochr. SIDE BY SIDE ; PROFILE.

cyfatal, 1. *a.* yn lluddias. HINDERING.

2. *be.* dal, cynnal. TO HOLD, TO SUPPORT.

Tywydd cyfatal. UNSETTLED WEATHER.

cyfataliad, *eg.* rhwystriad, ataliad. HINDRANCE, REPRESSION.

cyfateb, *be.* ateb i'w gilydd, ymdebygu, cytuno, taro, cydweddu. TO CORRESPOND, TO TALLY, TO SUIT.

cyfatebiad, *eg. ll.*-au. ⎱ cytundeb,
cyfatebiaeth, *eb. ll.*-au. ⎰ tebygrwydd, cydweddiad. CORRESPONDENCE, ANALOGY.

cyfatebol, *a.* yn cyfateb, cydweddol, cyfartal. CORRESPONDING, FITTING, PROPORTIONATE.

cyfateboliaeth, *eb. ll.*-au. ⎱
cyfatebolrwydd, *eg.* ⎱ gweler
cyfatebrwydd, *eg.* ⎰ *cyfatebiaeth.*
cyfatebwch *eg.* ⎰

*cyfatebwr, *eg. ll.*-wyr. gohebydd. CORRESPONDENT.

*cyfatgan, *ebg.* ⎱ cwynfan, dolef, galar-
*cyfatgen, *ebg.* ⎰ nad, gwawd. LAMENT, DERISION.

cyfathiant, *eg.* cytgord, cytundeb. CONGRUENCE.

cyfathrach, *eb.* cyfeillach, ymwneud, busnes, masnach, ceraint. INTERCOURSE, RELATION, KINSHIP, KINDRED.

cyfathrachiad, *eg. ll.*-au. cyfeillach, perthynas. INTERCOURSE, RELATION.

cyfathrachol, *a.* cysylltiedig, cyfeillachus, perthnasol. CONNECTED, RELATED.

cyfathrachu, *be.* cyfeillachu, ymwneud â, uno, cynghreirio. TO INTERCOURSE, TO UNITE.

cyfathrachwr, *eg. ll.*-wyr. câr, perthynas, cyfaill. KINSMAN, FRIEND, ALLY.

cyfathreb, *eb. ll.*-au. cysylltiad, hysbysrwydd. COMMUNICATION.

***cyfawl,** *eg.* moliant unedig. UNITED PRAISE.

***cyfawr,** *eb.* eiliad, ennyd, adeg. MOMENT, TIME.

cyfddydd, *eg. ll.*-iau. gwawr, glasddydd, clais y dydd, toriad dydd. DAWN, DAY-BREAK.

cyfeb, 1. *a.* beichiog, llawn, cyfebr, cyfoen. PREGNANT (OF MARE, etc.).
2. *eb. ll.*-ion. caseg ac ebol ynddi, dafad gyfoen. MARE IN FOAL, EWE IN LAMB.

cyfebol, *a.* cyfeb. IN FOAL, ETC.

cyfebr, *eb. ll.*-ion. ac *a.* gweler *cyfeb.*

cyfebriad, *eg. ll.*-au. y weithred o feichiogi, cyfnod yr ifanc yn y groth. IMPREGNATION, GESTATION.

cyfebru, *be.* ⎱ beichiogi ; ffrwythloni.
cyfebu, *be.* ⎰ TO CONCEIVE (OF MARE, ETC.), TO IMPREGNATE.

***cyfechni,** *eg.* mechnïaeth â mwy nag un person. JOINT SURETYSHIP.

***cyfedliw,** 1. *eg.* cydedliw. MUTUAL REPROACH.
2. *be.* cydedliw, edliw y naill y llall, edliw. TO REPROACH (EACH OTHER).

***cyfedmyg,** *a.* anrhydeddus, urddasol, clodfawr. HONOURABLE, NOBLE, PRAISEWORTHY.

***cyfedrych,** 1. *eg.* sylliad. STARE.
2. *be.* syllu, edrych. TO GAZE, TO LOOK.

***cyfedd,** *eg. ll.*-au. 1. gwledd, cyfeddach. FEAST, CAROUSAL.
2. cyd-wleddwr, cyfaill. FELLOW-BANQUETER, FRIEND.

cyfeddach, 1. *eb. ll.*-au. gwledd, gloddest. FEAST, CAROUSAL.
2. *be.* gwledda, gloddesta. TO FEAST, TO CAROUSE.

cyfeddachwr, *eg. ll.*-wyr. gwleddwr, gloddestwr. FEASTER, CAROUSER.

cyfeddiannu, *be.* cysylltu. TO ANNEX.

cyfeddiant, *eg. ll.*-nnau. cydiad. ANNEXATION.

***cyfeddliw,** *eg.* a *be.* gweler *cyfedliw.*

***cyfeddwch,** *eg.* gwledd, cyfeddach, gloddest. FEAST, CAROUSAL.

***cyfeddyrn,** *ell.* llestri cyfeddach. GOBLETS. (Efallai bai am *cyfeddgyrn*).

***cyfegydd,** *eg. ll.*-au, -ion. morthwyl neu fwyall flaenllym melinydd ; ymladdwr. MILLSTONE TOOL ; FIGHTER.

***cyfeiaeth,** *eg.* angen, eisiau, caledi ; helbul. WANT, HARDSHIP ; TROUBLE.

cyfeiliant, *eg. ll.*-nnau. y weithred o gyfeilio. ACCOMPANIMENT (MUSIC).

cyfeilio, *be.* cyfansoddi ; cynorthwyo canwr, etc. TO COMPOSE ; TO ACCOMPANY (A SINGER, ETC.).

cyfeiliorn, *eg. ll.*-au. crwydriad, camdyb ; penbleth. WANDERING, FALSE OPINION ; QUANDARY.

cyfeiliorn(i)ad, *eg. ll.*-au. crwydriad, cyfeiliorn, camgymeriad, heresi. STRAYING, ERROR, HERESY.

cyfeiliorni[1], *be.* crwydro, camgymryd, camsynied. TO ERR, TO STRAY.

cyfeiliorni[2], *eg.* crwydr, camgymeriad. A WANDERING, MISTAKE.

cyfeiliornus, *a.* yn cyfeiliorni, gwallus, crwydrol, hereticaidd. STRAYING. FALSE, HERETICAL.

cyfeiliornwr,-ydd, *eg. ll.*-wyr,-yddion. un sy'n crwydro neu gyfeiliorni, heretic. WANDERER, ONE WHO ERRS, HERETIC.

***cyfeiliw,** *eg.* pryd, gwedd, drych. COUNTENANCE.

cyfeiliwr, *eg. ll.*-wyr. ⎱ cyfansoddwr ;
cyfeilydd, *eg. ll.*-ion. ⎰ un sy'n canu offeryn cerdd i ganwr, etc. COMPOSER; ACCOMPANIST.

cyfeillach, *eb. ll.*-au. cyfeillgarwch, cyfathrach, cymdeithas, seiat. FELLOWSHIP, FRIENDSHIP, RELIGIOUS MEETING.

cyfeillachgar, *a.* cymdeithasgar, cyfeillgar. SOCIABLE, FRIENDLY.

cyfeillachu, *be.* cymdeithasu, cyfathrachu. TO ASSOCIATE.

cyfeillachwr, *eg. ll.*-wyr. cyfaill ; aelod o gymdeithas. FRIEND ; MEMBER OF SOCIETY.

cyfeilles, *eb. ll.*-au. cyfaill benywaidd. FEMALE FRIEND.

cyfeillgar, *a.* caredig, cariadus, cymdeithasgar. FRIENDLY, SOCIABLE.

cyfeillgarwch, *eg.* teimlad caredig, hynawsedd. FRIENDSHIP, FRIENDLINESS.

*cyfeillio, *be.* cyfeillachu â. TO BE FRIENDLY WITH, TO ASSOCIATE WITH.

*cyfeillydd, *eg. ll.*-ion. cyfaill, cyd-ymaith. FRIEND.

cyfeiniol, *a.* perthynol i gwfaint, mynachaidd. MONASTIC.

cyfeintiau, *ell.* gweler *cyfaint.*

cyfeirfys, *eg. ll.*-edd. mynegfys. INDEX FINGER.

cyfeirgi, *eg. ll.*-gwn. ci hela sy'n cyfeirio at yr ysglyfaeth. POINTER, SETTER.

*cyfeiriad, *eg. ll.*-iaid. arweinydd, hyff-orddwr. GUIDE, LEADER.

cyfeiriad, *eg. ll.*-au. 1. cyfarwyddyd. DIRECTION.
2. manylion trigfan. ADDRESS.
3. sôn, crybwylliad. REFERENCE, MENTION.

cyfeiriadol, *a.* yn cyfeirio, cyfeiriol. REFERRING, DIRECTING.

cyfeiriadur, *eg. ll.*-on. cyfarwyddiadur. DIRECTORY.

cyfeirio, *be.* arwain, cyfarwyddo, an-elu, sôn, crybwyll. TO DIRECT, TO REFER.

cyfeiriol, *a.* yn cyfeirio, yn crybwyll. DIRECTING, REFERRING.

cyfeiriwr, *eg. ll.*-wyr. cyfarwyddwr, rheolwr. DIRECTOR, RULER.

cyfeirlyfr, *eg. ll.*-au. cyfarwyddiadur. DIRECTORY.

cyfeirnod, *eg. ll.*-au. nodyn cyfeirio, nod, arwydd. MARK OF REFERENCE, GOAL, DIRECTION.

*cyfeiryd, 1. *eg.* cyfeiriad, ardal. DIRECTION, REGION.
2. *adf.* gyferbyn. OPPOSITE.

cyfeirydd, *eg. ll.*-ion. mynegydd ar gerbyd modur, etc. INDICATOR.

*cyfeisiau, *eg.* eisiau, angen. NEED.

*cyfeisor, 1. *eg.* un cystal, cymar. AN EQUAL, FELLOW.
2. *a.* hafal, cystal. LIKE, EQUAL.

*cyfeistedd, *eg. ll.*-au. 1. sedd, eistedd-fa, gorseddfainc. SEAT, THRONE.
2. pen ôl. BUTTOCKS.

*cyfeistedd, *be.* 1. cyd-eistedd, eistedd. TO SIT TOGETHER, TO SIT.
2. gwarchae. TO BESIEGE.

cyfeisteddfod, *eb. ll.*-au, -ydd. pwyll-gor ; cyngres. COMMITTEE ; CONGRESS.

cyfeistyddio, *be.* gweler *cyfeistedd.*

*cyfelin, *eb. ll.*-au. cufydd ; mesur tua hanner llathen. CUBIT.

*cyfen¹, *eg.* cwfaint. CONVENT.

*cyfen², *eg.* cyfenw, pen blwyddyn. SURNAME, ANNIVERSARY.

cyfencyd, *eg.* agosrwydd, cyfamser. NEARNESS, THE MEANTIME.

cyfenw, *eg. ll.*-au. enw teuluol, enw olaf person ; pen-blwydd. SURNAME ; ANNIVERSARY.

cyfenwad, *eg. ll.*-au. enw, cyfenw ; sect. NAME ; SECT.

cyfenwi, *be.* rhoi enw teuluol i rywun, enwi. TO SURNAME, TO NAME.

*cyfer, *eg.* clawr, gorchudd ; cwfert. LID, COVER ; COVERT.

cyfer, *eg.* 1. cyfeiriad. DIRECTION.
2. erw. ACRE.

cyferbwynt, *eg. ll.*-iau. antipodes, eithafoedd byd. ANTIPODES.

*cyferbyn, 1. *ymad. ardd.* ar gyfer, yn wynebu. OPPOSITE, FOR THE PURPOSE.
2. *a.* gwrthwyneb. OPPOSITE.

cyferbyn, *eg.* gwrthwynebiad. OPPOS-ITION.

cyferbyniad¹, *eg.ll.*-au. gwrthgyferbyn-iad, gwahaniaeth amlwg, sefyllfa wrthwyneb. OPPOSITION, CONTRAST.

cyferbyniad², *eg. ll.*-iaid. gwrthwyneb-ydd. OPPONENT.

cyferbyniaeth, *eb.* cyferbyniad geiriau, antithesis. ANTITHESIS.

cyferbynied,(-iaid),*be.* gwrthwynebu ; cyferbynnu. TO OPPOSE ; TO CON-TRAST.

cyferbyniol, *a.* gwrthgyferbyniol. CON-TRASTING, OPPOSING.

cyferbynnu, *be.* gwrthsefyll ; gwrth-gyferbynnu. TO OPPOSE ; TO CONTRAST.

*cyferchydd, *eg.* un sy'n cyfarch, eirchiad, cyfarchwr. ONE WHO GREETS, ONE WHO REQUESTS.

*cyferedri, *eg.* cyfar, cydaredig. JOINT PLOUGHING.

*cyfergyd, 1. *eg. ll.*-ion. cyd-drawiad, ysgytiad. CONCUSSION, SHOCK.
2. *a.* cydamserol. SIMULTANEOUS.

*cyfergyr,*eb.*brwydr, ymryson. BATTLE, CONTEST.

*cyfergyriad, *eg.* ymladdwr. FIGHTER.

cyfernod, *eg. ll.*-au. cydeffeithydd. COEFFICIENT.

*cyferthryniad, *eg. ll.*-iaid. gwrth-wynebydd. OPPONENT.

*cyferwyr, *eg.* camwedd, cam. IN-IQUITY, WRONG.

*cyfesgar, 1. *eg.* gelyn, gelyniaeth. ENEMY, ENMITY.
2. *a.* creulon. CRUEL.

*cyfestyddio, *be.* gweler *cyfeistedd.*

*cyferyd, *eg.* ac *adf.* gweler *cyfeiryd.*

cyfesur, *a.* o'r un mesur. COMMENSUR-ABLE.

cyfesuryn, *eg. ll.*-nau. mesuryn, cyd-radd. CO-ORDINATE.

cyfethol, *be.* ethol rhywun ar bwyllgor trwy'r aelodau. TO CO-OPT.

*cyfewin, *a.* ag ewinedd cyflawn, bachog. HAVING COMPLETE CLAWS, GRASPING.

cyfewin, *a.* cywir, manwl. EXACT, PRECISE.

cyfiaith, 1. *a.* o'r un iaith, yn siarad iaith y wlad. OF THE SAME LAN-GUAGE, SPEAKING THE VERNACULAR. 2. *eg.* pobl â'r un iaith, cydwladwr. PEOPLE SPEAKING THE SAME LANGUAGE, COMPATRIOT. 3. *eg.* cyfieithiad. TRANSLATION.

*cyfiau, *eg.* maes rhwng dau neu ragor. JOINT FIELD.

*cyfiaw, *eg.* cyfartaledd. EQUALITY.

cyfiawn[1], *a.* 1. uniawn, teg, dibechod, cyfreithlon, gwir, da. RIGHTEOUS, JUST, GOOD, LAWFUL. 2. cywir, iawn. CORRECT, RIGHT. 3. cymesur. PROPORTIONAL.

cyfiawn[2], *eg.* person uniawn. A RIGHT-EOUS PERSON.

cyfiawnadwy, *a.* y gellir ei gyfiawnhau. JUSTIFIABLE.

*cyfiawndab, *eg.* ⎫ uniondeb,
*cyfiawndeb, *eg.* ⎬ tegwch,
*cyfiawnder, *eg. ll.*-au. ⎭ iawnder,
daioni. RIGHTEOUSNESS, JUSTICE, RIGHT.

cyfiawnedd, *eg.* cyfiawnder. JUSTICE, RIGHTEOUSNESS.

cyfiawnhad, *eg.* y weithred o gyfiawnhau. JUSTIFICATION.

cyfiawnhaol, *a.* yn cyfiawnhau. JUSTI-FYING.

cyfiawnhau, *be.* rhyddhau o fai, cyfreithloni, amddiffyn. TO JUSTIFY.

cyfiawnhâwr, *eg. ll.*-wyr. un sy'n cyfiawnhau. JUSTIFIER.

cyfiawnus, *a.* cyfiawn. RIGHTEOUS.

cyfiawnwr, *eg. ll.*-wyr. dyn cyfiawn ; cyfiawnhâwr. JUST MAN ; JUSTIFIER.

cyfiawnydd, *eg. ll.*-ion. cyfiawnhâwr. JUSTIFIER.

cyfieith(i)ad, *eg. ll.*-au. trosiad o un iaith i arall, dehongliad. TRANS-LATION, INTERPRETATION.

cyfieithu, *be.* trosi o un iaith i iaith arall, dehongli. TO TRANSLATE.

cyfieith(i)wr, *eg. ll.*-wyr. ⎫ troswr,
cyfieithydd, *eg. ll.*-ion. ⎭ dehonglwr, lladmerydd, ieithydd. TRANSLATOR, INTERPRETER, GRAMMARIAN.

cyfieuad, *eg. ll.*-au. ⎫ y weithred o
cyfieuaeth, *eb. ll.*-au. ⎭ ieuo ynghyd, cydgysylltiad ; rhediad berf. A YOKING TOGETHER, JOINING TO-GETHER ; CONJUGATION.

cyfieuo, *be.* ieuo neu gysylltu ynghyd ; rhedeg berf. TO JOIN TOGETHER ; TO CONJUGATE.

*cyfiewin, *a.* 1. cystal, cydradd. EQUAL. 2. *a.* gweler *cyfewin.*

*cyfion, *a.* ac *eg.* gweler *cyfiawn.*

*cyfladd, 1. *be.* cyffwrdd, cyd-daro. TO TOUCH, TO CLASH, TO MATCH. 2. *a.* cytbwys, cymesur, gweddus, cyfartal. SYMMETRICAL, PROP-ORTIONATE, FITTING, EQUAL.

cyfladdiad, *eg.* cyffyrddiad, cyd-ddigwyddiad, cyfatebiaeth. TOUCH, COINCIDENCE, SIMILARITY.

cyflafan, *eb. ll.*-au. 1. brwydr, lladdfa. BATTLE, MASSACRE. 2. trosedd, ysgelerder. CRIME, OUTRAGE. 3. clwyf, ergyd. WOUND, BLOW.

*cyflafanu, *be.* ymosod ar, lladd, di-frodi. TO ATTACK, TO KILL, TO MASSACRE.

*cyflafanwr, *eg. ll.*-wyr. brwydrwr, lladdwr, llofruddiwr. FIGHTER, MUR-DERER.

cyflafar, 1. *a.* swnllyd, croch. LOUD, NOISY. 2. *eg.* un o'r un iaith ; cynhadledd. IDENTICAL IN SPEECH ; CONFER-ENCE.

*cyflafaredd, *eg. ll.*-au, -ion. cyd-drafodaeth, cymod. DISCOURSE, AR-BITRATION.

cyflafareddiad, *eg. ll.*-au. cyd-drafod-aeth, cymod. A CONFERRING, ARBI-TRATION.

cyflafareddol, *a.* yn cyd-drafod, cym-odol. CONFERRING, PROPITIATORY.

cyflafareddu, *be.* cymrodeddu, dyddio. TO ARBITRATE.

cyflafareddwr, *eg. ll.*-wyr. dyddiwr. ARBITRATOR.

*cyflafariad, *eb. ll.*-iaid. deusain. DI-PHTHONG.

*cyflafurio, *be.* cydlafurio. TO WORK TOGETHER.

cyflaith, *eg.* cyffaith, taffi. CONFEC-TION, TOFFEE.

*cyflam, *eg.* cyrch cyflym. SWIFT ATTACK.

*cyflawddon, *eg.* moliant. PRAISE.

cyflawn, *a.* cyfan, llawn, llwyr, perffaith. COMPLETE, FULL, PERFECT.

cyflawndeb, *eg.* ⎫ digonedd, toreth,
cyflawnder, *eg.* ⎬ amlder ; cyflawn-
cyflawndra, *eg.* ⎭ iad. FULLNESS, ABUNDANCE ; COMPLETION.

cyflawnedig, *a.* wedi ei gyflawni. ACCOMPLISHED.

*cyflawn·ĝwbl, *a.* cyfan a pherffaith. ENTIRE, COMPLETE.

cyflawnhad, *eg.* cwblhad. ACCOMPLISH-MENT, FULFILMENT.

*cyflawnhau, *be.* cyflawni. TO FULFIL·

cyflawni, *be.* cwblhau, gorffen, di-weddu. TO FULFIL, TO ACCOMPLISH, TO MAKE COMPLETE.

cyflawn(i)ad, *eg. ll.*-au. cwblhad, gorffeniad. COMPLETION, FULFILMENT, PERFORMANCE.

*cyflawnol, *a.* hollol, llawn, cyfan-gwbl. TOTAL, COMPLETE, ENTIRE.

*cyflawnrwydd, *eg.* cyflawnder. FULL-NESS, ABUNDANCE, COMPLETION.

cyflawnwr,-ydd, *eg. ll.*-wyr. un sy'n cyflawni, gwneuthurwr. FULFILLER, ACCOMPLISHER, PERFORMER.

cyfle, 1. *eg. ll.*-oedd, -on. amser cyf-addas. OPPORTUNITY, CHANCE.

   2. lle cyfaddas, ardal. SUITABLE PLACE, REGION.

cyflead, *eg. ll.*-au. safle, lleoliad, trefniad, awgrymiad. POSITION, LOC-ATION, ARRANGEMENT, IMPLICATION.

*cyflechu, *be.* ymguddio. TO HIDE ONE-SELF.

cyfled, *a.* o'r un lled, cyn lleted. AS BROAD AS, AS WIDE AS.

*cyfledu, *be.* gwneud cyn lleted (â). TO MAKE EQUAL IN BREADTH OR WIDTH.

*cyflef, *a.* croch ; cydgordiol. LOUD ; HARMONIOUS.

*cyflefair, *a.* croch, swnllyd ; sŵn. NOISY, LOUD ; NOISE.

cyflegr,*eg.*magnel, dryll. GUN, CANNON.

cyflegru, *be.* ergydio â magnelau. TO BOMBARD.

*cyflehau, *be.* lleoli, paratoi. TO PLACE, TO PREPARE.

cyflenwad, *eg. ll.*-au. yr hyn sy'n cyflenwi angen, stôr, stoc ; rhan o ongl. SUPPLY ; COMPLEMENT.

cyflenwi, *be.* digoni angen, diwallu ; cyflawni. TO SUPPLY, TO SATISFY ; TO COMPLETE, TO FULFIL.

cyflenwr, *eg. ll.*-wyr. ⎫
cyflenwydd, *eg. ll.*-ion. ⎬ un sy'n cyf-
lenwi. SUPPLIER. ⎭

*cyfles, 1. *eg.* bendith, lles mawr. BLESSING, GREAT BENEFIT.

   2. *a.* llesol, bendithiol. BENEFICIAL.

cyfleu, *be.* lleoli, gosod, trefnu, aw-grymu. TO PLACE, TO ARRANGE, TO IMPLY.

*cyfleuddon, *eb.* moliant. PRAISE.

*cyfle(u)ddyn, *eg. ll.*-ion. cynrych-iolydd. REPRESENTATIVE.

cyfleus, *a.* 1. amserol, manteisiol. OPPORTUNE.

   2. hwylus. CONVENIENT.

cyfleuster, *eg. ll.*-au. ⎫ 1. cyfle. OPPOR-
cyfleustra, *eg.* ⎭ TUNITY.

   2. hwylustod. CONVENIENCE.

*cyflewni, *be.* gweler *cyflawni.*

cyflëyddiaeth, *eb.* yr egwyddor o achub cyfle i gyrraedd amcan. OPPORTUNISM.

cyflifiad, *eg. ll.*-au. cymer. CONFLUENCE.

cyflin, *a.* cyfochrog. PARALLEL.

cyflin(ell), *eb. ll.*-au. llinell gyfochrog. PARALLEL LINE.

*cyflinellog, *a.* ⎫
*cyflinellol, *a.* ⎬ cyfochrog. PARALLEL.

cyflinog, *eg. ll.*-au. ffigur cyfochrog. PARALLELOGRAM.

cyfliw, 1. *eg. ll.*-iau. arlliw. HUE.

   2. *a.* o'r un lliw. OF THE SAME COLOUR.

*cyfliw, *eg.* edliwiad. REPROACH.

*cyfliwiaidd, *a.* cyfliw. OF THE SAME COLOUR.

cyfliwio, *be.* 1. edliwio. TO REPROACH.

   2. lliwio. TO COLOUR.

cyflo, *a.* yn cario llo. IN CALF.

*cyflochi, *be.* noddi, cynnal. TO PRO-TECT, TO MAINTAIN.

cyflog, 1. *egb. ll.*-au. tâl am waith, hur. WAGES, PAY, SALARY.

   2. cyflogedig. HIRED.

*cyflog, 1 *a.* â chwfl. COWLED.

   2. *eg.* mynach. MONK.

cyflogaeth, *eb.* y weithred o gyflogi, gweithdra, gwaith ; tâl, hur, cyflog. EMPLOYMENT ; WAGES, HIRE.

*cyflogawd, *eb.* lle, mangre, lloches. PLACE, RETREAT.

cyflogddyn, *eg. ll.*-ion. gwas cyflog, hurwas. HIRELING.

cyflogedig, *a.* wedi ei gyflogi. HIRED.

cyflogi, *be.* hurio. TO HIRE, TO EMPLOY.

cyflogwr, *eg. ll.*-wyr. ⎫ 1. un sy'n cyf-
cyflogydd, *eg. ll.*-ion. ⎭ logi. EMPLOYER.

   2. un a gyflogir. HIRED MAN.

cyfloi, *be.* rhoi tarw ; mynd yn gyflo. TO IMPREGNATE ; TO CONCEIVE.

cyfloyw, *a.* tryloyw, disglair iawn. VERY BRIGHT.

*cyfludd, *eg. ll.*-ion. 1. byddin ; cyd-filwr. ARMY ; FELLOW-SOLDIER.

   2. rhwystr, atal. IMPEDIMENT.

*cyfluddio, *be.* rhwystro. TO HINDER.

cyflun, 1. *a.* unwedd, cymesur ; organ-ig. LIKE, COMMENSURATE ; ORGANIC.

   2. *eg. ll.*-iau. delw, ffurf, llun. IMAGE, FORM, REPLICA.

cyflunedd, *eg.* tebygrwydd (mathem-ateg). SIMILARITY.

cyfluniad, *eg. ll.*-au. ffurfiad, saernïaeth. FORMATION, CONSTRUCTION.

cyfluniaeth, *eb.* bwyd, lluniaeth ; trefniad. FOOD ; ORGANIZATION.

cyfluniant, *eg.* trefniad. ORGANIZATION.

cyflunio, *be.* llunio, saernïo ; cydffurfio. TO FORM, TO FASHION ; TO CONFORM.

cyfluniol, *a.* cymesur ; organig. PROPORTIONATE ; ORGANIC.

cyfluniwr, *eg. ll.*-wyr. ⎱ lluniwr, saer-
cyflunydd, *eg. ll.*-ion. ⎰ nïwr ; trefnydd. CONSTRUCTOR ; ORGANIZER.

cyflusg, *eb.* llinell wyrdro i ddangos canu llyfn mewn cerddoriaeth. SLUR (MUSIC).

*cyfluydd, *eg. ll.*-ion. byddin, torf ; cyd-filwr. ARMY, HOST ; FELLOW-SOLDIER.

*cyflw, *eg. ll.*-on, cyflyoedd. llw mwy nag un person. JOINT OATH.

*cyflwg, *eg.* lliaws, llu. HOST.

cyflwr, *eg. ll.*-lyrau. 1. sefyllfa, stad. CONDITION.

2. achos (mewn gramadeg). CASE (IN GRAMMAR).

*cyflwyd, *a.* llwyd. GREY.

*cyflwydd, 1. *eg.* ffyniant, llwyddiant. PROSPERITY, SUCCESS.

2. *a.* llwyddiannus, ffyniannus. SUCCESSFUL, PROSPEROUS.

*cyflwyddo, *be.* hyrwyddo, llwyddo. TO PROMOTE, TO PROSPER.

*cyflwyn, *eg. ll.*-au. rhodd, budd. GIFT, BENEFIT.

cyflwynedig, *a.* rhoddedig ; person sy'n derbyn anrheg. PRESENTED ; PRESENTEE.

cyflwyn(i)ad, *eg. ll.*-au. anrhegiad ; rhagair ; cysegriad. PRESENTATION ; INTRODUCTION ; CONSECRATION.

cyflwyno, *be.* 1. cysegru. TO DEDICATE.
2. anrhegu. TO PRESENT.

cyflwynol, *a.* yn cyflwyno. DEDICATORY.

cyflwynwr, *eg. ll.*-wyr. ⎱ anrhegwr.
cyflwynydd, *eg. ll.*-ion. ⎰ PRESENTER.

*cyflwyr, *a.* cyflawn, llwyr. COMPLETE, TOTAL.

*cyflychu, *be.* 1. clafychu. TO AIL.
2. bodloni, cytuno. TO COMPLY WITH, TO BECOME RESIGNED.

cyflychw(y)r, *eg.* min nos, llwydnos. DUSK, TWILIGHT.

*cyflyedd, *eg.* llw a dyngir gan fwy nag un person, cyfiawnhad trwy dystiolaeth un arall. JOINT OATH, COMPURGATION.

cyflyfr, *eg. ll.*-au. cyfrol. VOLUME.

cyflym, *a.* chwim, clau, buan ; deallus, medrus ; craff, llym. SWIFT, SPEEDY ; INTELLIGENT, CLEVER ; KEEN, SHARP.

cyflymder, *eg.* ⎱
cyflymdra, *eg.* ⎰ buander. SWIFT-
cyflymedd, *eg.* ⎰ NESS, SPEED.

cyflymiad, *eg. ll.*-au. y weithred o gyflymu, chwimiad ; buanedd. ACCELERATION ; VELOCITY.

cyflymu, *be.* cynyddu mewn cyflymder, brysio, chwimio. TO HASTEN, TO ACCELERATE.

cyflymydd, *eg. ll.*-ion. chwimiadur, ysbardun. ACCELERATOR.

cyflyn, *a.* yn glynu ynghyd. ADHERING TOGETHER.

cyflyniad, *eg. ll.*-au. glyniad ynghyd. ADHESION.

cyflynu, *be.* glynu ynghyd. TO STICK TOGETHER.

cyflyru, *be.* dwyn i gyflwr arbennig. TO CONDITION.

cyflythreniad, *eg. ll.*-au. cyseinedd. ALLITERATION.

cyflythrennog, *a.* ⎱ yn cyfateb o ran
cyflythrennol, *a.* ⎰ seiniau dechreuol. ALLITERATIVE.

*cyfnawd, *eg.* natur, anian. NATURE.

cyfnaws, *a.* cydnaws, o'r un natur, homogenus. CONGENIAL, OF THE SAME NATURE, HOMOGENEOUS.

cyfnerth, 1. *eg. ll.*-oedd, -ion. cryfder, cymorth. STRENGTH, HELP.

2. *a.* cryf, cadarn, cynorthwyol. STRONG, AUXILIARY.

*cyfnerthi, *eg.* cryfder, cymorth. STRENGTH, AID.

cyfnerthiad, *eg. ll.*-au. gwireddiad, cymorth, atgyfnerthiad. CONFIRMATION, SUPPORT, REINFORCEMENT.

cyfnerthol, *a.* cryf, cadarn, yn cyfnerthu. STRONG, STRENGTHENING.

cyfnerthu, *be.* cynorthwyo ; cryfhau, cadarnhau. TO ASSIST ; TO STRENGTHEN, TO CONFIRM.

cyfnerthwr, *eg. ll.*-wyr. ⎱ cynorthwy-
cyfnerthydd, *eg. ll.*-ion. ⎰ wr, cadarnhawr, cryfhawr. ASSISTANT, ADJUTANT, SUPPORTER, STRENGTHENER.

cyfnes, *eg.ll.*-iaid. câr, cyfaill. KINSMAN, FRIEND.

cyfnesaf, 1. *eg. ll.*-iaid, cyfneseifiaid. câr, cyfaill. KINSMAN, FRIEND.

2. *a.* nesaf, cyffiniol. NEXT, NEAREST, BORDERING.

cyfnesafiaeth, *eb.* ⎱ agosrwydd, cyt-
*cyfnesafrwydd, *eg.* ⎰ rasedd. NEARNESS, KINSHIP.

131

cyfnewid, *eb. ll.*-au. 1. cyfnewidiad. CHANGE.

    2. marsiandïaeth. MERCHANDISE.

    3. brwydr. FIGHT.

    4. masnach. COMMERCE.

    5. cyfuniad (mathemateg). COMBINATION.

cyfnewid, *be.* rhoi a derbyn, newid. TO EXCHANGE.

cyfnewidfa, *eb. ll.*-oedd, -fâu, -feydd. lle i gyfnewid arian neu i drafod busnes. EXCHANGE.

cyfnewidiad, *eg. ll.*-au. newidiaeth, altrad, cydgyfnewid. CHANGE, ALTERATION, EXCHANGE, CONVERSION.

*cyfnewidio, *be.* cyfnewid, bargeinio, masnachu, ffeirio. TO CHANGE, TO EXCHANGE, TO BARTER.

cyfnewidiog, *a.* ⎱ yn dueddol i newid,
cyfnewidiol, *a.* ⎰ anwadal, di-ddal, cydgyfnewidiol. CHANGEABLE, CHANGING, FICKLE, RECIPROCAL.

cyfnewidiwr, *eg. ll.*-wyr. newidiwr, masnachwr. EXCHANGER, MERCHANT.

cyfnewidle, *eg. ll.*-oedd. ⎱ cyfnewidfa.
cyfnewity, *eg. ll.*-tai. ⎰ EXCHANGE.

cynifer, *eg. ll.*-oedd. lliaws ; rhif na chynhyrcha ffracsiwn wrth ei haneru. HOST ; EVEN NUMBER.

cyfniferu, *be.* rhifo, cyfrif. TO COUNT.

cyfnither, *eb. ll.*-oedd. ⎱ merch i
*cyfnitherw, *eb. ll.*-ydd. ⎰ ewythr neu fodryb. FIRST COUSIN (FEMALE).

cyfnod, *eg. ll.*-au. ysbaid o amser, amser arbennig, gofod, diwedd. PERIOD, EPOCH, AGE, APPOINTED TIME, SPACE, END.

*cyfnod, *a.* enwog. FAMOUS.

cyfnodedig, *a.* penodedig. APPOINTED.

cyfnodol, 1. *a.* yn perthyn i gyfnod. PERIODICAL.

    2. *eg. ll.*-ion. cyfnodolyn. A PERIODICAL.

cyfnodolyn, *eg. ll.*-ion. cyhoeddiad cyfnodol. A PERIODICAL.

*cyfnofant, *eg.* brwydr. BATTLE.

cyfnos, *eg. ll.*-au. hwyrnos, min nos, cyflychw(y)r. DUSK, EVENING TWILIGHT.

cyfnosi, *be.* hwyrhau. TO BECOME EVENING.

cyfnosol, *a.* hwyrol. EVENING.

cyfnyddu, *be.* cyfrodeddu. TO ENTWINE.

*cyfnyw, *eg.* anian, natur. NATURE, TEMPERAMENT.

*cyfnywydd, *eg.* anian, natur, tymer. NATURE, DISPOSITION.

cyfochr, *a.* ochr yn ochr, cyfystlys. SIDE BY SIDE, PARALLEL.

cyfochraeth, *eb. ll.*-au. ⎱ y cyflwr o fod
cyfochredd, *eg. ll.*-au. ⎰ yn gyfochrog. PARALLELISM.

cyfochri, *be.* gosod ochr yn ochr, cyfaddasu. TO PLACE SIDE BY SIDE, TO ADAPT.

cyfochrog, *a.* ⎱ ochr yn ochr, hafal-
cyfochrol, *a.* ⎰ ochrog. SIDE BY SIDE, PARALLEL, EQUILATERAL.

*cyfod, *eg.* 1. cyfodiad, esgyniad. RISE, A RISING, ASCENSION.

    2. cyfog, cyfoglyn. A VOMITING, EMETIC.

*cyfodedigaeth, *eb.* atgyfodiad, cyfodiad. RESURRECTION, RISE.

cyfoden, *eb. ll.*-nau. tosyn, ploryn, pothell. PIMPLE, BLISTER.

cyfodi, *be.* mynd i fyny, codi, dyrchafu, tarddu. TO RISE, TO ARISE, TO RAISE.

*cyfodiad, *eg. ll.*-iaid. codwr, dyrchafwr. A PERSON WHO RAISES, EXALTER.

cyfodiad, *eg. ll.*-au. y weithred o godi, codiad, esgyniad, tarddiad, dyrchafiad. RISE, A RISING, ELEVATION, PROMOTION.

cyfodl, 1. *eb. ll.*-au. odl. RHYME.

    2. *a.* yn cydodli. HAVING THE SAME RHYME.

cyfodli, *be.* odli. TO RHYME.

cyfodwr, *eg. ll.*-wyr. codwr ; dyrchafwr ; gwrthryfelwr. RISER, RAISER ; EXALTER ; REBEL.

cyfoed, 1. *a.* cyfoes, o'r un oedran. CONTEMPORARY, OF THE SAME AGE.

    2. *eg. ll.*-ion. person o'r un oedran, cyfoeswr, cyfaill. A PERSON OF THE SAME AGE, CONTEMPORARY, FRIEND.

cyfoedi, *be.* cyfoesi, cydoesi. TO BE CONTEMPORARY.

cyfoen, *a. ll.* cyfwyn. trom gan oen. IN LAMB.

cyfoes, 1. *a.* o'r un oes neu adeg. CONTEMPORARY.

    2. *eg. ll.*-ion, -iaid, -au. cydoeswr. A CONTEMPORARY.

cyfoesi, *be.* cydoesi, byw yr un adeg (â). TO BE CONTEMPORARY.

*cyfoesi, *eg.* proffwydoliaeth. PROPHECY.

cyfoesol, 1. *a.* cyfoes. CONTEMPORARY.

    2. *eg. ll.*-ion. person neu bapur cyfoes. A CONTEMPORARY, CONTEMPORARY PAPER, ETC.

cyfoeswr, *eg. ll.*-wyr. cydoeswr. A CONTEMPORARY.

*cyfoeth, *eg. ll.*-au, -ydd. 1. nerth, gallu, awdurdod. POWER, AUTHORITY.

    2. gwlad, tir. LAND.

cyfoeth, *eg.* golud, da, meddiant, eiddo, digonedd. WEALTH, RICHES.

*cyfoethog, 1. *a.* galluog, nerthol. ABLE, POWERFUL.

   2. *eg.* person galluog. POWERFUL PERSON.

cyfoethog, 1. *a.* goludog, cefnog, ariannog. WEALTHY, RICH.

   2. *eg. ll.*-ion. person goludog. RICH PERSON.

cyfoethogi, *be.* gwneud yn gyfoethog, ymgyfoethogi. TO ENRICH, TO BECOME RICH.

cyfoethogiad, *eg. ll.*-au. yr act o gyfoethogi. ENRICHMENT.

cyfoethogrwydd, *eg.* cyfoeth, toreth, y cyflwr o fod yn oludog. WEALTH, ABUNDANCE, WEALTHINESS.

*cyfofni, *be.* brawychu. TO SCARE.

cyfog, *eg.* chwydiad, salwch y stumog, cyfoglyn. A VOMITING, EMETIC.

*cyfog, *be.* 1. cyfogi. TO VOMIT.

   2. taflu; ymladd. TO THROW; TO FIGHT.

cyfogi, *be.* 1. taflu; ymladd. TO THROW; TO FIGHT.

   2. chwydu, taflu i fyny. TO VOMIT.

   3. hogi. TO MAKE KEEN.

*cyfogiad, *eg. ll.*-iaid. taflwr, ymladdwr. THROWER, FIGHTER.

cyfogiad, *eg. ll.*-au. 1. y weithred o gyfogi. A VOMITING.

   2. hogiad. A SHARPENING.

cyfogledd, *a.* gogleddol, arctig. NORTHERN, ARCTIC.

cyfoglyn, *eg. ll.*-ion, -nau, -oedd. ⎫
cyfogydd, *eg. ll.*-ion. ⎭

   meddyginiaeth i achosi cyfog. EMETIC.

cyfongl, 1. *eb. ll.*-au. ongl sgwâr, petryal. RIGHT ANGLE, RECTANGLE.

   2. *a.* ag ongl sgwâr, petryalog. RIGHT-ANGLED, RECTANGULAR.

cyfolwg, 1. *eg.* ll.-olygon. arolwg, crynodeb, golwg. SYNOPSIS, ASPECT.

   2. *a.* â'r un olwg. SYNOPTIC.

*cyfoll, *a.* perffaith, cyflawn. PERFECT, COMPLETE.

*cyfor, *eg.* 1. dygyfor, llanw, digonedd. RISING, FLOOD, ABUNDANCE.

   2. ymyl, ffin. EDGE, BORDER.

*cyfor, *a.* llawn, cyflawn. FULL, COMPLETE.

cyfori, *be.* gorchuddio. TO COVER.

cyforio, *be.* gorlifo, tywallt. TO OVERFLOW, TO POUR.

cyforiog, *a.* gorlawn, i'r ymyl, toreithiog. OVERFLOWING, ABOUNDING.

cyfosod, 1. *be.* gosod ochr yn ochr, cydosod. TO PLACE TOGETHER.

   2. *eg.* synthesis. SYNTHESIS.

cyfosodiad, *eg. ll.*-au. synthesis. SYNTHESIS, APPOSITION.

cyfosodol, *a.* synthetig. SYNTHETICAL.

*cyfrad, *eg.* caniatâd. PERMISSION.

*cyfradu, *be.* rhannu, cyfrannu. TO SHARE, TO CONTRIBUTE.

*cyfradwch, *eg.* rhodd, haelioni. GIFT, GENEROSITY.

cyfradd[1], *a.* cydradd. OF EQUAL RANK OR DEGREE.

cyfradd[2], *eg. ll.*-au. nifer neu swm rhywbeth sy'n cyfateb i nifer neu swm rhywbeth arall. RATE.

   Cyfradd cyfnewid. RATE OF EXCHANGE.

   Cyfradd y cant. RATE PER CENT.

   Cyfradd bresennol. CURRENT RATE.

cyfraddol, *a.* cydradd, cyfurdd. OF EQUAL RANK, CO-ORDINATE.

*cyfragod, 1. *be.* disgwyl er mwyn ymosod, cynllwyn. TO AMBUSH, TO CONSPIRE.

   2. *eg.* cynllwyn, rhagod. PLOT, AMBUSH.

*cyfragor, *eg.* 1. blaen, blaenoriaeth. LEAD, PRECEDENCE.

   2. cynnydd, dyrchafael. PROGRESS, EXALTATION.

*cyfrang, *ebg. ll.*-au. gweler *cyfranc*.

*cyfranghau, *be.* cyfarfod, ymladd. TO ENCOUNTER, TO FIGHT.

*cyfraid, 1. *a. ll.*-eidiau. angen, eisiau. NECESSITY.

   2. *a.* angenrheidiol. NECESSARY.

cyfraith, *eb. ll.* cyfreithiau, -ion. rheol a wneir gan lywodraeth, deddf, statud, defod. LAW, STATUTE, CUSTOM.

*cyfran, *be.* rhannu, gosod. TO SHARE, TO PLACE.

cyfran, *ebg. ll.*-nau. rhan, dogn, siâr, darn, cwota, adran. SHARE, PORTION, QUOTA, PIECE.

*cyfranc, *ebg. ll.* cyfrangau. cyfarfod, brwydr; stori, chwedl; antur. MEETING, BATTLE; STORY; ADVENTURE.

cyfranddaliwr, *eg. ll.*-wyr. un â chyfran mewn cwmni. SHAREHOLDER.

cyfraniad, *eg. ll.*-au. rhoddiad, taliad, tanysgrifiad; rhannu. CONTRIBUTION; DIVISION (ARITHMETIC).

cyfraniadol, *a.* yn cyfrannu. CONTRIBUTIVE.

cyfraniaeth, *eb.* rhannu. DIVISION (ARITHMETIC).

cyfrannedd, *eg.* cymesuredd. PROPORTION (MATHEMATICS).

cyfrannog, 1. *a.* yn cyfrannu o. PARTAKING.

   2. *eg. ll.* cyfranogion. cyfrannwr, cyfaill. PARTAKER, ASSOCIATE.

cyfrannol, *a.* yn cyfrannu, cyfrannog. CONTRIBUTING, SHARING.

cyfrannu, *be.* talu i gronfa, rhoi cymorth, rhannu (â), tanysgrifio, cyfranogi ; rhannu. TO CONTRIBUTE, TO SHARE ; TO DIVIDE.

cyfrannwr, *eg. ll.*-nwyr. un sy'n cyfrannu, cyfranogwr ; rhannydd. CONTRIBUTOR, SHARER ; DIVISOR.

cyfrannydd, *eg. ll.* cyfranyddion. cyfrannwr ; rhannydd. CONTRIBUTOR; DIVISOR.

cyfranogi, *be.* cael cyfran, cyfrannu. TO PARTAKE, TO COMMUNICATE.

cyfranogwr, *eg. ll.*-wyr. un sy'n cyfranogi, cymar. PARTAKER, SHARER, ACCOMPLICE.

*****cyfrau**, *eg.* geiriau ; cân. WORDS ; SONG.

*****cyfrawdd**, *eg.* ymddiddan. CONVERSATION.

*****cyfrben**, 1. *eg. ll.* cyfrbyn. blaenor, arglwydd. LEADER, LORD.

   2. *a.* prif, rhagorol. CHIEF, EXCELLENT.

*****cyfrbwn**, *a.* â llwyth neu bwn cyflawn. FULLY LOADED.

*****cyfrdan**, *eg.* tanllwyth ; ymrafael. BONFIRE ; CONTENTION.

*****cyfrdelid**, *a.* hardd, urddasol. BEAUTIFUL, ELEGANT.

*****cyfrd(r)o**, *a.* cyflawn, cwbl ; taclus ; cywir. COMPLETE ; NEAT ; EXACT.

*****cyfrdost**, *a.* poenus iawn. VERY PAINFUL.

cyfrdrist, *a.* alaethus. GRIEVOUS.

cyfrdroad, *eg. ll.*-au. amnewid. PERMUTATION.

cyfrdroi, *be.* amnewid. TO PERMUTE.

*****cyfrdwyth**, *eg.* angerdd, caledi. PASSION, HARDSHIP.

*****cyfrdy**, *eg. ll.*-dai. tafarn. TAVERN.

*****cyfrddoeth**, *a.* cwbl ddoeth. VERY WISE.

cyfrddwyn, *be.* dwyn y cyfan. TO CARRY COMPLETELY.

cyfred, 1. *eg.* ras. RACE.

   2. *a.* cyn gynted, yn cydredeg. AS SWIFT, CONCURRENT.

cyfredeg, *be.* cydredeg, cytuno, ymgasglu. TO RUN TOGETHER, TO AGREE, TO ASSEMBLE.

cyfredlin(ell), *eb. ll.*-au. cyflin, paralel. PARALLEL.

*****cyfref**, *a.* cymaint, o'r un trwch. AS BIG AS, OF SAME THICKNESS.

*****cyfreidio**, *be.* cyflenwi. TO SUPPLY.

cyfreidiol,*a.* angenrheidiol. NECESSARY.

cyfreitheg, *eb.* deddfeg. JURISPRUDENCE.

cyfreithgar, *a.* 1. hoff o gyfreithio, cyfreithiol. LITIGIOUS, LEGAL.

   2. yn caru cyfraith. FOND OF LAW.

cyfreithio,-(i)a, *be.* mynd i gyfraith, ymgyfreithio. TO GO TO LAW.

cyfreithiol, *a.* yn perthyn i'r gyfraith, deddfol ; cywir. LEGAL ; CORRECT.

cyfreithiwr, *eg. ll.*-wyr. un sy'n hyddysg yn y gyfraith, twrnai. SOLICITOR, LAWYER, ATTORNEY.

cyfreithlon, *a.* yn iawn neu'n unol â'r gyfraith, deddfol, safonol. LAWFUL, LEGAL, STANDARD.

cyfreithloni, *be.* profi neu wneud yn iawn, cyfiawnhau. TO JUSTIFY, TO LEGALIZE.

cyfreithlonrwydd, *eg.* yr ansawdd o fod yn gyfreithlon. LEGALITY, LAWFULNESS.

*****cyfreithus**, *a.* cyfreithlon, cyfiawn, cymedrol. LAWFUL, JUST, MODERATE.

cyfreithydd, *eg. ll.*-ion. cyfreithiwr. LAWYER.

*****cyfreolus**, *a.* rheolaidd. REGULAR.

cyfres, *eb. ll.*-i, -au. rhestr o bethau tebyg, rhes. SERIES, SUITE (MUSIC).

cyfresol, *a.* yn dilyn ei gilydd. SERIAL.

*****cyfrestr**, 1. *eb. ll.*-i, -au. rhes, cyfres. LIST, SERIES.

   2. *a.* tebyg ; cydblethedig. SIMILAR ; INTERWOVEN.

*****cyfrestru**,*be.* gweu'n un, cydblethu. TO INTERWEAVE.

cyfresu, *be.* trefnu mewn cyfres. TO SERIALISE.

cyfreswm, *eg. ll.*-resymau. dau osodiad yn arwain i drydydd drwy derm cyffredin neu ganol. SYLLOGISM.

cyfresymiad, *eg. ll.*-au. y weithred o gyfresymu. A SYLLOGIZING.

cyfresymu, *be.* tynnu casgliad o ddau osodiad. TO SYLLOGIZE.

*****cyfreu**, *eg.* geiriau, cân. WORDS, SONG.

*****cyfrgain**, *a.* hardd, aruchel. BEAUTIFUL, SUBLIME.

*****cyfrglod**, *eb.* gogoniant. GLORY.

cyfrgoll, 1. *eg.* cwbl golledigaeth, damnedigaeth. PERDITION, DAMNATION.

   2. *a.* cwbl golledig. UTTERLY LOST, DAMNED.

cyfrgolledig, *a.* cwbl golledig, damnedig. UTTERLY LOST, DAMNED.

cyfrgolledigaeth, *eb.* cwbl golledigaeth. PERDITION, DAMNATION.

cyfrgolli, *be.* colli'n gyfan gwbl, damnio. TO LOSE UTTERLY, TO DAMN.

cyfrgorn, *eg.ll.*-gyrn. utgorn. TRUMPET.

cyfrgrwn, *a.* hollol grwn, sfferaidd. COMPLETELY ROUND, SPHERICAL.

cyfrġwbl, *a.* cyflawn, manwl, COM-
PLETE, EXACT.

*****cyfri**, *eg. ll.* cyfrïau. brenin, pennaeth.
KING, CHIEF.

cyfrif, 1. *be.* rhifo, barnu, bwrw. TO
COUNT, TO RECKON, TO DEEM.
2. *eg. ll.*-on, -au. rhif, gosodiad,
cyfrifiad, barn, golwg. NUMBER,
RECKONING, ACCOUNT, OPINION,
VIEW.

*****cyfrifed**, *eg.* rhif cyfartal ; bri. EQUAL
NUMBER ; ESTEEM.

cyfrifedig, *a.* wedi ei gyfrif, cynwys-
edig, cyfrifol. COUNTED, INCLUDED,
RESPONSIBLE.

cyfrifiad, *eg. ll.*-au. cyfrif, rhifiad
(poblogaeth), bri. COMPUTATION,
RECKONING, CENSUS, ESTEEM.

cyfrifiadur, *eg. ll.*-on. peiriant cyfrif.
COMPUTATOR.

cyfrifiaeth, *eb.* cyfrif, rhifiad, cyfrifiad,
bri. RECKONING, COMPUTATION,
CENSUS, ESTEEM.

cyfrifiannu, *be.* cyfrif. TO COMPUTE.

cyfriflyfr, *eg. ll.*-au. llyfr cyfrifon ;
almanac. LEDGER ; ALMANAC.

cyfrifol, *a.* y gellir dibynnu arno,
atebol, ystyriol, parchus, o fri ;
cyfrifadwy. RESPONSIBLE, ACCOUNT-
ABLE, OF REPUTE ; CALCULABLE.

cyfrifoldeb, *eg. ll.*-au. gofal ; bri, parch.
RESPONSIBILITY ; ESTEEM, RESPECT.

*****cyfrifus**, *a.* o fri, parchus. ESTEEMED.

cyfrifwr, *eg. ll.*-wyr. ⎫ un medrus
cyfrifydd, *eg. ll.*-ion. ⎭ mewn cyfrifon,
rhifyddwr, ystadegydd. ACCOUNTANT,
ARITHMETICIAN, STATISTICIAN.

cyfrifyddiaeth, *eb.* egwyddorion cadw
cyfrifon, rhifyddeg. ACCOUNTANCY,
ARITHMETIC.

cyfrin, 1. *a.* dirgel, tywyll, cudd, an-
eglur, preifat. SECRET, PRIVY, MYST-
ERIOUS, MYSTIC.
2. *eg. ll.*-ion. cyfrinachwr ; cyfrin-
ach. CONFIDANT ; SECRET.

cyfrinach, *eb. ll.*-au, -oedd, -on. dirgel-
wch, rhin ; cyfeillach. SECRET,
MYSTERY ; FELLOWSHIP.

cyfrinachol, *a.* dirgel, cyfrin, cudd, o'r
golwg, preifat, cyfriniol. SECRET,
PRIVATE, CONFIDENTIAL, MYSTIC.

cyfrinachu, *be.* dweud cyfrinach, cadw
cyfrinach, cyfeillachu. TO TELL A
SECRET, TO KEEP A SECRET, TO
ASSOCIATE.

cyfrinachwr, *eg. ll.*-wyr. un sy'n
rhannu cyfrinach, cyfaill mynwesol.
CONFIDANT.

cyfrinfa, *eb. ll.*-fâu, -oedd, -feydd. man
cyfarfod dirgel, cangen o gymdeithas
neu undeb. PLACE OF SECRET
MEETING, LODGE (OF SOCIETY ETC.).

cyfrin-gyngor, *eg.* cynghorwyr per-
sonol brenin. PRIVY COUNCIL.

cyfriniaeth, *eb.* athrawiaeth y cyfrin-
wyr (sef ceisio cymundeb union-
gyrchol â Duw). MYSTICISM.

cyfrin(i)ol, *a.* rhyfedd, yn perthyn i
gyfriniaeth. MYSTERIOUS, MYSTIC.

cyfriniwr, *eg. ll.*-wyr. ⎫ un sy'n ceisio
cyfrinydd, *eg. ll.*-ion. ⎭ cymundeb
uniongyrchol â Duw. MYSTIC.

*****cyfrith**, *eg.* ffurf, delw ; syniad. FORM,
IMAGE ; IDEA.

cyfrodedd, *a.* cordeddog. TWISTED.

cyfrodeddu, *be.* cordeddu. TO TWIST.

*****cyfrodd**, *eb. ll.*-ion. cyfraniad. CONTRI-
BUTION.

*****cyfroddi**, *be.* cyfrannu. TO CONTRIBUTE.

cyfrol, *eb. ll.*-au. llyfr cyfan (weith-
iau'n rhan o lyfr mwy). VOLUME.

*****cyfrsi**, *eg.* cadach, neisied. KERCHIEF.

*****cyfrtur**, *eg.* cwrlid. COVERLET.

*****cyfrudd**, *a.* cwbl goch. COMPLETELY
RED.

*****cyfrwch**, 1. *be.* cyfarfod, ymddiddan.
TO MEET, TO TALK.
2. *eg.* cyfarfod, sgwrs. MEETING,
CONVERSATION.

*****cyfrwen**, *a.* siriol. CHEERFUL.

cyfrwng[1], *eg. ll.* cyfryngau. y ffordd y
gwneir peth, modd. MEDIUM, MEANS.

cyfrwng[2], *ardd.* rhwng. BETWEEN.

cyfrwy, *eg. ll.*-au. sedd ledr ar geffyl
neu feisigl. SADDLE.

*****cyfrwydd**, *a.* parod, galluog. FACILE,
EXPEDITIOUS, ABLE.

*****cyfrwydd-der**, *eg.* parodrwydd,
rhwyddineb. READINESS, EASE.

cyfrwymo, *be.* rhwymo ynghyd. TO
BIND.

*****cyfrwyn(lin)**, *a.* trist. SAD.

cyfrwyo, *be.* gosod cyfrwy ar. TO
SADDLE.

cyfrwys, *a.* twyllodrus, call, medrus.
CUNNING, CRAFTY, SKILLED.

cyfrwyster, -tra, *eg.* twyll, callineb,
medr. CUNNING, CRAFTINESS, SKILL.

cyfrwywr, *eg. ll.*-wyr. gwneuthurwr
cyfrwyau. SADDLER.

*****cyfryd**, *a.* rhagorol. EXCELLENT.

*****cyfryfel**, *eg.* brwydr, ymryson. BATTLE,
CONTENTION.

cyfryngu, *be.* eiriol, dyddio. TO INTER-
CEDE, TO MEDIATE.

cyfryngwr, *eg. ll.*-wyr. canolwr, eiriol-
wr. MEDIATOR, INTERCESSOR.

*cyfrysedd, *egb.* cynnen, brwydr. CON-
TENTION, BATTLE.
cyfryw, *a.* tebyg, y fath. SUCH, LIKE.
*cyfuch, *a.* gweler *cyfuwch.*
cyfuchlinedd, *eg. ll.*-au. gorweddiad
tir, amlinell. CONTOUR.
    Cyfuchliniau. CONTOUR LINES.
cyfun, *a.* cytûn, unfryd, bodlon ;
cysylltiol. AGREEING, UNANIMOUS ;
CONJUNCT.
cyfundeb, *eg. ll.*-au. undeb, cymdeith-
as, undod, uniad. ASSOCIATION,
UNITY, UNION.
*cyfundeb, *eg.* cytundeb, heddwch.
cyfamod. AGREEMENT, PEACE, PACT.
cyfundebol, *a.* perthynol i gyfundeb.
CONNEXIONAL.
*cyfundod, *eb.* cymuned. COMMUNITY.
cyfundrefn, *eb. ll.*-au. trefn, dosbarth.
SYSTEM, ORDER.
cyfundrefniaeth, *eb.* systematigaeth.
SYSTEMATIZATION.
cyfundrefnu, *be.* gosod mewn cyfun-
drefn neu drefn. TO SYSTEMATIZE,
TO ORGANISE.
cyfuniad, *eg. ll.*-au. cyd-uniad. COM-
BINATION.
cyfuno, *be.* gwneud yn un, uno, cyd-
uno, cysylltu, cytuno. TO COMBINE,
TO UNITE, TO AGREE.
cyfurdd, *a.* cyfartal o ran safle, etc.
OF EQUAL RANK.
*cyfurddo, *be.* gwneud yn gyfurdd ;
gogoneddu, clodfori. TO MAKE EQUAL;
TO GLORIFY, TO PRAISE.
cyfuwch, *a.* mor uchel, cuwch, cyn
uched. AS HIGH AS.
cyfwerth, *a.* o'r un gwerth, cyfartal.
OF EQUAL VALUE, EQUAL.
cyfwng, *eg. ll.* cyfyngau. 1. gofod, lle
gwag. SPACE.
    2. saib, ysbaid, egwyl, gwant.
INTERVAL.
    3. cyfyngder, argyfwng. CRISIS,
TROUBLE.
*cyfwlch, *a.* 1. addas. SUITABLE.
    2. cwbl. COMPLETE.
cyfwrdd, *be.* cwrdd, cyfarfod. TO MEET.
cyfwyneb, *a.* yn gyd-wastad â'r ar-
wynebedd cyfagos. FLUSH.
*cyfwyrain, 1. *be.* dyrchafael. TO EXALT.
    2. *a.* aruchel, rhwysgfawr. SUB-
LIME, POMPOUS.
    3.*eg.* rhwysg, llawenydd. POMP, JOY.
*cyfwyre, *eg.* dyrchafael. EXALTATION.
cyfydod, *eg.* sir. COUNTY (COMITATUS).
*cyfygydd, *eg.* ymladdwr, milwr. WARR-
IOR.
cyfyng, *a.* cul, tyn, caeth. NARROW,
CONFINED.

cyfyngder, *eg. ll.*-au. ⎫caledi, blinder,
cyfyngdra, *eg.*   ⎰gofid, trallod,
argyfwng. TROUBLE, STRAIT, DIS-
TRESS, CRISIS.
cyfyngfor, *eg. ll.*-oedd. culfor. STRAIT(S).
cyfyng-gyngor, *eg.* dryswch, pen-
bleth, trallod. PERPLEXITY, QUAN-
DARY.
cyfyngu, *be.* culhau, rhoi terfyn ar,
caethiwo. TO NARROW, TO CONFINE,
TO RESTRICT.
cyfyl, *eg.* ymyl, cymdogaeth, cyffiniau.
VICINITY, NEIGHBOURHOOD.
    Ar gyfyl. NEAR.
*cyfylhau, *be.* lefelu. TO LEVEL.
cyfyrder, *eg. ll.* cyfyrdyr. (*b.*-es.). mab i
gefnder neu gyfnither un o'r rhieni.
SECOND (MALE) COUSIN.
*cyfys, 1. *a.* gwancus. VORACIOUS.
    2.*eg.* arlais. TEMPLE (OF FOREHEAD).
*cyfysgar, 1. *be.* ysgar, gwahanu. TO
DIVORCE, TO SEPARATE.
    2. *eg.* ysgariad, gwahaniad. DI-
VORCE, SEPARATION.
cyfystlys, *a.* cyfochrog ; ag ochrau o'r
un hyd. PARALLEL ; EQUILATERAL.
cyfystrawd, *eg.* cengl ; harnais. GIRTH ;
HARNESS.
cyfystyr, 1. *a.* o'r un ystyr. SYNONYM-
OUS.
    2. *eg. ll.*-on. gair tebyg ei ystyr.
SYNONYM.
cyfystyredd, *eg.* ailadrodd diangen
mewn geiriau eraill, tawtologaeth.
TAUTOLOGY.
cyfystyrol, *a.* yn cynnwys cyfystyredd.
TAUTOLOGOUS.
*cyfysu, *be.* bwyta, cyrydu. TO CON-
SUME, TO CORRODE.
*cyfyw, *eg.* byw, bywyd. LIFE.
cyff, *eg.* ach, hil, tylwyth, boncyff, bôn,
cist, cronfa. STOCK, TRUNK,CHEST.
*cyffaith, *eg.* staen. STAIN.
cyffaith, *eg. ll.* cyffeithiau. bwydydd
melys (fel jam, etc.). CONFECTION.
cyffelyb, *a.* tebyg, fel, megis. LIKE,
SIMILAR.
cyffelybiaeth, *eb. ll.*-au. tebygrwydd,
cymhariaeth, llun, delw. LIKENESS,
SIMILE, IMAGE.
cyffelybu, *be.* tebygu, cymharu. TO
LIKEN, TO COMPARE.
cyffer(i), *eg.* cyffaith, cyffur. CONFECT-
ION, DRUG.
cyfferïwr, *eg. ll.*-wyr. fferyllydd.
DRUGGIST.
cyffes, *eb. ll.*-ion. cyfaddefiad, addefiad.
CONFESSION.
*cyffes, *a.* cywrain ; parod. SKILFUL ;
READY.

cyffesiad, *eg. ll.*-au. cyffes, addefiad. CONFESSION.

cyffesu, *be.* cyfaddef, addef, cydnabod. TO CONFESS, TO ADMIT.

cyffeswr, *eg. ll.*-wyr. un sy'n cyffesu, gwrandawr cyffes. CONFESSOR.

cyffglo, *eg.* cyffion. STOCKS.

cyffin, *eg. ll.*-iau, -edd. cymdogaeth, goror, terfyn, ymyl, ffin. BORDER, VICINITY, LIMIT, FRONTIER.

cyffindir, *eg. ll.*-oedd. goror, ffin. FRONTIER.

cyffinio, *be.* ymylu, ffinio. TO BORDER, TO ADJOIN.

cyffiniwr, *eg. ll.*-wyr. un yn byw ar y ffin. BORDERER, MARCHER.

*cyffinydd, 1. *eg. ll.*-ion. ffin, cyffin. BOUNDARY.
   2. ffiniwr. BORDERER.

cyffio, *be.* merwino, marwhau, sythu. TO BECOME STIFF.

cyffion, *ell.* ffrâm a thyllau ynddi i draed drwgweithredwyr. STOCKS.

cyffni, *eg.* merwindod. STIFFNESS.

cyffordd, *eb. ll.*-ffyrdd. man cyfarfod rheilffyrdd. JUNCTION (RAILWAY).

cyfforddus, *a.* cysurus. COMFORTABLE.

*cyffrawd, *eg.* cyrch, brwydr. ATTACK, BATTLE.

*cyffre, *be.* taenu, arllwys. TO SPREAD, TO POUR.

*cyffred, 1. *eg.* tafliad, bwrw. THROW.
   2. *a.* cyffredin, cytûn. COMMON, UNANIMOUS.

cyffredin, *a.* cyffredinol, arferol, cynefin, gwael. COMMON, ORDINARY.

cyffredinedd, *eg.* o ansawdd gyffredin. COMMONNESS, BANALITY.

cyffrediniad, *eg.* y weithred o gyffredinoli. GENERALISATION.

cyffredinol, *a.* cyffredin, arferol. COMMON, GENERAL.

cyffredinoli, *be.* gwneud yn gyffredin, siarad yn gyffredinol. TO MAKE GENERAL, TO GENERALISE.

cyffredinrwydd, *eg.* 1. cyffredinedd. COMMONNESS.
   2. cymdeithas. FELLOWSHIP.

cyffro, *eg. ll.*-adau. cynnwrf, stŵr, symudiad, ysgogiad, aflonyddwch. STIR, COMMOTION, EXCITEMENT.

cyffroedig, *a.* wedi ei gyffroi. AGITATED.

*cyffroedigaeth, *eb.* cyffro, symudiad. AGITATION.

cyffroi, *be.* cynhyrfu, symud, cymell. TO MOVE, TO EXCITE, TO PROVOKE.

cyffrous, *a.* cynhyrfus, symudol. EXCITING, AGITATED.

*cyffryd, *eg.* cryndod, ysgydwad. SHIVER, SHAKING.

cyffrydiaid,-io, *be.* ysgwyd, crynu, cynhyrfu. TO SHAKE, TO TREMBLE, TO AGITATE.

cyffur, *eg. ll.*-iau. meddyginiaeth, moddion, ffisig. MEDICINE.

*cyffur, *eg.* ffurf, dull. FORM, MANNER.

*cyffurf, *eg.* modd, gwedd, defnydd. MANNER, SUBSTANCE.

cyffwrdd, 1. *be.* dodi llaw ar, teimlo, dod ar draws, sôn am, cwrdd. TO TOUCH, TO MEET.
   2. *eg.* cyffyrddiad. CONTACT, TOUCH.

cyffylog, *eg. ll.*-od. aderyn gwyllt tebyg i'r gïach. WOODCOCK.

cyffyrddiad, *eg. ll.*-au. y weithred o gyffwrdd neu gwrdd, teimlad, cysylltiad. TOUCH, CONTACT.

cyffyrddus, *a.* yn esmwyth o ran corff a meddwl, cysurus, diddan, clyd. COMFORTABLE.

*cyffyrflo, *be.* cadarnhau. TO CONFIRM.

cyngafog, *a.* gweler *cynghafog.*

*cyngan, *a.* cyflawn, cyfaddas. COMPLETE, SUITABLE.

cynganeddol, *a.* yn perthyn i gynghanedd. APPERTAINING TO CYNGHANEDD.

cynganeddu, *be.* llunio cynghanedd. TO FORM CYNGHANEDD OR STRICT METRE.

cynganeddwr, *eg. ll.* cynganeddwyr. un sy'n medru cynghanedd. WRITER OF CYNGHANEDD OR STRICT METRE.

cyngaw, *eg.* cyngaf, cacimwci. BURDOCK.

*cyngaws, 1. *eg.* erlyniaeth. LAW-SUIT.
   2. cyfarfod, brwydr. MEETING, BATTLE.
   3. dadleuydd, amddiffynnwr. ADVOCATE.

*cyngen, *eb.* ymdrech, brwydr. EFFORT, BATTLE.

*cyngenni, *be.* 1. cael ei gynnwys. TO BE CONTAINED IN.
   2. cydweddu. TO SUIT.

cyngerdd, *egb. ll.* cyngherddau. cyfarfod cerdd (ac amrywiaeth). CONCERT.

*cyngerth, *a.* dwys, cadarn. INTENSE, STRONG.

*cyng(h)ad, *eb.* brwydr. BATTLE.

*cynghafog, *a.* 1. yn gafael. GRIPPING.
   2. dyrys. INTRICATE.

*cyng(h)all, *a.* doeth, call. WISE.

*cynghallen, *eb.* medr; amddiffyn. ABILITY; PROTECTION.

cynghanedd, *eb. ll.* cynganeddion. addurn barddonol mewn barddoniaeth gaeth lle mae seiniau yn ateb i'w gilydd yn ôl rheolau arbennig. METRICAL CONSONANCE (*peculiar to Welsh*).

*cynghawr, *eb.* brwydr; moliant. BATTLE ; PRAISE.

*cyngheiliad, *eg.* ystyr, pwrpas. MEANING, PURPOSE.

*cynghellor, *eg. ll.*-ion. canghellor. CHANCELLOR.

*cynghenni, *be.* cael ei gynnwys. TO BE CONTAINED IN.

*cyngherthladd,*a.* 1. plethedig.WOVEN. 2. trist. SAD.

*cynghest, *eb.* gornest, ymdrechfa. CONTEST, STRUGGLE.

*cyngheusaeth, ⎱ *eb.* cynnen.
*cyngheusedd, ⎰ CONTENTION.

*cynghlennydd, 1. *eg.* peth sy'n caethiwo. RESTRICTION.
2. *a.* caeth, rhwym. CAPTIVE.

cynghlwm, *eg.* cwlwm. KNOT, TIE.

*cynghlwyf, *eg.* anaf, clwyf. INJURY, WOUND.

*cynghor, *eg. ll.* cynghyr. 1. cyfarfod, ymladd. ENCOUNTER, BATTLE.
2. cyngor. COUNCIL.
3. ymgynghoriad. ADVICE.

*cynghorawdr, ⎱ *eg.* cynghorwr.
*cynghorawr, ⎰ COUNSELLOR.
*cynghorfeint, ⎱ *eg.* cenfigen. ENVY,
*cynghorfyn(t), ⎰ JEALOUSY.

*cynghorfynnu, *be.* cenfigennu, eiddigeddu. TO ENVY, TO BE JEALOUS.

*cynghorfynnus, *a.* cenfigennus, eiddigeddus. ENVIOUS, JEALOUS.

*cynghorffen, *eg.* terfyn, diwedd. ENDING.

cynghori, *be.* rhoi cyngor. TO ADVISE.

cynghorwr, *eg. ll.* cynghorwyr. un sy'n cynghori, aelod o gyngor. ADVISER, COUNCILLOR.

cynghorydd, *eg. ll.*-ion. cynghorwr. COUNSELLOR, COUNCILLOR.

cynghrair, *eg. ll.* cynghreiriau. undeb o bobl neu glybau neu genhedloedd. ALLIANCE, LEAGUE.

cynghreiddig, *a.* consentrig. CONCENTRIC.

cynghreiriad, *eg. ll.* cynghreiriaid. aelod o gynghrair. ALLY.

cynghreiriwr, *eg. ll.*-wyr. cynghreiriad. ALLY.

*cyng(h)wystledd, *eb.* sicrwydd, gwarant, ernes. PLEDGE.

*cynghywair, *a.* cwbl, perffaith. COMPLETE, PERFECT.

*cynglyn, *a.* rhwym. BOUND.

*cyngogion, *ell.* englynion yn gadwyn. A CHAIN OF "ENGLYNION".

cyngor, *eg.* 1. *ll.* cynghorau. cynulliad i drafod materion arbennig. COUNCIL.
2. *ll.* cynghorion. cyfarwyddyd, barn, hyfforddiant. ADVICE, COUNSEL.

cyngraff, 1. *eg.* amgyffred. COMPREHENSION.
2. *be.* amgyffred, canfod. TO COMPREHEND, TO PERCEIVE.

*cyngrain, *eg.* torf, byddin. HOST, ARMY.

*cyngran, *eg.* tywysog, arweinydd, arwr. PRINCE, LEADER, HERO.

*cyngreddf, *eg.*anian ; greddf. NATURE ; INSTINCT.

cyngreddfol, *a.* greddfol. INSTINCTIVE.

*cyngres, *eg.* ymladd, ymosod, cyrch. BATTLE, ATTACK.

cyngres, *eb. ll.*-au, -i. cynulliad, cyfarfod, cymanfa, cyngor, Senedd yr Unol Daleithiau. CONGRESS.

*cyngrwn, *a.* tew, tyn, cryno. FAT, TIGHT, COMPACT.

*cyngryd, *a.* arswydus, ysgydwol. FEARFUL, SHAKING.

*cyngryn, 1. *a.* yn ysgwyd. SHAKING.
2. *eg.* gwthiad. A PUSHING.

cyngwasgar, *be.* gwasgaru'n llwyr. TO SCATTER COMPLETELY.

*cyngweiniant, *eg.* 1. edifeirwch, atgno. REPENTANCE, REMORSE.
2. gwendid. WEAKNESS.

*cyngwerthu, *be.* cyfnewid, ffeirio. TO BARTER.

cyngwerthyddio, *be.* prisio, rhoi pris ar. TO VALUE, TO PRICE.

*cyngwng, *eg.* cymal, cyswllt. JOINT.

*cyngwl, *eg.* drygioni. WICKEDNESS.

*cyngwrys, *eg.* cynnen. CONTENTION.

*cyngŵydd, *eg.* cwymp. FALL.

cyngwystl, *eb.* gweler *cynghwystledd*.

*cyngyd, 1. *eg.* terfyn. FRONTIER.
2. *a.* cyfagos. ADJOINING.

*cyngyr, *eg.* gweler *cynghor*.

*cyhafael, *be.* dyrchafu, codi.TO EXALT, TO RAISE.

cyhafal, *a.* ac *eg.* cyffelyb. LIKE, SIMILAR.

*cyhawal, *a.* ac *eg.* gweler *cyhafal*.

*cyhedd, 1. *eg.* brawdlys. ASSIZE.
2. *a.* perthynol i farn. PERTAINING TO JUDGMENT.

*cyhefelydd, *a.* cyffelyb, tebyg. LIKE.

cyheuraeth, *eb.* gweler *cyhyraeth*.

cyhoedd, 1. *a.* cyhoeddus. PUBLIC.
2. *eg.* pobl, gwerin. PUBLIC.
Ar gyhoedd. PUBLICLY.
Y cyhoedd. THE PUBLIC.

cyhoeddeb, *eb. ll.*-au. gorchymyn, datganiad cyhoeddus. EDICT.

cyhoeddedig, *a.* cyhoeddus, argraffedig. PUBLISHED.

cyhoeddi, *be.* hysbysu, datgan, taenu ar led, argraffu. TO ANNOUNCE, TO PROCLAIM, TO PUBLISH.

cyhoeddiad, *eg. ll.*-au. y weithred o gyhoeddi newyddion neu lyfrau, etc.; datganiad, hysbysiad, peth a gyhoeddir. ANNOUNCEMENT, PUBLICATION, ENGAGEMENT.

*****cyhoeddog**, *a.* cyhoeddus, cyffredin, eglur. PUBLIC, PLAIN.

cyhoeddus, *a.* yn perthyn i bawb, gwybyddus, hysbys. PUBLIC.

cyhoeddusrwydd, *eg.* y stad o fod yn hysbys, hysbysrwydd. PUBLICITY.

cyhoeddwr, *eg. ll.* cyhoeddwyr. 1. un sy'n cyhoeddi. ANNOUNCER.
2. un sy'n gyfrifol am gyhoeddi llyfrau, etc. PUBLISHER.

*****cyhudd**, *eg.* 1. cyhuddiad, achwyn. ACCUSATION, COMPLAINT.
2. cysgod. SHELTER, SHADE.

cyhuddedig, *a.* a gyhuddir. ACCUSED.

*****cyhuddiad**, *eg. ll.*-iaid. cyhuddwr. ACCUSER.

cyhuddiad, *eg. ll.*-au. y weithred o gyhuddo neu feio, achwyniad, cwyn. ACCUSATION.

cyhuddo, *be.* beio, achwyn ar, cwyno am. TO ACCUSE.

cyhuddol, *a.* yn cyhuddo. ACCUSATORY.

*****cyhused**, *eb.* cosb, trais. PUNISHMENT, OPPRESSION.

*****cyhuseidiog**, *a.* 1. mawreddog. POMPOUS.
2. balch, gwych. PROUD.

cyhwfan : cwhwfan, *be.* symud yn ôl ac ymlaen (yn enwedig baner), chwifio. TO WAVE.

*****cyhwng**, *eg.* rhwystr. HINDRANCE.

*****cyhwrdd**, *be.* cyfarfod, cyffwrdd. TO MEET, TO TOUCH.

cyhyd, *a.* cyd, mor hir. AS/SO LONG.

*****cyhydedd**, *eg.* cyfartalrwydd. EQUALITY.

cyhydedd, 1. *eb.* hyd llinell mewn barddoniaeth. LENGTH OF A METRICAL LINE.
2. *eg.* y llinell ddychmygol am ganol y ddaear. EQUATOR.

cyhydeddol, *a.* yn perthyn i'r cyhydedd. EQUATORIAL.

cyhydnos, *eb. ll.*-au. lle mae'r nos a'r dydd o'r un hyd. EQUINOX.

*****cyhydreg**, *be.* ymgystadlu. TO CONTEND.

*****cyhydrwydd**, *eg.* cymdeithas; ymryson. FELLOWSHIP; CONTEST.

cyhyraeth, *eb.* sistem y cyhyrau; ysgerbwd, drychiolaeth, 'toili'. MUSCULAR SYSTEM; SKELETON, APPARITION, SPECTRAL FUNERAL.

cyhyrau, *ell. (un. g.* cyhyr, cyhyryn). gweoedd yn y corff sy'n achosi symudiad trwy eu tynhau neu eu rhyddhau. MUSCLES.

cyhyrog, *a.* yn meddu ar gyhyrau da. MUSCULAR.

cyhyrwayw, *eg.* cryd cymalau. MUSCULAR RHEUMATISM.

*****cyl**, *a.* pigog, picellog, arfog. POINTED, ARMED.

cylch, *eg. ll.*-oedd, -au. 1. rhywbeth crwn, cant. CIRCLE, HOOP, COIL.
2. dosbarth. CLASS.
3. cyfnod, CYCLE.
4. ardal, amgylchedd. REGION.
O gylch. AROUND.

cylch-, *rhagdd.* o gwmpas. CIRCUM-.

cylcharwain, *be.* arwain o gwmpas. TO LEAD ABOUT.

cylchdaith, *eb. ll.* cylchdeithiau. taith gweinidog eglwys neu farnwr llys, amdaith. CIRCUIT, ORBIT, COURSE.

cylchdro, *eg. ll.*-eon, -adau. tro mewn cylch neu rod arbennig. ORBIT, REVOLUTION.

cylchdroi, *be.* troi mewn cylch arbennig, amdroi, chwyldroi. TO REVOLVE, TO ROTATE.

*****cylched**, *eb. ll.*-au. cylch, amgylchedd. ZONE, CIRCLE, CIRCUMFERENCE.

cylched, *eb. ll.*-au. 1. cwrlid, gwrthban, llen. BED COVER.
2. cylchedd. CIRCUIT.
3. rhan o arwynebedd solid, arwynebedd cyfyngedig. ZONE.

cylchedd, *eg.* mesur cylch; cwmpas. CIRCUMFERENCE; COMPASS.

cylchen, *eb. ll.*-nau. cylch. CIRCUIT.

cylchfa, *eb. ll.*-oedd, -fâu. rhanbarth. ZONE.

cylchfordwyo, *be.* mordwyo o gwmpas. TO CIRCUMNAVIGATE.

cylchgan, *eb. ll.*-euon. cân fer â nifer o leisiau yn dilyn ei gilydd. ROUNDELAY.

cylchgrawn, *eg. ll.* cylchgronau. cyhoeddiad gan wahanol awduron, cyfnodolyn. MAGAZINE, PERIODICAL.

cylchig, *eb.* cylch bach. SMALL CIRCLE.

cylchio, *be.* cylchu, amgylchu. TO CIRCLE.

cylchlwybr, *eg. ll.*-au. cylchdro. ORBIT.

139

cylchlythyr, *eg. ll.*-au. rhybudd neu hysbysrwydd cyffredinol trwy lythyr. A CIRCULAR.

cylchlythyru, *be.* danfon cylchlythyr. TO CIRCULARIZE.

cylcho, *be.* cylchu ; amgylchu. TO CIRCLE ; TO HOOP.

cylchog, *a.* â chylchau, modrwyog. CIRCLED, RINGED.

cylchol, *a.* yn ail ymddangos; ar ffurf cylch. RECURRING ; CIRCULAR.

cylchredeg, *be.* mynd neu anfon o amgylch. TO CIRCULATE.

cylchrediad, *eg.* y nifer o bapurau, etc. a ddosberthir mewn hyn a hyn o amser, rhediad. CIRCULATION.

cylchredol, *a.* yn cylchredeg. CIRCULATORY.

cylchres, *eb. ll.*-i. rownd, rota. ROUND, ROTA.

cylchrwy, *eg. ll.*-au. cylch (am gasgen etc.). HOOP.

cylchu, *be.* cylcho, amgylchu, dodi cylch. TO CIRCLE, TO ENCIRCLE, TO HOOP.

cylchwr, *eg. ll.*-wyr. gwneuthurwr cylchau, cowper. COOPER.

*cylchwy, *eg. ll.*-awr. 1. tarian gron. ROUND SHIELD.
2. cwmpas, ardal, ymyl. NEIGHBOURHOOD, EDGE.

cylchyn, *eg.* cylch, cwmpas. CIRCLE, CIRCUMFERENCE.

cylchynol, *a.* amgylchynol, yn mynd o amgylch, cyfnodol. SURROUNDING, CIRCULATING, PERIODICAL.

cylchynu, *be.* amgylchu, cwmpasu. TO SURROUND.

cylionen, *eb. ll.* cylion. cleren, pryf, gwybedyn. FLY, GNAT.

cylor, *e.torf.* (*un. b.*-en). cnau'r ddaear. EARTH NUTS.

cylus, *a.* beius. CULPABLE.

*cylyn, *eg. ll.*-au, -od. odyn. KILN.

cyll, *ell.* (*un. b.* collen). coed cnau. HAZEL TREES.

cylla, *eg. ll.*-on. stumog. STOMACH.

*cyllaeth, *eg.* gofid, tristwch. GRIEF, SORROW.

*cyllagwst, *eb.* poen yn y stumog. STOMACH-ACHE.

*cyllaig, *eg.* hydd, carw ; arwr. STAG ; HERO.

cyllell, *eb. ll.* cyllyll. offeryn torri yn cynnwys llafn wrth garn, twca. KNIFE.
Cyllell boced. PENKNIFE.

cyllellu, *be.* brathu â chyllell. TO KNIFE.

cyllellwr, *eg. ll.*-wyr. gwneuthurwr cyllyll. CUTLER.

*cyllestr, *eg.* callestr. FLINT.

*cyllestrig, *a.* callestrig, caled. OF FLINT, FLINTY.

*cyllestrigol, *a.* callestrol. OF FLINT.

*cyllid, *eb.* tâl, treth. PAYMENT, TAX.

cyllid, *eg. ll.*-au. enillion, incwm, elw, derbyniadau, materion ariannol. REVENUE, FINANCE.

cyllideb, *eb. ll.*-au. amcangyfrif o dreuliau'r wladwriaeth am flwyddyn. BUDGET.

cyllidfa, *eb. ll.*-oedd, -feydd. swyddfa gyllid. REVENUE OFFICE.

cyllidol, *a.* yn ymwneud â chyllid neu arian. FINANCIAL, FISCAL.

cyllidus, *a.* trethol. TAXABLE.

cyllidwr, *eg. ll.*-wyr. un sy'n ymwneud â chyllid. FINANCIER.

*cyllidwr, *eg. ll.*-wyr. cyllidydd, casglwr trethi. TAX-GATHERER.

*cyma, *eg.* brwydr, ymosod ; grym ; gwahannod. BATTLE, ATTACK ; MIGHT; COMMA.

*cymâd, *eb.* gweler *cymêd.*

cymaint, *a.* mor fawr, mor niferus. AS LARGE, AS MANY.
Cymaint arall : dau cymaint. TWICE AS MUCH.

cymal, *eg. ll.*-au. 1. y lle y cysylltir dau asgwrn, cyswllt, cwgn. JOINT.
2. rhan o frawddeg. CLAUSE.

cymalog, *a.* â chymalau. JOINTED, WITH SEVERAL CLAUSES.

cymalwst, *eb.* cryd cymalau, gẃynegon, gowt. ARTHRITIS, GOUT, RHEUMATISM.

*cyman, 1. *eb.* llu, brwydr. HOST, BATTLE.
2. *a.* cyflawn, perffaith. COMPLETE, PERFECT.

cymanfa, *eb. ll.*-oedd. cynulliad, cyfarfod, cyngor. ASSEMBLY, COUNCIL.
Cymanfa ganu. A SINGING FESTIVAL.

cymanfaol, *a.* perthynol i gymanfa. PERTAINING TO A FESTIVAL OR COUNCIL.

*cymanfawr, *a.* â llu mawr. WITH A LARGE HOST.

cymantoledd, *eg.* cydbwysedd, cyfantoledd. EQUILIBRIUM.
Cymantoledd sefydlog. STABLE EQUILIBRIUM.

Cymanwlad, *eb.* Y Deyrnas Gyfunol a'r cyn-ddominiynau, etc. ynghyd, gwerinlywodraeth. COMMONWEALTH.

cymar, *eg.ll.* cymheiriaid. (*b.* cymhares). cyfaill, cydymaith, cymrawd. PARTNER, MATE.

cymarebol, *a.* perthynol i feintiau y gellir eu mynegi heb arwyddion. RATIONAL.

*cymaredd, *eg.* cyfoeth, rhwysg. RICHES, POMP.

cymaroldeb, *eg.* perthnasedd, perthnasolrwydd. RELATIVITY.

cymathiad, *eg.* yr act o gymathu, tebygiad, cydweddiad. ASSIMILATION.

cymathu, *be.* gwneud yn debyg, tebygu, ymdebygu, cydweddu. TO ASSIMILATE.

*cymaws, *eg.* gogoniant; llawenydd. GLORY; JOY.

cymdeithas, *eb. ll.*-au. pobl sy'n byw yr un bywyd gyda'i gilydd, pobl a'u harferion, cyfeillach. SOCIETY, FELLOWSHIP, ASSOCIATION.

cymdeithaseg, *eb.* gwyddor sy'n ymdrin â chymdeithas. SOCIOLOGY.

cymdeithasegwr, *eg. ll.*-wyr. un sy'n astudio cymdeithaseg. SOCIOLOGIST.

cymdeithasfa, *eb. ll.*-oedd. cymdeithas (eglwysig). ASSOCIATION (CHURCH).

cymdeithasol, *a.* yn perthyn i gymdeithas, cyfeillgar, yn byw yr un bywyd. SOCIAL.

cymdeithasu, *be.* byw gydag eraill, cyfeillachu. TO ASSOCIATE.

cymdeithgar, *a.* cyfeillgar, cymdeithasol. COMPANIONABLE, SOCIABLE.

cymdogaeth, *eb. ll.*-au. ardal o amgylch, rhandir. NEIGHBOURHOOD.

cymdogaethol, *a.* cyfagos, o amgylch, gerllaw, yn ymyl, ar gyfyl. NEIGHBOURING.

cymdogol, *a.* cyfeillgar, caredig, cymwynasgar, cynorthwyol. NEIGHBOURLY.

*cymêd, *eb. ll.*-au. camfa. STILE.

cymedr, *eg.* y canol, y term rhwng y cyntaf a'r olaf mewn dilyniad mathemategol. MEAN.

    Cymedr rhifyddol. ARITHMETIC MEAN.

    Cymedr geometrig. GEOMETRIC MEAN.

*cymedr, *eg.* 1. medr. ABILITY.

    2. cymesuredd. SYMMETRY.

    a. cymesur. PROPORTIONATE.

*cymedredd, *eg.* cymesuredd. PROPORTION.

cymedrig, *a.* canolog. MEAN.

    Gwahaniaeth cymedrig. MEAN DIFFERENCE.

cymedrol, *a.* rhesymol, canolig, sobr, gweddol, tymherus, tymheraidd, cymesur. MODERATE, TEMPERATE, PROPORTIONATE.

*cymedrolaeth, *eb.* 1. llywodraeth. RULE.

    2. cymhwyster. SUITABILITY.

    3. cymedrolder. MODERATION.

cymedroldeb : cymedrolder, *eg.* heb fod yn eithafol, bod o fewn terfynau, arafwch, sobrwydd, atalfa, rhesymoldeb. MODERATION, TEMPERANCE.

cymedroli, *be.* cadw'n gymedrol, tawelu. TO MODERATE.

cymedrolwr, *eg. ll.*-wyr. canolwr, dyn cymedrol. MODERATOR, MODERATE PERSON.

*cymedru, *be.* rheoli, llywodraethu. TO REGULATE, TO RULE.

cymell, *be.* denu, darbwyllo, perswadio, gorfodi, annog, erfyn, erchi, deisyfu, dymuno. TO INDUCE, TO COMPEL.

cymelliadol, *a.* yn cymell, yn annog. COMPULSIVE, PERSUASIVE.

cymen, *a.* dillyn, celfydd, huawdl, twt, destlus, gorffenedig, cymen, TIDY, FINISHED, PROPER (FRACTION), ELOQUENT.

cymer, *eg. ll.*-au. cydiad dwy afon, aber, uniad, cydlif. CONFLUENCE, JUNCTION.

cymeradwy, *a.* y gellir ei gymeradwyo, derbyniol, ACCEPTABLE, APPROVED, CURRENT.

cymeradwyaeth, *eb. ll.*-au. croeso, derbyniad, argymelliad, curiad dwylo. APPROVAL, APPLAUSE, RECOMMENDATION.

cymeradwyo, *be.* rhoi gair da i, derbyn, argymell, canmol, curo dwylo. TO APPROVE, TO RECOMMEND.

cymeradwyol, *a.* derbyniol. APPROVING.

*cymeredig, *a.* derbyniedig, cymeradwy. ACCEPTED, ACCEPTABLE.

cymeriad, *eg. ll.*-au. rhinweddau a beiau dyn at ei gilydd, enw. CHARACTER, REPUTE.

*cymeriad, *eg.* 1. derbyniad. ACCEPTANCE.

    2. deiliad. TENANT.

*cymerwedig, *a.* berw. BOILING.

*cymerwi, *be.* berwi, byrlymu. TO BOIL, TO BUBBLE.

*cymes, 1. *eg.* cyflawn fesur, cyfanrwydd. FULL MEASURE.

    2. *a.* gweddus, cymwys. SEEMLY.

cymesur, *a.* yn ôl cymesuredd, wedi eu cydbwyso, cyfartal. PROPORTIONATE, SYMMETRICAL.

cymesuredd, *eg.* cydbwysedd, cyfartaledd. PROPORTION, SYMMETRY.

cymhareb, *eb.* perthynas rhwng pethau na ellir eu mesur. RATIO.

cymhariaeth, *eb. ll.* cymariaethau. tebygrwydd ac annhebygrwydd pethau, cyffelybiaeth. COMPARISON, SIMILE.

cymharol, *a.* mewn cymhariaeth â, o gymharu â, cymedrol. COMPARATIVE.

cymharu, *be.* cyffelybu, gwneud cymhariaeth, tebygu neu annhebygu pethau, edrych ar un peth wrth ochr peth arall. TO COMPARE.

cymharus, *a.* wedi eu cymharu'n addas. WELL-MATCHED.

*****cymhelri**, *eg.* 1. ymdrech, brwydr. BATTLE.

    2. cyffro, terfysg. TUMULT.

cymhellwr, *eg. ll.*-wyr. anogwr, gorfodwr. INCITER, COMPELLER, INDUCER.

*****cymhenbwyll**, *a.* call, synhwyrol. WISE, PRUDENT.

cymhendod, *eg.* 1. doethineb. WISDOM.

    2. taclusrwydd, trefn, destlusrwydd. TIDINESS.

*****cymhenddoeth**, *a.* synhwyrgall; huawdl. PRUDENT ; ELOQUENT.

*****cymhenddysg**, *a.* medrus. SKILFUL.

cymhenfrys, *a.* buan a chall. SWIFT AND WISE.

cymhenffraeth, *a.* huawdl a doeth. ELOQUENT AND WISE.

*****cymhengamp**,*a.* dillyn, hardd. SMART, BEAUTIFUL.

cymhenllyd, *a.* yn cymhennu. FINICAL.

cymhennaidd, *a.* twt, destlus ; huawdl. NEAT, TIDY ; ELOQUENT.

cymhennu, *be.* 1. tacluso, twtio, trefnu, cymoni. TO TIDY.

    2. dwrdio, tafodi, cadw stŵr â. TO SCOLD.

*****cymhenrwydd**, *eg.* gweler *cymhendod*.

*****cymhenwaith**, *a.* deheuig, destlus. DEXTEROUS, NEAT.

*****cymherfedd**, 1. *eg.* canol, perfedd. CENTRE, MIDDLE.

    2. *a.* canolog. CENTRAL.

*****cymhes**, *a.* gweddus. APPROPRIATE.

cymhibau, *ell.* ysgyfaint ; y bibell wynt. LUNGS ; WIND-PIPE.

*****cymhlegyd**, *eg.* plaid, cwmni. PARTY, COMPANY.

*****cymhleidio**, *be.* cynghreirio. TO CONFEDERATE.

*****cymhleidydd**, *eg. ll.*-ion. cynghreiriad. ALLY.

cymhleth, *a.* yn cynnwys llawer rhan, dyrys, astrus, cymhlyg, anodd. COMPLEX, COMPLICATED, INVOLVED.

cymhlethu, *be.* gwneud yn gymhleth. TO INTERWEAVE, TO COMPLICATE.

cymhlyg, *a.* cymhleth. COMPLEX.

*****cymhlygu**, *be.* cymhlethu. TO COMPLICATE.

cymhortha, *be.* helpu ; gofyn am gymorth, cardota. TO HELP ; TO SEEK ASSISTANCE, TO BEG.

*****cymhorthiad**, *eg. ll.*-iaid. cynorthwywr. HELPER.

cymhwylliad, *eg.* 1. traethiad. UTTERANCE, PREDICATE.

    2. traethwr. UTTERER.

*****cymhwyo**, *be.* gweler *cymwyo*.

cymhwysiad, *eg.* addasiad, cyfaddasiad, trefniad. ADJUSTMENT, APPLICATION.

cymhwyso, *be.* addasu, cyfaddasu, trefnu, cywiro, twtian, gwella, unioni. TO APPLY, TO STRAIGHTEN, TO ADAPT, TO QUALIFY.

cymhwysol, *a.* wedi ei gymhwyso. APPLIED.

cymhwyster, *eg. ll.* cymwysterau. addasrwydd, addaster, cyfaddasrwydd. priodoldeb, teilyngdod. SUITABILITY, QUALIFICATION.

cymhwystra, *eg.* cyfartaledd. EQUALISATION, EQUALITY.

*****cymid**, *eg.* brwydr. BATTLE.

*****cymin**, *a.* gweler *cymaint*.

*****cyminedd**, *eg.* brwydr â chleddyfau. BATTLE OF SWORDS.

*****cyminog**, *a.* cyffiniol, cyfochrog. BORDERING, PARALLEL.

*****cymlawdd**, *eg.* cynnwrf, terfysg. COMMOTION, TUMULT.

*****cymloedd**, *eb.* cynnwrf. TUMULT.

cymod, *eg.* cytgord, cydfod, heddwch, iawn. RECONCILIATION, ATONEMENT, CONCORD.

cymodi, *be.* gwneud cytundeb, gwneud iawn, dod yn gyfeillgar drachefn, cysoni. TO RECONCILE, TO BE RECONCILED.

cymodlawn, *a.* yn cymodi, cymodol. ATONING, RECONCILED.

*****cymodlonedd**, *eg.* heddwch, cytundeb. PEACE, RECONCILIATION.

*****cymodog**, *eg.* gweler *cymydog*.

*****cymodogaeth**, *eb.* gweler *cymdogaeth*.

cymodol, *a.* yn cymodi. RECONCILIATORY.

*****cymodroddi**, *be.* gweler *cymrodeddu*.

cymodwr, *eg. ll.*-wyr. un sy'n cymodi. RECONCILER, MEDIATOR.

cymon, *a.* urddasol, trefnus. NOBLE, ORDERLY.

cymonedd, *a.* mor fonheddig. AS NOBLE.

cymorth, 1. *eg.* cynhorthwy, help, porth. HELP.

2. *be.* cynorthwyo, helpu, nerthu. TO HELP.

cymoni, *be.* cymhennu, trefnu, twtio, llunio. TO TIDY, TO TRIM, TO COMPOSE.

*cymradw, *a.* treuliedig, eiddil, brau. WORN, FRAGILE.

eg. 1. breuder, eiddilwch. BRITTLE-NESS, FRAILTY.

2. haelioni. GENEROSITY.

Cymraeg, *ebg.* iaith y Cymro. WELSH (LANGUAGE).

Y Gymraeg. THE WELSH LANGUAGE.

Yn Gymraeg. IN WELSH.

Cymraeg, *a.* yn yr iaith Gymraeg. WELSH (IN LANGUAGE).

*cymraisg, *a.* cadarn, ffyrf. STRONG, THICK.

*cymraw, 1. *eg.* braw. TERROR, FEAR.

2. *be.* brawychu. TO FRIGHTEN, TO FEAR.

cymrawd, *eg. ll.* cymrodyr. aelod o gymdeithas ddysgedig, swyddog mewn coleg, etc.; cyfaill, cymar, cymrodor. FELLOW, COMRADE.

*cymrawd, *a.* cymesur, cymwys. PROPORTIONATE, PROPER.

*cymrawu, *be.* dychryn, arswydo. TO FRIGHTEN, TO FEAR.

*cymre, *eg.* gorchudd, uchelder. COVER-ING, HEIGHT.

*cymref(an), *eg.* bref, bugunad. LOW-ING, BELLOWING.

Cymreictod, *eg.* ansawdd neu nod-wedd Gymreig. WELSH QUALITY, WELSHNESS.

Cymreig, *a.* yn perthyn i Gymru. WELSH, CONCERNED WITH WALES OR THE WELSH.

Cymreigaidd, *a.* yn Gymreig o ran acen neu ddull. WELSHY.

Cymreigeiddio : Cymreigio, *be.* gwneud yn Gymreig, cyfieithu i Gymraeg. TO CHANGE INTO WELSH.

Cymreigrwydd, *eg.* Cymreictod. WELSHNESS.

*cymrëydd, *eg.* noddwr, amddiffynnwr. PATRON, PROTECTOR.

*cymri, 1. *a.* alaethus. GRIEVOUS.

2. *eg.* gofid, alaeth. DISTRESS, GRIEF.

*cymriw, 1. *a.* drylliog. BROKEN.

2. *eg.* briw. WOUND.

*cymriwo, *be.* dryllio, torri. TO BREAK.

Cymro, *eg. ll.* Cymry. (*b.* Cymraes). un sy'n perthyn i Gymru. WELSHMAN.

*cymrodedd, *eb.* hefelydd. EQUAL.

cymrodedd, *eg.* cytundeb rhwng dau i bob un ohonynt fynd heb ran o'r

hyn a hawlir ganddo, cyfaddawd. COMPROMISE.

cymrodeddu, *be.* cytuno i gymrodedd, cyfaddawdu. TO COMPROMISE.

cymrodeddwr, *eg. ll.*-wyr. un sy'n cymrodeddu. ARBITRATOR, CONCIL-IATOR.

*cymrodial, *a.* priodol. APPROPRIATE.

*cymrodog, *a.* priodol, cytûn. APPROP-RIATE, IN AGREEMENT.

cymrodor, *eg. ll.*-ion. aelod o'r un gymdeithas, cymrawd. FELLOW.

cymrodoriaeth, *eb.* cymdeithas, braint mewn prifysgol. FELLOWSHIP.

*cymrofi, *be.* canmol. TO PRAISE.

*cymrudd, *a.* celfydd, doeth. SKILFUL, WISE.

*cymrwd, *a.* ffyrnig. FIERCE.

cymrwd, *eg.* morter. MORTAR.

*cymrwy, *a.* hoyw, bywiog, hardd, teg. ACTIVE, LIVELY, FAIR.

*cymrwyn, 1. *eg.* gofid, poen. GRIEF, PAIN.

2. *a.* trist, gofidus. SAD.

*cymrwyo, *be.* hoywi, cadarnhau, harddu. TO BRIGHTEN, TO STRENGTH-EN, TO BEAUTIFY.

*cymrwysg, *a.* bywiog. LIVELY.

*cymryd, *a.* unwedd. LIKE IN COUNT-ENANCE.

cymryd, *be.* derbyn, cael. TO ACCEPT.

Cymryd ar. TO PRETEND.

cymun : cymundeb, *eg.* Sacrament neu Sagrafen, Swper yr Arglwydd (sef y ddefod Gristnogol o gofio am farwolaeth Iesu Grist), cyfeillach. COMMUNION.

cymuned, *eb. ll.*-au. nifer o bobl yn byw'n yr un lle. COMMUNITY.

cymuno, *be.* cyfranogi o'r Cymun Sanctaidd, cyfeillachu. TO COMMUNE.

cymunol, *a.* ac *eg.* a fo'n cael cymun, cymunwr. COMMUNICATING, COMM-UNICANT.

cymunwr, *eg. ll.* cymunwyr. un sy'n cymuno. COMMUNICANT.

*cymurth, *eg.* poen. PAIN.

*cymwd, *eg.* gweler *cwmwd.*

*cymẅedd, *be.* ac *eg.* cellwair; gwawd. TO JEST; JESTING.

*cymwrn, *eg.* llwyth, pwys. LOAD, WEIGHT.

*cymwy, *eg.* cystudd, adfyd. AFFLICT-ION, TRIBULATION.

*cymwyad, *eg. ll.*-aid. poenwr, cyth-ryblwr. TORMENTOR.

*cymwyll, 1. *be.* crybwyll, ystyried. TO MENTION, TO CONSIDER.

2. *eg.* cof; ymadrodd. MEMORY : EXPRESSION.

*cymwyn, *a.* tirion; cyfoen; cyfoethog. TENDER ; BIG WITH LAMB; RICH.

cymwynas, *eb. ll.*-au : **cymwynas-garwch,** *eg.* ffafr, caredigrwydd. FAVOUR, KINDNESS.

cymwynasgar, *a.* caredig, hynaws, gwasanaethgar, KIND, HELPFUL, READY TO DO FAVOUR.

cymwynaswr, *eg. ll.* cymwynaswyr. un caredig neu un sy'n gwneud cymwynas, noddwr, gwasanaethwr, cynorthwywr. BENEFACTOR.

*cymwyo, *be.* gofidio, poeni. TO AFFLICT.

*cymwyog, *a.* ymladdgar, ymdrech-fawr. PUGNACIOUS, ENERGETIC.

cymwys, *a.* 1. priodol, addas, abl, teilwng iawn. SUITABLE, PROPER, FIT.
2. union, diwyro. STRAIGHT.
Yn gymwys : yn gywir : yn hollol.

cymwysedig, *a.* wedi ei gymhwyso at. APPLIED.

cymydog, *eg. ll.* cymdogion. (*b.* cymdoges). un sy'n byw gerllaw, y dyn drws nesaf. NEIGHBOUR.

cymylog, *a.* dan gwmwl, â llawer o gymylau, pŵl, tywyll, aneglur. CLOUDY.

cymylu, *be.* gorchuddio â chymylau, cymylau'n crynhoi, tywyllu, cuddio. TO CLOUD.

*cymyn(i)ad, 1. *eg.* cymynwr, lladdwr; brwydr. HEWER, KILLER ; BATTLE.
2. *be.* cymynu; lladd. TO HEW; TO KILL.

cymynai, *eg.* bwyell fawr. A LARGE AXE.

*cymynedd, *eg.* lladdfa, brwydr. SLAUGHTER, BATTLE.

cymynnol, *a.* yn cymynnu. COMMEND-ATORY.

cymynnwr, *eg. ll.* cymynwyr. rhoddwr trwy ewyllys. TESTATOR.

cymynrodd, *eb. ll.*-ion. rhodd mewn ewyllys. LEGACY.

cymynroddi : cymynnu, *be.* gadael mewn ewyllys. TO BEQUEATH.

cymynu, *be.* torri i lawr, cwympo (coed), torri â bwyell, etc. TO HEW, TO FELL.

cymynwr, *eg. ll.* cymynwyr. cwympwr coed, torrwr coed. HEWER.

*cymyr(r)edd, *eg.* rhwysg, bri ; balchder, urddas. POMP, FAME ; PRIDE.

*cymyrru, *be.* lleihau, byrhau. TO LESSEN, TO SHORTEN.

cymysg, *a.* o wahanol ddefnyddiau neu fathau, brith, amrywiol. MIXED.

cymysgedd, *eg.* : **cymysgfa,** *eb* : **cymysgwch,** *eg.* peth cymysg, cybolfa, dryswch, tryblith, anhrefn. MIXTURE.

cymysgiad, *eg.* y weithred o gymysgu. MIXING.

cymysglyd, *a.* bod â'r meddyliau'n gymysg, mewn cyfyng-gyngor, dryslyd, anhrefnus, dyrys, di-drefn. CONFUSED.

cymysgryw, *a.* cymysg ei ryw ; afryw, heterogenus. MONGREL, HYBRID ; HETEROGENEOUS.

cymysgu, *be.* gosod gwahanol bethau gyda'i gilydd, drysu. TO MIX, TO BLEND, TO CONFUSE.

cymysgwr, *eg. ll.*-wyr. un sy'n cymysgu. MIXER, BLENDER.

*cymyw, *a.* bywiog, prysur. LIVELY, BUSY.

cyn-, *rhagdd.* o'r blaen, cyntaf. FORMER, EX-.

cyn[1]**,** *ardd.* o flaen (amser), yn gynt. BEFORE (TIME).

cyn[2]**,** *cys.* mor. AS.
Cyn ddued â : mor ddu â.

cŷn, *eg. ll.* cynion. offeryn saer a blaen miniog iddo, gaing, CHISEL.

*cyn, *cys.* er. THOUGH, ALTHOUGH.

cyna, *be.* bod yn boeth. TO BE IN HEAT (OF DOGS).

*cynach, *a.* mwy urddasol. NOBLER.

cynadledda, *be.* } cyfarfod mewn cyn-
cynadleddu, *be.* } hadledd. TO CONFER.

*cynadlu, *be.* ymgynnull. TO CONFER.

cynaeafa, *be.* sychu yn yr haul. TO DRY IN THE SUN.

cynaeafu, *be.* casglu'r cynhaeaf neu'r cnydau, cywain i'r ysguboriau. TO HARVEST.

cynaeafydd, *eg. ll.*-ion. peiriant sy'n gwneud pob agwedd ar gynaeafu, combein. COMBINE-HARVESTER.

cynamserol, *a.* cyn pryd, rhy gynnar, annhymig, anaeddfed. PREMATURE, UNTIMELY.

*cynan, *a.* 1. parod, ffraeth. READY, WITTY.
2. eglur, soniarus. ARTICULATE, LOUD.

cynaniad, *eg. ll.*-au. y ffordd o ddweud neu seinio geiriau, ynganiad, seiniad, sain. PRONUNCIATION, ENUNCIATION.

cynaniadol, *a.* ynglŷn â chynaniad. PRONOUNCING.

cynaniaeth, *eb.* cynaniad. PRONUNCIATION.

cynanu, *be.* ynganu, seinio, swnio, traethu, llefaru. TO PRONOUNCE, TO UTTER.

cynben, 1. *a. ll.* cynbyn. â phen ci. WITH
A DOG'S HEAD.
2. *eg.* rhywbeth â phen ci. ANY-
THING WITH A DOG'S HEAD.
*cynbyd, *eg.* perygl. DANGER.
cyndad, *eg. ll.*-au. hynafiad. ANCESTOR.
*cyndlid, *eg.* haeddiant. MERIT.
cyndrigolion, *ell.* rhai oedd yn byw o
flaen, rhai genedigol o, brodorion.
PREDECESSORS, ABORIGINES.
cyndyn, *a.* ystyfnig, cildyn, cildynus,
anhydyn, anhydrin, gwarsyth, gwrth-
nysig, gwargaled. STUBBORN.
cyndynrwydd, *eg.* bod yn gyndyn,
ystyfnigrwydd, cildynrwydd. OB-
STINACY.
cynddail, *ell.* dail cyntaf. FIRST
LEAVES.
cynddaredd, *eb.* llid, cynddeiriog-
rwydd, bâr, gwallgofrwydd, gorff-
wylltra ; gwylltineb cŵn. RAGE,
MADNESS, FURY ; RABIES.
cynddeiriog, *a.* gwallgof, gorffwyll,
ffyrnig, gwyllt, ynfyd, o'i gof.
FURIOUS, RABID, MAD.
cynddeiriogi, *be.* ffyrnigo, gwallgofi,
gorffwyllo, ynfydu, gwylltu. TO BE
ENRAGED, TO MADDEN.
cynddelw, *eb.* y cyntaf, model.
ARCHETYPE, MODEL.
*cynddiebryd, *be.* ymguddio. TO HIDE
ONESELF.
cynddilywaidd, *a.* cyn y dilyw, hen
iawn. ANTEDILUVIAN.
cynddrwg, *a.* mor ddrwg, dryced. AS
BAD, SO BAD.
cynddrws, *eg.*-ddrysau. drws cyntaf,
rhagddor. FOREDOOR, OUTER DOOR.
*cynddrychiol, *a.* presennol. PRESENT.
*cynddrychioldeb, ⎫ *eg.* presenoldeb.
*cynddrychiolder, ⎭ PRESENCE.
*cynddrychioli, *be.* cynrychioli. TO
REPRESENT.
cynddrygedd, *eg.* malais, drygioni.
MALICE, MISCHIEF.
cynddydd, *eg.* cyfddydd, gwawr, glas-
ddydd, gwawrddydd, glasiad dydd,
bore bach, toriad dydd. DAWN, EARLY
MORNING.
*cynedwydd, *a.* dedwydd, hapus.
HAPPY.
cyneddfu, *be.* donio. TO ENDOW.
cynefin, 1. *a.* yn gwybod am, cyfar-
wydd, adnabyddus, cydnabyddus.
ACQUAINTED, FAMILIAR.
2. *eg.* cartref, hen ardal, lle arferol.
HABITAT.
cynefinder, ⎫ *eg.* cyfarwydd-deb.
cynefindra, ⎭ FAMILIARITY.

cynefino, *be.* cyfarwyddo, arfer, ym-
arfer. TO ACCUSTOM.
cynefinol, *a.* cyfarwydd. USUAL,
ACCUSTOMED.
*cynefod, 1. *eb. ll.*-au. defod. CUSTOM.
2. *a.* cynefin. CUSTOMARY.
*cynefodi, *be.* arfer. TO ACCUSTOM.
*cynefodig, *a.* arferol. ACCUSTOMED.
cyneginyn, *eg.* eginyn cynnar. PLUM-
ULE.
*cyneiddwng, *eg.* cymydog. NEIGH-
BOUR.
*cyneilwad, *eg.*-aid. galwr cyntaf.
FIRST CALLER.
cynel, *eg. ll.*-au. cwb ci. KENNEL.
cynelwad, *eg.* yr ifanc cyn ei eni, rhith.
EMBRYO.
cynfab, *eg.* mab hynaf. ELDEST SON.
*cynfaran, *eg.* ffyrnigrwydd. FEROCITY.
Cynfardd, *eg. ll.* Cynfeirdd. un o feirdd
cynnar Cymru (6ed i'r 12fed ganrif).
EARLY WELSH POET.
cynfas, *eg. ll.*-au. defnydd garw, llen.
CANVAS, SHEET.
cynfebyd, *eg.* plentyndod. CHILDHOOD.
*cynferth, *a.* prydferth iawn. FINE.
*cynfethlog, *a.* twyllodrus. DECEITFUL.
*cynfidydd, *eg.* arweinydd. LEADER.
*cynfigen, *eb. ll.*-nau. cenfigen, malais.
ENVY, MALICE, SPITE.
*cynflaen, *eg.* arweinydd. LEADER.
cynflas, *eg.* rhagflas. FORETASTE.
*cynflawdd, *a.* brawychus. FEARFUL.
cynflith, *eg. ll.*-ion. llaeth cyntaf.
FIRST MILK.
*cynfran, *eb.* brân flaenaf ; milwr
cyntaf. FIRST CROW ; BEST SOLDIER.
cynfrodor, *eg. ll.*-ion. brodor cyntaf.
ORIGINAL INHABITANT, ABORIGINES.
cynfrodorol, *a.* yn perthyn i gyn-
frodorion. ABORIGINAL.
cynfyd, *eg.* yr hen fyd, byd ein hyn-
afiaid. ANCIENT WORLD, ANTIQUITY.
*cynfyl, *eg.* brwydr, cynnen. BATTLE,
CONTENTION.
cynffon, *eb. ll.*-nau. cwt, llosgwrn. TAIL.
cynffonna, *be.* ceisio ffafr, bod yn
wasaidd, gwenieithio, ymgreinio,
truthio. TO FAWN, TO FLATTER.
cynffonnwr, *eg. ll.* cynffonwyr. un sy'n
cynffonna, un sy'n gwenieithio er
mwyn ffafr, truthiwr. SYCOPHANT,
FLATTERER.
*cynffordd, *eg.* cysur. COMFORT.
*cynfforddi, *be.* cysuro, diddanu. TO
CONSOLE, TO AMUSE.
cynffrwyth, *eg. ll.*-au. paledryn, pistil.
GYNAECIUM, PISTIL.
*cynffwrdo, *be.* cysuro, calonogi. TO
COMFORT, TO ENCOURAGE.

*cyngyd, *eg.*-iau. arfaeth, amcan. DESIGN, PURPOSE.

*cyngydio, *be.* amcanu. TO INTEND.

cyngnaif, *eg.* y cneifiad cyntaf. FIRST SHEARING.

cynhadledd, *eb. ll.* cynadleddau. cynulliad o bobl i drafod eu diddordebau. CONFERENCE, DIET.

cynhaeaf, *eg. ll.* cynaeafau. cnydau a gesglir, ffrwyth unrhyw lafur neu waith. HARVEST.

cynhaeafu, *be.* gweler *cynaeafu.*

*cynhafad, *a.* cyffredin, cyfarwydd. COMMON, FAMILIAR.

*cynhafal, *a.* tebyg. LIKE.

cynhaid, *eb. ll.*-heidiau. haid gyntaf. FIRST SWARM.

cynhaig, *a.* yn gofyn gwryw, nwydus. IN HEAT, PASSIONATE.

cynhaliad, *eg.* rhywbeth yn dal neu gynnal. HOLDING, SUPPORT.

cynhaliaeth, *eb.* y weithred o gynnal, yr hyn sy'n cynnal, ymborth. MAINTENANCE.

cynhaliol, *a.* yn cynnal. SUSTAINING, SUPPORTING.

cynharlaw, *eg.* glaw cynnar. EARLY RAIN.

cynhaliwr, *eg. ll.*-wyr. un sy'n cynnal, cefnogwr. SUSTAINER, MAINTAINER, SUPPORTER.

cynharwch, *eg.* yr ansawdd o fod yn gynnar. EARLINESS.

*cynhawel, *a.* tawel. SILENT.

cynhebrwng, *eg. ll.* cynhebryngau. y seremoni o gladdu, angladd, claddedigaeth. FUNERAL.

*cynhebyg, *a.* tebyg, fel. SIMILAR.

*cynhebygrwydd, *eg.* tebygrwydd. SIMILARITY.

*cynhebygu, *be.* cymharu. TO COMPARE.

cynheica, *be.* gofyn am gi, cyna. TO BE IN HEAT (OF DOGS).

cynheiliad, *eg. ll.*-iaid. 1. cynhaliwr, SUPPORTER.
2. cynhaliaeth. MAINTENANCE.

*cynheiliaeth, *eb.* cynhaliaeth. MAINTENANCE.

*cynheiliant, *eg.* cynhaliaeth. MAINTENANCE.

*cynheilwad, *eg. ll.*-aid. cynhaliwr, noddwr. SUPPORTER, PATRON.

cynheilydd, *eg. ll.* cyneilyddion. ateg. STRUT.

*cynheilwog, *a.* cynhaliol. SUPPORTING.

*cynhelwi, 1. *be.* cynnal. TO SUPPORT.
2. *be.* amddiffyn. TO PROTECT.

*cynhelwr, *eg. ll.*-wyr. } cynhaliwr,
*cynhelydd, *eg. ll.*-ion. } noddwr.
MAINTAINER, PATRON.

*cynhemlu, *be.* ystyried. TO CONSIDER.

cynhenid, *a.* naturiol, greddfol, priodol, hanfodol, cynhwynol. INNATE, INBORN, NATURAL, CONGENITAL.

cynhennu, *be.* ymryson, ffraeo. TO CONTEND, TO QUARREL.

cynhennus, *a.* cwerylgar, cecrus, ymrysongar, ffraegar, ymrafaelgar. QUARRELSOME.

cynhennwr, *eg. ll.*-nwyr. ffraewr. WRANGLER, QUARRELSOME PERSON.

cynherig, *a.* cynhaig. IN HEAT (OF DOGS).

cynhesol, *a.* yn cynhesu ; serchus. WARMING ; AMIABLE.

cynhesrwydd, *eg.* gwres, twymdra. WARMTH.

cynhesu, *be.* twymo, gwresogi, ymdwymo. TO WARM, TO GROW WARM.

*cynhewi, *be.* tewi. TO BE SILENT.

*cynhewydd, *eg.* gostegwr. SILENCER.

cynhinen, *eb.* darn. SMALL PIECE.

cynhinio, *be.* rhwygo. TO REND, TO TEAR.

cynhiniog, *a.* bratiog. RAGGED.

cynhinyn, *eg. ll.* cynhinion. dernyn. SHRED, SMALL PIECE.

*cynhorawr, *eg.* arweinydd. LEADER.

*cynhorog, *a.* blaenllaw. LEADING.

cynhorthwy, *eg. ll.* cynorthwyon. cymorth, help, porth. HELP, ASSISTANCE, SUCCOUR.

*cynhosod, *eg.* cyrch blaen. FIRST ATTACK.

*cynhwyllo, *be.* hudo, denu. TO ENTICE.

cynhwynol, *a.* cynhenid, naturiol, o'i eni, genedigol. INNATE, NATURAL, CONGENITAL.

cynhwysedd, *eg.* maint y gellir ei gynnwys mewn rhywbeth. CAPACITY.

cynhwysfawr, *a.* yn cynnwys llawer. COMPREHENSIVE.

cynhwysiad, *eg.* cynnwys, y weithred o gynnwys. CONTENTS, INCLUSION.

cynhwysrif, *eg.* rhif sy'n cynnwys rhif arall nifer o weithiau heb weddill. MULTIPLE.

cynhwysydd, *eg.* rhywbeth i ddal neu gynnwys. CONTAINER.

*cynhyrchiol, *a.* presennol. PRESENT.

cynhyrchiol, *a.* yn cynhyrchu'n dda, ffrwythlon, toreithiog. PRODUCTIVE.

cynhyrchu, *be.* dwyn ffrwyth, codi, creu, generadu. TO PRODUCE, TO GENERATE.

cynhyrchydd, *eg.* offeryn cynhyrchu pŵer, generadur. GENERATOR.

cynhyrfiad, *eg. ll.* cynyrfiadau. cyffro, cynnwrf, stŵr, mwstwr. STIR, AGIT-ATION, IMPULSE.
Ar gynhyrfiad y foment. ON THE SPUR OF THE MOMENT.

cynhyrfiol, *a.* cyffrous. STIRRING.

cynhyrfu, *be.* cyffroi, symud, annog, annos, cyffro, cymell, ennyn, codi. TO EXCITE, TO AGITATE, TO TROUBLE.

cynhyrfus, *a.* cyffrous, llawn cynnwrf. EXCITING, EXCITABLE, AGITATED.

cynhyrfwr, *eg. ll.* cynhyrfwyr. un sy'n cyffroi. AGITATOR.

cynhysgaeth, *eb.* gwaddol merch, rhan, cyfran. DOWRY, INHERITANCE.

***cynhywyll,** *a.* tywyll, gwgus. DARK, SCOWLING.

cyni, *eg.* trallod, cyfyngder, caledi, helbul, adfyd, ing. DISTRESS, ANGUISH, ADVERSITY.

***cynial,** *eg.* gelyniaeth. ENMITY.

***cyniar,** *eg.* dolef, cri. SHOUT.

cynifer, *a.* cymaint (mewn nifer). AS MANY, SO MANY.

***cyniferwch,** *eg.* cymaint. SO MANY.

cyniferydd, *eg.* cyfran, cwosiant. QUOTIENT.

***cynifiad,** *eg.ll.*-iaid. rhyfelwr; brwydr. WARRIOR ; BATTLE.

***cynifio,** *be.* blino. TO TROUBLE.

***cynifiwr,** *eg. ll.*-wyr. rhyfelwr, milwr. WARRIOR, SOLDIER.

cynigiad, *eg. ll.*-au. cynnig, awgrym, cais, cynllun. PROPOSAL.

cynigiwr, *eg. ll.*-wyr. un sy'n cynnig. PROPOSER.

cynildeb, *eg.* rheolaeth ofalus, darbod-aeth, bod heb wastraff. ECONOMY, FRUGALITY.

cynilo, *be.* gofalu am arian, cadw, arbed, safio. TO SAVE, TO ECONOMIZE.

cynilion, *ell.* yr hyn a gynilir. SAVINGS. Cynilion Cenedlaethol. NATIONAL SAVINGS.

cynio, *be.* defnyddio cŷn. TO WEDGE ; TO CHISEL.

***cynired,** 1. *eg.* cyrch, cyniwair. ATTACK, HAUNTING.
2. *be.* cyrchu, cyniweirio. TO GO TO, TO HAUNT.

***cynisgyn,** *eg.* ymosod. ATTACK.

cyniwair : cyniweirio, *be.* mynychu, mynd yn ôl ac ymlaen, ymweld yn aml (â lle). TO FREQUENT.

cyniweirfa, *eb. ll.* cyniweirfeydd. lle a fynychir, lle yr ymwelir ag ef yn aml, cyrchfa, cyrchle. HAUNT, RESORT.

cyniweirydd, *eg.* fforddolyn. WAY-FARER.

***cyniwng,** *a.* dyfal, cyndyn. PERSIST-ENT, OBSTINATE.

cynllaeth, *eg.* llaeth cyntaf. FIRST MILK.

***cynllaith,** *eg.* gweler *cunllaith.*

***cynllug,** *a.* gwyllt, llidiog. WILD, ANGRY.

cynllun, *eg. ll.*-iau. patrwm, plan, bwriad, amcan, arfaeth, trefniant. PLAN, DESIGN, PLOT, SCHEME.

cynlluniad, *eg.* lluniad, cynllun. DESIGN, PLANNING.

cynllunio, *be.* tynnu cynllun, arfaethu, bwriadu, planio, arofun. TO PLAN, TO DESIGN.

***cynllwyd,** *a.* llwyd, penllwyd. GREY.

cynllwyn, 1. *be.* cynllunio'n ddrwg neu'n niweidiol, brad-fwriadu. TO CONSPIRE.
2. *eg. ll.*-ion. brad, bradwriaeth, ystryw, cydfwriad. PLOT, STRATAGEM.
Y cynllwyn. THE RASCAL.

cynllwynwr, *eg. ll.* cynllwynwyr. brad-wr, ystrywiwr. CONSPIRATOR.

cynllyfan, *eg. ll.*-au. tennyn i ddal ci neu hebog. LEASH.

cynllyfanu, *be.*dodi cŵn ar gynllyfan. TO LEASH HOUNDS.

***cynna,** *a.* cystal. AS GOOD AS.

***cynnadl,** ⎱ *eb.ll.*cynhadlau. cyfarfod ;
***cynnaddl,** ⎰ man cyfarfod. MEETING, CONFERENCE, RENDEZVOUS.

***cynnaid,** *eb. ll.* cyneidiau. haid gyntaf. FIRST SWARM.

***cynnair,** *eg.* moliant ; barddoniaeth. PRAISE ; POETRY.

cynnal, *be.* 1. dal, dal i fyny, cefnogi, ategu. TO SUPPORT, TO HOLD, TO UPHOLD.
2. cadw (rhywun). TO MAINTAIN.

***cynnan,** *a.* gweler *cynan.*

cynnar, *a.* mewn amser da, bore, boreol, cyn yr amser penodedig. EARLY, SOON.

cynnau[1], *be.* rhoi ar dân, mynd ar dân, ennyn, tanio, llosgi, goleuo. TO KINDLE, TO LIGHT.

cynnau[2], *egb.* tân, tanllwyth. FIRE, CONFLAGRATION.

***cynnawdd,** *eg.* nodded. PROTECTION.

***cynne,** 1. *eb.* tanllwyth. BONFIRE.
2. *a.* llosg. BURNING.

***cynnechrau,** *eg.* dechrau. BEGINNING.

***cynneddf,** *eb.* cyneddfau. moes, defod. HABIT, CUSTOM.

cynneddf, *eb. ll.* cyneddfau. natur, anian, tymer, tueddfryd, medr, gallu, priodoledd, cymhwyster. FACULTY, NATURE, PROPERTY.

*cynneiry, *eg.* eira cyntaf. FIRST SNOW.

*cynnelw, 1. *eg.* plaid, nawdd, moliant. PARTY, PROTECTION, PRAISE.

2. *be.* pleidio, amddiffyn, moli. TO SUPPORT, TO PROTECT, TO PRAISE.

cynnen, *eb. ll.* cynhennau. ymryson, ymrafael, cweryl, dicter, dig. CONTENTION, STRIFE.

Asgwrn y gynnen. BONE OF CONTENTION.

*cynnen, *eg.* brwydr. BATTLE.

cynnes, *a.* twym, gwresog, brwd, brwdfrydig. WARM.

*cynneuog, *a.* yn cynnau, ar dân. BURNING.

*cynnif, *eg.* llafur ; ymryson, brwydr; trafferth. LABOUR ; CONTEST, BATTLE; TROUBLE.

cynnig[1], *be.* 1. ceisio, ymgeisio. TO ATTEMPT, TO TRY.

2. estyn er mwyn rhoi, cyflwyno. TO OFFER.

3. awgrymu rhywbeth (mewn cyfarfod). TO PROPOSE.

cynnig[2], *eg. ll.* cynigion. 1. ymgais, cais. ATTEMPT.

2. awgrym. OFFER.

3. dywediad i'w ystyried, cynigiad. PROPOSAL, PROPOSITION.

cynnil, *a.* 1. diwastraff, darbodus, crintach, prin, gofalus. THRIFTY, SPARING, ECONOMICAL.

2. tyner, cyfrwys, cywrain. DELICATE, SUBTLE.

*cynnil, *a.* medrus, doeth, hardd. SKILFUL, WISE, BEAUTIFUL.

cynnin, *eg. ll.*-hinion. cynhinyn, darn. SHRED.

cynnoes, *eb. ll.* cynoesoedd. 1. *mawrhydri, rhagoroldeb. MAJESTY, EXCELLENCE. 2. yr hen amser. ANTIQUITY, PRIMITIVE AGE.

*cynnog(n), *eg. ll.* cynnyg(n). dyledwr, gelyn. DEBTOR, ENEMY.

*cynnor, *eg. ll.* cynhorion. blaen byddin (neu frwydr), prif filwr. VAN OF ARMY OR BATTLE, CHAMPION.

cynnor, *eb. ll.* cynorau. post drws. gorsin(g). DOOR-POST.

*cynnorf,*eb.*byddin flaen.VAN OF ARMY.

*cynnorth, *a.* cadarn. STRONG.

*cynnu, *be.* tywyllu, nosi. TO BECOME DARK (OR NIGHT).

cynnud, *eg.* defnydd tân, coed tân, tanwydd. FUEL, FIREWOOD.

cynnull, *be.* casglu, crynhoi, hel, pentyrru, ymgasglu, ymgynnull. TO GATHER, TO COLLECT, TO MUSTER.

cynnull, *eg.* cynulliad. GATHERING, ASSEMBLY.

*cynnullawd, *eb.* torf, cynulleidfa. CROWD, ASSEMBLY.

*cynnulliad, *eg. ll.*-iaid. casglwr. GATHERER.

*cynnullyd, *eg.* crynhoad, casgliad, toreth. GATHERING, ABUNDANCE.

*cynnwll, *eg.* 1. twll, gwacter. HOLE, EMPTINESS.

2. ysbaid (lle ac amser). SPACE, INTERVAL.

*cynnwr, *eg.* arweinydd. LEADER.

cynnwrf, *eg. ll.* cynhyrfau. cynhyrfiad, cyffro, terfysg, aflonyddwch, stŵr, cythrwfl, dadwrdd. AGITATION.

*cynnŵydd, *a.* bywiog, ffyrnig. LIVELY, FEROCIOUS.

*cynnwyf, *a.* nwyfus. LIVELY.

*cynnŵyn, *be.* dwyn. TO BRING.

cynnwys, 1. *be.* dal o fewn, dodi i mewn. TO CONTAIN, TO INCLUDE.

2. *eg.* yr hyn y mae rhywbeth yn ei ddal, cynhwysiad. CONTENTS.

*cynnwys, 1. *eg.* croeso ; lleoliad. WELCOME ; PLACING.

2.*a.* croesawgar. FULL OF WELCOME.

3. *be.* croesawu. TO WELCOME.

*cynnŵyth, *eg.* ffyrnigrwydd, gwylltineb. FEROCITY, WILDNESS.

*cynnŵythig,*a.*ffyrnig, gwyllt.FIERCE, WILD.

*cynnydd, *eg.* ysbail, enillion. SPOIL, GAINS.

cynnydd, *eg.* tyfiant, ychwanegiad, twf, tyfiad, datblygiad, amlhad. INCREASE, GROWTH, PROGRESS.

cynnyrch, *eg. ll.* cynhyrchion. yr hyn a gynhyrchir, ffrwyth. PRODUCE, PRODUCT, YIELD.

cynodiad, *eg.* arwyddocâd. CONNOTATION.

cynoesol, *a.* yn perthyn i'r cynoesau. PRIMEVAL.

cynoeswr, *eg. ll.*-wyr. un o'r cynoesau. ANCIENT.

*cynor, *eg.* gweler *cynnor.*

cynorthwyo, *be.* rhoi cymorth, helpu, nerthu, cefnogi. TO HELP, TO ASSIST, TO SUPPORT.

cynorthwyol, *a.* yn cynorthwyo. AUXILIARY, ASSISTANT.

*cynos, *ell.* cŵn bach. LITTLE DOGS, PUPPIES.

cynosodiad, *eg. ll.*-au. rhagosodiad. POSTULATE.

*cynrabad, *eg.* rhagoriaeth, ffyniant. EXCELLENCE, PROSPERITY.

cynradd, *a.* y radd gyntaf. PRIMARY. Ysgol gynradd. PRIMARY SCHOOL.

*cynran, *eg. ll.* cynrein. tywysog, arweinydd. PRINCE, LEADER.

*cynrawedd, *eg.* lluosogrwydd, digonedd. MULTITUDE, ABUNDANCE.

*cynrych, *eg.*-au. gwrthrych, patrwm. OBJECT, SPECIMEN, PATTERN.

*cynrych(i)ol, *a.* presennol. PRESENT.

cynrychiolaeth, *eb.* un neu ragor sy'n cynrychioli cymdeithas, etc. REPRESENTATION.

cynrychioli, *be.* mynd dros neu fynd yn lle rhywun, sefyll neu siarad dros rywun. TO REPRESENT.

cynrychioliad, *eg.* cynrychiolaeth. REPRESENTATION.

cynrychiolwr : cynrychiolydd, *eg. ll.* cynrychiolwyr. un sy'n cynrychioli. REPRESENTATIVE, DELEGATE.

*cynrygedd, *eg.* helynt, ymryson. TROUBLE, STRIFE.

cynrhan, *eb. ll.*-nau. y rhan gyntaf. FIRST PART.

cynrhon, *ell. (un. g.* cynrhonyn). pryfed yn eu ffurf gynnar, maceiod. MAGGOTS, GRUBS.

cynrhonllyd, *a.* â chynrhon. MAGGOTY.

cynsail, *eb. ll.* cynseiliau. elfen, egwyddor. RUDIMENT, PRECEDENT, PREMISE.

cynt, *a.* 1. mwy cynnar. EARLIER.
2. cyflymach, ynghynt. QUICKER. Na chynt na chwedyn. NEITHER BEFORE NOR AFTER.

cyntaf, *a.* blaenaf, prif, pennaf, cynharaf, o flaen pawb neu bopeth. FIRST, CHIEF, EARLIEST.

cyntafanedig, *a.* ac *eg.* a anwyd gyntaf. FIRST BORN.

*cyntaid, *eb.* gweler *cynhaid.*

*cyntarfu, *be.* cyffroi. TO STIR, TO ROUSE.

cyntedd, *eg. ll.*-au. porth, mynedfa i adeilad ; neuadd, llys. PORCH, COURT.

cyntefig, *a. ll.*-ion. yn byw yn yr oesoedd cynnar, gwreiddiol, boreol, cysefin. PRIMITIVE, PRIMAL, ORIGINAL.

cyntefin, 1. *eg.* dechrau haf, gwanwyn, mai. BEGINNING OF SUMMER, SPRING, MAY.
2. *a.* gwreiddiol. PRIMARY, PRIMAL.

*cyntëig, *a.* cyflym, parod. SWIFT, READY.

*cyntoli, *be.* torri, darnio. TO BREAK.

*cyntor, *eg.* gweler *cynnor.*

*cyntorawr, *eg.* blaenor. LEADER.

*cyntorf, *eg.* gweler *cynnorf.*

cyntun, *eg.* byrgwsg, seibiant byr, cwsg, hun, amrantun. NAP, SLEEP.

*cyntwrf, *eg.* cynnwrf. TUMULT.

*cynudo, *be.* udo. TO HOWL.

*cynullawd, *eg.* cynulleidfa. ASSEMBLY.

cynulleidfa, *eb. ll.*-oedd. cyfarfod neu gynulliad o bobl, casgliad o bobl. CONGREGATION, ASSEMBLY.

cynulleidfaol, *a.* yn perthyn i gynulleidfa. CONGREGATIONAL.

cynulliad, *eg. ll.*-au. casgliad, crynhoad, cyfarfod, cwrdd. CONGREGATION, GATHERING.

cynuta, *be.* casglu cynnud. TO GATHER FUEL.

*cynutai, *eg. ll.*-eion. ⎱ casglwr cynnud.
cynutwr, *eg. ll.*-wyr. ⎰ FUEL GATHERER.

*cynwalch, *eg. ll.*-weilch. blaenor dewr. BRAVE LEADER.

*cynwan, *eg.* blaen brwydr ; un yn gwanu'n gyntaf. VAN OF BATTLE ; FIRST ATTACKER.

*cynwayw, *eg.* gwaywffon flaenaf. FOREMOST SPEAR.

*cynwe, 1. *eb.* gwead, ystof. WEAVING, WARP (OF CLOTH).
2. *a.* gweëdig. WOVEN.

*cynweis(i)ad, *eg. ll.*-iaid. prifwas. LEADING YOUTH.

*cynweled, *be.* edrych. TO LOOK.

*cynwyd, *a.* ffyrnig. FIERCE.

*cynwyledd, *eg.* swildod. BASHFULNESS.

cynydd, *eg.* heliwr sy'n gyfrifol am y cŵn mewn helfa. MASTER OF HOUNDS.

cynyddu, *be.* ychwanegu, amlhau, chwyddo, tyfu, datblygu. TO INCREASE, TO GROW, TO AUGMENT.

*cyn(h)yrchiad, *eg.ll.*-iaid. 1. cynhyrchydd. PRODUCER.
2. dilynwr. FOLLOWER.

cynysgaeddu, *be.* gwaddoli, donio, cyfoethogi. TO ENDOW, TO SUPPLY.

cyplu, *be.* cysylltu, uno. TO COUPLE.

cyplysnod, *eg. ll.*-au. (-) nod i uno dwy ran o air, cysylltnod. HYPHEN.

cyplysu, *be.* cysylltu, uno, ieuo, cydio, asio, cyplu. TO JOIN, TO CONNECT.

cyraeddadwy, *a.* o fewn cyrraedd. ATTAINABLE.

cyraeddiadau, *ell. (un. g.* cyrhaeddiad). cymwysterau a ddaw drwy ymdrech, yr hyn y gellir eu cyrraedd. ATTAINMENTS.

cyrafol, *ell.* criafol. MOUNTAIN-ASH BERRIES.

cyrawal, *ell. (un. b.*-en). criafol. MOUNTAIN-ASH BERRIES.

cyrbibion, *ell. (un. g.*-bibyn.) gronynnau, teilchion, ysgyrion, yfflon, drylliau. ATOMS, SHREDS.

*cyrbwyll, *be.* gweler *crybwyll.*

cyrcydu, *be.* mynd yn ei gwrcwd, gwyro i lawr, plygu, swatio. TO SQUAT, TO COWER.

cyrch, *eg. ll.*-au, -oedd. ymosodiad, rhuthr, cyrchfan. ATTACK, HAUNT, RESORT.

Cyrch awyr. AIR-RAID.

Dwyn cyrch. TO ATTACK.

*cyrchafael, *eg.* dyrchafael. ASCENSION.

cyrchfa, *eb.ll.* cyrchfeydd. : cyrchle, *eg. ll.*-oedd. lle yr ymwelir ag ef yn aml, cyrchfan, cyniweirfa. RESORT, HAUNT, GOAL.

*cyrch(i)ad, *eg. ll.*-(i)aid. 1. cyrch. ATTACK.

2. ymosodwr. ATTACKER.

cyrchiad, *eg. ll.*-au. y weithred o gyrchu neu hôl. A FETCHING.

cyrchu, *be.* 1. ymosod. TO ATTACK.

2. ymofyn, hôl, nôl, hercyd. TO FETCH.

3. mynd at, nesáu. TO GO TO.

*cyrchyn, *eg.* cylch, cwmpas. CIRCLE, CIRCUIT.

*cyrchyn(i)ad, *eg.* un ar gylch. ITINER-ANT.

*cyrfachu, *be.* crebachu. TO SHRIVEL, TO SHRINK.

*cyrfdy, *eg. ll.*-dai. tafarn. TAVERN.

cyrfydd, *eg. ll.*-ion. darllawydd cwrw. ALE BREWER.

*cyrfyll, *eg.* boncyff; corffyn. STUMP ; TRUNK.

cyrgam, *a.* â'r ymyl yn gam. WITH CROOKED EDGE.

cyrhaeddbell, *a.* yn mynd ymhell. FAR-REACHING.

cyrhaeddgar, *a.* effeithiol, treiddgar. INCISIVE.

cyrhaeddiad, *eg. ll.* cyraeddiadau. y weithred o gyrraedd, llwyddiant, gallu. REACH, ARRIVAL, ATTAINMENT, ABILITY.

cyrhaeddyd, *be.* gweler cyrraedd.

*cyriog, *a.* ag ymyl, gweflog. HAVING BORDER OR LIPS.

cyrliog : cyrlog, *a.* modrwyog (am wallt), crych, yn troi yn gylchoedd. CURLY.

*cyrnen, *eb. ll.*-nau. curn; helm. CONE ; STACK.

cyrnio, *be.* pentyrru. TO PILE UP.

*cyrnod, *eg.* chwythiad corn. BLAST OF A HORN.

cyrnol, *eg.* swyddog mewn byddin. COLONEL.

*cyrpus, 1. *a.* adwythig, musgrell. BLIGHTED, INFIRM.

2. *eg.* un heintus. DISEASED PERSON.

cyrraedd : cyrhaeddyd, *be.* dod at, mynd at, estyn, ymestyn, cael gafael ar. TO REACH, TO ATTAIN, TO ARRIVE.

*cyrraf, *be.* maddau. TO FORGIVE.

cyrrau, *ell. (un. g.* cwr). corneli, conglau. terfynau. CORNERS, BORDERS.

*cyrreif(i)ant, *eg.* maddeuant. FORGIVE-NESS.

cyrren, *ell. (un. b.* cyrensen). grawnwin bychain wedi eu sychu, rhyfon, grawn Corinth. CURRANTS.

Cyrren duon. BLACK CURRANTS.

*cyrrith, *a.* crintach. SPARING, NIG-GARDLY.

*cyrrwm, *eg.* crymedd. CURVATURE.

*cyrs, *ell.* gweler cors.

cyrten, *eg. ll.*-ni. llen. CURTAIN.

*cyrtiwr, *eg.ll.*-wyr. gŵr llys. COURTIER.

cyrydiad, *eg.* y weithred o gael ei ddifa gan rwd, ysiad. CORROSION.

cyrydol, *a.* yn cyrydu. CORROSIVE.

cyrydu, *be.* bwyta gan rwd. TO CORRODE.

cysactrwydd, *eg.* cysêt. PRIGGISHNESS.

cysawd, *eg. ll.*-sodau. cyffordd ; casgliad o sêr. JUNCTION ; CONSTELL-ATION.

*cysbeidio, *be.* rhwystro, atal. TO HINDER, TO STOP.

*cysbell, *a.* agos, hygyrch. NEAR, ACCESSIBLE.

cysefin, *a.* yn enedigol o, gwreiddiol, cynhenid, cyntefig, brodorol, cynhwynol. NATIVE, ORIGINAL, RADICAL.

cysegr, *eg. ll.*-oedd, -au. lle sanctaidd, seintwar, lle i addoli Duw. SANCT-UARY.

cysegredig, *a.* wedi ei gysegru, sanct-aidd. SACRED.

cysegredigrwydd, *eg.* yr ansawdd o fod yn gysegredig. SACREDNESS.

cysegrfa, *eb. ll.*-feydd. lle cysegredig. HOLY PLACE, SANCTUARY.

cysegr-lân, *a.* sanctaidd. HOLY.

cysegru, *be.* gwneud yn gysegredig, sancteiddio, cyflwyno. TO CONSE-CRATE, TO DEDICATE, TO SANCTIFY.

cysein, *eg. ll.*-i. cosin. COSINE.

cyseinedd, *egb.* ailadrodd seiniau (mewn barddoniaeth). ALLITERATION.

cyseinio, *be.* seinio gyda'i gilydd, cydseinio. TO SOUND TOGETHER.

*cysellt, *egb.* baich ; rhwystr ; gwrth-drawiad. BURDEN ; OBSTACLE ; CLASH.

cysêt, *eg.* cysactrwydd. PRIGGISHNESS.

cysetlyd, *a.* anodd ei foddhau, mursen-naidd, gorfanwl. FASTIDIOUS.

*cysewyr, *eg.* perarogl. FRAGRANCE.

cysgadrwydd, *eg.* y cyflwr o fod yn gysglyd, syrthni, anegni, diogi. SLEEPINESS.

cysgadur, 1. *eg. ll.*-iaid. un cysglyd, cysgwr. SLEEPER.
   2. *a.* **cysglyd;** ynghwsg. SLEEPY; ASLEEP.
*cysgaid, *be.* cysgu. SLEEP.
*cysgain, *eg.* rhuthr; llam. RUSH; LEAP.
cysglyd, *a.* tueddol i gysgu, ag eisiau cysgu, swrth, marwaidd. SLEEPY.
cysgod, *eg. ll.*-ion, -au. lle go dywyll neu o olwg yr haul, clydwch, cysgodfa, diddosfa, noddfa, darn tywyll a wneir gan rywbeth yn sefyll yn y golau. SHADE, SHELTER, SHADOW.
cysgodi, *be.* bod mewn cysgod, tywyllu, gwasgodi, noddi, amddiffyn, ymochel. TO SHADE, TO SHELTER, TO SCREEN.
cysgodlun, *eg. ll.*-iau. silwèt; symbol. SILHOUETTE; SYMBOL.
cysgodog, *a.* ⎱
cysgodol, *a.* ⎰ yn y cysgod, diddos, clyd, amddiffynnol, o afael perygl neu dywydd garw, etc. SHADY, SHELTERED.
cysgog, 1. *eg.* ysgydwad. A SHAKING.
   2. *be.* ysgwyd, symud. TO SHAKE; TO MOVE.
cysgu, *be.* 1. huno. TO SLEEP.
   2. merwino, fferru. TO BE BENUMBED.
cysodi, *be.* dodi llythrennau'n barod i'w hargraffu. TO SET TYPE.
cysodydd, *eg. ll.* cysodwyr, -yddion. un sy'n cysodi. COMPOSITOR.
*cysol, *eg.* cysur. COMFORT.
cyson, *a.* arferol, wedi ei sefydlu gan reol, rheolaidd, gwastadol, ffyddlon, cywir. REGULAR, CONSISTENT, HARMONIOUS.
cysondeb, *eg.* rheoleidd-dra, gwastadrwydd. REGULARITY, CONSISTENCY, HARMONY.
cysoni, *be.* dod â phethau i gytundeb â'i gilydd, rheoleiddio, cymodi, gwastatáu. TO RECONCILE.
cystadleuaeth, *eb. ll.*-au, cystadlaethau. cydymgais, cydymgeisiaeth, ymryson, ymddadlau, ymgiprys. COMPETITION.
cystadleuol, *a.* mewn cystadleuaeth. COMPETITIVE.
cystadleuwr : cystadleuydd, *eg. ll.* cystadleuwyr. un sy'n cystadlu. COMPETITOR.
cystadlu, *be.* cydymgeisio, ymryson, ymgiprys. TO COMPETE.
cystal, *a.* mor dda, cyfartal. AS GOOD, EQUAL.
*cystadwen, *eg.* cyfansoddiad. CONSTITUTION.

cystedlydd, *eg.* cystal; cymar. EQUAL; COMPANION.
*cysteg, *eg. ll.*-au. gofid; llafur. GRIEF; LABOUR.
*cystig, *a.* ffyrnig. FIERCE.
*cystlwn, 1. *eg.* perthynas, hawl. KINSHIP, CLAIM.
   2. *be.* perthyn, arddel. TO BE RELATED, TO OWN.
*cystlynedd, *eg.* perthynas; arddeliad. KINDRED; OWNING.
*cystlynu, *be.* cynghreirio. TO ALLY.
*cystoges, *eb.* gast. BITCH.
cystrawen, *eb. ll.*-nau. y rhan o ramadeg sy'n ymwneud â threfn a chysylltiad geiriau mewn brawddeg. SYNTAX, CONSTRUCTION.
cystrawennol, *a.* perthynol i gystrawen. SYNTACTIC.
cystrawiaeth, *eb.* astudiaeth cystrawen. SYNTAX, CONSTRUCTION.
cystudd, *eg. ll.*-iau. adfyd, trallod, dioddefaint, gofid, cyfyngder, caledi, argyfwng, salwch. AFFLICTION, ILLNESS, GRIEF, TRIBULATION.
*cystuddiad, ⎱ *eg.* poen, gofid. PAIN,
*cystuddiant, ⎰ AFFLICTION.
cystuddiedig, *a.* wedi ei gystuddio. AFFLICTED, CONTRITE.
cystuddio, *be.* peri poen neu drallod. TO AFFLICT, TO TROUBLE.
cystuddiol, *a.* dan gystudd. AFFLICTED.
cystuddiwr, *eg. ll.*-wyr. gormeswr, poenwr. OPPRESSOR, AFFLICTER.
*cystwng, *be.* gostwng, darostwng. TO LOWER, TO SUBDUE.
*cystwm, *be.* rhwystro. TO HINDER.
cystwyad, *eg.* cerydd. CASTIGATION.
cystwyo, *be.* ceryddu, dwrdio, curo, cosbi, cymhennu. TO CHASTISE, TO BEAT.
cysul : cusul, *eg. ll.*-ion. cyngor. ADVICE, COUNSEL.
cysur, *eg. ll.*-on. esmwythyd corff a meddwl, diddanwch, bod yn gysurus, esmwythdra. COMFORT.
cysuro, *be.* rhoi cysur, gwneud yn gyffyrddus, diddanu. TO COMFORT.
cysurus, *a.* yn cael cysur, cyffyrddus, diddan, esmwyth, diddanus. COMFORTABLE.
cysurwr, *eg. ll.* cysurwyr. diddanydd. COMFORTER.
*cyswyn, 1. *a.* tybiedig, cytunol. PUTATIVE, AGREED.
   2. *be.* cyhuddo. ACCUSE.
*cyswynfab, *eg.* mab tybiedig. A PUTATIVE SON.

cyswllt, *eg.* y man lle daw dau beth ynghyd, cymal, uniad, asiad, undeb, cysylltiad. CONNECTION.

cysylltair, *eg.ll.* cysyllteiriau. : **cysylltiad**[1], *eg. ll.* cysylltiaid. gair i uno geiriau neu frawddegau, etc. CONJUNCTION.

cysylltiad[2], *eg. ll.*-au. perthynas. CONNECTION.

cysylltiol, *a.* yn cysylltu. CONNECTED, CONNECTING.

cysylltu, *be.* cydio, uno, asio, cyplysu, cyfuno, cyduno, cyd-gysylltu. TO JOIN.

cytal, *be.* cymdeithasu ; cyd-fyw. TO ASSOCIATE ; TO LIVE TOGETHER.

cytbell, *a.* o'r un pellter. EQUIDISTANT.

cytbwys, *a.* o'r un pwysau, gyda'r un aceniad. OF EQUAL WEIGHT OR STRESS.

*cytgam, 1. *be.* cellwair. TO TRIFLE.
   2. *eg.* cellwair. DALLIANCE.

*cytgamus, *a.* cellweirus. JOKING.

cytgan, *eb. ll.*-au. cân neu ran o gân a genir gan nifer o bobl. CHORUS, REFRAIN.

cytgnawd, *eg.* cydiad. COPULATION.

cytgord, *eg.* cydfod, cytundeb, harmoni. CONCORD.

cytgroes, *a.* yn cydgroesi. CONCURRENT, CONVERGENT.

cytio, *be.* gosod mewn cut. TO PEN.

cytir, *eg. ll.*-oedd. tir sy'n perthyn i'r cyhoedd, tir cyd, comin, tir cyffredin. COMMON LAND.

cytras, *a.* perthnasol. ALLIED ; COGNATE.

cytrasedd, *eb.* perthynas. AFFINITY, KINSHIP.

*cytrym, *eg.* eiliad. INSTANT.

cytsain, *eb. ll.* cytseiniaid. llythyren a seinir gyda llafariad. CONSONANT.

cytsain, *eb. ll.*-seiniau. cytgord, cynghanedd. HARMONY.

cytser, *eg. ll.*-au. cysawd. CONSTELLATION.

cytstad, *a.* cyfartal. EQUAL.

cytûn, *a.* yn cydweld, unol, gyda'i gilydd. IN AGREEMENT, TOGETHER.

cytundeb, *eg. ll.*-au. cyfatebiaeth, cyfamod, cymod. AGREEMENT, CONTRACT, TREATY.

cytuniad, *eg. ll.*-au. cytundeb. AGREEMENT.

cytuno, *be.* bod o'r un meddwl, cyfamodi, cysoni, bodloni, dygymod, cyfateb. TO AGREE.

cytunus, *a.* cytûn. AGREEING.

*cytynnu, *be.* cyd-dynnu. TO PULL TOGETHER, TO AGREE.

cythlwng, *eg.* bod heb fwyta, ympryd, newyn. FASTING, HUNGER.

cythraul, *eg. ll.* cythreuliaid. ysbryd drwg, gŵr drwg, diafol, diawl. DEVIL.
   Cythraul y canu : peth sy'n creu anghydfod ymhlith cantorion.
   Gwynt cythraul : gwynt gwrthwyneb.

*cythrawl, 1. *a.* gelyniaethus. HOSTILE.
   2. *eg.* cythraul ; gelyn. DEVIL ; ENEMY.

cythreuldeb, *eg.* drygioni, direidi. DEVILMENT.

cythreulig, *a.* dieflig, drygionus, direidus. DEVILISH.

cythreuligrwydd, *eg.* diawledigrwydd. DEVILMENT.

*cythreurawl, *a.* cythreulig. FIENDISH, DEVILISH.

cythru, *be.* cipio ; rhuthro ; cachu. TO SNATCH ; TO RUSH ; TO DEFECATE.

cythrudd, *eg. ll.*-ion. poen, blinder. ANNOYANCE, PROVOCATION.

cythruddo, *be.* poeni, blino, llidio ffyrnigo, poenydio, tmallodi. TO ANNOY, TO ANGER.

cythrwfl, *eg.* terfysg, cyffro, cynnwrf, dadwrdd. UPROAR.

*cythrwm, *a.* cytbwys. EVENLY BALANCED.

cythryblaeth, *eb.* cythrwfl. COMMOTION.

cythryblu, *be.* aflonyddu, poeni, blino, trallodi, trafferthu. TO TROUBLE.

cythryblus, *a.* helbulus, aflonydd, terfysglyd, gofidus, blinderus, trallodus, trafferthus. TROUBLED.

cythryblwr, *eg. ll.*-wyr. terfysgwr. DISTURBER.

*cythrym, *eg. ll.*-ion. eiliad. INSTANT.

*cythrymedd, *eg.* cyfartaledd. BALANCE

cyw, *eg. ll.*-ion. 1. aderyn ifanc. CHICKEN.
   2. anifail ifanc (Gogledd). YOUNG OF ANIMALS.

*cywaeth, *eg.* gweler *cyfoeth.*

*cywaethl, *be.* ymryson. TO CONTEND.

*cywaethog, *a.* cyfoethog. RICH.

cywain, *be.* dwyn i mewn, crynhoi. TO HAUL, TO GARNER, TO CARRY.

cywair[1], *eg. ll.*-ion. 1. defod, modd. CUSTOM, MANNER.
   2. tôn. TONE.
   a. perffaith ; cyflawn ; parod (gyda'u holl arfau). PERFECT ; COMPLETE ; ORDERLY ; READY.

cywair[2],*eg.ll.* cyweiriau. : **cyweirnod,** *eg. ll.*-au. tôn, traw, tiwn, tymer dda neu ddrwg, hwyl. TUNE, KEY, PITCH, TEMPER.

cywaith¹, *eg. ll.*-(i)on. 1. cymdeithas. FELLOWSHIP. 2. cymar. COMPANION.

cywaith², *eg. ll.*-weithiau. gwaith gan ragor nag un yn cydweithredu. JOINT EFFORT, COLLECTIVE WORK.

*cywala, 1. *eg.* tebyg; digonedd. EQUAL; ABUNDANCE.
2. *a.* hollol. COMPLETE.

*cywall, *a.* drwg; gwallus. EVIL; ERRONEOUS.

*cywan, *eg.* casgliad; cynnydd. COLLECTION; INCREASE.

cywarch, *eg.* y planhigyn y ceir edau ohono i wneud rhaffau, etc. HEMP.

*cywarsangu, *be.* gorthrechu, sathru, llethu. TO OVERCOME, TO TRAMPLE, TO OVERPOWER.

cywasgiad, *eg. ll.*-au. yr act o gywasgu neu wneud yn llai, byrhad, talfyriad, cwtogiad, crebachiad. CONTRACTION.

cywasgrwydd, *eg.* yr ansawdd o fod yn gywasgedig. COMPRESSIBILITY.

cywasgu, *be.* gwneud yn llai, crebachu. TO COMPRESS, TO CONTRACT.

*cywed, *eg.* clawr. COVER.

*cywedd, *eg.* baich. BURDEN.

cyweirdeb, *eg.* trefn, trefnusrwydd. ORDER, ORDERLINESS.

*cyweirdebau, *ell.* celfi, cyfarpar. FURNISHINGS, ACCOUTREMENTS.

cyweirgorn, *eg. ll.*-gyrn. allwedd diwnio, safon. TUNING-KEY, STANDARD.

cyweiriad, *eg.* y weithred o gyweirio. ADJUSTMENT.

cyweiriadur, *eg.* trosiadur. MODULATOR.

cyweirio : cweirio : cwyro (taf.), *be.* trefnu, gwella, gwneud yn drefnus, trwsio, tiwnio, ysbaddu. TO SET IN ORDER, TO REPAIR, TO GELD.
Cyweirio gwely : tannu gwely. TO MAKE A BED.
Cwyro ymenyn : gwneud ymenyn.

cyweirnod, 1. *eg.* tonydd. TONIC.
2. gweler *cywair.*

*cyweithad, *eg.* cymdeithas, cwmni. FELLOWSHIP.

*cyweithas, 1. *eg.* cymdeithas, cwmni. SOCIETY, COMPANY.
2. *a.* hynaws, addfwyn. GENIAL, GENTLE, SOCIABLE.

*cyweithasrwydd, *eg.* hynawsedd, tirionwch. GENIALITY.

*cyweithi, *eg.* cymdeithas, cyfathrach. SOCIETY, INTERCOURSE.

*cyweithydd, *eg.* cwmni, mintai. COMPANY, HOST.

cywely, *egb.* cymar cysgu; cydymaith; gwraig briod. BEDFELLOW; COMPANION; WIFE.

*cywelyogaeth, *eg.* cydgysgu, cyd-fyw. CONCUBINAGE, COHABITATION.

*cywen, *a.* disglair. BRIGHT.

cywen, *eb. ll.*-nod. : cywennen, *eb.* iâr ieuanc, cyw benyw. PULLET.

*cywerth, *a.* o'r un gwerth, cyfwerth. EQUAL IN VALUE.

cywerthydd, *eg.* gwerth cyfartal, cyfoeth. EQUIVALENT VALUE, WEALTH.

*cywes, *eg.* cuddfan, lloches. A RETREAT.

*cywest, *eg.* arhosiad, gorweddfa. STAY, COUCH.

*cywestach, *eg.* 1. cydorwedd, cydiad. COPULATION.
2. cymar (gwely). CONCUBINE.

*cywesti, *eg.* cwmni. COMPANY.

*cywestwch, *eg.* arhosiad; cytgnawd. STAY; COPULATION.

*cyweth(y)l, *be.* gweler *cywaethl.*

cywilydd, *eg.* teimlad euog o fod wedi gwneud rhywbeth o'i le; gwarth, gwaradwydd, achlod, gwarthrudd. SHAME.

cywilydd-dra, *eg.* gwarth, swildod. SHAMEFULNESS, SHYNESS.

cywilyddgar, *a.* swil, â chywilydd. BASHFUL, SHY.

cywilyddio, *be.* bod â chywilydd, teimlo'n warthus, gwaradwyddo, gwarthruddo. TO BE ASHAMED, TO SHAME.

cywilyddus, *a.* gwaradwyddus, gwarthus. SHAMEFUL.

cywir, *a.* priodol, addas, cymwys, iawn, union, cyfiawn, ffyddlon. CORRECT, SINCERE, HONEST, LOYAL.

*cywira, *be.* ceryddu, cweryla. TO SCOLD, TO QUARREL.

cywirdeb, *eg.* y sefyllfa o fod yn gywir, iawnder, gweddusrwydd, iawn, uniondeb, ffyddlondeb. CORRECTNESS, FIDELITY, EXACTNESS, LOYALTY.

*cywirdod, *eg.* cywirdeb, ffyddlondeb. CORRECTNESS, FIDELITY.

cywir(i)edig, *a.* wedi ei gywiro. CORRECTED.

*cywirhau, *be.* 1. cywiro. TO CORRECT.
2. ymryson. TO DISPUTE.

cywiriad, *eg. ll.*-au. diwygiad. CORRECTION.

cywiro, *be.* gwneud yn gywir, ceryddu, cosbi, unioni, addasu, cymhwyso. TO CORRECT, TO AMEND, TO REPROVE.

*cywiro, *be.* gweler *cywira.*

*cywisg, *eb.* gorchudd. COVERING.

*cywiw, *a.* 1. ardderchog, gwiw. EXCELLENT, WORTHY.
2. mor rhagorol. AS EXCELLENT.
egb. cymydog. NEIGHBOUR.

*cywlad, *eb.* 1. ffin. BOUNDARY.
2. gwlad gyffiniol. BORDERING
COUNTRY.

*cywolu, *eg.* gosgordd, cwmni.
RETINUE, COMPANY.

*cywoluch, *be.* parchu, anrhydeddu. TO
RESPECT, TO HONOUR.

*cywolwch, *eg.* tâl; cymod; moliant.
PAYMENT; RECONCILIATION, PRAISE.

cywrain, *a.* } celfydd, cyfarwydd,
*cywraint, *a.* } medrus, hyfedr, doeth.
SKILFUL, ACCURATE, WISE.

cywreinbeth, *eg. ll.*-au. peth cywrain.
CURIO.

cywreindeb, *eg.* celfyddyd, medrus-
rwydd. SKILL, INGENUITY.

cywreindod, *eg.* medr, cywreindeb.
SKILL, INGENUITY.

cywreinio, *be.* coethi, addurno. TO
ADORN.

cywreinion, *ell.* pethau anghyffredin.
CURIOSITIES.

cywreinrwydd, *eg.* celfyddyd, awydd
i wybod, chwilfrydedd. SKILFULNESS,
CURIOSITY.

*cywrenin, *a.* celfydd, parod, grymus.
SKILFUL, READY, POWERFUL.

*cyŵres, *eb.* cywely. CONCUBINE.

*cywrisg, *a.* ffyrnig, gwyllt. FIERCE,
WILD.

*cywrych, *eg.* berw, cyffro; gwrych.
EXCITEMENT; BRISTLES.

*cywryd, *eg.* llid, cynddaredd. ANGER,
FURY.

*cywrys, *eg.* ymryson. CONTENTION.

*cywrysedd, *eg.* cynnen, rhyfel. CON-
TENTION, WAR.

*cywyd, *eg.* 1. pechod. SIN.
2. meddwl, amcan. THOUGHT, AIM.
3. cân, prydyddiaeth. SONG, POETRY.

*cyŵydd, *a.* disglair, tirion. BRIGHT,
TENDER.

*cywydd, *eg.* 1. cysondeb, trefniant.
CONSISTENCY, ORDERLINESS.
2. mydr, cynghanedd. METRE,
' CYNGHANEDD.'

cywydd, *eg. ll.*-au. un o'r pedwar mesur
ar hugain, cân mewn cynghanedd
â'r llinellau ar ffurf cwpledi yn saith
sillaf yr un. CYWYDD (the name
given to a Welsh poem in a special
metre).

*cywyddaid, *be.* myfyrio. TO MEDITATE.

*cywyddiaeth, *eb.* cân. SONG.

*cywyddol, *eg.* canwr, bardd. SINGER,
POET.

cywyddwr, *eg. ll.* cywyddwyr. bardd
sy'n cyfansoddi cywyddau. COM-
POSER OF ' CYWYDDAU.'

cywyn, *be.* gweler cychwyn.

*cywystl, *eg.* gwystl rhwng dau.
MUTUAL PLEDGE.

CH

chwa, *eb. ll.*-on, -oedd. awel, pwff o
wynt. BREEZE, GUST, PUFF.

*chwaen, *eb.* tro, digwyddiad. OCCUR-
RENCE, HAPPENING.

chwaer, *eb. ll.* chwiorydd. 1. rhiain,
morwyn. MAIDEN.
2. merch i'r un rhieni. SISTER.

chwaerfaeth, *eb.* un wedi ei chodi
gydag un arall fel chwaer. FOSTER-
SISTER.

chwaeroliaeth, *eb. ll.*-au. cymdeithas
o chwiorydd. SISTERHOOD.

*chwaeru, *be.* digwydd, cwympo. TO
HAPPEN, TO FALL.

chwaeth, *eb. ll.*-au. archwaeth, ym-
deimlad o'r hyn sy'n iawn neu addas,
blas (mewn ystyr foesol). TASTE.

chwaethach, *adf.* heb sôn am. MUCH
LESS, NOT TO MENTION.

chwaethu, *be.* blasu. TO TASTE, TO
SAVOUR.

chwaethus, *a.* o chwaeth dda, blasus,
IN GOOD TASTE, PALATABLE.

chwaff : chwap, *a.* buan, cyflym
ebrwydd. QUICK.
Dere'n chwaff. COME QUICKLY.

chwaff, *eg. ll.*-iau. pwff sydyn o wynt.
SUDDEN GUST.

*chwai, *a.* esgud, bywiog, cyflym.
ACTIVE, LIVELY, SWIFT.

chwaith, *adf.* ychwaith, hyd yn oed,
hefyd. (N)EITHER.

*chwaith, *eg.* blas. TASTE.

chwâl, *a.* gwasgarog, gwasgaredig,
rhydd. SCATTERED, LOOSE.
Ar chwâl : ar wasgar.

*chwâl, *eg. ll.*-s. morfil. WHALE.

*chwalcys, *ell.* math o gregyn bysgod.
WHELKS.

chwaldod(ach), *eg.* baldordd, siarad
ofer. PRATTLE.

chwalfa, *eb. ll.* chwalfeydd. gwas-
gariad, dryswch. DISPERSAL, UP-
HEAVAL.

chwaliad, *eg. ll.*-au. y weithred o
chwalu. DISPERSAL.

chwalu, *be.* gwasgaru. TO SCATTER, TO SPREAD.

chwalwr, *eg. ll.*-wyr. gwasgarwr. SCATTERER, SPREADER.

chwaneg, *a.* ychwaneg. MORE.

chwannen, *eb. ll.* chwain. anifail bychan chwimwth sy'n byw ar waed. FLEA.

chwannog, *a.* 1. awyddus, barus, gwancus, blysig. EAGER, GREEDY. 2. tueddol. INCLINED, APT, PRONE.

chwant, *eg. ll.*-au. 1. awydd, dymuniad, archwaeth. DESIRE, APPETITE. 2. blys, trachwant. LUST.

chwantu,(-ta), *be.* awyddu, blysio. TO DESIRE, TO LUST.

chwantus, *a.* 1. awyddus. DESIROUS. 2. blysiog, trachwantus. LUSTFUL.

chwap, *eg. ll.*-iau. ergyd sydyn; eiliad. SUDDEN BLOW; MOMENT.

chwap, *a.* gweler **chwaff.**

***chwar,** *a.* ffyrnig. FIERCE.

chwarae : **chware,** 1. *eg. ll.*-on. gêm, camp, difyrrwch. GAME, SPORT. 2. *be.* cymryd rhan mewn gêm neu ddrama, etc.; actio. TO PLAY.

Chwarae teg. FAIR PLAY.

Maes chwarae. PLAY-GROUND.

Chwarae bach. AN EASY MATTER.

chwaraedy, *eg. ll.* chwaraedai. lle i chwarae dramâu, etc.; theatr. THEATRE.

chwaraegar, *a.* hoff o chwarae, chwareus. PLAYFUL.

chwaraele, *eg.* cwrt chwarae. PLAY-GROUND.

chwaraewr, *eg. ll.*-wyr. } un sy'n
chwaraeydd, *eg. ll.*-ion. } chwarae, actor, actwr. PLAYER, ACTOR.

chwarddiad, *eg. ll.*-au. yr act o chwerthin, chwerthiniad. A LAUGH.

chwarel, *eb. ll.*-i, -au, -ydd. cwar, cloddfa. QUARRY.

chwarel[1], *egb. ll.*-au. gwydr ffenestr. PANE OF GLASS.

***chwarel**[2], *eg. ll.*-au. bollt, saeth bwa croes. (CROSS-BOW) QUARREL.

chwarelwr, *eg. ll.*-wyr. gweithiwr mewn chwarel. QUARRYMAN.

chwareus, *a.* llawn chwarae, nwyfus, ffraeth, cellweirus, smala, direidus, chwaraegar. PLAYFUL.

chwarfan, *eb. ll.*-au. chwerfan dro. SPINDLE WHIRL.

chwarren, *eb. ll.*-nau. peth yn y corff sy'n rhannu a sugno defnyddiau arbennig o'r gwaed, cilchwyrnen. GLAND.

chwart, *eg. ll.*-au, -iau. dau beint, chwarter galwyn. QUART.

chwarter, *eg. ll.*-i, -au. un rhan o bedair. QUARTER.

chwarterol, *a.* bob chwarter, bob tri mis. QUARTERLY.

chwarterolyn, *eg. ll.* chwarterolion. cylchgrawn a gyhoeddir bob chwarter blwyddyn. QUARTERLY (MAGAZINE).

chwarteru, *be.* rhannu yn chwarteri. TO QUARTER.

***chwarthol,** *eb.* gwarthol. STIRRUP.

***chwarthor,** *eg.* chwarter. QUARTER.

***chwaru,** *be.* digwydd; dod. TO HAPPEN; TO COME.

chwaryddiaeth, *eb.* chwarae. PLAY, SPORT.

chwaw, *eb. ll.*-iau. gwth, pwff. BLAST, PUFF.

chwe, *a.* y rhifol ar ôl pump (defnyddir hwn o flaen enwau unigol. e.e. chwe thŷ, chwe awr). SIX.

***chwech,** *a.* melys. SWEET.

chwech, *a.* y rhifol ar ôl pump (defnyddir hwn heb enw neu gydag *o* ac enw lluosog. e.e. chwech o geffylau). SIX.

Wedi chwech : ar ben.

Talu'r hen chwech yn ôl : talu'r pwyth : dial.

chweched, *a.* yr olaf o chwech. SIXTH.

chwecheiniog, *eg. ll.*-au. chwech o geiniogau. SIXPENCE.

chwedi, *adf.* ac *ardd.* gweler *wedi.*

chwedl, *eb. ll.*-au, -euon. stori, hanes, hanesyn, dywediad, sôn. TALE, FABLE, SAYING, REPORT.

chwedlaidd, *a.* chwedlonol. MYTHICAL.

chwedleua, *be.* adrodd hanes neu chwedl, siarad, clebran, clepian, clecan, hel straeon, ymddiddan. TO GOSSIP, TO TELL A TALE, TO TALK.

Paid â chwedleua : paid â sôn.

chwedleugar, *a.* hoff o siarad, siaradus. TALKATIVE.

***chwedleuo,** *be.* gweler *chwedleua.*

chwedleuwr, *eg. ll.* chwedleuwyr. un sy'n chwedleua. STORY TELLER.

***chwedliaeth,** *eb.* newyddion. NEWS.

chwedlofydd, *eg. ll.*-ion. astudiwr chwedlau. MYTHOLOGIST.

chwedloniaeth, *eb.* storïau traddodiadol, hen storïau heb fod mewn hanes. MYTHOLOGY.

chwedlonol, *a.* yn perthyn i chwedloniaeth, heb sail ei fod yn wir. MYTHOLOGICAL.

chwedlonydd, *eg. ll.*-ion. astudiwr chwedlau. MYTHOLOGIST.

chweddl, *eb. ll.*-au. gweler *chwedl.*

***chwefrin,** *a.* gwyllt, bywiog. WILD, ACTIVE.

*chwefris, *a.* gwyllt. WILD.

Chwefrol, *eg.* ⎱ ail fis y flwyddyn, Mis
Chwefror, *eg.* ⎰ Bach. FEBRUARY.

*chweg, *a.* melys, dymunol, hyfryd.
SWEET, PLEASANT.

chwegr, *eb.* mam-yng-nghyfraith.
MOTHER-IN-LAW.

chwegrwn, *eg.* tad-yng-nghyfraith.
FATHER-IN-LAW.

*chweinial, *a.* chweinllyd. FULL OF
FLEAS.

chweinllyd, *a.* yn llawn chwain.
VERMINOUS, FLEA-RIDDEN.

*chweithydd, *eg.* archwaethwr, blaswr,
profwr. TESTER.

*chwêl, *eb.* tro, rhawd ; terfysg. COURSE;
COMMOTION.

*chwelidydd, *eg.* *ll.*-ion. terfysgwr,
chwalwr. INSURGENT, DISPERSER.

chwenial, *be.* chweinllyd. FULL OF
FLEAS.

chwennych : chwenychu, *be.* dymuno,
awyddu, chwantu. TO DESIRE.

chwenychiad, *eg.* *ll.*-au. dymuniad.
DESIRE.

chweongl, *eg.* *ll.*-au. ffigur â chwe ongl.
HEXAGON.

chwepyn, *eg.* eiliad. INSTANT.

chwerfan, *eg.* *ll.*-nau. olwyn wrth
werthyd trôell i reoli cyflymder.
PULLEY, WHARVE.

*chwerian, *a.* tirion, mwyn. GENTLE.

*chwerig, *a.* araf, graddol. SLOW.

*chwerig, *eg.* *ll.*-ion. anterliwt ; actor.
INTERLUDE ; ACTOR.

chwerryn, *eg.* chwarren. GLAND.

chwerthin[1], *be.* gwneud sŵn â'r anadl
i ddangos difyrrwch neu ddirmyg.
TO LAUGH.
    Chwerthin am ei ben. TO LAUGH AT
HIM.

chwerthin[2] : chwerthiniad, *eg.* chwar-
ddiad, yr act o chwerthin. LAUGHTER.

chwerthingar, *a.* tueddol i chwerthin,
llawen, llon. APT TO LAUGH.

chwerthinllyd, *a.* yn peri chwerthin,
digrif, gwrthun. LAUGHABLE.

chwerthinog, *a.* yn chwerthin. LAUGH-
ING, MERRY.

chwerw, *a.* â blas cas, yn briwio'r
teimladau, bustlaidd, dig, diellon,
llidiog, garw, gerwin. BITTER, SEVERE,
SHARP.

**chwerwder : chwerwdod : chwer-
wedd,** *eg.* y cyflwr o fod yn chwerw,
bustledd, dicter, llid, gerwinder.
BITTERNESS.

chwerwi, *be.* mynd yn arw neu'n gas
neu'n ddig. TO EMBITTER, TO BECOME
ROUGH.

chweugain, *egb.* *ll.* chweugeiniau. chwe
ugain ceiniog, deg swllt. TEN SHILL-
INGS.

chwi : chi, rhagenw personol, ail
berson lluosog. YOU.

chwib, *eg.* chwît. WHISTLE.

chwiban[1] : chwibanu, *be.* gwneud sŵn
main uchel â'r gwefusau neu ag
offeryn, etc. ; whislan. TO WHISTLE.

chwiban[2] : chwibaniad, *eg.* y sŵn a
wneir wrth chwibanu. WHISTLING.

chwibanogl, *eb.* *ll.*-au. offeryn chwi-
banu, chwisl, ffliwt. WHISTLE, FLUTE.

*chwib(y)l, *a.* sur, chwerw. SOUR,
BITTER.

*chwibleian, *eb.* gweler *chwimleian.*

chwiblo, *be.* suro, chwerwi. TO GROW
SOUR.

chwibol, 1. *egb.* *ll.*-au. pib, tiwb. PIPE,
TUBE.
    2. *a.* cau (fel tiwb). HOLLOW.

chwibon, *eg.* *ll.*-iaid. gylfinir ; ciconia.
CURLEW ; STORK.

*chwid, *eg.* tro buan. A QUICK TURN.

*chwidog, *eg.* *ll.*-ion. siwglwr ; consur-
iwr. JUGGLER ; CONJUROR.

*chwidogi, *be.* siwglo, consurio. TO
JUGGLE, TO CONJURE.

chwidr, *a.* gwyllt, byrbwyll, ffwdan-
llyd, ysgafn, gwacsaw. WILD, RASH,
FUSSY, TRIFLING.

*chwifiad, *eg.* *ll.*-iaid. crwydryn. VAGA-
BOND.

chwifio, *be.* cyhwfan, ysgwyd. TO
WAVE.

*chwifiwr, *eg.* *ll.*-wyr. crwydryn. VAGA-
BOND.

chwil, *egb.* *ll.*-od. chwilen. BEETLE.

chwil, *a.* yn siglo neu wegian. REELING.
    Yn feddw chwil. REELING DRUNK.

chwilboeth, *a.* crasboeth, poeth iawn.
SCORCHING HOT.

chwilen, *eb.* *ll.* chwilod. pryf â chas
caled i'w adenydd. BEETLE.
    Chwilen glust. EARWIG.

chwilenna, *be.* chwilota, lladrata
pethau bychain, chwiwladrata. TO
PRY, TO PILFER.

chwiler, *eg.* *ll.*-od. ffurf ar drychfilyn.
CHRYSALIS, PUPA.

*chwileryn, *eg.* 1. chwiler. CHRYSALIS.
    2. sarff, gwiber. SERPENT, VIPER.

chwilfriw, *a.* yn yfflon, yn deilchion,
wedi ei chwilfriwio. SHATTERED,
SMASHED TO ATOMS.

chwilfriwio, *be.* torri'n yfflon neu'n
deilchion. TO SHATTER, TO SMASH.

chwilfrydedd, *eg.* awydd i wybod,
cywreinrwydd. CURIOSITY.

chwilfrydig

chwilfrydig, *a.* awyddus i wybod, yn llawn chwilfrydedd. INQUISITIVE.

chwilgar, *a.* chwilfrydig. INQUISITIVE.

chwilgorn, *a.* chwil. REELING.

chwilibawa(n), *be.* ofera, segura. TO DAWDLE.

chwilio, *be.* edrych am, ceisio, profi. TO SEARCH, TO EXAMINE.

chwiliwr, *eg. ll.*-wyr. un sy'n chwilio. INVESTIGATOR, SEARCHER.

chwilolau, *eg.* golau cryf o chwilamp. SEARCHLIGHT.

chwilota : chwilmanta(n), *be.* chwilio'n ddirgel. TO PRY.

chwilotwr, *eg. ll.* chwilotwyr. un sy'n chwilota, un sy'n chwilio'n fanwl. RUMMAGER, SEARCHER.

chwim : chwimwth, *a.* sionc, bywiog, heini, hoyw, gwisgi, byw, cyflym. NIMBLE, SWIFT.

chwimder, *eg.* ⎫ sioncrwydd, cyflym-
chwimdra, *eg.* ⎭ der. NIMBLENESS, SWIFTNESS.

chwimiad, *eg.* cyflymiad. ACCELERATION.

chwimiadur, *eg. ll.*-on. cyflymydd, ysbardun. ACCELERATOR.

chwimio, *be.* symud, cyffroi, cyflymu. TO MOVE, TO STIR, TO ACCELERATE.

*chwimleian, *eb.* daroganwraig. PROPHETESS.

*chwimp, *eg.* delw, llun ; trawiad, chwiw. IMAGE, FORM ; TOUCH, WHIM.

chwimwth, *a.* sionc, chwim. NIMBLE, QUICK.

chwip¹, *eb. ll.*-iau. ffrewyll, fflangell. WHIP.

chwip², 1. *a.* cyflym. SWIFT, QUICK.
2. *adf.* ar unwaith. INSTANTLY.

chwipio, *be.* taro â chwip, fflangellu, ffrewyllu. TO WHIP.

chwipyn, *adf.* ar unwaith. IMMEDIATELY.

chwired, *eg. ll.*-au, -ion. twyll, drygioni. DECEIT, WICKEDNESS.

chwirligwgan, *eg.* tegan sy'n troi'n gyflym, rhywbeth sy'n chwyrlïo, chwilen ddŵr. WHIRLIGIG, WATERBEETLE.

chwistl, *eb.* ⎫
chwistlen, *eb.* ⎭ llyg. THE SHREW.

chwistrell, *eb. ll.*-au, -i. gwn i saethu dŵr, etc. ; offeryn meddygol i dynnu hylif i mewn ac i'w yrru i maes, llif. SYRINGE, JET (LIQUID).

chwistrellu, *be.* pistyllu neu daenellu o chwistrell. TO SQUIRT, TO SPRAY.

chwit, *a.* buan, cwit. SWIFT.

chwît, *eg.* chwib. WHISTLE.

chwŷl

*chwitafad, *eb.* diod. DRINK.

chwit-chwat, *a.* anwadal, di-ddal. FICKLE, CHANGEABLE.

chwith, *a.* aswy, chwithig, dieithr. LEFT, STRANGE, SAD.
O chwith. THE WRONG WAY.
Y mae'n chwith gennyf glywed. I AM SORRY TO HEAR.

chwithau, *rhag.* chwi hefyd. YOU TOO.

chwithdod, *eg.* dieithrwch, teimlad chwithig. STRANGENESS, SENSE OF LOSS.

chwithdra, *eg.* chwithdod, syndod. STRANGENESS, ASTONISHMENT.

chwithig, *a.* 1. dieithr, chwith. STRANGE.
2. trwsgl, lletchwith, llibin. AWKWARD.

chwiw, *eb. ll.*-iau. mympwy, ffit. WHIM.

*chwiwad, 1. *eg. ll.*-aid. gwybedyn bach. GNAT.
2. *eb.* hwyfell. FEMALE SALMON.

chwiwgi, *eg. ll.* chwiwgwn. rhywun gwael a ffals, llechgi, celgi, bawddyn, ystrelgi. SNEAK.

chwiwladrata, *be.* mân-ladrata. TO PILFER.

*chwrychiog, *a.* ewynnog. FOAMY.

chwychwi, rhagenw personol dwbl, ail berson lluosog ; chwi eich hunain. YOU YOURSELVES.

chwŷd, *eg.* chwydfa. VOMIT.

chwydad, *eg.* chwydfa. VOMIT.

chwydalen, *eb. ll.*-dalau. chwysigen ddyfrllyd. WATERY BLISTER.

chwydfa, *eb.ll.*-oedd,-feydd. ⎫ chwydad.
chwydiad, *eg. ll.*-au. ⎭ VOMIT.

*chwydredd, *eg.* chwyd, madredd. VOMIT, PUTREFACTION.

chwydu (wŷ), *be.* taflu bwyd i fyny, cyfogi. TO VOMIT, TO BELCH.

chwydd : chwyddi (ŵy), *eg.* man anafus wedi chwyddo, codiad ar groen, etc. ; ymchwyddiad. SWELLING.

chwyddo, *be.* mynd yn fwy neu'n uwch, codi (am groen, etc.), ymchwyddo. TO SWELL, TO INCREASE.

chwyddwydr, *eg. ll.*-au. meicrosgop, gwydr sydd yn peri i rywbeth edrych yn fwy. MICROSCOPE, MAGNIFYING GLASS.

*chwŷf, *eg.* ysgogiad, cynhyrfiad. MOTION, STIR.

chwŷl, *egb. ll.* chwylion. tro, digwyddiad, ffawd, cwrs, newid. TURN, EVENT, FATE, COURSE, CHANGE.
Talu chwŷl : talu'r pwyth.

chwyldro : **chwyldroad**, *eg. ll.* chwyl-droadau. tro cyflawn, cyfnewidiad mawr, dymchweliad llywodraeth trwy drais. REVOLUTION.

chwyldroadol, *a.* yn peri cyffro neu newid mawr. REVOLUTIONARY.

chwyldroadwr, *eg. ll.*-wyr. un sy'n peri chwyldro. REVOLUTIONIST, REVOLUTIONARY.

chwylolwyn, *eb. ll.*-ion. olwyn fawr mewn peiriant. FLYWHEEL.

chwŷn, 1. *eg.* symudiad. MOTION.
2. *adf.* yn araf bach. SLOWLY.

chwyn (wŷ), *e. torf.* planhigion gwyllt yn tyfu lle nad oes eu heisiau. WEEDS.

chwynnu, *be.* tynnu chwyn, glanhau. TO WEED.

chwyrlïo, *be.* troi'n gyflym, troelli, cylchdroi, chwyrndroi, sïo. TO SPIN, TO WHIZ, TO WHIRL.

chwyrn, *a.* (*b.* chwern). gwyllt, buan, cyflym. RAPID.

*chwyrndeb, *eg.* cyflymder. SPEED, SWIFTNESS.

chwyrnell, *eg.* chwirligwgan. WHIRLIGIG.

chwyrnellu, *be.* gweler *chwyrlïo.*

*chwyrniad, *eg. ll.*-iaid. chwyrnwr. SNORER.

chwyrnogl, *eb.* chwyrniad. A SNORING.

chwyrnu, *be.* 1. sïo, chwyrnellu. TO WHIZ.
2. cadw sŵn wrth gysgu, cadw sŵn (gan gi). TO SNORE, TO SNARL.

chwyrnwr, *eg. ll.*-wyr. un sy'n chwyrnu. SNORER, SNARLER.

chwys, *eg.* gwlybaniaeth sy'n dod o'r tyllau bach yn y croen. PERSPIRATION.
Yn chwys diferu (diferol). PERSPIRING FREELY.

chwysfa, *eb.* : **chwysiad**, *eg.* yr act o chwysu. A SWEATING.

chwysiant, *eg.* archwys. EXUDATION.

chwysig, *a.* chwyslyd, dyfrllyd. SWEATY, WATERY.

chwysigen, *eb. ll.* chwysigod. pothell, codiad ar y croen. BLISTER.

chwysigennu, *be.* pothellu. TO VESICATE.

chwyslyd, *a.* yn chwysu, â chwys. SWEATING, SWEATY.

chwysu, *be.* peri neu gynhyrchu chwys. TO SWEAT, TO PERSPIRE.

chwyth, : **chwythad** : **chwythiad**, *eg. ll.*-au. 1. chwa, awel, gwynt. BLAST.
2. anadl, BREATH.

chwythbib, *eb. ll.*-au. pib chwythu tân er mwyn cynyddu ei wres. BLOWPIPE.

chwythell, *eb. ll.*-i. ffrwd o awyr, etc. A JET.

chwythu, *be.* achosi awel, symud (am wynt, etc.), anadlu, peri ffrwd o awyr. TO BLOW.

chwythwr, *eg. ll.*-wyr. un sy'n chwythu. BLOWER.

D

da, 1. *eg.* daioni, budd, lles. GOODNESS.
2. *e. torf.* meddiannau, eiddo, ychen, gwartheg. GOODS, CATTLE, MONEY.
Da byw. LIVE STOCK.
Da pluog. FOWLS.

da, *a.* mad, buddiol, llesol, addas, cyfiawn, dianaf. GOOD, WELL.
Os gwelwch yn dda. IF IT PLEASE YOU.
Da gennyf. I AM GLAD.
Da chwi. I PRAY YOU.

*dabre, *bf.* tyred, dere. COME !

dacw, *adf.* wele, (a)wel(i) di acw. THERE IS (ARE), BEHOLD.

da-da, *ell.* melysion, loshin, taffys. SWEETS.

dadafael, *be.* rhoi i fyny. TO CEDE.

dadafaeliad, *eg. ll.*-au. ildiad. CESSION.

dadannudd, *eg.* dadorchuddiad, hawl. UNCOVERING, CLAIM (TO PROPERTY).

dadansoddi, *be.* dosrannu, dadelfennu, dosbarthu. TO ANALYSE.

dadansoddiad, *eg. ll.*-au. dosraniad, dadelfeniad, dosbarthiad. ANALYSIS.

dadansoddol, *a.* yn dadansoddi. ANALYTIC(AL).

dadansoddwr, *eg. ll.* dadansoddwyr. un sy'n dadansoddi. ANALYST.

dad-ddyfrïo, *be.* tynnu dŵr o rywbeth, dihydradu. TO DEHYDRATE.

dadebru, *be.* adfywhau, adfywio, ymadfywio, dadlewygu. TO REVIVE.

*dadedw, *eg.* adfywiad, egni. REVIVAL, ENERGY.

dadelfeniad, *eg. ll.*-au. y weithred o ddadelfennu, pydriad. DECOMPOSITION.

dadelfennu, *be.* gwahanu elfennau, pydru. TO DECOMPOSE.

dadeni, *eg.* adenedigaeth, ailenedig-aeth, adfywiad. RENAISSANCE, RE-BIRTH.

***dadennyn,** *be.* ailennyn. TO REKINDLE.

dadfachu, *be.* rhyddhau, datglymu. TO UNHITCH.

dadfathiad, *eg. ll.*-au. y weithred o wneud pethau yn annhebyg. DIS-SIMILATION.

dadfeilio, *be.* dihoeni, nychu, pydru, adfeilio, cwympo, syrthio, dirywio. TO DECAY, TO DECLINE.

***dadfer,** *be.* datgan, cyhoeddi. TO ANNOUNCE.

dadflino, *be.* torri blinder, adfywio, adnewyddu nerth, dadluddedu. TO REST, TO REFRESH.

***dadiain,** *a.* ysblennydd, disglair. SPLENDID, BRIGHT.

dadl, *eb. ll.*-au, -euon. 1. ymryson geiriol, ple, ymresymiad. DEBATE, ARGUMENT.

2. amheuaeth. DOUBT.

3. cyfarfod. MEETING, ASSEMBLY.

4. sgwrs. CONVERSATION.

5. brwydr. BATTLE.

6. cwrs. COURSE.

7. hanes, helynt. ACCOUNT, REPORT.

8. achos (cyfreithiol). CAUSE, CASE.

dadlaith, 1. *be.* toddi iâ neu eira, etc. ; dadmer, meirioli. TO THAW.

2. *eg.* dadmer, meiriol, toddiad. THAW.

dadlau[1]**,** *be.* ymryson mewn geiriau, pledio, rhesymu, ystyried. TO ARGUE, TO DEBATE.

dadlau[2]**,** *eb. ll.*-euon. cyngor, cyn-hadledd. MEETING, ASSEMBLY.

dadleniad, *eg. ll.*-au. datguddiad, am-lygiad, dadorchuddiad. DISCLOSURE, EXPOSURE.

dadlennu, *be.* gwneud yn hysbys, datguddio, amlygu, dangos, dad-orchuddio. TO DISCLOSE, TO REVEAL, TO UNVEIL.

dadleoli, *be.* symud o'i le. TO DIS-LOCATE.

dadleoliad, *eg. ll.*-au. symudiad rhyw-beth o'i le. DISLOCATION.

dadleuaeth, *eb.* dadlau. CONTROVERSY, POLEMICS.

dadleuol, *a.* y gellir dadlau amdano. CONTROVERSIAL.

dadleuwr, *eg. ll.*-wyr. } un sy'n
dadleuydd, *eg. ll.*-ion. } d a d l a u neu'n ymryson, plediwr. DEBATER, ARGUER, ADVOCATE.

dadluddedu, *be.* dadflino, adfywio. TO REST, TO REFRESH.

dadlwytho, *be.* taflu neu dynnu llwyth oddi ar gerbyd, etc. ; gwacáu, ysgafnhau. TO UNLOAD,TO DISCHARGE.

dadmer, 1. *be.* dadlaith, meirioli. TO THAW.

2. *eg.* meiriol, dadlaith. THAW.

dadneitreiddiad, *eg.* y weithred o dynnu asid nitrig o sylwedd. DE-NITRIFICATION.

***dadolwch,** *eg.* cymodiad, iawn, hedd-ychiad. RECONCILIATION, PEACE.

***dadolychu,** *be.* bodloni, cymodi. TO SATISFY, TO RECONCILE.

dadorchuddio, *be.* datguddio, dangos, tynnu gorchudd, amlygu, dadlennu. TO UNVEIL, TO UNCOVER.

dadrithio, *be.* troi yn ôl o ffurf led-rithiol, agor llygaid. TO DISENCHANT, TO DISILLUSION.

dadroddi, *be.* adfer. TO RESTORE.

daduno, *be.* torri cysylltiad. TO DIS-SOCIATE.

dadwaddoli, *be.* dileu gwaddoliad. TO DISENDOW.

dadwaddoliad, *eg.* y weithred o ddileu gwaddol. DISENDOWMENT.

***dadwair,** 1. *eg.* cynulliad, trefniant. GATHERING, ORDER.

2. *be.* cynnull, trefnu. TO GATHER, TO ORDER.

***dadwedd,** 1. *be.* gwywo, edwi. TO WITHER, TO DECAY.

2. *eg.* gwywder. WITHEREDNESS.

dadweinio, *be.* tynnu o wain. TO UN-SHEATHE.

dadwenwyniad, *eg.* y weithred o ddi-wenwyno. DETOXICATION.

dadwino, *be.* edwi, nychu, difa. TO DECAY, TO PINE, TO WASTE.

dadwisgo, *be.* tynnu oddi am, diosg, dihatru, dinoethi. TO UNDRESS.

dadwneud : dadwneuthur, *be.* datod, andwyo, difetha, distrywio. TO UNDO.

***dadwoddau,** *be.* newid. TO CHANGE.

dadwrdd, *eg.* twrw, sŵn, twrf, terfysg, cythrwfl, cyffro. NOISE, UPROAR.

dadwreiddio, *be.* tynnu o'r gwraidd, diwreiddio. TO UPROOT.

***dadwyrain,** 1. *be.* cyfodi, esgyn. TO RISE, TO ASCEND.

2. *eg.* esgyniad, atgyfodiad. ASCENT, RESURRECTION.

dadyrddus, *a.* swnllyd. NOISY.

daear, *eb. ll.*-oedd. tir, pridd, daearen, llawr, y blaned yr ydym yn byw arni. EARTH, GROUND, LAND.

***daearawd,** *eb.* daear. THE EARTH.

***daearawr,** 1. *eb.* daear. THE EARTH.

2. *a.* daearol. EARTHLY.

daeardy, *eg. ll.* daeardai. cell dan y ddaear i garcharorion, daeargell. DUNGEON.

daeareg, *eb.* gwyddor yn ymdrin â chrofen y ddaear a'i chreigiau, etc. GEOLOGY.

daearegol, *a.* yn perthyn i ddaeareg. GEOLOGICAL.

daearegwr, *eg. ll.*-egwyr. un sy'n astudio daeareg. GEOLOGIST.

daearen, *eb.* y ddaear, pridd ; pelen ar ffurf y ddaear, lloeren. THE EARTH, EARTH ; SATELLITE.

daearfochyn, *eg. ll.* daearfoch. mochyn daear, broch, byrfochyn, twrch daear, pryf llwyd. BADGER.

daeargell, *eb. ll.*-oedd. daeardy ; cell dan y ddaear. DUNGEON ; VAULT.

daeargi, *eg. ll.*-gwn. ci daear. TERRIER.

daeargryd, *eg. ll.*-iau. daeargryn. EARTHQUAKE.

daeargryn, *egb. ll.*-fâu. ysgydwad neu gryndod daearol. EARTHQUAKE.

daearlen, *eb. ll.*-ni. map. MAP.

daearol, *a.* yn perthyn i'r ddaear. EARTHLY.

daearu, *be.* gosod yn y ddaear, claddu, cysylltu â'r ddaear. TO INTER, TO EARTH.

daearyddiaeth, *eb.* astudiaeth o'r ddaear a'i harwynebedd. GEOGRAPHY.

daearyddol, *a.* yn ymwneud â daearyddiaeth. GEOGRAPHICAL.

daearyddwr, *eg. ll.* daearyddwyr. un hyddysg mewn daearyddiaeth. GEOGRAPHER.

däed, *a.* cystal. AS GOOD AS.

*daentedd, *eg.* bwyd blasus. DELICACY.

*daerawd, *eg.* adnau, dodiad. DEPOSIT, A PLACING.

*daered, *eg. ll.*-au. teyrnged, treth, adnau. TRIBUTE, TAX, DEPOSIT.

*daeron, *ell.* gwledydd. COUNTRIES.

dafad, *eb. ll.* defaid. 1. anifail ffarm, mamog. EWE, SHEEP.
  2. tyfiant caled ar groen, dafaden. WART.

dafaden, *eb. ll.*-nau. tyfiant caled ar groen. WART.
  Dafaden wyllt. CANCER.

dafadennog, *a.* â dafadennau. FULL OF WARTS.

dafates, *eb. ll.*-au. praidd, diadell. FLOCK OF SHEEP.

dafn, *eg. ll.*-au, defni. diferyn, defnyn. DROP.

dafnu, *be.* diferu. TO TRICKLE.

*daffar, 1. *eg. ll.*-au. darpariaeth, bwriad. PREPARATION, PURPOSE.

2. *be.* darparu, bwriadu. TO PREPARE, TO INTEND.

*daffithlen, *eb.* gwiber. ADDER.

dagr, *eg. ll.*-au. cleddyf byr, bidog. DAGGER.

*dagreuaint, *eg.* wylofain. WEEPING.

*dagreuoedd, *ell.* dagrau. TEARS.

dagreuol, *a.* yn tynnu dagrau, trist, prudd. TEARFUL, SAD.

*dahet, *a.* cystal. AS GOOD AS.

dail, *ell. (un. b.* deilen, dalen). 1. tyfiant gwyrdd ar blanhigyn. LEAVES, FOLIAGE.
  2. dalennau (memrwn neu bapur). LEAVES OF PAPER, PARCHMENT, ETC.
  Dail tafol. DOCK LEAVES.

daimawnt, *eg.* diemwnd. DIAMOND.

dain, *a.* gwych, pur. FINE, PURE.

daioni, *eg.* rhinwedd, budd, lles. GOODNESS, GOOD.

daionus, *a.* da, llesol, buddiol. GOOD, BENEFICIAL, BENEFICENT.

dal : dala, *be.* 1. cynnal. TO HOLD.
  2. goddef, dioddef. TO BEAR.
  3. gafael, gafaelyd, ymaflyd, gorddiwes. TO CATCH, TO ARREST.
  4. parhau. TO CONTINUE.
  5. atal, cadw. TO PREVENT.

*dala, *eg.* colyn, brath. STING.

dalen, *eb. ll.*-nau, dail. 1. deilen. LEAF.
  2. dau dudalen. TWO PAGES, LEAF.

dalfa, *eb. ll.* dalfeydd. 1. daliad. CATCH.
  2. gafael, cadwraeth, gwarchodaeth, carchar. CUSTODY, ARREST, LOCK-UP.

dalgylch, *eg. ll.*-oedd. dalfa dŵr, etc. CATCHMENT AREA.

dalfod, *eg.* dyfalbarhad. ENDURANCE.

daliad, *eg. ll.*-au. peth a ddelir, tymor o waith, tro o waith, deiliadaeth, cred. HOLDING, SPELL, TENURE, BELIEF.

daliad, *eg.* gohirnod. SUSPENDED NOTE.

daliadaeth, *eb. ll.*-au. daliad. TENURE.

daliant, *eg.* y weithred o ddal neu hongian. SUSPENSION.

daliwr, *eg.* 1. peiriant bach. JIG.
  2. un sy'n dal. CATCHER, HOLDER.

dalus, *a.* parhaol. LASTING.

*daly, *be.* gweler *dal.*

dalyn, *eg. ll.*-nau. daliwr. HOLDER, SUPPORTER, BRACE.

dall, 1. *a. ll.* deillion. yn methu gweld, tywyll. BLIND.
  2. *eg. ll.* deillion. dyn tywyll. BLIND PERSON.

dallbleidiaeth, *eb.* penboethni. BIGOTRY.

dallbleidiwr, *eg. ll.*-wyr. penboethyn. BIGOT.

dalles, *eb. ll.*-au. gwraig ddall. BLIND WOMAN.

dallgeibio, *be.* bwnglera. TO BLUNDER.

dallineb, *eg.* y cyflwr o fod yn ddall, dellni. BLINDNESS.

dallt, *be.* gweler *deall*.

dallter, *eg.* dallineb. BLINDNESS.

dallu, *be.* 1. gwneud yn ddall, disgleirio, pelydru, tywyllu, mygydu. TO BLIND, TO DAZZLE.

　　2. mynd yn ddall. TO GROW BLIND.

***damblygu**, *be.* cofleidio. TO EMBRACE.

damcaniaeth, *eb. ll.*-au. tyb, tybiaeth wedi ei sylfaenu ar reswm. THEORY.

damcaniaethol, *a.* yn ymwneud â damcaniaeth, tybiedig. THEORETICAL, HYPOTHETICAL.

damcaniaethwr, *eg. ll.*-wyr. un sy'n damcaniaethu. THEORIST.

damcanu, *be.* tybio, llunio damcaniaeth. TO THEORISE.

***damchwain**, *egb.* damwain, digwyddiad. ACCIDENT, INCIDENT.

***damchweinio**, *be.* digwydd. TO HAPPEN.

dameg, *eb. ll.* damhegion. stori i ddysgu gwers neu wirionedd, chwedl. PARABLE, FABLE.

***damgel**, *a.* cuddiedig. HIDDEN.

***damgyfyngrwydd**,*eg.* cyfyngder. DISTRESS.

damgylchedigaeth, *eb.* y weithred o amgylchynu. A SURROUNDING.

damgylchu, *be.*　⎱amgylchynu. TO
damgylchynu, *be.*　⎰ SURROUND.

damhegol, *a.* yn ymwneud â dameg. ALLEGORICAL.

damhegu, *be.* defnyddio damhegion. TO ALLEGORIZE.

damhegwr, *eg. ll.*-wyr. un sy'n dweud damhegion, alegorïwr. ALLEGORIST.

***damhorthi**, *be.* gwanhau. TO WEAKEN.

***damlewychu**, *be.* dangos, mawrhau, disgleirio. TO SHOW, TO MAGNIFY, TO SHINE.

***damlywychedig**, *a.* amlwg. CONSPICUOUS.

damnedig, *a.* wedi ei ddamnio, damniol. DAMNED, DAMNABLE.

　　Damnedigion. THE DAMNED.

damnedigaeth, *eb.* condemniad i gosb tragwyddol, barnedigaeth, collfarn, tynged. DAMNATION.

damnio, *be.* melltithio, rhegi, condemnio. TO DAMN.

damniol, *a.* yn damnio, damnedig. DAMNING, DAMNABLE.

***damnoddi**, *be.* gwarchod, llochi. TO GUARD, TO SHELTER.

***damorth**, *eg.* gwendid. WEAKNESS.

***damrithio**,*be.* ymddangos. TO APPEAR.

damsang, *be.* llethu dan draed, sangu, mathru, sengi, troedio ar, sathru. TO TRAMPLE.

***damunawd**, 1. *eg.* dymuniad. WISH.

　　2. *a.* dymunol. DESIRABLE.

***damuned**, *eg.* dymuniad, chwant. WISH, DESIRE.

***damuniant**, *eg.* dymuniad. WISH.

***damuno**, *be.* dymuno. TO WISH.

damwain, *eb. ll.*-weiniau. 1. cyflwr, stad. STATE.

　　2. digwyddiad (drwg) annisgwyliadwy. ACCIDENT.

　　3. siawns. CHANCE.

　　4. hanes, helynt. NEWS.

damweinio, *be.* digwydd trwy ddamwain, digwydd. TO OCCUR, TO CHANCE.

damweiniol, *a.* trwy ddamwain, ar siawns. ACCIDENTAL.

damwyn(i)o, *be.* damweinio. TO BEFALL.

dan : **tan** : o dan : oddi tan, *ardd.* is, islaw. UNDER.

***dân**, *eg.* carw. DEER.

danad, *ell.* danadl. NETTLES.

danadl, *ell.* (*un. b.* danhadlen). dail poethion, planhigion â dail pigog, danad, dynad, dynaint. NETTLES.

danas, *eg.* carw. DEER.

danfon, *be.* anfon, gyrru, hel, hela, hebrwng. TO SEND, TO TRANSMIT, TO ESCORT.

danfoniad, *eg.* anfoniad, hebryngiad. SENDING, DISPATCH.

dangos, *be.* peri gweled, arddangos, amlygu, dadlennu, datguddio, esbonio. TO SHOW, TO REVEAL.

dangoseg, *eb.* rhestr o destunau neu enwau awduron, etc. mewn llyfr, etc. ; mynegai. INDEX.

dangosol, *a.* yn mynegi neu ddangos, mynegol. INDICATIVE, DEMONSTRATIVE.

danheddog, *a.* ysgithrog, garw, pigog, llym, miniog. JAGGED.

dannod, *be.* ceryddu, edliw, gwawdio. TO TAUNT, TO REPROACH.

dannoedd, *eb.* cur neu boen dant, y ddannoedd. TOOTHACHE.

dansial, (*taf.*) *be.* damsang. TO TRAMPLE.

dansoddol, *a.* haniaethol, anodd ei ddeall. ABSTRACT.

dant : **daint**, *eg. ll.* dannedd. 1. y peth fel asgwrn sydd yn y genau ac a ddefnyddir i gnoi. TOOTH.
2. cogen. COG.
Dant blaen. FORETOOTH.
Dant llygad. EYE TOOTH.
Dannedd malu : cilddannedd. GRINDERS, MOLARS.
Dannedd gosod (dodi). FALSE TEETH.

*dant, *eg.* moes, modd. MANNER, MEANS.

danteithfwyd, *eg.* bwyd danteithiol, amheuthun. DAINTY.

danteithiol, *a.* melys, blasus prin, amheuthun. DELICIOUS.

danteithion, *ell.* pethau melys neu flasus, pethau amheuthun neu brin. DELICACIES.

danto,(*taf.*)*be.* digalonni, blino, diffygio, lluddedu, llwfrhau. TO TIRE, TO DAUNT.

*danwared, *be.* dynwared. TO IMITATE.

danwyn, *a.* gwynddaint. WHITE-TOOTHED.

danys, *eg.* gweler *danas*.

*dâr, *eb. ll.* deri. 1. derwen. OAK-TREE.
2. arweinydd, arglwydd. LEADER, LORD.

*daramred, *be.* gweler *darymred*.

*daramredwas, *eg.* crwydrwr. WANDERER.

darbod, *be.* paratoi, darparu. TO PREPARE.

darbodaeth, *eb.* 1. paratoad, darpariad. PROVISION.
2. cynildeb. THRIFT.

darbodol, *a.* ⎱ cynnil, gofalus (o
darbodus, *a.* ⎰ eiddo), crintach, diwastraff. THRIFTY.

darbwyll, *eg.* rheswm, perswâd. REASON, PERSUASION.

darbwyllo, *be.* bodloni trwy brofion, argyhoeddi, perswadio'n gryf. TO CONVINCE, TO PERSUADE.

*dard, *eg. ll.*-au. dart. DART.

*daresteinad, *eg.* llefain. CRY.

*darestwng, *be.* gweler *darostwng*.

darfath, *eg.* offeryn i lunio metel drwy ei daro. SWAGE.

*darfeiddio, *be.* beiddio. TO DARE.

darfelydd, *eg. ll.*-ion. dychymyg, delweddiad, ffansi. IMAGINATION, FANCY.

darfod, *be.* 1. gorffen, dibennu, cwpláu, terfynu, marw. TO END, TO FINISH, TO DIE.
2. difa. TO WASTE AWAY.
3. digwydd. TO HAPPEN.

darfodadwy, *a.* diflanedig, darfodedig. TRANSITORY, PERISHABLE.

darfodedig, *a.* 1. wedi darfod, diflanedig, yn darfod. TRANSIENT.
2. adfeiliedig. DECAYED.

darfodedigaeth, *eg.* clefyd difaol ar yr ysgyfaint, dicáu. CONSUMPTION.

*darfodwr, *eg. ll.*-wyr. arfodwr, un sy'n taro. STRIKER.

darfyddiad, *eg.* terfyniad, diwedd. FINISHING, ENDING.

darganfod, *be.* canfod, dod o hyd i. TO DISCOVER.

darganfyddiad, *eg. ll.*-au. yr act o ddarganfod, canfyddiad. DISCOVERY.

darganfyddwr, *eg. ll.* darganfyddwyr. un sy'n darganfod. DISCOVERER.

dargludiad, *eg.* y weithred o drawsyrru neu ddargludo gwres, etc. CONDUCTION, CONVECTION.

dargludo, *be.* trosglwyddo gwres. TO CONDUCT.

*darglybod, *be.* clywed. TO HEAR.

*dargoll, *eg.* dinistr, colled. DESTRUCTION, LOSS.

dargopïo, *be.* amlinellu. TO TRACE.

*darguddio, *be.* cuddio. TO HIDE.

*dargwsg, 1. *be.* cysgu, hepian. TO SLEEP, TO DOZE.
2. *eg.* cwsg, SLUMBER.

dargyfeirio, *be.* mynd i gyfeiriadau gwahanol. TO DIVERGE.

darlith, *eb. ll.*-iau, -oedd. sgwrs i gynulleidfa, araith, llith. LECTURE.

darlithio, *be.* rhoi darlith, traddodi darlith. TO LECTURE.

darlithiwr : **darlithydd**, *eg. ll.* darlithwyr. un sy'n darlithio. LECTURER.

darlosgi, *be.* corfflosgi. TO CREMATE.

darlun, *eg. ll.*-iau. llun, arlun, pictiwr. PICTURE.

darlundy, *eg. ll.*-dai. sinema. CINEMA.

darluniad, *eg. ll.*-au. disgrifiad, portread. DESCRIPTION.

darluniadol, *a.* disgrifiadol, yn ymwneud â lluniau, wedi ei ddarlunio. PICTORIAL.

darlunio, *be.* disgrifio, portreadu, peintio, delweddu, tynnu llun. TO DESCRIBE, TO ILLUSTRATE, TO DRAW, TO DEPICT.

darllaw, *be.* gwneud cwrw, etc. bragu. TO BREW.

darllawr, *eg. ll.*-wyr. ⎱ bragwr.
darllawydd, *eg. ll.*-ion. ⎰ BREWER.

*darlleaw, *be.* darllen. TO READ.

*darlleawdr, *eg. ll.* darlleodron. darllenwr. READER.

darllediad, *eg. ll.*-au. y weithred o ddarlledu. BROADCAST.

darlledu, *be.* datgan neu gyhoeddi drwy'r radio. TO BROADCAST.

darlledwr, *eg. ll.* darlledwyr. un sy'n darlledu. BROADCASTER.

darllen, *be.* deall symbolau printiedig drwy edrych, etc. ; deall â'r llygaid, llefaru geiriau wedi eu hysgrifennu neu eu hargraffu. TO READ.

darllenadwy, *a.* dealladwy, amlwg, eglur, difyr. READABLE, LEGIBLE.

darllenawd, *eg. ll. -au.* arddywediad. DICTATION.

darllenfa, *eb. ll.*-feydd. ystafell ddarllen, llyfrgell, desg ddarllen. STUDY, LIBRARY, LECTERN.

darllengar, *a.* hoff o ddarllen, yn arfer darllen. STUDIOUS, FOND OF READING.

darlleniad, *eg. ll.*-au. y weithred o ddarllen. A READING.

darllenwr : darllenydd, *eg. ell.* darllenwyr. un sy'n darllen. READER.

*darllëwr, *eg. ll.* darllëwyr. darllenwr. READER.

*darllëydd, *eg. ll.*-ion. darllenydd. READER.

*darmain, 1. *be.* gweiddi. TO SHOUT.
    2. *eg.* gwaedd. SHOUT.

*darmerth, 1. *eg. ll.*-au. darpariaeth, paratoad. PREPARATION.
    2. *be.* darparu. TO PREPARE.

*darmerthad, \ *eg.* darpariaeth. PRE-
*darmerthedd, / PARATION.

*darmes, *eb.* colled, gofid. LOSS, GRIEF,

darn, *eg. ll.*-au. dernyn, tamaid, rhan, dryll, cetyn, clwt, llain, cyfran. hanner. PIECE, PART, HALF.
    Darn-ladd. TO HALF-KILL.

darnio, *be.* torri'n ddarnau, rhwygo, archolli, dryllio, briwio. TO CUT UP, TO TEAR.

*darofun, 1. *eg.* dymuniad. WISH.
    2. *be.* dymuno, arofun. TO WISH, TO INTEND.

darogan, 1. *be.* rhagfynegi, argoeli, rhagddywedyd, proffwydo. TO FORE-TELL, TO PREDICT.
    2. *eb. ll.*-au. rhagfynegiad, argoeliad, proffwydoliaeth. PREDIC-TION, FORECAST.

*darogant, *eg.* darogan, proffwydoliaeth. PREDICTION, PROPHECY.

daroganu, *be.* proffwydo. TO PREDICT.

daroganwr, *eg. ll.*-wyr. gŵr sy'n proffwydo, proffwyd. PREDICTOR, PROPHET.

*darogenydd, *eg.* daroganwr. PROPHET.

darostwng, *be.* iselu, iselhau, gostwng, dwyn dan awdurdod, gorchfygu. TO HUMILIATE, TO SUBDUE, TO LOWER, TO DEGRADE, TO SUBJECT.

darostyngedig, *a.* o dan, ufudd i, caeth, wedi ei ddarostwng. SUB-JECTED, SUBJECT.

darpar : darparu, *be.* gwneud yn barod, paratoi, arlwyo. TO PREPARE.

darpar, *eg. ll.*-iadau : **darpariaeth,** *eb. ll.*-au. paratoad, arlwy. PREPAR-ATION.
    Darpar esgob. BISHOP ELECT.
    Darpar ŵr. INTENDED HUSBAND.
    Darpar wraig. INTENDED WIFE.

darostyngiad, *eg. ll.*-au. y weithred o ddarostwng, ufudd-dod. SUBJECTION, HUMILIATION.

darparwr, *eg. ll.*-wyr. un sy'n darparu ; cyflenwr. PREPARER; PROVIDER.

darparwŷl, *eb. ll.*-iau. gŵyl baratoawl. FEAST OF PREPARATION.

*darrisg, *eg.* cen, pilionen, gorchudd. FILM, COVERING.

*darstain, *be.* diaspedain, datsain. TO ECHO, TO RESOUND.

dart, *eg. ll.*-au. dart, dard. DART.

*darwain, *be.* 1. llifo, tywallt. TO FLOW, TO POUR.
    2. dwyn, cludo. TO BRING, TO CARRY.

*darware, *be.* chwarae. TO PLAY, TO SPORT.

darwden, *eb.* haint ar y croen sy'n ymddangos yn ysmotiau crwn, tarwden, taroden, gwreinen, marchwreinen, tarddwreinen. RINGWORM.

*darwedd, 1. *eg.* bwrlwm, llif. BUBBL-ING, FLOOD.
    2. *be.* llifo, tywallt. TO FLOW, TO POUR.

*darweled, *be.* canfod. TO PERCEIVE.

*darwerthu, *be.* cyfnewid, gwerthu. TO EXCHANGE, TO SELL.

*darymes, *eg.* gweler *darmes.*

darymred, 1. *eg.* y bib. DIARRHŒA.
    2. *be.* crwydro o gwmpas, treiglo ; gweini. TO WANDER ABOUT ; TO SERVE.

das, *egb. ll.*-au. deisi. tas, helm, pentwr. STACK, RICK, HEAP.

*daswrn, *eg. ll.* dasyrnau. pentwr, das. HEAP, CONE, RICK.

*datbing, *eg.* datsain, cynulliad. RE-VERBERATION, GATHERING.

datblygiad, *eg. ll.*-au. twf, tyfiant, y weithred o ddatblygu. DEVELOP-MENT, EVOLUTION.

datblygu, *be.* ymagor, amlygu, tyfu. TO DEVELOP, TO EVOLVE.

datbrofi, *be.* gwrthbrofi. TO DISPROVE.

*datfer, *be.* gweler *dadfer.*

datfforestu, *be.* digoedwigo. TO DIS-AFFOREST.

deall

datgan : datganu, *be.* mynegi, traethu, adrodd, cyhoeddi, cyffesu, cyfleu. TO DECLARE, TO RECITE, TO RENDER.

datganiad, *eg. ll.*-au. mynegiad, traethiad, cyhoeddiad, adroddiad, cyffesiad, cyflead. DECLARATION, RENDERING.

datgeiniad, *eg. ll.* datgeiniaid. canwr, cantwr, cantor, caniedydd. SINGER.

datgeliad, *eg. ll.*-au. darganfyddiad. DETECTION.

datglo, *a.* agored, heb ei gloi. UNLOCKED.

datgloi, *be.* agor clo (gwrthwyneb *cloi*). TO UNLOCK.

datgudd, 1. *eg.* datguddiad, atgyfodiad. REVELATION, RESURRECTION.
2. *be.* datguddio, datgladdu. TO REVEAL, TO DISINTER.

datguddiad, *eg. ll.*-au. amlygiad, dadleniad, eglurhad, mynegiad, datganiad. DISCLOSURE, REVELATION.

datguddio, *be.* gwneud yn amlwg, dod â pheth i'r golwg, amlygu, dadlennu, dangos. TO REVEAL, TO DISCOVER.

datgymaliad, *eg. ll.*-au. dadleoliad. DISLOCATION.

datgysylltu, *be.* torri cysylltiad neu berthynas, datod. TO DISCONNECT.
Datgysylltiad yr Eglwys. DISESTABLISHMENT OF THE CHURCH.

datod, *be.* tynnu'n rhydd, dadwneud, rhyddhau. TO UNDO, TO SOLVE, TO LOOSE.

datoi, *be.* di-doi. TO UNROOF.

***datprwy,** 1. *eg.* prynedigaeth. REDEMPTION, PURCHASE.
2. *be.* prynu, cyfryngu (tros), haeddu. TO BUY, TO REDEEM, TO DESERVE.

datrannu, *be.* dyrannu. TO DISSECT.

datrys : dadrys, *be.* datod, dehongli, mysgu. TO SOLVE, TO UNRAVEL.

datrysiad, *eg.* dehongliad. SOLUTION.

datsain, *eb.* diasbedain, sŵn cloch. REVERBERATION, RING, PEAL.

datseinio, *be.* atseinio. TO RESOUND.

datseiniol, *a.* atseiniol. RESOUNDING.

datsgwar, *eg.* arsawdd, ail isradd. SQUARE ROOT.

***dat(t)awdd,** *be.* meirioli, rhyddhau. TO THAW, TO FREE.

***datwair,** *eg.* gweler *dadwair*.

***datwedd,** *be.* gweler *dadwedd*.

***datwoddau,** *eg.* gweler *dadwoddau*.

datwreidd(io), *be.* gweler *diwreiddio*.

***datwyrain,** *be.* gweler *dadwyrain*.

dathliad, *eg. ll.*-au. y weithred o ddathlu. CELEBRATION.

dathlu, *be.* gwneud rhywbeth i atgofio am rywbeth neu rywun a fu, gwneud

rhywbeth diddorol ar amgylchiad arbennig. TO CELEBRATE.

***dathoedd,** *bf.* daethai. (S)HE HAD COME.

dau, *a.* ac *eg. ll.* deuoedd. (*b.* dwy). y rhifol ar ôl un. TWO.
Hwy ill dau. THEY TWO.
'Does dim dau amdani. THERE'S NO DOUBT ABOUT IT.

daudafodiog, *a.* â dau dafod. DOUBLE-TONGUED.

daufiniog, *a.* â dau fin. DOUBLE-EDGED.

dauwynebog, *a.* twyllodrus, dichellgar, rhagrithiol. DECEITFUL.

daw, *eg. ll.* dofion, -on. mab-yng-nghyfraith. SON-IN-LAW.

***dawad,** *be.* dyfod. TO COME.

dawn, *egb. ll.* doniau. talent, gallu arbennig. TALENT, GIFT.

***dawngamp,** *eb. ll.*-au. rhagoroldeb. EXCELLENCE.

***dawnged,** 1. *eb.* anrheg, ffafr. GIFT, FAVOUR.
2. *a.* graslawn. FULL OF GRACE.

***dawnglod,** 1. *eb.* enwogrwydd, athrylith. FAME, GENIUS.
2. *a.* clodfawr ei allu. OF PRAISE-WORTHY ABILITY.

dawns, *eb. ll.*-iau. symudiad rheolaidd gyda cherddoriaeth. DANCE.
Seindorf ddawns. DANCE BAND.
Dawns y don. THE TOSSING OF THE WAVE.

***dawnserch,** *a.* hael. GENEROUS.

dawnsio, *be.* symud gydag amseriad cerddoriaeth, symud yn rhythmig. TO DANCE.

dawnsiwr, *eg. ll.* dawnswyr. un sy'n dawnsio. DANCER.

dawnus, *a.* talentog, galluog, a dawn ganddo. GIFTED.

***dawnwith,** *a.* trwsgl. CLUMSY.

***dawr,** *bf.* diddawr. IT INTERESTS.

***dayerydd,** *ell.* lluosog *daear*. EARTHS.

de, *a.* 1. deheuol. SOUTHERN.
2. cyferbyniol i chwith. RIGHT.

de : deau, 1. *eg.* rhan ddeheuol ardal neu wlad, deheubarth. SOUTHERN DISTRICT OR COUNTRY.
2. *eb.* ochr neu gyfeiriad croes i'r chwith, deheulaw. RIGHT SIDE OR DIRECTION.

***de,** 1. *a.* poeth, hoyw. HOT, LIVELY.
2. *be.* llosgi, gofidio. TO BURN, TO VEX.
3. *rhag.* di. THOU.

deall : dyall, *be.* cael gafael yn yr ystyr, dirnad, amgyffred, gwybod. TO UNDERSTAND.

deall, *eg.* y gallu i amgyffred, dirnadaeth, amgyffrediad, deallgarwch, deallusrwydd. INTELLIGENCE, INTELLECT.

dealladwy, *a.* y gellir ei ddeall, dirnadwy, amgyffredadwy. INTELLIGIBLE.

deallgar, *a.* yn gallu deall yn dda, deallus. INTELLIGENT, WISE.

deallol, *a.* deallus. INTELLECTUAL.

dealltwriaeth, *eb. ll.*-au. dirnadaeth, synnwyr, gwybodaeth, cytundeb. UNDERSTANDING.

deallus, *a.* yn defnyddio neu ddangos dealltwriaeth. INTELLECTUAL.

*dean, *eg. ll.*-iaid. deon. DEAN.

deau¹, 1. *eb.* cyferbyniol i aswy neu chwith. THE RIGHT.

    2. *eg.* de, deheubarth. THE SOUTH.

deau², *a.* 1. de, cyferbyniol i aswy neu chwith. RIGHT.

    2. deheuol. SOUTHERN.

*deawg, *a.* brwd, ffyrnig. FERVENT, FIERCE.

*debre, *bf.* gweler *dabre.*

debyd, *eg.* cyfrif dyledion, dyled. DEBIT.

    Cyfrif debyd. DEBIT A/C.

*decpyn, *ell.* deg pwn. TEN LOADS.

decsill, *a.* â deg sillaf. OF TEN SYLLABLES.

dectant, *eg.* offeryn ac iddo ddeg tant. TEN-STRINGED INSTRUMENT.

*dechannu, *be.* cynnal, casglu, meddiannu. TO SUPPORT, TO GATHER, TO POSSESS.

*dechead, *eg.* gweler *dyhead.*

dechrau, 1. *eg.* tarddiad, cychwyniad, dechreuad. BEGINNING, ORIGIN.

    2. *be.* cychwyn, gwneud symudiad, tarddu, dodi ar waith. TO BEGIN, TO ORIGINATE.

    Dechrau gwaith. TO BEGIN WORK.

dechreuad, *eg.* dechrau. BEGINNING.

dechreunos, *eb.* gyda'r hwyr, diwedydd, cyfnos, gyda'r nos, cyflychw(y)r. DUSK.

dechreuol, *a.* cyntaf, cychwynnol. ORIGINAL, INITIAL.

dechreuwr, *eg. ll.* dechreuwyr. un sy'n dechrau. BEGINNER, STARTER, NOVICE.

*dechrydu, *be.* ysgwyd, achosi i grynu, dychryn. TO SHAKE, TO CAUSE TO SHAKE, TO FRIGHTEN.

*dechryn, *eg.* gweler *dychryn.*

*dechrynu, *be.* gweler *dychrynu.*

*dechrys, 1. *eg.* braw, dychryn. TERROR.

    2. *a.* arswydus. FRIGHTENING.

*dechwyn, *be.* codi. TO RISE.

*dechymig, *eg.* gweler *dychymyg.*

*dechymydd, *be.* 3 *un. pres.*, gweler *dychymod.*

dedfryd, *eb. ll.*-au, -on. dyfarniad rheithwyr, rheithfarn ; barn ar ôl arholiad, etc. VERDICT.

dedfrydu, *be.* rhoi dedfryd, dyfarnu. TO GIVE A VERDICT.

*dedlid, *eg.* gofid, alaeth. GRIEF, SORROW.

dedwydd (wŷ), *a.* hapus, wrth ei fodd, llawen, llon, gwynfydedig. HAPPY, BLESSED.

*dedwyddol, *a.* } gwynfydedig.
*dedwyddus, *a.* } BLESSED.

dedwyddwch : dedwyddyd, *eg.* hapusrwydd, gwynfyd, llawenydd. HAPPINESS, BLISS.

deddf, *eb. ll.*-au. rheol a wneir gan lywodraeth, cyfraith, ystatud, unrhyw reol. LAW, STATUTE.

    Deddfau natur. LAWS OF NATURE.

deddfeg, *eb.* gwyddor y gyfraith. JURISPRUDENCE.

deddflyfr, *eg. ll.*-au. llyfr ystatud. STATUTE BOOK.

deddfol, *a.* yn ôl y ddeddf, cyfreithiol, awdurdodol. LEGAL, LAWFUL, DICTATORIAL.

deddfu, *be.* gwneud deddf. TO LEGISLATE.

deddfwr, *eg. ll.* deddfwyr. un sy'n gwneuthur cyfreithiau. LEGISLATOR.

deddfwriaeth, *eb. ll.*-au. y weithred o lunio neu wneud deddfau. LEGISLATION.

*deddyw, *bf.* daeth. (S)HE HAS COME.

defeidiog, *eb. ll.*-au. ffridd. SHEEP-WALK.

*defeidiwr, *eg. ll.*-wyr. bugail. SHEPHERD.

*defeity, *eg. ll.*-tai. corlan. SHEEP-FOLD.

defni, 1. *be.* diferu, distyll. TO DRIP.

    2. *ell.* diferion. DROPS.

defnydd : deunydd, *eg. ll.*-iau. 1. stwff. MATERIAL.

    2. mater, sylwedd. MATTER.

    3. pwrpas, diben. PURPOSE, END.

defnyddio, *be.* gwneud iws neu ddefnydd, arfer. TO USE.

defnyddiol, *a.* buddiol, llesol, o wasanaeth. USEFUL.

defnyddioldeb, *eg.* buddioldeb, y stad o fod yn ddefnyddiol, gwasanaeth. USEFULNESS.

defnyddiwr, *eg. ll.* defnyddwyr. un sy'n defnyddio. USER, CONSUMER.

defnyn, *eg. ll.*-nau, dafnau. dafn, diferyn. DROP.

defnynnu   deiliadaeth

defnynnu, *be.* syrthio yn ddiferion, diferu, diferynnu. TO DRIP, TO TRICKLE.

defod, *eb. ll.*-au. 1. arfer, arferiad. CUSTOM.

2. seremoni. CEREMONY.

3. ordinhad. ORDINANCE.

defodaeth, *eb.* arferiaeth. RITUALISM.

defodol, *a.* arferol, seremonïol. CUSTOMARY, RITUALISTIC.

defosiwn, *eg. ll.* defosiynau. cysegriad neu ffyddlondeb cryf, teyrngarwch, duwioldeb, cydwybodolrwydd. DEVOTION.

defosiynol, *a.* duwiol, duwiolfrydig, crefyddol, yn ymwneud â defosiwn. DEVOTIONAL, DEVOUT.

*****deffreu**, *be.* llifo ; deillio. TO FLOW ; TO EMANATE.

deffro : deffroi, *be.* cyffroi o gwsg, dihuno. TO AWAKE, TO AWAKEN.

deffroad, *eg. ll.*-au. yr act o ddeffro, adfywiad. AWAKENING.

*****deffrydio**, *be.* terfysgu, blino. TO RAISE A TUMULT, TO TROUBLE.

deg : deng, *a. ll.* degau. y rhifol sy'n dilyn naw. TEN.

Deng mlwydd. TEN YEARS (OLD).
Deng mlynedd. TEN YEARS (TIME).
Deng niwrnod. TEN DAYS.
Arddegau. TEENS.

degad, *eg. ll.*-au. deng mlynedd. DECADE.

degfed, *a.* yr olaf o ddeg. TENTH.

degiad, *eg. ll.*-au. degol, degfed ran. DECIMAL.

*****degle**, *bf.* clyw ! tyred ! LISTEN ! COME !

degol, *eg. ll.*-ion. degiad, degfed ran. DECIMAL.

Pwynt degol. DECIMAL POINT.
Degol cylchol. RECURRING DECIMAL.

degoli, *be.* troi'n rhannau degol. TO DECIMALIZE.

degwm, *eg. ll.* degymau. 1. un rhan o ddeg, y ddegfed ran. TENTH.

2. math o dreth lle telir y ddegfed ran o enillion i'r eglwys. TITHE.
Degwm cil-dwrn. TIP.

*****dengiawl**, *ell.* deg diawl. TEN DEVILS.

*****dengneint**, *ell.* deg dant ; deg tant. TEN TEETH ; TEN STRINGS.

*****dengyn**, *a.* diysgog, garw, dewr, cadarn. STEADFAST, HARSH, BRAVE, STRONG.

deheubarth, *eg. ll.*-au : **deheudir**, *eg. ll.*-oedd. y deau, rhan o wlad sydd yn y deau. SOUTHERN REGION.

Y Deheubarth. SOUTH WALES.

*****deheueg**, *a.* deheuig. DEXTEROUS.

deheuig, *a.* medrus, celfydd, dechau, dethau, cyfarwydd, hyfedr, cywrain. SKILFUL, DEXTEROUS.

deheulaw, *eb.* llaw ddeau. RIGHT HAND.

Ar ei ddeheulaw. ON HIS RIGHT.

deheuol, *a.* i'r de, yn y de. SOUTHERN.

deheurwydd, *eg.* y gallu a ddaw o ymarfer a phrofiad, medr, medrusrwydd. SKILL, DEXTERITY.

deheuwr, *eg. ll.* deheuwyr. un o'r de. SOUTHERNER.

deheuwynt, *eg. ll.*-oedd. gwynt o'r de. SOUTH WIND.

dehongli, *be.* rhoi ystyr, egluro, esbonio, cyfieithu. TO INTERPRET.

dehongliad, *eg. ll.*-au. ffrwyth dehongli, eglurhad, esboniad. INTERPRETATION.

dehonglwr : dehonglydd, *eg. ll.* dehonglwyr. un sy'n dehongli, lladmerydd, esboniwr, cyfieithydd. INTERPRETER.

*****dehol**, 1. *a.* alltud ; arbennig. EXILED ; SPECIAL.

2. *be.* alltudio. TO EXILE.

*****deholedig**, *a.* alltud. EXILED.

*****deholiad**, *eg. ll.*-au. alltudiaeth. BANISHMENT, EXPULSION.

*****dehor**, *be.* 1. atal, deor. TO PREVENT.

2. denu. TO ENTICE.

deial, *eg.* offeryn i ddangos amser yn ôl yr haul, wyneb cloc, etc. DIAL.

*****deierin**, *a.* o bridd, yn y ddaear, daearol. EARTHY, BURIED, EARTHLY.

deifio, *be.* llosgi, rhuddo, niweidio, mallu, anafu, ysu. TO SCORCH, TO SINGE, TO BLAST.

deifiol, *a.* niweidiol, llosg, ysol, llym, miniog, tost, mallus. SCORCHING, SCATHING, BLASTING.

deifiwr, *eg. ll.*-wyr. un sy'n deifio. BLASTER, SCORCHER.

*****deifn(i)og**, *a.* defnyddiol, sylweddol. USEFUL, SUBSTANTIAL.

*****deifno**, *be.* cynhyrchu. TO PRODUCE.

*****deifrblas**, *eg. ll.*-au. llong. SHIP.

deigryn : deigr, *eg. ll.* dagrau. diferyn o ddŵr o'r llygad, dafn. TEAR.

deilbridd, *eg.* pridd a ffurfir o ddail, etc. HUMUS.

deildy, *eg. ll.* deildai. lle caeëdig cysgodol mewn coed. BOWER, ARBOUR.

deilen, *eb. ll.* dail, dalennau. organ planhigyn, dalen, dau dudalen o lyfr. LEAF.

deiliad, *eg. ll.* deiliaid. tenant, un sy'n talu rhent am le, un o dan awdurdod eraill. TENANT, SUBJECT.

deiliadaeth, *eb. ll.*-au. tenantiaeth. TENANCY.

166

deilgoll, *a.* collddail. DECIDUOUS.

*deiliar, *a.* â'i ddail yn siffrwd. WITH MURMURING LEAVES.

*deiliedig, *a.* wedi ei ddal. CAPTIVE.

deilio, *be.* bwrw dail. TO LEAF.

deiliog, *a.* â dail. LEAFY.

deilliad, *eg. ll.*-au. tarddiad ; wedi deillio o un arall. DERIVATION ; DERIVATIVE.

deilliant, *eg. ll.*-nnau. tarddiad. DERIVATION.

deillio, *be.* tarddu, codi, dilyn fel effaith, digwydd fel canlyniad. TO RESULT FROM, TO ISSUE FROM, TO EMANATE, TO FLOW.

*deimawns, *eg.* diemwnt. DIAMOND.

deinameg, *eg.* gwyddor sy'n ymdrin â mater a symudiad. DYNAMICS.

deinamig, *a.* grymus, nerthol. DYNAMIC.

deinamo, *eg.* peiriant cynhyrchu trydan. DYNAMO.

deincod, *eg.* rhygnu yn y dannedd, dincod. TEETH ON EDGE.

*deincryd, *eg.* ● rhincian dannedd. GNASHING OF TEETH.

*deiniad, *eg.* carw. DEER.

deintio, *be.* darn-gnoi. TO NIBBLE.

deintrod, *eb. ll.*-au. cogen. COG.

*deintws, *e. torf.* dannedd (mân). (LITTLE) TEETH.

deintydd, *eg. ll.*-ion. meddyg neu dynnwr dannedd. DENTIST.

deintyddiaeth, *eb.* gwaith deintydd. DENTISTRY.

deiol, *eg.* deial. DIAL.

deir, *a. (taf.)* araf. SLOW.

*deirydaid, *be.* perthyn, dyfod. TO RELATE, TO COME.

deiseb, *eb. ll.*-au. cais ffurfiol, deisyfiad ysgrifenedig, erfyniad. PETITION.

deisebu, *be.* gwneud deiseb, erfyn, deisyfu, erchi. TO PETITION.

deisebwr, *eg. ll.* deisebwyr. un sy'n gwneud deiseb. PETITIONER.

deisyf, *eg.ll.*-ion. : **deisyfiad,** *eg.ll.*-au. yr act o ddeisyf neu ofyn, dymuniad, erfyniad, ymbil, cais. REQUEST.

deisyf : deisyfu, *be.* dymuno, ymbil, erfyn, chwenychu, gofyn. TO DESIRE, TO BESEECH.

*deisyfedig, ⎱ *a.* disyfyd, sydyn, di-
*deisyfyd, ⎰ rybudd. SUDDEN.

*deisyfyd, *be.* gweler *deisyf(u)*.

*del, *a.* caled, cyndyn. STIFF, OBSTINATE.

del, *a.* pert, tlws, twt, cryno, taclus, dillyn, destlus. PRETTY, NEAT.

dêl, *be.* 3 un. pres. dib. o *dyfod.* MAY COME.

delfryd, *eg. ll.*-au. drychfeddwl neu syniad o rywbeth perffaith. AN IDEAL.

delfrydiaeth, *eb.* y weithred o lunio delfryd. IDEALISM.

delfrydol, *a.* perffaith, di-nam. IDEAL.

delff, *eg.* hurtyn, penbwl, llabwst, clown. OAF, CHURL, CLOWN.

delffaidd, *a.* hurt, dwl, taeogaidd. STUPID, CHURLISH.

delffu, *be.* mwydro, ffoli ; siomi. TO BEWILDER ; TO DISAPPOINT.

*delid, *eg. ll.*-au. teilyngdod, gwerth. MERIT, VALUE.

delio, *be.* ymwneud â, trin, ymdrin. TO DEAL.

delor, *eg.* cnocell y coed. WOODPECKER.

delw, *eb. ll.*-au. cerflun, llun, eilun, darlun, rhith, ffurf. IMAGE, IDOL, FORM, MANNER.

    Delw-dorrwr. ICONOCLAST.

*delwad, *eg.* 1. lluniwr, creawdwr. MAKER, CREATOR.

    2. ffurf, modd. FORM, MANNER.

delw-addoli, *be.* addoli delw neu ddelwau. TO WORSHIP IMAGES.

delwedd, *eb. ll.*-au. meddylddrych. IMAGE.

delweddiad, *eg. ll.*-au. darluniad, y weithred o ddodi ar ffurf delwedd. PORTRAYAL, IMAGERY.

delweddu, *be.* ffurfio delwedd, darlunio. TO PICTURE.

delwi, *be.* breuddwydio (ar ddi-hun), mynd fel delw, bod yn ddifeddwl, gwelwi, parlysu gan ofn. TO BE WOOL-GATHERING, TO PALE, TO BE PARALYSED WITH FRIGHT.

delysg, *e. torf.* gwymon bwytadwy. DULSE.

*dell, *eb.* glain, addurn. BEAD, ORNAMENT.

*delli, *eg.* dallineb. BLINDNESS.

dellni, *eg.* dallineb. BLINDNESS.

dellt, *ell.(un. b.* dellten). darnau meinion o bren neu fetel i ddal plastr mewn nenfwd, ffenestr a dellt ynddi neu ddarnau o goed neu fetel wedi eu croesi. LATHS, LATTICE.

delltio, *be.* ⎱ dryllio, llunio dellt. TO
delltu, *be.* ⎰ SPLINTER, TO LATTICE.

*delltwr, *eg.* holltwr, drylliwr. ONE WHO SPLITS.

demên, *eb. ll.* demenau. treftadaeth, tiriogaeth. DEMESNE.

democratiaeth, *eb.* gweriniaeth, llywodraeth gan y werin, gwladwriaeth a lywodraethir gan y werin. DEMOCRACY.

dengar, *a.* hudol, atyniadol, deniadol, swynol. ALLURING, ATTRACTIVE.

dengarwch, *eg.* yr ansawdd o fod yn ddengar, swyn, hudoliaeth. ATTRACTIVENESS.

deniadau, *ell.* pethau sy'n denu, atyniadau, hudoliaethau. ATTRACTIONS.

deniadol, *a.* yn denu, dengar, hudol, swynol. ATTRACTIVE, ENTICING.

denu, *be.* tynnu at, hudo, llithio, swyno. TO ATTRACT, TO ENTICE.

deol, *be.* gwahanu, didoli, alltudio. TO SEPARATE, TO BANISH, TO EXPEL.

deoledig, *a.* wedi ei ddeol, didol, alltud. SEPARATED, BANISHED, EXILED.

*deon, *ell.* gwyrda; pobl dda. NOBLES; GOOD MEN.

deon, *eg. ll.*-iaid. prif offeiriad mewn cysylltiad ag eglwys gadeiriol, swyddog mewn prifysgol, etc. DEAN.

deoniaeth, *eb. ll.*-au. swydd deon. DEANERY.

deor : deori, *be.* 1. eistedd ar wyau i gael adar bach ohonynt, gori. TO BROOD, TO HATCH.
  2. atal, rhwystro. TO PREVENT.

deorfa, *eb. ll.*-fâu, -feydd. canolfan deori. HATCHERY.

deoriad, *eg.* y weithred o ddeor. HATCHING.

deorydd, *eg. ll.*-ion. peiriant deori, deorfa. INCUBATOR.

*dera, *eb.* y fall, diawles; pendro. SHE-DEVIL; GIDDINESS.

derbyn, *be.* cael, cymryd, croesawu. TO RECEIVE.

derbyniad, *eg. ll.*-au. y weithred o dderbyn, croeso, croesawiad. RECEPTION, ACCEPTANCE.

derbyniadau, *ell.* arian a dderbyniwyd. RECEIPTS.

derbyniol, *a.* cymeradwy, dymunol, a groesewir. ACCEPTABLE.

derbynneb, *eb. ll.* derbynebau. datganiad ysgrifenedig i ddangos bod arian, etc. wedi eu derbyn; taleb. RECEIPT.

*derch, *a.* aruchel. EXALTED.

dere, *bf.* tyred! COME!

deri, *ell.* (*un. b.* dâr). derw. OAK-TREES, OAK.

derlwyn, *eg. ll.*-i. llwyn neu gelli o goed derw. OAK-GROVE.

*derlyn, *be.* erlid, dilyn. TO PURSUE.

*derllid, *be.* teilyngu. TO DESERVE.

derllydd(u), *be.* teilyngu, ennill. TO DESERVE, TO WIN.

*derllys, *a.* haeddiannol. WORTHY.

dernyn, *eg. ll.*-nau, darnau. tamaid, darn, dryll. PIECE, FRAGMENT.

dernynnach, *e. torf.* tameidiach, darnau bychain. SCRAPS.

derwen, *eb. ll.* derw. dâr, coeden dderw. OAK-TREE.

*derwgerdd, *eb. ll.*-i. cerdd gref. POWERFUL POEM.

*derwin, 1. *eg.* pren derw. OAK-TREE.
  2. *a.* o dderw. OAK.

derwydd, *eg. ll.*-on. offeiriad Celtaidd gynt a addolai dan goed derw, dewin. DRUID, WIZARD.
  Archdderwydd : prif swyddog Gorsedd y Beirdd. ARCHDRUID.

derwyddiaeth, *eb.* credo neu athrawiaeth y derwyddon. DRUIDISM.

derwyddol, *a.* yn ymwneud â derwyddon. DRUIDIC.

*deryw, *bf.* digwyddodd, darfu. HAPPENED, CEASED.

desg, *eb. ll.*-au, -iau. bord ysgrifennu. DESK.

*destl, 1. *eb.* trefn, rheol. ORDER, RULE.
  2. *a.* moethus, destlus. LUXURIOUS, TIDY.

destlus, *a.* taclus, twt, cryno, trwsiadus, dillyn, del. NEAT, TRIM.

destlusrwydd, *eg.* taclusrwydd, dillynder. NEATNESS.

dethau, *a.* dechau, destlus, deheuig, cymen, medrus, celfydd. TIDY, SKILFUL.

dethol, *be.* dewis, tynnu un neu ragor o nifer fwy. TO CHOOSE, TO SELECT.

dethol : detholedig, *a.* wedi ei ddethol, dewisedig. CHOICE, CHOSEN.

detholiad, *eg. ll.*-au, detholion. yr act o ddethol neu ddewis, dewisiad. SELECTION, SELECTING, ANTHOLOGY.

detholus, *a.* yn dethol. SELECTIVE.

deuawd, *egb. ll.*-au. cân gan ddau. DUET.

deubar, 1. *eg.* pâr, cwpl. A PAIR, A COUPLE.
  2. *a.* o'r ddwy ran. OF TWO PARTS. (Neh. xiii. 24).

deubarthol, *a.* fforchog. DICHOTOMOUS.

deublyg, *a.* dwbl. DOUBLE, TWOFOLD.

deuddeg : deuddeng, *a. rhifol.* deg a dau, un-deg-dau. TWELVE.

deuddegfed, *a.* yr olaf o ddeuddeg. TWELFTH.

deuddyblyg, *a.* dau ddyblyg, dyblyg. DOUBLE.

deuddydd, *eg.* dau ddiwrnod. TWO DAYS.

deufel, *eg. ll.*-oedd. gornest â chleddyf rhwng dau. DUEL.

deugain, *a. rhifol.* dau ugain, pedwar deg. FORTY.

deugeinfed, *a.* yr olaf o ddeugain. FORTIETH.

deulun, *a.* dwyffurf. DIMORPHOUS.

deunaw, *a. rhifol.* dau naw, un-deg-wyth. EIGHTEEN.

deunawfed, *a.* yr olaf o ddeunaw. EIGHTEENTH.

*deune, *a.* yr un lliw â. OF THE SAME COLOUR.

deunydd, *eg. ll.*-iau. gweler *defnydd.*

deuocsid, *eg.* cyfansawdd o ocsigen a metel. DIOXIDE.

deuoedd, *e. deuol.* y ddau, parau. THE TWO, PAIRS.

deuol, *a.* â dwy ran. DUAL.

deuoliaeth, *eb. ll.*-au. y stad o fod yn ddeuol. DUALISM.

deuparth, *a.* dwy ran o dair. TWO-THIRDS.

*deupeinog, *a.* â dau ben, dyblyg. TWO-HEADED, DOUBLE, TWO-FOLD.

deurudd : dwyrudd, *e. deuol.* y gruddiau, y bochau. THE CHEEKS.

deuryw, *a.* â nodweddion y ddau ryw. EPICENCE, HEMAPHRODYTE.

deusain, *e. deuol. ll.* deuseiniau. dipton, dwy lafariad yn dod gyda'i gilydd ac yn gwneud un sain. DIPHTHONG.

deusill(af), *a.* â dwy sillaf. OF TWO SYLLABLES.

deuswllt, *eg. ll.* deusylltau. darn o arian gwerth dau swllt, dau swllt. FLORIN, TWO SHILLINGS.

deutu, *e. deuol.* dwy ochr, bob ochr. TWO SIDES.

　　Oddeutu. ABOUT.

*deuwedd, *e. deuol.* y ddau. BOTH.

*deweint, *eg.* canol nos. MIDNIGHT.

dewin, *eg. ll.*-iaid. (*b.*-es.) un sy'n meddu ar allu hud, swynwr, swyngyfareddwr, dyn hysbys. MAGICIAN.

dewindabaeth, *eb. ll.*-au. dewiniaeth. DIVINATION, MAGIC.

dewiniaeth, *eb.* gwaith dewin, hud, hudoliaeth, swyn, swyngyfaredd. MAGIC, WITCHCRAFT.

dewiniaidd, *a.* dewiniol. PROPHETIC, MAGICAL.

dewino, *be.* hudo, swyno, proffwydo. TO DIVINE.

dewis, *be.* 1. cymryd, dethol, ethol. TO CHOOSE, TO SELECT.

　　2. dymuno. TO DESIRE.

dewis : dewisiad, *eg.* 1. detholiad, etholiad. CHOICE, CHOOSING, SELECTION.

　　2. dymuniad. DESIRE.

dewisddyn, *eg. ll.*-ion. ffefryn. FAVOURITE.

dewisedig, *a.* wedi ei ddewis, etholedig. ELECT, CHOSEN.

dewisiad, *eg. ll.*-au. gweler *dewis.*

*dewiso, *be.* gweler *dewis.*

*dewisog, *a.* dewisol, dethol, dewisedig. CHOSEN, CHOICE.

dewisol, *a.* dethol ; wedi ei ddewis. CHOICE ; CHOSEN.

dewiswr, *eg. ll.*-wyr. un sy'n dewis ; gŵr etholedig. CHOOSER ; CHOSEN MAN.

*dewisydd, *eg.* gŵr dewisedig. CHOSEN MAN.

dewr, 1. *a. ll.*-ion. gwrol, glew, hy, eofn, beiddgar. BRAVE, BOLD, VALIANT.

　　2. *eg. ll.*-ion. dyn gwrol, gwron, arwr. BRAVE MAN, HERO.

dewrder : dewredd, *eg.* gwroldeb, glewder, ehofndra, hyfdra, arwriaeth. BRAVERY, COURAGE.

　　Yn ei ddewredd : yn ei flodau. IN HIS PRIME.

*dëws, *eg.* duw ; Duw. GOD ; GOD.

*deyerin, *a.* gweler *deierin.*

di-, *rhagdd.* 1. heb, heb ddim (fel *diflas*). WITHOUT, NOT, UN-, NON-.

　　2. eithaf, hollol, (fel yn *diben*). EXTREME, COMPLETE.

*diaber, *a.* yn atal, rhwystro. HINDERING.

*diabred, *eg.* ataliad, gwrthodiad. CHECK, REFUSAL.

diacen, *a.* heb acen. UNACCENTED.

diacon, *eg. ll.*-iaid. (*b.*-es). swyddog eglwys, y radd isaf yn yr offeiriadaeth. DEACON.

diaconaidd, *a.* yn ymwneud â diacon. DIACONAL.

diaconiaeth, *eb. ll.*-au. swydd diacon mewn eglwys neu gapel. DIACONATE.

*diachar, *a.* ffyrnig, creulon. FIERCE, CRUEL.

*diachludd, *a.* eglur, amlwg. PLAIN.

*diachor, *a.* cadarn, di-ildio. STRONG, UNYIELDING, IMPREGNABLE.

diachos, *a.* heb achos, dieisiau. WITHOUT CAUSE, NEEDLESS.

diachudd, *a.* amlwg, di-gêl. PLAIN.

diachyr, *a.* gweler *diechyr.*

diadell, *eb. ll.*-au, -oedd. nifer o anifeiliaid o'r un rhyw gyda'i gilydd, praidd, gyr, cenfaint. FLOCK.

diadlam, *a.* 1. na ellir mynd yn ôl heibio iddo neu drosto. THAT CANNOT BE RECROSSED.

　　2. digartref. HOMELESS.

*diaddawn, *a.* difeddiant, di-barch. POOR, WITHOUT RESPECT.

diaddurn, *a.* heb fod wedi ei addurno, syml, plaen, moel, cartrefol. PLAIN, SIMPLE, UNADORNED.

*diaele, *a.* llon, diofal. HAPPY, CARE-FREE.

dialelodi, *be.* 1. torri bob yn aelod. TO DISMEMBER.
2. torri allan o aelodaeth eglwys, etc. TO EXPEL A MEMBER.

diafael, *a.* heb afael, llithrig. SLIPPERY.

*diaereb, *eb.* gweler *dihareb.*

*diaered, *a.* dawnus. GIFTED.

*diaerfen, *a.* mwyn, tyner. GENTLE.

*diaerhebus, *a.* diarhebol, rhyfedd. PROVERBIAL, REMARKABLE.

*diafar, *a.* dedwydd. HAPPY.

*diafl, *eg. ll.*-iaid, dieifl. diawl. DEVIL.

*diaflym, *a.* buan, taer. SWIFT, KEEN.

diafol, *eg. ll.* dieifl. ysbryd drwg, cythraul, dyn drwg iawn neu greulon. DEVIL.

*diafrddwl, *a.* bywiog; gwrol; llawen. LIVELY; BRAVE; HAPPY.

*diafwl, *eg. ll.* diefyl. diawl. DEVIL.

*diagon, *eg.* diacon. DEACON.

*diagr, *a.* prydferth, hyfryd. BEAUTIFUL, PLEASANT.

*diagro, *a.* dedwydd, llawen. JOYOUS.

*diang, 1. *a.* eang, llydan. SPACIOUS.
2. *eg.* lle agored. OPEN PLACE.

*diangadr, *a.* sicr, cadarn. SAFE, STRONG.

dianghenraid, *a.* afraid, dieisiau. UNNECESSARY.

di-ail, *a.* heb ei debyg, dihafal, digymar. UNRIVALLED, PEERLESS.

*diaill, *a.* digymar, di-ail. PEERLESS.

dial, *be.* cosbi rhywun am ddrwg a wnaeth, talu drwg am ddrwg, talu'r pwyth, talu'n ôl. TO AVENGE, TO REVENGE.

dial, *eg. ll.*-au, -on. yr act o ddial, drwg a delir yn ôl i rywun am ddrwg, dialedd. VENGEANCE.

dialaeth, *a.* heb alaeth, llawen. HAPPY.

*dialaeth, *eg.* dialedd. VENGEANCE.

*dialbren, *eg. ll.*-ni, -nau. crocbren. GALLOWS.

*dialechdid, *eg.* dilechdid. DIALECTICS.

dialedd, *eg. ll.*-au. gweler *dial.*

dialeddgar, *a.* ⎫ hoff o ddial. VINdialgar, *a.* ⎭ DICTIVE.

dialwr, *eg. ll.*-wyr. ⎫ un sy'n dial.
dialydd, *eg. ll.*-ion. ⎭ AVENGER.

*diallad, *be.* gweler *deall.*

diallu, *a.* analluog, dirym, dinerth. POWERLESS.

diamau, *a.* diau, yn wir. DOUBTLESS.

diamawns, *ell.* cerrig diemwnt. DIAMONDS.

diamcan, *a.* heb amcan, dibwrpas. AIMLESS.

diamdlawd, *a.* toreithiog, diarbed. ABUNDANT.

diamddiffyn, *a.* heb amddiffyniad, diymadferth. DEFENCELESS.

*diamebys, *a.* hysbys, gwybyddus. KNOWN.

diamedr, *eg. ll.*-au. mesur ar draws. DIAMETER.

*diameth, *a.* difeth. UNFAILING.

*diamfaeth, *a.* amddifad, tlawd. ORPHAN, POOR.

diamgen, *a.* heb fod yn wahanol, arferol. NOT OTHERWISE.

diamgyffred, *a.* annealladwy. INCOMPREHENSIBLE.

diamheuol, *a.* ⎫ diamau, diau, yn wir.
diamheus, *a.* ⎭ DOUBTLESS.

diamod, *a.* heb amod. UNCONDITIONAL, ABSOLUTE.

diamodaeth, *eb.* yr ansawdd neu'r cyflwr o fod yn ddiamod; Duw yn unig yn gweithredu er iachawdwriaeth. ABSOLUTION, ABSOLUTISM.

diamodol, *a.* diamod. UNCONDITIONAL, ABSOLUTE.

*diamryson, *a.* diamau, diau. DOUBTLESS.

*diamryw, *a.* digyfnewid, heb amrywio. UNCHANGEABLE.

*diamsathr, *a.* disathr, ansathredig. UNFREQUENTED.

*diamwall, *a.* di-fefl, difai, perffaith. FAULTLESS.

*diamwynt, *a.* rhagorol, gwych, diglefyd, iach. EXCELLENT, FINE, HEALTHY.

diamwys, *a.* clir, eglur, plaen. UNAMBIGUOUS.

diamynedd, *a.* ⎫ heb amynedd. IM*diamyneddus, *a.* ⎭ PATIENT.

*dianach, *a.* parod. READY.

*dianael, *a.* hael. GENEROUS.

dianaf, *a.* di-glwyf, di-nam. UNHURT, FAULTLESS.

dianair, *a.* digerydd, cymeradwy. IRREPROACHABLE, ACCEPTABLE.

*dianardd, *a.* cain, hardd, prydferth. BEAUTIFUL.

dianc : diengyd, *be.* mynd yn rhydd, mynd heb gosb neu niwed, ffoi, cilio, diflannu, gochel, osgoi. TO ESCAPE, TO AVOID.

*dianc, *be.* achub, gwared. TO RESCUE, TO DELIVER.

*dianfon, *a.* bonheddig. NOBLE.

*dianhael, *a.* gweler *dianael.*

*dianhardd, *a.* gweler *dianardd.*

*dianhoff, *a.* hynaws, hoffus. AMIABLE.

*dianhy, a. dewr, gwrol. BRAVE.

*dianhydyn, a. hywaith, hydrin. TRACT-ABLE.

*dianhyedd, a. diweniaith. WITHOUT FLATTERY.

*dianhyfreg, a. call, medrus. WISE, SKILFUL.

diannod, a. dioed, cyflym. WITHOUT DELAY, SWIFT.

*dianoff, a. hoffus, hynaws. AMIABLE.

dianrhydedd, eg. amarch, anfri. DIS-HONOUR.

dianrhydedd(us), a. amharchus. DIS-HONOURABLE.

dianrhydeddu, be. difrïo, diraddio. TO DISHONOUR.

dianwadal, a. diysgog, cadarn, disyfl. STEADFAST, UNWAVERING.

*diany, a. gweler dianhy.

*diara, a. aflawen. DISMAL, SAD.

*diarab, a. aflawen, heb firi, trist. MIRTHLESS, SORROWFUL.

*diarail, a. heb wyliwr. UNTENDED.

*diaraul, a. di-haul, tywyll. GLOOMY, SUNLESS.

*diarchar, a. anorfod, gwrol, diatal. INSUPERABLE, BRAVE.

*diarchen(ad), a. troednoeth ; diorchudd, heb wisg. BAREFOOT ; UN-COVERED.

*diarchenu, be. diosg esgidiau ; dadwisgo. TO TAKE OFF ONE'S SHOES ; TO UNDRESS.

diardreth, a. heb ardreth, di-rent. RENT-FREE.

*diardwy, a. heb gynhorthwy, di-ymadferth. WITHOUT ASSISTANCE, HELPLESS.

diarddel, be. gwrthod cydnabod neu ymwneud â, gwadu, diswyddo, diaelodi, bwrw allan. TO DISOWN, TO EXPEL, TO EXCOMMUNICATE.

diarddeliad, eg. ll.-au. y weithred o ddiarddel. EXCOMMUNICATION, EX-PULSION.

*diarfod, a. dirybudd. UNAWARES.

diarfog, a. heb arf(au). UNARMED.

diarfogi, be. dwyn arfau, lleihau'r arfau. TO DISARM.

diarfogiad, eg. y weithred o ddiarfogi. DISARMAMENT.

diarffordd, a. yn anodd neu'n amhosibl mynd ato, anghysbell, anhygyrch, anghyraeddadwy. INACCES-SIBLE.

*diargel, a. cyhoeddus, eglur. PUBLIC, OPEN.

diargyhoedd, a. heb fai, difai, difeius. BLAMELESS.

*diargyswr, a. eofn, gwrol, dewr. BOLD.

*diargywedd, a. 1. diniwed, dieuog. INNOCENT.

　2. di-glwyf. UNHURT.

　3. diddrwg, heb beri niwed. HARM-LESS.

diarhebol, a. fel dihareb, gwybyddus i bawb. PROVERBIAL.

diarhebu, be. 1. siarad mewn diarhebion. TO SPEAK PROVERBS.

　2. taenu sôn (am un). TO MAKE (ONE) A BY-WORD.

*diarlloes, a. cadarn, diysgog, disyfl. STEADFAST, FIRM.

diaros, a. heb aros, di-oed, ar unwaith. WITHOUT DELAY.

diarswyd, a. di-ofn, dewr. FEARLESS, INTREPID.

*diarw, a. tyner. GENTLE.

diarwybod, a. heb yn wybod i un, annisgwyl, dirybudd. UNAWARES.

*diarynaig, a. diofn, dewr. FEARLESS.

*dias, eg. 1. llef. SHOUT.

　2. brwydr ; cynnwrf. BATTLE ; TUMULT.

　3. ofn. FEAR.

diasbad, eb. ll.-au. gwaedd, bloedd, cri, llef. SHOUT, CRY.

diasbedain, be. gweiddi, llanw o sŵn, atseinio, dadseinio, adleisio. TO RE-SOUND, TO RING.

*diasedd, eg. gweler dias.

diasgellu, be. torri aden. TO REMOVE A WING.

*diasgellu, be. ysgar, gwahanu. TO SEPARATE.

*diasgen, a. dianaf ; digolled. UNHURT ; WITHOUT LOSS.

*diasw, a. deheuig, dechau. SKILFUL.

diatal, a. di-baid. UNCEASING.

diatreg, a. di-oed, uniongyrchol, ar unwaith. IMMEDIATE.

diau, a. diamau, gwir, cywir, sicr. DOUBTLESS.

*diau, ell. dyddiau (gyda rhifolion). DAYS.

*diawdwr, eg. ll. diawdwyr. diodwr. DRINKER.

diawen, a. heb awen neu ysbrydoliaeth, anfarddonol. UNINSPIRED.

diawl, eg. ll.-iaid. diafol, cythraul, gŵr drwg. DEVIL.

diawledig, a. cythreulig. DEVILISH.

diawledigrwydd, eg. cythreuldeb. DEVILRY.

*diawlig, a. gweler dieflig.

diawlio, be. rhegi. TO SWEAR.

*diawty, eg. tafarn. ALE-HOUSE, INN.

diawydd, a. anawyddus. DISINCLINED.

di-baid, *a.* heb beidio, gwastadol, diatal, diaros, diderfyn, cyson, diddarfod, di-dor, diddiwedd. UNCEASING, CONSTANT.

diball, *a.* heb ballu, di-feth, di-ffael, di-fwlch, sicr. UNFAILING, SURE.

dibarha, *a.* darfodedig, diflanedig. TRANSITORY.

*****dibartïol**, *a.* amhleidiol. IMPARTIAL.

*****dibech**, *a.* dibechod. SINLESS.

dibechod, *a.* heb bechod, pur. SINLESS.

*****dibechodedd**, *a.* dibechod, pur. SINLESS.

*****dibechrwydd**, 1. *eg.* purdeb. PURITY.
    2. *a.* pur. PURE.

*****diben**, *a.* di-ben, heb arweinydd ; ynfyd. WITHOUT A LEADER ; FOOLISH.

diben, *eg. ll.*-ion. bwriad, amcan, pwrpas, perwyl. PURPOSE, OBJECT, END.
    Ateb y diben. TO ANSWER THE PURPOSE.

*****dibencerdd**, *a.* anfarddonol. UNPOETIC.

*****dibendod**, *eg.* diwedd. END, ENDING.

di-ben-draw, *a.* diderfyn, diddiwedd, bythol, anorffen, annherfynol. ENDLESS.

dibeniad, *eg.* diwedd, terfyn. ENDING, CONCLUSION.

dibennu, *be.* gorffen, terfynu, diweddu, cwpláu, tynnu i ben. TO END.

dibenyddiaeth, *eb.* astudiaeth arwyddion o ddiben mewn natur, bwriadaeth. TELEOLOGY.

dibenyddiol, *a.* yn ymwneud â diben-ion. TELEOLOGICAL.

dibetrus, *a.* 1. di-oed, ar unwaith. WITHOUT HESITATION.
    2. diamau. INDISPUTABLE.

*****dibl**, *eg. ll.*-au. cylch, ymyl, godre. CIRCLE, EDGE, SKIRT.

di-blant, *a.* heb blant. CHILDLESS.

*****diblygu**, *be.* datrys. TO UNDO.

di-bobl, *a.* heb bobl. UNPOPULATED.

*****dibobli**, *be.* ysbeilio, diboblogi. TO PILLAGE, TO DEPOPULATE.

diboblogi, *be.* lleihau'r boblogaeth. TO DEPOPULATE.

diboen, *a.* heb boen. PAINLESS.

*****dibrid**, *a.* amhrisiadwy. PRICELESS.

dibriddo, *be.* tynnu o'r ddaear ; symud pridd. TO UNEARTH ; TO REMOVE EARTH.

dibrin, *a.* heb brinder, digon, toreithiog. ABUNDANT, LAVISH.

dibriod, *a.* heb briodi, gweddw, sengl. UNMARRIED.

dibris, *a.* esgeulus, dirmygedig, diofal, anystyriol, diwerth. NEGLIGENT, WORTHLESS, DESPISED.

dibrisio,*be.* edrych i lawr ar, esgeuluso, dirmygu, diystyru. TO NEGLECT, TO DESPISE.

dibristod, *eg.* esgeulustod, esgeulustra, anystyriaeth, rhyfyg, dirmyg. NEGLIGENCE, CONTEMPT.

dibrofiad, *a.* heb brofiad. INEXPERIENCED.

dibroffes, *a.* digrefydd, anffyddiog. NOT PROFESSING (RELIGION).

dibryder, *a.* diofid. FREE FROM CARE.

*****dibrys**, *a.* brysiog. HASTY.

*****diburoraidd**, *a.* anghelfydd. CRAFTLESS.

dibwl, *a.* deheuig ; bywiog. DEXTEROUS ; LIVELY.

di-bŵl, *a.* miniog, craff. SHARP, KEEN.

*****dibwy**, *eg.* gweler *dybwy*.

dibwyll, *a.* disynnwyr. SENSELESS.

dibwys, *a.* heb fod o bwys, heb fod yn bwysig, amhwysig. UNIMPORTANT, TRIVIAL.

dibyn, *eg. ll.*-nau. lle serth, clogwyn, creigle, craig. PRECIPICE, STEEP.

*****dibyn**, *be.* 1. torri. TO BREAK.
    2. crogi. TO HANG.
    a. crog, yn hongian. HANGING.

dibynadwy, *a.* y gellir dibynnu arno. DEPENDABLE, TRUSTWORTHY.

dibyn-dobyn, *a.* pendramwnwgl. HEAD OVER HEELS.

dibyniad, *eg. ll.*-au.   ⎫ y weithred o
dibyniaeth, *eg. ll.*-au. ⎬ ddibynnu.
    DEPENDENCE, RELIANCE.

*****dibynio(l)**, *be.* crogi. TO HANG.

dibynnol, *a.* 1. yn dibynnu neu bwyso ar. DEPENDENT.
    2. un o'r moddau sy'n perthyn i ferfau. SUBJUNCTIVE.

dibynnu, 1. *be.* ymddiried, hyderu, byw ar. TO DEPEND, TO RELY.
    2. *be.* crogi. TO HANG.

dibynnydd, *eg. ll.* dibynyddion. un sy'n dibynnu ar arall. DEPENDANT.

dicllon, *a.* yn dal dig, llidiog, digofus. barus. ANGRY.

dicllonedd : **dicllonrwydd**, *eg.* llid, dicter, digofaint, bâr, dig, gwg, soriant, llidiowgrwydd, gŵyth. WRATH.

dicra, *a.* eiddil, bach ; cysetlyd. PUNY ; SQUEAMISH.

dictadur, *eg. ll.*-iaid. unben. DICTATOR.

dictadurol, *a.* yn perthyn i ddictadur, unbenaethol. DICTATORIAL.

dicter, *eg.* dicllonedd, llid, dig. ANGER, DISPLEASURE.

dichell, *eb. ll.*-ion. ystryw, stranc, cast, cyfrwystra, twyll, hoced. TRICK, DECEIT, WILE.

dichelldro, *eg.* cynllwyn. STRATAGEM.
dichellgar, *a.* twyllodrus, ystrywgar, castiog, cyfrwys, cywrain, anonest. CUNNING, CRAFTY.
dichellus, *a.* dichellgar, castiog. CRAFTY, WILY.
dichellwaith, *eg.* ystryw, twyll. FRAUD, TRICKERY.
*dichlais, 1. *a.* perffaith, diogel. PERFECT, SAFE.
2. *eg.* gwawr. DAWN.
*dichlyn, 1. *be.* dewis, dethol; erlid, chwilio am. TO CHOOSE ; TO IN-VESTIGATE.
2. *a.* dewisol ; gofalus ; prysur. CHOICE ; CAREFUL ; BUSY.
dichlynaidd, *a.* dethol, cywir, coeth. CHOICE, CORRECT, REFINED.
dichlynder, *eg.* } cywirdeb, coeth-
dichlynrwydd, *eg.* } der. ACCURACY, EXACTNESS, REFINEMENT.
dichon, 1. *adf.* efallai, ysgatfydd, nid hwyrach. PERHAPS.
2. *bf.* gall. CAN.
Dichon i mi fod yno unwaith.
dichonadwy, *a.* posibl. POSSIBLE.
*dichoni, *be.* 1. gwneud, peri. TO MAKE, TO CAUSE.
2. gallu. TO BE ABLE.
dichonolrwydd, *eg.* gallu posibl. PO-TENTIALITY.
di-chwaeth, *a.* heb chwaeth, gwael. TASTELESS, POOR.
*dichwain, *eg.* tro, digwyddiad, dam-wain. EVENT, ACCIDENT.
*dichwaith, *a.* diflas, chwerw. TASTE-LESS, BITTER.
*dichwant, *a.* dibris, byrbwyll. RECK-LESS, CARELESS OF.
*dichwar, *a.* ffyrnig. FIERCE.
*dichwelu, *be.* dwyn ymaith, treulio. TO TAKE AWAY, TO WEAR OUT.
*dichwith, *a.* iawn, deheuig. RIGHT, DEXTEROUS.
did, *eb.* *ll.*-au. teth, diden. TEAT.
*didach : didech, 1. *eg.* lloches. RE-TREAT.
2. *be.* llechu. TO LURK.
*didaer,*a.* tirion, mwyn, tyner. GENTLE.
di-dâl, *a.* heb dâl. UNPAID.
didalent, *a.* heb dalent. UNTALENTED.
*didanc, *a.* creulon. CRUEL.
*didar, *a.* swnllyd, trystfawr. NOISY.
*didarf, *a.* disyfl, diysgog, cadarn. STEADFAST.
*didaring, *a.* di-oed, ar unwaith. WITHOUT DELAY.
didaro, *a.* diofal, difater, difraw, di-anaf. UNCONCERNED, UNAFFECTED, UNHURT.

di-daw,*a.*heb dewi, di-baid. CEASELESS.
*didawl, 1. *a.* di-dor, parhaus, difesur, gwahanedig. UNBROKEN, CONTINU-OUS, SEPARATED.
2. *eg.* gwahaniad. SEPARATION.
*didechwr, *eg.* *ll.*-wyr. ymguddiwr, llechwr. LURKER, SKULKER.
*dideich, *a.* di-ofn, dewr. FEARLESS.
dideimlad, *a.* heb deimlad, creulon difater, disynnwyr. UNFEELING, IN-HUMAN, APATHETIC, CALLOUS.
dideimladrwydd, *eg.* difaterwch, caledi, cyflwr dideimlad. APATHY, CALLOUSNESS, ANAESTHESIA.
dideler, *a.* } heb delerau, diamod.
didelerau, *a.* } ABSOLUTE, UNCONDIT-IONED.
diden, *eb.* *ll.*-nau. teth, did. NIPPLE, TEAT.
diderfyn, *a.* heb derfyn, diddiwedd, annherfynol. BOUNDLESS, INFINITE, ENDLESS.
diderfysg, *a.* tawel, llonydd. QUIET.
di-doi, *be.* tynnu to. TO UNROOF.
didol, *a.* wedi ei ddidoli neu ei wahanu, alltud. SEPARATED, EXILED.
didol(i), *be.* gwahanu, neilltuo, ysgar, chwynnu. TO SEPARATE.
didoliad, *eg.* *ll.*-au. gwahaniad. SEP-ARATION.
didolnod, *egb.* *ll.*-au. (··) nod a ddodir dros un o ddwy lafariad i ddangos y dylid eu cynanu ar wahân. DIÆRESIS.
didolwr, *eg.* *ll.* didolwyr : didolydd, *eg.* *ll.*-ion. un sy'n didoli neu'n gwahanu, gwahanwr. SEPARATOR.
di-doll, *a.* heb doll. FREE FROM TOLL.
didonni, *be.* digroeni. TO PARE (LAND).
di-dor, *a.* heb doriad, parhaus. UNIN-TERRUPTED, UNBROKEN, CONTINUAL.
didoreth, *a.* diog, diddim, dioglyd, di-les, diddarbod, di-glem, di-drefn, gwamal. SHIFTLESS, LAZY, FICKLE.
*didor(ri), *be.* llifo allan, dianc. TO FLOW OUT, TO ESCAPE.
didoriad, *a.* parhaus, heb doriad, heb ei ddofi. UNBROKEN, UNTAMED.
didoriant, *eg.* parhad. CONTINUITY.
didostur : didosturi, *a.* heb dru-garedd neu dosturi, didrugaredd, creulon. MERCILESS.
*didra, *a.* cymedrol, addfwyn. MODER-ATE, GENTLE.
didrachwant, *a.* heb drachwant. WITHOUT GREED.
*didrachywedd, *a.* 1. didrachwant. WITHOUT GREED.
2. dianaf. UNHURT.
*didrafel, *a.* diboen. PAINLESS.

didrafferth, *a.* heb drafferth, rhwydd. WITHOUT TROUBLE, EASY.

didraha, *a.* heb ymffrost, diymffrost, cymedrol, rhesymol, addfwyn, gwylaidd. MODEST, QUIET.

di-drai, *a.* heb dreio, di-feth. UNFAILING, EBBLESS.

***didrain,** *a.* diarffordd, unig. INACCESSIBLE, LONELY.

didramgwydd, *a.* dirwystr; difalais. UNIMPEDED; INOFFENSIVE.

didranc, *a.* diddiwedd; anfarwol, tragwyddol. ENDLESS; DEATHLESS.

***didraul,** *a.* parhaus, diddiwedd. PERMANENT, ENDLESS.

di-draul, *a.* heb draul. WITHOUT WEAR OR EXPENSE.

***didrawd,** *a.* arhosol. PERMANENT.

didrefn, *a.* heb drefn; anhrefnus, anniben. WITHOUT ORDER; UNTIDY.

didreftadu, *be.* dietifeddu. TO DISINHERIT.

***didres,** *a.* anorchfygol. UNCONQUERABLE.

***didrif,** 1. *eg.* anialwch. DESERT.
2. *a.* anial, diffaith. DESOLATE.

***didrifwr,** *eg.ll.*-wyr. meudwy. HERMIT.

***didrist,** *a.* llawen, dedwydd. CHEERFUL, HAPPY.

***didro,** 1. *a.* union; cam, cyfeiliornus. STRAIGHT; CROOKED, ERRING.
2. *eg.* cyfeiliorni, crwydr. ERRING, STRAYING.

***didrosi,** *a.* union. STRAIGHT.

didrugaredd, *a.* ⎫ didostur, creulon,
***didrugarog,** *a.* ⎭ anhrugarog. MERCILESS.

***didrwch,** *a.* ffyniannus, ffodus. PROSPEROUS, FORTUNATE.

didrwst, *a.* di-sŵn, tawel. NOISELESS.

***didryf,** *eg.* gweler *didrif.*

***didryfwr,** *eg.* gweler *didrifwr.*

***diduddydd,** *eg.* ysbeiliwr. SPOILER, ROBBER.

diduedd, *a.* heb dueddu un ffordd na'r llall, di-ogwydd, teg, di-dderbynwyneb, amhleidiol, diwyro, heb ragfarn. IMPARTIAL.

***didwn,** *a.* di-dor, cyfan, ffyddlon. COMPLETE, FAITHFUL.

didwrw, *a.* tawel, di-sŵn. NOISELESS.

didwyll, *a.* heb dwyll, diddichell, annichellgar, diffuant. GUILELESS.

didwylledd, *eg.* diffuantrwydd, gonestrwydd, cywirdeb, dilysrwydd. SINCERITY.

***didyb,** *a.* diamheuol. UNDOUBTED.

didynnu, *be.* tynnu. TO SUBTRACT.

***didÿo,** *be.* gwneuthur yn ddigartref, anrheithio. TO MAKE HOMELESS, TO PLUNDER.

didda, *a.* heb ddaioni, diwerth. VOID OF GOODNESS.

di-ddadl, *a.* diamau, diamheuol, dilys, heb amheuaeth. UNQUESTIONABLE, SURE, CONFIDENT.

***di-ddain,** *a.* hamddenol. LEISURELY.

di-ddal, *a.* na ellir dibynnu arno, gwamal, anwadal. UNRELIABLE, SHIFTLESS.

diddan, *a.* diddorol, difyrrus, dymunol, smala. INTERESTING, AMUSING.

***diddan,** *eg. ll.*-au. cysur, diddanwch; cerdd. COMFORT, ENTERTAINMENT; SONG.

diddanhau, *be.* gweler *diddanu.*

diddanion, *ell.* pethau a ddywedir i beri chwerthin, ffraethebau. JOKES.

diddanol, *a.* 1. difyrrus, diddorol, diddanus. AMUSING.
2. cysurlawn. CONSOLING.

diddanu, *be.* 1. peri diddanwch, diddori, adlonni, smalio, ffraethebu, difyrru. TO AMUSE.
2. cysuro. TO CONSOLE.

diddanus, *a.* gweler *diddanol.*

diddanwch, *eg.* 1. difyrrwch. ENTERTAINMENT.
2. cysur corff a meddwl. COMFORT, CONSOLATION.

diddanwr, *eg. ll.*-wyr. un sy'n diddanu, cysurwr. ENTERTAINER, COMFORTER, CONSOLER.

diddanydd, *eg. ll.*-ion. cysurwr. COMFORTER.

***diddarbod,** *be.* 1. gofalu. TO CARE.
2. gofalu am. TO TAKE CARE OF.
3. bod o ddiddordeb i. TO BE OF INTEREST TO.

diddarbodaeth, *eb.* diofalwch. IMPROVIDENCE.

diddarbodus, *a.* diofal, anghynnil, gwastraffus. EXTRAVAGANT.

diddarfod, *a.* diddiwedd, parhaus, tragwyddol. ENDLESS, PERPETUAL.

di-ddau, *a.* diau, diamau. DOUBTLESS.

***diddawl,** 1. *a.* amddifad. BEREFT.
2. *be.* tlodi. TO IMPOVERISH.

diddawn, *a.* heb ddawn. UNGIFTED.

diddawr, 1. *a.* gofalus, pryderus. CAREFUL, ANXIOUS.
2. *bf.* 3 un. pres. mynegol. ' gofala.' CONCERNS.

diddeall, *a.* twp, hurt, pendew. STUPID, UNINTELLIGENT.

diddefnydd, *a.* di-werth. USELESS.

***diddeigr,** *a.* dideimlad, caled. WITHOUT FEELING.

*diddelw, *a.* digymar. INCOMPARABLE.

di-dderbyn-wyneb, *a.* amhleidiol, diduedd. IMPARTIAL.

diddestl, *a.* anhrefnus, aflêr, carpiog. UNTIDY, SHABBY.

diddichell, *a.* heb dwyll, didwyll. GUILELESS.

diddidol, *a.* anwahanadwy. INSEPARABLE.

diddiflanedig, *a.* anniflanedig, parhaol. UNFADING.

diddiffyg, *a.* ⎱diball, difefl. UN-
*diddiffygiol, *a.* ⎰ FAILING, PERFECT.

diddig, *a.* tawel, hynaws ; bodlon, llonydd. GENTLE ; PLACID, CONTENTED.

diddim, 1. *a.* didda, di-werth, difudd, di-ddefnydd. WORTHLESS.
2. *eg.* diddymder. THE VOID, NOTHINGNESS.

diddiolch, *a.* anniolchgar. THANKLESS.

diddiwedd, *a.* diderfyn. ENDLESS, INFINITE.

*diddorbod, *be.* gweler *diddarbod.*

diddordeb, *eg.* *ll.*-au. peth sy'n diddori, ymdeimlad, sylw arbennig. INTEREST.
Diddordebau. INTERESTS, HOBBIES.

diddori, *be.* yn achosi cywreinrwydd neu chwilfrydedd, difyrru, diddanu. TO INTEREST, TO BE CONCERNED.

diddorol, *a.* yn dal y sylw, difyr, diddanus, difyrrus. INTERESTING.

diddos, *a.* nad yw'n gollwng dŵr i mewn, clyd, cyffyrddus. WATERTIGHT, SNUG.

diddos : diddosrwydd, *eg.* clydwch, cysgod, noddfa, diogelwch. SHELTER.

diddosben, *(gair ffug)* *eg.* *ll.*-nau. het. HAT, BONNET.

diddosi, *be.* gwneud yn ddiddos neu'n glyd, cysgodi. TO MAKE WEATHERPROOF, TO SHELTER.

diddrwg, *a.* heb ddrwg, diniwed. HARMLESS, INNOCENT, UNHURT.
Diddrwg-didda. INDIFFERENT.

*diddrygedd, *a.* difai. FAULTLESS.

didduw, 1. *a.* annuwiol. UNGODLY.
2. *eg.* anffyddiwr, annuw. ATHEIST.

diddwythiad, *eg.* *ll.*-au. casgliad rhesymegol. DEDUCTION.

diddwytho, *be.* casglu gwirionedd o ragosodiad. TO DEDUCE.

*diddyedd, *a.* tangnefeddus ; bendigaid. PEACEFUL ; BLESSED.

diddyfnu, *be.* peri i blentyn gynefino â bwyd amgen na llaeth ei fam. TO WEAN.

diddymder, *eg.* ⎱y gwagle. THE VOID.
diddymdra, *eg.* ⎰
diddymiad, *eg.* ⎱difodiant, dilead.
diddymiant, *eg.* ⎰ ANNIHILATION, EXTERMINATION.

diddymol, *a.* yn diddymu, yn difodi. ABOLISHING, EXTERMINATING.

diddymu, *be.* gwneud yn ddiddim, rhoi pen ar, difodi, dileu, distrywio i'r eithaf. TO ABOLISH, TO ANNIHILATE, TO ANNUL, TO EXTERMINATE.

diddysg, *a.* annysgedig, twp. UNLEARNED, IGNORANT.

*dieberwr, *eg.* rhwystrwr. FRUSTRATOR.

*diebredig, *a.* ataliedig, rhwystredig. FRUSTRATED.

*diebryd, 1. *eg.* gohir, dyled. DELAY, DEBT.
2. *be.* gomedd ; ysbeilio. TO REFUSE ; TO DESPOIL.

*diebyd, *eg.* cyrch, ymosodiad. ATTACK.

*diechened, *a.* cyfoethog. WEALTHY.

*dieching, *a.* diderfyn. ENDLESS.

*diechrys, *a.* diofn. FEARLESS.

*diechwith, *a.* hylwydd, hyrwydd. SUCCESSFUL.

*diechwraint, *a.* pur, anllygredig. PURE, INCORRUPT.

*diechyng, *a.* gweler *dieching.*

*diechyr, *a.* anorchfygol. UNCONQUERABLE.

*dieffid, *a.* didrai, di-feth. UNFAILING.

diedifar(us), *a.* ⎱heb edifarhau, an-
diedifeiriol, *a.* ⎰ edifeiriol. IMPENITENT.

*dieding, *a.* didostur, anhrugarog. MERCILESS.

*diedlaes, *a.* heb fod yn llac. NOT SLACK.

*diednydd, *a.* cyfan, didor. WHOLE.

*diedd, *eg.* ymdrech, ymladd. STRUGGLE, BATTLE.

*dieddig, *a.* alaethus. GRIEVOUS.

*diedding, *a.* gweler *dieding.*

dieflig, *a.* fel diafol, cythreulig, ellyllaidd. DEVILISH, FIENDISH.

dieflyn, *eg.* diafol bach. LITTLE DEVIL, IMP.

*diefrydd, *a.* bywiog, buan. LIVELY, SWIFT.

diefyl, *ell.* cythreuliaid, ellyllon. DEVILS, DEMONS.

dieffaith, *a.* heb effaith, aneffeithiol. WITHOUT EFFECT.

diegni, *a.* diymdrech, di-nerth, dirym. INERT.

*diegr, *a.* araf, hurt. SLOW, STUPID.

diegwan, *a.* cryf, galluog. STRONG, MIGHTY.

diengyd, *be.* gweler *dianc.*

*dieiddil, *a.* cadarn, cryf, bywiog.
STRONG, ROBUST, VIGOROUS.

dieilfydd, *a.* di-ail, digymar. INCOM-
PARABLE.

*dieilwydd, *a.* di-wobr. WITHOUT RE-
WARD.

*dieiriach, *a.* diarbed, didostur; hael,
caredig. UNSPARING ; GENEROUS.

dieisiau, *a.* heb eisiau, dianghenraid,
afraid. UNNECESSARY.

*dieisor, *a.* digymar. INCOMPARABLE.

*dieithr, *a.* allanol. OUTSIDE, EXTERNAL.

dieithr, *a.* estronol, anarferol, ang-
hyffredin, newydd, anghynefin, ang-
hyfarwydd. STRANGE, UNFAMILIAR.

dieithriad, *a.* heb eithriad. WITHOUT
EXCEPTION.

dieithrio : dieithro, *be.* bod neu wneud
yn ddieithr, gwneud yn anghyfeill-
gar. TO ESTRANGE.

dieithrwch, *eg.* rhyw nodwedd ang-
hyffredin, odrwydd. STRANGENESS.

*dieithrydd, *eg.* *ll.*-ion. dieithryn.
STRANGER.

dieithryn, *eg.* *ll.* dieithriaid. dyn
dieithr, estron, dyn dŵad, alltud.
STRANGER.

*dielw, *a.* diwerth, dibwys, dirmygus.
WORTHLESS, DESPICABLE.

di-elw, *a.* diles, difudd. PROFITLESS.

*dielwi, *be.* gwatwar, gwaradwyddo, di-
fetha. TO MOCK, TO REVILE, TO
DESTROY.

*diell, *a.* gwych, rhagorol ; pur. FINE,
EXCELLENT ; PURE.

*diemawnt, *eg.* diemwnt. DIAMOND.

diemwnt, *eg.* maen gwerthfawr, ada-
mant. DIAMOND.

*diemyth, *a.* cyflym, deheuig. SWIFT,
SKILFUL.

*dien, 1. *a.* clir, hyfryd, bywiog, tawel,
heulog. CLEAR, PLEASANT, LIVELY,
CALM, SERENE.

2. *eg.* tynged. FATE.

3. *e. torf.* blagur. SPROUTS, SHOOTS.

dienaid, *a.* cas, creulon, ffiaidd, an-
nynol, dideimlad. SOULLESS, CRUEL.

*dienaid, *a.* difywyd, marw. LIFELESS.

dienbyd, *a.* diberygl, diogel. SECURE,
SAFE.

dienbydrwydd, *eg.* diogelwch. SAFETY.

*dienciliaidd, *a.* di-ofn. FEARLESS.

*diengiriol, *a.* diboen, diofid. PAINLESS.

dieneidio, *be.* lladd. TO SLAY.

*dieniw(i)o, *be.* digolledu. TO COMPEN-
SATE.

*diennig, *a.* nwyfus, eiddgar, ewyllys-
gar, dibaid. VIGOROUS, ARDENT,
WILLING, INCESSANT.

*diennyd, *adf.* ar unwaith. FORTHWITH.

dienw, *a.* anadnabyddus. ANONYMOUS.

dienwaededig, *a.* heb ei enwaedu.
UNCIRCUMCISED.

dienwir, *a.* cywir, difai. TRUE, FAULT-
LESS.

dienyddiad, *eg.* *ll.*-au. y weithred o roi
i farwolaeth trwy gyfraith. EXECU-
TION.

dienyddio : dienyddu, *be.* rhoi i
farwolaeth trwy gyfraith. TO EX-
ECUTE.

dienyddiwr, *eg.* *ll.* dienyddwyr. un
sy'n gweinyddu marwolaeth gyf-
reithlon. EXECUTIONER.

diepil, *a.* heb blant, di-blant, di-
ffrwyth. CHILDLESS, BARREN.

diepiledd, *eg.* y cyflwr o fod heb blant.
CHILDLESSNESS.

*dieres, *a.* cyffredin. CUSTOMARY.

*diergryd, } *a.* diofn, dewr, gwrol.
*diergryn, } FEARLESS, BOLD.

*diesgor, *a.* anorfod. UNAVOIDABLE.

diesgyrnu, *be.* tynnu esgyrn. TO BONE.

*diesig, *a.* bywiog, cyffrous. LIVELY,
STIRRING.

dieteteg, *eb.* ymbortheg. DIETETICS.

dietifedd, *a.* heb etifedd, di-blant.
HEIRLESS, CHILDLESS.

*dieuoedd, *ell.* dyddiau. DAYS.

dieuog, *a.* heb deimlo euogrwydd, di-
niwed, di-fai, diddrwg. INNOCENT.

dieuogi, *be.* rhyddhau o fai. TO ACQUIT,
TO EXCULPATE.

difa, *be.* ysu, treulio, nychu, dihoeni,
llosgi, difrodi, llyncu. TO CONSUME,
TO RAVAGE, TO DESTROY, TO WASTE.

*difachell, *a.* rhydd. FREE.

*difachellu, *be.* ymryddhau. TO FREE
ONESELF.

*difachio, *be.* dadfachu. TO UNHITCH, TO
UNHOOK.

difaddau, *a.* diollwng, diau, hael,
diarbed. DOUBTLESS, WITHOUT CEAS-
ING.

*difäedd, *eg.* distryw, tranc. DESTRUCT-
ION, DEATH.

di-fael, *a.* dielw, di-fudd. UNPROFIT-
ABLE.

*difagl, *a.* pur, difai. PURE.

difal, *a.* } heb fai, dinam, perffaith.
di-fai, *a.* } FAULTLESS, BLAMELESS.

*difal, *a.* ffyrnig. FIERCE.

difalch, *a.* gwylaidd, heb falchder.
HUMBLE.

*difalltrain, 1. *eg.* difrod. DEVAST-
ATION.

2. *be.* gwastraffu. TO WASTE.

*difan, *a.* difai, cadarn. FAULTLESS,
STRONG.

difancoll, *eb.* colledigaeth, distryw. PERDITION.

***difannu**, *be.* cyfrgolli, dadfeilio. TO PERISH, TO DECAY.

***difant**, 1. *eg.* difancoll, diddymiant. PERDITION, EXTINCTION.

2. *a.* diflanedig; cyfrgolledig; cudd. EVANESCENT; LOST; HIDDEN.

difantais, *a.* anfanteisiol, di-les. DISADVANTAGEOUS, PROFITLESS.

***difanw**, 1. *be.* difenwi, difrïo. TO REVILE.

2. *a.* distadl. INSIGNIFICANT.

difaol, *a.* ysol, difrodol, distrywiol. CONSUMING, DESTRUCTIVE.

***difar**, *a.* llawen, siriol. PLEASANT.

***difardd**, 1. *a.* anfarddonol. UNPOETIC.

2. *eg.* person diawen. GIFTLESS PERSON.

difarf, *a.* heb farf. BEARDLESS.

***difarnu**, *be.* 1. difeddu. TO DISPOSSESS.

2. condemnio. TO CONDEMN.

difarw, ⎫ *a.* tragwyddol, anfarwol.
***difarwol**, ⎭ IMMORTAL.

***difas**, *a.* dwfn, galluog. DEEP, ABLE.

***difasarn**, *a.* digwpan. WITHOUT A CUP.

difater, *a.* diofal, didaro, difraw, esgeulus. UNCONCERNED, INDIFFERENT.

difaterwch, *eg.* diofalwch, difrawder, esgeulustra. INDIFFERENCE, APATHY.

difäwr, *eg.* *ll.*-wyr. dinistriwr. DESTROYER.

***difawr**, *a.* bychan. SMALL.

difedr, *a.* anfedrus, anwybodus. INCAPABLE, IGNORANT.

difedydd, *a.* heb ei fedyddio. UNBAPTIZED.

difeddiannu, *be.* mynd ag eiddo. TO DISPOSSESS.

difeddwl, *a.* heb feddwl, anystyriol. THOUGHTLESS.

difeddyginiaeth(ol), *a.* anwelladwy. INCURABLE.

difefl, *a.* di-fai, perffaith. FLAWLESS, BLAMELESS.

difeio, *be.* cywiro; dieuogi, rhyddhau o fai. TO CORRECT; TO EXCULPATE.

***difeiriawdr**, *eg.* anrheithiwr. SPOILER.

***difeis**, *a.* disathr; pur. UNTRODDEN; PURE.

difeius, *a.* di-fai, di-nam. BLAMELESS, FAULTLESS.

difenwi, *be.* galw rhywun wrth enwau drwg, difrïo, dirmygu, dilorni, gwaradwyddo, cablu. TO REVILE.

difenwr, *eg. ll.* difenwyr. difrïwr, dilornwr, gwaradwyddwr. REVILER.

***difer**, 1. *eg.* ac *e. torf.* diferyn, diferion. DROP(S).

2. *eg.* brad, twyll. TREACHERY, DECEIT.

diferiad, *eg.* y weithred o ddiferu. DRIPPING, DROPPING.

***diferiog**, *a.* cyfrwys. CUNNING.

diferion, *ell.* dafnau, defnynnau. DROPS.

diferlif, *eg.* llif. STREAM, ISSUE. Diferlif gwaed. AN ISSUE OF BLOOD.

diferllyd, *a.* â diferlif. HAVING AN ISSUE.

diferol, *a.* yn diferu. DRIPPING.

diferu, *be.* syrthio yn ddiferion, defnynnu. TO DRIP, TO DROP, TO TRICKLE, TO SHED. Yn wlyb diferu (diferol).

***diferydd**, *a.* bywiog. LIVELY.

diferyn, *eg. ll.*-nau, diferion. dafn, defnyn, dropyn. A DROP.

diferynnu, *be.* diferu. TO DRIP, TO TRICKLE.

difesur, *a.* heb fesur; anfeidrol. HUGE; INFINITE.

***difesuredd**, *eg.* mwy nag a ellir ei fesur. IMMENSE QUANTITY, IMMENSITY.

di-feth, *a.* heb fethu, anffaeledig, diffael. UNFAILING, INFALLIBLE.

difetha, *be.* rhoi diwedd ar, distrywio, dinistrio, andwyo, sbwylio. TO DESTROY.

difethiad, *eg.* dinistr. DESTRUCTION.

***difethl**, *a.* dilestair, di-fai. UNIMPEDED, FAULTLESS.

difethwr, *eg. ll.*-wyr. dinistriwr. DESTROYER.

Difiau, *eg.* dydd Iau. THURSDAY.

difidend, *eg.* buddran. DIVIDEND.

***difileindraidd**, *a.* boneddigaidd. WELL-MANNERED.

***difileiniaidd**, *a.* addfwyn. GENTLE.

difinydd, *eg. ll.*-ion. diwinydd. THEOLOGIAN, DIVINE.

difinyddiaeth, *eb.* diwinyddiaeth. THEOLOGY.

***diflog**, *a.* gwancus, rheibus, gwyllt, anwar. GREEDY, RAPACIOUS, WILD, SAVAGE.

***diflan**, 1. *a.* diflanedig. TRANSIENT.

2. *be.* diflannu, darfod. TO DISAPPEAR, TO CEASE.

3. *eg.* tranc, diflaniad. DEATH.

diflanbwynt, *eg. ll.*-iau. pwynt diflannol. VANISHING POINT.

diflanedig, *a.* yn diflannu neu'n darfod, darfodedig, dros dro. TRANSIENT, FLEETING.

diflaniad, *eg. ll.*-au. yr act o ddiflannu. DISAPPEARANCE.

diflannol, *a.* diflanedig. EVANESCENT.

diflannu, *be.* mynd ar goll, cilio o'r golwg, darfod. TO VANISH.

diflas, *a.* cas, atgas, anhyfryd, annymunol. DISTASTEFUL, TASTELESS, DISAGREEABLE.

diflasrwydd, *eg.* ⎱ atgasrwydd, atgas-
diflaster, *eg.* ⎰ edd, teimladau
diflastod, *eg.* ⎰ drwg. DISGUST, BAD FEELING.

diflasu, *be.* gwneud yn ddiflas, peri diflastod, alaru, syrffedu. TO SURFEIT, TO DISGUST.

diflin : **diflino**, *a.* heb flino, dyfal, diwyd. INDEFATIGABLE, UNTIRING.

***diflo**, *eb.* ystyllen. PLANK.

difloesg, *a.* croyw, eglur. ARTICULATE, CLEAR.

difloesgni, *a.* difloesg, croyw, diamwys. ARTICULATE, WITHOUT LISPING, CLEAR, UNEQUIVOCAL.

***difo**, *be.* torri, gwahanu, gwasgar. TO BREAK, TO SEPARATE, TO SCATTER.

difodi, *be.* diddymu, dileu, distrywio am byth. TO ANNIHILATE.

difodiad : **difodiant**, *eg.* diddymiad, dilead. EXTINCTION.

***difoed**, *eg.* dinistr, distryw. DESTRUCTION.

difoes, *a.* anfoesgar, anghwrtais. RUDE.

***difradw**, *a.* diysgog, cadarn. STEADFAST.

***difraw**, *a.* diofn. FEARLESS.

difraw, *a.* difater, didaro, diofal, anystyriol. INDIFFERENT, APATHETIC.

difrawder, *eg.* difaterwch, diofalwch. INDIFFERENCE, APATHY.

***difreg**, *a.* didwn, didwyll, difai. UNBROKEN, SINCERE, FAULTLESS.

difreinio, *be.* rhyddhau o fraint. TO DISFRANCHISE, TO DEPRIVE.

***difreudwng**, *a.* didwyll, ffyddlon. SINCERE, FAITHFUL.

difri, 1. *eg.* llwyrfryd. EARNEST(NESS).
  2. *a.* o ddifrif, yn chwerw dost. EARNESTLY, BITTERLY.
  3. *a.* trist. SAD.

difrïaeth, *eb.* amarch, gair drwg. ABUSE, CALUMNY.

difrif : **difrifol**, *a.* difri, meddylgar, heb gellwair, pwysig, sobr. SERIOUS. O ddifrif. IN EARNEST.

difrifoldeb : **difrifwch**, *eg.* y stad o fod yn ddifrif, dwyster. SERIOUSNESS.

difrïo, *be.* dilorni, difenwi. TO MALIGN, TO SCOLD, TO ABUSE.

difrïol, *a.* dilornus, difenwol, gwaradwyddus. DEFAMATORY, ABUSIVE.

***difrisg**, *a.* diarffordd, disathr. INACCESSIBLE, UNTRODDEN.

difriw, *a.* di-glwyf. UNHURT.

***difro**, *a.* digartref, alltud, unig ; trist. EXILED ; SAD.

difrod, *eg. ll.*-au. niwed, distryw, colled, drwg. DAMAGE, WASTE, HAVOC, DEVASTATION.

difrodaeth, *eb.* ⎱ dinistr ;   rhysedd.
difrodedd, *eg.* ⎰ DESTRUCTION ; EXTRAVAGANCE.

difrodi, *be.* difetha, niweidio, distrywio, amharu. TO DESTROY, TO SPOIL, TO RAVAGE, TO DEVASTATE.

difrodol, *a.* dinistriol. DESOLATING, DESTRUCTIVE.

difrodwr, *eg. ll.*-wyr. dinistriwr. DEVASTATOR, DESTROYER.

***difröedd**, *eg.* alltudedd, unigrwydd, dieithrwch ; tristwch. EXILE, LONELINESS, STRANGENESS ; SADNESS.

***difrwd**, *a.* oer, marw. COLD.

difrychau, *a.* heb frychau. SPOTLESS.

difrycheulyd, *a.* heb smotyn (ar gymeriad), pur, glân. IMMACULATE, SPOTLESS.

***difryd**, *a.* trist. SAD.

difrys, *a.* pwyllog, hamddenol. UNHURRIED.

***difud**, *a.* uchel, llafar. LOUD.

di-fudd, *a.* anfuddiol, dielw, diwerth, ofer, didda. UNPROFITABLE, USELESS, FUTILE.

difuddio, *be.* amddifadu, difreinio. TO DEPRIVE.

***difuddiog**, *a.* taer, dyfal ; di-les. ARDENT ; PROFITLESS.

***diful**, *a.* 1. cywrain, doeth, balch. SKILFUL, WISE, PROUD.
  2. creulon, cas. CRUEL.

***difuledd**, 1. *a.* call. WISE.
  2. *eg.* callineb. WISDOM.

***difuner**, *a.* di-fudd. PROFITLESS.

difurio, *be.* dinistrio, dadfurio. TO DESTROY, TO UNWALL.

***difuriawdr**, *eg.* gweler *difeiriawdr*.

***difurn**, *a.* didwyll ; amlwg. SINCERE ; PLAIN.

***difwng**, 1. *a.* gwyllt, dinistriol, anorthrech, parod. WILD, DESTRUCTIVE, INVINCIBLE, READY.
  2. *be.* torri, dryllio. TO BREAK (OUT).

difwlch, *a.* di-dor, parhaol. CONTINUOUS, WITHOUT A BREAK.

difwriad, *a.* anfwriadol, heb fwriad. UNDESIGNED.

***difwrn**, *a.* heb faich ; gwisgi. UNBURDENED ; LIVELY.

***difwyn**, *a.* dielw ; ofer ; annymunol, anhyfryd. PROFITLESS ; VAIN ; UNPLEASANT, DISAGREEABLE.

difwyniant, *eg.* y weithred o ddifwyno neu lychwino. DEFILEMENT.

difwyniant, 1. *eg.* difeddiant. LOSS OF POSSESSIONS.
 2. *a.* dielw. PROFITLESS.

difwyno : diwyno : dwyno, *be.* gwneud yn frwnt neu'n fudr, trochi, andwyo, difrodi, difetha, niweidio, amharu, hagru, baeddu. TO SPOIL, TO MAR, TO RUIN, TO SOIL.

***difychod,** *a.* hael, dibrin. GENEROUS, ABUNDANT.

difyfyr, *a.* heb baratoad ymlaen llaw, ar y pryd, byrfyfyr. IMPROMPTU.

***difygwl,** *a.* 1. dewr, diofn. FEARLESS.
 2. addfwyn. GENTLE.

difyngus, *a.* eglur, croyw. CLEAR, DISTINCT, ARTICULATE.

***difyn,** *eg. ll.*-ion. darn, tamaid. PIECE, FRAGMENT.

difyniad, *eg. ll.*-au. dyraniad. DISSECTION.

difynio, *be.* torri'n ddarnau er mwyn archwilio, dyrannu, dadelfennu. TO DISSECT.

difyr : difyrrus, *a.* llon, siriol, diddorol, dymunol, pleserus, smala. AMUSING, PLEASANT, AGREEABLE, ENTERTAINING.

difyrion, *ell.* adloniannau. AMUSEMENTS.

***difyrru,** *be.* byrhau, cwtogi. TO ABBREVIATE.

difyrru, *be.* diddanu, adlonni, llonni, sirioli. TO AMUSE, TO DIVERT.
 Difyrru'r amser. TO PASS THE TIME.

difyrrus, *a.* difyr, adloniadol. AMUSING, ENTERTAINING.

difyrrwch, *eg. ll.* difyrion. teimlad a achosir gan rywbeth difyr, adloniant, diddanwch, hwyl. AMUSEMENT, FUN, DELIGHT.

difyrrwr, *eg. ll.* difyrwyr. diddanwr. ENTERTAINER.

difywyd, *a.* heb fywyd, marwaidd, marw, digalon. LIFELESS, SPIRITLESS.

di-ffael, *a.* di-feth. WITHOUT FAIL.

***diffaeth,** *a.* afrywiog ; cyndyn ; drwg. HARSH ; OBSTINATE ; EVIL.

diffaith, *a.* anial, gwyllt, anghyfannedd, diffrwyth, diffaith. UNFRUITFUL, WASTE, VILE, MEAN, BAD, VICIOUS.
 Dyn diffaith. A WASTREL.

diffaith : diffeithwch, *eg.* tir diffrwyth, anialwch, anghyfaneddle, diffeithdir. WILDERNESS, DESERT.

diffals, *a.* didwyll, gonest. SINCERE, HONEST, TRUE.

***diffara,** *a.* diflanedig. TRANSIENT.

***diffast,** *a.* pwyllog, gofalus. UNHURRIED.

***diffawd,** *a.* anffodus. UNFORTUNATE.

diffeithdir, *eg. ll.*-oedd. anialwch, diffeithwch, tir diffaith. DESERT, WASTE LAND.

***diffeithiad,** *eg.* anrheithiwr ; difrod. SPOILER ; DEVASTATION.

diffeithio, *be.* dinistrio, difrodi. TO LAY WASTE.

diffeithwch, *eg.* gweler *diffaith.*

diffeithwr, *eg. ll.*-wyr. cnaf, gwalch. RASCAL, SCOUNDREL.

diffiniad, *eg. ll.*-au. esboniad, eglurhad, darnodiad. DEFINITION.

diffinio, *be.* esbonio ystyr, egluro, darnodi. TO DEFINE.

***difflais,** *a.* diysgog, anhyblyg, cywir. STEADFAST, TRUE.

***difflan,** *be.* pylu, diflannu. TO BECOME DULL, TO DISAPPEAR.

diffodd : diffoddi, *be.* peri i ddiflannu, dodi allan, dileu, diddymu, mynd allan. TO EXTINGUISH, TO GO OUT, TO PUT OUT.

diffodd(i)edig, *a.* wedi diffodd, marw. EXTINGUISHED, DEAD.

diffoddiad, *eg.* y weithred o ddiffodd, dilead. EXTINCTION.

diffoddwr, *eg. ll.*-wyr.⎫ un sy'n diffodd.
diffoddydd, *eg. ll.*-ion.⎭ EXTINGUISHER.

***diffol,** *a.* call. WISE.

***diffred,** *eg.* amddiffyn. PROTECTION.

***diffreidiad,** *eg. ll.*-iaid. amddiffynnydd. PROTECTOR.

***diffreid(i)og,** *a.* amddiffynnol. PROTECTIVE.

***diffriw,** *be.* cuddio, gorchuddio. TO HIDE, TO COVER.

diffrwyth, *a.* 1. heb ddim ffrwyth, diles, di-fudd, diffaith. UNPROFITABLE.
 2. hysb. STERILE, BARREN.
 3. wedi ei barlysu, cwsg. PARALYSED, NUMB.

diffrwythder : diffrwythdra, *eg.* y cyflwr o fod heb ffrwyth. BARRENNESS, STERILITY, NUMBNESS.

diffrwytho, *be.* 1. dirymu, difetha. TO ABROGATE, TO DESTROY.
 2. gwanychu, gwywo. TO WEAKEN, TO WITHER.

diffrwytho, *be.* gwneud yn ddiffrwyth, parlysu. TO MAKE BARREN, TO PARALYSE.

***diffryd,** 1. *be.* amddiffyn, achub. TO PROTECT, TO SAVE.
 2. *eg.* amddiffyn, gwared. PROTECTION, DELIVERANCE.

***diffryder,** *a.* arswydus, brawychus. FEARFUL.

diffuant, *a.* dilys, didwyll, diledryw, pur, cywir. GENUINE, SINCERE.

diffuantrwydd, *eg.* didwylledd, dilysrwydd. GENUINENESS, SINCERITY.

*****diffug**, *a.* diffuant. SINCERE.

*****diffun**, *a.* eiddgar, bywiog ; heb anadl. KEEN, LIVELY ; BREATHLESS.

diffurf, *a.* heb ffurf reolaidd. AMORPHOUS.

*****diffwys**, *eg. ll.*-edd, -au. llechwedd serth ; diffeithwch. STEEP SLOPE ; DESERT.

    a. 1. garw, serth. ROUGH, STEEP.

    2. anial. DESOLATE.

    3. aruthr. WONDERFUL.

diffyg, *eg. ll.*-ion. nam, eisiau, bai, gwendid, ffaeledd, aflwydd, amherffeithrwydd, angen. DEFECT, WANT, LACK, FAILURE.

    Diffyg anadl. SHORTNESS OF BREATH.

    Diffyg ar yr haul (lleuad). SOLAR (LUNAR) ECLIPSE.

diffygiad, *eg. ll.*-au. coll, bai, diffyg. DEFICIENCY, FAULT.

diffygio, *be.* methu, ffaelu, aflwyddo, blino, colli grym. TO FAIL, TO BE TIRED.

diffygiol, *a.* â nam neu â rhywbeth yn eisiau, amherffaith, anghyflawn, blinedig, lluddedig. DEFICIENT, WEARY, DEFECTIVE, TIRED.

diffygiwr, *eg. ll.*-wyr. un sy'n diffygio, methdalwr. DEFAULTER.

diffyn, 1. *eg.* amddiffyn. PROTECTION.

    2. *be.* amddiffyn. TO PROTECT.

    3. *a.* amddiffynnol. DEFENDING.

diffyndoll, *eb. ll.*-au. toll amddiffynnol. TARIFF.

diffyniad, *eg.* 1. amddiffyn. PROTECTION, DEFENCE.

    2. *amddiffynnwr. PROTECTOR.

diffynnwr, *eg. ll.*-wyr. amddiffynnwr. DEFENDER, PROTECTOR.

diffynnydd, *eg. ll.* diffynyddion. un sydd ar brawf mewn llys barn, un a gyhuddir. DEFENDANT.

dig, 1. *eg.* dicter, gwg, llid, bâr, dicllonedd, soriant, digofaint, llidiowgrwydd, gŵyth. ANGER, WRATH, IRE.

    2. *a.* llidiog, digofus, barus, yn dal dig. ANGRY.

digabl, *a.* dinam, di-fai, digerydd. BLAMELESS, IRREPROACHABLE.

*****digae**, *a.* diderfyn. ENDLESS.

*****digaead**, *a.* hael. GENEROUS.

digalon, *a.* gwangalon, trist, diysbryd. DISHEARTENED, DEPRESSED, SAD, DISMAL, DEPRESSING.

digalondid, *eg.* iselder ysbryd, gwangalondid, anghefnogaeth, rhwystr. DISCOURAGEMENT, DEPRESSION.

digalonni, *be.* gwangalonni, digysuro. TO DISCOURAGE, TO LOSE HEART.

*****digalonnog**, *a.* digalon. DISPIRITED.

*****digam**, *a.* 1. cyfiawn, pur. JUST, PURE.

    2. syth. STRAIGHT.

*****digamoedd**, *a.* teg, cyfiawn. JUST.

*****digamrwyf**, *a.* difalch. HUMBLE.

digamsyniol, *a.* na ellir ei gamsynied, amlwg, clir, eglur. UNMISTAKEABLE.

*****digar**, *a.* llidiog. ANGRY.

*****digarad**, *a.* gwrthodedig, dirmygedig, diymgeledd. REJECTED, DESPISED, FORLORN.

*****digardd**, *a.* difai, rhagorol. BLAMELESS, EXCELLENT.

digaredd, *a.* 1. difai, dibechod. SINLESS.

    2. llidiog. ANGRY.

digaregu, *be.* clirio cerrig. TO CLEAR OF STONES.

digartref, *a.* heb gartref. HOMELESS.

*****digaru**, *be.* gwrthod ; casáu. TO REFUSE ; TO HATE.

*****digas**, *a.* 1. addfwyn, hoff. GENTLE, AMIABLE.

    2. atgas, gelyniaethus. HATEFUL, HOSTILE.

digasedd, *eg.* atgasedd. HATRED.

*****digasog**, 1. *a.* atgas, gelyniaethus. HATEFUL, HOSTILE.

    2. *eg.* gelyn. ENEMY.

*****digawdd**, *a.* tirion, serchog. GENTLE, AMIABLE.

di-gêl, *a.* heb gelu, agored. UNCONCEALED.

di-gelc, *a.* heb gelc, agored. WITHOUT CONCEALING, OPEN.

digellwair, *a.* didwyll, diffuant, o ddifrif. SINCERE, EARNEST.

digenfigen, *a.* heb genfigen. WITHOUT ENVY.

digennu, *be.* tynnu cen. TO SCALE.

*****digerdd**, *a.* angherddorol. UNMUSICAL.

digerydd, *a.* heb gerydd. WITHOUT REBUKE.

digid, *eg. ll.*-au. unigrif. DIGIT.

digio, *be.* llidio, sorri, cythruddo, tramgwyddo, anfodloni. TO OFFEND, TO BE ANGRY, TO BE DISPLEASED, TO TAKE OFFENCE.

*****diglaer**, *a.* poeth. WARM.

di-glem, *a.* diamcan, di-siâp. INEPT.

diglwyf, *a.* dianaf. UNHURT.

*****diglwys**, *a.* di-fai. BLAMELESS.

diglawn, *a.* } dicllon. ANGRY, WRATH-
diglon, *a.* } FUL, INDIGNANT.

*****digodded**, *eg.* bodlonrwydd. SATISFACTION.

*****digoeg**, *a.* da, gwych. GOOD, FINE.

digofaint, *eg.* dicter, llid, dig, bâr, dicllonrwydd. ANGER, WRATH, INDIGNATION.

digofus, *a.* wedi digio, dig, dicllon, llidiog, anfodlon. ANGRY, INDIGNANT.

digoll, *a.* cyflawn, perffaith. COMPLETE, UNFADING.

digolledu, *be.* gwneud iawn, talu iawn. TO COMPENSATE, TO INDEMNIFY.

digon, 1. *eg.* swm addas, toreth, gwala, digonoldeb, digonolrwydd, digonedd. ENOUGH, SUFFICIENCY, PLENTY, ABUNDANCE.

Uwchben ei ddigon. WELL OFF.
2. *a.* ac *adf.* digonol. SUFFICIENT(LY).
Digon da. GOOD ENOUGH.

digonedd, *eg.* digon, toreth. ABUNDANCE, PLENTY.

digoni, *be.* 1. bod yn ddigon, diwallu, boddhau. TO SATISFY, TO SUFFICE.
2. pobi, rhostio. TO ROAST.

*digoni, *be.* 1. gwneuthur, llafurio. TO DO, TO LABOUR.
2. gallu. TO BE ABLE.

*digoniad, *eg.* cyflawniad. ACCOMPLISHMENT.

*digoniant, *eg.* gwaith, gallu, cyflawniad, ymddygiad. WORK, ABILITY, ACCOMPLISHMENT, BEHAVIOUR.

digonol, *a.* digon, yn ddigon. SUFFICIENT, SATISFIED.

digonoldeb,   *eg.* digonedd. ABUN-
digonolrwydd, DANCE, SUFFICIENCY.

digosb, *a.* heb gosb. UNPUNISHED.

digost, *a.* rhad, heb fod yn ddrud. INEXPENSIVE.

*digraff, *a.* hael, rhydd. GENEROUS, FREE.

*digrain, 1. *eg.* crwydr, cyfeiliorn. WANDERING, STRAYING.
2. *a.* ar grwydr. WANDERING.

*digrawn, *a.* llifeiriol; hael. FLOWING; GENEROUS.

digred, *a.* anghrediniol, annuwiol. INFIDEL.

digrefydd, *a.* heb grefydd. IRRELIGIOUS.

*digreifiant, *a.* anfaddeuol. UNPARDONABLE.

*digreulon, *a.* mwyn, tyner. TENDER, MILD.

digrif : digri : digrifol, *a.* difyr, difyrrus, comig, smala, ffraeth, hyfryd. AMUSING, PLEASANT, DELIGHTFUL, JOYFUL, MERRY, FUNNY.

*digrifhau, *be.* 1. llawenhau, ymddigrifio. TO REJOICE.
2. boddhau, difyrru. TO SATISFY, TO AMUSE.

digrifwas, *eg. ll.* digrifweision. gŵr digrif, clown. CLOWN, BUFFOON.

digrifwch, *eg.* difyrrwch, cellwair, smaldod, miri. FUN, AMUSEMENT, ENTERTAINMENT, PLEASURE, DELIGHT, MIRTH.

*digrifwyl, *eb. ll.*-iau. gŵyl ddigrif. FÊTE.

*digrin, *a.* heb grino, cadarn. UNWITHERED, STRONG.

digroeni, *be.* tynnu croen, pilio. TO SKIN, TO PEEL.

digroeso, *a.* anlletygar, heb groeso. INHOSPITABLE, UNWELCOME.

*digroniad, *a.* hael. GENEROUS.

*digronni, *be.* rhannu. TO SHARE.

digryn, *a.*   heb grynu, cadarn,
digrynedig, *a.* diysgog. WITHOUT TREMBLING, INTREPID, FIRM.

digryno, *a.* hael. LIBERAL.

*digrynwr, *eg.* gŵr bonheddig; un hael. GENTLEMAN ; GENEROUS PERSON.

*digrynwraidd, *a.* bonheddig ; hael. GENTLE, NOBLE ; GENEROUS.

*digu, *a.* truan, anhygar. WRETCHED, UNLOVED.

*digudd, *eg.* tristwch. SADNESS.

*diguert, *a.* amlwg, di-gudd. PLAIN.

diguro, *a.* digymar, dihafal. UNSURPASSED.

*digus, *a.* dicllon. ANGRY, DISPLEASED.

*digust, *a.* clir. CLEAR.

*digwl, *a.* difai. FAULTLESS.

*digwmpâr, *a.* dihafal. INCOMPARABLE.

digwmwl, *a.* heb gwmwl, clir. CLOUDLESS.

*digwr, *eg. ll.* digwyr. gŵr dicllon. WRATHFUL MAN.

digwsg, *a.* heb gwsg. SLEEPLESS.

*digwst, *eg.* poen tost. SEVERE PAIN.

digwydd, *be.* damweinio, darfod. TO HAPPEN, TO OCCUR, TO FALL.

digwyddiad, *eg. ll.*-au. yr act o ddigwydd, achlysur. EVENT, OCCURRENCE, INCIDENT.

*digwyddo, *be.* gweler *dygwyddo.*

digwyddol, *a.* damweiniol. FORTUITOUS.

*digwym(p), *a.* sefydlog. STEADFAST.

digwyn, *a.*   diachwyn. UNCOM-
digwyno, *a.* PLAINING.

*digyfartal, *a.* digymar. INCOMPARABLE.

*digyfedd, *a.* digyfeddach ; newynog. WITHOUT A CAROUSAL ; HUNGRY.

digyfeiliorn, *a.* sicr, diffael. UNERRING, INERRANT.

*digyfludd, *a.* dirwystr. UNIMPEDED.

digyfnewid, *a.*   anghyfnewidiol.
*digyfnewidiol, *a.* UNCHANGEABLE.

*digyfoethi, *be.*   difeddiannu.
*digyfoethogi, *be.* TO DISPOSSESS.

*digyfor, *a.* gorlawn. OVERFULL, OVER-FLOWING.

digyfrif, *a.* amhwysig. OF NO ACCOUNT.

digyfrwng, *a.* uniongyrchol. DIRECT, IMMEDIATE.

digyfryngedd, *eg.* perthynas neu gysylltiad uniongyrchol. IMMEDIACY.

digyffelyb, *a.* digymar. UNRIVALLED, INCOMPARABLE.

digyffro, *a.* tawel, llonydd, difater. TRANQUIL, STILL, APATHETIC.

*digynghorfynt, *a.* digenfigen. WITH-OUT ENVY.

*digylus, *a.* gweler *digwl.*

digymar, *a.* heb ddim i'w gymharu ag ef, digyffelyb, anghymarol, dihafal, dihefelydd, di-ail. INCOMPARABLE, MATCHLESS.

*digymaredd, *a.* diddig, llawen. CON-TENTED, HAPPY.

digymell, *a.* gwirfoddol. SPONTANEOUS.

digymeriad, *a.* gwael, amharchus. DISREPUTABLE.

digymhellrwydd, *eg.* gwirfoddol-rwydd. SPONTANEITY.

digymorth, *a.* diymadferth, digyn-horthwy. HELPLESS.

*digymrad, *a.* didwyll, difrad. SINCERE.

*digymrudd, *a.* llawen ; hael. HAPPY ; GENEROUS.

*digymrwyn, *a.* llawen. HAPPY.

digymwynas, *a.* anfodlon i wneud cymwynas. DISOBLIGING.

digymysg, *a.* pur. UNMIXED.

digynhorthwy, *a.* heb gymorth. UN-ASSISTED.

digynnig, *adf.* iawn, tros ben. EXCEED-INGLY.

digynnwrf, *a.* digyffro, tawel, llonydd. STILL, QUIET, UNDISTURBED.

digynnydd, *a.* heb gynnydd. WITHOUT PROGRESS (OR INCREASE).

*digynrygedd, *a.* difai. FAULTLESS.

digyrraedd, *a.* pendew, hurt, dwl, ynfyd. DENSE, STUPID.

digyrrith, *a.* hael, haelionus. UN-SPARING, LIBERAL, BOUNTIFUL.

digysegr, *eg.* lle anghysegredig. PRO-FANE PLACE.

*digysellt, *a.* dirwystr. UNIMPEDED.

digysgod, *a.* heb gysgod. UNSHELTER-ED, EXPOSED.

digysur, *a.* heb gysur. COMFORTLESS, DREARY.

digysylltiad, *a.* heb gyswllt, am-herthnasol. UNCONNECTED, IRRELEV-ANT, DISJOINTED.

*digytrym, *a.* ar unwaith. IMMEDIATE.

digytundeb, *a.* heb gytundeb. WITH-OUT AGREEMENT.

*digythrudd, *a.* diofn, dewr. FEARLESS, BOLD.

digywilydd, *a.* haerllug, wyneb-galed, anweddus, eofn, hy, difoes, anfoes-gar. IMPUDENT, SHAMELESS, BARE-FACED.

digywilydd-dra, *eg.* haerllugrwydd, hyfdra, beiddgarwch. IMPUDENCE.

*dihaddl, *a.* pybyr, difeth. VALIANT, UNFAILING.

*dihaeddu, *be.* plicio, cribo, glanhau. TO PLUCK, TO COMB, TO CLEAN.

*dihaereb, *eb.* dihareb. PROVERB.

*dihaerebiol,*a.* diarhebol. PROVERBIAL.

*dihaeru, *be.* gwrthbrofi. TO DISPROVE.

dihafal, *a.* digyffelyb, digymar, di-ail, anghymarol. UNEQUALLED, PEERLESS.

*dihafarch, *a.* cadarn, hoyw, ffyrnig. STRONG, LIVELY, UNDAUNTED, FIERCE.

dihangfa, *eb. ll.* diangfâu. yr act o ddianc, ymwared, ffoedigaeth. ES-CAPE.

dihangol, *a.* heb niwed, yn rhydd o niwed neu berygl, diogel, croeniach. SAFE.

Bwch dihangol. SCAPEGOAT.

dihangydd, *eg.* un sy'n dianc. ESCAPER.

dihalog, *a.* di-lwgr, glân, pur. UN-DEFILED, PURE.

dihardd, *a.* anhardd, hagr. UNCOMELY, UGLY.

dihareb, *eb. ll.* diarhebion. hen ddy-wediad doeth a ddefnyddir yn aml. PROVERB ; BYWORD.

dihatru, *be.* diosg, dinoethi, tynnu oddi am, dadwisgo. TO STRIP.

*dihawl, *a.* deoledig, alltud. EXILED.

*dihedd, 1. *a.* anfad, blin. WICKED.
2. *eg.* adfyd. ADVERSITY.

dihefelydd, *a.* digyffelyb, digymar, di-hafal, di-ail. UNEQUALLED, INCOM-PARABLE.

dihedrol, *a.* â dwy ochr neu â dau arwynebedd. DIHEDROL.

*diheidd, *a.* cyndyn ; diymod. OBSTIN-ATE ; STEADFAST.

*diheinio, *be.* poeni. TO WORRY.

diheintio, *be.* clirio haint, puro o hadau clefyd. TO DISINFECT.

diheintydd, *eg.* sylwedd gwrth-heintus. DISINFECTANT.

dihenydd, *eg.* diwedd, tynged, marwol-aeth, marwolaeth trwy gyfraith. END, DOOM, DEATH, EXECUTION.

*dihenydd, *a.* hen iawn. VERY OLD.

Yr hen Ddihenydd. THE ANCIENT OF DAYS.

*diheu, *a.* gweler *diau.*

diheurad, *eg.* ymddiheurad. APOLOGY.

diheurbrawf, *eg. ll.*-brofion. prawf llym. ORDEAL.

diheuro, *be.* difeio, cyhoeddi'n ddieuog; dyhuddo. TO EXCULPATE ; TO PROPITIATE.

diheurwydd, *eg.* sicrwydd. CERTAINTY, ASSURANCE.

dihewyd, *eg.* ymroddiad, tuedd, awydd. DEVOTION, INCLINATION, DESIRE.

di-hid, *a.* anystyriol, didaro, diofal, esgeulus. HEEDLESS, INDIFFERENT.

dihidlo, *be.* distyllu, defnynnu, diferu. TO DISTIL, TO DROP.

*****dihinedd,** *eg.* tymestl ; cystudd. TEMPEST ; SUFFERING.

*****dihir,** *a.* drwg, blin. WICKED, TROUBLOUS.

*****dihirog,** *eb. ll.*-od. putain. HARLOT.

dihirwch, *eg.* blinder, dihoendod, drygioni. TEDIUM, WICKEDNESS.

dihirwr, *eg. ll.*-wyr. ⎱ adyn, cnaf,
dihiryn, *eg. ll.* dihirod. ⎰ gwalch, cenau, twyllwr. RASCAL, SCOUNDREL, WASTREL.

dihoeni, *be.* gwelwi, bod yn flinedig a gwan, nychu, llesgáu, curio, llewygu. TO LANGUISH, TO PINE, TO WASTE.

*****dihoffedd,** *eg.* dinistr. DESTRUCTION.

*****dihol,** *be.* alltudio, deol, gyrru allan. TO EXILE, TO BANISH.

*****diholedig,** *a.* deoledig, alltudiedig, gwahanedig. BANISHED, EXILED, SEPARATED.

di-hun, *a.* wedi dihuno neu ddeffro, effro, di-gwsg. AWAKE, SLEEPLESS.

dihuno, *be.* cyffroi o gwsg, deffro, deffroi. TO WAKEN, TO AWAKEN, TO ROUSE.

*****dihustyng,** *a.* uchel ei glod. OF GREAT PRAISE.

di-hwyl, *a.* anhwylus. OUT OF SORTS.

*****dihyball,** *a.* difeth. UNFAILING.

dihydradu, *be.* dad-ddyfrïo. TO DEHYDRATE.

*****dihyll,** *a.* cyfan, hardd. WHOLE, BEAUTIFUL.

*****dihynwyf,** *a.* difywyd. LIFELESS.

dihysbydd, *a.* na ellir ei wacáu, diderfyn, diddiwedd. INEXHAUSTIBLE, EMPTY, DRY.

dihysbyddu, *be.* gweler *disbyddu.*

dihysbyddwr, *eg.* gweler *disbyddwr.*

dil, *eg. ll.*-iau. dil mêl. HONEYCOMB. Diliau rhos. ROSE PETALS.

*****diladd,** *a.* difarw. IMMORTAL.

*****dilaes,** *a.* eofn, agored. BOLD.

dilafar, *a.* tawel, mud. SILENT, MUTE.

*****dilafar,** *a.* croch. LOUD.

*****dilain,** 1. *be.* dinistrio, lladd. TO DESTROY, TO KILL.
2. *eg.* dinistr, marwolaeth. DESTRUCTION, DEATH.

dilaith, *eg.* dinistr, marwolaeth. DESTRUCTION, DEATH.

di-lan, *a.* di-draeth. WITHOUT A SHORE.

*****dilan,** *a.* aflan. DIRTY.

*****dilathr,** *a.* pŵl, dilewych. DULL, DISMAL.

*****dilawch,** *eg.* nawdd, amddiffyn. PROTECTION.

*****dile,** *a.* wedi ei ddinistrio. DESTROYED.

dilead, *eg.* diddymiad, difodiant. DELETION, ABOLITION.

dilech, *a.* di-gêl, digudd, amlwg. UNHIDDEN.

dilechdid, *eg.* yr adran sy'n ymwneud â rheolau a moddau dadlau mewn rhesymeg. DIALECTICS.

dilechiad, *a.* amlwg, di-gudd. UNHIDDEN.

*****diledach,** *a.* bonheddig. NOBLE.

*****diledcrefydd,** *a.* llwyr grefyddol. VERY RELIGIOUS.

*****diledcynt,** *a.* dedwydd, diboen. HAPPY.

*****diledfryd,** *a.* llon. MERRY.

dilediaith, *a.* heb lediaith, pur. WITHOUT AN ACCENT, PURE.

*****diledlaes,** *a.* llawen, difyr ; cryno ; gwir. JOYOUS ; COMPACT ; TRUE.

*****diledlyth,** *a.* grymus, bywiog. POWERFUL, LIVELY.

diledryw, *a.* pur, dilys, diffuant, di-gymysg, diddwyll, gwir. PURE, SINCERE, GENUINE, THOROUGH.

*****dileddf,** *a.* diysgog, llym, garw. FIRM, SEVERE, ROUGH.

dilefeinllyd, *a.* heb lefain, croyw. UNLEAVENED.

*****dilen,** *eg.* didoliad, distryw, tranc. SEPARATION, DESTRUCTION, DEATH.

diles, *a.* ⎱ diwerth, di-fudd. USELESS,
di-les, *a.* ⎰ PROFITLESS.

dilestair, *a.* dirwystr. UNIMPEDED.

*****diletcawdd,** *a.* tirion. GENTLE.

*****diletpai,** *a.* diysgog, deheuig. FIRM, SKILFUL.

dilety, *a.* digartref, heb lety. HOMELESS, WITHOUT A LODGING.

*****diletyb,** *a.* diamheuol. DOUBTLESS.

dileu, *be.* tynnu neu fwrw allan, diddymu, difodi. TO DELETE, TO ABOLISH, TO EXTERMINATE.

*****dilew,** *a.* difaol, gwancus. CONSUMING, GREEDY.

*****dilëwr,** *eg.* difrodwr, dinistriwr. DESTROYER.

dilewyrch, *a.* tywyll, digalon, digysur, aflwyddiannus. GLOOMY, UNPROSPEROUS.

*dilid, 1. *a.* teilwng. WORTHY.

2. *be.* canlyn, dilyn. TO FOLLOW.

*dilin, 1. *a.* euraid, gloyw. GOLDEN, BRIGHT.

2. *be.* canlyn, dilyn. TO FOLLOW.

dilin, *a.* coeth. REFINED.

*dilithr, *a.* llyfn, gloyw. SMOOTH, BRIGHT.

di-liw, *a.* heb liw. COLOURLESS.

*diliwiad, *a.* diedliw. IRREPROACHABLE.

*diliwr, *eg.* curwr. BEATER.

*dilochi, *be.* osgoi. TO AVOID.

di-lol, *a.* heb lol, heb wiriondeb. WITHOUT NONSENSE.

*dilon, *a.* trist, aflawen. CHEERLESS, SAD.

dilorni, *be.* difenwi, cablu, difrïo, gwaradwyddo. TO REVILE.

dilornwr, *eg. ll.*-wyr. un sy'n dilorni. REVILER.

*diludd, *a.* dirwystr, rhwydd. UNIMPEDED, EASY.

diluddedu, *be.* dadflino. TO REST.

*diluġyrn, *a.* tywyll, anolau. DARK.

di-lun, *a.* afluniaidd, aflêr, anniben. SHAPELESS.

*dilusġ, *a.* ebrwydd. SWIFT.

*dilwch, *a.* di-fai, perffaith. FAULTLESS.

dilwġr, *a.* pur, dilychwin. PURE, UNCORRUPTED.

dilwybr, *a.* heb lwybr neu drywydd. PATHLESS. TRACKLESS.

*dilwyd, *a.* dilwgr. UNCORRUPTED.

*dilwyġus, *a.* ewyllysgar, parod. WILLING, READY.

dilychwin, *a.* pur, glân, heb ei ddifwyno, difrycheulyd. SPOTLESS.

*dilyd, *be.* gweler dilid.

*dilydd, *be.* teilyngu. TO DESERVE.

*dilyfraidd, *a.* dewr, di-lwfr. BRAVE.

dilyffethair, *a.* heb hual neu lyffethair, rhydd. UNFETTERED.

dilyn, *be.* mynd neu ddod ar ôl, canlyn, ufuddhau, mynd ar hyd, deall, efelychu. TO FOLLOW, TO PURSUE.

dilyniant, *eg.* y weithred o ddilyn mewn mathemateg. SEQUENCE.

dilynol, *a.* canlynol, ar ôl hynny. FOLLOWING, CONSEQUENT.

dilynwr, *eg. ll.* dilynwyr. canlynwr. FOLLOWER, ADHERENT.

dilys, *a.* gwir, sicr, diffuant, didwyll, diledryw. SURE, AUTHENTIC.

*dilys, *a.* gwrthodedig. REJECTED.

*dilysg, *e. torf.* delysg, gwmon. DULSE.

dilysiant, *a.* derbyniol. ACCEPTABLE.

dilysrwydd, *eg.* sicrwydd am wirionedd peth. GENUINENESS, CERTAINTY, SECURITY.

*dilysu, *be.* dirymu, gwadu, ymwadu â. TO ANNUL, TO DENY, TO RENOUNCE,

dilysu, *be.* gwneuthur yn ddilys. gwarantu. TO CERTIFY, TO AUTHENTICATE.

di-lyth, *a.* bywiog, diball, di-feth, diflin, dyfal. LIVELY, UNFAILING, UNFLAGGING.

*dilythr, *a.* gweler dilithr.

dilyw, *eg.* dŵr yn llifo'n gryf neu'n gorlifo, llif, llifeiriant, ffrydlif, rhyferthwy, cenllif, dylif. FLOOD.

Y Dilyw. THE FLOOD.

dilywodraeth, *a.* afreolus, aflywodraethus. UNRULY, LAWLESS.

dillad, *ell.* (*un. g.* dilledyn). pethau i'w gwisgo neu i'w dodi ar wely, gwisg. CLOTHES, CLOTHING, APPAREL.

Dillad parod. READY-MADE CLOTHES.

Pâr o ddillad. SUIT.

dilladu, *be.* dodi dillad am, gwisgo. TO CLOTHE.

dilledydd, *eg. ll.*-ion. brethynnwr, un sy'n gwerthu neu wneud dillad neu frethyn. CLOTHIER.

dilledyn, *eg.* gwisg. GARMENT.

*dillin, *a.* gweler dillyn.

*dilling, *a.* rhydd ; hael. FREE ; GENEROUS.

*dilludd, *a.* di-rwystr. UNHINDERED.

*dillwng, *be.* rhyddhau ; gollwng ; prynu'n rhydd ; agor. TO FREE ; TO ABSOLVE ; TO OPEN.

*dillydd, *be.* arllwys ; llifo. TO POUR, TO FLOW.

*dillyngdod, *eg.* gollyngdod. RELIEF ; RELEASE.

*dillyngio, *be.* gweler dillwng.

dillyn, 1. *a.* hardd ; taclus ; coeth, têr, pur. BEAUTIFUL ; NEAT ; REFINED.

2. *eg.* tlws ; anwylyd. JEWEL ; DEAR ONE.

dillynaidd, *a.* hardd ; hoyw. BEAUTIFUL ; ELEGANT.

dillynder, *eg.* y stad o fod yn ddillyn, coethder. REFINEMENT, ELEGANCE.

dim, *eg.* unrhyw (beth), rhywbeth. ANY, ANYTHING, NOTHING, NIL.

I'r dim. EXACTLY.

Uwchlaw pob dim. ABOVE ALL.

Y peth i'r dim. THE VERY THING.

dimai, *eb. ll.* dimeiau. arian gwerth dwy ffyrling, hanner ceiniog. HALFPENNY.

dimeiwerth, *eb.* gwerth dimai. HALFPENNYWORTH.

184

dimensiwn, *eg. ll.* dimensiynau. maint y gellir ei fesur (megis hyd a lled). DIMENSION.

dimwnt, *eg.* diemwnt. DIAMOND.

*****dimyn**, *eg.* mymryn, gronyn. PARTICLE.

dinag : di-nag *a.* heb nacâd. WITHOUT REFUSAL.

*****dinag**, *a.* hael. GENEROUS.

dinam : di-nam, *a.* difai, perffaith. FAULTLESS, PERFECT.

dinas, *eb. ll.*-oedd. 1. caer. FORT.
    2. noddfa. REFUGE.
    3. tref fawr, tref freiniol neu ag eglwys gadeiriol. CITY.

dinasfraint, *eb. ll.* dinasfreiniau. rhyddfraint, rhyddid neu fraint dinas ; dinasyddiaeth. FREEDOM OF CITY ; CITIZENSHIP.

dinasol, *a.* yn ymwneud â dinas. CIVIC, MUNICIPAL.

*****dinastref**, *eb. ll.*-i, -ydd. tref gaerog. FORTIFIED TOWN.

*****dinastwrch**, *eg.* anifail dof. TAME ANIMAL.

dinaswr, *eg. ll.* dinaswyr. dinesydd. CITIZEN.

dinasyddiaeth, *eb.* perthynas â dinas neu dref neu wlad. CITIZENSHIP.

*****dinau**, *be.* 1. llifo, ymarllwys, tywallt. TO POUR OUT.
    2. peri llifo. TO CAUSE TO FLOW.
    3. toddi. TO MELT.

*****dinawed**, *egb. ll.* dinewyd. gweler *dyniawed.*

dincod, *eg.* gweler *deincod.*

dincodyn, *eg. ll.* dincod. carreg, cnewyllyn ; hedyn. PIP, KERNEL ; SEED.

*****dine**, *a.* di-liw ; gwelw. PALE.

*****dinegyf**, *a.* hael ; diwrthod. GENEROUS.

dinerth, *a.* gwan, diallu. WEAK, IMPOTENT, POWERLESS.

dinerthedd, *eg.* anallu, gwendid. IMPOTENCE.

dinesig, *a.* gwladol, trefol, yn ymwneud â dinas neu â dinasyddion. CIVIC.

dinesydd, *eg. ll.* dinasyddion. deiliad dinas neu wlad, bwrdais. CITIZEN, SUBJECT.

*****dineu**, *be.* gweler *dinau.*

*****dineuad**, ⎱ *eg.* ymarllwysiad. OUT-
*****dineudawd**, ⎰ POURING.

*****dinewyn**, *a.* cyfoethog ; diwall. WEALTHY ; ABUNDANT.

*****dinidr**, *a.* rhwydd ; dilestair ; deheuig. EASY ; UNIMPEDED ; SKILFUL.

*****dinin**, *eb.* gweler *dynin.*

dinistr, *eg.* ⎱
dinistriad, *eg.* ⎰ distryw. DESTRUCTION

dinistrio, *be.* rhoi diwedd ar, distrywio, difetha, andwyo, difa, lladd. TO DESTROY.

dinistriol, *a.* yn achosi dinistr, distrywiol, andwyol. DESTRUCTIVE.

dinistriwr, *eg. ll.*-wyr. distrywiwr. DESTROYER.

diniwed, *a.* heb niwed, diddrwg, gwirion, dieuog, difai, dianaf. HARMLESS, UNHARMED.

diniweidrwydd, *eg.* dieuogrwydd, y stad o fod yn syml ac yn naturiol, bod yn ddiniwed. INNOCENCE.

di-nod, *a.* distadl, dibwys, tila, anhysbys, anenwog. INSIGNIFICANT.

dinodedd, *eg.* y stad o fod yn ddi-nod, distadledd, anenwogrwydd. OBSCURITY, INSIGNIFICANCE.

dinoethi, *be.* amlygu, dangos, gadael yn ddiymgeledd. TO EXPOSE.

*****dinustr**, *eg.* gweler *dinistr.*

*****dinustro**, *be.* gweler *dinistrio.*

dinwyf, *a.* difywyd, swrth. LISTLESS, LIFELESS.

di-nych, *a.* iach. HEALTHY.

*****dinydr**, *a.* gweler *dinidr.*

diobaith, *a.* anobeithiol. HOPELESS, FORLORN.

*****diobeithio**, *be.* anobeithio. TO DESPAIR.

*****dioberi**, *a.* dirym, diwerth. WORTHLESS, INEFFECTIVE.

*****diochr**, *a.* union. STRAIGHT.

*****diochwith**, *a.* hyrwydd. EXPEDITIOUS.

*****diod**, *be.* tynnu allan, diosg, symud. TO REMOVE, TO DIVEST.

diod, *eb. ll.*-ydd. peth i'w yfed. A DRINK.
    Diod fain. SMALL BEER.
    Diod gadarn. STRONG DRINK.

diodi, *be.* rhoi rhywbeth i'w yfed. TO GIVE TO DRINK.

*****diodid**, *a.* cynefin ; diau. CUSTOMARY ; DOUBTLESS.

diodlestr, *eg. ll.*-i. cwpan yfed. DRINKING-CUP.

diodlyn, *eg. ll.*-noedd, -nau. diod. BEVERAGE.

diod-offrwm, *eg. ll.*-ymau. offrwm o ddiod. DRINK-OFFERING.

*****diodor**, *a.* di-oed ; di-rwystr. WITHOUT DELAY ; UNIMPEDED.

*****diodrig**, *a.* di-oed, parod. WITHOUT DELAY.

*****diodwr**, *eg. ll.*-wyr. llymeitiwr. TIPPLER.

diodwydd, *ell.* llawryf. LAURELS.

dioddef, *be.* teimlo poen neu ofid, etc., goddef, caniatáu. TO SUFFER, TO BIDE, TO ENDURE.

dioddefaint   diota

dioddefaint, *eg.* poenedigaeth, gofid, dolur, blinder. SUFFERING, PASSION.

***dioddefedig**, 1. *a.* yn dioddef. SUFFERING.
2. *eg. ll.*-ion. dioddefwr. SUFFERER.

***dioddefedigaeth**, *eb.* dioddefaint. SUFFERING, PASSION.

dioddefgar, *a.* yn goddef poen (blinder, gofid, etc.) ; amyneddgar, goddefgar. PATIENT, FORBEARING.

dioddefgarwch, *eg.* goddefgarwch. FORBEARANCE.

***dioddeif(i)aint**, *eg.* dioddefaint. SUFFERING.

dioddefol, *a.* goddefol. TOLERABLE, PASSIVE.

dioddefwr : dioddefydd, *eg. ll.* dioddefwyr. un sy'n dioddef. SUFFERER.

di-oed, *a.* heb oedi, heb golli amser, ar unwaith. WITHOUT DELAY.

***dioer**, (unsill) *adf.* diamau ; gwir. DOUBTLESS ; CERTAINLY.

di-oer, *a.* brwd, cynnes. WARM.

***dioerder**, *eg.* gwres, cynhesrwydd. WARMTH.

diofal, *a.* heb ofal, esgeulus, hynod, rhyfedd. CARELESS, ODD.

***diofalus**, *a.* esgeulus, diofal. NEGLIGENT.

diofalwch, *eg.* esgeulustra, esgeulustod. CARELESSNESS.

***diofer**, *a.* da ; call. GOOD ; WISE.

***diofred**, *eg.* gweler *diofryd*.

***diofredu**, *be.* ymwadu â. TO RENOUNCE.

diofryd, *eg.* ymwadiad, adduned, tabŵ, gwaharddiad. VOW, TABOO.

diofrydu, *be.* ymwadu â, addunedu ; gwahardd. TO RENOUNCE, TO VOW ; TO BAN.

diog : dioglyd, *a.* segur, ofer ; musgrell, swrth. LAZY ; SLUGGISH, SLOW.

diogan, *a.* di-fefl, difai. REPROACHLESS.

diogel, *a.* yn rhydd o berygl neu niwed, wedi ei arbed, dihangol, saff, sicr, mawr. SAFE, SECURE, GREAT.
   Pellter diogel. A FAIR DISTANCE.

diogelfa, *eb. ll.*-feydd. lle diogel, cist ddiogel. SAFE PLACE, SAFE.

diogelhau, *be.* gweler *diogelu*.

diogelrwydd, *eg.* diogelwch. SAFETY.

diogelu, *be.* gwneud yn ddiogel, sicrhau, amddiffyn, gwaredu, cysgodi, arbed, noddi, coleddu, llochesu, gwarchod, gwylio. TO SECURE, TO SAFEGUARD, TO CERTIFY.

diogelwch, *eg.* lle diogel, y stad o fod yn ddiogel. SAFETY, SECURITY.

diogi, 1. *eg.* segurdod. LAZINESS.
2. *be.* peidio â gwneud dim, segura, ofera. TO IDLE, TO BE LAZY.

dioglyd, *a.* diog, araf. LAZY, SLUGGISH, INDOLENT.

***diogyfyng**, *a.* helaeth, eang. VAST.

diogyn, *eg.* dyn diog, un nad yw'n gwneud dim, segurwr, oferwr. IDLER, SLUGGARD.

***diogyweg**, *a.* dianaf. WITHOUT BLEMISH.

***diohir**, *a.* di-oed. WITHOUT DELAY.

***diol**, 1. *a.* arbennig. SPECIAL.
2. *be.* gweler *dihol*.

***diolaith**, *a.* dilestair ; heb osgoi, esgeulus, anochel. UNIMPEDED; CARELESS, INEVITABLE.

diolch, 1. *eg. ll.*-iadau. geiriau o werthfawrogiad. THANKS.
2. *be.* dangos diolchgarwch. TO THANK.

diolchgar, *a.* yn llawn diolch, yn dangos gwerthfawrogiad. GRATEFUL.

diolchgarwch, *eg.* yr act o ddangos gwerthfawrogiad, diolch. GRATITUDE, THANKSGIVING.

diolchiad, *eg. ll.*-au. diolch. THANKING.

***dioledig**, *a.* alltud. EXILED.

***diolo**, *a.* gweler *diwolo*.

***dioludd**, *a.* parod ; di-oed. READY ; WITHOUT DELAY.

diolwch, *eg.* a *be.* gweler *diolch*.

diolwg, *a.* salw, hagr, hyll ; heb olwg. UGLY ; SIGHTLESS.

diomedd, *a.* heb ballu, diwrthod, diwarafun. WITHOUT REFUSING, UNGRUDGING, LIBERAL.

***diorchrawn**, *a.* hael, diarbed. GENEROUS.

diorchwyl, *a.* di-waith. UNEMPLOYED.

***diorfynydd**, *a.* gwastad. FLAT.

diorffen, *a.* diddiwedd. ENDLESS.

diorffwys, *a.* aflonydd, diddiwedd, di-baid. RESTLESS, CONTINUAL.

***diormail**, *a.* diorthrwm. WITHOUT OPPRESSION.

***diorn,** ⎫ *a.* di-gabl. WITHOUT REPROACH.
***diornair,** ⎭ PROACH.

***diorsaf**, *a.* di-nacâd. WITHOUT REFUSAL.

diorseddu, *be.* symud o orsedd neu o swydd. TO DETHRONE, TO DEPOSE.

***diort**, *a.* difai. BLAMELESS.

***diorwag**, *a.* sicr, cadarn. DOUBTLESS, SUBSTANTIAL.

di-os, *a.* heb amheuaeth, diamau, diau, di-ddadl. WITHOUT DOUBT.

diosg, *be.* tynnu dillad, etc. oddi am ; dihatru, dinoethi. TO DIVEST, TO UNDRESS, TO STRIP.

diota, *be.* yfed diod neu win, llymeitian. TO TIPPLE.

diotwr, *eg. ll.* diotwyr. yfwr diod gadarn, llymeitiwr. DRINKER.

dioty, *eg. ll.* diotai. tafarn. ALEHOUSE.

***diowdlyn**, *eg.* diod. DRINK.

***diowryd**, *eg.* gweler *diofryd.*

***diowrydu**, *be.* gweler *diofrydu.*

diplomydd, *eg. ll.*-ion. llysgennad. DIPLOMAT.

diplomyddol, *a.* yn ymwneud â diplomydd. DIPLOMATIC.

dipton, *eb. ll.*-au. dwy lafariad yn ffurfio un sain, deusain. DIPHTHONG.

***dir**, 1. *a.* sicr ; gorfodol. CERTAIN ; NECESSARY.
　2. *eg.* rhaid, gorfod. NECESSITY,

di-radd, *a.* ⎫ heb radd, gwael. OF NO
diradd, *a.* ⎭ RANK (OR DEGREE), IG-NOBLE.

diraddiad, *eg.* darostyngiad, dirywiad. DEGRADATION.

diraddio, *be.* peri colli sefyllfa neu hunan-barch, darostwng, iselhau, difreinio. TO DEGRADE, TO REDUCE.

diragrith, *a.* heb ragrith, didwyll. SINCERE.

diras, *a.* anrasol ; drwg. GRACELESS ; WICKED.

dirboen, *eb. ll.*-au. poen arteithiol neu ddirdynnol. EXTREME PAIN, TORTURE.

dirboeni, *be.* poenydio, dirdynnu. TO TORTURE, TO EXCRUCIATE.

dirboenus, *a.* dirdynnol, arteithiol. EXCRUCIATING, AGONIZING.

***dirdab**, *eg.* gorfodaeth. COMPULSION.

***dirdan**, *eg.* goddaith ; angerdd. BON-FIRE ; PASSION.

***dirdra**, *egb.* drygioni, gormes. EVIL, VIOLENCE.

***dirdras**, *a.* bonheddig. NOBLE.

dirdyniad, *eg. ll.*-au. dirboen, artaith, dirgryniad. TORTURE, CONVULSION.

dirdynnol, *a.* dirboenus, arteithiol. EXCRUCIATING.

dirdynnu, *be.* arteithio, dirboeni, poenydio. TO TORTURE.

***diraid**, *a.* gweler *diriaid.*

direidi, *eg.* drygioni, digrifwch, cellwair, difyrrwch. MISCHIEVOUSNESS, MALICE.

***direidio**, *be.* niweidio. TO HARM.

direidus, *a.* drygionus, digrif, cellweirus, difyr, smala, ffraeth. MIS-CHIEVOUS.

di-reol, *a.* afreolus, annosbarthus, aflywodraethus. UNRULY, IRREGULAR.

direswm, *a.* afresymol. IRRATIONAL.

***direufedd**, *a.* tlawd, heb gyfoeth. POOR.

dirfawr, *a.* anferth, enfawr, aruthrol, difesur, diderfyn. ENORMOUS, VAST, IMMENSE, HUGE.

***dirfedd**, *eg.* bedd dwfn. DEEP GRAVE.

dirfod, *eg.* bodolaeth. EXISTENCE.

dirfodaeth, *eb.* athroniaeth gwerthoedd. EXISTENTIALISM.

dirfodol, *a.* yn perthyn i ddirfodaeth. EXISTENTIALIST.

***dirganu**, *be.* cyhoeddi. TO ANNOUNCE.

dirgel, 1. *a.* cyfrinachol, cyfrin, cudd, cuddiedig, preifat. SECRET.
　2. *eg. ll.*-ion. lle neu beth dirgel, cuddiad. HIDDEN TIME OR PLACE, MYSTERY, CONCEALMENT.

dirgelaidd, *a.* dirgel, cyfrin. SECRET, MYSTIC.

***dirgeledigaeth**, *eb. ll.*-au. ⎫ dirgelwch.
***dirgeledigrwydd**, *eg.* ⎬MYSTERY.
***dirgeledd**, *eg. ll.*-au. ⎭

dirgelfa, *eb. ll.*-oedd, -feydd. ⎫ lle
dirgelfan, *eb. ll.*-nau. ⎬dirgel, cilfach. SECRET PLACE, RETREAT.

***dirgelu**, *be.* cuddio, ymguddio. TO HIDE (ONESELF).

dirgelwch, *eg. ll.* dirgelychau. peth sy'n ddirgel, cyfrinach, cyfriniaeth. MYSTERY, SECRET.

***dirglais**, *a.* poenus. PAINFUL, SEVERE.

***dirglais**, ⎫ *eg.* clwyf poenus. SEVERE
***dirglwyf**, ⎭ WOUND.

dirgryniad, *eg. ll.*-au. dirdyniad. CON-VULSION, VIBRATION.

dirgrynu, *be.* crynu, symud ôl a blaen, ysgwyd. TO VIBRATE, TO CONVULSE.

dirgymell, *be.* annog, cymell yn daer. TO URGE.

***diriad**, *eg. ll.* diriaid. 1. cymhellwr. COMPELLER.
　2. cymhelliad. COMPULSION.

diriaeth, *eg.* rhywbeth a sylwedd iddo, rhywbeth real. CONCRETE.

diriaethol, *a.* sylweddol, real. CON-CRETE.

***diriaid**, *a.* drwg, erchyll ; truan ; ofnadwy. WICKED ; WRETCHED ; TERRIBLE.

***diriawr**, *eg.* cymhellwr. COMPELLER.

di-rif : **dirifedi**, *a.* aneirif, afrifed. COUNTLESS, NUMBERLESS, UNTOLD.

***dirio**, *be.* cymell, gwasgu, gorfodi. TO COMPEL.

***dirisgo**, *be.* dirisglo. TO BARK, TO PEEL.

dirmyg, *eg.* teimlad bod rhywbeth yn wael ac isel, diystyrwch, ysgorn. CONTEMPT, SCORN.

dirmygedig, *a.* yn cael ei ddirmygu. DESPISED.

dirmygu, *be.* dangos dirmyg, diystyru, ysgornio. TO DESPISE, TO SCORN.

dirmygus, *a.* yn dirmygu, diystyrllyd, ysgornllyd. CONTEMPTUOUS, DESPIC-ABLE.

dirmygwr, *eg. ll.*-wyr. un sy'n dir-mygu. DESPISER.

dirnabod, *be.* deall. TO COMPREHEND.

dirnad, *be.* amgyffred, deall, synied, gwybod, dychmygu. TO COMPRE-HEND.

dirnadaeth, *eb.* dealltwriaeth, syniad, amgyffred, craffter. COMPREHENSION.

dirnadol, *a.* craff, yn dirnad. PER-CEPTIVE.

dirnadwy, *a.* y gellir ei ddirnad, deall-adwy. COMPREHENSIBLE.

dirodres, *a.* diymffrost, diymhongar, gwylaidd. UNASSUMING.

dirôl, *a.* afreolus, anhywaith. UNRULY.

***dirparaeth**, *eg.* paratoad, darpariaeth. PREPARATION.

***dirper**, *be.* teilyngu ; ennill. TO DESERVE ; TO WIN.

***dirperi**, *be.* paratoi. TO PREPARE.

dirprwy, *eg. ll.*-on. 1. un sy'n gweith-redu dros arall. DEPUTY.
2. cynrychiolydd. DELEGATE.

dirprwyaeth, *eb. ll.*-au. cynrychiol-aeth, cenhadaeth, dirprwyad. DEPU-TATION.

dirprwyo, *be.* cymryd lle neu weith-redu dros rywun arall. TO DEPUTISE.

***dirprwy(o)**, *be.* rhyddhau. TO FREE.

***dirpwr**, *be.* arfaethu, cynllunio. TO DESIGN, TO PLAN.

***dirus**, *a.* di-rwystr ; rhwydd ; dewr. UNIMPEDED ; EASY ; BRAVE.

***dirwadu**, *be.* gwrthod. TO REFUSE.

***dirwaenu**, *be.* gorthrymu. TO OPPRESS.

***dirwall**, *eg.* methiant ; tranc. FAILURE; DEATH.

dirwasgiad, *eg. ll.*-au. stad o isel ysbryd, diffyg masnach, etc. DE-PRESSION.

dirwasgu, *be.* gwasgu'n eithafol. TO CRUSH.

***dirwedd**, *eg.* realrwydd. REALITY.

***dirweddol**, *a.* real. REAL.

***dirwely**, *eg.* bedd. GRAVE.

dirwen, *eb.* dedwyddwch. HAPPINESS.

dirwenu, *be.* gwenu. TO SMILE.

dirwest, *eb. ll.*-au. cymedroldeb ynglŷn â diodydd meddwol, cymedroldeb, sobrwydd, llwyrymwrthodiad. TEMP-ERANCE.

dirwestol, *a.* yn ymwneud â dirwest. TEMPERANCE.

dirwestwr, *eg. ll.* dirwestwyr. ymatal-iwr, llwyrymwrthodwr. ABSTAINER.

dirwy (ŵy), *eb. ll.*-on. cosb ariannol. A FINE.

***dirwyfus**, *a.* difalch. MODEST.

dirwyn, 1. ***a.* arteithiol ; angerddol ; cyfrodedd. EXCRUCIATING ; PASSION-ATE ; TWISTED.
2. *be.* troi, trosi. TO WIND.

dirwynen, *eb. ll.*-nau, -ni. hoelen dro. SCREW.

dirwyo, *be.* cosbi'n ariannol, cosbi trwy ddirwy. TO FINE.

dirwyol, *a.* yn ymwneud â dirwy. PERTAINING TO A FINE.

dirwystr, *a.* heb rwystr. UNHINDERED.

dirybudd, *a.* heb rybudd, sydyn. SUDDEN.

***diryfedd**, *a.* nid rhyfedd. NOT STRANGE ; NATURAL.

dirym, *a.* heb rym, gwan, eiddil. WEAK, FEEBLE, POWERLESS.

***dirymiant**, *a.* gwan, eiddil. FEEBLE.

dirymu, *be.* peri bod yn colli grym, diddymu, dileu. TO NULLIFY, TO CANCEL, TO ANNUL.

diryw, *a.* gwael; heb ryw. DEBASED ; NEUTER.

dirywiad, *eg.* gwaethygiad. DETERIOR-ATION.

dirywiedig, *a.* wedi dirywio. DEBASED. DEGENERATE.

dirywio, *be.* mynd yn waeth, gwaeth-ygu, adfeilio. TO DETERIORATE.

dirywiol, *a.* yn/wedi dirywio. DEGENERATE.

dis, *eg. ll.*-iau. ciwb chwarae. DICE.

di-sail, *a.* heb sail, anwir. GROUNDLESS, UNFOUNDED.

disalw, *a.* rhagorol. EXCELLENT.

***disas**, *a.* gwael, salw. BASE, VILE.

disathr, *a.* ansathredig, didramwy, anhygyrch. UNFREQUENTED, SOLIT-ARY.

disbaddu, *be.* cyweirio. TO CASTRATE.

disbaidd, *a.* wedi ei ddisbaddu. CASTRATED.

***disbeilio**, *be.* dadweinio. TO UN-SHEATHE.

disbeinio, *be.* tynnu'n rhydd; plisgo. TO DIVEST ; TO HUSK.

disberod, *a.* cyfeiliornus, crwydrol. WANDERING.
Ar ddisberod. ASTRAY.

***disbur**, *a.* cyfan; amhur. WHOLE ; IMPURE.

***disbwyll**, *eg.* doethineb, pwyll. WIS-DOM, PRUDENCE.

***disbwyllo**, *be.* dofi, gwneud yn gall. TO TAME, TO MAKE WISE.

disbydd, *a.* wedi sychu, sych. DRIED UP.

disbyddol, *a.* yn disbyddu, trylwyr. EXHAUSTIVE.

disbyddu, *be.* gwacáu. TO EMPTY, TO EXHAUST.

disbyddwr, *eg. ll.-*wyr. gwacäwr. EMPTIER, EXHAUSTER.

diserch, *a.* heb fod yn serchog, sarrug, cuchiog, blwng, gwgus. SULLEN, SULKY, UNAMIABLE, CROSS.

***diserth,** *eb.* diffeithwch, noddfa. WILD-ERNESS, RETREAT.

disgam(b)ar, *a.* anhrefnus ; ar wasgar. UNTIDY ; SCATTERED.

disgen, *eb. ll.* disgiau. disg, plât crwn. DISC.

***disgethrin,** *a.* gerwin, cynhennus, ffyrnig. ROUGH, HARSH, FIERCE.

***disgewydd,** *a.* trist. SAD.

disglair, *a.* gloyw, claer, llachar, llewyrchus. BRIGHT, BRILLIANT.

disgleinio, *be.* disgleirio. TO SHINE.

disgleirdeb : disgleirder, *eg.* gloywder, llewyrch. BRIGHTNESS, SPLENDOUR.

disgleirio, *be.* gloywi, tywynnu, llathru, llewyrchu, pelydru, serennu, disgleinio. TO GLITTER, TO SHINE.

disgleirwyn, *a.* claerwyn. BRILLIANTLY WHITE.

disgloff, *a.* heb gloffni. FREE FROM LAMENESS.

***disgowen,** *a.* hoyw ; ystyfnig. LIVELY ; STUBBORN.

disgownt, *eg.* arian a roir yn ôl wrth dalu. DISCOUNT.

    Disgownt masnach. TRADE DISCOUNT.

***disgrain,** *eg.* ymdreiglad. WALLOWING.

***disgrech,** 1. *eb.* ysgrech. SHRIEK.

    2. *be.* gweiddi. TO SHRIEK.

***disgrechu,** *be.* gweiddi. TO SHRIEK.

***disgreth,** *eb.* gwaedd. SHOUT.

disgrifiad, *eg. ll.*-au. yr act o ddisgrifio, darluniad, hanes. DESCRIPTION.

disgrifiadol, *a.* yn disgrifio. DESCRIPTIVE.

disgrifio, *be.* dweud am beth mewn gair neu ysgrifen, darlunio, rhoi hanes. TO DESCRIBE.

***disgwen,** *a.* gweler *disgowen.*

disgwyl, *eg. ll.*-ion. disgwyliad ; gwylfa. EXPECTATION ; WATCH.

disgwyl (ŵy), *be.* hyderu, gobeithio, aros am (rywun), erfyn (rhywun). TO EXPECT, TO LOOK, TO WATCH.

disgwylgar, *a.* yn disgwyl. EXPECTANT ; WATCHFUL.

disgwyliad, *eg. ll.*-au. hyder, gobaith, ymddangosiad, erfyniad. EXPECTATION, HOPE, APPEARANCE.

disgybl, *eg. ll.*-ion. un sy'n dysgu gan un arall, ysgolor, ysgolhaig. PUPIL.

disgyblaeth, *eb.* ymarfer ag ufuddhau i orchmynion, rheolaeth. DISCIPLINE.

disgyblaethol, *a.* yn ymwneud â disgyblaeth. DISCIPLINARY.

disgybledd, *eb.* disgyblaeth. DISCIPLINE.

disgyblu, *be.* hyfforddi, gwneud yn ufudd neu'n weddaidd, ceryddu, rheoli. TO DISCIPLINE.

disgyblwr, *eg. ll.* disgyblwyr. un a disgyblaeth ganddo. DISCIPLINARIAN.

***disgyfrith,** *a.* rhydd ; anhywaith. LOOSE ; UNCONTROLLED.

***disgyfritho,** *be.* rhyddhau. TO LET LOOSE.

***disgyn,** *eg.* ymosodiad, cyrch. ATTACK.

disgyn, *be.* mynd neu ddod i lawr, syrthio (ar), ymostwng, gostwng, hanfod. TO DESCEND, TO ALIGHT, TO POUNCE.

disgynfa, *eb. ll.* disgynfeydd. cwympiad, lle i lanio. DESCENT, LANDING-PLACE.

***disgynfaen,** *eg.* esgynfaen. HORSE-BLOCK.

disgyniad, *eg. ll.*-au. syrthiad. DESCENT, FALL.

disgynneb, *eb.* disgyniad, gwanhad. ANTICLIMAX.

***disgynnu,** *be.* 1. tirio o long. TO DISEMBARK.

    2. disgyn. TO DESCEND.

    3. penderfynu. TO DECIDE.

disgynnydd, *eg. ll.* disgynyddion. un sydd o hil neu hiliogaeth, un sy'n hanfod o. DESCENDANT.

***disgyr,** 1. *eb.* gwaedd ; nâd. SCREAM ; WAIL.

    2. *a.* gwael. BASE.

disgyrchiad : disgyrchiant, *eg.* y grym sy'n tynnu mater, pwysau. GRAVITY.

    Craidd disgyrchiant. CENTRE OF GRAVITY.

disgyrchu, *be.* tynnu tua'r ddaear, tynnu'n gryf tuag at rywbeth arall. TO GRAVITATE.

***disgyriain, ⎱** *be.* wylofain, gweiddi,
***disgyrio, ⎰** crochlefain. TO WAIL, TO SHRIEK.

***disgyrnu,** *be.* ysgyrnygu. TO SNARL.

***disgywen,** *a.* gweler *disgowen.*

di-sigl, *a.* cadarn, diysgog, di-syfl, sicr, safadwy, dianwadal, digyfnewid. STEADFAST, FIRM.

disio, *be.* chwarae dis. TO PLAY DICE.

disiwr, *eg. ll.* diswyr. un sy'n chwarae â dis. DICE-PLAYER.

***dismed,** *eg.* cig-plât. DISH-MEAT.

disodli, *be.* cymryd lle un arall yn annheg. TO SUPPLANT.

disôn, *a.* tawel ; heb sôn. QUIET ; WITHOUT MENTION.

dist, *eg. ll.-iau.* trawst sy'n cyrraedd o wal i wal i ddal llawr neu nenfwd, tulath. JOIST, BEAM.

distadl, *a.* di-nod, dibwys, tila, di-sylw, diystyr, isel, iselfryd. INSIGNIFICANT, LOW, MEAN.

distadledd, *eg.* dinodedd, anenwogrwydd. INSIGNIFICANCE.

distadlu, *be.* dirmygu, dibrisio. TO DESPISE.

*****distain,** *eg. ll.* disteiniaid. stiward y llys, gweinyddwr, bwtler. STEWARD, BUTLER.

*****distal,** *a.* gwael, distadl. POOR.

*****distawu,** *be.* distewi. TO BE QUIET.

distaw, *a.* heb sŵn, heb ddweud dim, tawedog, di-stŵr, tawel. SILENT, CALM, SOFT.

     Yn ddistaw bach. ON THE QUIET.

distawrwydd, *eg.* absenoldeb sŵn, tawelwch, gosteg, taw. SILENCE, QUIET.

distewi, *be.* rhoi taw ar, tawelu, gostegu, gwneud yn ddistaw. TO SILENCE, TO BE SILENT, TO CALM.

distrewi, *be.* tisian. TO SNEEZE.

*****distrych,** *eg.* ewyn. FOAM, SPUME.

distryw, *eg.* dinistr, ôl distrywio. DESTRUCTION, DESOLATION.

*****distrywedigaeth,** *eb.* distryw. DESTRUCTION.

distrywgar, *a.* dinistriol. DESTRUCTIVE.

distrywiad, *eg.* dinistr. DESTRUCTION, DESTROYING.

distrywio, *be.* dinistrio, difetha, difa. TO DESTROY.

distrywiol, *a.* dinistriol, distrywgar. DESTRUCTIVE.

distrywiwr, *eg. ll.-wyr.* dinistriwr. DESTROYER.

distyll, *eg. ll.-ion.* 1. dihidliad, defnyniad, diferiad. DISTILLATION, DROPPING.

     2. trai. EBB.

distylliad, *eg.* casgliad yr hylif a gynhyrchir pan ddinistrir sylwedd gan wres. DISTILLATION.

distyllu, *be.* dihidlo. TO DISTIL.

distyllwr, *eg. ll.* distyllwyr. un sy'n distyllu. DISTILLER.

di-sut, *a.* 1. anhwylus, tost, claf. UNWELL.

     2. bach, di-glem. SMALL, INEPT.

diswyddiad, *eg. ll.-au.* y weithred o adael swydd. DISMISSAL.

diswyddo, *be.* symud o swydd, deol, diarddel, troi i maes. TO DISMISS, TO DEPOSE.

disychedu, *be.* torri syched. TO QUENCH THIRST.

disyfl, *a.* disymud. IMMOVABLE.

disyfydrwydd, *eg.* sydynrwydd. IMMEDIACY.

*****disyml,** *a.* bonheddig, urddasol. NOBLE.

disymwth : disyfyd : diswta, *a.* sydyn, swta, cyflym, annisgwyliadwy, rhwydd. SUDDEN, ABRUPT.

*****disyn,** *eg.* dis. DICE.

disynnwyr, *a.* heb synnwyr, ffôl, annoeth. SENSELESS.

*****disyrth,** *a.* egwan. FEEBLE.

ditectif, *eg.* cuddswyddog, un sy'n hyddysg neu fedrus yn y gwaith o ddal drwgweithredwyr. DETECTIVE.

*****ditianu,** } *be.* cyhuddo. TO ACCUSE.
*****ditio,** }

*****ditiwr,** *eg.* cyhuddwr. ACCUSER.

*****dithrychu,** *be.* gwasgaru. TO SCATTER.

*****diw,** *eg. ll.-iau.* dydd. DAY.

*****diwad,** 1. *eg.* nacâd. REFUSAL.

     2. *a.* gwrthodedig. REJECTED, FORLORN.

     3. *be.* gwadu. TO DENY.

di-wad, *a.* anwadadwy, diymwad. UNDENIABLE.

diwael, *a.* heb fod yn wael, rhagorol. NOT VILE (OR BASE), EXCELLENT.

diwahân, *a.* anwahanadwy, na ellir eu gwahanu. INSEPARABLE.

diwair, *eg.* 1. ffyddlon. FAITHFUL, LOYAL.

     2. rhinweddol, diniwed, heb bechod, pur, dillyn, chwaethus, difrycheulyd. CHASTE, PURE.

diwala, *a.* 1. anniwall. INSATIABLE.

     2. *digonol, bodlon. SATISFIED.

diwall, *a.* perffaith, dieisiau, digonol. PERFECT, WELL-SUPPLIED, ABUNDANT.

*****diwallad,** *eg.* } digonedd. ABUNDANCE.
*****diwallrwydd,** *eg.* }

*****diwalltrain,** *be.* diwallu, gwastraffu. TO SATISFY, TO WASTE.

diwallu, *be.* digoni, bodloni, cyflenwi. TO SATISFY, TO SUPPLY.

*****diwanfa,** *eb.* crwydr, cyfeiliorn. A STRAYING, ERROR.

*****diwant,** *eg.* tranc, marwolaeth. DEATH.

*****diwar,** *a.* ffyrnig, cas. FEROCIOUS.

diwarafun, *a.* 1. dirwgnach. UNGRUDGING.

     2. dilestair. WITHOUT HINDRANCE.

     3. diwahardd. UNFORBIDDEN.

diwasanaeth, *a.* di-werth. USELESS, UNSERVICEABLE.

*diwecry, *a.* cadarn. SOLID.

diwedydd, *eg.* diwedd dydd, yr hwyr, gyda'r nos. EVENING.

diwedd, *eg.* pen, terfyn, y rhan olaf, diweddglo, pwrpas, marwolaeth. END, TERMINATION.

diweddar, *a.* hwyr, ar ôl amser, yn y dyddiau hyn, wedi marw. LATE, MODERN.

diweddaru, *be.* newid i ffurf ddiweddar. TO MODERNIZE.

diweddarwch, *eg.* y cyflwr o fod yn ddiweddar neu'n hwyr. LATENESS.

*diweddawd, *eg.* terfyn. END.

diweddeb, *eb. ll.*-au. diwedd symudiad cerddorol. CADENCE.

diweddglo, *eg. ll.*-oeon. diwedd araith neu gân, etc. ; terfyn, clo, terfyniad, diweddiad. CONCLUSION.

diweddiad, *eg. ll.*-au. terfyn, diwedd, terfyniad, diweddglo. ENDING, CONCLUSION.

diweddnod, *eg. ll.*-au. atalnod llawn. FULL STOP.

diweddu, *be.* terfynu, gorffen, cwpláu, dibennu, dod i ben, darfod; troi corff heibio. TO END, TO CONCLUDE, TO FINISH; TO LAY OUT CORPSE.

*diweddwr, *eg. ll.*-wyr. gŵr olaf mewn brwydr. REARGUARD.

diweinio, *be.* tynnu o wain. TO UNSHEATHE.

diweirdeb, *eg.* y stad o fod yn ddiwair, purdeb, PURITY, CHASTITY.

diwel, *be.* arllwys, tywallt, bwrw'n drwm. TO POUR, TO EMPTY.

diwelyd *(taf.), be.* gogwyddo, pwyso i'r naill ochr. TO LEAN OVER.

Y simnai yn diwelyd tipyn.

*diwellig, *a.* diwall; difai. SATISFIED; FAULTLESS.

*diwelling, *a.* hael. GENEROUS.

diweniaith, *a.* diragrith, didwyll. WITHOUT FLATTERY, SINCERE.

diwenwyn, *a.* heb wenwyn neu ddicter. WITHOUT POISON OR JEALOUSY.

*diwenydd, *a.* dedwydd, llawen. HAPPY.

*diwerdod, *eg.* diweirdeb. CHASTITY.

*diwerin, *a.* drwg. WICKED.

diwerth, *a.* heb werth. WORTHLESS.

*diwestl, *a.* ystyfnig. OBSTINATE.

diwethaf, *a.* olaf, yn dod ar y diwedd, diweddaraf. LAST.

*diwg, 1. *a.* tirion ; golau. GENIAL ; BRIGHT.

    2. *eg.* ad-daliad. REPAYMENT.

    3. *be.* unioni, talu pwyth. TO ARRANGE, TO RETALIATE.

*diwinau, *a.* golau, pur. PURE.

diwinydd, *eg. ll.*-ion. un sy'n astudio'r wyddor sy'n ymdrin â Duw. THEOLOGIAN.

diwinyddiaeth, *eb.* myfyrdod ar Dduw a materion crefyddol. THEOLOGY.

diwinyddol, *a.* yn ymwneud â diwinyddiaeth. THEOLOGICAL.

*diwladaidd, *a.* bonheddig, cwrtais. NOBLE, COURTEOUS.

*diwladeiddrwydd, *eg.* ehofndra, coethder. BOLDNESS, REFINEMENT.

*diwlydd, *a.* garw, annhirion. ROUGH.

diwnïad, *a.* heb edefyn neu wnïad. SEAMLESS.

*diwohir, ⎱
*diwoïr, ⎰*a.* gweler *diohir.*

*diwolo, *a.* heb orchudd, eglur. CLEAR.

diwreiddio, *be.* tynnu o'r gwraidd, dileu. TO UPROOT.

diwres, *a.* heb wres, oer. COLD.

*diwrhaus, *a.* heb gyswllt â gŵr. UNCONNECTED WITH MAN.

diwrnod, *eg. ll.*-au. rhan o amser, pedair awr ar hugain. dydd, dwthwn. DAY.

    Rhoi diwrnod i'r brenin : segura am ddiwrnod.

diwrnodol, *a.* yn perthyn i ddiwrnod. DIURNAL.

diwrthdro, *a.* anorfod, anocheladwy. INEXORABLE.

diwrthnysig, *a.* anystyfnig. NOT STUBBORN.

*diwryg, *a.* eiddil. FEEBLE.

diwybod, *a.* anwybodus, anwybodol. UNKNOWING, UNCONSCIOUS.

*diwyd, *eg. ll.*-ion. (*b.*-es). gŵr ffyddlon. FAITHFUL PERSON.

diwyd, *a.* dyfal, gweithgar, ystig, prysur. DILIGENT, PERSEVERING.

diwydiannol, *a.* yn ymwneud â diwydiant. INDUSTRIAL.

    Y Chwyldro Diwydiannol. THE INDUSTRIAL REVOLUTION.

diwydiant, *eg. ll.* diwydiannau. gwaith, masnach. INDUSTRY.

diwydrwydd, *eg.* dyfalwch, prysurdeb, gweithgarwch. DILIGENCE.

*diwyddelaidd, *a.* cwrtais, moesgar. COURTEOUS.

diwyg, *eg.* trefn, gwisg, ymddangosiad, ffurf, dull. DRESS, CONDITION, FORM.

diwygiad, *eg. ll.*-au. adfywiad crefyddol, adnewyddiad bywyd ac ynni. REVIVAL, REFORM.

*diwygiad, *eg.* 1. dull, cywair, gwisg. FORM, EQUIPMENT, DRESS.

    2. iawndal. COMPENSATION.

diwygiadol, *a.* yn ymwneud â diwygiad. REFORMATORY, REVIVALISTIC.

*diwygiadus, *a.* mewn cywair da. WELL-ORDERED, WELL-EQUIPPED.

diwygiedig, *a.* wedi ei ddiwygio neu ei gywiro, newydd. REVISED, RE-FORMED.

Y Cyfieithiad Diwygiedig. THE REVISED VERSION.

*diwygiaeth, *eb.* diwygiad. REFORM.

diwygio, *be.* peri bod bywyd newydd mewn rhywbeth, adfywio, adnew-yddu, gwella, cywiro, adolygu, cyf-newid. TO AMEND, TO CORRECT, TO REFORM, TO IMPROVE.

diwygiwr, *eg. ll.* diwygwyr. arweinydd adfywiad, pregethwr diwygiad. RE-FORMER, REVIVALIST.

*diwygu, *be.* gweler *diwygio*.

diŵyl, *a.* 1. balch, eofn, anhygar. PROUD, BOLD, UNAMIABLE.
2. trist, di-hwyl. SAD.
3. anffodus. UNFORTUNATE.

*diwyll, *eg. ll.*-au. *eg.* 1. triniaeth. TREATMENT.
2. amaethiad. CULTIVATION.
3. addoliad. WORSHIP, CULT.

diwylliad, *eg.* 1. triniwr. CULTIVATOR.
2. amaethiad. CULTIVATION.

diwylliadol, *a.* yn ymwneud â diwyll-iant. CULTURAL.

diwylliannol, *a.* yn ymwneud â diwyll-iant, diwylliadol. CULTURAL.

diwylliant, *eg.* cynnydd meddyliol, meithriniad, gwrtaith. CULTURE.

Diwylliant gwerin. FOLK-CULTURE.

*diwylliawdr, *eg. ll.* diwylliodron. diwylliwr. CULTIVATOR.

diwylliedig, *a.* goleuedig neu ddysg-edig, coeth, chwaethus. CULTURED.

diwyllio, *be.* meithrin neu oleuo'r meddwl, trin, coethi, gwrteithio, llafurio, amaethu. TO CULTIVATE.

*diwylliwr, *eg. ll.*-wyr. 1. addolwr. WORSHIPPER.
2. un sy'n diwyllio tir. CULTIVATOR.

*diwyllodraeth, *eg.* diwylliant (tir). CULTIVATION.

diwyllydd, *eg. ll.*-ion. offeryn diwyllio tir. CULTIVATOR.

*diŵyn, 1. *eg.* iawn. ATONEMENT, COMPENSATION.
2. *be.* talu pwyth, trefnu, diwygio. TO RETALIATE, TO ARRANGE, TO RIGHT.
3. *a.* gweler *difwyn*.

diwyno : difwyno : dwyno, *be.* llych-wino, difetha, andwyo, baeddu, trochi. TO MAR, TO SOIL.

*diŵyrnawd, 1. *eg.* cadernid ; union-deb. STRENGTH ; STRAIGHTNESS.
2. *a.* union. STRAIGHT.

*diyngnawdd, *eg.* nawdd eang. WIDE PROTECTION.

diymadferth, *a.* heb allu i helpu ei hunan, diynni, diegni, difywyd. HELPLESS.

*diymado, *a.* dibaid, anwahanadwy. CEASELESS, INSEPARABLE.

diymannerch, *a.* tawel, di-sôn. SILENT, WITHOUT A WORD.

diymaros, *a.* ar unwaith, diatreg, di-oed, heb oedi. WITHOUT DELAY.

*diymdawr, *a.* anystyriol. HEEDLESS.

diymdroi, *a.* di-oed, ar unwaith. WITHOUT DELAY.

*diymeirgoll, *a.* cytûn, heddychlon. AGREEABLE.

*diymeiriach, *a.* diarbed. UNSPARING.

diymffrost *a.* gwylaidd, dirodres. UNASSUMING.

*diymgyd, *a.* gwahanol. DIFFERENT.

*diymgyrch, *a.* anhygyrch. INACCESS-IBLE.

diymhongar, *a.* diymffrost, isel. UN-ASSUMING, UNOSTENTATIOUS.

diymod, *a.* diysgog, di-syfl, cadarn, sicr. STEADFAST, IMMOVABLE.

*diymogor, *a.* digartref. HOMELESS.

*diymsathr, *a.* ansathredig. UN-FREQUENTED, UNTRODDEN.

*diymswyn, *a.* diofal, heb ymgroesi. CARELESS.

diymwad, *a.* diamau, diau, di-wad, di-ddadl. UNDENIABLE.

diymwared, *a.* heb ymwared. UN-ESCAPABLE.

*diymwel, *a.* esgymun. EXECRABLE.

diynni, *a.* diegni, swrth. INERT.

*diyrddant, *a.* llawen. HAPPY.

*diysbeilio, *be.* gweler *disbeilio*.

diysbryd, *a.* digalon, difywyd. DIS-PIRITED, LIFELESS.

diysbyddu, *be.* gweler *disbyddu*.

diysgogrwydd, *eg.* sefydlogrwydd. STEADFASTNESS, STABILITY.

*diystwng, *a.* anorchfygol. UNCON-QUERABLE.

diystyr, *a.* anystyriol, heb ystyr, dirmygus. INCONSIDERATE, MEANING-LESS, CONTEMPTUOUS.

diystyriol, *a.* anystyriol. INCONSIDER-ATE.

diystyrllyd, *a.* dirmygus, ffroenuchel, gwawdlyd, gwatwarus, anystyriol. CONTEMPTUOUS, SCORNFUL, CON-TEMPTIBLE.

diystyru, *be.* anwybyddu, dirmygu, gwawdio, gwatwar. TO DESPISE, TO DISREGARD, TO SCORN.

diystyrwch, *eg.* esgeulustod, dirmyg, gwawd. DISREGARD, CONTEMPT, SCORN.

*dlid, *eg. ll.*-au. teilyngdod. MERIT.

*dlif, *eg.* gweler *dylif.*

*dlyed, *eg.* hawl ; braint; dyled. RIGHT; PRIVILEGE ; DEBT.

*dlyedog, *a.* 1. bonheddig. NOBLE.
   2. dyledog. IN DEBT.

do, *adf.* ateb cadarnhaol i ofyniadau yn yr amser perffaith (gorffennol). YES.

*dobr,-wy, *eg. ll.*-au. gwobr. PRIZE.

doctor, *eg. ll.*-iaid. meddyg, ffisigwr, doethur, doethor. DOCTOR.

doctora, *be.* rhoi triniaeth feddygol, meddyginiaethu. TO DOCTOR.

dodi, *be.* gosod, rhoi, rhoddi. TO PLACE, TO GIVE, TO LAY, TO SET.

dodiad, *eg.* 1. *dodwr. PLACER.
   2. gosodiad. PLACING.

dodrefn, *ell. (un. g.* dodrefnyn). celfi, offer, eiddo. FURNITURE.

dodrefnu, *be.* dodi dodrefn (mewn adeilad), darparu, cyflenwi. TO FURNISH.

dodrefnwr, *eg. ll.* dodrefnwyr. gwerthwr dodrefn. FURNISHER.

dodwy, *be.* cynhyrchu wy. TO LAY (EGG).

dodyn, *eg. ll.* dodion. ffaith y gellir casglu ffaith arall ohoni. DATUM.

doe, *eg.* ac *adf.* y diwrnod o flaen heddiw. YESTERDAY.
   Bore ddoe. YESTERDAY MORNING.

*doedyd, *be.* gweler *dywedyd.*

doeth, *a. ll.*-ion. call, synhwyrol, pwyllog, craff, deallus. WISE.
   Y Doethion. THE WISE MEN.

*doethder, *eg.* doethineb. WISDOM, SAGACITY.

doethineb, *eg.* pwyll, synnwyr, callineb, tact, barn iawn. WISDOM, DISCRETION.

*doethinebus, *a.* doeth. WISE.

doethor : **doethur**, *eg. ll.*-iaid. gŵr doeth neu ddysgedig, doctor. DOCTOR (OF A UNIVERSITY).

*doethwawr, *eb.*arwr doeth.WISE HERO.

*doethwlydd, *a.* doeth a thirion. WISE AND GENTLE.

doethwr, *eg. ll.*-wyr. gŵr doeth. WISE MAN.

doethyn, *eg.* un sy'n honni bod yn ddoeth. WISEACRE.

dof, *a. ll.*-ion. gwâr, hywedd, swci, difywyd, marwaidd. TAME, DOMESTIC.

dofednod, *ell.* adar dof, ieir, ffowls, da pluog. POULTRY, FOWLS.

dofi, *be.* gwneud yn ddof, gwareiddio, hyweddu, lliniaru, esmwytho, tawelu. TO TAME, TO ASSUAGE, TO APPEASE.

*dofreth, *eg.* cynhaliaeth orfodol. ENFORCED MAINTENANCE.

dofrwydd, *eg.* gwarineb. TAMENESS.

dofwr, *eg. ll.*-wyr. un sy'n dofi. TAMER.

Dofydd, *eg.* Duw, Yr Arglwydd. GOD.

*dofydd(i)ad, *eg.* arglwydd, brenin. Duw. LORD ; GOD.

dogfen, *eb. ll.*-ni, -nau. ysgrifen yn cynnwys tystiolaeth neu wybodaeth, gweithred. DOCUMENT.

dogn, *eg. ll.*-au. cyfran benodol o fwyd, etc. ; saig, rhan, siâr. RATION, DOSE, SHARE, ALLOWANCE.

*dogn, *a.* digon. ENOUGH.

*dognder, } *eg.* digonedd, cyflawnder.
*dognedd, } ABUNDANCE.

*dogni, *be.* rhoddi (digon). TO GIVE (ENOUGH).

dogni, *be.* rhannu, dosbarthu. TO RATION.

dognus, *a.* digon, helaeth. ENOUGH, AMPLE.

dol, *eb. ll.*-iau. doli, tegan ar ddelw neu lun person. DOLL.

dôl, *eb. ll.* dolydd, dolau. tir pori, maes, cae, gweirglodd, gwaun, tyno. MEADOW, DALE.

*dôl, *eb. ll.* dolau. dolen, cylch. LOOP, RING.

doldir, *eg. ll.*-oedd. maes, tir pori. MEADOW-LAND.

dolef, *eb. ll.*-au. cri, llef, gwaedd, bloedd, crochlef. CRY, SHOUT.

dolefain, *be.* gweiddi, llefain, crio, crochlefain, oernadu. TO CRY OUT.

dolefus, *a.* lleddf, cwynfanus, trist, alaethus. PLAINTIVE.

dolen, *eb. ll.*-ni, -nau. y rhan o rywbeth y cydir ynddo, peth sy'n cysylltu. e.e. dolen cwpan. HANDLE, LINK.

dolennog, *a.* â dolennau, troellog. RINGED, LOOPED, WINDING.

dolennu, *be.* ymddolennu, troi oddi amgylch, troelli, gwneud dolen. TO WIND, TO MEANDER.

doler, *eb. ll.*-i. darn arian Americanaidd o werth tua phedwar swllt (cyn 1939). DOLLAR.

*doli, *be.* rhannu, rhoddi. TO SHARE, TO GIVE.

dolur, *eg. ll.*-iau. poen, niwed, anaf, briw, archoll, clwyf, afiechyd, anhwyldeb, gofid. HURT, AILMENT, ACHE, PAIN.

dolurio, *be.* achosi poen, niweidio, clwyfo, briwio, brifo, anafu. TO HURT, TO PAIN, TO ACHE, TO WOUND.

dolurus, *a.* poenus, tost blin, anafus, gofidus. SORE, GRIEVOUS, PAINFUL.

dominyddiaeth, *eb.* arglwyddiaeth. DOMINATION.

dominyddu, *be.* arglwyddiaethu. TO DOMINATE.

doniad, *eg.* rhoddwr; rhodd. GIVER; GIFT.

donio, *be.* cynysgaeddu â dawn neu dalent, cyfoethogi. TO ENDOW.

doniog, *a.* dawnus, talentog. GIFTED, TALENTED.

doniol, *a.* ffraeth, arabus, digrif, cellweirus, smala. WITTY, HUMOROUS, AMUSING.

donioldeb : doniolwch, *eg.* ffraethineb, arabedd, digrifwch, smaldod. WIT, HUMOUR.

dôr, *eb. ll.* dorau. drws, porth. DOOR.

dorfod, *be.* ymddiddori. TO BE CONCERNED.

dorglwyd, *eb. ll.-i.* 1. llidiart. GATE.
2. amddiffynnwr. PROTECTOR.

dori, *be.* bod â diddordeb, ymddiddori. TO BE CONCERNED OR INTERESTED.

dormach, *eg.* gormes. OPPRESSION.

dortur, *eg. ll.-iau.* hundy. DORMITORY.

dos, *eg. ll.-au.* diferyn. DROP.

dosbarth, *eg. ll.-au, -iadau.* 1. rheol ; safon. RULE, STANDARD.
2. gradd mewn cymdeithas, nifer o ddisgyblion, adran, rhaniad, ardal. CLASS, DISTRICT.

dosbarthedig, *a.* ar wahân, wedi ei ddosbarthu. DISTINCT, SEPARATE.

dosbarthiad, *eg. ll.-au.* y weithred o ddosbarthu, adran, rhaniad. CLASSIFICATION, DISTRIBUTION.

dosbarthiadol, *a.* yn ymwneud â dosbarthiad, adrannol, rhaniadol. DIVISIONAL, DISTRIBUTIVE.

dosbarthu, *be.* rhannu, gwahanu, rhestru, trefnu, gwahaniaethu, gwasgaru. TO CLASSIFY, TO DISTRIBUTE, TO DIVIDE, TO GROUP.

dosbarthus, *a.* doeth. WISE.

dosbarthus, *a.* trefnus. ORDERLY.

dosbarthwr, *eg. ll.-wyr.* un sy'n dosbarthu ; dadansoddwr. DISTRIBUTOR ; ANALYSER.

dosog, *a.* diferol, ewynnog. DRIPPING, FOAMING.

dosraniad, *eg. ll.-au.* dadansoddiad, rhaniad. ANALYSIS, DISTRIBUTION.

dosrannu, *be.* rhannu, gwahanu, dadansoddi. TO DIVIDE, TO ANALYSE, TO DISTRIBUTE.

dot[1]**,** *eb.* pendro. GIDDINESS.

dot[2]**,** *egb. ll.-iau.* marc bychan. DOT.

dotio (ar at), *be.* ymgolli mewn rhywbeth neu ar rywun, gwirioni, ffoli, dylu. TO DOTE.

dowcio, *be.* plymio. TO PLUNGE.

downsiwn, *eg.* dwnsiwn ; y prif dŵr (lle'r oedd y carchar). DUNGEON.

dowt, *eg. ll.-iau.* amheuaeth. DOUBT.

dowtio, *be.* amau. TO DOUBT.

drab, *eg. ll.-iau.* dernyn. PIECE, FRAGMENT.

drabio, *be.* darnio, rhwygo. TO TEAR.

dracmon, *eg. ll.-au.* wythfed ran o owns. DRAM.

drachefn, *adf.* eto, eilwaith, unwaith yn rhagor. AGAIN.
A thrachefn. AND AGAIN.

drach ei gefn, *adf.* tuag yn ôl, yn wysg ei gefn, o'i wrthol, llwrw ei gefn. BACKWARDS.

dracht, *eg. ll.-au, -iau.* yr hyn a yfir ar y tro, llymaid, llwnc. DRAUGHT (OF LIQUOR, ETC.).

drachtio, *be.* yfed yn ddwfn. TO DRINK DEEP.

draen, *eb. ll.* drain. pigyn ar blanhigyn, pren pigog. THORN, PRICKLE.
Draenen ddu. BLACKTHORN.
Draenen wen. HAWTHORN.

draened, *eb. ll.-au.* llusg-rwyd. DRAGNET.

draenen, *eb.* gweler *draen.*

draenllwyn, *eg. ll.-i.* llwyn o ddrain. THORN BUSH.

draenog, *egb. ll.-od.* anifail bach â chroen pigog. HEDGEHOG.

drag, *eg. ll.-iau.* darn. FRAGMENT.

dragio, *be.* llarpio, rhwygo. TO TEAR, TO MANGLE.

dragiog, *a.* wedi ei ddarnio. TORN.

dragon, *eg. ll.-au.* draig; arweinydd, ymladdwr. DRAGON ; LEADER.

dragonawl, *a.* dewr, ffyrnig. BRAVE, FIERCE.

dragwn, *eg.* gweler *dragon.*

dragonwys, *a.* ffyrnig, dewr. FIERCE, BRAVE.

draig, *eb. ll.* dreigiau. 1. anghenfil chwedlonol neu ddychmygol. DRAGON.
2. arglwydd. LORD.
Y Ddraig Goch. THE RED DRAGON.

drama, *eb. ll.* dramâu. chwarae ar lwyfan, chwarae, darn o lenyddiaeth i'w chwarae. DRAMA.

dramodi, *be.* dodi ar ffurf drama, actio. TO DRAMATIZE.

dramodiad, *eg.* y weithred o ddramodi. DRAMATIZATION.

dramodwr : dramodydd, *eg. ll.* dramodwyr. un sy'n cyfansoddi dramâu. DRAMATIST.

drannoeth, *adf.* y diwrnod wedyn. NEXT DAY.

drâr : drôr, *eg.* blwch symudol mewn bord, etc. DRAWER.

draw, *adf.* acw, y fan acw, hwnt.
YONDER.

Yma a thraw. HERE AND THERE.

drefa, *eb.* pedair ysgub ar hugain.
TWENTY FOUR SHEAVES, THRAVE.

dreng, *a.* blwng, sarrug. MOROSE.

drengyn, *eg.* gŵr dreng. SURLY FELLOW.

*dreigiol, 1. *eg.* arweinydd. LEADER.

2. *a.* dewr; rhagorol. BRAVE;
EXCELLENT.

dreiniog, *a.* yn llawn drain, pigog.
THORNY.

drel, 1. *eg.* *ll.*-iaid. taeog, cnaf. CHURL,
KNAVE.

2. *a.* taeogaidd. CHURLISH.

*drem, *eb.* *ll.*-au. golwg, trem. SIGHT,
ASPECT.

*dremu, *be.* edrych. TO LOOK.

*dremynt, *eg.* golwg, golygfa. SIGHT,
VIEW.

*dremynwr, *eg.* gweledydd. VISIONARY.

drennydd, *adf.* gweler *trennydd.*

dresel, *eg.* *ll.*-i. celficyn i gadw llestri,
etc. arno ; tresal, seld. DRESSER.

*drew(i)ant, *eg.* drewdod. STENCH.

drewdod, *eg.* drygsawr, gwynt cas,
drewi, aroglau afiach. STINK.

drewedig : drewllyd, *a.* â sawr drwg,
ag aroglau afiach. STINKING.

drewgi, *eg.* *ll.*-gwn. person neu greadur
drewllyd. STINKARD, SKUNK.

drewi, 1. *be.* bod â gwynt cas, sawru'n
ddrwg. TO STINK.

2. *eg.* drewdod. STENCH.

*drewog, *a.* drewllyd. STINKING.

drifftbridd, *eg.* marian iâ. DRIFT.

driffter, *eg.* llong bysgota. DRIFTER.

drifftio, *be.* mynd gyda'r llif. TO DRIFT.

dringhedydd, ⎱ *eg.* dringwr. CLIMBER.
dringiedydd, ⎰

dringio, *be.* gweler *dringo.*

dringlyn, *eg.* *ll.*-nau. pendil. PENDUL-
UM.

dringo : dringad, *be.* mynd i fyny ris
wrth ris neu gam a cham, esgyn, codi.
TO CLIMB.

dringwr, *eg.* *ll.*-wyr. un sy'n dringo.
CLIMBER.

dringwydd, *ell.* (*un. b.*-en). planhigion
sy'n dringo. CREEPERS.

*dring, *eg.* 1. esgyniad. ASCENT.

2. llethr. SLOPE.

*dromwnt, *eg.* llong fawr gynt. DROMOND

*dron, *eb.* mintai, llu. HOST.

dropsi, *eg.* math o afiechyd, dyfrglwyf.
DROPSY.

drôr, *eg.* gweler *drár.*

dros : tros, *ardd.* uwch, uwchben, ar
draws, ar groes. OVER.

Dros ben. LEFT, IN EXCESS ; EX-
CEEDINGLY.

Drosodd, *adf.* OVER, FINISHED.

*drud, *a.* 1. dewr. BRAVE.

2. balch. PROUD.

3. creulon, ffyrnig. CRUEL, FIERCE.

4. enbyd, poenus. GRIEVOUS.

5. ynfyd, ffôl. FOOLISH, RECKLESS.

drud, *a.* *ll.*-ion. gwerthfawr, prid, cos-
tus, drudfawr. EXPENSIVE.

drudaniaeth, *eb.* prinder. SCARCITY.

*drudaniaeth, *egb.* dewrder, creulon-
der. BOLDNESS, VIOLENCE.

drudfawr, *a.* drud, costus, prid ; *dewr.
EXPENSIVE, COSTLY ; *BRAVE.

*drudiant, *eg.* dewrder. BOLDNESS.

drudwen, *eb.* : drudwy : drydw, *eg.*
aderyn yr eira, aderyn y ddrycin.
STARLING.

*drusiad, *eg.* ymladdwr. WARRIOR.

drwg, *eg.* *ll.* drygau. drygioni, niwed,
anaf ; crawn. EVIL, HARM, TROUBLE ;
PUS.

drwg, *a.* drygionus, anfad, blin, gwael,
sâl, yngeler. EVIL, BAD.

drwgdybiaeth, *eb.* *ll.*-au. amheuaeth,
ansicrwydd, teimlad un sy'n drwg-
dybio. SUSPICION.

drwgdybio, *be.* peidio â chredu, amau,
teimlo amheuaeth neu ansicrwydd.
TO SUSPECT.

drwgdybus, *a.* mewn dau feddwl, am-
heus, ansicr. SUSPICIOUS.

drwgweithredwr, *eg.* *ll.* drwgweith-
redwyr. un sy'n gwneud drygioni,
troseddwr, pechadur. EVIL-DOER.

drwm, *eg.* *ll.* drymau. tabwrdd, offeryn
cerdd a genir trwy ei daro â darnau o
bren. DRUM.

*drwn, *a.* hardd, cadarn. FINE, STRONG.

drws, *eg.* *ll.* drysau. dôr, porth. DOOR.

Carreg y drws. DOOR-STEP.

drwy, *ardd.* trwy, o ben i ben, o ochr i
ochr, rhwng, oherwydd. THROUGH.

Drwodd, *adf.* THROUGH.

*drycfeuedd, *eg.* meddiant drwg. EVIL
POSSESSION.

drycin, *eb.* *ll.*-oedd. tywydd garw,
tywydd mawr, tymestl. STORMY
WEATHER.

drycinog, *a.* tymhestlog, stormus,
gwyntog, garw, gerwin. STORMY.

drycsawr, *eg.* sawr drwg. STENCH.

drycsawrus, *a.* â sawr drwg. STINK-
ING.

*drycserch, *eg.* casineb. HATRED.

*dryctyb, *eg.* drwgdybiaeth. SUSPICION.

drych, *eg.* *ll.*-au. 1. gwydr sy'n adlew-
yrchu. MIRROR.

2. golwg, agwedd. SIGHT.

*drychafael, *eg.* gweler *dyrchafael*.

drychfeddwl, *eg. ll.* drychfeddyliau. syniad, meddylddrych, yr hyn a greir yn y meddwl. IDEA.

drychiad, *eg. ll.*-au. tafluniad geom. etrig ar blân unionsyth. ELEVATION,

drychiolaeth, *eb. ll.*-au. ysbryd. bwgan, rhith, ymddangosiad-APPARITION.

drydw : drudwy, *eg.* gweler *drudwen*.

drygair, *eg. ll.* drygeiriau. gair drwg. enllib, tramgwydd, athrod, absen, anghlod. SCANDAL, EVIL WORD.

*dryganiaeth, *eb.* drygioni. WICKED-NESS.

*dryganian, *eb.* natur ddrwg, nwyd. BAD TEMPER, PASSION.

drygchwant, *eg. ll.*-au. chwant drwg. EVIL DESIRE.

drygddyn, *eg. ll.*-ion. dyn drwg. SCOUNDREL.

drygedd, *eg.* drygioni. VICE, EVIL.

drygfyd, *eg.* adfyd. ADVERSITY.

*drygiog, *a.* drwg. EVIL.

drygioni, *eg.* direidi, anfadwaith, drwg, drygedd, ysgelerder. WICKEDNESS.

drygionus, *a.* drwg, anfad, direidus, ysgeler. WICKED, MISCHIEVOUS.

*dryglam, *eg. ll.*-au. anffawd. MIS-FORTUNE.

*drygnad, *eb. ll.*-au. oernad. HOWL, YELL.

drygu, *be.* peri drwg. TO HURT, TO DAMAGE.

drygwaith, *eg.* drygioni. MISCHIEF.

*drygwaith, *eg.* golwg ddrwg. EVIL LOOK.

drygwr, *eg. ll.*-wyr. dyn drwg, niweid-iwr. BAD MAN, MALEFACTOR, HARM-ER.

*drygwynt, *eg.* sawr drwg. STENCH.

*drygyrferth(u), *be.* wylo, ochneidio, wylofain. TO WEEP, TO SIGH, TO LAMENT.

dryll, 1. *egb. ll.*-iau. arf i saethu ag ef, gwn, magnel. GUN.
    2. *eg.* darn, dernyn, rhan, cetyn. PIECE, FRAGMENT, PORTION.

dryllfetel, *eg. ll.*-au. metel tebyg i fetel gwn. GUN METAL.

drylliach, *ell.* drylliau mân. SNIPS.

drylliad, *eg.* peth wedi ei ddistrywio, toriad, difrod, colled, adfeiliad, llongddrylliad. WRECK.

drylliedig : drylliog, *a.* toredig, wedi ei ddistrywio. BROKEN.

dryllio, *be.* dinistrio, difetha, distryw-io, difrodi, chwilfriwio. TO SHATTER.

dryntol, *eb. ll.*-au. dolen cwpan, etc. clicied, bwlyn. HANDLE OF CUP, ETC. LATCH, DOOR-KNOB.

*drys, *e. torf.* mieri, drysi. THORNS.

drysawr, *eg.* gweler *drysor*.

drysfa, *eb.* labrinth. LABYRINTH, MAZE.

drysgoed, *eg.* prysglwyn. THICKET.

drysi, *ell. (un. b.* drysïen). drain, mieri, pigau llwyni. THORNS.

*drysiant, *eg.* penbleth. QUANDARY.

dryslyd, *a.* cymysglyd, anhrefnus, dyrys, di-drefn. CONFUSED, PUZZLING, TANGLED.

drysni, *eg.* dryswch ; prysglwyn. IN-TRICACY ; THICKET.

drysor, *eg. ll.*-ion. ⎫ ceidwad drws, por-
dryswr, *eg.*   ⎭ thor. PORTER, DOOR-KEEPER.

drysu, *be.* cymysgu, anhrefnu'r meddwl. TO CONFUSE, TO TANGLE, TO PUZZLE.

dryswch, *eg.* drysi, anhrefn, cymysg-edd, tryblith, terfysg, penbleth. CONFUSION, PERPLEXITY, ENTANGLE-MENT, BRIERS.

*drythyll, *a.* porthiannus ; bywiog ; trythyll. WELL-FED ; LIVELY ; WAN-TON.

*dryw, *eg. ll.*-on. dewin. SEER.

dryw, *egb. ll.*-od. aderyn bach iawn, y dryw bach. WREN.

du, *a. ll.*-on. lliw tywyll, heb oleuni. BLACK, GLOOMY.

*duad, *eg.* gweler *dyad*.

duad, *eg.* 1. cowlas. BAY (IN BUILDING).
    2. hytir. LENGTH OF RIDGE.

*dubwll, *eg.* bedd. GRAVE.

*duc, *eg. ll.*-iaid. dug, arweinydd. DUKE, LEADER.

*duder, *eg.* düwch. BLACKNESS.

dudew, *a.* pygddu, fel y fagddu. JET-BLACK.

duedd, *eg.* düwch. BLACKNESS.

*dufrech, *eb.* brech ddu. SCALL.

dug[1], *eg. ll.*-iaid. (*b.*-es). uchelwr o'r radd uchaf. DUKE.

dug[2], *bf.* 3 un. gorff. dygodd. BROUGHT.

dugiaeth, *eb. ll.*-au. swydd dug. DUCHY.

*dugum, *bf.* dygais. I BROUGHT.

*duhuno, *be.* gweler *dihuno*.

*dul, *eg. ll.*-oedd. dyrnod. BLOW.

*dulio, *be.* curo, taro. TO BEAT, TO KNOCK.

duloes, *eb.* ing. AGONY, SMART.

dull, *eg. ll.*-iau. ffurf, gwedd, modd, trefn, math, ffordd. FORM, MODE, MANNER, SCHEME.

*dull, *eg. ll.*-oedd. llinell, byddin, rhestr o filwyr. LINE, ARMY, ARRAY.

dullest, *eb.* gweler *dyllest*.

*dulliad, *eg*. cynlluniwr ; patrwm ; cyfres ; plyg. PLANNER ; PATTERN ; SERIES ; FOLD.

*dullio, *be*. cynllunio, trefnu llu. TO ARRANGE, TO MARSHAL.

dullwedd, *eb*. *ll*.-au. modd, dull. MANNERISM, STYLE.

*dullyn, 1. *eg*. ymddangosiad, dull. APPEARANCE, FORM.
   2. *a*. dillyn. BEAUTIFUL.

*dundeb, *eg*. gweler *duündeb*.

dunos, *eb*. nos dywyll. DARK NIGHT.

duo, *be*. troi'n ddu, tywyllu, pardduo. TO BLACKEN, TO DARKEN.

*duog, *a*. du, tywyll. BLACK, SWARTHY.

dur, *eg*. *ll*.-oedd. math o fetel caled a wneir o haearn trwy gymysgu carbon ag ef. STEEL.

duraidd, *a*. fel dur, caled. STEELY.

*durawd, *a*. caled, duriol, creulon. HARD, CRUEL.

*durdyrch, *ell*. arfau modrwyog. LINKED MAIL.

durew, *eg*. rhew du. BLACK FROST.

*durfing, *a*. caled. SEVERE, HARD.

*durfingrwydd, *eg*. caledi, caledwch. SEVERITY, HARDNESS.

durio, *be*. caledu. TO HARDEN, TO STEEL.

duriog, | *a*. caled, o ddur. HARD ; OF
duriol, | STEEL.

duryn, *eg*. pig, trwyn. BEAK, NOSE.

*duün, *a*. cytûn. IN AGREEMENT.

*duündab, *eg*. | cytundeb, heddwch.
*duündeb, *eg*. | AGREEMENT, PEACE.

*duüno, *be*. cytuno, cydsynio. TO AGREE, TO CONSENT.

*duw, *eg*. gweler *diw*.

duw, *eg*. *ll*.-iau. (*b*.-ies). delw, un a addolir gan bagan. A GOD.
   Duw. GOD.

düwch, *eg*. lliw du, tywyllwch, gwyll. BLACKNESS, GLOOM.

*duwdab, *eg*. | gweler *duwdod*.
*duwdeb, *eg*. |

duwdod, *eg*. dwyfoldeb. DEITY.
   Y Dwdod : Duw. THE DEITY.

duwiol, *a*. yn credu yn Nuw, duwiolfrydig, crefyddol, sanctaidd, glân. GODLY.

duwioldeb : duwiolfrydedd, *eg*. cred yn Nuw, sancteiddrwydd, crefyddoldeb. GODLINESS.

duwiolfrydig, *a*. crefyddol. PIOUS.

*duw(i)oliaeth, *eb*. dwyfoldeb. PIETY, DIVINITY.

*duwsul, *eg*. dydd Sul. SUNDAY.

*dwbl, *eg*. dwbled. DOUBLET.

dwbl, *a*. yn ddwy ran, dau cymaint, dwywaith, dyblyg, deublyg, dauddyblyg. DOUBLE.

dwbled, *eb*. *ll*.-au. crysbais a wisgid gynt. DOUBLET.

*dwblhau, *be*. dyblu. TO DOUBLE.

dwbler, *eg*. dysgl. DISH, TUREEN.

dwblo, *be*. plygu. TO DOUBLE.

dwdlian, *be*. sefyllian, ymdroi. TO DAWDLE.

dweud, *be*. dywedyd. TO SAY.

*dwfn, *eg*. 1. dyfnder. DEPTH.
   2. y byd. THE WORLD.

dwfn, *a*. *ll*. dyfnion. (*b*. dofn). i lawr ymhell, isel iawn, dwys. DEEP.

dwfr : dŵr, *eg*. *ll*. dyfroedd. gwlybwr di-liw heb flas na sawr. WATER.
   Dwfr swyn. HOLY WATER.
   Gwaith dŵr : cronfa ddŵr. RESERVOIR.

dwgyd, (*taf*.) *be*. gweler *dwyn*.

dwl, *a*. twp, hurt, syfrdan, pendew. DULL.

dwlu : dylu, *be*. gwirioni, ffoli, dotio. TO DOTE.

*dŵm, *eg*. barn. JUDGEMENT, DOOM.

dwmbwr-dambar : dwmbwl-dambal, *adf*. HELTER-SKELTER.

*dwn, *a*. tywyll, cochddu. DUN, DUSKY.

*dwned, *eg*. gramadeg, egwyddor barddoniaeth. GRAMMAR, PRINCIPLES OF POETRY.

dwndwr, *eg*. sŵn, twrf, dadwrdd, twrw, trwst. NOISE.

*dwnedwr, *eg*. *ll*.-wyr. gramadegwr. GRAMMARIAN.

dŵr, *eg*. gweler *dwfr*.

*dwrd, *eg*. cerydd. REPROOF.

dwrdio, *be*. ceryddu, cymhennu, tafodi, cystwyo. TO SCOLD.

*dwrdd, *eg*. dadwrdd, sŵn. TUMULT, NOISE.

dwrgi, *eg*. *ll*. dwrgwn. | anifail y dŵr
dyfrgi, *eg*. *ll*. dyfrgwn. | sy'n hoff o bysgod. OTTER.

dwrn, *eg*. *ll*. dyrnau. llaw gaeëdig, carn. FIST, KNOB, HANDLE.
   Dyrnau pladur. GRIPS ON HANDLE OF SCYTHE.
   Dwrn drws. DOOR KNOB.
   Arian cil-dwrn. TIP.

*dwsed, *eg*. melys. DULCET.

dwsel, *eg*. tap casgen. FAUCET.

dwsin, *eg*. *ll*.-au. dysen, deuddeg. DOZEN.

dwsmel, *eg*. offeryn cerdd llinynnol. DULCIMER.

dwst, *eg*. llwch, powdr. DUST.

dwthwn, *eg*. diwrnod, dydd, y dydd hwn. DAY, TIME.

dwy, *a*. rhifol *b*. (*g*. dau). TWO.

*dwy, *eg*. *ll*.-au. duw ; Duw. GOD ; GOD.

dwyael, *ell*. aeliau. EYEBROWS.

*dwyar, *a.* gwaedlyd. BLOODY.

dwybig, *a.* fforchog. FORKED.

*dwydid, ⎱ *eg.* dwyfoldeb, duwdod·
*dwydra, ⎰ DIVINITY, GODLINESS.

dwyen, *ell.* dwy ên, genau, bochau. JAWS, CHEEKS.

dwyfol, *a.* yn perthyn i Dduw, cysegredig, sanctaidd. DIVINE.

dwyfoldeb, *eg.* natur ddwyfol. DIVINITY.

dwyfoli, *be.* dyrchafu'n dduw, addoli fel duw. TO DEIFY.

dwyfoliaeth, *eb.* dwyfoldeb. DIVINITY.

dwyfron, *eb. ll.*-nau. bron, mynwes. BREAST, CHEST.

dwyfronneg, *eb. ll.* dwyfronegau. peth i amddiffyn y fynwes. BREASTPLATE.

dwyieithog, *a.* yn medru dwy iaith. BILINGUAL, BILINGUALITY.

dwyieithedd, *eg.* ⎱ medr i siarad
dwyieithrwydd, *eg.* ⎰ dwy iaith. BILINGUALISM.

dwyieitheg, *eb.* astudiaeth o ddwyieithedd. STUDY OF BILINGUALISM.

dwylo, *ell. (un. b.* llaw). aelodau o'r corff, gweithwyr. HANDS.

dwyn : dwgyd *(taf.), be.* 1. cymryd, mynd â. TO TAKE.
    2. dod â. TO BRING.
    3. lladrata, cipio. TO STEAL.
    4. byw (bywyd). TO LEAD (A LIFE).

dwyradd, *a.* yn cynnwys ail bŵer newidyn, yn cynnwys sgwâr. QUADRATIC.

*dwyrain, 1. *eg.* cyfodiad. RISING.
    2. *a.* yn codi. RISING.
    3. *be.* cyfodi. TO RISE.

dwyrain, *eg.* cyfeiriad codiad yr haul. EAST.

dwyraniad, *eg.* rhaniad yn ddwy ran israddol. DICHOTOMY.

dwyrannu, *be.* rhannu'n ddwy. TO BISECT.

dwyrannydd, *eg.* llinell sy'n rhannu un arall yn ddwy. BISECTOR.

*dwyre, 1. *eg.* cyfodiad. A RISING.
    2. *a.* yn codi, dyrchafedig. RISING.
    3. *be.* cyfodi. TO RISE.

dwyreiniol, *a.* yn ymwneud â'r dwyrain. EASTERLY, ORIENTAL.

dwyreiniwr, *eg. ll.* dwyreinwyr. un o'r dwyrain. AN ORIENTAL.

dwyreinwynt, *eg. ll.*-oedd. gwynt yn chwythu o'r dwyrain, gwynt traed y meirw. EAST WIND.

*dwyreog, ⎱ *a.* yn codi. RISING.
*dwyreol, ⎰

dwys, *a.* 1. difrifol, sobr, gofidus, trwm, blin. GRAVE, GRIEVOUS, SOLEMN.
    2. angerddol. INTENSE, PROFOUND.

dwysáu, *be.* angerddoli, difrifoli, sobreiddio. TO INTENSIFY, TO BECOME CONCENTRATED.

*dwysáu, *be.* bod yn daer. TO BE PERSISTENT.

dwysbigiad, *eg. ll.*-au. brathiad dwys. COMPUNCTION.

dwysbigo, *be.* brathu neu bigo'n ddwys. TO PRICK, TO STING, TO STAB.

dwysedig, *a.* gwasgedig. PRESSED DOWN.

dwysedd, *eg.* perthynas mater a folwm. DENSITY.

dwysfwyd, *eg.* bwyd cryf maethlon. CONCENTRATES.

dwyso, *be.* gwasgu. TO PRESS.

dwyster, *eg.* difrifwch, difrifoldeb, angerddoldeb, pwysigrwydd. SERIOUSNESS, IMPORTANCE.

dwywaith, *adf.* dau dro, dau cymaint. TWICE.
    Cymaint ddwywaith. TWICE AS MUCH.
    Nid oes dim dwywaith amdani. THERE'S NO DOUBT ABOUT IT.

*dwywawl, ⎱ *a.* dwyfol, sanctaidd.
*dwywol, ⎰ GODLY, HOLY.

*dwywes, *eb.* duwies. GODDESS.

*dwywolder, *eg.* gweler *dwyfolder.*

*dwywoliaeth, *eb.* dwyfoldeb. DIVINITY.

dwywreigiaeth, *eb.* y cyflwr o fod â dwy wraig. BIGAMY.

dwywreigiol, *a.* â dwy wraig. BIGAMOUS.

dy, *rhag.* ail berson unigol rhagenw personol blaen. THY.

*dyad, *eg.* ymddangosiad, ffurf, ymddygiad. APPEARANCE, FORM, CONDUCT.

*dyadu, *be.* llifo, arllwys ; caniatáu. TO FLOW, TO POUR ; TO PERMIT.

dyall, *be.* ⎱ gweler *deall.*
*dyallu, *be.* ⎰

*dyallus, *a.* deallus. INTELLIGENT.

*dyar, 1. *a.* trist ; creulon ; uchel. SAD ; CRUEL ; LOUD.
    2. *eg.* gwaedd ; sŵn. SHOUT ; NOISE.

*dyarwain, *be.* cludo. TO CARRY.

dybliad, *eg.* plyg, y weithred o ddyblu. DOUBLING.

dyblu, *be.* gwneud yn ddwbl, gwneud yn gymaint ddwywaith, gwneud yr ail waith, plygu'n ddwbl. TO DOUBLE.

dyblyg, *a.* dwbl. DOUBLE, DUPLICATE.

dyblygedd, *eg.* dichell, twyll. DUPLICITY.

dyblygiad, *eg.* dybliad. DOUBLING, DUPLICATION.

dyblygu, *be.* 1. dyblu. TO DOUBLE, TO FOLD, TO DUPLICATE.

2. troi. TO TURN.

*****dyborthi,** *be.* 1. dwyn, peri. TO BEAR, TO CAUSE.

2. cynnal. TO MAINTAIN.

3. goddef. TO SUFFER.

*****dyborth(i)awdr,** *eg.* cynhaliwr, dygwr. SUPPORTER, ALLY, BEARER.

*****dybredychu,** *be.* twyllo. TO DECEIVE.

*****dybriso,** *be.* dryllio. TO BREAK.

dybryd, *a.* gresynus, arswydus, cywilyddus, gwaradwyddus, echryslon, dygn, gwarthus, echrys, afluniaidd, hyll. DIRE, MONSTROUS, UGLY. Camsyniad dybryd. A GRAVE ERROR.

*****dybryderu,** *be.* ofni. TO FEAR.

*****dybrydrwydd,** ⎱ *eg.* hagrwch. UGLINESS, DEFORMITY.
dybrydwch, ⎰

*****dybwy,** *eg.* dyrnod ; gwth. BLOW ; PUSH.

*****dybyn,** *be.* torri. TO BREAK.

dychan, *eg. ll.*-au. gogan, coegni, gwatwar. SATIRE.

dychangerdd, *eb. ll.*-i. cân sy'n gwawdio neu watwar. SATIRICAL POEM.

*****dychaniad,** *eg.* bardd ; caniad. POET ; SONG.

dychanol, *a.* yn cynnwys dychan, gwatwarus. SATIRICAL.

dychanu, *be.* gwawdio, goganu, gwatwar, diystyru. TO SATIRIZE.

*****dychanu,** *be.* canu. TO SING.

dychanwr, *eg. ll.* dychanwyr. un sy'n dychanu, goganwr. SATIRIST.

*****dychïori,** *be.* syrthio. TO FALL.

dychlamu, *be.* 1. curo. TO THROB.

2. llamu, neidio. TO LEAP, TO HOP.

*****dychludo,** *be.* dwyn, cludo. TO BEAR, TO CARRY.

*****dychlyn,** *a.* dewisol. CHOICE.

dychmygadwy, *a.* y gellir ei ddychmygu. IMAGINABLE.

*****dychmygiaeth,** *eb.* dychymyg. IMAGINATION.

dychmygol, *a.* yn perthyn i ddychymyg ac nid i ffaith. IMAGINARY.

dychmygu, *be.* creu yn y dychymyg, tybio, dyfalu. TO IMAGINE, TO INVENT.

dychmygus, *a.* dychmygol. IMAGINARY.

*****dychnudo,** *be.* udo. TO HOWL.

*****dychrain,** *be.* ymdreiglo. TO WALLOW.

*****dychre,** 1. *eg.* ysgrech. SCREAM.

2. *a.* ysgrechfawr. SCREAMING.

dychryn[1]**,** *eg. ll.*-iadau. ofn sydyn, braw, arswyd. FRIGHT, HORROR, DREAD, TERROR.

dychryn[2] **:** dychrynu, *be.* cael ofn, brawychu, ofni, arswydo. TO FRIGHTEN, TO BE FRIGHTENED.

*****dychrynadwy,** *a.* dychrynllyd. HORRIBLE, TERRIBLE.

*****dychryndod,** *eg.* dychryn. TERROR, FRIGHT.

*****dychrynedigaeth,** *eb. ll.*-au. dychryn, braw. TERROR.

dychrynfa, *eb. ll.*-fâu, -feydd. dychryn. TERROR.

dychrynllyd, *a.* ofnadwy, brawychus, arswydus, erchyll. FRIGHTFUL.

dychrynu, *be.* gweler *dychryn.*

dychrynydd, *eg. ll.*-ion. un sy'n dychrynu, brawychwr. FRIGHTENER.

*****dychwanegu,** *be.* ychwanegu. TO INCREASE.

dychwel, *eg. ll.*-ion. dychweliad. RETURN.

*****dychwel,** *eg. ll.*-ion. tro. TURN.

dychweledig, *a. ll.*-ion. wedi dychwelyd, wedi dod yn ôl. RETURNED. Dychweledigion. CONVERTS, REVENANTS.

dychweliad, *eg. ll.*-au. dyfodiad yn ôl, tröedigaeth. RETURN, CONVERSION.

dychwelyd, *be.* dod yn ôl, mynd yn ôl, rhoi yn ôl, anfon yn ôl. TO RETURN.

*****dychwerthin,** *be.* ymlonni. TO REJOICE.

*****dychyfaered,** *be.* dyfod. TO COME.

*****dychyfal,** *a.* bonheddig. NOBLE.

*****dychyfun,** *a.* hygar. AMIABLE.

*****dychyffrwy,** *be.* taenu, amlhau, cynnull. TO INCREASE, TO MUSTER.

*****dychymod,** *be.* 1. dygymod. TO PUT UP WITH.

2. dilyn. TO FOLLOW.

*****dychymriwo,** *be.* darnio, briwo. TO BREAK.

dychymyg, *eg. ll.* dychmygion. y gallu i ddychmygu, crebwyll, darfelydd. IMAGINATION, FANCY.

*****dychynne,** *be.* cynnau. TO LIGHT.

*****dychynnull,** *be.* casglu, cynnull. TO COLLECT, TO ASSEMBLE.

*****dychysgog,** *be.* crynu. TO SHIVER.

*****dychystuddio,** *be.* nychu, difa. TO WASTE AWAY.

*****dyd,** *bf.* gesyd, rhydd. HE PLACES.

*****dydechwr,** *eg.* gweler *didechwr.*

*****dydwyth,** *a.* angerddol. INTENSE.

*****dydd,** *eg.* oed, cytundeb. APPOINTMENT, AGREEMENT.

dydd, *eg. ll.*-iau. diwrnod, dwthwn. DAY.

Toriad dydd : clais y dydd. DAY-BREAK.

Canol dydd : hanner dydd. MID-DAY.

Y dydd a'r dydd. SUCH AND SUCH A DAY.

*dyddaered, *be.* dod. TO COME.

dyddfu, *be.* llaesu dwylo, blino. TO FLAG, TO FAINT.

dyddgwaith, *eg.* rhyw ddiwrnod, hyd diwrnod, diwrnod. A (CERTAIN) DAY.

dyddhau, *be.* gwawrio. TO DAWN.

dyddiad, *eg. ll.*-au. y dydd o'r mis, adeg o'r mis, amseriad. DATE, DATING.

dyddiadedig, *a.* hen, wedi ei ddyddio. DATED.

dyddiadur, *eg. ll.*-on. llyfr i gadw cyfrif o ddigwyddiadau pob dydd. DIARY.

*dyddifa, *be.* dinistrio. TO DESTROY.

dyddio, *be.* 1. barnu, heddychu, cymodi. TO JUDGE, TO RECONCILE.
2. gwawrio, goleuo. TO DAWN.
3. amseru. TO DATE.

dyddiol, *a.* bob dydd, beunyddiol, beunydd, o ddydd i ddydd. DAILY.

dyddiwr, *eg. ll.*-wyr. cymodwr, canolwr. MEDIATOR, ARBITRATOR.

dyddlyfr, *eg. ll.*-au. dyddiadur. DIARY.

dyddodyn, *eg. ll.*-dion. yr hyn a waelodir. DEPOSIT.

*dyddon, *a.* rhydd. GENEROUS.

*dyddwaith, *eg.* gweler *dyddgwaith.*

*dyddwyn, *be.* dwyn, cludo. TO BEAR, TO CARRY.

*dyddysg, *a.* medrus, galluog. SKILFUL.

*dyedd, *eg.* gweler *dyhedd.*

*dyergryn(u), *be.* ofni. TO FEAR.

*dyeryfed, *be.* cyfeddach. TO CAROUSE.

dyfais, *eb. ll.* dyfeisiau. rhywbeth newydd a gwreiddiol, cynllun, dychymyg. INVENTION, DEVICE, IMAGINATION.

dyfal, *a.* diwyd, prysur, gweithgar, ystig, â'i holl egni, taer. DILIGENT, EARNEST, INDUSTRIOUS.

dyfalbarhad, *eg.* diwydrwydd. PERSEVERANCE.

dyfalbarhau, *be.* bod yn ddiwyd neu'n weithgar. TO PERSEVERE.

dyfalbarhaus, *a.* diwyd. PERSEVERING.

dyfaliad, *eg. ll.*-au. 1. tybiaeth, tyb, amcan, dychymyg. CONJECTURE, GUESS.
2. cymhariaeth. COMPARISON.

*dyfalu, *be.* 1. gwatwar, dychanu. TO MOCK, TO SATIRISE.
2. cymharu. TO COMPARE.

dyfalu, *be.* dyfeisio. dychmygu, tybio. TO IMAGINE.

dyfarniad, *eg. ll.*-au. dedfryd, barn, beirniadaeth, rheithfarn. VERDICT, DECISION.

dyfarnu, *be.* rhoi dyfarniad, barnu, dedfrydu, rheithfarnu, penderfynu. TO ADJUDGE, TO DECIDE, TO SENTENCE.

dyfarnwr, *eg. ll.*-wyr. un sy'n dyfarnu. JUDGE, UMPIRE.

dyfeisgar, *a.* yn llawn dyfais, hoff o ddyfeisio. INVENTIVE.

dyfeisio, *be.* gwneud peth yn y meddwl, creu o'r newydd, cynllunio, cynllwyno. TO DEVISE, TO INVENT.

dyfeisiwr, *eg. ll.*-wyr. un sy'n dyfeisio. INVENTOR.

*dyflöen, *eb. ll.*-au. asglodyn. CHIP.

*dyfn, *a.* 1. arferol. CUSTOMARY.
2. dwfn, ac *a.ll.* dyfnion. DEEP.

*dyfnaid, 1. *be.* cynefino â. TO BECOME ACCUSTOMED TO.
2. *eg.* arfer. CUSTOM.

dyfnant, *eb. ll.*-nentydd. ceunant, hafn. RAVINE.

dyfnder, *eg. ll.*-oedd, -au. y mesur tuag i lawr, lle dwfn, môr. DEPTH, PROFUNDITY, OCEAN.

dyfndra, *eg.* ⎫
*dyfndwr, *eg.* ⎬ dyfnder. DEPTH.
*dyfnedd, *eg.* ⎭

dyfnfor, *eg.* y dyfnder. THE DEEP.

dyfnhau, *be.* mynd yn ddyfnach, cloddio. TO DEEPEN, TO DIG.

*dyfnu, *be.* gweler *dyfnaid.*

dyfnu, *be.* sugno. TO SUCK.

*dyfnwedydd, *eg.* proffwyd, bardd. PROPHET, POET.

dyfod : dod : dŵad, *be.* agosáu, dynesu, cyrraedd, digwydd. TO COME, TO BECOME, TO COME TO PASS.

dyfodfa, *eb.* mynediad, mynedfa. ACCESS, ENTRY.

dyfodiad[1], *eg. ll.*-iaid. un wedi dyfod, dieithryn. ARRIVAL, STRANGER.

dyfodiad[2], *eg. ll.*-au. yr act o ddyfod, cyrhaeddiad. ARRIVAL.

dyfodol[1], *eg.* yr amser i ddyfod, yn dyfod. FUTURE, COMING.

Yn y dyfodol. IN FUTURE.

dyfodol[2], *a.* i ddod. FUTURE.

dyfradwy, *a.* wedi ei dyfrhau. WATERED.

*dyfr(edd), *e.ll.* dyfroedd. WATERS.

dyfrfarch, *eg. ll.*-feirch. afonfarch. HIPPOPOTAMUS.

dyfrffos, *eb. ll.*-ydd. camlas, ffos ddŵr. CANAL, WATERCOURSE.

dyfrgi, *eg.* gweler *dwrgi.*

dyfrhad, *eg.* y weithred o ddyfrhau tir. IRRIGATION.

dyfrhau,*be.* rhoi dŵr i, dodi dŵr ar, cymysgu â dŵr. TO WATER, TO IRRIGATE.

*dyfrig, *a.* 1. canghennog. BRANCHING.
    2. diferol, ewynnog. DRIPPING, FOAMING.

*dyfrigo, *be.* canghennu. TO BRANCH.

dyfrio, *be.* dyfrhau. TO WATER.

dyfriog, *a.* dyfrllyd, perthynol i ddŵr, dyfrol. WATERY, AQUATIC.

dyfrllyd, *a.* yn cynnwys llawer o ddŵr, gwlyb, llaith, tenau, gwan. WATERY.

*dyfrllydrwydd, *eg.* twyll. DECEIT.

dyfrol, *a.* yn perthyn i ddŵr. AQUEOUS, AQUATIC.

dyfru, *be.* dyfrhau. TO WATER.

*dyfrwr, *eg.* yfwr dŵr. WATER DRINKER.

*dyfrwyd, *a.* angerddol. INTENSE.

*dyfrwys, *a.* nerthol, garw. STRONG, SEVERE.

*dyfryd, 1. *eg.* tristwch. SADNESS.
    2. *a.* trist, anhyfryd. SAD.

*dyfrydedd, *eg.* tristwch, gofid. SADNESS, WORRY.

*dyfrydog, *a.* trist. SAD.

*dyfrydwch, *eg.* gweler *dyfrydedd.*

*dyfrys, 1. *a.* buan, brysiog. SWIFT.
    2. *eg.* brys. HASTE.

*dyfrys(io), ⎱ *be.* brysio. TO HURRY.
*dyfrysu, ⎰

*dyfwrw, *be.* bwrw, taflu at. TO STRIKE, TO THROW.

dyfyd, *bf.* (*taf.*) dywed. (s)HE WILL SAY, SAYS.

*dyfydd, 1. *bf.* daw. WILL COME.
    2. *eg.* alaeth. GRIEF.

dyfyn, 1. *eg.* galwad, gwŷs. CALL, SUMMONS.
    2. *be.* galw, gwysio. TO CALL, TO SUMMONS.

dyfyniad, *eg. ll.*-au. darn neu eiriau a ddyfynnir. QUOTATION.

dyfynnod, *eg. ll.* dyfyn-nodau. y marc a ddefnyddir i ddangos dyfyniad. QUOTATION MARK.

dyfynnol, *a.* yn perthyn i ddyfyniad, yn dyfynnu. CITATORY.

dyfynnu, *be.* adrodd geiriau o lyfr neu eiriau a lefarodd rhywun arall, galw, gwysio. TO QUOTE, TO CALL, TO SUMMON.

*dyfynt, 1. *eg.* eiddgarwch. ZEAL.
    2. *a.* eiddgar. ZEALOUS.

*dyfyriad, *eg. ll.*-au. cwtogiad. ABRIDGEMENT.

*dyfyrru, *be.* cwtogi. TO SHORTEN.

*dyfysgi, *eg.* cythrwfl, cyffro. TUMULT, CONFUSION.

*dyfysgu, *be.* cymysgu, cythryblu. TO MIX, TO CONFUSE.

*dyffestin, *a.* yn prysuro. HURRYING.

dyffryn, *eg. ll.*-noedd. daear isel rhwng bryniau, glyn, cwm, nant, ystrad, bro. VALLEY.

dyffryndir, *eg. ll.*-oedd. tir isel. LOW COUNTRY.

*dyffrynt, *eg.* dyffryn. VALLEY, VALE.

*dyffrystio, *be.* prysuro. TO HURRY.

*dyganrain, *be.* dilyn, cyd-fynd â. TO FOLLOW, TO GO WITH.

*dyganu, *be.* gweler *dychanu.*

*dygas, *a.* gweler *digas.*

*dygiad, *eg.* 1. cludwr. BEARER.
    2. lleidr. THIEF.
    3. ymddygiad. BEHAVIOUR.
    4. symud. REMOVAL.

*dygiawdr, *eg. ll.*-iodron. cludwr. BEARER.

dygiedydd, *eg. ll.*-ion. cludwr. BEARER.

*dygludo, *be.* cludo ymaith. TO CARRY OFF.

*dygn, *eg.* cyfyngder, ymdrech. DIFFICULTY, EFFORT.

dygn, *a.* caled, llym, gerwin, tost, gresynus, echrys, echryslon, arswydus, blin. SEVERE, HARD, EXTREME, GROSS, GRIEVOUS.

*dygnaw, *be.* blino, poeni. TO WORRY.

*dygnawd, *a.* blin, caled. HARSH, SEVERE.

*dygnedd, *eg.* cyfyngder, blinder. TROUBLE, ADVERSITY.

dygnedd, *eg.* dyfalbarhad. ENDURANCE.

dygnu, *be.* ymegnïo. TO STRIVE.

dygnwch, *eg.* diwydrwydd, dyfalbarhad. ASSIDUITY.

*dygobrysio, *be.* brysio. TO HURRY.

*dygoch, *be.* cochi. TO REDDEN.

*dygogan, *be.* proffwydo. TO PROPHESY.

*dygogladd, *be.* taro. TO STRIKE.

*dygoralw, *be.* bloeddio. TO SHOUT.

*dygostwng, *be.* gorchfygu. TO CONQUER.

*dygredu, *be.* ymweled â. TO VISIT.

*dygrwn, *a.* grymus. POWERFUL.

*dygrynhoi, *be.* cynnull, crynhoi. TO MUSTER.

*dygryn, *a.* yn crynu. SHIVERING, SHAKING.

*dygrynio, *be.* gwthio, cau am. TO PUSH, TO SURROUND.

*dygrynu, *be.* crynu, ysgwyd. TO QUAKE.

*dygrys(i)o, *be.* brysio ; ymosod. TO HURRY ; TO ATTACK.

*dygwr, *eg. ll.*-wyr. cludydd. BEARER.

*dygwrthryn, *be.* ymosod. TO ATTACK.

*dygwydd, *eg.* cwymp. FALL.

*dygwyddo, *be.* cwympo, digwydd. TO
FALL, TO HAPPEN.

dygwyl (ŵy), *eg.* dydd gŵyl, diwrnod
wedi ei neilltuo i gofio rhyw am-
gylchiad neu berson. FEAST DAY,
FESTIVAL.

Dygwyl Dewi. ST. DAVID'S DAY.

dygwympo, *be.* peri i gwympo. TO
COLLAPSE.

*dygyfarch, *be.* gofyn. TO ASK.

*dygyfarwyddo, *be.* adrodd. TO REL-
ATE.

*dygyflwyn, *be.* talu (teyrnged). TO PAY
(TRIBUTE).

*dygyfod(i), *be.* cyfodi. TO RISE.

dygyfor[1], *be.* 1. codi'n donnau, ym-
chwyddo, tonni. TO SURGE.
   2. casglu, cynnull. TO MUSTER.

dygyfor[2], *eg.* 1. ymchwydd. SURGING.
   2. terfysg, cyffro. TUMULT.
   3. cynulliad, tyrfa, torf. THRONG,
   MUSTERING.

*dygyforio, *be.* gweler *dygyfor*.

*dygyforth, *a.* llidiog. ANGRY.

*dygyfranc, *eg.* brwydr, ymladd.
BATTLE.

*dygyfwrw, *be.* dinistrio. TO DESTROY.

*dygylchynu, *be.* amgylchynu. TO
TRAVEL AROUND.

*dygymell, *be.* gorfodi. TO COMPEL.

*dygymod, *eg.* cytundeb, heddwch.
AGREEMENT, PEACE.

dygymod, *be.* goddef, cytuno, bodloni,
caniatáu, ymostwng. TO PUT UP
WITH, TO AGREE (WITH).

*dygymwyll, *be.* awgrymu, ystyried.
TO SUGGEST, TO CONSIDER.

*dygymyrru, *be.* cwtogi. TO SHORTEN.

*dygynnu, *be.* duo, tywyllu. TO BECOME
DARK.

*dygynnull,1.*be.* cynnull. TO ASSEMBLE.
   2. *eg.* cynulliad. ASSEMBLY.

*dygyrch, *eg.* ymosodiad, cyrch.
ASSAULT.

*dygyrchu, *be.* 1. myned, dyfod. TO GO,
TO COME.
   2. ymosod. TO ATTACK.
   3. mynychu. TO FREQUENT.

*dyhaeddu, *be.* cyrraedd, haeddu. TO
REACH, TO DESERVE.

dyhead, *eg.* *ll.*-au. awydd cryf, chwen-
ychiad, chwant, blys, uchelgais;
anadliad cyflym. ASPIRATION, YEARN-
ING ; PANTING.

*dyhedd, 1. *eg.* cythrwfl, rhyfel, cyni.
COMMOTION, WAR, ADVERSITY.
   2. *a.* truenus. WRETCHED.

*dyheddog, *a.* rhyfelgar. WARLIKE.

*dyhepgor, *be.* arllwys. TO POUR.

*dyhinedd, *eg.* drycin. STORM.

*dyhir, *a.* gweler *dihir*.

*dyhudd, *eg.* cysur, bodlonrwydd.
CONSOLATION, SATISFACTION.

*dyhudded, *eg.* gweler *dyhuddiant*.

dyhuddgloch, *eb.* cloch a genid am
wyth fel arwydd i ddiffodd tanau a
golau. CURFEW-BELL.

*dyhuddiant, *eg.* cysur, sirioldeb. CON-
SOLATION, CHEERFULNESS.

dyhuddo, *be.* cysuro, heddychu, bod-
loni, cymodi. TO CONSOLE, TO
PROPITIATE, TO PACIFY.

*dyhuddol, *a.* yn cymodi, cymodlawn.
PROPITIATORY.

*dyhun, *a.* cytûn. AGREED.

*dŷl, *eg.* *ll.* dylion. dyled ; iawn. DEBT ;
RIGHT.

*dylad, *eg.* llif, llanw, dwfr. FLOOD,
WATER.

dyladwy, *a.* cyfaddas, priodol, teilwng,
cymwys. DUE, PROPER, SUITABLE.

*dyladd, *be.* clwyfo, lladd. TO WOUND,
TO KILL.

*dylaith, *eg.* clo neu far drws; diogelwch.
DOOR-BOLT, BAR ; SAFETY.

*dylan, *eg.* cefnfor, ton y môr. OCEAN.
WAVE.

dylanwad, *eg.* *ll.*-au. y gallu i ddylan-
wadu, effaith. INFLUENCE.

dylanwadol, *a.* â dylanwad, yn dylan-
wadu. INFLUENTIAL.

dylanwadu, *be.* effeithio ar, bod â
dylanwad. TO INFLUENCE.

*dylaw, 1.*a.* lletchwith, trwsgl, truenus.
CLUMSY, WRETCHED.
   2. *eg.* ystof. WARP.
   3. *be.* ystofi, paratoi. TO WARP, TO
   PREPARE.

dyldra, *eg.* gweler *dylni*.

*dyle, *be.* distrywio, lladd. TO DESTROY.

dyleb, *eb.* *ll.*-ion. bil, derbynneb. BILL,
INVOICE.

dyled, *eb.* *ll.*-ion. peth sy'n ddyledus i
rywun arall, rhwymau, rhwymedig-
aeth. DEBT, DUE, OBLIGATION.

*dyledog, 1. *a.* bonheddig. NOBLE.
   2. *eg.* *ll.*-ion. gŵr bonheddig.
   NOBLEMAN.

dyledog, ⎰ *a.* dyladwy, o dan rwym-
dyledus, ⎱ au. OBLIGATORY, DUE.

dyledwr, *eg.* *ll.* dyledwyr. un mewn
dyled. DEBTOR.

*dyleithio, *be.* plesio, peri hyfrydwch.
TO PLEASE.

*dylenwi, *be.* llanw. TO FILL.

dyletswydd, *eb. ll.*-au. yr hyn y dylai dyn ei wneud, gwasanaeth rhesymol. DUTY.

Dyletswydd deuluaidd. FAMILY PRAYERS.

Cadw dyletswydd. TO CONDUCT FAMILY PRAYERS.

dyli, *eg.* dylni, dwli. DULLNESS, NON-SENSE.

dylif, *eg.* llifeiriant, llif, dilyw ; sylwedd a ddefnyddir i doddi meteloedd. FLOOD ; FLUX.

dylif(ad), *eg.* ystofiad, trefniant. WEAVING, ARRANGEMENT.

*****dylifain,** *be.* ystofi, trefnu. TO WARP, TO ARRANGE.

dylifiad, *eg.* llif. FLOWING.

dylifo, 1. symud fel dŵr, symud yn hawdd ac yn helaeth, llifo, ffrydio, rhedeg, arllwys. TO FLOW, TO POUR. 2. ystofi, trefnu. TO WARP, TO ARRANGE.

dylni : dwli : dyli, *eg.* twpdra, hurtwch, hurtrwydd, ynfydrwydd, ffolineb. STUPIDITY, DULLNESS.

*****dylochi,** *be.* amddiffyn. TO PROTECT.

*****dylofi,** ⎫ *be.* ystofi, paratoi. TO WARP,
*****dylofyn,** ⎭ TO PREPARE.

*****dylu,** *be.* bod mewn dyled. TO OWE.

dylu, *be.* mynd yn ddwl, dwlu, ffoli. TO BECOME DULL, TO DOTE.

*****dyluch,** *a.* disglair. BRIGHT.

*****dylud(o),** *be.* canlyn, ymosod, gwasgu. TO FOLLOW, TO PRESS, TO ATTACK.

*****dyludwr,** *eg. ll.*-wyr. canlynwr, erlidiwr. PURSUER.

dyluniad, *eg. ll.*-au. patrwm. DESIGN.

dylunio, *be.* cynllunio patrymau. TO DESIGN.

*****dylusg,** *be.* llusgo. TO DRAG.

*****dylwyf,** *eg.* pentewyn. FIRE-BRAND.

*****dylyed,** *eg.* gweler *dlyed.*

*****dylyedog,** 1. *a.* urddasol. NOBLE. 2. *eg.* arglwydd, uchelwr. LORD, NOBLEMAN.

dylyfu gên, *be.* agor y geg. TO YAWN.

dylyn, *eg.* un dwl, gwirionyn, ffwlcyn. SIMPLETON.

*****dyllenwi,** *be.* llenwi. TO FILL.

*****dylles,** *eg.* anffawd. MISFORTUNE.

*****dyllest,** *eb.* trefniant, modd. ARRANGEMENT, MANNER.

*****dyllidd,** *be.* gweler *dillydd.*

dylluan : tylluan, *eb. ll.*-od. aderyn ysglyfaethus y nos, gwdihŵ. OWL.

dyma, *adf.* (a) wel(i) di yma. HERE IS (ARE).

dymchwelyd, *be.* bwrw neu dynnu i lawr, troi wyneb i waered, distrywio, gorchfygu. TO OVERTHROW, TO OVERTURN.

dymuniad, *eg. ll.*-au. ewyllys, chwant, awydd, chwenychiad, gofuned. DESIRE.

dymuniant, *eg.* dymuniad. DESIRE.

dymuno, *be.* ewyllysio, chwennych, bod ag eisiau, hiraethu. TO WISH, TO WILL.

dymunol, *a.* i'w chwennych, i'w ddymuno, pleserus, hyfryd. DESIRABLE, PLEASANT.

dyn, *eg. ll.*-ion. (*b.*-es.) bod dynol, y gwryw o'r bodau dynol, gŵr, person, bachgen yn ei faint. MAN, PERSON.

dyna, *adf.* (a) wel(i) di yna, dacw. THERE IS.

dynaint : danad : danadl : dynad, *ell.* dail poethion, planhigion â blewach pigog ar eu dail. NETTLES.

dynameg, *eb.* gwyddor mater a symudiad. DYNAMICS.

dynan, *eg.* dyn bach, dynyn, corrach, adyn. MANIKIN, DWARF, PYGMY, WRETCH.

*****dyndab,** *eg.* ⎫ dyndod, dynoliaeth.
*****dyndeb,** *eg.* ⎬ MANHOOD, HUMANITY.
*****dyndid,** *eb.* ⎭

dyndod, *eg.* nodweddion dyn, gwroldeb. MANHOOD.

*****dyneddon,** *ell.* dynion. MEN.

dyneddon, *ell.* dynion bach. PYGMIES.

dyneg, *eb.* anthropoleg. ANTHROPOLOGY.

dyneiddiol, *a.* hiwmanistig. HUMANISTIO.

dyneiddiwr, *eg. ll.*-wyr. un sy'n astudio'r natur ddynol. HUMANIST.

dynes, *eb. ll.*-au. benyw, gwraig. WOMAN, LADY.

dynesáu, *be.* nesáu. TO APPROACH.

dynesiad, *eg.* nesâd, dyfodiad yn nes, mynediad at. APPROACH.

dynesu, *be.* nesáu, dod at, mynd at, agosáu. TO APPROACH.

dyngar, *a.* dyngarol. HUMANE.

dyngarol, *a.* gwasanaethgar, defnyddiol, rhyddfrydig, hael, cymwynasgar. PHILANTHROPIC.

dyngarwch, *eg.* cariad at ddynion, cymwynasgarwch, gwasanaeth, defnyddioldeb. PHILANTHROPY.

dyngarwr, *eg. ll.* dyngarwyr. un sy'n caru dynion, cymwynaswr, gwasanaethwr. PHILANTHROPIST.

dyngasedd, *eg.* casineb at ddynolryw. MISANTHROPY.

dyngaswr, *eg. ll.*-wyr. un sy'n casáu dynolryw. MISANTHROPIST.

dynhaden, *eb.* danhadlen. NETTLE.

*dyn(i)adon, *ell.* dynion. MEN.

dyniawed, *eg. ll.* dyniewaid. llo blwydd. YEARLING.

*dynin, *eb.* celain, lladdfa. CORPSE, SLAUGHTER.

*dyniol, *a.* dynol, gwrol. HUMAN, MANLY.

*dynioliaeth, *eb.* dynoliaeth. HUMAN-ITY.

dynladdiad, *eg.* y weithred o ladd dyn yn anfwriadol. MANSLAUGHTER.

dynodi, *be.* arwyddo, dangos, golygu, cyfleu. TO DENOTE.

dynodiad, *be.* mynegiad drwy symbol-au. DENOTATION.

dynodiant, *eg.* hynodrwydd, myneg-iant. DISTINCTION, EXPRESSION.

dynofydd, *eg. ll.*-ion. anthropolegwr. ANTHROPOLOGIST.

dynofyddiaeth, *eb.* anthropoleg. AN-THROPOLOGY.

dynofyddol, *a.* anthropolegol. AN-THROPOLOGICAL.

dynol, *a.* fel dyn, gwrol, yn meddu ar nodweddion y ddynoliaeth. HUMAN.

dynoldeb, *eg.* } dynoliaeth. HUMAN-
dynolder, *eg.* } ITY, MANHOOD.

dynoli, *be.* gwneud yn ddynol, dyn-eiddio. TO MAKE HUMAN.

dynoliaeth, *eb.* priodoleddau dynol, rhinwedd, tynerwch, yr hil ddynol. HUMANITY, MANHOOD.

dynolryw, *eb.* y ddynoliaeth, bodau dynol, dynion, pobl. MANKIND.

dynos, *ell.* dynion bach. LITTLE PEOPLE.

dynwared, *be.* cymryd fel patrwm, efelychu, ffugio, gwatwar, copïo. TO IMITATE, TO MOCK.

dynwarediad, *eg. ll.*-au. efelychiad. IMITATION.

dynwaredol, *a.* yn dynwared, efelych-iadol. IMITATIVE.

dynwaredwr, *eg. ll.* dynwaredwyr. un sy'n dynwared, efelychwr. IMITATOR, MIMIC.

dynyn, *eg.* gweler *dynan.*

*dyobrysio, *be.* gweler *dygobrysio.*

*dyodor, *be.* hollti, bylchu. TO SPLIT.

*d(y)ofaeth, 1. *eg.* magwraeth. NUR-TURE.
    2. *a.* a fegir. NURTURED.

*dyofag(u), *be.* magu. TO REAR.

*dyoluch, *be.* parchu. TO RESPECT.

*dyorfyn, *be.* gorchfygu. TO CONQUER.

*dyorllwyn, *be.* ymosod. TO ATTACK.

*dyrain, 1. *be.* cyfodi; prysuro. TO RISE; TO HURRY.
    2. *eg.* aidd, llawenydd. ZEST, JOY.

*dyrannu, *be.* rhannu. TO SHARE.

dyrannu, *be.* datrannu. TO DISSECT.

dyras, *a.* gweler *diras.*

*dyrathu, *be.* rhathu. TO RUB, TO CHAFE.

*dyrawr, 1. *eb.* aidd, angerdd. ARDOUR, PASSION.
    2. *a.* eiddgar, angerddol. EAGER, PASSIONATE.

*dyrchaf, 1. *eg.* cyfodiad, dyrchafael. RISING.
    2. *be.* cyfodi, dyrchafu. TO RAISE, TO ASCEND.

*dyrchafad, 1. *eg.* esgyniad, dyrchafiad. ASCENT, EXALTATION.
    2. *a.* dyrchafedig. EXALTED, ELEV-ATED.

dyrchafadwy, *a.* dyrchafedig. EXALT-ED.

dyrchafael, *eg.* esgyniad. ASCENSION.

dyrchafedig, *a.* wedi ei ddyrchafu. EXALTED, ELEVATED.

dyrchafel, *eg.* a *be.* gweler *dyrchaf.*

dyrchafiad, *eg. ll.*-au. yr act o godi i swydd neu safle uwch, codiad, cy-fodiad. PROMOTION, ELEVATION.

dyrchafol, *a.* yn dyrchafu. ELEVATING.

dyrchafu, *be.* dodi i fyny, adeiladu, codi, esgyn, cyfodi, cwnnu. TO RAISE, TO ASCEND, TO EXALT, TO RISE.

dyrchu, *be.* codi, dyrchafu. TO RAISE, TO RISE.

*dyrdanc, *eg.* rhyfeddod. WONDER.

*dyre, 1. *eg.* chwant, awch. LUST, ZEST.
    2. *a.* nwydus, trythyll. PASSION-ATE, WANTON.

dyri, *eb. ll.* dyrïau. darn o farddoniaeth, cerdd. POEM.

dyrifo, *be.* rhifo. TO COUNT.

*dyrllyddu, *be.* haeddu, teilyngu. TO DESERVE.

dyrnaid, *eg. ll.* dyrneidiau. llond dwrn, llond llaw, ychydig. HANDFUL.

dyrnfedd, *eb. ll.*-i. mesur lled llaw (pedair modfedd). FOUR INCHES, SPAN, HAND-BREADTH.

dyrnfol, *eb. ll.*-au. 1. carn. HANDLE, HILT.
    2. maneg fawr. GAUNTLET.

dyrniad, *eg.* y weithred o ddyrnu. THRESHING.

*dyrnjad, *eg.* curwr. BEATER.

*dyrnig, *a.* ffyrnig, ymladdgar. FIERCE, PUGNACIOUS.

dyrnod, *egb. ll.*-au. ergyd â dwrn, cer-nod, clowten, clewten. BLOW, CUFF.

dyrnodio, *be.* curo, dyrnu. TO STRIKE, TO THUMP.

dyrnu, *be.* 1. ffusto, tynnu'r grawn o'r llafur (ŷd). TO THRESH.
　2. curo â dwrn, pwnio, dyrnodio, pwyo. TO THUMP.

dyrnwr, *eg. ll.* dyrnwyr. peiriant dyrnu, un sy'n dyrnu. THRESHER.

***dyrras,** *a.* gweler *diras.*

***dyrreith,** 1. *bf.* cyfododd ; prysurodd. ROSE ; HASTENED.
　2. *eg.* trachwant ; brys. GREED ; HASTE.
　3. *a.* eiddgar ; brysiog. KEEN ; HURRIED.

***dyrrif,** *be.* cyfrif, ennill. TO COUNT, TO WIN.

***dyrru,** *be.* gyrru, gwthio. TO IMPEL, TO PUSH.

***dyrwest,** 1. *eg.* ympryd. A FASTING.
　2. *be.* ymprydio. TO FAST.

***dyrwestu,** *be.* ymprydio. TO FAST.

dyry, *bf.* rhydd, rhy. GIVES, WILL GIVE.

dyrydiad, *eg. ll.*-au. diraddiad. DE-GRADATION.

dyrys, *a.* anodd, afrwydd, cymhleth, astrus. INTRICATE, DIFFICULT, CON-FUSED, PERPLEXING.

dyrysbwnc, *eg. ll.* dyrysbynciau. pro-blem, tasg, pwnc anodd. PROBLEM.

***dysbeidiad,** *eg. ll.*-au. egwyl. INTER-VAL, PAUSE.

dysen, *eb.* dwsin. DOZEN.

dysg, *egb.* gwybodaeth a geir drwy astudio, dysgeidiaeth, addysg, cyfar-wyddyd, hyfforddiant, disgyblaeth. LEARNING, EDUCATION.

dysgeidiaeth, *eb.* athrawiaeth, credo, yr hyn a ddysgir, dysg. DOCTRINE, TEACHING.

***dysgadur,** *eg. ll.*-on.　｝ athro.
dysgawdr,*eg.ll.* dysgodron. ｛ TEACHER.

dysgedig, *a.* wedi dysgu llawer, yn meddu ar ddysg, gwybodus. LEARN-ED.

dysgedigaeth, *eb.* dysgeidiaeth ; ath-rawiaeth. LEARNING ; DOCTRINE.

dysgedydd, *eg. ll.*-ion. athro. TEACHER.

dysgeidiaeth, *eb.* athrawiaeth, credo, yr hyn a ddysgir, dysg. DOCTRINE, TEACHING.

dysgl, 1. *eb. ll.*-au. llestr ag ymyl isel i ddal bwyd, llestr, cwpan. DISH, CUP.
　2. *eb.* coeten, disg. QUOIT, DISC.

dysglaid, *eb. ll.* dysgleidiau. llond dysgl. DISHFUL, CUPFUL.

***dysglöen,** *eb.* ysglodyn. SPLINTER.

***dysgogan,** 1. *eg.* proffwydoliaeth. PREDICTION.
　2. *be.* proffwydo. TO PREDICT.

***dysgor,** *be.* cynnull. TO GATHER.

dysgu, *be.* ennill gwybodaeth neu fedrusrwydd, addysgu, athrawiaethu, rhoi gwybod, cael gwybod. TO LEARN, TO TEACH.

dysgub, *be.* gweler *ysgubo.*

dysgubo, *be.* ysgubo. TO SWEEP.

***dysgwain,** *be.* cludo, dangos. TO BEAR, TO SHOW.

dysgwr, *eg. ll.* dysgwyr. 1. un sy'n cael addysg. LEARNER.
　2. un sy'n hyfforddi. TEACHER.

***dysgyrian,** *be.* crio, gweiddi, llefain. TO SHOUT, TO CRY.

***dysyfu,** *be.* gweler *deisyf.*

***dysyllu,** *be.* edrych ; gwylio. TO LOOK ; TO WATCH.

dyun, *a.* gweler *duün.*

***dyundeb,** *eg.* undod, cytundeb. UNITY, AGREEMENT.

***dyw,** *eg. ll.*-iau. diwrnod. DAY.

dywa, *be.* dweud. TO SAY, TO SPEAK.

dywad, *bf.* dywedodd. SAID.

dywäes, *bf.* dywedodd. SAID, SPOKE.

dywal, *a.* creulon, ffyrnig. SAVAGE, FIERCE.

dywalder, *eg.* ｝ creulondeb, ffyrnig-
dywaledd, *eg.* ｛ rwydd. FIERCENESS.

dywalgi, *eg.* teigr. TIGER.

dywalhau, ｝ *be.* ffyrnigo, creuloni. TO
dywalu, ｛ GROW FIERCE.

dywalrwydd, *eg.* gweler *dywaledd.*

***dywallaw,** *be.* gweinyddu, estyn. TO TEND, TO HAND.

***dywan,** *eg.* digwyddiad. INCIDENT.

***dywanu,** 1. *be.* digwyddo, taro ar. TO HAPPEN, TO COME UPON.
　2. clwyfo, brathu. TO WOUND.

***dywared,** *be.* gwaredu. TO SAVE, TO DELIVER.

***dywawd,** *bf.* dywedodd. SAID.

***dywedawdr,** *eg.* llefarwr. SPEAKER, SAYER.

dywediad, *eg. ll.*-au. yr hyn a ddy-wedir, ymadrodd, gair, traethiad. SAYING.

dywedwst, *a.* di-ddweud, tawel, mud, tawedog. TACITURN.

***dywedwyd(i)ad,** *eg.* ymadrodd. UTTERANCE.

dywedyd, *eg.* lleferydd. SPEECH.

dywedyd : dweud, *be.* ymadroddi, siarad, datgan, mynegi, adrodd, traethu. TO SAY.

dyweddi, *egb.* un sydd wedi dyweddïo. FIANCÉ(E).

dyweddi, *eb. ll.*-ïau. ｝ uniad, priodas.
dyweddïad, *eg.* ｛ BETROTHAL.

dyweddïo, *be.* addo priodi, ymrwymo i briodi. TO BETROTH.

dyweddïwr, *eg.* un sydd wedi dy-weddïo, priodasfab. FIANCÉ, BRIDE-GROOM.
dywenydd, 1. *eg.* dedwyddwch. HAPPI-NESS.
  2. *a.* dedwydd. HAPPY.
*dywir, *a.* gwir. TRUE.
*dywirio, *be.* gwireddu. TO VERIFY.
*dywoliaeth, *eb.* dwyfoldeb. DIVINITY.
*dywolwch, *be.* gweler *dyolwch.*

*dywyddu, *be.* llanw o laeth cyn bwrw llo. TO SWELL WITH MILK BEFORE CALVING.
*dywynnig, *a.* disglair; amlwg. BRIGHT; CLEAR.
*dywynygu, *be.* disgleirio; egluro. TO SHINE ; TO EXPLAIN.
*dyysgar, *be.* gwahanu. TO SEPARATE.
*dyystwng, *be.* gostwng, darostwng. TO LOWER, TO SUBDUE.

E

eang, *a.* yn ymestyn ymhell, helaeth, llydan, mawr, dirfawr, ymledol. WIDE, EXPANSIVE.
eb : ebe : ebr, *bf.* medd(ai). SAID, QUOTH, SAYS.
*ebach, *eg.* cysgod, cilfach, cornel. SHELTER, NOOK.
*eban, *a.* swrth ; syn. DROWSY ; ASTON-ISHED.
ebargofi, *be.* anghofio. TO FORGET.
ebargofiant, *eg.* y stad o fod wedi ang-hofio, angof, anghofrwydd. OB-LIVION.
ebargofus, *a.* anghofus. FORGETFUL.
ebe, *bf.* eb, ebr, medd(ai). SAID, SAYS.
*ebediw, *eg.* *ll.*-au. gweler *abediw.*
*ebenus, *eg.* eboni. EBONY.
ebill, *eg.* *ll.*-ion. offeryn bach a ddef-nyddir gan saer i dorri tyllau, taradr. AUGER, GIMLET.
*ebillen, *eb.* gimbill, peg, ebill. GIMLET, PEG.
ebillio, *be.* tyllu, pegio. TO BORE, TO PEG.
*ebillwydd, *e. torf.* pegiau pren. WOOD-EN PEGS.
*ebodn, *eg.* tail, tom (ceffyl). HORSE-DUNG.
ebol, *eg.* *ll.*-ion. (*b.*-es). ceffyl ieuanc, swclyn, cyw; offeryn gymnasteg. COLT ; BUCK.
  Dail troed yr ebol. COLT'S FOOT.
ebolfarch, *eg.* march ifanc. YOUNG STALLION.
eboliog, *a.* ag ebol. IN FOAL.
*ebostol, *eb.* 1. llythyr, epistol. EPISTLE.
  2. chwedl. TALE.
  3. *eg.* *ll.* ebestyl, ebystyl. apostol. APOSTLE.
*ebostolawl, *a.* yn perthyn i apostol, apostolaidd. APOSTOLIC.
*ebostoliaeth, *eb.* apostoliaeth. APOSTLESHIP.
ebr, *bf.* eb, ebe, medd(ai). SAID, SAYS.
ebran, *eg.* *ll.*-nau. 1. bwyd sych i anif-eiliaid, bwyd anifeiliaid. FODDER.
  2. abwyd. BAIT.

ebrannu, *be.* porthi, rhoi ebran, dodi abwyd. TO FODDER, TO BAIT.
Ebrill, *eg.* y pedwerydd mis. APRIL.
Ebrillaidd, *a.* fel Ebrill. APRIL-LIKE.
*ebrwyad, *eg.* *ll.*-aid. ficer. VICAR.
ebrwydd, *a.* buan, clau, cyflym. QUICK, SWIFT.
  Yn ebrwydd. IMMEDIATELY.
*ebrwyddhau,⎫ *be.* prysuro, cyflymu.
*ebrwyddo, ⎭ TO HASTEN, TO ACCEL-ERATE.
*ebryfygedig, *a.* anghofiedig. FORGOT-TEN.
*ebryfygu, *be.* anghofio, dirmygu, di-ystyru. TO FORGET, TO DESPISE.
*ebryfygus, *a.* anghofus. FORGETFUL.
*ebryn, 1. *eg.* cynnwrf. TUMULT.
  2. *a.* gerwin, ffyrnig. SEVERE, FIERCE.
*Ebryw, *ebg.* Hebraeg ; Israel(iad). HEBREW ; ISRAEL(ITE).
ebwch, *eg.* *ll.* ebychau. ebychiad. GASP ; EJACULATION.
*ebwyd, *eg.* ymborth. FOOD.
ebychiad, *eg.* *ll.*-au. 1. ebwch, gwaedd (*e.e.* O ! Ach ! Gwae ! Na !) EJACULATION, GASP.
  2. (mewn gramadeg) ebychair. INTERJECTION.
ebychu, *be.* gweiddi, llefain, bloeddio, dweud yn sydyn. TO EJACULATE, TO GASP.
*ebyr, *ell.* aberoedd. ESTUARIES ; STREAMS ; CONFLUENCES.
ebyrth, *ell.* aberthau. SACRIFICES.
*ebystyl, *ell.* gweler *ebostol.*
*ebythu, *be.* dymchwelyd, cwympo. TO OVERTURN, TO FALL.
eciwmenaidd, *a.* byd-eang. ECUMEN-ICAL.
eco, *eg.* atsain, adlef, adlais. ECHO.
ecoleg, *eb.* adran o fioleg yn delio â chysylltiad organebau a'u hamgylch-edd. ECOLOGY.
economaidd, *a.* yn ymwneud ag economeg. ECONOMIC.

economeg, *eb.* yr wyddor sy n astudio cyfoeth o ran ei gynnyrch a'i ddosbarthiad. ECONOMICS.

economegwr, *eg. ll.*-wyr. un sy'n astudio economeg. ECONOMIST.

ecseis, *eg.* toll. EXCISE.

ecseismon, *eg. ll.*-myn. tollydd. EXCISEMAN.

ecsentrig, *a.* echreiddig (mewn geometreg). ECCENTRIC (IN GEOMETRY).

ecstro, *eg.* gwerthyd dro ; echel. BRACE AND BIT ; AXLE.

ecwiti, *eg.* tegwch, cyfiawnder. EQUITY.

*ech, *ardd.* o, allan o, oddieithr FROM EXCEPT.

*echas, *a.* dewr. BRAVE.

echblyg, *a.* pendant, eglur. EXPLICIT.

echdoe, *eg.* ac *adf.* y diwrnod cyn ddoe. THE DAY BEFORE YESTERDAY.

*echeiniad, *eg.* dechreuwr. BEGINNER.

echel, *eb. ll.*-au. 1. y bar y mae olwyn yn troi arno. AXLE.
2. y llinell ddychmygol y bydd peth yn troi o'i hamgylch. AXIS.

echelog, *a.* yn ymwneud ag echel. AXIAL.

echelu, *be.* dodi ar echel, troi. TO PUT ON AN AXLE, TO TURN.

*echen, *eb.* 1. eisiau. NEED.
2. ach, natur, tarddiad. STOCK, NATURE, SOURCE.

echenog, *a.* gweler *achenog.*

*echeurin, *a.* euraid, rhagorol. GOLDEN, EXCELLENT.

*eching, *eg.* cyfyngiad, caethiwed. RESTRICTION, CAPTIVITY.

*echiog, *a.* rhwydd, parod. EASY, READY.

*echlesur, *eg.* noddfa ; achlysur. RETREAT ; OCCASION.

*echlysu, *be.* arddel ; noddi. TO OWN ; TO SUCCOUR.

*echlysur, *eg.* gweler *echlesur.*

echnos, *eb. adf.* y noson cyn neithiwr. THE NIGHT BEFORE LAST.

*echre, *be.* peri ; cynhyrchu ; cyfodi. TO CAUSE ; TO PRODUCE ; TO RAISE.

echreiddig, *a.* ecsentrig (mewn geometreg). ECCENTRIC (IN GEOMETRY).

*echrestr, *eb. ll.*-au. cofrestr. REGISTER.

echryd, *eg.* cryndod, braw, dychryn, ofn. TREMBLING, HORROR, TERROR.

echrydu, *be.* crynu, brawychu, dychrynu. TO QUAKE, TO FRIGHTEN.

echrydus, *a.* arswydus, ofnadwy, dychrynllyd, brawychus, echryslon, erchyll, echrys. HORRIBLE, DREADFUL.

*echryn, *eg.* braw, cryndod. HORROR, TREMBLING.

*echryn(u), *be.* dychrynu, crynu. TO FRIGHTEN, TO SHUDDER.

*echrys, *eg.* perygl, niwed. DANGER, INJURY.

echrys, *a.* erchyll. HORRIBLE.

*echrysaint, *eg.* haint peryglus, pla. PLAGUE.

echryslon, *a.* dychrynllyd, brawychus. HORRIBLE, DIRE. HORRID.

echryslonder, *eg. ll.*-au. braw, dychryn, ofn. HORROR, TERROR.

*echtywynedig, *a.* disglair golau. BRIGHT, GLEAMING.

*echtywynedigrwydd, *eg.* disgleirdeb. BRILLIANCE. SPLENDOUR.

*echtywynnu, *be.* disgleirio, goleuo. TO GLITTER, TO LIGHT UP.

*echwa, *be.* crwydro cyfeiliorni. TO WANDER. TO ERR.

*echwng, l. *a.* cyfyngedig, caeth. STRAIT. CONFINED.
2. *eg.* cyfyngiad caethiwed. RESTRICTION CAPTIVITY.
3. *be.* cyfyngu, caethiwo. TO RESTRICT.

*echwraint, *eg.* pydredd. ROTTENNESS.

*echwrys, l. *eg.* cynnwrf. COMMOTION.
2. *a.* cynhyrfus. TUMULTUOUS.

*echwydd, *eg.* canol dydd ; gorffwysfa ychen, etc. rhag haul canol dydd. MID-DAY ; RESTING PLACE FOR OXEN, ETC. AT MID-DAY.

*echwydd, l. *be.* llifo. TO FLOW.
2. *eg.* afon, dwfr rhedegog. RIVER, FLOWING WATER.

*echwyn, *eg.* cwyn, galar. COMPLAINT, GRIEF.

echwyn (wŷ), *eg. ll.*-ion. benthyg, peth y rhoir ei fenthyg, peth a fenthycir. LOAN, HIRE.

echwynna, ⎱ *be.* rhoi benthyg, cael
*echwynno, ⎰ benthyg, benthyca. TO BORROW, TO LEND.

echwynnwr, *eg. ll.* echwynwyr. un sy'n rhoi benthyg. LENDER, CREDITOR.

*echwyrth, *a.* gwag. VAIN.

*echyngiad, *eg.* un sy'n cyfyngu ; cyfyngiad. ONE WHO RESTRICTS ; RESTRICTION.

edaffig, *a.* yn ymwneud â phridd. EDAPHIC.

edau, *eb.* : edefyn, *eg. ll.* edafedd. llinyn o gotwm, etc. THREAD.

edefyn, *eg. ll.* edafedd. cludydd mewn bwlb trydan. FILAMENT.

*edegr, *a.* llym, bywiog. SHARP, LIVELY.

*edeinad, *eg.* aderyn. BIRD.

*edeiniog, 1. *a.* asgellog ; cyflym. WINGED ; SWIFT.
2. *eg.* aderyn. BIRD.

*ederyn, *eg.* gweler *aderyn.*

edeufollt, *eg.* tap. TAP.

edfryd, *be.* ⎱ adfer, rhoi'n ôl. TO
*edfrydu, *be.* ⎰ RESTORE.

*edfyn(t), *a.* doeth, meddylgar. WISE,
THOUGHTFUL.

*edgyllaeth, *eg.* cwyn, tristwch, hir-
aeth. COMPLAINT, SADNESS, LONGING.

*edif, *a.* rheibus. RAPACIOUS.

edifar : edifeiriol, *a.* drwg gan,
edifarus, blin. SORRY, PENITENT.

*edifaredd, *eg.* edifeirwch. REGRET,
REPENTANCE.

edifarhau : edifaru, *be.* teimlo'n flin
am rywbeth a wnaed neu a adawyd
heb ei wneud, tyfaru (taf.). TO BE
SORRY, TO REPENT.

*edifarwch, *eg.* edifeirwch. REPENT-
ANCE.

*edifeir(i)aint, *eg.* edifeirwch. REPENT-
ANCE.

*edifeirio, *be.* edifarhau. TO REPENT.

*edifeir(i)og, ⎱ *a.* wedi edifarhau.
edifeiriol, ⎰ REPENTANT, PENITENT.

edifeirwch, *eg.* gofid oherwydd gwneud
drwg, bod yn flin am bechod, etc.
REPENTANCE.

*edlaes, *a.* llac, llaes, tyner. SLACK,
DROOPING, GENTLE.

*edles, *a.* llesol. BENEFICIAL.

*edlid, *eg.* hiraeth, tristwch. REGRET,
SORROW.

edling, *eg.* etifedd brenin. HEIR
APPARENT, CROWN PRINCE.

*edlingferch, *eb.* etifeddes. HEIRESS.

*edlingwalch, *eg.* *ll.*-weilch. arwr o
etifedd. HEROIC HEIR.

*edlin, *a.* brenhinol ; celfydd. ROYAL ;
SKILFUL.

edliw(io), *be.* atgoffa rhywun am fai
(gwir neu honedig), dannod, ceryddu,
gwaradwyddo. TO REPROACH.

edliwiad, *eg.* cerydd, gwaradwydd.
TAUNT, REPROACH.

edlych, *eg.* *ll.*-od. un gwan. WEAKLING.

*edlydan, *a.* eang, helaeth. VAST,
SPACIOUS.

*edlym, *a.* llym. SHARP, SEVERE.

*edmyg, l.*eg.* anrhydedd, canmoliaeth.
HONOUR, PRAISE.
    2. *a.* anrhydeddus, clodfawr.
    HONOURABLE, PRAISEWORTHY.

edmygedd, *eg.* parch, cariad, gwerth-
fawrogiad, syndod. ADMIRATION.

edmygu, *be.* parchu, synnu at, caru. TO
ADMIRE.

edmygwr, *eg.* *ll.* edmygwyr. un sy'n
edmygu neu barchu. ADMIRER.

edn, *eg.* *ll.*-od. aderyn, ffowlyn. BIRD,
FOWL.

ednog, *e.* torf.(*un. g.* ednogyn). gwybed.
GNATS, FLIES.

ednogaeth, *eb.* adareg. ORNITHOLOGY.

ednogyn, *eg.* gweler *ednog.*

*ednywed, *eg.* boddhad. SATISFACTION.

*edrifo, *be.* ystyried. TO CONSIDER.

*edring, *eb.* *ll.*-au. prydles. LEASE.

*edrin, 1. *eg.* swn, atsain. NOISE.
    2. *a.* swnllyd. NOISY.

*edrino,*be.* atseinio. TO REVERBERATE.

*edrith, tristwch. SADNESS.

edrych, *be.* defnyddio'r llygaid, syllu,
gwylio, tremu, ceisio gweld, ym-
ddangos, wynebu. TO LOOK, TO
EXAMINE, TO SEEM, TO SEE.
    Edrych am. TO LOOK FOR.

*edryched,*eg.* ymddangosiad. APPEAR-
ANCE.

edrychiad, *eg.* *ll.*-au. golwg, trem, ym-
ddangosiad, gwedd. LOOK.

*edrychiad, *eg.* *ll.*-iaid. edrychwr.
SUPERVISOR, OVERSEER.

edrychiawdr, *eg.* gwyliwr. GUARD.

edrychwr, ⎱ *eg.* *ll.*-wyr. gwyliwr.
edrychydd, ⎰ SPECTATOR.

*edryd, *be.* 1. edfryd. TO RESTORE.
    2. symud, teithio. TO MOVE, TO
    TRAVEL.
    eg. tras, ach. STOCK, DESCENT.

*edrydd, *eg.* trigfan. DWELLING.

*edryfynt,*eg.* myfyrdod ; atgof. MEDI-
TATION ; MEMORY.

*edrym, *be.* ychwanegu, tyfu. TO
INCREASE.

*edrysedd, *eg.* digonedd, gormodedd.
ABUNDANCE, SUPERFLUITY, EXCESS.

*edrywan,*eg.* treiddiad. PENETRATION.

*edrywant, *eg.* tristwch. SADNESS.

*edrywedd, ⎱*eg.* trywydd. TRAIL.
*edrywy(dd), ⎰

edwi : edwino, *be.* gwywo, dihoeni,
nychu, deifio, crino. TO DECAY, TO
WITHER.

*edwica, *be.* cribddeilio, gwneud elw.
TO EXTORT.

*edwicwr, *eg.* *ll.*-wyr. cribddeiliwr.
EXTORTIONER.

*edwin, *a.* yn gwywo, yn dihoeni.
FADING, WITHERING.

edwino, *be.* gweler *edwi.*

*edwyn, *a.* llym, ffyrnig. FIERCE.

*edyrn,*a.* dirfawr, aruthr. IMMENSE,
MARVELLOUS.

*eddain,⎱*a.*dieithr, rhyfedd. STRANGE.
*eddëin,⎰

*eddestr, *eg.* gweler *eddystr.*

*eddewid, *egb.* gweler *addewid.*

*eddi, *ell.* pennau edafedd ; ymyl,
rhidens. THRUMS ; FRINGE.

eddigedd, *eg.* gweler *eiddigedd.*

*eddyl,1.*eg.* amcan, bwriad. INTENTION, DESIGN.

2. *be.* myned, cyrraedd. TO GO, TO ARRIVE.

*eddylwas, *eg.* dyn amcanus, dyn medrus. PURPOSEFUL MAN, SKILLED MAN.

*eddyllter, *eg.* chwant, trythyllwch, godineb; moethusrwydd. LUST; LUXURY.

*eddystr, *eg. ll.*-awr. march, ceffyl. STEED.

*eddyw, *bf.* aeth. HE HAS GONE.

ef : efe : efô, *rhag.* trydydd person unigol gwrywaidd y rhagenw personol. HE, HIM, IT.

*efangelystor,eg. efengylwr. EVANGELIST.

*efain, *a.* gweler *eddain.*

efallai, *adf.* (nid) hwyrach, dichon, ysgatfydd. PERHAPS.

*efawr, *a.* mawr. GREAT.

efengyl, *eb. ll.*-au. newyddion da, gair Duw, un o'r pedwar llyfr cyntaf yn y Testament Newydd. GOSPEL.

*efengyl, *eg.* cusan. KISS.

efengylaidd, *a.* yn ymwneud â'r Efengyl. EVANGELICAL.

efengylu, *be.* pregethu'r Efengyl, cenhadu, pregethu, taenu'r Efengyl. TO EVANGELIZE.

efengylwr : efengylydd, *eg. ll.* efengylwyr. (*b.* efengyles.) cenhadwr, pregethwr. EVANGELIST.

efelychiad, *eg. ll.*-au. dynwarediad, ffug, copi. IMITATION.

efelychiadol, *a.* dynwaredol. IMITATIVE.

efelychiant, *eg.* dynwarediad (cerddoriaeth). IMITATION (MUSIC).

efelychu, *be.* cymryd fel patrwm, dynwared, gwatwar, ffugio, copïo. TO IMITATE.

efelychwr, *eg. ll.* efelychwyr. dynwaredwr, ffugiwr, copïwr. IMITATOR.

*efelly, *adf.* gweler *felly.*

eferwi, *be.* cynhyrchu cylchau nwy oherwydd adwaith cemegol, byrlymu. TO EFFERVESCE.

*eflenwi, *be.* gweler *llenwi.*

*efnuch, *eg. ll.*-iaid. eunuch. EUNUCH.

*efnys, 1. *a.* gelyniaethus. HOSTILE.

2. *ell.* gelynion. ENEMIES.

efo, *ardd.* gyda, gydag, ynghyd â, â. WITH, BY MEANS OF.

efô, *rhag.* gweler *ef.*

Efrai, *eb.* ac *a.* Hebraeg. HEBREW LANGUAGE, HEBREW.

*efras, 1. *a. ll.* efrais. cryf, heini. STRONG, VIGOROUS.

2. *eg.* defod, greddf. CUSTOM, INSTINCT.

efrau, *ell.* (*un. g.* efryn). chwyn. TARES.

*efrefu, *be.* brefu. TO LOW, TO BLEAT.

*efrllid, 1. *eg. ll.*-oedd. haeddiant. MERIT.

2. *a.* teilwng. WORTHY.

Efrôeg, *eb. a.* Hebraeg, Hebreig. HEBREW.

efryd, *eg. ll.*-iau, -ion. astudiaeth, myfyrdod. STUDY, MEDITATION.

efrydfa, *eb. ll.*-oedd, -feydd. lle i astudio. STUDY.

efrydiaeth, *eb. ll.*-au. yr hyn a geir wrth efrydu, myfyrdod, astudiaeth. STUDY.

efrydiau, *ell.* (*un. g.* efryd). astudiaethau. STUDIES.

efrydu, *be.* astudio, myfyrio. TO STUDY.

efrydydd, *eg. ll.* efrydwyr, -ion. myfyriwr, astudiwr, dysgwr. STUDENT.

efrydd, *a. ll.*-ion. cloff, anafus, analluog oherwydd rhyw nam neu ddiffyg corfforol. DISABLED, CRIPPLED, MAIMED.

efwr, *eg.* ac *ell.* ewr, efyrllys. COW PARSNIP(S).

efydd, *eg.* metel brown, pres, cymysgedd o gopr ac alcam neu sinc. BRONZE, BRASS.

efyddaid, *a.* pres, efydd. BRASS, BRONZE.

efydden, *eb. ll.*-nau. } crochan pres. **efyddyn,** *eg. ll.*-nau. } CAULDRON, BRASS POT OR PAN.

*efyll, *ell.* coed afalau. APPLE-TREES.

efyntau, *rhag.* yntau. HE ALSO.

*efyrllys, *ell.* gweler *efwr.*

*efyrnig, *eb.* gafr hesb. BARREN GOAT.

effaith, *eb. ll.* effeithiau. canlyniad, ffrwyth, dylanwad. EFFECT.

*effeir(i)ad, *eg.* offeiriad. PRIEST.

*effeir(i)adaeth, *eb.* offeiriadaeth. PRIESTHOOD.

*effeiriaint, *eb.* offeiriadaeth. PRIESTHOOD.

effeithio, *be.* achosi, dylanwadu, peri. TO AFFECT.

effeithiol, *a.* yn effeithio, yn gadael argraff, dylanwadol, yn dwyn ffrwyth. EFFECTIVE.

effeithioli, *be.* gwneud yn effeithiol. TO RENDER EFFECTUAL.

effeithiolrwydd, *eg.* y cyflwr o fod yn effeithiol. EFFICACY.

effeithlonrwydd, *eg.* yr ansawdd o fod yn effeithlon, medr. EFFICIENCY.

*efferen, *eb.* gweler *offeren.*

*efferennu, *be.* offerennu. TO CONDUCT MASS.

effro, *a.* wedi deffro, ar ddi-hun, wedi dihuno. gwyliadwrus. AWAKE.

*****effros**, *e. torf.* gloywlys. EYE-BRIGHT.

egfaen, *e. torf.* grawn yspyddad, grawn egroes. HAWS.

egin,*ell.*(*un. g.*-yn). blagur, imp, blaenffrwyth, planhigyn. SHOOTS, SPROUTS, BLADES.

eginhad, *eg.* y weithred o egino. GERMINATION.

egino, *be.* dechrau tyfu, blaguro, impio, glasu, blaendarddu. TO SPROUT, TO GERMINATE, TO SHOOT.

*****eglan**, *eb.* traeth, arfordir. SHORE, COAST.

eglur, *a.* hawdd ei weld, plaen, clir, amlwg, disglair, claer. EVIDENT, CLEAR, BRIGHT, OBVIOUS, LUCID.

eglurdeb, *eg.* ⎱ disgleirdeb, golau, yr
eglurder, *eg.* ⎰ ansawdd o fod yn glir. BRIGHTNESS, LIGHT, CLEARNESS.

eglureb, *eb. ll.*-au. darlun, eglurhad. ILLUSTRATION.

eglurhad, *eg.* esboniad. EXPLANATION.

eglurhaol, *a.* yn egluro. EXPLANATORY.

egluro, *be.* gwneud yn eglur neu'n hawdd ei ddeall, esbonio. TO EXPLAIN, TO MANIFEST.

*****egluro**, *be.* 1. disgleirio. TO SHINE.
 2. goleuo. TO LIGHT UP.

*****eglwg**, *a.* amlwg. CLEAR.

eglwys, *eb. ll.*-i, -ydd. lle i addoli, llan, cymdeithas o rai yn cyd-addoli. CHURCH.

eglwysig, *a.* yn ymwneud ag eglwys. ECCLESIASTICAL.

eglwyswr,*eg. ll.* eglwyswyr. (*b.* eglwyswraig). aelod o eglwys. CHURCHMAN.

*****eglycter**, *eg.* eglurder. BRIGHTNESS, CLEARNESS.

egni, *eg. ll.* egnïon. ynni, gallu, grym, ymroddiad, bywyd, nwyfiant. ENERGY, MIGHT, EFFORT.

egnïo, *be.* ymdrechu, ymegnïo, ymgeisio, ceisio, bywiogi. TO ENDEAVOUR.

egnïol, *a.* yn llawn egni, ymdrechgar, grymus, bywiog, nwyfus. VIGOROUS, ENERGETIC, STRENUOUS.

*****egnodyn**, *eg. ll.* egnod. chwannen. FLEA.

*****egor**, 1. *eg.* agoriad. OPENING.
 2. *a.* agored. OPEN.

*****egored**, *a.* agored. OPEN.

*****egori**, *be.* agor. TO OPEN.

*****egoriad**, *eg.* agorwr ; allwedd ; twll. OPENER ; KEY ; OPENING.

egr, *a.* hy, eofn, beiddgar, ffyrnig, milain, sur. DARING, SOUR, SHARP, TART, FIERCE.

*****egrid**, *eg. ll.*-au. ocsid. OXIDE.

*****egrifft**, *eg.* anifail dychmygol ac iddo goesau a chorff llew ac adenydd a phig eryr. GRIFFON, GRIFFIN.

egroes,*ell.* (*un. b.*-en). aeron neu rawn y rhosyn gwyllt, ogfaen. HIPS.

egru, *be.* suro. TO GROW STALE.

*****egrygi**,*eg.*salwedd, oferedd. BASENESS, VANITY.

*****egryn**, 1. *eg.* braw, cryndod. FEAR, TREMBLING.
 2. *a.* crynedig. SHIVERING.

*****egwal**, *eg. ll.*-au. cwt, cut. HUT, COT.

egwan, *a.* gwan, gwanllyd, eiddil, llesg, musgrell. FEEBLE, WEAK, FAINT.

*****egweddi**, *eb.ll.*-ïau. gwaddol. DOWRY.

egwyd, *eb. ll.*-ydd. twffyn o flew neu rawn wrth gefn carn ceffyl, y rhan honno o'r goes, bacsau. FETLOCK.

*****egwyd**, *eb. ll.*-ydd. hual, llyffethair. FETTER.

egwyddor (ŵy), *eb. ll.*-ion. 1. gwyddor, llythrennau iaith wedi eu trefnu, yr a b c. ALPHABET.
 2. rheol sy'n penderfynu ymddygiad, gwirionedd sylfaenol, elfen, uniondeb. PRINCIPLE, RUDIMENT.

egwyddorol, *a.* yn ôl egwyddor, uniawn, cyfiawn. HIGH PRINCIPLED.

egwyl (ŵy), *eb. ll.*-iau. gorffwys am ysbaid, saib, seibiant, hoe, hamdden. RESPITE, INTERVAL, LULL.

enghraifft, *eb. ll.* enghreifftiau. un o nifer yr un fath, eglureb, esiampl, patrwm. EXAMPLE.
 Er enghraifft. FOR EXAMPLE.

enghreifftiol, *a.* darluniadol. ILLUSTRATIVE.

*****engi**, *be.* 1. dyfod allan, dianc. TO COME OUT, TO ESCAPE.
 2. esgor. TO BRING FORTH.

englyn, *eg. ll.*-ion. mesur o bedair llinell mewn cynghanedd. ALLITERATIVE STANZA.

englyna : englynu, *be.* cyfansoddi englynion. TO COMPOSE 'ENGLYNION'.

englynwr, *eg. ll.* englynwyr. cyfansoddwr englynion. COMPOSER OF 'ENGLYNION'.

*****engyl**, *eg.* angel. ANGEL.

engyl, *ell.* angylion. ANGELS.

*****engylaidd,** ⎱ *a.* angylaidd. ANGELIC.
*****engyl(i)ol,** ⎰

*****engyn**, *eg.* dyn ifanc. YOUNG MAN.

*****engyrth**, 1. *a.* echryslon. AWFUL.
 2. *eg.* erchylltra. AWE.

*****engyrthol**, *a.* echryslon. AWFUL, TERRIBLE.

*ehaer, *a.* milwrol. WARLIKE.

*ehang, 1. *a.* eang, mawr. SPACIOUS, LARGE.

2. *eg.* ehangder. EXPANSE.

ehangder, *eg. ll.* eangderau. y stad o fod yn ymestyn ymhell, helaethrwydd, ymlediad, lled. EXPANSE.

ehangfryd, *a.* mawrfrydig. MAGNANIMOUS.

ehangu, *be.* ymestyn, taenu, lledu, ymledu, ymagor, datblygu, helaethu, ymhaelaethu. TO ENLARGE.

ehangydd, *eg.* un sy'n ehangu. ENLARGER.

*ehalaeth, *a.* helaeth, llawn. SPACIOUS, FULL.

*ehawn, *a.* eofn, hy, dewr. BOLD.

*ehawnrwydd, *eg.* dewrder. BOLDNESS.

*ehed, *a.* hedegog. FLYING.

ehedbridd, *eg.* pridd wedi ei gludo gan wynt. BLOWN SOIL.

ehedbysg, *ell.* pysgod ehedeg. FLYING FISH.

ehedeg, *be.* hedeg, hedfan, symud yn yr awyr ar adenydd neu mewn awyren. TO FLY.

ehedfa, *eb. ll.*-oedd, -feydd. ehediad. FLIGHT.

ehedfaen, *eg.* tynfaen. MAGNET, LOADSTONE.

ehedfan, *be.* ehedeg, hedfan. TO FLY.

ehediad, *eg. ll.* ehediaid. 1. aderyn. BIRD.

2. hedfa. FLIGHT.

ehedwr, *eg. ll.* ehedwyr. un sy'n ehedeg, hedfanwr, awyrennwr. FLIER.

ehedydd, *eg. ll.*-ion. hedydd, aderyn sy'n ehedeg yn uchel. LARK.

*ehegyr, *a.* buan, cyflym. SWIFT.

*ehelaeth, *a.* gweler *ehalaeth.*

*ehöeg, 1. *a.* porffor. PURPLE.

2. *eg.* grug. HEATHER.

*ehofn, *a.* gweler *eofn.*

ehofnder : ehofndra, *eg.* hyfdra, beiddgarwch, haerllugrwydd, digywilydddra. AUDACITY, BOLDNESS, DARING.

*ehofni, *be.* calonogi. TO ENCOURAGE.

*ehorth, *a.* dyfal, diwyd. ASSIDUOUS.

ehud, *a.* 1. buan, eiddgar. SWIFT, ARDENT.

2. byrbwyll, ffôl, hygoelus. RASH, FOOLISH, CREDULOUS.

ehudo, *be.* twyllo. TO DECEIVE.

ehudrwydd, *eg.* byrbwylltra, ffolineb. RASHNESS, FOLLY.

*ehwybr, *a.* eglur ; cyflym, rhwydd. CLEAR ; SWIFT, EASY.

ei (sain *i*), *rhag.* trydydd person unigol rhagenw personol blaen. HIS, HER, ITS, OF HIM, OF HER, OF IT.

eich, *rhag.* ail berson lluosog rhagenw personol blaen. YOUR, OF YOU.

*eichiog, *a.* rhwydd, uchel. EASY, HIGH.

Eidalaidd, *a.* yn perthyn i'r Eidal. ITALIAN.

Eidalwr, *eg. ll.* Eidalwyr. brodor o'r Eidal. AN ITALIAN.

*eidiog, *a.* bywiog, nerthol. LIVELY, VIGOROUS.

eidion, *eg. ll.*-nau. bustach, ych, tarw. BULLOCK.

Cig eidion. BEEF.

eidral, *eg.* eiddew'r ddaear. GROUND IVY.

eiddew : eiddiorwg, *eg.* planhigyn bythwyrdd sy'n dringo, iorwg. IVY.

eiddgar, *a.* selog, brwdfrydig, cydwybodol, tanbaid, awyddus, awchus. ZEALOUS, ARDENT.

eiddgarwch, *eg.* sêl, brwdfrydedd, awydd. ZEAL, ARDOUR, FERVOUR.

*eiddig, *a.* gwancus, cenfigennus. GREEDY, JEALOUS.

*eiddigaf, *a.* niweidiol. INJURIOUS.

*eiddigafael, *be.* anafu, niweidio. TO HARM.

eiddigedd, *eg.* teimlad anniddig ynglŷn â sefyllfa neu lwyddiant rhywun arall, cenfigen, gwenwyn. JEALOUSY.

eiddigeddu, *be.* teimlo eiddigedd, cenfigennu. TO ENVY.

eiddigeddus : eiddigus, *a.* cenfigennus, gwenwynllyd. JEALOUS.

*eiddigor, *eg.* arglwydd ; cysgod a chlydwch llys. LORD ; SHELTER (OF PALACE).

eiddil, *a.* gwan, gwanllyd, egwan, llesg, methedig, musgrell, llegach, main. FEEBLE, FRAIL, SLENDER.

eiddiorwg, *eg.* gweler *eiddew.*

*eiddo, *eg.* eiddew. IVY.

eiddo, *eg.* rhywbeth a berchenogir gan rywun, meddiant, da. PROPERTY, CHATTELS.

eiddof, (-ot, -o, -i, -om, -och, -ynt) ansoddeiriau meddiannol. MINE, THINE, etc.

*eiddun, 1. *eg.* dymuniad. WISH, DESIRE.

2. *a.* dymunol. DESIROUS, DESIRABLE.

*eidduned, ⎰ *eg.* dymuniad ; llw.
eidduniant, ⎱ DESIRE ; VOW.

eidduno, *be.* 1. dymuno. TO DESIRE.

2. diofrydu. TO VOW.

eiddunol, *a.* yn mynegi dymuniad. OPTATIVE.

*eiddwng, 1. *a.* taer. PERSISTENT.

2. *eg.* cymydog. NEIGHBOUR.

Eifftaidd, *a.* yn perthyn i'r Aifft. EGYPTIAN.

Eifftiwr : Eifftiad, *eg. ll.* Eifftiaid.
(*b.* Eifftes). brodor o'r Aifft. AN
EGYPTIAN.

eigion[1], *be.* gweler *igian.*

eigion[2], *eg. ll.*-au. dyfnder, canol,
gwaelod. cefnfor. DEPTH, OCEAN.

eigr, *eb.* gwyryf. VIRGIN.

eingion : einion, *eb. ll.*-au. darn mawr
trwchus o haearn a ddefnyddir gan
of i daro metelau arno. ANVIL.

Eingl, *ell.* Saeson cynnar. ANGLES.

*eingaw, *be.* 1. gweler *genni.*
2. blino, poeni. TO WORRY, TO
MOLEST.

eil, *eb. ll.*-iau. 1. cysgod o wiail.
SHELTER.
2. sied, cut. SHED, LEAN-TO.
3. llwybr mewn eglwys neu gapel,
ystlys eglwys. AISLE.

eilchwyl (wŷ), *adf.* unwaith eto, eto,
eilwaith, drachefn. AGAIN.

eileb, *eb. ll.*-au. copi. COPY.

eiledol, *adf.* bob yn ail. ALTERNATELY.

eiledu, *be.* aryneilio. TO ALTERNATE.

*eilewydd, *eg.* cerdd, cân. SONG.

eilflwydd, *a.* bob dwy flynedd.
BIENNIAL.

*eilfydd, *a.* tebyg, fel. LIKE, SIMILAR.

*eilfyddu, *be.* efelychu. TO IMITATE.

*eiliad,*eg.*plethiad ; cysgod. WATTLING ;
SHELTER.

eiliad, *egb. ll.*-au. un rhan o drigain o
funud, amrantiad, munudyn, mo-
ment. A SECOND, MOMENT.

eilio, *be.* 1. cynorthwyo, cefnogi,
siarad yn ail. TO SECOND.
2. plethu, cyfansoddi. TO PLAIT,
TO COMPOSE.

*eilier, *eg. ll.*-au.⎫ iâr fach yr haf.
*eilir, *eg. ll.*-au. ⎭ BUTTERFLY.

eiliw, 1. *eg.* ymddangosiad, gwedd,
ffurf, lliw. COUNTENANCE, FORM,
COLOUR.
2. *a.* tebyg, fel. LIKE, SIMILAR.

*eiliwr, *eg. ll.*-wyr. un sy'n plethu,
lluniwr, cyfansoddwr. PLAITER,
COMPOSER.

eiliwr, *eg. ll.* eilwyr. un sy'n eilio.
SECONDER.

*eiloes, *adf.* eilwaith. A SECOND TIME.

*eilon, *eg.* carw, ceirw. HART.

eilradd, *a.* o ail radd, ail mewn safle,
llai o bwys. SECONDARY.
Ysgol Eilradd. SECONDARY SCHOOL.

eilun, *eg. ll.*-od. delw, eilun-ddelw, peth
a addolir. IDOL, IMAGE.

eilunaddoli, *be.* addoli eilunod. TO
WORSHIP IDOLS.

eilunaddolwr, *eg. ll.*-wyr. un sy'n
eilunaddoli. IDOLATOR.

eilwaith, *adf.* unwaith eto, eilchwyl,
eto, drachefn, am yr ail dro. AGAIN.

eilwers, *adf.* eto, ail dro. AGAIN,
ANEW.

*eilwydd, *eb.* oed ; cymod. LOVE
MEETING ; RECONCILIATION.

eilydd, *eg. ll.*-ion. un sy'n eilio.
SECONDER.

*eilyw(ed), ⎫ *eg.*gofid, tristwch. WORRY,
*eilywiant, ⎭ SADNESS.

*eilliedydd, *eg. ll.*-on. eilliwr. SHAVER.

eillio, *be.* torri barf ag ellyn, torri'n
glòs. TO SHAVE, TO TRIM.

eilliwr, *eg. ll.* eillwyr. un sy'n eillio,
barbwr. BARBER.

*eimwnc, *a.* aml, helaeth. OFTEN,
EXTENSIVE.

ein, *rhag.* person cyntaf lluosog rhag-
enw personol blaen. OUR, OF US.

*einiawn, *eb. ll.*-au. eingion. ANVIL.

einioes, *eb.* cyfanswm yr amser y bydd
person byw, bywyd, oes, hoedl. LIFE.

einion, *eb. ll.*-au. gweler *eingion.*

*einwch, *rhag.* eiddoch, eich. YOURS.

*einym, *rhag.* eiddom, ein. OURS.

eira, *eg.* tawch wedi rhewi, ôd. SNOW.
Bwrw eira : odi. TO SNOW.

eiraog, *a.* gweler *eiriog.*

*eirchiad, *eg. ll.*-iaid. deisyfwr, ymbil-
iwr. SUITOR, SUPPLIANT.

eiriach, *be.* 1. osgoi. TO AVOID.
2. arbed. TO SPARE.

*eirian, *a.* disglair, hardd. BRILLIANT,
FAIR.

*eirias, *eg.* post, ffagl. PROP, TORCH.

eirias, *a.* poeth iawn, tanbaid, chwil-
boeth, gwynias, crasboeth. RED HOT.

*eiriawg, *a.* eiriog. SNOWY.

*eiriawl, *a.* eiriog. SNOWY.

*eirif, *eg.* rhif, nifer, cyfrif. NUMBER,
COUNT.

*eirifo, *be.* cyfrif. TO COUNT.

*eirig, *a.* llidiog, rhyfelgar. ANGRY,
WARLIKE.

eirin,*ell.*(*un. b.*-en). ffrwythau bychain
melys. PLUMS.
Pren eirin. PLUM TREE.
Eirin duon. DAMSONS.
Eirin Mair. GOOSEBERRIES.

*eirioed, *adf.* erioed. EVER.

*eirioes, 1. *eb.* cred, ffydd, ymddiried-
aeth ; anian. BELIEF, FAITH, TRUST ;
NATURE.
2. *eb.* oediad. DELAY.
3. *a.* hardd, gloyw. FINE, BRIGHT.

eiriog, *a.* yn llawn eira, fel eira. SNOWY.

eiriol, *be.* pledio â rhywun dros rywun
arall, gofyn yn daer, ymbil, dadlau,
cyfryngu. TO INTERCEDE, TO BE-
SEECH, TO PLEAD.

*eirioled, *eg.* eiriolaeth. ENTREATY.

eiriolwr, eiriolydd, *eg. ll.* eiriolwyr. un sy'n eiriol, dadleuwr, dadleuydd, cyfryngwr, canolwr. MEDIATOR, INTERCESSOR.

*eirionyn, *eg.* rhimyn main, rhywbeth cul, ymyl (brethyn neu dir). NARROW STRIP.

eirlaw, *eg.* cymysgedd o eira a glaw, slap eira, odlaw. SLEET.

*Eirlont, *eg.* Iwerddon. IRELAND.

eirlys, *eg. ll.*-iau. blodeuyn gwyn y gwanwyn, blodyn yr eira, tlws yr eira, cloch maban, lili wen fach. SNOWDROP.

*eirmoed, *adf.* gweler *erioed*.

*eirthio, *be.* gwasgar. TO SCATTER.

*eiry, *eg.* eira. SNOW.

eisglwyf, *eg.* pliwrisi. PLEURISY.

eisiau, *eg.* angen, rhaid, diffyg, bod heb feddiant. NEED, LACK, WANT.
Y mae arnaf eisiau. I WANT.

*eisillydd, *e. torf.* ac *eg.* epil. OFFSPRING.

eisin, *eg.* y tu faes i rawn, us, rhuddion, rhuchion, cibau, plisg, masgl. HUSK.

*eisioes, *adf.* eisoes, er hynny. HOWEVER.

*eis(i)or, *eg.* 1. modd, dull. MANNER. 2. cymar ; tebyg. EQUAL ; LIKE.

*eisiwo, *be.* bod ag eisiau. TO WANT.

*eisiwed, *eg.* eisiau, angen. NEED.

*eisiwedig, *a.* anghenus. NEEDY.

*Eisland, *eg.* Ynys yr Iâ. ICELAND.

eisoes, *adf.* yn barod, cyn hyn(ny), ALREADY.

*eistedd, *be.* aros, oedi. TO WAIT, TO DELAY.
Eistedd wrth. BESIEGE.

eistedd, *be.* gorffwys ar sedd neu gadair, etc. ; seddu. TO SIT, TO SEAT.

eisteddfa, *eb. ll.* eisteddfeydd. lle i eistedd, sedd. SEAT.

eisteddfod, *eb. ll.*-au cwrdd cystadleuol, eisteddiad. EISTEDDFOD.

eisteddfodol, *a.* yn ymwneud ag eisteddfod. EISTEDDFODIC.

eisteddfodwr, *eg. ll.* eisteddfodwyr. un sy'n mynychu eisteddfodau. ONE WHO FREQUENTS EISTEDDFODAU.

eisteddle, *eg. ll.*-oedd. lle i eistedd, sedd. SEAT.

*eiswys, *adf.* gweler *eisoes*.

*eisyddyn, *eg.* tyddyn ; annedd. HOLDING ; ABODE.

*eisyfflad, *eg.* cablwr. BLASPHEMER.

*eisyl(l)ud, *eg.* natur, anian ; tâl. DISPOSITION ; PAYMENT.

*eisyllydd, *eg.* gweler *eisyllydd*.

*eisys, *adf.* gweler *eisoes*.

*eisywyd, *eg.* gweler *eisiwed*.

eitem, *eb. ll.*-au. un o nifer o bethau mewn rhestr, pwnc, peth, darn, testun. ITEM.

eithaf, *a.* ad *adf.* hollol, i raddau mawr, i'r dim, pellaf. VERY, QUITE, UTMOST.
Eithaf peth. NOT A BAD THING.
Yn eithaf bodlon. QUITE WILLING.

eithaf, *eg. ll.*-ion. terfyn, y man pellaf. EXTREMITY, END.
Eithafoedd y byd. THE EXTREMITIES OF THE WORLD.
I'r eithaf. TO THE UTMOST.
Y radd eithaf. SUPERLATIVE DEGREE.

eithafbwynt, *eg. ll.*-iau. terfyn eithaf. EXTREME POINT, EXTREMITY.

eithafol, *a.* yn mynd â pheth i eithafion, yn methu cerdded llwybr canol. EXTREME.

eithafwr, *eg. ll.*-wyr. ⎫ un sy'n mynd
eithafydd, *eg. ll.*-ion. ⎭ i eithafion. EXTREMIST.

*eithefigion, *ell.* pobl flaenaf, FOREMOST PEOPLE.

eithin, *ell.(un. b.*-en.) planhigion pigog trwchus. GORSE.

eithinfyw, *eg.* math o goeden. JUNIPER, SAVINE.

eithinog, *a.* â llawer o eithin. FURZY.

*eithr, *ardd.* tu hwnt i, dros. BEYOND.

eithr, *cys.* ac *ardd.* ond, namyn, oddieithr, ar wahân i, heb, heblaw. BUT, EXCEPT.

eithriad, *eg. ll.*-au. yr hyn sy'n wahanol, yr hyn a adewir allan. EXCEPTION.

*eithriad, *eg.* deolwr. BANISHER.

eithriadol, *a.* gwahanol, rhyfeddol, anghyffredin. EXCEPTIONAL.

eithrio, *be.* gadael allan, peidio â chynnwys. TO EXCEPT.
Ac eithrio. WITH THE EXCEPTION OF.

elain, *eb. ll.* elanedd. benywaidd *carw*. HIND, FAWN.

electrod, *eg. ll.*-au. un o ddau derfyniad cerrynt trydan. ELECTRODE.

electroleiddiad, *eg.* dadelfennu cyfansawdd cemegol. ELECTROLYSIS.

electroneg, *eb.* gwyddor electronau. ELECTRONICS.

*elchwyl, *adf.* gweler *eilchwyl*.

*elech, *eb. ll.*-au. llech, carreg. SLATE, FLAG.

eleni, *adf.* y flwyddyn hon. THIS YEAR.

*elestr, ⎫ *e. torf. (un. b.*-en). gleiflys.
*elestron, ⎭ FLEUR-DE-LIS- IRIS.

*elfed, *eg.* hydref. AUTUMN.

elfen, *eb. ll.*-nau. peth na ellir ei ddad-
ansoddi, defnydd, mymryn, gronyn.
ELEMENT, PARTICLE.

elfennol, *a.* yn ymwneud ag elfennau,
dechreuol, sylfaenol. ELEMENTARY,
CONSTITUENT.

elfennu, *be.* dadansoddi. TO ANALYSE.

*elfydd(en), *eb.* byd, gwlad, daear, bro.
WORLD, COUNTRY, REGION.

*elfydd, *a.* gweler *hefelydd*.

*elfyddu, *be.* cymharu, tebygu. TO
COMPARE.

*elgeth, *eb.* gên. JAW, CHIN.

eli, *eg. ll.* elïau. ennaint, defnydd
seimlyd i iacháu neu i feddalhau'r
croen. OINTMENT, SALVE.

eliffant, *eg. ll.*-od, -iaid. anifail mawr—
y mwyaf o'r rhai â phedair coes,
cawrfil. ELEPHANT.

eliffantaidd, *a.* fel eliffant neu gawrfil,
anferth, enfawr. ELEPHANTINE.

elin, *eb. ll.*-au. penelin, cymal canol y
fraich. ELBOW.

*elïo, *be.* eneinio, iro. TO ANNOINT, TO
SMEAR.

Elion, *eg.* Duw. GOD.

elips, *eg.* hirgylch. ELLIPSE.

eliptig, *a.* hirgylchog. ELLIPTIC.

*eliwlu, *eg.* gweler *elyflu*.

*elment, *ebg.* elfen. ELEMENT.

elor, *eb. ll.*-au. ffrâm i gludo arch arni.
(gynt *gelor*). BIER.

elorgerbyd, *eg. ll.*-au. hers. HEARSE.

*elorwydd, *eg.* gweler *gelorwydd*.

elusen, *eb. ll.*-nau. rhodd i'r tlawd,
cardod, haelioni, caredigrwydd. ALMS.

elusendy, *eg. ll.* elusendai. tŷ lle gall
tlodion fyw yn rhad, tloty. ALMS-
HOUSE.

elusengar, *a.* hael, rhyddfrydig, hael-
ionus, cariadlon. CHARITABLE.

elusengarwch, *eg.* haelioni, cardod.
CHARITY.

*elusen(n)i, *eg.* gweler *elusen*.

elusennwr, *eg. ll.*-wyr. un yn gofalu
am elusen. ALMONER.

elw, *eg.* budd, lles, ennill, mantais.
PROFIT, GAIN.

elwa, *be.* ennill, cael lles (budd, man-
tais), manteisio. TO PROFIT.

*elwch, *eg.* llawenydd tyrfus, bloeddio
llawen, miri. LOUD REJOICING, MERRI-
MENT.

*elwha, *be.* gweler *elwa*.

elwig, *a.* gwerthfawr, buddiol. VALU-
ABLE, BENEFICIAL.

*elwisen, *eb.* gweler *elusen*.

elwlen, *eb. ll.* elwlod. afu, iau. KIDNEY.

*elwydd, *eg.* gweler *eilwydd*.

*elydn,   } *eg.* efydd,   pres. BRASS,
*elydr,   }   BRONZE.

*elyf, *eg.* gweler *alaf*.

*elyflu, *eg.* llu mawr. LARGE HOST.

*elyw, *ell.* gweler *alaf*.

*ell, *rhag.* gweler *ill*.

Ellmyn, *ell.* Almaenwyr. GERMANS.

*ellmyn, *ell.* estroniaid. FOREIGNERS.

Ellmyneg, *eb.* Almaeneg. GERMAN.

*elltrewyn, *eb. ll.*-au. llysfam. STEP
MOTHER.

*ellwng, *be.* gollwng, anfon. TO SET
FREE, TO SEND.

*ellyngdod, *eg.* rhyddhad, gollyngdod.
RELIEF, ABSOLUTION.

*ellyngedigaeth, *eb.*gollyngdod, madd-
euant. ABSOLUTION.

ellyll, *eg. ll.*-on. ysbryd drwg, cythraul,
bwgan, drychiolaeth. FIEND, GHOST,
GOBLIN.

ellyllaidd, *a.* cythreulig, bwganaidd,
rhithiol, drychiolaethol. FIENDISH,
ELFISH.

ellyn, *eg. ll.*-od, -au. erfyn eillio, rasal,
raser. RAZOR.

*ellynedd, *adf.* y llynedd. LAST YEAR.

*em, 1. *eg.* gem. GEM.
    2. *eb.* ymyl. HEM.

*ema, *adf.* gweler *yma*.

*eman, *adf.* yma. HERE.

embargo, *eg. ll.*-s. gwaharddiad (i long
ymadael â phorthladd). EMBARGO.

*emborth, *eg.* gweler *ymborth*.

embryo, *eg.* cynelwad. EMBRYO.

*emelldigedig,   *a.* melltigedig. AC-
CURSED.

*emelldigo, *be.* melltithio. TO CURSE.

*emellin, *eg.* ac *e. torf.* manna. MANNA.

*emelldith, *eg.* gweler *melltith*.

*emendäu,-dio, *be.* gwella, diwygio,
cywiro. TO AMEND, TO CORRECT.

*emendigaid,*a.* melltigedig. CURSED.

*emennydd, *eg.* ymennydd. BRAIN.

*emer, *eg.*ymherodr, brenin. EMPEROR,
KING.

*emhennydd, *eg.* ymennydd. BRAIN.

*emlaen, *adf.* gweler *ymlaen*.

*emneid(i)o,*be.* amneidio. TO BECKON.

emosiwn, *eg. ll.* emosiynau. ysmud-
iad. EMOTION.

    Emosiynau sylfaenol. PRIMARY
    EMOTIONS.

empeiraidd, *a.* empeirig. EMPIRICAL.

empeiraeth, *eb.* athrawiaeth sy'n
dweud bod ein gwybodaeth yn
deillio o brofiad. EMPIRICISM.

emprwr, *eg. ll.*-wyr. ymherodr.
EMPEROR.

*emral,   } *eg.* gem gwyrdd. EMERALD.
emrallt, }

*emriw, *eg.* ewyn. FOAM.

*emwyd (wŷ), *eg.* cwmpas ; llys. REGION ; COURT.

emyn, *eg. ll.*-au. cân o fawl i Dduw, hymn. HYMN.

    Emyn-dôn. HYMN-TUNE.

emyniadur, *eg. ll.*-on. llyfr emynau. HYMNAL, HYMNARY.

emynwr : emynydd, *eg. ll.* emynwyr. un sy'n cyfansoddi emynau. HYMNIST.

emynyddiaeth, *eb.* astudiaeth emynau. HYMNOLOGY.

*emyr, *eg.* gweler *emer*.

*emys, *ell.* gweler *amws*.

*en, *ardd.* gweler *yn*.

enaid, *eg. ll.* eneidiau. y rhan ysbrydol o fod dynol, ysbryd, person. SOUL.

*enaid, *eg.* bywyd, cyfaill. LIFE, FRIEND.

enbyd : enbydus, *a.* peryglus. alaethus, blin, erchyll, ofnadwy, echryslon, cas, garw, dychrynllyd, DANGEROUS, AWFUL.

enbydrwydd, *eg.* perygl, cyfyngder, ing, blinder, adfyd, trallod, helbul. PERIL, DISTRESS.

encil, *eg. ll.*-ion. ⎱ lloches, dirgelfa.
encilfa, *eb. ll.*-feydd. ⎰ RETREAT.

encilio, *be.* mynd yn ôl, tynnu'n ôl, cilio, ffoi, ymneilltuo, dianc, diflannu. TO RETREAT.

enciliwr, *eg. ll.* encilwyr. un sy'n encilio neu'n rhedeg ymaith a gadael ei ddyletswyddau, ffoadur. DESERTER, RETREATER.

encyd, *egb.* gweler *ennyd*.

*enderig, *eg. ll.*-edd. bustach, dyniawed. STEER, OX.

endid, *eg.* hanfod. ENTITY.

endothermig, *a.* yn sugno gwres. ENDOTHERMIC.

*enefydd, *eg.* pennaeth. CHIEFTAIN, LORD.

*eneichiad, *eg.* darparwr. PREPARER.

eneideg, *eb.* seicoleg. PSYCHOLOGY.

eneidegydd, *eg.* seicolegwr. PSYCHOLOGIST.

*eneidfaddau, *eg.* condemniedig. ONE STENENCED TO DEATH.

*eneidio, *be.* bywiocáu. TO VIVIFY.

eneidiog, *a.* ag enaid. ANIMATE.

*eneidrwydd, *eg.* arlais. THE TEMPLE.

eneidyddiaeth, *eb.* y gred fod enaid gan beth difywyd. ANIMISM.

*eneinfa, *eb. ll.*-fâu. baddon. BATH.

eneiniad, *eg. ll.*-au. y weithred o eneinio, cysegriad, ysbrydoliaeth. ANOINTING, CONSECRATION, INSPIRATION.

eneinio, *be.* arllwys olew ar, cysegru ag olew, cysegru. TO ANOINT, TO CONSECRATE.

eneiniog, *a.* wedi ei eneinio, cysegredig. ANOINTED.

    Yr Eneiniog. THE ANOINTED, CHRIST.

eneiniwr, *eg. ll.*-wyr. un sy'n eneinio. ANOINTER.

eneinlyn, *eg.* gwlybwr teneuach nag ennaint i rwbio'r croen. LINIMENT.

*ener, *eg.* pennaeth. CHIEF.

enfawr, *a.* dirfawr, mawr iawn, anferth, eang, difesur, diderfyn. ENORMOUS, HUGE, VAST, IMMENSE.

*enfigen, *eb.* cenfigen. JEALOUSY.

*enfil, *eg. ll.*-od. (*gair ffug*). anifail. ANIMAL.

*enfys, *eb. ll.*-au. 1. cylch, modrwy, coler. CIRCLE, RING, COLLAR.

    2. bwa. ARCH.

enfys, *eb. ll.*-au. bwa amryliw yn yr wybren yn cael ei achosi yn y glaw gan belydrau'r haul, bwa'r Drindod, bwa'r arch. RAINBOW.

*enhudded, *eb.* gorchudd. COVERING.

enhuddo, *be.* gorchuddio. TO COVER.

*engir, *a.* aruthr. AWFUL.

*engir(i)ol, ⎱ *a.* erchyll, chwyrn. HOR-
*enguriol, ⎰ RIBLE, SWIFT, VIOLENT.

*engyrdd, *a.* dewr, hy. VALIANT.

enillfawr : enillgar, *a.* yn talu, yn dwyn elw, buddiol, llesol. LUCRATIVE.

enillwr : enillydd, *eg. ll.* enillwyr. un sy'n ennill, manteisiwr, y gorau, maeddwr, trechwr. WINNER.

*eniwed, *eg. ll.*-au. niwed, colled. HARM, DAMAGE.

enllib, *eg. ll.*-ion. athrod anair, cabl, absen, drygair, anghlod. SLANDER, LIBEL.

enllibio, *be.* athrodi, absennu, bwrw anghlod ar, lladd ar. TO SLANDER, TO LIBEL.

enllibiwr, *eg. ll.* enllibwyr. athrodwr, absenwr. SLANDERER, LIBELLER.

enllibus, *a.* athrodus, cableddus. SLANDEROUS, LIBELLOUS.

enllyn, *eg.* rhywbeth blasus i'w fwyta gyda bara. RELISH, SOMETHING TASTY EATEN WITH BREAD.

*enmynedd, *eg.* amynedd. PATIENCE.

*enmyneddaidd, ⎱ *a.* amyneddgar.
*enmyneddus, ⎰ PATIENT.

ennaint, *eg. ll.* eneiniau. eli. OINTMENT.

*ennaint, *eg.* baddon. BATH.

ennill[1], *be.* 1. elwa, manteisio, cael. TO PROFIT, TO GAIN, TO GET.

    2. curo, bod yn orau. TO WIN.

ennill[2], *eg. ll.* enillion. elw, budd, mantais, lles. A PROFIT.

ennyd, *egb.* moment, talm, amser, ysbaid, seibiant. A WHILE, MOMENT.

ennyn, *be.* cynnau, cyffroi, llidio, cynhyrfu, cymell. TO INFLAME, TO LIGHT.

*enrydedd, *egb. ll.*-au. gweler *anrhydedd.*

*enryfedd, 1. *a.* rhyfeddol. WONDERFUL. 2. *eg.* rhyfeddod. WONDER.

*enryfeddod, *eg.* rhyfeddod mawr. GREAT WONDER.

*enryfeddu, *be.* rhyfeddu. TO WONDER, TO MARVEL.

enryfeddwch, *eg.* rhyfeddod. WONDER.

ensim, *eg.* eples, lefain. ENZYME.

ensymaidd, *a.* yn gallu peri cyfnewid cemegol. ENZYME.

ensyniad, *eg. ll.*-au. awgrym. INSINUATION, INNUENDO.

ensynio, *be.* awgrymu, cyfeirio'n anuniongyrchol. TO INSINUATE.

*entred, *eg.* plastr. PLASTER, ENTRETE.

entrych, *eg. ll.*-oedd. ffurfafen, wybren, uchelder, nen. FIRMAMENT, HEIGHT.

*entyrch, *eg.* gweler *entrych.*

enw, *eg. ll.*-au. y gair a ddefnyddir am rywun neu rywbeth wrth sôn amdano, gair da. NAME, NOUN.
Enw priod. PROPER NOUN.
Enw cyffredin. COMMON NOUN.
Enw bedydd. CHRISTIAN NAME.
Cyfenw. SURNAME.

enwad, *eg. ll.*-au. sect grefyddol. DENOMINATION.

enwadaeth, *eb.* y cyflwr o fod ag enwadau. SECTARIANISM.

enwadol, *a.* yn perthyn i enwad neu sect. DENOMINATIONAL, SECTARIAN.

enwadur, *eg. ll.*-on. y rhif o dan y llinell mewn ffracsiwn cyffredin. DENOMINATOR.

*enwair, *a.* ffyrnig ; ystyfnig. FIERCE ; STUBBORN.

*enwawd, *a.* enwog. FAMOUS.

enwebiad, *eg. ll.*-au. dewisiad. NOMINATION.

enwebu, *be.* enwi fel ymgeisydd, dewis. TO NOMINATE.

enwedig, *a.* arbennig, neilltuol, mwy na'r cyffredin. ESPECIAL.
Yn enwedig : yn anad dim. ESPECIALLY.

*enwedig, *a.* dywededig, crybwylledig. AFORESAID.

*enwerys, 1. *a.* rhyfedd, hynod. WONDERFUL. 2. *eg.* rhyfeddod. WONDER.

enwi, *be.* galw wrth enw, rhoi enw ar. TO NAME.

*enwir, *a.* drwg ; dinistriol ; creulon. WICKED ; DESTRUCTIVE; CRUEL.

*enwiredd, *eg.* drygioni, pechod ; creulondeb. WICKEDNESS ; CRUELTY.

*enwlydd, *a.* tirion. GENTLE.

enwog, *a.* hyglod, o fri, clodfawr. FAMOUS, NOTED, RENOWNED.
Enwogion. FAMOUS MEN.

enwogi, *be.* rhoi bri (clod, enwogrwydd, enw da, gair da). TO MAKE FAMOUS.

enwogrwydd, *eg.* bri, clod, anrhydedd, enw da, gair da. FAME.

enwol, *a.* yn perthyn i enw ; goddrychol. NOMINAL ; NOMINATIVE.

enwyn (**wŷ**), *eg.* llaeth enwyn, y llaeth sy'n aros ar ôl corddi. BUTTERMILK.

enynfa, *eb. ll.*-fâu. ⎤ llid, cosi. INFLAM-
enyniad, *eg. ll.*-au. ⎦ MATION, BURNING, IRRITATION.

enynnol, *a.* llidus, llosg. INFLAMED, BURNING.

enynnu, *be.* gweler *ennyn.*

*enys, *eb.* gweler *ynys.*

eoca, *be.* pysgota eog. TO CATCH SALMON.

eofn : **eon**, *a.* hy, di-ofn, beiddgar, diarswyd, digywilydd, hyderus, dewr. BOLD, DARING, FEARLESS.

eog, *eg. ll.*-iaid. pysgodyn mawr yr afon, samwn. SALMON.

*eorth, *a.* gweler *ehorth.*

eos, *eb. ll.*-iaid. aderyn sy'n enwog am ei gân swynol. NIGHTINGALE.

epa, *eg. ll.*-od. anifail digynffon tebyg i'r mwnci. APE.

*epa, *be.* lladrata meirch. TO STEAL HORSES.

epiglotis, *eg.* clawr y larincs. EPIGLOTTIS.

epigynaidd, *a.* tanffrwythog. EPIGYNOUS.

epil, *eg. ll.*-iaid. plant, hil, hiliogaeth, disgynyddion. OFFSPRING, PROGENY, ISSUE.

epilgar, *a.* toreithiog, ffrwythlon. PROLIFIC.

epiliad, *eg.* y weithred o epilio. REPRODUCTION, PROCREATION.

epilio, *be.* dod â rhai bach, cael plant, planta, hilio. TO BREED.

epiliog, *a.* lluosog mewn epil. PROLIFIC.

epistol, *eg. ll.*-au. llythyr. EPISTLE.

eples, *eg.* lefain, surdoes, ensim. LEAVEN, FERMENT, ENZYME.

eplesiad, *eg.* y weithred o eplesu. FERMENTATION.

eplesu, *be.* lefeinio, gweithio (am win, etc.). TO LEAVEN, TO FERMENT.

epoc, *eg. ll.*-au. cyfnod, dechrau cyfnod. EPOCH.

er, *ardd.* ar ôl (rhyw amser neu ddigwyddiad yn y gorffennol), wedi, oddi ar, am, yn lle. FOR, SINCE, DESPITE.
Er mwyn. FOR THE SAKE OF, IN ORDER TO.
Er ys : ers. SINCE.

*erbarch, *eg.* parch. RESPECT.

*erber, *eb.* gardd, perllan. GARDEN, ORCHARD.

erbyn, *ardd.* croes, gwrthwyneb, ar gyfer. BY, AGAINST.
Byddaf yn ôl erbyn naw. I SHALL BE BACK BY NINE.
Mynd i'w erbyn. TO GO TO MEET HIM.
Yn erbyn. AGAINST.

*erbyn(i)aid, *be.* ⎱ derbyn, croesawu ;
*erbyn(io), *be.* ⎰ gwrthwynebu. TO RECEIVE, TO WELCOME ; TO OPPOSE.

*erbyniad, *eg. ll.*-iaid. ⎱ derbyniwr.
*erbyniwr, *eg. ll.*-wyr. ⎰ RECEIVER.

erch, *a.* 1. dychrynllyd, ofnadwy, arswydus, erchyll. FRIGHTFUL.
2. *brith, brych. MOTTLED, SPECKLED.

erchi, *be.* deisyf, ymbil, gofyn, holi, ceisio, erfyn, hawlio, atolygu, gweddïo, gorchymyn. TO ASK, TO DEMAND, TO COMMAND.

*erchwyn, *eg. ll.*-nau. noddwr ; nawdd. PROTECTOR ; PROTECTION.

erchwyn (wŷ), *egb. ll.*-ion, -nau. ochr, ymyl gwely. SIDE, BEDSIDE.

*erchwyn(i)og, *eg.* 1. erchwyn, noddwr. PROTECTOR.
2. cywely. BEDFELLOW.

*erchwyrn, *a.* chwim. SWIFT.

*erchwys, *eb.* haid o gŵn hela. PACK OF HOUNDS.

erchyll, *a.* dychrynllyd, ofnadwy, brawychus, echrydus, echrys, echryslon. HORRIBLE, HIDEOUS, FRIGHTFUL, AWFUL.

*erchyll, *ell.* archollion. WOUNDS.

erchyllter, *eg.* ⎱ ysgelerder, echrys-
erchylltra, *eg.* ⎰ londer. HORROR.

erchyllu, *be.* hagru, troi'n erchyll. TO MAKE HIDEOUS.

*erddifel(u), *be.* trengi. TO DIE.

erddifwl, *eg.* cwyn, galar. LAMENT, GRIEF.

*erddig, *a.* dicllon. ANGRY.

erddigan, *eb. ll.*-au. harmoni, tôn ; cân, cerddoriaeth. HARMONY, TUNE ; SONG, MUSIC.

*erddrym, *a.* gwych, rhagorol, amlwg, uchel. FINE, CONSPICUOUS, HIGH.

*erddyfwl, *eg.* amcan, bwriad. PURPOSE.

*erddygnawd, *a.* cyndyn, caled. OBSTINATE, SEVERE.

*erddygnu, *be.* dygnu, llafurio. TO TOIL HARD.

*erddywal, *a.* ffyrnig, dewr. BRAVE, FIERCE.

*eredig, *be.* gweler *aredig.*

*ereneigus, *a.* gweler *aryneigus.*

*eres, 1. *a.* rhyfedd. WONDERFUL, MARVELLOUS.
2. *eg.* rhyfeddod. WONDER.

*eresi, *eg.* rhyfeddod. WONDER.

*erestyn, *eg.* ffŵl, croesan. FOOL, JESTER.

*eresu, *be.* rhyfeddu. TO WONDER.

*erewyll, *be.* awyddus, nwyfus. EAGER, SPIRITED.

*erfai, *a.* difai, gwych. FAULTLESS, SPLENDID.

*erfawr, *a.* enfawr. HUGE.

*erfid, 1. *eg.* ergyd ; ymladd. BLOW ; FIGHT.
2. *e. torf.* tonnau'n torri ar draeth. BREAKING WAVES.

erfin, *ell.* (*un. b.*-en.) planhigion i'w bwyta ac iddynt wreiddiau crwn, maip, rwdins. TURNIPS.

*erflawdd, *eg.* cynnwrf, brwydr. TUMULT, BATTLE.

erfyn, 1. *be.* ymbil, deisyf, gofyn yn daer, ceisio, erchi, atolygu, disgwyl (*taf.*). TO BEG, TO PRAY.
2. *eg. ll.* arfau. arf, offeryn, twlsyn. WEAPON, TOOL.

*erfyniad, *eg. ll.*-iaid. ergydiwr, dyrnwr. STRIKER.

erfyniad, *eg. ll.*-au. ymbiliad, arch, cais, gweddi, deisyfiad, dymuniad. REQUEST, ENTREATY.

*erfyniaid, *be.* crefu. TO BESEECH.

erfyniol, *a.* yn erfyn, ymbilgar. SUPPLICATORY.

erfyniwr, *eg. ll.*-wyr. ymbiliwr. SUPPLIANT.

*erglyd, *a.* diogel. SAFE.

erglyw(ed), *be.* gwrando, clywed. TO LISTEN, TO HEAR.

*ergryd, *eg.* ofn, arswyd, cryndod. FEAR, HORROR, SHIVERING.

*ergrydio, *be.* ofni, brawychu. TO FEAR, TO TERRIFY.

*ergryn, *eg.* dychryn, ofn, cryndod. FEAR, TERROR, SHIVERING.

*ergrynaw, *be.* gweler *ergrynu.*

*ergrynedigaeth, *eb.* ofn, braw. FEAR, TERROR.

*ergrynig, *a.* yn creu ofn, brawychus. CAUSING FEAR, TERRIBLE.

*ergrynu, *be.* ofni ; crynu. TO FEAR ; TO TREMBLE.

ergyd, *egb. ll.*-ion. dyrnod, cernod, trawiad, curiad, amcan, nod. BLOW, SHOT, AIM, POINT.

ergydio, *be.* rhoi ergyd, cernodio, curo, taro, saethu; amcanu. TO STRIKE, TO SHOOT; TO AIM.

*ergyllaeth, *eg.* galar; tristwch, hiraeth. GRIEF; SADNESS.

*ergynan, *a.* amlwg, clodfawr. CLEAR, PRAISEWORTHY.

*ergyr, 1. *eg.* ymosod; ergyd; lliaws; mwstwr. ATTACK; BLOW; HOST; NOISE.
  2. *be.* rhuthro. TO ASSAULT.

*ergyrch, *eg.* cyrch, ymosodiad. ATTACK.

*erhy, *a.* dewr. BRAVE.

*erhyl, *eb.* hela; helfa. HUNT.

*erhylgi, *eg. ll.*-gwn. ci hela. HOUND.

erioed, *adf.* o gwbl, o'r dechrau, unrhyw amser o'r blaen. EVER, AT ALL (WITH A NEGATIVE).

erledigaeth, *eb. ll.*-au. erlid, ymlidiad, triniaeth wael. PERSECUTION.

erlid, *be.* ymlid, dilyn, hela, hel, trin yn arw, gorthrymu, gormesu. TO PURSUE, TO PERSECUTE.

erlidio, *be.* erlid. TO PURSUE.

erlidiwr, *eg. ll.* erlidwyr. ymlidiwr, gorthrymwr, gormeswr. PURSUER, PERSECUTOR

*erlyn, *be.* canlyn, dilyn, erlid. TO PURSUE.

erlyn, *be.* cyhuddo o flaen llys. TO PROSECUTE.

erlyniad, *eg. ll.*-au. cyhuddiad mewn llys. PROSECUTION.

*erlyniad, *eg. ll.*-iaid. erlidiwr. PURSUER.

erlyniaeth, *eb.* erlyniad, erlidiad. PROSECUTION, PURSUIT.

erlynydd, *eg. ll.*-ion, erlynwyr. un sy'n cyhuddo neu ddwyn achos yn erbyn un arall mewn llys, erlidiwr. PROSECUTOR, PURSUER.

*erllugrwudd, *eg.* gweler *haerllugrwydd.*

*erllydd, } *be.* teilyngu. TO MERIT.
*erllys(u), }

*ermid, 1. *eg.* meudwy. HERMIT.
  2. *a.* urddasol, anrhydeddus. STATELY.

*ermidedd, *eg.* urddas, anrhydedd. STATELINESS, HONOUR.

*ermidwr, *eg.* meudwy. HERMIT.

*ermig, *eg.* gweler *ermyg.*

*ermin, *eg.* ffwr carlwm. ERMINE.

*ermoet, *adf.* gweler *erioed.*

*ermyd, *eg.* gweler *ermid* 1.

*ermyg, *eg. ll.*-ion. offeryn, peiriant; cyfrwng. INSTRUMENT; MEANS.

*ermygu, *be.* achosi; gwneuthur. TO CAUSE; TO MAKE.

*ermyn, *eg.* ffwr carlwm. ERMINE.

*ern : ernes, *eb. ll.*-au. rhywbeth a roir fel sicrwydd o gytundeb, gwystl. EARNEST, PLEDGE.

*ernis, *eg.* ernes. PLEDGE.

*ernych, *eg.* gofid; poen. GRIEF; PAIN.

*ernychu, *be.* gofidio, blino. TO WORRY.

*ernyw, *eg.* gofid; tristwch; prinder. GRIEF; SADNESS; SCARCITY.

*ernywed, *eg.* cwyn; tristwch; prinder; LAMENT; SADNESS; SCARCITY.

*ernywiant, *eg.* eisiau. SCARCITY.

*ernywo, *be.* teimlo tristwch; gofidio. TO GRIEVE.

erof, *ardd.* (-ot, -ddo, -ddi, -om, -och, -ddynt) gweler *er.*

*ertolwg, *be.* gweler *atolwg.*

*ertrai, *eg.* ac *e. torf.* tonnau'n torri, ewyn. BREAKING OF WAVES; FOAM.

ertrai, *eg.* llanw isel. NEAP TIDE.

*erthwch, *eg.* cwyno; tuchan. TO COMPLAIN; TO GROAN.

*erthychain, *be.* tuchan; cwyno. TO GROAN; TO GRUMBLE.

erthygl, 1. *eb. ll.*-au. ysgrif mewn cylchgrawn neu bapur newydd, rhan o gredo neu gytundeb, etc. ARTICLE.
  2. *eg.* cymal, migwrn. JOINT, KNUCKLE, ANKLE.

erthyl(iad), *eg. ll.* erthylod. genedigaeth gynamserol, peth anaeddfed, peth afluniaidd. ABORTION.

erthylaidd, *a.* fel erthyl. ABORTIVE.

*erthyst, *eg.* rhybudd; tystiolaeth; tyst. WARNING; EVIDENCE; WITNESS.

erw, *eb. ll.*-au. mesur o dir, cyfer, acer, acr. ACRE.

*erwain, *e. torf.* blodau'r mêl, brenhines y weirglodd. MEADOW-SWEET.

*erwan, 1. *a.* llym, ingol. SHARP.
  2. *be.* brathu; trywanu. TO HURT; TO PIERCE.

erwyd, *eg.* 1. gwaywffon; picell. SPEAR; PIKE.
  2. polyn. POLE.

*erwydd, *ardd.* oherwydd. BECAUSE, FOR.

erwydd, 1. *e. torf.* dellt; cledrau. LATHS; STAVES.
  2. *eg.* llinellau mewn nodiant cerddorol. STAVE.
  3. *eg.* *ffon, pastwn. STAFF, CUDGEL.

*erwyn, *a.* ffyrnig. FIERCE.

*erwyr, *a.* 1. cam, ar ŵyr. CROOKED, OBLIQUE.
  2. araf. SLOW.

*erwyre, *eg.* cyfodiad, dyrchafael. RISING.

erydiad, *eg.* y weithred o erydu, ysiad, traul. EROSION.

erydol, *a.* ysol, yn erydu. EROSIVE.

erydu, *be.* bwyta neu ddifa gan dywydd, etc. TO ERODE.

erydydd, *eg. ll.*-ion. peth sy'n erydu. EROSIVE AGENT.

*****eryf**, *eg. ll.*-oedd. cyfeddach. CAROUSAL.

*****eryfed**, *be.* cyfeddach. TO CAROUSE.

eryl, *eb.* gweler *erhyl.*

eryr, *eg. ll.*-od. (*b.*-es.) aderyn mawr ysglyfaethus, brenin yr adar. EAGLE. Eryr melyn. GOLDEN EAGLE.

eryr, *eg. ll.*-od. llid y croen. SHINGLES.

*****eryr**, *eg.* ymyl, tu, goror. EDGE, BOUNDARY.

eryraidd, *a.* fel eryr. AQUILINE.

*****eryrol**, *a.* eryraidd; gwych. EAGLE-LIKE; SPLENDID.

*****erysi**, *eg.* rhyfeddod. WONDER.

*****es**, *ardd.* er ys. SINCE.

*****esampl**, *eb. ll.*-au. esiampl. EXAMPLE.

*****esblyg**, *a.* clir, amlwg. EXPLICIT.

esblygiad, *eg. ll.*-au. datblygiad. EVOLUTION.

*****esblygu**, *be.* egluro, esbonio. TO EXPLAIN.

esboniad, *eg. ll.*-au. 1. llyfr eglurhaol. COMMENTARY.
   2. eglurhad. EXPLANATION, EXPOSITION.

esboniadol, *a.* yn esbonio, eglurhaol. EXPLANATORY.

esbonio, *be.* gwneud yn eglur, egluro, rhoi ystyr. TO EXPLAIN.

esboniwr, *eg. ll.*-wyr. un sy'n esbonio. COMMENTATOR.

esbonydd, *eg. ll.*-ion. symbol yn dynodi pŵer, indecs. EXPONENT.

*****esborth**, *eg. ll.*-ion. porthiant. FOOD, PROVENDER.

*****esborthiant**, *eg.* bwyd. FOOD.

*****esbyd**, *ell.* (*un.* osb). gwesteion. GUESTS.

escatoleg, *eb.* athrawiaeth y farn, etc. ESCHATOLOGY.

esgair, *eb. ll.* esgeiriau. 1. coes, gar, clun. LEG.
   2. trum, cefn, crib. RIDGE.

*****esgar**[1], *be. ll.*-ant, -geraint. gelyn, estron. ENEMY, STRANGER.

*****esgar**[2], *eg.* gweler *ysgar.*

*****esgeiddig**, *a.* gosgeiddig. GRACEFUL.

esgeulus, *a.* diofal, anystyriol. NEGLIGENT.

esgeuluso, *be.* bod yn ddiofal neu anystyriol, anwybyddu. TO NEGLECT.

esgeulustod : **esgeulustra**, *eg.* diofalwch. NEGLECT, CARELESSNESS.

esgeuluswr, *eg. ll.*-wyr. un sy'n esgeuluso. NEGLECTER.

esgid, *eb. ll.*-iau. gwisg o ledr, etc. i'r droed, botasen. BOOT, SHOE.

*****esglyffio**, *be.* gweler *ysglyfiaid.*

esgob, *eg. ll.*-ion. offeiriad mewn eglwys gadeiriol. BISHOP.

esgobaeth, *eb. ll.*-au. rhan o wlad i bwrpas yr eglwys, swydd esgob. DIOCESE, BISHOPRIC.

esgobaethol, *a.* perthynol i esgobaeth. DIOCESAN.

esgobaidd, *a.* perthynol i esgob. EPISCOPAL.

*****esgobawd**, *eb.* esgobaeth. BISHOPRIC.

esgobol, *a.* yn ymwneud ag esgob. EPISCOPAL.

esgor (ar), *be.* dwyn i'r byd, geni, rhoi genedigaeth i, rhoi bywyd i. TO GIVE BIRTH, TO BE DELIVERED.

*****esgor**, *eb.* amddiffynfa. FORT, CAMP.

*****esgoreddfa**, *eb.* lle i esgor, ffynhonnell. BIRTHPLACE, SOURCE.

*****esgorfa**, *eb.* gwared. DELIVERANCE.

esgoriad, *eg. ll.*-au. genedigaeth. BIRTH.

*****esgoryd**, *be.* gweler *esgor.*

esgud, *a.* gwisgi, heini, sionc, cyflym, clau, buan, craff. ACTIVE, QUICK.

esgudrwydd, *eg.* buander, cyflymder. QUICKNESS.

*****esguro**, *be.* ceisio, ymofyn. TO TRY, TO WISH.

esgus : esgusawd, *eg. ll.* esgusion, esgusodion. ffug ymhoniad, ymddiheuriad, rhith. EXCUSE, PRETENCE.

*****esguso**, *be.* esgusodi. TO MAKE EXCUSE.

esgusodi, *be.* gwneud esgus, ymddiheuro, rhoi caniatâd. TO MAKE EXCUSE, TO EXCUSE.

*****esgymun**, *a.* gwarthus. EXECRABLE.

esgyn, *be.* symud i fyny, codi, cyfodi, cwnnu, dringo, neidio ar. TO ASCEND, TO MOUNT.

esgynbren, *eg. ll.*-nau. peth i ieir gysgu arno, clwyd ieir. PERCH.

esgynfaen, *eg.* carreg farch. HORSE-BLOCK.

esgyniad, *eg. ll.*-au. codiad, cyfodiad, dringiad, dyrchafael. ASCENT, ASCENSION.

esgynlawr, *eg. ll.*-loriau. llwyfan. PLATFORM.

esgynnol, *a.* yn codi neu ddringo. ASCENDING.

esgyrnog, *a.* yn meddu ar esgyrn cryf, asgyrnog. BONY.

*****esiampl**, *eb. ll.*-au. enghraifft, patrwm, peth i'w efelychu. EXAMPLE.

*****esillydd**, *e. torf.* epil, tras. OFFSPRING, LINEAGE.

esmwyth, *a.* cysurus, cyffyrddus, tawel, llyfn. COMFORTABLE, QUIET.

esmwythâd, *eg.* esmwythyd, gollyng-dod, diddanwch. RELIEF, EASE.

esmwytháu : **esmwytho**, *be.* lliniaru, lleddfu, llonyddu, cysuro, diddanu. TO SOOTHE, TO EASE.

esmwythder : **esmwythdra**, *eg.* gweler *esmwythâd.*

esmwythyd, *eg.* 1. esmwythâd. RELIEF. 2. seguryd, moethusrwydd. EASE, LUXURY.

estron : **estronol**, *a.* yn ymwneud ag estron, tramor, dieithr, diarth, all-tud. FOREIGN.

***estrongar**, *a.* didosturi, dideimlad. MERCILESS.

estrys, *egb.* *ll.*-iaid. aderyn mawr o'r Affrig na all ehedeg. OSTRICH.

***estwng**, *be.* gweler *gostwng.*

estyllen, *eb.* *ll.* estyll. astell, planc, plencyn. PLANK.

***estyn**, *eg.* estyniad, anrheg. BESTOWAL, GIFT,

estyn, *be.* 1. cyrraedd. TO REACH. 2. ymestyn, tynnu, ehangu, hwy-hau. TO STRETCH, TO LENGTHEN. 3. rhoi, rhoddi â'r llaw. TO HAND.

estyniad, *eg.* *ll.*-au. 1. ymestyniad, hwyhad, helaethiad. EXTENSION. 2. y weithred o roi â'r llaw. HANDING.

estheteg, *eb.* y rhan o athroniaeth sy'n ymwneud â chwaeth ac â chanfod ceinder. AESTHETICS.

***esyddyn**, *eg.* *ll.*-nau. cartref. DWELLING, HOME.

***esyth**, *ell.* ais, prennau meinion; elor. SPARS, SHAFTS ; BIER.

***etewyn**, *eg.* *ll.*-ion. pentewyn. FIRE-BRAND.

etifedd,*eg.ll.*-ion. (*b.*-es.) un sydd â hawl i gael eiddo ar ôl un arall, aer. HEIR.

etifeddiaeth, *eb.* 1. hawl etifedd, tref-tadaeth. INHERITANCE. 2. etifeddeg, y trosglwyddo a wneir i blant gan eu rhieni mewn perthynas â chyneddfau'r meddwl a'r corff. HEREDITY.

etifeddiant, *eg.* *ll.*-nnau. eiddo (etifeddol). HEREDITAMENT.

etifeddu, *be.* derbyn cyfran etifedd. TO INHERIT.

eto, 1. *cys.* drachefn, hefyd, er hynny. STILL. 2. *adf.* o hyd, eilwaith. AGAIN.

***etwa(eth)**, ⎱ *adf.* eto, o hyd. AGAIN,
***etwan**,   ⎰ STILL.
***etwo(n)**,

ether, *eg.* hylif di-liw. ETHER.

***etheraidd**, *a.* awyrol. ETHEREAL.

ethnoleg, *eb.* gwyddor tylwythau. ETHNOLOGY.

ethol, *be.* dewis, dethol, enwi, tynnu un neu ragor o nifer fwy. TO ELECT, TO CHOOSE.

etholaeth, *eb.* *ll.*-au. rhaniad seneddol i bwrpas dewis aelod i'r senedd, cyn-rychiolaeth. CONSTITUENCY.

etholedig, *a.* wedi ei ethol, dewisedig. ELECT(ED).

etholedigaeth, *eb.* *ll.*-au. y weithred o ethol (mewn diwinyddiaeth). ELECTION (IN THEOLOGY).

etholfraint, *eb.* *ll.* etholfreintiau, ethol-freiniau. yr hawl i bleidleisio, dinasyddiaeth, braint, rhyddfraint. FRANCHISE.

etholiad, *eg.* *ll.*-au. dewisiad trwy bleidleisio, lecsiwn. ELECTION.

etholwr : **etholydd**, *eg.* *ll.* etholwyr. un sydd â hawl i bleidleisio. ELECTOR.

***ethrefig**, *a.* cartrefol. DOMESTIC.

***ethrod**, *eg.* gweler *athrod.*

***ethryb**, *eg.* achos, achlysur. CAUSE, OCCASION.

***ethrycyng**, *eg.* llain o dir, sianel. NARROW STRIP OF LAND, CHANNEL.

***ethrylith(r)**, 1. *eg.* *ll.*-oedd. athrylith, dawn, dyfais. GENIUS, TALENT. 2. *a.* athrylithgar, dawnus. HAVING GENIUS, TALENTED.

***ethrylithgar**, ⎱ *a.* athrylithgar, cel-
***ethrylithus**, ⎰ fydd, medrus. HAVING GENIUS, TALENTED.

***ethrywyllt**, *a.* ffyrnig. FIERCE.

***ethrywyn**, 1. *be.* cyfryngu, dyddio, TO MEDIATE. 2. *eg.* rhwystr. HINDRANCE.

***ethy**, *e.torf.* 1. dillad, gwisg. CLOTHES. 2. eddi, ymyl gwisg, rhidens. FRINGE.

***ethynt**,*bf.* aethant. THEY HAVE GONE.

***ethyw**, *bf.* aeth. (S)HE HAS GONE.

eu, *rhag.* trydydd person lluosog rhag-enw personol blaen. THEIR, OF THEM.

eunuch, *eg.* *ll.*-iaid. dyn disbaidd. EUNUCH.

euod, *e.torf.* clefyd yr afu (ar ddefaid). LIVER-FLUKE.

euog, *a.* beius, wedi troseddu, yn haeddu cosb, diffygiol. GUILTY.

euogrwydd, *eg.* y stad neu'r teimlad o fod yn euog, bai, trosedd. GUILT.

***eur**, *eg.* gweler *aur.*

eurafal, *eg.* *ll.*-au. oren. ORANGE.

euraid : **euraidd**, *a.* o aur, fel aur. OF GOLD, GOLDEN.

***eurbefr**, *a.* euraid a disglair. OF BRIGHT GOLD.

eurbysg, *eg.* ac *e. torf.* pysgod(yn) aur. GOLD-FISH.

*****eurdo**, 1. *eg.* gorchudd euraid. GOLD COVERING.

2. *a.* wedi ei addurno ag aur. GILT.

eurdorch, *eb. ll.*-dyrch. coler aur. GOLD COLLAR.

*****eurdy**, *eg. ll.* eurdai. trysordy. TREASURY.

*****eurdde**, *a.* euraid. GOLDEN, GILT.

*****eurddoniad**, *eg.* un sy'n rhoi aur. GIVER OF GOLD.

*****eurdduniant**, *eg.* parch, anrhydedd, gogoniant. RESPECT, HONOUR, GLORY.

eurddwrn, 1. *a.* â charn euraid. GOLD-HILTED.

2. *eg.* carn euraid. GOLD HILT.

eurem, *eg. ll.*-au. gem aur. GOLD JEWEL.

*****eurferch**, *eb.* anwylyd. DARLING.

eurgrawn, *eg.* trysor, cylchgrawn. TREASURE, MAGAZINE.

*****eurgrwydr**, *a.* eur-rwyllog. GOLD-CHASED.

eurgŵyn, *eb.* gwledd wych. FINE FEAST.

*****eurin**, *a.* euraid, o aur. GOLDEN.

*****eurllin**, *a.* o linach rhagorol. OF NOBLE LINEAGE.

euro, *be.* gorchuddio ag aur neu liw euraid. TO GILD.

*****euro**, *be.* goreuro, addurno; anrhydeddu. TO GILD, TO ADORN; TO HONOUR.

eurof, *eg. ll.*-aint. eurych. GOLDSMITH.

*****eurog**, *a.* euraid. GOLDEN.

*****eurol**, *a.* euraid. GOLDEN.

euron, *eb.* banhadlen Ffrainc. LABURNUM.

*****euronen**, *eb. ll.*-nau. lemon. LEMON.

eursail, *a.* â sail euraid. WITH A GOLD BASE.

*****eurudd**, *a.* euraid. GOLDEN.

eurwawr, *a.* euraid, fel aur. GOLDEN.

eurwr, *eg. ll.*-wyr. eurych. GOLDSMITH, GILDER.

*****eurwr**, *eg. ll.*-wyr. gŵr rhagorol. EXCELLENT MAN.

eurych, *eg. ll.*-iaid. 1. gweithiwr mewn aur. GOLDSMITH.

2. tincer. TINKER.

*****euryll**, *a.* euraid. GOLDEN.

euryn, *eg.* tlws aur. GOLD JEWEL.

ewa, *eb.* (*taf.*) ewythr. UNCLE.

ewig, *eb. ll.*-od. anifail benyw (*g.* carw). HIND.

ewin, *egb. ll.*-edd. yr haen galed a dyf ar fys, crafanc. NAIL, CLAW.

ewinallt, *eb.* clogwyn serth. STEEP CLIFF.

ewinfedd, *eb. ll.*-i. mesur ewin. NAIL MEASURE.

ewino, *be.* crafu ag ewin. TO SCRATCH, TO CLAW.

ewinor, *eg.* ffelwm. WHITLOW.

ewinrhew, *eb.* effaith rhew ar aelodau'r corff, gofitrew. FROSTBITE.

ewlychiad, *a.* cyfnewidiad sylwedd grisialaidd i lwch drwy golli dŵr. EFFLORESCENCE.

ewybr, *eg.* gweler *ehwybr*.

ewyllys, 1. *eb. ll.*-iau. datganiad mewn ysgrifen o'r hyn y dymuna person ei wneud â'i eiddo ar ôl ei farw, cymynrodd, llythyr cymyn, testament. WILL.

2. *eg.* y gallu i ddewis a phenderfynu, dymuniad, pwrpas, ewyllys rydd. DESIRE, WILL.

Rhyddid ewyllys. FREE WILL.

ewyllysgar, *a.* bodlon, boddlon, parod a siriol. WILLING.

ewyllysgarwch, *eg.* parodrwydd, dymuniad da. WILLINGNESS, GOOD WILL.

ewyllysio, *be.* 1. dymuno, chwennych, mynnu, dewis. TO WISH.

2. rhoi drwy ewyllys. TO WILL.

ewyllysiwr, *be. ll.*-wyr. dymunwr. WISHER.

*****ewyllysu**, *eg.* gweler *ewyllysio*.

ewyn, *eg.* 1. mân glychau dŵr yn ymddangos yn wyn, distrych. FOAM.

2. glafoer. FROTH.

Malu ewyn. TO FOAM.

ewyngant, *eg.* ewyn, ewyndraeth. FOAM, FOAM ON A BEACH.

ewyngu, *a.* fel tusw o ewyn. LIKE FOAM.

ewynnog, *a.* ag ewyn, yn bwrw ewyn. FOAMING, FROTHING.

ewynnu, *be.* malu ewyn, bwrw ewyn. TO FOAM, TO FROTH.

ewythr : ewyrth, *eg. ll.* ewythredd. brawd i fam neu dad person, gŵr modryb. UNCLE.

F

fagddu, *eb.* y fagddu (gynt *afagddu*), tywyllwch hollol, uffern. UTTER DARKNESS.

faint, *rhag. gof.* pa faint, pa swm, pa rif ? HOW MUCH, HOW MANY ?

*****fal**, *cys.* gweler *fel*.

falant, *eb.* (taf). ffolant. VALENTINE.

fandal, *eg. ll.*-iaid. un sy'n dibrisio prydferthwch a hynafiaeth. VANDAL.

fandaliaeth, *eb.* diffyg parch tuag at gelfyddyd, etc. VANDALISM.

farnais, *eg.* gwlybwr gloyw a roir ar baent. VARNISH.

farneisio, *be.* gosod farnais, defnyddio farnais. TO VARNISH.

fe, 1. *rhag.* ef, efe, efô, fo, o. HE, HIM, IT. 2. geiryn (a ddefnyddir o flaen berfau). e.e. fe glywais. PARTICLE (BEFORE VERBS).

feallai, *adf.* efallai, o bosibl, dichon. PERHAPS.

fel, *cys.* megis, tra, tebyg, cyffelyb, unwedd, ail. AS, SO, LIKE.

felfed, *eg.* melfed. VELVET.

felly, *adf.* fel hynny, am hynny. SO, THUS.

***fellyn,** *adf.* felly. SO, THUS.

fenswn, *eg.* cig carw. VENISON.

***ferdit,** *eb.* dedfryd. VERDICT.

fermilion, *eg.* lliw coch llachar. VERMILION.

***fernagl,** *eb.* cadach St. Veronica a llun wyneb Crist arno (yn ôl traddodiad). VERNICLE.

***fers,** *eb.* pennill, gwers. VERSE.

fertigol, *a.* unionsyth, plwm. VERTICAL.

***fertyw,** *eg.* rhinwedd. VIRTUE.

festri, *eb. ll.* festrïoedd. adeilad yn perthyn i eglwys neu gapel, ysgoldy, gwisgfa. VESTRY.

fi, *rhag.* person cyntaf unigol rhagenw personol ôl, mi. I, ME.

ficer, *eg. ll.*-iaid. offeiriad â gofal plwyf. VICAR.

ficerdy, *eg. ll.* ficerdai. tŷ offeiriad. VICARAGE.

ficeriaeth, *eb. ll.*-au. swydd offeiriad neu ficer. VICARIATE.

finegr, *eg.* hylif sur a wneir o win, etc. i'w ddefnyddio i roi blas ar fwydydd. VINEGAR.

fiola, *eb.* math o ffidil neu grwth. VIOLA.

fioled, *eb. ll.*-au. blodeuyn o liw porffor neu wyn, crinllys. VIOLET.

firws, *eg.* gwenwyn. VIRUS.

fo, *rhag. ef.* HE, HIM, IT.

***fogal,** *eb. ll.*-iaid. llafariad. VOWEL.

folant, *eb.* (*taf.*) ffolant. VALENTINE.

fôt, *eb. ll.* fotiau. pleidlais. VOTE.

fotio, *be.* pleidleisio. TO VOTE.

fotiwr, *eg. ll.*-wyr. pleidleisiwr. VOTER.

fry, *adf.* yn yr entrych, uwchben, i fyny (yn uchel), ymhell i fyny. ABOVE, ALOFT.

fwlgariaeth, *eb.* anfoesgarwch. VULGARITY.

fwltur, *eg. ll.*iaid. aderyn ysglyfaethus y gwledydd poeth. VULTURE.

fy, *rhag.* person cyntaf unigol rhagenw personol blaen. MY, OF ME.

***fyng,**
***fym,** }*rhag.* gweler *fy.*
***fyn,**

fyny, i, *adf.* i'r lan. UP, UPWARDS. Oddi fyny. FROM ABOVE.

FF

ffa, *ell.(un. b.* ffäen, ffeuen), had planhigyn a dyfir mewn gardd. BEANS. Ffa'r gors. BUCKBEANS.

ffabrigo, *be.* llunio, ffugio. TO FABRICATE.

ffactor, *eb. ll.*-au. elfen, nodwedd, rhif. FACTOR. Ffactor Gyffredin Fwyaf. HIGHEST COMMON FACTOR. Ffactorau amgylchedd. ENVIRONMENTAL FACTORS.

ffael, *eg.* diffyg, methiant, aflwydd. FAULT, FAILING. Yn ddi-ffael. WITHOUT FAIL.

ffaeledig, *a.* 1. yn methu, diffygiol, gwallus. FALLIBLE. 2. methedig, llesg, claf, clwyfus, methiannus. AILING.

ffaeledigrwydd, *eg.* yr ansawdd o fod yn ffaeledig. FALLIBILITY.

ffaeledd, *eg. ll.*-au. bai, trosedd, diffyg, nam, anaf. FAULT.

ffaelu, *be.* methu, llesgáu, diffygio. TO FAIL, TO FAINT.

***ffaeth,** *a.* brau ; tirion, addfwyn. BRITTLE ; GENTLE.

ffafr, *eb. ll.*-au. cymwynas, caredigrwydd, cymeradwyaeth. FAVOUR.

ffafriaeth, *eb.* pleidiaeth, y gymwynas a roir i ffefryn. FAVOURITISM.

ffafrio, *be.* pleidio, derbyn wyneb, cynorthwyo, boddio, dewis o flaen. TO FAVOUR.

ffafriol, *a.* pleidiol, o blaid, o help. FAVOURABLE.

ffafrus, *a.* ffafriol. FAVOURABLE.

ffagl, *eb. ll.*-au. fflam, tors, golau i'w gario. TORCH, FLAME.

ffaglen, *eb. ll.*-nau. ffagl, tors. TORCH.

ffagl(i)ad, *eg.* y weithred o losgi'n gyflym. DEFLAGRATION.

ffaglu, *be.* fflamio. TO FLAME, TO DEFLAGRATE.

ffaglog, *a.* yn ffaglu, yn fflamio. BLAZING, FLAMING.

ffagod(en), *eb. ll.* ffagodau, bwndel, sypyn. FAGGOT, BUNDLE.

ffagodi, *be*. rhwymo yn ffagodau. TO TIE IN FAGGOTS.

*****ffaig**, *eg*. hynt, llif. COURSE, FLOW.

ffair, *eb*. *ll*. ffeiriau. marchnad yn yr awyr agored, lle i ymblesera. FAIR.

ffaith, *eb*. *ll*. ffeithiau. gwirionedd. FACT.

ffald, *eb*. *ll*.-au. corlan defaid. FOLD.

*****ffaling**, *eb*. *ll*.-au. hugan, clogyn. MANTLE, CLOAK.

ffals, *a*. *ll*. ffeilsion. twyllodrus, gau, cyfrwys, dichellgar. CUNNING, FALSE.

ffalsedd, *eg*. twyll, ffalster. FALSENESS, DECEIT.

ffalst, *a*. ffals, cyfrwys. CUNNING, FALSE.

ffalster, *eg*. twyll, geudeb, dichell, hoced, cyfrwyster, cyfrwystra. DECEIT.

*****ffalsus**, *a*. ffals, twyllodrus. FALSE.

ffalswr, *eg*. twyllwr. A FALSE MAN, DECEIVER.

ffalwm, *eg*. gweler *ffelwm*.

ffanatigiaeth, *eb*. penboethni. FANATICISM.

ffansi, *eb*. dychymyg. FANCY.

ffansïo, *be*. dychmygu, hoffi. TO FANCY.

ffanugl, *eg*. ffenigl. FENNEL.

*****ffardial**, *eg*. bwndel, sypyn. FARDEL, BUNDLE.

ffarier, *eg*. milfeddyg. VETERINARY SURGEON, FARRIER.

ffarm, *eb*. *ll*. ffermydd. fferm, tir lle tyfir cnydau a chadw anifeiliaid, tyddyn. FARM.

Ffarm âr. ARABLE FARM.

Ffarm laeth. DAIRY FARM.

ffarmio, *be*. trin tir, amaethu, ffermio. TO FARM.

ffarmwr, *eg*. *ll*. ffermwyr. ffermwr, amaethwr. FARMER.

*****ffarsiwn**, *eg*. anhwyldeb ar feirch tebyg i'r llynmeirch. FARCY.

ffarwél : **ffárwel**, *egb*. yn iach, dymuniad da wrth ymadael. FAREWELL.

ffarwelio, *be*. canu'n iach, dymuno'n dda. TO BID FAREWELL.

ffâs, *eb*. wyneb. FACE.

ffasg, *eb*. *ll*.-au. swp, bwndel. BUNDLE.

ffasgell, *eb*. *ll*.-au, -i. bwndel, swp. BUNDLE, WISP.

ffasgu, *be*. cylymu, rhwymo. TO TIE, TO BIND.

ffasiwn, *eg*. *ll*. ffasiynau. dull, gwedd, ffurf, arfer, defod. FASHION.

ffasiynol, *a*. yn dilyn y ffasiwn. FASHIONABLE.

ffat, *eb*. *ll*.-iau. ergyd gyflym. SLAP, PAT.

ffatio, *be*. rhoi ffat, ergydio'n gyflym. TO SLAP.

ffatri, *eb*. *ll*. ffatrïoedd. gweithfa, adeilad lle gwneir nwyddau. FACTORY.

ffau, *eb*. *ll*. ffeuau. y lle y bydd anifail yn cuddio a gorffwys, gwâl, lloches. DEN, LAIR.

*****ffaw**, 1. *eg*. clod, anrhydedd. FAME, HONOUR.

2. *a*. clodfawr, anrhydeddus. FAMOUS, HONOURABLE.

*****ffawcwniaid**, *ell*. hebogwyr. FALCONERS.

ffawd, *eb*. *ll*. ffodion. tynged, tynghedfen, digwyddiad, hap, lwc. FATE, FORTUNE, PROSPERITY.

*****ffawr**, *eg*. gwerth, tâl. VALUE, REWARD.

ffawt, *eg*. *ll*.-iau. diffyg, bai, toriad. FAULT.

Ffawt ar osgo. OBLIQUE FAULT.

*****ffawtus**, *a*. diffygiol. FAULTY.

ffawydd, *ell*. (*un.b*.-en.) coed ac iddynt risgl llwyd llyfn. BEECH TREES.

*****ffed**, *eg*. dull, moes. MANNER, CONDUCT.

ffederal, *a*. cynghreiriol. FEDERAL.

ffedereiddio, *be*. uno (gwledydd). TO FEDERATE.

ffedog, *eb*. *ll*.-au. arffedog, gwisg flaen i ddiogelu'r dillad eraill, barclod, brat. APRON.

ffedral, *a*. cynghreiriol. FEDERAL.

ffefryn, *eg*. un sy'n cael ffafr, dewisddyn. FAVOURITE.

ffei, *ebych*. i ffwrdd, ymaith. FIE !

*****ffeig(io)**, *be*. llifo, disgyn. TO FLOW, TO DESCEND.

ffeil, *eb*. offeryn i lyfnhau rhywbeth caled (fel metel), llifddur, durlif, rhathell. FILE.

ffein : **ffeind**, *a*. braf, teg, hardd, gwych, lluniaidd, coeth, têr, dymunol, clên, hyfryd, caredig. FINE, KIND, AGREEABLE.

ffeindio, *be*. dod o hyd i, cael. TO FIND.

ffeindrwydd, *eg*. caredigrwydd, hynawsedd. KINDNESS, AMIABILITY.

ffeinio, *be*. dirwyo. TO FINE.

ffeirio, *be*. cyfnewid rhywbeth am beth arall, trwco, trwpo, etc. TO BARTER, TO EXCHANGE.

ffel, *a*. annwyl, hoffus, cu, deallus, cyfrwys. DEAR, KNOWING.

*****ffelaig**, 1. *a*. disglair, llachar. BRIGHT.

2. *eg*. arweinydd, arglwydd. LEADER, LORD.

ffelder, *eg*. cyfrwystra, callineb. SLYNESS, SAGACITY.

ffelon, *eg*. *ll*.-iaid. troseddwr. FELON.

ffelt, *eg*. brethyn llawban. FELT.

ffelwm, *eg.* clwyf poenus gwenwynig ar fys, ewinor, bystwn, clewyn. WHIT-LOW.

***ffelwniaeth**, *eb.* lladrad. FELONY.

***ffemen**, *eb.* benyw. FEMALE.

***ffenedig**,*a.* disymud ; eiddgar. SOLID ; KEEN.

***ffenedigrwydd**,*eg.* aidd, brwdfrydedd. KEENNESS, ZEST, ENTHUSIASM.

ffenestr, *eb. ll.*-i. twll (a gwydr ynddo) mewn gwal i adael awyr neu oleuni i mewn. WINDOW.

ffenestrog, *a.* â ffenestri. HAVING WINDOWS.

ffenestru, *be.* tyllu, rhidyllu. TO HOLE, TO RIDDLE.

ffenigl, *eg.* ffanigl. FENNEL.

ffeodaeth, *eb.* rhodd tir. FEOFFMENT.

***ffêr**, 1. *a.* cadarn ; dewr ; gwyllt. MIGHTY ; BRAVE ; WILD.

2. *eg.* gŵr dewr ; arwr. BRAVE MAN ; HERO.

ffêr, *eb. ll.* fferau. migwrn, y cymal rhwng y droed a'r goes. ANKLE.

ffer, *ell.*(*un. b.*-ren). ffynidwydd. FIR-TREES.

fferdod, *eg.* diffrwythder, dideimladrwydd. NUMBNESS.

fferf, *ab.* gweler *ffyrf.*

fferi, *eb.* porth. FERRY.

fferinau, *ell.* ⎱ melysion, da-da, dan-
fferins, *ell.* ⎰ teithion. SWEETS, DAINTIES.

fferllyd, *a.* rhewllyd, rhynllyd, wedi merwino, ynghwsg. CHILLY, BE-NUMBED.

***fferm**, *eb.* 1. pryd, bwyd, saig. MEAL, FOOD, DISH.

2. toll, treth, rhent. TOLL, PAYMENT, RENT.

fferm, *eb. ll.*-ydd. ffarm. FARM.

ffermdy, *eg. ll.* ffermdai. tŷ fferm, amaethdy. FARM-HOUSE.

ffermio, *be.* gweler *ffarmio.*

ffermwr, *eg. ll.* ffermwyr. ffarmwr, amaethwr. FARMER.

fferru, *be.* dioddef oddi wrth oerfel, rhewi, ceulo, trengi. TO FREEZE, TO CONGEAL, TO PERISH.

fferrus, *a.* o haearn. FERROUS.

***fferyll(t)**, *eg. ll.*-ion. fferyllydd ; dewin. ALCHEMIST ; MAGICIAN.

fferyllfa, *eb. ll.* fferyllfeydd. 1. gweithfa cemegwr neu fferyllydd, labordy. LABORATORY.

2. siop fferyllydd. PHARMACY.

fferylliaeth, *eb.* cemeg. CHEMISTRY.

fferyllol, *a.* cemegol. CHEMICAL.

fferyllydd, *eg.ll.*-ion, fferyllwyr. cemegwr. CHEMIST.

ffesant, *egb.* coediar, iâr goed, ceiliog y coed. PHEASANT.

ffest, 1. *a.* dygn ; caled ; tynn ; cyflym. DILIGENT ; FAST ; SWIFT.

2. *eb.* gwledd, gŵyl. FEAST, FETE.

***ffestinio**, ⎱ *be.* brysio. TO HURRY.
ffestu, ⎰

ffetan, *eb. ll.*-au. bag mawr wedi ei wneud o ddefnydd garw, sach. SACK.

ffetus, *a.* medrus, cyfrwys. CLEVER, CRAFTY.

***ffeutur**, *eg.* piwtar, alcam. PEWTER, TIN.

ffi, *eb. ll.*-oedd. tâl, cyfraniad. FEE.

Ffi entael. FEE TAIL.

Ffi batent. FEE PATENT.

ffiaidd, *a.* atgas, aflan, brwnt, cas, mochaidd. LOATHSOME.

ffibr, *eg. ll.*-au. defnydd cymysg. FIBRE.

Ffichtiad,*eg. ll.*-iaid. person o'r Alban gynt. PICT.

ffidil, *eb. ll.*-au. offeryn cerdd llinynnol, crwth. FIDDLE.

ffidlan, *be.* trafod pethau dibwys, gwastraffu amser. TO FIDDLE.

ffidl(i)o, *be.* canu ffidl. TO FIDDLE.

ffieiddbeth, *eg. ll.*-au. casbeth. ABOMINATION.

ffieidd-dod : ffieidd-dra, *eg.* digasedd, atgasedd, cas. LOATHING.

ffieiddiad, *eg.* atgasedd. ABHORRENCE.

ffieiddio, *be.* teimlo diflastod tuag at rywbeth, casáu, atgasu. TO LOATHE.

ffigur, *egb. ll.*-au. 1. rhif, rhifair, llun, ffurf. FIGURE.

2. ffigur ymadrodd. FIGURE OF SPEECH.

ffigurol, *a.* cyffelybiaethol, damhegol, ag ystyr wahanol i'r cyffredin. FIGURATIVE.

ffigys, *ell.* (*un. b.*-en.) ffrwythau meddal ar ffurf gellyg. FIGS.

ffigysbren, *eg. ll.*-nau. coeden ffigys. FIG-TREE.

ffilm, *eb. ll.*-iau. rholyn a ddefnyddir i dynnu lluniau, lluniau byw. FILM.

***ffilog**, *eb.* 1. adain, asgell. WING.

2. eboles. FILLY.

***ffilons**, *ell.* carpiau. RAGS.

***ffilor**, *eg. ll.*-ion. ffidler, clerwr. FIDDLER, MINSTREL.

ffiloreg, *eb.* lol, ffregod, rhibidirês, geiriau ffôl diystyr, dyli. RIGMAROLE.

ffin[1], *eb. ll.*-iau. erfyn, goror, cyffin. BOUNDARY, LIMIT.

ffin[2], *eb. ll.*-iau. cosb, dirwy. FINE.

ffinio, *be.* cyffinio, terfynu, ymylu. TO BORDER, TO ABUT.

*ffinio, *be.* dirwyo; gorffen. TO FINE; TO FINISH.

ffiniol, *a.* yn ffinio. BORDERING.

ffiol, *eb. ll.*-au. costrel, costrelan, potel, cwpan, cawg, dysgl. VIAL, BOWL.

ffion, *eg.* blodau cochion, bysedd cochion, bysedd y cŵn, rhos. RED FLOWERS, FOXGLOVES, ROSES.

ffiord, *eg. ll.*-au. culfor. FJORD.

ffiseg, *eb.* anianeg, anianaeth, anian-yddiaeth, gwyddor sy'n ymwneud â mater ac ynni. PHYSICS.

ffisegwr, *eg. ll.*-wyr. un hyddysg mewn ffiseg. PHYSICIST.

ffisig, *eg.* meddyginiaeth, cyffur, modd-ion. MEDICINE.

ffit, *a.* abl-iach. FIT.

*ffitel, *ell.* gêr, taclau. GEAR, TACKLE.

ffitiwr, *eg.* un sy'n ffitio. FITTER.

ffitrwydd, *eg.* y cyflwr o fod yn ffit. FITNESS.

*ffithlen, *eb.* chwibanogl. WHISTLE.

ffiwdal, *a.* yn ymwneud â threfn daliad tir ar amod gwasanaeth. FEUDAL.

ffiwdalhau, *be.* troi'n ffiwdal. TO FEUDALISE.

ffiwdaliaeth, *eb.* y cyfundrefn o ddal tir ar amod gwasanaeth. FEUDALISM.

ffiws, *eg. ll.*-iau. darn o fetel i ddiogelu amdaith (trydan). FUSE.

*fflaced, *eb. ll.*-au. costrel, fflagen. FLAGON.

fflach, *eb. ll.*-iau. }pelydryn, llyg-
fflachiad, *eg. ll.*-au. }edyn, llewyrch-yn, llucheden, mellten. FLASH.

fflachio, *be.* pelydru, tanbeidio, tywyn-nu, melltennu. TO FLASH.

*ffladr, *a.* ynfyd; cegog. FOOLISH; TALKATIVE.

fflag, *eb. ll.*-iau. baner. FLAG.

fflangell, *eb. ll.*-au. ffrewyll, chwip. WHIP, SCOURGE.

fflangellu, *be.* ffrewyllu, chwipio, ffonodio, curo, cystwyo. TO FLOG, TO WHIP.

*fflaim, *eb. ll.* ffleimiau. cyllell fach. LANCET.

*fflair, *eb.* drewdod, drygsawr. STINK, SMELL.

fflam, *eb. ll.*-au. fflach o oleuni, gloyw-der tân. FLAME.

fflamadwy, *a.* hylosg, hawdd ei losgi. INFLAMMABLE.

*fflamdde, *a.* disglair. BRIGHT.

*fflameg, *eb.* llid, enynfa. INFLAM-MATION.

fflamio, *be.* cynnau yn fflamau. TO BLAZE.

fflamllyd, *a.* yn fflamio. FLAMING.

fflamwydden, *eb.* tân iddwf. ERY-SIPELAS.

fflat, 1. *a.* gwastad, llyfn, rhy isel (canu). FLAT.

*fflaw, *eg.* ysglodyn bach. SPLINTER.

*fflech, *eb. ll.*-au. gwich. SQUEAK.

*ffled, *eg.* ystryw, twyll. TRICK, DECEIT.

ffleimgoed, *eb.* rhywogaeth o blan-higion yn cynnwys sudd chwerw fel llaeth. THE SPURGE.

*ffleimio, *be.* torri â chyllell fain. TO LANCE.

ffleirio, *be.* drewi. TO STINK.

ffliworoleuedd, *eg.* llifolau. FLUORES-CENCE.

ffliwt, *eb. ll.*-iau. pibell, chwibanogl, offeryn chwyth cerdd. FLUTE.

ffloc, *eg.* gyrr, mintai. FLOCK.

*ffloch, *ab.* gweler *fflwch*.

ffloch, *eg. ll.*-au. iâ tenau sy'n nofio. FLOE.

*fflochen, *eb. ll.*-nau. ysglodyn. SPLINT-ER.

*fflochi, *be.* gwibio, rhuthro. TO DART, TO RUSH.

fflodiad : fflodiart, *eg.* llidiart neu iet sy'n rheoli dŵr o gronfa. FLOODGATE.

*fflorestri, *eg.* addurn blodeuog. FLOW-ERY ORNAMENT.

ffloring, *eb. ll.*-od. deuswllt. FLORIN.

*ffloyw, *a.* disglair, eglur. BRIGHT, CLEAR.

*fflur, *e. torf.* blodau. FLOWERS.

*fflureg, *eb. ll.*-au. blaen llong. PROW OF A SHIP.

ffluwch, *eg.* gwallt. HAIR.

fflwcs, *eg.* ffrwcs, sbwriel. RUBBISH.

*fflwch, *a.* (*b.* ffloch). mawr, helaeth; hael; llwyr; gloyw. GREAT, VAST; GENEROUS; COMPLETE; BRIGHT.

fflŵr, *eg.* 1. blawd. MEAL, FLOUR.
    2. blodeuyn. FLOWER.

*fflwr-de-lis, }*eg.* y lili. FLEUR-DE-LIS.
*fflwrdlis, }

*fflwring, *egb. ll.*-od. gweler *ffloring*.

fflyd, *eb. ll.*-oedd. llynges, nifer mawr. FLEET, NUMBER.

ffo, *eg.* encil, enciliad, ffoëdigaeth. FLIGHT.
    Gyrru ar ffo. TO PUT TO FLIGHT.
    Ar ffo. IN FLIGHT.

ffoad, *eg.* ffoadur; ffo. FUGITIVE; FLIGHT.

ffoadur, *eg. ll.*-iaid. enciliwr, un ar ffo. FUGITIVE, REFUGEE.

*ffoawdr, *eg. ll.* ffoëdron. }ffoadur.
*ffoawr, *eg.* }FUGITIVE.

ffodiog, *a.* llwyddiannus, ffodus. SUCCESSFUL, FORTUNATE.

ffodus : **ffortunus**, *a.* lwcus, â ffawd o'i du. LUCKY.

ffoëdig, *a.* ar ffo. FUGITIVE.

ffoëdigaeth, *eb.* encil, enciliad, ffo. FLIGHT.

ffoi, *be.* cilio, dianc, diflannu, rhedeg ymaith. TO FLEE.

ffôl, *a.* ynfyd, angall, annoeth, gwirion, disynnwyr, penwan. FOOLISH.

ffolant, *eb. (taf.).* folant. VALENTINE.

ffolder, *eg.* ffolineb. FOOLISHNESS.

ffoledd : **ffolineb**, *eg.* ynfydrwydd, annoethineb, gwiriondeb, penwendid. FOLLY.

ffolen, *eb. ll.*-nau. rhan uchaf morddwyd, pedrain. BUTTOCK, HAUNCH.

ffoli, *be.* dotio, dwlu, gwirioni, gwynfydu, ynfydu. TO DOTE.

ffolog, *eb. ll.*-od. gwraig ffôl. SILLY WOMAN.

*****ffoll**, 1. *a.* rhwth; ynfyd. GAPING; FOOLISH.
2. *eg.* cod. BAG.

ffon, *eb.ll.* ffyn. gwialen. STICK.
Ffon dafl. SLING.
Ffon ysgol. RUNG OF A LADDER.

*****ffon**, *eb. ll.*ffyn. gwaywffon. SPEAR.

ffondorio, *be.* curo â ffon, ffonodio, pastynu. TO CUDGEL.

ffoniad : **ffonnod**, *eg. ll.*-au. ergyd â ffon. BLOW WITH A STICK.

ffôn(i)o, *be.* galw ar y ffôn, siarad ar y ffôn. TO PHONE.

ffonodio, *be.* ergydio, baeddu, taro â ffon. TO BEAT (WITH STICK).

*****ffonogion**, *ell.* gwŷr yn dwyn gwaywffyn. SPEARMEN.

ffons, *eb.* bedyddfaen, ffynnon. FONT, FOUNT.

*****ffonwayw**, *eb. ll.* ffynwewyr. gwaywffon. SPEAR.

fforc, *eb. ll.* ffyrc. offeryn fforchog i ddal bwyd. FORK (TABLE).

fforch, *eb. ll.* ffyrch. fforch fawr i godi tail, etc. FORK.

fforchi, *be.* ymrannu yn nifer o raniadau. TO FORK.

fforchog, *a.* deubarthol, yn fforchi. DICHOTOMOUS, FORKED.

ffordd, *eb. ll.* ffyrdd. 1. llwybr, heol, modd, dull. WAY, MANNER.
2. pellter. DISTANCE.
Ffordd fawr. HIGHWAY.
Ffordd haearn. RAILWAY.

*****fforddio**, *be.* arwain. TO GUIDE.

fforddio, *be.* bod â modd (i brynu, i wneud), dwyn traul, sbario. TO AFFORD.

fforddiol,*a.* darbodus, cynnil. THRIFTY.

fforddol, *eg. ll.*-ion. crwydryn, teithiwr. WAYFARER.

*****fforddrych**, 1. *a.* ffyrnig. FIERCE.
2. *eg.* crwydryn. VAGABOND.

fforddus, *a.* â ffordd ; medrus. HAVING A WAY ; ABLE.

fforddwr, *eg. ll.*-wyr. arweinydd. GUIDE.

fforest, *eb. ll.*-ydd, -au. coedwig, gwŷdd, gwig, coed, darn eang o goed. FOREST.

fforestwr, *eg. ll.* fforestwyr. coedwigwr. FORESTER.

fforffed, *eb. ll.*-ion. 1. trosedd, tramgwydd. CRIME, OFFENCE.
2. dirwy. FORFEIT.

fforffedu, *be.* colli rhywbeth oherwydd cosb neu ddirwy. TO FORFEIT.

fforiad, *eg. ll.*-au. ymchwil. EXPLORATION.

fformwla, *eb. ll.*-âu. ffaith, rheol neu egwyddor mewn symbolau, ffurfreol. FORMULA.

ffortiwn,*eb.ll.* ffortiynau. : **ffortun**, *eb. ll.*-au. rhywbeth a geir drwy hap neu siawns, cyfoeth. FORTUNE.

ffortunus, *a.* ffodus. FORTUNATE.

ffos, *eb. ll.*-ydd. cwter, clais. DITCH, TRENCH.

ffosawd, *eg.* brwydr; clwyf. BATTLE; WOUND.

ffosil, *eg. ll.*-au. olion y cynoesoedd. FOSSIL.

ffothell, *eb. ll.*-au, -i. pothell, chwysigen. BLISTER.

ffowndri, *eb. ll.*-ïau. lle i fwrw metel. FOUNDRY.

*****ffowys**, *a.* ffoëdig, yn ffoi. FLEEING.

*****ffoxas**, *ell.* llwynogod. FOXES.

ffracsiwn, *eg. ll.*-iynau. rhan o uned. FRACTION.
Ffracsiwn cyffredin. VULGAR FRACTION.
Ffracsiwn bondrwm : cymen. PROPER FRACTION.
Ffracsiwn pendrwm : anghymen. IMPROPER FRACTION.

*****ffradri**, *eg.* ffreutur. REFECTORY.

*****ffradyr**, *eg.* brawd crefyddol. FRIAR.

ffrae, *eb. ll.*-au, -on. ymrafael, cweryl, ffrwgwd, ymryson, cynnen. QUARREL.

ffraegar, *a.* cwerylgar. QUARRELSOME.

ffraeth, *a.* 1. parod, cyflym, hael. READY, SWIFT, GENEROUS.
2. doniol, digrif, brathog. WITTY, HUMOROUS, SHARP-TONGUED.

ffraetheb, *eb. ll.*-ion. : **ffraethair**, *eg.* dywediad ffraeth, jôc. A WITTICISM, JOKE.

ffraethineb : ffraethder, *eg.* doniol-wch, arabedd, smaldod, digrifwch. WIT.

ffraeo, *be.* cweryla, ymrafaelu, ymgip-rys, ymryson, cwympo i maes. TO QUARREL, TO WRANGLE.

ffraewr, *eg. ll.*-wyr. cwerylwr. QUARRELLER.

***ffranc**, *eg. ll.*-on. estron, gelyn. FOREIGNER, ENEMY.

ffranc, *eg. ll.*-od. darn arian Ffrengig. FRANK.

Ffrangeg, *ebg.* iaith Ffrainc. FRENCH.

***ffrangsens**, *eg.* thus. FRANKINCENSE.

***ffral**, *eg. ll.*-oedd. ynfytyn. A CRAZY FELLOW.

ffrâm, *eb. ll.* fframau. ymyl ffenestr neu lun, etc. FRAME.

fframio, *be.* dodi ffrâm am rywbeth. TO FRAME.

fframwaith, *eg.* ffrâm. FRAMEWORK.

Ffrancwr, *eg. ll.* Ffrancwyr (Ffrancod). (*b.* Ffrances.) brodor o Ffrainc. FRENCHMAN.

ffransies, *eg.* etholfraint. FRANCHISE.

***ffrau**, *eb.* llif, ffrwd. FLOOD, STREAM.

***ffraw**, *a.* gwych; nwyfus. FINE; BRISK.

***ffrawdd**, 1. *eg.* aidd, ffyrnigrwydd. EAGERNESS, FEROCITY.

    2. *a.* eiddgar, ffyrnig. EAGER, FEROCIOUS.

***ffrawddus**, *a.* awchus, angerddol. DESIROUS, PASSIONATE.

ffrec, *eb.* clebar, baldordd. CHATTER.

***ffregl**, *eb. ll.*-au. chwedl. TALE.

ffregod, *eb. ll.*-au. baldordd, cleber, dadwrdd. CHATTER.

Ffrengig, *a.* yn perthyn i Ffrainc. FRENCH (CHARACTERISTICS).

ffres, *a.* ir, croyw, gwyrf, crai, newydd, pur, glân. FRESH.

ffresni, *eg.* irder, newydd-deb, purdeb, glendid. FRESHNESS.

***ffreulo**, *be.* crychu. TO RIPPLE.

ffreutur, *eg. ll.*-iau. ystafell fwyta mewn mynachlog, coleg, etc. RE-FECTORY.

ffrewyll, *eb. ll.*-au. chwip, fflangell. SCOURGE, WHIP.

ffrewyllu, *be.* fflangellu, chwipio. TO SCOURGE.

ffridd : ffrith, *eb. ll.*-oedd. porfa defaid, pordir mynyddig, rhosfa, defeidiog. SHEEP WALK, MOUNTAIN PASTURE.

ffrigad, *eb. ll.*-au. llong ryfel. FRIGATE.

ffril, *eg. ll.*-ion. peth diwerth. TRIFLE.

ffrind, *eg. ll.*-iau. cyfaill. FRIEND.

ffrio, *be.* coginio mewn braster, cras-bobi, digoni. TO FRY.

ffris, *eg.* math o frethyn garw-grych. FRIEZE, ROUGH NAP-CLOTH.

***ffrist**,*eg. ll.*-iau. ciwb, dis. CUBE, DICE.

***ffristial**, } *eg.*gwyddbwyll ; tabler.
***ffristiol**, } CHESS ; BACKGAMMON.

ffrit, *a.* didda, diwerth. WORTHLESS.

ffrityn, *eg. ll.*-nod. coegyn. COXCOMB.

ffrith, *eb.* gweler *ffridd*.

ffrithiant, *eg.* rhwystrad symudiad rhwng dau sylwedd, rhygniad, rhath-iad. FRICTION.

***ffriw**,*eb.* wyneb ; pen ; trwyn. FACE ; HEAD ; NOSE.

ffroch : ffrochwyllt, *a.* ffyrnig, gwyllt, cynddeiriog. FURIOUS.

ffroen, *eb. ll.*-au. un o'r ddau geudod sydd yn y trwyn, trwyn gwn. NOS-TRIL, MUZZLE (OF GUN).

ffroenell, *eb.* blaen rhywbeth megis pibell, etc. NOZZLE.

***ffroenfoll**,*a.* ffroenlydan, ffroenagored. WITH WIDE NOSTRILS.

ffroenffrydiad, *eg.* ffrwd o'r ffroen. CORYZA.

ffroeni, *be.* gwyntio, gwneud sŵn fel gwyntio. TO SNIFF.

ffroeniad, *eg.* sŵn ffroeni. SNORTING.

ffroenuchel, *a.* balch, trahaus, diystyr-llyd, talog. HAUGHTY, PROUD.

ffroenwaediad, *eg.* gwaedu trwy'r ffroen. EPISTAXIS.

ffroenwst, *eg.* clefyd y ffroenau. RHINITIS.

ffroes,*ell.*(*un. b.*-en). cramwyth, crem-pog, ffreisod. PANCAKES.

ffrog : ffroc, *eb. ll.*-au, -iau. gwisg merch, gwn mynach. FROCK.

ffroga, *eg.* broga. FROG.

ffrom : ffromllyd, *a.* dig, dicllon, sorllyd, digofus. ANGRY.

ffromder, } *eg.* llid. ANGER.
ffromedd, }

ffromi, *be.* digio, brochi, sorri, gwylltu, cynddeiriogi. TO FUME, TO BE ANGRY.

ffrost, *eg.* ymffrost, brol, bocsach. BOAST.

***ffrost**, *eb.* sŵn. twrf. NOISE.

ffrostgar, *a.* ymffrostgar. BOASTFUL.

ffrostio, *be.* ymffrostio, brolio. TO BRAG.

ffrostiwr, *eg. ll.*-wyr. ymffrostiwr, broliwr. BOASTER.

***ffrowyll**, *eg. ll.*-au. ffrewyll ; llif. WHIP ; FLOOD.

ffrwd, *eb. ll.* ffrydiau. ffrydlif, nant, llif, rhediad hylif. STREAM.

ffrwgwd, *eg. ll.* ffrygydau. ffrae, ym-rafael, ymryson, cweryl, cynnen. SQUABBLE, BRAWL.

ffrwst, *eg.* brys, ffwdan, prysurdeb, hast. HASTE.

ffrwstwm, *eg. ll.* ffrwstymau. rhan o gôn a adewir ar ôl pan dorrir ef gan blân yn gyfochrog â'r sylfaen. FRUST-UM.

ffrwtian, *be.* poeri siarad. baldorddi, tasgu, gwneud sŵn wrth ferwi (uwd). TO SPLUTTER.

ffrwydrad, *eg. ll.*-au. tanchwa, ergyd, sŵn dryllio neu rwygo sydyn. EXPLOSION, PLOSION.

ffrwydro, *be.* chwalu, chwythu'n ddarnau, ymrwygo neu ddryllio â sŵn mawr. TO EXPLODE.

ffrwydrol, *a.* yn ffrwydro. EXPLOSIVE, PLOSIVE.

ffrwydrydd, *eg. ll.*-ion. rhywbeth ffrwydrol. EXPLOSIVE.

ffrwyn, *eb. ll.*-au. afwyn a genfa a ddefnyddir i reoli ceffyl. BRIDLE.
Ffrwyn ddall. BRIDLE WITH BLINKERS.

ffrwyno, *be.* atal, dal yn ôl, rheoli, cadw o fewn terfynau, gosod ffrwyn ar geffyl. TO CURB, TO BRIDLE.

ffrwyth, *eg. ll.*-au, -ydd. cynnyrch, cnwd, aeron, canlyniad gweithred, effaith. FRUIT, EFFECT.

*****ffrwythiant**, *eg.* llwyddiant. SUCCESS.

ffrwythlon, *a.* cnydfawr, toreithiog, bras, cynhyrchiol. FRUITFUL, FERTILE.

ffrwythlondeb, *eg.* ⎱ gweler *ffrwyth-*
ffrwythlonedd, *eg.* ⎰ *lonrwydd.*

ffrwythloni, *be.* gwneud yn ffrwythlon, cyfoethogi. TO FERTILIZE, TO BE FRUITFUL.

ffrwythlonrwydd, *eg.* y stad o fod yn ffrwythlon, ffrwythlondeb, ffrwythlonedd. FERTILITY.

*****ffrwythlym**, *a.* cynnar ei ffrwyth. EARLY BEARING.

*****ffrwytho**, *be.* llwyddo. TO SUCCEED.

ffrwytho, *be.* cynhyrchu ffrwyth. TO BEAR FRUIT.

ffrydio, *be.* llifo, llifeirio, pistyllu. TO STREAM.

*****ffrydio**,*be.* chwifio, ysgwyd, cyhwfan. TO BRANDISH, TO WAVE.

ffrydlif, *egb.* llif. STREAM, FLOOD.

*****ffrystio**, *be.* brysio. TO HURRY.

*****ffuannaidd**,*a.* twyllodrus. DECEPTIVE.

ffua(i)nt, *eg.* twyll, rhagrith. DECEIT, HYPOCRISY, SHAM, PRETENCE.

ffuantus, *a.* rhagrithiol, anghywir, ffugiol, ffug, gau, dauwynebog. FALSE.

ffuantwch, *eg.* twyll. INSINCERITY.

ffuantwr, *eg. ll.*-wyr. twyllwr. DISSEMBLER.

ffug : **ffugiol**, *a.* dychmygol, anwir, gau, ffuantus, coeg. FICTITIOUS.

ffugchwedl, *eb. ll.*-au. nofel, stori wedi ei dychmygu. FICTION.

ffugenw, *eg. ll.*-au. enw ffug a ddefnyddir gan awdur, cyfenw, llysenw. NOM-DE-PLUME.

ffugfawr, *eg.* twyllodrus. DECEITFUL.

ffugio, *be.* cymryd ar, honni, ffuantu. TO PRETEND.

ffugiol, *a.* ffuantus, gau. INSINCERE, FALSE.

ffugiwr, *eg. ll.*-wyr. twyllwr. IMPOSTOR, FORGER.

*****ffugl**, *eg.*gwynt, awel. WIND, BREEZE.

ffull, *eg.* ffrwst, brys. HASTE.

ffull(i)o, *be.* brysio. TO HURRY.

ffumer, *eg. ll.*-au. simnai, corn mwg. CHIMNEY, FUNNEL.

*****ffun**, *eg.* 1. anadl. BREATH.
2. rheffyn, llinyn, talaith. CORD, CHAPLET.

ffunegl, *eb. ll.*-au. cwys. FURROW.

ffunen, *eb.* rhwymyn, cadach. BAND, KERCHIEF.

ffunud, *eg. ll.*-au. ffurf, dull, agwedd, modd, math. FORM, MANNER.
Yr un ffunud â. EXACTLY LIKE.

*****ffuon**, *eg.* gweler *ffion.*

*****ffuonwydd**, *e.torf.* coed rhosynnau. ROSE-TREES.

*****ffur**, 1. *a.* doeth. WISE.
2. *eg.* gŵr doeth. WISE-MAN.

ffured, *eg. ll.*-au. anifail bach tebyg i wenci a ddefnyddir i ddal cwningod. FERRET.

ffuredu, *be.* chwilio fel ffured. TO FERRET.

ffureta, *be.* hela â ffured, chwilio fel ffured. TO FERRET.

ffurf, *eb. ll.*-iau. dull, llun, ystum, siâp. FORM, SHAPE.

ffurfafen, *eb. ll.*-nau. y nen, yr awyr, wybren, wybr, nef. FIRMAMENT, SKY.

ffurfafennol, *a.* wybrennol. FIRMAMENTAL.

ffurfaidd, *a.* lluniaidd, gosgeiddig. SHAPELY.

*****ffurfeidd(i)o**, *be.* llunio, ffurfio. TO FORM.

ffurfiad, *eg. ll.*-au. lluniad, trefniad. FORMATION.

ffurfiant, *eg.* y rhan o ramadeg sy'n ymwneud â ffurfdroadau geiriau, ffurfiad. ACCIDENCE, FORMATION.

ffurfio, *be.* llunio, ystumio. TO FORM, TO FASHION.

ffurfiol, *a.* defodol, trefnus, rheolaidd, yn ôl rheol. FORMAL.

ffurfioldeb, *eg.* defod a hawlir gan arferiad, defodaeth. FORMALITY.

ffurflen, *eb. ll.*-ni. papur ac arno gwestiynau i'w hateb ynglŷn â materion amrywiol. FORM (PRINTED, etc.).

ffurflin, *eg.* ffurf. FORMLINE.

ffurfwasanaeth, *eg.* ffurfweddi, gwasanaeth arferol eglwys. LITURGY.

ffurfwisg, *eb. ll.*-oedd. gwisg ffurfiol. UNIFORM.

ffust, *eb. ll.*-iau. offeryn i ddyrnu llafur (ŷd) â llaw. FLAIL.

ffusto : ffustio, *be.* 1. dyrnu â ffust. TO THRESH.
　2. maeddu, curo, trechu, gorchfygu, cael y gorau ar. TO BEAT.

ffwdan, *eb.* helynt, stŵr, trafferth. FUSS, BOTHER, BUSTLE.

ffwdanllyd, *a.* ffwdanus. FUSSY, FLURRIED.

ffwdanu, *be.* trafferthu heb eisiau. TO FUSS.

ffwdanus, *a.* trafferthus, yn llawn helynt dieisiau. FUSSY, FIDGETY.

ffwng, *eg. ll.* ffyngoedd, ffyngau. sylwedd fel bwyd y boda. FUNGUS.

ffŵl, *eg. ll.* ffyliaid. ynfytyn, ynfyd, un ffôl a dwl. FOOL.

ffwlbart, *eg. ll.*-iaid. math o wenci fawr â sawr cryf. POLECAT.

ffwlbri, *eg.* lol, sothach, dwli. NONSENSE, TRASH.

ffwlcrwm, *eg.* pwysbwynt. FULCRUM.

ffwlcyn, *eg.* (*b.* ffolcen). gwirionyn, ynfytyn, penbwl. FOOL, WISEACRE.

ffwndro, *be.* drysu, cymysgu, mwydro. TO BECOME CONFUSED.

ffwndrus, *a.* dryslyd, cymysglyd. CONFUSED, BEWILDERED.

ffwndwr, *eg.* cymysgwch, ffwdan. CONFUSION, FUSS.

ffwr, *eg. ll.* ffyrrau. blew rhai anifeiliaid, dillad a wneir ohono. FUR.

ffwrch, *eg. ll.* ffyrch. fforch, gafl. FORK, HAUNCH.

ffwrdd, *i. adf.* ymaith, i bant. AWAY.

*****ffwrm**, *eg. ll.* ffyrmau. ffurf. FORM.

ffwrn, *eb. ll.* ffyrnau. popty, ffwrnais, lle i grasu. OVEN, FURNACE.

ffwrnais, *eb. ll.* ffwrneisiau. lle i doddi metelau. FURNACE.

*****ffwrri**, 1. *eg.* ffwr. FUR.
　2. *a.* â ffwr. FURRY.

*****ffwrrw**, *eg.* gweler *ffwr.*

ffwrwm, *eb. ll.* ffyrymau. mainc, sedd, math o ford hir. BENCH, FORM.

*****ffwyl**, *eg. ll.*-au. ergyd ; erfyn miniog. STROKE ; FOIL.

*****ffwylio**, *be.* defnyddio ffwyl. TO FOIL.

*****ffwyn**, *eg.* gwth ag arf blaenllym. FOIN.

*****ffwyr**, 1. *ebg.* dychryn. FEAR.
　2. *a.* dychrynllyd, arswydus. TERRIFYING.

ffwythiant, *eg. ll.*-nnau. newidyn amrywiol (mathemateg) ; swyddogaeth. FUNCTION.

*****ffyd**, *eg.* cynnen. FEUD.

ffydd, *eb.* cred, coel, ymddiriedaeth, hyder. FAITH.

ffyddiog, *a.* cadarn yn y ffydd, yn ymddiried yn, ymddiriedus, hyderus. TRUSTFUL.

ffyddlon, *a. ll.*-iaid. cywir, yn dal ymlaen, teyrngarol. FAITHFUL, LOYAL.

ffyddlondeb, *eg.* ⎱cywirdeb, teyrn-
ffyddlonder, *eg.* ⎰garwch. FAITHFULNESS.

ffyddloniaid, *ell.* pobl ffyddlon. FAITHFUL ONES.

ffylor, *eg.* llwch, powdr. DUST.

*****ffyll**, *a.* taer. PERSISTENT.

ffyllwydd, *ell.* (*un. b.*-en). cypreswydd. CYPRESS TREES.

ffynadwy, *a.* llwyddiannus. PROSPEROUS.

*****ffynedig**, *a.* cadarn, diysgog, egnïol. FIRM, STEADFAST, VIGOROUS.

ffynhonnell, *eb. ll.* ffynonellau. tarddiad, blaen (afon), dechreuad, tarddell. SOURCE, FOUNT.

ffynhonni, *be.* tarddu fel ffynnon. TO WELL, TO GUSH.

*****ffynhonnus**, *a.* yn tarddu. GUSHING.

*****ffynhonwys**, 1. *eg.* cloch ddŵr. A BUBBLE.
　2. *a.* yn byrlymu. GUSHING.

ffyniannus, *a.* llwyddiannus. PROSPEROUS.

ffyniant, *eg.* llwyddiant, llwydd, cynnydd. PROSPERITY, SUCCESS.

ffynidwydd, *ell.* (*un. b.*-en). coed tal llathraidd, coed ffer, coed pîn. FIR-TREES.

ffynnon, *eb. ll.* ffynhonnau. tarddiad (dŵr), pydew. WELL, FOUNTAIN.
　Llygad y ffynnon. SOURCE.

ffynnu, *be.* llwyddo, tycio, dod ymlaen, ennill tir, prifio. TO THRIVE, TO PROSPER, TO SUCCEED.

ffyr, *e. torf.* pinwydd, ffynidwydd. PINE, FIR.

*****ffyrddling**, *eb.* ffyrling. FARTHING.

*****ffyrf**, *a.* grymus. POWERFUL.

ffyrf, *a.* (*b.* fferf). trwchus, praff, cadarn. THICK, FIRM.

*****ffyrfaidd**, *a.* grymus. POWERFUL.

ffyrfder, ⎱
*****ffyrfedd**, ⎰*eg.* cryfder. STRENGTH.

ffyrfeiddio, *be.* gweler *ffyrfhau.*

*ffyrfeiddiwr, *eg. ll.*-wyr. cryfhawr. ONE WHO STRENGTHENS.

ffyrfhau, *be.* grymuso, cadarnhau, tewhau. TO MAKE FIRM, TO BECOME THICK.

ffyrling, *egb. ll.*-od, -au. } chwarter
ffyrlling, *egb. ll.*-od, -au } ceiniog. FARTHING.

ffyrnig, *a.* cas, milain, mileinig, anifeilaidd, cynddeiriog. FIERCE.

ffyrnigo, *be.* cynddeiriogi, mynd yn gas, gwylltu. TO ENRAGE.

ffyrnigrwydd, *eg.* gwylltineb, cynddeiriogrwydd, mileindra. FEROCITY.

*ffysg, 1. *eg.* cyflymder, brys. SPEED, HASTE.
     2. *a.* cyflym. SWIFT.

*ffysg(i)ad, *eg.* 1. rhuthrwr. ROUTER.
     2. rhuthr. ATTACK.

*ffysg(i)o, *be.* cyrchu, tarfu. TO ATTACK, TO PUT TO FLIGHT.

*ffysg(i)olin, *a.* cyflym. SWIFT.

G

*gabis, *eg.* grisial. CRYSTAL.

gadael : gadel : gadu, *be.* 1. ymadael â, symud. TO LEAVE.
     2. caniatáu, goddef. TO ALLOW.
     3. cefnu ar. TO DESERT.

gaeaf, *eg. ll.*-au. un o bedwar tymor y flwyddyn. WINTER.

gaeafaidd : gaeafol, *a.* fel gaeaf, oer. WINTRY.

gaeafgwsg, *eg.* y math ar gwsg sy'n nodweddu rhai anifeiliaid yn y gaeaf. HIBERNATION.

gaeafu, *be.* bwrw'r gaeaf. TO WINTER.

*gaes, *eb.* meidrydd. GAUGE.

gafael[1] : gafaelyd : gafel, *be.* cydio, dal â'r llaw, crafangu, bachu, bachellu. TO GRASP, TO HOLD, TO GRIP.

gafael[2], *eb. ll.*-ion. 1. glyniad, y weithred o ddal, gwasgiad. HOLD, GRASP, TENURE.
     2. sylwedd. SUBSTANCE.

gafaelfach, *eg. ll.*-au. bach i afael mewn rhywbeth, adfach. GRAPPLING-HOOK, BARB.

gafaelgar, *a.* 1. tynn ei afael, yn gafael. TENACIOUS.
     2. cyffrous, bachog. GRIPPING, IMPRESSIVE.

gafaelgi, *eg. ll.* gafaelgwn. math o gi sy'n gafael yn dynn. MASTIFF.

*gafaelu, *be.* gweler *gafael.*

gafaelus, *a.* gafaelgar. TENACIOUS, GRIPPING.

gafaelyd, *be.* gweler *gafael.*

gafl, *eb. ll.*-au. fforch ; croth. FORK ; WOMB.

gaflach, *eg. ll.*-au. fforch, dart, gwaywffon. FORK, DART, SPEAR.

*gaflaw, 1. *a.* fforchog, wedi ei hollti. FORKED, SLIT OPEN.
     2. *eg.* math o eog. KIND OF SALMON.

*gaflaweg, *eb.* rhwyd i ddal gaflaw neu eog. SALMON-NET.

gaflog, *a.* fforchog. FORKED.

gafr, *eb. ll.* geifr. anifail cyffredin â blew hir ynghyd â chyrn a barf. GOAT.
     Bwch gafr. BILLY GOAT.

gafraidd, *a.* fel gafr. GOATISH.

gafrdarw : gafrwr, *eg.* bwch gafr. BILLY GOAT.

gafrewig, *eb. ll.*-od. math o ewig. ANTELOPE.

*gafwy, *a.* bywiog. LIVELY.

*gagen, *eb. ll.*-nau. agen. CLEFT.

gagendor, *egb.* gweler *agendor.*

gaing, *eb. ll.* geingiau. cŷn. WEDGE, CHISEL.
     Gaing gau. GOUGE.
     Gaing galed. COLD CHISEL.

gair, *eg. ll.* geiriau. sain neu gyfuniad o seiniau yn ffurfio drychfeddwl. WORD.

*gâl, *eg. ll.* galon. 1. angerdd, casineb, gelyniaeth. HATRED, FEROCITY, ENMITY.
     2. gelyn. ENEMY.

*gâl, *eg.* 1. poen, cur. PAIN, ACHE.
     2. gôl, nod. GOAL.

*galan, *eg.* gelyn. ENEMY.

*galanas, *eb.* iawndal am lofruddiad. COMPENSATION FOR MURDER.

galanas, *eb. ll.*-au. : *galanastra, *eg.* lladdfa, cyflafan, llofruddiaeth. CARNAGE, MURDER, MASSACRE.

galar, *eg.* gofid o golli rhywun, tristwch, wylofain. MOURNING, GRIEF.

galargan, *eb. ll.*-au. } marwnad.
galargerdd, *eb. ll.*-i. } ELEGY.

galarnad, *eb. ll.*-au. galar, cwynfan, alaeth, cwyn, wylofain. LAMENTATION.

galarnadu, *be.* galaru, cwynfan, cwyno. TO LAMENT.

*galarnu, *be.* galaru. TO MOURN, TO LAMENT.

galaru, *be.* hiraethu ar ôl colli rhywun, cwynfan, arwylo, cwyno, gofidio. TO MOURN, TO LAMENT.

galarus, *a.* gofidus, cwynfanus, dolefus, alaethus, trist. MOURNFUL, SAD.

galarwr, *eg. ll.* galarwyr. un sy'n galaru. MOURNER.

galawnt, *a.* gwych, dewr. GALLANT, FINE.

gali, *eg. ll.*-ïau. cegin llong. GALLEY.

*****galis**, *eg. ll.*-iaid. cegin llong. GALLEY.

galiwn, *eg. ll.*-iynau. llong hwyliau Ysbaen (gynt). GALLEON.

*****galofydd**, *eg. ll.*-ion. pensaer. ARCHITECT.

*****galon**, *ell.* gelynion. ENEMIES.

galw, *be.* 1. gweiddi, gwysio. TO CALL, TO SUMMON.

2. ymweled â. TO VISIT. Di-alw-amdano. UNCALLED FOR.

galwad, *ebg. ll.*-au. 1. gwaedd, gwŷs, gwahoddiad. A CALL.

2. galwedigaeth. VOCATION, CALLING, PROFESSION.

galwedig, *a.* wedi ei alw. CALLED, NAMED.

galwedigaeth, *eb. ll.*-au. gwaith bob dydd, gorchwyl. OCCUPATION, PROFESSION, CALLING.

galwedigaethol, *a.* yn perthyn i alwedigaeth. PROFESSIONAL, OCCUPATIONAL.

*****gallael**, ⎱ *be.* gweler *gallu.*
*****gallel**, ⎰

gallt, *eb. ll.* gelltydd : **allt**, *ll.* elltydd.
1. tyle. HILL.
2. llethr goediog. WOODED HILLSIDE.
3. coedwig. WOOD.

gallu, 1. *eg. ll.*-oedd. medr, awdurdod, nerth, pŵer, grym, cryfder. ABILITY, POWER.
Galluoedd cudd. POTENTIALITIES.
2. *be.* bod yn abl, medru. TO BE ABLE.

*****galluedd**, *eg.* nerth, grym. MIGHT.

galluog, *a.* abl, nerthol, grymus, medrus, deheuig. ABLE, POWERFUL.

galluogi, *be.* rhoi gallu, gwneud yn alluog. TO ENABLE.

*****galluol**, ⎱ *a.* galluog, nerthol.
*****gallüus**, ⎰ ABLE, MIGHTY.

gâm, *egb.* chwarae, gêm ; calon. GAME; SPIRIT.

gambl, *eg.* hapchwarae. A GAMBLE.

gamblo, *be.* hapchwarae. TO GAMBLE.

gamblwr, *eg. ll.*-wyr. un sy'n gamblo. GAMBLER.

gambo, *egb.* cerbyd dwy olwyn, trol. DRAY.

gamedau, *ell.* celloedd rhyw. GAMETES, SEXUAL CELLS.

gamwn, *eg.* rhan flaen ystlys mochyn. GAMMON.

gan, *ardd.* ym meddiant, wrth, oddi wrth, trwy. WITH, BY, FROM, SINCE.
(gennyf, gennyt, ganddo, ganddi, gennym, gennych, ganddynt).
Gan hynny. THEREFORE.
Gan mwyaf. MOSTLY.
Mae gennyf. I HAVE.
Mae'n dda (ddrwg) gennyf. I AM GLAD (SORRY).

ganedig, *a.* gweler *genedigol.*

*****ganedigaeth**, *eb. ll.*-au. genedigaeth. BIRTH.

*****gar**, *ardd.* gweler *ger.*

gar, *egb. ll.*-rau. coes, esgair, rhan o'r goes o'r migwrn. SHANK.
Afal y gar. KNEE-CAP.
Ar ei arrau. ON HIS HAUNCHES.

garan, *egb. ll.*-od. crëyr, crychydd. HERON, CRANE.

garanfys, *eb.* y bys canol. MIDDLE FINGER.

*****garanu**, *be.* gosod coes, echelu. TO FIX A HANDLE OR AXLE.

Garawys, *eg.* gweler *Grawys.*

*****garbras**, *eg.* arfau i amddiffyn pen yr elin. GARDEBRAS.

gardas, *eb.* : **gardys**, *eg. ll.* gardyson, -au. rhwymyn i gadw hosanau i fyny. GARTER.

gardd, *eb. ll.* gerddi. tir i dyfu blodau neu ffrwythau a bwydlysiau. GARDEN.

garddio : **garddu**, *be.* paratoi gardd, trin gardd. TO CULTIVATE A GARDEN.

garddwr, *eg. ll.* garddwyr. un sy'n trin gardd. GARDENER.

garddwriaeth, *eb.* y grefft o drin gardd. HORTICULTURE.

garddwrn, *eb.* gweler *arddwrn.*

garddwy, *eg.* hedyn carwas. CARAWAY SEED.

gargam, *a.* â choesau neu arrau cam. KNOCK-KNEED.

garged, *eb.* clefyd y pwrs. MASTITIS.

garlant, *eg.* ⎱ *ll.*-au. talaith, rhwym-
*****garlond**, *ebg.* ⎰ yn. GARLAND.

garllaes, *a.* cloff. LIMPING.

garllegen, *eb. ll.* garlleg. craf. GARLIC.

*****garm**, *eb. ll.*-au. gwaedd, cri. SHOUT, CRY.

*****garmio**, *be.* gweiddi. TO SHOUT, TO BAWL.

garsiwn, *eg. ll.* garsiynau. 1. llu o filwyr i warchod caer, etc. GARRISON.
2. ciwed. RABBLE.

garsyth, *a.* â choes(au) anhyblyg. STIFF-LEGGED.

gartref, *adf.* yn y tŷ, yn y cartref, yn nhref. AT HOME.

garth, *egb.* 1. caeadle, lle caeëdig, gardd. ENCLOSURE, GARDEN.

  2. trum, bryn, cefn. HILL, RIDGE.

*** garthan,** *eg.* gwersyll. ENCAMPMENT.

garw[1], *a. ll.* geirwon. 1. cwrs, bras, aflednais. COARSE, HARSH.

  2. gerwin, gwyntog, tonnog. ROUGH.

  3. dybryd. GRIEVOUS, GREAT, EXTREME.

garw[2], *eg.* gerwinder, garwedd. ROUGHNESS.

  Torri'r garw. TO BREAK THE ICE.

garwder,   } *eg.* gerwinder, creulon-
garwedd,   } deb. ROUGHNESS, CRUELTY.

garwhau, *be.* gwneud yn arw, gerwino, mynd yn arw, ysgwyd. TO ROUGHEN, TO RUFFLE.

gast, *eb. ll.* geist. ci benyw. BITCH.

gât, *eb. ll.* gatiau. clwyd, iet, llidiart. GATE.

gatws, *eg.* clwyd-dŷ. GATE-HOUSE.

gau, *a.* ffug, coeg, ffals, anwir, anghywir, cyfeiliornus, twyllodrus, celwyddog. FALSE.

gaudduwiaeth, *eb.* addoliad duwiau gau, eilunaddoliaeth. IDOLATRY.

gawni, *eg.* gweler *gowni.*

gawr, *eb.* gewri. gwaedd, bloedd, llef, cri. SHOUT.

gefail, *eb. ll.* gefeiliau. gweithdy gof, siop y gof. SMITHY.

*** gefalc,** *eg.* gwaywffon. SPEAR.

*** gefeilad,** *eg.* gafaeliwr. SEIZER.

gefeilio, *be.* defnyddio gefel. TO USE PINCERS OR TONGS.

gefel, *eb. ll.* gefeiliau. offeryn i afael mewn rhywbeth a'i dynnu, etc. TONGS, PINCERS.

  Gefel gnau. NUT CRACKER.

gefell, *eg. ll.* gefeilliaid. (*b.* gefeilles). un o ddau a aned gyda'i gilydd. TWIN.

gefyn, *eg. ll.*-nau. llyffethair, hual. FETTER.

*** gefyniaeth,** *eb.* caethiwed. CONFINEMENT.

gefynnu, *be.* dodi mewn gefyn, llyffetheirio. TO FETTER.

*** geifre,** *eb.* gre o eifr. FLOCK OF GOATS.

geingio, *be.* cafnu, defnyddio gaing, cynio. TO GAUGE, TO CHISEL, TO WEDGE.

*** geilig,** *a.* gloyw; dewr. BRIGHT; BRAVE.

geilwad, *eg. ll.*-aid. 1. gwaeddwr. SHOUTER.

  2. gyrrwr (ychen). DRIVER (OF OXEN).

*** geir,** *ardd.* gweler *ger.*

*** geirblyg,** *a.* celwyddog. LYING.

geirda, *eg.* clod. GOOD REPORT.

geirdarddiad, *eg.* astudiaeth o darddiad geiriau. ETYMOLOGY.

geirdro, *eg. ll.*-droeon. mwysair. PUN.

geirdroi, *be.* defnyddio mwysair. TO PUN.

geirfa, *eb. ll.*-oedd. rhestr o eiriau yn ôl trefn yr wyddor a'u hystyron, cyfanswm geiriau rhyw berson neu ryw lyfr, etc. VOCABULARY.

*** geirgrawn,** *eg.* trysor o eiriau, cylchgrawn. THESAURUS, MAGAZINE.

geiriad, *eg.* trefn geiriau mewn brawddeg neu baragraff, defnydd o eiriau. WORDING, PHRASING.

geiriadur, *eg. ll.*-on. llyfr sy'n egluro geiriau a'u hystyron, geirlyfr. DICTIONARY.

geiriadurol, *eg.* yn perthyn i eiriadur. LEXICOGRAPHICAL.

geiriadurwr, *eg. ll.*-wyr. lluniwr geiriadur. LEXICOGRAPHER.

*** geiriawl,** *eg.* llefarwr geiriau. UTTERER.

geirio, *be.* ynganu gair neu eiriau. gosod mewn geiriau. TO WORD, TO PHRASE, TO ENUNCIATE.

geiriog, *a.* â gormod o eiriau. WORDY.

geiriol, *a.* yn perthyn i eiriau. VERBAL.

geirlyfr, *eg. ll.*-au. geiriadur. DICTIONARY.

geirw, *ell.* crych dwfr, ewyn, tonnau. RIPPLES, FOAM, WAVES, RAPIDS.

*** geirwd,** *eg.* murmur. MURMUR.

geirwedd, *eb.* geiriad ; tafodiaith. PHRASEOLOGY ; DIALECT.

geirwir, *a.* gwir, cywir, union. TRUTHFUL.

geirwiredd, *eg.* y stad o fod yn eirwir, gonestrwydd. TRUTHFULNESS.

geirydd, *eg. ll.*-ion. ieithegwr, geirdarddwr. PHILOLOGIST, ETYMOLOGIST.

geiryddiaeth, *eb.* geirdarddiad. ETYMOLOGY.

geiryn, *eg. ll.*-nau. gair bach nas treiglir ac nas defnyddir ar ei ben ei hun, e.e. *fe, y.* PARTICLE.

*** gêl,** *eb. ll.*-od. gelen. LEECH.

gele, *eb.* } *ll.*-od. abwydyn sy'n sugno
gelen, *eb.* } gwaed. LEECH.

*** gelor,** *eb. ll.*-awr, -au, -ydd. elor. BIER.

*** gelorwydd,** *eg.* elor. BIER.

gelyn, *eg. ll.*-ion. (*b.*-es). yr hwn sy'n gweithredu'n groes i arall, gwrthwynebydd. ENEMY.

*** gelynaidd,** *a.* creulon, cas. CRUEL.

gelyniaeth, *eb.* dygasedd, atgasedd, casineb, cas. ENMITY.

gelyniaethol, } *a.* gwrthwynebus.
gelyniaethus, } HOSTILE.

***gelyn(i)awl**, *a.* gelyniaethus. HOSTILE.

gelynol, *a.* gwrthwynebus. HOSTILE.

***gell**, *a.* gwinau, rhuddgoch, melyn. BROWN, AUBURN, YELLOW.

***gellael**, *eb.* ael dywyll. DARK BROW.

gellgi, *eg.* (*b.* gellast). gafaelgi, ci hela, ci hydd. MASTIFF, HOUND, STAG-HOUND.

***gellwng**, *be.* gweler *gollwng*.

gellyg, *ell.* (*un. b.*-en). pêr. PEARS.

gellygwydd, *ell.* (*un. b.*-en). coed gellyg. PEAR TREES.

***gem**, *eg.* haen, pilen. SCALE.

gem, *ebg.ll.*-au. tlws gwerthfawr, glain. GEM.

gêm, *eb. ll.* gêmau. chwarae, yr hyn a wneir er mwyn difyrrwch. GAME.

    Gêm ddi-drech. DRAWN GAME.

gemog, *a.* â gemau, yn cynnwys gemau. JEWELLED.

gemwaith[1], *eg.* gwaith mewn gemau. JEWELLERY.

gemwaith[2], *eg.* gwaith gemau, gem-yddiaeth. JEWELLERY.

gemydd, *eg. ll.*-ion. un yn gwerthu neu'n torri a thrin gemau. JEWELLER.

gemyddiaeth, *eb.* gwyddor gemau. JEWELLERY.

gên, *eb. ll.* genau. cern, bochgern. JAW, CHIN.

    Y ddwyen. CHEEKS (OF PIG).

genau, *eg. ll.* geneuau. ceg, pen, safn, gweflau. MOUTH.

genau-goeg, *eb. ll.*-ion. madfall, mad-fall-y-dŵr. LIZARD, NEWT.

genedigaeth, *eb.* y weithred o eni neu gael bywyd, dechreuad. BIRTH.

genedigol, *a.* wedi ei eni, brodor, gan-edig. BORN, NATIVE.

generadu, *be.* cynhyrchu pŵer trydan. TO GENERATE.

generadur, *eg. ll.*-on. cynhyrchydd pŵer. GENERATOR.

geneteg, *eb.* gwyddor etifeddeg a thras. GENETICS.

geneth, *eb. ll.*-od. merch, hogen, lodes, herlodes, meinir, llances. GIRL.

    Genethig. LITTLE GIRL.

genethaidd, *a.* fel geneth. GIRLISH.

geneufor, *eg. ll.*-oedd. darn o'r môr yn ymestyn i mewn i'r tir. GULF.

genfa, *eb. ll.* genfâu. y rhan o'r ffrwyn sydd yn safn ceffyl. BIT.

gen-glo(ad), *eg.* methiant agor y gen-au, trismws. LOCK-JAW, TRISMUS.

geni, *be.* cael bywyd, dod yn fyw, esgor, dechrau. TO BE BORN, TO BEAR.

***genni**, *be.* cael ei gynnwys. TO BE CONTAINED.

genwair, *eb. ll.* genweiriau. gwialen bysgota. FISHING-ROD.

genweirio, *be.* pysgota â genwair. TO ANGLE.

genweiriwr, *eg. ll.* genweirwyr. pys-gotwr â gwialen neu enwair. ANGLER.

genychol, *a.* yn dechrau ffurfio. NASCENT.

genyn, *eg. ll.*-nau. un o'r talpiau bach ar gromosôm. GENE.

***geol**, *eb. ll.*-au, -ydd. carchar. GAOL.

geometreg, *eb.* cangen o fathemateg yn delio â maint. GEOMETRY.

    Geometreg Trwch ac Arwyneb. PLANE AND SOLID GEOMETRY.

ger, *ardd.* wrth, yn agos, ar bwys, yn ymyl. AT, BY, NEAR.

    Gerbron. IN THE PRESENCE OF.

    Gerllaw. NEAR AT HAND.

gêr, *ell.* 1. offer, taclau, tresi, celfi. GEAR, TACKLE.

    2. pethau di-werth, geriach, llan-astr. RUBBISH.

***geran**, *be.* nadu, llefain. TO HOWL.

gerfydd, *ardd.* wrth. BY.

    Yn cydio ynddo gerfydd ei fraich.

gergist, *eb.* cist y gêr mewn modur, etc. GEAR-BOX.

***geri**, *a.* chwerw. BITTER.

geri, *eg.* bustl; colera. BILE, GALL; CHOLERA.

geriach, *e. torf.* sothach, ceriach. TRIFLES, TRASH.

***gerlawnt**, }
***gerlont**, } *eg.* gweler *garlant*.

gerllaw, 1. *ardd.* ger. NEAR, BY.

    2. *adf.* ar bwys, yn agos. CLOSE BY.

***germain**, 1. *be.* llefain, gweiddi, nadu, cadw sŵn. TO SHOUT, TO HOWL, TO MAKE A NOISE.

    2. llef, gwaedd, nâd. SHOUT, HOWLING, CLAMOUR.

***gerran**, *eg.* corrach. DWARF.

gerwin, *a.* garw, cwrs, gwyntog, ton-nog, llym, caled. ROUGH, SEVERE.

gerwindeb : gerwinder, *eg.* llymder, chwerwder, caledwch. SEVERITY, ROUGHNESS.

gerwino, *be.* chwerwi, codi'n wynt, garwhau. TO BECOME ROUGH.

gerwinol, *a.* garw. ROUGH.

gesio, *be.* bwrw amcan. TO GUESS.

***gestwng**, *be.* gweler *gostwng*.

***geudab**, *eg.* } twyll, dichell, anonest-
geudeb, *eg.* } rwydd. DECEIT.

geudy, *eb. ll.*-dai. tŷ-bach. CLOSET.

geuddrych, *eg.* rhith. HALLUCINATION.

geuedd, *eb.* geudeb. FALSEHOOD.

geugred, ⎫ *eb.* heresi. HERESY.
*geulith, ⎰

*geuog, *a.* gau, celwyddog. FALSE.

*geurith, *eg. ll.*-iau. drychiolaeth. PHANTOM.

*gewri, 1. *egb.* gwaedd. SHOUT.
    2. *be.* gweiddi. TO SHOUT.

gewyn, *eg. ll.*-nau, gïau. y peth gwydn sy'n dal y cyhyrau wrth yr esgyrn, giewyn. SINEW, TENDON.

gewynnog, *a.* yn meddu ar ewynnau cryf. SINEWY.

gewynnol, *a.* yn perthyn i'r gewynnau. RELATING TO SINEWS.

*geyr, *ardd.* ger, yn agos. AT, BY, NEAR.

gïach, *eg. ll.*-od. aderyn y gors ac iddo big hir. SNIPE.

*giden, *eb.* gafr. GOAT.

gïeulyd, *a.* gewynnog. SINEWY.

*gild, *eg.* eurad ; tâl. GILT ; PAYMENT.

gild, *eg. ll.*-iau. cymdeithas, urdd. G(U)ILD.

gildio, *be.* 1. ildio. TO YIELD, TO PRODUCE.
    2. euro. TO GILD.

*gildiwr, *eg. ll.*-wyr. talwr, gwariwr, eurych. PAYER, SPENDER, GILDER.

*giliad, *eg. ll.*-iaid. erlidiwr. PURSUER.

gilydd, *rhag.* ei gilydd. EACH OTHER.

gillwng, *be.* gweler *gollwng.*

gimbill, *eb.* ebill, taradr, imbill, whimbil, offeryn bychan i dorri tyllau. GIMLET.

gini, *egb.* un swllt ar hugain. GUINEA.

*girad, 1. *a.* ffyrnig, creulon, trist. FIERCE, CRUEL, SAD.
    2. *eg.* ffyrnigrwydd, creulondeb, tristwch. FEROCITY, CRUELTY, SADNESS.

*gisarm, *eb.* ⎫ *ll.*-au. bwyell ryfel.
*gisarn, *eb.* ⎰ BATTLE AXE.

gistwng, *be.* gweler *gostwng.*

glafoeri, *be.* slobran, dreflan, diferu o'r genau. TO DRIVEL.

glafoerion, *ell.* drefl. DRIVEL.

*glaif, *egb.* gwaywffon, cleddyf. SPEAR, SWORD.

glain, *eg. ll.* gleiniau. 1. gem. JEWEL.
    2. pelen addurnol o wydr, etc. BEAD.
    Glain baderau. ROSARY.

*glain, *a. ll.* gweler *glân.*

*glais, *eg.* afon, nant. STREAM.

glân, *a.* 1. glanwaith, yn glir o faw, pur, sanctaidd, di-fai. CLEAN, PURE, HOLY.
    2. prydferth, teg, golygus. BEAUTIFUL, FAIR.

glan, *eb. ll.*-nau, glennydd. torlan ; traethell, traeth, tywyn. BANK ; SHORE.

glandeg, *a.* teg, prydweddol, glwys, golygus, hyfryd i edrych arno. COMELY.

*glander, *eg.* glendid, sancteiddrwydd. CLEANLINESS, PURITY, HOLINESS.

glanfa, *eb.* lle i lanio, porthfa, cei. LANDING PLACE.

glanhad, *eg.* y weithred o lanhau, puredigaeth. CLEANSING.

glanhaol, *a.* yn glanhau, yn puro. CLEANSING, PURIFYING.

glanhau, *be.* gwneud yn lân, puro. TO CLEAN, TO CLEANSE, TO PURIFY.

glanhawr, *eg. ll.*-wyr. un sy'n glanhau. CLEANER, PURIFIER.

glaniad, *eg.* yr act o lanio neu ddod i dir. LANDING.

glanio, *be.* dod i dir, tirio, dod i'r lan. TO LAND.

glanwaith, ⎫ *a.* glân, destlus. CLEAN,
glanwedd, ⎰ TIDY.

glanweithdra, *eg.* glendid. CLEANLINESS.

glanweithio, *be.* glanhau. TO CLEAN, TO CLEANSE.

glas, *a. ll.* gleision. 1. asur. BLUE.
    2. gwelw, gwyn. PALE.
    3. llwyd. GREY.
    4. gwyrdd, ir. GREEN.
    5. ieuanc. YOUNG, RAW.
    Arian gleision, gwynion. SILVER (COINS).
    Glas roeso. COOL WELCOME.
    Gorau glas. LEVEL BEST.

*glas, *eb.* nant. STREAM.

*glasbawr, *eg.* glaswellt. GREENSWARD.

glasbeilliog, *a.* llwydwyrdd. GLAUCOUS.

*glaschwerthin, *be.* chwerthin yn wawdlyd. TO LAUGH SARDONICALLY.

glasdwr, ⎫ *eg.* glastwr. MILK AND
glasddwr, ⎰ WATER.

glasddydd, *eg.* bore cynnar. EARLY MORNING.

glasgoch, *a.* porffor, rhuddgoch. PURPLE, PUCE.

*glasiad, *eg.* toriad (dydd). BREAK (OF DAY).

glaslanc, *eg. ll.*-iau. llencyn, llanc, bachgen ifanc. YOUTH.

glaslys, *eg. ll.*-iau. planhigyn sy'n cynhyrchu lliwur glas. WOAD.

glasoed, *eg.* llencyndod. ADOLESCENCE.

glasog, *eb. ll.*-au. crombil, stumog. CROP, GIZZARD.

*glasresawu, *be.* croesawu'n glaear. TO WELCOME COLDLY.

glasrew, *eg.* glaw wedi rhewi. FROZEN RAIN.

glastorch, *eb.* ysgyfarnog. HARE.

glastwr, *eg.* dŵr yn gymysg â llaeth. MILK AND WATER.

glasu, *be.* 1. troi'n asur. TO GROW BLUE.
2. gwelwi, gwynnu. TO TURN PALE.
3. troi'n wyrdd. TO BECOME GREEN.
4. gwawrio. TO DAWN.
5. blaguro, egino. TO SPROUT.

*glaswas, *eg.* *ll.*-weision. glaslanc. YOUTH.

glaswellt, *ell.* (*un.* *g.*-yn). porfa, gwelltglas. GREEN GRASS.

glaswelltir, *eg.* *ll.*-oedd. tir â glaswellt. GRASSLAND.

glaswenu, *be.* 1. gwenu'n wannaidd. TO SMILE FEEBLY.
2. gwenu'n ddirmygus. TO SMILE DISDAINFULLY.

glaw, *eg.* *ll.*-ogydd. dŵr yn disgyn o'r cymylau. RAIN.
Bwrw glaw. TO RAIN.
Glaw mân : gwlithlaw. DRIZZLE.

glawiad, *eg.* *ll.*-au. swm y glaw. RAINFALL.

glawio, *be.* bwrw glaw. TO RAIN.

glawlen, *eb.* *ll.*-ni. ymbarél. UMBRELLA.

glawog, *a.* yn bwrw glaw, gwlyb. RAINY.

*gleifwaith, *eg.* cleddyfwaith. SWORDWORK.

*gleindid, *eg.* gweler glendid.

gleiniog, *a.* gemog. GEMMED.

gleisiad, *eg.* *ll.* gleisiaid. eog neu samwn ifanc. YOUNG SALMON.

gleision, *ell.* maidd. WHEY.

glendid, *eg.* y stad o fod yn lân, tegwch, prydferthwch, purdeb, harddwch, gwychder. CLEANNESS, BEAUTY, PURITY, HOLINESS.

*glesin, 1. *eg.* tywarchen. GREENSWARD.
2. *e.* *torf.* tywarch. TURF.

glesni, *eg.* 1. y stad o fod yn las, lliw asur. BLUENESS.
2. gwelwder. PALENESS.
3. gwyrddni. VERDURE.

gleuad, *e.* *torf.* (*un.* *b.* gleuhaden). tail sych buwch. DRIED COW-DUNG.

glew, *a.* *ll.*-ion. dewr, gwrol, hy, di-ofn, beiddgar. BRAVE, DARING, STOUT, VALIANT.
Go lew. PRETTY FAIR.

glewder : **glewdra**, *eg.* dewrder, gwroldeb, hyfdra, ehofndra. COURAGE, PROWESS.

*glewyd, *eg.* glewder. COURAGE.

glin, *egb.* *ll.*-iau. pen-glin, pen-lin, cymal canol y goes. KNEE.

glingam, *a.* â gliniau cam. KNOCK-KNEED.

glo, *eg.* mwyn du a ddefnyddir i gynnau tân. COAL.
Glo brig. OPEN-CAST COAL.
Glo carreg, caled. ANTHRACITE.
Glo meddal, rhwym, nesh. SOFT COAL.
Glo mân. SMALL COAL.

glôb, *eg.* *ll.*-au. pelen y byd. GLOBE.

gloddest, *eg.* *ll.*-au. cyfeddach, gwledd, rhialtwch, ysbleddach. REVELLING, CAROUSAL.

gloddesta, *be.* gwledda, mwynhau gwledd, ymhyfrydu. TO REVEL.

gloddestwr, *eg.* *ll.*-wyr. un sy'n gloddesta. REVELLER.

gloes, *eb.* *ll.*-au. pang, poen, gwayw, dolur, brath, pangfa, haint, llewyg. PAIN, ACHE, SWOON.

*gloesedig, *a.* poenus. PAINFUL.

*gloesi(o), *be.* chwydu, llewygu, poeni. TO VOMIT, TO SWOON, TO PAIN.

*gloesiad, *eg.* artaith, dirboen. TORTURE.

gloew, *a.* gweler gloyw.

glofa, *eb.* *ll.* glofeydd. pwll glo, gwaith glo, y lle y ceir glo ohono. COLLIERY.

glofaol, *a.* yn ymwneud â glo neu lofa. MINING.

glofer, *eg.* meillion. CLOVER.

gloth, *ab.* gweler glwth.

*glothineb, *eg.* gweler glythineb.

glöwr, *eg.* *ll.* glowyr. gweithiwr mewn pwll glo, torrwr glo. COLLIER.

glowty, *eg.* *ll.*-tai. beudy. COW-HOUSE.

glöyn, *eg.* *ll.*-nod, -nau. 1. cnepyn neu ddernyn o lo. PIECE OF COAL.
2. magïen, pryf tân, pren pwdr. GLOW-WORM.
Glöyn byw : iâr fach yr haf : pili-pala : bili-bala. BUTTERFLY.

gloyw, *a.* disglair, claer, llachar, golau. BRIGHT.

*gloywbrim, *eg.* gwawr loyw. BRIGHT DAWN.

gloywder, *eg.* disgleirdeb, llewyrch. BRIGHTNESS.

gloywdid, *eg.* gloywder. BRIGHTNESS.

gloywddu, *a.* du gloyw, purddu. GLOSSY BLACK, PURE BLACK.

gloywedd, *eg.* gloywder. BRIGHTNESS.

*gloywhafn, *a.* â gwain loyw. WITH A BRIGHT SCABBARD.

gloywi, *be.* disgleirio, rhoi golau, mynd neu wneud yn loyw, caboli. TO BRIGHTEN.
Ei gloywi hi : gwadnu. TO CLEAR OUT.

*glud, *a.* taer, diwyd, gwydn. EARNEST, DILIGENT, TOUGH.

glud¹, *eg. ll.*-ion. 1. defnydd glynol at gydio coed, etc. wrth ei gilydd. GLUE.
    2. defnydd i ddal adar gerfydd eu traed. BIRD-LIME.

glud², *a.* glynol, gludiog, gafaelgar. STICKY, TENACIOUS.

gludio, *be.* uno pethau drwy ddefnyddio glud. TO GLUE.

gludiog, }
gludiol, } *a.* yn glynu, glynol. STICKY.

*glutáu, *be.* dygnu. TO PERSIST.

glwth, 1. *eg. ll.* glythau. dodrefnyn i orwedd arno. COUCH.
    2. *eg.* dyn sy'n gor-fwyta. GLUTTON.
    3. *a.* bolrwth, yn bwyta gormod, trachwantus. GLUTTONOUS.

glwys, *a.* teg, glân, prydferth, prydweddol, glandeg. COMELY.

glyn, *eg. ll.*-noedd. dyffryn, cwm, ystrad, bro. VALLEY, GLEN.

glynol, *a.* yn glynu, gludiog. ADHESIVE.

glynu (wrth), *be.* ymlynu, dal wrth, bod yn ffyddlon i. TO ADHERE.

*glythig, *a.* gweler *glwth.*

glythineb, *eg.* y stad o fod yn lwth, yr act o or-fwyta neu fod yn drachwantus, glythni. GLUTTONY.

*glyw, *eg.* 1. arglwydd, arweinydd, pennaeth. LORD, LEADER, CHIEFTAIN.
    2. brwydr, rhyfel. BATTLE, WAR.
    3. *ell.* milwyr. WARRIORS.

*gnawd, 1. *eg.* natur, dull. NATURE, MANNER.
    2. *a.* arferol, cyffredin. CUSTOMARY.

*gnaws, *eg.* gweler *naws.*

*gne, *eg. ll.*-oedd. lliw, pryd. COLOUR, COMPLEXION.

*gnif, *eg.* brwydr, poen, gofid, ymdrech. CONFLICT, PAIN, ANXIETY, EFFORT.

*gnis, *eg.* 1. cyffro. TUMULT.
    2. wyneb, pryd. COUNTENANCE.
    3. gwyliadwriaeth. GUARD.

*gnisio, *be.* griddfan, tuchan. TO MOAN.

*gnodach, *a.* mwy arferol. MORE CUSTOMARY.

*gnodol, }
*gnodydd, } *a.* arferol. CUSTOMARY, USUAL.
*gnotaedig, }

*gnotáu, *be.* arfer. TO BE ACCUSTOMED.

go, *adf.* braidd, lled, i raddau. RATHER, SOMEWHAT.

*g(w)o, *ardd.* dan. UNDER.

*goachul, *a.* tenau, gwael, egwan. LEAN, POORLY, PUNY.

*goaddfain, *a.* main. SLENDER.

*goaflwm, *a.* toreithiog. ABUNDANT.

*goair, *eg.* enllib, gwarth. DEPRECATION, SHAME.

gobaith, *eg. ll.* gobeithion. hyder, dymuniad, disgwyliad. HOPE.

*gobant, *eg.* glyn, pant. DELL, DINGLE.

gobeithio, *be.* hyderu, dymuno, disgwyl. TO HOPE.

gobeithiol, *a.* hyderus, disgwylgar, addawol. HOPEFUL.

gobeithlu, *eg. ll.*-oedd. cymdeithas ddirwestol ieuenctid. BAND OF HOPE.

*gobeithrwydd, *eg.* gobaith. HOPE.

*gobell, 1. *eb. ll.*-au. cyfrwy. SADDLE.
    2. *a.* nepell. DISTANT.

goben, *eg. ll.*-nau. y sillaf olaf ond un mewn gair. PENULT.

gobennydd, *eg. ll.* gobenyddion, gobenyddiau. clustog wely (yn enwedig clustog isaf hir). PILLOW, BOLSTER.

*gober, *eg.* gwaith, gweithred. WORK, DEED.

goblyg, *eg. ll.*-ion. plyg. FOLD.

goblygiad, *eg. ll.*-au. yr hyn a gynhwysir gan rywbeth, ymhlygiad, arwyddocâd. IMPLICATION.

goblygu, *be.* plygu, gorthrymu, arwyddo. TO FOLD, TO OPPRESS, TO IMPLY.

*goborthi, *be.* porthi. TO FEED.

*goborthiant, *eg.* porthiant. SUSTENANCE.

*gobr, *eg. ll.*-au. gwobr, cyflog, tâl. RECOMPENSE, FEE.

*gobraff, *a.* cadarn, ffyrf. MIGHTY, THICK.

*gobrudd, *a.* doeth, trist. WISE, SAD.

*gobrwy, *eg. ll.*-au, -on. gwobr. haeddiant. REWARD, MERIT.

*gobrwyo, *be.* 1. haeddu. TO DESERVE.
    2. gwobrwyo. TO REWARD.

*gobrwyol, }
*gobrwyus, } *a.* haeddiannol. MERITORIOUS.

*gobrwywr, *eg. ll.*-wyr. un sy'n gwobrwyo. REWARDER.

*gobryd, *a.* amserol. TIMELY.

*gobryn, 1. *eg.* haeddiant. MERIT.
    2. *be.* haeddu. TO MERIT.

*gobrynu, *be.* haeddu. TO MERIT.

*gobwyll(o), *be.* ystyried, myfyrio. TO CONSIDER, TO MEDITATE.

*gobwysiad, *eg.* disgyrchiant. GRAVITATION.

*gochan, *eg.* cân. SONG.

*gochanu, *be.* canu, moli. TO SING, TO PRAISE.

*gochawn, 1. *a.* rhagorol. EXCELLENT.
    2. *eg.* parch, anrhydedd. RESPECT, HONOUR.

gochel : **gochelyd**, *be.* gofalu rhag, gwylio rhag, pwyllo, osgoi. TO AVOID, TO BEWARE.

gocheladwy, *a.* y gellir ei osgoi. AVOIDABLE.

gochelffordd, *eb.* ffordd sy'n osgoi. BY-WAY, BY-PASS.

gochelgar, *a.* gwyliadwrus, gofalus, pwyllog. CAUTIOUS.

gochelgarwch, *eg.* pwyll. CAUTION.

gocheliad, *eg.* osgoad. AVOIDANCE.

*__gocheliad__, *eg.* llechwr, dyn llwfr. SKULKER, COWARD.

gochelog, *a.* gochelgar. CAUTIOUS.

gochelyd, *be.* gweler *gochel.*

*__gochlyd__, *be.* gweler *gochel.*

*__gochrwm__, *a.* crwm, yn ei gwman. BENT, STOOPING.

*__gochwerw__, *a.* chwerw. BITTER.

*__gochwiban__, *eg.* chwibaniad. WHISTLE.

*__gochwys__, *a.* yn chwysu. SWEATING.

*__god__, 1. *eg. ll.*-ion. godinebwr, puteiniwr. ADULTERER.

2. *a.* anllad. ADULTEROUS.

*__godaeog__, *eg.* taeog. VILLEIN.

*__godaran__, *a.* swnllyd. NOISY.

godard, *eb. ll.*-au. ⎫ cwpan, diod-lestr.
godart, *eb. ll.*-au. ⎭ CUP, MUG.

*__godech__, *be.* ymguddio ; osgoi ; llercian. TO HIDE ONESELF ; TO AVOID ; TO LOITER.

*__godechu__, *be.* llercian. TO LOITER.

*__godechwr__, *eg. ll.*-wyr. ystelciwr. SKULKER, LOITERER.

*__godechwydd__, *eg.* hwyr. EVENING.

*__godenau__, *a.* main. LEAN.

godidog, *a.* rhagorol, campus, ardderchog, gwych. EXCELLENT.

godidowgrwydd, *eg.* rhagoriaeth, gwychder, ardderchowgrwydd. EXCELLENCE.

godineb, *egb.* puteindra. ADULTERY.

godinebu, *be.* gwneud godineb. TO COMMIT ADULTERY.

godinebus, *a.* puteinllyd. ADULTEROUS.

godinebwr, *eg. ll.*-wyr. puteiniwr. ADULTERER.

*__godir__, *eg.* ardal ; gwastadedd ; llethr. REGION ; LOWLAND ; SLOPE.

godlawd, *a.* anghenus, tlawd. POOR.

*__godo__, *eg.* cysgod, amddiffyn. SHELTER.

*__godor__, *eg.* rhwystr ; toriad ; gohiriad. HINDRANCE ; INTERRUPTION ; DELAY.

*__godorin__, ⎫ *eg.* twrf, sŵn. TUMULT,
*__godorun__, ⎭ DIN.

godowydd, *eg.* lili'r dŵr. WATER ORCHIS.

*__godraed__, *a.* dan draed. UNDERFOOT.

godre, *eg. ll.*-on. gwaelod, ymyl isaf, cwr isaf, troed (mynydd). BOTTOM EDGE, FOOT (OF HILL, etc.).

*__godref__, *eb. ll.* -i. annedd fach ; tref fechan. LODGE ; SMALL TOWN.

*__godremydd__, *eg.* golwg. ASPECT.

godr(i)ad, *eg. ll.*-au. y weithred o odro. MILKING.

*__godrig__, *eg.* oediad, arhosiad. DELAY, STAY.

*__godrig(i)o__, *be.* oedi, aros. TO DELAY, TO STAY.

*__godrist__, *a.* lleddf. SAD.

godro[1], *be.* tynnu llaeth o fuwch, etc. TO MILK.

godro[2] : **godr(i)ad**, *eg.* y llaeth a geir ar un tro wrth odro. A MILKING, RESULT OF ONE MILKING.

*__godrudd__, *a.* gwyllt, ffyrnig. WILD, FIERCE.

*__godrum__, ⎫ *eg.* crwbi, cefngrym-
*__godrumydd__, ⎭ edd. HUNCHBACK.

*__godrwyth__, *eg.* 1. trwyth. CONCOCTION.

2. mêl y ceirw. MARSH TREFOIL, MELILOT.

goduth, *eg.* carlam ysgafn. JOG-TROT.

godwrdd, *eg. ll.*-yrddau. ⎫ dadwrdd,
*__godwrf__, *eg. ll.*-yrfau. ⎬ sŵn, twrf.
*__godwrw__, *eg.* ⎭ MURMUR, DIN, TUMULT.

*__godwyllydd__, *a.* twyllodrus. DECEITFUL.

*__gody__, *eg. ll.* godai. penty, sied. SHED.

*__godyrddu__, ⎫ *be.* dadwrdd.
*__godyrfu__, ⎭ TO RUMBLE, TO MURMUR.

goddaith, *eb. ll.* goddeithiau. tanllwyth. coelcerth, tân mawr. BONFIRE, BLAZE.

*__goddau__, 1. *eg.* amcan, bwriad. PURPOSE.

2. *be.* amcanu, cyrraedd. TO AIM, TO REACH.

goddef, *be.* dioddef, dal, caniatáu. TO BEAR, TO SUFFER, TO ALLOW.

goddefgar, *a.* yn fodlon goddef, yn abl i oddef, amyneddgar. TOLERANT, PATIENT, LONG-SUFFERING.

goddefgarwch, *eg.* : **goddefiad**, *eg. ll.*-au. amynedd, dioddefgarwch, pwyll, y gallu i gydymddŵyn. TOLERANCE, CONCESSION, FORBEARANCE.

goddefiant, *eg.* goddefgarwch. TOLERANCE.

goddefol : **goddefadwy** : **goddefus**, *a.* esgusodol, y gellir ei oddef, gweddol, cymedrol. TOLERABLE, ALLOWED, PASSIVE.

*__goddefwr__, *eg. ll.*-wyr. ⎫ dioddefydd.
goddefydd, *eg. ll.*-ion. ⎭ SUFFERER, PATIENT.

goddeithio, *be.* tanio, llosgi. TO SET ON FIRE, TO BURN.

*__goddeu,__ *eg.* a *be.* gweler *goddau.*

*__goddeuo,__ *be.* amcanu. TO INTEND.

*__goddew,__ *eg.* dull; hynt. MANNER; COURSE.

*__goddig,__ *a.* dicllon. ANGRY.

goddim, *eg.* sero. ZERO.

goddiwedydd, *eg.* min hwyr, cyfnos. DUSK.

goddiweddyd : goddiwes, *be.* dal, dilyn nes dal. TO OVERTAKE.

*__goddoli,__ *be.* gwaddoli. TO ENDOW.

goddrych, *eg. ll.*-au. 1. y person neu'r peth y siaredir amdano.
    2. y gwrthwyneb i'r gwrthrych (mewn gramadeg). SUBJECT.

goddrychol, *a.* yn ymwneud â'r goddrych, personol. SUBJECTIVE.

*__goddug,__ *eg.* brwydr, terfysg. BATTLE, COMMOTION.

*__godduned,__ *eb.* adduned, llw, diofryd. VOW, OATH, PROMISE.

*__goddyn,__ *eg.* echel. AXIS.

*__goddysgaid,__ 1. *eg.* dysg. LEARNING.
    2. *a.* dysgedig. LEARNED.

*__goer,__ *a.* go-oer. COOL.

*__goewin,__ *a.* beiddgar. DARING, BOLD.

gof, *eg. ll.*-aint. un sy'n gweithio â haearn (megis pedoli ceffylau, etc.). BLACKSMITH.

gofal, *eg. ll.*-on. 1. pryder, gofid. ANXIETY.
    2. carc, cadwraeth. CHARGE.

gofalaeth, *eb.* y weithred o ofalu a chadw. MAINTENANCE, CARE.

gofalu, *be.* 1. gwylio, carco, gwarchod. TO TAKE CARE.
    2. pryderu, gofidio, talu sylw, malio, hidio. TO VEX, TO WORRY.

gofalus, *a.* gwyliadwrus, carcus, sylwgar, pryderus. CAREFUL, ANXIOUS, WORRIED.

*__gofalwch,__ *eg.* gofal, blinder. CARE, ANXIETY.

gofalwr, *eg. ll.*-wyr. gwarchodwr, ceidwad, un sy'n gofalu. CARETAKER, CUSTODIAN.

gofan(i)aeth, *eb.* crefft gof. SMITH'S CRAFT.

*__gofanag,__ *eg. ll.*-aig. gobaith, sicrwydd. HOPE, CERTAINTY.

*__gofar,__ *eg.* llid. WRATH.

*__gofaran,__ 1. *a.* llidiog. ANGRY.
    2. *eg.* llid, bâr. ANGER.

*__gofardd,__ *eg. ll.* gofeirdd. crachfardd, rhigymwr. POETASTER.

*__gofawai,__ *a.* isel, gwael, dirmygus. MEAN, DESPICABLE.

*__gofeg,__ *eb.* meddwl; lleferydd. MIND; SPEECH.

*__gofeilia(i)nt,__ *eg.* gofid, poen. ANXIETY, PAIN.

*__gofel,__ 1. *a.* melys; llifeiriol. SWEET; FLOWING.
    2. *eg.* |?| cuddfan. HIDING PLACE.

gofer, *eg. ll.*-ydd. 1. ffrwd, cornant. STREAMLET.
    2. gorlif ffynnon. THE OVERFLOW OF A WELL.

goferu, *be.* llifo; tywallt. TO FLOW; TO POUR.

goferw, *eg.* berw. BOILING.

goferwi, *be.* lledferwi. TO PARBOIL.

*__gofid,__ *eg.* brwydr, poen. BATTLE, PAIN.

gofid, *eg. ll.*-iau. trallod, galar, tristwch, tristyd, adfyd, alaeth, trymder. SORROW, TROUBLE, AFFLICTION, GRIEF.

gofidio, *be.* galaru, tristáu, hiraethu, blino, poeni, trallodi, ymboeni, ymofidio. TO VEX, TO GRIEVE.

gofidus, *a.* blin, trallodus, alaethus, poenus, trist, cwynfanus. SAD, SORROWFUL.

*__gofitrew,__ *eg.* maleithiau, ewinrhew. CHILBLAINS, FROST-BITE.

*__goflaen,__ *eg.* blaen. POINT, TIP.

goflawd, *eg.* blawd mân. MILL-DUST.

gofod, *eg.* lle gwag, gwagle. SPACE.

gofodol, *a.* yn ymwneud â gofod. SPATIAL.

gofodoli, *be.* parhau i fodoli. TO SUBSIST.

*__gofras,__ *a.* trwchus; gwael. THICK, MEAN.

*__gofreinio,__ *be.* breinio. TO FAVOUR.

*__gofri,__ *a.* doeth; urddasol, rhagorol. WISE; NOBLE, EXCELLENT.

*__gofron,__ *eb. ll.*-nydd. llechwedd, llethr. SLOPE.

*__gofrwy,__ 1. *a.* gloyw. BRIGHT.
    2. *eg.* gloywder. BRIGHTNESS.

*__gofrwyd,__ *eg. ll.*-au. drysfa, labrinth. LABYRINTH, MAZE.

*__gofrwysg,__ *a.* 1. hoenus, bywiog. LIVELY.
    2. lledfeddw. MERRY, RATHER DRUNK.

gofryd, *eg.* amcan, bwriad, perwyl. PURPOSE, DESIGN.

*__gofrys,__ *eg.* brys. HASTE.

*__gofud,__ *eg.* gweler *gofid.*

*__gofuddelw,__ *eg.* post. POST.

*__gofudd(i)o,__ *be.* rhyngu bodd. TO PLEASE.

*__goful,__ *a.* gwirion. SILLY.

*__gofunaid,__ *eg.* dymuniad. DESIRE.

gofuned, *eb.ll.*-au. 1. addewid. VOW.
2. dymuniad, awydd. DESIRE.

*****gofunedu**, *be.* addunedu. TO VOW.

*****gofur**, *eg. ll.*-iau. amgae (isel). (LOW)
RAMPART.

gofwy, *eg. ll.*-on. 1. ymweliad. VISIT.
2. trallod, helbul. TRIBULATION.

*****gofwyad**, *eg.* gofwy, trallod. VISIT-
ATION, AFFLICTION.

gofwyo, *be.* ymweled â. TO VISIT.

gofwywr, *eg. ll.*-wyr. ymwelydd. VISIT-
OR.

*****gofyged**, *eg.* parch, anrhydedd. RES-
PECT, HONOUR.

gofyn, 1. *be.* holi, ceisio, erchi, hawlio.
TO ASK.
2. *eg. ll.*-ion. cais, arch, deisyfiad.
REQUEST, REQUIREMENT, DE-
MAND.

*****gofynag**, *eb.* gweler *gofanag.*

*****gofynaig**, *eg.* gobaith, awydd. HOPE,
DESIRE.

gofyniad, *eg. ll.*-au. dywediad sy'n
hawlio ateb, arch, holiad, ymofyniad,
cwestiwn. QUESTION.

gofynnod, *eg. ll.* gofyn-nodau. nod i
ddynodi gofyniad neu gwestiwn.
QUESTION MARK.

gofynnol, *a.* angenrheidiol. REQUIRED,
NECESSARY.

*****gofflwch**, *a.* lluosog. NUMEROUS.

*****goffol**, *a.* ffôl. FOOLISH.

gogam, *a.* crwca. CROOKED.

gogan, *eb. ll.*-au. dychan, coegni,
gwawd. SATIRE.

*****gogangerdd**, *eb. ll.*-i. dychangerdd.
SATIRICAL POEM.

goganu, *be.* dychanu, gwawdio, gwat-
war, chwerthin am ben. TO SATIRIZE,
TO REVILE, TO DEFAME.

goganus, *a.* dychanol, gwawdus.
SATIRICAL.

goganwr, *eg. ll.*-wyr. dychanwr,
gwawdiwr. SATIRIST, REVILER.

*****g(w)ogawn**, 1. *eg.* anrhydedd, go-
goniant. HONOUR, GLORY.
2. *be.* anrhydeddu. TO HONOUR.

*****gogawr**, 1. *eb.* bwyd, porthiant ;
cnwd. FODDER ; CROP.
2. *be.* porthi. TO FEED.

*****gogelog**, *a.* gochelgar. WARY.

*****gogenydd**, *eg.* dychanwr. SATIRIST.

*****gogil**, *eg.* cil, trai. WANE, DECLINE.

goglais : **gogleisio**, *be.* cyffwrdd yn
ysgafn nes peri chwerthin, difyrru.
TO TICKLE.

*****goglais**, *be.* taro, blino, cythruddo. TO
STRIKE, TO WORRY, TO AFFLICT.

gogledd[1], *eg.* y cyfeiriad i'r chwith
wrth wynebu codiad haul. NORTH.

gogledd[2], *a.* ⎱yn ymwneud â'r
gogleddol, *a.* ⎰ gogledd. NORTHERN.

*****gogleddwawr**, *eb.* goleuni'r gogledd.
AURORA BOREALIS.

gogleddwr, *eg. ll.* gogleddwyr. un sy'n
byw yn y Gogledd neu'n dod oddi
yno. NORTHERNER.

gogleisio, *be.* gweler *goglais.*

gogleisiol, *a.* difyrrus, ysmala. AMUS-
ING, TICKLING.

*****gogloff**, *a.* cloff ; trwsgl. LAME ;
CLUMSY.

goglyd, *eg.* ymddiriedaeth, hyder.
TRUST, CONFIDENCE, RELIANCE.

*****goglyd**, *be.* cadw, gwarchod ; gochel,
osgoi. TO KEEP, TO GUARD ; TO AVOID.

*****gognaw**, 1. *a.* taer. PERSISTENT.
2. *be.* goglais, crafu. TO IRRITATE,
TO PROVOKE.

*****gogoch**, *a.* rhuddgoch. REDDISH.

*****gogof**, *eb. ll.*-au. ogof, ffau. CAVE,
LAIR.

*****gogonawl**, *a.* gogoneddus. GLORIOUS.

*****gogoned**, *eg.* gogoniant. GLORY.

gogonedd, *eg.* gogoniant. GLORY.

gogoneddiad, *eg.* y weithred o ogon-
eddu. GLORIFICATION.

gogoneddu, *be.* gorfoleddu, ymogon-
eddu, mawrhau, clodfori, mawrygu,
dyrchafu. TO GLORIFY.

gogoneddus, *a.* dyrchafedig, mawr-
eddog, ardderchog, godidog. GLOR-
IOUS.

gogoniant, *eg.* rhwysg, mawredd,
gwychder, dyrchafiad, bri. GLORY.

gogor, *eb. ll.*-ion. porthiant. FODDER.

gogr, *eg. ll.*-au. gwagr, offeryn i
rannu'r mawr oddi wrth y bach,
rhidyll, hidl, hesgyn. SIEVE.

gograid, *eg. ll.*-eidiau. llond gogr.
SIEVEFUL.

*****gogrisbin**, *a.* braidd yn sych. SOME-
WHAT DRY.

gogryn(u) : **gogrwn**, *be.* rhidyllu,
hidlo. TO SIFT.

gogwydd, *eg.* goledd, tuedd, tueddiad,
tueddfryd, gogwyddiad. INCLINATION,
DECLENSION.
Ar ogwydd : ar oleddf. SLANTING.

gogwyddiad, *eg.* -au. 1. ffurfdroad
enwau, etc. mewn gramadeg. DEC-
LENSION.
2. tuedd, gogwydd. INCLINATION.

gogwyddo, *be.* tueddu, goleddu, troi i'r
naill ochr, gwyro, plygu. TO INCLINE.

gogwyddog, *a.* ⎱yn gogwyddo, ar
gogwyddol, *a.* ⎰ oleddf. INCLINED,
SLANTING, SLOPING.

*****gogwyddor**, *eb. ll.*-ion. egwyddor,
patrwm. PRINCIPLE, PATTERN.

gogyfaddaw

gogyfaddaw, *be.* bygwth. TO THREAT-
EN.

gogyfarch, 1. *a.* amlwg. CONSPICUOUS.
2. *be.* cyfarch, holi. TO GREET, TO
INQUIRE.

gogyfer (â), 1. *a.* gyferbyn (â), yn
wynebu, yr ochr arall. OPPOSITE.
2. *ardd.* at, er mwyn, erbyn. FOR,
BY.

gogyfio, 1. *eg.* amddiffyniad. PROTEC-
TION.
2. *be.* amddiffyn. TO PROTECT.

gogyfled, *a.* cyfled, cyn lleted. AS
BROAD AS.

gogyfoed, *a.* o'r un oed, cyfoed. OF THE
SAME AGE.

gogyfran, *eg.* episôd. EPISODE.

gogyfred, *a.* o'r un cyflymder. OF
EQUAL SPEED.

gogyfurdd, *a.* cydradd, cyfurdd.
EQUAL, OF EQUAL RANK.

gogyfuwch, *a.* cyfartal. EQUAL, EVEN.

gogyffred, *eg.* pryder. ANXIETY.

gogyngerth, *a.* clôs, plethedig. CLOSE,
WOVEN.

gogyhyd, *a.* o'r un hyd, cyhyd.
OF EQUAL LENGTH.

gogylch, *eg.* cylch. CIRCUMFERENCE.

gogylchynu, *be.* amgylchu. TO SUR-
ROUND.

gogymaint, *a.* o'r un maint, cyfartal.
EQUAL.

gogyman, *a.* ardderchog. EXCELLENT.

Gogynfardd, *eg. ll.* Gogynfeirdd.
bardd Cymraeg yn y cyfnod o'r
12fed ganrif i'r 14eg. WELSH POET
(12TH TO 14TH CENTURY).

gogysgod, *eg.* rhith, cysgod. PHAN-
TOM, SHADOW.

gohawddwr,*eg.ll.*-wyr. gwestai. GUEST.

goheb, *be.* 1. gwrthod. TO REFUSE.
2. ateb, llefaru. TO REPLY, TO
UTTER.

gohebiaeth, *eb.* llythyrau. CORRES-
PONDENCE.

gohebol, *a.* yn gohebu. CORRESPOND-
ING.

gohebu (â), *be.* ysgrifennu llythyr neu
nodyn, cyfnewid llythyrau. TO COR-
RESPOND.

gohebydd, *eg. ll.*-ion, gohebwyr. un
sy'n anfon newyddion neu ysgrifau
i bapur, etc. REPORTER, CORRESPON-
DENT.

gohedrydd, *a.* rhwydd, parod. EASY,
READY.

gohen, 1. *eg.* nod, amcan, tueddiad,
awydd. AIM, BIAS, DESIRE.
2. *a.* hen, hen iawn. ELDERLY.

golesol

gohir, *eg.ll.*-iau.: **gohiriad**, *eg. ll.*-au.
oediad. DELAY, POSTPONEMENT.
Heb ohir. WITHOUT DELAY.

gohiriant, *eg.* ymestyn nodyn un cord i
un arall. SUSPENSION (MUSIC).

gohirio, *be.* oedi, taflu, gadael hyd yn
ddiweddarach. TO POSTPONE.

gohodd, *be.* gweler *gwahodd.*

gohoyw, *a.* bywiog ; balch. SPRIGHT-
LY ; PROUD.

goiaën, *a.* oerllyd ; trist. CHILLY ; SAD.

goitr, *eg.* y wen, chwyddi'r breuant.
GOITRE.

golaith, 1. *eg.* osgoad. EVASION.
2. *be.* osgoi. TO AVOID.
3. *a.* llaith. DAMP.

golam, *eg.* naid. JUMP.

golan, *eb. ll.*-nau. glan. BRINK.

golau, 1. *eg.* goleuni, gwawl, llewyrch,
dealltwriaeth. LIGHT.
2. *a.* disglair, gloyw, claer, heb fod
yn dywyll. LIGHT, FAIR.

golch, *eg. ll.*-ion. 1. yr hyn a olchir,
golchiad. WASH.
2. gwlybyrwch i wella neu i lanhau
clwyf, etc. LOTION.
Golchion : dŵr a sebon ynddo :
dŵr wedi ei ddefnyddio i olchi.
SLOPS.

golchdrwyth, *eg.* trwyth i lanhau
clwyf. LOTION.

golchdy, *eg. ll.* golchdai. tŷ golchi,
ystafell i olchi dillad ynddi. WASH-
HOUSE.

golchedigaeth, *eb.* golchiad. WASH-
ING.

golchfa, *eb.* lle i olchi, baddon.
WASHING-PLACE, LAUNDRY, BATH.

golchi, *be.* rhoi cweir, gloywi. TO
BEAT, TO POLISH.

golchi, *be.* glanhau â dŵr. TO WASH.

golchiad, *eg.* y weithred o olchi, golch ;
cweir ; caen. WASHING ; BEATING ;
COATING.

golchwraig, *eb. ll.* golchwragedd.
gwraig sy'n golchi dillad, golch-
yddes. WASHER-WOMAN.

golchyddes, *eb. ll.*-au. golchwraig.
LAUNDRESS.

gold, *eg.* aur ; gold Mair. GOLD ;
MARIGOLD.

goldwir, *eg.* weiren aur. GOLD WIRE.

goldyn, *eg.* darn o aur. GOLD PIECE.

goledlwm, *a.* carpiog. THREADBARE.

goleddf, *eg.* gogwydd, llethr. SLANT,
DIP.
Ar oleddf : ar ogwydd. SLANTING.

goleithychu, *be.* osgoi. TO AVOID.

golesol, *a.* buddiol. BENEFICIAL.

*goleuad, *eg. ll.*-au. golau, peth sy'n rhoi golau. ILLUMINATION, LIGHT.

*goleuaint, *eg.* goleuni. LIGHT.

goleuannu, *be.* gweler *goleuo.*

goleuder, *eg.* goleuni, disgleirdeb. LIGHT, BRIGHTNESS.

goleudwr, *eg. ll.*-dyrau. tŵr a golau arno. BEACON.

goleudy, *eg. ll.* goleudai. tŵr a golau ynddo i gyfarwyddo llongau. LIGHT-HOUSE.

goleuddydd, *eg.* dydd golau, lliw dydd. BROAD DAY.

goleuedigaeth, *eb.* goleuni. ENLIGHT-ENMENT.

*goleufaint, *eg.* goleuni. LIGHT.

*goleufynag, *eg.* arwydd sicr. PORTENT, DEMONSTRATION.

*goleugerth, *a.* disglair, llachar. BRIGHT, LUMINOUS.

goleuhau, *be.* goleuo ; cynnau. TO LIGHT (UP).

*goleulawn, *a.* yn llawn golau, disglair. REFULGENT.

*goleune, *eg.* arlliw golau. LIGHT HUE.

goleuni, *eg.* golau, gwawl, llewyrch. LIGHT.

goleuo, *be.* gwneud yn olau, cynnau, pefrio, llanw â goleuni. TO LIGHT, TO ENLIGHTEN, TO GLITTER.

goleuedig, *a.* wedi ei gynnau neu'i oleuo. LIGHTED.

*goleurwydd, *eg.* goleuni. LIGHT.

goleuwr, *eg. ll.*-wyr. un sy'n goleuo. LIGHTER.

*golid, *a.* barus. GREEDY.

golif, *eg.* llifiad i maes, dylifiad. OUTFLOW.

*golinio, *be.* pwnio, curo. TO BEAT.

*golithro, *be.* llithro'n dawel. TO GLIDE.

*golo(i), 1. *eg.* gorchudd. COVERING.
2. *be.* gorchuddio, claddu. TO COVER, TO BURY.

*golochwyd, *eg.* gweddi ; lle di-diarffordd, noddfa. PRAYER ; RE-TREAT.

*golofrudd, *a.* creulon ; trist. CRUEL ; SAD.

*goloi, *be.* gweler *golo.*

golosg, *eg.* defnydd tân a geir o lo ; côc, marwor. COKE.

golosgi, *be.* llosgi'n rhannol. TO CHAR, TO SINGE.

*golud, *a.* taer, cyson, diollwng. PERSISTENT.

golud, *eg. ll.*-oedd. cyfoeth, da lawer, meddiant, digonedd. WEALTH, RICHES.

goludog, *a.* cyfoethog, cefnog, arian-nog. WEALTHY, RICH.

*goludd,   ⎫ 1. *eg.* rhwystr. HIND-
*goluddias, ⎬RANCE. 2.*be.* llesteirio.
*goluddio,   ⎭ TO HINDER.

*golwch, 1. *eg.* addoliad, gweddi. WORSHIP, PRAYER.
2. *be.* addoli, gweddïo. TO WOR-SHIP, TO PRAY.

golwg, *egb. ll.* golygon. 1. y gallu i weld, trem. SIGHT.
2. drych. APPEARANCE.
3. golygfa. VIEW.
O'r golwg. OUT OF SIGHT.
Golygon. EYES.

*golwrch, *eg. ll.*-yrchau. blwch. BOX.

*golwybr, *eg. ll.*-au. llwybr. PATH.

golwyth, *eg.* : golwythen, *eb.* : gol-wythyn, *eg. ll.* golwythion. sleisen, ysglisen, darn tenau o gig moch, darn mawr o gig. RASHER, CHUNK, CHOP.

*golychu, *be.* addoli, gweddïo. TO WORSHIP, TO PRAY.

*golychwin, *a.* lled frwnt. RATHER DIRTY.

*golychwyd, *eg.* gweler *golochwyd.*

*golygawd, *eg.* gwedd, golwg ; gol-ygfa. APPEARANCE ; VIEW.

golygfa, *eb. ll.* golygfeydd. golwg, yr hyn a welir o gwmpas, ar lwyfan, etc. SCENERY, SCENE, VIEW.

golygiad, 1. *eg. ll.*-au. golwg ; agwedd. VIEW ; ASPECT.
2. *eg. ll.*-iaid. gwyliwr. WATCHER.

golygiaeth, *eb.* y weithred o olygu (llyfr, etc.). EDITORSHIP.

*golygoedd, *ell.* llygaid. EYES.

golygol, *a.* gweledol. VISUAL.

golygu, *be.* 1. meddwl, tybio, bwriadu, amcanu, arwyddo, awgrymu, ar-wyddocáu. TO MEAN, TO IMPLY.
2. paratoi i'r wasg. TO EDIT.

golygus, *a.* hardd, prydferth, teg, glân, telaid, lluniaidd, gweddaidd. HANDSOME, GOOD-LOOKING.

*golygstawdr, *eg.* lladmerydd. INTER-PRETER.

golygwedd, *eb. ll.*-au. agwedd, nod-wedd. ASPECT, FEATURE.

golygydd, *eg. ll.*-ion, golygwyr. un sy'n paratoi papur, etc. i'r wasg. EDITOR.

golygyddiaeth, *eb.* gwaith neu swydd golygydd. EDITORSHIP.

golygyddol, *a.* yn ymwneud â gol-ygydd. EDITORIAL.

*golywy, *a.* hardd. FAIR.

*golymhau, ⎫ *be.* rhoi min. TO WHET.
golym(u), ⎭

*golyth, *a.* 1. gwan. WEAK.
2. llesg. INFIRM.

*gollewin, 1. *eg.* gorllewin. WEST.
2. *a.* gorllewinol. WESTERN.

*golluch, *a.* 1. tanbaid. FIERY.
2. ffyrnig. FIERCE.

gollwng, *be.* 1. gadael yn rhydd, rhoi rhyddid i, rhyddhau. TO RELEASE.
2. colli, diferu. TO LEAK.
Gollwng dros gof : gollwng yn angof. TO FORGET.

gollyngdod, *eg.* rhyddhad oddi wrth boen neu drallod, etc. ; maddeuant pechodau drwy offeiriad. RELIEF ; ABSOLUTION.

gollyngiad, *eg.* y weithred o ollwng, rhyddhad. SHEDDING, RELEASE, LIBERATION.

*gomach, *eg. ll.*-au. coes. LEG.

gomedd, *be.* nacáu, pallu, gwrthod. TO REFUSE.

gomeddiad, *eg. ll.*-au. gwrthodiad, nacâd. REFUSAL.

gomeddwr, *eg. ll.*-wyr. gwrthodwr. REFUSER.

*gomyniad, *eg. ll.*-iaid. 1. cymynwr. HEWER.
2. lladdwr. KILLER.

*gomynu, *be.* 1. cymynu. TO HEW.
2. lladd. TO KILL.

gonest : onest, *a.* didwyll, unplyg, diddichell, uniawn, cywir. HONEST, SINCERE.

gonestrwydd : onestrwydd, *eg.* didwylledd, geirwiredd. HONESTY, SINCERITY.

*gonofi, *be.* 1. crafu. TO CHAFE, TO STAIN.
2. ysu. TO FRET.

*gonofio, *be.* arnofio. TO FLOAT.

göoer, *a.* oeraidd. COOL.

göoeri, *be.* oeri. TO COOL.

gôr, *eg.* crawn, madredd, gwaedgrawn. MATTER, PUS.

gor-, *rhagdd.* dros, tra, rhy (fel yn *gor-hoff*). OVER-. SUR-.

*goradain, *a.* 1. asgellog. WINGED.
2. cyflym iawn. VERY SWIFT.

*gorafun, *be.* gweler *gwarafun.*

*gorair, *eg. ll.*-eiriau. adferf. ADVERB.

*goralw, *be.* gweiddi. TO SHOUT.

*gorallt, *eb.* 1. bryn. HILL.
2. llethr. SLOPE.

gorau, *a.* gradd eithaf *da.* BEST.
O'r gorau. VERY WELL ; OF THE BEST.
Rhoi'r gorau i. TO GIVE UP.

gorawen, 1. *eb.* hyfrydwch, nwyf, gorfoledd. JOY, ELATION, RAPTURE.
2. *a.* llawen, hyfryd. JOYOUS.

*gorawenu, *be.* llawenhau. TO REJOICE.

*gorawenus, *a.* gorfoleddus, llawen. JOYOUS, RAPTUROUS.

gorawydd, *eg.* awydd eithafol. MANIA, OVER-EAGERNESS.

*gorborth, *eg.* cynhorthwy. AID.

*gorchadw, *be.* gwarchod. TO WATCH, TO GUARD.

*gorchaead, *eg.* gorchudd, clawr. COVER(ING).

*gorchaled, *a.* garw, sarrug. HARSH.

*gorchan, 1. *eb. ll.*-au. cân, dysg. SONG, LEARNING.
2. *be.* dysgu. TO TEACH.

*gorcharfan, *eg. ll.*-au, -edd. cnawd wrth fôn dannedd. GUM.

*gorchaw, *eg. ll.*-on. y perthynas pellaf yn y seithfed ach. FIFTH COUSIN.

*gorcheifn, *eg.* y perthynas pellaf ond un yn y seithfed ach. FOURTH COUSIN.

*gorchest, *eg.* cwestiwn, galw, eisiau. QUESTION, NEED.

gorchest, *eb. ll.*-ion. camp, gwrhydri, gweithred fedrus a beiddgar, rhagoriaeth. FEAT, EXCELLENCE.

gorchestol, *a.* meistrolgar, meistrolaidd, rhagorol, medrus, deheuig. MASTERLY.

gorchestu, *be.* cyflawni gorchest. TO ACCOMPLISH A FEAT.

gorchestwaith, *eg. ll.* gorchestweithiau. campwaith. MASTERPIECE.

*gorchfan, *eg.* 1. lloches. RETREAT.
2. gorchudd. COVER.

gorchfygedig, *a.* wedi colli. DEFEATED.

gorchfygiad, *eg. ll.*-au. trechiad, dymchweliad, yr act o golli. DEFEAT.

gorchfygol, *a.* buddugol, buddugoliaethus, wedi ennill. VICTORIOUS.

gorchfygu, *be.* trechu, maeddu, ffusto, curo, ennill, goresgyn. TO DEFEAT, TO CONQUER, TO SUBDUE.

gorchfygwr, *eg. ll.*-wyr. trechwr. VICTOR.

*gorchlan, *eb.* mintai, uchelgor. HOST, HIGH CHOIR.

gorchmynnol, *a.* (mewn gramadeg) yn ymwneud â'r modd sy'n cyfleu gorchymyn, angenrheidiol. IMPERATIVE.

*gorchordd, *eg. ll.*-ion. llu, torf. HOST.

*gorchrain, *be.* darostwng. TO SUBJUGATE.

gorchudd, *eg. ll.*-ion. 1. yr hyn sy'n cuddio. COVERING.
2. llen. VEIL.

gorchuddio, *be.* toi, cysgodi, gor-doi, dodi dros. TO COVER.

*gorchwy, 1. *eg.* darpariaeth, arlwy. PREPARATION.
2. *be.* darparu, arlwyo. TO PREPARE.

*gorchwydd, 1. *eg.* balchder, llid. PRIDE, ANGER.

2. *be.* llidio. TO BECOME ANGRY.

gorchwyl, *eg. ll.*-ion. tasg, gwaith, gweithred. TASK, OCCUPATION, UNDERTAKING, JOB.

gorchwyledd, *eg.* swildod, gwyleidd-dra. SHYNESS, MODESTY.

*gorchyfannedd, *ell.* cnawd wrth fôn dannedd. GUMS.

*gorchyfygu, *be.* gweler *gorchfygu.*

gorchymyn, *be.* rheoli, hawlio, erchi, gorfodi peth ar rywun. TO COMMAND·

gorchymyn, *eg. ll.* gorchmynion. arch, archiad, ordor, y peth a orchmynnir· COMMAND.

*gorchynnan, 1. *eg.* twrf, trwst, sŵn. NOISE, BABBLE.

2. *a.* trystiog. NOISY.

gor-doi, *be.* cuddio'n gyfan gwbl. TO OVERSPREAD.

gordyfiant, *eg.* gormod o dwf. HYPER-TROPHY.

gordyfu, *be.* tyfu gormod. TO OVER-GROW.

gordd, *eb. ll.* gyrdd. morthwyl pren, mwrthwl trwm gof, etc. MALLET, SLEDGE-HAMMER.

gorddadwy, *a.* y gellir ei droi i ffurf plât drwy forthwylio. MALLEABLE.

*gordd-dorch, *eb.* coler. COLLAR.

*gordden, 1. *be.* bodloni, rhyngu bodd. TO PLEASE.

2. *a.* nerthol. MIGHTY.

gordderch(iad), *eg. ll.*-au. cariad; godinebwr; cywely. WOOER, SWEET-HEART; ADULTERER; CONCUBINE.

Mab gordderch. ILLEGITIMATE SON.

gorddercholwr, *eg. ll.*-wyr. milwr dethol, goreugwr. CHOICE SOLDIER, NOBLEMAN.

gordderchu, *be.* caru; godinebu. TO WOO; TO COMMIT ADULTERY.

gordderchwr, *eg. ll.*-wyr. carwr; god-inebwr. WOOER; ADULTERER.

*gordderi, 1. *eg.* twrf. CLAMOUR.

2. *be.* gweiddi, llefain. TO SHOUT.

*gorddethol, ⎫ *a.*detholedig. SELECT.
*gorddewis, ⎭

*gorddiberth, *a.* rhuthrol, ysgubol. RUSHING.

*gorddifanw, 1. *eg.* siom. DISAPPOINT-MENT.

2. *a.* ofer, diwerth. VAIN.

*gorddifwng, *a.* anorthrech. INSUPER-ABLE.

*gorddin, *eg.* gormes, cyrch, cym-helliad. OPPRESSION, ATTACK, COM-PULSION.

*gorddineu, *be.* arllwys; bwrw. TO POUR; TO CAST.

*gorddino, *be.* gormesu, cymell, gyrru, ysbarduno. TO OPPRESS, TO COMPEL.

gorddïog, *a.* araf, swrth. SLUGGISH.

*gorddiwes, *be.* goddiweddyd; ennill; cyflawni. TO OVERTAKE; TO GAIN; TO COMPLETE.

gorddod, *eb.* ergyd gordd. SLEDGE-HAMMER STROKE.

gorddor, *eb. ll.*-au. clwyd fach, drws bach. WICKET, HATCH.

*gorddrud, *a.* gwrol iawn. VERY BOLD.

*gorddrws, *eg.* capan drws; gorddor. LINTEL; WICKET.

*gorddwfr, *eg.* blaenau afon. UPPER REACHES OF RIVER.

*gorddwy, *eg.* gorthrwm, trais. OP-PRESION, VIOLENCE.

gorddwyn, *eg.* gordd. MALLET.

*gorddwyo, *be.* gorthrymu, gorfodi. TO OPPRESS, TO COMPEL.

*gorddwyol, *a.* gormesol. OPPRESSIVE.

*gorddwyrain, *be.* dyrchafu. TO EX-ALT, TO RAISE.

gorddwythiad, *eg. ll.*-au. diddwythiad naturiol. COROLLARY.

*gorddyar, 1. *a.* tyrfus, croch. LOUD.

2. *eg.* twrf, sŵn. NOISE.

*gorddyfn, 1. *a.* arferol, cyffredin. HABITUAL.

2. *eg.* arfer. HABIT.

*gorddyfnaid, 1. *be.* ymarfer â, bod yn gynefin â. TO BE USED TO.

2. *eg.* arfer. HABIT.

*gorddyfnedig, *a.* arferol. HABITUAL.

*gorddyfnu, *be.* ymarfer â. TO BE USED TO.

*gorddygnawd, *a.* taer. PERSISTENT.

*gorddywal, *a.* llidiog, ffyrnig. ANGRY, FEROCIOUS.

*gorefras, *eg.* defod, arfer. CUSTOM.

*goreilid, 1. *eg.* gofid; pwys, baich. WORRY; WEIGHT, BURDEN.

2. *be.* gofidio, gormesu. TO WORRY, TO OPPRESS.

*goreistedd, *be.* diogi. TO IDLE.

*gorenw, *eg. ll.*-au. cyfenw. SURNAME.

*goresgyn,*eg.*1.meddiant. POSSESSION.

2. concwest. CONQUEST.

3. tir gorchfygedig. CONQUERED TERRITORY.

goresgyn, *be.* gorchfygu, trechu, gor-mesu, llifo dros. TO CONQUER, TO OVERRUN.

goresgyniad, *eg. ll.*-au. gorchfygiad, trechiad, gormes. INVASION, CON-QUEST.

goresgynnwr, *eg. ll.*-ynwyr. }
goresgynnydd, *eg. ll.*-ynyddion. }
gorchfygwr. CONQUEROR, INVADER.
*goresgynnydd, *eg.* ŵyr i ŵyr.
GRANDCHILD OF A GRANDCHILD.
*gorestwng, *be.* goresgyn. TO CONQUER.
*goreth, *eb.* darn o liain mewn clwyf.
A TENT FOR A WOUND.
*goreu, *bf.* gwnaeth. HE MADE, HE DID.
goreuaeth, *eb.* optimistiaeth. OPTIMISM·
*goreugwyr, *ell.* gwŷr gorau, pen-
defigion. FOREMOST MEN, ARISTOC-
RACY.
*goreurin, *a.* euraid. GILT.
goreuro, *be.* gorchuddio ag aur. TO
GILD.
goreurog, *a.* goreuraid. GILT.
goreuydd, *eg. ll.*-ion. optimist. OPTI-
MIST.
*gorewydd, 1. *a.* nwyfus, trythyll.
SPIRITED, WANTON.
   2. *eg.* trythyllwch. LECHERY.
gorewyn, *eg.* beiston (ewynnog). SURF.
*gorewyn(og), *a.* ewynog. FOAMING.
gorfael(iaeth), *eb.* monopoli. MONO-
POLY.
*gorfaes, *eg.* brwydr. BATTLE.
gorfannol, *a.* yn perthyn i orfant.
ALVEOLAR.
gorfant, *eg. ll.*-nnau. twll bach megis
twll i ddant, cell. ALVEOLUS.
*gorfaran, *eg.* llid. FURY.
gorfedd, *be.* gorwedd. TO LIE DOWN.
*gorfeddawd, *eg.* rheolaeth, meddiant.
RULE, POSSESSION.
*gorfeddu, *be.* rheoli, meddiannu. TO
RULE, TO POSSESS.
*gorfelyn, *a.* euraid. GOLDEN.
*gorferw, *eg.* ewyn. FOAM, SCUM.
*gorflawdd, *eg.* cyffro. UPROAR,
TUMULT.
*gorfloddiad, *eg.* cyffrowr. AGITATOR.
*gorfloeddog, *a.* swnllyd, bloeddfawr·
NOISY, SHOUTING.
*gorflwch, *eg. ll.*-flychau. cwpan, ffiol.
CUP, GOBLET.
*gorflwng, *a.* dicllon, ffyrnig. ANGRY,
FIERCE.
*gorfod, 1. *eg.* buddugoliaeth. VICTORY.
   2. *be.* goresgyn, gorchfygu, trechu ;
goroesi. TO OVERCOME, TO CON-
QUER ; TO SURVIVE.
gorfod[1], *eg.* : gorfodaeth, *eb.* rheid-
rwydd, rhwymau, rhwymedigaeth,
cymhelliad. OBLIGATION.
gorfod[2], *be.* bod dan rwymedigaeth. TO
BE OBLIGED.
*gorfodedd, *eg. ll.*-au. buddugoliaeth.
VICTORY.

gorfodi, *be.* gosod dan rwymedigaeth,
gyrru, treisio, gorthrechu, gwthio.
TO COMPEL, TO CONSCRIPT.
*gorfodog, *eg.* buddugwr ; gwarantwr.
VICTOR ; GUARANTOR.
gorfodog, *eg. ll.*-ion. un wedi ei orfodi
i wasanaeth milwrol. CONSCRIPT.
gorfodogaeth, *eb.* atafaeliad, neill-
tuaeth. SEQUESTRATION.
*gorfodogi, *be.* gwahanu, gosod o'r
neilltu, dwyn ymaith. TO SEQUESTER.
gorfodol, *a.* rheidiol, o reidrwydd,
rhwymedig, trwy rym, trwy or-
fodaeth. COMPULSORY.
*gorfodrif, *eg.* mwyafrif. MAJORITY.
gorfoledd, *eg.* llawenydd, y stad o fod
wrth ei fodd neu'n falch. REJOICING.
gorfoleddu, *be.* llawenhau, llawenychu,
ymlawenhau, ymfalchïo. TO REJOICE.
gorfoleddus, *a.* llawen, llon, balch.
JOYFUL.
gorfoliant, *eg.* gweniaith. FLATTERY.
*gorfryd, *eg.* balchder, trais. PRIDE,
VIOLENCE.
gorfychan, *a.* bach iawn. INFINITESI-
MAL.
gorfychanyn, *eg.* swm gorfychan.
INFINITESIMAL.
*gorfudd, *a.* buddugoliaethus. VICTOR-
IOUS.
*gorfyddawdr, *eg. ll.*-odron. buddug-
wr. VICTOR.
*gorfyddog, *a.* buddugol. VICTORIOUS.
*gorfyn, *a.* angerddol, taer. ARDENT,
PERSISTENT.
*gorfynaig, *eg.* awydd, gobaith.
DESIRE, HOPE.
*gorfynnig, *a.* eiddgar, eiddigus. KEEN,
JEALOUS.
*gorfynog, *a.* eiddgar. KEEN.
*gorfynt, *eg.* cenfigen ; uchelgais.
JEALOUSY ; AMBITION.
*gorfynydd, *eg.* ucheldir. HIGHLAND.
gor-fyw, *be.* goroesi. TO SURVIVE, TO
OUTLIVE.
*gorffeigio, *be.* dylifo. TO FLOW.
gorffen, *be.* dibennu, diweddu, cwpláu,
terfynu, tynnu i ben, darfod. TO
FINISH.
gorffenedig, *a.* wedi ei orffen, cabol-
edig, perffaith. FINISHED, PERFECT.
gorffeniad, *eg.* diweddiad, terfyniad.
FINISH, COMPLETION.
Gorffennaf, *eg.* y seithfed mis. JULY.
gorffennol, 1. *eg.* yr amser a fu, yr
amser gynt. THE PAST.
   2. *a.* wedi mynd heibio, wedi bod,
cyn. PAST.
*gorfferchi, *be.* parchu. TO RESPECT.
*gorfflemychu, *be.* disgleirio. TO SHINE.

*gorffowys, 1. egb. gorffwys, gorffwys-fa, llonyddwch. REST, RESTING PLACE, QUIET.

2. be. gorffwys, tawelu. TO REST, TO BECOME QUIET.

*gorffryd, 1. eg. gormod, ychwaneg. EXCESS, MORE.

2. a. gormodol. EXCESSIVE.

gorffwyll : gorffwyllog, a. ynfyd, o'i gof, gwallgof, gwyllt, cynddeiriog. MAD.

gorffwyllo, be. ynfydu, mynd o'i gof, gwallgofi, gwylltu, cynddeiriogi, gwynfydu. TO RAVE.

gorffwyllog, eg. dyn gorffwyll. MANIAC.

gorffwylltra : gorffwylledd, eg. yn-fydrwydd, gwallgofrwydd, gwyllt-ineb, cynddaredd. MADNESS.

*gorffwyr, eg. ofn, dychryn. FEAR.

gorffwys[1] : gorffwyso, be. cymryd seibiant, ymorffwys, aros, esmwytho, llonyddu, tawelu. TO REST.

gorffwys[2], eg. esmwythdra. REST.

gorffwysfa, eg. ll.-oedd. lle i orffwys. RESTING-PLACE.

*gorffywys, be. gweler gorffowys.

*gorgordd, eb. gweler gosgordd.

gorgyffwrdd, be. ymestyn y naill dros y llall. TO OVERLAP.

gorhendaid,eg.ll. gorhendeidiau.: gor-hendad, eg. ll.-au. taid tad, tad-cu tad rhywun. GREAT GRANDFATHER.

gorhenfam, eb. ll.-au. hen fam-gu. GREAT GRANDMOTHER.

*gorhëwg, a. bywiog, eiddgar, cyflym. LIVELY, KEEN, SWIFT.

*gorhoen, eg. lliw ; disgleirdeb, teg-wch ; llawenydd. COLOUR ; BRILL-IANCE, BEAUTY ; EXULTATION.

*gorhoff, a. gwych, campus. EX-CELLENT.

*gorhoffder, } eg. moliant, ymffrost.
*gorhoffedd, } PRAISE, BOAST.

gori, be. 1. deor, deori, eistedd ar wyau. TO BROOD, TO HATCH.

2. crawni, crynhoi, casglu. TO FESTER.

*goria(i)n, eg. be. gweiddi. TO SHOUT.

gorifyny(dd), eg. esgyniad, rhiw, tyle, codiad, bryn, allt. ASCENT.

*goriog, a. swnllyd, tyrfus. NOISY.

goris, ardd. dan, o dan. BELOW, UNDER.

goriwaered, eg. disgyniad, disgynfa, tir sy'n disgyn, llethr. DESCENT.

gorlanw, eg. penllanw. HIGH TIDE.

*gorlasar, a. gloywlas. BRIGHT BLUE, BRIGHT GREEN.

*gorlasawg, a. ag arfau glas. WITH BLUE WEAPONS.

gorlawn, a. yn fwy na llawn. OVER-FLOWING.

*gorlechwedd, eg. llethr. SLOPE.

gorlenwi, be. llanw'n ormodol. TO OVERFILL.

gorlif, eg. llif gormodol. OVERFLOW, FLOOD.

gorlifo, be. llifo dros yr ymyl, goresgyn. TO OVERFLOW, TO OVERRUN.

gorliwio, be. lliwio'n ormodol. TO EXAGGERATE, TO OVER-COLOUR.

*gorloes, eg. murmur. MURMUR.

gorludded, eg. gorflinder. EXHAUSTION.

*gorllad, eg. afiaith. ECSTASY.

gorllanw, eg. penllanw. HIGH TIDE.

*gorllechu, be. cuddio. TO HIDE.

gorllenwi, be. llanw i'r ymylon. TO FILL TO THE BRIM.

gorllewin, eg. cyfeiriad machlud haul. WEST.

gorllewinol, a. yn ymwneud â'r gor-llewin, tua'r gorllewin. WESTERN.

*gorllin, 1. eg. rhysedd ; camp ; gormes. EXCESS ; FEAT ; OPPRESSION.

2. a. campus. EXCELLENT.

gorlliw, eg. disgleirdeb. BRILLIANCE.

*gorlludd, 1. eg. rhwystr. HINDRANCE.

2. be. rhwystro. TO HINDER.

*gorllwrw, eg. ffordd ; hynt. WAY ; COURSE.

*gorllwybr, eg. llwybr, trywydd. TRACK.

*gorllwyn, 1. be. aros, gwylio am. TO WAIT FOR.

2. eg. rhagod. AMBUSH.

gorllyd, a. clwc. BROODY.

*gorllyfnu, be. llyfnhau, caboli. TO SMOOTH, TO POLISH.

*gormail, eg. ll.-eilion. gormes, trais, gorchfygiad. OPPRESSION, CONQUEST.

*gormant, 1. eg. gormodedd. EXCESS.

2. a. gormodol ; rhagorol. EX-CESSIVE ; EXCELLENT.

*gormeil(i)o, be. gorchfygu, gormesu. TO CONQUER, TO OPPRESS.

*gormeisiad, eg. ll.-iaid. gormeswr, treisiwr. OPPRESSOR, MOLESTER.

gormes : gormesiad, eg. triniaeth arw, gorthrech, gorthrwm, gorth-rymder. OPPRESSION, TYRANNY, IN-VASION.

gormesol, a. gorthrymus, llethol. TYRANNICAL, OPPRESSIVE, BURDEN-SOME.

gormesu, be. trin yn arw, llethu; gorthrechu, gorthrymu. TO OPPRESS, TO MOLEST, TO INVADE.

gormeswr : gormesydd, eg. ll. gor-meswyr. un sy'n gormesu, gorthrym-wr. OPPRESSOR, TYRANT.

gormod : gormodd, *a.* ac *adf.* mwy na digon. TOO MUCH.

gormod : gormodedd : gormodaeth, *eg.* yr hyn sydd dros ben yr angen, rhysedd. EXCESS, EXAGGERATION, SUPERABUNDANCE.

gormodiaith, *eb.* ymadrodd eithafol neu ormodol, e.e. y car yn mynd fel mellten. HYPERBOLE.

gormodol, *a.* eithafol, mwy na digon. EXCESSIVE.

*gormodd-der, *eg.* gormodedd. EXCESS.

*gormwyth, *eg.* blinder, gofid. WORRY.

*gorne, *eg.* lliw, gwedd. COLOUR, APPEARANCE.

gornest, *eb.* ornest, ymryson, ymladdfa, ymddadlau. CONTEST, BATTLE.

　　Her-ornest. CHAMPIONSHIP.

*gorober, *eg.* gorchest, gweithred. FEAT, ACT.

*gorod, *eg.* cuddfan. HIDING PLACE.

*goroen, *eb.* gweler *gorhoen.*

goroesi, *be.* gor-fyw, byw ar ôl, para'n fyw wedi. TO OUTLIVE, TO SURVIVE.

goroesiad, *eg.* *ll.*-au. y weithred o oroesi. SURVIVAL.

goroeswr, *eg.* *ll.*-wyr. un sydd wedi goroesi. SURVIVOR.

gorofal, *eg.* gormod o ofal. EXCESSIVE CARE.

gorofalu, *be.* cymryd gormod o ofal, pryderu, gofidio. TO TAKE TOO MUCH CARE, TO WORRY.

goror, *egb.* *ll.*-au. ffin, cyffin, terfyn, ymyl. BORDER.

　　Y Gororau. THE MARCHES.

gorsaf, *eb.* *ll.*-oedd. y lle y saif rhywbeth neu rywun, y lle y bydd teithwyr yn mynd ar drên, etc. ; arhosfa, stesion. STATION.

*gorsangu, *be.* sathru. TO TREAD.

gorsedd, *eb.* *ll.*-au.: gorseddfa, *eb. ll.*-oedd.: gorseddfainc, *eb. ll.* gorseddfeiniau. sedd brenin, brenhinfainc, sedd y coronir brenin arni. THRONE.

　　Gorsedd y Beirdd : Yr Orsedd. THE GORSEDD OF BARDS (BARDIC INSTITUTION).

*gorsedd, *eb. ll.*-au.
*gorseddfa, *eb. ll.*-oedd, -feydd. }

　　1. trigfan, llys (barn), cymanfa. DWELLING-PLACE, LAW-COURT, ASSEMBLY.

　　2. bryncyn. MOUND.

gorseddiad, *eg.* y weithred o orseddu. ENTHRONEMENT, INSTALLATION.

*gorseddog, *eg.* pennaeth, arweinydd. CHIEFTAIN, LEADER.

*gorseddu, *be.* preswylio, aros. TO DWELL, TO REMAIN.

gorseddu, *be.* gosod ar orsedd. TO ENTHRONE.

*gorsefyll, *be.* gwrthsefyll. TO WITHSTAND.

*gorsied, *eg.* arfau i amddiffyn y gwddf. GORGET.

*gorsin(g), *eb. ll.*-au. post, cynhaliwr, post drws, ystlysbost, rhiniog. POST, SUSTAINER, DOOR-POST, JAMB, THRESHOLD.

*gorten, *a.* nerthol. STRONG.

*gortrech, *eg.* gweler *gorthrech.*

*gorthaw, *eg.* distawrwydd. SILENCE.

*gorthewi, *be.* distewi. TO BECOME SILENT.

*gorthir, *eg.* tir uchel, mynydd ; goror. HIGHLAND ; BORDER.

*gortho, *eg.* gorchudd, bedd, gwisg, amddiffyn. COVERING, GRAVE, DRESS, PROTECTION.

*gorthoi, *be.* gorchuddio. TO COVER.

*gorthorch, *eb. ll.*-theirch. coler, cadwyn. COLLAR, CHAIN.

*gorthorri, *be.* dryllio. TO BREAK.

gorthrech, *eg.* gorthrymder, gormes, trais, gorthrwm. OPPRESSION, COERCION, VIOLENCE.

gorthrechu, *be.* gorthrymu, llethu, gormesu, treisio. TO OPPRESS, TO OVERCOME, TO PREVAIL.

gorthrechwr, *eg.* *ll.*-wyr. gorchfygwr, gormeswr. CONQUEROR, OPPRESSOR.

*gorthrin, *eb.* brwydr ; ymdrech. BATTLE ; EFFORT.

*gorthrwm, *a.* trwm iawn. VERY HEAVY.

gorthrwm, *eg.* gorthrymder, gormes, gorthrech, trais. OPPRESSION.

gorthrymder, *eg.* *ll.*-au. 1. gormes, gorthrwm. OPPRESSION, HEAVINESS.

　　2. trallod, gofid, cystudd. TRIBULATION, VEXATION.

gorthrymedig, *a.* dan orthrwm neu ormes. OPPRESSED.

gorthrymu, *be.* llethu, gormesu, gorthrechu. TO OPPRESS.

gorthrymus, *a.* gormesol. OPPRESSIVE.

gorthrymwr : gorthrymydd, *eg. ll.* gorthrymwyr. gormeswr, treisiwr. OPPRESSOR.

gorthwr, *eg.* *ll.*-yrau. twˆr. KEEP.

*gorthwys, *eg.* arweinydd, arglwydd. LEADER, LORD.

*gorubl, *a.* gwael ; brawychus. POOR ; HORRIBLE.

goruchaf, *a.* eithaf, prif, pennaf. SUPREME.

    Y Goruchaf. THE MOST HIGH, GOD.

goruchafiaeth, *eb.* meistrolaeth, uchafiaeth, arglwyddiaeth, yr awdurdod neu'r gallu uchaf. SUPREMACY, VICTORY, MASTERY, ASCENDANCY.

goruchel, *a.* aruchel, uchel iawn. LOFTY, SUBLIME.

goruchelder, *eg.* copa, rhan uchaf. PEAK, CREST.

goruchwyliaeth, *eb.* arolygiaeth, gweinyddiad, trefn, camp, tasg. SUPERVISION, STEWARDSHIP, OVERSIGHT.

goruchwylio, *be.* arolygu, cyfarwyddo, rheoli, trefnu. TO SUPERVISE.

goruchwyliwr, *eg. ll.* goruchwylwyr. arolygwr, rheolwr, trefnwr. SUPERVISOR, MANAGER.

***gorug,** *bf.* gwnaeth. HE MADE, HE DID.

***gorugo,** *be.* torri, gwanu. TO BREAK, TO PIERCE.

***gorun,** *eg.* sŵn, brwydr, bloedd. NOISE, BATTLE, SHOUT.

gorunig, *a.* arbennig iawn, ar ei ben ei hun. UNIQUE.

***goruthr(us),** *a.* arswydus, rhyfeddol. HORRIBLE, WONDROUS.

goruwch, *ardd.* uwchben, uwchlaw, dros. ABOVE, OVER.

goruwchnaturiol, *a.* tu hwnt i ddeddfau natur. SUPERNATURAL.

goruwch-ystafell, *eb.* ystafell uwchben. UPPER ROOM.

gorwag, *a.* ofer, gwag iawn. VAIN, EMPTY.

gorwagedd, }
***gorwagrwydd,** } *eg.* oferedd. VANITY.

gorwahannod, *eg. ll.*-nodau. colon. COLON.

***gorwall,** *eg.* esgeulustod. NEGLECT.

gorwedd, *be.* gorffwys y corff yn ei hyd. TO LIE DOWN.

    Ar ei orwedd. LYING DOWN.

gorweddfa,*eb. ll.*-oedd. : **gorweddfan,** *eb. ll.*-nau. lle i orwedd. RESTING-PLACE, BED.

***gorweddfáu,** *be.* peri i orwedd. TO CAUSE TO LIE DOWN.

gorweddiad, *eg.* y weithred o orwedd. LYING DOWN.

gorweddian, *be.* lled-orwedd, lolian. TO LOUNGE.

gorweddog, } *a.* yn cadw gwely,
gorweiddiog, } tost, sâl. BEDRIDDEN.

gorweddol, *a.* yn gorwedd. RECUMBENT.

gorwegi, *eg.* gweler *gorwagedd.*

gorweithio, *be.* gweithio'n ormodol. TO OVERWORK.

gorwel, *eg. ll.*-ion. y llinell lle'r ymddengys bod y ddaear a'r wybren yn cyffwrdd â'i gilydd, terfyngylch. HORIZON.

***gorwenu,** *be.* gwenu. TO GRIN.

gorwireb, *eb. ll.*-au. gormodiaith. HYPERBOLE.

gorwisg, *eb. ll.*-oedd. llen, gwisg allanol. COVER, OUTER GARMENT.

gorwiw, *a.* tra rhagorol. SUPER-EXCELLENT.

gorwlad, *eb. ll.*-wledydd. gwlad gyffiniol. BORDERING COUNTRY.

gorwlychu, *be.* gwlychu, mwydo. TO WASH, TO DRENCH.

***gorwr,** *eg. ll.*-wyr. arwr ; gorddyn. HERO ; SUPERMAN.

gorwych, *a.* godidog, rhagorol. GORGEOUS, SUPERB.

gorwychder, *eg.* ysblander. SPLENDOUR.

gorwychu, *be.* addurno. TO EMBELLISH, TO DECORATE.

***gorwŷdd,** *eg.* ymyl coed, llechwedd goediog. EDGE OF WOOD, WOODED SLOPE.

***gorwŷdd,** *eg. ll.*-awd. ceffyl, march. STEED.

***gorwyddan,** *eg.* march ieuanc. YOUNG STEED.

***gorwyf,** *eg.* hynt ; balchder. COURSE ; PRIDE.

gorwyllt, *a.* gwyllt iawn, creulon. FRANTIC, CRUEL.

***gorwymp,** *a.* ysblennydd, gloyw. SPLENDID, BRIGHT.

gorwyn, *a.* (*b.* gorwen). gloyw, hardd. BRIGHT, BEAUTIFUL.

gorwyneb, *eg. ll.*-au. arwynebedd. SURFACE.

gorwyr, *eg. ll.*-ion. (*b.*-es). mab i ŵyr. GREAT-GRANDSON.

***gorwyrain,** } *eg.* dyrchafael, moliant.
***gorwyraith,** } EXALTATION.

***gorwyth,** *eg.* cyffro, llid. AGITATION, FURY.

***gorwythog,** *a.* cyffrous, llidiog. AGITATED, FURIOUS.

***gorymdaith,** *be.* cerdded, ymdeithio. TO WALK, TO JOURNEY.

gorymdaith, *eb. ll.* gorymdeithiau. y weithred o orymdeithio. PROCESSION.

gorymdeithio, *be.* cerdded yn ffurfiol. TO MARCH.

gorymdeithydd, *eg.* 1. teithiwr. TRAVELLER.

    2. aelod o orymdaith. PROCESSION-IST.

*gorymdda, *bf.* cerdda, ymdeithia. HE WALKS, HE JOURNEYS.

*gorymddaith, *be.* cerdded, ymdeithio. TO WALK, TO JOURNEY.

goryn, *eg. ll.*-nod. tosyn, llinoryn. PUSTULE.

gorynys, *eb. ll.*-oedd. darn o dir a dŵr ymron o'i amgylch. PENINSULA.

gorynysol, *a.* yn perthyn i orynys. PENINSULAR.

*gorysgalog, } *a.* yn gorlifo. OVER-
*gorysgelo, } FLOWING.

*gorysgwr, *eg. ll.*-wyr. iau ; trais, gwasgfa. YOKE ; OPPRESSION, A PRESSING.

*gorysgyn, *be.* gweler *goresgyn*.

gosaib, *eg. ll.*-seibiau. seibiant. PAUSE.

*gosail, *eg. ll.*-seiliau. sylfaen ; gwadn. FOUNDATION ; SOLE.

*gosawg, *eg.* gweler *gosog*.

*gosbaith, *eg.* ysbail ; ysbeiliwr. BOOTY ; PLUNDERER.

*gosbarth, *eg.* llywodraeth ; dosbarth. RULE ; CLASS.

gosber, *eg. ll.*-au. gweddi brynhawn, prynhawnol weddi ; yr hwyr. VESPER ; EVENING.

gosberol, *a.* yn perthyn i osber. VESPERTINE.

goseb, *eb.* 1. anrheg. GIFT.
    2. arhosiad, gwastadrwydd. STAY, CONSISTENCY.

*goseilio, *be.* sylfaenu. TO FOUND.

gosgedd, *eg. ll.*-au. ffurf, ffigur. FORM, FIGURE.

gosgeiddig, *a.* telaid, cain, prydferth, teg, lluniaidd. GRACEFUL, SHAPELY, HANDSOME, COMELY.

*gosgeth, *ebg.* ymddangosiad, pryd, ffurf. APPEARANCE, FACE, FIGURE.

*gosgo, *eg.* gweler *osgo*.

*gosgor, *eb.* } rhai sy'n heb-
gosgordd, *eb.ll.*-ion. } rwng rhai eraill i'w hamddiffyn, mintai o hebryngwyr, canlynwyr, gwarchodlu. ESCORT, RETINUE, HOST.

gosgorddlu, *eg. ll.*-oedd. hebryngwyr, gwarchodlu (brenin). RETINUE, BODY-GUARD.

*gosgryn, 1. *eg.* gwth, hergwd. PUSH.
    2. *be.* gwthio, bwrw. TO PUSH.

*gosgryniad, *eg.* gwthiwr. PUSHER.

*gosgymon, *eg.* tanwydd ; anogaeth. FUEL ; INCITEMENT.

goslef, *eb. ll.*-au. tôn, tonyddiaeth, codiad a gostyngiad y llais, oslef. INTONATION, TONE.

*gosmeithio, *be.* gweler *gosymddeithio*.

*gosod, 1. *be. ll.*-au. taro, ymosod. TO STRIKE, TO ATTACK.

    2. *eg. ll.*-au. ymosodiad, cyrch, ergyd. ATTACK, BLOW.

gosod, 1. *be.* sefydlu, dodi. TO PLACE. Gosod tŷ. TO LET A HOUSE.
    2. Gair technegol cysylltiedig â chelfyddyd canu penillion. A TECHNICAL TERM CONNECTED WITH THE ART OF PENILLION SINGING.
    3. *a.* ffug, heb fod yn wreiddiol. ARTIFICIAL, FALSE.
Dannedd gosod : dannedd dodi. FALSE TEETH.

gosodedig, *a.* wedi ei ddewis. SET, APPOINTED.

gosodiad, *eg. ll.*-au. haeriad, dywediad, trefniant. ASSERTION, ARRANGEMENT, PLACING, THESIS.

gosodiad, *eg. ll.*-au. rheol. RULE.

gosodwr, *eg. ll.*-wyr. } un sy'n gosod ;
gosodydd, *eg. ll.*-ion. } rhoddwr. PLACER, ONE WHO LETS; GIVER.

*gosog, *eg. ll.*-od. gwalch. GOSHAWK.

*goson, *eg.* trwst ; sôn. NOISE ; GOSSIP.

gosper, *eg.* gweler *gosber*.

gosteg, *eg.* 1. tawelwch, distawrwydd, taw, absenoldeb sŵn. SILENCE, HUSH, QUIET, LULL. 2. cân. SONG.
Gostegion priodas. MARRIAGE BANNS.
Ar osteg. IN PUBLIC.

*gosteg, *eb.* cyhoeddiad, preliwd. PROCLAMATION, PRELUDE.

gostegu, *be.* distewi, tewi, tawelu, llonyddu. TO SILENCE, TO STILL, TO SUBDUE.
Y gwynt yn gostegu. THE WIND DROPPING.

gostwng, *be.* iselu, darostwng, tynnu i lawr, lleihau, ymgrymu. TO LOWER, TO REDUCE, TO SUBDUE, TO BOW.
Gostwng y pris. TO LOWER THE PRICE.

gostyngedig, *a.* difalch, iselfrydig, ufudd, gwylaidd, diymffrost, diymhongar. HUMBLE.

gostyngeiddrwydd, *eg.* iselfrydedd, gwyleidd-dra. HUMILITY.

gostyngiad, *eg.* yr act o ostwng, lleihad. REDUCTION, DECREASE, FALL, HUMILIATION.

*gosymaith, } *eg.* ymborth, cyn-
*gosymd(d)aith, } haliaeth ; diwyg. FOOD, SUSTENANCE ; DRESS.

*gosymddeithio, *be.* cynnal, porthi. TO MAINTAIN, TO FEED.

*gosyml, *a.* ffôl ; ufudd. FOOLISH ; OBEDIENT.

*gosymwy, *a.* llafurus. LABORIOUS.

*gotew, } *eg.* ysbardun. SPUR.
*gotoyw, }

gowaered, *eg.* gwaered. DESCENT.

*****gowala**, *a.* digonol. WELL SUPPLIED.

*****gowenu**, *be.* glaswenu, gwenu. TO SMILE DISDAINFULLY.

*****gowni**, *eg.* gwnïad, pwyth. STITCH.

*****gowri**, *eb.* gwaedd. SHOUT.

*****gowychydd**, *a.* rhagorol. EXCELLENT.

*****gowyll**, *eg.* cyfnos. TWILIGHT.

*****gowyn**, *eg.* gwarth, sarhad. SHAME, INSULT.

*****gowythog**, *a.* creulon. CRUEL.

*****goysgub**, *a.* yn dysgub. SWEEPING.

gra, *eg.* ffwr, deunydd gwisg. FUR, DRESS MATERIAL.

graban, *e. torf.* gold yr ŷd. CORN MARIGOLD.

gradell, *eb. ll.* gredyll. maen, llechfaen, plât haearn i bobi bara neu deisenni. BAKESTONE, GRIDDLE.

 Bara'r radell : bara planc. GRIDDLE CAKE.

*****gradd**, *egb. ll.*-au. 1. cam ; hynt. STEP ; COURSE.

 2. urddas. DIGNITY, RANK.

gradd, *eb. ll.*-au. 1. safon, safle, urdd, gris. GRADE, DEGREE.

 2. urdd prifysgol. UNIVERSITY DEGREE.

 I raddau. TO SOME EXTENT.

 I raddau helaeth. TO A GREAT EXTENT.

graddeb, *eb. ll.*-ion. uchafbwynt. CLIMAX.

graddedig, *a.* wedi graddio. GRADUATED, GRADED.

graddedigion, *ell.* gwŷr gradd, rhai wedi ennill graddau mewn prifysgol. GRADUATES.

graddeg, *eb. ll.*-au. graddfa ; goleddf. SCALE ; GRADIENT.

graddfa, *eb. ll.* graddfeydd. mesur wedi ei raddio, safle, gris, safon, maint. SCALE.

*****graddfawr**, *a. ll.* graddforion. â chamau mawr. WITH GREAT STRIDES.

graddiad, *eg. ll.*-au. y weithred o raddio. GRADATION, GRADUATION, PROGRESSION.

graddiant, *eg.* llethredd, goleddf. GRADIENT.

graddio, *be.* 1. ennill gradd mewn prifysgol. TO GRADUATE.

 2. penderfynu safle, trefnu yn ôl graddau. TO GRADE.

graddnodi, *be.* nodi yn ôl graddau. TO GRADUATE.

graddol, *a.* araf, bob yn dipyn, ychydig ar y tro. GRADUAL.

 Yn raddol. BY DEGREES.

graddoliad, *eg.* graddiad. GRADATION, GRADUATION.

*****graddwr**, *eg. ll.*-wyr. gŵr mewn urddau. AN ORDAINED PERSON.

*****grae**, 1. *eg.* defnydd llwyd. GREY CLOTH.

 2. *a.* llwyd. GREY.

graean, *ell.* (*un. g.* greyenyn.) cerrig mân, tywod cwrs, gro. GRAVEL, GRIT, COARSE SAND.

*****graeandde**, *a.* graeanog. GRAVELLY.

graeanog, *a.* fel graean, yn cynnwys graean. GRAVELLY.

*****grael**, *eg.* greal. GRAIL.

graen, *eg.* 1. trefn haenau mewn coed, etc. GRAIN.

 2. crefft, gloywder, llewyrch, sglein, cyflwr. LUSTRE, GLOSS, CONDITION.

*****graen**, 1. *a.* trist, alaethus ; ofnadwy ; du. SAD ; TERRIBLE ; BLACK.

 2. *eg.* tristwch, alaeth ; ofn. SADNESS ; TERROR.

*****graendde**, *a.* brawychus. FEARFUL.

graenio, ⎫ *be.* dodi graen ar bren. TO
graenu, ⎭ GRAIN.

graenus, *a.* da ei raen, mewn cyflwr da, cain, gwiw, llewyrchus, llyfndew, telaid. OF GOOD APPEARANCE, SLEEK, GLOSSY, POLISHED.

*****groesaw**, 1. *eg.* croeso. WELCOME.

 2. *be.* croesawu. TO WELCOME.

*****graesawu,** *be.* ⎫ croesawu. TO WEL-
*****graesewi,** *be.* ⎭ COME.

grafel, *eg.* graean. GRAVEL.

grafelog, *a.* graeanog. GRAVELLY.

*****graful**, *eg.* adyn, dihiryn. WRETCH.

*****graffio**, *be.* cerfio. TO CARVE.

graian, *ell.* gweler *graean*.

*****graid**, *eg.* gwres ; llid ; dewrder ; ymladd. HEAT ; ANGER ; BRAVERY ; FIGHTING.

gramadeg, *eg. ll.*-au. yr wyddor sy'n ymdrin â geiriau a brawddegau. GRAMMAR.

gramadegol, *a.* yn ymwneud â gramadeg. GRAMMATICAL.

gramadegwr, *eg. ll.* gramadegwyr. un hyddysg mewn gramadeg. GRAMMARIAN.

gramoffon, *eb. ll.*-au. offeryn i ganu recordiau, adleisydd, adseinydd. GRAMOPHONE.

gran, *eg. ll.*-au. grudd. CHEEK.

*****gras**, *eg.* rhodd, anrheg. GIFT.

gras, *eg. ll.*-usau, -au. rhad, rhadlonedd, graslonrwydd, ffafr, cymwynas, bendith Duw. GRACE.

*****grasaw**, *eg.* gweler *graesaw*.

*****grasawu**, *be.* croesawu. TO WELCOME.

graslawn, *a.* graslon. GRACIOUS.

graslon : grasol : grasusol, *a.*
rhadlon, yn llawn gras. GRACIOUS.

graslonrwydd, *eg.* y cyflwr o fod yn
raslon. GRACIOUSNESS.

*grasus, *a.* graslon. FULL OF GRACE,
GRACIOUS.

grat : grât, *egb. ll.* gratau, gratiau. lle
i gynnau tân. GRATE.

grawn, *ell. (un. g.* gronyn.)1. hadau ŷd
neu bysgod. GRAINS OF CORN, ROE
(OF FISH).

   2. aeron. BERRIES.

   3. darnau neu dameidiau bychain.
GRAINS.

grawnafal, *eg. ll.*-au. pomgranad.
POMEGRANATE.

grawnfwyd, *eg. ll.*-ydd. ŷd, grawn.
CEREAL.

grawnswp, *eg. ll.*-sypiau. clwstwr o
rawnwin. BUNCH OF GRAPES.

grawnwin, *ell.* ffrwythau'r winwydd-
en. GRAPES.

*grawth, *a.* llamsachus ; calonnog,
gwyllt, eiddgar. CAPERING ; ARDENT.

Grawys : Garawys, *eg.* y deugain
niwrnod rhwng Mawrth Ynyd a'r
Pasg. (Y Grawys, Y Garawys). LENT.

gre, *eb. ll.*-oedd. nifer (o feirch, etc.),
ystabl o gesig. HERD OF HORSES,
STUD OF MARES.

*gread, *eg.* crawc. CROAK.

greal, *eg.* llestr. GRAIL.

   Y Greal Sanctaidd. THE HOLY
GRAIL.

*greawr, *eg. ll.* greorion. ceidwad gre.
HERDSMAN.

greddf, *eb. ll.*-au. y gallu naturiol sy'n
rheoli ymddygiad anifail ; awen,
natur, anian, tuedd, cymhelliad.
INSTINCT, INTUITION, DISPOSITION.

   Greddf ymwthio. ASSERTIVE INS-
TINCT.

*greddfol, *a.* mawr, cadarn. BIG,
STRONG.

greddfol, *a.* naturiol, yn ôl greddf neu
gymhelliad. INSTINCTIVE.

*greffinio, *be.* crafu. SCRATCH.

gregar, *be.* clegar. TO CACKLE.

gregaredd, *eg.* y duedd i heidio at ei
gilydd. GREGARIOUSNESS.

*greidio, *be.* llosgi, rhuddo. TO SCORCH.

*greido, *be.* gwresogi, llosgi. TO BE-
COME WARM, TO BURN.

*greid(i)ol, *a.* gwresog, angerddol.
WARM, PASSIONATE.

greinfys, *eg.* bys canol. MIDDLE FINGER.

*grelyn, *eg. ll.*-nau. pwll yfed i
wartheg, etc. DRINKING POOL.

*gremial, *be.* ymgecru, cweryla, cein-
tach. TO QUARREL, TO MURMUR.

*gren, *eb.* llestr mawr, twba. LARGE
VESSEL.

*gres, *eb.* angerdd, gwres ; awydd.
PASSION, WARMTH ; ZEAL.

*gresaw, *eg.* gweler *graesaw.*

*gresawu, *be.* croesawu. TO WELCOME.

gresyn, *eg.* trueni, piti garw. PITY.

   Gresyn na fyddech yno.

gresyndod, } *eg.* trueni, trallod. MIS-
gresyni,   } ERY, WRETCHEDNESS.

gresynu, *be.* cymryd trueni, gofidio,
galaru. TO DEPLORE, TO PITY.

gresynus, *a.* truenus, gofidus, blin,
poenus, trallodus, alaethus. WRET-
CHED, MISERABLE, PITIFUL.

*grëu, *be.* gweler *crëu.*

grëwr, *eg.* bugail, heusor, gwyliwr
anifeiliaid. SHEPHERD, HERDSMAN.

greyenyn, *eg.* darn o raean. GRAIN OF
GRAVEL.

gridyll, *egb. ll.*-au. gradell. GRIDDLE.

griddfan[1], *eg.* ochenaid, cwyn. GROAN,
MOAN.

griddfan[2],*be.* ochneidio, ochain, cwyno,
galaru. TO GROAN, TO MOAN.

griddfannus : griddfanus, *a.* cwyn-
fanus, galarus. GROANING.

*griff(t), *eg.* math o aderyn, griffwn.
GRIFFIN.

grifft, *eg. ll.*-oedd. penbwl. TADPOLE.

*griffwn(t), *eg.* gweler *griff(t).*

grill, 1. *eg.* cân adar, trydar. CHIRP.

   2. *eg. ll.*-iau. alch. GRIDIRON.

grillian, *be.* gwichian, trydar. TO
SQUEAK, TO CHIRP.

*grilliedydd, *eg.* cricsyn. CRICKET.

grindil, } *eg.* gradell. GRIDDLE.
grindill, }

gris, *eg. ll.*-iau. cam (i fyny neu i
lawr). STEP.

   Grisiau : staer : stâr. STAIRCASE.

grisial, *eg.* mwyn clir tryloyw, gwydr
clir iawn. A CRYSTAL.

grisialaidd, *a.* tryloyw, gloyw, clir
iawn. CRYSTAL.

*grisiant, *eg.* grisial. CRYSTAL.

gro, *ell. (un. g.* gröyn). cerrig mân,
graean. GRAVEL, PEBBLES.

*groar, *eg.* trydar. CHIRPING.

grod, *eb. ll.*-au. grôt. GROAT.

Groeg, 1. *eb.* gwlad y Groegiaid.
GREECE.

   2. *a.* Groegaidd. GREEK.

Groeg, *egb.* iaith gwlad Roeg. GREEK.

Groegaidd, *a.* yn perthyn i Roeg.
GRECIAN, GREEK.

Groegwr, *eg. ll.* Groegwyr, Groegiaid.
brodor o wlad Roeg. A GREEK.

*groesaw, *eg.* gweler *graesaw.*

*groesawu, *be.* croesawu. TO WELCOME.

*grofft, *eb. ll.*-au. crofften, cae bychan. CROFT.

gronan, *be.* tuchan, ochneidio. TO GROAN.

gronnell, *eb. ll.* gronellau. grawn pysgod. ROE.

gronyn, *eg. ll.*-nau. mymryn, ychydig. GRAIN, PARTICLE, WHIT.

    Ymhen gronyn bach. IN A LITTLE WHILE.

gronyniad, *eg.* graeaniad. GRANULATION.

gronynnog, ⎰ *a.* â gronynnau. GRAN-
gronynnol, ⎱ ULAR.

*groseb, *eb.* rhodd, cil-dwrn. TIP.

grot : grôt, *eg. ll.* pedair ceiniog. GROAT.

*growndwal, *eg. ll.*-au. sail. FOUNDATION.

grual, *eg.* bwyd a wneir drwy ferwi blawd ceirch mewn dŵr. GRUEL.

grualaidd, *a.* fel grual. GRUELLY.

grud, *eg.* grut. GRIT.

grudio, *be.* dodi grud i lawr. TO LAY ON GRIT.

grudiog, *a.* grutiog. GRITTY.

grudd, *ebg. ll.*-iau. ochr yr wyneb o dan y llygad, boch, cern. CHEEK.

grug, *e. torf.* planhigyn a dyf ar rosydd a mynyddoedd. HEATHER.

grugiar, *eb. ll.* grugieir. iâr y rhos, iâr y mynydd. GROUSE.

grugion, *ell. (un. g.*-yn). morgrug. ANTS.

grugo, *be.* casglu grug. TO GATHER HEATHER.

grugog, *a.* â llawer o rug. HEATHERY.

grugwal, *eb.* gwâl yn y grug. LAIR IN HEATHER.

grut, *eg.* grud ; graean. GRIT ; GRAVEL.

gruw(lys), *eg.* teim. THYME.

grwgnach, *be.* tuchan, murmur, achwyn, cwyno. TO GRUMBLE, TO COMPLAIN.

grwgnachlyd, *a.* yn grwgnach, achwyngar, cwynfannus. GRUMBLING.

grwgnachwr, *eg. ll.*-wyr. un sy'n grwgnach, cwynwr. GRUMBLER.

grwn, *eg. ll.* grynnau. y darn o dir rhwng dau gob wrth aredig. RIDGE (IN A FIELD).

    Torri grwn wrth droi'r cae.

grŵn, *eg.* 1. su. HUM.

    2. sŵn cath (yn canu grwndi). PURR.

grwnan, *be.* 1. mwmian canu, suo. TO CROON, TO HUM.

    2. canu crwth, canu grwndi. TO PURR.

grwndir, *eg.* tir âr. CULTIVATED LAND.

*grwndwal, *eg.* gweler *growndwal.*

grŵp, *eg. ll.* grwpiau. twr, casgliad. GROUP.

grŵp-gapten, *eg. ll.*-iaid. swyddog yr awyrlu. GROUP-CAPTAIN.

grwpio, *be.* dosbarthu. TO GROUP.

*gryd, *eg.* bloedd ; brwydr. SHOUT ; BATTLE.

grydian, *be.* rhochian, grwgnach. TO GRUNT, TO MURMUR.

*grydio, *be.* gweiddi. TO SHOUT.

grydwst, *be.* achwyn, grwgnach. TO MURMUR.

*grym, *a.* nerthol. POWERFUL.

grym, *eg. ll.*-oedd. gallu, cadernid, cryfder, nerth, ynni. STRENGTH, ENERGY.

*grymhau, *be.* cryfhau ; tycio. TO STRENGTHEN ; TO AVAIL.

grymial, 1. *eg.* murmur. MURMUR.

    2. *be.* gweler *gremial.*

grymialog, *a.* yn grwgnach. GRUMBLING.

*grymiant, *eg.* grym. POWER, STRENGTH.

*grymio, *be.* cryfhau ; tycio. TO STRENGTHEN ; TO AVAIL.

grymus, *a.* nerthol, cryf, galluog. POWERFUL, MIGHTY, STRONG.

grymuso, *be.* gwneud yn rymus, nerthu, cryfhau, cadarnhau. TO STRENGTHEN.

grymusol, *a.* grymus. POWERFUL, STRONG, MIGHTY.

grymuster : grymustra, *eg.* cryfder, nerth, grym, cadernid. POWER, MIGHT.

*grymwr, *eg.* gŵr cryf. STRONG MAN.

*gryn, *eg.* gwth, ymladd, brwydr lawlaw. PUSH, FIGHT (HAND TO HAND).

grynio, *be.* gwneud grwn. TO RIDGE.

*grynio, *be.* gwthio. TO PUSH.

grŷr, *eg.* crychydd, crëyr. HERON.

*grysyn, *eg.* gweler *gresyn.*

*Gryw, *eb.* Groeg. GREEK.

*gutorn, *eg.* offeryn cerdd tebyg i gitâr. GITTERN.

gwacáu, *be.* gwagio, gwagu, arllwys, disbyddu. TO EMPTY.

gwacsaw, *a.* gwamal, disylwedd, diystyr, dibwys. FRIVOLOUS, TRIVIAL.

gwacter, *eg.* lle gwag, lle heb ddim, gwagle. EMPTINESS.

gwactod, *eg.* lle gwag heb ddim mater. VACUUM.

*gwachelog, *a.* gochelgar. CAUTIOUS.

*ġwachelyd, *be.* gochel. TO AVOID.

ġwachell, *eb. ll.* gwechyll. gwaell.
SKEWER, KNITTING-NEEDLE.

ġwachul, *a.* 1. main, tenau. LEAN,
GAUNT.

2. llesg, egwan. FEEBLE.

ġwad : ġwadiad, *eg.* yr act o wadu.
DENIAL.

*ġwadal, *a.* cyson, diysgog. CONSTANT,
STAUNCH.

*ġwadalwch, *eg.* cysondeb. CONSTAN-
CY.

ġwadn, *eg. ll.-au.* y rhan isaf o'r droed
neu'r esgid, gwaddan (*taf.*). SOLE.

ġwadnu, *be.* 1. rhoi gwadn ar esgid.
TO SOLE.

2. rhedeg ymaith, ffoi, dianc. TO
RUN AWAY.

ġwadu, *be.* honni nad yw peth yn wir,
diarddel, gadael, ymadael â. TO
DENY, TO DISOWN.

ġwadwr, *eg. ll.-wyr.* un sy'n gwadu.
DENIER.

ġwadd[1], *eb. ll.-od.* anifail sy'n byw dan
y ddaear ac iddo flew melfed, twrch
daear. MOLE.

Pridd y wadd. MOLE HILL.

ġwadd[2], *a.* a *be.* : ġwahodd, *a.* a *be.*
wedi ei wahodd. INVITED, GUEST;
TO INVITE.

ġwaddod, *eg. ll.-ion.* gwaelodion. SEDI-
MENT.

ġwaddodi, *be.* gwaelodi. TO DEPOSIT
SEDIMENT, TO PRECIPITATE.

ġwaddol, *eg. ll.-ion, -iadau.* cynhys-
gaeth, arian neu eiddo a adewir i
rywun, rhodd. DOWRY, ENDOWMENT.

ġwaddoli, *be.* cynysgaeddu, rhoi arian
tuag at. TO DOWER, TO ENDOW.

ġwaddoliad, *eg. ll.-au.* y weithred o
waddoli. ENDOWMENT.

ġwaddolog, *a.* wedi ei waddoli.
ENDOWED.

ġwaddota, *be.* dal gwaddod. TO CATCH
MOLES.

*ġwaddotai, *eg.* gwaddotwr. MOLE-
CATCHER.

ġwaddotwr, *eg. ll.* gwaddotwyr. un
sy'n dal gwaddod, tyrchwr. MOLE-
CATCHER.

ġwaddwr, *eg. ll.-wyr.* gwaddotwr.
MOLE-CATCHER.

ġwae, *eg. ll.-au.* trueni, gofid, galar,
ing, trallod, adfyd. WOE.

Gwae fi ! WOE IS ME !

*ġwaeanad, *eg.* llawenydd. JOY.

*ġwaeanwyn, *eg.* gwanwyn. SPRING.

ġwaed, *eg.* yr hylif coch a red drwy'r
gwythiennau. BLOOD.

Curiad y gwaed. PULSE.

*ġwaedffreu, *eg.* tywalltiad gwaed.
BLOODSHED.

ġwaedġi, *eg. ll.* gwaedgwn. ci arbennig
sy'n medru ffroeni gwaed, etc.
BLOODHOUND.

*ġwaedġoel, *a.* yn llawn gwaed. FULL
OF BLOOD.

ġwaediad, *eg.* y weithred o waedu.
BLEEDING.

*ġwaedlan, *eb.* brwydr, lladdfa.
BATTLE, SLAUGHTER.

ġwaedlif, *eg.* toriad gwaed. HÆMOR-
RHAGE, ISSUE OF BLOOD.

*ġwaedlin, *eb.* 1. ffrydiad gwaed,
gwaedlif. FLOW OF BLOOD.

2. llinach. PEDIGREE.

ġwaedlyd, *a.* a gwaed arno, creulon.
BLEEDING, BLOODY, CRUEL.

ġwaedogaeth, *eb.* gwaedoliaeth.
SANGUINENESS.

ġwaedogen, *eb. ll.-nau.* math o
bwdin. BLACK-PUDDING.

ġwaedol, *a.* yn perthyn i waed, coch.
OF BLOOD, RED.

ġwaedoliaeth, *eb.* hil, ach, llinach,
cenedl, teulu. BLOOD, RACE.

ġwaedrudd, *a.* coch, gwaedgoch.
BLOOD-RED.

*ġwaedryar, *a.* gwaedlyd, gwaedlifol.
BLOODY, FLOWING WITH BLOOD.

ġwaedu, *be.* colli gwaed, tynnu gwaed.
TO BLEED.

ġwaedwr, *eg. ll.-wyr.* un sy'n gwaedu;
*lladdwr. BLEEDER ; *KILLER.

*ġwaedwythen, *eb. ll.-nau.* gwythïen
waed. BLOOD-VESSEL.

ġwaedd, *eb. ll.-au.* bloedd, llef, dolef,
bonllef, crochlef. SHOUT.

Gwaedd ac ymlid. HUE AND CRY.

*ġwaeddfan, *a.* croch, swnllyd. LOUD.

*ġwaeddolef, *eb. ll.-au.* dolef uchel.
LOUD SHOUT.

*ġwäeg, *eb. ll.-au.* bwcl, clasp. BUCKLE,
CLASP.

*ġwäegu, *be.* byclu, cau gwäeg. TO
BUCKLE, TO CLASP.

ġwael, *a.* tlawd, truan, sâl, claf, afiach,
anhwylus. POOR, ILL, BASE, VILE.

ġwaelbeth, *eg. ll.-au.* peth di-werth.
TRIFLE.

ġwaelder, } *eg.* gwaeledd ; trallod.
ġwaeldra, } POORNESS ; MISERY.

ġwaelddyn, *eg. ll.-ion.* adyn. WRETCH.

ġwaeledd, *eg.* afiechyd, salwch, an-
hwyldeb, clefyd, tostrwydd, gwael-
der. ILLNESS, POORNESS, BASENESS.

*ġwaeleddog, *a.* truan. WRETCHED.

ġwaelni, *eg.* gwaeledd ; trueni. POOR-
NESS ; MISERY.

gwaelod, *eg. ll.*-ion. godre, llawr, rhan isaf, sail. BOTTOM.
Gwaelodion. SEDIMENT.

gwaelodi, *be.* gwaddodi, gadael gwael-odion. TO DEPOSIT SEDIMENT.

gwaelu, *be.* clafychu, colli iechyd, mynd yn dost. TO SICKEN.

***gwaelyd,** *a.* llawn gwae. WOEFUL.

gwaell, *eb. ll.* gweill. : **gwäell,** *eb. ll.* gwëyll.
1. nodwydd wau. KNITTING NEEDLE.
2. darn o bren neu fetel tebyg i'r uchod i ddal cig wrth rostio, etc., bys (cloc). SKEWER, HAND OF CLOCK.
Gwaell ysgwydd. COLLAR-BONE.

gwaered,*eg.*llethr, llechwedd. DESCENT.
I waered. DOWN.

***gwaesaf,** *eg.* gwarant, cymorth, nawdd. WARRANT, HELP.

***gwaesafwr,** *eg. ll.*-wyr. gwarantwr. PLEDGER.

***gwaeth,** *eg.* niwed, drwg. HARM.

gwaeth, *a.* gradd gymharol *drwg*. WORST.

gwaethaf, *a.* gradd eithaf *drwg*, y mwyaf drwg. WORST.
Er gwaethaf. IN SPITE OF.
Gwaetha'r modd. WORSE LUCK.

gwaethafydd, *eg. ll.*-ion. pesimist. PESSIMIST.

gwaethafyddiaeth, *eb.* pesimistiaeth. PESSIMISM.

***gwaetháu,** *be.* 1. niweidio. TO HARM.
2. gwaethygu. TO BECOME WORSE.

***gwaetheroedd,** } *ebych.* ysywaeth.
***gwaethiroedd,** } ALAS.

***gwaethl,** *eg. ll.*-on. ymryson, brwydr. STRIFE, BATTLE.

***gwaethlwr,** *eg. ll.*-wyr. ymladdwr. WARRIOR.

***gwaethu,** *be.* niweidio. TO HARM.

gwaethwaeth, *adf.* yn parhau i waethygu. WORSE AND WORSE.

gwaethygiad, *eg.* dirywiad. WORSEN-ING, DETORIORATION.

gwaethygu, *be.* mynd yn waeth, di-rywio. TO MAKE OR BECOME WORSE.

gwaew, *egb.* gweler *gwayw*.

gwag, *a. ll.* gweigion. heb ddim ynddo, cau, coeg, coegfalch. EMPTY, VAIN, VACANT.

gwagedd, *eg.* oferedd, gwegi, gwag-ogoniant, coeg-falchder, ffolineb. VANITY.

gwageddol, } *a.* ofer. VAIN.
***gwageddus,** }
***gwagelog,** } *a.* gofalus, gochelgar.
***gwagelus,** } CAUTIOUS.

***gwagelyd,** *be.* osgoi. TO SHUN.

gwagen, *eb. ll.*-ni. cerbyd pedair olwyn, men, wagen. WAGGON.

gwagfa, *eb. ll.*-feydd. gwactod. VACU-UM.

gwagio, *be.* gwacáu. TO EMPTY.

gwaglaw, *a.* heb ddim yn y llaw. EMPTY-HANDED.

gwagle, *eg. ll.*-oedd. lle gwag, gwacter. EMPTY PLACE, SPACE.

gwaglog, *a.* ansefydlog, simsan. UN-STEADY, WAGGLING.

gwaglwyf, *e. torf. (un. b.*-en). palalwyf, pisgwydd. LIME-TREES, LINDEN.

gwagnod, *eg. ll.*-au. sero, dim. ZERO, NOUGHT.

gwag-orfoledd, *eg.* ymffrost, brol, bocsach. VAINGLORY, BOASTING.

gwagr, *eg. ll.*-au. gogr. SIEVE.

gwagraid, *eg. ll.*-eidiau. gograid. SIEVEFUL.

gwagrwr, *eg. ll.*-wyr. gogrwr. SIEVE-MAKER.

gwagsaw, *a.* gweler *gwacsaw*.

gwagsymera, *be.* symera. TO DAWDLE.

gwagu, *be.* gwacáu. TO EMPTY.

***gwagwybr,** *eb.* gwacter. VOID.

gwag-ymgais, *eg.* ymgais ofer. VAIN ATTEMPT.

gwangiad, *eg. ll.*-iaid. gwyniedyn. SEWIN.

***gwahan,** *eg.* gwahaniaeth. DIFFER-ENCE.

gwahân : gwahaniaeth, *eg.* 1. didol-iad. SEPARATION.
2. stad wahanol, anghytundeb, annhebygrwydd. DIFFERENCE.
Ar wahân. SEPARATELY, APART.

***gwahanaint,** *eg.* gwahanglwyf. LEP-ROSY.

gwahanedig, *a.* wedi eu gwahanu. DIVIDED, SEPARATED, CLOVEN.

gwahanfa, *eb. ll.*-fâu. cefndeuddwr. A DIVIDE, WATERSHED.

***gwahanfod,** *eg. ll.*-au. unigolyn. INDIVIDUAL.

***gwahanfodedd,** *eg.* unigoledd. IN-DIVIDUALITY.

***gwahanffordd,** *eb.* ffordd eilradd, ffordd yn troi o'r briffordd. BY-ROAD.

gwahanglaf, *a.* gwahanglwyfus. LEPROUS.

gwahangleifion, *ell.* pobl wahan-glwyfus. LEPERS.

gwahanglwyf, *eg.* clefyd ysgymun. LEPROSY.

gwahanglwyfol, -us, *a.* yn dioddef oddi wrth y gwahanglwyf. LEPROUS.

gwahangyflwr, *eg.* anaffês. ANAPHASE.

gwahaniad, *eg. ll.*-au. rhaniad. DIV-ISION ; DIVIDING.

gwahaniaeth, *eg.* annhebygrwydd, rhaniad. DIFFERENCE, SEPARATION. Gwahaniaeth cymedrig. MEAN DIFFERENCE.

gwahaniaethu, *be.* anghytuno, peidio â bod yn debyg, dangos gwahaniaeth. TO DIFFER, TO DIFFERENTIATE.

gwahaniaethydd, *eg.* y gwahaniaeth gorfychan rhwng gwerthoedd olynol newidyn. DIFFERENTIAL.

gwahanlen, *eb. ll.*-ni. llen y deml. VEIL OF THE TEMPLE.

gwahannod, *egb. ll.*-nodau. hanner colon. SEMI-COLON.

*****gwahanol**, *a.* gwahanglwyfus. LEP-ROUS.

gwahanol, *a.* heb fod yn debyg, amgen, annhebyg, amrywiol. DIFFER-ENT, VARIOUS.

*****gwahanred**, *eb.* gwahaniaeth. DIFFER-ENCE.

*****gwahanredol**, *a.* arbennig ; didoledig. DISTINCT ; APART.

gwahanu, *be.* ymrannu oddi wrth ei gilydd, neilltuo, ysgar, didoli, ymwahanu. TO SEPARATE, TO DIVIDE, TO PART, TO DISTINGUISH.

gwahanwr, *eg.* un sy'n gwahanu, gwasgarwr. SEPARATOR, SCATTERER.

gwahanydd, *eg. ll.*-ion. un sy'n gwahanu. SEPARATOR.

gwahardd, 1. *eg.* gwaharddiad. PRO-HIBITION.

    2. *be.* rhwystro, lluddias, atal, gwarafun, gomedd. TO PROHIBIT.

gwaharddedig, *a.* heb ganiatâd. FORBIDDEN.

gwaharddedigaeth, *eb.* } *ll.*-au. lles-
gwaharddiad, *eg.*   } teiriad, at-aliad, gwrthodiad, lluddiad. PRO-HIBITION.

gwahell, *eg.* gweler *gwaell*.

*****gwahennu**, *be.* disbyddu, gwacáu, tywallt. TO EMPTY, TO POUR OUT.

*****gwahennydd**, *eg.* disbyddwr, gwehynnwr. DRAWER OF WATER.

gwahodd, 1. *eg. ll.*-ion. gwahoddiad. INVITATION.

    2. *be.* gwneud cais cwrtais. TO INVITE.

gwahoddedigion, *ell.* rhai sy'n cael eu gwahodd, gwesteion. GUESTS.

gwahoddiad, *eg. ll.*-au. deisyfiad, erfyniad, cais, dymuniad. INVITATION.

*****gwahoddiad**, *eg. ll.*-iaid. gwahoddwr. INVITER, HOST.

gwahoddus, *a.* yn gwahodd. INVITING.

gwahoddwr, *eg. ll.*-wyr. un sy'n gwahodd. INVITER, HOST.

gwain, *eb. ll.* gweiniau. cas cleddyf neu gyllell ; gweinell. SHEATH ; NUT.

gwair, *eg. ll.* gweiriau. glaswellt wedi ei dorri a'i sychu. HAY.

*****gwaisg**, *a.* disglair, cryf, bywiog, cyflym, gwych. BRIGHT, STRONG, LIVELY, SWIFT, FINE.

*****gwaith**, *eb.* brwydr. BATTLE.

gwaith[1], *eg. ll.* gweithiau, gweithfeydd (diwydiant). 1. tasg, gorchwyl, llafur, cyfansoddiad, goruchwyliaeth, crefft-waith. WORK, COMPOSITION, CRAFT.

    2. gweithfa. WORKS. Gwaith llaw. HAND-MADE, HANDI-CRAFT.

gwaith[2], *eb.* tro, adeg. TIME, TURN. Dwywaith. TWICE.

gwaith[3], *cys.* (o) waith, o achos, canys, oherwydd. FOR, BECAUSE.

gwâl, *eb. ll.* gwalau. ffau, lloches, gorweddle creadur. LAIR, COUCH, BED. Gwâl ysgyfarnog. HARE'S FORM.

gwal, *eb. ll.*-iau, -au, gwelydd. mur, pared, magwyr. WALL.

gwala, *eb.* digon, digonedd, amlder, helaethrwydd, llawnder. SUFFICI-ENCY, ENOUGH. Cei yno dy wala. Yn gall ei wala.

gwalabr, *eb. ll.*-au. llun, ffurf. IMAGE, FORM.

*****gwaladr**, *eg. ll.* gwelydr. arglwydd, arweinydd, tywysog. LORD, LEADER, PRINCE.

gwalbant, *eg.* brig gwal lle dodir y trawstiau. TOP OF WALL WHICH SUPPORTS THE BEAMS.

gwalc, *eg.* canllaw, cantel, gwallt, ton. RAIL, BRIM, HAIR, WAVE.

gwalcio, *be.* troi i fyny. TO TURN UP.

gwalch, *eg. ll.* gweilch. 1. hebog, cudyll, curyll. HAWK.

    2. dihiryn, cnaf, cenau, adyn. RASCAL.

*****gwalchaidd**, *a.* campus, bonheddig. EXCELLENT, NOBLE.

gwalches, *eb. ll.*-au. gwalch benyw. FEMALE HAWK.

*****gwalchlan**, *eb.* maes brwydr. BATTLE-FIELD.

*****gwalchlid**, *eg.* brwydr. BATTLE.

*****gwalchwr**, *eg. ll.*-wyr. hebogwr. FAL-CONER.

gwalchwriaeth, *eb.* hebogiaeth. FAL-CONRY.

gwaled, *eb. ll.*-au. ysgrepan. WALLET.

gwales, *eb.* lloches, gorweddle. SHEL-TER, LAIR.

gwalfa, *eb. ll.*-fâu, -feydd. gwâl ; haen. LAIR ; LAYER.

*gwaling, *eg. ll.*-au. tor, torllwyth. LITTER.

gwalio, *be.* codi gwal. TO WALL.

*gwal(h)ob, *eg.* carlam. GALLOP.

*gwalstawd, *eg.* lladmerydd, cyfieithydd, dehonglydd. INTERPRETER.

gwaltas : **gwaltes**, *eb. ll.* gwalteisiau. math o hem neu ymyl am esgid. WELT.

gwalteisio : **gwaltysu**, *eb.* dodi gwaltes. TO WELT.

*gwaly, *eg.* gweler *gwala.*

gwall, *eg.ll.*-au. diffyg, camsyniad, amryfusedd, camgymeriad, cyfeiliornad, eisiau. DEFECT, MISTAKE, WANT.

*gwallaw, *be.* arllwys, tywallt, gwasanaethu. TO POUR, TO SERVE.

*gwallawiawdr, ⎱ *eg.* trulliad, tyw-
*gwallaw-wr, ⎰ alltwr. BUTLER.

gwallgof, *a.* ynfyd, gorffwyll, amhwyllog, o'i bwyll. INSANE, MAD.

gwallgofdy, *eg. ll.* gwallgofdai. lle i gadw pobl o'u pwyll. MENTAL HOME.

gwallgofddyn, *eg. ll.* gwallgofiaid. un o'i bwyll, dyn gorffwyll. INSANE PERSON.

gwallgofi, *be.* amhwyllo, ynfydu, gorffwyllo. TO BECOME MAD.

gwallgofiaid, *ell.* pobl wallgof. MADMEN, MANIACS.

gwallgofrwydd, *eg.* gorffwylledd. MADNESS.

gwallgofus, *a.* gwallgof. INSANE.

*gwallocáu, *be.* esgeuluso. TO NEGLECT.

*gwallofiad, *eg. ll.*-iaid. ⎱ tywalltwr,
*gwallofwr, *eg. ll.*-wyr. ⎰ trulliad. BUTLER.

gwallog, *a.* anghywir, diffygiol. FALLACIOUS, FAULTY.

gwallt, *eg. ll.*-au. blew'r pen. HAIR. Blewyn (o wallt). SINGLE HAIR.

gwalltlaes, *a.* hirwallt. LONG-HAIRED.

gwalltog, *a.* blewog, â llawer o wallt. HAIRY.

*gwallus, *a.* esgeulus, anghenus. NEGLIGENT, NEEDY.

gwallus, *a.* yn cynnwys gwallau, beius, diffygiol, anafus, cyfeiliornus, o'i le. FAULTY, DEFECTIVE, ERRONEOUS.

*gwalluso, ⎱ *be.* esgeuluso, diystyru.
*gwallygio, ⎰ TO NEGLECT, TO DISREGARD.

gwamal, *a.* anwadal, oriog, cyfnewidiol, ansefydlog, di-ddal, anllad. FICKLE, WAVERING, FRIVOLOUS, WANTON.

gwamaliwr, *eg.* person anwadal. TRIFLER.

gwamalrwydd, *eg.* anwadalwch, oriogrwydd, ysgafnder, petruster. FRIVOLITY, FICKLENESS, INCONSTANCY.

gwamalu, *be.* bod yn anwadal, anwadalu, petruso, gwamalio. TO WAVER.

*gwân, *be.* gwanu, cyrchu, rhuthro (am), taro. TO PIERCE, TO ATTACK, TO STRIKE.

gwân, 1. *eg. ll.* gwanau. trawiad ; brath ; brwydr. THRUST ; STAB ; BATTLE.
2. *be.* taro, brathu, gwanu. TO THRUST, TO STAB.

gwan, *a. ll.* gweinion, gweiniaid. egwan, eiddil, heb fod yn gryf. WEAK, FEEBLE.

gwanaf, *eb. ll.*-au. 1. haen. LAYER.
2. ystod o wair. SWATH.

*gwanaf, *eb.* tristwch, poen. SADNESS, PAIN.

*gwanafog, *a.* trist, poenus, llidiog. MOROSE, PAINFUL, ANGRY.

*gwanafu, *be.* ystodi. TO PLACE IN SWATHES.

*gwanan, *eg. ll.*-on. brwydr. BATTLE.

*gwanar, 1. *eg.* blaenor, tywysog, arglwydd. LEADER, PRINCE, LORD.
2. *a.* taer, ffyrnig, cadarn. ARDENT, FIERCE, STRONG.

*gwanas, *ebg. ll.*-au. hoelen, bach, gwaeg, ateg ; arhosfa. STAY, PEG, CLASP, PROP ; ABODE.

gwanc, *eg.* trachwant, bâr, rhaib, bolrythi. GREED.

gwancio, *be.* traflyncu. TO GORGE.

gwancu, *be.* safnio, traflyncu, gwancio. TO GORGE.

gwancus, *a.* trachwantus, barus, bolrwth, rheibus, blysig. GREEDY, RAPACIOUS, VORACIOUS.

gwancusrwydd, *eg.* rhaib. GREED.

*gwander, *eg.* gwendid, eiddilwch. WEAKNESS, FEEBLENESS.

gwandrew, *a.* yn tisian yn wan. SNEEZING WEAKLY.

*gwanecnaid, *eb.* codiad gwaneg. SURGE OF WAVE.

gwaneg, *eb. ll.*-au, gwenyg. ton. WAVE.

gwanegu, *be.* tonni ; llifo ; tywallt. TO BILLOW ; TO FLOW ; TO POUR.

gwan-galon, *a.* â chalon wan, heb galon, digalon. FAINT-HEARTED.

gwan-galonid,*eg.* digalondid. FAINT-HEARTEDNESS.

gwan-galonni, *be.* tueddu i ddigalonni, colli ffydd neu ymddiriedaeth. TO BE DISCOURAGED, TO LOSE HEART.

gwanhad, *eg.* gwanychiad. A WEAKENING.

gwanhaol, a. yn gwanhau. WEAKENING.

gwanhau, be. mynd neu wneud yn wannach, gwanychu. TO WEAKEN.

gwaniad, eg. ll.-au. brathiad, trawiad. STAB, THRUST.

gwanllyd, a. } gwan o ran iechyd,
gwannaidd, a. } eiddil. WEAK (OF HEALTH).

gwanobaith, eg. digalondid. DESPONDENCY, DESPAIR.

gwanobeithio, be. digalonni. TO DESPAIR.

gwanrwydd, eg. gwendid. WEAKNESS.

gwant, eg. ll.-au. toriad, odl gyntaf cynghanedd sain. BREAK, CÆSURA.

gwantan, a. anwadal, gwan, gwael. FICKLE, FEEBLE, POOR.

gwanu, be. trywanu, tyllu, treiddio, brathu, dwysbigo. TO PIERCE, TO STAB, TO THRUST.

gwanwyn (ŵy), eg. tymor cyntaf y flwyddyn, y tymor sy'n dilyn y gaeaf. SPRING.

gwanwynol, a. yn perthyn i'r gwanwyn, fel gwanwyn. VERNAL.

gwanychiad, eg. ll.-au. gwanhad. WEAKENING.

gwanychu, be. gwanhau. TO WEAKEN.

gwâr, a. dof, boneddigaidd, tirion, moesgar, mwyn. TAME, CIVILISED.

gwar, eg. ll.-rau. cefn y gwddf, gwegil. NAPE OF THE NECK.

*gwaradred, a. gweler gwaredred.

gwaradwydd, eg. cywilydd, achlod, sarhad, gwarth, gwarthrudd, amarch. SHAME, DISGRACE.

gwaradwyddo, be. cywilyddio, gwarthruddo, sarhau, amharchu. TO SHAME, TO DISGRACE.

gwaradwyddus, a. cywilyddus, gwarthus, sarhaus, amharchus. SHAMEFUL.

*gwarae, be. ac eg. gweler chwarae.

gwarafun, be. gwrthod caniatáu, gomedd, gwahardd. TO FORBID, TO GRUDGE, TO REFUSE.

*gwaraffon, eb. gweler gwarffon.

gwaraidd, a. gwareiddiedig, mwyn. CIVILIZED, GENTLE.

*gwarandaw, be. gwrando. TO LISTEN.

*gwarannu, be. gwarantu. TO WARRANT.

*gwaranred, eg. amddiffyniad. PROTECTION.

*gwaranredu, be. amddiffyn. TO PROTECT.

gwarant[1], eb. ll.-au. hawl, awdurdod, dogfen yn rhoi hawl, dilysrwydd, diogelrwydd. WARRANT, SECURITY.

gwarant[2], eg. ll.-nnoedd. rhywbeth sicr. SECURITY.

gwarantedig, a. wedi ei warantu. GUARANTEED.

*gwaran(t)rwydd, eg. gwarant, sicrwydd. WARRANT.

gwarantu, be. dilysu, ateb dros, mechnïo. TO WARRANT, TO GUARANTEE. Mi wranta'. I WARRANT.

gwarantwr, eg. ll.-wyr. } un sy'n
gwarantydd, ll.-ion. } gwarantu neu ateb dros, meichiau. GUARANTOR.

*gwarawd, eg. iachawdwriaeth. SALVATION.

gwarchadw, 1. be. gwarchod, amddiffyn, gwylio. TO GUARD.
   2. eg. gofal. CARE.

*gwarchadwadaeth, } eb. gwarchod-
*gwarchadwedigaeth, } aeth. CARE.

gwarchae, 1. be. amgylchu, amgylchynu (tref, byddin, etc.). TO BESIEGE.
   2. eg. ll.-oedd. amgylchyniad (tref, etc.). SIEGE.

gwarchaeëdig, a. dan warchae. BESIEGED.

gwarchaeëdigaeth, eb. gwarchae. SIEGE.

*gwarchan, egb. ll.-au. gweler gorchan.

gwarcheidiol, a. amddiffynnol. GUARDIAN.

gwarcheidwad, eg. ll.-aid. ceidwad. GUARDIAN, KEEPER.

gwarchod, be. cadw, amddiffyn, diogelu. TO GUARD, TO MIND.
   Gwarchod cartref. TO STAY AT HOME.
   Gwarchod pawb ! MY GOODNESS !

gwarchodaeth, ebg. gofal. CUSTODY.

gwarchodfa, eb. ll.-fâu. tŷ gwarchod. GUARD-HOUSE.

gwarchodlu, eg. ll. i warchod, llu arfog a godir o blith y dinasyddion i amddiffyn y wlad. GUARDS, HOMEGUARD.
   Y Gwarchodlu Cymreig. WELSH GUARDS.

gwarchodwr, eg. ll.-wyr. gofalwr, ceidwad. KEEPER, GUARDIAN, WARDER, WARDEN.

gward, eg. ll.-iau. gwarchodwr, peth i ddiogelu. WARD, GUARD.

*gwardain, eg. gweler gwarden.

gwardeiniaeth, egb. ll.-au. swydd gwarden. WARDENSHIP.

gwarden, eg. ll.-deiniaid. warden, ceidwad. WARDEN, GUARDIAN.

gwarder, eg. tirionwch, tynerwch, moesgarwch, boneddigeiddrwydd. GENTLENESS, MEEKNESS, MILDNESS.

*gwardio, be. gofalu, gwarchod. TO GUARD.

ġwardrob, *egb*. cwpwrdd dillad. WAR-
DROBE.

ġwardd, *be*. gweler *gwahardd*.

ġwarddrws, *eg*. *ll*.-ddrysau. gweler
gorddrws.

***ġware**, *be*. gweler *chwarae*.

ġwared[1], *eg*. gweler *gwaered*.

ġwared[2], *eg*.: **ġwaredigaeth**, *eb.ll*.-au.
ymwared, rhyddhad, arbediad. DE-
LIVERANCE, SALVATION, RIDDANCE.

ġwarediad, *eg*. 1. iachawdwr. SAVIOUR.
    2. gwaredigaeth. DELIVERANCE,
    A DELIVERING.

***ġwaredig**, *a*. gweler *gwaredog*.

ġwaredigion, *ell*. prynedigion, rhai a
ryddhawyd o bechod. REDEEMED
PERSONS.

***ġwaredog**, *a*. iachusol. HEALING.

ġwaredol, *a*. achubol; wedi ei waredu.
REDEEMING ; REDEEMED.

***ġwaredred**, *eg*. amddiffyniad. PRO-
TECTION.

ġwaredu, *be*. achub, arbed, cadw,
rhyddhau, mynnu gwared o. TO
SAVE, TO DELIVER, TO DO AWAY WITH.

ġwaredwr, *eg*. *ll*.-wyr.⎫ prynwr, ach-
ġwaredydd, *eg*. *ll*.-ion.⎭ ubwr, rhydd-
hawr, arbedwr, ceidwad. DELIVERER.
    Y Gwaredwr. THE SAVIOUR.

ġwaredd, *eg*. trugaredd, tirionwch.
MERCY, GENTLENESS.

***ġwareddog**, *a*. trugarog, tirion,
mwyn, ufudd, gwaraidd. MERCIFUL,
GENTLE, OBEDIENT.

***ġwareddogrwydd**, *eg*. gwaredd.
MERCY, GENTLENESS.

ġwareddol, *a*. tirion. GENTLE.

ġwareiddiad, *eg*. stad uchel o ddat-
blygiad cymdeithasol. CIVILIZATION.

ġwareiddiedig, *a*. wedi ei wareiddio,
gwaraidd. CIVILIZED.

ġwareiddio, *be*. 1. dofi, hyweddu. TO
TAME.
    2. troi'n wareiddiedig, dwyn o'r
stad anwaraidd. TO CIVILIZE.

***ġwares**, *eb*. annedd. ABODE.

***ġwareu**, *be*. ac *eg*. gweler *chwarae*.

***ġwarffon**, *egb*. *ll*.-ffyn. ergyd.
STROKE, STRIPE.

ġwargaled, *a*. cyndyn, ystyfnig,
cildynnus, anhydyn, gwrthnysig,
gwarsyth. OBSTINATE, UNBENDING.

ġwargaledrwydd, *eg*. ystyfnigrwydd.
OBSTINACY.

ġwargaledu, *be*. ystyfnigo. TO BECOME
OBSTINATE.

ġwargaledwch, *eg*. ystyfnigrwydd.
OBSTINACY.

ġwargam, *a*. yn crymu, yn plygu, yn
gwarro, gwarrog, gwargrwm. STOOP-
ING.

ġwargamu : **ġwargrymu** : **ġwarro**,
be. crymu, plygu. TO STOOP.

ġwarged, ⎫ *eb*. *ll*.-ion. gweddillion, yr
ġwargred,⎭ hyn sydd dros ben. RE-
MAINS.

ġwargrwm, *a*. gweler *gwargam*.

ġwargrymu, *be*. gwargamu. TO STOOP.

ġwarhau, *be*. dofi. TO TAME.

ġwarineb, *eg*. tirionwch, cwrteisi.
GENTLENESS, CIVILITY.

ġwario, 1. *be*. gwargrymu. TO STOOP.
    2. treulio, hela ; defnyddio arian,
etc. TO SPEND.

ġwariwr, *eg*. un sy'n gwario. SPENDER.

ġwarlen, *eb*. *ll*.-ni. siôl. SHAWL.

ġwarogaeth, *eb*. gweler *gwrogaeth*.

ġwarogi, *be*. gweler *gwrogi*.

ġwarro, (*taf*.) *be*. gwargrymu. TO
STOOP.

ġwarrog, 1. *eg*. *ll*.-rogau. iau. YOKE.
    2. *a*. gwargam, gwargrwm. STOOP-
ING.

ġwarsyth, *a*. cyndyn. STUBBORN.

ġwarsythni, *eg*. cyndynrwydd. STUB-
BORNNESS.

***ġwart**, *egb*. 1. carchar. PRISON.
    2. gwarchodwr, gward. GUARD.
    3. gofal, amddiffyn. CARE, PRO-
TECTION.

ġwarth, *eg*. gwarthrudd, cywilydd,
achlod,   gwaradwydd,   sarhad,
amarch. DISGRACE, SHAME.

***ġwarthäed**, *eg*. gwarth. SHAME.

ġwarthaf, *eg*. rhan uchaf, pen. SUMMIT,
TOP.
    Ar ei warthaf. UPON HIM.

ġwarthafl, *eb*. *ll*.-au. : **ġwarthol**, *eb.ll*.
-ion. peth wrth gyfrwy i ddodi troed
ynddo. STIRRUP.

***ġwarthal**, *eg*. rhodd ychwaneg, gwe-
ddill wedi rhannu. ADDITIONAL GIFT,
REMAINDER.

***ġwarthan**, *eg*. llwyn. GROVE.

ġwartháu, *be*. gwaradwyddo. TO
SHAME.

ġwartheg, *ell*. buchod, da. COWS,
CATTLE.

ġwarthegydd, *eg*. *ll*.-ion. gyrrwr,
ysbeiliwr gwartheg, porthmon.
DROVER, CATTLE-RAIDER.

ġwarthfor, *eg*. gwarth. SHAME.

***ġwarthlef**, *eg*. gwawd. MOCKERY.

ġwarthol, *eb*. gweler *gwarthafl*.

ġwarthrod, *eg*. *ll*.-au. stigma. STIGMA.

ġwarthrudd, *eg*. gweler *gwarth*.

gwarthruddo, *be*. gwaradwyddo, cywilyddio, sarhau, amharchu. TO DISGRACE.

gwarthus, *a*. cywilyddus, gwaradwyddus. DISGRACEFUL.

gwarwch, *eg*. gwarineb. GENTLENESS.

*gwarwy, *be*. chwarae (drama). TO PLAY, PLAYACTING.

*gwarwyfa, *eb*. chwaraefa, lle i chwarae. PLACE FOR PLAY.

*gwary, *be*. ac *eg*. gweler *chwarae*.

*gwarÿydd, *eg*. chwaraewr. PLAYER.

gwas, *eg*. *ll*. gweision. llanc, un sy'n gwasanaethu. LAD, MAN-SERVANT.
> Gwas ystafell. CHAMBERLAIN.
> Yr hen was. THE DEVIL.
> Gwas y dryw. TITMOUSE.
> Gwas y neidr. DRAGON-FLY.
> Gwas y gog. HEDGE-SPARROW.

*gwas, *eg*. annedd ; tawelwch. ABODE ; SILENCE.

*gwasael, *eb*. cyfeddach. WASSAIL.

gwasaidd, *a*. fel gwas, ufudd, gorufudd. SERVILE.

gwasanaeth, *eg*. *ll*.-au. 1. yr act o wasanaethu, addoliad cyhoeddus. SERVICE.
> 2. iws, defnydd, help, mantais. USE.

gwasanaethddyn, *eg*. *ll*.-ion. gwas. SERVANT.

gwasanaethferch, *eb*. *ll*.-ed. morwyn. MAIDSERVANT.

gwasanaethgar, *a*. defnyddiol, o iws. SERVICEABLE.

gwasanaethgarwch, *eg*. gwasanaeth, parodrwydd i wasanaethu. SERVICEABLENESS, OBLIGINGNESS.

gwasanaethol, *a*. yn rhoi gwasanaeth. MINISTERING.

gwasanaethu, *be*. gweini, gweinyddu, bod yn was, gwneud gwaith dros arall. TO SERVE.

gwasanaethwr, *eg*. *ll*.-wyr. gwas. SERVANT.

gwasarn, *eg*. *ll*.-au. 1. sarn ; ysbail. LITTER ; BOOTY.
> 2. dull arbennig o fagu ieir. DEEP LITTER.

*gwasel, *eb*. gweler *gwasael*.

gwasg, 1. *eb*. *ll*.-au. offeryn argraffu, y lle yr argreffir. PRESS.
> 2. *egb*. *ll*.-au, -oedd. canol y corff, meingorff. WAIST.
> 3. gwasgfa. PRESSURE.

*gwasg, *a*. anodd, tyn. DIFFICULT.

*gwasgad, *eb*. gwisg. DRESS.

gwasgar : gwasgaru, *be*. chwalu, ysgaru, rhannu, lledu, taenu, ymdaenu. TO SPREAD, TO SCATTER.

gwasgaredig, *a*. ar wasgar, gwasgarog, ar chwâl, dros y lle, ar led. SCATTERED.

gwasgariad, *eg*. chwalfa. DISPERSION.

gwasgarog, *a*. ar chwâl. SCATTERED.

gwasgarol, *a*. yn gwasgar. SCATTERING.

gwasgaru, *be*. gweler *gwasgar*.

gwasgedig, *a*. caled, mewn cyfyngder, trallodus, adfydus, gofidus, blin, alaethus. PRESSED.
> Amgylchiadau gwasgedig. STRAITENED CIRCUMSTANCES.

gwasgedd, *eg*. y weithred o wasgu. COMPRESSION.

*gwasgeiddig, *a*. gosgeiddig. SHAPELY.

gwasgfa, *eb*. *ll*. gwasgfeydd, gwasgfeuon. cyfyngder, ing, trallod, caledi, adfyd, helbul, haint. DISTRESS, PRESSURE, PANG, FIT.

gwasg-gafn, *eg*. *ll*.-au. celwrn. VAT.

gwasg-gogydd, *eg*. offeryn coginio â gwasgedd. PRESSURE COOKER.

gwasgiad, *eg*. *ll*.-au. y weithred o wasgu. SQUEEZING.

*gwasgod, *eg*. *ll*.-ion. cysgod ; rhith ; diogelwch. SHELTER ; ILLUSION ; SAFETY.

gwasgod, *eb*. *ll*.-au. dilledyn a wisgir dan y got ac sy'n cyrraedd hyd at y wasg. WAISTCOAT.

*gwasgodfa, *eb*. lle cysgodol. BOWER.

*gwasgodi, *be*. cysgodi. TO SHELTER.

*gwasgodig,
*gwasgodog, } *a*. cysgodol. SHELTERED.
*gwasgodol,

gwasgodwydd, *e*. *torf*. coed cysgodol. perth. BOWER, HEDGE.

gwasgu, *be*. pwyso, llethu, gwthio, gafael yn dynn. TO PRESS, TO SQUEEZE.

*gwasgwyn, *eg*. lle yn Ffrainc ; ceffyl o'r lle hwnnw ; gwin o'r un man. GASCONY ; GASCON HORSE ; GASCONADE.

gwasod, 1. *eg*. gwasarn, sarn. LITTER (UNDER ANIMALS).
> 2. *a*. yn gofyn tarw. IN HEAT (OF COW).

gwast, *eg*. ysbwrial. WASTE.

gwastad, *a*. 1. fflat, lefel, llyfn. LEVEL, FLAT, EVEN.
> 2. cyson. CONSTANT, EQUABLE.
> Yn wastad : o hyd : bob amser. ALWAYS.
> Yn gydwastad â. LEVEL WITH.

gwastad, *eg*. : gwastadedd, *eg*. *ll*.-au. lle gwastad. LEVEL PLACE, PLAIN.

*gwastadfod, *eg*. sefydlogrwydd. STABILITY.

*gwastadfyd, *eg*. heddwch. PEACE.

*gwastadgnaif, *a.* wedi ei gneifio'n wastad. EVENLY SHORN.

*gwastadlu, *be.* sefydlu. TO SETTLE.

gwastadol, *a.* yn wastad cyson, o hyd, bob amser. PERPETUAL.

gwastadrwydd, *eg.* 1. sefydlogrwydd. CONSTANCY.
    2. cynefin. ACCUSTOMED PLACE.
    3. gwastadedd. PLAIN.

gwastatáu, *be.* 1. gwneud yn wastad neu fflat, lefelu. TO LEVEL.
    2. darostwng. TO SUBDUE.
    3. ymsefydlu. SETTLE.

gwastatwr, *eg.* *ll.*-wyr. un sy'n gwastatáu. LEVELLER.

gwastatir, *eg.* *ll.*-oedd. tir gwastad, gwastadedd, gwastad. PLAIN.

gwaster, *eg.* ysbwrial. WASTE.

*gwastod, *eb.* hynt. COURSE.

gwastraff, *eg.* y weithred o wastraffu, traul, difrod, gormodedd, afradlonedd. WASTE, PRODIGALITY, EXTRAVAGANCE.

gwastrafflyd, *a.* gwastraffus. WASTEFUL, EXTRAVAGANT.

gwastraffu, *be.* afradu, difa, difrodi, anrheithio, treulio, gwario. TO WASTE.

gwastraffus, *a.* afradus, afradlon. WASTEFUL.

gwastraffwr, *eg.* person afradlon. WASTER.

gwastrawd, *eg.* *ll.* gwastrodion. un sy'n gofalu am geffylau. GROOM.

gwastrodaeth, *be.* meistroli, disgyblu. TO MASTER, TO DISCIPLINE.

gwatwar, 1. *eg.* gwawd. MOCKERY.
    2. *be.* gwawdio, dynwared, chwerthin am ben. TO MOCK.

gwatwareg, *eb.* gwawd, gwawdiaith, coegni, dirmyg. SARCASM.

*gwatwargar, *a.* dychanol. DERISIVE.

gwatwargerdd, *eb.* *ll.*-i. cerdd watwar, cân sy'n gwawdio, dychangerdd, cerdd oganu. SATIRE IN VERSE.

gwatwariaeth, *eb.* gwatwareg, gwawdiaith. IRONY.

gwatwaru, *be.* gweler *gwatwar*.

gwatwarus, *a.* dirmygus, coeglyd, gwawdlyd, gwawdlym, goganus, dychanol. MOCKING, SCORNFUL, SARCASTIC, DERISIVE.

gwatwarwr, *eg.* gwawdiwr, dychanwr. MOCKER, SATIRIST.

gwatwor, *be.* gweler *gwatwar*.

gwau, *eg.* y weithred o wau. WEAVING, KNITTING.

gwau : gweu, *be.* gwneud brethyn, etc. â gwŷdd neu â gweill, cysylltu, clymu. TO WEAVE, TO KNIT.

gwaudd, *eb.* merch-yng-nghyfraith. DAUGHTER-IN-LAW.

gwaun, *eb.* *ll.* gweunydd. tir pori, dôl, gweirglodd, gweundir, rhostir. MEADOW, MOOR.

gwawch, *eb.* *ll.*-iau, -iadau. sgrech, ysgrech, nâd, gwaedd, oernad, oergri. SCREAM.

gwawchio, *be.* nadu, gweiddi. TO SCREAM, TO YELL.

*gwawd, *ebg.* *ll.*-au. cerdd, moliant, barddoniaeth. SONG, PRAISE, POETRY.

gwawd, *eg.* : **gwawdiaeth**, *eb.* 1. gwatwar, dirmyg, gwatwareg, diystyrwch. SCORN.
    2. dychan, gogan. SATIRE.

*gwawdair, *eg.* barddoniaeth. POETRY.

*gwawdawr, *eg.* *ll.*-orion. bardd. POET.

*gwawdgael, *a.* moliannus. PRAISEWORTHY.

*gwawdiaith, *eb.* barddoniaeth. POETRY.

gwawdio, *be.* gwatwar, dirmygu, dychanu, chwerthin am ben, diystyru. TO JEER, TO MOCK.

gwawdiwr, *eg.* *ll.*-wyr. gwatwarwr. MOCKER.

*gwawdlef, *eg.* barddoniaeth, cân o fawl. POETRY, SONG OF PRAISE.

gwawdlyd, *a.* dirmygus, gwatwarus, gwawdus, gwawdlym, goganus, dychanol. SCORNFUL, SATIRICAL.

gwawdodyn, *eg.* mesur barddonol. 'GWAWDODYN.'

gwawdus, *a.* dirmygus. SCORNFUL, DERISIVE.

*gwawdwas, *eg.* bardd. POET.

gwawdydd, *eg.* *ll.*-ion. 1. bardd. POET.
    2. gwawdiwr. SCOFFER.

*gwawdd, 1. *be.* gwahodd. TO INVITE.
    2. *eb.* dyhead, dymuniad. YEARNING, WISH.

*gwawl, *eb.* mur, clawdd. WALL, HEDGE.

gwawl, *eg.* golau, goleuni. LIGHT.

gwawn, *eg.* gwe fân yn nofio yn yr awyr neu ar goed ar dywydd teg. GOSSAMER.

*gwawr, 1. *eg.* arglwydd, arwr, brenin. LORD, HERO, KING.
    2. *eb.* arglwyddes, arwres, brenhines. LADY, HEROINE, QUEEN.

gwawr, *eb.* 1. gwawrddydd, cyfddydd, glasddydd, glasiad dydd, clais y dydd, toriad dydd. DAWN.
    2. lliw, gwedd, eiliw, arlliw, rhith. HUE.

gwawrddydd, *eb.* gwawr. DAWN.

gwawriad, *eg.* *ll.*-au. toriad gwawr. DAWNING.

gwawrio, *be.* dyddio, goleuo, torri'r wawr. TO DAWN.

*gwaws, 1. *a.* mwyn, hyfryd. GENTLE.
2. erchyll. HORRIBLE.

gwayw, 1. *eg. ll.* gwewyr. gloes, brath, pang, pangfa, ing, poen, dolur. PANG, PAIN.
2. *eb.* gwaywffon, picell. SPEAR.

*gwaywdwn, *a.* â gwaywffon doredig. BROKEN-SPEARED.

gwaywffon, *eb. ll.* gwaywffyn. arf hir blaenllym, picell, bêr. SPEAR.

*gwaywr, *eg. ll.*-wyr. gŵr â gwaywffon. SPEARMAN.

gwchi, *eg.* cacynen. WASP, DRONE.

gwden, *eb. ll.*-nau, -ni, gwdyn. gwialen neu frigyn ystwyth, gwiail ystwyth wedi eu plethu. WITHE, COIL.

gwdennu, *be.* dirwyn. TO TWIST, TO TWINE.

gwdihŵ, *eg.* aderyn ysglyfaethus y nos, tylluan. OWL.

gwddf, *eg. ll.* gyddfau. gwddwg, gwddw, gwar, gwegil, mwnwgl. NECK, THROAT.

gwddi(f), *eg.* bilwg, cryman. HEDGING-BILL.

gwe, *eb. ll.*-oedd. peth wedi ei wau. WEB.
Gwe copyn : gwe cor. COBWEB.

gwead, *eg.* y weithred o wau, dull y gwau. KNITTING, WEAVING, TEXTURE.

*gweadur, *eg. ll.*iaid. (*b.*-es). ⎫
*gweawdr, *eg. ll.*-odron.   ⎬nyddwr, plethwr. WEAVER.   ⎭

*gweb, *eg. ll.*-au. wyneb, gwep. FACE.

*gwecry, *a.* egwan, eiddil, ansefydlog. WEAK, FICKLE.

*gwedi, *adf.*   ⎫wedyn, AFTERWARDS,
*gwedy, *ardd.* ⎭wedi. AFTER.

*gwedyd, *be.* dywedyd. TO SAY, TO SPEAK.

*gwedydd, *eg.* llefarwr. SPEAKER.

gwedyn, *adf.* wedyn. AFTERWARDS.

gwedd, 1. *eb. ll.*-oedd. iau, pâr, cwpl, tîm. YOKE, TEAM.
Chwech o weddoedd : chwe phâr o geffylau neu ychen : chwe iau o.
2. *eb. ll.*-au. trem, golwg, wyneb. ymddangosiad, dull, pryd. APPEARANCE, FORM.
3. dull. MODE, MANNER.

gweddaidd, *a.* 1. prydferth, lluniaidd. BEAUTIFUL, GRACEFUL.
2. gweddus. SEEMLY.

*gweddawl, *a.* â gwylaidd, ufudd. HUMBLE, OBEDIENT.

gweddeidd-dra : gwedduster : gweddustra, *eg.* addasrwydd, priod-

oldeb, cymhwyster. DECENCY, PROPRIETY.

*gweddeiddlwys, *a.* hardd. BEAUTIFUL.

gwedder, *eg. ll.* gweddrod. llwdn, mollt, molltyn. WETHER.
Cig gwedder. MUTTON.

gweddi, *eb. ll.* gweddïau. deisyfiad, erfyniad, ymbil. PRAYER.
Gweddi'r Arglwydd. THE LORD'S PRAYER.

*gweddig, *a.* gweddus. SEEMLY.

gweddigar, *a.* hoff o weddïo. PRAYERFUL.

gweddill, *eg. ll.*-ion. yr hyn sydd dros ben, rhelyw, gwarged. REMNANT.

gweddill(i)o, *be.* gadael ar ôl. TO LEAVE SPARE.

gweddïo, *be.* galw ar Dduw, deisyf, erfyn, ymbil. TO PRAY.

gweddïwr, *eg. ll.* gweddïwyr. un sy'n gweddïo, ymbiliwr. SUPPLICATOR, PRAY-ER.

gweddlys, *eg. ll.*-iau. planhigyn yn cynhyrchu lliwur. WOAD.

*gweddog, *a.* dan iau, cysylltiedig, priod. YOKED, COUPLED, WEDDED.

*gweddol, *a.* gweddus. SEEMLY.

gweddol, *a.* ac *adf.* lled, lled dda, cymedrol, symol, go. FAIR, FAIRLY.

gweddu, *be.* gwneud y tro, taro, bod yn gymwys, bod yn addas, ateb y pwrpas. TO SUIT.

*gweddu, *be.* ufuddhau, darostwng. TO SUBMIT, TO SUBDUE.

*gweddus, *a.* hardd, lluniaidd. BEAUTIFUL, GRACEFUL.

gweddus, *a.* addas, priodol, cymwys. SEEMLY, PROPER, DECENT.

gwedduso, *be.* gwneud yn weddus. TO RENDER DECENT.

gwedduster, *eg.* ⎫gweler *gweddeidd*-
gweddustra, *eg.* ⎭*dra.*

gweddw, *eb. ll.*-on. gwraig wedi colli ei gŵr, un sengl neu ddibriod. WIDOW, SPINSTER.

gweddw, *a.* 1. dibriod. SINGLE.
2. wedi colli gŵr neu gymar. WIDOWED, SOLITARY.
Gŵr gweddw : gwidwer. WIDOWER.
Mab gweddw. BACHELOR.
Gwraig weddw. WIDOW.
Merch weddw. SPINSTER.
Hen ferch weddw. OLD MAID.
Maneg weddw. ODD GLOVE.

gweddwaidd, *a.* amddifad. ORPHAN.

gwedd-dod (gweddwdod), *eg.* y stad o fod yn weddw. WIDOWHOOD.

gweddwhau, ⎫ be. gwneud yn weddw.
gweddwi,   ⎭ TO CAUSE TO BE A
WIDOW.

gwefl, eb. ll.-au. min, gwefus (anifail).
LIP (OF ANIMAL).

gweflog, a. â gwefusau mawr. THICK-
LIPPED.

*gwefr, eg. ambr. AMBER.

gwefr, eg. ias, llymias, cyffro. THRILL.

gwefreiddio, be. peri ias, cyffroi. TO
THRILL.

gwefreiddiol, a. cyffrous, treiddgar.
THRILLING.

gwefus, eb. ll.-au. ymyl y genau, min,
gwefl. LIP.

gwefusol, a. yn perthyn i'r wefus.
LABIAL.

gwefusoliad, eg. y weithred o wefusoli.
LABIALISATION.

gwegi, eg. gwagedd, oferedd, rhywbeth
diwerth, gwag-ogoniant, coegfalch-
der. VANITY.

gwegian : gwegio, be. siglo, cerdded
yn sigledig, bod bron â chwympo,
simsanu. TO TOTTER, TO SWAY.

gwegil, egb. ll.-au. gwar, rhan ôl ac
uchaf y gwddf. NAPE OF THE NECK.

*gwegilsyth, a. gwarsyth. STIFF-
NECKED.

*gweglyd, a. sigledig, eiddil. TOTTER-
ING, WEAK.

*gweglyd, be. gweler goglyd.

gwengyn, eg. gwyniedyn. SEWIN.

*gwehelaeth, eb. disgynnydd. DESCEN-
DANT.

gwehelyth, egb. ach, llinach, llin, hil,
tylwyth, hiliogaeth. LINEAGE, STOCK.

*gweheniawdr, egb. arllwyswr, dis-
byddwr. POURER, DRAWER.

gwehilion, ell. sothach, ysgubion,
ysbwrial, sorod, ysgarthion, carthion.
REFUSE.

gwehydd : gwëydd : gwŷdd, eg. ll.
gwehyddion. un sy'n gwau neu
wneud dillad. WEAVER.

gwehyddu, be. TO WEAVE.

*gwehyn,   ⎫ be. tywallt, disbyddu,
*gwehynnu, ⎭ noethi (gwlad). TO POUR,
TO EMPTY, TO LAY WASTE.

*gwehynnwr, eg. ll.-ynwyr.   ⎫dis-
*gwehynnydd, eg. ll.-ynyddion.⎭
byddwr,   tywalltwr.   DRAWER,
POURER.

gweiddi, be. bloeddio, crochlefain,
dolefain. TO SHOUT.

*gweilchydd, eg. ll.-ion. hebogwr.
FALCONER.

gweilgi, eb. y môr, y cefnfor. THE SEA,
THE OCEAN.

*gweilging, egb. ffon, gwialen, llath,
clwyd. STICK, ROD.

gweili, 1. a. gwag, sbâr, dros ben.
EMPTY, SPARE, EXTRA.

2. eg. rhywbeth sbâr. SPARE.

*gweilw, all. gwelwon. PALE.

*gweilydd, a. difarchog ; anystyriol.
RIDERLESS ; INCONSIDERATE.

*gweindid, eg. gwendid. WEAKNESS.

gweinell, eb. ll.-au. metel i gloi bollt,
gwain. NUT.

gweini, be. gwasanaethu, gweinyddu,
gofalu am, gweithio i arall. TO SERVE,
TO ATTEND.

*gweiniad, eg. ll.-iaid. trywanwr.
PIERCER.

gweinidog, eg. ll.-ion. un sy'n gofalu
am eglwys neu weinyddiaeth wladol ;
gwas. MINISTER ; SERVANT.

gweinidogaeth, eb. ll.-au. gwasanaeth
gweinidog. MINISTRY.

gweinidogaethol, a. yn perthyn i
weinidogaeth. MINISTERIAL.

gweinidogaethu, be. gwasanaethu. TO
MINISTER.

*gweinidogi, be. gweinidogaethu. TO
MINISTER.

gweinidogol, a. yn perthyn i weinidog.
MINISTERIAL.

gweinio, be. dodi cledd mewn gwain.
TO SHEATHE.

gweinydd, eg. ll.-ion. 1. gwasanaeth.
SERVICE.

2. gwasanaethwr. ATTENDANT.

gweinyddes, eb. ll.-au. merch sy'n
gweini. FEMALE ATTENDANT.

gweinyddiad, eg. y weithred o weini.
ADMINISTRATION.

gweinyddiaeth, eb. ll.-au. rheolaeth
(yn enwedig gan y Llywodraeth). AD-
MINISTRATION, MINISTRY.

gweinyddol, a. yn perthyn i wein-
yddiaeth. ADMINISTRATIVE.

gweinyddu, be. rheoli, trefnu, gofalu
am, llywodraethu, llywio. TO MAN-
AGE, TO OFFICIATE.

gweirdir, eg. ll.-oedd.   ⎫gweundir,
gweirglodd, eb. ll.-iau. ⎭gwaun, dôl,
tir gwair. MEADOW.

gweiriog, a. â gwair. GRASSY, HAYEY.

gweiryn, eg. ll. gwair, gweiriau. glas-
welltyn, gwelltyn, porfeuyn. BLADE
OF GRASS.

*gweis, ell. gweision. SERVANTS.

gweisgen, eb. ll.-nau. gwasg. PRESS.

*gweisg(i)on, ell. yr hyn a wesgir
megis plisg, etc. ; sorod. PRESSED
SHELLS, ETC. ; DROSS.

gweisgioni, be. plisgo, masglu. TO
HUSK.

*ġweisionain, *ell.* llanciau. YOUNG-STERS.

ġweitied, ⎫ *be.* aros. TO WAIT.
ġweitio, ⎭

ġweithdy, *eg.ll.* gweithdai. : **ġweithfa,** *eb.* siop waith, ystafell waith. WORK-SHOP.

*ġweith(en), *eb.* brwydr. BATTLE.

ġweithfaol, *a.* diwydiannol, yn ymwneud â gwaith a masnach. IN-DUSTRIAL.

*ġweithfuddiġ, *a.* buddugol. VICTOR-IOUS.

ġweithġar, *a.* diwyd, dyfal, prysur, ystig, hoff o waith. INDUSTRIOUS, HARD-WORKING.

ġweithġaredd, *eg. ll.*-au. : **ġweithġarwch,** *eg.* diwydrwydd, dyfalwch, bywiogrwydd, prysurdeb. ACTIVITY.

ġweithiad, *eg.* symudiad. ACTION.

ġweithiadwy, *a.* y gellir ei weithio. WORKABLE.

*ġweithian, *adf.* gweler *weithian.*

*ġweithien, *eb.* brwydr. BATTLE.

ġweithio, *be.* 1. gwneud gwaith, llafurio. TO WORK.
    2. eplesu, (diod yn) cyffroi. TO FERMENT, TO MOVE.
    3. dodi peiriant i fynd a gofalu amdano. TO OPERATE.

ġweithiol, *a.* yn ymwneud â gwaith. WORKING.
    Pwyllgor gweithiol. EXECUTIVE COMMITTEE.

ġweithiwr, *eg. ll.* gweithwyr. un sy'n gweithio, llafurwr. WORKER.

ġweithle, *eg.ll.*-oedd. gweithdy. WORK-SHOP.

ġweithred, *eb. ll.*-oedd. rhywbeth a wneir, act, dogfen. ACT, DEED, DOCUMENT.

ġweithrediad, *eg. ll.*-au. yr hyn a weithredir. ACTION, OPERATION, WORKING.

ġweithrediant, *eg.* gweithrediad. OPERATION.

ġweithredu, *be.* gwneud, cyflawni goruchwyliaeth, defnyddio grym neu ddylanwad. TO ACT, TO OPERATE.

ġweithredwr, *eg. ll.* gweithredwyr. un sy'n gweithredu. DOER, OPERATOR.

*ġweladur, *eg. ll.*-on. gweledydd; trefnwr. SEER, ORGANIZER.

ġweladwy, *a.* gweledig. VISIBLE.

ġweled : ġweld, *be.* canfod, edrych ar beth a bod yn ymwybodol ohono, deall, ymchwilio. TO SEE.
    Os gwelwch yn dda. IF YOU PLEASE.

ġwelededd, *eg.* cyflwr gweledig, awyr glir. VISIBILITY.

ġwelediad, *eg.* 1. ymddangosiad. APPEARANCE.
    2. y gallu i weld, golwg, trem, gweledigaeth. SIGHT, VISION.

ġwelediġ, *a.* yn y golwg, y gellir ei weled. VISIBLE.

ġwelediġaeth, *eb. ll.*-au. gwe.lediad, golwg, y gallu i ganfod. VISION.

*ġwelediġaeth, *eb. ll.*-au. 1. ymddangosiad. APPEARANCE.
    2. darpariaeth. PREPARATION.

ġweledol, *a.* yn ymwneud â'r golwg. VISUAL.

ġweledydd, *eg. ll.*-ion. un sy'n gweld â'r meddwl, proffwyd, un a gwelediġaeth ganddo. SEER, PROPHET.

ġweli, *eg. ll.* gwelïau. clwyf, anaf, dolur. WOUND, SORE.

*ġwelïo, *be.* clwyfo. TO WOUND.

*ġwelïus, *a.* archolledig. WOUNDED.

ġwelw, *a. ll.*-on. llwyd, glas, glaswyn, wyneblas. PALE.

ġwelwder, *eg.* glaswynder, llwydni. PALENESS.

*ġwelwġan, *a.* llwydwyn. PALE WHITE.

ġwelwi, *be.* mynd yn welw, wyneblasu, gwynnu. TO GROW PALE.

ġwelwlas, *a.* glas golau ; gwelw. PALE BLUE ; PALE.

ġwelwlwyd, *a.* gwelw. PALE.

ġwely, *eg. ll.*-au, gwelâu. 1. teulu, tylwyth. FAMILY.
    2. gorweddfa, peth i gysgu arno, rhan o ardd, gwaelod afon. BED.

*ġwelydd, 1. *a.* cryf. STRONG.
    2. *eg.* gormeswr. OPPRESSOR.

*ġwelyddyn, *eg.* gwely. BED.

*ġwelyġordd, *eb.* 1. gwehelyth, tylwyth. STOCK, KINDRED.
    2. gwarchodlu. BODY-GUARD.

ġwell, *a.* gradd gymharol *da.* BETTER.
    Gwellwell. BETTER AND BETTER.

ġwella : ġwellhau, *be.* dod yn well, diwygio, iacháu, newid er gwell. TO IMPROVE.

ġwellaif, ⎫ *eg. ll.* gwelleifiau. offeryn
ġwellau, ⎭ deulafn i gneifio neu dorri. SHEARS.

ġwelleifio, *be.* torri â gwellau. TO CUT WITH SHEARS.

ġwellen, *eb.ll.* gweill. gwaell. KNITTING-NEEDLE.

ġwellhad, *eg.* diwygiad, gwelliant, cynnydd, yr act o wella. IMPROVEMENT, CURE, BETTERMENT.

ġwellhaol, *a.* yn gwella. AMELIOR-ATIVE.

ġwellhau, *be.* gweler *gwella.*

gwelliant, *eg. ll.* gwelliannau. gwell-
had, newid er gwell. AMENDMENT.

***gwellig**, 1. *eg.* esgeulustod. NEGLECT.
2. *a.* dirmygedig. DESPISED.

***gwelling**, *be.* rhoddi. TO GIVE.

gwellt, *ell.* (*un. g.*-yn). 1. porfa, glas-
wellt. GRASS.
2. coesau neu fonion llafur (ŷd),
etc. STRAW.

gwelltglas, *eg.* glaswellt, porfa. GRASS.

gwelltog, *a.* 1. porfaog. GRASSY.
2. yn cynnwys bôn gwenith, etc.
HAVING STRAW.

***gwellyg**, *a.* gweler *gwellig*.

***gwellygio**, *be.* esgeuluso, dirmygu. TO
NEGLECT, TO DESPISE.

***gwellygus**, *a.* esgeulus. NEGLECTFUL.

***gwellyniog**, *a.* llwyddiannus ; hael.
PROSPEROUS ; GENEROUS.

***gwemp**, *ab.* (*g.* gwymp). gwych.
FAIR.

***gwên**, *eb.* 1. archiad, gweddi. REQUEST,
PRAYER.
2. twrf llawen. MERRY NOISE.

gwên[1], *eb. ll.* gwenau. mynegiant o
foddhad, etc. â'r wyneb. SMILE.

gwên[2], *a.* ffurf fenywaidd *gwyn*. WHITE•

gwenci, *eb. ll.* gwencïod. bronwen,
anifail bychan gwinau ac iddo gorff
hir ac yn byw ar greaduriaid eraill.
WEASEL.

gwendid, *eg. ll.*-au. eiddilwch, llesgedd.
WEAKNESS.
Gwendid y lleuad. THE WANE OF
THE MOON.

gwendon, *eb. ll.*-nau. ton wen. WHITE
WAVE.

gwendor, *a.* â bron wen. WHITE
BREASTED.

Gwener, *eb.* 1. y chweched dydd o'r
wythnos. FRIDAY.
2. duwies Rufeinig, planed. VENUS.

gwenerol, *a.* yn perthyn i Wener ; yn
ymwneud â chydiad rhywiol. ON
FRIDAY; VENEREAL.

***gwenfa**, *eb. ll.*-fâu. gweler *genfa*.

***gwenfro**, *eb.* paradwys. PARADISE.

gwenfflam, *a.* yn fflamio, yn llosgi'n
gyflym, yn ffaglu. BLAZING.

***gwengerdd**, *eb. ll.*-i. cân grefyddol.
RELIGIOUS SONG.

Gwenhwyseg, *eb.* iaith Gwent. DIA-
LECT OF GWENT.

Gwenhwyson, *ell.* gwŷr Gwent. MEN
OF GWENT.

gweniaith, *eb.* truth, canmoliaeth
ffuantus, clod gwag. FLATTERY.

gwenieithio, *be.* canmol heb eisiau
neu'n ffuantus, truthio. TO FLATTER.

gwenieithus, *a.* ffuantus, rhagrithiol.
FLATTERING.

gwenieithiwr, *eg. ll.*-wyr. un sy'n
gwenieithio. FLATTERER.

gwenith, *ell.* (*un. b.*-en). yr ŷd y
gwneir blawd (can) ohono. WHEAT.

gwenithfaen, *eb.* ithfaen, carreg galed
iawn. GRANITE.

***gwennaul**,*eb.*haul llachar. BRIGHT SUN.

gwennol, *eb. ll.* gwenoliaid. 1. aderyn
mudol. SWALLOW.
Gwennol y bondo. HOUSE MARTIN.
Gwennol ddu. SWIFT.
2. offeryn a ddefnyddir i gario'r
edau wrth wau brethyn.
SHUTTLE.

***gwentas**, *eb.* gweler *gwintas*.

gwenu, *be.* dangos boddhad neu ddi-
fyrrwch, etc. â'r wyneb. TO SMILE.

gwenwisg, *eb. ll.*-oedd. gwisg wen.
SURPLICE.

gwenwyn (ŵy), *eg.* 1. defnydd sy'n
niweidiol iawn i fywyd a iechyd.
POISON.
2. gofid. WORRY.
3. ffyrnigrwydd. FEROCITY.
4. cenfigen. JEALOUSY.

***gwenwynbar**, *eb.* gwayw wenwynig.
POISONED SPEAR.

gwenwynder, *eg.* llid. ANGER.

gwenwynig : **gwenwynol**, *a.* yn
meddu ar natur gwenwyn. POISON-
OUS.

gwenwynllyd, *a.* gwenwynig, croes,
blin, anfoddog, piwis, cenfigennus,
eiddigus. SPITEFUL, POISONOUS,
JEALOUS.

gwenwyno, *be.* lladd neu niweidio â
gwenwyn. TO POISON.

gwenwynwr, *eg. ll.*-wyr. un sy'n (neu
wedi) gwenwyno. POISONER.

***gwenydd**, *eg.* 1. trywanwr. PIERCER.
2. llawenydd. JOY.

gwenyg, *ell.* (*un. b.* gwaneg) tonnau.
WAVES.

gwenyn, *ell.* (*un. b.*-en). creaduriaid
ehedog sy'n casglu mêl. BEES.

gwenynfa, *eb. ll.*-feydd. lle i wenyn.
APIARY.

***gwenynllestr**, *eg. ll.*-i. cwch gwenyn.
BEEHIVE.

gwenynwr, *eg. ll.*-wyr. ⎱ un sy'n cadw
gwenynydd, *eg. ll.*-ion. ⎰ gwenyn.
BEE-KEEPER.

gwep, *eb. ll.*-au, -iau. wyneb hir, min-
gamiad. GRIMACE, VISAGE.
Tynnu gwep. PULLING FACES.

gwepian : **gwepio**, *be.* wylo, crio,
tynnu wynebau. TO WEEP, TO
GRIMACE.

gwêr, *eg.* braster a ddefnyddir i wneud canhwyllau. TALLOW.

gŵer, *eg.* go-oer, cysgod, lle oer neu gysgodol. SHADE.

*__gwercheidwad__, *eg.* gwarchodwr. GUARD.

*__gwerchyr__, 1. *be.* cuddio. TO HIDE.
  2. *eg.* clawr. LID.

gwerddon, *eb. ll.*-au. lle gwyrdd. GREEN PLACE, OASIS.

gweren, *eb.* teisen wêr. CAKE OF TALLOW.

*__gwerf__, *eb. ll.*-au. berf. VERB.

*__gwerin__, *eb.* llu; gwerin gwyddbwyll. HOST; CHESSMEN.

gwerin, *eb. ll.*-oedd. pobl gyffredin. ORDINARY FOLK, POPULACE, THE PEASANTRY.
  Cân werin. FOLK SONG.
  Dawns werin. FOLK DANCE.

gwerinaidd, *a.* yn perthyn i'r werin. DEMOCRATIC.

gwerindod, *eg.* purdeb, diweirdeb. CHASTITY.

gweriniaeth, *eb. ll.*-au. llywodraeth gan y werin. DEMOCRACY, REPUBLIC.

gweriniaethol, *a.* yn perthyn i weriniaeth. REPUBLICAN.

gweriniaethwr, *eg. ll.* gweriniaethwyr. un sy'n credu mewn gweriniaetholraeth. REPUBLICAN.

gwerinlywodraeth, *eb. ll.*-au. gwladwriaeth heb frenin, gweriniaeth. REPUBLIC, DEMOCRACY.

*__gwerinol__, *a.* pur, diwair. CHASTE.

gwerinol, *a.* gwerinaidd, gwrengaidd, yn ymwneud â'r werin, democrataidd. PLEBEIAN.

gwerinos, *eb.* y werin bobl, dynionach, ciwed, y dorf. THE RABBLE.

gwerinwr, *eg. ll.* gwerinwyr. dyn cyffredin, un sy'n credu mewn llywodraeth gan y werin. DEMOCRAT.

*__gwerlin(g)__, *eg.* brenin, pennaeth. KING, CHIEF.

gwermod, *eb.* gweler *wermod*.

gwern, 1. *eb. ll.*-i, -ydd. tir gwlyb neu gorsog. SWAMP.
  2. *ell.* (*un.b.*-en). prennau o deulu'r fedwen sy'n tyfu ar dir llaith. ALDER-TREES.

*__gwernen__, *eb. ll.*-nau, -ni. hwylbren. MAST.

*__gwernin__, *a.* o goed gwern. OF ALDER.

gwernlle, *eg. ll.*-oedd. llwyn o goed gwern, cors. ALDER-GROVE, SWAMP.

gwernos, *ell.* coed gwern. ALDER TREES.

*__gwero__, *a.* gweler *chwerw*.

gwers[1], *eb. ll.*-i. 1. rhywbeth a ddysgir, cyfnod arbennig at ddysgu, etc. LESSON.
  2. tro, gwaith.. WHILE, TURN.
  Bob eilwers. ALTERNATELY.

gwers[2], *eb. ll.*-au, -i, -oedd.
  1. gweddi, rhan o wasanaeth crefyddol. PRAYER, LESSON.
  2. barddoniaeth. VERSE.

gwerseb, *eb.* dywediad cynhwysfawr. MAXIM.

gwersig, *eb.* gwers fer, llith fer. SHORT VERSE OR LESSON.

gwerslyfr, *eg. ll.*-au. llyfr i ddisgybl gael gwersi ohono. TEXTBOOK.

gwersyll, *eg.* ⎱ *ll.*-oedd. casgliad o
gwersyllfa, *eb.* ⎰ bebyll, lluestfa. CAMP.

*__gwersyllt__, *eg.* gwersyll; noddfa. CAMP; REFUGE.

gwersyllu, *be.* byw mewn gwersyll, lluesta. TO ENCAMP.

*__gwert__, *eg.* gwerth. VALUE.

*__gwerth__, 1. *cys.* fel tâl am, yn lle. IN RETURN FOR.
  2. *eg.* tâl. PAYMENT.

gwerth, *eg. ll.*-oedd. rhinwedd, pris, ansawdd, pwys, teilyngdod. WORTH, VALUE.
  Gwerth cyfryngol. INSTRUMENTAL VALUE.
  Ar werth. FOR SALE.
  Dim gwerth. NOT MUCH, NO GOOD.

gwerthadwy, *a.* y gellir ei werthu. SALEABLE.

*__gwerthefin__, *a.* pennaf, goruchaf. SUPREME.

gwerthfawr, *a.* yn werth llawer, buddiol, drud, prid, teilwng. VALUABLE.

gwerthfawredd, *eg.* drudaniaeth. PRECIOUSNESS.

gwerthfawrogi, *be.* rhoi pris neu werth ar, prisio, gwneud yn fawr o. TO APPRECIATE.

gwerthfawrogiad, *eg.* y weithred o werthfawrogi. APPRECIATION.

*__gwerthfawrogrwydd__, *eg.* drudaniaeth. PRECIOUSNESS.

*__gwerthfawrusach__, *a.* mwy gwerthfawr. MORE PRECIOUS.

gwerthiad, *eg. ll.*-au. gwerthiant. SELLING, SALE.

gwerthiant, *eg.* yr act o werthu, arwerthiant. SALE.

gwerthu, *be.* cyfnewid (nwyddau, etc.) am arian, dodi ar werth. TO SELL.

gwerthyd, *eb. ll.*-oedd. echel. SPINDLE, AXLE.

gwerthydd, *eg.* gwerthwr. SELLER.

*__gwerthyddio__, *be.* prisio. TO VALUE.

gŵeru, *be*. mynd i'r gŵer, cysgodi mewn lle oer. TO GO TO THE SHADE.

*****gwery**, *a*. 1. (*unsill*). bywiog. LIVELY.
    2. (*deusill*). gwyryf, pur. VIRGIN.

gweryd, *eg*. *ll*.-au, -on. pridd, daear, y bedd. EARTH, THE GRAVE.

*****gwerydre**, *eb*. gwlad, pridd. COUNTRY, SOIL.

*****gwerydd**, *eb*. *ll*.-on. gweler *gwyryf*.

*****gwerynawl**, *a*. gwyryfol, pur. PURE.

*****gweryndod**, *eb*. gwyryfdod, purdeb. VIRGINITY.

gweryrad : **gweryriad**, *eg*. gwaedd neu gri a wneir gan geffyl. NEIGHING.

gweryrog, *a*. yn gweryru. NEIGHING.

gweryru, *be*. gweiddi (gan geffyl). TO NEIGH.

*****gwesgryn**, 1. *eg*. cyffro. AGITATION.
    2. *be*. cyffroi. TO AGITATE.

*****gwesgrynu**, *be*. cyffroi, ysgwyd. TO AGITATE.

*****gwest**, *eb*. *ll*.-i. lletty ; gwledd ; gorffwys. LODGING ; FEAST ; REST.

*****gwesta**, *be*. cardota ; ymweled â ; benthyca'n ormodol. TO BEG ; TO VISIT ; TO SPONGE.

*****gwestad**, *eg*. lletywr. LODGER.

gwestai, *eg*. *ll*. gwesteion. un sydd wedi ei wahodd, un sy'n aros mewn gwesty, ymwelydd. GUEST.

*****gwestedin**, *eg*. tir gwastad. FLAT GROUND.

*****gwesteiaeth**, *eb*. croeso, derbyniad. WELCOME.

*****gwestfa**, *eb*. llety. LODGING.

*****gwestfil**, *eg*. *ll*.-edd bwystfil. WILD BEAST.

*****gwesti**, *eg*. llety. LODGING.

*****gwestl**, 1. *eg*. gwystl. PLEDGE.
    2. *eg*. cynnwrf. STORM, TUMULT.

*****gwestle**, *eg*. llety. LODGING.

*****gwestn**, *ab*. gwystn, sych, crebachlyd. DRIED, WITHERED.

*****gwestu**, *be*. lletya. TO LODGE.

*****gwestwng**, *be*. gweler *gostwng*.

*****gwestwr**, *eg*. *ll*.-wyr. gwestai. GUEST.

gwesty, *eg*. *ll*. gwestai, gwestyau. lle i letya, tafarn, llety. HOTEL, INN.

*****gwestyng**, *eg*. darostyngiad. SUBJECTION.

gwesyn, *eg*. gwas. MAN-SERVANT.

*****gwesyndod**, *eg*. gwaseidd-dra, taeogrwydd. SERVILITY.

gweu, *be*. gweler *gwau*.

gweunblu, *eg*. plu'r gweunydd. COTTON GRASS.

gweundir, *eg*. *ll*.-oedd. rhostir, doldir. MOORLAND, MEADOW LAND.

*****gweurydd**, *eg*. *ll*.-on. caethwas. SLAVE.

*****gweuryddiaeth**, *eb*. caethwasanaeth. SLAVERY.

*****gwëus**, *eb*. *ll*.-au. gwefus. LIP.

gweuwr, *eg*. *ll*.-wyr. un sy'n gwau, gwehydd. KNITTER, WEAVER.

gwewyr, 1. *eg*. poen, ing. PAIN, ANGUISH.
    2. *ell*. poenau. PAINS.

*****gwewyr**, *ell*. gwaywffyn. SPEARS.

gwëydd, *eg*. *ll*.-ion. gweler *gwehydd*.

gwg, *eg*. cuwch, cilwg, y stad o wgu neu anghymeradwyo. FROWN.

gwgu, *be*. cuchio, crychu'r aeliau, anghymeradwyo. TO FROWN.

gwgus, *a*. cuchiog, cilwgus. FROWNING.

gwialen, *eb*. *ll*. gwiail, gwialenni, gwialennod. cainc, ffon, darn hir o bren, cansen. ROD, STICK.

gwialenodio, *be*. ffonodio, taro â gwialen. TO BEAT WITH A ROD.

gwib[1], *eb*. *ll*.-iau. 1. symudiad cyflym. FLASH.
    2. crwydrad, rhodiad. WANDERING. Ar wib. FULL SPEED.

gwib[2], *a*. yn symud yn gyflym. DARTING.
Seren wib. SHOOTING STAR.

gwibdaith, *eb*. *ll*. gwibdeithiau. pleserdaith. EXCURSION.

gwibdde, *a*. gweler *gwibiog*.

*****gwibddyn**, *eg*. *ll*.-ion. ⎫ crwydryn,
*****gwibiad**, *eg*. *ll*.-iaid. ⎬ gwibiwr.
*****gwibiawdr**, *eg*. *ll*.-iodron. ⎭ VAGABOND.

gwiber, *eb*. *ll*.-od. neidr wenwynig, sarff. VIPER, ADDER.

gwiberaidd, ⎫
gwiberol, ⎬ *a*. fel gwiber. VIPERISH.

gwibio, *be*. 1. mynd yn gyflym, rhuthro o gwmpas. TO FLIT, TO DART.
    2. crwydro. TO WANDER.

gwibiog, ⎫ *a*. yn gwibio, crwydrol.
gwibiol, ⎬ FLITTING, WANDERING.

*****gwibli**, *eg*. crwydrad. VAGRANCY.

*****gwiced**, *eb*. *ll*.-au. llidiart, drws bach. WICKET.

gwich, *eb*. *ll*.-iau, -iadau. sgrech, gwawch, sŵn drws rhydlyd, etc. SQUEAK, CREAK, SQUEAL, WHEEZE.

gwichell y gog, *eb*. llwyd y berth. HEDGE SPARROW.

gwichiad, *eg*. *ll*.-iaid. malwen y môr. PERIWINKLE.

gwichian, ⎫ *be*. sgrechian, crecian,
gwichio, ⎬ gwneud sŵn bach main fel mochyn bach neu ddrws. TO SQUEAK, TO CREAK, TO SQUEAL, TO WHEEZE.

gwichiog, ⎫ *a*. sgrechlyd, main, mein-
gwichlyd, ⎬ llais, uchel ei sain. SQUEAKY, CREAKY, WHEEZY.

*gwicho, *be.* gweler *gwichian.*

gwidw *eb.* gweddw. WIDOW.

gwidwith,(*taf.*) *eb.* bydwraig. MIDWIFE.

*gwiddanes, *eb. ll.*-au. dewines, gwrach. WITCH, HAG, SORCERESS.

gwiddon : gwiddan, *eb. ll.*-od. dewines, gwrach, rheibes. HAG, WITCH, SORCERESS.

gwif, *eg. ll.*-ion, -iau. trosol, bar haearn. IRON BAR.

gwifr, *eb.* ⎱ metel wedi
gwifren, *eb. ll.* gwifrau. ⎰ ei dynnu i ffurf cordyn, wirsen, weir, weier. WIRE.

gwifrio, *be.* gosod gwifrau mewn tŷ, etc. TO WIRE.

gwig : gwigfa, *eb. ll.*-oedd. coedwig, fforest, allt, coed. WOOD.

gwigwyl, *eb. ll.*-iau. pryd oddi allan, picnic. PICNIC.

gwinglyd, *a.* yn gwingo, anesmwyth. WRITHING, RESTLESS.

gwingo, *be.* troi a throsi, ffwdanu, ymnyddu, ystwyrian, strancio. TO WRIGGLE, TO WRITHE, TO MOVE, TO STRUGGLE.

gwingog, *a.* gwinglyd. WINCING, KICKING, WRITHING.

gwingwr, *eg. ll.*-wyr. un sy'n gwingo. WRIGGLER.

*gwil(ff), *eb. ll.*-od. caseg. MARE.

*gwilfrai, *eg.* 1. mochyn daear. BADGER.

2. milfyd, milddail. YARROW.

gwiliad, *eg. ll.*-iaid. gwyliedydd. SENTINEL.

gwilied, ⎱ *be.* gwylied, gwylio. TO
gwilio, ⎰ WATCH, TO MIND.

*gwilog, ⎱ *eb.* caseg. MARE.
*gwilwst, ⎰

*gwill, ⎱ crwydryn ;
*gwilliad, *eg. ll.*-iaid. ⎰ llechwr ; her-
*gwilliwr, *eg.* ⎰ wr. VAGRANT ;
LURKER ; BANDIT.

*gwillmor, *eg.* môr-leidr. PIRATE.

*gwimpl, *eg. ll.*-au. math o len, gorchudd, mantell. VEIL, WIMPLE, MANTLE.

gwin, *eg. ll.*-oedd. hylif i'w yfed, diod a wneir o sudd llysiau. WINE.

gwina, *be.* llymeitian gwin. TO TIPPLE WINE.

gwinau, *a.* gwineugoch, melyngoch. BAY, AUBURN, BROWN.

*gwindasau, *ell.* esgidiau. BUSKINS.

gwindy, *eg. ll.*-dai. tafarn gwin. WINEHOUSE.

gwinegr, *eg.* finegr. VINEGAR.

*gwineuol, *a.* gweler *gwinau.*

*gwinfaeth, 1. *a.* a fagwyd ar win. WINE-FED.

2. *eb.* gwledd win. WINE-FEAST.

gwingafn, *eg. ll.*-au. gweler *gwinwryf.*

gwingar, *a.* hoff o win. FOND OF WINE.

gwingost, *ebg. ll.*-au. traul ar win. WINE EXPENSE.

gwiniolen, *eb.* masarnen fach. MAPLETREE.

gwiniolwydd, *ell.* (*un. b.* -en). masarn bach. MAPLE-TREES.

*gwinllad, *eg.* diod win. DRINK OF WINE.

gwinllan, *eb. ll.*-nau, -noedd. tir lle tyf gwinwydd. VINEYARD.

gwinllannwr, *eg. ll.*-llanwyr. perchen gwinllan. VINEYARD-MAN.

gwinrawn, *ell.* (*un. g.* gwinronyn). grawnwin. GRAPES.

*gwinsang, *eb. ll.*-au. gwinwryf, gwingafn. WINE-PRESS.

*gwintas, *eb. ll.*-au. botasen, esgid uchel. BUSKIN.

gwinwryf, (*deusill*) *eg. ll.*-oedd. offeryn i wasgu grawnwin. WINE-PRESS.

gwinwydd, *ell.* (*un. b.*-en). coed y tyf grawnwin arnynt. VINES.

gwinwyddaeth, *eb.* gwyddor tyfu gwinwydd. VITICULTURE.

gwiolydd, *eb.* fioled, crinllys. VIOLET.

*gwipia, *eg.* curyll glas. SPARROWHAWK.

gwir, 1. *eg.* gwirionedd, uniondeb, geirwiredd, cywirdeb. TRUTH.

2. *a.* cywir, geirwir, iawn, yn ei le. TRUE.

Yn wir. INDEED.

*gwirawd, *eg.* gweler *gwirod.*

gwirder, *eg.* gwirionedd. TRUTH.

gwireb, *eb. ll.*-au, -ion. gwir amlwg, dywediad diarhebol. TRUISM, MAXIM, GNOME.

gwiredd, *eg. ll.*-au. gwirionedd. TRUTH.

gwireddu, *be.* profi'n wir, sylweddu, cadarnhau. TO VERIFY.

gwirf, *eg.* alcohol. ALCOHOL.

gwirfodd, *eg.* ewyllys, teimlad da, ffafr. GOODWILL.

O'm gwirfodd. OF MY OWN ACCORD.

gwirfoddol, *a.* o fodd, o ewyllys, heb ei ofyn, heb orfodaeth. VOLUNTARY.

gwirfoddoldeb, *eg.* gwirfoddolrwydd. VOLUNTARINESS.

gwirfoddoli, *be.* cynnig o wirfodd. TO VOLUNTEER.

gwirfoddolrwydd, *eg.* y cyflwr o wirfoddoli. VOLUNTARINESS.

gwirfoddolwr, *eg. ll.*-wyr. un sy'n gwirfoddoli. VOLUNTEER.

*gwirhau, *be.* gwirio, tystio. TO VERIFY.

gwiriad, *eg.* y cyflwr o wirio, cywirdeb rhywbeth. CHECK.

gwirio, *be.* taeru, haeru, honni, profi cywirdeb. TO ASSERT, TO CHECK.

gwiriol, *a.* yn gwirio. VERIFYING, CHECKING.

gwirion, *a. ll.*-iaid. diniwed, dieuog, diddrwg, di-fai, glân, pur ; ynfyd, ffôl, annoeth. INNOCENT, SIMPLE, GUILELESS ; FOOLISH.

gwiriondeb, *eg.* diniweidrwydd, ynfydrwydd. INNOCENCE, SIMPLICITY.

gwirionedd, *eg. ll.*-au. gwir, uniondeb, geirwiredd, cywirdeb. TRUTH.

gwirioneddol, *a.* gwir, mewn gwirionedd, diffuant, dilys, diledryw. TRUE, REAL, ACTUAL.

gwirioni, *be.* ffoli, dwlu, dotio, gwynfydu, ymgolli mewn rhywbeth neu rywun. TO DOTE, TO INFATUATE.

*****gwirioni**, *be.* gwirio, profi. TO VERIFY, TO PROVE.

gwirionyn, *eg.* ynfytyn. SIMPLETON.

gwirod, *eg. ll.*-ydd, -au. diod (feddwol). LIQUOR, DRINK.

gwirodol, *a.* yn perthyn i wirod. SPIRITUOUS.

gwirota, *be.* llymeitian gwirod. TO DRINK SPIRITS.

gwiroty, *eg. ll.*-tai. tafarn. GINSHOP.

*****gwirwar**, *eb.* gwledd. FEAST.

gwisg, *eb. ll.*-oedd. dillad, peth i'w wisgo. DRESS.

*****gwisgadur**, *eg. ll.*-on. un sy'n gwisgo. A DRESSER.

gwisgi, *a.* ysgafn, sionc, heini, hoenus ; aeddfed. LIVELY, ALERT, BRISK ; RIPE.

gwisgiad, *eb.* gwisg. WEAR, DRESS.

gwisgïo, *be.* masglu. TO SHELL.

gwisgo, *be.* dilladu, dodi dillad am, bod â dillad am, treulio. TO DRESS, TO WEAR.

gwiw, *a.* addas, cymwys, gweddus, teilwng. FIT.

    Ni wiw iddo. HE DARE NOT, IT WON'T DO FOR HIM.

gwiwair, *egb.* gwiwer. SQUIRREL.

gwiwbarch, *a.* teilwng o barch. WORTHY OF RESPECT.

gwiwdeb, } *eg.* urddas, teilyngdod.
gwiwdod, } DIGNITY, WORTHINESS.

gwiwell, *eb. ll.*-od. eog benyw, math o hwyad wyllt. FEMALE SALMON, WIDGEON.

gwiwer, *eb. ll.*-od. anifail bychan sy'n byw yn y coed ac iddo gwt (gynffon) hir blewog. SQUIRREL.

*****gwiwne**, *eg.* prydferthwch. BEAUTY.

gwiwydd, *ell.* (*un. b.*-en). poplys. POPLARS.

gwlad, *eb. ll.* gwledydd. bro, daear, tir, tir cenedl. COUNTRY, LAND.

    Cefn gwlad. THE COUNTRYSIDE.

gwladaidd, *a.* o gefn gwlad, gwledig. COUNTRYFIED, BOORISH, RUSTIC.

gwladeidd-dra, *eg.* swildod. BASHFULNESS.

*****gwladeiddio**, *be.* gwrido. TO BLUSH, TO BE BASHFUL.

gwladeiddrwydd, *eg.* trwstaneiddiwch. RUSTICITY, CLUMSINESS.

gwladfa, *eb. ll.* gwladfeydd. trefedigaeth, sefydliad, gwladychfa. COLONY, SETTLEMENT.

    Y Wladfa Gymreig. THE WELSH COLONY (IN PATAGONIA).

gwladgar, *a.* gweler *gwlatgar*.

gwladgarol, *a.* yn caru ei wlad, gwlatgar. PATRIOTIC.

gwladgarwch, *eg.* cariad at wlad. PATRIOTISM.

gwladgarwr, *eg. ll.* gwladgarwyr. un sy'n caru ei wlad. PATRIOT.

gwladol, *a.* yn perthyn i wlad, sifil. COUNTRY, CIVIL, STATE.

    Cydwladol : rhyngwladol. INTERNATIONAL.

    Eglwys wladol. STATE CHURCH.

gwladweiniaeth, *eb.* cymhwyster gwladweinydd. STATESMANSHIP.

gwladweinydd, *eg. ll.*-ion, gwladweinwyr. gŵr sy'n gyfarwydd â thrin materion gwladwriaeth. STATESMAN.

gwladwr, *eg. ll.*-wyr. un o'r wlad, gwerinwr, gwladgarwr. RUSTIC, COUNTRYMAN, PEASANT, PATRIOT.

gwladwraidd, *a.* gwladaidd. BOORISH.

gwladwriaeth, *eb. ll.*-au. gwlad mewn ystyr wleidyddol. STATE.

gwladwriaethol, *a.* yn perthyn i'r wladwriaeth. STATE.

gwladychfa, *eb. ll.*-oedd. gwladfa. SETTLEMENT, COLONY.

gwladychiad, *eg.* y weithred o wladychu. COLONIZATION, SETTLEMENT.

gwladychu, *be.* preswylio, byw, trigo, cyfanheddu. TO INHABIT, TO SETTLE, TO COLONIZE.

gwladychwr, *eg. ll.*-wyr. un sy'n gwladychu. SETTLER, COLONIST.

gwlân, *eg.* gwlanoedd. gwisg y ddafad, etc. WOOL.

gwlana, *be.* casglu gwlân. TO GATHER WOOL.

gwlanen, *eb. ll.*-ni, gwlenyn. defnydd o wlân. FLANNEL.

gwlanennaidd, } *a.* fel gwlanen. SOFT,
gwlanennog, } FLANNELLY.

gwlanennwr, *eg. ll.*-enwyr. gwerthwr gwlanen. FLANNEL MERCHANT.

gwlanog, a. â llawer o wlân, wedi ei wneud o wlân. WOOLLY.

gwlatgar, a. gweler gwladgarol.

gwlâu, ell. gwelyau. BEDS.

gwlaw, eg. gweler glaw.

gwleb, ab. gwlyb. WET.

*gwledig, eg. arglwydd, brenin. LORD, KING.

gwledig, a. gwladaidd, yn ymwneud â chefn gwlad. RURAL, RUSTIC, BOORISH.

*gwledych, eg. teyrnasiad, llywodraeth. REIGN, GOVERNMENT.

*gwledychfa, eb. ll.-oedd. gwladychfa. SETTLEMENT, COLONY.

*gwledychiad, eg. ll.-iaid. rheolwr. RULER.

*gwledychu, be. teyrnasu ; gwladychu. TO REIGN ; TO INHABIT.

gwledd, eb. ll.-oedd. pryd arbennig o fwyd, gloddest, cyfeddach, gŵyl. FEAST.

gwledda, be. gloddesta, cyfeddach. TO FEAST.

gwleddwr, eg. ll.-wyr. un sy'n gwledda. FEASTER.

*gwleidiad, eg. ll.-iaid. gwladwr. COUNTRYMAN.

gwleidiadaeth, eb. gwleidyddiaeth. POLITICS.

gwleidydd, eg. ll.-ion. : gwleidyddwr, eg. ll. gwleidyddwyr. un sy'n cymryd diddordeb mewn gwleidyddiaeth, un gwybodus ynglŷn â llywodraeth gwlad. POLITICIAN, STATESMAN.

gwleidyddiaeth : gwleidyddeg, eb. gwyddor llywodraeth gwlad. POLITICS.

gwleidyddol, a. yn ymwneud â gwleidyddiaeth. POLITICAL.

gwleidyddwr, eg. gweler gwleidydd.

*gwlf, eg. ll. gylfau. rhigol, bwlch saeth neu fwa. SLIT, NOTCH OF AN ARROW OR BOW.

gwlith, eg. ll.-oedd. defnynnau dŵr a ddaw ar y ddaear gyda'r nos. DEW.

gwlithen, eb. ll.-ni. ffelwm ; malwoden; llefelyn. WHITLOW ; SLUG ; STYE.

gwlithlaw, eg. glaw mân. DRIZZLE.

gwlitho, be. bwrw gwlith, defnynnu gwlith. TO DEW.

gwlithog, a. â llawer o wlith, fel gwlith. DEWY.

gwlithyn, eg. defnyn o wlith. DEWDROP.

*gwlw, eg. gweler gwlf.

gwlwth, eg. pleser. PLEASURE.

gwlyb, 1. a. ll.-ion (b. gwleb). yn cynnwys hylif, llaith, wedi gwlychu, yn bwrw glaw. WET.
　　2. eg. gwlybwr, hylif ; bwyd llwy. LIQUID ; SPOON-FOOD.

gwlybaniaeth, eg. lleithder. WET, MOISTURE, HUMIDITY.

gwlybedd, eg. lleithder. MOISTURE.

gwlybwr, eg. ll. gwlybyron. hylif, sylwedd sy'n llifo. LIQUID.

gwlybyrog, a. fel gwlybwr, llaith. WET, LIQUID.

*gwlych, eg. glaw. RAIN.

gwlych, eg. gwlybwr. WET. e.e. rhoi dillad yng ngwlych. TO STEEP, SOAK (CLOTHES).

gwlychu, be. mynd yn wlyb, gwneud yn wlyb. TO WET, TO MOISTEN, TO GET WET.

*gwlydd, a. mwyn, meddal, hyfryd. MILD, SOFT, PLEASANT.

gwlydd, ell. (un. g.-yn). callod, gwellt, cyrs, gwrysg, llysiau'r dom. HAULM, STALKS, STEMS, CHICKWEED.

*gwlyddiad, a. meddal, llaith. SOFT, MOIST.

gwm, eg. sylwedd gludiog. GUM.

gwmon, eg. gweler gwymon.

gwn[1], eg. ll. gynnau. offeryn saethu, dryll, cyflegr, magnel. GUN.

gwn[2], bf. yr wyf yn gwybod. I KNOW.

gŵn, eg. ll. gynau. dilledyn uchaf a wisgir gan ferched neu bobl y colegau, etc. GOWN.
　　Gŵn nos. NIGHT-GOWN.

*gwnaddoedd, bf. gwnaethai. HE HAD MADE, (DONE).

*gŵnedd, eb. 1. llid, nwyd. PASSION.
　　2. brwydr. BATTLE.

*gŵneddwr, eg. ll.-wyr. milwr. WARRIOR.

gwneud : gwneuthur, be. cyflawni, achosi, peri, creu, llunio, gweithredu. TO MAKE, TO DO, TO PERFORM, TO EXECUTE.

*gwneuthud, be. gweler gwneuthur.

gwneuthuriad, eg. ffurfiad. MAKING, MAKE.

*gwneuthuriawdr, eg. ll.-iodron. gwneuthurwr, lluniwr. MAKER, FASHIONER.

gwneuthurwr, eg. ll. gwneuthurwyr. un sy'n gwneuthur, lluniwr. MAKER.

gwneuthuryn, eg. peth a wneir. MANUFACTURE.

*gwni, eg. gwnïad, pwyth. SEAM, SEWING.

gwnïad, eg. ll. gwnïadau. pwyth, pwythyn. SEWING, SEAM.

gwnïadur, egb. ll.-iau, -on. offeryn i amddiffyn y bys wrth wnïo. THIMBLE.

gwnïadwaith, eg. gwaith â nodwydd ac edau, brodiad, brodwaith. NEEDLEWORK, EMBROIDERY.

gwniadyddes, *eb. ll.*-au. : **gwniad-wraig**, *eb.* un sy'n gwnïo, gwnïyddes. SEAMSTRESS.

gwniadyddiaeth, *eb.* crefft gwnïo. NEEDLEWORK, DRESSMAKING.

*****gwnïant**, *eg.* gweler *gunïad*.

gwnïo, *be.* pwytho, uno â nodwydd ac edau. TO SEW, TO STITCH.

gwnïyddes, *eb. ll.*-au. gwnïadyddes. SEAMSTRESS.

gwobr, *eb. ll.*-au.: **gwobrwy**: **gobrwy**, *eb. ll.*-on. tâl am deilyngdod neu haeddiant (mewn cystadleuaeth, etc.) PRIZE, REWARD.

gwobri, *be.* llwgrwobrwyo. TO BRIBE.

*****gwobrin**, *a.* gwobrwyol, buddugol. REWARDED, PRIZE.

gwobrwyo, *be.* rhoi gwobr. TO REWARD.

gwobrwyol, *a.* â gwobr. REWARDED, REWARDING.

*****gwodrudd**, *eg.* cymhelliad. INDUCE-MENT.

*****gwohen**, *eg.* gweler *gohen*.

*****gworeu**,*bf.* gwnaeth. HE MADE, HE DID.

*****gworudd**, *a.* go rudd. RATHER RED.

*****gwoseb**, *eb.* gweler *goseb*.

*****gwosol**, *eg.* ôl. TRACE, VESTIGE.

*****gwosogr**, *eb.* gweler *gosgordd*.

*****gwp**, *eg.* pig aderyn. BILL OF A BIRD.

*****gwr**, *eg. ll.* gwŷr. un yn rhoddi gwrogaeth. VASSAL.

gŵr, *eg. ll.* gwŷr. dyn, dyn priod, priod, cymar. MAN, HUSBAND.

 Y gŵr drwg : y diafol. THE DEVIL.

gwra, *be.* priodi gŵr, chwilio am ŵr. TO MARRY A HUSBAND, TO SEEK A HUSBAND.

*****gwra**, *be.* talu gwrogaeth. TO DO HOMAGE.

*****gwrab**, *eg. ll.*-od. epa, âb. APE.

gwrach, *eb. ll.*-ïod. hen wraig hyll, gwiddon, hudoles, rheibes, dewines, swynwraig. HAG, WITCH, OLD WOMAN.

gwrachen, *eb. ll.* gwrach(enn)od. enw ar wahanol bysgod. WRASSE.

gwrachïaidd,*a.* fel gwrach. LIKE A HAG.

*****gwradwydd**, *eg.* gweler *gwaradwydd*.

gwragen, *eb.* yr eisen blyg o amgylch cwrwgl. BENT LATH OF A CORACLE.

gwragennus, *a.* crwm, cefngrwm. BENT, HUMP-BACKED.

*****gwraid**, *eg.* gweler *graid*.

*****gwraidd** : **gwrol**, *a.* fel gŵr, dynol. MANLY.

gwraidd, *ell.* (*un. g.* gwreiddyn). rhannau o blanhigyn sydd yn y ddaear ac yn tynnu nodd o'r pridd, gwreiddiau. ROOTS.

gwraig, *eb. ll.* gwragedd. gwreigen, merch briod, priod, menyw, benyw, cymhares. WIFE, WOMAN.

*****gwrandaw**, *be.* gweler *gwrando*.

gwrandawgar, *a.* sylwgar. ATTENTIVE.

gwrandawiad, *eg.* yr act o wrando, gosteg. HEARING.

gwrandawr : **gwrandáw-wr**, *eg. ll.* gwrandawyr. un sy'n gwrando. LISTENER.

gwrandawus, *a.* yn gwrando. ATTENTIVE.

gwrando, *be.* clustfeinio, ceisio clywed, dal sylw. TO LISTEN.

*****gwrantu**, *be.* sicrhau, gwarantu. TO GUARANTEE, TO WARRANT.

gwrcath : **cwrcath**, *eg. ll.*-od. cath wryw. TOM-CAT.

*****gwrda**, *eg. ll.* gwyrda. arglwydd, uchelwr ; dyn da. LORD, NOBLEMAN ; GOOD MAN.

*****gwrdäaeth**, *eb.* uchelwriaeth. NOBIL-ITY.

*****gwrdäaidd**, *a.* uchelwrol, pendefig-aidd. NOBLE.

*****gwrdd**, *a.* cryf, cadarn, nerthol, dewr, gwych. STRONG, STOUT, BRAVE, FIERCE.

*****gwrddlosgi**, *be.* llosgi'n gryf. TO BURN FIERCELY.

*****gwrddonig**, *a.* gwladaidd, cwrs. BOORISH.

*****gwreang**, *eg. ll.* gwyreaing. ysgweier. ESQUIRE, PAGE.

gwreangyn, *eg.* dyn ifanc, gwreang. YOUNG MAN, ESQUIRE.

gwregys, *eg. ll.*-au. rhwymyn am y canol neu'r llwynau. BELT, GIRDLE, TRUSS.

gwregysu, *be.* gwisgo gwregys. TO GIRD, TO GIRDLE.

gwrêng,*eg.* ac *e. torf.* gwerinwr, un o'r bobl gyffredin, y bobl gyffredin. PLEBEIAN.

 Gwrêng a bonedd : y tlawd a'r cyfoethog.

gwrengaidd, *a.* gwerinaidd, gwlad-aidd. PLEBEIAN, BOORISH.

gwreica, *be.* priodi gwraig, chwilio am wraig. TO SEEK OR MARRY A WIFE.

gwreictra, *eg.* hoffter o wragedd. MUL-IEROSITY.

gwreichion, *ell.* (*un. b.*-en). tân yn tasgu o ddarnau bychain o goed, etc. yn llosgi. SPARKS.

gwreichioni, *be.* cynhyrchu gwreich-ion. TO SPARK, TO SCINTILLATE.

gwreiddair, *eg. ll.*-eiriau. gair gwreidd-iol. ROOT WORD.

gwreiddeiriol, *a.* tarddiadol. ETYM-OLOGICAL.

gwreiddffwng, *eg.* ffwng yn effeithio ar y gwraidd. MYCORHIZA.

gwreiddio, *be.* bwrw neu dyfu gwreiddiau. TO ROOT.

gwreiddiog, *a.* â gwreiddiau. HAVING ROOTS.

gwreiddiol, *a.* cyntefig, cynhenid, cysefin, dechreuol, hen. ORIGINAL.
   Pechod gwreiddiol. ORIGINAL SIN.

gwreiddioldeb, *eg.* yr ansawdd o fod yn wreiddiol. ORIGINALITY.

gwreiddyn, *eg. ll.* gwraidd, gwreiddiau. y rhan o blanhigyn sydd o dan y ddaear ac yn ei gyflenwi â maeth, bôn, gwaelod, gwreiddair. ROOT, STOCK.

gwreigaidd, *a.* fel gwraig, merchetaidd, ofnus. WOMANLY, EFFEMINATE, TIMID.

gwreigan, *eb.* gwraig fach. LITTLE WOMAN.

gwreigdda, *eb.* gwraig dda, uchelwraig. GOOD WIFE OR WOMAN, NOBLE LADY.

gwreigen, *eb.* gwraig fechan. LITTLE WOMAN.

gwreigiog, *a.* â gwraig. HAVING A WIFE.

gwreig(i)ol, *a.* fel gwraig, llwfr. WOMANISH, COWARDLY, TIMID.

gwreignith, *eb. ll.*-oedd. gwraig fach dlos. PRETTY LITTLE WIFE.

gwreinen, *eb.* tarwden. RINGWORM.

gwres, *eg.* poethder, cynhesrwydd, twymdra, llid, angerdd. HEAT, WARMTH, ZEST.

gwresfesurydd, *eg.* thermomedr. THERMOMETER.

gwresfynag, *eg. ll.*-aig. thermomedr, gwresfesurydd. THERMOMETER.

gwresog, *a.* twym, poeth, cynnes, brwd, taer. WARM, FERVENT, HOT.

gwresogi, *be.* twymo, poethi, cynhesu. TO WARM.

gwresogrwydd, *eg.* gwres, brwdfrydedd. HEAT, FERVOUR.

gwrferch, *eb. ll.*-ed. merch wrywaidd. VIRAGO.

*gwrhau, *be.* gweler *gwra.*

*gwrhyd, *eg.* 1. gwroldeb. VALOUR.
   2. brwydr. BATTLE.
   3. gwyrth. MIRACLE.

gwrhyd : gwryd, *eg. ll.* gwrhydoedd. mesur tua chwe throedfedd. FATHOM.

gwrhydri, *eg.* dewrder, gwroldeb, glewder, grymuster, arwriaeth, gwroniaeth. VALOUR.

*gwriaeth, *eb.* gwroldeb. VALOUR.

gwrid, *eg.* cochni (ar rudd), cywilydd. BLUSH, FLUSH.

gwrido, *be.* cochi, cywilyddio, mynd yn goch yn yr wyneb. TO BLUSH.

gwridog, *a.* bochgoch. ROSY-CHEEKED.

gwringell, *eb. ll.*-au. symudiad sydyn ; offeryn gwasgu. SUDDEN MOTION ; PRESS.

*gwriog, *a.* gwraig briod. MARRIED WOMAN.

*gwriogaeth, *eb.* gwrogaeth. HOMAGE.

*gwriogi, *be.* talu gwrogaeth. TO DO HOMAGE.

*gwrit, *eb.* arch llys, gwŷs. WRIT.

gwritgoch, *a.* rhosliw, wynepgoch, â bochau cochion teg, rhudd, rhuddgoch. RUDDY, ROSY.

*gwrle, *eg.* sain, llais. SOUND, VOICE.

*gwrm,   } *a.* du, tywyll, brown,
*gwrmdde, } glas   tywyll. BLACK, DARK BROWN, DARK BLUE.

*gwrmrudd, *a.* porffor. PURPLE.

*gwrmseirch, *ell.* arfau gwrm. BROWN OR DARK ARMS.

*gwrn, *eg.* wrn. URN.

gwrogaeth, *eb.* parch, cydnabyddiaeth gan daeog neu ddeiliad o'i deyrngarwch i'w arglwydd. HOMAGE.

gwrogi, *be.* talu gwrogaeth. TO DO HOMAGE.

gwrol, *a.* dewr, glew, beiddgar, hy, eofn. BRAVE.

*gwrolaeth, *eb.* gweler *gwroldeb.*

gwroldeb,   } *eg.* dewrder, glewder,
*gwrolder, } arwriaeth, hyfdra, ehofndra. BRAVERY, VALOUR, COURAGE, FORTITUDE.

gwroledd, *eg.* gwroldeb. VALOUR.

gwrolfryd, *eg.* dewrder. COURAGE, FORTITUDE.

gwrolfrydig, *a.* dewr. COURAGEOUS.

gwrolgamp, *eb. ll.*-au. camp ddewr. MANLY ACCOMPLISHMENT.

gwroli, *be.* calonogi, ymwroli. TO HEARTEN, TO BECOME BRAVE.

gwroliaeth, *eb.* 1. gwrogaeth. HOMAGE.
   2. gwroldeb. COURAGE.

gwrolwych, *a.* dewr, gwrol. MANLY, BRAVE.

gwron, *eg. ll.* gwroniaid. arwr, gŵr dewr, gŵr o fri. HERO.

gwroniaeth, *eb.* arwriaeth. HEROISM.

gwrtaith, *egb.* diwylliant ; tail, achles. CULTURE ; MANURE.

gwrteithiad, *eg.* meithriniad, triniaeth, achlesiad. CULTIVATION, MANURING.

gwrteithio, *be.* amaethu, llafurio, trin, achlesu, meithrin. TO CULTIVATE, TO MANURE.

*gwrteithus, *a.* wedi ei wrteithio. MANURED, CULTIVATED.

gwrth-, *rhagdd.* yn erbyn (fel yn *gwrthdaro* : taro yn erbyn), yn ôl. AGAINST.

gwrthafl, *eb.* gweler *gwarthafl.*

*gwrthaing, *eb.* gaing. WEDGE.

*gwrthair, *eg. ll.*-eiriau. protest. PROTEST.

gwrthallt, *eb. ll.*-elltydd. llethr. SLOPE.

gwrthatyniad, *eg.ll.*-au. atyniad croes. COUNTER ATTRACTION.

gwrthban, *eg. ll.*-au. blanced, brecan, dilledyn gwely. BLANKET.

gwrthblaid, *eb. ll.* gwrthbleidiau. y blaid gryfaf o'r rhai sydd yn erbyn y Llywodraeth. OPPOSITION (IN PARLIAMENT).

gwrthbrawf, *eg. ll.*-brofion. prawf i'r gwrthwyneb. REFUTATION.

gwrthbrofi, *be.* datbrofi, dangos bod y ddadl neu'r honiad yn anghywir. TO DISPROVE, TO REFUTE.

gwrthbwynt, *eg.* dwy res o bwyntiau i gynrychioli dwy alaw. COUNTERPOINT.

gwrthbwys, *eg. ll.*-au. pwys croes. COUNTERWEIGHT.

gwrthbwyth(i), *eg. ll.*-au. cyndynrwydd, ystyfnigrwydd. OBSTINACY.

*gwrthbwyth, *a.* cyndyn. OBSTINATE.

gwrthdaro, *be.* taro yn erbyn, anghytuno. TO CLASH.

*gwrthdeyrn, *eg. ll.*-edd. treisiwr. TYRANT.

*gwrthdir, *eg. ll.*-oedd. tir uchel ; goror. UPLAND ; BORDERLAND.

gwrthdrawiad, *eg. ll.*-au. y weithred o bethau'n gwrthdaro. COLLISION, CLASH.

*gwrth-drennydd, *adf.* echdoe. THE DAY BEFORE YESTERDAY.

gwrthdro, *eg.* troad yn ôl ; gwrthgiliad. TURN BACK ; BACKSLIDING.

gwrthdroad, *eg.* cyfnewidiad trefn neu safle, endro. INVERSION.

gwrthdrofeydd, *ell.* gwrthgiliadau. BACKSLIDINGS.

gwrthdroi, *be.* troi tuag yn ôl, cyfnewid trefn. TO TURN BACK, TO INVERT.

gwrthdrychiad, *eg.* y weithred o newid cwrs pelydryn o olau, etc. REFRACTION.

gwrthdwng, *eg.* llw croes. COUNTEROATH.

gwrthdyb, *eb.* croeseb. PARADOX.

gwrthdynfa, *eb.* tyndra. TENSION.

gwrthdyst, *eg. ll.*-ion. tyst croes. HOSTILE WITNESS.

gwrthdystiad, *eg. ll.*-au. protest, gwrthddadl. PROTEST.

gwrthdystio, *be.* siarad yn erbyn, gwneud protest. TO PROTEST.

gwrthdystiwr, *eg. ll.*-wyr. protestiwr. PROTESTER.

gwrthddadl, *eb. ll.*-euon. gwrthwynebiad. OBJECTION.

gwrthddadlau, *be.* gwrthwynebu, dadlau'n groes. TO OBJECT, TO SPEAK AGAINST.

gwrthddrych, *eb.* gweler *gwrthrych.*

gwrthddweud : gwrthddywedyd, *be.* croesddweud, dweud yn erbyn. TO CONTRADICT.

gwrthddywediad, *eg. ll.*-au. dywediad croes, croeseb. CONTRADICTION, PARADOX.

*gwrtheb, 1. *eg. ll.*-ion. ateb ; gwrthwynebiad. ANSWER ; OBJECTION.
　　2. *be.* ateb ; gwrthwynebu. ANSWER ; TO OBJECT.

gwrthebiad, *eg.* croeseb mewn syniadau, etc. ANTILOGISM.

gwrthebiaeth, *eb.* croeseb mewn casgliadau a ymddengys yn rhesymegol. ANTINOMY.

*gwrthfach, *eg. ll.*-au. bach ar ddart. BARB OF A DART.

*gwrthferu, *be.* adfer. TO RESTORE.

gwrthfiotig,*a.*yn difetha neu'n niweidio peth byw. ANTIBIOTIC.

gwrthfrad, *eg. ll.*-au. gwrthgynllwyn. COUNTERPLOT.

*gwrthfryd, *a.* â meddwl gelyniaethus. OF HOSTILE MIND.

*gwrthfun, *a.* atgas. HATEFUL.

*gwrthfyn, *be.* derbyn. TO RECEIVE.

*gwrthgais, *eg.* gwrthwynebiad. OPPOSITION.

*gwrthgas, *a.* cas, annymunol. HATEFUL, PERVERSE.

*gwrthgasedd, *eg.* casineb. HATE, PERVERSENESS.

gwrthgefn, *eg. ll.*-au. cefnogaeth. SUPPORT.

gwrthgiliwr, *eg. ll.*-wyr. un sy'n gwrthgilio. BACKSLIDER, SECEDER.

gwrthgiliad, *eg. ll.*-au. enciliad, ciliad, ymneilltuad. WITHDRAWAL, BACKSLIDING.

gwrthgilio, *be.* encilio, cilio'n ôl, ymneilltuo, syrthio i bechod. TO RECEDE, TO RETIRE, TO BACKSLIDE.

gwrthglawdd, *eg. ll.* gwrthgloddiau. clawdd wedi ei godi i amddiffyn, rhagfur, amddiffynfa. RAMPART.

gwrthgloch, *a.* sarrug. GRUFF.

gwrthgorffyn, *eg.* sylwedd sy'n gwrthweithio yn erbyn pethau gwenwynig yn y corff. ANTIBODY.

***gwrthgrif,** *be.* gwrthwynebu. TO OPPOSE.

***gwrthgroch,** *a.* sarrug, garw, angerddol. GRUFF, SULLEN, INTENSE.

***gwrthgwymp,** *eg.* *ll.*-au. ailymhoelyd. RELAPSE.

gwrthgyferbyniad, *eg.* *ll.*-au. annhebygrwydd wrth gymharu pethau. CONTRAST, ANTITHESIS.

gwrthgyferbynnu, *be.* dangos annhebygrwydd pethau drwy eu cymharu. TO CONTRAST.

gwrthgynllwyn, *eg.* *ll.*-ion. gwrthfrad. COUNTERPLOT.

***gwrthgyrch,** *a.* gelyniaethus. HOSTILE.

gwrth-heintiol, *a.* gwrth-heintus, antiseptig. ANTISEPTIC.

gwrth-heintus, *a.* gwrth-heintiol. ANTISEPTIC.

***gwrth-hoel,** *eb.* *ll.*-ion. gwrthaing, plwg, hem. WEDGE, PLUG, RIVET.

***gwrthiad,** *eg.* gwrthodiad. REFUSAL.

***gwrthiaith,** *eb.* gwrthddywediad. CONTRADICTION.

***gwrthio,** *be.* gwrthwynebu, bwrw'n ôl. TO OPPOSE, TO REPEL.

***gwrthladd,** 1. *eg.* gwrthwynebiad. RESISTANCE.

    2. *be.* gwrthwynebu, taflu allan, gorchfygu, darostwng.TO RESIST, TO THROW OUT, TO OVERCOME.

gwrthlam, *eg.* adlam. REBOUND.

***gwrthlw,** *eg.* llw croes. HOSTILE OATH.

***gwrthmun,** *a.* atgas. HATEFUL.

gwrthnaid, *eb.* adlam, gwrthlam. REBOUND.

gwrthnaws, 1. *eg.* casineb, atgasrwydd. ANTIPATHY, AVERSION.

    2. *a.* atgas, gwrthun. REPUGNANT.

gwrthnawsedd, *eg.* casineb, gwrthnaws. AVERSION.

gwrthneidio, *be.* adlamu, gwrthlamu. TO REBOUND.

***gwrthneu,** *be.* gwrthod. TO REFUSE.

gwrthnysedd, *eg.* atgasedd. REPULSION.

gwrthnysig, *a.* cyndyn, ystyfnig, cildyn, cildynnus, anhydyn, gwarsyth, gwargaled. OBSTINATE, PERVERSE, REBELLIOUS.

***gwrthod,** *be.* taflu'n ôl, gyrru'n ôl. TO REPEL, TO DRIVE BACK.

gwrthod, *be.* pallu, gomedd, nacáu, bwrw ymaith. TO REFUSE, TO REJECT.

gwrthodedig, *a.* wedi neu'n cael ei wrthod. REJECTED, FORSAKEN.

gwrthodiad, *eg.* nacâd, gomeddiad. REFUSAL.

gwrthodwr, *eg.* *ll.*-wyr. un sy'n gwrthod. REFUSER.

gwrthol, *adf.* tuag yn ôl. BACKWARDS. Ôl a gwrthol. TO AND FRO.

***gwrthrawd,** *eb.* *ll.*-rodion. byddin elyniaethus. HOSTILE ARMY.

***gwrthred,** *eg.* rhediad tuag yn ôl. RUNNING BACKWARDS.

***gwrthrennydd,** *adf.* tradwy. THREE DAYS HENCE.

***gwrthreswm,** *eg.* *ll.*-ymau. gwrthryfel. REBELLION.

***gwrthroch,** *a.* gweler *gwrthgroch.*

***gwrthrwm,** *a.* trwm iawn, llethol. VERY HEAVY, OPPRESSIVE.

gwrthrych, *eg.* *ll.*-au. 1. rhywbeth y gellir ei weld neu ei synied neu ei gyffwrdd. OBJECT.

    2. term gramadegol—gwrthwyneb i'r goddrych. OBJECT.

***gwrthrychiad,** *eg.* etifedd. HEIR.

gwrthrychol, *a.* yn ymwneud â gwrthrych. OBJECTIVE, ACCUSATIVE.

gwrthryfel, *eg.* *ll.*-oedd. terfysg, rhyfel yn erbyn y sawl sydd mewn awdurdod. REBELLION, MUTINY.

gwrthryfela, *be.* terfysgu, codi yn erbyn. TO REBEL, TO MUTINY.

***gwrthrymu,** *be.* gweler *gorthrymu.*

***gwrthryn,** 1. *be.* gwrthsefyll. TO RESIST.

    2. *eg.* gwrthsafiad. RESISTANCE.

gwrthsafiad, *eg.* yr act o wrthsefyll. RESISTANCE.

gwrthsafwr, *eg.* *ll.*-wyr. gwrthwynebwr. RESISTER.

gwrthsefyll, *be.* gwrthwynebu, gwrthladd, sefyll yn erbyn. TO RESIST.

gwrthseptig, *eg.* rhywbeth i wrthweithio gwenwyn. ANTISEPTIC.

gwrthsur, *eg.* *ll.*-ion. alcali. ALKALI.

***gwrthucher,** *eg.* min nos, yr hwyr. EVENING.

gwrthun, *a.* atgas, cas, ffiaidd. ODIOUS, OFFENSIVE, REPUGNANT.

gwrthuni, *eg.* atgasedd, ffieidd-dra. ODIOUSNESS.

gwrthuno, *be.* andwyo, anffurfio. TO MAR, TO DEFORM.

gwrthwan,eg.*gwrthwaniad. COUNTERTHRUST.

gwrthweithiad, *eg.* adwaith ; rhwystr. REACTION, COUNTERACTION.

gwrthweithio, *be.* gweithio'n groes i, neu yn erbyn, rhwystro, atal, adweithio. TO COUNTERACT, TO REACT.

gwrthweithiol, *a.* adweithiol. REACTIONARY.

gwrthwenwyn, *eg.* rhywbeth i wrth-weithio gwenwyn. ANTIDOTE.

***gwrthwydd**, *eg.* absenoldeb. ABSENCE.

gwrthwyneb¹, *a.* croes, cyfarwyneb, gyferbyn, gogyfer. CONTRARY.

Gwrthwyneb afon. UP-STREAM.

I'r gwrthwyneb. ON THE CONTRARY.

gwrthwyneb², *eg.* gwrthwynebiad. OPPOSITION, OPPOSITE.

gwrthwynebiad, *eg. ll.*-au. gwrth-safiad, gwrthddadl. OBJECTION, OPPOSITION.

gwrthwynebrwydd, *eg.* atgasedd. REPUGNANCE.

gwrthwynebu, *be.* gwrthsefyll, gwrth-ladd. TO OPPOSE, TO OBJECT.

gwrthwynebwr, *eg. ll.* gwrthwyneb-wyr. un sy'n gwrthwynebu, gelyn. OPPONENT, OBJECTOR.

gwrthwynt, *eg. ll.*-oedd. gwynt croes. CONTRARY WIND.

***gwrthymadrodd**, *eg. ll.*-ion. gwrth-wynebiad. OBJECTION.

***gwrwmdde**, *a.* gweler *gwrmdde.*

gwrwrach, (*deusill*). *eb.* gwrach wrywaidd. MASCULINE HAG.

gwrwst, *eb.* cwlwm gwythi, cramp. CRAMP.

gwrych, 1. *eg. ll.*-oedd. perth, clawdd o lwyni. HEDGE.

Llwyd y gwrych, HEDGE-SPARROW.

2. *ell.* (*un. g.*-yn). blew byr anys-twyth. BRISTLES.

Yn codi ei wrych : yn digio. TO BECOME ANGRY.

***gwrych**, *ell.* gwreichion. SPARKS.

gwrychio, *be.* codi gwrych. TO BRISTLE.

gwryd, *eg.* 1. mesur hyd y ddwyfraich ar led, gwrhyd. FATHOM.

2. dewrder. BRAVERY.

3. gwyrth. MIRACLE.

***gwryd**, *eg.* gweler *gweryd.*

***gwrydd**, *eg.* torch. WREATH.

gwrŷf, *eg. ll.* gwryfoedd. gwasg. PRESS.

***gwrŷg**, 1. *eg.* tyfiant. GROWTH.

2. *a.* cryf. STRONG.

***gwrygiant**, *eg.* cryfder, cadernid. STRENGTH.

***gwrygio**, *be.* cryfhau, tyfu, ymnerthu. TO GROW STRONG.

***gwrygiog**, *a.* cryf. STRONG.

gwrym, *eg. ll.*-iau. 1. gwnïad. SEAM.

2. ôl ffonnod ar gnawd. WEAL.

3. rhwymyn. BAND.

gwrymio, *be.* gwnïo. TO SEAM.

gwrymiog, *a.* â gwrymiau. SEAMED, RIBBED.

***gwrymseirch**, *ell.* gweler *gwrmseirch.*

***gwrŷs**, *eg. ll.*-ysoedd. brwydr, ym-osodiad. BATTLE, ATTACK.

gwrysg,*ell.*(*un. b.*-en). gwlydd, callod, gwellt, cyrs. HAULM.

***gwrysio**, *be.* brwydro, ymosod. TO FIGHT, TO ATTACK.

gwrystog, *a.* â chwlwm gwythi. HAVING THE CRAMP.

gwryw¹, *eg. ll.*-od. dyn neu fachgen neu anifail gwryw. MALE.

Gwryw a benyw. MALE AND FEMALE.

gwryw² : **gwrywaidd** : **gwrywol**, *a.* yn perthyn i'r rhyw wrywol, yn ymwneud â'r genedl wryw. MALE, MASCULINE.

***gwrywes**, *eb. ll.*-au. merch wrywaidd. VIRAGO.

gwrywgydiaeth, *eb.* cytgnawd an-naturiol, sodomiaeth, cyfunrhywol-iaeth. HOMOSEXUALITY.

gwrywgydiwr, *eg.* cydiwr annaturiol, sodomiad, cyfunrhyw. HOMOSEXUAL.

gwsberys, *ell.* (*un. b.* gwsber(s)en.) ffrwyth llwyni gardd, eirin Mair. GOOSEBERRIES.

***gwst**, 1. *eg.* gallu. POWER.

2. *eb.* poen, trafferth. PAIN, TROUBLE.

***gwt**, *eg.* gwm. GUM, GUTTA.

gwth, *eg. ll.*-iau. hwb, hwp, hyrddiad, hwrdd, ergyd, hergwd, gwân. THRUST.

Gwth o wynt. A GUST OF WIND.

Mewn gwth o oedran. WELL STRICKEN IN YEARS.

gwthio, *be.* hyrddio, ergydio, cilgwthio, hwpo. TO PUSH, TO THRUST.

gwthiwr, *eg. ll.*-wyr. un sy'n gwthio. PUSHER.

gwull, *ell.* blodau. FLOWERS.

gwyach, *eb. ll.*-od. aderyn y môr. GREBE.

***gwyal**, *eg.* gwaywffon. SPEAR.

***gwyar**, *eg.* 1. gwaed. BLOOD.

2. brwydr. BATTLE.

***gwyarllyd**, } *a.* gwaedlyd. GORY.
***gwyarog**, }

gwybed, *ell.* (*un. g.*-yn). pryfed, clêr bach sy'n sugno gwaed. GNATS.

gwybeta, *be.* dal gwybed, sefyllian, ymdroi, swmera. TO CATCH GNATS, TO DAWDLE.

gwybod¹, *eg. ll.*-au. gwybodaeth. KNOW-LEDGE.

gwybod², *be.* meddu ar ddirnadaeth neu amgyffrediad o ffeithiau, etc. ; bod yn gyfarwydd â rhywbeth. TO KNOW.

Heb yn wybod i mi. WITHOUT MY KNOWING.

gwybodaeth, *eb. ll.*-au. amgyffrediad, canfyddiad, dirnadaeth, dysg, ad-nabyddiaeth. KNOWLEDGE.

gwybodeg, *eb.* y ddamcaniaeth ynglŷn â dulliau a seiliau gwybodaeth. EPISTEMOLOGY.

gwybodus, *a. ll.*-ion. yn meddu ar wybodaeth. WELL-INFORMED.

gwybodydd, *eg. ll.*-ion. proffwyd. PROPHET.

*****gwybr**, *eb.* gweler *wybr*.

*****gwybyddiad**, *eg. ll.*-iaid. llygad-dyst. EYE-WITNESS.

*****gwybyddiaeth**, *eb.* gwybodaeth ; ymwybyddiaeth. KNOWLEDGE ; CONSCIOUSNESS, COGNITION.

gwybyddus, *a.* adnabyddus, yn gwybod pwy neu beth yw, hysbys. KNOWN.

gwych, *a.* campus, ysblennydd, braf, coeth, têr, lluniaidd, rhagorol. SPLENDID, FINE, BRILLIANT, GAUDY.
    Bydd wych. FARE THOU WELL.

gwychder, *eg. ll.*-au. ysblander, rhwysg, coethder, godidowgrwydd. SPLENDOUR, POMP.

*****gwyched**, *eb.* wiced. WICKET.

*****gwychr**,   } *a.* gwrol, ffyrnig. COU-
*****gwychrol**,   } RAGEOUS, FIERCE.

*****gwychydd**, *eg. ll.*-ion. arwr. HERO.

*****gwychyr**, *a.* gwrol, ffyrnig. COURAGEOUS, FIERCE.

*****gwŷd**, *eg. ll.* gwydiau. gwŷn, nwyd, pechod. PASSION, SIN.

*****gwyden**, *eb. ll.* gwydyn. gwden. WITHE.

*****gwydio**, *be.* anlladu, pechu, niweidio. TO LUST, TO SIN, TO HARM.

gwydlawn, *a.* llawn gwŷn, pechadurus. VICIOUS, SINFUL.

gwydn, *a.* caled, cyndyn, yn abl i wrthsefyll, cryf. TOUGH, TENACIOUS.

*****gwydnder**,   } *eg.* gwydnwch. TOUGH-
gwydnedd,   } NESS.

gwydnhau, *be.* mynd yn wydn. TO WAX TOUGH.

gwydnwch, *eg.* caledwch, cyndynrwydd. TOUGHNESS, TENACITY.

gwydr, *eg. ll.*-au. 1. defnydd caled tryloyw. GLASS.
    2. llestr gwydr. GLASS DISH.

gwydrin, *a.* o wydr. MADE OF GLASS.

gwydro, *be.* dodi gwydr. TO GLAZE.

gwydrog, *a.* â gwydr. GLAZED.

gwydrol, *a.* iäennol. GLACIAL.

gwydrwr, *eg. ll.*-wyr. un sy'n dodi gwydr. GLAZIER.

gwydryn, *eg. ll.* gwydrau. gwydr. DRINKING-GLASS.

*****gwydus**, *a.* anllad, drwg. VICIOUS.

gwŷdd¹ : **gwyddfod**, *eg.* presenoldeb. PRESENCE.
    Yng ngŵydd. IN THE PRESENCE OF.

gwŷdd², *a.* gwyllt, diffaith. WILD.

gŵydd³, *eb. ll.* gwyddau. aderyn mawr dof. GOOSE.

gwŷdd¹, *ell. (un. b.* gwydden). coedwig, fforest, coed. WOODS, TREES.

gwŷdd², *eg.* 1. aradr. PLOUGH.
    2. gwehydd. WEAVER.
    3. offeryn i wau brethyn. LOOM.

*****gwyddanes**, *eb. ll.*-au. gweler *gwiddon*.

*****gwyddbed**, *ell.* gweler *gwybed*.

gwyddbwyll, *eb.* hen gêm neu chwarae adnabyddus. A KIND OF CHESS.

*****gwyddeifr**, *ell.* geifr gwyllt. WILD GOATS.

Gwyddel, *eg. ll.*-od, Gwyddyl. (*b.* Gwyddeles). brodor o Iwerddon. IRISHMAN.

Gwyddeleg, *eb.* un o'r ieithoedd Celtaidd, iaith y Gwyddel. IRISH LANGUAGE.

Gwyddelig, *a.* yn perthyn i'r Gwyddel. IRISH.

*****gwyddeli**, *ell.* gweler *gwyddwal*.

*****gwyddfa**, *eb. ll.*-fâu, -feydd. bedd, cofgolofn. TOMB, MONUMENT.

*****gwyddfarch**, *eg. ll.*-feirch. ceffyl gwyllt. WILD HORSE.

gwyddfid, *eg.* gwyddwydd, pren neu flodau'r pren 'llaeth y gaseg.' HONEYSUCKLE.

*****gwyddfil**, *eg. ll.*-od. bwystfil. WILD ANIMAL.

*****gwyddfoch**, *eb. ll.* moch gwyllt. WILD SWINE.

gwyddfod, *eg.* presenoldeb, gŵydd. PRESENCE.

*****gwyddgi**, *eg. ll.*-gwn. blaidd neu lwynog. WOLF OR FOX.

*****gwyddi**, *eg.* gweler *gwddi*.

*****gwyddiawn**, *a.* gwyllt iawn. VERY WILD.

*****gwyddin**, *a.* o goed, pren. WOODEN.

*****gwyddlwdn**, *eg. ll.*-lydnod. bwystfil. WILD ANIMAL.

*****gwyddo**, *be.* gadael tir heb ei aredig. TO REST LAND.

gwyddon, *eg. ll.*-iaid. dewin ; gwyddonydd. WIZARD ; SCIENTIST.

gwyddoniadur, *eg. ll.*-on. llyfr sy'n rhoi gwybodaeth am wahanol destunau ac wedi ei drefnu yn ôl llythrennau'r wyddor. ENCYCLOPÆDIA.

gwyddoniaeth, *eb.* gwyddor, astudiaeth a gwybodaeth cyfundrefnol ar ryw bwnc. SCIENCE.

gwyddonol, *a.* yn ymwneud â gwyddoniaeth. SCIENTIFIC.

gwyddonydd, *eg. ll.* gwyddonwyr. un sy'n ymwneud â gwyddoniaeth. SCIENTIST.

ǵwyddor, *eb. ll.*-ion. elfen, egwyddor. RUDIMENT, SCIENCE.

Yr Wyddor. THE ALPHABET.

ǵwyddori, *be.* hyfforddi. TO INSTRUCT.

*ǵwyddoriaeth, *eb.* gwyddoniaeth. SCIENCE.

*ǵwyddw, *all.* gweddw. WIDOWED.

*ǵwyddwal, *eb.* lle anial dreiniog, llwyni. THORNY DESERT PLACE, THICKET.

ǵwyddwalch, *eb.* math o fwltur. OSSIFRAGE.

*ǵwyddweli, *ell.* gweler *gwyddwal.*

*ǵwyddwig, *eb.* diffeithwch. DESOLATION.

ǵwyddwydd, *ell. (un. b.*-en.). gwyddfid, llysiau'r mêl, llaeth y gaseg. HONEYSUCKLE.

ǵwyddyf, *eg. ll.*-au. gwddi. HEDGINGBILL.

ǵwyfo, *be.* gweler *gwywo.*

*ǵwyfon, *ell.* aeron. BERRIES.

ǵwyfyn, *eg. ll.*-od. pryfyn dillad, meisgyn, pryfyn sy'n cael ei fagu mewn dillad, etc. MOTH (GRUB).

*ǵwyg, 1. *e. torf.* efrau. TARES, VETCH.
2. *a.* diwerth, ofer. USELESS, VAIN.

*ǵwyǵbys, *ell. (un. b.*-en.). gwyg. VETCHES.

ǵwyǵl, *a.* mwrn, mwll. SULTRY.

ǵŵyl, *eb. ll.* gwyliau. adeg i orffwys, dydd cysegredig, diwrnod dathlu. FEAST, HOLIDAY.

Gŵyl Ddewi. ST. DAVID'S DAY.

*ǵwŷl, *bf.* gwêl. HE OR SHE SEES.

ǵŵyl : ǵwylaidd, *a.* gweddaidd, diymffrost, swil, diymhongar, anymwthgar. MODEST, BASHFUL.

ǵwylad (*taf.*), *be.* gwylio (claf) drwy'r nos. TO KEEP VIGIL (OVER SICK PERSON).

ǵwylaeth, *eg.* letys. LETTUCE.

ǵwylan, *eb. ll.*-od, gwylain. un o adar y môr. SEAGULL.

ǵwylar, *eg.* cwrel. CORAL.

ǵwylder : ǵwyleidd-dra, *eg.* gwedduster, lledneisrwydd, swildod. MODESTY, BASHFULNESS.

ǵwylfa, *eb. ll.*-fâu, feydd. lle i wylio, cyfnod o wylio. WATCHING PLACE, WATCH.

*ǵwylfa, *eb. ll.* gwylfâu. gŵyl. FESTIVAL, FEAST.

ǵwylfod, *eb.* gweler *gwylfa.*

*ǵwyliadur, *eg. ll.*-iaid. gwyliwr. WATCHER.

ǵwyliadwr, *eg. ll.*-wyr. goruchwyliwr. OVERSEER.

ǵwyliadwriaeth, *eb.* gochelgarwch, pwyll, cyfnod gwylio. WATCHFULNESS, WATCH.

ǵwyliadwrus, *a.* effro, gochelgar, gofalus, pwyllog. WATCHFUL.

ǵwylied : ǵwylio, *be.* gwarchod, cadw llygad ar, gofalu, gochel. TO MIND, TO GUARD.

ǵwyliedydd, *eg. ll.*-ion. un sy'n gwylio, gwarchodwr. SENTINEL.

ǵwylmabsant, *eb. ll.*-au. gŵyl nawddsant. FEAST OF PATRON SAINT.

ǵwylnos, *eb. ll.*-au. cyfarfod y nos cyn claddu, y noswaith cyn gŵyl, noswyl. VIGIL, WATCH-NIGHT.

ǵwylog, *eb. ll.*-od. aderyn y môr. GUILLEMOT.

ǵŵyll, *eb. ll.* gwyllion. dewines, ellyll, ysbryd. WITCH, FIEND, GHOST.

*ǵŵyll, *a.* gwyllt, gwallgof. WILD, MAD.

ǵwyll (wy), *eg.* tywyllwch, caddug. GLOOM, DARKNESS.

ǵwylliad, *eg. ll.* gwylliaid. carnlleidr, herwr, ysbeiliwr. BANDIT.

*ǵwyllias, *eg.* nwyd gwyllt. WILD PASSION.

ǵwyll(i)on, *ell.* 1. gwallgofiaid. MADMEN.

2. gwŷr ffyrnigwyllt mewn brwydr. FRENZIED WARRIORS.

ǵwyllt, *a. ll.*-ion. anial, ynfyd, gwallgof, gorffwyll, anwar, cynddeiriog, o'i gof, nwydus, diffaith, anifeilaidd. WILD, MAD.

*ǵwylltfil, *eg. ll.*-od. bwystfil. WILD BEAST.

ǵwylltiaid, *ell.* anwariaid, dynion gwyllt. SAVAGES, WILD MEN.

ǵwylltineb, *eg.* gorffwylledd, cynddaredd, gwallgofrwydd, llid, ffyrnigrwydd. WILDNESS, FURY.

*ǵwyllt(i)og, *a.* gwallgof, gwyllt. MAD, WILD.

ǵwylltu : ǵwylltio, *be.* arswydo, ofni, tarfu, ffyrnigo, terfysgu, cynddeiriogi. TO LOSE CONTROL OF ONESELF.

ǵwymon, *eg.* gwmon, planhigyn sy'n tyfu yn y môr. SEAWEED.

ǵwymp, *a. (b.* gwemp). teg, hardd, prydferth. FINE, FAIR.

ǵwyn,*a. ll.*-ion.(*b.* gwen). lliw can, lliw'r eira, gwelw, sanctaidd. WHITE, HOLY.

Gwyn ei fyd. BLESSED IS HE.

ǵwŷn, *eg. ll.* gwyniau. 1. poen, cur, gloes, dolur. ACHE.

2. cynddaredd. RAGE.

3. nwyd, blys, chwant. LUST.

gwynad, 1. *be.* yn gofyn march. TO DESIRE A STALLION.

   2. *a.* poenus, llidiog. SMARTING, ANGRY.

*gwynafog, *a.* piwis. PEEVISH.

gwynder : gwyndra, *eg.* lliw eira, y stad o fod yn wyn. WHITENESS.

Gwyndodeg, *eb.* tafodiaith Gwynedd. VENEDOTIAN DIALECT.

gwyndwn, *eg.* gwndwn, tir heb ei droi ers rhai blynyddoedd, ton, hadfaes, tir glas. UNPLOUGHED LAND, LEY.

*gwynddas, *a.* piwis. PEEVISH.

gwynegon, *eg.* clefyd llidus yn y cymalau a'r cyhyrau, cryd cymalau. RHEUMATISM.

gwynegu : gwynio, *be.* achosi poen, poeni, dolurio, anafu, brathu, brifo. TO SMART, TO ACHE.

gwynfa, *eb.* paradwys, gwynfyd, y nefoedd. PARADISE.

gwynfyd, *eb.* *ll.*-au. dedwyddyd, gorhoen, gwynfydedigrwydd. BLISS.

*gwynfydau, *ell.* cenfigennau. JEALOUSIES.

gwynfydau, *ell.* y pethau gwynfydedig. BEATITUDES.

gwynfydedig, *a.* bendigedig, dedwydd, hapus, wrth ei fodd, yn wyn ei fyd. BLESSED, HAPPY.

*gwynfydedigaeth, *eb.* ⎱ gwynfyd.
gwynfydedigrwydd, *eg.* ⎰ BLESSEDNESS.

*gwynfydu, *be.* bendithio, ynfydu. TO BEATIFY, TO BLESS, TO RAVE.

gwyngalch, *eg.* calch i liwio muriau. WHITE-WASH.

*gwyngalch, *eg.* tarian, arfau. SHIELD, ARMS.

gwyngalchu, *be.* gwneud yn wyn â chalch. TO WHITEWASH.

*gwyngen, *eg.* gwên. SMILE.

gwyngoch, *a.* pinc, rhosynnaidd. PINK, ROSY.

gwyniad, *eg.* *ll.* gwyniaid. math o bysgodyn yn perthyn i deulu'r eog. WHITING.

*gwyniaith, *egb.* 1. dial, lladdfa. VENGEANCE, SLAUGHTER.

   2. gwyrth. MIRACLE.

gwynias, *a.* yn wyn neu'n gochwyn gan dân, poeth iawn. WHITE-HOT.

gwyniasedd, *eg.* eiriasedd. INCANDESCENCE.

gwyniedyn, *eg.* gweler *gwyniad.*

gwynio, *be.* poeni, gofidio. TO PAIN, TO GRIEVE.

gwynlas, *a.* glas golau. PALE BLUE.

gwynlasu, *be.* gwelwi. TO TURN DEATHLY PALE.

*gwynnem, *eg.* *ll.* gwynemau. diemwnt. DIAMOND.

gwynnin(g), *eg.* nodd, pren meddal. SAP, SAPWOOD.

*gwynnog, *a.* gwyntog. WINDY.

*gwynoddi, ⎱
*gwynofi, ⎰ *be.* ystaenio. TO STAIN.

gwynnog, *a.* nwydus, dicllon. PASSIONATE, IRATE.

gwynnu, *be.* cannu, gwneud yn wyn, troi'n wyn. TO WHITEN.

gwynnwy, *eg.* gwyn wy. WHITE OF AN EGG.

*gwynsaid, *a.* â charn gwyn. WHITEHILTED.

gwynt, *eg.* *ll.*-oedd. awel gref, anadl, arogl, sawr, drewdod. WIND, SMELL.

gwyntell, *eb.* *ll.*-iau. basged i gario afalau etc. BASKET.

gwyntfesurydd, *eg.* offeryn i fesur cyflymder gwynt. ANEMOMETER.

gwyntio : gwynto, *be.* clywed gwynt, arogli, sawru, drewi. TO SMELL.

gwyntog, *a.* 1. â gwynt yn chwythu, stormus, tymhestlog. WINDY.

   2. yn llawn gwynt, chwyddedig. BOMBASTIC.

gwyntyll, *eb.* *ll.*-au. nithlen, offeryn i beri awel o wynt. FAN.

gwyntylliad, *eg.* nithiad, awyriad. WINNOWING, VENTILATION.

gwyntyllu : gwyntyllio, *be.* nithio, puro, achosi awel, archwilio. TO WINNOW, TO VENTILATE, INVESTIGATE.

gwynwydd, *ell.* (*un. b.*-en). gwyddfid. HONEYSUCKLE.

*gwynygio, ⎱ *be.* disgleirio, ym-
*gwynygu, ⎰ ddangos. TO SHINE, TO APPEAR.

gŵyr, *a.* lletraws, ar osgo, ar oleddf, anunion, cam, crwca, gwyrgam. CROOKED, INCLINED, ASLANT.

gwŷr, *ell.* (*un. g.* gŵr). dynion. MEN. Gwŷr traed. FOOT SOLDIERS.

*gwyran, *a.* glas, ir. GREEN, FRESH.

*gwyra(i)n, *eg.* gwair, porfa. GRASS, PASTURE.

gwyrain, *ell.* cregyn llongau. BARNACLES.

*gwyrandir, *eg.* gweirdir. HAY-LAND.

gwyrda, *ell.* gweler *gwrda.*

*gwyrder, ⎱ *eg.* gwyryfdod, purdeb.
*gwyrdod, ⎰ VIRGINITY, CHASTITY.

gwyrdraws, *a.* gwrthnysig. PERVERSE.

gwyrdroëdig, *a.* *ll.*-ion. un wedi ei wyrdroi. PERVERT.

gwyrdroi (ŵy), *be.* camdroi, trawswyro, llygru, camliwio, anffurfio, ystumio. TO DISTORT, TO PERVERT.

gwyrdd, *a. ll.*-ion. (*b.* gwerdd). lliw yn cynnwys melyn a glas. GREEN.

gwyrddedd, *eg.* gwyrddni. GREENNESS.

gwyrddfaen, *eg. ll.*-feini. emrallt. EMERALD.

gwyrddlas, *a.* glaswyrdd, o liw'r borfa. VERDANT.

gwyrddlesni,*eg.*gwyrddni. GREENNESS.

gwyrddni, *eg.* yr ansawdd o fod yn wyrdd, glesni. GREENNESS.

*****gwyrddonig,** *a.* gwyrdd. GREEN.

gwyrddu, *be.* gwyrddio. TO MAKE GREEN, TO GREEN.

gwyredd, *eg.* y weithred o wyro (am belydrau). ABERRATION.

*****gwyrennig,** *a.* ir, ffrwythlon, nerthol. LUXURIANT, VERDANT, POWERFUL.

*****gwyrf,** *a.* ac *eb.* gweler *gwyryf.*

gwyrf : **gwyry,** *a.* newydd, ffres, crai, pur, ir, croyw. FRESH, PURE.

gwyrgam, *a.* gweler *gŵyr.*

gwyrgamedd, *eg.* sgiwedd. SKEWNESS.

gwyrgamu, *be.* mynd yn wyrgam. TO TURN AWRY.

gwyriad, *eg. ll.*-au. 1. osgoad, gwyrdro, gwyrdroad, trawswyriad, llygriad. DEVIATION.

2. term gramadegol. MUTATION.

*****gwyrios,** *ell.* gwyros. PRIVET.

*****gwyrlod,** *eb. ll.*-ydd. dôl, gweirglodd. MEADOW.

gwyrn, *a.* pryfedog. VERMINOUS.

gwyrni, *eg.* camedd, yr ansawdd o fod yn gam. CROOKEDNESS, PERVERSE-NESS.

gwyro, *be.* osgoi, troi o'r neilltu. TO DEVIATE, TO INCLINE, TO PERVERT.

gwyrog, *a.* gwrthnysig. PERVERSE.

gwyrol, *a.* ar ŵyr. SLANTING.

gwyrth (wý), *eb. ll.*-iau. digwyddiad rhyfedd, rhywbeth goruwch-natur-iol. MIRACLE.

*****gwyrthfawr,** *a.* rhinweddol iawn, gwerthfawr. VERY VIRTUOUS, PRE-CIOUS.

gwyrthiol, *a.* rhyfedd, rhyfeddol, ar-uthr, syn, aruthrol. MIRACULOUS.

gwyry, *eb.ll.* gweryddon. : **gwyryf,** *eb. ll.*-on. morwyn, morwynig, merch, geneth. VIRGIN.

*****gwyry(dd),** 1. *eb. ll.* gweryddon, gwyryf. VIRGIN.

2. *a.* gwyryfol. VIRGIN, PURE.

*****gwyryf,** *a.* gwyryfol, pur, dilychwin. VIRGIN, PURE.

gwyryfdy, *eg. ll.*-dai. lleiandy. NUN-NERY.

gwyryfol, *a.* pur. VIRGIN, MAIDEN.

*****gwyryng,** *ell.* cynrhon. MAGGOTS.

gwŷs, *bf.* gwyddys. IT IS KNOWN.

*****gwŷs[1],** *eg.* mochyn. PIG.

*****gwŷs[2],** *eb. ll.* gwysion. ⎱dyfyn, rhyb-

gwysiad, *eg. ll.*-au. ⎰udd, galwad i ymddangos o flaen rhywun ac awdurdod ganddo. SUMMONS.

gwysigen, *eb. ll.*-nau. chwysigen, pledren. BLISTER, BLADDER.

gwysio, *be.* galw i ymddangos o flaen llys, etc. TO SUMMON.

*****gwystfil,** *eg. ll.*-aid. bwystfil. WILD BEAST.

gwystl (ŵy), *eg. ll.*-on. mach, adnau, peth neu berson a roddir fel sicrwydd, ern, ernes. PLEDGE, HOSTAGE.

gwystleidiaeth, *eb.* gwystl. PLEDGE.

gwystlo, *be.* mechnïo, bod yn wystl. TO PLEDGE.

gwystloriaeth, *eb.* gwystl. PLEDGE, MORTGAGE.

gwystlwr, *eg. ll.*-wyr. un sy'n gwystlo. PLEDGER, PAWNER.

*****gwystn,** *eg.* ac *a.* gweler *wystn.*

*****gwystno,** *be.* crino. TO SHRIVEL.

*****gwystyn,** *a.* ac *eg.* gweler *wystn.*

*****gŵyth,** *eg.* ⎱ llid, dicllonedd.

*****gwythaint,** *eg.* ⎬ANGER, WRATH.

*****gwythawd,** *eg.* ⎰

gwythen, *eb. ll.*-nau. gwythïen. VEIN.

gwythennog, *a.* ⎱ â gwythiennau.

gwythennus, *a.* ⎰ HAVING VEINS.

gwythi[1], *eg.* sylwedd hydwyth mewn anifeiliaid. GRISTLE.

gwythi[2], *ell.* gwythiennau ; cyhyrau. VEINS ; MUSCLES.

gwythïen, *eb. ll.* gwythiennau. 1. gwy-then, pibell yn y corff i gario gwaed i'r galon, gwaed-lestr, rhydweli. VEIN.

2. haen o lo, etc. SEAM.

*****gwythlid,** *eg.* llidiowgrwydd. FURY.

*****gwythlon,** *a.* llidiog, dicllon. WRATH-FUL, ANGRY.

*****gwythlonedd,** *eg.* llidiowgrwydd. ANGER, FURY.

gwythog, *a.* gwythennog. VEINY.

*****gwythog,** *a.* ⎱

*****gwythol,** *a.* ⎰llidiog. ANGRY.

*****gwythwch,** *eb.* mochyn gwyllt. WILD PIG.

gwyw : **gwywedig,** *a.* 1. wedi gwywo, yn gwywo. WITHERED.

2. eiddil, gwan. FEEBLE.

gwywo, *be.* crino, deifio, edwi, edwino, dihoeni, colli lliw. TO WITHER, TO FADE.

gyd, i g-, *adf.* oll. ALL.

gyda : **gydag,** *ardd.* ynghyd â, efo. TO-GETHER WITH.

gyddfol, *a.* yn y gwddf, yn seinio yn y gwddf. GUTTURAL.

gyddfgam, 1. *a.* â gwddf cam. WRY-NECKED.

　　2. *eg.* aderyn â gwddf cam. WRY-NECK.

*gyfarwyneb, *adf.* ⎱ gogyfer, gyfer-
*gyfeiryd, *adf.* ⎰ byn. OPPOSITE.

gyferbyn (â), *ardd.* yr ochr arall, go-gyfer, yn wynebu, cyfarwyneb. OPPOSITE.

gygu, *be.* cuchio. TO FROWN.

gygus, *a.* cuchiog. FROWNING.

*gylf, *eg. ll.*-au. ⎱ gylfin, pig.
*gylfant, *eg. ll.*-nau. ⎰ BEAK, BILL.

gylfin, *eg. ll.*-au, -od. pig, genau aderyn. BEAK.

gylfinbraff, ⎱ *eg.* aderyn â phig
gylfingroes, ⎰ croes. THE CROSS-BEAK.

gylfinir, *eg.* chwibanogl y mynydd, cwrlip, aderyn ac iddo big hir, chwibanwr. CURLEW.

gylfinog, *eg.* daffodil, cenhinen Bedr. DAFFODIL.

*gylfog, *a.* â phig neu ylfin. HAVING A BEAK.

*gylyf, *eg. ll.*-au. cryman ; bilwg. SICKLE ; BILL HOOK.

gymnasiwm, *eg.* ystafell ymarfer corff. GYMNASIUM.

gymnasteg, *eb.* gwyddor ymarfer corff. GYMNASTICS.

*gyn, *ardd.* gweler *cyn.*

*gynhon, *ell.* (*un.* gynt). llwythau. TRIBES.

gynnau, *adf.* eiliad yn ôl, ychydig amser yn ôl. A WHILE AGO.

　　Gynnau fach. JUST NOW.

gynwalc, *eg.* top ochr llong. GUNWALE.

gynnwr, *eg. ll.* gynwyr. ⎱ saethwr
gynnydd, *eg. ll.* gynyddion. ⎰ gwn. GUNNER.

*gynt, *eg.* llwyth. TRIBE.

gynt, *adf.* yn flaenorol, yn yr hen amser. FORMERLY.

gyr, *eg. ll.*-roedd. diadell, cenfaint, praidd, mintai. DROVE.

　　Yn mynd â gyr o wartheg o'i flaen.

*gyr, *ardd.* ger. NEAR, BY.

*gyrdd-der, *eg.* cryfder, gwroldeb. STRENGTH, COURAGE.

gyrddwynt, *eg. ll.*-oedd. corwynt. HURRICANE.

gyrfa, *eb. ll.*-oedd, gyrfeydd. hynt, rhedegfa, cwrs bywyd. RACE, CAREER.

*gyrfeydd, *eg.* rhedwr. RUNNER.

gyrru, *be.* anfon o flaen, hela, ymlid, gwthio, taro i mewn. TO DRIVE, TO SEND.

gyrrwr : gyriedydd, *eg. ll.* gyrwyr. un sy'n gyrru. DRIVER.

*gyrth, *a.* yn cael ei yrru. DRIVEN.

*gyrthio, *be.* gwthio ; yrthio ; taro ; cyffwrdd. TO PUSH ; TO BUTT ; TO TOUCH.

gyrwynt, *eg. ll.*-oedd. trowynt, teiffŵn. WHIRLWIND, TYPHOON.

*gysb, *eg.* dera, y crynod. STAGGERS.

*gystig, *a.* gweler *ystig.*

*gyth, *eg. ll.*-ion. murmur. MURMUR.

H

*ha, *ebych.* HA !

*hab, *eg.* gweler *hap.*

*habrsiwn, *eg.* pais ddur ddilewys. SLEEVELESS COAT OF MAIL.

hac, *egb. ll.*-au, -iau. bwlch, agen, rhic, rhint, toriad. NOTCH.

*hacnai, *eg. ll.*-neiod. ceffyl marchogaeth. HACKNEY.

*hacráu, *be.* gweler *hagru.*

had, *e. torf.* y peth y tyf planhigyn ifanc ohono, hil, epil. SEED.

hadfaes, *eg.* gwndwn. LEY.

*hadl, *a.* adfeiliedig, pwdr ; eiddil. RUINOUS, ROTTEN ; WEAK.

*hadledd, *eg.* pydredd, llygredd. ROT-TENNESS, CORRUPTION.

hadlif, *eg.* hadred, clefyd gwenerol. GONORRHŒA.

*hadlu, *be.* adfeilio, llygru. TO DECAY, TO CORRUPT.

*hadlyd, *a.* pwdr, llwgr. ROTTEN, CORRUPT.

hadog, *a.* â had. HAVING SEED.

hadred, *eg.* hadlif. GONORRHŒA.

hadu, *be.* yn tyfu hadau, mynd yn wyllt. TO SEED.

hadwr, *eg. ll.*-wyr. gwerthwr had ; heuwr. SEEDSMAN ; SOWER.

hadyd, *eg.* had llafur (ŷd), tatws had. SEED CORN, SEED POTATOES.

*haddef, *eb. ll.*-au. cartref, preswylfa. HOME, HABITATION.

*haeach, *adf.* 1. nid rhyw lawer. NOT MUCH.

　　2. bron â, braidd. ALMOST, SCARCELY.

　　3. eto, hyd hynny. YET.

*haeachen, *adf.* gweler *haeach.*

haearn, *eg. ll.* heyrn. metel caled. IRON. Haearn gwrymiog. GALVANISED IRON. Haearn bwrw. CAST IRON. Haearn gyr. WROUGHT IRON.

haedd, *eb. ll.*-ion. 1. cyrhaeddiad. REACH. 2. teilyngdod. MERIT.

haeddedigaeth, *eb.* haeddiant. DESERT.

*haeddel, *eb. ll.*-i. corn aradr. PLOUGH HANDLE.

haeddiannol, *a.* teilwng. MERITORIOUS.

haeddiant, *eg. ll.* haeddiannau. teilyngdod, rhyglyddiant. MERIT.

*haeddod, *eg.* haeddiant. MERIT.

haeddol, *a.* gweler *haeddiannol.*

haeddu, *be.* teilyngu, rhyglyddu, bod yn deilwng o. TO DESERVE, TO MERIT.

haeërnin, *a.* o haearn. OF IRON.

hael : **haelfrydig** : **haelionus,** *a.* rhyddfrydig, rhydd, caredig, parod. GENEROUS, LIBERAL.

haelder, } *eg.* haelioni. GENEROSITY.
*haeledd, }

haelfrydedd : **haelioni,** *eg.* yr ansawdd o fod yn hael. GENEROSITY.

haelfrydig, *a.* hael. GENEROUS, LIBERAL.

haels, *ell. (un. b.*-en.). pelenni saethu. SHOTS.

haen, *eb.ll.*-au. : **haenen,** *eb. ll.*-nau. 1. gwanaf, caen. LAYER. 2. gwythïen. SEAM.

haenell, *eg. ll.*-au. darn tenau o fetel o'r un trwch. PLATE.

haenellu, *be.* golchi. TO PLATE.

haenu, *be.* ffurfio haenau. TO STRATIFY.

*haer, 1. *a.* gwych, rhagorol. EXCELLENT. 2. *rhagdd.* tra-. VERY. 3. *eb.* carthen rawn. KILN CLOTH.

haeriad, *eg. ll.*-au. honiad, dywediad pendant, datganiad, yr hyn a haerir. ASSERTION.

haerllug, *a.* digywilydd, difoes, anfoesgar. IMPUDENT.

haerllugrwydd, *eg.* digywilydd-dra, anfoesgarwch. IMPUDENCE.

haeru, *be.* taeru, honni, gwirio, sicrhau, datgan. TO ASSERT.

haf, *eg. ll.*-au. y tymor sy'n dilyn y gwanwyn, y tymor twymaf. SUMMER.

hafaidd, *a.* fel haf, yn perthyn i'r haf. SUMMER-LIKE, SUMMERY.

hafal, *a.* tebyg, cyffelyb, cyfartal, cydradd. EQUAL, LIKE.

hafaledd, *eg.* yr ansawdd o fod yn gyfartal, cydraddoldeb. EQUALITY.

hafaliad, *eg. ll.*-au. fformwla yn dangos cyfartaledd dau fynegiant. EQUATION. Hafaliad cydamserol. SIMULTANEOUS EQUATION. Hafaliad dwyradd. QUADRATIC EQUATION. Hafaliad teiradd. CUBIC EQUATION.

hafalochrog, *a.* ag ochrau cyfartal. EQUILATERAL.

hafalonglog, *a.* ag onglau cyfartal. EQUIANGULAR.

hafan, *eb.* porthladd, harbwr, lle i long lochesu. HAVEN, PORT, HARBOUR.

*hafar, *eg.* tir a fraenarwyd yn yr haf. LAND FALLOWED IN SUMMER.

hafdy, *eg. ll.* hafdai. tŷ haf. SUMMER-HOUSE.

hafddydd, *eg. ll.*-iau. dydd o haf, diwrnod fel un ynghanol haf. A SUMMER'S DAY.

haflug, *eg.* digonedd. ABUNDANCE.

hafn, *eb. ll.*-au. lle cau, cwm, nant, ceunant. HOLLOW, GORGE.

hafod, *eb. ll.*-ydd. tŷ neu lety haf. SUMMER DWELLING.

hafog, *eg.* difrod, dinistr, distryw, niwed, colled. HAVOC.

hafol, *a.* yn perthyn i haf. OF SUMMER.

hafoty, *eg. ll.* hafotai. gweler *hafod.*

*hafr, *eg.* bwch gafr wedi ei gyweirio. GELDED HE-GOAT.

haff, *eg.* ll-iau. cipiad. SNATCH.

haffio, *be.* cipio, cydio. TO SNATCH, TO SEIZE.

hafflau, *eg.* côl, gafael. LAP, GRASP.

*hagab, *eg.* math o locust bwytadwy. EDIBLE LOCUST.

*hagen, *cys.* ond, bellach, yn ychwaneg, er hynny, bron. BUT, MOREOVER, IN ADDITION, ALMOST.

*hagnai, *eg.* gweler *hacnai.*

hagr, *a.* salw, hyll, diolwg, annheilwng. UGLY, UNWORTHY.

hagru, *be.* gwneud yn hyll neu'n hagr. TO DISFIGURE.

hagrwch, *eg.* hylltod, hylltra. UGLINESS.

*hang, *a.* cyfyng, cul, main. NARROW, THIN.

hai, *ebych.* prysura. MAKE HASTE.

haid, *eb. ll.* heidiau. gyr, diadell, cenfaint, mintai, torf. SWARM.

haidd, *e. torf. (un. b.* heidden). barlys, math o rawn a ddefnyddir i wneud brag. BARLEY.

haig, *eb. ll.* heigiau. torf. SHOAL.

*hail, *eb. ll.* heiliau. gwledd, bwyd a diod, gwasanaeth (mewn gwledd). FEAST, FOOD AND DRINK, SERVICE (AT FEAST).

haint

haint, *eb. ll.* heintiau. 1. pla, afiechyd, gwendid. PESTILENCE.
2. llewyg. FAINT.
Haint y nodau. THE PLAGUE.
Haint digwydd. EPILEPSY.
Haint dofednod. FOWL PEST.

***hair,** *a.* gweler *haer.*

***hâl,** *eg.* halwyn. SALT.

hala, *be.* danfon, gwario, hela, taenu. TO SEND, TO SPEND, TO SPREAD.

***halaen,** *eg.* halen. SALT.

***halaeth,** *a.* gweler *helaeth.*

hald, *eg.* tuth ; ysgydwad. TROTTING ; A SHAKING.

haldian, *be.* tuthio ; ysgwyd. TO TROT ; TO SHAKE.

halen, *eg.* heli, defnydd gwyn a geir o ddŵr y môr, etc., ac a ddefnyddir i roi blas ar fwydydd. SALT.

halenaidd, *a.* hallt. SALTY.

halian : halio, *be.* tynnu, llusgo, cario, dwyn. TO HAUL.

***haliw,** *eg.* poer. SALIVA.

halogedig, *a.* llwgr, llygredig. POLLUTED, CORRUPT.

***halogedigaeth,** *eb.* llygredigaeth, bryntni. POLLUTION, CORRUPTION, FILTHINESS.

halogedd, *eg.* llygredigaeth. CORRUPTION.

halogi, *be.* difwyno, dwyno, llygru, gwneud yn frwnt neu amhur. TO POLLUTE.

halogiad, } *eg.* llygredigaeth. POLL-
halogrwydd, } UTION, CORRUPTION.

halogwr, *eg. ll.*-wyr. un sy'n halogi. DEFILER.

***halsing,** *eg. ll.*-au, -od. carol. CAROL.

halwyn, *eg. ll.*-au. defnydd sy'n cynnwys asid a sylfaen mewn cyfartaledd arbennig. SALT.

hallt, *a.* â blas halen, llym. SALT, SEVERE.
Talu'n hallt. TO PAY DEARLY.

halltedd, }
halltineb, } *eg.* helltni. SALTNESS.
halltrwydd, }

halltu, *be.* trin â halen. TO SALT.

hambwrdd, *eg. ll.*-byrddau. bwrdd llaw. TRAY.

hamdden, *eb.* seibiant, saib, oediad, hoe. LEISURE.
Oriau hamdden. SPARE TIME.

hamddenol, *a.* heb frys, pwyllog, heb ffwdan, wrth ei bwysau. LEISURELY.

***hamddenu,** *be.* cymryd hamdden. TO TAKE RESPITE.

hamog, *eb. ll.*-au. gwely crog (ar long). HAMMOCK.

haniaeth

***hanbwyllo,** *be.* ymdrafferthu, gofalu am, teimlo diddordeb. TO TROUBLE ONESELF, TO TAKE AN INTEREST.

***hanbych,** *bf.* henffych. HAIL.

hances, *eb.* cadach poced, neisied, macyn poced, napcyn. HANDKERCHIEF.

***handenu,** *be.* gweler *hanbwyllo.*

***handid,** *bf.* ys, y mae, deillia. IS, COMES FROM.

***handwy,** *bf.* yw, tardd. IS.

***handwyf,** *bf.* ydwyf, deilliaf. I AM.

hanedig, *a.* yn hanfod. DESCENDED.

hanercof, *a.* hanner call, gwirion. HALF-WITTED.

***hanereg,** *eb.* hanner cyfran. MOIETY, HALF-MEASURE.

hanergylch, 1. *eg. ll.*-au. hanner cylch. SEMICRICLE.
2. *a.* hanner crwn. SEMICIRCULAR.

hanerlled, *eg.* helaethrwydd, ehangder. AMPLITUDE.

hanerob, *eb. ll.*-au. hanner neu ystlys mochyn. FLITCH OF BACON.

hanerog, *a.* bob yn hanner, hanner a hanner. BY HALVES, HALF AND HALF.

haneru, *be.* rhannu'n ddau. TO HALVE.

hanerwr, *eg. ll.*-wyr. un sy'n chwarae rhwng y blaenwyr a'r cefnwyr. HALF-BACK (IN GAMES).

hanes, *eg. ll.*-ion. 1. hanesiaeth, hanesyddiaeth, stori'r gorffennol. HISTORY.
2. stori, chwedl, hanesyn. TALE.
3. adroddiad. REPORT.

***hanes,** *eb.* cyfrinach. SECRET.

hanesiaeth, *eb.* hanes. HISTORY.

hanesydd, *eg. ll.*-ion, haneswyr. un sy'n hyddysg mewn hanes. HISTORIAN.

hanesyddiaeth, *eb.* hanes. HISTORY.

hanesyddol, *a.* yn ôl hanes, mewn perthynas â hanes. HISTORICAL.

hanesyn, *eg.* stori fechan. ANECDOTE.

hanfod, 1. *be.* tarddu, deillio, disgyn o, tarddu. TO ISSUE FROM.
2. *eg.* ansawdd neu rinwedd sydd yn rhaid wrtho i wneud peth yr hyn ydyw. ESSENCE.

hanfodiad, *eg.* bodolaeth, bod. EXISTENCE, BEING.

hanfodol, *a.* o bwys, yn wir angenrheidiol, rheidiol. ESSENTIAL, INTEGRAL.

***hanfydded,** *bf.* bydded. LET IT BE.

haniad, *eg.* had, hiliogaeth, hil, disgyniad, tarddiad. DESCENT.

haniaeth, *eg.* gwrthwyneb i *diriaeth,* syniad, priodoledd. ABSTRACTION.

haniaethol, *a.* yn ymwneud â haniaeth neu briodoledd. ABSTRACT.

hanner, *eg. ll.* hanerau, haneri. un rhan o ddwy. HALF.
    Hanner dydd. MIDDAY.
    Hanner nos. MIDNIGHT.

*hanoedd, *bf.* disgynnodd, daeth. DESCENDED, CAME (FROM).

hanu, *be.* gweler *hanfod*.

*hanpych, *bf.* gweler *hanbych*.

*hanyw, *bf.* yw, ydyw, deillia. IS, COMES FROM.

hap, *eb. ll.*-au, -iau. damwain, siawns, lwc, ffawd. CHANCE.
    Hapchwarae. GAME OF CHANCE.

hapio, *be.* digwydd. TO HAPPEN.

hapnod, *eg. ll.*-au. llonnod neu feddalnod na pherthyn i'r arwydd cyweirnod. ACCIDENTAL.

hapus, *a.* dedwydd, llon, bendigedig, wrth ei fodd. HAPPY.

hapusrwydd, *eg.* dedwyddwch, gwynfydedigrwydd, llonder. HAPPINESS.

harbwr, *eg.* porthladd. HARBOUR.

hardd, *a. ll.* heirdd. prydferth, teg, pert, tlws, cain. BEAUTIFUL.

*harddineb, *eg.* harddwch. BEAUTY.

*harddhau, *be.* ⎱prydferthu, tecáu,
harddu, *be.* ⎰addurno. TO ADORN.

harddwch, *eg.* prydferthwch, tegwch, ceinder. BEAUTY, HANDSOMENESS.

*hargol, *eg.* math o locust bwytadwy. AN EDIBLE LOCUST.

harnais, *eg. ll.* harneisiau. gêr, celfi. HARNESS.

hatling, *eb. ll.*-au, -od. arian bathol o werth bach, hanner ffyrling. MITE.

hau, *be.* gwasgaru had. TO SOW.

haul, *eg. ll.* heuliau. huan, y peth yn y ffurfafen sy'n rhoi goleuni a gwres. SUN.

*hawc, *eg.* hebog. HAWK.

hawdd, *a.* rhwydd, heb fod yn galed. EASY.

hawddamor, 1. *egb.* croeso. WELCOME.
    2. cyfarchiad, henffych well. GREETINGS ! HAIL !

hawddfyd, *eg.* esmwythdra, esmwythyd, rhwyddineb. EASE.

hawddgar, *a.* serchus, serchog, cyfeillgar, hynaws, tirion. AMIABLE.

hawddgarwch, *eg.* serchowgrwydd, hynawsedd, cyfeillgarwch, tiriondeb. AMIABILITY.

*häwg, *a.* balch ddirmygus. DISDAINFULLY PROUD.

*hawg, *eg.* hebog ; arglwydd. HAWK ; LORD.

hawg, *adf.* gweler *rhawg*.

hawl, *eb. ll.*-iau. 1. gofyniad, cais, arch. DEMAND.
    2. braint gyfreithlon, dyled, iawn. RIGHT, CLAIM.
    Hawl ac ateb. QUESTION AND ANSWER.

hawlfraint, *eb. ll.*-freintiau. braint ; hawlysgrif. PRIVILEGE ; COPYRIGHT.

hawlio, *be.* mynnu hawl, gofyn iawn. TO CLAIM.

hawl(i)wr, *eg. ll.*-wyr. ⎱un sy'n hawl-
hawlydd, *eg. ll.*-ion. ⎰io neu achwyn. CLAIMANT, PLAINTIFF.

hawlysgrif, *eb. ll.*-au. hawlfraint. COPYRIGHT.

*hawnt, *eg.* cyrchfan, cyniweirfa. HAUNT.

haws, *a.* gradd gymharol *hawdd*, rhwyddach. EASIER.

hawster, ⎱*eg.* rhwyddineb. EASE.
hawstra, ⎰

*hayach, *adf.* gweler *haeach*.

*he, *be.* hau. TO SOW.

heb, *ardd.* yn fyr o, ar wahân i. (hebof, hebot, hebddo, hebddi, hebom, heboch, hebddynt). WITHOUT.

*heb[1], *ardd.* heibio i. PAST.

*heb[2], *bf.* ebe, ebr, eb. SAID, SAYS.

*hebgor, *be.* gweler *hepgor*.

heblaw, *ardd.* yn ogystal â. BESIDES.
    Yr oedd dau yno heblaw'r swyddog.

*heboca, *be.* hela â hebog. TO HAWK.

hebog, *eg. ll.*-au. aderyn ysglyfaethus, gwalch glas. HAWK.

hebogaidd, *a.* fel hebog. HAWK-LIKE.

hebogydd, *eg. ll.*-ion. heliwr â hebog. FALCONER.

hebogyddiaeth, *eb.* hela â hebog. FALCONRY.

*hebr, *bf.* eb, ebe, ebr. SAID, SAYS.

Hebraeg, *egb.* iaith yr Hebrëwr. HEBREW LANGUAGE.

Hebreig, *a.* yn perthyn i'r Hebrëwr. HEBREW.

Hebrëwr, *eg. ll.* Hebrëwyr, Hebreaid. (*b.* Hebrëes). Iddew. A HEBREW.

*hebryngiad, *eg. ll.*-iaid. ⎱arweinydd.
hebryngydd, *eg. ll.*-ion. ⎰LEADER, GUIDE.

hecyn, *eg.* hac bach. SMALL NOTCH.

*hed, *ardd.* gweler *hyd*.

hedeg : **ehedeg** : **hedfan** : **ehedfan**, *be.* symud yn yr awyr ar adenydd. TO FLY.

hedegog, *a.* yn hedeg, yn gallu hedfan, ar aden, hydarth. FLYING, VOLATILE.

hedfa, *eb. ll.*-feydd. ehediad, hynt. FLIGHT, COURSE.

*hedfanog, *a.* hedegog. FLYING.

hedion, *ell*. us. CHAFF.

hedoniaeth, *eb*. yr athrawiaeth sy'n dal mai pleser yw'r prif beth mewn bywyd. HEDONISM.

hedonydd, *eg. ll.*-ion. credwr mewn pleser. HEDONIST.

hedwr, *eg. ll.*-wyr. hedfanwr. FLYER.

hedydd, *eg*. hedwr ; ehedydd. FLYER ; LARK.

hedyn, *eg. ll*. hadau. y peth y tyf planhigyn newydd ohono, eginyn. SEED.

hedd : heddwch, *eg*. tangnefedd, tawelwch, llonyddwch. PEACE.

heddgeidwad, *eg. ll*. heddgeidwaid. plisman, plismon, un o'r heddlu. POLICEMAN.

heddiw, *adf*. y diwrnod hwn, rhwng doe ac yfory. TODAY.

heddlu, *eg. ll.*-oedd. corff o weision y llywodraeth i gadw trefn a dal drwgweithredwyr. POLICE FORCE.

heddwas, *eg. ll.*-weision. heddgeidwad. POLICEMAN.

heddwch, *eg*. gweler *hedd*.

*heddychawd, *eg*. llonyddwch. STILLNESS.

heddychfa, *eb*. dyhuddiant, cymod. APPEASEMENT.

heddychlon : heddychol, *a*. mewn heddwch, llonydd, tawel, distaw, heb gweryla, digyffro. PEACEFUL.

heddychu, *be*. gwneud heddwch, tawelu, dyhuddo, dofi. TO PACIFY, TO APPEASE.

heddychwr, *eg. ll*. heddychwyr. un sy'n hoffi heddwch, un sy'n gwrthod rhyfela. PEACEMAKER, PACIFIST, APPEASER.

heddynad, *eg. ll.*-on. ustus neu ynad heddwch. JUSTICE OF THE PEACE.

heddyw, *adf*. gweler *heddiw*.

*hefelig,
hefelydd, } *a*. hafal, tebyg. SIMILAR.

*hefelys, *a*. tebyg. SIMILAR.

hefin, *a*. perthynol i haf. ÆSTIVAL.

hefo, *ardd*. gyda, efo. WITH.

hefyd, *adf*. yn ogystal, chwaith. ALSO, EITHER.

*hefys, *eg. ll.*-au. crys merch. CHEMISE.

heffer, *eb. ll*. heffrod. treisiad, anner. HEIFER.

*hegar, *a*. gweler *hygar*.

hegl, *eb. ll.*-au. coes, esgair. LEG.

heglog, *a*. coesog, hirgoes. LEGGY, LONG LEGGED.

heglu, *be*. rhedeg ymaith, dianc, baglan, dodi traed yn y tir. TO RUN AWAY.

*heng, *eg.* bygythiad ; ofn. A THREATENING ; FEAR.

*hengsmon, *eg. ll.*-myn. ysgwïer. HENCHMAN.

heibio, *adf*. gerllaw, tu hwnt. PAST, BEYOND.

Heibio i (*ardd*.). PAST.

heidio *be*. mynd yn dorf, tyrru. TO SWARM.

Y gwenyn yn heidio i'r cwch.

heidiog, *a*. yn heidio. SWARMING.

heigio (o), *be*. epilio, hilio, bod yn llawn o. TO TEEM.

Yr afon yn heigio o bysgod.

heigiog, *a*. yn heigio, heidiog. TEEMING.

*heilbryn, *a*. yn prynu bwyd a diod ar gyfer gwledd. PURCHASING FOOD AND DRINK.

*heilgorn, *eg. ll.*-gyrn. corn yfed. DRINKING-HORN.

*heiliad, *eg*. un sy'n darparu gwledd. ONE WHO PREPARES A FEAST.

*heiliau, *ell*. tywalltiadau o ddiod. OUTPOURINGS OF DRINK.

*heilin, *eg. ll.*-ion. gweinydd. WAITER, CUP-BEARER.

*heilio, *be*. darparu, gweini. TO PREPARE, TO SERVE.

*heiliwr, *eg. ll.*-wyr. tywalltwr. WAITER, OUTPOURER.

*heilydd, *eg. ll.*-ion. gweinydd. WAITER.

*heilyddiaeth, *eb*. swydd heilydd. OFFICE OF A WAITER.

*heilyn, *eg. ll.*-ion. gweler *heilin*.

heini, *a*. bywiog, hoyw, sionc, hoenus. ACTIVE, AGILE, NIMBLE.

*heiniar, *eg*. cnwd, cynnyrch. CROP, PRODUCE.

*heiniau, *ell*. gweler *haint*.

*heiniwr, *eg. ll.*-wyr. gŵr heintus. A SICK MAN.

heintiad, *eg*. y weithred o gyfrannu haint i arall. INFECTION.

heintio, *be*. cyfrannu haint i arall, llygru. TO INFECT.

heintrydd, *a*. yn rhydd o haint, anheintus. IMMUNE.

heintus, *a*. yn gwasgar hadau afiechyd, clefydus, yn effeithio ar eraill. INFECTIOUS, CONTAGIOUS.

*heinus, *a*. heintus. INFECTIOUS, CONTAGIOUS, AFFLICTED.

*heirio, *be*. gwario, gwastraffu, treulio. TO WASTE, TO SPEND.

heislan, *eb. ll.*-od. offeryn at gribo llin. HATCHEL.

hel, *be*. 1. crynhoi, casglu, cynnull. TO GATHER.

2. gyrru, danfon. TO DRIVE.

hela, *be.* 1. ymlid, erlid, ceisio dal. TO HUNT.

Cŵn hela. FOXHOUNDS.

2. hala, gyrru, danfon, treulio, gwario. TO SEND, TO SPEND.

helaeth, *a.* 1. eang, ehelaeth, yn ymestyn ymhell, llydan. EXTENSIVE.

2. digon, toreithiog. ABUNDANT.

helaethder, ⎫
helaethdra, ⎬ *eg.* gweler *helaethrwydd.*
helaethiad, ⎫ *eg.* ehangiad. ENLARGE-
helaethiant, ⎭ MENT, EXTENSION.

helaethrwydd, *eg.* amlder, ehangder, maint, hyd, mesur. ABUNDANCE, EXTENT.

helaethu, *be.* ehangu, cynyddu, gwneud yn fwy. TO ENLARGE.

helbul, *eg. ll.*-on. blinder, trallod, trafferth, adfyd. TROUBLE.

helbulus, *a.* blinderus, trallodus, trafferthus. TROUBLED, DISTRESSED.

*helbwl, *eg.* gweler *helbul.*

helcud, *be.* gweler *helgud.*

heldir, *eg. ll.*-oedd. tir hela. HUNTING GROUND.

heldrin, *egb. ll.*-oedd. helbul, trafferth. TROUBLE, BOTHER.

*heledd, *eb. ll.*-au. pwll halen. SALT-PIT.

helfa, *eb. ll.* helfeydd, helfâu. y weithred o hela, helwriaeth, dalfa. A CATCH, A HUNT.

Helfa bysgod. A CATCH OF FISH.

helfarch, *eg. ll.*-feirch. ceffyl hela. HUNTER.

helgi, *eg. ll.* helgwn. ci hela, bytheiad. HOUND.

helgorn, *eg. ll.*-gyrn. corn hela. HUNTING-HORN.

helgud, ⎫ *be.* 1. hela, gyrru. TO CHASE,
helgyd, ⎭ TO DRIVE.

2. llusgo. TO DRAG.

3. chwilio. TO SEARCH.

eg. trafferth, anhawster. TROUBLE, DIFFICULTY.

heli, *eg.* dŵr hallt, y môr. SALT WATER, BRINE, SEA.

heliad, *eg.* casgliad. GATHERING.

helïaidd, *a.* hallt. SALINE.

helïedd, *eg.* yr ansawdd o fod yn hallt. SALINITY.

heligog, *eg.* gwylog. GUILLEMOT.

heliwr, *eg. ll.* helwyr. 1. un sy'n hela. HUNTSMAN.

2. un sy'n hel, casglwr. GATHERER.

helm, 1. *eb. ll.*-ydd. tas, bera, crug. STACK.

Helm drol. CARTSHED.

2. *eb. ll.*-au. llyw ar long, peth i droi llong. HELM (OF SHIP).

3. penwisg. HELMET.

helmu, *be.* codi helm. TO RICK.

helogan, *eb.* planhigyn gardd. CELERY.

help, *eg.* cymorth, cynhorthwy, porth. HELP, ASSISTANCE.

helpu, *be.* cynorthwyo, cymorth, nerthu, cefnogi. TO HELP.

*helred, *a.* diflannol. EVANESCENT.

helw, *eg.* nawdd. PROTECTION. (gweler *elw.*)

helwriaeth, *eb. ll.*-au. helfa, yr hyn a ddelir wrth hela, hela. GAME, HUNTING.

*hely, *be.* hela ; hel, casglu. TO HUNT; TO GATHER.

*helyddion, *ell.* helwyr. HUNTSMEN.

helyg, *ell.* (*un. b.*-en). coed ystwyth a geir gan amlaf yn ymyl dŵr. WILLOWS.

*helygos, *ell.* coed helyg. WILLOWS.

helynt, *eb. ll.*-ion. 1. hynt, cyflwr. COURSE, STATE.

2. ffwdan, stŵr, trafferth, blinder, trallod. TROUBLE, FUSS.

helyntus, *a.* trafferthus, ffwdanus. TROUBLOUS.

*hell, *ab.* (*ffug*). hyll. UGLY.

helltni, *eg.* halltedd, halltrwydd. SALTINESS.

hem, 1. *eb. ll.*-iau. ymyl. HEM.

2. *eg. ll.*-au. rhybed. RIVET.

hemio, *be.* dodi hem ; rhybedu. TO HEM, TO BORDER; TO RIVET.

*hemyn, *eg.* gweler *hem.*

hen, *a.* oedrannus, heb fod yn ieuanc, wedi byw yn hir, hynafol. OLD, ANCIENT.

Wedi hen fynd. GONE LONG AGO.

Yr hen oesoedd. REMOTE AGES.

henadur, *eg. ll.*-iaid. aelod cyfetholedig o gyngor tref neu sir, etc. ALDERMAN.

Henaduriad, *eg. ll.* Henaduriaid. aelod o Henaduriaeth. PRESBYTERIAN.

Henaduriaeth, *eb.* yr enwad Presbyteraidd, rhan o'r gyfundrefn Bresbyteraidd. PRESBYTERIANISM, PRESBYTERY.

henaidd, *a.* hen o ran natur, ffordd, etc. OLDISH.

henaint, *eg.* y stad o fod yn hen. OLD AGE.

henafgwr, *eg. ll.*-gwyr. gweler *hynafgwr.*

henc, *eg.* cloffni. LIMP.

hendad, *eg. ll.*-au. tad-cu, taid, cyndad. GRANDFATHER, FOREFATHER.

hendaid, *eg. ll.* hendeidiau. tad tad-cu, tad taid, (hendad). GREAT GRANDFATHER, (GRANDFATHER).

hender, } *eg.* henaint. OLDNESS.
hendra, }
hendraul, *a.* hen a threuliedig. THREAD-BARE.
hendref, *eb. ll.*-i, -ydd. trigfan sefydlog, trigfan dros y gaeaf. WINTER DWELL-ING, ESTABLISHED HABITATION.
hendrefa, } *be.* bwrw'r gaeaf, gaeafu.
hendrefu, } TO WINTER.
*henefydd, *eg. ll.*-ion. henadur, cynghorwr. ALDERMAN, COUNCILLOR.
heneiddio, *be.* mynd yn hen. TO GROW OLD.
heneiddiol, *a.* yn heneiddio. AGEING.
henfam, *eb.* mam-gu, nain. GRAND-MOTHER.
*henfon, *eb. ll.*-iaid. hen fuwch, buwch flith. OLD COW, MILCH COW.
*henffych, *ebych.* math o gyfarchiad. HAIL !
*henhau, *be.* heneiddio. TO AGE.
henllys, *eg.* hen lys, hen blasty. OLD MANSION.
*hennydd, *eg.* cyfaill, gelyn (mewn brwydr), y llall. FRIEND, ENEMY, THE OTHER.
heno, *adf.* y noson hon. TONIGHT.
henoed, *eg.* henaint. OLD AGE.
*henoeth, *adf.* heno. TONIGHT.
*henu, *be.* 1. heneiddio. TO AGE.
    2. llesgáu, dirywio. TO BECOME FEEBLE.
henuriad, *eg. ll.*-iaid. hynafgwr. ELDER.
*henw, *eg. ll.*-au. gweler *enw.*
*henwi, *be.* gweler *enwi.*
henwr, *eg. ll.*-wyr. hen ŵr. OLD MAN.
henŵraidd, *a.* fel hen ŵr, musgrell. FEEBLE, INFIRM.
*henŵredd, *ell.* hen wŷr. OLD MEN.
*henyn, *eg.* hen berson. AN OLD PERSON.
*henyw, *bf.* ydyw, yw, deilliodd. IS, IS DESCENDED.
*heol, *eb. ll.*-ydd. ffordd, stryd. ROAD.
heolan, *eb. ll.*-iau. lôn. LANE.
*heor, *eg. ll.*-ion. angor. ANCHOR.
hepgor, *be.* gwneud heb, sbario, gadael allan. TO SPARE, TO OMIT.
hepian, *be.* cysgu, huno, hanner cysgu. TO DOZE.
hepianus, *a.* cysglyd, swrth. DROWSY.
*hepil, *eg.* teulu; hil. FAMILY ; LINEAGE.
her, *ebych.* dos ymaith. AWAY !
her, *eb.* sialens, yr act o herio, gwrthwynebiad. CHALLENGE.
*herber, *eb.* deildy ; gardd. ARBOUR ; GARDEN.
herc, *eb.* llam, hec, hwb. HOP.
    Herc a cham a naid. HOP, SKIP (STEP) AND JUMP.

hercian, *be.* mynd ar un goes, hecian, cloffi, clunhercian; siarad yn afrwydd. TO HOP, TO LIMP; TO STUTTER.
hercyd, *be.* cyrraedd, estyn, cyrchu, nôl, ymofyn. TO REACH, TO FETCH.
*herddyll, *a.* hardd, teg. HANDSOME, BEAUTIFUL.
heresi, *eb. ll.* heresïau. gau gred, gwrthgred, cam gred, cyfeiliornad, gau athrawiaeth. HERESY.
heretic, *eg. ll.*-iaid. camgredwr. HERETIC.
herfeiddio, *be.* beiddio, herio. TO DEFY.
herfeiddiol, *a.* beiddgar. DEFIANT.
hergod, *eg.* clamp, rhywbeth mawr. SOMETHING BIG.
hergwd, *eg.* gwth, hwb, hwrdd. THRUST, PUSH.
*hergydio, *be.* rhoi hergwd. TO PUSH.
*heriad, *eg. ll.*-iaid. gŵr haerllug. IMPUDENT PERSON.
herian : herio, *be.* beiddio, rhoi her, rhoi sialens, gwrthwynebu. TO CHAL-LENGE.
heriog, *a.* cyndyn, yn herio. STUBBORN, DEFIANT.
*herlid, *be.* gweler *erlid.*
*herlidiwr, *eg. ll.*-wyr. erlidiwr. PUR-SUER, PERSECUTOR.
*herlod, *eg. ll.*-au. 1. cnaf ; dihiryn ; odyn. KNAVE ; RASCAL.
    2. glaslanc, llencyn. STRIPLING.
herlodes,*eb.ll.*-i. merch. DAMSEL, GIRL.
*herlodyn, *eg.* 1. cnaf, dihiryn. KNAVE, RASCAL.
    2. glaslanc, llencyn. STRIPLING.
herllyd, *a.* heriog. DEFIANT.
*hermidwr, *eg. ll.*-wyr. meudwy. HERMIT.
*herod(r), *eg. ll.*-on. rhingyll. HERALD.
herodraeth, *eb.* gwyddor achau a'u llunio ar beisiau arfau. HERALDRY.
herw, *eg.* 1. cyrch. RAID.
    2. crwydrad. WANDERING.
    Bod ar herw. OUTLAWED.
herwa, *be.* crwydro ar herw, lladrata. TO ROVE, TO RAID, TO PROWL, TO PLUNDER.
*herwbwynt,*eg.*herwriaeth. OUTLAWRY
herwhela, *be.* hela heb ganiatâd. TO POACH.
herwlong, *eb. ll.*-au. llong môr-herwr. PIRATE SHIP.
*herwm, *eg.* sglein ar ledr. THE GLOSS OF LEATHER.
herwr, *eg. ll.* herwyr. 1. crwydryn, ysglyfaethwr, lleidr. PROWLER, ROB-BER.
    2. dyn didol, gwylliad. OUTLAW.

herwriaeth, *eb.* crwydredigaeth, all-tudiaeth. VAGRANCY, BANISHMENT.

***herwth,** *eg.* pen ôl, tin ; coluddyn. RECTUM ; THE STRAIGHT GUT.

herwydd, *ardd.* yn ôl, gerfydd. ACCORDING TO, BY.

Oherwydd. BECAUSE OF.

O'r herwydd. ON ACCOUNT OF THAT.

hesb, *a.* (*g.* hysb). sych. DRY.

Buwch hesb : buwch heb ddim llaeth.

hesben, *eb. ll.*-nau. clöig. HASP.

hesbin, *eb. ll.*-od. mamog flwydd. YEARLING EWE.

hesbin(h)wch, *eb. ll.*-(h)ychod. hwch ifanc. YOUNG SOW.

hesbio, *be.* mynd yn hesb. TO BECOME DRY.

hesbwrn, *eg. ll.*-byrniaid. hwrdd blwydd. A YEARLING RAM.

hesg, *ell.* (*un. b.*-en). gwair cwrs yn tyfu ger afonydd, etc. SEDGES.

hesglif, *eb. ll.*-iau. llif hir. WHIP-SAW.

***hesgyn,** *eg. ll.*-au. gogr, rhidyll. SIEVE, RIDDLE.

***hesor,** *eb. ll.*-au. clustog ben-lin. HASSOCK.

het, *eb. ll.*-(i)au. gwisg i'r pen. HAT.

heterogenedd, *eg.* amrywedd. HETEROGENEITY.

heterogenus, *a.* cymysgryw. HETEROGENEOUS.

hetiwr, *eg. ll.*-wyr. gwneuthurwr neu werthwr hetiau. HATTER.

heteronomiaeth, *eb.* darostyngiad i gyfraith arall. HETERONOMY.

***hetys,** *eg.* ysbaid, eiliad. INSTANT.

heth : **hoth,** *eb.* tywydd oer iawn. SEVERE COLD SPELL.

Heth hir o rew ac eira.

heu, *be.* gweler *hau.*

heuad, *eg.* y weithred o hau. SOWING.

heuldes, *eg.* gwres haul, heulwen. SUN-HEAT, SUNSHINE.

heulfynag, *eg. ll.*-aig. deial haul. SUN-DIAL.

heul-len, *eb. ll.*-ni. llen gysgodol rhag yr haul. SUNSHADE.

heulo, *be.* (yr haul yn) tywynnu. TO BE SUNNY.

heulog, *a.* yn heulo. SUNNY.

heulor, *eg.* preseb ; rhastal. MANGER ; RACK.

***heulrhod,** *eb. ll.*-au. het ; cylch. HAT ; HALO.

heulwen, *eb.* tywyniad neu belydrau'r haul. SUNSHINE.

***heulyd,** *a.* heulog. SUNNY.

heuslau, *ell.* llau defaid. SHEEP-LICE.

heusor, *eg. ll.*-ion. gwyliwr anifeiliaid. HERDSMAN.

heuwr, *eg. ll.* heuwyr. un sy'n hau. SOWER.

hewcan, *be.* crwydro, gwibio, gwib-deithio. TO WANDER.

hewer, *eg.* chwynnogl, hof, chwynnydd. HOE.

hewian, *be.* herio. TO CHALLENGE.

hewo : **hofio,** *be.* chwynogli, chwynnu â hewer. TO HOE.

hewl, *eb.* heol, ffordd. ROAD, WAY.

***hëwr,** *eg.* heuwr. SOWER.

***heyernin,** *a.* o haearn. OF IRON.

hi, *rhag.* trydydd person unigol benyw-aidd o'r rhagenwau personol syml annibynnol. SHE, HER.

hicio, *be.* hollti. TO HACK, TO SLIT.

hid, *eg.* gofal. HEED.

hidio, *be.* ystyried, pryderu, trafferthu, malio, gwneud sylw. TO HEED.

hidl, 1. *eb. ll.*-au. gogr, rhidyll, gwagr. STRAINER, FILTER.

2. *a.* trwm (am wylo). PROFUSE, COPIOUS.

Wylo'n hidl. WEEPING COPIOUSLY.

***hidlaid,** *a.* wedi ei hidlo. STRAINED, CLARIFIED.

hidliad, *eg.* y weithred o hidlo. FILTRATION.

hidlo, *be.* arllwys drwy hidl. TO FILTER.

hidlwr, *eg. ll.*-wyr. un sy'n hidlo. STRAINER, SIFTER.

hidlydd, *eg. ll.*-ion. ⎱ offeryn hidlo.
hidlyr, *eg. ll.*-on. ⎰ FILTER, STRAINER.

hidrogen, *eg.* nwy a geir mewn dŵr. HYDROGEN.

hidroleiddio, *be.* dadlefennu drwy help dŵr. TO HYDROLYSE.

hidrostateg, *eb.* cydbwysedd hylifau. HYDROSTATICS.

hidrus, *a.* yn cynnwys dŵr fel elfen gemegol ychwanegol. HIDROUS.

hierarchaeth, *eb.* offeiriadaeth, gradd o angylion. HIERARCHY.

hifio, *be.* tynnu gwlân ; dinoethi. TO PLUCK OFF WOOL ; TO BARE.

hiffio, *be.* bwrw eira ; lluwchio. TO SNOW ; TO DRIFT.

hifflaid, ⎱ *be.* llifo ; pistyllio. TO
hifflo, ⎰ FLOW ; TO GUSH.

hiffyn, *eg.* pluen eira. SNOWFLAKE.

hil, *eb.* ach, llinach, tylwyth, hiliogaeth, perthynas, tras. LINEAGE, OFFSPRING, RACE.

***hiliant,** *eg.* gweler *hil.*

hilig, 1. *a.* epilgar. PROCREATIVE.

2. *eg.* epil. OFFSPRING.

hilio, *be.* epilio. TO BREED.

hiliog, *a.* heigiog. TEEMING.

hiliogaeth, *eb.* disgynyddion, epil, plant, hil. DESCENDANTS.

hin, *eb.* tywydd, tymheredd. WEATHER.

hindro, *be.* rhwystro. TO HINDER.

hindreuliad, *eg.* y weithred o hindreulio. WEATHERING.

hindreulio, *be.* treulio gan dywydd. TO WEATHER.

hindda : hinon, *eb.* tywydd sych, tywydd teg. FAIR WEATHER.

hinfynag, *eg. ll.*-aig.   } offeryn sy'n
hinfynegydd, *eg. ll.*-ion. } dangos tywydd. BAROMETER.

hiniog, *eg.* gweler *rhiniog.*

hinoni, *be.* clirio (am dywydd). TO CLEAR UP (WEATHER).

hinsawdd, *eb. ll.* hinsoddau. ansawdd neu gyfartaledd y tywydd am amser maith. CLIMATE.

hinsoddi, *be.* ymhinsoddi, cyfarwyddo â hinsawdd. TO ACCLIMATIZE.

hinsoddol, *a.* yn perthyn i hinsawdd. CLIMATIC.

hip, *eg. ll.*-iau. ergyd ysgafn. TAP, RAP.

hipogynaidd, *a.* affrwythog. HYPOGYNOUS.

hir, *a. ll.*-ion. maith, mawr ei hyd, yn cymryd llawer o amser. LONG.

hiraeth, *eg.* 1. dyhead, dymuniad neu chwant mawr. LONGING, NOSTALGIA.
    2. galar, gofid. GRIEF.

*hiraethog,   }
*hiraethol,   } *a.* gweler *hiraethus.*

hiraethu, (am, ar ôl), *be.* 1. dyheu, dymuno. TO YEARN.
    2. gofidio, galaru. TO SORROW.

hiraethus, *a.* yn llawn hiraeth. LONGING, HOME-SICK.

hirbarhad, *eg.* dyfalbarhad. DILIGENCE.

hirbarhau, *be.* dyfalbarhau. TO PERSEVERE.

hirbell, *a.* pell iawn, pellennig, anghysbell. DISTANT.
    O hirbell. FROM AFAR.

hirben, *a.* call, craff, cyfrwys. SHREWD.

hirder, *eg.* hyd. LENGTH.

hirddydd, *eg. ll.*-iau. diwrnod hir. LONG DAY.

hirell, *eg.* gweler *hiriell.*

hirfain, *a.* hir a main. LONG AND SLENDER.

hirfys, *eg. ll.*-edd. y bys canol. THE MIDDLE FINGER.

hirgrwn, *a.* (*b.* hirgron). o ffurf wy, bron yn grwn. OVAL.

hirgylch, *eg. ll.*-au, -oedd. cylch hir, elips. ELLIPSE.

*hirhau, *be.* ymestyn. TO LENGTHEN.

hirhoedledd, *eg.* y cyflwr o fyw'n hir. LONGEVITY.

hirhoedlog, *a.* yn byw'n hir, wedi byw'n hir. LONG-LIVED.

*hirian, *eg.* climach hir o ddyn. A TALL SLIM PERSON.

*hiriannu, *be.* gwneud ´yn hir. TO PROLONG.

*hiriant, *eg.* hyd. LENGTH.

*hiriau, *eb.* iau hir. LONG YOKE.

*hir(i)ell,1. hirfelyn. LONG AND YELLOW.
    2. *eg.* enw dyn ; arwr. MAN'S NAME ; HERO.

*hirio, *be.* ymestyn, gwneud yn hir. TO LENGTHEN, TO PROLONG.

hirlwm, *eg.* cyfnod llwm rhwng diwedd gaeaf a'r gwanwyn. A LEAN PERIOD AT WINTER'S END.

hirnod, *eg. ll.*-au. acen grom, to, nod i ddangos llafariad hir (∧). CIRCUMFLEX.

hirnos, *eb. ll.*-au. nos hir. LONG NIGHT.

*hirnych, *eg.* nychdod hir. LONG PINING.

*hirwst, *eb.* dyfalbarhad. PERSEVERANCE.

hirwyntog, *a.* yn meddu ar anadl neu wynt da, yn siarad yn faith. LONG-WINDED.

hir-ymarhous, *a.* yn goddef neu'n caniatáu am amser maith, amyneddgar. LONG-SUFFERING, PATIENTLY WAITING.

hir-ymaros, *be.* goddef am amser hir. TO BEAR PATIENTLY, TO ENDURE, TO SUFFER LONG.

hisian, *be.* sîo, chwythu. TO HISS.

hislen, *eg. ll.*-nod. trogen defaid. SHEEP-LOUSE.

*historiawr, *eg.* hanesydd. HISTORIAN.

*historia, *eb. ll.*-ïau. hanes. HISTORY.

historïol, *a.* hanesyddol. HISTORICAL.

historïwr, *eg. ll.*-wyr. hanesydd. HISTORIAN.

hitio, *be.* gweler *hidio.*

hithau, rhagenw benywaidd cysylltiol, trydydd person unigol ; hi hefyd. SHE, HER (ALSO).

hiwmaniaeth, *eb.* dyneiddiaeth. HUMANISM.

hiwmor, *eg.* digrifwch, donioldeb. HUMOUR.

hôb, *eg. ll.* hobau. mesur o bedwar pec, bwysel. BUSHEL.

*hob, *eg.* hobau. mochyn. SWINE.

hobaid, *egb. ll.* hobeidiau. llond hob (sef mesur yn cynnwys dau alwyn). PECK.

*hobel, *eb. ll.*-au. saeth. ARROW.

hobelu, *be.* neidio, sboncio. TO LEAP, TO HOP.

hobi, *eg. ll.* hobïau. difyrwaith. HOBBY.

hoced, *eb. ll.*-ion. twyll, dichell, ystryw. DECEIT.

hocedu, *be.* twyllo. TO CHEAT.

hocedus, *a.* twyllodrus. DECEITFUL.

hocedwr, *eg. ll.*-wyr. twyllwr. ROGUE, QUACK.

*****hocrell,** *eb. ll.*-od. merch, llances. GIRL, MAIDEN.

*****hocrellwr,** *eg. ll.*-wyr. godinebwr. ADULTERER.

hocys, *ell.* malws. MALLOWS.

hodi, *be.* blaguro, egino, blaendarddu. TO SHOOT, TO EAR.

hoe, *eb.* sbel, seibiant, hamdden, gorffwys. SPELL.
    Cymryd hoe fach weithiau.

*****hoed,** *eg.* hiraeth, chwithdod. LONGING, STRANGENESS.

hoeden, *eb. ll.*-nod. merch sy'n cellwair caru, merch benwan, mursen. FLIRT, HOYDEN.

hoedennaidd, *a.* fel hoeden. HOYDENISH.

hoedl, *eb. ll.*-au. bywyd, einioes, oes. LIFE.

*****hoedli,** *be.* byw. TO LIVE.

hoedlog, *a.* yn byw, byw. LIVING.

hoel : hoelen, *eb. ll.* hoelion. darn hir main o fetel. NAIL.
    Hoelion wyth. *lit.*, EIGHT (INCH) NAILS ; NOTABILITIES, ' BIG GUNS.'
    Hoelen dro. SCREW.
    Hoelion daear. WIRE WORMS.

hoelbren, *eg. ll.*-nau. peg, hoelen bren. PEG.

hoelio, *be.* sicrhau â hoelion, cethru. TO NAIL.

hoen, *eg.* 1. lliw. COLOUR.
    2. nwyfiant, egni, arial, bywyd, asbri, bywiogrwydd. VIGOUR, VIVACITY.

hoender, *eg.* bywiogrwydd, asbri. VIVACITY, SPRIGHTLINESS.

hoenus, *a.* bywiog, nwyfus, egnïol, llawen, llon. LIVELY.

hoenusrwydd, *eg.* bywiogrwydd, llawenydd. LIVELINESS.

hoenyn, *eg. ll.*-nau. blewyn (cynffon) ; magl. HAIR ; TRAP.

hoenynnu, *be.* gosod hoenyn. TO SET A SNARE.

hoetian, ⎱ *be.* symera, gwagsymera.
hoetio, ⎰ TO DAWDLE.

hoew, *a.* gweler *hoyw.*

hoewal, *eb.* 1. *(taf.)* hofel ; cartws. HOVEL; CART-HOUSE.
    2. nant, llif. STREAM, FLOOD.

hof, *eb.* hewer, chwynnogl, chwynnydd. HOE.

hofio : hewo, *be.* chwynogli, chwynnu. TO HOE.

hofran, *be.* hedfan yn yr unfan, gwibio. TO HOVER.

hoff, *a.* annwyl, cu, cariadus. FOND.

*****hoff,** *a.* canmoladwy, clodfawr. PRAISEWORTHY.

hoffaidd, *a.* hoffus, hynaws. AMIABLE.

*****hoffedd,** *eg.* hoffter ; ymffrost, balchder. DELIGHT ; PRIDE.

hoffgar, *a.* hoffus. AMIABLE.

hoffi, *be.* caru, serchu. TO LIKE.

hoffter, *eg. ll.*-au. serch. LIKING.

hoffus, *a.* hawddgar, serchus, serchog, caruaidd, anwesog. LIKEABLE, LOVEABLE.

*****hogal,** ⎱ *eb.* carreg hogi ; hogfaen.
hogalen, ⎰ WHETSTONE.

hogen, *eb.* gweler *hogyn.*

hogennaidd, *a.* fel hogen. GIRLISH.

hoges, *eb. ll.*-i. llances. GIRL, LASS.

hogfaen, *eg. ll.* hogfeini. hôn, agalen, hogalen, carreg hogi. HONE.

hogi, *be.* minio, awchu, awchlymu, blaenllymu. TO SHARPEN, TO WHET.
    Hogi pladur neu gyllell.

*****hogl,** *eg. ll.*-oedd. ⎱ hofel, sied, cwt.
*****hogldy,** *eg. ll.*-dai. ⎰ HOVEL, SHED.

hogsied, *eg.* casgen. HOGSHEAD.

hogyn, *eg. ll.* hogiau. (*b.* hogen). crwt, mab, bachgen, llanc, llencyn, gwas. LAD.

hongian, *be.* crogi, sicrhau wrth rywbeth uwchben. TO HANG.

hôl, *be.* cyrchu, nôl, (mynd i) ymofyn. TO FETCH.

holgar, *a.* hoff o holi. INQUISITIVE.

holi, *be.* gofyn, ceisio, ymofyn, ymholi. TO ASK, TO INQUIRE, TO EXAMINE.

holiad, *eg. ll.*-iau. y weithred o holi. INTERROGATION.

holiadur, *eg. ll.*-on. taflen o gwestiynau. QUESTIONNAIRE.

holiedydd, *eg. ll.*-ion. holwr. INTERROGATOR ; CATECHIST.

holion, *ell.* (*un.* hawl). cwestiynau. QUESTIONS.

holnod, *eb. ll.*-au. gofynnod. QUESTION MARK.

holwr, *eg. ll.* holwyr. un sy'n holi, archwiliwr. QUESTIONER, EXAMINER.

holwyddoreg, *eb. ll.*-au. cyfres o gwestiynau ac atebion parod. CATECHISM.

holl, *a.* i gyd, y cwbl o, y cyfan o. ALL, WHOLE.

hollalluog, *a.* hollgyfoethog, yn cynnwys pob gallu. ALMIGHTY.
    Yr Hollalluog. THE ALMIGHTY.

hollalluogaeth, *eb.* hollalluowgrwydd. OMNIPOTENCE.

hollalluowgrwydd, *eg.* gallu diderfyn. OMNIPOTENCE.

hollfyd, *eg.* y byd cyfan, bydysawd. UNIVERSE.

hollgyfoethog,*a.* hollalluog. ALMIGHTY.

holliach, *a.* yn gwbl iach. WHOLE, SOUND, PERFECTLY WELL.

hollol, *a.* ac *adf.* cyfan, i gyd. WHOLE, ENTIRE.

　　Yn hollol : yn gyfan gwbl. ENTIRELY.

*****hollre,** *a.* pob, holl, oll. ALL, EVERY.

hollt, *egb. ll.*-au. agen, rhigol, rhwyg; hollt y carn. A SLIT, SPLIT; SAND-CRACK.

hollten, *eb. ll.*-nau. hollt, agen. SLIT.

holltennu, *be.* hollti. TO SLIT.

hollti, *be.* rhannu, agennu, rhwygo, trychu. TO SPLIT.

hollwybodaeth, *eb.* gwybodaeth am bopeth. OMNISCIENCE.

hollwybodol, *a.* yn gwybod popeth. OMNISCIENT.

homili, *eb. ll.* homilïau. pregeth blaen gartrefol. HOMILY.

homogenedd, *eb.* cydrywiaeth. HOMOGENEITY.

homogenus, *a.* o'r un rhywogaeth. HOMOGENEOUS.

hon, *rhag. dangosol.* (*g.* hwn). yr un wrth law. THIS (FEM.).

honc, *eb. ll.*-iau. ysgydwad ; cloffni. SHAKE ; LIMP.

honcian, ⎱ *be.* siglo ; ysgwyd ; cloffi.
honcio, ⎰ TO WAGGLE ; TO JOLT; TO LIMP.

honedig, *a.* cyhoeddedig, gwybyddus. ALLEGED.

*****honedigaeth,** *eb.* bri, enwogrwydd. FAME, NOTORIETY.

*****honffest,** *eb. ll.*-i. pais. PETTICOAT.

honiad, *eg. ll.*-au. hawl, haeriad, yr hyn a honnir. ASSERTION, CLAIM.

honna, *rhag.* (*g.* hwnna). yr un sydd yna, hon yna. THAT ONE (FEM.).

*****honnaid,** *a.* enwog, adnabyddus. RENOWNED, KNOWN.

honni, *be.* hawlio, cyhoeddi, mynnu, taeru, cymryd ar, ffugio. TO ASSERT, TO PRETEND, TO DECLARE.

honno, *rhag. dangosol.* (*g.* hwnnw). yr un y soniwyd amdani. ONE SPOKEN OF (FEM.), THAT.

*****honos,** *eg.* dyn tal main. A TALL LANKY MAN.

*****honsel,** *eb.* sêl â llaw. HANDSEL.

hôr, ⎱ *ell. eb.* (*un. b.* horen).
horod, ⎰ llau moch. SWINE-LICE.

hormôn, *eg. ll.*-onau. glandlif mewnol. HORMONE.

horob, *eb. ll.*-au. hanerob. FLITCH OF BACON.

*****hort,** *eg. ll.*-iau. ⎱ cerydd, enllib.
*****hortair,** *eg.ll.*-eiriau. ⎰ CHASTISEMENT, SLANDER.

*****hortio,** *be.* ceryddu, enllibio. TO CHASTISE, TO SLANDER.

hosan, *eb. ll.*-au, (ho)sanau. gwisg i'r droed a'r goes. STOCKING.

　　Yn nhraed ei sanau. IN HIS STOCKINGS (STOCKINGED FEET).

hoyw, *a. ll.*-on. bywiog, hoenus, heini, sionc, llon, llawen, nwyfus. LIVELY, SPRIGHTLY, GAY, ACTIVE.

hoywal, *eb.* hofel ; cartws. HOVEL ; CART-HOUSE.

*****hoywal,** *eb.* nant, llif. STREAM, CURRENT.

*****hoywan,** *a.* eiddil, gwan. WEAK.

hoywder : hoywdeb, *eg.* bywiogrwydd, hoen, nwyfiant, bywyd, sioncrwydd. LIVELINESS.

hoywfryd, *a.* hapus, llawen. GAY.

hoywi, *be.* bywhau. TO BRIGHTEN.

hoywne, *a.* harddliw. BEAUTIFUL.

*****hu(d),** *geir.* geiryn a geir mewn hen ganu o flaen berf ; felly. SO.

*****huad,** *eg. ll.*-aid. bytheiad, ci hela. HOUND.

hual, *eg. ll.*-au. llyffethair, gefyn. FETTER, SHACKLE.

hualog, *a.* â hual(au). FETTERED.

hualu, *be.* llyffetheirio, gefynnu. TO FETTER.

huan, *eg.* haul. SUN.

huawdl, *a.* llithrig, rheithegol, llyfn, hylithr, rhwydd, rhugl. ELOQUENT.

huawdledd, *eg.* gweler *huodledd.*

hucan, *eb. ll.*-od. gwylan lwyd. SEA MEW, GULL.

huchen, *eb. ll.*-nau. pilen. FILM, PELLICLE.

hud, *eg. ll.*-ion. swyn, cyfaredd, dewiniaeth, lledrith, swyngyfaredd. MAGIC.

　　Hud-lusern. MAGIC LANTERN.

*****hudad,** *eg.* hudoliaeth. ENTICEMENT.

hudlatrata, *be.* twyllo. TO SWINDLE.

hudlath, *eb. ll.*-au. ffon y swynwr. MAGIC WAND.

hudnwy, *eb.* hwyad. DUCK.

hudo, *be.* swyno, cyfareddu, lledrithio, rheibio, rhithio. TO CHARM.

*****hudol,** *eg. ll.*-ion. swynwr. MAGICIAN.

hudol : hudolus, *a.* cyfareddol, swynol, lledrithiol. ENCHANTING.

hudolaidd, *a.* hudol, swynol. ENCHANTING.

*****hudolawl,** *a.* hudolus, swynol. ENTICING, ALLURING.

hudoles, *eb. ll.*-au. swynwraig. EN-CHANTRESS.

hudoliaeth, *eb. ll.*-au. cyfaredd, swyn. ENCHANTMENT.

*****hudoliaethu,** *be.* swyno, hudo. TO SEDUCE.

hudwg, *eg.* bwgan, bwbach. BUGBEAR, SCARECROW.

hudwr, *eg. ll.* hudwyr. un sy'n hudo. ENTICER.

hudd, *eg. ll.*-ion. lloches, cysgod. COVERT.

huddo, *be.* gorchuddio. TO COVER.

huddygl, *eg.* parddu, y llwch du a ddaw o'r simnai. SOOT.

hued, *eg.* gweler *huad.*

*****huenydd,** *eg.* haul. SUNSHINE.

hufen, *eg.* wyneb llaeth neu'r rhan fwyaf maethlon ohono, y rhan orau o rywbeth. CREAM.

    Hufen rhew (iâ). ICE-CREAM.

hufennaidd, *a.* fel hufen. CREAMY.

hufennog, *a.* â llawer o hufen. RICH IN CREAM.

hufennu, *be.* ffurfio hufen. TO CREAM.

*****hufyll,** *a.* gostyngedig. HUMBLE.

*****hufylltod,** *eg.* gostyngeiddrwydd. HUMILITY.

hug : hugan, *eb. ll.*-au. mantell, cochl, clog, cwrlid. CLOAK.

*****hugwd,** *eg.* gweler *hudwg.*

*****hul,** *eg. ll.*-oedd. gorchudd. COVER.

huling, *eg. ll.*-au. gorchudd, gwrthban. COVERLET, COVERING.

hulio, *be.* taenu, gosod, trefnu. TO SPREAD OVER, TO SET.

    Hulio'r bwrdd. TO LAY THE TABLE.

*****hult(an),** *eg.* hurtyn, penbwl. DOLT.

hulyn, *eg.* gorchudd, gwrthban. COVER, QUILT.

*****human,** *eb. ll.*-au. pêl denis. TENNIS-BALL.

*****humanydd,** *eg. ll.*-ion. chwaraewr tenis. TENNIS-PLAYER.

*****humig,** *eb. ll.*-au. gweler *human.*

hun, *eb.* cwsg, cysgfa. SLEEP.

hun : hunan, *rhag. ll.* hunain. y person ei hun. SELF.

    Myfi fy hunan. I MYSELF.

    Fy nhŷ fy hun. MY OWN HOUSE.

hunan, *eg.* tyb, coegdyb, mympwy, myfïaeth. EGOTISM.

hunan-barch, *eg.* parch at hunan. SELF-RESPECT.

hunan-dyb : hunanoldeb, *eg.* mympwy, tyb. CONCEIT, SELFISHNESS.

hunangar, *a.* hunanol. SELFISH, SELF-LOVING.

hunangarwch, *eg.* cariad at hunan. SELF-LOVE.

hunanladdiad, *eg. ll.*-au. yr act o ladd hunan. SUICIDE.

hunaniaeth, *eb.* cariad at hunan. EGOTISM.

hunanoldeb, *eg.* gweler *hunan-dyb.*

hunanreolaeth, *eb.* awtonomi. AUTO-NOMY.

hunanreolus, *a.* yn rheoli ei hun. AUTONOMIC.

*****hundy,** *eg. ll.*-dai, -dyau. ystafell wely. BEDCHAMBER, DORMITORY.

hunell, *eb. ll.*-au. cyntun, llygedyn. NAP, WINK (OF SLEEP).

*****hunfa,** *eb. ll.*-feydd. ystafell wely. DORMITORY.

*****hungar,** *a.* cysglyd. DROWSY.

hunglwyf, *eg. ll.*-au. math o gwsg a achosir gan glefyd. COMA.

hunllef, *eb. ll.*-au. breuddwyd an-nymunol neu ddychrynllyd. NIGHT-MARE.

huno, *be.* cysgu. TO SLEEP.

    Wedi huno : wedi marw.

*****hunog,** *a.* cysglyd. SLEEPY.

*****hunyn,** *eg.* cyntun, llygedyn. NAP, WINK (OF SLEEP).

huodledd, *eg.* rheitheg, y gallu i siarad yn rhugl neu'n llithrig. ELOQUENCE.

hupynt, *eg.* naid, sbonc ; mesur. SPRING, BOUND ; POETIC METRE.

hur, *eg. ll.*-iau. cyflog, tâl am waith, enillion. WAGE.

hurio, *be.* cyflogi, llogi, derbyn i was-anaeth. TO HIRE.

huriwr, *eg. ll.*-wyr. cyflogwr, un a hurir. HIRER, HIRELING.

hurt, *a.* dwl, twp, pendew, â'r meddwl wedi cymysgu, syfrdan. STUPID, DULL, STUNNED.

hurtio : hurto, *be.* madroni, syfrdanu, mynd yn ddwl, drysu. TO BECOME STUPID.

hurtrwydd, *eg.* dylni, twpanrwydd, twpdra. STUPIDITY.

hurtyn, *eg. ll.*-nod. un dwl, delff, twp-syn, penbwl. A STUPID PERSON.

*****hurthgen,** *eg. ll.*-nod. hurtyn. DOLT.

husting, ⎱1. *be.* sibrwd. TO WHISPER.
hustyng, ⎰2. *eg. ll.*-au. sibrydiad. WHISPER.

hustyngwr, *eg. ll.*-wyr. clepgi, clecyn. TALE-BEARER.

*****hutan,** *ebg. ll.*-od. ⎱hurtyn. DOLT.
*****hutyn,** *eg.* ⎰

*****huw,** *eg.* hwiangerdd ; cwsg. LULLABY ; SLEEP.

huwcyn, *eg.* cwsg. SLEEP.

*****huysgain,** *a.* yn llamu, yn neidio, yn gwasgar. SPRINGING, SCATTERING.

hwan, *eb. ll.*-od. tylluan. OWL.

hwb : hwp, *eg*. gwth, gwthiad, hergwd. PUSH.

hwbwb, *eg*. dwndwr, dadwrdd. HUBBUB.

hwca, *eg*. bach. HOOK.

hwcstres, *eb*. gwraig yn pedlera. HUCKSTERESS.

hwch, *eb. ll*. hychod. mochyn benyw. SOW.

*hwch, *eg*. mochyn. PIG.

hwde, *ebych*. hwre, cymer. TAKE (THOU).

hwdwch : hwdwg : hudwg, *eg*. bwgan, bwbach, bwci. BUGBEAR.
Rhyw hen hwdwch du.

*hwf, *eg. ll*.-od. cwfl. HOOD, HOUVE.

hwff, *eg. ll*. hyffion. telpyn. LUMP.

*hwgwd, *eg*. hurtyn. DOLT.

hwi, 1. *ebych*. dos. HOY !
　　2. *eg*. math o long fechan. HOY.

hwiangerdd, *eb. ll*.-i. suo-gân. LULLA-BY.

hwlc, *eg*. ysgerbwd llong. HULK.

hwlcyn, *eg*. llabwst, lleban. LOUT, BOOR.

hwmws, *eg*. deilbridd. HUMUS.

hwn, *rhag. dangosol*. (*b*. hon). *ll*. hyn. yr un wrth law. THIS (MASC.).

*hwndliwr, *eg. ll*.-lwyr. gwerthwr ceffylau. HORSE-DEALER.

*hwndrwd, *eg. ll*.-ydau. cantref ; cwmni. HUNDRED (DIVISION) ; COM-PANY.

hwnna, *rhag. dangosol* (*b*. honna). yr un sydd yna, hwn yna. THAT ONE.

hwnnw, *rhag. dangosol* (*b*. honno). *ll*. hynny. yr un y soniwyd amdano. THAT ONE SPOKEN OF (MASC.).

hwnt, *adf*. draw, tu draw, acw. YONDER.
　　Y tu hwnt. BEYOND.

*hwntian, *be*. hercian. TO HOP, TO HOBBLE.

hwntw, *eg*. (*taf*.) un o Ddeheudir Cymru. SOUTH-WALIAN.

hwp, *eg*. gweler *hwb*.

hwpo : hwpio, *be*. gwthio, hyrddio. TO PUSH.
　　Yn hwpo'r cerbyd.

hŵr, -en, *eb*. putain. WHORE.

hwrdd, *eg. ll*. hyrddiau. hwp, gwth, pwt. PUSH, THRUST.

hwrdd, *eg. ll*. hyrddod. maharen. RAM.

hwre : hwde, *bf*. (ail berson gorchmyn-nol) cymer. TAKE (THIS).

hwrio, *be*. puteinio. TO FORNICATE.

hwriwr, *eg. ll*.-wyr. puteiniwr. FORNI-CATOR.

hwrswn, ⎱ *eg*. puteiniwr, person drwg.
hwrsyn, ⎰ WHORESON.

hwrwg, *eg*. chwydd, telpyn. SWELLING, LUMP.

*hŵs, *eg*. math o liain, gorchudd. HORSE-CLOTH, COVERING.

hwsmon, *eg. ll*. hwsmyn. goruchwyl-iwr, beili, ffarmwr. BAILIFF.

hwsmona, *be*. trin tir. TO HUSBAND.

hwsmonaeth, *eb*. triniaeth tir, trin-iaeth. HUSBANDRY, TREATMENT.

*hwstr, *a*. sarrug, blwng. MOROSE, PERVERSE.

*hwstredd, *eg*. gwyrni. PERVERSITY.

hwswi, *eb*. gweler *hyswi*.

hwswïaeth, *eb*. gwaith gwraig tŷ. HOUSEWIFERY.

hwt, *ebych*. i ffwrdd, dos. AWAY !

hwter, *eb. ll*.-i. math o gorn sy'n gwneud sŵn uchel i roi rhybudd. HOOTER.

hwtio, *be*. hwtian ; hisian. TO HOOT ; TO HISS.

hwy, *a*. gradd gymharol *hir*, mwy hir. LONGER.

hwy : hwynt : nhw : nhwy, *rhag*. y 3ydd pers. llu. o'r rhagenwau pers-onol syml annibynnol. THEY, THEM.

hwyad : hwyaden, *eb. ll*. hwyaid. aderyn dof sy'n nofio. DUCK.

*hwyfell, *eb. ll*.-od. eog benyw. FEMALE SALMON.

hwyhau, *be*. ymestyn. TO LENGTHEN.

*hwyl, *eb*. taith ; cwrs, rhediad ; mantell. JOURNEY ; COURSE ; CLOAK.
　　Dwyn hwyl : rhuthro. TO RUSH, TO ATTACK.

hwyl, *eb. ll*.-iau. 1. cyflwr, mwynhad, tymer. MOOD.
　　2. cynfas ar hwylbren llong. SAIL.
　　3. ffordd arbennig o ddweud neu lafarganu wrth annerch, etc. SING-SONG, CADENCE.
　　Pob hwyl. BEST OF LUCK.
　　Mewn hwyl dda. IN GOOD MOOD.

hwylbren, *eg. ll*.-nau, -ni. post uchel ar long hwyliau. MAST.

*hwylfa, *eb. ll*.-feydd. cwrs, llwybr. COURSE, PATH.

hwyliad, *eg. ll*.-au. y weithred o hwylio. A SAILING.

hwylio, *be*. morio, mordwyo, mynd ar long hwyliau. TO SAIL.

hwylus, *a*. iach, iachus, cyfleus, hawdd, rhwydd, esmwyth. HEALTHY, CONVENIENT, EASY.

hwyluso, *be*. rhwyddhau, hyrwyddo. TO FACILITATE.

hwylustod, *eg*. cyfleustra, cyfleuster, rhwyddineb. CONVENIENCE.

*hwynyn, *eg*. magl, hoenyn. GIN, SNARE.

*hwyr, *a*. araf ; annhebygol. SLOW ; UNLIKELY.

hwyr, 1. *eg.* min nos, wedi'r nos. EVENING.

2. *a.* diweddar, ar ôl amser. LATE. Hwyr neu hwyrach. SOONER OR LATER.

hwyrach, 1. *adf.* efallai, dichon, ysgatfydd. PERHAPS.

(*yn llawn*) Nid hwyrach. PERHAPS. 2. *a.* gradd gymharol *hwyr*, diweddarach. LATER.

hwyraidd, *a.* diweddar. LATE.

hwyrder, ⎫ *eg.* diweddarwch, araf-
hwyredd, ⎭ wch. LATENESS, TARDINESS.

hwyrdrwm, *a.* araf, cysglyd. SLOW, DROWSY.

hwyrddydd, *eg.* min nos, nos. EVENING.

*hwyredig, *a.* diweddar. BELATED.

hwyrfrydig, *a.* anfodlon, anewyllysgar, araf. RELUCTANT.

hwyrfrydigrwydd, *eg.* arafwch, anfodlonrwydd. TARDINESS, RELUCTANCE.

hwyrgan, *eb. ll.*-au. nosgan. SERENADE.

hwyrhau, *be.* mynd yn hwyr, nosi, mynd yn ddiweddar. TO GET LATE.

hwyrnos, *eb. ll.*-au. noswaith, hwyr, min nos. EVENING.

hwyrol, *a.* gyda'r nos, wedi'r nos. EVENING.

Hwyrol weddi : gosber.

*hwyrweddog, *a.* araf. SLOW, TARDY.

*hwysgynt, *eg.* rhuthr. A RUSH.

hwythau, rhagenw cysylltiol, trydydd person lluosog ; hwy hefyd. THEY, THEM (TOO).

hy, *a.* eofn, beiddgar, digywilydd, hyderus, dewr, haerllug, rhyfygus. BOLD, IMPUDENT.

*hyall, *a.* posibl, dichonadwy. POSSIBLE, FEASIBLE.

*hyar, *a.* llawen, hyfryd. PLEASANT.

*hyball, *a.* ffaeledig. FALLIBLE.

hybarch, *a.* yn cael parch neu'n haeddu parch, hen. VENERABLE.

*hybell, *a.* pell. DISTANT.

hybian, ⎫ *be.* hybu, gwella. TO RE-
hybio, ⎭ COVER.

hyblyg, *a.* y gellir ei blygu, ystwyth. FLEXIBLE, PLIABLE.

hyblygedd, ⎫ *eg.* ystwythder.
hyblygrwydd, ⎭ FLEXIBILITY, PLIABILITY.

*hyborth, *a.* hawdd ei fwydo. EASY TO FEED.

hybu, *be.* gwella; hyrwyddo. TO RECOVER ; TO PROMOTE.

hybwyll, *a.* pwyllog, doeth. PRUDENT, DISCREET.

hychaidd, *a.* fel hwch, mochaidd. SWINISH.

hychan, -en, *eb.* hwch fach. LITTLE SOW.

*hychgryg, *eg.* mynyglog. QUINSY.

hychian, *be.* rhochian. TO GRUNT.

*hychwayw, *eg.* gwaywffon hela. HUNTING SPEAR.

hyd, *eg. ll.*-au, -oedd, -ion. 1. mesur o faint, meithder, pellter. LENGTH.

2. ysbaid. WHILE. Ar hyd. ALONG. O hyd. ALWAYS.

hyd, *ardd.* mor bell â, nes ei bod. TO, TILL.

Hyd at. AS FAR AS. Hyd yn oed. EVEN.

hydarthedd, *eg.* tuedd i anweddu. VOLATILITY.

hydawdd, *a.* toddadwy. SOLUBLE.

*hydedd, *eg.* hydred, hyd. LONGITUDE, LENGTH.

hydeimledd, *eg.* yr ansawdd o fod yn groendenau. IRRITABILITY, SENSITIVITY.

hyder, *eg.* ffydd, ymddiried, coel, cred fawr. CONFIDENCE.

hyderu, *be.* ymddiried, coelio, credu. TO TRUST.

hyderus, *a.* ymddiriedol, ffyddiog. CONFIDENT.

hydoddedd, *eg.* yr ansawdd o fod yn hawdd ei doddi. SOLUBILITY.

*hydor, *a.* toradwy, brau. BREAKABLE, BRITTLE.

*hydr, *a.* cryf, cadarn ; dewr ; llwyr ; buddugoliaethus. STRONG ; BRAVE ; COMPLETE ; VICTORIOUS.

hydraidd, *a.* y gellir ei dreiddio. PENETRABLE.

hydraul, *a.* treuliedig. EASILY WORN OUT.

hydred, *eg. ll.*-ion. llinell ar hyd map ; hyd yn dangos pellter o Greenwich. LONGITUDE ; LENGTH.

hydredol, *a.* yn perthyn i hydred. LONGITUDINAL.

Hydref, *eg.* y degfed mis. OCTOBER. Yr hydref. AUTUMN.

hydrefol, *a.* yn ymwneud â'r hydref. AUTUMNAL.

hydrefn, *a.* taclus, trefnus. ORDERLY.

hydreiddiad, *eg.* y weithred o dreiddio'n rhwydd. PERMEABILITY.

*hydrfer, *eg.* llif cryf, dwfr, afon. STRONG FLOW, WATER, RIVER.

hydrin : *a.* hawdd ei drin. TRACTABLE.

hydrolig, *a.* hylifol. HYDRAULIC.

hydrostateg, *eg.* gwyddor yn ymdrin â gwasgedd gwlybyron, etc. HYDRO-STATICS.

*hydrum, *a.* rhydd. FREE.

hydwf, *a.* ir, uchel, tal. LUXURIANT, TALL.

hydwyll, *a.* hawdd ei dwyllo. GULL-IBLE.

hydwyth, *a.* yn ymestyn a byrhau, ystwyth. ELASTIC.

hydwythedd, *eg.* ystwythder. ELAS-TICITY.

hydyn, *a.* hawdd ei dynnu allan neu ei forthwylio, hydrin. DUCTILE, TRACT-ABLE.

hydynrwydd, *eg.* yr ansawdd o fod yn hydyn. DUCTILITY.

hydd, *eg. ll.*-od. (*b.* ewig). anifail gwryw ymhlith y ceirw, carw. STAG.

*hydda, *a.* da, addas, priodol, llawen. GOOD, APPROPRIATE, MERRY.

*hyddaif, *a.* llosgedig. SCORCHED.

*hyddawn, *a.* hael ; doniog. GENEROUS; GIFTED.

*hyddestl, *a.* taclus, twt, tyner. NEAT, DELICATE.

*Hyddfre(f), *eg.* Hydref. OCTOBER.

hyddgae, *eg. ll.*-au. cae hyddod neu geirw. DEER-PARK.

*hyddgan(t), *eg.* carw ; llu o geirw. DEER ; HERD OF DEER.

*hyddgen, *eg.* croen carw. DEER-SKIN.

hyddgi, *eg. ll.*-gwn. ci carw. STAG-HOUND.

hyddig, *a.* cythruddgar. IRASCIBLE.

*hyddoeth, *a.* call, doeth. SAPIENT.

hyddof, *a.* hywaith, gwâr. TRACTABLE, DOCILE.

*hyddyn, *a.* poblog. POPULOUS.

hyddysg, *a.* dysgedig, gwybodus. LEARNED.

hyf, *a.* gweler *hy.*

*hyfael, *a.* buddiol. PROFITABLE.

hyfaeth, *a.* yn rhoddi maeth, croesaw-gar. NOURISHING, HOSPITABLE.

hyfaidd, *a.* trahaus. ARROGANT.

*hyfawl, *a.* canmoladwy. PRAISE-WORTHY.

hyfdra : hyfder, *eg.* ehofndra, beidd-garwch, haerllugrwydd. BOLDNESS.

*hyfed, *a.* hawdd ei fedi. EASY TO REAP.

hyfedr, *a.* medrus iawn, celfydd, de-heuig. EXPERT, PROFICIENT.

hyfedredd, *eg.* medrusrwydd. SKILFUL-NESS, PROFICIENCY.

hyfeth, *a.* ffaeledig, hyball. FALLIBLE.

hyfodd, *a.* dymunol. PLEASANT.

*hyfr, *eg. ll.*-od. bwch gafr wedi ei gyweirio. GELDED HE-GOAT.

*hyfrawd, *a.* call, doeth. JUDICIOUS.

hyfreg, } *a.* brau, bregus ; briwadwy.
hyfriw, } FRAGILE ; FRIABLE.

hyfryd, *a.* pleserus, siriol, difyr, teg, dymunol, braf. PLEASANT.

hyfrydaidd, *a.* dymunol ; melodaidd. PLEASANT ; MELODIOUS.

hyfrydlais, 1. *eg.* sŵn hyfryd. JOYFUL SOUND. 2. *a.* melodaidd. MELODIOUS.

hyfrydwch, *eg.* pleser, tegwch, siriol-deb. DELIGHT.

*hyfrytáu, *be.* sirioli. TO DELIGHT.

hyfwyn, *a.* hynaws. GENIAL.

hyfywdra, *a.* y gallu i fyw dan amgylchiadau arbennig. VIABILITY.

*hyffawd, *a.* ffodus. FORTUNATE.

hyfflyn, *eg.* gronyn, mymryn. PARTICLE.

hyffordd, *a.* medrus, celfydd ; rhwydd. SKILLED ; EASY.

hyfforddi, *be.* addysgu, cyfarwyddo, rhoi ar y ffordd. TO INSTRUCT.

hyfforddiadol, *a.* addysgol. TRAINING.

hyfforddiant, *eg.* cyfarwyddyd, ymar-feriad, disgyblaeth. TRAINING, IN-STRUCTION.

hyfforddiol, *a.* addysgiadol. INSTRUCT-IVE.

hyfforddus, *a.* medrus, celfydd, dech-au ; wedi ei hyfforddi. DEXTEROUS ; TRAINED.

hyfforddwr, *eg. ll.* hyfforddwyr. un sy'n hyfforddi, llyfr hyfforddi, cyfar-wyddwr. INSTRUCTOR, GUIDE.

*hyffraeth, *a.* huawdl. ELOQUENT.

hygar, *a.* hawddgar, serchus, dengar, atyniadol. AMIABLE.

hygaredd, } *eg.* hawddgarwch, serch-
hygarwch, } owgrwydd. AMIABILITY.

*hygawdd, *a.* hawdd ei dramgwyddo. EASILY OFFENDED.

*hyged, *a.* hael. GENEROUS.

hyglod, *a.* enwog, o fri, clodfawr. FAMOUS.

hyglud, *a.* cludadwy. PORTABLE.

hyglwyf, *a.* archolladwy. VULNERABLE.

hyglyw, *a.* clywadwy, y gellir ei glywed. AUDIBLE.

hygoel, *a.* credadwy, hygred, y gellir ei goelio. CREDIBLE.

hygoeledd, *eg.* y stad o fod yn hygoelus, gwiriondeb. CREDULITY, GULLIBILITY.

hygoelus, *a.* tueddol i gredu heb brawf. CREDULOUS.

hygred, *a.* hygoel, credadwy. CREDIBLE.

hygryn, *a.* crynedig. TREMBLING.

hygyrch, *a.* hawdd mynd ato, o fewn cyrraedd. ACCESSIBLE.

hygyrchedd, *eg.* yr ansawdd o fod yn gyraeddadwy. ACCESSIBILITY.

hyhi, rhagenw benywaidd dyblyg, try-dydd person unigol. SHE, HER.

hylathr, *a.* disglair, cabol. GLITTERING.

hylaw, *a.* cyfleus, hwylus, medrus, celfydd. HANDY, DEXTEROUS.
Casgliad hylaw o ganeuon.

hylawrwydd, *eg.* defnyddioldeb. HANDINESS.

hylif, *eg. ll.*-au. sylwedd sy'n llifo, gwlybwr, peth nad yw'n galed nac o natur nwy. LIQUID.

hylifol, *a.* trwy nerth hylif. HYDRAULIC.

hylifrwydd, *eg* gwlybyrog. FLUIDITY.

hylithr, *a.* llithrig ; hawdd ; parod, hael. SLIPPERY ; EASY ; GENEROUS.

hylon, *a.* llawen, llon. CHEERFUL.

hylosg, *a.* llosgadwy. COMBUSTIBLE.

*****hylud**, *a.* a lyna'n dynn. VERY STICKY.

hylwydd, *a.* llwyddiannus, enwog. PROSPEROUS, FAMOUS.

*****hylwyddo**, *be.* ffynnu, llwyddo. TO PROSPER.

*****hylym**, *a.* chwannog, awyddus ; llym. KEEN ; SHARP.

hylyn, *a.* gludiog. ADHESIVE.

hyll, *a.* hagr, salw, diolwg, diofal. UGLY.

hylldrem, 1. *eb. ll.*-iau. golwg greulon. CRUEL LOOK.
2. *a.* diolwg. UGLY.

hylldremio, ⎤ *be.* edrych yn wyllt,
hylldremu, ⎦ llygadrythu. TO LOOK WILDLY, TO STARE.

*****hyllferth**, *a.* anferth, gwrthun. HUGE, MONSTROUS.

hylltra : **hylltod**, *eg.* hagrwch, y stad o fod yn hyll. UGLINESS.

hylltod, *eg.* swm mawr, nifer fawr. LARGE NUMBER OR AMOUNT.

hyllu, *be.* hagru, anffurfio. TO DISFIGURE.

hymn, *eb. ll.*-au. emyn, cân o fawl i Dduw. HYMN.

hymyn, *eb. ll.*-au. rhybed, hem. RIVET.

hymynnu, *be.* rhybedu, hemio. TO RIVET.

hyn, *rhag. dangosol, un.* a *llu.*, enwol ac *ansoddeiriol.* wrth law, ar bwys. THIS, THESE.
Ar hyn o bryd. JUST NOW.

hŷn, *a.* gradd gymharol *hen.* OLDER.

*****hŷn**, *ell.* hynafiaid, cyndadau. ANCESTORS.

hynafedd, *eg.* hynafiaeth. SENIORITY.

hynafgwr, *eg. ll.* hynafgwyr. hen ŵr, henwr. OLD MAN, ELDER.

hynafiaeth, *eb. ll.*-au. y stad o berthyn i'r dyddiau gynt. ANTIQUITY.

hynafiaethol, *a.* yn perthyn i'r dyddiau gynt. ANTIQUARIAN.

hynafiaethydd : **hynafiaethwr**, *eg. ll.* hynafiaethwyr. un sy'n ymddiddori mewn hen bethau. ANTIQUARY.

hynafiaid, *ell.* cyndeidiau. perthnasau gynt. ANCESTORS.

*****hynafiant**, *eg.* archaeoleg. ARCHAEOLOGY.

hynafol, *a.* hen, yn perthyn i'r dyddiau gynt. ANCIENT.

*****hynag**, *a.* crintachlyd. NIGGARD.

*****hynaif**, *ell.* henaduriaid ; hynafiaid. ELDERS ; ANCESTORS.

hynawf, *a.* ysgafn iawn. BUOYANT.

hynaws, *a.* caredig, caruaidd, rhadlon, tyner, tirion. GENIAL.

hynawsedd, *eg.* caredigrwydd, rhadlondeb, rhadlonrwydd, tynerwch, tiriondeb, rhywiogrwydd. GENIALITY.

hynefydd, *eg. ll.*-ion. pennaeth ; hynafgwr. CHIEFTAIN ; ELDER.

hynna, *rhag.* hyn yna. THAT, THOSE.

hynny, *rhag.* y rhai y soniwyd amdanynt. THAT, THOSE (NOT PRESENT).

*****hynnydd**, *a.* gweler *hynny.*

hynod : **hynodol**, *a.* nodedig, rhyfedd, dieithr, enwog, eithriadol, od. REMARKABLE, STRANGE.

hynodi, *be.* enwogi, gwahaniaethu. TO DISTINGUISH.

hynodion, *ell.* nodweddion arbennig. PECULIARITIES.

hynodrwydd, *eg.* arbenigrwydd. PECULIARITY.

hynodwedd, *eb.* hynodrwydd. IDIOSYNCRASY.

hynofedd, ⎤ *eg.* ysgafnder arbennig.
hynofiant, ⎦ BUOYANCY.

hynt, *eb. ll.*-oedd. ffordd, modd, cwrs, treigl, gyrfa, taith. WAY, COURSE.

*****hyntio**, *be.* rhedeg. TO RUN.

*****hynwyf**, *a.* nwyfus, llawen. VIVACIOUS, GAY.

hypnosis, *eg.* swyngwsg. HYPNOSIS.

hypnoteiddio, *be.* peri swyngwsg. TO HYPNOTISE.

*****hyr**, *eg. ll.*-iau. 1. her. CHALLENGE.
2. chwyrnad. SNARLING.

hyrddiant, *eg.* ergyd, gwth. BLOW, PUSH.

hyrddio, *be.* gwthio, taflu'n chwyrn. TO HURL, TO PUSH.

hyrddu, *be.* pwnio. TO RAM.

hyrddwynt, *eg. ll.*-oedd. corwynt. HURRICANE, SQUALL.

hyrio, *be.* annos, hysio. TO INCITE, TO SET (A DOG) ON.

hyrwydd, *a.* rhwydd iawn, dirwystr, dilestair. FACILE.

hyrwyddo, *be.* cymell, helpu ymlaen, hwyluso, rhwyddhau. TO PROMOTE, TO FACILITATE.

hyrwyddwr, *eg. ll.*-wyr. un sy'n hyrwyddo. PROMOTER.

hyryw, *a.* hynaws. GENIAL, KINDLY.

hysain, *a.* persain. EUPHONIOUS.

hysb, *a. (b.* hesb). sych, diffrwyth. DRY, BARREN.

hysbio, *be.* mynd yn hysb. TO BECOME DRY.

hysbyddu, *be.* gwacáu. TO EXHAUST.

hysbys, *a.* adnabyddus, gwybyddus, amlwg, eglur. KNOWN.
    Dyn hysbys. SOOTHSAYER.

hysbyseb, *eb. ll.*-ion. hysbysiad cyhoeddus mewn papur newydd, etc. ADVERTISEMENT.

hysbysebu, *be.* gwneud yn hysbys, rhoi rhybudd. TO ADVERTISE.

hysbysfwrdd, *eg. ll.*-fyrddau. bwrdd hysbysu. NOTICE-BOARD.

hysbysiad, *eg. ll.*-au. datganiad, cyhoeddiad. ANNOUNCEMENT.

hysbysrwydd, *eg.* gwybodaeth. INFORMATION.

hysbysu, *be.* rhoi gwybodaeth, cyhoeddi, amlygu, egluro. TO INFORM.

*hyserch, *a.* hygar. AMIABLE.

*hysfa, *eb. ll.*-oedd. ffridd. MOUNTAIN PASTURE.

hysian : **hysio,** *be.* annog, annos, gyrru. TO SET ON.

hyson, *a.* croch, uchel. LOUD.

hysteria, *eg.* y famwst. HYSTERIA.

hyswi, *eb.* gwraig tŷ. HOUSEWIFE.

hyswïaeth, *eb.* astudiaeth o waith tŷ; darbodaeth. HOUSEWIFERY; THRIFT.

hytrach, *adf.* braidd, go, lled. RATHER.
    Yn hytrach na. RATHER THAN.

*hytynt, *eg.* cwrs, taith. COURSE, JOURNEY.

hywaith, *a.* deheuig, celfydd, diwyd, buddiol, llesol. DEXTEROUS, BENEFICIAL.

*hywall, *a.* ffaeledig. FALLIBLE.

hywedd, *a.* dof; gwâr. TRAINED; DOCILE.

hyweddu, *be.* dofi. TO TAME.

*hyweddwr, *eg. ll.*-wyr. dofwr. TAMER.

*hywen, *a.* yn gwenu, llon. SMILING.

*hyŵr, *eg.* gŵr dewr. BRAVE MAN.

*hyŵredd, *eg.* dewrder. BRAVERY.

*hyŵydd, *a.* rhwydd, parod. EASY, READY.

hywyn, *a.* gwyn iawn. VERY WHITE.

I

i, *ardd.* (imi, iti, iddo, iddi, inni, ichwi iddynt). TO, FOR.
    Rhoi'r llyfr iddo ef.
    I fyny : i'r lan. UP : UPWARD.
    I ffwrdd : i bant. AWAY.
    I lawr. DOWN.
    I maes. OUT.
    I mewn. INTO.

iâ, *eg.* rhew, dŵr wedi rhewi. ICE.
    Clychau iâ. ICICLES.

iach, *a.* iachus, heb afiechyd, yn meddu ar iechyd da. HEALTHY, SANE, WHOLE, WHOLESOME.
    Canu'n iach. TO BID FAREWELL.
    Yn iach ! FAREWELL !

iachâd, *eg.* gwellhad. CURE, HEALING.

iachaol, *a.* yn iacháu. HEALING.

iacháu, *be.* meddyginiaethu, gwella, adfer i iechyd, achub. TO HEAL, TO SAVE.

iachawdwr, *eg. ll.* iachawdwyr. achubwr, gwaredwr. SAVIOUR.

iachawdwriaeth : **iechydwriaeth,** *eb.* achubiaeth, gwaredigaeth, ymwared. SALVATION.

iachawr, *eg. ll.*-wyr. un sy'n iacháu. HEALER.

iachol, *a.* iach. HEALTHY, WELL.

*iachu, *be.* iacháu. TO HEAL, TO CURE.

iachus, *a.* iach. HEALTHY.

iachusol, *a.* gwerthfawr i iechyd. HEALTH-GIVING.

iachusrwydd, *eg.* y cyflwr o fod yn iach. HEALTHINESS, WHOLESOMENESS.
    Iachusrwydd meddwl. HEALTHY MINDEDNESS.

*iachwyawdr, *eg. ll.*-odron. iachawdwr. SAVIOUR.

*iachwyawl : **iachwyol,** *a.* iachaol. HEALING, SALUTARY.

*iachwyddol, *a.* iachusol. SAVING.

iad, *eb. ll.* iadau. pen, corun, copa. PATE, SKULL.

iäen, *eb. ll.*-nau. darn o iâ ; rhewlif. PIECE OF ICE ; GLACIER.

iäennol, *a.* rhewlifol, gwydrol. GLACIAL.

*iäeth, *eg.* rhew. FROST, ICINESS.

iangaidd, *a.* ifanc. YOUNG.

*iangwr, *eg. ll.*-wyr. gŵr cyffredin, bilain, gŵr ifanc. ORDINARY MAN, VILLEIN, YOUNG MAN.

iaith, *eb. ll.* ieithoedd. parabl, lleferydd, ymadrodd. LANGUAGE.
    Iaith lafar safonol. STANDARD SPOKEN LANGUAGE.

*iâl, *eg.* mynydd-dir, blaeneu-dir. HILL-COUNTRY, UPLAND COUNTRY.

iâr, *eb. ll.* ieir. aderyn benyw. HEN.

iâr fach yr haf, *eb.* glöyn byw, bilibala, pili-pala. BUTTERFLY.

iard, *eb. ll.* ierdydd. clos, buarth, beili. YARD.

iardy, *eg. ll.*-dai. cut neu sied ieir. HEN-COOP.

iarll, *eg. ll.* ieirll. (*b.*-es). bonheddwr o radd uchel. EARL.

iarllaeth, *eb. ll.*-au. swydd neu dir iarll. EARLDOM.

*iarnadd, *adf.* oddi arno. FROM ABOVE, FROM ON.

ias, *eb. ll.*-au. 1. gwefr, cyffro, teimlad cynhyrfus. THRILL.

    2. cryndod, aeth. SHIVER.

    3. tymheredd (am haearn). TEMPER.

iasbis, *eg.* maen gwerthfawr. JASPER.

iasoer, *a.* oeraidd. CHILLY.

iasol, *a.* 1. cyffrous, gwefreiddiol. THRILLING.

    2. oerllyd, aethus. INTENSELY COLD.

iasu, *be.* lledferwi, berwi'n araf. TO SIMMER.

iau¹, 1. *eb. ll.* ieuau, ieuoedd. darn o bren dros warrau dau anifail sy'n cydweithio. YOKE.

    2. *eg.* dydd Iau, Difiau. THURSDAY.

    3. *eg. ll.* ieuau. afu, au. LIVER.

iau², *a.* ieuengach, ifancach (*taf.*). YOUNGER.

*iawl, *eg. ll.* iolau. gweddi, mawl. PRAYER, PRAISE.

iawn¹,1. *adf.* tra, dros ben, pur. VERY. Da iawn. VERY GOOD.

    2. *a.* cywir, addas. RIGHT.

iawn², *eg.* iawndal. COMPENSATION.

    2. cymod. ATONEMENT. Yr Iawn. THE ATONEMENT.

iawndal, *eg.* iawn. COMPENSATION.

iawnder, *eg. ll.*-au. iawn, uniondeb, cyfiawnder. JUSTICE, RIGHT, RECTITUDE.

iawndyllwr, *eg. ll.*-wyr. offeryn mwyhau trwy dorri'n gylchol. REAMER.

iawndda, *a.* gweddol, cymedrol, purion. MIDDLING.

*iawnedd, *eg.* gweler *iawnder.*

iawnffydd, *eb.* uniongrededd, ffydd iawn. ORTHODOXY, RIGHT FAITH.

iawnffyddiog,*a.*uniongred. ORTHODOX.

*iawngred, *eb.* ffydd iawn. RIGHT FAITH.

*iawnhau, } *be.* gwneud yn iawn. TO
*iawni,   }   RIGHT.

iawnongl, *eb. ll.*-au. ongl sgwâr.

iawnonglog, *a.* ag ongl o 90°, ag ongl sgwâr. RIGHT-ANGLE, RIGHT-ANGLED.

*iawnsler, *eg. ll.*-iaid. canghellor. CHANCELLOR.

*iawnweddog, *a.* cyfiawn. JUST.

*ibach,*eg.* congl, cornel. CORNER, NOOK.

ich, *eb. ll.*-iau. gwich. SQUEAK.

idealaeth, *eb.* delfrydiaeth. IDEALISM.

ideol, *a.* delfrydol. IDEAL.

*idol, *eg. ll.*-au. eilun. IDOL.

idd, *rhag.* i. TO. idd'i=i'w.

Iddew, *eg. ll.*-on. (*b.*-es). brodor o wlad Canaan, Israeliad. JEW.

Iddewaidd : Iddewig, *a.* yn ymwneud â'r Iddew. JEWISH.

Iddewiaeth, *eb.* crefydd yr Iddew. JUDAISM.

iddw(f), *eg.* tân iddw(f). ERYSIPELAS.

ie, *adf.* ateb cadarnhaol i ofyniad yn cynnwys *ai* . . .? neu *oni* . . .?, gair i gytuno â dywediad arbennig. YES.

    Ai hwn yw'r dyn ? Ie.
    "Fy llyfr i yw hwn." "Ie."

*iechedawl, *eg.* iachawdwr. SAVIOUR.

*iechineb, *eb.* iachawdwriaeth, iechydwriaeth. SALVATION.

iechyd, *eg.* 1. cyflwr da'r corff. HEALTH.

    2. iachawdwriaeth, diogelwch. SALVATION, SAFETY.

iechydeg,   } *eb.* gwyddor iechyd.
iechyd(i)aeth, } HYGIENE, SANITATION.

iechydfa, *eb. ll.* iechydfeydd. sanatoriwm. SANATORIUM.

iechydol, *a.* yn perthyn i iechyd. HYGIENIC, SANITARY.

iechydwriaeth, *eb.* gweler *iachawdwriaeth.*

*ief, *adf.* ie. YES.

*iefanc, *adf.* ieuanc. YOUNG.

iengeiddio, *be.* gwneud neu fynd yn ieuanc. TO MAKE OR TO BECOME YOUNG.

*ieirch, *ell.* iyrchod. ROEBUCKS.

*ieithadur, *eg. ll.*-on. gramadeg. GRAMMAR.

*ieithadurol, *a.* gramadegol. GRAMMATICAL.

ieitheg, *eb.* gwyddor iaith, ieithyddiaeth. PHILOLOGY.

ieithegol, *a.* yn ymwneud â ieitheg. PHILOLOGICAL.

ieithegydd, *eg. ll.*-ion, ieithegwyr. yr hwn sy'n ymddiddori mewn ieitheg. PHILOLOGIST.

ieithol, *a.* yn ymwneud â iaith. LINGUISTIC.

*ieithorion, *ell.* ieithyddion. LINGUISTS.

*ieithus, *a.* siaradus, huawdl. LOQUACIOUS, ELOQUENT.

ieithydd, *eg. ll.*-ion. yr hwn sy'n hyddysg mewn ieithoedd, ieithegwr. LINGUIST, PHILOLOGIST.

***ieithydd**, *eg. ll.*-ion. lladmerydd. INTERPRETER.

ieithyddiaeth, *eb.* ieitheg. LINGUISTICS.

ieithyddol, *a.* ieithol. PHILOLOGICAL.

***iemyn**, *ell.* iwmyn. YEOMEN.

***ien**, *a.* oer. COLD.

***ienhau**, *be.* oeri. TO BECOME COLD.

***ierthi**, *eg.* irai, swmbwl. GOAD.

***iesin**, *a.* tlws, prydferth. FAIR, BEAUTIFUL.

***iestus**, *eg.* ustus, ynad. A JUSTICE.

iet, *eb. ll.*-au, -iau. llidiart. GATE.

***ïeu**, *adf.* ie. YES.

ieuaf, *a.* ieuangaf. YOUNGEST.

ieuanc : ifanc, *a.* heb fod yn hen, bach o oedran. YOUNG.

     Merch ifanc. UNMARRIED GIRL.

ieuangaidd, *a.* ifancaidd. YOUNGISH.

***ieuant**, *eg. ll.*-aint. ieuenctid. YOUTH.

ieuenctid, *eg.* mebyd, llencyndod. YOUTH.

ieuo, *be.* uno â iau, cysylltu. TO YOKE, TO JOIN.

ieuod, *e. torf.* gweler *euod.*

ieuol, *a.* wedi eu hieuo, cysylltiedig. YOKED, JOINED.

***ieuorion**, *ell.* rhai dan iau. YOKED ANIMALS.

***iewaint**, *eg.* ieuenctid. YOUTH.

***iewydd**, *eg. ll.*-on. coler iau. YOKE COLLAR.

ifori, *eg.* defnydd gwyn caled a geir o ysgithr yr eliffant. IVORY.

ig, *eg. ll.*-ion. y symudiad anfwriadol a'r sŵn wrth igian. HICCUP.

igam-ogam, *a.* anunion, lletgam. ZIGZAG.

igam-ogamu, *be.* symud ar lwybr anunion, lletgamu. TO SIDE-STEP.

***igfan**, *be.* igian. TO SOB.

igian, *be.* ⎫ 1. beichio wylo. TO SOB.
igio, *be.* ⎭ 2. eigian, dal yr anadl yn ysbeidiol ac anfwriadol. TO HICCUP.

***igion**, *be.* igian. TO SOB, TO HICCUP.

ing, *eg. ll.*-oedd. gloes, dirboen, cyni, artaith, cyfyngder. ANGUISH, AGONY, DISTRESS.

***ing**, *a.* cul, cyfyng. NARROW, CLOSE.

***ingder**, *eg.* culni, cyfyngder, cyni. STRAITNESS, CLOSENESS, DISTRESS.

***ingo**, *be.* nesu, agosáu. TO APPROACH.

ingol, *a.* mewn cyni neu loes. AGONIZING.

***il**, *eb. ll.*-ion. eples. FERMENTATION.

ildio, *be.* rhoi'r gorau i, cynhyrchu. TO YIELD.

***ildio**, *be.* eplesu. TO FERMENT.

***ilir**, *eg. ll.*-ion. iâr fach yr haf. BUTTERFLY.

ill, *rhag.* hwy (o flaen rhifol) fel yn *ill dau.* THEY, THEM.

imbill, *eb.* gimbill, ebill. GIMLET.

imp : impyn, *eg. ll.* impiau. blaguryn, ysbrigyn, eginyn ; disgynnydd. SHOOT, SPROUT ; DESCENDANT.

impiad, 1. *eg.* blaendarddiad. BUDDING, GRAFTING.

     2. *be.* blaguro, peri tarddu. TO CAUSE TO BUD.

impio, *be.* blaguro, blaendarddu, egino, glasu. TO SPROUT, TO BUD, TO SHOOT, TO GRAFT.

     Impio croen. SKIN GRAFTING.

impiwr, *eg. ll.*-wyr. un sy'n impio. GRAFTER.

impyn, *eg.* gweler *imp.*

inc, *eg.* hylif i ysgrifennu ag ef. INK.

incil, *eg.* llinyn. TAPE.

incwm, *eg.* tâl, enillion. INCOME.

     Treth incwm. INCOME TAX.

indecs, *eg. ll.*-au. ffigur neu lythyren yn dangos pŵer neu wraidd maint. INDEX.

Indiad, *eg. ll.* Indiaid. brodor o'r India neu America. AN INDIAN.

indrawn, *eg.* grawn yr India. MAIZE, INDIAN CORN.

***insail**, *eb. ll.*-seiliau. ⎫ sêl. SEAL, SIG-
***insel**, *eb. ll.*-au, -iau. ⎭ NET.

***inseilio**, *be.* selio. TO SEAL.

integr, *eg. ll.*-au. rhifol, y gwrthwyneb i ranrif. INTEGER.

integrol, *a.* cyfan, cyflawn. INTEGRAL.

integru, 1. *be.* cyfannu, uno. TO INTEGRATE.

     2. *eg.* yr integru. INTEGRATION.

interliwd, ⎫ *eb. ll.*-iau. anterliwd. IN-
interlud, ⎭ TERLUDE.

iod : iota, *eg.* mymryn, tipyn. IOTA, JOT.

***ioled**, *eg.* erfyniad, ymbil. SUPPLICATION, WISH.

***ioli**, *be.* gweddïo, gofyn, moli. TO PRAY, TO ASK, TO PRAISE.

***iolin**, *a.* ymbilgar. SUPPLICATING.

***iolwch**, *eg.* diolchgarwch, gweddi, mawl. THANKSGIVING, PRAYER, PRAISE.

***iolydd**, *eg.* ymbiliwr, molwr, addolwr. SUPPLIANT, WORSHIPPER.

iolyn, *eg.* ffŵl, ynfyd, ynfytyn, penbwl, creadur gwirion. NINCOMPOOP.

ïon, *eg. ll.*-au. cynnyrch electroleiddiad. ION.

Iôn, *eg.* Yr Arglwydd, Iôr. THE LORD.

Ionawr : Ionor, *eg.* y mis cyntaf. JANUARY.

ionc, ⎱ *eg.* ynfytyn, creadur gwir-
ioncyn, ⎰ ion. NINCOMPOOP.
Iôr, *eg.* gweler *Iôn.*
*ïorth, *a.* diwyd. DILIGENT.
*iorthryn, *eg.* diwydrwydd. DILIGENCE.
iorwĝ, *eg.* eiddew, eiddiorwg. IVY.
ir : iraidd, *a.* yn llawn sudd, ffres,
    gwyrdd. FRESH, GREEN, SUCCULENT.
irad, *a.* garw, trist, dychrynllyd. DIRE,
    SAD, TERRIBLE.
irai, *eg.* swmbwl, ffon i yrru gwartheg,
    etc. GOAD.
iraid, *eg. ll.* ireidiau. saim, ennaint.
    LUBRICANT, GREASE, OINTMENT.
*irchwys, *eb.* erchwys. PACK OF
    HOUNDS.
*irdanĝu, *be.* syfrdanu. TO STUPEFY,
    TO AMAZE.
*irdanc, *eg.* syfrdandod, syndod.
    STUPOR, AMAZEMENT.
irder, *eg.* y stad o fod yn iraidd.
    FRESHNESS, SUCCULENCE.
irdwf, 1. *eg.* iraidd ei dwf. LUXURIANCE.
    2. *a.* noddlyd. SAPPY.
irddail, *ell.* dail gwyrdd, glesni. GREEN
    LEAVES.
iredd,*eg.*irder.FRESHNESS, GREENNESS.
ireidlyd, *a.* ag iraid, seimlyd. GREASY.
ireidd-dra, *eg.* irder. FRESHNESS.
ireiddio, *be.* gwneud neu ddod yn ir.
    TO MAKE OR TO BECOME FRESH.
*irfrau, *a.* hael, iraidd a brau. GENER-
    OUS, FRESH AND BRITTLE.
irĝig, *eg.* cig ffres. FRESH MEAT.
*irhau, *be.* ireiddio. TO MAKE OR
    BECOME FRESH.
iriad, *eg.* y weithred o iro. LUBRI-
    CATION.
irionyn, *eg.* eirionyn. THONG.
irlanc, *eg. ll.*-iau. glaslanc. STRIPLING.
irlas, *a.* gwyrddlas. FRESH, GREEN.
irlesni, *eg.* gwyrddlesni. VERDURE.
*irllawn, *a.* dicllon, llidiog. WRATHFUL,
    ANGRY.
*irllonedd, *egb.* dicllonedd, llid. WRATH.
*irllonhau, *be.* llidio. TO BE ANGRY.
iro, *be.* rhwbio saim ar rywbeth,
    eneinio. TO GREASE, TO ANOINT, TO
    SMEAR.
    Iro blonegen : gwneud rhywbeth
    dianghenraid. TO CARRY COALS
    TO NEWCASTLE.
    Iro llaw. TO BRIBE.
irwellt, *eg.* glaswellt. GREEN GRASS.
irwr, *eg. ll.*-wyr. un sy'n iro. GREASER.
irwydd, *ell.* coed gwyrdd. GREEN
    TREES.

is, 1. *a.* gradd gymharol *isel.* LOWER.
    2. *ardd.* o dan. BELOW, UNDER.
    3. *rhagdd.* dirprwy, o dan. SUB-
    UNDER-.
isadran, *eb. ll.*-nau. adran is. SUB-
    SECTION.
isaf, *a.* gradd eithaf *isel.* LOWEST.
isafbwynt, *eg.* y man isaf. LOWEST
    POINT.
isafon, *eb.ll.*-ydd. llednant. TRIBUTARY.
Isalmaenaidd, *a.* yn perthyn i'r
    Isalmaen. DUTCH.
Isalmaeneg, *eb.* iaith yr Isalmaen.
    DUTCH (Language).
Isalmaenwr, *eg. ll.*-wyr. gŵr o'r
    Isalmaen. DUTCHMAN.
*isarn, *eb. ll.*-au. bwyell gad. BATTLE-
    AXE.
isathro, *eg. ll.*-awon. athro cynorthwy-
    ol. ASSISTANT MASTER.
isbridd, *eg.* y pridd o dan yr wyneb.
    SUB-SOIL.
isbrisiad, *eg. ll.*-au. lleihad mewn
    gwerth. DEPRECIATION.
isbrisio, *be.* lleihau mewn gwerth.
    TO DEPRECIATE.
is-bwyllĝor, *eg. ll.*-au. pwyllgor bach.
    SUB-COMMITTEE.
isder, *eg.* iselder. LOWNESS.
isddeddf, *eb. ll.*-au. deddf leol. BY-LAW.
isel, *a.* i lawr, gwael, distadl, prudd,
    digalon, gostyngedig. LOW, BASE,
    DEPRESSED.
iselder, *eg. ll.*-au. gwasgfa, stad isel,
    gostyngeiddrwydd. DEPRESSION,
    HUMILITY.
iselderau, *ell.* dyfnderoedd. DEPTHS.
iseldir, *eg. ll.*-oedd. tir isel. LOWLAND.
iselfryd, *a.* gostyngedig. HUMBLE.
iselhau : iselu, *be.* gostwng, diraddio,
    difreinio. TO LOWER, TO ABASE.
iseliad, *eg. ll.*-iaid. iselder, darostyng-
    iad. DEPRESSION, ABASEMENT.
iselradd, *a.* llai, is. INFERIOR.
iselu, *be.* gweler *iselhau.*
iselwael, *a.* gwael. MEAN.
iselwr, *eg. ll.*-wyr. taeog, deiliad.
    VASSAL.
is-feidon, *eb.* y nodyn sydd hanner
    ffordd i lawr rhwng y tonydd a'r is-
    lywydd. SUBMEDIANT.
isĝapten, *eg. ll.*-teiniaid. swyddog is na
    chapten. LIEUTENANT.
isĝell, *eg.* brywes, potes, sew ; grefi ;
    trwyth. BROTH; GRAVY ; DECOCTION.
is-ĝil, 1. *eg.* y tu ôl wrth farchog-
    aeth, sgîl. PILLION.
    2. *adf.* tu ôl. BEHIND.

*isgilio, *be.* marchogaeth y tu ôl i farchog. TO RIDE BEHIND ONE ON THE SAME HORSE.

isgynnyrch, *eg.* cynnyrch israddol. BY-PRODUCT.

isiarll, *eg. ll.*-ieirll. gradd is na iarll. VISCOUNT.

*isier, *eg.* hebryngydd. USHER.

islaw, *ardd.* o dan, oddi tan. BENEATH, BELOW.

islif, *eg.* llif dan yr wyneb. UNDER-CURRENT.

*Islont, *eb.* Gwlad yr Iâ. ICELAND.

is-lyngesydd, *eg.* swyddog is na llyngesydd. VICE-ADMIRAL.

is-lywydd, *eg. ll.*-ion. 1. dirprwy lywydd, un i gymryd lle'r llywydd. VICE-PRESIDENT.
2. y nodyn sydd â'r un safle o dan y tonydd ag sydd gan y llywydd uwchben y tonydd. SUBDOMINANT.

isnormal, *a.* is na'r cyffredin. SUB-NORMAL.

*iso, } *adf.* obry, i lawr. BELOW.
isod, }

isobar, *eg. ll.*-rau. llinell pwysedd awyr. ISOBAR.

isohyed, *eg. ll.*-au. llinell i ddangos oriau heulog. ISOHYET.

isomedrig, *a.* â mesur cyfartal. ISOMETRIC.

isomerig, *a.* yn cynnwys yr un elfennau ond yn gwahaniaethu yn eu nodweddion. ISOMERIC.

isop, *eg.* planhigyn aroglus. HYSSOP.

isosgeles, *a.* â dwy ochr yn gyfartal (am driongl). ISOSCELES.

isotherm, *eg. ll.*-au. llinell tymheredd. ISOTHERM.

isradd[1], *eg. ll.*-iaid. 1. rhywun llai. INFERIOR.
2. *ll.*-au. gwreiddyn. ROOT.

isradd[2], *a.* israddol. SUBORDINATE.

israddol, *a.* gwaelach, o radd is, darostyngedig, atodol. INFERIOR, SUBSIDIARY, SUBORDINATE.

is-swyddog, *eg. ll.*-ion. swyddog is. SUB-OFFICER.

*iste, *be.* gweler *eistedd*.

iswasanaethgar, *a.* yn gwasanaethu dan, is. SUBSERVIENT.

isweryd, *eg.* isbridd. SUB-SOIL.

isymwybod, *eg.* gweler *isymwybydd-iaeth*.

isymwybodol, *a.* yn perthyn i'r isymwybyddiaeth. SUBCONSCIOUS.

isymwybyddiaeth, *eb.* y rhan o'r meddwl nad yw person yn ymwybodol o'r hyn sydd yn digwydd yno. SUB-CONSCIOUSNESS.

ithfaen, *eg.* gwenithfaen. GRANITE.

ithyn, *eg. ll.* ithion. atom. ATOM.

*iustus, *eg. ll.*-iaid. ustus. JUSTICE.

iwbwb, *eg.* gwaedd, bloedd. SHOUT.

*iwch, *rhag.* a *rhagdd.* i chwi. TO YOU.

*iwmon, *eg. ll.* iwmyn. tyddynnwr o safle uwch na llafurwr. YEOMAN.

iwrch, *eg. ll.* iyrchod. (*b.* iyrches). math o garw bach. ROEBUCK.

*iwrl, *eg.* iarll. EARL.

*iwrnai, *eb.* siwrnai, taith. JOURNEY.

iwrea, *eg.* cyfansawdd grisialaidd mewn dŵr anifeiliaid. UREA.

iws, *eg.* gwasanaeth, arfer, defnydd ; llog (ar arian). USE ; INTEREST.

iyrches, *eb. ll.*-od. ewig. ROE.

iyrchell, *eb.* ewig ieuanc. YOUNG ROE.

iyrchyn, *eg.* iwrch ifanc. YOUNG ROEBUCK.

J

jac-y-do, *eg.* cogfran, corfran. JACKDAW.

janglen, *eb.* clepwraig. A GOSSIP.

jangl(i)o, *be.* clebran, mân siarad. TO GOSSIP.

jam, *eg.* cyffaith, ffrwyth wedi ei ferwi a'i felysu. JAM.

jar, *eb. ll.*-au. math o lestr pridd neu wydr. JAR.

jasbis, *eg.* iasbis. JASPER.

jêl, *eb.* carchar. JAIL.

jest, *adf.* bron. JUST, ALMOST.

ji-binc, *eb. ll.*-od. asgell fraith. CHAFFINCH.

jiwbilî, *eb. ll.*-au. dathliad. JUBILEE.

job, *eg.* gwaith, gorchwyl. JOB.

jôc, *eb.* peth digrif. JOKE.

jocan, *be.* cellwair, smalio. TO JOKE.

joch, *eg. ll.*-iau. dracht. GULP.

jwg : siwg, *eb. ll.* jygiau, siygiau. llestr dwfn i ddal hylif. JUG.

L

lab, *eg. ll.*-iau. ergyd. BLOW, STROKE.
labar, *egb.* llafur. LABOUR.
labio, *be.* ergydio, curo. TO SLAP.
labordy, *eg. ll.*-dai. gweithdy gwydd-
 onydd. LABORATORY.
labro, *be.* llafurio, gweithio. TO LABOUR.
labrwr, *eg. ll.* labrwyr. llafurwr,
 gweithiwr. LABOURER.
*lactwn, *eg.* gweler *latwn.*
*ladmer, *eg. ll.*-iaid. lladmerydd.
 INTERPRETER.
lafant, *eg.* planhigyn ac iddo flodau
 peraroglus. LAVENDER.
lafwr : lawr, *eg.* dail rhai gwymon
 o'r môr. LAVER.
  Bara lafwr (lawr). LAVER BREAD.
*lafwr, *eg.* dysgl neu fasn ymolchi.
 LAVER.
laminitis, *eg.* llid llafniog. LAMINITIS.
lamp, *eb. ll.*-au. llestr i oleuo llusern.
 LAMP.
lan, *adf.* i'r lan, i fyny. UP.
lapio, *be.* rhwymo. TO WRAP.
*lardies, *eg.* gweler *lerdies.*
larwm, *eg.* alarwm. ALARM (OF CLOCK).
  Cloc larwm. ALARM CLOCK.
lastig, *eg.* rwber tenau yn ymestyn
 wrth ei dynnu. ELASTIC.
*latenia, *eb.* litani. LITANY.
*latwm, } *eg.* pres. BRASS, LATTEN.
*latwn, }
*lawnd, *eg.* lliain main. LAWN, FINE
 LINEN.
lawnt, *eb. ll.*-iau. darn o dir wrth y tŷ
 lle tyfir porfa, llannerch. LAWN.
*lawnt, *eg.* lliain main. LAWN, FINE
 LINEN.
*lawnter, *eb.* llusern. LANTERN.
lawr[1] : i lawr, *adf.* tua'r llawr. DOWN.
lawr[2], *eg.* gweler *lafwr.*
*lawrus, *eg.* } pren llawryf. LAUREL.
*lawryf, *eg.* }
*leder, *eg.* arweinydd. LEADER.
ledio, *be.* arwain. TO LEAD.
lefain, *eg.* berman, burum, eples,
 surdoes. LEAVEN.
lefeinio, *be.* trin â lefain. TO LEAVEN.
lefel, *eb.* twnnel gwastad i weithio glo.
 A LEVEL.
lefelu, *be.* gwastatáu. TO LEVEL.
lefelwr, *eg. ll.*-wyr. gwastatâwr.
 LEVELLER.
lêg, *eg.* mesur arbennig. A LEAGUE.
leicio, *be.* hoffi. TO LIKE.
lein, *eb.* llinyn, tennyn, llin, llinell,
 rhes. LINE, CORD.
leinin, *eg.* tu mewn i wisg, etc. LINING.

lelog, *egb.* planhigyn ac iddo flodau
 gwyn (neu fioled) peraroglus. LILAC.
lentisel, *eg. ll.*-au. twll anadlu.
 LENTICEL.
*lepr, *eb.* gwahanglwyf. LEPROSY.
*lerdies, *eg.* anrheg, rhodd. LARGESSE.
*leser, *eg.* hamdden. LEISURE.
letani, *eb.* litani. LITANY.
letys, *ell.* (*un. b.*-en). llysieuyn bwyd,
 llaethyg. LETTUCE.
libart, *eg.* tir o gwmpas bwthyn neu
 dŷ. GROUND SURROUNDING A HOUSE,
 BACK-YARD.
licer, *eg.* gwirod. LIQUOR.
lifrai, *eg.* gwisg swyddogol. LIVERY.
lifft, *eg. ll.*-iau. 1. peiriant codi, y
 weithred o godi. LIFT.
  2. llidiart, camfa. GATE, STILE.
lifftenant, *eg. ll.*-iaid. swyddog yn y
 lluoedd arfog. LIEUTENANT.
lili, *eb. ll.* lilïau. planhigyn â blodau
 prydferth pêr. LILY.
linc, *eb. ll.*-iau. dolen, cyswllt. LINK.
lincyn-loncyn, *adf.* wrth ei bwysau,
 araf. HALTING(LY), SLOWLY, LEISUR-
 ELY.
lindys, *eg.* pryf blewog sy'n tyfu'n
 wyfyn neu'n iâr fach yr haf. CATER-
 PILLAR.
*lindys, *eg.* llinach, ach. LINEAGE.
*lins, *eb.* trum, ffin. RIDGE, BOUNDARY.
*lîr, *eg.* defnydd du. BLACK FABRIC,
 LIRE.
listio, *be.* ymuno â'r fyddin, etc. TO
 ENLIST.
litani, *eb.* ffurf o weddi i ofyn am
 drugaredd. LITANY.
lob, *eg.* ynfytyn. DOLT.
lobsgows, *eg.* math o stiw, cymysg-
 edd. LOBSCOUSE, HOTCH-POTCH.
locsen, *eb.* } *ll.* locsys. cernflew.
locsyn, *eg.* } WHISKER.
locust, *eg. ll.*-iaid. pryf dinistriol
 sy'n debyg i geiliog y rhedyn. LOCUST.
lodes, *eb. ll.*-i. herlodes, merch, geneth,
 croten, hogen. LASS, DAMSEL.
*loensiamp, *eg.* maes. MEADOW.
loes, *eb. ll.*-au. gloes, poen. ACHE, PAIN.
loetran, *be.* oedi, sefyllian, ymdroi. TO
 LOITER.
lol, *eb.* dwli, ffwlbri, gwiriondeb. NON-
 SENSE.
lolfa, *eb.* ystafell i lolian ynddi. LOUNGE.
lolian, *be.* siarad lol ; gorweddian. TO
 TALK NONSENSE ; TO LOUNGE.
lolyn, *eg. ll.* loliaid. ffŵl, ynfytyn. FOOL.

lôn, *eb. ll.* lonydd. heol (gul), ffordd gul, wtre, heolan, beidr. LANE, ROAD.

lori, *eb. ll.* lorïau. cerbyd mawr i gludo nwyddau. LORRY.

lot, 1. *eb. ll.*-au, -iau. rhan, cyfran. LOT. 2. llawer. MANY.

lowsed, *eb.* twll awyr mewn beudy, etc. VENTILATION HOLE IN COWSHED, ETC.

***lutenant,** *eg.* isgapten. LIEUTENANT.

lwans : lwfans, *eg.* dogn. ALLOWANCE.

lwc, *eb.* hap, ffawd, damwain, ffortiwn. LUCK.

lwcus, *a.* ffodus, damweiniol, ffortunus. LUCKY.

lwfer, *eg. ll.*-au. 1. simnai, corn. CHIMNEY, HOOD, LOUVRE. 2. colomendy. DOVE-COTE.

lwmp, *eg. ll.* lympau, lympiau. telpyn, talp. LUMP.

lwsern, *eg.* maglys. LUCERNE.

lwyn, *eg. ll.*-au. llwyn. LOIN.

***lygur,** *eg.* maen gwerthfawr. LIGURE.

***lysard,** *eg.* genau goeg. LIZARD.

lysti, *a.* mawr. LUSTY.

***lytenont,** *eg.* lifftenant. LIEUTENANT.

LL

***lla,** *eb.* llaw. HAND.

llabed, *eb. ll.*-au. fflap llaes ar ddilledyn, etc. LAPEL, LABEL, LOBE, FLAP.

llabeden, *eb. ll.*-nau. llabed fach. LOBULE.

llabi, *eg. ll.*-ïod. llabwst. BOOBY.

***llabir,** *eg.* cleddyf. SWORD.

llabwst, *eg. ll.* llabystiau. lleban, llaprwth, rhywun trwsgl anfoesgar. LOUT, LUBBER.

llabyddio, *be.* taflu cerrig at rywun i'w ladd, lladd. TO STONE, TO KILL.

llabystryn, *eg.* (*b.* llabystren). llabwst. LOUT.

llac, *a.* rhydd, llaes, diofal, esgeulus. SLACK, LAX.

llaca, *eg.* llaid, mwd, baw, bwdel. MUD, MUCK, DIRT, MIRE.

llacáu, ⎱ *be.* rhyddhau, gollwng,
llacio, ⎰ llaesu, ymollwng. TO SLACKEN, TO RELAX, TO LOOSEN.

llaciol, *a.* yn llacio. SLACKENING, RELAXING.

llacrwydd, *eg.* diofalwch, esgeulustod. SLACKNESS, LOOSENESS, LAXITY.

llacsog, *a.* lleidiog, mwdlyd, bawaidd, budr, tomlyd, afiach. MUDDY, DIRTY.

***llacw,** *adf.* acw. YONDER, THERE.

llach, *eb. ll.*-au, -iau. ergyd â chwip. SLASH, LASH.

llachar, *a.* disglair, claer, gloyw, yn fflachio. FLASHING, GLITTERING, BRIGHT, BRILLIANT.

***llachardde,** *a.* disglair. GLITTERING, BRIGHT.

llachio, *be.* ergydio â chwip, curo. TO SLASH, TO BEAT, TO LASH.

llad, *eg. ll.*-au. gras, anrheg; diod, cwrw. GRACE, GIFT; DRINK, BEER.

Lladin, *ebg.* hen iaith Rhufain. LATIN.

Lladinaidd, *a.* yn perthyn i Ladin. LATIN.

***lladmer,** *eg. ll.*-iaid. lladmerydd, cyfieithydd. INTERPRETER.

***lladmeriaeth,** *eb.* dehongliad, eglurhad. INTERPRETATION.

***lladmeru,** *be.* dehongli. TO INTERPRET.

lladmerydd, *eg. ll.*-ion. dehonglwr. INTERPRETER.

lladrad, 1. *eg. ll.*-au. yr act o ladrata. ysbeiliad, yr hyn a ladrateir. THEFT. 2. *a.* lladradaidd. FURTIVE, CLANDESTINE.

lladradaidd, *a.* llechwraidd, dirgel. STEALTHY, FURTIVE, CLANDESTINE.

***lladraidd,** *a.* lladradaidd, fel lleidr. THIEVISH, SLY.

lladrata, *be.* dwyn, cipio, ysbeilio. TO ROB, TO STEAL.

lladratwr, *eg. ll.*-wyr. lleidr. THIEF.

lladron, *ell.* lladratwyr. THIEVES, ROBBERS.

lladronach, *ell.* mân-ladron. PILFERERS.

lladrones, *eb. ll.*-au. lleidr benyw. FEMALE THIEF.

lladroni, *be.* mân-ladrata. TO PILFER.

lladronllyd, *a.* yn mân-ladrata. PILFERING.

***lladd,** *be.* taro, ergydio. TO STRIKE, TO KINDLE.

lladd, *be.* dodi i farwolaeth, distrywio, torri. TO KILL, TO CUT.
　Lladd gwair. TO CUT HAY.
　Lladd ar. TO DENOUNCE.
　Lladd sŵn. SOUND-RESISTING.

lladd-dŷ, *eg. ll.* lladd-dai. lle i ladd anifeiliaid. SLAUGHTER-HOUSE.

lladdedig, *a.* wedi ei ladd. KILLED.

lladdedigaeth, *eb. ll.*-au. cyflafan. SLAUGHTER, MASSACRE.

lladdfa, *eb. ll.* lladdfeydd. y weithred o ladd, cyflafan. A KILLING, MASSACRE.

lladdiad, *eg. ll.*-au. toriad, lladdedig-aeth. CUTTING, SLAUGHTER.

****lladdiad**, *eg. ll.*-iaid. un sy'n lladd, lladdwr. KILLER.

****lladdiant**, *eg.* marwolaeth. DEATH.

****lladdu**, *be.* torri. TO CUT.

lladdwr, *eg. ll.* lladdwyr. un sy'n lladd. KILLER.

****llaer**, *eb.* lloer, lleuad. MOON.

llaes, *a.* rhydd, llac, hir. LOOSE, LONG, TRAILING.

    Y Treiglad Llaes. THE SPIRANT MUTATION.

llaesod(r), *eb.* gwellt neu redyn, etc., a ddodir dan anifail, sarn. LITTER.

llaester, *eg.* llacrwydd, dyfnder. LAX-NESS, DEPTH.

llaesu, *be.* rhyddhau, gollwng, llacio, ymollwng, llusgo. TO SLACKEN, TO RELAX, TO TRAIL.

    Llaesu dwylo. TO GROW WEARY.

llaeth, *eg.* hylif gwyn buwch neu afr, etc., llefrith. MILK.

    Llaeth enwyn. BUTTERMILK.

    Llaeth tor : llaeth melyn. FIRST MILK AFTER CALVING.

llaetha, *be.* cynhyrchu llaeth, casglu llaeth. TO GIVE MILK, TO COLLECT MILK.

llaethdy, *eg. ll.* llaethdai. ystafell lle cedwir llaeth ac ymenyn, etc. DAIRY.

llaethferch, *eb. ll.*-ed. merch sy'n godro. MILKMAID.

llaethfwyd, *eg.* bwyd a wneir o laeth. MILK DIET.

llaethig, *a,* perthynol i laeth. LACTIC.

llaethlo, *eg. ll.*-loi. llo sugno. SUCKING CALF.

llaethlyd, *a.* fel llaeth, â digon o laeth. MILKY, ABOUNDING IN MILK.

llaethoen, *eg. ll.*-wyn. oen sugno. SUCKING LAMB.

llaethog, *a.* â digon o laeth, fel llaeth. ABOUNDING IN MILK, MILKY.

    Y Llwybr Llaethog. THE MILKY WAY.

llaethu, *be.* troi'n llaeth. TO TURN TO MILK.

llaethwr, *eg. ll.*-wyr. un sy'n gwerthu llaeth. MILKMAN.

llaethygen, *eb. ll.* llaethyg. letysen. LETTUCE.

****llafanad**, *eg. ll.*-aid. elfen, deunydd. ELEMENT, SUBSTANCE.

llafar, 1. *eg.* parabl, ymadrodd, llefer-ydd. UTTERANCE, SPEECH.

    Ar lafar. SPOKEN.

    Llafar gwlad. EVERYDAY SPEECH.

    Llafarganu. TO CHANT.

    2. *a.* yn ymwneud â'r llais, uchel. COLLOQUIAL, LOUD, RESOUNDING.

    Carreg lafar : carreg ateb. ECHO-STONE.

****llafarai**, *eb. ll.*-eion. llafariad. VOWEL.

llafaredigaeth, *eb.* ymadrodd, parabl, lleferydd. UTTERANCE, DELIVERY.

llafareg, *eb.* hyfforddiant mewn llefaru. SPEECH TRAINING.

llafariad, *eb. ll.* llafariaid. y seiniau a, e, i, o, u, w, y (sef y seiniau a gynenir drwy ddirgrynu tannau'r llais). VOWEL.

llafarog, 1. *a.* yn perthyn i lafariad. VOCALIC.

    2. *eb. ll.*-ion. llafariad. VOWEL.

llafarol, *a.* yn perthyn i'r lleferydd. VOCAL.

****llafaru**, *be.* llefaru. TO SPEAK.

llafarwedd, *eb. ll.*-au. dull o siarad ; tafodiaith, priod-ddull. MODE OF SPEAKING ; DIALECT, IDIOM.

****llafasu**, *be.* beiddio, mentro. TO DARE, TO VENTURE.

****llafasus**, *a.* beiddgar, hy. DARING, AUDACIOUS.

llafn, *eg. ll.*-au. 1. rhan finiog cyllell neu gleddyf. BLADE.

    2. llanc, llefnyn. YOUTH.

****llafnawr**, *ell. (un. g.* llafn). cleddyfau. BLADES.

llafnog, *a.* haenog. LAMINATED.

llafrwyn, *ell. (un. b.*-en). brwyn, papurfrwyn. BULRUSHES, PAPYRI.

llafur, *eg. ll.*-iau. 1. gwaith, ymdrech, egni ; diwylliad. LABOUR, TOIL ; TILLAGE.

    Maes Llafur. SUBJECT OF STUDY.

    Y Blaid Lafur. THE LABOUR PARTY.

    2. *ŷd.* CORN.

    Tir llafur. ARABLE LAND.

llafurfawr, *a.* llafurus ; addurnol. LAB-ORIOUS ; ELABORATE.

llafurio, *be.* gweithio, ymdrechu, poeni ; trin, amaethu. TO WORK, TO TOIL ; TO TILL.

llafurus, *a.* â llafur caled, yn cymryd gofal, diwyd. LABORIOUS, PAINS-TAKING, INDUSTRIOUS.

llafurwaith, *eg.* gwaith llafurus ; hws-monaeth. LABOUR ; HUSBANDRY.

llafurwr, *eg. ll.* llafurwyr. un sy'n llafurio, labrwr, gweithiwr ; hwsmon. LABOURER ; HUSBANDMAN.

llai, *a.* gradd gymharol *bychan (bach)* ac *ychydig.* SMALLER, LESS.

****llai**, *eg.* llwyd, brown. GREY, BROWN.

llaib, *eg. ll.* lleibiau. llyfiad. LAPPING, LICKING.

llaid, *eg.* mwd, llaca, bwdel, baw. MUD, MIRE.

*llaidd, a. llaith. SOFT, MILD.

*llaill, rhag. naill. ONE.

llain, eb. ll. lleiniau. clwt, darn bach cul. PATCH, STRIP, FILLET.

Llain-bori. STRIP-GRAZING.

*llain, eb. ll. lleiniau. cleddyf, llafn. SWORD, BLADE.

llais, eg. ll. lleisiau. lleferydd, llef, llafar, sŵn a wneir â'r genau ; pleidlais. VOICE, SOUND ; VOTE.

llaith, a. gwlyb, meddal, tyner. DAMP, SOFT.

*llaith, eg. marwolaeth. DEATH.

llall, rhag. ll. lleill. yr ail un o ddau, arall. OTHER, ANOTHER.

Dyma'r naill a dacw'r llall.

*llallog, eb. anrhydedd. HONOUR.

llam, eg. ll.-au. 1. tynged. FATE.

2. naid, ysbonc ; cam. LEAP, JUMP, BOUND ; STRIDE, STEP.

llamddelw, eb. ll.-au. pyped. PUPPET.

*llamddwyo, be. cludo rhywbeth o le i le, hebrwng, arwain. TO CARRY A THING FROM PLACE TO PLACE, TO CONDUCT.

llamfa, eb. ll.-feydd. ⎫ camfa.
*llamfforch, eb. ll.-ffyrch. ⎭ STILE.

llamhidydd, eg. ll.-ion. 1. dyn sy'n gwneud campau trwy lamu, neidiwr. ACROBAT, JUMPER.

2. math o bysgodyn mawr sy'n llamu o'r dŵr, môr-fochyn. PORPOISE.

*llamog, eb. ll.-au. camfa. STILE.

llamprai, eg. ll.-eion. llysywen bendoll. LAMPREY.

llamsach, be. llamu, sboncio. TO JUMP, TO HOP, TO CAPER.

llamsachus, a. yn llamu, yn prancio. CAPERING, PRANCING.

llamu, be. neidio, ysboncio ; brasgamu. TO LEAP ; TO STRIDE.

llamwr, eg. ll.-wyr. neidiwr. LEAPER.

*llamystaen, eb. hebog, cudyll glas. FALCON, HAWK.

llan, eb. ll.-nau. 1. eglwys, plwyf, ardal yng ngofal offeiriad, pentref. CHURCH, PARISH, VILLAGE.

2. iard. YARD.

llanastr, eg. anhrefn, dryswch, cymysgwch, terfysg, tryblith. CONFUSION, MESS, LUMBER.

llanastru, be. gwneud llanastr, gwasgaru. TO DISPERSE, TO MAKE A MESS.

llanc, eg. ll.-iau. llencyn, bachgen, crwt, crotyn, hogyn. YOUTH.

Hen lanc. BACHELOR.

llances, eb. ll.-i, -au. hogen, merch, croten. LASS, YOUNG WOMAN.

llandwyo, be. gweler llamdwyo.

llanerchu, be. glanhau tir. TO CLEAR LAND.

llannerch, eb. ll. llennyrch, llanerchau. llecyn agored ynghanol coedwig, clwt, gwastatir. GLADE, OPEN SPACE, PLAIN.

llanw¹ : llenwi, be. gwneud yn llawn. TO FILL.

llanw², eg. y môr yn dod i mewn ; mewnlifiad. FLOW OF TIDE ; INFLUX.

Trai a llanw. EBB AND FLOW.

*llanwed, eg. llanw, mewnlifiad. TIDE, INFLUX.

llaprau, ell. carpiau. TATTERS.

llaprog, a. carpiog. TATTERED.

llaprwth, eg. llabwst. LOUT.

*llar : *llara, a. tyner, addfwyn ; hael. MILD, MEEK ; KIND, GENEROUS.

*llaredd, eg. haelioni. GENEROSITY.

llariaidd, a. addfwyn, boneddigaidd, tyner, tirion, mwyn, gwâr, dof. MEEK, MILD, GENTLE.

*llariain, a. llariaidd, meddal. MEEK, SOFT.

*llariedd, a. addfwynder. MEEKNESS.

llarieidd-dra, eg. addfwynder, tirionwch, tynerwch. MEEKNESS, GENTLENESS.

llar(i)eiddio, be. esmwytháu, meddalu. TO SOOTHE, TO APPEASE, TO SOFTEN.

llarp, eg. ll.-iau. llerpyn, carp, cerpyn, rhecsyn. SHRED.

Yn llarpiau. IN SHREDS.

llarpio, be. rhwygo, cynhinio, dryllio, traflyncu. TO TEAR, TO REND, TO DEVOUR.

llarpiog, a. carpiog, bratiog, rhacsog, clytiog, llaprog. TATTERED.

llarwydden, eb. coeden gyffredin. LARCH.

*llary, a. tyner, hael. MEEK, GENEROUS.

*llaryedd, eg. addfwynder, haelioni. MEEKNESS, MILDNESS, KINDNESS, GENEROSITY.

*llas, bf. lladdwyd. WAS KILLED.

*llasar, eg. asur, glas. AZURE, BLUE.

*llasarn, eg. ll.-au. palmant. PAVEMENT.

*llaswyr, eg. ll.-au. salmau, llyfr salmau ; paderau. PSALMS, PSALTER ; ROSARY.

*llatai, eg. ll.-eion. negesydd serch. LOVE MESSENGER.

*llateiaeth, eb. neges serch. LOVE MESSAGE.

*llateies, eb. ll.-au. negesydd serch. FEMALE LOVE MESSENGER.

*llateirwydd, eg. gweler llateiaeth.

*llatwn, eg. efydd, pres. BRASS.

llath[1], *eg. ll.*-au : **llathen,** *eb. ll.*-ni. tair troedfedd. YARD.

llath[2], *eb. ll.*-au. ffon, ysbêr, gwaywffon, coeden. ROD, WAND, SPEAR, TREE.

llathaid, *eb. ll.*-eidiau. ⎫ hyd llath.
llathenaid, *eb. ll.*-eneidiau. ⎭ YARD'S LENGTH.

llathennu, *be.* mesur wrth y llathen. TO MEASURE IN YARDS.

***llathlud,** *eg. ll.*-ion. dygiad trwy drais. ABDUCTION.

***llathludo,** *be.* dwyn trwy drais, hudo trwy dwyll. TO ABDUCT, TO SEDUCE.

llathr, *a.* 1. disglair, gloyw, claer. BRIGHT.
2. llyfn. SMOOTH.

llathraidd, *a.* llyfn, wedi tyfu'n dda, llathr. SMOOTH, OF FINE GROWTH, BRIGHT.

***llathrawd,** *a.* disglair, llathr. BRIGHT.

llathredig, *a.* disglair, caboledig. BRIGHT, POLISHED.

llathru, *be.* 1. gloywi, disgleirio, pelydru. TO SHINE.
2. caboli. TO POLISH.

***llathrudd,** *eg.* ⎫
***llathruddiaeth,** *eb.* ⎬ trais. RAPE.
***llathruddo,** *be.* treisio. TO RAPE. ⎭

llathrwr, *eg. ll.*-wyr. cabolwr. POLISHER.

llathrwyn, *a.* disgleirwyn. SNOW-WHITE.

llathrydd, *eg. ll.*-ion. llathrwr, cabolwr. POLISHER

llau, *ell.* (*un. b.* lleuen). pryfed sy'n byw ar anifeiliaid a phobl. LICE.
Llau defaid. KEDS.

llaw, *eb. ll.* dwylo, dwylaw. y rhan isaf o'r fraich. HAND.
Maes o law. PRESENTLY.
Yn dipyn o law. QUITE A FAVOURITE (LAD).
Gerllaw. NEAR.
Law yn llaw. HAND IN HAND.
Curo dwylo. TO CLAP HANDS.
Rhag llaw. HENCEFORTH.

***llaw,** *a.* truenus, trist, bychan, isel. WRETCHED, SAD, SMALL, MEAN.

***llawagor,** ⎫ *a.* hael, caredig.
llawagored, ⎭ GENEROUS.

llawaidd, *a.* defnyddiol. HANDY.

llawcio, *be.* traflyncu. TO GULP, TO GOBBLE.

llawciwr, *eg. ll.*-wyr. traflyncwr. GULPER, GOBBLER.

***llawch,** *eg.* nodded, mwyth. PROTECTION, CARESS.

***llawchaidd,** *a.* cynffonnog. FAWNING.

llawchwithedd, *eg.* y cyflwr o ddefnyddio'r llaw chwith yn lle'r llaw dde. LEFTHANDEDNESS.

llawd, *eg.* gwres, angerdd. HEAT (OF SOW).

llawdio, *be.* gofyn baedd. TO DESIRE A BOAR (OF SOW).

***llawdr,** *eg. ll.* llodrau. trowsus. TROUSERS.

llawdryfer, *eb. ll.*-au. tryfer llaw. TRIDENT.

***llawdd,** *eg.* moliant, clod. PRAISE.

***llawddadwy,** *a.* canmoladwy. PRAISEWORTHY.

llawdde, *a.* medrus, cyfarwydd, dechau, dethau, deheuig, hyfedr, celfydd. SKILFUL, DEXTEROUS.

llawddeheuedd, *eg.* y defnydd o'r llaw ddehau. RIGHTHANDEDNESS.

llawddewin, *eg. ll.*-iaid. un sy'n darllen ffawd yn y llaw. PALMIST.

llawddewiniaeth, *eb.* celfyddyd llawddewin. PALMISTRY.

llawddryll, *eg. ll.*-iau. dryll a ddefnyddir yn y llaw. PISTOL, REVOLVER.

***llawedrog,** *a.* yfflon. SHATTERED.

llawen, *a.* llon, siriol. CHEERFUL, MERRY, GLAD.

llawen-chwedl, *egb.* newyddion da. GLAD TIDINGS.

***llawenedigaeth,** *eb. ll.*-au. llawenydd. JOY.

llawenhau : llawenychu, *be.* llonni, gorfoleddu, ymlawenhau. TO REJOICE, TO GLADDEN.

llawenu, *be.* llawenhau. TO REJOICE.

llawenychu, *be.* gweler *llawenhau*.

llawenydd, *eg.* gorfoledd, llonder, lloniant. JOY, GLADNESS, REJOICING.

llawer, *a.* ac *eg. ll.*-oedd. aml, lluosog, nifer. MANY, MUCH.
Llawer iawn. GREAT MANY.
Llawer gwaith. OFTEN.

llawes, *eb. ll.* llewys. y rhan o ddilledyn sydd am y fraich. SLEEVE.
Llawes goch. VAGINA (VET.).

***llawesog,** *a.* â llawes. SLEEVED.

llawethan, *eb.* llysywen. EEL.

***llawethair,** ⎫ *eb.* llyffethair. FETTER.
***llawethr,** ⎭

llawfaeth, *a.* a fwydir neu a fegir â'r llaw, llywaeth, swci. REARED BY HAND.

llawfeddyg, *eg. ll.*-on. meddyg clwyfau, etc. SURGEON.

llawfeddygaeth, *eb.* celfyddyd llawfeddyg. SURGERY.

llawfeddygol, *a.* yn perthyn i lawfeddyg(aeth). SURGICAL.

llawfer, *eb.* ffordd fer a chyflym o ysgrifennu. SHORTHAND.

llawforwyn, *eb. ll.*-ion, -forynion. morwyn. HAND-MAID.

*llawfron, *eb.* mynwes; dewrder. BOSOM ; BRAVERY.

*llawfrydedd, *eg.* pruddglwyf, tristwch. MELANCHOLY, SADNESS.

*llawffer, *a.* â llaw gref. OF STRONG HAND.

llawffon, *eb. ll.*-ffyn. ffon, pastwn. WALKING-STICK, CUDGEL.

llawgaead, *a.* cynnil, an-hael. STINGY, MEAN.

*llawgair, *eg.* llw. OATH.

*llawgar, *a.* hael. LIBERAL.

*llawgist, *eb. ll.*-iau. cist law. HAND-CHEST, CABINET.

llaw(h)ir, *a.* hir ei law ; hael. LONG-HANDED ; GENEROUS.

llawio, *be.* trin, trafod. TO HANDLE.

llawiog, *a.* defnyddiol. HANDY.

llawlif, *eb. ll.*-iau. offeryn a ddefnyddir i lifio â'r llaw. HAND-SAW.

llawlyfr, *eg. ll.*-au. llyfr bychan. HAND-BOOK, MANUAL.

llawlyw, *eg.* hegl gam aradr. A PLOUGH-TAIL.

llawn, 1. *a. ll.*-ion. cyflawn, i'r ymyl, hollol, eithaf, hen. FULL, FULLY.
　　2. *adf.* digon. ENOUGH, QUITE.

*llawnaeth, *eb.* llawnder. ABUNDANCE.

llawnder : llawndra, *eg.* cyflawnder, gwala, digonedd, helaethrwydd, amlder. ABUNDANCE, FULLNESS.

*llawnfryd, *eg.* ⎱ penderfyniad.
*llawnfwriad, *eg.* ⎰ RESOLUTION.

*llawnfwriadu, *be.* penderfynu. TO DETERMINE.

llawnfyd, *eg.* llawnder, digonedd. ABUNDANCE.

llawnlleuad, *eb.* lleuad lawn. FULL MOON.

llawnllonaid, *a.* ac *eg.* llawn ; lleuad lawn. FULL ; FULL MOON.

llawnodi, *be.* llofnodi, torri enw, arwyddo. TO SIGN.

llawnodiad, *eg. ll.*-au. llofnodiad. SIGNATURE.

llawr, *eg. ll.* lloriau. daear, sylfaen, sail, gwaelod. FLOOR, GROUND, EARTH.
　　Ar lawr. ON THE GROUND.
　　I lawr. DOWN.

*llawr, 1. *a.* isel, addfwyn, unig. LOWLY, MEEK, ALONE.
　　2. *eg.* un yn ymladd ar ei ben ei hun, ceimiad, campwr. LONE FIGHTER, CHAMPION.

llawrodd, *eb. ll.*-ion. anrheg. GIFT.

*llawrudd, *eg.* gweler *llofrudd.*

*llawruddiaeth, *eb.* llofruddiaeth. MURDER.

llawrwydd, *ell.* (*un. b.*-en). coed llawryf. LAURELS.

llawryf, *eg. ll.*-oedd. planhigyn bythwyrdd ac iddo ddail disglair a ddefnyddid gynt i wneud torchau. LAUREL.

llawryfog, ⎱ *a.* yn perthyn i lawryf.
llawryfol, ⎰ LAUREATE.

llawysgrif, *eb. ll.*-au. llyfr, etc. wedi ei ysgrifennu â'r llaw. MANUSCRIPT.

llawysgrifen, *eb.* ysgrifen o waith llaw. HANDWRITING.

lle, 1. *eg. ll.*-oedd, llefydd. sefyllfa, llecyn, man, mangre. PLACE, ROOM.
　　Yn lle. INSTEAD OF.
　　2. *adf.* yn y man. WHERE.

*lle, *a.* trist, trwm. SAD, HEAVY.

*llead, *eg.* 1. darlleniad. READING.
　　2. lleoliad. LOCATION.

*lleas, *eg.* angau, lladdfa. DEATH, SLAUGHTER.

*lleasu, *be.* lladd. TO SLAY.

*lleawdr, *eg. ll.*-odron. ⎱ darllenydd.
*lleawr, *eg. ll.*-orion. ⎰ READER.

lleban, *eg. ll.*-od. ffŵl ffair, digrifwas, llabwst, llaprwth. CLOWN, LOUT.

llebanaidd, *a.* fel lleban. CLOWNISH.

llecyn, *eg. ll.*-nau. man, lle. SPOT, PLACE.

llech, 1. *eb. ll.*-i, -au. defnydd toi. SLATE.
　　2. *eb. ll.*-au. clefyd sy'n effeithio ar esgyrn plant. RICKETS.

*llech, *eb.* lloches, llechfa. COVERT.

llecheira, *eg.* llosg eira, malaith. CHILBLAINS.

llechfa, *eb. ll.*-fâu, -feydd, -on. llechfan, cuddfan, ffau. COVERT, LAIR.

llechfaen, *eb.* gradell, maen i grasu. BAKESTONE.

llechfan, *eb. ll.*-nau. llechfa. COVERT.

llechfeddiannu, *be.* meddiannu'n llechwraidd. TO ENCROACH.

llechfeddiant, *eg. ll.*-nnau. meddiant llechwraidd. ENCROACHMENT.

llechgi, *eg. ll.* llechgwn. celgi, bawddyn, rhywun llechwraidd, cynllwyngi. SNEAK.

llechian, *be.* llechu. TO SKULK.

llechres, *eb. ll.*-i. rhestr, catalog, cofrestr. LIST, CATALOGUE.

llechu, *be.* cysgodi, ymguddio, llercian, ystelcian, cynllwyno. TO LURK, TO SHELTER, TO HIDE.

llechwedd, *eg. ll.*-au, -i. llethr, goleddf ; cern. SLOPE ; SIDE OF HEAD.

llechweddu, *be.* gwyro. TO SLOPE.

llechwr, *eg. ll.*-wyr. un sy'n llechu. SKULKER, LURKER.

llechwraidd : llechwrus, *a.* fel llechgi, lladradaidd, dirgel. STEALTHY, SNEAKING, SLY.

lled, 1. *eg. ll.*-au. y mesur ar draws. BREADTH, WIDTH.

Lled y pen. WIDE OPEN.

Ar led. ABROAD.

2. *adf.* gweddol, go, o ran, yn rhannol, braidd, hytrach. RATHER, ALMOST, PARTLY.

Yn lled dda. FAIRLY WELL.

*lled, 1. *a.* lletach. WIDER, BROADER.

2. *eg.* angau. DEATH.

lledach, *eb. ll.*-au. un o ach gymysg. ONE OF IGNOBLE DESCENT.

lledaenu, *be.* taenu, lledu, gwasgaru, cyhoeddi. TO SPREAD, TO CIRCULATE.

*lledafwyno, *be.* afwyno. TO REIN.

*lledan, *a.* llydan. WIDE, BROAD.

lledcawdd, *eg.* gweler *lletgawdd.*

*lledcynt, *eg.* gweler *lletgynt.*

*lledchwelan, *a.* crwn, sfferaidd, lledgrwn. ROUND, SPHERICAL.

*lledechwyrth, *a.* gwag, di-fudd, ffôl. VAIN, FOOLISH.

lleden, *eb. ll.*-od. rhywbeth gwastad ; pysgodyn fflat. ANYTHING FLAT ; PLAICE.

*lledewigwst, *eb.* clefyd a'r gwythiennau yn gwaedu, clefyd y marchogion. PILES, HÆMORRHOIDS.

*lledfegin, } *eg. ll.*-au. anifail (dof),
*lledfegyn, } anifail gwyllt wedi ei ddofi, mwngrel. ANIMAL, ANY TAMED WILD CREATURE, MONGREL.

*lledfen, 1. *a.* gwastad, fflat. FLAT.

2. *eb.* carreg wastad, llech. FLAT STONE.

lledferwi, *be.* hanner berwi, sgaldanu. TO PARBOIL, TO SCALD.

*lledfrith, *eg.* hud, swyngyfaredd. MAGIC, PHANTASY.

*lledfron, *eb. ll.*-nydd. llechwedd. SLOPE.

*lledfryd, *a.* digalon, difywyd, ffôl. DEPRESSED, FOOLISH.

*lledffol, *a.* gweler *lletffol.*

lledfyw, *a.* hanner byw, hanner marw. ALMOST DEAD, HALF DEAD.

*lledgynt, *a.* gweler *lletgynt.*

lledi aith, *eb.* acen estronol, iaith lwgr. 'ACCENT,' CORRUPT SPEECH, PROVINCIALISM.

lledieithog, *a.* â llediaith. SPEAKING WITH AN 'ACCENT.'

lledled, *eg.* ar hyd a lled. THROUGHOUT.

lledlw, *eg. ll.*-on. hanner llw. VAIN OATH.

lledlwm, *a.* carpiog. TATTERED.

llednais, *a.* mwyn, bonheddig, gwylaidd, gweddaidd, diymffrost, diymhongar. MODEST, MEEK, GENTLE.

*llednant, *eb.* afon yn llifo i afon fawr. TRIBUTARY.

lledneisrwydd, *eg.* gwyleidd-dra, mwynder, boneddigeiddrwydd. MODESTY, MEEKNESS, GENTLENESS.

lledol, *eg.* rhan ôl. REAR.

lled-orwedd, *be.* gorweddian, segura, sefyllian, diogi. TO LOLL, TO LOUNGE.

lledr, *eg. ll.*-au. croen anifail wedi ei drin, defnydd esgidiau, etc. LEATHER.

Lledr y gwefusau. GUMS.

*lledrad, *eg.* gweler *lladrad.*

lledred, *eg. ll.*-ion. lled, pellter i'r gogledd neu i'r de o'r cyhydedd. BREADTH, LATITUDE.

*lledrin, *a.* o ledr. OF LEATHER.

lledrith, *eg.* hud, swyngyfaredd, dewiniaeth, rhith, twyll. MAGIC, ILLUSION, APPARITION.

Hud a lledrith. MAGIC AND FANTASY.

lledrithio, *be.* ymddangos, cyniwair, mynychu. TO APPEAR, TO HAUNT.

lledrithiog, *a.* hudol. MAGICAL.

lledrithiol, *a.* rhithiol. ILLUSORY.

lledrwr, *eg. ll.*-wyr. gwneuthurwr, neu farsiandïwr lledr. LEATHER MANUFACTURER, LEATHER MERCHANT.

lledryn, *eg.* peth a wnaed o ledr. SOMETHING MADE FROM LEATHER.

*lledryth, *eg.* gweler *lledrith.*

lledryw, 1. *a.* dirywiedig. DEGENERATE.

2. *eg.* ach gymysg. BASENESS OF BIRTH.

lledu, *be.* gwneud yn lletach, llydanu, ehangu, helaethu, ymagor, datblygu. TO EXPAND, TO WIDEN, TO OPEN, TO SPREAD.

*lledw, 1. *eg.* digonedd, llawnder. ABUNDANCE.

2. *a.* llwyddiannus, cyfoethog. SUCCESSFUL, RICH.

*lledwad, *eb.* gweler *lletwad.*

*lledwg, *eg.* anfodd. DISPLEASURE.

*lledwydd, *e. torf.* (*un. b.*-en). coed diffrwyth. UNFRUITFUL TREES.

lledwyr (wŷr), *a.* cam, wedi ei blygu ychydig, ar oleddf. CROOKED, OBLIQUE.

lledwyro, *be.* gwyro ychydig, goleddu. TO INCLINE.

lledymyl, *eb. ll.*-au, -on. ymyl, ochr. MARGIN.

*lledd, *eg.* gwaed, craith. BLOOD, SCAR.

lleddf, *a.* 1. cwynfannus, dolefus, pruddglwyfus. PLAINTIVE.

Y cywair lleddf. THE MINOR KEY.

2. ufudd, gostyngedig. HUMBLE.

3. llyfn ; ar osgo, cam. SMOOTH ; OBLIQUE, CROOKED.

lleddfdra, *eg.* yr ansawdd o fod yn gwynfannus, gostyngeiddrwydd. PLAINTIVENESS, HUMILITY.

lleddfol, *a.* lliniarus. SOOTHING.

lleddfu, *be.* lliniaru, dofi, tawelu, esmwytho. TO SOOTHE, TO EASE, TO ABATE, TO MODERATE.

*lleddfu, *be.* sychgamu, camu. TO WARP, TO BECOME CROOKED.

*lleënog, *a.* llythrennog, dysgedig. LITERATE.

llef, *eb. ll.*-au. dolef, cri, gwaedd, bloedd. CRY.

llefain, *be.* wylo, crio, gweiddi. TO CRY.

*llefair, *a.* siaradus. TALKATIVE.

llefaru, *be.* siarad, parablu, traethu ymadrodd. TO SPEAK, TO UTTER.

llefarwr, *eg. ll.* llefarwyr. un sy'n siarad. SPEAKER.

*llefawr, *a.* swnllyd, croch. NOISY.

llefelyn, *eg.* : llefrithen : llyfrithen, *eb.* ploryn bach tost ar amrant y llygad. STYE (IN EYE).

*llef(e)nau, *ell.* llwynau. LOINS.

*llefertin, *a.* diog. LAZY.

lleferydd, *egb.* parabl, ymadrodd, araith. UTTERANCE, SPEECH.

*llefr, *ab.* (*g.* llyfr). llwfr, ofnus. COWARD, TIMID.

llefrith, *eg.* llaeth. MILK.

llefrithen, *eb.* gweler *llefelyn*.

llegach, ⎱ *a.* gwan, eiddil, musgrell.
*llegus, ⎰ FEEBLE, WEAK, DECREPIT.

lleng, *eb. ll.*-oedd. llu, catrawd o filwyr. LEGION.

  Y Lleng Brydeinig. THE BRITISH LEGION.

llengol, *a.* yn perthyn i leng. LEGION-ARY.

*llehau, *be.* lleoli. TO LOCATE, TO PLACE.

*llei, *adf.* lle, lle y. WHERE.

lleiaf, *a.* gradd eithaf *bychan* (*bach*) ac *ychydig*. SMALLEST.

  O leiaf. AT LEAST.

lleiafrif, *eg. ll.*-au, -oedd. y rhif lleiaf, minimwm. MINORITY, MINIMUM.

lleian, *eb. ll.*-od. mynaches. NUN.

lleianaeth, *eb.* bywyd lleian. THE LIFE OF A NUN.

lleiandy, *eg. ll.* lleiandai. lle y mae lleianod yn byw, cwfaint. CONVENT.

*lleianu, *be.* mynd yn lleian. TO BECOME A NUN.

lleibio, *be.* llyfu. TO LICK, TO LAP.

lleibiol, *a.* yn lleibio. LAPPING.

lleidiog, *a.* brwnt, bawlyd, tomlyd, budr, mwdlyd. MUDDY, MIRY, DIRTY.

lleidr, *eg. ll.* lladron. (*b.* lladrones). ysbeiliwr. ROBBER, THIEF.

  Lleidr pen-ffordd. HIGHWAYMAN.

lleiddiad, *eg. ll.*-iaid. lladdwr. KILLER.

*lleigio, *be.* dianc, ffoi. TO ESCAPE, TO FLEE.

*lleigus, *a.* buan, ebrwydd. SWIFT.

lleihad, *eg.* gostyngiad, disgyniad. DECREASE.

lleihau, *be.* gostwng, prinhau, gwneud neu fynd yn llai, tynnu. TO LESSEN, TO DIMINISH, TO REDUCE, TO SUBTRACT.

lleihaol, *a.* yn lleihau. DECREASING.

lleilai, *adf.* llai a llai. LESS AND LESS.

lleill, *rhag.* gweler *llall*.

lleinasio, *be.* asio yn lleiniau. TO FILLET WELD.

lleiniog, *a.* â lleiniau. FILLETED.

*lleipro, *be.* ysu, bwyta. TO DEVOUR, TO CONSUME.

*lleisiad, *eg. ll.*-iaid. gwas. SERVANT.

lleisio, *be.* seinio, swnio, gwneud trwst, gweiddi, bloeddio, crochlefain. TO SOUND, TO UTTER, TO SHOUT, TO BAWL, TO VOICE.

lleisiol, *a.* yn perthyn i'r llais. VOCAL.

lleisiwr, *eg. ll.* lleiswyr. canwr, llefarwr. VOCALIST.

lleisw, *eg.* piso. URINE.

lleithder : **lleithdra,** *eg.* gwlybaniaeth, meddalwch. MOISTURE, DAMP, SOFTNESS.

lleithedd, *eg.* gwlybaniaeth, lleithder. MOISTURE.

lleithig, *eb. ll.*-au. mainc, glwth, gorsedd. COUCH, THRONE.

lleithion, *ell.* hylifau, gwlybyron. LIQUIDS.

llelo, *eg.* hurtyn, penbwl. BLOCKHEAD.

llem, *ab.* llym, miniog. ACUTE, SHARP, SEVERE.

llemain, 1. *be.* llamu. TO LEAP.

  2. *ell.* llamau. LEAPS.

*llemenig, *eg.* neidiwr. LEAPER.

llemprog, *eb. ll.*-od. llysywen bendoll. LAMPREY.

*llemysten, *eb. ll.*-nod. gweler *llamystaen*.

llen, *eb. ll.*-ni. defnydd o gynfas, etc. i guddio neu i rannu. CURTAIN, VEIL, SHEET.

  Llen iâ. ICE SHEET, ICE-CAP.

llên, *eb.* : **llenyddiaeth,** *eb. ll.*-au. gwaith llenorion a beirdd, etc., dysg. LITERATURE, LORE, LEARNING.

  Llên a lleyg. CLERGY AND LAITY.

  Llên (g)werin. FOLK LORE.

  Gŵr llên. A LEARNED MAN, A MAN OF LETTERS.

llencyn, *eg.* llanc, hogyn, crwt. LAD.

llencyndod, *eg.* adolesens. ADOLESCENCE.

llencynnol, *a.* adolesent. ADOLESCENT.

llengar, *a.* hoff o lên, hyddysg mewn llên. FOND OF LITERATURE, LEARNED.

llengig, *eb.* cyhyryn rhwng y frest a'r bol. DIAPHRAGM.

Torri llengig. TO BE RUPTURED.

llên-ladrad, *eg. ll.*-au. llên a gopïwyd oddi ar awdur arall. PLAGIARISM.

llên-ladrata, *be.* copïo llên rhywun arall. TO PLAGIARIZE.

llenlliain, *eb.ll.*-llieiniau. llen, mantell, SHEET, CLOAK.

llennu, *be.* amgylchu â llen. TO VEIL.

*****llenog,** *a.* hyddysg (mewn llên). WELL--VERSED IN LITERATURE, LEARNED.

llenor, *eg. ll.*-ion. awdur, gŵr llên, etc. LITERARY MAN.

llenora, *be.* llenydda. TO PRACTISE LITERATURE.

llenorol, *a.* yn perthyn i lên, llenyddol. LITERARY.

llenoryn, *eg.* llenor dibwys. LITERATOR.

llenwad, *eg.* llanw. FILLING.

llenwi, *be.* llanw, gwneud yn llawn. TO FILL.

llenydda, *be.* ymarfer â llên, llenora. TO PRACTISE LITERATURE.

llenyddol, *a.* yn ymwneud â llên. LITERARY.

Cymdeithas Lenyddol. LITERARY (DEBATING) SOCIETY.

*****lleodr,** *eg. ll.*-on. darllenydd. READER.

lleol, *a.* yn perthyn i le, i'w gael mewn un lle yn unig, nid cyffredinol. LOCAL.

lleolbwynt, *eg. ll.*-iau. pwynt lle y tardd rhywbeth. ORIGIN.

lleoli, *be.* sefydlu mewn lle, dod o hyd i'r man iawn, gosod. TO LOCATE, TO LOCALISE, TO PLACE.

lleoliad, *eg.* lle, safle. LOCATION.

*****llepian,** *be.* llyfu, lleibio. TO LICK, TO LAP.

*****ller,** *e. torf.* math o ŷd. ZEA.

llercian, *be.* llechu, ystelcian, ymdroi, sefyllian. TO LURK, TO LOITER.

llerciwr, *eg. ll.*-wyr. ⎱ llechwr.
llercyn, *eg. ll.*-nod. ⎰ LURKER.

llerpyn, *eg. ll.* llarpiau. llarp, cerpyn. SHRED, RAG.

*****llerth,** *eg.* cynddaredd. FRENZY, RAGE.

*****llerw,** *l.a.* iraidd, noddlyd. SUCCULENT.

2. *a.* eiddil, meindwf, tlws. WEAK, SLENDER, PRETTY.

*****llerwchwimp,** *a.* cain ei hystum. SHAPELY.

lles : llesâd, *eg.* budd, elw, daioni, da. BENEFIT, ADVANTAGE, GOOD.

llesaol, *a.* buddiol, llesol. BENEFICIAL.

llesáu, *be.* elwa, gwneud lles. TO BENEFIT, TO PROFIT, TO AVAIL.

llesg, *a.* gwan, eiddil, gwanllyd, egwan, llegach, nychlyd. FEEBLE, WEAK, FAINT, SLOW.

llesgáu, *be.* gwanhau, gwanychu, nychu, dihoeni. TO LANGUISH, TO WEAKEN.

llesgedd, *eg.* 1. diogi. INDOLENCE. 2. gwendid, eiddilwch, nychdod. WEAKNESS, FEEBLENESS, DEBILITY.

*****llesgeiddio,** *be.* llesgáu. TO LANGUISH.

*****llesgethan,** *a.* gwan, llesg. WEAK.

*****llesgu,** *be.* llesgáu. TO BECOME FEEBLE.

*****llesiant,** *eg. ll.*-iannau. lles. BENEFIT, WELFARE.

llesio, *be.* elwa. TO BENEFIT, TO AVAIL.

llesmair, *eg. ll.* llesmeiriau. llewyg, cyflwr anymwybodol. FAINT, SWOON, SYNCOPE.

llesmeirio, *be.* diffygio, llewygu, cael llewyg. TO FAINT.

llesmeiriol, *a.* llewygol ; hudol. FAINTING ; ENCHANTING.

llesol, *a.* buddiol, da, o les, daionus. BENEFICIAL, PROFITABLE, ADVANTAGEOUS.

llestair, *eg. ll.*-eiriau. rhwystr, ataliad. OBSTRUCTION, HINDRANCE.

llesteiriant, *eg.* rhwystr. FRUSTRATION.

llesteirio, *be.* rhwystro, atal, lluddias. TO HINDER, TO OBSTRUCT, TO FRUSTRATE.

llesteiriwr, *eg. ll.*-wyr. rhwystrwr. HINDERER.

llestr, *eg. ll.*-i. dysgl ; llong. VESSEL.

llestru, *be.* gosod mewn llestr. TO PUT IN A VESSEL.

llesu, *be.* elwa, gwella. TO PROFIT, TO IMPROVE, TO GET WELL.

*****lletbai,** *a.* lletchwith, trwstan, ar ogwydd, cam. AWKWARD, AWRY, OBLIQUE.

*****lletbeio,** *be.* gogwyddo, goleddu. TO SLANT, TO SLOPE.

lletben, *eg. ll.*-nau. cern, ochr pen. CHEEK.

lletchwith, *a.* trwsgl, llibin, trwstan, afrosgo, anfedrus, anghyfleus. AWKWARD, CLUMSY.

lletem, *eb. ll.*-au. gaing. WEDGE.

*****lletem,** *eb. ll.*-au. plât dur rhyfelwisg. ARMOUR PLATE.

lletemu, *be.* sicrhau â lletem. TO WEDGE.

*****lletenia,** *eb.* litani. LITANY.

*****lleteugar,** *a.* lletygar. HOSPITABLE.

lletffer, *a.* hanner gwyllt, creulon. HALF SAVAGE, CRUEL.

*****lletffol,** *a.* ynfyd, ffôl. SILLY, STUPID.

lletgam, 1. *a.* cam. CROOKED.

    2. *eg.* cam i'r ochr. SIDE-STEP.

*****lletgawdd,** *eg.* digofaint. WRATH.

*****lletgynt,** *eg.* tristwch, poen. SADNESS, PAIN.

lletollt, *a.* tyllog. FULL OF HOLES.

*****lletpen,** *eg.* cern, boch, ochr, pen. CHEEK, SIDE OF THE HEAD.

lletraws, *a.* o gornel i gornel. DIAGONAL. Ar letraws. OBLIQUELY.

*****lletring,** *eb. ll.*-au. gris, ffon (ysgol). STEP, RUNG.

lletro, *eg.* hanner tro. HALF TURN.

lletwad, *eb. ll.*-au. llwy bren ddofn. LADLE.

*****lletwym,** *a.* claear, llugoer. LUKEWARM.

llety, *eg. ll.*-au. lle i aros neu letya. LODGING, INN.

lletya, *be.* aros dros dro, byw yn nhŷ rhywun arall. TO LODGE.

lletyaeth, *eb.* llety. LODGING.

lletyb, *eg. ll.*-iau. amheuaeth. DOUBT.

lletygar, *a.* croesawus. HOSPITABLE.

lletygarwch, *eg.* croeso. HOSPITALITY.

*****lletyo,** ⎱ *be.* gweler *lletya.*
*****lletyu,** ⎰

lletywr, *eg. ll.* lletywr. (*b.* lletywraig). un sy'n lletya, un sy'n rhoi llety. LODGER, HOST.

*****lleth,** *a.* gwan, eiddil. FEEBLE.

llethen, *eb. ll.*-nau. afrlladen. WAFER.

llethol, *a.* gorthrymus, gwasgedig, gormesol. OPPRESSIVE, OVERWHELMING.

llethr, *eb. ll.*-au, -i. ⎱ goleddf,
llethrfa, *eb. ll.*-fâu, -feydd. ⎰ dibyn, clogwyn. SLOPE, STEEP.

*****llethrid,** 1. *eg. ll.*-ion. gloywder. BRIGHTNESS.

    2. *a.* gloyw, enwog. BRIGHT, FAMOUS.

*****llethridio,** *be.* gloywi. TO GLEAM.

llethrog, *a.* yn gogwyddo, serth, clogwynog. SLOPING, STEEP.

llethu, *be.* gorthrymu, gwasgu, trechu, mygu. TO OPPRESS, TO OVERPOWER, TO SMOTHER.

*****lleu,** 1. *a.* golau. LIGHT.

    2. *eg.* goleuni. LIGHT.

*****llëu,** *be.* darllen. TO READ.

lleuad, *eb. ll.*-au. lloer. MOON. Lleuad lawn. FULL MOON. Lleuad fedi. HARVEST MOON.

lleuadol, *a.* yn perthyn i'r lleuad. LUNAR.

*****lleuedig,** *a.* â llawer o lau. LOUSY.

lleuen, *eb.* gweler *llau.*

*****lleudir,** *eg. ll.*-oedd. tir agored, tir heb goed. OPEN LAND.

*****lleuer,** *eg. ll.*-au. gweler *lleufer.*

*****lleueru,** *be.* disgleirio. TO SHINE.

lleufer, *eg.* goleuni; goleuad. LIGHT; LUMINARY.

*****lleuferu,** *be.* gweler *lleueru.*

lleuog, ⎱ *a.* â llawer o lau, yn
lleuoglyd, ⎰ heigio o lau. LOUSY.

lleurith, *eg.* peth dychmygol, rhithlun. MIRAGE.

*****lleutir,** *eg.* gweler *lleudir.*

llew, *eg. ll.*-od. (*b.*-es). anifail mawr ffyrnig o'r un teulu â'r gath. LION.

llewa, *be.* bwyta, bwyta'n wancus, yfed. TO DEVOUR, TO DRINK, TO GULP.

*****llewenydd,** *eg.* gweler *llawenydd.*

*****llewin,** *eg.* gorllewin. WEST.

llewndid, *eg.* llawnder, digonedd. FULLNESS, ABUNDANCE.

*****llewni,** *be.* llanw. TO FILL.

llewpart, *eg. ll.* llewpardiaid. anifail gwyllt ffyrnig o liw melyn ac arno smotau tywyll. LEOPARD.

*****llëwr,** *eg. ll.*-wyr. darllenydd. READER.

llewych, *eg.* gweler *llewyrch.*

llewychiant, *eg.* disgleirdeb. LUMINOSITY.

llewychol, *a.* disglair, yn llewyrchu. LUMINOUS.

llewychu, *be.* llewyrchu. TO SHINE.

llewyg, *eg. ll.*-on. ⎱ gwen-
llewygfa, *eb. ll.*-fâu, -on, -feydd. ⎰ did, llesmair, perlewyg. FAINT, SWOON.

llewygu, *be.* diffygio, llesmeirio. TO FAINT.

*****llewyn,** *all.* disglair, gwych, llawen. BRILLIANT, FINE, JOYOUS.

*****llewynawg,** *eg.* llwynog. FOX.

*****llewyr,** *all.* llawer. MANY.

llewyrch : llewych, *eg.* 1. disgleirdeb, pelydryn. LIGHT, GLEAM, BRIGHTNESS, LUSTRE.

    2. llwyddiant, ffyniant. PROSPERITY.

llewyrchu, *be.* disgleirio, tywynnu, pelydru. TO SHINE.

llewyrchus, *a.* llwyddiannus, yn tycio, yn ffynnu, disglair. PROSPEROUS, BRIGHT.

*****llewyrn,** *eg.* 1. llwynog. FOX.

    2. seren wib. METEOR.

Tân llewyrn. WILL OF THE WISP, PHOSPHORESCENCE.

lleyg : llyg, *a.* ac *eg. ll.*-ion. heb fod yn glerigwr, lleygwr. LAY, LAYMAN.

lliain, *eg. ll.* llieiniau. brethyn, tywel. CLOTH, TOWEL, NAPKIN. Lliain bord (bwrdd). TABLE-CLOTH. Lliain sychu : tywel. TOWEL.

*****lliant,** *eg.* llif, llanw môr. FLOOD, SEA.

*****lliasu,** *be.* lladd. TO KILL.

*lliaswr, *eg. ll.*-wyr. lladdwr. KILLER.

lliaws, *eg.* tyrfa, torf, llu. MULTITUDE, HOST.

llibin, *a.* 1. gwan, eiddil. FEEBLE.
　2. trwsgl, anfedrus, lletchwith. CLUMSY.
　3. llipa. LIMP, DROOPING.

*llibin(i)o, *be.* llesgáu. TO FAINT.

*llibyn, *eg.* eiddilyn. WEAKLING.

llid, 1. *eg.* digofaint, soriant, dicter ; enyniad. WRATH ; INFLAMMATION.
　Llid yr ysgyfaint. INFLAMMATION.
　Llid llafniog. LAMINITIS.
　Llid yr arennau. NEPHRITIS.
　Llid y ffedog. PERITONITIS.
　Llid y coluddyn. PROCTITIS.
　Llid yr afu. HEPATITIS.
　Llid falfiau'r galon. ENDOCARDITIS.
　Llid y bledren. CYSTITIS.
　Llid y bronci. BRONCHITIS.
　Llid y coluddion. COLITIS.
　Llid y glust. OTITIS.
　Llid yr isgroen. CELLULITIS.
　Llid yr ymennydd. ENCEPHALITIS.
　Llid y famog. ENDOMETRITIS.
　Llid y llwnc. PHARYNGITIS.
　Llid y gwythiennau. PHLEBITIS.
　Llid y genau. STOMATITIS.
　Llid y rhedwelïau. ARTERITIS.
　2. *eg. ll.*-au. nwyd, traserch. PASSION.

*llid, *eg. ll.*-au. gwledd. FEAST.

*llidfrwydr, *eg.* milwr chwyrn. SWIFT SOLDIER.

llidiart, *egb. ll.* llidiardau. clwyd, iet, porth, gât. GATE.

llidio, *be.* digio, sorri, colli tymer, mynd yn llidus. TO BECOME ANGRY, TO INFLAME.

llidiog, *a.* dig, llidus. ANGRY, INFLAMED.

llidiowgrwydd, *eg.* llid. WRATH.

llidus, *a.* llidiog. INFLAMED.

llieingant, *eg.* baner liain. LINEN BANNER.

*llieinrwd, *eg.* lint. LINT.

llif : **lli**, *eg. ll.* llifogydd : **llifeiriant**, *eg. ll.* llifeiriaint. dilyw, llanw, cenllif. FLOOD, DELUGE, CURRENT.

llif, *eb. ll.*-iau. offeryn llifio. SAW.
　Blawd llif. SAWDUST.

*llifaid, *a.* hogedig, miniog. WHETTED, SHARPENED.

llifanu : **llifo**, *be.* hogi, minio, awch-lymu. TO GRIND.

llifbridd, *eg.* pridd a gludir gan ddŵr, dolbridd. ALLUVIUM.

llifddor, *eb.ll.*-au. drws sy'n rheoli llif, fflodiat. FLOOD-GATE, LOCK.

llifddur, *eb.ll.*-au. rhathell. FILE, RASP.

llifddwfr, *eg. ll.*-ddyfroedd. llifeiriant. FLOOD.

*llifed, *a.* hogedig. GROUND.

*llifedigaeth, *eb.* llifo. GRINDING.

llifeiriant, *eg.* gweler *llif*.

llifeirio, *be.* gweler *llifo*.

llifeiriog,　⎫ *a.* yn llifeirio. FLOWING,
llifeiriol,　⎰ OVERFLOWING.

llifglawdd, *eg. ll.*-gloddiau. clawdd i atal gorlif. LEVEE.

llifiad, *eg.* y weithred o lifio. SAWING.

*llifiant, *eg.* 1. llif. FLOW.
　2. darfodedigaeth. CONSUMPTION.

llifio : **llifo**, *be.* torri coed neu fetel, etc. â llif. TO SAW.

llifiwr, *eg. ll.*-wyr. un sy'n llifio. SAWYER.

llifo[1] : **llifeirio**, *be.* gorlifo, rhedeg. TO FLOW.

llifo[2], *be.* 1. gweler *llifanu*.
　2. lliwio. TO DYE.

llifolau, *eg.* golau a ganolbwyntir ar un peth, llif o olau. SPOTLIGHT, FLOOD-LIGHT.

llifwaddod, *eg. ll.*-ion. gwaddod a adewir gan lif. ALLUVIUM.

llifwaddodol, *a.* yn ymwneud â llif-waddod. ALLUVIAL.

llifwr, *eg. ll.*-wyr. lliwiwr. DYER.

llifwydd, *ell.* planciau, estyll. PLANKS, BOARDS.

llignaidd, *a.* yn ymwneud â phren. LIGNEOUS.

llignin, *eg.* defnydd persawrus a geir o bren. LIGNIN.

lligneiddio, *be.* trin â llignin. TO LIGNIFY.

*llillen, *eb.* gafr ifanc. YOUNG GOAT.

*llimp, *a.* llyfndew, graenus, llyfn. SLEEK, SMOOTH.

*llimpro, *be.* llymeitian. TO SIP.

*llimpryn, *eg.* bwyd llwy. SPOON-MEAT.

llin, *eg.* 1. planhigyn y gwneir lliain ohono. FLAX.
　Had llin. LINSEED.
　2. llinach, hil. LINEAGE.
　3. llinell, rheng. LINE, RANK.
　4. rhediad. FLOW.

*llinad, *ell.* had llin. LINSEED.

llinach, *eb.* hil, ach, bonedd, tras. LINEAGE, PEDIGREE.

*llinagr, *a.* claear. LUKEWARM.

llinaidd, *a.* fel llin. FLAXEN.

llindag, *eg. ll.*-au. magl, y weithred o lindagu. SNARE, STRANGLING.

llindagu, *be.* tagu, mygu, mogi, maglu. TO STRANGLE, TO SNARE.

llindys, *e. torf.* lindys. CATERPILLARS.

llinell, *eb. ll.*-au. rhes, marc hir cul. echel. LINE, AXIS.
Llinell ddimensiwn. DIMENSION LINE.
Llinell ddiflannol. VANISHING LINE.
Llinellau atchwel. REGRESSION LINES.
Llinell ystlys. TOUCH LINE.
llinelliad, *eg.* y weithred o linellu. LINEATION, DRAWING.
llinellog, *a.* â llinellau. LINED.
llinellol, *a.* yn ymwneud â llinell LINEAR.
llinellu, *be.* tynnu llinell(au). TO LINE, TO DRAW.
llinellwr, *eg. ll.*-wyr. swyddog y llinell ystlys (mewn gêm). LINESMAN.
***llines,** *eb.* llinach. LINEAGE.
llinfap, *eg. ll.*-iau. map yn cynnwys y prif bwyntiau. SKETCH MAP.
llinglwm, *eg.* gweler *llyn-glwm.*
llinhad, *e. torf.* gweler *llinad.*
lliniarol, *a.* lliniarus. SOOTHING, PALLIATIVE.
lliniaru, *be.* esmwytho, lleddfu. TO SOOTHE, TO ALLAY, TO EASE.
lliniarus, *a.* esmwythaol. SOOTHING, ALLEVIATING.
lliniarydd, *eg.* meddyginiaeth liniarol, anodîn. PALLIATIVE, ANODYNE.
***lliniawdr,** } *eg. ll.*-iodron. offeryn
***lliniodr,** } tynnu llinell, ffon fesur, riwl. RULER.
llinon, *eb.* gwaywffon, onnen. SPEAR, ASH.
llinor(yn), *eg.* ploryn. PIMPLE, PUSTULE.
llinorog, *a.* â llinor. PURULENT.
llinos, *eb.* aderyn bach cerddgar o deulu'r pinc (asgell fraith). LINNET.
Llinos werdd. GREENFINCH.
Llinos felen. YELLOW HAMMER.
llinwydd, *ell.* ynn. ASH TREES.
llinyn, *eg. ll.*-nau. incil, darn hir cul o liain, tant. TAPE, STRING.
llinynnog, *a.* â llinynnau, fel llinynnau. STRINGED, STRINGY.
llinynnol, *a.* â llinynnau. STRINGED.
llinynnu, *be.* gosod ar linyn. TO STRING.
***llinys,** *eg.* llinach. LINEAGE.
***llios,** *eg.* lliaws, torf. HOST.
llipa, *a.* masw, ystwyth, hyblyg, gwan, di-hwyl. LIMP, FLACCID, WEAK.
llipryn, *eg. ll.*-nod. creadur masw, rhywun llipa. HOBBLEDEHOY, WEAKLING.
lliprynnaidd, *a.* llipa. LIMP.
llith¹, *eb. ll.*-iau, -oedd gwers, darlleniad, ysgrif. LESSON, ARTICLE (*lit.*).

llith², *eg. ll.*-iau. 1. bwyd cymysg i anifeiliaid. MASH.
2. abwyd. BAIT.
***llithfrain,** *a.* yn porthi brain. FEEDING CROWS.
llithiad, *eg. ll.*-au. deniad. ENTICEMENT, SEDUCTION.
llithio, *be.* 1. annos. TO SET ON.
2. bwydo. TO FEED.
3. denu, hudo. TO ENTICE.
llithiwr, *eg. ll.*-wyr. hudwr, twyllwr. ENTICER, SEDUCER.
llithr, 1. *eg. ll.*-au. llithrad. GLIDE, SLIP.
2. *a.* rhedegog. RUNNING.
***llithredig,** } *a.* llithrig. SLIPPERY.
***llithredog,** }
llithr(i)ad, *eg. ll.*-au. symudiad esmwyth, camgymeriad. GLIDE, SLIP.
llithrig, *a.* diafael, di-ddal, llyfn, yn symud yn esmwyth; rhugl. SLIPPERY ; FLUENT.
llithrigfa, *eb. ll.*-feydd. lle llithrig. SLIPPERY PLACE.
llithro, *be.* dianc, colli gafael â'r traed, camgymryd. TO SLIP.
llithrigrwydd, *eg.* yr ansawdd o fod yn llithrig neu'n rhugl. SLIPPERINESS, FLUENCY.
llithrwadn, *eg. ll.*-au. offeryn llithro. SKATE.
lliw, *eg. ll.*-iau. 1. ffurf, pryd. FORM, COUNTENANCE.
2. gwawr, gwedd. COLOUR.
Lliw dydd. BY DAY.
Lliw nos. BY NIGHT.
***lliw,** 1. *eg. ll.*-iau. ymddangosiad, gwedd. APPEARANCE. 2. *a.* amlwg, cyhoedd(us). EVIDENT, PUBLIC.
lliwdeg, *a.* wedi ei liwio'n llachar. BRIGHTLY COLOURED.
***lliwed,** *eg. ll.*-awr. torf, llu, cenedl. HOST, NATION.
lliwgar, *a.* â lliw da, teg, lliwus. OF GOOD COLOUR, COLOURFUL, FAIR.
lliwiad, *eg.* lliw. COLOURING.
***lliwiant,** *eg.* cerydd. REPROACH.
lliwied, *be.* ceryddu, edliw. TO REPROACH.
lliwiedig, *a.* â lliw. COLOURED.
lliwio, 1. *be.* peintio, newid gwedd. TO COLOUR.
2. *be.* ceryddu, edliw. TO REPROACH.
lliwiog, *a.* â lliw. COLOURED.
***lliwo,** *be.* edliw. TO REPROACH.
lliwo, *be.* rhoi lliw, llifo. TO COLOUR, TO DYE.
***lliwold,** *a.* eurlliw. GOLDEN.
lliwur, *eg. ll.*-au. gwlybwr lliwio. DYESTUFF.

lliwus, *a.* teg, hardd, lliwgar. FAIR, COLOURFUL, OF GOOD COLOUR.

lliwydd¹, *eg.* peintiwr. PAINTER.

lliwydd², *eg. ll.*-ion. lliwiwr. DYER, COLOURER.

llo, *eg. ll.* lloi, lloeau. epil y fuwch. CALF.

llob, *eg. ll.*-au. hurtyn. DOLT.

lloc, *eg. ll.*-iau. ffald, pen. FOLD, PEN.

llocio, *be.* dodi mewn lloc. TO PEN.

lloches, *eb. ll.*-au. noddfa, cysgod, amddiffynfa, diogelwch. SHELTER, REFUGE, LAIR.

llochesu, *be.* cysgodi, amddiffyn, diogelu, noddi, coleddu, gwarchod, gwylio. TO SHELTER, TO CHERISH.

llochfa, *eb. ll.* llochfeydd. gweler *lluchfa.*

llochi, *be.* noddi; mwytho. TO SHELTER; TO FONDLE, TO PAMPER.

*llochiad, *eg. ll.*-iaid. noddwr. PROTECTOR, PATRON.

*llochwyd, *eg.* lloches, cuddfan. RETREAT

llodi, *be.* yn gofyn baedd. TO SEEK A BOAR.

llodig, *a.* poeth, eisiau baedd. IN HEAT (OF SOW).

llodrau, *ell.* trywsus. TROUSERS.

llodrog, *a.* â thrywsus. TROUSERED.

llodrwr, *eg. ll.*-wyr. ⎫
llodrydd, *eg. ll.*-ion. ⎬ gwneuthurwr
llodrau. BREECHES-MAKER. ⎭

*llodwedd, *eb. ll.*-i. hatling, ffyrling. MITE, FARTHING.

*lloddi, *be.* cysuro. TO COMFORT.

*lloedd, *a.* llonydd, tawel. STILL.

Lloegrwys, *ell.* trigolion Lloegr. INHABITANTS OF ENGLAND.

lloer, *eb. ll.*-au. lleuad. MOON.

lloeran, *eb. ll.*-au. ⎫ lleuad fach, dae-
lloeren, *eb. ll.*-ni. ⎰ aren. SMALL MOON, SATELLITE, SPUTNIK.

lloergan, *eg.* golau'r lleuad. MOONLIGHT.

lloerig, 1. *a. ll.*-ion. gwallgof, amhwyllog, ynfyd, gorffwyll, o'i bwyll. LUNATIC.
2. *eg.* dyn gwallgof. A LUNATIC.

lloerog, *a.* fel lleuad. LIKE THE MOON.

lloerol, *a.* yn perthyn i'r lleuad. LUNAR.

lloesi, *be.* clirio, glanhau. TO CLEAR, TO CLEAN.

*llofelu, *be.* mwytho. TO CARESS, TO STROKE.

*llofi, *be.* trin â llaw, rhoddi. TO HANDLE, TO GIVE.

*llofion, *ell.* lloffion. PICKINGS, GLEANINGS.

*lloflen, *eb. ll.*-nau. llaw, maneg. HAND, GLOVE.

llofnaid, *eb. ll.*-neidiau. naid â'r dwylo. VAULT.

Llofnaid glwyd. GATE VAULT.

Llofnaid gylch. ROUND VAULT.

Llofnaid fwlch. THROUGH VAULT.

Llofnaid ddeuglap. VAULT WITH A DOUBLE BEAT.

llofnod, *eg. ll.*-au, -ion. nod â llaw, arwyddnod. SIGNATURE.

llofnodi, *be.* torri enw. TO SIGN.

llofnodiad, *eg. ll.*-au. llofnod. SIGNATURE.

*llofres, *eb. ll.*-au. mynwes. BOSOM.

llofrudd, *eg. ll.*-ion. un sy'n lladd un arall. MURDERER.

llofruddiaeth, *eb. ll.*-au. lladdiad anghyfreithlon. MURDER.

llofruddio, *be.* lladd yn anghyfreithlon. TO MURDER.

llofruddiwr, *eg. ll.*-wyr. lladdwr. MURDERER.

*llofyn, *eg. ll.*-au. tusw, cudyn. WISP, LOCK.

lloffa, *be.* crynhoi tywysennau ar ôl y sawl sy'n medi. TO GLEAN.

*lloffai, *egb. ll.*-eion. lloffwr. GLEANER.

lloffiad, *eg.* y weithred o loffa. GLEANING.

lloffion, *ell.* yr hyn a gesglir â'r dwylo ar ôl y medelwyr. GLEANINGS.

llofft, *eb. ll.*-ydd. ystafell neu ystafelloedd uwchlaw'r llawr, oriel, ystafell wely, galeri. UPSTAIRS, GALLERY.

Ar y llofft. UPSTAIRS.

lloffwr, *eg. ll.*-wyr. un sy'n lloffa. GLEANER.

llog, 1. *eg. ll.*-au. yr hyn a delir am gael benthyg arian; hur. INTEREST; HIRE.

Cyfradd llog. RATE OF INTEREST.
2. *a.* wedi ei logi. HIRED.

llogail, *eg. ll.*-eiliau. y pren sy'n derbyn tulathau'r to; lloc; brig gwal. BEAM (UNDER THE EAVES); PEN; COPING.

*llogawd, *eb. ll.*-odau. mynachlog, cwpwrdd, lle neilltuedig. MONASTERY, CUPBOARD, SPACE PARTED OFF.

llogell, *eb. ll.*-au, -i. poced. POCKET.

*llogell, *eb.* lle, cell. PLACE, CELL.

llogi, *be.* talu am fenthyca, rhoi benthyg. TO HIRE, TO LEND.

*llogwrn, *eg. ll.*-yrnod. corrach. DWARF.

llong, *eb. ll.*-au, -oedd. llestr i gario pobl a nwyddau dros ddŵr. SHIP.

*llong, *ab.* llaith. DAMP.

llongan, *eb.* llong fach. SMALL SHIP.

llongborth, *eb. ll.*-byrth. porthladd. HARBOUR.

llongddrylliad, *eg. ll.*-au. dinistriad llong. SHIPWRECK.

llongi, *be.* danfon ar long. TO SHIP.

llong-log, *eg. ll.*-au. tâl am fordaith. FARE.

***llonglwyth**, *eg. ll.*-i. cargo. CARGO.

llongwr, *eg. ll.* llongwyr. gweithiwr ar long, morwr. SAILOR, SEAMAN.

llongwriaeth, *eb.* y grefft o hwylio llong. SEAMANSHIP, NAVIGATION.

llongwrio, *be.* hwylio llong. TO SAIL A SHIP.

llongwrol, *a.* yn perthyn i longwr. OF A SAILOR.

llom, *ab.* gweler *llwm*.

llon, *a.* 1. *cynhyrfus, wedi cyffroi. AGITATED.

    2. llawen, balch, gorfoleddus. MERRY, GLAD, CHEERFUL.

llond : **llonaid**, *eg.* yr hyn sydd ddigon i lenwi. FULL(NESS).

    Yn llond ei groen : yn dew.

llonder,   } *eg.* llawenydd, balchder,
llonedd,   } gorfoledd. JOY, CHEERFULNESS.

llongyfarch, *be.* cyfarch gyda llawenydd, canmol. TO CONGRATULATE.

llongyfarchiad, *eg. ll.*-au, llongyfarchion. yr act o longyfarch, canmoliaeth. CONGRATULATIONS.

lloniant, *eg.* llonder. JOY.

llonni, *be.* llawenhau, sirioli. TO CHEER, TO GLADDEN.

llonnod, *eg. ll.*-au. nodyn hanner tôn yn uwch na'r cyffredin. SHARP (MUSIC).

***llonychdod**, *eg.* calondid. CHEER.

***llonychu**, *be.* llawenychu. TO CHEER, TO GLADDEN.

llonydd, *a.* tawel, distaw, bodlon. QUIET, STILL, CALM, SATISFIED.

    Gadael llonydd. TO LEAVE ALONE.

llonyddu, *be.* tawelu, distewi ; bodloni. TO QUIETEN, TO CALM ; TO SATISFY.

llonyddwch, *eg.* tawelwch, distawrwydd. QUIETNESS.

***llopan**, *eb. ll.*-au. esgid, bacsen. SHOE, RAG BOOT.

***llorf**, *eb. ll.*-au. 1. coes. LEG.

    2. colofn. COLUMN.

    3. cynheiliad, cynhorthwy. SUPPORTER, SUPPORT.

***llorfdant**, *eg. ll.*-dannau. y tant hwyaf, y nesaf i'r llorf. THE BASS STRING.

***llori**, *be.* torri. TO BREAK.

***lloring**, *eg.* ? ifori ; cnap. ? IVORY ; BOSS.

llorio, *be.* bwrw i lawr, gwneud llawr. TO FLOOR.

llorlen, *eb. ll.*-ni. gorchudd llawr, carped. FLOOR-CLOTH, CARPET.

llorp, *eb. ll.*-iau. 1. crimog, coes. SHIN, LEG.

    2. braich cerbyd, siafft. SHAFT OF A CART, WHEELBARROW, etc.

llorrew, *eg.* crwybr, llwydrew. GROUND FROST.

llorwedd, *eg. ll.*-au, gorweddol, gwastad, ar led. HORIZONTAL.

llorweddol, *a.* ar lawr. PROSTRATE.

***llorwydd**, *ell.* (*un. b.*-en). coed llawryf. LAUREL-TREES.

***llory**, *eg.* pastwn, arf. CUDGEL, WEAPON.

llosg, 1. *eg.* canlyniad llosgi ; enyniad. BURNING, ARSON ; INFLAMMATION, SCALD (SHEEP).

    Llosg eira. CHILBLAINS.

    2. *a.* yn llosgi, wedi llosgi. BURNING, BURNT.

llosgach, *eg.* ymlosgach. INCEST.

llosgadwy, *a.* y gellir ei losgi, hylosg. COMBUSTIBLE.

llosgedig, *a.* wedi ei losgi, yn llosgi. BURNT, BURNING.

llosgen, *eb.* pothell. BLISTER.

llosgfa, *eb. ll.*-feydd. llosgiad, enyniad. BURNING, INFLAMMATION.

llosgfaen, *eg. ll.*-feini. brwmstan. BRIMSTONE.

***llosgfal**, *eg. ll.*-au, -oedd. llosgfynydd. VOLCANO.

llosgi, *be.* ysu, difetha trwy dân. TO BURN, TO SCORCH.

llosgiad, *eg. ll.*-au. llosgfa, y weithred o losgi. BURNING, BURN.

llosgrach, *e. torf.* y crafu. ITCH.

***llosgradd**, *eb.* seraffiaid. SERAPHIM.

llosgwr, *eg. ll.*-wyr. un sy'n llosgi. BURNER.

llosgwrn, *eg. ll.* llosgyrnau. bôn, cwt, cynffon, rhonell. TAIL.

llosgydd, *eg.* ffwrnais. INCINERATOR.

llosgyrnog, *a.* cynffonnog. HAVING A TAIL.

***llost**, *eb. ll.*-au. 1. gwaywffon. SPEAR.

    2. cynffon. TAIL.

    3. cal. PENIS.

    4. brathiad. STING.

llostlydan, *eg. ll.*-od. anifail o Ganada, afanc. BEAVER.

lloweth, *eb.* gweler *llyweth*.

***llowrodd**, *eb.* gweler *llawrodd*.

llu, *eg. ll.*-oedd. lliaws, tyrfa, byddin. HOST, THRONG.

    Lluoedd arfog. ARMED FORCES.

***lluarth**, *eb. ll.*-au. lluyrth. gardd lysiau. KITCHEN GARDEN.

***lluch**, *eg.* mellt. LIGHTNING.

lluchaden, 1. *a.* golau, disglair. GLEAMING.

2. *eb.* llucheden. LIGHTNING.

lluchddu, *a.* du disglair. GLOSSY BLACK.

lluched, *ell.* (*un. b.*-en.). mellt. LIGHTNING.

Tyrfau a lluched : mellt a tharanau.

*llucheden, *eb.* pla, haint. PLAGUE, FEVER.

*lluchedig, *a.* claer, disglair. GLEAMING.

lluchedo : lluchedu, *be.* melltennu, fflachio. TO FLASH.

lluchfa, *eb. ll.* lluchfeydd. eira wedi ei grynhoi gan y gwynt ; tafliad, lluchiad. SNOWDRIFT ; A THROW.

*lluchiad, *eg.* disgleirdeb. BRILLIANCE.

lluchiad, *eg. ll.*-au. tafliad. A THROW.

*lluchiau, *ell.* lluwchfeydd. DRIFTS.

lluchio, *be.* taflu, bwrw ; lluwchio. TO THROW ; TO DRIFT.

*lluchwayw, *eb. ll.*-wewyr. gwaywffon, dart. JAVELIN, DART.

*lluchwin, *eg. ll.*-oedd. gwin gloyw. BRIGHT WINE.

*lluchwyn, *a.* gwelw. PALE.

*lluchynt, *eg.* cyrch, rhuthr. ATTACK, SALLY, RUSH.

lludlyd, *a.* â lludw, fel lludw. FULL OF ASHES, ASHY.

lludw : lludu : lludwy, *eg.* y llwch a adewir ar ôl tân. ASHES.

Dydd Mercher y Lludw. ASH WEDNESDAY.

lludd, *eg. ll.*-iau. rhwystr, ataliad. HINDRANCE, OBSTACLE, IMPEDIMENT.

lludded, *eg.* blinder. FATIGUE.

lluddedig, *a.* blinedig. TIRED, WEARY.

lluddedu, *be.* blino. TO TIRE, TO WEARY.

*lluddedwisg, *eb. ll.*-oedd. gwisg deithio. TRAVELLING GARB.

lluddiant, *eg.* rhwystr, ataliad. HINDRANCE, OBSTRUCTION, INHIBITION.

lluddias : lluddio, *be.* rhwystro, atal, llesteirio. TO HINDER, TO PREVENT, TO OBSTRUCT, TO FORBID.

lluddiwr, *eg. ll.*-wyr. rhwystrwr. HINDERER.

*lluedda, *be.* ymladd, milwrio. TO FIGHT, TO WAGE WAR.

*llueddog, *a.* â llu. WITH A HOST.

llueddwr, *eg. ll.*-wyr.   } milwr.

llueiddiad, *eg. ll.*-iaid. } SOLDIER.

lluest, *eg. ll.*-au. : **lluesty,** *eg. ll.* lluestai. pabell, bwth, caban. TENT, BOOTH.

lluestfa, *eb. ll.*-oedd. gwersyll. ENCAMPMENT.

lluestu, *be.* gwersyllu. TO ENCAMP.

lluestwr, *eg. ll.*-wyr. gwersyllwr. CAMPER.

lluesty, *eg.* gweler *lluest.*

llufadredd, *eg.* deilbriddiad. HUMIFICATION.

llufadron, *eg.* humus, deilbridd. HUMUS.

*llug, *eg.* 1. golau. LIGHT.

2. haint. PLAGUE.

a. 1. du, tywyll. BLACK.

2. golau. BRIGHT.

llugaeron, *ell.* ceirios y wern, cryglys. CRANBERRIES.

*lluganu, *be.* caboli a thrwsio arfau. TO POLISH AND REPAIR ARMS.

*llugas, *eb.* goleuni. LIGHT.

*llugdwym, *a.* claear, llugoer. LUKEWARM.

*llugdde, *a.* claer, disglair. BRIGHT.

*llugenydd, *eg. ll.*-ion. gwneuthurwr arfau. ARMOURER.

*lluglawn, *a.* disglair. BRILLIANT.

llugoer, *a.* claear. LUKEWARM, TEPID.

*llugorn, *eg. ll.*-gyrn. llusern, lamp. LANTERN, LAMP.

lluman, *eg. ll.*-au. baner. BANNER, FLAG.

llumanog, *a.* banerog. BANNERED.

llumanu, *be.* defnyddio lluman. TO FLAG.

llumanwr, *eg. ll.*-wyr.   } cludwr baner.

llumanydd, *eg. ll.*-ion. } STANDARD-BEARER.

*llumon, *eg. ll.*-au. corn simnai ; copa. CHIMNEY ; BEACON, PEAK.

llun, *eg. ll.*-iau. 1. darlun, delw. PICTURE.

2. ffurf, siâp. FORM.

Tynnu llun. TO SKETCH, TO PHOTOGRAPH.

Lluniau byw : ffilmiau : lluniau llafar. TALKIES, FILMS.

3. dydd Llun. MONDAY.

Llungwyn. WHIT MONDAY.

llungar, *a.* lluniaidd. SHAPELY.

lluniad, *eg.* darlun, ffurfiad. DRAWING, CONSTRUCTION, STRUCTURE (PSYCH.).

lluniadu, *be.* tynnu llun. TO DRAW.

Lluniadu wrth radd. DRAWING TO SCALE.

lluniaeth, *eg.* bwyd, ymborth, maeth, cynhaliaeth. FOOD, SUSTENANCE.

*lluniaeth, *eb. ll.*-oedd. 1. trefniant ; rheng ; cyflwr. ARRANGEMENT; RANK ; CONDITION.

2. rhagluniaeth. PROVIDENCE.

lluniaethu, *be.* 1. trefnu. TO MARSHAL, TO ARRANGE.

2. rhaglunio. TO DECREE.

3. darparu. TO PROVIDE.

lluniaidd, *a.* o ffurf gain, gosgeiddig, telaid, cain, prydferth, siapus. SHAPE-LY, GRACEFUL.

lluniant, *eg.* ffurfiad, llinelliad. FORM-ATION, ALIGNMENT.

*lluniawdr, *eg. ll.*-iodron. gwneuthur-wr. MAKER.

lluniedydd, *eg. ll.*-ion. arlunydd ; llun-iwr. ARTIST ; DELINEATOR.

llunieitho, *be.* gweler *lluniaethu.*

llunio, *be.* ffurfio, gwneud yn gain. TO FORM, TO FASHION, TO CONSTRUCT.

lluniol, *a.* yn llunio. FORMATIVE, FORMING.

lluniwr, *eg. ll.* llunwyr. gwneuthurwr, ffurfiwr, tynnwr cynlluniau. MAKER, FORMER, DRAUGHTSMAN.

llunwedd, *eb. ll.*-au. dullwedd. MODE.

lluosflwydd, *a.* bythol. PERENNIAL.

lluosi, *be.* lluosogi, cynyddu. TO MULTIPLY.

lluosiad, *eg. ll.*-au. lluosogiad. MULTI-PLICATION.

lluosill : lluosillafog, *a.* (gair) yn cynnwys mwy nag un sillaf. POLY-SYLLABIC.

*lluosocáu, *be.* lluosogi, lluosi. TO MULTIPLY.

lluosog, *a.* aml, nifeiriog, niferus. NUMEROUS, PLURAL.

lluosogaeth, *eb.* yr ansawdd o fod yn lluosog. PLURALISM.

lluosogi, *be.* amlhau, cynyddu mewn rhif, lluosi. TO MULTIPLY.

lluosogiad, *eg.* y weithred o luosogi, lluosiad. MULTIPLICATION.

lluosogrwydd, *eg. ll.*-wyr. llu, torf, tyrfa, lluosowgrwydd, lliaws. MULTITUDE, HOST, NUMEROUSNESS.

lluosogwr, *eg.ll.*-wyr. ⎰ un sy'n llu-
lluosogydd, *eg. ll.*-ion. ⎱ osogi, lluos-ydd. MULTIPLIER.

lluosowgrwydd, *eg.* gweler *lluosogrwydd.*

lluosrif, *eg. ll.*-au. y rhif a luosir. MULTIPLICAND.

lluoswm, *eg.* y swm a geir drwy luosi rhifau. PRODUCT.

*lluosydd, *ell.* lluoedd. HOSTS.

lluosydd, *eg. ll.*-ion. lluosogwr, y rhif sy'n lluosi. MULTIPLIER.

*llurgun, *eg.* burgyn. CARCASE.

llurgunio, *be.* anafu, hagru, niweidio, anffurfio. TO MUTILATE, TO MANGLE.

llurguniwr, *eg. ll.*-wyr. un sy'n llur-gunio. MUTILATOR.

llurig, *eb. ll.*-au. gwisg ddur. COAT OF MAIL, CUIRASS.

llurigog, *a.* â llurig. ARMED WITH COAT OF MAIL.

llurigydd, *eg. ll.*-ion. gwneuthurwr arfau. ARMOURER.

llurug, *eb.* gweler *llurig.*

llus, *ell.* (*un. b.*-en.). llusi duon bach, llusi. WHINBERRIES, BILBERRIES.

llusa, *be.* casglu llus. TO GATHER WHINBERRIES.

llusern, *eg. ll.*-au. lamp, lantern. LANTERN.

*llusg, *eg.* trywydd. TRAIL.

llusg, *eg. ll.*-ion. llusgiad. DRAG. Car llusg. SLEDGE.

llusgfad, *eg. ll.*-au. tynfad. TUGBOAT.

llusgiad, *eg. ll.*-au. y weithred o lusgo. DRAGGING, DRAWL.

llusgo, *be.* tynnu ag anhawster, mynd etc. yn araf. TO DRAG, TO TRAIL, TO DRAWL.

llusgwr, *eg. ll.*-wyr. un sy'n llusgo. DRAGGER.

llutrod, *eg.* clai, lludw, llaid. CLAY, ASHES, MIRE.

llutrodi, *be.* baeddu. TO FOUL.

lluwch, *eg.* llwch ; ewyn ; lluwchfa. DUST ; SPRAY ; SNOWDRIFT.

lluwchfa, *eb. ll.*-fâu, -on, -feydd. lluchfa. SNOWDRIFT.

lluwchio, *be.* taenu neu chwythu llwch neu eira. TO DUST, TO DRIFT.

lluwchwynt, *eg. ll.*-oedd. storm o wynt ac eira. BLIZZARD.

*lluydd, *eg. ll.*-au. llu, byddin ; ym-laddfa. HOST, ARMY ; BATTLE.

*lluydda, *be.* milwrio. TO WAGE WAR.

*lluyddiad, *eg. ll.*-iaid. milwr. WAR-RIOR.

*lluyddiaeth, *eb.* ⎱ rhyfel, milwriaeth.
*lluyddiant, *eg.* ⎰ WARFARE.

*lluyddhau, ⎱ *be.* trefnu, byddino. TO
*lluydd(i)o, ⎰ MARSHAL.

*lluyddog, *eg.* perchen byddin. OWNER OF AN ARMY.

*lluyddol, *a.* milwrol. MILITARY.

*lluyddu, *be.* milwrio. TO WAGE WAR.

*lluyddwr, *eg.ll.*-wyr. milwr. SOLDIER.

*lluyg, *e. torf.* pryfed caws. CHEESE-MITES.

llw, *eg. ll.*-on. datganiad dwys o'r gwirionedd, adduned; rheg. OATH ; CURSE.

llwch, *eg.* dwst, powdwr. DUST, POWDER.

*llwch, *eg. ll.* llychau. llyn, merddwr. LAKE.

*llwdai, *eb. ll.*-eiod. hwch. SOW.

llwdn, *eg. ll.* llydnod. anifail ifanc. YOUNG ANIMAL.

*llwf, *eg.* llyfau, llyfon. llw. OATH.

llwfr[1], *a.* (*b.* llofr). ofnus, ofnog, gwangalon; difywyd, diegni. COWARDLY; INERT.

llwfr[2], *eg. ll.* llyfriaid, llyfrion. llwfrddyn. COWARD.

llwfrdra, *eg.* ofn, gwangalonid. COWARDICE.

llwfrddyn : **llwfrgi**, *eg.* un ofnus neu wangalon. COWARD.

llwfrhau, *be.* ofni, gwangalonni, colli calon. TO LOSE HEART, TO BECOME COWARDLY.

llwg, *eg.* clefyd a achosir gan ormod o fwyd hallt. SCURVY.

llwglyd, *a.* newynog. HUNGRY.

llwgr : **llygredig**, *a.* pwdr, anonest, wedi ei amharu. CORRUPT.

llwgrwobrwy, *eg. ll.*-on. cil-dwrn anonest. BRIBE.

llwgrwobrwyo, *be.* gwobrwyo'n anonest. TO BRIBE.

llwgrwobrwywr, *eg. ll.*-wyr. irwr llaw. BRIBER.

llwgu : **llewygu**, *be.* newynu. TO FAMISH.

*****llwng**, *a.* (*b.* llong). llaith. DAMP.

llwm, *a. ll.* llymion. (*b.* llom). noeth, moel, tlawd, heb dyfiant. BARE, EXPOSED, POOR, MEAN.

llwnc, *eg.* llynciad, corn gwddf. GULP, GULLET.

llwncdestun, *eg. ll.*-au. yfair. TOAST.

*****llwrf**, *a.* gweler *llwfr*.

*****llwrw**, *eg.* 1. ffon, coes, bwyall, etc. CLUB.

2. ôl, llwybr, dull, modd. COURSE, PATH, FORM, MANNER.

llwrw ei gefn, *adf.* tuag yn ôl, drach ei gefn, yn wysg ei gefn. BACKWARDS.

*****llwry**, *eg.* ôl ; dull. COURSE ; FORM.

llwtra, *eg.* llaid, llifbridd, llysnafedd. MUD, ALLUVIUM, SILT, SLIME.

llwy, *eb. ll.*-au. peth i fwyta ag ef. SPOON.

Llwy de. TEASPOON.

Llwy fwrdd : llwy gawl. TABLESPOON.

Llwy ganol. DESSERTSPOON.

llwyaid, *eb.* llond llwy. SPOONFUL.

llwyar, *eb. ll.*-erau. } trywel, rhaw
llwyarn, *eb. ll.*-erni. } fach. TROWEL, SHOVEL.

llwybr, *eg. ll.*-au. troedffordd, trywydd. PATH, TRACK.

llwybraidd, *a.* deheuig, rhwydd. DEXTEROUS, EXPEDITIOUS.

llwybreiddiad, *eg.* cyfeiriad. DIRECTION.

llwybreiddio, *be.* cyfeirio, gwneud ei ffordd. TO DIRECT, TO FORWARD.

llwybro, *be.* ymlwybro, mynd ar draed, cerdded. TO WALK.

llwybrwr, *eg. ll.*-wyr. crwydryn. WAYFARER.

llwybrydd, *eg. ll.*-ion. un sy'n dod o hyd i lwybr. PATHFINDER.

llwyd, *a.* 1. sanctaidd. HOLY.

2. glaswyn, gwelw, brown. GREY, PALE, BROWN.

Papur llwyd. BROWN PAPER.

llwydaidd, *a.* gwelw, glaswyn. PALE, GREY.

llwyd-ddu, *a.* llwyd tywyll. DARK GREY.

llwydi, *eg.* gweler *llwydni*.

llwydlas, *a.* glas llwyd. GREYISH BLUE.

*****llwydner**, *eg.* arglwydd hybarch. VENERABLE LORD.

llwydni, *eg.* gwelwedd, malltod. GREYNESS, MILDEW.

llwydnos, *eb.* cyfnos. DUSK.

llwydo, *be.* gwelwi, casglu llwydni. TO TURN GREY, TO BECOME MOULDY.

llwydrew, *eg.* barrug, arien, crwybr. HOARFROST.

llwydrewi, *be.* barugo. TO CAST HOARFROST.

llwydrewog, *a.* barugog. HOARY.

llwydwyn, *a.* gwyn llwyd. GREYISH WHITE.

llwydwyrdd, *a.* glasbeilliog. GLAUCOUS.

llwydd, *eg.* : **llwyddiant**, *eg. ll.* llwyddiannau. tyciant, ffyniant, hawddfyd. SUCCESS.

*****llwyddiannu**, *be.* llwyddo, ffynnu. TO SUCCEED.

llwyddiannus, *a.* yn llwyddo, yn ffynnu. SUCCESSFUL.

llwyddiant, *eg.* gweler *llwydd*.

llwyddo, *be.* ffynnu. TO SUCCEED.

llwyfan, *egb. ll.*-nau. esgynlawr, llawr wedi ei godi. PLATFORM, LOFT, STAGE.

Llwyfan gorsaf. RAILWAY PLATFORM.

llwyfanen, *eb.* } pren tal. ELM.
llwyfen, *eb. ll.* llwyf. }

*****llwyfenau**, *ell.* llwynau. LOINS.

*****llwyg**, *eg. ll.*-au, -od. llewyg. A FAINT.

*****llwygedig**, *a.* gwan, swrth. WEAK, DROWSY.

*****llwygo**, *be.* 1. syrthio, tywyllu. TO FALL, TO DARKEN.

2. diffygio, llewygu. TO TIRE, TO FAINT.

*****llwygus**, *a.* ystyfnig (am geffyl). DRAWING BACKWARD.

llwyn, 1. *eg. ll.*-i, -au. gwigfa, perth. GROVE, BUSH.

2. *eb. ll.*-au. y rhan o'r corff rhwng yr asennau a bôn y goes, lwyn. LOIN.

*llwynin, *a.* yn perthyn i lwyn. OF A GROVE.

llwynog, *eg. ll.*-od. (*b.*-es.). cadno (*taf.* canddo), madyn. FOX.

llwynogaidd, *a.* fel llwynog. FOXY.

llwynogyn, *eg.* cadno ifanc. YOUNG FOX.

llwynwst, *eg.* poen y llwynau. LUM-BAGO.

llwyo, *be.* defnyddio llwy. TO USE A SPOON.

llwyr, *a.* cyflawn, hollol. COMPLETE, ENTIRE, UTTER, TOTAL.

Yn llwyr : yn hollol : yn lân : i gyd : yn gyfan gwbl.

*llwyraidd, *a.* llwyr. THOROUGH.

llwyrdeb, *eg.* cyflawnder. COMPLETE-NESS.

*llwyrddwys, *a.* trylwyr. THOROUGH.

llwyredd, *eg.* gweler *llwyrdeb.*

llwyrfryd, *eg.* ymroddiad, penderfyniad. DEVOTION, DETERMINATION.

llwyrymatal, *be.* ymatal yn llwyr. TO ABSTAIN TOTALLY.

llwyrymataliwr, *eg. ll.*-wyr. llwyr-ymwrthodwr. TEETOTALLER.

llwyrymwrthodiad, *eg.* ymwrthod llwyr. TEETOTALISM.

llwyrymwrthodol, *a.* yn ymwrthod yn llwyr. TEETOTAL.

llwyrymwrthodwr, *eg. ll.*-wyr. ym-wrthodwr llwyr. TEETOTALLER.

*llwys,   } *a.* clir, glân, pur. CLEAR,
*llwysog, } CLEAN, FAIR, HOLY.

llwyteg, *a.* llwyd a theg. GREY AND FAIR.

llwytu, *a.* llwyd a du. DARK GREY.

llwyth, 1. *eg. ll.*-au. tylwyth, gwe-helyth, teuluoedd. TRIBE.

2. *eg. ll.*-i. baich, pwn, pwys, llond cerbyd. LOAD, BURDEN.

llwytho, *be.* pynio, gwneud llwyth ar gerbyd, dodi baich ar. TO LOAD.

llwythog, *a.* â llwyth, â baich. LADEN.

llwythwr, *eg. ll.*-wyr. 1. un sy'n llwytho. LOADER.

2. aelod o lwyth. TRIBESMAN.

*llyain, } *ell.* llyfon. OATHS.
*llyau, }

llychlyd, *a.* dystlyd, bawlyd. DUSTY.

llychwin, *a.* llychlyd, wedi ei ddi-fwyno. DUSTY, SPOILED.

llychwino, *be.* difwyno, baeddu, an-urddo, andwyo. TO SOIL, TO FOUL, TO MAR, TO SPOT.

*llychwr, *eg.* cyfddydd. DAY-BREAK.

llychyn, *eg.* gronyn o lwch. PARTICLE OF DUST, MOTE.

llydan, *a.* eang, helaeth. WIDE.

*llydander, } *eg.* lled, lledred. WIDTH,
*llydandra, }BREADTH, LATITUDE.
*llydanedd, }

llydanu, *be.* lledu, ehangu, helaethu, agor. TO WIDEN, TO DILATE.

Llydaweg, *egb.* iaith Llydaw. BRETON.

Llydawr, *eg. ll.* Llydawiaid, -wyr. gŵr o Lydaw. BRETON.

*llydlyd, *a.* fel lludw. ASHY.

llydnu, *be.* bwrw llwdn, bwrw ebol, etc. TO BRING FORTH.

*llydw, *a.* ac *eg.* gweler *lledw.*

*llydw, *eg.* teulu, pobl. FAMILY, PEOPLE.

*llydy, *eg.* gweler *lludw.*

*llyddf, } *a.* yn isel, ar lawr. PROS-
*llyddw, } TRATE.

*llyfasu, *be.* gweler *llafasu.*

*llyfasus, *a.* gweler *llafasus.*

*llyfau, *ell.* llwon. OATHS.

*llyfeliaeth, *eb.* dychymyg, dyfais. IMAGINATION, INVENTION.

taf. llefeleth. IDEA.

llyfelyn, *eg.* llefrithen. STYE (IN EYE).

*llyfen, *eb. ll.*-au, -i. llwyn. LOIN.

*llyfenol, *a.* yn perthyn i'r llwynau. LUMBAR.

*llyferthin, *a.* blinedig, diog, araf. WEARY, LAZY, SLUGGISH.

*llyferthu, *be.* diffygio, blino. TO FATIGUE.

llyfiad, *eg. ll.*-au. y weithred o lyfu. A LICK.

llyfn, *a.* (*b.* llefn). gwastad, graenus, lefel. SMOOTH, EVEN, SLEEK.

llyfnder : llyfndra, *eg.* yr ansawdd o fod yn llyfn. SMOOTHNESS, SLEEK-NESS.

llyfnhau, *be.* gwneud yn llyfn, plaenio. TO SMOOTH, TO LEVEL, TO PLANE.

llyfnu, *be.* gwastatáu, lefelu. TO HARROW, TO LEVEL.

*llyfon, *ell.*-au. gweler *llyfau.*

llyfr, *eg. ll.*-au. cyfrol. BOOK.

*llyfran, *eg.* llyfr bach, llyfryn. BOOK-LET.

*llyfrawr, 1. *ell.* llyfrau. BOOKS.

2. *eg.* llyfrwr ; dewin, swynwr. KEEPER OF BOOKS ; SORCERER.

llyfrbryf, *eg. ll.*-ed. darllenwr diwyd. BOOKWORM.

llyfrder : llyfrdra, *eg.* llwfrdra. COWARDICE.

llyfrdy, *eg. ll.*-dai. llyfrgell. LIBRARY.

llyfrddyn, *eg. ll.*-ion. } dyn llwfr.
llyfrgi, *eg. ll.*-gwn. } COWARD.

llyfrgell, eb. ll.-oedd. man lle cedwir llyfrau. LIBRARY.

llyfrgellydd, eg. ll. llyfrgellwyr. gofalwr llyfrgell. LIBRARIAN.

llyfrhau, be. digalonni, mynd yn llwfr. TO BECOME DISHEARTENED, TO FAINT.

llyfrithen, eb. ll.-od. llyfelyn. STYE (IN EYE).

llyfrnod, eg. ll.-au. nod mewn llyfr. BOOKMARK.

llyfrothen, eb. ll.-nod. gwyniad. GUDGEON.

llyfr-rwymwr, eg. ll.-wyr. rhwymwr llyfrau. BOOK-BINDER.

llyfru, be. dodi mewn llyfr. TO BOOK.

llyfrwerthwr, eg. ll. llyfrwerthwyr. un sy'n gwerthu llyfrau neu gadw siop lyfrau. BOOKSELLER.

llyfrwr, eg. ll.-wyr. llyfrgellydd. LIBRARIAN.

llyfrydd, eg. ll.-ion. un hyddysg mewn llyfrau. BIBLIOGRAPHER.

llyfryddiaeth, eb. rhestr o lyfrau. BIBLIOGRAPHY.

llyfryn, eg. ll.-nau. llyfr bach, pamffled. BOOKLET, PAMPHLET.

llyfu, be. lleibio, llepian, llyo. TO LICK.

***llyfwr,** a. llwfr. TIMID, COWARDLY.

llyfwr, eg. ll.-wyr. lleibiwr. LICKER.

llyffant, eg. ll.-od, llyffaint. ymlusgiad tebyg i'r broga. TOAD.

    Llyffant tafod. BLAIN.

    Llyffant y troed. PLANTAR CUSHION.

llyffethair, eb. ll. llyffetheiriau. hual, gefyn, cadwyn i'r traed. FETTER, SHACKLE.

llyffetheirio, be. hualu. TO FETTER.

***llyg,** e. torf. pryfed caws. CHEESEMITES.

llyg, eb. llygoden goch, chwistlen. SHREW.

llyg, a. ac eg. lleyg, lleygwr. LAY, LAYMAN.

llygad, egb. ll. llygaid. organ y golwg. EYE.

    Cannwyll y llygad. PUPIL OF THE EYE.

    Llygad y ffynnon. THE SOURCE.

    Yn llygad ei le. ABSOLUTELY CORRECT.

llygad-dynnu, be. hudo. TO BEWITCH.

llygadog, a. gweler llygatgraff.

llygadol, a. yn perthyn i'r llygad. OPTIC.

llygadrwth, a. yn rhythu. STARING.

llygadrythu, be. dal i edrych, syllu, rhythu. TO STARE.

llygadu, be. gwylio, gwylied. TO EYE.

llygadus, a. llygadog. KEEN-EYED.

llygatgam, a. â thro yn y llygaid. SQUINT-EYED.

llygatgraff, a. craffus, byw, bywiog, treiddgar, llygadlym, llygadog. SHARP-EYED.

llygatgroes, a. llygatgam. SQUINT-EYED.

llygedyn, eg. pelydryn. A RAY OF LIGHT.

llygeidiog, a. â llygaid neu dyllau. HAVING EYES OR HOLES.

llygeitu, a. â llygaid du. BLACK-EYED.

llygliw, a. llwyd. GREY, MOUSE COLOURED.

llygod, ell. (un. b.-en). anifeiliaid bach dinistriol â chynffonnau hir. MICE.

    Llygoden fawr : llygoden ffrengig (ffreinig). RAT.

    Llygoden fach. MOUSE.

llygodaidd, a. fel llygod. MOUSY.

llygoer, a. gweler llugoer.

***llygorn,** eg. ll.-gyrn. gweler llugorn.

llygota, be. dal llygod. TO CATCH MICE.

llygotwr, eg. ll.-wyr. daliwr llygod. MOUSE-CATCHER.

llygradwy, a. yn agored i lygredigaeth. CORRUPTIBLE.

llygredig, a. llwgr, pwdr, anonest, wedi ei amharu. CORRUPT, DEGRADED, DEFILED.

llygredigaeth, eg. : **llygredd,** eg. pydredd, y stad o fod yn llygredig. CORRUPTION.

***llygredigol,** a. llygredig. CORRUPT.

llygriad, eg. rhywbeth llwgr, gwenwyn, haint. CORRUPTION, INFECTION.

llygru, be. gwneud yn llygredig. TO CONTAMINATE.

llygrwr, eg. ll.-wyr. un sy'n llygru, godinebwr. CORRUPTER, ADULTERER.

***llygu,** be. torri allan. TO BREAK OUT.

llynges, eg. ll.-au. llongau rhyfel ynghyd â'u morwyr a'u swyddogion. NAVY, FLEET.

llyngesol, a. yn perthyn i'r llynges. NAVAL.

***llyngesor,** eg. ll.-ion. llyngesydd. ADMIRAL.

llyngeswr, eg. ll.-wyr. morwr. SEAMAN.

***llyngeswriaeth,** eg. llongwriaeth. NAVIGATION.

llyngesydd, eg. ll.-ion. prif swyddog llynges. ADMIRAL.

llyngyr, ell. (un. b.-en). math o bryfed neu abwyd a geir ym mherfedd anifeiliaid. TAPE-WORMS, HELMINTHS.

llym, a. ll.-ion. (b. llem). miniog, awchlym, awchus, siarp. SHARP, KEEN, ACUTE, SEVERE.

llymaid, *eg. ll.* llymeidiau. ychydig o ddiod, peth i'w yfed, diferyn. SIP.

***llyma(n)**, *bf.* wele, dyma. BEHOLD, LO.

llymarch, *eg. ll.* llymeirch. pysgodyn â chragen, wystrysen. OYSTER.

llymder : llymdra, *eg.* 1. noethder, moelni. BARENESS.

  2. prinder, tlodi. POVERTY.

  3. miniogrwydd, awch. KEENNESS.

llymdost, *a.* llym, gerwin. SEVERE, ACUTE, RIGOROUS.

llymeidfwyd, *eg.* bwyd llwy. SPOON-MEAT.

llymeidio, *be.* llymeitian. TO SIP.

llymeirch : llynmeirch, *eg.* clefyd ceffylau. GLANDERS.

llymeitian, *be.* diota, yfed diod ; llymeidio. TO TIPPLE ; TO SIP.

llymeitiwr, *eg. ll.* llymeitwyr. un sy'n llymeitian. TIPPLER.

***llymest**, *eg.* llamysten. SPARROW-HAWK.

llymhau, *be.* 1. noethi, prinhau, tlodi. TO MAKE BARE, TO IMPOVERISH.

  2. hogi, llymu. TO SHARPEN.

***llyminog**, *a.* awyddus, taer. KEEN, EAGER.

llymnoeth, *a.* noethlymun. STARK NAKED.

llymrïaid, *ell. (un. b.* llymrïen). llys-ywod sy'n byw mewn tywod. SAND-EELS.

llymrig, *a.* amrwd. CRUDE, RAW, HARSH.

llymrigrwydd, *eg.* yn ansawdd o fod yn amrwd. CRUDENESS.

llymru, *eg.* bwdran, sucan. FLUMMERY.

***llymsi**, *a.* masw, bregus, noeth. FLIMSY, NAKED, BARE.

llymsur, *a.* chwerw, llym. ACRID.

llymu, *be.* llymhau. TO SHARPEN.

llymun, *a.* noeth. NAKED, BARE.

***llymysten**, *eb. ll.*-nod. hebog. FALCON, HAWK.

llyn, *eg. ll.*-noedd, -nau. 1. diod. DRINK, LIQUOR.

  2. pwll mawr o ddŵr. LAKE.

  Bwyd a llyn. FOOD AND DRINK.

***llŷn**, *a.* heintiol. INFECTIOUS.

llyna, *bf.* dyna, wele. BEHOLD, LO.

llynciad, *eg. ll.*-au. llawc. SWALLOWING, GULP.

llyncoes, *eg.* clefyd ar goes ceffyl, sbafen. SPAVIN.

llyncu, *be.* traflyncu, llawcian, sugno, cymryd trwy'r gwddf. TO SWALLOW, TO GULP, TO DEVOUR, TO ABSORB.

llyncwr, *eg. ll.*-wyr. un sy'n llyncu. SWALLOWER.

llynedd, *adf.* y llynedd, y flwyddyn ddiwethaf. LAST YEAR.

llyn-glwm, *eg.* llymglwm. TIGHT KNOT.

***llynna**, *be.* llymeitian. TO TIPPLE.

***llynu**, *be.* heintio. TO INFECT.

***llynwyn**, *eg.* pwll, merddwr. STANDING-POOL.

***llynwys**, *eg. ll.*-awr. person clwyf-edig a staeniau gwaed arno. BLOOD-STAINED CASUALTY.

llyo, *be.* llyfu. TO LICK.

***llŷr**, *eg. ll.* llyry. môr. SEA.

***llyry**, *eg.* ffordd, dull. COURSE, FORM, MANNER.

llys, 1. *egb. ll.*-oedd. plas, brawdlys, cwrt. COURT.

  2. *eg.* llysnafedd. SLIME.

***llys**, 1. *ell.* aeron. BERRIES.

  2. *eg.* gwrthodiad. REFUSAL.

llysaidd, *a.* cwrtais, yn perthyn i lys. POLITE, COURTLY.

llysau, *ell. (un. g.* llysewyn). : **llysiau**, *ell. (un. g.* llysieuyn). planhigion i'w bwyta neu i wneud moddion. VEGETABLES, HERBS.

llysdad, *eg.* gweler *llystad.*

llysenw, *eg. ll.*-au. ffugenw, blasenw, glasenw. NICKNAME.

llysenwi, *be.* glasenwi. TO NICKNAME.

llysfam, *eb.* ail wraig tad plant o'r wraig gyntaf. STEPMOTHER.

***llysg**, *eg. ll.*-(i)on.   } ffon fer, pas-
***llysgbren**, *eg. ll.*-nau. } twn, gwialen. SHORT STICK, CUDGEL, ROD.

llysgenhadaeth, *eb. ll.*-genadaethau. swyddfa llysgennad. EMBASSY.

llysgenhadol, *a.* yn perthyn i lys-gennad. AMBASSADORIAL.

llysgennad : llysgenhadwr, *eg.* cen-nad o lys un wlad i lys gwlad arall. AMBASSADOR.

***llysiad**, }*eg.* gwrthodiad. REFUSAL.
***llysiant**, }

llysieuaeth, } *eb.* gwyddor llysiau ;
llysieueg, } botaneg. BOTANY.

llysieuegydd, *eg. ll.*-ion. botanegwr. BOTANIST.

llysieuog, } *a.* yn perthyn i lysiau,
llysieuol, } meddal. HERBACEOUS, VEGETABLE, HERBAL.

llysieuwr, *eg. ll.*-wyr. gŵr sy'n def-nyddio llysiau fel meddyginiaeth. HERBALIST.

llysieuydd, *eg. ll.*-ion. botanegwr. BOTANIST.

llysiol, *a.* yn ymwneud â llysiau. VEGETATIVE.

llyslau, *ell.* llau llysiau. APHIS.

llysnafedd, *eg.* ôl malwod, etc. mwcws. SLIME, MUCUS.

llysnafeddog, *a.* yn cynnwys llysnafedd. SLIMY.

llysol, *a.* yn perthyn i lys. BELONGING TO A COURT.

llystad, *eg. ll.*-au. ail ŵr mam plant o'r gŵr cyntaf. STEPFATHER.

llystyfiant, *eg.* planhigion yn gyffredinol. VEGETATION.

***llysu,** *be.* rhoi o'r neilltu, gwrthod, atal. TO REJECT, TO REFUSE, TO STOP.

llyswenwyn, *eg.* gwenwyn i ladd llysiau. HERBICIDE.

llyswr, *eg. ll.*-wyr. gŵr llys. COURTIER.

llysywen, *eb. ll.* llyswennod, llysywod. math o bysgodyn main hir. EEL.

***llytrod,** *eg.* gweler *llutrod.*

***llytrodi,** *be.* gweler *llutrodi.*

***llyth,** *a.* tyner, meddal, llesg. TENDER, SOFT, FEEBLE.

llythreniad, *eg.* y gwaith neu'r grefft o lythrennu. LETTERING.

llythrennog, *a.* yn gallu darllen. LITERATE.

llythrennol, *a.* cywir yn ôl y llythyren, hollol. LITERAL.

***llythwr,** *eg.* eiddilyn. WEAKLING.

llythyr, *eg. ll.*-au, -on. neges wedi ei ysgrifennu, epistol. LETTER.

llythyraeth, *eb.* orgraff. ORTHOGRAPHY.

llythyrdy, *eg. ll.* llythyrdai. lle sy'n ymwneud â throsglwyddo llythyrau. POST-OFFICE.

llythyren, *eb. ll.* llythrennau. un o'r nodau a ddefnyddir wrth ysgrifennu geiriau. LETTER.
　Priflythrennau. CAPITAL LETTERS.

llythyrfa, *ll.*-oedd, -feydd, -fâu. llythyrdy. POST-OFFICE.

llythyrgludydd, *eg. ll.*-ion. postmon. POSTMAN.

llythyrnod, *eg. ll.*-au. nod ar lythyr, stamp. POSTAGE-STAMP.

***llythyrol,** *a.* llenyddol, llythrennol. LITERARY, LITERATE.

llythyrwr, *eg. ll.*-wyr. ⎱ysgrifennwr
llythyrydd, *eg. ll.*-ion. ⎰llythyrau.
LETTER-WRITER.

llyw, *eg. ll.*-iau.
　1. y peth a osodir y tu ôl i long i'w chyfeirio, yr olwyn i droi llong; arweinydd, tywysog. RUDDER, HELM; LEADER.
　2. cynffon (pysgodyn). TAIL.

llywaeth, *a.* dof, swci, llawfaeth. PET. Oen llywaeth (swci). PET LAMB. Hen lywaeth o ddyn. AN EFFEMINATE MAN.

llywanen, *eb.* gweler *llywionen.*

***llywarn,** *eg. ll.* llewyrn. llwynog. FOX.

***llywenydd,** *eg.* llawenydd. JOY.

llyweth, *eb. ll.*-au. cudyn (o wallt). LOCK OF HAIR.

***llywethan,** *eb.* lefiathan. LEVIATHAN.

***llywethau,** *ell.* cyhyrau. MUSCLES.

***llywethog,** *a.* â llywethau ; cyhyrog. IN RINGLETS ; MUSCULAR.

llywiad, *eg.* y weithred o lywio. STEERING.

llywiawdr, ⎱*eg.* 1. pren union, riwl.
llywiawdwr, ⎰RULER.
　2. rheolwr. GOVERNOR.

***llywiawdwriaeth,** *eb.* llywodraeth. RULE.

***llywiedu,** *be.* llywio, rheoli. TO STEER, TO GOVERN.

llyw(i)edydd, *eg. ll.*-ion. rheolwr, llywiwr. GOVERNOR, PILOT.

llywio, *be.* cyfeirio ; llywodraethu. TO STEER ; TO GOVERN.

llywionen, *eb.* cynfas, llen. (CANVAS) SHEET.

llywiwr, *eg. ll.*-wyr. un sy'n llywio. HELMSMAN.

llywodraeth, *eb. ll.*-au. rheolaeth, corff o bobl sy'n rheoli'r wladwriaeth. GOVERNMENT, CONTROL.

llywodraethiad, *eg.* rheolaeth. RULING, CONTROL.

llywodraethu, *be.* rheoli. TO GOVERN, TO CONTROL.

llywodraethwr, *eg. ll.* llywodraethwyr. un sy'n llywodraethu. GOVERNOR, RULER.

***llŷwr,** *eg.* darllenydd. READER.

***llywy,** *a.* hardd, teg, disglair. FAIR, BRIGHT.

llywydd, *eg. ll.*-ion. cadeirydd, pennaeth cymdeithas neu gwmni ; y nodyn nesaf mewn pwysigrwydd at y tonydd (cerddoriaeth). PRESIDENT; DOMINANT.

llywyddiaeth, *eb. ll.*-au. swydd llywydd. PRESIDENCY.

llywyddol, *a.* yn ymwneud â llywydd. PRESIDENTIAL.

llywyddu, *be.* cadeirio. TO PRESIDE.

319

M

*ma, *eb. ll.* mâu. lle ; gwastadedd.
PLACE, SPOT ; PLAIN.
(defnyddir yn ôl-ddodiad, -fa).

mab, *eg. ll.* meibion, meib. bachgen,
plentyn gwryw, etifedd. BOY, SON.
Llysfab. STEP-SON.
Mab llên : ysgolhaig. SCHOLAR.
Mab claf : gwahanglwyfus. LEPER.
Mab aillt : taeog. BONDSMAN.

mabaidd, *a.* yn perthyn i fab. FILIAL.

maban, *eg. ll.*-od. baban. BABY.

mabanaidd, *a.* fel baban. CHILDISH.

mabandod, *eb.* mebyd. INFANCY.

*mabcainc, *eb. ll.*-ceinciau. impyn.
SHOOT.

*mabcath, *egb. ll.*-od. cath fach.
KITTEN.

*mabcorn, *eg. ll.* mebcyrn. canol corn.
INNER PART OF A HORN.

*mabddall, *a.* dall o'i enedigaeth.
BLIND FROM BIRTH.

*mabgwas, *eg.* mab, bachgen. SON,
BOY.

mabiaidd, *a.* plentynnaidd. CHILDISH.

mabiaith, *eb.* iaith neu siarad plentyn,
gweniaith. BABY TALK, FLATTERY.

*mabin,   } *a.* plentynnaidd.
*mabinaidd, } JUVENILE.

mabinogi, *eg. ll.* mabinogion. 1. mab-
olaeth, ieuenctid. YOUTH.
2. chwedl ynghylch ieuenctid.
BOYHOOD TALE.
3. chwedl. TALE.

*mablan, *eb. ll.*-nau. claddfa, myn-
went. BURIAL-PLACE.

*mablygad, *eg. ll.*-aid. byw'r llygad.
PUPIL OF THE EYE.

maboed : mebyd, *eg.* plentyndod,
ieuenctid, llencyndod. CHILDHOOD,
INFANCY, YOUTH.

mabol, *a.* bachgennaidd, plentyn-
naidd. BOYISH, CHILDLIKE.

mabolaeth, *eb.* ieuenctid, y cyflwr o
fod yn fab. YOUTH, BOYHOOD, SON-
SHIP.

mabolaidd, *a.* bachgennaidd. BOYISH.

mabolgampau, *ell.* chwaraeon, camp-
au (ieuenctid). ATHLETIC SPORTS.

mabsant, *eg.* sant gwarcheidiol, nawdd-
sant. PATRON SAINT.
Gwylmabsant. PARISH WAKE,
FESTIVAL OF PATRON SAINT.

*mabsanta, *be.* canoneiddio. TO
CANONIZE.

*mabwaith, *eg.* gwaith plentyn.
CHILD'S WORK.

mabwysiad, *eg.* y weithred o fabwys-
iadu. ADOPTION.

mabwysiadu, *be.* derbyn, cymryd at
beth fel ei eiddo ei hun. TO ADOPT.

*mabys, *eg.* cwrteisi. COURTESY.

macai, *eg. ll.*-eiod.   } cynrhonyn.
maceiad, *eg. ll.*-aid. } MAGGOT, GRUB.

macrell, *egb. ll.* mecryll. pysgodyn y
môr. MACKEREL.

macsimwm, *eg.* y mesur neu'r radd
fwyaf posibl. MAXIMUM.

macsu, *be.* darllaw. TO BREW.

macswr, *eg. ll.*-wyr. darllawydd.
BREWER.

*macwy, *eg. ll.*-aid. gŵr ifanc, ar-
glwydd, gwas ifanc. YOUTH, LORD,
PAGE, SQUIRE.

*macwyaidd, *a.* fel gŵr ifanc. YOUTH-
FUL.

*macwyf, *eg. ll.*-aid. gweler *macwy.*

macyn, *eg. ll.*-nau. neisied, hances,
cadach, cewyn. KERCHIEF, NAPKIN.

mach, *eg. ll.* meichiau. sicrwydd mewn
achos cyfreithiol. SURETY, BAIL.

machlud, *eg.* : machludiad, *eg. ll.*-au.
y weithred o fynd i lawr (am yr haul).
SETTING.

machlud : machludo, *be.* mynd i
lawr, araf ddiflannu. TO SET.

machnïydd, *eg.* mechnïwr. MEDIATOR.

mad, *a.* da, daionus, gweddus, gwedd-
aidd, addas, lwcus, ffodus. GOOD,
SEEMLY, LUCKY.

madalch : madarch, *eg.* caws llyffant.
MUSHROOM, TOADSTOOL.

madfall, *eb.* genau goeg. LIZARD, NEWT.

madfyw, *a.* lledfyw. HALF-DEAD.

*madiain, *eg.* urddas. DIGNITY.

madredd, *eg.* pydredd, crawn, cig
marw. PUTREFACTION, PUS, GANG-
RENE.

madreddog, *a.* crawnllyd, yn llawn
cancr. FULL OF PUS, CANCEROUS.

madreddu, *be.* pydru, crawni. TO
PUTREFY, TO FESTER.

madrondod, *eg.* pendro, syndod,
syfrdandod. GIDDINESS, STUPEFAC-
TION, VERTIGO.

madroni, *be.* mynd yn benysgafn. TO
BECOME DIZZY.

madru, *be.* pydru, crawni, casglu,
crynhoi. TO ROT, TO FESTER.

madrudd(yn), *eg.* mêr, "mwydyn y
cefn." MARROW, SPINAL CORD, CARTI-
LAGE.

*madryn, *eg.* llwynog. FOX.

*madws, 1. *eg.* amser cyfaddas, llawn
bryd. TIME, HIGH TIME.
2. *a.* amserol. TIMELY, PROPER.

madyn, *eg.* llwynog. FOX.

maddau, *be.* 1. gollwng, gadael ; rhoddi heibio, hepgor. TO LEAVE; TO RENOUNCE.
2. esgusodi, rhyddhau o gosb. TO FORGIVE, TO PARDON.

maddeuadwy, *a.* y gellir ei faddau. PARDONABLE.

maddeuant, ⎫ *eg.* pardwn. FOR-
maddeuaint, ⎭ GIVENESS, PARDON.

maddeueb, *eb. ll.*-au. maddeulen. (PAPAL) INDULGENCE.

maddeuedig, *a.* maddeuadwy. PARDONABLE.

maddeugar, *a.* parod i faddau, maddeuadwy. FORGIVING, PARDONABLE.

maddeuol, *a.* yn maddau. FORGIVING.

maddeuwr, *eg. ll.*-wyr. un sy'n maddau. FORGIVER.

mae, *bf.* 1. trydydd person unigol amser presennol modd mynegol *bod.* IS.
2. Mae ? Ble mae ? WHERE IS ?

maeden, *eb.* slebog, dihiren, merch front anniben, slwt. SLUT.

maeddu, *be.* curo, ffusto, trechu, ennill, gorchfygu, difwyno. TO CONQUER, TO BEAT, TO FOUL.

mael, *eb. ll.*-ion. elw, lles. GAIN, PROFIT.

mael, *eg.* 1. arfogaeth. ARMOUR.
2. tywysog, pennaeth. PRINCE, LORD.

maeldy, *eg. ll.*-dai. siop. SHOP.

maeler, *eg. ll.*-iaid. masnachwr. TRADER.

maelera, *be.* masnachu. TO TRADE.

maeleriaeth, *eb.* masnach. TRADE, COMMERCE.

maelfa, *eb. ll.*-oedd. siop. SHOP.

maelged, *eb.* rhodd ; treth. TRIBUTE ; TAX.

maeliant, *eg.* lles, elw. GAIN.

maelier, *eg. ll.*-on. (*b.*-es). marsiandïwr. MERCHANT.

maeliera, *be.* masnachu. TO TRADE.

maelio, *be.* gwneud elw, masnachu. TO PROFIT, TO TRADE.

maels, *eg.* arfau. MAIL.

maelwr, *eg. ll.*-wyr. siopwr, masnachwr. SHOP-KEEPER, TRADER.

maen, *eg. ll.* main, meini. carreg. STONE.
Saer maen. MASON.
Maen tramgwydd. STUMBLING BLOCK.
Maen clo. KEYSTONE.
Maen melin. MILLSTONE.
Maen prawf. CRITERION.

maenawl, ⎫
maenawr, ⎭ *eb.* gweler *maenor.*

maendy, *eg. ll.*-dai. tŷ cerrig. A STONE HOUSE.

maeneiddio, *be.* caregu. TO PETRIFY.

maenglawdd, *eg. ll.*-gloddiau. chwarel gerrig. STONE QUARRY.

maenol, ⎫ *eb. ll.*-au. tir sy'n perthyn i
maenor, ⎭ bendefig. MANOR.
Maenordy. MANORHOUSE.

maentumio, *be.* dal, taeru, haeru, gwirio. TO MAINTAIN.

maer, *eg. ll.* meiri. (*b.*-es.). 1. goruchwyliwr. STEWARD, REEVE.
2. pennaeth corfforaeth tref. MAYOR.

maerol, *a.* yn perthyn i faer. MAYORAL.

maeronaeth, *eb.* ffermio i gynhyrchu llaeth. DAIRY FARMING.

maeroniaeth, *eb.* swydd goruchwyliwr. STEWARDSHIP.

maerones, *eb. ll.*-au. llaethwraig. DAIRY-WOMAN.

maeronwr, *eg. ll.*-wyr. ⎫ ffermwr
maeronydd, *eg. ll.*-ion. ⎭ sy'n canolbwyntio ar gynhyrchu llaeth. DAIRY FARMER.

maerwriaeth, *eb.* swydd maer. STEWARDSHIP.

maes, *eg. ll.* meysydd. 1. cae. FIELD.
2. lle agored, sgwâr. SQUARE.
I maes : allan.
Maes o law : yn y man.

maes, *eg.* gwastadedd. PLAIN.

maesa, *be.* cachu. TO DEFECATE.

maeser, *eg.* pwywr. MASHER.

maesing, *be.* sathru. TO TRAMPLE.

maeslywydd, *eg. ll.*-ion. cadfridog o'r radd uchaf. FIELD-MARSHAL.

maestawd, *eb.* mawrhydi. MAJESTY.

maestir, *eg. ll.*-oedd. gwlad neu dir agored. OPEN COUNTRY, PLAIN.

maestref, *eb. ll.*-i, -ydd. treflan ar gwr dinas. SUBURB.

maeswehyn, *a.* yn traflyncu'r tir. GROUND-DEVOURING.

maeswn, *eg. ll.*-yniaid. saer maen. MASON.

maeth, *eg. ll.*-ion. lluniaeth, meithriniaeth, bwyd, rhinwedd. NOURISHMENT.

maeth, *bf.* magodd. HE REARED.

maethfa, *eb. ll.*-feydd, -fâu, -oedd. ⎫
maethle, *eg. ll.*-oedd. ⎭
magwrfa, meithrinfa. NURSERY.

maethlon, *a.* yn llawn maeth. NOURISHING.

maethol, *a.* maethlon. NUTRITIOUS, NUTRITIVE.

maethu, *be.* magu ; rhoi maeth. TO REAR, TO FOSTER ; TO NOURISH,

maethydd, *eg.* peth sy'n rhoi maeth.
NUTRIENT, NOURISHER.

mafon, *ell.* (*un. b.*-en.). ffrwyth bach
meddal a choch, afan. RASPBERRIES.

Mafon duon : mwyar. BLACK-
BERRIES.

mag, *eb.* maeth. NURTURE.

*magai, *eg. ll.*-eion. nyrs. NURSE.

magfa, *eb. ll.*-feydd. magwrfa. NURS-
ERY.

magïen, *eb. ll.* magïod. tân-bach-di-
niwed, pryf tân, pren pwdr, glöyn.
GLOW-WORM, PHOSPHORESCENCE.

magl, *eb. ll.*-au. rhwyd i ddal ys-
glyfaeth, tagell, twll rhwyd. SNARE,
MESH (OF NET).

*maglawr, *a.* yn maglu. ENSNARING.

maglu, *be.* rhwydo, dal â magl,
clymu. TO SNARE, TO MESH, TO TIE, TO
ENTANGLE.

maglwr, *eg. ll.*-wyr. un sy'n maglu.
SNARER.

maglys, *eg.* planhigyn maethlon i
anifeiliaid, lwsern. LUCERNE.

magnel, *eb. ll.*-au. gwn mawr, dryll,
cyflegr. CANNON.

magnelaeth, *eb.* adran magnelau y
fyddin. ARTILLERY.

magnelwr, *eg. ll.*-wyr. milwr yn
adran y fagnelaeth. ARTILLERY MAN.

*magod, *a.* pasgedig. FATTED.

*magon, *ell.* aeron ; clystyrau.
BERRIES ; CLUSTERS.

magu, *be.* meithrin, maethu, epilio,
hilio, codi (plant, etc.), ennill. TO
BREED, TO NURSE, TO GAIN.

magwraeth, *eb.* meithriniad, codiad.
NURTURE.

magwrfa, *eb. ll.*-oedd, -fâu, -feydd.
meithrinfa, meithriniad. NURSERY,
NURTURE.

magwyr, *eb. ll.*-ydd. mur, gwal. WALL,
ENCLOSURE.

magwyro, *be.* cau â magwyr. TO WALL.

*mangddel, ⎫ *eb.* peiriant lluchio
*mangnel, ⎭ cerrig a rhwygo muriau.
MANGONEL.

*mahar,*eb.*ffon,gwaywffon.ROD, SPEAR.

maharen, *eg. ll.* meheryn. hwrdd. RAM.

maharenna, *be.* rhydio. TO BE IN HEAT
(OF SHEEP).

Mai, *eg.* y pumed mis. MAY.

mai, *cys.* taw. THAT.

*mai, *eb.* maes. FIELD.

maidd, *eg.* gleision, y llaeth sy'n
weddill wrth wneud caws. WHEY.
Meiddion. CURDS AND WHEY.

*maiesty, *eg.* gogoniant. MAJESTY.

*mail, *eb. ll.* meiliau. cawg. BOWL,
BRAZIER.

main¹, *a. ll.* meinion. tenau, cul,
treiddgar. THIN, LEAN, SLIM, SHRILL.
Main y cefn : y meingefn. SMALL OF
THE BACK.

main², *ell.* (*un.* maen). cerrig, cerrig
gwerthfawr. (PRECIOUS) STONES.

mainc, *eb. ll.* meinciau. ffwrwm, sedd,
eisteddfa, bord garreg. BENCH.

maint, *eg.* hyd a lled, swm. QUANTITY,
SIZE.
Faint ? Pa faint ? HOW MUCH ?
HOW MANY ?

*maintiolaeth, *eb.* ⎫ maint, taldra,
maintioli, *eg.* ⎭ uchder, corffol-
aeth. STATURE, SIZE, MAGNITUDE.

maip, *ell.* (*un. b.* meipen). erfin, rwdins.
TURNIPS.

maith, *a. ll.* meithion. 1. hir. LONG.
2. blin. TEDIOUS.

*mal, *cys.* fel. AS, LIKE.

mâl¹, *a.* wedi ei falu, mân. GROUND.
Aur mâl. WROUGHT GOLD, GOLD
COIN.

mâl², *egb.* melin ; treth. MILL ; TAX.

mâl³, *a.* gloyw. BRIGHT.

malais, *eg.* casineb. MALICE.

malc, *eg.* gweler *balc.*

maldod, *eg.* ymgais i foddio, anwes,
moethau. INDULGENCE, WHIM, FOND-
NESS.

maldodi, *be.* anwylo, anwesu, tolach,
mwytho. TO FONDLE, TO PET, TO
PAMPER.

maldodyn, *eg.* un yn rhoi mwythau,
anweswr, plentyn anwes, un a
maldod arno. PAMPERER, FONDLING.

maledd, *eg.* ysgafnder. LEVITY.

maleisus, *a.* yn dwyn malais, cas.
MALICIOUS.

maleithiau, *ell.* maleithrau, llosgeira,
cibwst. CHILBLAINS.

malen, *eb.* pruddglwyf. MELANCHOLY.

*malen, *eb.* arfogaeth. MAIL.

malio, *be.* gofalu, hidio, talu sylw. TO
HEED, TO MIND, TO CARE.

*malis, *eg.* malais. MALICE.

*malpai, *cys.* fel petai. AS IF IT WERE.

malpau, *ell.* maldod. AFFECTATION.

*malsai, *eg.* gwin melys. MALMSEY.

malu, *be.* chwalu'n fân mân. TO
GROUND, TO MINCE, TO SMASH.
Malu ewyn. TO FOAM.
Malu sôn : malu awyr. TO TALK
NONSENSE.

*malur(ia), *eg.* pridd y wadd. MOLE-
HILL.

malurio, *be.* chwilfriwio, chwalu, ad-
feilio. TO BREAK INTO FRAGMENTS.
TO DECAY, TO GRIND.

malurion, *ell.* darnau mân, teilchion, FRAGMENTS, DEBRIS.

malwod, *ell.* (*un. b.*-en, malwen). ymlusgiaid bychain. SNAILS, SLUGS.

malwr, *eg. ll.* malwyr. peiriant malu, dyn sy'n malu. GRINDER.

mall, *a.* llwgr, pwdr, wedi deifio, drygionus. CORRUPT, BLASTED, EVIL. Y fall. THE DEVIL.

*****mall**, *eg.* diod frag, bragod. BRAGGET, MALT.

mallgorn, *eg. ll.*-gyrn. canol corn. CORE OF A HORN.

*****malling**, *a.* adwythig. HURTFUL, BLIGHTED.

*****mallt**, *eg.* diod frag, bragod. BRAGGET, MALT.

malltan, *eg. ll.*-au. taranfollt. THUN-DERBOLT.

mallter, ⎱ *eg.* 1. llygriad, pydredd,
malltod, ⎰ madredd. ROTTENNESS. 2. deifiad. BLIGHT, BLAST.

mallu, *be.* pydru ; deifio. TO ROT ; TO BLAST.

mallus, *a.* pwdr ; llosg. ROTTEN ; BLASTED.

mam, *eb. ll.*-au. un a roes enedigaeth. MOTHER, DAM. Mam-gu : nain. GRANDMOTHER.

mamaeth, *eb. ll.*-au. nyrs. NURSE.

mamaidd, *a.* fel mam. MOTHERLY.

mamddinas, *eb. ll.*-oedd. prifddinas. METROPOLIS.

mamiaith, *eb.* iaith y fam, iaith gyntaf plentyn. MOTHER TONGUE.

mamladdiad, *eg.* y weithred o ladd mam. MATRICIDE.

mamog, *eb. ll.*-iaid, -ion. dafad ac oen ganddi. EWE WITH LAMB.

mamogaeth, *eb.* y cyflwr o fod yn fam. MATERNITY.

mamogi, *be.* dod yn fam. TO BECOME A MOTHER.

mamolion, *ell.* mamalia. MAMMALIA.

mamwlad, *eb. ll.*-wledydd. gwlad enedigol. MOTHERLAND.

mamwydd, *eb. ll.*-au. hen ŵydd. BROOD GOOSE.

mamwys, *eb.* mam, mamogaeth. MOTHER, MATERNITY.

*****mamysgol**, *eb. ll.*-ion. prifysgol. UNIVERSITY.

man[1], *egb. ll.*-nau. 1. mangre, lle, llecyn. PLACE. 2. nod, marc. MARK. Yn y man. SOON. Yn y fan. AT ONCE. Man geni. BIRTH MARK.

man[2], *adf.* lle. WHERE.

mân, *a.* bach, bychan, bitw, biti, pitw ; dibwys. TINY, SMALL, MINUTE ; PETTY. Oriau mân y bore. THE SMALL HOURS OF THE MORNING.

*****manag**, *eg.* datganiad. UTTERANCE.

*****manawl**, *a.* manwl. EXACT, PRECISE.

manbeth, *eg. ll.*-au. peth bach neu ddibwys. SMALL THING, TRIFLE.

manblu, *ell.* plu mân. DOWN.

mandra, *eg.* bychander. SMALLNESS.

mandragorau, *ell.* planhigion gwenwynig â gwreiddiau tebyg o ran ffurf i ddyn. MANDRAKES.

mandwll, *eg. ll.*-dyllau. twll chwys. PORE.

mandwyn,*eg.*clwyf y brenin. SCROFULA.

manddail, *ell.* dail mân. SMALL LEAVES.

mân-ddarlun, *eg.ll.*-iau. darlun bach. MINIATURE.

maneg, *eb. ll.* menig, (menyg). 1. dilledyn i'r llaw. GLOVE. 2. dirgelwch benyw. VULVA.

*****manegi**, *be.* gweler *mynegi*.

*****maner**, *eb. ll.*-i. baner. BANNER.

manfrith, *a.* brith. SPOTTED.

*****mangan(t)**, *eg.* blawd gwyn mân. FINE WHITE FLOUR.

mangaw, *a.* gweler *bangaw*.

mangoed, *ell.* coed mân. BRUSHWOOD.

mangre, *eb.* lle, man. PLACE.

mania, *eg.* gorffwylledd, gorawydd. MANIA.

manion, *ell.* pethau dibwys neu fân. TRIFLES, DETAILS.

maniwal, *a.* llawlyfr. MANUAL.

manlaw, *eg.* glaw mân, gwlithlaw. DRIZZLE.

mân-leidr, *eg. ll.*-ladron. lleidr sy'n dwyn pethau bach. PILFERER.

manlo, *eg.* glo mân. SMALL COAL.

manna, *eg.* bara gwyrthiol yr Israeliaid yn yr anialwch. MANNA.

mannog, *a.* gweler *bannog*.

mannu (ar) : **mennu** : **menu**, *be.* dylanwadu'n drwm ; gadael argraff. TO AFFECT.

*****manod**, *eg.* eira mân. FINE SNOW, DRIVEN SNOW.

*****manol**, *a.* gweler *manwl*.

*****manon**, *eb.* brenhines, bun. QUEEN, MAIDEN.

manor, *eg. ll.*-ydd. maenor. MANOR.

manorol, *a.* yn perthyn i fanor. MANORIAL.

manro, *e. torf.* gro mân. FINE GRAVEL.

mansier, *eg.* preseb. MANGER.

mân-sôn, 1. *eg.* murmur. MUTTERING, GRUMBLING. 2. *be.* murmur. TO MURMUR.

mant, *egb. ll.*-au. ceg, min, gwefus. MOUTH, LIP.

mantach, *a.* di-ddant. TOOTHLESS.

mantais, *eb. ll.* manteision. budd, lles, elw. ADVANTAGE.

manteisio, *be.* cymryd mantais, elwa. TO TAKE ADVANTAGE.

manteisiol, *a.* buddiol, llesol. ADVANTAGEOUS, PROFITABLE.

mantell, *eb. ll.*-oedd, mentyll. cochl, clog, clogyn, hugan. MANTLE.

mantellu, *be.* gosod mantell, gorchuddio. TO MANTLE.

mantol, *eb. ll.*-ion. offeryn pwyso, clorian, tafol. BALANCE, SCALE.

mantolen, *eb. ll.*-ni. taflen yn rhoi cyfrif o gostau a threuliau. BALANCE SHEET.

mantoli, *be.* pwyso, cloriannu, mesur. TO WEIGH, TO BALANCE.

mantolwr, *eg. ll.*-wyr. tafolwr. BALANCER.

manu, *be.* gwneud yn fân. TO BREAK UP.

manus, *e. torf.* us, eisin. CHAFF.

*****manŵaidd**, *a.* tyner, manwl. TENDER, FINE.

mân-werthu, *be.* adwerthu, gwerthu eto, gwerthu ychydig ar y tro. TO RETAIL.

mân-werthwr, *eg. ll.* mân-werthwyr. un sy'n mân-werthu, ailwerthwr. RETAILER.

manwl, *a.* cywir, gofalus, llym. EXACT, CAREFUL, STRICT.

manwydd, *ell. (un. b.*-en.*).* prysgwydd. BRUSHWOOD.

manwynion, *eg.* fflamwydden. ERYSIPELAS.

mân-wythi, *ell. (un. b.*-ïen.*).* gwythiennau mân. CAPILLARIES.

manylion, *ell.* cyfrif manwl, hanes manwl, pethau bychain. DETAILS.

manylrwydd : manyldeb : manylwch, *eg.* cywirdeb, EXACTNESS.

manylu, *be.* rhoi manylion. TO GO INTO DETAILS.

manyn, *eg. ll.*-nau. smotyn. SPOT, SPECK.

*****maon**, *ell.* llu, milwyr, gwŷr, pobl. HOST, MEN, PEOPLE.

map, *eg. ll.*-iau. llun gwlad neu ran o wlad. MAP.

mapiwr, *eg. ll.*-wyr. tynnwr mapiau. CARTOGRAPHER.

*****maran**, *eg.* llid, ffyrnigrwydd. FEROCITY.

*****marannedd**, *eg.* trysor, cyfoeth. adnoddau. TREASURE, WEALTH, RESOURCES.

marblen, *eb. ll.* marblys. pelen fach a ddefnyddir i chwarae. MARBLE.

marc, *eg. ll.*-au, -iau. nod, arwydd, argraff, darn arian. MARK.

marced, *eb. ll.*-au. marchnad. MARKET.

marcio, *be.* nodi. TO MARK.

marciwr, *eg. ll.*-wyr. nodwr. MARKER.

march, *eg. ll.* meirch. ceffyl, ystalwyn. HORSE, STALLION.

marcha, *be.* dymuno march (am gaseg). TO DESIRE A STALLION (OF A MARE).

marchdaran, *eb. ll.*-au. taran uchel. LOUD THUNDERCLAP.

marchdy, *eg. ll.*-dai. ystabl. STABLE.

marches, *eb. ll.*-au. caseg. MARE.

marchfieri, *ell.* mieri mawr. LARGE BRAMBLES.

marchlan, *eb. ll.*-nau. ystabl. STABLE.

marchlu, *eg. ll.*-oedd. gwŷr meirch. CAVALRY.

marchnad, *eb. ll.*-oedd. marchnadfa, mart. MARKET.

marchnadaeth, *eb. ll.*-au. marsiandïaeth, trafnidiaeth. MERCHANDISE, TRAFFIC.

marchnadfa, *eb. ll.*-oedd. lle i farchnata. MARKET-PLACE.

marchnadol, *a.* gwerthadwy. MARKETABLE.

marchnadwr, *eg. ll.*-wyr. ⎱marsian-
marchnadydd, *eg. ll.*-ion. ⎰dïwr. MERCHANT.

marchnata, ⎱*be.* prynu a gwerthu,
marchnatáu, ⎰masnachu. TO MARKET, TO TRADE.

marchnataol, *a.* masnachol. COMMERCIAL.

marchnatäwr, *eg. ll.*-wyr. ⎱
marchnatwr, *eg. ll.* marchnatwyr. ⎰ marsiandïwr, un sy'n prynu a gwerthu. MERCHANT.

marchnerth, *eg.* celrym. HORSEPOWER.

marchog, *ell.*-ion. un sy'n marchogaeth, gŵr arfog ar geffyl. RIDER, KNIGHT.

*****marchogaeth**, *eb.* tro ar geffyl, etc. HORSEMANSHIP.

marchogaeth : marchocáu, *be.* mynd ar geffyl neu feisigl. TO RIDE.

marchoglu, *eg. ll.*-oedd. gwŷr meirch. CAVALRY.

marchogol, *a.* yn perthyn i farchog. EQUESTRIAN.

marchredyn, *ell.* rhedyn mawr. POLYPODY FERN.

marchus, *a.* yn dymuno march (am gaseg. DESIRING A STALLION (OF A MARE).

marchwas, *eg. ll.*-weision. gwastrawd. GROOM.

marchwellt, *ell.* gwair tal cwrs. TALL COARSE GRASS.

marchwr, *eg. ll.*-wyr. marchog. HORSE-MAN.

marchwreinyn, *eg.* tarwden. RING-WORM.

marchwriaeth, *eb.* triniaeth, ymddygiad. TREATMENT, BEHAVIOUR.

*marchwrio, *be.* marchogaeth. TO RIDE.

*marchydd, *eg. ll.*-ion. marchog. KNIGHT, HORSEMAN.

mardon, *eb.* cen, marwdon. SCURF.

*maredd, *eg.* rhodres, ysblander. POMP, SPLENDOUR.

*mareddawg, *a.* doeth, ysblennydd. PRUDENT, SPLENDID.

*margen, *eb.* bargen. BARGAIN.

marian, *eg.* traeth, tir â cherrig rhydd, ffin. BEACH, MORAINE, BOUNDARY.

marlad : marlat, *eg.* adiad. DRAKE.

marl, *eg.* pridd ffrwythlon. MARL.

marlog, *a.* yn cynnwys marl. MARLY.

marmor, *eg.* mynor, maen clais. MARBLE.

maroryn, *eg.* marworyn. EMBER.

*mars, *eg. ll.*-oedd. goror, ffin, tiriogaeth gororau Cymru. MARCH.

marsiandïaeth, *eb.* nwyddau a brynir ac a werthir, masnach. MERCHANDISE, COMMERCE.

marsiandïwr, *eg. ll.* marsiandïwyr. masnachwr. MERCHANT.

*marswr, *eg. ll.*-wyr. un ar y goror. MARCHER.

*marth, *eg.* tristwch, braw, rhyfeddod. SADNESS, FEAR, WONDER.

marw, 1. *be.* colli bywyd, trengi, trigo (terigo) (am anifail), darfod. TO DIE. 2. *a. ll.* meirw, meirwon. difywyd, wedi trengi, heb einioes. DEAD. 3. *eg. ll.* meirw, meirwon. person wedi trengi. THE DEAD.

marwaidd, *a.* difywyd, dilewyrch, diog, dioglyd, araf, musgrell, swrth, cysglyd, trymaidd, llethol. LIFELESS, OPPRESSIVE, SLUGGISH, HEAVY, GANGRENOUS.

marw-anedig, *a.* wedi ei eni'n farw. STILL-BORN.

marwder, *eg.* y cyflwr o fod yn farw neu'n ddideimlad. NUMBNESS, DEADNESS.

marwdon, *eb.* mardon. SCURF.

marwdy, *eg. ll.*-dai. tŷ i gadw'r marw dros dro. MORTUARY, CHARNEL-HOUSE.

marwddwfr, } *eg.* merddwr. STAG-
marwddwr, } NANT WATER.

marweidd-dra, *eg.* diogi, syrthni, musgrellni. SLUGGISHNESS.

marweiddiad, *eg.* marwhad. MORTIFICATION.

marweiddio, *be.* merwino. TO NUMB.

*marwerydd, *eg.* ymleferydd. DELIRIUM.

marwfis, *eg. ll.*-oedd. Ionawr. JANUARY.

marwgig, *eg.* cig marw. PROUD FLESH.

marwgroen, *eg.* croen dyn meidrol. HUMAN SKIN.

marwhad, *eg.* marweiddiad. MORTIFICATION.

marwhau, *be.* darfod. TO MORTIFY.

marwnad, *eb. ll.*-au. galarnad, cân i alaru am y marw. ELEGY.

marwnadol, *a.* galarnadol. ELEGIAC.

marwnadu, *be.* cyfansoddi marwnad(au). TO ELEGIZE.

marwol, 1. *a. ll.*-ion, angheuol. FATAL. 2. *eg.* y marw. DEAD PERSON.

marwolaeth, *eb. ll.*-au. angau, diwedd bywyd. DEATH.

marwolaethu, *be.* marwhau, lladd. TO MORTIFY, TO KILL.

marwoldeb, *eg.* yr ansawdd o fod yn farwol, meidroldeb. MORTALITY.

*marwoledig, *a.* marwol. MORTAL.

*marwoledd, *eg.* marwolaeth. DEATH.

marwor, *ell.* (*un. g.* -yn.). marwydos, glo wedi hanner llosgi, cols. EMBERS.

marwydos, *ell.* marwor. EMBERS.

*maryedd, *eg.* gweler *maredd.*

mâs, *eg.* brysgyll. MACE.

masarnen, *eb. ll.* masarn. pren o deulu'r sycamorwydden. MAPLE.

masgl, *eg. ll.*-au. 1. plisgyn, cibyn, coden. SHELL, POD.
    Masgl wy. EGG-SHELL.
    2. y gofod rhwng llinellau rhwyd, basg. MESH.

masglu : masglo, *be.* 1. diblisgo, gwisgïo, plisgo. TO SHELL.
    2. gwneud rhwydwaith. TO INTERLACE.

*masgnach, *eg.* masnach. TRADE, COMMERCE.

masiwn, *eg. ll.*-iyniaid. saer maen. MASON.

masnach, *eb. ll.*-au. busnes, trafnidiaeth, marsiandïaeth. TRADE, COMMERCE.

masnachdy, *eg. ll.*-dai. tŷ masnach, siop. BUSINESS PREMISES, SHOP.

masnachu, *be.* marchnata. TO TRADE.

masnachwr, *eg. ll.* masnachwyr. siopwr, marsiandïwr. TRADESMAN, DEALER, MERCHANT.

mastitis, *eg.* clefyd y gadair, y garged. MASTITIS.

masw, *a.* meddal, addfwyn, gwamal, llon, hyfryd, difyr, di-fudd, anllad. SOFT, AMUSING, WANTON, MERRY, FICKLE.

maswaidd, *a.* ysgafn, gwageddus. VAIN, WANTON.

maswedd, *eg.* ysgafnder, gwiriondeb, meddalwch, anlladrwydd. LEVITY, RIBALDRY, WANTONNESS.

masweddwr, *eg. ll.*-wyr. cablwr. RIBALD.

*maswy, *a.* gweler *masw.*

mat, *eg. ll.*-au,'iau. peth i sychu traed arno, defnydd i'w ddodi dan lestr ar ford. MAT.

mater, *eg. ll.*-ion. testun, pwnc, achos, defnydd peth daearol. MATTER, SUBJECT.

materol, *a.* bydol, daearol. MATERIAL, MATERIALISTIC.

materoliaeth, *eb.* yr hyn sy'n ymwneud â phethau'r ddaear. MATERIALISM.

materolwr, *eg. ll.*-wyr. } un a gred
materolydd, *eg. ll.*-ion. } mewn pethau materol yn unig. MATERIALIST.

materyddol, *a.* materol. MATERIALISTIC.

matog, *eb. ll.*-au. batog. MATTOCK.

matras, *eb. ll.* matresi. cas wedi ei lanw â rhawn, etc. a'i ddefnyddio fel gwely. MATTRESS.

matsien, *eb. ll.* matsys. peth i gynnau tân ag ef, fflachen. MATCH.

math, *eg. ll.*-au. bath, rhyw, gradd, sort. SORT, KIND.

mathemateg, *eb* gwyddor maint a mesur a'u holl berthynas. MATHEMATICS.

mathemategol, *a.* yn ymwneud â mathemateg. MATHEMATICAL.

mathemategwr, *eʒ. ll.*-wyr. un hyddysg mewn mathemateg. MATHEMATICIAN.

mathrfa, *eb.* sathrfa. TRAMPLING.

mathr, } *eg.* sathr. TRAMPLING.
mathriad, }

mathru, *be.* sangu, damsang, sathru, sengi, troedio (ar). TO TRAMPLE.

mathu, *be.* bathu. TO MINT.

*mau, *rhag.* fy, eiddof. MINE, MY.

mawaid, *eb. ll.*eidiau. llond llaw. HANDFUL.

mawl, *eg.* clod, moliant. PRAISE.

mawlgan, *eb. ll.*-ganeuon. cân o orfoledd. PÆAN.

*mawlhad, *eg.* mawl. PRAISE.

mawlhau, *be.* moli. TO PRAISE.

mawn, *eg.* defnydd tân, tyweirch wedi ei sychu i'w llosgi. PEAT.

mawnbwll, *eg. ll.*-byllau. pwll mawn. PEAT-PIT.

mawnog, 1. *eb. ll.*-ydd. tir yn cynnwys mawn, mawnen. PEAT-BOG.
2. *a.* mawnoglyd. PEATY.

*mawntais, *eg.* mantais. ADVANTAGE.

mawr, *a. ll.*-ion. (cymaint, mwy, mwyaf). eang, helaeth. BIG, GREAT, HIGH.
O fawr werth. OF GREAT VALUE.

*mawrair, *eg. ll.*-eiriau. ymffrost BOAST.

*mawrdeg, *a.* gwych, ardderchog. MAGNIFICENT.

mawrder, } *eg.* mawredd; ymffrost.
mawrdra, } GREATNESS; BOASTING.

mawrddrwg, *eg. ll.*-ygau. drygioni mawr. GREAT EVIL.

*mawredig, *a.* rhagorol, trahaus, mawr. MAGNIFICENT, PROUD, GREAT.

*mawredigrwydd, *eg.* mawredd, balchder. MAGNIFICENCE, GRANDEUR, PRIDE.

mawredd, *eg.* rhwysg, gwychder, crandrwydd. GREATNESS, MAJESTY.

mawreddog, *a.* gwych, dyrchafedig, rhwysgfawr, urddasol, ymffrostgar. FINE, NOBLE, BOASTFUL.

*mawreddu, *be.* mawrhau. TO EXALT.

*mawreddus, *a.* mawreddog. NOBLE.

*mawrfrith, *a.* brith. SPOTTED.

*mawrfryd, 1. *a.* urddasol. NOBLE, GRAND.
2. *eg.* urddas, ysblander, rhwysg. SPLENDOUR, GRANDEUR.

mawrfrydig, *a.* hael, haelfrydig, anrhydeddus. MAGNANIMOUS.

mawrfrydigrwydd, *eg.* haelfrydigrwydd, balchder, rhwysg. MAGNANIMITY, PRIDE, POMP.

*mawrfrydus, *a.* ysblennydd. MAGNIFICENT.

*mawrgant, *eg.* llu mawr. GREAT HOST.

mawrhad, *eg.* anrhydedd, bri. HONOUR.

mawrhau, *be.* mawrygu, moli. TO MAGNIFY.

mawrhydi, *eg.* mawredd, urddas. MAJESTY.

*mawrhydig, *a.* ardderchog, ysblennydd. MAGNIFICENT.

*mawrio, *be.* mwyhau. TO ENLARGE.

*mawroed, *eg.* hiraeth. LONGING, NOSTALGIA.

Mawrth, *eg.* y trydydd mis, ail ddiwrnod yr wythnos. MARCH, TUESDAY.

Mawrth Ynyd. SHROVE TUESDAY.

*mawrthig, *a.* rhyfelgar. WARLIKE.

*mawrwedd, *eg.* mawredd, rhwysg. GRANDEUR, POMP.

mawrweiriog, *a.* â llawer o wair. GRASSY.

mawrwerth, *eg.* gwerthfawredd. PRECIOUSNESS.

*mawrwerthedd, *eg.* cyfoeth mawr. GREAT RICHES.

*mawrwriaeth, *eb.* gwroldeb. VALOUR.

mawrwych, *a.* ardderchog, ysblennydd. MAGNIFICENT.

mawrwyrthiog, *a.* gwerthfawr. PRECIOUS.

mawrygu, *be.* clodfori, moli. TO GLORIFY.

*maws, *a.* gwych, hyfryd, mwyn. FINE, PLEASANT.

*mebaint, *eg.* plentyndod, mebyd. INFANCY, YOUTH.

mebin, \ *a.* plentynnaidd.
mebinaidd, / INFANTILE.

mebyd, *eg.* plentyndod, maboed, ieuenctid, llencyndod. YOUTH.

mecaneg, *eb.* gwyddor sy'n delio â pheiriannau. MECHANICS.

mecaneiddiad, *eg.* y weithred o fecaneiddio. MECHANISATION.

mecaneiddio, *be.* defnyddio peiriannau yn lle dynion. TO MECHANISE.

mecanyddol, *a.* peiriannol. MECHANICAL.

mechdeyrn, *eg. ll.*-edd. brenin (mawr), Duw. KING, OVERLORD, GOD.

mechdeyrniaeth, *eb.* awdurdod mechdeyrn. OVERLORDSHIP.

mechni, *eg. ll.*-ïon. \ mach, y weith-
mechnïaeth, *eb.* / red o fechnïo. SURETY, BAIL.

mechnïo, *be.* bod yn fechni neu fechnïwr. TO BECOME SURETY.

mechnïwr, *eg.* mechnïwyr. \ un sy'n
mechnïydd, *eg. ll.*-ion. / gyfrifol am ymddangosiad rhywun arall mewn llys. SURETY, BAIL.

medal, *eg. ll.*-au. darn o fetel ac arysgrif arno. MEDAL.

medel, *eb. ll.*-au. 1. y weithred o fedi. REAPING.

2. cwmni o fedelwyr. REAPING-PARTY.

medelwr, *eg. ll.* medelwyr. un sy'n medi. REAPER.

medi, *be.* torri ŷd (llafur). TO REAP.

*medlai, 1. *eg.* brethyn gwlân amryliw ; cymysgedd. PLAID ; MEDLEY.

2. *a.* amryliw. MOTLEY.

medleio, *be.* ymyrraeth. TO MEDDLE.

medr : medrusrwydd, *eg.* hyfedredd, gallu, cywreinrwydd, deheurwydd. SKILL, ABILITY.

medru, *be.* 1. gallu, gwybod. TO BE ABLE, TO KNOW.

2. taro. TO STRIKE, TO HIT.

medrus, *a.* cyfarwydd, hyfedr, celfydd, abl, galluog, cywrain, deheuig. SKILFUL, CLEVER, ABLE.

*medryd, *be.* medru. TO BE ABLE, TO KNOW.

medd, 1. *eg.* diod (yn cynnwys mêl). MEAD.

2. *bf.* meddai, eb, ebe. SAYS, SAID.

meddal, *a.* tyner, llaith, masw, hyblyg. SOFT, PLIABLE.

meddalaidd, *a.* braidd yn feddal. SOFTISH.

meddaldra, *eg.* meddalwch. SOFTNESS.

meddalhau : meddalu, *be.* tyneru, lleith(i)o, lleitháu. TO SOFTEN.

meddalnod, *eg. ll.*-au. nodyn sy'n hanner tôn yn is na'r cyffredin. FLAT (MUSIC).

meddalrwydd, *eg.* meddalwch. SOFTNESS.

meddalwch, *eg.* tynerwch, lleithder, ystwythder. SOFTNESS.

meddalwy, *eg.* wy heb fasgl caled. SOFT SHELLED EGG.

*medd-dawd, *eg.* meddwdod. DRUNKENNESS.

*meddf, *a.* addfwyn. GENTLE.

*meddfaeth, *a.* wedi ei fagu ar fedd. MEAD-FED.

*meddgell, *eb. ll.*-oedd. cell i gadw medd. MEAD-CELLAR.

*meddgorn, *eg. ll.*-gyrn. corn medd. MEAD-HORN.

*meddgwyn, *eb.* cinio medd. MEAD SUPPER.

meddiannol, *a.* 1. â meddiant, yn meddu. POSSESSING.

2. (term gramadegol), genidol. POSSESSIVE.

meddiannu, *be.* gweler *meddu*.

meddiannydd, *eg. ll.*-ianyddion. perchennog. OWNER.

meddiant, *eg. ll.* meddiannau. perchenogaeth ; gallu, awdurdod. POSSESSION ; POWER, AUTHORITY.

*meddiawdr, *eg. ll.*-iodron. perchennog. OWNER.

*meddlyn, *eg.* diod o fedd. DRINK OF MEAD.

meddu

meddu (ar), *be.* perchenogi, bod a pheth ar ei elw. TO OWN, TO POSSESS.

***meddud,** *eg.* mwynhad, hyfrydwch. ENJOYMENT, DELIGHT.

meddw, *a. ll.*-on. brwysg, wedi meddwi. DRUNK.

Yn feddw caib (gaib) : yn feddw chwil. BLIND DRUNK.

***meddwaint,** *eg.* meddwdod. DRUNK-ENNESS.

meddwdod : medd-dod, *eg.* y stad o fod yn feddw, brwysgedd. DRUNKEN-NESS.

meddwen, *eb.* gwraig feddw. DRUNKEN WOMAN.

meddwi, *be.* brwysgo, myned dan effaith diodydd meddwol. TO GET DRUNK.

meddwl, *be.* synio, synied, ystyried, tybied, golygu, bwriadu. TO THINK, TO MEAN, TO INTEND.

meddwl, *eg. ll.* meddyliau. 1. syniad, ystyriaeth. THOUGHT.
2. tyb, bryd, barn, bwriad. MIND.

***meddwn,** *ardd.* mewn. IN.

meddwol, *a.* yn peri meddwdod. INTOXICATING.

meddwyn, *eg.* dyn meddw. DRUNKARD.

***meddyd(iant),** *eg.* myfyrdod. MEDI-TATION.

***meddydd,** *eg.* gwneuthurwr medd. MEAD-MAKER.

meddyg, *eg. ll.*-on. un sy'n gofalu am iechyd pobl, ffisigwr, doctor. DOCTOR.

meddygaeth, *eb.* gwyddor iechyd a chlefydau. MEDICINE.

meddyginiaeth, *eb. ll.*-au. meddyg-aeth, moddion, ffisigwriaeth. REMEDY, MEDICINE.

meddyginiaethu, *be.* doctora, medd-ygu, gwella, iacháu, adfer. TO CURE.

meddyglyn, *eg. ll.*-noedd. diod fedd. DRINK OF MEAD.

meddygol, *a.* yn ymwneud â meddyg-iniaeth. MEDICAL.

***meddygu,** *be.* meddyginiaethu, gwella. TO DOCTOR, TO CURE.

meddylddrych, *eg. ll.*-au. syniad. IDEA.

meddyleg, *eb.* seicoleg. PSYCHOLOGY.

meddylegwr, \ *eg. ll.*-wyr. seicoleg-
meddylegydd, / wr. PSYCHOLOGIST.

meddylfryd, *eg.* tuedd, gogwydd, tueddfryd, dychymyg, crebwyll. BENT, INCLINATION, THOUGHT, IM-AGINATION.

meddylgar, *a.* ystyriol, cofus, gofalus, synfyfyriol, myfyrgar. THOUGHTFUL, PENSIVE.

meidrol

meddyliad, *eg. ll.*-au. meddwl. A THOUGHT.

meddyliaid, \ *be.* meddwl. TO THINK,
***meddylio,** / TO MEAN.

meddyliol, *a.* yn perthyn i'r meddwl. MENTAL.

meddyliwr, *eg. ll.* meddylwyr. un sy'n meddwl, un meddylgar. THINKER.

meddylrith, *eg. ll.*-iau. syniad, del-wedd. IDEA, IMAGE.

meddylu, *be.* myfyrio, synfyfyrio. TO MEDITATE, TO WOOLGATHER.

mefl, *eg. ll.*-au. 1. nam, anaf, bai, diffyg, blot. BLEMISH, FLAW.
2. gwarth, gwaradwydd. SHAME, DISGRACE.

***meflhau,** *be.* llygru, gwaradwyddo. TO POLLUTE, TO DISGRACE.

meflu, *be.* difwyno. TO SOIL, TO BLEMISH.

mefus, *ell. (un. b.*-en.). ffrwythau cochion, syfi. STRAWBERRIES.

***megidydd,** *eg. ll.*-ion. meithrinwr, maethwr. NOURISHER.

megin, *eb. ll.*-au. offeryn chwythu tân. BELLOWS.

megino, *be.* chwythu â megin, chwythu. TO WORK BELLOWS, TO BLOW.

megis, *cys.* fel, tebyg. AS.

***megyr,** *a.* mygr, gwych. FINE, GLORIOUS.

Mehefin, *eg.* y chweched mis. JUNE.

***mehin,** *eg.* braster, bloneg. FAT, LARD.

***mehyn,** *eg.* lle, man. PLACE.

meib, *ell.* meibion. SONS.

meicoleg, *eb.* gwyddor sy'n astudio ffyngau. MYCOLOGY.

meicolegydd, *eg.* un hyddysg mewn meicoleg. MYCOLOGIST.

meicosis, *eg.* clefyd a achosir gan ffyngau yn y corff. MYCOSIS.

meicrobioleg, *eb.* astudiaeth meic-robau. MICROBIOLOGY.

meicroffon, *eg.* offeryn a ddefnyddir i siarad iddo. MICROPHONE.

meicrosgop, *eg.* offeryn i alluogi dyn i weld pethau bychain. MICROSCOPE.

meichiad, *eg. ll.* meichiaid. un sy'n gofalu am foch. SWINEHERD.

meichiau, *eg.* mechnïwr. SURETY, BAIL.

***meidr,** *eg. ll.*-on. mesur, mydr. MEASURE.

meidr, *eb.* beidr, lôn. LANE.

***meidrad,** *eg.* brenin, rheolwr. KING, RULER.

***meidradur,** *eg. ll.*-on. offeryn mesur, riwl. RULER.

***meidraeth,** *eb.* mesur. MEASURE.

meidrol, *a.* terfynol, a therfyn iddo (fel bywyd dyn). FINITE.

meidroldeb, *eg.* yr ansawdd o fod yn feidrol ; maint. FINITENESS ; SIZE.

meidrydd, *eg.* offeryn mesur. GAUGE.

meidryddu, *be.* mesur â meidrydd. TO GAUGE.

*__meiddiad__, *eg.* un sy'n meddu, meddiannwr. POSSESSOR, OWNER.

meiddio, *be.* beiddio, anturio, rhyfygu. TO DARE.

meiddion, *ell.* caws a gleision. CURDS AND WHEY.

*__meigen__, *eb.* cilfach. NOOK.

*__meigoed__, *ell.* mân goed. SMALL TREES.

*__mei-iau__, *eb.* iau ganol. MIDDLE YOKE.

meilart, *eg.* *ll.*-od. ceiliog hwyaden, adiad. DRAKE.

meilwn(g), *eg.* *ll.*-yn(g)au. ffêr. ANKLE.

*__meilliog__, *a.* hyfryd. PLEASANT.

meillion, *ell.* (*un. b.*-en.). clofer, planhigion ac iddynt ddail sy'n rhannu'n dair. CLOVER.

meillionog, *a.* â meillion neu glofer. HAVING CLOVER.

meinder, *eg.* teneuder, teneurwydd, teneuwch, y stad o fod yn fain, eiddilwch. SLENDERNESS, SLIMNESS.

meindio, *be.* gofalu, gwarchod. TO MIND.

meindlws, *a.* tlws a main. FAIR AND SLENDER.

meindwll, *eg.* *ll.*-dyllau. twll chwys. PORE.

meindwr, *eg.* *ll.* meindyrau. tŵr main. SPIRE.

*__meinell__, *eg.* march. STEED.

meinfor, *eg.* *ll.*-oedd. culfor. STRAIT.

meingefn, *eg.* main y cefn, y rhan isaf o'r cefn. SMALL OF THE BACK.

meinhau, *be.* mynd yn feinach, teneuo. TO GROW SLENDER.

*__meiniar__, *eb.* merch. MAIDEN.

*__meiniell__, *eg.* march. STEED.

*__meinin__, *a.* o faen. OF STONE.

meinir, *eb.* merch, genethig, morwyn. MAIDEN.

meinllais, *eg.* llais gwichlyd. SHRILL VOICE, TREBLE.

*__meinllin__, *eg.* lliain main. FINE LINEN.

*__meinoeth__, *eb.* *ll.*-ydd. canol nos. MIDNIGHT.

*__meinog__, *a.* caregog. STONY.

meintiol, *a.* yn ymwneud â maint. QUANTITATIVE.

meintoliad, *eg.* mynegiant o faint term (mathemateg). QUANTIFICATION.

meintoniaeth, *eb.* mesuroniaeth, geometreg. GEOMETRY.

*__meinus__, *a.* lluniaidd. GRACEFUL.

*__meinwar__, } *eb.* merch, morwyn.
*__meinwen__, } MAIDEN.

meinwe, *eg.* *ll.*-oedd. defnydd sy'n ffurfio organau. TISSUE.

Meinwe ronynnog. GRANULATION TISSUE.

*__meinwyr__, 1. *a.* main a hwyr, tyner. SLENDER AND GENTLE.

2. *eg.* morwyn, merch. MAIDEN.

meinyn, *eg.* darn o garreg. LUMP OF STONE.

meiopia, *eg.* byrwelediad. MYOPIA.

meiosis, *eg.* lleihad. MEIOSIS.

meiriol, *eg.* dadlaith. A THAW.

meirioli, *be.* toddi, dadlaith, dadmer. TO THAW.

*__meirion__, *ell.* meiri, stiwardiaid. STEWARDS.

*__meisgyn__, *eg.* *ll.*-nod. gwyfyn. MOTH.

meistr, *eg.* *ll.*-i, -aid, -iaid, -adoedd. (*b.*-es). athro, llywydd, un wedi dysgu ei grefft, perchen. MASTER, OWNER.

*__meistri__, *eg.* helynt, trafferth. TROUBLE.

*__meistrol__, *a.* meistrolgar. MASTERLY.

meistrolaeth, *eb.* goruchafiaeth. MASTERY.

meistrolgar, *a.* fel meistr, meistrolaidd. MASTERLY.

meistroli, *be.* trechu, curo, ffusto, gorchfygu, maeddu. TO MASTER.

meistrolwr, *eg.* *ll.*-wyr. pencampwr. ADEPT, MASTER.

meitin, *eg.* (yn yr ymadrodd) ers meitin. A GOOD WHILE SINCE.

meithder, *eg.* *ll.*-au. pellter, hyd, blinder. LENGTH, TEDIOUSNESS.

*__meithio__, *be.* gwneud yn faith. TO MAKE LONG.

meithrin, *be.* maethu, magu, codi, cynnal, porthi, addysgu, coleddu, mynwesu. TO NOURISH, TO CHERISH, TO FOSTER.

Ysgol Feithrin. NURSERY SCHOOL.

meithrinfa, *eb.* *ll.*-oedd. lle i feithrin. NURSERY.

*__meiwyr__, *ell.* hanner gwŷr, gwŷr llwfr. PUNY MEN, TIMID MEN.

mêl, *eg.* hylif melys a grynhoir gan wenyn. HONEY.

Dil mêl. HONEYCOMB.

Mis mêl. HONEYMOON.

mela, *be.* casglu mêl. TO GATHER HONEY.

melan, *eb.* pruddglwyf. MELANCHOLY.

*__melan__, *eg.* dur. STEEL.

melancolia, *eg.* pruddglwyf, y felan. MELANCHOLIA.

melfa, *eb.* y rhan o'r blodeuyn lle ceir y mêl. NECTARY.

melfaréd, *eg.* melfed, cotwm rhesog. CORDUROY.

melfed : felfed, *eg.* math o ddefnydd sidan. VELVET.

*melfochyn, *eg.* mochyn sugno. SUCKING-PIG.

*melgawad, ⎫ *eb.* defnydd melys
*melgawod, ⎭ gludiog ar ddail, etc., llwydni. HONEY-DEW ; MILDEW.

*melged, *eb. ll.*-ion. rhodd o fêl. GIFT OF HONEY.

*melgorn, *eg. ll.*-gyrn. ⎫ crynhofa,casgl.
*melgranc, *eg.*   ⎭
ABSCESS.

melierydd, *eg.* ehedydd. LARK.

melin, *eb. ll.*-au. 1. lle neu beiriant i falu ŷd, etc.
2. gwaith (alcam). MILL.
Melin wynt. WINDMILL.
Maen melin. MILLSTONE.

melinydd, *eg. ll.*-ion. melinwyr. perchen melin, un sy'n malu. MILLER.

melodaidd, *a.* perseiniol, hyfrydlais. MELODIOUS.

melodi, *eb.* peroriaeth, erddigan. MELODY.

melog, *a.* â mêl. WITH HONEY.

melus, *a.* gweler *melys*.

melwlith, *eg.* melgawod. HONEY-DEW.

melyn, *a. ll.*-ion. (*b.* melen.) lliw aur, etc. YELLOW.
Melyn wy. YOLK OF AN EGG.

melynder, ⎫ *eg.* lliw melyn. YELLOW-
melyndra, ⎭ NESS.

melynddu, *a.* o liw tywyll. TAWNY.

melynell, *a.* melyn, gwinau. YELLOW, BAY.

melynfaen, *eg.* brwmstan. BRIMSTONE.

melyngoch, *a.* melyn cochlyd, o liw'r oren, rhuddfelyn. ORANGE (COLOUR).

melynllys, *eg.* llygadlys. CELANDINE.

*melynrudd, *a.* melyngoch. ORANGE (COLOUR).

melynu, *be.* troi'n felyn. TO TURN YELLOW.

melynwy, *eg.* melyn wy. YOLK OF AN EGG.

melys, *a.* pêr, hyfryd, dymunol, peraidd, â blas fel mêl, etc. SWEET.
Melysion : losin : da-da : taffys. SWEETS.

melyslais, *a.* â llais swynol neu felys. SWEET-VOICED.

melysol, *a.* yn melysu. SWEETENING.

melyster : melystra, *eg.* cyflwr melys. SWEETNESS.

melysu, *be.* gwneud yn felys. TO SWEETEN.

melli, *eg.* malltod. BLIGHT.

mellt, *ell.* (*un. b.*-en). lluched. LIGHTNING.

melltennu, *be.* lluchedu, fflachio. TO FLASH LIGHTNING.

*melltigaid, ⎫ *a.* drwg, anfad, ysgel-
melltigedig, ⎭ er. ACCURSED.

*melltigo, *be.* melltithio. TO CURSE.

melltith, *eb. ll.*-ion. drwg, drygioni, pla, adfyd. CURSE.

melltithio, *be.* bwrw melltith (ar), rhegi, cablu. TO CURSE.

melltithiol, *a.* yn melltithio. IMPRECATORY.

melltithiwr, *eg. ll.*-wyr. un sy'n melltithio, rhegwr. CURSER.

memrwn, *eg. ll.* memrynau. croen wedi ei addasu i ysgrifennu arno. PARCHMENT.

memrynwr, *eg. ll.*-wyr. ⎫ gwneuth-
memrynydd, *eg. ll.*-ion. ⎭ urwr memrwn. PARCHMENT-MAKER.

men, *eb. ll.*-ni. cerbyd pedair olwyn, wagen. WAGGON.

*men, *eg.* man, lle. PLACE.

mendio, *be.* gwella, trwsio. TO RECOVER, TO MEND.

*menechdid, *eb.* gweler *mynechdid*.

*menegi, *be.* mynegi. TO EXPRESS.

meneginiaeth, *eb.* meddyginiaeth. MEDICINE, CURE, REMEDY.

*menestr, *eg. ll.*-i. gweinyddwr gwin. CUP-BEARER.

*menestru, *be.* gweinyddu. TO WAIT, TO SERVE.

mennaid, *eb. ll.*-neidiau. llond ben. CART-LOAD.

mennu, *be.* gweler *mannu*.

mentr : menter, *eb.* antur, anturiaeth, beiddgarwch. VENTURE.

mentro, *be.* anturio, meiddio, rhyfygu, beiddio. TO VENTURE.

mentrus, *a.* anturus, beiddgar. VENTURESOME.

*menwyd, *eg.* hyfrydwch, llawenydd. DELIGHT, JOY.

*menybr, *eg. ll.*-au. carn, coes bwyell neu arf. HANDLE, HAFT.

*menych, 1. *ell.* mynachod. MONKS.
2. *a.* mynych. OFTEN.

menygwr, *eg. ll.*-wyr. gwneuthurwr menyg. GLOVER.

menyn : ymenyn, *eg.* enllyn a wneir o laeth. BUTTER.

menyw, 1. *eb. ll.*-od. benyw, gwraig. WOMAN.
2. *a.* benywaidd. FEMALE.

menywaidd, *a.* merchedaidd, yn meddu ar nodweddion menyw. FEMININE.

mêr, *eg. ll.* merion. madrudd, mad-
ruddyn. MARROW.
merbwll, *eg. ll.* merbyllau. pwll o ddŵr
marw. STAGNANT POOL.
merch, *eb. ll.*-ed. geneth, lodes,
croten, hogen. DAUGHTER, GIRL.
merchedaidd, *a.* fel merch. EFFEMIN-
ATE.
Mercher, *eg.* 1. Dydd Mercher, y
pedwerydd dydd o'r wythnos. WED-
NESDAY.
   2. planed, cennad y duwiau
(Rhufeinig). MERCURY.
mercheta, *be.* canlyn merched. TO
WENCH.
merchetwr, *eg. ll.*-wyr. un hoff o
ganlyn merched. WENCHER.
merddwr, *eg. ll.* merddyfroedd. dŵr
marw neu lonydd. STAGNANT WATER.
mererid, *eg.* perl, maen gwerthfawr.
PEARL, PRECIOUS STONE.
merf : merfaidd, *a.* di-flas, heb flas.
TASTELESS, INSIPID.
merfder,   ⎫ *eg.* diflasrwydd, y
merfdra,   ⎬ stad o fod heb flas.
merfeidd-dra, ⎭ INSIPIDITY.
*merin, *eg.* môr. SEA.
*merinwr, *eg. ll.*-wyr. morwr. SEAMAN.
meristem, *eg.* meinwe planhigion.
MERISTEM.
merlyn, *eg. ll.* merlod, -nod. (*b.* mer-
len). poni, ceffyl bach ysgafn. PONY.
merllyd, *a.* diflas. INSIPID.
merllyn, *eg. ll.*-nau, -noedd. pwll a
merddwr ynddo. STAGNANT POOL.
merog, *a.* â mêr. MARROWY.
merthyr, *eg. ll.*-on, -i. un a ddioddef-
odd neu a roed i farwolaeth oherwydd
ei gredo. MARTYR.
*merthyr, *eg.* bedd (sant). (SAINT'S)
GRAVE.
merthyrdod, *eg.*   ⎫ y weithred
*merthyroliaeth, *eb.* ⎬ o ferthyru.
MARTYRDOM.
merthyru, *be.* rhoi i farwolaeth fel
merthyr. TO MARTYR.
*meru, *be.* diferu. TO DRIP.
*merwerydd, *eg.* ton ; rhialtwch ;
cynnwrf. WAVE OF THE SEA ;
MERRIMENT ; TUMULT.
*merwi, *be.* gweler *marw.*
merwino, *be.* fferru, parlysu, gwynio,
poeni, peri enynfa. TO BFNUMB, TO
GRATE, TO JAR (ON).
merwydd, *ell.* (*un. b.*-en). morwydd.
MULBERRY-TREES.
*merwys, *eg. ll.*-od. aderyn du. BLACK-
BIRD.
*merydd, *a.* marwaidd, araf, llaith.
SLUGGISH, SLOW, DAMP.

meryw, *ell.* (*un. b.*-en). math o goed.
JUNIPER TREES.
mes, *ell.* (*un. b.*-en). ffrwyth y dder-
wen. ACORNS.
*mesbren, *eg.* derwen. OAK.
mesglyn, *eg.* masgl, plisgyn, cibyn.
SHELL, HUSK.
mesur, 1. *eg. ll.*-au. mesuriad, mesur
seneddol, mydr, bar (mewn cerdd-
oriaeth). MEASURE, METRE, BAR.
   2. *be.* mesuro, chwilio beth yw
maint rhywbeth. TO MEASURE.
mesuradwy, *a.* y gellir ei fesur.
MEASURABLE.
mesuraeth, *eb.* gweler *mesureg.*
mesureb, *eg. ll.*-au. canlyniadau mewn
rhifyddeg. ARITHMETICAL RESULTS.
mesureg, *eb.* gwyddor mesur. MEN-
SURATION.
mesuriad, *eg. ll.*-au.   ⎫ mesur.
mesuriant, *eg. ll.*-nnau. ⎬
MEASUREMENT.
mesurlath, *eb. ll.*-au. gwialen fesur.
MEASURING ROD.
mesuro, *be.* mesur. TO MEASURE.
mesuroniaeth, *eb.* mathemateg. MATH-
EMATICS.
mesuronydd, *eg. ll.*-ion. mathem-
ategwr. MATHEMATICIAN.
mesurwr, *eg. ll.* mesurwyr. ⎫ un sy'n
mesurydd, *eg. ll.*-ion.   ⎬ mesur.
peiriant mesur. MEASURER, METER.
mesuryn, *eg. ll.*-nau. hanner cord
(geometreg). ORDINATE.
metabolaeth, ⎫ *eb.* cyfnewidiadau yng
metaboleg,   ⎬ nghelloedd y corff.
METABOLISM.
metabolig, *a.* yn perthyn i fetabolaeth.
METABOLIC.
metaffiseg, *eb.* astudiaeth o wirionedd
a gwybodaeth. METAPHYSICS.
metamorffedd, *eg.* trawsffurfedd.
METAMORPHISM.
metel, *eg. ll.*-au, -oedd. defnydd caled
fel aur neu haearn, etc. METAL.
   Metel traul. BEARING METAL.
metelaidd, *a.* wedi ei wneud o fetel, fel
metel. METALLIC.
meteleg, *eb.* gwyddor metelau. METAL-
LURGY.
metelig, *a.* yn perthyn i fetelau.
METALLIFEROUS.
metelydd, *eg. ll.*-ion, metelwyr. un
sy'n gweithio mewn metel. METAL-
LURGIST.
metelyddiaeth, *eb.* astudiaeth o fetel-
au. METALLURGY.
metritis, *eg.* llid y famog. METRITIS.
metronôm, *eg.* offeryn curo amser.
METRONOME.

meth, *eg.* pall, nam, diffyg, mefl. MISS, DEFECT.

methdaliad, *eg. ll.*-au. anallu i dalu, toriad (mewn busnes). BANKRUPTCY, DEFAULT.

methdalwr, *eg. ll.* methdalwyr. un sy'n methu talu ei ffordd. BANKRUPT.

methedig, *a.* efrydd, annalluog, musgrell, llesg. DISABLED, INFIRM.

methiannus,*a.* diffygiol, llesg. FAILING.

methiant, 1. *eg. ll.* methiannau. pall, ffaeledd, aflwyddiant. FAILURE.
 2. *a.* methiannus. DECREPIT, WEAK.

*methl, *eg. ll.*-au. magl, mantais annheg. SNARE, ENTANGLEMENT, UNFAIR ADVANTAGE.

*methlu, *be.* twyllo, manteisio'n annheg. TO DECEIVE, TO EMBARRASS.

*method, *eg.* diffyg. DEFECT.

method, *eg.* dull, ffordd. METHOD.

methu, *be.* ffaelu, diffygio, aflwyddo, pallu, torri i lawr. TO FAIL.

*meu, 1. *rhag.* fy. MINE.
 2. *eg. ll.*-oedd. eiddo. PROPERTY.

*meuder, *eg.* meddiant. WEALTH.

meudwy, *eg. ll.*-aid, -od. un sy'n byw ar ei ben ei hun, ancr. HERMIT, ANCHORITE.

meudwyaeth, *eb.* bywyd meudwy. THE LIFE OF A HERMIT.

meudwyo, *be.* mynd yn feudwy. TO BECOME A HERMIT.

*meuedd, *eg.* cyfoeth, eiddo. WEALTH, POSSESSIONS.

*meueddig, *a.* cyfoethog. RICH.

meufedd, ⎫
meuwedd, ⎭ *eg.* gweler *meuedd.*

mewial, ⎫ *be.* gwneud sŵn fel cath,
mewian, ⎭ miawa. TO MEW.

mewn, *ardd.* yn. IN (with indef. nouns).
 I mewn. INTO.
 O fewn. WITHIN.
 Oddi mewn. INSIDE.
 Y tu mewn (fewn). THE INSIDE.

mewnblygol, *a.* gweler *mewnsyllgar.*

mewnddirnadaeth, *eb.* mewnwelediad. INSIGHT.

mewnfaeth, *eg.* elfen faethlon a geir gyda'r rhith mewn llawer o hadau. ENDOSPERM.

mewnforio, *be.* dwyn nwyddau i'r wlad o wledydd tramor. TO IMPORT.

mewnforyn, *eg. ll.*-orion. nwydd a fewnforir. IMPORTS.

mewnfwriol, ⎫ *a.* yn symud tua'r
mewngyrchol, ⎭ canol. CENTRIPETAL.

mewnlyncu, *be.* sugnlyncu. TO IMBIBE.

mewnol, *a.* yn ymwneud a'r tu mewn INTERNAL, INWARD.

mewnolyn, *eg. ll.*-ion. un sy'n edrych i mewn iddo'i hunan, gŵr mewndroëdig. INTROVERT.

mewnosod, *eg.* cyfraniad. INPUT.

mewnsaethiad, *eg.* y weithred o fewnsaethu. INJECTION.

mewnsaethu, *be.* saethu i mewn i'r corff. TO INJECT.

mewnsyllgar, *a.* mewnblygol. INTROSPECTIVE.

mewnsylliad, *eg.* mewnblygiad. INTROSPECTION.

mewnwelediad, *eg.* mewnddirnadaeth. INSIGHT.

*mewyd, *eg.* diogi, llesgedd. LAZINESS, WEAKNESS.

*mewydus, *a.* diog, llesg. LAZY.

*meyn, *eg.* gweler *mehyn.*

mi, 1. rhagenw personol, person cyntaf unigol. I, ME.
 2. geiryn. PARTICLE.

*micar, *eg. ll.*-iaid. offeiriad, ficer. VICAR.

micas, *eg.* brywes. BREWIS.

microleg, *eb.* gwyddor pethau bychain iawn. MICROLOGY.

micromedr, *eg. ll.*-au. offeryn i fesur pellterau neu onglau bach iawn. MICROMETER.

*mid, *eg.* 1. twba. TUB.
 2. brwydr. BATTLE.

mieri, *ell.* (*un. b.* miaren). drysi, drain. BRIERS.

*mierïog, *a.* yn llawn mieri. FULL OF THORN-BUSHES.

*midlan, *eb. ll.*-nau. maes twrneimeint. TOURNAMENT.

mig, *eb. ll.*-ion. sbeit. SPITE.
 Chwarae mig. TO PLAY BO-PEEP.

mign, *eb. ll.*-oedd, -edd. ⎫ cors, siglen.
mignen, *eb. ll.*-ni.   ⎭ BOG, MORASS.

migno, *be.* sathru. TO TREAD.

mignwern, *eb.* maes corsog. BOGGY MEADOW.

migwrn, *eg. ll.* migyrnau. ffêr, arddwrn, cymal dwrn. ANKLE, WRIST, KNUCKLE.

migwyn, *eg.* mwsogl gwyn y corsydd. WHITE MOSS ON BOGS.

migyrnog, *a.* â migyrnau mawr. LARGE-ANKLED, LARGE-KNUCKLED.

mil¹, *eg. ll.*-od. milyn, anifail, creadur. ANIMAL.

mil², *eb. ll.*-oedd. deg cant. THOUSAND.

milain, 1. *a.* ffyrnig, cas, creulon, mileinig. ANGRY, FIERCE.
 2. *eg. ll.* mileiniaid. athrodwr, cnaf, adyn, dihiryn. MALIGNANT PERSON.

*milain, *eg. ll.*-einiaid. taeog. VILLEIN.

*miled, *eg. ll.*-awr. llu, cad. HOST, ARMY.

mileinig, *a.* cas, ysgeler, anfad. SAVAGE.

milfed, *a.* un rhan o fil, yr olaf o fil. THOUSANDTH.

milfeddyg, *eg. ll.*-on. meddyg anifeiliaid. VETERINARY SURGEON.

milfeddygol, *a.* yn ymwneud ag afiechydon anifeiliaid. VETERINARY.

milflwyddiant, *eg.* mil o flynyddoedd. MILLENIUM.

milgi, *eg. ll.* milgwn. (*b.* miliast). ci main cyflym. GREYHOUND.

militariaeth, *eb.* milwriaeth. MILITARISM.

miliwn, *eb. ll.* miliynau. mil o filoedd. MILLION.

miliynydd, *eg. ll.*-ion. perchennog miliwn neu fwy o bunnau. MILLIONAIRE.

milodfa, *eb. ll.*-feydd. casgliad o anifeiliaid. MENAGERIE.

milofyddiaeth, *eb.* swoleg. ZOOLOGY.

milofyddol, *a.* swolegol. ZOOLOGICAL·

milrhith, *eg. ll.*-iau, -ion. y ffurf yn y bru. EMBRYO.

milwr, *eg. ll.* milwyr. un sy'n gwasanaethu yn y fyddin. SOLDIER.
    Milwr hur. MERCENARY.

***milwraeth,** *eb.* gallu i ymladd, nerth. STRENGTH (TO FIGHT).

milwraidd, *a.* fel milwr. SOLDIERLY.

milwriaeth, *eb.* rhyfel, y gamp o filwrio. WARFARE.

milwriaethus, *a.* yn milwrio. MILITANT.

milwrio, *be.* rhyfela, ymladd, gwrthwynebu. TO MILITATE.

milwrol, *a.* yn perthyn i filwr neu ryfel. MILITARY, MARTIAL.

milyn, *eg.* anifail. ANIMAL.

mill, *e. torf.* fioledau. VIOLETS.

milltir, *eb. ll.*-oedd. 1760 o lathenni. MILE.
    Milltir fôr : môr-filltir. NAUTICAL MILE.

millyn, *eg.* fioled. VIOLET.

min, *eg. ll.*-ion. 1. ymyl, cwr, ochr, goror. BRINK.
    2. awch. EDGE.
    3. gwefus. LIP.

mindag, *eg.* clefyd ceffylau pan fo taflod y genau'n chwyddo. LAMPAS.

mindlws, *a.* â min tlws, maldodus. FINE-MOUTHED, AFFECTED.

minfin, *a.* gwefus wrth wefus. LIP TO LIP.

minffug, *a.* celwyddog. LYING.

mingamu, *be.* gwneud clemau, tynnu wynebau. TO GRIMACE, TO MOCK.

***minio,** *be.* blasu. TO TASTE.

minio, *be.* hogi, torri ; bygwth. TO SHARPEN, TO CUT ; TO THREATEN.

minimwm, *eg.* y mesur neu'r radd leiaf posibl. MINIMUM.

miniog, *a.* â min arno, awchus, llym, awchlym. SHARP, KEEN, EDGED.

***ministr(i)ad,** *eg.* gweinyddiad. MINISTRATION.

minlliw, *eg.* lliw a ddodir ar wefusau. LIPSTICK.

minllym, *a.* miniog. SHARP-EDGED, KEEN.

minnau, rhagenw cysylltiol person cyntaf unigol. I ALSO, ME.

***minrhasgl,** *a.* llyfnfin. SMOOTH-LIPPED.

mintai, *eb. ll.* minteioedd. llu, torf, cwmni bychan. TROOP, COMPANY.

mintys, *eg.* planhigyn gardd. MINT.

minws, *eg.* 1. gwefus fach neu denau. LITTLE LIP, THIN LIP.
    2. llai (na sero). MINUS.

miod, *ell.* cacenni offrwm. CAKES FOR OFFERINGS.

***mir,** 1. *ell.* moroedd. SEAS.
    2. *eg.* saig o fwyd, rhan. DISH, PORTION.

miragl, *eg. ll.*-au. rhyfeddod, gwyrth. WONDER, MIRACLE.

mirain, *a.* glân, teg, prydweddol, hardd. COMELY, FINE, NOBLE.

mireinder, *eg.* glendid, tegwch, prydferthwch, harddwch. BEAUTY.

miri, *eg.* digrifwch, difyrrwch, llawenydd, llonder, rhialtwch, hwyl. MERRIMENT, FUN.

mis, *eg. ll.*-oedd. un o ddeuddeg rhan y flwyddyn. MONTH.
    Mis Bach. FEBRUARY.
    Y Mis Du. NOVEMBER.
    Mis mêl. HONEYMOON.

misglwyf, *eg.* clwyf misol. MENSES.

misi, *a.* dicra. FASTIDIOUS.

misol, *a.* yn ymwneud â mis. MONTHLY.

misolyn, *eg. ll.* misolion. papur neu gylchgrawn misol. MONTHLY (MAGAZINE).

***miswrn,** *eg. ll.*-yrnau. mwgwd helm, llen. VISOR, VEIL.

***misyriad,** *a.* mis oed. MONTH OLD.

mitsio, *be.* chwarae triwant. TO MITCH.

miw, *eg.* gweler *siw*.

***miwail,** *a.* meddal, tyner, esmwyth. SOFT, SMOOTH, TENDER.

miwsig, *eg.* cerddoriaeth. MUSIC.

miwt, *eg.* mudydd. MUTE (MUSIC).

***mloddiad,** *eg.* cynnwrf, braw. COMMOTION, FEAR.

mo, dim o (mohonof, etc.). NOTHING OF.
Nid oes mo'i well : nid oes dim o'i
well. THERE IS NO BETTER THAN
HE.

moch, *ell.* (*un. g.*-yn). anifeiliaid ffarm
a leddir er mwyn eu cig, hobau.
PIGS.
Mochyn bychan : broch : pryf
llwyd : mochyn'daear. BADGER.
Chwarae mochyn coed. PLAYING
LEAP-FROG.
Moch y coed. WOODLICE.

*moch, *adf.* buan, cynnar. SOON,
SWIFTLY, EARLY.

mochaidd : **mochynnaidd,** *a.* brwnt,
afiach, bawlyd, tomlyd, budr, aflan.
FILTHY.

*mochddwyreog, *a.* yn codi'n gynnar.
EARLY RISING.

mochi, *be.* ymdrybaeddu fel moch. TO
WALLOW AS SWINE.

*mod, *eg. ll.*-au. cylch. CIRCLE.

model, *eg. ll.*-au. delw. MODEL.

modelu, *be.* gwneud modelau. TO
MODEL.

modfedd, *eb. ll.*-i. mesur o hyd cymal
bawd. INCH.
Modfedd sgwâr. SQUARE INCH.

*modlai, *a.* amryliw, brith. MOTLEY.

modrwy, *eb. ll.*-au. cylch o aur neu
arian, etc. i'w wisgo ar fys neu i'w
roi yn y trwyn. RING.

modrwyo, *be.* dodi modrwy ar ryw-
beth. TO RING.

modrwyog, *a.* â modrwy, cyrliog.
RINGED, CURLY.

modryb, *eb. ll.*-edd. chwaer i dad neu
fam person, gwraig ewythr. AUNT.

*modrydaf, *eg. ll.*-au. cwch gwenyn ;
brenhines gwenyn ; pennaeth. BEE-
HIVE ; QUEEN-BEE ; CHIEFTAIN.

modur, *eg. ll.*-on. peiriant sy'n rhoi'r
gallu i symud. MOTOR.
Car (cerbyd) modur. MOTOR CAR.

*modur, *eg. ll.*-iaid. arglwydd, tywys-
og. LORD, PRINCE.

modurdy, *eg. ll.*-dai. tŷ modur.
GARAGE.

modurfa, *eb.* lle i drwsio moduron.
GARAGE.

moduro, *be.* teithio mewn modur. TO
MOTOR.

modurwr, *eg. ll.* modurwyr. un sy'n
gyrru car modur. MOTORIST.

modd, 1. *eg. ll.*-ion. cyfrwng, dull,
ffordd ; arian, cyfoeth. MANNER ;
MEANS.
Gwaetha'r modd. WORSE LUCK.
Moddion gras. MEANS OF GRACE.
Moddion tŷ. FURNITURE.

2. *eg. ll.*-au. (mewn gramadeg).
MOOD.
3. mewn cerddoriaeth. MODE.

moddion, *eg.* meddyginiaeth, cyffur,
ffisig. MEDICINE.

moddus, *a.* moesgar, gweddus. MAN-
NERLY, DECENT.

moedro, *be.* gweler *mwydro.*

moel, 1. *a. ll.*-ion. noeth, llwm, prin,
penfoel, heb gorn, plaen. BARE, BALD,
MECHANICAL.
Buwch foel. POLLY COW.
2.*egb.ll.*-ydd. mynydd llwm neu foel,
pen y mynydd. BARE HILL(TOP).

moelcen, *eb.* moelder, pen moel. BALD-
NESS, BALD HEAD.

moelder,   } *eg.* noethni, y cyflwr o
moeledd,   } fod heb wallt. BARE-
NESS, BALDNESS.

*moeldes, *eg.* gwres llethol. SULTRY
HEAT.

moeli(o), *be.* gwneud neu fynd yn foel ;
hongian yn llipa. TO MAKE OR BECOME
BALD ; TO DROOP.

moelni, *eg.* gweler *moelder.*

moelrhon, *eg. ll.*-iaid. morlo, llam-
hidydd. SEAL, PORPOISE.

moelyn, *eg.* un â phen moel. BALD-
HEAD.

*moelystota, *be.* prancio. TO CAPER.

moes, *bf.* rho, dyro. GIVE.

moesau, *ell.* (*un. b.* moes). ymddygiad,
ymarweddiad. MANNERS, MORALS.

moeseg, *eb.* gwyddor yn ymwneud ag
ymarweddiad. ETHICS.

moesegol, *a.* yn ymwneud â moeseg.
ETHICAL.

moesgar, *a.* o ymddygiad da, cwrtais.
POLITE.

moesgarwch, *eg.* ymddygiad bonedd-
igaidd, cwrteisi. POLITENESS.

moesgyfarch, *be.* cyfarch, saliwtio. TO
SALUTE.

*moesog, *a.* moesgar. COURTEOUS.

moesol, *a.* yn ymwneud ag egwyddor-
ion da a drwg. MORAL.

moesoldeb, *eg.* egwyddor ymddygiad.
MORALITY.

moesoli, *be.* pregethu neu sôn am
foesoldeb. TO MORALIZE.

moesolwr, *eg. ll.*-wyr. un sy'n moesoli.
MORALIST.

moeswers, *eb. ll.*-i. addysg neu wers
yn ymwneud ag ymarweddiad. A
MORAL, APOLOGUE.

moesymgrymu, *be.* ymgrymu'n foes-
gar. TO BOW.

moeth, *eg. ll.*-au. moethusrwydd,
amheuthun. LUXURY, DELICACY.

moethi, *be.* mwytho. TO PAMPER.

moethlyd, *a.* mwythlyd. SPOILT, PAM-PERED.

moethus, *a.* danteithiol, hoff o bethau drud neu gyffyrddus. LUXURIOUS, DAINTY.

moethusrwydd, } *eg.* y cyflwr o fod yn
moethustra, } foethus neu'n dra chyffyrddus. LUXURY.

mogfa, *eb.* myctod. ASTHMA, ASPHYXIA.

mogi : **mygu**, *be.* tagu. TO SUFFOCATE.

*****moi**, *be.* bwrw ebol. TO FOAL.

*****moidro**, *be.* gweler *mwydro*.

môl, *eg.* cen gwyn y llygaid. WHITE SCURF OF THE EYES.

*****molach**, *eg.* gweniaith. FLATTERY.

*****moladwy**, *a.* clodfawr. PRAISE-WORTHY.

*****molaid**, *a.* moledig. PRAISED.

molawd, *egb.* *ll.*-au. canmoliaeth, mawl, cân o fawl, arwyrain. EULOGY, PRAISE.

mold, *eg.* patrwm. MOULD.

moldio, *be.* llunio. TO MOULD.

moldiwr, *eg. ll.*-wyr. lluniwr. MOULDER.

molecwl, *eg. ll.*-cylau. gronyn bach o fater. MOLECULE.

moled, *eb. ll.*-au. napcyn, ffunen, mwffler, llen, cwfl. KERCHIEF, MUFFLER, VEIL, HOOD.

*****moled**, *eg.* mawl. PRAISE.

*****molediw**, *a.* moledig. PRAISED.

molglafaidd, *a.* gludiog a thrwm (am lygaid), llesg. GUMMY AND HEAVY (OF EYES), LANGUID.

moli[1], *be.* casglu môl yn y llygaid. TO GATHER SCURF IN THE EYES.

moli[2] : **moliannu**, *be.* canmol, addoli, anrhydeddu. TO PRAISE.

moliannus, *a.* clodforus. PRAISE-WORTHY.

*****molianrwydd**, *eg.* mawl. PRAISE.

moliant, *eg. ll.* moliannau. canmoliaeth, mawl. PRAISE.

*****moloch**, 1. *eg.* arswyd, dychryn, cythrudd. TERROR, DREAD, PRO-VOCATION.

    2. *a.* aruthr, ofnadwy. TERRIBLE, FEARFUL.

molog, *a.* â môl neu gen yn y llygaid. SCURFY (OF EYES).

*****molud**, *eg.* moliant, twrf y môr. PRAISE, NOISE OF THE SEA.

*****molwynog**, *a.* llawn. FULL.

*****moll**, *a.* rhwth. DISTENDED.

mollt, *eg. ll.* myllt. llwdn dafad, gwedder. WETHER.

moment, *eb. ll.*-au. eiliad. MOMENT.

momentwm, *eg.* maint symudiad rhywbeth. MOMENTUM.

monarchiaeth, *eb.* brenhiniaeth. MON-ARCHY.

monarchydd, *eg. ll.*-ion. cefnogwr monarchiaeth. MONARCHIST.

monllyd, *a.* pwdlyd. SULKY.

monni, *be.* sorri, pwdu, llidio. TO SULK, TO CHAFE.

*****monoch**, *ell.* (*un. b.*-en.). perfedd. ENTRAILS.

monof, monot, etc. gweler *mo*.

monopoli, *eg. ll.*-ïau. unig hawl i werthu nwydd. MONOPOLY.

monopolydd, *eg. ll.*-ion. un â'r unig hawl i werthu nwydd. MONOPOLIST.

monwent, *eb. ll.*-ydd. gweler *mynwent*.

mopren, *eg. ll.*-ni. ymotbren. STIRRER.

môr, *eg. ll.* moroedd, myr. cefnfor, ehangder mawr o ddwr hallt. SEA, OCEAN.

mor, *adf.* (gyda gradd gysefin an-soddair), cyn. AS, SO, HOW.

    Mor wyn â : cyn wynned â. AS WHITE AS.

*****morach**, *eg.* llawenydd. JOY.

morâl, *eg.* ymarweddiad, ymddygiad. MORALE.

*****morawl**, *a.* morol. MARINE.

*****morben**, *eg. ll.*-nau, -nydd. glan y môr, penrhyn. COAST, HEADLAND.

morc, } *eg. ll.*-iau. darn o arian
morch, } gynt gwerth 13/4. MARK.

*****mordai**, *ell.* tai mawr, llys. LARGE HOUSES, COURT.

mordaith, *eb. ll.* mordeithiau. taith ar fôr, taith mewn llong. SEA-VOYAGE.

*****mordwy**, *eg. ll.*-on. rhyferthwy'r môr, mordaith, llif. SURGE, SEA VOYAGE, FLOOD, CURRENT.

mordwyo, *be.* hwylio, teithio ar fôr, morio. TO SAIL, TO VOYAGE.

mordwyol, *a.* yn mordwyo, yn perthyn i'r môr. SAILING, SEAFARING.

mordwywr, *eg. ll.*-wyr. morwr. SAILOR.

morddwyd, *eb. ll.*-ydd. clun, y rhan o'r goes rhwng y ben-lin a'r glun. THIGH.

*****moreb**, *eg.* hafan, porthladd. HARBOUR.

moresg, *ell.* hesg glan y môr. SEA-SEDGES.

morfa, *eg. ll.* morfeydd. cors, mignen, tir gwlyb neu ddifaith. BOG, FEN, SEA-MARSH.

*****morfar**, *eg.* bâr y môr. RAGE OF THE SEA.

morfil, *eg. ll.*-od. anifail mwyaf y môr. WHALE.

    Asgwrn morfil. IVORY.

môr-filltir, *eb. ll.*-oedd. milltir fôr. NAUTICAL MILE.

môr-forwyn, *eb. ll.* mor-forynion. creadures chwedlonol sy'n hanner merch a hanner pysgodyn. MERMAID.

morfran, *eb. ll.* morfrain. mulfran, bilidowcar. CORMORANT.

morgad, *eb. ll.*-au. brwydr ar fôr. SEA-FIGHT.

morgainc, *eb. ll.*-geinciau. cangen o fôr, geneufor. ARM OF THE SEA, GULF.

morgais, *eg.* arwystl. MORTGAGE.

*****morgamlas**, *eb. ll.*-au, -lesydd. aber. ESTUARY.

*****morgaseg**, *eb. ll.*-gesyg. beiston. BREAKER.

morgeisio, *be.* arwystlo. TO MORTGAGE.

morgeisiwr, *eg. ll.*-wyr. un sy'n rhoi morgais. MORTGAGOR.

morgeisydd, *eg. ll.*-ion. un sy'n cael morgais. MORTGAGEE.

morglawdd, *eg. ll.*-gloddiau. cob, clawdd rhag difrod y môr. EMBANKMENT.

morgranc, *eg. ll.*-od, morgrainc. cranc. CRAB.

morgrug, *ell.* (*un. g.*-yn). pryfed bach prysur. ANTS.

Twmpath morgrug. ANTHILL.

*****morgymlawdd**, *eg.* llifeiriant, rhyferthwy'r môr. INUNDATION, SURGING OF SEA.

môr-herwr, *eg. ll.* morherwyr. môrleidr. PIRATE.

morhwch, *eb. ll.*-hychod. llamhidydd. DOLPHIN.

morio, *be.* mordwyo. TO SAIL.

*****morion**, *all.* mawr. GREAT.

môr-ladrad, *eg.* lladrad ar y môr. PIRACY.

morlan, *eb. ll.*-nau. glan y môr, traeth. BEACH, COAST.

môr-leidr, *eg. ll.* môr-ladron. ysbeiliwr ar y môr. PIRATE.

morlen, *eb. ll.*-ni. siart. CHART.

morlin, *eg. ll.*-iau. llinell yr arfordir. COASTLINE.

morlo, *eg. ll.*-i. anifail y môr, broch môr, moelrhon. SEAL.

*****morlo**, *eg.* glo o'r môr. SEA-COAL.

*****morlwch**, *eg.* ewyn mân y môr. SEA-SPRAY.

morlyn, *eg. ll.*-noedd. llyn ar lan y môr. LAGOON.

morlywydd, *eg.* comodôr. COMMODORE.

morol, *a.* yn perthyn i'r môr. MARITIME.

moron, *ell.* (*un. b.*-en.). planhigion bwytadwy a dyfir mewn gardd. CARROTS.

mortais, *eg.* twll mewn pren i dderbyn darn arall. MORTISE.

morter, *eg.* cymysgedd o galch a thywod a dŵr i uno cerrig neu briddfeini. MORTAR.

morthwyl, *eg. ll.*-ion. : **mwrthwl**, *eg. ll.* myrthylau. offeryn i daro hoelion, etc. HAMMER.

morthwylio, *be.* taro â morthwyl, myrthylu. TO HAMMER.

morwr, *eg. ll.* morwyr. un sy'n gweithio ar long. SAILOR.

morwriaeth, *eb.* y grefft o reoli llong. SEAMANSHIP.

morwyal, *ell.* math o wymon. LAMINARIA, SEA-GIRDLE.

*****morwybr**, *eb.* mordaith. SEA VOYAGE.

morwyn (**ŵy**), *eb. ll.*-ion, morynion. morwynig, merch, gwyry, gwasanaethferch. MAID, GIRL, VIRGIN.

morwyndod, *eg.* gwyryfdod, y cyflwr o fod yn forwyn. VIRGINITY.

morwynol, *a.* gwyryfol. VIRGIN.

*****morwysiaid**, *ell.* clych dŵr. BUBBLES OF WATER.

moryd, *eb. ll.*-au. aber, cilfach, bae, môr-ryd. ESTUARY, INLET.

motlai, *a.* gweler *modlai*.

*****mu**, *eg.* 1. ych, buwch. OX, COW.
    2. chwarter tunnell. QUARTER OF A TON.

muchudd, *eg.* math o lo du a ddefnyddir i wneud addurniadau. JET.

mud[1] : **mudan**, *a.* yn methu siarad. DUMB.

mud[2], 1. *eg.* dodrefn. FURNITURE.
    2. *be.* mudo, symud. TO MOVE.
    3. *eg.* hebocty ; colli pluf. MEW; MOULTING.

mudan, 1. *eg. ll.*-od. un sy'n methu neu'n gwrthod siarad. DUMB PERSON.
    2. *a.* mud. DUMB.

mudandod, *eg.* ⎱ y cyflwr o fod yn
mudaniaeth, *eb.* ⎰ fud tawelwch. DUMBNESS, SPEECHLESSNESS, SILENCE.

mudes, *eb. ll.*-au, -i. gwraig fud. DUMB WOMAN.

mudiad, *eg. ll.*-au. symudiad, ysgogiad, cyffroad. MOVEMENT, REMOVAL, MIGRATION.

*****mudliw**, *a.* amryliw. MOTLEY.

mudo, *be.* symud, ymfudo. TO MOVE, TO EMIGRATE, TO MIGRATE.

mudol, *a.* symudol, ymfudol. MOVING, MIGRATORY.

mudwr, *eg. ll.*-wyr. symudwr. REMOVER.

mudydd, *eg. ll.*-ion. teclyn i dawelu sŵn, miwt. MUTE (MUSIC).

mul, *eg. ll.*-od. 1. mulsyn, mwlsyn, anifail sy'n hanner asyn a hanner ceffyl. MULE.

2. asyn. DONKEY.

***mul**, *a.* syml, diniwed, gwirion, ffôl, trist. SIMPLE, MEEK, FOOLISH, SAD.

mulaidd, *a.* fel mul. MULISH, ASININE.

***mulaidd**, *a.* gweler **mul*.

mulo, *be.* pwdu. TO SULK.

***mun¹**, *eb.* llaw. HAND.

***mun²**, *eb.* gweler *bun*.

***munaid**, *eb. ll.*-eidiau. llond llaw. HANDFUL.

***muned**, *eb.* llaw. HAND.

***muner**, *eg.ll.*-oedd. 1. arglwydd. LORD.

2. elw, budd, PROFIT, GAIN.

***muneru**, *be.* arglwyddiaethu. TO RULE.

munud¹, *egb. ll.*-au. : **munudyn**, *eg.* cyfnod o drigain eiliad. MINUTE.

Milltir y funud. A MILE PER MINUTE.

munud², *eg. ll.*-iau. arwydd, amnaid, nod. SIGN, NOD, GESTURE.

munudedd, *eg.* arferiad cyson, dullwedd. MANNERISM.

munudio, *be.* ystumio. TO GESTICULATE.

mur, *eg. ll.*-iau. gwal, pared, caer, magwyr. WALL.

murdreth, *eb. ll.*-i. treth fur. MURAGE.

***murddin**, *a.* â muriau. WALLED.

murddun, *eg. ll.*-od. adfail, gweddillion, adeilad sydd wedi ei niweidio. RUIN.

murio, *be.* codi gwal. TO WALL.

muriog, *a.* â muriau. WALLED.

muriwr, *eg. ll.*-wyr. codwr mur. WALL-BUILDER.

murlen, *eg. ll.*-ni. hysbysiad ar fur. POSTER.

murmur, 1. *eg.* grwgnach, cwyn, achwyniad, sŵn. MURMUR.

2. *be.* gwneud sŵn isel aneglur. TO MURMUR.

***murn**, *eg.* trosedd, niwed, twyll, llofruddiad. HARM, DECEIT, MURDER.

***murniedig**, *a.* llofruddiedig. MURDERED.

***murnio**, *be.* dal trwy dwyll neu gynllwyn, niweidio, llofruddio. TO WAYLAY, TO HARM, TO MURDER.

***murniwr**, *eg. ll.*-wyr. daliwr trwy dwyll, llofrudd. WAYLAYER, MURDERER.

***muroedd**, *ell.* muriau. WALLS.

murol, *a.* ar fur. MURAL.

mursen, 1. *eb. ll.*-nod. hoeden, merch sy'n ymddwyn yn annaturiol, coegen. COQUETTE.

2. *a.* mursennaidd. AFFECTED.

mursendod, *eg.* hoedeniaeth, rhodres, maldod. AFFECTATION.

mursennaidd, *a.* maldodaidd, annaturiol. AFFECTED.

mursennu, *be.* gweithredu fel mursen. TO ACT THE COQUETTE.

mursennwr, *eg. ll.*-wyr. coegyn. DANDY.

***mursogan**, *eg.* un wedi ei daclu. ONE THAT IS TRIMMED.

musgrell, *a.* 1. gwan, gwanllyd, egwan, eiddil, llesg, llegach. FEEBLE, SLOW, DECREPIT, SLOVENLY.

2. lletchwith, trwsgl. CLUMSY.

musgrellni : **musgrelli**, *eg.* 1. gwendid, eiddilwch, llesgedd. FEEBLENESS, DECREPITUDE.

2. lletchwithdod. CLUMSINESS.

mwclis, *ell.* (*taf.*) gleiniau, paderau. BEADS.

mwcws, *eg.* llysnafedd. MUCUS.

mwd, *eg.* llaca, llaid, bwdel, baw. MUD.

***mŵd**, *eg. ll.* mydau. bwa. ARCH.

mwdran, *eg.* grual. GRUEL.

mwdwl, *eg. ll.* mydylau. pentwr o wair, cocyn. HAYCOCK.

mwg, *eg.* y cwmwl a gwyd oddi wrth rywbeth sy'n llosgi. SMOKE.

mwgwd, *eg. ll.* mygydau. gorchudd i'r wyneb. MASK.

mwgyn, *eg.* gweler *mygyn*.

mwng, *eg. ll.* myngau. blew hir ar war ceffyl neu lew, etc. MANE.

mwngial, *be.* siarad yn aneglur. TO MUMBLE.

mwlwg, *eg.* ysgubion, baw. REFUSE, SWEEPINGS.

mwll, *a.* (*b.* moll). mwrn, tesog, trymaidd, clòs, mwygl. CLOSE, SULTRY.

mwmian : **mwmial**, *be.* siarad yn aneglur, grymial. TO MUMBLE.

mŵn, *eg.* gweler *mwyn*.

***mŵn**, *eg.* gwddf, coler, gwddf gwaywffon. NECK, COLLAR, SOCKET (OF SPEAR).

***mwnai**, *eg.* cyfoeth, arian. WEALTH, MONEY.

mwnci, *eg. ll.* mwncïod. anifail y coed o deulu'r epa. MONKEY.

***mwndi**, *eg.* y byd. THE WORLD.

mwnglawdd, *eg.* gweler *mwynglawdd*.

mwngloddio, *be.* gweler *mwyngloddio*.

***mwnt**, *eg.* 1. can mil. HUNDRED THOUSAND.

2. twyn. MOUNT.

mwnwgl, *eg. ll.* mynyglau. gwddf. NECK.

Mwnwgl y droed. INSTEP.

mwnws, *e. torf.* llwch, lludw, gronyn-nau ; cyfoeth. DUST, ASHES, PAR-TICLES ; WEALTH, MONEY.

*mwrai, *eg.* dugoch. DARK RED, MURREY.

*mwrdra, *eg.* llofruddiad. MURDER.

mwrdr(i)o. *be.* llofruddio. TO MURDER.

mwrdrwr, *eg. ll.*-wyr. llofruddiwr. MURDERER.

mwrdwr, *eg.* llofruddiad. MURDER.

mwrddro, *be.* llofruddio. TO MURDER.

mwrddrwr, *eg. ll.*-wyr. llofruddiwr. MURDERER.

mwrllwch, *eg.* niwl, tawch. FOG, HAZE.

mwrn¹, *a.* mwll, mwygl, trymaidd, clòs. SULTRY.

mwrn², *eg.* baich, ofn. BURDEN, FEAR.

mwrno, *be.* 1. mynd yn drymaidd. TO BECOME SULTRY.

    2. galaru. TO BE IN MOURNING.

*mwrrai, *a.* cochddu, lliw grawn morwydd. MURREY, DARK RED.

mwrthwl, *eg.* gweler *morthwyl.*

*mws, *a.* drewllyd. STINKING, STALE.

mwsel, *eg. ll.*-i. penffrwyn. MUZZLE.

mwselu, *be.* penffrwyno. TO MUZZLE.

mwsg, *eg.* llysieuyn persawrus. MUSK.

mwsged, *ebg.* dryll, gwn. MUSKET.

mwsogl : mwswgl : mwswm, *eg.* planhigyn a dyf ar bethau gwlyb. MOSS.

mwsoglyd, *a.* â llawer o fwsogl. MOSSY.

mwstard : mwstart, *eg.* powdr a wneir o hadau'r pren mwstard. MUSTARD.

*mwstrio, *be.* byddino, cynnull. TO MUSTER.

mwstro, *be.* symud, cyffro, prysuro. TO SHIFT, TO HURRY.

mwstwr, *eg.* stwr, twrw, trwst, terfysg. NOISE, BUSTLE.

mwswn, *eg.* mwswgl. MOSS.

*mwtlai, *a.* amryliw. MOTLEY.

*mwth, *a.* cyflym, parod. SWIFT, READY.

mwy, *a.* rhagor, ychwaneg. BIGGER, MORE.

    Mwyfwy. MORE AND MORE.

mwyach, *adf.* eto, byth mwy, o hyn ymlaen, rhag llaw. HENCEFORTH.

mwyadur, *eg. ll.*-on. chwyddwydr, meicrosgop. MICROSCOPE.

mwyafrif, *eg.* y rhan fwyaf. MAJORITY.

mwyalch : mwyalchen, *eb. ll.* mwyalchod, mwyeilch. aderyn du. BLACK-BIRD.

mwyar, *ell. (un. b.*-en.). mwyar duon, mafon duon. BLACKBERRIES.

mwyara, *be.* hel neu gasglu mwyar. TO GATHER BLACKBERRIES.

mwyd, *eg. ll.*-ion. y weithred o fwydo ; rhan feddal. STEEPING ; PULP.

mwydion, *ell. (un. g.*-yn.). rhannau meddal. SOFT PARTS ; PITH.

mwydioni, *be.* briwsioni. TO CRUMB.

mwydionog, *a.* â mwydion. PITHY.

mwydo, *be.* gwlychu, rhoi yng ngwlych. TO SOAK, TO STEEP.

mwydro, *be.* drysu, pensyfrdanu. TO BEWILDER.

mwydwr, *eg. ll.*-wyr. un sy'n mwydo. STEEPER.

*mwydydd, *eg.* lliwydd. DYER.

mwydyn, *eg. ll.* mwydod. abwydyn, pryf genwair. WORM.

*mwyedig, *a.* enfawr. HUGE.

*mwyeri, *ell.* mieri. BRAMBLES.

mwyfwy, *adf.* mwy a mwy. MORE AND MORE.

mwygl, *a.* masw, tyner ; ofer ; mwrn. SOFT, TENDER ; VAIN ; SULTRY.

*mwyglen, *eb.* putain. WHORE.

mwyglo, *be.* meddalu ; mynd yn fwrn. TO SOFTEN ; TO BECOME SULTRY.

mwyhad, *eg.* cynnydd. INCREASE.

mwyhaol, *a.* cynyddol, atodol, ych-wanegol. AUGMENTATIVE.

mwyhau, *be.* cynyddu, gwneud yn fwy. TO INCREASE.

mwyn, 1. *eg. ll.*-au. defnydd o'r ddaear sy'n cynnwys metel. MINERAL, ORE.

    2. *eg.* (yn yr ymadrodd) er mwyn. FOR THE SAKE OF.

    3. *a.* mwynaidd, hynaws, caruaidd, tyner, tirion. GENTLE, MILD, DEAR.

*mwyn, *eg.* elw, cyfoeth. GAIN, WEALTH.

mwynaidd, *a.* tyner. GENTLE, TENDER.

mwynder : mwyneidd-dra, *eg.* addfwynder, tynerwch, tiriondeb, hyn-awsedd. GENTLENESS.

mwynderau, *ell.* pleserau, difyrion. PLEASURES, DELIGHTS.

mwyneiddio, *be.* 1. tirioni, tyneru. TO BECOME GENTLE.

    2. troi'n fwyn, mwynhau. TO BECOME MILD.

*mwynen, *eb. ll.*-nau. merch fwyn. GENTLE MAIDEN.

*mwynfawr, *a.* cyfoethog, mawr ei drysorau. RICH.

mwynglawdd, *eg. ll.* mwyngloddiau. lle i gloddio mwyn. MINE.

mwyngloddio, *be.* gweithio mwyn. TO MINE.

mwynhad, *eg.* mwyniant, pleser, hyfrydwch. ENJOYMENT, PLEASURE.

mwynhau, *be.* 1. cael pleser neu fwynhad. TO ENJOY.
2. troi'n fwyn, mwyneiddio. TO BECOME MILD.

mwyniant, *eg. ll.* mwyniannau. mwynhad, pleser. ENJOYMENT.

mwynwr, *eg. ll.* mwynwyr. un sy'n gweithio mewn mwynglawdd. MINER.

***mwynwr,** *eg. ll.*-wyr. gŵr bonheddig. GENTLEMAN.

mwys, *a.* â mwy nag un ystyr, aneglur. AMBIGUOUS.
Gair mwys. PUN.

***mwys,** *eb.* basged ; bord. BASKET, HAMPER ; TABLE.

***mwysmant,** *eg.* rhagod. AMBUSH.

***mwyth,** *a.* tyner. DELICATE.

mwythau, *ell.* danteithion ; anwesau. DELICACIES ; CARESSES.

mwythlyd, *a.* mwythus. PAMPERED.

mwytho, *be.* tolach, anwylo, anwesu, maldodi. TO PAMPER, TO PET, TO FONDLE.

mwythus, *a.* yn cael ei fwytho, maldodus. PAMPERED.

mwythustra, *eg.* moethusrwydd. LUXURY.

myctod, *eg.* mogfa, asfficsia. ASPHYXIA.

***mychdeyrn,** *eg.* gweler *mechdeyrn.*

mydr, *eg. ll.*-au. mesur, aceniad mewn barddoniaeth. METRE, VERSE.

mydrol, *a.* yn perthyn i fydr. METRICAL.

mydru : mydryddu, *be.* barddoni. TO VERSIFY.

mydryddiaeth, *eb.* barddoniaeth. VERSIFICATION.

mydryddol, *a.* yn ymwneud â mydr. METRICAL.

***mydwaledd,** *eg.* huodledd. ELOQUENCE.

mydylu, *be.* gosod mewn mwdwl neu fydylau. TO STACK.

myfi[1], rhagenw annibynnol dyblyg, person cyntaf unigol, fi fy hunan. I, ME.

myfi[2], *eg. ll.* myfïau. yr hunan. EGO.
Cymhleth y myfi neu'r ego. EGO-COMPLEX.

myfïaeth, *eb.* hunanoldeb, cysêt. EGOISM.

myfïol, *a.* hunanol. EGOISTIC.

myfyr, *eg. ll.*-ion.
myfyrdod, *eg. ll.*-au. } meddwl, astudiaeth, synfyfyr, cynhemlad. MEDITATION, CONTEMPLATION.

myfyrfa, *eb. ll.*-feydd. lle i fyfyrio. STUDY.

myfyrgar, *a.* hoff o fyfyrio. STUDIOUS.

myfyrio, *be.* astudio, meddwl, dysgu, synfyfyrio, efrydu, cynhemlu. TO STUDY. TO MEDITATE, TO CONTEMPLATE.

myfyriol, *a.* meddylgar, gweithgar, hoff o ddysgu neu astudio. STUDIOUS.

myfyriwr, *eg. ll.* myfyrwyr. efrydydd, un sy'n myfyrio. STUDENT.

***myg,** *a.* sanctaidd, anrhydeddus. HOLY, HONOURED.

mygdarth, *eg.* tarth, arogldarth. VAPOUR, INCENSE.

mygdarthiad, *eg.* y weithred o fygdarthu. FUMIGATION.

mygdarthu, *be.* diheintio â tharth. TO FUMIGATE.

***myged,** 1. *eg.* mawl, anrhydedd, parch. PRAISE, HONOUR, RESPECT.
2. *eb.* mwg, ager. VAPOUR.

mygedol, *a.* anrhydeddus, heb dâl. HONORARY.

***mygedorth,** *eg.* ager yn codi. RISING VAPOUR.

mygfa, *eb. ll.*-feydd.
mygiad, *eg. ll.*-au. } mogfa. SUFFOCATION.

myglyd, *a.* yn cynnwys mwg, yn llawn mwg, mwrn, moglyd. SMOKY, CLOSE, STIFLING, CHOKING.

myglys, *eg.* baco. TOBACCO.

***mygr,** *a.* hardd, gwych, gloyw. FINE, BRIGHT.

mygu, *be.* 1. achosi mwg, ysmygu, smocio. TO SMOKE.
2. mogi, tagu. TO CHOKE.

mygydu, *be.* rhoi mwgwd ar, tywyllu. TO BLINDFOLD.

mygyn, *eg.* ysmygiad. A SMOKE.

myngen, *eb.* mwng. MANE.

***myngfras,** *a.* â mwng trwchus. THICK-MANED.

myngial, *be.* grymial, mwngial. TO MUMBLE, TO MUTTER.

myngus, *a.* yn myngial, bloesg. MUMBLING, INDISTINCT.

myllni, *eg.* cyflwr mwll, mwrndra. SULTRINESS.

myllu, *be.* mwrno, mynd yn fwll. TO GROW SULTRY.

mympwy, *eg. ll.*-on. drychfeddwl sydyn, chwilen, gwamalwch. WHIM, FAD.

mympwyol, *a.* yn ymwneud â mympwy. WHIMSICAL, ARBITRARY.

mympwywr, *eg. ll.*-wyr. un mympwyol. FADDIST.

mymryn, *eg.ll.*-nau. gronyn, tipyn, tamaid, dernyn. BIT, PARTICLE, JOT, ATOM.

myn[1], *eg. ll.*-nod. gafr ieuanc. KID.

myn[2], *ardd.* (*y* dywyll, mewn llw). BY (IN OATHS).

mynach, *eg. ll.*-od, mynaich. un sy'n byw o dan amodau crefyddol mewn lle wedi ei neilltuo. MONK.

mynachaeth, *eb.* y cyflwr o fod yn fynach. MONASTICISM.

mynaches, *eb. ll.*-au. lleian. NUN.

mynachlog, *eb. ll.*-ydd. : **mynachdy**, *eg.* mynachdai. adeilad lle mae cwmni o fynachod yn byw. MONASTERY.

***mynag**, *bf.* dywed. SAY.

***mynagwael**, *a.* dilornus. ABUSING.

***mynasu**, *be.* bygwth, niweidio. TO THREATEN, TO HURT.

***mynawg**, 1. *eg.* arglwydd, teyrn. LORD, KING.

2. *a.* bonheddig, cwrtais. NOBLE.

mynawyd, *eg. ll.*-au. pegol, offeryn blaenllym i wneud tyllau bychain. AWL, BRADAWL.

mynci, *eg. ll.* mynciau. peth a ddodir am goler ceffyl, mwnci. HAMES.

myncog, *eg.* grug. LING.

***mynechdid**, *eb.* mynachaeth, swydd mynach ; mynachod ; mynachdy. MONKHOOD ; MONKS ; MONASTERY.

***mynechi**, *eg.* gwasanaeth, addoliad. SERVICE, WORSHIP.

myned : **mynd**, *be.* cerdded, rhodio, symud. TO GO.

mynedfa, *eb. ll.* mynedfeydd. 1. lle i fyned i mewn neu allan. ENTRANCE, EXIT.

2. tramwyfa. PASSAGE.

mynediad, *eg. ll.*-au. 1. trwydded, dyfodfa. ADMISSION, ACCESS.

2. yr act o fyned. GOING.

mynegai : **mynegair**, *eg.* dangoseg, peth sy'n dangos, rhestr o gynnwys llyfr yn nhrefn yr wyddor. INDEX, CONCORDANCE.

mynegfys, *eg. ll.*-edd. 1. arwydd, nod, llun bys i ddangos cyfeiriad. DIRECTION SIGN.

2. y bys cyntaf. FOREFINGER, INDEX FINGER.

mynegi, *be.* dweud, traethu. TO TELL, TO INDICATE.

mynegiad, *eg. ll.*-au. adroddiad, traethiad. STATEMENT, INDICATION.

***mynegiaeth**, *eb.* adroddiad, datganiad. RECITAL.

mynegiannol, *a.* yn llawn mynegiant. EXPRESSIVE, INDICATIVE.

mynegiant, *eg.* dangos trwy eiriau a gweithred ac edrychiad. EXPRESSION.

mynegolrwydd, *eg.* y gallu i fynegi. EXPRESSIVENESS.

mynegol, *a.* yn mynegi, modd (berf). EXPRESSIVE, INDICATIVE.

mynegwr, *eg. ll.*-wyr. un sy'n mynegi. DECLARER, TELLER.

mynegydd, *eg.* 1. cyfeirydd. INDICATOR.

2. mynegwr. INFORMER, DECLARER.

***mynfer**, *eg.* coron, talaith, taleithiog. DIADEM, ONE WHO WEARS A DIADEM.

***mynfyr**, *eg.* croen gwiwer. MINIVERE.

myniar, *eb. ll.*-ieir. gĩach. SNIPE.

mynnen, *eb.* myn gafr benyw. SHE-KID.

mynnu, *be.* hawlio, ewyllysio'n gryf, dymuno. TO WILL, TO INSIST, TO OBTAIN, TO WISH.

mynnyn, *eg.* myn gafr gwryw. HE-KID.

***mynog**, *a.* gweler *mynawg*.

***mynogi**,   ⎱ *eg.* cwrteisi, bonedd-
***mynogrwydd**, ⎰ igrwydd. COURTESY.

mynor, *eg.* marmor. MARBLE.

***mynrhain**, *a.* â gwddf cryf. WITH A STRONG NECK.

myntumio, *be.* cynnal, haeru. TO MAINTAIN.

myntumiwr, *eg.* cynhaliwr. MAINTAINER.

***mynud**, 1. *eg.* cwrteisi. COURTESY.

2. *a.* cwrtais, moesgar. COURTEOUS, POLITE.

***mynudrwydd**, *eg.* cwrteisi. COURTESY.

***mynwair**, ⎱ *eb.* coler, torch. COLLAR.
***mynwaur**, ⎰

mynwent, *eb. ll.*-ydd, -au. 1. claddfa, lle i gladdu. GRAVEYARD.

2. bedd, claddgell. TOMB, GRAVE.

mynwes, *eb. ll.*-au. cofl, côl, bron, dwyfron, brest. BOSOM, BREAST.

mynwesol, *a.* agos, cynnes, caredig. CLOSE.

Cyfaill mynwesol. BOSOM FRIEND.

mynwesu, *be.* cofleidio, coleddu. TO EMBRACE, TO CHERISH.

mynwgl, *eg.* gweler *mwnwgl*.

***mynws**, *eg.* cyfoeth. WEALTH, MONEY.

***mynwyd**, *eg.* llawenydd, diddanwch. JOY, COMFORT.

mynych, *a.* aml, llawer gwaith, cyson. FREQUENT.

mynychder, *eg.* amlder. FREQUENCY.

Dosraniad mynychder. FREQUENCY DISTRIBUTION.

Cromlin mynychder. FREQUENCY CURVE.

***mynycháu**, *be.* mynychu. TO FREQUENT.

mynychu, *be.* ymweled yn fynych â, mynd yn gyson. TO FREQUENT.

mynychwr, *eg. ll.*-wyr. un sy'n mynychu. FREQUENTER.

mynydd, *eg. ll.*-oedd. daear uchel, bryn uchel iawn. MOUNTAIN.
    Mynydd llosg : mynydd tân. VOLCANO.
    Mynydd plyg. FOLD MOUNTAIN.
mynydd-dir, *eg.* tir mynyddig. HILL-COUNTRY.
mynyddig, ⎱ *a.* uchel, yn esgyn ac yn
mynyddog, ⎰ disgyn. MOUNTAINOUS.
mynyddwr, *eg. ll.* mynyddwyr. dringwr mynyddoedd. MOUNTAINEER.
mynyglog, *a.* clefyd y gwddf. QUINSY.
myrdd : myrddiwn, *eg. ll.* myrddiynau. rhif diderfyn, deng mil. MYRIAD.
*mŷr, *ell.* moroedd. SEAS.
*myr, *ell.* morgrug. ANTS.
*myrierid, *eg.* gweler *mererid*.
myrndra, *eg.* myllni. SULTRINESS.
myrnio, *be.* myllu. TO BECOME SULTRY.
myrr, *eg.* defnydd peraroglus a ddefnyddir mewn moddion ac arogldarth. MYRRH.
myrt, *eg.* myrtwydden. MYRTLE.
myrtwydd, *ell. (un. b.*-en). llwyni bythwyrdd ac iddynt flodau gwynion peraroglus. MYRTLES.

*myrwerydd, *eg.* gweler *marwerydd*.
*mysaing, ⎱
*mysangu, ⎬ *be.* sathru. TO TRAMPLE.
*myseingian, ⎰
mysg, *eg.* canol. MIDST.
    Ymysg. AMONG.
    Yn eu mysg. AMONG THEM.
*mysgi, *eg.* cythrwfl, brwydr. TUMULT, BATTLE.
mysgu, *be.* 1. datglymu, rhyddhau, datod, dad-wneud. TO UNDO, TO UNRAVEL.
    2. meddalu drwy fwydo. TO MACERATE.
*mysni, *eg.* diflasrwydd. STALENESS.
*mysterin, *a.* aflonydd. RESTLESS.
*mystrych, 1. *eg.* aflendid. FILTH.
    2. *a.* aflan. FILTHY.
myswynog, *eb. ll.*-ydd, -au. buwch heb lo ganddi. COW WITHOUT YOUNG.
mysyglog, *a.* â mwswgl, MOSSY.
mywion, *ell. (un. g.*-yn, *b.*-en.). morgrug. ANTS.
*mywn, *ardd.* gweler *mewn*.
mywyn, *eg.* bywyn. PITH.

N

na : nac, *cys.* (negyddol). NO, NOT, NOR.
    Na dafad nac oen. NEITHER SHEEP NOR LAMB.
na : nac, geiryn negyddol gyda'r gorchmynnol. NO, NOT.
    Na ddos yno. Nac ofnwch.
na : nac, geiryn negyddol mewn ateb. NO, NOT.
    A ddaw ef ? Na ddaw. WILL HE COME ? NO.
    A oes ? Nac oes. IS THERE ? THERE IS NOT.
na : nad : nas, rhagenw perthynol negyddol. THAT . . . NOT.
    Y dyn na ddaeth. THE MAN WHO DID NOT COME.
    Y dyn nad atebodd.
    Dyna'r rhai nas daliwyd.
na : nad : nas, geiryn negyddol o flaen cymal enwol. Gwn na ddaw ef. I KNOW THAT HE WILL NOT COME.
na : nag, *cys.* gyda'r radd gymharol. THAN.
nabl, *eg. ll.*-au. saltring. PSALTERY.
nacâd, *eg.* gwrthodiad, atalfa. REFUSAL, REBUFF.
nacaol, *eg.* ac *a.* negyddol. NEGATIVE.
    Y mae'r ateb yn y nacaol : yr ateb yw Na.

nacáu, *be.* gwrthod, bwrw ymaith. TO REFUSE.
*nacha(f), *ebych.* wele. LO !
nâd, *eb. ll.*-au. llef, dolef, cri, sgrech, udiad. CRY.
Nadolig, *eg.* gŵyl geni Crist, y Nadolig. CHRISTMAS.
nadu, *be.* 1. udo, oernadu, gwneud cri hir uchel. TO HOWL.
    2. na adu, gwrthod, atal, lluddias. TO STOP, TO HINDER.
nadwr, *eg. ll.*-wyr. llefwr, bloeddiwr, gwaeddwr. CRIER.
nadd, *eg. ll.*-ion. rhywbeth wedi ei naddu. WHAT IS HEWN OR CHIPPED.
    Carreg nadd. HEWN STONE.
naddiad, *eg.* y weithred o naddu. HEWING, CARVING.
naddial, *be.* naddu, torri. TO HEW, TO CHIP.
naddion, *ell.* darnau wedi eu naddu. CHIPS, SHREDS.
naddo, *adf.* na, ateb negyddol i ofyniad yn yr amser gorffennol neu berffaith. NO.
    A fuoch chwi yno ddoe ? Naddo.
naddu, *be.* torri, cymynu, hacio. TO HEW, TO CHIP.
*Naf, *eg.* Nêr, Arglwydd, Iôr, Iôn. LORD.

nâg, *eg.* gwrthodiad, gwrthddywediad. REFUSAL, CONTRADICTION.

nage, *adf.* na (mewn ateb negyddol pan fo *ai* neu *onid* yn dechrau cwestiwn). NOT, NOT SO.

Ai hwn yw'r dyn ? Nage.

nai, *eg. ll.* neiaint. mab i frawd neu chwaer person. NEPHEW.

naid, *eb. ll.* neidiau. llam, sbonc, yr hyn a wneir wrth neidio. A LEAP, BOUND, JUMP.

***naid,** *eb.* ffawd, tynged. FATE.

naïfder,   *eg.* ⎫ symlrwydd naturiol
naïfrwydd, *eg.* ⎭ ac agored mewn meddwl, dull neu ymadrodd naturiol. NAÏVETÉ.

naill, *rhag.* un (o ddau). THE ONE, EITHER.

Y naill . . . y llall. THE ONE . . . THE OTHER.

Naill ai yma neu acw. EITHER HERE OR THERE.

nain, *eb. ll.* neiniau. mam-gu, mam tad neu fam. GRANDMOTHER.

***naint,** *ell.* nentydd. STREAMS.

nam, *eg. ll.*-au. diffyg, bai, gwendid. DEFECT.

***nam(en),**   ⎫ *ardd.* ar wahân i, ac
***namn,**   ⎬ eithrio, ond, oddieithr.
***namwyn,**   ⎭ EXCEPT.
namyn,

nant, *eb. ll.* nentydd. cornant, ffrwd, afonig, afon fechan. BROOK.

napcyn, *eg. ll.*-au. macyn, cadach, cewyn. NAPKIN.

***nâr,**   ⎫
***naredd,** ⎬ *eg.* arglwydd. LORD.

nard, *eg.* ysbignardd, ennaint o'r planhigyn hwnnw. NARD, SPIKENARD.

nasiwn, *eg. ll.*-iynau. cenedl. NATION.

natur, *eb.* naws, tymer, anian, naturiaeth. NATURE, TEMPER.

naturiaethwr, *eg. ll.* naturiaethwyr. anianydd. NATURALIST.

naturiol, *a.* yn unol â natur, fel y disgwylir. NATURAL.

naturioldeb, *eg.* yr ansawdd o fod yn naturiol. NATURALNESS.

naturoliaeth, *eb.* athrawiaeth sy'n credu yng ngweithrediad deddfau naturiol y byd. NATURALISM.

naturus, *a.* dig, llidiog, llidus. ANGRY, QUICK-TEMPERED.

naw, *a.* rhifol, wyth ac un. NINE.

***nawd,** *eg.* perthynas, teulu, natur. KIN, NATURE.

nawdd, *eg. ll.* noddau. amddiffyn, diogelwch, lloches, cefnogaeth. REFUGE, PROTECTION, PATRONAGE, SUPPORT.

Nawddsant. PATRON SAINT.

nawddogaeth, *eb.* nawdd, cymorth; cefnogaeth ; amddiffyn. PATRONAGE ; PROTECTION.

nawell, *adf.* gwell naw gwaith. NINE TIMES BETTER.

***nawf,** *eg.* nofiad. A SWIMMING.

nawfed, *a.* yr olaf o naw. NINTH.

nawn, *eg. ll.*-au. canol dydd, hanner dydd. NOON.

nawnddydd, *eg.* prynhawn. AFTERNOON.

nawnol, *a.* prynhawnol. NOON.

nawr, *adf.* yn awr, 'rŵan, yrŵan. NOW.

naws, *eb. ll.*-au. teimlad, tymheredd, blas, natur. FEELING, NATURE, TINGE, TEMPERAMENT.

nawseiddio, *be.* tymheru, tyneru. TO TEMPER, TO SOFTEN.

***nawsol,** *a.* naturiol. NATURAL.

nawswyllt, *a.* nwydwyllt. PASSIONATE.

neb, *eg.* un, rhywun, dim un (gyda'r negydd). ANYONE, NO ONE.

Nid oedd neb yno. THERE WAS NO ONE THERE.

***nebawd,** *eg.* neb, dim. NO ONE, NOTHING.

necropsi, *eg.* archwiliad corff marw. NECROPSY.

necrosis, *eg.* pydriad yn yr esgyrn, darfod o'r meinwe. NECROSIS.

nedd, *ell.* (*un. b.*-en.). wyau pryfed bach. NITS.

***neddair,** *eb.* llaw. HAND.

neddau, *eb.*   ⎫
neddyf, *eb. ll.*-au. ⎬ bwyell gam. ADZE.

nef : nefoedd, *eb.* yr awyr, cartref Duw, paradwys. HEAVEN.

nefol : nefolaidd, *a.* yn ymwneud â'r nefoedd, gogoneddus, hyfryd. HEAVENLY, CELESTIAL.

nefrosis, *eg.* clefyd y nerfau. NEUROSIS.

***nefwy,** *eg.* nef. HEAVEN.

neges, *eb. ll.*-au, -euau, -euon. cenadwri, busnes. MESSAGE, ERRAND.

***neges,** *eb.* ymgyrch. CAMPAIGN, ASSAULT.

negeseua : negesa, *be.* mynd ar neges. TO RUN ERRANDS.

***negesog,** ⎫ *eg.* negesydd. MESSENGER.
***negesol,** ⎭

negydd, 1. *eg. ll.*-ion. gwrthodwr. REFUSER.

2. *a.* ac *eg.* nacaol. NEGATIVE.

negyddiaeth, *eb.* gwrthodiad, gwadiad. REFUSAL, DENIAL.

negyddol, *a.* ac *eg.* nacaol, atebiad neu ddywediad sy'n gwadu neu'n dweud "na". NEGATIVE.

neidio, *be.* 1. llamu, sboncio. TO JUMP, TO LEAP.
    2. curo. TO THROB.

neidiol, *a.* yn neidio. JUMPING.

neidiwr, *eg. ll.*-wyr. llamwr. JUMPER, LEAPER.

neidr, *eb. ll.* nadredd, nadroedd. ymlusgiad hir, sarff. SNAKE.
    Gwas y neidr. DRAGON FLY.
    Neidr gantroed. CENTIPEDE.
    Fel lladd nadroedd. AT FULL SPEED.

neidraidd, *a.* fel neidr. SNAKY.

neidrwydd, *eg. ll.*-au. arlais. TEMPLE.

neiedd, *eg.* ffafriaeth perthnasau. NEPOTISM.

neieddwr, *eg. ll.*-wyr. un sy'n ffafrio perthnasau. NEPOTIST.

Neifion, *eg.* duw'r môr. NEPTUNE.

neilltu, *eg.* ochr draw, un ochr. OTHER SIDE, ONE SIDE.
    O'r neilltu : ar wahân. ASIDE, APART.

neilltuad, *eg.* gwahaniad. SEPARATION.

neilltuaeth, *eb.* gwahaniad, ymneilltuad. SEPARATION, RETIREMENT.

neilltuedig, *a.* wedi ei neilltuo. SEPARATED.

neilltuo, *be.* gwahanu, ysgar, gosod o'r neilltu. TO SEPARATE.

neilltuog, *a.* unochrog, pleidiol. ONE-SIDED, PARTISAN.

neilltuol, *a.* penodol, arbennig. SPECIAL, PARTICULAR.

neilltuoli, *be.* gwahaniaethu, gwahanu. TO DISTINGUISH, TO SEPARATE.

neilltuolion, *ell.* arbenigion, nodweddion. CHARACTERISTICS, PECULIARITIES.

neilltuolrwydd, *eg.* arbenigrwydd, hynodrwydd, neilltuaeth. PECULIARITY, SECLUSION.

neint, *ell.* nentydd. STREAMS.

neirthiad, *eg.* nerthwr, cynorthwywr, cynhaliwr. STRENGTHENER, HELPER, MAINTAINER.

neis, *a.* hyfryd, dymunol. NICE.

neisied, *eb. ll.*-i. cadach poced, hances, macyn poced. HANDKERCHIEF.

neitio, *be.* neidio. TO JUMP.

neithdar, *eg.* mêl blodau, diod flasus, diod y duwiau. NECTAR.

neithdarfa, *eb. ll.*-fâu. lle ceir neithdar mewn blodeuyn. NECTARY.

neithior, *eb. ll.*-au. cinio priodas, gwledd briodas. MARRIAGE FEAST.
    Neithior daear. GRAVE.

neithiori, *be.* cynnal gwledd briodas. TO KEEP A MARRIAGE FEAST.

neithiwr, } *adf.* y noswaith ddi-
neithiwyr, } wethaf, hwyrddydd doe. LAST NIGHT.

nemawr, } *a.* prin, braidd. HARDLY
nemor, } ANY.
    Nemor (o) ddim. HARDLY ANYTHING.
    Nemor un. HARDLY ANY ONE.

nen, *eb. ll.*-nau, -noedd, -nawr. 1. yr awyr, wybren. HEAVEN.
    2. nenfwd. CEILING.
    3. to. ROOF, TOP.
    Nenbren. ROOF-BEAM.
    4. arglwydd, pennaeth. CHIEF, LORD.

nenfwd, *eg. ll.* nenfydau. nen ystafell. CEILING.

nennawr[1], *ell.* gweler *nen*.

nennawr[2], *eb.* nenlofft, nen tŷ. ATTIC, GARRET.

nennu, *be.* toi, nenfydu. TO ROOF, TO CEIL.

neodr, *a.* amhleidiol, diryw. NEUTRAL, NEUTER.

neoterig, *a.* o darddiad diweddar. NEOTERIC.

nepell, *adf.* (neb+pell) pell. FAR.
    Nid nepell. NOT FAR.

Nêr, *eg.* Arglwydd, Naf, Iôr, Iôn. LORD.

nerco, *eg.*(hanercof) gwirionyn, symlyn. SIMPLETON.

nerf, *eg. ll.*-au. gïau, llinyn sy'n trosglwyddo'r teimladau rhwng y corff a'r ymennydd. NERVE.

nerfol, *a.* yn perthyn i'r nerfau. NERVOUS.
    Canolfan nerfol. NERVE-CENTRE.

nerfus, *a.* gwan ei nerfau. NERVOUS.

nerfusrwydd, *eg.* y stad o fod yn nerfus. NERVOUSNESS.

nerfwst, *eg.* clefyd y nerfau. NEURASTHENIA.

nerth, *eg. ll.*-oedd. cryfder, grym, gallu, pŵer. STRENGTH, POWER.
    Nerth braich ac ysgwydd. WITH ALL ONE'S MIGHT.
    Nerth ei geg. AS LOUDLY AS POSSIBLE.
    Nerth ei draed. FULL SPEED.

nerth, *eg.* rhinwedd; llu. VIRTUE; HOST.

nerthiad, } *eg.* atgyfnerthiad, cefn-
nerthiant, } ogaeth. STRENGTHENING, SUPPORT.

nerthog, *a.* nerthol. STRONG.

nerthol, *a.* cryf, grymus. STRONG, POWERFUL, MIGHTY.

nerthu, *be.* cryfhau, grymuso, galluogi. TO STRENGTHEN, TO SUPPORT.

nerthyriad, *eg.* y weithred o yrru drwy gyfrwng nerth. POWER-DRIVE.

nes, 1. *a.* gradd gymharol *agos,* mwy agos. NEARER.

Yn nes ymlaen. FURTHER ON.

Nesnes. NEARER AND NEARER.

2. *adf.* tan, hyd oni, hyd. UNTIL.

nesâd, *eg.* dynesiad. APPROACH.

nesaf, *a.* gradd eithaf *agos,* y mwyaf agos. NEAREST, NEXT.

Y peth nesaf i ddim. NEXT TO NOTHING.

nesaol, *a.* agosaol. APPROACHING.

nesáu : nesu (at), *be.* agosáu, dynesu. TO APPROACH.

nesiad, ⎱ *eg.* nesâd. APPROACH.
nesiant, ⎰

nesnes, *adf.* nes a nes. NEARER AND NEARER.

neu, *cys.* ynteu, ai, naill ai. OR.

__*neu,__ *geir.* geiryn cadarnhaol. (AFFIRMATIVE PARTICLE.)

neuadd, *eb. ll.*-au. adeilad mawr, mynediad i dŷ. HALL.

__*neud,__ *geir.* gweler **neu.*

__*neued,__ ⎱ *eg.* prinder, eisiau.
__*neuedd,__ ⎰ SCARCITY, NEED.

__*neur,__ *geir.* + *manyn berf.* neu ry. AFFIRMATIVE AND PERFECTIVE PARTICLES.

__*neus,__ ⎱ *geir.* gweler **neu.*
__*neut,__ ⎰

newid, 1. *be.* cyfnewid, gwneud neu fod yn wahanol. TO CHANGE.

2. *eg.* arian a geir yn ôl wrth dalu, gwahaniaeth, newidiad. CHANGE.

newidfa, *eb. ll.*-oedd, -feydd. lle i newid pethau, cyfnewidfa. EXCHANGE.

newidiad, *eg. ll.*-au. cyfnewidiad. CHANGE.

__*newidio,__ *be.* cyfnewid, newid. TO EXCHANGE, TO CHANGE.

newidiol, *a.* cyfnewidiol. CHANGEABLE.

newidiwr, *eg. ll.*-wyr. masnachwr. MERCHANT.

__*newidwriaeth,__ *eb.* masnach. COMMERCE.

newidydd, *eg.* offeryn i newid ffurf neu gyflwr. TRANSFORMER.

newidyn, *eg.* maint sy'n amrywio (mathemateg). VARIABLE.

newritis, *eg.* llid y nerfau. NEURITIS.

newydd, 1. *a. ll.*-ion. ffres, heb fod o'r blaen, wedi dod yn ddiweddar. NEW.

O'r newydd. ANEW.

Newydd eni. JUST BORN.

Y mae ef newydd fynd. HE HAS JUST GONE.

2. *eg. ll.*-ion. hanes diweddar, stori newydd, gwybodaeth ffres. NEWS.

newydd-deb : newydd-der, *eg.* y stad o fod yn newydd. NOVELTY.

newydd-ddyfodiad, *eg. ll.*-iaid. rhywun newydd gyrraedd. NEW-COMER.

newyddiadur, *eg. ll.*-on. papur yn rhoi newyddion, papur newydd. NEWSPAPER.

newyddiaduriaeth, *eb.* y gwaith sydd ynglŷn â chyhoeddi papur newydd. JOURNALISM.

newyddiadurol, *a.* yn perthyn i newyddiadur. JOURNALISTIC.

newyddiadurwr, *eg.* un sy'n ymwneud â newyddiaduriaeth. JOURNALIST.

newyddian, *eg.* un sy'n dechrau, un sy'n newydd i'w waith. NOVICE.

newyddleuad, ⎱ *eb. ll.*-au. lleuad
newyddloer, ⎰ newydd. NEW MOON.

newyddu, *be.* gwneud o'r newydd. TO RENOVATE.

newyddwch, *eg.* gweler *newydd-deb.*

newyddwr, *eg. ll.*-wyr. newidiwr. INNOVATOR.

newyn, *eg.* chwant bwyd, prinder bwyd. HUNGER, FAMINE.

newynllyd, ⎱ *a.* â chwant bwyd, yn
newynog, ⎰ dioddef o eisiau bwyd. HUNGRY.

newynu, *be.* dioddef o eisiau bwyd. TO STARVE.

newynwr, *eg. ll.*-wyr. un mewn newyn. STARVER.

nhw : nhwy, *rhag.* hwy, hwynt. THEY, THEM.

ni¹, rhagenw personol, person cyntaf lluosog. WE, US.

ni² : nid, geiryn negyddol, na, nad. NOT, WHICH NOT.

Nid felly. NOT SO.

Ni wn i ddim : 'wn i ddim. I DO NOT KNOW.

Nid oes dim lle yma. THERE IS NO ROOM HERE.

Nid amgen. NAMELY.

__*nidr,__ *eg. ll.*-au. oediad, rhwystr, magl. DELAY, HINDRANCE, ENTANGLEMENT.

__*nidro,__ *be.* cordeddu, maglu. TO ENTANGLE, TO SNARE.

__*nidrwr,__ *eg. ll.*-wyr. rhwystrwr. HINDERER.

nifer, *egb. ll.*-oedd. rhif, rhifedi, llawer. NUMBER.

niferu, *be.* cyfrif. TO RECKON.

niferus : niferog, *a.* lluosog, aml. NUMEROUS.

nifwl, *eg. ll.*-ylau. niwl, effaith niwlog a gynhyrchir gan nifer o sêr. MIST, NEBULA.

nifylog, *a.* niwlog. FOGGY, MISTY.

nigmars,   *eg.* dewiniaeth.
*nigroma(w)ns,   NECROMANCY.

*nigus,   *a.* crebachlyd, crychlyd.
*nigys,   SHRUNKEN, WRINKLED.

nimffomania, *eg.* gorawydd rhywiol. NYMPHOMANIA.

ninnau, rhagenw personol dyblyg, person cyntaf lluosog, ni hefyd. WE ALSO.

nis, geiryn gyda rhagenw mewnol. ni...ef (hi, hwy). NOT . . . HIM (HER, THEM).
     Clywais ef (hi, hwy) ond nis gwelais.

nith, *eb. ll.*-oedd. merch i frawd neu chwaer person. NIECE.

nithiad, *eg.* y weithred o nithio, dewisiad. WINNOWING, CHOICE.

nithio, *be.* gwyntyllu, rhannu'r us oddi wrth y grawn. TO WINNOW.

nithiwr, *eg. ll.* nithwyr. gwyntyllwr. WINNOWER.

nithlen, *eb. ll.*-ni. llen nithio. WINNOW-ING-SHEET.

*nithod, *eg.* manod. FINE SNOW.

niwclear, *a.* cnewyllaidd. NUCLEAR.

niwcliws, *eg.* cnewyllyn. NUCLEUS.

niwed, *eg. ll.* niweidiau. drwg, cam, colled, anaf, difrod. HARM.

niweidio, *be.* drygu, gwneud cam â, difrodi, anafu, amharu. TO HARM.

niweidiol, *a.* yn achosi niwed. HARM-FUL.

niweidiwr, *eg. ll.*-wyr. un sy'n niweidio. INJURER.

niwl, *eg. ll.*-oedd.   tarth, caddug, mwr-
niwlen, *eb.*   llwch, nudden, nifwl. FOG, MIST.

niwl(i)ogrwydd, *eg.* y stad o fod yn niwlog. FOGGINESS.

niwlo, *be.* mynd yn niwlog. TO BECOME MISTY.

niwlog : niwliog, *a.* wedi ei orchuddio â niwl, aneglur. MISTY.

niwmonia, *eg.* llid yr ysgyfaint. PNEUMONIA.

*no, *cys.* gweler *na.*

nobl, *a.* ardderchog, braf. NOBLE, FINE.

*nobl, *eg. ll.*-au. dernyn o aur gwerth tua 6/8. NOBLE.

*noc, *cys.* gweler *nag.*

*nochd, *eg.* drygioni. EVIL.

nod, *egb. ll.*-au. 1. amcan, pwrpas, cyfeiriad. AIM.
     2. marc, arwydd, boglwm. MARK, BRAND, BOSS.

nodarwydd, *eg. ll.*-ion. sêl. SEAL.

nodedig, *a.* anarferol, anghyffredin, amlwg, hynod, rhyfedd, penodedig. REMARKABLE, NOTED, WORTHY, SPECIFIED.

nodi, *be.* arwyddo, dodi marc, dangos, sylwi, dal sylw, cofnodi. TO MARK, TO NOTE.

nodiad, *eg. ll.*-au. nod, cofnod, cyfrif, sylwadaeth. NOTE.

nodiant, *eg.* dull o nodi seiniau mewn cerddoriaeth. NOTATION.
     Hen Nodiant. OLD NOTATION.

nodion, *ell.* gweler *nodyn.*

nodlyfr, *eg. ll.*-au. llyfr nodiadau. NOTE-BOOK.

nodog, *a.* â nod. MARKED.

*nodol, *a.* hynod. NOTABLE.

nodwedd, *eb. ll.*-ion. arbenigrwydd, hynodrwydd. A CHARACTERISTIC, FEATURE.
     Rhaglen nodwedd. FEATURE PROG-RAMME.

nodweddiadol, *a.* yn perthyn yn arbennig i, yn briodol i. CHARACTER-ISTIC.

nodweddrif, *eg. ll.*-au. y rhif cyfan mewn logarithm. CHARACTERISTIC (LOGARITHMS).

nodweddu, *be.* hynodi, perthyn yn arbennig i. TO CHARACTERISE.

nodwydd, *eb. ll.*-au. offeryn blaenllym at wnïo. NEEDLE.
     Crau nodwydd. EYE OF A NEEDLE.

nodwyddes, *eb. ll.*-au. gwniadwraig, gwniadyddes. NEEDLE-WOMAN.

nodyn, *eg. ll.* nodion, nodau. neges fer mewn ysgrifen, nodiad. NOTE.

nodd, *eg. ll.*-ion. sudd, sug, sugn. SAP, JUICE.

nodded, *eb.* nawdd, amddiffyn, diogelwch. PROTECTION.
     Noddedigion. EVACUEES.

noddfa, *eb. ll.* noddfeydd. lle diogel, lloches, cysgod. REFUGE, SHELTER.

noddi, *be.* amddiffyn, llochesu, diogelu, cysgodi, cefnogi, nawddogi, coleddu. TO PROTECT, TO SHELTER, TO PATRON-IZE.

noddwr, *eg. ll.* noddwyr.   un sy'n
noddydd, *eg. ll.*-ion.   noddi.
PROTECTOR, PATRON.

noe, *eb. ll.*-au. padell dylino, dysgl fas i ddal ymenyn ar ôl corddi. KNEADING-TROUGH, DISH.

noeth, *a. ll.*-ion. llwm, moel, prin hollol. NAKED, BARE, ABSOLUTE, SHEER.

noethder,   *eg.* noethni. NAKEDNESS.
noethedd,

noethi, *be.* dinoethi, diosg, tynnu. TO DENUDE, TO BARE, TO DRAW.

noethlymun, *a.* yn hollol noeth. STARK NAKED.

noethni : noethder, *eg.* cyflwr noeth. NAKEDNESS.

nofel, *eb. ll.*-au. ffug-chwedl, stori hir ddychmygol. NOVEL.

nofelig, *eb. ll.*-au. nofel fer. NOVELETTE.

nofelwr : **nofelydd**, *eg. ll.* nofelwyr. un sy'n ysgrifennu nofelau. NOVELIST.

*nofi, *be.* staenio (â gwaed). TO STAIN (WITH BLOOD).

nofiad, *eg.* y weithred o nofio. A SWIM.

nofiadwy, *a.* yn nofio. SWIMMING.

nofio, *be.* symud ar wyneb dŵr, arnofio. TO SWIM, TO FLOAT.

*nofis, *eg.* mynach ar brawf. NOVICE.

nofis, *eb.* newyddian, dysgwr. NOVICE.

nofiwr, *eg. ll.* nofwyr. un sy'n gallu nofio, nofiedydd. SWIMMER.

*nog,
*noged, }*cys.* nag. THAN.
*nogyt,

nogiad, *eg. ll.*-au. y weithred o nogio. JIBBING.

nogio, *be.* strancio, gwrthod mynd. TO JIB.

nôl, *be.* ymofyn, cyrchu, ceisio, dwyn, hôl, dyfod â. TO FETCH.

nomad, *eg. ll.*-iaid. crwydryn. NOMAD.

nomadiaeth, *eb.* bywyd nomad. NOMADISM.

norm, *eg. ll.*-au. safon, rheol, math, teip. NORM.

normadol, *a.* yn gosod safon. NORMATIVE.

nos, *eb. ll.*-au. tywyllwch, noson, noswaith. NIGHT.

nosi, *be.* mynd yn dywyll, mynd yn nos. TO BECOME NIGHT.

nosol, *a.* perthynol i nos, beunos, bob nos. NOCTURNAL, NIGHTLY.

*nosol, *eb.* noson. NIGHT.

noson : **noswaith**, *eb. ll.* nosweithiau. diwedydd, nos. EVENING, NIGHT. Noswaith waith. WEEK NIGHT.

noswyl, *eb. ll.*-iau. noson cyn gŵyl, gwylnos. VIGIL, EVE OF FESTIVAL.

noswylio, *be.* cadw noswyl, gorffwys gyda'r nos, gadael gwaith. TO REST AT EVE.

not, *eb.* môr-filltir. KNOT.

*nu, *adf.* yn awr. NOW.

nudd : **nudden**, *eb.* niwlen, tarth, caddug, mwrllwch. HAZE, MIST.

*nugiaw, *be.* ysgwyd. TO SHAKE.

*nus, *eg.* llaeth, llaeth tor. MILK, BEESTINGS.

nwy, *eg. ll.*-on, -au. peth o natur awyr i oleuo neu dwymo, etc. GAS.

nwyd, *eg. ll.*-au. gwŷn, natur ddrwg, angerdd, traserch, cyffro. PASSION, EMOTION.

nwydol, }*a.* â nwyd, angerddol.
nwydus, } PASSIONATE.

nwydd, *eg. ll.*-au. defnydd, peth. MATERIAL, ARTICLE. Nwyddau. GOODS, COMMODITIES. Nwyddau haearn. IRONMONGERY.

nwyf : **nwyfiant**, *eg.* egni, ynni, hoen, bywiogrwydd, bywyd, sioncrwydd. ENERGY, VIGOUR, VIVACITY.

*nwyfre, *eg. ll.*-oedd. awyr, ffurfafen. FIRMAMENT.

nwyfus, *a.* bywiog, hoenus, hoyw, heini. sionc. LIVELY, SPRIGHTLY, VIVACIOUS.

nwyfusrwydd, *eg.* bywiogrwydd. VIVACITY.

nwyol, *a.* yn perthyn i nwy. GASEOUS.

nwys, *eg. ll.*-au. tlws. BROOCH.

*ny, *ardd.* + *bannod.* yn y. IN THE.

nych : **nychdod**, *eg.* gwendid, eiddilwch, llesgedd. FEEBLENESS.

*nycha, *ebych.* wele. BEHOLD, LO.

nychled, }*a.* llesg, eiddil, gwanllyd,
nychlyd, } llegach, musgrell. FEEBLE.

nychu, *be.* dihoeni, curio, llesgáu, gofidio. TO LANGUISH, TO PINE, TO VEX.

nydd-droi, *be.* cyfrodeddu. TO TWIST.

nyddu, *be.* cordeddu, cyfrodeddu, troi, troelli. TO SPIN, TO TWIST.

nyddwr, *eg. ll.* nyddwyr. un sy'n nyddu. SPINNER.

*nyf, *e. torf.* eira. SNOW.

*nyfed, *eb.* teml, llwyn sanctaidd. TEMPLE, SANCTUARY.

nyni, rhagenw personol dyblyg, person cyntaf lluosog. WE, US.

nyrs, *eb. ll.* nyrsys. un sy'n gofalu am blant neu gleifion, mamaeth. NURSE.

nyrsio, *be.* gwneud gwaith nyrs. TO NURSE.

nyth, *ebg. ll.*-od. y man lle bydd aderyn yn dodwy ei wyau, lle clyd. NEST.

nythaid, *eb.* llond nyth. NESTFUL.

nythfa, *eb. ll.*-oedd. lle i nythu. NESTING-PLACE.

nythlwyth, *eg. ll.*-au. gweler *nythaid*.

nythu, *be.* gwneud nyth, ymnythu. TO NEST, TO NESTLE.

O

o, 1. *ardd.* (ohonof, ohonot, ohono, ohoni, ohonom, ohonoch, ohonynt). FROM, OF, OUT OF.

O dŷ i dŷ. FROM HOUSE TO HOUSE.

O'r tŷ i'r ardd. OUT OF THE HOUSE INTO THE GARDEN.

Wedi ei wneud o bren. MADE OF WOOD.

O'r braidd. HARDLY.

O'r bron. ALTOGETHER.

O'r gorau. VERY WELL.

O'r diwedd. AT LAST.

2. *cys.* os, od. IF.

3. *ebych.* (fel yn) "O !" meddai ef. OH ! O !

4. *rhag.* ef, fe, fo. HE, HIM, IT.

*ober, *eg. ll.*-au, -oedd. gwaith, gweithred. WORK, DEED.

oblegid, *cys.* ac *ardd.* oherwydd, am, o achos, gan. BECAUSE, ON ACCOUNT OF.

o boptu, *adf.* tua, ynghylch, o amgylch, o gwmpas, oddeutu, o beutu. ABOUT.

obry, *adf.* isod, yn y dyfnderoedd, oddi tanodd. DOWN, BELOW.

obstetreg, *eb.* gwyddor bydwreigiaeth. OBSTETRICS.

*oc, *ardd.* gweler o.

ocr, *eg.* ⎱ usuriaeth, llog. ocraeth, *eb.* ⎰ USURY, PROFIT.

ocrwr, *eg. ll.*-wyr. usuriwr. USURER.

ocsidio, *be.* troi'n ocsid, peri cyfuniad ag ocsigen. TO OXIDISE.

ocsidydd, *eg.* sylwedd sy'n achosi ocsidio. OXIDISING AGENT.

ocsigen, *eg.* nwy a geir mewn dŵr ac awyr, etc. OXYGEN.

ocsiwn, *eb. ll.* ocsiynau.: acsiwn, *eb. ll.* acsiynau. arwerthiant, sâl. AUCTION.

ocsiynwr, *eg. ll.*-wyr. ⎱ arwerthwr. ocsiynydd, *eg. ll.*-ion. ⎰ AUCTIONEER.

octef, *eb.* wythfed. OCTAVE.

och¹ : ach : ych, *ebych.* (arwydd o ddiflastod). UGH !

Och-y-fi : ach-y-fi : ych-y-fi.

och², *eg.* gwae. WOE.

ochain : ochneidio, *be.* griddfan, TO GROAN.

Y gwynt yn ochneidio. THE WIND HOWLING.

ochenaid, *eb. ll.* ocheneidiau. griddfan. SIGH.

*ochi, *be.* gweler ochain.

ochr, *eb. ll.*-au. ystlys, tu, min, ymyl, glan. SIDE.

ochri (gyda), *be.* cymryd ochr, pleidio, bod o du. TO SIDE (WITH).

ochrog, *a.* ag ochrau. HAVING SIDES.

ochrol, *eg. ll.*-ion. llinell ar yr ochr. LATERAL.

ochrwr, *eg. ll.*-wyr. pleidiwr. SIDER.

od, 1. *a.* hynod, rhyfedd. ODD, BIZARRE.

Peth od. STRANGE (THING).

Yn od o dda. REMARKABLY WELL.

2. *cys.* os, o. IF.

ôd, *eg.* eira. SNOW.

*odfa, *eb.* gweler oedfa.

odi, *be.* bwrw eira; taflu. TO SNOW; TO THROW.

odiaeth, *a.* ac *adf.* rhagorol, anghyffredin, iawn, dros ben. VERY, EXQUISITE, EXCELLENT, CHOICE.

odid, *adf.* prin, braidd. HARDLY.

Ond odid. PROBABLY.

Odid y daw : nid yw'n debyg y daw.

Odid na ddaw : tebyg y daw.

*odidog, *a.* gweler godidog.

odl, *eb. ll.*-au. seiniau tebyg i'w gilydd ar ddiwedd geiriau arbennig mewn barddoniaeth. RHYME.

odlaw, *eg.* eirlaw. SLEET.

odli, *be.* cynnwys odlau, llunio odlau (fel *gwyn* a *hyn*). TO RHYME.

odliad, *eg.* y weithred o odli. RHYMING.

odlyd, *a.* ag eira. SNOWY.

ods : ots, *eg.* gwahaniaeth. ODDS.

odyn, *eb. ll.*-au. ffwrn i sychu, lle i losgi carreg galch i wneud calch. KILN.

odyndy, *eg. ll.*-dai. tŷ odyn, popty. KILN-HOUSE, BAKE-HOUSE.

*odd, *ardd.* o. FROM.

oddeutu, *ardd.* ac *adf.* o boptu, tua, ynghylch, o gwmpas, o amgylch, ar fedr, ar fin. ABOUT.

oddf, *eg. ll.*-au. dwrn, bwlb, gwreiddyn crwn. KNOB, BULB.

*oddfa, *eb.* cuddfan. HIDING-PLACE.

oddfog, *a.* â gwreiddyn crwn. BULBOUS.

oddfyn, *eg. ll.*-nau. gweler *oddf.*

oddi, *ardd.* o. OUT OF, FROM.

Oddi ar. FROM OFF, SINCE.

Oddi yma. FROM HERE.

Oddi wrth. FROM.

Oddi mewn (fewn). WITHIN.

Oddi allan. OUTSIDE, WITHOUT.

oddieithr, *ardd.* 1. tu allan. WITHOUT, OUTSIDE.

2. ond, oni, onis, os na. EXCEPT, UNLESS.

oddigerth, *ardd.* (*gau ffurf*). gweler *oddieithr.*

*oddis, *ardd.* o dan. UNDER.

*oddwr, *eg*. cynorthwywr. ACCOMPLICE.
*oe, *ardd*. a *rhag*. i'w. TO HIS, TO HER, TO THEIR.
oed[1] : oedran, *eg. ll*. oedrannau. oes. AGE.
Blwydd oed. YEAR OLD.
Oedran addysgol. EDUCATIONAL AGE.
Oedran cynsail. BASAL AGE.
Oedran cronolegol. CHRONOLOGIC- AL AGE.
Oedran meddyliol. MENTAL AGE.
oed[2], *eg. ll*.-au. penodiad, trefniad i gyfarfod, cyhoeddiad, amser. APP- OINTMENT, TRYST, TIME.
oedfa, *eb. ll*.-on, oedfeuon. cyfarfod, cwrdd. MEETING.
oedi, *be*. gohirio, cadw'n ôl, ymdroi. TO DELAY, TO POSTPONE, TO LINGER.
oediad, *eg. ll*.-au. gohiriad. DELAY.
*oedol, *a*. yn oedi. PROCRASTINATING.
oedolion, *ell*. (*un. g*. oedolyn). rhai mewn oed neu yn eu llawn faint. ADULTS.
Oedolion uwchnormal. SUPERIOR ADULTS.
oedran, *eg*. gweler *oed*.
oedrannus, *a*. hen. AGED.
oedwr, *eg. ll*.-wyr. un sy'n oedi, gohiriwr. DELAYER, LOITERER.
oel, *eg*. olew. OIL.
oelio, *be*. dodi olew. TO OIL.
oen, *eg. ll*. ŵyn. bach y ddafad. LAMB.
oena, *be*. bwrw oen. TO LAMB.
oenaidd, *a*. fel oen. LIKE A LAMB.
oenig, *eb*. oen bach. LITTLE EWE-LAMB.
oenyn, *eg*. oen bach. LITTLE LAMB.
oer, *a*. heb wres, heb deimlad. COLD.
*oer, *a*. ffôl, trist. FOOLISH, SAD.
oeraidd : oerllyd, *a*. rhynllyd, an- wydog. CHILLY.
*oerchwedl, *eg. ll*.-au. newyddion drwg. BAD NEWS.
oerder, *eg*. oerni. COLDNESS.
oerddrws, *eg. ll*.-ddrysau. adwy wynt, bwlch gwynt. WIND GAP.
oerfel, *eg*. oerni, diffyg gwres ; melltith. COLD ; CURSE.
oerfelgarwch, *eg*. oerni, difrawder. COLDNESS, APATHY.
oerfelog, *a*. oerllyd. CHILLY, COLD.
*oerful, *a*. ffôl. FOOLISH.
*oerffwyr, *a*. trist, dychrynllyd. SAD, TERRIBLE.
oergell, *eb. ll*.-oedd. offeryn i gadw bwydydd yn iach neu oer, rhewgell, cwpwrdd oer, cist oer. REFRIGERATOR.
*oergrai, *a*. digalon, difywyd. DE- PRESSING, LIFELESS.
*oergreth, *a*. dychrynllyd. TERRIBLE.

oeri, *be*. mynd yn oer, gwneud yn oer. TO BECOME COLD.
oerin, *eg*. tywydd oer. COLD WEATHER.
oerllyd, *a*. gweler *oeraidd*.
oernad, *eb. ll*.-au. sgrech, nâd, llef, dolef, cri, udiad, cwynfan. YELL, HOWL, WAIL, LAMENTATION.
oernadu, *be*. sgrechian, nadu, llefain, crio, udo, cwynfan. TO HOWL, TO WAIL, TO LAMENT.
*oeryn, *a*. trist, truan. SAD, WRETCHED.
oes, *eb. ll*.-au, -oedd. bywyd, adeg, amser, cyfnod, einioes, dydd. AGE, LIFETIME.
oes, *bf*. trydydd person unigol presennol mynegol *bod*. IS, ARE.
A oes llyfr yma ? Oes . . . Nac oes. Nid oes llyfr yma.
oesi, *be*. byw. TO LIVE.
*oesog, *a*. hen, hynafol. OLD, ANCIENT.
oesol, *a*. parhaol, parhaus, bythol. PERPETUAL.
oeswr, *eg. ll*.-wyr. un sy'n byw. ONE WHO LIVES.
*oeth, *a*. rhyfedd. STRANGE, WONDER- FUL.
of, *a*. crai, cwrs. RAW, CRUDE.
ofer, *a*. segur, gwastraffus, seithug. WASTEFUL, VAIN.
ofera, *be*. segura, gwastraffu. TO IDLE, TO WASTE.
oferedd, *eg*. afradlonedd, gwagedd, gwegi. DISSIPATION, FRIVOLITY, VANITY.
ofergoel, *eb. ll*.-ion. : ofergoeliaeth, *eb*. : ofergoeledd, *eg*. coelgrefydd, ofn yr hyn sy'n anhysbys neu gred wedi ei seilio ar ofn neu hud. SUPERSTITION.
ofergoelus, *a*. yn credu mewn ofer- goelion. SUPERSTITIOUS.
oferiaith, *eb*. siarad gwag. IDLE TALK.
*ofersain, *eb*. siarad gwag, sŵn gwag. IDLE TALK, EMPTY SOUND.
oferwagedd, *eg*. gwagedd. VANITY.
oferwr, *eg. ll*.-wyr. diogyn, afradwr ; clerwr, bardd. WASTER ; MINSTREL, POET.
oflyd, *a*. crai, clwc. RAW, ADDLED.
ofn, *eg. ll*.-au. arswyd, dychryn, braw, llwfrdra. FEAR, TERROR, TIMIDITY.
Y mae ofn arno. HE IS AFRAID.
ofnadwy, *a*. arswydus, erchyll. DREAD- FUL, FORMIDABLE, TERRIBLE.
ofnadwyaeth, *eb*. braw, dychryn. FEAR, TERROR.
*ofnawr, *ell*. ofnau. FEARS.
*ofnhau, *be*. ofni. TO FEAR.
ofni, *be*. arswydo, bod ag ofn. TO FEAR, TO BE AFRAID.

*ofnocáu, *be.* dychrynu. TO TERRIFY, TO FEAR.

ofnog : ofnus, *a.* ag ofn, llwfr. TIMID, FEARFUL.

ofnogrwydd, *eg.* braw, ofn. FEAR.

ofydd, *eg. ll.*-ion. un o urddau'r Orsedd. OVATE.

*ofydd, *a.* anhywaith, anfoesgar. INTRACTABLE, DISCOURTEOUS.

ofyddiaeth, *eb.* carwriaeth ; cerddi serch ; gwyddor. COURTSHIP ; LOVE SONGS ; SCIENCE.

offeiriad, *eg. ll.* offeiriaid. clerigwr, gweinidog eglwys. CLERGYMAN, PRIEST.

offeiriadaeth, *eb.* clerigaeth. PRIEST-HOOD, CLERGY.

offeiriedydd, *eg. ll.*-ion. offeiriad. PRIEST.

offeren, *eb. ll.*-nau. gwasanaeth y Cymun yn Eglwys Rufain. MASS.

*offerengrys, *eg.* dilledyn a wisgid adeg offeren. SURPLICE (WORN DURING MASS).

offeriant, *eg.* peiriant i bwrpas diwydiannol. PLANT.

offeryn, *eg. ll.* offer, offerynnau. celficyn, arf, erfyn. INSTRUMENT, TOOL.

Offerynnau cerdd. MUSICAL INSTRUMENTS.

Offer pres. BRASS INSTRUMENTS. Offerynnau taro. PERCUSSION INSTRUMENTS.

Offer tannau. STRINGED INSTRUMENTS.

Offer chwyth. WIND INSTRUMENTS.

offerynnol, *a.* yn ymwneud ag offerynnau. INSTRUMENTAL.

offerynnwr, *eg. ll.*-nwyr. ⎫ un
offerynnydd, *eg. ll.*-ynyddion. ⎭ sy'n canu offeryn. INSTRUMENTALIST.

offrwm, *eg. ll.* offrymau. aberth, rhodd, cyfraniad. OFFERING, SACRIFICE.

offrymu, *be.* aberthu, rhoddi, cyfrannu. TO SACRIFICE, TO OFFER.

offrymwr, *eg. ll.*-wyr. ⎫ aberthwr,
offrymydd, *eg. ll.*-ion. ⎭ rhoddwr. SACRIFICER, OFFERER.

offthalmia, *eg.* clwy'r llygad. OPHTHALMIA.

offthalmosgob, *eb.* offeryn archwilio'r tu mewn i'r llygad. OPHTHALMO-SCOPE.

og, *eb. ll.*-au. : **oged,** *eb. ll.*-i, -au. offeryn i lyfnu cae wedi ei droi. HARROW.

ogedu, *be.* llyfnu. TO HARROW.

ogfaen, *ell.* (*un. b.*-en.). ffrwythau bach coch, egroes. HIPS.

ogof, *eb. ll.*-au, -eydd. lle gwag neu dwll dan y ddaear etc. CAVE.

ogylch, *ardd.* o amgylch, oddi amgylch, amgylch ogylch. ABOUT.

ongl, *eb. ll.*-au. cornel, congl. ANGLE, CORNER.

Ongl gyflenwol. COMPLEMENTARY ANGLE.

Onglau eiledol. ALTERNATE ANGLES. Ongl lem. ACUTE ANGLE. Ongl aflem. OBTUSE ANGLE. Onglau croesfertig. VERTICALLY OPPOSITE ANGLES.

onglog, *a.* ag onglau. ANGULAR.

onglydd, *eg. ll.*-ion. offeryn tynnu onglau. PROTRACTOR.

*ongyr, *eg.* gwaywffon. SPEAR.

oherwydd, *cys.* oblegid, o achos, gan, am. BECAUSE, FOR.

*oi : oia : oio, *ebych.* henffych, da iawn. HAIL ! WELL DONE.

ôl, 1. *eg. ll.* olion, nod, marc. MARK, TRACK.

Yn ôl ei draed. IN HIS STEPS. Olion. REMAINS, VESTIGES. 2. *a.* dilynol. BEHIND. Yn ôl ac ymlaen. BACKWARDS AND FORWARDS. Yn ôl. AGO, BACK ; ACCORDING TO. Ar ôl. AFTER. Y tu ôl i : y tu cefn i. BEHIND.

olaf, *a.* diwethaf. LAST.

*olafiaeth, *eb.* olyniaeth. SUCCESSION.

*olau, *ell.* olion (traed). TRACES, FOOT-PRINTS.

oldoriad, *eg.* y weithred o gwtogi gair. APOCAPE.

ôl-ddodiad, (**olddodiad**), *eg. ll.* ôl-ddodiaid. terfyniad gair. SUFFIX.

ôl-ddyled, *eb. ll.*-ion. hen ddyled. ARREAR.

olew, *eg.* oel, hylif tew seimlyd a geir o blanhigion neu anifeiliaid neu fwynau, etc. OIL.

olewydd, *ell.* (*un. b.*-en.). coed bythwyrdd y defnyddir eu ffrwythau i wneud olew ohonynt. OLIVE-TREES.

olewyddlan, *eb. ll.*-nau. perllan olewydd. OLIVEYARD.

olgart, *eg. ll.*-geirt. cert a dynnir gan fodur, etc. TRAILER.

olhau, *be.* canlyn, dilyn, olrhain. TO FOLLOW, TO TRACE.

*oliffant, *eg.* ifori. IVORY.

ôl-nodiad, *eg. ll.*-au. ôl-ysgrif. POST-SCRIPT.

olp, *eg. ll.*-au. twll i gordyn, etc. EYELET-HOLE.

*olre, *a.* holl, pob. EVERY, ALL.

olrhain, *be.* dilyn, chwilio am, copïo. TO TRACE.

olrhead, *eg.* rhywbeth wedi ei olrhain, copi drwy ddefnyddio papur tenau. TRACING.

olrhead, *eg.* ci sy'n olrhain. TRACKING-HOUND.

olrhëwr, *eg. ll.*-wyr. ⎫ un sy'n
olrheiniwr, *eg. ll.*-wyr. ⎭ olrhain.
TRACER.

olsylliad, *eg. ll.*-au. edrychiad yn ôl. RETROSPECTION.

olsyllu, *be.* edrych neu gyfeirio'n ôl. TO RETROSPECT.

olwyn, *eb. ll.*-ion. rhod, tröell. WHEEL.

olyfwydd, *ell.* olewydd. OLIVE-TREES.

olyniaeth, *eb.* dilyniad, peth sy'n dilyn un arall, rhes, cyfres. SUCCESSION, SEQUENCE.

olynol, *a.* yn dilyn ei gilydd. CONSECUTIVE.

olynu, *be.* dilyn mewn swydd, etc. TO SUCCEED.

olynydd : olynwr, *eg. ll.* olynwyr. un sy'n dilyn un arall mewn swydd, etc. SUCCESSOR.

ôl-ysgrif, *eb. ll.*-au. peth a ysgrifennir ar ddiwedd llythyr neu lyfr, ôl-nodiad. POSTSCRIPT.

oll, *adf.* i gyd. ALL, WHOLLY.
Yn gyntaf oll. FIRST OF ALL.
Gorau oll. ALL THE BETTER.

ôm, *eg. ll.* omau. uned grym trydan. OHM.

onaddun, *ardd.* ohonynt. OF THEM.

ond : onid, *cys.* eithr, yn unig, unig. BUT, ONLY.

onest, *a.* gweler *gonest.*

oni[1]**: onid,** *geiryn* (mewn gofyniad negyddol). NOT ?
Onid e ? IS IT NOT ?
Oni ddaeth ef ? HAS HE NOT COME ?

oni[2] **: onid : onis,** *cys.* os na; hyd, nes. UNLESS ; UNTIL.

onnen, *eb. ll.* ynn, onn. pren cyffredin. ASH-TREE.

ontogeni, *eg.* gwyddor datblygiad yr unigolyn. ONTOGENY.

onwydd, *ell.* coed ynn ; gwewyr onn. ASH-TREES ; ASH-SPEARS.

opiniwn, *eg. ll.*-iynau. barn. OPINION.

opteg, *eb.* gwyddor sy'n ymwneud â'r golwg. OPTICS.

***or**[1]**,** *eb. ll.*-oedd. ymyl, goror. MARGIN, BORDER.

***or**[2]**,** *cys.* os, pe. IF.

oracl, *eg. ll.*-au. man lle yr ym-gynghorir â'r duwiau ; eu hatebion ; dyn doeth iawn. ORACLE.

oraclaidd, *a.* doeth, call. ORACULAR.

oraens, ⎫
oraets, ⎭ *eg.* oren. ORANGE.

ordeinhad, *eb. ll.*-au. ordinhad, sag-rafen. ORDINANCE.

ordeiniad, *eg. ll.*-au. urddiad. ORDINATION.

ordeinio, *be.* urddo. TO ORDAIN.

ordinhad, *eb. ll.*-au. sagrafen, trefn. SACRAMENT, ORDINANCE.

ordnans, *eg.* stordy milwrol, magnelau, etc. ORDNANCE.

ordd, *eb.* gweler *gordd.*

orddawd, ⎫ *eb. ll.*-ion. ergyd gordd.
orddod, ⎭ SLEDGE-HAMMER STROKE.

orddgnau, *ell.* cnau breision. LARGE NUTS.

oren, *egb. ll.*-nau. afal euraid, ffrwyth melyngoch o faint afal. AN ORANGE.

orfynag, *eg. ll.*-aig. awrlais, cloc. HORLOGE.

orffreis, *eg.* ymyl, brodwaith. BORDER, EMBROIDERY.

organ, *ebg. ll.*-au. 1. offeryn cerdd a chwythir â megin.
2. rhan o'r corff, etc. ORGAN.

organeb, *eb. ll.*-au. bod organig. ORGANISM.

organydd, *eg. ll.*-ion. un sy'n canu organ. ORGANIST.

orgiad, *eg.* lladdwr. KILLER.

orgraff, *eb. ll.*-au. llythyraeth, sillafiaeth geiriau. ORTHOGRAPHY.

orgraffu, *be.* ysgrifennu, argraffu. TO WRITE, TO PRINT.

oriadur, *eb. ll.*-on. ⎫ wats, waets,
oriawr, *eb. ll.*-oriau. ⎭ peth bach i ddweud yr amser. WATCH.

oriadurwr, *eg. ll.*-wyr. gwneuthurwr oriaduron. WATCHMAKER.

oriain, *be.* gweler *goriain.*

orian, *eb.* organ. AN ORGAN.

oriau, *ell.* sawl trigain munud ; gweddïau. HOURS ; PRAYERS.

oriel, *eb. ll.*-au. llofft dros ran o ystafell, galeri, lle i ddangos gweithiau cain. GALLERY.

orig, *eb.* ennyd, talm, amser byr. LITTLE WHILE.
Orig fach. ONE SHORT HOUR.

oriog, *a.* gwamal, di-ddal. FICKLE.

oriol, *a.* bob awr. HOURLY.

orlaes, ⎫
orlais, ⎬ *eg.* cloc, awrlais. CLOCK.
orloes, ⎭

orls, *eg.* ffwr. FUR.

orn, *eg.* cabl, bai, braw. BLASPHEMY, BLAME, FEAR.

ornair, *eg.* cabl. BLASPHEMY.

ornest, *eb. ll.*-au. ymdrechfa, ymryson, cystadleuaeth, ymladdfa rhwng dau. COMBAT, CONTEST, DUEL.

orograffig, *a.* perthynol i wyddor mynyddoedd. OROGRAPHIC.

orohïan, *eb.* llawenydd ; ynfytyn serchog. JOY ; A PERSON MADLY IN LOVE.

orthograffig, *a.* yn ymwneud ag orgraff. ORTHOGRAPHIC.

os : od, *cys.* (gyda'r amser presennol a'r gorffennol). IF.

*osai, *eg.* gwin o Alsace. OSEY.

*osb, *eg. ll.*-ion, ysb. ymwelydd, gwestai. GUEST.

*oseb, *eg. ll.*-ion. rhodd, anrheg. GIFT.

osgiladu, *be.* symud ôl a blaen fel pendil. TO OSCILLATE.

osgiladur, *eg.* siglydd. OSCILLATOR.

*osgl, *eg. ll.*-au. cangen, corn. BRANCH, HORN.

*osglgyrn, *ell.* â chyrn canghennog. WITH ANTLERS.

*osglog, *a.* ceinciog; â chyrn. BRANCHY ; WITH HORNS.

osgo, *eg.* ymarweddiad, ystum, agwedd. ATTITUDE, BEARING.

osgoi, *be.* gochel, gochelyd. TO AVOID.

osgöwr, *eg. ll.*-wyr. gochelwr. SHIRKER.

*osgyd, *eg. ll.*-au. basn. BASIN.

*osid, *bf.* os oes. IF THERE IS.

osio, *be.* cynnig, beiddio. TO ATTEMPT, TO DARE.

oslef, *eb. ll.*-au. gweler *goslef.*

*ost, *eg.* llu. HOST.

*osten, *eg.* aberth. SACRIFICE.

*ostri, *eg.* gwesty. HOSTEL.

*oswydd, *eg.* gelyn, estron. ENEMY, STRANGER.

otitis, *eg.* llid y glust. OTITIS.

ow, *ebych.* (fel yn) "Ow !" eb ef. ALAS ! OH !

*owmal, *eg.* enamel. ENAMEL.

owns, *eb.* un rhan ar bymtheg o bwys. OUNCE.

P

pa¹, *a.* (fel yn) Pa bryd ? WHEN ?
     Pa fodd ? HOW ?
     Pa sawl ? HOW MANY ?
     Pa beth : beth ? WHAT (THING) ?
     Pa un ? WHICH ONE ?

pa², *adf.* pam, paham. WHY.

Pab, *eg. ll.*-au. pennaeth Eglwys Rufain. POPE.

pabaeth, *eb.* swydd y Pab. PAPACY.

pabaidd, *a.* yn ymwneud â'r Pab. PAPAL.

pabell, *eb. ll.* pebyll. adeilad y gellir ei godi a'i symud yn hawdd. TENT, PAVILION.

pabellu, *be.* codi pebyll a byw ynddynt am beth amser, gwersyllu. TO ENCAMP.

pabi, *eb. ll.* pabïau. blodeuyn coch. POPPY.

pabir, 1. *ell.* pabwyr. RUSHES, CANDLES. 2. *eg.* papur. PAPER.

*pabl, *a. ll.* peibl. bywiog, tyfadwy. ACTIVE, VIGOROUS, FLOURISHING.

*pablaidd, *a.* bywiog. VIGOROUS, ACTIVE.

pabwyr, 1. *ell.* (*un. b.*-en). brwyn, planhigion a dyf mewn cors. RUSHES. 2. *eg.* llinyn mewn cannwyll neu lamp olew. WICK.

pabwyra, *be.* casglu brwyn. TO GATHER RUSHES.

pabydd, *eg. ll.*-ion. aelod o Eglwys Rufain. PAPIST.

pabyddiaeth, *eb.* ffurf Eglwys Rufain ar Gristionogaeth. POPERY.

pabyddol, *a.* yn perthyn i Eglwys Rufain. PAPIST, ROMAN CATHOLIC.

pac, *eg. ll.*-au -iau. pwn, swp, bwndel, baich. PACK, BUNDLE.

paced, *eg. ll.*-i. sypyn, bwndel bach. PACKET, PACKAGE.

pacio, *be.* dodi mewn pac, gwneud sypyn neu fwndel. TO PACK.

*pacs, *eg.* cusan. KISS.

padell, *eb. ll.*-i, -au, pedyll. cawg, basn, llestr. PAN, BOWL.

padelleg, *eb.* padell y glin. KNEE-PAN.

pader, *eg.* 1. Gweddi'r Arglwydd. THE LORD'S PRAYER.
     2. *ll.*-au. *ll. dwbl* padreuau. gweddïau, gleiniau. PRAYERS, BEADS, ROSARY.

padera, *be.* ailadrodd y pader. TO REPEAT PRAYERS.

*padereufaich, *eg.* baich o baderau. BEADS.

*padrïarch, *eg. ll.* padrïeirch. patriarch. PATRIARCH.

*paddyw, i bwy. TO WHOM.

*paeled, *eb. ll.*-au. 1. coeten, cap dur. QUOIT, MAILCAP.
     2. plastr. PLASTER.

paement, *eg.* 1. palmant, stryd. PAVEMENT, STREET.
     2. tâl, taliad. PAYMENT.

paent, *eg.* lliw, defnydd lliwio. PAINT.

*pafais, *eg.* tarian fawr. A LARGE SHIELD.

pafiliwn, *eg.* adeilad mawr fel pabell. PAVILION.

paffio, *be.* ymladd â menig ar y dwylo, ymladd â dyrnau. TO BOX.

paffiwr, *eg. ll.* paffwyr. un sy'n paffio. BOXER.

pagan, *eg. ll.*-iaid. un nad yw'n Gristion nac yn Iddew nac yn Fohamedan, cenedl-ddyn, ethnig. PAGAN.

paganaidd, *a.* fel pagan, di-gred. PAGAN.

paganiaeth, *eb.* credo'r pagan, addoliad gau-dduwiau. PAGANISM.

pang, *eg. ll.*-au. : **pangfa**, *eb. ll.* pangfeydd. poen sydyn, haint, ysfa, llewyg, gwasgfa, gloes. FIT.

paham : **pam**, *adf.* (fel yn) Pam y daethost ? Gofynnodd pam y daeth ? WHY ?

paill, *eg.* 1. blawd, can, peilliad. FLOUR. 2. llwch blodeuyn. POLLEN.

pair, *eg. ll.* peiriau. crochan. CAULDRON.

pais, *eb. ll.* peisiau. sgyrt isaf, gŵn isaf. PETTICOAT.

    Pais arfau. COAT OF ARMS.

paith, *eg. ll.* peithiau. gwastatir, gweundir, darn maith o dir porfa heb ddim coed ynddo. PRAIRIE.

pâl, 1. *eb. ll.* palau. offeryn palu, math o raw. SPADE.

    2. *eg. ll.*palod. aderyn glan y môr, cornicyll y dŵr. PUFFIN.

paladr[1], *eg. ll.*pelydr. : **pelydryn**, *eg. ll.* pelydrau. llewyrch, fflach, llygedyn o olau. RAY, GLEAM.

paladr[2], *eg. ll.* pelydr. 1. gwaywffon. SPEAR.

    2. dwy linell gyntaf englyn. FIRST TWO LINES OF AN 'ENGLYN'.

*paladrddar, *eg.* gwaywffon dderw. OAK-SPEAR.

*paladrddellt, *eg.* gwaywffon doredig. BROKEN SPEAR.

palaeograffeg, *eb.* astudiaeth hen ysgrifau. PALAEOGRAPHY.

palas, *eg. ll.*-au, -oedd. tŷ mawr, plas. MANSION, PALACE.

*paled, *eb.* paladr, gwaywffon. SHAFT, STAKE.

paledryn, *eg.* cynffrwyth. GYNÆCEUM, PISTIL.

*paledu, *be.* ymryson â gwaywffyn. TO JOUST.

palf, *eb. ll.*-au. pawen, tor llaw, cledr y llaw. PALM, PAW.

palfais, *eb. ll.* palfeisiau. ysgwydd. SHOULDER.

palfalu, *be.* teimlo â'r llaw, ymbalfalu TO GROPE.

palfod, *eb. ll.*-au. ergyd â chledr y llaw. SLAP.

palff, *eg.* un mawr cadarn. WELL-BUILT SPECIMEN.

*palffrai, *eb. ll.*-eiod. march ysgafn. PALFREY.

*pali, *eg.* sidan addurnedig, defnydd gwerthfawr. BROCADED SILK.

palis, *eg. ll.*-au. rhaniad, gwal rhwng dwy ystafell, pared, canolfur, gwahanfur. PARTITION, WAINSCOT.

*palis, *eg.* gweler *palas.*

palmant, *eg. ll.*-au. pafin. PAVEMENT.

palmantu, *be.* gosod palmant. TO PAVE.

*palmer, *eg.* (*b.*-es.). pererin. PILGRIM.

palmwydd (wŷ), *ell.* (*un. b.*-en). coed sy'n tyfu mewn gwledydd twym. PALM-TREES.

palu, *be.* troi'r tir â phâl. TO DIG.

pall, *eg.* methiant, diffyg. FAILURE.

    Heb ball. WITHOUT FAIL.

*pall, *eg. ll.*-au. neuadd, pabell, mantell. HALL, TENT, MANTLE.

palledig, *a.* ffaeledig. FAILING.

palledigaeth, *eb.* colledigaeth, methiant. PERDITION, FAILURE.

pallu, *be.* nacáu, gwrthod, gomedd, darfod, methu, ffaelu. TO REFUSE, TO FAIL, TO LACK, TO CEASE.

pam, *adf.* gweler *paham.*

pâm, *eg. ll.*-au. gwely gardd. GARDEN BED.

pamffled, *eg. ll.*-i, -au. : **pamffledyn**, *eg.* ychydig ddalennau wedi eu gosod ynghyd. PAMPHLET.

pamffledwr, *eg. ll.*-wyr. un sy'n llunio pamffled. PAMPHLETEER.

pampas, *eg.* paith. PAMPAS.

*pân, *eg.* ffwr (gwyn). FUR, ERMINE.

pân, *eb.* brethyn wedi ei bannu. FULLED-CLOTH.

pan, 1. *cys.* pryd (y), pryd bynnag. WHEN.

    2. *adf.* y, o b'le. THAT, WHENCE.

*pan, 1. *eg. ll.*-nau. llestr yfed, cwpan. CUP.

    2. *eg.* poen, gwaith. PAIN, WORK.

pan, *a.* yn glanhau brethyn. FULLING.

*pand, *geir.* onid ? IS IT NOT ?

pandy, *eg. ll.* pandai. adeilad lle y glanheir ac y tewychir gwlân. FULLING-MILL.

panel, *eg. ll.*-i. darn petryellog ; nifer o bobl ddethol. PANEL.

pannas, *ell.* (*un. b.* panasen). llysiau Gwyddelig, gwreiddiau gwynion a dyf mewn gardd. PARSNIPS.

pannu, *be.* curo neu wasgu neu lanhau brethyn. TO FULL (CLOTH).

    Yn pannu (arni). SLOGGING AT IT.

pannwl, *eg. ll.* panylau. pant. HOLLOW, DIMPLE.

pannwr, *eg. ll.* panwyr. un sy'n pannu. FULLER.

pant, *eg. ll.*-au, -iau. dyffryn, glyn, cwm, pannwl. VALLEY, DENT.
Mynd i bant. GOING AWAY.

pantiog, *a.* â phant, panylog. HOLLOW, DIMPLED.

pantle, *eg. ll.*-oedd. pant. HOLLOW.

pantler, *eg.* swyddog y pantri. PANTLER.

pantri, *eg.* bwtri, ystafell i gadw bwyd a llestri. PANTRY.

pantheistiaeth, *eb.* holl-dduwiaeth. PANTHEISM.

panwriaeth, *eb.* crefft pannwr. CRAFT OF A FULLER.

panylog, *a.* â phannwl, pantiog. HOLLOW, DIMPLED.

panylu, *be.* pantio. TO DIMPLE, TO SINK.

panyw, *cys.* mai, taw. THAT.

*papir, *eg.* papur. PAPER.

papur, *eg. ll.*-au. peth i ysgrifennu arno neu i'w ddodi am rywbeth. PAPER.
Papur saim. GREASE-PROOF PAPER.
Papur newydd. NEWSPAPER.
Papur sidan. TISSUE PAPER.
Papur llwyd. BROWN PAPER.

papurfrwyn, *ell.* brwyn a ddefnyddid gan yr Eifftiaid yn lle papur. PAPYRI.

papuro, *be.* dodi papur ar wal. TO PAPER.

papurwr, *eg. ll.* papurwyr. un sy'n papuro. PAPER-HANGER.

*pâr, 1. *a.* yn barod, yn peri, wedi ei baratoi. READY, CAUSING, PREPARED.
2. *eg. ll.* peri. gwaywffon. SPEAR.

pâr, *eg. ll.* parau, peiri. dau, cwpl. PAIR.
Pâr o ddillad. SUIT.

para : parhau, *be.* dal ati, mynd ymlaen. TO CONTINUE.

parabl, *eg.* llafar, lleferydd, ymadrodd, araith, ymddiddan. SPEECH, UTTERANCE, SAYING.

parablu, *be.* llefaru, siarad, areithio, traethu. TO SPEAK.

*parad, *eg.* ffurfiad. FORMATION.

paradocs, *eg.* croesddywediad, croeseb. PARADOX.

paradwys (ŵy), *eb.* gwynfa, gwynfyd, nefoedd. PARADISE.

paradwysaidd, *a.* fel paradwys. PARADISEAN.

paraffîn, *eg.* math o olew a geir o goed, etc. PARAFFIN.

paragraff, *eg. ll.*-au. brawddeg neu nifer o frawddegau yn ymwneud â'r un testun. PARAGRAPH.

paralel, *eg.* cyflin. PARALLEL.

*parannu, *be.* peri. TO CAUSE.

paratoad, *eg. ll.*-au. darpariaeth, yr act o baratoi. PREPARATION.

paratoawl, *a.* yn paratoi. PREPARATORY.

paratoi, *be.* darparu, arlwyo, darbod, gwneud yn barod. TO PREPARE.

parc, *eg. ll.*-au, -iau. 1. gardd i'r cyhoedd, tir o amgylch tŷ mawr, lle i adael cerbydau. A FIELD.
2. maes, cae. FIELD.

parch, *eg.* ystyriaeth, hoffter, serch, anrhydedd. RESPECT.

parchedig, *a. ll.*-ion. teitl i weinidog neu offeiriad, yn parchu. REVEREND, REVERENT.
Y Gwir Barchedig. THE RIGHT REVEREND.

parchell, *eg.* gweler *porchell.*

parchu, *be.* perchi, meddwl yn fawr o, anrhydeddu. TO RESPECT.

parchus, *a.* yn cael neu'n haeddu parch. RESPECTABLE, RESPECTFUL.

parchusrwydd, *eg.* y cyflwr o fod yn barchus. RESPECTABILITY.

*pard, *eg. ll.*-iaid. llewpart. LEOPARD.

pardwn, *eg. ll.* pardynau. maddeuant. PARDON.

pardynu, *be.* maddau. TO PARDON.

parddu, *eg.* huddygl. SOOT.

pardduo, *be.* duo, athrodi, difrïo, difenwi, enllibio, cablu. TO VILIFY, TO BLACKEN.

pared, *eg. ll.* parwydydd. palis, gwahanfur, gwal, mur. PARTITION.

parêd, *eg.* gorymdaith, ymddangosfa. PARADE.

parhad, *eg.* yr act o ddal ati neu fynd ymlaen. CONTINUATION.

parhaus : parhaol, *a.* di-baid, gwastadol, bythol, tragwyddol. PERPETUAL.

*parlawr, *eg.* gweler *parlwr.*

parleisio, *be.* parlysu. TO PARALYSE.

parlwr, *eg. ll.* parlyrau. ystafell eistedd mewn tŷ. PARLOUR.

parlys, *eg.* clefyd sy'n achosi colli nerth neu deimlad. PARALYSIS.
Parlys mud. APOPLEXY.
Parlys dofednod. FOWL PARALYSIS.

parlysol, *a.* yn parlysu. PARALYSING.

parlysu, *be.* taro â pharlys, gwneud yn ddiymadferth. TO PARALYSE.

parod, *a.* ewyllysgar, bodlon, wedi paratoi. READY, WILLING, PREPARED.
Yno'n barod. THERE ALREADY.

*parodol, *a*. parod. WILLING, READY.

parodrwydd, *eg*. ewyllysgarwch, bodlonrwydd. READINESS.

*parri, *eg*. haid, gyr. FLOCK, DROVE.

parsel, *eg*. *ll.*-i. pecyn, sypyn, swp. PARCEL.

*parsel, *eg*. *ll.*-au. targed. TARGET.

parti, *eg*. *ll*. partïon. pobl yn gweithio neu deithio, etc. gyda'i gilydd, mintai, pobl o'r un daliadau gwleidyddol. PARTY.

partïol, *a*. ymbleidiol, pleidgar. PARTISAN.

parth, *eg*. *ll.*-au. 1. lle, rhan o wlad, ardal, rhandir. PART, DISTRICT.

2. llawr, aelwyd. FLOOR, HEARTH. Clwtyn parth : clwtyn llawr.

*parth, *eg*. mintai, llu. HOST.

parthed, *ardd*. mewn perthynas â, ynglŷn â, ynghylch. CONCERNING.

*parthlwydd, *eg*. cartref. HOME.

parthu, *be*. rhannu, gwahanu. TO DIVIDE, TO SEPARATE.

paru, *be*. ffurfio pâr. TO PAIR.

parwyden, *eb*. *ll.*-nau. clwyd, ystlys. PARTITION, SIDE.

pâs, *eg*. math o glefyd (ar blant gan amlaf) lle mae pesychu yn amlwg. WHOOPING-COUGH.

Pasg, *eg*. gŵyl i ddathlu atgyfodiad Crist, y Pasg. EASTER.

*pasg, 1. *a*. pasgedig. WELL-FED.

2. *eg*. bwyd pesgi. FEEDING.

pasgedig, *a*. wedi ei besgi, tew. FATTED.

pasiant, *eg*. *ll*. pasiannau. rhwysg, rhith, arddangosiad neu orymdaith o bobl wedi eu gwisgo yn nillad y cyfnod a ddarlunir. PAGEANT.

pasio, *be*. mynd heibio, estyn, rhagori. TO PASS, TO HAND, TO SURPASS.

pasiwn, *eg*. dioddefaint. PASSION.

pastai, *eb*. *ll*. pasteiod. blasusfwyd mewn toes wedi ei grasu. PASTY, PIE.

pasteiwr, *eg*. *ll.*-wyr. gwneuthurwr pastai. PASTRY-COOK.

pastwn, *eg*. *ll*. pastynau. pren trwchus, ffon. CLUB, CUDGEL, STAFF.

pastynfardd, *eg*. *ll.*-feirdd. crachfardd. POETASTER.

pastynu, *be*. curo â phastwn. TO CUDGEL, TO CLUB.

pastynwr, *eg*. *ll.*-wyr. un sy'n curo â phastwn ; crachfardd, clerwr. CUDGELLER ; POETASTER, MINSTREL.

patriarch, *eg*. *ll.*-iaid. tad a rheolwr teulu (yn enwedig yn y Beibl), penteulu. PATRIARCH.

patriarchaidd, *a*. fel patriarch. PATRIARCHAL.

patrôl, *eg*. *ll.*-au. gwyliadwriaeth, cylchwyr. PATROL.

patrolio, *be*. gwylio, mynd oddi amgylch. TO PATROL.

patrwm, *eg.ll*. patrymau. : patrwn, *eg*. *ll*. patrynau. cynllun, math. PATTERN.

*patrwn, *eg*. capten llong. SHIP'S CAPTAIN.

patrymlun, *eg*. *ll.*-iau. mold metel neu bren. TEMPLATE.

*pau, *eb*. *ll*. peuoedd. gwlad, bro. COUNTRY, LAND.

paun, *eg*. *ll*. peunod. (*b*. peunes). aderyn ac iddo blu symudliw. PEACOCK.

pawb, *eg*. y cwbl oll (o bersonau), pob person. EVERYBODY.

pawen, *eb*. *ll.*-nau. troed anifail, palf. PAW.

pawennu, *be*. defnyddio pawen. TO PAW.

pawl, *eg*. *ll*. polion. polyn. POST, STAKE.

pawr, *eg*. *ll*. porion. porfa. PASTURE.

pe : ped : pes, *cys*. os. (gyda'r amser amherffaith a'r gorberffaith). WERE IT THAT.

Pe gwelwn. IF I SAW.

Pes gwelswn. HAD I SEEN IT.

*pebyll, *egb*. *ll.*-au. pabell, gwisg. TENT, DRESS.

*pebyllio, *be*. pabellu. TO ENCAMP.

*pebyr, *a*. gweler *pybyr*.

pecaid, *eg*. *ll.*-eidiau. chwarter bwysel, dau alwyn. PECK.

pecyn, *eg*. *ll.*-au. parsel, pac, sypyn, paced. PACKET.

pechadur, *eg*. *ll.*-iaid. troseddwr, drwgweithredwr, un sy'n pechu. SINNER.

pechadurus, *a*. yn pechu, drwg, drygionus, annuwiol. SINFUL.

pechadurusrwydd, *eg*. y cyflwr o fod yn bechadurus. SINFULNESS.

pechod, *eg*. *ll.*-au. trosedd, drygioni, annuwioldeb. SIN.

pechu, *be*. troseddu, torri cyfraith Dduw. TO SIN.

pedair, *a*. tair ac un. (*g*. pedwar). FOUR. Pedair-strôc. FOUR-STROKE.

pedeiran, *eb*. chwarter. ONE-FOURTH.

*pederyn, *eg*. un o res o baderau. BEAD.

*ped(d)estr, *eg*. cerddedwr. PEDESTRIAN.

*ped(d)estrig, *eg*. cerddedwr, cerddediad. PEDESTRIAN, WALK.

pedol, *eg*. *ll.*-au. haearn a ddodir dan droed ceffyl neu sawdl esgid. SHOE.

pedoli, *be*. dodi pedol (ar geffyl). TO SHOE (A HORSE).

pedolwr, *eg. ll.*-wyr. un sy'n pedoli.
SHOER.

*pedrael, *eg.* pedwar ban. FOUR
QUARTERS.

pedrain, *eb. ll.* pedreiniau. crwper, rhan
ôl march. HIND QUARTERS.

pedrongl, 1. *a.* sgwâr. SQUARE.
2. *eb. ll.*-au. ffigur sgwâr. QUAD-
RANGLE, QUADRILATERAL.

*pedror, *eg. ll.*-au. pedrongl. QUAD-
RANGLE.

pedrwbl, *a.* pedair gwaith drosodd.
QUADRUPLE.

pedryfal, *eg.* ac *a. ll.*-au. sgwâr.
SQUARE.

pedryfan, *eg. ll.*-noedd. ban. QUARTER.

*pedryfannoedd, *eg.* pedair congl. FOUR
CORNERS.

*pedrygaing, *eg.* cledr y llaw. PALM OF
THE HAND.

*pedrygin(g), *eg.* llaw. HAND.

*pedryollt, *a.* â phedair hollt. WITH A
FOUR-EDGED HEAD.

pedwar, *a.* (*b.* pedair). y rhifol ar ôl tri.
FOUR.

pedwarawd, *eg. ll.*-au. parti o bedwar.
QUARTETTE.

pedwarcarnol, *a.* â phedwar carn neu
bedair troed. FOUR-FOOTED.

pedwarcarnolion, *ell.* anifeiliaid â
phedair troed. QUADRUPEDS.

pedwarplyg, *a.* â phedwar plyg.
QUARTO.

pedwerydd, *a.* (*b.* pedwaredd). yr olaf
o bedwar. FOURTH.

*peddestr, *eg.* gweler *pedestr*.

*peddestrig, *eg.* gweler *pedestr*.

*peddyd, *ell.* gwŷr traed, milwyr
cyffredin, gwerin. FOOT-SOLDIERS,
PEASANTRY.

pefr, *a.* disglair, prydferth. RADIANT,
BEAUTIFUL.

pefredd, *eg.* disgleirdeb, prydferthwch.
BRIGHTNESS, BEAUTY.

pefren, *eb. ll.*-nod. un brydferth.
BELLE.

pefrio, *be.* serennu, pelydru, disgleirio,
tywynnu. TO SPARKLE.

pefriol, *a.* disglair, llachar. SPARKLING.

peg, *eg. ll.*-au, -iau. hoelen bren. PEG.

*pegan, 1. *a.* paganaidd. PAGAN.
2. *eg.* pagan. A PAGAN.

pegol, *a.* bradol. BRADAWL.

pegor, *eg. ll.*-au. dieflyn, corrach, dyn.
IMP, DWARF, FELLOW.

pegwn, *eg. ll.* pegynau. un o ddau ben
echel y ddaear (sef pegwn y gogledd
neu begwn y deau) ; rhywbeth i ddal
offeryn mewn peiriant. POLE (OF
EARTH) ; CHUCK.

pegynol, *a.* yn perthyn i begwn.
POLAR, AXIAL.

*pei, *cys.* pe. IF.

peidiad, *eg.* y weithred o beidio.
CESSATION.

peidio (â), *be.* gadael, ymwrthod â,
aros, sefyll, atal. TO CEASE, TO STOP.

peilot, *eg. ll.*-iaid. un sy'n llywio,
llywiwr. PILOT.

peillgod, *eb. ll.*-au. cod i ddal llwch
blodeuyn neu baill. POLLEN SAC.

peilliad, *eg.* blawd gwenith, blawd
mân. WHEAT FLOUR, FINE FLOUR.

peillioni, *be.* cludo paill. TO POLLINATE.

peilliw, *a.* lliw blawd. OF THE COLOUR
OF FLOUR.

peint, *eg. ll.*-iau. hanner chwart. PINT.

peintio, *be.* lliwio, darlunio. TO PAINT.

peintiwr, *eg. ll.* peintwyr. un sy'n
peintio. PAINTER.

peiran, *eg. ll.*-nau. cwm. CORRIE,
CIRQUE, CWM.

peirianneg, *eb.* gwyddor sy'n ym-
wneud â pheiriannau. ENGINEERING.
Peirianneg y gweithdy. MACHINE
SHOP ENGINEERING.

peiriannol, *a.* yn ymwneud â pheir-
iannau, annaturiol. MECHANICAL,
MACHINE-.

peiriannwr : peiriannydd, *eg. ll.*
peirianwyr. un sy'n gwneud peir-
iannau neu ofalu amdanynt, etc.
ENGINEER.

peiriant, *eg. ll.* peiriannau. peth wedi
ei wneud o fetel i yrru cerbyd, etc.
neu i wneud rhyw waith arbennig,
injin, injan. ENGINE, MACHINE.
Peiriant tanio-tu-mewn. INTERN-
AL COMBUSTION ENGINE.
Peiriant melino. MILLING MACHINE.
Peiriannau manwl. SENSITIVE
MACHINES.
Peiriant chwistrell. JET ENGINE.

*peiriant, *eg.* gorchymyn. COMMAND,
ORDER.

peirianwaith, *eg.* mecanyddiaeth.
MECHANISM.

peirianyddiaeth, *eb.* peirianneg.
ENGINEERING.

*peisan, *eg.* hugan. CLOAK.

peiswyn, *eg.* siaff, us, manus, hedion.
CHAFF.

peithin, *eb.* y ffrâm sy'n dal y cyrs
wrth wau. SLAY, REED.

*peithiog, *a.* anial, agored. DESERT,
OPEN.

peithwydd, *ell.* cyrs y beithin.
WEAVER'S REEDS.

*peithyn, *eg.* ⎱ *ll.* peithynau. carreg
*peithynen, *eb.* ⎰ do. RIDGE-TILE.

*peithynad, *eg.* to, toad. ROOF, ROOF-
ING.
*peithynwr, *eg. ll.*-wyr. un sy'n gosod
peithynau. TILER.
pêl, *eb. ll.* peli, pelau.: **pelen,** *eb. ll.*-ni,
-nau. peth crwn. BALL, PELLET, PILL.
Pêl-droed. FOOTBALL.
Dwyn y bêl : rhagori. TO EXCEL.
*peleidrad, *eg.* ergyd â gwaywffon.
BLOW WITH A SPEAR.
*peleidrddellt, *ell.* ysgyrion gwayw-
ffyn. SPLINTERS OF SPEARS.
*peleidr(y)al, *eg.* brwydro â gwewyr,
trywanu â gwaywffyn. SPEAR-PLAY.
pelten, *eb.* dyrnod, ergyd, cernod.
A BLOW.
*pelrhe, *eg.* gêm â phêl. BALL-GAME.
pelwr, *eg. ll.*-wyr. chwaraewr pêl.
BALL-PLAYER.
pelydr, *eg. ll.*-au. paladr. RAY, BEAM.
pelydriad, *eg.* y weithred o belydru.
RADIATION.
pelydrol, *a.* yn pelydru. RADIANT.
pelydru, *be.* tywynnu, fflachio, dis-
gleirio. TO GLEAM, TO RADIATE.
pelydryn, *eg. ll.* pelydrau. paladr,
llygedyn. RAY, BEAM.
pell : **pellennig,** *a.* anghysbell, hirbell.
FAR.
pellebyr, *eg. ll.*-on. teligram. TELE-
GRAM.
pellen, *eb. ll.*-ni, -nau. pêl o edau
wlân. BALL (OF YARN).
pellennu, *be.* gwneud pellen. TO MAKE
INTO A BALL.
*pellgardd, *a.* difai. BLAMELESS.
pellhad, *eg.* symudiad ymhell. RE-
MOVAL TO A DISTANCE.
pellhau, *be.* mynd ymhellach, symud
draw. TO MOVE FARTHER.
pellter, *eg. ll.*-au, -oedd. y mesur
rhwng dau le. DISTANCE.
*pellws, 1. *a.* tyllog. FULL OF HOLES.
2. *bf.* tyllodd. HE PERFORATED.
*pellynnig, 1. *a.* pell, cerdded ymhell.
DISTANT, FAR-REACHING.
2. *eg.* estron. STRANGER.
pen[1], *eg. ll.*-nau. y rhan uchaf o'r corff,
etc., diwedd, copa, blaen, safn, ceg.
HEAD, END, TOP, MOUTH.
Ar ben. ON TOP OF, ENDED.
Pen y mynydd. TOP OF THE
MOUNTAIN.
Ar ei ben ei hun. BY HIMSELF.
Ymhen y mis. IN A MONTH'S TIME.
Da dros ben. EXCEEDINGLY GOOD.
pen[2], *a.* prif, pennaf. CHIEF, SUPREME.
*penaig, *eg.* pennaeth. CHIEF.
penadur, *eg. ll.*-iaid. teyrn, brenin,
pennaeth. SOVEREIGN.

penaduriaeth, *eb.* penarglwyddiaeth,
unbennaeth. SOVEREIGNTY.
penagored, *a.* ar agor led y pen, am-
henderfynol. WIDE OPEN, UNDECIDED.
*penardd,　}
*penarth,　} *eb.* pentir. PROMONTORY.
penarglwyddiaeth, *eb.* penaduriaeth.
SOVEREIGNTY.
*penawr, *ell.* pennau. HEADS.
penbaladr, *adf.* o ben bwy gilydd, yn
gyfan. COMPLETELY, IN GENERAL.
penben, *a.* yn ymrafael neu ffraeo. AT
LOGGERHEADS.
penbleth, *egb.* amheuaeth, petruster,
cyfyng-gyngor. DOUBT, PERPLEXITY.
pen-blwydd, *eg.* dydd dathlu gen-
edigaeth. BIRTHDAY.
penboeth, *a.* gorselog. HOT-HEADED,
FANATICAL.
penboethni, *eg.* gormod sêl, brwd-
frydedd, ffanatigiaeth. FANATICISM.
penboethyn, *eg. ll.*-boethiaid. eithaf-
ydd. EXTREMIST, FANATIC.
penbwl, *a.* twp, hurt, pendew. STUPID.
penbwl(a), *eg. ll.* penbyliaid. 1. hurtyn,
un dwl, dyn twp. BLOCKHEAD.
2. pysgodyn a geir mewn afon a
phen mawr iddo. BULLHEAD.
3. broga neu lyffant ifanc a chwt
iddo. TADPOLE.
pencadlys, *eg.* prif swyddfa. HEAD-
QUARTERS.
*pencais, *eg. ll.*-ceisiaid. pen-rhingyll.
CHIEF SERGEANT.
pencampwr, *eg. ll.* pencampwyr. y
gorau, un sy'n feistr ar ei grefft etc.
CHAMPION.
pencawna, *be.* ofera, segura, swmera,
ymdroi. TO DALLY, TO WASTE TIME.
pencenedl, *eg.* pen "tylwyth". HEAD
OF KIN.
pencerdd, *eg. ll.* penceirddiaid.
prifardd, prif gerddor, cerddor da.
CHIEF POET, CHIEF MUSICIAN.
penclwm, *eg. ll.*-clymau. carn ; clwm
ar y pen. HILT ; END-KNOT.
*pencnud, *eg. ll.*-iau. arweinydd y
cnud. LEADER OF THE PACK (OF
WOLVES).
pencwd, *eg. ll.*-cydau. cwd i'w roi am y
pen. HEAD-BAG.
pencynydd, *eg. ll.*-ion. prif gynydd.
CHIEF HUNTSMAN, CHIEF DOG-WARD.
penchwiban, *a.* syfrdan, pensyfrdan,
anwadal, oriog, gwamal, penwan,
penysgafn. FLIGHTY, LIGHT-HEADED.
penchwibandod, *eg.* pensyfrdandod,
anwadalwch. GIDDINESS, CAPRICIOUS-
NESS.

penchwidr, *a.* penchwiban, gwyllt, byrbwyll. GIDDY, WILD, RASH.

pendant, *a.* penderfynol, terfynol, diamwys, eglur, echblyg. EMPHATIC, POSITIVE, DEFINITE, EXPLICIT.

pendantrwydd, *eg.* yr ansawdd o fod yn bendant. POSITIVENESS.

pendefig, *eg. ll.*-ion. (*b.*-es). gŵr bonheddig, arglwydd. NOBLEMAN, PRINCE, PEER.

pendefigaeth, *eb.* dosbarth o safle uchel mewn cymdeithas. ARISTOCRACY.

pendefigaidd, *a.* bonheddig, urddasol, haelfrydig, anrhydeddus. ARISTOCRATIC.

penderfyniad, *eg. ll.*-au. bwriad di-droi'n-ôl neu bendant, yr hyn a fwriedir. RESOLUTION, DETERMINATION.

penderfyniaeth, *eb.* rheidoliaeth. DETERMINISM.

penderfyniedydd, *eg.* rheidiolydd. DETERMINIST.

penderfynol, *a.* di-droi'n-ôl, pendant. DETERMINED, RESOLUTE, DECISIVE.

penderfynu, *be.* gwneud penderfyniad. TO DECIDE, TO RESOLVE.

penderfynydd, *eg.* yr hyn sy'n penderfynu. DETERMINANT.

pendew, *a.* penbwl, dwl, twp. STUPID.

pendifadu, *be.* syfrdanu, hurtio, mwydro. TO STUN, TO DISTRACT.

pendifaddau, *adf.* yn bendifaddau : yn wir : yn ddiau. VERILY.

pendil, *eg. ll.*-iau. pwysau yn siglo'n ôl ac ymlaen i reoli cerddediad cloc. PENDULUM.

pendist, *eg. ll.*-iau. trawst uchaf. TOP BEAM.

pendoll, *a.* â thyllau yn y pen. HAVING A HEAD FULL OF HOLES.

pendramwnwgl, *a.* blith draphlith, bendraphen. HEADLONG.

pendraphen, *a.* blith draphlith. IN CONFUSION.

pendrist, *a.* pendrwm, athrist, prudd, trist, alaethus, digalon, blin. SAD.

pendro, *eb.* pensyfrdandod, madrondod, dot. GIDDINESS.

pendrondod, *eg.* pendro, madrondod. GIDDINESS.

pendroni, *be.* gofidio, poeni, anwadalu. TO WORRY, TO PERPLEX ONESELF.

*pendrwch, *a.* â phen wedi ei dorri. WITH SEVERED HEAD.

pendrwm, *a.* cysglyd, marwaidd, swrth ; â phen trwm ; anghymen. DROWSY ; TOPHEAVY ; IMPROPER.

pendrymu, } *be.* hepian, hanner
pendwmpian, } cysgu. TO DOZE, TO NOD.

penddar, } *eb.* pendro. GIDDINESS.
penddaredd, }

pendduyn, *eg. ll.*-nod. cornwyd, clewyn. BOIL, BLACKHEAD.

penelin, *egb. ll.*-oedd. cymal canol y fraich. ELBOW.

penfar, *eg. ll.*-au. mwsel lledr a hoelion yn sefyll allan ohono. MUZZLE.

penfas, *a.* dwl, twp. STUPID.

penfeddw, *a.* penysgafn. DIZZY.

penfelyn, *a.* (*b.* penfelen). â phen neu wallt melyn. YELLOW-HEADED.

penfoel, *a.* heb wallt ar ei ben. BALD-HEADED.

penfras, 1. *a.* â phen mawr. LARGE-HEADED.
　　2. *eg.* pysgodyn. COD-FISH.

*penffestin, *eg.* cap y tu mewn i helm. MAIL-CAP.

penffestr, *eg. ll.*-au. cebystr. HALTER.

penffrwyn, } *eg. ll.*-au. mwsel, cebystr,
penffust, } penffestr. MUZZLE, HALTER.

pengadarn : pengaled : pengam : pengryf, *a.* cyndyn, anhyblyg, ystyfnig. STUBBORN, HEAD-STRONG.

pen-glin, *eg.* gweler *pen-lin.*

penglog, *eb. ll.*-au. esgyrn y pen. SKULL.

penglwm, *eg. ll.*-glymau. pwysi ; clwm ar y pen. BUNCH ; END-KNOT.

pengrwn, *a.* (*b.* pengron). â phen crwn. ROUND-HEADED.

pengrych, *a.* â phen neu wallt cyrliog. CURLY-HAIRED.

*penguwch, *eg. ll.*-au. cwfl, cap. HOOD, CAP.

*penial, *eg.* terfysg, helynt ; gwasgu pennau ynghyd ; pennaeth. TUMULT ; CRUSHING ; CHIEFTAIN.

penigamp, *a.* ysblennydd, ardderchog, rhagorol, godidog. SPLENDID, EXCELLENT.

peniog, *a.* medrus, galluog, clyfar. CLEVER.

penisel, *a.* digalon, prudd, iselysbryd. DOWNCAST.

pen-lin, *eb. ll.* penliniau. cymal canol y goes, glin, pen-glin. KNEE.

penliniad, *eg.* y weithred o blygu glin. GENUFLEXION.

penlinio, *be.* pwyso ar y ben-lin, mynd ar y ben-lin. TO KNEEL.

*penllâd, *eg.* y daioni eithaf. SUPREME GOOD.

penllawr, *eg.* y rhaniad gynt rhwng y tŷ-byw a'r beudy. BING.

penlliain, *eg. ll.*-llieiniau. lliain pen. HEAD-CLOTH.

penllinyn, *eg.* cynffon ; ffaith sy'n arwain at ddatgelu. TAIL ; CLUE.

penllwydni, *eg.* penwynder, penwynni. GREYNESS OF HAIR.

penllywydd, *eg.* *ll.*-ion. arglwydd, pennaeth. SOVEREIGN.

*penmacwyf, *eg.* *ll.*-aid. prif swyddog meirch. CHIEF GROOM.

pennaeth, *eg.* *ll.* penaethiaid. (*b.* penaethes). blaenor, pen, y prif un. CHIEF.

*pennaeth, *eb.* arglwyddiaeth. RULE.

pennaf, *a.* prif, pen. PRINCIPAL, CHIEF.

pennawd, *eg.* *ll.* penawdau. testun, teitl. HEADING.

*pennawd, *a.* arbennig, ar y blaen (am feirch). SPECIAL, FOREMOST.

*pennawr, *ell.* pennau, arweinyddion. HEADS, LEADERS.

pennill, *eg.* *ll.* penillion. rhan o gân neu emyn. STANZA, VERSE.

pennod, *eb.* *ll.* penodau. rhan o lyfr. CHAPTER.

*pennod, *eb.* 1. nod, targed, terfyn. AIM, TARGET, END.

2. gweler *pennawd.*

pennoeth, *a.* heb ddim ar y pen. BAREHEADED.

pennog, *eg.* *ll.* penwaig. sgadenyn, pysgodyn y môr, penwag. HERRING.

pennor, 1. *eg.* *ll.* penorau. penffrwyn. MUZZLE.

2. *eb.* *ll.* penorau. clwyd. WICKET.

pennu, *be.* penderfynu, terfynu, sefydlu, apwyntio. TO DETERMINE, TO LIMIT, TO APPOINT.

penodi, *be.* trefnu, dewis. TO APPOINT.

penodiad, *eg.* *ll.*-au. dewisiad, y weithred o benodi. APPOINTMENT.

penodol, *a.* wedi ei benodi, neilltuol, arbennig. PARTICULAR, SPECIAL.

*penrhaith, *eg.* *ll.*-rheithiau. prif farnwr, arglwydd. CHIEF JUDGE, LORD.

*penrhe, *eb.* penrhwym. FILLET.

*penrhwy, *eg.* modrwy i'r pen. HEADRING

penrhwym, *eg.* gweler *penrhe.*

penrhydd, *a.* heb ei ffrwyno, llac, ofer, gwyllt. LOOSE, WILD.

penrhyddid, *eg.* rhyddid cyflawn. LICENCE.

penrhyn, *eg.* *ll.*-au. pentir, penmaen. PROMONTORY.

pensach, *eb.* chwyddi pen, y dwymyn doben. MUMPS.

pensaer, *eg.* *ll.* penseiri. archadeiladydd, un sy'n cynllunio adeilad. ARCHITECT.

pensaernïaeth, *eb.* gwaith pensaer, adeiladaeth. ARCHITECTURE, ARCHITECTONICS.

pensaernïol, *a.* yn ymwneud â phensaernïaeth. ARCHITECTURAL.

*pensel, *eg.* baner fach. PENNONCEL.

pensel, *eb.* ⎱ peth i ysgrifennu
pensil, *eg.* *ll.*-iau. ⎰ ag ef. PENCIL.

pensiwn, *eg.* *ll.* pensiynau. blwydd-dâl, arian a ganiateir i un wedi ymswyddo, neu i weithiwr neu filwr wedi'i anafu. PENSION.

pensiynwr, *eg.* *ll.*-wyr. un sy'n derbyn pensiwn. PENSIONER.

penswyddog, *eg.* *ll.*-ion. prif swyddog. CHIEF OFFICER.

*penswyddwr, *eg.* prif wasanaethwr bwyd. HEAD WAITER.

pensyfrdan, *a.* penchwiban, penfeddw, hurt. LIGHT-HEADED, DAZED, GIDDY.

pensyfrdandod, *eg.* penfeddwdod, madrondod, syndod. BEWILDERMENT, DIZZINESS, GIDDINESS.

pensyfrdanu, *be.* mwydro, synnu, hurto. TO DAZE, TO BEWILDER.

pensyndod, *eb.* clefyd yr eira. TWIN-LAMB DISEASE.

pensynnu, *be.* synfyfyrio, gwlana. TO BROOD, TO MUSE, TO DAY-DREAM.

pentan, *eg.* *ll.*-au. silff wrth le-tân i gadw pethau'n dwym, etc.; congl hen simnai fawr. NOB, CHIMNEY-CORNER.

penteulu, *eg.* *ll.*-oedd. pen y teulu, y tad. HEAD OF FAMILY.

*penteulu, *eg.* arweinydd gosgordd y brenin. LEADER OF KING'S RETINUE.

pentewyn, *eg.* *ll.*-ion. darn o bren o'r tân. FIREBRAND.

pentir, *eg.* *ll.*-oedd. penrhyn, talar. HEADLAND.

*pentir, *eg.* *ll.*-iaid. stiward tir. LAND STEWARD.

pentis, *eg.* sied neu adeilad yn pwyso ar adeilad arall. PENTHOUSE.

pentref, *eg.* *ll.*-i, -ydd. lle cyfannedd nad ystyrir yn dref. VILLAGE.

pentrefan, *eg.* treflan. HAMLET.

pentrefwr, *eg.* *ll.* pentrefwyr. un sy'n byw mewn pentref. VILLAGER.

*pen-trulliad, *eg.* *ll.*-iaid. prif fwtler. CHIEF BUTLER.

pentwr, *eg.* *ll.* pentyrrau. twr, carnedd, crug, crugyn, twmpath. HEAP, MASS.

penty, *eg.* *ll.* pentai. bwthyn, sied. COTTAGE, SHED.

pentyrru, *be.* crugio, cruglwytho, cronni, casglu, hel, crynhoi. TO HEAP, TO AMASS.

penuchel, *a.* balch, ffroenuchel, trahaus. HAUGHTY.

penwaig, *ell.* gweler *pennog.*

penwan, *a.* penchwiban, anwadal, gwirion. GIDDY, WEAK-HEADED.

penwar, *eg.* *ll.*-au. penffrwyn, mwsel. HEAD-STALL, MUZZLE.

penwendid, *eg.* pensyfrdandod, gwir-iondeb, penboethni. WEAKNESS OF HEAD.

***penwigin,** *eg.* pennog. HERRING.

penwisg, *eb.* *ll.*-oedd. rhywbeth a wisgir ar y pen. HEAD-DRESS.

***penwn,** *eg.* *ll.*-ynau. baner fach. PENNON.

penwyn, *a.* (*b.* penwen). â'r gwallt wedi gwynnu neu lwydo, penllwyd. WHITE-HEADED.

penwynnedd, } *eg.* penllwydni, gwallt
penwynni, } gwyn. WHITE HAIR, GREY HAIR.

penwynnu, *be.* britho, gwynnu. TO TURN GREY.

penyd, *eg.* *ll.*-iau. cosb a ddioddefir i ddangos edifeirwch. PENANCE.
  Penyd-wasanaeth. PENAL SERVI-TUDE.

penydfa, *eb.* *ll.*-oedd, penydfeydd. }
penydfan, *eb.* *ll.*-nau. }
  lle i weinyddu cosb. PENITENTIARY.

penydiaeth, *eb.* penyd, cosb. PENANCE.

penydio, *be.* derbyn penyd, cosbi. TO TO PENANCE, TO PUNISH.

penydiwr, *eg.* *ll.*-wyr. un sy'n derbyn penyd, poenydiwr. PENITENT, TOR-MENTOR.

***penygu,** *be.* rhagori. TO EXCEL.

penysgafn, *a.* penchwiban, penfeddw. GIDDY, DIZZY.

***pepreth,** } *be.* clebran. TO CHATTER.
***pepru,** }

pêr[1], *ell.* (*un.* *b.* peren). ffrwyth yr ellygen, gellyg. PEARS.

pêr[2] : **peraidd,** *a.* melys, blasus, dan-teithiol, sawrus. SWEET.

perarogl, *eg.* *ll.*-au. aroglau pêr, naws, persawredd. PERFUME, AROMA, SCENT.

perarogli, *be.* 1. persawru. TO PERFUME. 2. eneinio, cadw corff rhag pydru trwy foddion perlysau. TO EMBALM.

peraroglus, *a.* persawrus. FRAGRANT, SCENTED.

***perc,** *eg.* clwyd. PERCH.

***perced,** *eb.* math o rwyd bysgota; mantell; cae. BOW-NET ; CLOAK ; EN-CLOSURE.

***perclwyd,** *eb.* clwyd aderyn, caets. PERCH, CAGE.

perchen : **perchennog,** *eg.* *ll.* perchen-ogion. un sy'n meddiannu rhywbeth. OWNER, PROPRIETOR.

perchenogaeth, *eb.* meddiant. OWNER-SHIP.

perchenogi, *be.* meddu, meddiannu. TO OWN.

perchentyaeth, *eb.* swydd a braint per-chen tir (gynt), lletygarwch. OFFICE AND PRIVILEGE OF LANDOWNER, HOS-PITALITY.

perchi, *be.* parchu. TO RESPECT.

***perchig,** *a.* parchus. RESPECTED.

pereidd-dra, *eg.* melyster. SWEETNESS.

pereiddio, *be.* gwneud yn bêr neu'n beraidd, melysu. TO SWEETEN.

pereiddiol, *a.* melys, melysol. SWEET, SWEETENING.

pereiddlais, *eg.* hyfrydlais. SWEET VOICE.

peren, *eg.* gweler *pêr*.

pererin, *eg.* *ll.*-ion. teithiwr i le cysegredig, crwydryn. PILGRIM.

pererindod, *egb.* *ll.*-au. taith pererin. PILGRIMAGE.

pererindota, } *be.* mynd ar bererin-
pererino, } dod. TO GO ON A PILGRIMAGE.

perfedd : **perfeddyn,** *eg.* *ll.* perfeddion. canol, craidd, coluddion, ymysgar-oedd. MIDDLE, ENTRAILS.
  Perfedd nos. DEAD OF NIGHT.

***perfeddbwynt,** *eg.* *ll.*-iau. canol-bwynt. CENTRE.

perfeddwlad, *eb.* canol gwlad. HEART OF THE COUNTRY, INTERIOR.

perffaith, *a.* heb fai, di-fai, cyfan, cyflawn. PERFECT.

perffeithgwbl, *a.* cyflawn, perffaith. COMPLETE, PERFECT.

perffeithiaeth, *eb.* athrawiaeth per-ffeithrwydd. PERFECTIONISM.

perffeithio, *be.* gwneud yn berffaith. TO PERFECT.

perffeithrwydd, *eg.* y cyflwr o fod yn berffaith. PERFECTION.

perffeithydd, *eg.* *ll.*-ion. perffeithiwr, un sy'n perffeithio. PERFECTER.

***perging,** *eg.* gwaywffon ; arglwydd ; amddiffynnydd. SPEAR; LORD ; DEF-ENDER.

peri, *be.* achosi, achlysuro. TO CAUSE.
  Peri anadlu. ARTIFICIAL RES-PIRATION.

***peri,** *ell.* gwaywffyn. SPEARS.

***periadur,** *eg.* *ll.*-on. achoswr. CAUSER.

***perigl,** *eg.* *ll.*-au. gwasanaeth cref-yddol. RELIGIOUS SERVICE.

perigl, *eg.* gweler *perygl*.

***periglo,** *be.* cymryd rhan mewn gwasanaeth crefyddol. TO WORSHIP.

periglor, *eg.* *ll.*-ion, -iaid. offeiriad yn gwrando cyffes. MASS PRIEST.

perl, *eg.* *ll.*-au. gem gwyn llyfn a geir mewn wystrys. PEARL.

***perles,** *ell.* perlau. PEARLS.

perlewyġ, *eg. ll.*-on. llewyg, llesmair, stad lle'r ymddengys bod y meddwl wedi ymadael â'r corff. TRANCE.

perlewygol, *a.* llesmeiriol. ENTRANCING, ECSTATIC.

perlog, *a.* â pherlau. PEARLY.

perlys(i)au, *ell.* 1. llys(i)au persawrus a ddefnyddir i wneud moddion. HERBS.
2. llys(i)au a ddefnyddir i roi blas ar fwydydd. SPICES.

perllan, *eb. ll.*-nau. darn o dir lle tyfir coed ffrwythau. ORCHARD.

perllannoġ, *a.* â pherllannau. FULL OF ORCHARDS.

perllys, *eg.* persli. PARSLEY.

*****peror**, *eg. ll.*-ion. cerddor. MUSICIAN.

perori, *be.* pyncio, canu. TO MAKE MELODY.

peroriaeth, *eb.* miwsig, cerddoriaeth, melodi, melodeg, erddigan. MUSIC, MELODY.

perot, *eg.* parot. PARROT.

perpendiclar, *a.* arsgwar. PERPENDICULAR.

persain, *a.* perseiniol, swynol. EUPHONIOUS, MELODIOUS, SWEET.

persawr, *eg. ll.*-au. perarogl. FRAGRANCE.

persawru, *be.* perarogli, rhoi sawr pêr. TO PERFUME.

perseinedd, *eg.* hyfrydwch sain. EUPHONY.

persli, *eg.* perllys, llysiau gardd. PARSLEY.

person, *eg.* 1. *ll.*-au. dyn, gŵr, unigolyn, rhywun. PERSON.
2. *ll.*-iaid. offeiriad, clerigwr. PARSON.

personaidd, *a.* offeiriadol. PRIESTLY.

personi, *be.* gweler *personoli*.

personiaeth, *eb. ll.*-au. swydd person. BENEFICE.

personol, *a.* priod, preifat, yn perthyn i'r person ei hunan. PERSONAL.

personoli, *be.* portreadu fel person. TO PERSONIFY.

personoliad, *eg. ll.*-au. (ffigur ymadrodd). sôn am haniaeth, etc. fel petai'n berson. PERSONIFICATION.

personoliaeth, *eb.* y nodweddion sy'n gwahaniaethu un dyn oddi wrth y llall. PERSONALITY.
Personoliaeth luosblyg (neu luosrif). MULTIPLE PERSONALITY.

perswâd, *eg.* y weithred o berswadio. PERSUASION.

perswadio, *be.* ennill drwy ddadlau, darbwyllo. TO PERSUADE.

pert, *a.* tlws, del, hardd, prydferth, glân. PRETTY, QUAINT.

pertrwydd, *eg.* tlysni, tlysineb, harddwch, prydferthwch, glendid. PRETTINESS.

perth, *eb. ll.*-i. gwrych, llwyn. HEDGE, BUSH.

perthen, *eb.* llwyn. BUSH.

perthnasol, *a.* perthynasol. RELEVANT.

perthnasolaeth, *eb.* y ddamcaniaeth mai amodol yw pob gwybodaeth. RELATIVISM.

perthnasolrwydd, *eg.* y cyflwr o fod yn berthnasol. RELATIVITY.

perthyn, *be.* ymwneud â, bod yn eiddo i, bod o'r un teulu. TO BELONG, TO BE RELATED.

perthynas, *ebg. ll.* perthnasau. un o'r teulu, câr, cysylltiad rhwng pobl neu bethau. RELATION.

perth(y)nasol, *a.* yn ymwneud â'r mater a drafodir. RELEVANT.

perthynol, *a.* yn perthyn i, mewn perthynas â. RELATED, RELATIVE.
Rhagenw perthynol. RELATIVE PRONOUN.
Brawddeg berthynol. RELATIVE SENTENCE.

*****perthynu**, *be.* gweler *perthyn*.

*****perwġ**, *eg. ll.*-ygon. hyrdi-gyrdi. HURDY-GURDY.

perwig, *eb. ll.*-au. gwallt gosod, periwig. WIG.

perwyl (**ŵy**), *eg.* diben, amcan, achlysur, pwrpas. PURPOSE, OCCASION.
I'r perwyl hwn. TO THIS EFFECT.

perydd, *eg. ll.*-ion. achoswr. CAUSER.

*****peryf**, *eg.* arglwydd. LORD.

perygl, *eg. ll.*-on. enbydrwydd, y stad o fod yn agored i niwed. DANGER.

peryglu, *be.* gosod mewn perygl, enbydu. TO ENDANGER.

pesari, *eg.* crothateg. PESSARY.

pesgi, *be.* tewhau, tewychu. TO FATTEN.

pestl, *eg. ll.*-au. chwalwr, gordd. PESTLE.

peswch, 1. *eg.* pesychiad, yr act o besychu. A COUGH.
2. *be.* pesychu, gyrru anadl o'r ysgyfaint gydag ymdrech a sŵn. TO COUGH.

pesychiad, *eg. ll.*-au. peswch. COUGH.

pesychlyd, *a.* â pheswch. TROUBLED WITH COUGH.

pesychu, *be.* peswch. TO COUGH.

*****pet**, *cys.* pe, ped. IF.

petai, *bf.* pe bai. IF IT WERE.

*****petiġryw**, *eg.* ach, llinach. PEDIGREE.

petris, *ell.* (*un. b.*-en). adar bach o'r un teulu â'r grugieir. PARTRIDGES.

petrual, *a.* gweler *petryal.*

petrus, *a.* mewn amheuaeth, amheus, petrusgar. DOUBTFUL, HESITATING.

petruso, *be.* amau, methu penderfynu. TO HESITATE.

petruster, *eg.* amheuaeth. HESITATION.

petryal, *eg. a.* â phedair ochr, sgwâr. SQUARE, RECTANGLE.

petryell, *eg.* pedairongl. RECTANGLE.

petryellog, *a.* ar ffurf petryell. RECT-ANGULAR.

peth, *eg. ll.*-au. 1. unrhyw wrthrych y gellir meddwl amdano, neu ei gyffwrdd, ei arogli, ei glywed, neu ei weled. THING.
　Beth ? pa beth ? WHAT ?
　2. dim, ychydig, rhan. SOME.
　Peth yfed. STRONG DRINK.

*pethan, *eg.* peth bach. SMALL THING.

petheuach, *ell.* pethau bychain neu ddiwerth, pethau dros ben. ODDS AND ENDS.

*peues, *eb. ll.*-oedd. gwlad. COUNTRY.

*peunoeth,
*peunos(ol), } *adf.* bob nos. NIGHTLY.

*peunydd(iol), *adf.* bob dydd. DAILY.

peuo, *be.* chwythu. TO PANT.

pi,
pia, } *eb. ll.* pïod. pioden. MAGPIE.

piano, *egb.* offeryn cerdd mawr, (per-doneg). PIANO.

piau, *bf.* sydd yn berchen ar. (WHO) OWNS.
　Pwy biau'r llyfr ?

pib¹, *eb. ll.* pibau.: **pibell,** *eb. ll.*-au, -i. piben, peth i smocio ag ef. cetyn. offeryn cerdd. PIPE. DUCT.
　Pibell wynt. WINDPIPE.
　Pibau'r frest. BRONCHI.
　Pibell fwyd. OESOPHAGUS.

pib², *eb. ll.*-au. 1. casgen fawr. PIPE.
　2. dolur rhydd. DIARRHŒA.

*pibddall, *a.* cibddall. PURBLIND.

pibell, *eb.* gweler *pib.*

piben, *eb. ll.*-ni. gweler *pibell.*

pibgneuen, *eb.* castan. CHESTNUT.

piblyd, *a.* â dolur rhydd. DIARRHŒA.

pibo, *be.* 1. bod â dolur rhydd. TO HAVE DIARRHŒA.
　2. chwistrellu. TO SQUIRT.

pibonwy, *e. torf.* clych iâ, clöyn iâ. ICICLES.

pibydd, *eg. ll.*-ion. un yn canu pib-(au). PIPER.

pibyddio, *be.* canu pib(au). TO PIPE.

pica, *a.* pigog, pwyntiog, â blaen main. POINTED, SHARP.

picas, *egb.* math o gaib ac iddi flaen pigog. PICKAXE.

picell, *eb. ll.*-au. gwayw, gwaywffon. LANCE, SPEAR.

picellu, *be.* gwanu â phicell. TO SPEAR.

picellwr, *eg. ll.*-wyr. un sy'n defnyddio picell. SPEARER.

picfforch, *eb. ll.* picffyrch.: (**pigfforch,** *eb. ll.* pigffyrch). fforch fawr i godi gwair, etc., picwarch. PITCHFORK.

picil : picl, *eg.* bwydydd wedi eu cadw mewn finegr neu ddŵr hallt, an-hawster, trafferth. PICKLE.

picio, *be.* symud yn gyflym, brysio, prysuro gwibio. TO DART, TO HURRY.

pictiwr, *eg. ll.* pictiyrau. darlun, llun. PICTURE.

picwarch, *eb.* gweler *picfforch.*

picwnen, (*taf*). *eb. ll.* picwn. cacynen, gwenynen feirch. WASP.

picws mali, *eg.* bara ceirch mewn llaeth enwyn. OATCAKE IN BUTTER-MILK.

picyn, *eg. ll.*-nau. chwarter peint, llestr bach pridd neu bren. NOGGIN, PAIL.

pidyn, *eg.* cal. PENIS.

piff, *eg. ll.*-iau. pwff, gwth. PUFF.

pig, *eb. ll.*-au. 1. gylfin (fel pig aderyn). BEAK.
　2. peth tebyg, (fel pig y tebot, pig y tegell, etc.) SPOUT.
　Dodi ei big i mewn. TO INTERFERE.

pigan, *be.* dechrau bwrw glaw. TO BEGIN TO RAIN.

pigdwr, *eg. ll.* pigdyrau. tŵr main neu bigog. SPIRE.

pigfain, *a.* â phwynt ar ei flaen, blaen-llym. TAPERING.

pigiad, *eg. ll.*-au. brathiad, gwaniad. STING.

pigion, *ell.* detholiadau, detholion. SELECTIONS.

piglas, *a.* wyneblas, gwelw. PALE, LIVERISH-LOOKING.

piglaw, *eg.* glaw trwm, glaw mân. HEAVY RAIN, DRIZZLE.

pigo, *be.* brathu, colynnu, crynhoi, dewis, tynnu. TO PRICK, TO PICK.

pigoden, *eb.* draenen. THORN.

pigodyn, *eg. ll.*-nau. tosyn, ploryn. PIMPLE.

pigog, *a.* 1. blaenllym, llym, tostlym, brathog, colynnog. PRICKLY, SPINY.
　2. llidiog. IRRITABLE.

pigwn, *eg. ll.*-ynau. pigwrn, côn. CONE.

pigwrn, *eg. ll.*-yrnau. pigwn, pinagl. CONE, PINNACLE.

pigyn, *eg.* draenen ; blaen. THORN ; TIP.

pil, *eg.* 1. *dilledyn. GARMENT.
　2. pilionyn, crawen, croen. PEEL.

pilaster, *eg. ll.*-au. colofn sgwâr hanner i mewn a hanner allan mewn mur. PILASTER.

pilcod, *ell. (un. g.*-yn). pilc, pysgod bach. MINNOWS, SMALL FISH.

pilcota, *be.* dal pilcod. TO CATCH MINNOWS.

pilen, *eb. ll.*-nau. haenen, croen. FILM, SKIN, CUTICLE, MEMBRANE.
Pilen sinofaidd. SYNOVIAL MEMBRANE.
Pilennau serwm. SEROUS MEMBRANES.
Pilen yr ysgyfaint. PLEURA.

piler, *eg. ll.*-i, -au. colofn, peth o bren neu fetel neu garreg i ddal peth arall i fyny. PILLAR, COLUMN.

pilio, *be.* tynnu pil neu groen, rhisglo, digroeni. TO PEEL.

pilion, *ell.* yr hyn sydd wedi eu pilio. PEELINGS.

pili-pala, *eb.* iâr fach yr haf, glöyn byw. BUTTERFLY.

*pilis, *eg. ll.*-au. clog. CLOAK, PELISSE.

*pilwrn, *eg. ll.*-yrnau. saeth. ARROW.

pilyn, *eg. ll.*-nau. dilledyn, gwisg, cerpyn, clwt. GARMENT, RAG.

*pilys, *eg. ll.*-au. gweler *pilis.*

pill, *eg. ll.*-ion. darn o farddoniaeth neu gân. BIT OF POETRY, SNATCH OF SONG.

*pill, *eg. ll.*-ion. cadernid, boncyff, cangen, noddfa. STRENGTH, TRUNK, BRANCH, REFUGE.

pillwydd, *ell.* coed crin. DRY WOOD.

pin, *eg. ll.*-nau. 1. darn byr main o fetel ac iddo flaen llym a phen trwchus. PIN, BOBBIN.
2. offeryn ysgrifennu. PEN.
Pin gefyn. SHACKLE PIN.
Pin llenwi. FOUNTAIN PEN.

pîn : **pinwydd,** *ell. (un. b.* pinwydden). coed bythwyrdd. PINES.

pinacl : **pinagl,** *eg. ll.*-au. pwynt neu fan uchaf, twr hir cul. PINNACLE.

pinc, 1. *a.* lliw coch golau. PINK.
2. *eg. ll.*-od. aderyn bach, asgell fraith. CHAFFINCH.

pincas, *eg.* cas i ddal pinnau. PINCUSHION.

pincio, *be.* trwsio, twtio, ymbincio. TO PINK, TO TITIVATE.

piner, *eg.* 1. ffedog, brat. PINAFORE.
2. gwisg. GARMENT.

piniwn, *eg. ll.* piniynau. 1. barn. OPINION.
2. talcen tŷ. GABLE-END, PINE-END.

pinsio, *be.* gwasgu â'r bysedd neu rhwng dau beth. TO PINCH.

pïod, *ell. (un. b.* pioden). piogen, pia, aderyn du a gwyn. MAGPIE.
Pioden y coed : sgrech y coed. JAY.

piogenig, *a.* crawnllyd. PYOGENIG.

piped, *eg. ll.*-au. tiwb bach i symud gwlybyron o un llestr i'r llall. PIPETTE.

*pipre, *eb.* dolur rhydd. DIARRHŒA.

piser, *eg. ll.*-i, -au. cunnog, stên. PITCHER, CAN.

*pisgen, *eb.* 1. pothell. BLISTER.
2. palalwyfen. LINDEN.

*pisgwrn, *eg. ll.*-yrnod. tosyn, ploryn. PIMPLE.

pisgwydd, *ell.* palalwyf. LINDEN-TREES.

piso, 1. *be.* gwneud dŵr. TO URINATE.
2. *eg.* dŵr. URINE.

pistyll, *eg. ll.*-oedd. ffynnon, dŵr yn llifo o bibell, ffrwd. SPOUT, WELL.

pistyllu : **pistyllad** : **pistyll(i)an** : **pistyllio,** *be.* ffrydio. TO SPOUT.

pisyn, *eg. ll.*-nau. darn, dryll, rhan, cetyn, clwt, llain. PIECE.

*pitan, *eb.* teth. TEAT.

piti, *eg.* tosturi, trugaredd, trueni, gresyn. PITY.

pitïo, *be.* trugarhau. TO PITY.

pitw, *a.* bach, bychan, mân. PUNY, MINUTE.

piw, *eg. ll.*-au. cadair, pwrs buwch. UDDER.

piwiaid, *ell.* gwybed. GNATS.

piwis, *a.* croes, blin, gwenwynllyd, anfoddog. PEEVISH.

piwr, *a.* da, gonest, caredig. FINE, KIND.
Llwyth piwr o wair. A GOOD-SIZED LOAD OF HAY.

Piwritan, *eg. ll.*-iaid. crefyddwr sy'n rhoi pwys mawr ar foesoldeb. PURITAN.

Piwritanaidd, *a.* yn ymwneud â Phiwritan. PURITAN.

Piwritaniaeth, *eb.* credo Piwritan. PURITANISM.

piwter : **piwtar,** *eg.* metel sy'n gymysgedd o alcam a phlwm ; llestri a wneir ohono. PEWTER.

pla, *eg. ll.* plâu. haint. PLAGUE.
Pla'r llau. PEDICULOSIS.

pladur, *eb. ll.*-iau. offeryn llaw i dorri gwair, etc. SCYTHE.

pladuro : **pladurio,** *be.* defnyddio pladur. TO USE A SCYTHE.

plaen, *a.* 1. eglur, amlwg, syml. CLEAR.
2. diolwg, diaddurn. PLAIN.
eg. ll.-au, -iau. offeryn llyfnhau a ddefnyddir gan saer coed. PLANE.

plaender, } *eg.* y cyflwr o fod yn
plaendra, } blaen. PLAINNESS.

plaengan, *eb.* melodi neu thema seml. PLAINSONG.

plaenio, *be.* defnyddio plaen. TO PLANE.

*plaeo, *be.* plagio, poeni. TO PLAGUE.

plagio, *be.* poeni, blino. TO TORMENT, TO TEASE.

plagus, *a.* blin, trafferthus, poenus. ANNOYING.

plaid, *eb. ll.* pleidiau. cymdeithas o bobl o'r un gredo wleidyddol. PARTY, FACTION.
 O blaid. IN FAVOUR.

*plaid, *eb. ll.* pleidiau. mur, gwal, pared. WALL.

plaid, *eb.* ffrâm y brwydau. SHAFT (IN LOOM).

plân[1], *eg.* planwydden. PLANE-TREE.

plân[2], *eg. ll.* planau. yr arwynebedd geometrig symlaf, ffigur di-drwch. PLANE.
 Plân llorwedd. HORIZONTAL PLANE.
 Plân terfyn. BOUNDING PLANE.
 Plân llun. PICTURE PLANE.
 Plân tangiad. TANGENT PLANE.

plan[1], 1. *eg. ll.*-nau, -iau. cynllun, amlinelliad, map. PLAN.
 2. *eg. ll.*-noedd. planhigyn. PLANT.

plan[2] : **planedig,** *a.* wedi ei blannu. PLANTED.

planc[1], *eg. ll.*-au, -iau. astell, estyllen, plencyn. PLANK, BOARD.
 Bara planc. GRIDDLE CAKE, PLANK BREAD.

planc[2], *eg.* ebol, gorŵydd. FOAL, HORSE.

planced, *eb. ll.*-i. gwrthban. BLANKET.

plancton, *ell.* pethau byw organig sy'n nofio mewn dŵr. PLANKTON.

planed, *eb. ll.*-au. un o'r cyrff nefol sy'n teithio o amgylch yr haul ; haint. PLANET ; DISEASE.
 Planedau. LIGHTNING.

planedol, *a.* yn ymwneud â phlaned. PLANETARY.

planedydd, *eg. ll.*-ion. sêr-ddewin. ASTROLOGER.

planetsýgn, *eg.* un o arwyddion cylch y planedau. ZODIACAL SIGN.

planfa, *eb. ll.* planfeydd. ⎫
planhigfa,*eb. ll.* planigfeydd. ⎬ tir wedi
ei blannu â choed. PLANTATION.

planhigyn, *eg. ll.* planhigion. llysieuyn, pren. PLANT.
 Planhigyn dwyflyneddol. BIENNIAL PLANT.
 Planhigyn bythol. PERENNIAL PLANT.

planiad, *eg. ll.*-au. y weithred o blannu. PLANTING.

plannu, *be.* dodi coed neu lys(i)au yn y ddaear i dyfu. TO PLANT.

plannwr, *eg. ll.* planwyr. un sy'n plannu. PLANTER.

plant, *ell.* gweler *plentyn.*

planta, *be.* cenhedlu. TO BEGET CHILDREN.

plantos, *ell.* plant (bach). (LITTLE) CHILDREN.

planwydd, *ell.* coed planedig, coed plân. PLANTED TREES, PLANE-TREES.

plas, *eg. ll.*-au. 1. plasty, cartref swyddogol brenin neu archesgob, tŷ mawr. PALACE, MANSION.
 2. *lle, maes. PLACE, OPEN SPACE.

plasaidd, *a.* fel plas. PALATIAL.

plastr, *eg. ll.*-au. cymysgedd o galch a thywod a dŵr i orchuddio gwal, peth i'w ddodi ar glwyf, etc. PLASTER.

plastro, *be.* dodi plastr ar wal, taenu rhywbeth yn anghymedrol. TO PLASTER.

plastrwr, *eg. ll.* plastrwyr. un sy'n plastro. PLASTERER.

plasty, *eg. ll.* plastai. plas, tŷ plas. MANSION.

plât, *eg. ll.* platau, platiau. llestr crwn bas i ddodi bwyd arno, rhywbeth gwastad. PLATE.
 Platiau cydio. CATCH PLATES.
 Plât wyneb. FACE PLATE.

plater, *eg.* dysgl. PLATTER.

platŵn, *eg. ll.*-tynau. mintai o filwyr. PLATOON.

*pläu, *be.* plagio, poeni. TO PLAGUE.

*plawdd, *be.* taro. TO STRIKE.

ple, 1. *eg.* dadl, ymresymiad, ymbil. sgwrs. PLEA, CONVERSATION.
 2. *rhag. gof.* pa le ? WHERE ?

pleder,*eg.* dadleuwr,eiriolwr. PLEADER.

pledio, *be.* dadlau, rhesymu, profi, eiriol. TO ARGUE, TO PLEAD.

pledren, *eb. ll.*-ni, -nau. pelen i ddal dŵr mewn dyn neu anifail ; y peth sydd y tu mewn i gas pêl-droed, chwysigen. BLADDER.

plegid, *eg.* tu, plaid. SIDE, PARTY.

*pleiden, *eb. ll.*-ni. clwyd. WATTLING.

pleidgar, *a.* pleidiol. PARTIAL, BIASSED.

pleidgarwch, *eg.* ymbleidiaeth. PARTISANSHIP.

pleidio, *be.* cefnogi, cynnal, ategu, ffafrio. TO SUPPORT, TO FAVOUR.

pleidiol, *a.* ffafriol, o blaid, cefnogol. FAVOURABLE, PARTIAL.

pleidiwr, *eg. ll.* pleidwyr. cefnogwr. SUPPORTER, PARTISAN.

pleidlais, *eb. ll.* pleidleisiau. fôt, llais mewn etholiad, cefnogaeth. VOTE.

pleidleisio, *be.* fotio, cefnogi mewn etholiad, rhoi pleidlais. TO VOTE.

pleidleisiwr, *eg. ll.* pleidleiswyr. un sy'n pleidleisio. VOTER.

pleidydd, *eg. ll.*-ion. pleidiwr. PARTISAN.

pleiniaid, } *eg.* dydd lladd. DAY OF
pleingiaid, } SLAUGHTER.

plencyn, *eg. ll.* planciau. astell drwchus. PLANK.

plennydd, *a.* gwych, graenus. FINE.

plentyn, *eg. ll.* plant. merch neu fachgen bach. CHILD.

Plant hwyrgynnydd. LATE DEVELOPERS.

Plant olgynnydd. RETARDED CHILDREN.

Plentyn heb ymaddasu. MALADJUSTED CHILD.

plentyndod, *eg.* mebyd, maboed. CHILDHOOD.

plentynnaidd, *a.* fel plentyn, mabaidd. CHILDISH.

plentynrwydd, *eg.* y stad o fod fel plentyn, diniweidrwydd. CHILDISHNESS, PUERILITY.

pleser, *eg. ll.*-au. hyfrydwch, llawenydd, boddhad. PLEASURE.

pleserdaith, *eb. ll.* pleserdeithiau. trip, gwibdaith. EXCURSION.

pleserlong, *eb. ll.*-au. iot. YACHT.

pleserus, *a.* hyfryd, boddhaus, difyrrus, dymunol, diddorol. PLEASANT.

plesio, *be.* boddhau, rhyngu bodd, difyrru, diddori. TO PLEASE.

plet : pleten, *eb. ll.* pletau. plyg, yr hyn a geir wrth bletio. PLEAT.

pletio, *be.* plygu defnydd yn ddeublyg neu driphlyg. TO PLEAT.

pleth : plethen, *eb. ll.* plethi, plethau. cydwead, ymylwe, yr hyn a geir wrth blethu. PLAIT.

plethdorch, *eb. ll.*-au. amdorch. WREATH.

plethu, *be.* gwau pethau yn ei gilydd fel â gwallt neu wellt, etc. TO PLAIT.

plewra, *eb.* pilen yr ysgyfaint. PLEURA.

plicio, *be.* 1. tynnu (o'r gwraidd). TO PLUCK.

2. pilio, digroeni. TO PEEL.

plisgen, *eb. ll.*-nau. masgl, pilen. SHELL, FILM.

plisgo, *be.* masglu, tynnu plisg, pilio, TO SHELL, TO PEEL.

plisgyn, *eg. ll.* plisg. masgl, cibyn, cas. SHELL, POD, CASE, CASING.

plisman : plismon, *eg. ll.* plismyn. aelod o'r heddlu, heddgeidwad. POLICEMAN.

plith, *eg.* canol. MIDST.

I blith. INTO THE MIDST OF.

Ymhlith. AMONG.

Yn eu plith. IN THEIR MIDST.

O blith. FROM AMONG.

Blith draphlith. IN CONFUSION.

ploc, *eg. ll.*-au, -iau. } darn o bren,
plocyn, *eg. ll.*-nau. } cyff, boncyff. BLOCK.

plôr[1], *ell.* (*un. g.* ploryn). tosau. PIMPLES.

plor[2], *eg.* gweler ***pluor.***

ploryn, *eg. ll.*-nod, plorod. tosyn, codiad ar groen. PIMPLE.

plu, *ell.* (*un. b.* pluen). : **pluf,** *ell.* (*un. g.* plufyn). gwisg aderyn. FEATHERS.

Plu eira. SNOWFLAKES.

plucan, *eg.* manblu. DOWN.

pludde, *ell.* clustogau plu. FEATHER PILLOWS.

pluennu, *be.* pluo. TO PLUME.

plufawr, *ell.* pluf. FEATHERS.

pluo : plufio, *be.* tynnu plu(f). TO FEATHER.

pluog, *a.* â phlu. FEATHERED.

Da pluog. POULTRY.

pluor, *eg.* llwch, powdr. DUST, POWDER.

pluoryn, *eg. ll.*-nod. ploryn. PIMPLE.

plwc, *eg. ll.* plycau, plyciau. 1. tyniad, tynfa, plyciad. PULL, JERK.

2. talm, ysbaid, amser. WHILE, SPACE.

plwg, *eg. ll.* plygau, plygiau. unrhyw beth a ddefnyddir i gau twll (yn enwedig i rwystro dŵr i redeg). PLUG.

plwm, 1. *eg.* metel meddal trwm a ddefnyddir i wneud pibellau, etc. LEAD.

2. *a.* o blwm, trwm. LEADEN.

plws, *eg.* arwydd adio. PLUS.

plwyf, *eg.* plwyfolion. PARISHIONERS.

plwyf, *eg. ll.*-i, -ydd, ardal dan ofal offeiriad, rhan o sir. PARISH.

plwyfo, *be.* ymgartrefu, ymsefydlu, teimlo'n gartrefol, rhosfeuo. TO SETTLE DOWN.

plwyfog, *eg. ll.*-ion. un o drigolion plwyf. PARISHIONER.

plwyfol, *a.* yn perthyn i blwyf, yn gul ei feddwl. PAROCHIAL.

plwyfolion, *ell.* trigolion plwyf. PARISHIONERS.

plwyfwas, *eg. ll.*-weision. bedel. BEADLE.

plycio, *be.* rhoi plwc, plicio, tynnu, plwcan. TO PULL.

plycroth, *eg.* côl. LAP.

plyg, *eg. ll.*-ion. 1. tro, yr hyn a geir wrth blygu defnydd. FOLD.

2. maint (llyfr). SIZE (OF A BOOK).

plygain,*eg.ll.* plygeiniau. : **pylgain,** *eg.*
ll. pylgeiniau. 1. y bore bach, toriad
gwawr. DAWN, COCK-CROW.
>2. gweddïau boreol. MATINS.
>3. gwasanaeth ar fore Nadolig.

plygeiniol, *a.* bore, cynnar iawn. VERY
EARLY.

plygeinwaith, *adf.* yn fore. EARLY.

plygiad, *eg. ll.*-au. plyg. FOLDING, FOLD.

plygiant, *eg.* y weithred o blygu.
FOLDING.

plygu, *be.* 1. dyblu. TO FOLD.
>2. gwyro, crymu, camu. TO BEND,
>TO STOOP.
>3. moesymgrymu. TO BOW.
>4. ymostwng, rhoi i mewn. TO
>SUBMIT.

plymaidd, *a.* fel plwm. LEADEN.

plymen : **plwmen,** *eb.* cordyn a
phwysau wrtho i fesur dyfnder neu
uniondeb. PLUMMET.

plymio, *be.* 1. mesur dyfnder â
phlymen. TO PLUMB.
>2. neidio i mewn wysg y pen. TO
>DIVE.

*****plymlwyd,** *eb.* } brwydr. BATTLE.
*****plymnwyd,** *eb.*

plymwr, *eg. ll.*-wyr. crefftwr mewn
plwm. PLUMBER.

plymydd, *eg. ll.*-ion. un sy'n trin
pethau a wneir o blwm. PLUMBER.

po, *geir.* (geiryn a ddefnyddir o flaen y
radd eithaf mewn gramadeg).
>Po fwyaf. THE GREATER, THE MORE.
>Gorau po fwyaf. THE MORE THE
>BETTER.

pob[1], *a.* (*gyda'r unigol*), yr holl (*gyda'r
lluosog*). EACH, EVERY, ALL.
>Pob un. EACH ONE.
>Bob cam. ALL THE WAY.
>Bob yn ail : ar yn ail. EVERY
>OTHER.
>Bob yn ddau. TWO BY TWO.

pob[2],*a.*wedi ei bobi neu 'i grasu. BAKED.
>Tatws pob. ROAST (BAKED) POTA-
>TOES.

pobi, *be.* crasu, digoni, rhostio. TO
BAKE, TO ROAST.

pobiad, *eg. ll.*-au. y weithred o bobi.
BAKING.

pobl, *eb. ll.*-oedd. personau, cenedl,
gwerin. PEOPLE.
>Y bobloedd. THE PEOPLES.

pobli, *be.* poblogi. TO POPULATE.

poblog, *a.* yn cynnwys llawer o bobl.
POPULOUS.

poblogaeth, *eb. ll.*-au. rhif y bobl, y
trigolion. POPULATION.

poblogaidd, *a.* mewn ffafr, hoffus.
POPULAR.

poblogeiddio, *be.* gwneud yn boblog-
aidd. TO POPULARIZE.

poblogi, *be.* llanw â phobl. TO POPU-
LATE.

poblogrwydd, *eg.* y cyflwr o fod yn
boblogaidd. POPULARITY.

pobo : (**pobi**) : **pob un,** *a.* (fel yn pobo
un : un bob un.) ONE EACH.
>Yn cael pobo afal : pob un yn cael
>afal.

pobwr, *eg. ll.*-wyr. pobydd. BAKER.

pobydd, *eg. ll.*-ion. un sy'n pobi, un
sy'n gwneud neu werthu bara.
BAKER.

*****poc,**   } *eg.* cusan. KISS.
*****pocyn,**

pocan, *be.* gweler *procio*.

poced, *egb. ll.*-i, -au. bag bach wedi ei
wau wrth ddillad, llogell. POCKET.

pocedu, *be.* gosod mewn poced. TO
POCKET.

pocer, *eg. ll.*-i, -au. darn o fetel hir i
bocan (brocio) tân. POKER.

*****poed,** *bf.* boed, bydded. BE IT.

poen, *egb. ll.*-au. 1. dolur, gwayw, gofid,
blinder, artaith, gloes. PAIN, AGONY,
ACHE.
>2. blinder. NUISANCE.

poendod, *eg.* poenedigaeth. TORMENT.

poenedigaeth, *eb.* y weithred o boen-
ydio. TORTURE, TORMENT.

poenfa, *eb. ll.*-fâu, -feydd, -oedd. poen,
penydfa. PAIN, PLACE OF TORMENT.

poeni, *be.* dolurio, blino, gofidio,
poenydio, tynnu coes. TO PAIN, TO
WORRY, TO TEASE.

*****poenofaint,** *eg.* ing, dirboen. AGONY.

poenus, *a.* dolurus, gofidus. PAINFUL.

poenusrwydd, *eg.* y cyflwr o fod yn-
boenus. PAINFULNESS.

*****poenyd,***eg. ll.*-iau. poendod. TORMENT.

poenydio, *be.* achosi poen neu drallod,
blino, cythruddo. TO TORMENT.

poenydiwr, *eg. ll.*-wyr. un sy'n peri
poendod, poenwr. TORMENTOR.

poer : **poeri** : **poeryn,** *eg.* y gwlyb-
aniaeth a ffurfir yn y genau. SALIVA.

poergarthu, *be.* carthu poer. TO
EXPECTORATE.

poeri, *be.* taflu poer o'r genau. TO
SPIT.

*****poëtau,** *ell.* beirdd. POETS.

poeth, *a. ll.*-ion. twym iawn. HOT.

poethder, *eg.* yr ansawdd o fod yn
boeth, gwres. HEAT.

*****poethfa,** *eb.*   } poethder, gwres. HEAT.
*****poethfan,** *eg.*

poethfel : poethwal, *eg.* rhos neu eithin ar dân, gweddillion tân. HEATH OR FURZE ON FIRE, CHARRED REMAINS.

poethi, *be.* gwneud yn boeth, mynd yn boeth. TO HEAT, TO BE HEATED.

*poethineb, *eg.* gwres, poethder. HEAT.

*poethlosg, *a.* crasboeth. TORRID.

poethlyd, *a.* poeth, mwrn. HOT, SULTRY.

poethofanu, *be.* llunio trwy dwymo a morthwylio. TO FORGE.

poethwynt, *eg. ll.*-oedd. gwynt poeth. HOT WIND.

pôl, *ab.* gweler *pŵl*.

*polart, *eg.* darn arian drwg gwerth ceiniog. BASE COIN.

polioni, *be.* dodi ar bolion. TO IMPALE.

polipws, *eg.* tyfiant ar bilen. POLYPUS.

politicaidd, *a.* gwleidyddol. POLITICAL.

poliwria, *eg.* gorbiso. POLYURIA.

*polrwn, *eg.* darn o arfau i amddiffyn yr ysgwydd. POLRON.

polyn, *eg. ll.* polion. trostan, darn o bren main hir. POLE, STAKE.

pomgranad, *eg. ll.*-au. ffrwyth a llawer o hadau ynddo. POMEGRAN-ATE.

pompiwn, *eg. ll.*-iynau. pwmpen, melwn. MARROW, MELON.

pompren, *eb.* pont o bren, pont fach i gerdded drosti. FOOT-BRIDGE.

ponc, *eb. ll.*-au, -iau. 1. bryn, bryncyn, twmpath. BANK, HILLOCK, TUMP.
2. adran o chwarel. GALLERY (IN SLATE QUARRY).

poncen, }
poncyn, } *eb.* bryncyn. SMALL HILLOCK.

*pond, }
*poni, } *geir.* oni, ond ? IS IT NOT ?
*ponid, }

ponsio, *be.* bwnglera, stompio, drysu. TO BUNGLE, TO MUDDLE.

pont, *eb. ll.*-ydd. ffordd dros afon, etc. neu rywbeth tebyg o ran ffurf. BRIDGE.
Pont yr ysgwydd. COLLAR-BONE.

pontio, *be.* gwneud ffordd i groesi dros rywbeth. TO BRIDGE.

pontiog, *a.* bwaog, fel pont. ARCHED.

pontreth, *eb. ll.*-i. treth ar bont. PONTAGE.

*ponyt, *geir.* gweler *ponid*.

popeth, *eg.* pob peth. EVERYTHING.

poplys, *ell.* (*un. b.*-en.). coed tal tenau. POPLARS.

poptu, *eg.* pob ochr. ALL SIDES, EITHER SIDE.

popty, *eg. ll.* poptai. ffwrn, lle i grasu bara, etc. BAKEHOUSE, OVEN.

*pôr, *eg. ll.* pŷr. arglwydd, teyrn. LORD, SOVEREIGN.

porchell, *eg. ll.* perchyll. mochyn ieuanc. YOUNG PIG.

porfa, *eb. ll.* porfeydd, -fâu, -faoedd. 1. glaswellt, gwelltglas. GRASS.
2. lle pori. PASTURE.

porfáu, *be.* pori. TO GRAZE.

porfedog, *a.* â phorfa. PASTURE.

porfel, *eb. ll.*-oedd. porfa. PASTURE.

porfelaeth, *eb.* porfa. AGISTMENT (OF CATTLE), PASTURAGE.

porfelu, *be.* pori. TO PASTURE.

porffor, *eg.* lliw rhwng rhuddgoch a fioled. PURPLE.

porfforol, *a.* porffor. PURPLE.

pori, *be.* bwyta porfa. TO GRAZE.

poriant, *eg.* porfa. PASTURE.

*porio, *be.* porfáu. TO PASTURE.

*pors, *eg. ll.* pyrs. cyntedd. PORCH.

portread, *eg. ll.*-au. amlinelliad, darluniad, disgrifiad. PORTRAIT, PORT-RAYAL.

portreadu, *be.* darlunio, amlinellu, tynnu llun, disgrifio. TO PORTRAY.

portys, *eg.* gweler *pors*.

porth, 1. *eg. ll.* pyrth. drws, dôr, cyntedd. DOOR, PORCH.
2. *eb. ll.* pyrth. porthladd, harbwr, porthfa, fferi. HARBOUR, FERRY.
3. *eg.* cynhaliaeth, cefnogaeth, help. SUPPORT, HELP.

*porthawr, *eg. ll.*-orion. gwyliwr y porth. HARBOUR WATCHMAN.

porthfa, *eb. ll.*-feydd, -fâu. porth, fferi. HARBOUR, FERRY.

porthi, *be.* bwyda, bwydo, ymborthi. TO FEED.
Porthi'r gwasanaeth. TO RESPOND AT DIVINE SERVICE.

porthiad, *eg.* cynhaliwr, porthwr. SUPPORTER, SUSTAINER.

porthiannus, *a.* wedi ei fwydo'n dda, tew, bywiog. WELL-FED, HIGH-SPIRIT-ED.

porthiant, *eg.* bwyd, ymborth, lluniaeth. FOOD, FEED.

porthladd, *eg. ll.*-oedd. harbwr, porth, hafan. HARBOUR.

porthle, *eg. ll.*-oedd. porthladd. HARBOUR.

*porthloedd, *eg.* porthladd ; cadernid ; nodded, noddfa. HARBOUR; STRENGTH; REFUGE.

porthmon, *eg. ll.* porthmyn. un sy'n prynu a gwerthu anifeiliaid. CATTLE-DEALER, DROVER.

porthmona, *be.* prynu a gwerthu anifeiliaid. TO DEAL IN CATTLE.

porthor, *eg. ll.*-ion. gofalwr, ceidwad porth neu adeilad, drysor. PORTER.

*porthorddwy, *eg.* trais cynorthwyol, cymorth i drais. AUXILIARY VIOLENCE, ACCESSORY TO VIOLENCE.

porthoriaeth, *eb.* swydd porthor. PORTER'S OFFICE.

*porthres, *eb. ll.*-au. caer, amddiffynfa. FORT.

porthwas, *eg. ll.*-weision. ysgraffwr. FERRYMAN.

*porthwy, *eg.* cymorth. ASSISTANCE, HELP.

*porthwys, *eg. ll.*-ion. ysgraffwr. FERRYMAN.

porwr, *eg. ll.*-wyr. un sy'n pori. BROWSER, GRAZER.

pos, *eg. ll.*-au. problem ddyrys, penbleth, dychymyg. RIDDLE, PUZZLE.

posel, *eg.* meiddlyn. POSSET.

posibilrwydd, *eg.* yr hyn sy'n ddichonadwy neu bosibl. POSSIBILITY.

posibl, *a.* dichonadwy. POSSIBLE.

O bosibl. POSSIBLY.

posidiol, *a.* â grym uchel. POSITIVE.

positif, *a.* cadarnhaol. POSITIVE.

positifiaeth, *eb.* athrawiaeth sy'n cydnabod ffeithiau heb achosion, etc. POSITIVISM.

post, 1. *eg. ll.* pyst. colofn, polyn, pawl. POST, PILLAR.

2. *eg.* llythyrdy. POST-OFFICE.

Post grisiau. NEWEL.

postio, *be.* dodi yn y post neu lythyrdy. TO POST.

postman : **postmon**, *eg. ll.* postmyn. un sy'n cario llythyrau, etc., llythyrgludydd. POSTMAN.

*potecari, *eg. ll.*-aid. apothecari. APOTHECARY.

potel, *eb. ll.*-i, -au. costrel, llestr ac iddo wddf cul i ddal hylif. BOTTLE.

poten, *eb. ll.*-ni. pwdin, bwyd meddal ; bol. PUDDING ; PAUNCH.

Poten reis : pwdin reis.

Poten ludw. SPLEEN (ANAT.).

potes, *eg.* cawl, bwyd gwlyb a wneir trwy ferwi cig a llysau, etc. SOUP, BROTH.

potsiar, *eg.* un sy'n dwyn adar neu anifeiliaid gwylltion neu bysgod heb ganiatâd, herwheliwr. POACHER.

potyn, *eg. ll.* potiau. pot, llestr. POT.

pothell, *eb. ll.*-i, -au. chwysigen, polleth ; chwydd sy'n cynnwys dŵr neu waed dan y croen. BLISTER.

Pothell waed. HAEMATOMA.

pothellu, *be.* codi'n bothell. TO BLISTER.

pothellydd, *eg. ll.*-ion. ennaint neu blastr, etc. i godi pothelli. VESICANT.

powdwr, *eg. ll.* powdrau. pylor, llwch. POWDER.

powdro, *be.* dodi powdr ar rywbeth. TO POWDER.

powld, *a.* wynebgaled, haerllug. BOLD.

powlen, *eb. ll.*-ni. 1. cawg, ffiol, basn. BOWL.

2. polyn mawr trwchus. POLE.

powlio, *be.* treiglo. TO ROLL.

powltis, *eg.* mwydion llaith o fara neu lysiau i wella clwyf. POULTICE.

prae, *eg.* ysglyfaeth. PREY.

*praethig, *a.* ymarferol. PRACTICAL.

praff, *a. ll.* preiffion. trwchus, ffyrf, tew. THICK, STOUT, GREAT.

praffter, *eg.* trwch, tewder, tewdra. THICKNESS, STOUTNESS.

praidd, *eg. ll.* preiddiau. diadell, gyrr, nifer o anifeiliaid o'r un fath gyda'i gilydd. FLOCK.

*praidd, *eg. ll.* preiddiau. ysbail. PLUNDER.

*prain, *eg. ll.* preiniau. llys brenin. ROYAL COURT.

pram, *eg. ll.*-au, -iau. cerbyd i gario baban, coets. PRAM, PERAMBULATOR.

pranc, *eg. ll.*-iau. chwarae, stranc. FROLIC.

prancio, *be.* campio, llamsachu, neidio a dawnsio, chwarae. TO FROLIC.

prawf : **praw**, *eg. ll.* profion. treial mewn llys, ffordd o ddangos bod peth yn wir. TRIAL, TEST, PROOF.

Prawf deallusrwydd (di-iaith). (NON-VERBAL) INTELLIGENCE TEST.

Prawf amgyffred. COMPREHENSION TEST.

Prawf tueddfryd galwedigaethol. VOCATIONAL APTITUDE TEST.

Prawf galwedigaethol. VOCATIONAL TEST.

Prawf ymdaflunio. PROJECTION TEST.

Prawf cyfystyr-gwrthystyr. SYNONYM-ANTONYM TEST.

pregeth, *eb. ll.*-au. araith ar destun crefyddol o bulpud. SERMON.

pregethiad, *eg.* y weithred o bregethu. PREACHING.

pregethu, *be.* traddodi pregeth. TO PREACH.

pregethwr, *eg. ll.* pregethwyr. un sy'n pregethu. PREACHER.

pregethwrol, *a.* fel pregethwr. RESEMBLING A PREACHER.

pregowthan, *be.* clebran. TO JABBER.

*preiddin, *eg.* ysbail. BOOTY.

*preiddio, *be.* heidio, ysbeilio, anrheithio. TO HERD, TO PLUNDER.

preiddiwr, *eg. ll.*-wyr. un sy'n gofalu am braidd. HERDSMAN.

preifat, *a.* cyfrinachol, personol, priod, neilltuol. PRIVATE.

preimin, *eg.* cystadleuaeth aredig. PLOUGHING MATCH.

prelad, *eg. ll.*-iaid. gŵr eglwysig. PRELATE.

preladaidd, *a.* fel prelad, urddasol. LIKE A PRELATE, DIGNIFIED.

preladiaeth, *eb.* swydd prelad. PRE-LACY.

premiwm, *eg.* tâl am yswiriant. PREMIUM.

pren, *eg. ll.*-nau. coeden, defnydd a geir o goed. TREE, WOOD.
    Pren haengaled. ARMOURED PLY.
    Pren haenog. PLY-WOOD.
    Pren tair-haen. THREE-PLY WOOD.
    Pren pum-haen. FIVE-PLY WOOD.

prenfol, ⎱ *eb.* cist bren, coffor. WOODEN
prennol, ⎰ CHEST.

***prenial**, *eg.* coffr ; brwydr. CASKET ; BATTLE.

prenio, *be.* mynd fel pren, cau â darn o bren, etc. TO BECOME LIKE WOOD, TO BOLT.

prennaidd, *a.* fel pren, caled. WOODY.

prentis, *eg. ll.*-iaid. dechreuwr, un anghyfarwydd, un sy'n dysgu crefft. APPRENTICE.

prentisiaeth, *eb.* bod yn brentis, y tymor fel prentis. APPRENTICESHIP.

prep, *eg.* clecyn, clapgi. TELL-TALE.

prepian, *be.* clecan, clepian. TO GOSSIP.

pres, *eg.* 1. efydd, cymysgedd o gopr a sinc. BRASS.
    2. arian (yn gyffredinol). MONEY.

***pres**, *eg.* gwasgfa ; ymosod. PRESS ; ATTACK.

preseb, *eg. ll.*-au. y bocs o flaen anifail lle y dodir ei fwyd. MANGER.

presennol, *a.* yma, yno, yn bod yn awr, yn yr amser hwn. PRESENT.

presenoldeb, *eg.* gŵydd. PRESENCE.

***presen(t)**, *eg.* y byd presennol, gwlad, y byd sydd ohoni. THIS WORLD, COUNTRY, THE PRESENT STATE.

presgripsiwn, *eg.* rhagnodiad. PRES-CRIPTION.

***prestl**, *a.* ffraeth, cyfrwys. WITTY, SUBTLE.

preswyl, *eg.* arhosiad, parhad. STAY, CONTINUANCE.
    Yn breswyl : bob amser. ALWAYS.

preswyl : preswylfod, *eg.* preswylfa, *eb. ll.* preswylfeydd. annedd, lle i fyw. DWELLING PLACE.
    Ysgol Breswyl. BOARDING SCHOOL.

Neuadd Breswyl. HALL OF RESI-DENCE (IN COLLEGE, ETC.).

Coleg Preswyl. RESIDENTIAL COLLEGE.

preswyliad, *eg.* preswylfa. RESIDENCE.

preswylio, *be.* trigo, byw, cartrefu. TO DWELL.

preswyliwr, *eg. ll.* preswylwyr. ⎱ un
preswylydd, *eg. ll.*-ion.   ⎰ sy'n
preswylio. INHABITANT.

priciau, *ell.* (*un. g.* pric). coed mân, coed tân, cynnud. KINDLING STICKS.

pricsiwn, *eg.* cyff gwawd. LAUGHING STOCK.

prid,*a.*drud,costus. COSTLY, VALUABLE.

***prid**[1], *a.* wedi ei brynu. BOUGHT.

***prid**[2], 1. *eg.* gwystl. PLEDGE.
    2. *eg.* pridwerth. RANSOM.

pridio, *be.* gosod pridwerth. TO RANSOM.

prido, *be.* gwystlo. TO PLEDGE, TO PAWN.

pridwerth, *eg.* arian a delir i ryddhau carcharor. RANSOM.

pridd, *eg.* ⎱ daear, gweryd,
priddell, *eb. ll.*-au. ⎰ tir. SOIL, EARTH.

priddfaen, *eg. ll.* priddfeini. bricsen, peth o glai llosg i adeiladu. BRICK.

priddgist, *eg.* clai'r crochenydd, pridd-lestr. POTTER'S CLAY, EARTHEN VESSEL.

priddglai, *eg.* lôm. LOAM.

priddgolch, *eg.* pridd y pannwr. FULLER'S EARTH.

priddin, *a.* o bridd. EARTHEN.

priddlech, *eb. ll.*-i, -au. teilen, teilsen, darn tenau o garreg (neu glai wedi ei grasu) i'w ddodi ar do, etc. TILE.

priddlestr, *eg.ll.*-i. llestr wedi ei wneud o glai, llestr pridd. EARTHENWARE.

priddo : priddio, *be.* gosod yn y pridd, codi pridd o amgylch tatws, etc. i'w gorchuddio. TO EARTH.

priddyn, *eg.* pridd. SOIL, EARTH.

prif, *a.* pen, pennaf, uchaf, mwyaf. CHIEF, MAJOR.

***prifai**, *eg.* meistr. MASTER.

prifardd, *eg. ll.* prifeirdd. y bardd pennaf neu bwysicaf. CHIEF BARD.

prifathro, *eg. ll.* prifathrawon. pen-naeth ysgol neu goleg. HEADMASTER, PRINCIPAL.

prifddinas, *eb. ll.*-oedd. y ddinas fwyaf neu bwysicaf mewn gwlad. CAPITAL CITY.

prifiant, *eg.* twf, tyfiant, cynnydd. GROWTH.

prifio, *be.* tyfu, cynyddu. TO GROW.

prifodl, *eb. ll.*-au. odl ar ddiwedd llinell, yr odl. RHYME, END-RHYME.

prifol, *eg. ll.*-ion. y prif rif. CARDINAL.

prifswm, *eg. ll.*-symiau, cyfalaf. CAP-ITAL.

prifustus, *eg. ll.*-iaid. ynad. JUST-ICIAR(Y).

prifysgol, *eb. ll.*-ion. prifathrofa. UNI-VERSITY.

priffordd, *eb. ll.* priffyrdd. ffordd fawr, heol fawr. HIGHWAY.

*prifflwch, *a.* tra hael. VERY GENER-OUS.

*priffwch, *eg.* prif ymosodiad. MAIN ATTACK.

*prim, *eg.* gwasanaeth crefyddol a gynhelid yr awr gyntaf wedi toriad gwawr, gwawr. PRIME, DAWN.

*primas, *eg.* prif swyddog eglwysig mewn gwlad, penadur. PRIMATE, CHIEF.

prin, 1. *a. ll.*-ion. anaml, heb ddigon, anfynych, anghyffredin. RARE, SCARCE.

    2. *adf.* braidd. HARDLY.

prinder, *eg.* diffyg, eisiau, angen. SCARCITY.

prinhad, *eg.* lleihad. DIMINUTION.

prinhau, *be.* lleihau, diffygio. TO DIMINISH, TO BECOME SCARCE.

*prinpan, *be.* dadlau. TO DISPUTE.

printio, *be.* argraffu. TO PRINT.

printiwr, *eg. ll.* printwyr. argraffydd. PRINTER.

priod[1], *a.* 1. priodol, personol, neilltuol, iawn. OWN, PROPER.

    Enwau priod. PROPER NOUNS.

    2. wedi priodi. MARRIED.

priod[2], *egb.* gŵr neu wraig. HUSBAND, WIFE.

*priod, *eg.* meddiant. POSSESSION.

priodas, *eb. ll.*-au. yr act o briodi, y stad briodasol. MARRIAGE, MARRIAGE-STATE.

    Priodasfab : priodfab. BRIDE-GROOM.

    Priodasferch : priodferch. BRIDE.

priodasol, *a.* yn ymwneud â phriodas. MATRIMONIAL.

*priodawl, *a.* meddiannol. POSSESSING.

*priodawr, *eg. ll.*-orion. gweler *priodor*.

priodi, *be.* ymuno fel gŵr a gwraig. TO MARRY.

priodol, *a.* addas, cyfaddas, cymwys, iawn, gweddus. APPROPRIATE, PROPER.

priodoldeb, } *eg.* gwedduster, addas-
priodolder, } rwydd, cymhwyster. PROPRIETY.

priodoledd, *eg. ll.*-au. nodwedd neu rinwedd yn perthyn i. ATTRIBUTE.

priodoli, *be.* cyfrif i, cyfrif fel yn perthyn i. TO ATTRIBUTE.

priodoliaeth, *eb. ll.*-au. gweler *priodoledd*.

priodor, *eg. ll.*-ion. â hawl ar (dir). WITH CLAIM (TO LAND).

priodoriaeth, *eb.* etifeddiaeth. IN-HERITANCE.

priodwedd, *eb. ll.*-au. ansawdd, nod-wedd. PROPERTY, CHARACTERISTIC.

prior, *eg. ll.*-iaid. (*b.*-es.). pennaeth tŷ crefyddol. PRIOR.

priordy, *eg. ll.* priordai. tŷ crefyddol. PRIORY.

prioriaeth, *eb.* swydd prior. PRIORSHIP.

pris, *eg. ll.*-iau, -oedd. y gost o brynu rhywbeth. PRICE.

    Pris cyfartalog. AVERAGE PRICE.

prisfawr, *a.* gwerthfawr. PRECIOUS.

prisiad, *eg.* mesur gwerth, cyfrifiad. VALUATION, ASSESSMENT.

prisio, *be.* gosod pris ar, gwerthfawrogi. TO VALUE, TO PRICE.

problem, *eb. ll.*-au. tasg, dyrysbwnc, cwestiwn anodd ei ateb. PROBLEM.

proc, *eg. ll.*-iau. gwth. THRUST, POKE.

procer, *eg. ll.*-au, -i. offeryn procio. POKER.

procio, *be.* gwthio, symud â blaen pren neu bocer, etc., pocan. TO POKE.

proctitis, *eg.* llid y coluddyn. PROC-TITIS.

procuriwr, *eg. ll.*-wyr. prynwr. PROCURER.

prodin, *eg. ll.*-au. yr elfen gyntaf mewn unrhyw gyfansawdd. PROTEIN.

proest, *eg. ll.*-au. math o odl lle mae'r cytseiniaid ar y diwedd yn unig yn cyfateb, e.e. tân, sôn. KIND OF RHYME, HALF-RHYME.

profaint, *eg.* porthiant. PROVENDER.

profedig, *a.* wedi ei brofi, derbyniedig. TRIED, APPROVED.

profedigaeth, *eb. ll.*-au. trallod, helbul, trwbl, trafferth, gofid, blinder, cys-tudd, adfyd. TROUBLE, TRIBULATION, CALAMITY.

*profestydd, *eg. ll.*-ion, barnwr, beirn-iad. ARBITER, PROVOST.

profi, *be.* rhoi prawf ar allu (gwaith, blas, profiad, etc.), dangos bod rhywbeth yn wir, blasu. TO TEST, TO PROVE, TO TASTE.

profiad, *eg. ll.*-au. ffrwyth profi pethau, rhywbeth sy'n digwydd i berson wrth brofi. EXPERIENCE.

profiadol, *a.* â phrofiad. EXPERIENCED.

profiedydd, *eg. ll.*-ion. un sy'n profi, profwr. TESTER.

proflen, *eb. ll.*-ni. copi o ysgrifen wedi ei argraffu. PROOF-SHEET.

profocio

profocio : pryfocio, *be.* cyffroi, cyn-hyrfu, blino, llidio, cythruddo. TO PROVOKE.

profoclyd : pryfoclyd, *a.* cythruddol, blin. PROVOKING.

profwr, *eg. ll.*-wyr. un sy'n profi. TESTER.

proffes, *eb. ll.*-au. arddeliad, datganiad, honiad. PROFESSION.

proffesu, *be.* arddel, datgan, honni, haeru, hawlio. TO PROFESS.

proffeswrol, *a.* yn ymwneud â phroffeswr, proffesiynol. PROFESSORIAL, PROFESSIONAL.

proffid, *eb.* budd, mantais. PROFIT.

proffidiol, *a.* buddiol. PROFITABLE.

proffil, *eg. ll.*-au. amlinell, cernlun. PROFILE.

proffwyd, *eg. ll.*-i. (*b.*-es.) un sy'n egluro ewyllys Duw, un sy'n proffwydo, gweledydd. PROPHET.

*proffwydawd, *eb.* proffwydoliaeth, cân. PROPHECY, SONG.

proffwydo, *be.* egluro ewyllys Duw, darogan y dyfodol. TO PROPHESY.

proffwydoliaeth, *eb.* rhagolwg, yr hyn a broffwydir. PROPHECY.

*proffwydoliaethu, *be.* proffwydo. TO PROPHESY.

project, *eg. ll.*-au. cynllun. PROJECT.

prolog, *eg.* rhagarweiniad. PROLOGUE.

propr, *a.* gweddus, priodol. SEEMLY, PROPER.

Protestant, *eg. ll.* Protestaniaid. aelod o un o'r eglwysi Cristnogol ac eithrio Eglwys Rufain ac Eglwys Roeg. A PROTESTANT.

Protestannaidd, *a.* yn ymwneud â Phrotestant neu â'i gredo. PROTESTANT.

protractor, *eg. ll.*-au. offeryn tynnu neu fesur onglau. PROTRACTOR.

prudd : pruddaidd, *a.* blin, tost, truenus, dybryd. SAD, GRAVE, SERIOUS.

*prudd, *a.* doeth, cywir. WISE, TRUE.

prudd-der, *eg.* tristwch, tristyd, trymder, digalondid. SADNESS.

*prudd-der, *eg.* doethineb, cywirdeb. WISDOM, SINCERITY.

pruddglwyf, *eg.* iselder ysbryd, digalondid, y felan. MELANCHOLY.

pruddglwyfus, *a.* isel ysbryd, digalon, prudd, trist, pendrist. DEPRESSED, MELANCHOLY.

pruddhau, *be.* tristáu, blino, digalonni. TO SADDEN, TO BECOME SAD.

pryd, 1. *eg. ll.*-iau. amser, tymor, achlysur, adeg. TIME.

Ar brydiau : ar adegau. AT TIMES.

prydyddol

Pryd ? pa bryd ? WHAT TIME ?
Ar y pryd. AT THE TIME.
O bryd i bryd. FROM TIME TO TIME.
2. *eg. ll.*-au. bwyd, amser bwyd. MEAL.

pryd, *eg.* 1. gwawr, gwedd, golwg, trem, wyneb. ASPECT, COMPLEXION. 2. ffurf, dull, agwedd. FORM.

*pryd, *eg.* harddwch. BEAUTY.

*prydaw, *a.* hardd. BEAUTIFUL, FINE.

Prydeinig, *a.* yn perthyn i Brydain. BRITISH.

Prydeiniwr, *eg. ll.* Prydeinwyr, Prydeiniaid. brodor o Brydain. BRITISHER.

pryder, *eg. ll.*-on. gofal, gofid, blinder. ANXIETY, CARE, WORRY.

*pryder, *eg.* meddwl. THOUGHT.

pryderu, *be.* gofalu, gofidio, poeni, trafferthu, blino. TO BE ANXIOUS.

*pryderu, *be.* cymryd gofal. TO TAKE PAINS.

pryderus, *a.* awyddus iawn, gofidus, trafferthus, blin, blinderus. ANXIOUS.

prydest, *eb.* gweler *pryddest*.

*prydfawr, *a.* mawr ei gerdd. GREAT IN SONG.

prydferth, ⎱ *a.* hardd, glân, teg,
*prydferthol, ⎰ tlws, pert, cain. BEAUTIFUL, COMELY, HANDSOME.

prydferthu, *be.* harddu, tecáu, gwneud yn bert, etc. TO BEAUTIFY, TO ADORN.

prydferthwch, *eg.* harddwch, tegwch, glendid, ceinder. BEAUTY.

*prydio, *be.* chwifio. TO BRANDISH, TO WAVE.

prydles, *eb. ll.*-i, -au, -ydd. modd o osod tir neu eiddo ar rent am amser penodol. LEASE.

prydlon, *a.* mewn amser da, mewn pryd, di-oed. PUNCTUAL.

prydlondeb, *eg.* y stad o fod yn brydlon. PUNCTUALITY.

prydlyfr, *eg. ll.*-au. llyfr barddoniaeth, llyfr canu. POETRY-BOOK, SONG-BOOK.

*prydol, *a.* hardd, golygus, glandeg. BEAUTIFUL, HANDSOME.

prydu, *be.* barddoni, canu, llunio, cynllunio. TO COMPOSE VERSE, TO SING, TO FASHION.

*prydus, *a.* hardd, golygus. BEAUTIFUL, HANDSOME.

prydweddol, *a.* prydferth, hardd, tlws, teg. GOOD-LOOKING.

prydydd, *eg. ll.*-ion. (*b.*-es.). bardd, awenydd. POET.

prydyddaidd, *a.* fel prydydd. POETIC.

prydyddiaeth, *eb.* barddoniaeth, awenyddiaeth. POETRY.

prydyddol, *a.* barddonol. POETICAL.

prydyddu, *be.* barddoni, awenyddu, dodi ar gân. TO MAKE POETRY.

Prydyn, *eb.* Yr Alban. SCOTLAND.

pryddest, *eb. ll.*-au. cân hir yn y mesurau rhyddion. LONG POEM IN FREE METRE.

pryf, *eg. ll.*-ed. 1. trychfil, cynrhonyn, pryfyn. INSECT, VERMIN.

2. abwydyn. WORM.

3. anifail. ANIMAL.

4. ysglyfaeth. PREY.

Pryf copyn. SPIDER.

Pryf genwair. EARTHWORM.

Pryf llwyd. BADGER.

Pryf mawr. HARE.

Pryf gweryd. WARBLE.

Pryf yr afu. FLUKE.

pryfedog, *a.* â phryfed. VERMINOUS.

pryfedu, *be.* cynhyrchu neu fagu pryfed. TO BREED WORMS.

pryfoclyd, *a.* gweler *profoclyd.*

pryfydd, *eg. ll.*-ion. un sy'n astudio pryfed. ENTOMOLOGIST.

pryfyddiaeth, *eb.* gwyddor sy'n ymwneud â phryfed. ENTOMOLOGY.

pryfyn, *eg.* gweler *pryf.*

***pryffaidd,** *a.* perffaith. PERFECT.

***pryffwn,** 1. *eg.* blaenor, arweinydd.
***pryffwnt,** LEADER.

2. *a.* blaen, gorau. CHOICEST, BEST.

prŷn, *a.* wedi ei brynu. BOUGHT.

prynedigaeth, *egb.* pryniad (yn ôl), rhyddhad, iachawdwriaeth, iechydwriaeth, achubiaeth. REDEMPTION.

prynhawn, *eg. ll.*-au. wedi canol dydd, rhwng canol dydd a nos. AFTERNOON.

prynhawngwaith, *eg.* un prynhawn, rhyw brynhawn. ONE AFTERNOON.

prynhawnol, *a.* yn perthyn i'r prynhawn. OF THE AFTERNOON.

pryniad, *eg. ll.*-au. yr act o brynu, pwrcas. PURCHASE.

pryniant, *eg.* prynedigaeth, pryniad. REDEMPTION, PURCHASE.

***pryniawdr,** *eg. ll.*-iodron. prynwr, gwaredwr. BUYER, REDEEMER.

prynu, *be.* pwrcasu, cael wrth dalu, gwaredu, achub. TO BUY, TO REDEEM.

prynwr, *eg. ll.* prynwyr. 1. un sy'n prynu. BUYER.

2. gwaredwr. REDEEMER.

***prys,** *eg. ll.*-oedd. prysglwyn, celli.
***prysel,** *eg. ll.*-au. COPSE, GROVE.

prysg(l), *eg. ll.*-au. prysglwyn. COPSE.

prysgoed : prysgwydd, *ell.* manwydd, llwyni, coed bach. BRUSHWOOD, BUSHES.

***prysgyll,** *eg.* prysglwyn cyll. HAZEL COPSE.

prysur, *a.* diwyd, gweithgar, dyfal, syn, brysiog. BUSY, SERIOUS, HASTY.

prysurdeb, *eg.* diwydrwydd, gweithgarwch, dyfalwch, brys. DILIGENCE, HURRY.

prysuro, *be.* brysio. TO HURRY.

***pubell,** *eb.* cannwyll llygad, llygad. PUPIL (OF EYE), EYE.

***puch,** *eg.* dymuniad, dyhead. WISH, LONGING.

***pucho,** *be.* dymuno, dyheu am. TO WISH, TO LONG FOR.

pulpud, *eg. ll.*-au. llwyfan i bregethu. PULPIT.

pumed, *a.* yr olaf o bump. FIFTH.

pumlet, *eg. ll.*-au. pump o nodau yn cael eu chwarae yn amser pedwar. QUINTUPLET.

pumochr, *eg.*   *ll.*-au. ffigur â phump
pumongl, *eg.*   o ochrau. PENTAGON.

pump : pum, *a.* y rhifol ar ôl pedwar. FIVE.

Pump + o + lluosog enw (fel yn *pump o bunnoedd*).

Pum + unigol enw (fel yn *pum punt*).

Pumawd. QUINTET.

***pumwnt,** *a.* gweler *pymwnt.*

p'un : p'run, *rhag. gof.* pa un, pa ryw un ? WHICH ONE ?

punt, *eb. ll.* punnau, punnoedd. ugain swllt, sofren. POUND (£).

Mil o bunnau. A THOUSAND POUNDS.

***puntur,** *eg.* pensil, pwyntel. PENCIL, BRUSH.

pupr, *eg.* pupur. PEPPER.

pupur : pybyr, *eg.* peth i roi blas ar fwydydd, perlysieuyn poeth. PEPPER.

pur, 1. *a.* glân, difrycheulyd, diniwed, dieuog. PURE.

2. *a.* ffyddlon. FAITHFUL.

3. *adf.* lled, go, gweddol, symol, tra. FAIRLY, VERY.

***purawr,** *eg. ll.*-orion. cerddor, clerwr, cantor. MUSICIAN, MINSTREL, SONGSTER.

purdan, *eg.* lle i buro eneidiau, cyflwr o brofi a dioddef. PURGATORY.

purdeb, *eg.* glendid, diniweidrwydd, bod yn ddifrycheulyd. PURITY.

puredig, *a.* wedi ei buro, pur. PURIFIED, PURE.

puredd, *eg.* purdeb, diffuantrwydd. PURITY, SINCERITY.

pureiddio, *be.* puro. TO PURIFY.

pureiddrwydd, *eb.* purdeb. PURITY.

purfa, *eb. ll.*-feydd. lle i buro olew, etc. REFINERY.

purion, 1. *adf.* eithaf da, gweddol, symol. ALL RIGHT.

2. *a.* iawn. RIGHT.

puro, *be.* glanhau, gwneud yn bur. TO PURIFY.

*****puror,** *eg. ll.*-ion. gweler *purawr.*

*****puroriaeth,** *eb.* melodi. MELODY.

purpur, *a.* porffor. PURPLE.

purydd, *eg. ll.*-ion. purwr. REFINER, PURIFIER.

putain, *eb. ll.* puteiniaid. gwraig o foesau drwg. HARLOT.

puteiniaeth, *eb.* y weithred o buteinio. PROSTITUTION.

pwca, *eg. ll.*-od. ⎱ bwci, bwgan.
pwci, *eg. ll.*-ïod. ⎰ GOBLIN.

pwd, *eg.* 1. yr act o bwdu, tymer ddrwg. SULKS.

2. clefyd ar ddefaid. FLUKE IN SHEEP.

pwdin, *eg.* bwyd meddal, poten. PUDDING.

pwdlyd, *a.* wedi pwdu neu'n dueddol i bwdu, mewn tymer ddrwg. SULKING.

pwdr, *a.* pydredig, mall, sâl, gwael, yn dadfeilio, llygredig. ROTTEN, CORRUPT.

pwdu, *be.* sorri, ' llyncu mul,' bod yn dawel ac mewn tymer ddrwg. TO SULK, TO POUT.

pŵer, *eg. ll.*-au, -oedd. nerth, gallu, grym, cryfder ; llawer. POWER ; MANY, MUCH.

Tanwydd a phŵer. FUEL AND POWER.

pwerperïwm, *eg.* cyflwr alu. PUERPERIUM.

pwerus, *a.* grymus, nerthol. POWERFUL.

*****pwfer,** *eg.* nerth, pŵer. POWER.

pwff, *eg. ll.* pyffau, pyffiau. chwa o wynt neu fwg, etc., gwth. PUFF, GUST.

pwffian : pwffio, *be.* gyrru allan yn byffiau. TO PUFF.

pwl, *eg. ll.* pylau, pyliau. ffit, gwasgfa. FIT, ATTACK.

pŵl, *a.* 1. cymylog, heb loywder, twp. DULL, STUPID.

2. di-fin, heb awch. BLUNT.

pwltis, *eg.* powltis. POULTICE.

pwll, *eg. ll.* pyllau. pydew, pwllyn, llyn. PIT, POOL.

Pwll glo. COAL PIT.

Pwll tro. WHIRLPOOL.

pwllyn, *eg.* pwll o ddŵr. POOL.

pwmel, *eg.* pen blaen cyfrwy. POMMEL.

pwmp, *eg. ll.* pympau, pympiau. peiriant i godi dŵr o ffynnon neu i yrru hylif neu awyr. PUMP.

*****pwmpa,** ⎱ *eg.* pomgranad.
*****pwngarned,** ⎰ POMEGRANATE.

pwn, *eg. ll.* pynnau. llond sach, baich. SACKFUL, BURDEN, PACK.

pwnc, *eg. ll.* pynciau. testun, mater, pos. SUBJECT, TOPIC, RIDDLE.

pwniad, *eg. ll.*-au. ergyd â phenelin. NUDGE.

pwnio : pwnian, *be.* 1. dyrnodio, curo. malu, malurio. TO THUMP.

Pwnio tatws. TO MASH POTATOES.

2. gwthio. TO PUSH.

pwns, *eg. ll.*-iau. 1. offeryn pŵl i dyllu, etc. PUNCH.

2. math o ddiod. PUNCH.

pwnsio, *be.* defnyddio pwns, ergydio. TO PUNCH.

pwpa, *eg.* pryf yn y cyflwr canol rhwng lindys a thyfiant ei adenydd. PUPA.

pwrcas, *eg. ll.*-au. pryniad. PURCHASE.

pwrcasu, *be.* prynu. TO PURCHASE.

*****pwrffil,** *eg.* godre gwisg. TRAIN, HEM OF GARMENT.

pwrpas, *eg. ll.*-au. amcan, bwriad, arfaeth. PURPOSE.

pwrpasol, *a.* 1. bwriadol, gydag amcan, o bwrpas. ON PURPOSE.

2. addas, cymwys. SUITABLE.

*****pwrpur,** ⎱ *a.* porffor. PURPLE.
*****pwrpwl,** ⎰

pwrs, *eg. ll.* pyrsau. cod, bag bychan i gario arian. PURSE.

*****pwrsifand,** *eg.* cennad. PURSUIVANT.

pwstwla, *eg.* llinoryn. PUSTULA.

pwt, 1. *eg. ll.* pytiau. rhywbeth byr, darn, tamaid. BIT, STUMP.

2. *a.* bach, bychan, byr, pitw, bitw. TINY.

pwti, *eg.* past i sicrhau gwydrau ffenestri, etc. PUTTY.

pwtian : pwtio, *be.* gwthio â blaen bys neu bren, etc. TO POKE.

pwtyn, *eg.* rhywbeth byr, pwt, darn, tamaid. BIT, STUMP.

pwy, *rhag. gof.* pa un, pa ddyn. WHO ?

Pwy bynnag. WHOSOEVER.

*****pwy,** *gof.* beth yw ? WHAT IS ?

pwyll, ⎱ *eg.* barn, synnwyr,
pwylledd, ⎰ ystyriaeth, dianwadalwch. DISCRETION, STEADINESS.

Cymryd pwyll. TO TAKE TIME.

Mynd gan bwyll. GOING STEADILY.

O'i bwyll. INSANE.

pwyllgar, *a.* pwyllog. DISCREET.

pwyllgor, *eg. ll.*-au. cwmni o bobl wedi cyfarfod i weithredu ar wahanol faterion. COMMITTEE.

Pwyllgor rhanbarth. DIVISIONAL EXECUTIVE.

*****pwylliad,** *eg.* bwriad, meddwl. INTENTION, THOUGHT.

pwyllo, *be.* bod yn bwyllog, ystyried, cymryd pwyll. TO STEADY, TO CONSIDER, TO REASON, TO REFLECT.

pwyllog, *a.* araf, synhwyrol, call, doeth. PRUDENT, WISE, DELIBERATE.

***pwyllig**, *a.* gweler *pwyllog*.

***pwyniart**, *eg.* dagr fach. PONIARD.

pwynied, *eb.* dagr fach. SMALL DAGGER.

pwynt, *eg. ll.*-iau. blaen, dot, marc, man, mater, testun, pwnc, pwrpas, amcan, cyfeiriad, man uchaf, nodyn cerddorol. POINT, MATTER, ZENITH, MUSICAL NOTE.
Pwynt degol. DECIMAL POINT.

***pwynt**, *eg. ll.*-iau. cyflwr da, iechyd, gwedd. CONDITION, PLIGHT.

pwyntil, *eg. ll.*-au. pensil, erfyn ysgrifennu. PENCIL, PEN.

pwyntio, *be.* cyfeirio â'r bys, etc., pesgi. TO POINT, TO FATTEN.

***pwyntio**, *be.* ethol. TO APPOINT.

***pwyntus**, *a.* llyfndew, graenus, mewn cyflwr da. FAT, SLEEK, HEALTHY.

pwyo, *be.* pwnio, ergydio, curo. TO BATTER.

pwys, *eg.* 1. *ll.*-i. un owns ar bymtheg. POUND (LB.).
2. pwyslais, acen. STRESS.
3. pwysigrwydd. IMPORTANCE.
O bwys. IMPORTANT.
Ar bwys : gerllaw : yn agos i.

***pwys**, *a.* priod. MARRIED.

pwysal, *eg.* uned grym. POUNDAL.

pwysau, *ell.* (*un. g.* pwys). trymder, pethau a ddefnyddir i bwyso. WEIGHTS.
Yn mynd wrth ei bwysau. GOING ALONG SLOWLY.

pwysbwynt, *eg.* ffwlcrwm. FULCRUM.

pwysedd, *eg.* pwysau awyr, maint y pwysau. PRESSURE.

pwysel, *eg. ll.*-i. mesur o wyth galwyn sych. BUSHEL.

pwysfawr, *a.* trwm, pwysig. HEAVY, IMPORTANT.

pwysi, *eg. ll.*-iau. blodeuglwm, bwndel. POSY, BUNDLE, POUCH.

pwysig, *a.* o bwys, gwerthfawr, yn haeddu sylw, dylanwadol, rhwysgfawr. IMPORTANT.

pwysigrwydd, *eg.* pwys, gwerth, dylanwad, arwyddocâd. IMPORTANCE.

pwyslais, *eg. ll.* pwysleisiau. pwys ar air, etc. STRESS.

pwysleisio, *be.* dodi pwyslais. TO STRESS.

pwyso, *be.* 1. tafoli, mantoli. TO WEIGH.
2. lledorffwys (ar). TO LEAN.
3. ymddiried. TO TRUST.

Pwyso ei eiriau. TO WEIGH HIS WORDS.

pwyts, *eg.* pwrs. POUCH.

pwyth, 1. *eg. ll.*-au, -on. pris, gwerth, haeddiant, tâl. PRICE, PAYMENT.
Talu'r pwyth : dial. TO RETALIATE.
2. *eg. ll.*-au. gwnïad, symudiad llawn nodwydd wrth wnïo neu wau, pwythyn, meglyn. STITCH.

pwytho, *be.* gwnïo. TO STITCH.

pwythwr, *eg. ll.*-wyr. un sy'n pwytho. STITCHER.

pwythyn, *eg.* pwyth. LIGATURE.

***py**, *adf.* beth, pam, pa. WHAT, WHY, WHICH.

pybyr, *a.* cywir, gloyw, gwych, poeth, selog, brwd, brwdfrydig. STAUNCH, STRONG, ENTHUSIASTIC, BRIGHT, FINE.

pybyrwch, *eg.* cadernid, bywiogrwydd. STRENGTH, VIGOUR, ENTHUSIASM.

***pyd**, *eg. ll.*-iau. perygl, enbydrwydd. DANGER.

pydew, *eg. ll.*-au. pwll, ffynnon. PIT, WELL.

***pydio**, *be.* peryglu. TO ENDANGER.

pydredd, *eg.* dadfeiliad, malltod, llygredd, drwg. ROT, CORRUPTION.

pydriad, *eg.* dadelfeniad, braeniad. DECOMPOSITION.

pydrni, *eg.* gweler *pydredd*.

pydru, *be.* braenu, dadfeilio, mynd yn ddrwg. TO ROT.
Pydru mynd. TO GO FAST.

pydrysol, *a.* yn byw ar gyfansoddau organig mewn dŵr. SAPROPHYTIC.

pyg, *eg.* defnydd gludiog wedi ei wneud o dar neu dyrpant. PITCH.

pygddu : **pyglyd**, *a.* tywyll, mor ddu â phyg. DUSKY, PITCH-BLACK.

pygliw, *a.* pyglyd. DUSKY.

pygo, } *be.* gorchuddio â phyg. TO
pygu, } PITCH.

pyngad : **pyngu**, *be.* heidio, tyrru, cynhyrchu'n drwm. TO CLUSTER.
Y mae'r pren yn pyngad o afalau.

pylaidd, *a.* pŵl, di-awch. DULL, BLUNT.

pylgain, *eg.* gweler *plygain*.

pylgeiniwr, *eg. ll.*-wyr. codwr bore. EARLY RISER.

pylni, *eg.* y cyflwr o fod yn bŵl. DULLNESS, BLUNTNESS.

pylor, *eg.* powdwr, llwch. POWDER.

pylu, *be.* cymylu, gwneud yn bŵl, colli awch. TO BECOME DULL, TO BLUNT.

***pyll**, *eg.* mantell. MANTLE.

***pym**, *a.* gweler *pum*.

pymtheg : **pymtheng**, *a.* pump a deg, un deg pump. FIFTEEN.
Pymthegau. MIDDLE TEENS.

pymthegfed, *a.* yr olaf o bymtheg. FIFTEENTH.

***pymwnt,** *a.* hanner cant. FIFTY.

pyncio, *be.* canu, tiwnio, telori. TO SING.

pynfarch, *eg.* *ll.*-feirch. ceffyl pwn. PACK-HORSE.

***pynner,** *eg.* baich, pwysau. LOAD, WEIGHT.

pynio,
***pynori,**   *be.* llwytho, beichio.
***pynorio,**   TO LOAD, TO BURDEN.

***pyr,** *adf.* paham. WHY.

***pŷr,** *ell.* arglwyddi. LORDS.

pyrecsia, *eg.* twymyn. PYREXIA.

***pyrs,** *ell.* gweler *pors.*

pys, *ell.* (*un. b.*-en.). had planhigyn yn yr ardd. PEAS.

pysgod : pysg, *ell.* (*un. g.* pysgodyn). creaduriaid oer eu gwaed sy'n byw yn y dŵr. FISH.

pysgodfa, *eb.* *ll.*-feydd. lle â physgod. FISHERY.

pysgodog, *a.* â llawer o bysgod. TEEMING WITH FISH.

pysgodwr : pysgotwr, *eg.* *ll.* pysgodwyr, pysgotwyr. un sy'n pysgota. FISHERMAN.

pysgota, *be.* dal pysgod. TO FISH.
  Pysgota'r gwaelod. DEMERSAL FISHING.
  Pysgota'r wyneb. PELAGIC FISHING.

pysgoty, *eg.* acwariwm. AQUARIUM.

pystl,eg.ll.*-iau, -on. peg, bollt bren.PEG.

***pystolwyn,** *eg.* gweler *pystylwyn.*

pystylad, 1. *be.* taro'r traed yn drwm ar lawr. TO STAMP.
  Y march yn pystylad yn y stabl.
  2. *eg.* curo â'r traed. STAMPING.

***pystylwyn,** *eg.* *ll.*-au. ôl-gengl march. SADDLE-CRUPPER.

pythefnos : pythewnos, *egb.* ll.-au. dwy wythnos. FORTNIGHT.

R

raced, *egb.* *ll.*-i. bat a ddefnyddir i chwarae tenis. RACQUET.

racw, *adf.* acw. YONDER.

radio, *eg.* diwifr, teligraff neu deliffon diwifr, set i dderbyn neges. RADIO.

radiograffeg, *eb.* gwyddor sy'n ymwneud â chynhyrchu lluniau pelydr-X. RADIOGRAPHY.

radioleg, *eb.* gwyddor gwella clefydau drwy gyfrwng pelydr-X. RADIOLOGY.

radiws, *eg.* hanner tryfesur cylch neu sffêr. RADIUS.

***ranswm,**
***ranswn,**   *eg.* pridwerth. RANSOM.

ras, *eb.* *ll.*-ys. rhedegfa, rhedfa. RACE.
  Ras-gyfnewid. RELAY RACE.

rasal, *eb.* *ll.* raselydd.   erfyn eillio,
raser, *eb.* *ll.* raserydd.   ellyn. RAZOR.

***re,** *a.* cyflym. SWIFT.

real, *a.* dirweddol. REAL.

realaeth, *eb.* dirweddaeth. REALISM.

realiti,   *eg.* yr ansawdd o fod yn
realrwydd,   real, dirwedd. REALITY.

record, *egb.* *ll.*-au. cofnodiad, disg gramoffon, y perfformiad gorau. RECORD.

recordiad, *eg.* yr act o ddodi ar record. RECORDING.

reiat, *eb.* stŵr, mwstwr. ROW, NOISE.

reiol, *a.* brenhinol, urddasol. ROYAL, NOBLE.

reis, *eg.* had yn cynnwys starts a dyfir yn y dwyrain. RICE.

reticwlwm, *eg.* y boten rwydog. RETICULUM.

***rewiniawd,** *eg.* distryw. DESTRUCTION.

***rial,** *a.* brenhinol. ROYAL.

rîm, *eg.* *ll.* rimau. 480 o ddalennau, cyfanswm mawr o bapur, ugain cwir. REAM.

riwl, *eg.* lluniadur, ffon fesur. RULER.

robin goch, *eg.* brongoch, coch-gam, bronrhuddyn. ROBIN.

roced, *eb.* *ll.*-i. arf ffrwydrol a saethir yn uchel ac ymhell. ROCKET.

rong, *a.* anghywir. WRONG.

rownd, 1. *a.* crwn, fel cylch. ROUND.
  2. *ardd.* o amgylch, oddi amgylch, o gylch. AROUND.
  3. *eg.* tro wrth ganu penillion neu mewn cystadleuaeth holi, etc., tôn gron. ROUND.

ruban, *eg.* *ll.*-au. llinyn, darn o ddefnydd hir a chul. RIBBON.

rŵan, *adf.* yn awr. NOW.

rwbel, *eg.* cerrig garw wedi eu chwalu, etc. ; ysbwrial. RUBBLE.

rwber, *eg.* defnydd hydwyth cryf a geir o nodd coeden. RUBBER.

rwdins, *ell.* (*un. b.* rwden). erfin. SWEDES.

*rwmnai, *eg.* gwin o Sbaen. SPANISH
WINE.
Rwsieg, *egb.* iaith brodor o Rwsia.
RUSSIAN (LANGUAGE).
Rwsiad, *eg. ll.* Rwsiaid. brodor o
Rwsia. A RUSSIAN.

*rwter, *eg.* milwr, mintai. OUTRIDER,
COMPANY.
*ry, *geir.* geiryn a rydd ystyr berffaith i
ferf. A PERFECTIVE PARTICLE.
rysait, *eg.* cyfarwyddyd. RECEIPT.
*rysbaid, *eg.* oed, egwyl. RESPITE.

RH

*rhac, *ardd.* gweler *rhag*.
rhac, *eb.* ffrâm o bren i ddal gwahanol
bethau, rhesel, clwyd. RACK.
rhaca, *egb. ll.*-nau. cribin gwair, etc.
RAKE.
rhacanu, *be.* crynhoi â rhaca, cribinio.
TO RAKE.
rhacs, *ell. (un. g.* rhecsyn). darnau o
frethyn, carpiau, bratiau. RAGS.
rhacsog : rhacsiog, *a.* yn rhacs, yn
ddarnau, carpiog, bratiog. RAGGED.
rhactal, *eg. ll.*-au. talaith, addurn
talcen. FRONTLET.
rhad, 1. *a.* rhydd, heb dâl, am dâl bach.
FREE, CHEAP.
  2. *eg. ll.*-au. gras, graslonrwydd,
bendith. GRACE, BLESSING.
  Rhad arno ! BLESS HIM ! (IRONICAL).
*rhadol, *a.* graslon. GRACIOUS.
rhadlon, *a.* graslawn, grasol, caredig,
hynaws, caruaidd. GRACIOUS, KIND.
rhadlonrwydd : rhadlondeb, *eg.*
caredigrwydd, hynawsedd, graslon-
rwydd. GRACIOUSNESS, GENIALITY.
rhad-roddi, *be.* rhoi'n rhydd. TO GIVE
FREELY.
rhadus, *a.* cynnil. ECONOMICAL.
rhaeadr, *eb. ll.*-au, rhëydr. pistyll,
cwymp dŵr. WATERFALL.
rhaement, *eb.* gwisg. RAIMENT.
rhaff, *eb. ll.*-au. cordyn trwchus. ROPE.
rhaffo : rhaffu, *be.* clymu â rhaff. TO
ROPE.
  Rhaffu celwyddau. TO LIE GLIBLY.
rhaffwr, *eg. ll.*-wyr. gwneuthurwr
rhaffau. ROPE-MAKER.
rhag[1], *ardd.* (rhagof, rhagot, rhagddo,
rhagddi, rhagom, rhagoch, rhag-
ddynt), rhag ofn, fel na, o flaen, oddi
wrth. FROM, BEFORE, LEST.
  Rhag llaw. HENCEFORTH.
  Rhag blaen. AT ONCE.
  Mynd rhagddo. TO PROCEED.
rhag[2], *rhagdd.* o flaen (fel yn rhag-
ymadrodd). PRE-, FORE-, ANTE-.
*rhagachub, *be.* achub y blaen. TO
FORESTALL.
*rhagaeddfed, *a.* cynamserol, an-
aeddfed. PREMATURE.

rhagaeddfedrwydd, *eg.* aeddfed-
rwydd cynamserol. PRECOCITY.
rhagafon, *eb. ll.*-ydd. afon yn rhedeg i
afon fwy. TRIBUTARY.
rhagair, *eg. ll.* rhageiriau. : **rhagar-
weiniad**, *eg. ll.*-au. rhagymadrodd,
gair yn cyflwyno. PREFACE.
rhagarfaethu, *be.* rhagordeinio. TO
PREDESTINATE.
rhagarwain, *be.* cyflwyno. TO INTRO-
DUCE.
rhagarweiniad, *eg.* gweler *rhagair*.
rhagarweiniol, *a.* yn arwain i mewn,
yn cyflwyno. INTRODUCTORY.
rhagbaratoawl, *a.* yn paratoi ymlaen.
PREPARATORY.
rhagbrawf, *eg. ll.* rhagbrofion. y prawf
cyntaf i ddethol i'r prawf terfynol.
PRELIMINARY TEST.
rhagchwiliad, *eg. ll.*-au. y weithred o
ragchwilio. RECONAISSANCE.
rhagchwilio, *be.* chwilio'r tir. TO
RECONNOITRE.
rhagderfyniad, *eg.* rhagarfaethiad.
PREDESTINATION.
rhagdraeth, *eg. ll.*-au. rhagair. PRE-
FACE.
rhagdyb, *eg. ll.*-ion. tyb neu syniad a
ddefnyddir fel sail dadl, etc. PRE-
SUPPOSITION.
rhagdybied : rhagdybio, *be.* cymryd
yn ganiataol. TO PRESUPPOSE.
rhagddarbod, 1. *be.* paratoi. TO
PROVIDE.
  2. *eg.* rhagluniaeth. PROVIDENCE.
*rhagddarbodaeth, *eb.* rhagluniaeth.
PROVIDENCE.
rhagddodiad, *eg. ll.* rhagddodiaid.
(mewn gramadeg) sillaf a ddodir ar
ddechrau gair. PREFIX.
rhagddor, *eb. ll.*-au. drws allanol.
OUTER DOOR.
rhagddyddio, *be.* dyddio ymlaen llaw.
TO ANTEDATE.
rhagddyfalu, *be.* rhagweld. TO ANTICI-
PATE.
rhagddywedyd, *be.* gweler *rhagfynegi*.

rhagenw, *eg. ll.*-au. rhan ymadrodd (sef gair a ddefnyddir yn lle enw, megis *ef, ni*). PRONOUN.

rhagenwol, *a.* yn ymwneud â rhagenw. PRONOMINAL.

rhagfarn, *eb. ll.*-au. barn heb ddigon o wybodaeth a meddwl. PREJUDICE.

rhagfarnllyd, *a.* â rhagfarn. PREJU-DICED.

rhagferf, *eb. ll.*-au. adferf. ADVERB.

rhagflaenor, *eg. ll.*-iaid. rhagredegydd. FORERUNNER.

rhagflaenu, *be.* blaenori, blaenu, mynd o flaen, achub y blaen. TO PRECEDE, TO FORESTALL.

rhagflaenydd, *eg. ll.*-ion, rhagflaenwyr. un a oedd o flaen rhywun arall mewn swydd, etc. PREDECESSOR.

rhagflas, *eg.* rhagarchwaeth. FORE-TASTE.

*__**rhagfrenin**, *eg. ll.*-hinoedd. un sy'n gweithredu dros frenin. VICEROY.

rhagfwriad, *eg.* rhagfeddwl. PREVIOUS INTENTION.

rhagfur, *eg. ll.*-iau. gwrthglawdd, amddiffynfa. BULWARK, RAMPART.

rhagfynegi, *be.* darogan, proffwydo, rhagddywedyd. TO FORETELL.

Rhagfyr, *eg.* mis olaf y flwyddyn. DECEMBER.

rhag-ganfyddiad, *eg.* canfyddiad ymlaen llaw. PREPERCEPTION.

rhaglaw, *eg. ll.*-iaid, rhaglofiaid. llywodraethwr, llywiawdwr. GOVERN-OR, LIEUTENANT.

rhaglawiaeth, *eb.* swydd rhaglaw. GOVERNORSHIP.

rhaglen, *eb. ll.*-ni. rhestr o eitemau, plan o'r hyn sydd i ddod. PROGRAMME.

rhaglith, *eb. ll.*-iau, -oedd. rhagair. PREFACE.

rhaglun, *eg. ll.*-iau. rhan o lun neu ffilm a ddangosir ymlaen llaw. TRAILER (FILM).

rhagluniaeth, *eb. ll.*-au. gofal Duw, rhagwelediad, gofal am y dyfodol. PROVIDENCE.

rhagluniaethol, *a.* yn dangos gofal a rhagwelediad. PROVIDENTIAL.

rhaglunio, *be.* rhagarfaethu, penderfynu ymlaen llaw ynglŷn â thynged dyn. TO PREDESTINE.

rhaglyw, *eg. ll.*-iaid. arweinydd blaenaf, rhaglaw. FOREMOST LEADER, GOVERNOR.

rhaglywydd, *eg.* gweler *rhagfrenin*.

*__**rhagman**, *eg.* diafol. DEVIL.

rhagnodiad, *eg. ll.*-au. nodyn meddyg ar gyfer cael moddion. PRESCRIPTION.

rhagod[1], *eg. ll.*-ion. rhwystr. HIND-RANCE.

rhagod[2], 1. *be.* rhwystro, atal, lluddias, llesteirio. TO HINDER, TO WAYLAY. 2. *eg.* cynllwyn. AMBUSH.

rhagofal, *eg. ll.*-on. gofal. PRECAUTION.

rhagofalu, *be.* gofalu ymlaen llaw. TO TAKE PRECAUTION.

rhagolwg, *eg. ll.* rhagolygon. argoel, ardrem. OUTLOOK, PROSPECT.

rhagor, 1. *a.* mwy, ychwaneg. MORE. 2. *eg. ll.*-ion. gwahaniaeth, rhagoriaeth. DIFFERENCE, SUPERIORITY.

*__**rhagor**, *eg. ll.*-au. blaenoriaeth, blaen. PRECEDENCE, PREFERENCE.

rhagorfraint, *eb. ll.* rhagorfreintiau. braint arbennig. PRIVILEGE.

rhagori, *be.* bod yn well na. TO EXCEL.

rhagoriaeth, *eb. ll.*-au. nodweddion gwell, rhinweddau arbennig, godidowgrwydd. SUPERIORITY, EXCELL-ENCE.

rhagorol, *a.* da dros ben, godidog, campus, penigamp, ardderchog. EXCELLENT, SPLENDID.

rhagoroldeb, *eg.* rhagoriaeth. EXCELL-ENCE.

*__**rhagorus**, *a.* rhagorol. EXCELLENT.

rhagosodiad, *eg. ll.*-au. gosodiad blaenorol yn arwain i un arall, cynsail. PREMISE.

rhagredegydd, *eg. ll.* rhagredegwyr. un sy'n mynd o flaen arall i baratoi'r ffordd. FORERUNNER.

rhagrith, *eg. ll.*-ion. twyll, hoced, anonestrwydd. HYPOCRISY.

rhagrithio, *be.* ymddangos yr hyn nad ydyw, twyllo, bod yn anonest. TO PRACTISE HYPOCRISY.

rhagrybuddio, *be.* rhybuddio ymlaen llaw. TO FOREWARN.

*__**rhagwan**, 1. *eg.* pen blaen. FOREPART. 2. *be.* rhedeg o flaen, tywys i frwydr. TO RUN BEFORE, TO LEAD TO BATTLE.

rhagwant, *eg. ll.*-au. yr ail odl mewn cynghanedd sain. THE SECOND RHYME IN A LINE OF ' CYNGHANEDD.'

*__**rhagwedd**, *eg.* blaenwedd, blaenoriaeth; rhagorbarch; lluniaeth. POINT, TOP, VAN OF BATTLE; SPECIAL HON-OUR ; PROVISION.

rhagweled, *be.* gweld ymlaen neu i'r dyfodol. TO FORESEE.

rhagwelediad, *eg.* gwybodaeth ymlaen llaw, rhagwybodaeth. FORE-SIGHT.

rhagwybodaeth, *eb.* gwybod ymlaen llaw. FOREKNOWLEDGE.

*rhagwys, *eb. ll.*-iau. rhagrybudd. PREMONITION.

rhagymadrodd, *eg. ll.*-ion. rhagair, rhagarweiniad. INTRODUCTION.

*rhagyrwedd, *eg.* rhagorfraint. PRIVILEGE.

rhai, *rhag.* ychydig, rhywfaint, peth. SOME, ONES.
Y rhai hyn : y rhain. THESE.
Y rhai yna : y rheina. THOSE.
Y rhai hynny : y rheini : y rheiny. THOSE (SPOKEN OF).

rhaib, *eb. ll.* rheibiau. 1. gwanc, trachwant, bâr. GREED.
2. swyn, hud. A BEWITCHING.

rhaid, *eg. ll.* rheidiau. angen, eisiau. NECESSITY.
Rhaid iddo fynd. HE MUST GO.

*rhaid, *eg.* ymryson, brwydr. CONTEST, BATTLE.

*rhaidd, *eg. ll.* rheiddiau. corn carw ; gwaywffon. ANTLER ; SPEAR.

rhain, *rhag.* y rhai hyn : y rhain. THESE.

*rhain, *a.* syth, anhyblyg. STIFF, STRETCHED OUT.

*rhaith, *eb. ll.* rheithiau. llw, ategwyr â llw, deddf, iawn, hawl. OATH, BODY OF COMPURGATORS, LAW, RIGHT.

*rhamant, 1. *eg.* chwedl, hanes, camp, gwrhydri, argoel. TALE, FEAT, VALOUR. PORTENT.
2. *a.* rhagorol. EXCELLENT.

rhamant, *eb. ll.*-au. stori antur neu serch neu ryfel, stori annhebygol neu un wedi ei gorliwio. ROMANCE.

rhamanta, *be.* darogan ; dychmygu ; llunio rhamant. TO FORETELL ; TO IMAGINE ; TO ROMANCE.

rhamantus : rhamantaidd, *a.* yn ymwneud â rhamant, dychmygol, mympwyol, teimladol. ROMANTIC.

rhampen, *eb. ll.*-nod. hoeden, rhonten. TOMBOY.

rhampio, *be.* rhedeg o gwmpas. TO RAMP.

rhan, *eb. ll.*-nau. cyfran, dogn, darn, dryll, peth, siâr ; adran ; tynged. PART, SHARE ; SECTION ; FATE.
Rhannau ymadrodd. PARTS OF SPEECH.
O ran. IN PART, AS REGARDS.
O'm rhan i. FOR MY PART.
Rhannau cyplysol. MATING PARTS.

*rhan, *eg.* llu, cwmni. HOST, COMPANY.

rhanbarth, *eg. ll.*-au. ardal, bro, parth, goror, cylch. REGION, AREA.
Rhanbarth eithriedig. EXCEPTED AREA.

*rhanc, *eg.* cyfarfyddiad. MEETING.

*rhanc bodd, *eg.* boddhad. SATISFACTION.

rhandir, *eb. ll.*-oedd. darn o dir, bro, treftad. ALLOTMENT, REGION, PATRIMONY, AREA.

rhandy, *eg. ll.* -dai. rhan o dŷ. APARTMENT.

rhanedig, *a.* wedi ei rannu. DIVIDED.

rhaniad, *eg. ll.*-au. rhan, cyfran, adran, yr act o rannu. DIVISION.

rhannol, *a.* mewn rhan. IN PART.

rhannu, *be.* dosbarthu, gwahanu, dogni. TO SHARE, TO DIVIDE.
Rhannu hir. LONG DIVISION.
Rhannu â ffactorau. DIVISION BY FACTORS.

rhannydd, *eg. ll.* rhanyddion. y ffigur sy'n rhannu. DIVISOR.

rhanrif, *eg. ll.*-au. rhan o rif, ffracsiwn. FRACTION.

rhasgl, *eb. ll.*-au. offeryn saer coed, crafwr. SPOKESHAVE, RASP.
Rhasgl ddeugorn. ROUGH SPOKESHAVE.

rhasglion, *ell.* naddion. SHAVINGS.

rhasglu, *be.* ysgythru, treulio ymaith. TO ABRADE.

rhastl, *eb. ll.*-au. silff, cawell porthiant uwchben y preseb. RACK, CRIB.

*rhath, *eg. ll.*-au. twmpath. MOUND.

rhathell, *eb. ll.*-au. crafwr. RASP.

rhathiad, *eg.* crafiad. CHAFING.

rhathu, *be.* crafu, llyfnhau. TO SCRAPE, TO SMOOTH, TO FILE.

rhaw, *eb. ll.*-iau, rhofiau. pâl lydan â'i hymylon yn codi ychydig. SHOVEL.

rhawd, *eb.* helynt, hynt, gyrfa. COURSE, CAREER.

*rhawd, *eg.* llu, mintai. CROWD, TROOP.

rhawffon, *eb. ll.*-ffyn. padlen, rhodl. PADDLE.

rhawg, *adf.* am amser hir, yrhawg. FOR A LONG TIME TO COME.

rhawio, *be.* rhofio. TO SHOVEL.

rhawn, *eg.* y blew garw sy'n tyfu ar gwt neu war ceffyl, etc. HORSE HAIR.

*rhawn, *eg.* morlo. SEAL.

rhawnog, *a.* fel rhawn, cwrs. COARSE.

*rhawt, *eg.* mintai, llu. TROOP, HOST.

*rhawter, *eg.* ciwed. RABBLE.

*rhawth, *a.* trachwantus. GREEDY.

*rheawdr, *eg. ll.*-odron. rheolwr. RULER.

*rhebydd, *eg. ll.*-ion. arglwydd. LORD.

rhech, *eb. ll.*-od. cnec. FART.

rhechain, *be.* cnecu. TO FART.

rhedeg, *be.* symud yn gyflym, llifo; mynd drwy rannau berf. TO RUN, TO FLOW ; TO CONJUGATE.

rhedegfa, *eb. ll.* rhedegfeydd. ras, gyrfa, cystadleuaeth rhedeg, lle i redeg ras, maes rhedeg. RACE, RACE-COURSE.

rhedegfarch, *eg. ll.*-feirch. ceffyl rhedeg. RACEHORSE.

rhedegog, *a.* yn rhedeg neu lifo. RUNNING, FLOWING.

rhediad, *eg. ll.*-au. llifiad, cwrs, cyfeiriad, goleddf. FLOW, DIRECTION, SLOPE.

Rhediad y ferf. CONJUGATION OF THE VERB.

rhedlif, *eg.* llif, ffrwd. CURRENT.

rhedweli, *eg. ll.*-iau. gwythïen fawr. ARTERY.

rhedyn, *ell. (un. b.*-en). planhigyn ac iddo ddail tebyg i blu. FERN, BRACKEN.

rhedynglos, *eg.* llannerch o redyn. A GLADE OF FERNS.

rhedynog, 1. *a.* â rhedyn. FERNY.

2. *eb. ll.*-ydd. lle â rhedyn. FERNERY.

rhef, *a.* tew, trwchus. FAT, THICK.

*****rhefedd,** *a.* trwch. THICKNESS.

rhefr, *eg.* pen ôl. ANUS.

rhefr-rwym, *a.* bolrwym. CONSTIP-ATED.

rheffyn, *eg. ll.*-nau. cebystr, tennyn, rhaff fechan i glymu anifail. SHORT ROPE, HALTER.

rheg, *eb. ll.* rhegfeydd. melltith, llw, gair anweddaidd. CURSE, SWEAR-WORD.

*****rheg,** *eb. ll.*-ion. rhodd, anrheg. GIFT.

*****rheged,** *eb.* haelioni. LIBERALITY.

rhegen yr ŷd : rhegen y rhych : rhegen ryg, *eb.* sgrech yr ŷd. CORNCRAKE.

*****rheges,** *eg.* trai, ymadawiad, enciliad. EBB, DEPARTURE, RETREAT.

rhegi, *be.* melltithio, tyngu, dymuno drwg. TO CURSE.

rheglyd, *a.* melltithiol. PROFANE.

*****rheglydd,** *eg.* teilyngdod. MERIT.

*****rhegofydd,** *eg.* rhoddwr. GIVER.

rheng, *eb. ll.*-oedd. -au. rhes, rhestr, llinell, gradd. ROW, RANK.

rheibes, *eb. ll.*-au. dewines, swynwraig. WITCH.

rheibio, *be.* 1. swyno, hudo. TO BEWITCH.

2. difrodi, anrheithio. TO RAVAGE.

rheibiwr, *eg. ll.* rheibwyr. 1. swynwr, dewin. ENCHANTER.

2. anrheithiwr. SPOILER.

rheibus, *a.* ysglyfaethus, gwancus, barus. RAPACIOUS, GREEDY.

rheidegwr, *eg. ll.*-wyr. un a gred fod pob gweithred ddynol wedi ei phenderfynu gan achosion blaenorol ac nad oes ryddid ewyllys. NECESSI-TARIAN.

rheidiol, *a.* angenrheidiol. NECESSARY.

rheidioliaeth, *eb.* penderfyniaeth. DETERMINISM.

rheidrwydd, *eg.* angen, anghenraid, rhaid, gorfodaeth. NECESSITY, COM-PULSION.

rheidus, *a.* anghenus, mewn angen, ag eisiau. NEEDY.

rheidusion, *ell.* pobl anghenus. NEEDY ONES.

rheiddfriw, *a.* â chyrn toredig. WITH BROKEN ANTLERS.

rheiddiadu, *be.* danfon allan pelydrau o olau. TO RADIATE.

rheiddiadur, *eg. ll.*-on. teclyn i dwymo ystafell neu i oeri peiriant. RADIATOR.

*****rheiddio,** *be.* treiddio. TO PENETRATE.

rheiddiol, *a.* disglair. RADIANT.

*****rheiddlym,** *a.* blaenllym. SHARP.

*****rheiddun,** *eg.* rhodd, dawn. GIFT, GRANT.

rheilffordd, *eb. ll.* rheilffyrdd. ffordd haearn. RAILWAY.

rheiliau, *ell. (un. b.* rheilen). barrau o bren neu haearn. RAILS.

*****rheimiwr,** *eg.* clerwr, bardd. RIMER.

rheini : rheiny, *rhag. ll.* y rhai hynny. THOSE (NOT PRESENT).

rheinws, *eg.* dalfa. LOCK-UP.

rheiol, *a.* brenhinol, gwych. ROYAL, GRAND.

rheiolti, *eg.* rhwysg, miri, rhialtwch. POMP, JOLLITY.

rheitheg, *eb.* gweler *rhetoreg.*

rheithegydd, *eg. ll.*-ion, -wyr. rheth-regwr. RHETORICIAN.

rheithgor, *eg.* rheithwyr. JURY.

rheithiwr, *eg. ll.* rheithwyr. un o nifer o bobl a ddewiswyd i roi dyfarniad mewn llys. JURYMAN, JUROR.

rheithor, *eg. ll.*-ion, -iaid. offeiriad, clerigwr sydd yn gofalu am blwyf, pennaeth. RECTOR.

*****rhelugu,** *be.* tywynnu. TO SHINE.

rhelyw, *eg.* gweddill, yr hyn sydd dros ben. REMAINDER.

rhemp, *eb.* 1. gormodaeth, gormodedd. EXCESS.

2. gwendid, diffyg. DEFECT.

*****rhemwth,** *eg.* dyn glwth. GLUTTON.

*****rhên,** *eg.* arglwydd. LORD.

rhenc, *eb. ll.*-iau. rheng. ROW, RANK.

*****rhennaid,** *eg.* math o fesur, chwart. QUART.

rhent, *eg. ll.*-i. tâl cyson am ddefnyddio tir neu adeilad neu ystafell, etc. RENT.

rhentu, *be.* dodi neu gymryd ar rent. TO RENT.

***rheodig,** *a.* hael. GENEROUS.

rheol, *eb. ll.*-au. arferiad, cyfarwyddyd, egwyddor. RULE, ORDER.

rheolaeth, *eb.* llywodraeth, atalfa, awdurdod. CONTROL, MANAGEMENT.

rheolaidd, *a.* yn ôl y rheol, cyson, heb ball. REGULAR, ORDERLY, CONSTANT.

rheoli, *be.* cyfarwyddo, llywodraethu, cyfeirio, ffrwyno. TO CONTROL.

rheolus, *a.* trefnus. ORDERLY.

rheolwr, *eg. ll.* rheolwyr. un sy'n rheoli. MANAGER, GOVERNOR, REFEREE, CONTROLLER.

rhes, *eb. ll.*-i, -au. 1. rhestr, rheng. ROW, RANK.

2. llinell. STRIPE.

rhesel, *eb. ll.*-i. gweler *rhastl.*

rhesin, *eg. ll.*-au. grawnwin sych. RAISIN.

***rhest,** *eg.* y teclyn lle gorffwysai'r waywffon ar y wisg arfau. SPEAR-REST.

rhestl, *eb. ll.*-au. gweler *rhastl.*

rhestr, *eb. ll.*-i. rhes, llechres, rheng. LIST, RANK, ROW.

rhestrog, *a.* rhesog, yn rhesi. ROWED, IN ROWS.

rhestrol, *a.* yn ôl trefn. ORDINAL.

rhestru, *be.* gwneud rhes, dodi mewn rhestr. TO LIST.

rheswm, *eg. ll.* rhesymau. 1. achos, eglurhad, esboniad. REASON.

2. synnwyr. SENSE.

rhesymeg, *eg.* gwyddor meddwl neu reswm. LOGIC.

rhesymegiad, *eg.* y weithred o resymegu. RATIONALISATION.

rhesymegol, *a.* yn unol â rhesymeg. LOGICAL.

rhesymegwr, *eg. ll.*-wyr. un hyddysg mewn rhesymeg. LOGICIAN.

rhesymiad, *eg. ll.*-au. y weithred o resymu. REASONING.

rhesymol, *a.* yn unol â rheswm, synhwyrol, teg, cymedrol. REASONABLE.

rhesymoliaeth, *eb.* athrawiaeth sy'n haeru mai rheswm yw'r unig arweiniad mewn materion crefyddol. RATIONALISM.

rhesymu, *be.* dadlau yn ôl rheswm neu resymeg. TO REASON.

rhetoreg : rhethreg, *eb.* y gelfyddyd o ddefnyddio geiriau yn effeithiol, iaith chwyddedig, rheitheg. RHET-ORIC.

***rhethren,** *eb. ll.* rhethri. picell, gwaywffon, corsen. LANCE, PIKE, REED.

***rheuedd,** ⎱ *eg.* golud, cyfoeth.
***rheufedd,** ⎰ WEALTH.

rhew, *eg. ll.*-ogydd. iâ, gwlybaniaeth wedi caledu gan oerfel. FROST, ICE.

rheweiddiad, *eg.* y weithred o gadw bwyd drwy rewi. REFRIGERATION.

rheweiddio, *be.* cadw drwy rewi. TO REFRIGERATE.

rhewgell, *eb. ll.*-oedd. oergell, oeriedydd, cell i rewi bwyd. REFRIGERATOR.

rhewglai, *eg.* clai wedi ei gludo gan rew neu iâ. BOULDER CLAY.

rhewi, *be.* troi'n iâ neu rew, rhynnu. TO FREEZE.

***rhewin,** 1. *eg.* murddun. RUIN.

2. *a.* adfeiliedig. RUINED.

rhewllyd, *a.* yn rhewi, rhynllyd, oer iawn. FROSTY, FREEZING, ICY.

rhewog, *a.* rhewllyd. FROSTY.

rhewydd, 1. *a.* anllad, tanbaid, chwareus. LUSTFUL, ARDENT, PLAYFUL.

2. *eg.* anlladrwydd. WANTONNESS.

rhewyn, *eg. ll.*-au. ffos, nant. DITCH, STREAM.

rhewynt, *eg. ll.*-oedd. gwynt rhewllyd. FREEZING WIND.

***rhewys,** *a.* anllad. WANTON.

***rhi,** *eg. ll.*-au. arglwydd, brenin. LORD.

***rhiaidd,** *a.* urddasol, brenhinol. NOBLE, ROYAL.

rhiain, *eb. ll.* rhianedd. geneth, merch, morwynig, lodes, hogen. MAIDEN.

***rhial,** *a.* urddasol, brenhinol. ROYAL.

rhialtwch, *eb.* difyrrwch, llawenydd, miri, digrifwch. FUN, MERRYMAKING.

***rhiallu,** *eg.* milwr dethol, arglwydd, gosgordd brenin, can mil. CHAMPION, LORD, ROYAL RETINUE, HUNDRED THOUSAND.

rhianaidd, *a.* llednais. GENTLE, MEEK.

***rhiau,** *eg.* ac *ll.* arglwydd(i). LORD(S).

***rhiawdr,** *eg. ll.*-iodron. arglwydd. LORD.

rhibidirês, *eb.* ffregod, llinyn. RIG-MAROLE, STRING.

rhibin, *eg.* llinell, rhes, llain, rhimyn. STREAK, STRIP.

rhibinio, *be.* dodi mewn rhibin, llinynnu. TO STRING.

rhic, *eg. ll.*-iau. hecyn, bwlch. NOTCH.

rhicio, *be.* gwneud rhic. TO NOTCH.

rhidens, *ell.* ymylon, llen. FRINGES, CURTAIN.

rhidiad, *eg. ll.*-au. rhiniad. SECRETION.

rhidyll, *eg. ll.*-au, -iau. gogr, gogor, hidl, gwagr. SIEVE.

rhidyllu : rhidyllio, *be.* gogrwn, hidlo, nithio. TO SIEVE.

***rhieddog,** *a.* brenhinol, urddasol. ROYAL, NOBLE.

rhieingerdd, *eb. ll.*-i. cân serch. LOVE-POEM.

rhieni, *ell.* tad a mam. PARENTS.

*rhieni, *eb.* hynafiaeth, llinach. AN-CESTRY.

rhif, *eg. ll.*-au. nifer. NUMBER.
Rhifau rhwydd. EVEN NUMBERS.
Rhifau afrwydd. ODD NUMBERS.

*rhif, *a.* rhestredig. ENLISTED.

rhifedi, *eg.* llawer, nifer. NUMBER.

rhifiadur, *eg. ll.*-iau. y ffigur uwchben y llinell mewn ffracsiwn cyffredin. NUMERATOR.

rhifnod, *egb. ll.*-au. rhifol. NUMERAL.

*rhifo, *be.* parchu, anrhydeddu, moli, gogoneddu. TO RESPECT, TO HONOUR, TO PRAISE, TO GLORIFY.

rhifo, *be.* cyfrif. TO COUNT.

rhifol, *eg. ll.*-ion. rhifnod. NUMERAL.

rhifyddeg : **rhifyddiaeth**, *eb.* yr wyddor o gyfrif trwy ddefnyddio ffigurau. ARITHMETIC.
Rhifyddeg moel : plaen. MECH-ANICAL ARITHMETIC.

rhifyddol, *a.* yn perthyn i rifyddiaeth. ARITHMETICAL.

rhifyddwr, *eg. ll.* rhifyddwyr. un sy'n hyddysg mewn rhifyddeg. ARITH-METICIAN.

rhifyn, *eg. ll.*-nau. rhan o gyfnodolyn, etc. NUMBER (OF MAGAZINE).

rhig,
rhign, } *eg. ll.*-au. gweler *rhic*.

rhigod, *eg. ll.*-au. pilwri. PILLORY.

rhigol, *eb. ll.*-au. rhych, agen. RUT, GROOVE.
Rhigol a thafod. GROOVE AND TONGUE.

rhigolaeth, *eb.* trefn arferol. ROUTINE.

rhigolaidd, *a.* yn ôl trefn arferol. ROUTINE.

rhigoli, *be.* gwneud rhigol. TO GROOVE, TO TRENCH.

rhigolog, *a.* â rhigol(au). GROOVED.

rhigwm, *eg. ll.* rhigymau. cân fer, rhibidirês. RHYME, RIGMAROLE.

rhigymu, *be.* cyfansoddi rhigymau. TO RHYME.

rhingyll, *eg. ll.*-iaid. 1. swyddog yn y lluoedd arfog neu yn yr heddlu. SERGEANT.
2. cyhoeddwr. HERALD.
3. *beili. BAILIFF.

*rhihydd, *eg.* gogoniant. GLORY.

*rhill, *eb. ll.*-iau. rhes. RANK.

rhimwr, *eg. ll.*-wyr. bardd. POET.

rhimyn, *eg. ll.*-nau. 1. rhigwm. RHYME.
2. llain, rhibin, ymyl. STRIP, RIM.

rhin, *eb. ll.*-iau. rhinwedd, cyfrinach. VIRTUE, SECRET.

rhinc, *eb. ll.*-iau. gwich. CREAK, GNASH.

rhincian, *be.* gwneud sŵn gwichlyd. TO CREAK.
Rhincian dannedd. TO GNASH THE TEETH.

rhiniad, *eg. ll.*-au. rhidiad. SECRETION.

rhiniog : **rhiniog**, *eg. ll.*-au. carreg y drws, trothwy. THRESHOLD.

rhiniol, *a.* cyfrinachol, dirgel. SECRET, MYSTERIOUS.

rhinitis, *eg.* ffroenwst. RHINITIS.

rhiniwr, *eg. ll.*-wyr. dewin. SORCERER.

rhinwedd, *egb. ll.*-au. rhin, ansawdd da, daioni moesol. VIRTUE.

rhinweddol, *a.* daionus, yn meddu ar rinwedd. VIRTUOUS.

rhinwyllt, *a.* gwyllt ei natur. WILD.

rhintach, *a.* bylchog, rhiciedig, dan-heddog. NOTCHED, INDENTED, JAGGED.

rhïol, *a.* gweler *rheiol*.

rhip, *eg. ll.*-iau. stric. STRICKLE.

rhip(i)o, *be.* hogi (pladur). TO WHET (SCYTHE).

rhipyn, *eg.* tyle. ACCLIVITY.

*rhis, *eg.* reis. RICE.

rhisg, *ell.* rhisgl, plisgyn coed, plisgyn. BARK, RIND.

rhisgl, *ell.* (*un. g.*-yn.). y tu allan i goeden, pil, croen, crawen. BARK.

rhisglo, *be.* tynnu'r rhisgl ymaith, pilio. TO STRIP, TO BARK.

rhisglyn,*eg.*darn o risgl. PIECE OF BARK.

rhistyll, *eg.* crib ceffyl. HORSE-COMB.

rhith¹, *eg. ll.*-iau. yr ifanc cyn ei eni. FOETUS.

rhith², *eg. ll.*-iau. 1. diwyg, dull, ffurf, modd. FORM, GUISE.
2.ysbryd, lledrith. PHANTOM, ILLUSION.
3. sbôr. SPORE.

rhithdyb(*eb.ll.*-iau).camdyb.DELUSION.

rhitheg, *eb.* embryoleg. EMBRYOLOGY.

rhithegol, *a.* embryolegol. EMBRYOL-OGICAL.

rhithganfyddiad, *eg. ll.*-au. rhith. ILLUSION.

rhithio, *be.* ymddangos yr hyn nad yw, llunio (drwy hud). TO APPEAR, TO FORM (BY MAGIC).

rhithiwr, *eg. ll.*-wyr. ymhonnwr. PRETENDER.

rhithyn, *eg.* mymryn, gronyn, atom. PARTICLE, ATOM.

rhiw,*egb.ll.*-iau. (g)allt, bryn, gorifyny, rhip, rhipyn, tyle. HILL, ASCENT, SLOPE.

rhiwallt, *eb.* llethr coediog. WOODED SLOPE.

rhiwbob, *eg.* planhigyn gardd ac iddo goesau trwchus hirion. RHUBARB.

*rhiydd, *eg.* arglwydd. LORD.

rhocas, *eg.* llanc. YOUTH.

rhocen, ⎫ *eb.* llances. LASS.
rhoces, ⎭

rhocyn, *eg.* llanc. LAD.

rhoch, *eg.* 1. y swn a wneir gan fochyn. GRUNT.
     2. rhwnc, swn marwolaeth. DEATH-RATTLE.

rhochi, *be.* rhochian. TO GRUNT.

rhochian : rhochain, *be.* gwneud swn (gan fochyn). TO GRUNT.

rhod, *eb. ll.*-au. 1. olwyn, tröell. WHEEL.
     2. cylch. ORBIT.

*rhodawg, ⎫ *eg.* tarian gron. ROUND
*rhodawr, ⎭ SHIELD.

rhoden, *eb.* gwialen. ROD.
     Rhoden lwybro. TRACK ROD.

rhodfa, *eb. ll.* rhodfeydd. lle i dramwy yn ôl ac ymlaen. PROMENADE, WALK.

rhodiad, *eg.* cerddediad. WALK.

rhodianna, *be.* cerdded yn hamddenol, mynd am dro, crwydro. TO STROLL.

rhodio, *be.* cerdded, teithio ar draed. TO WALK, TO STROLL.

rhodiwr, *eg. ll.* rhodwyr. un sy'n rhodio, cerddwr, cerddetwr. WALKER.

rhodl, *egb.* 1. rhwyf. OAR.
     2. clerwr. MINSTREL.
     3. llwy grochan (bres), ymotbren. LADLE, STIRRING-STICK.

rhodle, *eg. ll.*-oedd. rhodfa, cwrs. PROMENADE, COURSE.

rhodli, *be.* rhwyfo ag un llaw. TO PADDLE, TO SCULL.

rhodres, *eg.* ymffrost, balchder, ar-ddangosiad balch, mursendod, rhwysg. OSTENTATION.

rhodresa, *be.* ymddwyn yn falch ac yn llawn ymffrost. TO BEHAVE PROUDLY.

rhodresgar, *a.* mursennaidd, an-naturiol, rhwysgfawr, balch. POMPOUS, PRETENTIOUS.

rhodreswr, *eg. ll.* rhodreswyr. un sy'n rhodresa. SWAGGERER.

*rhodwedd, *eb. ll.*-i. cylch. ORBIT.

*rhodwydd, *eg.* clawdd i amddiffyn rhyd, rhyd. EMBANKMENT TO PROTECT A FORD, FORD.

rhodd, *eb. ll.*-ion. anrheg, gwobr. GIFT, DONATION.

rhoddged, *eb. ll.*-ion. anrheg. GIFT.

rhoddi : rhoi, *be.* trosglwyddo, cynnig fel rhodd, cynhyrchu, dodi. TO GIVE, TO BESTOW, TO PUT.
     Rhoi ar ddeall. TO GIVE TO UNDERSTAND.

*rhoddiad, *eg.* ⎫ rhoddwr. GIVER.
*rhoddiawdr, *eg.* ⎭

rhoddydd, *eg.* rhoddwr. GIVER.

rhofio, *be.* defnyddio rhaw. TO USE A SHOVEL.

rhòl, *eb. ll.*-iau. darn hir o femrwn, silindr. ROLL, CYLINDER.

*rhôl, *eb.* rheol. RULE.

rholian : rholio, *be.* troi, treiglo, dirwyn. TO ROLL.

rhòlyn : *rhòl, eg. ll.* rholiau. rhywbeth wedi ei rolio. A ROLL.

*rhôm, *ardd.* rhyngom. BETWEEN US.

rhombws, *eg.* ffigur ac ochrau cyf-artal ond heb iawnonglau iddo. RHOMBUS.

*rhôn, *eb. ll.* rhoniau. gwaywffon; cynffon; morlo. LANCE; TAIL; SEAL.

rhonc, *a.* trwyadl, dybryd, pur, drwg iawn, hollol, diledryw. DOWNRIGHT, ARRANT, RANK.

rhoncian, *be.* siglo, gwegian, simsanu. TO SWAY.

rhonciog, *a.* sigledig. SWAYING.

rhonell, *eb. ll.*-au. cynffon. TAIL.

*rhonwyn, *a.* cynffonwyn. WHITE-TAILED.

rhos, *eb. ll.*-ydd. morfa, gwaun, gwastadedd, rhostir. MOOR, PLAIN.

rhosfa, *eb. ll.* rhosfeydd. darn o fynydd lle pawr defaid o'r un ffarm. MOUNTAIN PASTURE.

rhosfeuo, *be.* cyfarwyddo â rhosfa, plwyfo, ymsefydlu, ymgartrefu. TO SETTLE DOWN.

rhosyn, *eg. ll.*-nau, rhos(od). blodyn hardd a pheraroglus. ROSE.

rhost, *a.* wedi ei rostio neu ei grasu. ROAST.

rhostio, *be.* pobi, digoni. TO ROAST.

rhostir, *eg. ll.*-oedd. gweler *rhos*.

rhoswydd, *ell.* coed rhosynnau. ROSE-TREES.

rhoth, *ab.* (*g.* rhwth). agored. WIDE, GAPING.

rhu : rhuad, *eg. ll.* rhuadau. bugunad, swn cras ac uchel. ROAR.

rhuadwy, *a.* yn rhuo. ROARING.

rhuchen, *eb.* 1. pilen. PELLICLE, FILM.
     2. mantell, gwisg. CLOAK, DRESS.
     3. cibyn. HUSK.

rhuchio, *be.* nithio. TO SIFT.

rhuchion, *ell.* cibau, pilennau, ebran. HUSKS, FILMS, BRAN.

rhudd, *a.* coch, purgoch, fflamgoch, rhuddgoch. RED, CRIMSON.

*rhuddain, *a.* coch, rhudd. RED, CRIMSON.

rhuddell, *eb.* lliw coch; carreg goch (i nodi defaid). A CRIMSON COLOUR; RUDDLE.

rhuddem, *eb. ll.*-au. gem coch. RUBY.

rhudden, *eb. ll.*-au. nod coch, rhuddell. RED MARK, RUDDLE.

*rhuddfoawg, *a.* yn anrheithio, cyfoethog. PLUNDERING, RICH.

rhuddin, *eg.* calon pren. HEART (OF TIMBER).

rhuddion, *ell.* cibau, rhuchion. HUSKS, BRAN.

rhuddo, *be.* deifio wyneb dilledyn, troi'n frown. TO SCORCH.

rhuddog, *eg. ll.*-ion. brongoch. RED-BREAST.

rhuddygl, *eg.* bwydlys cyffredin. RADISH.

rhuddos, *ell.* gold Mair. MARIGOLD.

Rhufeinig, *a.* yn ymwneud â Rhufain. ROMAN.

Rhufeiniwr, *eg. ll.* Rhufeinwyr : **Rhufeiniad**. *eg. ll.* Rhufeiniaid. brodor o Rufain. A ROMAN.

rhugl, *a.* cyflym, rhwydd, parod, gwisgi, ffraeth. SWIFT, FLUENT, READY, ACTIVE, WITTY.

rhuglen, *eb. ll.*-ni. offeryn i greu sŵn. RATTLE.

rhuglgroen, *eg. ll.*-grwyn. rhuglen o groen yn cynnwys cerrig. RATTLE MADE OF DRY SKIN WITH STONES IN IT.

rhugl(i)ad, *eg. ll.*-au. y weithred o rugl(i)o. CREPITATION.

rhugl(i)o,*be.*crafu, rhwbio, creu sŵn fel rhugl. TO SCRAPE, TO RUB, TO RATTLE.

rhull, *a.* parod, hael, annoeth, anwybodus, gorgyflym, di-bwyll. READY, GENEROUS, UNWISE, RASH.

rhumen, *eb.* bol, bola. BELLY.

rhumog, *a.* crwn. ROTUND.

rhuo, *be.* gwneud sŵn mawr cras, bugunad. TO ROAR.

rhuol, *a.* yn rhuo. ROARING.

rhus, *eg. ll.*-oedd. rhwystr, dychryn, ofn, cyffro. HINDRANCE, FEAR, A START, AGITATION.

rhusiant, *eg.* rhwystr, oediad. HINDRANCE, HESITATION.

rhusiedig, *a.* wedi rhusio. SCARED.

rhus(i)o, *be.* 1. lluddias, rhwystro. TO HINDER.

2. tasgu, gwingo, brawychu, tarfu, dychrynu. TO TAKE FRIGHT, TO SHY.

rhuslyd, *a.* yn dueddol i rusio. STARTLED.

rhuthr : **rhuthrad**, *eg. ll.* rhuthradau. ymosodiad, cyrch. A RUSH.

rhuthro, *be.* ymosod, cyrchu, dwyn cyrch. TO RUSH.

*rhuwch, 1. *eg.* gogr, rhidyll. SIEVE.

2. *eb.* rhuchen, mantell, gwisg. MANTLE, DRESS.

*rhuwl, *eb.* rheol, urdd. RULE, ORDER.

rhwbian : **rhwbio**, *be.* symud un peth yn ôl ac ymlaen yn erbyn peth arall, glanhau, llyfnhau, gloywi, rhwto. TO RUB.

rhwch, *eg.* rhoch. GRUNT.

rhwchian, *be.* rhochian. TO GRUNT.

rhwd, *eg.* baw, aflendid, haen ruddgoch a ffurfir ar haearn, etc. gan awyr a gwlybaniaeth, gwaddod. DIRT, FILTH, RUST, SEDIMENT.

rhwnc, *eg.* chwyrniad, rhoch. SNORE, DEATH-RATTLE.

rhwng, *ardd.* (rhyngof, rhyngot, rhyngddo, rhyngddi, rhyngom, rhyngoch, rhyngddynt), yn y canol, ymhlith, ymysg. BETWEEN, AMONG.

rhwngfridio, *be.* croesfridio. TO INTERBREED.

rhwning, *ell.* (*un. b.*-en.). gellyg. PEARS.

*rhwnsi, *eg. ll.*-iaid. math o geffyl i gario pynnau. ROUNCY.

*rhŵol, *eb. ll.*-au. rheol, trefn. RULE, ORDER.

*rhwter, *eg.* milwr, marchog, gosgordd. SOLDIER, OUTRIDER, RETINUE.

rhwto, *be.* gweler *rhwbian*.

rhwth, *a.* 1. agored, bylchog, chwyddedig. WIDE, GAPING, SWOLLEN.

2. glwth. GREEDY.

*rhwy, 1. *eg.* arweinydd. LEADER.

2. gormod. EXCESS.

*rhwych, *eg.* rhodd. GIFT.

rhwyd, *eb. ll.*-au, -i. magl, peth wedi ei wau o gordyn, etc. NET, SNARE.

Pêl-rhwyd. NET-BALL.

rhwyden, *eb. ll.*-ni. gweren fol, rhwyd fach, rhan o'r llygad. CAUL, SMALL NET, RETINA, RETICULUM.

rhwydo, *be.* dal mewn rhwyd, maglu, gosod mewn rhwyd (pêl-droed). TO ENSNARE, TO NET (FOOTBALL).

rhwydwaith, *eg.* rhywbeth ar lun rhwyd. NETWORK.

rhwydd, *a.* hawdd, hwylus, didrafferth, rhugl, cyflym, diymdroi, hael. EASY, FAST, FLUENT, GENEROUS.

rhwyddhau, *be.* gwneud yn rhwydd, hwyluso. TO FACILITATE.

*rhwyddiant, *eg.* hwylustod, rhwyddineb. FACILITY.

rhwyddineb, *eg.* hwylustod. FACILITY.

Rhwyddineb ymadrodd. FLUENCY OF SPEECH.

rhwyf, *eb. ll.*-au. polyn hir a llafn arno i rwyfo neu symud cwch. OAR.

*rhwyf, *eg.* rheolwr, arglwydd ; balch-
der, rhysedd, bodlonrwydd. LORD,
RULER ; PRIDE, EXCESS, SATISFACT-
ION.

*rhwyfiadur, *eg.* rheolwr, arglwydd.
RULER, LORD.

rhwyflong, *eb. ll.*-au. llong rwyfau.
GALLEY.

rhwyfo, *be.* 1. symud cwch â rhwyfau.
TO ROW.

　　2. troi a throsi. TO TOSS ABOUT.

rhwyfus, *a.* aflonydd, diorffwys, an-
esmwyth. RESTLESS.

rhwyfwr, *eg. ll.* rhwyfwyr. un sy'n
rhwyfo. OARSMAN.

*rhwyfwy, *adf.* mwyfwy. MORE AND
MORE.

rhwyg : rhwygiad, *eg. ll.*-au. toriad,
ymraniad. A RENT, A SPLIT.

rhwygo, *be.* dryllio, torri, llarpio,
darnio. TO REND, TO TEAR, TO
RUPTURE.

rhwygol, *a.* yn rhwygo neu dorri.
RENDING.

*rhwyl, *eg.* llys, plas. COURT, PALACE.

rhwyll, *eb. ll.*-au. 1. twll, twll botwm.
HOLE, BUTTONHOLE.

　　2. dellt. LATTICE.

rhwyllog, *a.* â thyllau neu rwyllau.
PERFORATED, LATTICED.

rhwyllwaith, *eg.* gwaith yn cynnwys
rhwyllau. LATTICE-WORK, FRET-
WORK.

rhwym, *eg. ll.*-au. 1. cadwyn, rhwym-
yn. BOND.

　　2. dyled, gorfodaeth. OBLIGATION.

rhwym, *a.* wedi ei rwymo, ynghlwm.
BOUND.

*rhwymedi, *eg.* meddyginiaeth, ym-
wared. REMEDY (LEGAL).

rhwymedig, *a.* 1. ynghlwm, rhwym.
BOUND.

　　2. yn rhwym o, wedi ei osod dan
rwymau. OBLIGED.

rhwymedigaeth, *eb. ll.*-au. gorfod-
aeth, dyled, rhwymau. OBLIGATION.

rhwymedd, *eg.* y cyflwr o fod yn
rhwym, bolrwymedd. CONSTIPATION.

rhwymo, *be.* 1. clymu, caethiwo, uno.
TO BIND, TO TIE.

　　2. methu treulio (bwyd). TO
CONSTIPATE.

rhwymwr, *eg. ll.*-wyr. peth neu berson
sy'n rhwymo. BINDER.

rhwymyn, *eg. ll.*-nau. band, peth sy'n
clymu neu uno. BANDAGE.

rhwymynnu, *be.* dodi rhwymyn. TO
SWATHE, TO BANDAGE.

*rhwyoli, *be.* llywodraethu. TO RULE.

*rhwys, *eg.* llu ; irder. HOST ; LUX-
URIANCE.

rhwysg, *eg.* rhodres, ymffrost, balch-
der, awdurdod, llywodraeth. POMP,
AUTHORITY, RULE.

rhwysgfawr, *a.* rhodresgar, ymffrost-
gar, balch. POMPOUS, OSTENTATIOUS.

rhwysgo, *be.* llywodraethu, byw mewn
rhwysg. TO RULE, TO LIVE IN POMP.

*rhwysgwr, *eg. ll.*-wyr. arglwydd,
rheolwr. LORD, RULER.

rhwystr, *eg. ll.*-au. llestair, lludd,
atalfa. HINDRANCE.

rhwystro, *be.* atal, llesteirio, lluddias.
TO HINDER.

rhwystrus, *a.* wedi ei rwystro, dryslyd.
HINDERED, CONFUSED.

*rhwyth, *eg. ll.*-au. hen ddigasedd.
RANCOUR.

rhwyth, *a. ll.*-on. cadarn. MIGHTY.

rhy, 1. *eg.* gormod. EXCESS.

　　2. *adf.* gormod, gor, yn fwy na.
TOO (MUCH).

*rhy, *geir.* geiryn berfol perffeithiol.
PERFECTIVE PARTICLE.

*rhyballu, *be.* methu, colli. TO FAIL, TO
LOSE.

rhybed, *eg. ll.*-ion. darn o fetel a
sicrheir drwy ei guro ar bob pen,
hem. RIVET.

rhybedog, *a.* hemog. RIVETED.

rhybedu, *be.* hemio. TO RIVET.

*rhyborth, *a.* tra chynorthwyol. VERY
HELPFUL.

*rhybryniad, *eg.* prynedigaeth. RE-
DEMPTION.

*rhybrynwr, *eg. ll.*-wyr. prynwr. RE-
DEEMER.

*rhybuched, *eg.* dymuniad. WISH.

*rhybucho, *be.* dymuno. TO WISH.

rhybudd, *eg. ll.*-ion. siars, cyngor.
WARNING.

rhybuddio, *be.* siarso, cynghori. TO
WARN, TO CAUTION.

rhych, *egb. ll.*-au. cwys, rhigol. FURROW,
GROOVE.

*rhychdir, *eg.* tir âr. ARABLE LAND.

rhychog, *a.* â rhychau neu linellau.
FURROWED, WRINKLED.

rhychor, *eg.* arwr ; yr ych a gerddai'r
rhych. HERO ; PLOUGHING OX, FURR-
OWER.

rhychu, *be.* gwneud rhych, rhigoli. TO
FURROW, TO GROOVE.

rhychwant, *eg. ll.*-au. naw modfedd, y
mesur rhwng bawd a bys bach wrth
eu hestyn i'r eithaf. SPAN.

rhychwantu, *be.* mesur â rhych-
wantau, croesi. TO SPAN.

rhyd,*eb. ll.*-au. man lle mae afon yn fas ac y gellir ei chroesi ar droed. FORD.

*rhyd, *eg.* cyfle. OPPORTUNITY.

*rhydain, *eb.* carw ifanc. YOUNG DEER.

*rhyderig, *a.* llodig. IN HEAT.

*rhydid, *eg.* rhyddid. FREEDOM.

rhydio, *be.* 1. croesi neu feisio afon. TO FORD.

2. maharenna. TO BE IN HEAT (OF SHEEP).

rhydlyd, *a.* a rhwd arno. RUSTY.

*rhydost, *a.* tost iawn. ACUTE.

rhydu : rhwdu, *be.* casglu rhwd. TO RUST.

rhydweli, *eb. ll.*-ïau. gwythïen fawr. ARTERY.

*rhydwn, *a.* toredig, briw. BROKEN.

rhydyllog, *a.* tyllog. PERFORATED.

rhydyllu, *be.* tyllu, trydyllu. TO PERFORATE.

rhydd, *a. ll.*-ion. wedi ei rhyddhau, wedi ei ddatod, wedi ei laesu, nid yn gaeth, llac, hael. FREE, LOOSE, LIBERAL.

*rhydd-deb, \
*rhydd-did, } *eg.* rhyddid. FREEDOM.

rhyddfraint, *eb. ll.*-freiniau. dinasfraint ; rhyddid. FREEDOM ; EMANCIPATION.

rhyddfreiniad, *eg.* rhyddhad, rhyddfraint. EMANCIPATION.

rhyddfreinio, *be.* etholfreinio. TO ENFRANCHISE.

rhyddfrydedd, *eg.* rhyddfrydigrwydd ; haelioni. BROADMINDEDNESS ; LIBERALITY.

Rhyddfrydiaeth, *eb.* daliadau'r Blaid Ryddfrydol. LIBERALISM, THE TENETS OF THE LIBERAL PARTY.

rhyddfrydig, *a.* hael, haelionus, haelfrydig. LIBERAL.

rhyddfrydigrwydd, *eg.* gweler *rhyddfrydedd*.

Rhyddfrydol,*a.*yn ymwneud â Rhyddfrydiaeth. LIBERAL (IN POLITICS).

Rhyddfrydwr, *eg. ll.* Rhyddfrydwyr. aelod o'r Blaid Ryddfrydol. A LIBERAL.

rhyddfynegiant, *eg.* mynegiant rhydd. FREE-EXPRESSION.

rhyddgymdeithasiad, *eg.* cymdeithasiad rhydd. FREE-ASSOCIATION.

rhyddhad, *eg.* y weithred o ryddhau, gwaredigaeth. LIBERATION, RELEASE, EMANCIPATION.

rhyddhaol, *a.* yn gwneud yn rhydd, yn rhyddhau'r corff. LAXATIVE.

rhyddhau, *be.* datod, mysgu, llaesu, llacio, gwneud yn rhydd. TO FREE, TO LOOSE, TO LIBERATE, TO EMANCIPATE.

rhyddiaith, *eb.* iaith gyffredin, nid barddoniaeth, pros. PROSE.

rhyddid, *eg.* y stad o fod yn rhydd. FREEDOM.

rhyddieithol, *a.* fel rhyddiaith, nid yn farddonol. PROSAIC.

*rhyddineb, *eg.* rhwyddineb. FACILITY.

*rhyddirio, *be.* ymbil. TO BESEECH.

rhyddni, *eg.* dolur rhydd. DIARRHŒA.

*rhyddoniaeth, *eb.* haelioni. GENEROSITY.

*rhyddynt,*ardd.*rhyngddynt. BETWEEN THEM.

*rhyf, *eg.* gweler *rhyfon*.

rhyfedd, *a.* od, hynod. STRANGE.

rhyfeddnod, *eg. ll.*-au. nod a ddefnyddir ar ôl ebychiad. (!). EXCLAMATION MARK.

rhyfeddod, *eg. ll.*-au. syndod, peth i synnu ato. A MARVEL, WONDER, SURPRISE.

rhyfeddol, *a.* i synnu ato, aruthrol, aruthr, syn. WONDERFUL.

rhyfeddu, *be.* synnu. TO WONDER.

Yn dda i'w ryfeddu.WONDERFULLY GOOD.

rhyfel, *egb. ll.*-oedd. ymladd rhwng gwledydd. WAR, WARFARE.

Rhyfeloedd y Groes. THE CRUSADES.

Rhyfel cartref. CIVIL WAR.

rhyfela, *be.* ymladd, brwydro. TO WAGE WAR.

rhyfelgan, *eb.* cân ryfel. WAR-SONG.

rhyfelgar, *a.* ymladdgar, cwerylgar. WARLIKE.

rhyfelgarwch, *eg.* cariad at ryfel. PUGNACITY.

rhyfelgri, *eg. ll.*-ïau, -ïoedd. bloedd ryfel. WAR-CRY.

rhyfelgyrch, *eg. ll.*-oedd. ymgyrch, un o gyfres o ymosodiadau neu symudiadau mewn rhyfel. CAMPAIGN.

rhyfelrod, *eb. ll.*-au. ymgyrch ryfel. CAMPAIGN.

rhyfelwr, *eg. ll.* rhyfelwyr. ymladdwr, milwr. WARRIOR.

*rhyferad, *eg.* dreflad. DRIVELLING.

*rhyferthi(n), *eg.* llif. TORRENT, FLOOD.

rhyferthwy, *eg.* cenllif, llifeiriant, tymestl, rhuthr dyfroedd. TORRENT, TEMPEST.

rhyfon, *ell.* cyren duon. CURRANTS.

rhyfyg, *eg.* haerllugrwydd, digywilyddra, beiddgarwch. PRESUMPTION, RASHNESS, ARROGANCE.

rhyfygu, *be.* ymddwyn yn ddigywilydd, bod yn haerllug neu feiddgar. TO PRESUME, TO DARE.

rhyfygus, *a.* digywilydd, haerllug, beiddgar. PRESUMPTUOUS, RASH, ARROGANT, RECKLESS.

rhyg, *eg.* grawn a ddefnyddir fel bwyd i anifeiliaid neu i wneud bara tywyll garw. RYE.

*rhygarw, *eg.* carw gwych ; arwr. FINE STAG ; HERO.

*rhyged, *a.* hael, afradlon. LIBERAL.

*rhygethlydd, *eg.* cerddor, clerwr. MINSTREL.

*rhyglydd, *eg.* *ll.*-ion. ⎫
*rhyglyddiant, *eg.* *ll.*-iannau. ⎬
teilyngdod. MERIT. ⎭

rhyglyddu, *be.* haeddu. TO DESERVE. Rhyglyddu bodd. TO PLEASE.

rhyglyddus, *a.* teilwng. MERITORIOUS.

*rhygn, *eg.* *ll.*-au. swn, sgôr. NOISE, SCORE.

*rhygnbren, *eg.* *ll.*-nau. pren sgorio. SCORE.

rhygniad, *eg.* rhathiad. FRICTION.

rhygnu, *be.* 1. rhwbio, rhwto, rhathu, crafu, rhincian. TO RUB, TO GRATE. Y llinyn yn torri o ormod rhygnu arno.
2. dweud yr un peth o hyd. TO HARP.

rhygyngog, *a.* yn rhygyngu. AMBLING.

rhygyngu, *be.* symud yn hamddenol, (ceffyl) yn symud â'r ddwy goes yr un ochr gyda'i gilydd, prancio. TO AMBLE, TO CAPER.

*rhygylch, *eg.* *ll.*-au, -oedd. cwrs, cylch. COURSE, ORBIT.

rhyngberthynas, *eb.* perthynas rhwng pethau, etc. INTERRELATION.

rhyngu bodd, *be.* boddhau, boddio. TO PLEASE.

rhyngweithiad, *eg.* gweithiad rhwng pethau. INTERACTION.

rhyngwladol, *a.* rhwng gwledydd, cyd-wladol. INTERNATIONAL.

*rhyhy, *a.* digywilydd, hy. AUDACIOUS.

*rhyhyd, *a.* ystyfnig, hir. STUBBORN, LONG.

*rhyir, *a.* blin, diflas, trist. GRIEVOUS, SAD.

*rhylathr, *a.* ⎫
*rhyloyw, *a.* ⎬ disglair. BRIGHT.

*rhyluniaethu, *be.* trefnu, gosod. TO ARRANGE.

*rhymedi, *eg.* gweler *rhwymedi.*

*rhyn, *eg.* bryn. HILL.
a. 1. oer, syth. COLD, STIFF.
2. garw, ffyrnig. ROUGH.

rhynion, *ell.* ceirch heb us. OATS CLEARED OF HUSKS.

rhynllyd, *a.* oer iawn, rhewllyd. VERY COLD, SHIVERING, CHILLY.

*rhynnaid, *a.* ffyrnig. FIERCE.

*rhynnawdd, *eg.* ysbaid (lle ac amser), talm, rhuthr. LITTLE SPACE, SHORT WHILE, ATTACK.

rhynnu, *be.* crynu, rhewi. TO SHIVER.

*rhyodres, *eg.* rhodres. AFFECTATION.

*rhyol, *eb.* rheol. RULE.

*rhyolaeth, *eb.* rheolaeth. RULE.

rhysedd, *eg.* gormod, gormodaeth. EXCESS.

*rhysedd, *eg.* rhwysg, gogoniant. POMP, GLORY.

*rhysfa, *eb.* amddiffynfa. FORTRESS.

*rhysgyr, *eg.* cyrch. ATTACK.

*rhysod, *ell.* marwor. EMBERS.

*rhyswr, *eg.* *ll.*-wyr. campwr, milwr, arwr. CHAMPION, HERO.

*rhyswriaeth, *eb.* campwriaeth. CHAMPIONSHIP.

rhysyfwr, *eg.* *ll.*-wyr. derbyniwr (ar-glwyddiaeth). RECEIVER (OF LORD-SHIP).

*rhythiad, *eg.* gwawd. MOCKERY.

rhython, *ell.* cocos. COCKLES.

rhythu, *be.* llygadrythu, synnu, agor yn llydan. TO GAPE, TO STARE.

rhyw, 1. *egb.* *ll.*-iau. math, rhyw-ogaeth. SORT, KIND.
2. *eb.* y gwahaniaeth sy'n nod-weddu gwryw a benyw, cenedl. SEX, GENDER.
3. *a.* arbennig, neilltuol. SOME.
4. *adf.* i raddau. SOMEWHAT.

*rhywart, *eg.* tâl, gwobr. REWARD.

rhywbeth, *eg.* peth neilltuol neu arbennig. SOMETHING.

rhywel, *eg.* *ll.*-ion. olwyn fechan ysbardun. ROWEL.

rhywfaint, *eg.* maint arbennig. SOME AMOUNT.

rhywfodd : rhywsut, *adf.* modd arbennig neu neilltuol. SOMEHOW.

rhywiog, *a.* 1. tyner, chwaethus, pur, hynaws, rhadlon. DELICATE, KINDLY.
2. o rywogaeth dda. OF GOOD BREED.
3. (*gram.*) PROPER, REGULAR.

rhywiogrwydd, *eg.* hynawsedd, rhad-lonrwydd. GENIALITY.

rhywiol, *a.* yn perthyn i ryw. SEXUAL.

rhywle, *adf.* man arbennig, unrhyw le. SOMEWHERE, ANYWHERE.

rhywogaeth, *eb.* *ll.*-au. math, dosbarth o anifeiliaid neu blanhigion yn meddu ar yr un nodweddion. SPECIES, SORT.

rhywogaethol, *a.* yn ymwneud â rhywogaeth. GENERIC.

***rhywolus,** a.* rheolus. ORDERLY.

rhywsut, *adf.* rhywfodd, rhywffordd, unrhyw ffordd. SOMEHOW, ANYHOW.

rhywun, *eg. ll.* rhywrai. un arbennig, unrhyw un. SOMEONE, ANYONE.

rhywus, *a.* rhywiol. SEXUAL.

***rhywych,** a.* gwych, rhagorol. FINE, EXCELLENT.

***rhywynt,** eg. ll.*-oedd. corwynt. HURRICANE.

rhywyr, *a.* 1. hen bryd. HIGH TIME.

2. *cyndyn, amharod. STUBBORN, UNREADY.

S

Sabath : Saboth, *eg. ll.*-au. y seithfed dydd, dydd o orffwys i'r Iddew, Dydd Sul. SABBATH.

sabl, *a.* du. SABLE.

Sabothol, *a.* yn perthyn i'r Saboth. SUNDAY.

saco, *be.* gwthio. TO STUFF, TO SHOVE.

sacrament, *egb. ll.*-au. ordinhad, sagrafen, seremoni neu ddefod grefyddol. SACRAMENT.

sacramentaidd, *a.* sagrafennol. SACRAMENTAL.

sach, *eb. ll.*-au. ffetan, cwd mawr wedi ei wneud o ddefnydd garw. SACK.

sachell, *eb. ll.*-au. sach fach, cod. SMALL SACK, BAG.

sachliain, *eg. ll.* sachlieiniau. : **sachlen,** *eb. ll.*-ni. brethyn o ddefnydd garw. SACKCLOTH.

sachwisg, *eb. ll.*-oedd. gwisg o sach. SACKCLOTH.

sad, *a.* 1. diysgog, disyfl. SOLID, FIRM.

2. call, synhwyrol. DISCREET.

***sadell,** eb. ll.*-i, -au. ystrodur. DORSER, PANEL, PACK-SADDLE.

sadio, *be.* caledu, sefydlogi. TO SOLIDIFY, TO STEADY.

sadistiaeth, *eb.* creulondeb nwydus. SADISM.

sadrwydd, *eg.* 1. dianwadalwch, cysondeb, sefydlogrwydd. STEADINESS, STABILITY.

2. callineb, gwastadrwydd, sobrwydd. SOBRIETY.

Sadwrn, 1. *eg. ll.* Sadyrnau. Dydd Sadwrn, dydd olaf yr wythnos. SATURDAY.

2. *eb.* enw planed. SATURN.

sadydd, *eg. ll.*-ion. un nwydus o greulon. SADIST.

sae,eg.*math o wlanen. SAY (MATERIAL).

saeds, *eg.* gweler *saets.*

sael, *eb.* hwyl. SAIL.

***saeled,** eb.* math o helm hanner-cylch. SALLET.

saer, *eg. ll.* seiri. un sy'n gwneud pethau o goed neu o gerrig. BUILDER, CARPENTER.

Saer maen. MASON.

Saer coed. CARPENTER.

Saer llongau. SHIP BUILDER.

saernïaeth, *eb.* medr, medrusrwydd, celfyddyd, adeiladwaith, crefftwaith. WORKMANSHIP, CONSTRUCTION.

saernïo, *be.* llunio, cynllunio, ffurfio, adeiladu. TO FASHION, TO CONSTRUCT.

saernïol, *be.* yn ymwneud â saernïaeth, adeiladol. CONSTRUCTIONAL.

***saeroniaeth,** eb.* saernïaeth. CRAFTSMANSHIP.

Saesneg, 1. *ebg.* iaith y Sais. ENGLISH (LANGUAGE).

2. *a.* yn yr iaith Saesneg. ENGLISH (IN LANGUAGE).

Saesnes, *eb. ll.*-au. (*g.* Sais). gwraig o'r genedl Seisnig. ENGLISHWOMAN.

saets, *eg.* llysieuyn y defnyddir ei ddail i roi blas ar fwydydd. SAGE.

saeth, *eb. ll.*-au. arf blaenllym a saethir o fwa. ARROW.

saethiad, *eg. ll.*-au. y weithred o saethu. SHOOTING.

saethnod, *eg. ll.*-au. nod i saethu ato. TARGET.

saethu, *be.* gyrru o arf (fel saethu ergyd o ddryll neu fwa). TO SHOOT, TO FIRE.

saethwr, *eg. ll.* saethwyr. un sy'n saethu. SHOOTER.

saethwriaeth, *eb.* crefft saethu. MARKSMANSHIP.

saethydd, *eg. ll.*-ion. gweler *saethwr.*

saethyddiaeth, *eb.* crefft saethu. ARCHERY.

saethyn, *eg. ll.*-nau. teflyn. PROJECTILE.

safadwy, *a.* sefydlog, diysgog, sad. STABLE, STEADFAST, FIRM, ABIDING.

safanna, *eg.* glaswelltir trofannol. SAVANNAH.

safbwynt, *eg. ll.*-iau. barn, tyb, ffordd o edrych ar beth. STANDPOINT.

***safedig,** a.* disyfl, diysgog, safadwy. STEADFAST, FIRM.

safiad, *eg.* yr act o sefyll neu aros, gwrthwynebiad, osgo, ystum. STANDING, STAND, STANCE, POSTURE.

safle, *eg. ll.*-oedd. sefyllfa, man y sefir arno, agwedd. POSITION.

Safle ganrannol. CENTILE RANK.

safn, *eb. ll.*-au. genau, ceg, pen. MOUTH.

safnio, *be.* traflyncu. TO GORGE.

safnrhwth, *a.* yn dylyfu gên, synedig, â cheg agored. GAPING.

safnrhythu, *be.* syllu â gên agored. TO GAPE.

safon, *eb. ll.*-au. y mesur y cymherir peth ag ef, mesur prawf, dosbarth. STANDARD, CLASS.

safonedig, *a.* wedi ei safoni. STANDARDISED.

safoni, *be.* gwneud yn safonol. TO STANDARDISE.

safonol, *a.* yn perthyn i'r un safon. STANDARD.

safr, ⎱ *eg.* gweler *sawr*.
safwyr, ⎰

safwy, *a.* sefydlog. FIRM.

safwyrdan, *a.* arogldarth. INCENSE.

saffir, *eg.* gem, maen gwerthfawr. SAPPHIRE.

saffrwm, ⎱ *eg.* blodyn cyffredin,
saffrwn, ⎰ defnydd o liw melyn. CROCUS, SAFFRON.

saffwy, 1. *eb. ll.*-on. gwaywffon. SPEAR. 2. *a.* sefydlog. STEADFAST.

saffwyog, *eg. ll.*-ion. un â gwaywffon. SPEARMAN.

sagrafen, *eb. ll.*-nau. sacrament, ordinhad. SACRAMENT.

sagrafennol, *a.* sacramentaidd. SACRAMENTAL.

sang, *eg.* trais. OPPRESSION.

sang : sangiad, *eb. ll.*-au. troediad, sathriad. TREAD.

Dan ei sang : yn llawn i'r ymylon. Sang-di-fang : di-drefn.

sangu : sengi, *be.* sathru, troedio, damsang. TO TREAD.

sangwr, *eg. ll.*-wyr. un sy'n sangu. TRAMPLER.

sangwyn, *a.* coch. SANGUINE.

saib, *eg. ll.* seibiau. seibiant, hamdden, sbel. PAUSE, REST.

said, *egb. ll.* seidiau. bôn (y gwallt), dwrn arf, carn. BASE (OF THE HAIR), HILT.

saig, *eb. ll.* seigiau. 1. pryd bwyd. MEAL. 2. tamaid i'w fwyta, cwrs, gwledd. DISH, FEAST.

sail, *eb. ll.* seiliau. safle yr adeiledir arno, gwaelod. FOUNDATION.

sail, *ell.* (*un.* sâl). rhoddion. GIFTS.

saim, *eg. ll.* seimiau. iraid, gwêr, bloneg, peth a geir o fraster anifeiliaid. GREASE.

sain, *eb. ll.* seiniau. sŵn, tôn, goslef, ansawdd sŵn. SOUND, TONE, TIMBRE.

sain, *eg.* sant. SAINT.

Sais, *eg. ll.* Saeson (*b.* Saesnes). gŵr o Loegr. ENGLISHMAN.

saith, *a.* y rhifol ar ôl chwech. SEVEN.

sâl, *a.* 1. gwael, tost, claf, tlawd, afiach. ILL, POOR. 2. brwnt, bawaidd. MEAN. 3. *eb.* ocsiwn. SALE.

sâl, *eb. ll.* sail. budd, tâl, rhodd. BENEFIT, PAYMENT, GIFT.

salad, *eg.* bwydlys cymysg. SALAD.

saldra, *eg.* gwaeledd, tostrwydd, afiechyd, anhwyldeb, salwch. ILLNESS.

saled, *eb.* gweler *saeled*.

salifa, *eg.* poer. SALIVA.

salm, *eb. ll.*-au. cân gysegredig, un o raniadau Llyfr y Salmau. PSALM.

Salm-dôn. CHANT.

salmydd, *eg. ll.*-ion. cyfansoddwr salmau. PSALMIST.

saltring, *eg. ll.*-au. offeryn tebyg i delyn ac iddo dri thant ar ddeg. PSALTERY.

salw, *a.* hyll, diolwg, hagr, gwael. UGLY.

salwch, *eg.* gweler *saldra*.

salwedd, *eg.* gwaeledd. POORNESS, BASENESS.

salwi, *be.* dirmygu. TO DESPISE.

salwineb, *eg.* gweler *gwaeledd*.

salltring, *eg.* gweler *saltring*.

sambr, *eb.* ystafell. CHAMBER.

sampl, *eb.* enghraifft, esiampl, rhan i ddangos beth yw'r gweddill. SAMPLE.

samplu, *be.* profi. TO SAMPLE.

samwin, *a.* coch. SANGUINE.

san, *eg.* syndod. BEWILDERMENT.

Sanct, *eg.* y Bod Sanctaidd. THE HOLY ONE.

sanctaidd : santaidd, *a.* glân, cysegrlân, cysegredig, pur, dwyfol, crefyddol. HOLY.

sancteiddio, *a.* gwneud yn sanctaidd, cysegru. TO SANCTIFY.

sancteiddrwydd, *eg.* y cyflwr o fod yn sanctaidd. HOLINESS.

sandal, *eg. ll.*-au. esgid agored heb sawdl. SANDAL.

sanedig, *a.* syn. BEWILDERED.

sanedigaeth, *eb.* syndod. BEWILDERMENT.

sannu, *be.* synnu. TO ASTONISH.

sant, *eg. ll.* saint, seintiau. (*b.* santes). dyn sanctaidd. SAINT.

sapel, *eg. ll.*-au. capel. CHAPEL.

sard, *eg. ll.*-iau. cerydd, sen. REBUKE.

sardio, *be.* ceryddu. TO REBUKE.

sarff, *eb. ll.* seirff. neidr. SERPENT.

sarhad, *eg. ll.*-au. sen, amarch, gwarth, gwaradwydd, cywilydd. INSULT.

*sarhâed, *eg. ll.*-au. tâl am niwed. FINE FOR INJURY.

sarhau, *be.* ymddwyn yn amharchus tuag at rywun, difrïo, tramgwyddo, gwaradwyddo. TO INSULT, TO INJURE.

sarhaus, *a.* amharchus, yn llawn anfri, gwarthus, gwaradwyddus. INSULTING, OFFENSIVE.

*sarllach, *eg.* llawenydd, miri. GLADNESS, MIRTH.

sarn, 1. *eb. ll.*-au. heol, stryd, cerrig i groesi afon, palmant. CAUSEWAY, PAVEMENT.

    2. *eg.* gwair, gwellt, etc. a ddodir dan anifail i orwedd arno, llaesod(r). LITTER,
    Mynd yn sarn. TO LIE IN RUIN.

sarnu, *be.* 1. sathru, damsang, mathru. TO TRAMPLE.

    2. peri anhrefn, chwalu, gwasgaru. TO LITTER.

*sarred, *eg.* cerbyd. CHARET.

sarrug, *a.* pwdlyd, sorllyd, cuchiog, diserch, afrywiog, taeog. SURLY.

*sarsned, *eg.* math o sidan main. SARSNET.

sasiwn, *egb. ll.* sasiynau. cyfarfod chwarterol. ASSOCIATION (OF WELSH PRESBYTERIANS).

sat, *eg.* mesur arbennig. MEASURE.

satan, *eg. ll.*-iaid. diafol, yr un drwg. SATAN.

*satan, *eg.* sidan. SATIN.

sathr, 1. *a.* wedi ei sathru. TRAMPLING.

    2. *eg.* ôl traed. FOOTPRINTS.

sathredig, *a.* 1. wedi ei sathru. TRODDEN, FREQUENTED.

    2. cyffredin, gwerinol. VULGAR.

sathru, *be.* damsang, mathru, sangu, sengi. TO TRAMPLE.

*sawd, *eg.* cyrch, ymosodiad. ATTACK, ASSAULT.

sawdl, *egb. ll.* sodlau. rhan ôl y droed neu'r esgid. HEEL.
    O'i gorun i'w sawdl. FROM HEAD TO FOOT.

*sawdring, *eg.* ⎫
sawdur, *eg.* ⎬ sodr. SOLDER.

sawdurio, *be.* asio, sodro. TO SOLDER.

sawdwr, *eg. ll.*-wyr. milwr. SOLDIER.

sawl, *rhag. gof.* ac *a.* pa sawl ? llawer. HOW MANY ? MANY.
    Sawl un oedd yno ?
    Yr oedd sawl un yno.

sawr : sawyr : safwyr, *eg.* 1. arogl, arogledd, aroglau, gwynt. ODOUR.

    2. blas, chwaeth. SAVOUR.

sawru : sawrio, *be.* 1. arogli, gwyntio. TO SMELL.

    2. blasu. TO TASTE, TO SAVOUR.

sawrus, *a.* peraroglus, melys, blasus, chwaethus. SAVOURY.

saws, *eg. ll.* sawsiau. peth gwlyb a ddefnyddir i flasu bwydydd. SAUCE.

*sawt, *eg.* gweler *sawd.*

sawtring, *eg.* gweler *saltring.*

sbafen, *eg.* llyncoes. SPAVIN.
    Sbafen ddŵr. BOG SPAVIN.

sbaner, *eg. ll.*-i. offeryn troi gweiniau. SPANNER.

sbâr, *a.* dros ben, ychwaneg, y gellir eu hepgor. SPARE.

sbario, *be.* gwneud heb, rhoi, hepgor. TO SPARE.

sbasmodig, *a.* ysbeidiol. SPASMODIC.

sbectol, *eb.* gwydrau i'r llygaid. SPECTACLES.

sbeit, *eb.* teimlad drwg, dymuniad i anafu. SPITE.

sbeitio, *be.* gwneud o sbeit. TO SPITE.

sbeitlyd, *a.* â theimlad drwg neu sbeit, hoff o sbeitio. SPITEFUL.

sbel, *eb. ll.*-au. 1. amser, tymor. TIME.

    2. seibiant, hoe. REST.

sbens, *eb.* twll dan y grisiau. SPENCE.

sberm, *eg. ll.*-au. hedyn. SPERM.

sbio, *be.* edrych. TO LOOK.

sbloet, *eg.* (*taf.*) camp, gorchest. EXPLOIT.

sbon, *adf.* hollol, (fel yn) newydd-sbon. BRAND-NEW.

sbonc : ysbonc, *eb. ll.*-iau. naid, llam. LEAP, JERK.

sbongin, *eg.* defnydd prodinaidd fel sidan. SPONGIN.

sbôr, *eg. ll.*-au. rhith. SPORE.

sbort, *egb.* chwarae, camp, digrifwch, miri, sbri, difyrrwch. SPORT.

sbri, *eg.* sbort, digrifwch, miri, difyrrwch. SPREE, FUN.

sciabas, *ell.* ac *a.* gweler *siabas.*

*sebach, *a.* eiddil, gwichlyd. FEEBLE, SQUEAKING.

sebon, *eg. ll.*-au. defnydd golchi a wneir o saim a soda. SOAP.

seboni, *be.* 1. rhwbio sebon. TO SOAP.

    2. gwenieitho, truthio, clodfori heb eisiau. TO FLATTER.

sebonwr, *eg. ll.*-wyr. un sy'n delio mewn sebon ; gwenieithwr. SOAPMAN ; FLATTERER.

secant, *eg. ll.* secannau. llinell a dyrr gromlin mewn dau neu fwy o fannau. SECANT.

seci, *be.* gwthio, gwasgu. TO STUFF.

secr, *a.* brith, amryliw. MOTLEY.
   eg. 1. chwarae ar fwrdd. CHEQUERS, DRAUGHTS.
   2. trysor, cyfoeth, trysorfa. TREASURE, TREASURY.
sect, *eb. ll.*-au. cwmni o bobl â'r un daliadau neu gredo, enwad. SECT.
sectol, *a.* yn ymwneud â sect. SECT-ARIAN.
secutor, *eg. ll.*-ion. gweinyddwr llythyr cymyn. EXECUTOR.
*secwndid, *eg.* hebryngiad diogel. SAFE-CONDUCT.
*sechi, *be.* gweler *seci.*
*sechu,*be.* llenwi, saco. TO FILL, TO PUSH.
sedd, *eb. ll.*-au. peth i eistedd arno, sêt, mainc, stôl, eisteddfa, côr. SEAT.
sef, *cys.* nid amgen, nid llai na, hynny yw. NAMELY.
*sefnig, *eb.* y llwnc, corn gwddf. THE GULLET.
sefydledd, *eg.* sadrwydd. STABILITY.
sefydliad, *eg. ll.*-au. 1. cymdeithas, trefniant. INSTITUTION.
   Sefydliad y Merched. WOMEN'S INSTITUTE.
   2. cyflwyniad gweinidog, etc. INDUCTION.
sefydlog, *a.* diogel, cadarn, diysgog, safadwy. SETTLED.
sefydlogiad, *eg. ll.*-au. y weithred o sefydlogi. FIXATION.
sefydlogrwydd, *eg.* diysgogrwydd, sadrwydd. FIXITY.
   Sefydlogrwydd y cyniferydd deall-usrwydd. CONSTANCY OF THE I.Q.
sefydlu, *be.* 1. codi, cadarnhau, penderfynu, cartrefu, gwladychu. TO ESTABLISH, TO SETTLE.
   2. cyflwyno gweinidog newydd. TO INDUCT.
sefyll, *be.* 1. aros ar draed, codi. TO STAND.
   2. aros. TO STOP.
   3. trigo, preswylio, trigiannu. TO STAY.
sefyllfa, *eb. ll.*-oedd. man, lle, safle, cyflwr, helynt. POSITION, CONDITION.
sefyllian, *be.* loetran, ymdroi, ystelcian. TO LOITER.
sefyllwyr, *ell.* pobl sy'n sefyllian. BYSTANDERS.
*seg, *eg.* math o win. SACK.
segfa, *eb.* gwasgad, ysigad. CRUSH, BRUISE.
segment, *eg. ll.*-nnau. llinell a rhan o gylch. SEGMENT.
*segrffyg, *eg.* aberth (mewn offeren.) SACRIFICE (IN MASS).
segur, *a.* di-waith, diog, ofer. IDLE.

segura, *be.* diogi, ofera. TO IDLE.
segurdod : seguryd, *eg.* diogi, diweithdra. IDLENESS.
segurddyn, *eg. ll.*-ion. segurwr. IDLER.
seguryn : segurwr, *eg. ll.* segurwyr. diogyn, dyn diog. IDLER.
*segwensiau, *ell.* hymnau Lladin a genid mewn eglwysi Pabyddol cyn yr Efengyl. SEQUENCES.
sengi, *be.* gweler *sangu.*
sengl, *a.* unigol, di-briod, gweddw. SINGLE.
seianosis, *eg.* glasglwyf. CYANOSIS.
seiat : seiet, *eb. ll.* seiadau. cymdeithas grefyddol, cyfeillach. FELLOWSHIP MEETING.
seibiant : saib, *eg.* hoe, sbel, hamdden, gorffwys. LEISURE.
seibio, *be.* cymryd seibiant. TO PAUSE.
seiciatreg, *eg.* meddygaeth y meddwl. PSYCHIATRY.
seiciatrydd, *eg.* meddyg y meddwl. PSYCHIATRIST.
seico-analysis, *eg.* dadansoddiad seicolegol. PSYCHO-ANALYSIS.
seicoleg, *eb.* meddyleg. PSYCHOLOGY.
   Seicoleg y dorf. GROUP-PSYCHO-LOGY.
   Seicoleg fecanistig. MECHANISTIC PSYCHOLOGY.
   Seicoleg yr unigolyn. INDIVIDUAL PSYCHOLOGY.
   Seicoleg wahaniaethol. DIFFER-MENT PSYCHOLOGY.
   Seicoleg arbrofol. EXPERIMENTAL PSYCHOLOGY.
seidin, *eg.* darn o reilffordd ar y naill ochr. SIDINGS.
seifys, *ell.* cennin syfi. CHIVES.
*seingiad, *eg.* un sy'n sangu, sathrwr. TRAMPLER.
*seilddar, *eg. ll.* seildderi. post wedi ei yrru yn y ddaear, ateg. PILE, PROP.
seiliad, *eg.* sylfaeniad, sefydliad, sail. FOUNDATION, FOUNDING.
seilio, *be.* sylfaenu, sefydlu, dechrau, gosod y seiliau i lawr. TO FOUND.
seilwaith, *eg.* sylfaen, sail. FOUN-DATION.
seimio, *be.* iro, rhwbio â saim. TO GREASE.
seimlyd, *a.* a natur saim arno. GREASY.
sein, 1. *eb. ll.*-iau. arwydd. SIGN.
   2. *eb. ll.*-i. sin. SINE.
seindorf, *eb. ll.* seindyrf. cerddorfa. BAND.
*seined, *eb.* sêl, insel. SIGNET.
*seinedydd, *eg. ll.*-ion. un sy'n cadw'r sêl. KEEPER OF THE SIGNET.

seineg, *eb.* astudiaeth o sain mewn iaith. PHONETICS.

seinfawr, *a.* uchel. LOUD.

seingar, *a.* uchel, trystfawr. SONOROUS.

seingoll, *eg.* llafariad neu sillaf goll mewn barddoniaeth. ELISION.

seiniad, *eg.* ynganiad, cynaniad. PRONUNCIATION, SOUNDING.

*__seiniau__, *ell.* saint. SAINTS.

seinio, *be.* swnio, cynanu, pyncio, lleisio, atseinio. TO SOUND, TO PRONOUNCE, TO RESOUND.

*__seintwar__, *eb.* cysegr, noddfa. SANCTUARY.

seinyddiaeth, *eb.* gwyddor seiniau iaith. PHONOLOGY.

seinyddol, *a.* perthynol i sain neu sŵn. PHONETIC.

*__seipr__, *eb.* cypreswydden. CYPRESS.

*__seirch__, *eg.* *ll.*-iawr. arfau amddiffynnol, harnais, offer march. PROTECTIVE ARMOUR, TRAPPINGS, HARNESS.

*__seirchio__, *be.* harneisio, gwisgo ag arfau amddiffynnol. TO HARNESS.

*__seirian__, *a.* disglair, pefriol. GLITTERING.

*__seirnial__, *eg.* addurn, gêr. TRIMMINGS, TACKLE.

*__seirniog__, *eg.* sathrwr, sarnwr. TRAMPLER.

Seisnig, *a.* yn perthyn i'r Saeson. ENGLISH.

Seisnigaidd, *a.* fel Sais, fel Saesneg. ANGLICISED.

Seisnigeiddio : Seisnigo, *be.* gwneud yn Seisnig. TO ANGLICISE.

seitoleg, *eb.* astudiaeth celloedd. CYTOLOGY.

seitoplasm, *eg.* protoplasm cell heb y cnewyllyn. CYTOPLASM.

seithfed, *a.* yr olaf o saith. SEVENTH.

seithochr, *eg.* *ll.*-au. seithongl. HEPTAGON.

seithug, *a.* ofer, di-les, di-fudd. FUTILE.

seithugio, *be.* trafferthu'n ofer. TO TOIL IN VAIN.

*__sêl__, *be.* gwyliadwriaeth. WATCH.

sêl, 1. *eb.* aidd, awydd, eiddgarwch, awyddfryd, brwdfrydedd. ZEAL.
 2. *eb.* *ll.* selau, seliau. insel, argraff ar gŵyr. SEAL.

*__selam__, *eg.* locust bwytadwy. EDIBLE LOCUST.

seld, *eb.* *ll.*-au. dreser, dresal, ystlysfwrdd. DRESSER.

seldrem, *eb.* *ll.*-au. llond llaw, dyrnaid, swp o ŷd ar lawr cyn ei rwymo'n ysgub, ysgubell. HANDFUL, LAYER.

seler, *eb.* *ll.*-i, -au, -ydd. ystafell dan y ddaear. CELLAR.

*__selyngian__, *be.* mwmian, myngial. TO MUTTER, TO MUMBLE.

selio, *be.* sicrhau, rhoi sêl. TO SEAL.

selni, *eg.* salwch, tostrwydd. ILLNESS.

selog, *a.* eiddgar, gwresog. ZEALOUS, ARDENT.

*__selsig__, *eb.* *ll.*-od. pwdin gwaed, sosej. BLACK-PUDDING, SAUSAGE.

*__selu__, *be.* gwylio, edrych ar. TO WATCH, TO LOOK.

*__selwr__, *eg.* *ll.*-wyr. gwyliwr. WATCHER.

semanteg, *eb.* gwyddor yn ymwneud ag arwyddocâd neu ystyr geiriau. SEMANTICS.

*__semlant__, *eg.* pryd, gwedd. COUNTENANCE.

sen, *eb.* *ll.*-nau. cerydd, edliwiad, argyhoeddiad. REBUKE, SNUB.

*__senadur__, *eg.* seneddwr. SENATOR.

senedd, *eb.* *ll.*-au. cynulliad i drafod a gwneud cyfreithiau, etc. PARLIAMENT, SENATE.

seneddol, *a.* yn ymwneud â'r senedd. PARLIAMENTARY.
 Aelod Seneddol. MEMBER OF PARLIAMENT.

sennu, *be.* gwawdio, ceryddu. TO MOCK, TO TAUNT, TO REBUKE.

sennwr, *eg.* *ll.* senwyr. ceryddwr. REVILER.

*__sens__, *eg.* arogldarth. INCENSE.

sentiment, *eg.* synfen. SENTIMENT.

sentimentaliaeth, *eb.* teimladrwydd. SENTIMENTALISM.

*__sentwm__, *eg.* cant. HUNDRED.

seraff, *eg.* *ll.*-iaid. un o'r graddau uchaf o angylion. SERAPH.

*__sercel__,⎫
*__sercl__,⎭ *eg.* *ll.*-au. cylch. CIRCLE.

sercol, *eg.* golosg. CHARCOAL.

serch, 1. *eg.* *ll.*-iadau. cariad, hoffter. AFFECTION, LOVE.
 2. *cys.* er, er gwaethaf. ALTHOUGH.
 Serch hynny. IN SPITE OF THAT.

serchog : serchus, *a.* cariadus, caruaidd, siriol, cyfeillgar. AFFECTIONATE, PLEASANT.

serchol, *a.* serchog. LOVING.

serchowgrwydd, *eg.* y stad o fod yn serchog, sirioldeb. AMIABILITY.

serchu, *be.* hoffi, caru. TO LIKE, TO LOVE.

seremoni, *eb.* *ll.* seremoniau. defod, gweithred a wneir yn ôl arferiad. CEREMONY.

seremonïol, *a.* defodol, yn ôl defod. CEREMONIAL.

seren, *eb.* *ll.* sêr. un o'r goleuadau bach yn yr awyr yn y nos. STAR.
 Seren wib. COMET, METEOR.

serennog : **serlog** : **serog,** *a.* â llawer o sêr. STARRY.

serennu, *be.* disgleirio, pefrio. TO SPARKLE.

*serfyll, *a.* ansad, simsan, gwan, gwamal, amheus. UNSTEADY, FICKLE, DOUBTFUL.

*serig, *eg.* sidan. SILK.

serio, *be.* llosgi'n sych ar yr wyneb. TO SEAR.

serlog, *a.* gweler *serennog.*

sero, *eg. ll.*-au. dim. ZERO.

serog, *a.* gweler *serennog.*

serol, *a.* yn perthyn i'r sêr. SIDEREAL.

*seroniaeth, *eb.* seryddiaeth. ASTRONOMY.

seronydd, *eg. ll.*-ion. seryddwr. ASTRONOMER.

*serr, *eg. ll.*-i, -oedd. bilwg, gwyddyf. BILLHOOK.

*serrigl, *a.* drylliedig. BROKEN.

serth, *a.* anghwrtais, ffyrnig, bras, aflan, isel, yn goleddu neu ogwyddo'n fawr, llethrog. DISCOURTEOUS, UNCLEAN, BASE, STEEP.

serthedd, *eg.* 1. serthni, bod yn serth. STEEPNESS.

    2. maswedd, ysgafnder. RIBALDRY, LEVITY.

*serthyd, *eg.* maswedd. RIBALDRY.

serwm, *eg.* defnydd brechu. SERUM.

serydd, *eg. ll.*-ion. seryddwr. ASTRONOMER.

seryddiaeth, *eb.* astudiaeth o'r sêr. ASTRONOMY.

seryddol, *a.* yn ymwneud â seryddiaeth. ASTRONOMICAL.

seryddwr, *eg. ll.* seryddwyr. un sy'n ymwneud â seryddiaeth. ASTRONOMER.

sesiwn, *eg. ll.*-ynau. eisteddiad, llys, tymor. SESSION.

seston, *eb. ll.*-au. llestr i ddal dŵr, etc. CISTERN.

sêt, *eb. ll.* seti. sedd, côr, stôl, eisteddle. SEAT, PEW.

    Sêt fawr : sedd y blaenoriaid.

set, *eb. ll.*-au, -iau. peiriant neu offeryn (fel set radio). SET.

setin, *eg. ll.*-oedd. gwrych. SETTING, HEDGE.

*seuthug, *a.* gweler *seithug.*

sew, *eg. ll.*-ion. cawl, tamaid blasus, amheuthun. BROTH, DELICACY.

*sewer, *eg.* gwasanaethwr bwrdd. SEWER.

sffêr, *eb.* arwynebedd â phob rhan yr un pellter o'r canol. SPHERE.

sfferoid, *eg.* peth crwn neu letgrwn. SPHEROID.

sgadan : **ysgadan,** *ell.* (*un. g.* sgadenyn). penwaig, pysgod y môr a fwyteir. HERRINGS.

sgaldan : **sgaldian** : **sgaldanu** : **sgaldio,** *be.* llosgi â rhywbeth berw neu ag anwedd, twymo llaeth, etc. bron at y berw. TO SCALD.

sgaprwth, *a.* cyflym, chwim, garw, trwsgl, lletchwith, anfedrus. QUICK, ROUGH, UNCOUTH.

sgaru : **ysgaru,** *be.* gwasgaru, chwalu, gwahanu. TO SCATTER, TO DIVORCE.

sgarmes : **ysgarmes,** *eb. ll.*-oedd. cyffro, terfysg, ymladdfa rhwng ychydig. SKIRMISH.

sgerbwd : **ysgerbwd,** *eg. ll.* (y)sgerbydau. esgyrn corff marw, celain, corff marw. SKELETON, CARCASE.

sgets, *eb. ll.*-au. llun, braslun, stori neu ddrama fer. SKETCH.

sgïen, *eb.* cyllell. KNIFE.

sgil, *eg.* ystryw, tric. DEVICE.

sgîl, *adf.* tu ôl, tu cefn, is gil. BEHIND (ON HORSEBACK, etc.)

    Wrth ei sgîl : y tu ôl iddo.

sgilgar, *a.* celfydd, medrus. SKILFUL.

sgilgarwch, *eg.* celfyddyd, medr. SKILL.

sgip, *eb.* rhaff fach a ddefnyddir i chwarae. SKIPPING ROPE.

sgiw, *eb.* sgrîn, setl, mainc freichiau a chefn uchel iddi. SETTLE.

    Ar y sgiw : ar gam. ASKEW.

sgiwedd, *eg.* gwyrgamedd. SKEWNESS.

*sglawndr, *eg. ll.*-au. enllib. SLANDER.

*sglawndro, *be.* enllibio. TO SLANDER.

sglefrio : **ysglefrio,** *be.* llithro ar iâ, symud yn esmwyth ar rywbeth llithrig. TO SKATE, TO SLIDE.

sglerosis, *eg.* calediad. SCLEROSIS.

sgolastigiaeth, *eb.* ymlyniad wrth ddulliau a dysgeidiaeth ysgolion. SCHOLASTICISM.

sgolor, *eg. ll.*-ion. ysgolor. SCHOLAR.

sgôr : **ysgôr,** *eg.* cyfrif, cyfrifiad, cyfanrif, nifer pwyntiau mewn gêm. SCORE.

sgrafell, *eb. ll.*-i, -od. crafwr, offeryn i lanhau ceffyl ac i dynnu blew oddi ar fochyn ar ôl ei ladd. SCRAPER.

sgrech : **ysgrech,** *eb. ll.*-iadau. gwich, gwawch. SHRIEK, SCREAM.

sgrechian : **sgrechain,** *be.* gwneud sgrech. TO SHRIEK.

sgri, *eg.* cerrig mân ar odre mynydd neu lechwedd. SCREE.

sgrîn : **ysgrîn,** *eb. ll.* sgrinau. 1. llen i ddangos lluniau arni. SCREEN.

    2. sgiw, sedd, sêt, setl. SETTLE.

    3. *beddrod. SHRINE.

sgriw, *eb. ll.*-iau. hoelen dro. SCREW.

sgrotwm, *eg.* cod, ceillgwd. SCROTUM.

sgrwbio, *be.* glanhau â brws caled. TO SCRUB.

sgrwd, *eg.* ysgerbwd, celain. SKELETON, CORPSE.

sgutor, *eg. ll.-*ion. ysgutor. EXECUTOR.

sguthan : ysguthan, *eb. ll.-*od. aderyn tebyg i golomen, colomen wyllt. WOOD PIGEON.

sgwâr : ysgwâr, *ebg.* petryal, peth â phedair ochr a phedwar cornel cyfartal, lle agored mewn tref neu bentref, maes. SQUARE.

sgwaryn, *eg. ll.-*nau. offeryn sgwario. SETSQUARE.

sgwd, *eg.* cwymp dŵr, rhaeadr, pistyll, llawer. FLOW, FALL.

sgwier : ysgwier, *eg. ll.* sgwieriaid. yswain, gŵr bonheddig. SQUIRE.

sgwir, *eb.* offeryn sgwario. CARPENTER'S SQUARE.

sgwlcan, *be.* llechu, ystelcian. TO SKULK, TO SNATCH.

sgwrio, *be.* glanhau trwy rwbio, ysgubo. TO SCOUR.

sgwrs, *eb. ll.* sgyrsiau. siarad, ymddiddan, ymgom. DISCOURSE, CHAT.

*sgwrs, *eb.* ffrewyll, fflangell. SCOURGE.

*sgwrsio, *be.* fflangellu. TO SCOURGE.

sgyrt : sgert, *eb. ll.* sgyrtau, sgerti. dilledyn a wisgir gan fenyw, rhan o got o dan y wasg. SKIRT.

si, *eg. ll.* sïon. : su, *eg. ll.* suon. murmur, sôn, sŵn gwenyn, etc.; sŵn isel aneglur. MURMUR, RUMOUR, BUZZ.

     Si neidr. SNAKE'S HISS.

siabas, 1. *ell.* pethau diwerth, sothach, sciabas. RUBBISH, USELESS THINGS.

     2. *a.* diwerth, gwael. USELESS.

siaced, *eb. ll.-*i. cot fer. JACKET.

siad, *eb.* siadau. pen, iad, copa. PATE, CROWN.

siâff, *eg.* gwair neu lafur wedi ei dorri'n fân. CHAFF.

siafflach, *e. torf.* sothach. RUBBISH.

*siaffrig, *eb.* ffwrnais fechan symudol. CHAFERY.

siafft, *eb. ll.-*au. braich cerbyd, llorp, pwll. SHAFT.

*siaffyr, *eb.* ffwrnais fechan symudol ; marsiandïaeth. CHAFER ; MERCHANDISE

siâl, *eg.* defnydd cleiog sy'n hollti'n denau. SHALE.

sialc, *eg. ll.-*au, -iau. defnydd ysgrifennu yn cynnwys calch. CHALK.

siambr, *eb.* ystafell. CHAMBER.

siambrlen, *eg.* ystafellydd. CHAMBERLAIN.

*siamled, *eg.* camled. CHAMLET.

*siamp, *eg.* maes, nod, arwydd. FIELD, MARK, SIGN.

siampl, *eb. ll.-*au. enghraifft. EXAMPLE.

sianel, *eb. ll.-*i, -ydd. y môr rhwng dau ddarn o dir, culfor, cwrs. CHANNEL.

siant, *eb. ll.-*au. corgan. CHANT.

siaplen, *eg. ll.-*iaid. caplan. CHAPLAIN.

*siapri, *eg.* ysmaldod. JEST.

siarad, 1. *be.* llefaru, chwedleua, sgwrsio, parablu. TO SPEAK.

     Mân-siarad. SMALL TALK.

     2. *eg.* cleber. TALK.

siaradus, *a.* yn dweud llawer, yn llawn cleber, tafodrydd, parablus. TALKATIVE.

*siar(r)ed, *eg. ll.-*au. cerbyd rhyfel. CHARIOT.

siars, *eb.* rhybudd, gorchymyn. CHARGE.

siarsio, *be.* rhybuddio, gorchymyn. TO WARN, TO CHARGE.

siart, *eg. ll.-*au, -iau. map o'r môr, llen neu gwmpas yn cynnwys gwybodaeth mewn geiriau a lluniau. CHART.

siart(e)r, *eg.* breinlen. CHARTER.

*siâs, *eb. ll.* siasau. erlid, helfa, brwydr, ymladd. CHASE, BATTLE.

siasbi, *eg.* peth i helpu i ddodi esgid ar droed, siwrn, siosbin, siesbin. SHOEHORN.

*siatal, *eg.* catel. CHATEL.

siawns, *eb.* digwyddiad, cyfle, damwain, hap. CHANCE.

sibol, *ell.* (*un. b.-*en.) : sibwl : sibwn, *ell.* (*un. g.* sibwlsyn, sibwnsyn). wynwyn bach ieuanc. YOUNG ONIONS, CHIBOLS.

sibrwd, 1. *be.* sisial, siarad yn ddistaw, siffrwd, murmur. TO WHISPER.

     2. *eg. ll.* sibrydion. murmur, sisial, si, su. A WHISPER.

sibwl : sibwn, *ell.* gweler *sibol.*

sicr : siwr : siŵr, diau, diamau, heb os, di-os, heb amheuaeth. SURE.

sicrhau : siwrhau, *be.* gwneud yn sicr, argyhoeddi. TO ASSURE.

sicrwydd : sicrhad, *eg.* y stad o fod yn sicr, gwybodaeth sicr. CERTAINTY, ASSURANCE.

sidan, *eg. ll.-*au. edau fain wedi ei gwau gan fath o lindys, y defnydd a wneir o'r edau hon. SILK.

     Papur sidan. TISSUE-PAPER.

sidanaidd, *a.* fel sidan. SILKY.

sidell, *eb. ll.-*i. olwyn. WHEEL.

sidellu, *be.* cylchdroi. TO REVOLVE.

*sider, *eg. ll.-*ion. rhidens. FRINGE.

siderog, *a.* tyllog, â rhidens. FULL OF HOLES, FRINGED.

*sîêb, *eg.* marchnad. MARKET, CHEAP-
SIDE.

*sieced, *eb.* siaced, cot fer. JACKET.

*sîêd, *eg.* fforffed, tir a ddychwelir i'r
goron o ddiffyg etifeddion. FORFEIT,
ESCHEAT.

sied, *eg. ll.*-au. lle i gadw nwyddau neu
anifeiliaid, lle i weithio. SHED.

*sieff, *eg.* mab i chwaer. SISTER'S SON.

*sîêl, *eb.* carchar. GAOL.

*sieler, *eg.* ceidwad carchar. JAILER.

*sïens, *eb.* 1. gwyddoniaeth. SCIENCE.
 2. (*taf.*) ystumiau. CONTORTIONS.

siero, *be.* torri megis â chleddyf. TO
SHEAR.

sies, *eg.* gwyddbwyll. CHESS.

siesbin, *eg.* gweler *siasbi.*

*siêt, *eg.* gweler *sîêd.*

*sietwn, *a.* aflan, budr. DIRTY.

siew, *eb. ll.*-au. arddangosfa, ar-
ddangosiad, sioe. SHOW.

sifil, *a.* gwladol, dinesig, cyffredin,
moesgar. CIVIL.

sifiliad, *eg. ll.*-iaid. dinesydd, un heb
fod yn y lluoedd arfog. CIVILIAN.

siffrwd, *be.* gwneud sŵn fel dail yn
cael eu chwythu gan y gwynt. TO
RUSTLE.

sigâr, *eb.* dail tybaco wedi eu rholio i'w
smygu. CIGAR.

sigarét, *eb. ll.* sigaretau. tybaco wedi
ei rolio mewn papur. CIGARETTE.

sigl : siglad, *eg. ll.* sigladau. ysgyd-
wad, symudiad yn ôl ac ymlaen.
A SHAKING, OSCILLATION.

sigledig, *a.* yn ysgwyd, yn siglo,
simsan, ansad. SHAKY, OSCILLATING.

siglen, *eb. ll.*-nydd, -ni. 1. cors,
mignen, morfa, tir llaith. BOG,
SWAMP.
 2. sedd wedi ei hongian wrth
raffau, etc. i siglo arni. A SWING.

siglennog, *a.* corslyd, corsog. BOGGY,
SWAMPY.

sigl-i-gwt, *eg.* aderyn â chwt hir,
sigwti fach y dŵr. WATER WAG-TAIL.

siglo, *be.* ysgwyd, crynu, gwegian,
symud yn ôl ac ymlaen. TO SHAKE.

sil, *e. torf.* eisin, grawn pysgod, etc.,
gronell. HULL OF GRAIN, SPAWN.

silff, *eb. ll.*-oedd. astell wedi ei sicrhau
wrth wal, etc. i ddal pethau. SHELF.
 Silff-ben-tân : astell-ben-tân.
 MANTLEPIECE.

siliad, *ell.* ceirch wedi eu glanhau;
gronelliad. HULLED OATS ; SPAWNING.

silindr, *eg.* gwrthrych cylchog solet.
A CYLINDER.

silindrog, *a.* ar ffurf silindr.
CYLINDRICAL.

silio, *be.* glanhau ceirch ; bwrw'r
grawn ; claddu wyau. TO HULL OATS ;
TO SPAWN.

silwair, *eg.* porfa neu lys(i)au glas wedi
eu cadw fel bwyd i anifeiliaid erbyn
y gaeaf. SILAGE.

sillaf, *eb. ll.*-au. rhan o air. SYLLABLE.
 Unsill : unsillafog. MONOSYLLABIC.
 Lluosill : lluosillafog. POLYSYLL-
ABIC.

sillafiaeth, *eb.* y modd y sillefir gair.
SPELLING.

sillafu, *be.* ysgrifennu neu ddweud y
llythrennau mewn gair. TO SPELL.

silleb, *eb. ll.*-au. sillaf. SYLLABLE.

sillebiaeth, *eb.* sillafiad. SPELLING.

sillgoll, *eb. ll.*-au. collnod ('), marc i
ddynodi absenoldeb llythyren drwy
gywasgiad. APOSTROPHE.

*sillt, *eg. ll.*-au. dolen. LINK.

*silltaer, *eb. ll.*-au. } dolen, cadwyn.
*silltaeren, } LINK, CHAIN.

simach, *eg. ll.*-od. epa, mwnci. APE,
MONKEY.

simant, *eg.* sment. CEMENT.

simdde : simnai, *eb.* simneiau. corn
mwg, ffumer. CHIMNEY.

*simpian, *eg.* offerynnau cerdd.
SYMPHAN.

simsan, *a.* ansad, sigledig, gwan,
anghyson, anwastad, nas gellir di-
bynnu arno. UNSTEADY, SHAKY,
TOTTERING.

simsanu, *be.* siglo, gwegian. TO TOTTER.

*simwr, *eg.* mantell, clog, gŵn llaes.
CLOAK, CHIMER.

*sîn, *eg.* elusen. ALMS.

*sin, *eg.* diod. GIN.

sin, *eg. ll.*-au. sein. SINE.

*sinabl, *a.* coch. RED.

sinach, *eg. ll.* sinechydd. clawdd, ffos,
banc, congl cae â drain, mieri, etc.
HEDGE, BANK, CORNER OF WASTE
GROUND.

sinc, *eg.* 1. defnydd gwyn a ddefnyddir
fel cot ar haearn neu mewn paent
neu foddion. ZINC.
 2. ceubwll, basn ac iddo bibell i
gario dŵr ohono. SINK.

sinema, *eb. ll.* sinemâu. adeilad i
ddangos lluniau byw. CINEMA.

*sinobl, }
*sinobr, } *a.* coch. VERMILION.

sinsir, *eg.* planhigyn ac iddo wreiddyn
â blas poeth (fe'i defnyddir mewn
melysion ac wrth goginio). GINGER.

sinws, *eg.* ceudwll. SINUS.

sïo, *be.* sibrwd, mwmian, chwyrnellu,
canu'n dawel, suo. TO HUM, TO
WHIZZ, TO MURMUR.

sioc, *eg.* ysgytiad, ergyd, cyffro sydyn, clefyd. SHOCK.

sioe, *eb. ll.*-au. gweler *siew.*

siôl, *eb. ll.* siolau. dilledyn sgwâr o wlân a wisgir dros yr ysgwyddau. SHAWL.

siom, *egb. ll.*-au. : **siomedigaeth**, *eb. ll.*-au. methiant i fodloni, rhywbeth gwaeth na'r hyn a ddisgwylid. DISAPPOINTMENT.
Cael siom ar yr ochr orau. TO BE AGREEABLY SURPRISED.

siomedig, *a.* heb fod cystal â'r disgwyl, wedi ei siomi. DISAPPOINTING, DISAPPOINTED.

siomi, *be.* peidio â bodloni. TO DISAPPOINT.

sionc, *a.* bywiog, gwisgi, gweithgar, heini, hoyw. ACTIVE, NIMBLE, BRISK.

sioncrwydd, *eg.* bywiogrwydd, hoywder. BRISKNESS, AGILITY.

siop, *eb. ll.*-au. masnachdy, lle i brynu a gwerthu nwyddau. SHOP.

siopwr, *eg. ll.* siopwyr. 1. perchennog siop. SHOPKEEPER.
2. un sy'n siopa (siopio). SHOPPER.

siosbin, *eg.* gweler *siasbi.*

sipian : **sipio**, *be.* llymeitan, yfed bob yn llymaid, profi blas. TO SIP.

siprys, *eg.* ceirch a barlys yn gymysg. OATS AND BARLEY MIXED.
Siarad siprys : siarad cymysgedd o Saesneg a Chymraeg. (GIBBERISH).

***siprys**, *eb.* cypreswydden. CYPRESS.

sipsiwn, *ell.* (*un. gb.* sipsi). pobl grwydrol bryd tywyll. GIPSIES.

sir, *eb. ll.*-oedd. rhan o wlad neu dalaith. COUNTY.

***sir**, *eg.* llawenydd, hyfrydwch. CHEER.

sircyn, *eg. ll.*-(n)au. siaced ; gwasgod wlanen, crys isaf. JERKIN ; SINGLET.

sirian, *ell.* ceirios. CHERRIES.

***sirig**, *eg.* sidan. SILK.

siriol, *a.* llon, llawen. CHEERFUL.

sirioldeb, *eg.* llawenydd, llonder. CHEERFULNESS.

sirioli, *be.* llawenhau, llonni. TO CHEER.

sirydd, *eg. ll.*-ion. ⎫ prif swyddog sir.
siryf, *eg.* ⎭ SHERIFF.

***sis**, *eg.* gwarchae ; si. SIEGE ; WHISPER.

sisiad, *eg. ll.*-au. si, sïad. HISSING, SIBILATION.

sisial, 1. *be.* sibrwd, siarad yn dawel, murmur. TO WHISPER.
2. *eg.* sibrydiad. A WHISPER ; A MURMUR.

sism, *eg.* ymraniad, rhwyg. SCHISM.

sist, *eg.* rhan o gyflog a geir cyn gorffen tasg. PART OF WAGES IN ADVANCE.

---

siswrn, *eg. ll.* sisyrnau. offeryn â dau lafn i dorri brethyn, etc. SCISSORS.

sitrach, *eg.* carpiau, rhacs, ffradach. RAGS, TATTERS, MESS.

***sitrul**, *eg.* melon. MELON.

***sits**, *eg.* gwarchae. SIEGE.

siw, *eg.* (fel yn) heb na siw na miw. WITHOUT A SOUND, WITHOUT A TRACE.

siwed, *eg.* braster caled anifail a ddefnyddir i goginio. SUET.

siwg, *eb.* jwg, llestr dwfn i ddal dŵr, JUG.

siwglaeth, *eb.* castiau hud. JUGGLERY.

siwglo, *be.* hocedu, twyllo, twyllchwarae, hudo. TO JUGGLE.

siwglwr, *eg. ll.* siwglwyr. hocedwr, twyllwr, hudwr. JUGGLER.

siwgr, *eg.* peth melys a ddefnyddir i felysu te neu fwydydd, etc. SUGAR.
Siwgr yn y dŵr : gleicoswria. GLYCOSURIA.

siwmper, *eb.* math o flows wlanen a wisgir gan ferch. JUMPER.

siwr : **siŵr** : **sicr**, *a.* diau, diamau, dios, heb os, heb amheuaeth. SURE.
Bid siwr. TO BE SURE.

***siwrl**, *eg.* taeog, costog, cerlyn. CHURL.

siwrnai, 1. *eb. ll.* siwrneiau, siwrneion. taith, tro. JOURNEY.
2. *adf.* unwaith. ONCE.

***siwrneio**, *be.* teithio, mynd ar siwrnai. TO TRAVEL.

siwt, *eb. ll.*-iau. gwisg gyfan. SUIT.

siwtio, *be.* bod yn addas. TO SUIT.

siwtrws, *ell.* yfflon, cyrbibion. FRAGMENTS.

slab, *eg. ll.*-iau. darn tenau o garreg, etc. SLAB.

slaf, *eg. ll.*-iaid. cystog. DRUDGE, SLAVE.

slafaidd, *a.* fel slaf. SLAVISH.

slebog, *eb.* slwt. SLUT.

slec, *eg.* glo mân. SMALL COAL.

slêd, *eb.* car llusg, cerbyd i fynd ar eira. SLEDGE.

slei, *a.* heb yn wybod i neb arall, ffals, cyfrwys. SLY.

sleifio, *be.* mynd yn ddistaw bach. TO SLINK.

sleisen, *eb.* sgilsen, ysgilsen, tafell, golwythen. SLICE.

slic, *a.* llithrig. SLICK.

slicrwydd, *eg.* llithrigrwydd. SLICKNESS.

slotian, *be.* llymeitan ; padlan, rhodli. TO TIPPLE ; TO PADDLE.

slumyn : **yslumun** : **ystlum**, *eg. ll.* ystlumod. anifail fel llygoden sy'n gallu hedfan. BAT.

slogan, *egb. ll.*-au. rhyfelgri, gair neu frawddeg afaelgar a ddefnyddir gan gwmni neu fusnes. SLOGAN.

slwt, *eb.* sopen, slebog, gwraig front anniben. SLUT.

smacht, *eg.* gweler *ysmacht*.

smala : ysmala, *a.* digrif, cellweirus. DROLL.

smaldod : ysmaldod, *eg.* digrifwch, cellwair. DROLLERY.

smalio, *be.* cellwair, gwneud jôc, bod yn ddigrif. TO JOKE.

smaragdus, *a.* emrallt. EMERALD.

sment, *eg.* glud, math da o forter. CEMENT.

smocio, *be.* tynnu mwg o sigarét neu bibell, smygu. TO SMOKE.

smociwr : smocwr, *eg. ll.* smocwyr. un sy'n smocio, smygwr. SMOKER.

smotyn : ysmotyn, *eg. ll.* smot(i)au. brycheuyn, marc, man. SPOT.

smwddio : ysmwddio, *be.* gwneud yn llyfn â haearn, stilo (dillad). TO IRON.

smwt, 1. *eg.* baw, bryntni. SMUT.

2. *a.* pwt. SNUB.

smygu, *be.* gweler *smocio*.

smygwr, *eg. ll.* smygwyr. gweler *smociwr*.

snisin, *eg.* trwynlwch, trewlwch. SNUFF.

snobeiddiwch, *eg.* ⎫ gwaseidd-dra,
snobyddiaeth, *eb.* ⎭ balchder. SNOBBERY.

snwffian : ysnyffian, *be.* gwneud sŵn wrth dynnu anadl drwy'r ffroenau. TO SNIFF.

sobr, *a.* difrifol, dwys, synhwyrol, nid yn feddw. SOBER, SERIOUS.

Yn sobr o wael. EXTREMELY BAD.

sobri : sobreiddio, *be.* troi o fod yn feddw, gwneud yn sobr. TO SOBER.

sobrwydd, *eg.* difrifwch, dwyster, synnwyr, sadrwydd. SOBRIETY.

socasau, *ell. (un. b.* socas). gorchudd lledr neu frethyn i'r coesau. LEGGINGS.

soced, *eg. ll.*-au. crau. SOCKET.

*sodan, *eg.* gwisg offeiriad. CASSOCK.

sodli : sodlo, *be.* 1. cnoi neu daro'r sodlau. TO BITE OR STRIKE THE HEELS.

2. gyrru'n ôl â'r sawdl. TO BACK-HEEL.

3. dilyn wrth sawdl. TO FOLLOW AT HEEL.

sodomiad, *eg. ll.*-iaid. gwrywgydiwr. SODOMITE, HOMOSEXUAL.

sodomiaeth, *eb.* gwrywgydiad. SODOMY

sodr, *eg. ll.*-au. sawdur. SOLDER.

sodro, *be.* asio, sawdurio. TO SOLDER.

soddedig, *a.* dan ddŵr. SUBMERGED.

soddi, *be.* suddo, achosi i fynd dan ddŵr, mynd i lawr yn raddol. TO SINK.

soeg, *eg.* gweddillion brag ar ôl darllaw cwrw, etc. DRAFF.

soeglyd, *a.* gwlyb, llaith. SODDEN.

sofiet, *eg. ll.*-au. cyngor neu gynulliad Rwsiaidd. SOVIET.

sofl, *ell. (un. g.*-yn). bonion gwellt neu ŷd sy'n aros ar ôl medi. STUBBLE.

sofren, *eb. ll.*-ni. sofrod. ugain swllt, punt aur. SOVEREIGN (COIN).

soffa, *eb.* sedd hir esmwyth a chefn iddi. SOFA.

soffydd, *eg. ll.*-ion. athronydd Groegaidd, twyllresymwr. SOPHIST.

*solas, *eg.* cysur, diddanwch. SOLACE.

soled, *eg. ll.*-au. rhywbeth cadarn cryno. SOLID.

*soler, *eg. ll.*-au. llawr, llofft. FLOOR.

solet, *a.* ffyrf, cadarn, cryf. SOLID.

sol-ffa, *eg.* nodiant canu. SOL-FA.

som, *eb. ll.*-au. 1. siom; twyll. DISAPPOINTMENT ; DECEIT.

2. ystryw. TRICK.

*somgar, *a.* siomgar ; twyllodrus. DISAPPOINTING ; DECEITFUL.

*somgaru, *be.* cywilyddio. TO FEEL ASHAMED.

somi, *be.* siomi, twyllo. TO DISAPPOINT, TO DECEIVE.

somiant, *eg.* siomiant, twyll. DISAPPOINTMENT, DECEIT.

*somwaith, *eg.* siom ; twyll. DISAPPOINTMENT ; DECEIT.

*sôn, 1. *be.* gwneud twrw. TO MAKE A NOISE.

2. *eg.* sŵn. NOISE.

sôn, 1. *egb.* argoel, awgrym, gair, hanes, mân-siarad, chwedl, adroddiad. MENTION, RUMOUR, SIGN.

2. *be.* crybwyll, dweud, llefaru, taenu chwedl. TO MENTION.

soned, *eb. ll.*-au. cân o bedair llinell ar ddeg â phatrwm arbennig o odlau. SONNET.

*soned, *a.* swnllyd. NOISY.

sonedwr, *eg. ll.* sonedwyr. un sy'n cyfansoddi sonedau. COMPOSER OF SONNETS.

*songry, *a.* tyrfus, uchel ei sŵn. NOISY, LOUD.

sonial, *be.* clebran. TO CHATTER.

soniarus, *a.* melodaidd, perseiniol, hyfryd. MELODIOUS.

*soniawr, *a.* swnllyd. NOISY.

*sonio, *be.* gwneud sŵn, seinio. TO MAKE A NOISE, TO SOUND.

sopen, *eb.* slwt, gwraig anniben aflêr ; ceulad. SLUT ; COAGULUM.

sopyn, *eg.* bwndel (o wair, etc.). BUNDLE (OF HAY, ETC.).

*sor, 1. *eg.* digofaint, llid, dicter, sarugrwydd. WRATH, SULLENNESS.

2. *a.* sarrug, dicllon, swrth. ANGRY, SULLEN.

soriant, *eg.* pwd, llid, sarugrwydd, dicter, gwg. INDIGNATION.

sorllyd, *a.* dig, llidiog, pwdlyd, sarrug, blwng. ANGRY, SULLEN.

sorri, *be.* pwdu, mulo, llidio, cuchio, gwgu, digio. TO SULK, TO BE DIS-PLEASED.

sorod, *ell.* sothach. DROSS.

*sorth, *eb.* 1. coelbren. LOT.

2. ffawd, rhan. FATE.

sosban, *eb. ll.* sosbenni, sosbannau. llestr i goginio ac iddo glawr a choes, sgilet. SAUCEPAN.

soser : sawser, *eb. ll.*-i. llestr i'w ddodi dan gwpan. SAUCER.

Sosialaeth, *eb.* trefn wleidyddol i rannu eiddo ac yn ymwneud â pherchenogaeth gan y wladwriaeth, etc. SOCIALISM.

Sosialydd, *eg. ll.* Sosialwyr. un sy'n ffafrio Sosialaeth. SOCIALIST.

sotyn, *eg.* meddwyn. SOT.

sothach, *eg.* gwehilion, sorod, ffwlbri, ysbwrial. TRASH.

sownd,a.tyn, sicr, diogel, diysgog. FAST.

*spas, *eg. ll.*-au. gofod, lle. SPACE.

*spêr, *eb.* gwaywffon. SPEAR.

stabl : ystabl, *eb. ll.*-au. adeilad lle cedwir ceffylau. STABLE.

stad : ystad, *eb. ll.*-au. cyflwr, ansawdd, sefyllfa, helynt, eiddo, wythfed ran o filltir. STATE, ESTATE, FUR-LONG.

*stad(a)l, *eg.* safle. POST, STATION, STATUS

*stadwen, *eb.* ansawdd. QUALITY.

staen:ystaen,eg.ll.-au. mefl, lliw. STAIN.

staeno : staenio, *be.* diwyno, dwyno, llychwino, lliwio. TO STAIN.

staer, *eb. ll.*-au. grisiau. STAIR.

stâl : ystâl, *eb. ll.* (y)stalau. rhaniad mewn stabl i un anifail. STALL.

*stâl, *eb.* rhan o fyddin, llu, ystâl. STALE (PART OF AN ARMY).

stalactid, *eg. ll.*-au. calchbibonwy. STALACTITE.

stalagmid, *eg.* *ll.*-au. calchbost. STALAGMITE.

stamp, *eg. ll.*-au. 1. delw, argraff, ôl. STAMP.

2. llythyrnod. POSTAGE-STAMP.

stapl, *eb. ll.* staplau. darn o fetel ar ffurf y llythyren U a ddefnyddir i sicrhau pethau wrth goed, etc., stwffwl. STAPLE.

starts, *eg.* defnydd a geir mewn tatws neu reis, etc. ac a ddefnyddir i galedu llieiniau. STARCH.

stem, *eb. ll.*-iau. tro, sifft. SHIFT.

stên : ystên, *eb. ll.* (y)stenau. siwg fawr, piser. PITCHER.

stent, *egb.* ystad. EXTENT.

sternwm, *eg.* asgwrn y frest. STERNUM.

stesion, *eb.* gorsaf. STATION.

stethosgob, *eg.* corn meddyg. STETHOS-COPE.

sticil : sticill, *eb.* math o risiau i fynd dros wal neu glawdd, camfa. STILE.

stigma, *eg.* craffbwynt. STIGMA.

stil, *eg.* cyfenw. STYLE.

stil, *adf.* yn wastad. ALWAYS.

stilgar, *a.* chwilfrydig, hoff o holi. INQUISITIVE.

stilio, *be.* holi. TO QUESTION.

stiw, *eg.* bwyd wedi ei ferwi'n araf. STEW.

stiwdio, *eb.* ystafell-waith arlunydd, ystafell ddarlledu. STUDIO.

stiward, *eg. ll.*-iaid. un sy'n gofalu am eiddo un arall, gwas, goruchwyliwr, cynorthwywr. STEWARD.

stoc, *eb. ll.*-au, -iau. da, nwyddau, stôr, cyflenwad, cyff, ach, hil. STOCK.

stocan, *eb. ll.*-au. nifer o ysgubau wedi eu dodi ynghyd i sefyll; stac. STOOK.

stocanu, *be.* gwneud stocanau. TO STOOK.

stocio, *be.* storio, cadw, dodi mewn stôr. TO STOCK.

stofi : ystofi, *be.* paratoi'r pwythau i wau, gwau, dylifo, cynllunio. TO WARP, TO WEAVE, TO PLAN.

stoicaidd, *a.* fel stoic. STOICAL.

stôl : ystôl, *eb. ll.* stolion, stolau. cadair (yn enwedig un heb gefn na breichiau). STOOL.

Stôl deirtroed : stôl a ddefnyddir yn gyffredin i odro.

stoma, *eg.* genau. STOMA.

stomatitis, *eg.* llid y genau. STOMA-TITIS.

stomp, *eb.* bwnglerwaith, llanastr. BUNGLE, MESS.

stompio, *be.* bwnglera. TO BUNGLE.

stôn, *eb. ll.* stonau. pedwar pwys ar ddeg. STONE.

stond, *eg.* 1. twba, casgen. STUND.

2. sefyll. STANDING.

stondin, *eg. ll.*-au. stand neu ford i werthu nwyddau mewn marchnad. STALL.

stop, *eg.* lle i aros (fel i fws), safiad, arhosiad. A STOP.

stôr : ystôr, *eg. ll.* storau. lle i gadw nwyddau, stordy, nwyddau, cyflenwad. STORE.

stordy : ystordy, *eg. ll.* stordai. lle i gadw stôr neu nwyddau. WAREHOUSE.

stori : ystori, *eb. ll.* storïau, storiâu, straeon. hanes, chwedl, celwydd. STORY.
Stori ddatgelu (ddirgelwch). MYSTERY STORY.
Stori dditectif. DETECTIVE STORY.
Troi'r stori. TO CHANGE THE SUBJECT.

storïwr, *eg. ll.* storïwyr. un sy'n adrodd storïau. STORY-TELLER.

storm : ystorm, *eb. ll.*-ydd. tymestl, terfysg, gwynt cryf, glaw a tharanau. STORM.

stormus : ystormus, *a.* tymhestlog, gwyntog, garw, gerwin, drycinog. STORMY.

straegar, *a.* hoff o glecian. GOSSIPY.

straeon, *ell.* storïau, chwedlau. STORIES, TALES.

stranc, *eb. ll.*-iau. tric, pranc, cnac, ystryw, cast, twyll, dichell. TRICK.

strancio, *be.* gwneud castiau. TO PLAY TRICKS.

strapen, *eb. ll.* strap(i)au. darn hir cul o ledr a ddefnyddir fel rhwymyn. STRAP.

strategaeth, *eb.* tacteg filwrol. STRATEGY.

strategol, *a.* yn ymwneud â strategaeth. STRATEGIC.

strategydd, *eg. ll.*-ion. un hyddysg mewn strategaeth. STRATEGIST.

streic, *eb. ll.*-iau. yr act o wrthod gweithio oherwydd rhyw anghydfod. A STRIKE.

stribed, *eg. ll.*-i. darn cul. STRIP.

strim-stram-strellach, *adf.* blith draphlith. HELTER-SKELTER.

striplun, *eg. ll.*-iau. stribed ffilm. FILM STRIP.

strôc, *eb.* math o afiechyd sy'n taro un yn sydyn, gorchest, symudiad piston mewn peiriant. STROKE.

strodur : ystrodur, *eb.* math o gyfrwy ar geffyl siafft. PACK-SADDLE.

stryd : ystryd, *eb. ll.*-oedd. heol mewn tref neu bentref. STREET.

stumog : ystumog, *eb. ll.*-au. cylla, bol, y rhan o'r bol sy'n derbyn ac yn treulio'r bwyd. STOMACH.

sturmant, *eg. ll.*-au. offeryn ceg, biwba. JEW'S HARP.

stwc : ystwc, *eg. ll.* stycau, styciau· llestr pren i odro, etc., twb bach· PAIL.

stwffwl, *eb. ll.* styffylau. stapl. STAPLE.

stwnt, *eg.* stond, twba, casgen. STUND.

stwr : ystwr, *eg.* swn, twrf, twrw, mwstwr, dadwrdd, trwst. NOISE.

su, *eg.* gweler *si*.

sucan, *eg.* llymru, blawd ceirch wedi ei ferwi. GRUEL, FLUMMERY.

*****sucr**, *eg.* siwgr. SUGAR.

*****sud**, *eg.* ffurf, sut, dull, math, cyflwr. FORM, MANNER, FASHION, CONDITION.

*****sudaidd**, *a.* lluniaidd. SHAPELY.

sudd : sug, *eg. ll.*-ion. sugn, nodd, y gwlybaniaeth a ddaw o ffrwyth neu blanhigyn. JUICE, SAP.

suddiad, *eg. ll.*-au. yr act o suddo. SINKING.

suddlong, *eb. ll.*-au. llong danfor. SUBMARINE.

suddo, *be.* soddi, mynd o dan dwr. TO SINK.

*****sugaethan**, *eg.* powltis. POULTICE.

sugn, *eg.* sugniad. SUCTION, SUCK.

sugnbeiriant, *eg. ll.*-nnau. pwmp. PUMP.

sugndraeth, *eg. ll.*-au. sugnfor. QUICK-SAND.

sugndyniad, *eg.* sugniad. SUCTION.

sugnedydd, *eg. ll.*-ion. pwmp, sugnwr. PUMP, SUCKER.

sugnedd, *eg. ll.*-au. siglen, cors, mignen. QUAGMIRE.

sugnfor, *eg. ll.*-oedd. pwll tro, sugndraeth. WHIRLPOOL, QUICKSAND.

sugnlyncu, *be.* mewnlyncu. TO IMBIBE.

sugno, *be.* yfed o deth, dyfnu, tynnu i'r genau, llyncu. TO SUCK.

Sul, *eg. ll.*-iau. diwrnod cyntaf yr wythnos, Dydd Sul. SUNDAY.

Sulgwyn, *eg.* saith wythnos wedi'r Pasg. WHITSUN.

*****sumant**, *eg.* sinamwn. CINNAMON.

suo, *be.* gweler *sïo*.

sur, *a. ll.*-ion. egr, â blas cas, mewn tymer ddrwg. SOUR.

*****surai**, *eg.* un sur. A SOUR PERSON.

surbwch, *a.* sur, sarrug. SOUR, SURLY.

surchwibl, *a.* sur iawn. VERY SOUR.

surdoes, *eg.* burum, berman, defnydd i wneud i fara godi. LEAVEN.

surdrwnc, *eg.* biswail, piso. URINE.

surni, *eg.* y cyflwr o fod yn sur, suredd, blas cas, tymer ddrwg. SOURNESS.

suro, *be.* egru, troi'n sur. TO TURN SOUR.

suryn, *eg.* asid. ACID.

sut : sud : siwd : **pa sut**, *rhag. gof.*
1. pa fodd, pa ffordd ? HOW ?
    Sut yr ydych chwi ? HOW ARE
    YOU ?
2. pa fath ? WHAT SORT ?
    Sut dywydd a gawsoch chwi ?
*sut, *eg.* gweler *sud.
*suwgr, *eg.* siwgr. SUGAR.
sw, *eg.* man lle cedwir anifeiliaid
gwylltion i'w gweld gan ymwelwyr.
ZOO.
swaden, *eb.* ergyd, cernod. BLOW.
swbach, *eg.* person sybachog. WIZENED
PERSON.
swbachu, *be.* crebachu. TO SHRIVEL.
swci : swcad, *a.* dof, llywaeth. TAME,
PET.
swcr : swcwr, *eg.* cymorth, ymgeledd.
SUCCOUR.
swcro, *be.* cynorthwyo, ymgeleddu. TO
SUCCOUR.
swch, *eb. ll.* sychau. blaen, pen, y darn
bach blaenllym sydd ar flaen aradr.
POINT, TIP, PLOUGH-SHARE.
*swdan, *eg.* swltan. SULTAN.
swga, *a.* brwnt, budr, di-lun. FILTHY.
swgan, *eb. ll.*-od. slwt. SLUT.
swil : yswil, *a.* ofnus, gŵyl, gwylaidd.
SHY, BASHFUL.
swildod : yswildod : swilder, *eg.*
cywilydd, gwyleidd-dra. SHYNESS.
swllt, *eg. ll.* sylltau. darn o arian
bath. SHILLING.
*swllt, *eg. ll.* sylltau. trysor. TREASURE.
swm, *eg. ll.* symau, symiau. y cwbl
mewn maint neu rifedi, problem
mewn rhifyddeg. SUM.
swmbwl, *eg. ll.* symbylau. pigyn,
symbyliad, rhywbeth i gymell neu
annog. GOAD.
swmer, *eg. ll.*-au. pwn, baich ; trawst,
tulath. PACK, SUMPTER ; BEAM.
swmp, *eg.* maint maintioli, pwysau.
BULK, SIZE.
swmpo, *be.* teimlo, maint neu bwysau.
TO FEEL THE SIZE OR WEIGHT OF.
swmpus, *a.* afrosgo, mawr. BULKY.
swmwl, *eg. ll.* symylau. gweler *swmbwl*.
swn, *eg. ll.* synau. stŵr, mwstwr, trwst,
dadwrdd, twrf, twrw. NOISE, SOUND.
swnd, *eg.* tywod. SAND.
swnial, *be.* mwmian, myngial. TO
MUTTER.
swnio, *be.* gwneud sŵn, seinio, cynanu.
TO MAKE A NOISE, TO PRONOUNCE.
swnllyd, *a.* yn peri llawer o sŵn.
NOISY.
swnt, *eg.* culfor. STRAIT.
swoleg, *eb.* gwyddor anifeiliaid.
ZOOLOGY.

swolegwr, *eg.* un sy'n astudio swoleg.
ZOOLOGIST.
swp, *eg. ll.* sypiau. sypyn, clwstwr, twr.
BUNDLE, CLUSTER.
swper, *egb. ll.*-au. hwyrbryd, pryd
olaf y dydd. SUPPER.
swpera, *be.* bwyta swper. TO SUP.
*swrcod, *eg.* ⎫ *ll.*-au. gwisg hir
*swrcot, *eg.* ⎭ marchog. SURCOAT.
swrealaeth, *eb.* celfyddyd yn ym-
wneud â'r isymwybod. SURREALISM.
swrn, 1. *eb. ll.* syrnau. egwyd, ffêr,
migwrn, y twffyn o flew y tu ôl i
garn ceffyl. FETLOCK, ANKLE.
2. *eg.* nifer go dda. A GOOD NUMBER.
swrth, *a.* (*b.* sorth). 1. sarrug, cuchiog,
cwta, blwng, diserch. SULLEN.
2. diynni, diegni, cysglyd. INERT,
DROWSY.
*swrth, *a.* sydyn. SUDDEN.
swrwd, *ell.* llarpiau ; sorod. SHREDS ;
DROSS.
sws, *eg.* cusan. KISS.
*swta, *a.* pyglyd, huddyglyd. SOOTY.
swta, *a.* sydyn, disymwth, byr, cwta.
ABRUPT, CURT, BRUSQUE.
*swtan, *eg.* swltan. SULTAN.
*swtr, *eg.* ymosodwr â gwaywffon,
ymaflwr codwm. TILTER, WRESTLER.
swtrach, *e. torf.* gwaelodion, gwaddod,
sorod. DREGS, DROSS.
swydd, *eb. ll.*-i, -au. 1. gwaith, tasg,
gorchwyl. OFFICE, JOB.
    Mynd yn unig swydd. TO GO ON THE
    EXPRESS PURPOSE.
2. sir, rhan o wlad. COUNTY.
swyddfa, *eb. ll.* swyddfeydd. ystafell
neu dŷ at waith swyddog. AN OFFICE.
swyddgar, *a.* yn ymwybodol o'i
swydd. OFFICIOUS.
swyddog, *eg. ll.*-ion. 1. sirydd, siryf.
SHERIFF.
2. un sy'n dal swydd. OFFICER.
swyddogaeth, *eb. ll.*-au. swydd, pwr-
pas, ffwythiant (mathemateg).
OFFICE, DUTY, FUNCTION.
swyddogol, *a.* awdurdodol, wedi ei
awdurdodi. OFFICIAL.
*swyddwïal, *eb.* teyrnwialen. SCEPTRE.
*swyddwr, *eg. ll.*-wyr. swyddog.
OFFICIAL, OFFICER.
swyfaidd, *a.* yn cynhyrchu braster,
seimlyd. SEBACEOUS.
*swyf, *eg. ll.*-au. ⎫ ewyn, ysgum.
*swyfen, *eb. ll.*-nau. ⎭ berem, burum.
FROTH, SCUM, YEAST.
swyn, *eg. ll.*-ion. cyfaredd, hud, hudol-
iaeth. CHARM, MAGIC.
    Dwfr swyn. HOLY WATER.

swynedig, *a.* wedi ei swyno, gwynfyd-edig, dedwydd. CHARMED, BLESSED, HAPPY.

swyngyfaredd, *eb. ll.*-ion. dewiniaeth, swyn, hudoliaeth, cyfaredd. SORCERY, ENCHANTMENT.

swyngyfareddol, *a.* hudol, cyfareddol, swynol. MAGICAL, ENCHANTING, CHARMING.

swyngyfareddwr, *eg. ll.*-wyr. dewin. SORCERER.

swyno, *be.* 1. bendithio. TO BLESS.
2. hudo, rheibio. TO CHARM.
3. *creu, ffurfio. TO CREATE, TO FASHION.

swynog, *eb. ll.*-au, -ydd. gweler *myswynog.*

***swynogl,** *eb. ll.*-au. swyn. CHARM, ENCHANTMENT.

swynogledd, *eg.* amwlet. AMULET.

***swynogli,** *be.* swyno, hudo. TO CHARM.

***swynoglwr,** *eg. ll.*-wyr. swynwr, dewin. WIZARD, MAGICIAN.

swynol, *a.* cyfareddol, hudol. CHARM-ING.

swynwr, *eg. ll.* swynwyr. dewin, swyn-gyfareddwr. MAGICIAN.

swynwraig, *eb. ll.*-wragedd. dewines. SORCERESS.

***swys,** *eg. ll.*-au. teimlad. FEELING, SENSE.

sy : sydd, *bf.* trydydd person unigol, ffurf berthynol amser presennol, modd mynegol *bod.* WHO / WHICH IS / ARE.

sybachog, *a.* crebachlyd. SHRUNKEN, WIZENED.

sybachu, *be.* crebachu, tynnu ato. TO SHRINK.

syber : syberw, *a.* 1. moesgar, syn-hwyrol, pwyllog. SOBER, MANNERLY.
2. ˙glân, destlus. CLEAN, TIDY.

***syberw,** *a.* balch, hael, gwych. PROUD, LIBERAL, FINE.

***syberwhau,** *be.* mynd yn falch. TO BECOME PROUD.

syberwyd (wŷ), *eg.* 1. balchder. PRIDE.
2. moesgarwch, cwrteisi. COURTESY.

syblachad, *be.* anhrefnu,˙ gwneud yn aflêr, trochi, diwyno, baeddu. TO SOIL, TO MAKE UNTIDY.

sybwbio, *be.* crychu. TO CRUMPLE.

***sybwch,** *eg. ll.*-bychod. bwch gafr. HE-GOAT.

***sybwll,** *eg. ll.*-byllau. siglen, cors, trobwll. QUAGMIRE, WHIRLPOOL.

sycamorwydd, *ell.* (*un. b.*-en). coed mawr ac iddynt ddail llydain. SYCAMORE.

sych, *a.* cras, hesb, nid yn wlyb, heb ddim glaw, anniddorol. DRY.

sychdarthu, *be.* crisialu. TO SUBLIMATE.

sychder, *eg.* y stad o fod yn sych, prinder dwfr. DRYNESS, DROUGHT.

sychdir, *eg. ll.*-oedd. tir sych. DRY LAND.

sychdwr, *eg.* gweler *sychder.*

syched, *eg.* eisiau diod. THIRST.
Y mae syched arno. HE IS THIRSTY.
Torri syched. TO QUENCH A THIRST.

sychedig, *a.* wedi sychedu, ag eisiau diod. THIRSTY.

***sychedocáu,** *be.* sychedu. TO THIRST.

sychedu, *be.* bod ag eisiau peth i'w yfed. TO THIRST.

sychfoesolyn, *eg. ll.*-ion. person hunan-dybus. PRIG.

sychgamu, *be.* plygu nes colli ffurf. TO WARP.

sychiad, *eg. ll.*-au. y weithred o sychu. DRYING.

sychin, *eb.* tywydd sych, sychder. DRY WEATHER, DROUGHT.

sychlyd, *a.* sych. DRY.

***sychmurnio,** *be.* llurgunio ; llindagu. TO MANGLE ; TO STRANGLE.

sychu, *be.* gwneud yn sych. TO DRY.

sychwr, *eg. ll.*-wyr. peth neu un sy'n sychu. WIPER, DRIER.

sychwydd, *ell.* coed sych, tanwydd. DRYWOOD, FUEL.

sydyn, *a.* disymwth, disyfyd, swta. SUDDEN.

sydynrwydd, *eg.* y cyflwr o fod yn sydyn. SUDDENNESS.

***syddyn,** *eg. ll.*-nau, -nod. tyddyn, cart-ref, annedd. TENEMENT, DWELLING.

syfi, *ell.* (*un. b.* syfïen). mefus, ffrwyth-au cochion. STRAWBERRIES.

syflyd, *be.* symud, cyffro, ysgogi. TO STIR, TO MOVE.

syfrdan, *a.* wedi synnu, wedi ei syfrdanu, yn hurt. DAZED.

syfrdandod, *eg.* hurtrwydd. STUPOR.

syfrdanol, *a.* yn peri hurtrwydd, byddarol. STUNNING, STUPEFYING.

syfrdanu, *be.* byddaru, hurto, mwydro. TO STUN, TO BEWILDER.

***syfudr,** *a.* budr, bawlyd, brwnt.DIRTY.

***syful,** *a.* gwladol. CIVIL.

***syg,** *eb. ll.*-iau. cadwyn. CHAIN.

***syganu,** *be.* dywedyd, murmur. TO SAY, TO WHISPER.

***sygn,** *eb.ll.*-au, -oedd arwydd y sodiac, cylch y cyser. SIGN OF THE ZODIAC.

sylfaen, *egb. ll.* sylfeini. gwaelod, dechreuad, sail. FOUNDATION.

sylfaenol, *a.* yn ymwneud â sylfaen. BASIC.

sylfaenu, *be.* seilio, sefydlu, dechrau, gwneud sylfaen. TO LAY FOUNDATION, TO FOUND.

sylfaenwr : sylfaenydd, *eg. ll.* sylfaenwyr. seiliwr, sefydlydd. FOUNDER.

sylw, *eg. ll.*-adau. } crybwylliad,
sylwadaeth, *eb. ll.*-au. } ystyriaeth. NOTICE, OBSERVATION.

Dal sylw. TO PAY ATTENTION.

Dan sylw. IN QUESTION.

*sylwayw, *eg.* math o boen neu wayw. A KIND OF SHOOTING PAIN.

sylwedydd, *eg. ll.*-ion. un sy'n sylwi. OBSERVER.

sylwedd, *eg. ll.*-au. sylfaen, defnydd, mater, gwirionedd. SUBSTANCE, FOUNDATION.

sylweddol, *a.* diledrith, gwir, gwirioneddol. SUBSTANTIAL.

sylweddoli, *be.* amgyffred, dirnad, deall. TO REALIZE.

sylweddoliad, *eg.* dealltwriaeth, deall, dirnadaeth. REALIZATION.

sylwi, *be.* dal sylw, crybwyll. TO OBSERVE.

sylladur, *eg. ll.*-on. darn gwydr, ysbïenddrych, etc. OCULAR.

*syllty, *eg.* trysorlys ; siop. TREASURY ; SHOP.

syllwydr, *eg. ll.*-au. ysbïenddrych, darn o wydr i'r llygad. SPYING-GLASS, EYE-PIECE.

syllu,*be.*edrych yn graff, tremu.TO GAZE.

*sym, *bf.* sioma. (S)HE DISAPPOINTS.

symbal, *eg. ll.*-au. offeryn cerdd pres o ffurf basn. CYMBAL.

*symblen, *eb.* arwyddlun, symbol. SYMBOL.

symbolaeth, *eb.* defnyddiad symbolau, gwyddor symbolau. SYMBOLISM.

symboleiddiwch, *eg.* arwyddluniaeth. SYMBOLISM.

symboliaeth, *eb.* gwyddor symbolau. SYMBOLISM.

symbyliad,*eg.*cymhelliad, swmbwl, anogaeth. STIMULUS, ENCOURAGEMENT.

symbylu, *be.* cymell, annog, calonogi. TO STIMULATE.

symbylydd, *eg. ll.*-ion. rhywbeth i symbylu. STIMULANT.

symiant, *eg.* gwneud cyfanrif. SUMMATION.

symio, *be.* deall, amgyffred. TO UNDERSTAND.

syml, *a.* (*b.* seml). unplyg, diaddurn, digymysg, unigol, hawdd, rhwydd, gwirion, diniwed, diddichell. SIMPLE.

symleiddiad, *eg.* y weithred o symleiddio. SIMPLIFICATION.

symleiddio, *be.* gwneud yn haws neu'n rhwyddach neu'n fwy syml. TO SIMPLIFY.

symlen, *eb.* 1. merch 'ddiniwed'. SIMPLE GIRL.

2. cainc. MELODY.

symlogen, *eb. ll.*-nod. symlen. SIMPLE GIRL.

symlrwydd : symledd, *eg.* unplygrwydd, diniweidrwydd. SIMPLICITY.

symlu, *be.* 1. symbylu, cymell. TO URGE.

2. peri syndod neu chwithdod neu ofn. TO AMAZE, TO FRIGHTEN.

symlyn, *eg. ll.*-nod. (*b.*symlen). 1. gwirionyn. SIMPLETON.

2. symbylydd. URGER.

symol, *a.* gweddol, go lew, canolig. MIDDLING.

symud, *be.* newid ; cyffro, cyffroi, syflyd, ysgogi, cynhyrfu, cymell, annog. TO ALTER ; TO MOVE.

symudiad, *eg. ll.*-au. yr act o symud. MOVEMENT.

symudliw, *a.* o liw cyfnewidiol. OF A CHANGING COLOUR.

Sidan symudliw. SHOT SILK.

symudo, *be.* gweler *symud.*

symudol : symudadwy, *a.* y gellir ei symud. MOVEABLE.

syn, *a.* mewn syndod, rhyfedd, aruthr. AMAZED, AMAZING.

synagog, *eg. ll.*-au. cynulliad Iddewig neu'r lle o addoliad. SYNAGOGUE.

*syndal, *eg.* defnydd main sidanaidd. SENDAL, FINE LINEN, SILK.

synder,
syndod, } *eg.* rhyfeddod. SURPRISE.
syndra, }

synedigaeth, *eb.* syndod. ASTONISHMENT.

synfen, *eg. ll.*-nau. sentiment. SENTIMENT.

synfyfyrdod, *eg.* myfyrdod dwys, yr act o synfyfyrio. REVERIE.

synfyfyrio, *be.* myfyrio'n ddwys, ymgolli mewn myfyrdod. TO MUSE, TO MEDITATE.

synfyfyriol, *a.* mewn myfyrdod dwys. MUSING, MEDITATING.

synhwyreb, *eb. ll.* synwyrebau. brawddeg. SENTENCE.

synhwyrgall, *a.* synhwyrol, call. PRUDENT.

synhwyriad, *eg. ll.* synwyriadau. y weithred o synhwyro. SENSATION.

synhwyro,*be.* 1. clywed, ymglywed â. TO SENSE.

2. ffroeni. TO SNIFF, TO SMELL.

synhwyrol, *a.* yn meddu synnwyr, pwyllog,ystyriol, rhesymol. SENSIBLE.

synhwyrus, *a.* yn ymglywed â dylanwadau allanol. SENSITIVE.

syniad, *eg. ll.*-au. drychfeddwl, meddylddrych, amcan. IDEA, THOUGHT.

syniadaeth, *eb.* athrawiaeth syniadau, defnydd o syniadau. IDEATION, CONCEPTION.

synied : **synio**, *be.* tybio, tybied, meddwl, dychmygu. TO IMAGINE, TO THINK.

*****syniaid**, *be.* gweler *synio.*

syniedig, *a.* synhwyrol. SENSIBLE.

*****synio**, *be.* 1. gwneud sŵn, swnio. TO MAKE A NOISE, TO SOUND.
     2. sylwi ar. TO NOTICE.
     3. gofalu am. TO CARE.
     4. synnu. TO WONDER.
     5. peri trafferth. TO CAUSE TROUBLE.

*****synna**, *ebych.* wele. BEHOLD.

synnu, *be.* rhyfeddu. TO WONDER, TO SURPRISE.

synnwyr (ŵy), *eg. ll.* synhwyrau.
     1. medr. SKILL.
     2. doethineb. WISDOM.
     3. pwyll, ystyriaeth, teimlad, ymdeimlad, ystyr, sens. SENSE.
     Synnwyr digrifwch. SENSE OF HUMOUR.
     Synnwyr cyffredin. COMMON SENSE.
     Synnwyr bawd. RULE OF THUMB.

synthesis, *eg.* cyfosodiad. SYNTHESIS.

synthetig, *a.* cyfosodol. SYNTHETIC.

synwyroldeb, *eg.* teimladrwydd. SENSIBILITY.

sypio, *be.* sypynnu, pacio. TO BUNDLE, TO PACK.

sypyn, *eg. ll.*-nau. crugyn, twr, swp, pecyn. BUNDLE, HEAP.

sypynio, } *be.* sypio, pacio. TO
sypynnu, } BUNDLE, TO PACK.

syr, *eg.* teitl o barch, teitl marchog neu farwnig. SIR.

*****sŷr**, *ell.* sêr. STARS.

syrcas, *eb.* arddangosfa deithiol o anifeiliaid, etc. ; lle i chwaraeon ; canolfan mewn tref. CIRCUS.

syrcyn, *eg. ll.*-nau. gweler *sircyn.*

*****syre**, *eg.* syr (mewn ystyr ddirmygus). SIRRAH.

syrffed, *eg.* diflastod, gormod o rywbeth. SURFEIT, SATIETY.

syrffedu, *be.* alaru, diflasu trwy ormodaeth. TO SURFEIT.

syrlwyn, *eg.* arlwynig. SIRLOIN.

*****syrn**, *adf.* yn rhannol, o ran, braidd. PARTLY, RATHER.

syrth, *eg.* sylwedd, swmp. SUBSTANCE.

syrthiad, *eg. ll.*-au. cwymp, cwympiad, codwm, disgyniad. A FALL.

syrthiedig, *a.* wedi cwympo. FALLEN.

syrthio, *be.* cwympo, disgyn yn sydyn, digwydd. TO FALL.

syrthlyd, *a.* swrth, cysglyd. SLUGGISH, DROWSY.

syrthni, *eg.* 1. sarugrwydd. SULLENNESS.
     2. cysgadrwydd. APATHY.

systematigaeth, *eb.* cyfundrefniant. SYSTEMATISATION.

*****sytai**, *eb.* dinas. CITY.

syth, *a.* (*b.* seth). union, anystwyth, anhyblyg. STIFF, STRAIGHT.

sythlyd, *a.* anwydog, rhynllyd, oerllyd. CHILLED.

sythu, *be.* gwneud yn syth, ymunioni, rhynnu, fferru, rhewi. TO STRAIGHTEN, TO BECOME BENUMBED.

sythwelediad, *eg.* gallu sythweledol, greddf. INTUITION.

sythweledol, *a.* yn gweld gwirionedd heb angen rhesymu. INTUITIVE.

syw, *a.* gwych, rhagorol; doeth. FINE, BEAUTIFUL, EXCELLENT ; WISE.

*****sywedydd**, *eg. ll.*-ion. dewin. MAGICIAN.

*****sywidw**, *eg.* yswigw. TIT, TITMOUSE.

T

*****tabar**, *eg. ll.*-au. mantell. TABARD.

tabernaclu, *be.* pabellu. TO TABERNACLE.

tabl, *eg. ll.*-au. } darlun,   taflen.
tabled, *eb. ll.*-au. } TABLE, TABLET.

tablen, *eb.* cwrw. ALE, BEER.

tablenna, *be.* llymeitian. TO TIPPLE.

*****tabler**, *eb. ll.*-i. bwrdd chwarae. BACKGAMMON, DRAUGHT-BOARD.

tabliad, *eg. ll.*-au. lluniad, gosodiad. TABULATION.

tabrer, *eg.* tabyrddwr. TABOURER.

tabŵ, *eg.* ysgymunbeth, gwaharddiad. TABOO.

tabwrdd, *eg. ll.* tabyrddau. drwm. DRUM, TABOR.

tabyrddwr, *eg. ll.*-wyr. curwr tabwrdd. DRUMMER.

taclo, *be.* gafael neu dynnu i lawr wrth chwarae rygbi, atal chwaraewr wrth chwarae pêl-droed, ymgodymu â. TO TACKLE.

taclu, *be.* gwisgo, ymdwtio, tacluso, paratoi, darparu. TO PREPARE, TO DRESS.

taclus, *a.* trwsiadus, destlus, trefnus, cymen, teidi. TIDY.

tacluso, *be.* gwneud yn daclus, cymhennu. TO TRIM, TO TIDY.

taclusrwydd, *eg.* trefnusrwydd, destlusrwydd. TIDINESS.

tacteg, *eb.* dull o weithredu (â byddin), neu o wneud rhywbeth. TACTICS.

Tachwedd, *eg.* yr unfed mis ar ddeg, y Mis du. NOVEMBER.

*tachwedd, *eg.* lladd, lladdfa. SLAUGHTER.

tad, *eg.* *ll.*-au. gwryw a genhedlodd. FATHER.

    Tad-yng-nghyfraith. FATHER-IN-LAW.

    Tad bedydd. GODFATHER.

tadaidd, *a.* fel tad, tadol. FATHERLY.

tad-cu, *eg.* taid. GRANDFATHER.

tadladdiad, *eg.* lladdiad tad. PARRICIDE.

tadleiddiad, *eg.* *ll.*-iaid. un a laddo ei dad. A PARRICIDE.

tadmaeth, *eg.* *ll.*-au, -od. dyn yn gweithredu fel tad. FOSTER-FATHER.

tadogaeth, *eb.* tarddiad ; tadolaeth. ETYMOLOGY ; PATERNITY.

tadogi, *be.* bod yn dad. TO FATHER.

tadol, *a.* fel tad, yn ymwneud â thad. FATHERLY.

tadolaeth, *eb.* bod yn dad. PATERNITY.

*tadws,
*tadwys, } *eg.* tad. FATHER.

*tadwysaeth, *eb.* tadogaeth. PATERNITY.

taeler,
taeliwr, } *eg.* töwr. TILER.

taen,*eg.ll.*-ion. 1. *llu; cyrch. HOST; RAID.
    2. taeniad. SPREADING.
    **a.* dewr. BRAVE.

taenelliad, *eg.* y weithred o daenellu. SPRINKLING.

taenellu, *be.* gwasgaru defnynnau bychain o ddŵr, bedyddio. TO SPRINKLE.

taenellwr,_eg.ll._-wyr. } un sy'n taen-
taenellydd,_eg.ll._-ion. } ellu. SPRINKLER.

taenfa, *eb.* *ll.*-fâu. haen, taeniad. LAYER, SPREAD.

taeniad, *eg.* taen. SPREADING.

taenu, *be.* lledu, lledaenu, gwasgaru, cyhoeddi. TO SPREAD, TO SCATTER.
    Ar daen. SPREAD.

taeog, 1. *eg.* *ll.*-ion. gŵr caeth, costog, cerlyn, cnaf, adyn, dihiryn. VILLEIN, CHURL.
    2. *a.* taeogaidd, cnafaidd, gwasaidd. CHURLISH, RUDE, SERVILE.
    Cymhleth y taeog. INFERIORITY COMPLEX.

taeogaeth, *eb.* y cyflwr o fod yn daeog. SERFDOM.

taeogaidd, *a.* afrywiog, cnafaidd, fel taeog. CHURLISH, RUDE.

taeogyn, *eg.* taeog, cerlyn. CHURL.

taer, *a.* difrifol, diwyd, brwd, gwresog, brwdfrydig. EARNEST, IMPORTUNATE, FERVENT.

*taer, *eb.* brwydr. BATTLE.

*taerddrud, *a.* taer. EARNEST.

taerineb : taerni, *eg.* difrifwch, diwydrwydd, brwdfrydedd. EARNESTNESS, IMPORTUNITY.

*taerlud, *a.* taer iawn, parhaus. VERY EARNEST, CONTINUOUS.

taeru, *be.* maentumio, dal yn gryf, haeru, gwirio. TO MAINTAIN, TO INSIST.

tafal : tafl : tafol, *eb.* offeryn i bwyso ag ef, clorian, mantol. PAIR OF SCALES, BALANCE.

tafarn, *egb.* *ll.*-au. gwesty, lle i letya a chael bwyd a diod. INN, TAVERN.
    Tafarn datws. FISH AND CHIP SHOP.

tafarnwr, *eg.* *ll.* tafarnwyr. un yn cadw tafarn. INN-KEEPER.

tafarnwriaeth, *eb.* lletygarwch. HOSPITALITY.

*tafaw, *be.* craffu, edrych ar, syllu ar. TO LOOK AT.

tafell, *eb.* *ll.*-au, -i, tefyll. sleisen, ysglisen, tamaid fflat tenau wedi ei dorri o dorth, etc. SLICE.
    Tafell gorc. CORK SLAB.

tafellog, *a.* haenog. LAMINATED.

tafellu, *be.* torri'n dafellau. TO SLICE.

tafl-arfau, *ell.* arfau taflu. CATAPULTS.

tafledigion, *ell.* pethau a deflir neu a saethir. PROJECTILES.

tafleisydd, *eg.* *ll.*-ion, -wyr. un a all daflu ei lais. VENTRILOQUIST.

taflen, *eb.* *ll.*-ni. rhestr, tabl, tabled. LIST, LEAFLET, TABLET.

tafleniad, *eg.* trefniad ar daflen. TABULATION.

taflennu, *be.* rhestru, trefnu mewn rhesi. TO TABULATE.

tafl-ffon, *eb.* *ll.*-ffyn. ffon dafl. SLING.

tafliad, *eg.* y weithred o daflu, tafl; dadleoliad. THROW ; DISLOCATION.

tafliedydd, *eg.* *ll.*-ion. taflwr. THROWER.

taflod, *eb.* *ll.*-ydd. llofft, ystafell wair, galeri. LOFT.
    Taflod y genau. PALATE.

taflodi, *be.* gwneud yn daflodol. TO PALATALIZE.

taflodol, *a.* yn perthyn i daflod. PALATAL.

taflod-orfannol, *a.* PALATO-ALVEOLAR.

taflrwyd, *eb. ll.*-i. rhwyd a deflir. CASTING-NET.

*****taflu**, *be.* cicio. TO KICK.

taflu : **tawlu**, *be.* ergydio, bwrw, lluchio ; dadleoli. TO THROW, TO HURL, TO FLING ; TO DISLOCATE.

tafluniad, *eg. ll.*-au. cynllun o arwynebedd y ddaear wedi ei ddodi ar bapur. PROJECTION.

taflunio, *be.* taflu llun ar sgrîn. TO PROJECT (FILM).

taflunydd, *eg. ll.*-ion. peiriant taflunio llun, etc. PROJECTOR.

taflwybr, *eg. ll.*-au. cwrs planed neu deflyn, etc. TRAJECTORY.

tafod, *eg. ll.*-au. un o organau'r genau, peth tebyg i hynny. TONGUE. Ar dafod (leferydd). SPOKEN.

tafodi, *be.* cymhennu, dwrdio, cadw stŵr â, difenwi, difrïo. TO ABUSE, TO SCOLD.

tafodiaith, *eb. ll.* tafodieithoedd. iaith lafar, iaith gyffredin ardal. DIALECT, LANGUAGE.

*****tafodiog**, *eg.* twrnai, cyfreithiwr. ATTORNEY, SOLICITOR.

tafodleferydd, *eg.* llafar, lleferydd. SPEECH.

tafodig, *eg.* y rhan sy'n hongian dros rhan ôl y tafod o daflod y genau, tafod bach. UVULA.

tafodog, 1. *a.* siaradus. TALKATIVE. 2. *eg. ll.*-ion. bargyfreithiwr. ADVOCATE.

tafodrydd, *a.* siaradus, yn trin pethau difrif yn ddigrif. GARRULOUS, FLIPPANT.

tafol, *eb.* clorian, mantol. SCALES.

taffi, *eg.* toffi, cyflaith. TOFFEE.

tag, *eg.* tagiad. A CHOKING.

tagell, *eb. ll.*-au. tegyll. 1. y rhan o'r pen yr anadla pysgodyn drwyddo ; y rhan isaf o'r gwddf. GILL, THROAT, DOUBLE CHIN. 2. magl. SNARE.

tagfa, *eb. ll.*-feydd. tagiad. STRANGULATION.

tagu, *be.* llindagu, mogi, mygu. TO CHOKE, TO STRANGLE.

tagwr, *eg. ll.*-wyr. un sy'n tagu. CHOKER.

*****tang**, *eg.* tangnefedd, heddwch. PEACE.

*****tangddef**, *eg.* tangnefedd. PEACE.

tangiad, *eg. ll.*-au. llinell sy'n cyffwrdd â chromlin mewn un man. TANGENT.

tangnef, *egb.* tangnefedd, heddwch. PEACE.

tangnefedd, *egb.* heddwch, hedd, tawelwch, distawrwydd. PEACE.

tangnefeddus, *a.* tawel, llonydd. PEACEFUL.

tangnefeddwr, *eg. ll.*-wyr. heddychwr. PACIFIER, PEACE-MAKER.

*****tangnefig**,   } *a.* tangnefeddus.
*****tangnefus**,   } PEACEABLE.

*****tangnofedd**, *egb.* tangnefedd. PEACE.

*****tai**, *eg.* tŷ, plas. HOUSE, MANSION.

taid, *eg. ll.* teidiau. tad-cu. GRANDFATHER.

tail, *eg.* tom, baw, gwrtaith, achles. DUNG, MANURE.

tair, *a.* (*g.* tri). dwy ac un. THREE.

taith, *eb. ll.* teithiau. yr act o deithio i rywle, siwrnai. JOURNEY, VOYAGE.

*****taith**, *eb. ll.* teithiau. 1. hawl. RIGHT. 2. cennad. MESSAGE.

tal, *a.* uchel, hir, uwch na'r cyffredin. TALL.

tâl[1] : **taliad**, *eg. ll.* taloedd, taliadau. yr hyn a delir am waith neu nwyddau, hur, cyflog. PAY(MENT), RATES.

tâl[2], *eg. ll.* talau, taloedd. talcen, blaen. FOREHEAD, FRONT, END.

taladwy, *a.* 1. gwerthfawr. VALUABLE. 2. dyledus. DUE.

talaith, *eb. ll.* taleithiau. tir, tiriogaeth, rhan o wlad ; coron. PROVINCE ; CHAPLET, DIADEM.

talar, *egb. ll.*-au. un o ddau ben cae sy'n cael ei droi (aredig), pen tir. HEADLAND.

talcen, *eg. ll.*-ni, -nau. y rhan o'r wyneb uwchlaw'r llygaid, ael. FOREHEAD. Talcen tŷ. GABLE-END OF HOUSE. Talcen glo. COAL-FACE, STALL.

talch, *eg. ll.* teilchion. darn, dryll. FRAGMENT.

talchu, *be.* torri'n deilchion. TO SHATTER.

*****taldal**, *a.* penben. HEAD TO HEAD.

taldra, *eg.* y cyflwr o fod yn dal, uchder. TALLNESS, STATURE.

taleb, *eb. ll.*-au. derbynneb, ysgrifen i ddangos bod arian, etc. wedi eu derbyn. RECEIPT.

taledigaeth, *eb. ll.*-au. tâl, gwobrwy. PAYMENT, REMUNERATION.

taleithiog, *a.* â choron neu dalaith. DIADEMED.

taleithiol, *a.* yn perthyn i dalaith. PROVINCIAL.

talent, *eb. ll.*-au. medrusrwydd, gallu, dawn. TALENT.

talentog, *a.* yn meddu ar allu naturiol, dawnus. GIFTED.

*****talfainc**, *eb. ll.*-feinciau. y brif eisteddfa, pen y fainc. THRONE.

*****talfwrdd**, *eg. ll.*-fyrddau. y bwrdd yn y pen. TOP TABLE.

talfyr, *a.* cwta, byr. ABRUPT, SHORT.

talfyriad, *eg. ll.*-au. adroddiad, etc. wedi ei dalfyrru ; crynhoad, cywasgiad. ABBREVIATION, ABRIDGEMENT.

talfyrru, *be.* byrhau, cwtogi, crynhoi, cywasgu. TO ABBREVIATE, TO ABRIDGE.

*talgell, *eb. ll.*-oedd. penty, sied. LEAN-TO.

*talgellog, *eg. ll.*-ion. gweinyddwr, menestr, heilyn. CUPBEARER, BUTLER, WAITER.

talgron, *eb.* sillaf dalgron, deusain esgynedig (wŷ). SYLLABLE WITH RISING DIPHTHONG,

talgrwn, *a. ll.* talgrynion. cryno, cwta. COMPACT, SHORT.

talgrych, *a.* gwgus, cuchiog. SCOWLING.

talgrychu, *be.* gwgu. TO FROWN.

talgryf, *a.* cadarn ; haerllug. ROBUST, STURDY ; IMPUDENT.

talgudyn, *eg. ll.*-nau. cudyn blaen. FORELOCK.

talïaidd, *a.* boneddigaidd, moesgar, caredig, hynaws. POLITE, DECENT, AFFABLE.

talm, *eg. ll.*-au. cetyn, ysbaid, cyfran. PORTION, PERIOD.
Er ys talm. LONG AGO.

talment, *eg.* tâl, taliad. PAYMENT.

*talmithr, 1. *a.* creulon, gerwin, garw. CRUEL, ROUGH, SEVERE.
2. *adf.* yn sydyn. SUDDENLY.

talmu, *be.* rhannu. TO DISTRIBUTE.

talog, 1. *a.* bywiog, hoyw, sionc, heini, gwisgi. JAUNTY, LIVELY.
2. *eg. ll.*-au. addurn ar wyneb adeilad neu uwchben drws, etc. PEDIMENT.

talogrwydd, *eg.* bywiogrwydd. JAUNTINESS.

talp : **telpyn**, *eg. ll.* talpau. cnepyn, darn. LUMP, MASS, PIECE.
Talp ar asgwrn. EXOTOSIA.

talpentan, *eg.* cefn y tân. FIRE-BACK.
Brethyn talpentan : brethyn cartref. HOME-SPUN CLOTH.

talpiog, *a.* yn cynnwys talpiau. LUMPY.

talsyth, *a.* union, syth. ERECT.

talwrn, *eg. ll.*-yrnau. llecyn, maes. SPOT, FIELD.

talu, *be.* rhoi arian, etc. am waith neu nwyddau. TO PAY.
Talu'r hen chwech yn ôl : talu'r pwyth. TO RETALIATE.
Talu diolch. TO GIVE THANKS.

*tam, *eg. ll.*-au. ⎱tipyn, gronyn,
tamaid, *eg. ll.*-eidiau.⎰ mymryn, dernyn. PIECE.

Ennill ei damaid. EARNING HIS LIVING.

tameidio, *be.* torri'n dameidiau. TO BREAK INTO BITS.

*tampr, *eg. ll.*-au. 1. cannwyll gŵyr. TAPER.
2. math o ddrwm, cloch. TAMBOURINE, BELL.

*tampru, *be.* curo tampr. TO BEAT A TABOR.

tan, *ardd.* 1. dan. UNDER.
2. hyd, nes. TILL, AS FAR.

tân, *eg. ll.* tanau. llosg, fflam, rhywbeth yn llosgi. FIRE.

tanasiad, *eg. ll.*-au. y weithred o asio â thân. FIRE-WELD.

tanasio, *be.* asio â thân. TO FIRE-WELD.

tanbaid, *a.* brwd, gwresog, brwdfrydig, eiddgar, poeth. FERVENT, HOT, FIERY, INTENSE.

tanbeidrwydd, *eg.* poethder, brwdfrydedd. FERVOUR, GREAT HEAT.

tânbeiriant, *eg. ll.*-iannau. peiriant tân. FIRE-ENGINE.

tânbelen, *eb. ll.*-nau, -ni. pelen dân. CANNON-BALL.

tanboeth, *a.* tanllyd, poeth. FIERY, HOT.

*tanc, *eg.* tangnefedd. PEACE.

*tancr, *eg.* llestr i ddal gwirodydd, llestr yfed. TANKARD.

tanchwa, *eb. ll.*-oedd. taniad, ffrwydrad, effaith tân ar nwy. EXPLOSION.

tanddaearol, *a.* dan y ddaear. SUBTERRANEAN.

tandde, 1. *eg.* tanllwyth. FLAMING FIRE.
2. *a.* tanllyd. FIERY.

tanen, *eb. ll.*-nau. matsen. MATCH.

tanfor, ⎱*a.* dan y dŵr. SUBMARINE.
tanforol, ⎰

tanffrwythog, *a.* epigynaidd. EPIGYNOUS.

tangloddio, *be.* tanseilio. TO UNDERMINE.

taniad, *eg.* y weithred o danio. IGNITION, FIRING.

tanio, *be.* rhoi ar dân, llosgi, cynnau, ergydio, saethu. TO FIRE, TO IGNITE.
Peiriant tanio-oddi-mewn. INTERNAL COMBUSTION ENGINE.

taniwr : **tanwr**, *eg. ll.* tanwyr. un sy'n gofalu am beiriannau. FIREMAN, STOKER.

*tanllestr, *eg. ll.*-i. lantern. LANTERN.

tanlli : **tanlliw**, *a.* o liw'r tân, disglair. FLAME-COLOURED.
Newydd danlli. BRAND NEW.

tanllwyth, *eg. ll.*-i. llwyth o dân, tân mawr. BLAZING FIRE.

tanllyd, *a.* fel tân, tanbaid, poeth, eirias, brwd, penboeth. FIERY, FERVENT.

tannu, *be.* cymhwyso, trefnu, unioni, taenu, lledu. TO ADJUST, TO SPREAD, TO SCATTER.
Tannu'r gwely. TO MAKE THE BED.

tanodd, *adf.* isod. BELOW.

tansoddi, ⎱ *be.* suddo dan ddŵr. TO
tansuddo, ⎰ SUBMERGE.

tansuddol, *a.* o dan ddŵr. SUBMERGED.

tant, *eg. ll.* tannau. cord; llinyn, offeryn cerdd. CHORD; STRING OF INSTRUMENT.
Cerdd dant. INSTRUMENTAL MUSIC.

*tantor, *eg. ll.*-ion. telynor. HARPIST.

tanwent, *eg.* tanwydd. FUEL.

tanwydd (w ̷y), *eg.* coed tân, cynnud. FIREWOOD, FUEL.
Traul tanwydd. FUEL CONSUMPTION.

tanysgrifiad, *eg. ll.*-au. cyfraniad ariannol tuag at ryw achos neu'i gilydd. SUBSCRIPTION.

tanysgrifio, *be.* cyfrannu arian, talu tanysgrifiad. TO SUBSCRIBE.

tap, *eg. ll.*-au, -iau. peth i adael neu rwystro rhediad dŵr, etc. wrth ei droi. TAP.

tâp, *eg.* llinyn. TAPE.

taped, *eb.* math o roden symudol mewn peiriant. TAPPET.

tapin, *eb. ll.*-au. carthen; brithlen. BLANKET; TAPESTRY.

taplas, *eb. ll.*-au. chwarae ar fwrdd; dawns. BACKGAMMON; DANCE.

tapo,*be.*gwadnu (esgid). TO SOLE (BOOT).

*tapstr, *eg.* tafarnwr, un sy'n arllwys gwirod. TAPSTER.

tapyr, *eg. ll.* taprau. cannwyll, tapr. CANDLE.

taradr,*eg.ll.* terydr. ebill mawr a ddefnyddir gan saer i dyllu coed. AUGER.

taran, *eb. ll.*-au. twrf, terfysg, trwst. (PEAL OF) THUNDER.

*taran, *a.* cryn, mawr. SIZEABLE.

taranllyd, ⎱ *a.* fel taran. THUNDEROUS.
taranog, ⎰

taranu, *be.* tyrfo, gwneud tyrfau neu daranau; bygwth. TO THUNDER; TO THREATEN.

*taraw, *be.* gweler *taro*.

tardd, *eg. ll.*-ion. tarddiad, llif. ERUPTION, ISSUE.

tarddell, *eb. ll.*-i. tarddiant, ffynhonnell. SPRING, SOURCE.

tarddellu, *be.* llifo allan, berwi. TO GUSH, TO BOIL.

tarddiad, *eg. ll.*-au. dechrau, ffynhonnell, blaen (afon), tarddiant, gwreiddyn, deilliad, tarddell. SOURCE.

tarddiadol, *a.* yn tarddu o, yn ymwneud â tharddiad. DERIVATIVE.

tarddiant, *eg. ll.*-iannau. tarddiad. ERUPTION, ISSUE.
Tarddiant ar y croen. URICARIA.

tarddle, *eg. ll.*-oedd. ffynhonnell. SOURCE.

*tarddu,*be.* torri trwy. TO CUT THROUGH.

tarddu, *be.* deillio, codi, blaguro. TO SPRING, TO SPROUT, TO DERIVE FROM, TO ISSUE.

tarddwreinyn, *eg.* ⎱ tarwden, gwrein-
tarddwreinen, *eb.* ⎰ yn. RINGWORM.

*tarell, *eb. ll.*-au. tarddiad. SPRING.

*tarf, *eg.* gwasgariad, chwalfa, dychryn. DISPERSION, FRIGHT.

tarfedig, *a.* gwasgaredig, dychrynedig. SCATTERED, FRIGHTENED.

*tarfer, *eg.* cynnwrf. COMMOTION.

tarfu, *be.* gyrru ofn ar, brawychu, dychrynu. TO SCARE.

tarfwr, *eg. ll.*-wyr. un sy'n tarfu. SCARER, SCATTERER.

targed, *eg. ll.*-au. 1. tarian. SHIELD.
2. nod. TARGET.

tarian, *eb. ll.*-au. arf o blât i amddiffyn rhag ymosodiad gelyn, ysgwyd, targed. SHIELD, TARGET.

*taring, *be.* aros, trigo, byw. TO STAY, TO WAIT, TO LIVE.

tario, *be.* aros, sefyll, oedi. TO TARRY.

*tarleisio, *be.* adleisio. TO ECHO.

*tarn, *a.* sych. DRY.

*tarnu, *be.* sychu. TO DRY.

taro, 1. *eg.* argyfwng, cyfyngder, anhawster. DIFFICULTY, CRISIS.
Mewn taro. IN AN EMERGENCY.
2. *be.* curo, ergydio, bwrw. TO STRIKE, TO HIT, TO TAP.
3. *be.* bod yn addas. TO SUIT.

tarren, *eb. ll.* tarenni, tarennydd. bryn creigiog, bryncyn, craig. KNOLL, ROCK, TUMP.

tarten, *eb.* pastai ffrwythau. TART.

tarth, *eg. ll.*-au, -oedd. niwl, niwlen, nudden, caddug, tawch. MIST, VAPOUR.

tarthog, *a.* niwlog. MISTY.

tarw, *eg. ll.* teirw. anifail mawr gwryw (*b.* buwch). BULL.

tarwden, *eb.* clefyd sy'n achosi plorynnod fel modrwyau ar y croen, gwreinyn. RINGWORM.

tas, *eb. ll.* teisi. bera, helm, das, pentwr. RICK, PILE.
Tas wair : bera wair. HAYRICK.

tasel, *eg. ll.*-au. tosel. TASSEL.

tasg, *eb. ll.*-au. gorchwyl, gwaith. TASK.

*tasgell, *eb. ll.*-i. tesgyll. tusw o ŷd. WISP OF CORN.

tasgu, *be.* 1. gwasgaru dŵr neu fwd. etc., ysgeintio. TO SPLASH, TO SQUIRT. 2. neidio, tarfu. TO START, TO BOLT.

tasio, } *be.* teisio, sypynnu. TO STACK, **tasu,** } TO BUNDLE.

tatws : **tato**, *ell.* (*un. b.* taten, pytaten). cloron, math o wreiddiau a fwyteir. POTATOES.

tau, *bf.* trydydd person unigol amser presennol a dyfodol modd mynegol *tewi.* (HE, SHE) IS OR WILL BE SILENT.

*tau, *rhag.* dy, eiddot ti. THY, THINE.

taw, 1. *cys.* mai. THAT IT IS. Dywedodd taw ef oedd y gorau. 2. *eg.* distawrwydd, gosteg. SILENCE.

tawch, *eg.* niwl, tarth, niwlen, caddug. MIST, HAZE, FOG.

tawchlyd, } *a.* niwlog, â tharth neu **tawchog,** } dawch. HAZY.

tawdd, 1. *eg. ll.* toddion. rhywbeth wedi ei doddi, saim. DRIPPING. 2. *a.* wedi ei doddi. MOLTEN.

*tawdd, *a.* cyfan. COMPLETE.

tawddgyrch, *eg.* mesur barddonol. POETIC METRE.

tawddlestr, *eg. ll.*-i. llestr toddi. CRUCIBLE, MELTING-POT.

tawedog, *a.* distaw, di-ddweud, dywedwst. SILENT, TACITURN.

tawedogrwydd, *eg.* yr ansawdd o fod yn dawedog neu'n dawel. TACITURNITY.

tawel, *a.* llonydd, distaw, digyffro. QUIET, CALM, STILL, PEACEFUL, SERENE.

tawelog, *a.* llonydd, tawel. PACIFIC.

tawelu, *be.* gostegu, llonyddu, distewi. TO CALM, TO GROW CALM.

tawelwch, *eg.* llonyddwch, gosteg, distawrwydd. QUIET, CALM, STILL-NESS, TRANQUILLITY.

tawgar, *a.* tawedog. TACITURN.

*tawl, *eg. ll.* tolion. pall, toliad, aros, terfyn. SCARCITY, STINT, STAY, LIMIT.

tawlbwrdd, *eg. ll.* tawlbyrddau. bwrdd i chwarae gwyddbwyll, etc. CHESS-BOARD, DRAUGHT BOARD, ETC.

tawlu, *be.* gweler *taflu.*

tawnod, *eg. ll.*-au. gofod gwag neu guriad neu ran o guriad i arwyddo taw, h.y. i ddynodi bwlch yn y canu. REST.

tawtologaeth, *eb.* cyfystyredd. TAUTOLOGY.

te, *eg.* dail sych planhigyn o'r dwyrain, peth i'w yfed a wneir ohonynt, pryd bwyd prynhawnol. TEA.

*tebed, *eg.* taith; ffo; pryder. JOURNEY; RETREAT; ANXIETY.

tebot, *eg. ll.*-au. pot i wneud te ynddo. TEAPOT.

tebyg, *a.* cyffelyb, unwedd, cyfryw, fel megis. LIKE.

tebygoliaeth, *eb.* tebygrwydd ; tebygolrwydd. SIMILARITY ; LIKELIHOOD.

tebygolrwydd, *eg.* yr hyn a ddisgwylir argoel. LIKELIHOOD. Cromlin tebygolrwydd. PROBABILITY CURVE.

tebygrwydd, *eg.* cyffelybrwydd, llun. LIKENESS, SIMILARITY.

tebygu, *be.* 1. cyffelybu, cymharu. TO LIKEN, TO RESEMBLE. 2. tybio, synio. TO THINK.

tecáu, *be.* mynd neu wneud yn deg, prydferthu, addurno. TO BECOME FINE(R), TO BEAUTIFY.

tecell, *eg. ll.*-au, -i. tegell. KETTLE.

teclyn, *eg. ll.* taclau. offeryn, arf, erfyn, twlsyn. TOOL, INSTRUMENT.

techneg, *eg.* celfyddyd, medr mewn celf. TECHNIQUE.

technegol, *a.* yn ymwneud â chelf a chrefft, celfyddol, celfyddydol. TECHNICAL.

technoleg, *eb.* gwyddoniaeth ddiwydiannol. TECHNOLOGY.

technolegol, *a.* yn ymwneud â thechnoleg. TECHNOLOGICAL.

technolegwr, *eg. ll.*-wyr. gwyddonydd diwydiannol. TECHNOLOGIST.

*techu, *be.* ffoi, cilio'n ôl. TO FLEE, TO RETREAT.

*techwr, *eg. ll.*-wyr. ffoadur, enciliwr. FUGITIVE, RETREATER.

teflidydd, *eg. ll.*-ion. taflwr. THROWER.

teflyn, *eg. ll.*-nau. rhywbeth a deflir drwy rym megis bwled, etc. PROJECTILE.

*tefyrn, *ell.* tafarnau. TAVERNS.

teg, *a.* glân, hardd, prydferth, pert, cain, tlws, braf, poeth. FAIR, FINE, BEAUTIFUL, WARM. Yn union deg. PRESENTLY. Chwarae teg. FAIR PLAY. Yn araf deg. SLOWLY.

tegan, *eg. ll.*-au. peth i chwarae ag ef, tlws, gem. TOY, TRINKET.

tegell, *eg. ll.*-au, -i. llestr o fetel ac iddo big a dolen i ferwi dŵr ynddo, tegil. KETTLE.

tegwch, *eg.* glendid, tlysni, harddwch, prydferthwch, ceinder. BEAUTY.

*tegychu, *be.* tecáu, clirio. TO BEAUTIFY, TO CLEAR.

tengl, *eb. ll.*-au. cengl. GIRTH.

tei, *egb. ll.*-au. peth a wisgir am y gwddf gyda choler. TIE.

teiar, *eg.* cylch rwber, cant. TYRE.

teigr, *eg. ll.*-od. anifail mawr ffyrnig ac arno resi tywyll. TIGER.

teil(s), *ell. (un. b.* teilsen). priddlechi, darnau tenau o gerrig neu glai wedi eu crasu i doi tai, etc. TILES.

teilchion, *ell. (un. g.* talch). darnau, drylliau, gronynnau, yfflon, ysgyrion. FRAGMENTS.

teilfforch, *eb. ll.* teilffyrch. fforch i drafod tail. DUNG FORK.

***teiling,** *a.* teilwng. WORTHY.

teiliwr, *eg. ll.* teilwriaid. (*b.* teilwres). un sy'n gwneud dillad (yn enwedig i ddynion). TAILOR.

teilo, *be.* cario tail i gae, bwrw tail. TO MANURE, TO DROP DUNG.

teilwng, *a.* haeddiannol, gwiw, yn haeddu, yn ddigon da, clodwiw. WORTHY.

teilwra : teilwrio, *be.* gwneud gwaith teiliwr. TO TAILOR.

teilwriaeth, *eb.* crefft teiliwr. TAILOR-ING.

***teilyngder,** ⎫ *eg.* y stad o fod yn
teilyngdod, ⎭ deilwng, haeddiant. MERIT, WOR(TH)SHIP.

teilyngu, *be.* haeddu, bod yn ddigon da. TO DESERVE, TO MERIT.

***teilys,** *ell.* gorchudd to, teils. TILES.

teim, *eg.* llysieuyn peraroglus a ddefnyddir i roi blas ar fwydydd. THYME.

teimlad, *eg. ll.*-au. ymdeimlad, cyff-yrddiad. FEELING.

teimladol, *a.* yn ymwneud â'r teimlad, yn llawn teimlad. EMOTIONAL.

teimladrwydd, *eg.* y gallu i deimlo, sentiment. SENSITIVITY, SENSIBILITY, SENTIMENT.

teimladwy, *a.* synhwyrus, croendenau, yn hawdd effeithio arno. SENSITIVE.

teimlo, 1. *be.* profi, clywed, cyffwrdd, trin, trafod. TO FEEL, TO HANDLE.
2. *eg.* swmpo. TO FEEL WEIGHT OR SIZE.

***teimlwr,** *eg. ll.*-wyr. trafodwr, trin-iwr (dynion). HANDLER (OF MEN).

teimlydd, *eg. ll.*-ion. ⎫ aelod teimlo.
teimlyr, *eg. ll.*-au. ⎭ FEELER, AN-TENNA, TENTACLE.

teios, *ell.* tai bychain. COTTAGES.

teip, *eg. ll.*-iau. dosbarth, math ; llythrennau a ddefnyddir i deipio neu argraffu. TYPE.

teipiadur : teipiedydd, *eg. ll.*-ion. offeryn i deipio ag ef. TYPEWRITER.

teipio, *be.* argraffu â theipiadur. TO TYPE.

teipydd, *eg. ll.*-ion. (*b.*-es). un sy'n teipio. TYPIST.

teiran, *a.* â thair rhan. TRIPARTITE.

teirannu, *be.* rhannu'n dri neu dair rhan. TO TRISECT.

***teirnosig,** *a.* tair nos oed. THREE NIGHTS OLD.

teirongl, *eb. ll.*-au. triongl. TRIANGLE.

teirs, *eb.* tors, ffagl. TORCH.

***teisban,** *eb.* tapestri ; madruddyn ; cwilt. TAPESTRY ; CARTILAGE ; QUILT.

teisen, *eb. ll.*-nau, -ni, -nod. cymysgedd o flawd ac wyau, etc. wedi ei grasu, cacen. CAKE.

teisio, *be.* tasu, tasio. TO STACK.

teisiwr, *eg. ll.*-wyr. un sy'n teisio. STACKER.

teitl, *eg. ll.*-au. pennawd, enw llyfr, enw yn dangos safle, hawl. TITLE.

teitheb, *eb. ll.*-au. trwydded teithio. PASSPORT.

teithi, *ell.* nodweddion. CHARACTER-ISTICS.

***teithi,** *eg.* hawl, iawn. RIGHT.

teithio, *be.* trafaelu. TO TRAVEL, TO JOURNEY.

***teithïog,** *a.* iawn, cyfreithlon. RIGHT-FUL.

teithiol, *a.* yn teithio. TRAVELLING.

teithiwr, *eg. ll.* teithwyr. un sy'n teithio. TRAVELLER.

teithlyfr, *eg. ll.*-au. llyfr cyfarwyddyd i deithwyr. GUIDE BOOK.

***telaid,** *a.* hardd, prydferth, lluniaidd. BEAUTIFUL, GRACEFUL.

telediad, *eg.* y weithred o deledu rhaglen. TELECAST.

***telediw,** *a.* hardd, perffaith, cyflawn, glân. BEAUTIFUL, COMPLETE, HAND-SOME, OF FULL VALUE.

telediwrwydd, *eg.* harddwch, llun-ieidd-dra. BEAUTY, GRACE.

teledu, 1. *be.* trosglwyddo lluniau a seiniau drwy'r radio, ymwneud â'r cyfryw waith. TO TELEVISE.
2. *eg.* y lluniau etc. a dderbynnir. TELEVISION.

teledydd, *eg. ll.*-ion. set deledu. TELEVISION SET.

***teleidrwydd,** *eg.* harddwch, llun-ieidd-dra. BEAUTY, GRACE.

telerau, *ell.* amodau. CONDITIONS.

telerecordiad, *eg.* recordiad o raglen deledu. TELERECORDING.

teliffon : teleffon, *eg.* offeryn i anfon sŵn neu lais i bobl ymhell, ffôn. TELEPHONE.

teligraff, *eg.* ffordd i anfon negesau drwy gymorth trydan neu arwyddion. TELEGRAPH.

teligram, *eg. ll.*-au. neges a anfonir trwy'r teligraff. TELEGRAM.

telm, *eb. ll.*-au. llyffethair, magl; tegan. SNARE, TRAP; TOY.

telori, *be.* cathlu, canu, pyncio, cwafrio. TO WARBLE.

telpyn, *eg.* gweler *talp.*

telyn, *eb. ll.*-au. offeryn cerdd mawr a thannau iddo. HARP.

telyneg, *eb. ll.*-ion. cân fer bersonol ar fesur rhydd. LYRIC.

telynegol, *a.* yn perthyn i delyneg. LYRICAL.

telynegwr, *eg. ll.*-wyr. lluniwr telyneg. LYRIC POET.

telynor, *eg. ll.*-ion. (*b.*-es). un sy'n canu'r delyn. HARPIST.

telynores, *eb. ll.*-au. gwraig neu ferch sy'n canu'r delyn. FEMALE HARPIST.

temig, *eg. ll.*-au, -ion. mymryn, darn, atom, rhan. PARTICLE, ATOM, PORTION.

***temigio,** *be.* brathu, cnoi, torri. TO REND, TO BITE, TO BREAK.

teml, *eb. ll.*-au. 1. *crug, pentwr. HEAP, PILE.

    2. eglwys, adeilad mawr i addoli (yn bennaf yn y dwyrain), prif synagog. TEMPLE.

***temlu,** *be.* sylwi, craffu. TO NOTICE.

tempro, } *be.* tymheru. TO TEMPER.
tempru, }

temtasiwn, *egb. ll.* temtasiynau. temtiad, profedigaeth. TEMPTATION.

temtio, *be.* denu, hudo, llithio, profi. TO TEMPT.

temtiwr, *eg. ll.*-wyr. un sy'n temtio. TEMPTER.

tenau, *a. ll.* teneuon. main, cul, anaml, prin. THIN, RARE.

tendio, *be.* gweini ar, gofalu am, gwarchod. TO TEND, TO TAKE CARE.

tenis, *eg.* gêm a chwaraeir gan ddau neu bedwar â phêl a raced. TENNIS.

teneuad, *eg.* gwanhad. DILUTION.

teneuder, }
teneudra, } *eg.* meinder. THINNESS.
teneuwch, }

teneuo, *be.* teneuhau, gwneud neu fynd yn denau. TO BECOME THIN.

tenewyn, *eg. ll.*-au. ystlys, ochr. FLANK.

tennyn, *eg. ll.* tenynnau. rhaff, cortyn. TETHER.

***tenont,** *eg.* deiliad, tenant. TENANT.

***tenys,** *eg.* gweler *tenis.*

têr, *a.* llachar, disglair, pur, glân. BRIGHT, PURE.

***terch,** *eb. ll.*-au. coler; dolen. COLLAR; LOOP.

***terchu,** *be.* dolennu. TO LOOP.

terfenydd, *a.* gwasod. IN HEAT (OF COW).

terfyn, *eg. ll.*-au. pen, diwedd, eithaf, ffin. END, BOUNDARY.

terfynedig, *a.* wedi ei benderfynu. DETERMINATE.

terfyngylch, *eg.* gorwel. HORIZON.

terfyniad, *eg. ll.*-au. diwedd. ENDING.

terfynol, *a.* olaf, diwethaf, wedi ei benderfynu. FINAL, CONCLUSIVE, DETERMINED.

terfynu, *be.* dibennu, gorffen, dodi terfyn. TO END, TO TERMINATE, TO LIMIT.

terfynus, *a.* yn terfynu. TERMINATING.

terfysg, *eg. ll.*-oedd. 1. cynnwrf, cythrwfl, dadwrdd, stŵr, cyffro. TUMULT, COMMOTION, RIOT, DISTURBANCE.

    2. tyrfau, taranau. THUNDER.

terfysgaidd, } *a.* cynhyrfus, cyth-
terfysglyd, } ryblus, cyffrous. RIOTOUS.

terfysgu, *be.* cynhyrfu, cythryblu, aflonyddu, cyffroi. TO RIOT, TO RAGE, TO TROUBLE.

terfysgus, *a.* terfysglyd. TURBULENT, TROUBLED.

terfysgwr, *eg. ll.* terfysgwyr. un sy'n achosi terfysg. RIOTER.

***terigo,** *be.* gweler *trigo*².

term, *eg. ll.*-au. terfyn, diwedd, tymor. END, TERM.

***termaint,** *eg.* claddedigaeth. INTERMENT.

termeg, *eb.* termau a ddefnyddir mewn celfyddyd, etc. TERMINOLOGY.

***terment,** *eg.* gweler *termaint.*

termo, } *be.* dwrdio. TO SCOLD.
termu, }

***termud,** *a.* tawedog. TACITURN.

***termudo,** *be.* tawelu, tewi. TO BECOME SILENT.

***termudrwydd,** *eg.* tawedogrwydd. TACITURNITY.

***terrig,** *a.* wedi fferru, oer, caled, garw. STIFF, COLD, HARD, ROUGH.

***terwyn** (wŷ) : **terrwyn** (ŵy), *a.* tanbaid; ffyrnig, taer, llidiog. BRILLIANT; FIERCE, ARDENT, VIOLENT.

***terydd,** *a.* cryf, clodfawr, cyflym, taer. STRONG, PRAISEWORTHY, SWIFT, ARDENT.

***teryll,** *a.* cuchiog; treiddgar. FROWNING; PIERCING.

tes, *eg.* heulwen, gwres, cynhesrwydd. HEAT, SUNSHINE.

tesfawr, *a.* poeth. HOT.

tesog, *a.* heulog, twym, gwresog, araul. SUNNY.

testament, *eg. ll.*-au. cyfamod, ewyllys, llythyr cymyn. TESTAMENT.
    Y Testament Newydd.
    Yr Hen Destament.

testun, *eg. ll.*-au. 1. *cellwair, gwatwar, gwawd. REPROACH, MOCKERY.
    2. pennawd, teitl, pwnc, adnod o'r Beibl, cynnwys llawysgrif neu waith a drafodir. SUBJECT, TEXT.

***testunio,** *be.* gwatwar. TO RIDICULE.

tetanedd, *eg.* clefyd y system nerfol sy'n effeithio'r cyhyrau. TETANY.

tetanws, *eg.* genglo. TETANUS.

tetrahedron, *eg.* pyramid trionglog. TETRAHEDRON.

teth, *eb. ll.*-au. rhan o'r frest neu'r piw (cadair) y sugnir llaeth drwyddi. TEAT.

tethan, *eb.* teth fechan. SMALL TEAT.

teulu, *eg. ll.*-oedd. 1. *y milwyr a fyddai gyda'r arglwydd yn wastad. WAR-BAND.
    2. ach, gwehelyth, tylwyth, llwyth. FAMILY.

teuluaidd, *a.* 1. bonheddig. NOBLE, SEEMLY.
    2. yn ymwneud â theulu, cartrefol. DOMESTIC.

***teuluwr,** *eg.* bardd teulu. COURT POET.

***teuluwriaeth,** *eb.* croeso, diddanwch. WELCOME, ENTERTAINMENT.

teuluyddes, *eb. ll.*-au. gwraig tŷ. HOUSEWIFE.

tew, 1. *a.* mawr, eang, aml, niferus, trwchus, blonegog, bras, praff, ffyrf, braisg, lluosog. GREAT, NUMEROUS, FAT, THICK.
    2. *eg.* trwch. THICKNESS.

tewder : tewdra : tewdwr, *eg.* trwch, prafftter, braster. THICKNESS, FAT-NESS.

***tewdor,**   ⎫*eg.* cadernid, amddiffyn-
***tewddor,**   ⎰iad. STRENGTH, PROTECT-ION.

tewedd, *eg.* tewder, tewdra. THICKNESS.

tewfrig, *a.* â brigau trwchus. THICK-BRANCHED.

tewhau, *be.* mynd neu wneud yn dew, pesgi, brasáu, tewychu. TO FATTEN.

tewi, *be.* bod neu fynd yn dawel, distewi. TO BE SILENT.

tewychiad, *eg.* y weithred o dewychu megis tarth yn troi'n hylif. CONDEN-SATION.

tewychu, *eb.* gweler *tewhau.*

tewychus, *a.* tew. THICK.

tewychydd, *eg.* offeryn tewychu. CONDENSER.

tewyn, *eg. ll.*-ion. pentewyn, marwor-yn. FIREBRAND, EMBER.

teyrn, *eg. ll.*-edd. brenin, penadur. MONARCH.

teyrnaidd, *a.* brenhinol. KINGLY.

teyrnas, *eb. ll.*-oedd. brenhiniaeth, gwlad o dan lywodraeth brenin. KINGDOM.

***teyrnasaidd,** *a.* urddasol. NOBLE.

teyrnasiad, *eg.*   ⎫llywodraeth.
teyrnasiaeth, *eb.* ⎰REIGN.

teyrnasu, *be.* llywodraethu, rheoli teyrnas. TO REIGN.

teyrnfradwr, *eg. ll.*-wyr. bradwr. TRAITOR.

teyrngar : teyrngarol, *a.* yn ffyddlon i'w wlad a'i frenin, cywir, ffyddlon, LOYAL.

teyrngarwch, *eg.* yr act neu'r stad o fod yn deyrngar, ffyddlondeb. LOYALTY.

teyrnged, *eb. ll.*-au. treth a delir gan un wlad i wlad arall, rhywbeth i ddangos parch neu edmygedd. TRIBUTE.
    Rhoi teyrnged. TO PAY TRIBUTE.

teyrnolion, *ell.* tlysau fel arwydd brenhindod, regalia. REGALIA.

teyrnwialen, *eb. ll.* teyrnwiail. y ffon a gludir gan frenin fel arwydd o frenhiniaeth. SCEPTRE.

ti, *rhag.* ail berson unigol o'r rhagenw personol. THOU, THEE.

tic, *eg.* gweler *tip.*

tician : ticio, *be.* gwneud sŵn gan gloc, tipian. TO TICK.

ticed, *eg. ll.*-i. tocyn. TICKET.

ticyn, *eg. ll.*-nau. darn, tamaid. BIT, PARTICLE.

tid, *eb. ll.*-au. cadwyn. CHAIN.

***tidmwy,** *eg. ll.*-au. tennyn. TETHER.

***tidmwyo,** *be.* clymu. TO TIE.

tido, *be.* cadwyno, clymu. TO TETHER.

***tiglis,** *ell.* teils. TILES.

tila, *a.* gwanllyd, eiddil, llesg, llegach, musgrell, bitw. FEEBLE, PUNY.

tîm, *eg. ll.* timau, timoedd. cwmni o weithwyr neu o chwaraewyr. TEAM.

timpanites, *eg.* bolchwyddi. TYMPAN-ITES.

tin, *eb. ell.* -au. pen ôl, gwaelod, cefn, cynffon. RECTUM, BASE, RUMP, TAIL.

***tinbais,** *eb. ll.*-beisiau. pais. PETTI-COAT.

tinben, *a.* cynffon wrth ben. HEAD TO TAIL.

tinbren, *eg. ll.*-ni. pren a ddefnyddir pan fo dau geffyl yn gweithio ochr yn ochr. SPREADER.

tinc, *eg. ll.*-iau. sŵn (cloch), sain. TINKLE.

tinciad, *eg. ll.*-au. tinc. TINKLING.

tincial, ⎫ *be.* atseinio, gwneud sŵn
tincian, ⎭ fel cloch. TO TINKLE.

tincer, *eg.* un sy'n cyweirio llestri metal, etc. TINKER.

tinchwith, *a.* lletchwith. CLUMSY.

tindres, *eb.* britsyn. BREECHING.

tindro, *eb.* gwendid rhannau ôl ŵyn. SWAYBACK.

tindroi, *be.* ymdroi, sefyllian. TO DAWDLE.

tindrosben, *adf.* pendramwnwgl. HEAD OVER HEELS.

tip, *eg. ll.*-iadau. sŵn cerddediad cloc. TICK (OF CLOCK).

tipian, *be.* gweler *tician.*

***tipod,** *eg.* mantellan, cêp. TIPPET.

tipyn, *eg. ll.*-nau, tipiau. ychydig, peth, dernyn, tamaid, gronyn, mymryn. LITTLE, BIT.

    Tipyn bach. A LITTLE.

    Bob yn dipyn : o dipyn i beth. LITTLE BY LITTLE, GRADUALLY.

tir, *eg. ll.*-oedd. daear, gwlad, pridd, tiriogaeth. LAND, EARTH, GROUND, TERRITORY.

***tir-ddiwylliawdr,** *eg. ll.*-iodron. amaethwr. CULTIVATOR, FARMER.

tirf, *a.* ffres, croyw, ir, bras, toreithiog, ffrwythlon. FRESH, LUXURIANT, FAT.

tirfeddiannwr, *eg. ll.* tirfeddianwyr. perchen tir. LANDOWNER.

tirfwrdd, *eg. ll.*-yrddau. gwastatir uchel. TABLELAND.

tirffurf, *eg. ll.*-iau. ffurf tir mewn daearyddiaeth. LANDFORM.

tirio, *be.* glanio, dod i dir. TO LAND.

tiriog, *a.* yn berchen llawer o dir. LANDED.

tiriogaeth, *eb. ll.*-au. tir o dan reolwr neu awdurdod. TERRITORY.

tiriogaethol, *a.* yn ymwneud â thiriogaeth. TERRITORIAL.

tirion, *a.* mwyn, hynaws, tyner, hyfwyn, addfwyn, graslon. KIND, TENDER, GENTLE, LENIENT, GRACIOUS.

***tirion,** *eg.* tywarch ; gwlad. SOD ; COUNTRY.

tiriondeb : tirionder : tirionwch, *eg.* mwynder, hynawsedd, addfwynder, tynerwch, caredigrwydd. TENDERNESS, KINDNESS, GENTLENESS.

tirioni, *be.* tyneru. TO GROW TENDER.

tirlun, *eg. ll.*-iau. golygfa o ddarn o dir. LANDSCAPE.

tirol, *a.* yn perthyn i dir. PERTAINING TO LAND, AGRARIAN.

tirwedd, *eb. ll.*-au. ffurf allanol. CONFIGURATION, RELIEF.

tisian, *be.* taro untrew, gwneud sŵn ffrwydrol sydyn trwy'r ffroenau, trwsian. TO SNEEZE.

tisis, *eg.* darfodedigaeth. PTHISIS.

***titio,** *be.* cyhuddo. TO ACCUSE.

***titul,** *eg.* teitl. TITLE.

tith, *eg.* gweler *tuth.*

tithau, *rhag.* ail berson unigol rhagenw personol cysylltiol ; ti hefyd, ti o ran hynny. THOU, ON THY PART.

tiwb, *eg.* pibell, cafn. TUBE, DUCT.

tiwbaidd, *a.* ar ffurf tiwb. TUBULAR.

tiwmor, *eg. ll.*-au. tyfiant afiach. TUMOUR.

    Tiwmor gwyllt. MALIGNANT TUMOUR.

    Tiwmor araf. SIMPLE TUMOUR.

tiwn, *eb. ll.*-iau. tôn, cywair, miwsig. TUNE.

tlawd, *a. ll.* tlodion. truan, gwael, sâl, llwm, anghenus. POOR, NEEDY.

tlodi, 1. *eg.* llymder, llymdra, y stad o fod yn dlawd. POVERTY.

    2. *be.* llymhau, gwneud yn dlawd. TO IMPOVERISH.

tloty, *eg. ll.* tlotai. tŷ i dlodion, wyrcws. POORHOUSE.

tlws, 1. *eg. ll.* tlysau. gem, glain. JEWEL, GEM, MEDAL.

    2. *a. ll.* tlysion. (*b.* tlos). hardd, prydferth, pert, teg. PRETTY, BEAUTIFUL.

tlysni : tlysineb, *eg.* harddwch, pertrwydd, prydferthwch. BEAUTY.

tlysu, *be.* harddu. TO MAKE PRETTY.

to, 1. *eg. ll.* toeau, toeon. nen, cronglwyd, peth sydd dros dop adeilad. ROOF.

    2. *egb.* cenhedlaeth. GENERATION.

toad, *eg.* to. ROOFING.

toc, 1. *adf.* yn y man, yn fuan. SOON.

    2. *eg.* tocyn, tafell. SLICE.

toc, *a.* cwta, swta. SHORT, ABRUPT.

tociad, *eg. ll.*-au. toriad, trychiad. A CUTTING, A PRUNING, RESECTION.

tocio, *be.* torri, brigdorri, trychu. TO CLIP, TO PRUNE, TO RESECT.

tocsemia, *eg.* gwenwyniad. TOXAEMIA.

tocyn, *eg. ll.*-nau. carden neu bapur i roi hawl, ticed ; pentwr bach. TICKET, TOKEN ; SMALL HEAP.

tocynnwr, *eg. ll.* tocynwyr. rhoddwr tocynnau. CONDUCTOR (BUS, etc.)

***tochi,** *be.* mwydo. TO SOAK.

toddi, *be.* ymdoddi, troi'n wlyb neu'n feddal, troi'n ddŵr, diflannu. TO MELT.

toddiant, *eg. ll.*-nnau. nwy neu sylwedd wedi ei doddi â hylif. SOLUTION.

toddion, *ell. (un. g.* toddyn). saim, braster wedi ei doddi. DRIPPING.

toddyn, *eg.* mater llosgadwy. FUSE.

toes, *eg.* can neu flawd wedi ei gymysgu â dŵr. DOUGH.

toi, *be.* dodi to ar dŷ, gorchuddio. TO ROOF.

toili, *eg.* cyhyraeth. SPECTRAL FUNERAL.

tolach, *be.* anwylo, anwesu, maldodi, malpo, chwarae. TO FONDLE, TO PLAY WITH.

tolc, *eg. ll.*-au, -iau. plyg mewn het, etc. DENT.

tolcio, *be.* achosi tolc. TO DENT.

tolch, *eb. ll.*-au. ⎱cloten. CLOT,
tolchen, *eb. ll.*-ni. ⎰THROMBUS.

tolcheniad, *eg.* thrombosis, cloten yn y gwaed. THROMBOSIS.

tolchennu, *be.* ceulo, tolchi. TO CLOT.

toli, *be.* arbed, cynilo. TO SAVE, TO STINT.

toliant, *eg.* lleihad, cynildeb. DIMINUTION, STINT.

tolio, *be.* cynilo, arbed. TO SAVE.

*****tolo**, *eg.* twrw'r tonnau ; twrw ; llif ; mantol ; SOUND OF WAVES ; NOISE ; FLOOD ; SCALE(S).

toll, *eb. ll.*-au. treth (yn enwedig am ddefnyddio pont neu heol). TOLL.

*****toll**, *ab.* tyllog. HAVING HOLES.

tolldal, *eg.* tâl am ddod â nwyddau i mewn i'r wlad. CUSTOMS DUTY.

tollfa, *eb. ll.*-feydd. tollty. TOLL-HOUSE.

tolli, *be.* dodi toll. TO TOLL.

tollty, *eg. ll.*-tai. tŷ'r tollau. CUSTOM-HOUSE.

tollwr, *eg. ll.*-wyr. derbyniwr toll. COLLECTOR OF TOLL.

tollydd, *eg. ll.*-wyr. casglwr tollau. CUSTOMER.

*****tom**, *eb.* carnedd, llwyth. HEAP.

tom, *eb.* tail, baw, achles. DUNG, DIRT, MANURE.

*****tomawg**, *eg.* tail, budreddi. DUNG.

*****tomdy**, *eg. ll.*-dai. tŷ-bach, geudy. PRIVY.

tomen, *eb. ll.*-nydd. crug, man lle dodir tail anifeiliaid. HEAP, DUNG-HEAP.

tomlyd, *a.* brwnt, bawlyd, budr. SOILED BY DUNG, DIRTY.

tôn, *eb. ll.* tonau. tiwn, tonyddiaeth, cywair, goslef, cân. TUNE, TONE.

Hanner tôn. SEMITONE.

Tôn gron. A ROUND.

ton¹, *eb. ll.*-nau. ymchwydd dŵr, gwaneg. WAVE.

ton², 1. *eg.* tir porfa sydd heb ei droi yn ddiweddar, gwndwn, gwyn-dwn. LAY-LAND.

2. *eb.* croen, arwyneb. SKIN, SURFACE.

ton³, *ab.* twn, toredig. BROKEN.

tonc, *eb.* cân, tinc, sŵn fel cloch fach. TINKLE.

tonfedd, *eb. ll.*-i. mesuriad ton neu ymchwydd trydanol, y mesur sy'n penderfynu pa raglen a geir ar y radio. WAVELENGTH.

toniad, *eg.* ar ffurf tonnau. UNDULATION.

*****tonial**, *eb.* ton. WAVE.

tonig, *eg. ll.*-iau. cyffur cryfhaol. TONIC.

tonnen, *eb.* croen gwydn. TOUGH SKIN.

tonni, *be.* 1. symud yn donnau, codi fel tonnau. TO WAVE.

2. ffurfio tonnen. TO FORM SKIN.

tonnog, *a.* â thonnau, fel tonnau, terfysglyd. WAVY, TURBULENT.

tonsil, *eg. ll.*-iau. chwarren wrth fôn y tafod. TONSIL.

tonydd, *eg.* cyweirnod. TONIC.

tonyddiaeth, *eb.* tôn, goslef, codiad a gostyngiad llais. INTONATION, TONE.

top, *eg.* y pen uchaf, brig, copa. TOP.

tor, 1. *eb. ll.*-rau. y rhan o'r corff sy'n cynnwys y stumog, bol, bola, cest. BELLY.

Tor y llaw. PALM OF THE HAND.

2. *eg. ll.*-ion. toriad, rhwyg. BREAK, CUT.

Tor llengig. RUPTURE.

*****tôr**, *eg.* mantell, clogyn. CLOAK.

toradwy, *a.* y gellir ei dorri. FRAGILE.

torcalonnus, *a.* trist iawn, gofidus iawn, galarus, truenus. HEART-BREAKING, PITIFUL.

torch, *eg. ll.*-au. amdorch, plethdorch, tusw o flodau neu ddail, etc. gwifren wedi ei thorchi i gludo trydan ; coler. WREATH ; COIL ; COLLAR.

*****torchawr**, 1. *eg.* un yn gwisgo torch. ONE WHO WEARS A COLLAR.

2. *ell.* coleri. COLLARS.

torchi, *be.* rholio, codi, plygu, troi yn dorch, chwyrlïo. TO ROLL, TO TUCK, TO COIL, TO WHIRL.

tordor, *adf.* ochr wrth ochr, wyneb ar wyneb. SIDE BY SIDE, FACE TO FACE.

tordres, *eb. ll.*-i. cengl. GIRTH.

*****toredlu**, *eg.* llu mawr. GREAT HOST.

toreithiog, *a.* aml, helaeth, yn cynhyrchu'n dda. ABUNDANT.

toreth, *eb.* amlder, helaethrwydd, digonedd. ABUNDANCE.

torf, *eb. ll.*-eydd, -oedd. tyrfa, mintai fawr, cynulleidfa fawr. CROWD, HOST, MULTITUDE.

*torfa, *eb. ll.*-feydd. llu, mintai. HOST.

torfynyglu, *be.* torri pen neu wddf. TO BEHEAD.

torgest, *eb.* torllengig. RUPTURE.

torheulo, *be.* ymheulo, dinoethi'r corff mewn heulwen. TO SUNBATHE.

Tori, *eg. ll.* Torïaid. un sy'n perthyn i'r blaid Dorïaidd, Ceidwadwr. TORY.

toriad, *eg. ll.*-au. rhaniad, tor, bwlch, archoll, briw, lluniad. BREAK, CUT, SECTION, BREAKAGE, KERFING.

Torïaeth, *eb.* Ceidwadaeth, daliadau'r blaid Dorïaidd. TORYISM.

torion, *eg.* bywyn, mwydion. PULP.

torlan, *eb. ll.*-nau, torlennydd. glan afon (yn enwedig a dŵr yn gweithio dani). UNDERCUT BANK.

torllengig, *eg.* torgest. RUPTURE.

torllwyth : torraid, *eb.* llwyth, nifer dda, llond tor neu fol. LOAD, BELLY-FUL.

Tor(llwyth) o foch : torraid o foch. LITTER OF PIGS.

*torment, *eg. ll.* tormennoedd. llu. HOST, HERD.

torogen, *eb. ll.* torogod. gweler *trogen.*

*toron, *eb. ll.*-au. mantell, gwisg. CLOAK, DRESS.

*toronog, *a.* â chlog. CLOAKED.

*torpell, *eb. ll.*-au, -i. telpyn, tolchen. LUMP, CLOT.

toriad, *eg. ll.*-au. y weithred o dorri. A BREAK, CUTTING, SECTION.

torri, *be.* mynd yn ddarnau, darnio, rhannu, briwio, archolli ; methu (mewn busnes). TO BREAK, TO CUT; TO GO BANKRUPT.

Torri enw. TO SIGN.
Torri ar. INTERRUPT.
Torri dadl. TO SETTLE A DISPUTE.
Torri geiriau. TO UTTER WORDS.
Torri bedd. TO DIG A GRAVE.
Torri cytundeb. TO BREAK AN AGREEMENT.

*torri, *be.* gorchfygu. TO OVERCOME.

torrwr, *eg. ll.* torwyr. un sy'n torri. BREAKER. CUTTER, MOWER.

tors, *egb. ll.* tyrs. ffagl, fflachlamp. TORCH.

*torsedd, *ell.* ffaglau. TORCHES.

torsyth, *a.* rhodresgar. SWAGGERING.

torsythu, *be.* rhodresa, cerdded neu ymddwyn yn ymffrostgar. TO SWAGGER.

torth, *eb. ll.*-au. talp o fara fel y craswyd ef. LOAF.

torthen, *eb. ll.*-ni. mater meddal neu hylif wedi ymgasglu fel gwaed. CLOT.

torthi, *be.* ymgasglu ar ffurf torthen, ceulo. TO CLOT.

*torun, ***toryn,** }*eb.* gweler *toron.*

tosel, *eg.* tasel. TASSEL.

tost, 1. *a.* blin, dolurus, gwael, claf, sâl, afiach, llym. SORE, ILL, SEVERE SHARP, HARD, HARSH.
2. *eg.* bara wedi ei ailgrasu neu ei wneud yn frown wrth dân. TOAST.

*tost-dde : toste, *a.* ffyrnig, llym. FIERCE.

tostedd, **tostrwydd,** }*eg.* llymder, gerwindeb, anhwylder. SEVERITY ILLNESS.

tosturi, *eg. ll.*-aethau. trueni, tru-garedd. PITY, MERCY.

tosturio, *be.* trugarhau, gresynu, teimlo'n flin dros. TO PITY, TO HAVE MERCY.

tosturiol, *a.* trugarog, yn trugarhau neu'n tosturio. MERCIFUL, COM-PASSIONATE.

*tosturus, *a.* truenus, gresynus. PITEOUS, PITIFUL.

tosyn, *eg. ll.* tosau. ploryn, chwydd bychan ar y croen. PIMPLE.

töwr, *eg. ll.* towyr. un sy'n dodi to ar adeilad. TILER.

tra, 1. *adf.* gor-, iawn, pur, eithaf, rhy. EXTREMELY, VERY, OVER.
2. *cys.* cyhyd. yn ystod yr amser. WHILE.

tra-arglwyddiaeth, *eb. ll.*-au. gormes. TYRANNY.

tra-arglwyddiaethu, *be.* gormesu. TO TYRANNIZE.

trabludd, *egb.* twrw, terfysg, cyffro cythrwfl. TUMULT, TURMOIL, TROUBLE.

trabluddus, *a.* terfysglyd, cythryblus. TUMULTUS, TROUBLESOME.

trac, *eg. ll.*-iau. trywydd, ôl, llwybr. TRACK.

*trac, ***trag,** }*ardd.* tros. BEYOND.

tractor, *eg. ll.*-au. peiriant tynnu. TRACTOR.

trach, *ardd.* tra. OVER.

trachefn, *adf.* eto, unwaith eto. AGAIN.

trachwant, *eg. ll.*-au, chwant mawr, gwanc, blys, COVETOUSNESS, GREED, LUST.

trachwantu, *be.* chwennych, dymuno'r hyn sy'n perthyn i arall. TO COVET, TO LUST.

*trachwres, 1, *a.* llidiog, tanbaid. ANGRY 2. *eg.* llid. FURY.

*trachywedd, *eg.* distryw, niwed mawr. DESTRUCTION.

trachywiredd, *eg.* gwaith manwl gywir. PRECISION WORK.

trâd, *eg.* galwedigaeth, masnach. OCCUPATION, TRADE.

tradwy, *adf.* ymhen tri diwrnod. IN THREE DAYS' TIME.

Trannoeth a thrennydd a thradwy.

traddodi, *be.* dweud araith neu bregeth, etc., cyflwyno, trosglwyddo. TO DELIVER, TO COMMIT.

traddodiad, *eg.* *ll.*-au. cyflwyniad o wybodaeth ac arferion, etc. o un genhedlaeth i'r llall; mynegiad. TRADITION ; DELIVERY.

traddodiadol, *a.* yn ôl traddodiad, yn perthyn i draddodiad. TRADITIONAL.

traean, *eg.* un rhan o dair, y drydedd ran. ONE-THIRD.

*traeanu, *be.* rhannu'n dri. TO DIVIDE INTO THREE.

traen, *eg.* *ll.*-iau. trên; ffos. TRAIN; DRAIN.

traeniad, *eg.* *ll.*-au. ffos. DRAINAGE.

*traensiwr, *eg.* treinsiwr. TRENCHER.

*traetur, *eg.* *ll.*-iaid. bradwr. TRAITOR.

*traetures, *eb.* *ll.*-au. bradychwraig. TRAITRESS.

*traeturiaeth, *eb.* teyrnfradwriaeth, brad. TREASON.

*traeturio, *be.* bradychu. TO BETRAY.

traeth, *eg.* *ll.*-au. tywyn, glan y môr. BEACH.

Traeth awyr. MACKEREL SKY.

traethawd, *eg.* *ll.* traethodau. ysgrif, cyfansoddiad, traethodyn. ESSAY, TREATISE.

*traethael, *a.* hydrin. MANAGEABLE.

*traethawr, *eg.* *ll.*-orion. un yn traethu, datgeiniad. SINGER.

traethell, *eb.* *ll.*-au. traeth. STRAND.

traethiad, *eg.* *ll.*-au. yr act o draethu; (mewn gramadeg) y rhan o frawddeg sy'n cynnwys yr hyn a ddywedir am y goddrych. DELIVERY ; PREDICATE.

traethodyn, *eg.* gweler *traethawd*.

traethu, *be.* adrodd, mynegi, datgan, cyhoeddi, trin. TO SPEAK, TO RELATE, TO TREAT, TO DELIVER, TO DECLARE.

trafael, *eb.ll.*-ion. llafur, poen, trafferth. LABOUR, TRAVAIL.

trafaelu, *be.* tramwy, teithio, trafaelio, llafurio, ymdrechu. TO TRAVEL, TO TRAVAIL.

trafaelus, *a.* llafurus. LABOURED.

trafaelwr, *eg.* *ll.* trafaelwyr. teithiwr, trafaeliwr. TRAVELLER.

traflwnc, *eg.* *ll.*-lyncau. llwnc, llymaid, dracht. GULP, DRAUGHT.

traflyncu, *be.* bwyta'n wancus, safnio. TO GULP, TO DEVOUR, TO GORGE.

*trafn, *eg.* *ll.*-au. ffynhonnell, trigfa; arweinydd, arglwydd. SOURCE, ABODE ; LEADER, LORD.

*trafnid, *eg.* masnach, trafnidiaeth. TRADE.

trafnidiaeth, *eb.* tramwy, masnach, y symud ar hyd ffyrdd, etc. gan bobl a cherbydau, etc. TRAFFIC, COMMERCE.

trafnidiwr, *eg.* *ll.*-wyr. masnachwr. TRADER.

trafod, *be.* trin, delio â, teimlo, dadlau, taflu. TO HANDLE, TO DISCUSS, TO THROW.

Cylch trafod. DISCUSSION GROUP.

trafodaeth, *eb.ll.*-au. triniaeth, busnes. TRANSACTION, DISCUSSION.

trafodion, *ell.* trafodaethau. TRANSACTIONS.

trafriwio, *be.* torri'n fân. TO BREAK INTO SMALL PIECES.

trafferth, *eg.* *ll.*-ion. blinder, trallod, helbul, trwbl. TROUBLE, TOIL, BOTHER.

trafferthu, *be.* blino, achosi trallod neu helbul, cymryd gofal. TO TROUBLE, TO BOTHER, TO TAKE PAINS.

trafferthus, *a.* blinderus, gofidus, trallodus, helbulus. TROUBLESOME, WORRIED, LABORIOUS, TROUBLED.

*traffun, *a.* allan o wynt. BREATHLESS.

tragedi, *eb.* *ll.*-īau. trasiedi. TRAGEDY.

*tragofal, *eg.* gor-ofal. EXCESSIVE CONCERN.

*tragor, *eg.* rhy, gormod. EXCESS.

tragwyddol : tragywydd, *a.* bythol, heb newid, diddiwedd. ETERNAL.

tragwyddoldeb, *eg.* y stad o fod yn dra-gwyddol, amser diderfyn. ETERNITY.

tragwyddoli, *be.* anfarwoli. TO IMMORTALISE.

*tragyfyth, *a.* tragywydd. ETERNAL.

traha : trahauster, *eg.* balchder, haer-llugrwydd. ARROGANCE.

trahaus, *a.* balch, haerllug, sarhaus, ffroenuchel. HAUGHTY, ARROGANT.

trai, *eg.* 1. y môr yn symud yn ôl, ciliad y llanw. EBB.

2. lleihad. DECREASE.

*traill, *eg.* *ll.* treillion. tro, llusgiad, tyniad. TURN, DRAUGHT.

*train, *eg.* *ll.* treinion. 1. buchedd ; tro. LIFE ; OCCASION, OCCURRENCE.

2. ymgom. CONVERSATION.

trais, *eg.* gorthrwm, gorthrech, gor-mes. VIOLENCE, RAPE.

*traith, *eg.* *ll.* treithion. traethawd. TREATISE.

*traith, *ell.* traethau. SHORES.

*trallawd, ⎱ *eg. ll.*-ion, -au. gorthrym-
trallod,   ⎰ der, blinder, gofid. TRIB-
ULATION.

trallodi, *be.* gofidio, cystuddio. TO
AFFLICT.

trallodus, *a.* blinderus, gofidus, hel-
bulus, trafferthus. TROUBLED,
SORROWFUL.

trallodwr, *eg. ll.*-wyr. cythryblwr,
poenwr. TROUBLER.

tramgwydd, *eg. ll.*-iadau, -au. trosedd,
camwedd. OFFENCE, DELINQUENCY.
Maen tramgwydd. STUMBLING
BLOCK.

tramgwyddo, *be.* troseddu, pechu.
digio. TO OFFEND, TO BE OFFENDED.

tramgwyddus, *a.* troseddol. DELIN-
QUENT.

tramgwyddwr, *eg. ll.*-wyr. troseddwr.
DELINQUENT.

tramor, *a.* estronol, o wlad arall,
dros y môr. OVERSEAS, FOREIGN.

*tramordwy, *eg.* y tir dros y môr.
OVERSEAS.

tramorwr, *eg. ll.*-wyr. estron.
FOREIGNER, ONE FROM OVERSEAS.

tramwy : tramwyo, *be.* teithio,
trafaelu, symud ôl a blaen. TO GO TO
AND FRO, TO PASS.

tramwyfa, *eb.* mynedfa, lle i dramwy.
PASSAGE, THOROUGHFARE.

tramwywr, *eg. ll.*-wyr. teithiwr,
crwydryn. TRAVELLER, WAYFARER.

*tramyniad, *eg.* anifail gwyllt. WILD
ANIMAL.

tranc, *eg.* marwolaeth, angau, diwedd.
END, DEATH.

trancedig, *a.* wedi marw. DECEASED.

*trancell, *eb. ll.*-au. traflwnc. GULP.

trannoeth, *adf.* y diwrnod ar ôl hynny.
NEXT DAY.

trap, *eg. ll.*-au, -iau. offeryn i ddal
creaduriaid, cerbyd i gario pobl.
TRAP.

*traphen, *adf.* â'i ben i waered.
UPSIDE DOWN.

tras, *eb. ll.*-au. ceraint, carennydd, hil,
llinach. KINDRED, LINEAGE.

*trasedd, *eg.* bonedd. DESCENT, LIN-
EAGE.

*traseifiad, *a.* parhaol. ENDURING.

traserch, *eg.* cariad mawr, gwiriondeb.
GREAT LOVE, INFATUATION.

trasiedi, *eg. ll.* trasiedïau. trychineb,
galanas, drama brudd. TRAGEDY.

*trasyw, *a.* tra doeth. VERY WISE.

traul, *eb. ll.* treuliau. cost, ôl treulio,
treuliad. EXPENSE, WEAR, CONSUMP-
TION.

Heb fwrw'r draul : heb gyfrif y
gost.
Diffyg traul. INDIGESTION.
Traul tanwydd. FUEL CONSUMP-
TION.

traw, *eg.* trawiad, cywair, cwmpas llais
neu offeryn cerdd. PITCH, DIAPASON.

*trawd,   ⎱ *eg.* siwrnai,   gyrfa.
*trawdd, ⎰ JOURNEY, COURSE.

trawiad, *eg. ll.*-au. ergyd, curiad.
STROKE, BEAT, PERCUSSION.
Ar drawiad (amrant). IN A FLASH.
Trawiad tes. HEAT STROKE.

trawiadol, *a.* nodedig, hynod.
STRIKING.

traws, *a.* croes, blin, gwrthwynebus.
CROSS, PERVERSE.
Ar draws. ACROSS.

*traws, 1. *a.* gormesol, cadarn, cryf.
OPPRESSIVE, STRONG.
2. *eg. ll.*-au. trais, gormes.
OPPRESSION.
3. *eg. ll.*-ion. cyfeiriad. DIRECTION.

trawsblannu, *be.* plannu mewn lle
arall. TO TRANSPLANT.

trawsbren, *eg. ll.*-nau. trawst. CROSS-
BAR.

trawsdoriad, *eg. ll.*-au. toriad ar
draws rhywbeth. CROSS-SECTION.

trawsedd, *eg.* cyndynrwydd. PER-
VERSENESS.

trawsfeddiannu, *be.* gormeilio, cym-
ryd trwy drais. TO USURP.

trawsfudiad, *eg.* symudiad yr enaid i
gorff arall, mynd o un wlad i fyw i
un arall, newid o un cyflwr i'r llall.
TRANSMIGRATION, TRANSITION.

trawsfudo, *be.* newid gwlad. TO
TRANSMIGRATE.

trawsffurfedd, *eg.* metamorffedd.
METAMORPHISM.

trawsffurfiol, *a.* metamorffig. META-
MORPHIC.

trawsgludedd, *eg.* trawsgludo grym
megis gwres, dargludiad. CONDUCTIV-
ITY.

trawsgludiad, *eg.* cludiad. TRANS-
PORTATION.

trawsgludo, *be.* dargludo. TO CONDUCT.

*trawsglwyd, *eg.* darpar. PROVISION.

trawsgyweiriad, *eg.* newid o un
cyweirnod i'r llall mewn cerddor-
iaeth, trosiad. TRANSPOSITION, MODU-
LATION.

trawslath, *eb. ll.*-au. tulath. PURLIN.

trawslif, *eb.* llif fawr a ddefnyddir gan
ddau. CROSS-CUT.

trawslifio, *be.* torri â thrawslif. TO
CROSS-CUT.

trawslin, *eg.* llinell sy'n torri ar draws dwy neu fwy o linellau. TRANS-VERSAL.

trawst, *eg. ll.*-iau. tulath, dist, nenbren, un o'r coed mwyaf sy'n dal ystafell uchaf neu do. RAFTER.

trawster, *eg.* gormes, trais, gorthrech. VIOLENCE, OPPRESSION.

trawstrefn, *eb.* symud anifeiliaid o fynydd i wastadedd. TRANSHUMANCE.

trawswch, *eb.* mwstás. MOUSTACHE.

trawswyro, *be.* gwyrdroi, cam-droi. TO PERVERT.

trawsyriad, *eg. ll.*-au. gêr gyrru megis cadwyn, etc. DRIVE.

trawsyrru, *be.* gyrru pŵer o un lle i'r llall. TO TRANSMIT, TO DRIVE.

trawydd, *eg. ll.*-ion. un sy'n taro. STRIKER.

treblu, *be.* gwneud yn dair gwaith cymaint. TO TREBLE.

trec, *eg. ll.*-iau. ac *ell.* offeryn ; taclau. IMPLEMENT ; GEAR.

trecyn, *eg.* erfyn, twlsyn. TOOL.

trech, 1. *eg.* llywydd, y nesaf mewn pwysigrwydd at y tonydd. DOMI-NANT.

2. *a.* cryfach, mwy grymus, cadarnach, galluocach, mwy nerthol. STRONGER, SUPERIOR.

trechedd, *eg.* goruchafiaeth, rhagor-iaeth. SUPERIORITY.

trechu, *be.* gorchfygu, curo, llethu. TO OVERCOME, TO OVERPOWER, TO DE-FEAT.

trechwr, *eg. ll.* trechwyr. gorchfygwr. VICTOR.

tref : **tre,** *eb. ll.* trefi, trefydd. casgliad mawr o dai yn fwy na phentref, cartref. TOWN, HOME.

O dre : i ffwrdd.

Tua thre : tuag adref.

Yn nhre : gartref.

*trefad, *eb.* cartref, preswylfa. ABODE.

*trefddyn, *eg.* cartref. HOME.

trefedigaeth, *eb. ll.*-au. gwladfa, gwlad neu dir (dros y môr) ym meddiant gwlad arall. COLONY.

trefedigion, *ell.* gwladychwyr. SETT-LERS.

trefedigol, *a.* yn ymwneud â thref-edigaeth. COLONIAL.

trefgordd, *eb. ll.*-au. tref ddegwm. TOWNSHIP.

*treflaeth, *eg.* llafur, poen. LABOUR, PAIN.

treflan, *eb. ll.*-nau. tref fechan. TOWNLET.

trefn, *eb. ll.*-au. rheol, ffordd, modd, method, dull. ORDER, ARRANGEMENT, SYSTEM.

Y drefn : trefn y rhod : trefn rhagluniaeth. DIVINE PROVI-DENCE.

Dweud y drefn. TO SCOLD.

*trefn, *eb. ll.*-au. ystafell, tŷ, trigfan. ROOM, HOME, DWELLING.

trefneg, *eb.* gwyddor sy'n astudio trefn mewn gwyddoniaeth, method-eg. METHODOLOGY.

trefniad, *eg. ll.*-au. ⎫ gweler *trefn.*
trefniant, *eg. ll.*-nnau. ⎭

*trefniawdr, *eg. ll.*-iodron. trefnwr. ORGANIZER.

*trefnid, *eg.* trefn. ORDER.

trefnidydd, *eg.* trefnydd. ORGANIZER.

trefnoliad, *eg.* y weithred o drefnu. ORGANIZATION.

trefnu, *be.* dosbarthu, gwneud rheolau. TO ARRANGE, TO ORGANIZE.

trefnus, *a.* mewn trefn, destlus. ORDERLY.

trefnusrwydd, *eg.* destlusrwydd. ORDERLINESS.

trefnwr, *eg. ll.* trefnwyr. ⎫ un sy'n
trefnydd, *eg. ll.*-ion. ⎭ trefnu. ORGANIZER.

trefnyddiaeth, *eb.* trefnoliad. ORGAN-IZATION.

Trefnyddion, *ell.* enwad crefyddol, Methodistiaid. METHODISTS.

Y Trefnyddion Calfinaidd. CALVIN-ISTIC METHODISTS.

Y Trefnyddion Wesleaidd. WES-LEYAN METHODISTS.

trefol, *a.* yn perthyn i dref. URBAN.

*trefred, *eb.* trigfan. ABODE.

treftad(aeth), *eb.* etifeddiaeth, yr hyn a dderbynnir gan etifedd. INHERIT-ANCE, PATRIMONY.

treftadol, *a.* etifeddol, yn perthyn i dreftadaeth. HEREDITARY, PATRI-MONIAL.

*trefydd, *eg. ll.*-ion. milwr. SOLDIER.

*trenghidydd, *eg. ll.*-ion. lladdwr. KILLER.

trengholiad, *eg. ll.*-au. ymholiad swyddogol o flaen rheithwyr ynglŷn â marwolaeth, cwest. INQUEST.

trengholydd, *eg. ll.*-ion. crwner. CORONER.

trengi, *be.* marw, darfod. TO DIE.

treiddgar, *a.* craff, llym, awchus, miniog. PENETRATING, PIERCING.

treiddio, *be.* mynd i mewn, trywanu. TO PENETRATE, TO PIERCE.

*treiddio, *be.* ymweld â, croesi, mynd
a dod. TO VISIT, TO CROSS, TO
FREQUENT.

treiddiol, *a.* yn treiddio. PIERCING.

treiglad¹, *eg. ll.*-aid. crwydryn. WAN-
DERER.

treiglad² : **treigliad**, *eg. ll.*-au.
1. crwydrad, gwibiad. WANDERING.
2. newid cytseiniol (yn enwedig ar
ddechrau gair). MUTATION.

treiglddyn, *eg. ll.*-ion. crwydryn.
VAGABOND.

treiglfa, *eb. ll.*-feydd. llwybr, trywydd.
PATH, TRACK.

treiglo, *be.* troi, mynd am dro, teithio,
rholio, crwydro, tramwy, newid
llythrennau. TO TURN, TO GO FOR A
WALK, TO TRICKLE, TO ROLL, TO
MUTATE.

*treiglwaith, *adf.* rhyw dro, unwaith.
ONCE UPON A TIME.

treiglwr, *eg. ll.*-wyr. teithiwr, crwyd-
ryn. STROLLER, WANDERER.

treillio, *be.* mynd am dro; llusgo,
tynnu. TO GO FOR A WALK ; TO TRAWL.

*treilliwr, *eg. ll.*-wyr. llusgwr. TRAWL-
ER.

treillong, *eb. ll.*-au. llong dreillio.
TRAWLER.

treillrwyd, *eb. ll.*-i, -au. rhwyd dreillio.
TRAWL NET.

treinsiwr, *eg.* trensiwr, plât pren.
TRENCHER.

treio, *be.* 1. ceisio, profi, cynnig. TO
TRY.
2. mynd yn ôl (fel y môr ar ôl y
llanw), gwanychu. TO EBB.

treiplaen, *eg.* plaen mawr. TRYPLANE.

treisgyrch, *eg. ll.*-oedd. cyrch trwy
drais. AGGRESSION.

treisgyrchwr, *eg. ll* -wyr. un sy'n
ymosod trwy drais. AGGRESSOR.

treisiad, 1. *eg. ll.*-iaid. treisiwr.
OPPRESSOR.
2. *eb. ll.* treisiedi. anner, buwch
ieuanc, heffer. HEIFER.

*treisiaeth, *eb.* cadernid ; mawredd.
STRENGTH ; MAJESTY.

*treisig, *a.* treisgar, cadarn. OP-
PRESSIVE, STRONG.

treisigl, *eg. ll.*-au. cerbyd bach tair
olwyn i gario un person. TRICYCLE.

treisio, *be.* halogi, llethu, gormesu. TO
VIOLATE, TO OPPRESS, TO RAPE.

treisiol, *a.* yn treisio. VIOLENT.

treisiwr, *eg. ll.* treiswyr. un sy'n
treisio, gormeswr. OPPRESSOR.

trem, *eb. ll.*-au, -iau. golwg, edrychiad,
gwedd, cipolwg. LOOK, SIGHT.

*tremgoeg, *a.* dall, tywyll. BLIND.

tremiant, *eg. ll.*-iannau. 1. ymddangos-
iad. APPEARANCE.
2. golygfa. VIEW.

tremio : **tremu**, *be.* edrych, sylwi. TO
OBSERVE.

*tremig, *eg.* gweler *tremyg*.

tremofydd, *eg. ll.*-ion. meddyg llygad.
OPTICIAN.

tremofyddiaeth, *eb.* gwyddor llygad,
opteg. OPTICS.

tremu, *be.* gweler *tremio*.

tremwydr, *eg. ll.*-au. ysbienddrych,
telisgob. TELESCOPE.

tremyddiaeth, *eb.* gweler *tremofydd-
iaeth*.

tremyddol, *a.* yn perthyn i'r llygad.
OPTICAL.

tremyg, *eg.* dirmyg, gwawd. CON-
TEMPT, SCORN.

tremygu, *be.* dirmygu, sarhau. TO
DESPISE, TO INSULT.

tremygus, *a.* dirmygus. CONTEMP-
TUOUS.

*tremyn, *eg.* taith. JOURNEY.

*tremyn(u), *be.* cerdded, teithio,
crwydro. TO WALK, TO WANDER.

*tremyniad, *eg.* coblyn, ysbryd. GOB-
LIN, PHANTOM.

*tremyn(t), 1. *a.* eithafol. EXTREME.
2. *eg.* golwg, cyflwr. SIGHT, STATE.

*tremynu, *be.* cerdded, teithio. TO
WALK, TO TRAVEL.

*tren, *a.* cryf, nerthol, ffyrnig. STRONG,
FIERCE.

trên, *eg. ll.* trenau. cerbydau a dynnir
ar reilffordd. TRAIN.
Trên-tan-ddaear. UNDERGROUND
TRAIN.

trennydd, *adf.* y diwrnod ar ôl
trannoeth, ymhen dau ddiwrnod.
TWO DAYS HENCE, TWO DAYS LATER.

*tres, *eb.* cythrwfl, cyffro, trais,
gofid, poen. TURMOIL, OPPRESSION,
AFFLICTION, PAIN.

tres, *eb. ll.*-i. 1. cudyn gwallt. TRESS.
2. cadwyn neu strapen a sicrheir
wrth gerbyd i geffyl ei dynnu.
TRACE, CHAIN.

*tresawnt, *eg.* tramwyfa mewn tŷ.
PASSAGE IN A HOUSE.

*tresawr, *eg.* trysor. TREASURE.

tresbasu : **tresmasu**, *be.* troseddu,
gwneud camwedd trwy dramwy ar
dir rhywun arall heb ganiatâd. TO
TRESPASS.

tresio, *be.* curo. TO THRASH.
Tresio bwrw. TO RAIN HEAVILY.

tresl, *eg. ll.*-au. ffrâm i ddal bord i
fyny. TRESTLE.

tresmasu, *be.* gweler *tresbasu.*

*treson, *eg.* gweler *treswn.*

*tresor, *eg.* trysor. TREASURE.

trestl, *eg. ll.*-au. ffrâm i gynnal bwrdd. TRESTLE.

*treswn, *eg.* brad, teyrnfradwriaeth. TREASON.

*treswr, *eg.* trysor. TREASURE.

treth, *eb. ll.*-i. arian a delir i'r llywodraeth ar nwyddau neu gyflog neu eiddo, etc. TAX, RATE.

trethdalwr, *eg. ll.* trethdalwyr. un sy'n talu trethi. RATEPAYER.

trethiad, }
trethiant, } *eg.* treth. TAXATION.

trethu, *be.* gosod treth. TO TAX.

*treu, *eb.* tref. SETTLEMENT.

treuliad, *eg.* traul. WEAR, COST, DIGESTION.

*treuliad, *eg. ll.*-iaid. un sy'n treulio neu ddifa. CONSUMER.

treuliant, *eg.* y weithred o dreulio gan yr elfennau. DENUDATION.

treulio, *be.* gwario, mynd ar ei waeth ar ôl ei ddefnyddio; paratoi (bwyd) yn yr ystumog. TO SPEND, TO WEAR OUT ; TO DIGEST.

*trew, *eg.* tisian. A SNEEZE.

*trewi, *be.* taro untrew, tisian. TO SNEEZE.

trewlwch, *eg.* trwynlwch, snisin. SNUFF.

*trewydd, *eg.* un sy'n taro. STRIKER.

tri, *a.* (*b.* tair). y rhifol ar ôl dau. THREE.

    Tri wythfed. THREE-EIGHTHS.

triagl, *eg.* siwgr wedi ei ferwi mewn dŵr, siwgr wedi ei drin. TREACLE.

*triagl, *eg.* meddyginiaeth. MEDICINE.

triaglaidd, *a.* fel triagl. TREACLY.

triawd, *eg. ll.*-au. cerddoriaeth i dri llais neu i dri offeryn. TRIO.

triban, *ll.*-nau. mesur arbennig mewn barddoniaeth. TRIPLET (METRE).

tribiwnlys, *eg. ll.*-oedd. llys i wrthwynebwyr cydwybodol, llys i drafod materion. TRIBUNAL.

tric, *eg. ll.*-iau. rhywbeth a wneir i dwyllo, gweithred gyfrwys, cast, ystryw. TRICK.

tridaint, *a.* â thri dant. THREE-PRONGED.

tridant, *eg.* tryfer. TRIDENT.

tridiau, *ell.* tri diwrnod. THREE DAYS.

trig, *eg.* arhosiad, annedd. STAY, DWELLING.

trigain, *a.* tri ugain, chwe deg. SIXTY.

trigeinfed, *a.* yr olaf o drigain. SIXTY.

trigfa, *eb. ll.* trigfeydd. } preswyl, lle i
trigfan, *eb. ll.*-nau. } fyw. ABODE.

*trigfannu, *be.* preswylio, trigo. TO DWELL.

trigiannol, 1. *a.* yn preswylio. RESIDENT.

    2. *eg.* preswylydd. DWELLER.

trigiannu, *be.* trigo, aros, byw, preswylio, cartrefu. TO DWELL.

trigiannydd, *eg. ll.* trigianwyr. preswyliwr. DWELLER.

*trigiant, } *eg.* trigfa, preswylfa.
*trigias, } ABODE.

*trigio, *be.* 1. aros, bod. TO STAY, TO BE.

    2. penderfynu ar. TO DECIDE.

trigle, *eg. ll.*-oedd. gweler *trigfa.*

trigo, *be.* 1. trigiannu, preswylio, byw. TO DWELL.

    2. (terigo), marw, trengi, darfod, crino (am anifeiliaid, coed, etc.). TO DIE (OF ANIMALS, TREES, ETC.)

trigolion, *ell.* preswylwyr. INHABITANTS.

trigonomeg, *eb.* y rhan o fathemateg sy'n ymdrin â pherthynas ochrau ac onglau mewn trionglau, ongleg. TRIGONOMETRY.

trimiad, *eg. ll.*-au. y weithred o drimio. TRIMMING.

trimio, *be.* gwneud yn ddestlus. TO TRIM.

*trimplai, *eg.* corn, utgorn. TRUMPET.

trin, 1. *be.* trafod, meithrin, diwyllio, cymhennu, cadw stwr â, tafodi. TO TREAT, TO CHIDE.

    2. *eb. ll.*-oedd. brwydr. BATTLE.

trindod, *eb. ll.*-au. Y Drindod, y tri pherson yn y Duwdod. TRINITY.

    Bwa'r Drindod : enfys: bwa'r arch. RAINBOW.

*trinddygwydd, *eg.* lladdfa; lladdedigion. SLAUGHTER; BATTLE CASUALTIES.

*trined, *eb.* brwydr. BATTLE.

trinfa, *eb.* cymhennad, dwrdiad, yr act o drin. A SCOLDING.

tringar, *a.* medrus, tyner. SKILFUL, TENDER.

*tringar, 1. *a.* rhyfelgar. WARLIKE.

    2. *eg.* un hoff o frwydr. A LOVER OF BATTLE.

*tringrych, *eg.* helynt, brwydr. TROUBLE, BATTLE.

triniaeth, *eb.* trafodaeth, meithriniad. TREATMENT.

    Triniaeth lawfeddygol. OPERATION.

trioedd, *ell.* rhan o lenyddiaeth yn sôn am bethau bob yn dri. TRIADS.

triongl, *egb. ll.* trionglau. ffigur tairochrog. TRIANGULATION.

    Triongl grymoedd. TRIANGLE OF FORCES.

triongliant, *eg.* mesuriad tir trwy ddefnyddio trionglau. TRIANGULATION.

trionglog, *a.* â thair ochr. TRIANGULAR.

trip, *eg.* 1. pleserdaith, siwrnai bleser, taith ddifyr. TRIP.

    2. cwymp. TRIP, SLIP.

*tripa, *e. torf.* perfedd, ymysgaroedd. BOWELS, TRIPES.

tripio, *be.* cerdded yn ysgafn a chyflym, hanner cwympo, maglu. TO TRIP.

trismws, *eg.* genglo. TRISMUS.

trist, *a.* prudd, digalon, gofidus, galarus. SAD.

tristáu, *be.* pruddhau, digalonni, gofidio. TO BECOME SAD, TO GRIEVE.

*tristedd, ⎫ *eg.* gofid, prudd-der,
tristwch, ⎬ digalondid. SADNESS.
*tristyd, ⎭

triw, *a.* ffyddlon, cywir. TRUE, FAITHFUL.

tro, *eg. ll.* troeon, troeau. 1. cylchdro, troad. TURN.

    2. cyfnewidiad. CHANGE.

    3. amser. WHILE.

    4. digwyddiad. EVENT.

    5. rhodiad, cerddediad. WALK.

    6. tröedigaeth. CONVERSION.

    7. trofa. BEND.

    Un tro. ONCE (UPON A TIME).

    Ers tro byd : ers amser. A LONG WHILE AGO.

    Tro gwael. BAD TURN.

    Gwna'r tro. IT WILL DO.

troad, *eg. ll.*-au. 1. newid cyfeiriad, tro. BEND.

    2. ffigur ymadrodd. TROPE.

    Gyda throad y post. BY RETURN OF POST.

*trobelydr, *a.* disglair; deheuig. BRIGHT ; DEXTEROUS.

trobwll, *eg. ll.* trobyllau. pwll tro mewn afon. WHIRLPOOL.

trobwynt, *eg. ll.*-iau. adeg bwysig, y peth sy'n penderfynu tynged. TURNING POINT, CRITICAL POINT.

*troch, *ab.*(*g.* trwch). toredig, niweidiol. BROKEN, INJURIOUS.

trochfa, *eb. ll.*-feydd. y weithred o drochi. IMMERSION.

trochi, *be.* 1. rhoi mewn dŵr, etc., golchi. TO IMMERSE.

    2. dwyno, baeddu, gwneud yn fudr. TO SOIL.

trochioni, *be.* ewynnu. TO FOAM.

trochionog, *a.* ewynnog. FOAMING.

troed, *egb. ll.* traed. y rhan o'r goes y sefir arni, gwaelod. FOOT, BASE.

    Troed cnapiog (gnapiog). BUMBLE FOOT.

    Troed clonc (glonc). FOUL IN THE FOOT.

troedfainc, *eb. ll.*-feinciau. mainc i droed. FOOTSTOOL.

troedfedd, *eb. ll.*-i. deuddeng modfedd, mesur troed. ONE FOOT (MEASURE).

troedffordd, *eb. ll.* troedffyrdd. llwybr troed. FOOT-PATH.

tröedigaeth, *eb. ll.*-au. tro, newid meddwl neu farn am fuchedd. CONVERSION.

troedio, *be.* 1. mynd ar draed, cerdded. TO WALK.

    2. ergydio â throed. TO FOOT.

    3. sathru. TO TRAMPLE.

troediwr, *eg. ll.*-wyr. cerddwr, gŵr traed. PEDESTRIAN, FOOTMAN.

troedlas, ⎫ *eb. ll.*-au. rhan o beiriant
troedlath, ⎭ a weithir â'r troed. TREADLE.

troedle, *eg. ll.*-oedd. troedfainc, lle troed. FOOTSTOOL, FOOTHOLD.

troed-nodyn, *eg.* nodyn gwaelod y ddalen. FOOT-NOTE.

troednoeth, *a.* heb ddim ar y traed. BARE-FOOTED.

troedwst, *eb.* gowt. GOUT.

tröell, *eb. ll.*-au. cylchdro, tro, olwyn nyddu. TURN, SPINNING-WHEEL, WHORL.

troellen, *eb.* rhod, cylch. WHEEL, CIRCLE.

troelli, *be.* 1. nyddu gwlân, etc. ar dröell, cyfrodeddu. TO SPIN.

    2. chwyldroi. TO WHIRL.

troellog, *a.* trofaus, yn dirwyn, ar dro. WINDING, SPIRAL, WHORLED.

troellwr, *eg. ll.*-wyr. offeryn a ddefnyddir i hollti atomau. CYCLOTRON.

troellwynt, *eg. ll.*-oedd. trowynt. TORNADO, WHIRLWIND.

troeog, *a.* troellog. TORTUOUS, WINDING.

troeth, *eg.* biswail, piso. URINE.

troethi, *be.* piso. TO URINATE.

trofa, *eb. ll.*-fâu, -feydd. tro, troad. TURN, BEND, TURNING.

trofannau, *ell.* yr ardaloedd poethion bob ochr i'r cyhydedd; mannau pwysig iawn. TROPICS; CRITICAL RANGE.

*trofáu, *be.* troelli. TO WIND.

trofáus, *a.* gwrthnysig, croes. PERVERSE.

trogen : torogen, *eb. ll.* trogod. math o bryf bychan. TICK.

trogylch, *eg. ll.*-au. cylchdro, rhod. ORBIT.

troi, *be.* 1. symud o amgylch, newid sefyllfa neu gyfeiriad. TO TURN.

   Di-droi'n-ôl. THAT CANNOT BE ALTERED.

   2. dymchwelyd. TO UPSET.

   3. cyfieithu. TO TRANSLATE.

   4. aredig. TO PLOUGH.

trol, *eb. ll.*-iau. math o gerbyd, men, cart, cert, gambo. CART.

trolian : **trolio,** *be.* rholio, troi, treiglo. TO ROLL.

trôn, *eb. ll.* tronau. gorsedd. THRONE.

trôns, *eg. ll.*-iau. trôrs, llodrau isaf. DRAWERS.

trontol, *eb.* dolen. HANDLE.

tropism, *eg.* ymateb i symbyliad, atroad. TROPISM.

tros, *ardd.* (trosof, trosot, trosto, trosti, trosom, trosoch, trostynt), dros, yn lle, ar ran. OVER, FOR, INSTEAD OF.

trosedd, *egb. ll.*-au. ⎫ gweithred
troseddiad, *eg. ll.*-au. ⎭ ddrwg, camwedd, tramgwydd. CRIME, TRANSGRESSION, OFFENCE.

troseddol, *a.* tramgwyddus. CRIMINAL.

troseddu, *be.* gwneud drwg, tramgwyddo, torri'r gyfraith, pechu. TO TRANSGRESS.

troseddwr, *eg. ll.* troseddwyr. tramgwyddwr. TRANSGRESSOR, CRIMINAL.

trosgais, *eg. ll.*-eisiau. cais wedi ei drosi. CONVERTED GOAL.

trosglwyddo, *be.* cyflwyno. TO HAND OVER.

   Trosglwyddo gwaed. BLOOD TRANSFUSION.

trosgyfeiriad, *eg.* y weithred o drosgyfeirio. SUBLIMATION.

trosgynnol, *a.* yn ymestyn y tu hwnt i ddosbarthiad unigol. TRANSCENDENTAL.

trosi, *be.* 1. troi, newid sefyllfa. TO TURN.

   Troi a throsi. TO TOSS ABOUT.

   2. cyfieithu. TO TRANSLATE.

   3. cicio drosodd (mewn rygbi). TO CONVERT.

***trosi,** *be.* erlid. TO PURSUE.

trosiad, *eg. ll.*-au. 1. cyfieithiad. TRANSLATION.

   2. ffigur llenyddol. METAPHOR.

   3. trawsyriad. TRANSMISSION.

trosiadur, *eg. ll.*-on. cyweiriadur. MODULATOR.

***trosiawdr,** *eg. ll.*-iodron. cyfieithydd. TRANSLATOR.

trosodd, *adf.* tu draw, i'r ochr draw. OVER, BEYOND.

trosol, *eg. ll.*-ion. bar haearn mawr a ddefnyddir i symud pethau, ffon, teyrnwialen. CROWBAR, LEVER, STAFF, SCEPTRE.

trosroddi, *be.* rhoddi drosodd i'w wlad ei hun. TO EXTRADITE.

trostan, *eb. ll.*-au. polyn. POLE.

trostr, *eg. ll.*-au. trawst. CROSS-BEAM.

troswisg, *eb. ll.*-oedd. gwisg a ddefnyddir tros ddillad. OVERALL.

troswr, *eg. ll.*-wyr. teclyn i drosi cerrynt trydan. SWITCH (ELECTRICITY).

trot, *eg.* tuth. TROT.

trotian, *be.* tuthio, (ceffyl) yn symud ag un droed flaen yr un pryd â'r droed ôl gyferbyn, mynd ar drot. TO TROT.

trotsien, *eb.* perth gymen. A TRIMMED HEDGE.

trothwy, *eg. ll.*-au, -on. rhiniog, hiniog, carreg y drws. THRESHOLD.

trowsus : **trywsus,** *eg. ll.*-au. llodrau, trwser. TROUSERS.

trowynt, *eg. ll.*-oedd. gwynt sy'n troi. WHIRLWIND.

tröydd, *eg. ll.*-ion. peth sy'n troi. TURNER.

***tru,** *a.* truan, hir. SAD, LONG.

truag, *eg.* triagl. TREACLE.

truan, *eg. ll.* truain, trueiniaid. un truenus. WRETCH.

   Druan ohono ! POOR FELLOW !

***truanedd,** *eg.* trueni, truenusrwydd. WRETCHEDNESS.

***truanhau,** ⎫ *be.* trugarhau. TO PITY.
***truanu,** ⎭

***trueinig,** *a.* truenus. WRETCHED.

trueni, *eg.* gresyn, tosturi, annifyrrwch. PITY, WRETCHEDNESS.

truenus, *a.* truan, gresynus, gwael, anhapus iawn, annifyr. WRETCHED.

truenusrwydd, *eg.* trueni. WRETCHEDNESS.

***trugar,** *a.* gweler *trugarog.*

trugaredd, *eb. ll.*-au. tosturi, anfodlonrwydd i gosbi neu i beri poen. MERCY.

   Trwy drugaredd. FORTUNATELY.

trugarhau, *be.* tosturio, cymryd trugaredd. TO TAKE PITY.

trugarog, *a.* tosturiol. MERCIFUL.

trugarowgrwydd, *eg.* ysbryd trugarog. LOVING-KINDNESS.

trul, *eg. ll.*-iau. offeryn tyllu, dril. DRILL.

trulio, *be.* tyllu, drilio. TO DRILL.

trull, *eg. ll.*-iau. lletwad fach i godi gwin, cwpan (o gorn). A SMALL WINE-LADLE, WINE-CUP.

trulliad, *eg. ll.*-iaid. menestr, bwtler. CUP-BEARER, BUTLER.

trullio, *be.* arllwys diod neu win. TO SERVE WINE, ETC.

trum, *eg. ll.*-au, -iau. cefn, crib, pen, copa. RIDGE, SUMMIT.

*****trumbren**, *eg. ll.*-ni. gwaelod llong, cilbren. KEEL.

truth, *eg.* ffregod, rhibidirês, geiriau annoeth diystyr, oferedd, ffalsedd. RIGMAROLE, FALSEHOOD.

*****truthain**, *eg.* gwenieithwr. FLATTERER.

*****truthiad**, *eg.* oferedd, ffwlbri. FRIVOLITY, NONSENSE.

truthio, *be.* gwenieithio. TO FLATTER.

truthiog, *a.* gwenieithus. ADULATORY.

truthiwr, *eg. ll.*-wyr. gwenieithwr; oferddyn. FLATTERER; WORTHLESS FELLOW.

trwb(w)l, *eg.* blinder, trallod, helbul. TROUBLE.

trwblio, ⎫ *be.* poeni, aflonyddu, cyn-
trwblo, ⎬ iwair. TO TROUBLE, TO
trwblu, ⎭ HAUNT.

*****trwblwm**, *eg.* thuser. CENSER.

trwch, 1. *eg. ll.* trychion. tewder, tewdra, praffter. THICKNESS.
  2. *a.* toredig. BROKEN.

*****trwch**, 1. *a.* anffodus, ysgeler, trist, gwaradwyddus, anfad, toredig. UNFORTUNATE, ATROCIOUS, SAD, WICKED, BROKEN.
  2. *eg.* toriad. FRACTURE.

trwchus, *a.* tew, praff, ffyrf. THICK.

trwm, *a. ll.* trymion (*b.* trom). anodd ei godi, yn pwyso llawer, trist, digalon. HEAVY, SAD, WRETCHED.

*****trwm**, *eg.* brwydr, cyni. BATTLE, DISTRESS.

*****trwmp**, *eg. ll.* trympau. ⎫ utgorn,
*****trwmpls**, *eg. ll.* trwmplysau. ⎰ c o r n. TRUMPET.

*****trwn**, *a.* teg. FAIR.

*****trŵn**, *eb. ll.* trynau. gorsedd; marchnadfa; mantol. THRONE; MARKET-PLACE; WEIGHING-MACHINE.

trwnc, *eg.* biswail, piso. URINE.

*****trws**, *eg.* trwst. NOISE.

*****trwsa**, *eg.* bwndel, tusw, pwn. BUNDLE, BUNCH, PACK, TRUSS.

trwsgl, *a.* (*b.* trosgl). lletchwith, anfedrus, trwstan, llibin. CLUMSY.

trwsiadus, *a.* taclus, trefnus, destlus, twt, del. WELL-DRESSED, SMART.

trwsio, *be.* gwella, cyweirio. TO MEND.

trwsiwr, *eg. ll.*-wyr. un sy'n trwsio, lluniwr, gwneuthurwr. REPAIRER, MAKER.

trwst, *eg. ll.* trystau. sŵn, stŵr, mwstwr, dadwrdd, twrw, taran. NOISE, UPROAR.
  Trystau. THUNDER.

trwstan, *a.* trwsgl, lletchwith, anfedrus, anlwcus. AWKWARD, UNLUCKY.

trwstaneiddiwch, *eg.* lletchwithdod, anfedrusrwydd. AWKWARDNESS.

trwy, *ardd.* (trwof, trwot, trwyddo, trwyddi, trwom, trwoch, trwyddynt), o ben i ben, o ochr i ochr, rhwng, oherwydd, oblegid, gyda help. THROUGH, BY.

trwyadl, *a.* trylwyr, cyflawn, cyfan, gofalus, cywir. THOROUGH.

*****trwyddau**, *eg.* gweler *trwyddew.*

trwydded, *eb. ll.*-au. caniatâd, hawl ysgrifenedig. LICENCE.

*****trwydded**, *eb. ll.*-au. caniatâd i aros mewn llys ar gost yr arglwydd, lletygarwch, croeso, cynhaliaeth. HOSPITALITY, WELCOME.

trwyddedair, *eg.* arwyddair, cyswynair, gair cyfrinachol yn rhoi hawl i fynd i rywle. PASSWORD.

*****trwyddedog**, *a.* gwestai. GUEST.

trwyddedu, *be.* caniatáu, rhoi trwydded. TO LICENSE.

*****trwyddedwr**, *eg. ll.*-wyr. un wedi derbyn trwydded. LICENSEE.

trwyddew, *eg.* tyllwr, ebill, taradr. PIERCER, BORER.

*****trwyll**, *eb. ll.*-au. modrwy. RING.

trwyn, *eg. ll.*-au. 1. y ffroenau, y rhan o'r wyneb uwchlaw'r genau. NOSE.
  2. penrhyn, pentir. CAPE, POINT.

trwynbwl, *a.* â thrwyn neu flaen fflat. BULL NOSE.

*****trwyndwn**, *a.* â thrwyn toredig. BROKEN-NOSED.

*****trwynffychain**, *be.* rhochian. TO GRUNT.

trwynlwch, *eg.* trewlwch, snisin. SNUFF.

trwyno, *be.* ffroeni, gwynto. TO SMELL, TO SNIFF.

trwynol, *a.* yn ymwneud â'r trwyn. NASAL.
  Treiglad trwynol. NASAL MUTATION.

trwyth, *eg. ll.*-i, -au. cymysgwch, gwlych, biswail. DECOCTION, INFUSION, TINCTURE, URINE.

trwythiad, *eg.* y weithred o drwytho. INDOCTRINATION.

trwytho, *be.* mwydo, llanw o wlybaniaeth, nawseiddio, ysbrydoli. TO SATURATE, TO IMBUE, TO STEEP.

trybaeddu, *be.* diwyno, baeddu. TO DAUB, TO SOIL.

trybedd, *eb*. darn o haearn â thair coes (fel rheol) a osodir i ddal pethau ar y tân, etc. TRIPOD, BRAND IRON, TRIVET.

trybeilig, *a*. ofnadwy. AWFUL.

*****trybelid**, *a*. disglair, eglur, golau, bywiog. LUMINOUS, BRILLIANT, LIVELY.

trybestod, *eg*. ffwdan, cyffro, cynnwrf, terfysg. COMMOTION, FUSS.

trybini, *eg*. trafferth, helbul, trallod, blinder, trwbwl. TROUBLE, MISERY, MISFORTUNE.

tryblith, *eg*. dryswch, penbleth, anhrefn. CHAOS, MUDDLE.

*****tryblwm**, *eg*. llestr at arogldarthu. CENSER.

tryboli, *be*. ymdrybaeddu. TO WALLOW.

trycio, *be*. 1. llaesu. TO FLAG.
    2. cyfnewid. TO TRUCK, TO EXCHANGE.

*****trychaf**, *a*. mwyaf anffodus. MOST UNFORTUNATE.

*****trychan(t)**, *eg*. tri chant. THREE HUNDRED.

*****trychbwl**, *a*. di-fin, di-awch. BLUNT.

trychfil : **trychfilyn**, *eg. ll*. trychfilod. pryf. INSECT.

trychiad, *eg. ll.*-au. toriad, tociad. A CUTTING, AMPUTATION.

*****trychiad**, *eg. ll.*-iaid. lladdwr, trychwr. SLAYER, KILLER.

*****trychin**, *a*. aflan. UNCLEAN.

trychineb, *egb. ll.*-au. aflwydd, adfyd, trallod, anffawd. DISASTER, CALAMITY.

trychinebus, *a*. adfydus, trallodus. DISASTROUS, CALAMITOUS.

trychio, *be*. gweler *trychu*.

trychiolaeth, *eb*. gweler *drychiolaeth*.

*****trychion**, *ell*. celanedd, clwyfedigion. CORPSES, CASUALTIES.

*****trychni**, *eg*. anffawd, tro gwael. MISFORTUNE, DISASTER.

trychu, *be*. torri, tocio. TO CUT, TO HEW, TO LOP, TO AMPUTATE.

*****trychwaith**, *eg*. trychineb, cyflafan. DISASTER, SLAUGHTER.

trychwalu, *be*. gwasgaru. TO SCATTER.

*****trychwanddyn**, *eg. ll.*-ion. dihiryn. RASCAL.

*****trychwn**, *eg*. tri phennaeth. THREE CHIEFS.

*****trychwr**, *eg. ll.*-wyr. lladdwr. SLAYER.

trydan, *eg*. gallu sy'n rhoi golau a gwres a phŵer. ELECTRICITY.

trydaneg, *eb*. gwyddor yn ymwneud â thrydan. ELECTRICAL ENGINEERING.

trydanol, *a*. yn ymwneud â thrydan ; gwefreiddiol, iasol. ELECTRICAL; THRILLING.

trydanolchi, *be*. golchi â thrydan. ELECTRO-PLATING.

trydanu, *be*. gwefreiddio. TO ELECTRIFY, TO THRILL.

trydanwr, *eg. ll*. trydanwyr. peiriannydd sy'n ymwneud â thrydan. ELECTRICIAN.

trydar, 1. *be*. switian, grillian, cogor. TO CHIRP.
    2. *eg*. cri byr aderyn. CHIRP.

*****trydar**, *eg*. twrw, cyffro, brwydr. NOISE, TUMULT, BATTLE.

trydarthiad, *eg*. anadliad trwy dyllau'r croen. TRANSPIRATION.

trydwll, *a*. (*b*. trydoll). tyllog, toredig, llwyr. FULL OF HOLES, BROKEN, COMPLETE.

trydydd, *a*. (*b*. trydedd). yr olaf o dri. THIRD.

*****tryfal**, *eg. ll.*-au. triongl. TRIANGLE.

tryfer, *eb. ll.*-i. picell driphen wedi ei chlymu wrth raff i ddal morfil, bach pysgota. HARPOON, GAFF.

tryferu, *be*. trywanu â thryfer. TO SPEAR, TO HARPOON.

tryfesur, *eg*. mesur ar draws a thrwy ganol rhywbeth, diamedr. DIAMETER.

tryfrith, *a*. yn heigio, yn haid, brith. TEEMING.

*****tryfrwyd**, 1. *a*. rhwyllog, addurnedig. BROKEN, ADORNED.
    2. *eb*. brwydr. BATTLE.

tryffin, *eg*. cylchlif llawfeddyg. TREPHINE.

*****trygyff**, *eg*. cyffion. STOCKS.

*****trylaw**, *a*. trist iawn. VERY SAD.

trylediad, *eg*. gwasgariad nwy, etc. DIFFUSION.

tryledu, *be*. gwasgaru nwy, etc. TO DIFFUSE.

*****trylen**, *a*. 1. dysgedig. ERUDITE.
    2. annwyl, cariadus. BELOVED.

*****trylew**, *a*. gwrol. VALIANT.

trylifo, *be*. hidlo neu dreiddio trwy dyllau bach. TO PERCOLATE.

tryloyw, *a*. y gellir gweld trwyddo yn hawdd, croyw. TRANSPARENT.

*****trylwyn**, *a*. parod, buan, deheuig. READY, SWIFT, SKILFUL.

trylwyr, *a*. trwyadl, cyflawn, cyfan, gofalus, cywir. THOROUGH, COMPLETE.

trylwyredd, *eg*. trwyadledd, gofal, cywirdeb. THOROUGHNESS.

trymaidd : **trymllyd**, *a*. clos, mwll, myglyd, mwrn. CLOSE, SULTRY.

trymaint, *egb.* haint trwm. GRIEVOUS DISEASE.

trymder : **trymedd,** tristwch, pwysau, cwsg, cysgadrwydd, syrthni. HEAVINESS, SADNESS, INERTIA.

***trymdde,** *a.* trist. SAD.

***trymfryd,** 1. *eg.* tristwch. SORROW, SADNESS.

    2. *a.* trwm, trist. HEAVY, SAD.

trymgwsg, *eg.* cwsg trwm. TORPOR.

trymhau, *be.* mynd yn drymach, pwyso mwy. TO GROW HEAVY (HEAVIER).

***trymled,** *a.* trymlyd, trwm. HEAVY.

***trymluog,** *a.* cysglyd, swrth, DROWSY.

***trymlyd,**
trymllyd, } *a.* trwm. HEAVY.

***trymwedd,** *eg.* trymder; tostrwydd. HEAVINESS; ILLNESS.

***trynni,** *eg.* gwledd; brwydr; tir garw. FEAST; BATTLE; ROUGH LAND.

tryryw, *a.* o waed pur, rhywiog. THOROUGH-BRED.

trysgli, *eg.* clwyf bywyn y carn. THRUSH (VET.).

trysor, *eg. ll.*-au. golud, cyfoeth, gemau, pethau gwerthfawr. TREASURE.

trysordy, *eg. ll.* trysordai. lle i gadw trysorau. TREASURE-HOUSE.

***trysorer,** *eg.* trysorydd. TREASURER.

trysorfa, *eb. ll.* trysorfeydd. cronfa, stôr, cyfalaf, arian a gesglir at ryw bwrpas. FUND, TREASURY.

trysori, *be.* gwerthfawrogi, prisio, casglu, cadw. TO TREASURE.

trysorlys, *eg.* swyddfa'r llywodraeth sy'n ymdrin â chyllid. EXCHEQUER, TREASURY.

trysorydd, *eg. ll.*-ion. un sy'n gofalu am arian cwmni neu achos, etc. TREASURER.

trystau, *ell.* tyrfau, taranau. THUNDER.

trystfawr, *a.* swnllyd. NOISY.

trystio, *be.* 1. gwneud sŵn. TO MAKE A NOISE.

    2. ymddiried. TO TRUST.

trystiog, *a.* swnllyd. NOISY.

trythyll, *a.* anllad, anniwair. WANTON, VOLUPTUOUS.

trythyllwch, *eg.* anlladrwydd, anniweirdeb, trachwant. LUST.

trythyllwr, *eg. ll.*-wyr. gŵr anllad. SENSUALIST.

trywan, *a.* treiddiol. PIERCING.

trywaniad, *eg.* gwaniad, brathiad ag arf. A STABBING.

trywanu, *be.* brathu, gwanu. TO STAB, TO PIERCE.

trywel, *eg. ll.*-i -ion. offeryn bychan i daenu morter. TROWEL.

trywydd, *eg.* ôl, llwybr, aroglau. SCENT, TRAIL.

***trywyr,** *eg.* tri o wŷr. THREE MEN.

tu, *egb.* ochr, ystlys, ardal. SIDE, REGION.

    O du ei dad. ON HIS FATHER'S SIDE.

    Tu hwnt. BEYOND.

    Tu faes : tu allan. OUTSIDE.

    Tu fewn : tu mewn. INSIDE.

    Tu yma. THIS SIDE.

tua : **tuag,** *ardd.* 1. i gyfeiriad. TOWARDS.

    Tua thre : adre. HOMEWARDS.

    Tuag at. TOWARDS.

    2. o gwmpas, ynghylch. ABOUT.

    Tua blwyddyn. ABOUT A YEAR.

tuchan, 1. *be.* grwgnach, ochain. TO GRUMBLE, TO GROAN.

    2. *eg.* grwgnach. GRUMBLING.

tuchanwr, *eg. ll.* tuchanwyr. grwgnachwr. GRUMBLER, GROANER.

***tud,** *eg. ll.*-oedd. bro, gwlad, pobl. REGION, COUNTRY, PEOPLE.

tudalen, *egb. ll.*-nau. un ochr i ddalen llyfr, etc. PAGE.

tudfach, *eg. ll.*-au. bagl, ystudfach. STILT.

***tudwed,** } *eb.* tywarch ; daear, gwlad,
***tudwedd,** } byd. CLODS ; EARTH, COUNTRY, WORLD.

***tudded,** *eb. ll.*-au, -i. gwisg, gorchudd, mantell, cas clustog. GARMENT, COVERING CLOAK, CUSHION CASE.

***tuddedu,** *be.* gorchuddio, amgáu. TO COVER, TO WRAP.

***tuddedyn,** *eg.* gwisg, cwrlid, gorchudd. GARMENT, COVERLET, COVERING.

tuedd, 1. *eg. ll.*-au. ardal, parth. DISTRICT.

    Tueddau. REGION.

    2. *eb. ll.*-iadau. tueddfryd, gogwydd. TENDENCY, PARTIALITY.

tueddfryd, *eg.* tueddiad. INCLINATION.

tueddiad, *eg. ll.*-au. tuedd. INCLINATION, BENT.

tueddol, *a.* pleidiol, yn tueddu. INCLINED.

tueddu, *be.* gogwyddo, gwyro, clywed ar ei galon. TO BE DISPOSED.

tugel, *eg. ll.*-ion. coelbren, pleidlais ddirgel. BALLOT.

tulath, *eb. ll.*-au. trawst, dist. BEAM, CROSSBEAM.

tunnell, 1. *eb. ll.* tunelli. ugain cant o bwysau. TON.

    2. *eb. ll.* tunellau, -i. baril fawr. TUN.

turio : **twrio** : **twrian,** *be.* cloddio, tyrchu, tyllu. TO BURROW.

turn, *eg.* 1. tro. TURN.
  2. turnen. LATHE.

***turn,** a.* crwn. ROUND.

turnen, *eb.* offeryn troi, troadur, tröell.
LATHE.

turnio, *be.* ffurfio pethau o goed mewn peiriant troi neu dröell. TO TURN (WOOD).

turniwr, *eg. ll.* turnwyr. un sy'n turnio. TURNER.

turs, *eg. ll.*-iau. gylfin, pig. BILL.

***turs,** ell.* tyrs. TORCHES.

turtul, ⎱ *eb.* math o golomen hardd.
turtur, ⎰ TURTLE-DOVE.

***tus,** eg.* thus. FRANKINCENSE.

tusw, *eg. ll.*-au. swp, sypyn, cwlwm, pwysi. BUNCH, POSY.

tuth, *eg. ll.*-iau. trot, rhygyng. TROT.

tuthio : tuthian, *be.* trotian. TO TROT.

tuthiwr, *eg. ll.*-wyr. un sy'n tuthio.
TROTTER.

twb : twba : twbyn, *eg. ll.* tybau, tybiau. bath, llestr pren mawr agored. TUB.

twca, *eg. ll.*-od. math o gyllell.
TUCK-KNIFE.

***twel,** *eg. ll.*-au. tywel. TOWEL.

twf : tw, *eg.* tyfiant, cynnydd. GROWTH.
  Twf afiach. NEOPLASM.

twffyn, *eg. ll.* twff(i)au. sypyn o wallt neu wair, etc., clwmp. TUFT.

***twng,** *eg.* llw. OATH.

twlc, *eg.ll.* tylcau, tylciau. cut, cwt. STY.

twlcio, *be.* cornio. TO BUTT.

***twlch,** *eg. ll.* tylchau. cwt, cut, bwthyn. HUT, COTTAGE.

***twll,**a.(b.* toll). tyllog, toredig. BROKEN.

twll, *eg. ll.* tyllau. lle cau neu wag, ceudod, agoriad. HOLE.

***twm,** *eg.* bedd. TOMB.

twmffat, *eg.* gweler *twndis.*

twmpath, *eg. ll.*-au. twyn, crug, bryncyn, ponc. TUMP.

***twn,** *a.* (*b.* ton), briwedig, maluriedig, ysig. BROKEN, BRUISED.

***twnc,** *eg. ll.* tynciau. treth, ardreth.
TRIBUTE, RENT.

twndis, *eg.* twmffat. FUNNEL.

twndra, *eg. ll.*-âu. gwastadedd gogleddol yng Nghanada, etc. TUNDRA.

***twnfriw,** *a.* maluriedig. SHATTERED.

***twnnel,** *eg. ll.* twnelau. ceuffordd, ffordd dan y ddaear i gerbydau, etc.
TUNNEL.

twp, *a.* hurt, dwl, pendew. STUPID.

twpanrwydd : twpdra, *eg.* dylni.
STUPIDITY.

***twpr,** *eg.* maharen. TUPPER.

twpsyn, *eg.* person dwl neu dwp.
STUPID PERSON.

twr, *eg. ll.* tyrau. adeilad neu ran o adeilad uchel sgwâr neu grwn. TOWER.

twr, *eg. ll.* tyrrau. 1. pentwr, crugyn, carnedd, cruglwyth. HEAP.
  2. tyrfa, torf. CROWD, GROUP.

twrci, *eg. ll.* twrcïod. (*b.* twrcen). aderyn mawr dof. TURKEY.

twrch, *eg. ll.* tyrchod. baedd, mochyn.
BOAR, HOG.
  Twrch coed : baedd coed. WILD BOAR.
  Twrch daear : gwadd. MOLE.

***twrdd,** *eg.* stŵr, swn. NOISE.

twred, *eg. ll.*-au. twr bach. TURRET, MULTI-TOOL POST.
  Twred chweongl. HEXAGON TURRET.

***twrf,** *eg.* torf. CROWD, HOST.

twrf : twrw, *eg. ll.* tyrfau. terfysg, cynnwrf, dadwrdd. TUMULT, NOISE, ROAR, CRASH.
  Tyrfau : taranau. THUNDER.

twrio, *be.* gweler *turio.*

twrist, *eg. ll.*-iaid. ymwelwr, teithiwr.
TOURIST.

twrn, *eg. ll.* tyrnau. tro, digwyddiad, gweithred, gorchest, camp. TURN, EVENT, ACT, FEAT.

twrnai, *eg. ll.* twrneiod. cyfreithiwr, dadleuydd (mewn llys). ATTORNEY, LAWYER.

twrnamaint, ⎫ *eg.* cystadleuaeth
twrneimant, ⎬ ymwan a chwaraeon.
twrneimaint, ⎭ TOURNAMENT.

twrw, *eg.* gweler *twrf.*

twsel, *eb. ll.*-i. gweler *dwsel.*

twsian, *be.* gweler *tisian.*

twt, 1. *a.* trefnus, cymen, destlus, teidi, cryno, taclus, del, dillyn.
NEAT, TIDY.
  2. *ebych.* twt y baw : twt lol. TUT !
NONSENSE.

twtio : twtian, *be.* tacluso, gwneud yn dwt, cymoni, cymhennu. TO TIDY.

***twtnai,** *a.* llwyd tywyll. IRON-GREY.

twtrwydd, *eg.* destlusrwydd, taclusrwydd. NEATNESS.

twtsied, ⎱ *eg.* (*taf.*) cyffwrdd. TO TOUCH.
twtsio, ⎰

***twyg,** *eb. ll.*-au. gwisg. GARMENT.

twyll, *eg.* dichell, hoced, celwydd.
DECEIT, FRAUD, TREACHERY.

twyllo, *be.* siomi, hudo, hocedu, dweud celwydd. TO DECEIVE, TO CHEAT, TO DEFRAUD.

twyllodrus, *a.* dichellgar, bradwrus, ffals. DECEITFUL.

twyllwr, *eg. ll.*-wyr. un sy'n twyllo.
DECEIVER, CHEAT.

***twyllwriaeth,** *eb.* twyll, dichell.
DECEIT.

twym, *a.* cynnes, gwresog, brwd. WARM.

twymder,
twymdra, } *eg.* cynhesrwydd, gwres. WARMTH.
twymedd,

*twymdwyro, *be.* cynhesu, gorgynhesu, meddalu, estyn, lledu. TO MAKE (TOO) WARM, TO SOFTEN, TO STRETCH.

twymgalon, *a.* â chalon gynnes, caredig, cynnes. WARM-HEARTED.

twymo : *twymno, *be.* cynhesu, gwresogi, ymdwymo. TO WARM.

twymyn, *eb. ll.*-au. clefyd, gwres. FEVER, PYREXIA.

Y dwymyn goch : y clefyd coch. SCARLET FEVER.

Y dwymyn doben. MUMPS.

Twymyn donnol. UNDULANT FEVER.

twymynol, *a.* fel twymyn. FEVERISH.

twyn, *eg. ll.*-i. crug, bryncyn, twmpath, ponc. HILLOCK, KNOLL, HILL.

twyndir, *eg. ll.*-oedd. tir bryniog. DOWNLAND.

twynen, *eb. ll.*-nydd. tywodfryn. SAND-HILL.

*twynpath, *eg.* crug, twmpath. TUMP, HILLOCK.

twysg, *eb.* swm, crugyn ; cyfran. SUM, PILE ; SHARE.

twysged, *eb.* nifer dda, llawer, lliaws. A LOT.

*twysgo, *be.* casglu, pentyrru. TO AMASS, TO COLLECT.

*twyth, *eg. ll.*-au. -on. 1. twythell, hydwythedd. SPRING, ELASTICITY.

2. ynni, grym. FORCE.

a. nerthol, grymus. STRONG, FORCE-FUL.

tŷ, *eg. ll.* tai, teiau. lle i fyw ynddo, preswylfa. HOUSE.

*tyaeth, *eb.* perchenogaeth tŷ. HOUSE-HOLDING.

tyb, *egb. ll.*-iau. barn, meddwl, opiniwn, cred. OPINION, SURMISE, CONJECTURE, NOTION.

tybaco : baco, *eg.* myglys, planhigyn y defnyddir ei ddail i'w smocio. TOBACCO.

tybed, *adf.* ys gwn i, 'wŷs. I WONDER.

tybiaeth, *eb. ll.*-au. tyb, damcaniaeth, barn. POSTULATION, SUPPOSITION, OPINION.

*tybiaid, *be.* gweler *tybied.*

tybied : tybio, *be.* dychmygu, meddwl, credu. TO IMAGINE, TO THINK, TO SUPPOSE.

tybiedig, *a.* dychmygol. SUPPOSED.

tybus, *a.* drwgdybus. SUSPICIOUS.

*tybygoliaeth, *eb.* tyb. SUPPOSITION.

*tybygu, *be.* dychmygu, meddwl, tybio. TO IMAGINE, TO THINK.

tyciannus, *a.* ffyniannus, llwyddiannus. PROSPEROUS.

tyciant, *eg.* llwyddiant, ffyniant. SUCCESS.

tycio, *be.* llesáu, llwyddo, ffynnu. TO AVAIL, TO PROSPER, TO SUCCEED.

tydi, *rhag.* ail berson unigol rhagenw personol dyblyg. ti, ti dy hunan. THOU THYSELF.

tydmwy, *eg.* derbyniad, modrwy (pwrs), pen cengl. RECEPTION, PURSE-RING, GIRDLE-END.

*tydwed,   } *eg.* gweler *tudwed,*
*tydwedd, } *tudwedd.*

*tydy, *rhag.* gweler *tydi.*

tyddyn, *eg. ll.*-nau, -nod. ffarm fach, daliad, adeilad, trigfan. SMALL-HOLDING, SMALL FARM, BUILDING, DWELLING.

tyddynnwr, *eg. ll.* tyddynwyr. ffarm-wr ar raddfa fechan. SMALL-HOLDER.

tyfadwy, *a.* ffyniannus. THRIVING, GROWING, OF GOOD GROWTH.

tyfiant, *eg.* twf, cynnydd, cynnyrch. GROWTH, INCREASE.

tyfod, *eg.* tywod. SAND.

tyfu, *be.* prifo, cynyddu, cynhyrchu. TO GROW, TO INCREASE.

tyfwr, *eg. ll.*-wyr. un sy'n tyfu. GROWER.

tyfyn, *eg.* gweler *tyddyn.*

*tyg, *a.* teg, hardd, clir. FAIR, FINE, CLEAR.

*tygio, *be.* gweler *tycio.*

tynged, *eb. ll.* tynghedau. : tynghed-fen, *eb. ll.* tyngedfennau. rhan, ffawd, hap, yr hyn a ddigwydd. DESTINY.

tyngedfennol, *a.* tynghedlawn, mar-wol. FATEFUL, FATAL.

tyngedfennu, *be.* tynghedu. TO FATE.

tyngedfenyddiaeth, *eb.* } y gred bod
tynghediaeth, *eb.* } tynged yn rheoli bywyd. FATALISM.

tynghedu, *be.* tyngedfennu, condemnio, penderfynu tynged. TO DESTINE.

tynghedus, *a.* tyngedfennol. FATEFUL.

*tyngnaid, *eb.* ffawd a dyngwyd. AVOWED FATE.

tyngu, *be.* gwneud addewid ddwys, diofrydu; rhegi, melltithio. TO SWEAR.

tyngwr, *eg. ll.*-wyr. un sy'n tyngu, rhegwr. SWEARER.

tylawd, *a.* tlawd. POOR.

tyle, *eg. ll.*-au. bryn, gorifyny, codiad, rhiw, (g)allt. HILL, ASCENT.

*tyle, *eb.* gwely. BED.

tylino, *be.* cymysgu toes, gwlychu toes. TO KNEAD DOUGH.

Tylino'r corff. TO MASSAGE.

tylinwr, *eg. ll.*-wyr. un sy'n tylino. KNEADER, MASSEUR.

tylwyth, *eg. ll.*-au. teulu, llwyth, ceraint, hynafiaid. FAMILY, ANCESTRY.

Tylwyth teg. FAIRIES.

tylwythog, *a.* â theulu mawr; poblog. HAVING A LARGE FAMILY OR RELATIVES ; POPULOUS.

*****tylles**, *eb.* twll. HOLE.

tyllfedd, *eb.* maint twll. BORE.

tylliedydd, *eg. ll.*-ion. tyllwr. BORER.

tyllog, *a.* â thyllau. FULL OF HOLES.

tyllu, *be.* torri twll neu dyllau, treiddio. TO BORE HOLES.

tylluan (dylluan), *eb. ll.*-od. aderyn ysglyfaethus y nos, gwdihŵ. OWL.

tyllwr, *eg. ll.*-wyr. un sy'n tyllu. BORER.

*****tymawr**, *eg.* gweler *tymor*.

tymer, *eb. ll.* tymherau. naws, tuedd, dicter, llid. TEMPER, TEMPERAMENT.

tymeriadur, *eg. ll.*-on. thermomedr. THERMOMETER.

tymestl, *eb. ll.* tymhestloedd. storm, drycin. STORM, TEMPEST.

tymheredd, *eg.* mesur gwres neu oerfel, tymer. TEMPERATURE, TEMPERAMENT.

tymheru, *be.* tempru. TO TEMPER.

tymherus : tymheraidd, *a.* cymedrol, temprus, heb fod yn boeth nac yn oer. TEMPERATE.

tymhestlog, *a.* stormus, garw. STORMY.

tymhigiad, *eg. ll.* tymigiadau. pigiad, pigyn. PRICKING, PRICK.

tymhoraidd, *a.* amserol, yn ei dymor. SEASONABLE.

tymhorol, *a.* yn perthyn i'r byd a'r bywyd hwn, dros amser. TEMPORAL.

*****tymhwyro**, *be.* 1. tymheru. TO TEMPER.

2. gweler *twymdwyro*.

tymor, *eg. ll.* tymhorau. amser, adeg, un o'r pedair rhan o'r flwyddyn. SEASON.

tymp, *eg.* amser, cyfnod. TIME, PERIOD, APPOINTED TIME.

tympan, *eb. ll.*-au. offeryn cerdd. TIMBREL.

*****tymyr**, *ell.* tiroedd, bro, lle. LANDS, REGION, PLACE.

tyn(n), *a.* cadarn, cyfyng, wedi ei ymestyn, wedi ei dynnu, anhyblyg, anystwyth, crintach, balch, traws. TIGHT, MEAN, PROUD, PERVERSE.

tynder, ⎱ *a.* tyniant, pwys, croes-
tyndra, ⎰ dynnu. TIGHTNESS, TENSION.

tyndir, *eg.* gwyndwn. LAY-LAND.

tyndro, *eg. ll.*-oeon. offeryn troi gweinell, etc. WRENCH.

tyndroi, *be.* troi'n dynn. TO WRENCH.

tyner, *a.* tirion, mwyn, meddal, addfwyn. TENDER.

tyneru, *be.* gostegu, lleddfu, tirioni. TO MODERATE, TO MAKE TENDER.

tynerwch, *eg.* mwynder, tiriondeb, addfwynder. TENDERNESS.

tynfa, *eg. ll.* tynfeydd. atyniad, yr act o dynnu. A DRAW, ATTRACTION.

tynfaen, *eg. ll.*-feini. maen tynnu, ehedfaen. LOADSTONE.

tynhad, *eg.* y weithred o dynhau. TIGHTENING.

tynhau, *be.* gwneud yn dynn. TO TIGHTEN.

tynhwyro, *be.* gweler *tymhwyro*.

tyniad, *eg.* tynfa, atyniad, tuedd. PULL, ATTRACTION, INCLINATION.

tyniant, *eg.* tyndra. TENSION.

tyniedydd, *eg. ll.*-ion. peth sy'n tynnu, tractor. TRACTOR.

tynnu, *be.* achosi i ddod at, llusgo at, denu. TO PULL.

Yn tynnu ato. SHORTENING.

Tynnu llun. TO PHOTOGRAPH, TO SKETCH.

tyno, *eg.* 1. gwastadedd, maes, pant, dyffryn; cartref, lle. DALE, MEADOW; HOME, PLACE.

2. darn o bren sy'n ffitio i mewn i fortais. TENON.

tynrwyd, *eb. ll.*-au, -i. llusg-rwyd. DRAG-NET.

*****tyrch**, *ell.* tyrchod ; coleri. BOARS, HOGS ; COLLARS.

tyrchu, *be.* turio, twrian. TO BURROW.

tyrchwr, *eg. ll.* tyrchwyr. gwaddotwr. MOLE-CATCHER.

tyrfa, *eb. ll.*-oedd. torf, llu, nifer fawr. CROWD.

tyrfau, *ell.* (*un. g.* twrf). taranau. THUNDER.

*****tyrfellt**, *ell.* mellt. LIGHTNING.

tyrfo : tyrfu, *be.* taranu. TO THUNDER.

*****tyroedd**, *ell.* tyrau. TOWERS.

tyrpant, *eg.* olew a wneir o hylif coed. TURPENTINE.

tyrpeg, 1. *eg.* clwyd neu lidiart ar draws heol i gasglu tollau. TURNPIKE.

2. *eb.* ffordd fawr. TURNPIKE-ROAD.

tyrru, 1. ymgasglu, crynhoi at ei gilydd, heidio. TO CROWD TOGETHER.

2. pentyrru, crugio. TO HEAP.

*****tyrs**, *ell.* ffaglau. TORCHES.

*****tysmwy**, *eg. ll.*-on. crynfod, cryd. SHIVERING.

*****tysmwyo**, *be.* crynu. TO SHIVER.

14*   425

tyst, *eg. ll.*-ion. un sy'n rhoi gwybod-
aeth o'i brofiad ei hunan (mewn llys
barn, etc.). WITNESS.

*tystafen, *eg.* testament. TESTAMENT.

tysteb, *eb. ll.*-au. tystlythyr, rhodd i
ddangos parch neu ddiolchgarwch,
etc. TESTIMONIAL.

tystio : tystiolaethu, *be.* rhoi tyst-
iolaeth, torri enw fel tyst. TO
TESTIFY.

tystiolaeth, *eb. ll.*-au. yr hyn a
ddywed tyst. EVIDENCE, TESTIMONY.

tystlythyr, *eg. ll.*-au. llythyr cymer-
adwyaeth. TESTIMONIAL.

tystysgrif, *eb. ll.*-au. datganiad ysgrif-
enedig i ddangos cyraeddiadau'r
sawl sy'n ei derbyn. CERTIFICATE.

tywallt, *be.* arllwys, bwrw. TO POUR.

tywalltfa, *eb. ll.*-feydd. lle i arllwys
rhywbeth. TIPPING-PLACE.

tywalltiad, *eg. ll.*-au. arllwysiad, ar-
llwysfa. A POURING.

*tywarchwr, *eg. ll.* tyweirchion. yr
ych a gerddo ar y gwellt, gwelltwr.
THE PLOUGHING OX ON THE TURF
SIDE.

tywarchen, *eb. ll.* tywyrch, tywarch.
tywoden, darn o ddaear ynghyd â'r
borfa a dyf arno. TURF.

tywarchu, *be.* gosod tywyrch. TO TURF.

tywel, *eg. ll.*-ion. lliain sychu. TOWEL.

tywell, *ab.* gweler *tywyll*.

tywod, *ell.* (*un. g.*-yn.). gronynnau
mân a geir pan fydd creigiau yn
chwalu, swnd. SAND.

tywodfaen, *eg.* craig a ffurfiwyd o
dywod. SANDSTONE.

tywodfryn, *eg. ll.*-iau. bryn wedi ei
ffurfio o dywod twyn. DUNE.

tywodlyd : tywodog, *a.* â thywod, yn
cynnwys tywod. SANDY.

tywodyn, *eg.* gronyn o dywod. GRAIN
OF SAND.

tywydd, *eg.* hin, cyflwr yr awyrgylch
mewn perthynas â glaw a gwynt a
thymheredd, etc. WEATHER.

tywyll (**wŷ**), *a.* 1. heb olau, heb fod yn
olau, pŵl, aneglur, prudd, digalon.
DARK, SAD.
2. dall. BLIND.

tywyll, *eg.* tywyllwch. DARKNESS.

tywylliad, *eg.* y weithred o dywyllu.
DARKENING.

tywyllni, *eg.* tywyllwch, aneglurder.
DARKNESS, OBSCURITY.

tywyllu, *be.* cymylu, mynd yn dywyll.
TO DARKEN.

tywyllwch, ⎱ *eg.* nos, y cyflwr o fod
*tywyllwg, ⎰ yn dywyll, gwyll.
DARKNESS, NIGHT.

tywyn, *eg. ll.*-nau. traeth, glan y môr.
twyn tywod. SEA-SHORE, SAND-DUNE.
SEA-SHORE.

*tywyn, *eg.* tywyniad, disgleirdeb,
gloywder. A SHINING, RADIANCE.

tywyniad, *eg. ll.*-au. pelydriad, llew-
yrchiad. A SHINING.

tywynnog, *a.* tywodlyd. SANDY.

tywynnu, *be.* disgleirio, llewyrchu. TO
SHINE.

*tywynnwg, *eg.* gloywder. RADIANCE.

tywyrch, *ell.* gweler *tywarchen*.

tywys, *be.* arwain, blaenori, cyf-
arwyddo. TO LEAD, TO GUIDE.

tywysen, *eb. ll.*-nau, tywys. pen llafur
neu ŷd. EAR OF CORN.

tywyso, *be.* tywys, arwain. TO LEAD.

tywysog, *eg. ll.*-ion. (*b.*-es.). pendefig,
pennaeth, mab brenin neu frenhines.
PRINCE.

tywysogaeth, *eb. ll.*-au. gwlad a
thywysog arni. PRINCIPALITY.

*tywysogaeth, *eb.* hudoliaeth, den-
iadaeth. FASCINATION.

tywysogaidd, *a.* urddasol, pendefig-
aidd, gwych, ysblennydd. PRINCELY.

tywysu, *be.* arwain, tywys. TO LEAD, TO
GUIDE.

tywyswr, *eg. ll.*-wyr. ⎱ blaenor,
tywysydd, *eg. ll.*-ion. ⎰ arweinydd.
GUIDE, LEADER.

TH

theistiaeth, *eb.* y gred mewn Duw
heb angen datguddiad arbennig.
THEISM.

thema, *eb. ll.* themâu. testun. THEME.

therapiwteg, *eb.* gwyddor iacháu
clefydau. THERAPEUTICS.

thermomedr, *eb. ll.*-au. gwresfesur-
ydd. THERMOMETER.

thermoniwclear, *a.* yn ymwneud â
ffrwydradau atomig. THERMONUC-
LEAR.

thermostad, *eg. ll.*-au. offeryn rheoli
gwres. THERMOSTAT.

thesis, *eg.* traethawd ; gosodiad. THESIS.

thiroid, *eg.* afal breuant, rhan uchaf y
larincs. THYROID.

thoracs, *eg.* y ddwyfron, y fron.
THORAX.

thrombosis, *eg.* tolcheniad. THROM-
BOSIS.

thrôn, *eg. ll.* thronau. gorsedd. THRONE.

thus, *eg.* sylwedd o Arabia a ddefnyddir
ynglŷn ag aberthau. FRANKINCENSE.

thuser, *eb. ll.*-au. llestr llosgi arogl-
darth. CENSER.

ubain, *be.* ochain, griddfan, crio, llefain yn uchel. TO SOB, TO MOAN, TO HOWL.

*uch, 1. *ardd.* uwch. ABOVE.
2. *rhagdd.* gor-. SUPER.

uchaf, *a.* mwyaf uchel, tâlaf. HIGHEST.

*uchafael, *eg.* dyrchafael, esgyniad. ASCENSION.

uchafbwynt, *eg. ll.*-iau. y man uchaf. CLIMAX.

uchafiaeth, *eb.* goruchafiaeth. SUP-REMACY.

uchafradd, *a.* o radd uwch na'r cyffredin. SUPERNORMAL.

uchafrif, *eg.* y rhif mwyaf, macsimwm. MAXIMUM.

uchanianaeth, *eb.* metaffiseg. META-PHYSICS.

*ucharnau, *ell.* fferau. ANKLES.

uchder,   ⎱ *eg.* y mesur o'r gwaelod
uchdwr,   ⎰ i'r top. HEIGHT.

uchedydd, *eg.* ehedydd. SKYLARK.

uchel, *a.* (uched, cyfuwch, uwch, uchaf). ymhell i'r lan, o safle neu bwysigrwydd mawr, croch. HIGH, LOUD. Siarad yn uchel. SPEAKING LOUDLY.

uchelder, *eg. ll.*-au. lle uchel, stad ddyrchafedig. HEIGHT, HIGHNESS.

ucheldir, *eg. ll.*-oedd. tir uchel. HIGH-LAND.

ucheldrem, *a.* talog. HAUGHTY.

ucheldyb, *eg.* balchder, barn uchel. CONCEIT.

uchelfa, *eb. ll.*-on, -feydd. lle uchel. HIGH PLACE.

*uchelfaer, *eg. ll.*-feiri. llywodraethwr, sirydd. GOVERNOR, SHERIFF.

uchelfar, *eg.* uchelwydd. MISTLETOE.

*uchelfraint, *eb.* braint arbennig. HIGH PRIVILEGE.

uchelfryd, 1. *a.* uchelgeisiol. AM-BITIOUS.
2. *eg.* uchelgais. AMBITION.

uchelgais, *egb.* dymuniad cryf am allu neu enwogrwydd. AMBITION.

uchelgeisiol, *a.* yn dymuno enwogrwydd, etc. AMBITIOUS.

uchelion, *ell.* uchelderau. HEIGHTS.

uchelradd,   ⎱ *a.* o radd uchel, rhagor-
uchelryw,   ⎰ ach. SUPERIOR.

uchelwr, *eg. ll.* uchelwyr. pendefig, bonheddwr. NOBLEMAN.

uchelwydd, *eg.* planhigyn yn tyfu ar goed eraill ac iddo aeron gwyn, uchelfar. MISTLETOE.

uchelwyl, *eb. ll.*-iau. gŵyl arbennig. HIGH FESTIVAL.

*uchenaid, *eb. ll.*-eidiau. ochenaid. SIGH.

*ucheneidio, *be.* ocheneidio. TO SIGH.

*ucher, *eg. ll.*-au. hwyr, nos. EVENING.

*ucheru, *be.* hwyrhau, nosi. TO GROW LATE.

uchgapten, *eg. ll.* uchgapteiniaid. swyddog uwch na chapten mewn byddin. MAJOR.

*ucho,   ⎱ *adf.* i'r lan, i fyny, fry.
uchod,   ⎰ ABOVE.

*uchyr, *eg.* gweler *ucher.*

udiad, *eg. ll.*-au. oernad. HOWL, WAIL.

udo : udain, *be.* oernadu, ubain. TO HOWL, TO MOAN, TO WAIL.

*udd, *eg. ll.*-ydd. arglwydd. LORD.

*ufel, *eg. ll.*-ydd. tân, gwreichion. FIRE, SPARKS.

*ufelai, *e. torf.* ocsigen. OXYGEN.

*ufeliar, *eg.* tân, gwreichion. FIRE, SPARKS.

*ufelyddiad, *eg.* taniad. IGNITION.

*ufelyn, *a.* llosg, fflamllyd. BURNING, FIERY.

*ufudd, *a.* isel, gostynedig. HUMBLE.

ufudd, *a.* yn ufuddhau, yn gwneud fel y gofynnir. OBEDIENT.

ufudd-dod, *eg.* y stad o fod yn ufudd, parodrwydd i weithredu ar orchymyn. OBEDIENCE, SUBMISSION.

ufuddhau, *be.* gwneud yr hyn a ofynnir. TO OBEY.

*ufyll, *a.* isel, gostyngedig. HUMBLE.

*ufyllter,   ⎱ *eg.* gostyngeiddrwydd.
*ufylltod,   ⎰ HUMILITY.

uffern, *eb. ll.*-au. trigfa'r eneidiau condemniedig, y trueni. HELL.

uffernol, *a.* yn perthyn i uffern, fel uffern. HELLISH.

ugain,   ⎱ *a. ll.* ugeiniau. dau ddeg,
*ugaint,   ⎰ sgôr. TWENTY.

ugeinfed, *a.* yr olaf o ugain. TWEN-TIETH.

*ulai, *eg.* hidrogen. HYDROGEN.

ulw, 1. *e. torf.* lludw, gronynnau mân. ASHES, CINDERS.
2. (ffigurol). dros ben, yn ddirfawr. UTTERLY.

*ulwyn, *eg.* carbon. CARBON.

un, 1. *eg. ll.*-au. peth neu berson, etc. ONE.
2. *a.* yr un peth, yr un person, etc., yr unrhyw. SAME.
Gwelais ef yn yr un man ddoe.
3. *a.* (y rhifol cyntaf). ONE.

unawd, *eg. ll.*-au. darn o gerddoriaeth i un offeryn neu ganwr. SOLO.

unawdwr : **unawdydd**, *eg. ll.* unawd-wyr. un sy'n canu unawd. SOLOIST.

unben, *eg. ll.*-iaid. (*b.*-nes.) gormeswr, gorthrymwr, un sydd â'r awdurdod yn hollol yn ei law ei hunan. DICTAT-OR, DESPOT.

*****unben**, *eg. ll.*-iaid, unbyn. arglwydd, uchelwr. LORD, NOBLEMAN, MONARCH, PRINCE.

*****unbenesaidd**, *a.* fel unbennes. QUEEN-LY.

unbennaeth, *eg.* gormes, tra-arglwydd-iaeth, llywodraeth un dyn. DICTATOR-SHIP.

*****unbennes**, *eb.* brenhines. QUEEN.

*****unbyn**, *ell.* gweler *unben*.

uncorn, *a.* ag un corn neu simnai. HAVING ONE CHIMNEY.

*****uncorn**, *eg. ll.*-cyrn. creadur ag un corn. UNICORN.

*****uncyn**, *eg.* owns. OUNCE.

undeb, *eg. ll.*-au. cyfundeb, uniad, bod yn un, cynghrair, nifer o weithwyr wedi ymuno i amddiffyn eu budd-iannau. UNION.

undebol, *a.* yn ymwneud ag undeb. UNION, UNITED.

undebwr, *eg. ll.* undebwyr. aelod o undeb. UNIONIST.

undod, *eg. ll.*-au. un peth cyfan, cyfanwaith. UNIT, UNITY.

Undodaidd, *a.* yn perthyn i Undod-iaeth. UNITARIAN.

Undodiaeth, *eb.* y gred sy'n gwadu athrawiaeth y Drindod. UNITARIAN-ISM.

Undodwr, *eg. ll.* Undodwyr, Undod-iaid. un sy'n aelod o enwad yr Undodiaid. UNITARIAN.

undonedd, *eg.* unrhywiaeth, diffyg amrywiaeth. MONOTONY.

undonog, *a.* ar yr un nodyn, marwaidd, diflas, blinderus. MONOTONOUS.

*****undras**, *a.* o'r un llinach. OF THE SAME DESCENT.

undydd, *a.* yn parhau am ddiwrnod. ONE-DAY.

*****uned**, *eg.* dymuniad, gweddi. WISH, PRAYER.

uned, *eb. ll.*-au. un, y rhifol un, peth neu berson unigol, dogn swyddogol. UNIT.

unedig, *a.* gweler *unol*.

unfan, *eg.* yr un man. SAME PLACE.

unfarn, *a.* o'r un meddwl, cytûn, unfrydol. UNANIMOUS.

Yn unfryd unfarn. OF ONE ACCORD.

unfath, *a.* o'r un math, tebyg. OF THE SAME KIND.

unfathiant, *eg.* tebygrwydd. IDENTITY.

unfed, *a.* cyntaf. FIRST.

Yr unfed dydd ar ddeg.

unfryd(ol), *a.* gweler *unfarn*.

unfrydedd, *eg.* cytgord, y stad o fod yn unfryd, cytundeb. UNANIMITY.

unffurf, *a.* tebyg, cymwys. UNIFORM.

unffurfedd, *eg.* } tebygrwydd ym-
unffurfiaeth, *eb.* } hob dim, cyson-deb. UNIFORMITY.

ungor, *a.* digyfrodedd. UNTWISTED.

*****ungwr**, *eg.* dyn a rhyw arbenigrwydd ynddo. A MAN WITH SOME UNIQUE-NESS.

uniad, *eg. ll.*-au. undeb, yr act o uno, asiad, ieuad. A JOINING, JOINT.

Uniad cynffonnog. DOVETAIL JOINT.

uniaith : **unieithog**, *a.* yn medru un iaith yn unig, o'r un iaith. MONOGLOT.

uniawn, *a.* iawn, cyfiawn, gwir, cym-wys, syth. JUST, UPRIGHT.

uniawni, *be.* unioni. TO MAKE STRAIGHT, TO STRAIGHTEN.

unig, *a.* 1. heb un arall. ONLY, SOLE.

Yr unig blentyn.

2. ar ei ben ei hun, wrtho'i hunan. LONELY.

Y dyn unig.

unigedd, *eg.* lle unig, unigrwydd. SOLITUDE.

unigol, 1. *a.* heb un arall. SINGULAR.

2. *eg.* unigolyn. INDIVIDUAL.

Unigolion. INDIVIDUALS.

unigoledd, *eg.* } nodweddion
unigoliaeth, *eb.* } priod, person-
unigolrwydd, *eg.* } oliaeth. INDI-VIDUALITY, INDIVIDUALISM, SINGU-LARITY.

unigolydd, *eg.* un sy'n gweithredu'n annibynnol ar bawb arall. INDIVID-UALIST.

unigolyn, *eg. ll.*-lion. un person. INDIVIDUAL.

unigolynnol, *a.* yn perthyn i unigolyn. INDIVIDUALISTIC.

unigrif, *eg.* un o'r naw rhif, digid. DIGIT.

unigrwydd, *eg.* y stad o fod yn unig (wrtho'i hun). LONELINESS.

unigryw, *a.* ar ei ben ei hun, arbennig. UNIQUE.

union : **unionsyth** : **uniongyrchol**, *a.* syth, cymwys, di-oed. STRAIGHT, DIRECT.

Yn union. PRECISELY, DIRECTLY.

uniondeb, } *eg.* cywiredd, bod yn
unionder, } uniawn, cyfiawnder, cym-
uniondra, } hwyster. RIGHTNESS.

uniongred, *a.* yn credu'r athrawiaeth gydnabyddedig. ORTHODOX.

uniongrededd, *eb.* yr athrawiaeth gydnabyddedig. ORTHODOXY.

uniongyrchol, *a.* gweler *union.*

unioni, *be.* sythu, cymhwyso, gwneud yn union, cywiro, cyrchu. TO STRAIGHTEN, TO RECTIFY, TO MAKE FOR.

unllaw, *a.* ag un llaw. ONE-HANDED.

unlliw, *a.* o('r) un lliw. OF ONE OR THE SAME COLOUR.

unllygeidiog, *a.* ag un llygad, naill lygad. ONE-EYED.

unmab, *eg.* unig fab. ONLY SON.

unman, *eg.* un lle. ANYWHERE.

__unne,__ *a.* unlliw. OF THE SAME COLOUR.

unnos, *a.* am un noswaith, dros nos. OF OR FOR ONE NIGHT.

__uno,__ *be.* dymuno. TO WISH.

uno, *be.* cyfuno, cyduno, cysylltu, ieuo, cydio, gwneud yn un. TO UNITE, TO JOIN.

unodl, *a.* â'r un odl. OF THE SAME RHYME.

unoed, *a.* o'r un oedran. OF THE SAME AGE.

unol, *a.* yn cytuno, cytûn, unfryd, gyda'i gilydd, unedig. UNITED, UNITING.

    Yn unol â. IN ACCORDANCE WITH.

unoli, *be.* gwneud yn unol. TO UNIFY.

unoliaeth, *eb.* undod, bod fel un. UNITY, UNION, IDENTITY.

unpeth, *eg.* unrhyw beth. ANYTHING.

    Am unpeth. FOR ANYTHING.

unplyg, *a.* 1. ag un plyg. FOLIO.

    2. didwyll, diffuant. SINGLE-MINDED, GENUINE, UPRIGHT.

unplygrwydd, *eg.* didwylledd, diffuantrwydd. SINCERITY, SINGLE-MINDEDNESS.

__unpryd,__ *eg.* ympryd. FASTING.

unrhyw, *a.* 1. yr un fath, tebyg. SAME.

    2. neb, rhyw (un). ANY.

unrhywiaeth, *eb.* tebygrwydd, unffurfiaeth. SAMENESS.

unsain, *a.* o'r un sŵn a sain. UNISON.

unsill : unsillafog, *a.* ag un sillaf. MONOSYLLABIC.

unswydd, *a.* ag un pwrpas. OF ONE PURPOSE.

    Yn unswydd. ON THE EXPRESS PURPOSE.

unto, *a.* dan yr un to. UNDER THE SAME ROOF.

untrew, *eg.* trew. SNEEZE.

untu, *a.* unochrog. ONE-SIDED.

    Cyfrwy untu. SIDE-SADDLE.

unwaith, *adf.* un tro. ONCE.

    Ar unwaith. AT ONCE.

__unwaith,__ *a.* cyffelyb, fel, tebyg. SIMILAR.

unwedd, *a.* ac *adf.* tebyg, felly. LIKE, IN THE SAME MANNER, LIKEWISE.

unwr, *eg.* *ll.-*wyr. person sy'n uno. UNITER.

__unyd,__ *a.* o'r un hyd. OF THE SAME LENGTH.

__urael,__ 1. *eg.* asbestos, defnydd drudfawr. ASBESTOS, COSTLY MATERIAL.

    2. *a.* gwych, rhagorol. FINE, SPLENDID.

urdd, *eb.* *ll.*-au. gradd, safle, cwmni, dosbarth, cymdeithas. ORDER.

    Urdd Gobaith Cymru. THE WELSH LEAGUE OF YOUTH.

__urddain,__ *a.* anrhydeddus. HONOURED.

urddas, *eg.* *ll.*-au. anrhydedd, mawredd, gweddeidd-dra, gradd. DIGNITY, GRADE.

urddasol, *a.* anrhydeddus, mawreddog, yn hawlio parch. DIGNIFIED.

urddedig, *a.* wedi ei urddo. ORDAINED, HONOURED.

__urdden,__ *a.* anrhydeddus, urddasol. HONOURED, DIGNIFIED.

urddiad, *eg.* *ll.*-au. y weithred o urddo. ORDINATION.

__urddin,__ *a.* gweler *urdden.*

urddo, *be.* ordeinio, cyflwyno anrhydedd, derbyn i'r weinidogaeth. TO ORDAIN, TO CONFER AN HONOUR OR ORDER.

urddol, *a.* urddasol, anrhydeddus. HONOURED, DIGNIFIED, EXALTED, NOBLE ; KNIGHTLY.

__urddol,__ *eg.* *ll.*-ion. crefyddwr mewn urddau. ORDAINED PRIEST.

__urddoli,__ *be.* anrhydeddu, parchu. TO HONOUR, TO RESPECT.

__urdduniant,__ *eg.* addurn, anrhydedd, parch. ADORNMENT, HONOUR, RESPECT.

__urdduno,__ *be.* anrhydeddu. TO HONOUR.

__urddyn,__ *a.* urddasol. NOBLE.

__uriad,__ *eg.* henuriad. ELDER.

us, *ell.* mân us, peiswyn, hedion, cibau, plisg grawn llafur (ŷd). CHAFF.

__usier,__ *eg.* hebryngwr. USHER.

usog, *a.* ag us. FULL OF CHAFF.

ust, 1. *ebych.* bydd yn dawel ! taw! byddwch yn dawel ! HUSH !

    2. *eg.* distawrwydd. A HUSH.

__ustalch,__ *ell.* darnau mân, teilchion. FRAGMENTS.

ustus, *eg.* *ll.*-iaid. ynad, swyddog gwlad a hawl ganddo i weithredu cyfraith. MAGISTRATE.

    Ustus heddwch : ynad heddwch. JUSTICE OF THE PEACE.

*usur, *eg.* } ocraeth. USURY.
usuriaeth, *eb.*
usuriwr, *eg. ll.*-wyr. ocrwr. USURER.
uswydd, *ell.* ysgyrion, drylliau. SPLINT-ERS.
usyn, *eg. ll.*-nau. eisin, plisgyn. GLUME.
utgorn, *eg. ll.* utgyrn. offeryn chwyth cerdd (wedi ei wneud o fetel), corn. TRUMPET.
uthr, *a.* dychrynllyd, ofnadwy. AWFUL.
uwch, *a.* gradd gymharol *uchel,* yn fwy uchel. HIGHER.
uwchben : uwchlaw, l. *ardd.* yn uwch na, goruwch, dros, dros ben. ABOVE.

2. *adf.* uchod, fry. ABOVE.
uwchdonydd, *eg.* y gris uwchben y tonydd. SUPERTONIC.
uwch-las, *eg.* pelydryn y tu hwnt i ddau ben y spectrwm gweledig. ULTRA-VIOLET.
uwchnormal, *a.* uwchradd. SUPERIOR.
uwchradd : uwchraddol, *a.* o safon uwch, gwell, rhagorach. SUPERIOR.
Ysgol Uwchradd. SECONDARY SCHOOL.
uwd, *eg.* blawd ceirch wedi ei ferwi mewn dŵr neu laeth. PORRIDGE.

W

wad, *egb.* gweler *whad.*
wado, *be.* gweler *whado.*
waetio, *be.* aros. TO WAIT.
waets, *eg. ll.*-ys. wats, oriawr. WATCH.
walbant, *eg.* walblat. WALL-PLATE.
walbon, *eg.* asgwrn morfil. WHALEBONE.
waldio, *be.* taro, curo. TO BEAT, TO THRASH.
wanws, *eg.* certws. CART-HOUSE.
warsel, } *eg.* gwledd, gloddest.
*wasel, } WASSAIL.
wats, *eb. ll.*-ys. oriawr. WATCH.
wb, } *ebych.* wi. OH ! ALAS !
wbwb, }
*wdrot : wdrwth, *eg.* llysiau'r eryr. WOODRUFF.
*wdwart, *eg.* ceidwad coed. KEEPER, WOODWARD.
wedi, *ardd.* ar ôl. AFTER.
Wedi wyth. PAST EIGHT.
wedyn, *adf.* wedi hynny, ar ôl hynny, yna. AFTERWARDS.
weir(en), *eb.* gwifren. WIRE.
weithian : weithion, *adf.* yn awr, bellach, o'r diwedd. NOW, AT LAST.
weithiau, *adf.* ar brydiau, ambell waith. SOMETIMES.
wel, *ebych.* WELL !
weldyma, *ebych.* dyma. HERE.
weldyna, *ebych.* dyna. THERE.
wele, *ebych.* edrych, dacw, edrychwch. BEHOLD !
wermod, *eb.* } wermod lwyd,
wermwd, *eg.* } chwerwlys, llys-ieuyn chwerw a ddefnyddir mewn moddion. WORMWOOD.
wfft, *ebych.* ffei ! FOR SHAME ! FIE !
Wfft iddo ! rhag ei gywilydd ! FIE ON HIM ! SHAME ON HIM !
wfftian : wfftio, *be.* gwawdio, di-ystyru, gwatwar. TO FLOUT.

*wng, *a.* agos. NEAR.
whad, *eb.* ergyd. SLAP, STROKE.
whado, *be.* curo, baeddu, taro, wado. TO BEAT, TO THRASH.
whimbil, *eb.* gimbil, ebill, offeryn tyllu. GIMLET, WIMBLE.
whit-what, *a.* ac *eg.* gweler *wit-wat.*
wi, *ebych.* wb. OH ! ALAS !
widw, *eb.* gweddw, gwidw. WIDOW.
winc, *eb.* trawiad llygad, amrantiad, chwinc. WINK.
wincian : wincio, *be.* cau ac agor llygad fel awgrym, amneidio â'r llygad. TO WINK.
wits, *eb. ll.*-iaid. dewines. WITCH.
wit-wat : chwit-chwat : whit-what,
1. *a.* di-ddal, gwamal, oriog. FICKLE.
2. *eg.* person di-ddal. FICKLE PERSON.
wlser, *eg. ll.*-au. clwyf peryglus yn cynnwys gôr. ULCER.
wmbredd, *eg.* amlder, helaethrwydd, digonedd, llawer. ABUNDANCE.
*wmlys, *eg.* rhannau bwytadwy carw. EDIBLE INWARD PARTS OF DEER.
*wnc, *a.* gweler *wng.*
*wncyn, *eg.* owns. OUNCE.
wniwn, *ell.* (*un. g.* wnionyn) : **wynwyn,** *ell.* (*un. g.* wynwynyn). gwreiddiau crwn ac iddynt aroglau a blas cryf ac a ddefnyddir i'w bwyta. ONIONS.
*wns, *eg.* owns. OUNCE.
wricaria, *eg.* tarddiant (ar y croen). URICARIA.
*wrls, *eg.* ymyl. BORDER.
wrlyn, *eg.* chwydd, cnepyn. SWELLING.
wrn, *eg.* llestr i ddal lludw'r marw, llestr onglog neu grwn a throed iddo. URN.
*wrsib, *eg.* parch. WORSHIP.

wtio, *be.* hwtio. TO BOO.

*wtla, *eg.* herwr. OUTLAW.

wtláu, *be.* gyrru ar ffo. TO OUTLAW.

wtra, ⎱ *eb.* lôn, heol fach. LANE.
wtre, ⎰

*wtres, *eb.* afradlonedd, moethus-rwydd, gwledd, cyfeddach, caru'n danbaid. PRODIGALITY, LUXURY, CAROUSAL, PASSIONATE LOVE-MAKING.

*wtresu, *be.* gwledda, cyfeddach. TO CAROUSE.

*wtreswr, *eg. ll.*-wyr. gloddestwr, afradlon, cariad. CAROUSER, A PRODIGAL, LOVER.

wrth, *ardd.* (wrthyf, wrthyt, wrtho, wrthi, wrthym, wrthych, wrthynt), gerllaw, ger, yn agos at, yn ymyl, trwy. BY, WITH, TO, COMPARED WITH, BECAUSE.

Wrth gwrs. OF COURSE.

wy (ŵy), *eg. ll.* wyau. yr hyn a ddodwyir gan aderyn i gynhyrchu aderyn bach. EGG.

*wy, *ardd.* + *rhag.* i'w. TO HIS/HER/THEIR.

wybr (ŵy), *eb.* : **wybren.** *eb. ll.*-nau. awyr, ffurfafen, y gwagle uwchlaw'r ddaear. SKY.

*wybr, *eb.* cwmwl. CLOUD.

wybrennol, *a.* wybrol, awyrol. CELESTIAL.

wybrol, *a.* awyrol. ETHEREAL.

wyfa, *eb.* y gell sy'n cynnwys wyau. OVARY.

wyffurf, *a.* ar ffurf wy. OVOID.

wygell, *eb. ll.*-oedd. wyfa. OVARY.

wylad, *be.* wylo, llefain. TO WEEP.

wylo (ŵy), *be.* crio, llefain. TO WEEP.

*wylofaeth, *eb.* wylofain. LAMENTATION.

wylofain, 1. *eg.* cwynfan, ochenaid, griddfan, llef uchel. A WAILING.

2. *be.* ochneidio, cwynfan. TO WAIL.

wylofus, *a.* dagreuol, yn llawn dagrau. TEARFUL, DOLEFUL.

wylun, *a.* ar ffurf wy. OVATE.

ŵyll, *eb.* 1. dylluan. OWL.

2. drychiolaeth, ellyll. GHOST, FIEND.

ŵyna, *be.* bwrw ŵyn. TO LAMB.

*wyneb, *eg.* clod, anrhydedd, enw da. FAME, HONOUR.

wyneb (ŵy), *eg. ll.*-au. wynepryd, arwynebedd, y tu flaen i'r pen. FACE, SURFACE.

Derbyn wyneb. RESPECTING PERSONS.

wynebedd, *eg. ll.*-au. yr arwynebedd rhwng llinellau unrhyw ffigur. AREA.

wynebgaled, *a.* digywilydd, haerllug. BAREFACED.

wynebgaledwch, *eg.* digywilydd-dra, haerllugrwydd. IMPUDENCE.

wynebiad, *eg. ll.*-au. argaen. VENEER.

wyneblasu, *be.* gwelwi. TO TURN PALE.

wyneblun, *eg. ll.*-iau. llun yr wyneb. FRONT VIEW.

wynebu, *be.* troi wyneb at, edrych at, gwrthsefyll yn ddewr. TO FACE, TO CONFRONT.

*wynebwerth, *eg.* iawn(dal) am sarhad. COMPENSATION FOR INSULT.

wynepclawr, *a.* ag wyneb fflat. FLAT-FACED.

ŵynos, *ell.* ŵyn bychain. LAMBKINS.

ŵyr, *eg. ll.*-ion, (*b.* -es). mab i fab neu neu ferch. GRANDSON.

*wyrain, *be.* codi, dyrchafu. TO RISE.

wysg, *eg.* ôl, llwybr, cyfeiriad. TRACK, WAKE, DIRECTION.

Yn wysg ei gefn. BACKWARDS.

*wystn, 1. *eg.* bonyn crin. DRY STUMP.

2. *a.* (*b.* westn). crinsych. WITHERED.

wyth, *a.* y rhifol 8. EIGHT.

wythawd, *eg. ll.* -au. wyth o bethau neu bersonau neu linellau neu seiniau yn ffurfio uned. OCTAVE, OCTET.

wythban, *a.* yn cynnwys wyth drawiad neu sillaf, ag wyth ran. HAVING 8 METRICAL FEET OR SYLLABLES, OF EIGHT PARTS.

wythfed, 1. *a.* yr olaf o wyth. EIGHTH.

2. *eg.* cyfwng o ddeuddeg hanner-tôn. OCTAVE.

wythnos, *eb. ll.*-au. cyfnod o saith diwrnod (gan gyfrif y nosau'n wyth), y cyfnod rhwng dau Sul. WEEK, PERIOD BETWEEN TWO SUNDAYS.

wythnosol, *a,* bob wythnos. WEEKLY.

wythnosolyn, *eg. ll.*-olion. papur wythnosol. WEEKLY PAPER.

Y

(Am ysb-, ysg-, yst-, etc. gweler hefyd sb-, sg-, st-, etc.).

y : yr : 'r, y fannod. THE.

    (*y* o flaen cytsain ; *yr* o flaen llafariad a *h* ; *'r* ar ôl llafariad).

y : yr, geiryn perthynol a ddefnyddir ymhob cyflwr ond yr enwol a'r gwrthrychol. RELATIVE PARTICLE.

    Y dref y trigaf ynddi. THE TOWN IN WHICH I LIVE.

y : **yr,** geiryn a ddefnyddir gyda ffurfiau'r berfenw *bod.*
Yr oeddwn.
Y mae.

ych, *eg. ll.*-en. un o deulu'r fuwch. OX.

*ychenog, *a.* anghenus, rheidus. NEEDY.

ychryd, *eg.* gweler *ysgryd.*

*ychryn, *eg.* dychryn, braw. FRIGHT.

ychwaith : **chwaith,** *adf.* hefyd (mewn brawddeg negyddol), hyd yn oed. EITHER, NEITHER.

ychwaneg : **chwaneg,** *eg.* mwy, rhagor. MORE.

ychwanegiad : **chwanegiad,** *eg. ll.*-au. atodiad, cynnydd, rhywbeth yn rhagor. ADDITION, SUPPLEMENT.

ychwanegol, *a.* yn rhagor, yn fwy. ADDITIONAL.

ychwanegu : **chwanegu,** *be.* atodi, helaethu, cynyddu, chwyddo. TO INCREASE, TO ADD, TO AUGMENT.

ychydig, *a.* tipyn, nid llawer, prin. LITTLE, FEW.

ychydigyn, *eg.* ychydig ; ychydig amser ; ysbaid. VERY LITTLE ; A SHORT WHILE.

ŷd, *eg. ll.* ydau. llafur (gan gynnwys gwenith, haidd, ceirch, etc.). CORN.

yden, *eb.* gronyn o ŷd. GRAIN OF CORN.

ydlan, *eb. ll.*-nau, -noedd. buarth neu iard i gadw ŷd neu wair. RICKYARD.

ydog, *a.* â digonedd o ŷd. WITH PLENTY OF CORN.

*ydwyd, *bf.* ydwyt. THOU ART.

ydys, *bf. (amhers.)* ys. IT IS.

*ydd, *geir.* yr. PREVERBAL PARTICLE.

yfed, *be.* llyncu diod ; sugno, llymeitian, diota. TO DRINK.

*yfelly, *adf.* gweler *felly.*

*yfetri, *be.* llymeitian. TO TIPPLE.

*yforucher, *eb.* yr hwyr yfory. TO-MORROW EVENING.

yfory : **fory,** *adf.* trannoeth i heddiw. TOMORROW.

yfwr, *eg. ll.* yfwyr. un a yf. DRINKER.

yfflon, *ell. (un.* yfflyn). teilchion, cyrbibion, darnau, tameidiau neu ronynnau mân. FRAGMENTS.
Yn yfflon : yn ulw. UTTERLY BROKEN, WRECKED.

yng, *ardd.* gweler *yn.*

*yng, *a.* cyfyng. NARROW, STRAIT.
*Yn yng : yn agos. NEAR.

yngan : **ynganu,** *be.* traethu, dywedyd, llefaru, mynegi, sôn. TO UTTER, TO SPEAK, TO MENTION.

*yngder, *eg.* cyfyngder. DISTRESS.

ynghanol, *ardd.* ymysg, ymhlith, rhwng. IN THE MIDST OF.

ynghyd, *adf.* gyda'i gilydd. TOGETHER.

ynghylch, *ardd.* am, ynglŷn â. ABOUT, CONCERNING.

ynglŷn (â), *adf.* mewn cysylltiad, yn ymwneud (â). IN CONNECTION (WITH).

*ynglyn, *eg.* englyn. METRE SO CALLED.

*yngnad, *eg. ll.*-on, yngnaid. ustus, ynad. JUSTICE.

*yngo(d), *adf.* yn ymyl ; yno. NEAR ; THERE.

*yngres, *eg.* rhuthr, ymosodiad, perygl. ATTACK, DANGER.

*yngu, *be.* nesáu ; ymgecru, cweryla. TO DRAW NEAR ; TO QUARREL.

*yngwaith, *eg.* cyfyngder. DISTRESS.

*yngyrth, *a.* erchyll. TERRIBLE.

*ylltryd, *eg.* crwydryn. VAGABOND.

*ylltyr, *eg.* man geni ; dafaden. BIRTH MARK ; MOLE, WART.

*ym, 1. *ardd.* myn (mewn llw). BY.
2. *rhag.* fy. MY.

ym, *ardd.* gweler *yn.*
Ymhell. FAR.
Ymhen. WITHIN (TIME).

ym-, *rhagdd.* ystyr atblygol neu gilyddol, fel rheol. MOSTLY REFLEXIVE OR RECIPROCAL IN MEANING.

yma, *adf.* yn y fan hon, yn y lle hwn, hwn. HERE, THIS.

*ymachludd, 1. *be.* ymguddio. TO HIDE (ONESELF).
2. gweler *machlud.*

ymachub, *be.* dianc. TO ESCAPE.

ymadael : **ymado (â),** *be.* mynd ymaith, gadael, cychwyn. TO DEPART.

ymadawedig, *a.* wedi ymadael, marw. DEPARTED, DECEASED.

ymadawiad, *eg.* yr act o ymadael, marwolaeth. DEPARTURE.

ymadawol, *a.* yn ymadael. PARTING.
Pregeth ymadawol. FAREWELL SERMON.

ymadferth, *eg.* amddiffyn. PROTECTION.

*ymadolwyn, ymbil, erfyn. TO BESEECH, TO PRAY.

ymadrodd, *eg. ll.*-ion. dywediad, lleferydd, traethiad. SAYING.
Rhan ymadrodd. PART OF SPEECH.

ymadroddus, *a.* huawdl. ELOQUENT.

ymaddasiad, *eg.* addasiad. ADJUSTMENT.
Diffyg ymaddasiad. MAL-ADJUSTMENT.

ymaelodi, *be.* dod yn aelod. TO BECOME A MEMBER.

ymaelyd, *be.* ymaflyd, gafael. TO TAKE HOLD.

ymafael : ymaflyd, *be.* dal gafael, gafaelyd, cydio yn. TO TAKE HOLD.

Ymaflyd cwymp : ymaflyd codwm : taflu codwm. TO WRESTLE.

*ymaflydd, *eg. ll.*-ion. ymgodymwr, ymaflwr codwm. WRESTLER.

ymageru, *be.* troi'n ager, anweddu. TO EVAPORATE.

ymagweddiad, *eg.* ymddygiad, ymarweddiad. DEMEANOUR, ATTITUDE.

ymaith, *adf.* i ffwrdd, i bant. AWAY.

*yman, *adf.* yma. HERE.

*ymandaw, 1. *be.* gwrando, clywed. TO LISTEN, TO HEAR.

2. *eg.* arglwydd. LORD.

ymannerch, 1. *be.* cyfarch, croesawu. TO GREET.

2. *eg.* cyfarchiad. GREETING.

ymannog, *be.* annog ei gilydd. TO EXHORT ONE ANOTHER.

*ymannos, 1. *adf.* y nos o'r blaen. THE OTHER NIGHT.

2. *be.* annog ei gilydd. TO INCITE ONE ANOTHER.

ymanodi, *be.* ymsuddo, cyfarfod. TO SINK, TO MEET.

*ymarail, *be.* arail, gwylio, disgwyl. TO WATCH, TO EXPECT.

ymarddangosiaeth, *eb.* arddangos hunan. SHOWMANSHIP.

*ymarddel(w), *be.* arddel, honni, proffesu. TO CLAIM, TO ASSERT, TO PROFESS.

ymarfaethiad, *eg.* hawl (gwlad) i benderfynu drosti ei hun. SELF-DETERMINATION.

ymarfer, 1. *eb. ll.*-ion. arfer, arferiad. PRACTICE, EXERCISE.

2. *be.* gwneud peth yn aml er mwyn cyfarwyddo ag ef, arfer. TO PRACTISE.

ymarferiad, *eg. ll.*-au. arfer, arferiad. PRACTICE, EXERCISE.

ymarferol, *a.* y gellir ei wneud. PRACTICAL.

*ymargio, *be.* dadlau, ymresymu. TO ARGUE.

ymarhous, *a.* amyneddgar, dioddefgar, araf. SLOW, PATIENT.

ymaros, 1. *be.* dioddef, cyd-ddioddef, bod yn amyneddgar. TO ENDURE.

2. *eg.* amynedd. PATIENCE.

*ymarwar, *be.* ymddiddan. TO TALK.

ymarwedd, 　 *eg. ll.*-au. ymddygymarweddiad, 　 iad, ffordd i ymddwyn. CONDUCT, BEHAVIOUR.

ymarweddu, *be.* ymddwyn. TO BEHAVE.

ymatal, *be.* dal yn ôl, ffrwyno hunan. TO REFRAIN, TO RESTRAIN ONESELF.

ymataliad, 　 *eg. ll.*-au. ymwrthodymataliaeth, 　 iad. ABSTENTION.

ymataliol, *a.* ymwrthodol, yn ymatal. ABSTAINING.

ymataliwr, *eg. ll.*-wyr. ymwrthodwr. ABSTAINER.

ymatalus, *a.* ymataliol. ABSTAINING.

ymateb, 1. *be.* ateb, gweithredu mewn ateb i. TO RESPOND.

2. *eg.* adwaith. REACTION, RESPONSE.

*ymatgor, *be.* dychwelyd. TO RETURN.

ymawyddu, *be.* dyheu. TO LONG.

ymbalfalu, *be.* chwilio yn y tywyllwch, teimlo'r ffordd. TO GROPE.

ymbaratoi, *be.* paratoi ei hunan. TO PREPARE ONESELF.

ymbarél : ymbrelo : ambarél, *eg.* peth y gellir ei gario uwch y pen i gadw'n sych rhag y glaw. UMBRELLA.

*ymbarlïo, *be.* dadlau. TO DISPUTE.

ymbelydredd, *eg.* grym radio-egnïol. RADIOACTIVITY.

ymbelydrol, *a.* radio-egnïol. RADIOACTIVE.

*ymbell, *a.* ambell. OCCASIONAL, SOME.

ymbellhau, *be.* pellhau. TO GO FURTHER AWAY.

ymbesgi, *be.* pesgi, tewhau. TO GROW FAT.

ymbil, 1. *be.* erfyn, crefu, atolygu, deisyf, ymbilio. TO IMPLORE.

2. *eg. ll.*-iau. deisyfiad, erfyniad. ENTREATY.

ymbilgar, *a.* erfyniol. IMPLORING.

ymbiliwr, *eg. ll.*-wyr. erfyniwr, dadleuwr. PLEADER.

ymbincio, *be.* ymdecáu, ymdaclu. TO TRIM ONESELF.

ymbleidiaeth, 　 *eb.* 　 pleidgarwch. PARTISANSHIP.

ymbleidiol, *a.* pleidgar. PARTISAN.

ymbleidiwr, *eg. ll.*-wyr. pleidiwr. PARTISAN.

ymboeni (â), *be.* cymryd gofal, dygnu. ymdrechu, ymegnïo. TO TAKE PAINS.

ymborth, *eg.* bwyd, lluniaeth, peth i'w fwyta. FOOD.

ymbortheg, *eb.* dieteteg. DIETETICS.

ymborthi (ar), *be.* bwyta. TO FEED ONESELF (ON).

ymbrofi (â), *be.* profi. TO TEST.

*ymbwyll, *eg.* myfyrdod. MEDITATION.

ymbwyllo, *be.* cymryd pwyll, myfyrio. TO REFLECT, TO MEDITATE.

*ymbwytho, *be.* ymdrechu. TO STRIVE.

*ymchoelud, *be.* gweler *ymchwelyd.*

ymchwarae, *be.* ymdroi, gwastraffu amser. TO DALLY.

ymchwel, *be.* dychwelyd, troi. TO RETURN, TO TURN.

*ymchwelyd, *be.* 1. dychwelyd. TO RETURN.
2. ymosod. TO ATTACK.
ymchwelyd, *be.* gweler *ymhoelyd*.
ymchwil, *eb.* : **ymchwiliad**, *eg. ll.*-au. yr act o edrych am rywbeth neu geisio cael rhywbeth, ymholiad. SEARCH, RESEARCH, INQUIRY, INVESTIGATION.
ymchwiliwr, *eg. ll.*-wyr. un sy'n ymchwilio. INVESTIGATOR, EXPLORER.
ymchwydd (ŵy), *eg. ll.*-iadau. tonnau, codiad, dygyfor, yr act o ymchwyddo. SURGE, SWELL.
ymchwyddo, *be.* dygyfor, chwyddo, codi. TO SURGE, TO SWELL.
ymdaclu, *be.* ymbincio, ymdecáu. TO TRIM ONESELF.
ymdaenu, *be.* ymestyn. TO EXPAND, TO EXTEND.
ymdaeru, *be.* cecru, ffraeo. TO QUARREL.
ymdagu, *be.* tagu ei hunan. TO CHOKE OR STRANGLE ONESELF.
ymdaith[1], *eb. ll.* ymdeithiau. 1. taith, siwrnai. JOURNEY.
2. cynnydd. PROGRESS.
ymdaith[2], *be.* ymdeithio, cerdded. TO TRAVEL, TO MARCH.
*ymdaith, *adf.* i ffwrdd, ymaith, AWAY.
ymdannu, *be.* ymdaenu, ymestyn. TO EXTEND, TO SPREAD.
ymdaro, *be.* gweler *ymdopi*.
*ymdaro, *be.* ymladd. TO FIGHT.
ymdebygu, *be.* mynd yn debyg. TO RESEMBLE.
ymdecáu, *be.* ymbincio, ymdaclu. TO TRIM ONESELF.
ymdeimlad, *eg.* ymwybod, ymwybyddiaeth. CONSCIOUSNESS, FEELING.
ymdeithgan, *eb.* cân y gellir ymdeithio iddi. MARCHING SONG, MARCH.
ymdeithiad, *eg. ll.*-au. gweler *ymdaith*
ymdeithio : **ymdaith**, *be.* teithio, mynd ar siwrnai, cerdded ynghyd. TO JOURNEY, TO MARCH.
ymdeithiwr, *eg. ll.*-wyr. ⎰teithiwr.
ymdeithydd, *eg. ll.*-ion. ⎱TRAVELLER, PASSENGER.
*ymdesu, *be.* torheulo. TO SUNBATHE.
ymdoddi, *be.* troi'n hylif trwy dwymo ; chwythu (am drydan). TO FUSE.
ymdonni, *be.* codi'n donnau. TO RIPPLE, TO BILLOW.
ymdopi, *be.* gwneud y tro, llwyddo, ymdaro. TO MANAGE.
"ac a allasai ymdopi naw mlynedd eto."

ymdorfynyglu, *be.* gwasgu ynghyd (megis ar dorri gyddfau). TO PRESS (AS IF TO BREAK NECKS).
*ymdraf, *eg. ll.*-au. llafur, caledi. TRAVAIL, LABOUR.
*ymdrafodi, *be.* dadlau, cystadlu. TO ARGUE, TO CONTEND.
*ymdraffullio, *be.* prysuro. TO HURRY.
ymdrech, *eb. ll.*-ion. egni mawr, ymryson, ymegnïad, ymgais. EFFORT, ENDEAVOUR, CONTEST.
ymdrechgar, *a.* egnïol. STRIVING, ACTIVE.
ymdrechiad, *eg.* y gallu sy'n cyfeirio neu'n ysgogi, ymdrech. CONATION.
ymdrechu, *be.* ymryson, gwneud ymdrech, treio, ceisio, cynnig, ymegnïo. TO STRIVE, TO ENDEAVOUR.
ymdreiddiad, *eg.* ymhidlad. INFILTRATION.
ymdreiglo, *be.* treiglo ; ymdrybaeddu. TO ROLL ; TO WALLOW.
ymdrin[1] (â), *be.* trin, trafod, delio â. TO DEAL WITH.
ymdrin[2], *eg.* ⎱triniaeth.
ymdriniad, *eg. ll.*-au. ⎰TREATMENT.
ymdriniaeth, *eb.* trafodaeth. DISCUSSION, TREATMENT.
ymdrochfa, *eb. ll.*-feydd. ymolchfa, ymdrochiad. BATH, BATHING-PLACE, BATHE.
ymdrochi, *be.* ymolchi'n gyfan gwbl, mynd i mewn i ddŵr. TO BATHE.
ymdrochwr, *eg. ll.*-wyr. un sy'n ymdrochi. BATHER.
ymdroi, *be.* sefyllian, ystelcian, gwario amser. TO LOITER, TO DAWDLE.
ymdrwsio, *be.* ymbincio, ymdecáu. TO TRIM ONESELF.
ymdrybaeddu, *be.* ymdreiglo, rholio mewn dŵr neu fwd, etc. TO WALLOW.
ymdrythyllu, *be.* ymdrybaeddu mewn anlladrwydd. TO BECOME WANTON.
ymdwyro, *be.* twymo, ymestyn. TO HEAT, TO STRETCH.
ymdynghedu, *be.* addunedu, gwneud addewid ddwys. TO VOW.
ymdynnu, *be.* ymryson, encilio. TO CONTEND, TO WITHDRAW.
ymdyrru, *be.* tyrru, heidio. TO THRONG.
ymddadlau, *be.* ymryson, dadlau. TO DISPUTE.
ymddangos, *be.* dod i'r golwg, ymrithio, edrych (fel pe bai). TO APPEAR.
ymddangosiad, *eg. ll.*-au. y weithred o ymddangos, golwg, drych. APPEARANCE, APPEARING.
ym-ddal, *eg.* dalfod, gallu i barhau neu oddef. ENDURANCE.

*ymddanheddu, *be.* ysgyrnygu, chwyrnu, cweryla. TO SNARL, TO QUARREL.

ymddatod, *be.* datod, dadwneud, mynd oddi wrth ei gilydd. TO DISSOLVE.

ymddatodiad, *eg.* y weithred o ymddatod. DISSOLUTION, AUTOLYSIS.

ymddeol, *be.* ymddiswyddo, gadael gweithio, gadael swydd, ymneilltuo. TO RESIGN, TO RETIRE.

ymddeoliad, *eg. ll.*-au. ymddiswyddiad, ymneilltuad. RESIGNATION.

ymdderu, *be.* gwallgofi, cweryla. TO RAVE, TO QUARREL.

ymddial,
ymddiala, $\Big\}$ *eb.* dial. TO REVENGE.

ymddialwr, *eg. ll.*-wyr. dialwr, dialydd. AVENGER.

*ymddiarchenu, *be.* diosg esgidiau neu wisg. TO TAKE OFF ONE'S SHOES OR OUTER GARMENT, TO UNDRESS.

ymddiddan, 1. *eg. ll.*-ion. siarad, sgwrs, ymgom, chwedl. CONVERSATION.

2. *be.* siarad, chwedleua, sgwrsio, ymgomio. TO TALK.

ymddiddangar, *a.* siaradus, hoff o ymddiddan. CONVERSATIONAL.

ymddiddanwr, *eg. ll.* ymddiddanwyr· ymgomiwr, sgwrsiwr, chwedleuwr· CONVERSATIONALIST.

ymddieithrio, *be.* dieithrio hunan, mynd yn ddieithr. TO DISGUISE ONESELF, TO BE ESTRANGED.

*ymddifadu, *be.* gweler *amddifadu*.

*ymddifregu, *be.* ymbil, eiriol. TO IMPLORE, TO INTERCEDE.

*ymddiffryd, *be.* amddiffyn hunan. TO DEFEND ONESELF.

ymddigrifo, *be.* ymhyfrydu. TO DELIGHT.

*ymddigrifwch, *eg.* hyfrydwch. DELIGHT.

ymddihatru, *be.* dadwisgo hunan. TO DIVEST ONESELF.

ymddiheuriad, *eg. ll.*-au. esgusawd. APOLOGY.

ymddiheuro, *be.* ymesgusodi, gwneud esgus drosto'i hunan. TO APOLOGIZE.

ymddilladu, *be.* dilladu hunan. TO CLOTHE ONESELF.

*ymddiod, $\Big\}$ *be.* dadwisgo. TO UN-
ymddiosg, DRESS.

ymddiried, 1. *eg.* ymddiriedaeth, hyder, ffydd. TRUST.

2. *be.* hyderu, bod â ffydd yn. TO TRUST.

ymddiriedolwr, *eg. ll.* ymddiriedolwyr. un sydd â gofaleidd o arall. TRUSTEE.

ymddiswyddo, *be.* ymddeol, gadael swydd, gadael gwaith, ymneilltuo. TO RESIGN.

*ymddiwad, *be.* ymwadu. TO RENOUNCE.

ymddolennu, *be.* ymdroelli. TO WIND, TO MEANDER.

*ymddrychioli, *be.* ymddangos. TO APPEAR.

*ymddullio, *be.* trefnu. TO ARRAY.

ymddwyn, *be.* gweithredu, actio, ymarweddu, bod yn weddus neu anweddus. TO BEHAVE.

ymddŵyn, *be.* beichiogi, geni. TO CONCEIVE, TO BEAR.

*ymddwyrain, *be.* cyfodi. TO RISE.

ymddyfalu, *be.* ymddisgrifio. TO DESCRIBE ONESELF.

*ymddyfoli, *be.* traflyncu. TO GORGE.

*ymddyfyn, *be.* eiriol. TO INTERCEDE.

ymddygiad, *eg. ll.*-au. ffordd i ymddwyn, ymarweddiad. BEHAVIOUR.

ymddygiadaeth, *eb.* ymarweddiaeth. BEHAVIOURISM.

*ymddygwd, *eg.* ymdrech, ysgarmes, ffrae. STRUGGLE, AFFRAY.

ymddyrchafiad, *eg.* dyrchafiad. EXALTATION.

*ymddywedyd, *be.* ymddiddan. TO CONVERSE.

*ymedyrio, *be.* ymwthio, ymgladdu, ymguddio. TO PUSH, TO WALLOW, TO HIDE ONESELF.

ymeffaith, *eg.* gweithred ac adwaith, rhoi a derbyn. RECIPROCITY.

ymeffeithiol, *a.* cilyddol. RECIPROCAL.

ymegnïad, *eg. ll.*-au. ymdrech. EFFORT.

ymegnïo, *be.* gweithredu'n egnïol, gweithio'n galed, ymdrechu. TO STRIVE.

*ymeiriol, 1. *eg.* eiriolaeth. INTERCESSION.

2. *be.* eiriol. TO INTERCEDE.

ymelwad, *eg.* y weithred o ddefnyddio rhywbeth at amcan hunanol, ymelwa. EXPLOITATION.

*ymellin, *eg.* manna. MANNA.

*ymendâu, *be.* gwella, diwygio. TO MEND, TO AMEND.

ymennydd, *eg. ll.* ymenyddiau. deall, y nerfau yn y pen sy'n rhoi'r gallu i feddwl. BRAIN.

ymennyn, *be.* ymgyffroi ; ymennynnu. TO EXCITE ONESELF ; TO BECOME INFLAMED.

ymenyn, *eg.* y peth a geir o gorddi hufen. BUTTER.

ymerawdwr, *eg. ll.* ymerawdwyr. **: ymherodr,** *eg. ll.* ymerodron. (*b.* ymerodres). rheolwr ymerodraeth. EMPEROR.

ymerodraeth, *eb. ll.*-au. nifer o wledydd o dan yr un rheolwr. EMPIRE.

ymerodraidd, *a.* yn perthyn i ymherodr. IMPERIAL.

ymerodrydd, *eg. ll.*-ion. cefnogwr ymerodraeth. IMPERIALIST.

ymesgusodi, *be.* ymddiheuro, gwneud esgus drosto'i hunan. TO EXCUSE ONESELF.

ymestyn,   ⎫ *be.* estyn, ehangu,
*ymestynnu, ⎭ cyrraedd hyd at, tynnu wrth, gwneud yn hwy. TO STRETCH, TO EXTEND.

ymestyniad, *eg.* ehangder, maint, ychwanegiad. EXTENT, ADDITION.

ymfalchïo (yn), *be.* balchïo, bod yn falch. TO PRIDE ONESELF.

ymfodloni, *be.* cytuno. TO ACQUIESCE.

ymfodlonus, *a.* ymfoddhaus. COMPLACENT.

ymfoddhad, *eg.* boddhad hunanol. COMPLACENCY.

ymfrasáu, *be.* ymbesgi. TO FATTEN.

ymfudiad, *eg. ll.*-au. symudiad i fyw mewn gwlad arall. EMIGRATION.

ymfudo, *be.* mudo, mynd i fyw mewn gwlad arall. TO EMIGRATE.

ymfudol, *a.* yn perthyn i ymfudo. EMIGRATORY.

ymfudwr, *eg. ll.*-wyr. un sy'n ymfudo. EMIGRANT.

ymfyddino, *be.* casglu milwyr, trefnu byddin. TO MOBILIZE, TO ARRAY (IN BATTLE).

ymfflamychu, *be.* enynnu ; rhethregu. TO BECOME INFLAMED ; TO ORATE.

ymffrost, *eg.* bost, brol, bocsach, ffrwmp. BOAST.

ymffrostio, *be.* brolio, bostio, siarad mewn ffordd hunanol. TO BOAST.

*ymffrwst, *be.* brysio. TO HURRY.

*ymffust, *be.* ymladd, cystadlu. TO FIGHT, TO CONTEND.

ymffyrnigo, *be.* cynddeiriogi. TO RAGE.

ymgadw, 1. *be.* ymwadu. TO REFRAIN.
   2. *eg.* ymwadiad, ymataliad. CONTINENCE.

*ymgael (â), *be.* cyrraedd at, gorddiwes. TO REACH, TO OVERTAKE.

ymgais, *eb.* ymdrech, cais, cynnig. ATTEMPT, ENDEAVOUR.

ymgaledu, *be.* caledu hunan. TO HARDEN ONESELF.

*ymgaredigo, *be.* coleddu, ymgyfeillachu. TO CHERISH, TO MAKE FRIENDS WITH.

ymgaru, *be.* caru ei gilydd, anwesu. TO LOVE EACH OTHER.

*ymgatewrach, *be.* ymladd, ymgiprys, ymryson. TO FIGHT, TO CONTEND.

ymgáu, *be.* amgáu, cau hunan i mewn. TO ENCLOSE, TO SHUT ONESELF IN.

ymgecraeth, *eb.* cynnen. CONTENTION.

ymgecru, *be.* ffraeo, cweryla. TO QUARREL.

*ymgeiniaeth, *eb.* difrïaeth. ABUSE.

*ymgeinio, *be.* difrïo, difenwi ; rhegi, melltithio. TO ABUSE ; TO CURSE.

ymgeintach, *be.* ymgecru. TO QUARREL.

ymgeisiaeth, *eb.* y weithred o ymgeisio. CANDIDATURE.

ymgeisio, *be.* ymdrechu, cynnig, ceisio. TO TRY, TO APPLY, TO SEEK.

ymgeisydd, *eg. ll.* ymgeiswyr. un sy'n ymgeisio am swydd neu fraint. CANDIDATE, APPLICANT.

ymgeledd, *eg.* gofal, swcr, swcwr, cymorth. CARE.

ymgeleddu, *be.* gofalu am, swcro, cynorthwyo. TO SUCCOUR, TO CHERISH.

ymgelu, *be.* ymguddio. TO HIDE ONESELF.

ymgerdded, *be.* cerdded ôl a blaen, symud o gwmpas. TO WALK ABOUT, TO MOVE TO AND FRO.

ymgiliad, *eg.* enciliad. RETREAT.

ymgilio, *be.* encilio. TO RETREAT.

ymgiliwr, *eg. ll.*-wyr. un sy'n dianc rhag talu. WELSHER.

ymgiprys, 1. *be.* cystadlu, cydymgeisio, ymdrechu, ymgodymu. TO VIE, TO STRUGGLE.
   2. *eg.* ysgarmes. CONTEST.

ymgleddyfu, *be.* ymryson â chleddyfau. TO FENCE.

ymglwyfo, *be.* clwyfo hunan. TO WOUND ONESELF.

ymglywed (â), *be.* clywed ar, bod â chwant. TO FEEL ONESELF, TO BE INCLINED.
   Sut mae e'n ymglywed ? HOW DOES HE FEEL ?

ymgnawdoli, *be.* dyfod yn gnawd. TO BE INCARNATE.

ymgnawdoliad, *eg.* ymddangosiad yn y cnawd. INCARNATION.

*ymgnithio, *be.* cipio, tynnu llaw dros. TO SNATCH, TO STROKE.

ymgodi, *be.* cyfodi. TO RISE.

ymgodymu, *be.* ymgiprys, ymdrechu, cydymgeisio, cystadlu, ymaflyd codwm. TO WRESTLE, TO STRUGGLE.

*ymgoethi, *be.* cythruddo, cythryblu. TO AGITATE, TO IRRITATE.

ymgom, *egb. ll.*-ion, -iau. siarad, sgwrs. ymddiddan, chwedl. CONVERSATION.

ymgomio, *be.* siarad, sgwrsio ymddiddan, chwedleua. TO CONVERSE.

ymgomiwr, *eg. ll.* ymgomwyr. ymddiddanwr, sgwrsiwr, siaradwr. CONVERSATIONALIST.

ymgomwest, *eb.* gwledd, sosial. CONVERSAZIONE, SOCIAL.

ymgorffori, *be.* corffori, cynnwys. TO EMBODY.

ymgosbaeth, *eb.* asgetiaeth. ASCETICISM.

ymgosbol, *a.* asgetig. ASCETIC.

ymgrebachu, *be.* crychu, crebachu. TO SHRIVEL.

ymgreinio, *be.* ymlusgo wrth draed rhywun, gorwedd â'r wyneb i waered, darostwng hunan. TO GROVEL, TO WALLOW, TO PROSTRATE ONESELF,

ymgroesi (rhag), *be.* 1. bod yn ofalus, gochel, ymogelyd, ymwrthod â. TO BEWARE, TO SHUN.
2. ymswyno, bendithio neu wneud arwydd y Groes. TO CROSS ONESELF.

ymgrymiad, *eg.* ymostyngiad. BOW.

ymgrymu, *be.* ymostwng, plygu. TO BOW.

ymgrynhoi, *be.* ymgasglu. TO GATHER TOGETHER.

ymguddfa, *eb. ll.*-feydd. cuddfan. HIDING-PLACE.

ymguddio, *be.* ymgelu, cuddio hunan. TO HIDE ONESELF.

ymgurio, *be.* nychu. TO PINE.

ymgydfod, *be.* cytuno, cyd-dynnu. TO AGREE.

ymgydio, *be.* cydio. TO COPULATE.

ymgydnabod, ⎱ *be.* ymgyfarwyddo.
ymgydnabyddu, ⎰ TO ACQUAINT ONESELF.

ymgyfarfod, 1. *be.* cyfarfod, ymladd. TO ENCOUNTER.
2. *eg.* cyfarfyddiad. MEETING.

ymgyfathrachu, *be.* uno teuluoedd drwy briodas ; ymwneud â. TO ALLY BY MARRIAGE ; TO HAVE DEALINGS WITH.

ymgyfeillachu, *be.* cymdeithasu, cyfeillachu. TO ASSOCIATE.

ymgyfoethogi, *be.* cyfoethogi. TO GET RICH.

*ymgyfog(i), *be.* 1. cyfogi. TO VOMIT.
2. ymladd. TO FIGHT.

*ymgyfragod, *be.* cyfarfod. TO ENCOUNTER.

*ymgyfredeg, *be.* ymgyfarfod. TO MEET.

ymgyfuno, *be.* ymgynghreirio. TO ALLY ONESELF.

ymgyffelybu, *be.* ymdebygu. TO RESEMBLE ONE ANOTHER.

*ymgyffredino, *be.* cyfeillachu. TO ASSOCIATE.

ymgynghori (â), *be.* gofyn barn, gofyn am gyngor. TO CONSULT.

ymgynghorol, *a.* yn ymgynghori. ADVISORY.

ymgynghreirio, *be.* ymuno â, ymgyfuno, gwneuthur cadoediad. TO ALLY ONESELF, TO AGREE TO A TRUCE.

*ymgyhydu, *be.* cydorwedd. TO LIE TOGETHER.

*ymgymharu, *be.* cymharu, paru. TO MATE.

ymgymryd (â), *be.* cymryd mewn llaw, cymryd at. TO UNDERTAKE.

*ymgymynu, *be.* torri ei gilydd i lawr, ymladd. TO SLAY, TO FIGHT.

ymgymysgu, *be.* cymysgu. TO BLEND, TO MINGLE.

ymgynefino, *be.* ymgyfarwyddo. TO BECOME FAMILIAR.

*ymgynhadlu, *be.* traethu, siarad, ymgynghori. TO DISCOURSE, TO CONFER.

ymgynnull, *be.* cynnull ynghyd, ymgasglu. TO ASSEMBLE.

*ymgynullfa, *eb. ll.*-feydd. cynulleidfa, cynulliad. CONGREGATION.

ymgyrch, *egb. ll.*-oedd. rhyfelgyrch, ymgais i ennill cefnogaeth y cyhoedd, ymdaith. CAMPAIGN, EXPEDITION.

ymgyrchu, *be.* ymosod. TO ATTACK.

ymgysegriad, *eg.* ymroddiad, ymgyflwyniad. DEVOTION, CONSECRATION.

ymgysegru, *be.* ymroddi, ymgyflwyno. TO DEVOTE ONESELF.

*ymgystlwn, ⎱ *be.* honni perthynas.
*ymgystlynu, ⎰ TO CLAIM RELATIONSHIP.

*ymgytgam, 1. *eg.* cellwair. JOKE, FUN.
2. *be.* cellwair. TO JEST.

ymgythruddo, *be.* ymgythryblu. TO ANGER ONESELF.

ymgyweirio, *be.* ymbaratoi, ymdrefnu. TO PREPARE ONESELF.

ymhalogi, *be.* ymlygru, ymsennu. TO DEFILE ONESELF, TO CHIDE.

ymharddu, *be.* ymbincio. TO TRIM ONESELF.

ymhel (â) : **mhela**, *be.* ymyrraeth, ymyrryd, ymwneud â. TO BE CONCERNED, TO MEDDLE.

ymhelaethu (ar), *be.* ehangu ar. TO ENLARGE UPON.

ymheliwr, *eg. ll.*-wyr. un sy'n ymhel â rhywbeth. MEDDLER, DABBLER.

ymhell, *adf.* yn y pellter, pell, pellennig. FAR, AFAR.

ymhellach, *adf.* pellach, heb law hyn, hefyd. FURTHERMORE, FURTHER.

ymherodr, *eg.* gweler *ymerawdwr*.

ymhlyg, *a.* yn gynwysedig. IMPLICIT.

ymhlygiad, *eg.* yr hyn sy'n ymhlyg. IMPLICATION.

ymheulo, *be.* torheulo. TO SUNBATHE.

ymhidlad, *eg.* ymdreiddiad. INFILTRATION.

ymhoelwr, *eg.* peiriant ymhoelyd gwair. SWATH-TURNER.

ymhoelyd : **mhoelyd**, *be.* troi drosodd, dymchwelyd. TO OVERTURN.

Mae'r ffarmwr yn (y)mhoelyd y gwair.

ymholiad, *eg. ll.*-au. ymofyniad, holiad, gofyniad, cais am wybodaeth. INQUIRY.

ymhongar, *a.* pendant, haerllug, awdurdodol. ASSERTIVE, DOGMATIC.

ymhŵedd, *be.* ymbil, erfyn, crefu, atolygu. TO IMPLORE, TO BEG.

ymhyfrydu, *be.* difyrru, cael pleser, llawenhau, llawenychu. TO DELIGHT ONESELF.

ymladd[1], *be.* rhyfela, cwffio, brwydro. TO FIGHT.

ymladd[2], *eg. ll.*-au. : **ymladdfa**, *eb. ll.* ymladdfeydd. rhyfel, brwydr, cad. FIGHT, BATTLE.

Greddf ymladd. INSTINCT OF PUGNACITY.

ymlâdd, *be.* ymegnïo, blino'n lân, ymflino, ymorchestu. TO WEAR ONESELF OUT.

Wedi ymlâdd. DEAD TIRED.

ymladdgar, *a.* hoff o ymladd. PUGNACIOUS.

ymladdwr, *eg. ll.* ymladdwyr. un sy'n ymladd. FIGHTER.

ymlaen, *adf.* rhagof (etc.), yn y blaen. ON, ONWARD.

ymlaesu, *be.* llaesu, llacio. TO SLACKEN.

ymlafnio, ⎱ *be.* ymdrechu, llafurio.
ymlafurio, ⎰ TO STRIVE, TO TOIL.

ymlawenhau, ⎱ *be.* gorfoleddu. TO
ymlawenychu, ⎰ REJOICE.

ymledol, *a.* yn ymledu, ar lawr. SPREADING, PROSTRATE.

ymledu, *be.* ymestyn. TO SPREAD ; TO EXPAND.

***ymleferydd**, *be.* cadw twrw ynfyd. TO MAKE A RAVING NOISE.

***ymleflef**, *be.* cweryla. TO QUARREL.

***ymleasu**, *be.* hunan-ladd. TO KILL ONESELF.

ymlid, *be.* erlid, erlyn, dilyn, hela. TO PURSUE, TO CHASE, TO PERSECUTE.

ymlidiwr, *eg. ll.* ymlidwyr. dilynwr, erlidiwr. PERSECUTOR, PURSUER.

ymliw[1], *eg. ll.*-iau. dadl ; cerydd, edliw. DEBATE ; CHASTISEMENT.

ymliw[2], *be.* ⎱ ceryddu, edliw. TO
ymliwio, *be.* ⎰ CHASTISE.

***ymlochlach**, *be.* gwenieithio. TO FLATTER.

ymlonni, *be.* sirioli. TO GLADDEN.

ymlonyddu, *be.* ymdawelu. TO GROW CALM.

ymlosgiad, *eg.* difodiant trwy losgi. COMBUSTION.

ymlusgiad, *eg. ll.* ymlusgiaid. creadur sy'n symud ar ei dor (neidr, etc.). REPTILE.

ymlusgo, *be.* ymgripian, cropian, symud yn araf iawn. TO CRAWL.

***ymlwgr**, *eg.* cytgnawd. COPULATION.

ymlwybro, *be.* llwybreiddio. TO MAKE ONE'S WAY.

***ymlyniad**, *eg. ll.*-iaid. math o gi hela. A KIND OF HOUND.

ymlyniad, *eg.* ymgysylltiad, teimlad cynnes, serch, teyrngarwch. ATTACHMENT, LOYALTY.

ymlyniaeth, *eb.* y weithred o ymlynu. ADNATION.

ymlynu, *be.* ymgysylltu. TO BE ATTACHED.

ymlynwr, *eg. ll.*-wyr. dilynwr ; pleidiwr. PURSUER ; ADHERENT.

ymneilltuad, *eg.* y weithred o ymneilltuo, gorffen gweithio yn wirfoddol, ymddeoliad. RETIREMENT.

Ymneilltuaeth, *eb.* Anghydffurfiaeth. NONCONFORMITY.

ymneilltuo, *be.* gadael gweithio, gadael swydd, ymddeol, ymddiswyddo, anghydffurfio. TO RETIRE, TO DISSENT.

Ymneilltuol, *a.* Anghydffurfiol. NONCONFORMIST.

Ymneilltuwr, *eg. ll.* Ymneilltuwyr. Anghydffurfiwr, un nad yw'n cydymffurfio â'r eglwys sefydledig. A NONCONFORMIST.

ymnesáu, *be.* agosáu, dynesu. TO DRAW NEAR.

ymnythu, *be.* cysgodi, nythu. TO NESTLE.

***ymo**, *a.* aml, mynych, helaeth. OFTEN.

***ymobryn**, *be.* bargeinio. TO BARGAIN.

ymochel : **ymochelyd**, *be.* cysgodi, cadw rhag, ymogel, ymogelyd. TO SHELTER, TO AVOID, TO BEWARE.

ymod : **ymodi**, *be.* symud, syflyd. TO MOVE.

*****ymodfryd**, *a.* gwamal, oriog. FICKLE.

*****ymodi**, *be.* cyffwrdd â, trin, trafod. TO TOUCH, TO HANDLE.

ymodiad, *eg.* symudiad. MOTION.

*****ymodwrdd**, 1. *be.* terfysgu. TO MAKE A TUMULT.

2. *eg.* terfysg, cyffro, twrw. DISTURBANCE, NOISE.

ymofyn, *be.* ceisio, chwilio am, hercyd, nôl, hôl, cyrchu, dymuno. TO SEEK, TO DESIRE, TO FETCH.

ymofyngar, *a.* chwilfrydig, holgar. INQUISITIVE.

ymofyniad, *eg.* *ll.*-au. ymholiad. INQUIRY.

ymofynnydd, *eg.* -nyddion. ymholwr. INQUIRER.

ymogel(yd), ⎤ *be.* ymochel, osgoi. TO
ymoglud, ⎬ AVOID, TO BEWARE.
ymoglyd, ⎦

*****ymogor**, *eg.* lluniaeth ; trigfa, cysgodfa. FOOD ; HABITATION.

*****ymogyfucho**, *be.* gwneud ei hun cyfuwch neu gyfartal â. TO MAKE ONESELF EQUAL.

ymolch : **ymolchi**, *be.* golchi hunan, ymdrochi. TO WASH ONESELF.

ymolchfa, *eb.* *ll.*-feydd. ystafell ymolchi. BATHROOM.

*****ymoleithio**, *be.* gwenieithio. TO FLATTER.

ymollwng, *be.* gadael hunan i fynd, syrthio. TO LET ONESELF GO, TO COLLAPSE.

ymollyngdod, *eg.* llaesiad. RELAXATION.

*****ymoprau**, *be.* bargeinio. TO BARGAIN.

ymorchestu, *be.* gweler *ymlâdd*.

*****ymorchwyddo**, *be.* ymchwyddo, dygyfor. TO SWELL, TO SURGE.

*****ymordderchu**, *be.* ymgaru. TO WOO, TO FLIRT.

ymorddiwes, *be.* goddiweddyd, dal. TO OVERTAKE, TO CATCH.

ymorol, *be.* ceisio, chwilio am, holi, gofalu. TO SEEK, TO TAKE CARE.

*****ymorwst**, *be.* ymorchestu, ymryson. TO COMPETE.

*****ymosgryn**, *be.* ymgreinio ; ymladd â. TO PROSTRATE ONESELF ; TO CONTEND WITH.

ymosod (ar), *be.* dwyn cyrch, cyrchu, bwrw, taro, rhuthro ar. TO ATTACK.

ymosodiad, *eg.* *ll.*-au. cyrch, rhuthr. ATTACK.

ymosodol, *a.* yn ymosod, yn dwyn cyrch. ATTACKING.

Mudiad Ymosodol. FORWARD MOVEMENT.

ymostyngar, *a.* yn ymostwng. SUBMISSIVE.

ymostyngiad, *eg.* darostyngiad. SUBMISSION.

ympryd, *eg.* *ll.*-iau. y weithred o ymwrthod â bwyd am gyfnod. FASTING.

ymprydio, *be.* byw heb fwyd am dymor. TO FAST.

ymprydiwr, *eg.* *ll.* ymprydwyr. un sy'n mynd heb fwyd am gyfnod. FASTER.

ymrafael[1], *eg.* *ll.*-ion. ffrae, cweryl, ymryson. QUARREL.

ymrafael[2] : **ymrafaelio**, *be.* cweryla, ymryson, ffraeo, ymgiprys. TO QUARREL.

*****ymrafael**, *a.* amrywiol. VARIOUS.

ymrafaelgar, *a.* hoff o ymrafael. QUARRELSOME.

*****ymrain**, *be.* cydio, beichiogi. TO COPULATE, TO IMPREGNATE.

ymraniad, *eg.* *ll.*-au. rhwyg, gwahaniad. DIVISION, SCHISM, SPLIT.

ymrannu, *be.* rhwygo, gwahanu. TO PART, TO BECOME DISUNITED.

*****ymread**, *eg.* cydiad. COPULATION.

ymreolaeth, *eb.* hunanlywodraeth, annibyniaeth, ymlywodraeth. SELF-GOVERNMENT.

ymrestru, *be.* ymuno, rhestru, cofrestru. TO ENLIST.

ymresymiad, *eg.* *ll.*-au. dadl, yr act o ymresymu. REASONING.

ymresymu, *be.* dadlau, rhesymu, trafod, trin, meddwl am beth ar ôl cael y ffeithiau. TO REASON, TO ARGUE.

ymrithio, *be.* ymddangos mewn gwedd (ddieithr), ymnewid. TO ASSUME FORM OR SEMBLANCE.

ymroad : **ymroddiad**, *eg.* *ll.*-au. y weithred o ymroi, ymgyflwyniad. DEVOTION, APPLICATION.

ymroddedig, ⎤ *a.* ymrous. DEVOTED.
ymroddgar, ⎦

ymroddi : **ymroi**, *be.* ymgyflwyno, ildio. TO DEVOTE ONESELF TO, TO APPLY ONESELF, TO YIELD.

Y mae e'n ymroi i ddibennu ei waith.

ymroddiad, *eg.* ymgyflwyniad, ymgysegriad. DEVOTION.

ymroddol, *a.* yn ymroddi, ymroddgar. DEVOTED.

ymron, *adf.* bron. ALMOST.

ymrous, *a.* ymroddgar. DEVOTED, ASSIDUOUS.

ymrwyfo, *be.* anesmwytho. TO TOSS ABOUT.

ymrwymiad, *eg. ll.*-au. cytundeb. AGREEMENT, ENGAGEMENT.

ymrwymo, *be.* cytuno. TO ENGAGE.

*ymryfelu, *be.* rhyfela. TO WAR.

ymryson, 1. *eg. ll.*-au. dadl, ymrafael, cynnen, terfysg, anghytundeb, anghydfod. CONTENTION.
   2. *eg.* cystadleuaeth. COMPETITION.
   3. *be.* ymrafael, terfysgu. TO CONTEND.
   4. *be.* cystadlu. TO COMPETE.

ymrysonfa, *eb. ll.*-feydd. cystadleuaeth ; llawr chwaraefa. CONTEST ; ARENA.

ymrysongar,*a.* ymrafaelgar. QUARRELSOME.

ymrysonwr, *eg. ll.*-wyr. un sy'n ymryson neu'n cystadlu. CONTESTANT.

*ymsaethu, *be.* saethu at ei gilydd. TO SHOOT AT ONE ANOTHER.

*ymsang, *eg. ll.*-au. cynnull, cynulleidfa ; ymryson. THRONG, GATHERING ; CONTEST.

ymsefydlu, *be.* sefydlu (mewn lle dieithr). TO SETTLE.

ymsennu, *be.* difrïo, cweryla, ffraeo. TO CHIDE, TO QUARREL.

ymserchu (yn), *be.* coleddu, dotio, ffoli. TO CHERISH, TO DOTE.

*ymserth, *eg.* cerydd, y weithred o geryddu. SCOLDING.

*ymserthu, *be.* tafodi, dweud y drefn, dwrdio. TO SCOLD.

ymson, 1. *be.* (un yn) siarad ag ef ei hun. TO SOLILOQUISE.
   2. *eg. ll.*-au. hunanymddiddan. SOLILOQUY.

*ymswrn, *eg.* terfysg, ymladd, ymdaro. TUMULT, CONFUSION, FIGHTING.

ymswyn : ymswyno, *be.* bod yn ofalus, gochel, ymogelyd, gofalu, peidio â, ymgroesi. TO BEWARE, TO CROSS ONESELF.
   Yn ymswyn yn erbyn y fath beth.

ymsynio, *be.* synied, synio. TO THINK, TO FEEL.

ymsythu, *be.* torsythu. TO SWAGGER.

*ymsywyn, *eg.* cynnen, ymrafael. STRIFE.

ymuno (â), *be.* ymaelodi, ymrestru, dod yn aelod, cytuno. TO JOIN.

ymwacâd, *eg.* y weithred o wacáu ei hun, y weithred o ymwadu â'i Dduwdod gan Grist wrth gymryd arno natur dyn. KENOSIS.

ymwadiad, *eg.* ymwrthodiad. DENIAL, ABSTENTION.

ymwadu (â), *be.* ymwrthod, gwneud heb. TO RENOUNCE.

*ymwan, *be.* ymladd â gwaywffyn yn null marchogion. TO JOUST.

*ymwanwr, *eg. ll.*-wyr. ymladdwr â gwaywffon. JOUSTER.

ymwared, 1. *eg.* gwaredigaeth. DELIVERANCE.
   2. *be.* gwaredu, rhyddhau. TO DELIVER.

*ymwaredwr, *eg. ll.*-wyr. gwaredwr. SAVIOUR.

*ymwasg, *eg.* torf, tyrfa. THRONG.

*ymwasgu, *be.* nesáu at. TO APPROACH.

*ymweddu, *be.* cytuno. TO AGREE.

ymweled : ymweld (â), *be.* mynd i weld, aros gyda. TO VISIT.

*ymwelediad, *eg.* ymweliad. VISIT.

ymweliad, *eg. ll.*-au. y weithred o fynd i weld rhywun, etc. VISIT.

ymwelydd : ymwelwr, *eg. ll.* ymwelwyr. un sy'n ymweled â. VISITOR.

*ymwnc, *a.* aml, mynych ; di-oed. OFTEN ; IMMEDIATE.

ymwneud : ymwneuthur (â), *be.* delio, trin, ymdrin, trafod. TO DEAL (WITH).

*ymwng, *a.* gweler *ymwnc*.

*ymwr, *eg.* ymdrech, ymladdfa. EFFORT, FIGHT.

*ymwrdd, *be.* trafod, trin, ymwthio, ymdaro, ymdaflu. TO PUSH, TO HANDLE, TO LAY HANDS ON, TO EXCHANGE BLOWS.

*ymwrio, *be.* ymladd, ymdrechu, ymdaro. TO FIGHT, TO STRIVE.

ymwrthod (â), *be.* ymatal, ymgadw rhag, cadw rhag. TO ABSTAIN.

*ymwrthryn, *be.* ymladd. TO FIGHT.

ymwthio, *be.* gwthio hunan, gwasgu. TO PUSH ONESELF, TO SQUEEZE, TO ASSERT.
   Greddf ymwthio. ASSERTIVE' INSTINCT.

ymwthiwr, *eg. ll.*-wyr. un sy'n torri i mewn. INTRUDER.

ymwybodol, *a.* yn gwybod am, effro, ar ddi-hun, yn sylwi. CONSCIOUS.

ymwybyddiaeth, *eb.* y stad o wybod neu fod yn effro neu ar ddi-hun. CONSCIOUSNESS.

ymyl, *egb. ll.*-on, -au. cwr, ffin, ochr, cyffin, terfyn, min, glan (afon). EDGE, BORDER.
   Yn ymyl. CLOSE BY.

ymylnod, *eg. ll.*-au. nodyn ar ymyl y ddalen. MARGINAL NOTE.

ymylu, *be.* bod yn ymyl, ffinio. TO BORDER.

ymyluniad, *eg.* *ll.*-au. uniad neu asiad ar yr ymyl. EDGE-JOINTING.

ymylwe, *eb.* ymylwaith. SELVEDGE.

ymŷr, *bf.* y mae yn ymyrraeth â. (S)HE INTERFERES WITH.

ymyrgar, *a.* pendant ; hoff o ymyrryd. PRAGMATIC ; INTRUSIVE.

ymyriad, *eg.* *ll.*-au. y weithred o ymyrryd, ymyrraeth. INTERFERENCE.

ymyrraeth : ymyrryd : ymyrru, *be.*
1. ymhél â busnes rhywun arall, busnesa. TO INTERFERE.
2. *ymdrafferthu (â), ymboeni. TO TROUBLE ONESELF ABOUT.

ymysg, *ardd.* ymhlith, rhwng, ynghanol. AMONG.

ymysgaroedd, *ell.* perfedd, coluddion. BOWELS.

ymysgogydd, *eg.* peth hunansymudol. AUTOMATON.

*ymysgrwtian, *be.* codi a gostwng yr ysgwyddau. TO SHRUG THE SHOULDERS.

ymysgwyd, *be.* cyffroi, mwstro. TO BESTIR ONESELF.

*ymystig, *a.* dyfal, diwyd. DILIGENT, INDUSTRIOUS.

yn[1] **: yng : ym,** *ardd.* (ynof, ynot, ynddo, ynddi, ymom, ynoch, ynddynt). IN, AT.
Yn Abertawe ; yng nghwr y cae ; ym Mangor.

yn[2], *geir.* (mewn traethiad, etc.). (PARTICLE).
Yn mynd. GOING.
Gwneud yn dda. DOING WELL.

*yn, 1. *ardd.* + *rhag.* i ni, inni. TO US.
2. *rhag.* ein. OUR.

yna, *adf.* yn y lle yna, acw, ar ôl hynny. THERE, THEN.

ynad, *eg.* *ll.*-on. swyddog mewn llys a hawl ganddo i roi'r gyfraith mewn grym, barnwr, ustus. MAGISTRATE.
Ynad heddwch : ustus heddwch. JUSTICE OF THE PEACE.

yn awr : 'nawr, *adf.* ar hyn o bryd, 'rŵan. NOW.

ynfyd, *a.* ffôl, annoeth, anghall, gwallgof, gorffwyll, o'i gof. FOOLISH, MAD.

ynfydrwydd, *eg.* ffolineb, annoethineb, gorffwylledd, cynddaredd, gwallgofrwydd. FOOLISHNESS, MADNESS.

ynfydu, *be.* gwallgofi, gorffwyllo, cynddeiriogi. TO BECOME MAD.

*ynfyty, *eg.* *ll.*-tai. gwallgofdy. MENTAL HOME.

ynfytyn, *eg.* *ll.* ynfydion. gwallgofddyn, lloerig, un gwirion, ffŵl. SIMPLETON.
Ynfytyn talentog. IDIOT SAVANT.

*ynial, *a.* anial ; eithafol. DESOLATE ; EXTREME, FINE.

*ynialwch, *a.* anialwch. DESERT, WILDERNESS.

*ynifer, *egb.* *ll.*-oedd. llu, nifer. HOST.

ynn, *ell.* gweler *onnen.*

ynni, *eg.* egni, bywyd, nwyfiant, arial, grym, nerth. ENERGY, VIGOUR.

yno,   ⎱ *adf.* yn y lle hwnnw, tuag
*ynod, ⎰ yno. THERE, THITHER.

yntau, ⎱ *rhag.* ef hefyd, trydydd
*yntef, ⎰ person unigol gwrywaidd rhagenw personol cysylltiol. HE, HE TOO.

ynteu, *cys.* neu, felly. THEN, OR ELSE.
Beth yw hwn, ynteu ? WHAT THEREFORE IS THIS ?
Pa un yw hwn, y cyntaf ynteu'r ail ? WHICH IS THIS, THE FIRST OR THE SECOND ?

yntred, 1. *eg.* gwasanaeth eglwys. INTRADA.
2. *eb.* salm-dôn. INTROIT.

*yntredu, *be.* mynd i mewn, dod i mewn. TO ENTER.

*ynwst, *a.* gwlyb. WET, MOIST.

Ynyd, *eg.* Dydd Mawrth Ynyd, y diwrnod o flaen Dydd Mercher y Lludw. SHROVE TUESDAY.

ynys, *eb.* *ll.*-oedd. 1. tir a amgylchynir gan ddŵr. ISLAND.
2. dôl ar lan afon. RIVER-MEADOW.

ynysfor, *eg.* *ll.*-oedd. môr â llawer o ynysoedd bach, casgliad o ynysoedd bach. ARCHIPELAGO.

ynysiad, *eg.* gwahaniad. INSULATION.

ynysig, *eb.* ynys fach. ISLE, ISLET.

ynysog, *a.* wedi ei ynysu. INSULATED.

ynysol, *a.* yn ymwneud ag ynys. INSULAR.

ynysu, *be.* gwahanu oddi wrth y wifren ddaear mewn trydan. TO INSULATE.

ynyswr, *eg.* *ll.*-wyr. preswylydd ynys. ISLANDER.

ynysydd, *eg.* *ll.*-ion. teclyn ynysu trydan. INSULATOR.

yrŵan : 'rŵan, *adf.* y funud hon, 'nawr, yn awr, yr awr hon. NOW.

yrhawg : rhawg, *adf.* am amser maith eto. FOR A LONG TIME TO COME.

ys, 1. *ll.* ydys. ONE IS, IT IS.
Ys gwir iddo fod yno. IT IS QUITE TRUE THAT HE WAS THERE.
2. *cys.* fel y. AS.
Ys dywed ei dad. AS HIS FATHER SAYS.

*ysb, *ell.* (*un.* osb). gwesteion, gwahoddedigion. GUESTS.

ysbaddu, *be.* disbaddu. TO CASTRATE, TO SPAY.

ysbaenoled, *eg. ll.*-au. clo ffenestr Ffrengig. ESPAGNOLETTE.

ysbaid, *egb. ll.* ysbeidiau. ychydig bach o amser, encyd, ennyd. SPACE OF TIME, RESPITE.

ysbail, *eb. ll.* ysbeiliau. anrhaith, ysglyfaeth, peth a ladratéir. SPOIL, BOOTY.

*ysbar, *eb. ll.* ysberi. gwaywffon. SPEAR.

*ysbard, *eg.* llafn. BLADE.

ysbardun, *eg. ll.*-au. offeryn ar sodlau marchog ac iddo bigau llym i yrru'r ceffyl; cyflymydd, chwimiadur. SPUR; ACCELERATOR.

ysbarduno, *be.* symbylu, gyrru ymlaen, gyrru arni. TO SPUR.

*ysbâs, *eg. ll.*-au. ysbaid, lle. SPACE. Disgybl ysbâs. BARDIC PUPIL.

ysbeilio, *be.* anrheithio, difrodi, dwyn rhywbeth. TO PLUNDER.

ysbeiliwr, *eg. ll.* ysbeilwyr. anrheithiwr, difrodwr, lleidr. SPOILER, ROBBER.

*ysb(e)inys, *ell.* pigau. SPINES.

*ysbêr, *eb. ll.* ysberi. gwaywffon. SPEAR.

*ysbî, *eb.* gwybodaeth ddirgel, hysbysrwydd. (SECRET) INFORMATION.

ysbienddrych, *eg. ll.*-au. offeryn i weld pethau pell yn agos ac yn fawr. TELESCOPE, BINOCULARS.

ysbignard, *eg.* llysieuyn peraroglus y ceir nard ohono. SPIKENARD.

ysbigoglys, *eg.* llysieuyn gardd. SPINACH.

ysbinagl, *eg.* salwch llidus yn y gwddf. QUINSY.

ysbïo, *be.* mynnu gwybodaeth yn llechwraidd, edrych. TO SPY; TO LOOK.

ysbïwr, *eg. ll.* ysbïwyr. un sy'n ysbïo. SPY.

ysblander, *eg.* gwychder, gloywder, disgleirdeb, gogoniant, mawredd, ardderchowgrwydd, godidowgrwydd. SPLENDOUR, GLORY.

ysbleddach, *egb.* miri, rhialtwch, digrifwch, difyrrwch. FESTIVITY, MERRIMENT.

ysblennydd, *a.* gwych, campus, rhagorol, disglair. SPLENDID.

*ysbodol, *eb. ll.*-au. math o lwy fflat, llwy grochan, lletwad. SPATULA, LADLE.

ysbonc, *eb. ll.*-iau. naid, llam, trawiad. LEAP, JUMP, BOUND, STROKE.

ysboncio, *be.* neidio, llamu. TO LEAP.

*ysbord, *eg.* tafod cloch. CLAPPER (OF BELL).

ysborion, *ell.* ysgubion, carthion, ysbwrial, gwehilion, sothach, sorod. REFUSE OF FODDER, CAST-OFFS.

ysbred : ysbrêd, *eg.* ysbwrial. REFUSE.

*ysbrychu, *be.* llychwino. TO SOIL.

*ysbrus, *ell.* math o goed. SPRUCE-TREES.

ysbryd, *eg. ll.*-ion. enaid; bwgan. SPIRIT ; GHOST.

ysbrydegaeth, *eb.* y gred fod ysbryd y marw yn gallu anfon negeseuau i'r rhai byw. SPIRITUALISM.

ysbrydegydd : ysbrydegwr, *eg. ll.* ysbrydegwyr. un sy'n credu mewn ysbrydegaeth. SPIRITUALIST.

ysbrydiaeth, *eb.* cefnogaeth, anogaeth, calondid. ENCOURAGEMENT.

ysbrydol, *a.* yn ymwneud â'r ysbryd neu â'r enaid, cysegredig, crefyddol. SPIRITUAL.

ysbrydoledig, *a.* wedi ei ysbrydoli. INSPIRED.

ysbrydoli, *be.* dylanwadu (er daioni), symbylu. TO INSPIRE, TO SPIRITUALIZE.

ysbrydoliaeth, *eb.* anadliad, dylanwad da, symbyliad. INSPIRATION.

ysbwng, *eg. ll.* ysbyngau. sbwns, peth a geir o anifail y môr ac a ddefnyddir i lanhau, unrhyw beth tebyg sy'n sugno dŵr. SPONGE.

ysbwrial : ysbwriel, *eg.* ysborion, ysgubion, carthion, gwehilion, sothach, sorod. REFUSE.

*ysbwyll, *be.* dofi, gwneud yn bwyllog. TO TAME.

*ysbyrs, *ell.* prennau i gynnal to. SPURS, RAFTERS.

ysbyty, *eg. ll.* ysbytai. lle i gleifion. HOSPITAL.

*ysdent, *eg.* maint, ehangder. EXTENT.

ysfa, *eb. ll.* ysfeydd. crafu, cosi, enynfa, chwant, blys, dyhead. ITCHING, CRAZE, CRAVING, SCRAPIE.

*ysgablar, *eg. ll.*-eri. ysgwyddwisg. SCAPULAR.

ysgadan, *ell.* (*un. g.* ysgadenyn). penwaig. HERRINGS.

*ysgaelus, *a.* cyflym, rhwydd. SWIFT, EASY.

*ysgafael, *eg.* ⎱
*ysgafaeth, *eb.* ⎰ ysbail. BOOTY, PREY.

ysgafala, *a.* diofal, esgeulus, rhydd, hamddenol. CARELESS, AT LEISURE.

*ysgafalwch : ysgafal(h)awch, *eg.* dirgel, neilltuaeth. PRIVACY.

ysgafell, *eb. ll.*-au. silff, crib. LEDGE.

ysgafn, 1. *a.* ysgawn, heb fod yn drwm, o bwysau bach. LIGHT (WEIGHT).
2. *eb.* ysgawn, beisgawn, cwlas, rhan o ysgubor yn llawn o wair neu ŷd. STACK, BAY OF CORN.

*ysgafn, *eg.* glwth, gwely. COUCH, BED.

ysgafnder, *eg.* bod yn ysgafn, gwamalrwydd, cellwair LIGHTNESS, LEVITY.

ysgafnhau : ysgawnhau : ysgafnu, *be.* gwneud yn ysgafn. TO LIGHTEN (IN WEIGHT).

*ysgai, *eg.* ewyn. FROTH, SCUM.

*ysgâl, *eg.* ffiol, cwpan. BOWL, CUP.

ysgaldanu, *be.* lledferwi, llosgi â hylif poeth. TO SCALD.

ysgall, *ell.* (*un. b.*-en. *un. g.* ysgellyn). planhigion pigog a geir ar y maes. THISTLES.

ysgaprwth, *a.* lletchwith, trwsgl. CLUMSY, AWKWARD.

*ysgar, *eg. ll.* ysgeraint. gelyn. ENEMY.

ysgar : ysgaru, *be.* gwahanu, didoli. TO SEPARATE, TO DIVORCE.

*ysgardde, *eg.* gwasgarfa, chwalfa, brwydr. DISPERSION, SCATTERING, BATTLE.

ysgariad, *eg. ll.*-au. gwahaniad, didoliad, tor priodas. SEPARATION, DIVORCE.

ysgarlad, *a.* coch. SCARLET.

ysgarmes, *eb. ll.*-au, -oedd. ymladdfa. SKIRMISH.

ysgarthiad, *eg. ll.*-au. alldafliad. EXCRETION.

ysgarthu, *be.* glanhau, carthu, alldaflu. TO PURGE, TO EXCRETE.

ysgaru, *be.* gwahanu. TO SEPARATE, TO DIVORCE.

ysgatfydd, *adf.* efallai, hwyrach, dichon. PERHAPS.

ysgaw, *ell.* (*un. b.*-en). pren ac arno flodau gwynion a grawn duon. ELDER TREES.

ysgegfa, *eb.* ysgytwad. SHAKING.

ysgeintio, *be.* gwasgaru, llamu. TO SCATTER, TO LEAP.

ysgeler, *a.* anfad, erchyll, echryslon, echrydus, gwaradwyddus, gwarthus. ATROCIOUS.

ysgelerder, *eg. ll.*-au. dihirwch, anfadwaith, erchyllter, erchylltra, creulondeb, gwaradwydd, gwarth. VILLAINY, INFAMY.

*ysgemydd, *eg.* mainc. BENCH.

*ysgeraint, *ell.* gelynion. ENEMIES.

*ysgeth, *eg.* pryd, llun. COUNTENANCE, FORM.

ysgethrin, *a.* dychrynllyd, arswydus. TERRIBLE, HIDEOUS.

*ysgewyll, *ell.* blagur. SHOOTS.

*ysgïen, *eb.* cyllell. KNIFE.

ysgîl, *eg. ll.*-giliau. sgîl ; cilfach. PILLION ; RECESS.

*ysgîn, *egb.* mantell lac laes. MANTLE, ROBE.

*ysginawr, *eg.* teiliwr. TAILOR.

ysgipio, *be.* torri ymaith yn chwyrn, cipio, ysgubo. TO SNATCH, TO SWEEP.

ysgithr, *eg. ll.*-au, -edd. dant hir. TUSK.

ysgithrog, *a.* clogyrnog, garw, anwastad, creigiog, danheddog. CRAGGY, RUGGED, TUSKED.

ysgiw, *eb. ll.*-ion. setl. SETTLE.

ysgland(e)r, *eg.* enllib. SLANDER.

ysglandro, *be.* enllibio. TO SLANDER.

*ysglatus, }
*ysglatys, } *ell.* llechi. SLATES.

ysglem, *eb.* tafell. SLICE.

*ysglen, *eb. ll.*-oedd. rhywogaeth, rhyw. KIND, SEX.

ysglent, *eb.ll.*-iau. drifft, ysglefr. DRIFT, SLIDE.

ysglisen, *eb.* tafell, golwythen. SLICE.

ysglisio, *be.* tafellu. TO SLICE.

ysglodi, *be.* asglodi. TO CHIP.

ysglodyn, *eg. ll.*-ion. asglodyn. CHIP.

*ysglyf, *eg. ll.*-ion. 1. ysbail, anrhaith. BOOTY.
2. aderyn ysglyfaethus. BIRD OF PREY.

ysglyfaeth, *eb. ll.*-au. anrhaith, ysbail, anifail a fwyteir gan un arall. PLUNDER, SPOIL, PREY.

ysglyfaethus, *a.* anrheithgar, rheibus, gwancus. RAPACIOUS.
Adar ysglyfaethus. BIRDS OF PREY.

ysglyfgar, *a.* yn ysglyfio, rheibus. RAPACIOUS.

*ysglyfiad, *eg. ll.*-iaid. anifail rheibus. RAPACIOUS ANIMAL.

ysglyfio : *ysglyfiaid, *be.* ysglyfaethu, cipio. TO PREY ON, TO SNATCH.

*ysglywyn, *be.* amddiffyn. TO DEFEND.

*ysgobell, *eb.* cyfrwy. SADDLE.

*ysgod, *eg.* cysgod ; ellyll nos. SHADOW ; GHOST, FIEND.

*ysgodig, *a.* gwyllt. WILD.

*ysgodigo, *be.* ffoi, dianc. TO FLEE, TO ESCAPE.

*ysgoewan, *a.* gwamal, anwadal. FICKLE.

ysgog : ysgogi, *be.* symud, syflyd, cyffro, cyffroi, cynhyrfu. cymell, annog. TO STIR, TO IMPEL.

ysgogiad, *eg. ll.*-au. symudiad, cyffroad, cymhelliad. MOVEMENT, INCITEMENT, IMPULSE.
Ysgogiad rhywiol. SEXUAL IMPULSE.

ysgogydd, *eg.* bywiogydd. ACTIVATOR.

ysgogyn, *eg. ll.*-noedd. coegyn. DANDY, FOP.

ysgol,[1] *eb. ll.*-ion. peth a ddefnyddir i ddringo ar ei hyd. LADDER.

ysgol,[2] *eb. ll.*-ion. sefydliad addysgol, gwersi. SCHOOL.
Ysgol Sul. SUNDAY SCHOOL.
Ysgol bob dydd : ysgol ddyddiol. DAY SCHOOL.
Ysgol fonedd. PUBLIC SCHOOL.
Ysgol warchod. APPROVED SCHOOL.
Ysgol ddwyochrog. BILATERAL SCHOOL.
Ysgol breswyl. BOARDING SCHOOL.
Ysgol gydaddysgol. CO-EDUCATIONAL SCHOOL.
Ysgol gyfun. COMPREHENSIVE SCHOOL.
Ysgol waddoledig. ENDOWED SCHOOL.
Ysgol amlochrog. MULTILATERAL SCHOOL.
Ysgol gyhoedd. PUBLIC SCHOOL.
Ysgol Freiniol. PUBLIC SCHOOL.
Ysgol grefft. TRADE SCHOOL.
Ysgol plant iau. JUNIOR SCHOOL.
Ysgol plant hŷn. SENIOR SCHOOL.
Ysgol ddiwygio. REFORMATORY SCHOOL.

ysgoldy, *eg. ll.* ysgoldai. lle i gynnal ysgol, tŷ yn perthyn i ysgol. SCHOOL (HOUSE).

*ysgolfaer, *eg. ll.*-feiri. swyddog ysgol. PROCTOR.

ysgolfeistr,*eg.ll.*-i. (*b*-es.) un sy'n addysgu neu gyfarwyddo mewn ysgol. SCHOOLMASTER.

ysgolhaig,*eg.*ysgolheigion. : ysgolor, *eg. ll.*-ion. disgybl mewn ysgol, un gwybodus. SCHOLAR.

*ysgolhaig, *eg. ll.* ysgolheigion. clerigwr. CLERIC.

ysgolheictod, *eg.* dysg, gwybodaeth. SCHOLARSHIP, LEARNING.

ysgolheigaidd, *a.* dysgedig, gwybodus. SCHOLARLY.

ysgoloriaeth, *eb. ll.*-au. cymorth a roir i ddisgybl ar ôl llwyddo mewn arholiad. SCHOLARSHIP.

*ysgolp, *eg. ll.*-iau. aseth. A PALE, STAKE, SPAR.

ysgon, *a.* ysgafn. LIGHT.

*ysgor, *eb.* amddiffynfa, caer, buarth. FORT, RAMPART, ENCLOSURE.

ysgôr, *eb.* cyfrif, sgôr. SCORE.

ysgorn, *eg.* dirmyg. SCORN.

ysgornio, *be.* dirmygu. TO SCORN.

Ysgotaidd, *a.* yn ymwneud ag Ysgotyn neu Ysgotland. SCOTTISH.

Ysgotyn, *eg. ll.* Ysgotiaid. brodor o Ysgotland (Yr Alban), Albanwr. SCOTSMAN.

ysgoth, *eg.* clefyd ŵyn. LAMB DYSENTERY.

ysgothi, *be.* puro'n arw, ysgarthu. TO SCOUR, TO EXCRETE.

*ysgowl, *eb.* gwraig afrywiog. A SCOLD.

*ysgoywan, *a.* gwamal, anwadal. FICKLE.

ysgrafell, *eb. ll.*-i, -od. crafwr, offeryn i lanhau ceffyl. SCRAPER, RASP.

ysgrafellu, *be.* defnyddio ysgrafell, crafu. TO SCRAPE.

ysgraff, *eb. ll.*-au. bad neu gwch mawr, porthfad, bad a gwaelod gwastad iddo. BARGE, FERRY-BOAT.

ysgraffinio, *be.* crafu. TO SCRATCH, TO GRAZE.

*ysgrawling, *eg.* glud. GLUE.

*ysgrawlingo, *be.* gludo. TO GLUE.

*ysgre, *eg.* ceffyl. HORSE.

ysgrech, *eb.* gwaedd. SCREAM.

ysgrechain, ⎱ *be.* gweiddi. TO SCREAM,
ysgrechian, ⎰ TO YELL.

ysgrepan, *eb. ll.*-au. waled, cod. SCRIP, WALLET.

ysgrif, *eb. ll.*-au. erthygl, ysgrifeniad, math arbennig o lenyddiaeth, darn o ryddiaith mewn papur neu gylchgrawn. ARTICLE, ESSAY.

ysgrifell,*eb.ll.*-au. pin ysgrifennu. PEN.

ysgrifen : sgrifen, *eb.* rhywbeth wedi ei ysgrifennu, llawysgrif. WRITING.

ysgrifenedig, *a.* wedi ei ysgrifennu. WRITTEN.

ysgrifeniad, *eg. ll.*-au. llawysgrifen. WRITING.

ysgrifennu : sgrifennu, *be.* dodi llythrennau neu eiriau ar bapur, etc. anfon llythyr, cyfansoddi llyfr. TO WRITE.

ysgrifennwr, *eg. ll.*-nwyr. un sy'n ysgrifennu. WRITER.

ysgrifennydd, *eg. ll.* ysgrifenyddion. un sy'n ysgrifennu llythyrau neu'n cadw cyfrifon, etc. SECRETARY.

ysgrifwr, *eg. ll.*-wyr. lluniwr ysgrifau. ESSAYIST.

ysgrîn, *eb. ll.* ysgriniau, ysgrinoedd. setl ; arch, bedd. SCREEN ; SHRINE.

ysgriw, *eb. ll.*-iau. hoelen dro. SCREW.

ysgrubl, *eg. ll.*-iaid. anifail. BEAST.

ysgrublaidd, *a.* anifeilaidd. ANIMAL, BRUTISH.

ysgrublyn, *eg*. darn bach. TINY PIECE.

*ysgrŵd, *eg*. *ll*. ysgrydau. corff marw. CORPSE.

ysgryd, \ *eg*. crynod, ias, ych-
*ysgrydiant, ∫ ryd, achryd. SHIVER. "Aeth ysgryd drwy ei gorff".

ysgrydio, \ *be*. crynu. TO SHIVER,
ysgrytian, ∫ TO TREMBLE.

ysgrythur, *eb*. *ll*.-au. Y Beibl, llyfr sanctaidd. SCRIPTURE.

ysgrythurol, *a*. yn ymwneud â'r ysgrythur. SCRIPTURAL.

ysgrythurwr, *eg*. *ll*.-wyr. un sy'n hyddysg yn yr ysgrythurau. SCRIPTURIST.

ysgub, *eb*. *ll*.-au. casgliad o lafur, etc. wedi ei rwymo, ysgubell. SHEAF, BESOM.

ysgubell, *eb*. *ll*.-au. brws a wneir o frigau coed. BESOM.

ysgubo : sgubo, *be*. brwsio, dysgub. TO SWEEP.

ysgubor, *eb*. *ll*.-iau. lle i gadw cynnyrch y tir (yn enwedig gwair ac ŷd). BARN.

ysguborio, *be*. dodi mewn ysgubor. TO GARNER.

ysgubwr, *eg*. *ll*. ysgubwyr. un sy'n ysgubo. SWEEPER.
Ysgubwr simneiau. CHIMNEY SWEEP.

*ysgûd, *eb*. tarian ; darn o arian bath. SHIELD ; COIN.

ysgut, *a*. esgud, cyflym. NIMBLE, QUICK.

ysgutor, *eg*. *ll*.-ion. un a ddewiswyd i weinyddu ewyllys. EXECUTOR.

*ysgutyll, *eg*. barcut. KITE.

ysguthan, *eb*. *ll*.-od. colomen wyllt. WOOD-PIGEON.

*ysgwaethiroedd, *adf*. ac *ebych*. ysywaeth, yn wir, etc. ALAS, MORE'S THE PITY, ETC.

ysgwâr, 1. *a*. sgwâr. SQUARE.
2. *eb*. *ll*. ysgwariau. sgwâr. SQUARE.

ysgŵd, *eg*. gwth, ergyd. SHOVE, BLOW.

*ysgwfl, *eg*. ysglyfaeth. PREY.

ysgwier, *eg*. llanc neu ŵr bonheddig. (E)SQUIRE.

*ysgwîr, *eg*. sgwir, ysgwâr (y saer), patrwm perffaith. CARPENTER'S SQUARE, PERFECT PATTERN.

*ysgŵl, *eg*. helm, cap ; pennaeth. SKULL-PIECE ; CHIEF.

*ysgwn, *a*. uchel ; parod ; cyflym ; cryf ; dewr ; cyndyn. HIGH ; READY ; SWIFT ; STRONG ; BRAVE ; STUBBORN.

ysgwr, *eg*. *ll*.-gyrion. ffon, pastwn ; cangen braff ; sgwriad. STICK ; THICK BRANCH ; SCOUR.

*ysgwr, *eg*. *ll*.-yron. cân. SONG.

ysgwrio, *be*. sgwrio. TO SCOUR, TO SCRUB.

*ysgwrlwgach, *be*. rhuglo, gwneud sŵn. TO RATTLE.

*ysgwrs, *eg*. *ll*.-gyrsau. fflangell. SCOURGE.

ysgwrs, *eb*. gweler *sgwrs*.

ysgwthr, *eg*. *ll*.-gythrau. llun, cerfiad. PICTURE, CARVING.

*ysgwthr, *eg*. gweler *ysgithr*.

ysgwyd (wŷ), *be*. siglo, crynu, symud yn ôl ac ymlaen neu i'r lan ac i lawr. TO SHAKE, TO SWAY, TO WAG.

*ysgwyd (ŵy),*eb*.*ll*.-au. tarian. SHIELD.

ysgwydd (ŵy), *eb*. *ll*.-au. palfais, y rhan o'r corff wrth fôn y fraich. SHOULDER.
Ysgwyddau llidus. FISTULOUS WITHERS.
Pont yr ysgwydd. COLLAR-BONE.
Nerth braich ac ysgwydd. WITH ALL ONE'S MIGHT.

*ysgydlaid, *eg*. tasgiad. SPLASHING.

ysgydwad, *eg*. *ll*.-au. siglad, symudiad yn ôl ac ymlaen, cryndod, ysgytiad. SHAKE, SHAKING.

ysgyfaint, *ell*. y rhannau o'r corff y tynnir anadl iddynt. LUNGS.

ysgyfala, *a*. gweler *ysgafala*.

*ysgyfarn, *eb*. clust. EAR.

ysgyfarnog, *eb*. *ll*.-od. anifail bach cyflym ac iddo glustiau hirion, ceinach, sgwarnog. HARE.

ysgyfeinwst, *eg*. clefyd yr ysgyfaint ar geffylau ifainc. STRANGLES.

*ysgylfion, *ell*. anifeiliaid rheibus ysglyfaethus. RAPACIOUS ANIMALS.

*ysgyll, *eg*. ysglyfaeth. PREY.

ysgymun, *a*. melltigedig, atgas, ffiaidd, ysgeler. ACCURSED.
Ysgymunbeth. ACCURSED THING.

ysgymunedig, *a*. wedi ei ysgymuno. EXCOMMUNICATED.

ysgymuno, *be*. gwahardd, gwrthod caniatâd i gymuno. TO EXCOMMUNICATE.

*ysgynnu, *be*. esgyn. TO ASCEND.

*ysgynnwll, *eg*. gwacter, lle gwag ; ysbaid (lle ac amser). EMPTINESS ; SPACE.

ysgyren, *eb*. *ll*.-ion. dernyn, dellten. SPLINTER, LATH.

*ysgyrio, \ *be*. darnio. TO SHATTER.
ysgyrioni, ∫

*ysgyrlwgach, *be*. gweler *ysgwrlwgach*.

ysgyrnygu, *be*. dangos dannedd. chwyrnu. TO GNASH THE TEETH, TO SNARL.

*ysgyrsau, *ell*. gweler *ysgwrs*.

*ysgyrsio, *be.* fflangellu, chwipio. TO SCOURGE.

ysgytiad, *eg. ll.*-au. ysgydwad chwyrn, aflonyddwch sydyn. SHOCK.

ysgytio, *be.* ysgwyd yn gryf. TO SHAKE, TO SHOCK.

ysgythru : sgathru, *be.* crafu, cripio, cerfio. TO SCRATCH, TO CARVE, TO ENGRAVE.

ysgythrwr, *eg. ll.*-wyr. un sy'n ysgythru. CARVER.

ysiad, *eg.* y weithred o ysu. DEVOURING, CONSUMING.

ysictod, *eg.* ysigiad. SPRAIN, CONTUSION.

ysig, *a.* wedi ysigo, anafus. BRUISED.

ysigo : sigo, *be.* cleisio, dryllio, anafu, rhwygo. TO SPRAIN, TO BRUISE.

yslafan, *eg.* lafwr, math o wymon. LAVER, KIND OF SEAWEED.

*yslafri, *eg.* caethwasanaeth. SLAVERY.

yslêd, *eb. ll.*-ledi. car llusg. SLED.

ysleifio, *be.* sleifio. TO STEAL AWAY.

*yslipanu, *be.* caboli, gloywi. TO BURNISH.

*yslipanwr, *eg. ll.*-wyr. cabolwr. BURNISHER.

yslopan, *eg. ll.*-au. llopan, sliper. SLIPPER.

yslotian, *be.* llymeitian. TO TIPPLE.

yslotiwr, *eg. ll.*-wyr. llymeitiwr. TIPPLER.

*ysmacht, *eg. ll.*-au. tric, tro gwael. TRICK, ILL TURN.

ysmala, *a.* gweler *smala.*

ysmaldod, *eg.* gweler *smaldod.*

ysmalio, *be.* smalio. TO JOKE.

ysmudiad, *eg.* cyffro. EMOTION.

*ysmudo, *be.* symud. TO MOVE.

ysmwcan, *eg.* glaw mân, niwl, mwg. DRIZZLE, MIST, SMOKE.

ysmwclaw, *eg.* glaw mân, gwlithlaw. DRIZZLE.

*ysnoden, *eb.* diferlif. GLEET.

ysnoden, *eb. ll.*-ni. cadach, rhuban. BAND, RIBBON.

ysnodi, *eg.* ffroen-ffrydiad, corisa. CORYZA.

*ysnodyn, *eg.* rhwymyn, llinyn. BAND.

*ysplygu, *be.* egluro. TO EXPLAIN.

ystabl, *eb. ll.*-au. stabl. STABLE.

ystad, *eb. ll.*-tadau. gweler *stad.*

ystadegaeth, *eb.* gwyddor ystadegau. STATISTICS.

ystadegau, *ell.* ffeithiau a ffigurau wedi eu crynhoi a'u trefnu. STATISTICS.

ystad(en), *eb.* wythfed ran o filltir. FURLONG.

*ystadl, *eg.* safle. POST, STATUS.

*ystaen, *eg.* alcam. TIN.

ystaen, *eg.* gweler *staen.*

ystaenio, *be.* staenio. TO STAIN.

ystaer, *eb.* grisiau. STAIR.

ystafell, *eb. ll.*-oedd. siambr, rhan o dŷ, lle. ROOM.

   Ystafell wely. BEDROOM.

   Ystafell ymolchi. BATHROOM.

   Ystafell eistedd. SITTING-ROOM.

   Ystafell fwyta. DINING-ROOM.

   Ystafell groeso. RECEPTION ROOM.

ystafellydd, *eg.* gwas ystafell. CHAMBERLAIN.

*ystâg, *eb.* cyngwystl. STAKE (IN GAME OF DICE).

ystalwyn, *eg. ll.*-i. march. STALLION.

ystanc, *eg. ll.*-iau. gwanas, pawl, polyn. BRACKET, STAKE.

*ystans, *a.* pybyr ; stans. STAUNCH.

*ystarn, *eb.* cyfrwy, harnais. SADDLE, HARNESS.

*ystarnu, *be.* cyfrwyo. TO SADDLE.

*ystawd, *eg.* ystod ; trefniant ; cyfansoddiad. SWATH; ARRANGEMENT; COMPOSITION.

ystelcian, *be.* llechu yn lladradaidd. TO SKULK.

*ystelff, *eg. ll.*-od. twpsyn, ffŵl, hurtyn. DOLT.

ystên, *eb. ll.*-enau. llestr hirgul o bridd neu fetel. PITCHER, EWER, MILK-CAN.

*ystent, *eb. ll.*-iau. gweler *ysdent.*

*ystern, *a.* chwyw, cas. BITTER, SHARP, ARDENT.

ystid, *eb. ll.*-tidau. cadwyn. CHAIN.

ystig, *a.* dyfal, diwyd. DILIGENT.

*ystîl, *eg. ll.*-iliau. dur. STEEL.

*ystinos, *eg.* asbestos. ASBESTOS.

ystle(n), *eb.* rhyw. SEX, GENUS.

ystlum, *eg. ll.*-od. anifail bach sy'n hedfan ac yn debyg i lygoden, slumyn. BAT.

ystlynedd, *eb.* enw ; teulu, perthynas, tras. NAME ; KINDRED.

ystlys, *egb. ll.*-au. ochr y corff, ochr. SIDE, FLANK.

   Ystlys mochyn : hanerob. FLITCH.

ystod, *eb. ll.*-au. 1. cwrs, gyrfa. COURSE, SPACE OF TIME.

   Yn ystod : ynghwrs. DURING.

   2. haen o wair newydd ei ladd, gwanaf. SWATH.

ystof, *egb. ll.*-au. edafedd hir ar wŷdd. WARP.

ystofi, *be.* paratoi'r pwythau i wau, gwau, dylifo, cynllunio. TO WARP, TO WEAVE, TO PLAN.

*ystofiawdr, *eg. ll.*-iodron. lluniwr; un sy'n ystofi, gwehydd. WEAVER, WARPER.

ystôl, *eb.* gweler *stôl.*

ystola, *eb.* ffunen ysgwyddau. STOLE.

*ystompio, *be.* stampio. TO STAMP.

ystondard, } *eb. ll.*-au. baner.
ystondardd, } STANDARD.

ystor, *eg.* thus. INCENSE.

*ystoria, *eb. ll.*-iâu. hanes. HISTORY.

*ystoriawr, *eg. ll.*-wyr. hanesydd. HISTORIAN.

*ystrac, *eg. ll.*-iau. trawiad, ergyd. BLOW.

ystrad, *eg. ll.*-au. llecyn gwastad, bro, gwaelod dyffryn, dyffryn afon. (cyffredin mewn enwau lleoedd). VALE.

ystranc, *eg.* gweler *stranc.*

*ystre, *eb.* goror, glan, ffin, clawdd terfyn ; rhes hir. BOUNDARY, BORDER; LONG ROW.

*ystrêd, *eb.* rhes, gwregys, llinach. ROW, SERIES, BELT, LINEAGE.

*ystref, *eb. ll.*-i. cartref ; preswylfa. HOME ; DWELLING.

*ystricio, *be.* taro. TO STRIKE.

ystrodur, *eb. ll.*-iau. cyfrwy. SADDLE.

ystrydeb, *eb. ll.*-au. rhywbeth digyfnewid (megis dywediad), peth ystrydebol. STEREOTYPE, CLICHÉ.

ystrydebol, *a.* sefydlog, cyfarwydd, hen. STEREOTYPED, HACKNEYED.

ystryw, *eb. ll.*-iau. tric, pranc, stranc, dichell, twyll, cast. TRICK, CUNNING, STRATAGEM.

ystrywgar, } *a.* dichellgar, twyll-
ystrywus, } odrus, castiog. CRAFTY.

ystum, *egb. ll.*-iau. 1. agwedd y corff, ffurf. SHAPE, POSTURE.

2. camedd, plyg. BEND, Ystumiau. GRIMACES.

ystumio, *be.* 1. sefyll mewn ffordd arbennig, cymryd arno, ymddangos yr hyn nad ydyw, hylldremu. TO POSE.

2. plygu. TO BEND, TO DISTORT.

ystumiwr, *eg. ll.*-wyr. un sy'n ystumio. TWISTER.

*ysturio, *be.* llywio. TO STEER.

ystwc, *eg.* gweler *stwc.*

ystwffwl, *eg. ll.* ystyffylau. colofn, post, morthwyl drws. COLUMN, PILLAR, STAPLE, DOOR-KNOCKER.

ystwnt, *eg.* crwc, casgen. STOND.

ystŵr, *eg.* gweler *stŵr.*

Ystwyll, *eg.* gŵyl er cof am ymweliad y doethion â'r baban Iesu, y deuddegfed Dydd wedi'r Nadolig. EPIPHANY.

*ystwyr, *a.* llydan. WIDE, STRETCHED.

ystwyrian, *be.* cyffroi, symud. TO STIR.

ystwyth, *a.* hyblyg, hawdd ei blygu, hawdd ei drin. FLEXIBLE.

ystwytho, *be.* gwneud yn ystwyth. TO MAKE FLEXIBLE.

ystyfnig, *a.* gwrthnysig, anystwyth, anhyblyg, anodd ei drin, cyndyn, cildyn, cildynnus, gwargaled, gwarsyth, penstiff. OBSTINATE.

ystyfnigrwydd, *eg.* cyndynrwydd, gwargaledwch, cildynrwydd. OBSTINACY.

ystyr, *egb. ll.*-on. meddwl, arwyddocâd. MEANING.

ystyriaeth, *eb. ll.*-au. meddwl dwys, meddylgarwch, rheswm, gofal. CONSIDERATION.

ystyried, *be.* meddwl dros, cyfrif, troi yn y meddwl. TO CONSIDER.

ystyriol, *a.* gofalus, meddylgar, tosturiol. MINDFUL.

ysu, *be.* difa, treulio, llosgi, llyncu, dyheu, blysio. TO CONSUME, TO CRAVE.
Yn ysu am gael mynd. ITCHING TO GO.

yswain, *eg. ll.* ysweiniaid. ysgwier, teitl (Ysw.), gŵr bonheddig o'r wlad. SQUIRE, ESQUIRE.

yswiriant, *eg.* trefniant am dâl ar ôl anap neu dân neu farwolaeth, etc. ; y swm a delir gan un sy'n yswirio, y swm a delir i'r sawl oedd wedi yswirio. INSURANCE.

yswirio, *be.* trefnu yswiriant. TO INSURE.

yswyaeth, *adf.* y sy waeth, gwaetha'r modd. MORE'S THE PITY, ALAS.

yta, *be.* cynaeafu ŷd. TO HARVEST CORN.

yw : ydyw, *bf.* trydydd person unigol amser presennol modd mynegol *bod.* IS/ARE.

ywen, *eb. ll.* yw. pren yw, pren bythwyrdd ac iddo ddail tywyll. YEW-TREE.

RHESTRAU AMRYWIOL
Cymraeg - Saesneg

MISCELLANEOUS LISTS
Welsh - English

Rhagddodiaid ac Ôl-Ddodiaid.
Prefixes and Suffixes.

RHAGDDODIAID (PREFIXES).

Most of the prefixes are followed by a mutation. The mutation is indicated in brackets.

a- (*spirant*), intensive, as in **athrist.**

ad- (*soft*), ' second ', as in **adladd, adflas.**
    ' re-, again ', as in **adlais, adennill.**
    ' evil, poor ', as in **adfyd.**

add- (*soft*), intensive, as in **addfwyn, addoer.**

af- (*soft*), negative, as in **aflan, afraid.**

ang- (*nasal*), negative, as in **angharedig, angof.**

ail- (*soft*), ' re- ', as in **ailadrodd, aileni.**

all- (*soft*), ' other ', as in **allfro, allforio.**

am- (*soft*), ' around, about ', as in **amdo, amgylch.**
    (*nasal*), negative, as in **amhosibl, amarch.**
    ' different ', as in **amyd,** (*soft*) **amryw.**

an- (*nasal*), negative, as in **annheg, annuwiol, anhysbys.**

ar- (*soft*), intensive, as in **ardystio.**
    ' fore ', as in **argae.**
    ' opposite ', as in **Arfon.**

arch- (*soft*), ' arch- ', as in **archdderwydd, archesgob.**

at- (=**ad-**) (*soft*), intensive, as in **atgas, atgof.**

cam- (*soft*), ' wrong, mis- ', as in **camddeall, camdriniaeth.**

can- (*soft*), ' with, after ', as in **canlyn, canllaw.**

cy- (*soft*), ' com-, con- ', as in **cywaith.**

cyd- (*soft*), ' co-, together ', as in **cydfod, cydymaith, cytûn, cytir (-d+d-=-t-)**

cyf- (*soft*), ' com-, con- ', as in **cyfurdd, cyfliw.**
    intensive, as in **cyflawn.**

cyfr- (*soft*), intensive, ' wholly ', as in **cyfrgoll.**

cyng- (*nasal*), ' com-, con- ', as in **cyngwystl, cyngerdd.**

cym- (*nasal*), ' com-, con- ', as in **cymwys, cymod.**

cyn- (=cy-) (*nasal*), ' com-, con- ', as in **cynnull, cynnwrf.**

cyn- (*soft*), ' pre-, ex- ', as in **cyn-faer, cyn-olygydd.**

cyn- (*soft*), cynt- (*nasal*), ' first, before ', as in **cynddail, cynhaeaf.**

dad-, dat- (*soft*), intensive, as in **datgan.**
    ' un- ', as in **dadlwytho, datgloi.**

dar- (*soft*), intensive, as in **darbwyllo, darlledu.**

dat- (= dad-).

di- (*soft*), ' without ', negative, as in **di-dduw, di-fai.**
   intensive, as in **dioddef, didol.**

dir- (*soft*), intensive, as in **dirboen, dirgel.**

dis- affirmative, as in **distaw.**
   negative, as in **disgloff.**

do- (*soft*), intensive, as in **dolef.**

dy- (*soft*), negative, as in **dybryd.**
   ' to, together ', as in **dygyfor, dyweddi.**

dy- (*spirant*), intensive, as in **dychryn.**
   ' bad ', as in **dychan.**

e(h)- ' before, without ', as in **eang, eofn.**

ech- ' before ', as in **echnos, echdoe.**

eil- (*soft, rad.*), ' again, second ', as in **eilddydd (eildydd), eilwaith.**

en- (*soft*), intensive, as in **enfawr, enbyd.**

go-, gwo-, gwa- (*soft*), ' sub- ', as in **gobennydd, gwobr, gwastad.**

gor-, gwar- (*spirant*), ' over, super ', as in **goruchel, gwarchod, gorffen.**

hy- (*soft*), ' well, fine ', as in **hyfryd, hygar.**
   ' -able ', as in **hydrin, hylaw.**

gwrth- (*soft*), ' against, contra- ', as in **gwrthglawdd, gwrthddywedyd.**

lled- (*soft*), ' half, rather ' as in **lledlwm, llediaith.**

prif- (*soft*), ' high, chief ', as in **priflys, prifardd.**

rhag- (*soft*), ' before, pre-, pro- ', as in **rhagfur, rhagfarn.**

rhy- (*soft*), ' too, very,' as in **rhywyr, rhyfedd** (cf. *rhy fawr*, ' too big ').

rhyng- (*soft*), ' inter-,' as in **rhyngwladol, rhyng-golegol.**

tra- (*spirant*), ' over, excessive ', as in **tramor, trachwant, trachas.**

try- (*soft*), ' through ', as in **tryfer, tryloyw.**

ym- (*soft*), reflexive, as in **ymolchi, ymlâdd.**
   reciprocal, as in **ymladd, ymweld** (usually followed by **â, ag**).

ÔL-DDODIAID (SUFFIXES).

BERFENWAU (VERB-NOUNS).

Most verb-nouns are formed by adding one of the following endings to the stem of the Verb : **-i, -o, u-.**

-i is added :—

1. to some stems with **a** in the last syllable which is affected to **e** by the ending **-i** :
   e.g. **erchi** (archaf), **peri** (paraf), **sengi** (sangaf).

2. to stems with **o** or **oe** in the last syllable :
   e.g. **arfogi, cochi, cronni, dofi, torri, llonni, pori. oedi, oeri, poeri, poethi, noethi.**

3. to stems ending in consonantal **w** :
   e.g. **berwi, chwerwi, enwi, tewi, gwelwi, distewi.**

   There are some exceptions where the stem has no ending :
   e.g. **cadw, marw, llanw, galw.**

-o is added :—

1. to stems with the following vowels in the final syllable : **i, u, eu, ŵy** :
   e.g. **llifo, crino, blino, rhifo, britho, gweddïo, saernïo, ymfalchïo, rhuo, hudo, curo, dymuno, ceulo, teneuo, euro, bwydo, rhwydo, rhwyfo, andwyo.**

2. to stems ending in consonantal **i** :
   e.g. **troedio, gwawrio, rhodio, diffygio.**
   Also where the verb-noun is formed from a noun or adjective with **ai** in the final syllable :
   e.g. **sail, seilio ; disglair, disgleirio ; gwaith, gweithio ; rhaib, rheibio.**

-u is added :—

to stems with one of these vowels in the final syllable : **a, ae, e, y** (formed from **w** or ' clear ' **y**).

   e.g. **caru, glasu, chwalu, diddanu, dallu ;
   gwaelu, saethu, gwaedu ;
   credu, trefnu, rhyfeddu, meddu, caledu ;
   crynu, bradychu, tyfu, melysu, gwaethygu, tynnu.**

   Exceptions are :
   e.g. **gweiddi** (gwaeddaf), **medi** (medaf).
   llenwi, rhegi, and as in 1. above (under **-i**).

OTHER ENDINGS ARE :

1. **-ach,** as in **clindarddach, cyfeddach.**
2. **-ael,** as in **cael, caffael, gafael, gadael.**
3. **-aeth,** as in **marchogaeth.**
4. **-ain,** as in **llefain, ochain, disabedain.**
5. **-al,** as in **sisial, tincial.**
6. **-(i)an,** as in **trotian, hongian, sefyllian, grwnan.**
7. **-as,** as in **lluddias.**
8. **-ed,** as in **gweled, cerdded, yfed, myned, clywed.**
9. **-eg,** as in **ehedeg, rhedeg.**

453

10. -fan, as in cwynfan, griddfan.
11. -(h)a, as in pysgota, cardota, lloffa, cryffa, gwledda, cneua, mwyara.
12. -(h)au, as in gwanhau, cryfhau, cwpláu, cwblhau, agosáu, byrhau, casáu, ysgafnhau, coffáu.
13. -ofain, as in wylofain.
14. -yd, as in cymryd, edfryd, ymaflyd, dychwelyd, syflyd, ymyrryd.
15. -u and -i form a diphthong with a preceding -a-, -e-, -o- : parhau, glanhau, gwau, gweu, crynhoi, paratoi, troi, ffoi.

ADJECTIVAL ENDINGS :

-aid, as in ariannaid, cannaid, euraid.
-aidd, as in gwladaidd, peraidd, tlodaidd, euraidd.
-ar, as in byddar, cynnar, diweddar.
-awl : -ol, as in corawl, dymunol, estronol, hudol.
-gar, as in beiddgar, dialgar, hawddgar, dengar.
-ig, as in deheuig, lloerig, gwledig.
-in, as in cysefin, gerwin.
-lawn : -lon, as in bodlon, ffrwythlon, anffyddlon.
-llyd : -lyd, as in gwaedlyd, tanllyd, llychlyd.
-(i)og, as in gwlanog, arfog, gwresog, eithinog, oriog.
-us, as in llafurus, grymus, costus, blinderus.

ENDINGS OF ABSTRACT NOUNS :

-ach, as in cyfeillach, cyfrinach, cyfeddach.
-aeth, as in gwasanaeth, esgobaeth.
-aid, as in dysglaid, llwyaid.
-aint, as in henaint.
-as, as in teyrnas, priodas, urddas.
-ineb, as in doethineb, ffolineb.
-awd, as in pennawd, traethawd.
-der, -ter. as in dyfnder, gwacter.
-did, as in glendid, gwendid.
-dod, as in undod, cryndod.
-dwr, as in sychdwr, cryfdwr.
-ed, as in colled, syched.
-edd, as in mawredd, atgasedd.
-eg, as in Saesneg, Llydaweg, Cymraeg (*formerly* Cymra-eg).
-es, as in lloches.
-fa, as in cymanfa, noddfa, lladdfa.
-i, as in diogi, caledi.
-iant, as in meddiant, moliant.
-id, as in rhyddid, addewid.
-ioni, as in drygioni, daioni.
-ni, as in tlysni, noethni, bryntni.
-red, as in gweithred.
-rwydd, as in enbydrwydd, gwallgofrwydd.
-wch, as in tristwch, tawelwch.
-yd, as in mebyd, bywyd, iechyd.

ENDINGS DENOTING A PERSON OR AGENT :

-awdr, as in creawdr, dysgawdr.
-es, (feminine ending) as in caethes, tywysoges.
-iad, as in datgeiniad.
-(i)edydd, as in caniedydd.
-og, as in marchog, swyddog.

454

-or, as in telynor, canghellor.
-wr, as in pregethwr, siopwr.
-wraig, as in golchwraig, adroddwraig.
-ydd, as in melinydd, nofelydd.
-yddes, as in gwniadyddes, ysgrifenyddes.

ENDINGS DENOTING A TOOL OR A THING:

-adur, as in gwniadur, teipiadur.
-edydd, as in berwedydd.
-ell, as in pibell, ysgrafell.
-in, as in melin, cribin.
-og, as in clustog, bidog.
-wr, as in crafwr, tynnwr, golchwr.
-ydd, as in gobennydd, dysychydd.

DIMINUTIVE ENDINGS:

-ach, as in corrach, dynionach.
-an, as in dynan, gwreigan.
-cyn, as in bryncyn, llecyn, ffwlcyn.
-cen, as in ffolcen.
-ell, as in traethell.
-ig, as in afonig, oenig.
-os, as in plantos, teios.
-yn, as in llencyn, bachgennyn, dernyn.

Termau Estron - Foreign Terms

à bas, i lawr â.

ab initio, o'r dechrau.

ad infinitum, yn ddiddiwedd.

ad libitum, yn ddiwarafun.

ad nauseam, hyd ddiflastod.

affaire d'amour, carwriaeth.

affaire de coeur, mater y galon.

à la mode, yn ôl arfer, yn y ffasiwn.

al fresco, yn yr awyr agored.

alma mater, ysgol neu brifysgol (yr addysgwyd rhywun ynddi).

alter ego, hunan arall.

amour propre, balchder.

anno Domini, oed Crist (O.C.).

anno mundi, oed y byd.

ante meridiem (a.m.), yn y bore.

aplomb, hunanfeddiant.

a posteriori, o'r effaith i'r achos.

à propos, mewn perthynas â.

aqua vitae, dwfr bywyd ; brandi.

arrière-pensée, rhagrith.

à tout pris, costied a gosto.

au contraire, i'r gwrthwyneb.

au courant, hysbys.

au fait, hysbys.

au revoir, } ffarwél nes cawn
auf Wiedersehen, } gwrdd eto.

bête noire, bwgan.

bien entendu, wrth gwrs.

bona fide, diffuant, dilys.

bonhomie, hynawsedd.

bon jour, dydd da, bore da.

bon mot, gair ffraeth.

bon soir, noswaith dda.

bon vivant, gloddestwr.

bon voyage, siwrnai dda.

bric-à-brac, pethau mân.

cacoethes loquendi, ysfa siarad.

campo santo, claddfa.

canaille, y werin.

carte blanche, awdurdod llawn.

casus belli, achos rhyfel.

cave canem, gochelwch y ci.

ceteris paribus, â phethau eraill yn gyfartal.

chargé d'affaires, llysgennad (dirprwy).

chef d'oeuvre, campwaith.

chic, dillyn.

compos mentis, yn ei iawn bwyll.

contretemps, anffawd.

corrigenda, gwallau i'w cywiro.

coup, ergyd.

coup de grâce, ergyd derfynol.

coup d'état, ergyd wladol.

cul de sac, heol heb fynedfa yn ei phen draw.

cum grano salis, gydag ychydig halen, heb gredu gormod ynddo.

de facto, mewn gwirionedd.

Dei gratia, trwy ras Duw.

de jure, yn ôl y gyfraith.

de novo, o'r newydd.

Deo Volente (D.V.), os dymuna Duw.

de profundis, o'r dyfnder.

de trop, gormodol.

deus ex machina, gwaredwr.

dies irae, dydd digofaint, dydd barn.

dramatis personae, cymeriadau drama.

dum spiro spero, gobeithiaf tra byddaf.

ecce homo, wele'r dyn.

en avant ! ymlaen !

en effet, mewn gwirionedd.

en masse, yn y crynswth.

en passant, wrth fynd heibio.

en plein jour, liw dydd golau.

en route, ar y ffordd.

entente cordiale, cyd-ddealltwriaeth galonnog (rhwng dwy lywodraeth).

entourage, gosgordd.

entre nous, rhyngom ni.

esprit de corps, ysbryd byddin, undeb·

et cetera, ac yn y blaen.

ex cathedra, yn swyddogol, gydag awdurdod.

exeunt, ânt allan.

ex officio, yn rhinwedd ei swydd.

ex parte, o un ochr yn unig.

fait accompli, ffaith wedi ei chyflawni.

faubourg, maestref.

faux pas, cam gwag, camddywediad.

Gott mit uns, Duw gyda ni.

Gott sei Dank, diolch i Dduw !

hic jacet, yma y gorwedd.

hors de combat, analluog, allan o'r frwydr.

honoris causa, er anrhydedd.

ibidem (ibid.), yn yr un man.

id est (i.e.), hynny yw (h.y.).

in aeternum, yn dragwyddol.

in memoriam, er cof (am).

in perpetuum, am byth.

in saecula saeculorum, yn oes oesoedd.

in situ, yn ei briod le.

inter alia, ymhlith pethau eraill.

in toto, yn gyfan gwbl.

ipso facto, drwy'r ffaith ei hun.

ipso jure, drwy hawl cyfraith.

labor omnia vincit, trechir popeth gan lafur.

laus Deo, clod i Dduw.

locum tenens, dirprwy.

magnum opus, gorchestwaith.

mal de mer, salwch y môr.

malgré lui, er ei waethaf.

Materia Medica, cyffuriau meddygol.

mens sana in corpore sano, meddwl iach mewn corff iach.

mirabile dictu, syndod sôn.

modus operandi, dull o weithredu.

multum in parvo, llawer mewn ychydig.
mutatis mutandis, gyda chyfnewid dyladwy.
neé, ganedig (am enw gwraig briod).
nil desperandum, nac anobeithier.
nolens volens, o fodd neu anfodd.
nom de plume, ffugenw.
non compos mentis, allan o'i bwyll.
nota bene (N.B.), dalier sylw (D.S.).
nouveau riche, newydd-gyfoethog.
nulli secundus, digymar, di-ail.
obiter dicta, sylwadau wrth fynd heibio.
ora pro nobis, gweddïa drosom.
par excellence, yn anad neb neu ddim.
pas seul, dawns i un.
passim, ymhobman.
paterfamilias, tad teulu.
pax vobiscum, tangnefedd i chwi.
per annum, (hyn a hyn) y flwyddyn.
per capita, (hyn a hyn) y pen.
per diem, (hyn a hyn) y dydd.
per se, ynddo ei hun.
peu de chose, rhywbeth bach.
pièce de resistance, darn sylweddol.
post meridiem (p.m.), wedi canol dydd, prynhawn.
post mortem, wedi marwolaeth.
pot pourri, cymysgfa.
prima facie, ar yr olwg gyntaf.
pro bono publico, er lles y cyhoedd.
pro rata, ar gyfartaledd.
pro tempore (pro tem.), dros dro.
quid pro quo, rhywbeth cyfwerth.
quod erat demonstrandum (q.e.d.), yr hyn oedd i'w brofi.
raison d'être, hawl i fod, rheswm am fod.

rara avis, aderyn prin, rhyfeddod.
répondez, s'il vous plaît (R.S.V.P.), atebwch os gwelwch yn dda.
requiescat in pace, gorffwysed mewn hedd.
résumé, crynodeb.
sang-froid, hunanfeddiant.
sans souci, ysgafala, diofal.
sauve qui peut, pawb drosto ei hun.
savoir faire, medr, gallu.
semper eadem, yr un yn wastad.
seriatim, yn olynol.
sic transit gloria mundi, felly y diflanna gogoniant y byd hwn.
sine die, hyd amser amhenodol.
sine qua non, hanfodol.
sotto voce, yn ddistaw.
status quo, y sefyllfa fel yr oedd.
stet, peidier â'i ddileu.
sub judice, dan ystyriaeth.
sub rosa, yn gyfrinachol.
sui generis, o'i fath ei hun.
summum bonum, y daioni eithaf.
tempus fugit, ffy amser.
terra firma, daear gadarn.
tête-à-tête, ymgom gyfrinachol.
tour de force, gorchest.
tout ensemble, y cyfan gyda'i gilydd.
ultima Thule, y man eithaf.
vade mecum, hyfforddwr, llawlyfr.
vale ! yn iach ! ffarwél !
verbatim et literatim, air am air a llythyren am lythyren.
versus, yn erbyn.
vice versa, i'r gwrthwyneb.
videlicet (viz.), hynny yw, sef.

Enwau Personau - Personal Names

Adda, Adam.
Andreas, Andrew.
Aneirin, (Aneurin).
Arnallt, Arnold.
Awstin, Augustine.
Bartholomeus, Bartholomew.
Beda, Bede.
Bedwyr, Bedivere.
Bened, Bennet.
Beti : Betsan : Betsi, Betty, Betsy.
Buddug, Boudicca, (Boadicea).
Bwda, Buddha.
Cadog : Catwg, Cadoc.
Cai, Kay.
Caradog, Caratacus.
Caswallon, Cassivellaunus.
Catrin : Cadi, Catherine.
Cesar, Caesar.
Cynfelyn, Cymbeline.
Cystennin, Constantine.
Dafydd : Dewi : Deio : Dai, David.
Edmwnd, Emwnt, Edmund.
Edwart : Edward, Edward.
Efa, Eve.
Elen, Helen.
Elias, Elijah.
Eliseus, Elisha.
Emrys, Ambrose.
Esaia, Isaiah.
Esyllt, Iseult.
Fychan, Vaughan.
Fyrsil : Fferyll, Virgil.
Garmon, Germanus.
Geraint, Gerontius.
Gerallt, Gerald.
Glyn Dŵr, Glendower.
Gruffudd, Griffith.
Guto : Gruffydd.
Gwallter, Walter.
Gwenffrewi : Gwenfrewi, Winifred.
Gwenhwyfar, Guinevere.
Gwilym, William.
Gwladus, Gladys.
Gwrtheyrn, Vortigern.
Hopcyn, Hopkin.
Horas, Horace.
Hors, Horsa.
Huw, Hugh.
Hywel, Howell.
Iago, James.
Iau, Jupiter, Jove.
Iesu Grist, Jesus Christ.
Ieuan : Ifan : Iwan : Ianto, Evan.
Ioan, John.
Iorwerth : Iolo.
Lawnslot, Launcelot.
Lefi, Levi.
Lowri, Laura.
Lisbeth : Leisa, Elizabeth.

Luc : Lug, Luke.
Lleucu, Lucy.
Lludd, Lud.
Llwyd, Lloyd.
Llŷr, Lear.
Mabli, Mabel.
Madog, Madoc, Maddock.
Mair : Mari, Mary.
Mali, Molly.
Mallt, Maud, Matilda.
Maredudd, Meredith.
Marc, Mark.
Marged, Margaret.
Mererid, Margaret.
Meurig, Maurice.
Mihangel, Michael.
Modlen : Magdalen, Magdalene.
Moesen, Moses.
Morus : Morys : Moris, Morris.
Myrddin, Merlin.
Neifion, Neptune.
Ofydd, Ovid.
Oswallt, Oswald.
Owain, Owen, Owen.
Padrig, Patrick.
Pawl, Paul.
Pawl Hen, Paulinus.
Pedr, Peter.
Peredur, Perceval.
Phylip, Philip.
Prys, Price.
Pyrs, Pierce.
Puw, Pugh.
Rheinallt, Reginald.
Rhisiart, Richard.
Rhonwen, Rowena.
Rhosier, Rosser, Roger.
Rhydderch, Roderick.
Rhys, Rees, Rice.
Selyf, Solomon, Solomon.
Siân : Siani, Jane.
Siâm : Siâms : Siams, James.
Siarl, Charles.
Siarlymaen, Charlemagne.
Sieffre, Geoffrey.
Siencyn, Jenkin.
Siôn : Sionyn : Sioni, John.
Sioned, Janet.
Siôr : Siors, George.
Steffan, Stephen.
Tegid, Tacitus.
Timotheus, Timothy.
Tomos : Twm, Thomas, Tom.
Trystan, Tristan, Tristram.
Tudur, Tudor.
Wiliam, William.
Wmffre, Humphrey.
Y Santes Fair, Saint Mary.

Enwau Lleoedd - Place Names

Abergafenni : Y Fenni, Abergavenny.
Aberdaugleddau,-yf, Milford Haven.
Abergwaun, Fishguard.
Aberhonddu, Brecon.
Abermaw : Abermo, Barmouth.
Aberpennar, Mountain Ash.
Abertawe, Swansea.
Aberteifi, Cardigan(shire).
Afon Menai, Menai Straits.
Affrig : Affrica, Africa.
Amerig : America, America.
Amwythig, Shrewsbury.
Ariannin, Argentine.
Awstralia, Australia.
Awstria, Austria.
Bannau Brycheiniog, Brecknock Beacons.
Biwmares, Beaumaris.
Bro Morgannwg, Vale of Glamorgan.
Brycheiniog, Breconshire.
Brynbuga, Usk (town).
Bryste : Caerodor, Bristol.
Bwrgwyn, Burgundy.
Caerdroea : Troea, Troy.
Caerdydd, Cardiff.
Caeredin : Dinedin, Edinburgh.
Caerfaddon, Bath.
Caerfuddai, Chichester.
Caerfyrddin, Carmarthen(shire).
Caer-gaint, Canterbury.
Caer-grawnt, Cambridge.
Caergybi, Holyhead.
Caergystennin, Constantinople, Istanbul.
Caerhirfryn, Lancaster, Lancashire.
Caerliwelydd, Carlisle.
Caerloyw, Gloucester(shire).
Caerlŷr, Leicester(shire).
Caerllion Fawr, Chester.
Caerllion, Caerleon.
Caernarfon, Caernarvon(shire).
Caersalem : Jerwsalem, Jerusalem.
Caersallog, Salisbury.
Caerwrangon, Worcester(shire).
Caer-wynt, Winchester.
Caer-Wysg, Exeter.
Caint, Kent.
Cas-gwent, Chepstow.
Casllwchwr, Loughor.
Casnewydd, Newport (Mon.).
Castell-nedd, Neath.
Castell Paen, Painscastle.
Castell-y-waun : Y Waun, (Chirk).
Ceinewydd, Newquay.
Ceredigion : Sir Aberteifi, Cardiganshire.
Cernyw, Cornwall.
Clawdd Offa, Offa's Dyke.
Coed-duon, Blackwood.
Conwy, Conway.

Crai, Cray.
Cricieth.
Croesoswallt, Oswestry.
Crucywel : Crughywel, Crickhowell.
Cwlen, Cologne.
Cwm-, Vale, Valley.
Cymru, Wales.
Dinbych, Denbigh(shire).
Dinbych-y-pysgod, Tenby.
Dindyrn, Tintern.
Dolgellau, Dolgelley.
Donaw, Danube.
Dulyn, Dublin.
Dyfed, Demetia.
Dyfnaint, Devon.
Dyfrdwy, Dee.
Dyffryn Clwyd, Vale of Clwyd.
Efrog : Caer Efrog, York.
Efrog Newydd, New York.
Eryri, Snowdonia.
Ewrop, Europe.
Fflandrys, Flanders.
Fflint : Sir y Fflint, Flintshire.
Ffrainc, France.
Gâl, Gaul.
Glyn Egwestl, Valle Crucis.
Groeg, Greece.
Gwasgwyn, Gascony.
Gwdig, Goodwick.
Gwenfô, Wenvoe.
Gwent, Gwent (part of Monmouthshire).
Gwlad Belg, Belgium.
(Gwlad) Pwyl, Poland.
Gwlad-yr-haf, Somerset.
Gwy, Wye (river).
Gwynedd (ŵy), Gwynedd (N.W. Wales).
Gŵyr, Gower.
Hafren, Severn.
Hendy-gwyn ar Daf, Whitland.
Henffordd, Hereford.
Hwlffordd, Haverfordwest.
India'r Gorllewin, West Indies.
Iorddonen, Jordan.
Isalmaen : Holand, Holland.
Iwerddon, Ireland.
Lerpwl : Llynlleifiad, Liverpool.
Libanus, Lebanon.
Lacharn, Laugharne.
Llanandras, Presteign.
Llanbedr Pont Steffan, Lampeter.
Llandaf, Llandaff.
Llandudoch, St. Dogmael's.
Llandybïe.
Llandygái.
Llanddewi Nant Hodni, Llanthony.
Llanelwy, St. Asaph.
Llaneirwg, St. Mellons.
Llaneurgain, Northop.

460

Llanfair-ym-Muallt, Builth Wells.
Llangatwg, Cadoxton.
Llangrallo, Coychurch.
Llanilltud Fawr, Llantwit Major.
Llanilltud Gŵyr, Ilston.
Llanilltud Faerdre, Llantwit Vardre.
Llanllieni, Leominster.
Llansawel (*Morgannwg*), Briton Ferry.
Llanymddyfri, Llandovery.
Lloegr, England.
Llundain : Caer-ludd, London.
Llwydlo, Ludlow.
Llychlyn, Scandinavia.
Llydaw, Brittany.
Llŷn : Lleyn.
Llyn Tegid (Llyn y Bala), Bala Lake.
Maenorbŷr, Manorbier.
Maesaleg, Bassaleg.
Maesglas, Basingwerk.
Maesyfed, Radnorshire.
Manaw, Isle of Man.
Manceinion, Manchester.
Meirionnydd : Meirionydd : Meirion, Merioneth.
Môn : Sir Fôn, Anglesey.
Môr Hafren, Bristol Channel.
Môr Iwerydd, Atlantic Ocean.
Môr Llychlyn, Baltic Sea.
Môr Udd, English Channel.
Morgannwg, Glamorgan.
Mynwy (ŵy), Monmouthshire, Monnow (river).
Mynyw, Menevia.
Nyfer : Nanhyfer, Nevern.
Nil : Neil, Nile.
Niwbwrch : (Rhosyr), Newborough.
Penarlâg, Hawarden.
Penbedw, Birkenhead.
Penfro : Sir Benfro, Pembrokeshire.
Pen-y-bont ar Ogwr, Bridgend.
Pen-y-fâl, Sugar Loaf (Abergavenny).
Pontarfynach, Devil's Bridge.
Pont-faen, Cowbridge.
Porthaethwy, Menai Bridge.
Portin-llaen (Porth Dinllaen).
Powys, Powys (N.E. Wales).
Prydain, Britain.
Pumlumon, Plynlimon.
Pyreneau, Pyrenees.
Rwsia, Russia.
Rhaeadr Gwy, Rhayader.
Rhein, Rhine.
Rhufain, Rome.
Rhydaman, Ammanford.
Rhydychen, Oxford.
Sain Ffagan, St. Fagans.
Sain Tathan, St. Athans.

Sgeti, Sketty.
Tafwys, Thames.
Talacharn : Lacharn, Laugharne.
Tal-y-bont.
Talyllychau, Talley.
Tal-y-llyn.
Trecastell, Trecastle.
Trefaldwyn, Montgomeryshire, Montgomery.
Trefdraeth, Newport (Pem.).
Trefhedyn, Adpar.
Tre-fîn.
Treforys, Morriston.
Trefyclawdd : Trefyclo, Knighton.
Treffynnon, Holywell.
Trelawnyd, Newmarket (Flintshire).
Tre-lech.
Tseina, China.
Tyddewi : Mynyw, St. David's.
Wrecsam, Wrexham.
Wysg (ŵy), Usk (river).
Y Barri, Barry.
Y Bont-faen, Cowbridge.
Y Drenewydd, Newtown.
Y Clas-ar-Wy, Glasbury.
Y Felinheli, Port Dinorwic.
Y Gelli, Hay.
Y Gogarth, Great Orme.
Y Môr Canoldir, Mediterranean Sea.
Y Môr Coch, Red Sea.
Y Môr Marw, Dead Sea.
Y Môr Tawel, Pacific Ocean.
Y Pîl, Pyle.
Ynys Afallon, Avalon, Glastonbury.
Ynys Bŷr, Caldey Island.
Ynys Enlli, Bardsey Island.
Ynys Gybi, Holy Isle.
Ynysoedd Erch, Orkney Islands.
Ynysoedd Heledd, The Hebrides.
Ynys Seiriol, Puffin Island.
Ynys Wyth (ŵy), Isle of Wight.
Ynys-yr-iâ, Iceland.
Yr Aifft, Egypt.
Yr Alban : Sgotland, Scotland.
Yr Almaen, Germany.
Yr Alpau, Alps.
Yr Eidal, Italy.
Yr Heledd Ddu, Northwich.
Yr Heledd Wen, Nantwich.
Yr Iseldiroedd, Netherlands.
Yr Unol Daleithiau, United States.
Yr Wyddfa (ŵy), Snowdon.
Yr Wyddgrug (ŵy), Mold.
Ysbaen : Sbaen, Spain.
Ystrad-fflur, Strata Florida.
Y Trallwng, Welshpool.

Anifeiliaid - Animals

abwydyn, mwydyn, pryf genwair, llyngyren y ddaear. EARTHWORM.
afanc, llostlydan. BEAVER.
arth, (b. arthes). BEAR.
asyn, (b. asen). ASS.
asb, ASP.
bele, bele'r graig. PINE MARTEN.
blaidd, (b. bleiddiast). WOLF.
broga, ffroga, llyffant melyn. FROG (COMMON).
Penbwl. TADPOLE.
buwch fach (goch) gota, LADYBIRD.
cacwn bustl, GALL WASP.
cacynen, picwnen, gwenynen feirch. WASP, HORNET.
cadno, llwynog, madyn. FOX.
camel, CAMEL.
carlwm, STOAT.
carw, hydd. DEER, HART.
carw coch. RED DEER.
carw ifanc. FAWN.
ewig, iyrches. ROE DEER, HIND.
iwrch. ROEBUCK.
cath, CAT.
gwrcath, cwrcyn, cath wryw. TOM-CAT.
cath wyllt, cath goed. WILD CAT.
ceffyl, cel. HORSE.
march, stalwyn. STALLION.
caseg. MARE.
ebol, swclyn. FOAL.
eboles, swclen. FILLY.
merlyn, merlen. PONY.
ceiliog y rhedyn, sioncyn y gwair. GRASSHOPPER.
ci, DOG.
gast. BITCH.
ci bach, cenau, colwyn. PUP.
cleren, pryf ffenestr, cylionen. FLY (HOUSE).
cleren las, cleren chwythu, pryf cig. BLUE BOTTLE.
corryn, pryf copyn, cop. SPIDER.
cricedyn, cricsyn, pryf tân. CRICKET.
crwban, TORTOISE.
cwningen, RABBIT.
cylionen, cylionyn, gwybedyn, piwiedyn, cleren. GNAT, FLY.
chwannen, FLEA.
chwannen ddŵr, WATER FLEA.
chwilen bridd, BURYING BEETLE.
chwilen bwgan, WHIRLIGIG BEETLE.
chwilen bwm, chwilen y bwm. COCK-CHAFER.
chwilen ddu, BLACK-BEETLE, COCK-ROACH.
chwilen glust, pryf clust, pryf clustiog. EARWIG.

da, gwartheg. CATTLE, KINE.
buwch. COW.
dyniawed. YEARLING.
myswynog. BARREN COW.
tarw. BULL.
bustach, eidion, ych. OX.
anner, treisiad, heffer. HEIFER.
llo. CALF.
dafad, SHEEP, EWE.
mamog. EWE.
maharen, hwrdd. RAM.
llwdn, gwedder, mollt, molltyn. WETHER.
hesbin, llydnes. YOUNG EWE.
hesbwrn. YOUNG RAM.
oen. LAMB.
oenig. EWE LAMB.
draenog, HEDGEHOG.
draenog y môr, SEA URCHIN.
dwrgi, dyfrgi. OTTER.
eliffant, ELEPHANT.
epa, APE.
ffured, FERRET.
ffwlbart, gwichydd. POLECAT.
gafr, GOAT.
bwch gafr. BILLY GOAT.
myn. KID.
gele, gelen, geloden. LEECH.
glöyn byw, iâr fach yr haf, pili pala. BUTTERFLY.
gwadd, twrch daear. MOLE.
gwas y neidr, DRAGON FLY.
gwenci, bronwen, y wenci. WEASEL.
gwenynen, HONEY BEE.
gwerddwr, SEA CUCUMBER.
gwiber, VIPER.
gwiddon, gwyfyn yr ŷd. WEEVIL.
gwiwer, SQUIRREL.
gwybedyn, cylionen, cylionyn, piwiedyn. GNAT.
gwybedyn y dŵr, piwiad. WATER GNAT.
gwyfyn, pryfyn dillad, meisgyn. MOTH.
lindys, CATERPILLAR.
lledod bach yr iau, LIVER FLUKE.
lleuen, LOUSE.
llew (b. llewes). LION.
llewpart, LEOPARD.
llyffant, llyffant dafadennog. TOAD.
llyffant melyn. FROG.
llyffant gwair (ei larfa ym mhoeri'r gwcw). FROGHOPPER.
llygad maharen, brenigen. LIMPET.
llygoden, MOUSE, RAT.
llygoden fach. HOUSE MOUSE.
llygoden fawr, llygoden ffrengig (ffreinig). RAT.
llygoden gwta. MEADOW VOLE.
llygoden y maes, llygoden yr ŷd. FIELD MOUSE.

llygoden pen bawd. WOOD MOUSE.
llygoden goch, llyg, chwislen.
SHREW.
llygoden y dŵr. WATER VOLE.
llynǵyren, TAPE WORM.
llymarch, wystrys. OYSTER.
llyslau, gwartheg (buchod) y morgrug.
GREENFLY.
madfall, genau goeg, madrchwilen.
LIZARD.
madfall ǵriboǵ, genau goeg gribog.
CRESTED NEWT.
madfall y dŵr, genau pryf gwirion.
COMMON NEWT.
maǵïen, tân bach diniwed, pren pwdr,
pryfyn tân. GLOW-WORM.
malwoden, malwen. SNAIL, SLUG.
malwoden ddu, malwen ddu,
gwlithen ddu. BLACK SNAIL.
malwoden ddŵr, malwen ddŵr.
POND SNAIL.
malwoden gorn, malwen gorn.
TRUMPET SNAIL.
malwoden lwyd, malwen lwyd.
GARDEN SNAIL.
mochyn, PIG.
hwch. SOW.
hesbinwch, banwes. GILT.
twrch, baedd. BOAR.
porchell. PIGLING.

mochyn daear, mochyn bychan, broch,
daear fochyn. BADGER.
mochyn y coed, gwrachen ludw, pryf
twca. WOODLOUSE.
morgrugyn, ANT.
mosgito, MOSQUITO.
mul, MULE, DONKEY.
mwnci, MONKEY.
neidr, neidr fraith, sarff. SNAKE (GRASS).
neidr ddefaid, slorwm. SLOW-WORM,
BLIND-WORM.
neidr filtroed, MILLIPEDE.
neidr gantroed, CENTIPEDE.
pathew, pathor. DORMOUSE.
pryf corff, DEATH WATCH BEETLE.
pryf ǵweryd, Robin y gyrrwr. WARBLE
FLY.
pryf llwyd, GAD-FLY.
pryf teiliwr, lleidr y gannwyll, Jac y
baglau, hirheglyn. DADDY LONG
LEGS.
rhiain y dŵr, hirheglyn y dŵr. POND
SKATER.
rhwyfwr mawr, ceffyl dŵr. WATER
BOATMAN.
siacal, JACKAL.
troǵen, TICK.
udfil, HYENA.
ysǵyfarnoǵ, ceinach, pryf mawr,
sgwarnog. HARE (BROWN).
ystlum, slumyn (bacwn). BAT.

Adar - Birds

Adain ǵŵyr, WAXWING.
aderyn-drycin Manaw, MANX SHEAR-
WATER.
aderyn-drycin y ǵraig, FULMAR
PETREL.
aderyn du, mwyalchen, pigfelen,
merwys. BLACKBIRD.
aderyn y to, llwyd y to, strew, sbroc-
syn, golfan. HOUSE SPARROW.
alarch, SWAN.
alarch Bewick, BEWICK'S SWAN.
alarch chwibanol, alarch gwyllt.
WHOOPER SWAN.
alarch mud, alarch dof. MUTE SWAN.
asgell fraith, asgell arian, ji-binc, pia'r
gwinc, jin jin, pwynt, binc-binc,
brig y coed. CHAFFINCH.
asgell goch, adain goch, tresglen
goch, coch yr adain. REDWING.
barcut, barcutan. KITE.
boda, bwncath, boncath. BUZZARD.
boda tinwyn, hebog llwydlas, cud-
walch. HEN HARRIER.
boda coes ǵarw, ROUGH-LEGGED
BUZZARD.

boda'r ǵors, hebog yr hesg, bod y
gwerni. MARSH HARRIER.
boda'r mêl, HONEY BUZZARD.
boda'r waun, boda Montagu. MON-
TAGU'S HARRIER.
brân, CROW.
brân dyddyn, brân syddyn, brân
fawr. CARRION CROW.
brân goesgoch, brân Arthur, brân
gochbig. CHOUGH.
brân lwyd, brân Iwerddon. HOODED
CROW.
bras bach, LITTLE BUNTING.
bras y coed, bras Ffrainc. CIRL
BUNTING.
bras yr eira, SNOW BUNTING.
bras y ǵors, golfan y gors, penddu'r
bryn. REED BUNTING.
bras yr ŷd, CORN BUNTING.
bras yr ŷd penwyrdd, ORTOLAN
BUNTING.
bronfraith, SONG THRUSH.
brongoch, bronrhuddyn, robin goch,
coch-gam. READBREAST.
bwm y ǵors, aderyn y bwn. BITTERN.
carfil bach, LITTLE AUK.

cigfran, RAVEN.
cigydd cefngoch, RED-BACKED SHRIKE.
cigydd llwyd mawr, GREAT GREY
SHRIKE.
clochdar yr eithin, clap yr eithin,
crec yr eithin. WHINCHAT.
cnut (cnit), pibydd glas, myniar y
traeth. KNOT.
cobler y coed, cnocell brith mwyaf,
taradr y coed, cymynwr y coed,
coblyn y coed, tyllwr y coed. GREAT
SPOTTED WOODPECKER.
cnocell brith lleiaf, LESSER SPOTTED
WOODPECKER.
cnocell werdd, cnocell y coed, caseg
wanwyn, coblyn gwyrdd. GREEN
WOODPECKER.
cnocell y cnau, telor y cnau. NUT-
HATCH.
coch y berllan, aderyn pensidan,
chwibanydd. BULLFINCH.
coeg-gylfinir, WHIMBREL.
coesgoch, pibydd coesgoch. RED-
SHANK.
cog, y gog, gwcw, cethlydd. CUCKOO.
colomen, PIGEON.
colomen grech, pibydd torchog. RUFF.
colomen y graig, colomen y clogwyn.
ROCK DOVE.
corbibydd, CURLEW SANDPIPER.
corhwyaden, TEAL.
cornchwiglen, hen het, cornicyll y
waun. LAPWING.
cornicyll aur, chwilgorn y mynydd,
cornicyll y mynydd. GOLDEN PLOVER.
cornicyll Caint, KENTISH PLOVER.
cornicyll llwyd, cwtiad glas. GREY
PLOVER.
cornicyll modrwyog, môr-hedydd.
RINGED PLOVER.
cornicyll modrwyog leiaf, LITTLE
RINGED PLOVER.
corshwyaden lwyd, GADWALL.
crec yr eithin, crec y garreg, clegr y
garreg, clochdar y cerrig, tinwen y
garreg. STONECHAT.
crëyr glas, crychydd, garan. HERON.
crëyr gwyn lleiaf, LITTLE EGRET.
crëyr y nos, NIGHT HERON.
cropiedydd, crepianog, aderyn pen
bawd, dringwr bach, ymlusgydd y
coed. TREE CREEPER.
cudyll coch, y genlli goch, curyll y
y gwynt, gellan goch. KESTREL.
cudyll glas, gwipia, gwibiwr, llam-
ysten. SPARROW HAWK.
cyffylog, WOODCOCK.
cynffonwen, tinwen y garreg, tinwyn
y garn. WHEATEAR.
chwibanogl ddu, GLOSSY IBIS.
chwiwiad, chwiwell. WIGEON.

dreiniog, llinoswerdd, pibydd gwyrdd.
SISKIN.
drudwy, drudwen, drydw, aderyn yr
eira, sgrech, aderyn y ddrycin.
STARLING.
drudwy gochliw, ROSE-COLOURED
STARLING.
dryw, dryw bach. WREN.
dryw ben aur, dryw eurben, dryw
aur. GOLDCRESTED WREN.
dryw rhudd gribog, dryw ben tân.
FIRECREST WREN.
ehedydd, uchedydd. SKYLARK.
ehedydd y coed, esgudogyll. WOOD-
LARK.
ehedydd y traeth, SHORE LARK.
eos, NIGHTINGALE.
eryr aur, eryr melyn. GOLDEN EAGLE.
eryr gynffonwen, eryr y môr, eryr
tinwyn. WHITE-TAILED EAGLE.
eryr y pysgod, eryr y môr. OSPREY.
ffesant, ceiliog y coed. PHEASANT.
gïach, ysniden, dafad y gors. SNIPE.
gïach fach, JACK SNIPE.
gïach fawr, GREAT SNIPE.
glas y dorlan, glas y geulan. KING-
FISHER.
golfan y coed, golfan y mynydd. TREE
SPARROW.
gopog, HOOPOE.
gosog, gwyddwalch. GOSHAWK.
grugiar, iâr y mynydd, iâr goch. RED
GROUSE.
grugiar ddu, BLACK GROUSE.
gwalch glas, PEREGRINE FALCON.
gwalch y grug, gwalch bach, cor-
walch. MERLIN.
gwalch y penwaig, llurs. RAZORBILL.
gwddfgam, pengam. WRYNECK.
gwddfgwyn, barfog, llwydfron, llwyd
y danadl. WHITETHROAT.
gwddfgwyn lleiaf, cegwyn lleiaf,
llwydfron lleiaf, LESSER WHITE-
THROAT.
gwddflas, BLUETHROAT.
gwennol, SWALLOW.
gwennol ddu, gwrach yr ellyll, asgell
hir, aderyn yr eglwys, aderyn du'r
llan, y biwita, y folwen, sgilpen.
SWIFT.
gwennol y bondo, gwennol y bargod,
gwennol y muriau, gwennol fronwen.
HOUSE MARTIN.
gwennol y dŵr, gwennol y glennydd,
gwennol y llynnoedd. SAND MARTIN.
gwyach fach, gwyach leiaf, tintroed
fach, Harri-gwlych-dy-big. LITTLE
GREBE (DABCHICK).
gwyach fawr, GREAT CRESTED GREBE.
gwyach gorniog, SLAVONIAN (HORNED)
GREBE.

gwyach gwddfddu, gwyach glustiog. BLACK-NECKED GREBE.

gwyach gwddfgoch, RED-NECKED GREBE.

gwybedwr brith, cylionydd, pryfetwr brith, gwybedwr mannog. SPOTTED FLYCATCHER.

gwybedwr du a gwyn, gwybedog brith. PIED FLYCATCHER.

gwybedwr frongoch, RED-BREASTED FLYCATCHER.

gŵydd dalcen gwyn, WHITE-FRONTED GOOSE.

gŵydd dalcen gwyn leiaf, LESSER WHITE-FRONTED GOOSE.

gŵydd dorchwen, gŵydd wendorch, gŵydd ddu. BRENT GOOSE.

gŵydd droed-binc, PINK-FOOTED GOOSE.

gŵydd ffa, soflwydd, gŵydd y llafur, gŵydd y cynhaeaf, gŵydd yr egin, gŵydd bonar. BEAN GOOSE.

gŵydd gwyrain, gŵydd y môr. BARNACLE GOOSE.

gŵydd wendorch, BRENT GOOSE.

gŵydd wyllt gyffredin, GREY-LAG GOOSE.

gŵydd yr eira, SNOW GOOSE.

gwylan, SEA-GULL.

gwylan benddu, BLACK-HEADED GULL.

gwylan fach, LITTLE GULL.

gwylan gefnddu fwyaf, copsyn y môr. GREAT-BACKED GULL.

gwylan gefnddu leiaf, LESSER BLACK-BACKED GULL.

gwylan goesddu, gwylan dribys, drilyn. KITTIWAKE.

gwylan Gwlad yr Iâ, ICELAND GULL.

gwylan Sabine, SABINE'S GULL.

gwylanwydd, GANNET.

gwylan y gogledd, gwylan laswyrdd. GLAUCOUS GULL.

gwylan y graig, aderyn drycin y graig, ffwlmar. FULMAR.

gwylan y penwaig, HERRING GULL.

gwylog, GUILLEMOT.

gwylog ddu, BLACK GUILLEMOT.

gylfin groes, CROSSBILL.

gylfinir, cwrlig, cwrlip, chwibanogl y mynydd, chwibanwr, cwliwn. CURLEW.

gylfinir y cerrig, STONE CURLEW.

hebog, gwalch glas. PEREGRINE FALCON.

hebog y Wlad Werdd, GREENLAND FALCON.

hebog Ynys yr Iâ, ICELAND FALCON.

heligog, hwylog, chwilog, gwilyn, arron. GUILLEMOT.

heligog du, chwilog du. BLACK GUILLEMOT.

hudwalch, hebog yr hedydd. HOBBY.

hutan, DOTTEREL.

hutan y môr, TURNSTONE.

hwyaden addfain, GARGANEY.

hwyaden benddu, SCAUP DUCK.

hwyaden bengoch, POCHARD.

hwyaden ddanheddog, GOOSANDER.

hwyaden ddanheddog fronrudd, REDBREASTED MERGANSER.

hwyaden ddu, môr-hwyaden ddu. COMMON SCOTER.

hwyaden felfedog, VELVET SCOTER.

hwyaden fraith, hwyaden yr eithin. SHELDUCK.

hwyaden fwythblu, EIDER.

hwyaden goesgoch, hwyad-wŷdd ddanheddog, GOOSANDER.

hwyaden gopog, TUFTED DUCK.

hwyaden gynffon hir, hwyaden gynffon gwennol. LONG-TAILED DUCK.

hwyaden gynffonfain, hwyaden lostfain. PINTAIL.

hwyaden lydanbig (biglydan), SHOVELER.

hwyaden lygad arian, SCAUP.

hwyaden lygad-aur, GOLDENEYE.

hwyaden wyllt, MALLARD.

hwyad-wŷdd fronrudd, RED-BREASTED MERGANSER.

hwyad-wŷdd lwydwen, lleian wen. SMEW.

iâr ddŵr, iâr fach yr hesg, iâr y gors. MOORHEN.

iâr y gors, cwtiar, iâr ddŵr foel, dobi benwyn. COOT.

jac-y-do, cawci, cogfran, corfran, jac ffa. JACKDAW.

llinos, aderyn cywarch, brown y mynydd, gyrnad llwyd. LINNET.

llinos bengoch, llwyd bach. REDPOLL.

llinos gwyrdd (werdd), Siencyn cywarch, pila gwyrdd. GREENFINCH.

llinos y mynydd, TWITE.

llostrudd du, tinboeth du, tingoch du. BLACK REDSTART.

llostruddyn, coch y fflam, tinboeth. REDSTART.

llwybig, SPOONBILL.

llwyd y berth, llwyd y gwrych, llwyd y clawdd, llwyd bach, jac llwyd y baw, gwas y gog, Siani lwyd, llwyd y dom, gwrychell, gwrachell y cae, brych y cae, brith y cae. HEDGE SPARROW (DUNNOCK).

llygad yr ych, DUNLIN.

melyn yr eithin, penfelyn, llinos felen, drinws felen, gwas y neidr, ysgras. YELLOW HAMMER, YELLOW BUNTING.

morfran, mulfran, bilidowcar, Wil wal waliog, llanciau Llandudno. CORMORANT.

môr-hwyaden ddu, COMMON SCOTER.

morwennol bigddu, SANDWICH TERN.
morwennol ddu, ysgraell ddu. BLACK TERN.
morwennol fechan, LITTLE TERN.
morwennol gyffredin, COMMON TERN.
morwennol leiaf, LITTLE TERN.
morwennol wridog, ROSEATE TERN.
morwennol y gogledd, ARCTIC TERN.
mulfran gopog, mulfran werdd. SHAG.
mulfran wen, mulfran lwyd, y gan, hugan, gwylan dydd, gwylanwydd, gŵydd y weilgi, gŵydd lygadlan. GANNET.
mwyalchen felen, GOLDEN ORIOLE.
mwyalchen y mynydd, mwyalchen y graig. RING OUZEL.
myniar y traeth, KNOT.
nico, jac nico, teiliwr (telor) Llundain, peneuryn, eurbinc, pobliw. GOLD-FINCH.
pâl, pwffin, cornicyll y dŵr. PUFFIN.
pâl du, SOOTY SHEARWATER.
pâl Manaw, aderyn drycin y graig. MANX SHEARWATER.
pâl mwyaf, GREAT SHEARWATER.
pedryn cynffon fforchog, brochellog, pedryn llach. LEACH'S PETREL.
pedryn drycin, cas-gan-longwr. STORM PETER, STORMY PETREL.
pendew, gylfinbraff. HAWFINCH.
penddu, telor bach penddu, penlöyn, lleian benddu. BLACKCAP.
petrisen, PARTRIDGE.
petrisen goesgoch, RED-LEGGED PARTRIDGE.
pia bach, aderyn melyn bach, y bi bach, telor goesddu'r helyg, dryw felen. CHIFFCHAFF.
pibydd goesgoch brith, pibydd mannog. SPOTTED REDSHANK.
pibydd goeswerdd (coeswyrdd), GREENSHANK.
pibydd gwyrdd, GREEN SANDPIPER.
pibydd gylfinog, corbibydd. CURLEW SANDPIPER.
pibydd lleiaf, corbibydd. LITTLE STINT.
pibydd porffor (du), PURPLE SAND-PIPER.
pibydd llydandroed glas (llwyd), GREY PHALAROPE.
pibydd llydandroed gwddfgoch, RED-NECKED PHALAROPE.
pibydd mannog, SPOTTED RED SHANK.
pibydd rhuddgoch, pibydd y mawn, llwyd y tywod, llygad yr ych. DUN-LIN.
pibydd Richard, RICHARD'S PIPIT.
pibydd Temminck, TEMMINCK'S STINT.
pibydd y coed, TREE PIPIT.

pibydd y dorlan, COMMON SANDPIPER.
pibydd y dŵr, WATER PIPIT.
pibydd y gors, MARSH SANDPIPER.
pibydd y graig, ehedydd y graig, wid-wid. ROCK PIPIT.
pibydd y traeth, hutan lwyd, llwyd y tywod. SANDERLING.
pibydd y waun, pibganwr (pibydd) y ddôl, pibydd y mynydd, ehedydd bach, llwyd y bryn, gwas y gog. MEADOW PIPIT.
pinc y mynydd, bronrhuddyn y mynydd. pinc y gogledd, gwinc. BRAMBLING.
pioden, piogen, pia, y bi. MAGPIE.
pioden y môr, bilcoch, picoch, Twm pib, watryswn, llymarchyn, saer. OYSTERCATCHER.
pysgeryr, OSPREY.
rhegen fach, LITTLE CRAKE.
rhegen fraith, rhegen fawnog, creciar frechfawr. SPOTTED CRAKE.
rhegen y dŵr, WATER RAIL.
rhegen yr ŷd, rhegen ryg, rhegen y rhych, sgrech yr ŷd, sgrech y gwair. CORNCRAKE.
rhostog goch, gïach pengafr. BAR-TAILED GODWIT.
rhostog gynffonddu, BLACK-TAILED GODWIT.
sgrech y coed, pioden y coed. JAY.
siglen felen, YELLOW WAGTAIL.
siglen fraith, brith y fuches, sigl-i-gwt, brith y coed, sigldin y gŵys, tinsigl brith, brith yr oged, sigwti fach y dŵr. PIED WAGTAIL.
siglen las, GREY WAGTAIL.
siglen wen, WHITE WAGTAIL.
sofliar, rhinc. QUAIL.
sogiar, caseg y ddrycin, socan (sogen) lwyd, socan eira. FIELDFARE.
telor gwyrdd, GREENISH WARBLER.
telor y berllan, telor(ydd) yr ardd. GARDEN WARBLER.
telor y coed, dryw'r coed. WOOD WARBLER.
telor y dŵr, telor yr hesg, dryw'r hesg. SEDGE WARBLER.
telor yr eithin, DARTFORD WARBLER.
telor y gors, MARSH WARBLER.
telor y gwair, gwichedydd, nyddwr bach, nyddreg. GRASSHOPPER WARB-LER.
telor yr helyg, dryw'r helyg, dryw wen, cethlydd y coed. WILLOW WARBLER.
telor yr hesg, llwyd y gors, telor y cyrs, telor y cawn. REED WARBLER.
titw barfog, BEARDED TIT.
titw copog, CRESTED TIT.
titw du, yswigw du. COAL TIT.

titw'r gors, yswigw'r wern, yswidw lwyd, pela'r wern. MARSH TIT.

titw gynffon hir, yswigw gynffon hir, yswigw hirgwt, lleian gynffon hir, gwas y dryw, yswelw. LONG-TAILED TIT.

titw'r helyg, WILLOW TIT.

titw mwyaf, penlöyn mawr, penloyw, pela glas mawr, yswigw'r coed. GREAT TIT.

titw tomos las, glas y pared, glas bach y wal, pela glas bach, perla, glas dwl, yswidw las fach, gwas y dryw, yswigw. BLUE TIT.

tresglen, sgrechgi, caseg y ddrycin, sgrad y coed, bronfraith fawr, pen y llwyn, cragell y coed, brych y coed. MISSEL THRUSH.

trochwr, bronwen y dŵr, mwyalchen y dŵr, Wil y dŵr, aderyn du'r dŵr, tresglen y dŵr. DIPPER, WATER-OUZEL.

trochydd gwddfddu, BLACK-THROAT-ED DIVER.

trochydd gwddfgoch, RED-THROATED DIVER.

trochydd mawr, GREAT NORTHERN DIVER.

troellwr, aderyn y dröell, Wil nyddwr, gwennol y nos, rhodor, gafr y gors, gafr wanwyn, brân nos. NIGHTJAR.

tylluan fach, LITTLE OWL.

tylluan glustiog, SHORT-EARED OWL.

tylluan gorniog, LONG-EARED OWL.

tylluan wen, aderyn corff, tylluan ysgubor, gwdihŵ. BARN OWL.

tylluan yr eira, SNOWY OWL.

wid-wid, ROCK PIPIT.

y big mynawyd, AVOCET.

y durtur, colomen Fair. TURTLE DOVE.

ydfran, ROOK.

ysgiwen fwyaf (fawr), gwylan frech. GREAT SKUA.

ysgiwen gynffondro, POMPARINE SKUA.

ysgiwen gynffon hir, LONG-TAILED SKUA.

ysgiwen y gogledd, gwylan frech yr Arctig. ARCTIC SKUA.

ysguthan, colomen wyllt. WOOD-PIGEON.

ysguthell, STOCK DOVE.

yswigw, gweler titw.

Pysgod - Fishes

annog, CHUB.
brithyll, bridyll. TROUT.
brithyll y don, STICKLEBACK.
bwgan dŵr, DRAGONET.
cath fôr, RAY.
cegddu, HAKE.
cimwch, LOBSTER.
cimwch coch, seger. CRAYFISH.
cocos, rhython. COCKLES.
corbenfras, hadog. HADDOCK.
corgimwch, PRAWN.
crach y môr, cregyn llongau. BARN-ACLES.
cragen fair, cragen Iago. COWRY.
cragen fylchog, SCALLOP.
cragen grib, TOP SHELL.
cragen y forwyn, VENUS.
cranc, CRAB.
crothell, GRAYLING.
cyhyren, môr-lysywen. CONGER EEL.
draenogiad, PERCH.
eog, samwn. SALMON.
  hwyfell. FEMALE SALMON.
  gleisiad. YOUNG SALMON.
gwalc, WHELK.
gwelchyn y dŵr, HEART URCHIN.
gwichiad, PERIWINKLE.
gwichiad coliog, STING WINKLE.
gwichydd y cŵn, DOG WINKLE.
gwrachen ddu, BREAM.

gwrachen farf, LOACH.
gwrachen, brachyn. ROACH.
gwyniad (y môr), WHITING.
gwyniedyn, SEWIN.
hyrddyn, MULLET.
llamhidydd, llambedyddiol, moelrhon-yn. PORPOISE.
lleden, PLAICE.
lleden chwithig, SOLE.
lleden y môr, HALIBUT.
llysywen, EEL.
macrell, MACKEREL.
misglen, cregynen las. MUSSEL.
morfarch, SEAHORSE.
morfil, WHALE.
morgath, CATFISH.
morgi, SHARK.
morlo, broch môr, moelrhon. SEAL.
penbwl, penlletwad. BULLHEAD.
penci, DOGFISH.
penfras, COD.
penhwyad, PIKE.
perdysen, Sioni naill ochr. SHRIMP.
seren fôr, STARFISH.
sildyn, silidon, sileyn. MINNOW.
slefren fôr, JELLYFISH.
symlyn, GUDGEON.
torbwt, TURBOT.
torgoch, CHAR.
twps y dail, SEWIN.
ysgadenyn, pennog. HERRING.

Planhigion - Plants

Adda ac Efa, MONK'S WOOD, WOLF'S BANE.
acesia, ACACIA, LOCUST TREE.
aethnen, ASPEN.
afallen, APPLE-TREE.
alaw ⎫ WATER LILY, LILY.
alaw'r llyn, ⎭
amdowellt, LYME GRASS.
amhrydlwyd, FLEABANE.
amlaethai, MILKWORT.
anemoni coch, SCARLET ANEMONE.
anhiliog, BARRENWORT.
anis, ANISE.
archmain, SEA THRIFT.
arian Gwion, YELLOW RATTLE.
arian pladurwr, YELLOW RATTLE.
aur yr ŷd, CHARLOCK, WILD MUSTARD.
balchder Llundain, LONDON PRIDE.
balm, BALM.
banadl, BROOM.
banadl pigog, BUTCHER'S BROOM.
bara a chaws y gwcw, COMMON SORREL.
bara can a llaeth, GREATER STITCH-WORT.
bara'r cythraul, SCABIOUS, DEVIL'S BIT.
barf yr afr felen, YELLOW GOAT'S BEARD.
barf yr hen ŵr, CLEMATIS, OLD MAN'S BEARD.
basged bysgota, LADY'S SLIPPER, BIRD'S FOOT TREFOIL.
bedwen, BIRCH.
bedwen arian, SILVER BIRCH.
beidiog lwyd, MUGWORT.
bendigeidlys y dŵr, AVENS (WATER).
berw(r), WATER CRESS.
berw Caersalem, FIELD ROCKET (YELLOW).
berw chwerw, HAIRY BITTER CRESS.
berw'r dŵr, WATER CRESS.
berw'r fagwyr, WALL CRESS, THALE.
berw'r ieir, KNOTGRASS.
betys, BEET.
bidoglys, LOBELIA.
biwlith melyn, COW-WHEAT.
blaen y gwayw, LESSER SPEARWORT.
blodau'r brain, MEADOW LYCHNIS, RAGGED ROBIN.
blodau'r brenin, PEONY.
blodau cleddyf, GLADIOLI.
blodau Gorffennaf, SEA THRIFT.
blodau'r gwynt, ADONIS.
blodau mam-gu, WALL-FLOWER.
blodau'r mur, WALL FLOWER.
blodau'r neidr, WHITE CAMPION.
blodau'r sipsi, AQUILEGIA.
blodeugainc ganghennog, CYME.

blodfresych caled, BROCCOLI.
blodyn y gog ⎫ CUCKOO-FLOWER,
blodyn y gwcw, ⎭ LADY'S SMOCK.
blodyn yr haul, SUNFLOWER.
blodyn llaeth, LADY'S SMOCK.
blodyn y llyffant, MARSH LOUSEWORT, RED RATTLE.
blodyn Mawrth, DAFFODIL.
blodyn Mihangel, CHRYSANTHEMUM.
blodyn yr eira, SNOWDROP.
blodyn y gwynt, ANEMONE.
blodyn ymenyn, BUTTERCUP.
bocysen ⎫ BOX-TREE.
bocyswydden, ⎭
boglynon, SEA HOLLY, ERYNGO.
botwm gŵr ifanc, ⎫ BACHELOR'S
botwm Llundain ⎭ BUTTON.
botwm gwyn, PEPPERMINT.
bresych deiliog, KALE.
bresych y cŵn, HERB MERCURY, DOG MERCURY.
breuwydden, BUCKTHORN.
briallu, PRIMROSE.
briallu amryliw, POLYANTHUS.
briallu cochion, POLYANTHUS.
briallu llygad siolyn, THRUM-EYED PRIMROSE.
briallu Mair, COWSLIP.
briw'r march, VERVAIN.
briwydd felen, BEDSTRAW (YELLOW).
bronwerth, BORAGE.
brwynen, RUSH.
brwysgedlys, CORIANDER.
brythlys, SCARLET PIMPERNEL.
bual, BUGLE.
bulwg, CORN COCKLE.
bustl y ddaear, CENTAURY.
bwtsias y gog, BLUEBELL.
bwyd y barcut, TOADSTOOL.
bwyd y boda, TOADSTOOL.
bwyd yr hwyad, DUCKWEED.
bys y blaidd, LUPIN.
bysedd cochion, FOXGLOVE.
bysedd y cŵn, FOXGLOVE.
cadawarth, ⎫
cadafarch, ⎬ CHARLOCK.
cadafarth, ⎭
caca-mwci, BURDOCK.
cabaits, CABBAGE.
calon afal, SCABIOUS, DEVIL'S BIT.
camil, ⎫ CAMOMILE.
camri, ⎭
camined y dŵr, IRIS, YELLOW FLAG.
camri'r coed, CENTAURY.
canclwm, KNOTGRASS, LADY'S TRESSES.
cannwyll yr adar, TORCHWEED.
cap y Twrc, MARTAGON LILY.
capan cornicyll, NASTURTIUM.
carnasiwn, CARNATION.

carn yr ebol, COLT'S FOOT.
caru'n ofer, PANSY.
carpiog y gors, MEADOW LYCHNIS, RAGGED ROBIN.
cartheig, NIPPLEWORT.
castanwydden, HORSE CHESTNUT.
cawnen, REED.
caws llyffant, TOADSTOOL.
cecysen, REED.
cedowrach, BURDOCK.
cedowydd, FLEABANE.
cedrwydden, CEDAR.
cegid, HEMLOCK.
cegiden, DROPWORT.
cegiden wen, GREAT CHERVIL.
cegiden y dŵr, WATER DROPWORT, COWBANE.
ceg nain, SNAPDRAGON, ANTIRRHINUM.
cegr pumbys, HEMLOCK.
ceian, CARNATION.
ceiliog coch, RED CAMPION, RED ROBIN.
ceilys, PINK.
ceiniog arian, HONESTY.
ceinioglys, CREEPING JENNY, MONEYWORT, NAVELWORT, WALL PENNYWORT.
celyn Ffrainc, ⎫
celyn Mair   ⎬ BUTCHER'S BROOM.
celynnen, HOLLY.
cen y coed,   ⎫
cen y cerrig, ⎬ LICHEN.
cenawon, CATKINS.
cenhinen Bedr, DAFFODIL.
cennin, LEEKS.
cennin ewinog, GARLIC.
cennin syfi, CHIVES.
cennin y brain, BLUEBELL.
cerddinen, MOUNTAIN ASH.
ceulon, YELLOW BEDSTRAW.
cingroen, STINKHORN.
clafrllys lleiaf, SMALL SCABIOUS.
clafrllys mawr, ELECAMPANE (LARGE SCABIOUS).
clais yr hydd, DOG MERCURY, HERB MERCURY.
clais y moch, CLARY.
clefryn, SHEEP'S BIT SCABIOUS.
clinogai, COW-WHEAT.
cloch maban, SNOWDROP.
cloch yr eos, HAREBELL.
cloc yr hen ŵr, SCARLET PIMPERNEL.
clofer, CLOVER.
cloron, POTATOES.
clust yr arth, WOOD SANICLE.
clust yr asen, LIVERWORT.
clust y fuwch, MULLEIN.
clust y gath, CAT'S EAR.
clust yr Iddew, ⎫
clust yr ysgaw, ⎬ JEW'S EAR.
clust y llygoden, MOUSE-EAR HAWKWEED.

clust y tarw, MULLEIN.
clustog Fair, (SEA) THRIFT.
clych y perthi, BINDWEED, CONVOLVULUS.
clychau'r gog, BLUEBELL.
clychau'r perthi, ⎫ CANTERBURY
clychau'r cawr   ⎬ BELLS.
clychau'r ŷd, CORN-COCKLE.
clymlys, ⎫
clymog, ⎬ KNOTGRASS.
cochlas, PURPLE CLARY.
cochlys, BURNET (GREAT).
cochyn bratiog, RAGGED ROBIN.
coden fwg, PUFF BALL.
codrwth, BLADDER CAMPION.
codrwth y môr, SEA CAMPION.
codwarth, DEADLY NIGHTSHADE, BELLADONNA.
coed afalau surion bach, CRAB TREE.
coluddlys, PENNYROYAL.
collen, HAZEL.
corn carw'r mynydd, CLUB MESS.
corn yr hydd, ⎫
corn yr iwrch, ⎬ BROOM, BROOM RAPE.
cornwlyddyn, MOUSE-EAR.
corsen, REED.
corswigen, GUELDER ROSE, WAYFARING TREE.
craf, GARLIC.
cra'r gerddi, BROAD-LEAVED GARLIC.
crafanc yr arth werdd, BEAR'S FOOT, GREEN HELLEBORE.
crafanc y frân, CROWFOOT, BUTTERCUP.
crafanc y maes, MEADOW CROWFOOT.
crafanc orweddol, CREEPING CROWFOOT.
craith unnos, SELF-HEAL.
cramenog yr ŷd, BLUEBOTTLE.
creiglys, CROWBERRY, BLACK-BERRIED HEATH.
criafolen, MOUNTAIN ASH, ROWAN.
crib y ceiliog, LONDON PRIDE.
crib y ceiliog (rhedyn), MOONWORT.
cribau Sant Ffraid, BETONY (WOOD).
cribell goch, MARSH LOUSEWORT, RED RATTLE.
crinllys, DOG VIOLET.
croeslys, CROSSWORT.
croeso'r gwanwyn, NARCISSUS, JONQUIL.
croeso haf, WILD HYACINTH, BLUEBELL.
crydwellt, QUAKING GRASS.
crys y brenin, HERBANE.
cudd y coed, CLEMATIS.
cwcwll y mynach, WOLF'S BANE, MONKSHOOD.
cwlwm cariad cywir, TRUE-LOVE KNOT, DEVIL-IN-A-BUSH.
cwlwm y coed, BRYONY.
cwyros, DOOGWOOD, CORNEL.

cyfardwf, COMFREY.
cynghafan, GOOSE GRASS, CLEAVERS.
cywarch, HEMP.
cywer y llaeth, YELLOW BEDSTRAW.
chweinlys, FLEAWORT.
chwerwlys yr eithin, WILD SAGE.
chwys Mair, BUTTERCUP.
chwys yr haul, SUNDEW.
dagrau Mair, COWSLIP.
dail arian, SILVER WEED.
dail llwyn y neidr, SMALL PLANT-
AIN.
dail llydain y ffordd, BROAD-LEAVED
PLANTAIN.
dail y fendigaid, ST. JOHN'S WORT.
dail robin, HERB ROBERT.
dail surion bach, COMMON SORREL.
dail tafol, DOCK.
dail troed yr ebol, COLT'S FOOT.
dail tryfan, BUTTERBUR.
danad,
danadl,   ⎫
danadl dall,   ⎬ BLIND NETTLE.
danadl poethion, ⎭
danhadlen fud, DEAD NETTLE.
dant y llew, DANDELION.
deilen gron, NAVELWORT, WALL
PENNYWORT.
delia, DAHLIA.
derwen, OAK.
derwen fythwyrdd, HOLM-OAK.
deulafn, BIRD'S NEST, TWAYBLADE.
draen, BRIAR.
diodwydden, LAUREL.
draenen ddu, BLACKTHORN.
draenen wen, HAWTHORN.
drewg, DARNEL, COCKLE.
dringiedydd, CLEMATIS, LADY'S
BOWER.
dringol, COMMON SORREL.
drops cochion, FUCHSIA.
drysïen, BRIAR.
drysïen bêr, SWEET BRIAR.
du-wallt y forwyn (rhedyn), BLACK
SPLEENWORT.
dwyddalen, BIRD'S NEST, TWAYBLADE.
dwyfog, WOOD BETONY.
dynad,   ⎫
dynaint, ⎬ STINGING NETTLES.
efrau, HAIRY VETCH, TARES, COCKLE.
efwr, HOGWEED, COW PARSNIP.
eglyn, GOLDEN SAXIFRAGE.
egwydob, ERGOT.
egyllt yr afon, ⎫
egyllt y dŵr,   ⎬ WATER CROWFOOT.
egyllt y gweunydd, MEADOW CROW-
FOOT.
egyllt ymlusgol, CREEPING BUTTER-
CUP, CORN CROWFOOT.
eiddew, IVY.
eiddew'r ddaear, GROUND IVY.

eiddiorwg, IVY.
eirlys, SNOWDROP.
eiryfedig, BUTTERWORT.
eithin, GORSE.
eithinen bêr, JUNIPER.
elinog, BITTER-SWEET.
erfinen, TURNIP.
erfin gwyllt, RAPE.
erwain, MEADOW SWEET.
esgid y grog, DOG VIOLET.
esgob gwyn, OX-EYED DAISY.
esgynnydd, CHARLOCK, WILD MUS-
TARD.
eurfanadl, DYER'S WEED.
eurlys, YELLOW VETCH.
eurwialen, GOLDEN ROD.
fandon, WOODRUFF.
fioled, VIOLET.
fioled bêr, SWEET VIOLET.
fioled flewog, HAIRY VIOLET.
fioled gwrych, DOG VIOLET.
fioled wen bêr, SWEET WHITE VIOLET.
fioled y ci, DOG VIOLET.
fioled y gors, MARSH VIOLET.
ffa, BROAD BEANS.
ffa coch, SCARLET RUNNER BEANS.
ffa ffrengig, RUNNER BEANS.
ffa'r gors, BUCKBEANS.
ffa'r ieir, MARSH BIRD'S FOOT TREFOIL.
ffa'r moch, HENBANE.
ffacbys, VETCH.
ffacbys y wig, TUFTED VETCH.
ffarwel haf, MICHAELMAS DAISY.
ffawydden, BEECH.
ffennigl, FENNEL, DILL.
fflamgoed, SPURGE.
ffon y bugail, SMALL TEASEL.
ffromlys, TOUCH-ME-NOT, BALSAM.
ffriddlys, ANEMONE.
ffwsia, FUCHSIA.
ffynidwydden, FIR.
garanbig llachar, SHINING CRANEBILL.
garanbig y weirglodd, MEADOW
CRANEBILL.
garlleg, GARLIC.
garllegog, JACK - BY - THE - HEDGE,
GARLIC MUSTARD.
gellhesg, FLAG (YELLOW) IRIS.
gellygen, PEAR TREE.
gerllys, HOUSE LEEKS.
geuberlys, FOOL'S PARSLEY.
glaswenwyn, SCABIOUS, DEVIL'S BIT.
glas y gors, FORGET-ME-NOT.
glas y llwyn, BLUEBELL.
glesyn, BORAGE.
glesyn y coed, BUGLE.
gliniogai, COW-WHEAT.
gloywlys, EYEBRIGHT.
gold Mair, ⎫
goldwyr,   ⎬ MARIGOLD.
gold y gors, MARSH MARIGOLD.

gold yr ŷd, CORN MARIGOLD, YELLOW OX-EYE DAISY.
goreunerth, FIGWORT.
gorfanadl, BROOM RAPE.
gorthyfail, ROUGH CHERVIL.
grawn y perthi, BRYONY.
greulys, GROUNDSEL.
grug croesddail, CROSS-LEAVED HEATHER.
grug mêl, LING, SCOTCH HEATHER.
grug ysgub, LING.
gwaedlys, PINK PERSICARIA.
gwair merllyn (rhedyn), QUILLWORT.
gwalchlys, HAWK'S BEARD.
gwallt y ddaear, COMMON HAIR MOSS.
gwallt y forwyn, MAIDEN HAIR.
gwendon, BEDSTRAW.
gwenith y gog, FIGWORT.
gwenith yr ysgyfarnog, QUAKING GRASS, QUAKERS.
gwenonwy, LILY OF THE VALLEY.
gwenwlydd, BEDSTRAW.
gwernen, ALDER.
gwewyrlys, DILL.
gwiberlys, BUGLOSS (VIPER'S).
gwinwydden ddu, BLACK BRYONY.
gwlithlys, SUNDEW.
gwlydd melyn Mair, YELLOW PIMPERNEL.
gwlydd y dom, CHICKWEED.
gwlydd y perthi, GOOSE GRASS, CLEAVERS.
gwlydd yr ieir, CHICKWEED.
gwlyddyn blewog, MOUSE-EAR CHICKWEED.
gwman, ALGA.
gwniolen, MAPLE.
gwreiddeiriog, SAXIFRAGE (BURNET).
gwrysgen lwyd, MUGWORT.
gwyddau bach, CATKINS.
gwyddfid, }
gwyddwydd, } HONEYSUCKLE.
gwymon, }
gwmon, } SEAWEED.
gwyran fendigaid, SAINFROIN.
gwyros, PRIVET.
heboglys, HAWKWEED.
heboglys y mur, WALL HAWKWEED.
helogan, CELERY.
helygen, WILLOW.
helygen Babilon, WEEPING WILLOW.
helygen felen, } GOAT WILLOW,
helygen grynddail, } SWALLOW.
helygen wiail, OZIERWILLOW.
helygen wylofus, WEEPING WILLOW.
helyglys, LESSER WILLOW HERB.
hen ŵr, OLD MAN.
hesg, SEDGES.
heulflodyn, SUNFLOWER.
hocys, COMMON MALLOW.
hocys y gors, MARSH MALLOW.

hopys, HOPS.
hydyf, LADY'S SMOCK, CUCKOO FLOWER.
hydyf du, BLACK HELLEBORE.
iorwg, IVY.
iorwg llesg, GROUND IVY.
isop, HYSSOP.
jac y gwrych, JACK-BY-THE-HEDGE, GARLIC MUSTARD.
ladi wen, FIELD BINDWEED.
ladis gwynion, PHLOX.
lafant, LAVENDER.
letys, LETTUCE.
lili bengam, DAFFODIL.
lili'r dŵr, WATER-LILY.
lili'r dyffrynnoedd, LILY OF THE VALLEY.
lili'r ffagl, RED HOT POKER.
lili'r grog, ARUM LILY.
lili'r maes } LILY OF THE VALLEY.
lili Mai, }
lili'r Pasg, ARUM LILY.
lili wen fach, SNOWDROP.
lwsern, LUCERNE.
llaeth bron Mair, LUNGWORT, PULMONARIA.
llaeth y cythraul, PETTY SPURGE.
llaeth y famaeth, SEA SPURGE.
llaeth y gaseg, HONEYSUCKLE.
llaeth-ysgall, SOW THISTLE, MILK THISTLE.
llaeth yr ysgyfarnog, SUN SPURGE.
llaethlys, MILKWORT.
llafrwyn, BULRUSHES.
llarwydden, LARCH.
llau'r perthi, } GOOSE-GRASS,
llau'r offeiriad, } CLEAVERS.
llawenlys, BORAGE.
llawredyn, POLYPODIUM.
llawryfen, BAY TREE, LAUREL.
ller, DARNEL, COCKLE.
llewyg y blaidd, HOP TREFOIL, HOP CLOVER.
llewyg yr iâr, HENBANE.
llin, FLAX.
llin y forwyn, TOADFLAX.
llin y llyffant, CORN SPURVEY, YELLOW TOADFLAX.
llin y mynydd, MOUNTAIN FLAX.
llorwydden, LAUREL.
lluglys gwyn, WHITE CAMPION.
llus, WHINBERRY, BILBERRY.
llus y brain, CROWBERRY.
llusi duon bach, WHINBERRY.
llwydni, MILDEW.
llwyd y ffordd, CUDWEED.
llwyfen, ELM.
llwyglys, ELECAMPANE, LARGE SCABIOUS.
llwynhidydd, RIBWORT PLANTAIN.
llygad Ebrill, LESSER CELANDINE.
llygad y bwgan, POPPY.

llygad madfall, STITCHWORT.
llygad y dydd, DAISY.
llygad y llo mawr, DOG DAISY.
llygad y dydd mawr, OX-EYED DAISY.
llygad yr ych, SCENTLESS MAYWEED.
llygadlys,
llym y llygad, } GREATER CELANDINE.
llynclyn y dŵr, BROOKLIME.
llyriad, BROAD-LEAVED PLANTAIN.
llyriad y dŵr, WATER PLANTAIN.
llyriad y morfa, SEA PLANTAIN.
llys y gïau, BUTCHER'S BROOM.
llysiau'r angel, ANGELICA.
llysiau blaengwayw, STITCHWORT.
llysiau'r bara, CORIANDER.
llysiau'r blaidd, MONKSWOOD, WOLF'S
  BANE.
llysiau'r bystwn, WHITLOW GRASS.
llysiau cadwgan, GREAT WILD VAL-
  ERIAN.
llysiau'r creigiau, TEASEL.
llysiau'r cribau, TEASEL.
llysiau'r cryman, SCARLET PIMPER-
  NEL.
llysiau'r cwlwm, COMFREY.
llysiau'r cwsg, ADONIS.
llysiau'r cywer, LADY'S BEDSTRAW.
llysiau'r dom, CHICKWEED.
llysiau'r domen, PINK PERSICARIA.
llysiau'r dryw, AGRIMONY.
llysiau'r dyfrglwyf, ASPARAGUS.
llysiau'r ddannoedd, MASTERWORT.
llysiau'r eryr, WOODRUFF.
llysiau'r ewinor, WHITLOW GRASS.
llysiau'r fagwyr, WALL FLOWER.
llysiau'r fam, MOTHERWORT.
llysiau f'anwylyd, HERB BENNET,
  WOOD AVENS.
llysiau'r fuddai, AGRIMONY.
llysiau'r geiniog, WILD NAVELWORT.
llysiau'r gingroen, RAGWORT.
llysiau'r groes, CROSSWORT.
llysiau'r gwaed, PENNYROYAL.
llysiau'r gwaedlif, YARROW, MILFOIL.
llysiau'r gwenyn, GOAT'S BEARD.
llysiau'r gwewyr, DILL.
llysiau'r gŵr da, ALLHEAL.
llysiau'r gynddaredd, CUDWEED.
llysiau'r hebog, HANKWEED.
llysiau'r hedydd, LARKSPUR, DEL-
  PHINIUM.
llysiau'r hudol, VERVAIN.
llysiau Iago, RAGWORT.
llysiau Ioan, ST. JOHN'S WORT.
llysiau'r lludw, FLEAWORT.
llysiau llwyd, MUGWORT.
llysiau'r llwynog, HERB ROBERT.
llysiau Llywelyn, SPEEDWELL.
llysiau melyn, DYER'S WEED.
llysiau'r milwr, GREATER WILLOW
  HERB.

llysiau'r milwr coch, LOOSESTRIFE.
llysiau Mair Fagdalen, COSMARY.
llysiau'r moch, WOODY NIGHTSHADE.
llysiau'r pannwr, TEASEL.
llysiau'r parlys, OXLIP.
llysiau pengelyd, KNAPWEED.
llysiau'r pwdin, PENNYROYAL.
llysiau Solomon, SOLOMON'S SEAL.
llysiau St. Mair, ROSEBAY, FRENCH
  WILLOW.
llysiau Steffan, ENCHANTER'S NIGHT-
  SHADE.
llysiau'r swynwr, ENCHANTER'S
  NIGHTSHADE.
llysiau Taliesin, BROOKLIME.
llysiau tryfal, SHEPHERD'S PURSE.
llysiau'r wennol, GREATER CELAN-
  DINE.
llysiau'r ychen, RED CAMPION, RED
  ROBIN.
llysiau'r ysgyfaint, LUNGWORT, PUL-
  MONARIA, ANGELICA.
llysieuyn dirwynol, TWINING PLANT.
llysieuyn y drindod, PANSY.
llysieuyn y gwynt, ANEMONE.
mabgoll glan y dŵr, WATER AVENS.
madalch,
madarch, } MUSHROOM.
maglys, LUCERNE.
magnolia, MAGNOLIA.
maip gwyllt, CHARLOCK.
maip yr ŷd, COMMON WILD NAVEW.
malws, MALLOW.
mallnyg, ERGOT.
mam-yng-nghyfraith, PANSY.
mamoglys, MOTHERWORT.
mandragora, MANDRAKE.
mantell Fair, LADY'S MANTLE.
marchfiaren ymlusgol, TRAILING
  DOG-ROSE.
marchfieri'r ci, DOG ROSE.
marchredyn, MALE FERN.
marchredyn y dŵr, POLYPODY.
marchysgall, SPEAR PLUME THISTLE,
  ARTICHOKE.
marchddanhadlen, DEADNETTLE.
marddanhadlen goch, RED DEAD-
  NETTLE.
Mari waedlyd, LOVE LIES BLEEDING.
masarnen fach, MAPLE.
meddyges ddu, FIGWORT.
meddyglys, WOUNDWORT.
mefus gwyllt, WILD STRAWBERRY.
meillion coch, RED CLOVER.
meillion gwyn, WHITE CLOVER.
meillion melyn, KIDNEY VETON,
  LADY'S FINGERS.
meillionen felen y ceirw, COMMON
  YELLOW MELITOT.
meillionen gedennog, HARE'S FOOT
  TREFOIL.

meipen ddeiliog, KOHL RABI.
meipen Fair, BLACK BRYONY.
mêl y ceirw, MELITOT.
melenydd, HAWKWEED.
melyn euraidd, GOLDEN ROD.
melyn Mair, CALENDIDA, COMMON MARIGOLD.
melyn y gwanwyn, LESSER CELANDINE.
melyn yr eithin, TORMENTIL.
melyn yr ŷd, CORN MARIGOLD, YELLOW OX-EYED DAISY.
melyn y tywydd, YELLOW PIMPERNEL.
melynllys, GREATER CELANDINE.
melynydd, CAT'S EAR.
menig y gog, BLADDER CAMPION.
menig,
menig y tylwyth teg, } FOXGLOVE.
menig Mair,
merhelygen, GOAT WILLOW, SALLOW.
merllys, ASPARAGUS.
meryswydden, MEDLAR TREE.
merywen, JUNIPER.
miaren, BRIAR.
miaren gor, CLOUDBERRY.
miaren Mair, EGLANTINE, SWEET BRIAR.
miaren y mynydd, CLOUDBERRY.
migwyn, BOG MOSS.
milddail, MILFOIL, YARROW.
milfyw, LESSER CELANDINE.
mindag,
mintag, } LAMPAS.
mintys, MINT.
mintys y creigiau, WILD ORGANY.
mintys y dŵr, WATER MINT.
mintys y graig, MARJORAM.
mintys poethion, PEPPERMINT.
mintys y twyni, CALAMINT.
mochlys, WOODY NIGHTSHADE.
mochlys duon, BLACK NIGHTSHADE.
moled Olwen, BINDWEED.
môr-fresych, SEAKALE.
môr-gelyn, SEA HOLLY, ERYNGO.
moron, CARROTS.
moron y meirch, HOGWEED, COW PARSNIP.
moron y meysydd, WILD CARROTS.
murlys, WALL PELLITORY.
mwg y ddaear, FUMITORY.
mwsg, MUSK.
mwsg yr epa, MONKEY MUSK.
mwsogl, MOSS.
mwsogl y ffynhonnau, SPRING MOSS.
mwsogl plufaidd, FEATHER MOSS.
mwswg,
mwswm, } MOSS.
mwyaren, BLACKBERRY, BRAMBLE.
mwyaren Berwyn, CLOUDBERRY.
mynawyd y bugail, CRANEBILL, GERANIUM.

mynyglog, BITTER-SWEET.
myrtwydd, MYRTLE.
nodwydd y bugail, WILD CHERVIL, BEAKED PARSLEY, LADY'S COMB.
obrisia, AUBRETIA.
oestrwydd, HORNBEAM.
olewydden, OLIVE-TREE.
olewydden wyllt, WILD OLIVE TREE.
onnen, ASH.
pabi coch, POPPY.
pabi coch yr ŷd, FIELD POPPY.
pabi'r gwenith, CORN-COCKLE.
pabwyren, RUSH.
palalwyfen, LIME-TREE.
palmwydden, PALM.
panasen, PARSNIP.
panas y fuwch, HOGWEED, COW PARSNIP.
pansi, PANSY.
paredlys, WALL PELLITORY.
pawen yr arth, STINKING HELLEBORE, SETTERWORT.
peisgwyn, WHITE POPLAR, ABELE.
pelenllys (rhedyn), PILLWORT.
pelydr du, BLACK HELLEBORE.
pelydr y gwelydd, WALL PELLITORY.
penboeth, COMMON HEMP NETTLE.
pen ci bach, ANTIRRHINUM.
peneuraid, GOLDILOCKS, WOOD CROWFOOT.
penfelen, GROUNDSEL.
pengaled, KNAPWEED.
penlas, SCABIOUS (FIELD).
penlas yr ŷd, BLUEBOTTLE, BLUE CORNFLOWER.
penllwyd, CUDWEED.
perllys, MIGNONETTE.
persli, PARSLEY.
persug, BALSAM.
pesychlys, COLT'S FOOT.
pibwydd, SYRINGA.
pidyn y gog, WILD ARUM, CUCKOO PINT.
pig yr aran, CRANEBILL.
pig yr aran cyffredin, COLUMBINE, DOVE'S FOOT.
pig y crëyr,
pig y crychydd, } STORK'S BILL.
pig y deryn, YELLOW STONECROP.
pinc, PINK.
pîn,
pinwydden, } PINE.
pisgwydden, LINDEN, LIME TREE.
piswydden, SPINDLE TREE.
plân,
planwydden, } PLANE-TREE.
plu'r gweunydd, COTTON GRASS.
poerlys, MASTERWORT.
poethfflam, GREATER SPEARWORT.
poplysen, POPLAR.
poplysen wen, ABELE, WHITE POPLAR.

pren afalau, APPLE-TREE.
pren boc(y)s, BOX TREE, BOX BUSH.
pren ceirios, WILD CHERRY.
pren ceri, MEDLAR TREE.
pren cnau, HAZEL.
pren eirin, PLUM TREE.
pren gwyddau bach, OZIER WILLOW.
pren llawryf, BAY TREE, LAUREL.
pren y clefyd melyn, BARBERRY.
preswydden, CYPRESS.
prinwydden, HOLM OAK.
pumlys, } CINQUEFOIL.
pumnalen, } CINQUEFOIL.
pupur y ddaear, PILLWORT.
pwrs y bugail, YELLOW RATTLE.
pyrwydden, SPRUCE.
pys, PEAS.
pys tragwyddol, EVERLASTING PEAS.
pys yr aren, KIDNEY VETCH, LADY'S FINGERS.
pys y bedol, } BUSH VETCH.
pys y berth, } BUSH VETCH.
pys y ceirw, LADY'S SLIPPER, BIRD'S FOOT TREFOIL.
pys y coed, TUBEROUS BITTER VETCH.
pys y gath, TUFTED VETCH.
pys y llygod, VETCH.
pys y wig, HAIRY VETCH, TARES.
rwdins, SWEDES.
ryw, MEADOW RUE.
rhafnwydden, BUCKTHORN.
rhawn yr ebol, STONEWORT.
rhawn y march, HORSETAIL.
rhedyn, FERN.
rhedyn bras, HARD FERN.
rhedyn cyfrodedd, ROYAL FERN.
rhedyn Mair, LADY'S FERN, OSMONS ROYAL.
rheffyn mwsogl, COMMON CORD MOSS.
rhiwbob, RHUBARB.
rhos Mair } ROSEMARY.
rhosmari, } ROSEMARY.
rhoslwyn pêr, SWEET BRIAR.
rhoswydden, OLEANDER.
rhosyn, ROSE.
rhosyn gwyllt, DOG ROSE.
rhosyn Nadolig, WINTER ROSE.
rhosyn Saron, ROSE OF SHARON.
rhosyn y grog, PEONY.
rhosyn y mynydd, PEONY.
rhuddos, MARIGOLD.
rhuddos y morfa, MARSH MARIGOLD.
rhuddwernen, WILD CHERRY TREE, GEAN.
rhwyddlwyn y bryniau, MOUNTAIN SPEEDWELL.
rhyw'r muriau, WALLRUE.
saets, SAGE.
saets gwyllt, WOOD SAGE, WILD SAGE.
sanau'r gwcw, DOG VIOLET.
safri, SAVOURY.

saffrwm, } CROCUS.
saffrwn, } CROCUS.
sawdl y fuwch, COWSLIP.
sbardun y marchog, LARKSPUR, DELPHINIUM.
sebonllys, BRUISEWORT, SOAPWORT.
sêl Selyf, SOLOMON'S SEAL.
seleri, CELERY.
sêr-flodau, ASTERS.
seren ddaear (ffwng), EARTH STAR.
seren Fethlehem, STAR OF BETHLEHEM.
serenyn, SQUILL.
siasmin, JASMINE.
sidan y waun, COTTON GRASS.
sierfel, CHERVIL.
siligabŵd, OLD MAN (SOUTHERN).
spectol hen ŵr, HONESTY.
suran, COMMON SORREL.
suran y coed, WOOD SORREL.
suran yr ŷd, SHEEP'S SORREL.
swêds, SWEDES.
sycamorwydden, SYCAMORE.
syfi cochion, WILD STRAWBERRY.
syfien goeg, STRAWBERRY-LEAVED CINQUEFOIL, BARREN STRAWBERRY.
tafod y bwch, BUGLOSS (VIPER'S).
tafod y bytheiad, } HOUND'S TONGUE.
tafod y ci, } HOUND'S TONGUE.
tafod y gors, BUTTERWORT.
tafod yr hedydd, DELPHINIUM.
tafod yr hydd, HART'S TONGUE.
tafod y merched, ASPEN.
tafod y neidr, ADDER'S TONGUE.
tafod yr ych, BORAGE.
tafol y dŵr, WATER-DOCK.
taglys, FIELD BINDWEED.
tagwydden, LARGER CONVOLVULUS, BINDWEED.
tag yr aradr, REST HARROW, WILD LIQUORICE.
tansi, TANSY.
tansi wyllt, SILVER WEED.
tapr Mair, MULLEIN.
tato, } POTATOES.
tatws, } POTATOES.
tegeirian, ORCHID.
tegeirian coch y waun, EARLY PURPLE ORCHIS.
tegeirian dwyddalen, BUTTERFLY ORCHIS.
tegeirian mannog, SPOTTED ORCHIS.
tegeirian y waun, MEADOW ORCHIS.
teim, THYME.
tiwlip, TULIP.
tlws yr eira, SNOWDROP.
torfagl, WILD ENGLISH CLARY.
tormaen, GOLDEN SAXIFRAGE.
tresgl, TORMENTIL.
tresi aur, LABURNUM.
trewynyn, LOOSESTRIFE.

triagl y moch, TORMENTIL.
triaglog, VALERIAN.
triaglog coch, RED SPUR VALERIAN.
trilliw, PANSY.
troed aderyn, MARSH BIRD'S FOOT TREFOIL.
troed yr arth, ACANTHUS.
troed y barcut, COLUMBINE.
troed y cyw, HEDGE PARSLEY.
troed y glomen, COLUMBINE.
troed y llew, LADY'S MANTLE.
troellig yr ŷd, CORN SPURREY.
trwyn y llo, ANTIRRHINUM, YELLOW TOADFLAX.
trwyn y llo dail iorwg, IVY-LEAVED SNAPDRAGON, IVY-LEAVED TOADFLAX.
trydon, AGRIMONY.
trymsawr, DILL.
tudfwg, FUMITORY.
uchelfar, uchelwydd, MISTLETOE.
wermod lwyd, WORMWOOD.
wermod wen, FEVERFEW.
wniwn, ONION.
wniwn y môr, SQUILL.
wynwyn, ONIONS.
y berllys, CHERVIL.
y byddon chwerw, HEMP.
y fapgoll, HERB BENNET, WOOD AVENS.
y feddyges las, SELF-HEAL.
y feidiog felen, YELLOW PANSY.
y feidiog las, PURPLE PANSY, GROUND IVY.
y feidiog wen, WHITE PANSY.

y ferfain, VERVAIN.
y frigwydd wen, MADDER.
y galon waedlyd, LOVE LIES BLEEDING.
y godog, SAINFROIN.
y goesgoch, HERB ROBERT.
y gramenog fawr, GREATER KNAPWEED.
y gynghafog arfor, SEA BINDWEED.
y pren melyn, BARBERRY.
y we felen, HOP TREFOIL, HOP CLOVER.
ŷd meddw, DARNEL.
ysbinwydden, BARBERRY.
ysbinys, BARBERRY.
ysgall yr âr, FIELD THISTLE.
ysgall gogwydd, MUSK THISTLE.
ysgall y gors, MARSH THISTLE.
ysgall y meirch, WILD CHICKWEED, SUCCORY.
ysgall y moch, SOW THISTLE, MILK THISTLE.
ysgawen, ELDER.
ysgawen y gors, GUELDER ROSE, WAYFARING TREE.
ysgewyll Brussel, BRUSSEL SPROUTS.
ysgol Fair, CENTAURY.
ysgorpionllys, SCORPION GRASS.
ysgwydden gyffredin, PRIVET.
ysnoden Fair, GALINGALE.
ytbys y waun, YELLOW PEAS, MEADOW VETCHLING.
yr edafeddog, CUDWEED.
ywen, YEW.
y wialen aur, GOLDEN ROD.

Ffrwythau - Fruits

eirin gwlanog, PEACHES.
afal, APPLE.
    afalau surion. CRAB-APPLES.
afan (cochion), mafon. RASPBERRIES.
almon, ALMOND.
bricyllen, APRICOT.
ceirios, CHERRIES.
cneuen, NUT.
cneuen ffrengig, WALNUT.
criafol, ROWANBERRY.
criafol y moch, crawel y moch. HAWS.
cucumer, CUCUMBER.
cyren, cwrens, rhyfon, grawn Corinth. CURRANTS.
cyren duon, BLACK CURRANTS.
egroes, afalau'r bwci, bochgoch. HIPS.
eirin, PLUMS.
eirin duon, DAMSONS.

eirin perthi, eirin duon bach. SLOES.
eirin ysgawen, aeron ysgawen. ELDERBERRIES.
ffigysen, FIG.
gellygen, peren. PEAR.
grawnwin, GRAPES.
gwsberi(n)s, eirin Mair. GOOSEBERRIES.
had llin, LINSEED.
llus, llusi duon bach. WHINBERRIES, BILBERRIES.
mefus, syfi, suddiau. STRAWBERRIES.
mesen, ACORN.
morwydd, MULBERRY.
mwyar (duon), BLACKBERRIES.
oren, oraens. ORANGE.
pomgranad, POMEGRANATE.
pwmpen, VEGETABLE MARROW, PUMPKIN.

476

A

abseil, *eg.* ABSEIL.
acesia, *eg.* ACACIA.
actadwy, *a.* ACTABLE.
actifadur, *eg. ll.*-on. ACTIVATOR.
actifedd, *eg. ll.*-au. ACTIVITY.
actifiant, *eg.* ACTIVATION.
actiniwm, *eg.* ACTINIUM.
achen, *eb. ll.*-au. ACHENE.
achoseg, *eb.* AETIOLOGY.
achromatig, *a.* ACHROMATIC.
adborth, *eg.* FEED BACK.
adechelin, *a.* ADAXIAL.
adeiledig, *a.* BUILT UP.
adendro, *eg.* ATTAINDER.
aden-hwrdd, *eb.* RAM-WING.
adfach, *eg. ll.*-au. BARB.
adfewni, *be.* TO RE-ENTER.
adfewniad, *eg. ll.*-au. RE-ENTRY.
adiabatig, *a.* ADIABATIC.
adiol, *a.* ADDITIVE.
adlunio, *be.* TO REMODEL.
adolesent, *a.* ADOLESCENT.
adrewi, *eg.* REGELATION.
adsugniad, *eg. ll.*-au. ADSORPTION.
adsugno, *be.* TO AD. ORB.
adweinyddiaeth, *eb.* ADMINISTRATION.
adweithiol, *a.* REACTIVE.
adwthiad, *eg. ll.*-au. REPRESSION.
acdail, *eg.* SALAD.
addaweb, *eb. ll.*-au. BANK-NOTE.
addysgwr, *eg. ll.*-wyr. EDUCATION-
    ALIST.
aelgam, *a.* LEERING.
aerglo, *eg. ll.*-eon. AIR-LOCK.
aerglos, *a.* AIRTIGHT.
aerodynameg, *eg.* AERODYNAMICS.
aeronoteg, *eg.* AERONAUTICS.
aestifiaeth, *eb.* AESTIVATION.
aflem, *a.* OBTUSE.
afleoliad, *eg. ll.*-au. DISLOCATION.
affeithiwr, *eg. ll.*-wyr. ACCESSARY.
affeithrwydd, *eg.* AFFECTIVITY
afferu, *be.* TO AFFEER.
affin, *a.* AFFINE.
affinedd, *eg.* AFFINITY.
afforia, *eg.* APHORIA.
affrithiol, *a.* AFFRICATIVE.
agreg, *eg.* AGGREGATE.
agregu, *be.* TO AGGREGATE.
agronomegwr, *eg. ll.*-wyr. AGRONO-
    MIST.
anghellog, *a.* ACCELULAR.
anghrisialaidd, *a.* NON-CRYSTALLINE.
anghydffurf, *a.* ASYMMETRIC.
anghyfochrog, *a.* SCALENE.

anghyfras, *a.* INCOGNATE.
anghymodlon, *a.* IMPLACABLE.
anghytûn, *a.* DISSONANT.
albinedd, *eg.* ALBINISM.
alch, *eg.* GRID (IRON).
algebraidd, *a.* ALGEBRAIC.
alinio, *be.* TO ALIGN.
alpafr, *eb. ll.*-eifr. IBEX.
alwys, *eg.* ALOE.
allanedd, *eg.* EXTERIOR.
allanoldeb, *eg.* EXTERNALITY.
allanolion, *ell.* EXTERNALS.
allanus, *a.* EXTRANEOUS.
allbwn, *eg.* OUTPUT.
alldafliad, *eg. ll.*-au. FALLOUT.
allddod, *be.* TO EMERGE.
allddodol, *a.* EMERGENT.
allfa, *eb. ll.*-feydd. OUTLET.
allechelin, *a.* ABAXIAL.
allforiwr, *eg. ll.*-wyr. EXPORTER.
allfwrw, *be.* TO CENTRIFUGE.
allfwrydd, *eg.* CENTRIFUGE.
allganol, *a.* ECENTRE.
allgylch, *eg. ll.*-oedd. ESCRIBED CIRCLE.
allog, *eg.* ALUM.
allosod, *be.* TO EXTRAPOLATE.
alltaith, *eb* EXPEDITION.
alltro, *eg.* EXTRAVERSION.
alltroëdig, *a.* EXTRAVERT.
alltudiaeth, *eb.* ALIENAGE.
allwyriad, *eg. ll.*-au. DEFLECTION.
allyredd, *eg.* EMISSIVITY.
allyriant, *eg.* EMISSION.
ambegwn, *a.* CIRCUMPOLAR.
amdaith, *eb.* CIRCUIT.
amdro, *a.* ROTARY.
amddeheurwydd, *eg.* AMBIDEXTERITY.
amersu, *be.* TO AMERCE.
amfeddu, *be.* TO IMPROPRIATE.
amganol, *a.* CIRCUMCENTRE.
amgant, *eg. ll.*-au. PERIPHERY.
amgylchen, *eb.* ARCHITRAVE.
amhenodrwydd, *eg.* INDETERMINACY.
amhiniog, *eg. ll.*-au. ARCHITRAVE.
amhleidiaeth, *eb.* NEUTRALITY.
amhuriad, *eg.* POLLUTION.
amlarfod, *a* MULTI-RANGE.
amledd, *eg.* FREQUENCY.
amlffurfiaeth, *eb.* POLYMORPHISM.
aml-lunio, *be.* TO REPLICATE.
amlygu, *be.* TO HIGHLIGHT.
amnest, *eg.* AMNESTY.
amrwym, *eg.* SWATHE.
amnyth, *a.* NESTED.
amryddawn, *a.* ALL-ROUND.
amryfaen, *eg.* CONGLOMERATE.
amrygoll, *a.* STRANDED.

16   477

amrywiant, *eg.* VARIANCE.
amserydd, *eg. ll.*-wyr. CHRONOLOGIST.
amsugnol, *a.* ABSORBENT.
amsugnydd, *eg.* ABSORBENT.
amwysedd, *eg.* AMBIGUITY.
amylu, *be.* TO OVERSEW.
anachroniad, *eg.* ANACHRONISM.
anawd, *eg.* ANNATE.
anawyrfyw, *a.* ANAEROBIC.
ancwyn, *eg.* DESSERT.
aneliad, *eg. ll.*-au. AIM.
anemia, *eg.* ANAEMIA.
anfeidredd, *eg.* INFINITY.
anferthwch, *eg.* ABNORMALITY.
anfflamadwy, *a.* NON-FLAMMABLE.
anhafaledd, *eg. ll.*-au. INEQUALITY.
anheddwr, *eg. ll.*-wyr. SETTLER.
anheintedd, *eg.* IMMUNITY.
anheintus, *a.* IMMUNE.
anhidrid, *eg.* ANHYDRIDE.
anhreiddadwy, *a.* IMPENETRABLE.
anhreisgyrch, *eg.* NON-AGGRESSION.
anhrigiwr, *eg. ll.*-wyr. NON-RESIDENT.
anhydraidd, *a.* IMPERMEABLE.
anhynod, *a.* NON-SINGULAR.
anhywasg, *a.* INCOMPRESSIBLE.
anllosgadwy, *a.* ASBESTINE.
annarbodaeth, *egb.* IMPROVIDENCE.
anllythrennedd, *eg.* ILLITERACY.
annhyngwr, *eg. ll.*-wyr. NONJUROR.
annhymig, *a.* ABORTIVE.
anniwair, *a.* UNCHASTE.
annormalaeth, *eg.* ABNORMALITY.
anostwng, *a.* IRREDUCIBLE.
anrheolaidd, *a.* ANOMALOUS.
ansad, *a.* UNSTABLE.
antibodi, *eg. ll.*-iau. ANTIBODY.
anunfaint, *a.* UNEQUAL.
anweddwr, *eg. ll.*-wyr. EVAPORATOR.
anwylyn, *eg.* PET.
anwyw, *a.* EVERGREEN.
anymadweithiol, *a.* UNREACTIVE.
anymatal, *eg.* INCONTINENCE.
apig, *eg. ll.*-au. APEX.
araen, *eg.* COATING.
arallgymheirio, *eg.* ALLOSYNDESIS.
arbenigiad, *eg.* SPECIALISATION.
ardalyddes, *eb. ll.*-au. MARCHIONESS.
ardeleriad, *eg. ll.*-au. CAPITULATION.
ardeleru, *be.* TO CAPITULATE.
ardonydd, *eg.* SUPERTONIC.
ardrawiad, *eg. ll.*-au. IMPACT.
ardraws, *a.* TRANSVERSE.
arddegydd, *eg. ll.*-wyr. TEENAGER.
aresgid, *eb. ll.*-au. GOLOSH.
arfdy, *eg. ll.*-dai. ARMOURY.
arfod, *eg.* RANGE.
argaen, *eg.* VENEER.
argaenwaith, *eg.* MARQUETRY.
argeg, *eb.* PHARYNX.

arglwydd raglaw, *eg.* LORD-LIEUTENANT.
argolyn, *a.* PIVOTED.
argraffwaith, *eb.* IMPRESSIONISM.
argrafflen, *eg. ll.*-ni. BROADSHEET.
arguddiad, *eg.* OCCULATION.
argyfresymiad, *eg.* EPISYLLOGISM.
argyfyngol, *a.* CRITICAL.
arianneg, *eb.* FINANCE.
Arieg, *eb.* ARIAN (language).
armatur, *eg.* ARMATURE.
arosgo, *a.* OBLIQUE.
arosod, *be.* TO SUPERPOSE.
arpar, *eg.* OUTFIT
arrae, *eg.* ARRAY.
arseddog, *a.* SEDENTARY.
arsylwad, *eg. ll.*-au. OBSERVATION.
artisiog, *eb.* ARTICHOKE.
arunig, *a.* ISOLATED.
arunigo, *be.* TO ISOLATE.
arwahanrwydd, *eg.* APARTHEID, OTHERNESS.
arwaith, *eg.* ACTION.
arwisgiad, *eg. ll.*-au. INVESTITURE.
arwybod, *eg.* AWARENESS.
arwydryn, *eg.* COVERSLIP.
arysgrifennu, *be.* TO INSCRIBE.
ased, *eg. ll.*-ion. ASSET.
asennol, *a.* COSTAL.
asetylin, *eg.* ACETYLENE.
asetyn, *eg. ll.*-ion. ACETATE.
asgyrnog, *a.* BONY.
asiantaeth, *eg.* AGENCY.
asideiddio, *be.* TO ACIDIFY.
asiedydd, *eg. ll.*-ion. JOINER.
astroffiseg, *eg.* ASTROPHYSICS.
astroleg, *eb.* ASTROLOGY.
astrolegydd, *eg.* ASTROLOGER.
atafaeliad, *eg.* DISTRAINT.
ataliad, *eg. ll.*-au. ABEYANCE, STOPPAGE.
atgyd, *eg. ll.*-au. ADJOINT.
atgydiol, *a.* ADJOINT.
atgyfaniad, *eg.* RE-INTEGRATION.
atod, *eg. ll.*-ion. APPENDAGE.
atodyn, *eg. ll.*-ion. ATTACHMENT.
atomadur, *eg. ll.*-on. ATOMISER.
atomigedd, *eg.* ATOMICITY.
at-sugno, *be.* TO ABSORB.
atygol, *a.* AFFERENT.
atyniadaeth, *eb.* POLARITY.
awff, *eg.* OAF.
awrora, *eg.* AURORA.
awtomatiaeth, *eb.* AUTOMATION.
awtomatig, *a.* AUTOMATIC.
athraidd, *a.* PERMEABLE.
awyrfaen, *eg.* METEORITE.
awyrfeidr, *eg.* AEROMETER.
awyrydd, *eg. ll.*-ion. VENTILATOR.

B

bad clwm, *eg.* STAKEBOAT.
bagatel, *eg.* BAGATELLE.
baldorddwr, *eg. ll.*-wyr. BABBLER.
balisteg, *eb.* BALLISTICS.
balustr, *eg.* BALLUSTER.
ballasg, *eg.* PORCUPINE.
bandor, *eg.* BANJO.
barneisio, *be.* TO BURNISH.
basalt, *eg.* BASALT.
basgedwaith, *eg.* BASKETWORK.
basgrwth, *eg.* DOUBLE-BASS.
baster, *eg.* SHALLOWNESS.
batiad, *eg. ll.*-au. INNINGS.
bathiad, *eg.* COINAGE.
bawddyn, *eg. ll.*-ion. DASTARD.
beichiogi, *eg.* FOETUS.
beindell, *eb.* BINDER.
bera, *eg.* PYRAMID.
bere, *eg.* BERET.
beryn, *eg. ll.*-nau. BEARING.
biasu, *be.* TO BIAS.
bicer, *eg.* BEAKER.
bicini, *eg.* BIKINI.
binomial, *a.* BINOMIAL.
biocemeg, *eg.* BIOCHEMISTRY.
bioffiseg, *eg.* BIOPHYSICS.
biomecaneg, *eg.* BIOMECHANICS.
blaenddant, *eg.* INCISOR.
blaengantores, *eb.* PRIMADONNA.
blaengynllun, *eg. ll.*-iau. BLUE-PRINT.
blaenhwyl, *eb. ll.*-iau. FORESAIL.
blaen-llaw, *a.* FOREHAND.
blasusfwyd *eg.* SAVOURY DISH.
blodamlen, *eb.* CALYX.
blotiog, *a.* BLOBBY.
bobyn, *eg.* BOBBIN.
bon-golfach, *eb.* BUTT HINGE.
bodeg, *eb.* ONTOLOGY.
bolgi, *eg. ll.*-gwn. GOURMAND.
bolgodog, *a.* MARSUPIAL.
bon-asiad, *eg.* BUTT-WELD.
bongamu, *be.* TO STRADDLE.
bongorff, *eg. ll.*-gyrff. TRUNK.
bôr, *eg.* BORE.
borden, *eb.* MOULD-BOARD.
boswn, *eg.* BO'SUN.
bowlin, *eg.* BOWLINE.
bras-actio, *eg.* BLOCKING.
brasamcanu, *be.* TO APPROXIMATE.
brasgywir, *a.* APPROXIMATE.
braslunio, *be.* TO ADUMBRATE.
bras-osod, *be.* TO ROUGH-OUT.
brasteru, *be.* BASTING.
brêc, *eg.* BREAK (cricket).
breci, *eg.* WORT.
bred, *eg.* BRAID.
breichiol, *a.* BRACHIAL.
breichydd, *eg.* BRACER.

breintlythyr, *eg.* PATENT.
breuan, *eg.* MORTAR.
brigadydd, *eg.* BRIGADIER.
brigantîn, *eb.* BRIGANTINE.
brigbori, *be.* TO BROWSE.
brigdrawst, *eg. ll.*-iau. CATWALK.
brigwth, *eg.* UPTHRUST.
brilyn, *eg.* RAGAMUFFIN.
brithedd, *eg.* VARIEGATION.
brithlys, *eg.* PIMPERNEL.
briwdda, *eg.* MINCEMEAT.
briwell, *eg.* MINCER.
brocâd, *eg.* BROCADE.
brwydlen, *eg. ll.*-ni. BROCADE.
brwysio, *be.* BRAISING.
buelydd, *eg.* HERDSMAN.
bufedd, *eg. ll.*-i. BOVATE.
bulbyn, *eg.* BULBIL.
bustachu, *be.* TO FLOUNDER.
butan, *eg.* BUTANE.
bwbwl, *eg.* BUBBLE.
bwliwn, *eg.* BULLION.
bwncer, *eg. ll.*-i. BUNKER.
bwnglera, *be.* TO MUDDLE.
bwriant, *eg.* INTENTION.
bwst, *eg.* BUST.
bwysgyn, *eg.* BUSKIN.
bydwr, *eg. ll.*-wyr. OBSTETRICIAN.
bydysawd, *eg.* MACROCOSM.
bygylydd, *eg.* TERRORIST.
byichus, *a.* LACUNARY.
byrddwr, *eg. ll.*-wyr. BOARDER.
byrion, *ell.* BRIEFS.
byswellt, *eg.* COCKSFOOT.
bywiogydd, *eg.* ACTIVATOR.

C

cablen, *eb. ll.*-ni. CABLE.
cadeiren, *eb.* TILLER (bot.)
cadwraeth, *eb.* CONSERVANCY.
caffaelgar, *a.* ACCUMULATIVE.
cainc, *eb.* PLY.
calc, *eg.* CALK.
calchfaen, *eg.* LIMESTONE.
calchgar, *a.* CALCICALE.
callor, *eg. ll.*-au. CALDERA.
camdro, *eg.* CRANK.
camdroad, *eg.* WARP.
camenwad, *eg. ll.*-au. MISNOMER.
camffyr, *eg.* CAMPHOR.
camgynhwysiad, *eg.* MALADJUSTMENT.
camlywodraeth, *eb.* MALADMINISTRA-
TION.
camsafiad, *eg. ll.*-au. OFFSIDE.
canhwyllnerth, *eg.* CANDLE POWER.
canclwyf, *eg.* MONEYWORT.
canlyneb, *eb. ll.*-au. COROLLARY.
cannydd, *eg. ll.* canyddion. BLEACH.

canolddydd, *eg.* MERIDIAN.
canolffo, *a.* CENTRIFUGAL.
canolgyflwr, *eg.* METAPHASE.
canoliad, *eg.* CENTRALISATION.
canŵ, *eg. ll.*-od. CANOE.
canŵo, *be.* TO CANOE.
capilaredd, *eg.* CAPILLARITY.
carbohidrad, *eg. ll.*-au. CARBOHYD-
    RATE.
carbonadu, *be.* TO CARBONATE.
carbonifferaidd, *a.* CARBONIFEROUS.
carennydd, *eg.* CONSANGUINITY.
carotenau, *ell.* CAROTENOIDS.
carpio, *be.* TO SHRED.
carthbwll, *eg. ll.*-byllau. CESSPOOL.
cartheig, *eg.* NIPPLEWORT.
carthlyn, *eg.* CATHARTIC.
carthysydd, *eg.* SCAVENGER.
carwden, *eb.* BACK-CHAIN.
cataboleg, *eb.* CATABOLISM.
catalydd, *eg.* CATALYST.
caten, *eb.* BAIL (cricket).
catod, *eg. ll.*-au. CATHODE.
cath fwsg, *eb.* CIVET.
caul, *eg.* CHYLE.
cawlach, *eg.* HOTCH-POTCH.
cawswryf, *eb.* CHEESE-PRESS.
cefndedyn, *eg.* SWEETBREAD.
cefnforeg, *eb.* OCEANGRAPHY.
cefnogydd, *eg.* ACCESSARY.
cefnsaim, *eg.* DUBBING.
ceidwad, *eg.* DEPOSITARY.
ceincio, *be.* STRANDING.
ceisyriau, *ell.* ANTENNAE.
celaneddol, *a.* CADAVEROUS.
celleg, *eb.* CYTOLOGY.
cemegolau, *ell.* CHEMICALS.
cemegyn, *eg. ll.*-nau. CHEMICAL.
cemotherapeg, *eg.* CHEMOTHERAPY.
centimetr, *eg.* CENTIMETRE.
ceramig, *a.* CERAMIC.
cethren, *eb.* SPIKE.
ceubwll, *eg.* POTHOLE.
ceudod, *eg. ll.*-au. CAVITY.
ceuddrws, *eg.* TRAP-DOOR.
ceuffordd, *eb. ll.*-ffyrdd. SUBWAY, ADIT.
ceuled, *eg.* CURD.
ciblys, *ell.* LEGUMES.
cibron, *eg.* SEPAL.
cid, *a.* KID.
cigysydd, *eg.* CARNIVORE.
cilan, *eb.* COVE.
cilcyn, *eg.* SCRAP.
cildroad, *eg.* REVERSAL.
cildroi, *be.* TO REVERSE.
cilfoch, *eb. ll.*-au. CORNER OF JAW.
cilffordd, *eb.* BY-ROAD.
cilgant, *eg.* CRESCENT.
cilgynnyrch, *eg.* BY-PRODUCTS.
cilhollt, *eg.* SPLIT.

cilfa, *eb. ll.*-feydd. ESCAPEMENT.
cilia, *eg.* CILIA.
cilwenu, *be.* TO OGLE.
cinemateg, *eg.* KINEMATICS.
cipair, *eg.* CATCHWORD.
cipyn, *eg.* PICKUP.
ciwbio, *be.* TO CUBE.
ciwdod, *eb.* COMMONALTY.
claddgell, *eb. ll.*-oedd. CRYPT.
claerwelediad, *eg.* CLAIRVOYANCE.
clafrllyd, *a.* MANGY.
clais, *eg.* LODE.
clared, *eg.* CLARET.
clecyn, *eg.* SCANDAL-MONGER.
clefyd llidiog, *eg.* INFECTIOUS DISEASE.
clesbyn, *eg. ll.* clasbiau. CLASP.
cletir, *eg.* HARDPAN.
clocwedd, *a.* CLOCKWISE.
clochen, *eb.* BELL-JAR.
cloddwaith, *eg.* OPENCAST.
clofen, *eb.* CLOVE.
clogfaen, *eg. ll.*-feini. BOULDER.
cloglai, *eg.* BOULDER CLAY.
cloig, *eg.* CLEVIS.
clostroffobia, *eg.* CLAUSTROPHOBIA.
clöyn, *eg.* BOIL.
clud-bêl, *eb.* BALL-BEARING.
clud-fach, *eg.* HOLDFAST.
cludydd, *eg.* CONVEYOR.
clustogwlad, *eb.* BUFFER-STATE.
clwpa, *eg.* BLUDGEON.
clymdref, *eb. ll.*-i. CONURBATION.
clymdwf, *eg.* FASCIATION.
clymlin, *eg.* TIE-LINE.
clywededd, *eg.* AUDIBILITY.
clyweled, *a.* AUDIO-VISUAL.
cnac, *eg.* QUIRK, KNACK.
cnapo, *be.* TO BOOZE.
cocsen, *eb.* cocs. COG.
coctel, *eg. ll.*-i. COCKTAIL.
codeiddio, *be.* TO CODIFY.
codell, *eb.* TAKE-UP LEVER.
coden, *eb.* CAPSULE.
codydd, *eg.* RAISING AGENT.
coegddysgedig, *a.* PEDANTIC.
coegwreiddyn, *eg.* RHIZOID.
coegwych, *a.* SHOWY.
coesarnau, *ell.* GAITERS.
coesgrwn, *a.* BOW-LEGGED.
coets, *eb.* COACH.
cofalent, *eg.* COVALENT.
cofgell, *eb.* STORAGE REGISTER.
cofusrwydd, *eg.* RETENTIVENESS.
coginiol, *a.* CULINARY.
conglen, *eb.* TWIN-NUT.
coladu, *be.* TO COLLATE.
coliog, *a.* AWNED.
colynnol, *a.* PIVOTAL.
combác, *eb.* GUINEA-FOWL.
comedïwr, *eg. ll.*-wyr. COMEDIAN.

comedydd, *eg.* COMEDIST.
comun, *eg. ll.*-au. COMMUNE.
confennau, *ell.* CONDIMENTS.
conifferaidd, *a.* CONIFEROUS.
conwydd, *ell.* CONIFEROUS TREES.
corbys, *ell.* LENTILS.
corfannu, *be.* TO SCAN.
corffilaidd, *a.* CORPUSCULAR.
corfflu, *eg.* CORPS.
corffoledd, *eg.* PHYSIQUE.
corfforedig, *a.* CORPORATE.
coronbleth, *eb.* FESTOON.
corongylch, *eg.* CORONA.
coronig, *eb.* COROLLA.
corouol, *a.* CORONARY.
corswigen, *eb.* GUELDER-ROSE.
cotwm trwch, *eg.* CANDLEWICK.
cotŷwr, *eg. ll.*-wyr. COTTER.
cowtsio, *eg.* COUCHING.
craets, *eg.* CRATCH.
crafell, *eb.* SLICE.
cragen las, *eb.* MUSSEL.
craith, *eb.* DARN.
crameniad, *eg. ll* -au. INCRUSTATION.
crats, *eg.* RACK.
crebachol, *a.* CONTRACTILE.
crebwyll, *eg.* FANTASY.
credyd, *eg.* CREDIT.
creithio, *be.* TO DARN.
cribddail, *eg.* EXACTION.
crinelliad, *eg.* DECREPITATION.
cripell, *eg.* OUTCROP.
cris, *eg.* CREASE.
crisialeg, *eb.* CRYSTALLOGRAPHY.
croendyn, *a.* HIDEBOUND.
croenyn, *eg. ll.*-nau. MEMBRANE.
croesad, *eg.* CROSSBREED.
croesffurf, *a.* CRUCIFORM.
croesgydiad, *eg. ll.*-au. CHIASMA.
croesiad, *eg. ll.*-au. HYBRID.
croestorfan, *eg.* POINT OF INTERSEC-
 TION.
croglen, *eb.* ROOD SCREEN.
cromatograffi, *eg.* CHROMATOGRAPHY.
crwman, *eg.* rump.
crwst, *eg.* PASTRY.
crwybro, *eg.* HONEYCOMBING.
crwynfa, *eb.* TANNERY.
crychell, *eo.* GATHERER.
crychfresych, *ell.* SAVOY.
crychiad, *eg.* GATHERING.
crychyn, *eg.* RUCHING.
cryffa, *be.* TO CONVALESCE.
cryndo, *eg.* DOME.
cryndoi, *be.* TO CONCENTRATE.
crynwreiddyn, *eg.* CORM.
cryogeneg, *eb.* CRYOGENICS.
culfa, *eb. ll.*-feydd. NARROWS.
culffordd, *eb. ll.* ffyrdd. DEFILE.
cunffurf, *a.* CUNEIFORM.

curydd, *eg.* BEATER.
cwanteiddiad, *eg.* QUANTISATION.
cwcsog, *a.* MOODY.
cwiltell, *eb.* QUILTER.
cwrpan, *eg.* BEDSPREAD.
cwthwm, *eg.* GUST.
cwympol, *a.* CADUCOUS.
cwyrdeb, *eg. ll.*-au. RENNET.
cydamseriad, *eg.* SYNCHRONIZATION.
cydarwaith, *eg.* INTERACTION.
cydberchnogaeth, *eb.* COLLECTIVISM.
cydberthynas, *eb.* CORRELATION.
cydbetalog, *a.* SYMPETALOUS.
cydbriodi, *be.* TO INTERMARRY.
cyd-derfynol, *a.* COTERMINAL.
cyd-drech, *a.* CO-DOMINANT.
cyd-droseddwr, *eg.* ACCOMPLICE.
cyd-ddant, *eg.* SYNCHROMESH.
cyd-ddiffynnydd, *eg.* CO-RESPONDENT.
cydeffeithlon, *a.* COEFFICIENT.
cydfodaeth, *eb.* ASSOCIATION.
cyd-fywyd, *eg.* SYMBIOSIS.
cydglymiad, *eg.* COLLIGATION.
cydgyfeirio, *be.* TO CONVERGE.
cydgylchol, *a.* CONCYCLE.
cydgymheirio, *eg.* AUTOSYNDESIS.
cydiedig, *a.* ADJOINED.
cydlafurwr, *eg. ll.*-wyr. COADJUTOR.
cydlynol, *a.* COHERENT.
cydran, *eg. ll.*-nau, COMPONENT.
cydrennydd, *eg.* RESOLVENT.
cydsylweddiad, *eg.* CONSUBSTANTIA-
 TION.
cydwaddoli, *be.* TO CO-PRECIPITATE.
cydwedd, *eg. ll.*-au. ANALOGUE.
cydweddu, *be.* TO ASSIMILATE.
cyddwysiad, *eg. ll.*-au. CONDENSATION.
cyddwysydd, *eg.* CONDENSER.
cyfadfer, *be.* TO COMPENSATE.
cyfanfyd, *eg.* COSMOGONY.
cyfangu, *be.* TO CONTRACT.
cyfanrhed, *eg.* AGGREGATE.
cyfansoddol, *a.* CONSTITUENT.
cyfansoddyn, *eg. ll.*-nau. COMPOUND.
cyfarganfod, *eg.* APPERCEPTION.
cyfarwyddiadur, *eg. ll.*-on. GUIDE
 BOOK.
cyfarwyddwr, *eg. ll.*-wyr. COACH.
cyfath, *a.* CONGRUENT.
cyfathiant, *eg.* CONGRUENCE.
cyfathreb, *eb. ll.*-au. COMMUNICATION.
cyfathrebu, *be.* TO COMMUNICATE.
cyfdrefydd, *eg.* CONURBATION.
cyfechelin, *a.* COAXIAL.
cyfeireb, *eb. ll.*-au. RUBRIC.
cyfeirlin, *eg.* DIRECTRIX.
cyfersin, *a.* CONVERSINE.
cyfiau, *eg.* CONJUGATE.
cyflas, *eg.* FLAVOUR.
cyfledred, *eg.* COLATITUDE.

cyflenwol, *a.* COMPLEMENTARY.
cyflinydd, *eg.* COLLINATOR.
cyflun, *a.* SIMILAR.
cyfluniad, *eg. ll.*-au. CONFIGURATION.
cyflyedd, *eg.* COMPURGATION.
cyflymedig, *a.* ACCELERATED.
cyfnerthydd, *eg.* BOOSTER.
cyfnewidydd, *eg.* CONVERTER.
cyfnodedd, *eg.* PERIODICITY.
cyfradd, *eb. ll.*-au. RATE.
cyfrannedd, *eg.* PROPORTION.
cyfrgrwn, *a.* ROTUND.
cyfrifdy, *eg. ll.*-dai. COUNTING HOUSE.
cyfrifiadur, *eg. ll.*-on. COMPUTER.
cyfrifiant, *eg. ll.*-nnau. COMPUTATION.
cyfryngiad, *eg. ll.*-au. MEDIATION.
cyfuchlinedd, *eg.* CONTOUR.
cyfuchliniau, *ell.* CONTOURS.
cyfunion, *a.* ALIGNED.
cyfunioni, *be.* TO ALIGN.
cyfunrhywiol, *a.* HOMOSEXUAL.
cyfwisgoedd, *ell.* ACCESSORIES.
cyfwydydd, *ell.* COMPONENTS, ACCOM-
   PANIMENTS.
cyfydod, *eg.* COUNTY (COMITATUS).
cyfyngydd, *eg.* CONSTRAINT.
cyffaith, *eg.* PRESERVE.
cyffindir, *eg. ll.*-oedd. FRONTIER.
cyffinwlad, *eb.* FRONTIER STATE.
cyffocal, *a.* CONFOCAL.
cyffredinedd, *eg.* PLATITUDE.
cyfredinoledig, *a.* GENERALISED.
cyffsen, *eb.* CUFF.
cyffug, *eg.* FUDGE.
cyffurf(iol), *a.* CONFORMAL.
cyffuriaeth, *eb.* PHARMACY.
cyffuriwr, *eg. ll.*-wyr. PHARMACIST.
cygnog, *a.* GNARLED.
cygrychu, *be.* SHIRRING.
cyhoeddeb, *eb. ll.*-au. EDICT.
cylchbais, *eb.* FARTHINGALE.
cylched, *eg. ll.*-au. CIRCUIT.
cylchfa, *eb.* ZONE.
cylchfäedd, *eg.* ZONATION.
cylchneges, *eg.* A CIRCULAR.
cylchol, *a.* ANNULAR.
cylchred, *eg.* CYCLE.
cymarebol, *a.* RATIONAL.
cymedrig, *a.* MEAN.
cymeriadaeth, *eb.* CHARACTERISATION.
cymeriadu, *be.* TO CHARACTERISE.
cymhareb, *eb. ll.*cymarebau. RATIO.
cymhathu, *be.* TO CORRELATE.
cymhelliad, *eg.* MOTIVE.
cymhelliant, *eg.* MOTIVATION.
cymhlan, *a.* COPLANAR.
cymhlitho, *be.* TO BLEND.
cymhorthdal, *eg.* SUBSIDY.
cymhwysydd, *eg.* ADAPTOR.
cymudadur, *eg. ll.*-on. COMMUTATOR.

cymudo, *be.* TO COMMUTE.
cymudol, *a.* COMMUTATIVE.
cymudwr, *eg. ll.*-wyr. COMMUTER.
cymuned, *eb. ll.*-au. COMMUNITY.
cymunwr, *eg. ll.*-wyr. HOUSELING.
cymysgedd, *eg.* MISCELLANY.
cynfilyn, *eg.* PROTOZOA.
cyngyflwr, *eg.* PROPHASE.
cynhemlad, *eg.* CONTEMPLATION.
cynhorio, *be.* TO INITIATE.
cynhwysaidd, *a.* CAPACITATIVE.
cynhwysion, *ell.* INGREDIENTS.
cynhwysydd, *eg.* CONTAINER.
cynigydd, *eg. ll.*-ion. BIDDER.
cynydydd, *eg.* FUEL CELL.
cyplad, *eg.* COPULA.
cyplysu, *be.* TO MATE.
cyrch-filwr, *eg. ll.*-wyr. GUERRILLA.
cyrri, *eg.* CURRY.
cyrydu, *be.* TO CORRODE.
cyseiniant, *eg.* RESONANCE.
cyseinydd, *eg.* RESONATOR.
cysonydd, *eg.* COMPENSATOR.
cysonyn, *eg. ll.*-nau. CONSTANT.
cystradau glo, *ell.* COAL MEASURES.
cysylltedd, *eg.* LINKAGE.
cysylltiadol, *a.* ASSOCIATIVE.
cytbell, *a.* EQUIDISTANT.
cytew, *eg.* BATTER.
cytgroes, *a.* CONCURRENT.
cytreg, *eb.* COLONY.
cywasgfwrdd, *eg.* COMPO BOARD.
cytunedd, *eg.* COMPATIBILITY.
cytuniaeth, *eb.* ACCORDANCE.
cyweiriadur, *eg. ll.*-on. MODULATOR.
cywirydd, *eg.* CORRECTIVE.
cywreinion, *ell.* BRIC-A-BRAC.

CH

chwerfan, *eb. ll.*-nau. PULLEY.
chwilen, *eb.* FAD.
chwilys, *eg.* INQUISITION.
chwiwgi, *eg. ll.*-gwn. PILFERER.
chwyddhad, *eg.* MAGNIFICATION.
chwylrod, *eb.* FLYWHEEL.
chwynladdwr, *eg.* WEED-KILLER.
chwyrndröell, *eb. ll.*-au. CENTRIFUGE.
chwythbrenni, *ell.* WOODWINDS.

D

dadansoddydd, *eg.* ANALYSER.
dadelfennu, *be.* TO REFINE.
dadfodylu, *be.* TO DEMODULATE.
daduniad, *eg.* DISSOCIATION.
dadwerfu, *be.* TO DISCHARGE.
dalbren, *eg.* BENCH HOLDFAST.

daliwr, *eg. ll.*-wyr. FIELDER (cricket) ; JIG.
dallydd, *eg.* BLINDER.
danodiad, *eg.* REPROACH.
danteithfwyd, *eg.* AMBROSIA.
danys, *eg.* FALLOW-DEER.
darfath, *eg.* SWAGE.
darfudiad, *eg. ll.*-au. CONVECTION.
dargludedd, *eg.* CONDUCTIVITY.
dargludiant, *eg.* CONDUCTANCE.
dargopïo, *be.* TO TRACE.
dargyfeiredd, *eg.* DIVERGENCE.
darheuliad, *eg.* INSOLATION.
darlifo, *be.* TO PERFUSE.
darluniaeth, *eb.* IMAGERY.
darseinydd, *eg.* LOUDSPEAKER.
datblygol, *a.* NASCENT.
datblygydd, *eg.* DEVELOPER.
datgelu, *be.* TO DETECT.
datgyflymu, *be.* TO DECELERATE.
datgymaliad, *eg. ll.*-au. LUXATION.
datnwyo, *be.* TO EVACUATE.
datys, *eg.* DATE.
deallusrwydd, *eg.* INTELLIGENCE.
debyd, *eg.* DEBIT.
deddfeg, *eb.* JURISPRUDENCE.
degad, *eg. ll.*-au. DECADE.
degol, *eg. ll.*-ion. DECIMAL.
degoli, *be.* TO DECIMALISE.
degymol, *a.* DECILE.
deheuol, *a.* AUSTRAL.
deholiad, *eg.* EXILE.
deieteg, *eg.* DIETETICS.
dein, *eg.* DYNE.
deiliant, *eg.* FOLIAGE.
deiliosen, *eb.* LEAFLET.
demograffig, *a.* DEMOGRAPHIC.
derbyniant, *eg.* ADMITTANCE.
detholedd, *eg.* SLECTIVITY.
deuad, *eg.* DYAD.
deuaidd, *a.* BINARY.
deubarthiad, *eg.* DICHOTOMY.
deuddegol, *a.* DUODECIMAL.
deuffocal, *a.* BIFOCAL.
deuglust, *a.* BINAURAL.
deugroesryw, *a.* DIHYBRID.
deulygadur, *ell.* BINOCULARS.
deuod, *eg. ll.*-au. DIODE.
deurannol, *a.* BIPARTITE.
deuryw, *a.* BISEXUAL.
diamod, *a.* ABSOLUTE.
dibwysiant, *eg.* DEPRESSION.
dibynadwy, *a.* RELIABLE.
dicáu, *eg.* TUBERCULOSIS.
dichonadwy, *a.* CONCEIVABLE.
di-dact, *a.* TACTLESS.
didorredd, *eg.* CONTINUITY.
didorriant, *eg.* CONTINUITY.
di-drech, *a.* DRAWN.
didreiddiad, *eg.* OPACITY.

diddarbod, *a.* SHIFTLESS.
diddeiliannu, *be.* TO DEFOLIATE.
didderbyn, *a.* OUTSPOKEN.
difod, *eg.* DIVOT.
difynio, *be.* TO VIVISECT.
differyn, *eg.* DIFFERENTIAL.
diffinedig, *a.* DEFINED.
diffreithiad, *eg.* DIFFRACTION.
diffyndollaeth, *eb.* PROTECTIONISM.
diffynnydd, *eg.* ACCUSED.
digeniad, *eg.* DESQUAMATION.
digidol, *a.* DIGITAL.
di-glem, *a.* AWKWARD.
digroniad, *eg. ll.*-au. FIXATION.
digyfnod, *a.* APERIODIC.
dihalogadwy, *a.* SACROSANCT.
diheinbraw, *eg.* QUARANTINE.
diheintydd, *eg.* STERILIZER.
dihiren, *eb.* JADE.
dihwylio, *be.* TO BECALM.
dilëydd, *eg.* ELIMINANT.
diliwio, *be.* TO BLEACH.
dilysiant, *eg.* VALIDATION.
dilysnod, *eg. ll.*-au. HALLMARK.
dilladaeth, *eb.* DRAPERY.
dilledydd, *eg.* HABERDASHER.
dillynder, *eg.* DAINTINESS.
dirdro, *eg.* TORSION.
dirdroi, *be.* TO TWIST.
direwydd, *eg.* DEFROSTER.
dirgroes, *a.* OPPOSITE.
dirgrynnol, *a.* VIBRATING.
diriant, *eg.* STRESS.
dirlawn, *a.* SATURATED.
dirlenwi, *be.* TO SATURATE.
dirnadwy, *a.* DISCERNIBLE.
disel, *eg.* DIESEL.
disgwylfa, *eb. ll.*-feydd. LOOK-OUT.
disgyrchedd, *eg.* GRAVITATION.
distyll, *eg.* LOW TIDE.
disychiadur, *eg.* DESSICATOR.
ditio, *be.* TO INDICT.
diwlychiad, *eg. ll.*-au. DELIQUESCENCE.
diwydianfa, *eb. ll.*-feydd. TRADING. ESTATE.
dofod, *eg.* TREASURE.
dolbridd, *eg.* ALLUVIUM.
dolennen, *eb.* LOOP.
draenogyn, *eg.* PERCH.
drewg, *eg.* DARNELL.
dringiedydd, *eg.* CREEPER.
dripsych, *a.* DRIP DRY.
drychiad, *eg. ll.*-iau. ELEVATION.
dryganadl, *eg.* HALITOSIS.
drygnaws *a.* MALEVOLENT.
dryslwyn, *eg.* BRAMBLE-BRAKE.
dwrglos, *a.* WATERTIGHT.
dwr trafnid, *eg.* TRANSPORT WATE1
dwyadeiniog, *a.* DIPTEROUS.
dwyamgrwm, *a.* BICONVEX.

dwyddalen, *eb.* TWAYBLADE.
dwyfoliad, *eg.* DEIFICATION.
dwyfronneg, *eb.* CORSELET.
dwysedd, *eg.* DENSITY.
dwythell, *eb.* DUCT.
dyddio, *be.* TO ARBITRATE.
dyddlyfr, *eg. ll.*-au. DAY-BOOK.
dyfodoliaeth, *eg.* FUTURISM.
dyfrffos, *eb. ll.*-ydd. AQUEDUCT.
dyfrol, *a.* AQUATIC.
dygnedd, *eg.* ENDURANCE.
dyledogaeth, *eb.* ALLEGIANCE.
dylif, *eg. ll.*-ion. FLUX.
dyneiddiol, *a.* HUMANISTIC.
dynfarch, *eg. ll.*-feirch. CENTAUR.

E

eangfrydig, *a.* BROAD-MINDED.
economegydd, *eg.* ECONOMIST.
echelin, *eg. ll.*-au. AXIS.
echelinol, *a.* AXIAL.
echlysiant, *eg.* ELISION.
echreiddiad, *eg.* ECCENTRICITY.
edefyn nerfol, *eg.* NERVE FIBRE.
edwythiad, *eg.* EDUCTION.
efelychydd, *eg.* SIMULATOR.
eferwad, *eg.* EFFERVESCENCE.
efoliwt, *eg. ll.*-au. EVOLUTE.
effeithlonedd, *eg.* EFFICIENCY.
eglyn, *eg.* GOLDEN SAXIFRAGE.
egnioli, *be.* TO ENERGISE.
egwyriant, *eg.* ABERRATION.
eigioneg, *eb.* OCEANOGRAPHY.
eiladur, *eg. ll.*-on. ALTERNATOR.
eilaidd, *a.* REPEATING.
eilfydd, *a.* REPEATED.
eilrif, *eg. ll.*-au. EVEN NUMBER.
eiriasedd, *eg.* INCANDESCENCE.
eisen, *eb.* LATH.
eisteddol, *a.* SEDENTARY.
electrofforesis, *eg.* ELECTROPHORESIS.
electromagneteg, *eg.* ELECTROMAG-
    NETISM.
electromedr, *eg.* ELECTROMETER.
electron, *eg. ll.*-au. ELECTRON.
electroplatio, *be.* TO ELECTROPLATE.
electrosgop, *eg.* ELECTROSCOPE.
electrostateg, *eg.* ELECTROSTATICS.
elifiant, *eg.* EFFLUENCE.
empeirig, *a.* EMPIRICAL.
enchwythu, *be.* TO INFLATE.
enffeodaeth, *eb.* ENFEOFFMENT.
enrhif, *eg. ll.*-au. VALUE.
enrhifo, *be.* TO EVALUATE.
entomoleg, *eb.* ENTOMOLOGY.
enydus, *a.* INSTANTEOUS.
epiffeit, *eg.* EPIPHYTE.
epiliadaeth, *eb.* REPRODUCTION.

ergydiol, *a.* IMPULSIVE.
erial, *eg.* AERIAL.
erno, *be.* TO GIVE PLEDGE.
erthylydd, *eg.* ABORTIONIST.
esbonyddol, *a.* EXPONENTIAL.
escaladur, *eg.* ESCALATOR.
esgudogyll, *eg.* WOODLARK.
esgynneb, *eb.* CLIMAX.
estynadwy, *a.* ESTENSIBLE.
estynion, *ell.* EXTENSION PIECES.
ethnig, *a.* ETHNIC.
ethnyddwr, *eg.* ETHNOLOGIST.
etholeg, *eb.* ETHOLOGY.
euddon, *ell.* MITES.
eurof, *eg. ll.*-aint. GOLDSMITH.
ewlychol, *a.* EFFLORESCENT.

F

falans, *eg.* VALANCE.
falid, *a.* VALID.
falidedd, *eg.* VALIDITY.
falf, *eb. ll.*-au. VALVE.
fectoraidd, *a.* VECTORIAL.
feto, *eb.* VETO.
foli, *eb. ll.*-ïau. VOLLEY.
folian, *be.* TO VOLLEY.
folt, *eg. ll.*-au. VOLT.
foltamedr, *eg.* VOLTMETER.
foltedd, *eg.* VOLTAGE.
folum, *eg. ll.*-au. VOLUME.
fortais, *eg.* VORTEX.
forteisedd, *eg.* VORTICITY.
fwlgat, *eg.* VULGATE.

FF

ffabrigedig, *a.* FABRICATED.
ffactori, *be.* TO FACTORISE.
ffactoriad, *eg.* FACTORISATION.
ffair sborion, *eo.* JUMBLE-SALE.
ffaltwng, *eg.* FALTUNG.
ffanfar, *eb.* FANFARE.
ffantasia, *eg.* FANTASY.
ffasist, *eg. ll.*-iaid. FASCIST.
ffasninau, *ell.* FASTENINGS.
ffeodaeth, *eb.* FEOFFMENT.
ffesin, *eg.* FACING.
ffilament. *eg.* FILAMENT.
ffildio, *be.* TO FIELD.
ffildiwr, *eg. ll.*-wyr. FIELDER.
ffilet, *eg.* FILLET.
ffilter, *eg. ll.*-au. FILTER.
ffinedig, *a.* BOUNDED.
ffisioleg, *eb.* PHYSIOLOGY.
fflan, *eg.* FLAN.
fflecs, *eg.* FLEX.
fflêr, *eg.* FLARE.

fflic-fflac, *eg.* FLIP-FLAP.
fflurolau, *eg.* FLUORESCENT.
ffluroleuedd, *eg.* FLUORESCENCE.
fflworin, *eg.* FLUORIDE.
ffocus, *eg. ll.*-au. FOCUS.
ffocysu, *oe.* TO FOCUS.
fforio, *be.* TO EXPLORE.
fforiwr, *eg.* EXPLORER.
ffrwythus, *a.* FRUITY.
ffugrew, *eg.* ICING.
ffurfyn, *eg.* FORMANT.
ffwyliwr, *eg. ll.*-wyr. FOILIST.
ffwythiannaeth, *eb.* FUNCTIONALITY.
ffwythiannol, *a.* FUNCTIONAL.

G

gafaelai, *eb.* VICE.
gafaelfach, *eg.* GRAPNEL.
galaeth, *eb.* GALAXY.
gamed, *eg. ll.*-au. GAMETE.
gaus, *eg.* GAUSS.
gefelen, *eb.* PLIERS.
geiriad, *eg.* PHRASEOLOGY.
genedigol, *a.* CONNATE.
geneteg, *eg.* GENETICS.
genetegwr, *eg. ll.*-wyr. GENETICIST.
geneuol, *a.* ORAL.
genws, *eg.* GENUS.
geocemeg, *eg.* GEOCHEMISTRY.
geri marwol, *eg.* CHOLERA.
geuedd, *eg.* SPURIOUSNESS.
gieuwst, *eg.* NEURALGIA.
gil, *eg. ll.*-iau. GILL.
glanedol, *a.* DETERGENT.
glanedydd, *eg.* DETERGENT.
glanfa, *eb. ll.*-feydd. PIER.
glasglwyf, *eg.* CYANOSIS.
glaslun, *eg. ll.*-iau. BLUEPRINT.
glawiad, *eg.* RAINFALL.
glawsgodfa, *eb.* RAIN SHADOW.
gleiniad, *eg.* BEADING.
gloddolion, *ell.* FOSSILS.
glós, *eg. ll.*-au. GLOSS.
gludai, *eg.* GELATINE.
gludedd, *eg.* VISCOSITY.
gludiad, *eg.* AGGLUTINATION.
glwcôs, *eg.* GLUCOSE.
gofalaeth, *eb.* MAINTENANCE.
gofoden, *eb.* SPACE SHIP.
gofodolaeth, *eb.* SUBSISTENCE.
golchion, *eg.* SWILL.
golchydd, *eg. ll.*-ion. DETERGENT, WASHER.
goleddiad, *eg* DECLINATION.
goleuant, *eg.* ILLUMINATION.
goleuedd, *eg.* LUMINOSITY.
goleulong, *eb.* LIGHTSHIP.
gorbris, *eg. ll.*-iau. OVERCHARGE.

gorchudden, *eb.* COVERT.
gordreth, *eb. ll.*-i. SURTAX.
gordrylawnder, *eg.* SUPERSATURATION.
gorddirlawn, *a.* SUPERSATURATED.
gorest, *eb. ll.*-au. WASTE.
gorewyn, *eg.* SURF.
gorfodog, *eg. ll.*-ion. CONSCRIPT.
gorfychanyn, *eg.* INFINITESIMAL.
gorffennu, *be.* FINISHING OFF.
gorllanw, *eg* SPRING TIDE.
goroer, *a.* SUPERCOOLED.
gorthwr, *eg.* KEEP.
gorymadrodd, *eg. ll.*-ion. PLEONASM.
gradden, *eb.* DIVISION OF SCALE.
graddiant, *eg.* GRADIENT.
graddliwio, *be.* SHADING.
graffid, *eg.* GRAPHITE.
gräm, *eg. ll.*-iau. GRAM.
grawnfwyd, *eg. ll.*-ydd. CEREAL.
grawnffrwyth, *eg. ll.*-au. GRAPEFRUIT.
grilio, *be.* TO GRILL.
grisialeg, *eg.* CRYSTALLOGRAPHY.
gronell, *eb.* ROE.
grwp-capten, *eg.* GROUP CAPTAIN.
gurnard, *eg.* GURNET.
gwacáwr, *eg.* EXHAUST.
gwäellu, *be.* TO TRUSS.
gwägyn, *eg.* VACUOLE.
gwahaniaethydd, *eg.* DIFFERENTIAL.
gwahanion, *ell.* SEPARATES.
gwahanolyn, *eg. ll.*-olion. DISCRIMINANT.
gwahanred, *eg.* DIFFERENTIAL.
gwain, *eb. ll.* gweiniau. NUT.
gwald, *eb.* WELT.
gwaldu, *be.* TO WELT.
gwanhadur, *eg.* ATTENUATOR.
gwanwyneiddio, *oe.* VERNALISATION.
gwanychiad, *eg.* DAMPING.
gwarchodfa, *eb. ll.*-feydd. RESERVE.
gwarchodydd, *egb. ll.*-.ion. CHAPERON.
gwarthnod, *eg.* STIGMA.
gwascogydd, *eg.* PRESSURE COOKER.
gwasgariant, *eg.* DISPERSION.
gwasgeddu, *be.* TO PRESSURIZE.
gwasgwr, *eg.* WRINGER.
gwastadwres, *eg.* HOMOTHERMAL.
gwyayw-fwyall, *eb.* HALBERD.
gwddfdlws, *eg.* LOCKET.
gwddfdorch, *eb.* NECKLACE.
gweadedd, *eg.* TEXTURE.
gwehynnydd, *eg.* HYDRO-EXTRACTOR.
gweithiedig, *a.* WORKED.
gwempl, *eg.* WIMPLE.
gwerniar, *eb.* BUSTARD.
gwerthadwy, *a.* MARKETABLE.
gwestyaeth, *eb.* HOTEL MANAGEMENT.
gwibfaen, *eg.* METEORITE.
gwinwr, *eg. ll.*-wyr. VINTNER.

gwinwyddiaeth, *eb.* VITICULTURE.
gwiriad, *eg.* CHECK.
gwlithbwynt, *eg.* DEWPOINT.
gwlithlys, *eg.* SUNDEW.
gwlybedd, *eg.* MOISTURE.
gwniolen, *eb.* MAPLE.
gwrachen, *eb.* ROACH.
gwreiddflaen, *eg.* ROOTCAP.
gwreiddgyffiol, *a.* RHIZOMATOUS.
gwrthbrawf, *eg.* DISPROOF.
gwrthbwyso, *be.* TO COUNTERBALANCE.
gwrthdoriad, *eg.* refraction.
gwrthdro sgwâr, *eg.* INVERSE SQUARE.
gwrthddangosiad, *eg.* COUNTER-EXPOSITION.
gwrthddolen, *eb.* COUNTERFOIL.
gwrth-ddŵr, *a.* WATER-REPELLENT.
gwrtheb, *eb.* REPARTEE.
gwrthedd, *eg.* RESISTANCE, RESISTIVITY.
gwrthergyd, *egb.* COUNTERBLOW.
gwrthgiliad, *eg.* APOSTASY.
gwrthgloc, *a.* ANTICLOCKWISE.
gwrthgyrch, *a.* CREASE RESISTING.
gwrthgyferbynnedd, *eg.* OPPOSITENESS.
gwrthgymesur, *a.* ANTISYMMETRIC.
gwrth-hawl, *eg.* COUNTER-CLAIM.
gwrthiant, *eg.* RESISTANCE.
gwrthlaw, *a.* BACKHAND.
gwrthleoliad, *eg.* CONTRAPOSITION.
gwrthrew, *eg.* ANTIFREEZE.
gwrthrycholiad, *eg.* OBJECTIFICATION.
gwrthsoddi, *be.* TO COUNTERSINK.
gwrthwenwynol, *a.* ANTIDOTAL.
gwrthwyfyn, *a.* MOTHPROOF.
gwrthwylun, *a.* OBOVATE.
gwrthydd, *eg.* RESISTOR.
gwrthymosod, *be.* TO COUNTERATTACK.
gwrthyrru, *be.* TO REPEL.
gwth, *eg. ll.*-iau. THRUST.
gwynfydedd, *eg.* BLESSEDNESS.
gwyniasedd, *eg.* INCANDESCENCE.
gwyniedyn, *eg.* SEWIN.
gwynnin, *eg.* SAPWOOD.
gwyntglos, *a.* WINDPROOF.
gwyrddfaen, *eg.* EMERALD.

H

hadlestr, *eg.* SEED-VESSEL, OVARY.
had-rith, *eg.* OVARY.
hafalochrog, *a.* EQUILATERAL.
hafalu, *be.* TO EQUATE.
haliad, *eg.* HEAVE.
halwynedd, *eg.* SALINITY.
hanercylch, *eg.* MENISCUS.
hanertorol, *a.* CHROMATIC.

hanerydd, *eg.* BISECTOR.
hanfath, *eg.* VARIETY.
hansiad, *eg.* HAUNCH.
hapbrynu, *be.* TO SPECULATE.
hecsagon, *eg. ll.*-au. HEXAGON.
hecsahedron, *eg.* HEXAHEDRON.
hedegog, *a.* VOLATILE.
heistain, *eg.* STRICKLE.
helics, *eg. ll.*-au. HELIX.
hemell, *eg.* HEMMER.
hencian, *be.* TO LIMP.
henebion, *ell.* ANCIENT MONUMENTS.
heuldro, *eg.* SOLSTICE.
heulsaf, *eg.* SOLSTICE.
hidlif, *eg.* FILTRATE.
hidrolu, *be.* TO HYDROLYSE.
hidrus, *a.* HIDROUS.
huad, *eg.* HOUND.
hunanddyrchafydd, *eg.* CAREERIST.
hunaniaethad, *eg.* IDENTIFICATION.
hunanus, *a.* SELF-WILLED.
hunglwyf, *eg.* COMA.
hwlcyn, *eg.* LOUT.
hwyfo, *be.* TO FLUTTER.
hwyhad, *eg.* ELONGATION.
hwylraff, *eb.* BOWLINE.
hwyrgloch, *eb.* CURFEW.
hyblyg, *a.* COMPLIANT.
hydawddlif, *eg.* SOLVENT.
hydreiddedd, *eg.* POROSITY.
hydrinedd, *eg.* MALLEABILITY.
hydrodynameg, *eb.* HYDRODYNAMICS.
hydrolu, *be.* TO HYDROLYSE.
hydromedr, *eg.* HYDROMETER.
hyfyw, *a.* VIABLE.
hyfywdra, *eg.* VIABILITY.
hyfflam, *a.* INFLAMMABLE.
hygrededd, *eg.* CREDIBILITY.
hynafiadol, *a.* ANCESTRAL.
hylifiant, *eg.* LIQUEFACTION.
hynafolyn, *eg. ll.*-olion. ANTIQUE.
hynawf, *a.* BUOYANT.
hynodyn, *eg. ll.*-odion. SINGULARITY.
hynofedd, *eg.* BUOYANCY.
hysbysfwrdd, *eg.* NOTICEBOARD.
hystyn, *eg.* STRETCH.
hytraws, *eg.* DIAMETER.
hywasg, *a.* COMPRESSIBLE.
hywasgedd, *eg.* COMPRESSIBILITY.

I

igneaidd, *a.* IGNEOUS.
ildiant, *eg.* STRAIN.
infois, *eg.* INVOICE.
infolwt, *a.* INVOLUTE.
infolytedd, *eg.* INVOLUTION.
inswlin, *eg.* INSULIN.
ionosffer, *eg.* IONOSPHERE.

iriad, *eg.* LUBRICATION.
is-grwp, *eg.* SUB-GROUP.
isiarll, *eg.* VISCOUNT.
isnodiad, *eg.* SUBSCRIPT.
iteru, *be.* TO ITERATE.

J

jac, *eg.* JACK
jeli, *eg.* JELLY.
jet, *eg.* JET.
jig, *eg.* JIG.
jigio, *be.* TO JIG.
jîns, *ell.* JEANS.
jwncet, *eg.* JUNKET.
jyngl, *eb.* JUNGLE.

L

lagŵn, *eb.* LAGOON.
laminaidd, *a.* LAMINAR.
laminedig, *a.* LAMINATED.
laminiad, *eg.* LAMINATION.
lamp-fwa, *eb.* ARC-LAMP.
lardio, *be.* TO RUB LARD.
latis, *eg.* LATTICE.
lein, *eb. ll.*-iau. LINE-OUT.
licras, *eg.* LIQUORICE.
litwrgi, *eg.* LITURGY.
liwt, *eb.* LUTE.
loganau, *ell.* LOGANBERRIES.
lôm, *eg.* LOAM.
lons, *eb.* LAUNCH.
lonsio, *be.* TO LAUNCH.
lori-danc, *eb.* TANKER.
lŵn, *eg.* LUNE.
lwts, *eg.* MASH.

LL

llaesiad, *eg.* RELAXATION.
llanwad, *eg.* FILLER.
llaprwth, *eg.* LUBBER.
llathredd, *eg.* POLISH.
llaweroedd, *eg.* ABUNDANCE.
llechfeddiannu, *be.* TO ENCROACH.
lledferwi, *be.* TO SIMMER.
llefareg, *eb.* SPEECH TRAINING.
lleiddiad, *eg. ll.*-iaid. ASSASSIN.
lleihad, *eg.* LITOTES.
llen-tân, *eg.* SAFETY-CURTAIN.
lleolbwynt, *eg. ll.*-iau. ORIGIN.
llerw, *a.* SUCCULENT.
llestair, *eg.* HAZARD.
llesyddiaeth, *eb.* UTILITARIANISM.
lleurith, *eg.* IMAGE.
llewyrchyn, *eg.* GLIMMER.

llieingig, *eg.* PERITONEUM.
llifdaflen, *eb.* FLOW-SHEET.
llif-draws, *eb.* CROSS-CUT.
llifedd, *eg.* FLUIDITY.
llifo, *be.* TO DYE.
llifwaddod, *eg.* ALLUVIUM.
llifydd, *eg.* FLUID.
llifyn, *eg.* DYE.
llinol, *a.* LINEAR.
llithrigfa, *eb.* CHUTE.
llob, *eg.* LOBE.
llofnaid, *eb.* VAULT.
llorrew, *eg.* GROUND FROST.
llosgarnedd, *eg.* AGGLOMERATE.
llosgfaen, *eb.* PUMICE-STONE.
llosgfynydd, *eg.* VOLCANO.
llufadredd, *eg.* HUMIFICATION.
lluniadaeth, *eg.* CONSTRUCTIVISM.
lluniant, *eg.* ALIGNMENT.
lluosgell, *a.* MULTICELLULAR.
lluosrif, *eg.* MULTIPLE.
lluoswm, *eg.* PRODUCT.
lluosydd, *eg.* MULTIPLIER.
lluosyn, *eg.* MULTIPLICAND.
llusgdal, *eg.* TOWAGE.
llusgiad, *eg.* TOWAGE.
lluwchwynt, *eg. ll.*-oedd. BLIZZARD.
llwg, *eg.* SCURVY.
llwgwm, *eg.* LUGWORM.
llwngwr, *eg.* BIRD CHERRY.
llwtra, *eg.* SLIME.
llwydyn, *eg.* GREY MATTER.
llyfrgarwr, *eg.* BIBLIOPHILE.
llyfronydd, *eg.* BIBLIOPHILE.
llygaden, *eb.* EYELET.
llymsur, *a.* PUNGENT.
llysen-fforch, *eb.* V-CUT.
llysiau blas, *ell.* HERBS.
llysieufa, *eb.* HERBARIUM.
llyslau, *eg.* BLIGHT.
llysleiddiad, *eg.* HERBICIDE.
llystyfiant, *eg.* VEGETATION.
llywodraethydd, *eg.* CONTROL UNIT.

M

mablygad, *eg.* EYEBALL.
mach, *eg.* HOSTAGE.
maddeueb, *eb.* INDULGENCE.
maerol, *a.* MAYORAL.
maethloneg, *eb.* SCIENCE OF NUTRITION.
maethlyn, *eg. ll.*-nau. BEVERAGE.
magnetedd, *eg.* MAGNETISM.
magneteiddio, *be.* TO MAGNETISE.
malpo, *be.* TO CODDLE.
mam-dyfiant, *eg.* MOTHER CULTURE
mantoli, *be.* TO OFFSET.
mantoliad, *eg.* LIBRATION.

march-ysgall, *eb.* ARTICHOKE.
maro, *eb.* MARROW.
marwdon, *eg.* DANDRUFF.
más, *eg.* MASS.
masg, *eg.* MFSH.
mawlgan, *eb.* DOXOLOGY.
mecaneg gymwys, *ev.* APPLIED MECH-
    ANICS.
mecanwaith, *eg.* MECHANISM.
meddygfa, *eo.* SURGERY.
meddylddrych, *eg.* IDEA.
meicoleg, *eg.* MYCOLOGY.
meicrosbôr, *eg.* MICROSPORE.
meidon, *eg.* MEDIANT.
meidrydd, *eg.* GAUZE.
meinciwr, *eg. ll.*-wyr. BENCHER.
meindiwb, *eg.* CAPILLARY TUBE.
meingil, *eg.* KEEL.
meintoniaeth, *eb.* GEOMETRY.
meinwe, *eb.* TISSUE.
meis, *eg.* MICE.
melanedd, *eg.* MELANISM.
melged, *eg.* BEET.
merlota, *eg.* PONY-TREKKING.
merllys, *eg.* ASPARAGUS.
mesmeriaeth, *eb.* MESMERISM.
mesobr, *eg.* PANNAGE.
mesureg, *eb.* MENSURATION.
metabwynt, *eg. ll.*-iau. METACENTRE.
meteleg, *eg.* METALLURGY.
meteoroleg, *eb.* METEOROLOGY.
metron, *eb.* MATRON.
methodeg, *eb.* METHODOLOGY.
mewnfa, *eb.* INLET.
mewnfodaeth, *eb.* IMMANENCE.
mewnfodol, *a.* IMMANENT.
mewnforiwr, *eg.* IMPORTER.
mewnffrwydrad, *eg.* IMPLOSION.
mewnyn, *eg.* FILLING.
miaren, *ev.* BRAMBLE.
mililitr, *eg.* MILLILITRE.
minialedd, *eg.* OSCULATION.
minialu, *be.* TO OSCULATE.
misglen, *eb.* MISSEL.
miten, *eb. ll.*-ni. MITTEN.
mochaidd, *a.* SWINISH.
mochyn cwta, *eg.* GUINEA PIG.
modyledig, *a.* MODULATED.
modylu, *be.* TO MODULATE.
modylydd, *eg.* MODULATOR.
moddol, *a.* MODAL.
molecwl, *eg.* MOLECULE.
molecylar, *a.* MOLECULAR.
moneg, *a.* MONIC.
moniaeth, *eb.* MONISM.
monoteip, *eg.* MONOTYPE.
mordwyol, *a.* NAVIGABLE.
morlin, *eg.* COASTLINE.
mudchwarae, *eg.* MUMMERY.
mudferwi, *be.* TO SIMMER.

mudiant, *eg.* MOTION.
munudyn, *eg.* JIFFY.
mwffin, *eg.* MUFFIN.
mwlsyn, *eg.* NINCOMPOOP.
mwyarafan, *eg.* LOGANBERRY.
mwydlyd, *a.* SOPPY.
mwyhadur, *eg.* AMPLIFIER.
mwyn-doddfa, *eb.* SMELTING WORKS.
mwyn-doddi, *be.* TO REFINE.
mwynol, *a.* MINERAL.
mwynyddiaeth, *eb.* MINERALOGY.
myneglonrwydd, *eg.* EXPRESSIVE-
    NESS.
mynegyn, *eg.* EXPRESSION.
mynwydd, *eg.* GOOSENECK.
mynydda, *eg.* MOUNTAINEERING.
mysgu, *be.* TO UNDO.

N

nafftha, *eg.* NAPHTHA.
namau, *ell.* KNOTTER FAULTS.
napcyn, *eg.* SERVIETTE.
nardus, *eg.* NARD.
naturolaeth, *eg.* NATURALISM.
naturyddol, *a.* NATURALISTIC.
neiedd, *eg.* NEPOTISM.
neillog, *eg. ll.*-ion. ALTERNATIVE.
neithdarfa, *eb.* NECTARY.
nenlen, *eg.* CANOPY.
nenlofft, *eb.* ATTIC.
nerthyriad, *eg.* POWER-DRIVE.
nihilydd, *eg.* NIHILIST.
nitraid, *eg.* NITRITE.
niwcleig, *a.* NUCLEIC.
niwcliar, *a.* NUCLEAR.
niwmatig, *a.* PNEUMATIC.
niwtralu, *be.* TO NEUTRALISE.
niwtron, *eg.* NEUTRON.
nodiadur, *eg. ll.*-on. NOTEBOOK.
nodwydden, *eb.* BETWEEN NEEDLE.
normaleiddio, *be.* TO NORMALISE.
normalydd, *eg.* NORMALISER.
nwl, *eg.* NULL.
nwlbwynt, *eg.* NULL POINT.
nwy-cynnyrch, *eg.* PRODUCER GAS.
nwyglos, *a.* GASTIGHT.

O

obstetreg, *eg.* OBSTETRICS.
ocsidio, *be.* TO OXIDISE.
odrif, *eg.* ODD NUMBER.
oed-dal, *eg.* SUPERANNUATION.
oerddrws, *eg.* WINDGAP.
oeriadur, *eg. ll.*-on. COOLER.
oferôl, *eg.* OVERALL.
offeriant, *eg.* PLANT.

offeryniaeth, *eb.* INSTRUMENTATION.
onglydd, *eg.* PROTRACTOR.
oldywyn, *eg.* AFTERGLOW.
olew-tanwydd, *eg.* FUEL OIL.
olgroesiad, *eg.* BACKCROSS.
ôl-gynnyrch, *eg.* BY-PRODUCT.
ôl-nodyn, *eg.* CODICIL.
ôl-sedd, *eb.* BACKBENCH.
ôlsodli, *be.* TO BACK HEEL.
olwyndro, *eb.* CARTWHEEL.
olysgar, *eg.* PLACENTA.
operadur, *eg.* OPERATOR.
opteg, *eb.* OPTICS.
optegol, *a.* OPTICAL.
organeb, *eb.* ORGANISM.
osgiladur, *eg.* OSCILLATOR.
osgled, *eg.* AMPLITUDE.

P

pacborth, *eg.* PACKET PORT.
palis, *eg.* STOCKADE.
panlwch, *eg.* POUNCE.
pantos, *ell.* PANTIES.
paredd, *eg.* PARITY.
pasten, *eb. ll.*-ni. PASTY.
pastynu, *be.* TO CLUB.
patrymog, *a.* PATTERNED.
patholegydd, *eg.* PATHOLOGIST.
pedryn, *eg.* PETREL.
pedwarplyg, *a.* QUADRUPLE.
peilennwr, *eg.* SOUTH-PAW.
peillio, *be.* TO POLLINATE.
peiran, *eg. ll.*-nau. CIRQUE.
peiriad, *eg.* INDUCTOR.
peirianneg, *eg.* ENGINEERING..
peisgwellt, *eg.* FESCUE.
paledu, *be.* TO BOMBARD.
pêl-fasged, *eb.* BASKET-BALL.
pelferyn, *eg.* BALL-BEARING.
pêl-law, *eb.* HAND-BALL.
pêl-rhwyd, *eb.* NET-BALL.
pendrawst, *eg.* ARCHITRAVE.
penhwyad, *eg.* PIKE.
peniant, *eg.* FIXTURE.
penisilin, *eg.* PENICILLIN.
penrhif, *eg.* PRINCIPAL VALUE.
pensyth, *a.* PERPENDICULAR.
percoladur, *eg.* PERCOLATOR.
perfeddwlad, *eb.* INTERIOR.
pergneuen, *eb.* NUTMEG.
perigloriaeth, *eb.* INCUMBENCY.
personolwr, *eg.* IMPERSONATOR.
perthnasedd, *eg.* RELATIVITY.
perthnaseddol, *a.* RELATIVISTIC.
petrocemegolau,*ell.* PETROCHEMICALS.
pigiadu, *be.* TO INJECT.
pigoglys, *eg.* SPINACH.
pigowgrwydd, *eg.* IRASCIBILITY.

pilen, *eb.* MEMBRANE.
pinafal, *eg. ll.*-au. PINEAPPLE.
pinbwyntio, *be.* TO PINPOINT.
plac, *eg.* PLAQUE.
plân, *eg.* PLANE.
pleidiaeth, *eb.* ADVOCACY.
plethwrysgen, *eb.* WATTLE.
plocfa iâ, *eb.* PACK-ICE.
plufhedyn, *eg.* PLUMICLE.
plwyfwas, *eg.* BEADLE.
plygiannedd, *eg.* REFRACTIVITY.
plygiant, *eg.* FLEXURE.
plymus, *a.* PLUMBOUS.
polaredd, *eg.* POLARITY.
polarimedr, *eg.* POLARIMETER.
polaru, *be.* TO POLARISE.
polstri, *eg.* UPHOLSTERY.
polythen, *eg.* POLYTHENE.
porfelaeth, *eb.* AGISTMENT.
porthfaer, *eg.* PORT-REEVE.
preisaeth, *eb.* PRISAGE.
prennog, *a.* WOODY.
preses, *eg.* PRECES.
priddeg, *eb.* PEDOLOGY.
prifol, *eg.* CARDINAL (number).
propan, *eg.* PROPANE.
prŵn, *eg.* PRUNE.
pŵerdy, *eg.* POWER HOUSE.
pwlsadu, *be.* TO PULSATE.
pwpidwr, *eg.* PUPPETEER.
pwtffalu, *be.* TO FUMBLE.
pwtgylchedu, *be.* TO SHORT-CIRCUIT.
pwylltrais, *eg.* BRAINWASHING.
pwyntl, *eg.* TAB.
pwyntydd, *eg.* POINTER.
pwyslath, *eg.* STRUT.
pwysoli, *be.* TO WEIGHT.
pwysyn, *eg. ll.*-nau. WEIGHT.
pydrysol, *a.* SAPROPHYTIC.
pylydd, *eg.* DIMMER.
pyrwydden, *eb.* SPRUCE.
pyt(i)o, *be.* TO PUTT.

R

radiofeddygaeth, *eb.* RADIOTHERAPY.
radiograffaeth, *eb.* RADIOGRAPHY.
rans, *eb. ll.*-ys. RANCH.
rêp, *eg.* RAPE.
ringio, *be.* TO WRING.
respiradu, *be.* TO RESPIRE.
rilen, *eb. ll.* rils. REEL.
riwl rifo, *eb.* SLIDE RULE.
riwledig, *a.* RULED.
ryfflell, *eb.* RUFFLER.

RH

rhaflad, *eg.* FRAY.
rhagchwiliad, *eg. ll.*-au. RECONAISSANCE.
rhagdrefnydd, *eg.* ADVANCE MANAGER.

rhaglith, *eb.* INTRODUCTION.
rhaglunio, *be.* PROGRAMMING ; TO DESIGN.
rhaglunlyfr, *eg. ll.*-au. PROGRAMMED BOOK.
rhaglunydd, *egb.* DESIGNER.
rhagras, *eb. ll.*-ys. HEAT.
rhagwth, *eg.* LUNGE.
rhanadwyedd, *eg.* DIVISIBILITY.
rhandy, *eg.* TENEMENT.
rhannydd, *eg.* DIVISOR.
rhanwyr, *ell.* DIVIDERS.
rheidiolydd, *eg.* DETERMINIST.
rhenc, *eg.* TIER.
rheolydd, *eg. ll.*-ion. CONTROL.
rhesinen, *eb.* RAISIN.
rhewadur, *eg.* REFRIGERATOR.
rheweiddio, *be.* TO REFRIGERATE.
rhiant, *eg.* PARENT.
rhidennu, *be.* TO FRINGE.
rhifadwyedd, *eg.* COUNTABILITY.
rhifiadur, *eg.* NUMERATOR.
rhifydd, *eg.* COUNTER.
rhifyddol, *a.* ARITHMETICAL.
rhigod, *eg.* PILLORY.
rhigolaidd, *a.* ROUTINE.
rhint, *eg.* JAG.
rhodl, *eb.* SCULL.
rholbren, *eg.* ROLLING-PIN.
rholferyn, *eg.* ROLLER-BEARING.
rhonwellt y gath, *eg.* TIMOTHY.
rhosbren, *eg.* ROSEWOOD.
rhumen, *eb.* ABDOMEN.
rhwy, *eb. ll.*-au. RING.
rhwyglif, *eb. ll.*-iau. RIP SAW.
rhwyllen, *eb.* GAUZE.
rhwyll-lif, *eb. ll.*-iau. FRETSAW.
rhwymol, *a.* ASTRINGENT.
rhwystriant, *eg.* IMPEDENCE.
rhybannu, *be.* TO SHRINK.
rhychni, *eg.* CORRUGATION.
rhychog, *a.* FLUTEA.
rhychsach, *eb.* RUCKSACK.
rhydwythydd, *eg.* REDUCTANT.
rhyddfreiniad, *eg.* NATURIZALITION.
rhyfelgri, *eb.* SLOGAN.
rhygwellt, *eg.* RYE-GRASS.
rhyngserol, *a.* INTERSTELLAR.
rhynion, *ell.* GROATS.

S

sadiwr, *eg.* STABILISER.
saethyn, *eg. ll.*-nau. MISSILE.
safdir, *eg.* RELIEF.
safnglo, *eg.* GAG.
safonoldeb, *eb.* STANDARDISATION.
sbarian, *eg.* SPARRING.
sbaryn, *eg. ll.* sbarion. REMNANT.

sbectroffotomedr, *eg.* SPECTROPHOTO-METER.
sbectroscopeg, *eb.* SPECTROSCOPY.
sborlys, *eg.* SPOROPHYTE.
seboniant, *eg.* SAPONIFICATION.
secretiad, *eg.* SECRETION.
sefydlyn, *eg.* INVARIANT.
seiclorama, *eg.* CYCLORAMA.
seinamledd, *eg.* AUDIO FREQUENCY.
seindon, *eb.* SOUND WAVE.
seineg, *eb.* SONICS.
seinfan, *a.* LOUD.
seinfannedd, *eg.* LOUDNESS.
seintwar, *eb.* CONSERVANCY.
seinyddwr, *eg.* PHONOLOGIST.
seismoleg, *eb.* SEISMOLOGY.
seitogeneteg, *eb.* CYTOGENETICS.
selfais, *eg.* SELVEDGE.
seliwlos, *eg.* CELLULOSE.
sêm, *eb. ll.*-au. SEAM.
serthedd, *eg.* RIBALDRY.
serthiant, *eg.* DEGREE OF PITCH.
sesno, *eg.* SEASONING.
sganio, *be.* TO SCAN.
sglein, *a.* MERCERISED.
sgrafelliad, *eg.* ABRASION.
sgwaryn, *eg. ll.*-nau. SET SQUARE.
siamffer, *eg.* CHAMFER.
siawnsri, *eg.* CHANCERY.
sierfel, *eg.* CHERVIL.
siglydd, *eg.* OSCILLATOR.
silfa, *eb.* SPAWNING GROUND.
sitrig, *a.* CITRIC.
sitrus, *eg.* MELON.
smocwaith, *eg.* SMOCKING.
smotiog, *a.* SPOTTED.
sociometreg, *eb.* SOCIOMETRY.
soffyddol, *a.* SOPHISTICAL.
soled, *eg. ll.*-au. SOLID.
solidiad, *eg.* SOLIDIFICATION.
solidio, *be.* TO SOLIDIFY.
sonig, *a.* SONIC.
spiglyn, *eg.* SPICULE.
stadiwm, *eb.* STADIUM.
stateg, *eg.* STATICS.
steilws, *eg.* STYLUS.
sterosgob, *eg.* STEROSCOPE.
steryllu, *be.* TO STERILIZE.
stôn, *eb.* STONE.
strategaeth, *eb.* STRATEGY.
strimyn, *eg.* BELT.
stwnsio, *be.* MASHING.
suddurn, *eg.* INLAY.
suddurno, *be.* TO INLAY.
sugnydd, *eg.* ABSORBENT.
swyfaidd, *a.* SEBACEOUS.
swyngwsg, *eg.* MESMERISM.
swynoglydd, *eg.* AMULET.
sybachu, *be.* TO PUCKER.
sychborth, *eg.* DRY-DOCK.

sychydd, *eg.* DRIER.
sylwebaeth, *eb.* COMMENTARY.
sylwebydd, *eg.* COMMENTATOR.
sylladur, *eg.* EYE-PIECE.
symadwy, *a.* SUMMABLE.
symiant, *eg.* SUMMATION.
symledig, *a.* SIMPLIFIED.
symudliw, *a.* OPALESCENT.
syniadoliaeth, *eb.* CONCEPTUALISM.

T

tablo, *eg.* TABLEAU.
tacteg, *eg. ll.*-au. TACTICS.
tadogi, *be.* TO AFFILIATE.
taenelliad, *eg.* AFFUSION.
taeog, *eg.* CAD.
taflen, *eb. ll.*-ni. TABLE.
tafluniad, *eg.* PROJECTION.
tafluniol, *a.* PROJECTIVE.
taflwybr, *eg.* TRAJECTORY.
tafodog, *eg. ll.*-ion. ADVOCATE.
tagen, *eb.* CHOCKSTONE.
taglwm, *eg.* CLAMP.
taglymu, *be.* TO CLAMP.
tagnwy, *eg.* AFTERDAMP.
tagydd, *eg.* CHOKE.
tangiadaeth, *eb.* TANGENCY.
tangwystl, *eb.* FRANKPLEDGE.
talcendo, *eg.* HIP ROOF.
talcwm, *eg.* TALCUM.
talwrn, *eg.* EXPERIMENTAL PLOT.
tambwrîn, *eg.* TAMBOURINE.
tanasio, *be.* TO FIRE WELD.
tâp-cofnodi, *eg.* TAPE-RECORDER.
tatio, *eg.* TATTING.
teithlong, *eb. ll.*-au. LINER.
telediad, *eg.* TELECAST.
tens, *eg.* TENCH.
terfan, *eg. ll.*-nau. LIMIT.
terfynell, *eb.* TERMINAL.
terfyngylch, *eg.* AMBIT.
termeg, *eb.* TERMINOLOGY.
teyrnolion, *ell.* REGALIA.
tîc, *eg.* TEAK.
ticbryf, *eg.* DEATH WATCH BEETLE.
tio, *be.* TO TEE.
tirfwrdd, *eg.* TABLELAND.
tirmon, *eg.* GROUNDSMAN.
tirmonaeth, *eb.* GROUNDSMANSHIP.
tiwbin, *eg.* TUBING.
tocynnwr, *eg.* CONDUCTOR.
tochi, *be.* TO VAPOURISE.
toddiant, *eg.* SOLUTION, LYSIS.
toddrylliad, *eg.* SUBSTITUTION.
toddydd, *eg. ll.*-ion. SOLVENT.
toddyn, *eg.* SOLUTE.
toesen, *eb. ll.*-ni. DOUGHNUT.
to gwydr, *eg.* CLOCHE.

tolleth, *eb.* TOLLAGE.
tonaidd, *a.* TONAL.
topyn, *eg. ll.*-nau. STOPPER.
torbwynt, *eg.* CUTOFF.
torch, *eb.* TORQUE.
torchau dur, *cll.* METAL COILS.
toriant, *eg.* DISCONTINUITY.
tormaen, *eg.* SAXIFRAGE.
torrell, *eb.* CUTTER.
tracwisg, *eb. ll.*-oedd. TRACKSUIT.
traddwythiad, *eg.* TRADUCTION.
traeanu, *be.* TO TRISECT.
traeniad, *eg.* DRAINAGE.
traetur, *eg. ll.*-iaid. TRAITOR.
traffordd, *eb.* MOTORWAY.
trasiedydd, *eg.* TRAGEDIAN.
trawiant, *eg.* INCIDENCE.
trawsbwytho, *be.* TO OVERCAST.
trawsenwad, *eg.* METONYMY.
trawslin, *a.* TRANSVERSAL.
trawsnewidydd, *eg.* CONVERTOR.
trawston, *eg.* BRIDGE-TONE.
trawstoriad, *eg.* CROSS-SECTION.
trechedd, *eg.* DOMINANCE.
treiddiad, *eg.* PENETRATION.
treisgyrch, *eg.* AGGRESSION.
tremyg, *eg.* CONTEMPT.
trethadwy, *a.* RATEABLE.
treulfwyd, *eg.* CHYME.
trihedrol, *a.* TRIHEDRAL.
triongliant, *eg.* TRIANGULATION.
triws, *ell.* TREWS.
troadur, *eg.* CYCLOMETER.
troellsychwr, *eg.* SPIN-DRYER.
troëllu, *be.* TO ROTATE.
trofwrdd, *eg.* TURN-TABLE.
trogylch, *eg.* ROUNDABOUT.
trolen ginio, *eb.* DINNER WAGON.
troli, *eb.* TROLLEY.
trolif, *eg.* EDDY CURRENT.
trosbwytho, *be.* SEAMING.
trosoledd, *eg.* LEVERAGE.
trôwr, *eg.* TURNER.
trumwel, *eg.* SKY-LINE.
truthio, *be.* TO ADULATE.
trwythyn, *eg.* SUSPENSOID.
trychiad, *eg.* FRACTURE.
trycblin, *eg.* SECTIONAL DRAWING.
tryfygu, *be* TO FUMIGATE.
tryleu, *a.* TRANSLUCENT.
trymedd, *eg.* INERTIA.
trynewid, *be.* TO PERMUTATE.
trysiad, *eg.* TRUSS.
twndra, *eg.* TUNDRA.
twyg, *eg.* TOGA.
twyndir, *eg.* DOWNLAND.
tylwythol, *a.* GENERIC.
tyllfedd, *eg.* BORE.
tympan, *eg.* TIMPANO.
tyndro, *eg.* WRENCH.

tyniant, *eg.* TENSION.
tyniol, *a.* SUBTRACTIVE.
tynion, *ell.* TIGHTS.
tynnol, *a.* TENSILE.
tyrbin, *eg.* TURBINE.
tyrfedd, *eg.* TURBULENCE.
tyrfell, *eg.* AGITATOR.
tywelin, *eg.* TOWELLING.
tywyn, *eg.* GLOW.
twysennig, *eb.* SPIKELET.

TH

theatr, *egb. ll.*-au. THEATRE.
therapiwteg, *eb.* THERAPEUTICS.
thermol, *a.* THERMAL.

U

uchafrif, *eg.* MAXIMUM.
uchafswm, *eg.* MAXIMUM.
uchelgyhuddo, *be.* TO IMPEACH.
uch-fioled, *a.* ULTRA-VIOLET.
ultrasoneg, *eb.* ULTRASONICS.
unbotensial, *a.* EQUIPOTENTIAL.
uncorn, *eg.* UNICORN.
uncwrsaidd, *a.* UNICURSAL.
undon, *a.* MONOTONE.
unfaint, *a.* OF EQUAL SIZE.
un-ffordd, *a.* ONE-WAY.
unffunud, *a.* IDENTICAL.
ungroesryw, *a.* MONOHYBRID.
ungyswllt, *a.* MONODELPHOUS.
unhadbigog, *a.* MONOCOYTLEDON.
unionlin, *a.* RECTILINEAR.
unionydd, *eg.* RECTIFIER.
unllin, *a.* COLLINEAR.
unlliw, *a.* MONOCHROMATIC.
unwerth, *a.* SINGLE-VALUED.
unystyr, *a.* UNIVOCAL.
urddolyn, *eg. ll.*-ion. PEER.
uwchddargludedd, *eg.* SUPERCONDUC-
    TIVITY.
uwchfinialedd, *a.* SUPEROSCULATE.
uwcholwg, *eg.* PLAN.

W

wat, *eg.* WATT.
watedd, *eg.* WATTAGE.
webyn, *eg.* WEBBING.
weirad, *eg.* WIRING.
wermod, *eg.* ABSINTHE.

wic, *eg.* WICK.
wicedwr, *eg.* WICKET-KEEPER.
wstid, *eg.* WORSTED.
wy-rith, *eg.* OOSPORE.
wythblyg, *a.* OCTAVO.

Y

ychwanegion, *ell.* ADDITIONAL PIECES.
ydrawn, *ell.* GRAINS OF CORN.
ymatchweliad, *eg.* AUTOREGRESSION.
ymbelydredd, *eg.* RADIOACTIVITY.
ymbelydrol, *a.* RADIOACTIVE.
ymbelydru, *be.* TO RADIATE.
ymchwalu, *be.* TO DISINTEGRATE.
ymdorchi, *be.* TO WRING.
ymddaliad, *eg.* POSTURE.
ymddygiaeth, *eb.* BEHAVIOURISM.
ymwelwad, *eg.* EXPLOITATION.
ymglosio, *be.* TO ADHERE TOGETHER.
ymglymiant, *eg.* INVOLVEMENT.
ymhidlo, *be.* TO INFILTRATE.
ymhollti, *eg.* FISSION.
ymlynol, *a.* ADNATE.
ymllaes, *eg.* RELAXATION.
ymnofiad, *eg.* FLOTATION.
ymolchiad, *eg.* ABLUTION.
ymoleuedd, *eg.* LUMINESCENCE.
ymosodoldeb, *eg.* AGGRESSION.
ymsoledu, *be.* TO SOLIDIFY.
ymsymudiad, *eg.* LOCOMOTION.
ymwaith, *eg.* REACTION.
ymweithio, *be.* TO REACT.
ymwthgar, *a.* AMBITIOUS.
ymyled, *eg.* COAMING.
ymyradur, *eg.* INTERFEROMETER.
ymyrrwr, *eg.* HECKLER.
ynadaeth, *eb.* JUDICATURE.
yndeintio, *be.* TO INDENT.
ynyden, *eb. ll.*-au. INITIAL.
ynydu, *be.* TO INITIAL.
ynysedig, *a.* INSULATED.
ysbawd, *eg.* SHOULDER.
ysgelerddyn, *eg. ll.*-ion. MISCREANT.
ysgoliaeth, *eb.* SCHOLASTICISM.
ysgolen, *eb. ll.* ysgolau. LADDER.
ysgoli, *be.* TO LADDER.
ysgrifrwymau, *ell.* BONDS.
ystadegaeth, *eb.* STATISTICS.
ystelciwr, *eg.* LOITERER.
ystent, *eg.* EXTENT.
ystumiad, *eg.* DISTORTION.
ystwythder, *eg.* AGILITY.
yswigen, *eb.* BUBBLE.

DICTIONARY
English - Welsh

GEIRIADUR
Saesneg - Cymraeg

ABBREVIATIONS

a.	...	...	... adjective.
ad.	...	...	... adverb.
c.	...	...	..., conjunction.
chem.	...	...	... chemistry.
coll.	...	...	... colloquial.
def. art.		...	... definite article.
dem.	...	...	... demonstrative.
dial.	...	...	... dialect.
f.	...	...	... feminine.
gram.	...	...	... grammar.
ind. art.		...	... indefinite article.
int.	...	...	... interjection.
int. pn.		...	... interrogative pronoun.
n.	...	...	... noun.
np.	...	...	... noun plural.
pers.	...	...	... person.
pers. pn.		...	... personal pronoun.
pcle.	...	...	... particle.
pl.	...	...	... plural.
pn.	...	...	... pronoun.
prp.	...	...	... preposition.
px.	...	...	... prefix.
rel. pn. ...		...	... relative pronoun.
rad.	...	...	... radical.
sg.	...	...	... singular.
v.	...	...	... verb.

A, *ind. art.* (no equivalent in Welsh).

aback, *ad.* yn ôl, yn wysg y cefn.

TAKEN ABACK, wedi synnu.

abacus, *n.* 1. ffrâm gyfrif, bord gyfrif. 2. llech, slab.

abaft, *ad.* ym mhen ôl llong, *prp.* y tu ôl i.

abandon, *v.* gadael, rhoi'r gorau i, ymadael â. *n.* ymroddiad, ymollyngiad.

abandoned, *a.* ofer, afradlon, wedi ei adael.

abandonment, *n.* rhyddid di-hid (dihidans), gadawiad.

abase, *v.* darostwng, iselhau.

abasement, *n.* darostyngiad, iselhad.

abash, *v.* bod â chywilydd, cywilyddio.

abashment, *n.* cywilydd.

abate, *v.* lleihau, gostegu, lleddfu, difodi.

abatement, *n.* lleihad, gosteg.

abbacy, *n.* swydd abad, abadaeth.

abbess, *n.* pennaeth lleiandy, abades.

abbey, *n.* abaty, mynachlog.

abbot, *n.* pennaeth abaty, abad.

abbreviate, *v.* talfyrru, cwtogi, byrhau.

abbreviation, *n.* talfyriad, cwtogiad, byrhad.

abc, *n.* yr abiéc, yr wyddor.

abdicate, *v.* ymddiswyddo o frenhiniaeth, ymddeol, ymneilltuo.

abdication, *n.* ymddiswyddiad (brenin), ymddeoliad.

abdomen, *n.* bol, bola, rhumen.

abdominal, *a.* yn ymwneud â'r bol.

abduct, *v.* dwyn trwy drais, llathludo.

abduction, *n.* dynladrad.

abed, *ad.* yn y gwely.

abele (*white poplar*), *n.* poplysen wen.

aberrant, *a.* gwyrol, cyfeiliornus.

aberration, *n.* cyfeiliornad, gwyriad, gwyredd.

abet, *v.* cefnogi, annog, helpu.

abettor, *n.* cefnogwr, cynorthwywr.

abeyance, *n.* ataliad, oediad (dros dro).

abhor, *v.* casáu, ffieiddio.

abhorrence, *n.* ffieiddiad, atgasedd.

abhorrent, *a.* ffiaidd, atgas, cas, brwnt.

abide, *v.* 1. trigo, aros, parhau. 2. goddef, wynebu.

TO ABIDE BY, ufuddhau, cadw at.

abiding, *a.* arhosol, parhaus.

ability, *n.* medr, gallu, dawn.

abject, *a.* gwael, distadl, truenus.

abjection, *n.* gwaeledd, iseledd.

abjuration, *n.* llw o ymwadiad, ymwrthodiad.

abjure, *v.* gwadu, ymwrthod â.

ablative, *n.a.* abladol (gramadeg Lladin).

ablaze, *ad.* yn wenfflam, ar dân.

able, *a.* galluog, medrus.

I AM ABLE, gallaf.

TO BE ABLE, gallu, medru.

able-bodied, *a.* cryf.

ablution, *n.* ymolchiad, puredigaeth (drwy ymolchi).

abnegate, *v.* gwadu, gwrthod, ymwadu â.

abnegation, *n.* gwadiad, ymwadiad.

abnormal, *a.* anghyffredin, annormal, anarferol.

abnormality, *n.* 1. peth anarferol, annormalaeth. 2. anferthwch, nam.

aboard, *ad.* ar fwrdd (llong, etc.).

abode, *n.* cartref, preswylfa, trigfan.

abolish, *v.* diddymu, dileu, difodi.

abolition, *n.* diddymiad, dilead.

abominable, *a.* ffiaidd, atgas, cas, brwnt.

abominate, *v.* ffieiddio, casáu.

abomination, *n.* ffieidd-dra, bryntni.

aboriginal, *a.* cyntefig, syml, cynfrodorol.

aborigines, *np.* trigolion cyntefig gwlad, cynfrodorion.

abort, *v.* erthylu, methu.

abortion, *n.* 1. erthyl(iad). 2. methiant.

abortive, *a.* 1. aflwyddiannus. 2. cyn pryd, annhymig.

abound, *v.* 1. bod yn llawn o. 2. amlhau.

abounding, *a.* yn frith o, yn llawn o.

about, *ad. prp.* o amgylch, oddeutu, o boptu, tua, am, o gwmpas, ar fin.

ROUND ABOUT, amgylch ogylch.

above, *ad. prp.* uwch, tros, fry, i fyny, uwchlaw, uwchben.

ABOVE ALL, yn anad dim.

FROM ABOVE, oddi uchod, oddi fry.

ABOVE-BOARD, gonest.

abrade, *v.* ysgythru, treulio ymaith, rhasglu, sgrafellu.

abraded, *a.* sgrafellog.

abrasion, *n.* ysgythrad, rhasgliad, briw, sgrafelliad.

abrasive, *n.* peth i beri traul.

abreast, *ad.* ochr yn ochr, yn gyfochrog.

abridge, *v.* cwtogi, byrhau, crynhoi, talfyrru.

abridgement, *n.* talfyriad, crynhoad, byrhad, cwtogiad.

abroad, *ad.* oddi cartref, ar led, mewn gwlad dramor.
 TO SPREAD ABROAD, cyhoeddi.
abrogate, *v.* dileu, diddymu, difodi.
abrupt, *a.* 1. cwta (e.e. ateb cwta).
 2. sydyn, ar frys, disymwth, swta.
 3. serth, clogwynog.
abruptness, *n.* sydynrwydd, ateb cwta.
abscess, *n.* pothell, cornwyd, crawn-iad.
abscissa, *n.* absisa.
abscond, *v.* dianc, cilio, diengyd.
absence, *n.* absenoldeb, absen.
absent, *a.* absennol. *v.* absenoli, aros i ffwrdd.
 ABSENT-MINDED, difeddwl.
absentee, *n.* un sy'n absennol, absen-olwr.
absinthe, *n.* wermod, gwirod wermod.
absolute, *a.* diamod, hollol, heb amod. *n.* y Diamod, yr Absolwt.
 ABSOLUTE PITCH, traw safon.
absolutely, *ad.* yn llwyr, yn gyfan gwbl, yn hollol.
absolution, *n.* gollyngdod, maddeuant. absolwsiwn.
absolutism, *n.* diamodaeth, absolwt-iaeth.
absolve, *v.* gollwng, rhyddhau, rhoi pardwn i.
absorb, *v.* sugno, llyncu, amsugno.
absorbent, *n.* sugnydd. *a.* yn sugno.
absorption, *n.* sugnad, cymathiad, amsugnad.
abstain, *v.* ymatal, ymwrthod, peidio â.
abstainer, *n.* ymwrthodwr, ymataliwr.
abstemious, *a.* cymedrol, sobr, cynnil, diwair.
abstemiousness, *n.* cymedroldeb, ym-ataliad.
abstention, *n.* ymataliad, ymwrthod-iad.
abstergent, *a.* yn glanhau, yn puro.
abstinence, *n.* dirwest, ymatal, sobr-wydd.
abstinent, *a.* cymedrol, sobr.
abstract, *n.* crynodeb, cwtogiad, cryn-hoad. *a.* 1. ar wahân.
 2. haniaethol.
 v. tynnu, gwahanu, rhannu.
abstracted, *a.* synfyfyriol.
abstraction, *n.* 1. haniaeth.
 2. synfyfyrdod.
abstruse, *a.* dyrys, anodd ei ddeall, astrus.
absurd, *a.* afresymol, gwrthun, chwerthinllyd.
absurdity, *n.* gwrthuni, peth afresymol.
abundance, *n.* digonedd, toreth.

abundant, *a.* helaeth, digonol.
abuse, *n.* 1. amarch, sarhad, anfri.
 2. camddefnydd.
 v. 1. difenwi, sarhau, difrïo.
 2. camarfer, camddefnyddio.
abuser, *n.* amharchwr, difrïwr, bych-anwr.
abusive, *a.* amharchus, sarhaus.
abut, *v.* ymylu ar, ffinio.
abutment, *n.* ateg, peth i gynnal (gwal, etc.).
abysmal, *a.* diwaelod, dwfn, difesur.
abyss, *n.* dyfnder, gagendor, pwll diwaelod, affwys.
acacia, *n.* acesia, math o bren.
academic, *a.* 1. dysgedig, ysgolheig-aidd, academaidd, academig.
 2. damcaniaethol.
academical, *a.* athrofaol, colegol.
academician, *n.* aelod o academi.
academy, *n.* athrofa, academi.
accede, *v.* 1. cytuno, cydsynio.
 2. esgyn (i orsedd, etc.).
accelerate, *v.* cyflymu, mynd yn gynt, chwimio.
acceleration, *n.* cyflymiad, chwimiad.
accelerator, *n.* cyflymydd (ar gerbyd modur), chwimiadur, ysbardun.
accent, *n.* acen, llediaith. *v.* acennu.
 SECONDARY ACCENT, acen eilradd.
 HE SPEAKS WITH AN ACCENT, y mae llediaith arno.
accentuate, *v.* acennu, pwysleisio.
accentuation, *n.* aceniad, pwyslais.
accept, *v.* derbyn, ateb yn gadarnhaol.
acceptable, *a.* derbyniol, cymeradwy.
acceptance, *n.* derbyniad.
acceptation, *n.* 1. ystyr a roddir i air.
 2. derbyniad.
access, *n.* mynediad, dyfodiad.
accessary, *n.* un sy'n cynorthwyo, cefnogydd, affeithiwr. *a.* affeithiol.
accessibility, *n.* rhwyddineb mynd at, hygyrchedd.
accessible, *a.* hawdd mynd at, o fewn cyrraedd, hygyrch.
accession, *n.* 1. esgyniad (i orsedd, etc.)
 2. cydsyniad, cytundeb.
accessory, *n.* 1. un sy'n cynorthwyo, cyfranogwr mewn trosedd, affeithiwr.
 2. ychwanegiad.
 a. 1. cynorthwyol.
 2. ychwanegol.
accidence, *n.* y rhan o ramadeg sy'n ymdrin â threiglad geiriau, ffurfiant.
accident, *n.* damwain, anap, anffawd, aflwydd.
accidental, *a.* damweiniol, ar siawns. *n.* hapnod (*music*).

acclaim, v. cymeradwyo trwy weiddi, canmol.

acclamation, n. cymeradwyaeth, canmoliaeth.

acclimatize, v. cynefino â hin, (ym)hinsoddi.

acclimatized, a. wedi ymgynefino â hin, cynhefin.

acclivity, n. rhiw, llechwedd, tyle, bryn.

accolade, n. arwydd urddo'n farchog, cofleidiad, acolâd.

accommodate, v. 1. cyfaddasu, cymhwyso.
2. lletya.

accommodating, a. cymwynasgar, parod, caredig.

accommodation, n. 1. llety, lle.
2. cyfaddasiad.

accompaniment, n. cyfeiliant (music).

accompanist, n. cyfeilydd, cyfeilyddes.

accompany, v. 1. mynd gyda, cydymdeithio.
2. cyfeilio (ar offeryn).

accomplice, n. cyd-droseddwr, cynorthwywr mewn trosedd, affeithiwr.

accomplish, v. cyflawni, cwpláu, dwyn i ben, gorffen.

accomplished, a. medrus, cyfarwydd.

accomplishment, n. 1. cyflawniad.
2. dawn, medr.

accord, v. cydsynio, caniatáu. n. cydfod, cydsyniad, caniatâd.
WITH ONE ACCORD, yn unfryd.
OF HIS OWN ACCORD, o'i wirfodd.

accordance, n. cytundeb, cytuniaeth.

according to, prp. yn ôl, megis, ys dywed, chwedl.

accordingly, ad. felly, gan hynny.

accordion, n. offeryn cerdd, acordion.

accost, v. cyfarch, annerch, siarad â.

account, n. 1. cyfrif, cownt.
2. hanes. v. rhoi cyfrif, barnu.
ON ACCOUNT OF, oherwydd.
TAKE INTO ACCOUNT, ystyried.
ACCOUNTS, cyfrifon.
BY ALL ACCOUNTS, ar bob cyfrif.

accountable, a. cyfrifol, atebol.

accountancy, n. gwaith cyfrifydd.

accountant, n. cyfrifydd, ceidwad cyfrifon.

accoutrements, np. offer, celfi.

accredit, v. 1. coelio, credu.
2. awdurdodi.

accredited, a. awdurdodedig, wedi ei awdurdodi.

accretion, n. cynnydd, tyfiant.

accrue, v. deillio, tyfu, codi, digwydd.

accumulate, v. casglu, cronni, crynhoi.

accumulation, n. casgliad, crynhoad.

accumulative, a. 1. hoff o gasglu, caffaelgar.
2. yn cynyddu.

accumulator, n. offeryn i ddal trydan, croniadur.

accuracy, n. cywirdeb.

accurate, a. cywir, iawn, union.

accursed, a. melltigedig, melltigaid, drwg.

accusation, n. cyhuddiad, cwyn, achwyniad.

accusative, a. 1. cyhuddol, â chwyn yn ei erbyn.
2. gwrthrychol (gram.).

accusatory, a. cyhuddol, a gyhuddir.

accuse, v. cyhuddo, achwyn ar.

accused, n. un a gyhuddir, diffynnydd.

accuser, n. cyhuddwr, achwynwr.

accustom, v. cynefino (â), cyfarwyddo (â), arosfeio, rhosfeuo.

accustomed, a. arferol, cyfarwydd, cynefin.

ace, n. 1. as (ar gardiau chwarae, etc.).
2. awyrennwr llwyddiannus.
3. y gorau.
WITHIN AN ACE OF, o fewn ychydig i.

acellular, a. anghellog.

acerbity, n. surni, chwerwedd.

acetic, a. asetig, yn ymwneud â finegr.

acetonaemia, n. asetonemia, asidedd gwaed.

acetone, n. hylif gloyw, toddfa cyfansoddiadau organig.

acetylene, n. math o nwy i oleuo, asetylin.

ache, n. dolur, gwŷn, poen. v. dolurio, gwynio, poeni, brifo, anafu.

achieve, v. cyflawni, gwneuthur.

achievement, n. camp, gorchest, gwrhydri.

aching, a. poenus, dolurus.

achromatic, a. di-liw, yn taflu golau.

acid, a. sur. n. asid, suryn.
ACID TEST, prawf eithaf.

acidic, a. asidig, fel asid.

acidify, v. asideiddio, gwneud fel asid.

acidity, n. surni, peth o natur asid.

acidosis, n. asidosis, cyflwr asidig gwaed.

acknowledge, v. cydnabod, cyfaddef.

acknowledgement, n. cydnabyddiaeth, yr act o gydnabod, derbynneb.

acme, n. uchafbwynt, perffeithrwydd.

acolyte, n. gwas offeiriad, dysgwr, acolit.

aconite, n. math o blanhigyn, llysiau'r blaidd.

acorn, n. ffrwyth y dderwen, mesen.

acoustic, *a.* yn ymwneud â'r clyw, clybodig.

acoustics, *np.* gwyddor seiniau, clybodeg.

acquaint, *v.* hysbysu, ymgydnabod (â).

acquaintance, *n.* cydnabod, adnabyddiaeth, gwybodaeth.

acquainted, *a.* cynefin, cyfarwydd.

acquiesce, *v.* cydsynio, dygymod (â).

acquiescence, *n.* cydsyniad, goddefiad.

acquire, *v.* ennill, cael.

acquirement, *n.* caffaeliad, cyrhaeddiad.

acquisition, *n.* ennill, caffaeliad.

acquisitive, *a.* hoff o ennill, caffaelgar.

acquit, *v.* 1. rhyddhau, gollwng yn rhydd. 2. ymddwyn.

acquittal, *n.* rhyddhad (o ddedfryd).

acquittance, *n.* rhyddhad (o ddyled).

acre, *n.* erw, cyfair, cyfer, acer.

acreage, *n.* mesur, nifer aceri.

acrid, *a.* chwerw, siarp, llym, llymsur.

acrimonious, *a.* sarrug, chwerw, cecrus.

acrimony, *n.* chwerwedd, sarugrwydd.

acrobat, *n.* perfformiwr deheuig, acrobat.

acrobatic, *a.* fel acrobat, fel llamhidydd.

acropolis, *n.* caer Roegaidd.

across, *prp.* dros, ar draws. *ad.* drosodd, yr ochr draw.

acrostic, *n.* pos (ar gân), acrostig.

act, *n.* 1. gweithred, act.
 2. deddf, cyfraith, rheol.
 3. act (mewn drama, etc.).
 v. 1. gweithredu, ymddwyn.
 2. chwarae, actio.

acting, *n.* actio. *a.* yn gweithredu, gweithredol.

actinium, *n.* elfen radioactif, actiniwm.

actinomorphic, *a.* yn rhannu o'r canol, actinomorffig.

action, *n.* 1. gweithred, gweithrediad, symudiad, gweithiad.
 2. brwydr, ymladdfa.
 3. cwyn, achos (mewn llys), cyngaws.
 ACTIONS, gweithredoedd.
 ACTION SONG, cân actol, cân ystum.

actionable, *a.* agored i gyhuddiad neu gyfraith.

activate, *v.* peri bod yn radioactif, peri tyfiant.

activator, *n.* ysgogydd, bywiogydd.

active, *a.* 1. bywiog, prysur, yn gweithredu.
 2. gweithredol (*gram.*).

activities, *np.* gweithgareddau, ymdrechion.

activity, *n.* bywiogrwydd, gweithgarwch, gweithgaredd.

actor, *n.* actor, actiwr.

actress, *n.* actores.

actual, *a.* gwirioneddol, gwir, gweithredol.

actuality, *n.* realiti, realaeth, gwirionedd.

actually, *ad.* mewn gwirionedd, yn wir.

actuary, *n.* cyfrifydd (yswiriant, etc.), ystadegydd.

actuate, *v.* cymell, ysgogi.

acumen, *n.* craffter, treiddgarwch, gwelediad.

acute, *a.* llym, craff, tost, gwyllt.
 ACUTE ANGLE, ongl lem.
 ACUTE ACCENT, acen ddyrchafedig, acen lem.

acuteness, *n.* llymder, craffter.

adage, *n.* dihareb, dywediad (craff).

adagio, *ad.* yn araf (*music*).

adamant, *n.* adamant, diemwnt. *a.* caled, diysgog.

Adam's apple, *n.* afal breuant.

adapt, *v.* cyfaddasu, addasu, cymhwyso.

adaptability, *n.* gallu i gyfaddasu, hyblygrwydd.

adaptable, *a.* y gellir ei gymhwyso, etc.

adaptation, *n.* cyfaddasiad, addasiad, cymhwysiad.

add, *v.* 1. ychwanegu, atodi.
 2. cyd-gyfrif, adio.

addendum, *n.* atodiad, chwanegiad.

adder, *n.* neidr, gwiber.

addict, *v.* ymroddi (i). *n.* un sy'n ymroddi (i).

addicted, *a.* chwannog, tueddol.

addiction, *n.* 1. ymroad,
 2. tuedd, chwant.

addition, *n.* 1. ychwanegiad.
 2. cyfrifiad, adio.
 COMPLEMENTARY ADDITION, adio cyfenwol.
 EQUAL ADDITION, adio cyfartal.

additional, *ad.* ychwanegol, yn ychwaneg, yn rhagor.

addled, *a.* gwag, clwc, gorllyd.

address, *n.* 1. cyfeiriad.
 2. anerchiad, cyfarchiad.
 v. 1. cyfeirio (llythyr).
 2. annerch (cynulleidfa).

addressee, *n.* un y cyfeirir llythyr iddo, un a gyferchir.

adduce, *v.* nodi, dwyn ymlaen (fel prawf).

adenoids, *np.* tyfiant wrth gefn y ffroenau.
adept, *n.* campwr, un medrus. *a.* cyfarwydd, medrus.
adequacy, *n.* digonolrwydd, digonedd, gwala.
adequate, *a.* digonol, yn ddigon.
adhere, *v.* ymlynu, glynu wrth, adlynu.
ADHERE TOGETHER, ymglosio.
adherence, *n.* ymlyniad, cefnogaeth.
adherent, *n.* dilynwr, pleidiwr, cefnogwr.
adhesion, *n.* glyniad, ymlyniad.
adhesive, *a.* glynol, cydiol, yn dal wrth.
adiabatic, *a.* adiabatig.
adieu, *int.* bydd wych ! ffarwél !
adipose, *a.* blonegog, bras, tew.
adit, *n.* ceuffordd, twnel.
adjacent, *a.* agos, cyfagos.
adjectival, *a.* ansoddeiriol, disgrifiadol.
adjective, *n.* gair sy'n disgrifio, ansoddair.
adjoin, *v.* cydio, cyffwrdd â.
adjoining, *a.* cyfagos, gerllaw, yn ymyl.
adjourn, *v.* gadael dros dro, gohirio, oedi.
adjournment, *n.* gohiriad, oediad.
adjudge, *v.* dyfarnu, barnu.
adjudicate, *v.* beirniadu, dyfarnu.
adjudication, *n.* beirniadaeth.
adjudicator, *n.* beirniad.
adjunct, *n.* atodiad, ychwanegiad.
adjure, *v.* tynghedu, tyngu, deisyf.
adjust, *v.* cymhwyso, trefnu, cyweirio.
adjustment, *n.* addasiad, cymhwysiad, cyweiriad, ymaddasiad.
adjutant, *n.* swyddog milwrol cynorthwyol.
administer, *v.* gweinyddu, trefnu, rhoi, adweinyddu.
administration, *n.* 1. gweinyddiad, trefniad.
2. gweinyddiaeth, adweinyddiaeth, llywodraeth.
LETTERS OF ADMINISTRATION, llythyr gweinyddu.
administrative, *a.* gweinyddol.
administrator, *n.* gweinyddwr.
administratrix, *n.* gweinyddes.
admirable, *a.* rhagorol, campus, da dros ben.
admiral, *n.* llyngesydd.
admiralty, *n.* morlys.
admiration, *n.* edmygedd, parch.
admire, *v.* meddwl yn fawr o, edmygu, parchu.
admirer, *n.* edmygydd, carwr, parchwr.
admissible, *a.* derbyniadwy, goddefol.

admission, *n.* 1. addefiad, cyfaddefiad, cyffesiad.
2. derbyniad (i gymdeithas).
3. mynediad i mewn, tâl.
ADMISSION FREE, mynediad (i mewn) yn rhad.
admit, *v.* 1. cyfaddef, addef, cyffesu.
2. derbyn, gadael i mewn.
admittance, *n.* caniatâd (i fynd i mewn), mynediad.
admix, *v.* cymysgu, ychwanegu.
admixture, *n.* cymysgiad, ychwanegiad.
admonish, *v.* ceryddu, rhybuddio, cymhennu.
admonition, *n.* cerydd, rhybudd.
admonitory, *a.* rhybuddiol, yn rhoi rhybudd neu gyngor.
adnate, *a.* yn glynu wrth ei gilydd, ymlynol.
adnation, *n.* glyniad organig, ymlyniaeth.
ado, *n.* helynt, ffwdan, stŵr.
adolescence, *n.* llencyndod, oedran twf, glasoed, adolescns.
adolescent, *a.* yn prifio, ar ei dwf, llencynnol, adolesent, *n.* adolesent, llanc, llances, crwt, croten.
adopt, *v.* cymryd fel mab, etc., mabwysiadu.
adopted, *a.* mabwysiedig, wedi ei dderbyn fel mab, etc.
adoption, *n.* mabwysiad.
adorable, *a.* addoladwy, moliannus.
adoration, *n.* addoliad, moliant.
adore, *v.* addoli, caru, parchu.
adorn, *v.* addurno, harddu.
adornment, *n.* peth sy'n harddu, addurn.
adrenal, *a.* ger yr arennau, adrenalaidd. *n.* gland gerllaw'r arennau.
adrenalin, *n.* defnydd meddygol a geir o'r chwarennau adrenalaidd.
adrift, *ad.* (yn mynd) gyda'r llif.
adroit, *a.* deheuig, medrus, celfydd.
adroitness, *n.* medrusrwydd, deheurwydd, medr.
adsorb, *v.* adsugno.
adsorption, *n.* adsugnad.
adulate, *v.* gwenieithio, truthio, canmol heb eisiau, seboni.
adulation, *n.* gwenieith, truth, canmoliaeth heb eisiau.
adulator, *n.* un sy'n gwenieithio, sebonwr, gwenieithiwr.
adult, *n.* un mewn oed, oedolyn.
adulterate, *v.* cymysgu â phethau gwaeth, llygru.
adulteration, *n.* llygriad.
adulterer, *n.* godinebwr.

adulteress, *n.* godinebwraig.
adulterous, *a.* godinebus.
adultery, *n.* godineb.
adumbrate, *v.* braslunio, rhagddangos.
advance, *v.* 1. cynyddu, mynd ymlaen.
   2. rhoi benthyg.
   3. cynnig, dodi gerbron.
advanced, *a.* uwchraddol, caled, eang.
   ADVANCED LEVEL, cwrs uchaf.
advancement, *n.* codiad, dyrchafiad.
advantage, *n.* mantais, lles, rhagor-
   iaeth.
advantageous, *a.* manteisiol, gwell.
advent, *n.* dyfodiad, yr Adfent,
   Garawys Lleiaf.
adventitious, *a.* damweiniol, ar siawns.
   ADVENTITIOUS ROOT, gwreiddyn
   dŵad.
adventure, *n.* antur, anturiaeth.
adventurer, *n.* anturiwr, anturiaethwr.
adventurous, *a.* anturus, hy, eofn,
   beiddgar.
adverb, *n.* gair sy'n goleddfu (an-
   soddair, etc.), adferf.
adverbial, *a.* adferfol, yn ymwneud ag
   adferf.
adversary, *n.* gwrthwynebydd, gelyn.
adverse, *a.* gwrthwynebus, croes.
adversity, *n.* adfyd, helbul, trallod,
   gofid.
advert, *v.* cyfeirio, tynnu sylw.
advertise, *v.* hysbysebu, cyhoeddi.
advertiser, *n.* hysbysebwr, hysbys-
   ebydd.
advertisement, *n.* hysbyseb.
advice, *n.* cyngor, cyfarwyddyd.
advisability, *n.* doethineb, buddiol-
   deb.
advisable, *a.* doeth, buddiol, llesol.
advise, *v.* cynghori.
advisedly, *ad.* yn ddoeth, yn ystyriol,
   yn fwriadol.
adviser, *n.* cynghorwr.
advisory, *a.* â hawl i gynghori, ym-
   gynghorol.
advocacy, *n.* pleidiaeth, eiriolaeth.
advocate, *n.* amddiffynnwr, bargyf-
   reithiwr, hyrwyddwr, dadleuwr,
   tafodog. *v.* cefnogi, amddiffyn.
adze, *n.* math o fwyell, bwyell gam,
   neddyf.
aeon, eon, *n.* oes hir, tragwyddoldeb.
aerate, *v.* awyru, rhoi awyr i.
aerial, *a.* awyrol. *n.* erial.
   AERIAL VIEW, awyrlun.
aerie, eyrie, *n.* nyth adar ysglyfaethus.
aerobic, *a.* aerobig.
aerodrome, *n.* maes-glanio, maes-awyr,
   erodrom.

aerolite, *n.* seren wib, awyrfaen, darn o
   garreg o'r awyr.
aeromancy, *n.* dewiniaeth awyr a
   gwynt.
aerometer, *n.* offeryn i fesur aer,
   hinwydr, awyrfeidr.
aerometry, *n.* gwyddor mesur aer,
   awyryddiaeth.
aeronaut, *n.* awyrennwr.
aeronautics, *np.* gwyddor hedfan
   (mewn awyrennau).
aeroplane, *n.* awyren, eroplen.
aesthetic, *a.* yn hoffi'r prydferth,
   esthetig.
aesthetics, *n.* gwerthfawrogiad o'r
   cain, estheteg.
aetiology, *n.* astudiaeth achos, achoseg.
afar, *ad.* ymhell.
   FROM AFAR, o hirbell, o bellter (ffordd)
affable, *a.* hynaws, hoffus, taliaidd.
affability, *n.* hynawsedd, rhadlon-
   rwydd.
affair, *n.* mater, achos, helynt, busnes.
   CURRENT AFFAIRS, materion cyfoes.
affect, *v.* effeithio, mennu (ar), *n.* aff-
   aith.
affectation, *n.* rhodres, mursendod,
   ffug-gwrteisi.
affected, *a.* mursennaidd, annaturiol.
affection, *n.* 1. serch, hoffter.
   2. affeithiad (*gram.*).
affectionate, *a.* serchog, serchus,
   cariadus.
affective, *a.* affeithiol.
affectivity, *n.* affeithrwydd.
afferent, *a.* atygol.
affiance, *v.* dyweddïo. *n.* 1. adduned
   briodasol.
   2. ymddiriedaeth.
affidavit, *n.* llw, datganiad ar lw
   (ysgrifenedig).
affiliate, *v.* 1. mabwysiadu ; uno.
   2. tadogi.
affiliation, *n.* 1. mabwysiad.
   2. tadogaeth.
affinity, *n.* 1. perthynas.
   2. cydweddiaeth.
affirm, *v.* cadarnhau, sicrhau, haeru.
affirmation, *n.* datganiad dwys (mewn
   llys barn), cadarnhad.
affirmative, *a.* cadarnhaol.
affix, *v.* sicrhau (wrth), gosod (ar).
   n. ôl-ddodiad.
   AFFIXED PRONOUN, rhagenw ôl.
afflict, *v.* cystuddio, trallodi.
afflicted, *a.* wedi ei gystuddio, cystudd-
   iol.
affliction, *n.* adfyd, cystudd, trallod.
affluence, *n.* cyfoeth, llawnder, golud.
affluent, *a.* goludog, cyfoethog. *n.* nant.

afford, *v.* fforddio, gallu rhoddi (prynu, etc.).

afforest, *v.* fforestu, coedwigo.

afforestation, *n.* coedwigaeth, fforestiad.

affray, *n.* ymryson, ysgarmes, anghydfod, affrae.

affricative, *a.* affrithiol.

affright, *v.* dychrynu, tarfu.

affront, *n.* sarhad, amarch, gwarth, sen. *v.* sarhau, difrïo, tramgwyddo.

affusion, *n.* taenelliad.

afield, *ad.* i maes, allan.
FAR AFIELD, ymhell, pellennig.

afire, *ad.* ar dân.

aflame, *ad.* ar dân, yn fflamau, tanbaid.

afloat, *a. ad.* yn nofio, ar ddŵr.

afoot, *ad.* ar droed, ar waith, ar gerdded.

afore, *ad.* cyn, o flaen, o'r blaen, rhag.

aforehand, *ad.* ymlaen llaw.

aforesaid, *a.* dywededig, a enwyd eisoes.

afraid, *a.* ofnus, ag ofn, llwfr.

afresh, *ad.* o'r newydd, drachefn.

African, *n.* brodor o Affrica.
a. o Affrica.

aft, *ad.* tu ôl, yn y cefn.

after, *prp. c.* wedi, ar ôl. *ad.* wedyn, yna.
AFTER THEM, ar eu hôl.

afterbirth, *n.* y brych, y garw, y drwg.

afterdamp, *ı.* asid carbonig ar ôl tanchwa, tagnwy.

after-glow, *n.* oldywyn.

aftermath, *n.* 1. adladd, adledd.
2. canlyniad.

afternoon, *n.* prynhawn, diwedydd.

afterthought, *n.* ailfeddwl.

afterwards, *ad.* wedi hynny, wedyn, ar ôl hynny.

again, *ad.* drachefn, eto, eilwaith.

against, *prp.* ar gyfer, (yn) erbyn.

agape, *ad.* â phen agored, safnrhwth.

agate, *n.* maen gwerthfawr, aget.

age, *n.* 1. oes, einioes.
2. oed, oedran. *v.* heneiddio.
OF AGE, mewn oed.
OLD AGE, henaint.

aged, *a.* hen, oedrannus.

agency, *n.* 1. cyfrwng, moddion.
2. swyddfa.
3. asiantaeth.

agenda, *n.* rhaglen, materion (i'w trafod), agenda.

agent, *n.* goruchwyliwr, cynrychiolydd, gweithredwr, gweithredydd, asiant.
LAND AGENT, stiward tir.

agglomerate, *v.* crynhoi'n bentwr, casglu. *n.* llosgarnedd.

agglutinate, *v.* uno fel glud, gludio ynghyd.

agglutination, *n.* cyfludiad, uniad, gludiad.

aggrandize, *v.* chwyddo, mawrhau.

aggrandizement, *n.* 1. mawrhad, dyrchafiad.
2. cynnydd.

aggravate, *v.* 1. gwneud yn waeth.
2. poeni, cythruddo.

aggravating, *a.* poenus, blinderus.

aggravation, *n.* cythrudd, blinder.

aggregate, *n.* cyfanrif, crynswth.

aggregation, *n.* cyd-grynhoad, cydgasgliad.

aggression, *n.* ymosodiad, gormes, treisgyrch.

aggressive, *a.* gormesol, ymosodol, ymwthiol.

aggressor, *n.* ymosodydd, gormesydd, treisgyrchwr.

aggrieve, *v.* blino, tramgwyddo, peri blinder.

aghast, *a.* syn, mewn syndod, dychrynedig.

agile, *a.* heini, sionc, gwisgi, ysgafndroed.

agility, *n.* sioncrwydd, ystwythder.
AGILITY EXERCISES, ymarferion ystwytho.

agistment, *n.* porfelaeth.

agitate, *v.* cynhyrfu, cyffroi.

agitation, *n.* cyffro, cynnwrf, aflonyddwch.

agitator, *n.* cynhyrfwr, aflonyddwr.

aglow, *a.* disglair, yn disgleirio.

agnostic, *n.* anffyddiwr, agnostig.

agnosticism, *n.* athrawiaeth yr agnosticiaid, anghrediniaeth, agnosticiaeth.

ago, *ad.* yn ôl.
LONG AGO, ers llawer dydd, ers talm.
GONE LONG AGO, wedi hen fynd.

agog, *a.* byw, awyddus, brwd.

agonize, *v.* 1. arteithio, dirboeni.
2. dioddef yn angerddol.

agony, *n.* poen, ing, gofid, blinder.

agouti, *n.* cnöwr Indiaidd tebyg i ysgyfarnog, agwti.

agrarian, *a.* gwledig, amaethyddol.

agree, *v.* cytuno, dygymod, bodloni (ar).

agreeable, *a.* cytûn, dymunol.

agreement, *n.* cytundeb, cyfamod, bargen.

agricultural, *a.* amaethyddol, ynglŷn â ffarm.

agriculture, *n.* amaethyddiaeth, gwaith ffarm.

agriculturist, *n.* amaethwr, ffarmwr.

agrimony, *n.* llysiau'r dryw.

agronomy, *n.* gwyddor trefnu ffermydd, agronomeg.

aground, *ad.* ar lawr, ar dir, ar y traeth.

ague, *n.* y cryd, twymyn ffyrnig.

aguish, *a.* yn dioddef o'r cryd, yn dueddol i dwymyn.

ah, *int.* O ! och ! aha ! wfft !

ahead, *ad.* ymlaen.
AHEAD OF, o flaen.

aid, *n.* cymorth, cynhorthwy, help.
v. cynorthwyo, helpu.
FIRST AID, cymorth union.
AIDS, cymhorthau, cymorthdrethi.

aide-de-camp, *n.* gweinydd cadfridog, cadweinydd.

aigrette, *n.* 1. crychydd bach.
2. cudyn o blu.

ail, *v.* clafychu, nychu, poeni, blino.

ailing, *a.* claf, anhwylus, tost, sâl, gwael.

ailment, *n.* afiechyd, anhwyldeb, gwaeledd.

aim, *n.* nod, amcan, bwriad, aneliad.
v. anelu, amcanu, bwriadu.

aimed, *a.* ar annel, yn cyfeirio at, yn anelu, yn amcanu.

aimless, *a.* diamcan.

air, *n.* 1. awyr, aer.
2. alaw, cainc.
3. osgo, ymarweddiad, agwedd.
v. 1. rhoi awyr i.
2. datgan.
3. crasu, tempru, caledu (dillad).
OPEN AIR, awyr agored.
FRESH AIR, awyr iach.
IN THE AIR, yn y gwynt, yn amhendant.
AIR WITH VARIATIONS, alaw ag amrywiadau.

airborne, *a.* a gludir drwy'r awyr, wedi codi (i'r awyr).

air-conditioned, *a.* wedi ei awyru, ag awyr iach.

aircraft, *n.* awyrennau.

aircraft-carrier, *n.* cludydd awyrennau, llong awyrennau.

air-cushion, *n.* clustog awyr, clustog aer.

airfield, *n.* maes awyr.

airforce, *n.* llu awyr.

airgun, *n.* dryll-wynt, awyrddryll.

air-hostess, *n.* stiwardes awyrlong.

airiness, *n.* 1. ysgafnder.
2. llonder.

airless, *a.* di-awyr, myglyd.

airlift, *n.* cludo cyflenwad drwy'r awyr.

airline, *n.* taith awyr.

airliner, *n.* awyrlong.

airmail, *n.* post awyr.

airman, *n.* awyrennwr.

air-marshal, *n.* awyrlywydd.

air-minded, *a.* ffyddiog (ynglŷn â thaith awyr).

air-pocket, *n.* gwactod awyr.

airport, *n.* maes-glanio (awyrlongau).

air-raid, *n.* cyrch awyr.

air-raid-precautions, *np.* amddiffyniad rhag cyrchoedd awyr.

air-raid-shelter, *n.* lloches rhag cyrch awyr.

air-raid-warden, *n.* gwarden cyrch awyr.

air-raid-warning, *n.* rhybudd cyrch awyr.

airscrew, *n.* sgriw awyren.

airship, *n.* awyrlong.

airsickness, *n.* clefyd yr awyr.

airstop, *n.* maes-glanio awyren hofran.

airstrip, *n.* maes-glanio.

airtight, *a.* profedig, digoll.

airway, *n.* taith awyr, llwybr awyrennau.

airworthy, *a.* addas i'w hedfan.

airy, *a.* ysgafn, awyrol, iachus.

aisle, *n.* ystlys eglwys, alai, eil, ale.

ajar, *ad.* cilagored, hanner agored.

akimbo, *a. ad.* â'r dwylo ar y llwynau.

akin, *a.* perthynol, cytras, o'r un natur.

alabaster, *n.* mwyn gwyn, alabastr.

alack, *int.* och fi !

alacrity, *n.* bywiogrwydd, hoen, sioncrwydd.

alarm, *n.* dychryn, braw, ofn, rhybudd.
v. dychrynu, rhybuddio.

alarm-clock, *n.* cloc alarwm.

alarming, *a.* dychrynllyd, ofnadwy, arswydus, brawychus.

alarmist, *n.* brawychwr, dychrynwr.

alarum, *n.* alarwm, larwm.

alas, *int.* och ! gwae fi !

alb, *n.* gwenwisg (offeiriad), alb.

albeit, *c.* er, er hynny, eto.

albinism, *n.* geni heb liw ynghyd â llygaid gwan, albinedd.

album, *n.* albwm.

albumen, *n.* 1. gwynnwy.
2. albiwmen.

albuminous, *a.* o natur gwynnwy, yn cynnwys albiwmen.

alchemist, *n.* alcemydd.

alchemy, *n.* cemeg (Yr Oesoedd Canol), alcemeg, alcemi.

alcohol, *n.* alcohol, diod feddwol, gwirod.

alcoholic, *a.* alcoholaidd, gwirodol, meddwol.

alcoholism, *n.* effaith alcohol, meddwdod, brwysgedd.

alcove, *n.* cilfach, congl gil, alcof.

alder, *n.* gwernen.

alderman, *n.* henadur, aldramon, aldermon.

ale, *n.* cwrw.

alehouse, *n.* tafarn, dioty.

alert, *a.* effro, gwyliadwrus. *n.* rhybudd cyrch awyr.

alertness, *n.* bywiogrwydd, craffter.

alfresco, *ad.* yn yr awyr agored.

algebra, *n.* algebra, algebreg.

algebraic, *a.* algebraidd.

alias, *n.* enw arall. *ad.* yn amgen, neu.

alibi, *n.* lle arall, allfan.

    TO PROVE AN ALIBI, profi absenoldeb (trwy fod mewn man arall).

alien, *n. a.* estron, alltud, dieithr.

alienable, *a.* y gellir ei drosglwyddo, trosglwyddadwy.

alienage, *n.* cyflwr alltud, alltudiaeth, alltudiad.

alienate, *v.* 1. dieithrio, estroni, arallu.
    2. trosglwyddo (eiddo).

alienation, *n.* 1. dieithriad, aralliad.
    2 gwallgofrwydd, dryswch meddwl.

alight, *v.* disgyn, dod i lawr. *ad.* ar dân, yn olau, yn llachar.

align, *v.* llinellu, cywiro, cyfunioni.

aligned, *a.* cyfunion.

alignment, *n.* llinelliad, cyfunioniad, lluniant.

alike, *a.* tebyg, cyffelyb. *ad.* yn gyffelyb, yn debyg.

aliment, *n.* maeth, bwyd, lwans.

alimentary, *a.* maethol, llawn maeth.

    ALIMENTARY CANAL, llwybr yr ymborth.

alimony, *n.* cyfran (i wraig wedi ysgar), cyfran ysgar.

aliquot, *a.* a gynhwysir yn y cyfanrif, cyfnifer, cydrif.

alive, *a.* byw, bywiog. *ad.* yn fyw.

alkali, *n.* alcali (*pl.* alcaliau), gwrthsur.

alkaline, *a.* alcaliaidd, gwrthsurol.

all, *n.* y cwbl, y cyfan, pawb. *a.* holl, i gyd. *ad.* yn hollol, oll, i gyd.

    ALL-IN, lluddedig.

    ALL-OUT, ar ei eithaf.

    AT ALL, o gwbl.

    ALL ROUND, cyflawn, amryddawn.

allay, *v.* lliniaru, tawelu.

allegation, *n.* haeriad, honiad, cyhuddiad, alegasiwn.

allege, *v.* honni, haeru, mynnu dweud.

alleged, *a.* honedig, tybiedig.

allegiance, *n.* teyrngarwch, ffyddlondeb, dyledogaeth.

allegorical, *a.* alegorïaidd, arallegol, damhegol, ffigurol.

allegorize, *v.* dweud alegorïau, esbonio'n ddamhegol, arallegu, alegoreiddio.

allegory, *n.* alegori, aralleg.

allegro, *a.* bywiog, hoenus (*music*).

allelomorph, *n.* alelomorff.

alleluia, *n.* moliant i Dduw, haleliwia.

allergic, *a.* alergol, heb adwaith.

allergy, *n.* alergedd.

alleviate, *v.* lliniaru, esmwytho, lleddfu, lleihau.

alleviation, *n.* esmwythyd, lleihad.

alley, *n.* heol gul, llwybr, ale, lôn (rhwng tai).

Allhallows, *n.* calan gaeaf, Tachwedd 1.

alliance, *n.* cynghrair, undeb.

allied, *a.* 1. cynghreiriol, cyfathrachol.
    2. yn perthyn i, perthynol.

alligator, *n.* crocodil Americanaidd, aligator.

alliterate, *v.* cyseinio, cytseinio.

alliteration, *n.* cytseinedd, cyseinedd, cyflythyraeth, cyflythreniad.

alliterative, *a.* yn cytseinio, cyflythyrol, cyflythrennol.

allocate, *v.* rhannu, dosbarthu.

allocation, *n.* rhaniad, dosbarthiad.

allodial, *a.* rhydd, breiniol. *n.* tir rhydd.

allosyndesis, *n.* arallgymheirio.

allot, *v.* gosod, penodi, dosbarthu.

allotment, *n.* 1. cyfran.
    2. darn o dir (i'w drin), rhandir. *pl.* cae gerddi.

allotropic, *a.* alotrobig, alotropaidd.

allotropy, *n.* y gallu i newid ffurf, etc., alotrobeg, alotropi.

allow, *v.* caniatáu, goddef.

allowable, *a.* goddefol, esgusodol.

allowance, *n.* 1. caniatâd.
    2. dogn, lwans, lwfans.

    TO MAKE ALLOWANCE, ystyried, cymryd i ystyriaeth.

alloy, *n.* aloi (*pl.* aloeon), cymysgedd o fetelau.

allude, *v.* cyfeirio (at), crybwyll.

allure, *v.* denu, hudo, tynnu.

allurement, *n.* hudoliaeth.

alluring, *a.* hudolus, dengar.

allusion, *n.* cyfeiriad (at), crybwylliad.

allusive, *a.* yn cyfeirio at, cyfeiriadol.

alluvial, *a.* yn cynnwys gwaddod o laid, etc., llifwaddodol.

alluvium, *n.* llifbridd, llifwaddod, dolbridd.

ally, n. cynghreiriad, un a unwyd â.
v. cynghreirio, uno.
almanac, n. almanac, calendr.
almighty, a. hollalluog.
almond, n. almon.
ALMOND TREE, pren almon.
almoner, n. un sy'n dosbarthu rhodd-
ion, elusennwr, swyddog ysbyty.
almonry, n. elusendy.
almost, ad. bron, braidd, agos.
alms, n. elusen, cardod.
alms-house, n. elusendy.
aloe, n. alwys, planhigyn o wledydd
twym.
aloes, n. sudd alwys, math o ddryg.
aloft, ad. i'r lan, i fyny, fry, yn uchel.
alone, a. ad. unig, wrtho'i hun.
along, ad. ymlaen, ar ei hyd. prp. ar
hyd.
ALL ALONG, erioed.
ALONG WITH, gyda.
aloof, ad. draw, ar wahân, o hirbell.
aloofness, n. bod heb gydymdeimlad,
difaterwch, oerni.
aloud, ad. yn uchel, yn groch.
alp, n. mynydd ban, alp.
THE ALPS, Yr Alpau.
Alpha, n. llythyren gyntaf gwyddor
Groeg, Alffa.
alphabet, n. (yr) wyddor, abiéc.
alphabetical, a. yn nhrefn yr wyddor.
Alpine, a. alpaidd.
already, ad. eisoes, yn barod.
Alsatian, n. ci blaidd, bleiddgi, brodor
o Alsás. a. fel bleiddgi.
also, ad. hefyd, at hynny.
altar, n. allor.
alter, v. newid.
alteration, n. newid.
alterative, a. trawsnewidiol. n. modd-
ion cyfnewid.
altercate, v. cweryla, ffraeo.
altercation, n. cweryl, ffrae.
alternate, v. eilio (â), digwydd bob yn
ail, eiledu. a. bob yn ail, eiledol.
alternately, ad. ar yn ail, bob yn ail.
alternation, n. gweithred neu symud-
iad bob yn ail, alldro, eilededd.
alternative, n. dewis (rhwng dau),
neillog. a. arall.
although, c. er, serch.
altitude, n. uchder, pellter uwchlaw'r
môr.
alto, n. alto.
ALTO CLEF, allwedd yr alto, cleff yr
alto.
altogether, ad. oll, yn hollol, yn gyfan
gwbl, o'r bron, achlân.
altruism, n. gofal am les eraill, allgar-
wch, allgaredd, anhunanoldeb.

altruist, n. un anhunanol, allgarwr.
altruistic, a. anhunanol, allgareddol.
alum, n. cyfansawdd yn cynnwys
alwminiwm, alwm, allog.
aluminium, n. math o fetel, alwmin-
iwm.
aluminous, a. o natur alwm, alymaidd
alumnus, n. disgybl (ysgol neu brif-
ysgol).
alveolar, a. gorfannol.
alveolus, n. twll bach, cell, gorfant.
always, ad. yn wastad, bob amser.
amain, ad. â'r holl egni.
amalgam, n. cymysgfa o feteloedd,
amalgam.
amalgamate, v. cymysgu, uno.
amalgamation, n. uniad, cyfuniad.
amanuensis, n. ysgrifennydd.
amaranth, n. math o blanhigyn, plan-
higyn dychmygol, amaranth, porffor.
amass, v. casglu, pentyrru, cronni.
amateur, a. amhroffesiynol, amatur,
amaturaidd, n. amatur, dechreuwr,
un di-dâl.
amateurish, a. amhroffesiynol, ang-
hyfarwydd, trwsgl.
amaze, v. synnu, rhyfeddu.
amazement, n. syndod.
Amazon, n. rhyfelwraig, menyw wryw-
aidd.
ambassador, n. llysgennad.
amber, n. ambr. a. melyn-goch, ambr.
ambidexterity, n. amddeheurwydd.
ambidextrous, a. deheuig â'r ddwy
law.
ambiguity, n. amwysedd, amwyster.
ambiguous, a. â mwy nag un ystyr,
amwys, ansicr.
ambit, n. amgylchedd, terfyngylch,
ffin.
ambition, n. uchelgais, awydd am
enwogrwydd.
ambitious, a. uchelgeisiol, ymwthgar.
amble, v. rhygyngu, symud yn es-
mwyth.
ambrosia, n. 1. bwyd y duwiau.
2. danteithfwyd.
ambrosial, a. 1. dwyfol.
2. hyfryd, blasus.
ambulance, n. ambiwlans.
ambulatory, a. 1. rhodiannol, i
gerdded arno.
2. yn cerdded, yn rhodio. n. llwybr,
rhodfa.
ambush, v. n. cynllwyn, rhagod,
cuddio i ymosod.
ameliorate, v. gwella, diwygio.
amelioration, n. gwellhad.
ameliorative, a. yn gwella, gwellhaol.
amen, ad. amen, felly y bo (byddo).

amenable, *a.* cyfrifol, hydrin, hawdd ei arwain.
amend, *v.* gwella, cywiro.
amendment, *n.* gwelliant.
amends, *np.* tâl am golled neu niwed, iawn.
amenity, *n.* cysur, hyfrydwch, mwynder. *pl.* mwynderau.
amerce, *v.* dirwyo, cosbi'n ariannol, amersu.
amercement, *n.* amersiad.
American, *a.* Americanaidd. *n.* Americanwr.
Americanism, *n.* priod-ddull Americanaidd.
amethyst, *n.* 1. maen gwerthfawr, amethyst, 2. lliw maen gwerthfawr.
amiability, *n.* hawddgarwch, hynawsedd.
amiable, *a.* hawddgar, serchus, serchog, hynaws.
amicable, *a.* cyfeillgar, heddychlon.
amice, *n.* penwisg offeiriad, amis.
amidst, amid, *prp.* ymhlith, ymysg.
amiss, *a.* ar fai, beius. *ad.* o chwith.
amity, *n.* cyfeillgarwch.
ammeter, *n.* peth i fesur cerrynt trydan, amedr.
ammonia, *n.* math o nwy ag iddo wynt cas, amonia.
ammonium, *n.* amoniwm.
ammunition, *n.* adnoddau saethu.
amnesty, *n.* maddeuant, pardwn cyffredinol, amnest.
amoeba, *n.* amiba.
among, amongst, *prp.* ymhlith, ymysg, rhwng.
AMONG US, 1. rhyngom.
2. yn ein mysg (plith).
FROM AMONG, o blith.
amorous, *a.* hoff o garu, serchog.
amorphous, *a.* di-ffurf, amorffus, afluniaidd.
amount, *n.* swm, cyfanswm. *v.* cyfrif, bod yn gyfartal â.
amour, *n.* carwriaeth, cynllwyn.
ampere, *n.* ampêr, uned cerrynt trydan.
amphiboly, *n.* ymadrodd mwys.
ample, *a.* aml, helaeth, digon.
amplexicaul, *a.* llawesog.
amphibian, *n.* amffibia. *a.* amffibiaidd, yn byw mewn dŵr ac ar dir.
amphibious, *a.* amffibiaidd, yn byw ar dir ac mewn dŵr.
amphitheatre, *n.* amchwaraefa, theatr gron, amffitheatr.
amplification, *n.* chwyddiad, helaethiad.

amplifier, *n.* chwyddleisydd, chwyddiadur.
amplify, *v.* chwyddo, helaethu.
amplitude, *n.* helaethrwydd, ehangder, hanerlled.
amputate, *v.* torri ymaith (aelod o'r corff), trychu.
amputation, *n.* toriad, trychiad.
amuck, TO RUN AMUCK, cynddeiriogi, ffyrnigo, ymosod yn ei gyfer, rhedeg yn wyllt.
amulet, *n.* swynoglydd, amwlet.
amuse, *v.* difyrru, diddanu.
amusement, *n.* difyrrwch, hwyl, miri. *pl.* difyrion.
amusing, *a.* difyrrus, doniol.
an, *ind. art.* (No equivalent in Welsh).
ana, *n.* casgliad o ddywediadau rhywun. *pl.* chwedlau amdano.
Anabaptist, *n.* Ailfedyddiwr.
anabolic, *a.* anabolig.
anabolism, *n.* anaboleg.
anachronism, *n.* camamseriad.
anachronistic, *a.* camamserol.
anadiplosis, *n.* ailadrodd diwedd llinell ar ddechrau'r nesaf.
anaemia, *n.* diffyg gwaed, anemia.
anaemic, *a.* di-waed, â diffyg gwaed.
anaerobic, *a.* anaerobig, anawyrfyw.
anaesthesia, *n.* cyflwr dideimlad, dideimladrwydd.
anaesthetic, *n.* anesthetig, peth i leddfu poen.
anagram, *n.* anagram.
analogous, *a.* cydwedd, cyfatebol, tebyg.
analogue, *n.* peth tebyg, peth yn cyfateb i beth arall, cydwedd.
analogy, *n.* cydweddiad, cyfatebiaeth, tebygrwydd.
analyse, *v.* dadansoddi, archwilio'n fanwl.
analysis, *n.* dadansoddiad, analysis.
analyst, *n.* dadansoddwr.
analytic, analytical, *a.* analytig, dadansoddol.
anaphase, *n.* gwahangyflwr, anaffês.
anaphora, *n.* ailadrodd diwedd llinell ar ddechrau'r nesaf.
anarchic(al), *a.* anghyfreithlon, anneddfol.
anarchist, *n.* anarchydd, terfysgwr.
anarchy, *n.* anarchiaeth, anhrefn, terfysg.
anathema, *n.* ysgymundod, melltith.
anathematize, *v.* ysgymuno, melltithio.
anatomical, *a.* anatomegol.
anatomist, *n.* anatomydd, anatomegwr.

anatomy, *a.* anatomeg, astudiaeth o'r corff, anatomi.

ancestor, *n.* hynafiad, cyndad.

ancestral, *a.* treftadol, tadol, mamol.

ancestry, *n.* llinach, ach, tylwyth.

anchor, *n.* angor, rhaff-angor. *v.* angori.
TO CAST ANCHOR, bwrw angor.
TO WEIGH ANCHOR, codi angor.

anchorage, *n.* 1. angorfa.
2. angori.

anchorite, *n.* meudwy, ancr.

anchovy, *n.* pysgodyn bach o deulu'r ysgadenyn, brwyniad.

ancient, *a.* hynafol, hen.
THE ANCIENTS, cyndadau.

ancillary, *a.* iswasanaethgar, cynorthwyol.

and, *c.* a, ac.

andante, *ad.* lled araf (*music*).

andiron, *n.* haearn aelwyd, brigwn, gobed.

anecdotal, *a.* yn dweud storïau, yn adrodd chwedlau.

anecdote, *n.* hanesyn, chwedl, stori.

anemometer, *n.* offeryn mesur nerth gwynt.

anemone, *n.* blodyn y gwynt, anemoni.

anent, *prp.* ynglŷn â, ynghylch.

aneroid, *n.* mesurydd pwysedd awyr.
a. sych, heb hylif.

anew, *ad.* o'r newydd, eilwaith.

angel, *n.* angel.

angelic, *a.* angylaidd, fel angel.

angelus, *n.* cyfarfod defosiynol (Eglwys Rufain).

anger, *n.* dig, dicter, llid. *v.* digio.

angle, *n.* 1. ongl, congl, cornel.
2. cyfeiriad. *v.* pysgota â gwialen, genweirio.
AT AN ANGLE, ar gam, ar ogwydd, yn diwelyd.
RIGHT ANGLE, ongl sgwâr.
AT RIGHT ANGLES, ar sgwâr, iawnonglog.
ACUTE ANGLE, ongl lem.
ADJACENT ANGLES, onglau cyfagos.
ALTERNATE ANGLES, onglau eiledol.

Anglican, *a.* Seisnig, perthynol i Eglwys Loegr, Anglicanaidd.

Anglicanism, *n.* Eglwysyddiaeth Seisnig, Anglicaniaeth.

Anglicism, *n.* Seisnigaeth, priod-ddull Seisnig.

Anglicize, *v.* Seisnigeiddio.

Anglo-, *a.* Eingl-.

anglophobia, *n.* casineb at Loegr.

Anglo-Saxon, *n.* Eingl-Sais.

angry, *a.* dicllon, llidus, o'i gof, mewn tymer ddrwg, maes o natur.

TO BECOME ANGRY, codi gwrych, mynd i maes o natur.

anguish, *n.* ing, gloes, dirboen, trallod, caledi.

angular, *a.* onglog.

anhydride, *n.* math o gyfansawdd cemegol, anhidrid.

anile, *a.* hen, hurt.

anilene, *n.* anilîn.

anility, *n.* hurtrwydd henaint.

animadversion, *n.* beirniadaeth, cerydd, dangos bai.

animadvert, *v.* beirniadu, ceryddu, beio.

animal, *n.* anifail, creadur, mil, milyn. *a.* anifeilaidd.

animalcule, *n.* anifail bitw bach.

animalism, *n.* bod fel anifail, anifeiliaeth.

animate, *a.* byw, â bywyd ynddo. *v.* bywhau, ysgogi.

animated, *a.* byw, bywiog, nwyfus, heini, sionc.

animation, *n.* bywiogrwydd, bywyd, nwyf.

animism, *n.* y gred fod enaid gan beth difywyd, eneidyddiaeth.

animist, *n.* eneidydd.

animosity, *n.* cas, gelyniaeth.

animus, *n.* drwgdeimlad, atgasrwydd.

aniseed, *n.* had anis.

ankle, *n.* migwrn, swrn, ffêr.

anklet, *n.* cymorth neu addurn i'r migwrn.

annalist, *n.* hanesydd, cofnodydd.

annals, *np.* cofnodion blynyddol, cronicl, blwyddnodau.

annate, *n.* anawd, blaenffrwyth.

anneal, *v.* gwydnu (trwy dân), tymheru, anelio.

annex, *v.* cysylltu, cydio, cyfeddiannu. *n.* ychwanegiad.

annexation, *n.* cydiad, cyfeddiant.

annihilate, *v.* diddymu, difodi, dileu.

annihilation, *n.* difodiant, diddymiant.

anniversary, *n.* pen blwydd, cylchwyl.

annotate, *v.* ysgrifennu nodiadau, egluro.

annotation, *n.* sylw, esboniad, eglurhad.

annotator, *n.* esboniwr, sylwedydd.

announce, *v.* cyhoeddi, hysbysu.

announcement, *n.* cyhoeddiad, hysbysiad.

announcer, *n.* cyhoeddwr.

annoy, *v.* blino, poeni, trallodi, peri blinder i.

annoyance, *n.* blinder, pla, cythrudd, poen, trallod.

annual, *a.* blynyddol, unflwydd. HARDY ANNUALS, blodau caled blynyddol.

annuitant, *n.* derbynnydd blwydd-dâl.

annuity, *n.* blwydd-dâl.

annul, *v.* diddymu, dileu, difodi.

annular, *a.* crwn, modrwyol, fel modrwy.

annulment, *n.* diddymiad, dirymiad, dilead.

annulus, *n.* anwlws.

annunciate, *v.* hysbysu. THE ANNUNCIATION, 1. cyfarchiad yr angel Gabriel. 2. Gŵyl Fair.

anode, *n.* anôd, yr electrod posidiol (ynglŷn â llwybr trydan).

anodyne, *n.* anodîn, lliniarydd. *a.* esmwythaol, yn lliniaru poen.

anoint, *v.* eneinio, iro.

anointing, *n.* eneiniad.

anomalous, *a.* afreolaidd, anghyffredin.

anomaly, *n.* peth afreolaidd, gwyriad.

anon, *ad.* yn union, yn y man.

anonymous, *a.* di-enw, anhysbys.

anorexia, *n.* anorecsia, bod heb chwant bwyd.

another, *a.* arall. *pn.* rhywun arall. ONE ANOTHER, ei gilydd.

answer, *n. v.* ateb.

answerable, *a.* atebol, cyfrifol.

ant, *n.* morgrugyn, mywionyn.

antagonise, *v.* peri gwrthwynebiad.

antagonism, *n.* gwrthwynebiaeth, gelyniaeth.

antagonist, *n.* gwrthwynebydd.

antagonistic, *a.* gwrthwynebol, croes.

antarctic, *a.* deheuol, o gylch pegwn y deau.

ante-, *px.* cyn, o flaen, rhag-, yn ôl.

antecedent, *n.* 1. rhagflaenydd. 2. rhagosodiad. 3. cynsail, cynreol. *a.* blaenorol.

antecedental, *a.* rhagosodol.

antedate, *v.* dyddio'n ôl, rhagddyddio.

antediluvian, *a.* cynddilywaidd, henffasiwn.

antelope, *n.* gafrewig, antelop.

antemeridian, *a.* bore, cyn canolddydd.

antennae, *np.* teimlyr (gan bryfed), ceisyriau.

antepenult (imate), *n. a.* (y sillaf) olaf ond dwy.

anterior, *a.* cyn, blaenorol.

ante-room, *n.* rhagystafell, ystafell yn arwain i'r brif ystafell.

anthem, *n.* corgan ysgrythurol, anthem.

anther, *n.* blwch paill, briger, peillgod.

ant-hill, *n.* twmpath morgrug.

anthology, *n.* casgliad llenyddol, blodeugerdd.

anthracite, *n.* glo carreg, glo caled.

anthrax, *n.* y clwyf du, clefyd y ddueg, anthracs.

anthropoid, *n.* epa (tebyg i ddyn). *a.* fel dyn.

anthropological, *a.* anthropolegol.

anthropologist, *n.* anthropolegwr.

anthropology, *n.* astudiaeth dynolryw, anthropoleg.

anthropomorphic, *a.* yn ffurf neu ddull dyn, anthropomorffaidd.

anthropomorphism, *n.* y weithred o briodoli natur dyn i'r Duwdod.

anti-, *px.* gwrth-, yn erbyn.

anti-aircraft, *a.* gwrthgyrch awyr.

antibiotic, *a.* yn difetha neu niweidio peth byw, gwrthfiotig.

antibody, *n.* peth yn y gwaed i wrthweithio peth arall, gwrthgorffyn.

antichrist, *n.* anghrist, un gwrthgristnogol.

anticipate, *v.* achub y blaen, rhagweld.

anticipation, *n.* disgwyliad.

anticipatory, *a.* rhagflaenol.

anticlimax, *n.* gwanhad, gostyngiad, disgyniad, disgynneb.

antics, *np.* castau, campau, pranciau, stranciau.

anticyclone, *n.* gwrthdrowynt, y gwynt yn chwythu o'r canol, antiseiclon.

antidotal, *a.* gwrthwenwynol, yn lladd gwenwyn.

antidote, *n.* moddion i wrthweithio gwenwyn, gwrthwenwyn.

antilogism, *n.* gwrthebiad, anghydweddiad.

antimacassar, *n.* cadeirlen.

antimony, *n.* metel aloi, antimoni.

antinomian, *n.* un sy'n dal nad oes rhaid i Gristion gadw'r ddeddf foesol, antinomiad. *a.* antinomaidd.

antinomy, *n.* gwrthebiaeth, anghytundeb (rheolau).

antipathy, *n.* cas, gwrthdeimlad, gelyniaeth.

antiphon, antiphony, *n.* atepgan (a lafargenir), antiffoni.

antiphonal, *a.* yn ateb ei gilydd, antiffonaidd.

antipodes, *np.* eithafoedd byd, cyferbwynt.

antipyretic, *a.* yn atal twymyn.

antiquarian, *a.* hynafiaethol. *n.* hynafiaethydd.

antiquary, *n.* casglwr hen bethau, hynafiaethydd.
antiquated, *a.* henffasiwn, henaidd.
antique, *n.* hen beth. *a.* henffasiwn.
antiquity, *n.* hynafiaeth, yr amser gynt.
antirachitic, *n.* gwrthracidig.
antirrhinum, *n.* pen ci bach (blodyn).
antiseptic, *a.* gwrth-heintiol, antiseptig, gwrthwenwyn.
antithesis, *n.* gwrthgyferbyniad.
antithetical, *a.* gwrthgyferbyniol.
anti-trades, *np.* gwrthwyntoedd trafnid.
antitype, *n.* gwrthlun, antiteip.
antler, *n.* rhan o gorn carw, osgl.
antonym, *n.* gwrthwyneb(air), cyferbyniad.
anvil, *n.* eingion, einion.
anxiety, *n.* pryder, trallod, cyni.
anxious, *a.* pryderus, trallodus, helbulus.
any, *a.* un, rhyw, unrhyw, peth, dim.
ANYBODY, rhywun.
ANYHOW, rhywfodd, rhywsut.
ANYTHING, rhywbeth.
ANYWHERE, rhywle, unman.
ANYWAY, beth bynnag, sut bynnag.
aorist, *n.* amser gorffennol penodol.
aorta, *n.* gwythïen fawr.
apace, *ad.* yn fuan, ar frys.
apanage, *n.* cyfran neu gynhysgaeth y plant ieuengaf.
apart, *ad.* ar wahân, o'r neilltu.
apartheid, *n.* gwahanu cenhedloedd, arwahanrwydd.
apartment, *n.* ystafell, llety, rhan o dŷ.
apathy, *n.* difaterwch, difrawder.
apathetic, *a.* difater, difraw, dideimlad, didaro, di-hid.
ape, *n.* epa, dynwaredwr. *v.* dynwared.
aperient, *n.* moddion rhyddhau (corff). *a.* rhyddhaol, agoriadol.
aperitif, *n.* anogydd, cymhellydd.
aperture, *n.* agoriad, twll, bwlch.
apex, *n.* blaen, pen, brig, copa.
aphasia, *n.* mudandod (oherwydd niwed i'r ymennydd), affasia.
aphelion, *n.* pwynt y rhod sydd bellaf oddi wrth yr haul.
aphis, *np.* pryfed gwyrdd, llyslau, gwartheg y morgrug.
aphoria, *n.* afforia.
aphorism, *n.* dywediad cryno, gwireb.
aphrodisiac, *n.* dryg sy'n cyffroi nwyd. *a.* gwenerol.
apiarian, *a.* yn ymwneud â chadw gwenyn.
apiary, *n.* gwenynfa, lle i wenyn.
apiculture, *n.* cadw gwenyn.

apiece, *ad.* un bob un, pobo un.
apish, *a.* mwncïaidd, yn dynwared, ffôl.
aplomb, *n.* hunan-feddiant.
apocalypse, *n.* datguddiad, gweledigaeth, Llyfr y Datguddiad.
apocalyptic, *a.* datguddiadol, dadlennol, apocalyptaidd. *n.* apocalypteg.
apocape, *n.* y weithred o gwtogi gair, oldoriad.
apocrypha, *n.* peth amheus, apocryffa.
apocryphal, *a.* amheus, annilys, apocryffaidd.
apogee, *n.* man pellaf cylchdro'r haul neu'r lleuad, uchafbwynt, eithafbwynt.
apologetic, *a.* ymesgusodol, yn ymddiheuro.
apologetics, *np.* gwyddor egluro a chyfiawnhau credo ac athrawiaeth, amddiffyniad y ffydd.
apologia, *n.* amddiffyniad (mewn ysgrifen).
apologist, *n.* amddiffynnydd, dadleuwr, apolegwr.
apologize, *v.* ymddiheuro, rhoi esgus.
apologue, *n.* chwedl ac iddi wers, moeswers.
apology, *n.* ymddiheuriad.
apoplexy, *n.* parlys mud, strôc.
apostasy, *n.* gwrthgiliad, ymwadiad (â ffydd neu gredo).
apostate, *n.* gwrthgiliwr, ymwadwr.
apostle, *n.* apostol.
apostolic, *a.* apostolaidd.
apostrophe, *n.* 1. collnod, sillgoll. 2. cyfarchiad.
apothecary, *n.* cyffuriwr, apothecari.
apotheosis, *n.* dwyfoliad, canoneiddiad.
appal, *v.* brawychu, arswydo, dychrynu.
appalling, *a.* ofnadwy, brawychus.
appanage, *n.* apanaeth.
apparatus, *n.* offer, aparatws, cyfarpar.
apparel, *n.* gwisg, dillad. *v.* gwisgo, dilladu, addurno.
apparent, *a.* amlwg, eglur.
apparently, *ad.* mae'n debyg.
apparition, *n.* drychiolaeth, ysbryd.
appeal, *n.* apêl, erfyniad. *v.* apelio, erfyn.
appear, *v.* ymddangos.
appearance, *n.* ymddangosiad, golwg.
appease, *v.* llonyddu, cymodi, dyhuddo.
appeasement, *n.* cymod, dyhuddiad, heddychiad.

appellant, *n.* apeliwr, apelydd (am newid dedfryd).
appellation, *n.* enw, teitl.
append, *v.* ychwanegu, atodi.
appendage, *n.* ychwanegiad, atodiad.
appendicitis, *n.* llid y coluddyn.
appendix, *n.* 1. atodiad, ychwanegiad.
   2. coluddyn crog.
apperception, *n.* cyfarganfod, cyfarganfyddiad.
appertain, *v.* perthyn, ymwneud â.
appetence, *n.* awydd, blys.
appetiser, *n.* anogydd archwaeth, peth i beri archwaeth.
appetising, *a.* blasus, archwaethus, dymunol.
appetite, *n.* archwaeth, blys, chwant.
applaud, *v.* cymeradwyo, curo dwylo.
applause, *n.* cymeradwyaeth, clod.
apple, *n.* afal.
   APPLE TREE, afallen, pren afalau.
appliance, *n.* offeryn, dyfais.
applicable, *a.* yn taro, yn gymwys.
applicant, *n.* ymgeisydd.
application, *n.* 1. cais.
   2. cymhwysiad.
   APPLICATION CARD, carden ymaelodi.
   APPLICATION FORM, ffurflen gais, ceislen.
applied, *a.* cymhwysol.
apply, *v.* 1. ymgeisio, cynnig (am).
   2. cymhwyso.
   3. ymroi, ymroddi.
   4. dodi ar.
appoint, *v.* penodi, trefnu.
appointment, *n.* penodiad, trefniad.
apportion, *v.* rhannu, dosbarthu.
apportionment, *n.* rhaniad, dosbarthiad.
apposite, *a.* addas, cyfaddas.
apposition, *n.* cyfosodiad, ychwanegiad.
appraisal, *n.* prisiad.
appraise, *v.* prisio, nodi gwerth.
appreciable, *a.* gwerthfawr, o gryn werth.
appreciate, *v.* gwerthfawrogi, meddwl yn fawr o.
appreciation, *n.* gwerthfawrogiad.
appreciative, *a.* yn gwerthfawrogi.
apprehend, *v.* 1. dirnad.
   2. ofni.
   3. cymryd meddiant o.
apprehension, *n.* 1. dirnadaeth.
   2. ofn.
   3. ymafliad.
apprehensive, *a.* ofnus, pryderus.
apprentice, *n.* prentis, dysgwr, dechreuwr. *v.* prentisio, dysgu.

apprenticeship, *n.* prentisiaeth, dysgu.
apprise, *v.* 1. hysbysu, rhybuddio.
   2. prisio.
approach, *n.* dynesiad, nesâd. *v.* agosáu, nesu, dynesu.
approachable, *a.* hawdd mynd ato, hygyrch.
approbation, *n.* cymeradwyaeth.
appropriate, *a.* priodol, addas. *v.* cymryd meddiant.
appropriation, *n.* meddiant, y weithred o feddiannu, adfeddiad.
approval, *n.* cymeradwyaeth, clod.
approve, *v.* cymeradwyo, canmol, aprofi.
   ON APPRO, ar dreial (am nwyddau).
   APPROVED SCHOOL, ysgol troseddwyr ifainc.
approximate, *a.* agos, brasgywir. *v.* affinio, dod yn agos at.
approximately, *ad.* oddeutu, tua.
approximation, *n.* agosrwydd, ateb agos.
appurtenances,*np.* pethau yn perthyn i
apricot, *n.* bricyllen.
April, *n.* Ebrill.
apron, *n.* ffedog, barclod.
apropos, *ad.* mewn perthynas i, ynglŷn â.
apse, *n.* cilfach gron (mewn eglwys), talcen crwn.
apsis, *n.* y man agosaf neu'r pellaf yng nghylchdro planed.
apt, *a.* 1. priodol, cymwys.
   2. tueddol, chwannog.
aptitude, *n.* cymhwyster, addasrwydd.
aptness, *n.* addasrwydd.
aquafortis, *n.* asid nitrig.
aquarium, *n.* pysgoty, pysgodlyn, acwariwm.
aquatic, *a.* dyfrol, yn tyfu mewn dŵr.
   AQUATIC SPORTS, campau dŵr.
aqua-vitae, *n.* gwirod.
aqueduct, *n.* sianel dŵr, dyfrglud, dyfrffos, pont ddŵr.
aqueous, *a.* dyfrllyd, yn ymwneud â dŵr.
aquiline, *a.* eryraidd, bachog.
Arab, *n.* 1. Arab, brodor o Arabia.
   2. plentyn digartref.
Arabic, *a. n.* Arabeg, iaith yr Arabiaid.
arable, *a.* âr, y gellir ei droi.
   ARABLE LAND, tir âr, tir llafur, tir coch.
Aramaic, *n.* Aramaeg, iaith Palesteina.
arbiter, *n.* barnwr, beirniad, canolwr, cyfryngwr.
arbitrament, *n.* penderfyniad, dedfryd.
arbitrary, *a.* mympwyol, gormesol.

arbitrate, *v.* cymrodeddu, torri dadl, dyddio, cyflafareddu.

arbitration, *n.* cymrodedd, dyfarniad canolwr, cyflafareddiad.

arbitrator, *n.* canolwr, cymrodeddwr, dyddiwr.

arboreal, *a.* yn ymwneud â choed, coedol.

arbour, *n.* lle tawel mewn coed, deildy, herber.

arc, *n.* arch, bwa, arc, rhan o gylch.

arcade, *n.* llwybr cysgodol (rhwng siopau), arcêd.

arch, *n.* bwa, pont. *v.* pontio, ffurfio bwa, camu. *a.* direidus, ysmala, doniol.

arch-, *px.* prif-, arch-, carn-, gwaethaf.

archaeological, *a.* hynafiaethol.

archaeologist, *n.* hynafiaethydd.

archaeology, *n.* hynafiaeth, archaeoleg.

archaic, *a.* yn ymwneud â'r amser gynt, hynafol.

archaism, *n.* ymadrodd hen ac ansathredig.

archangel, *n.* archangel.

archbishop, *n.* archesgob.

archbishopric, *n.* archesgobaeth.

archdeacon, *n.* archddiacon.

archdeaconry, *n.* swydd archddiacon, archddiaconiaeth.

archdruid, *n.* archdderwydd.

archduke, *n.* arch-ddug.

archer, *n.* saethydd.

archery, *n.* saethyddiaeth.

archetype, *n.* y cyntaf, cynllun, model, cynddelw.

archiepiscopal, *a.* archesgobol, yn ymwneud ag archesgob.

archipelago, *n.* twr o ynysoedd yn y môr, ynysfor, archipelago.

architect, *n.* pensaer.

architectonics, *n.* gwyddor adeiladu, pensaernïaeth.

architectural, *a.* pensaernïol.

architecture, *n.* pensaernïaeth.

    STYLE OF ARCHITECTURE, arddull bensaernïol, dull o bensaernïaeth.

architrave, *n.* maen yn pwyso ar golofn, amhinog, pendrawst.

archives, *np.* coflyfrau, swyddfa cofnodion, archifau, archifdy.

archivist, *n.* archifydd.

archway, *n.* ffordd dan bont gron, ffordd bontiog.

arc-lamp, *n.* lamp-fwa.

arctic, *a.* gogleddol, o gylch pegwn y gogledd, oer iawn, arctig.

    ARCTIC CIRCLE, Cylch Arctig.

ardency, *n.* angerdd, tanbeidrwydd, eiddgarwch, sêl, brwdfrydedd.

ardent, *a.* tanbaid, eiddgar, selog, brwdfrydig.

ardour, *n.* aidd, tanbeidrwydd, brwdfrydedd, sêl, awydd.

arduous, *a.* llafurus, caled.

area, *n.* 1. arwynebedd, wynebedd.

    2. ardal, rhandir.

    3. iard, clos.

    SURFACE AREA, mesur wyneb.

arena, *n.* llawr chwaraefa, ymrysonfa.

arête, *n.* crib (mynydd).

argent, *a.* ariannaidd, o liw arian.

argillaceous, *a.* cleiog.

argosy, *n.* masnachlong fawr.

argue, *v.* ymresymu, dadlau.

argument, *n.* ymresymiad, dadl.

argumentatative, *a.* dadleugar.

aria, *n.* aria, cân mewn cantata neu opera.

Arian, *n.* Ariad, Arian. *a.* Ariaidd.

Arianism, *n.* Ariaeth.

arid, *a.* sych, cras, gorsych.

aridity, *n.* sychder, craster.

aright, *ad.* yn iawn, yn briodol.

arise, *v.* codi, cyfodi, cwnnu.

aristocracy, *n.* 1. pendefigaeth.

    2. llywodraeth pendefigion.

aristocrat, *n.* pendefig.

aristocratic, *a.* pendefigaidd, bonheddig.

arithmetic, *n.* rhifyddeg.

    COMMERCIAL A., rhifyddeg masnach.

    MECHANICAL A., rhifyddeg moel.

    MENTAL A., rhifyddeg pen.

    ORAL A., rhifyddeg llafar.

arithmetical, *a.* rhifyddol.

arithmetician, *n.* rhifyddwr.

ark, *n.* 1. arch.

    2. cist.

    3. llong.

arm, *n.* 1. braich.

    2. cainc (o fôr, etc.).

    ARM-IN-ARM, braich-ym-mraich.

    UNDER HIS ARM, dan ei gesail.

arm, *n.* arf. *v.* arfogi.

    COAT OF ARMS, pais arfau.

armada, *n.* llynges arfog.

armament, *n.* arfogaeth, offer rhyfel.

armature, *n.* 1. arfogaeth.

    2. rhan o ddeinamo, armatur.

arm-chair, *n.* cadair freichiau, cadair gefn.

armed, *a.* arfog, yn gwisgo arfau.

armful, *n.* coflaid, ceseilaid, llond braich.

Arminian, *n.* Armin, Weslead. *a.* Arminaidd.

Arminianism, *n.* Arminiaeth.
armistice, *n.* cadoediad, gadael ymladd.
armlet, *n.* breichled, breichrwy.
armorial, *a.* ynglŷn ag arfau bonedd.
armour, *n.* arfogaeth, arfwisg.
    COAT OF ARMOUR, pais ddur.
armour-bearer, *n.* cludydd arfau.
armourer, *n.* gof arfau, arfogwr.
armoury, *n.* ystordy arfau, arfdy.
armpit, *n.* cesail.
army, *n.* byddin.
aroma, *n.* aroglau, perarogl, gwynt.
aromatic, *a.* persawrus, pêr, blasus.
around, *ad. prp.* am, o amgylch, o boptu, o gwmpas.
arouse, *v.* 1. deffro, dihuno.
    2. cyffroi, cynhyrfu.
arraign, *v.* cyhuddo, galw i gyfrif.
arrange, *v.* trefnu, dosbarthu.
arrangement, *n.* trefniad, trefn, trefniant.
arrant, *a.* rhonc, dybryd, drwg iawn.
arras, *n.* tapestri, brithlen, tapin.
array, *n.* 1. trefn, dosbarthiad, arae.
    2. gwisg, dillad.
    v. 1. trefnu, dosbarthu.
    2. gwisgo, dilladu.
arrears, *np.* ôl-ddyled.
    IN ARREARS, ar ôl, mewn dyled.
arrest, *v.* 1. rhwystro.
    2. dal, corcharu, rhestio.
    n. arestiad.
arresting, *a.* yn tynnu sylw.
arrival, *n.* dyfodiad, cyrhaeddiad.
arrive, *v.* cyrraedd, dyfod.
arrogance, *n.* balchder, traha, ymffrost.
arrogant, *a.* balch, trahaus, ffroenuchel.
arrogate, *v.* honni, hawlio ar y mwyaf.
arrow, *n.* saeth.
arrowroot, *n.* math o blanhigyn, y starts a geir ohono, arorŵt.
arsenal, *n.* ystordy neu ffatri arfau.
arsenic, *n.* math o wenwyn cryf, arsenig.
arson, *n.* taniad, llosgiad, tanio (trosedd).
art, *n.* celf, celfyddyd.
    FINE ART, celfyddyd gain.
    PICTORIAL ART, celfyddyd ddarlunio.
    PLASTIC ART, celfyddyd lunio
arterial, *a.* fel gwythien, prif (heolydd).
arteritis, *n.* llid y rhydweliau (y gwythiennau mawr), arteritis.
artery, *n.* rhydweli, gwythïen fawr.

artesian well, *n.* ffynnon a gloddir (ond sydd yn codi yn ei nerth ei hunan), ffynnon artesaidd.
artful, *a.* cyfrwys, dichellgar, ffals.
artfulness, *n.* cyfrwystra, ystryw, dichell.
arthritis, *n,* cymalwst, arthritis.
artichoke, *n.* march-ysgall.
article, *n.* 1. peth, nwydd.
    2. erthygl.
    3. bannod (mewn gramadeg).
    v. prentisio.
articulate, *a.* 1. cymalog, wedi ei gysylltu.
    2. croyw, eglur, clir.
    v. 1. cymalu, uno.
    2. cynanu, ynganu, dweud.
articulation, *n.* 1. cynaniad, ynganiad.
    2. cymal, cymaliad.
artifice, *n.* dichell, ystryw, cyfrwystra
artificer, *n.* crefftwr, un celfydd.
artificial, *a.* wedi ei wneud (gosod, dodi), celfyddydol, artiffisial, ffug.
    ARTIFICIAL RESPIRATION, peri anadlu.
artillery, *n.* magnelau, y fagnelaeth.
artisan, *n.* crefftwr, gweithiwr cyfarwydd.
artist, *n.* arlunydd, celfyddwr, artist.
artiste, *n.* cantor, cantores.
artistic, *a.* celfydd, artistig, cywrain.
artistry, *n.* celfyddyd, ceinder.
artless, *a.* syml, diddichell, diniwed.
artlessness, *n.* symledd, diniweidrwydd.
arum lily, *n.* lili'r grog, lili'r Pasg, lili wen.
Aryan, *a.* Indo-Ewropeaidd. *n.* Indo-Ewropead, Ariad, Arieg (yr iaith).
as, *c. ad.* fel, tra, cyn, mor, â, ag, megis.
    AS YET, hyd yn hyn.
asafoetida, *n.* asaffeta, glud.
asbestine, *a.* o natur asbestos, anllosgadwy.
asbestos, *n.* ystinos, asbestos.
ascend, *v.* esgyn, dringo, mynd i'r lan
ascendancy, *n.* goruchafiaeth, y gallu uchaf.
ascendant, *a.* yn codi, pennaf, prif. *n.* uchder, goruchafiaeth.
ascent, ascension, *n.* esgyniad, codiad.
ascertain, *v.* mynnu gwybod, bod yn siŵr.
ascetic, *a.* hunanymwadol, ymgosbol, meudwyol, asgetig. *n.* ymgosbwr, un hunanymwadol, asgetig.
asceticism, *n.* hunanddisgyblaeth lem, ymgosbaeth, meudwyaeth, asgetigiaeth.

ascites, *n.* dropsi'r bol.

ascribe, *v.* priodoli, cyfrif i.

aseptic, *a.* annhueddol i wenwyn, aseptig.

asexual, *a.* anrhywiol, di-ryw.

ash, *n.* 1. onnen.

    2. lludw.

    MOUNTAIN ASH, cerdinen, cerddinen, pren criafol.

ashamed, *a.* wedi (yn) cywilyddio, â chywilydd.

ashen, *a.* 1. o onnen.

    2. gwelw.

ashes, *np.* lludw, ulw, gweddillion.

ashore, *ad.* i dir, i'r lan, ar y lan.

    TO COME ASHORE, glanio, dod i'r lan.

ashy, *a.* fel lludw, o ludw.

Asian, *a. n.* (brodor) o Asia, Asiad.

Asiatic, *a.* Asiaidd, o Asia.

aside, *ad.* o'r neilltu, naill ochr.

asinine, *a.* asynnaidd, hurt, dwl.

ask, *v.* gofyn, holi.

askance, *ad.* ar gam, â llygad traws, gan amau.

askew, *a.* ar gam, ar letraws, gwyrgam.

aslant, *ad.* ar y naill ochr, ar ei ogwydd.

asleep, *a. ad.* yn cysgu.

aslope, *ad.* ar lechwedd, ar naill ochr, ar ei ogwydd.

asp, *n.* math o sarff, asb, neidr yr Aifft.

asparagus, *n.* merllys, llysiau'r dyfrglwyf.

aspect, *n.* ymddangosiad, agwedd.

aspen, *n.* aethnen.

asperity, *n.* 1. llymder, gerwindeb.

    2. anhawster.

asperse, *v.* gwaradwyddo, athrodi, sarhau, amharchu.

aspersion, *n.* difrïad, cyhuddiad (ar gam), enllib.

asphalt, *n.* pyg caled, asffalt.

asphodel (bog), *n.* math o blanhigyn, llafn y bladur.

asphyxia, *n.* mygfa, tagfa, myctod, asfficsia.

asphyxiate, *v.* mygu, mogi, tagu.

aspidestra, *n.* asbidestra (blodyn).

aspirant, *n.* ymgeisydd.

aspirate, *n.* y llythyren *h,* sain anadlol. *v.* ynganu'r *h* wrth siarad.

aspirated, *a.* anadlog, anadlol.

aspiration, *n.* 1. dyhead, ymgais (am beth gwell).

    2. anadliad (*phonetics*).

aspire, *v.* dyheu, arofun, ymgeisio.

aspirin, *n.* asbirin.

asquint, *ad.* yn llygatraws, ar letraws.

ass, *n.* asyn, asen.

assail, *v.* ymosod (ar), dyfod ar warthaf.

assailant, *n.* ymosodwr.

assassin, *n.* llofrudd, bradlofrudd, lleiddiad.

assassinate, *v.* llofruddio.

assassination, *n.* llofruddiaeth.

assault, *n.* rhuthr, ymosodiad. *v.* rhuthro ar, ymosod, dwyn cyrch.

assay, *n.* prawf. *v.* profi (meteloedd).

assemblage, *n.* crynhoad, casgliad, cynulliad.

assemble, *v.* 1. casglu, ymgynnull.

    2. cydosod.

assembly, *n.* 1. cynulliad, cyfarfod, cymanfa.

    2. cydosodiad.

assent, *n.* cydsyniad, caniatâd. *v.* cydsynio, cytuno, caniatáu.

assert, *v.* haeru, honni, taeru.

assertion, *n.* haeriad, honiad.

assertive, *a.* pendant, haerllug, yn honni.

assertiveness, *n.* pendantrwydd, haerllugrwydd.

assess, *v.* prisio, nodi gwerth.

assessment, *n.* trethiad, prisiad.

assessor, *n.* prisiwr, trethwr, aseswr.

asset, *n.* caffaeliad, ennill.

assets, *np.* eiddo, da, meddiannau, ased (*pl.* asedion).

asseverate, *v.* datgan ar lw, tyngu.

assiduity, *n.* diwydrwydd, dyfalwch, gweithgarwch.

assiduous, *a.* dyfal, diwyd, prysur, gweithgar.

assign, *v.* 1. trosglwyddo.

    2. priodoli, pennu.

assignation, *n.* trefniad, penodiad.

assignment, *n.* 1. trosglwyddiad.

    2. peth wedi ei neilltuo.

assimilate, *v.* gwneud yn debyg, cymathu, cydweddu.

assimilation, *n.* cymathiad, cydweddiad.

assist, *v.* cynorthwyo, helpu.

assistance, *n.* cynhorthwy, cymorth, help.

assistant, *n.* cynorthwywr, helpwr.

assize, *n.* brawdlys, llys barn, cwrt.

associate, *n.* cydymaith, aelod o gymdeithas. *v.* cymdeithasu, cydfod.

association, *n.* cymdeithas, cymdeithasiad, cydfodaeth, cymdeithasfa.

assonance, *n.* tebygrwydd sain rhwng dwy sillaf, cysain.

assort, *v.* trefnu, dosbarthu.

assortment, *n.* amrywiaeth.

assuage, *v.* lleddfu, lliniaru.

assume, *v.* cymryd (ar), cymryd yn ganiatâol, tybio.

assumption, *n.* 1. tyb, tybiaeth.
   2. bwriant.
assumptive, *a.* yn ganiataol, honiadol, tybiedig.
assurance, *n.* sicrwydd, hyder.
assure, *v.* sicrhau, gwarantu, siwrhau.
Assyrian, *n.* Asyriad, brodor o Asyria.
aster, *n.* aster, sêr-flodyn, serennig.
asterisk, *n.* seren (*).
asteroid, *n.* planed. *a.* ar ffurf seren.
astern, *ad.* yng nghefn, tua chefn llong, y tu ôl.
asthma, *n.* diffyg anadl, asma, y fogfa.
astigmatism, *n.* diffyg ar lygad, astigmatiaeth.
astir, *ad.* yn symud, ar waith.
astonish, *v.* synnu, rhyfeddu.
astonishing, *a.* syn, rhyfeddol.
astonishment, *n.* syndod, rhyfeddod.
astound, *v.* syfrdanu, synnu.
astral, *a.* fel sêr, yn ymwneud â'r sêr.
astray, *ad.* ar gyfeiliorn, yn crwydro.
astride, *ad.* ag un goes bob ochr, â'r coesau ar agor, ar led.
astringent, *a.* rhwymol, yn rhwymo'r corff. *n.* moddion rhwymo'r corff.
astrologer, *n.* sêr-ddewin, astrologydd.
astrology, *n.* sêr-ddewiniaeth, astroleg.
astronautics, *np.* gwyddor hedfan yn y gwagle.
astronomer, *n.* seryddwr, astromiwr.
astronomical, *a.* seryddol, yn ymwneud â sêr.
astronomy, *n.* seryddiaeth.
astute, *a.* craff, cyfrwys, sylwgar.
astuteness, *n.* craffter, cyfrwystra.
asunder, *ad.* yn ddarnau, oddi wrth ei gilydd, ar wahân.
asylum, *n.* 1. noddfa.
   2. gwallgofdy, ysbyty'r gwan ei feddwl.
asymmetry, *n.* anghymesuredd.
asymmetric, *a.* anghymesur, anghydffurf.
asymptote, *n.* asymtot.
at, *prp.* yn, wrth, ger, ar, am.
atavism, *n.* 1. tebygrwydd i gyndadau pell.
   2. dychweliad clefyd.
atheism, *n.* annuwiaeth, anffyddiaeth, atheistiaeth.
atheist, *n.* anffyddiwr.
atheistic, *a.* anffyddol.
athirst, *a.* sychedig, awchus, awyddus.
athlete, *n.* campwr, mabolgampwr.
athletic, *a.* 1. mabolgampaidd, athletig, athletaidd.
   2. cadarn, nerthol.

athletics, *np.* mabolgampau, campau.
athwart, *ad. prp.* ar draws.
atlas, *n.* atlas, cyfrol o fapiau.
atmosphere, *n.* awyrgylch, naws.
atmospheric, *a.* awyrol, yn ymwneud ag awyrgylch, atmosfferig.
atmospherics, *np.* ymyrraeth trydanol â radio.
atoll, *n.* craig gwrel gron yn amgau lagŵn, atol.
atom, *n.* atom, mymryn, rhithyn, temig.
atomic, *a.* atomig.
   ATOMIC WEIGHT, pwys atomig.
atomician, *n.* atomegydd, atomegwr.
atomise, *v.* rhannu'n atomau, atomeiddio.
atomiser, *n.* offeryn chwistrellu, chwistrell.
atomism, *n.* atomiaeth, y gred taw'r atom yw hanfod mater.
atone, *v.* gwneuthur iawn.
atonement, *n.* iawn, cymod.
   THE ATONEMENT, Yr Iawn.
   DAY OF ATONEMENT, Dydd y Farn.
atop, *ad.* ar ben, ar gopa.
atrocious, *a.* erchyll, anfad, echryslon.
atrocity, *n.* erchylltra, ysgelerder.
atrophy, *n.* nychdod, annhyfiant. *v.* nychu, dihoeni, llesgáu.
attach, *v.* cydio (wrth), glynu.
attaché, *n.* trwyddedwr llysgenhadaeth.
attaché-case, *n.* bag llaw.
attachment, *n.* ymlyniad, hoffter.
attack, *n.* ymosodiad, cyrch. *v.* ymosod (ar), dwyn cyrch.
attacker, *n.* ymosodwr.
attain, *v.* cyrraedd, cael, ennill.
attainable, *a.* o fewn cyrraedd.
attainder, *n.* canlyniadau dedfryd, collfarniad, gwarth, adendro.
attainment, *n.* cyrhaeddiad, cymhwyster.
attaint, *v.* difeddiannu (un a ddedfrydwyd).
attempt, *n.* ymgais, cynnig. *v.* ymgeisio, cynnig, ymdrechu, anelu.
attend, *v.* 1. sylwi, dal sylw.
   2. gweini ar, gwasanaethu.
   3. bod yn bresennol, mynychu.
attendance, *n.* 1. gwasanaeth.
   2. presenoldeb.
   3. cynulliad.
attendant, *n.* gwas, cynorthwywr.
attention, *n.* sylw, ystyriaeth.
   TO PAY ATTENTION, dal sylw.
attentive, *a.* astud, ystyriol, yn dal sylw.

attentiveness, *n.* bod yn dal sylw, astudrwydd, gwrandawiad.

attenuate, *v.* teneuo, lleihau.

attenuation, *n.* teneuad, lleihad.

attest, *v.* 1. tystio.
   2. ardystio.

attestation, *n.* 1. tystiolaeth.
   2. ardystiad.

attested, *a.* ardyst(iedig), wedi ei brofi.

attester, *n.* tystiwr, ardystiwr.

attic, *n.* nenlofft, nennawr, atig, ystafell do.

attire, *n.* gwisg, dillad. *v.* gwisgo, dilladu, addurno.

attitude, *n.* ymddygiad, osgo, ymarweddiad, ymagweddiad.

attorney, *n.* twrnai, cyfreithiwr, dir-prwywr.
   ATTORNEY GENERAL, Y Twrnai Gwladol.

attract, *v.* denu, hudo, tynnu.

attraction, *n.* atyniad.

attractive, *a.* atyniadol, deniadol.

attributable, *a.* i'w briodoli (i).

attribute, *n.* priodoledd, cynneddf, teithi. *v.* priodoli, cyfrif i.

attrition, *n.* 1. treuliad, rhwbiad.
   2. tristwch (am bechod).

attune, *v.* cydweddu, dwyn i gytundeb.

aubrietia, *n.* blodyn bach gwastadol, obrisia.

auburn, *a.* gwinau, coch, melynwyn, llwydwyn.

auction, *n.* arwerthiant, ocsiwn. *v.* gwerthu mewn ocsiwn.

auctioneer, *n.* arwerthwr, ocsiynydd.

audacious, *a.* hy, eofn, rhyfygus, digywilydd, beiddgar.

audacity, *n.* ehofndra, hyfdra, beiddgarwch.

audible, *a.* y gellir ei glywed, hyglyw, clywadwy.

audience, *n.* cynulleidfa, cynulliad, cyfarfyddiad ffurfiol.

audit, *n.* archwiliad. *v.* archwilio (cyfrifon).

audition, *n.* 1. gwrandawiad, prawf.
   2. clyw.

auditor, *n.* archwiliwr, archwilydd (cyfrifon).

auditorium, *n.* llawr (neuadd, etc.), lle'r gwrandawyr.

auditory, *a.* yn ymwneud â'r clyw. *n.* gwrandawyr, cynulleidfa.

auger, *n.* taradr, ebill.

aught, *n.* unpeth, dim, unrhyw beth.

augment, *v.* ychwanegu, helaethu.

augmentation, *n.* cynnydd, helaethiad, ychwanegiad.

augmentative, *a.* mwyhaol, atodol, chwanegol.

augur, *v.* argoeli, darogan. *n.* darogan-wr.

augury, *n.* arwydd, argoel, dewiniaeth.

august, *a.* mawreddog, urddasol, godidog, gwych.

August, *n.* Awst.

auk, *n.* math o aderyn y môr, awc.

aunt, *n.* modryb (boba, bodo).

aural, *a.* yn perthyn i'r glust.
   AURAL TRAINING, disgyblu'r glust.

auricle, *n.* 1. clusten, clustgell.
   2. rhan o'r galon, ceudwll y galon.

aureola, *n.* coron nefolaidd (merthyr, etc.).

aureole, *n.* eurgylch, disgleirgylch, corongylch, gogoniant.

auricular, *a.* yn perthyn i'r glust, fel clust, cyfrinachol.
   AURICULAR CONFESSION, clust-gyffes.

aurist, *n.* meddyg clustiau, clust-feddyg.

aurora, *n.* y wawr.
   AURORA BOREALIS, NORTHERN LIGHTS, goleuni'r gogledd.

auspices, *np.* nawdd, amddiffyn.

auspicious, *a.* addawol, ffafriol.

austere, *a.* gerwin, llym, garw, caled.

austerity, *n.* llymder, gerwindeb, caledwch.

austral, *a.* deheuol.

Australian, *n.* un o Awstralia, Awstraliad. *a.* Awstraliaidd.

Austrian, *n.* Awstriad. *a.* Awstriaidd.

autarchy, *n.* awtarchiaeth.

authentic, *a.* dilys, gwir, diledryw, diffuant.

authenticate, *v.* profi gwirionedd neu ddilysrwydd peth, gwireddu.

authenticity, *n.* dilysrwydd, gwirionedd, sicrwydd.

author, *n.* awdur.

authoress, *n.* awdures.

authoritative, *a* awdurdodol, ag awdurdod.

authority, *n.* awdurdod, gallu.

authorize, *v.* awdurdodi, gwarantu.
   THE AUTHORIZED VERSION OF THE BIBLE, Y Cyfieithiad Awdurdod-edig o'r Beibl (Saesneg).

autobiography, *n.* hunangofiant.

autoclave, *n.* awtoclâf.

autocracy, *n.* unbennaeth, goruchaf-iaeth, awtocratiaeth.

autocrat, *n.* unben, un sy'n rheoli heb amodau, awtocrat.

autocratic, *a.* unbenaethol, awdurdod-ol, awtocratig.

autograph, *n.* llofnod, enw (mewn ysgrifen).

autolysis, *n.* ymddatodiad.

automatic, *a.* yn symud ohono'i hunan, otomatig, awtomatig, ymysgogol.

automation, *n.* awtomateg, mecanyddiaeth, ymysgogaeth, awtomatiaeth.

automaton, *n.* peth peiriannol, awtomaton, peiriant dynol, ymysgogydd.

automobile, *n.* cerbyd modur.

autonomous, *a.* hunanlywodraethol, annibynnol, ymreolaethol.

autonomy, *n.* ymreolaeth, ymlywodraeth.

autopsy, *n.* awtopsia, archwiliad personol, post-mortem.

auto-suggestion, *n.* awgrym swyn (a ddaw oddi wrth yr un a swynir).

autosyndesis, *n.* cydgymheirio.

autumn, *n.* hydref.

auxiliary, *a.* cynorthwyol. *n.* cynorthwywr.

    AUXILIARY NOTES, nodau cynhorthwy.

avail, *n.* lles, budd, mantais. *v.* 1. tycio, bod o les.

    2. manteisio ar.

    AVAIL OF, manteisio ar.

    OF NO AVAIL, dibwrpas, ofer.

available, *a.* ar gael, ar glawr, o fewn cyrraedd.

avalanche, *n.* afalans (*pl.* -au).

avarice, *n.* trachwant, cybydd-dod.

avaricious, *a.* cybyddlyd, trachwantus.

avenge, *v.* dial, talu'r pwyth.

avenger, *n.* dialydd.

avens (wood), *n.* llysiau f'anwylyd.

avenue, *n.* rhodfa (rhwng coed).

aver, *v.* haeru, gwirio, gwireddu.

average, *n.* cyfartaledd, canol, canoliad. *a.* cyfartalog, cyffredin.

    ON AN AVERAGE, at ei gilydd, ar gyfartaledd, yn ôl yr herwydd.

averment, *n.* haeriad, gwireddiad.

averse, *a.* gwrthwynebol, yn erbyn.

aversion, *n.* 1. gwrthwynebiad, cas. 2. casbeth.

avert, *v.* gochel, troi heibio, rhwystro.

aviary, *n.* tŷ adar, adardy.

aviation, *n.* hedfan mewn awyrennau.

aviator, *n.* ehedwr, awyrennwr.

avid, *a.* awchus, gwancus, awyddus.

avidity, *n.* awydd, gwanc, awch.

avocation, *n.* galwedigaeth, gwaith, gorchwyl.

avoid, *v.* gochel, osgoi.

avoidable, *a.* y gellir ei osgoi, gochel-adwy.

avoidance, *n.* gocheliad, osgoad.

avoirdupois, *n.* pwysau Prydeinig.

avouch, *v.* sicrhau gwirionedd neu fodolaeth, gwireddu.

avow, *v.* cydnabod, addef, cyfaddef.

avowal, *n.* addefiad, cyffesiad, cyfaddefiad.

await, *v.* disgwyl, aros.

awake, *a.* effro, ar ddi-hun. *v.* deffro, dihuno.

awaken, *v.* dihuno, deffro, deffroi.

awakening, *n.* deffroad.

award, *n.* dyfarniad, gwobr. *v.* dyfarnu, rhoddi, gwobrwyo.

aware, *a.* hysbys, ymwybodol. *v.* (*of*) ymglywed (â).

awareness, *n.* ymwybod, arwybod.

away, *ad.* i ffwrdd, ymaith, i bant.

awe, *n.* arswyd, parchedig ofn, dychryn. *v.* dychryn, dychrynu, brawychu.

awful, *a.* ofnadwy, arswydus, dychrynllyd, brawychus, erchyll.

awhile, *ad.* am ychydig (amser), ennyd, encyd.

awkward, *a.* trwsgl, lletchwith, diglem.

awkwardness, *n.* lletchwithdod, bod yn drwsgl.

awl, *n.* offeryn i wneud tyllau, mynawyd, pegol.

awn, *n.* col, cola, barf ŷd.

awned, *a.* coliog, â chol.

awning, *n.* llen i gysgodi rhag gwynt a haul, cysgodlen.

awry, *ad.* o chwith, ar gam, gwyrgam.

axe, *n.* bwyell, bwyall.

axil, *n.* cesail, cil.

axilla, *n.* cesail.

axillary, *a.* ceseilaidd.

axiom, *n.* gwireb, gwirionedd amlwg, acsiom.

axiomatic, *a.* fel gwireb, gwirebol, acsiomatig.

axis, *n.* llinell (ddychmygol), echel, echelin.

    AXES OF REFERENCE, llinellau lleoli.

axle, *n.* bar i olwyn droi arno, echel.

ay, *int.* ie.

aye, *ad.* 1. am byth, bob amser, yn wastadol. 2. ie.

azure, *a.* asur, glas. *n.* glas y ffurfafen.

B

babble, n. baldordd, cleber, v. baldorddi, clebran, bablan.
babbler, n. clebryn, baldorddwr, bablwr.
babe, n. baban, babi.
babel, n. cymysgedd (o sŵn), terfysg, dwndwr.
baboon, n. babŵn.
baby, n. baban, babi.
babyhood, n. babandod, mabandod.
baby-sitter, n. gofalwr babanod (pan fydd y rhieni i maes).
bacchanalian, a. meddw, gloddestol. n. gloddestwr, meddwyn.
bachelor, n. 1. dyn di-briod, hen lanc. 2. baglor (prifysgol).
bacillus, n. bacilws, hedyn afiechyd.
back, n. 1. cefn, tu ôl.
    2. cefnwr, olwr.
    3. cymorth, cynhaliaeth.
    v. 1. cefnogi, cynnal.
    2. cilio'n ôl, peri i gilio'n ôl, gwrthdroi. ad. yn ôl, yn wysg y cefn.
    BACK OF NECK, gwegil, gwar.
backbite, v. enllibio, absennu, athrodi.
backbone, n. asgwrn cefn, cadernid.
back-chain, n. cadwyn ystrodur, carwden, cefndres.
backcross, n. olgroesiad.
backdoor, n. drws y cefn.
backfire, n. ffrwydrad (cyn pryd).
backgammon, n. math o gêm (tebyg i wyddbwyll).
background, n. cefndir.
backhanded, a. gwatwarus, annheg.
backing, n. 1. cymorth.
    2. symudiad yn ôl.
backslide, v. gwrthgilio, ymadael â, cwympo i bechod.
backslider, n. gwrthgiliwr.
backsliding, n. gwrthgiliad, enciliad.
backward, ad. yn ôl, ar ôl, hwyrfrydig. a. araf, twp.
    BACKWARD CHILDREN, plant araf.
backwardness, n. diffyg cynnydd, bod ar ôl, arafwch.
backwards, ad. tuag yn ôl, llwrw ei gefn, wysg ei gefn.
backwater, n. 1. adlif.
    2. cilfach.
bacon, n. cig moch, bacwn.
bacteriology, n. bacterioleg.
bacterium, n. hedyn afiechyd, bacteriwm.
bad, a. drwg, gwael, sâl, anfad, ysgeler.
    AS BAD, cynddrwg.

badge, n. bathodyn, medal.
badger, n. mochyn daear, broch. v. poeni, blino.
badinage, n. ysmaldod, cellwair.
badminton, n. math o chwarae â raced, badminton.
badness, n. drwg, drygedd, drygioni.
baffle, v. drysu, rhwystro, trechu.
bag, n. cwd, cwdyn, cod. v. dal, dodi mewn cwdyn.
bagatelle, n. chware tebyg i filiard, bagatél.
baggage, n. pac, taclau, celfi.
baggy, a. llydan, llac, codog.
bagpipe, n. y pibau, bacbib, offeryn chwyth.
bah, int. pw ! twt y baw !
bail, bale, v. gwacáu (o ddŵr).
bail, n. 1. mechnïaeth, meichiau.
    2. beil (criced). v. mechnïo, mynd yn feichiau, rhyddhau.
bailey, n. beili (castell), iard castell.
bailie, n. henadur (yn yr Alban).
bailiff, n. beili, hwsmon.
bailiwick, n. beilïaeth.
bairn, n. plentyn.
bait, n. llith, abwyd. v. 1. abwydo.
    2. bwyda.
    3. baeddu, baetio.
baize, n. beis, lliain gwlanog, brethyn cedenog, baeas.
bake, v. pobi, crasu.
bakelite, n. beceleit.
baker, n. pobydd.
bakehouse, bakery, n. popty.
bakestone, n. gradell, gridill, llechfaen.
balance, n. 1. clorian, tafol, mantol.
    2. cydbwysedd.
    3. gweddill.
    v. 1. mantoli, pwyso.
    2. cydbwyso, cadw cydbwysedd.
    TO BALANCE THE ACCOUNT, mantoli'r cyfrifon.
    BALANCE OF POWER, cymantoledd gallu.
balanced, a. cytbwys.
balance-beam, n. honglath, bar tafol (clorian).
balance-sheet, n. mantolen.
balcony, n. balcon, oriel.
bald, a. moel, heb wallt, etc.
balderdash, n. baldordd, dyli, ffwlbri.
baldness, n. moelni.
bale, n. 1. swp, bwndel, bwrn.
    2. drwg, gwae. v. sypynnu, bwndelu, gwneud byrnau.
    TO BALE OUT, disgyn mewn parasiwt.

baleful, *a* .dinistriol, niweidiol, atgas, cas.
baler, *n.* byrnwr, peiriant clymu gwair, etc.
balk, *n.* 1. trawst.
  2. rhwystr.
  3. tir heb ei droi, balc.
  v. 1. rhwystro, siomi.
  2. balcio.
ball, *n.* 1. pêl, pelen.
  2. dawns.
  BALL OF THE FOOT, pelen y droed,
ballad, *n.* baled.
ballast, *n.* balast. *v.* sefydlogi, balastu.
ball-bearing, *n.* clud-bêl (*pl.* clud-belenni).
ballet, *n.* bale.
  BALLET DANCERS, dawnsgor.
ball-race, *n.* pelres.
ballroom, *n.* neuadd ddawnsio.
balloon, *n.* balŵn.
ballot, *n.* pleidlais ddirgel, balot, tugel.
ballyhoo, *n.* cyhoeddusrwydd cam-arweiniol neu aflednais.
balm, *n.* balm, moddion lleddfu poen.
balmy, *a.* balmaidd, mwyn.
balsam, *n.* 1. balm, balsam, ennaint.
  2. ffromlys (planhigyn).
baluster, *n.* canllaw, pyst y ganllaw, balustr.
balustrade, *n.* canllaw ar falconi, etc.
bamboo, *n.* bambŵ, corsen y trofannau.
bamboozle, *v.* twyllo, chwarae cast, llygatynnu.
ban, *n.* gwaharddiad, ysgymundod.
  v. gwahardd, ysgymuno.
banal, *a.* cyffredin, gwael, o radd isel, gwag.
banality, *n.* cyffredinedd, gwagedd.
banana, *n.* banana.
band, *n.* 1. rhwymyn.
  2. mintai, cwmni bychan.
  3. seindorf, cerddorfa.
  v. 1. rhwymo.
  2. ymuno.
bandage, *n.* rhwymyn, bandais.
  v. rhwymo.
bandbox, *n.* bocs hetiau, bambocs.
bandit, *n.* ysbeiliwr, lleidr.
bandoleer, *n.* gwregys i gario ergydion.
bandy, *a.* cam. *v.* ymryson, cyfnewid (geiriau, etc.). *n.* math o chwarae tebyg i hoci, bando, bandi.
bandy-legged, *a.* â choesau cam, coesgam, bongam, bergam.
bane, *n.* 1. gwenwyn.
  2. dinistr, melltith.
baneful, *a.* 1. gwenwynig.
  2. dinistriol.

bang, *n.* ergyd, sŵn mawr. *v.* curo, bwrw, gwneud sŵn mawr.
bangle, *n.* breichled.
banish, *v.* alltudio, deol, gyrru o'i wlad.
banishment, *n.* alltudiaeth, deholiad.
banister, *n.* see *baluster.*
banjo, *n.* math o offeryn cerdd, banjô, bandôr.
bank, *n.* 1. glan (afon), torlan.
  2. twmpath, bryncyn, twyn. clawdd.
  3. banc, ariandy. *v.* pentyrru.
banker, *n.* bancwr.
bank-note, *n.* nodyn banc, addaweb, arian papur.
bankrupt, *n.* methdalwr, un wedi torri.
bankruptcy, *n.* methdaliad.
banksman, *n.* arolygwr pen pwll, bancwr.
banner, *n.* baner, lluman, fflag.
banns, *np.* gostegion (priodas).
banquet, *n.* gwledd. *v.* gwledda.
banshee, *n.* ellyll, ysbryd drwg, bwgan.
bantam, *n.* coriar, bantam.
banter, *n.* cellwair, smaldod. *v.* cellwair, smalio.
bantling, *n.* plentyn (ifanc).
baptism, *n.* bedydd.
baptismal, *a.* bedyddiol, bedydd.
Baptist, *n.* Bedyddiwr.
  STRICT BAPTIST, caethgymunwr.
baptistry, *n.* bedyddfan, bedyddfa, lle bedydd.
baptize, *v.* bedyddio.
bar, *n.* 1. bollt.
  2. bar, mesur (miwsig).
  3. trosol, bar (haearn).
  4. rhwystr.
  5. twmpath tywod.
  v. atal, rhwystro, bolltio, eithrio.
  CALLED TO THE BAR, gwneud yn fargyfreithiwr.
barb, *n.* bach, gafaelfach, adfach.
  BARBED WIRE, barben, gwifren fachog, gwifren bigog.
barbarian, *n.* anwariad, barbariad.
barbaric, *a.* barbaraidd, anwar.
barbarism, *n.* barbariaeth.
barbarity, *n.* creulondeb, barbareidd-iwch.
barbarous, *a.* anwar, barbaraidd.
barbed, *a.* pigog, bachog.
barber, *n.* barbwr, eilliwr.
barbican, *n.* rhagfur, amddiffynfa allanol.
barbule, *n.* deintell.
bard, *n.* bardd, prydydd.
  CHAIRED BARD, bardd y gadair.
  CROWNED BARD, bardd y goron.

bardic, *a.* barddol.

BARDIC LORE, barddas.

bardism, *n.* barddas, celfyddyd cerdd dafod.

bare, *a.* noeth, moel, llwm, prin. *v.* noethi, diosg, dinoethi.

bare-back, *ad.* heb gyfrwy.

barefaced, *a.* digywilydd, haerllug, eofn.

barefooted, *a.* troednoeth.

bareheaded, *a.* heb ddim ar y pen, pennoeth.

barelegged, *a.* â'r coesau'n noeth, coesnoeth.

barely, *ad.* prin, o'r braidd.

bareness, *n.* moelni, noethni, prinder.

bargain, *n.* bargen, cytundeb. *v.* bargeinio, bargenna.

barge, *n.* bad mawr, ysgraff, cwch fflat.

bargee, *n.* ysgraffwr, rhwyfwr bad, cychwr.

baritone, *n.* baritôn.

barium, *n.* un o'r metelau elfennol, bariwm.

bark, *n.* 1. cyfarthiad.

2. rhisgl, pil.

3. llong, bad, barc.

v. 1. cyfarth.

2. rhisglo, pilio.

barker, *n.* 1. barcer, cwriwr.

2. ci sy'n cyfarth.

barley, *n.* haidd, barlys.

barley-meal, *n.* blawd haidd.

bar-line, *n.* llinell mesur, llinell bar.

barm, *n.* burum, berem, berman.

barn, *n.* ysgubor.

barnacle, *n.* 1. cragen llong.

2. un anodd ei osgoi.

3. gŵydd wyllt.

barnacles, *np.* 1. gefel trwyn.

2. sbectol.

barometer, *n.* hinfynegydd, baromedr.

barometric, *a.* baromedrol, hinfynegol, baromedrig.

baron, *n.* barwn.

baronage, *n.* barwniaeth.

baroness, *n.* barwnes, arglwyddes.

baronet, *n.* barwnig.

baronetcy, *n.* urdd barwnig, swydd barwn.

baronial, *a.* barwnol.

barony, *n.* tir barwn, barwniaeth, barwni.

barque, *n.* llong, bad, barc.

barrack, *v.* 1. gwawdio, hwtio.

2. dodi mewn gwersyll.

barracks, *n.* gwersyll milwrol.

barrage, *n.* argae, clawdd, mur o dân (gynnau).

barrel, *n.* baril, hocsed, cerwyn, casgen, celwrn.

barren, *a.* diffrwyth, hesb, llwm, gwag, anghyfeb.

BARREN COW, myswynog.

barrenness, *n.* diffrwythdra, llymdra, gwacter, anghyfebrwydd.

barricade, *n.* gwrthglawdd, rhwystr. *v.* gwrthgloddio, cau am.

barrier, *n.* rhwystr, terfyn, ffin.

BARRIER REEF, barriff.

barring, *prp.* ac eithrio, oddieithr.

barrister, *n.* bargyfreithiwr.

barrow, *n.* 1. berfa, whilber.

2. crug claddu, tomen, carn.

barter, *v.* cyfnewid, ffeirio.

basal, *a.* cynsail.

basalt, *n.* math o graig lwyd-ddu neu gochddu, basalt.

base, *a.* isel, gwael, distadl, diwerth, ffug, basig.

n. 1. sylfaen, bôn, bas, gwreiddyn (*gram.*).

2. man cychwyn. *v.* seilio.

BASES AND SALTS, basau a halwynau.

base-ball, *n.* bas-bêl, gêm genedlaethol yr Unol Daleithiau.

baseless, *a.* di-sail, heb sail.

basement, *n.* llawr isaf.

bash, *v.* taro, darnio, pwnio, dyrnodio.

bashful, *a.* swil, â chywilydd, gwylaidd.

bashfulness, *n.* swildod, gwyleidd-dra.

basic, *a.* sylfaenol, basig.

basicity, *n.* basigrwydd, bod yn sylfaen.

basilica, *n.* neuadd, eglwys, llys.

basilisk, *n.* ymlusgiad chwedlonol, brenhinsarff, ceiliog neidr, y fad felen.

basin, *n.* 1. basn, cawg.

2. tir o boptu afon, dyffryn, basn.

basinful, *n.* basnaid, llond basn.

basis, *n.* sail, sylfaen.

bask, *v.* torheulo, dinoethi i'r haul.

basket, *n.* basged, cawell.

basket-ball, *n.* rhwydo pêl, math o chwarae pêl.

basketful, *n.* basgedaid, llond basged.

basket-work, *n.* gwneud basgedi neu gewyll, plethwaith gwiail, basgedwaith.

bas-relief, *n.* noddwaith bas, cerflun bas, basgerfiad, basgerflun, baslun.

bass, *n.* 1. bas, llais bas.

2. math o bysgodyn.

bass clef, *n.* allwedd y bas, cleff y bas.

bassoon, *n.* baswn, offeryn chwyth.

bast, *n.* 1. rhisgl (mewnol). 2. rhaff neu fat ohono.

bastard, *n.* 1. plentyn gordderch, bastard.
  2. peth cymysgryw.
  BASTARD STRANGLES, ffug-ysgyfaint.

baste, *v.* 1. ireidio cig, seimio, bastio.
  2. brasbwytho, braswnïo.
  3. curo, bwrw, taro.

bastion, *n.* gwrthglawdd, rhagfur, gwal gryfhau.

bat, *n.* 1. ystlum, slumyn.
  2. bat (criced, etc.). *v.* bato, batio.

batch, *n.* 1. ffyrnaid, pobaid.
  2. sypyn, twr.

bath, *n.* baddon, ymdrochle, bath.
  SHOWER BATH, baddon cawad (cawod).

bathe, *v.* ymdrochi, baddo, golchi.

bathetic, *a.* affwysol, bathetig.

bathos, *n.* affwysedd, bathos, disgyniad (annaturiol).

bathroom, *n.* ystafell ymolchi.

batman, *n.* gwas (i swyddog).

baton, *n.* batwn, ffon arweinydd.

batsman, *n.* batwr (mewn criced, etc.).

battalion, *n.* bataliwn.

batten, *n.* astell, estyllen. *v.* 1. hoelio.
  2. tewhau, pesgi.

batter, *n.* defnydd ffroes (neu grempog), etc. *v.* curo, dyrnodio, pwnio.

battery, *n.* 1. batri, celloedd trydan.
  2. bateri, magnelfa.

batting-crease, *n.* llinell-fato (mewn criced, etc.).

battle, *n.* brwydr, cad.

battle-axe, *n.* cadfwyell, bwyell ddaufiniog.

battle-cry, *n.* cadlef, cadfloedd, rhyfelgri.

battledore, *n.* 1. bat, raced.
  2. gêm a chwaraeir â raced.

battlement, *n.* mur uchaf amddiffynfa, bwlch y gaer.

battleship, *n.* llong ryfel, cadlong.

bauble, *n.* tegan, oferbeth, ffon ffŵl.

bawdy, *a.* anniwair, brwnt, aflan, gwael.

bawl, *v.* gweiddi, bloeddio, crio, crochlefain.

bay, *n.* 1. bae, cilfach.
  2. cri cŵn.
  3. llawryf, math o bren.
  a. gwinau. *v.* cyfarth.
  TO KEEP AT BAY, cadw draw.

bayonet, *n.* bidog, baginet.

bay-window, *n.* ffenestr bae, ffenestr gron.

bazaar, *n.* basâr, marchnadle, ffair nwyddau.

be, *v.* bod.
  HE HAS BEEN, y mae ef wedi bod.

beach, *n.* traeth, glan y môr.

beacon, *n.* coelcerth, gwylfa, arwydd.
  LIGHTED BEACONS, goleuadau croesfan.

bead, *n.* 1. glain.
  2. diferyn, dafn.
  BEADS, gleiniau, paderau.

beading, *n.* gleiniad, addurn.

beadle, *n.* plwyfwas, bedel.

beadsman, *n.* gweddïwr (tâl), gweddïwr dros arall.

beagle, *n.* ci hela bach, helgi bach, ci hela cwningod.

beak, *n.* pig, gylfin.

beaker, *n.* bicer, cwpan, llestr diod.

beam, *n.* 1. trawst, dist, bêm.
  2. pelydryn, paladr.
  3. honglath.
  v. pelydru, gwenu.

bean, *n.* ffäen, ffeuen.
  RUNNER BEAN, ffäen goch, ffäen ddringo.

bear, *n.* arth, arthes. *v.* 1. cludo, ymddŵyn.
  2. goddef.

beard, *n.* 1. barf.
  2. col ŷd.

bearded, *a.* barfog, â barf.

bearer, *n.* cludwr, cludydd, cariwr.

bear-garden, *n.* lle yn llawn terfysg, bedlam, rhialtwch.

bearing, *n.* 1. ymddygiad, ymarweddiad.
  2. traul.
  3. atgyfeiriad.

bearish, *a.* garw, sarrug, anfoneddigaidd.

beast, *n.* bwystfil, anifail.
  BEASTS OF THE FIELD, anifeiliaid y maes.

beastliness, *n.* bryntni, ffieidd-dra, ysgymundod.

beastly, *a.* bwystfilaidd, atgas, ffiaidd.

beat, *n.* 1. curiad.
  2. tro, rownd.
  v. curo, gorchfygu, maeddu, pwnio, cledro, trechu.
  BEAT ABOUT THE BUSH, chwarae â'r peth.

beatific, *a.* gwynfydedig, bendigaid.

beatify, *v.* gwneud yn wynfydedig, bendigo.

beating, *n.* 1. curiad.
  2. curfa, cosfa.

beatitude, *n.* gwynfyd.
  THE BEATITUDES, Y Gwynfydau.

beau, *n.* coegyn, un coegfonheddig, un ffasiynol.

beauteous, *a.* teg, glân, prydferth, pert, hardd.

beautiful, *a.* prydferth, teg, del, hardd, pert, glân.

beauty, *n.* prydferthwch, tegwch, harddwch, glendid.

beaver, *n.* afanc, llostlydan.

becalm, *v.* dihwylio, tawelu, llonyddu.

because, *c.* oherwydd, oblegid, o achos, gan, am.

beck, *n.* 1. amnaid, awgrym.
   2. nant, afonig.

beckon, *v.* amneidio, galw (trwy arwydd).

becloud, *v.* cymylu, tywyllu.

become, *v.* 1. mynd yn.
   2. gweddu i.

becoming, *a.* gweddus, cymwys, priodol.

bed, *n.* gwely. *v.* gwelyo.

bedabble, *v.* gwlychu, difwyno, baeddu.

bedaub, *v.* difwyno, baeddu, amharu.

bedchamber, *n.* ystafell wely.

bedclothes, *n.* dillad gwely.

bedding, *n.* dillad gwely.

bedeck, *v.* addurno, harddu, prydferthu.

bedfellow, bedmate, *n.* cywely, partner gwely, cyd-gysgwr.

bedlam, *n.* 1. gwallgofdy.
   2. cynnwrf, terfysg, rhialtwch.

bedouin, *n.* Arab (y diffeithwch). *a.* crwydrol.

bedraggled, *a.* wedi difwyno, wedi trochi.

bedridden, *a.* yn cadw gwely, gorweiddiog.

bedrock, *n.* sylfaen, creigwely.

bedroom, *n.* ystafell wely.

bedside, *n.* erchwyn gwely.

bedsore, *n.* briw gorwedd.

bedspread, *n.* cwrpan (gwely).

bedstead, *n.* ffrâm gwely.

bedtime, *n.* amser gwely.

bee, *n.* gwenynen.
   SPELLING-BEE, cystadleuaeth sillafu.
   BEE-LINE, y ffordd fyrraf, llwybr llygad.

beech, *n.* ffawydden.

beechmast, *n.* ffrwyth y ffawydden.

beef, *n.* cig eidion.

beehive, *n.* cwch gwenyn.

beer, *n.* cwrw.

beeswax, *n.* cwyr gwenyn.

beet, *n.* betysen, betys, melged.

beetle, *n.* 1. chwilen.
   2. gordd.

befall, *v.* digwydd.

befit, *v.* gweddu i, bod yn addas i.

befool, *v.* twyllo, gwneud ffŵl o.

before, *prp.* cyn, o flaen, gerbron. *ad.* cynt, o'r blaen.
   AS BEFORE, fel o'r blaen.
   NEITHER BEFORE NOR AFTER, na chynt na chwedyn.

beforehand, *ad.* ymlaen llaw.

befriend, *v.* cynorthwyo, noddi, llochesu.

befoul, *v.* difwyno, trochi.

beg, *v.* erfyn, ymbil, deisyf, cardota.
   TO BEG THE QUESTION, rhagdybio'r ateb.

beget, *v.* cenhedlu, cynhyrchu, peri.

beggar, *n.* cardotyn.

beggarly, *a.* tlodaidd, gwael, anghenus, tlawd, truan.

begin, *v.* dechrau.

beginner, *n.* dechreuwr.

beginning, *n.* dechreuad.

begone, *int.* bant â thi ! ffwrdd â thi ! dos !

begrudge, *v.* anfodloni, eiddigeddu, cenfigennu.

beguile, *v.* 1. twyllo.
   2. difyrru (amser).
   3. denu, hudo.

behalf, *n.* plaid, tu.
   ON BEHALF OF, ar ran.

behave, *v.* ymddwyn, actio, bod yn weddus (neu anweddus).

behaviour, *n.* ymddygiad, ymarweddiad.

behaviourism, *n.* ymddygiaeth.

behead, *v.* torri pen.

behest, *n.* arch, gorchymyn, cais.

behind, *prp.* tu ôl, y tu cefn. *ad.* ar ôl, diweddar, yn hwyr.
   TO BE BEHIND, bod ar ôl.

behindhand, *ad.* ar ôl yr amser, diweddar.

behold, *v.* edrych ar, gweled. *int.* wele, dyma, dyna.

behove, *v.* bod yn rhwymedig ar.

beige, *n.* math o frethyn gwlanog, beis.

being, *n.* 1. bod, hanfod, bodolaeth.
   2. bod dynol, creadur, bodolyn.
   THE SUPREME BEING, y Bod Mawr.

belabour, *v.* curo, baeddu, taro.

belated, *a.* diweddar, hwyr.

belch, *n.* bytheiriad, yr act o yrru allan. *v.* bytheirio, bwrw i maes.

beleaguer, *v.* gwarchae ar, amgylchynu.

belfry, *n.* clochdy, twr y gloch, llofft y gloch.

belga, *n.* arian Belg.

Belgian, *n.* brodor o Wlad Belg, Belgiad. *a.* Belgaidd.

28

belie, *v.* anwireddu, anwirio, rhoi argraff anghywir.

belief, *n.* cred, coel.
   BELIEFS, daliadau.

believable, *a.* credadwy.

believe, *v.* credu, coelio.

believer, *n.* credwr, credadun.

belittle, *v.* bychanu, dibrisio.

bell, *n.* cloch.
   TO RING THE BELL, canu'r gloch.

belladonna, *n.* codwarth.

belle, *n.* merch bert, rhiain dlos.

belles-lettres, *np.* llên, llenyddiaeth gain.

bellicose, *a.* cwerylgar, ymrafaelus, rhyfelgar.

belligerent, *a.* rhyfelgar, cecrus, cwerylgar.

bellow, *v.* rhuo, bugunad.

bellows, *np.* megin.

bell-ringer, *n.* clochydd.

belly, *n.* bol, bola, tor.

belly-band, *n.* cengl.

belong, *v.* perthyn, bod yn eiddo i.

belongings, *np.* eiddo, meddiannau, da.

beloved, *a.* annwyl, cu, hoff. *n.* anwylyd, cariad.

below, *prp.* o dan. *ad.* isod, obry, islaw.
   FROM BELOW, oddi isod.

belt, *n.* 1. gwregys.
   2. rhanbarth, cylch, strimyn.

bemoan, *v.* galaru am, hiraethu am.

bench, *n.* mainc, bord, sedd hir.

bencher, *n.* meinciwr.

bend, *n.* tro, plyg. *v.* plygu, crymu, gwyro.

beneath, *prp.* o dan, islaw. *ad.* isod, obry.
   FROM BENEATH, oddi tan.

benedictine, *a. n.* (mynach) yn perthyn i urdd Sant Benedict.

benediction, *n.* bendith, y fendith apostolaidd.

benedictory, *a.* bendithiol, yn dwyn bendith.

benefaction, *n.* cymwynas, anrheg, rhodd.

benefactor, *n.* cymwynaswr, noddwr.

benefice, *n.* bywoliaeth eglwysig.

beneficence, *n.* haelioni, daioni.

beneficent, *a.* haelionus, daionus.

beneficial, *a.* buddiol, llesol, yn dwyn elw.

beneficiary, *n.* 1. un sy'n derbyn (lles neu elw).
   2. un sy'n dal swydd eglwysig.

benefit, *n.* lles, budd, budd-dâl, elw, ennill.
   v. 1. manteisio, elwa, ennill.
   2. llesáu, noddi.

benevolence, *n.* caredigrwydd, ewyllys da, cymwynasgarwch ; treth wirfodd.

benevolent, *a.* daionus, haelionus, caredig.

benighted, *a.* wedi ei oddiweddu gan dywyllwch, tywyll.

benign, *a.* mwyn, rhadlon, hynaws, tirion.

benignant, *a.* mwyn, rhadlon.

benignity, *n.* hynawsedd, mwyneidddra, tiriondeb, rhadlonrwydd.

bent, *n.* tuedd, gogwydd. *a.* cam, gwyrgam, plygedig, crwca.

benumb, *v.* fferru, gwneud yn ddiffrwyth, parlysu.

benzene, *n.* hylif a geir o lo, bensen.

bequeath, *v.* cymynnu, gadael mewn ewyllys.

bequest, *n.* cymynrodd, rhodd mewn ewyllys.

bereave, *v.* amddifadu, colledu.

bereavement, *n.* colled (trwy farwolaeth).

beret, *n.* cap bach, bere.

berry, *n.* ffrwyth.
   BERRIES, aeron, grawn, had.

berth, *n.* 1. lle i long.
   2. lle i gysgu ar long neu drên.
   3. swydd, safle. *v.* sicrhau llong yn ei lle.

beryl, *n.* math o faen gwerthfawr amryliw, beryl.

beseech, *v.* deisyf, erfyn, crefu.

beseem, *v.* gweddu, bod yn addas, bod yn weddaidd.

beset, *v.* amgylchynu, ymosod, rhwystro.

beshrew, *v.* melltithio, rhegi.

beside, *prp.* gerllaw, yn ymyl, wrth.
   BESIDE ONESELF, o'i bwyll, yn amhwyllo.

besides, *ad.* heblaw. *prp.* gyda.

besiege, *v.* gwarchae (ar), amgylchu.

besmirch, *v.* pardduo, llychwino.

besom, *n.* ysgubell.

bespatter, *v.* 1. difrïo, pardduo.
   2. difwyno, trochi.

bespeak, *v.* 1. trefnu ymlaen llaw.
   2. arwyddo.

best, *a.* gorau.
   BEST MAN, gwas priodas.
   LEVEL BEST, gorau glas.

bestial, *a.* bwystfilaidd, ffiaidd, brwnt.

bestiality, *n.* bwystfileidd-dra, ffieidddra, bryntni, aflendid.

bestir, *v.* ymysgwyd, ymrwystro, cyffro.

bestow, *v.* anrhegu, cyflwyno.

bestowal, *n.* 1. rhoddiad, cyflwyniad.
2. yr hyn a gyflwynir.

bet, *n.* bet. *v.* betio, dal.

betake, *v.* 1. ymroddi.
2. cyrchu at, mynd.

betide, *v.* digwydd, damweinio.

betimes, *ad.* mewn pryd, yn brydlon, yn gynnar.

betoken, *v.* arwyddo, argoeli.

betony (wood), *n.* cribau Sant Ffraid.

betray, *v.* bradychu.

betrayal, *n.* brad, bradychiad.

betrayer, *n.* bradwr.

betroth, *v.* dyweddïo, addo priodi.

betrothal, *n.* dyweddïad.

better, *a.* gwell, rhagorach. *ad.* yn well.
ALL THE BETTER, gorau i gyd.
TO GET BETTER, gwella.

betterment, *n.* gwellhad, daioni.

betting, *n.* betio, dal bet.

between, betwixt, *prp.* rhwng.
FROM BETWEEN, oddi rhwng.

bevel, *n.* 1. befel, ymyl ar osgo.
2. offeryn mesur corneli, befel.

beverage, *n.* diod, peth i'w yfed.

bevy, *n.* 1. haid o adar.
2. bagad o ferched.

bewail, *v.* galaru am, cwynfan.

beware, *v.* gochel, osgoi, bod yn ofalus.

bewilder, *v.* drysu, peri penbleth.

bewildered, *a.* dryslyd, mewn penbleth.

bewilderment, *n.* dryswch, penbleth.

bewitch, *v.* rheibio, hudo, llygatynnu.

bewitching, *a.* swynol, hudol.

bey, *n.* llywodraethwr Tyrcaidd.

beyond, *prp.* dros, tu draw i, tu hwnt.

bias, *n.* 1. tuedd, rhagfarn.
2. gogwydd, pwys.
v. tueddu, gwyro.

biassed, *a.* rhagfarnllyd, tueddol.

bib, *n.* bib, lliain bron. *v.* yfed, diota, llymeitian.

bibber, *n.* yfwr, diotwr, llymeitiwr.

bibcock, *n.* tap.

Bible, *n.* Beibl.
BIBLE SOCIETY, Y Feibl Gymdeithas, Y Gymdeithas Feiblau.

Biblical, *a.* Beiblaidd.

bibliographer, *n.* llyfrydd, gwneuthurwr llyfrau.

bibliography, *n.* llyfryddiaeth, rhestr llyfrau.

bibliomania, *n.* trachwant am gyfrolau prin.

bibliomaniac, *n.* un sy'n trachwantu am lyfrau prin, un hoff o lyfrau.

bibliophile, *n.* llyfrgarwr, llyfronydd, carwr llyfrau.

bibulous, *a.* hoff o ddiota, fel ysbwng.

bicarbonate, *n.* bicarbonad.

bicentenary, *n.* daucanmlwyddiant.

bicentennial, *a.* yn digwydd bob dwy ganrif.

biceps, *n.* cyhyr y fraich neu'r forddwyd.

bick, *n.* einion big.

bicker, *v.* ymgecru, ffraeo, cweryla.

bickering, *n.* cynnen, cweryl, ffrae.

biconvex, *a.* dwyangrwn.

bicycle, *n.* beisigl, beic.

bid, *v.* 1. gwahodd, gorchymyn.
2. cynnig (pris).
n. 1. cynnig.
2. gwahodd.
TO BID FAREWELL, canu'n iach.

bidder, *n.* cynigydd.

bidding, *n.* 1. gorchymyn, arch.
2. cynnig.

bide, *v.* aros, disgwyl.
TO BIDE HIS TIME, aros ei gyfle.

biennial, *a.* bob dwy flynedd, eilflwydd, yn blodeuo'r ail flwyddyn.

bier, *n.* elor.

bifocal, *a.* deuganolbwynt.

bifurcate, *v.* fforchi'n ddau. *a.* fforchog, yn rhannu'n ddau.

big, *a.* mawr.
AS BIG, cymaint.
BIGGER, mwy.
BIGGEST, mwyaf.

bigamist, *n.* dwywreiciwr, gwraig â dau ŵr.

bigamy, *n.* dwywreiciaeth, bod yn briod â dwy wraig (neu ddau ŵr).

bight, *n.* 1. dolen neu dro ar raff.
2. tro ar arfordir, bae, geneufor.

bigot, *n.* penboethyn, un cul ei feddwl.

bigoted, *a.* penboeth, cul.

bigotry, *n.* penboethni, culni.

bilabial, *a.* dwywefusol.

bilateral, *a.* dwyochrog.

bilberries, *np.* llus, llusi duon bach.

bile, *n.* hylif chwerw o'r afu, bustl, beil.

bilge, *n.* 1. rhan o waelod llong.
2. ysbwriel, sothach.

bilingual, *a.* dwyieithog, yn siarad dwy iaith.

bilingualism, *n.* dwyieithedd. (*study of*) dwyieitheg.

bilious, *a.* 1. cyfoglyd.
2. drwg ei dymer.

biliousness, *n.* cyfog, chwydfa, anhwyldeb y stumog.

bilk, *v.* twyllo, siomi, dianc i osgoi talu,

bill, *n.* 1. pig (aderyn, etc.).
  2. bil, dyleb.
  3. mesur seneddol, bil.
  4. hysbyslen.
  5. bilwg.
  v. hysbysebu.
  BILL OF DIVORCE, bil ysgar.
  BILL OF EXCHANGE, bil cyfnewid.
billet, *n.* llety (milwr), biled. *v.* lletya, biledu.
billhook, *n.* bilwg, gwddi.
billiards, *np.* biliard.
billion, *n.* miliwn o filiynau, biliwn.
billow, *n.* ton, gwaneg. *v.* tonni, dygyfor.
billowy, *a.* tonnog.
billy-goat, *n.* bwch gafr.
bimonthly, *a.* bob dau fis, deufisol.
bin, *n.* bin, bocs (glo, etc.).
bind, *v.* rhwymo, clymu, caethiwo, gorfodi.
binder, *n.* rhwymwr.
binding, *n.* rhwymiad. *a.* gorfodol, rhwymedig (ar).
bindweed, *n.* taglys, ladi wen.
binoculars, *np.* ysbienddrych (dau lygad).
binomial, *a.* binomial.
  BINOMIAL THEOREM, theorem binomial.
biochemistry, *n.* cemeg organeb byw, biocemeg.
biogeography, *n.* daearyddiaeth fywydol.
biographer, *n.* cofiannydd, bywgraffydd.
biographical, *a.* bywgraffyddol, cofiannus.
biography, *n.* cofiant, bywgraffiad.
biological, *a.* biolegol, bywydegol.
biologist, *n.* biolegydd, bywydegydd.
biology, *n.* gwyddor bywyd anianol, bywydeg, bioleg.
biophysics, *np.* bioffiseg.
biosphere, *n.* biosffer.
biotic, *a.* biotig.
biotics, *n.* bioteg, gwyddor priodwedd pethau byw.
biped, *n.* anifail deudroed.
biplane, *n.* awyren ddwyblan.
birch, *n.* bedwen. *v.* curo â gwialen fedw.
bird, *n.* aderyn, edn.
  BIRDS OF PREY, adar ysglyfaethus.
  BIRDS OF PASSAGE, adar crwydr, adar treigl.
  GAME BIRDS, adar hela.
  LESSER BIRDS, adar mân.

birth, *n.* genedigaeth.
  OF GOOD BIRTH, o deulu da.
  BIRTH RATE, cyfradd geni.
birthday, *n.* dydd pen blwydd.
birth-mark, *n.* man geni.
birth-right, *n.* genedigaeth-fraint.
biscuit, *n.* bisgeden, bisgïen.
bisect, *v.* rhannu'n ddau, haneru, dwyrannu.
bisector, *n.* dwyrannydd.
bisexual, *a.* o'r ddau ryw, deurywiol.
bishop, *n.* esgob.
bishopric, *n.* esgobaeth.
bismuth, *n.* metel cochlyd ysgafn, bismwth.
bison, *n.* ych gwyllt, beison, bual.
bit, *n.* 1. tamaid, darn.
  2. genfa, bit.
  3. ebill.
  A GOOD BIT, cryn dipyn.
  A LITTLE BIT, gronyn bach.
bitch, *n.* gast.
bite, *n.* 1. cnoad, brath.
  2. tamaid, darn.
  v. 1. brathu, cnoi.
  2. pigo.
bitter, *a.* chwerw, tost, gerwin, dicllon.
bittern, *n.* aderyn y bwn.
bitterness, *n.* chwerwedd, chwerwder.
bitumen, *n.* pyg, bitwmen.
bituminous, *a.* o byg, o fitwmen, pyglyd, rhwym.
bivalve, *n.* creadur â dwy gragen. *a.* â dwy gragen, dwygragennog.
bivouac, *n.* gwersyll (yn yr) agored. *v.* gwersyllu heb bebyll.
bizarre, *a.* od, rhyfedd.
blab, *v.* clecan, clepian. *n.* clecyn, clepiwr.
black, *a.* du, tywyll.
black-beetle, *n.* chwilen ddu.
blackberry, *n.* mwyaren. *pl.* mwyar duon.
blackbird, *n.* aderyn du, mwyalchen (yr iâr).
blackboard, *n.* astell ddu, bwrdd du.
blackcap, *n.* penddu, math o aderyn.
black-cock, *n.* ceiliog y mynydd, iâr ddu y mynydd.
blackcurrants, *np.* cyrren duon, cwrens duon.
blacken, *v.* duo, pardduo, tywyllu.
blackguard, *n.* dihiryn, adyn, cnaf.
blackguardly, *a.* cnafaidd, blagardaidd, blagardus.
blacking, *n.* defnydd glanhau esgidiau, blacin.
blacklead, *n.* defnydd glanhau lle-tân, blac-led.

blackleg, *n.* 1. blacleg, un anffyddlon, twyllwr.
2. y clwy du.
blackmail, *n.* arian bygwth. *v.* mynnu (arian, etc.) drwy fygwth.
black-market, *n.* y farchnad ddu, masnach anghyfreithlon.
blackness, *n.* düwch, tywyllwch.
black-out, *n.* 1. blacowt, tywyllwch, y fagddu.
2. diffyg cof.
3. dallineb (dros dro).
blacksmith, *n.* gof.
blackthorn, *n.* draenen ddu.
bladder, *n.* pledren, chwysigen.
bladderwort, *n.* chwysigen wraidd.
blade, *n.* 1. llafn (cyllell).
2. glaswelltyn.
blain, *n.* dolur llidus, y fothell, penddüyn, cornwyd.
blame, *n.* bai. *v.* beio, bwrw bai ar.
HE WAS TO BLAME, yr oedd ef ar fai.
blameless, *a.* di-fai, difeius, dieuog.
blanch, *v.* gwynnu, cannu (lliain, etc.).
bland, *a.* mwyn, tyner, tirion.
blandish, *v.* gwenieithio, canmol heb eisiau.
blandishment, *n.* gweniaith, geiriau teg.
blank, *a.* 1. gwag.
2. syn.
n. gwacter.
BLANK VERSE, mesur di-odl.
blanket, *n.* blanced, gwrthban.
blare, *v.* rhuo, seinio fel utgorn, utganu.
blarney, *n.* gweniaith, clod gwag, ffalster, truth.
blaspheme, *v.* cablu, difenwi, gwaradwyddo.
blasphemer, *n.* cablwr, gwaradwyddwr.
blasphemous, *a.* cableddus, gwaradwyddus, amharchus.
blasphemy, *n.* cabl, cabledd.
blast, *n.* 1. chwa.
2. ffrwydrad, chwythad.
3. deifiad.
v. 1. deifio.
2. ffrwydro.
blasted, *a.* wedi ffrwydro, wedi deifio.
blast-furnace, *n.* ffwrnais dawdd, ffwrnais chwyth.
blatant, *a.* stwrllyd, digywilydd, haerllug.
blaze, *n.* fflam, ffagl. *v.* 1. fflamio, ffaglu.
2. cyhoeddi, taenu.
blazer, *n.* cot ysgafn.
blazon, *v.* 1. cyhoeddi'n groch.
2. egluro arwyddion ar bais arfau.
3. addurno.

bleach, *v.* cannu, gwynnu (lliain).
bleaching, *n.* gwynnu lliain, caniad.
bleak, *a.* oer, noeth, llwm, hoth.
bleakness, *n.* oerni.
blear, *a.* pŵl, â llygad gwlyb, aneglur.
bleat, *n.* bref, dolef, cri (anifail).
v. brefu.
bleed, *v.* gwaedu, gollwng gwaed.
blemish, *n.* anaf, bai, nam, mefl, niwed. *v.* difwyno, amharu, niweidio.
blend, *n.* cymysgedd, cyfuniad. *v.* cymysgu, toddi (i'w gilydd), cytuno.
bless, *v.* bendithio, bendigo.
blessed, *a.* bendigedig, gwynfydedig.
blessedness, *n.* gwynfyd, gwynfydedd.
blessing, *n.* bendith.
blight, *n.* 1. malltod, deifiad.
2. llyslau.
v. difetha, deifio, niweidio.
blind, *a.* dall, tywyll. *n.* 1. llen ffenestr.
2. esgus.
v. dallu, tywyllu.
blindfold, *a.* dall, â mwgwd. *v.* mygydu, dallu â mwgwd.
blindness, *n.* dallineb.
blindworm, *n.* neidr ddefaid, neidr ddall, slorwm.
blink, *v.* taro llygad, amrantu. *n.* trawiad llygad.
blinkers, *np.* ffrwyn ddall.
bliss, *n.* dedwyddwch, gwynfyd.
blissful, *a.* dedwydd, hapus, llawen.
blister, *n.* pothell, chwysigen. *v.* pothellu.
blithe, *a.* llawen, llon, hoenus, sionc.
blitz, blitzkrieg, *n.* cyrch awyr (enbyd).
blizzard, *n.* storm o eira, lluwchwynt.
bloat, *v.* 1. ymchwyddo.
2. sychu sgadenyn.
n. chwydd y boten, clwy'r boten.
bloated, *a.* chwyddedig, balch.
bloater, *n.* sgadenyn (neu bennog) sych.
blob, *n.* ysmotyn, cnepyn, pothell, bwrlwm.
bloc, *n.* cyfuniad cenhedloedd (partïon, etc.), bloc.
block, *n.* 1. boncyff, plocyn.
2. rhwystr.
3. twr (o dai).
v. cau, rhwystro.
BLOCK LETTERS, llythrennau bras.
blockade, *n.* gwarchae. *v.* gwarchae ar.
blockboard, *n.* blocfwrdd.
blockhead, *n.* penbwl, hurtyn, twpsyn.
blond, blonde, *a.* golau (o bryd), pryd golau.
blood, *n.* gwaed.
bloodhound, *n.* gwaedgi.

blood-poisoning, *n.* gwenwyniad gwaed.

blood-pressure, *n.* pwysedd gwaed.

bloodshed, *n.* tywallt gwaed.

bloodshot, *a.* gwaedgoch, coch(lyd).

blood-vessel, *n.* gwythïen, rhydweli.

bloody, *a.* gwaedlyd, coch.

bloom, *n.* 1. blodeuyn.
   2. gwrid.
   v. blodeuo.

bloomer, *n.* camgymeriad, ffolineb.

blossom, *n.* blodeuyn. *v.* blodeuo.

blot, *n.* smotyn du, nam, bai. *v.* dileu, sychu â phapur blotio, blotio.

blotch, *n.* 1. smotyn, blotyn.
   2. chwyddi, tosyn, ploryn.

blotting-paper, *n.* papur blotio.

blouse, *n.* blows.

blow, *n.* ergyd, dyrnod, trawiad.
   v. chwythu.
   TO BLOW A HORN, canu corn.
   TO GIVE A BLOW, bwrw ergyd.
   TO BLOW UP, ffrwydro.

blowpipe, *n.* chwythbib.

blubber, *n.* braster morfil. *v.* wylo'n hidl, llefain, nadu.

bludgeon, *n.* pastwn, pren trwchus, clwpa.

blue, *a.* glas.
   PALE BLUE, gwelwlas.
   TO BECOME BLUE, glasu.

bluebell, *n.* clychau'r gog, croeso haf.

bluebottle, *n.* 1. cleren las, cleren chwythu.
   2. penlas yr ŷd.

blueness, *n.* glesni.

blueprint, *n.* print glas, blaengynllun.

blue-ribbon, *n.* anrhydedd uchaf.

blue-tit, *n.* yswidw (las fach), glas bach y wal, yswigw.

bluff, *n.* 1. clogwyn.
   2. twyll.
   a. garw, plaen, serth.
   v. twyllo, hanner bygwth.

blunder, *n.* camgymeriad, ffolineb.
   v. gweithredu'n ffôl, bwnglera.

blunderer, *n.* un trwsgl, un lletchwith, un trwstan.

blunt, *a.* 1. pŵl, di-fin.
   2. plaen, swrth, swta.
   v. pylu (min).

bluntness, *n.* 1. pylni.
   2. siarad plaen.

blur, *n.* anaf, brycheuyn. *v.* pylu, cymylu.

blurt, *v.* dweud heb feddwl.

blush, *n.* gwrid. *v.* gwrido, cochi.

blushing, *a.* gwridog, â chywilydd.

bluster, *v.* 1. chwythu'n arw.
   2. bygwth.
   3. torsythu.

boa, *n.* boa, neidr (ddiwenwyn).

boar, *n.* baedd.
   WILD BOAR, baedd gwyllt.

board, *n.* 1. bord.
   2. astell.
   3. bwyd (mewn llety).
   4. bwrdd (ysgol, etc.).
   v. 1. mynd ar long.
   2. lletya.
   3. dodi estyll ar.
   SCHOOL BOARD, Bwrdd Ysgol.

boarder, *n.* lletywr, byrddwr.

boarding-house, *n.* llety, gwesty.

boarding-school, *n.* ysgol breswyl.

boast, *n.* ymffrost, bost, ffrwmp.
   v. ymffrostio, bostio, brolio.

boaster, *n.* ymffrostiwr, brolgi.

boastful, *a.* ymffrostgar.

boat, *n.* bad, cwch.

boater, *n.* het wellt (galed).

boatman, *n.* badwr, cychwr.

boatswain, *n.* swyddog ar long, penbadwr.

bob, *v.* 1. symud, hercian.
   2. torri'n fyr (am wallt).
   n. 1. herc.
   2. swllt.

bobbin, *n.* gwerthyd.

bobtail, *a.* cwta.

bode, *v.* argoeli, arwyddo, darogan.

bodice, *n.* gwasg dilledyn, bodis.

bodily, *a. ad.* corfforol.

bodkin, *n.* gwaell, nodwydd, botgyn, mynawyd.

body, *n.* corff, person.
   BODY AND SOUL, corff ac enaid.

bodyguard, *n.* amddiffynnydd (brenin, etc.), gosgordd.

Boer, *n.* Bŵr. (*pl.* Bweriaid).

bog, *n.* cors, siglen, mignen, sugn.

bogey, *n.* bwci, bwgan.

boggy, *a.* corsog, siglennog, corslyd, llaith.

bogus, *a.* ffug, gau, ffugiol.

boil, *n.* cornwyd, penddüyn, clöyn, clowyn.
   v. 1. berwi.
   2. ffromi.

boiler, *n.* crochan, pair, bwyler, berwedydd, boeler.

boiling, *n.* berwad. *a.* yn berwi, berw, berwedig.

boiling-point, *n.* berw.
   AT BOILING-POINT, ar y berw, yn berwi.

boisterous, *a.* tymhestlog, stormus, garw.

bold, *a.* 1. hy, eofn, beiddgar.
  2. amlwg.
boldness, *n.* hyfdra, ehofndra.
bole, *n.* bôn pren, boncyff.
boll, *n.* hadlestr planhigyn, cwpan.
Bolshevik, *n.* Bolsiefig.
Bolshevism, *n.* Bolsiefiaeth.
bolster, *n.* gobennydd, clustog. *v.* cynnal, ategu.
bolt, *n.* 1. bollt, bar.
  2. dihangfa sydyn.
  v. 1. bolltio, cloi.
  2. dihengyd.
  3. hadu.
  4. nithio.
bolus, *n.* pelen feddygol, pilsen fawr, peth annymunol.
bomb, *n.* bom. *v.* bomio.
bombard, *v.* bomio, peledu.
bombardier, *n.* milwr, magnelwr.
bombardment, *n.* bomio.
bombast, *n.* iaith chwyddedig, ymffrost.
bombastic, *a.* chwyddedig, ymffrostgar.
bomber, *n.* awyren fomio, milwr (sy'n bomio).
bond, *n.* 1. amod, bond.
  2. rhwymyn, cadwyn.
bondage, *n.* caethiwed.
bondman, *n.* caethwas, aillt, taeog.
bonds, *np.* ysgrifrwymau, bondiau.
bondsman, *n.* mach, mechnïwr, caethwas.
bone, *n.* asgwrn.
boneless, *a.* diasgwrn, heb esgyrn.
bone-setter, *n.* meddyg esgyrn.
bonfire, *n.* coelcerth, tân gwyllt.
bonnet, *n.* bonet, cap.
bonus, *n.* bonws, tâl ychwanegol.
bonny, *a.* braf, iach, golygus.
bony, *a.* esgyrniog, asgyrnog, asgyrnig.
boo, *int.* bw ! *v.* hwtio.
booby, *n.* hurtyn.
  BOOBY-PRIZE, gwobr yr olaf.
book, *n.* llyfr. *v.* nodi enw (i gael tocyn, etc.).
bookbinder, *n.* rhwymwr llyfrau.
bookcase, *n.* cwpwrdd llyfrau.
booking-office, *n.* swyddfa docynnau.
bookish, *a.* darllengar, myfyrgar, coegddysgedig.
book-keeper, *n.* ceidwad cyfrifon.
book-keeping, *n.* cadw cyfrifon.
booklet, *n.* llyfryn.
bookmaker, *n.* betiwr proffesiynol.
bookseller, *n.* llyfrwerthwr.
bookshelf, *n.* astell lyfrau.
bookworm, *n.* llyfrbryf, darllenwr diwyd.

boom, *n.* 1. trwst.
  2. bŵm (ar long).
  3. atalfa..
  4. llwydd masnachol.
  v. swnio, trystio, gwthio'n egnïol.
boomerang, *n.* bwmerang, math o arf sy'n dychwelyd.
boon, *n.* bendith, caffaeliad, ffafr, dawn. *a.* llawen, difyr, diddorol.
boor, *n.* taeog, un anfoesgar.
boorish, *a.* taeogaidd, anfoesgar.
boorishness, *n.* taeogrwydd, dihirwch, anfadrwydd, mileindra.
boost, *v.* 1. gwthio.
  2. hysbysebu.
boot, *n.* 1. esgid, botasen.
  2. lles, elw.
  3. cist (car), cefn.
  v. elwa.
  TO BOOT, yn y fargen.
booth, *n.* stondin, bwth.
bootlace, *n.* carrai, las.
bootless, *a.* ofer, seithug.
boots, *n.* gwas gwesty.
booty, *n.* ysbail, ysglyfaeth.
booze, *v.* meddwi, diota, cnapo.
  ON THE BOOZE, ar y cnap.
boracic, *a.* o foracs.
borax, *n.* cyfansawdd o sodiwm, byrocs, boracs.
border, *n.* terfyn, ffin, ymyl. *v.* ffinio â.
borderland, *n.* goror, terfyn, y cyffiniau.
bore, *n.* 1. twll, tryfesur (twll), tyllfedd.
  2. blinwr, diflaswr, pla.
  3. blaen llif.
  v. 1. tyllu.
  2. blino, diflasu, alaru.
boreal, *a.* gogleddol.
boredom, *n.* diflastod, blinder.
borer, *n.* tyllwr.
born, *a.* wedi ei eni, genedigol.
  TO GIVE BIRTH, geni.
borough, *n.* bwrdeistref.
borrow, *v.* benthyca, cael benthyg.
borrower, *n.* benthyciwr.
bosh, *n.* dwli, ffwlbri, lol, gwiriondeb.
bosom, *n.* mynwes, côl, bron.
  BOSOM FRIEND, cyfaill mynwesol.
boss, *n.* 1. bwlyn, boglyn, cnap.
  2. meistr.
  v. gorchymyn.
botanical, *a.* llysieuol.
botanist, *n.* llysieuydd.
botany, *n.* gwyddor llysiau, llysieueg.
botch, *v.* bwnglera, bod yn lletchwith.
  n. gwaith trwsgl, annibendod.
bote, *n.* budd.

both, *a. pn. ad.* y ddau, y ddwy.
BOTH OF YOU, chwi eich dau.
BOTH OF THEM, hwy ill dau.
bother, *n.* helynt, trafferth, bodder.
v. trafferthu, poeni, malio, boddran.
bottle, *n.* potel, costrel. *v.* potelu, costrelu.
bottleful, *n.* potelaid.
bottleneck, *n.* heol gul, atalfa, rhwystr.
bottom, *n.* gwaelod, godre.
bottomless, *a.* diwaelod, affwysol.
botulism, *n.* botwliaeth, gwenwyniad â sosej (etc.).
bough, *n.* cangen, cainc, colfen.
bougie, *n.* cannwyll gŵyr.
boulder, *n.* maen mawr, clogfaen.
boulder clay, *n.* rhewglai, cloglai.
boulevard, *n.* bwlfar, rhodfa goed.
bounce, *n.* adlam, naid, sbonc. *v.* neidio, adlamu, sboncio, bowndio (pêl).
bound, *n.* 1. terfyn, ffin.
2. llam, naid.
a. 1. rhwym, gorfodol.
2. parod.
v. 1. ffinio, cau am.
2. llamu, neidio.
boundary, *n.* ffin, terfyn.
bounden, *a.* rhwymedig, gorfodol, yn ddyletswydd ar.
bounder, *n.* cnaf, cenau, dihiryn, un annioddefol.
bounding plane, *n.* plân terfyn.
boundless, *a.* diderfyn, diddiwedd.
bounteous, bountiful, *a.* hael, parod.
bounty, *n.* haelioni, daioni.
bouquet, *n.* 1. tusw, swp.
2. teyrnged.
bourgeois, *a.* o'r dosbarth canol, cyffredin.
bourn, *n.* 1. terfyn, goror, cyffin.
2. nant, afonig.
bout, *n.* 1. gornest.
2. tro, sbel (o afiechyd, etc.).
bovine, *a.* 1. yn ymwneud ag ychen.
2. diegni, swrth, hurt.
bow, *n.* 1. bwa.
2. blaen (llong).
3. ymgrymiad.
v. ymgrymu, plygu, ymostwng.
A BENT BOW, bwa ar annel.
TO BOW TO CIRCUMSTANCES, bodloni i'r drefn.
bowdlerize,*v.* gwneud (llyfr) yn goeth, chwynnu.
bowels, *np.* perfedd, ymysgaroedd.
bower, *n.* deildy, ystafell.
bow-knot, *n.* cwlwm dolen.
bowl, *n.* 1. basn, cawg, dysgl.
2. pelen (bren), bŵl.
v. bowlio.

bow-legged, *a.* coesgam, coesgrwm, bongam, bergam.
bowler, *n.* 1. bowliwr (mewn chwarae).
2. het galed (â chorun isel), bowler.
bowline, *n.* hwylraff.
bowling-green, *n.* lawnt chwarae bowlio.
bowls, *np.* bowl, chwarae bowlio.
bowman, *n.* 1. saethydd.
2. rhwyfwr.
bowshot, *n.* ergyd bwa.
bowsprit, *n.* bolsbryd, polyn hwyl.
bow-window, *n.* ffenestr bae, ffenestr grom.
bowyer, *n.* gwneuthurwr bwâu, gwerthwr bwâu, saer bwâu.
box, *n.* 1. blwch, bocs.
2. cernod.
3. pren bocs, bocysen.
4. anrheg.
5. côr (theatr).
v. cernodio, paffio.
boxer, *n.* paffiwr, ymladdwr.
boxful, *n.* bocsaid, llond bocs, blychaid, cistaid.
box-office, *n.* swyddfa tocynnau.
box-tree, *n.* pren bocs, bocyswydden.
boy, *n.* bachgen, hogyn, mab, crwt, crotyn.
boycott, *v.* anwybyddu, atal cyfathrach, boicotio.
boyhood, *n.* bachgendod.
boyish, *a.* bachgennaidd.
brace, *n.* 1. rhwymyn.
2. pâr.
3. cyplysnod (miwsig).
4. bres, carn tro.
5. cleddyf (drws).
v. tynhau, cryfhau, cleddyfu.
bracelet, *n.* breichled, addurn, breichrwy.
braces, *np.* bresys, brasys.
brachial, *a.* yn ymwneud â'r fraich, breichiol.
bracing, *a.* ffres, iachus.
bracken, *n.* rhedyn ungoes.
bracket, *n.* 1. cromfach.
2. bach silff, braced.
v. 1. dodi rhwng cromfachau.
2. cysylltu.
SQUARE BRACKETS, bachau sgwâr.
brackish, *a.* hallt.
bract, *n.* blodeulen, bract.
bracteole, *n.* bracten.
brad, *n.* hoelen fain, hoelen heb glopa.
bradawl, *n.* pegol, bradol.
bradicardia, *n.* bradicardia, hwyrguriad y galon.
bradshot, braxy, *n.* gwayw, dŵr coch (ar ddefaid).

brae, *n.* bryn, bryndir, ucheldir, goleddf.

brag, *n.* ymffrost, brol, bost. *v.* ymffrostio, bostio.

braggart, *n.* ymffrostiwr, bostiwr.

braid, *n.* pleth, rhwymyn (addurnol), brêd, rhuban. *v.* plethu.

brail, *n.* rhaff hwyl. *v.* tynnu â rhaff.

braille, *n.* breil, llyfr deillion.

brain, *n.* ymennydd.

brainless, *a.* heb synnwyr, disynnwyr.

brain-storm, *n.* drysu synhwyrau (dros dro).

Brains Trust, *n.* Seiat Holi.

brain-wave, *n.* symbyliad, drychfeddwl, syniad sydyn.

brainy, *a.* galluog, medrus, ag ymennydd.

braise, *v.* coginio'n araf.

brake, *n.* 1. brêc (ar gerbyd).
2. cerbyd (pedair olwyn).
3. prysglwyn, llwyn o goed.
v. dodi'r brêc, brecio.

bramble, *n.* miaren, pren mwyar duon.

bramble-brake, *n.* dryslwyn.

bran, *n.* bran, rhuddion, eisin.

branch, *n.* 1. cangen, cainc, colfen.
2. adran.
v. canghennu, fforchi, ymestyn, ymrannu.

branching, branchy, *a.* brigog, canghennog, fforchog.

brand, *n.* 1. pentewyn, pren llosg.
2. nod (gwarth).
3. math (o nwyddau, etc.).
v. nodi, gwarthnodi.

brandish, *v.* chwifio, ysgwyd.

brandling, *n.* 1. eog ieuanc.
2. abwydyn coch.

brand-new, *a.* newydd sbon, hollol newydd.

brandy, *n.* brandi, gwirod.

brass, *n.* pres, efydd.
BRASS INSTRUMENTS, offer pres.

brass tacks, *n.* busnes, manylion.

brat, *n.* plentyn (drwg).

bravado, *n.* ymffrost, ffrwmp.

brave, *a.* dewr, gwrol, glew, beiddgar.
v. herio.

bravo, *int.* da iawn! campus! *n.* adyn, dihiryn.

bravery, *n.* dewrder, gwroldeb, glewder.

brawl, *n.* ffrae, cynnen, ymryson.
v. ffraeo, ymryson.

brawler, *n.* ymrysonwr, cwerylwr.

brawn, *n.* 1. cyhyr, grym.
2. cig (o ben mochyn).

brawny, *a.* cyhyrog, cryf, gwrol.

bray, *n.* nad, cri asyn, gweryriad.
v. 1. nadu.
2. malu, malurio, pwnio'n fân.

braze, *v.* efyddu, asio (â phres).

brazen, *a.* 1. haerllug, hy, digywilydd, eofn.
2. o bres, pres.

brazier, *n.* 1. gof pres.
2. rhwyll dân.

brazing, *n.* efyddu, asio.

breach, *n.* 1. adwy, bwlch.
2. trosedd, torcyfraith.
v. torri, bylchu.

bread, *n.* bara.
CURRANT BREAD, bara brith.
BREAD AND BUTTER, bara menyn, brechdan.

breadth, *n.* lled, ehangder.

break, *v.* torri, dryllio, malurio.
n. toriad.
BROKEN WEATHER, tywydd cyfatal.
TO BREAK IN PIECES, torri'n gatiau.

breakage, *n.* drylliad, toriad.

break-down, *n.* torri i lawr, methiant.

breaker, *n.* gwaneg, ton, môr-gaseg, beiston.

breakfast, *n.* brecwast, borefwyd.

breakwater, *n.* morglawdd, argae môr.

bream, *n.* gwrachen ddu, math o bysgodyn. *v.* glanhau (gwaelod llong).

breast, *n.* bron, dwyfron, mynwes, brest.

breastplate, *n.* dwyfronneg.

breast-stroke, *n.* nofio broga, nofio ar y fron.

breath, *n.* anadl, gwynt, awel.
BREATH OF LIFE, anadl einioes.

breathe, *v.* anadlu, chwythu.

breathing, *n.* anadliad.

breathless, *a.* dianadl, â'i anadl yn ei ddwrn.

breech, *n.* bôn dryll.

breeches, *np.* llodrau, clos (pen-glin).

breaching, *n.* tindres, britsyn.

breed, *n.* rhywogaeth, brid, epil.
v. epilio, magu, bridio.

breeder, *n.* bridiwr, magwr.

breeding, *n.* magwraeth, moesau.

breeze, *n.* awel, chwa, gwynt ysgafn, awelyn.

breezy, *a.* gwyntog, awelog.

brethren, *np.* brodyr.

Breton, *n.* Llydáwr.

breve, *n.* brif (miwsig).

brevet, *n.* 1. dogfen yn rhoi braint.
2. dyrchafiad swyddog byddin (dros dro).
3. gwarant, trwydded.

breviary, *n.* llyfr gwasanaeth Eglwys Rufain, breviari.

brevity, *n.* byrder, byrdra.
brew, *v.* darllaw, bragu, macsu.
brewer, *n.* darllawydd, bragwr.
brewery, *n.* darllawdy, bracty.
brewis, *n.* brywes, potes.
briar, *n.* miaren, drysïen, draenen.
bribe, *n.* llwgrwobrwy, cil-dwrn, breib.
   v. llwgrwobrwyo, iro llaw.
bribery, *n.* llwgrwobrwyaeth.
bric-a-brac, *n.* cywreinion, creiriau.
brick, *n.* priddfaen, bricsen. *v.* bricio.
brickbat, *n.* dernyn o fricsen.
bricklayer, *n.* saer priddfeini, meiswn.
brickwork, *n.* gwaith o briddfeini.
bridal, *n.* priodas. *a.* priodasol.
bride, *n.* priodasferch, priodferch.
bridegroom, *n.* priodfab.
bridesmaid, *n.* morwyn briodas.
bridge, *n.* pont. *v.* pontio.
   SUSPENSION BRIDGE, pont grog.
bridge-tone, *n.* trawston.
bridle, *n.* ffrwyn. *v.* ffrwyno.
   BRIDLE WITH BLINKERS, ffrwyn
   ddall.
bridlepath, *n.* llwybr troed, ffordd i
   anifail (heb gerbyd).
brief, *a.* byr, cwta. *v.* cyfarwyddo.
   n. crynhoad, briff.
briefly, *ad.* yn fyr, ar fyr (eiriau).
brig, *n.* brig, llong ddeufast.
brigade, *n.* brigâd, mintai, adran o
   fyddin.
brigadier, *n.* brigadydd, brigadwr.
brigand, *n.* herwr, carn-lleidr, brigant.
brigandage, *n.* lladrad, anrhaith.
Brigantes, *np.* llwyth Celtaidd, Brig-
   antwys.
brigantine, *n.* llong herwa, brigantîn.
bright, *a.* disglair, claer, gloyw, clir.
   NOT VERY BRIGHT, go ddilewyrch.
brighten, *v.* disgleirio, gloywi.
brightness, *n.* disgleirdeb.
brilliance, *n.* disgleirdeb, gallu.
brilliant, *a.* disglair, llachar, galluog.
brim, *n.* ymyl, min, cantel.
brimful, *a.* llawn i'r ymyl.
brimstone, *n.* brwmstan.
brindled, *a.* brych, brith.
brine, *n.* heli, dŵr hallt.
bring, *v.* dwyn, dyfod â.
brink, *n.* ymyl, min, glan.
brisk, *a.* bywiog, heini, sionc.
brisket, *n.* bron, brest, brisged (eidion).
bristle, *n.* gwrychyn. *v.* codi gwrych.
bristly, *a.* blewog, â gwrych, garw.
British, *a.* Prydeinig, Brythonaidd.
   n. Brythoneg (yr iaith).
Britisher, *n.* Prydeiniwr.
Briton, *n.* Brython.
brittle, *a.* brau, bregus, hawdd ei dorri.

brittleness, *n.* breuder, gwendid.
broad, *a.* llydan, eang.
broadbean, *n.* ffäen, ffeuen.
broadcast, *a. ad.* ar led. *n.* darllediad.
   v. gwasgaru, darlledu.
   BROADCAST TURNIPS, erfin brocas.
broaden, *v.* lledu, ehangu.
broadly, *ad.* yn fras.
broadminded, *a.* eangfrydig, goddef-
   gar.
broadmindedness, *n.* eangfrydedd,
   goddefgarwch.
broadness, *n.* lled, ehangder.
broadsheet, *n.* dalen lydan o bapur
   wedi ei hargraffu, pamffled bach,
   argrafflen.
broadside, *n.* ochr llong, ergydion
   (o ochr llong).
broadsword, *n.* cleddyf llafnlydan.
broadwise, *ad.* ar draws, ar led.
brocade, *n.* sidanwe, brwydlen, pali.
broccoli, *n.* blodfresych caled, blod-
   fresych gaeaf.
brochure, *n.* pamffled, llyfryn.
brock, *n.* mochyn daear, broch.
brogue, *n.* 1. esgid (gref), brog.
   2. acen, llediaith.
broil, *n.* cweryl, ymryson. *v.* golosgi,
   rhostio, brwylio.
broiler, *n.* 1. offeryn brwylio.
   2. cyw i'w frwylio, brwyliad.
broke, *a.* (TO BE BROKE), heb arian (pres).
broken, *a.* drylliedig, toredig, bregus.
broker, *n.* masnachydd, dyn canol,
   deliwr mewn celfi ail-law, brocer
   (*pl.* -iaid).
brokerage, *n.* maeldal, tâl masnach-
   ydd, tâl brocer.
bromide, *n.* cyfansawdd o fromin,
   bromid.
bromine, *n.* math o elfen anfetelaidd,
   bromin.
bronchi, *n.* bronci, pibau'r frest.
bronchial, *a.* yn ymwneud â'r bronci.
bronchitis, *n.* bronceitus, broncitis,
   llid y bronci.
bronco, *n.* ceffyl gwyllt (Mecsico, etc.).
broncho-pneumonia, *n.* llid yr ysgyf-
   aint a'r bronci, bronco-niwmonia.
bronze, *n.* pres, efydd.
   BRONZE ALLOY, aloi efydd.
brooch, *n.* tlws, addurn.
brood, *n.* 1. hil, hiliogaeth.
   2. nythaid.
   v. 1. eistedd, deor.
   2. pendroni, poeni.
brooder, *n.* cwb i fagu cywion.
broody, *a.* clwc, gorllyd.
brook, *n.* nant, cornant, ffrwd.
   v. goddef, cyd-ymddwyn â.

brooklime, *n.* llysiau Taliesin.
broom, *n.* 1. banadl (planhigyn).
　2. ysgubell, brws.
broomstick, *n.* coes brws.
broth, *n.* cawl, potes.
brothel, *n.* puteindy.
brother, *n.* brawd.
brotherhood, *n.* brawdoliaeth.
brother-in-law, *n.* brawd-yng- nghyf-raith.
brotherliness, *n.* brawdolrwydd, cariad brawdol.
brotherly, *a.* brawdol.
　BROTHERLY LOVE, brawdgarwch.
brow, *n.* 1. ael, talcen.
　2. crib (mynydd).
　BROW OF THE HILL, ael y bryn.
browbeat, *v.* erlid, bygylu, gormesu.
brown, *a.* gwinau, cochddu, brown, dugoch.
　BROWN PAPER, papur llwyd.
browned-off, *a.* wedi diflasu, siomedig.
brownish, *a.* cochddu, llwydaidd.
browse, *v.* pori, brigbori, blaenbori, blewynna.
bruise, *n.* clais, briw, cleisiad, ysigiad.
　v. cleisio, ysigo.
bruised, *a.* cleisiog, ysig, wedi ysigo.
bruit, *n.* sôn, si, chwedl.　*v.* taenu chwedl, rhoi si ar led.
brunette, *n.* merch bryd tywyll.
brunt, *n.* pwys (ymosodiad), sioc ymosodiad.
brush, *n.* brws.　*v.* brwsio.
brushwood, *n.* prysgwydd, coed bach.
brusque, *a.* cwta, swta, swrth, plaen.
brusqueness, *n.* mileindra, taeogrwydd, syrthni.
brutal, *a.* creulon, anfad, milain.
brutality, *n.* creulondeb, anfadwaith.
brute, *n.* bwystfil, dyn creulon.
brutish, *a.* anifeilaidd, ffyrnig, anwar, bwystfilaidd.
bryony, *n.* cwlwm y coed, grawn y perthi.
Brythonic, *a.* Brythonaidd. *n.* Brythoneg (yr iaith).
bubble, *n.* bwrlwm, cloch ddŵr, yswigen. *v.* byrlymu.
　BUBBLE CHAMBER, llestr yswigod.
buccaneer, *n.* môr-leidr.
buck, *n.* 1. bwch.
　2. ymffrost.
　v. llamu, llamsachu.
　TO PASS THE BUCK, osgoi cyfrifoldeb.
buckbean, bogbean, *n.* ffa'r gors.
bucket, *n.* bwced, cunnog.
bucketful, *n.* bwcedaid, llond bwced.

buckle, *n.* bwcl, boglwm. *v.* 1. byclu, cau.
　2. camu, plygu.
buckler, *n.* tarian, astalch.
buckshee, *n.* rhywbeth yn ychwaneg, rhywbeth annisgwyl, cil-dwrn.
bucolic, *n.* bugeilgerdd, un gwledig. *a.* gwladaidd, bugeiliol.
bud, *n.* blaguryn, eginyn. *v.* 1. blaguro, egino, glasu.
　2. impio.
Buddhism, *n.* Bwdïaeth, crefydd Bwda.
Buddhist, *n.* Bwdist.
budge, *v.* symud, syflyd.
budget, *n.* 1. cyllideb.
　2. casgliad (o lythyrau, etc.).
buff, *a.* llwydfelyn, melynllwyd, bwff.
　BUFF LEATHER, lledr croen eidion.
buffalo, *n.* byfflo, bual, ych gwyllt.
buffer, *n.* byffer, peth i wrthsefyll trawiad.
　BUFFER STATE, clustogwlad.
buffet, *n.* 1. cownter bwyd.
　2. cernod.
buffoon, *n.* clown, ffŵl.
buffoonery, *n.* ffwlbri.
bug, *n.* lleuen (wely), trogen.
bugbear, *n.* bwgan, bwci.
bugle, *n.* 1. corn chwythu, helgorn.
　2. glesyn y coed.
bugler, *n.* un sy'n canu corn.
build, *n.* corffolaeth, saernïaeth. *v.* adeiladu, codi (tŷ, etc.).
builder, *n.* adeiladydd.
building, *n.* adeilad.
built-up, *a.* adeiledig.
　BUILT-UP AREA, parthau adeiledig,
bulb, *n.* gwreiddyn crwn, bwlb, oddf.
bulbous, *a.* â gwreiddyn crwn, oddfog.
bulge, *n.* chwydd, crymedd.
　v. chwyddo, crymu.
bulk, *n.* maint, swm, crynswth, swmp.
bulkhead, *n.* canolfur llong.
bulky, *a.* mawr, swmpus, afrosgo, llet-chwith.
bull, *n.* 1. tarw.
　2. gwarant y Pab, bwl.
　3. anghysondeb smala.
bull-calf, *n.* llo tarw.
bull-dog, *n.* ci-teirw.
bulldozer, *n.* tarw dur, bwldoser.
bullet, *n.* bwled.
bulletin, *n.* bwletin, adroddiad swyddogol.
bullfinch, *n.* coch y berllan.
bullhead, *n.* penbwl.
bullion, *n.* bar aur neu arian, bwliwn.
bullnose, *a.* trwynbwl.
bullock, *n.* bustach, ych.

bull's-eye, *n.* canol targed.
bully, *v.* erlid, bygylu, gormesu.
n. erlidiwr, bwli, bygylwr.
bulrushes, *np.* hesg, llafrwyn, brwyn.
bulwark, *n.* 1. gwrthglawdd.
2. canllaw (llong).
bumbailiff, *n.* ceisbwl, bwmbeili.
bumble-bee, *n.* cacynen, gwenynen ormes, picwnen fawr.
bumble foot, *n.* troed gnapiog.
bump, *n.* 1. chwydd.
2. hergwd, hwb, gwth.
v. taro yn erbyn.
bumper, *n.* 1. glasaid.
2. bymper (car).
a. llawn, helaeth.
bumpkin, *n.* llabwst, lleban, hwlcyn.
bumptious, *a.* hunandybus, rhodresgar, ymffrostgar.
bun, *n.* teisen fach, bynnen, bynsen.
HOT CROSS BUNS, teisennau croes.
bunch, *n.* clwstwr, pwysi, clwm (o gnau).
bundle, *n.* sypyn, bwndel. *v.* 1. bwndelu.
2. gyrru ymaith.
bung, *n.* corcyn casgen, bwng.
bungalow, *n.* tŷ unllawr, byngalo, bynglo.
bunghole, *n.* twll corcyn.
bungle, *v.* gwneud gwaith trwsgl, cawlach, bwnglera.
bungler, *n.* gweithiwr trwsgl, bwnglerwr.
bungling, *a.* bwngleraidd, trwsgl, lletchwith.
bunion, *n.* chwyddi ar droed, cnap ar fawd troed.
bunk, *n.* gwely bocs, bwnc. *v.* rhedeg ymaith.
bunker, *n.* 1. bocs glo (ar long).
2. byncer (golff).
bunkum, *n.* lol, ffiloreg, dwli, ffwlbri.
bunny, *n.* cwningen.
bunsen burner, *n.* byrner bwnsen.
bunting, *n.* 1. bras yr ŷd.
2. defnydd baner.
buoy, *n.* bwi. *v.* dal i'r lan.
buoyancy, *n.* hynofiant, hynofedd, y gallu i nofio, ysgafnder.
buoyant, *a.* hynawf, ysgafn.
bur, burr, *n.* masgl pigog, hedyn sy'n glynu, pla o ddyn.
burden, *n.* 1. baich, pwn, bwrn.
2. byrdwn, pwnc, cytgan.
v. beichio, llwytho.
burdensome, *a.* beichus, gwasgedig, trwm.
bureau, *n.* 1. desg, biwrô.
2. swyddfa.

bureaucracy, *n.* llywodraeth gan swyddogion, biwrocratiaeth.
bureaucrat, *n.* un sy'n ffafrio biwrocratiaeth, biwrocrat.
bureaucratic, *a.* biwrocratig.
burette, *n.* biwrēd, llestr i fesur hylif.
burgess, *n.* bwrdais, trefwr.
burgh, *n.* bwrdeisdref (Sgotaidd).
burgher, *n.* dinesydd.
burglar, *n.* lleidr, ysbeiliwr.
burglary, *n.* lladrad.
burgle, *v.* torri i dŷ, lladrata, ysbeilio.
burgomaster, *n.* maer (Yr Iseldiroedd).
burial, *n.* angladd, claddedigaeth.
BURIAL GROUND, mynwent.
burlesque, *n.* cyfansoddiad digrif, dynwarediad, gwatwargerdd, bwrlesg.
burly, *a.* cydnerth, mawr a chryf, corffol, praff.
burn, *v.* llosgi, ysu, difetha drwy dân.
n. 1. llosg.
2. nant.
burning, *a.* yn llosgi, ynghŷn, ysol, angerddol.
burnish, *v.* caboli, gloywi, barneisio, llathru.
burr, *n.* 1. cylch niwlog o amgylch y lleuad neu seren.
2. maen.
3. sain chwyrn *r.*
burrow, *n.* twll, gwâl. *v.* turio, twrio, tyllu, cloddio.
bursar, *n.* 1. trysorydd (coleg, etc.), ceidwad pwrs.
2. un ag ysgoloriaeth.
bursary, *n.* 1. ysgoloriaeth.
2. trysoryddiaeth.
burst, *v.* ymrwygo, torri, ffrwydro.
n. rhwyg, toriad, ffrwydrad.
bury, *v.* claddu.
bus, *n.* bws.
BUSMAN'S HOLIDAY, gŵyl nad gŵyl mohoni.
BUS STOP, man stopio bws, arhosfa.
bush, *n.* llwyn.
bushman, *n.* 1. brodor o Affrica neu Awstralia.
2. gwladychwr.
3. coedwr.
bushel, *n.* bwysel (*pl.* -i), wyth galwyn (o beth sych).
bushy, *a.* llawn llwyni, trwchus.
business, *n.* busnes, masnach.
business-like, *a.* trefnus, prydlon, etc., gofalus yn ei waith.
business-man, *n.* dyn busnes, masnachwr.

buskin, *n.* esgid uchel, botasen, llopan, bwysgyn.

bust, *n.* 1. penddelw, delw o'r pen a'r ysgwyddau. 2. mynwes, brest.

bustard, *n.* gwerniar.

bustle, *n.* ffwdan, stŵr, helynt. *v.* ffwdanu, trafferthu.

busy, *a.* prysur, diwyd, ymrous, gweithgar, bisi.

busybody, *n.* busneswr, ymyrrwr.

but, *c.* ond, eithr.

butane, C₄H₁₀. *n.* butan.

butcher, *n.* cigydd. *v.* lladd.

butchery, *n.* lladd anifeiliaid, lladdfa, galanastra.

butler, *n.* prif was, trulliad, bwtler.

butt, *n.* 1. nod, targed.
2. casgen.
3. y pen trwchus.
v. taro â'r pen, twlcio.
TO BUTT IN, ymyrraeth.

butte, *n.* cnwc, bryncyn.

butter, *n.* ymenyn. *v.* dodi ymenyn ar.
BREAD AND BUTTER, bara menyn.

buttercup, *n.* blodyn ymenyn, crafanc y frân.

butterfly, *n.* iâr fach yr haf, glöyn byw.

buttermilk, *n.* (llaeth) enwyn.

buttery, *n.* bwtri, llaethdy. *a.* fel ymenyn.

buttock, *n.* ffolen, pedrain.

button, *n.* botwn, bwtwn, botwm.
v. botymu, bytyno, cau.

buttonhole, *n.* twll bwtwn, rhwyll blodyn i'w wisgo ynddo. *v.* cadw rhywun yn erbyn ei ewyllys.

buttress, *n.* bwtres, ateg, cymorth.
v. cryfhau, cynorthwyo.

butt-weld, *n.* bôn-asiad.

buxom, *a.* 1. tew, glandeg.
2. hapus, byw.

buy, *v.* prynu.

buyer, *n.* prynwr.

buzz, *n.* su, si, sŵn (gwenyn, etc.).
v. suo, mwmian, sïo.

buzzard, *n.* boda, bwncath.

by, *prp.* wrth, trwy, gan, â, erbyn.
ad. gerllaw, heibio.
BY-AND-BY, yn y man, maes o law.
BY AND LARGE, ar y cyfan, rhwng popeth.

bye, *n.* bei (mewn criced, etc.).

by-election, *n.* etholiad achlysurol, is-etholiad.

by-gone, *a.* a fu, wedi bod.

by-law, bye-law, *n.* deddf leol, ad-ddeddf, is-ddeddf.

by-pass, *n.* ffordd o amgylch.

by-path, *n.* llwybr diarffordd, cudd-lwybr.

by-product, *n.* ail-gynnyrch, is-gynnyrch.

byre, *n.* beudy.

by-road, *n.* cilffordd, heol fach, lôn.

bystander, *n.* edrychwr, un o amgylch (gwmpas).

by-way, *n.* ffordd unig, cilffordd, llwybr llygad.

by-word, *n.* dihareb, gwawd, gwarad-wydd.

Byzantine, *a.* yn perthyn i Byzantium (Caergystennin), Bysantaidd.

C

cab, *n.* 1. cab. 2. caban.

cabal, *n.* cwmni, clic. *v.* cydfwriadu.

cabaret, *n.* 1. tafarn.
2. adloniant, dawns.

cabbage, *n.* bresychen, cabetsen.

cabin, *n.* 1. caban.
2. ystafell ar long, cabin.

cabin-boy, *n.* gwas bach (ar long).

cabinet, *n.* cell, cist, cabinet.
SHADOW CABINET, arweinyddion yr wrthblaid.

cabinet-maker, *n.* saer (celfi tŷ, dodrefn).

cable, *n.* 1. rhaff angor, etc., cêbl, cablen.
2. llinell danfor y teligraff.
3. neges.
v. anfon neges drwy'r teligraff.

cablegram, *n.* neges drwy'r teligraff, pellebyr, brysneges.

cabriolet, *n.* cerbyd ceffyl.

cache, *n.* stôr, cronfa (ymchwiliwr).

cackle, *v.* clochdar, clegar, crecian.

cacophonous, *a.* amhersain, ansoniarus.

cacophony, *n.* sŵn cas, drygsain.

cad, *n.* taeog, cenau, bredych, cnaf, dihiryn.

cadaverous, *a.* tebyg i ysgerbwd, celaneddol, erchyll.

caddie, *n.* gwas golffwr.

caddis fly, *n.* pryf y gwellt, pry pric, caesbryf.

caddy, *n.* bocs te, cistan de.

cadence, *n.* goslef, tôn, diweddeb, cadens.
AMEN CADENCE, diweddeb eglwysig.

cadet, *n.* cadlanc.

cadge, *v.* 1. begian.
  2. gwerthu nwyddau (fel pedler).
cadger, *n.* begiwr, segurwr.
caesura, *n.* saib neu raniad mewn llinell o farddoniaeth, gorffwysfa.
café, *n.* bwyty, caffe.
cafeteria, *n.* caffeteria, caffe, caffe helpu hunan.
cage, *n.* cawell, caets, adargell.
cairn, *n.* carn, carnedd.
caitiff, *n.* dihiryn, adyn, cnaf.
cajole, *v.* gwenieithio, hudo, perswadio.
cajolery, *n.* gweniaith.
cake, *n.* teisen, cacen.
calamint, *n.* math o blanhigyn pers-awrus, mintys y twyni, calamint.
calamitous, *a.* trychinebus, enbyd.
calamity, *n.* trallod, trychineb.
calcareous, *a.* calchog, calchaidd.
calcicole, *a.* calchgar.
calcification, *n.* calcheiddiad.
calcifuge, *a.* calchgas.
calcine, *v.* llosgi'n bowdr, creisioni, gwneud calch.
calcium, *n.* un o elfennau calch, calsiwm.
calculate, *v.* cyfrif, rhifo, bwrw amcan, bwrw cyfrif.
calculation, *n.* cyfrif, cyfrifiad.
calculus, *n.* 1. calcwlws, cyfrif.
  2. carreg, caledi.
  DIFFERENTIAL CALCULUS, calcwlws gwahaniaethol.
caldera, *n.* callor.
calendar, *n.* calendr, almanac.
calends, *np.* dyddiau calan, y cyntaf o bob mis (Rhufeinig).
calf, *n.* 1. llo.
  2. lledr (croen llo).
  3. croth (coes), bola (coes).
calibrate, *v.* calibro, mesur tryfesur, tryfesuro.
calibration, *n.* calibrad, yr act o gael tryfesur.
calibre, *n.* 1. calibr, tryfesur baril gwn, etc. 2. teilyngdod, rhagoriaeth.
calico, *n.* calico, gwe cotwm.
calk, *n.* calc (ar bedol ceffyl).
calkin, *n.* pigyn ar bedol ceffyl, calcyn, calc, cawc.
call, *n.* 1. galwad.
  2. ymweliad.
  v. 1. galw.
  2. ymweled (â).
caller, *n.* ymwelydd.
calligraphy, *n.* llawysgrifen (gain).
calling, *n.* galwedigaeth, gwaith bob dydd.
calliper, *n.* peth i fesur lled, etc., calipr.

callosity, *n.* calededd, chwydd caled, caledwch.
callous, *a.* caled, dideimlad.
callus, *n.* caleden, man caled.
calm, *n.* tawelwch. *a.* tawel, digyffro, yn cadw'i ben. *v.* tawelu, gostegu.
calmness, *n.* tawelwch, llonyddwch.
calorie, *n.* uned gwres, etc., calori.
calorimetry, *n.* mesur gwres, calori-medreg.
calory, *n.* uned gwerth bwyd (fel cyn-hyrchydd egni), calori.
calumny, *n.* enllib, anair, athrod.
calve, *v.* bwrw llo, dod â llo.
Calvinism, *n.* diwinyddiaeth John Calvin, Calfiniaeth.
Calvinist, *n.* Calfiniad, Calfinydd.
Calvinistic, *a.* Calfinaidd.
calyx, *n.* calics, blodamlen, cylchddail.
camber, *n.* camber, crymedd heol, etc.
cambrel, *n.* pren hongian mochyn, cambren.
Cambrian, *a.* Cymreig, Cambriaidd.
cambric, *n.* math o liain main neu gotwm, camrig.
camel, *n.* camel.
cameo, *n.* maen gwerthfawr i gerfio arno.
camera, *n.* camera, camra.
  IN CAMERA, yn ddirgel.
camomile, *n.* camomil, camil, camri.
  CORN CAMOMILE, camri'r ŷd.
camouflage, *v.* dieithrio, cuddio.
  n. lliw i ddieithrio, cuddliw.
camp, *n.* gwersyll. *v.* gwersyllu.
campaign, *n.* ymgyrch, rhyfelrod.
campaigner, *n.* hen filwr profiadol.
campanology, *n.* gwyddor canu clych-au.
camp-bed, *n.* gwely plyg.
camphor, *n.* camffyr, defnydd persawr-us a geir o bren.
campion (red), *n.* ceiliog coch, llysiau'r ychen.
camp-stool, *n.* stôl blyg.
can, *n.* stên, tun, llestr metel.
  v. 1. gallu, medru.
  2. dodi mewn tun.
Canaanite, *n.* Canaanead.
Canadian, *n.* brodor o Ganada, Canadiad. *a.* Canadaidd.
canal, *n.* 1. camlas.
  2. pibell.
canary, *n.* caneri.
cancel, *v.* dileu, diddymu, canslo.
cancellation, *n.* diddymiad, dilead, canslad.
cancer, *n.* cancr, dafaden wyllt.
cancerous, *a.* yn dioddef gan y cancr, yn ymwneud â'r cancr, madreddog.

candelabrum, *n.* canhwyllbren (fforchog).

candent, *a.* gwynias, yn wyn gan wres.

candid, *a.* agored, didwyll, plaen.

candidate, *n.* ymgeisydd.

candidature, *n.* ymgeisiaeth.

candle, *n.* cannwyll.

   CORPSE-CANDLES, canhwyllau cyrff.

Candlemas, *n.* Gŵyl Fair, Chwefror 2.

candle-power, *n.* nerth golau cannwyll.

candlestick, *n.* canhwyllbren, canhwyllarn, canhwyllern.

candour, *n.* didwylledd, gonestrwydd.

candy, *n.* candi, melysion.

cane, *n.* 1. corsen.

   2. gwialen, ffon.

   v. curo â gwialen, ffonodio.

canful, *n.* llond can, cannaid.

canine, *a.* perthynol i gi. *n.* dant llygad.

canister, *n.* bocs te.

canker, *n.* cancr, clwyf yn y genau.

cannel-coal, *n.* glo canel.

cannibal, *n.* bwytawr cnawd, canibal.

cannibalism, *n.* canibaliaeth.

cannon, *n.* 1. magnel, dryll fawr.

   2. cannon (biliard).

   v. gwneud cannon (biliard).

cannonade, *v.* gwneud cyrch â magnelau, tanio drylliau mawr.

cannon-ball, *n.* tanbelen, pelen magnel.

canny, *a.* call, cyfrwys, pwyllog.

canoe, *n.* canŵ, ceufad.

canon, *n.* 1. canon (offeiriad).

   2. rheol, cyfraith.

canonical, *a.* canonaidd, awdurdodedig, rheolaidd, yn unol â rheolau'r Eglwys.

canonise, *v.* canoneiddio, cyfrif yn sant.

canonry, *n.* canoniaeth, bywoliaeth canon.

canopy, *n.* nenlen, gortho, gorchudd.

cant, *n.* 1. rhagrith, truth, ffug-dduwioldeb.

   2. goleddf, osgo.

cantankerous, *a.* cynhennus, cwerylgar.

cantata, *n.* cantawd, cantata.

canteen, *n.* cantîn, siop fwyd, ystafell fwyta.

canter, *n.* rhygyng, hanner carlam. *v.* rhygyngu.

canticle, *n.* cân, canig, emyn, cantigl.

canto, *n.* rhaniad cân, adran o ddarn o farddoniaeth, caniad, canto.

canton, *n.* rhandir, ardal.

canvas, *n.* cynfas.

canvass, *v.* erfyn, ymbil am (bleidlais neu gwstwm), canfasio.

canvasser, *n.* un sy'n ceisio pleidlais, etc., canfasiwr.

canyon, *n.* ceunant, cwm cul dwfn, hafn, canion.

cap, *n.* cap, capan. *v.* rhagori ar.

capability, *n.* gallu, medr.

capable, *a.* galluog, medrus.

capacious, *a.* helaeth, eang.

capaciousness, *n.* helaethrwydd.

capacity, *n.* 1. medr, gallu, cyrhaeddiad.

   2. cynnwys, maint.

   3. cynhwyster, cynhwysedd.

cape, *n.* 1. penrhyn, pentir.

   2. mantell.

caper, *n.* (*pl.*) ystumiau, ystranciau, clemau. *v.* prancio, llamsachu.

capillarity, *n.* capilaredd, tyniad, atyniad capilaraidd.

capillary, *n.* capilari, tiwb. *a.* capilarig, fel tiwb.

   CAPILLARY ATTRACTION, capilaredd.

   CAPILLARY TUBE, meindiwb.

capital, *n.* 1. prifddinas.

   2. priflythyren.

   3. cyfalaf, prifswm.

   a. prif, ardderchog.

   CAPITAL PUNISHMENT, dienyddiad.

capitalism, *n.* cyfalafiaeth.

capitalist, *n.* cyfalafwr.

capitalize, *v.* cyfalafu.

capitation, *n.* hyn a hyn y pen (o dreth, etc.)

capitol, *n.* teml Iau, senedd-dŷ (Rhufain).

capitulate, *v.* ymostwng, ardeleru.

capitulation, *n.* ymostyngiad, ardeleriad.

capon, *n.* caprwn, ceiliog.

caprice, *n.* mympwy, gwamalrwydd.

capricious, *a.* mympwyol, gwamal.

capriciousness, *n.* mympwy, gwamalwch.

Capricorn, *n.* Arwydd yr Afr, Corn yr Afr.

capriole, *v.* prancio (gan geffyl).

capsize, *v.* dymchwel, troi wyneb i waered.

capstan, *n.* capstan, peth i godi angor.

capsule, *n.* 1. hadlestr.

   2. capswl (moddion).

captain, *n.* capten. *v.* rheoli, bod yn gapten ar.

captaincy, *n.* capteniaeth.

caption, *n.* pennawd, teitl.

captious, *a.* beirniadol, cecrus.

captivate, *v.* swyno, hudo.

captive, *n.* carcharor. *a.* caeth.

captivity, *n.* caethiwed, caethglud.

captor, *n.* daliwr.
capture, *n.* daliad. *v.* dal.
car, *n.* car, cerbyd.
    CAR PARK, maes parcio.
carat, *n.* 1. pwys (gemydd).
    2. mesur (purdeb aur).
caravan, *n.* 1. cerbyd, men (sipsiwn), carafán.
    2. cwmni (o deithwyr).
caravansary, *n.* cyrchfa minteioedd teithiol yn y Dwyrain, lle i noswylio.
caraway, *n.* hadau persawrus, carddwy, y garddwy, carwy.
carbide, *n.* cyfansawdd o garbon, etc., carbeid.
carbine, *n.* dryll fer (a ddefnyddid gan wŷr meirch).
carbohydrate, *n.* cyfansawdd o garbon, etc., carbohidrad.
carbolic acid, *n.* asid carbolig.
carbon, *n.* carbon.
    CARBON-PAPER, papur lluosogi (dyblygu).
carbonaceous, *a.* yn cynnwys carbon, carbonaidd.
carbonate, *n.* carbonad, cyfansawdd o asid carbonig, etc.
carbonic acid, *n.* asid carbonig.
carboniferous, *a.* yn cynnwys carbon neu lo, carbonifferaidd.
carbonize, *v.* troi'n garbon, carboneiddio, golosgi.
carbuncle, *n.* 1. carbwncl, cornwyd.
    2. gem, maen coch gwerthfawr.
carburation, *n.* carbureiddio, anweddu.
carburettor, *n.* carburedur, offeryn anweddu petrol.
carcass, **carcase**, *n.* celain, abo, ysgerbwd.
carcinoma, *n.* carsinoma, cancr gwyllt, twf cancr.
card, *n.* carden, cerdyn. *v.* cribo (gwlân).
cardboard, *n.* carden drwchus, papur stiff, carbord.
cardiac, *a.* yn ymwneud â'r galon.
cardigan, *n.* gwasgod fach, cardigan.
cardinal, *n.* cardinal. *a.* prif.
    CARDINAL NUMERALS, prifolion.
    CARDINAL POINTS, y pedwar gwynt.
care, *n.* gofal, pryder. *v.* gofalu, pryderu, malio.
    TO TAKE CARE OF, gofalu am, carco.
career, *n.* gyrfa, hynt, galwedigaeth. *v.* rhuthro.
careerist, *n.* un â'i ddiddordeb pennaf mewn hunan-ddyrchafiad, hunan-ddyrchafydd.
careful, *a.* gofalus, gwyliadwrus, carcus.

carefulness, *n.* gofal, gwyliadwriaeth, carc.
carefree, *a.* diofal, di-hid.
careless, *a.* diofal, esgeulus, dibris.
carelessness, *n.* diofalwch, esgeulustod, dibristod.
caress, *n.* anwes, anwyldeb. (*pl.*) mwythau. *v.* anwesu, anwylo, maldodi, mwytho.
caressing, *a.* serchog, serchus, caruaidd
caret, *n.* collnod (ʌ), marc i ddynodi llythyren neu air coll.
caretaker, *n.* ceidwad, gofalwr.
cargo, *n.* cargo, llwyth (llong).
cargo-boat, *n.* llong nwyddau, llong gargo.
caribou, *n.* caribŵ, carw Americanaidd.
caricature, *n.* digriflun, gwawdlun. *v.* aflunio, digriflunio.
caricaturist, *n.* digrifluniwr, gwawdlunydd.
caries, *n.* pydredd dannedd.
carillon, *n.* canu clychau.
carmine, *n.* (lliw) fflamgoch.
carnage, *n.* lladdfa, cyflafan, galanastra.
carnal, *a.* cnawdol, anifeilaidd, trythyll, anniwair.
carnation, *n.* carnasiwn, ceian.
carnival, *n.* carnifal, rhialtwch, miri.
carnivora, *np.* anifeiliaid rheibus.
carnivorous, *a.* rheibus, ysglyfaethus.
carol, *n.* cân o lawenydd, carol. *v.* canu carolau.
    CHRISTMAS CAROL, carol Nadolig.
caroller, *n.* canwr carolau.
carotene, *n.* carotin.
carousal, *n.* cyfeddach, gloddest.
carouse, *v.* cyfeddach, gloddesta.
carouser, *n.* bolgi, gloddestwr, un glwth.
carp, *n.* carp (pysgodyn llyn). *v.* pigo bai, cecru.
carpels, *np.* ffrwyth ddail.
carpenter, *n.* saer, saer coed.
carpentry, *n.* gwaith saer, saernïaeth.
    CARPENTRY AND JOINERY, gwaith saer ac asiedydd.
carpet, *n.* carped.
carriage, *n.* 1. cerbyd.
    2. cludiad.
    3. osgo, ystum, ymarweddiad.
    CARRIAGE PAID, cludiad yn rhad.
carrier, *n.* cludydd, cariwr.
carrion, *n.* burgun, ysgerbwd, celain.
    CARRION CROW, brân dyddyn (syddyn).
carrot, *n.* moronen.
carry, *v.* cludo, cywain, dwyn, cario.

cart, *n.* cart, cert, trol.

cartage, *n.* cludiad, tâl am gario.

carte blanche, *n.* papur heb ysgrifen, rhyddid diamod.

cartel, *n.* cytundeb cwmnïau busnes, cytundeb i newid carcharorion, cartél.

cart-horse, *n.* ceffyl gwaith, ceffyl gwedd.

cart-house, *n.* hoewal, cartws.

cartilage, *n.* madruddyn.

cartload, *n.* cartaid, troliaid.

cartography, *n.* gwneud mapau.

carton, *n.* bocs papur, bocs carbord, carton.

cartoon, *n.* gwawdlun, cartŵn.

cartoonist, *n.* gwawdluniwr, cartwnydd.

cartridge, *n.* cetrisen, cartrisen.

carve, *v.* cerfio, naddu, torri, ysgythru.

carver, *n.* cerfiwr, torrwr, ysgythrwr.

cascade, *n.* rhaeadr, sgwd.

case, *n.* 1. amgylchiad.
  2. cyflwr.
  3. achos (mewn llys).
  4. dadl.
  5. cas.
  6. enghraifft.
  CASE DECLENSION, gogwyddiad cyflyrau.

caseation, *n.* cawseiddiad.

casein, *n.* casin, prodin a geir o laeth, elfen sylfaenol caws.

casement, *n.* ffenestr adeiniog, drws gwydr, casment.

caseous, *a.* o gaws, fel caws.

cash, *n.* arian, arian parod, arian sychion. *v.* newid (am arian).
  CASH IN ON, ennill.
  CASH PAYMENT, talu i lawr, talu ar law.

cashier, *n.* trysorydd, ariannwr, cyfrifydd. *v.* diswyddo.

cashmere, *n.* casmir, gwlanen fain.

cash register, *n.* cofnodydd arian.

casing, *n.* plisgyn, masgl.

cask, *n.* casgen, baril, twba, hocsed, cerwyn.

casket, *n.* bocs gemau, blwch.

casque, *n.* helm, helmet.

cassock, *n.* casog, clog offeiriad.

cassowary, *n.* aderyn mawr tebyg i'r estrys.

cast, *v.* bwrw, taflu, castio. *n.* actorion mewn drama.
  CAST IRON, haearn bwrw.

castanets, *np.* castanedau, offerynnau cadw amser mewn cerddoriaeth.

castaway, *n.* un wedi ei longddryllio.

caste, *n.* dosbarth, cast.

castellan, *n.* castellydd.

castellated, *a.* castellog, fel castell.

castigate, *v.* cosbi, cystwyo.

castigation, *n.* cosb, cystwyad.

casting, *n.* castin, haearn bwrw.
  PIPE CASTING, bwrw pibau.

casting-vote, *n.* llais y cadeirydd, pleidiais fwrw.

castle, *n.* castell. *v.* castellu.

castor, *n.* 1. castor, olwyn (dan gadair, etc.). 2. criwet.

castor-oil, *n.* oel castor.

castrate, *v.* ysbaddu, disbaddu.

casual, *a.* damweiniol, achlysurol.

casualty, *n.* 1. damwain, anap.
  2. cwympedig, un wedi ei glwyfo, etc.

casualties, *np.* colledigion, cwympedigion.

casuistry, *n.* achosionaeth, camddadlau.

cat, *n.* cath.

catabolism, *n.* cataboleg.

cataclysm, *n.* rhyferthwy, dilyw, llif, cyffro.

catacomb, *n.* claddgell, mynwent dan ddaear.

catalepsy, *n.* llesmair, colli teimlad.

catalogue, *n.* catalog, llechres, cofrestr.

catalysis, *n.* cataledd, dadelfeniad trwy gyfrwng defnydd arall.

catalyst, *n.* catalydd.

catalytic, *a.* catalytig.

catapult, *n.* catapwlt, offeryn taflu.

cataract, *n.* 1. rhaeadr, sgwd.
  2. pilen (ar lygad), cataract.

catarrh, *n.* catár, annwyd yn y pen.

catastrophe, *n.* trychineb, anffawd, anap.

cat-burglar, *n.* lleidr dringo.

catcall, *n.* chwibanogl, gwich, chwiban (i ddangos anghymeradwyaeth).

catch, *v.* dal, dala. *n.* 1. bach, cliced.
  2. dalfa.
  A CATCH OF FISH, helfa bysgod.

catching, *a.* heintus.

catchment, *n.* arwynebedd lle cesglir dŵr, dalfa dŵr, (*area*) dalgylch.

catchpole, *n.* ceisbwl, bwmbeili.

catchword, *n.* gair neu frawddeg i dynnu sylw, dangosair, cipair.

catechise, *v.* holi, profi.

catechism, *n.* holwyddoreg.

catechumen, *n.* disgybl bedydd, un dan hyfforddiant cyn ei fedyddio.

categorical, *a.* pendant, diamodol.

category, *n.* dosbarth, categori.

catena, *n.* cyfres, rhes, cadwyn (o bethau tebyg).

cater, *v.* arlwyo, paratoi (bwyd).

caterer, *n.* arlwywr, paratowr bwyd.
catering, *n.* arlwyaeth.
caterpillar, *n.* 1. lindys, pryfyn blewog.
2. ymlusgydd.
caterwaul, *n.* cri cathod, sŵn aflafar.
catgut, *n.* cordyn o berfedd anifail, catgwt.
cathartic, *n.* carthlyn, moddion rhyddhau'r corff.
cathedral, *n.* eglwys gadeiriol.
cathode, *n.* cathôd, electrod negyddol.
catholic, *a.* 1. catholig, pabyddol.
2. cyffredinol.
n. catholig(wr), pabydd.
Catholicism, *n.* Catholigaeth, Catholigiaeth, Pabyddiaeth.
cat-o-nine-tails, *n.* chwip (yn rhannu'n naw rhan).
catkins, *np.* gwyddau bach, cenawon (coed), cynffonnau ŵyn bach.
cat's eye, *n.* styden olau (ar heol) llygad-cath.
cat's paw, *n.* gwas bach, un a dwyllir, un gwirion.
cattle, *np.* gwartheg, da.
catty, *a.* maleisus, sbeitlyd.
caucus, *n.* pwyllgor lleol (gwleidyddol).
cauldron, *n.* crochan, pair, callor.
cauliflower, *n.* bresychen wen, colifflwr, blodfresych (haf).
causality, *n.* achosiaeth, perthynas achos ac effaith.
causation, *n.* achosiant, y weithred o achosi.
causative, *a.* yn achosi, achosol.
cause, *n.* achos, achlysur, rheswm.
v. achosi, peri.
causeway, *n.* sarn, heol uchel (dros gors, etc.).
caustic, *a.* 1. llosg, ysol.
2. deifiol, gwawdus.
cauterize, *v.* serio.
caution, *n.* 1. pwyll.
2. rhybudd.
v. rhybuddio.
cautionary, *a.* rhybuddiol, fel rhybudd.
cautious, *a.* gofalus, gwyliadwrus, pwyllog.
cavalcade, *n.* mintai o farchogion.
cavalier, *n.* marchog.
cavalry, *np.* gwŷr meirch.
cave, *n.* ogof.
CAVE IN, cwympo i mewn.
caveat, *n.* rhybudd, gwaharddiad.
cavern, *n.* ceudwll, ogof gron.
caviar, caviare, *n.* grawn pysgod.
cavil (at), *v.* cecru, pigo bai, ffraeo, cweryla.
cavity, *n.* ceudod, gwagle, pantle.

caw, *v.* crawcian.
cayenne, *n.* pupur coch.
cease, *v.* peidio, darfod, gorffen.
ceaseless, *a.* di-baid.
cedar, *n.* cedrwydden.
cede, *v.* rhoi i fyny, trosglwyddo.
cedilla, *n.* nod o dan *c* i ddangos sain *s.*
ceiling, *n.* 1. nen, nenfwd.
2. man uchaf.
celandine, *n.* 1. (*greater*) llym y llygad.
2. (*lesser*) llygad Ebrill.
celebrate, *v.* dathlu.
celebrated, *a.* enwog, clodfawr.
celebration, *n.* dathliad.
celebrity, *n.* enwogrwydd, un enwog.
celerity, *n.* cyflymder, buander.
celery, *n.* seleri, helogan.
celestial, *a.* nefol, nefolaidd.
celibacy, *n.* gweddwdod, gwyryfdod, bod yn ddi-briod, anghydweddaeth.
celibate, *n.* un di-briod, anghydweddog.
cell, *n.* 1. cell.
2. sel (batri).
cellar, *n.* seler.
cellarer, *n.* selerwr.
cello, *n.* soddgrwth.
cellophane, *n.* defnydd rhwymo tryloyw, seloffen.
cell reproduction, *n.* cellddeillio.
cellular, *a.* cellog.
cellulitis, *n.* llid yr isgroen, enyniad y celloedd.
celluloid, *n.* seliwloid, celuloid, cyfansawdd yn cynnwys camffyr.
cellulose, *n.* y starts sydd mewn planhigion, selwlôs.
Celt, *n.* Celt.
Celtic, *a.* Celtaidd. *n.* Celteg (yr iaith).
BOARD OF CELTIC STUDIES, Bwrdd Gwybodau Celtaidd.
cement, *n.* sment.
cemetery, *n.* mynwent, claddfa.
cenotaph, *n.* cofadail, senotaff.
cense, *v.* arogldarthu.
censer, *n.* llestr i losgi arogldarth, thuser.
censor, *n.* sensor, beirniad, ateiliad.
censorious, *a.* beirniadol.
censorship, *n.* sensoriaeth.
censure, *n.* cerydd, sen. *v.* ceryddu.
census, *n.* cyfrif, cyfrifiad.
cent. *n.* cant, canfed ran o ddoler.
PER CENT, y cant.
centaur, *n.* dynfarch (chwedlonol).
centaury, *n.* ysgol Fair, camri'r coed.
centenarian, *n.* un can mlwydd oed.
centenary, *n.* canmlwyddiant.
centennial, *a.* bob can mlynedd, ymhen can mlynedd.

centigrade, *a.* canradd, sentigred.

centimetre, *n.* sentimedr, centimetr.

centipede, *n.* trychfilyn amldroed, neidr gantroed.

central, *a.* canolog, canol.

  CENTRAL HEATING, twymo â phibau.

centralisation, *n.* canoliad.

centralise, *v.* canoli.

centre, *n.* canolbwynt, canolfan, craidd. *v.* canoli, canolbwyntio.

centre-dotting, *n.* canolfarcio.

centre-forward, *n.* canolwr blaen, arweinydd.

centre-threequarter, *n.* canolwr.

centrifugal, *a.* yn bwrw allan, allfwriol, canolffo, allgyrchol.

  CENTRIFUGAL FORCE, grym allgyrchol.

centrifuge, *n.* allfwrydd. *v.* allfwrw, bwrw i maes o'r canol.

centriole, *n.* sentriol.

centripetal, *a.* yn symud tuag at y canol, mewnfwriol, mewngyrchol.

  CENTRIPETAL FORCE, grym mewngyrchol.

centrosphere, *n.* sentrosffêr.

centurion, *n.* canwriad.

century, *n.* canrif, cant.

cephalic, *a.* ynglŷn â'r pen.

ceramic, *a.* yn ymwneud â chrefft y crochenydd.

cereal, *n.* grawn, ŷd, grawnfwyd.

cerebral, *a.* yn ymwneud â'r ymennydd.

cerebrum, *n.* yr ymennydd, cerebrwm.

cerements, *np.* amdo, amwisg, gwisg y meirw.

ceremonial, *a.* defodol, seremonïol.

ceremonious, *a.* moesgar, yn ôl defod.

ceremony, *n.* defod, seremoni.

cerise, *a.* coch golau, o liw ceirios.

certain, *a.* 1. sicr, siŵr, siwr. 2. rhyw, rhai.

certainly, *ad.* yn sicr, yn siwr, yn siŵr.

certainty, *n.* sicrwydd.

certificate, *n.* tystysgrif.

  SCHOOL CERTIFICATE, Tystysgrif Ysgol.

  HIGHER CERTIFICATE, Tystysgrif Uchaf.

certify, *v.* tystio, tystiolaethu.

certitude, *n.* sicrwydd, hyder.

cerulean, *a.* glas yr awyr.

cerumen, *n.* cwyr clust.

cessation, *n.* darfyddiad, dibeniad, peidio.

cession, *n.* ildiad, trosglwyddiad.

cesspool, *n.* pwll budreddi, carthbwll.

cetacean, cetaceous, *a.* yn perthyn i deulu'r morfil.

chafe, *v.* ysgathru, llidio, rhathu, rhwbio.

chaff, *n.*us, manus, mân us. *v.* pryfocio.

chaffinch, *n.* asgell fraith, pinc.

chagrin, *n.* blinder, cythrudd, siom.

chain, *n.* cadwyn.

  CHAIN SMOKER, smocwr cyson.

chair, *n.* cadair. *v.* cadeirio.

chaired, *a.* wedi ei gadeirio, cadeiriol.

chairman, *n.* cadeirydd.

chairmanship, *n.* cadeiryddiaeth.

  UNDER THE CHAIRMANSHIP OF, â (hwn a hwn) yn y gadair.

chaise, *n.* cerbyd ysgafn.

chalet, *n.* bwthyn (Swistir), bynglo haf.

chalice, *n.* cwpan cymun, caregl.

chalk, *n.* sialc, calch.

challenge, *n.* her, sialens.

challenger, *n.* heriwr, sialensiwr.

chalybeate, *a.* yn cynnwys haearn, o flas haearn.

chamber, *n.* ystafell, siambr.

  CHAMBER MUSIC, miwsig i gerddorfa fechan.

chamberlain, *n.* swyddog teulu, gwas ystafell, siambrlen, ystafellydd.

chambermaid, *n.* morwyn, gweinyddes (mewn gwesty, etc.).

chameleon, *n.* madfall symudliw, madfall Affrig, camelion, cameleon.

chamfer, *n.* siamffer, rhigol, agen.

chamois, *n.* 1. gafrewig. 2. ei chroen.

champ, *v.* cnoi.

champagne, *n.* gwin Champagne.

champion, *n.* 1. pencampwr, y buddugol. 2. pleidiwr.

  CHAMPION SOLO, her unawd.

championship, *n.* her-ornest, campwriaeth.

chance, *n.* cyfle, digwyddiad, hap, siawns. *v.* digwydd, mentro.

chancel, *n.* cangell.

chancellery, *n.* llys (swyddfa) canghellor.

chancellor, *n.* canghellor.

  CHANCELLOR OF THE EXCHEQUER, Canghellor y Trysorlys.

chancellorship, *n.* cangelloriaeth, swydd canghellor.

chance-medley, *n.* llofruddiaeth (trwy hunan-amddiffyniad), siawns medlai, amryfusedd.

chancery, *n.* llys canghellor, siawnsri (*pl.* -ïau).

  COURT OF CHANCERY, Cwrt Siawnsri.

chandelier, *n.* canhwyllbren fforchog.
chandler, *n.* masnachwr (canhwyllau, etc.).
change, *n.* newid, cyfnewidiad.
v. newid, cyfnewid.
TO CHANGE THE SUBJECT, troi'r ddadl.
changeable, *a.* cyfnewidiol.
changeless, *a.* digyfnewid.
changeling, *n.* plentyn a newidiwyd am arall.
channel, *n.* culfor, rhigol, sianel.
chant, *n.* corgan, siant, salm-dôn.
v. corganu, siantio, llafarganu.
chanticleer, *n.* ceiliog (enw arno).
chantry, *n.* capel (a waddolwyd).
chaos, *n.* anhrefn, tryblith.
chaotic, *a.* anhrefnus, di-drefn, blith draphlith.
chap, *v.* torri, hollti. *n.* 1. crwt, hogyn.
2. gên, genau.
3. hollt, crac.
chapel, *n.* capel, tŷ cwrdd.
chaperon, *n.* cydymaith, gwarchodydd.
chaplain, *n.* caplan.
chaplet, *n.* coronig, talaith, plethdorch, coronbleth, addurnbleth.
chapped, *a.* wedi torri, wedi cracio (am ddwylo, etc.)
chapter, *n.* 1. pennod.
2. pennaeth (eglwys gadeiriol, etc.), cabidwl.
chapter-house, *n.* tŷ'r siapter, cabidyldy.
char, *v.* 1. rhuddo, llosgi.
2. glanhau (tŷ, etc.).
n. 1. morwyn.
2. torgoch, math o bysgodyn.
char-a-banc, *n.* coets, cerbyd teithio.
character, *n.* cymeriad, caritor.
characterisation, *n.* nodweddiad.
characterise, *v.* nodweddu.
characteristic, *n.* 1. nodwedd, neilltuolrwydd.
2. nodweddrif (*Logs*).
a. nodweddiadol.
charade, *n.* siarâd, gêm actio.
charcoal, *n.* golosg, marwor, sercol.
charge, *n.* 1. gofal.
2. cyngor, gorchymyn.
3. cyhuddiad.
4. pris.
5. rhuthr.
6. gwefr (trydan).
v. 1. annog.
2. cyhuddo.
3. codi, gofyn (pris).
4. rhuthro ar.

5. llwytho (gwn, etc.).
6. trydanu.
chargeable, *a.* cyhuddadwy.
CHARGEABLE TO, i'w dalu gan.
charger, *n.* 1. march rhyfel, cadfarch.
2. dysgl, plât.
chariot, *n.* cerbyd (rhyfela), siarret.
charitable, *a.* hael, elusengar.
charity, *n.* elusen, cardod.
charlatan, *n.* cwac, twyllwr.
charlatanism, *n.* cwacyddiaeth.
charm, *n.* swyn, cyfaredd. *v.* swyno, hudo.
charming, *a.* swynol, cyfareddol.
charnel (-house), *n.* marwdy, lle i gadw cyrff y meirw.
chart, *n.* siart, map (i forwyr).
charter, *n.* breinlen, siarter. *v* hurio, llogi.
chartism, *n.* siartiaeth.
chartist, *n.* siartydd, pleidiwr siartiaeth.
charwoman, *n.* morwyn (wrth y dydd).
chary, *a.* gochelgar, cynnil.
chase, *n.* helfa, erlid. *v.* 1. hela, ymlid, erlid.
2. ysgythru.
chasm, *n.* hafn, agendor.
chassis, *n.* ffrâm (car modur, etc.).
chaste, *a.* 1. diwair, pur.
2. syml.
chasten, *v.* puro (trwy gosbi).
chastise, *v.* ceryddu, cymhennu, cosbi.
chastisement, *n.* cerydd, cosb.
chastity, *n.* diweirdeb, purdeb.
chat, *n.* sgwrs, ymgom, gair. *v.* sgwrsio, ymgomio, cael gair â.
chattels, *np.* meddiannau (symudol).
chatter, *n.* cleber, preblach.
v. 1. clebran, preblan.
2. trydar, yswitian.
chatterbox, *n.* clebryn, clebren.
chatty, *a.* siaradus, ymgomiol.
chauffeur, *n.* gyrrwr (car modur).
chauvinism, *n.* gwladgarwch penboeth.
cheap, *a.* rhad.
TO MAKE CHEAPER, gostwng pris.
cheapen, *v.* gostwng pris, tynnu (pris) i lawr.
cheapness, *n.* iselbris, bod yn rhad.
cheat, *n.* twyllwr. *v.* twyllo, cafflo.
check, *v.* 1. atal.
2. arafu.
3. archwilio.
4. gwirio.
n. 1. atalfa.
2. archwiliad.
3. patrwm neu ddefnydd brith.
4. gwiriad.

checkmate, *n.* y symudiad olaf (wrth chwarae gwyddbwyll), buddugoliaeth gorchfygiad.

cheek, *n.* 1. grudd, boch.
  2. (*pl.*). y ddwyen (mochyn).
  3. hyfdra.
  BLOW ON THE CHEEK, cernod.

cheeky, *a.* eofn, egr, eger, haerllug.

cheer, *v.* llonni, sirioli, codi calon, cymeradwyo.

cheerful, *a.* siriol, llon, calonnog.

cheerfulness, *n.* sirioldeb, llonder.

cheerless, *a.* annifyr, sych, anniddan, digalon, trist.

cheery, *a.* siriol, calonnog, llon.

cheese, *n.* caws, cosyn.

cheese-press, *n.* gwasg gaws, caws-wryf, peis.

cheese-vat, *n.* llestr caws, cawslestr, cawsellt.

chef, *n.* prif gogydd.

chemical,*a.* cemegol, *n.* cemegyn(-nau).
  CHEMICAL EQUATIONS, hafaliadau cemegol.

chemise, *n.* crys merch, gwisg isaf merch.

chemist, *n.* cemegwr, fferyllydd.

chemistry, *n.* gwyddor mater, cemeg, fferylliaeth.

chemotherapy, *n.* cemotherapeg.

cheque, *n.* archeb (ar fanc), siec.

cheque-book, *n.* llyfr sieciau.

chequer, *v.* britho, gwneud yn sgwarau.

chequered, *a.* 1. brith, mewn sgwarau.
  2. cyfnewidiol.

cherish, *v.* coleddu, meithrin, dal, anwylo.

chervil, *n.* y berllys, sierfel.
  WILD CHERVIL, nodwydd y bugail.

cherry, *n.* ceiriosen.

cherub, *n* cerub.

chess, *n.* gwyddbwyll, sies.

chessboard, *n.* borden sies.

chessmen, *n.* gwerin (gwyddbwyll). siesmyn.

chest, *n.* 1. cist.
  2. dwyfron, brest.

chestnut, *n.* castan, concer.
  CHESTNUT-TREE, castanwydden.

chevalier, *n.* marchog.

chew, *v.* cnoi.
  TO CHEW THE CUD, cnoi cil.

chewing-gum, *n.* toffi cnoi.

chiasma, *n.* canolbwynt y nerfau, croesgydiad, ciasma, cyd-drosiad.

chic, *a.* trwsiadus, taclus.

chicanery, *n.* twyll, hoced.

chicken, *n.* cyw.
  CHICKEN POX, brech yr ieir.

chicken-hearted, *a.* ofnus, gwangalon, llwfr.

chickweed, *n.* llysiau'r dom, gwlydd y dom.

chicory, *n.* sicori, ysgall y meirch.

chide, *v.* ceryddu, cymhennu, dwrdio.

chief, *n.* pennaeth, pen. *a.* prif, pennaf.

chiefly, *ad.* yn bennaf.

chieftain, *n.* pennaeth.

chiffonier, *n.* cwpwrdd seld, dreser.

chilblain, *n.* llosg eira, malaith.

child, *n.* plentyn.

childhood, *n.* plentyndod, mebyd, bore oes.
  SECOND CHILDHOOD, ailblentyndod.

childish, *a.* plentynnaidd.

childishness, *n.* plentynrwydd, bod yn blentynnaidd.

childless, *a.* di-blant, amhlantadwy.

childlike, *a.* fel plentyn, diniwed.

chill, *n.* annwyd, rhyndod. *a.* oer. *v.* oeri, rhynnu.

chilliness, *n.* oerni.

chilly, *a.* oerllyd, rhynllyd.

chime, *v.* canu (clychau). *n.* sain clychau, clychau.
  CHIME IN, ymuno (mewn siarad).

chimera, *n.* 1. anghenfil (chwedlonol).
  2. peth amhosibl.

chimerical, *a.* dychmygol.

chimney, *n.* simnai, corn mwg.

chimpanzee, *n.* simpansî, epa mawr.

chin, *n.* gên.

china, *a.* tsieni.

chinchila, *n.* sinsila, cnöwr o Ddeau America.

chine, *n.* rhan o asgwrn cefn eidion neu fochyn, cefnen, cefnddryll.

Chinese, *n.* Sieinead. *a.* Sieina, Sieineaidd.

chink, *n.* 1. agen, hollt.
  2. sŵn metelaidd.
  v. gwneud sŵn metelaidd, tincian.

chintz, *n.* sints, lliain printiedig.

chip, *n.* asglodyn. *v.* asglodi, torri'n ddarnau.

chip-shop, *n.* tafarn datws.

chips, *np.* tatws wedi eu ffrio, asglod, sglodion.

chiropodist, *n.* meddyg traed, etc.

chiropody, *n.* triniaeth traed, etc.

chirp, *v.* trydar, yswitian.

chisel, *n.* cŷn, gaing.
  COLD CHISEL, gaing galed, cŷn caled.

chit, *n.* 1. plentyn (mewn modd dirmygus).
  2. nodyn, dogfen.

chit-chat, *n.* mân-siarad, cleber.

chivalrous, *a.* cwrtais, mawfrydig, boneddigaidd, hynaws.

chivalry, *n.* urddas marchog, sifalri, cwrteisrwydd.

chives, *np.* cennin syfi.

chlorate, *n.* halen asid clorin, clorad.

chloride, *n.* cyfansawdd o glorin a metel, clorid.

chloride of lime, *n.* clorid calch.

chlorinate, *v.* clorino, trwytho â chlorin.

chlorine, *n.* nwy melyn-wyrdd ac iddo wynt cryf, clorin.

chloroform, *n.* moddion cwsg, math o anesthetig, clorofform.

chlorophyll, *n.* y lliw gwyrdd mewn planhigion, cloroffil.

chloroplastid, *n.* cloroplastid.

chocolate, *n.* siocled.

choice, *n.* dewis, dewisiad. *a.* dewisol, dethol, amheuthun, blasus.

choir, *n.* côr.

choirmaster, *n.* arweinydd côr, côrfeistr.

choke, *v.* tagu, llindagu, mogi.
TO HALF CHOKE, bwldagu.

choler, *n.* dicter, llid.

cholera, *n.* anhwyldeb yr afu, colera, y geri marwol.

choleric, *a.* o dymer wyllt, brochus.

choose, *v.* dewis, dethol, ethol.

chop, *n.* 1. ergyd (bwyell).
2. golwyth, golwythyn, tamaid o gig.
v. torri, trychu.

chopper, *n.* bwyell (gig).

choppy, *a.* garw, ewynnog (am fôr).

chops, *n.* gweflau.

chopsticks, *np.* gweill bwyd (yn Sieina).

choral, *a.* corawl.

chorea, *n.* y cryndod.

chorale, *n.* tôn neu emyn unsain, corâl.

chord, *n.* 1. tant (offeryn cerdd).
2. cyfuniad nodau cerdd, cord.

chorister, *n.* aelod o gôr.

chorus, *n.* 1. côr.
2. cytgan.
3. cerddoriaeth i gôr, corws.

chough, *n.* brân goesgoch, brân Gernyw.

Christ, *n.* Crist.
BEFORE CHRIST (BC), cyn Crist (CC).

christen, *v.* bedyddio, enwi.

Christendom, *n.* gwledydd cred.

Christian, *n.* Cristion. *a.* Cristionogol.
A NON-CHRISTIAN COUNTRY, gwlad anghred.
CHRISTIAN NAME, enw bedydd.

Christianity, *n.* Cristionogaeth.

Christmas, *n.* Nadolig.
CHRISTMAS EVE, noswyl Nadolig.
FATHER CHRISTMAS, Santa Clôs.
Siôn Corn.

chromatic, *a.* 1. yn ymwneud â lliw
2. hanertonol, cromatig (miwsig).

chromatin, *n.* cromatin, math o feinwe.

chromium, *n.* cromiwm, metel llwyd.

chromosome, *n.* cromosom, corffyn bitw bach.

chronic, *a.* parhaol, hir ei barhad.

chronicle, *n.* cronicl, hanes digwyddiadau. *v.* croniclo.

chronicler, *n.* hanesydd, croniclydd.

chronological, *a.* yn ôl yr adeg, amseryddol.

chronologist, *n.* un sy'n trefnu yn ôl amser, amserydd, amseryddwr.

chronology, *n.* amseryddiaeth, digwyddiadau yn ôl eu hamser.

chronometer, *n.* offeryn i fesur amser yn gywir, cronomedr.

chrysalis, *n.* chwiler, crisalis.

chrysanthemum, *n.* ffárwel haf.

chrysolite, *n.* gem gwyrdd (tryloyw), yr eurfaen.

chub, *n.* math o bysgodyn dŵr croyw, annog, y penci.

chubby, *a.* ag wyneb llawn, tew, cadwrus, graenus.

chuck, *v.* 1. taflu.
2. taro'n ysgafn.
n. pegwn, pegwn gafael.

chuckle, *v.* glaschwerthin, lledchwerthin. *n.* glaschwerthiniad.

chum, *n.* cyfaill. *v.* cyfeillachu.

chump, *n.* talp (o bren neu gig), y pen trwchus.

chunk, *n.* tafell drwchus, talp.

church, *n.* eglwys. *a.* eglwysig.
STATE CHURCH, eglwys wladol.

churchman, *n.* eglwyswr.

church-member, *n.* aelod eglwysig.

church-membership, *n.* aelodaeth eglwysig.

churchwarden, *n.* gwarden eglwys.

churchyard, *n.* mynwent.

churl, *n.* taeog, costog, un anfoesgar.

churlish, *a.* taeogaidd, anfoesgar.

churlishness, *n.* taeogrwydd, anfadrwydd, mileindra.

churn, *n.* buddai. *v.* corddi.
PLUNGING CHURN, buddai dwmp, buddai gnoc.

churning, *n.* corddiad, gwneud ymenyn.

chute, *n.* 1. llithrigfa.
2. rhaeadr, sgwd.

chutney, *n* picl cymysg.

chyle, *n.* hylif llaethog yn y stumog, caul, ceuled.

chyme, *n.* bwyd wedi ei dreulio yn y stumog, treulfwyd.

cicatrice, **cicatrix**, *n.* craith (ar gnawd neu bren).

cicerone, *n.* arweinydd, cyfarwyddwr.

cider, *n.* seidr.

cigar, *n.* sigâr.

cigarette, *n.* sigarét.

cilia, *np.* blew amrant, briger, cilia, ciliwm.

cilum, *n.* silwm.

cinder, *n.* marworyn, colsyn, lludw.
　CINDER-TRACK, maes rhedeg.

cine-camera, *n.* camera symudlun.

cine-ffilm, *n.* ffilm symudlun.

cinema, *n.* sinema.

cinematograph, **cine-projector**, *n.* peiriant symudlun.

cinnabar, *n.* carreg goch.

cinnamon, *n.* sbeis o risgl y pren sinamon, sinamon.

cinquefoil, *n.* (llysiau) pumbys.

cipher, *n.* rhifol (O), nod (dirgel). *v.* trin rhifau.

ciphering, *n.* rhifyddiaeth.

circle, *n.* 1. cylch, cant.
　2. dosbarth.
　v. cylchu.
　ESCRIBED CIRCLE, allgyrch.
　CIRCUMSCRIBED CIRCLE, amgylch.

circuit, *n.* 1. cylchdaith, cylch.
　2. llwybr trydan, amdaith.

circuitous, *a.* cwmpasog, yn mynd o amgylch.

circular, *n.* cylchlythyr. *a.* crwn, ar gylch.

circularise, *v.* anfon cylchlythyr.

circulate, *v.* cylchredeg, lledaenu.

circulating, *a.* cylchynol, teithiol.

circulation, *n.* cylchrediad.

circulatory, *a.* yn cylchredeg, cylchredol.

circumcise, *v.* enwaedu (ar).

circumcision, *n.* enwaediad.

circumference, *n.* 1. amgylchedd, cylchedd.
　2. (*the line*) cylchyn.

circumflex, *n.* hirnod, acen grom (⌒).

circumlocution, *n.* cylchymadrodd, amleiriau, amleiriaeth.

circumlocutory, *a.* amleiriog, cwmpasog.

circumnavigate, *v.* mordwyo o amgylch (y byd).

circumscribe, *v.* cyfyngu, cwmpasu, cau o fewn terfynau.

circumspect, *a.* gofalus, pwyllog, gwyliadwrus.

circumspection, *n.* gofal, pwyll, gwyliadwriaeth.

circumstance, *n.* amgylchiad.
　STRAIGHTENED CIRCUMSTANCES, amgylchiadau cyfyng.

circumstantial, *a.* amgylchus, ynglŷn â, manwl, anuniongyrchol.

circumstantiate, *v.* disgrifio'n fanwl, profi.

circumvent, *v.* trechu, cael y go
rau ar.

circumvention, *n.* cyfrwystra, dichell.

circus, *n.* syrcas.

cirque, *n.* peiran.

cirrhosis, *n.* cirosis, caledwch yr afu, caledwch yr iau.

cirrus (*pl.* cirri), crych gymylau, blew geifr, cirrus.

cissy, *n.* benyw o ddyn, bachgen merchedaidd. *a.* merchedaidd.

cist, *n.* cist, cistfaen.

Cistercian, *n.* aelod o Urdd Sant Benedict, mynach Sistersaidd, Sistersiad. *a.* Sistersaidd.

cistern, *n.* tanc dŵr, seston.

citadel, *n.* caer, amddiffynfa (mewn dinas).

citation, *n.* 1. gwŷs, galwad.
　2. dyfyniad (o lyfr, etc.).

cite, *v.* 1. gwysio, galw i lys.
　2. dyfynnu, enwi.

citizen, *n.* dinesydd, preswylydd.

citizenship, *n.* dinasyddiaeth, dinasfraint.

citric, *a.* yn ymwneud â sitron.

citrine, *a.* melynlliw, o liw lemon.

citron, *n.* sitron, math o lemon.

city, *n.* dinas.

city-state, *n.* gwladwriaeth ddinas.

civet, *n.* anifail ysglyfaethus tebyg i'r cadno, cath fwsg.

civic, *a.* dinesig.

civics, *np.* astudiaethau dinesig.

civil, *a.* 1. gwladol, dinesig, cyffredin.
　2. moesgar, cwrtais, syber.
　CIVIL SERVICE, gwasanaeth gwladol (sifil).
　CIVIL SERVANT, gwas sifil.
　CIVIL WAR, rhyfel cartref.
　CIVIL DEFENCE, (trefniad) amddiffyn sifil.

civilian, *n.* dinesydd, un heb fod yn y lluoedd arfog. *a.* cyffredin, sifil.

civility, *n.* moesgarwch, syberwyd.

civilization, *n.* gwareiddiad.

civilize, *v.* gwareiddio.

civilized, *a.* gwareiddiedig.

clack, *n.* 1. clec, clep.
　2. cleber, mân siarad.
　v. 1. clecan.
　2. clebran, chwedleua.

claim, *n.* hawl, cais. *v.* hawlio.

claimant, *n.* hawliwr.

clairvoyance, *n.* y gynneddf a briodolir i un mewn mesmeriaeth, claerwelediad.

clam, *n.* clam, math o bysgodyn cragen.

clamant, *a.* yn hawlio sylw, taer.

clamber, *v.* dringo, cripian.

clammy, *a.* oerwlyb, gludiog, llaith, damp.

clamorous, *a.* yn gweiddi'n groch am, stwrllyd, uchel ei gloch.

clamour, *n.* dadwrdd, twrw, mwstwr. *v.* gweiddi'n groch am.

clamp, *n.* 1. clamp, taglwm.
   2. cladd (tatws).
v. clampio, taglymu.

clan, *n.* llwyth, tylwyth.

clandestine, *a.* dirgel, dichellgar, ar y slei.

clang, *n.* clonc, cloncian. *v.* cloncian.

clangour, *n.* diasbedain, cloncian cyson.

clank, *n.* clec, sŵn metelaidd. *v.* cloncian.

clannish, *a.* yn glynu wrth dylwyth neu genedl, tylwythaidd, teuluol, cul.

clap, *n.* twrw, trwst, stŵr. *v.* curo dwylo, clepian.

clapper, *n.* 1. peth sy'n cloncian.
   2. tafod cloch.

claptrap, *n.* baldordd, cleber, ffiloreg, truth.

claret, *n.* gwin coch, clared.

clarification, *n.* eglurhad, esboniad, caboli.

clarify, *v.* egluro, gloywi.

clarinet, *n.* clarinet, math o offeryn cerdd.
   BASS-CLARINET, is-glarinet.

clarion, *n.* utgorn, galwad.

clarity, *n.* 1. eglurder.
   2. gloywder.

clash, *n.* gwrthdrawiad, sŵn metelaidd. *v.* gwrthdaro, taro yn erbyn, anghytuno.

clasp, *n.* gwäeg, bach, clesbyn, bwcl, gafael. *v.* 1. cau (gwäeg).
   2. gafael yn dynn, cofleidio.

claspers (*of caterpillar*), *np.* traed ôl, peth sy'n dal.

clasp-knife, *n.* cyllell sy'n cau, cyllell boced.

class, *n.* dosbarth, adran.

classic, *n.* clasur, campwaith, llên goeth.

classical, *a.* clasurol, o'r radd uchaf, safonol.

classicism, *n.* clasuraeth.

classics, *np.* clasuron.

classification, *n.* dosbarthiad.

classify, *v.* dosbarthu, trefnu.

clatter, *n.* 1. clecian parhaol.
   2. baldordd.
v. 1. clecian.
   2. baldorddi.

clause, *n.* cymal, adran.

claustrophobia, *n.* clostroffobia, ofn lle caeëdig.

clavichord, *n.* claficord, hen offeryn cerdd.

clavicle, *n.* pont yr ysgwydd.

claw, *n.* crafanc, ewin (aderyn). *v.* crafu, crafangu.

clay, *n.* clai.

clayey, *a.* cleiog.

clean, *a.* glân, pur, di-fai. *ad.* yn lân, yn llwyr. *v.* glanhau, puro.

cleanliness, *n.* glendid, glanweithdra.

cleanse, *v.* glanhau, carthu.

clear, *a.* 1. clir, eglur, plaen.
   2. gloyw, disglair, golau.
   3. dieuog, di-fai, rhydd.
v. 1. clirio.
   2. glanhau, gloywi.
   3. rhyddhau, symud rhwystr.
   TO CLEAR ONE'S THROAT, carthu'r gwddf.

clearance, *n.* gwaredigaeth, cliriad.

clear-cut, *a.* 1. wedi ei dorri'n lân.
   2. eglur, diamwys.

clearing, *n.* man agored (mewn coedwig).

clearing-house, *n.* cyfnewidfa (sieciau etc.), banc.

clearly, *ad.* yn glir, yn eglur.

clearness, *n.* eglurdeb, eglurder.

clear-sighted, *a.* craff, call, llygatgraff, yn gweld ymhell.

cleavage, *n.* hollt, ymraniad, anghytundeb.

cleave, *v.* 1. glynu (wrth).
   2. hollti.

cleaver, *n.* bwyell cigydd.

clef, *n.* cleff, allwedd (miwsig).

cleft, *n.* hollt, agen.

clem, *v.* newynu, llwgu.

clematis, *n.* barf yr hen ŵr, blodyn dringol.

clemency, *n.* 1. trugaredd, tosturi.
   2. tynerwch, hynawsedd.

clench, *v.* 1. gafaelyd.
   2. cau, gwasgu (dannedd, etc.).

clerestory, *n.* llofft olau (mewn eglwys).

clergy, *n.* offeiriad, y glerigaeth.

clergyman, *n.* offeiriad, gweinidog, clerigwr.

cleric, *n.* offeiriad, clerigwr.

clerical, *a.* 1. offeiriadol, clerigol.
2. ysgrifenyddol, fel clerc.
clerk, *n.* clerc, ysgrifennydd, clerigwr.
clerkship, *n.* ysgrifenyddiaeth, swydd clerc.
clever, *a.* medrus, deheuig, dawnus, celfydd, clyfar.
cleverness, *n.* medr, deheurwydd, clyfrwch, dawn.
clevis, *n.* cloig, cleifis.
cliché, *n.* ystrydeb.
click, *n.* clic. *v.* clician.
client, *n.* 1. cwsmer.
2. cyflogydd (cyfreithiwr).
clientele, *n.* cwsmeriaid.
cliff, *n.* dibyn, clogwyn, craig.
climate, *n.* hin, hinsawdd, tywydd.
climatic, *a.* hinsoddol, yn ymwneud â'r tywydd.
climax, *n.* uchafbwynt, y man uchaf.
climb, *v.* dringo, esgyn.
climber, *n.* dringwr.
clime, *n.* ardal, gwlad, hin.
clinch, *v.* see *clench*.
    TO CLINCH A DEAL, taro bargen.
cling, *v.* glynu, cydio.
clinic, *n.* clinig, meddygfa, canolfan iechyd.
clinical, *a.* meddygol.
clink, *v.* tincian. *n.* tinc, sŵn main.
clinker, *n.* colsyn, slag.
clip, *v.* 1. cneifio, tocio, blaendorri.
2. cydio'n dynn. *n.* clip.
clipper, *n.* 1. torrwr (gwallt, etc.).
2. cliper, llong.
clique, *n.* clymblaid, cwmni, clic.
cloak, *n.* clog, clogyn, mantell.
cloak-room, *n.* ystafell ddillad.
cloche, *n.* het gron, gwydr planhigion, to gwydr.
clock, *n.* cloc.
    EIGHT-DAY CLOCK, cloc wyth niwrnod.
clockwork, *n.* peirianwaith cloc.
clod, *n.* tywarchen, tywoden.
clodhopper, *n.* hurtyn, penbwl.
clog, *n.* 1. clocsen.
2. rhwystr.
v. rhwystro, tagu.
cloister, *n.* clwysty, clas, clasty, clawstr.
close (*shut*), *n.* diwedd, terfyn. *v.* cau, caead.
close, *n.* buarth, clos. *a.* 1. mwll, clós.
2. agos, ar bwys.
closed, *a.* caeëdig, yng nghaead.
closed-shop, *n.* gwaith cyfyngedig (i aelodau undeb, etc.).
closet, *n.* ystafell fechan (breifat), cell.
close-up, *n.* llun agos (sinema).

closure, *n.* diwedd, pen, clo, cloadur.
clot, *n.* torthen. *v.* ceulo, torthi, torthennu.
cloth, *n.* brethyn, lliain.
    HOMESPUN CLOTH, brethyn cartref.
clothe, *v.* dilladu, gwisgo.
clothes, *np.* dillad, gwisgoedd.
clothier, *n.* dilledydd.
clothing, *n.* dillad, gwisgoedd.
    IN SHEEP'S CLOTHING, mewn croen dafad.
clotted, *a.* torthennog, ceuledig.
cloud, *n.* cwmwl. *v.* cymylu.
cloud-burst, *n.* cwmwl wedi torri, torgwmwl, glaw trwm.
cloudless, *a.* digwmwl, clir.
cloudy, *a.* cymylog.
clough, *n.* ceunant, hafn.
clout, *n.* 1. clwt, cadach.
2. cernod, bonclust, clowten, clipsen.
v. 1. cernodio, rhoi cernod, taro.
2. clytio.
clove, *n.* clof, math o sbeis.
cloven-hoofed, *a.* fforchog yr ewin, ag ewin fforchog.
clover, *n.* meillion(en).
    CLOVER ROT, clafr y meillion.
clown, *n.* digrifwas, clown, croesan.
clownish, *a* trwsgl, gwladaidd, anfoneddigaidd.
cloy, *v.* syrffedu, digoni.
club, *n.* 1. cymdeithas, clwb.
2. pastwn.
v. 1. pastynu, taro â phastwn.
2. ymuno.
club-foot, *n.* troed gam, troed glwb.
cluck, *n.* clwcian. *v.* clwcian, clochdorian, clochdar.
clue, *n.* pen llinyn, arwydd, cliw.
clump, *n.* clwstwr, clwmp, twr.
clumsiness, *n.* lletchwithdod.
clumsy, *a.* trwsgl, lletchwith, trwstan.
cluster, *n.* sypyn, clwstwr, swp.
v. tyrru.
clutch, *n.* 1. gafael, crafanc.
2. clwts (modur), cydiwr.
pl. hafflau.
v. crafangu, gafaelyd.
clutter, *n.* cynnwrf, terfysg, dadwrdd.
v. creu cynnwrf, terfysgu.
coach, *n.* 1. cerbyd, coets.
2. hyfforddwr, athro, cyfarwyddwr.
v. hyfforddi, dysgu, cyfarwyddo.
coach-house, *n.* coetsiws, tŷ coets.
coachman, *n.* cerbydwr, gyrrwr, coetsmon.
coadjutor, *n.* cynorthwywr, cydlafurwr.

coagulate, *v.* ceulo, torthi, tewychu.

coagulation, *n.* ceulad, tewychiad, tortheniad.

coagulum, *n.* ceulad, sopen, torthen (o waed).

coal, *n.* glo.

ANTHRACITE, glo carreg, glo caled.

coalesce, *v.* uno, cyfuno, toddi i'w gilydd.

coalescence, *n.* uniad, cyfuniad.

coalition, *n.* clymblaid, cynghrair.

coal-measures, *np.* cystradau glo.

coal-mine, *n.* gwaith glo, pwll glo.

coarse, *a.* 1. garw, cwrs.

2. aflednais.

coarsen, *v.* garwhau.

coarseness, *n.* garwedd, gerwinder.

coast, *n.* arfordir, glan (y môr).

v. hwylio gyda'r lan.

coastal, *a.* arfordirol.

coastguard, *n.* gwylwyr y glannau.

coastline, *n.* morlin.

coastwise, *ad.* gyda'r lan, gyda'r glannau.

coat, *n.* cot, côt.

FROCK COAT, cot â chwt.

COAT OF ARMS, arfbais, pais arfau.

coating, *n.* haen, golchiad.

coax, *v.* perswadio, hudo, denu (trwy eiriau teg).

cob, *n.* 1. cob, cobyn, poni gref.

2. ysgadenyn ifanc.

3. corryn, copyn.

4. morglawdd.

cobalt, *n.* cobalt, math o fwyn.

cobble, *n.* carreg gron, carreg palmant, cobl. *v.* cyweirio, coblo, coblan.

cobbler, *n.* crydd, cobler.

cobnut, *n.* cneuen gyll.

cobra, *n.* cobra, sarff gycyllog.

cobweb, *n.* gwe cor, gwe pryf copyn.

cocaine, *n.* moddion sy'n peri dideimladrwydd, cocáin.

coccyx, *n.* bôn asgwrn cefn.

cochineal, *n.* lliw coch golau, lliw ysgarlad.

cock, *n.* 1. ceiliog.

2. mwdwl.

3. cliced (dryll).

4. tap, dwsel.

v. 1. mydylu.

2. codi cliced.

COCK-CROWING, caniad y ceiliog.

cockade, *n.* ysnoden, bathodyn het.

cock-a-hoop, *a.* calonnog, gorfoleddus.

cockatoo, *n.* cocatŵ, parrot cribog.

cockatrice, *n.* ymlusgiad chwedlonol, ceiliog neidr.

cockchafer, *n.* chwilen bwm.

cocked-hat, *n.* het â chantel uchel.

cockerel, *n.* ceiliog ifanc.

cock-eyed, *a.* â llygad tro.

cockles, *np.* cocos, rhython.

cockney, *n.* cocni, brodor o Lundain.

cock-pit, *n.* 1. ymladdfan ceiliogod.

2. lle'r peilot (mewn awyren).

cockroach, *n.* chwilen ddu.

cocksfoot, *n.* byswellt, troed y ceiliog.

cocksure, *a.* hyderus, pendant, penderfynol.

cocky, *a.* penuchel, ffroenuchel, balch, trahaus.

cocoa, *n.* coco.

coconut, *n.* cneuen goco.

cocoon, *n.* rhwydwe (pryf), cwd crisalis, cocŵn.

cod, *n.* 1. penfras.

2. cod, cwd, cibyn.

coddle, *v.* maldodi, tolach, malpo, anwesu, anwylo, mwytho.

code, *n.* 1. rhes o reolau, cod, casgliad o ddeddfau.

2. arwyddion.

CODE OF HONOUR, safonau anrhydedd.

codex, *n.* cyfrol mewn llawysgrifen, codecs.

codicil, *n.* ôl-nodyn, ychwanegiad (at ewyllys, etc.).

codification, *n.* codeiddiad.

codify, *v.* dosbarthu, cyfundrefnu.

co-education, *n.* addysg i fechgyn a merched ynghyd, cydaddysg.

co-educational, *a.* cydaddysgol.

coefficient, *n.* cyfernod, cydeffeithydd.

COEFFICIENT OF CORRELATION, cyfernod perthynas.

DIFFERENTIAL COEFFICIENT, cyfernod gwahaniaethol.

coequal, *a. n.* (un) cydradd, cyfartal.

coerce, *v.* gorfodi, gwthio, gorthrechu.

coercion, *n.* gorfodaeth, gorthrech.

coeval, *a.* cyfoes, cyfoed.

coexist, *v.* cyfoesi, cydoesi.

coexistence, *n.* cyd-fodolaeth.

coffee, *n.* coffi.

coffer, *n.* coffr, coffor, cist.

coffin, *n.* arch, coffin.

cog, *n.* dant olwyn, cóg.

cogency, *n.* grym, effeithiolrwydd.

cogent, *a.* cryf, grymus, argyhoeddiadol, effeithiol.

cogitate, *v.* meddwl, myfyrio, ystyried.

cogitation, *n.* meddwl, myfyrdod, ystyriaeth.

cogitative, *a.* meddylgar, myfyrgar, ystyriol.

cognac, *n.* coniac, brandi Ffrengig.

cognate, *a.* cytras, yn perthyn i'w gilydd.

cognition, *n.* arwybod, adnabyddiaeth, gwybodaeth, gwybyddiaeth.

cognizance, *n.* ymwybod, canfyddiad, gwybodaeth, sylw.

   TO TAKE COGNIZANCE OF, sylwi ar.

cognizant (of), *a.* hysbys, yn gwybod am.

cognomen, *n.* cyfenw, llysenw, enw.

cog-wheel, *n.* olwyn gocos, cocosen.

cohabitation, *n.* cyd-fyw, cyd-drigo.

cohere, *v.* cydlynu, glynu wrth ei gilydd.

coherence, *n.* cydlyniad, cysylltedd.

coherent, *a.* cysylltiol, yn gysylltiedig â'i gilydd, cydlynol, cysylltus.

cohesion, *n.* cysylltiad, cydlyniad, glyniad.

cohesive, *a.* ymlynol, glynol, gludiog, yn cydio.

cohort, *n.* mintai, degfed ran o leng Rufeinig.

coif, *n.* cap clôs.

coil, *v.* troi, torchi. *n.* cylchau, torch.

coin, *n.* arian bath, darn arian. *v.* bathu.

   GOLD COIN, aur mâl.

   TO COIN WORDS, bathu geiriau.

   SILVER COINS, arian gleision.

   COUNTERFEIT COIN, BASE COIN, arian drwg.

coinage, *n.* bathiad, arian bath.

coincide, *v.* cyd-ddigwydd, cyfateb, cytuno.

coincidence, *n.* cyd-ddigwyddiad.

coiner, *n.* bathwr, un sy'n troi metel yn arian.

coke, *n.* golosg, côc.

colander, *n.* hidl, rhidyll.

cold, *n.* 1. oerfel.

   2. annwyd.

   a. 1. oer, oerllyd.

   2. dideimlad.

   TO CATCH A COLD, cael annwyd.

coldish, *a.* oeraidd, lled oer.

coldness, *n.* oerni, oerfel.

cold war, *n.* rhyfel oer, propaganda.

colic, *n.* colig, poen yn y bol, bolwst.

colitis, *n.* llid y coluddion, colitis.

collaborate, *v.* cydweithio.

collaboration, *n.* cydweithio, cydlafur.

collaborator, *n.* cyd-weithiwr, cyd-lafurwr.

collapse, *n.* cwymp, methiant. *v.* cwympo.

collapsible, *a.* plygadwy, plygedig.

collar, *n.* coler. *v.* dal, gafaelyd, colero.

collar-bone, *n.* pont yr ysgwydd, trybedd yr ysgwydd.

collate, *v.* 1. cymharu.

   2. trefnu, coladu.

   3. penodi clerigwr i fywoliaeth.

collateral, *a.* 1. cyfochrog.

   2. israddol.

collation, *n.* 1. cymhariad.

   2. pryd o fwyd.

   3. penodiad clerigwr.

colleague, *n.* cydweithiwr, cymar, partner.

collect, *n.* colect, gweddi fer. *v.* crynhoi, ymgasglu, casglu.

   COLLECT THE BALL, casglu'r bêl.

collection, *n.* 1. casgliad.

   2. twr, crugyn.

collective, *a.* 1. yn ei grynswth, cyffredin, gyda'i gilydd, casgliadol.

   2. torfol (*gram.*).

   COLLECTIVE SECURITY, cyd-ddiogelwch.

collectivism, *n.* y gred sosialaidd y dylai tir a chyfalaf fod yn eiddo cymdeithas, cydberchnogaeth.

collector, *n.* casglwr.

college, *n.* coleg.

collegian, *n.* myfyriwr, efrydydd (mewn coleg).

collegiate, *a.* colegol, yn ymwneud â choleg.

   COLLEGIATE CHURCH, claseglwys.

collide, *v.* gwrthdaro, taro ar draws.

collie, *n.* ci defaid.

collier, *n.* 1. glöwr.

   2. llong lo.

colliery, *n.* gwaith glo, pwll glo.

colligate, *v.* clymu ynghyd, cyd-glymu, dwyn i berthynas â'i gilydd.

colligation, *n.* cydglymiad.

collision, *n.* gwrthdrawiad.

collocate, *v.* dodi gyda'i gilydd, sefydlu, trefnu, cyfleu.

colloid, *n.* coloid, cyfansawdd gludol. *a.* fel glud, gludol.

colloidal, *a.* coloidaidd, gludol, yn cydio.

collop, *n.* golwythyn, tamaid o gig.

colloquial, *a.* llafar, tafodieithol.

colloquialism, *n.* tafodiaith, iaith lafar.

colloquy, *n.* ymddiddan, siarad.

collusion, *n.* cydgynllwyn, cyd-frad, cyd-ddealltwriaeth ddichellgar.

colomnar, *a.* pilerog.

colon, *n.* 1. colon, gorwahannod.

   2. coluddyn mawr, perfeddyn mawr.

colonel, *n.* cyrnol.

colonial, *a.* trefedigaethol.

coloniser, *n.* gwladychwr, cytrefwr.

colonist, *n.* gwladychwr.

colonization

colonization, *n.* gwladychiad.
colonize, *v.* gwladychu, cytrefu.
colonnade, *n.* rhes o golofnau, colofnfa, colofnres.
colony, *n.* 1. trefedigaeth, gwladfa.
  2. nythfa, casgliad (o anifeiliaid neu adar), cytref.
colorado beetle, *n.* chwilen datws.
colossal, *a.* anferth, enfawr.
colossus, *n.* delw anferth, dyn enfawr.
colour, *n.* lliw. *v.* lliwio.
  COLOUR-BLIND, lliw-ddall.
  TO LEND COLOUR TO, cefnogi i raddau.
colourful, *a.* llawn lliw, disglair, lliwgar.
colourless, *a.* di-liw, gwelw.
colt, *n.* ebol, swclyn.
coltsfoot, *n.* dail troed yr ebol, carn yr ebol, pesychlys.
columbine, *n.* troed y glomen, blodau'r sipsi.
column, *n.* 1. colofn, piler.
  2. colofnig.
columnist, *n.* newyddiadurwr.
coma, *n.* hurtwch, hunglwyf, marwgwsg, côma.
comb, *n.* crib, *v.* 1. cribo.
  2. chwilio'n fanwl.
combat, *n.* ymladdfa, brwydr. *v.* ymladd, brwydro.
combatant, *n.* ymladdwr, brwydrwr.
combative, *a.* ymladdgar, hoff o ymladd.
combe, *n.* cwm, dyffryn, glyn.
combination, *n.* 1. cyfuniad, undeb.
  2. cyfnewid.
combine, *v.* cyfuno, cydweithio, uno.
  COMBINES, cwmnïau cyfunol.
  COMBINE HARVESTER, cynaeafydd, combein.
combustible, *a.* hylosg, hawdd ei losgi.
combustion, *n.* taniad, ymlosgiad.
come, *v.* dyfod, dod.
  COME-BACK, dychweliad i safle flaenorol.
  TO COME UPON, dod ar warthaf (ar draws).
  COME HERE, tyrd yma, dere yma.
  TO COME BY, meddiannu.
  TO COME TO PASS, digwydd.
comedian, *n.* comedïwr, adroddwr smala.
comedy, *n.* comedi, drama ysgafn.
comeliness, *n.* glendid, tegwch, harddwch.
comely, *a.* glân, teg, lluniaidd, glandeg.
comet, *n.* comed, seren gynffon.

commissar

comfort, *n.* cysur, esmwythdra. *v.* cysuro, diddanu.
comfortable, *a.* cysurus, cyffyrddus.
comforter, *n.* diddanwr, diddanydd, cysurwr.
comfortless, *a.* digysur, anniddan, anghyffyrddus.
comfrey, *n.* llysiau'r cwlwm, comffri.
comic, comical, *a.* digrif, smala, comig.
cominform, *n.* Y Cominfform, trefniant comiwnyddol.
comity, *n.* moesgarwch, cwrteisi.
comma, *n.* gwahannod, atalnod, coma.
command, *n.* 1. gorchymyn, arch.
  2. rheolaeth.
  v. 1. gorchymyn, erchi.
  2. rheoli.
commandant, *n.* penllywydd gwarchodlu.
commandeer, *v.* treisio, dwyn trwy drais, meddiannu.
commander, *n.* cadlywydd, arweinydd, comander.
commanding, *a.* llywodraethol, urddasol.
commandment, *n.* gorchymyn, archiad.
commando, *n.* mintai (o filwyr), un o'r fintai.
commemorate, *v.* coffáu, dathlu.
commemoration, *n.* coffâd, dathliad.
commence, *v.* dechrau.
commencement, *n.* dechreuad, dechrau.
commend, *v.* cymeradwyo, canmol.
commendable, *a.* teilwng o fawl, canmoladwy, clodwiw.
commendation, *n.* cymeradwyaeth.
commendatory, *a.* yn dwеud yn dda am, cymeradwyol, canmoliaethus.
commensurable, *a.* cyfesur.
commensurate, *a.* cymesur, cymesurol.
comment, *n.* sylw, esboniad. *v.* sylwi, esbonio, disgrifio.
commentary, *n.* esboniad, disgrifiad, sylwebaeth.
commentator, *n.* esboniwr, disgrifiwr, sylwebydd.
commerce, *n.* masnach, busnes.
commercial, *a.* masnachol.
commercialism, *n.* dulliau ac egwyddorion masnach.
commiserate, *v.* dangos tosturi, cyddosturio (â), cymryd trueni (ar).
commiseration, *n.* tosturi, cydymdeimlad.
commissar, *n.* comisâr, pennaeth Sofietaidd.

55

commissariat, *n.* adran sy'n gyfrifol am ymborth byddin, comisariat.
commissary, *n.* swyddog ymborth byddin, comisari.
commission, *n.* 1. gorchymyn, cyfarwyddyd.
2. awdurdod.
3. dogfen (yn rhoi awdurdod).
4. swydd.
5. dirprwyaeth, comisiwn.
6. cyfran o werthiant, etc.
v. awdurdodi.
commissionaire, *n.* 1. negesydd.
2. ceidwad drws.
commissioner, *n.* dirprwywr, aelod o gomisiwn, comisiynydd.
commit, *v.* 1. cyflawni, gwneud.
2. cyflwyno, trosglwyddo.
3. ymrwymo.
4. traddodi, dedfrydu.
commitment, *n.* 1. ymrwymiad.
2. traddodiad, dedfrydiad.
committal, *n.* traddodiad, carchariad.
committee, *n.* pwyllgor.
commode, *n.* 1. dilledyn i'r pen (gynt).
2. cwpwrdd drâr.
3. stôl nos.
commodious, *a.* helaeth, eang.
commodity, *n.* nwydd, defnydd.
commodore, *n.* comodôr, morlywydd.
common, *n.* cytir, tir cyd, comin.
a. cyffredin, diffaith, arferol.
commonage, *n.* yr hawl i droi anifail i gomin.
commonalty, *n.* y werin, ciwdod.
commoner, *n.* gwerinwr, cominwr.
commonplace, *a.* cyffredin, dibwys, tlawd.
commons, *np.* 1. y werin bobl.
2. bwyd, lluniaeth, dogn.
HOUSE OF COMMONS, Tŷ'r Cyffredin.
common sense, *n.* synnwyr cyffredin.
commonwealth, *n.* y gymanwlad.
commote, *n.* cwmwd.
commotion, *n.* cynnwrf, terfysg.
communal, *a.* cyhoeddus, cyfunol.
communalism, *n.* ymreolaeth leol.
commune, *v.* 1. siarad yn gyfrinachol.
2. cymuno.
n. 1. rhanbarth, comun.
2. cymdeithas, cymundeb.
communicant, *n.* 1. hysbysydd.
2. cymunwr.
communicate, *v.* 1. hysbysu.
2. cymuno.
3. cysylltu â, cyfathrebu.
communication, *n.* 1. hysbysrwydd.
2. ffordd.
3. cysylltiad, cyfathreb.

communicative, *a.* siaradus, chwedleuol.
communion, *n.* cymun, cymundeb.
communism, *n.* comiwnyddiaeth.
communist, *n.* comiwnydd.
community, *n.* 1. cymdeithas, cymuned.
2. cyfundod, cyfundeb, ciwdod.
COMMUNITY SINGING, cyd-ganu.
commutable, *a.* y gellir ei newid.
commutation, *n.* cyfnewid, newid.
commutative, *a.* cyfnewidiog.
commutator, *n.* cyfnewidydd (trydan).
commute, *v.* cyfnewid, newid, lleihau.
compact, *n.* 1. cytundeb.
2. bag bach, compact.
a. cryno, taclus.
compactness, *n.* crynodeb, taclusrwydd, byrder.
companion, *n.* cydymaith, partner.
companionable, *a.* cyfeillgar, cymdeithasgar.
companionship, *n.* cyfeillach, cwmnïaeth.
company, *n.* cwmni, cymdeithas, mintai.
comparable, *a.* tebyg, cyffelyb.
comparative, *a.* cymharol.
COMPARATIVE DEGREE, y radd gymharol.
compare, *v.* cymharu, cyffelybu.
comparison, *n.* cymhariaeth.
FORMS OF COMPARISON, ffurfiau cymhariaeth.
compartment, *n.* adran, cerbydran.
compass, *n.* 1. cwmpawd (i ddangos cyfeiriad).
2. amgylchedd, cwmpas.
v. amgylchu, mynd o amgylch.
COMPASSES, cwmpas.
compassion, *n.* tosturi, trugaredd, trueni.
compassionate, *a.* tosturiol, trugarog.
compatibility, *n.* cysondeb, bod yn gymharus.
compatible, *a.* cyson, yn cydweddu, cymharus.
compatriot, *n.* cydwladwr, un o'r un wlad.
compeer, *n.* un cydradd, (gogyfurdd).
compel, *v.* gorfodi, cymell.
compendious, *a.* cynhwysfawr, cryno.
compendium, *n.* crynodeb, talfyriad, cwtogiad.
compensate, *v.* digolledu, talu iawn.
compensation, *n.* iawn, iawndal, tâl am golled, cyfadferiad.
compensatory, *a.* cyfadferol.
compere, *n.* arweinydd, cyhoeddwr.
compete, *v.* cystadlu.
competence, *n.* cymhwyster, gallu.

competent, *a.* cymwys, galluog.
competition, *n.* cystadleuaeth.
competitive, *a.* cystadleuol.
competitor, *n.* cystadleuydd.
compilation, *n.* casgliad, crynhoad.
compile, *v.* casglu, crynhoi, trefnu.
compiler, *n.* casglwr, cynullydd.
complacency, *n.* ymfoddhad.
complacent, *a.* boddhaus, ymfoddhaus, ymfodlonus.
complain, *v.* cwyno, achwyn, ceintach.
complainant, *n.* achwynwr, cyhuddwr.
complaint, *n.* cwyn, achwyniad, anhwyldeb.
complaisance, *n.* hynawsedd, rhadlonrwydd.
complaisant, *a.* hynaws, rhadlon, parod, cymwynasgar.
complement, *n.* cyflawnder, cymar, cyfran, cyflenwad. *v.* cyflenwi.
complementary, *a.* yn gymar i, yn gwneud yn gyflawn, cyflenwol.
 COMPLEMENTARY ANGLE, ongl cyflenwol.
complete, *a.* cyflawn, gorffenedig. *v.* cyflawni, gorffen, cwpláu, cwblhau.
completely, *ad.* yn llwyr, i'r carn, hyd at y carn.
completeness, *n.* bod yn orffenedig, bod yn gyflawn.
completion, *n.* cwblhad, gorffeniad, terfyniad.
complex, *a.* cymhleth, dyrys. *n.* atalnwyd, cymhlethdod.
 COMPLEX SENTENCE, brawddeg gymhleth.
complexion, *n.* pryd, gwedd, ymddangosiad.
complexity, *n.* cymhlethdod, anhawster.
compliance, *n.* cydsyniad, ufuddhad.
compliant, *a.* ufudd, yn cydsynio, hyblyg.
complicate, *v.* drysu, cymysgu.
complication, *n.* anhawster, cymhlethdod, dryswch.
complicated, *a.* cymhleth, dyrys, astrus, anodd.
complicity, *n.* rhan, cydran (mewn trosedd).
compliment, *n.* canmoliaeth, cyfarchiad. *v.* canmol, llongyfarch.
complimentary, *a.* canmoliaethus, rhad, cymeradwyol.
compline, *n.* y weddi olaf am y dydd, cwmplin.
comply, *v.* cydsynio, ufuddhau.
component, *n.* cydran, sylwedd. *a.* cyfansoddiadol, yn rhan o'r cyfan.

comport, *v.* 1. ymddwyn, ymwareddu.
 2. gweddu, cydweddu.
compose, *v.* 1. cyfansoddi.
 2. llonyddu, tawelu.
composed, *a.* 1. tawel, hunanfeddiannol.
 2. wedi ei gyfansoddi.
composer, *n.* cyfansoddwr.
composite, *a.* cyfansawdd.
composition, *n.* cyfansoddiad, cyfuniad, ysgrif, traethawd.
compositor, *n.* cysodydd, trefnydd teip (i argraffu).
compost, *n.* tail cymysg, compost, gwrtaith.
composure, *n.* hunanfeddiant, tawelwch.
compound, *a.* cyfansawdd, cymysg. *v.* 1. cymysgu.
 2. cytuno (ar dâl).
 n. 1. compownd, lle caeëdig.
 2. cymysgfa, cyfansawdd.
 COMPOUND WORD, cyfansoddair.
 COMPOUND SENTENCE, brawddeg gyfansawdd.
 COMPOUND INTEREST, adlog.
comprehend, *v.* deall, amgyffred, dirnad.
comprehending, *a.* meddyliol, deallus.
comprehensible, *a.* dirnadwy, dealledig.
comprehension, *n.* amgyffrediad, dealltwriaeth, dirnadaeth.
comprehensive, *a.* 1. cynhwysfawr.
 2. cyfun (am ysgol).
compress, *v.* gwasgu, cywasgu. *n.* plastr (clwyf).
compressibility, *n.* cywasgrwydd, y gallu i gywasgu.
compression, *n.* cywasgiad, gwasgedd.
comprise, *v.* cynnwys.
compromise, *n.* cymrodedd, cyfaddawd. *v.* cymrodeddu, cyfaddawdu.
compulsion, *n.* gorfodaeth, gorfod, rheidrwydd.
compulsory, *a.* gorfodol, yn rhaid.
compunction, *n.* bod yn edifar, cydwybod euog, dwysbigiad, atgno.
compurgation, *n.* cyfiawnhad trwy dystiolaeth un arall, cyflyedd.
computation, *n.* cyfrifiad, cyfrif, cyfrifiant, rhifo.
computator, *n.* cyfrifiadur.
compute, *v.* cyfrif, bwrw cyfrif, cyfrifiannu.
computer (electronic), *n.* cyfrifydd.
comrade, *n.* cydymaith, cymar, partner.
comradeship, *n.* cydymdeithas, partneriaeth.

conation, *n.* ymdrechiad.
concatenate, *v.* cysylltu, cyd-gadwyno.
concave, *a.* cafnog, yn troi i mewn, ceugrwm.
concavity, *n.* cafnedd, ceudod.
conceal, *v.* cuddio, celu.
concealment, *n.* cuddiad, cuddfa.
concede, *v.* caniatáu, addef, cydsynio.
conceit, *n.* hunan-dyb, hunanoldeb, cysêt.
conceited, *a.* hunandybus, hunanol, balch.
conceivable, *a.* tebygol, dichonadwy.
conceive, *v.* 1. deall, dychmygu, synio.
2. beichiogi, cael plentyn.
concensus, *n.* cytundeb cyffredinol.
concentrate, *v.* canolbwyntio, crynodi.
concentrated, *a.* crynodedig (*chem.*), yn canolbwyntio.
concentrates, *n.* dwysfwyd.
concentration, *n.* meddwl ar waith, crynhoad, crynodiad.
concentric, *a.* â'r un canolbwynt, â chanolbwynt, canolbwyntiol, consentrig, cynghreiddig.
concept, *n.* syniad, amgyffrediad, meddylddrych, drychfeddwl.
conceptacle, *n.* beichiogfa.
conception, *n.* 1. syniad, amgyffrediad.
2. beichiogi.
conceptualism, *n.* syniadoliaeth.
concern, *n.* 1. achos, busnes.
2. pryder.
3. gwaith, masnach, busnes.
v. perthyn, ymwneud (â), gofalu (am), pryderu.
concerning, *prp.* am, ynghylch, ynglŷn â.
concert, *n.* cyngerdd, cwrdd adloniant.
v. cyd-drefnu.
concerted, *a.* cydunol, wedi ei gyd-drefnu.
concertina, *n.* consertina.
concerto, *n.* consierto, darn i gerddorfa ac i unawdydd offerynnol.
concession, *n.* caniatâd, addefiad, goddefiad, consesiwn.
conciliate, *v* cymodi, heddychu.
conciliation, *n.* cymod, heddwch.
conciliatory, *a.* cymodol, heddychol.
concise, *a.* cryno, byr, cynhwysfawr.
conciseness, *n.* byrder, crynodeb, cywasgiad.
conclave, *n.* cyfarfod, cymanfa.
conclude, *v.* 1. gorffen, diweddu.
2. casglu, barnu.
conclusion, *n.* 1. diwedd, terfyn.
2. casgliad, barn.
conclusive, *a.* terfynol, pendant.

concoct, *v.* 1. llunio, dyfeisio.
2. cymysgu.
concoction, *n.* 1. cymysgedd.
2. cynllwyn.
concomitant, *a.* cyd-fynd â, cysyllt-iedig â.
concord, *n.* cytgord, cytundeb.
concordance, *n.* 1. cytgord, cytundeb.
2. mynegair.
concordant, *a.* mewn cytgord, yn cytuno.
concordat, *n.* cyfamod, cytundeb.
concourse, *n.* tyrfa, torf, cynulliad.
concrete, *n.* concrid, concrit. *a.* diriaethol, real, sylweddol, yn bod.
concretion, *n.* calediad, caledwch.
CONCRETIONS, cerrig.
concubine, *n.* gordderch.
concur, *v.* 1. cytuno.
2. cyd-ddigwydd.
3. cydgroesi.
concurrence, *n.* cydsyniad.
concurrent, *a.* yn cydsynio, yn cyd-ddigwydd, cytgroes.
concussion, *n.* ysgydwad, ysgytiad, sioc.
condemn, *v.* condemnio, collfarnu.
condemnation, *n.* condemniad, coll-farn.
condemnatory, *a.* yn cyfleu condemn-iad, condemniol, collfarnol.
condensation, *n.* 1. cywasgiad.
2. tewychiad.
3. troi'n ddŵr, cyddwysiad.
condense, *v.* 1. cywasgu, crynhoi, cwtogi. 2. tewychu.
3. troi'n ddŵr.
condenser, *n.* tewychydd.
condescend, *v.* ymostwng, darostwng hunan.
condescending, *a.* ymostyngol, isel-frydig, difalch.
condescension, *n.* ymostyngiad, darostyngiad.
condign, *a.* addas, cymwys, haedd-iannol.
condiment, *n.* cyffaith, enllyn, saws.
condition, *n.* 1. cyflwr, sefyllfa, stad.
2. amod.
np. telerau, amodau.
v. 1. cyfaddasu, cyflyru.
2. amodi.
conditional, *a.* amodol, amod (*gram*).
conditionally, *ad.* ar amod.
conditioned, *a.* cyflyredig, cyfaddas-edig.
condole, *v.* cydymdeimlo, tosturio.
condolence, *n.* cydymdeimlad, tosturi.
condonation, *n.* maddeuant, esgus-odiad.

condone, v. maddau, esgusodi, gwyngalchu.

condor, n. condor, fwltur Americanaidd.

conduce, v. arwain, tueddu.

conducive (to), a. tueddol i, â thuedd i, yn hyrwyddo.

conduct, n. 1. ymddygiad, ymarweddiad.
2. rheolaeth.
v. 1. arwain, tywys.
2. rheoli.
3. dargludo.

conduction, n. cludiad, trawsgludiad, dargludiad.

conductor, n. arweinydd, tocynnwr.

conduit, n. pibell ddŵr, ffos ddŵr, cwndid.

cone, n. 1. côn, pigwrn, pigwn, curn.
2. côn, ffrwyth.

confabulate, v. siarad, ymddiddan, ymgomio, chwedleua.

confection, n. cyffaith, melysfwyd.

confectioner, n. gwerthwr melysfwydydd.

confectionery, n. 1. melysfwydydd.
2. siop melysfwydydd.

confederacy, n. cynghrair (cenhedloedd).

confederate, n. cynghreiriwr, cynghreiriad, conffederydd. v. conffederu.

confederation, n. undeb, cynghrair.

confer, v. 1. ymgynghori.
2. cyflwyno.

conference, n. cynhadledd.

conferment, n. cyflwyniad.

confess, v. cyffesu, cyfaddef.

confession, n. cyffes, cyfaddefiad.

confessional, n. cyffesgell, cyffes.

confessor, n. cyffeswr, gwrandawr cyffes.

confetti, np. conffeti.

confidant, n. ymddiriedwr, cyfrinachwr.

confide, v. ymddiried, bod â ffydd yn.

confidence, n. ymddiried(aeth), hyder.

confident, a. hyderus, ymddiriedol.

confidential, a. cyfrinachol.

configuration, n. ffurf, llun, ymddangosiad, tirwedd.

confine, n. cyffin, terfyn, ffin. v. cyfyngu, caethiwo.

confined, a. caeth, cyfyng, wedi ei gaethiwo.

confinement, n. caethiwed, gwely esgor.

confirm, v. 1. cadarnhau, ategu.
2. gweinyddu bedydd esgob, conffirmio.

confirmation, n. 1. cadarnhad, sicrhad.
2. bedydd esgob, conffirmasiwn.

confirmed, a. cyson, arferol, gwastadol.

confiscate, v. cymryd gafael ar (trwy awdurdod), atafaelu.

confiscation, n. act o gymryd gafael ar.

conflagration, n. goddaith, tanllwyth, tân mawr.

conflict, n. ymryson, ymdrech, croestyniad. v. anghytuno, gwrthdaro.

conflicting, a. anghyson, yn anghytuno.

confluence, n. aber, cymer, cyflifiad.

confluent, n. aber, ffrwd, afonig. a. yn cydredeg, yn cydlifo.

conflux, n. cynulliad, man-cyfarfod.

conform, v. cydymffurfio, dilyn (arferiad).

conformable, a. yn cydymffurfio.

conformation, n. ffurf, fframwaith, trefn.

conformity, n. cydymffurfiad.

confound, v. cymysgu, drysu.

confrere, n. cymrawd, cydweithiwr.

confront, v. wynebu, gwrthwynebu.

Confucianism, n. athroniaeth Conffiwsiws, Conffiwsiaeth.

confuse, v. 1. cymysgu, drysu.
2. synnu.

confusion, n. anhrefn, terfysg, tryblith.
IN CONFUSION, blith draphlith.

confutation, n. gwrthbrawf.

confute, v. gwrthbrofi, datbrofi.

conge, n. 1. moesymgrymiad.
2. ffárwel.
3. diswyddiad diseremoni.

congeal, v. rhewi, fferru, ceulo, tewychu.

congelation, n. rhewiad, fferiad, ceulad.

congenial, a. cydnaws, hynaws, mewn cytgord.

congeniality, n. cydnawsedd, hynawsedd, tiriondeb, rhadlonrwydd.

congenital, a. o'i eni, o'r bru, cynhwynol, o'r groth, genedigol.

conger, n. cyhyren, môr-lysywen, congren.

congest, v. gorlanw, cronni.

congested, a. gorlawn.

congestion, n. gorlenwad, crynhoad.

conglomerate, v. casglu, pentyrru. n. clwm o gerrig mân, clymfaen, clobynfaen, amryfaen.

conglomeration, n. casgliad, crugyn, pentwr.

conglutinate, v. gludio, cydio wrth.

congratulate, v. llongyfarch.

congratulation, n. llongyfarchiad.
congratulatory, a. yn llongyfarch, llongyfarchiadol.
congregate, v. ymgynnull, dod ynghyd, ymgasglu.
congregation, n. cynulleidfa, cynulliad.
Congregational, a. Cynulleidfaol, Annibynnol.
Congregationalism, n. Cynulleidfaoliaeth, Annibyniaeth.
Congregationalist, n. Cynulleidfaolwr, Annibynnwr.
congress, n. cynhadledd, cyngres.
congruence, congruity, n. cytgord, cytundeb, priodoldeb, cyfathiant.
congruent, a. mewn cytgord, yn cytuno, cyfath.
congruous, a. addas, gweddus, priodol.
conic, conical, a. fel côn, curnol, pigyrnaidd, conigol.
  CONIC SECTION, toriad conigol.
conifer, n. pren sy'n tyfu conau, cóniffer.
coniferous, a. yn tyfu conau, conifferaidd. n. (trees) conwydd.
conjectural, a. ar amcan, dychmygol, tybiedig.
conjecture, n. amcan, tyb, dychymyg. v. amcanu, tybio, dychmygu, bwrw amcan.
conjoint, a. unedig, yn cydweithredu.
conjointly, ad. gyda'i gilydd.
conjugal, a. priodasol.
conjugate, v. rhedeg (berf).
conjugation, n. rhediad (berf).
conjunct, a. cysylltiol, cyfun.
conjunction, n. cysylltiad, uniad, cysylltair (gram.).
conjunctive, a. cysylltiol.
conjunctivitis, n. llid yr amrant.
conjure, v. 1. tynghedu, rheibio.
  2. consurio, siwglo.
  CONJURING TRICKS, castau hud.
conjurer, n. consuriwr, siwglwr.
conk, n. trwyn, pen. v. (out), ffaelu, torri i lawr.
connate, a. 1. genedigol.
  2. (am ddail) yn cydio yn y bôn.
connect, v. cysylltu, ymuno, cydio wrth.
  CONNECTING LINK, dolen gydiol.
connected, a. cysylltiedig, cysylltiol.
connection, n. cysylltiad, perthynas.
  IN CONNECTION WITH, ynglŷn â.
connector, n. cysylltydd.
connexion, n. enwad, cyfundeb, cysylltiad.
connexional, a. enwadol, cyfundebol.

connivance, n. goddefiad, gwybodaeth (am drosedd).
connive (at), v. cau llygad (ar drosedd).
connoisseur, n. un cyfarwydd, beirniad craff.
connotation, n. arwyddocâd, cynodiad.
connote, v. dynodi, arwyddocáu, cyfleu.
connubial, a. priodasol.
conoid, a. fel côn, conaidd.
conquer, v. gorchfygu, trechu, maeddu.
conqueror, n. gorchfygwr, enillwr.
conquest, n. buddugoliaeth, goruchafiaeth, concwest.
consanguineous, a. yn perthyn o ran gwaed, o'r un gwaed.
consanguinity, n. perthynas, carennydd.
conscience, n. cydwybod.
conscientious, a. cydwybodol.
conscientiousness, n. cydwybodolrwydd.
conscious, a. ymwybodol.
consciousness, n. ymwybyddiaeth.
conscript, n. milwr gorfodol, gorfodog. v. gorfodi i'r llu arfog.
conscription, n. gorfodaeth filwrol.
consecrate, v. cysegru, cyflwyno.
consecrated, a. cysegredig.
consecration, n. cysegriad.
consecutive, a. olynol, canlyniad (gram.).
consecutively, ad. o'r bron, yn olynol.
consensus, n. cytundeb, (y farn) gyffredin.
consent, n. caniatâd, cydsyniad. v. caniatáu.
consentient, a. cytûn, unfryd, yn cydsynio.
consequence, n. canlyniad, effaith.
consequent, a. canlynol, yn dilyn.
consequential, a. 1. yn dilyn.
  2. balch, rhodresgar, hunanol.
consequently, ad. mewn canlyniad, felly, am hynny.
conservancy, n. cadwraeth, bwrdd diogelu.
conservation, n. cadwraeth, yr act o gadw.
conservatism, n. ceidwadaeth, torïaeth.
conservative, a. ceidwadol. n. ceidwadwr, torï.
conservatory, n. tŷ gwydr, llysieudy. a. yn cadw.
conserve, v. cadw, diogelu.
consider, v. ystyried, meddwl, bwrw.
considerable, a. cryn.
  A CONSIDERABLE TIME, cryn amser.

considerably, *ad.* cryn lawer, yn llawer.
considerate, *a.* ystyriol, ystyrgar.
consideration, *n.* ystyriaeth, tâl.
considering, *prp.* ag ystyried.
consign, *v.* trosglwyddo, traddodi.
consignment, *n.* nwyddau (i'w trosglwyddo), trosglwyddiad.
consilience, *n.* cytundeb, cydgordiad, cyd-ddigwyddiad.
consist, *v* cynnwys.
consistency, *n.* cysondeb, tewdra.
consistent, *a.* cyson.
consistory, *n.* llys eglwysig, consistori.
consociate, *v.* cyfeillachu, ymgyfeillachu. *n.* aelod, cydymaith.
consolation, *n.* cysur, diddanwch.
console, *v.* cysuro, diddanu. *n.* bord fach, allweddell.
consolidate, *v.* cadarnhau, cyfnerthu.
consolidation, *n.* cadarnhad, cyfnerthiad.
consols, (consolidated annuites), *np.* cyfran o'r ddyled wladol.
consonance, *n.* cytgord, harmoni.
consonant, *n.* cytsain. *a.* cyson, cytûn.
consonantal, *a.* cytseiniol.
consort, *n.* cymar, partner, cwmni. *v.* cyfeillachu, cwmnïa.
PRINCE CONSORT, tywysog cydweddog.
conspicuous, *a.* amlwg, hawdd ei weld.
conspicuousness, *n.* amlygrwydd.
conspiracy, *n.* cynllwyn, brad.
conspirator, *n.* cynllwynwr, bradwr.
conspire, *v.* cynllwyn, brad-fwriadu.
constable, *n.* heddgeidwad, cwnstabl.
SPECIAL CONSTABLE, cwnstabl dros dro.
constabulary, *n* heddlu.
constancy, *n.* cysondeb, dianwadalwch, ffyddlondeb.
constant, *a.* cyson, ffyddlon.
constantly, *ad.* yn gyson.
constellation, *n.* cytser, twr o sêr.
consternation, *n.* braw, dychryn, ofn.
constipate, *v.* rhwymo (corff).
constipated, *a.* rhwym.
constipation, *n.* rhwymedd.
constituency, *n.* etholaeth.
constituent, *n.* 1. etholwr.
   2. defnydd, cyfansoddyn.
   a. cyfansoddol, cyfansoddiadol.
constitute, *v.* cyfansoddi, sefydlu.
constitution, *n.* cyfansoddiad.
constitutional, *n.* tro (er mwyn iechyd). *a.* cyfansoddiadol.
constrain, *v.* gorfodi, cymell.
constraint, *n.* gorfodaeth, gorfod, rhaid.

constrict, *v.* tynhau, cywasgu, cyfyngu, caethiwo.
constriction, *n.* meinfan, tyndra.
constrictor, *n.* 1. cyhyr tyn.
   2. boa, math o sarff.
construct, *v.* adeiladu, llunio, codi (tŷ).
construction, *n.* 1. adeiladaeth, lluniad.
   2. cystrawen (*gram.*).
   3. cystrawiaeth.
constructional, *a.* 1. fel adeiladaeth.
   2. cystrawennol (*gram.*).
constructive, *a.* ymarferol, adeiladol.
constructor, *n.* adeiladydd, lluniwr.
construe, *v.* 1. dehongli.
   2. cyfieithu.
   3. dadansoddi (*gram.*).
consubstantial, *a.* o'r un defnydd neu natur, cydsylweddol.
consubstantiation, *n.* cydsylweddiad.
consuetude, *n.* arfer, defod.
consul, *n.* consul, ynad.
consular, *a.* yn ymwneud â chonsul.
consulate, *n.* 1. consuliaeth.
   2. bod yn gonsul.
   3. llywodraeth gan gonsul.
consult, *v.* ymgynghori â.
consultation, *n.* ymgynghoriad.
consultative, *a.* ymgynghorol.
consumable, *a.* bwytadwy.
   CONSUMABLE GOODS, nwyddau bwytadwy.
consume, *v.* 1. difa, ysu, bwyta, treulio, llosgi.
   2. dihoeni, nychu.
consumer, *n.* defnyddiwr, prynwr.
consummate, *a.* perffaith, cyflawn. *v.* cyflawni, cwpláu, cwblhau.
consummation, *n.* cwblhad, diwedd, diben.
consumption, *n* 1. traul, defnydd.
   2. darfodedigaeth.
consumptive, *a.* 1. difaol.
   2. yn dioddef o'r darfodedigaeth.
contact, *n.* cyffyrddiad, un â chyff yrddiad, cyswllt.
contact-breaker, *n.* cyswllt-dorrwr, dyfais i dorri ar rediad trydan.
contagion, *n.* haint, pla, lledaeniad clefyd.
contagious, *a.* heintus, yn ymledu.
contain, *v.* 1. cynnwys, dal.
   2. ymatal, dal yn ôl, ffrwyno hunan.
container, *n.* peth sy'n cynnwys, llestr, bocs, cynhwysydd.
contaminate, *v.* halogi, llygru.
contamination, *n.* halogiad, llygriad.
contemplate, *v.* 1. myfyrio, astudio.
   2. bwriadu, amcanu, arofun.

contemplation, *n*. myfyrdod, cynhemlad, ystyriaeth fyfyrgar.

contemplative, *a*. meddylgar, yn myfyrio.

contemporaneous, *a*. cyfoes, cyfoed.

contemporary, *n*. cyfoeswr. *a*. cyfoesol, cyfoes, cyfoed.

TO BE CONTEMPORARY WITH, cydoesi â.

contempt, *n*. dirmyg, diystyrwch.

CONTEMPT OF COURT, tremyg llys.

contemptible, *a*. yn haeddu dirmyg, dirmygedig.

contemptuous, *a*. yn dangos dirmyg, dirmygus, diystyrllyd.

contend, *v*. 1. ymdrechu, cystadlu. 2. haeru, dadlau.

content, *a*. bodlon, hapus.

contented, *a*. wrth ei fodd, bodlon.

contention, *n*. 1. cynnen, ymrafael. 2. dadl.

BONE OF CONTENTION, asgwrn y gynnen.

contentious, *a*. cynhennus, cwerylgar.

contentment, *n*. bodlonrwydd, hapusrwydd.

contents, *np*. cynnwys, cynhwysiad.

contest, *n*. cystadleuaeth, ymryson. gornest. *v*. ymryson, amau, ymladd.

contestable, *a*. amheus, ansicr, amwys, annilys.

contestant, *n*. cystadleuydd, ymrysonwr.

context, *n*. cyd-destun, cysylltiadau.

contexture, *n*. cyfansoddiad, gwead, lluniad.

contiguity, *n*. cyfagosrwydd.

contiguous, *a*. cyfagos, ar bwys.

continence, *n*. ymgadw, ymatal, cymedroldeb.

continent, *n*. cyfandir. *a*. diwair, cymedrol, ymatalgar.

continental, *a*. cyfandirol.

CONTINENTAL SHELF, sgafell gyfandirol.

contingency, *n*. 1. damwain, digwyddiad. 2. posibilrwydd.

contingent, *a*. damweiniol, amodol, dilynol. *n*. catrawd, mintai.

continual, *a*. parhaus, gwastadol.

continually, *ad*. yn wastad, byth a hefyd, byth a beunydd.

continuance, *n*. parhad.

continuant, *a*. arhosol, parhaol.

continuation, *n*. parhad, ychwanegiad.

continue, *v*. parhau, dal ymlaen, dal (i).

continuity, *n*. peth cysylltiedig, parhad, didoriant, didorredd.

LAW OF CONTINUITY, deddf didorredd.

continuous, *a*. parhaol, yn dal ymlaen, di-dor, di-fwlch.

contort, *v*. gwyrdroi, dirdynnu.

contortion, *n*. gwyrdroad, dirdyniad.

contortionist, *n*. gwyrdrowr, acrobat.

contour, *n*. amlinell, cyfuchlinedd.

contra-, *px*. gwrth-, croes-.

contraband, *n*. 1. nwyddau gwaharddedig, contraband. 2. smyglo. *a*. gwaharddedig, anghyfreithlon.

contract, *n*. cytundeb, cyfamod. *v*. 1. cytuno. 2. crebachu, tynnu ato, cywasgu, culhau.

TO CONTRACT A HABIT, ffurfio arferiad.

contracted, *a*. cul, cyfyng, wedi tynnu ato, crebachlyd.

contractile, *a*. crebachol.

contraction, *n*. cwtogiad, byrhad, ymdynhad, crebachiad, cywasgiad.

contractor, *n*. 1. adeiladydd, contractor. 2. ymgymerwr â chytundeb, cyfamodwr.

contradict, *v*. gwrth-ddweud, gwadu.

contradiction, *n*. gwrthddywediad, gwadiad.

contradictory, *a*. croes.

CONTRADICTORY TERMS, termau croesebol.

contralto, *n*. contralto.

contraposition, *n*. gwrthleoliad.

contraption, *n*. dyfais, peth a wna'r tro.

contrariwise, *ad*. i'r gwrthwyneb, yn hytrach.

contrary, *a*. gwrthwyneb, croes.

ON THE CONTRARY, i'r gwrthwyneb.

contrast, *n*. cyferbyniad, gwrthgyferbyniad. *v*. cyferbynnu, dangos y gwahaniaeth.

contravene, *v*. torri (deddf), mynd yn groes i.

contravention, *n*. trosedd, treisiad.

contribute, *v*. cyfrannu, tanysgrifio, rhoi.

contributive, *a*. cyfrannol, yn cyfrannu.

contribution, *n*. cyfraniad, tanysgrifiad, rhodd.

contributor, *n*. cyfrannwr, rhoddwr.

contributory, *a*. cynorthwyol, yn cyfrannu at.

contrite, *a*. edifeiriol, edifar.

contrition, *n.* edifeirwch.
contrivance, *n.* dyfais, cynllun.
contrive, *v.* dyfeisio, llwyddo, cynllunio.
contriver, *n.* cynlluniwr, dyfeisiwr.
control, *n.* rheolaeth, awdurdod. *v.* rheoli, llywodraethu, cyfarwyddo. SELF-CONTROL, hunan-reolaeth.
controllable, *a.* y gellir ei reoli.
controller, *n.* goruchwyliwr, rheolwr.
controversial, *a.* dadleuol.
controversialist, *n.* dadleuydd, ymrysonwr.
controversy, *n.* dadl, ymryson.
controvert, *v.* gwrthbrofi, gwrthddywedyd.
controvertible, *a.* y gellir ei wrthbrofi.
contumacious, *a.* gwrthnysig, croes, ystyfnig.
contumacy, *n.* gwrthnysigrwydd, ystyfnigrwydd.
contumely, *n.* anfri, sarhad, gwarth, dirmyg.
contuse, *v.* cleisio.
contusion, *n.* clais.
conundrum, *n.* pos, dychymyg.
conurbation, *n.* cyfuniad o ddosbarthau dinesig, cyfdrefydd.
convalesce, *v.* gwella (o afiechyd), ymadfer, cryfhau, cryffa.
convalescence, *n.* adeg gwellhad, cyfnod ymadfer, cyfnod cryfhau.
convalescent, *a.* yn gwella, ar wellhad. *n.* un sy'n gwella.
convection, *n.* dargludiad, trosglwyddo gwres, darfudiad.
convenable, *a.* y gellir ei alw (gwysio, cynnull), addas, cyfaddas.
convene, *v.* galw, cynnull, gwysio.
convenience, *n.* cyfleustra.
convenient, *a.* cyfleus, hwylus.
convent, *n.* lleiandy, cwfaint.
conventicle, *n.* confentigl.
convention, *n.* 1. cymanfa.
 2. cytundeb.
 3. defod, confensiwn.
conventional, *a.* defodol, ffurfiol, defotgar, confensiynol.
conventionality, *n.* defod, ffurfioldeb.
converge, *v.* cydgyfeirio, tueddu i gyfarfod. *n.* cydgyfeiriad.
convergent, *a.* cydgyfeiriol.
 CONVERGENT SERIES, cyfres gydgyfeiriol.
conversant, *a.* cyfarwydd, cynefin.
conversation, *n.* ymddiddan, siarad.
conversational, *a.* ymddiddanol, llafar, tafodieithol, siaradus.

conversationalist, *n.* ymddiddanwr, siaradwr diddorol.
conversazioné, *n.* ymgomwest, cwrdd siarad.
converse, *v.* ymddiddan, siarad, ymgomio. *n.* gwrthwyneb. *a.* cyferbyniol, amdroëdig.
conversion, *n.* troedigaeth, troad, tro, amdroad.
 CONVERSION TABLES, tablau cyfnewid, tablau newid.
convert, *v.* troi, newid, trosi, amdroi. *n.* person wedi ei droi, (*pl.*) dychweledigion.
 CONVERTED TRY (GOAL), trosgais.
converter, *n.* cyfnewidydd.
convertible, *a.* y gellir ei newid neu ei droi.
convex, *a.* crwm, argrwm, amgrwm, yn troi i maes.
convexity, *n.* crymedd.
convey, *v.* 1. cludo, symud.
 2. cyfleu.
 3. trosglwyddo (eiddo).
 CONVEYING UNIT, uned cludo.
conveyance, *n.* 1. cludiad, cerbyd.
 2. cyflead. 3. trosglwyddiad.
conveyancer, *n.* cyfreithiwr sy'n trosglwyddo eiddo.
convict, *n.* troseddwr (a ddedfrydwyd i benyd-wasanaeth). *v.* barnu'n euog, collfarnu.
conviction, *n.* 1. dedfryd o euogrwydd.
 2. argyhoeddiad, cred.
convince, *v.* argyhoeddi, perswadio, darbwyllo.
convincible, *a.* y gellir ei argyhoeddi, agored i argyhoeddiad.
convincing, *a.* argyhoeddiadol, terfynol.
convivial, *a.* llawen, llawn miri.
conviviality, *n.* miri, rhialtwch, hwyl.
convocation, *n.* cynhadledd, confocasiwn.
convoke, *v.* gwysio, galw ynghyd.
convolution, *n.* dirwyniad, troelliad.
convolve, *v.* dirwyn, troelli, troi yn ei gilydd.
convolvulus, *n.* tagwydd, clych y perthi, ladi wen.
convoy, *n.* gosgordd, cydymaith, cymdaith. *v.* hebrwng, cymdeithio.
convulse, *v.* dirgrynu, dirdynnu, cynhyrfu.
convulsion, *n.* dirgryniad, cynhyrfiad, dirdyniad. *pl.* anhwyldeb y gewynnau, crebachiad, cwlwm gwythi.
convulsive, *a.* dirdynnol, cynhyrfus.
coo, *v.* 1. gwneud sŵn fel colomen.
 2. bod yn gariadus.

cook, *n.* cogydd, cogyddes. *v.* coginio.

cooker, *n.* ffwrn.

    PRESSURE COOKER, gwascogydd.

cookery, *n.* coginiaeth.

cool, *a.* 1. oerllyd, lled oer, oeraidd, llugoer, go-oer, claear.

    2. tawel, hunanfeddiannol, yn cadw'i ben.

    v. claearu.

cooler, *n.* oerydd, oeriadur.

coolness, *n.* 1. oerni.

    2. hunanfeddiant.

coomb, combe, *n.* cwm, dyffryn, glyn.

coop, *n.* cut ieir, sied ieir, cwb.

cooper, *n.* cowper, cylchwr, barilwr, gwneuthurwr casgenni.

co-operate, *v.* cydweithredu.

co-operation, *n.* cydweithrediad.

co-operative, *a.* cydweithredol.

co-opt, *v.* cyfethol, cyd-ddewis (gan aelodau pwyllgor).

co-ordinate, *a.* cydradd, cyfurdd. *n.* cyfesuryn (mathemateg). *v.* cydraddoli, cydgysylltu, cytgordio.

    PARAMETRIC CO-ORDINATES, cydraddau parametrig.

co-ordination, *n.* cydraddoliad, undeb cydradd, cydweithrediad, cytgord.

coot, *n.* cotiar, iâr y gors.

cop, *n.* edau ar werthyd, cob. *v.* dal.

copartner, *n.* cyd-bartner, cydymaith.

copartnership, *n.* cyd-bartneriaeth.

cope, *n.* cochl (offeiriad). *v.* (*with*) ymdopi, ymdaro â.

coping, *n.* rhes uchaf ar wal.

copious, *a.* helaeth, dibrin, yn hidl.

copper, *n.* copr, copor.

    COPPER MONEY, arian cochion.

copperplate, *n.* 1. plât argraffu neu ysgythru.

    2. llawysgrif dda.

coppersmith, *n.* gof copr.

coppice, copse, *n.* prysglwyn, gwigfa lwyni.

copula, *n.* cyplad, gair (etc.) sy'n cysylltu.

copulative, *a.* cypladol, traethiadol, cymwylliadol, cysylltiol.

copy, *n.* 1. copi, adysgrif.

    2. patrwm, esiampl.

    v. copïo, efelychu.

copybook, *n.* 1. llyfr ysgrifennu.

    2. llyfr i ddysgu ysgrifennu.

copyhold, *n.* deiliadaeth tir (gynt), copiddaliad.

copyholder, *n.* copiddeilad.

copyist, *n.* copïwr.

copyright, *n.* hawlfraint (cyhoeddi).

coquet, *v.* cellwair caru, ceisio tynnu sylw, chwarae â.

coquetry, *n.* penwandod, mursendod.

coquette, *n.* hoeden, merch benwan.

coracle, *n.* cwrwg, cwrwgl, corwg, corwgl.

coracle-man, *n.* rhwyfwr cwrwg, pysgotwr mewn cwrwg, cyryglwr.

coral, *n.* cwrel.

corban, *n.* trysorfa'r deml (yn Jerwsalem), rhodd, offrwm, corban.

corbel, *n.* carreg sy'n ymestyn i maes o wal, corbel.

cord, *n.* cordyn, cortyn.

cordage, *n.* rhaffau, rheffynnau.

cordial, *a.* calonnog, gwresog. *n.* cordial, gwirod, moddion codi calon.

cordiality, *n.* rhadlonrwydd, serchowgrwydd, croeso.

cordon, *n.* 1. rhes.

    2. ruban.

corduroy, *n.* melfaréd, rib.

cordwainer, *n.* crydd.

core, *n.* bywyn, calon.

co-respondent, *n.* cyd-ddiffynnydd.

coriander, *n.* planhigyn persawrus, llysiau'r bara.

cork, *n.* corcyn, corc.

    CORK SLAB, tafell gorc.

corkscrew, *n.* allwedd costrel, tynnwr corcyn.

corm, *n.* oddf, crynwreiddyn.

cormorant, *n.* mulfran, morfran.

corn, *n.* 1. ŷd, llafur, grawn.

    2. tyfiant (ar droed, etc.).

    MIXED CORN, siprys.

corncrake, *n.* rhegen yr ŷd.

cornea, *n.* gwydr y llygad, pilen cannwyll y llygad, cornbilen.

corned, *a.* wedi ei sychu, wedi ei halltu.

corner, *n.* cornel, congl, cwr. *v.* cornelu.

    CORNER KICK, cic gornel.

    CORNER OF THE EYE, cil y llygad.

    CORNER OF THE JAW, cilfoch.

    FOUR CORNERS OF THE WORLD, pedwar ban y byd.

    CORNER FLAG, lluman cornel.

cornet, *n.* corned, cornet.

cornflour, *n.* can corn, blawd india corn.

cornflower, *n.* penlas yr ŷd.

cornice, *n.* math o addurn ar fur neu golofn, cornis.

cornicles, *np.* cyrn, cyrnau.

Cornish, *a.* yn perthyn i Gernyw, Cernywaidd. *n.* iaith Cernyw, Cernyweg.

Cornishman, *n.* brodor o Gernyw, Cernywiad.

corolla, *n.* corola, coronig.

corollary, *n.* canlyniad, atodiad, gorddwythiad.

corona, *n.* corongylch.
coronach, *n.* galarnad, cân angladdol.
coronation, *n.* coroniad, coroni.
coroner, *n.* crwner, trengholydd.
coronet, *n.* coron, coronig.
corporal, *a.* corfforol, yn ymwneud â'r corff. *n.* corporal, is-ringyll.
   CORPORAL PUNISHMENT, cosb gorfforol (drwy chwipio, etc.).
corporate, *a.* corfforedig, cyfûn.
corporation, *n.* corfforaeth, cwmni unedig, cyngor tref.
corporeal, *a.* corfforol, materol.
corps, *n.* rhan o fyddin, corfflu.
corpse, *n.* celain, corff (marw).
corpse-candle, *n.* cannwyll gorff.
corpulence, *n.* tewdra, corffolaeth.
corpulent, *a.* tew, corffol, boliog, swmpus.
corpus, *n.* corff, casgliad.
   CORPUS CHRISTI, gŵyl Gatholig.
corpuscle, *n.* corffilyn, gronyn bychan.
corpuscular, *a.* corffilaidd, gronynnol.
corral, *n.* ffald, lloc. *v.* 1. llocio.
   2. trefnu amddiffynfa.
correct, *a.* cywir, priodol. *v.* 1. cywiro.
   2. ceryddu, cymhennu.
   CORRECT TO, hyd (at) y.
correction, *n.* 1. cywiriad.
   2. cerydd.
corrective, *a.* y gellir ei gywiro. *n.* cywirydd, peth sy'n gwrthweithio.
correctness, *n.* 1. cywirdeb.
   2. gwedduster.
correlate, *v.* dwyn i berthynas â'i gilydd, cydberthnasu.
correlation, *n.* cydberthynas, cydberthyniad.
correlative, *a.* cydberthynol, cydgyfatebol.
correspond, *v.* 1. cyfateb.
   2. gohebu, ysgrifennu (at).
correspondence, *n.* 1. cyfatebiaeth.
   2. gohebiaeth, llythyrau.
correspondent, *n.* gohebydd.
corresponding, *a.* cyfatebol, yn cyfateb i, yn gohebu â, gohebol.
   CORRESPONDING ANGLES, onglau cyfatebol.
corridor, *n.* tramwyfa, rhodfa, coridor.
corrie, *n.* peiran.
corrigendum, *n.* (*pl.* **corrigenda**), gwall (y wasg) i'w gywiro.
corroborate, *v.* cadarnhau, ategu.
corroboration, *n.* cadarnhad, ategiad.
corroborative, *a.* cadarnhaol, ategol.
corrode, *v.* cyrydu, ysu, rhydu, difa.
corrosion, *n.* cyrydiad, ysiad.
corrosive, *a.* cyrydol, difaol.
orrugated, *a.* rhychog, gwrymiog.

corrugation, *n.* rhychni.
corrupt, *a.* llygredig, pwdr, gwael. *v.* llygru.
corruptible, *a.* llygradwy.
corruption, *n.* llygredigaeth, llygredd.
corsair, *n.* môr-leidr, môr-herwr.
corselet, *n.* dwyfronneg, arfwisg i'r frest.
corset, *n.* staes, corsed.
cortege, *n.* gorymdaith, gosgordd.
cortex, *n.* rhisgl, pilen (planhigyn, ymennydd, neu aren), gorsigl, cortecs.
cortical, *a.* corticaidd.
coruscate, *v.* fflachio, disgleirio, gwreichioni.
cosecant, *n.* cosecant (*pl.* cosecannau).
cosine, *n.* cysein, llinell ynglŷn â chylch, cosin.
cosiness, *n.* cysur, clydwch, diddosrwydd.
cosmetic, *n.* cosmetig, darpariaeth prydferthu.
cosmic, *a.* yn ymwneud â'r cyfanfyd, cosmig.
   COSMIC RAYS, pelydrau cosmig.
cosmogany, *n.* ymgais i egluro trefn y cyfanfyd, cosmogani.
cosmography, *n.* daearyddiaeth y cyfanfyd, bydoniaeth.
cosmology, *n.* astudiaeth o'r cyfanfyd, cosmoleg.
cosmopolitan, *n.* dinesydd byd. *a.* cymysg, cyffredinol, cosmopolitan.
cosmos, *n.* 1. yr hollfyd, bydysawd, y cyfanfyd. 2. cosmos (blodyn).
   PERTAINING TO THE COSMOS, cosmig.
cost, *n.* traul, cost, pris. *v.* costio, costi.
coster, costermonger, *n.* pedler, gwerthwr teithiol.
costive, *a.* yn rhwymo'r corff.
costliness, *n.* pris uchel, drudaniaeth.
costly, *a.* prid, drud.
costume, *n.* gwisg, trwsiad, cot a sgyrt.
costumier, *n.* teiliwr, gwerthwr gwisgoedd (merched).
cosy, *a.* cysurus, clyd. *n.* cap tebot.
cot, *n.* 1. bwthyn, caban.
   2. gwely bach.
cotangent, *n.* cotangiad.
cote, *n.* corlan, cut, twlc.
coterie, *n.* cwmni, clic, cymdeithas.
cottage, *n.* bwthyn, tŷ bychan.
cottager, *n.* bythynnwr.
cottar, *n.* bythynnwr, cotŷwr.
cotton, *n.* cotwm, edau (o gotwm).
   COTTON WOOL, gwlân cotwm.
cotyledons, *n.* had-ddail.
couch, *n.* glwth, lleithig, soffa, cowts. *v.* mynegi, anelu, gorwedd.

couchant, *a.* yn crymu, yn plygu.

cough, *n.* peswch. *v.* pesychu, peswch.

coulter, *n.* cwlltwr.

council, *n.* cyngor (plwyf, etc.).

councillor, *n.* cynghorwr.

counsel, *n.* 1. cyngor, cyfarwyddyd, barn.
2. bargyfreithiwr, dadleuydd.
v. cynghori, cyfarwyddo.

counsellor, *n.* cynghorwr, cyfarwydd-wr.

count, *n.* 1. cyfrif.
2. iarll.
v. cyfrif, rhifo, dibynnu ar.
TO COUNT THE COST, bwrw'r draul.

countenance, *n.* wyneb, gwedd. *v.* cefn-ogi.
TO KEEP ONE'S COUNTENANCE, bod yn hunanfeddiannol.
TO PUT OUT OF COUNTENANCE, peri aflonyddwch.

counter, *n.* cownter.   *px.* gwrth-.
a. croes.   *ad.* yn erbyn, yn groes.
v. gwrthwynebu.

counteract, *v.* gwrthweithio.

counter-attraction, *n.* gwrthatyniad, peth sy'n tynnu sylw oddi wrth.

counterbalance, *v.* gwrthbwyso.

counterblow, *n.* gwrthergyd, taro'n ôl.

countercharge, *n.* gwrthgyhuddiad.

countercheers, *np.* gwrthfloedd (o gymeradwyaeth), adfanllef.

counter-claim,   *n.*   gwrth-hawl.
v. gwrth-hawlio.

counterfeit, *n.* ffug, twyll.   *a.* gau, ffugiol.
v. ffugio, dynwared, efelychu.
COUNTERFEIT COIN, arian drwg.

counterfoil, *n.* gwrthddalen, dalen gofnod.

countermand, *v.* diddymu, tynnu'n ôl.

counterpane, *n.* cwrlid, cwilt.

counterpart, *n.* 1. copi.
2 cymar.

counterpoint, *n.* gwrthbwynt.

counterpoise, *n.* gwrthbwys.

counter-reformation, *n.* gwrthddi-wygiad.

countersign, *n.* arwyddair (yn y fyddin, etc.). *v.* cydarwyddo, llof-nodi (yn ychwanegol).

countess, *n.* iarlles.

counting-house, *n.* cyfrifdy, ystafell cyfrifon masnach.

countless, *a.* aneirif, di-rif.

countrified, *a.* gwledig, gwladaidd.

country, *n.* gwlad, bro. *a.* gwladaidd, gwledig.

countryman, *n.* gwladwr.

countryside, *n.* ardal wledig, cefn gwlad.

county, *n.* sir, swydd. *a.* sirol.
COUNTY COUNCIL, Cyngor Sir.

coup, *n.* strôc dda, tro llwyddiannus.

couple, *n.* cwpl, pâr, dau. *v.* cyplysu, uno, cysylltu.

couplet, *n.* cwpled, dwy linell yn odli.

coupling, *n.* dolen gydiol, cysylltydd.

coupon, *n.* cwpon, tocyn dogni.

courage, *n.* gwroldeb, dewrder, calon.

courageous, *a.* gwrol, dewr, glew.

courier, *n.* 1. cennad (cyflym), brys-gennad, rhedegydd.
2. trefnwr (teithiau).

course, *n.* cwrs, hynt. *v.* hela, ymlid.
OF COURSE, wrth gwrs.
IN COURSE OF, yn ystod.
IN DUE COURSE, yn ei bryd.
SUPPLEMENTARY COURSES, cyrsiau atodol.
CLERK OF THE COURSE, clerc y maes.

courser, *n.* ceffyl cyflym, ceffyl rasys.

court, *n.* 1. llys.
2. plas.
3. cwrt, cyntedd, maes chwarae.
v. caru, ceisio ffafr.
COUNTY COURT, cwrt sir.

courteous, *a.* moesgar, cwrtais, tal-iaidd.

courtesy, *n.* moesgarwch, cwrteisi.

courtier, *n.* gwas llys, gŵr llys.

courtly, *a.* bonheddig, boneddigaidd.

courtmartial, *n.* llys (lluoedd arfog).
v. dodi ar brawf (mewn llys milwrol).

courtship, *n.* carwriaeth.

courtyard, *n.* clos, buarth, iard, beili.

cousin, *n.* cefnder, cyfnither.
SECOND COUSIN, cyfyrder.

cove, *n.* cilfach, bae, cilan.

covenant,   *n.*   cyfamod,   cytundeb.
v. cyfamodi, cytuno.

covenanter, *n.* cyfamodwr.

cover, *n.* clawr, caead, gorchudd.
v. 1. gorchuddio, cuddio dros.
2. amddiffyn.
BOOK COVER, clawr llyfr.
TO TAKE COVER, cuddio, cysgodi.

covering, *n.* gorchudd, clawr, caead, to.

coverlet, *n.* cwrlid, cwilt.

covert, *n.* llwyn, lloches, lle cudd, cysgod, gorchudden. *a.* dirgel, cudd.

covet, *v.* chwennych.

coveted, *a.* dymunol, a chwenychir.

covetous, *a.* trachwantus.

covetousness, *n.* trachwant.

covey, *n.* haid (o betris).

cow, *n.* buwch. *v.* dychrynu, brawychu.
   BARREN COW, myswynog.
   MILKING COW, buwch odro.
   COW IN CALF, buwch gyflo.
coward, *n.* llwfrddyn, llwfrgi, anwr, cachgi.
cowardice, *n.* llwfrdra, llyfrder.
cowardly, *a.* llwfr, gwangalon, cachgïaidd.
cowboy, *n.* bugail gwartheg (yn America).
cower, *v.* cyrcydu, swatio, crymu gan ofn.
cowherd, *n.* bugail gwartheg, heusor, buelydd.
cowhouse, *n.* beudy, glowty.
cowl, *n.* cwcwll, cwfl.
cowman, *n.* cowmon, bugail gwartheg.
cow-parsnip, *n.* efwr, panas y fuwch.
cowpox, *n.* brech y fuwch, cowpog.
cowslip, *n.* briallu Mair.
cow-wheat, *n.* clinogai, biwlith melyn.
coxcomb, *n.* un balch, coegyn, un hunanol.
coxswain, *n.* llywiwr cwch.
coy, *a.* swil, gwylaidd, ofnus.
coyness, *n.* swildod, gwyleidd-dra.
cozen, *v.* twyllo, hudo.
crab, *n.* 1. cranc.
   2. afal sur. (*pl.*), crabas.
   TO CATCH A CRAB, methu â'r rhwyf.
crabbed, *a.* 1. sarrug, o dymer ddrwg.
   2. crablyd.
crack, *n.* agen, crac, hollt. *v.* hollti, cracio.
crack-brained, *a.* penwan, gorffwyll, gwallgof, ynfyd.
cracker, *n.* 1. cracer.
   2. bisgeden.
   NUT-CRACKER, gefel gnau.
crackle, *v.* clindarddach, clecian.
cradle, *n.* crud, cawell, cadair (fagu).
craft, *n.* 1. crefft, celfyddyd.
   2. dichell, ystryw, cyfrwystra.
   3. llong, bad, llongau, awyren.
craftiness, *n.* cyfrwystra, dichell, twyll, medr.
craftsman, *n.* crefftwr.
craftsmanship, *n.* gwaith crefftwr.
crafty, *a.* cyfrwys, dichellgar.
crag, *n.* craig, clogwyn, dibyn, clegyr.
craggy, *a.* ysgithrog, creigiog, clegyrog.
cram, *v.* gorlenwi, llanw'n rhy dynn.
cramp, *n.* cwlwm gwythi, cramp.
   v. gwasgu, caethiwo.
cramped, *a.* clós, agos, cul, gwasgedig.

cran, *n.* cran, mesur ynglŷn ag ysgadan, basged.
cranberry, *n.* ceiriosen y wern.
crane, *n.* 1. garan, crychydd.
   2. craen, peiriant codi.
cranebill, *n.* mynawyd y bugail, pig yr aran.
cranium, *n.* penglog, asgwrn y pen.
crank, *n.* 1. camdro, cranc, trosol.
   2. mympwywr, un â chwilen yn ei ben.
   v. troi'r cranc, dirwyn, cam-droi.
crankshaft, *n.* roden y cranc, camwerthyd.
crannog, *n.* crannog, llyndref.
cranny, *n.* agen, hollt.
crape, *n.* crêp du, meinwe.
crash, *n.* gwrthdrawiad, cwymp. *v.* cwympo, gwrthdaro.
crass, *a.* 1. tew, trwchus.
   2. dwl, dybryd.
cratch, *n.* 1. celficyn i fwyda anifeiliaid allan, craets.
   2. rhesel, clwyd uwchlaw preseb.
crate, *n.* cawell, basged (ddillad, etc.).
crater, *n.* twll mawr, crater.
cravat, *n.* cadach gwddf, crafat, sgarff.
crave, *v.* crefu, deisyf, erfyn, blysio.
craven, *a.* llwfr, gwangalon, gwael.
craving, *n.* blys, gwanc, chwant, trachwant.
crawl, *v.* ymlusgo, cropian, cripian.
crayfish, *n.* cimwch coch.
crayon, *n.* sialc, pwyntil, craeon.
craze, *n.* chwant, awydd, ysfa.
crazy, *a.* penwan, gorffwyll, o'i gof, ynfyd.
creak, *v.* gwichian.
creaky, *a.* gwichlyd.
cream, *n.* 1. hufen. 2. y gorau.
creamery, *n.* hufenfa, ffatri caws a menyn.
creamy, *a.* o hufen, fel hufen.
crease, *n.* 1. plyg, ôl plygiad.
   2. llinell (criced).
create, *v.* creu.
creation, *n.* cread, creadigaeth.
creative, *a.* creadigol, dyfeisgar.
creator, *n.* creawdwr, crëwr.
creature, *n.* creadur.
crèche, *n.* meithrinfa, lle i ofalu am blant bach.
credence, *n.* coel, cred.
credentials, *np.* cred-lythyrau, llythyrau cyflwyno.
credibility, *n.* bod yn gredadwy, hygrededd.
credible, *a.* credadwy, hygoel.

credit, *n.* 1. coel, cred.
2. clod, credyd, enw da.
v. cyfrif credyd, credu.
CREDIT MARKS, marciau cymeradwyaeth.
creditable, *a.* cymeradwy, anrhydeddus.
creditor, *n.* echwynnwr, un â dyled iddo, coeliwr.
credulity, *n.* hygoeledd, parodrwydd i gredu.
credulous, *a.* hygoelus, rhy barod i gredu.
creed, *n.* credo, athrawiaeth.
creek, *n.* cilfach, bae.
creel, *n.* cawell pysgod.
creep, *v.* ymlusgo, cropian, cripian.
creeper, *n.* dringiedydd.
creeping, *a.* ymgripiol, yn ymlusgo.
creepy, *a* iasol, yn peri ias.
cremate, *v.* llosgi (corff), darlosgi, am osgi.
cremation *n.* corfflosgiad, darlosgiad, amlosgiad.
crematorium, *n.* corfflosgfa, amlosgfa, darlosgfa, crematoriwm.
creosote, *n.* oel tar, creosot.
crepe, *n.* crêp.
crepe-de-chine, *n.* crêp sidan.
crepitations, *np.* rhugliadau, sŵn yn yr ysgyfaint.
crescendo, *n.* cryfhau graddol (miwsig).
crescent, *n.* lleuad newydd neu beth o'r un ffurf. *a.* cynyddol, yn tyfu.
cress, *n.* berwr, berw.
cresset, *n.* ffrâm haearn i gynnwys tân neu olau, craesed.
crest, *n.* 1. crib, copa, brig (ton).
2. arwydd ar arfbais.
crested, *a.* 1. cribog.
2. ewynnog.
crestfallen, *a.* digalon, penisel.
cretaceous, *a.* o sialc, fel sialc, sialcaidd.
cretinism, *n.* cretiniaeth, gwendid y pen.
cretonne, *n.* creton, cotwm cryf.
crevasse, *n.* hollt mewn iâen, crefas.
crevice, *n.* agen, hollt.
crew, *n.* criw, dwylo llong.
crewel, *n.* edau fain o wlân neu sidan.
crib, *n.* 1. preseb.
2. gwely bach.
3. cyfieithiad.
v. copïo.
cribbage, *n.* cribais, math o gêm cardiau.
crick, *n.* cric, cramp, pang.
cricket, *n.* 1. cricedyn, cricsyn.
2. criced.

crier, *n.* cyhoeddwr, crïwr.
crime, *n.* trosedd, anghyfraith.
criminal, *n.* troseddwr, drygwr. *a.* troseddol, dybryd.
criminology, *n.* gwyddor neu astudiaeth troseddau.
crimp, *v.* crebachu, crychu, troi a throsi, cyrlio.
crimson, *a. n.* coch, rhuddgoch.
cringe, *v.* cynffonna, ymgreinio, plygu gan ofn.
crinkle, *v.* 1. crychu.
2. siffrwd.
crinoline, *n.* cylchbais, crinolin.
cripple, *n.* efrydd, cloff. *v.* cloffi, anafu.
crisis, *n.* argyfwng, trobwynt, creisis.
crisp, *a.* cras, crych. *np.* tatws cras.
crispness, *n.* craster, breuder.
criss-cross, *ad.* croesymgroes.
criterion, *n.* maen prawf, safon.
critic, *n.* beirniad.
critical, *a.* 1. beirniadol.
2. peryglus, argyfyngol.
CRITICAL POINT, trobwynt.
CRITICAL RANGE, trofan.
criticism, *n.* beirniadaeth.
criticize, *v.* beirniadu.
croak, *n.* crawc. *v.* crawcian.
crochet, *v.* crosio.
crock, *n.* 1. llestr pridd, crochan, tamaid o lestr.
2. un diwerth.
crockery, *n.* llestri.
crocodile, *n.* crocodil (*pl.* -od).
CROCODILE TEARS, dagrau gwneud, ffug-ddagrau.
crocus, *n.* saffrwn, crocws.
croft, *n.* crofft, tyddyn.
crofter, *n.* tyddynnwr.
crone, *n.* hen fenyw.
crony, *n.* cyfaill agos.
crook, *n.* ffon fugail, bagl, ffon gnwpa.
crooked, *a.* cam, anunion, crwca, gwyrgam.
crookedness, *n.* plyg, camu, gwyrni.
croon, *v.* grwnan, crwno.
crooner, *n.* crwner.
crop, *n.* 1. cnwd, (*root*) cnwd gwraidd.
2. crombil.
3. toriad gwallt.
4. chwip.
v. 1. cnydio.
2. cneifio, tocio, blaendorri.
TO CROP UP, ymddangos, digwydd.
croquet, *n.* croci, math o gêm lawnt.
crosier, *n.* ffon esgob (neu abad), bagl.

cross, *n.* croes. *v.* croesi.
CROSS BREED, croesad.
SIGN OF THE CROSS, arwydd y Grog.
cross-bar, *n.* croesfar, trawsbren.
crossbow, *n.* bwa croes.
crossbowman, *n.* saethydd â bwa croes.
cross-cut, *n.* trawslif, llif-draws. *v.* trawslifio.
cross-examine, *v.* croesholi.
crossfertilize, *v.* croesffrwythloni, croesbeillioni.
cross-hatching, *n.* trawslinellu.
crossing, *n.* croesiad, croesffordd, croesfan, man croesi.
cross-legged, *a.* yn croesi coesau, coesgroes.
cross-road, *n.* croesffordd.
cross-section, *n.* trawstoriad, trawslun.
crosswise, *ad.* ar groes, ar letraws.
cross-word, *n.* geiriau croes, croesair.
crotchet, *n.* crosiet, crotsied.
crouch, *v.* plygu i lawr, crymu, cyrcydu. *n.* cwrcwd, plyg.
croup, *n.* 1. pedrain, crwper.
2. crwp, crwc.
crow, *n.* 1. brân.
2. cân ceiliog.
v. canu, ymffrostio.
COCK CROWING, caniad y ceiliog.
crow-bar, *n.* trosol, bar haearn.
crowberry, *n.* creiglys, planhigyn ag aeron duon.
crowd, *n.* torf, tyrfa, haid. *v.* tyrru, heidio.
crowfoot, *n.* crafanc y frân.
crown, *n.* 1. coron.
2. corun, copa.
v. coroni.
CROWN PRINCE, edling.
crowned, *a.* coronog.
crowning, *n.* coroni, coroniad. *a.* pennaf, prif.
crucial, *a.* hanfodol, terfynol, crwysol.
crucible, *n.* tawddlestr, crwsibl.
crucifix, *n.* delw o Grist ar y groes, croeslun.
crucifixion, *n.* croeshoeliad.
cruciform, *a.* croesffurf, croesweddog.
crucify, *v.* croeshoelio.
crude, *a.* anaeddfed, amrwd.
crudity, *n.* anaeddfedrwydd, gerwindeb.
cruel, *a.* creulon.
cruelty, *n.* creulondeb.
cruet, *n.* criwed, potel fechan.
cruise, *n.* mordaith.
v. morio, mynd yn esmwyth (modur, etc.).

cruiser, *n.* llong ryfel (gyflym).
crumb, *n.* briwsionyn, bribsyn.
crumble, *v.* malurio, chwalu, adfeilio.
crumpet, *n.* crymped, teisen fwyth.
crumple, *v.* gwasgu, crychu, llethu.
crumpled, *a.* crychlyd, â phlygiadau, wedi ei wasgu.
crunch, *v.* cnoi neu droedio stwrllyd.
crupper, *n.* pedrain, crwper.
crusade, *n.* croesgad, Rhyfel y Groes.
crusader, *n.* croesgadwr, milwr y groes.
cruse, *n.* ffiol, ystên, llestr pridd.
crush, *v.* gwasgu, mathru, llethu.
crust, *n.* crofen, crystyn, cramen.
crustacea, *np.* cramenogion, anifeiliaid â chregyn.
crustaceous, *a.* cragennog, â chregyn, cramennog.
crusty, *a.* 1. caled, crofennog.
2. drwg ei dymer, sarrug.
crutch, *n.* bagl, ffon fagl.
crux, *n.* 1. dirgelwch, craidd.
2. croes.
cry, *n.* cri, gwaedd, bloedd, sgrech. *v.* wylo, llefain, gweiddi, crio.
TO CRY QUITS, bodloni bod yn gyfartal.
IN FULL CRY, yn llawn egni, ar eu heithaf.
TO CRY DOWN, bychanu, difrïo.
crying, *a.* 1. pwysig, yn galw am sylw.
2. yn crio, yn wylo.
crypt, *n.* claddgell (mewn eglwys), cell danddaearol.
cryptic, *a.* dirgel, cyfrin.
cryptogram, *n.* ysgrif gêl.
crystal, *a. n.* grisial, crisial (*chem.*).
crystalline, *a.* grisialaidd, tryloyw.
crystallisation, *n.* grisialad.
crystallise, *v.* grisialu, ymgrisialu.
crystallography, *n.* grisialeg, crisialeg.
crystalloid, *a.* grisialffurf, o ffurf grisial.
cub, *n.* cenau, cadno neu gi ifanc.
cube, *n.* ciwb. *v.* ciwbio.
CUBE ROOT, gwreiddyn ciwb.
cubic, cubical, *a.* ciwbig.
CUBIC EQUATION, hafaliad teiradd.
CUBIC INCH, modfedd giwbig.
cubicle, *n.* cuddygl, ystafell wely fechan.
cubit, *n.* cufydd, mesur tua deunaw modfedd.
cuboid, *n.* ciwboid.
cucking-stool, *n.* stôl i drochi menywod drwg (gynt), stôl drochi.
cuckoo, *n.* cog, cwcw.
cuckoo-pint, *n.* pidyn y gog.
cucumber, *n.* cucumer, ciwcymber.

cud, *n.* cil.

 TO CHEW THE CUD, cnoi cil.

cuddle, *v.* cofleidio, anwesu, tolach.

cudgel, *n.* pastwn, ffon. *v.* taro, bwrw, pwnio.

 TO TAKE UP THE CUDGELS, amddiffyn, cefnogi.

cudweed, *n.* llwyd y ffordd, yr edafeddog.

cue, *n.* 1. ciw.

 2. awgrym, cyngor.

cuff, *n.* 1. torch llawes, cyff.

 2. dyrnod, clowten.

 v. dyrnodio, cernodio.

cuirass, *n.* llurig, dwyfronneg, arfwisg i'r frest a'r cefn.

cuisine, *n.* 1. cegin.

 2. math o goginio.

cul-de-sac, *n.* pen ffordd, stryd ag un pen yn agored.

culinary, *a.* coginiol, yn ymwneud â choginio.

cull, *v.* dewis, dethol, casglu, pigo.

culminate, *v.* cyrraedd ei anterth, diweddu.

culmination, *n.* anterth, pen, man (uchaf, gorau, etc.).

culpability, *n.* euogrwydd, bod yn feius.

culpable, *a.* beius, camweddus.

culprit, *n.* troseddwr, tramgwyddwr.

cult, *n.* addoliad, credo.

cultivate, *v.* diwyllio, trin, meithrin.

cultivation, *n.* diwylliad, triniaeth.

cultivator, *n.* peiriant trin tir, diwyllydd.

cultural, *a.* diwylliannol, diwylliadol.

culture, *n.* diwylliant, triniaeth.

cultured, *a.* diwylliedig, coeth.

culvert, *n.* ceuffos, cylfert.

cumber, *v.* llesteirio, rhwystro, lluddias.

cumbersome, *a.* beichus, afrosgo, trwsgl.

cumulative, *a.* yn cynyddu, cynyddol.

cumulus, *n.* cwmwl gwyn, cumulus.

cuneiform, *a.* cunffurf, o ffurf gaing.

cunning, *n.* cyfrwystra, dichell. *a.* cyfrwys, dichellgar, ciwt.

cup, *n.* cwpan.

cupboard, *n.* cwpwrdd.

cupellate, *v.* cwpelu, puro, coethi, profi.

cupellation, *n.* cwpeliad, coethiad.

cupful, *a.* cwpanaid.

Cupid, *n.* Ciwpid, duw serch.

cupidity, *n.* trachwant, gwanc.

cupola, *n.* twr â phen crwn.

cupreous, *a.* o gopr, fel copr.

cupric, *a.* coprig, fel copr, o gopr.

cuprous, *a.* coprus, yn cynnwys copr.

cur, *n.* costog, un di-foes, ci cymysgryw

curable, *a.* y gellir ei wella, gwelladwy.

curacy, *n.* curadiaeth.

curate, *n.* curad.

curator, *n.* ceidwad (amgueddfa, etc.).

curb, *n.* 1. genfa.

 2. atalfa.

 3. ymyl palmant, etc., cwrbyn.

 4. cilcyn y gar.

 v. ffrwyno, atal.

curd, *n.* caul, llaeth sur.

curdle, *v.* ceulo, tewychu, cawsu.

cure, *n.* 1. iachâd, gwellhad.

 2. gofalaeth.

 v. 1. iacháu, gwella.

 2. halltu.

curfew, *n.* dyhuddgloch, hwyrgloch.

curio, *n.* cywreinbeth, crair.

curiosity, *n.* 1. cywreinrwydd, chwilfrydedd.

 2. cywreinbeth.

curious, *a.* 1. chwilfrydig.

 2. cywrain, hynod.

curl, *n.* cudyn, cudyn crych. *v.* crychu.

curlew, *n.* gylfinir, cwrlif, cwrlip.

curly, *a.* crych, modrwyog, cyrlog.

currants, *np.* cyren, cwrens, rhyfon, grawn Corinth.

currency, *n.* arian cymeradwy, arian bath, cylchrediad, arian breiniol.

current, *n.* llif, cerrynt (o drydan). *a.* rhedegol, mewn cylchrediad, cyfoes, cyfredol.

 CURRENT EVENTS, digwyddiadau heddiw.

 CURRENT OF AIR, awel.

 ALTERNATING CURRENT, cerrynt tonnog.

 DIRECT CURRENT, cerrynt union.

 CURRENT AFFAIRS, materion cyfoes.

 CURRENT MONEY, arian treigl.

curriculum, *n.* cwrs addysg.

currier, *n.* triniwr lledr, cwrier.

curry, *v.* trin (ceffyl neu ledr). *n.* cyffaith (Indiaidd).

 TO CURRY FAVOUR, cynffonna, ceisio ffafr.

curse, *n.* melltith, rheg, aflwydd. *v.* melltithio, rhegi.

cursed, *a.* melltigedig, anfad, ysgeler.

cursive, *a.* (llawysgrifen) gyffredin

cursory, *a.* brysiog, bras, arwynebol.

curt, *n.* cwta, byr, swta.

curtail, *v.* cwtogi, talfyrru, byrhau.

curtailment, *n.* cwtogiad, talfyriad, byrhad.

curtain, *n.* llen, cyrten.

 CURTAIN RAISER, chwarae agor (cyn y prif chwarae).

curtsy, *n.* moesymgrymiad (merch).
　v. moesymgrymu.
curvature, *n.* crymedd, cyrfedd.
curve, *n.* tro, ardro, cromlin. *v.* camu,
　crymu, plygu.
cushion, *n.* clustog.
custard, *n.* cwstard, ceulfwyd, bwyd o
　laeth ac wyau, etc.
custodian, *n.* ceidwad, gofalwr, ym-
　geleddwr.
custody, *n.* dalfa, cadwraeth.
custom, *n.* 1. arfer, defod.
　2. toll, treth.
　3. cwsmeriaeth.
customary, *a.* arferol.
customer, *n.* prynwr, cwsmer, tollydd.
custom-house, *n.* tollfa, tollty.
cut, *n.* toriad, briw. *v.* torri, archolli.
　A SHORT CUT, llwybr llygad.
cute, *a.* cyfrwys, call, ciwt.
cuticle, *n.* croen, pilen.
cutin, *n.* ciwtin.
cutlass, *n.* cleddyf byr (morwr).
cutler, *n.* gwerthwr neu wneuthurwr
　cyllyll.
cutlery, *n.* cyllyll a ffyrc, etc.
cutlet, *n.* golwyth, golwythyn, sleisen.
cutter, *n.* 1. llong fach (un hwylbren).
　2. torrwr.
cutter-bar, *n.* bar torri.
cutting, *n.* toriad, bwlch.
　CUTTING SPEED, buander torri.
cuttlefish, *n.* ystifflog.
cyanosis, *n.* diffyg ocsigen yn y gwaed,
　seianosis, glasglwyf.

cycle, *n.* 1. cylch (*pl.* -au).
　2. cyfres, cylchred.
　3. beic, beisicl.
　v. seiclo, beicio.
cyclic, *a.* cylchol.
cyclist, *n.* beiciwr.
cycloid, *n.* llinell dro.
cyclometer, *n.* offeryn mesur troadau
　olwyn, troadur.
cyclone, *n.* trowynt, seiclon.
cyclostyle, *n.* peiriant lluosogi ysgrifau.
cygnet, *n.* cyw alarch, alarch ifanc.
cylinder, *n.* 1. rhôl (*pl.* rholiau).
　2. silindr (peiriant).
cylindrical, *a.* rholaidd, rholynnaidd,
　silindrig.
cymbal, *n.* symbal.
cyme, *n.* blodeugainc ganghennog,
　seim.
Cymric, *a.* Cymreig.
cynic, *n.* sinig, gwawdiwr.
cynical, *a.* gwawdlyd, dirmygus.
cynicism, *n.* coegni, gwawd.
cynosure, *n.* peth sy'n dal sylw,
　canolbwynt y sylw.
cypress, *n.* cypreswydden, pren cypres.
cyst, *n.* pothell, coden (grawn).
cystitis, *n.* llid y bledren.
cytologically, *a.* seitolegol.
cytology, *n.* astudiaeth celloedd, celleg,
　seitoleg.
cytoplasm, *n.* seitoplasm.
czar (tzar), *n.* teitl ymherodr Rwsia
　(gynt).

D

dab, *v.* taro'n ysgafn, dabo, dabio.
　n. 1. dab. 2. lleden, pysgodyn fflat.
　a. celfydd, deheuig.
dabble, *v.* tolach (â), dablo, hanner
　gwneud.
dabbler, *n.* dablwr.
dace, *n.* brwyniad, pysgodyn dŵr
　croyw.
dachshund, *n.* brochgi, dacswnd, math
　o gi â choesau byr.
dactyl, *n.* mesur o dair sillaf (un hir a
　dwy fer).
dado, *n.* godre pared, godre colofn.
daffodil, *n.* daffodil, cenhinen Bedr,
　lili bengam.
daft, *a.* hurt, gwirion, twp, dwl.
dagger, *n.* dagr, cleddyf byr.
dahlia, *n.* delia, math o flodeuyn.
Dail, *n.* Senedd Iwerddon.
daily, *a.* dyddiol, beunyddiol. *ad.* beun-
　ydd, bob dydd.

daintiness, *n.* lledneisrwydd, dillynder,
　moethusrwydd.
dainty, *a.* danteithiol, amheuthun,
　llednais, anodd ei blesio. *n.* am-
　heuthun, peth danteithiol.
dairy, *n.* llaethdy.
　DAIRY PRODUCTS, cynhyrchion
　llaeth.
dairyman, *n.* perchennog llaethdy.
dais, *n.* esgynlawr, llwyfan.
daisy, *n.* llygad y dydd.
dale, *n.* glyn, cwm, bro, ystrad.
dalliance, *n.* gwastraff amser, oediad.
dally, *v.* ymdroi, gwastraffu amser.
dam, *n.* argae, cored, cronfa, cronfur.
　v. cronni.
　DAMMED LAKE, cronlyn.
dam, *n.* mam (anifail), mamog.
damage, *n.* niwed, difrod. *v.* niweidio
　amharu, difrodi.
　DAMAGES, iawn.

damask, *n.* damasg, sidan neu liain â
phatrymau. *a.* rhosliw, coch.
dame, *n.* bonesig, gwraig oedrannus.
damn, *v.* melltithio, rhegi.
damnable, *a.* damniol, melltigedig.
damnation, *n.* damnedigaeth.
damned. *a.* colledig, atgas, ffiaidd.
damp, *n.* lleithder, gwlybaniaeth.
a. llaith, gwlyb.
v. 1. lleithio.
2. digalonni.
damper, *n.* 1, peth sy'n cau simnai,
caead simnai.
2. peth digalon.
dampness, *n.* lleithder, gwlybaniaeth.
damsel, *n.* llances, geneth, merch.
damson, *n.* eirinen ddu.
dance, *n.* dawns. *v.* dawnsio.
FOLK DANCE, dawns werin.
dance-band, *n.* seindorf ddawns.
dancer, *n.* dawnsiwr, dawnswraig
dandelion, *n.* dant y llew.
dandruff, *n.* marwdon, cen ar y pen.
dandy, *n.* coegyn, dandi, ysgogyn.
Dane, *n.* brodor o Ddenmarc, Daniad.
danger, *n.* perygl, enbydrwydd.
dangerous, *a.* peryglus.
dangle, *v.* hongian (yn llac), llusgo.
dank, *a.* llaith, gwlyb.
dapper, *a.* 1. twt, del.
2. sionc, heini.
dapple, *v.* britho, ysmotio. *a.* brith,
amryliw.
dapple-grey, *a.* brithlas, brithlwyd.
dare, *v.* beiddio, meiddio, mentro.
dare-devil, *n.* un byrbwyll, un mentrus.
daring, *n.* beiddgarwch. *a.* beiddgar,
mentrus.
dark, *n.* tywyllwch, nos. *a.* tywyll,
prudd.
darken, *v.* tywyllu.
darkness, *n.* tywyllwch, gwyll.
darling, *n.* anwylyd, cariad. *a.* annwyl,
hoff.
darn, *n.* trwsiad, cyweiriad. *v.* trwsio,
cyweirio, brodio, creithio.
darnel, *n.* efrau, ller, drewg, math o
borfa.
dart, *n.* picell, dart, rhuthr. *v.* rhuthro.
dash, *n.* 1. rhuthr.
2. llinell (—).
v. 1. rhuthro.
2. hyrddio, dryllio, chwalu.
dashboard, *n.* panel, silff, borden
ffrynt (cerbyd).
dashing, *a.* â mynd (ynddo), yn
rhuthro.
dastard, *n.* llwfrddyn, bawddyn,
cachgi.
dastardly, *a.* llwfr, cachgïaidd.

data, *np.* manylion, data.
date, *v.* dyddio, amseru, nodi dyddiad.
n. 1. dyddiad, amseriad, trefniad.
2. datys, dêt (ffrwyth).
OUT OF DATE, henffasiwn, marw.
UP TO DATE, 1. hyd yn hyn.
2. modern, diweddar.
dateless, *a.* heb ddyddiad, bythol,
annherfynol.
dative, *a.* derbyniol (*gram.*).
daub, *v.* 1. iro, plastro.
2. peintio'n wael.
daughter, *n.* merch.
DAUGHTER-IN-LAW,   merch-yng-
nghyfraith, gwaudd.
daunt, *v.* digalonni, llwfrhau.
dauntless, *a.* di-ofn, dygn, glew,
gwrol.
dauphin, *n.* tywysog, mab hynaf
brenin (Ffrainc).
davits,*np.*craen (ar ochr llong), camlath.
davy-lamp, *n.* lamp glöwr.
dawdle, *v.* sefyllian, ymdroi, tindroi.
dawn, *n.* gwawr, cyfddydd. *v.* gwawrio,
dyddio.
day, *n.* diwrnod, dydd.
BROAD DAYLIGHT, dydd golau.
BY DAY, liw dydd.
TODAY, heddiw.
NEXT DAY, trannoeth.
THE DAY BEFORE YESTERDAY,
echdoe.
day-book, *n.* dyddlyfr, llyfr nodiadau.
day-break, *n.* toriad dydd, gwawr,
codiad y wawr, glasiad y dydd.
day-dream, *n.* synfyfyrdod, ffansi.
v. synfyfyrio, dychmygu, codi cestyll
yn yr awyr, pensynnu, gwlana.
daylight, *n.* golau dydd.
day-time, *n.* y dydd.
day-work, *n.* gwaith wrth y dydd.
daze, *v.* synnu, syfrdanu, dallu.
dazzle, *v.* disgleirio, dallu. *n.* golau cryf.
dazzling, *a.* llachar, disglair.
deacon, *n.* diacon, blaenor. DEACONS'
PEW, sêt fawr.
deaconess, *n.* diacones.
deaconship, *n.* diaconiaeth.
dead, *a.* marw, difywyd, marwaidd.
THE DEAD, y meirw.
dead-beat, dead-tired, *a.* wedi blino'n
lân, lluddedig iawn.
deaden, *v.* lleddfu, pylu, lleihau.
dead-heat, *n.* cyfartal, gyda'i gilydd
(mewn ras).
dead-letter, *n.* 1. cyfraith farw.
2. llythyr (heb ei hawlio).
deadliness, *n.* bod yn farwol neu ang-
heuol.

deadlock, *n.* methiant, ataliad, dim symud.

deadly, *a.* marwol, angheuol.

deadnettle, *n.* marddanhadlen, danhadlen fud.

deadnettle (red), *n.* danadl coch, marddanhadlen goch.

deaf, *n. a.* byddar.

deafen, *v.* byddaru.

deafening, *a.* byddarol.

deaf-mute, *n.* mudan, mud a byddar.

deafness, *n.* byddardod, trymder clyw.

deal, *n.* 1. trafodaeth, bargen, dêl.
2. ffawydd, dil.
v. delio, masnachu.
A GREAT DEAL, llawer (iawn).
TO DEAL WITH, ymwneud â, ymdrin â.

dealer, *n.* masnachwr.

dean, *n.* deon.
RURAL DEAN, deon gwlad.

deanery, *n.* 1. deoniaeth.
2. tŷ deon.

dear, *n.* anwylyd, cariad. *a.* 1. annwyl, hoff, cu. 2. drud, prid.
DEAR ME ! o'r annwyl !

dearness, *n.* 1. anwyldeb.
2. drudaniaeth, pris uchel.

dearth, *n.* prinder.

death, *n.* angau, marwolaeth, tranc.
BLACK DEATH, pla du, clwyf y marchogion.

death-bed, *n.* gwely angau.

deathless, *a.* anfarwol, di-dranc.

deathly, *a. ad.* fel angau, angheuol, marwol.

death-rate, *n.* cyfartaledd marwolaethau, cyfradd marw.

death-watch, *n.* 1. gwylnos, gwyliadwriaeth.
2. math o chwilen, chwilen angau.

debacle, *n.* methiant llwyr, chwalfa.

debar, *v.* atal, rhwystro, cadw'n ôl.

debark, *v.* glanio, dadlwytho.

debase, *v.* iselhau, darostwng, gostwng, diraddio.

debasement, *n.* iselhad, darostyngiad, diraddiad.

debatable, *n.* dadleuol, amheus.

debate, *n.* dadl, trafodaeth. *v.* dadlau, ymryson, trafod.

debater, *n.* dadleuwr, dadleuydd.

debauch, *v.* llygru, halogi. *n.* cyfeddach, gloddest.

debauchee, *n.* un anniwair neu lygredig, meddwyn.

debauchery, *n.* gwŷd, aflendid, anniweirdeb, llygredd.

debenture, *n.* dyledeb, cydnabyddiaeth ysgrifenedig o ddyled.

debilitate, *v.* gwanychu, llesgáu, dihoeni.

debility, *n.* gwendid, llesgedd, nychdod.

debit, *n.* cyfrif dyledion, debyd, *v.* cyfrif i, dodi ar gyfrif, cyfrif debyd.

debonair, *a.* hynaws, rhadlon.

debouch, *v.* 1. ymarllwys, ymdywallt.
2. dod i'r amlwg.

debris, *n.* teilchion, malurion, rwbel.

debt, *n.* dyled.
NATIONAL DEBT, y ddyled wladol.

debtor, *n.* dyledwr.

debunk, *v.* symud camargraff, darostwng.

debut, *n.* ymddangosiad cyntaf cyhoeddus.

debutante, *n.* merch (yn ymddangos am y tro cyntaf yn gyhoeddus).

decade, *n.* deng mlynedd, degad.

decadence, *n.* dirywiad, gwaethygiad.

decadent, *a.* dirywiol, gwaeth.

decagon, *n.* ffigur â deg ochr, dengongl.

decalogue, *n.* y Deg Gorchymyn, y dengair deddf.

decamp, *v.* cilio, ffoi, dianc, diflannu.

decant, *v.* tywallt, arllwys.

decanter, *n.* dicanter, potel win.

decapitate, *v.* torri pen.

decarbonise, *v.* digarboni, symud carbon.

decay, *n.* dadfeiliad, nychdod, pydredd.
v. dadfeilio, nychu, edwino, pydru.

decease, *n.* angau, marwolaeth.
v. marw, trengi.

deceased, *n.* ymadawedig, trancedig.

deceit, *n.* twyll, hoced, dichell.

deceitful, *a.* twyllodrus, camarweiniol.

deceitfulness, *n.* twyll, dichell.

deceivable, *a.* y gellir ei dwyllo, agored i'w dwyllo, hydwyll.

deceive, *v.* twyllo.

deceiver, *n.* twyllwr.

decelerate, *v.* datgyflymu, lleihau cyflymder, arafu.

deceleration, *n.* arafiad.

December, *n.* Rhagfyr.

decency, *n.* gwedadeidd-dra, gwedduster.

decent, *a.* gweddaidd, gweddus.

decentralisation, *n.* datganoliad.

decentralize, *v.* datganoli, symud o'r canol.

deception, *n.* twyll, dichell.

deceptive, *a.* twyllodrus, dichellgar.

decide, *v.* penderfynu.

decided, *a.* pendant, penderfynol, digamsyniol.

decidedly, *ad.* yn siŵr, siŵr iawn, yn ddiamheuol.

c*

deciduous, *a.* deilgoll, collddail, yn colli.

decile, *a.* degymol.

decimal, *a.* degol. *n.* pwynt (degol).
    DECIMAL SYSTEM, system ddegol.
    DECIMAL POINT, pwynt degol.
    PLACE OF DECIMAL, lle degol.
    RECURRING DECIMAL, degol cylchol.

decimalize, *v.* degoli.

decimate, *v.* degymu, dinistrio un o bob deg.

decimation, *n.* degymiad.

decipher, *v.* dehongli, darllen nodau dirgel.

decision, *n.* penderfyniad.

decisive, *a.* terfynol, pendant.

decisiveness, *n.* amhetruster, pendantrwydd.

deck, *n.* bwrdd llong, dec. *v.* addurno, ymbincio, harddu.

declaim, *v.* traethu'n frwd, dweud y drefn (yn hallt).

declamation, *n.* araith ddeifiol, geiriau llym.

declamatory, *a.* deifiol, yn dweud y drefn, llym.

declaration, *n.* datganiad, cyhoeddiad.

declare, *v.* datgan, cyhoeddi.

declension, *n.* 1. gogwyddiad.
    2. dirywiad.
    3. treiglad.

declinable, *a.* treigladwy.

decline, *n.* 1. darfodedigaeth, dirywiad.
    2. rhediad, treiglad.
    v. 1. dadfeilio, nychu.
    2. gwrthod.
    3. gogwyddo, goleddu.
    4. rhedeg, treiglo.

declivity, *n.* llethr, goriwaered.

declutch, *v.* diglwtsio, rhyddhau'r clwts, rhyddhau'r afael.

decoction, *n.* trwyth, cymysgedd, breci.

decode, *v.* esbonio neges mewn côd.

decompose, *v.* pydru, braenu, dadelfennu.

decomposition, *n.* pydriad, pydredd, adfeiliad, dadelfennu, dadelfeniad.

decontaminate, *v.* dilygru.

decontrol, *v.* rhyddhau o reolaeth, direoli.

decorate, *v.* addurno, gwisgo, harddu.

decorated (style), *a.* (arddull) addurnedig, wedi ei addurno.

decoration, *n.* addurniad, addurn.

decorative, *a.* addurnol.

decorator, *n.* addurnwr, un sy'n papuro a pheintio.

decorous, *a.* gweddus, addas, priodol.

decorum, *n.* gwedduster, gweddeidddra, priodoldeb.

decoy, *v.* hudo, denu, llithio. *n.* peth i hudo, llith.

decrease, *n.* lleihad, gostyngiad. *v.* lleihau, gostwng.

decree, *n.* gorchymyn, deddf. *v.* gorchymyn, gosod, deddfu, dyfarnu.

decrepit, *a.* llesg, musgrell, eiddil, gwan.

decrepitate, *v.* crinellu, troi'n bowdr.

decrepitation, *n.* crinelliad.

decrepitude, *n.* llesgedd, musgrellni, gwendid.

decry, *v.* bychanu, dirmygu.

dedicate, *v.* cyflwyno, cysegru.

dedication, *n.* cyflwyniad, cysegriad.

dedicatory, *a.* cyflwynedig, cysegredig.

deduce, *v.* casglu, diddwytho.

deducible, *a.* i'w gasglu (oddi wrth).

deduct, *v.* didynnu, tynnu oddi wrth.

deduction, *n.* casgliad rhesymegol, diddwythiad.

deductive, *a.* diddwythol, yn tynnu oddi wrth.

deed, *n.* 1. gweithred.
    2. dogfen.

deem, *v.* tybied, meddwl, barnu.

deep, *n.* dyfnder. *a.* 1. dwfn.
    2. dwys.
    GO OFF THE DEEP END, colli tymer.

deepen, *v.* 1. dyfnhau.
    2. dwysáu.

deep-litter, *n.* gwasarn.

deepness, *n.* dyfnder, dwyster.

deer, *n.* carw, hydd.

deface, *v.* anffurfio, difwyno, andwyo, niweidio.

defacement, *n.* difwyniad, amhariad, niwed.

defamation, *n.* enllib, athrod.

defamatory, *a.* difenwol, enllibus, yn bychanu.

defame, *v.* enllibio, difrïo, athrodi.

default, *n.* diffyg, meth. *v.* methu, torri.
    IN DEFAULT OF, yn absenoldeb.

defaulter, *n.* diffygiwr, methdalwr.

defeat, *n.* gorchfygiad. *v.* gorchfygu, trechu, maeddu.

defeatist, *n.* un llwfr, un gwangalon, daroganwr methiant.

defecate, *v.* 1. puro.
    2. carthu, gwaredu o.

defecation, *n.* carthiad, cliriad (o'r ymysgaroedd).

defect, *n.* diffyg, gwendid, nam.

defection, *n.* gwrthgiliad.

defective, *a.* diffygiol.

defence   delirium

defence, n. amddiffyniad.
  LEGAL DEFENCE, amddiffyniad
  mewn llys.
defenceless, a. diamddiffyn, anniogel.
defend, v. amddiffyn, diogelu, noddi.
defendant, n. amddiffynnydd.
defender, n. amddiffynnwr.
defensible, a. amddiffynadwy, y gellir
  ei amddiffyn.
defensive, a. amddiffynnol.
defer, v. gohirio, oedi.
deference, n. parch, ymostwng i
  ewyllys un arall.
deferential, a. yn dangos parch,
  parchus, ymostyngol.
deferment, n. gohiriad, oediad.
defiance, n. her, herfeiddiad.
defiant, a. herfeiddiol.
deficiency, n. diffyg, prinder.
deficient, a. diffygiol, prin.
deficit, n. diffyg (ariannol).
defile, n. culffordd, ceunant, cyfyng.
  v. halogi, difwyno.
defilement, n. halogiad.
definable, a. y gellir ei ddiffinio.
define, v. 1. diffinio.
  2. dynodi.
definite, a. penodol, pendant.
  DEFINITE ARTICLE, y fannod,
  bannod.
definitely, ad. yn bendant, heb os.
definition, n. diffiniad.
definitive, a. terfynol, pendant.
deflagrate, v. ffaglu, tanio, llosgi.
deflagration, n. ffaglad, taniad.
deflate, v. dadchwyddo, gollwng awyr o.
deflation, n. 1. dadchwyddiad.
  2. lleihad cylchrediad arian.
deflect, v. troi o'r naill ochr, gwyro.
deflection, n. gwyriad.
deflocculation, n. dadgrynhoad.
defoliation, n. cwympad dail.
deform, v. anffurfio, amharu, difwyno.
deformed, a. afluniaidd, anffurf, di-lun.
deformity, n. anffurfiad, anffurf.
defraud, v. twyllo.
defray, v. talu traul.
defroster, n. direwydd, offeryn i gadw
  rhew oddi ar ffenestr cerbyd.
deft, a. medrus, deheuig, celfydd.
deftness, n. medr, deheurwydd, gallu.
defunct, a. marw.
defy, v. herio, beiddio.
degeneracy, n. dirywiad, gwaethygiad.
degenerate, a. dirywiedig, gwael.
  v. dirywio, gwaethygu.
degeneration, n. dirywiad, gwaeth-
  ygiad.
degradation, n. diraddiad, dirydiad.
degrade, v. diraddio, iselhau.

degraded, a. diraddiol, dirywiedig,
  llygredig.
degrading, a. israddiol, diraddiol.
degree, n. gradd.
  BY DEGREES, yn raddol, yn araf
  deg, gan bwyll.
dehydrate, v. dad-ddyfrïo, dihidradu,
  tynnu dŵr o.
deification, n. dwyfoliad.
deify, v. dwyfoli.
deign, v. ymostwng (i wneud), gweld
  yn dda (roi).
Deism, n. Dëistiaeth.
Deity, n. Duwdod, Duw.
  THE DEITY, Duw, y Duwdod.
deject, v. digalonni, tristáu.
dejected, a. digalon, gwangalon, trist.
dejection, n. digalondid, tristwch.
delate, v. achwyn ar, cyhuddo, rhoi
  gwybodaeth (am drosedd).
delay, n. oediad, gohiriad. v. oedi,
  gohirio.
delectable, a. hyfryd, dymunol, braf.
delegate, n. cynrychiolydd, cennad,
  dirprwy. v. cenhadu, dirprwyo.
delegation, n. dirprwyaeth, dirprwy-
  ad, cynrychiolaeth.
delete, v. dileu.
deleterious, a. niweidiol, gwenwynllyd.
deletion, n. dilead.
delf, n. llestri (wedi eu gwydro).
deliberate, a. bwriadol, pwyllog.
  v. ymgynghori, pwyllo, ystyried.
deliberation, n. ymgynghoriad, pwyll,
  ystyriaeth, mesur a phwyso.
delicacy, n. 1. amheuthun, danteith-
  fwyd.
  2. tynerwch, lledneisrwydd.
  DELICACIES, danteithion.
delicate, a. 1. moethus, blasus.
  2. eiddil, gwan.
  3. tyner, llednais, cain.
delicious, a. danteithiol, blasus.
delight, n. hyfrydwch, pleser. v. ym-
  hyfrydu, cael boddhad, difyrru.
delightful, a. hyfryd, difyr, braf.
delineate, v. darlunio, portreadu.
delineation, n. darluniad, portread.
delinquency, n. trosedd, bai, tram-
  gwydd.
delinquent, n. troseddwr, tramgwydd-
  wr. a. troseddol, tramgwyddus.
deliquescence, n. diwlychiad, todd-
  iad, troi'n hylif.
deliquescent, a. diwlychol.
delirious, a. wedi drysu, yn drysu,
  gwallgof, gorffwyll.
delirium, n. dryswch meddwl, gwall-
  gofrwydd.

deliver, *v.* 1. gwaredu, rhyddhau.
2. traddodi (araith, etc.).
3. trosglwyddo (nwyddau), dosbarthu.
4. danfon, hala, mynd â.

deliverance, *n.* gwaredigaeth, ymwared.

deliverer, *n.* 1. gwaredwr. 2. dosbarthwr (nwyddau).

delivery, *n.* 1. dosbarthiad, trosglwyddiad.
2. traddodiad, dull o siarad.
3. rhyddhad.

dell, *n.* glyn, pant, cwm.

delphinium, *n.* llysiau'r hedydd, ysbardun y marchog.

delta, *n.* 1. Delta, y llythyren Roegaidd am D.
2. aberoedd (yr un afon), delta.

deltoid, *a.* fel delta, trichornel.

delude, *v.* twyllo, hudo, camarwain.

deluge, *n.* dilyw, llifeiriant, llif.

delusion, *n.* twyll, lledrith, rhithdyb.

delusive, *a.* camarweiniol, twyllodrus.

delve, *v.* cloddio, ymchwilio, treiddio.

demagogue, *n.* gwerinwr, terfysgwr (gwerinol).

demand, *n.* hawl, arch, gofyniad.
v. 1. holi, gofyn.
2. mynnu.

demarcation, *n.* llinell derfyn, rhaniad.

demean (oneself), *v.* ymddwyn yn annheilwng, ymddarostwng.

demeanour, *n.* ymddygiad, ymarweddiad.

demented, *a.* gwallgof, o'i bwyll, amhwyllog, gorffwyllog.

demerara, *n.* demerara, siwgr brown.

demesne, *n.* treftadaeth, bro, tiriogaeth, demên.

demi-, *px.* hanner.

demigod, *n.* duw israddol, hanner duw.

demise, *n.* marwolaeth, prydles, cymuniaeth. *v.* prydlesu, cymuno.

demission, *n.* ymddiswyddiad, ymddeoliad.

demister, *n.* offeryn glanhau ffenestri cerbydau modur, diniwlydd.

demobilisation, *n.* dadfyddiniad.

demobilize, *v.* dadfyddino.

democracy, *n.* gweriniaeth.

democrat, *n.* gweriniaethwr, gwerinwr.

democratic, *a.* gwerinol.

demography, *n.* demograffi.

demolish, *v.* distrywio, dymchwelyd.

demolition, *n.* dinistriad, dymchweliad.

demon, *n.* ellyll, cythraul.

demoniac, *n.* gwallgofddyn, un o'i bwyll.

demonstrable, *a.* y gellir ei brofi, profadwy.

demonstrate, *v.* 1. egluro, profi, esbonio.
2. arddangos, dangos.

demonstration, *n.* 1. eglurhad. prawf.
2. arddangosiad, dangosiad.
DEMONSTRATION LESSON, gwers enghreifftiol.

demonstrative, *a.* dangosol, pendant.

demonstrator, *n.* arddangosydd, arddangoswr.

demoralization, *n.* gwangalondid, llygriad moesau.

demoralize, *v.* llygru moesau, gwanhau.

demoralizing, *a.* digalon, llygredig.

demote, *v.* gostwng, darostwng (mewn swydd, etc.).

demotic, *a.* 1. gwerinol.
2. Eifftaidd (am ysgrifen).
3. lleyg.

demotion, *n.* darostyngiad, gostyngiad.

demur, *v.* 1. (at), gwrthwynebu.
2. petruso.

demure, *a.* gwylaidd, swil, difrifol.

demureness, *n.* gwyleidd-dra, difrifwch.

den, *n.* ffau, gwâl, lloches.

denationalize, *v.* dadwladoli.

denaturalize, *v.* difreinio, amddifadu o ddinasyddiaeth.

dene, *n.* glyn, dyffryn (coediog).

deniable, *a.* y gellir ei wadu, gwadadwy.

denial, *n.* gwadiad, negyddiad.
SELF-DENIAL, hunanymwadiad.

denitrification, *n.* dadnitreiddiad, rhyddhau o nitrad.

denitrify, *v.* dadnitreiddio, gwrthnitradu.

denizen, *n.* preswylydd, dinesydd.

denominate, *v.* enwi, galw.

denomination, *n.* enwad.

denominational, *a.* enwadol.

denominator, *n.* enwedydd, enwadur.
COMMON DENOMINATOR, cyfenwadur.

denotation, *n.* dynodiad, arwydd.

denote, *v.* arwyddo, dynodi.

denouement, *n.* diwedd, canlyniad (drama neu stori), dadleniad, datgeliad.

denounce, *v.* achwyn, cyhuddo, lladd ar.

dense, *a.* tew, dwys, hurt, trwchus.

density, *n.* trwch, dwysedd, amlder.
dent, *n.* tolc, bwlch, pant. *v.* tolcio, bylchu.
dental, *a.* deintiol, ynglŷn â'r dannedd.
dented, *a.* â tholc, tolciog.
dentifrice, *n.* powdr dannedd.
dentist, *n.* deintydd.
dentistry, *n.* deintyddiaeth, triniaeth dannedd.
denture, *n.* dannedd dodi, dannedd gosod.
denudation, *n.* dinoethiad, treuliant.
denude, *v.* colli, dinoethi, dadwisgo.
denunciation, *n.* cyhuddiad, condemniad.
deny, *v.* 1. gwadu.
　2. nacáu, gomedd, gwrthod.
　DENY ONESELF, ymwadu.
depart, *v.* ymadael, mynd ymaith.
departed, *a.* ymadawedig.
department, *n.* adran, dosbarth, cangen.
departmental, *a.* adrannol, dosbarthol.
departure, *n.* ymadawiad.
depend, *v.* dibynnu.
dependable, *a.* y gellir dibynnu ar.
dependant, *n.* dibynnydd.
dependence, *n.* dibyniad.
dependency, *n.* trefedigaeth, rhagwlad, tiriogaeth ddibynnol.
dependent, *a.* dibynnol, yn dibynnu (ar).
depict, *v.* darlunio, disgrifio.
depilation, *n.* diflewiad, diflewedd (yr wyneb, etc.).
deplete, *v.* gwacáu, disbyddu, teneuo.
depletion, *n.* gwacâd, disbyddiad.
deplorable, *a.* gresynus, truenus, blin.
deplore, *v.* gresynu, gofidio, blino.
deploy, *v.* trefnu (yn rhengoedd), llinellu (byddin).
deponent, *a.* deponent, (tyst) ar lw.
depopulate, *v.* diboblogi.
depopulation, *n.* diboblogiad.
deport, *v.* alltudio, gyrru i wlad arall.
deportation, *n.* alltudiaeth.
deportment, *n.* ymarweddiad, ymddygiad.
depose, *v.* 1. diswyddo, symud o'i swydd, diorseddu.
　2. tystio, tyngu.
deposit, *n.* 1. gwaddod, gwaelodion.
　2. adnau, blaendal.
　v. 1. dodi i lawr, storio.
　2. adneuo, rhoi (arian) i gadw, blaendalu.
　3. gwaddodi, gwaelodi.

depositary, *n.* un sy'n gofalu am beth dros dro, ceidwad.
deposition, *n.* 1. diorseddiad, diswyddiad.
　2. tystiolaeth (ar lw).
depositor, *n.* adneuydd, un sy'n dodi.
depository, *n.* storfa, lle diogel.
depot, *n.* 1. storfa.
　2. gorsaf (filwrol).
depravation, *n.* llygredd, dirywiad.
deprave, *v.* llygru, halogi.
depraved, *a.* llygredig, gwael.
depravity, *n.* llygredigaeth, llygredd, pydredd.
deprecate, *v.* anghymeradwyo, gwrthwynebu, bod yn flin am.
deprecation, *n.* anghymeradwyaeth, gwrthwynebiad.
deprecatory, *a.* gwrthwynebus, yn bychanu, anghymeradwy.
depreciate, *v.* 1. lleihau, gostwng.
　2. isbrisio, bychanu.
depreciation, *n.* gostyngiad (mewn gwerth), isbrisiad.
depredation, *n.* ysbeiliad, anrheithiad.
depradator, *n.* ysbeiliwr, anrheithiwr.
depress, *v.* 1. gostwng, gwasgu.
　2. digalonni, gwangalonni.
depressed, *a.* digalon, gwangalon, trist.
depression, *n.* 1. pant, pannwl.
　2. digalondid, iselder ysbryd.
　3. dirwasgiad.
　4. pwysedd isel, dibwysiant.
　ANGLE OF DEPRESSION, ongl ostwng.
deprivation, *n.* colled, amddifadiad.
deprive, *v.* difeddiannu, amddifadu, colledu.
depth, *n.* dyfnder, perfedd (nos, etc.).
　DEPTH CHARGE, bom danfor.
deputation, *n.* dirprwyaeth, cynrychiolaeth.
depute, *v.* dirprwyo, penodi cynrychiolydd.
deputise, *v.* dirprwyo, gweithredu dros (arall), mynd yn lle.
deputy, *n.* dirprwy, cynrychiolydd.
derail, *v.* taflu oddi ar reiliau.
derange, *v.* 1. drysu, gorffwyllo, amhwyllo.
　2. anhrefnu, peri dryswch.
deranged, *a.* 1. wedi drysu, amhwyllog, gorffwyllog.
　2. anhrefnus.
derangement, *n.* dryswch, anhrefn.
deration, *v.* diddogni, rhyddhau (bwydydd, etc.).
derelict, *a.* wedi ei adael, diberchen.
dereliction, *n.* gadawiad, esgeulustod.
deride, *v.* gwatwar, gwawdio.

derision, *n.* gwatwar, dirmyg.
derisive, *a.* gwatwarus, dirmygus.
derivation, *n.* tarddiad, deilliant (*pl.* deilliannau).
derivative, *n.* tarddair, gair yn tarddu o, deilliad. *a.* tarddiadol, deilliadol, yn dod o.
derive, *v.* 1. tarddu, deillio.
   2. cael, tynnu, derbyn.
derived, *a.* deilliadol.
   DERIVED FUNCTION, ffwythiant deilliadol.
dermatitis, *n.* dermatitis, clwy'r croen.
derogatory, *a.* amharchus, difrïol, dilornus, gwawdus.
derrick, *n.* craen mawr, dirwynlath.
dervish, *n.* mynach (Mohametanaidd).
descant, *n.* cyfeiliant lleisiol, desgant, cyfalaw. *v.* traethu.
descend, *v.* 1. disgyn.
   2. hanfod, hanu.
descendant, *n.* disgynnydd.
descent, *n.* disgyniad, hil, ach.
describe, *v.* disgrifio, darlunio.
description, *n.* 1. disgrifiad, darlun.
   2. math.
descriptive, *a.* disgrifiadol, darluniadol.
descry, *v.* canfod, gweld (o bell).
desecrate, *v.* halogi, camddefnyddio (peth cysegredig).
desecration, *n.* halogiad.
desert, *n.* anialwch, diffeithwch. *a.* anial, diffaith.
desert, *v.* cilio, dianc, ymadael â. *n.* haeddiant.
deserter, *n.* ffoadur, enciliwr.
desertion, *n.* gadawiad, enciliad.
deserts, *np.* haeddiant.
deserve, *v.* haeddu, teilyngu.
deserving, *a.* teilwng, haeddiannol.
desiccate, *v.* dysychu, sychu.
desiccation, *n.* dysychiad, y weithred o sychu.
desiccator, *n.* sychiadur, dysychydd.
desideratum, *n.* angen, eisiau, y peth y teimlir ei angen.
design, *n.* 1. amcan, bwriad.
   2. cynllun, llun.
   v. 1. amcanu, arfaethu, arofun.
   2. cynllunio, llunio, dylunio.
designate, *v.* enwi, penodi. *a.* darpar.
designation, *n.* 1. penodiad.
   2. disgrifiad, arwyddnod.
designedly, *ad.* yn fwriadol, o fwriad.
designer, *n.* cynllunydd.
designing, *a.* cyfrwys, dichellgar, ffals.
desirability, *n.* dymunoldeb.
desirable, *a.* dymunol, i'w chwennych.

desire, *n.* dymuniad, awydd, chwenychiad. *v.* dymuno, chwennych.
desirous, *a.* awyddus, chwannog.
desist, *v.* ymatal, gadael (gwneud).
desk, *n.* desg.
desolate, *a.* diffaith, anghyfannedd.
desolation, *n.* 1. anghyfanedd-dra, diffeithrwydd.
   2. unigedd.
despair, *n.* anobaith. *v.* anobeithio, gwangalonni.
desperado, *n.* dyn ysgeler, dihiryn, un anfad.
desperate, *a.* 1. anobeithiol.
   2. gorffwyll, mewn enbydrwydd.
desperation, *n.* anobaith, gwylltineb.
despicable, *a.* dirmygedig, ffiaidd.
despise, *v.* dirmygu, diystyru.
despite, *prp.* er gwaethaf. *n.* dirmyg, sarhad.
despoil, *v.* anrheithio, ysbeilio.
despoliation, *n.* anrheithiad, ysbeiliad.
despond, *v.* anobeithio, digalonni.
despondency, *n.* anobaith, digalondid.
despondent, *a.* anobeithiol, digalon.
despot, *n.* gormeswr, gorthrymwr, unben.
despotic, *a.* gormesol, unbenaethol.
despotism, *n.* gormes, gorthrwm.
desquamation, *n.* digennu, digeniad, dod ymaith yn dameidiau.
dessert, *n.* melysfwyd (i ginio), danteithfwyd.
dessertspoon, *n.* llwy ganol.
destination, *n.* nod, cyrchfan, pen y daith.
destine, *v.* arfaethu, bwriadu, tynghedu.
destiny, *n.* tynged, tynghedfen.
destitute, *a.* anghenus, amddifad, ar y clwt.
destitution, *n.* angen, tlodi.
destroy, *v.* dinistrio, difetha, difa.
destroyer, *n.* 1. distrywiwr, dinistrydd.
   2. llong ryfel, distrywlong.
destructible, *a.* y gellir ei ddinistrio.
destruction, *n.* distryw, dinistr.
destructive, *a.* distrywiol, dinistriol.
destructiveness, *n.* y duedd i ddistrywio.
destructor, *n.* ffwrn ddifa (ysbwriel).
desuetude, *n.* anarfer.
desultory, *a.* anhrefnus, di-drefn.
detach, *v.* datod, gwahanu, datgysylltu.
detached, *a.* ar wahân, didoledig.
detachment, *n.* 1. didoliad, difaterwch.
   2. mintai (o filwyr).

detail, *v.* manylu, neilltuo. *n.* eitem, peth dibwys, manylyn.

   IN DETAIL, 1. yn fanwl.

   2. un ar y tro.

details, *np.* manylion.

detain, *v.* 1. cadw, atal, llesteirio.

   2. caethiwo, carcharu.

detect, *v.* canfod, darganfod, datgelu.

detection, *n.* darganfyddiad, datgeliad.

detective, *n.* cuddswyddog, ditectif, datgelydd.

   DETECTIVE STORY, stori dditectif.

detector, *n.* datguddiwr, darganfyddwr, datguddydd.

detention, *n.* carchariad, rhwystr, ataliad.

deter, *v.* rhwystro, lluddias, atal.

detergent, *n.* moddion glanhau (clwyfau, llestri, etc.), golchydd (-ion).

deteriorate, *v.* dirywio, gwaethygu.

deterioration, *n.* dirywiad.

determinant, *n.* penderfynydd, yr hyn sy'n penderfynu.

determinate, *a.* penderfynedig, penodol.

determination, *n.* penderfyniad.

determine, *v.* penderfynu, pennu.

determined, *a.* penderfynol.

determinism, *n.* rheidoliaeth, penderfyniaeth, dylanwad amgylchiadau ar yr ewyllys.

determinist, *n.* rheidiolydd, penderfyniedydd.

deterrent, *a.* ataliol, yn rhwystro. *n.* atalfa, rhwystr, ataliad.

detest, *v.* casáu, ffieiddio.

detestable, *a.* atgas, ffiaidd, cas, brwnt.

detestation, *n.* cas, ffieiddiad, atgasedd.

detonate, *v.* ffrwydro.

detonation, *n.* ffrwydrad.

detonator, *n.* ffrwydrydd (mewn bom neu ar reilffordd).

dethrone, *v.* diorseddu, amddifadu o awdurdod.

dethronement, *n.* diorseddiad.

detour, *n.* cylchdaith, taith o gwmpas.

detoxication, *n.* dadwenwyniad.

detract, *v.* 1. bychanu.

   2. tynnu (sylw).

   TO DETRACT FROM, tynnu oddi wrth.

detraction, *n.* difrïaeth, anfri.

detrain, *v.* dadlwytho trên, disgyn o drên.

detriment, *n.* niwed, colled, anfantais.

detrimental, *a.* niweidiol, colledus, o anfantais.

detritus, *n.* malurion, graean, detritus.

deuce, *n.* 1. dau (ar garden neu ddis).

   2. deugain (mewn tenis).

   3. diafol, anras, y gŵr drwg.

devastate, *v.* difrodi, distrywio.

devastating, *a.* distrywgar, niweidiol.

devastation, *n.* difrod, distryw, colled.

devastator, *n.* difrodwr, distrywiwr.

develop, *v.* 1. datblygu.

   2. trin ffilm.

developer, *n.* datblygydd.

development, *n.* datblygiad.

deviate, *v.* gwyro, troi i'r naill ochr, cyfeiliorni.

deviation, *n.* gwyriad, cyfeiliorn.

device, *n.* dyfais.

devil, *n.* diafol, diawl, cythraul, yr hen was, gŵr drwg.

devilish, *a.* dieflig, diawledig, cythreulig.

devilment, *n.* drygioni, cythreuldeb.

devilry, *n.* cythreuldeb, diawledigrwydd, drwg.

devious, *a.* cyfeiliornus, troellog, diarffordd.

devise, *v.* dyfeisio.

devoid, *a.* amddifad, gwag.

devolution, *n.* trosglwyddiad, cyflwyniad.

devolve, *v.* syrthio (ar), trosglwyddo (i).

devote, *v.* cysegru, cyflwyno, ymroddi.

devoted, *a.* ffyddlon, ymroddgar.

devotee, *n.* un ffyddlon, un ymroddgar.

devotion, *n.* ymroddiad, defosiwn. (*pl.*) gweddïau.

devotional, *a.* defosiynol.

devour, *v.* difa, ysu, llyncu.

devout, *a.* duwiol, duwiolfrydig, defosiynol.

dew, *n.* gwlith.

   DEWPOINT, gwlithbwynt.

dewberry, *n.* mwyaren laslwyd, mwyaren Mair.

dewdrop, *n.* gwlithyn.

dewy, *a.* gwlithog.

dexterity, *n.* deheurwydd, medrusrwydd, gallu.

dexterous, *a.* deheuig, llawdde.

diabetes, *n.* y clefyd melys, diabetes.

diabetic, *a.* yn dioddef o'r clefyd melys, diabetig.

diabolic, diabolical, *a.* dieflig, cythreulig.

diaconate, *n.* diaconiaeth.

diacritical, *a.* yn gwahaniaethu.

   DIACRITICAL MARK, nod sain.

diadelphous, *a.* deugyswllt (am blanhigion).

diadem, *n.* coron, talaith.

diaeresis, *n.* didolnod, (··).

diagnose, *v.* darganfod (natur clefyd), deall, adnabod.

diagnosis, *n.* diagnosis, barn meddyg.

diagonal, *n.* llinell o gornel i gornel, croeslinell, croeslin.

diagonally, *ad.* yn groeslinol.

diagram, *n.* darlun eglurhaol, ffigur, diagram.

diagrammatic, *a.* darluniol, ffigurol.

dial, *n.* deial. *v.* deialo.

dialect, *n.* tafodiaith, iaith lafar.

dialectic, *n.* dilechdid.

dialectical, *a.* tafodieithol, dilechdidol.

dialectics, *np.* rhesymeg, celfyddyd dadlau.

dialogue, *n.* ymddiddan, deialog.

dialyse, *v.* dialeiddio, rhannu (sylweddau).

dialysis, *n.* dialeiddiad, dialysis.

diameter, *n.* tryfesur, trawsfesur, diamedr, hytraws.

diametrical, *a.* tryfesurol.

DIAMETRICALLY OPPOSED, yn hollol groes.

diamond, *n.* diemwnt.

diapason, *n.* cwmpas llais neu offeryn cerdd, traw, cywair.

diaper, *n.* lliain caerog, lliain patrymau.

diaphone, *n.* diaffon.

diaphragm, *n.* 1. llen rhwng y frest a'r stumog, llengig.

2. diaffram, deiaffram.

diarist, *n.* dyddiadurwr.

diarrhoea, *n.* y dolur rhydd, y clefyd rhydd.

diary, *n.* dyddiadur, dydd-lyfr.

diastole, *n.* y codi a'r gostwng ynglŷn â'r galon a'r gwythiennau yng nghuriad y gwaed.

diatom, *n.* planhigyn môr, deiatom.

diatomaceous, *a.* deiatomaidd.

diatribe, *n.* geiriau hallt, barn ddeifiol.

dibber, *n.* offeryn tyllu (wrth arddu, etc.), tyllwr.

dibble, *n.* tyllwr, *v.* plannu â thyllwr.

dice, *np.* disiau, dis.

dichotomous, *a.* deubarthol, fforchog.

dichotomy, *n.* deubarthiad, dwyraniad, dicotomi.

dicotyledon, *n.* dau-hadgibog, planhigyn â dwy had-ddalen.

dictaphone, *n.* dictaffon, peiriant recordio.

dictate, *n.* gorchymyn, arch. *v.* gorchymyn, arddywedyd.

dictation, *n.* arddywediad, darllenawd.

dictator, *n.* unben, un awdurdodol.

dictatorial, *a.* unbenaethol, awdurdodol, dictadurol.

dictatorship, *n.* unbennaeth.

diction, *n.* ieithwedd, dewis a defnyddio geiriau, geiriad, geirio.

dictionary, *n.* geiriadur.

BIOGRAPHICAL DICTIONARY, bywgraffiadur.

dictum, *n.* dywediad (pwysig), datganiad, cyhoeddiad.

didactic, *a.* didactig, hyfforddiadol, esboniadol.

diddle, *v.* twyllo, cellwair.

die, *v.* marw, trengi, darfod, trigo (terigo) (am anifail). *n.* 1. dis.

2. argraff bathu.

diehard, *n.* gwrthwynebwr dygn.

dielectric, *n.* peth nad yw'n cludo trydan, ynysydd, anghludydd.

Diesel, *n.* disel, peiriant disel.

diet, *n.* 1. ymborth, bwyd a diod.

2. dogn. 3. cynhadledd.

dietary, *n.* dogn ymborth, trefniad ymborth.

DIETARIES, rhaglenni ymborth.

dietetic, *a.* yn ymwneud ag ymborth.

dietetics, *n.* rheolau ymborthi, dieteg, gwyddor ymborth.

dietician, *n.* meddyg bwydydd, dietegydd.

differ, *v.* 1. gwahaniaethu.

2. anghytuno, cweryla.

difference, *n.* 1. gwahaniaeth.

2. anghytundeb, cweryl.

MEAN DIFFERENCE, gwahaniaeth cymedrig.

different, *a.* gwahanol.

differentia, *n.* gwahanwedd, gwahanred.

differential, *a.* gwahaniaethol. *n.* gwahaniaethydd.

differentiate, *v.* gwahaniaethu.

differentiation, *n.* gwahaniaethiad, gwahanoliad.

difficult, *a.* anodd, caled, dyrys.

difficulty, *a.* anhawster, cyfyngder, dryswch.

diffidence, *n.* diffyg ymddiried, anhyder, petruster.

diffident, *a.* petrusgar, anhyderus, ofnus.

diffraction, *n.* diffreithiad.

diffuse, *v.* tryledu, gwasgaru (nwy etc.). *a.* gwasgaredig.

diffusible, *a.* y gellir ei dryledu (neu ei wasgaru).

diffusion, *n.* trylediad, gwasgariad.

diffusive, *a.* y gellir ei dryledu, yn gwasgaru, cyrhaeddbell.

dig, *v.* cloddio, palu, torri (bedd), codi (tatws), pwnio (â phenelin).

digest, *n.* crynhoad, casgliad. *v.* treulio, cymathu.

digestible, *a.* treuliadwy.

digestion, *n.* treuliad (bwyd).

digger, *n.* cloddiwr, palwr.

dight, *v.* gwisgo, addurno, paratoi.

digit, *n.* unigrif, bys, digid.

dignified, *a.* urddasol, mawreddog.

dignify, *v.* urddasoli, anrhydeddu.

dignitary, *n.* swyddog uchel.

dignity, *n.* urddas, mawredd.

digraph, *n.* deugraff, dwy lythyren yn cynrychioli un sain.

digress, *v.* crwydro, troi, gwyro.

digression, *n.* (act o) grwydro, troi o'r neilltu.

digressive, *a.* crwydrol.

dihedral, *a.* dihedrol.

dihybrid, *a.* deuheibrid, deugroesryw.

dike, dyke, *n.* clawdd, argae, ffos.

   OFFA'S DIKE, Clawdd Offa.

dilapidate, *v.* adfeilio, dadfeilio, malurio.

dilapidated, *a.* yn adfeilio, yn malurio.

dilapidation, *n.* adfeiliad, dadfeiliad.

dilatation, *n.* ymlediad, ymagoriad, ymhelaethiad.

dilate, *v.* lledu, ymagor, ymhelaethu.

dilatoriness, *n.* hwyrfrydigrwydd, bod yn ddiweddar, arafwch.

dilatory, *a.* hwyrfrydig, araf, ymarhous.

dilemma, *n.* penbleth, cyfyng-gyngor.

dilettante, *n.* un sy'n ymddifyrru yn y celfyddydau cain, etc., amatur.

diligence, *n.* diwydrwydd, dyfalwch.

diligent, *a.* diwyd, dyfal, gweithgar, prysur.

dilly-dally, *v.* ymdroi, sefyllian.

diluent, *n.* teneuydd. *a.* yn teneuo neu wanhau (â hylif).

dilute, *v.* teneuo, gwanhau (â dwr, etc.).

dilution, *n.* teneuad, gwanhad.

diluvial, *a.* dylifol, wedi ei achosi gan ddilyw.

dim, *a.* tywyll, pŵl, aneglur. *v.* tywyllu, pylu.

   DIM RECOLLECTION, brith gof.

dimension, *n.* maintioli, mesur, dimensiwn (*pl.* dimensiynau).

diminish, *v.* lleihau.

diminuendo, *ad.* yn gwanhau'n raddol.

diminution, *n* lleihad.

diminutive, *n.* bachigyn. *a.* bychan, bachigol.

dimissory, *a.* yn rhoi caniatâd i ymadael, gollyngol.

dimness, *n.* pylni, lled-dywyllwch.

dimorphus, *a.* deulun, dwyffurf.

dimple, *n.* pannwl, pant (yn y foch, etc.). *v.* panylu.

din, *n.* twrf, mwstwr, dadwrdd.

dine, *v.* ciniawa.

diner, *n.* 1. ciniäwr.

   2. ystafell fwyd.

dinghy, *n.* dingi, math o fad bach.

dingle, *n.* cwm, glyn, pant.

dingy, *a.* tywyll, brwnt, budr.

dining-room, *n.* ystafell fwyta.

dinky, *a.* twt, cryno, del.

dinner, *n.* cinio.

   AT DINNER, ar ginio.

dinosaur, *n.* dinosor, ymlusgiad anferth cynhanesol.

dint, *n.* 1. tolc.

   2. grym.

   BY DINT OF, trwy rym.

diocesan, *a.* esgobaethol.

diocese, *n.* esgobaeth.

diœcious, *a.* dwyaneddol, â'r briger a'r pistil ar wahân.

dioptrics, *np.* gwyddor gwrthdoriad goleuni, dioptreg.

dioxide, *n.* deuocsid, cyfansawdd o ocsigen a metel.

dip, *n.* trochfa, ymdrochiad, pant, goleddf, golethr. *v.* trochi, golchi (defaid), goleddfu.

   TO DIP LIGHTS, gostwng goleuadau.

diphtheria, *n.* haint y gwddf, difftheria.

diphthong, *n.* deusain, dipton.

   FALLING DIPHTHONG, deusain disgynedig.

   RISING DIPHTHONG, deusain esgynedig.

diploid, *n.* diploid. *a.* diplaidd.

diploma, *n.* diploma, tystysgrif.

diplomacy, *n.* gwaith llysgennad, diplomyddiaeth.

diplomat, *n.* llysgennad, diplomydd.

diplomatic, *a.* diplomyddol, pwyllog.

diplomatist, *n.* 1. diplomydd.

   2. un cyfrwys.

dipper, *n.* trochwr, aderyn du'r dŵr.

dipsomania, *n.* trachwant am ddiod feddwol.

dipsomaniac, *n.* un trachwantus am ddiod feddwol.

dipterous, *a.* â dwy aden, dwyadeiniog.

dire, *a.* dygn, gresynus, arswydus, enbyd.

direct, *a.* union, uniongyrchol.

   v. 1. cyfeirio.

   2. cyfarwyddo.

   DIRECTED WORK, gwaith gosod.

direction, *n.* 1. cyfarwyddyd.

   2. cyfeiriad.

   DIRECTION INDICATOR, cyfeirydd.

directive, *a.* yn cyfarwyddo. *n.* cyf-
arwyddyd.

directly, *ad.* yn union, yn ddi-oed.

directness, *n.* uniongyrchedd.

director, *n.* cyfarwyddwr.

directorate, *n.* bwrdd cyfarwyddwyr.

directorship, *n.* swydd cyfarwyddwr.

directory, *n.* cyfarwyddiadur, llyfr
cyfeiriadau.

dirge, *n.* galarnad, marwnad.

dirigible, *n.* balŵn (neu awyrlong) y
gellir ei lywio.

dirk, *n.* dagr.

dirt, *n.* baw, llaid, llaca.

dirtiness, *n.* bryntni, budreddi.

dirt-track, *n.* rhedegfa, trac caled.

dirty, *a.* brwnt, budr, aflan.

disability, *n.* anallu, methiant.

disable, *v.* 1. annalluogi.
2. anghymwyso.

disabled, *a.* annalluog, methedig.

disablement, *n.* anallu, methiant.
DISABLEMENT ALLOWANCE, tâl y
methedig.

disaccharide, *n.* deusacarid.

disadvantage, *n.* anfantais.

disadvantageous, *a.* anfanteisiol.

disaffected, *a.* 1. anfodlon.
2. annheyrngar.

disaffection, *n.* 1. anfodlonrwydd.
2. annheyrngarwch.

disagree, *v.* anghytuno.

disagreeable, *a.* annymunol, cas.

disagreeableness, *n.* atgasrwydd, cas-
ineb.

disagreement, *n.* anghytundeb.

disallow, *v.* gwrthod, gwahardd,
tynnu'n ôl.

disappear, *v.* diflannu.

disappearance, *n.* diflaniad.

disappoint, *v.* siomi.

disappointed, *a.* siomedig.

disappointing, *a.* siomedig.

disappointment, *n.* siomedigaeth,
siom.

disapproval, *n.* anghymeradwyaeth.

disapprove, *v.* anghymeradwyo.

disapproving, *a.* yn anghymeradwyo,
yn anfodlon ar.

disarm, *v.* diarfogi.

disarmament, *n.* diarfogiad.

disarrange, *v.* anhrefnu, annibennu.

disarray, *v.* anhrefnu, bwrw i anhrefn.
n. anhrefn, annibendod.

disaster, *n.* trychineb, anffawd, af-
lwydd.

disastrous, *a.* trychinebus, anffodus.

disavow, *v.* gwadu (gwybodaeth neu
gyfrifoldeb).

disavowal, *n.* gwadiad.

disband, *v.* dadfyddino, gwasgar.

disbelief, *n.* anghrediniaeth, anghred.

disbelieve, *v.* anghredu, gwrthod
credu.

disburse, *v.* talu, gwario.

disbursement, *n.* treuliau, taliad.

disc, *n.* disg, plât crwn.

discard, *v.* rhoi heibio, ymwrthod â.

discern, *v.* canfod, dirnad, deall.

discernible, *a.* y gellir ei ganfod,
dirnadwy.

discerning, *a.* craff, deallus.

discernment, *n.* dirnadaeth, craffter.

discharge, *v.* 1. dadlwytho.
2. rhyddhau.
3. talu (dyled).
4. saethu.

disciple, *n.* disgybl.

disciplinarian, *n.* disgyblwr.

disciplinary, *a.* yn rhoddi disgyblaeth.

discipline, *n.* disgyblaeth. *v.* disgyblu,
gwastrodi.

disclaim, *v.* gwadu, diarddel.

disclaimer, *n.* gwadiad, nacâd.

disclose, *v.* datguddio, dadlennu.

disclosure, *n.* datguddiad, dadleniad.

discoloration, *n.* staen, (peth) wedi
colli lliw.

discolour, *v.* troi lliw, amharu.

discomfit, *v.* gorchfygu, dymchwelyd.

discomfiture, *n.* dymchweliad, siom,
blinder.

discomfort, *n.* anghysur, anesmwyth-
yd.

disconcert, *v.* aflonyddu, drysu, cyffroi.

disconcerting, *a.* yn peri aflonyddwch
neu ddryswch.

disconnect, *v.* datgysylltu, datod.

disconnected, *a.* digyswllt, rhydd.

disconsolate, *a.* anhapus, siomedig.

discontent, *n.* anfodlonrwydd.

discontented, *a.* anfodlon.

discontentment, *n.* anfodlonrwydd.

discontinuance, *n.* ataliad, terfyn.

discontinue, *v.* peidio, terfynu, atal.

discord, *n.* anghytgord, anghydfod.

discordant, *a.* 1. cas.
2. cras, aflafar.

discount, *n.* tâl yn ôl, disgownt.
v. 1. caniatáu (am ormodedd).
2. rhoi'r pris presennol.
3. rhoi tâl yn ôl.
AT A DISCOUNT, â disgownt.
TRADE DISCOUNT, disgownt mas-
nach.
TRUE DISCOUNT, gwir ddisgownt.

discountenance, *v.* peidio â chefnogi,
anghefnogi.

discourage, *v.* digalonni.

discouragement, *n.* digalondid, rhwystr, diffyg cefnogaeth.
discouraging, *a.* digalon.
discourse, *n.* 1. anerchiad, araith.
2. traethawd.
3. sgwrs, ymdrafodaeth. *v.* traethu, siarad.
discourteous, *a.* anghwrtais.
discourtesy, *n.* anghwrteisrwydd, anfoesgarwch, diffyg hynawsedd.
discover, *v.* darganfod.
discoverer, *n.* darganfyddwr.
discovery, *n.* darganfyddiad.
discredit, *n.* 1. anfri, amarch.
2. amheuaeth. *v.* 1. amau.
2. difrïo, gwaradwyddo.
discreditable, *a.* gwarthus, gwaradwyddus.
discreet, *a.* pwyllog, synhwyrol, call.
discrepancy, *n.* anghysondeb, anghysonedd.
discrepant, *a.* anghyson, yn gwahaniaethu, gwahanol.
discrete, *a.* 1. ar wahân, arwahanol.
2. dansoddol.
discretion, *n.* pwyll, synnwyr.
AT THE DISCRETION OF, yn ôl ewyllys.
YEARS OF DISCRETION, mewn oed.
AT DISCRETION, yn ddiamod.
discriminant, *n.* gwahanolyn.
discriminate, *v.* gwahaniaethu.
discriminating, *a.* yn gallu amgyffred, yn dirnad, yn canfod, yn gwahaniaethu.
discrimination, *n.* dirnadaeth, y gallu i amgyffred.
discursive, *a.* crwydrol, amleiriog.
discus, *n.* disgen, coeten.
discuss, *v.* trafod, trin, siarad am.
discussion, *n.* trafodaeth, siarad, ymddiddan.
disdain, *n.* diystyrwch, traha. *v.* diystyru, dirmygu.
disdainful, *a.* diystyrllyd, dirmygus.
disease, *n.* clefyd, afiechyd, dolur.
FOOT AND MOUTH DISEASE, clwy'r traed a'r genau.
diseased, *a.* claf, afiach.
disembark, *v.* glanio, dadlwytho.
disengage, *v.* rhyddhau, gollwng yn rhydd.
disengaged, *a.* rhydd, segur.
disentangle, *v.* datod, datrys.
disestablish, *v.* datgysylltu.
disestablishment, *n.* datgysylltiad.
disfavour, *n.* anfri, amarch.
disfigure, *v.* anharddu, anffurfio, amharu.

disfigurement, *n.* amhariad, difwyniad, nam.
disfranchise, *v.* difreinio, amddifadu o bleidlais.
disgorge, *v.* chwydu, ymarllwys.
disgrace, *n.* gwarth, gwaradwydd, cywilydd. *v.* gwaradwyddo, gwartharuddo.
disgraceful, *a.* gwarthus, gwaradwyddus.
disgruntled, *a.* anfodlon.
disguise, *n.* rhith, dieithrwch. *v.* ffugio, dieithrio, ymddieithrio.
disgust, *n.* diflastod, atgasedd. *v.* diflasu, alaru, syrffedu.
disgusting, *a.* atgas, ffiaidd, mochaidd.
dish, *n.* dysgl, llestr.
dish-cloth, *n.* clwtyn llestri, lliain sychu llestri.
dishearten, *v.* digalonni.
dishevel, *v.* annibennu, anhrefnu.
dishevelled, *a.* anhrefnus, anniben, aflêr.
dishonest, *a.* anonest, twyllodrus.
dishonesty, *n.* anonestrwydd.
dishonour, *n.* amarch, gwarth, cywilydd. *v.* gwaradwyddo, amharchu.
disillusion, *v.* dadrithio, agor llygaid.
disinclination, *n.* dim tuedd, diffyg awydd.
disinclined, *a.* annhueddol, diawydd.
disinfect, *v.* diheintio, puro (o hadau clefyd).
disinfectant, *n.* diheintydd.
disinfection, *n.* diheintiad.
disingenuous, *a.* dichellgar, twyllodrus, cyfrwys.
disinherit, *v.* dietifeddu, didreftadu.
disintegrate, *v.* malurio, chwalu, ymddatod, dryllio, datgyfannu, ymchwalu.
disintegration, *n.* ymddatodiad, drylliad, ymraniad, maluriad.
disinter, *v.* datgladdu, codi corff o'r bedd.
disinterested, *a.* heb ddiddordeb, diduedd, anhunangar.
disjoin, *v.* datgysylltu, datod.
disjoint, *v.* dodi cymal o'i le, datgymalu.
disjointed, *a.* anghysylltiol, digysylltiad.
disk, *n.* disg, plât crwn, coeten.
disjunctive, *a.* anghysylltiol, digysylltiol.
dislike, *n.* casineb, cas, atgasedd. *v.* casáu.
dislocate, *v.* 1. dodi (cymal) o'i le, dadleoli, taflu, datgymalu.
2. anhrefnu.

dislocation, *n.* 1. datgymaliad, dadleoliad, tafliad, afleoliad.
  2. anhrefn, dryswch.

dislodge, *v.* symud, syflyd.

disloyal, *a.* anffyddlon, bradwrus.

dismal, *a.* digalon, prudd, tywyll.

dismantle, *v.* dinoethi, datgysylltu.

dismay, *n.* siom, braw, digalondid.
  v. siomi, brawychu.

dismember, *v.* 1. datgymalu.
  2. rhannu.

dismemberment, *n.* 1. datgymaliad.
  2. rhaniad.

dismiss, *v.* 1. gollwng (ymaith), rhyddhau.
  2. diswyddo.
  3. troi o'r neilltu.

dismissal, *n.* 1. gollyngdod.
  2. diswyddiad.

dismount, *v.* disgyn (oddi ar geffyl, etc.).

disobedience, *n.* anufudd-dod.

disobedient, *a.* anufudd.

disobey, *v.* anufuddhau.

disorder, *n.* anhrefn, annibendod, anhwyldeb. *v.* anhrefnu, annibennu.

disorderly, *a.* afreolus, annosbarthus, anniben.

disorganize, *v.* anhrefnu, annibennu.

disown, *v.* d arddel, gwadu.

disparage, *v.* bychanu, difrïo, meddwl yn fach o.

disparagement, *n.* anfri, difrïaeth.

disparager, *n.* amharchwr, difrïwr, bychanwr, gwaradwyddwr.

disparaging, *a.* gwaradwyddus, amharchus.

disparity, *n.* anghyfartaledd, gwahaniaeth, annhebygrwydd.

dispassionate, *a.* pwyllog, tawel.

dispatch, despatch, *n.* 1. cenadwri, neges.
  2. cyflymder, brys.
  v. 1. anfon, danfon, hela.
  2. diweddu, gorffen.
  3. lladd.

dispel, *v.* chwalu, gwasgaru.

dispensable, *a.* hepgorol, y gellir bod hebddo.

dispensary, *n.* fferyllfa, siop fferyllydd.

dispensation, *n.* goruchwyliaeth.

dispense, *v.* gweinyddu.
  DISPENSE WITH, hepgor.

dispersal, *n.* gwasgariad.

disperse, *v.* chwalu, gwasgaru.

dispersed, *a.* ar wasgar.

dispersion, *n.* gwasgariad, chwalfa.

dispirited, *a.* digalon, gwangalon.

displace, *v.* disodli, symud o'i le, dadleoli.

displacement, *n.* dadleoliad.

display, *n.* arddangosfa. *v.* arddangos, dangos.

displease, *v.* anfodloni, digio.

displeasure, *n.* anfodlonrwydd, dig.

disport, *v.* chwarae, difyrru.

disposable, *a.* y gellir ei waredu.

disposal, *n.* gwerthiant, gwarediad.
  AT YOUR DISPOSAL, yn barod ichwi.

dispose, *v.* trefnu, tueddu.
  DISPOSE OF, gwerthu, gwaredu.

disposition, *n.* tymer, anian, tuedd, trefniad.

dispossess, *v.* difeddiannu, dwyn oddi ar.

disproof, *n.* gwrthbrawf, peth sy'n gwrthbrofi.

disproportion, *n.* anghyfartaledd.

disproportionate, *a.* anghyfartal, anghymesur.

disprove, *v.* gwrthbrofi.

disputable, *a.* amheus, agored i farn.

disputant, *n.* dadleuwr, ymrysonwr.

disputation, *n.* dadl, ymryson.

disputatious, *a.* dadleugar, ymrafaelgar.

dispute, *n.* dadl, ymryson. *v.* dadlau, ymryson.

disqualification, *n.* 1. anghymwyster.
  2. ataliad, gwaharddiad.

disqualified, *a.* 1. wedi ei anghymwyso.
  2. wedi ei atal.

disqualify, *v.* 1. anghymwyso, diarddel, torri allan.
  2. atal, cau allan, gwahardd, diawdurdodi.

disquiet, *v.* anesmwytho, aflonyddu.

disquietude, *n.* anesmwythyd, aflonyddwch.

disquisition, *n.* ymdriniaeth, traethawd, ysgrif.

disregard, *n.* diystyrwch, diofalwch.
  v. diystyru, anwybyddu.

disreputable, *a.* gwarthus, gwaradwyddus.

disrepute, *n.* gwarth, gwaradwydd, anfri.

disrespect, *n.* amarch, anfri, sarhad.
  v. amharchu, diystyru, sarhau.

disrespectful, *a.* amharchus, sarhaus.

disrupt, *v.* rhwygo, chwalu, torri, chwilfriwio.

disruption, *n.* rhwyg, chwalfa, toriad.

disruptive, *a.* rhwygol, yn peri rhwyg.

dissatisfaction, *n.* anfodlonrwydd.

dissatisfy, *v.* anfodloni.

dissect, *v.* dadelfennu, dadansoddi, difynio, dyrannu, dadrannu.

dissection, *n.* dadelfeniad, dadansoddiad, dyraniad, difyniad.

dissemble, *v.* celu, rhagrithio, twyllo, ymddangos yn rhywbeth nad ydyw.

disseminate, *v.* taenu, lledaenu.

dissension, *n.* anghytundeb, anghydfod.

dissent, *n.* 1. anghytundeb.
  2. anghydffurfiaeth, ymneilltuaeth. *v.* anghytuno.

dissenter, *n.* 1. anghytunwr.
  2. anghydffurfiwr, ymneilltuwr.

dissentient, *n.* anghytunwr. *a.* yn anghytuno.

dissenting, *a.* anghydffurfiol, ymneilltuol.

dissertation, *n.* traethawd, darlith.

disservice, *n.* anghymwynas, tro gwael.

dissident, *a.* yn anghytuno, anghytunol.

dissimilar, *a.* gwahanol, annhebyg.

dissimilation, *n.* dadfathiad, tuedd i osgoi ailadrodd.

dissimulate, *v.* cymryd ar, proffesu, ymddangos.

dissimulation, *n.* rhagrith.

dissipate, *v.* afradloni, gwastraffu, ofera.

dissipated, *a.* ofer, afradlon.

dissipation, *n.* afradlonedd, oferedd.

dissociate, *v.* daduno, diarddel, diaelodi.

dissociation, *n.* daduniad, diarddeliad.

dissolute, *a.* diffaith, ofer, afradlon.

dissolution, *n.* 1. toddiad.
  2. datodiad.
  3. diddymiad.

dissolve, *v.* 1. terfynu, darfod, ymddatod.
  2. toddi, dadlaith.

dissonance, *n.* anghyseinedd, anghytgord.

dissonant, *a.* anghytûn, anghysain.

dissuade, *v.* cymell i beidio â, anghymell.

dissuasion, *n.* cymhelliad, darbwylliad (i beidio â).

distaff, *n.* cogail, rhan o beiriant nyddu.

distance, *n.* pellter.

distant, *a.* 1. pell, anghysbell.
  2. oeraidd, anghyfeillgar.

distaste, *n.* diflastod, cas.

distasteful, *a.* diflas, atgas.

distemper, *n.* 1. anhwyldeb, clefyd (y cŵn).
  2. lliw, math o baent.

distend, *v.* chwyddo, lledu.

distension, *n.* chwydd, tyndra.

distich, *n.* cwpled.

distil, *v.* distyllu, dihidlo.

distillate, *n.* cynnyrch distyllu.

distillation, *n.* distylliad, dihidlad.

distillery, *n.* distyllty.

distinct, *a.* 1. gwahanol.
  2. eglur, amlwg.

distinction, *n.* 1. gwahaniaeth.
  2. rhagoriaeth, arbenigrwydd.
  3. anrhydedd, bri, enwogrwydd.

distinctive, *a.* gwahaniaethol, i'w wahaniaethu, arbennig, gwahanredol.

distinctness, *n.* eglurder, amlygrwydd.

distinguish, *v.* 1. gwahaniaethu.
  2. enwogi.

distinguishable, *a.* y gellir ei wahaniaethu.

distinguished, *a.* enwog, o fri, urddasol.

distort, *v.* ystumio, gwyrdroi, anffurfio, llurgunio.

distortion, *n.* anffurfiad, gwyriad, llurguniad, ystumiad.

distract, *v.* 1. tynnu sylw (oddi wrth).
  2. drysu.

distracted, *a.* dryslyd, wedi drysu, gorffwyllog, gwallgof.

distraction, *n.* dryswch, diffyg sylw.

distrain, *v.* atafaelu, cymryd meddiant (o eiddo).

distraint, *n.* atafaeliad.

distraught, *a.* mewn trallod, mewn cyfyngder.

distress, *n.* trallod, helbul, trybini. *v.* trallodi, blino.

distressing, *a.* trallodus, blin, helbulus.

distributary, *n.* allafon.

distribute, *v.* dosbarthu, rhannu.

distribution, *n.* dosbarthiad, rhaniad, dosraniad.

distributor, *n.* dosbarthwr, rhannwr.

district, *n.* ardal, rhandir, dosbarth.
  DISTRICT COUNCIL, Cyngor Dosbarth.

distrust, *n.* drwgdybiaeth. *v.* amau, drwgdybio.

distrustful, *a.* drwgdybus, amheus.

disturb, *v.* aflonyddu, poeni.

disturbance, *n.* aflonyddwch, cyffro.

disunion, *n.* anghydfod, ymraniad.

disunite, *v.* gwahanu, ymrannu.

disuse, *n.* anarfer, diffyg defnyddio. *v.* peidio ag arfer.

disyllabic, *a.* (gair) deusill.

ditch, *n.* ffos, cwter, clais. *v.* torri ffos (cwter).

dithyramb, *n.* cerdd i Bacchus, cân neu anerchiad cyffrous.

dithyrambic, *a.* cyffrous, gwyllt, tanbaid.

ditto, *ad.* eto, fel uchod, a enwyd.

ditty, *n.* cân, canig.

diurnal, *a.* 1. gyda'r dydd.

    2. dyddiol.

divan, *n.* difán, glwth (heb gefn na phen).

dive, *v.* ymsuddo, suddo, deifio.

dive-bomber, *n.* awyren ddeifio.

diver, *n.* 1. ymsuddwr, deifiwr.

    2. trochydd, (aderyn).

diverge, *v.* ymwahanu, ymrannu, dargyfeirio.

divergence, *n.* gwahaniaeth, ymwahaniad, ymraniad, dargyfeiredd.

divergent, *a.* ymwahanol, croes. gwahanol, dargyfeiriol.

divers, *a.* amryw, amrywiol.

diverse, *a.* gwahanol, amrywiol.

diversify, *v.* amrywio, gwahaniaethu.

diversion, *n.* 1. gwyriad.

    2. adloniant, difyrrwch.

diversity, *n.* amrywiaeth, gwahaniaeth, amryfalwch.

divert, *v.* 1. troi o'r neilltu.

    2. difyrru.

diverting, *a.* 1. yn tynnu sylw oddi wrth.

    2. difyrrus.

divest,*v.* diosg, dihatru, tynnu (oddi am).

divide, *v.* rhannu, gwahanu, dosbarthu, dosrannu. *n.* gwahanfa.

dividend, *n.* 1. rhandal, cyfran (o enillion), buddran.

    2. difidend.

divider, *n.* rhannwr, dosbarthwr.

dividers, *np.* cwmpas (i wneud mesurau bach).

divination, *n.* dewiniaeth, dyfaliaeth.

divine, *n.* diwinydd. *v.* rhagfynegi, dyfalu. *a.* dwyfol.

diviner, *n.* daroganwr, dewin, dyfalwr.

divinity, *n.* 1. duwdod.

    2. diwinyddiaeth.

    THE DIVINITY, y Duwdod.

divisible, *a.* rhanadwy, y gellir ei rannu.

division, *n.* 1. rhan, cyfran.

    2. rhaniad, rhannu.

    3. adran.

    4. rhwystr.

    LONG DIVISION, rhannu hir.

    SHORT DIVISION, rhannu byr (cwta).

    DIVISION BY FACTORS, rhannu â ffactorau.

divisional, *a.* rhannol, adrannol.

divisor, *n.* rhaniedydd, rhannydd.

divorce, *n.* ysgariad, llythyr ysgar. *v.* ysgaru, ysgar.

divulge, *v.* datguddio, dadlennu.

dizen, *v.* addurno, taclu, ymdwtio.

dizziness, *n.* penysgafnder, pendro, hurtwch.

dizzy, *a.* penysgafn, pensyfrdan, hurt.

do, *v.* gwneuthur, gwneud.

    IT WILL DO, gwna'r tro.

docile, *a.* dof, hydrin, tawel.

docility, *n.* bod yn hawdd ei drin. tawelwch, hydrinedd, llarieidd-dra.

dock, *n.* 1. porthladd.

    2. brawdle.

    3. (dail) tafol.

    v. 1. cwtogi.

    2. docio.

docket, *n.* tocyn cynnwys, rhestr. *v.* nodi cynnwys.

dockyard, *n.* iard longau.

doctor, *n.* 1. meddyg, doctor.

    2. doethor, doethur.

doctorate,*n.*doctoriaeth, doethuriaeth.

doctrinal, *a.* athrawiaethol.

doctrinaire, *a.* damcaniaethol.

doctrine, *a.* athrawiaeth, credo.

document,*n.* dogfen, ysgrif, gweithred.

documentary, *a.* dogfennol.

dodder, *n.* llindro, cwlwm y gwŷdd, math o blanhigyn. *v.* crynu, gwegian.

dodge, *n.* ystryw, dyfais, pranc, tric. *v.* osgoi, troi a throsi, gochel.

dodger, *n.* dyfeisiwr, un sy'n osgoi.

dodo, *n.* dodo, math o aderyn trwsgl (gynt).

doe, *n.* ewig, ysgyfarnog neu gwningen fenyw.

doff, *v.* diosg, tynnu (oddi am).

dog, *n.* ci. *v.* dilyn, sodli.

    MAD DOG, ci cynddeiriog.

dogfish, *n.* penci.

dogged, *a.* cyndyn, ystyfnig, dyfal, penderfynol.

doggedness, *n.* cyndynrwydd, ystyfnigrwydd, dyfalwch.

doggerel, *n.* rhigwm.

dogma, *n.* credo, cred, athrawiaeth.

dogmatic, *a.* athrawiaethol, awdurdodol, pendant.

dogmatism,*n.* pendantrwydd, awdurdod.

dogmatise, *v.* bod yn bendant, haeru heb sail.

dog-rose, *n.* rhosyn gwyllt.

dog's mercury, *n.* bresych y cŵn.

dogweed (wild cornel), *n.* cwyrosen.

doldrums, *np.* 1. iselder ysbryd.

    2. y tawelwch trofannol, doldrymau.

dole, *n.* dôl, tâl cymorth. *v.* rhannu, dosbarthu.

doleful, *a.* trist, prudd, galarus, wylofus.

dolefulness, *n.* tristwch, prudd-der.

doll, *n.* dol, doli.

dollar, *n.* doler.

    DOLLAR AREA, gwledydd doleri.

dolmen, *n.* cromlech, cofgolofn (gynt).

dolorous, *a.* alaethus, galarus, trist.

dolphin, *n.* dolffin, morwch.

dolt, *n.* hurtyn, delff, mwlsyn.

domain, *n.* 1. arglwyddiaeth.

    2. treftadaeth.

    3. maes.

dome, *n.* cromen, to crwn uchel, cryndo.

domestic, *a.* 1. cartrefol, teuluaidd.

    2. dof, yn glynu wrth gartref.

    DOMESTIC ARTS, celfyddyd cadw tŷ.

    DOMESTIC SCIENCE, gwyddor cadw tŷ.

domesticate, *v.* dofi, cyfarwyddo â chartref.

domesticated, *a.* dof, hoff o gartref.

domesticity, *n.* bywyd y cartref, bod yn hoff o fywyd y cartref.

domicile, *n.* cartref.

dominant, *a.* llywodraethol, trech, trechaf, llywydd (miwsig).

dominate, *v.* arglwyddiaethu, llywodraethu, dominyddu.

domination, *n.* arglwyddiaeth, llywodraeth, awdurdod, dominyddiaeth.

domineer, *v.* 1. gormesu.

    2. rhodresa.

domineering, *a.* gormesol, trahaus.

Dominican, *n.* mynach o Urdd Sant Dominic.

dominion, *n.* 1. rheolaeth.

    2. tiriogaeth, dominiwn.

domino, *n.* 1. domino (gêm).

    2. hugan, mantell.

don, *v.* gwisgo, dodi ar. *n.* 1. gŵr bonheddig (Ysbaen).

    2. athro coleg.

donate, *v.* rhoddi, anrhegu.

donation, *n.* rhodd, anrheg.

donkey, *n.* asyn, asen.

donor, *n.* rhoddwr.

doom, *n.* tynged, barn.

doomsday, *n.* dydd barn.

door, *n.* drws, dôr, porth.

door-keeper, *n.* porthor, ceidwad drws.

door-step, *n.* carreg y drws, hiniog, trothwy.

doorway, *n.* drws, porth.

dope, *n.* 1. dryg.

    2. farnais.

    v. rhoi dryg i.

dormant, *a.* ynghwsg, cwsg.

dormer, *n.* 1. ffenestr gromen.

    2. ystafell wely.

dormitory, *n.* ystafell gysgu, hundy.

dormouse, *n.* pathew.

dorsal, *a.* cefnol, yn ymwneud â'r cefn.

dose, *n.* dogn, mesur. *v.* dogni, rhoi cyffur i.

dosier, *n.* set o ddogfenni.

dot, *n.* dot.

dotage, *n.* penwendid, plentynrwydd yr hen.

dotard, *n.* un penwan, henwr plentynnaidd.

dote, *v.* ffoli, gwirioni, dotio.

double, *a.* dwbl, dyblyg. *v.* dyblu, plygu.

double-bass, *n.* basgrwth, bas feiol.

double-dealing, *n.* twyll, chwarae'r ffon ddwybig, rhagrith.

doublet, *n.* 1. crysbais.

    2. dyblad, un o ddau debyg.

doubly, *ad.* yn ddau ddyblyg.

doubt, *n.* amheuaeth. *v.* amau, petruso.

    THERE IS NO DOUBT ABOUT IT, 'does dim dwywaith amdani.

doubter, *n.* amheuwr.

doubtful, *a.* amheus.

doubtless, *ad.* diau, yn ddiamau.

douche, *n.* ffrwd ddŵr. *v.* taflu dŵr dros rywun.

dough, *n.* toes.

doughty, *a.* glew, dewr, gwrol.

doughy, *a.* fel toes, llaith, meddal.

dour, *a.* cyndyn, llym, ystyfnig.

douse, *v.* 1. bwrw i ddŵr, trochi.

    2. diffodd.

dove, *n.* colomen.

dove-cot, *n.* colomendy, tŷ colomennod

dovetail, *v.* 1. cydio'n glôs.

    2. pensythu.

    n. pensyth.

    DOVETAIL JOINT, uniad cynffonnog.

dowager, *n.* gwraig weddw (â theitl neu eiddo ei diweddar briod).

dowdy, *a.* aflêr, anniben.

dowel, *n.* peg i gysylltu dau bren, hoelbren.

down, *n.* 1. mynydd-dir, rhos.

    2. manblu.

    ad. i lawr, i waered.

    DOWN AND OUT, digalon, truenus.

downcast, *a.* anhapus, prudd, digalon.

downfall, *n.* cwymp, dymchweliad.

downhearted, *a.* digalon, gwangalon, isel-ysbryd.

downhill, *ad.* ar y goriwaered, i lawr.

downland, *n.* twyndir.

downpour, *n.* glaw yn pistyllio, glaw trwm.

downright

downright, *a.* trwyadl, diamheuol, plaen.

downstairs, *ad.* ar y llawr, i'r llawr. *n.* y llawr.

downtrodden, *a.* gorthrymedig, dan ormes.

downwards, *ad.* i lawr, i waered.

dowry, *n.* gwaddol, cynhysgaeth, argyfrau.

dowse, *v.* chwilio am ddŵr (trwy ddefnyddio gwialen).

doxology, *n.* mawlgan.

doyen, *n.* aelod hynaf.

doze, *v.* hepian, hanner cysgu.

dozen, *n.* dwsin, dwsen, dysen.

drab, *a.* llwydaidd, salw, diolwg.

drachma, *n.* darn arian Groegaidd.

draff, *n.* soeg, sorod, gwaddod, gwehilion.

draft, *n.* 1. mintai, drafft.
2. cynllun.
3. archeb (ariannol).
v. 1. anfon mintai.
2. gwneud cynllun.
3. archebu.

draftsman, *n.* 1. un sy'n gwneud dogfenni.
2. cynlluniwr.

drag, *v.* llusgo, tynnu. *n.* car llusg, brêc.

drag-net, *n.* rhwyd lusg.

dragon, *n.* draig.
THE RED DRAGON, Y Ddraig Goch.

dragonfly, *n.* gwas y neidr.

dragoon, *n.* marchog, milwr ar farch. *v.* gormesu, erlid.

drain, *n.* ffos fudreddi, carthffos, ceuffos. *v.* disbyddu, sychu.

drainage, *n.* carthffosiaeth, cwteri, ffosydd, traeniad.

drake, *n.* meilart, ceiliog hwyad.

dram, *n.* 1. wythfed ran o owns.
2. dracht o wirod.

drama, *n.* drama.

dramatic, *a.* dramatig.

dramatisation, *n.* dramodiad.

dramatise, *v.* troi'n ddrama, chwarae, dramodeiddio, dramodi.

dramatist, *n.* dramäydd, dramäwr, dramodydd.

drape, *v.* gwisgo, gorchuddio.

draper, *n.* dilledydd.

drapery, *n.* 1. dillad.
2. masnach dilledydd.

drastic, *a.* llym, cryf, trwyadl.

draught, *n.* 1. llymaid, dracht.
2. llwnc.
3. cynllun, bras gynllun.
4. gwynt, drafft.
5. helfa bysgod.

driblet

draught-horse, *n.* ceffyl gwaith, ceffyl gwedd.

draughts, *np.* drafftiau, (math o gêm).

draughtsman, *n.* cynlluniwr, cynllunydd, lluniwr.

draughty, *a.* gwyntog, drafftog.

draw, *v.* 1. tynnu, llusgo.
2. llunio, llinellu, lluniadu.
n. tyniad, atyniad.
DRAWN GAME, gêm gyfartal, gêm ddi-drech.

drawback, *n.* anfantais, colled.

drawbridge, *n.* pont godi.

drawer, *n.* drâr, drôr.

drawing, *n.* llun, llinelliad, llinellaeth, lluniad.
DRAWING TO SCALE, lluniadu wrth radd.

drawing-room, *n.* ystafell groeso, ystafell gyfarch.

drawl, *v.* llusgo geiriau, siarad yn annaturiol.

dray, *n.* cart, men, car llusg.

dread, *n.* ofn, braw, arswyd. *v.* ofni, arswydo. *a.* brawychus, ofnadwy.

dreadful, *a.* ofnadwy, dychrynllyd.

dream, *n.* breuddwyd. *v.* breuddwydio.

dreamer, *n.* breuddwydiwr, breuddwyd o ddyn.

dreamland, *n.* cwsg, gwlad nód.

dreamy, *a.* breuddwydiol.

dreariness, *n.* llymdra, marweidd-dra, prudd-der.

dreary, *a.* digysur, diflas, marwaidd.

dredge, *v.* glanhau (afon, etc.).

dredger, *n.* peiriant glanhau, llong godi, traill (*pl.* treilliau).

dregs, *np.* gwaddod, gwehilion.

drench, *v.* 1. gwlychu ('n sopyn).
2. drensio (anifail), gorfodi moddion ar.

dress, *n.* gwisg, dillad. *v.* gwisgo, dilladu, paratoi.
WELL-DRESSED, trwsiadus, wedi gwisgo'n dda.

dresser, *n.* 1. seld, dreser, dresel.
2. gwisgwr (mewn drama).
3. rhwymwr.

dressing, *n.* 1. rhwymyn (ar friw), bandais.
2. gwrtaith, tail.
3. cyffaith.

dressing-gown, *n.* gŵn-wisg.

dressmaker, *n.* gwniadyddes, gwniyddes.

drey, dray, *n.* nyth gwiwer.

dribble, *v.* 1. diferu, defnynnu.
2. glafoeri, driflan, dreflu, driflo.
3. driblo (pêl).

driblet, *n.* ychydig, swm bychan.

drift, *n.* 1. tuedd, cyfeiriad.
  2. lluwch (eira), lluchfa, drifft.
  3. drifftbridd, marian iâ.
  4. gwrthdyllydd.
  5. disgynfa (glofa).
  v. 1. mynd gyda'r llif.
  2. lluwchio, drifftio.
  3. gwrthdyllu.
driftwood, *n.* coed a gludir gan lif.
drill, *n.* 1. tyllwr, dril.
  2. ymarferiad, dril.
  3. agen, cwys.
  v. 1. tyllu, drilo, drilio.
  2. ymarfer.
  DRILLING MACHINE, peiriant tyllu.
drink, *n.* diod, llymaid, peth i'w yfed.
  v. yfed, slotian, llymeitian.
drinker, *n.* yfwr, diotwr, llymeitiwr.
drinking-horn, *n.* corn yfed, buelin.
drip, *n.* diferiad, diferyn. *v.* diferu, defnynnu, dripian.
dripping, *n.* saim, toddion. *a.* diferol.
drive, *v.* 1. gyrru, trawsyrru.
  2. taro (hoelen, etc.)
  n. gyriad, trawsyriad, ymgyrch.
  DRIVE AWAY, gyrru, ymlid, annos.
  DRIVING LICENCE, trwydded gyrrwr.
drivel, *n.* glafoerion. *v.* glafoeri, driflan.
driver, *n.* gyrrwr, gyriedydd.
drizzle, *n.* glaw mân, gwlithlaw.
  v. briwlan, bwrw glaw mân.
droll, *a.* digrif, smala, cellweirus.
drollery, *n.* ysmaldod, arabedd, cellwair.
dromedary, *n.* camel Arabaidd (ag un crwmach), dromedari.
drone, *n.* 1. gwenynen ormes.
  2. diogyn.
droop, *v.* gwyro, hongian, llaesu.
drooping, *a.* llipa, yn hongian, yn gwyro.
drop, *n.* 1. diferyn, dafn, defnyn.
  2. cwymp, cwympiad.
  v. 1. diferu, gollwng.
  2. disgyn, cwympo, gostwng.
  3. gadael (siarad, etc.).
droppings, *np.* diferion, tom, tail.
dropsy, *n.* dyfrglwyf, dropsi.
dross, *n.* sorod, sothach, gwaddod, gwehilion.
drought, *n.* sychder, sychdwr.
drove, *n.* gyr, diadell, cenfaint.
drover, *n.* porthmon, gyrrwr.
drown, *v.* boddi.
drowse, *v.* pendwmpian, hepian, pendrymu.
drowsiness, *n.* syrthni, cysgadrwydd.

drowsy, *a.* cysglyd, swrth.
drub, *v.* baeddu, curo, bwrw.
drubbing, *n.* cosfa, cweir.
drudge, *n.* slaf, gweithiwr caled. *v.* slafio.
drudgery, *n.* gwaith diflas, caledwaith.
drug, *n.* moddion, cyffur, dryg.
druggist, *n.* drygist.
druid, *n.* derwydd.
druidic, druidical, *a.* derwyddol.
druidism, *n.* derwyddiaeth.
drum, *n.* tabwrdd, drwm.
  SMALL DRUM, drwm bach.
  BASS DRUM, drwm bas.
drumlin, *n.* drumlin, twyn.
drummer, *n.* tabyrddwr, drymwr.
drunk, *a.* meddw, brwysg.
  TO GET DRUNK, meddwi, cnapo.
  BLIND DRUNK, yn feddw gaib (chwil).
drunkard, *n.* meddwyn.
drunkenness, *n.* meddwdod.
drupe, *n.* ffrwyth meddal (a charreg ynddo).
dry, *a.* sych, sychlyd, cras, hesb. *v.* sychu, crasu.
dryad, *n.* duwies y coedydd.
dry-clean, *v.* glanhau (dillad) heb ddŵr.
dryness, *n.* sychder, craster.
dry-rot, *n.* pydredd coed.
dual, *a.* deuol, deublyg.
dualism, *n.* deuoliaeth, athrawiaeth yr ysbrydol a'r materol.
dub, *v.* 1. urddo, enwi, galw.
  2. iro.
dubbing, *n.* dybin, saim lledr.
dubiety, *n.* amheuaeth, petruster.
dubious, *a.* amheus.
dubiousness, *n.* amheuaeth.
ducat, *n.* darn aur neu arian (gynt).
duchess, *n.* duges, gwraig dug.
duchy, *n.* dugiaeth, tir dug.
duck, *n.* hwyad, hwyaden. *v.* 1. trochi.
  2. gwyro.
ducking, *n.* trochiad, trochfa, gwyriad.
duckling, *n.* hwyad fach, cyw hwyaden.
duckweed, *n.* llinos y dŵr, bwyd yr hwyad.
duct, *n.* pibell ddŵr.
ductile, *a.* hydyn, hydrin, hawdd ei drin.
ductility, *n.* hydynrwydd, ystwythder.
dud, *n.* ffug, peth diwerth, peth ofer.
due, *n.* 1. iawn, hawl.
  2. toll, treth.
  a. dyledus, addas, i'w ddisgwyl.
  ad. yn union, i'r dim.

duel, *n.* gornest, ymryson, ymladdfa, deufel.

duel, *n.* gornest, ymryson, ymladdfa.

duellist, *n.* ymrysonwr, gornestwr.

duet, *n.* deuawd.

duffel, duffle, *n.* brethyn gwlân garw.

duffer, *n.* hurtyn, twpsyn, un dwl.

dugout, *n.* 1. lloches (dan ddaear).
2. canŵ (o foncyff), cafn.

duke, *n.* dug.

dukedom, *n.* dugiaeth, safle dug.

dulcet, *a.* melys, hyfryd, pêr.

dulcify, *v.* melysu, pereiddio, dofi llid, heddychu.

dulcimer, *n.* dwsmel, offeryn cerdd.

dull, *a.* 1. hurt, dwl, twp.
2. cymylog, pŵl.
3. blin, poenus.

dullard, *n.* hurtyn, twpsyn, un dwl.

dullness, *n.* 1. hurtrwydd, dylni, twpanrwydd, twpdra.
2. pylni.

dulse, *n.* delysg, gwymon bwytadwy.

duly, *ad.* fel y disgwylid, fel y gweddai, yn ei bryd.

dumb, *a.* 1. mud.
2. hurt, dwl.

dumb-bell, *n.* dymbel.

dumbfound, *v.* syfrdanu, peri rhyfeddod.

dumbness, *n.* mudandod.

dummy, *n.* 1. model (teiliwr).
2. delw.
3. teth (rwber).
4. ffug-bas (rygbi).
TO PASS THE DUMMY, ffug-basio.

dump, *n.* 1. tomen (ysbwriel).
2. storfa (dros dro).
v. gollwng i lawr, taflu i lawr.

dumps, *np.* iselder ysbryd, y felan, gwangalondid.

dumpling, *n.* dwmplin, twmplen.

dun, *a.* llwyd-ddu. *v.* gwasgu am arian (dyled). *n.* ceisbwl, casglwr dyledion.

dunce, *n.* hurtyn, penbwl, twpsyn.

dune, *n.* tywodfryn, tywyn, twyn (o dywod).

dung, *n.* tail, tom.

dungeon, *n.* daeardy, daeargell, dwnsiwn.

dunghill, *n.* tomen ddail.

duodenum, *n.* y rhan gyntaf o'r perfeddyn bach.

duologue, *n.* ymddiddan rhwng dau, dadl dau.

dupe, *n.* un hawdd ei dwyllo, dyn gwirion. *v.* twyllo.

duplex, *a.* dwbl, dyblyg, deublyg.

duplicate, *n.* copi. *v.* lluosogi, dyblygu.

duplication, *n.* lluosogiad, dyblygiad.

duplicator, *n.* lluosogydd, dyblygydd.

duplicity, *n.* dichell, twyll.
TO PRACTICE DUPLICITY, chwarae'r ffon ddwybig.

durability, *n.* y gallu i barhau.

durable, *a.* parhaus, parhaol.

duralumin, *n.* duralwmin, math o alwminiwm.

duration, *n.* parhad.

duress, *n.* gorfodaeth, atalfa, carchariad.

during, *prp.* yn ystod.

dusk, *n.* cyfnos, gwyll, brig y nos.
AT DUSK, ym mrig y nos.

duskiness, *n.* gwyll, tywyllni.

dusky, *a.* tywyll, croenddu.

dust, *n.* llwch, lluwch, dwst, *v.* tynnu lluwch, sychu llwch, lluwchio.
SAWDUST, blawd llif.

dustbin, *n.* tun lluwch, cist ludw.

duster, *n.* dwster, clwtyn celfi, cadach dodrefn.

dusty, *a.* llychlyd, lluwchog.

Dutch, *a.* Holandaidd. *n.* Holandeg.

dutiful, *a.* ufudd. parchus, parod.

duty, *n.* 1. dyletswydd, gwaith.
2. toll, treth.
CUSTOMS DUTY, tolldal (*pl.* -oedd).
IMPORT DUTY, toll fewnforio.
EXPORT DUTY, toll allforio.

dwarf, *n.* cor, corrach.

dwarf elder, *n.* mêr-ysgawen.

dwarfish, *a.* corachaidd, bychan.

dwell, *v.* 1. trigo, preswylio, aros.
2. dal wrth, pwysleisio.

dweller, *n.* preswylydd.

dwelling, *n.* tŷ, preswylfod, annedd.

dwelling-house, *n.* tŷ byw, tŷ annedd.

dwelling-place, *n.* trigfa, preswylfa.

dwindle, *v.* darfod, lleihau, diflannu'n araf.

dye, *n.* lliwur, lliw staen. *v.* lliwio, llifo.

dyer, *n.* lliwydd.

dyke, *n.* morglawdd, argae, côb.

dynamic, *a.* dynamig, deinamig, grymus.

dynamics, *np.* dynameg, gwyddor grym.

dynamite, *n.* dynameit, cyfansawdd ffrwydrol.

dynamo, *n.* peiriant trydan, dynamo.

dynamometer, *n.* offeryn i fesur nerth anifail neu beiriant.

dynasty, *n.* llinach frenhinol, tras frenhinol, brenhinllin.

dysentery, *n.* clefyd y gwaed, gwaedlif, disentri.

dyspepsia, *n.* diffyg traul, dispepsia.

dyspeptic, *n. a.* (un) yn dioddef o ddiffyg traul.

dyspnoea, *n.* diffyg anadl, anadl byr, dispnoea.

E

each, *a. pn.* pob un.
   EACH OTHER, y naill y llall, ei gilydd.
eager, *a.* awyddus, awchus.
eagerness, *n.* awydd, awch.
eagle, *n.* eryr.
eaglet, *n.* eryr bach, cyw eryr.
ear, *n.* clust.
   BOX ON THE EAR, bonclust.
ear (of corn), *n.* tywysen.
earl, *n.* iarll.
earldom, *n.* iarllaeth, tir ac urddas iarll.
earliness, *n.* bod yn gynnar, cynharwch, prydlondeb.
early, *a.* bore, boreol, cynnar, *ad.* yn fore.
earmark, *v.* neilltuo, dewis, nodi. *n.* nod clust, clustnod.
earn, *v.* ennill.
earnest, *n.* ernes, gwystl. *a.* difrif, difrifol.
   IN EARNEST, o ddifrif, mewn difrif.
earnestness, *n.* difrifwch, difrifoldeb.
earnings, *np.* enillion.
ear-ring, *n.* tlws clust, clustlws.
earshot, *n.* clyw, pellter clywed.
earth, *n.* 1. daear, tir, pridd, y llawr.
   2. y byd.
   v. priddo, claddu, daearu.
earthen, *a.* priddlyd, o bridd.
earthenware, *n.* llestri pridd.
earthly, *a.* daearol.
earthnuts (pignuts), *np.* cnau'r ddaear
earthquake, *n.* daeargryn.
earth-wire, *n.* gwifren ddaear.
earthward(s), *ad.* i lawr.
earthwork, *n.* gwrthglawdd, amddiffynfa.
earthworm, *n.* abwydyn, pryf genwair.
earthy, *a.* daearol.
earwig, *n.* chwilen glust, pryf clust.
ease, *n.* rhwyddineb, esmwythyd. *v.* esmwytho, esmwytháu, lliniaru, lleddfu.
   AT EASE, cartrefol.
   WITH EASE, yn rhwydd, yn hawdd.
easel, *n.* isl, ffrâm i ddal astell ddu.
easily, *ad.* yn hawdd, yn rhwydd.
easiness, *n.* rhwyddineb, hawster.
east, *n. a.* dwyrain.
Easter, *n.* Y Pasg.
easterly, *a.* dwyreiniol, i'r dwyrain, o'r dwyrain.
eastern, *a.* dwyreiniol.
eastward, *a. ad.* i'r dwyrain, tua'r dwyrain.

easy, *a.* hawdd, rhwydd.
easy-chair, *n.* cadair esmwyth, cadair freichiau.
easy-going, *a.* didaro, difater, diofal, di-hid.
eat, *v.* bwyta, difa.
eatable, *a.* bwytadwy, addas i'w fwyta.
eatables, *np.* bwydydd, lluniaeth.
eater, *n.* bwytawr.
eaves, *np.* bargod, bondo.
eavesdrop, *v.* clustfeinio, gwrando'n ddirgel, gwrando cyfrinachau.
eavesdropper, *n.* clustfeiniwr.
ebb, *n.* trai. *v.* treio, mynd i maes.
   EBB AND FLOW, trai a llanw.
ebonite, *n.* rwber caled.
ebony, *n.* eboni, pren caled du.
ebullition, *n.* 1. berwi.
   2. sydynrwydd (tymer, etc.).
eccentric, *a.* 1. od, hynod, ecsentrig.
   2. heb fod â'r un canolbwynt, echreiddig.
eccentricity, *n.* 1. odrwydd, hynodrwydd.
   2. gwyriad o'r canol, echreiddiad.
ecclesiastic, *n.* eglwyswr, clerigwr.
ecclesiastical, *a.* eglwysig.
echinus, *n.* draenog y môr.
echo, *n.* atsain, adlais, carreg ateb, carreg lafar, adlef. *v.* atseinio, adleisio, adlefain.
éclat, *n.* disgleirdeb, llwyddiant, bri, gogoniant.
eclipse, *n.* diffyg (ar yr haul neu'r lleuad). *v.* 1. peri diffyg.
   2. rhagori ar.
ecliptic, *n.* cylchdro'r haul neu'r ddaear, *(plane)* plân ecliptig.
eclogue, *n.* bugeilgerdd.
ecology, *n.* ecoleg, cangen o fioleg.
economic, *a.* economaidd, ynglŷn â chyfoeth.
economical, *a.* cynnil, diwastraff, darbodus, rhadus.
economics, *n.* economeg, gwyddor cynnyrch a chyfoeth, etc.
economist, *n.* economegwr.
economize, *v.* cynilo.
economy, *n.* cynildeb, darbodaeth.
   POLITICAL ECONOMY, economeg.
ecotype, *n.* ecoteip.
ecstasy, *n.* gorfoledd, gorawen, hwyl.
ecstatic, *a.* gorawenus, mewn hwyl.
ecumenical, *a.* cyfled â'r byd, eciwmenaidd, byd-eang.
eczema, *n.* ecsema, llid y croen.

edaphic, *a.* edaffig, yn ymwneud â phridd.

eddy, *n.* trobwll, tro (mwg, etc.). trolif. *v.* troi, troelli.

edge, *n.* ymyl, min, awch. *v.* 1. hogi. 2. symud.
TO BE ON EDGE, bod ar bigau'r drain (ar binnau), nerfus.

edged, *a.* miniog.

edge-jointing, *n.* ymyluno. ymyluniad.

edgeways, edgwise, *ad.* llwrw ei ochr.

edging, *n.* ymyl.

edible, *a.* bwytadwy, priodol i'w fwyta.

edict, *n.* gorchymyn, deddf, datganiad cyhoeddus, cyhoeddeb.

edification, *n.* adeiladaeth (foesol, etc.).

edifice, *n.* adeilad.

edify, *v.* adeiladu, gwella'n foesol.

edifying, *a.* llesol, adeiladol, hyfforddiadol, addysgiadol.

edit, *v.* golygu, paratoi i'r wasg.

edition, *n.* argraffiad, copïau.

editor, *n.* golygydd.

editorial, *a.* golygyddol.

educate, *v.* addysgu.

education, *n.* addysg.
HIGHER EDUCATION, addysg uwchraddol.
GENERAL CERTIFICATE OF EDUCATION, Tystysgrif Addysg Gyffredinol.

educational, *a.* addysgol.

educational quotient, *n.* cyniferydd addysgol.

educationalist, *n.* addysgwr.

educationist, *n.* addysgiaethwr.

educative, *a.* addysgol.

educator, *n.* addysgydd.

educe, *v.* dwyn i'r golau, casglu.

eduction, *n.* edwythiad, casgliad, dwyn i'r golau.

eel, *n.* llysywen.

eelworm, *n.* llyngyr llysiau (tatws).

eerie, *a.* annaearol, iasol, rhyfedd.

efface, *v.* dileu, difodi.

effaceable, *n.* dileadwy, y gellir ei ddileu.

effacement, *n.* dilead, difodiad.

effect, *n.* effaith, canlyniad. *v.* achosi, peri, cyflawni.
TO THAT EFFECT, i'r perwyl hwnnw.
EFFECTS (on stage), effeithiau.

effective, *a.* effeithiol.

effectual, *a.* effeithiol.

effeminacy, *n.* bod yn ferchedaidd neu fenywaidd.

effeminate, *a.* benywaidd, merchedaidd, gwan.

effervesce, *v.* eferwi, byrlymu.

effervescence, *n.* 1. eferwad, byrlymiad. 2. cyffro.

effervescent, *a.* eferw, yn byrlymu.

effete, *a.* diffrwyth, dirym, darfodedig.

efficacious, *a.* effeithiol.

efficacy, *n.* effeithiolrwydd, gallu.

efficiency, *n.* effeithlonrwydd, cymhwyster.

efficient, *a.* effeithiol, cymwys, effeithlon, yn gweithio'n iawn.

effigy, *n.* llun, delw.

effloresce, *v.* 1. blodeuo. 2. ewlychu (*chem.*), ffurfio cen gwyn.

efflorescence, *n.* ewlychiad, blodeuad (*chem.*).

efflorescent, *a.* ewlychol, blodeuog (*chem.*).

effluence, *n.* dylifiad, rhediad i maes.

effluent, *a.* dylifol, ffrydiol. *n.* gofer, ffrwd, rhediad dŵr.

effluvium, *n.* gwynt cas, drygsawr, drewdod.

efflux, *n.* dylifiad, rhediad i maes.

effort, *n.* ymdrech, ymgais.

effortless, *a.* diymdrech, hawdd.

effrontery, *n.* digywilydd-dra, beiddgarwch, hyfdra.

effulgence, *n.* disgleirdeb, llewyrch, ysblander.

effulgent, *a.* llachar, disglair.

effusion, *n.* 1. alledu, allediad, tywalltiad. 2. diffyg ymatal.

effusive, *a.* hynaws (i ormodedd), teimladol.

egalitarian, *a.* yn ymwneud â'r egwyddor o gydraddoldeb.

egg, *n.* wy. *v.* (on) annog, annos, cymell.

eggbound, *a.* wyrwym.

egg-shell, *n.* masgl wy, plisgyn wy.

eglantine, *n.* miaren Mair, drysïen bêr.

ego, *n.* yr hunan.

egocentric, *a.* myfïol, egoistig, hunanol.

egoism, *n.* myfïaeth, egoistiaeth, hunanoldeb.

egoist, *n.* hunanydd, un hunanol.

egoistic, *a.* myfïol, egoistig, egoistaidd, hunanol.

egotism, *n.* hunanoldeb.

egotist, *n.* un hunanol.

egregious, *a.* hynod, anghyffredin, nodedig, dybryd.

egress, *n.* ymadawiad, ffordd i maes.

egret, *n.* 1. crychydd, crëyr. 2. pluen crychydd. 3. plu hedyn.

Egyptian, *n.* Eifftiwr. *a.* Eifftaidd.
eh, *int.* ai e ! tybed !
eider, *n.* hwyad y Gogledd.
eider-down, *n.* 1. plu hwyaid.
   2. cwrlid, cwrpan (o blu).
eight, *a.* wyth.
eighteen, *a.* deunaw, un deg wyth.
   EIGHTEEN PENCE, deunaw, swllt a chwech.
eighteenth, *a.* deunawfed.
eighth, *a.* wythfed.
   THREE EIGHTHS, tri wythfed.
eightieth, *a.* pedwar ugeinfed.
eighty, *a.* pedwar ugain, wyth deg.
either, *a. pn.* y ddau, naill ai, y naill neu'r llall, pob un. *ad. c.* na, nac, ychwaith.
ejaculate, *v.* ebychu, gweiddi'n sydyn.
ejaculation, *n.* ebychiad, dywediad sydyn.
ejaculatory, *a.* ebychol, sydyn.
eject, *v.* bwrw allan, taflu i maes, diarddel.
ejection, *n.* diarddeliad, bwrw i maes.
eke out, *v.* ymestyn, crafu (am fywoliaeth).
elaborate, *a.* llafurfawr, manwl. *v.* perffeithio, manylu.
elaboration, *n.* manylder, esboniad pellach.
elan, *n.* eiddgarwch, angerdd.
eland, *n.* gafrewig, antelop (Deau Affrica).
elapse, *v.* myned heibio (amser).
elastic, *n.* lastig. *a.* ystwyth, hyblyg, hydwyth.
elasticity, *n.* ystwythder, ystwythdra, hydwythedd.
elate, *v.* codi calon, calonogi, cyffroi.
elated, *a.* calonnog, ysbrydol.
elation, *n.* gorfoledd, balchder.
elbow, *n.* penelin. *v.* gwthio, cilgwthio.
   CAPPED ELBOW, dŵr ar y penelin.
elbow-grease, *n.* grym braich, bôn braich, egni, eli penelin.
elbow-room, *n.* lle i droi, rhyddid.
elder, *n.* ysgawen.
elder, *n.* henuriad, hynafgwr. *a.* hŷn, hynaf (o ddau).
elderberries, *np.* eirin ysgaw.
elderly, *a.* oedrannus, henaidd.
eldest, *a.* hynaf.
elect, *v.* ethol, dewis. *a.* etholedig.
election, *n.* etholiad.
electioneer, *v.* gweithio ynglŷn ag etholiad.
elector, *n.* etholwr.
electoral, *a.* etholiadol.
electorate, *n.* etholaeth.

electric, *a.* trydanol.
   ELECTRIC ARC, arc drydan.
electrical, *a.* yn ymwneud â thrydan, mewn trydan.
electrician, *n.* trydanydd.
electricity, *n.* trydan.
electrification, *n.* yr act o drydanu.
electrify, *v.* trydanu.
electrocute, *v.* lladd â thrydan.
electrocution, *n.* y weithred o ladd â thrydan.
electrode, *n.* electrod, un o ddau derfyniad cerrynt trydan.
electrolysis, *n.* electroleiddiad, dadelfennu cyfansawdd cemegol.
electrolyte, *n.* electrolid, cyfansawdd y gellir ei ddadelfennu.
electromagnet, *n.* electromagned, magned a ysgogir gan drydan.
electromagnetic, *a.* electromagnetig.
electron, *n.* electron.
electronic, *a.* electronig.
electronics, *np.* gwyddor yn ymwneud ag electronau.
electroplate, *n.* peth wedi ei ariannu. *v.* ariannu, trydanolchi, electroplatio.
electrostatic, *a.* electrostatig, (trydan) yn llonydd.
electrum, *n.* amber, cyfansawdd o aur ac arian, electrwm.
eleemosynary, *a.* elusennol, yn dibynnu ar elusen.
elegance, *n.* ceinder, coethder, gwychder.
elegant, *a.* cain, coeth, gwych.
elegiac, *a.* marwnadol, galarnadol, galarus.
elegy, *n.* galarnad, marwnad, galargan.
element, *n.* elfen, peth na ellir ei ddadansoddi, gronyn.
elemental, *a.* sylfaenol.
elementary, *a.* elfennol, hawdd.
elephant, *n.* eliffant, cawrfil.
elephantiasis, *n.* eliffantiasis, clefyd y croen.
elephantine, *a.* eliffantaidd, enfawr, afrosgo.
elevate, *v.* dyrchafu, codi.
elevated, *a.* dyrchafedig, wedi ei ddyrchafu, ar godiad.
elevating, *a.* dyrchafol, yn codi.
elevation, *n.* 1. uchder, codiad.
   2. cynllun (adeilad), drychiad.
   ANGLE OF ELEVATION, ongl godi.
elevator, *n.* codwr, lifft.
eleven, *a.* un ar ddeg, un deg un.
eleventh, *a.* unfed ar ddeg.
elf, *n.* ellyll, coblyn.
elfish, *a.* ellyllaidd, bwganaidd.
elicit, *v.* tynnu o (rywun), mynnu gan.
elide, *v.* seingolli, colli sillaf.

eligibility, *n.* cymhwyster.
eligible, *a.* cymwys (i'w ethol).
eliminate, *v.* dileu, bwrw allan.
elimination, *n.* dilead, deoliad.
elision, *n.* seingoll, echlysiant, hepgor.
elite, *n.* y cwmni gorau, y bobl orau.
elixir, *n.* moddion anffaeledig.
elk, *n.* carw (mawr), elc.
ell, *n.* elinad, hen fesur (45 modfedd).
ellipse, *n.* hirgylch, (peth) hirgrwn, elips.
ellipsis, *n.* coll geiriau (mewn brawdd-eg).
elliptic(al), *a.* hirgrwn, hirgron, hir-gylchog, eliptig.
elm, *n.* llwyfen, llwyfanen.
elocution, *n.* areithyddiaeth.
elocutionist, *n.* adroddwr, athro mewn adrodd.
elongate, *v.* ymestyn, hwyhau.
elongation, *n.* ymestyniad.
elope, *v.* ffoi, diflannu (gyda charwr).
elopement, *n.* diflaniad, ffoëdigaeth.
eloquence, *n.* huodledd.
eloquent, *a.* huawdl.
else, *ad.* arall, amgen.
elsewhere, *ad.* mewn lle arall.
elucidate, *v.* egluro, esbonio.
elucidation, *n.* eglurhad, esboniad.
elude, *v.* dianc rhag, osgoi.
elusion, *n.* osgoad, dihangfa.
elusive, *a.* di-ddal, ansafadwy, gwib-iog.
elver, *n.* llysywen ifanc.
elysian, *a.* gwynfydedig, paradwys-aidd.
emaciate, *v.* teneuo, meinhau, dihoeni, nychu.
emaciated, *a.* tenau, main, curiedig.
emaciation, *n.* teneudra, teneuwch, curiedd.
emanate, *v.* deillio, tarddu.
emanation, *n.* deilliad, tarddiad.
emancipate, *v.* rhyddhau, rhyddfrein-io.
emancipation, *n.* rhyddhad, rhydd-freiniad.
embalm, *v.* perarogli (corff).
embankment, *n.* clawdd, argae, cob.
embargo, *n.* gwaharddiad (i long ymadael â phorthladd), embargo.
embark, *v.* mynd ar long, hwylio, dechrau.
    TO EMBARK ON, ymgymryd â, dechrau.
embarkation, *n.* hwyliad, dechreuad.
embarrass, *v.* 1. drysu, blino, trallodi. 2. rhwystro.
embarrassed, *a.* mewn penbleth, trafferthus.

embarrassment, *n.* penbleth, drys-wch meddwl, trafferth, blinder.
embassy, *n.* llysgenhadaeth, llysgen-haty.
embed, *v.* sicrhau, sefydlu (ar beth cadarn).
embellish, *v.* addurno, harddu, tecáu.
embellishment, *n.* addurn, addurniad, addurniadaeth, harddiad.
embers, *np.* marwor, marwydos, cols.
embezzle, *v.* darnguddio, dwyn.
embezzlement, *n.* lladrad (arian a ymddiriedwyd i ofal).
embitter, *v.* chwerwi, gwneud yn gas.
emblazon, *v.* addurno, amlygu, mawr-ygu.
emblem, *n.* arwydd, arwyddlun.
emblematic, *a.* yn arwyddo, arwydd-luniol.
embodiment, *n.* corfforiad, cyfuniad.
embody, *v.* corffori, cyfuno.
embolden, *v.* hyfhau, calonogi, annog.
embolism, *n.* ataliad gwaed mewn gwythïen, embolaeth.
emboss, *v.* boglynnu, cerfio, argraffu.
embrace, *n.* cofleidiad. *v.* 1. cofleidio. 2. cynnwys.
embrasure, *n.* 1. twll saethu (â magnel). 2. befel (wrth ochr ffenestr).
embrocation, *n.* hylif at gnawd dol-urus.
embroider, *v.* brodio, addurno, brwydo.
embroidery, *n.* brodwaith.
embroil, *v.* 1. terfysgu. 2. tynnu cweryl.
embryo, *n.* cynelwad, embryo, defn-ydd annelwig.
embryological, *a.* rhithegol, embryol-egol.
embryologist, *n.* un hyddysg mewn embryoleg.
embryology, *n.* gwyddor yn ymwneud â'r embryo, rhitheg, embryoleg.
embryonic, *a.* yn ymwneud â chynel-wad, annatblygedig.
emend, *v.* cywiro, diwygio.
emendation, *n.* cywiriad.
emerald, *n.* emrallt, maen gwerth-fawr.
emerge, *v.* dyfod allan, ymddangos, ymdarddu.
emergence, *n.* ymddangosiad, dod i'r amlwg.
emergency, *n.* argyfwng, cyfyngder.
    IN AN EMERGENCY, mewn taro.
emeritus, *a.* wedi ymneilltuo (ag anrhydedd o gadair coleg).
emesis, *n.* chwydu, cyfogi.

emery, *n.* mwyn gloywi, emeri.

emetic, *n.* cyfoglyn, moddion i beri chwydu. *a.* cyfogol, chwydol.

emigrant, *n.* ymfudwr, allfudwr.

emigrate, *v.* ymfudo.

emigration, *n.* ymfudiad.

eminence, *n.* 1. codiad tir, bryn. 2. enwogrwydd, bri.

eminent, *a.* amlwg, enwog, o fri.

emir, *n.* tywysog Arabaidd, emir.

emissary, *n.* cennad, cynrychiolydd, negesydd.

emission, *n.* yr act o fwrw i maes.

emit, *v.* bwrw allan, anfon i maes.

emollient, *a.* yn tyneru, yn meddalu.

emolument, *n.* tâl, cyflog.

emotion, *n.* ysmudiad, teimlad, cyffro, emosiwn.

emotional, *a.* ysmudol, teimladwy, cyffrous, emosiynol.

emotionalism, *n.* bod yn deimladwy, teimlad yn rheoli rheswm.

empanel, *v.* rhestru (fel rheithiwr).

emperor, *n.* ymherodr, ymerawdwr.

emphasis, *n.* pwys, pwyslais, acen.

emphasize, *v.* pwysleisio.

emphatic, *a.* 1. pendant. 2. pwysleisiol, dyblyg (*gram.*).

emphysema, *n.* emffisema, chwydd gwyn.

empire, *n.* ymerodraeth.

empirical, *a.* empeiraidd, empirig.

empiricism, *n.* empeiraeth.

emplacement, *n.* 1. safle. 2. llwyfan magnel.

employ, *v.* cyflogi, defnyddio.

employee, *n.* gweithiwr, un a gyflogir.

employer, *n.* cyflogwr, un sy'n cyflogi.

employment, *n.* gwaith, cyflogaeth.
    EMPLOYMENT EXCHANGE, swyddfa gyflogaeth.

emporium, *n.* marchnad, siop.

empower, *v.* galluogi, awdurdodi.

empress, *n.* ymerodres.

emptiness, *n.* gwacter.

empty, *a.* gwag, cau. *v.* gwacáu, disbyddu.

empty-handed, *a.* gwaglaw.

emu, *n.* (math o) estrys o Awstralia.

emulate, *v.* efelychu, cystadlu â.

emulation, *n.* efelychiad, cydymgais.

emulator, *n.* efelychwr, cystadleuydd.

emulsion, *n.* emwlsiwn, math o hylif llaethog.

emulsoid, *n.* emwlsoid.

enable, *v.* galluogi.

enact, *v.* 1. deddfu, ordeinio. 2. cyflawni.

enactment, *n.* 1. y weithred o ddeddfu. 2. cyflawniad.

enamel, *n.* enamel, owmal. *v.* dodi enamel ar.

enamour, *v.* ennyn serch, swyno.
    TO BE ENAMOURED OF, ymserchu yn.

encamp, *v.* gwersyllu, lluestu.

encampment, *n.* gwersyll, lluest.

encase, *v.* cau i mewn, dodi mewn cas.

encephalitis, *n.* llid yr ymennydd.

enchant, *v.* swyno, hudo.

enchanter, *n.* swynwr, dewin.

enchantment, *n.* swyn, cyfaredd.

enchantress, *n.* dewines, hudoles.

encircle, *v.* amgylchynu, cau am, cau i mewn, amgylchu, cylchynu.

encirclement, *n.* amgylchyniad.

enclitic, *n.* gogwyddair, enclitig.

enclose, *v.* amgau, cau i mewn, cau am.

enclosure, *n.* lle caeëdig, lloc.

encomium, *n.* clod, molawd, arwyrain.

encompass, *v.* amgylchynu.

encore, *n.* eto, unwaith eto.

encounter, *n.* 1. cyfarfod. 2. brwydr. *v.* 1. cyfarfod (yn annisgwyl). 2. ymladd.

encourage, *v.* calonogi, annog.

encouragement, *n.* calondid, anogaeth.

encouraging, *a.* calonogol.

encroach, *v.* tresmasu, ymyrryd, goresgyn trwy gyfrwystra.

encroachment, *n.* tresmasiad, ymyrraeth, llechfeddiant.

encumber, *v.* llesteirio, llwytho.

encumbrance, *n.* rhwystr, baich.

encyclic, **encyclical**, *a.* cylchredol, cyffredinol, i'w ledaenu.

encyclopaedia, *n.* gwyddoniadur.

encyclopaedic, *a.* fel gwyddoniadur, gwybodus.

end, *n.* 1. diwedd, terfyn. 2. amcan, diben. *v.* dibennu, gorffen, terfynu.
    FROM END TO END, o ben bwy gilydd.

endanger, *v.* peryglu.

endear, *v.* anwylo, ymserchu.

endearment, *n.* anwyldeb, serch.

endeavour, *n.* ymdrech. *v.* ymdrechu.

endemic, *a.* endemig, (clefyd) nodweddiadol neu leol.

ending, *n.* terfyniad, diwedd.

endive, *n.* ysgall y meirch.

endless, *a.* diddiwedd, diderfyn.

endocarditis, *n.* endocarditis, llid falfau'r galon.

endocrine, *a.* endocrin, yn peri glandlif mewnol.

endorse, *v.* 1. torri enw (ar gefn siec, etc.), marcio. 2. cymeradwyo.

endorsement, *n.* 1. y weithred o dorri enw, ardystiad.

 2. cymeradwyaeth.

endosperm, *n.* mewnfaeth, endosperm.

endothermic, *a.* endothermig, yn sugno gwres.

endow, *v.* gwaddoli, cynysgaeddu, donio.

endowed, *a.* gwaddoledig.

endowment, *n.* gwaddol, cynhysgaeth.

endurable, *a.* goddefol, parhaol.

endurance, *n.* gallu i barhau neu oddef, ymddál, dalfod, dygnedd.

endure, *v.* 1. parhau, dal ati.

 2. goddef, cydymddwyn â.

endwise, endways, *ad.* ar ei ben, gerfydd ei ben, yn ei hyd.

enemy, *n.* gelyn.

energetic, *a.* egnïol, grymus, dyfal.

energise, *v.* ymegnïo, rhoi ynni yn, egnïoli.

energy, *n.* ynni, egni, grym.

enervate, *v.* gwanhau, llesgáu.

enfeeble, *v.* gwanhau, gwanychu.

enfeebled, *a.* musgrell, gwan, eiddil.

enfeeblement, *n.* gwanychiad, musgrellni.

enfeoffment, *n.* enffeodaeth.

enfold, *v.* 1. rhwymo yn.

 2. gafael yn, cofleidio.

enforce, *v.* gorfodi.

enforcement, *n.* gorfodaeth.

enfranchise, *v.* breinio, breintio, rhyddhau, rhyddfreinio, etholfreinio.

enfranchisement, *n.* breiniad, breintiad, cael pleidlais.

engage, *v.* 1. hurio, defnyddio.

 2. ymrwymo, dyweddïo.

 3. dechrau ymladd.

engagement, *n.* ymrwymiad, dyweddïad.

engaging, *a.* deniadol, atyniadol, dymunol.

engender, *v.* peri (teimladau, etc.), achosi.

engine, *n.* peiriant.

engineer, *n.* peiriannydd. *v.* cynllunio, trefnu.

engineering, *n.* peirianyddiaeth, peirianneg.

English, *n.* Saeson. *a.* Saesneg (o ran iaith), Seisnig.

 EARLY ENGLISH (ARCHITECTURE), Gothig cynnar.

Englishman, *n.* Sais.

engrain, *v.* plannu'n gadarn, suddo'n ddwfn.

engrave, *v.* ysgythru, argraffu, llingerfio.

engraver, *n.* ysgythrwr, cerfiwr. llingerfiwr.

engraving, *n.* ysgythrad, cerfiad, llingerfiad.

engross, *v.* 1. llwyrfeddiannu.

 2. ysgrifennu'n fras.

engulf, *v.* llyncu, cynnwys.

enhance, *v.* chwyddo, mwyhau, hyrwyddo.

enhancement, *n.* mwyhad, codiad, hyrwyddiad.

enigma, *n.* pos, problem ddyrys, enigma.

enigmatic, enigmatical, *a.* dyrys, aneglur, amwys, enigmatig.

enjoin, *v.* gorchymyn, cyfarwyddo.

enjoy, *v.* mwynhau, cael blas ar.

enjoyable, *a.* blasus, pleserus.

enjoyment, *n.* mwynhad, mwyniant.

enkindle, *v.* ennyn, deffro, cyffroi.

enlarge, *v.* helaethu, ymhelaethu.

enlargement, *n.* helaethiad, ehangiad.

enlighten, *v.* hyfforddi, goleuo, hysbysu.

enlightened, *a.* goleuedig, gwybodus.

enlightenment, *n.* goleuni, hyfforddiant, goleuedigaeth.

enlist, *v.* ymrestru, ymuno â, ennill i.

enlistment, *n.* ymrestriad.

enliven, *v.* bywiogi, sirioli.

enmesh, *v.* rhwydo, maglu, dal.

enmity, *n.* gelyniaeth, dygasedd.

ennoble, *v.* urddasoli, anrhydeddu.

ennui, *n.* diflastod, blinder, llesgedd.

enormity, *n.* anfadrwydd, ysgelerder.

enormous, *a.* enfawr, dirfawr.

enough, *n.* digon, digonedd, gwala. *a. ad.* digon.

enquire, *v.* holi, ymofyn.

enrage, *v.* ffyrnigo, cynddeiriogi.

enraged, *a.* ffyrnig, gwyllt, cynddeiriog.

enrapture, *v.* ymhyfrydu, llanw â phleser.

enrich, *v.* cyfoethogi.

enrichment, *n.* ymgyfoethogiad, ffrwythlondeb.

enrobe, *v.* gwisgo, arwisgo.

enrol, *v.* cofrestru, ymrestru.

enrolment, *n.* cofrestrad.

ensconce, *v.* ymsefydlu (yn ddiogel a chysurus).

ensemble, *n.* y cwbl, argraff gyffredinol.

enshrine, *v.* 1. dodi mewn ysgrîn.

 2. diogelu, cadw.

enshroud, *v.* amdoi, gordoi.

ensign, *n.* lluman, baner, llumanwr.

enslave, *v.* caethiwo.

enslavement, *n.* caethiwed.

ensnare, *v.* maglu, rhwydo, denu, hudo.
ensue, *v.* dilyn, canlyn.
ensuing, *a.* dilynol, canlynol.
ensure, *v.* sicrhau, diogelu.
ensyme, *n.* eples, ensim, lefain.
entail, *v.* 1. gofyn, golygu, dibynnu.
2. sicrhau, rhwymo (etifeddiaeth).
entangle, *v.* drysu, maglu.
entanglement, *n.* dryswch, rhwystr.
entente, *n.* dealltwriaeth, cytundeb (rhwng gwledydd).
enter, *v.* 1. myned i mewn, treiddio.
2. cofnodi. 3. ymuno, rhestru.
enteric, *a.* ynglŷn â'r ymysgaroedd.
enteritis, *n.* llid yr ymysgaroedd, enteritis.
enterprise, *n.* anturiaeth.
enterprising, *a.* anturiaethus, llawn antur, byw, egnïol.
entertain, *v.* difyrru, diddanu.
entertainer, *n.* difyrrwr, diddanwr.
entertaining, *a.* difyrrus, diddan, doniol.
entertainment, *n.* adloniant, difyrrwch.
enthral, *v.* swyno, hudo.
enthralling, *a.* swynol, hudol.
enthrone, *v.* gorseddu.
enthusiasm, *n.* brwdfrydedd, hwyl.
enthusiast, *n.* un brwdfrydig, un selog.
enthusiastic, *a.* brwdfrydig, selog, eiddgar.
enthymeme, *n.* enthymem.
entice, *v.* hudo, denu, llithio.
enticement, *n.* hudoliaeth, swyn.
entire, *a.* cyfan, cyflawn.
entirely, *ad.* yn hollol, yn gyfan gwbl.
entirety, *n.* cyfanrwydd, crynswth.
entitle, *v.* rhoi hawl, rhoi enw.
entity, *n.* hanfod, endid, bodolaeth.
SMALL ENTITY, corffilyn, corffyn.
entomb, *v.* claddu, dodi mewn bedd.
entomologist, *n.* pryfydd.
entomology, *n.* pryfyddiaeth, astudiaeth o bryfed.
entomophilous (plants), *a.* (llysiau) entomoffilaidd, a ffrwythlonir gan bryfed.
entrails, *np.* perfedd, ymysgaroedd.
entrance, *n.* 1. drws, ffordd i mewn.
2. mynediad i mewn, mynedfa.
3. tâl (am fynd i mewn).
entrance, *v.* swyno, peri hyfrydwch.
entrancing, *a.* swynol, hyfryd.
entrap, *v.* maglu, rhwydo, dal.
entreat, *v.* erfyn, crefu, ymbil.
entreaty, *n.* erfyniad, ymbil, deisyfiad.
entrée, *n.* 1. hawl i fynd i mewn.
2. saig flaen.

entrench, *v.* cloddio oddi amgylch, torri ffosydd.
entrenchment, *n.* amddiffynfa ffosydd.
entrust, *v.* ymddiried, rhoi yng ngofal.
entry, *n.* 1. mynediad (i mewn).
2. cofnod.
entwine, *v.* cyfrodeddu, cordeddu, nyddu.
enumerate, *v.* cyfrif, rhifo, nodi.
enumeration, *n.* rhestr, cyfrifiad, rhifiant.
enumerator, *n.* cyfrifwr, rhifwr, nodwr.
enunciate, *v.* datgan, cynanu, ynganu.
enunciation, *n.* datganiad, cynaniad, ynganiad, acen.
envelop, *v.* amgau, gorchuddio.
envelope, *n.* amlen, cas.
envelopment, *n.* y weithred o amgau, gorchuddiad.
envenom, *v.* gwenwyno, chwerwi.
enviable, *a.* i genfigennu wrtho, i'w chwennych.
envious, *a.* cenfigennus, eiddigeddus.
environment, *n.* amgylchedd, amgylchfyd.
environs, *np.* amgylchoedd.
envisage, *v.* gweld, edrych ar, ystyried.
envoy, *n.* cennad, negesydd, cynrychiolydd.
envy, *n.* eiddigedd, cenfigen. *v.* eiddigeddu, cenfigennu.
enzyme, *n.* ensymaidd, yn gallu peri cyfnewidiad cemegol.
eolithic, *a.* eolithig, hen oes y meini.
eosin, *n.* eosin.
epaulette, *n.* addurn ysgwydd.
epenthesis, *n.* gosod llythyren (neu sillaf) ynghanol gair.
epenthetic, *a.* wedi ei ychwanegu.
ephemeral, *a.* darfodedig, dros dro, diflanedig, ansicr.
ephod, *n.* ephod, gwisg offeiriad o Iddew.
epic, *n.* arwrgerdd, epig, hanesgerdd. *a.* arwrol, epig.
epicene, *a.* deuryw.
epicure, *n.* (un) glwth, moethyn.
epidemic, *n.* haint, pla. *a.* heintus.
epidermal, *a.* yn ymwneud â'r croen neu'r celloedd allanol.
epidermis, *n.* 1. y croen allanol.
2. celloedd allanol dail, etc.
epidiascope, *n.* math o lantern lluniau, epidiasgob.
epigeal, *a.* arddaearol.
epigensis, *n.* ffurfiad hedyn organig.
epiglottis, *n.* epiglotis, clawr y larinc.

epigraph, *n.* arysgrifen, ysgrif ar gofgolofn, etc.
epigram, *n.* epigram, ymadrodd byr cynhwysfawr.
epigrammatic, *a.* epigramaidd, byr a chryno.
epigynous, *a.* epigynaidd, tanffrwythog.
epilepsy, *n.* gewynglwyf, haint digwydd, epilepsi.
epileptic, *a. n.* (un) yn dioddef oddi wrth epilepsi.
epilogue, *n.* diweddglo.
epipetalous, *a.* arbetelaidd.
Epiphany, *n.* Yr Ystwyll, gŵyl eglwysig, Dydd Gŵyl Ystwyll, Y Serenŵyl.
epiphyte, *n.* epiffeit, planhigyn parasitig.
episcopacy, *n.* esgobaeth.
episcopal, *n.* esgobol.
episcopalian, *n.* aelod o eglwys esgobol.
episcope, *n.* episgôp.
episode, *n.* digwyddiad, episod, gogyfran.
epistaxis, *n.* epistacsis, ffroen-waediad.
epistemology, *n.* gwybodeg, astudiaeth o wybodaeth, epistemeg.
epistasis, *n.* epistasis.
epistle, *n.* epistol, llythyr.
epistolary, *a.* epistolaidd.
episyllogism, *n.* argyfresymiad.
epitaph, *n.* beddargraff.
epithet, *n.* 1. ansoddair.
  2. enw dodi, cyfenw.
epitome, *n.* crynodeb, talfyriad.
epitomize, *v.* crynhoi, talfyrru.
epoch, *n.* cyfnod, dechrau cyfnod, epoc.
equability, *n.* tawelwch, llonyddwch.
equable, *a.* tawel, llonydd.
equal, *a.* cydradd, cyfartal, hafal (i).
  WITHOUT EQUAL, heb ei ail, yn ddigymar.
  EQUAL SIGN, nod hafalu.
equality, *n.* cydraddoldeb, cyfartalwch, hafaledd.
equalize, *v.* cydraddoli, gwneud yn gydradd.
equally, *ad.* yn llawn, yn ogystal â.
equanimity, *n.* tawelwch meddwl, anghyffro.
equate, *v.* cymharu, hafalu, cydraddoli.
equation, *n.* hafaliad (*pl.* hafaliaid).
  SIMPLE EQUATION, hafaliad syml.
  LINEAR EQUATIONS, hafaliaid unradd.

QUADRATIC EQUATIONS, hafaliaid dwyradd.
SIMULTANEOUS EQUATION, hafaliad cydamserol.
CUBIC EQUATION, hafaliad teiradd.
equative, *a.* cyfartal.
  EQUATIVE DEGREE, y radd gyfartal.
equator, *n.* y cyhydedd, canol.
equatorial, *a.* trofannol, cyhydeddol.
equerry, *n.* gwastrawd (brenhinol), marchwr.
equestrian, *n.* marchog. *a.* marchogol, ynglŷn â cheffylau.
equiangular, *a.* ag onglau cyfartal, cyfongl, hafalonglog.
equidistant, *a.* yr un pellter, cytbell.
equilateral, *a.* ag ochrau cyfartal, cyfochrol, hafalochrog.
equilibrium, *n.* cydbwysedd, cyfantoledd, cymantoledd.
equine, *a.* yn ymwneud â cheffylau, tebyg i geffyl, o anian ceffyl.
equinoctial, *a.* yn ymwneud â'r cyhydnos.
equinox, *n.* cyhydnos.
  AUTUMNAL EQUINOX, Alban Elfed.
  VERNAL EQUINOX, Alban Eilir.
equip, *v.* darpar, paratoi.
equipage, *n.* angenrheidiau, darpariaeth.
equipment, *n.* paratoad, darpariaeth cyfarpar, celfi.
equipoise, *n.* cydbwysedd.
equitable, *a.* teg, cyfiawn, amhleidiol.
equity, *n.* 1. tegwch, cyfiawnder, ecwiti.
  2. undeb actorion, Equity.
equivalent, *a.* cyfwerth, cywerth, cyfartal.
equivocal, *a.* amwys, amhendant.
equivocate, *v.* bod yn amwys, cuddio'r gwir.
equivocation, *n.* amwysedd.
era, *n.* cyfnod, oes.
  BEFORE THE CHRISTIAN ERA, cyn cred.
eradiation, *n.* pelydriad, y weithred o daflu goleuni.
eradicate, *v.* diwreiddio, dinistrio'n llwyr, difodi.
eradication, *n.* diwreiddiad, difodiad.
eradicator, *n.* diwreiddiwr, difodwr.
erase, *v.* dileu, rhwbio i ffwrdd.
eraser, *n.* dilëwr.
erasure, *n.* dilead, y weithred o rwbio i ffwrdd.
ere, *prp. c.* cyn.
  ERE LONG, cyn bo hir.
erect, *a.* talsyth, syth, union. *v.* codi, adeiladu.

erection, *n.* adeilad, cyfodiad.
erector, *n.* codwr, adeiladydd.
erg, *n.* uned gwaith a grym, erg.
ermine, *n.* carlwm, ffwr carlwm.
erode, *v.* ysu, treulio, erydu.
erosion, *n.* ysiad, traul, erydiad.
erosive, *a.* ysol, erydol.
erosive agent, *n.* erydydd.
erotic, *a.* yn ymwneud â serch neu nwyd.
err, *v.* cyfeiliorni, methu.
errand, *n.* neges, cenadwri.
errant, *a.* 1. crwydr, crwydrol.
    2. cyfeiliornus.
erratic, *a.* ansicr, ansefydlog, crwydrol, anghyson.
erratum, *n.* (*pl.* **errata**), bai, beiau'r wasg.
erroneous, *a.* cyfeiliornus, anghywir, gwallus, o'i le.
erroneously, *ad.* ar gam.
error, *n.* 1. camgymeriad, amryfusedd, camsyniad, cyfeiliornad.
    2. bai, gwall.
    IN ERROR, ar gam.
    PRINTER'S ERROR, gwall argraffu, bai'r wasg.
erst, erstwhile, *ad.* gynt, yn flaenorol, cyn hyn.
erudite, *a.* dysgedig, gwybodus.
erudition, *n.* dysg, gwybodaeth.
erupt, *v.* torri allan, echdorri.
eruption, *n.* toriad allan, tarddiant.
eruptive, *a.* yn torri allan.
erysipelas, *n.* tân iddwf, fflamwydden, manwynion, dolur ar y croen.
erythrocytes, *np.* celloedd coch y gwaed.
erythema, *n.* erithema, dolur ar y croen.
escalator, *n.* grisiau symudol.
escapade, *n.* pranc, direidi.
escape, *n.* dihangfa, ymwared. *v.* dianc, ffoi, osgoi, colli.
    TO ESCAPE ONE'S MEMORY, mynd dros gof.
escapist, *n.* un sy'n ceisio osgoi bywyd fel y mae.
escarpment, *n.* sgarp, erchwyn, tarren.
eschatology, *n.* escatoleg, athrawiaeth y pethau diwethaf.
escheat, *v.* fforffedu (tir i'r goron ar farwolaeth un heb etifedd). *n.* siêd, fforffed.
escheator, *n.* siedwr.
eschew, *v.* gochel, osgoi.
escort, *n.* gosgordd, un sy'n hebrwng. *v.* hebrwng.
escritoire, *n.* desg, bord sgrifennu.

escutcheon, *n.* pais arfau, arfbais.
eskar, *n.* esgair, trum, cefn.
esoteric, *a.* cêl, cudd, cyfrinachol.
espagnolette, *n.* ysbaenoled, peth i gau drws neu ffenestr.
espalier, *n.* rhwyllwaith (i feithrin coed).
especial, *a.* arbennig, neilltuol.
especially, *ad.* yn arbennig, yn enwedig.
Esperanto, *n.* Esperanto, iaith byd.
espionage, *n.* gwaith ysbïwyr.
esplanade, *n.* rhodfa (glan y môr).
espousal, *n.* 1. priodas, dyweddïad.
    2. nawdd, cefnogaeth.
espouse, *v.* 1. priodi.
    2. noddi.
espy, *v.* gweld, canfod.
esquire, *n.* yswain (ysw.).
essay, *n.* traethawd, ysgrif, cynnig. *v.* cynnig, profi.
essayist, *n.* traethodwr, ysgrifwr.
essence, *n.* 1. hanfod, peth sy'n rhaid wrtho.
    2. perarogl.
essential, *n.* anghenraid. *a.* hanfodol, anhepgor.
    ABSOLUTELY ESSENTIAL, anhepgorol angenrheidiol.
essentials, *np.* anhepgorion.
establish, *v.* sefydlu, profi.
established, *a.* sefydledig.
establishment, *n.* sefydliad.
estate, *n.* ystad, etifeddiaeth.
esteem, *n.* parch, bri. *v.* parchu, edmygu.
estimable, *a.* teilwng, i'w ystyried, yn cyfrif.
estimate, *n.* cyfrif, amcangyfrif, barn. *v.* cyfrif, prisio, mesuroni.
estimated, *a.* wedi ei amcangyfrif, tybiedig.
estimation, *n.* 1. barn, syniad, mesuroniad, cewc.
    2. parch, edmygedd.
estrange, *v.* dieithrio.
estrangement, *n.* dieithrwch.
estreat, *n.* ystrêd.
estuary, *n.* aber, genau afon, moryd.
et cetera, *ad.* ac yn y blaen.
etch, *v.* cerfio (ar fetel), sur-gerfio.
etching, *n.* cerfiad, sur-gerfiad.
eternal, *a.* tragwyddol, bythol, anfarwol.
eternally, *ad.* byth, yn dragywydd.
eternity, *n.* tragwyddoldeb.
ether, *n.* ether, math o hylif ysgafn llosgedig.
    ETHER EXTRACT, trwyth ether.

ethereal, *a.* 1. ysgafn, awyrol.
2. nefol.
ethic, ethical, *a.* moesegol, ethig.
ethics, *np.* moeseg, gwyddor y da a'r drwg.
ethnic, *a.* ethnig, cenhedlig.
ethnography, *n.* disgrifiad o deithi cenhedloedd.
ethnology, *n.* gwyddor tylwythau, ethnoleg.
ethology, *n.* etholeg.
ethos, *n.* natur, ysbryd, naws.
etiquette, *n.* moesau, ymddygiad, arfer tai.
etymological, *a.* yn ymwneud â geirdarddiad.
etymology, *n.* geirdarddiad, gwyddor tarddiad geiriau.
eucalyptus, *n.* iwcalyptus, pren bythwyrdd (neu foddion a geir ohono).
eucharist, *n.* cymun, cymundeb, sagrafen.
eucharistic, *a.* cymunol.
eugenics, *np.* gwyddor epil iach.
eulogise, *v.* dweud yn dda am, clodfori, canmol. moli.
eulogist, *n.* canmolwr, molwr.
eulogistic, *a.* yn canmol, yn moli.
eulogy, *n.* molawd, moliant, clod.
euphemism, *n.* gair llednais, gair teg, math o droad ymadrodd.
euphonious, *a.* persain, perseiniol.
euphony, *n.* perseinedd, sain ddymunol.
euphuism, *n.* arddull chwyddog.
eurhythmics, *np.* symudiadau rhythmig, rhythmeg.
European, *n.* Ewropead, brodor o Ewrop. *a.* Ewropeaidd.
euthanasia, *n.* marwolaeth esmwyth ddi-boen.
evacuate, *v.* 1. ymgilio, ymadael â.
2. gwacáu.
evacuation, *n.* 1. ymgiliad.
2. gwacâd.
evacuee, *n.* un ffoëdig, ymadawr, ymgiliwr (*pl.* noddedigion).
evade, *v.* osgoi, gochel.
evaluate, *v.* prisio, cyfrif.
evaluation, *n.* prisiad, cyfrifiad.
evanesce, *v.* diflannu.
evanescence, *n.* diflaniad.
evanescent, *a.* diflanedig. yn diflannu, bach iawn.
evangel, *n.* efengyl, newydd da.
evangelical, *a.* efengylaidd.
evangelism, *n.* pregethu'r efengyl.
evangelist, *n.* efengylydd, efengylwr.
evangelize, *v.* efengylu, pregethu'r efengyl.

evaporate, *v.* ageru, troi'n ager, ymageru, anweddu.
evaporation, *n.* ageriad, ymageriad, anweddiad.
evasion, *n.* osgoad, gocheliad.
evasive, *a.* yn osgoi, cyfrwys, dichellgar.
eve, *n.* 1. min nos.
2. y noson cyn, noswyl, ychydig cyn.
even, *a.* gwastad, llyfn. *ad.* hyd yn oed. *n.* min nos, yr hwyr.
EVEN NUMBER, rhif gwastad, rhif rhwydd.
evening, *n.* min nos, yr hwyr, noswaith, noson.
evenness, *n.* gwastadrwydd, llyfndra.
evensong, *n.* prynhawnol weddi, gosber.
event, *n.* digwyddiad, amgylchiad, eitem.
IN THE EVENT OF, os bydd.
AT ALL EVENTS, beth bynnag.
eventful, *a.* llawn digwyddiadau.
eventide, *n.* yr hwyr, min nos.
eventual, *a.* mewn canlyniad, canlyniadol.
eventuality, *n.* posibilrwydd, digwyddiad posibl.
eventually, *ad.* o'r diwedd.
ever, *ad.* bob amser, yn wastad, byth, yn dragywydd, erioed.
EVER AND ANON, byth a hefyd.
evergreen, *a.* bythwyrdd, anwyw, anwywedig.
everlasting, *a.* tragwyddol, diddiwedd.
evermore, *ad.* byth, byth bythoedd, yn oes oesoedd.
every, *a.* pob.
EVERY OTHER, bob yn ail.
everybody, *pn.* pawb.
everyday, *a.* bob dydd, beunyddiol, arferol.
everyman, *n.* y dyn cyffredin.
everyone, *pn.* pob un, pawb.
everything, *pn.* popeth.
everywhere, *ad.* ym mhobman.
evict, *v.* gyrru allan, troi i maes.
eviction, *n.* y weithred o droi (deiliad) i maes.
evidence, *n.* tystiolaeth, prawf, gair.
IN EVIDENCE, amlwg.
evident, *a.* amlwg, eglur.
evil, *n.* drwg, drygioni. *a.* drwg, anfad.
evil-doer, *n.* drwgweithredwr, pechwr.
evince, *v.* dangos, arddangos.
evocation, *n.* galwad, gwŷs.
evoke, *v.* galw ar, gwysio, symud (i lys uwch).

evolution, *n.* datblygiad, esblygiad, tyfiant.

evolutionary, *a.* datblygiadol, esblygol.

evolutionist, *n.* credwr mewn datblygiad.

evolve, *v.* datblygu, tyfu.

ewe, *n.* mamog, dafad.

EWE LAMB, oen benyw.

ewer, *n.* jwg-ddŵr, ystên.

ex-, *px.* 1. cyn-.
2. allan o.

exact, *a.* cywir, manwl, union. *v.* mynnu, hawlio.

EXACTLY, i'r dim.

exacting, *a.* gorthrymus, yn gofyn gormod, manwl.

exaction, *n.* cribddail, hawlio'n eithafol.

exactness, exactitude, *n.* cywirdeb, manyldeb.

exaggerate, *v.* gorliwio, gorddweud, arfer gormodiaith.

exaggeration, *n.* gormodaeth, gormodiaith.

exalt, *v.* dyrchafu, mawrygu.

exaltation, *n.* dyrchafiad, gwerthfawrogiad.

examination, *n.* arholiad, archwiliad.

examine, *v.* chwilio, edrych, arholi.

examinee, *n.* un a arholir.

examiner, *n.* arholwr, archwiliwr.

example, *n.* enghraifft, patrwm.

exasperate, *v.* cythruddo, llidio, poeni'n ddirfawr.

exasperation, *n.* cythrudd, llid.

excavate, *v.* cloddio, chwilio am olion y cynoesoedd.

excavation, *n.* cloddiad, cloddio.

excavator, *n.* peiriant cloddio, un sy'n cloddio.

exceed, *v.* mynd dros ben, bod yn fwy na, rhagori ar.

exceedingly, *ad.* tros ben.

excel, *v.* rhagori, bod yn well na.

excellence, *n.* rhagoriaeth, godidowgrwydd, rhagoroldeb.

excellency, *n.* ardderchowgrwydd (fel teitl gŵr o fri).

excellent, *a.* rhagorol, campus, nobl y byd.

excelling, *a.* yn rhagori, godidog.

except, *prp.* oddieithr, ond, ac eithrio. *v.* eithrio.

exception, *n.* eithriad.

exceptional, *a.* eithriadol.

exceptive, *a.* eithriol.

excerpt, *n.* dyfyniad, detholiad.

excess, *n.* gormod, gormodedd, rhysedd.

excessive, *a.* gormodol, eithafol.

exchange, *n.* cyfnewidfa, cyfnewid. *v.* cyfnewid, ffeirio.

RATE OF EXCHANGE, cyfradd cyfnewid.

exchangeable, *a.* y gellir ei gyfnewid.

exchequer, *n.* trysorlys, trysorfa genedlaethol.

excisable, *a.* trethadwy, agored i'w dolli.

excise, *n.* toll. *v.* tolli, torri, trychu.

exciseman, *n.* tollydd, casglwr tollau.

excision, *n.* toriad (i maes), trychiad.

excitability, *n.* bod yn gynhyrfus, bod yn gyffrous, cyffro.

excitable, *a.* cynhyrfus, cyffrous.

excitation, *n.* cynhyrfiad, cyffroad, cyffro.

excite, *v.* cynhyrfu, cyffroi.

excitement, *n.* cynnwrf, cyffro.

exciting, *a.* cyffrous, cynhyrfus.

exclaim, *v.* llefain, gweiddi, dweud.

exclamation, *n.* llef, gwaedd, dywediad.

EXCLAMATION MARK, rhyfeddnod.

exclamatory, *a.* â llef, â gwaedd.

exclude, *v.* cau allan, cadw i maes, eithrio.

exclusion, *n.* gwrthodiad, gwaharddiad.

exclusive, *a.* cyfyngedig, unig, anghynhwysol.

exclusively, *ad.* yn hollol, yn gyfan gwbl.

excommunicate, *v.* ysgymuno, diarddel, torri i maes (o aelodaeth).

excommunication, *n.* ysgymuniad, diarddeliad.

excrement, *n.* ysgarthiad (o'r corff), ysgarthion.

excrescence, *n.* tyfiant afiach ar gorff.

excrescent, *a.* gorthyfol, gormodol, dros ben.

excreta, *n.* carthion, tom.

excrete, *v.* ysgarthu, alldaflu, taflu allan.

excretion, *n.* ysgarthiad, alldafliad.

excruciating, *a.* dirdynnol, arteithiol, poenus.

excursion, *n.* gwibdaith, pleserdaith.

excursionist, *n.* gwibdeithiwr, pleserdeithiwr.

excusable, *a.* esgusodol.

excuse, *v.* esgusodi. *n.* esgus.

execrable, *a.* gwarthus, atgas, ffiaidd, brwnt.

execrate, *v.* melltithio, ffieiddio, casáu.

execration, *n.* melltith, ffieiddiad, drygioni.

execute, *n.* 1. cyflawni, gwneud, gweithredu.

2. dienyddio, dodi i farwolaeth.

execution, *n.* 1. cyflawniad, gweithrediad.

2. dienyddiad.

executioner, *n.* dienyddiwr.

executive, *a.* gweithredol, gweithiol.

EXECUTIVE COMMITTEE, pwyllgor gwaith.

executor, *n.* ysgutor, un sy'n gyfrifol am ewyllys.

exegesis, *n.* esboniad, dehongliad.

exegetical, *a.* esboniadol, dehongliadol.

exemplary, *a.* teilwng, yn batrwm.

exemplify, *v.* bod yn enghraifft, egluro.

exempt, *a.* rhydd. *v.* rhyddhau, esgusodi, eithrio.

exemption, *n.* esgusodiad, rhyddhad, gollyngdod.

exercise, *v.* ymarfer. *n.* ymarfer, ymarferiad.

EXERCISE BOOK, llyfr ysgrifennu.

exert, *v.* ymdrechu, ymegnïo.

exertion, *n.* ymdrech, ymroddiad.

exhalation, *n.* y weithred o anadlu i maes, etc.

exhale, *v.* anadlu i maes (allan), gyrru (ager, etc.) i maes.

exhaust, *v.* 1. gwacáu, disbyddu.

2. diffygio. *n.* gwacáwr.

exhausted, *a.* diffygiol, lluddedig.

exhausting, *a.* blinedig, llafurus, lluddedig.

exhaustion, *n.* blinder, lludded.

exhaustive, *a.* trwyadl, trylwyr, disbyddol.

exhibit, *v.* dangos, arddangos.

exhibition, *n.* arddangosfa, arddangosiad.

exhibitioner, *n.* myfyriwr sy'n dal ysgoloriaeth.

exhibitionism, *n.* ymddygiad coegwych neu falch.

exhibitor, *n.* arddangoswr, dangoswr.

exhilarate, *v.* llonni, bywiogi.

exhilaration, *n.* llonder, bywiogrwydd.

exhort, *v.* annog, cymell, calonogi.

exhortation, *n.* anogaeth, cymhelliad.

exhumation, *n.* y weithred o godi corff o'r bedd.

exhume, *v.* datgladdu, codi corff o'r bedd.

exigence, exigency, *n.* rheidrwydd, gorfodaeth, anghenraid, rhaid.

exigent, *a.* o raid, pwysig, yn galw am sylw.

exiguous, *a.* prin, bychan, eiddil.

exile, *n.* alltud, alltudiaeth, deholiad. *v.* alltudio, deol.

exist, *v.* bod, bodoli, byw.

existence, *n.* bodolaeth, bywyd.

IN EXISTENCE, ar glawr, mewn bod.

existent, *a.* yn bod, presennol.

existential, *a.* dirfodol, ynglŷn â bodolaeth.

existentialism, *n.* dirfodaeth, athroniaeth gwerthoedd.

exit, *n.* mynediad allan, ffordd i fynd i maes.

exodus, *n.* ymadawiad.

exonerate, *v.* rhyddhau o fai.

exoneration, *n.* rhyddhad o fai.

exorbitance, *n.* gormodedd, eithafiaeth.

exorbitant, *a.* eithafol, gormodol.

exorcise, *v.* bwrw allan (gythreuliaid) trwy weddi.

exorcism, *n.* y weithred o fwrw allan (gythreuliaid).

exorcist, *n.* un sy'n bwrw allan (gythreuliaid).

exostasia, *n.* ecsostasia, cnepyn ar asgwrn.

exoteric, *a.* dealladwy, cyffredin, poblogaidd.

exothermic, *a.* ecsothermig.

exotic, *a.* estron, o wlad arall.

expand, *v.* ehangu, datblygu.

expanding, *a.* ymledol, hydwyth, ystwyth.

expanse, *n.* ehangder, helaethrwydd, lled.

expansion, *n.* ymlediad, datblygiad, ehangiad.

expansive, *a.* 1. eang.

2. hynaws (i ormodedd).

expatiate, *v.* ymhelaethu, manylu.

expatriate, *v.* alltudio, gyrru o'i wlad.

expect, *v.* disgwyl.

expectancy, *n.* disgwyliad.

expectant, *a.* yn disgwyl, disgwylgar.

expectation, *n.* disgwyliad.

expectorate, *v.* pesychu neu boeri afiechyd o'r frest, carthu'r frest, poergarthu.

expectoration, *n.* poer, poeryn.

expediency, *n.* buddioldeb, y cyfleus, addasrwydd.

expedient, *n.* dyfais, ystryw, cymorth. *a.* cymwys, cyfleus, addas, buddiol.

expedite, *v.* brysio, hyrwyddo.

expedition, *n.* 1. ymgyrch, alltaith.

2. brys, prydlondeb.

expeditionary, *a.* ar ymgyrch.

expeditious, *a.* brysiog, hwylus, cyflym.

expel, *v.* bwrw allan, diarddel.

expense, *n.* traul, cost.

expend, *v.* treulio, gwario.

expenditure, *n.* traul, treuliau.

expensive, *a.* prid, drud, costus.

experience, *n.* profiad. *v.* profi.

experienced, *a.* profiadol, cyfarwydd.

experiment, *n.* arbrawf, arbrofiad.

experimental, *a.* ar brawf, arbrofol.

expert, *n.* gŵr cyfarwydd, un celfydd. *a.* cyfarwydd, medrus, profiadol.

expertness, *n.* medr, medrusrwydd. deheurwydd.

expiate, *v.* gwneuthur iawn, dioddef cosb.

expiation, *n.* iawn.

expiration, *n.* 1. diwedd.
2. anadlu i maes.

expire, *v.* 1. anadlu i maes (allan).
2. darfod.
3. marw.

expiry, *n.* diwedd, terfyn.

explain, *v.* egluro, esbonio.

explanation, *n.* eglurhad, esboniad.

explanatory, *a.* eglurhaol, esboniadol.

expletive, *n.* 1. gair llanw.
2. rheg.

explicable, *a.* esboniadwy, y gellir ei esbonio.

explicate, *v.* datblygu, esbonio.

explicative, *a.* eglurhaol.

explicit, *a.* eglur, clir, esblyg.

explode, *v.* 1. ffrwydro.
2. dinoethi.

exploit, *n.* camp, gorchest. *v.* ymelwa ar, gweithio (pwll, etc.).

exploitation, *n.* ymelwad, ymelwa.

exploration, *n.* taith ymchwil, fforiad.

explore, *v.* chwilio, ymchwilio, arloesi.

explorer, *n.* ymchwiliwr, fforiwr.

explosion, *n.* ffrwydrad, tanchwa.

explosive, *a.* ffrwydrol, *n.* ffrwydrydd.

exponent, *n.* dehonglwr, esboniwr, cynrychiolydd, esbonydd.

exponential, *a.* esbonyddol.

exponible, *a.* esboniadwy.

export, *v.* allforio. *n.* allforiad.

exportation, *n.* allforio, allforiad.

exporter, *n.* allforiwr.

exports, *np.* allforion.

expose, *v.* dinoethi, dangos, datguddio.

exposition, *n.* 1. esboniad, disgrifiad.
2. arddangosiad.
    COUNTER-EXPOSITION,
    gwrthddangosiad (miwsig).

expositor, *n.* esboniwr.

expository, *a.* yn esbonio, esboniadol.

expostulate, *v.* gwrthdystio, ymresymu, ymliw.

expostulation, *n.* gwrthdystiad, ymresymiad.

exposure, *n.* 1. bod yn ddiamddiffyn.
2. dadleniad, dinoethiad.
3. llun.

expound, *v.* esbonio, dehongli, egluro.

express, *a.* 1. cyflym.
2. clir, cywir. *v.* mynegi, datgan. *n.* trên, negesydd.

expression, *n.* mynegiant, datganiad.

expressionism, *n.* hunanfynegiant (mewn celfyddyd).

expressionless, *a.* heb fynegiant, difynegiant.

expressive, *a.* yn mynegi, arwyddocaol, mynegiadol.

expressly, *ad.* yn eglur, yn unig swydd.

expropriate, *v.* difeddiannu.

expulsion, *n.* diarddeliad, gyriad (i maes).

expunge, *v.* dileu, croesi allan.

expurgate, *v.* dileu pethau atgas o lyfr, puro, glanhau.

expurgation, *n.* glanhad, dilead, puredigaeth.

exquisite, *a.* rhagorol, odiaeth, coeth.

extant, *a.* yn bod (o hyd), ar gael, ar gael a chadw, ar gadw, ar glawr.

extempore, *a.* ar y pryd, byrfyfyr.

extemporise, *v.* siarad o'r frest, traethu'n ddifyfyr, cyfansoddi ar y pryd.

extend, *v.* estyn, ymestyn, helaethu.

extensible, extensile, *a.* y gellir ei ymestyn, estynadwy.

extension, *n.* ymestyniad, helaethiad.

extensive, *a.* eang, helaeth.

extensiveness, *n.* ehangder, helaethder.

extent, *n.* maint, ehangder, helaethrwydd, stent.
    TO SOME EXTENT, i raddau.

extenuate, *v.* lleihau (bai), esgusodi.

extenuation, *n.* lleihad, esgus.

exterior, *n.* tu allan, tu faes. *a.* allanol, tu faes.

exterminate, *v.* difodi, dileu.

extermination, *n.* difodiad, dilead.

external, *a.* allanol, tu faes.

externality, *n.* allanoldeb.

externals, *np.* pethau dibwys neu arwynebol, allanolion.

extinct, *a.* diflanedig, wedi bod, wedi diffodd.

extinction, *n.* difodiant, dilead.

extinguish, *v.* diffodd, diddymu.

extinguishable, *a.* y gellir ei ddiffodd, diffoddadwy.

extinguisher, *n.* diffoddur, offeryn i ddiffodd tân.

extirpate, *v.* diwreiddio, difodi.

extirpation, *n.* diwreiddiad, difodiad.

extol, *v.* mawrygu, canmol.
extort, *v.* cribddeilio, mynnu trwy rym neu fygythion.
extortion, *n.* cribddeiliaeth.
extortionate, *a.* gormodol, eithafol.
extortioner, *n.* cribddeiliwr.
extra, *n.* ychwanegiad. *a.* ychwanegol, yn ychwaneg, mwy nag arfer. *prp.* tu allan i, tu hwnt i.
extract, *n.* detholiad, dyfyniad. *v.* 1. dethol, dewis.
   2. tynnu allan.
   3. distyllu.
extraction, *n.* 1. tyniad allan.
   2. bonedd, cyff, llinach, hil.
extradite, *v.* traddodi (i'w wlad ei hun).
extradition, *n.* y weithred o draddodi drwgweithredwr, trosroddiad.
extra-mural, *a.* y tu allan (i goleg, etc.)
   EXTRA-MURAL CLASSES, addysg bellach, dosbarthiadau allanol.
extraneous, *a.* 1. allanol.
   2. amherthynol.
extraordinary, *a.* anghyffredin, anarferol.
extravagance, *n.* gwastraff afradlonedd, gormodedd.
extravagant, *a.* gwastraffus, afradlon.
extravaganza, *n.* cyfansoddiad mewn iaith chwyddedig.
extraversion, *n.* alltro.
extravert, *a.* alltroëdig.
extreme, *n.* eithaf. *a.* eithaf, pellaf, eithafol.
extremely, *ad.* dros ben, anghyffredin.
extremist, *n.* un eithafol, un penboeth.
extremities, *np.* 1. traed a dwylo.
   2. mesurau eithafol.
   3. cyfyngder, enbydrwydd.
extremity, *n.* eithaf, pen draw.
extricate, *v.* rhyddhau.

extrication, *v.* rhyddhad.
extroversion, *n.* allblygiad, troi o chwith.
extrovert, *a.* annhueddol i hunanymchwil, allblyg.
extrude, *v.* gwthio allan, bwrw i maes.
extrusion, *n.* gwthiad i maes.
exuberance, *n.* 1. afiaith, hwyl.
   2. ffrwythlonrwydd.
exuberant, *a.* 1. afieithus, mewn hwyl dda.
   2. toreithiog.
exudation, *n.* archwys, chwysiant.
exude, *v.* chwysu, dod i maes.
exult, *v.* gorfoleddu, llawenychu.
exultant, *a.* gorfoleddus, llawen.
exultation, *n.* gorfoledd, llawenydd.
exzema, *n.* ecsema.
eye, *n.* llygad, crau (nodwydd). *v.* llygadu, sylwi ar, gwylio.
   PUPIL OF THE EYE, cannwyll y llygad.
   THE TWINKLING OF AN EYE, trawiad llygad, amrantiad.
eyeball,*n.*cannwyll y llygad, mablygad.
eyebright, *n.* effros, arian gwynion, math o blanhigyn.
eyebrow, *n.* ael.
eyelashes, *np.* blew yr amrant.
eyelet, *n.* olp, twll i gordyn, etc.
eyelid, *n.* amrant, clawr llygad.
eyeopener, *n.* agoriad llygad, peth syn, ffaith annisgwyl.
eye-piece, *n.* sylliadur, gwydr mewn ysbienddrych.
eyesight, *n.* golwg, y golygon.
eyesore, *n.* peth salw, hyllbeth.
eyetooth, *n.* dant llygad.
eyewitness, *n.* llygad-dyst.
eyrie, *n.* nyth eryr.

F

fable, *n.* chwedl, stori ddychmygol.
fabric, *n.* 1. defnydd. 2. adeilad.
fabricate, *v.* llunio, ffugio, ffabrigo.
fabricated, *a.* wedi ei lunio, ffabrigedig.
fabrication, *n.* ffug, anwiredd.
fabricator, *n.* lluniwr, dyfeisiwr, ffugiwr, ffabrigwr.
fabulous, *a.* chwedlonol, dychmygol.
facade, *n.* ffrynt (neu wyneb) adeilad.
face, *n.* wyneb, wynepryd. *v.* wynebu.
face-plate, *n.* plât wyneb.
facet, *n.* wyneb, ochr (gem, etc.).
facetious, *a.* cellweirus, ffraeth, doniol.

facetiousness, *n.* arabedd, digrifwch, cellwair, ffraethineb.
facial, *a.* wynebol, â'r wyneb.
facile, *a.* hawdd, rhwydd, ystwyth, hyblyg, hynaws.
facilitate, *v.* hwyluso, hyrwyddo.
facility, *n.* hwylustod, cyfleustra.
facsimile, *n.* copi (cywir), cyflun, ffacsimili.
fact, *n.* ffaith, gwirionedd.
   AS A MATTER OF FACT, yn wir, mewn gwirionedd.
faction, *n.* plaid, clymblaid, ymblaid.
factious, *a.* cwerylgar, cecrus.
factitious, *a.* ffug, wedi ei wneud.

factor

factor, *n.* ffactor, elfen, nodwedd.
  HIGHEST COMMON FACTOR (H.C.F.),
  y ffactor gyffredin fwyaf (FF.G.F.)
factorize, *v.* ffactóri.
factory, *n.* ffatri.
factotum, *n.* un llawddc, un dcheuig.
factual, *a.* ffeithiol.
faculty, *n.* 1. cynneddf.
  2. cyfadran (addysg).
fad, *n.* mympwy, chwilen.
faddist, *n.* un â chwilen yn ei ben,
  mympwywr.
fade, *v.* 1. gwywo, edwino.
  2. colli lliw.
faeces, *np.* ysgarthion, tom.
fag, *n.* 1. gwaith caled, lludded.
  2. gwas bach (i un hŷn).
  v. gweithio'n galed, blino.
faggot, *n.* 1. clwm o danwydd.
  2. ffagod, ffagoden.
fahrenheit, *a.* ar thermomedr fahren-
  heit.
fail, *v.* methu, ffaelu, diffygio.
  WITHOUT FAIL, yn ddi-ffael, heb
  ball.
failing, *n.* diffyg, bai, ffaeledd.
failure, *n.* methiant, pall, aflwyddiant.
fain, *a.* awyddus, parod, chwannog.
  HE WOULD FAIN, da fyddai ganddo.
faint, *n.* llewyg, llesmair. *a.* egwan,
  llesg, bron llewygu. *v.* llesmeirio,
  llewygu.
faintness, *n.* gwendid, llesgedd.
fair, *n.* ffair. *a.* 1. teg, glân.
  2. golau.
  3. gweddol, lled dda.
  FAIR PLAY, chwarae teg.
fairly, *ad.* 1. yn deg.
  2. yn weddol, yn lled dda.
fairness, *n.* tegwch, glendid.
fairy, *n.* (un o'r) tylwyth teg.
fairyland, *n.* gwlad y tylwyth teg.
fairy-ring, *n.* cylch y tylwyth teg,
  twmpath chwarae.
fairytale, *n.* stori am y tylwyth teg,
  stori wneud, stori hud.
faith, *n.* 1. ffydd.
  2. ymddiried, ymddiriedaeth.
faithful, *a.* ffyddlon, cywir.
faithfulness, *n.* ffyddlondeb, cywirdeb.
faithless, *a.* anffyddlon, na ellir di-
  bynnu ar-.
fake, *n.* ffug. *v.* ffugio.
fakir, *n.* ffacir, cardotyn Indiaidd.
falcon, *n.* hebog.
falconer, *n.* hebogydd.
falconry, *n.* hebogyddiaeth, dysgu
  hebogau.
faldstool, *n.* 1. cadair esgob.
  2. stól weddïo.

fang

fall, *n.* cwymp, codwm. *v.* 1. cwympo,
  syrthio.
  2. digwydd.
  FALLS, sgwd, pistyll, rhaeadr.
  TO FALL IN, 1. cymryd ei le.
  2. cytuno.
  TO FALL OUT, 1. gadael ei le.
  2. cwympo i maes, cweryla.
  TO FALL THROUGH, methu.
  TO FALL TO, dechrau.
fallacious, *a.* cyfeiliornus, camarwein-
  iol, gwallus.
fallacy, *a.* cyfeiliornad, gwall.
fallibility, *n.* ffaeledigrwydd, diffyg.
fallible, *a.* ffaeledig, gwallus, agored i
  fethu.
fallow, *n.* braenar. *v.* braenaru. *a.* mel-
  yngoch.
fallow-deer, *n.* danys, hydd, carw.
false, *a.* gau, ffug, celwyddog.
  FALSE STEP, cam gwag.
  FALSE TEETH, dannedd dodi
  (gosod).
falsehood, *n.* anwiredd, celwydd.
falsely, *ad.* ar gam.
falseness, *n.* twyll, dichell, ffalsrwydd.
falsetto, *n.* ffuglais, meinlais, canu
  mewn cywair uchel.
falsification, *n.* ffug, twyll.
falsify, *v.* ffugio, newid yn dwyllodrus,
  gwneud yn anghywir.
falter, *v.* petruso, methu, pallu.
faltering, *a.* petrusgar, llesg, aneglur.
fame, *n.* bri, clod, enwogrwydd.
famed, *a.* enwog, o fri, hyglod.
familiar, *a.* cynefin, cyfarwydd.
familiarity, *n.* cynefindra, agosat-
  rwydd.
familiarize, *v.* cynefino, cyfarwyddo.
family, *n.* teulu.
famine, *n.* newyn.
famish, *v.* newynu, bod ag eisiau
  bwyd.
famous, *a.* enwog, hyglod, o fri.
  FAMOUS MEN, enwogion.
fan, *n.* 1. gwyntyll.
  2. edmygydd.
  v. gwyntyllu.
fanatic, *n.* penboethyn, ffanatig.
fanatical, *a.* penboeth, gor-selog.
fanaticism, *n.* penboethni, ffanatig-
  iaeth.
fancier, *n.* un sy'n magu anifeiliaid neu
  adar gwerthfawr, ffansïwr.
fanciful, *a.* dychmygol, ffansïol.
fancy, *n.* dychymyg, ffansi, darfelydd.
  v. dychmygu, ffansïo.
fanfare, *n.* seiniau utgyrn, ffanffar.
fang, *n.* 1. dant hir (anifail).
  2. dant gwenwynig (neidr).

fanlight, *n.* ffenestr uwchben drws, ffenestr fach uchel.

fantastic, *a.* od, rhithiol, rhyfedd.

fantasy, *n.* crebwyll, mympwy, dychymyg, ffantasia.

far, *a.* pell, anghysbell. *ad.* ymhell, pell. AS FAR AS, hyd at.

farce, *n.* 1. ffars, dyli, rhith.
2. drama fer ddigrif, comedi fer.

farcical, *a.* chwerthinllyd, afresymol.

farcy, *n.* ffarsi, clefri mawr, gwahanglwyf y meirch.

fare, *n.* 1. cost, pris (cludo).
2. lluniaeth, bwyd. *v.* dod ymlaen.

farewell, *n.* ffarwél, ffárwel. *int.* yn iach, ffarwél, ffárwel.
TO BID FAREWELL, canu'n iach.

far-fetched, *a.* annhebygol, annaturiol.

farm, *n.* ffarm, fferm,tyddyn. *v.* ffarmo, ffarmio, amaethu, trin tir.

farmer, *n.* ffarmwr, ffermwr, amaethwr.
YOUNG FARMERS' CLUB, Clwb y Ffermwyr Ieuainc.

farmhouse, *n.* tŷ ffarm, ffermdy.

farming, *n.* gwaith ffarm, amaethyddiaeth, ffarmo, ffarmio.

farmstead, *n.* ffarm.

farmyard, *n.* buarth, clos, beili, iard.

farrago, *n.* cymysgwch, tryblith.

farrier, *n.* 1. meddyg anifeiliaid.
2. gof (pedoli).

farrow, *v.* dod â moch bach, bwrw perchyll. *n.* tor(llwyth) o foch. *a.* hesb.

farther, *a.* pellach.

farthest, *a.* pellaf.

farthing, *n.* ffyrling, ffyrlling.

farthingale, *n.* cylchbais.

fascinate, *v.* hudo, swyno.

fascinating, *a.* hudol, swynol.

fascination, *n.* hudoliaeth, swyn.

fascioliasis, *n.* clwy'r afu, braenedd.

fascism, *n.* ffasgaeth, ffasistiaeth.

fascist, *n.* ffasist. *a.* ffasistaidd.

fashion, *n.* arfer, dull, ffasiwn. *v.* llunio, gwneud.

fashionable, *a.* ffasiynol.

fast, *n.* ympryd. *v.* ymprydio, bod ar gythlwng.

fast, *a.* 1. sicr, tyn, sownd, diogel.
2. clau, cyflym, ymlaen (am gloc).

fasten, *v.* sicrhau, clymu, cau.

fastener, *n.* bach, gwäeg, clicied.

fastidious, *a.* anodd ei blesio, cysetlyd.

fastidiousness, *n.* bod yn anodd ei blesio, gorfanyldeb, mursendod.

fastness, *n.* 1. cyflymder.
2. amddiffynfa, lloches.

fat, *n.* braster, bloneg. *a.* bras, tew, blonegog.
FAT MEAT, cig bras, cig gwyn.

fatal, *a.* 1. marwol, angheuol, yn achosi angau, anaele.
2. tyngedfennol.

fatalism, *n.* tynghediaeth, bod tynged dyn wedi ei threfnu ymlaen llaw.

fatality, *n.* drwgdynged, trychineb.

fate, *n.* tynged, tynghedfen. *v.* tynghedu.

fateful, *a.* tyngedfennol, pwysig.

father, *n.* tad.
ON HIS FATHER'S SIDE, o du ei dad.

father-in-law, *n.* tad-yng-nghyfraith, chwegrwn.

fatherly, *a.* tadol.

fatherhood, *n.* tadolaeth, bod yn dad.

fatherland, *n.* gwlad enedigol.

fatherless, *a.* heb dad, amddifad.

fatherliness, *n.* bod yn dadol.

fathom, *n.* gwryd, chwe throedfedd. *v.* 1. plymio.
2. amgyffred, deall, dirnad.

fathomless, *a.* diwaelod, annirnadwy.

fatigue, *n.* blinder, lludded. *v.* blino.

fatness, *n.* tewder, braster.

fatten, *v.* tewhau, tewychu, pesgi.

fatty degeneration, *n.* dirywiad brasterog.

fatuity, *n.* ffolineb, ynfydrwydd.

fatuous, *a.* ffôl, dwl, ynfyd.

faucet, *n.* tap casgen, dwsel.

fault, *n.* bai, diffyg, nam, gwall, toriad. AT FAULT, ar fai.

faultless, *a.* di-fai, perffaith.

faulty, *a.* beius, diffygiol, gwallus.

faun, *n.* duw gwledig (Rhufeinig).

fauna, *n.* anifeiliaid (ardal neu gyfnod).

favour, *n.* cymwynas, ffafr, ffafor. *v.* ffafrio.
IN FAVOUR OF, o blaid.

favourable, *a.* ffafriol.

favourite, *n.* ffefryn, hoff beth, y gorau. *a.* hoff.

favouritism, *n.* ffafriaeth.

fawn, *n.* elain, hydd ifanc. *a.* llwyd olau. *v.* cynffonna, gwenieithio.

fay, *n.* ellyll, coblyn.

fealty, *n.* llw ffyddlondeb, ffyddlondeb, gwrogaeth.

fear, *n.* ofn, dychryn, braw. *v.* ofni, arswydo.

fearful, *a.* ofnus, dychrynllyd, arswydus.

fearless, *a.* di-ofn, dewr, gwrol.

fearlessness, *n.* ehofndra, hyfdra, dewrder.

fearsome, *a.* ofnadwy, dychrynllyd.

feasibility, *n.* posibilrwydd.

feasible, *a.* posibl, dichonadwy, ymarferol.

feast, *n.* gwledd, gŵyl. *v.* gwledda.
WEDDING FEAST, neithior.

feat, *n.* camp, gorchest, gwrhydri.

feather, *n.* pluen, plufyn. *v.* pluo, plufio.

feather-brained, *a.* dwl, ffôl.

feathered, *a.* pluog, â phlu, wedi ei blufio.

feather-weight, *a.* ysgafn iawn.

feathery, *a.* pluog, â phlu.

feature, *n.* 1. prydwedd, wynepryd.
2. nodwedd, arwedd.

featureless, *a.* di-nod, dibwys.

February, *n.* Chwefror, Mis Bach.

feculent, *a.* llawn gwaddod, mydlyd.

fecund, *a.* hiliog, epilgar, epiliog.

fecundity, *n.* epiliogrwydd, ffrwythlondeb.

federal, *a.* cynghreiriol, ffederal.

federalism, *n.* ffedraliaeth.

federate, *v.* uno (gwledydd), ffederu.

federation, *n.* cynghrair, undeb.

fee, *n.* tâl, cyflog, cyfraniad, ffi.

feeble, *a.* gwan, eiddil, gwachul.

feeble-mindedness, *n.* eiddilwch meddwl.

feebleness, *n.* gwendid, llesgedd, eiddilwch.

feed, *v.* 1. bwyda, porthi.
2. bwyta.
n. bwyd.

feel, *v.* teimlo, clywed, cyffwrdd.

feeler, *n.* teimlydd, ymchwiliad.

feeling, *n.* teimlad, synhwyriad.

feign, *v* cymryd ar, ffugio.

feigned, *a.* ffug, gau, twyllodrus.

feint, *n.* 1. ffug ymosodiad.
2. esgus, ffug.

felicitate, *v.* llongyfarch.

felicitation, *n.* llongyfarchiad.

felicitous, *a.* dedwydd, hapus, (gair) yn ei le.

felicity, *n.* dedwyddyd, hapusrwydd.

feline, *a.* 1. yn ymwneud â chath.
2. fel cath.

fell, *n.* 1. croen.
2. ffridd, rhos, mynydd-dir. *a.* cas, creulon, marwol. *v.* taro i lawr, torri lawr, cymynu.

fellow, *n.* 1. cymar, cyfaill.
2. cymrawd.
3. cyd-.
POOR FELLOW, druan bach, druan ohono.

fellow-feeling, *n.* cydymdeimlad, diddordeb.

fellowship, *n.* 1. cymdeithas, cyfeillach.
2. cymrodoriaeth.

felo-de-se, *n.* hunanladdiad.

felon, *n.* 1. troseddwr, ffelon.
2. ewinor, ffelwm.

felonious, *a.* ysgeler, dybryd, anfad.

felony, *n.* ysgelerder, anfadwaith.

felt, *n.* brethyn llawban. ffelt.

female, *n.* benyw, gwraig. *a.* benyw, benywaidd.

feminine, *a.* benywaidd.

femininity, *n.* bod yn fenywaidd.

feminism, *n.* hyrwyddo hawliau benywod, dylanwad benywaidd.

feminist, *n.* hyrwyddwr hawliau benywod.

fen, *n.* cors, corstir.

fence, *n.* ffens, clawdd. *v.* cau, amgau.

fencing, *n.* 1. gwneud ffens, ffens.
2. crefft defnyddio cleddyf.

fend, *v.* 1. bwrw'n ôl, cadw draw.
2. ymdaro, ymdopi.

fender, *n.* ffender.

ferment, *n.* 1. cynnwrf, cyffro, terfysg.
2. eples, lefain.
v. 1. cynhyrfu, terfysgu, cyffroi.
2. eplesu, lefeinio, gweithio.

fermentation, *n.* eplesiad.

fern, *n.* rhedynen.

ferocious, *a.* ffyrnig, gwyllt.

ferocity, *n.* ffyrnigrwydd.

ferret, *n.* ffured. *v.* ffuredu, ffureta.

ferric, *a.* fferrig, â haearn ynddo.

ferro-concrete, *n.* concrid wedi ei gadarnhau.

ferrous, *a.* fferrus, o haearn.

ferrule, *n.* fferrel, amgarn, fferul.

ferry, *n.* fferi, porth. *v.* rhwyfo dros, cludo dros.

ferry-boat, *n.* **ysgraff,** ceubal.

ferry-man, *n.* ysgraffwr, rhwyfwr.

fertile, *a.* ffrwythlon, toreithiog, ffaeth.

fertilisation, *n.* gwrteithiad, ffrwythloniad.

fertility, *n.* ffrwythlondeb.

fertilize, *v.* ffrwythloni, gwrteithio.

fertilizer, *n.* gwrtaith, tail, achles.

fervency, *n.* taerineb, brwdfrydedd, tanbeidrwydd.

fervent, *a.* gwresog, brwd, eiddgar, selog.

fervid, *a.* brwd, gwresog, dwys, angerddol.

fervour, *n.* brwdfrydedd, taerineb.

fescue, *n.* peisgwellt.

festal, *a.* 1. yn ymwneud â gwledd.
2. llon, llawen.

fester, *v.* magu crawn, crawni, gori, crynhoi, madru.

festival, *n.* gŵyl, dydd gŵyl.
SINGING FESTIVAL, cymanfa ganu.
festive, *a.* llawen, llon.
festivity, *n.* miri, rhialtwch, hwyl.
festoon, *n.* rhaff flodau, (rubanau, etc.), plethdorch, coronbleth.
fetch, *v.* cyrchu, hôl, nôl, ymofyn.
fete, *n.* gŵyl, miri, parti.
fetid, *a.* drewllyd, â gwynt cas.
fetish, *n.* eilun, peth a berchir yn afresymol.
fetlock, *n.* egwyd, bacsau.
fetter, *n.* 1. llyffethair, gefyn, hual.
2. rhwystr.
v. 1. llyffetheirio, gefynnu, hualu.
2. rhwystro, atal.
fettle, *n.* cyflwr, stad.
feu, *n.* tir ar rent.
feud, *n.* cynnen oesol, ymrafael.
feudal, *a.* ffiwdal, ffiwdalaidd.
feudalism, *n.* ffiwdalaeth.
fever, *n.* twymyn, gwres.
SCARLET FEVER, clefyd coch.
feverfew, *n.* wermod wen.
feverish, *a.* 1. â gwres ynddo.
2. cynhyrfus.
few, *a.* ychydig, prin.
fewness, *n.* prinder, anamlder.
fez, *n.* cap Twrc.
fiancé, *n.* (*f.* **fiancée**), cariad (wedi ei ddyweddïo).
fiasco, *n.* methiant hollol.
fiat, *n.* gorchymyn, arch.
fib, *n.* celwydd, anwiredd. *v.* dweud celwydd.
fibber, *n.* celwyddgi.
fibre, *n.* edefyn, brigyn, defnydd, ffibr.
fibreboard, *n.* bwrdd ffibr.
fibrosis, *n.* ffibrosis.
fibrous, *a.* edafog.
fickle, *a.* cyfnewidiol, di-ddal, anwadal, gwamal, wit-wat.
fickleness, *n.* anwadalwch, ansefydlogrwydd, gwamalrwydd.
fiction, *n.* llên ystorïol, stori ddychmygol, anwiredd.
fictitious, *a.* ffug, ffugiol, dychmygol.
fiddle, *n.* ffidil, crwth. *v.* 1. canu'r ffidil. 2. tolach, gwingo, ffidlan.
fiddler, *n.* canwr ffidil, ffidler.
fiddlestick, *n.* bwa crwth.
FIDDLESTICKS, lol, twt-y-baw.
fiddle-string, *n.* tant crwth.
fiddling, *a.* dibwys, mân.
fidelity, *n.* ffyddlondeb, teyrngarwch, cywirdeb.
fidget, *v.* ffwdanu, aflonyddu. *n.* un ffwdanus, un aflonydd.
fidgety, *a.* aflonydd, ffwdanus, anesmwyth.

fie, *int.* rhag cywilydd ! ffei !
fief, *n.* 1. tir (ar rent).
2. treftadaeth.
field, *n.* cae, maes, dôl, gwaun.
fielder, *n.* daliwr (mewn criced, etc.).
fieldfare, *n.* sogiar, caseg y ddrycin.
fieldglass, *n.* ysbienddrych.
fieldmarshal, *n.* maeslywydd, cadlywydd.
fieldwork, *n.* gwaith maes.
fiend, *n.* ellyll, cythraul.
fiendish, *a.* dieflig, cythreulig.
fierce, *a.* ffyrnig, milain.
fierceness, *n.* ffyrnigrwydd, mileindra.
fiery, *a.* tanllyd, tanbaid.
fife, *n.* chwibanogl, math o ffliwt, pib.
fifer, *n.* pibydd.
fifteen, *a.* pymtheg, un deg pump.
fifteenth, *a.* pymthegfed.
fifth, *a.* pumed.
FIFTH COLUMN, y bumed golofn, bradwr.
fiftieth, *a.* degfed a deugain, hanner canfed.
fifty, *a.* hanner cant, pum deg.
FIFTY-FIFTY, hanner a hanner.
fig, *n.* ffigysen.
fight, *n.* ymladd, brwydr. *v.* ymladd, brwydro, rhyfela.
fighter, *n.* ymladdwr.
figment, *n.* dychymyg, dywediad dychmygol.
fig-tree, *n.* ffigysbren.
figuration, *n.* ffurfiad, lluniad, cynlluniad.
figurative, *a.* ffigurol, arwyddluniol, arwyddol.
figure, *n.* 1. llun, ffurf.
2. rhif, ffigur.
v. 1. ffurfio, llunio.
2. cyfrif, rhifo.
3. ymddangos.
FIGURE OF SPEECH, dull neu ffigur ymadrodd, troad ymadrodd.
CARRYING FIGURE, rhif i'w gario.
SIGNIFICANT FIGURES, rhifau arwyddocaol.
figurehead, *n.* 1. addurn ar long.
2. arweinydd (mewn enw'n unig).
figwort, *n.* gwenith y gog, math o blanhigyn.
filament, *n.* edefyn, gwifren fain.
filamentous, *a.* edafog.
filbert, *n.* cneuen (wedi ei thrin).
filch, *v.* lladrata, dwyn.
file, *n.* 1. rhathell, ffeil.
2. rhestr.
v. rhathu, ffeilo, ffeilio, rhygnu.
filial, *a.* mabol, yn ymwneud â mab neu ferch.

filibuster, *n.* rhyfelwr (heb awdurdod), herwr, terfysgwr, rhwystrwr dadl.

fill, *n.* llond, digon, gwala. *v.* llenwi, llanw.

     TO FILL WITH WATER, llanw o ddŵr.

fillet, *n.* 1. ruban (gwallt).

     2. golwythyn, tafell.

     3. llain.

     FILLET WELD, leinasio.

filleted, *a.* lleiniog, rhanedig.

fillip, *n.* 1. clic (â'r bys a'r bawd).

     2. symbyliad, hwb.

filly, *n.* eboles, swclen.

film, *n.* 1. caenen, pilen.

     2. ffilm.

     v. ffilmio, gwneud ffilm.

film-projector, *n.* peiriant dangos ffilmiau.

film-strip, *n.* striplun, stribed ffilm.

filmy, *a.* tenau, fel pilen.

filoplume, *n.* cor-bluen.

filter, *n.* hidl, hidlydd, rhidyll. *v.* hidlo, rhidyllu.

filth, *n.* baw, bryntni, budreddi, mochyndra.

filthiness, *n.* aflendid, bryntni.

filthy, *a.* brwnt, aflan, budr, mochaidd.

filtrate, *v.* hidlo. *n.* hidlif.

filtration, *n.* hidliad, hidlad.

fin, *n.* asgell, adain, aden.

final, *a.* terfynol, olaf. *n.* prawf terfynol.

     FINAL CLAUSE, cymal pwrpas.

finale, *n.* diwedd cerdd, terfyniad.

finalist, *n.* ymgeisydd yn y prawf terfynol.

finality, *n.* diwedd popeth, terfynoldeb.

finally, *ad.* o'r diwedd, yn olaf.

finance, *n.* cyllid, arian y cyhoedd, arianneg.

financial, *a.* cyllidol, ariannol.

     FINANCIAL TRANSACTIONS, trafodion ariannol.

financier, *n.* cyllidwr, ariannwr, ariannydd.

finch, *n.* asgell fraith, pinc.

find, *n.* darganfyddiad, caffaeliad, dofod. *v.* darganfod, dod o hyd i.

finder, *n.* darganfyddwr.

finding, *n.* 1. darganfyddiad.

     2. dedfryd, barn llys.

fine, *a.* teg, hardd, gwych, braf.

     FINE LINEN, lliain main.

fine, *n.* dirwy, arian cosb, tâl. *v.* dirwyo, cosbi.

fineness, *n.* tegwch, meinder, gwychder.

finery, *n.* gwychder, dillad gwych.

finesse, *n.* ystryw, dichell.

finger, *n.* bys. *v.* bodio, bysio.

     LITTLE FINGER, bys bach.

     THIRD FINGER, bys y fodrwy.

     MIDDLE FINGER, y bys canol.

finger-post, *n.* mynegbost, mynegfys.

finger-print, *n.* argraff bys, marc bys.

finger-tips, *np.* blaenau bysedd.

finical, *a.* gorfanwl, mursennaidd, cysetlyd.

finis, *n.* diwedd, pen.

finish, *n.* diwedd, terfyn, gorffeniad. *v.* diweddu, gorffen, dibennu.

     I HAVE FINISHED, yr wyf wedi dibennu (gorffen).

finite, *a.* 1. meidrol, o fewn terfynau.

     2. meidraidd.

     n. meidredd.

fiord, fjord, *n.* culfor, cilfach, ffiord.

fir, *n.* ffynidwydden, fferren.

fire, *n.* tân. *v.* tanio, ennyn.

     FIRE WELD, tanasio.

     WILDFIRE, tân gwyllt.

fire-arm, *n.* dryll, gwn, etc.

fire-brand, *n.* 1. pentewyn, pren llosg.

     2. terfysgwr.

fire-brigade, *n.* brigâd-tân.

fire-damp, *n.* tanchwa, nwy taniol mewn pwll glo.

fire-engine, *n.* peiriant tân.

fire-escape, *n.* ysgol ddianc, grisiau tân.

firefly, *n.* pryf-tân, magïen.

fireguard, *n.* gârd, sgrin-dân, gwyliwr tân.

fireman, *n.* un o'r brigâd-tân, diffoddwr tân, tanwr.

fireplace, *n.* lle-tân.

fire-raiser, *n.* un sy'n dodi peth ar dân, llosgwr.

fire-screen, *n.* sgrin-dân.

fireside, *n.* aelwyd.

fire-watcher, *n.* gwyliwr tân.

firewood, *n.* tanwydd, cynnud.

fireworks, *np.* tân gwyllt.

firm, *n.* ffyrm, cwmni. *a.* cadarn, ffyrf, cryf, digyffro, diysgog.

firmament, *n.* ffurfafen, nen, wybren.

firmness, *n.* cadernid, cryfder.

first, *a.* cyntaf, blaenaf, pennaf. *ad.* yn gyntaf.

first-aid, *n.* cymorth union, triniaeth feddygol gynnar, ymgeledd parod.

first-born, *a.* cyntafanedig.

first-fruits, *np.* blaenffrwyth.

firsthand, *a.* yn uniongyrchol, o lygad y ffynnon.

first-rate, *a.* campus, ardderchog, rhagorol.

firth, frith, *n.* aber, cainc o fôr, culfor.

fiscal, *a.* cyllidol, ynglŷn ag incwm.

fish, *n.* pysgodyn. *v.* pysgota, genweirio.

    FISH AND CHIP SHOP, tafarn datws.

fisherman, *n.* pysgotwr, pysgodwr.

fishery, *n.* 1. pysgota.

    2. lle i bysgota, pysgodfa.

fishing, *n.* pysgota.

fishing-rod, *n.* gwialen bysgota, genwair.

fishmonger, *n.* gwerthwr pysgod.

fishpond, *n.* pysgodlyn.

fishy, *a.* 1. yn ymwneud â physgod.

    2. amheus.

fissile, *a.* tueddol i hollti, holltadwy.

fission, *n.* holltiad, rhwygiad, ymhollti.

fissure, *n.* hollt, agen, rhych.

fist, *n.* dwrn.

fisticuffs, *np.* ymladd â dyrnau, paffio.

fistula, *n.* ffistwla, wlser bibellog, cornwyd.

fit, *n.* 1. llewyg, haint.

    2. ffit, mympwy, chwilen.

    3. mesur.

    a. 1. addas, cymwys.

    2. mewn cyflwr da.

    v. 1. ateb, gweddu, ffitio, taro.

    2. cymhwyso.

fitful, *a.* gwamal, anwadal, oriog.

fitness, *n.* addasrwydd, cymhwyster.

fitter, *n.* 1. ffitiwr (dillad).

    2. ffiter (peiriannau).

fitting, *a.* priodol, gweddus.

fittings, *np.* celfi (offer) sefydlog.

five, *a.* pump, pum.

fivefold, *a.* pum waith, cymaint bumwaith, pumplyg.

fix, *n.* cyfyng-gyngor, anhawster.

    v. 1. sicrhau, sefydlu.

    2. trefnu.

fixation, *n.* digroniad, sefydlogiad.

fixed, *a.* sefydlog, diysgog, cadarn.

    FIXED-WHEEL, olwyn gaeth.

fixity, *n.* sefydlogrwydd, bod yn ddiysgog.

fixture, *n.* 1. peth sefydlog, peniant.

    2. amser (gêm, etc.).

fizz, *v.* sïo.

fizzle, *v.* sïo, hisian.

    TO FIZZLE OUT, darfod yn swta.

flabbergast, *v.* syfrdanu, synnu'n fawr.

flabby, *a.* llipa, meddal, llac.

flaccid, *a.* llipa, meddal, llac.

flag, *n.* 1. llech.

    2. lluman, baner.

    3. gellhesg (blodyn).

    v. llaesu, llesgáu, llumanu.

flagellate, *v.* fflangellu, ffrewyllu.

flagellation, *n.* fflangelliad, ffrewylliad.

flagellum, *n.* fflangell.

flageolet, *n.* pibell, chwibanogl.

flagon, *n.* costrel, potel fawr.

flagrancy, *n.* drwg amlwg, anfadwaith.

flagrant, *a.* dybryd, amlwg, gwarthus.

flagship, *n.* llong llyngesydd.

flail, *n.* ffust, offeryn dyrnu.

flair, *n.* greddf, tuedd gref, dawn.

flake, *n.* 1. caenen, haenen, pilen, cen.

    2. pluen (eira).

flaky, *a.* tenau, fel pluen eira.

flamboyant, *a.* gwych, gorwych, coegwych.

flame, *n.* fflam. *v.* fflamio, ffaglu.

flamingo, *n.* fflamingo, math o aderyn hirgoes.

flange, *n.* asgell, codiad ar ymyl olwyn.

flank, *n.* ystlys, ochr, asgell. *v.* ymylu, ystlysu, sefyll wrth ochr.

flannel, *n.* gwlanen.

flannelette, *n.* gwlanenêd.

flap, *n.* llabed. *v.* ysgwyd adenydd.

flare, *n.* fflach, golau. *v.* fflachio, tanio.

flash, *n.* fflach, mellten. *v.* fflachio.

    A FLASH IN THE PAN, llwyddiant dros dro.

flashing indicator, *n.* arwydd sy'n fflachio, cyfeirydd.

flashlight, *n.* fflachlamp, lamp drydan.

flashy, *a.* gorwych, coegwych.

flask, *n.* potel fach, ffiol, costrel, fflasg.

flat, *n.* 1. gwastad, gwastadedd, gwastatir.

    2. fflat, rhan o dŷ.

    3. meddalnod (miwsig).

    4. bad, cwch.

    a. 1. gwastad, llyfn.

    2. diflas.

    3. fflat (canu).

flatfish, *n.* lleden.

flatness, *n.* gwastadrwydd, llyfnder.

flatten, *v.* gwastatáu.

flatter, *v.* gwenieithio, seboni.

flatterer, *n.* gwenieithiwr, sebonwr.

flattery, *n.* gweniaith.

flatulence, *n.* gwynt ar yr ystumog (yn y cylla).

flaunt, *v.* ymddwyn yn falch, rhodresa.

flautist, *n.* canwr ffliwt.

flavour, *n.* blas, sawr. *v.* blasu, rhoi blas.

flaw, *n.* 1. hollt, rhwyg.

    2. diffyg, bai.

flawless, *a.* dinam, perffaith.

flax, *n.* llin, cywarch.

flaxen, *a.* 1. (peth) o lin.

    2. melynwyn, golau.

flay, *v.* blingo, digroeni.

flea, *n.* chwannen.

fleck, *n.* smotyn, brychni. *v.* brychu, britho.

flection, *n.* plygiad, camedd.

fledge, *v.* magu plu, gorchuddio â phlu.

fledgeling, fledgling, *n.* 1. aderyn ifanc, cyw.
2. un dibrofiad.

flee, *v.* ffoi, cilio, dianc.

fleece, *n.* cnu. *v.* 1. cneifio.
2. ysbeilio.

fleecy, *a.* gwlanog.

fleet, *n.* llynges. *a.* cyflym, buan, chwim, chwimwth.

fleeting, *a.* diflanedig, dros dro.

fleetness, *n.* cyflymder, buander.

flesh, *n.* cnawd, cig.
FLESH AND BLOOD, cig a gwaed.
FLESH AND BONES, cnawd ac esgyrn.

fleshy, fleshly, *a.* cigog, tew, cnodiog, cnawdol.

fleur-de-lis, *n.* gellhesg.

flex, *n.* gwifren drydan, gwifren ystwyth. *v.* plygu.

flexibility, *n.* ystwythder, hydwythedd, hyblygrwydd.

flexible, *a.* ystwyth, hyblyg, hydwyth.

flexion, *n.* plygiad, camedd, plygiant.

flick, *n.* ergyd ysgafn, ysgytiad. *v.* taro'n ysgafn.

flicker, *v.* dychlamu, neidio (lan a lawr).

flier, *n.* 1. ehedydd.
2. hedfanwr, ehedwr.

flight, *n.* 1. hedfa, ehediad, haid (o adar), hediad.
2. ffo.
FLIGHT OF STAIRS, rhes o risiau.

flightiness, *n.* gwamalrwydd, ysgafnder.

flight-lieutenant, *n.* swyddog yn y llu awyr, awyr-lifftenant.

flighty, *a.* gwamal, penchwiban, diddal.

flimsiness, *n.* gwendid, teneudra, eiddilwch, llesgedd.

flimsy, *a.* gwannaidd, bregus, gwacsaw. *n.* papur tenau.

flinch, *v.* gwingo, syflyd.

fling, *v.* taflu, bwrw, lluchio. *n.* tafliad, ergyd.

flint, *n.* callestr, carreg dân, fflint.

flip, *n.* ergyd ysgafn. *v.* taro'n ysgafn.

flippancy, *n.* ffraethineb, siarad ysgafn, bod yn dafodrydd.

flippant, *a.* tafodrydd, gwamal, ffraeth, ysgafn.

flipper, *a.* 1. asgell neu aden pysgodyn.
2. coes morlo.

flirt, *v.* cellwair caru, fflyrtan.

flirtation, *n.* cellwair caru, fflyrtan.

flit, *v.* 1. gwibio, symud yn gyflym.
2. symud, mudo.

flitch, *n.* ystlys mochyn, hanerob.

float, *v.* nofio, marw-nofio, arnofio. *n.* cart, trol.

floating, *a.* arnawf.

flocculate, *v.* gronynnu, crynhoi.

flocculation, *n.* gronyniad, crynhoad.

flock, *n.* praidd, diadell, haid, gyr. *v.* heidio, tyrru.

floe, *n.* iâ tenau (sy'n nofio), ffloch.

flog, *v.* fflangellu, chwipio, wado.

flogging, *n.* fflangelliad, cosfa, curfa.

flood, *n.* llif, dilyw, llifeiriant. *v.* llifo, llifeirio, gorlifo.

floodgate, *n.* fflodiad, fflodiart, llifddor.

floodlight, *v.* llif-oleuo, goleuo'r tu faes. *n.* goleuni llachar, llifolau.

floodlit, *a.* wedi ei oleuo.

flood-tide, *n.* llanw.

floor, *n.* llawr. *v.* llorio, bwrw i'r llawr, bwrw i lawr.

floor-cloth, *n.* clwtyn llawr.

flop, *v.* cwympo'n ffradach, symud yn lletchwith. *n.* methiant, cwymp.

flora, *np.* planhigion ardal, llysieueg.

floral, *a.* blodeuol, ynglŷn â blodau.

floret, *n.* blodigyn, blodyn.

florid, *a.* 1. blodeuog.
2. gwridog, cochlyd.

florin, *n.* deuswllt, ffloring (*pl.* -od).

florist, *n.* tyfwr (neu werthwr) blodau.

floss, *n.* mân blu, sidanblu.

flotilla, *n.* llynges fach.

flotsam, *n.* broc môr (ar ôl llongddrylliad).

flounce, *v.* gwylltu, gwylltio, neidio a dawnsio. *n.* 1. ysbonc, llam.
2. hem, ymyl (gwisg).

flounder, *v.* ymdrybaeddu, bustachu (mewn dŵr neu fwd). *n.* lleden (math o).

flour, *n.* blawd, can, peilliaid.

flourish, *n.* 1. rhwysg, rhodres.
2. canu cyrn.
v. 1. blodeuo, llwyddo, ffynnu.
2. chwifio, ysgwyd.

flourishing, *a.* llewyrchus, llwyddiannus, blodeuog.

flout, *v.* gwawdio, diystyru, wfftio.

flow, *n.* 1. llif, llanw, dylif.
2. digonedd.
v. llifo, llifeirio.

flower, *n.* blodeuyn, fflur. *v.* blodeuo.

flowery, *a.* blodeuog.

flowing, *a.* 1. llifeiriol, rhugl, llithrig.
2. llaes, llac, rhydd.

fluctuate, *v.* amrywio, cyfnewid.

fluctuating, *a.* ansefydlog, yn amrywio.

fluctuation, *n.* amrywiad, cyfnewidiad.

flue, *n.* simnai.

fluency, *n.* rhwyddineb ymadrodd, llithrigrwydd.

fluent, *a.* rhugl, llithrig, rhwydd.

fluff, *n.* manflew, blewach, inas (*coll.*).

fluffy, *a.* blewog, gwlanog.

fluid, *n.* hylif, gwlybwr. *a.* gwlyb, yn llifo.

fluke, *n.* 1. bach (angor).
  2. llyngyren, pryf yr afu.
  3. tro ffodus.

flummery, *n.* 1. llymru, bwdran, sucan.
  2. truth, dyli.

flummox, *v.* syfrdanu, drysu, peri penbleth.

fluorescence, *n.* ffliworoleuedd. llifolau.

fluorescent (lighting), *a.* ffliworoleuo, llifoleuo.

fluoride, *d.* fflworin.

fluorine, *n.* ffluorin, fflworin.

flurried, *a.* ffwdanus, ffwndrus.

flurry, *n.* cyffro, ffwdan. *v.* cyffroi, ffwdanu.

flush, *n.* 1. gwrid, cochni.
  2. rhuthr dŵr.
  v. 1. cochi, gwrido.
  2. golchi.
  a. cyfwyneb.

fluster, *v.* cynhyrfu, cyffroi, ffwdanu. *n.* cyffro, ffwdan.

flute, *n.* chwibanogl, ffliwt.

flutter, *n.* cyffro, symud. *v.* 1. siffrwd, crynu.
  2. dychlamu, sboncio, neidio.
  3. curo (adenydd), ysgwyd.

fluvial, *a.* yn ymwneud ag afonydd.

flux, *n.* 1. llifo.
  2. newid.
  3. dylif.

fly, *n.* cleren, cylionen, pryf, gwybedyn.
  v. 1. ehedeg, hedfan.
  2. ffoi, cilio.
  3. ysgwyd, codi (baner).

flyer, flier, *n.* 1. ehedwr, awyrennwr.
  2. diangwr.

flying, *a.* 1. hedegog, yn hedfan.
  2. cyflym, brysiog.

flying-boat, *n.* awyren fôr, cwch awyr.

flying-officer, *n.* is-swyddog yn y llu awyr, swyddog hedeg.

flyleaf, *n.* dalen sbâr (ar ddechrau neu ddiwedd llyfr).

fly-past, *n.* arddangosfa awyrennau.

flywheel, *n.* olwyn drom (i reoli peiriant), chwylolwyn.

foal, *n.* ebol, eboles.
  IN FOAL, cyfebol, cyfeb.

foam, *n.* ewyn, distrych. *v.* ewynnu, bwrw ewyn.

foamy, *a.* ewynnog.

fob, *v.* (off), twyllo (trwy roddi neu werthu peth gwael). *n.* poced wats.

focal, *a.* canolbwyntiol.

focus, *n.* canolbwynt, canolfan. *v.* canolbwyntio.

fodder, *n.* porthiant, ebran, bwyd (sych).

foe, *n.* gelyn, gwrthwynebydd.

foetus, *n.* rhith, embryo sy'n datblygu.

fog, *n.* 1. niwl, tarth, caddug.
  2. adladd, ffwg.
  FOG FEVER, clefyd yr adladd.

fogey, *n.* un hen ffasiwn, un od.

foggy, *a.* niwlog, myglyd.

foghorn, *n.* corn rhybudd (i longau).

foible, *n.* man gwan, gwendid.

foil, *v.* rhwystro, atal. *n.* 1. dalen (o fetel).
  2. cleddyf ffensio.

foist, *v.* twyllo (trwy ddichell), gwthio ar.

fold, *n.* 1. plyg.
  2. corlan, ffald, lloc, defeity.
  v. 1. plygu.
  2. plethu (dwylo).
  3. corlannu.

folder, *n.* 1. pamffled (o ddail plyg).
  2. portffolio.

foliage, *n.* dail (planhigion).

foliation, *n.* deiliad, deilio, rhannu'n ddail.

folio, *n.* dalen, dalen unplyg, llyfr gwaith, casgliad (o fapiau, etc.).

folk, *n.* pobl, dynion, gwerin. *pl.* perthnasau, tylwyth.

folk-dance, *n.* dawns werin.

folklore, *n.* llên werin, credoau traddodiadol.

folk-song, *n.* cân werin.

follicle, *n.* cib, cibyn, plisgyn, hadlestr, chwarren fechan.

follow, *v.* dilyn, canlyn.

follower, *n.* dilynwr, canlynwr.

following, *a.* canlynol, dilynol, nesaf.

folly, *n.* ynfydrwydd, ffolineb, ffwlbri.

foment, *v.* 1. dodi powltis ar.
  2. cyffroi, ennyn, cynhyrfu.

fomentation, *n.* powltis.

fond, *a.* hoff, annwyl, cu.

fondle, *v.* anwylo, anwesu, tolach, maldodi.

fondness, *n.* hoffter.

font, *n.* bedyddfaen.

food, *n.* bwyd, ymborth, lluniaeth.

fool, *n.* ynfyd, ynfytyn, ffŵl, mwlsyn.
  v. 1. twyllo.
  2. ofera.
  3. ynfydu.

foolery, *n.* ffwlbri, ffiloreg.

foolhardiness, *n.* byrbwylltra, rhyfyg, gwylltineb.
foolhardy, *a.* rhyfygus, digywilydd.
fooling, *n.* cellwair, ysmaldod.
foolish, *a.* ynfyd, ffôl, angall.
foolishness, *n.* ynfydrwydd, ffolineb.
foolproof, *a.* diogel, yn gwrthsefyll.
foolscap, *n.* dalen (neu amlen) fawr, ffwlsgab.
foot, *n.* 1. troed.
 2. troedfedd.
 3. bar (barddoniaeth), corfan.
 v. troedio.
 FOOT ROT, dolur y traed, clwy'r traed.
 FOOT AND MOUTH DISEASE, dolur (clwyf) y traed a'r genau.
football, *n.* pêl-droed.
footballer, *n.* peldroediwr.
footbrake, *n.* brêc troed.
footbridge, *n.* pompren, pont droed.
footfall, *n.* sŵn troed.
foot-fault, *n.* camdroedio (tenis).
foothold, *n.* troedle.
footing, *n.* sefyllfa, safle.
footman, *n.* gwas (â lifrai).
footmark, *n.* ôl troed.
footnote, *n.* is-nodiad, ôl-nodiad.
footpad, *n.* lleidr pen ffordd (ar droed).
footpath, *n.* llwybr troed.
footprint, *n.* ôl troed.
footsore, *a.* â thraed dolurus.
footstep, *n.* 1. cam.
 2. ôl troed.
footstool, *n.* troedfainc, stôl droed.
footway, *n.* troedffordd, llwybr.
footwork, *n.* troedwaith.
fop, *n.* coegyn, ysgogyn, dandi.
foppish, *a.* coegfalch, balch, penuchel.
for, *prp.* i, am, tros, er. *c.* canys, oblegid, oherwydd, gan, achos.
forage, *n.* bwyd (anifeiliaid), ebran.
 v. chwilio am fwyd.
forasmuch, *c.* yn gymaint, gan, am.
foray, *n.* cyrch, rhuthr, herw.
 v. gwneud cyrch, rhuthro ar.
forbear, *v.* ymatal, peidio.
forbearance, *n.* goddefgarwch, amynedd, dioddefgarwch.
forbears, *np.* hynafiaid, cyndadau.
forbid, *v.* gwahardd, gwarafun, rhwystro.
 GOD FORBID, na ato Duw.
forbidden, *a.* gwaharddedig, heb ganiatâd.
forbidding, *a.* atgas, annymunol.
force, *n.* grym, nerth, ynni, trais, gorfodaeth. *v.* gorfodi, gwthio.
 THE FORCES, y lluoedd arfog.
 FORCES, grymedd.

forceful, *a.* grymus, egnïol, nerthol.
forceps, *n.* gefel fain.
forcible, *a.* 1. egnïol, nerthol.
 2. effeithiol.
ford, *n.* rhyd. *v.* rhydio, croesi.
fore, *a.* blaen.
 TO THE FORE, amlwg, blaenllaw.
forearm, *n.* blaen y fraich, elin.
 v. rhagarfogi.
forebode, *v.* darogan, rhagfynegi.
foreboding, *n.* rhagargoel, arwydd (drwg).
forecast, *n.* darogan, rhagolygon.
 v. darogan, rhag-ddweud.
forecastle, *n.* caban blaen (llong), ffocsl.
forefather, *n.* cyndad, hynafiad.
forefinger, *n.* bys blaen, mynegfys, bys yr uwd.
forefront, *n.* blaen, lle blaenaf.
foregather, forgather, *v.* cyfarfod, ymgynnull.
forego, *v.* mynd o flaen, hepgor.
 FOREGONE CONCLUSION, penderfyniad ymlaen llaw.
foreground, *n.* blaen, ffrynt (llun), blaendir.
forehead, *n.* talcen.
foreign, *a.* tramor, estron, anghyfiaith (am air).
 FOREIGN AFFAIRS, materion tramor.
foreigner, *n.* estron, tramorwr.
foreknowledge, *n.* gwybodaeth rhag blaen, rhagwybodaeth.
foreland, *n.* penrhyn, pentir, morben.
forelock, *n.* mwng (ceffyl), gwallt ar y talcen, blaengudyn, talgudyn.
foreman, *n.* 1. pen-gweithiwr, fforman.
 2. pen-rheithiwr.
fore-mentioned, *a.* a enwyd eisoes, rhag-grybwylledig.
foremost, *a.* blaenaf. *ad.* ym mlaenaf.
fore-named, *a.* a enwyd eisoes, rhag-grybwylledig.
forenoon, *n.* bore, cyn cinio.
forensic, *a.* cyfreithiol, yn ymwneud â llys barn.
forepart, *n.* pen blaen.
forerunner, *n.* rhagredegydd.
foresail, *n.* blaenhwyl, hwyl flaen.
foresee, *v.* rhagweled, rhag-weld.
foreshadow, *v.* rhagflaenu, achub y blaen, rhagarwyddo.
foreshore, *n.* traeth (rhwng pen llanw a distyll).
foresight, *n.* rhagwelediad, rhag-ddarbodaeth.
foreskin, *n.* blaengroen.
forest, *n.* coedwig, fforest, allt.
forestall, *v.* achub y blaen.

forester, *n.* coedwigwr, ceidwad coedwig, fforestwr.

forestry, *n.* coedwigaeth, tyfu coed.
FORESTRY COMMISSION, Comisiwn Coedwigaeth.

foretaste, *n.* blaenbrawf, rhagflas. *v.* rhagbrofi, blaenbrofi.

foretell, *v.* darogan, rhagfynegi.

forethought, *n.* rhagfeddwl.

forewarn, *v.* rhagrybuddio.

foreword, *n.* rhagair, rhagymadrodd.

forfeit, *n.* fforffed, dirwy, cosb. *v.* fforffedu, colli.

forfeiture, *n.* fforffediad, dirwy, cosb.

forge, *n.* gefail. *v.* 1. ffurfio, poethofanu.
2. ffugio, twyllo.
TO FORGE AHEAD, gyrru ymlaen.

forger, *n.* ffugiwr, twyllwr.

forgery, *n.* ffug, ffugiad, twyll.

forget, *v.* anghofio, gadael yn angof, gadael dros gof.

forgetful, *a.* anghofus, tueddol i anghofio.

forgetfulness, *n.* angof, anghofrwydd.

forget-me-not, *n.* glas y gors, n'ad fi'n angof.

forgive, *v.* maddau.

forgiveness, *n.* maddeuant.

forgiving, *a.* maddeugar, parod i faddau.

forgo, *v.* hepgor, mynd heb, sbario.

fork, *n.* fforch, fforc.

forked, *a.* fforchog, canghennog.

forlorn, *a.* amddifad, gwrthodedig, wedi ei adael, anobeithiol.
FORLORN HOPE, (peth) anobeithiol, anturiaeth enbyd.

form, *n.* 1. ffurf, llun.
2. mainc, ffwrwm.
3. dosbarth (ysgol).
4. ffurflen. *v.* ffurfio, llunio.

formal, *a.* ffurfiol, fformal.

formality, *n.* ffurfioldeb.

format, *n.* maint, ffurf.

formation, *n.* ffurfiant, trefniant.

former, *a.* blaenaf, blaenorol.

formerly, *ad.* gynt.

formidable, *a.* grymus, anodd, ofnadwy, arswydus.

formless, *a.* di-lun, afluniaidd.

formline, *n.* ffurflin.

formula, *n.* fformwla, ffurfreol.

formulate, *v.* trefnu, ffurfio, gosod dan reol.

fornication, *n.* puteindra.

forsake, *v.* gwrthod, gadael, cefnu ar.

forsooth, *ad.* yn wir, yn ddiau.

forswear, *v.* 1. gwadu.
2. tyngu anudon, gwneud llw celwyddog.

fort, *n.* caer, amddiffynfa.

forte, *n.* cryfder, man cryf (rhywun). *a.* uchel, cryf.

forth, *ad.* ymlaen.
AND SO FORTH, ac felly yn y blaen.

forthcoming, *a.* 1. ar ddod, gerllaw.
2. ar gael.

forthright, *a.* union, unplyg, plaen.

forthwith, *ad.* yn ddi-oed, rhag blaen, ar y gair.

fortieth, *a.* deugeinfed.

fortification, *n.* amddiffynfa, caer.

fortify, *v.* cadarnhau, cryfhau.

fortissimo, *ad.* yn uchel, yn gryf.

fortitude, *n.* dewrder, gwroldeb (mewn adfyd).

fortnight, *n.* pythefnos.

fortnightly, *a.* *ad.* bob pythefnos.

fortress, *n.* amddiffynfa, caer.

fortuitous, *a.* damweiniol, ar ddamwain, trwy anap.

fortuity, *n.* hap, damwain.

fortunate, *a.* ffodus, ffortunus.

fortunately, *ad.* yn ffodus, yn lwcus.

fortune, *n.* ffawd, ffortun, ffortiwn.

fortune-teller, *n.* un sy'n dweud ffortiwn.

forty, *a.* deugain, pedwar deg.

forum, *n.* man cyfarfod (cyhoeddus), brawdle.

forward, *n.* blaenwr. *a.* 1. eofn, hy.
2. blaen.
3. cynnar.
ad. ymlaen.
v. 1. anfon ymlaen.
2. hwyluso, hyrwyddo.
INSIDE FORWARD, mewnwr.
WING FORWARD, blaenwr asgell.

forwardness, *n.* 1. parodrwydd.
2. digywilydd-dra, haerllugrwydd, ffrwmp.

fosse, *n.* ffos, cwter.

fossil, *n.* olion y cynoesoedd, ffosil.

fossilise, *v.* ffosileiddio, caledu, troi'n garreg.

foster, *v.* magu, meithrin, coleddu.

foster-brother, *n.* brawdmaeth.

foster-child, *n.* plentyn maeth, plentyn mag.

foster-father, *n.* tadmaeth.

foster-mother, *n.* mamfaeth.

foster-sister, *n.* chwaerfaeth.

foul, *a.* 1. brwnt, aflan.
2. annheg.
n. chwarae brwnt.
v. maeddu, llychwino.

foumart, *n.* ffwlbart.

found, *v.* 1. sylfaenu, adeiladu, dechrau. 2. bwrw (metel).

foundation, *n.* sylfaen, sail.

foundationer, *n.* un a gynhelir gan arian gwaddol.

foundation-stone, *n.* carreg sylfaen.

founder, *n.* sylfaenydd. *v.* suddo. ymddryllio, torri i lawr.

foundling, *n.* plentyn cael, plentyn wedi ei adael.

foundry, *n.* ffowndri, lle i fwrw metel.

fount, fountain, *n.* ffynnon, ffynhonnell.

fountain-head, *n.* llygad y ffynnon.

fountain-pen, *n.* ysgrifbin (â chronfa o inc).

four, *a.* pedwar (*f.* pedair). ON ALL FOURS, ar ei draed a'i ddwylo.

foursome, *n.* parti pedwar.

foursquare, *a.* 1. cadarn, diysgog. 2. â phedair ochr gyfartal.

four-stroke, *a.* pedair-strôc (am beiriant).

fourteen, *a.* pedwar (pedair) ar ddeg, un deg pedwar (pedair).

fourteenth, *a.* pedwerydd ar ddeg, (*f.* pedwaredd ar ddeg.)

fourth, *a.* 1. pedwerydd (*f.* pedwaredd)· 2. chwarter, un rhan o bedair.

fowl, *n.* aderyn, edn, ffowlyn. *v.* saethu adar. FOWL PEST, haint dofednod. WILD FOWL, adar gwyllt(ion).

fowler, *n.* adarwr.

fox, *n.* cadno, llwynog, canddo.

foxglove, *n.* bysedd y cŵn.

foxhound, *n.* ci hela.

foxterrier, *n.* daeargi.

foxtrot, *n.* dawns (Americanaidd).

foxy, *a.* cyfrwys, dichellgar, call.

fracas, *n.* ffrae, ymryson, cweryl stwrllyd.

fraction, *n.* 1. rhan. 2. rhanrif, ffracsiwn.

fractional, *a.* 1. yn cynnwys rhanrif. 2. bychan.

fractious, *a.* ceintachlyd, cecrus, grwgnachlyd, afreolus.

fracture, *n.* toriad, trychiad, crac. *v.* torri, trychu, cracio.

fragile, *a.* brau, bregus, gwan, eiddil.

fragility, *n.* breuder, gwendid, eiddilwch.

fragment, *n.* dryll, darn, tamaid, bribsyn.

fragmentary, *a.* bratiog, yn ddarnau.

fragrance, *n.* perarogl, persawr.

fragrant, *n.* peraroglus, persawrus.

frail, *a.* brau, bregus, eiddil, gwan, llesg.

frailty, *n.* eiddilwch, gwendid, llesgedd.

frame, *n.* ffrâm. *v.* 1. ffurfio. 2. fframio. 3. cyhuddo ar gam. FRAME OF MIND, agwedd meddwl.

framework, *n.* fframwaith.

franc, *n.* ffranc (darn arian Ffrengig, etc.).

franchise, *n.* etholfraint, braint.

Franciscan, *a. n.* (mynach) o urdd Sant Francis.

frangible, *a.* hawdd ei dorri, brau, hyfriw.

frank, *a.* didwyll, rhydd, agored, gonest.

frankincense, *n.* thus, arogldarth.

frankness, *n.* didwylledd, gonestrwydd.

frankpledge, *n.* tangwystl.

frantic, *a.* cyffrous, gwallgof (gan ofid, etc.).

fraternal, *a.* brawdol.

fraternise, *v.* cyfeillachu, cymdeithasu.

fraternity, *n.* brawdoliaeth.

fratricide, *n.* y weithred o ladd brawd neu chwaer.

fraud, *n.* twyll, hoced, dichell.

fraudulence, *n.* dichell. twyll, ystryw, annhegwch.

fraudulent, *a.* twyllodrus, dichellgar.

fraught, *a.* llwythog, llawn.

fray, *n.* ymryson, ffrae. *v.* treulio, rhwbio.

freak, *n.* 1. mympwy. 2. anghenfil, peth od.

freakish, *a.* od, digrif, mympwyol.

freckle, *n.* brych, brychni.

freckled, *a.* brych (*f.* brech).

free, *a.* 1. rhydd. 2. hael, parod. 3. di-dâl, rhad, am ddim. *v.* rhyddhau, gollwng yn rhydd. FREE STANDING, rhydd sefyll.

free-association, *n.* rhyddgymdeithasiad.

freebooter, *n.* môr-leidr, ysbeiliwr.

freedom, *n.* rhyddid, dinasfraint, rhyddfraint.

free-expression, *n.* rhyddfynegiant.

freehand, *a.* digymorth.

freehold, *a.* yn eiddo i'r deiliad, dirent. *n.* eiddo'r deiliad, llwyr eiddo.

freeholder, *n.* perchen, rhydd-ddeiliad.

freely, *ad.* yn hael, yn rhydd, yn rhad.

freeman, *n.* 1. gŵr rhydd. 2. dinesydd breiniol, uchelwr, rhyddfreiniwr.

freemason, *n.* un o'r seiri rhyddion.

free-style, *n.* dull rhydd (wrth nofio).
freethinker, *n.* anffyddiwr, meddyliwr annibynnol.
free-trade, *n.* masnach rydd.
freeze, *v.* rhewi, fferru.
freezing-point, *n.* rhewbwynt.
freight, *n.* llwyth (llong. *etc.*).
freightage, *n.* 1. tâl cludo (ar long).
2. llwyth llong.
3. tâl am hurio llong.
freighter, *n.* 1. llwythwr llong.
2. llong nwyddau.
French, *n.* Ffrangeg, iaith Ffrainc.
a. Ffrengig, Ffrangeg.
Frenchman, *n.* Ffrancwr.
Frenchwoman, *n.* Ffranges, Ffrances.
frenzied, *a.* cynddeiriog, gwallgof, gwyllt.
frenzy, *n.* gwallgofrwydd, gorffwylltra.
frequency, *n.* amlder, mynychder.
frequent, *a.* aml, mynych. *v.* mynychu, ymweled â (yn aml).
frequented, *a.* sathredig, ag ymweliadau mynych.
fresco, *n.* llun ar bared, ffresco.
fresh, *a.* newydd, diweddar, crai, ffres, ir.
freshen, *v.* ffresáu, codi'n wynt.
freshness, *n.* irder, ffresni.
fret, *v.* 1. poeni, sorri.
2. rhwyllo.
n. 1. cythrudd, soriant, trallod.
2. rhwyll.
fretful, *a.* cwynfanllyd, cwerylgar, anniddig.
fretsaw, *n.* rhwyll-lif, llif rhwyllo.
fretwork, *n.* rhwyll, rhwyllwaith.
friable, *a.* hyfriw, briwadwy, brau.
friar, *n.* brawd, mynach, ffrir.
GREY FRIAR, brawd llwyd.
friary, *n.* mynachlog, cartref aelodau'r urddau crwydrol, brodordy.
fricative, *a.* affrithiol. *n.* y llythrennau *th, ff, ch,* etc.
friction, *n.* 1. rhygniad, rhathiad, rhwbiad, ffrithiant.
2. anghytundeb, ymrafael, ffrae.
COEFFICIENT OF FRICTION, cyfernod ffrithiant.
Friday, *n.* dydd Gwener.
GOOD FRIDAY, dydd Gwener y' Groglith.
friend, *n.* cyfaill (*f.* cyfeilles), ffrind, BOSOM FRIEND, cyfaill mynwesol.
friendless, *a.* digyfaill, amddifad, di-ymgeledd.
friendliness, *n.* cyfeillgarwch.
friendly, *a.* cyfeillgar.
friendship, *n.* cyfeillgarwch.

frieze, *n.* 1. ffris, band addurnol (ar wal), cerflunwaith (ar golofn).
2. brethyn tewban.
frigate, *n.* ffrigad, cadlong hwyliau.
fright, *n.* dychryn, ofn, braw.
frighten, *v.* dychrynu, tarfu, brawychu.
frightful, *a.* dychrynllyd, brawychus.
frigid, *a.* oer, oeraidd, oerllyd, rhewllyd.
FRIGID ZONE, cylchfa rew.
frigidity, *n.* oerni, fferdod.
frill, *n.* ffril, ymyl.
fringe, *n.* ymyl, ymylwe. *v.* ymylu.
frisk, *v.* chwarae, prancio, crychlamu.
frisky, *a.* chwareus, nwyfus, bywiog.
fritillary, *n.* iâr fach fritheg, y fritheg.
fritter, *n.* ffroes (o ffrwythau neu gig).
v. gwastraffu, afradu.
frivolity, *n.* gwamalrwydd, ysgafnder.
frivolous, *a.* gwamal, ofer, penchwiban.
frizz, frizzle, *v.* crychu, modrwyo.
frizzy, *a.* crychlyd, cyrlog.
fro, *ad.* yn ôl.
TO AND FRO, yn ôl ac ymlaen.
frock, *n.* ffrog, gŵn (mynach).
frock-coat, *n.* cot laes, cot â chwt.
frog, *n.* broga, llyffant melyn.
2. bywyn carn ceffyl.
frogman, *n.* ymsuddwr (i ymosod ar longau'r gelyn, etc.).
frolic, *n.* pranc, chwarae. *v.* prancio, chwarae, neidio a dawnsio.
frolicsome, *a.* nwyfus, chwareus, bywiog.
from, *prp.* o, oddi, oddi wrth, gan.
FROM HERE, oddi yma.
frond, *n.* deilen (rhedyn).
front, *n.* talcen, wyneb, blaen, ffrynt.
a. blaen.
IN FRONT OF, o flaen.
frontage, *n.* 1. ffrynt.
2. y ffordd yr wyneba (tŷ).
frontal, *a.* yn ymwneud â'r talcen, yn ei wyneb.
frontier, *n.* terfyn, ffin, goror.
FRONTIER STATE, cyffinwlad.
frontispiece, *n.* wynebddarlun.
frontlet, *n.* 1. rhwymyn am y talcen.
2. phylacteri.
3. talcen (anifail).
frost, *n.* rhew.
HOAR FROST : GROUND FROST, llwydrew, barrug, llorrew.
frost-bite, *n.* ewinrhew.
frosty, *a.* rhewllyd, rhynllyd, oer iawn.
froth, *n.* ewyn, ysgum, sgum. *v.* ewynnu, malu ewyn.
frothy, *a.* ewynnog, gwag, ofer, disylwedd.

froward, *a.* ystyfnig, cyndyn, anhydrin.

frown, *n.* gwg, cuwch, cilwg. *v.* gwgu, cuchio.

frowning, *a.* gwgus, cuchiog, cilwgus.

frowzy, *a.* drewllyd, brwnt, mws, myglyd.

fructify, *v.* ffrwythloni, cnydio.

frugal, *a.* cynnil, darbodus, clôs.

frugality, *n.* cynildeb, darbodaeth.

fruit, *n.* ffrwyth, cynnyrch.

fruiterer, *n.* ffrwythwr, dyn ffrwythau.

fruitful, *a.* ffrwythlon, cnydfawr.

fruitfulness, *n.* ffrwythlonrwydd.

fruition, *n.* sylweddoliad, ffrwythloniad, mwynhad.

fruitless, *a.* 1. diffrwyth, heb ffrwyth.
2. ofer, seithug.

fruity, *a.* 1. fel ffrwyth.
2. melys.

frustrate, *v.* rhwystro, gorchfygu.

frustration, *n.* rhwystr, dryswch, siom.

frustum, *n.* ffrwstwm (*pl.* ffrwstymau).

fry, *v.* ffrio. *n.* pysgod ieuainc, afu. ysgyfaint a chalon anifail.
SMALL FRY, pobl ddibwys.

frying-pan, *n.* padell ffrio.

fuchsia, *n.* ffwsia, drops cochion.

fuddled, *a.* meddw, hurt, cymysglyd.

fuel, *n.* tanwydd, defnydd tân.
FUEL CONSUMPTION, traul tanwydd.
FUEL SUPPLY, cyflenwad tanwydd.

fugitive, *n.* ffoadur. *a.* ar ffo, diflanedig.

fugue, *n.* ffiwg, darn cerddorol.

fulcrum, *n.* ffwlcrwm, pwysbwynt, brisgyn.

fulfil, *v.* cyflawni, cwblhau, cwpláu, cyflenwi.

fulfilment, *n.* cyflawniad, diwedd, pen.

fulgent, *a.* disglair, llachar, ysblennydd.

full, *a.* llawn, i'r ymyl. *v.* pannu, trin brethyn.

full-back, *n.* cefnwr.

full-blooded, *a.* egnïol, llawn ynni.

full-blown, *a.* llawn agored (am flodyn, etc.).

fuller, *n.* pannwr, un sy'n trin brethyn.
FULLER'S EARTH, pridd y pannwr.

fullness, *n.* llawnder, cyflawnder.

full-stop, *n.* atalnod.

fully, *ad.* yn hollol, yn gyfan gwbl.

fulminate, *v.* fflachio, taranu.
2. ceryddu, bygwth.

fulmination, *n.* 1. taraniad.
2. bygythiad.

fulsome, *a.* gwenieithus, rhagrithiol, ffiaidd, dybryd.

fumble, *v.* ymbalfalu, bwnglera.

fume, *n.* 1. mwg.
2. llid, dicter, tymer ddrwg.
v. 1. mygu.
2. sorri, digio, bod mewn tymer ddrwg.

fumigate, *v.* mygdarthu, mygu (i buro neu ddiheintio).

fumigation, *n.* mygdarthiad, diheintiad.

fumitory, *n.* mwg y ddaear, pwff y mwg, math o blanhigyn.

fun, *n.* hwyl, sbort, difyrrwch, rhialtwch.

function, *n.* swydd, swyddogaeth, pwrpas, ffwythiant, gweithrediad (corff). *v.* gweithio.
IMPLICIT FUNCTION, ffwythiant ymhlyg.
EXPLICIT FUNCTION, ffwythiant echblyg.

functional, *a.* gweithrediadol, yn llanw swydd, swyddogol.

functionality, *n.* ffwythiannaeth.

functionary, *n.* swyddog.

fund, *n.* cronfa, cyfalaf, stôr.

fundamental, *a.* sylfaenol, yn y bôn.

fundamentalism, *n.* uniongrededd, cred lythrennol yng ngeiriau'r Beibl.

fundamentally, *ad.* yn y bôn, yn wreiddiol.

funeral, *n.* angladd, claddedigaeth, cynhebrwng, arwyl.
FUNERAL RITE, defod angladdol.

funereal, *a.* angladdol, trist.

fungicide, *n.* gwenwyn lladd ffwngau.

fungus, *n.* caws llyffant, ffwng (*pl.* ffwngau, ffyngoedd).

funicular, *a.* yn cael ei weithio â rhaff.

funk, *n.* 1. ofn, llwfrdra.
2. llwfryn.
v. ofni, llwfrhau, osgoi.

funnel, *n.* 1. corn, ffumer, ceg simnai.
2. twndis.

funny, *a.* digrif, doniol, ysmala.

fur, *n.* 1. ffwr, pân, mân flew.
2. cen.

furbelow, *n.* addurn ymyl gwisg, ffril.

furbish, *v.* gloywi, caboli, adnewyddu.

furcate, *a.* fforchog, rhanedig.

fur-coat, *n.* cot ffwr.

furious, *a.* cynddeiriog, ffyrnig, gwyllt.

furl, *v.* cau, plygu.

furlong, *n.* ystad, wythfed ran o filltir, ystaden.

furlough, *n.* gwyliau (milwr), seibiant.

furnace, *n.* ffwrnais, ffwrn.
BLAST FURNACE, ffwrnais chwythu.

furnish, *v.* dodrefnu, darparu.

furnisher, *n.* dodrefnwr, gwerthwr celfi tŷ.

furniture, *n.* dodrefn, celfi tŷ.
   PIECE OF FURNITURE, celficyn, dodrefnyn, teclyn.

furrier, *n.* gwerthwr ffyrrau, ffyrrwr.

furrow, *n.* cwys, rhych. *v.* torri cwys.

furry, *a.* 1. blewog.
   2. cennog, calchog.

further, *a.* pellach, pellaf. *ad.* ymhellach. *v.* hyrwyddo, hybu.
   FURTHER ON, yn nes ymlaen.

furtherance, *n.* hyrwyddiad, dyrchafiad, lles, budd.

furthermore, *ad.* heblaw hyn (hynny), hefyd.

furtive, *a.* lladradaidd, ffals.

fury, *n.* cynddaredd, ffyrnigrwydd.

furze, *n.* eithin.

fuse, *v.* ymdoddi (fferylliaeth), chwythu, ffiwso. *n.* toddyn, ffiws.

fusible, *a.* ymdoddadwy, toddadwy.

fusilage, *n.* corff awyren.

fusilier, *n.* milwr.

fusillade, *n.* cawad o ergydion.

fusion, *n.* 1. ymdoddiad.
   2. uniad.

fuss, *n.* ffwdan, helynt, trafferth. *v.* ffwdanu, creu helynt, trafferthu.

fussiness, *n.* ffwdan, helynt, trafferth (heb eisiau).

fussy, *a.* ffwdanus, trafferthus.

fustian, *n.* 1. ffustian, brethyn cotwm.
   2. iaith chwyddedig.

fustiness, *n.* llwydi, llwydni, gwynt cas.

fusty, *a.* wedi llwydo, hen, mws.

futile, *a.* ofer, di-les, di-fudd.

futility, *n.* oferedd, bod yn ddiwerth.

future, *n.* y dyfodol. *a.* dyfodol, i ddyfod.
   FUTURE TENSE, Amser Dyfodol.
   FUTURE PERFECT, Dyfodol Perffaith.

futurity, *n.* yr amser i ddyfod, y sefyllfa yn y dyfodol.

fuzz, *n.* 1. manblu, blewach.
   2. gwallt cyrliog.

fuzzy, *a.* 1. blewog.
   2. aneglur.

G

gab, *n.* siarad, cleber.
   GIFT OF THE GAB, dawn siarad.

gabble, *n.* cleber, baldordd, mwmian. *v.* clebran, mwmian.

gaberdine, *n.* gaberdîn, math o frethyn teg.

gable-end, *n.* talcen tŷ.

gad, *v.* crwydro, rhodianna.

gadfly, *n.* cleren lwyd, robin y gyrrwr.

gadget, *n.* dyfais.

Gael, *n.* Albanwr, Gael.

Gaelic, *n.* Gaeleg. *a.* Gaelaidd.

gaff, *n.* tryfer, bach pysgota.

gaffer, *n.* penteulu, pen-gweithiwr, meistr.

gag, *n.* 1. gag, safnglo.
   2. geiriau ychwanegol (gan actor).

gage, *n.* 1. ernes, gwystl.
   2. her.
   v. rhoi ernes, gwystlo, cyngwystlo.

gaiety, *n.* llonder, difyrrwch, miri.

gaily, *ad.* yn llawen.

gain, *n.* elw, budd, ennill. *v.* elwa, ennill.

gainer, *n.* enillwr, enillydd.

gainful, *a.* enillfawr, buddiol, llesol.

gainsay, *v.* gwrthddywedyd, gwrthbrofi.

gait, *n.* cerddediad, osgo.

gaiters, *np.* socasau (brethyn).

gala, *n.* gŵyl, miri, cyfarfod llawen.

galaxy, *n.* 1. Y Llwybr Llaethog.
   2. cwmni disglair.

gale, *n.* tymestl gwynt cryf.

gall, *n.* 1. bustl, hylif chwerw.
   2. chwerwder.
   3. chwydd.
   4. ' afal ' (ar dderwen).
   v. dolurio, blino.
   GALL STONES, cerrig y bustl.
   GALL BLADDER, coden y bustl.

gallant, *a.* 1. gwrol, dewr.
   2. llon.
   3. cwrtais.
   n. carwr, un sy'n talu llawer o sylw i ferched.

gallantry, *n.* 1. dewrder.
   2. cwrteisrwydd.

galleon, *n.* galion, llong hwyliau Ysbaen (gynt).

gallery, *n.* oriel, llofft, galeri.

galley, *n.* 1. llong â gwaelod fflat, rhwyflong.
   2. trei cysodydd.
   3. cegin llong, gali.

galling, *a.* blin, poenus.

gallivant, *v.* galifantan, galifantio, rhedeg o gwmpas.

gallon, *n.* galwyn, pedwar chwart.

gallop, *n.* carlam. *v.* carlamu.

gallows, *n.* crocbren.

galore, *n. ad.* digonedd, toreth, gwala.

galosh, golosh, *n.* esgid rwber, aresgid.

galvanise, *v.* 1. galfaneiddio, gorchuddio â metel.
2. symbylu.

galvanised, *a.* wedi ei alfaneiddio, sinc.

gamble, *v.* hapchwarae, gamblo.

gambler, *n.* gamblwr.

gambol, *v.* prancio, neidio o lawenydd. *n.* naid, sbonc.

game, *n.* 1. gêm, chwarae.
2. helwriaeth, helgig.
a. calonnog, dewr. glew.
GAME OF CHANCE, hapchwarae.
TO MAKE GAME OF, gwawdio.

game-keeper, *n.* cipar.

gamester, *n.* gamblwr.

gamete, *n.* gamed, cell.

gametic, *a.* gamedig.

gametophyte, *n.* gamedlys.

gammon, *n.* 1. gamwn, ysgwydd mochyn wedi ei halltu.
2. ffwlbri, pranc, cast, tric.

gamut, *n.* seiniau (cerddoriaeth), llinellau a gofodau hen nodiant.

gander, *n.* ceiliagwydd, clacwydd.

gang, *n.* mintai, torf, haid.

ganger, *n.* pen-gweithiwr, fforman, goruchwyliwr.

ganglion, *n.* ganglion, clwm ar nerf, dolur gewyn.

gangrene, *n.* cig marw, madredd.

gangrenous, *a.* madreddog, marw.

gangster, *n.* troseddwr, un o gwmni o droseddwyr.

gangway, *n.* 1. eil.
2. pont (i long neu awyren).

gannet, *n.* mulfran wen, gwylanwydd.

gaol, *n.* carchar.

gaoler, *n.* ceidwad carchar.

gap, *n.* bwlch, adwy, gwagle.

gape, *v.* rhythu, syllu.
GAPES, y big.

garage, *n.* modurdy, garais, modurfa.

garb, *n.* gwisg, diwyg, trwsiad.

garbage, *n.* ysgarthion, rwbel, ysbwriel.

garble, *v.* dewis (geiriau neu ffeithiau) i dwyllo, darnio, llurgunio.

garden, *n.* gardd.
VEGETABLE GARDEN, gardd lysau.
GARDEN CITY, gardd-ddinas.

gardener, *n.* garddwr.

gardening, *n.* garddwriaeth.

gargantuan, *a.* anferth, enfawr.

garget, *n.* garged, mastitis, clefyd y piw.

gargle, *v.* golchi gwddf. *n.* peth i olchi gwddf, moddion gwddf.

gargoyle, *n.* gargoil, pistyll bargod.

garish, *a.* coegwych, llachar, ofer.

garland, *n.* coronbleth, torch, talaith.

garlic, *n.* garlleg, craf.

garment, *n.* gwisg, dilledyn, pilyn.

garner, *n.* ysgubor, granari. *v.* cywain, storio.

garnish, *v.* addurno, harddu.

garret, *n.* nen tŷ, nenlofft, croglofft, garet.

garrison, *n.* gwarchodlu, garsiwn.

garrulity, *n.* bod yn dafodrydd, bod yn siaradus.

garrulous, *a.* siaradus, tafodrydd.

garter, *n.* gardas, gardys.

garth, *n.* buarth, garth, beili, lle caeëdig.

gas, *n.* nwy.

gaseous, *a.* nwyol.

gash, *n.* archoll, cwt, hollt. *v.* archolli, torri, hollti.

gasification, *n.* y weithred o newid i nwy neu gynhyrchu nwy.

gasify, *v.* newid i nwy, cynhyrchu nwy (o lo yn y ddaear).

gasket, *n.* gasged, pacyn (o asbestos, etc.) i rwystro nwy neu hylif i ddianc.

gas-mask, *n.* mwgwd nwy.

gasoline, gasolene, (U.S.A.) *n.* gasolin, petrol.

gasometer, *n.* tanc nwy, storfa nwy.

gasp, *v.* anadlu'n drwm, ymladd am anadl.

gasping, *a.* â'i anadl yn ei ddwrn, byr o anadl.

gassy, *a.* 1. a nwy ynddo.
2. siaradus, gwacsaw.

gastric, *a.* yn ymwneud â'r stumog, yn y cylla, gastrig.

gastritis, *n.* anhwyldeb y stumog, llid y cylla, gastritis.

gate, *n.* clwyd, llidiart, gât.

gate-crasher, *n.* ymyrrwr, un sy'n gwthio i mewn heb ganiatâd.

gate-house, *n.* tŷ porthor.

gate-keeper, *n.* porthor.

gateway, *n.* mynedfa, bwlch, agoriad.

gather, *v.* 1. casglu, crynhoi, hel, ymgynnull.
2. magu crawn, crawni, gori.

gathering, *n.* 1. casgliad, cynulliad.
2. crawni.

gaudy, *a.* gorwych, coegwych.

gauge, *n.* 1. trwch (metel).
2. lled.
3. mesur.
4. offeryn mesur, meidrydd.
v. mesur, meidryddu.

Gaulish, *n.* Galeg, iaith Gâl (gynt).

gaunt, *a.* tenau, dim ond cnawd ac esgyrn, gwachul.

gauntlet, *n.* maneg ddur, dyrnfol.

   TO THROW DOWN THE GAUNTLET, herio.

gauze, *n.* meinwe, gwead llac (sidan, cotwm, etc.).

gavelkind, *n.* rhaniad cyfartal (o eiddo ar farwolaeth), cyfran.

gawk, *n.* un trwsgl, llabwst, un gwirion.

gawky, *a.* trwsgl, lletchwith, gwirion.

gay, *a.* llon, hoyw, bywiog, calonnog.

gaze, *n.* trem, golwg, sylliad. *v.* syllu, edrych, arsyllu.

gazelle, *n.* gafrewig.

gazette, *n.* papur newydd (swyddogol). *v.* penodi, cyhoeddi.

gazetteer, *n.* 1. geiriadur daearyddol. 2. newyddiadurwr.

gean (wild cherry), *n.* rhuddwernen.

gear, *n.* taclau, celfi. gêr.

   IN GEAR, mewn gêr.

   OUT OF GEAR, i maes (allan) o gêr.

gearbox, *n.* gergist, bocs gêr.

gecko, *n.* madfall (y trofannau).

gel, *n.* gel.

gelatine, *n.* gelatin.

gelatinous, *a.* yn ymwneud â gelatin, gludiog.

gelding, *n.* ceffyl, cel.

gelignite, *n.* math o ddefnydd ffrwydrol, geligneit.

gem, *n.* gem, tlws.

gendarme, *n.* heddgeidwad, plisman (Ffrengig).

gender, *n.* cenedl (geiriau).

gene, *n.* genyn.

genealogical, *a.* achyddol, ynglŷn â llinach.

   GENEALOGICAL TABLE, achyddiaeth, achres.

genealogist, *n.* olrheiniwr achau.

genealogy, *n.* ach, achau, llinach.

genera, *np.* (*sg.* **genus**), mathau, tylwythau.

general, *n.* cadfridog. *a.* cyffredin, cyffredinol.

generalissimo, *n.* maeslywydd, cadlywydd.

generality, *n.* y cyffredin, cyffredinolrwydd.

generalization, *n.* cyffredinoliad.

generalize, *v.* cyffredinoli.

generally, *ad.* yn gyffredinol.

generalship, *n.* arweinyddiaeth, tact, y gallu i arwain.

generate, *v.* cynhyrchu, cenhedlu, generadu.

generation, *n.* cenhedliad, cenhedlaeth, to, oes.

generator, *n.* peiriant cynhyrchu, cynhyrchydd, generadur.

generic, *a.* tylwythol, rhywogaethol.

generosity, *n.* haelioni, parodrwydd.

generous, *a.* hael, haelionus, parod.

genesis, *n.* dechreuad, tarddiad.

genetic, *a.* yn ymwneud â geneteg, genetig.

geneticist, *n.* un sy'n hyddysg mewn geneteg, genetegwr.

genetics, *n.* gwyddor etifeddeg a thras, geneteg.

genial, *a.* hynaws, rhywiog, hawddgar.

geniality, *n.* hynawsedd, rhywiogrwydd, rhadlondeb.

genie, *n.* ellyll, bwgan, goblin.

genital, *a.* ynglŷn â geni, cenhedlol. *pl.* organau cenhedlu.

genitive, *a.n.* genidol (gramadeg).

genius, *n.* athrylith, awen, anian, teithi.

genteel, *a.* boneddigaidd, moesgar.

gentian, *n.* chwerwlys. math o blanhigyn tir uchel.

gentile, *n.* cenedl-ddyn, un nad yw'n Iddew.

gentility, *n.* boneddigeiddrwydd.

gentle, *a.* tyner, mwyn, gwâr, boneddigaidd, tirion, llariaidd.

gentleman, *n.* gŵr bonheddig.

   GENTLEMEN'S AGREEMENT, cytundeb rhwng cyfeillion.

gentlemanliness, *n.* boneddigeiddrwydd.

gentlemanly, *a.* boneddigaidd.

gentleness, *n.* addfwynder, tynerwch, tiriondeb.

gentlewoman, *n.* boneddiges.

gently, *ad.* 1. yn dyner, yn dirion, yn gynnil. 2. gan bwyll, yn araf.

gentry, *np.* boneddigion, bonedd.

genuine, *a.* dilys, diffuant, pur, real, gwir.

genuineness, *n.* dilysrwydd, gwirionedd.

genus, *n.* math, rhywogaeth, tylwyth, genws.

geodesic, *n.* geodesig.

geographer, *n.* daearyddwr.

geographical, *a.* daearyddol.

geography, *n.* daearyddiaeth.

geological, *a.* daearegol.

geologist, *n.* daearegwr.

geology, *n.* daeareg, gwyddor cyfansoddiad y ddaear.

geometric, *a.* geometrig.

geometrical, *a.* meintonol, geometregol.

geometry, *n.* ineintoniaeth, geometreg, mesuroniaeth.

PLANE AND SOLID GEOMETRY, Geometreg Trwch ac Arwyneb.

geomorphology, *n.* geomorffoleg.

georgette, *n.* siorset, math o ddefnydd sidan.

geranium, *n.* mynawyd y bugail.

geriatrics, *np.* gwyddor henaint.

germ, *n.* hedyn, meicrob.

German, *n.* 1. Almaenwr, brodor o'r Almaen. 2. Almaeneg (yr iaith). *a.* Almaenaidd.

germicide, *n.* peth i ladd hadau heintus.

germinal, *a.* eginol.

germinate, *v.* egino, agor, glasu.
GERMINATING CLOCHES, clych egino.
GERMINATING PADS, papur egino.
GERMINATING CAPACITY, y gallu i egino.

germination, *n.* eginad.

gerrymander, *v.* camliwio, camgynrychioli (ynglŷn ag etholiad).

gerund, *n.* berfenw (Lladin).

Gestapo, *n.* Gestapo, heddlu cyfrinachol (Almaenaidd).

gestate, *v.* cario, dwyn.

gestation, *n.* cyfnod cario.

gesticulate, *v.* ystumio, munudio, dangos teimladau.

gesticulation, *n.* ystumiad, munudiad.

gesture, *n.* arwydd, ystum, osgo.

get, *v.* cael, caffael, ennill, ymofyn, mynd yn, cyrraedd.
TO GET ON WITH IT, bwrw arni, bwrw iddi.

get-up, *n.* diwyg, ymwisgo, ymddangosiad.

geyser, *n.* 1. ffynnon boeth.
2. peth i dwymo dŵr, geyser.

ghastly, *a.* erchyll, hyll, gwelw, arswydus.

gherkin, *n.* math o gucumer (i'w biclo).

ghetto, *n.* rhanbarth Iddewaidd (mewn tref neu wlad).

ghost, *n.* ysbryd, drychiolaeth.

ghostly, *a.* 1. ysbrydol.
2. bwganaidd, drychiolaethol, fel ysbryd.

ghoul, *n.* ellyll, ysbryd.

giant, *n.* cawr.

giantess, *n.* cawres.

gibber, *v.* clebran, baldorddi, mwmian.

gibberish, *n.* cleber, baldordd, lol, dwli.

gibbet, *n.* crocbren.

gibe, *n.* sen, edliwiad, gair gwawd.
v. gwawdio, goganu.

giblets, *np.* rhannau bwytadwy a dynnir o gorff aderyn cyn ei goginio,

gid, *n.* y bendro (ar ddefaid).

giddiness, *n.* hurtwch, pendro, madrondod.

giddy, *a.* hurt, penfeddw, penchwiban.

gift, *n.* 1. rhodd, anrheg.
2. dawn, talent.
NEW YEAR'S GIFT, calennig.

gifted, *a.* dawnus, talentog, galluog.

gig, *n.* cerbyd ysgafn, cadair-gerbyd, gig, bad ysgafn.

gigantic, *a.* anferth, cawraidd.

giggle, *v.* lledchwerthin, cilchwerthin.

gild, *v.* euro, goreuro.

gill, *n.* 1. chwarter peint, gil.
2. tagell.

gillyflower, *n.* llysiau'r fagwyr, blodyn mam-gu.

gilt, *a.* wedi ei oreuro, aur. *n.* hwch ifanc.

gimlet, *n.* ebill, gimbill, whimbil.

gin, *n.* 1. magl, croglath, telm, yslepan, hoenyn.
2. jin (diod a wneid gynt o *genever*).

ginger, *n.* sinsir.

gingerbeer, *n.* diod fain.

gingerbread, *n.* teisen sinsir.

gingerly, *ad.* gofalus, gwyliadwrus, gochelgar.

gingham, *n.* gingam, math o gotwm rhesog.

gipsy, *n.* sipsi.

giraffe, *n.* siráff, jiráff.

gird, *v.* 1. gwregysu.
2. amgylchynu.

girder, *n.* trawst.

girdle, *n.* gwregys, rhwymyn, cylch.
v. gwregysu.

girl, *n.* merch, geneth, hogen, lodes, llances.

girlhood, *n.* genethdod, ieuenctid.

girlish, *a.* genethaidd, merchedaidd.

girth, *n.* 1. cengl.
2. cwmpas, cylchfesur.

gist, *n.* cnewyllyn (stori, etc.), sylwedd.

give, *v.* rhoi, rhoddi.
TO GIVE UP, rhoi'r gorau i.

giver, *n.* rhoddwr.

gizzard, *n.* crombil, glasog, afu glas.

glacial, *a.* gwydrol, iäennol, rhewlifol.

glaciate, *v.* rhewlifo.

glaciation, *n.* rhewlifiant.

glacier, *n.* iäen, rhewlif, glasier, afon iâ.

glad, *a.* llawen, llon, balch.
I AM GLAD, mae'n dda gennyf.

gladden, *v.* llonni.

glade, *n.* llannerch, lle agored mewn coedwig.

gladiator, *n.* ymladdwr (Rhufeinig).

gladioli, *np.* blodau cleddyf.

gladness, *n.* llawenydd, gorfoledd.

gladsome, *a.* llon, llawen.

glamorous, *a.* hudol, swynol.

glamour, *n.* cyfaredd, hudoliaeth, swyn.

glance, *n.* cipolwg, trem, cip. *v.* 1. cil-edrych, tremu, cymryd cipolwg, bwrw golwg.
   2. (**off**) saethu ymaith, llithro i ffwrdd.

gland, *n.* chwarren, cilchwyrnen, gland.

glanders, *np.* yr ysgyfaint, llynmeirch, clefyd ceffylau.

glandular, *a.* chwarennaidd, gland-aidd, chwarennol.

glare, *n.* tanbeidrwydd, edrychiad craff.
   v. 1. disgleirio, pelydru.
   2. rhythu, syllu.

glaring, *a.* 1. llachar, tanbaid.
   2. amlwg.
   3. dybryd.
   4. craff.

glass, *n.* 1. gwydr.
   2. gwydraid.
   pl. gwydrau, sbectol.

glassful, *n.* gwydraid, llond gwydr, glasaid.

glassy, *a.* fel gwydr, gloyw, pŵl (am lygad).

glaucous, *a.* llwydwyrdd, glasbeilliog.

glaze, *n.* sglein, gwydriad. *v.* gwydro, sgleinio.

glazier, *n.* gwydrwr.

gleam, *n.* llygedyn, pelydryn. *v.* tyw-ynnu, pelydru.

glean, *v.* lloffa, casglu.

gleaner, *n.* lloffwr.

gleanings, *np.* lloffion.

glebe, *n.* 1. tir eglwys, clastir, tir llan.
   2. daear.

glee, *n.* 1. llonder, llawenydd, hoen, hwyl.
   2. rhangan, cân i gôr bach.

gleeful, *a.* llon, llawen, hoenus.

glen, *n.* glyn, cwm, dyffryn.

glib, *a.* llyfn, llithrig, rhugl, ffraeth, rhwydd, tafodrydd.

glibness, *n.* bod yn dafodrydd, rhwyddineb ymadrodd.

glide, *n.* llithrad, llithr. *v.* llithro, llifo, gleidio.

glider, *n.* gleider, awyren heb beiriant.

glimmer, *v.* goleuo (yn wan), llew-yrchu. *n.* golau gwan, llewyrchyn.

glimpse, *n.* cipolwg, trem.

glint, *v.* fflachio, llewyrchu. *n.* fflach, llewyrch.

glisten, *v.* disgleirio, serennu.

glitter, *v.* tywynnu, pelydru.

gloaming, *n.* cyfnos, brig y nos.

gloat, *v.* llygadu'n awchus, llawenhau, llygadrythu.

global, *a.* byd-eang.

globe, *n.* pêl, pelen, y byd. glob.

globose, *a.* crwn.

globular, *a.* crwn.

globule, *n.* dafn crwn, seren, llygad.

gloom, *n.* 1. gwyll, tywyllwch.
   2. prudd-der, tristwch, digalondid.

gloomy, *a.* 1. tywyll.
   2. prudd, digalon, trist.

glorification, *n.* gogoneddiad, mawr-ygiad.

glorify, *v.* gogoneddu, mawrygu.

glorious, *a.* gogoneddus, gwych, god-idog.

glory, *n.* gogoniant, ysblander. *v.* gor-foleddu, ymffrostio.

gloss, *n.* 1. disgleirdeb arwynebol.
   2. esboniad, glòs.

glossary, *n.* geirfa, rhestr geiriau.

glossy, *a.* llathraid, disglair, llyfn.

glottal, *a.* glotal, ynglŷn â'r glotis.

glottis, *n.* glotis, offeryn llais.

glove, *n.* maneg.
   TO THROW DOWN THE GLOVE, herio.

glover, *n.* gwerthwr menyg.

glow, *n.* gwres, gwrid. *v.* tanbeidio, twymo, gwrido, gloywi.

glower, *v.* rhythu, cuchio, gwgu.

glow-worm, *n.* pryf tân, magïen.

glucose, *n.* gliwcos, siwgr starts.

glue, *n.* glud. *v.* gludio, cydio, uno.

gluey, *a.* gludiog, yn cydio, sticlyd.

glum, *a.* prudd, digalon, trist.

glume, *n.* usyn, eisin, plisgyn.

glut, *n.* gormodedd, gorlawnder. *v.* gor-lenwi.

gluten, *n.* gludyn, defnydd gludiog a geir o gan.

glutinous, *a.* gludiog, glynol.

glutton, *n.* glwth, un sy'n gorfwyta.

gluttonous, *a.* glwth, bolrwth, tra-chwantus.

gluttony, *n.* glythineb, trachwant.

glycerine, *n.* gliserin.

glycogen, *n.* glicogen, defnydd fel starts.

glycosuria, *n.* gleicoswria, siwgr yn y dŵr.

G-man, *n.* swyddog ymchwil (U.D.).

gnarled, *a.* ceinciog, cygnog, cnotiog.

gnash, *v.* rhincian, gwasgu (dannedd).

gnat, *n.* gwybedyn, cylionyn.

gnaw, *v.* cnoi, deintio.
gnome, *n.* 1. gwireb, dihareb.
  2. ysbryd, coblyn, dynan, bwci.
gnu, *n.* gniw, gafrewig (De Affrig).
go, *v.* myned, cerdded, rhodio.
goad, *n.* swmbwl, pren i yrru creadur.
  v. symbylu, cymell, annog.
goal, *n.* nod, gôl.
  GOAL AREA, cwrt y gôl.
goalkeeper, *n.* ceidwad gôl.
goal-posts, *np.* pyst gôl.
goat, *n.* gafr.
  GET ONE'S GOAT, poeni rhywun.
gobble, *v.* 1. bwyta stwrllyd.
  2. lleisio fel twrci.
goblet, *n.* ffiol, cwpan (heb ddolen).
goblin, *n.* ellyll, bwgan, coblyn.
god, *n.* duw.
  GOD, Duw.
godchild, *n.* mab bedydd, merch fedydd.
goddess, *n.* duwies.
godfather, *n.* tad bedydd.
godhead, *n.* duwdod. THE GODHEAD, Y Duwdod.
godless. *a.* di-dduw, annuwiol.
godlike, *a.* fel duw, dwyfol, dwyfolaidd.
godliness, *n.* duwioldeb.
godly, *a.* duwiol, defosiynol, crefyddol.
godmother, *n.* mam fedydd.
godparent. *n.* tad bedydd, mam fedydd.
godsend, *n.* peth annisgwyl, caffaeliad.
godson, *n.* mab bedydd.
god-speed, *n.* llwyddiant, ffyniant.
goggle, *v.* troi llygaid, treiglo llygaid.
  GOGGLES, gwydrau, sbectol.
goitre, *n.* goitr, chwyddi'r breuant, y wen.
gold, *n.* aur.
golden, *a.* euraid, euraidd.
goldfinch, *n.* eurbinc.
goldfish, *n.* eurbysg, pysgod aur.
goldsmith, *n.* eurof, eurych.
golf, *n.* golff.
golfer, *n.* golffwr.
golliwog, *n.* goliwog, dol (hyll).
gondola, *n.* bad (Fenis), gondola.
gondolier, *n.* rhwyfwr gondola.
gong, *n.* gong, cloch fwyd. *v.* gorchymyn i sefyll.
gonorrhoea, *n.* hadlif, clefyd gwenerol.
good, *a.* 1. da, daionus, mad.
  2. llesol, buddiol.
  3. cryn, llawer.
  GOODS, nwyddau, da, eiddo.
  GOOD ENOUGH, digon da.
  NO GOOD, dim gwerth.

GOOD FRIDAY, Dydd Gwener y Groglith.
GOOD HUMOUR, natur dda.
good-bye, *int.* yn iach ! ffarwél !
good-for-nothing, *a.* da i ddim, diffaith.
goodliness, *n.* tegwch, sirioldeb, urddas.
good-looking, *a.* golygus.
goodly, *a.* 1. teg, hardd.
  2. mawr, llawer.
goodman, *n.* gŵr y tŷ.
good-natured, *a.* hynaws, rhadlon.
goodness, *n.* daioni, rhinwedd.
  MY GOODNESS ! gwarchod pawb !
good-night, *int.* nos da ! nos dawch !
goodwill, *n.* 1. ewyllys da.
  2. braint (fasnachol).
goody-goody, *a.* rhy dda i ddim.
goose, *n.* gŵydd.
gooseberry, *n.* gwsberen, eirinen Fair.
gooseflesh, *n.* croen gŵydd, cyflwr gwrychlyd.
goosegrass, *n.* gwlydd y perthi.
goosestep, *n.* cerddediad milwr.
gore, *n.* gwaed. *v.* cornio, cyrchu.
gorge, *n.* 1. hafn, ceunant.
  2. gwddf, crombil.
  v. traflyncu, llyncu'n awchus.
gorgeous, *a.* gwych, ysblennydd.
gorgeousness, *n.* gwychder, ysblander.
gorilla, *n.* gorila, epa mawr.
gormandize, *v.* gloddesta, bwyta i ormodedd, bod yn lwth.
gorse, *n.* eithin.
  GORSE BUSH, llwyn eithin.
gory, *a.* gwaedlyd.
gosling, *n.* gŵydd fach, cyw gŵydd.
gospel, *n.* efengyl.
gossamer, *n.* gwawn, gwe fân.
gossip, *n.* mân siarad, clec, cleber, clonc. *v.* clebran, chwedleua.
Gothic, *a.* Gothig.
gouge, *n.* gaing gau. *v.* cafnu, tyllu â gaing.
gourd, *n.* cicaion, math o blanhigyn dwyreiniol neu ei ffrwyth.
gourmand, *n.* bolgi, gloddestwr, un glwth.
gourmet, *n.* un glwth, beirniad da ar fwyd.
gout, *n.* gowt, math o gryd cymalau.
gouty, *a.* yn dioddef o'r gowt.
govern, *v.* llywodraethu, rheoli.
governess, *n.* athrawes (mewn ysgol breifat).
governing, *a.* llywodraethol, yn rheoli.
government, *n.* llywodraeth, rheolaeth.

governmental, *a.* yn ymwneud â llywodraeth.

governor, *n.* llywodraethwr, rheolwr.

gown, *n.* gŵn.

grab, *n.* gwanc, crap. *v.* crafangu, cipio, gafaelyd.

grabble, *v.* ymbalfalu, chwilota.

grace, *n.*1. gras, rhad, llad, ffafr, gweddi. 2. gosgeiddrwydd, swyn, tegwch. *v.* anrhydeddu, addurno.
MEANS OF GRACE, moddion gras.
YOUR GRACE, Eich Gras (am ddug neu archesgob).

graceful, *a.* 1. graslon, rhad'on. 2. lluniaidd, teg, gosgeiddig.

gracefulness, *n.* graslonrwydd, rhadlonrwydd, tegwch.

graceless, *a.* digywilydd, llygredig.

gracious, *a.* grasol, rhadlon, hynaws.

graciousness, *n.* graslonrwydd, boneddigeiddrwydd, cwrteisrwydd.

gradation, *n.* graddiad, graddoliad.

grade, *n.* gradd, safon. *v.* graddio.
MAKE THE GRADE, cyrraedd y safon.

gradient, *n.* llethredd, goleddf, graddiant.

gradual, *a.* graddol.

graduate, *n.* gŵr gradd, graddedig. *v.* 1. graddio. 2. graddnodi.

graduation, *n.* graddedigaeth.

graft, *n.* 1. imp, impyn. 2. hunan-les. *v.* impio.

grail, *n.* greal, cwpan.
THE HOLY GRAIL, Y Greal Sanctaidd.

grain, *n.* 1. gronyn, grawn, ydrawn. 2. mymryn. 3. graen *v.* graenu.

gram, *n.* gram.

grammalogue, *n.* gair a gynrychiolir (mewn llaw fer) gan un nod, gramalog.

grammar, *n.* gramadeg.
GRAMMAR SCHOOL, ysgol ramadeg.

grammarian, *n.* gramadegydd.

grammatical, *a.* gramadegol.

gramme, *n.* gram (uned pwysau).

gramophone, *n.* gramoffon.

granary, *n.* ysgubor, tŷ grawn, granari.

grand, *a.* 1. ardderchog, mawreddog, godidog, arddunol. 2. prif, uchel.

grandam, *n.* mam-gu, nain, hen fenyw.

grandchild, *n.* ŵyr, wyres.
GREAT GRANDCHILD, gorwyr, gorwyres.

grand-daughter, *n.* wyres.

grandeur, *n.* mawredd, gwychder, godidowgrwydd.

grandfather, *n.* tad-cu, taid.
GREAT GRANDFATHER, hen dad-cu, hendaid.

grandiloquence, *n.* iaith chwyddedig neu rwysgfawr.

grandiloquent, *a.* chwyddedig, rhwysgfawr.

grandiose, *a.* 1. mawreddog. 2. rhwysgfawr.

grandmother, *n.* mam-gu, nain.

grandparent, *n.* tad-cu neu fam-gu, taid neu nain.

grandsire, *n.* tad-cu, taid.

grandson, *n.* ŵyr.

grange, *n.* 1. ydlan, grêns. 2. ffarm.

granite, *n.* gwenithfaen, ithfaen.

granny, *n.* 1. mam-gu, nain. 2. math o gwlwm.

grant, *n.* rhodd, grant. *v.* 1. rhoi. 2. addef, caniatáu.
TO TAKE FOR GRANTED, cymryd yn ganiataol.

granular, *a.* gronynnog.

granulate, *v.* gronynnu, malu.

granulation, *n.* gronyniad, graeniad.

granule, *n.* gronyn.

grapes, *np.* grawnwin.

graph, *n.* graff.

graphic, *a.* darluniadol, byw, craff.

graphite, *n.* graffid.

grapnel, *n.* angor bychan, gafaelfach.

grapple, *n.* gafaelfach, gafael. *v.* bachu, gafaelyd.

grasp, *n.* 1. gafael. 2. amgyffrediad. *v.* 1. gafael, gafaelyd, cydio. 2. amgyffred, deall.

grasping, *a.* cybyddlyd, trachwantus.

grass, *n.* glaswellt, porfa.

grasshopper, *n.* ceiliog y rhedyn (gwair).

grassland, *n.* glaswelltir.

grass-snake, (ring-snake), *n.* neidr fraith.

grass-widow, *n.* gwraig (â'i gŵr oddi cartref).

grassy, *a.* glaswelltog, glas.

grate, *n.* gradell, grat. *v.* 1. rhygnu, gwneud sŵn cras. 2. cythruddo, merwino, poeni.

grateful, *a.* 1. diolchgar. 2. derbyniol, dymunol.

gratefulness, *n.* diolchgarwch.

grater, *n.* offeryn chwalu, rhathell, crafell.

gratification, *n.* boddhad, pleser.

gratify, *v.* boddhau, boddio.

grating, *a.* garw, aflafar. *n.* rhwyll-waith, gratin.

gratis, *ad.* am ddim, yn rhodd, yn rhad ac am ddim.

gratitude, *n.* diolchgarwch.

gratuitous, *a.* 1. am ddim. 2. di-alw-am-dano.

gratuity, *n.* cil-dwrn, tip.

grave, *n.* bedd, beddrod. *a.* difrifol, dwys. *v.* cerfio.
GRAVE ACCENT, acen drom (`).

grave-digger, *n.* torrwr beddau.

gravel, *n.* graean, gro, cerrig mân.

gravelly, *a.* graeanog, llawn graean.

graven, *a.* cerfiedig, wedi ei gerfio.

gravestone, *n.* carreg fedd, beddfaen.

graveyard, *n.* mynwent, claddfa.

gravitate, *v.* disgyrchu. tynnu at y ddaear.

gravitation, *n.* disgyrchiant, y grym sy'n tynnu mater.
LAW OF GRAVITATION, deddf dis-gyrchiant.

gravity, *n.* 1. disgyrchiant, disgyrch-iad, dwysedd. 2. pwysigrwydd, difrifwch.
CENTRE OF GRAVITY, craidd dis-gyrchiant.

gravy, *n.* isgell, sew, grefi.

grayling, *n.* crothell, math o bysgodyn dŵr croyw.

graze, *v.* 1 pori. 2. crafu, rhwbio, ysgythru, cyff-wrdd.

grazier, *n.* un sy'n porthi gwartheg i'r farchnad, porthwr.

grazing, *n.* porfa, porthiant, bwyd anifail, (*land*) tir pori.

grease, *n.* saim. *v.* iro, rhwbio â saim.
GREASE-PROOF PAPER, papur saim.

greasy, *a.* seimlyd.

great, *a.* mawr, pwysig, enwog.
GREAT BIG MAN, clamp o ddyn.

greatly, *ad.* yn fawr.

greatness, *n.* mawredd.

grebe, *n.* gwyach, math o aderyn y dŵr.

Grecian, *a.* Groegaidd.

greed, *n.* trachwant, gwanc.

greediness, *n.* bariaeth, trachwant.

greedy, *a.* trachwantus, gwancus, barus.

Greek, *n.* Groeg (iaith), Groegwr.

green, *a.* gwyrdd, glas, ir. *v.* glasu.
GREENS, llysiau gardd.

greenery, *n.* gwyrddlesni.

greenfinch, *n.* llinos werdd.

greenfly (blight, aphides), *n.* llyslau, clêr gwyrdd.

greengage, *n.* eirinen werdd.

greengrocer, *n.* gwerthwr ffrwythau (a llysiau).

greengrocery, *n.* ffrwythau (a llysiau).

greenhorn, *n.* un gwirion, gwirionyn, nofis.

greenhouse, *n.* tŷ gwydr, tŷ brwd.

greenish, *a.* o liw gwyrdd, lledwyrdd.

greenness, *n.* gwyrddlesni. irder.

greenroom, *n.* ystafell actorion.

greensward, *n.* tywarchen, tywoden, porfa.

greet, *v.* cyfarch, annerch.

greeting, *n.* cyfarchiad, annerch.

gregarious, *a.* yn ymgrynhoi, heidiog yn cyd-fyw.

gregariousness, *n.* gregaredd.

grenade, *n.* bom fach, pelen ffrwydro, bom llaw.

grey, *a.* llwyd, llwydwyn, glas.
GREY MARE, caseg las.

greybeard, *n.* hen ŵr, llwydyn.

greyhound, *n.* milgi.

greyish, *a.* llwydaidd.

grid, *n.* rhwyll, grid, alch, bualch.

griddle, *n.* gradell, maen.

griddle-cake, *n.* bara'r radell, bara planc.

gridiron, *n.* gradell rwyllog, alch, grid.

griffin, griffon, gryphon, *n.* griffwn, anifail chwedlonol.

grief, *n.* gofid, galar, tristwch.

grill, *n.* 1. gradell, alch. 2. bwyd wedi ei goginio ar radell. *v.* coginio ar radell, grilio.

grilling, *a.* poeth iawn. *n.* coginio ar radell, grilio.

grievance, *n.* cwyn, achwyniad.

grieve, *v.* gofidio, galaru, trallodi.

grievous, *a.* gofidus, blin, alaethus, poenus.

grim, *a.* sarrug, llym, erch. difrifol.

grimace, *n.* ystum, clemau. *v.* tynnu wynebau, gwneud clemau.

grime, *n.* parddu, budreddi, baw.

griminess, *n.* bryntni, budredd.

grimness, *n.* difrifoldeb, llymder.

grimy, *a.* brwnt, budr, bawlyd.

grin, *n.* gwên (agored). *v.* gwenu (o glust i glust).

grind, *v.* 1. malu, malurio. 2. llifanu, llifo.

grinder, *n.* 1. malwr. 2. melin. 3. cilddant, dant malu, bochddant.

grindstone, *n.* maen llif(o).

grip, *n.* gafael, crafangiad. *v.* gafael, crafangu, cydio yn.

gripe, *v.* 1. crafangu.
2. gorthrymu.
3. peri colig.
n. 1. gafael.
2. gorthrwm.
3. colig.
GRIPES, colig, cnofeydd yn yr ymysgaroedd, y cnoi.
grist, *n.* 1. ŷd i'w falu (neu wedi ei falu).
2. elw, cyflenwad.
gristle, *n.* madruddyn, gwythi.
gristly, *a.* madruddog, fel madruddyn.
grit, *n.* graean, grud, grit, pybyrwch.
gritty, *a.* graeanllyd, graeanog.
grizzled, grizzly, *a.* â gwallt brith, llwyd, llwydaidd.
groan, *n.* ochenaid, griddfan. *v.* ochneidio, griddfan.
groat, *n.* grot, grôt, pisyn pedair ceiniog (gynt).
grocer, *n.* groser.
groceries, *np.* nwyddau o siop groser.
grocery, *n.* gwaith neu siop groser.
grog, *n.* gwirod a dŵr.
groggy, *a.* meddw, brwysg, ansefydlog, hurt.
groin, *n.* cesail morddwyd.
groom, *n.* 1. priodfab.
2. gwastrawd.
v. trwsio, taclu.
groomsman, *n.* gwas priodas.
groove, *n.* rhych, rhigol, cwter.
GROOVE AND TONGUE, rhigol a thafod.
grooved, *a.* rhigolog, rhychiog.
grope, *v.* palfalu, ymbalfalu, teimlo ei ffordd.
gross, *n.* 1. cyfanrif, crynswth.
2. deuddeg dwsin, gros.
a. bras, tew, mawr, aflednais.
GROSS (PROFIT, LOSS), yr elw crynswth ; y golled grynswth.
grotesque, *a.* od, salw, gwrthun.
grotto, *n.* ogof.
ground, *n.* 1. llawr, daear.
2. sail.
v. daearu, rhwystro i hedfan.
groundless, *a.* di-sail.
groundnuts (earthnuts), *np.* cnau'r ddaear.
groundsel, *n.* greulys, penfelen.
groundsman, *n.* tirmon.
groundsmanship, *n.* tirmonaeth.
groundwork, *n.* sylfaen, sail.
group, *n.* twr, crug, bagad, adran, dosbarth, grŵp.
group-captain, *n.* grwp-gapten.
group psychology, *n.* seicoleg y dorf.

grouse, *n.* grugiar, iâr y mynydd.
v. grwgnach, ceintach.
grove, *n.* celli, llwyn, gwigfa, coedwig, allt goed.
grovel, *v.* ymgreinio, ymlusgo, ymgrymu.
grow, *v.* tyfu, codi, cynyddu, prifio.
TO GROW OLD, heneiddio.
grower, *n.* tyfwr.
growing, *a.* ar ei brifiant, yn prifio, yn tyfu.
growl, *v.* 1. chwyrnu.
2. grwgnach.
n. chwyrnad.
growler, *n.* chwyrnwr.
growth, *n.* twf, cynnydd, tyfiant, prifiant.
groyne, *n.* argae yn y môr, morglawdd.
grub, *n.* pryf, cynrhonyn. *v.* dadwreiddio, tynnu o'r gwraidd.
grubby, *a.* brwnt, budr.
grudge, *n.* cenfigen, cas. *v.* gwarafun, grwgnach.
gruel, *n.* grual, griwel.
gruesome, *a.* erchyll, hyll, dychrynllyd.
gruff, *a.* sarrug, garw, cwta, swta.
gruffness, *n.* gerwinder, sarugrwydd.
grumble, *v. n.* grwgnach, conach, ceintach.
grumpiness, *n.* anniddigrwydd, natur ddrwg, sarugrwydd.
grumpy, *a.* o natur ddrwg, sarrug, diserch.
grunt, *n.* rhoch. *v.* rhochian.
guarantee, *n.* gwarant, mach, ernes.
v. gwarantu, mechnïo.
guarantor, *n.* gwarantydd, meichiau.
guaranty, *n.* mach, sicrwydd cyfreithiol.
guard, *n.* 1. gwyliadwriaeth, gwyliwr.
2. gwarchodlu, gard.
3. sgrin.
v. cadw, gwylied, gwarchod.
guarded, *a.* gwyliadwrus, gochelgar gofalus.
guardian, *n.* ceidwad, gwarcheidwad.
guardianship, *n.* gwarcheidwadaeth, gofalaeth.
guardroom, *n.* ystafell carcharorion.
guardsman, *n.* milwr yn y *Guards.*
gudgeon, *n.* 1. gwyniad, math o bysgodyn.
2. un gwirion.
guelder-rose, *n.* ysgawen y gors, corswigen, gwifwrnwydd.
guerdon, *n.* gwobr, gwobrwy.
guerilla, *n.* cyrch-filwr, herw-filwr.
guess, *v.* bwrw amcan, dyfalu.

guesswork, *n.* gwaith dychymyg, dyfaliad, amcangyfrif.

guest, *n.* gwestai, un a wahoddwyd. *pl.* gwahoddedigion, gwesteion.

guffaw, *n.* crechwen, chwerthin gwawdlyd. *v.* crechwenu.

guidance, *n.* arweiniad, cyfarwyddyd.

guide, *n.* arweinydd, tywysydd. *v.* arwain, tywys.
GUIDED MISSILE, arf a dywysir (o bell), arf tywysedig.

guide-book, *n.* llyfr cyfarwyddo, llyfr teithio, teithlyfr.

guild, *n.* cymdeithas, urdd.

guildhall, *n.* neuadd y dref.

guile, *n.* twyll, dichell, ystryw.

guileful, *a.* dichellgar, twyllodrus, ystrywgar.

guileless, *a.* didwyll, gonest.

guillemot, *n.* heligog, gwylog.

guillotine, *n.* 1. peiriant dienyddio, gilotîn.
2. peiriant torri papur (gan argraffwyr).
v. torri pen.

guilt, *n.* euogrwydd.

guiltless, *a.* dieuog, difai, di-fai.

guilty, *a.* euog.

guinea, *n.* gini.

guinea-fowl, *n.* iâr Gini, iâr India, combác, gŵana.

guinea-pig, *n.* mochyn cwta, llygoden gota, cafi cwta.

guise, *n.* dull, rhith, diwyg.

guitar, *n.* gitâr, crwth chwethant.

gulf, *n.* 1. geneufor, morgainc, gwlff.
2. gagendor.

gull, *n.* 1. gwylan.
2. gwirionyn, un ffôl.
v. twyllo.

gullet, *n.* corn gwddf, y bibell fwyd.

gullibility, *n.* hygoeledd, gwiriondeb.

gullible, *a.* hygoelus, gwirion.

gully, *n.* rhigol, ffos, gyli (criced), gwli.

gulp, *v.* traflyncu, llyncu.

gum, *n.* 1. glud.
2. cnawd wrth fôn y dannedd, cig y dannedd, gorcharfan.
v. gludio.

gumboil, *n.* pothell (chwysigen) yn y genau.

gumboots, *np.* esgidiau rwber.

gummy, *a.* gludiog, yn glynu.

gumption, *n.* deall, mynd, menter.

gun, *n.* gwn, dryll.

gunboat, *n.* llong ryfel (fach).

gun-metal, *n.* dryllfetel.

gunner, *n.* saethwr, gynnwr.

gunnery, *n.* gynyddiaeth, gwyddor tanio gynnau.

gunpowder, *n.* powdr gwn.

gunshot, *n.* ergyd gwn.

gunsmith, *n.* gof gynnau (bach).

gunstock, *n.* bôn gwn (dryll).

gunwale, *n.* gynwalc, top ochr llong.

gurgle, *v.* byrlymu. *n.* bwrlwm.

gush, *v.* ffrydio, llifeirio. *n.* 1. ffrwd, gorlif.
2. ffalster, truth.

gushing, *a.* 1. ffals, teimladwy.
2. yn llifo'n chwyrn.

gusset, *n.* cwysed, braced, darn trichornel.

gust, *n.* awel, chwa, gwth, cwthwm.
GUST OF WIND, awel o wynt, gwth o wynt.

gustation, *n.* blasu.

gusto, *n.* awch, blas, sêl, awydd.

gusty, *a.* gwyntog, awelog.

gut, *n.* perfeddyn, coluddyn. *v.* 1. diberfeddu, tynnu perfedd.
2. difrodi, dinistrio.
GUTS, perfedd, coluddion.

gutta-percha, *n.* defnydd cochlyd a geir o nodd pren o'r enw.

gutter, *n.* ffos, cwter, cafn.

guttural, *a.* gyddfol.

guy, *n.* rhaff, cadwyn.
2. delw.

guy-rope, *n.* rhaff llong.

guzzle, *v.* llyncu, traflyncu.

guzzler, *n.* llyncwr, traflyncwr.

gymkhana, *n.* mabolgampau.

gymnasium, *n.* ystafell ymarfer (corfforol), gymnasiwm.

gymnast, *n.* mabolgampwr.

gymnastic, *a.* mabolgampol, gymnastig, gymnastaidd.

gymnastics, *np.* mabolgampau, ymarferiadau corff, gymnasteg.

gynaecium, *n.* cynffrwyth, paledryn.

gynaecology, *n.* astudiaeth afiechydon benywod.

gypsum, *n.* mwyn y gwneir plastr paris ohono.

gyrate, *v.* troi (mewn cylch).

gyration, *n.* troad.

gyroscope, *n.* offeryn i ddangos deinameg pethau sy'n troi, gyrosgob.

ha, *int.* ha !

habeas corpus, *n.* gwŷs, llythyr dyfyn (i ddod â charcharor i'r llys).

haberdasher, *n.* dilledydd.

haberdashery, *n.* dilladach, siop ddillad.

habit, *n.* 1. arfer, arferiad. 2. gwisg, dillad, abid.

habitable, *a.* cyfanheddol, cyfannedd.

habitat, *n.* cynefin, cartref (naturiol), cyfannedd.

habitation, *n.* cartref, annedd.

habitual, *a.* arferol, gwastadol.

HABITUAL CONSUETUDINAL (TENSE), presennol arferiadol.

habituate, *v.* cynefino, arfer.

habitude, *n.* arferiad, arfer, tuedd, anianawd.

habitué, *n.* ymwelydd cyson.

hack, *v.* bylchu, torri, hacio. *n.* bwlch, hac, agen.

hack-saw, *n.* llif metel.

hackle, *n.* offeryn heislanu. *v.* heislanu, trin (llin neu gywarch), bracio.

hackney, *n.* 1. ceffyl (i'w farchogaeth). 2. cerbyd hurio.

hackneyed, *a.* sathredig, cyffredin, ystrydebol.

haddock, *n.* corbenfras, hadog.

hades, *n.* annwn, trigfa'r meirw.

haemoglobin, *n.* hemoglobin, defnydd lliw yn y gwaed.

haemophilia, hemophilia, *n.* tuedd i waedu.

haemorrhage, hemorrhage, *n.* gwaedlif, diferlif gwaed.

haemorrhoids, *np.* clwyf y marchogion, lledewigwst.

haft, *n.* carn (cyllell. etc.).

hag, *n.* gwrach gwiddon.

haggard, *a.* gwyllt, blinderus, pryderus.

haggis, *n.* hagis, bwyd Ysgotaidd.

haggish, *a.* fel gwrach, gwrachaidd, gwrachïaidd.

haggle, *v.* bargenna, ymryson, dadlau (wrth fargenna), bargeinio.

hagiography, *n.* hanes neu draddodiadau'r seintiau.

hail, *n.* cesair, cenllysg. *v.* bwrw cesair (cenllysg).

hail, *int.* henffych well ! *v.* cyfarch, annerch.

TO HAIL FROM, dod o.

hailstones, *np.* cesair, cenllysg.

hair, *n.* gwallt, blew, rhawn.

HAIR'S BREADTH, trwch y blewyn.

HAIR SPLITTING, hollti blew.

hairiness, *n.* bod yn flewog.

hairless, *a.* moel, heb wallt.

hair-pin, *n.* pin gwallt.

HAIR-PIN BEND, tro tuag yn ôl.

hairy, *a.* blewog.

hake, *n.* cegddu.

halberd, *n.* gwayw-fwyell.

halcyon, *a.* teg, tawel. *n.* aderyn chwedlonol.

hale, *a.* iach, hoenus, calonnog.

half, *n.* hanner.

half-back, *n.* hanerwr.

half-bred, *a.* cymysgryw.

half-caste, *n.* un du a gwyn.

half-crown, *n.* hanner coron.

half-hearted, *a.* rhwng bodd ac anfodd, di-awydd.

halfpenny, *n.* dimai.

halfpennyworth, *n.* dimeiwerth, gwerth dimai.

halibut, *n.* lleden y môr.

halitosis, *n.* dryganadl.

hall, *n.* neuadd, llys.

PARISH HALL, neuadd y plwyf.

hallelujah, alleluia, *n.* haleliwia, moliant i Dduw.

hallmark, *n.* arwydd o ddilysrwydd, dilysnod.

hallmote, *n.* halmwd.

hallo, hello, *int.* helô !

hallow, *v.* cysegru. sancteiddio.

hallowed, *a.* cysegredig, sanctaidd.

Halloween, *n.* Calan gaeaf.

hallucination, *n.* rhithweledigaeth, lledrith, dychymyg, geuddrych.

halo, *n.* corongylch, lleugylch, cylch am yr haul neu'r lleuad.

halt, *n.* arhosiad, gorsaf. *v.* sefyll, aros.

halter, *n.* tennyn, rheffyn, cebystr.

halve, *v.* haneru.

halyard, *n.* rhaff hwyliau, haliard.

ham, *n.* 1. morddwyd. 2. cig mochyn (oddi ar y forddwyd), ham.

hames, *np.* mynci.

hamlet, *n.* pentref bach, pentrefan.

hammer, *n.* morthwyl, mwrthwl. gordd. *v.* morthwylio, myrthylu, curo.

hammock, *n.* gwely crog.

hamper, *v.* rhwystro. lluddias. *n.* basged (a chlawr iddi), cawell.

hamstring, *n.* llinyn y gar. *v.* torri llinyn y gar. 2. rhwystro, lluddias.

hand, *n.* 1. llaw.
  2. pedair modfedd, llaw.
  v. estyn, trosglwyddo, traddodi.
  HAND IN HAND, law yn llaw.
  AT HAND, gerllaw, wrth law.
  TO CHANGE HANDS, o law i law, newid dwylo.
  FROM HAND TO MOUTH, heb baratoi, diddarpar.
  HAND TO HAND, agos.
  IN HAND, 1. mewn gafael.
  2. ar waith.
handbag, *n.* bag bach, cod, ysgrepan.
handbill, *n.* hysbyslen (fach).
handbook, *n.* llyfryn.
handcuff, *n.* gefyn llaw.
handful, *n.* llond llaw, dyrnaid.
handicap, *n.* 1. rhwystr, anfantais.
  2. blaen, cychwyniad.
  v. 1. llesteirio.
  2. rhoi blaen i.
handicapped, *a.* dan anfantais.
handicraft, *n.* crefft, gwaith cywrain, celfyddyd.
handiwork, *n.* gwaith llaw.
handkerchief,*n.* cadach poced, neisied, hances, macyn.
handle, *n.* carn, coes, dolen. *v.* trin, trafod.
hand-made, *a.* o waith llaw.
handmaid, *n.* llawforwyn, morwyn.
handrail, *n.* canllaw.
handsome, *a.* hardd, teg. golygus.
handwriting, *n.* llawysgrifen.
handy, *a.* 1. deheuig.
  2. cyfleus, hwylus.
hang, *v.* crogi, hongian.
hangar, *n.* sied awyrennau, awyrendy.
hanger, *n.* hongiwr, bach.
hanging, *a.* crog, yn hongian.
hangman, *n.* crogwr.
hank, *n.* cengl, sgain.
hanker (after), *v.* hiraethu (am), crefu.
hanky-panky, *n.* twyll, dichell, hoced.
  a. twyllodrus, dichellgar.
hansom, *n.* cerbyd (dwy olwyn), cab.
hap, *n.* damwain, hap.
haphazard, *a.* damweiniol, ar siawns.
hapless, *a.* anffodus, anlwcus.
haploid, *n.* haploid. *a.* haplaidd.
haply, *ad.* efallai, hwyrach, dichon, ysgatfydd.
happen, *v.* digwydd, damweinio.
happening, *n.* digwyddiad.
happiness, *n.* dedwyddwch, hapusrwydd.
happy, *a.* dedwydd, hapus.
happy-go-lucky, *a.* didaro, diofal, di-hid.

hara-kiri, *n.* hunanladdiad (yn Siapan).
harangue, *n.* anerchiad, araith (hir a thanbaid), arawd.
harass, *v.* blino, poeni, aflonyddu.
harbinger, *n.* cennad, rhagredegydd, negesydd.
harbour, *n.* porthladd. *v.* llochesu, noddi, coleddu (syniadau).
harbourage, *n.* lloches (i longau), angorfa.
hard, *a.* 1. caled.
  2. anodd.
  HARD OF HEARING, trwm ei glyw.
harden, *v.* caledu.
  CASE HARDENING, crofennu.
hard-headed, *a.* craff, medrus, hunanfeddiannol.
hard-hearted, *a.* calon-galed, didrugaredd, creulon.
hardihood, *n.* hyfdra, ehofndra, beiddgarwch.
hardiness, *n.* nerth, cryfder, caledwch, gwydnwch.
hardly, *ad.* prin, braidd, o'r braidd.
hardness, *n.* caledwch.
hardpan, *n.* cletir.
hardship, *n.* caledi.
hardware, *n.* nwyddau metel.
hardwood, *n.* pren caled.
hardy, *a.* caled, cadarn, gwydn.
hare, *n.* ysgyfarnog, ceinach.
  HARE AND HOUNDS, chwarae cŵn hela.
harebell, *n.* cloch yr eos.
hare-brained, *a.* byrbwyll, gwyllt.
harem, *n.* tŷ gwragedd, y gwragedd (Mohametanaidd).
harelip, *n.* bwlch yn y wefus, gwefus fylchog.
haricot, *n.* briwgig (math o).
  HARICOT BEANS, ffa Ffrengig.
hark, *int.* gwrando ! clyw ! clywch !
harlequin, *n.* actor (mewn pantomeim).
harlot, *n.* putain.
harm, *n.* drwg, niwed, cam. *v.* niweidio.
harmful, *a.* niweidiol.
harmless, *a.* diniwed, di-ddrwg.
harmlessness, *n.* diniweidrwydd.
harmonic, *a.* yn cytgordio, cerddorol, harmonig.
  HARMONIC MEAN, cymedr harmonig.
  HARMONIC SEQUENCE, dilyniant harmonig.
harmonics, *np.* gwyddor seiniau cerddorol.
harmonious, *a.* 1. cytûn, yn cyd-weld.
  2. yn cytgordio.

harmonise, *v.* 1. cytuno, cydweld.
2. cytgordio.
harmonium, *n.* organ, harmoniwm.
harmony, *n.* cytgord, cysondeb, cynghanedd.
harness, *n.* celfi, harnais. *v.* gwisgo, harneisio.
harp, *n.* telyn.
TRIPLE HARP, telyn deires.
TO HARP UPON, rhygnu ar.
harpist, *n.* telynor (*f.* telynores).
harpoon, *n.* tryfer, picell driphen.
harpsichord, *n.* harpsicord, math o offeryn tannau ag allweddell.
harpy, *n.* 1. cribddeiliwr.
2. anghenfil (chwedlonol).
harrier, *n.* 1. rhedwr.
2. ci hela (ysgyfarnogod).
3. boda dinwen.
harrow, *n.* og, oged. *v.* 1. llyfnu, ogedu.
2. anrheithio, blino.
harry, *v.* 1. difrodi, anrheithio.
2. erlid, blino.
harsh, *a.* garw, llym, cras, aflafar.
harshness, *n.* gerwindeb, craster.
hart, *n.* hydd, carw.
hartebeest, *n.* antelop. gafrewig (Affrig).
harum-scarum, *a.* penchwiban, anystyriol, byrbwyll.
harvest, *n.* cynhaeaf. *v.* cynaeafu, cywain.
harvester, *n.* cynaeafwr.
hash, *v.* briwio, torri'n ddarnau.
n. 1. briwgig.
2. annibendod, cawl, cybolfa.
hasp, *n.* hasb, hesbin bach, clesbyn.
hassock, *n.* clustog pen-lin, hesor.
haste, *n.* brys, ffrwst, hast.
IN HASTE, ar frys, mewn hast.
hasten, *v.* brysio, prysuro.
hasty, *a.* brysiog, byrbwyll, anystyriol, gwyllt.
hat, *n.* het.
HAT-TRICK, tri-thro (mewn criced).
hatch, *n.* 1. deoriad.
2. nythaid (o gywion).
3. drws, drws isaf.
v. 1. deor, gori, dod o'r wy.
2. dyfeisio, cynllunio, cynllwyn.
hatchery, *n.* deorfa, lle i ddeor.
hatchet, *n.* bwyell fach, bwyellan.
TO BURY THE HATCHET, gwneud heddwch.
hatchway, *n.* grisiau (llong), agoriad ar ddec llong.
hate, *n.* cas, casineb, atgasedd. *v.* casáu, ffieiddio.
I HATE, cas gennyf.
hateful, *a.* cas, atgas.

hatred, *n.* cas, casineb, dygasedd.
hatter, *n.* gwerthwr hetiau.
haughtiness, *n.* balchder, traha.
haughty, *a.* balch, ffroenuchel, penuchel.
haul, *n.* dalfa, helfa. *v.* tynnu, llusgo.
haulage, *n.* cludiad.
haulier, *n.* haliwr, halier.
haulm, *n.* gwrysg, callod, cyrs.
haunch, *n.* morddwyd.
haunt, *n.* cyrchfa, cynefin cyniweirfa.
v. 1. cyniwair, mynychu.
2. aflonyddu, poeni.
have, *v.* cael, meddu.
I HAVE, y mae gennyf.
I HAD RATHER, gwell gennyf.
haven, *n.* hafan, porthladd.
haver, *v.* siarad yn ffôl, clebran.
n. cleber, baldordd.
haversack, *n.* sach, ysgrepan (milwr).
havoc, *n.* difrod, hafog, distryw.
haw, *n.* criafolen y moch.
hawk, *n.* hebog, gwalch, curyll, cudyll.
v. pedlera, gwerthu o amgylch.
hawker, *n.* pedler.
hawkweed, *n.* llysiau'r hebog.
hawser, *n.* rhaff llong.
hawthorn, *n.* draenen wen.
hay, *n.* gwair.
haycock, *n.* mwdwl gwair.
hayrick, *n.* tas wair, bera wair.
hazard, *n.* perygl, enbydrwydd, antur.
v. anturio, mentro.
hazardous, *a.* peryglus, enbydus, mentrus.
haze, *n.* niwl, tarth, tes (haf).
hazel, *n.* collen.
haziness, *n.* aneglurder, stad niwlog.
hazy, *a.* niwlog, aneglur.
he, *pn.* ef, fe, e, efe, efô, o, yntau.
a. gwryw.
head, *n.* 1. pen, copa.
2. pennaeth.
a. prif, blaen.
v. blaenori, arwain.
TO HEAD OFF, rhagod, troi'n ôl.
headache, *n.* pen tost, cur yn y pen.
heading, *n.* pennawd, teitl.
headland, *n.* pentir, talar.
headlight, *n.* golau blaen (ar gar), golau mawr, lamp fawr.
headline, *n.* llinell flaen, pennawd, teitl.
headlong, *ad.* pendramwnwgl, llwrw ei ben, yn ei gyfer. *a.* byrbwyll, brysiog, difeddwl.
head-phone, *n.* ffôn pen.
headquarters, *np.* pencadlys, canolfan.

headship

headship, *n.* swydd fel pennaeth, safle uchaf.

headstrong, *a.* cyndyn, penstiff.

headway, *n.* cynnydd, llwyddiant.

heady, *a.* byrbwyll, gwyllt.

heal, *v.* iacháu, gwella, adfer.

healing, *n.* iachâd. *a.* iachaol.

health, *n.* iechyd, cyflwr y corff.
  HEALTH RESORT, cyrchfan iechyd.
  BOARD OF HEALTH, Bwrdd Iechyd.

healthiness, *n.* cyflwr iechyd.

healthy, *a.* iach, iachus.

heap, *n.* twr, pentwr, crugyn. *v.* pentyrru, crynhoi, cruglwytho.

hear, *v.* clywed.
  HEAR, HEAR! clywch, clywch!

hearer, *n.* gwrandawr, un sy'n clywed.

hearing, *n.* 1. clyw.
  2. gosteg, gwrandawiad.

hearken, *v.* gwrando, clustfeinio.

hearsay, *n.* sôn, siarad, chwedl.
  a. o ben i ben, ail-law.

hearse, *n.* elorgerbyd, hers.

heart, *n.* calon, canol, craidd.
  TO LEARN BY HEART, dysgu ar y cof.

heart-ache, *n.* dolur calon, trallod, ing.

heartburn, *n.* dŵr poeth, llosg cylla.

hearten, *v.* calonogi, sirioli, codi calon.

heartfelt, *a.* didwyll, dwys, angerddol.

hearth, *n.* aelwyd.

heartless, *a.* dideimlad, annynol, creulon.

heartsease, *n.* llysieuyn y drindod, pansi.

heartrending, *a.* torcalonnus, truenus.

heart-strings, *np.* teimladau dwys.

hearty, *a.* egnïol, calonnog, cynnes.

heat, *n.* 1. gwres.
  2. angerdd, teimlad.
  3. rhedfa, tro, rhag-ras.
  v. twymo, cynhesu.

heater, *n.* twymydd, gwresogydd.

heath, *n.* 1. rhos, rhostir.
  2. grug.

heathen, *n.* pagan. *a.* paganaidd, anghristionogol, anghristnogol.

heathendom, *n.* y byd paganaidd, paganiaeth.

heathenish, *a.* paganaidd, anghrefyddol, anniwylliedig.

heathenism, *n.* paganiaeth, delwaddoliaeth.

heather, *n.* grug.

heather-bell, *n.* clychau'r grug.

heave, *v.* 1. codi.
  2. lluchio, taflu.
  3. chwyddo.
  TO HEAVE TO, sefyll.

heliac

  TO HEAVE IN SIGHT, dod i'r golwg.
  HEAVE HO! ymlaen!

heaven, *n.* nef, nefoedd.

heavenly, *a.* nefol, nefolaidd.

heaviness, *n.* 1. trymder.
  2. tristwch, gofid.

heavy, *a.* 1. trwm.
  2. trist, prudd, gofidus.
  TOP-HEAVY, pendrwm.

heavy-laden, *a.* llwythog, trymlwythog.

Hebrew, *n.* Hebrëwr, Hebraeg (iaith). *a.* Hebraeg, Hebreig.

heckle, *v.* poeni â chwestiynau, ymyrryd â.

heckler, *n.* cwestiynwr, ymyrrwr.

hectic, *a.* twym, poeth, cynhyrfus, dyfal, diwyd.

hectograph, *n.* hectograff, dyfais i amlhau copïau.

hectolitre, *n.* hectolitr, can litr.

hedge, *n.* perth, clawdd, gwrych.
  v. 1. cau, caead, cloddio.
  2. osgoi.

hedgehog, *n.* draenog.

hedge bedstraw, *n.* llysiau'r pannwr.

hedger, *n.* caewr (perth), gwrychwr, cloddiwr.

hedgerow, *n.* clawdd, perth, gwrych.

hedge-sparrow, *n.* llwyd y berth (gwrych).

hedonic, *a.* â chred mewn pleser, hedonig.

hedonism, *n.* hedoniaeth, cred mewn pleser.

hedonist, *n.* hedonydd, credwr mewn pleser.

heed, *n.* sylw, ystyriaeth, gofal. *v.* talu sylw, ystyried, malio.

heedful, *a.* ystyriol, gofalus.

heedless, *a.* diofal, esgeulus.

heel, *n.* sawdl. *v.* sodli, dodi sawdl ar.

hegemony, *n.* goruchafiaeth.

hegira, *n.* dechrau cyfnod y Mohametaniaid, y flwyddyn 622.

heifer, *n.* anner, treisiad, heffer.

height, *n.* uchder.

heighten, *v.* mwyhau, dwysáu, chwyddo.

heinous, *a.* anfad, ysgeler, dybryd.

heinousness, *n.* anfadrwydd, ysgelerder, erchylltra.

heir, *n.* etifedd.

heir-apparent, *n.* etifedd tebygol (y goron), aparawns.

heirdom, *n.* etifeddiaeth.

heiress, *n.* etifeddes, aeres.

heirloom, *n.* eiddo (etifeddol).

heliac, heliacal, *a.* heulaidd, yn dod i (neu fynd o) oleuni'r haul.

helianthus, *n.* blodyn yr haul.
helical, *a.* â thro ynddo, heligol.
helicopter, *n.* awyren hofran.
heliograph, *n.* heliograff, offeryn i dynnu llun yr haul neu i adlewyrchu ei oleuni.
helioscope, *n.* telisgob (haul).
heliotrope, *n.* 1. math o flodeuyn.
    2. lliw'r blodeuyn, porffor.
helium, *n.* heliwm, (elfen gemegol).
hell, *n.* uffern.
hellish, *a.* uffernol.
helm, *n.* llyw (llong).
helmet, *n.* helm, cap diogelu.
helminth, *n.* llyngyren (y perfedd).
helmsman, *n.* llywydd (llong), yr un wrth y llyw.
help, *n.* cymorth, cynhorthwy. *v.* cynorthwyo, helpu.
helper, *n.* cynorthwywr, helpwr.
helpful, *a.* defnyddiol, o iws, gwasanaethgar.
helping, *n.* dogn, cyfran (o fwyd).
helpless, *a.* digymorth, diymadferth.
helpmeet, helpmate, *n.* cydymaith, gŵr, gwraig.
helter-skelter, *ad.* blith draphlith.
hem, *n.* ymyl, hem. *v.* 1. hemio.
    2. cau am.
hematite, *n.* haematid.
hemi-, *px.* hanner.
hemisphere, *n.* 1. hanergylch.
    2. hanner y byd, hemisffer.
hemispheric, *a.* yn ffurfio hanergylch, hanner crwn.
hemlock, *n.* cegid, cegr, pumbys, hemlog.
hemp, *n.* cywarch, planhigyn o deulu'r danadl.
hempen, *a.* o gywarch.
hemstitch, *n.* pwyth brodwaith.
hen, *n.* iâr.
henbane, *n.* ffa'r moch, llewyg yr iâr.
hence, *ad.* 1. oddi yma, hwnt.
    2. gan hynny.
    3. ymlaen. *int.* ymaith !
henceforth, henceforward, *ad.* mwyach, o hyn ymlaen.
henchman, *n.* gwas, dilynwr, cefnogwr.
hepatitis, *n.* hepatitis, llid yr afu.
heptagon, *n.* seithochr, seithongl, heptongl.
heptagonal, *a.* â saith ochr, seithochrog, heptonglog.
heptangular, *a.* â saith cornel, seithonglog.
heptarchy, *n.* llywodraeth saith.
her, *pn.* ei, hi, hithau.
    HERS, eiddi.

herald, *n.* cyhoeddwr, herodr, rhingyll.
    v. 1. cyhoeddi.
    2. rhagflaenu.
heraldic, *a.* herodrol.
    HERALDIC BARD, arwyddfardd.
    HERALDIC ARMS, arfau bonedd.
heraldry, *n.* herodraeth, achyddiaeth.
herb, *n.* llysieuyn.
herbaceous, *a.* llysieuol.
herbage, *n.* 1. llysiau.
    2. hawl i bori.
herbal, *a.* llysieuol. *n.* llyfr llysiau.
herbalist, *n.* llysieuydd.
herbicide, *n.* llyswenwyn.
herbivorous, *a.* yn bwyta llysiau.
herb Paris, *n.* cwlwm cariad.
herculean, *a.* cryf, anodd, gorchestol.
herd, *n.* gyr, diadell, cenfaint, praidd.
    v. hel, heidio, tyrru.
herd-instinct, *n.* greddf yr haid.
herdsman, *n.* bugail, ceidwad gwartheg, heusor.
here, *ad.* 1. yma, yn y fan hon.
    2. dyma.
    HERE AND THERE, hwnt ac yma, yma a thraw, yma ac acw.
hereabouts, *ad.* gerllaw, yn y cyffiniau.
hereafter, *n.* y byd a ddaw. *ad.* wedi hyn, o hyn ymlaen.
hereat, *ad.* ar hyn, wrth hyn.
hereby, *ad.* wrth hyn, drwy hyn.
hereditament, *n.* eiddo (etifeddol).
hereditary, *a.* etifeddol.
heredity, *n.* etifeddeg, etifeddiaeth.
herein, *ad.* yn hwn, yn hyn.
heresy, *n.* heresi, gau athrawiaeth.
heretic, *n.* heretic, camgredwr.
heretical, *a.* cyfeiliornus, anuniongred.
heretofore, *ad.* hyd yn hyn, o'r blaen.
hereupon, *ad.* ar hyn.
herewith, *ad.* gyda hyn.
heriot, *n.* heriot.
heritage, *n.* etifeddiaeth, treftadaeth.
hermaphrodite, *a.* deurywiog.
hermetically, *ad.* yn gemegol, yn fferyllaidd, diddos, clòs.
hermit, *n.* meudwy, un unig.
hermitage, *n.* cell meudwy.
hernia, *n.* torllengig, hernia.
hero, *n.* arwr, gwron.
heroic, *a.* arwrol, gwrol, dewr.
heroine, *n.* arwres.
heroism, *n.* dewrder, gwroldeb.
heron, *n.* crychydd, crëyr.
hero-worship, *n.* arwraddoliaeth.
hero-worshipper, *n.* arwraddolwr.
herring, *n.* ysgadenyn, pennog.
herself, *pn.* (hi) ei hunan.
hesitancy, *n.* petruster, bod rhwng dau feddwl, amheuaeth.

hesitant, *a.* petrusgar, amhenderfynol, rhwng dau feddwl.

hesitate, *v.* petruso, cloffi rhwng dau feddwl.

hesitation, *n.* petruster, penbleth.

heteroblastic, *a.* heteroblastig.

heterodox, *a.* anuniongred, cyfeiliornus, gau.

heterodoxy, *n.* anuniongrededd, gau athrawiaeth, heresi.

heterodyne, *n.* heterodein, yr act o drawsnewid tonfedd radio i fod yn glywadwy.

heterogametic, *a.* heterogamedig.

heterogeneity, *n.* heterogenedd, amrywedd, cymysgrywiaeth.

heterogeneous, *a.* afryw, heterogenus, cymysgryw, anghydryw.

heteronomy, *n.* heteronomiaeth.

heterozygote, *a.* cymysgryw.

heuristic, *a.* yn galluogi un i'w ddysgu ei hunan, yn darganfod.

hew, *v.* torri, cymynu, naddu.

hewer, *n.* torrwr, cymynwr.

hexagon, *n.* chweongl, chweochr, hecsagon.

hexagonal, *a.* chweonglog, chweochrog.

hexameter, *n.* mesur chweban (Groeg a Lladin).

heyday, *n.* anterth, uchafbwynt, grym, asbri, nwyf, hoen.

hiatus, *n.* bwlch, toriad rhwng dwy lafariad.

hibernate, *v.* gaeafu, cysgu drwy'r gaeaf, gaeafgysgu.

hibernation, *n.* gaeafgwsg.

Hibernian, *a.* Gwyddelig. *n.* Gwyddel.

hiccup, *n.* yr ig. *v.* igian.

hide, *n.* croen. *v.* cuddio, celu, ymguddio.

hide-and-seek, *n.* chwarae chwiw, rhedeg i gwato, chwarae mig, wicwiw.

hidebound, *a.* croendyn, rhagfarnllyd, cul.

hideous, *a.* hyll, erchyll, ofnadwy.

hiding, *n.* 1. cosfa, curfa, cweir.

    2. cuddfan.

hiding-place, *n.* cuddfan, lloches.

hie, *v.* brysio, prysuro.

hierarchy, *n.* 1. gradd o angylion.

    2. offeiriadaeth, hierarchiaeth.

hieroglyphics, *np.* ysgrifen Eifftaidd, darlun-lythrennau.

higgledy-piggledy, *ad.* blith draphlith, mewn anhrefn.

high, *a.* uchel.

    HIGHROAD, priffordd.

    HIGH WATER, pen llanw.

    HIGH TIME, hen bryd, llawn bryd, rhywyr.

high-brow, *n.* un uchel-ael, un ael-uchel, academig.

high-flown, *a.* chwyddedig, balch, i ormodedd.

high-handed, *a.* gormesol, ffroenuchel, mympwyol.

highland, *n.* ucheldir, mynydd.

Highlander, *n.* Albanwr (o'r Ucheldiroedd).

highly, *ad.* yn fawr, yn uchel.

high-minded, *a.* uchelfrydig, mawrfrydig, haelfrydig.

highness, *n.* uchelder.

high-priest, *n.* archoffeiriad.

high-spirited, *a.* ysbrydol, calonnog, nwyfus.

high-spirits, *n.* gorawen, nwyf, uchel ysbryd.

high-strung, *a.* 1. gor-deimladwy, llawn ynni.

    2. â thannau tynion.

high-water, *n.* pen llanw.

highway, *n.* priffordd, ffordd fawr.

    HIGHWAY CODE, Rheolau'r Ffordd Fawr.

highwayman, *n.* lleidr pen ffordd.

hike, *v.* tramwy, crwydro, heicio. *n.* tro, heic, taith gerdded.

hiker, *n.* crwydryn, heiewr, tramwywr.

hilarious, *a.* llon, llawen, llawn miri, mewn hwyl.

hilarity, *n.* miri, hwyl, difyrrwch.

hill, *n.* bryn, allt, rhiw.

    HILL AND DALE, bro a bryn.

hillock, *n.* bryncyn, twmpath, twyn, codiad tir.

hilly, *a.* bryniog, mynyddig.

hilt, *n.* carn cleddyf.

    TO THE HILT, i'r carn, hyd y bôn.

him, *pn.* ef, efe, fe, e, efô, fo, o, yntau.

himself, *pn.* ei hun, ei hunan.

hind, *n.* 1. ewig.

    2. gwas.

    a. ôl.

hinder, *v.* rhwystro, lluddias. *a.* ôl.

hindrance, *n.* rhwystr, llestair.

hindmost, *a.* olaf, diwethaf.

hinge, *n.* bach, colyn drws, colfach.

hint, *n.* awgrym, arwydd, hint. *v.* awgrymu, crybwyll.

hinterland, *n.* y wlad tu hwnt (i fôr neu afon), cefn gwlad, cefnwlad.

hip, *n.* 1. clun, pen uchaf y glun.

    2. ogfaenen, egroesen.

    3. pruddglwyf, melancoli.

hip-bone, *n.* asgwrn y glun.

hippodrome, *n.* syrcas, rhedegfa, theatr.

hippopotamus, *n.* afonfarch, dyfr-farch.

hip-roof, *n.* talcendo.

hire, *n.* hur, cyflog. *v.* hurio, cyflogi.

hireling, *n.* gwas cyflog.

his, *pn.* ei.

hiss, *n.* si, chwythad. *v.* sïo, chwythu, hysio, hisian.

historian, *n.* hanesydd.

historic, *a.* enwog, hanesyddol, cofiad-wy.

historical, *a.* hanesyddol.

historiographer, *n.* hanesyddiaethwr.

historiography, *n.* hanesyddiaeth.

history, *n.* hanes.

histrionic, *a.* yn ymwneud ag actio, chwaraeyddol.

hit, *n.* trawiad, ergyd. *v.* taro, ergydio, bwrw.
> TO HIT IT OFF, dod ymlaen yn dda.
> TO HIT OFF, dynwared.
> TO HIT THE NAIL ON THE HEAD, taro'r hoelen ar ei phen.

hitch, *n.* 1. bach, cwlwm, bachiad.
> 2. sbonc, plwc.
> 3. rhwystr.
> *v.* bachu, gafaelyd, rhoi plwc.

hitch-hike, *v.* teithio (gan ddibynnu ar fodurwyr, etc.), lwcdeithio.

hither, *ad.* yma, hyd yma, tuag yma.

hitherto, *ad.* hyd yn hyn.

hive, *n.* cwch gwenyn. *v.* cyrchu, dodi mewn cwch.

ho, *int.* ho ! clywch ! cer oddi yna !

hoar, *a.* llwyd, penllwyd.

hoard, *n.* cronfa, trysor. *v.* casglu, cronni.

hoarder, *n.* cronnwr, cybydd.

hoarding, *n.* ffens fordau, bwrdd hysbysebu.

hoar-frost, *n.* llwydrew, barrug.

hoarse, *a.* cryg, cryglyd.
> TO GROW HOARSE, crygu.

hoarseness, *n.* crygni, crygi.

hoary, *a.* llwyd, penllwyd.

hoax, *n.* cast, twyll, tric, pranc. *v.* twyllo, chwarae cast.

hoaxer, *n.* pranciwr, twyllwr.

hob, *n.* pentan.

hobble, *n.* herc. *v.* hercian, clunhercian.

hobbledehoy, *n.* un trwsgl, un llet-chwith.

hobby, *n.* 1. hobi, diddordeb, pleser.
> 2. hebog bitw (aderyn).

hobby-horse, *n.* 1. ceffyl pren, ceffyl siglo.
> 2. hoffbeth.

hobgoblin, *n.* bwci, bwgan.

hobnail, *n.* hoelen esgid.

hobnob, *v.* cydyfed, ymgyfrinachu.

hock, *n.* 1. gar, coesgyn.
> 2. gwin gwyn (Almaenig).
> *v.* torri llinyn y gar.
> CAPPED HOCK, dŵr ar y gar.

hockey, *n.* hoci.

hod, *n.* caseg forter, hod.

hoe, *n.* hof, hewer, chwynnogl. *v.* hofio, hewo, digroeni (tir), batingo.

hog, *n.* mochyn.

Hogmanay, *n.* diwrnod olaf y flwyddyn, gŵyl Ysgotaidd.

hog's-back, *n.* hopgefn.

hogshead, *n.* 1. casgen, hocsed.
> 2. mesur o'r enw.

hogweed (cow-parsnip), *n.* efwr, panas y fuwch.

hoist, *v.* codi, dyrchafu.

hold, *n.* 1. gafael. 2. howld (llong).
> *v.* 1. dal, cydio yn.
> 2. cynnal.
> HOLD UP, 1. atal (ac ysbeilio).
> 2. oedi.

holder, *n.* daliwr, cynhaliwr.

holding, *n.* daliad, tyddyn.

hole, *n.* twll, ffau, bwt, pwll.
> *v.* 1. tyllu.
> 2. dodi mewn twll.

holiday, *n.* gŵyl, dygwyl.

holiness, *n.* sancteiddrwydd.

holloa, hollo, *v.* gweiddi. *n.* gwaedd.

hollow, *n.* 1. pant.
> 2. ceudod.
> *a.* cau.
> *v.* cafnu, tyllu.

holly, *n.* celynnen.

hollyhock, *n.* hocys.

holm, *n.* marian, ynys (mewn afon), gwastatir (ar lan afon).

holm-oak, *n.* prinwydden, derwen fythwyrdd.

holocaust, *n.* 1. poethoffrwm.
> 2. lladdfa.

holster, *n.* gwain (i lawddryll).

holy, *a.* santaidd, sanctaidd, glân.
> HOLY WATER, dwfr swyn.
> HOLY WEEK, wythnos cyn y Pasg.

homage, *n.* gwrogaeth, parch.

home, *n.* cartref. *ad.* adref, tua thre.
> AT HOME, gartref, yn nhre.
> GOING HOME, mynd adref (tua thre).

homeless, *a.* digartref, ar y clwt.

homeliness, *n.* agosatrwydd, y gallu i fod yn gartrefol, cartrefolrwydd.

homely, *a.* cartrefol.

home-made, *a.* o waith cartref.

home-rule, *n.* ymreolaeth, hunan-lywodraeth.

home-sick, *a.* hiraethus.

home-sickness, *n.* hiraeth (am gartref).

home-spun, *n.* brethyn cartref.

homestead, *n.* tyddyn, ffarm, hen gartref.

homeward, *ad.* adref, tua thre.

homicide, *n.* 1. llofrudd.
2. llofruddiaeth.

homily, *n.* pregeth, homili.

homoblastic, *a.* homoblastig.

homogeneous, *a.* cydryw, homogenus, o'r un natur.

homogeneity, *n.* cydrywiaeth, homogenedd.

homohybryd, *n.* unigoesryw.

homologous, *a.* cyfatebol.

homologue, *n.* homolog.

homology, *n.* cyfatebiaeth, homologaeth.

homonym, *n.* gair tebyg ei sain ond gwahanol ei ystyr.

homosexual, *a.* cyfunrhywiol.

homosexuality, *n.* cyfunrhywoliaeth.

homothermal, *a.* gwastadwres.

homozygote, *a.* cydryw.

hone, *n.* hogfaen, carreg hogi. *v.* hogi.

honest, *a.* gonest, didwyll, uniawn.

honesty, *n.* 1. gonestrwydd.
2. ceiniog arian (blodyn).

honey, *n.* mêl.

honey-bee, *n.* gwenynen.

honey-comb, *n.* dil mêl, crwybr gwenyn. *v.* tyllu, britho.

honey-dew, *n.* melwlith, peth melys ar ddail.

honeymoon, *n.* mis mêl, melrawd.

honeysuckle, *n.* gwyddfid, llaeth y gaseg.

honorarium, *n.* cydnabyddiaeth, tâl.

honorary, *a.* anrhydeddus, mygedol, di-dâl.

honour, *n.* anrhydedd, bri, parch. *v.* anrhydeddu, parchu.

honourable, *a.* anrhydeddus, parchus.
 THE RIGHT HONOURABLE, y Gwir Anrhydeddus.

honoured, *a.* parchedig, anrhydeddus.

hood, *n.* cwfl, cwcwll, top (cerbyd), lwfer.

hooded, *a.* cycyllog.

hoodoo, *n.* anlwc. *v.* peri anlwc.

hoodwink, *v.* twyllo, mygydu.

hoof, *n.* carn (anifail).

hoofed, *a.* carnol, â charnau.

hook, *n.* bach, bachyn. *v.* bachu.
 HOOK AND EYE, bach a dolen.

hooked, *a.* bachog.

hooker, *n.* bachwr, llong hwyliau.

hooligan, *n.* adyn, dihiryn, un aflednais, cnaf.

hooliganism, *n.* afreolaeth, dihirwch.

hoop, *n.* cylch, cylchyn. *v.* cylchu.

hooping-cough, *n.* y pas.

hoot, *n.* hŵt. *v.* hwtio, hwtian.

hop, *n.* herc, llam, hwb. *v.* hercian.
 HOP, SKIP, AND JUMP, herc a cham a naid.

hope, *n.* gobaith, hyder, ffydd. *v.* gobeithio, hyderu.

hopeful, *a.* gobeithiol, hyderus, ffyddiog.

hopeless, *a.* anobeithiol, diobaith.

hopelessness, *n.* anobaith.

hopping, *n.* crynhoi hopys.

hops, *np.* hopys.

hop-scotch, *n.* (chwarae) sgots, esgil, cicston.

horde, *n.* haid, torf, mintai.

horizon, *n.* gorwel.

horizontal, *a.* gwastad, gorweddol, llorwedd.
 HORIZONTAL LINE, llinell lorwedd.
 HORIZONTAL BAR, bar llorwedd.

hormone, *n.* hormôn (*pl.* hormonau), glandlif mewnol.

horn, *n.* corn. *v.* cornio, cyrchu.

hornbeam, *n.* oestrwydden.

horned, *a.* â chyrn, corniog, cyrnig, bannog.

hornet, *n.* gwenynen feirch, cacynen, picwnen.

hornless, *a.* moel, heb gorn.

hornpipe, *n.* 1. offeryn cerdd, cornbib.
2. dawns morwr.

horny, *a.* fel corn, caled, cornaidd.

horology, *n.* crefft gwneuthur clocau, mesur amser.

horoscope, *n.* horosgob, sefyllfa'r planedau.

horrible, *a.* ofnadwy, dychrynllyd.

horrid, *a.* erchyll, echrydus, cas.

horrify, *v.* brawychu, arswydo.

horrifying, horrific, *a.* arswydus, brawychus.

horror, *n.* dychryn, arswyd, atgasrwydd.

horse, *n.* ceffyl, march.
 TEAM OF HORSES, pâr o geffylau.

horseback, *n.* cefn ceffyl.

horse-block, *n.* esgynfaen.

horse-fly, *n.* cleren lwyd, pryf llwyd.

horse-hair, *n.* rhawn.

horseman, *n.* marchog.

horsemanship, *n.* marchogaeth.

horse-play, *n.* direidi, difyrrwch, chwarae pranciau.

horsepower, *n.* uned nerth (peiriant), marchnerth, celrym, marchrym.

horseshoe, *n.* pedol (ceffyl).

horticulture, *n.* garddwriaeth.
horticultural, *a.* garddwriaethol.
horticulturist, *n.* garddwr.
hosanna, *n.* hosanna.
hose, *n.* 1. hosan.
   2. pibell ddŵr (o rwber, etc.).
hosier, *n.* gwerthwr hosanau.
hosiery, *n.* hosanyddiaeth, hosanau, dillad isaf, etc.
hospice, *n.* llety (mewn mynachdy), ysbyty.
hospitable, *a.* lletygar, croesawgar.
hospital, *n.* ysbyty.
hospitality, *n.* lletygarwch, croeso.
host, *n.* 1. llu, byddin.
   2. gwesteiwr, lletywr.
hostage, *n.* mach, gwystl.
hostel, *n.* llety efrydwyr, neuadd breswyl, gwesty.
hostelry, *n.* tafarn, llety.
hostess, *n.* lletywraig, gwesteiwraig.
hostile, *a.* gelyniaethus, anghyfeillgar.
hostility, *n.* gelyniaeth, cas.
   HOSTILITIES, rhyfela, ymladd.
hot, *a.* poeth, brwd.
   RED HOT, gwynias.
hotbed, *n.* gwely brwd (i dyfu llysiau a blodau), magwrfa.
hotch-potch, *n.* cymysgwch, cybolfa, cawlach.
hotel, *n.* gwesty.
hotelier, *n.* ceidwad gwesty.
hot-headed, *a.* penboeth, byrbwyll, annoeth.
hough, *n.* gar. *v.* torri llinyn y gar.
hound, *n.* bytheiad, helgi, ci hela. *v.* erlid, hela.
   HOUNDS, cŵn hela, bytheiaid.
hour, *n.* awr.
   ONE SHORT HOUR, orig fach.
hourglass, *n.* awrwydr, awrlestr, hen fath o gloc.
hour-hand, *n.* bys mawr (cloc), gwaell fawr, awrfys.
hourly, *ad.* bob awr.
house, *n.* tŷ, annedd. *v.* lletya.
   HOUSE OF COMMONS, Tŷ'r Cyffredin.
housebreaker, *n.* ysbeiliwr, lleidr (tai).
housecraft, *n.* crefft cadw tŷ.
houseful, *n.* llond tŷ, tyaid.
household, *n.* teulu, tylwyth, gosgordd.
householder, *n.* deiliad, penteulu.
housekeeper, *n.* 1. deiliad.
   2. prif forwyn tŷ, gofalyddes.
houseling, *n.* cymunwr.
housemaid, *n.* morwyn tŷ.
house-top, *n.* nen tŷ.
housewife, *n.* gwraig tŷ.
housewifery, *n.* (crefft) cadw tŷ.

housing, *a.* ynglŷn â thai.
hovel, *n.* penty, hofel, hoewal.
hover, *v.* hofran, anwadalu.
how, *ad.* pa fodd, pa sut, pa, sut ?
   HOW MANY, pa sawl, pa faint ?
howbeit, *ad.* er hynny.
howdah, *n.* sedd (ar gefn eliffant).
however, *ad.* pa fodd bynnag, sut bynnag, er hynny.
howitzer, *n.* magnel.
howl, *n.* udiad, nâd, oernad. *v.* udo, nadu, oernadu.
howler, *n.* camsyniad, gwall ffôl.
hoyden, *n.* hoeden, merch ddigywilydd, merch benwan, mursen.
hub, *n.* 1. both olwyn, bogel, bŵl.
   2. canolbwynt.
hubbub, *n.* dwndwr, mwstwr, anhrefn.
huckster, *n.* pedler, gwerthwr nwyddau bychain.
huddle, *n.* cymysgfa, anhrefn. *v.* tyrru, pentyrru, gwthio.
hue, *n.* 1. gwawr, gwedd.
   2. gwaedd, gweiddi.
   HUE AND CRY, gwaedd ac ymlid.
huff, *n.* dig, pwd. *v.* 1. tramgwyddo, digio.
   2. sorri, pwdu.
huffy, *a.* pwdlyd, mewn natur ddrwg.
hug, *n.* cofleidiad, gwasgiad. *v.* cofleidio, gwasgu.
huge, *a.* anferth, enfawr.
hulk, *n.* 1. corff llong, hwlc.
   2. hwlcyn.
hulking, *a.* di-glem, trwsgl, afrosgo.
hull, *n.* 1. plisgyn, cibyn.
   2. corff llong.
hullabaloo, *n.* mwstwr, dadwrdd, helynt, halibalŵ, cynnwrf.
hum, *n.* si. *v.* mwmian, mwmial, hymian.
human, *a.* dynol.
humane, *a.* hynaws, trugarog, tirion.
humanism, *n.* 1. diwylliant (clasurol), dyneiddiaeth, hiwmaniaeth.
   2. y natur ddynol.
humanistic, *a.* hiwmanistig.
humanitarian, *n.* credwr yn y ddyn-oliaeth, dyngarwr.
humanity, *n.* dynoliaeth.
humanize, *v.* gwneud yn ddynol, gwareiddio.
humble, *a.* gostyngedig, difalch. *v.* dar-ostwng, iselu.
humble-bee, *n.* cacynen.
humbug, *n.* ffug, lol, twyll. *v.* ffugio, twyllo.
humdrum, *a.* diflas, blin, blinderus.
humerus, *n.* asgwrn y fraich (uwch-law'r benelin).

humic, *a.* hwmig, o hwmws (neu ddeilbridd).

humid, *a.* llaith, gwlyb.

humidity, *n.* lleithder.

humification, *n.* deilbriddo, deil-briddiad, llufadredd.

humiliate, *v.* darostwng, gwarad-wyddo, bychanu.

humiliation, *n.* darostyngiad.

humility, *n.* gostyngeiddrwydd. gwyleidd-dra.

humming-bird, *n.* aderyn y si.

hummock, *n.* bryncyn, twmpath, twyn, ponc.

humorist, *n.* un doniol, ysmaliwr.

humorous, *a.* doniol, digrif, smala.

humour, *n.* 1. anian, tymer.
2. ffraethineb, digrifwch, hiwmor, arabedd.
v. boddhau, plesio, cadw ei gap yn gymwys.

hump, *n.* crwmach, crymedd, crwb. HUMP-BACKED, gwargrwm, cefn-grwm.

humus, *n.* deilbridd, hwmws, lluf-adron.

hunch, *n.* 1. crwmach.
2. cwlff, cwlffyn.
3. syniad, tybiaeth.
v. camu, crymu.

hundred, *n.* 1. cant.
2. cantref, hwndrwd.
a. can.

hundredfold, *a. ad.* ar ei ganfed, can cymaint.

hundredth, *a.* canfed.

hundredweight, *n.* canpwys, cant (o bwysau).

hunger, *n.* newyn, chwant bwyd.
v. newynu.

hungry, *a.* newynog, ag eisiau bwyd.

hunk, *n.* cwlff, cwlffyn, tafell drwchus.

hunt, *n.* hela, helwriaeth. *v.* hela, ymlid, erlid.

hunter, *n.* 1. heliwr.
2. ceffyl hela.

hunting, *n.* hela.

huntsman, *n.* heliwr, cynydd.

hurdle, *n.* clwyd, hyrdlen.

hurdler, *n.* clwyd-lamwr.

hurdle-race, *n.* ras neidio clwydi, clwyd-lamu, ras glwydi.

hurdy-gurdy, *n.* organ dro, hyrdi-gyrdi.

hurl, *v.* hyrddio, taflu, lluchio.

hurly-burly, *n.* dwndwr, cynnwrf, mwstwr.

hurrah, *int.* hwre !

hurricane, *n.* corwynt.

hurried, *a.* brysiog, ar frys, mewn hast.

hurry, *n.* brys, hast. *v.* brysio.
WITHOUT HURRY, wrth ei bwysau.

hurt, *n.* niwed, anaf, briw, dolur. *a.* wedi cael dolur. *v.* niweidio, anafu, brifo, dolurio.

hurtful, *a.* niweidiol.

hurtle, *v.* taflu'n arw, gwrthdaro.

husband, *n.* gŵr, priod. *v.* trefnu'n ddeheuig.

husbandman, *n.* amaethwr, hwsmon.

husbandry, *n.* amaethyddiaeth, hws-monaeth.

hush, *n.* distawrwydd, gosteg. *v.* dis-tewi, tewi, tawelu. *int.* ust ! taw !

husk, *n.* plisgyn, cibyn, coden, eisin. *v.* plisgo, masglu, masglo.

huskiness, *n.* crygni, crygi, bloesgni.

husky, *n.* 1. ci (Esgimo).
2. un cryglyd.
a. 1. cryglyd.
2. eisinog.

hussar, *n.* marchog.

hussy, *n.* maeden, dihiren, merch benwan, benyw ddiwerth.

hustings, *np.* cyfarfodydd gwleidydd-ol, llys, hustyngau.

hustle, *v.* gwthio, ymwthio.

hut, *n.* caban, cwt, bwth, lluest.

hutch, *n.* cwb cwningen, bocs, cist.

hyacinth, *n.* cennin y brain, clychau'r gog, croeso haf.

hyaena, *n.* anifail ysglyfaethus o deulu'r ci, udfil.

hybrid, *a.* cymysgryw, croesryw, croesiad.

hydra, *n.* sarff nawpen (chwedlonol).

hydrant, *n.* piben ddŵr.

hydrate, *n.* hydrad, hidrad. *v.* hydradu, hidradu.

hydraulic, *a.* hylifol, trwy nerth hylif, hidrolegol, hidrolig.

hydraulics, *np.* gwyddor hylif symud-ol, hidroleg.

hydrocephalus, *n.* hidroceffalws, pen-chwyddi, dŵr ar yr ymennydd.

hydrochloric acid, *n.* asid hidroclorig.

hydrochloride, *n.* hidroclorid.

hydro-electric, *a.* (pŵer) hidro-elect-rig.

hydroid, *n.* hidroid.

hydrogen, *n.* hidrogen.

hydrolyse, *v.* hidroleiddio, dadelfennu trwy help dŵr.

hydrolysis, *n.* hydroleiddiad, hidro-leiddiad.

hydrometer, *n.* hidromedr, offeryn i fesur dwysedd cymharol.

hydrophobia, *n.* hidroffobia, y gyn-ddaredd, bod yn gynddeiriog.

hydroplane, *n.* plân dŵr, bad modur.

E*

hydroponics, *np.* y grefft o dyfu plan-higion heb bridd.
hydrostatics, *n.* cydbwysedd hylifau, hydrostateg.
hydrous, *a.* hidrus, yn cynnwys dŵr.
hyena, *n.* udfil.
hygiene, *n.* iechydaeth, glendid, iech-ydeg, gwyddor glendid.
hygienic, *a.* iechydol, iach.
hygrometer, *n.* hygromedr.
hygroscopic, *a.* hygrosgobig, yn sugno hylif.
hygroscopicity, *n.* hygrosgobedd.
hymn, *n.* emyn.
hymnal, *n.* llyfr emynau. *a.* emynol.
hymnary, *n.* llyfr emynau.
hymnist, *n.* emynydd.
hymnologist, *n.* emynydd.
hymnology, *n.* emynyddiaeth.
hymn-tune, *n.* emyn-dôn.
hyper-, *px.* gormod, gor-, tra-.
hyperbola, *n.* hyperbola (*pl.* hyperbol-âu).
hyperbole, *n.* gormodiaith.
hyperbolical, *a.* i ormodedd.
hypercritical, *a.* rhy feirniadol, gor-feirniadol.
hypertrophy, *n.* gordyfiant.

hyphen, *n.* cyplysnod, cysylltnod.
hyphenated, *a.* wedi eu cyplysu.
hypnosis, *n.* swyngwsg.
hypnotic, *a.* yn peri cwsg, mewn swyn-gwsg. *n.* moddion cwsg.
hypnotism, *n.* swyngwsg. peri swyn-gwsg.
hypnotist, *n.* un sy'n peri swyngwsg.
hypnotize, *v.* swyno, peri swyngwsg.
hypochondria, *n.* iselder ysbryd, prudd-der, y felan.
hypocrisy, *n.* rhagrith.
hypocrite, *n.* rhagrithiwr.
hypocritical, *a.* rhagrithiol.
hypogeal, *a.* tanddaearol.
hypogynous, *a.* arffrwythog, hipogyn-aidd.
hypotenuse, *n.* yr ochr gyferbyn â'r ongl sgwâr.
hypothesis, *n.* damcaniaeth, tyb, rhag-sail, hypothesis.
hypothetical, *a.* tybiedig, damcan-iaethol.
hyssop, *n.* isop.
hysteria, *n.* clefyd y nerfau, histeria.
hysterical, *a.* yn dioddef oddi wrth glefyd y nerfau, histeraidd.
hysterics, *np.* pwl o glefyd y nerfau.

I

i, *pn.* mi, myfi, i, minnau, innau.
iambic, *n.* 1. corfan (yn cynnwys sillaf acennog yn dilyn sillaf ddiacen).
2. cân â chorfannau dyrchafedig.
a. dyrchafedig.
iambus, *n.* corfan dyrchafedig.
ibex, *n.* gafr wyllt (yr Alpau), alpafr.
ibidem, ibid., *ad.* yr un peth, yn yr un man.
ice, *n.* rhew, iâ.
ICE-AGE, Oes yr Iâ.
iceberg, *n.* mynydd iâ, eisberg.
icecream, *n.* hufen iâ, hufen rhew.
icefield, *n.* maes iâ.
ice-sheet, ice-cap, *n.* llen iâ.
icicle, *n.* pibonwy, cloch iâ.
icing, *n.* ffugrew, haen o siwgr.
iconoclast, *n.* torrwr delwau, ymosod-wr (ar ofergoeliaeth, etc.).
icterus, *n.* y clefyd melyn.
ictus, *n.* 1. ergyd, trawiad.
2. acen, pwyslais.
icy, *a.* rhewllyd, llithrig.
idea, *n.* syniad, meddylddrych, idea, drychfeddwl.
ideal, *n.* delfryd, syniad o berffeith-rwydd. *a.* delfrydol, ideal.
idealisation, *n.* delfrydiad.
idealism, *n.* idealaeth, delfrydiaeth.

idealist, *n.* delfrydwr.
idealistic, *a.* idealistig, delfrydol.
idealize, *v.* delfrydu, delfrydoli.
ideation, *n.* syniadaeth.
identical, *a.* yr un, yr un peth yn union.
identification, *n.* adnabyddiaeth, hun-aniaethad.
identify, *v.* 1. adnabod, uniaethu.
2. cefnogi, pleidio.
identity, *n.* hunaniaeth, uniaeth, un-fathiant.
ideologue, *n.* damcaniaethwr, breudd-wydiwr.
ideology, *n.* 1. gwyddor meddyl-ddrychau.
2. dyfaliad.
ides, *np.* y 13 neu'r 15 o'r mis (Rhuf-einig).
idiocy, *n.* gwendid y meddwl, gwirion-deb, penwendid.
idiom, *n.* priod-ddull, ieithwedd.
idiomatic, *a.* yn ôl priod-ddull.
idiosyncrasy, *n.* anianawd, tymer, hynodrwydd, hynodwedd.
idiot, *n.* ynfytyn, ynfyd, hurtyn.
idiotic, *a.* ynfyd, hurt, gwirion, ffôl.
idle, *a.* segur, ofer, diog, pwdr, di-doreth. *v.* segura, ofera, diogi, troi'n araf.

idleness, *n.* segurdod, diogi.
idler, *n.* segurwr, seguryn, diogyn.
idol, *n.* eilun, delw.
idolater, *n.* eilunaddolwr.
idolatrous, *a.* eilunaddolgar.
idolatry, *n.* eilunaddoliaeth.
idolize, *v.* addoli, gorhoffi, gwirioni ar.
idyll, *n.* bugeilgerdd, canig, bugeilgan.
idyllic, *a.* darluniadol, byw.
if, *c.* o, os, od, pe.
    IF NOT, oni, os na.
igloo, *n.* caban Esgimo.
igneous, *a.* tanllyd, llosg, ignëaidd.
ignite, *v.* cynnau, ennyn, tanio.
ignition, *n.* taniad.
ignobility, *n.* taeogrwydd, isel-radd, anfadrwydd, ymddygiad gwael.
ignoble, *a.* isel, gwael, difonedd, anenwog.
ignominious, *a.* gwarthus, cywilyddus.
ignominy, *n.* gwarth, gwaradwydd.
ignoramus, *n.* un anwybodus, un dwl, un di-ddeall.
ignorance, *n.* anwybodaeth.
ignorant, *a.* anwybodus, annysgedig.
ignore, *v.* anwybyddu, diystyru.
ilk, *a.* yr un (enw).
ill, *n.* 1. drwg, newid.
    2. adfyd.
    a. 1. drwg, anfad.
    2. claf, afiach, gwael.
    ILL WIND, awel groes.
ill-advised, *a.* annoeth, ffôl.
illation, *n.* casgliad.
ill-bred, *a.* anfoesgar, digywilydd, anfonheddig.
illegal, *a.* anghyfreithlon, anghyfreithiol.
illegality, *n.* anghyfreithlondeb.
illegibility, *n.* aneglurdeb, bod yn anodd ei ddarllen.
illegible, *a.* annarllenadwy, aneglur.
illegitimacy, *n.* anghyfreithlondeb.
illegitimate, *a.* anghyfreithlon.
illiberal, *a.* cybyddlyd, crintachlyd, clôs.
illiberality, *n.* culni, crintachrwydd, cybydd-dod.
illicit, *a.* anghyfreithlon, gwaharddedig.
illimitable, *a.* diderfyn, annherfynol.
illiteracy, *n.* bod yn anllythrennog, diffyg dysg, methu darllen, anwybodaeth, anllythrennedd.
illiterate, *a.* anllythrennog, annysgedig, anwybodus.
illness, *n.* afiechyd, clefyd, salwch, anhwyldeb.
ill-timed, *a.* anamserol, mewn amser drwg.

illogical, *a.* afresymol, croes i reswm, afresymegol.
illuminant, *a.* yn goleuo. *n.* peth sy'n goleuo.
illuminate, *v.* goleuo, llewyrchu.
illumination, *n.* goleuad, esboniad.
illumine, *v.* goleuo, esbonio.
illusion, *n.* rhith, lledrith, camganfod.
illusive, illusory, *a.* rhithiol, gau, camarweiniol.
illustrate, *v.* darlunio, egluro, esbonio.
illustrated, *a.* darluniadol.
illustration, *n.* darlun, eglurhad, eglureb.
illustrative, *a.* eglurhaol, darluniol, esboniadol, enghreifftiol.
illustrious, *a.* enwog, hyglod, o fri.
ill-will, *n.* cas, casineb, gelyniaeth.
image, *n.* 1. delw, cerflun.
    2. llun, adlewyrchiad.
    3. drychfeddwl, syniad, delwedd.
imagery, *n.* 1. darluniaeth.
    2. dychymyg, drychfeddwl, delweddiad.
imaginable, *a.* y gellir ei ddychmygu.
imaginary, *a.* dychmygol, tybiedig.
imagination, *n.* dychymyg, darfelydd, crebwyll.
imaginative, *a.* dychmygol, dychmygus.
imagine, *v.* dychmygu, tybio, synied.
imago, *n.* pryf, pryfyn (wedi datblygu, yn ei lawn dwf).
imbecile, *n.* un gwan ei feddwl, ynfytyn. *a.* gwan, penwan.
imbecility, *n.* penwendid, gwendid y meddwl.
imbibe, *v.* yfed, llyncu.
imbroglio, *n.* dryswch, anhrefn.
imbrue, *v.* gwlychu, mwydo.
imbue, *v.* trwytho.
imitable, *a.* y gellir ei efelychu.
imitate, *v.* dynwared, efelychu.
imitation, *n.* dynwarediad, efelychiad, efelychiant.
imitative, *a.* yn efelychu, dynwaredol.
imitator, *n.* efelychwr, dynwaredwr.
immaculate, *a.* difrycheulyd, perffaith, pur, glân.
immanence, *n.* mewnfodaeth, presenoldeb y Crëwr yn y greadigaeth.
immanent, *a.* mewnfodol, greddfol.
immaterial, *a.* 1. anfaterol, di-gorff.
    2. dibwys.
immature, *a.* anaeddfed, ieuanc, amrwd.
immaturity, *n.* anaeddfedrwydd, ieuengrwydd.
immeasurable, *a.* difesur, diderfyn.

immediacy, *n.* digyfryngedd, disyfyd-rwydd, bod heb ganolwr.

immediate, *a.* 1. di-oed, uniongyrchol, digyfrwng.

2. agos.

3. presennol.

immediately, *ad.* ar unwaith, yn union, yn ebrwydd.

immemorial, *a.* er cyn cof.

immense, *a.* eang, anferth.

immensely, *ad.* yn ddirfawr, yn ang-hyffredin.

immensity, *n.* ehangder, helaeth-rwydd.

immerse, *v.* trochi, suddo.

immersion, *n.* trochiad, suddiad.

immigrant, *n.* gwladychwr, ym-sefydlwr.

immigrate, *v.* gwladychu, mewnfudo.

immigration, *n.* ymfudiad, gwlad-ychiad.

imminence, *n.* agosrwydd.

imminent, *a.* gerllaw. ar ddigwydd.

immobile, *a.* disymud, diymod, sef-ydlog.

immobility, *n.* sefydlogrwydd, y stad o fod yn ddiysgog.

immoderate, *a.* anghymedrol, i or-modedd, eithafol.

immoderation, *n.* anghymedroldeb, gormodedd, eithafiaeth.

immodest, *a.* aflednais, anweddus, digywilydd, anfoneddigaidd.

immodesty, *n.* afledneisrwydd, di-gywilydd-dra, anweddustra.

immolate, *v.* aberthu, offrymu.

immolation, *n.* aberthiad, offrymiad.

immoral, *a.* anfoesol, llygredig, anllad.

immorality, *n.* anfoesoldeb, llygred-igaeth.

immortal, *a.* anfarwol, tragwyddol, di-dranc.

immortality, *n.* anfarwoldeb.

immortalize, *v.* anfarwoli.

immovable, *a.* diysgog, safadwy, anghyffro, ansymudol.

immune, *a.* rhydd rhag, diogel rhag, anheintus, heintrydd.

immunisation, *n.* imiwniad, diogeliad rhag (haint, etc.).

immunise, *v.* gwneud yn ddiogel rhag (haint, etc.).

immunity, *n.* rhyddid rhag (gwas-anaethu, etc.), anheintedd, heint-ryddid.

immure, *v.* carcharu, caethiwo.

immutability, *n.* dianwadalwch, stad anghyfnewidiol neu barhaol.

immutable, *a.* digyfnewid, anhreiglad-wy.

imp, *n.* gwalch. cnaf, dihiryn, adyn, cenau.

impact, *n.* gwrthdrawiad, ardrawiad.

impair, *v.* amharu, niweidio.

impaired, *a.* wedi ei niweidio, am-harus.

impairment, *n.* amhariad, niwed, drwg.

impale, *v.* 1. trywanu, hoelio.

2. amgylchynu, amddiffyn.

impart, *v.* cyfrannu, rhoi.

impartial, *a.* diduedd, amhleidgar. teg.

impartiality, *n.* bod yn deg, tegwch, amhleidgarwch.

impassable, *a.* na ellir mynd heibio iddo neu dramwy drosto, anhygyrch, anghysbell.

impasse, *n.* dim symud, ataliad, pen draw, anhawster anorchfygol.

impassibility, *n.* rhyddid oddi wrth boen.

impassible, *a.* na theimla boen, an-hyboen.

impassioned, *a.* brwd, cyffrous, teim-ladwy.

impassive, *a.* digyffro, didaro.

impatience, *n.* diffyg amynedd.

impatient, *a.* byr ei amynedd, di-amynedd, gwyllt.

impawn, *v.* gwystlo, arwystlo, mech-nïo.

impeach, *v.* cyhuddo, dwyn cwyn yn erbyn swyddog), uchelgyhuddo.

impeachment, *n.* cyhuddiad (yn erbyn swyddog), uchelgyhuddiad.

impeccable, *a.* dibechod, di-fai, perffaith.

impecuniosity, *n.* tlodi, angen (arian-nol).

impecunious, *a.* tlawd, llwm, mewn angen.

impede, *v.* atal, lluddias, rhwystro.

impediment, *n.* rhwystr, atal.

impel, *v.* cymell, annog, gyrru, gorfodi.

impending, *a.* agos, gerllaw, ar ddyfod.

impenetrable, *a.* na ellir ei dreiddio neu fynd heibio iddo, anhreiddadwy.

impenitent, *a.* diedifar, anedifeiriol.

imperative, *n.* gorchymyn. *a.* gorch-mynnol, rheidiol, gorfodol.

imperceptible, *a.* anweladwy, na ellir ei weled.

imperfect, *a.* amherffaith, diffygiol.

imperfection, *n.* amherffeithrwydd, nam, diffyg.

imperial, *a.* ymerodrol, imperialaidd.

imperialism, *n.* cred mewn ymerodraeth, imperialaeth.
imperialist, *a.* credwr mewn ymerodraeth, ymerodraethwr, imperialydd.
imperialistic, *a.* ymerodraethol.
imperil, *v.* peryglu.
imperious, *a.* awdurdodol, gormesol, ffroenuchel, trahaus.
imperishable, *a.* diddarfod, parhaus.
impermeable, *a.* na ellir ei dreiddio, anhydraidd, anathraidd.
impersonal, *a.* amhersonol.
impersonate, *v.* personoli, gwneud yn berson, cynrychioli, portreadu(person)
impersonation, *n.* personoliad, yr act o bortreadu.
impersonator, *n.* personolwr, un sy'n portreadu person.
impertinence, *n.* 1. digywilydd-dra, beiddgarwch, hyfdra,
2. amherthynas.
impertinent, *a.* 1. digywilydd, haerllug, hy, beiddgar.
2. amherthnasol.
imperturbable, *a.* digyffro, tawel.
impervious, *a.* na ellir ei dreiddio, anhydraidd, anhreiddadwy.
imperviousness, *n.* anhydreiddrwydd.
impetigo, *n.* clefyd heintus yn y croen.
impetuosity, *n.* byrbwylltra, gwylltineb.
impetuous, *a.* byrbwyll, gwyllt, rhychwyllt, yn ei gyfer.
impetus, *n.* swmbwl, symbyliad, cymhelliad.
impiety, *n.* annuwioldeb.
impinge, *v.* taro ar, (wrth, yn erbyn), gwrthdaro, ardaro.
impious, *a.* annuwiol, drwg, halogedig.
impish, *a.* dieflig, direidus.
implacability, *n.* bod yn anghymodlon, bod heb dosturi.
implacable, *a.* anghymodlon, didosturi, creulon, llym.
implant, *n.* plannu.
implement, *n.* offeryn, arf. *v.* gweithredu.
implicate, *v.* cynnwys, gwneuthur yn gyfrannog, ymhlygu.
implicated, *a.* â llaw yn, cyfrannog, cysylltiedig â, ymhlyg.
implication, *n.* ymhlygiad, arwyddocâd, goblygiad.
implicit, *a.* 1. ymhlyg, dealledig.
2. perffaith, llawn.
implore, *v.* erfyn, ymbil, crefu.
imply, *v.* arwyddo, golygu.
impolite, *a.* anfoesgar, anfoneddigaidd.

impoliteness, *n.* anfoneddigeiddrwydd, anfoesgarwch.
impolitic, *a.* annoeth, ffôl.
import, *n.* arwyddocâd, ystyr.
v. 1. mewnforio.
2. golygu, arwyddo.
IMPORTS, mewnforion.
importance, *n.* pwys, pwysigrwydd.
important, *a.* pwysig, yn haeddu sylw.
importation, *n.* mewnforio, dadforiad.
importer, *n.* mewnforiwr, dadforiwr.
importunate, *a.* taer, erfyniol.
importune, *v.* erfyn yn daer.
importunity, *n.* taerineb, dyfalwch.
impose, *v.* 1. camarwain, manteisio ar.
2. trethu, gosod, gwasgu ar.
imposing, *a.* mawreddog, argraffiadol, dylanwadol.
imposition, *n.* 1. twyll.
2. cosb, penyd.
3. gorthrwm, treth.
4. arddodiad (dwylo).
impossibility, *n.* amhosibilrwydd.
impossible, *a.* amhosibl.
impost, *n.* toll, treth.
impostor, *n.* twyllwr, hocedwr.
imposture, *n.* twyll, hoced.
impotence, *n.* anallu, gwendid, annlluedd, dinerthedd.
impotent, *a.* annlluog, di-rym, gwan.
impound, *v.* caethiwo, cau i mewn.
impoverish, *v.* tlodi, llymhau.
impoverishment, *n.* tlodi, prinder.
impracticable, *a.* anymarferol.
impractical, *a.* anymarferol, na ellir ei wneud.
imprecate, *v.* deisyfu drwg, melltithio.
imprecation, *n.* melltith, rheg.
imprecatory, *a.* yn melltithio.
impregnable, *a.* cadarn, disyfl.
impregnate, *v.* 1. ffrwythloni.
2. trwytho.
impregnation, *n.* ffrwythloniad, trwythiad.
impresario, *n.* trefnydd (cyngerdd, opera, etc.).
impress, *v.* 1. argraffu, dylanwadu.
2. gorfodi, gwasgu (i wasanaeth arfog).
n. argraff, nod gwasg.
impression, *n.* argraff, argraffiad.
impressionable, *a.* hawdd argraffu arno, agored i'w ddylanwadu.
impressionist, *n.* arlunydd (sy'n rhoi braslun o'r gwrthrych), llenor.
impressive, *a.* yn gadael argraff, gafaelgar.
imprimatur, *n.* caniatâd (i argraffu), sêl cymeradwyaeth.

imprimis, *ad.* yn y lle cyntaf.
imprint, *v.* argraffu (ar feddwl neu ar bapur).
  n. 1. argraff, delw.
  2. enw argraffydd.
imprison, *v.* carcharu, caethiwo.
imprisonment, *n.* carchariad, caethiwed.
improbability, *n.* peth annhebygol, annhebygolrwydd.
improbable, *a.* annhebygol, annhebyg.
impromptu, *a.* byrfyfyr, heb baratoi.
improper, *a.* 1. amhriodol, anaddas.
  2. anweddus.
  3. afrywiog (am ddeusain).
  IMPROPER FRACTION, ffracsiwn (rhanrif) pendrwm.
impropriate, *v.* amfeddu.
impropriety, *n.* 1. amhriodoldeb, anaddasrwydd.
  2. anwedduster.
improve, *v.* gwella, newid er gwell.
improvement, *n.* gwelliant.
improvidence, *n.* annarbodaeth, diofalwch, afradlonedd.
improvident, *a.* annarbodus, esgeulus, diofal.
improvisation, *n.* gwaith difyfyr, addasiad.
improvise, *v.* gwneud peth yn ddifyfyr, bras atgyweirio, addasu.
imprudence, *n.* annoethineb, byrbwylltra.
imprudent, *a.* annoeth, anystyriol.
impudence, *n.* digywilydd-dra, hyfdra, beiddgarwch.
impudent, *a.* digywilydd, haerllug, hy, beiddgar.
impugn, *v.* gwrthwynebu, amau, gwrthddywedyd.
impulse, *n.* cymhelliad, cyffro, ysgogiad, gwth.
impulsion, *n.* cymhelliad, anogaeth.
impulsive, *a.* 1. cymhellol.
  2. byrbwyll, anystyriol.
impulsiveness, *n.* byrbwylltra, ysgogiad.
impunity, *n.* bod yn rhydd o gosb neu gerydd, diffyg cosb.
impure, *a.* amhur, aflan, brwnt.
impurity, *n.* amhuredd, aflendid, bryntni.
imputation, *n.* cyhuddiad, achwyniad, ensyniad.
impute, *v.* priodoli, cyfrif i, dodi bai ar, ensynio, awgrymu.
in, *prp.* yn, mewn. *ad.* i mewn, o fewn.
inability, *n.* anallu, gwendid.
inaccessible, *a.* anhygyrch, anodd mynd ato, diarffordd, ansathredig.

inaccuracy, *n.* anghywirdeb, bai, gwall.
inaccurate, *a.* anghywir, gwallus.
inaction, *n.* diffyg egni, diogi, segurdod.
inactive, *v.* diegni, segur, diog.
inactivity, *n.* segurdod, diweithdra, diogi.
inadequacy, *n.* annigonolrwydd, swm rhy fach.
inadequate, *a.* annigonol.
inadmissible, *a.* na ellir ei dderbyn, annerbyniol.
inadvertence, *n.* amryfusedd, esgeulustra.
inadvertent, *a.* diofal, esgeulus, damweiniol.
inalienable, *a.* na ellir ei werthu (ei drosglwyddo, ei ddieithro).
inalterable, *a.* na ellir ei newid, anghyfnewidiol, digyfnewid.
inane, *a.* gwag, ofer, ffôl, penwan.
inanimate, *a.* difywyd, marwaidd.
inanition, *n.* diffyg maeth, diffygio, lludded, gwacter.
inanity, *n.* ynfydrwydd, gwagedd, gwegi.
inappropriate, *a.* amhriodol, anghyfaddas.
inapt, *a.* anghymwys, amhriodol, anaddas.
inarticulate, *a.* bloesg, aneglur, anghroyw.
inartistic, *a.* anghelfydd.
inasmuch, *ad.* yn gymaint â, gan, am.
inattention, *n.* diffyg sylw, esgeulustod.
inattentive, *a.* disylw, esgeulus, heb dalu sylw.
inaudible, *a.* anhyglyw, na ellir ei glywed.
inaugural, *a.* agoriadol, dechreuol.
inaugurate, *v.* 1. urddo.
  2. agor, dechrau.
inauguration, *n.* 1. urddiad.
  2. dechreuad, agoriad.
inauspicious, *a.* anffodus, anffafriol, heb fod yn addawol.
inborn, *a.* cynhenid, greddfol.
inbred, *a.* cynhenid, greddfol.
inbreeding, *n.* mewnfridio, croesi mathau tebyg.
incalculable, *a.* na ellir ei gyfrif, difesur.
incandescence, *n.* eiriasedd, gwyniasedd.
incandescent, *a.* gwynias, yn wyn gan wres.
incantation, *n.* swyn, cyfaredd, hud.
incapability, *n.* anallu.

incapable, *a.* analluog.
incapacitate, *v.* analluogi.
incapacity, *n.* anallu, anghymwyster.
incarcerate, *v.* carcharu, caethiwo.
incarceration, *n.* carchariad, caethiwed, tyndra.
incarnate, *a.* ymgnawdoledig. *v.* cnawdoli, ymgnawdoli.
incarnation, *n.* ymgnawdoliad.
incendiarism, *n.* peri tân, taniad, llosgiad.
incendiary, *a.* tanbaid, llosg. *n.* llosgwr, bom tân.
incense, *n.* arogldarth. *v.* digio, cythruddo.
incentive, *n.* cymhelliad, anogaeth.
inception, *n.* dechreuad, agoriad.
incessant, *a.* dibaid, di-baid.
incest, *n.* llosgach.
inch, *n.* modfedd.
    SQUARE INCH, modfedd sgwâr.
incidence, *n.* pwysigrwydd, dylanwad.
incident, *n.* digwyddiad, tro. *a.* 1. achlysurol.
    2. ynglŷn â.
    INCIDENT RAY, pelydryn trawol.
incidental, *a.* achlysurol, damweiniol. *pl.* mân dreuliau.
incidentally, *ad.* yn ddamweiniol, gyda llaw.
incinerate, *v.* llosgi'n ulw.
incineration, *n.* llosgiad llwyr.
incinerator, *n.* llosgydd, ffwrnais.
incipient, *a.* dechreuol, yn dechrau bod (ymddangos).
incircle, *n.* mewngylch.
incise, *v.* torri, agennu, ysgythru.
incision, *n.* toriad, bwlch.
incisive, *a.* llym, miniog.
incisiveness, *n.* min, awch.
incisor, *n.* blaenddant, dant blaen.
incite, *v.* cyffroi, annog.
incitement, *n.* cynhyrfiad, anogiad.
inciter, *n.* cynhyrfwr, cyffrowr, cythruddwr.
incivility, *n.* anghwrteisi, afledneisrwydd.
inclemency, *n.* gerwindeb, oerder.
inclement, *a.* garw, gerwin, afrywiog.
inclination, *n.* tuedd, gogwydd, chwant.
incline, *n.* llethr, llechwedd, gwyriad. goledd. *v.* tueddu, gogwyddo.
inclined, *a.* tueddol, ar ei ogwydd, wedi ei oleddu, ar oledd, goleddol.
    TO FEEL INCLINED, clywed ar ei galon, ymglywed â.
include, *v.* cynnwys.
inclusion, *n.* cynhwysiad.
inclusive, *a.* cynwysedig, gan gynnwys.

incognate, *a.* diberthynas, anghytras.
incognito, *a.* yn ddirgel, dan ffugenw.
incoherence, *n.* anghydlyniad, anghysylltiad, diffyg cysylltiad.
incoherent, *a.* digyswllt, anghysylltus, anghydlynol, cymysglyd.
incombustible, *a.* anllosgadwy, na ellir ei losgi.
income, *n.* incwm, enillion.
incomer, *n.* newydd-ddyfodiad, deiliad newydd, ymyrrwr.
income-tax, *n.* treth incwm.
incoming, *a.* yn dyfod i mewn. *n.* dyfodiad, derbyniadau, incwm.
incommensurable, *a.* anghyfesur.
incommode, *v.* gwneud yn anghyfleus.
incommutable, *a.* anghyfnewidiol, na ellir ei newid.
incomparable, *a.* digyffelyb, digymar.
incompatibility, *n.* anghydfod, anghytundeb (mewn natur), anghymarusrwydd.
incompatible, *a.* croes (o natur), anghytûn.
incompetence, *n.* anghymhwyster, anallu.
incompetent, *a.* anghymwys, analluog.
incomplete, *a.* anghyflawn.
incompleteness, *n.* anghyflawnder.
incomprehensible, *a.* annirnadwy, annealladwy, diamgyffred.
inconceivable, *a.* annirnadwy, na ellir synied amdano.
inconcise, *a.* cwmpasog, amleiriog.
inconclusive, *a.* amhendant.
incondite, *a.* amrwd, lletchwith, di-lun.
incongruity, *n.* anghydweddiad, anaddasrwydd.
incongruous, *a.* anghydweddol, anaddas, anghyson.
inconsiderable, *a.* dibwys, bychan.
inconsiderate, *a.* anystyriol, byrbwyll.
inconsistency, *n.* anghysondeb.
inconsistent, *a.* anghyson.
inconspicuous, *a.* anamlwg, disylw.
inconstancy, *n.* anwadalwch, ansefydlogrwydd.
inconstant, *a.* anwadal, ansefydlog.
incontestable, *a.* diamheuol, di-ddadl.
incontinence, *n.* anymatal, anataliad, anniweirdeb, diffyg ymatal.
incontinent, *a.* godinebus, chwantus, anniwair.
incontrovertible, *a.* diymwad, di-ddadl, diamau.
inconvenience, *n.* anghyfleustra, anhwylustod.
inconvenient, *a.* anghyfleus, anhwylus.
inconvertible, *a.* anghyfnewidiol, na ellir ei droi.

inconvincible, *a.* na ellir ei argyhoeddi (neu ei berswadio).

incorporate, *v.* corffori, cyfuno.

incorporated, *a.* corfforedig.

incorporation, *n.* corfforiad.

incorporeal, *a.* heb fod yn faterol, heb fod yn gorfforol, di-gorff, anfaterol, ansylweddol.

incorrect, *a.* anghywir, gwallus.

incorrectness, *n.* anghywirdeb.

incorrigible, *a.* anwelladwy, na ellir ei ddiwygio.

incorrupt, *a.* anllygredig, pur, dihalog.

incorruptibility, *n.* anllygredigaeth.

incorruptible, *a.* anllygredig, uniawn, gonest.

incorruption, *n.* anllygredigaeth, gonestrwydd.

increase, *n.* cynnydd, ychwanegiad.
v. cynyddu, ychwanegu.

increasingly, *ad.* fwy-fwy, yn raddol.

incredible, *a.* anghredadwy, anhygoel.

incredulity, *n.* anghrediniaeth.

incredulous, *a.* anghrediniol, yn amau.

increment, *n.* ychwanegiad, codiad.

incriminate, *v.* cyhuddo, achwyn ar, beio.

incrustation, *n.* crofen, cramen, wyneb caled, crameniad.

incrusted, *a.* cramennog.

incubate, *v.* deor, eistedd ar wyau.

incubation, *n.* deoriad, ysbaid deori.

incubator, *n.* deorydd, deorfa.

incubus, *n.* 1. hunllef.
2. baich.
3. pla.

inculcate, *v.* argymell, argraffu ar, darbwyllo.

inculcation, *n.* argymhelliad, darbwylliad.

inculpate, *v.* cyhuddo, beio.

inculpation, *n.* achwyniad, cyhuddiad.

incumbency, *n.* swydd periglor (offeiriad), perigloriaeth, swydd.

incumbent, *n.* periglor, offeiriad, clerigwr, swyddog. *a.* dyledus, rhwymedig ar.

incur, *v.* rhedeg i (ddyled, etc.), achosi.

incurable, *a.* anwelladwy, na ellir ei wella, anfeddyginiaethol.

incursion, *n.* ymgyrch, cyrch.

indebted, *a.* dyledus, mewn dyled.

indebtedness, *n.* dyled.

indecency, *n.* anwedduster, gwrthuni.

indecent, *a.* anweddus, gwrthun, aflednais.

indecision, *n.* petruster.

indecisive, *a.* amhendant, heb benderfynu.

indeclinable, *a.* anhreigladwy.

indecorous, *a.* anweddaidd, gwrthun, difoes.

indecorum, *n.* diffyg chwaeth, anweddeidd-dra.

indeed, *ad.* yn wir, yn ddiau, iawn, dros ben.

indefatigable, *a.* dyfal, diflin.

indefeasible, *a.* na ellir ei ddiddymu.

indefensible, *a.* na ellir ei amddiffyn, diesgus.

indefinable, *a.* anniffiniol, annisgrifiadwy.

indefinite, *a.* amhenodol, amhendant.
INDEFINITE ARTICLE, bannod amhendant.

indelible, *a.* annileadwy, na ellir ei ddileu.

indelicacy, *n.* afledneisrwydd, anweddeidd-dra.

indelicate, *a.* aflednais, anweddaidd.

indemnify, *v.* digolledu, diogelu (rhag cosb), rhyddarbed.

indemnity, *n.* iawn, iawndal.

indent, *v.* 1. bylchu, tyllu.
2. archebu, yndeintio.
3. dechrau llinell yn nes i mewn.
n. 1. bwlch (ar ymyl dalen).
2. cyfamod.
3. archeb, yndeintiad.

indenture, *n.* cytundeb (mewn ysgrifen), yndeintur.

independence, *n.* annibyniaeth.

Independent, *n.* Annibynnwr. *a.* annibynnol.

indescribable, *a.* annisgrifiadwy.

indeterminate, *a.* amhenodol, penagored, amhendant, annherfynol.

indeterminism, *n.* amhenderfyniaeth, athrawiaeth ynglŷn ag ewyllys rydd.

index, *n.* 1. mynegai, indecs.
2. mynegfys.

Indian, *n.* Indiad. *a.* Indiaidd.

india-rubber, *n.* rwber.

indicate, *v.* dangos, dynodi, mynegi.

indication, *n.* arwydd, mynegiad.

indicative, *a.* arwyddol, mynegol.

indicator, *n.* cyfeirydd, mynegydd.

indict, *v.* cyhuddo, ditio.

indictable, *a.* cyhuddadwy, ditiadwy.

indictment, *n.* cyhuddiad, cwyn, ditment.

indifference, *n.* difaterwch, difrawder.

indifferent, *a.* 1. difater, didaro.
2. diddrwg-didda.

indigence, *n.* angen, tlodi.

indigenous, *a.* cynhenid, brodorol.

indigent, *a.* anghenus, tlawd.

indigestible, *a.* anhydraul, na ellir ei dreulio.

indigestion, *n.* diffyg traul, camdreuliad.

indignant, *a.* dig, digofus, dicllon.

indignation, *n.* dig, llid.

indignity, *n.* amarch, anfri, sarhad, diffyg urddas.

indigo, *n.* lliwur glas. *a.* dulas.

indirect, *a.* anuniongyrchol.

indirectness, *n.* anuniongyrchedd.

indiscernible, *a.* na ellir ei weled, anweledig, anamlwg, anwahaniaethadwy.

indiscreet, *a.* annoeth, ffôl.

indiscretion, *n.* annoethineb, diffyg pwyll.

indiscriminate, *a.* diwahaniaeth.

indiscrimination, *n.* anwahaniaeth.

indispensable, *a.* anhepgorol, angenrheidiol.

indispose, *v.* 1. anaddasu.
    2. peidio â thueddu, annhueddu.

indisposed, *a.* anhwylus, tost, claf.

indisposition, *n.* 1. anhwyldeb.
    2. annhuedd, diffyg awydd.

indisputable, *a.* di-ddadl, diamheuol.

indissoluble, *a.* parhaol, na ellir ei doddi, na ellir ei ddiddymu.

indistinct, *a.* aneglur, anhyglyw, yn bwyta ei eiriau.

indistinctness, *n.* aneglurder, bloesgni.

indite, *v.* cyfansoddi, ysgrifennu.

individual, *n.* unigolyn, un. *a.* unigol.

individualism, *n.* unigoledd, arwahander, unigolyddiaeth.

individualist, *n.* unigolydd.

individualistic, *a.* fel unigolydd.

individuality, *n.* unigoliaeth, personoliaeth.

individualize, *v.* gwahaniaethu, unigoli, nodi bob yn un.

individually, *ad.* bob yn un, yn unigol.

indivisible, *a.* anrhanadwy, na ellir ei rannu.

indoctrinate, *v.* dysgu, hyfforddi, trwytho (ag athrawiaeth).

indoctrination, *n.* trwythiad (â syniadau, etc.).

indolence, *n.* diogi, segurdod.

indolent, *a.* dioglyd, diog, segur, didoreth.

indomitable, *a.* anorchfygol, na ellir ei ddigalonni.

indoor, *a.* yn y tŷ, i mewn, dan do.

indoors, *ad.* i mewn, yn y tŷ, dan do.

indorse, *v.* torri enw ar gefn (siec, etc.), cadarnhau, awdurdodi, nodi trosedd.

indubitable, *a.* diamheuol, di-ddadl.

induce, *v.* darbwyllo, cymell, peri.

inducement, *n.* argymhelliad, anogiad.

induct, *v.* 1. sefydlu, urddo.
    2. anwytho, casglu, rhesymu.

induction, *n.* 1. sefydliad.
    2. casgliad, anwythiad, rhesymiad.

inductor, *n.* peiriad.

inductive, *a.* arweiniol, casgliadol, anwythol, anwythig, rhesymegol.

indulge, *v.* 1. boddio.
    2. maldodi, anwesu, mwytho, anwylo.

indulgence, *n.* 1. ffafr.
    2. maldod.
    3. ymfoddhad.
    4. gollyngdod, maddeueb.

indulgent, *a.* maldodus, tyner, yn dangos ffafr.

industrial, *a.* diwydiannol.

industrialism, *n.* diwydiannaeth.

industrious, *a.* diwyd, dyfal, gweithgar.

industry, *n.* 1. diwydrwydd, llafur.
    2. diwydiant, gwaith.

indwell, *v.* bod yn hanfodol o.

inebriate, *v.* meddwi. *n.* meddwyn (cyson).

inebriation, *n.* meddwdod (cyson).

inedible, *a.* na ellir ei fwyta, anfwytadwy.

ineffable, *a.* anhraethol, tu hwnt i eiriau.

ineffaceable, *a.* annileadwy.

ineffective, *a.* aneffeithiol.

inefficiency, *a.* anghymhwyster.

inefficient, *a.* anghymwys, di-drefn, di-siâp, annalluog.

inelastic, *a.* anystwyth, anhydwyth.

inelegant, *a.* salw, anghelfydd, anghoeth, anghaboledig, anwych.

ineligible, *a.* anghymwys, anghyfreithlon, anaddas (i'w ddewis).

inept, *a.* anaddas, o le, heb fod yn taro, aneffeithiol, analluog.

ineptitude, ineptness, *n.* anaddasrwydd, ffolineb, aneffeithioldeb.

inequality, *n.* anghyfartaledd, anghysondeb.

inequitable, *a.* anghyfiawn, annheg.

inert, *a.* diegni, diynni, swrth.

inertia, *n.* syrthni, diffyg egni, anegni, trymedd, inertia.

inestimable, *a.* amhrisiadwy, difesur.

inevitable, *a.* anochel, na ellir ei osgoi.

inexact, *a.* anghywir, anfanwl.

inexcusable, *a.* anesgusodol, diesgus.

inexhaustible, *a.* dihysbydd, diddiwedd.

inexorable, *a.* didosturi, anhyblyg.

inexpedient, *a.* anaddas, amhriodol, anghyfleus, anfuddiol.

inexpensive, *a.* rhad, am dâl isel.

inexperienced, *a.* dibrofiad, ang-hyfarwydd, amhrofiadol.

inexplicable, *a.* anesboniadwy, na ellir cyfrif amdano.

inexplicit, *a.* aneglur, tywyll.

inexpressible, *a.* anhraethadwy.

infallibility, *n.* anffaeledigrwydd.

infallible, *a.* anffaeledig, heb fethu, sicr.

infamous, *a.* gwarthus, cywilyddus.

infamy, *n.* gwarth, gwaradwydd.

infancy, *n.* mebyd, mabandod, plent-yndod.

infant, *n.* baban, maban, plentyn.

    INFANT SCHOOL, Ysgol Fabanod.

    INFANT WELFARE, Gwasanaeth Lles Babanod.

infanticide, *n.* 1. babanladdiad.

    2. babanleiddiad.

infantile, *a.* plentynnaidd, babanaidd.

infantry, *n.* gwŷr (milwyr) traed.

infatuate, *v.* ffoli, gwirioni, dylu.

infatuated, *a.* wedi ffoli, wedi gwirioni.

infatuation, *n.* gwiriondeb, ynfyd-rwydd.

infect, *v.* heintio, gwenwyno, adwytho.

infection, *n.* haint, heintiad, clefyd.

infectious, *a.* heintus, yn effeithio ar eraill.

    INFECTIOUS DISEASE, clefyd llidiog.

infer, *v.* casglu, rhesymu, rhesymegu, anwytho.

inferable, *a.* y gellir ei gasglu (rhes-ymu), i'w gasglu.

inference, *n.* casgliad rhesymegol, rhesymiad, anwythiad.

inferential, *a.* casgliadol, yn dilyn (trwy resymu).

inferior, *n.* isradd. *a.* is, israddol, gwaelach.

inferiority, *n.* israddoldeb.

    INFERIORITY COMPLEX, ymdeimlad o israddoldeb. cymhleth y taeog.

infernal, *a.* uffernol.

inferno, *n.* uffern.

infertile, *a.* anffrwythlon, diffrwyth.

infertility, *n.* anffrwythlondeb.

infest, *v.* heigio, bod yn bla ar, ymosod ar.

infidel, *n.* anghredadun. *a.* anghred-iniol, di-gred.

infidelity, *n.* 1. anghrediniaeth.

    2. anffyddlondeb.

infiltrate, *v.* ymhidlo, ymdreiddio.

infiltration, *n.* ymhidlad, ymdreiddiad.

infinite, *a.* diderfyn, anfeidrol, an-nherfynol, anfeidraidd. *n.* anfeidredd.

infinitive, *n.* berf annherfynol, berf-enw.

infinitesimal, *a.* anfeidrol fach, bach iawn, gorfychan.

infinity, *n.* anfeidroldeb, amser (neu le) diderfyn.

infirm, *a.* gwan, eiddil, llesg.

infirmary, *n.* ysbyty, clafdy.

infirmity, *n.* gwendid, llesgedd.

infixed, *a.* mewnol.

inflame, *v.* 1. ennyn, cynnau.

    2. llidio, cyffroi, cynhyrfu.

inflamed, *a.* llidus, a gwres ynddo.

inflammable, *a.* fflamadwy, hylosg, taniol.

inflammation, *n.* llid, chwydd llidus, enynfa, awel.

inflammatory, *a.* 1. yn peri dicter.

    2. enynnol, heintus.

inflate, *v.* chwyddo, chwythu.

inflation, *n.* chwydd, chwyddo.

inflect, *v.* 1. plygu.

    2. treiglo, ffurfdroi.

inflexibility, *n.* anystwythder, am-harodrwydd i blygu, anhyblygrwydd.

inflexible, *a.* anhyblyg, amharod i blygu, anystwyth, diwyro, diysgog.

inflexion, inflection, *n.* 1. ffurfdro, plygiad.

    2. goslef, goslefiad.

inflict, *v.* dodi, peri, gweinyddu.

infliction, *n.* baich, poen.

inflorescence, *n.* blodeugainc, fflurben.

influence, *n.* dylanwad. *v.* dylanwadu.

influential, *a.* dylanwadol.

influenza, *n.* anwydwst, ffliw.

influx, *n.* dylifiad, rhediad, arllwysiad.

inform, *v.* hysbysu, cyfarwyddo.

informal, *a.* 1. anffurfiol, croes i'r dull cyffredin.

    2. afreolaidd, croes i reol.

informality, *n.* diffyg ffurfioldeb, af-reoleidd-dra.

informant, *n.* hysbysydd.

information, *n.* hysbysrwydd, gwy-bodaeth.

    CENTRAL OFFICE OF INFORMATION, Swyddfa Hysbysrwydd Ganolog.

informative, *a.* yn hysbysu, yn rhoi hysbysrwydd.

informer, *n.* hysbyswr, achwynwr.

infra-red, *a.* is-goch.

infrequency, *n.* anamlder, bod yn an-fynych.

infrequent, *a.* anaml, anfynych.

infringe, *v.* torri (cyfraith), troseddu.

infringement, *n.* toriad, trosedd.

infuriate, *v.* cynddeiriogi, ffyrnigo.

infuriating, *a.* yn gwylltu, cas, milein-ig.

infuse, *v.* 1. arllwys, tywallt.

    2. trwytho, hydreiddio.

infusion, *n.* trwyth, hydreiddiad.

ingeminate, *v.* ailadrodd, ail-ddweud.

ingenious, *a.* cywrain, celfydd.

ingenuity, *n.* cywreinrwydd, medrusrwydd.

ingenuous, *a.* didwyll, diniwed, plaen.

ingenuousness, *n.* didwylledd, gonestrwydd.

ingle, *n.* aelwyd, lle tân.

INGLE-NOOK, talcen y tân, cornel y simnai.

inglorious, *a.* anenwog, distadl, gwaradwyddus.

ingot, *n.* talp, ingot, llafn (o fetel, yn enwedig aur neu arian).

ingrain, *v.* lliwio (â lliwur parhaol), trwytho.

ingrained, *a.* wedi greddfu, yn ddwfn, cynhenid, trwyadl.

ingratiate, *v.* ceisio ennill ffafr.

ingratitude, *n.* anniolchgarwch, diffyg diolch.

ingredient, *n.* defnydd, elfen.

ingress, *n.* mynediad, hawl i ddyfod.

in-growing (nail), *a.* ewin sy'n tyfu i'r byw, casewin.

inguinal, *a.* arffedol, yn ymwneud â chesail y morddwyd.

inhabit, *v.* trigo, byw, preswylio.

inhabitable, *a.* cyfannedd, â phobl.

inhabitant, *n.* preswylydd.

INHABITANTS, trigolion.

inhalation, *n.* anadliad, anadlu.

inhale, *v.* tynnu anadl, anadlu.

inhere, *v.* glynu wrth, bod yn hanfodol i.

inherent, *a.* cynhenid, greddfol.

inherit, *v.* etifeddu.

inheritance, *n.* etifeddiaeth, treftadaeth.

inheritor, *n.* etifedd, etifeddwr.

inhibit, *v.* gwahardd, rhwystro, atal.

inhibition, *n.* gwaharddiad, ataliad, atalnwyd, lluddiant.

inhospitable, *a.* digroeso, oeraidd.

inhospitality, *n.* diffyg croeso, anghroeso, anlletygarwch.

inhuman, *a.* annynol, creulon.

inhumanity, *n.* creulondeb, diffyg dynoliaeth.

inimical, *a.* gelynol, anghyfeillgar.

inimitable, *a.* digyffelyb, na ellir ei efelychu, digymar.

iniquitous, *a.* anghyfiawn, drwg, cyfeiliornus.

iniquity, *n.* drygioni, camwedd.

initial, *n.* llythyren gyntaf gair. *a.* blaen, cyntaf. *v.* llawnodi â llythrennau cyntaf enw.

initiate, *v.* 1. dechrau, agor, arwain. 2. derbyn (yn ffurfiol), cynhorio.

initiation, *n.* 1. dechreuad, agoriad, arweiniad. 2. derbyniad, cynhoriad.

initiative, *n.* arweiniad, gweithrediad, menter, cynhoredd.

initiator, *n.* dechreuwr, cychwynnwr.

inject, *v.* chwistrellu, mewnsaethu.

injection, *n.* chwistrelliad, mewnsaethiad.

injector, *n.* chwistrellwr, chwistrellydd, mewnsaethydd, chwistrell.

injudicious, *a.* annoeth, ffôl.

injunction, *n.* gorchymyn, gwaharddiad, gorfodaeth.

injure, *v.* niweidio, anafu, dolurio.

injured, *a.* wedi cael dolur, wedi ei niweidio.

injurious, *a.* niweidiol, drwg.

injury, *n.* niwed, anaf, dolur.

injustice, *n.* anghyfiawnder, cam.

ink, *n.* inc.

inkling, *n.* awgrym, arwydd.

inkpot, inkwell, *n.* pot inc.

inkstand, *n.* stand inc.

inky, *a.* fel inc, ag inc (arno).

inlaid, *a.* wedi ei addurno (â darnau o ifori, etc.).

inland, *n.* canoldir. *a.* mewndirol.

inlay, *v.* addurno (ag ifori, etc.).

inlet, *n.* cilfach, bae, moryd.

inmate, *n.* lletywr, preswylydd, trigiannydd.

inmost, *a.* nesaf i mewn, dyfnaf.

inn, *n.* tafarn, tŷ tafarn, ysbyty.

innate, *a.* cynhenid, greddfol, cynhwynol.

inner, *a.* mewnol, tu mewn.

innermost, *a.* nesaf i mewn.

innings, *np.* batiad, bat(i)o.

FIRST INNINGS, y bato cyntaf.

innkeeper, *n.* tafarnwr.

innocence, *n.* diniweidrwydd.

innocent, *a.* diniwed, dieuog, di-fai.

innocuous, *a.* diniwed, diberygl, diddrwg.

innovate, *v.* newid, cyflwyno, dechrau (peth newydd).

innovation, *n.* cyfnewidiad, newyddbeth.

innovator, *n.* newidiwr, un sy'n cyflwyno peth newydd.

innuendo, *n.* ensyniad, awgrym, hint.

innumerable, *a.* aneirif, di-rif, dirifedi.

inoculate, *v.* rhoi'r frech i, brechu.

inoculation, *n.* y frech, brechiad.

inoffensive, *a.* diniwed, di-ddrwg.

inoperative, *a.* heb fod yn gweithredu, dieffaith.

inopportune, *a.* anamserol, anghyfleus.

inordinate, *a.* gormodol, anghymedrol.
   INORDINATE DESIRE, trachwant.
inorganic, *a.* anorganig, allanol, amherthynol.
input, *n.* mewnosod.
inquest, *n.* ymholiad, cwest.
   CORONER'S INQUEST, trengholiad.
inquietude, *n.* anesmwythder, aflonyddwch, diffyg tawelwch.
inquire, *v.* holi, gofyn, ymholi.
inquirer, *n.* ymholwr, archwiliwr.
inquiry, *n.* ymholiad, holiad.
inquisition, *n.* chwilys, ymchwiliad.
inquisitive, *a.* busneslyd, holgar, chwilfrydig.
inquisitor, *n.* aelod o'r chwilys, chwilyswr.
inquisitorial, *a.* yn ymwneud â'r chwilys, chwilysol.
inroad, *n.* ymgyrch, cyrch, ymosodiad.
inrush, *n.* rhuthr, dylifiad.
insane, *a.* gwallgof, gorffwyll, ynfyd.
   TO BECOME INSANE, gwallgofi, ynfydu, gorffwyllo.
insanitary, *a.* afiachus, brwnt, budr.
insanity, *n.* gwallgofrwydd, gorffwylltra.
insatiable, insatiate, *a.* anniwall, na ellir ei ddiwallu.
inscribe, *v.* 1. arysgrifennu.
   2. cyflwyno.
inscription, *n.* 1. arysgrifen.
   2. cyflwyniad.
inscrutable, *a.* anchwiliadwy, annealladwy, tywyll.
insect, *n.* trychfil(yn), pryf, pryfyn.
insecticide, *n.* gwenwyn pryfed.
insectivorous, *a.* yn bwyta neu ddifa pryfed.
insectology, *n.* astudiaeth trychfilod, pryfyddeg.
insecure, *a.* anniogel, peryglus.
insecurity, *n.* perygl, anniogelwch.
inseminate, *v.* hau, rhoi semen i.
inseparable, *a.* anwahanadwy, anysgarol.
insensate, *a.* heb deimladrwydd, disynnwyr, hurt.
insensibility, *n.* bod yn anymwybodol, dideimladrwydd.
insensible, *a.* anymwybodol, dideimlad.
insert, *v.* gosod i mewn.
insertion, *n.* gosodiad i mewn.
inset, *n.* mewnosodiad.
inside, *n.* tu mewn, perfedd. *a.* mewnol. *prp.* yn, tu mewn i. *ad.* i mewn, o fewn.
inside-half, *n.* mewnwr.
inside-left, *n.* mewnwr chwith.

inside-out, *ad.* o chwith.
inside-right, *n.* mewnwr de.
insidious, *a.* lladradaidd, llechwraidd, bradwrus, camarweiniol.
insight, *n.* dirnadaeth, dealltwriaeth.
insignia, *np.* arwyddion (swydd neu urdd).
insignificance, *n.* dinodedd, distadledd.
insignificant, *a.* di-nod, distadl, dibwys.
insincere, *a.* ffuantus, annidwyll, anonest,
insincerity, *n.* rhagrith, annidwylledd.
insinuate, *v.* ensynio, awgrymu.
insinuating, *a.* awgrymiadol, ensyniol.
insinuation, *n.* ensyniad, awgrym, cyfeiriad anuniongyrchol (at).
insipid, *a.* di-flas, diflas, merfaidd.
insipidity, *n.* diflasrwydd, bod heb flas.
insist, *v.* mynnu, haeru.
insistence, *n.* haeriad, cymhelliad taer.
insistent, *a.* taer, penderfynol.
insobriety, *n.* meddwdod.
insolation, *n.* darheuliad.
insolence, *n.* haerllugrwydd, digywilydd-dra, beiddgarwch, hyfdra.
insolent, *a.* haerllug, digywilydd, beiddgar.
insolubility, *n.* cyflwr anhydawdd (annhoddadwy).
insoluble, *a.* 1. na ellir ei ddatrys.
   2. na ellir ei doddi, anhydawdd.
insolvency, *n.* methdaliad.
insolvent, *a.* wedi methu, wedi torri.
insomnia, *n.* anhunedd, diffyg cwsg.
insomuch, *ad.* yn gymaint (â), gan, fel.
insouciant, *a.* diofal, difater, difraw.
inspect, *v.* archwilio, arolygu.
inspection, *n.* archwiliad, arolwg.
inspector, *n.* archwiliwr, arolygwr.
inspiration, *n.* 1. ysbrydoliaeth.
   2. anadliad.
inspire, *v.* 1. ysbrydoli, symbylu.
   2. anadlu.
inspired, *a.* ysbrydoledig, wedi ei ddylanwadu.
inspirit, *v.* calonogi, ysbrydoli.
instability, *n.* anwadalwch, ansefydlogrwydd.
install, *v.* sefydlu, gosod.
installation, *n.* sefydliad, gosodiad.
instalment, *n.* rhandal, cyfran.
instance, *n.* enghraifft. *v.* nodi, rhoi enghraifft.
   FOR INSTANCE, er enghraifft.

instant   intensify

instant, *n.* eiliad, amrantiad. *a.* 1. taer.
2. ebrwydd.
3. cyfisol.
instantaneous, *a.* di-oed, disymwth,
disyfyd.
instantly, *ad.* yn ddi-oed, yn y fan, ar y
gair.
instead, *ad.* yn lle.
instep, *n.* cefn y droed, wyneb y droed,
mwnwgl troed.
instigate, *v.* annog, cynhyrfu, cymell.
instigation, *n.* cynhyrfiad, cymhelliad.
instigator, *n.* anogwr, cynhyrfwr,
cyffrowr, cythruddwr.
instil, *v.* 1. argymell, trwytho.
2. defnynnu.
instillation, *n.* 1. argymhelliad.
2. defnyniad.
instinct, *n.* greddf, cymhelliad.
instinctive, *a.* greddfol.
institute, *n.* cymdeithas, sefydliad.
v. sefydlu, cychwyn.
WOMEN'S INSTITUTE, Sefydliad y
Merched.
institution, *n.* sefydliad, cymdeithas.
institutional, *a.* sefydliadol, ynglŷn â
sefydliad.
instruct, *v.* dysgu, hyfforddi, cyfar-
wyddo.
instruction, *n.* addysg, hyfforddiant.
instructive, *a.* addysgiadol, cynorth-
wyol.
instructor, *n.* hyfforddwr, athro.
instructress, *n.* athrawes.
instrument, *n.* offeryn, cyfrwng.
STRINGED INSTRUMENTS, offer tan-
nau.
MUSICAL INSTRUMENTS, offer cerdd.
instrumental, *a.* 1. offerynnol.
2. yn gyfrwng.
INSTRUMENTAL MUSIC, cerdd dant.
instrumentalist, *n.* offerynnydd.
instrumentality, *n.* cymorth, cyfrwng.
insubordinate, *a.* anufudd, afreolus.
insubordination, *n.* anufudd-dod.
insufferable, *a.* annioddefol.
insufficiency, *n.* annigonedd dim
digon.
insufficient, *a.* annigonol, rhy ychydig.
insular, *a.* ynysol, cul, ar wahân.
insularity, *n.* culni, unigrwydd.
insulate, *v.* ynysu, gwahanu.
insulated, *a.* ynysedig. ynysog.
insulation, *n.* ynysiad, gwahaniad.
insulator, *n.* ynysydd, anghludydd.
insulin, *n.* inswlin, moddion y clefyd
melys.
insult, *n.* sarhad, amarch, sen. *v.* sar-
hau. amharchu.
insulting, *a.* sarhaus, amharchus.

insuperable, *a.* anorchfygol.
insurable, *a.* y gellir ei yswirio, priod-
ol i'w yswirio.
insurance, *n.* yswiriant.
CERTIFICATE OF INSURANCE, tyst-
ysgrif yswiriant.
INSURANCE POLICY, polisi yswir-
iant.
NATIONAL INSURANCE, Yswiriant
Gwladol.
insure, *v.* yswirio.
insurgent, *a.* gwrthryfelgar, terfysg-
lyd. *n.* gwrthryfelwr.
insurmountable, *a.* na ellir ei drechu
(gorchfygu, goresgyn, etc.), anorch-
fygol, anorfod.
insurrection, *n.* terfysg, gwrthryfel.
intact, *a.* cyfan, dianaf, heb niwed.
intake, *n.* 1. ychwanegiad (o dir, pobl,
etc.) derbyniad.
2. y lle yr â dŵr ohono i bibell.
3. y weithred o dderbyn.
intangible, *a.* anghyffwrdd, anodd ei
amgyffred.
integer, *n.* rhifol (y gwrthwyneb i
ranrif), integr.
integral, *a.* 1. cyfan, cyflawn, integrol.
2. anhepgor, na ellir gwneud
hebddo, hanfodol.
n. integriad.
integrate, *v.* cyfannu, uno, gwneud yn
gyfan, integru.
INTEGRATED WHOLE, cyfundod.
integration, *n.* yr integru.
integrity, *n.* cywirdeb, gonestrwydd.
intellect, *n.* deall, dirnadaeth.
intellectual, *a.* deallus, meddyliol.
intellectualism, *n.* yr athrawiaeth a
ddywed fod pob gwybodaeth yn
deillio o reswm, dealleg.
intelligence, *n.* deall, deallgarwch,
deallusrwydd.
INTELLIGENCE QUOTIENT, cynifer-
ydd deallusrwydd.
INTELLIGENCE TEST, prawf deall-
usrwydd.
intelligent, *a.* deallus, deallgar.
intelligentzia, *n.* y deallus.
intelligible, *a.* dealladwy.
intemperance, *n.* anghymedrolder,
anghymedroldeb.
intemperate, *a.* anghymedrol, an-
nhymherus.
intend, *v.* meddwl, bwriadu, arofun,
amcanu.
INTENDED WIFE, darpar wraig.
intense, *a.* angerddol, dwys.
intensification, *n.* y weithred o
ddwysáu.
intensify, *v.* dwysáu.

intension, *n.* anhwysiad.
intensity, *n.* angerdd, dwyster.
intensive, *a.* trwyadl, trylwyr, cyflawn.
intent, *n.* bwriad, amcan, diben.
  a. dyfal, diwyd, awyddus.
intention, *n.* bwriad, amcan, bwriant,
  arfaeth.
intentional, *a.* bwriadol.
inter, *v.* claddu, daearu.
inter-, *px.* rhwng, cy-, cyd-.
interact, *v.* gweithredu y naill ar y llall.
interaction, *n.* rhyngweithiad.
interbreed, *v.* croesfridio.
intercalate, *v.* dodi rhwng, dodi i
  mewn.
intercede, *v.* eiriol, cyfryngu, pledio
  dros.
intercept, *v.* rhwystro, rhagod.
interception, *n.* y weithred o ddodi
  rhwng, rhwystro, ataliad.
intercession, *n.* eiriolaeth, ymbil.
intercessor, *n.* eiriolwr, cyfryngwr.
interchange, *n. v.* cyfnewid, newid â'i
  gilydd.
interchangeable, *a.* y gellir eu cyf-
  newid.
intercourse, *n.* cyfathrach, cyfeillach,
  masnach, gohebiaeth.
interdependence, *n.* y stad o ddibynnu
  y naill ar y llall.
interdict, *n.* gwaharddiad.   *v.* gwa-
  hardd.
interest, *n.* 1. budd, lles.
  2. diddordeb.
  3. llog.
  v. diddori.
  COMPOUND INTEREST, llog cyfan-
    sawdd, adlog.
  SIMPLE INTEREST, llog syml.
  RATE OF INTEREST, cyfradd log.
interesting, *a.* diddorol, diddan, difyr.
interests, *np.* buddiannau, diddordeb-
  au.
interfere, *v.* ymyrryd, ymyrraeth,
  dodi ei big i mewn.
interference, *n.* ymyrraeth, ymyriad.
interim, *n.* cyfamser. *a.* dros dro.
interior, *n.* tu mewn, canol, perfedd-
  wlad. *a.* tu mewn, mewnol.
interjacent, *a.* (yn gorwedd) rhwng.
interject, *v.* ebychu, dweud rhywbeth
  rhwng.
interjection, *n.* ebychiad.
interlace, *v.* cymhlethu, croesi ei
  gilydd, drysu.
interlock, *v.* cloi ynghyd, cyd-gloi.
interlocutor, *n.* un o'r rhai sy'n siarad
  â'i gilydd, un yn y siarad (mewn
  ymgom).
interloper, *n.* ymyrrwr, ymwthiwr.

interlude, *n.* 1. egwyl, seibiant.
  2. anterliwt.
intermarriage, *n.* cydbriodas.
intermarry, *v.* cydbriodi, priodi câr.
intermediary, *n.* cyfryngwr, canolwr.
intermediate, *a.* canol, canolradd,
  cyfryngol.
interment, *n.* claddedigaeth.
interminable, *a.* diderfyn, diddiwedd.
intermission, *n.* saib, sbel, gohiriad,
  rhyddhad (dros dro).
intermit, *v.* cymryd saib, gohirio.
intermittent, *a.* ysbeidiol, ar brydiau.
intermix, *v.* cymysgu, cydgymysgu.
intern, *v.* carcharu, caethiwo.
internal, *a.* mewnol, o'r tu mewn.
  INTERNAL COMBUSTION ENGINE,
    peiriant mewndanio.
international, *a.* rhyngwladol, cyd-
  wladol.
  INTERNATIONAL DATE LINE,
    y Ddyddlinell.
internationalize, *v.* cydwladoli.
internecine, *a.* 1. cyd-ddinistriol.
  2. marwol, angheuol.
internment, *n.* carchariad. caethiwed.
interplay, *n.* gweithredu (neu ddylan-
  wadu) y naill ar y llall.
interplead, *v.* ymgyfreithio, dadlau
  (ar bwynt yn y gyfraith).
interpolate, *v.* gosod i mewn (rywbeth
  ansicr), cyfranoli.
interpolation, *n.* rhyngosodiad.
interpose, *v.* gwthio rhwng.
interpret, *v.* cyfieithu, dehongli, es-
  bonio.
interpretation, *n.* dehongliad, cyf-
  ieithiad.
interpreter, *n.* cyfieithydd, lladmer-
  ydd, dehonglwr.
interregnum, *n.* adeg rhwng dau
  deyrnasiad.
interrelation, *n.* rhyngberthynas.
interrogate, *v.* holi, cwestiyno.
interrogation, *n.* holiad.
  INTERROGATION MARK, gofynnod.
interrogative, *a.* gofynnol.
interrogator, *n.* holwr, cwestiynwr.
interrogatory, *a.* yn holi, gofynnol.
  n. cwestiyneb, holiad.
interrupt, *v.* torri ar draws, ymyrryd â.
interruption, *n.* rhwystr, ymyrraeth.
intersect, *v.* croesi (ei gilydd), torri,
  croestorri.
intersection, *n.* man croesi, llinell
  gyfarfod.
inter-specific, *a.* rhyngrywiogaethol.
intersperse, *v.* 1. gwasgaru.
  2. amrywio, britho.
interstice, *n.* agen, hollt, bwlch.

intertwine, v. cymhlethu, plethu yn ei gilydd.

interval, n. 1. egwyl. seibiant.
2. cyfwng (miwsig), gwant.

intervene, v. 1. ymyrryd, torri ar draws.
2. gwahanu.
3. cyfryngu.

intervention, n. ymyriad, gwahaniad.

interview, n. cyfarfyddiad, ymddiddan, holiad. v. holi, siarad â, cwestiyno.

interviewer, n. holwr.

intestacy, n. marwolaeth heb ewyllys.

intestate, a. diewyllys, anghymyn.

intestinal, a. perfeddol.

intestine, n. perfeddyn, coluddyn.

intimacy, n. cynefindra, agosrwydd.

intimate, n. cyfaill, cydnabod. a. cyfarwydd, agos. v. crybwyll, mynegi.

intimation, n. hysbysiad, awgrymiad, hint.

intimidate, v. dychrynu, brawychu.

intimidation, n. brawychiad, bygythiad.

into, prp. i, i mewn i, yn.

intolerable, a. annioddefol.

intolerance, n. anoddefiad, culni.

intolerant, a. anoddefgar, cul, culfarn.

intone, v. llafarganu, siantio.

intonation, n. tonyddiaeth, tôn, goslef.

intoxicant, n. diod feddwol.

intoxicate, v. meddwi, cyffroi.

intoxicating, a. meddwol, cadarn.

intoxication, n. meddwdod.

intractable, a. anhywaith, anhydrin, ystyfnig.

intransitive, a. cyflawn (gramadeg).

intrada, n. 1. rhan gyntaf darn o gerddoriaeth, agorawd.
2. Yntred (gwasanaeth Eglwys).

intransigent, n. anghymodlon, di-ildio.

intra-specific, a. mewnrywiogaethol.

intrepid, a. di-ofn, gwrol, dewr, glew.

intrepidity, n. gwroldeb, dewrder, glewder.

intricacy, n. cymhlethdod, dryswch.

intricate, a. cymhleth, dyrys, astrus.

intrigue, n. cynllwyn, brad. v. 1. cynllwyn.
2. swyno.

intriguing, a. chwilfrydig, yn peri penbleth.

intrinsic, a. priodol, cynhenid, hanfodol

introduce, v. 1. cyflwyno, gwneud yn hysbys.
2. rhagarwain, arwain (i mewn).

introduction, n. 1. cyflwyniad.
2. rhagymadrodd, rhaglith.

introductory, a. rhagarweiniol, yn cyflwyno.

introit, n. salm-dôn, yntred.

introspect, v. hunan-ymholi, chwilio hunan.

introspection, n. hunan-ymchwil, hunan-ymholiad.

introspective, a. hunan-ymchwiliol.

introvert, a. mewnblyg, mewndroëdig.

intrude, v. ymyrryd, ymyrraeth, ymhél â, ymwthio.

intruder, n. ymyrrwr, ymwthiwr.

intrusion, n. ymyrraeth, ymwthiad, ymyriad.

intrusive, a. ymwthiol, yn ymhél â.

intuition, n. greddf, dirnadaeth, sythwelediad.

intuitionism, n. sythweledigaeth, adnabod gwrthrychau trwy reddf.

intuitive, a. greddfol, heb ymresymu, sythweledol.

inundate, v. gorlifo, llifo dros.

inundation, n. gorlifiad, llifeiriant.

inure, v. cynefino, cyfarwyddo, caledu.

inured, a. cynefin, cyfarwydd, wedi caledu.

invade, v. goresgyn, meddiannu, treisio.

invader, n. goresgynnwr, meddiannwr.

invalid, a. di-rym, diwerth, diddim.

invalid, n. un afiach neu fethedig.

invalidate, v. dirymu.

invaluable, a. amhrisiadwy, na ellir ei brisio.

invariable, a. digyfnewid, sefydlog, cyson.

invariably, ad. yn ddieithriad, bob amser.

invasion, n. goresgyniad, meddiant.

invective, n. difrïaeth, difenwad, dychan, gogan.

inveigh, v. difrïo, sennu, gwaradwyddo, difenwi.

inveigle, v. hudo, denu, twyllo.

invent, v. dyfeisio, cynllunio, creu.

invention, n. dyfais, cynllun.

inventive, a. dyfeisgar, gwreiddiol.

inventor, n. dyfeisiwr, cynlluniwr.

inventory, n. rhestr, rhes, llechres.

inverse, a. yn y gwrthwyneb, yn groes, wedi ei wrthdroi. n. gwrthdro.
INVERSE SQUARE, gwrthdaro sgwâr.

inversion, n. gwrthdro, endro, gwrthdroad.

invert, v. troi wyneb i waered, gwrthdroi.

invertebrate, a. di-asgwrn-cefn.

inverted, a. wyneb i waered, gwrthdroëdig, annormal (gramadeg).
INVERTED SENTENCE, brawddeg annormal.

invest, *v*. 1. arwisgo, urddo.
2. buddsoddi.
3. gwarchae.
4. cynysgaeddu.
investigate, *v*. ymchwilio, archwilio, arolygu.
investigation, *n*. ymchwiliad, archwiliad.
investigator, *n*. ymchwiliwr.
investiture, *v*. arwisgiad, urddiad, urddwisgiad.
investment, *n*. 1. buddsoddiad, arian a fuddsoddir.
investor, *n*. buddsoddwr.
inveterate, *a*. wedi gwreiddio yn, dwfn, cyson.
invidious, *a*. yn peri eiddigedd neu genfigen, annymunol.
invigilate, *v*. gwylio (mewn arholiad), arolygu.
invigilator, *n*. gwyliwr (mewn arholiad), arolygwr.
invigorate, *v*. nerthu, cryfhau, bywiogi.
invigorating, *a*. yn rhoi ynni, yn bywiogi.
invincibility, *n*. bod yn anorchfygol.
invincible, *a*. anorchfygol, anorfod.
inviolable, *a*. dihalog, cysegredig.
inviolate, *a*. dihalog, dianaf, cyfan.
invisible, *a*. anweledig.
invitation, *n*. gwahoddiad.
invite, *v*. gwahodd.
inviting, *a*. deniadol, atyniadol.
invocation, *n*. ymbil, gweddi, galwad (ar Dduw), blaenweddi, gweddi arweiniol.
invoice, *n*. infois, rhestr o nwyddau.
invoke, *v*. galw ar, gweddïo, erfyn.
involucre, *n*. cylchamlen.
involuntariness, *n*. anewyllystra.
involuntary, *a*. anfwriadol, o anfodd.
involute, *n*. infolwt.   *a*. cymhleth, mewn cylch.
involve, *v*. 1. drysu, cymysgu.
2. golygu, canlyn, dilyn (yn rhesymol).
3. cynnwys.
invulnerable, *a*. na ellir ei anafu, heb fan gwan.
inward, *a*. mewnol, yn y meddwl.
inwards, *ad*. tuag i mewn. *np*. perfedd, coluddion.
iodide, *n*. ïodid, (cyfansawdd yn cynnwys ïodin).
iodine, *n*. ïodin.
ion, *n*. ïon, (cynnyrch electroleiddiad).
ionization, *n*. ïoneiddiad (triniaeth feddygol).
ionize, *v*. rhannu'n ïonau.

ionosphere, *n*. ionosffer.
iota, *n*. mymryn, iod, gronyn, tipyn.
irascibility, *n*. hyddigrwydd, pigowgrwydd, tymer wyllt.
irascible, *a*. o dymer wyllt, croendenau, pigog.
irate, *a*. dig, llidiog, dicllon.
ire, *n*. dig, dicter, llid.
iridescent, *a*. symudliw, fel yr enfys.
iridium, *n*. math o fetel, iridiwm.
iris, *n*. 1. glas y llygad.
2. gellysg.
3. enfys.
Irish, *n*. Gwyddeleg.   *a*. Gwyddeleg, Gwyddelig.
Irishman, *n*. Gwyddel, brodor o Iwerddon.
iritis, *n*. llid glas y llygad.
irk, *v*. blino, trafferthu, diflasu, poeni.
irksome, *a*. blin, blinderus, trafferthus.
iron, *n*. 1. haearn.
2. gefyn, llyffethair.
  a. haearn, haearnaidd.
  v. smwddio, llyfnhau.
  CAST IRON, haearn bwrw.
ironical, *a*. eironig, gwatwarus, gwawdus.
ironclad, *a*. (llong ryfel) o haearn.
ironmonger, *n*. gwerthwr nwyddau haearn.
ironmongery, *n*. nwyddau haearn, siop nwyddau haearn.
iron-works, *np*. gwaith haearn.
irony, *n*. eironi, gwatwareg, gwawdiaith.
irradiate, *v*. pelydru, goleuo, llewyrchu, ymbelydru.
irradiation, *n*. llewyrch, disgleirdeb, arbelydriad.
irrational, *a*. direswm, anrhesymol, afresymol,
irrationalism, *n*. anrhesymoliaeth.
irrationality, *n*. afresymoliaeth, afresymoldeb, anrhesymoldeb.
irreconcilable, *a*. digymod, yn anghytuno â, anghymodlon.
irrecoverable, *a*. anadferadwy.
irrefutable, *a*. na ellir ei wrthbrofi, na ellir ei ateb, anatebadwy.
irregular, *a*. afreolaidd, croes i reol.
irregularity, *n*. afreoleidd-dra.
irrelevance, *n*. amherthynas.
irrelevant, *a*. amherthnasol.
irreligious, *a*. digrefydd, anghrefyddol.
irremediable, *a*. diymwared.
irreparable, *a*. anadferadwy.
irrepressible, *a*. aflywodraethus, na ellir ei gadw i lawr, diatal.

irreproachable, *a.* diargyhoedd, difai.
irresistible, *a.* anorchfygol, anorfod.
irresolute, *a.* amhenderfynol, petrus.
irresolution, *n.* petruster, diffyg penderfyniad.
irrespective, *a.* ar wahân i, heb gyfrif.
irresponsible, *a.* 1. anghyfrifol.
    2. yn gwrthod cymryd cyfrifoldeb.
irretrievable, *a.* anadferadwy, colledig.
irreverence, *n.* amarch, sarhad, anfri.
irreverent, *a.* amharchus, sarhaus.
irrevocable, *a.* di-alw-yn-ôl.
irrigate, *v.* dyfrhau.
irrigation, *n.* dyfrhad.
irritability, *n.* tymer ddrwg, hydeimledd.
irritable, *a.* croendenau, llidiog, anynad.
irritant, *n.* peth sy'n peri llid neu boen.
irritate, *v.* poeni, blino.
irritating, *a.* llidus, blin, poenus.
irritation, *n.* llid, poen, enynfa.
irruption, *n.* rhuthr, bwrw i mewn.
is, *v.* y mae, sydd, yw, ydyw, oes.
isinglass, *n.* defnydd gludiog a geir o bysgod.
island, isle, *n.* ynys.
islander, *n.* ynyswr.
islet, *n.* ynysig.
isobar, *n.* isobar (*pl.* isobarrau), llinell pwysedd.
isoelectric, *a.* isodrydanol.
isolate, *v.* neilltuo, gwahanu.
isolation, *n.* arwahanrwydd, neilltuaeth, unigrwydd.
    ISOLATION HOSPITAL, ysbyty heintiau.
isolationist, *n.* un sy'n pleidio arwahanrwydd (sef bod yn annibynnol ar wledydd eraill).

isomer, *n.* isomer.
isomeric, *a.* isomerig, yn cynnwys yr un elfennau ond yn gwahaniaethu yn eu nodweddion.
isomerism, *n.* isomeredd.
isometric, *a.* isomedrig.
isomorphism, *n.* isomorffedd, peth o'r un ffurf ond â gwahanol elfennau.
isosceles, *a.* â dwy ochr yn gyhyd, isosgeles.
isotherm, *n.* isotherm, llinell tymheredd.
isotope, *n.* isotôp.
Israelite, *n.* Israeliad.
issue, *n.* 1. cyhoeddiad.
    2. canlyniad.
    3. pwnc dadl.
    4. tarddiad.
    5. hiliogaeth, plant.
    v. 1. tarddu.
    2. cyhoeddi.
    3. rhoi.
    4. mynd i maes, anfon allan.
    AT ISSUE, i'w ddadlau, gerbron.
    TO JOIN ISSUE WITH, dadlau.
isthmus, *n.* culdir.
it, *pn.* ef, hi, etc.
Italian, *n.* Eidalwr, Eidaleg (iaith).
    a. Eidalaidd.
italicize, *v.* italeiddio.
italics, *np.* llythrennau italaidd.
itch, *n.* crafu, ysfa. *v.* crafu, ysu, cosi.
item, *n.* eitem, peth, darn, item.
iterate, *v.* ailadrodd, ail-ddweud.
iteration, *n.* ailadroddiad.
itinerant, *a.* teithiol, crwydrol.
itinerary, *n.* 1. teithlyfr.
    2. taith, siwrnai.
itself, *pn.* ei hun, ei hunan.
ivory, *n.* ifori, asgwrn eliffant.
ivy, *n.* eiddew, iorwg.
ivy (ground), *n.* eiddew'r ddaear, iorwg llesg.

J

jab, *v.* pwtian, procio, gwanu.
jabber, *n.* baldordd, cleber. *v.* baldorddi, clebran.
jabberer, *n.* clebryn, baldorddwr.
Jacobean, *a.* Jacobaidd.
Jacobite, *n.* Jacobiad.
jack, *n.* jac.
jackal, *n* siacal.
jackanapes, *n.* plentyn eofn, coegyn.
jackass, *n.* 1. asyn gwryw.
    2. hurtyn.
jackdaw, *n.* corfran, jac-y-do.
jacket, *n.* siaced.

jack-knife, *n.* cyllell (fawr) boced.
jack-o'-lantern, *n.* jacolantern, cannwyll gorff, peth di-ddal.
jade, *n.* 1. ceffyl diwerth.
    2. dihiren.
    3. carreg addurnol.
    v. blino, lluddedu.
jag, *n.* 1. peth blaenllym.
    2. rhint, agen.
    v. rhwygo, bylchu.
jagged, *a.* danheddog, garw.
jaguar, *n.* siagwar, teigr America.
jail, *n.* carchar.

jam, *n.* cyffaith, jam. *v.* gwasgu (rhwng dau beth), cloi, mathru, rhwystro.

jamb, *n.* ystlysbost, gorsin(g).

jamboree, *n.* dathliad, miri, rali'r Sgowtiaid.

jangle, *v.* gwneud sŵn garw, cweryla. *n.* sŵn garw, clochdar.

janissary, *n.* janisariad.

janitor, *n.* porthor, drysor, dryswr.

January, *n.* Ionawr, Ionor.

japan, *n.* farnais (caled). *v.* farneisio.

jar, *n.* 1. jar.
   2. ysgydwad, sioc.
   v. 1. rhygnu, poeni, blino.
   2. ysgwyd. rhoi sioc i.

jarful, *n.* jaraid, llond jar.

jargon, *n.* baldordd, cleber, ffregod.

jargonelle, *n.* math o ellygen gynnar.

jasper, *n.* math o risial y gwneir addurniadau ohono, maen iasbis.

jaundice, *n.* y clefyd melyn, y fad felen.

jaunt, *n.* gwib, gwibdaith, siwrnai fer. *v.* gwibio, gwibdeithio, rhodio.

jaunty, *a.* ysgafn, bywiog, hoyw, llon.

javelin, *n.* picell, gwayw, gwaywffon.

jaw, *n.* gên, cern, asgwrn yr ên.
   LOCK-JAW, gên-glo.
   CORNER OF THE JAW, cilfoch.

jaws, *np.* safn, genau.

jay, *n.* sgrech y coed.
   JAY-WALKER, cerddwr esgeulus.

jazz, *n.* jas, miwsig dawns.

jealous, *a.* cenfigennus, eiddigeddus.

jealousy, *n.* cenfigen, eiddigedd.

jeep, *n.* math o gerbyd modur.

jeer, *n.* gwawd, gwatwar. *v.* gwawdio, gwatwar.

jejune, *a.* diffrwyth, gwael, tlawd.

jelly, *n.* ceulfwyd, jeli, sieli.

jelly-fish, *n.* slefren fôr.

jemmy, *n.* trosol lleidr, bar haearn.

jeopardize, *v.* peryglu.

jeopardy, *n.* perygl, enbydrwydd.

jeremiad, *n.* galarnad, achwyniad.

jerk, *n.* plwc sydyn, ysgytiad. *v.* plycio, ysgytio, tynnu'n sydyn.

jerkin, *n.* siercyn, siaced, cot ledr.

jerry-, *px.* bregus, brau, simsan, gwael.

jersey, *n.* siersi.

jest, *n.* cellwair, smaldod. *v.* cellwair, smalio.

jester, *n.* cellweiriwr, digrifwas.

Jesuit, *n.* aelod o Gymdeithas yr Iesu (Pabaidd), Jeswit.

jet, *n.* 1. muchudd, lliw du.
   2. ffrwd fain (o ddŵr, nwy, etc.), chwythell.
   3. siet.

a. 1. du.
   2. siet (awyren).
   JET OF LIQUID, chwistrell.
   JET-PROPELLED AIRCRAFT, awyren siet.

jetsam, *n.* broc môr (wedi ei daflu o long).

jettison, *v.* taflu (dros fwrdd llong).

jetty, *n.* glanfa, morglawdd.

Jew, *n.* Iddew.

jewel, *n.* gem, tlws.

jeweller, *n.* gemydd, tlysydd.

jewelry, *n.* gemwaith, gemau.

Jewess, *n.* Iddewes.

Jewish, *a.* Iddewig.

Jewry, *n.* Yr Iddewon, eu rhandir.

Jews' harp, *n.* giwga, ysturmant, biwbo.

jib, *n.* hwyl flaen, jib. *v.* strancio, pallu mynd, nogio.

jiffy, *n.* munudyn, byr o dro, winciad, eiliad.

jig, *n.* 1. dawns fywiog.
   2. daliwr, bach pysgota.
   v. peri sboncio.

jigsaw, *n.* rhwyll-lif beiriannol.
   JIG-SAW PUZZLE, pos lluniau.

jilt, *v.* siomi (cariad), ymadael â.

jingle, *v.* tincial, gwneud sŵn fel cloch.

jingo, *n.* imperialydd rhonc, pleidiwr rhyfel.

jingoism, *n.* imperialaeth, rhyfelgarwch.

jink, *v.* troi a throsi.

jinks, *n.* miri, difyrrwch, rhialtwch.

jinnee (*pl.* jinn), *n.* ysbryd (da neu ddrwg), ellyll.

jitters, *np.* nerfau, ofn.

jittery, *a.* nerfus, ofnus.

job, *n.* tasg, gorchwyl, gwaith. *v.* hurio, prynu a gwerthu.

jobber, *n.* un sy'n prynu a gwerthu.

jobbery, *n.* cynllwyn, dichellwaith.

jobmaster, *n.* benthyciwr (ceffylau, etc.).

jockey, *n.* joci. *v.* trin yn ddeheuig.

jocose, *a.* direidus, cellweirus, smala.

jocular, *a.* ffraeth, digrif, doniol.

jocularity, *n.* ffraethineb, digrifwch, smaldod.

jocund, *a.* llon, hoyw, difyrrus.

jocundity, *n.* llonder, hoywder, bywiogrwydd.

jog, *v.* mynd ling-di-long, honcian, hercian. *n.* gwth, hwb.

joggle, *v.* hercian, clunhercian, honcian.

jogtrot, *n.* rhygyng, trotian araf herciog.

join, *v.* cydio, cysylltu, ymuno, asio, uno.

joiner, *n.* saer, asiedydd.

joinery, *n.* gwaith saer, gwaith asiedydd.

joint, *n.* 1. cyswllt, uniad.
   2. cymal, breg (*Daeareg*).
   3. darn (o gig), aelod (o gig).
   a. cyd-.

jointure, *n.* gwaddol gwraig weddw.

joist, *n.* dist, trawst, tulath.

joke, *n.* cellwair, smaldod, jôc. *v.* cellwair, smalio.

joker, *n.* cellweiriwr, smaliwr, un cellweirus.

jollification, *n.* gloddest, rhialtwch, cyfeddach.

jollity, *n.* miri, difyrrwch, hwyl.

jolly, *a.* llawen, difyr, bywiog, difyrrus.

jolt, *n.* ysgytiad, ysgydwad, honc. *v.* ysgytio, honcian.

jonquil (narcissus), *n.* croeso'r gwanwyn, narsisws.

jostle, *v.* gwthio, tyrru ynghyd.

jot, *n.* mymryn, tipyn, iod. *v.* cofnodi, nodi.

jotter, *n.* llyfr nodion.

jotting, *n.* cofnod, nodiad.

journal, *n.* newyddiadur, dyddlyfr, llyfr cofnodau, cylchgrawn.

journalism, *n.* newyddiaduraeth.

journalist, *n.* newyddiadurwr.

journey, *n.* taith, siwrnai, hynt. *v.* teithio, mynd ar siwrnai.

journeyman, *n.* gweithiwr profiadol, gweithiwr wrth y dydd.

journeywork, *n.* gwaith wrth y dydd, dyddgwaith.

joust, *n.* twrnameint, ymladd (â gwaywffyn).

jovial, *a.* llawen, siriol, llon, bywiog.

joviality, *n.* miri, digrifwch.

jowl, *n.* gên, cern.
   CHEEK BY JOWL, ochr yn ochr.

joy, *n.* llawenydd, gorfoledd.

joyful, *a.* llon, llawen, gorfoleddus.

joyless, *a.* anniddan, trist, prudd.

joyous, *a.* llawen gorfoleddus.

jubilant, *a.* gorfoleddus, llawen iawn.

jubilation, *n.* gorfoledd, llawenydd.

jubilee, *n.* jiwbili, dathliad.

Judaism, *n.* Iddewaeth.

judge, *n.* 1. barnwr.
   2. beirniad.
   v. 1. barnu.
   2. beirniadu.

judgement, *n.* 1. barn.
   2. dedfryd.
   3. gosodiad.
   JUDGEMENT DAY, Dydd y Farn.

judicature, *n.* gweinyddu barn, tymor swydd barnwr, brawdlys, ynadaeth.

judicial, *a.* barnol, cyfreithiol.

judiciary, *n.* barnwyr gwlad, adran o'r llywodraeth sy'n ymwneud â chyfreithiau.

judicious, *a.* call, doeth, synhwyrol.

jug, *n.* jwg, siwg.

jugful, *n.* llond jwg, jygaid, siwgaid.

juggle, *v.* consurio, hudo, siwglo.

juggler, *n.* siwglwr.

jugglery, *n.* siwglaeth.

jugular, *a.* gyddfol.
   JUGULAR VEIN, gwythïen y gwddf.

juice, *n.* sudd, nodd.

juicy, *a.* llawn sudd (nodd), iraidd.

jujube, *n.* 1. taffen o gelatîn, etc.
   2. math o ffrwyth.

ju-jutsu, *n.* ymgodymu, taflu codwm (Siapaneaidd).

July, *n.* Gorffennaf.

jumble, *v.* cymysgu. *n.* cymysgedd.
   JUMBLE-SALE, ffair petheuach.

jump, *n.* naid, llam. *v.* neidio, llamu.
   STANDING JUMP, naid stond.

jumper, *n.* 1. neidiwr.
   2. siwmper.

junction, *n.* cyffordd, cydiad, croesffordd.
   TWO-LEVEL JUNCTION, heol uwch heol, croesffordd ag un heol uwchlaw'r llall.

juncture, *n.* cyswllt (lle neu amser).

June, *n.* Mehefin.

jungle, *n.* jyngl, dryswig.

juniper, *n.* merywen.

junior, *a.* iau, ieuangach, (ieuaf, ieuangaf).
   JUNIOR SCHOOL, Ysgol y Plant Ieuaf.

junk, *n.* 1. llong hwyliau Sieineaidd.
   2. sothach.
   3. cig hallt.

junket, *n.* llaeth wedi cawsu, siwncet.

junta, *n.* cyngor cyfrin, clymblaid.

jurisdiction, *n.* awdurdod, llywodraeth.

jurisprudence, *n.* deddfeg, gwyddor deddfau, cyfreithiau, gallu cyfreithiol.

jurist, *n.* cyfreithiwr, efrydydd yn y gyfraith.

juror, juryman, *n.* rheithiwr.

jury, *n.* rheithgor.

just, *a.* iawn, cyfiawn, union. *ad.* yn union, prin, braidd.
   JUST ONE, un yn unig
   JUST NOW, gynnau.

justice, *n.* 1. cyfiawnder.
  2. ynad, ustus.
  3. barn.
  JUSTICE OF THE PEACE, ynad
  (ustus) heddwch.
justiciary, *n.* barnwr, ynad, prifustus.
  a. ynglŷn â llys barn.
justifiable, *a.* teg, cyfiawn.
justification, *n.* cyfiawnhad.
justify, *v.* cyfiawnhau.

jut, *v.* ymwthio allan.
jute, *n.* edefyn llysieuol (i wneud
  matau, etc.), jiwt.
juvenescence, *n.* ieuenctid, mebyd.
juvenile, *n.* bachgen, merch. *a.* ieuanc.
juxtapose, *v.* dodi ochr yn ochr,
  cyfosod.
juxtaposition, *n.* cyfosodiad, cyf-
  ochredd.

K

kaiser, *n.* caesar, ymerawdwr yr
  Almaen.
kale, *n.* cêl.
kaleidoscope, *n.* calidosgob, offeryn i
  weld lluniau trwyddo.
kame, *n.* cnwc gro, esgair.
kaolin, *n.* caolin.
kangaroo, *n.* cangarŵ, anifail bolgodog
  (o Awstralia).
kapok, *n.* defnydd gwlanog llysieuol
  (i'w ddodi mewn clustogau), capog.
katabolic, *a.* catabolig.
kayak, *n.* canŵ Esgimo.
keds, *np.* llau defaid.
keel, *n.* gwaelod llong, trumbren, cil.
keen, *a.* 1. craff, llym.
  2. awyddus, brwd.
keen-eyed, *a.* craff, llygadlym.
keenness, *n.* 1. craffter, llymder.
  2. awydd, brwdfrydedd.
keep, *n.* 1. tŵr, gorthwr.
  2. cadwraeth.
  v. cadw, cynnal, dal.
  TO KEEP ON, dal ymlaen, dal ati.
  TO KEEP BOOKS, cadw cyfrif.
  TO KEEP COMPANY, cadw cwmni.
  TO KEEP DOWN, atal.
  TO KEEP ON, para, parhau.
  TO KEEP IN WITH, bod ar delerau
  da â.
  TO KEEP TIME, 1. (cloc) yn cadw
  amser da.
  2. (cerddoriaeth) cadw'r amser-
  iad.
keeper, *n.* ceidwad, cipar.
keeping, *n.* cadwraeth, gofal.
keepsake, *n.* crair, peth i atgofio
  rhywun, memento.
keg, *n.* casgen fach, barilan.
kelp, *n.* gwymon, lludw gwymon.
ken, *v.* adnabod, gwybod. *n.* dirnad-
  aeth, gwybodaeth.
kennel, *n.* 1. cwb ci, gwâl ci, cynel,
  haid o gŵn hela.
  2. cwter stryd.
  v. dodi mewn cwb, byw mewn cwb.

kenosis, *n.* ymwacâd.
kerb, *n.* ymyl palmant, cwrbyn.
kerchief, *n.* cadach, neisied, hances.
kerfing, *n.* toriad (â llif).
kernel, *n.* cnewyllyn.
kerosene, *n.* paraffin, oel lamp.
kestrel, *n.* cudyll, curyll coch.
ketch, *n.* llong dau hwylbren.
ketch-up, *n.* (math o) saws.
kettle, *n.* tegell, tegil.
kettle-drum, *n.* drwm pres, tympan.
key, *n.* 1. allwedd.
  2. agoriad.
  3. cywair.
  4. bys (piano).
keyboard, *n.* allweddell.
keyhole, *n.* twll y clo.
keynote, *n.* cyweirnod.
keystone, *n.* maen clo, carreg ganol
  bwa.
keyway, *n.* allweddrych.
khaki, *n.* caci, defnydd dillad milwr.
kick, *n.* cic. *v.* cicio, gwingo.
  PLACED KICK, cic osod.
  FREE KICK, cic rydd.
  GOAL KICK, cic gôl.
  DROPPED KICK, cic adlam.
  PENALTY KICK, cic gosb.
  CORNER KICK, cic gornel.
  KICK OFF, cic gychwyn.
kid, *n.* 1. myn, gafr fach, croen myn.
  2. plentyn.
  v. twyllo, chwarae cast.
kidnap, *v.* lladrata (plentyn, etc.).
kidnapping, *n.* lladrad (personau).
kidnapper, *n.* un sy'n lladrata, lleidr
  personau.
kidney, *n.* aren, elwlen.
  PULPY KIDNEY, aren bwdr.
  PULPY KIDNEY DISEASE, clwy'r
  aren bwdr.
kidney-beans, *np.* ffa Ffrengig, cidna-
  bêns.
kill, *n.* diwedd. *v.* lladd, dinistrio.
killer, *n.* lladdwr, lleiddiad.

kiln, *n.* odyn.
    KILN-DRY, crasu mewn odyn.
kilocycle, *n.* ciloseigl, uned dirgryndonnau.
kilogramme, *n.* cilogram, uned pwyso.
kilometre, *n.* cilomedr, uned hyd.
kilowatt, *n.* cilowat, uned grym.
kilt, *n.* cilt, rhan o wisg Albanwr.
kimono, *n.* gŵn-wisg (Siapaneaidd).
kin, *n.* ceraint, tras. *a.* yn perthyn.
kinaesthetical, *a.* cinesthetig.
kind, *n.* rhyw, rhywogaeth, math. *a.* caredig, hynaws.
kindergarten, *n.* ysgol feithrin.
kindle, *v.* ennyn, cynnau.
kindliness, *n.* caredigrwydd, mwyneidd-dra.
kindly, *a.* haelionus, yn cydymdeimlo, caredig, hynaws, addfwyn.
kindness, *n.* caredigrwydd.
    ACT OF KINDNESS, cymwynas.
kindred, *n.* perthynas, ceraint. *a.* perthynol, tebyg.
kine, *np.* da, buchod, gwartheg.
kinetic, *a.* cinetig, symudol.
king, *n.* brenin.
kingdom, *n.* teyrnas, brenhiniaeth.
kingfisher, *n.* glas y dorlan, pysgotwr.
kingly, *a.* brenhinol.
kingship, *n.* brenhiniaeth.
kink, *n.* 1. tro (wrth ddyblu rhaff, etc.).
    2. mympwy, chwilen.
kinsfolk, *np.* perthnasau, ceraint.
kinship, *n.* perthynas.
    BONDS OF KINSHIP, rhwymau carennydd.
kinsman, *n.* câr, perthynas.
kinswoman, *n.* cares, perthynas.
kiosk, *n.* siop (caban, etc.) agored, ciosg.
kipper, *n.* ysgadenyn hallt (neu sych), ciper.
kirk, *n.* eglwys.
kiss, *n.* cusan. *v.* cusanu.
kit, *n.* 1. pac, taclau.
    2. twba.
    3. cath fach.
kitbag, *n.* cwdyn milwr.
kitchen, *n.* cegin.
kitchenette, *n.* cegin fach.
kitchen-garden, *n.* gardd lysiau.
kite, *n.* 1. barcut, barcutan.
    2. ceit, math o degan.
kith, *n.* cydnabod.
    KITH AND KIN, perthnasau.
kitten, *n.* cath fach.
kleptomania, *n.* ysfa ladrata.
kleptomaniac, *n.* un ag ysfa ladrata.
knack, *n.* medr, clem, cnac.

knacker, *n.* prynwr ceffylau neu dai diwerth.
knackery, *n.* celanedd-dŷ.
knapsack, *n.* pac milwr.
knapweed, *n.* pengaled.
knave, *n.* cnaf, dihiryn, adyn, gwalch, cenau.
    KNAVE OF CLUBS, carden y milwr.
knavery, *n.* cyfrwystra, cnafeidd-dra.
knavish, *a.* cnafaidd, cyfrwys.
knead, *v.* tylino, gwlychu (toes).
kneading-trough, *n.* cafn tylino, padell gwlychu toes.
knee, *n.* glin, pen-lin, pen-glin.
kneecap, *n.* asgwrn (padell) pen-lin.
kneel, *v.* penlinio.
knell, *n.* cnul, clul, sŵn cloch.
knicker, *n.* nicer.
knickerbocker, *n.* clos (trwser) penglin.
knife, *n.* cyllell, twca.
knife-edge, *n.* min cyllell, arfin, crib mynydd.
knight, *n.* marchog.
knight-errant, *n.* marchog crwydrol. marchog antur.
knighthood, *n.* urdd marchog.
knightly, *a.* dewr, cwrtais, anturus.
knit, *v.* 1. gwau.
    2. cysylltu, clymu.
    3. crychu (aelau).
knitter, *n.* un sy'n gwau, peiriant gwau.
knitting, *n.* gwau, gweu.
knob, *n.* dwrn, cnap, cwgn, clopa (ffon).
knobby, *a.* cnapiog, cnyciog.
knock, *n.* cnoc, ergyd, dyrnod. *v.* cnocio, curo, taro, bwrw.
knocker, *n.* cnocwr, curwr, ystwffwl.
knock-kneed, *a.* glin-gam.
knock-out, *n.* ergyd terfynol, ergyd marwol.
knoll, *n.* bryn, bryncyn, twyn, cnwc, ponc.
knot, *n.* 1. cwlwm, clwm.
    2. cymal, cainc, clwm.
    3. milltir (môr), 6080 o droedfeddi, not.
    v. clymu.
    KNOTTER FAULTS, namau.
    SLIP KNOT, cwlwm rhedeg.
knotgrass, *n.* canclwm, berw'r ieir.
knotted, *a.* 1. clymog, llawn clymau, cnotiog.
    2. cymalog.
knotting, *n.* llenwi ceinciau, llanw clymau.
knotty, *a.* 1. anodd, dyrys.
    2. llawn clymau, clymog, cnotiog.

know, v. 1. gwybod.
2. adnabod.
IN THE KNOW, yn gwybod, cyfarwydd.
TO KNOW BY, adnabod wrth.
I DO NOT KNOW, 'wn i ddim, ni wn i ddim.
knowing, a. gwybodus, deallus, ffel.
WITHOUT HIS KNOWING, heb (yn) wybod iddo.
knowingly, a. yn ymwybodol, yn fwriadol.
knowledge, n. gwybodaeth.

knowledgeable, a. gwybodus, deallus.
knuckle, n. cymal bys, cwgn, migwrn.
knuckling, n. gwendid y bacsau (yr egwyd).
Koran, n. y Coran, Llyfr y Cri, alcoran, llyfr cysegredig y Mohametaniaid.
kow-tow, v. ymgreinio, moesymgrymu, plygu i.
kraal, n. crâl. pentref brodorol (Deau Affrig).
kremlin, n. cremlin, senedd-dŷ Rwsia.
krypton, n. crypton, math o nwy diynni.

L

laager, n. amddiffynfa (dros dro), gwersyll.
label, n. label, llabed. v. dodi label ar, enwi.
labial, a. gwefusol (pl. gwefusolion).
labialization, n. gwefusoliad.
labialize, v. gwefusoli.
laboratory, n. gweithdy gwyddonwyr, labordy.
   RESEARCH LABORATORY, labordy ymchwil.
laborious, a. llafurus, gweithgar.
labour, n. llafur, gwaith. v. llafurio, ymegnïo, gweithio.
   LABOUR OF LOVE, llafur cariad.
labourer, n. llafurwr, gweithiwr.
laburnum, n. tresi aur, math o bren â blodau melyn.
labyrinth, n. drysfa, labrinth.
lace, n. carrai, las, les, addurnwe. v. clymu â charrai, cau, addurno â las.
lacerate, v. rhwygo, llarpio, darnio.
laceration, n. rhwygiad, llarpiad, clwyf.
lachrymal, a. dagreuol. np. pibellau dagrau.
lachrymation, n. colli dagrau, wylo.
lachrymose, a. wylofus, dagreuol.
lack, n. diffyg, eisiau, gwall. v. bod ag angen neu eisiau.
lackadaisical, a. egwan, diynni, llipa, mursennaidd, ffug-deimladol.
lackey, n. 1. gwas (â lifrai).
2. un gwasaidd.
lacking, a. yn fyr o, prin o, diffygiol o.
laconic, a. cwta, byreiriog, cryno, byr.
lacquer, n. farnais pres, farnais caled.
lacrosse, n. lacrós, math o chwarae.
lactation, n. cyfnod llaetha, cyfnod blith.
lacteal, a. llaethog, llaethlyd.
lactic, a. o laeth.

lad, n. 1. crwt, llanc, hogyn, crotyn.
2. un digrif neu ddi-reol, cerdyn.
ladder, n. 1. ysgol.
2. rhwyg (mewn hosan).
lade, v. llwytho.
lading, n. llwyth (llong), llwytho.
ladle, n. lletwad, llwy fawr.
lady, n. arglwyddes, bonesig, merch fonheddig.
lady-bird, n. buwch fach (goch) gota.
Lady-day, n. Gŵyl Fair, Mawrth 25.
ladylike, a. boneddigaidd, tyner, talïaidd, merchedaidd.
lady's bedstraw, n. llysiau'r cywer.
ladyship, n. arglwyddes.
lag, v. ymdroi, llusgo ar ôl.
laggard, n. diogyn, un sy'n ymdroi.
lagoon, n. lagŵn, morlyn.
lair, n. gwâl, lloches, ffau.
laird, n. perchen tir (Yr Alban).
laity, n. gwŷr lleyg, lleygwyr.
lake, n. 1. llyn, llwch.
2. lliw coch.
lama, n. offeiriad Bwdïaidd (Tibet neu Mongolia).
lamb, n. oen, cig oen. v. dod ag oen, bwrw oen.
   PET LAMB, oen swci (llywaeth).
lambent, a. yn llewyrchu'n wan, yn disgleirio, lleibiol.
lambkin, n. oen bach, oenig.
lame, a. cloff. v. cloffi, clunhercian.
lameness, n. cloffni, cloffi.
lament, n. cwynfan, galarnad, gofid. v. cwynfan, galaru, gofidio.
lamentable, a. gofidus, truenus, galarus.
lamentation, n. cwynfan, galar, galarnad.
lamina, n. haen, gwanaf, trwch, llafn.
laminate, a. haenog, tafellog (cemeg), llafnog (llysieueg).
laminboard, n. astell lafnog.

Lammas, *n.* Calan Awst, Awst 1.

lamp, *n.* lamp, llusern.

lampoon, *n.* dychangerdd, cân wawdus. *v.* dychanu, goganu.

lampoonist, *n.* dychanwr, goganwr.

lamprey, *n.* llysywen bendoll.

lance, *n.* gwayw, gwaywffon. *v.* agor dolur, ffleimio.

lance-corporal, *n.* is-gorporal.

lancer, *n.* milwr (â gwaywffon).

lancet, *n.* fflaim, cyllell meddyg.
  LANCET WINDOW, lownsed.

land, *n.* 1. daear, tir.
  2. gwlad.
  v. 1. tirio, glanio.
  2. dadlwytho.
  THE PROMISED LAND, Gwlad yr Addewid.
  LAND FORMS, tirffurfiau.
  LAND UTILISATION SURVEY MAPS, Mapiau Defnyddio Tir.

landau, *n.* cerbyd (y gellir ei agor a'i gau).

landed, *a.* tir, tiriog, yn perchenogi tir.

landholder, *n.* deiliad tir, perchen tir.

landing, *n.* 1. glaniad, glanio.
  2. glanfa, lle i lanio.
  3. pen grisiau.

landlady, *n.* perchennog (tir, llety, etc.).

landlord, *n.* 1. meistr tir.
  2. perchennog.

landlubber, *n.* un nad yw'n forwr, un anghynefin â'r môr.

landmark, *n.* 1. nod tir.
  2. digwyddiad cofiadwy.

landmine, *n.* ffrwydryn tir.

landrail (corncrake), *n.* rhegen yr ŷd, rhegen y rhych.

landscape, *n.* tirlun, llun o'r wlad, golygfa.
  LANDSCAPE-PAINTER, peintiwr golygfeydd.
  LANDSCAPE-GARDENING, cynllunio gerddi.

landslide, landslip, *n.* cwymp tir, newid sydyn ym marn y cyhoedd.

landsman, *n.* dyn y tir, un nad yw'n forwr.

land-surveyor, *n.* tirfesurydd.

land-tax, *n.* treth y tir.

landward, *ad.* tua'r tir, o'r môr.

lane, *n.* lôn, beidr, wtra, heol fach.

language, *n.* iaith.

languid, *a.* llesg, egwan, eiddil, gwanllyd.

languish, *v.* llesgáu, nychu, gwanhau, dihoeni.

languor, *n.* llesgedd, nychdod, gwendid, eiddilwch.

languorous, *a.* llesg, nychlyd, diynni, dioglyd.

lank, *a.* tal a thenau, hir a llipa.

lanky, *a.* tal a thenau, meindal.

lantern, *n.* llusern, lamp.

lanyard, *n.* rheffyn, tennyn.

lap, *n.* 1. arffed, glin, cesail morddwyd.
  2. cylch, tro, lap.
  3. plyg.
  v. 1. plygu, lapio, amwisgo.
  2. llepian, llyfu.

lapdog, *n.* ci twt, ci i'w fagu, ci malpo.

lapel, *n.* llabed, fflap.

lapis lazuli, *n.* glasfaen, maen gwerthfawr.

lap-joint, *n.* goruniad.

lappet, *n.* llabed, fflap.

lapse, *n.* 1. llithrad, cwymp.
  2. gwall, bai, nam.
  v. llithro, cwympo, colli.

lapstone, *n.* maen y crydd, lapston.

lapwing, *n.* cornicyll, cornchwiglen.

larboard, *n.* ochr chwith llong.

larcenous, *a.* lladronllyd.

larceny, *n.* lladrad.

larch, *n.* llarwydden.

lard, *n.* bloneg, lard, gweren fol. *v.* iro, blonegu.

larder, *n.* pantri, bwtri.

large, *a.* mawr, helaeth, eang.
  AT LARGE, yn rhydd.
  AS LARGE, cymaint.

largeness, *n.* maint, helaethrwydd.

largess, largesse, *n.* rhodd, anrheg.

largo, *n.* largo, symudiad araf (miwsig).
  ad. yn araf ac urddasol.

lariat, *n.* lasŵ, rhaff ddolen, rheffyn.

lark, *n.* 1. ehedydd, uchedydd.
  2. difyrrwch, sbort.
  v. cellwair, prancio, chwarae.

larkspur, *n.* llysiau'r hedydd, math o blanhigyn.

larva, *n.* cynrhonyn, pryfyn (yn ei ffurf gynnar), macai.

laryngitis, *n.* laringitis, dolur y corn gwddf.

larynx, *n.* blwch y llais, afalfreuant, corn gwddf, larincs.

lascivious, *a.* anniwair, anllad, chwantus.

lasciviousness, *n.* trachwant, anlladrwydd, trythyllwch.

lash, *n.* llach. ergyd â chwip. *v.* 1. llachio, fflangellu.
  2. rhwymo.
  3. taro yn erbyn.

lass, *n.* geneth, llances, lodes, croten.

lassitude, *n.* llesgedd, gwendid, blinder.

lasso, *n.* lasŵ, rhaff ddolen, rheffyn.

last, *n.* pren troed, lest. *a.* olaf, diwethaf. *v.* parhau, para, dal.
AT LAST, o'r diwedd.
lasting, *a.* parhaus, parhaol.
lastly, *ad.* yn olaf, yn ddiwethaf.
latch, *n.* cliced. *v.* cau (â chliced).
latchet, *n.* carrai esgid.
late, *a.* hwyr, diweddar.
lately, *ad.* yn ddiweddar.
lateness, *n.* diweddarwch, hwyrni.
latent, *a.* cuddiedig, cêl, cudd (cemeg).
lateral, *a.* ochrol. *n.* cangen, colfen. *pl.* ochrolion.
laterite, *n.* laterid.
latex (plant milk), *n.* l. llaeth (planhigyn).
2. hylif yn y gwaed.
lath, *n.* eisen, dellten. *v.* eisio, delltu.
lathe, *n.* turn, peiriant trin coed, etc.
lather, *n.* trochion sebon. *v.* seboni.
lathery, *a.* sebonllyd.
latitudinarian, *a.* eang, llydan, llac, penrhydd. *n.* un sy'n credu mewn penrhyddid.
latitudinarianism, *n.* penrhyddid.
Latin, *n.* Lladin. *a.* Lladin, Lladinaidd.
latitude, *n.* l. lledred, pellter o'r cyhydedd.
2. penrhyddid.
latrine, *n.* tŷ bach, geudy.
latter, *a.* diwethaf, olaf.
latterly, *ad.* yn ddiweddar.
lattice, *n.* dellt, rhwyllwaith, delltwaith.
latus-rectum, *n.* latws-rectwm.
laud, *n.* clod, mawl. *v.* clodfori, moli, canmol, dweud yn dda am.
laudable, *a.* canmoladwy, cymeradwy.
laudanum, *n.* lodnwm, math o opiwm.
laudation, *n.* clod, mawl, canmoliaeth.
laudatory, *a.* yn hael ei glod (mawl, canmoliaeth).
laugh, *n.* chwerthiniad, chwerthin. *v.* chwerthin.
TO LAUGH AT HIM, chwerthin am ei ben.
TO LAUGH IN ONE'S SLEEVE, chwerthin ynddo'i hunan.
laughable, *a.* chwerthinllyd.
laughing-stock, *n.* cyff gwawd.
laughter, *n.* chwerthin.
launch, *v.* l. dechrau.
2. gwthio i'r môr.
n. bad mawr.
launder, *v.* golchi dillad.
laundress, *n.* golchwraig.
laundry, *n.* golchdy, dillad golch.

laureate, *a.* llawryfog, enwog.
POET LAUREATE, bardd llawryfog, bardd y brenin.
laurel, *n.* llawryf.
lava, *n.* lafa, defnydd o losgfynydd.
lavatory, *n.* l. ymolchfa, ystafell ymolchi.
2. tŷ bach.
lave, *v.* ymolchi, ymdrochi.
lavender, *n.* lafant (planhigyn peraroglus).
laver, *n.* lafwr, lawr.
LAVER BREAD, bara lafwr (lawr).
lavish, *a.* hael, afradlon, gwastraffus. *v.* afradu, gwastraffu.
lavishness, *n.* haelioni, gwastraff, afradlonedd.
law, *n.* cyfraith, deddf.
LAWS OF NATURE, deddfau Natur.
COMMON LAW, cyfraith gwlad.
MORAL LAW, y ddeddf foesol.
MARTIAL LAW, cyfraith rhyfel.
UNWRITTEN LAW, deddf anysgrifenedig, arferiad cyffredin.
LAW AND ORDER, rheol a threfn.
lawful, *a.* cyfreithlon.
lawfulness, *n.* cyfreithlondeb.
lawgiver, *n.* deddfwr, deddfroddwr.
lawless, *a.* digyfraith, di-ddeddf.
lawlessness, *n.* anghyfraith, anhrefn, penrhyddid.
lawn, *n.* lawnt.
lawnmower, *n.* peiriant torri porfa, peiriant lawnt.
lawn-tennis, *n.* tenis (lawnt).
lawsuit, *n.* cyngaws, cyfraith.
lawyer, *n.* cyfreithiwr, twrnai.
lax, *a.* llac, esgeulus, diofal.
laxative, *n.* moddion gweithio ('r corff), cyffur gweithio. *a.* rhyddhaol, yn rhyddhau.
laxity, *n.* llacrwydd, diofalwch.
lay, *a.* lleyg. *n.* cân, baled. *v.* gosod, dodi.
2. dodwy.
TO LAY HANDS ON, dal.
TO LAY BY, troi o'r neilltu.
TO LAY OUT, l. cynllunio.
2. treulio (arian).
TO LAY TO REST, claddu.
lay-by, *n.* lle i aros (wrth ochr ffordd), arhosfan.
layer, *n.* haen, trwch, ysgithen. *v.* haenu, taenu.
layland, *n.* gwyndwn, ton, tondir, tir glas.
layman, *n.* lleyg, lleygwr, un o'r bobl.
lay-out, *n.* plan.
lazar, *n.* un gwahanglwyfus, un gwan ei iechyd.

lazaretto, *n.* 1. ysbyty (i rai heintus).
2. storfa (mewn llong).
laze, *v.* diogi, segura.
laziness, *n.* diogi, segurdod.
lazy, *a.* diog, dioglyd, didoreth.
lea, *n.* doldir, dôl, gwaun.
leach, *v.* trwytholchi.
lead, *n.* 1. plwm.
2. led (mewn pensil).
lead, *n.* 1. arweiniad.
2. tennyn, llinyn.
v. arwain, tywys, blaenori.
leaden, *a.* plwm, o blwm.
leader, *n.* 1. arweinydd.
2. erthygl flaen (mewn papur-newydd).
leaderette, *n.* erthygl flaen fer.
leadership, *n.* arweinyddiaeth.
leading, *a.* arweiniol, blaenllaw.
LEADING QUESTION, cwestiwn arweiniol.
leaf, *n.* deilen, dalen.
leafage, *n.* dail (gyda'i gilydd).
leaflet, *n.* dalen, deiliosen.
leafy, *a.* deiliog.
league, *n.* 1. cynghrair.
2. tair milltir.
v. ymuno.
leak, *n.* agen, hollt, coll. *v.* gollwng, diferu, colli.
leakage, *n.* colli, coll.
leaky, *a.* yn gollwng, yn colli, tyllog.
lean, *n.* cig coch. *a.* tenau, main, gwachul. *v.* 1. pwyso (ar).
2. gogwyddo, goleddu, diwelyd.
leanness, *n.* teneuwch, teneudra.
leap, *n.* llam, naid. *v.* llamu, neidio.
LEAP-YEAR, blwyddyn naid.
leapfrog, *n.* chwarae naid, llam-chwarae, llam llyffant.
learn, *v.* dysgu.
TO LEARN BY HEART, dysgu ar y cof.
learned, *a.* dysgedig, hyddysg.
learner, *n.* dysgwr, un sy'n cael ei ddysgu.
learning, *n.* dysg, dysgeidiaeth.
lease, *n.* prydles, les. *v.* prydlesu, gosod ar rent (dan gyfamod).
leasehold, *n.* meddiant drwy brydles.
leaseholder, *n.* un ag eiddo ar brydles (les).
leash, *n.* cynllyfan, tennyn (cŵn), rhwymyn. *v.* cynllyfanu, clymu wrth rwymyn.
least, *a.* lleiaf.
AT LEAST, o leiaf.
leastwise, *ad.* o'r hyn lleiaf.
leather, *n.* lledr.
leathern, *a.* o ledr.

leathery, *a.* fel lledr, gwydn.
leave, *n.* cennad, caniatâd. *v.* gadael, ymadael, mynd ymaith.
TO LEAVE ALONE, gadael llonydd i.
TO TAKE LEAVE OF, canu'n iach, ffarwelio.
leaven, *n.* surdoes, eples, lefain, burum, berman. *v.* lefeinio.
leavings, *np.* gweddillion, gwarged.
lechery, *n.* trachwant, trythyllwch, anlladrwydd.
lectern, *n.* darllenfa (eglwys), desg ddarllen.
lectionary, *n.* llithlyfr, rhestr llithiau.
lecture, *n.* darlith, anerchiad, araith. *v.* darlithio, areithio, annerch.
lecturer, *n.* darlithydd, darlithiwr.
lectureship, *n.* swydd darlithydd.
ledge, *n.* silff, ysgafell, siamp.
ledged, *a.* ysgafellog, siampog, yn ymwneud â silff.
ledger, *n.* llyfr cyfrifon.
lee, *n.* ochr gysgodol, cysgod gwynt.
leech, *n.* gelen, gêl, pryfyn sy'n sugno gwaed.
leek, *n.* cenhinen.
leer, *n.* cilwen, edrychiad maleisus, *v.* cilwenu.
leering, *a.* llygatraws, aelgam, yn cilwenu.
lees, *np.* gwaddod, gwaelodion.
leeward, *a.* gyferbyn â'r gwynt, yng nghysgod y gwynt, y tu clytaf.
leeway, *n.* (llong yn) osgoi'r gwynt.
TO MAKE UP LEEWAY, ennill amser yn ôl.
left, *a.* aswy, chwith.
left-handedness, *n.* llawchwithedd.
left-handed, *a.* llawchwith.
left-handedness, *n.* llawchwithrwydd.
leg, *n.* 1. coes, esgair.
2. rhan (o gêm neu daith).
legacy, *n.* cymynrodd, rhodd mewn ewyllys.
legal, *a.* cyfreithlon, cyfreithiol.
legality, *n.* cyfreithlondeb.
legalize, *v.* cyfreithloni.
legally, *ad.* yn gyfreithlon.
legate, *n.* llysgennad, cennad y Pab, negesydd, legad.
legatee, *n.* un sy'n derbyn cymynrodd.
legation, *n.* llysgenhadaeth, tŷ (neu swyddfa) llysgennad.
legator, *n.* un sy'n gwneud ewyllys, un sy'n gadael cymynrodd.
legend, *n.* chwedl, traddodiad.
legendary, *a.* chwedlonol, traddodiad-ol.
legerdemain, *n.* castau hud, siwglo.

leggings   lewd

leggings, *np.* socasau.
legibility, *n.* bod yn ddarllenadwy.
legible, *a.* darllenadwy, eglur.
legion, *n.* lleng, lliaws.
legionary, *a.* llengol, ynglŷn â lleng, di-rif.
legislate, *v.* deddfu, gwneud cyfreith-iau.
legislation, *n.* deddfwriaeth, cyfreith-iau.
legislative, *a.* deddfwriaethol, yn ym-wneud â deddfu.
legislator, *n.* deddfwr.
legislature, *n.* corff deddfu.
legitimacy, *n.* cyfreithlondeb.
legitimate, *a.* cyfreithlon.
legitimatize, legitimize, *v.* cyfreith-loni, gwneud yn gyfreithlon.
legume, *n.* 1. coden, cibyn.
   2. pys, ffa, etc.
leguminous, *a.* yn perthyn i lwyth y pys a'r ffa.
leisure, *n.* hamdden, oriau segur.
leisured, *a.* hamddenol, segur.
leisurely, *a. ad.* hamddenol, araf.
lemming, *n.* cnôwr bychan Scandin-afiaidd, leming.
lemon, *n.* lemon, lemwn.
lemonade, *n.* diod lemon.
lemur, *n.* lemur (anifail).
lend, *v.* rhoi benthyg, benthyca.
   IT LENDS ITSELF TO, y mae'n addas.
lender, *n.* un sy'n rhoi benthyg, echwynnwr.
length, *n.* hyd.
   AT FULL LENGTH, yn ei hyd.
   AT LENGTH, 1. o'r diwedd.
   2. yn llawn.
   TO KEEP AT ARM'S LENGTH, cadw draw.
lengthen, *v.* estyn, hwyhau, ymestyn.
lengthwise, *ad.* yn ei hyd.
lengthy, *a.* hir, maith.
leniency, *n.* tynerwch, tiriondeb.
lenient, *a.* tyner, tirion, goddefgar, tosturiol.
lens, *n.* lens, gwydr tro.
Lent, *n.* Y Grawys, y Garawys.
Lenten, *a.* yn perthyn i'r Grawys.
lenticel, *n.* lentisel.
lentils, *np.* ffacbys, corbys.
leonine, *a.* llewaidd, fel llew.
leopard, *n.* llewpart.
leper, *n.* un gwahanglwyfus.
leprosy, *n.* gwahanglwyf.
leprous, *a.* gwahanglwyfus.
lesion, *n.* anaf, niwed, dolur.
less, *n. a.* llai. *ad.* yn llai.
   MUCH LESS, 1. llawer yn llai.
   2. heb sôn am, chwaethach.

lesee, *n.* un y rhoddir prydles iddo, prydlesai.
lessen, *v.* bychanu, lleihau.
lesser, *a.* llai, lleiaf.
lesson, *n.* gwers, llith.
lessor, *n.* un sy'n rhoi prydles, pryd-lesydd.
lest, *c.* rhag, rhag i, fel na, rhag ofn.
let, *v.* 1. gadael, caniatáu.
   2. gosod, rhentu.
   3. gollwng, rhyddhau.
   LET DOWN, gostwng.
   LET GO, gollwng (yn rhydd).
   LET OFF, rhyddhau.
   LET OUT, 1. gadael i maes.
   2. ymestyn.
   3. hurio.
   WITHOUT LET OR HINDRANCE, heb ymyrraeth.
lethal, *a.* marwol, angheuol.
lethargic, *a.* cysglyd, diynni, heb ddi-ddordeb.
lethargy, *n.* cysgadrwydd, syrthni.
letter, *n.* 1. llythyren.
   2. llythyr.
   v. llythrennu.
   CAPITAL LETTER, prif lythyren.
letter-box, *n.* bocs llythyrau.
lettered, *a.* llythrennog, dysgedig.
letterhead, *n.* argraff ar ben papur sgrifennu.
lettering, *n.* llythreniad.
letterpress, *n.* geiriau argraffedig, argraff.
letters, *np.* llên, llenyddiaeth, llythyr-au.
   MAN OF LETTERS, llenor.
letters-patent, *n.* breintlythyr (yn rhoi hawlfraint).
lettuce, *n.* letysen.
leucoplast, *n.* liwcoplast.
levee, *n.* 1. croeso llys (i wŷr yn unig).
   2. llifglawdd, côb (ar lan afon).
level, *n.* 1. lefel, gwastad.
   2. uchder.
   a. gwastad.
   v. gwastatáu, lefelu.
   LEVEL WITH, yn gydwastad â.
level-headed, *a.* pwyllog, synhwyrol.
lever, *n.* trosol, bar.
leverage, *n.* mantais o ddefnyddio trosol (bar haearn), nerth peiriannol.
leveret, *n.* ysgyfarnog ifanc, leferen.
leviathan, *n.* lefiathan.
Levite, *n.* Lefiad, un o lwyth Lefi.
levity, *n.* ysgafnder (ymddygiad neu bwysau).
levy, *n.* treth, toll. *v.* trethu, tolli, codi.
lewd, *a.* anllad, trythyll, anweddus.

lewdness   lighthouse

lewdness, *n.* anlladrwydd, trythyll-wch, anweddeidd-dra.

lexical, *a.* geiriadurol.

lexicographer, *n.* geiriadurwr.

lexicography, *n.* geiriaduraeth.

lexicon, *n.* geiriadur.

ley, *n.* gwndwn, hadfaes, tir glas.

liability, *n.* cyfrifoldeb, rhwymedigaeth.

LIABILITIES, dyledion.

liable, *a.* 1. rhwymedig, atebol.
2. agored i.

liaison, *n.* 1. cyfathrach anghyfreithlon.
2. cysylltiad, cyffyrddiad.
3. cynhaniad.

liar, *n.* celwyddgi, celwyddwr, anwireddwr.

libation, *n.* diod-offrwm.

libel, *n.* athrod, enllib. *v.* athrodi, enllibio.

libeller, *n.* athrodwr, enllibiwr.

libellous, *a.* athrodus, enllibus.

liberal, *n.* rhyddfrydwr. *a.* hael, rhyddfrydig, rhyddfrydol.

liberalise, *v.* rhyddhau o gulni neu ragfarn, rhyddfrydoli.

liberalism, *n.* rhyddfrydiaeth.

liberality, *n.* haelioni, haelfrydedd.

liberate, *v.* rhyddhau.

liberation, *n.* rhyddhad.

liberator, *n.* rhyddhawr.

libertarian, *n.* rhyddewyllysiwr.

libertine, *n.* 1. un penrhydd, un ofer.
2. rhyddfeddyliwr.

libertinism, *n.* penrhyddid, oferedd.

liberty, *n.* rhyddid, libart.

POETIC LICENCE, rhyddid bardd(ol).

libidinous, *a.* trachwantus, anniwair, anllad.

librarian, *n.* llyfrgellydd.

library, *n.* llyfrgell.

librettist, *n.* sgrifennwr geiriau cerdd.

libretto, *n.* geiriau cerdd.

licence, *n.* trwydded, caniatâd, penrhyddid.

license, *v.* trwyddedu, rhoi caniatâd cyfreithiol.

licensee, *n.* un a thrwydded ganddo (i brynu a gwerthu).

licentiate, *n.* trwyddedog, un â thyst-ysgrif.

licentious, *a.* penrhydd, anllad, afreolus.

licentiousness, *n.* penrhyddid, oferedd, afradlonedd.

lichen, *n.* cen y cerrig, cen y coed.

lichgate, lychgate, *n.* clwyd mynwent (â tho drosti).

lick, *n.* llyfiad. *v.* 1. llyfu, llyo.
2. curo, ffusto.

licking, *n.* 1. cosfa, curfa.
2. llyfiad.

lid, *n.* clawr, caead.

lido, *n.* cyrchfan pleser gerllaw dŵr, lido, pwll nofio (agored).

lie, *n.* celwydd, anwiredd. *v.* 1. dywedyd celwydd.
2. gorwedd.

WHITE LIE, celwydd golau.

BAREFACED LIE, celwydd noeth.

lief, *ad.* yn gystal, man a'r man.

liege, *a.* ffyddlon, ufudd. *n.* 1. aillt, gŵr i.
2. arglwydd.

liege-lord, *n.* dyledog.

lien, *n.* hawl echwynnwr ar eiddo dyledwr.

lieu, *n.* IN LIEU OF, yn lle.

lieutenant, *n.* is-gapten, dirprwy swyddog, lifftenant.

LORD LIEUTENANT, arglwydd raglaw.

life, *n.* bywyd, oes, einioes, hoedl.

HARD LIFE, byd caled.

FOR THE LIFE OF ME, yn fy myw.

lifebelt, *n.* nofdorch, diogelydd, achubydd.

lifeboat, *n.* bad achub, bywydfad.

lifeless, *a.* difywyd, marw, marwaidd.

lifelike, *a.* byw, real.

lifelong, *a.* drwy oes, tra bydd.

lifetime, *n.* oes, hoedl, einioes, bywyd.

lift, *n.* 1. codiad, dyrchafiad.
2. lifft, offeryn codi.
v. codi, dyrchafu.

ligament, *n.* gewyn, giewyn.

ligature, *n.* 1. rhwymyn, pwythyn.
2. llythyren ddyblyg.

light, *n.* golau, goleuni, gwawl.
a. 1. golau, disglair.
2. ysgafn.
v. 1. goleuo.
2. cynnau, tanio.

lighten, *v.* 1. ysgafnhau.
2. sirioli.
3. goleuo.
4. melltennu, lluchedu.

lightening-conductor, *n.* cludydd mellt (lluched).

lighter, *n.* 1. goleuydd, goleuwr, taniwr.
2. bad dadlwytho.

light-footed, *a.* ysgafndroed, gwisgi, chwimwth.

light-headed, *a.* gwamal, penchwiban, penwan.

light-hearted, *a.* ysgafnfryd, hoyw llon.

lighthouse, *n.* goleudy.

light-minded, *a.* difeddwl, gwamal, anghyfrifol.

lightness, *n.* ysgafnder.

lightning, *n.* mellt, lluched.

lights, *np.* ysgyfaint (anifail).

lightship, *n.* llong-olau, goleulong, llong rybudd.

lightsome, *a.* 1. ysgafn.
    2. bywiog, hoenus.

ligneous, *a.* llignaidd, o bren.

lignify, *v.* lligneiddio, trin â llignyn.

lignin, *n.* llignyn, defnydd persawrus a geir o bren.

lignite, *n.* lignid.

ligule, *n.* tafod (glaswelltyn).

like, *a.* tebyg, cyffelyb, cyfryw. *prp.* fel, megis. *v.* caru, hoffi.
    JUST LIKE, yr un fath â.

likeable, *a.* y gellir ei hoffi, dymunol.

likelihood, *n.* tebygolrwydd.

likely, *a.* tebygol, tebyg.

liken, *v.* cymharu, cyffelybu, tebygu.

likeness, *n.* tebygrwydd, llun.

likewise, *ad.* yn gyffelyb, yr un modd.

liking, *n.* hoffter, chwaeth.

lilac, *n.* lelog.

lilt, *n.* canu (neu siarad) rhythmig, codi a gostwng y llais.

lily, *n.* lili, alaw.

lily-of-the-valley, *n.* lili'r maes, lili'r dyffrynnoedd.

limb, *n.* 1. aelod (o'r corff).
    2. cainc, cangen.

limbo, *n.* 1. goror y fall.
    2. stad golledig.
    3. ebargofiant.
    4. carchar.

lime, *n.* 1. calch.
    2. math o lemon.
    3. palalwyfen, pisgwydden.
    v. calchu, calcho.

limelight, *n.* amlygrwydd, golau.

lime-kiln, *n.* odyn galch.

limerick, *n.* limrig, pennill pum llinell.

limestone, *n.* carreg galch, calchfaen.

limit, *n.* terfyn, ffin, pen draw. *v.* cyfyngu, caethiwo.

limitation, *n.* cyfyngiad.

limited, *a.* cyfyngedig, prin.

limitless, *a.* di-ben-draw.

limp, *n.* cloffni, cloffi. *a.* llipa, llibin, ystwyth. *v.* cloffi, clunhercan.

limpet, *n.* llygad maharen (math o bysgodyn cragen sy'n glynu wrth graig).

limpid, *a.* gloyw, grisialaidd, lled-glir.

limpidity, limpidness, *n.* gloywder, disgleirdeb.

limpness, *n.* ystwythder.

linchpin, *n.* pin echel.

linden, *n.* palalwyfen, pisgwydden.

line, *n.* 1. llinyn, tennyn, gwifren.
    2. llinell.
    3. rhes, rhestr.
    ALL ALONG THE LINE, bob cam, ymhobman.
    IN LINE WITH, yn gyson â.
    TO READ BETWEEN THE LINES, darllen meddwl rhywun.
    HALF-WAY LINE, llinell hanner-ffordd.
    DIMENSION LINE, llinell ddimensiwn
    VANISHING LINE, llinell ddiflannol.
    HALF-WAY LINE, llinell ganol.
    GOAL LINE, llinell gôl.

lineage, *n.* ach, llinach, teulu, tylwyth.
    OF PROUD LINEAGE, ucheldras.

lineal, *a.* yn olyniaeth, yn disgyn o.

lineament, *n.* prydwedd, amlinelliad, braslun.

linear, *a.* llinellol, fel llinell, hydol.
    LINEAR EQUATIONS, hafaliaid un-radd.

lineation, *n.* llinelliad, trefnu llinellau.

linen, *n.* lliain.
    FINE LINEN, lliain main.

liner, *n.* llong deithio, teithlong.

linesman, *n.* 1. llinellwr (ar gae chwarae).
    2. milwr.

ling, *n.* 1. grug ysgub.
    2. honos, brenhinbysg (pysgodyn).

linger, *v.* oedi, ymdroi, colli amser.

lingo, *n.* iaith ddieithr, cleber, tafod-iaith.

lingual, *a.* yn ymwneud â iaith neu â thafod. *n.* llythyren fel *s*, *th*, etc., tafodol.

linguist, *n.* ieithydd.

linguistic, *a.* ieithyddol, ynglŷn â iaith.

linguistics, *np.* ieithyddiaeth, gwyddor ieithhoedd.

liniment, *n.* ennaint, eli, oel, eneinlyn.

lining, *n.* leinin.

link, *n.* dolen, dolen gadwyn. *v.* cys-ylltu, cydio. *a.* cyswllt.
    LINK POLYGON, poligon cyswllt.

linkage, *n.* cysylltiad, doleniad (trydan).

links, *np.* 1. maes golff.
    2. arfordir.

linnet, *n.* llinos.

linocut, *n.* 1. argraff ar linoliwm.
    2. llun o'r argraff.

linoleum, *n.* linoliwm.

linotype, *n.* peiriant cysodi.

linseed, *n.* had llin.

lint, *n.* lint, lliain clwyf.

lintel, *n.* capan (drws neu ffenestr).

lion, *n.* llew.

lioness, *n.* llewes.

lion-hearted, *n.* dewr, gwrol.

lionise, *v.* gor-barchu, hanner addoli.

lip, *n.* gwefus, min, gwefl.

lip-service, *n.* gwrogaeth wefus, geir-iau ffug.

lipstick, *n.* lliwydd gwefusau, minlliw.

liquefy, *v.* hylifo, toddi.

liquid, *n.* gwlybwr, hylif. *a.* 1. gwlyb.
2. hawdd ei droi'n arian.
LIQUID MEASURE, mesur hylif.

liquidate, *v.* talu dyled, gwaredu.

liquidation, *n.* methdaliad.

liquidator, *n.* swyddog methdaliad.

liquids, *np.* seiniau tawdd (seineg).

liquor, *n.* gwirod, diod.

liquorice, *n.* gwreiddyn math o bren, sudd o'r gwreiddyn, licris.

lisp, *n.* bloesgni, diffyg siarad. *v.* siarad yn floesg.

lisping, *a.* â diffyg yn ei siarad, bloesg.

lissom, *a.* ystwyth, heini, gwisgi.

list, *n.* 1. rhestr, llechres.
2. gogwydd, goledd.
v. 1. rhestru.
2. gogwyddo, goleddu.

listen, *v.* gwrando, clustfeinio.

listener, *n.* gwrandawr.

listless, *a.* llesg, diynni, difater, didaro.

listlessness, *n.* llesgedd, eiddilwch, difaterwch.

lit, *a.* ynghŷn, wedi ei gynnau, wedi ei oleuo.

litany, *n.* litani, gweddïau.

literal, *a.* llythrennol, fel y mae.

literary, *a.* llenyddol.

literate, *a.* llythrennog, hyddysg, gwybodus.

literature, *n.* llenyddiaeth, llên.

litharge, *n.* litharg, cyfansawdd o blwm.

lithe, lithesome, *a.* ystwyth, heini, gwisgi.

lithium, *n.* lithiwm (math o elfen fetelaidd).

lithograph, *n.* print o argraff ar garreg, lithograff.

lithography, *n.* gwneud lithograffau.

lithology, *n.* gwyddor yn ymdrin â natur cerrig a chreigiau, lithologi, maenyddiaeth.

lithotomy, *n.* y weithred o symud carreg o bledren, lithotomi.

litigant, *n.* un sy'n ymgyfreithio.

litigate, *v.* cyfreithio.

litigation, *n.* ymgyfreithiad, cyfraith.

litmus, *n.* litmws (lliwur porffor).

litotes, *n.* math o ddull ymadrodd lle defnyddir y gwrthwyneb negyddol (e.e. *nid anenwog* am *enwog*), lleihad.

litre, *n.* litr (uned cynnwys).

litter, *n.* 1. torllwyth, tor.
2. llanastr, ysbwriel, gwasarn.
3. elor.
DEEP LITTER, gwasarn.
LITTER OF PIGS, tor o foch.

litterateur, *n.* llenor.

little, *n.* ychydig. *a.* bach, bychan, mân.

littleness, *n.* bychander.

littoral, *n.* glan y môr, arfordir.
a. yn ymwneud â glan y môr.

liturgical, *a.* ynglŷn â gwasanaeth crefyddol.

liturgy, *n.* gwasanaeth crefyddol, ffurf-wasanaeth, y Llyfr Gweddi.

live, *a.* byw, bywiol. *v.* byw, trigo, oesi.
LIVE WIRE, un llawn bywyd.
LIVE STOCK, da byw.

livelihood, *n.* bywoliaeth, cynhaliaeth.

liveliness, *n.* bywiogrwydd, hoen, bywyd.

livelong, *a.* maith, cyfan, ar ei hyd.

lively, *a.* bywiog, hoenus, llawn bywyd.

liven, *v.* bywiogi, sirioli.

liver, *n.* 1. afu, iau.
2. person byw.

liver-fluke, *n.* clwy yr iau, llyngyr.

liveried, *a.* yn gwisgo lifrai.

liverish, *a.* yn dioddef o afiechyd yr afu.

liverwort, *n.* llysiau'r afu, clust yr asen.

livery, *n.* lifrai (gwisg arbennig).

livid, *a.* dulas, gwelwlas.

living, *n.* bywoliaeth, dull o fyw.
a. bywiol, yn fyw, byw.

lizard, *n.* madfall, genau goeg, madr-chwilen, budrchwilen.

llama, *n.* lama (anifail gwlanog o deulu'r camel).

lo, *int.* wele !

load, *n.* llwyth, baich. *v.* llwytho.

loaf, *n.* torth. *v.* sefyllian, diogi, sgwlcan.

loafer, *n.* diogyn, seguryn, pwdryn.

loam, *n.* priddglai, lôm, marl.

loamy, *a.* priddgleiog.

loan, *n.* benthyg, benthyciad, peth y rhoir ei fenthyg. *v.* rhoi benthyg.

loath, loth, *a.* anfodlon, croes.

loathe, *v.* casáu, ffieiddio.

loathsome, *n.* atgas, ffiaidd, diflas.

loathing, *n.* atgasedd, cas, diflastod.

lob, *n.* lob (criced, tenis).

lobby, *n.* porth, cyntedd.

lobe, *n.* llabed, llob, gwaelod clust.

lobscouse, *n.* pryd milwr (o gig hallt, llysau, a biscedi), lobscows.

lobster, *n.* cimwch.

lobworm, lugworm, *n.* llwgwm, llwgwn, abwydyn y tywod.

local, *a.* lleol. LOCAL PREACHER, pregethwr cynorthwyol.

locality, *n.* lle, cymdogaeth, ardal.

localization, *n.* lleoliad.

localize, *v.* lleoli, cyfyngu i le.

locate, *v.* darganfod, lleoli.

location, *n.* safle, lleoliad.

locative, *a.* lleol.

loch, *n.* llyn, llwch, loch.

lock, *n.* 1. clo.
　　2. llifddor.
　　3. cudyn (o wallt), llyweth.
　　4. wythwr (rygbi).
　　v. cloi, cau, ymglymu yn.

locked, *a.* ar glo, ynghlo, dan glo.

locker, *n.* cwpwrdd bach preifat, locer, cwpwrdd cloi.

locket, *n.* gwddfdlws, loced.

lock-forward, *n.* wythwr (rygbi).

lockjaw, *n.* gên-glo.

lock-out, *n.* cadw gweithwyr o'u gwaith (gan gyflogwr).

locomotion, *n.* ymsymudiad, ffordd o symud.

locomotive, *n.* peiriant ymsymudol. *a.* ymsymudol, yn symud.

locum tenens, *n.* un sy'n cymryd lle un arall dros dro, dirprwy.

locus, *n.* locws (*pl.* locysau).

locust, *n.* locust.

lode, *n.* gwythïen (fwyn), clais (dŵr).

lodestone, *n.* tynfaen, magned.

lodge, *n.* 1. llety.
　　2. cyfrinfa undeb, etc.
　　3. lle porthor.
　　v. aros dros dro, lletya.

lodger, *n.* lletywr.

lodging, lodgings, *n.* llety.

loft, *n.* 1. taflod.
　　2. llofft (tŷ).
　　3. galeri.

lofty, *a.* 1. uchel.
　　2. balch, ffroenuchel.

log, *n.* boncyff, cyff.
　　LOG-BOOK, llyfr cofnodion, lòg.

loganberry, *n.* mwyar cochion, mwyarafan.

logan-stone, *n.* 1. maen llog.
　　2. carreg siglo.

logarithm, *n.* logarithm.
　　ANTI-LOGARITHM, gwrthlogarithm.

logarithmic, *a.* logarithmig.

log-cabin, *n.* caban coed.

loggerhead, *n.* hurtyn, delff, penbwl.
　　AT LOGGERHEADS, benben.

logic, *n.* 1. rhesymeg.
　　2. rheswm.

logical, *a.* 1. rhesymegol.
　　2. rhesymol.

logician, *n.* rhesymegwr.

logogram, *n.* llythyren (neu nod) yn dynodi gair.

logomachy, *n.* dadl, ymryson geiriol.

loin, *n.* llwyn, lwyn.

loiter, *v.* ymdroi, sefyllian, loetran.

loiterer, *n.* un sy'n sefyllian neu ymdroi, ystelciwr.

loll, *v.* gorweddian, sefyllian.

Lollard, *n.* dilynwr Wyclif, Lolard.

lollipops, *np.* melysion, taffys, candi.

lone, *a.* unig, wrtho'i hunan.

loneliness, *n.* unigrwydd.

lonely, *a.* unig, digwmni.

lonesome, *a.* yn teimlo'n unig.

long, *a.* hir, maith, llaes. *v.* hiraethu, dyheu.
　　ALL DAY LONG, trwy gydol y dydd.
　　AS LONG AS, cyhyd â, tra.
　　LONG SINCE, ers amser.
　　IN THE LONG RUN, yn y pen draw.

longer, *a.* hwy, *ad.* yn hwy.

longest, *a.* hwyaf.

longeval, longeaval, *a.* hirhoedlog, yn byw yn hir.

longevity, *n.* hiroes.

long-headed, *a.* hirben, call.

longing, *n.* hiraeth, dyhead.

longitude, *n.* hydred, pellter i'r dwyrain neu i'r gorllewin.

longitudinal, *a.* hydredol.

longitudinal section, *n.* hyd-doriad.

long-legged, *a.* coesog, heglog, â choesau hir.

longshoreman, *n.* llafurwr porthladd, llwythwr a dadlwythwr llongau.

long-suffering, *n.* hirymaros, amynedd. *a.* hirymarhous, amyneddgar.

long-winded, *a.* hirwyntog, siaradus, amleiriog.

longwise, *ad.* ar hyd, yn ei hyd.

look, *n.* 1. golwg, trem.
　　2. edrychiad.
　　3. gwedd.
　　v. edrych, syllu, ymddangos.
　　TO LOOK FOR, chwilio am.
　　LOOK AFTER, gofalu am, gwarchod.
　　LOOK ALIVE, bod yn gyflym.
　　LOOK FORWARD TO, dyheu am.
　　LOOK DOWN ON, dirmygu, diystyru.
　　LOOK UP TO, parchu.
　　LOOK UP, chwilio (mewn llyfr, etc.), edrych am.

looking-glass, *n.* drych.

look-out, *n.* 1. disgwyliad.
 2. disgwylfa, lle i wylio, eryl.
 3. gwyliwr.
loom, *n.* gwŷdd, ffrâm wau. *v.* ymrithio, ymddangos.
loon, *n.* twpsyn, hurtyn, gwirionyn.
loop, *n.* dolen. *v.* dolennu, ymddolennu.
loop-hole, *n.* 1. cloer, agen mewn gwal.
 2. bwlch, dihangfa.
loose, *a.* rhydd, llaes, llac.
loosen, *v.* rhyddhau, datod.
looseness, *n.* llacrwydd, esgeulustod.
loosestrife (purple), *n.* llysiau'r milwr coch.
loot, *n.* anrhaith, ysbail, lladrad.
 v. anrheithio, ysbeilio, lladrata.
looter, *n.* ysbeiliwr, lladratawr.
lop, *v.* 1. torri, tocio, brigdocio.
 2. hongian.
lop-eared, *a.* clustlaes, clustlipa, â chlustiau'n hongian.
lop-sided, *a.* naill ochr, unochrog, anghymesur, anghyfartal.
loquacious, *a.* siaradus, tafodrydd.
loquacity, *n.* bod yn dafodrydd (neu siaradus).
lord, *n.* arglwydd. *v.* arglwyddiaethu.
 THE LORD, Yr Arglwydd.
 LORDS MARCHERS, Arglwyddi'r Mers.
 LORD OF THE MANOR, Arglwydd tir.
 LORD PRIVY SEAL, Arglwydd y Sêl Gyfrin.
lord-lieutenant, *n.* arglwydd raglaw.
lordly, *a.* arglwyddaidd, penuchel, balch.
lord-mayor, *n.* arglwydd faer.
lordship, *n.* arglwyddiaeth.
lore, *n.* dysg, gwybodaeth, llên, athrawiaeth.
lorry, *n.* lori.
lose, *v.* colli.
loser, *n.* colledwr, collwr.
loss, *n.* colled.
 AT A LOSS, mewn penbleth.
lost, *a.* colledig, ar goll, ar ddisberod.
lot, *n.* 1. rhan, cyfran.
 2. tynged.
 3. coelbren, blewyn cwta.
 A LOT, llawer.
 TO CAST LOTS, bwrw coelbren.
lotion, *n.* golchdrwyth, moddion i'r croen.
lottery, *n.* hapchwarae, raffl, gwobr siawns.
lotus, *n.* 1. alaw'r dŵr.
 2. math o blanhigyn chwedlonol.
loud, *a.* uchel, croch.
 HIS LOUDEST, nerth ei geg.

loudness, *n.* uchder, maint (swn, llais, etc.), bod yn groch.
loud-speaker, *n.* corn y radio.
lough, *n.* llyn, llwch.
lounge, *n.* ystafell orffwys, segurfa, lolfa. *v.* segura, gorweddian.
 LOUNGE SUIT, dillad cyffredin.
lounger, *n.* gorweddwr, seguryn, pwdryn.
louse, *n.* lleuen.
lousewort, *n.* cribell goch, blodyn y llyffant.
lousy, *a.* lleuog, brwnt, budr.
lout, *n.* llabwst, delff, hwlcyn, pwdryn.
louver, *n.* lwfer, twll awyr (mewn to).
lovable, *a.* hawddgar, serchus.
love, *n.* cariad, serch, hoffter. *v.* caru, serchu.
 LOVE SONG, cân serch.
 I WOULD LOVE TO, byddai'n dda gennyf.
love-in-the-mist, *n.* blodyn cariad.
love-letter, *n.* llythyr caru.
loveliness, *n.* hawddgarwch, prydferthwch.
love-lorn, *a.* siomedig, wedi colli cariad, claf o gariad.
lovely, *a.* prydferth, hyfryd, braf.
lover, *n.* cariad, carwr.
love-sick, *a.* claf o gariad.
loving, *a.* cariadus, serchog, annwyl.
loving-kindness, *n.* trugaredd.
low, *n.* bref, dolef, cri (anifail). *a.* isel, gostyngedig. *v.* brefu, beichio.
low-bred, *a.* o dras isel, iselwael, difonedd, anfonheddig.
lower, *a.* is. *v.* gostwng, gollwng (i lawr).
lowest, *a.* isaf.
 LOWEST TERMS, ffurf symlaf.
lowland, *n.* iseldir.
lowliness, *n.* gostyngeiddrwydd.
lowly, *a.* gostyngedig, isel, iselfryd.
lowness, *n.* iselder.
low-water, *n.* distyll, trai.
loyal, *a.* teyrngar, ffyddlon.
loyalist, *n.* canlynwr, dilynwr (ffyddlon).
loyalty, *n.* teyrngarwch, ffyddlondeb.
lozenge, *n.* 1. losin, taffi, cyflaith.
 2. peth o ffurf diemwnt (herodraeth).
lubber, *n.* un trwsgl, llabwst, llaprwth, awff, penbwl, hurtyn.
lubricant, *n.* iraid, olew.
lubricate, *v.* iro, seimio, trin ag olew.
lubrication, *n.* iriad, triniaeth ag olew.
lucerne, *n.* maglys, lwsern (planhigyn).
lucid, *a.* clir, gloyw, eglur, hawdd ei ddeall.
lucidity, *n.* eglurder.

luck, *n.* lwc, ffawd, ffortun.
   WORSE LUCK, gwaetha'r modd.
   BEST OF LUCK, pob hwyl, lwc dda.
luckily, *ad.* yn ffodus, drwy drugaredd.
luckless, *a.* anlwcus, anffodus.
lucky, *a.* lwcus, ffodus.
lucrative, *a.* enillfawr, yn dwyn elw.
lucre, *n.* elw, budr elw.
ludicrous, *a.* digrif, chwerthinllyd, ysmala.
ludo, *n.* lwdo, (gêm ddisiau).
lug, *v.* llusgo, tynnu.
luggage, *n.* clud, teithglud, bagiau.
lugubrious, *a.* trist, prudd, galarus.
lukewarm, *a.* 1. claear, llugoer.
   2. difater.
lukewarmness, *n.* 1. claerineb.
   2. difaterwch.
lull, *n.* gosteg, tawelwch. *v.* suo, gostegu.
lullaby, *n.* hwiangerdd.
lumbago, *n.* cryd y llwynau.
lumber, *n.* 1. coed garw.
   2. pethau diwerth.
   v. 1. torri coed.
   2. cerdded yn drwsgl.
   3. pentyrru.
lumberman, lumberjack, *n.* coedwr, torrwr coed.
luminary, *n.* 1. goleuad (yn y ffurfafen).
   2. dysgawdr.
luminosity, *n.* llewychiant, y gallu i oleuo.
luminous, *a.* golau, llachar, llewychol.
lump, *n.* cnepyn, telpyn, talp, cwlff.
   IN THE LUMP, yn gyfan, gyda'i gilydd.
lumpy, *a.* talpiog, cnapiog.
lunacy, *n.* gwallgofrwydd.
lunar, *a.* yn ymwneud â'r lleuad (neu'r lloer).
   A LUNAR MONTH, mis (yn ôl) y lleuad.
lunatic, *n.* lloerig, gwallgofddyn. *a.* lloerig, gwallgof.
lunch, luncheon, *n.* 1. cinio.
   2. byrbryd (canol dydd).
   v. ciniawa.

lung, *n.* ysgyfaint.
lunge, *n.* 1. gwth, hwrdd, hwb. rhagwth.
   2. rheffyn.
   v. gwthio, hwpo.
lungwort, *n.* llysiau'r ysgyfaint, callod y derw.
lupin, *n.* bys y blaidd, lwpin.
lurch, *v.* troi naill ochr, gwegian.
   TO LEAVE IN THE LURCH, cefnu ar (mewn cyfyngder).
lure, *n.* hud. *v.* hudo, denu.
lurid, *a.* 1. gwelw iawn, erch, dulas.
   2. tanbaid.
lurk, *v.* llercian, llechu, sgwlcan.
luscious, *a.* melys, pêr.
lush, *a.* toreithiog, ffrwythlon.
lust, *n.* trachwant, chwant. *v.* trachwantu, chwenychu.
lustful, *a.* chwantus, anniwair.
lustiness, *n.* cryfder, nerth, grym, egni, cadernid.
lustre, *n.* 1. gloywder, disgleirdeb, graen.
   2. bri, clod.
lustrous, *a.* disglair, claer.
lusty, *a.* cryf, nerthol, cyhyrog.
lute, *n.* liwt (hen offeryn cerdd).
luxation, *n.* datgymaliad, dodi cymal o'i le.
luxuriance, *n.* ffrwythlondeb, toreth.
luxuriant, *a.* toreithiog, ffrwythlon.
luxurious, *a.* moethus, glwth, cyffyrddus.
luxury, *n.* moeth, moethusrwydd, hoffter o bleser, etc.
lying, *a.* 1. celwyddog.
   2. gorweddol, ar ei orwedd.
lymph, *n.* lymff (hylif gloyw).
lymphangitis, *n.* lymffangitis, llid y pibau lymff.
lynch, *v.* lladd heb brawf rheolaidd.
lynx, *n.* lyncs, cath fawr.
lynx-eyed, *a.* llygatgraff.
lyre, *n.* telyn (hen).
lyric, *n.* telyneg.
lyrical, *a.* telynegol.
lyrist, *n.* telynor.

M

macabre, *a.* erchyll, hyll, dychrynllyd.
macadam, *n.* (heol) macadam, defnydd heolydd.
macadamise, *v.* gwneud heol macadam.
macaroni, *n.* macaroni.

macaroon, *n.* teisen (o wyau, almon, a siwgr).
mace, *n.* 1. perlysieuyn, math o sbeis.
   2. brysgyll, mes.
mace-bearer, *n.* brysgyllwr, cariwr mes.

macerate, *v.* mwydo, mysgu, difa, teneuo.
Machiavellian, *a.* dichellgar, cyfrwys, diegwyddor.
machinate, *v.* cynllwyno.
machination, *n.* cynllwyn, dichell, brad.
machine, *n.* peiriant.
    MACHINE TOOLS, offer peiriannol.
machine-gun, *n.* dryll beiriannol.
machinery, *n.* 1. peiriannau.
    2. peirianwaith.
machine-shop, *n.* gweithdy'r peiriannydd.
    MACHINE-SHOP ENGINEERING, peirianneg y gweithdy.
machining, *n.* gorffennu peiriannol.
machinist, *n.* peiriannydd.
mackerel, *n.* macrell.
mackintosh, *n.* cot law.
macrocosm, *n.* yr hollfyd, y bydysawd.
mad, *a.* gwallgof, o'i gof, cynddeiriog.
madam, *n.* 1. madam.
    2. meistres.
madcap, *n.* penboethyn, dyn od.
madden, *v.* gwallgofi, cynddeiriogi.
madder (field), *n.* y friwydd wen.
made-up, *a.* 1. ffug, wedi ei wneud.
    2. gorffenedig, taclus.
madhouse, *n.* gwallgofdy.
madman, *n.* gwallgofddyn, ynfytyn.
madness, *n.* gwallgofrwydd, gorffwylledd, ynfydrwydd.
Madonna, *n.* 1. Mair y Forwyn.
    2. llun neu ddelw ohoni.
madrigal, *n.* madrigal (cân neu rangan).
maelstrom, *n.* trobwll, pwll-tro.
magazine, *n.* 1. arfdy, ystordy (arfau).
    2. cylchgrawn.
maggot, *n.* 1. cynrhonyn, pryf, pryfyn.
    2. chwilen (ym mhen dyn).
maggoty, *a.* yn llawn pryfed, cynrhonllyd.
Magi, *np.* y Doethion o'r Dwyrain.
magic, *n.* hud, dewiniaeth, cyfaredd.
    MAGIC SQUARES, sgwarau hud.
magical, *a.* cyfareddol, hudol, swynol.
magician, *n.* dewin, swynwr.
magic-lantern, *n.* hudlusern, peiriant dangos lluniau.
magisterial, *a.* 1. ynadol.
    2. awdurdodol.
magistracy, *n.* swydd ynad, ynadaeth.
magistrate, *n.* ynad, ustus.
Magna Carta, *n.* Y Freinlen Fawr.
magnalium, *n.* magnaliwm.

magnanimity, *n.* mawrfrydedd, mawrfrydigrwydd.
magnanimous, *a.* mawrfrydig, nobl, braf.
magnate, *n.* gŵr cyfoethog, un o'r gwŷr mawr.
magnesium, *n.* magnesiwm, cyfuniad o alwminiwm a magnesiwm.
magnet, *n.* magned.
magnetic, *a.* magnetig, atynnol, atyniadol.
    MAGNETIC FIELD, maes magnetic.
magnetic mine, *n.* ffrwydryn magnetig.
magnetise, *v.* magneteiddio, troi'n fagned.
magnetism, *n.* atyniad, dylanwad magned, magneteg.
magneto, *n.* magneto, peiriant gwneud trydan.
magnificence, *n.* gwychder, godidowgrwydd.
magnificent, *a.* gwych, godidog, gogoneddus.
magnify, *v.* mawrygu, mawrhau.
magnifying-glass, *n.* chwyddwydr.
magniloquence, *n.* iaith chwyddedig, arddull ymffrostgar.
magniloquent, *a.* chwyddedig, ymffrostgar.
magnitude, *n.* maint, swm, maintioli.
magpie, *n.* pioden, piogen.
mahogany, *n.* mahogani (pren trofannol).
maid, maiden, *n.* merch, gwyry, morwyn. *a.* morwynol.
    OLD MAID, hen ferch.
    MAID OF HONOUR, morwyn briodas.
maidenhood, *n.* morwyndod, gwyryfdod.
maidenly, *a.* morwynaidd, gwyryfol, mwyn.
maidservant, *n.* morwyn, gwasanaethferch.
mail, *n.* 1. y post, llythyrau.
    2. arfwisg.
    MAILED FIST, dwrn dur.
maim, *v.* anafu, niweidio, anffurfio, cloffi.
main, *n.* 1. y cefnfor, y môr mawr.
    2. prif bibell, prif gêbl. *a.* prif, pennaf.
    IN THE MAIN, gan mwyaf.
    WITH MIGHT AND MAIN, â'r holl egni.
mainland, *n.* y tir mawr.
mainly, *ad.* yn bennaf.
mainmast, *n.* yr hwylbren mawr.
mainsail, *n.* yr hwyl fawr.
mainspring, *n.* y sbring fawr, y brif sbring.

mainstay, *n.* prif gynhaliaeth.
maintain, *v.* 1. cynnal, dal i fyny,
gofalu am.
   2. dal ymlaen.
   3. maentumio, haeru, dal.
maintenance, *n.* cynhaliaeth, gofal-
aeth.
maisonette, *n.* tŷ bychan, rhan o dŷ
(wedi ei osod ar wahân).
maize, *n.* corn, Indian corn, indrawn.
majestic, *a.* mawreddog, urddasol.
majesty, *n.* mawrhydi, mawredd,
urddas.
major, *n.* 1. uchgapten.
   2. oedolyn, un mewn oed.
   a. prif, pennaf, mwyaf.
majority, *n.* mwyafrif, y rhan fwyaf.
make, *n.* gwneuthuriad, gwaith.
   v. 1. gwneuthur, gwneud.
   2. llunio, creu.
   3. tannu (gwely), cyweirio.
   4. peri, achosi.
   5. ennill.
   TO MAKE A NOISE, cadw stŵr.
   TO MAKE FOR, cyrchu at, cyfeirio
AT.
   TO MAKE OFF, cilio, ffoi.
make-believe, *n.* ffug, rhith, dych-
ymyg. *v.* ffugio, dychmygu.
maker, *n.* gwneuthurwr, Creawdwr.
makeshift, *n.* peth wrth law, dyfais am
y tro.
make-up, *n.* cosmetig, ffordd actor o
ymdwtio, coluro.
making, *n.* gwneuthuriad, ffurfiad.
maladjustment, *n.* camdrefniad, cam-
gymhwysiad, diffyg ymaddasiad.
maladministration, *n.* camlyw-
odraeth, camweinyddiad.
maladroit, *a.* trwsgl, lletchwith, trwst-
an.
malady, *n.* clefyd, dolur, anhwyldeb.
malaria, *n.* twymyn y dwyrain,
malaria.
malcontent, *a.* anfodlon, anniddig.
n. gwrthryfelwr.
male, *n. a.* gwryw.
malediction, *n.* melltith, rheg.
malefactor, *n.* drwgweithredwr.
malevolence, *n.* malais, casineb.
malevolent, *a.* drygnaws, maleisus,
sbeitlyd.
malice, *n.* malais, sbeit.
malicious, *a.* maleisus, sbeitlyd.
malign, *a.* niweidiol, maleisus, difrïol.
v. enllibio, pardduo, difrïo.
malignancy, *n.* drygnaws, llid, malais,
sbeit, ffyrnigrwydd.
malignant, *a.* atgas, milain, adwythig.
malignity, *n.* drygnaws, atgasrwydd.

malinger, *v.* cymryd arno ei fod yn
glaf, osgoi (gwaith, etc.).
malingerer, *n.* un sy'n ceisio osgoi
(gwaith, etc.).
mallard, *n.* hwyad wyllt.
malleable, *a.* gorddadwy, y gellir
newid ei ffurf, curadwy.
mallet, *n.* gordd (bren).
mallow, *n.* malws (planhigyn).
malnutrition, *n.* camfaeth, diffyg
maeth.
malpractice, *n.* camymddygiad, ym-
arferiad drwg.
malt, *n.* brag.
malt-house, *n.* bracty, lle i wneud
brag.
malt-kiln, *n.* odyn frag.
maltreat, *v.* cam-drin, trin yn arw.
maltreatment, *n.* camdriniaeth.
mamma, *n.* mam.
mammal, *n.* mamal, mamol, anifail
sy'n rhoi sugn.
mammon, *n.* mamon, golud.
mammoth, *n.* mamoth, eliffant (gynt).
man, *n.* dyn, gŵr. *v.* cyflenwi â dynion.
manacle, *n.* gefyn llaw, llyffethair (i'r
llaw). *v.* gefynnu.
manage, *v.* 1. rheoli, llywodraethu,
trefnu.
   2. ymdaro, llwyddo, ymdopi.
manageable, *a.* hawdd ei drin, hydrin.
management, *n.* rheolaeth, goruch-
wyliaeth, rheolwyr.
manager, *n.* rheolwr, goruchwyliwr,
trefnwr.
manageress, *n.* rheolyddes, trefnydd-
es.
managerial, *a.* fel rheolwr, yn ym-
wneud â rheolaeth, trefnol.
mandarin, *n.* mandarin, swyddog
Sieineaidd.
mandate, *n.* awdurdod, gorchymyn,
arch, hawl, mandad.
mandatory, *a.* gorchmynnol, yn gor-
chymyn, mandadol.
mandible, *n.* gên, pig, gylfin.
mandolin, *n.* mandolin, math o grwth.
mandrake, mandragora, *n.* plan-
higyn yn peri cyfog neu gwsg.
mandrel, *n.* ebill tro, caib mwynwr,
mandrel.
mane, *n.* mwng.
manful, *a.* dewr, gwrol.
manganese, *n.* manganis, math o fetel
llwyd.
mange, *n.* clafr (clefyd croen anifeil-
iaid).
manger, *n.* preseb.

mangle, *n.* mangl, peiriant gwasgu dillad. *v.* 1. manglo, gwasgu dillad. 2. darnio, llurgunio.

mangonel, *n.* magnel, peiriant hyrddio.

mangy, *a.* clafrllyd, yn dioddef o'r clafr.

manhandle, *v.* trin yn arw.

manhole, *n.* agoriad i garthffos.

manhood, *n.* 1. dyndod, dynoliaeth. 2. oedran gŵr. 3. dynion.

mania, *n.* gwallgofrwydd, gorhoffedd, gorawydd.

maniac, *n.* gwallgofddyn, gorffwyllog.

manicure, *n.* triniaeth dwylo.

manicurist, *n.* triniwr dwylo.

manifest, *a.* eglur, amlwg. *v.* amlygu, dangos (yn eglur).

manifestation, *n.* amlygiad, eglurhad.

manifesto, *n.* cyhoeddiad, datganiad, maniffesto.

manifold, *a.* amrywiol, amryfal, amryblyg.

manikin, *n.* corrach, model (o'r corff dynol).

manipulate, *v.* trin, trafod.

manipulation, *n.* triniaeth.

manipulator, *n.* triniwr, trafodwr.

mankind, *n.* dynolryw.

manlike, *a.* dynol, fel dyn.

manliness, *n.* gwroldeb, dewrder.

manly, *a.* gwrol, dewr.

manna, *n.* manna, bara'r Israeliaid yn yr anialwch.

mannequin, *n.* model (dilledydd), manicin, merch sy'n arddangos dillad.

manner, *n.* 1. modd, dull. 2. arfer.

AFTER THE MANNER OF, yn ôl arfer.

mannerism, *n.* munudedd, dullwedd.

mannerly, *a.* moesgar, boneddigaidd.

manners, *np.* moesau, ymddygiad.

manoeuvre, *n.* symudiad (byddin), ystryw, dichelldro. *v.* trin yn ddeheuig, cynllunio, trefnu, cad-drefnu.

manor, *n.* maenor, maenol, manor.

man-of-war, *n.* llong ryfel.

manor-house, *n.* maenordy.

manorial, *a.* yn ymwneud â maenor, maenorol.

manse, *n.* tŷ gweinidog, mans.

manservant, *n.* gwas.

mansion, *n.* plas, plasty.

manslaughter, *n.* dynladdiad.

mantelpiece, *n.* silff ben tân.

mantissa, *n.* mantisa.

mantle, *n.* 1. mantell. 2. mantl (golau nwy).

manual, *n.* llawlyfr, maniwal. *a.* perthynol i'r llaw.

MANUAL LABOUR, gwaith llaw.

manufacture, *n.* gwaith, gwneuthuriad. *v.* gwneuthur, cynhyrchu.

manufacturer, *n.* gwneuthurwr.

manumission, *n.* rhyddhad.

manure, *n.* gwrtaith, achles, tom, tail. *v.* gwrteithio, teilio, teilo.

MANURE DRILL, dril gwrtaith, dril tail.

manuscript, *n.* llawysgrif.

Manx, *n.* Manaweg, iaith Manaw. *a.* Manawaidd.

many, *n.* llawer. *a.* llawer, lluosog, aml, sawl.

AS MANY, cymaint, cynifer.

A GREAT MANY, llawer iawn.

MANY A TIME, llawer tro.

HOW MANY TIMES ? pa sawl gwaith?

map, *n.* map. *v.* mapio, gwneud map.

OFF THE MAP, dibwys, di-nod.

MAP PROJECTIONS, taflunio mapau.

maple, *n.* masarnen fach, gwniolen.

mar, *v.* difetha, andwyo, sbwylio.

maraud, *v.* herwhela, ysbeilio, anrheithio.

marauder, *n.* herwr, ysbeiliwr.

marble, *n.* marmor, mynor, maen clais.

March, *n.* Mawrth.

march, *n.* 1. ymdaith. 2. ymdeithgan. *v.* ymdeithio. 3. ffin goror.

THE MARCHES, Y Gororau, Y Mers.

marchioness, *n.* ardalyddes, gwraig ardalydd.

marconigram, *n.* neges radio.

mare, *n.* caseg.

MARE IN FOAL, caseg gyfebol (gyfeb)

BROOD MARE, caseg fagu.

margarine, *n.* margarin.

margin, *n.* ymyl, cwr.

marginal, *a.* ar yr ymyl.

MARGINAL LAND, tir ymyl.

marigold, *n.* gold Mair, melyn Mair.

marine, *a.* morol, llyngesol. *n.* 1. llongau. 2. milwr ar long.

MARINES, morlu.

mariner, *n.* morwr.

marionette, *n.* pyped (a symudir gan gordyn neu wifren).

marital, *a.* priodasol.

maritime, *a.* arforol, morol, ar lan y môr.

marjoram, *n.* mintys y graig (planhigyn peraroglus).

mark, *n.* nod, marc, ôl. *v.* nodi, marcio, sylwi ar.

marked, *a.* nodedig, amlwg.

marker, *n*. nodwr.
market, *n*. marchnad. *v*. marchnata, prynu a gwerthu.
marketable, *a*. gwerthadwy.
market-place, *n*. marchnad, marchnadfa.
market-price, *n*. pris y farchnad.
marking, *n*. marciau, lliwiau.
marksman, *n*. saethwr da.
marksmanship, *n*. saethu, saethyddiaeth.
marl, *n*. marl, pridd da, pridd cleiog.
marmalade, *n*. marmalêd.
maroon, *n*. lliw cochddu, marŵn. *v*. gadael ar ynys anial.
marquee, *n*. pabell fawr.
marquess, *n*. ardalyddes.
marquis, *n*. ardalydd.
marram grass, *n*. moresg, glaswellt y tywod.
marriage, *n*. priodas.
marriageable, *a*. addas i briodi, mewn oed i briodi.
married, *a*. priod.
marrow, *n*. mêr, madruddyn.
    VEGETABLE MARROW, pwmpen.
marry, *v*. priodi.
Mars, *n*. Mawrth, duw rhyfel.
marsh, *n*. cors, gwern, mignen.
marshal, *n*. cadlywydd. *v*. trefnu, rhestru.
marsh-pennywort, *n*. y doddaid wen, dail y clwy.
marshy, *n*. corsog, corslyd, llaith.
marsupial, *a*. bolgodog, yn cludo'r ifanc mewn cwd.
mart, *n*. marchnad.
marten, *n*. bele, belau, anifail tebyg i'r wenci.
martial, *a*. milwrol, rhyfelgar.
    MARTIAL LAW, rheolaeth byddin, cyfraith rhyfel.
martin, *n*. gwennol.
    HOUSE MARTIN, gwennol y bondo (bargod).
    SAND MARTIN, gwennol y glennydd.
martinet, *n*. disgyblwr llym.
martingale, *n*. cengl ffrwyn, strapen i ddal pen ceffyl i lawr.
Martinmas, *n*. Gŵyl Fartin, Tachwedd 11.
martyr, *n*. merthyr.
martyrdom, *n*. merthyrdod.
martyrise, *v*. merthyru, gwneud merthyr o, peri dioddefaint i.
marvel, *n*. rhyfeddod, syndod. *v*. rhyfeddu, synnu.
marvellous, *a*. rhyfeddol, aruthr.
mascot, *n*. mascot, peth lwcus.
masculine, *a*. gwrywaidd, gwryw.

mash, *n*. cymysgfa, mash, stwmp. *v*. cymysgu.
mask, *n*. mwgwd, gorchudd i'r wyneb. *v*. mygydu, cuddio.
mason,*n*. saer maen, meiswn, masiwn.
masonic, *a*. ynglŷn â'r Seiri Rhyddion.
masonry, *n*. gwaith maen, adeiladwaith.
masque, *n*. drama (ar gân), cerddddrama.
masquerade, *n*. dawns fwgwd. *v*. ffugio, cymryd ar.
mass,*n*.1. talp, pentwr, crynswth, màs.
    2. offeren, gwasanaeth y Cymun. *v*. tyrru, pentyrru.
    THE MASSES, y werin.
massacre, *n*. cyflafan, galanastra. *v*. lladd (cyffredinol).
massage, *v*. trin y cymalau a'r cyhyrau, rhwbio, tylino'r corff.
masseur, *n*. dyn sy'n trin cyhyrau.
masseuse, *n*. gwraig sy'n trin cyhyrau.
massive, *a*. cadarn, praff, ffyrf, anferth.
massiveness, *n*. cadernid, prafftter, trymder, swmp.
mast, *n*. 1. hwylbren, polyn.
    2. mesen, cneuen.
master, *n*. meistr, athro. *v*. meistroli, trechu.
masterful, *a*. meistrolgar, awdurdodol.
master-hand, *n*. pencampwr, meistr (ar ei waith).
masterly, *a*. meistrolgar, campus.
masterpiece, *n*. campwaith, gorchest.
mastery, *n*. meistrolaeth.
mast-head, *n*. pen yr hwylbren.
masticate, *v*. cnoi, malu.
mastication, *n*. yr act o gnoi neu falu.
mastiff, *n*. gafaelgi, costowci.
mastitis, *n*. mastitis, y garged, clefyd y fron, etc.
mastoid, *a*. fel bron. *n*. asgwrn bôn y clust, crawniad wrth fôn y clust.
mat, *n*. mat. *v*. cymysgu, plethu.
matador, *n*. lladdwr teirw.
match, *n*. 1. matsien.
    2. cymar, un tebyg.
    3. ymrysonfa, gêm, gornest.
    4. priodas. *v*. cymharu, cyfateb, cystadlu. priodi.
matchbox, *n*. bocs matsys.
matchless, *a*. digymar, digyffelyb.
match-maker, *n*. trefnydd priodasau.
matchwood, *n*. 1. asglod, coed tân.
    2. pren matsys.

mate, *n.* 1. cymar, cydymaith.
   2. mêt.
v. 1. cymharu.
   2. uno, cyplysu.
   MATING PARTS, rhannau cyplysol.
material, *n.* defnydd, stwff, mater.
a. materol, sylweddol.
   RAW MATERIALS, defnyddiau crai.
materialise, *v.* dod i fod, sylweddoli, materoli.
materialism, *n.* materoliaeth.
materialist, *n.* materolwr.
materially, *ad.* yn sylweddol, yn hanfodol.
maternal, *a.* 1. mamol.
   2. o ochr y fam.
maternity, *n.* mamolaeth.
   MATERNITY HOME, cartref geni.
mathematical, *a.* mathemategol.
mathematician, *n.* mathemategwr.
mathematics, *np.* mathemateg, rhif a mesur.
   APPLIED MATHEMATICS, mathemateg gymhwysol.
matinée, *n.* perfformiad bore (neu brynhawn).
mating-instinct, *n.* y reddf baru.
matins, *np.* gweddi foreol, plygain.
matriculate, *v.* mynd trwy arholiad i fynd i brifysgol, ymaelodi mewn prifysgol.
matriculation, *n.* arholiad ymaelodi mewn prifysgol.
matrimonial, *a.* priodasol.
matrimony, *n.* priodas.
matrix, *n.* 1. croth, bru.
   2. mold.
matron, *n.* 1. metron, un â gofal ysbyty, etc.
   2. gwraig briod.
matronly, *a.* oedrannus.
   2. urddasol, fel metron.
matter, *n.* 1. mater, defnydd, sylwedd.
   2. pwnc, testun.
   3. crawn.
v. 1. bod o bwys.
   2. crawni.
   WHAT IS THE MATTER ? Beth sy'n bod ?
matter-of-fact, *a.* diddychymyg, sychlyd, ymarferol.
matting, *n.* defnydd matiau, matiau.
mattock, *n.* caib, matog.
mattoid, *n.* un di-ddal, un ansefydlog, un dirywiedig, un hanner call.
mattress, *n.* matras.
mature, *a.* aeddfed, addfed. *v.* aeddfedu.
maturity, *n.* aeddfedrwydd, llawn oed, llawn dwf.

maudlin, *a.* teimladol, lled feddw.
maul, *n.* gordd bren. *v.* maeddu, curo, pwyo.
maundy, *n.* MAUNDY MONEY, arian cardod.
   MAUNDY THURSDAY, Dydd Iau Cablyd, Dydd Iau cyn y Pasg.
mausoleum, *n.* adeilad coffa, cofadail, bedd wedi ei godi'n uwch na'r ddaear.
mauve, *a. n.* porffor gwelw.
maw, *n.* crombil, cylla, cropa.
mawkish, *a.* 1. diflas, merfaidd.
   2. ffug-deimladol.
maxilla, *n.* gên uchaf (anifail).
maxim, *n.* gwireb, dihareb, gwerseb.
maximum, *n.* uchafrif, uchafswm, macsimwm.
May, *n.* Mai.
   MAY-DAY, Calan Mai, Clanmai.
may, *n.* blodau'r drain gwynion.
v. gallaf, etc. (caniatâd neu bosibilrwydd).
   MAYBE, efallai, hwyrach, dichon.
May-day, *n.* Dydd Calan Mai, y dydd cyntaf o Fai, Calanmai.
mayor, *n.* maer.
mayoral, *a.* ynglŷn â maer, maerol.
mayoralty, *n.* swydd maer.
mayoress, *n.* maeres.
maypole, *n.* bedwen Fai, cangen haf.
maytree, *n.* draenen wen.
mayweed, *n.* llygad yr ych, amranwen.
maze, *n.* dryswch, drysfa, cymhlethdod.
me, *pn.* mi, fi, i, myfi, minnau.
mead, *n.* 1. medd.
   2. gwaun, dôl.
meadow, *n.* gwaun, dôl, gweirglodd.
meadow-sweet, *n.* erwain, blodau'r mêl.
meagre, *a.* prin, truan, tlawd.
meagreness, *n.* prinder, tlodi.
meal, *n.* 1. blawd.
   2. pryd o fwyd, pryd.
mealy-mouthed, *a.* gwenieithus, dauwynebog.
mean, *n.* canol, y cymedrol, cyfartaledd, cymedr. *a.* 1. gwael, crintach, cybyddlyd.
   2. canolog, cymedrig.
v. golygu, arwyddo, bwriadu.
   ARITHMETIC MEAN, cymedr rhifyddol.
   MEAN DIFFERENCE, gwahaniaeth cymedrig.
   MEAN DEVIATION, gwyriad cymedrig.

means, *np.* cyfrwng, modd, cyfoeth.
  BY ALL MEANS, wrth gwrs.
  BY NO MEANS, (ddim) o gwbl, er dim.
meander, *n.* ymddoleniad, llwybr troellog. *v.* ymddolennu, ymdroelli.
meandering, *a.* ymdroellog, dolennog.
meaning, *n.* ystyr, meddwl.
meaningless, *a.* diystyr, disynnwyr.
meanness, *n.* gwaelder, cybydd-dod.
meantime, meanwhile, *ad.* yn y cyfamser.
measles, *np.* y frech goch.
measureable, *a.* mesuradwy, y gellir ei fesur.
measure, *n.* mesur, mydr, bar, mesuriad. *v.* mesur.
measured, *a.* 1. wrth fesur.
  2. pwyllog, rheolaidd, cyson, cymedrol.
measureless, *a.* difesur, anfeidrol, diderfyn.
measurement, *n.* mesur, mesuriad.
meat, *n.* 1. cig.
  2. bwyd, ymborth.
  FAT MEAT, cig bras.
  LEAN MEAT, cig coch.
  MEAT AND DRINK, bwyd a diod.
meat-offering, *n.* bwyd-offrwm.
mechanic, *n.* peiriannydd.
mechanical, *a.* peiriannol, mecanyddol.
  MECHANICAL EXERCISES, ymarferion moel (plaen).
mechanics, *np.* peiriannaeth, mecaneg.
mechanisation, *n.* mecanyddiaeth.
mechanism, *n.* mecaniaeth, peirianwaith.
mechanize, *v.* peirianeiddio, mecaneiddio.
medal, *n.* medal, bathodyn.
medallion, *n.* medal mawr.
medallist, *n.* enillydd medal, medalydd.
meddle, *v.* ymyrryd, ymyrraeth, ymhêl â.
meddler, *n.* ymyrrwr, busneswr.
meddlesome, *a.* ymyrgar, busneslyd, bisi.
mediaeval, *a.* canoloesol, yn perthyn i'r Oesoedd Canol.
medial, *a.* canol, canolog.
median, *n.* canolrif, llin ganol (Geom.).
mediant, *n.* meidon, y feidon (miwsig).
mediate, *v.* cyfryngu, canoli, gweithredu rhwng.
mediation, *n.* cyfryngdod, cyfryngiad.
mediator, *n.* cyfryngwr, canolwr, eiriolwr.
mediatory, *a.* cyfryngol.

medical, *a.* meddygol.
  MEDICAL EXAMINATION, ymchwiliad meddygol.
medicament, *n.* moddion, meddyginiaeth.
medicated, *a.* yn cynnwys moddion.
medicinal, *a.* meddyginiaethol.
medicine, *n.* 1. moddion, ffisig.
  2. meddygaeth.
mediocre, *a.* cyffredin, canolig.
mediocrity, *n.* cyffredinedd.
meditate, *v.* myfyrio, meddwl.
meditation, *n.* myfyrdod.
meditative, *a.* myfyriol, meddylgar.
medium, *n.* 1. cyfrwng, moddion.
  2. canol.
  a. canol, canolig, cymedrol.
  MEDIUM WAVES, y tonfeddi canol.
medlar tree, *n.* meryswydden.
medley, *n.* cymysgedd.
meed, *n.* gwobr, tâl.
meek, *a.* addfwyn, llariaidd, mwyn.
meekness, *n.* addfwynder, llarieidddra.
meet, *n.* *v.* cyfarfod, cwrdd. *a.* addas, gweddus, priodol.
meeting, *n.* cyfarfod, cyfarfyddiad, cwrdd.
  TO HOLD A MEETING, cadw cwrdd, cynnal cyfarfod.
megalith, *n.* maen mawr (a ddefnyddid gynt fel colofn).
megalithic, *a.* o feini mawr, yn oes y meini mawr.
  MEGALITHIC TOMBS, cromlechau.
megalomania, *n.* gwallgofrwydd, hunan-dyb, edmygu maint.
megaphone, *n.* megaffon, offeryn cario llais.
megaspore, *n.* megaspôr.
megohm, *n.* megom, miliwn o omau.
meiosis, *n.* lleihad, meiosis (troad ymadrodd).
melancholy, *n.* pruddglwyf, melancoli. *a.* pruddglwyfus, isel-ysbryd.
mêlée, *n.* ysgarmes, ymgiprys, ymladdfa.
mellow, *a.* aeddfed, meddal. *v.* aeddfedu, meddalhau.
mellowness, *n.* aeddfedrwydd.
melodious, *a.* melodaidd, hyfrydlais persain.
melodrama, *n.* melodrama, drama gyffrous.
melodramatic, *a.* cyffrous, teimladwy.
melody, *n.* melodi, peroriaeth, alaw.
  MELODY WRITING, cyfansoddi alawon.
melon, *n.* melon.

melt, v. 1. toddi, dadlaith.
2. tyneru.
3. diflannu.

member, n. aelod.

MEMBER OF PARLIAMENT, Aelod Seneddol (A.S.).

membership, n. aelodaeth.

membrane, n. pilen, croenyn.

memento, n. cofeb. atgof.

memoir, n. cofiant.

memorable, a. cofiadwy, bythgofiadwy.

memorandum, n. cofnod, cofnodiad.

memorial, n. cofeb, coffa, cofadail.
a. coffa, coffadwriaethol.

MEMORIAL STONE, carreg goffa.

MEMORIAL POEM, cerdd goffa.

memorize, v. dysgu ar gof.

memory, n. cof, coffadwriaeth.

BLESSED BE HIS MEMORY, coffa da amdano.

menace, n. bygythiad. v. bygwth.

menagerie, n. siew (sioe) anifeiliaid, milodfa.

mend, v. gwella, trwsio, cyweirio.

mendacious, a. celwyddog, anwir.

mendacity, n. anwiredd, celwydd.

mendicant, n. cardotyn. a. cardotaidd.

menhir, n. maen-hir, hen gofgolofn.

menial, a. gwasaidd, isel.

meningitis, n. llid pilen yr ymennydd, meningitis.

meniscus, n. meniscws, hanercylch, math o lens.

menses, menstruation, n. misglwyf.

mensuration, n. mesuriaeth, gwyddor mesur, mesureg.

mental, a. meddyliol, ynglŷn â'r meddwl.

MENTAL ARITHMETIC TESTS, profion rhifyddeg pen.

MENTAL TEST, prawf meddwl.

mentality, n. meddwl, gallu meddyliol.

mention, n. crybwylliad, sôn. v. crybwyll, sôn.

NOT TO MENTION, heb sôn am.

mentor, n. cynghorwr doeth.

menu, n. rhestr bwydydd, carden fwyd, seigiau.

mercantile, a. masnachol, mercantilaidd.

mercantilism, n. mercantiliaeth.

mercenary, n. milwr cyflogedig, milwr hur. a. ariangar, er tâl.

mercer, n. gwerthwr sidan a melfed, etc.

merchandise, n. marsiandïaeth.

merchant, n. marsiandïwr, masnachwr.

merchantman, n. llong fasnach, llong nwyddau.

merchant navy, n. llongau masnach.

merciful, a. trugarog, tosturiol.

mercifully, ad. drwy drugaredd, mewn trugaredd.

merciless, a. didrugaredd, didostur, creulon.

mercurial, a. byw, bywiog, cyfnewidiol.

mercuric, a. mercurig, yn cynnwys mercwri.

mercury, n. arian byw, mercwri.

mercy, n. trugaredd, tosturi.

AT THE MERCY OF, yn dibynnu ar drugaredd, yn nwylo.

mere, n. llyn, pwllyn, pwll. a. unig, syml, pur.

merely, ad. dim ond, namyn.

meretricious, a. puteiniol, anniwair, chwantus, gwael.

merge, v. ymgolli, suddo, colli hunaniaeth.

meridian, n. 1. canolddydd, nawn.
2. llinell begynol, meridian.

merino, n. math o ddafad, merino, gwlân merino.

meristem, n. meristem, meinwe planhigion.

merit, n. haeddiant, teilyngdod.
v. haeddu, teilyngu.

meritorious, a. teilwng, clodwiw, yn haeddu clod.

mermaid, n. môr-forwyn.

merriment, n. difyrrwch, hwyl, sbort.

merry, a. llawen, llon, bywiog.

merry-go-round, n. ceffylau bach.

mesh, n. masg, basg, twll (rhwyd).

IN MESH, yn cydio (dant olwyn).

mesh-work, n. rhwydwaith.

mesmerise, v. peri swyngwsg, mesmereiddio.

mesmerism, n. mesmeriaeth, swyngwsg.

mess, n. 1. arlwy, dogn.
2. lle bwyta (yn y fyddin, etc.).
3. annibendod, llanastr.

message, n. neges, cenadwri.

messenger, n. negesydd, cennad, llatai.

Messiah, n. Meseia.

Messianic, a. Meseianaidd.

messy, a. brwnt, budr, anniben.

metabolism, n. metaboleg, cyfnewidiadau yng nghelloedd y corff, metabolaeth.

metacarpus, n. rhan o'r llaw rhwng yr arddwrn a'r bysedd.

metal, n. metel.

BEARING METAL, metel traul.

metallic, *a.* metelaidd.

metalliferous, *a.* metelig.

metallurgist, *n.* metelydd.

metallurgy, *n.* meteleg, trin metel.

metamere, *n.* metamer.

metameric, *a.* cylchraniad.

metamorphic, *a.* metamorffig, trawsffurfiol.

metamorphism, *n.* matamorffedd, trawsffurfedd (creigiau).

metamorphosis, *n.* metamorffosis, trawsffurfiad, newid ffurf.

metaphase, *n.* canolgyflwr.

metaphor, *n.* trosiad, math o gyffelybiaeth.

metaphorical, *a.* trosiadol, yn cyffelybu.

metaphrase, *n.* cyfieithiad llythrennol.

metaphysician, *n.* metaffisegydd.

metaphysics, *np.* metaffiseg, astudiaeth o wirionedd a gwybodaeth.

metastasis, *n.* metastasis, symudiad, trosglwyddiad.

metathesis, *n.* trawsosodiad, newid sefyllfa llythyren.

mete, *v.* mesur.

     METE OUT, rhannu, dosbarthu.

meteor, *n.* seren wib.

meteoric, *a.* gwibiol, disglair.

meteorite, *n.* awyrfaen, maen mellt.

meteorological, *a.* yn ymwneud â'r tywydd, meteorolegol.

meteorologist, *n.* un sy'n astudio'r tywydd, meteorolegwr.

meteorology, *n.* astudiaeth o'r tywydd, meteoroleg, wybryddeg.

meter, *n.* mesurydd (nwy, trydan, etc.).

methinks,*v.***mae'n debyg gennyf, tybiaf

method, *n.* dull, modd, trefn, method.

methodical, *a.* trefnus, rheolaidd.

Methodism, *n.* Methodistiaeth.

Methodist, *n.* Methodist.

methodology, *n.* trefneg, astudiaeth trefn, methodeg.

methyl, *n.* methyl, gwin a geir o goed.

     METHYLATED SPIRIT, gwirod methyl.

meticulous, *a.* gorfanwl.

metonymy, *n.* trawsenwad (troad ymadrodd).

metre, *n.* 1. mesur, mydr, rhythm. 2. mesur Ffrengig, medr.

metric, *a.* medrig.

     METRIC SYSTEM, system fedrig.

metrical, *a.* mydryddol, medrig.

     METRICAL FOOT, bar mydryddol, corfan.

metrology, *n.* gwyddor mesur **a** phwysau, metroleg, meidryddiaeth.

metronome, *n.* offeryn curo amser (miwsig), metronôm.

metropolis, *n.* prifddinas.

metropolitan, *a.* prifddinasol, yn perthyn i'r famwlad. *n.* archesgob.

mettle, *n.* ysbryd, calon, anian.

     ON ONE'S METTLE, yn barod.

mettlesome, *a.* ysbrydol, calonnog.

mew, *v.* mewian. *n.* 1. cawell hebog. 2. gwylan.

mews, *np.* ystablau.

miasma, *n.* tawch afiach (o gors), pydredd.

mica, *n.* mica, math o fwyn.

Michaelmas, *n.* Gŵyl Fihangel.

Michaelmas daisy, *n.* blodyn Mihangel, ffarwel haf.

microbe, *n.* meicrob.

microbiology, *n.* meicrobioleg, astudiaeth meicrobau.

microcosm, *n.* byd dyn, dyn.

microfarad, *n.* meicroffarad (uned cynhwyster trydan).

microfauna, *np.* trychfilod, pryfed.

microflora, *np.* trychlysiau.

micrometer, *n.* meicromedr, offeryn mesur.

microphone, *n.* meicroffon.

microscope, *n.* meicrosgob, chwyddwydr.

microscopic, *a.* bitw bach, bach iawn.

microspore, *n.* meicrosbôr.

mid, *a.* canol.

mid-country, *n.* cefn gwlad.

midday, *n.* canol dydd, hanner dydd, nawn.

middle, *n.* canol, craidd. *a.* canol.

middleman, *n.* dyn canol, canolwr.

middling, *a.* canolig, gweddol, cymedrol, go lew.

midge, *n.* gwybedyn.

midget, *n.* corrach, cor, un bach.

midland, *n.* canoldir. *a.* canoldirol.

midnight, *n.* canol nos, hanner nos.

midrib, *n.* asen ganol.

midriff, *n.* llengig.

midshipman, *n.* is-swyddog (ar long).

midst, *n.* canol, mysg, plith. *prp.* rhwng.

midsummer, *n.* canol haf.

     MIDSUMMER DAY, Gŵyl Ifan.

midway, *n.* hanner y ffordd.

midwife, *n.* bydwraig.

midwifery, *n.* bydwreigiaeth.

midwinter, *n.* canol gaeaf.

mien, *n.* pryd, gwedd, golwg.

might, *a*. gallu, nerth, grym.

WITH ALL HIS MIGHT, â'i holl nerth (egni).

mighty, *a*. galluog, nerthol, cadarn.

mignonette, *n*. perllys, lliw melynlas.

migrant, *n*. mudydd, mudwr. *a*. mudol.

migrate, *v*. mudo, symud i le arall.

migration, *n*. mudiad.

migratory, *a*. mudol.

mikado, *n*. ymerawdwr Siapan.

milch, *a*. blith, llaethog, yn rhoi llaeth.

MILCH COWS, gwartheg blithion.

mild, *a*. mwyn, tyner, tirion, llariaidd.

mildew, *n*. llwydni, llwydi, gwelwedd, malltod. *v*. llwydo.

mildness, *n*. mwynder, tynerwch, tiriondeb.

mild-steel, *n*. dur meddal.

mile, *n*. milltir.

NAUTICAL MILE, môr-filltir, milltir fôr.

mileage, *n*. pellter (mewn milltiroedd).

mile-post, *n*. carreg filltir, mynegbost.

milestone, *n*. carreg filltir.

militant, *a*. milwriaethus.

militarism, *n*. cred mewn milwriaeth.

militarist, *n*. credwr mewn milwriaeth.

militarize, *v*. gwneud yn filwrol.

military, *a*. milwrol.

militate, *v*. milwrio, ymladd, gwrthwynebu.

militia, *n*. milisia.

milk, *n*. llaeth, llefrith. *v*. godro.

MILK AND WATER, glastwr.

MILK MARKETING BOARD, Bwrdd Marchnata Llaeth.

milkmaid, *n*. llaethferch.

milkman, *n*. dyn llaeth, llaethwr.

milkpail, *n*. cunnog, bwced llaeth.

milky, *a*. llaethog.

MILKY WAY, Caer Wydion, Caer Arianrhod.

mill, *n*. melin. *v*. malu.

HAND-MILL, melin law.

STRIP MILL, melin strip.

millennial, *a*. milflynyddol.

millennium, *n*. y mil blynyddoedd.

millepede, *n*. neidr filtroed.

miller, *n*. melinydd.

millet, *n*. miled, math o rawn bach.

milliard, *n*. mil o filiynau.

millimetre, *n*. milimedr, y filfed ran o fedr.

milliner, *n*. gwneuthurwr neu werthwr hetiau.

millinery, *n*. 1. hetiau merched.

2. gwneud a gwerthu hetiau.

milling-machine, *n*. peiriant melino.

million, *n*. miliwn.

millionaire, *n*. miliynydd.

millionth, *a*. miliynfed.

mill-pond, *n*. pwll(yn) melin.

mill-race, *n*. ffrwd melin.

mill-stone, *n*. maen melin.

mime, *n*. 1. dynwaredwr.

2. dynwarediad, mudchwarae, meim.

v. dynwared, mudchwarae, meimio.

mimetic, *a*. yn dynwared.

mimic, *n*. dynwaredwr, gwatwarwr. *v*. dynwared, gwatwar.

mimicry, *n*. dynwarediad, dynwared.

minaret, *n*. twr mosg.

mince, *n*. briwgig, briwfwyd. *v*. manfriwio, malu.

mincemeat, *n*. briwfwyd.

mincepie, *n*. pastai briwgig.

mind, *n*. 1. meddwl, bryd.

2. tyb, barn.

3. cof.

v. 1. gwylio, gofalu am, carco.

2. hidio, ystyried.

minded, *a*. yn teimlo ar ei galon, tueddol, chwannog.

mindful, *a*. gofalus, cofus, ystyriol.

mindfulness, *n*. gofal, ystyriaeth, sylw.

mindless, *a*. difeddwl, diofal, anystyriol, disylw.

mine, *n*. 1. mwynglawdd, pwll.

2. ffrwydryn.

v. mwyngloddio.

pn. fy, yr eiddof i.

mine-field, *n*. y lle y gwasgerir ffrwydrynnau.

mine-layer, *n*. llong i wasgaru ffrwydrynnau.

miner, *n*. mwynwr, glöwr.

mineral, *n*. mwyn, peth anorganig yn y ddaear.

mineralogy, *n*. mwynyddiaeth, gwyddor mwynau.

mine-sweeper, *n*. llong i grynhoi ffrwydrynnau.

mingle, *v*. cymysgu, britho.

mingy, *a*. cybyddlyd, crintach, clòs.

miniature, *n*. manddarlun, model bach. *a*. ar raddfa fechan.

minim, *n*. 1. minim (miwsig).

2. diferyn, dafn.

minimize, *v*. lleihau.

minimum, *n*. lleiafrif, lleiafswm, minimwm.

mining, *n*. mwyngloddio.

minion, *n*. 1. ffefryn, gwenieithiwr, sebonwr.

2. math o deip argraffu.

minister, *n.* gweinidog. *v.* gweini, gweinidogaethu.

ministerial, *a.* gweinidogaethol, gweinyddiaethol.

ministration, *n.* gweinyddiad.

ministry, *n.* 1. gweinidogaeth.
2. gwasanaeth.

mink, *n.* minc, (creadur, neu ei ffwr).

minnow, *n.* sildyn, silcyn.

minor, *a.* 1. llai, bychan, is, lleiaf.
2. lleddf (miwsig).
n. un dan (21) oed.

minority, *n.* 1. maboed, mebyd.
2. lleiafrif.

minotaur, *n.* anghenfil chwedlonol, tarw-ddyn.

minster, *n.* eglwys gadeiriol.

minstrel, *n.* clerwr, cerddor.

minstrelsy, *n.* clerwriaeth, cerdd dant.

mint, *n.* 1. bathdy.
2. mintys.
v. bathu.

mintage, *n.* 1. bathiad (arian).
2. treth am fathu, bath-dâl.

minter, *n.* bathwr.

minuet, *n.* miniwét, dawns, miwsig dawns.

minus, *a. prp.* llai, yn fyr o, namyn.
MINUS SIGN, minws.

minute, *a.* 1. bach, mân.
2. manwl.

minute, *n.* 1. munud.
2. cofnod.
MINUTE-BOOK, llyfr cofnodion.
A MILE PER MINUTE, milltir y funud (y munud).

minuteness, *n.* manylrwydd.

minx, *n.* hoeden, merch benwan.

miracle, *n.* gwyrth.

miraculous, *a.* gwyrthiol, rhyfedd.

mirage, *n.* rhith, peth dychmygol, rhithlun, lleurith.

mire, *n.* llaid, baw, llaca, mwd.

mirror, *n.* drych.

mirror-writing, *n.* drych-ysgrifen.

mirth, *n.* digrifwch, llawenydd, afiaith, hwyl.

mirthful, *a.* llawen, llon, mewn hwyl.

mirthless, *a.* trist, digalon, prudd.

miry, *a.* brwnt, lleidiog, budr, bawlyd.

misadventure, *n.* anffawd, anap, anlwc.

misanthrope, *n.* casâwr dynolryw.

misanthropic, *a.* yn casáu dynolryw.

misanthropy, *n.* dyngasedd, casineb at ddynolryw.

misapply, *v.* camddefnyddio, camgymhwyso.

misapprehend, *v.* camddeall.

misapprehension, *n.* camddealltwriaeth.

misbehave, *v.* camymddwyn, ymddwyn yn ddrwg.

misbehaviour, *n.* ymddygiad drwg, camymddygiad.

misbelief, *n.* cam-gred.

misbelieve, *v.* camgredu.

miscalculate, *v.* camgyfrif, camsynio.

miscalculation, *n.* camsyniad.

miscarry, *v.* methu, aflwyddo, mynd ar goll.

miscellaneous, *a.* amrywiol, brith, o lawer math.

miscellany, *n.* cymysgedd, amrywiaeth.

mischance, *n.* anffawd, aflwydd, anlwc.

mischief, *n.* drwg, drygioni, niwed.

mischief-maker, *n.* terfysgwr, cynhyrfwr.

mischievous, *a.* drygionus, direidus, niweidiol.

mischievousness, *n.* direidi, cellwair.

misconception, *n.* camsyniad, cyfeiliornad.

misconduct, *n.* camymddygiad.
v. camymddwyn, camreoli.

misconstruction, *n.* camesboniad, camddealltwriaeth.

miscreant, *n.* dihiryn, adyn, cnaf, ysgelerddyn.

misdeed, *n.* camwedd, trosedd.

misdemeanour, *n.* camymddygiad, trosedd.

misdirect, *v.* camgyfeirio, camarwain.

mise, *n.* meis.

miser, *n.* cybydd.

miserable, *a.* truenus, gresynus, anhapus.

miserliness, *n.* cybydd-dod, crintachrwydd.

miserly, *a.* cybyddlyd, crintachlyd.

misery, *n.* trueni, adfyd, trallod.

misfit, *n.* mesur gwael, camdoriad, peth nad yw'n taro, un o'i le.

misfortune, *n.* anffawd, aflwydd, anlwc.

misgiving, *n.* amheuaeth, petruster.

misguide, *v.* camarwain, camgyfeirio.

misguided, *a.* anghywir, cyfeiliornus, camsyniol.

mishandle, *v.* cam-drin, camddefnyddio, camreoli.

mishap, *n.* anap, damwain.

misinform, *v.* camhysbysu, rhoi gwybodaeth anghywir.

mininterpret, *v.* camesbonio.

misjudge, *v.* camfarnu.

mislay, *v.* colli, camosod.

mislead, *v.* camarwain, arwain ar gyfeiliorn, twyllo.

misleading, *a.* camarweiniol.

mismanage, *v.* camdrefnu, camreoli.

mismanagement, *n.* cam-drefn, an-hrefn.

misnomer, *n.* enw amhriodol, cam-enw, camenwad.

misogamist, misogynist, *n.* casáwr priodas a gwragedd.

misplace, *v.* camddodi, camosod, camleoli.

misplaced, *a.* o'i le.

misprint, *n.* camargraff, gwall. *v.* cam-argraffu.

misread, *v.* camddarllen, cam-ddehongli.

misrepresent, *v.* camddarlunio, cam-bortreadu, camliwio.

misrule, *n.* camlywodraeth, camreol-aeth. *v.* camreoli.

miss, *n.* 1. meth, pall.
2. Miss.
v. methu, pallu, colli.

missal, *n.* llyfr gwasanaeth yr Eglwys Babyddol, llyfr offeren.

missel-thrush, *n.* tresglen, bronfraith (fawr).

mis-shapen, *a.* afluniaidd, di-lun.

missile, *n.* arf, peth i'w daflu i niweid-io.

missing, *a.* ar goll, yn eisiau, yngholl.

mission, *n.* cenhadaeth.
HOME MISSION, cenhadaeth gartref.
FOREIGN MISSION, cenhadaeth dramor.

missionary, *n.* cenhadwr. *a.* cenhadol.

missive, *n.* llythyr (swyddogol), neges.

mis-spell, *v.* camsillafu.

mis-spend, *v.* gwastraffu, afradu.

mis-state, *v.* camddywedyd, mynegi ar gam.

mis-statement, *n.* camddywediad, camddatganiad.

mist, *n.* niwl, caddug, nudden, tarth.

mistake, *n.* camgymeriad, camsyniad.
v. camgymryd, camsynied.

mistaken, *a.* cyfeiliornus, camsyniol.

mister, *n.* meistr, Mr.

mistletoe, *n.* uchelwydd.

mistress, *n.* meistres, athrawes, Mrs.

mistrust, *v.* drwgdybio, amau, methu dibynnu ar.

mistrustful, *a.* drwgdybus, amheus.

misty, *a.* niwlog, aneglur, llawn tarth.

misunderstand, *v.* camddeall.

misunderstanding, *n.* camddeall-twriaeth.

misuse, *n.* camddefnydd. *v.* cam-ddefnyddio, cam-drin.

mite, *n.* 1. hatling.
2. mymryn, tamaid, peth bach.

mites, *np.* gwiddon (caws, etc.).

mitigate, *v.* lliniaru, lleddfu.

mitigation, *n.* y weithred o liniaru neu leddfu.

mitochondria, *n.* mitocondria.

mitosis, *n.* meitosis, (cyfnewidiadau yng nghelloedd y corff).

mitotic, *a.* meitotig.

mitre, *n.* meitr (sef, 1. cap esgob.
2. cyswllt).
v. meitru.

mitred, *a.* meitrog, â hawl i wisgo meitr.

mitten, *n.* maneg (heb fysedd, neu â'r pedwar bys yn un).

mix, *v.* cymysgu.

mixed, *a.* cymysg, amrywiol.

mixen, *n.* tomen.

mixture, *n.* cymysgedd, cymysgfa, cymysgiad.

mizzen, *n.* hwyl ôl, hwyl y llyw.

mnemonics, *np.* cymorth i'r cof, geiriau i helpu'r cof.

moan, *n.* cwynfan, griddfan, ochenaid.
v. cwyno, griddfan, ochain.

moat, *n.* ffos, clawdd, cwter o gylch caer.

mob, *n.* tyrfa, torf, haid. *v.* ymosod ar.

mobile, *a.* symudol, mudol (cemeg).

mobilisation, *n.* cynulliad byddin.

mobility, *n.* gallu symudol.

mobilise, *v.* cynnull byddin, byddino.

moccasin, *n.* esgid, mocasin.

mock, *v.* gwatwar, gwawdio.

mocker, *n.* gwawdiwr, gwatwarwr, dirmygwr.

mockery, *n.* gwatwar, gwawd, dirmyg.

mocking, *a.* gwatwarus, dirmygus, gwawdus.

modal, *a.* moddol.

mode, *n.* modd, dull.

model, *n.* patrwm, model. *v.* llunio, ffurfio, modelu.

moderate, *a.* cymedrol, canolig.
v. cymedroli, tawelu.

moderation, *n.* cymedrolder, cymed-roldeb.

moderator, *n.* 1. cymedrolwr.
2. llywydd.

modern, *a.* modern, diweddar, heddiw.

modernization, *n.* diweddariad, mod-erneiddiad.

modernize, *v.* diweddaru, modern-eiddio.

modest, *a.* gwylaidd, diymhongar.

modesty, *n.* gwyleidd-dra, lledneis-rwydd.

modicum, *n.* prin digon, ychydig, peth.

modification, *n.* newid, goleddfu, lleddfu.

modulate, *v.* cyweirio (llais), trawsgyweirio.

modulation, *n.* trawsgyweiriad, trosiad, goslefiad.

modulator, *n.* trosiadur, siart sol-ffa, cyweiriadur.

mohair, *n.* blew gafr Angora, brethyn a wneir ohono.

Mohammedan, *n.* Mohamedan. Mohametanaidd.

moist, *a.* gwlyb, llaith.

moisten, *v.* gwlychu, lleithio.

moisture, *n.* gwlybaniaeth, lleithder, gwlybedd, lleithedd.

molar, *n.* cilddant, dant malu, bochddant.

molasses, *n.* triagl.

mole, *n.* 1. man geni.
    2. gwadd.
    3. morglawdd.

mole-catcher, *n.* gwaddotwr, tyrchwr.

molecule, *n.* molecwl (*pl.* molecylau). *a.* molecylig.

mole-hill, *n.* pridd y wadd.

mole-skin, *n.* 1. croen gwadd.
    2. defnydd tebyg i groen gwadd, ffustian.

molest, *v.* aflonyddu, blino, molestu, cam-drin.

molestation, *n.* aflonyddiad, blinder, camdriniaeth.

mollify, *v.* tawelu, dofi llid.

mollusc, *n.* llwyth y malwod, creaduriaid y cregyn.

molly-coddle, *n.* un llesg neu ferchedaidd. *v.* maldodi, tolach.

molten, *a.* tawdd, toddedig, wedi ei doddi.

moment, *n.* 1. eiliad, moment.
    2. pwysigrwydd.
    WEAK MOMENT, awr wan.
    BENDING MOMENT, moment plygu.

momentary, *a.* dros dro, am foment.

momentous, *a.* pwysig iawn.

momentum, *n.* grym symudol, momentwm.

monad, *n.* monad.

monarch, *n.* brenin, teyrn.

monarchical, *a.* brenhinol, teyrnaidd.

monarchist, *n.* monarchydd.

monarchy, *n.* brenhiniaeth.

monastery, *n.* mynachlog.

monastic, *a.* mynachaidd.

monasticism, *n.* mynachaeth.

Monday, *n.* dydd Llun.

monetary, *a.* ariannol.

money, *n.* arian, pres.
    CURRENT MONEY, arian cymeradwy.
    READY MONEY, arian parod, arian sychion.

money-box, *n.* bocs arian, cadw-mi-gei.

moneyed, *a.* ariannog, cefnog.

moneywort, *n.* canclwyf, ceinioglys.

monger, *n.* gwerthwr, masnachwr.

mongrel, *n.* ci cymysgryw, mwngrel, brithgi.

monism, *n.* moniaeth.

monitor, *n.* 1. monitor, disgybl blaenllaw.
    2. rhybuddiwr.
    3. llong-ryfel fach.

monitory, *a.* rhybuddiol.

monk, *n.* mynach.

monkey, *n.* mwnci.

monkeyish, *a.* mwncïaidd.

monkish, *a.* mynachaidd.

monkshood, *n.* llysiau'r blaidd.

monochrome, *a.* unlliw. *n.* llun unlliw.

monocle, *n.* gwydr llygad.

monocotyledon, *n.* unhadgibog, planhigyn ag un had-ddeilen.

monodelphous, *a.* ungyswllt.

monogamist, *n.* unwreicwr.

monogamy, *n.* unwreiciaeth.

monoglot, *a.* uniaith.

monogram, *n.* llythrennau enw (person), monogram.

monohybrid, *n.* ungroesryw.

monolith, *n.* maen-hir, cofgolofn un garreg.

monologue, *n.* ymson, rhan ddramatig gan un, monolog.

monomaniac, *n.* un sy'n gwirioni ar un peth.

monoplane, *n.* awyren un asgell.

monopolist, *n.* monopolydd, un sydd â'r unig hawl i werthu nwydd.

monopolize, *v.* meddiannu'n gyfan gwbl.

monopoly, *n.* monopoli, meddiant.

monosyllable, *n.* gair unsill(af).

monotheism, *n.* undduwiaeth.

monotheist, *n.* credwr mewn un Duw.

monotone, *n.* undon.

monotonous, *a.* undonog.

monotony, *n.* undonedd.

monotype, *n.* monoteip, peiriant cysodi.

monoxide, *n.* monocsid.

monsoon, *n.* monswn, tymorwynt, tymor glaw.

monster, *n.* 1. anghenfil, peth anferth.
    2. clobyn, clamp.

monstrosity, *n.* anghenfil, peth erchyll, anferthwch.

monstrous, *a.* anferth, gwrthun.

montbretia, *n.* monbrisia, (blodeuyn lliw oren).

month, *n.* mis.

monthly, *n.* misolyn. *a.* misol.

monument, *n.* cofadail, cofgolofn.

monumental, *a.* 1. coffaol.
2. anferth.

mood, *n.* 1. tymer, hwyl.
2. modd (gram.).

moody, *a.* pwdlyd, cyfnewidiol, oriog.

moon, *n.* lleuad, lloer.
FULL MOON, lleuad lawn.
LAST QUARTER OF THE MOON, cil y lleuad, y lleuad ar ei gwendid.
HONEYMOON, mis mêl.
HARVEST MOON, lleuad fedi, naw nos olau.

moonbeam, *n.* pelydryn (o'r lleuad).

moonlight, *n.* golau leuad, lloergan.

moonlit, *a.* golau leuad.

moonshine, *n.* lol, gwagedd, dyli.

moonstruck, *a.* lloerig, gwallgof.

moony, *a.* lloeraidd, breuddwydiol.

moor, *n.* rhos, gwaun, tir diffaith.
v. angori, sicrhau (wrth angor).

moorhen, *n.* iâr fach y dŵr, iâr fach yr hesg.

moorings, *np.* angorfa, porthladd.

moorland, *n.* rhostir, gweundir.

moose, *n.* carw (Gogledd America).

moot, *n.* cyfarfod. *v.* crybwyll, tynnu sylw at.
A MOOT POINT, pwnc amheus.

mop, *n.* mop, math o frws o linynnau.
v. sychu, mopio.

mope, *v.* delwi, pendrymu. *n.* breuddwyd o ddyn, hurtyn.

moped, *n.* beic modur bach.

moping, mopish, *a.* penisel, pendrwm, pendrist.

moraine, *n.* marian, ysbwriel a adawyd gan iäen.

moral, *n.* moeswers. *a.* moesol.
A MORAL VICTORY, buddugoliaeth foesol.

morale, *n.* hyder, ysbryd, morâl.

moralist, *n.* moesolwr.

morality, *n.* moesoldeb.

moralize, *v.* moesoli.

morals, *np.* moesau.

morass, *n.* cors, mignen.

moratorium, *n.* tymor oedi tâl (gan ddyledwr).

morbid, *a.* afiach, afiachus.

morbidity, *n.* afiechyd, stad afiachus.

mordant, *a.* brathog, llym, gwawdlyd, siarp.

more, *n.* rhagor, ychwaneg. *a.* mwy.
MORE AND MORE, mwyfwy.
ONCE MORE, unwaith eto.

moreover, *ad.* hefyd, ymhellach.

morganatic, *a.* morganatig, (priodas) anghydweddol, anaddas.

moribund, *a.* ar farw, bron darfod.

morning, *n.* bore. *a.* cynnar, bore.

moron, *n.* oedolyn plentynnaidd, ynfytyn, ffŵl.

morose, *a.* sarrug, blwng, sych, dreng.

morphia, *n.* morffia, y dryg sydd mewn opiwm.

morphology, *n.* gwyddor ffurfiau (geiriau, organebau), ffurfianneg, morffoleg.

morrow, *n.* trannoeth.

morsel, *n.* tamaid, llond pen.

mortal, *n.* dyn, peth marwol. *a.* marwol, angheuol, yn achosi angau.
MORTALS, marwolion.

mortality, *n.* marwoldeb, marwolaethau.

mortar, *n.* morter.

mortgage, *n.* arwystl, morgais. *v.* arwystlo, morgeisio, codi arian ar.

mortgagee, *n.* un sy'n cael arwystl (morgais), morgeisydd.

mortgagor, *n.* un sy'n rhoi arwystl (morgais), morgeisiwr.

mortification, *n.* 1. marweiddiad.
2. siom, gwarth, darostyngiad.

mortify, *v.* 1. marweiddio.
2. siomi, blino, darostwng.

mortise, *n.* mortais. *v.* morteisio.

mortuary, *n.* marwdy, adeilad i gadw corff cyn claddu.

mosaic, *n.* brithwaith. *a.* brith, amryliw.

Mosaic, *a.* Moesenaidd, ynglŷn â Moses.

moschatel, *n.* mwsglys.

Moslem, *n.* Mohamedan. *a.* Mohametanaidd.

mosque, *n.* mosg, teml (Fohametanaidd).

mosquito, *n.* mosgito, math o wybedyn pigog.

moss, *n.* mwsogl, mwswm.

mossy, *a.* mwsoglyd.

most, *a.* 1. mwyaf.
2. amlaf.
ad. yn bennaf, yn fwyaf.

mostly, *ad.* gan mwyaf, gan amlaf.

mote, *n.* brycheuyn, lluwchyn.

moth, *n.* gwyfyn, pryfyn dillad.

moth-eaten, *a.* wedi ei lygru (neu ddifetha) gan wyfyn.

mother, *n.* mam.

MOTHER CELL, mamgell.

MOTHER-LIQUOR, mam-doddiant.

motherhood, *n.* mamolaeth.

mother-in-law, *n.* mam-yng-nghyf-raith, chwegr.

motherless, *a.* amddifad, di-fam.

motherly, *a.* mamaidd, mamol.

mother-of-pearl, *n.* botymau, etc. o gregyn.

mother-tongue, *n.* mamiaith.

motherwort, *n.* llysiau'r fam.

motif, *n.* prif ddrychfeddwl (mewn cyfansoddiad), brodwaith.

motion, *n.* 1. symudiad.

2. cynigiad, gosodiad. *v.* arwyddo, amneidio.

motionless, *a.* digyffro, llonydd.

motivation, *n.* cymhelliant.

motive, *n.* cymhelliad, amcan, motif. *a.* symudol, ysgogol.

motley, *a.* cymysg, amryliw, brith, anghyfliw.

motor, *n.* modur.

motor-boat, *n.* bad modur, cwch modur.

motor-car, *n.* car modur.

motor-cycle, *n.* beic modur.

motorist, *n.* modurwr.

motorize, *v.* cyflenwi â moduron (y fyddin).

motte, *n.* mwnt.

mottle, *v.* britho, brychu.

mottled, *a.* brith, brych.

mottled-grey, *a.* ag ysmotiau llwyd, brychlwyd.

motto, *n.* arwyddair.

mould, *n.* 1. pridd.

2. mold, peth i lunio ag ef.

3. delw, cerflun.

4. llwydni, llwydi.

v. llunio, moldio.

mould-board, *n.* y rhan o'r aradr sy'n troi'r gwys, asgell aradr, borden, castin.

moulder, *v.* adfeilio, malurio. *n.* mold-iwr.

moulding, *n.* peth wedi ei lunio.

mouldy, *a.* wedi llwydo.

moult, *v.* colli plu, bwrw plu.

mound, *n.* twmpath, crug, crugyn.

mount, *n.* 1. mynydd, bryn.

2. ceffyl.

v. 1. esgyn, dringo.

2. gosod (mewn ffrâm).

3. marchogaeth.

mountain, *n.* mynydd.

TOP OF THE MOUNTAIN, pen y mynydd.

mountain ash (rowan), *n.* cerdinen, cerddinen, pren criafol.

mountaineer, *n.* mynyddwr.

mountainous, *a.* mynyddig.

mountebank, *n.* siwglwr, cwac, honnwr bostfawr.

mourn, *v.* galaru, gofidio.

mourner, *n.* galarwr.

mournful, *a.* galarus, trist, gofidus.

mourning, *n.* 1. galar.

2. galarwisg.

mouse, *n.* llygoden (fach). *v.* dal llygod.

moustache, *n.* mwstas.

mouth, *n.* ceg, genau, safn, pen. *v.* siarad yn annaturiol, bod yn gegog.

mouthful, *n.* cegaid, llond pen.

mouthpiece, *n.* 1. genau, un sy'n llefaru dros.

2. blaen, pen.

mouthy, *a.* cegog, siaradus, uchel ei gloch, tafodrydd.

movable, *a.* symudol, y gellir ei symud.

movables, *np.* eiddo personol, eiddo symudol, celfi, dodrefn.

move, *v.* 1. symud, cyffroi, ysgogi.

2. cynnig.

movement, *n.* symud(iad), ysgogiad.

movies, *np.* lluniau byw, lluniau sinema.

moving, *a.* 1. symudol, yn symud.

2. cyffrous, cynhyrfus, yn goglais.

moving-staircase, *n.* grisiau symudol.

mow, *v.* lladd (gwair), torri.

mower, *n.* pladurwr, torrwr.

much, *n.* llawer. *a.* llawer, mawr. *ad.* yn fawr.

HOW MUCH ? pa faint ?

AS MUCH, cymaint.

TOO MUCH, gormod.

mucilage, *n.* glud, defnydd gludiog o blanhigion, hylif cymalau.

muck, *n.* tom, tail, baw.

mucky, *a.* brwnt, bawlyd, budr.

mucous, *a.* llysnafol, annymunol.

mucus, *n.* llysnafedd, llys, mwcws.

mud, *n.* llaid, baw, mwd, llaca.

mudguard, *n.* gard olwyn.

muddle, *n.* dryswch, penbleth, cym-ysgedd. *v.* drysu, cawlach, bwnglera.

muddled, *a.* dryslyd, cymysglyd.

muddy, *a.* lleidiog, mwdlyd, afloyw.

muff, *n.* 1. mwff.

2. hurtyn, dyn dwl. *v.* colli (cyfle), methu dal.

muffin, *n.* teisen (i'w thostio).

muffle, *v.* 1. gwisgo am, gorchuddio â.

2. distewi, pylu.

muffler, *n.* cadach gwddf, sgarff.

mufti, *n.* 1. dillad cyffredin.
2. offeiriad Mohametanaidd.
mug, *n.* cwpan.
muggy, *a.* trymaidd, mwygl, mwll.
mugwort, *n.* llysiau llwyd, llwydlys.
mulatto, *n.* plentyn negro a benyw groenwyn, un melynddu.
mulberry, *n.* 1. morwydden.
2. ei ffrwyth, mwyar Mair.
mulch, *v.* dodi tail neu ddail ar.
mule, *n.* mul, bastard mul, mwlsyn.
mulish, *a.* mulaidd, cyndyn, anhydyn.
mullein, *n.* clust y fuwch (planhigyn).
mullet, *n.* hyrddyn (pysgodyn y môr).
multicellular, *a.* ag amryw gellau, amldyllog.
multicoloured, *a.* amryliw, cymysg, brith, anghyfliw.
multifarious, *a.* amrywiol, amryfath, amryfal.
multilateral, *a.* amlochrog.
multiple, *n.* lluosrif, cynhwysrif.
a. amryfal, amrywiol.
MULTIPLE PROPORTIONS, cyfartaleddau amryfal.
LEAST COMMON MULTIPLE (L.C.M.), y cynhwysrif cyffredin lleiaf (C.C.LL.).
multiplicand, *n.* y rhif i'w luosogi, lluosrif.
multiplication, *n.* lluosiad, lluosogiad.
PROGRESSIVE MULTIPLICATION, lluosogi cynyddol.
multiplicity, *n.* lluosowgrwydd.
multiplier, *n.* y rhif y lluosogir ag ef, lluosydd, lluosogydd.
multiply, *v.* lluosi, lluosogi, amlhau.
multi-tool post, *n.* twred.
multitude, *n.* tyrfa, torf, lliaws.
multitudinous, *a.* lluosog iawn.
mumble, *v.* mwmian, myngial, bwyta geiriau.
mummer, *n.* actor mud (sy'n gwisgo mwgwd).
mummery, *n.* 1. mudchwarae.
2. defodaeth ddi-fudd.
mummify, *v.* 1. perarogli (corff).
2. sychu, crebachu.
mummy, *n.* corff wedi ei berarogli, mwmi (*pl.* mwmïod).
mumps, *n.* chwyddi pen, y dwymyn doben, clefyd y pen.
munch, *v.* cnoi.
mundane, *a.* bydol, daearol.
municipal, *a.* bwrdeisiol.
municipality, *n.* bwrdeisdref, tref, dinas.
munificence, *n.* haelioni, parodrwydd.
munificent, *a.* hael, haelionus.
munitions, *np.* arfau rhyfel.

murage, *n.* murdreth.
mural, *a.* ar fur, o wal, mewn gwal.
murder, *n.* llofruddiaeth. *v.* llofruddio.
murderer, *n.* llofrudd, llofruddiwr.
murderous, *a.* llofruddiog.
murk, *n.* tywyllwch (dudew).
murky, *a.* dudew, tywyll, niwlog, llawn mwrllwch, caddugol.
murmur, *n. v.* murmur, grwgnach.
murrain, *n.* dolur anifeiliaid, haint, mwren.
muscle, *n.* cyhyr.
muscular, *a.* cyhyrog.
muse, *n.* awen, dawn farddonol.
v. myfyrio, synfyfyrio.
THE MUSES, yr awenau.
museum, *n.* amgueddfa.
FOLK MUSEUM, amgueddfa werin.
mushroom, *n.* madarch.
music, *n.* cerddoriaeth, miwsig.
CHURCH MUSIC, caniadaeth y cysegr.
musical, *a.* cerddorol.
musical-box, *n.* bocs canu.
musician, *n.* cerddor.
musk, *n.* mwsg (planhigyn â dail persawrus).
MONKEY MUSK, mwsg yr epa.
musket, *n.* dryll, gwn (milwr).
musketry, *n.* y grefft o saethu, dysgu saethu.
muslin, *n.* mwslin.
mussel, *n.* cragen las.
must, *v.* rhaid.
I MUST NOT, rhaid imi beidio â, ni wiw imi.
mustang, *n.* ceffyl gwyllt (y paith).
mustard, *n.* mwstard.
muster, *v.* cynnull, casglu, ymgasglu, byddino. *n.* cynulliad, cynulleidfa.
musty, *a.* wedi llwydo, hen, mws.
mutable, *a.* 1. cyfnewidiol.
2. treigladwy (llythyren), y gellir ei threiglo.
mutant, *n.* trawsgyweiryn, trawsblygyn, llythyren a dreiglir.
mutate, *v.* treiglo (cytsain), gwyro (llafariad).
mutated, *a.* treigledig, wedi ei threiglo.
mutation, *n.* 1. cyfnewidiad, trawsblygiad.
2. treiglad, gwyriad.
mute, *n.* 1. mudan.
2. miwt, mudydd (miwsig).
a. mud, distaw.
muteness, *n.* mudandod.
mutilate, *v.* anafu, anffurfio, cloffi.
mutilation, *n.* anafiad, anffurfiad.
mutineer, *n.* gwrthryfelwr, terfysgwr.
mutinous, *a.* gwrthryfelgar, terfysglyd.

mutiny, *n.* gwrthryfel, terfysg. *v.* gwrthryfela, terfysgu.

mutter, *v.* mwmian, myngial, siarad yn aneglur.

mutton, *n.* cig gwedder, cig mollt.

mutual, *a.* o'r ddwy ochr, cyd-, o fodd y ddeutu, cilyddol, atgyrchol.

mutually, *ad.* o boptu, o'r ddeutu, cyd- (gytuno, etc.).

muzzle, *n.* 1. safn, trwyn. 2. peth am safn, penwar. 3. safn gwn.

my, *pn.* fy, 'm.

mycologist, *n.* meicolegydd, astudiwr ffyngoedd.

mycology, *n.* meicoleg, astudiaeth ffyngoedd.

mycorhiza, *n.* gwreiddffwng, meicorheisa, ffwng gwreiddiau coed.

myopia, *n.* meiopia, byrwelediad, golwg byr.

myriad, *n.* myrdd. *a.* aneirif.

myrrh, *n.* myr.

myrtle, *n.* myrtwydden.
BOG MYRTLE, helyg Mair.

myself, *pn.* myfi, (mi) fy hunan.

mysterious, *a.* rhyfedd, dirgel, dirgelaidd.

mystery, *n.* rhyfeddod, dirgelwch.

mystic, *n.* cyfriniwr.

mystical, *a.* cyfriniol, dirgel, cyfrin.

mysticism, *n.* cyfriniaeth,

mystification, *n.* syfrdandod, dryswch, syndod.

mystify, *v.* synnu, syfrdanu, drysu.

myth, *n.* chwedl, myth.

mythical, *a.* chwedlonol.

mythological, *a.* chwedlonol, traddodiadol.

mythologist, *n.* casglwr chwedloniaeth, un hyddysg mewn chwedloniaeth.

mythology, *n.* chwedloniaeth, traddodiadau.

myxomatosis, *n.* clefyd cwningod, haint cwningod, micsomatosis.

N

nab, *v.* cipio, dal.

nabob, *n.* swyddog, pennaeth (Indiaidd).

nadir, *n.* y pwynt isaf, nadir.

nag, *v.* cecru, ffraeo, swnian, swnan. *n.* ceffyl.

nagging, *a.* anynad, cwerylgar, conachlyd.

nail, *n.* 1. hoel, hoelen. 2. ewin. *v.* hoelio.

nailer, *n.* hoeliwr, gwneuthurwr hoelion.

naïve, *a.* diniwed, gwirion, naturiol.

naïveté, *n.* diniweidrwydd, naturioldeb, naïfrwydd.

naked, *a.* noeth, llwm, diamddiffyn. STARK NAKED, noeth lymun.

nakedness, *n.* noethni.

name, *n.* enw. *v.* enwi, galw. CHRISTIAN NAME, enw bedydd. SURNAME, cyfenw.

nameless, *a.* dienw.

namely, *ad.* sef, hynny yw, nid amgen.

namesake, *n.* cyfenw, un o'r un enw.

nanny, *n.* nyrs plant.

nanny-goat, *n.* gafr (fenyw).

nap, *n.* 1. cyntun, cwsg bach. 2. gêm cardiau. 3. blew (brethyn).

napalm, *n.* napam, cyfansawdd o naffthalin ac oel coco.

nape, *n.* gwar, gwegil.

naphtha, *n.* oel taniol o lo, nafftha.

napkin, *n.* cadach, cewyn, napcyn.

narcissism, *n.* hunan serch, edmygu hunan.

narcissus (jonquil), *n.* croeso'r gwanwyn, narsisws.

narcosis, *n.* narcosis, cyflwr dideimlad.

narcotic, *n.* moddion cwsg. *a.* yn peri cwsg.

nard, *n.* nard, nardus (llysieuyn neu eli ohono).

narrate, *v.* adrodd, traethu.

narration, *n.* adroddiad.

narrative, *n.* hanes, chwedl. *a.* hanesiol.

narrator, *n.* adroddwr.

narrow, *a.* cul, cyfyng. *v.* culhau, cyfyngu.
A NARROW ESCAPE, dihangfa gyfyng.

narrowly, *ad.* prin, o'r braidd.

narrow-minded, *a.* cul, o feddwl bach.

narrowness, *n.* culni.

narrows, *np.* culfa, culfeydd.

nasal, *a.* trwynol (*pl.* trwynolion). NASAL CAVITY, ceudod y trwyn.

nasalization, *n.* trwynoliad, treiglad trwynol.

nasalize, *v.* trwynoli, rhoi treiglad trwynol.

nascent, *a.* datblygol, yn dechrau bod.

nastiness, *n.* ffieidd-dra, bryntni.

nasturtium, *n.* capan cornicyll (math o flodeuyn).

nasty, *a.* cas, brwnt, ffiaidd.

natal, *a.* genedigol, yn ymwneud â geni.

nation, *n.* cenedl.

national, *a.* cenedlaethol, gwladol.

nationalism, *n.* cenedlaetholdeb, gwladgarwch, cenedlgarwch.

nationalist, *n.* cenedlaetholwr.

nationalization, *n.* gwladoliad, cenedlaetholiad.

nationalize, *v.* gwladoli, gwneud yn eiddo gwladwriaeth.

nationality, *n.* cenedl, cenedlaetholdeb, cenedligrwydd.

native, *n.* brodor. *a.* brodorol, genedigol o, cynhenid.

    NATIVE PLACE, bro gynefin.

nativity, *n.* genedigaeth.

natty, *a.* destlus, cryno, twt.

natural, *a.* naturiol.

    NATURAL ORDER, dosbarth naturiol.

    NATURAL POPULATION, poblogaeth gynhenid.

    NATURAL SELECTION, detholiad natur.

naturalization, *n.* derbyniad fel dinesydd, rhyddfreiniad, breiniad.

naturalism, *n.* naturolaeth, gwadiad o'r goruwchnaturiol.

naturalist, *n.* naturiaethwr.

naturalistic, *a.* naturyddol, anianol.

naturalize, *v.* mabwysiadu, brodori, cartrefu.

nature, *n.* natur, anian, anianawd.

naught, *n.* dim, sero.

naughtiness, *n.* drygioni, direidi.

naughty, *a.* drwg, direidus, cellweirus.

nausea, *n.* 1. cyfog, salwch, anhwyldeb.

    2. ffieidd-dra, atgasedd, cas.

nauseate, *v.* diflasu, codi cyfog ar, syrffedu.

nauseating, *a.* atgas, diflas, ffiaidd, cyfoglyd.

nauseous, *a.* diflas, cyfoglyd, ffiaidd.

nautical, *a.* morwrol, yn ymwneud â llongau.

    NAUTICAL MILE, môr-filltir, milltir fôr.

naval, *a.* llyngesol.

nave, *n.* 1. corff eglwys.

    2. bogel (olwyn), both, bŵl, bwlyn.

navel, *n.* bogail, canol.

navigable, *a.* mordwyol, y gellir ei forio.

navigate, *v.* morio, mordwyo, llywio.

navigation, *n.* morwriaeth, morgludo.

navigator, *n.* morwr, llongwr, llywiwr (llong neu awyren).

navvy, *n.* gweithiwr, cloddiwr, llafurwr.

navy, *n.* llynges.

nawab, *n.* pennaeth (Indiaidd), llywodraethwr.

nay, *ad.* na, nage, naddo, nid felly.

Nazerite, *n.* Nasaread, Iddew defosiynol, brodor o Nasareth.

naze, *n.* penrhyn, pentir, trwyn.

Nazi, *n.* Natsi. *a.* Natsïaidd.

neap, *a.* isel.

    NEAP TIDE, llanw isel, ertrai.

near, *a.* agos, cyfagos. *ad.* yn agos, gerllaw, yn ymyl. *prp.* ger, yn agos at. *v.* agosáu, nesáu.

    A NEAR MISS, go agos.

nearby, *a.* gerllaw, yn ymyl.

nearly, *ad.* bron, ymron.

nearness, *n.* agosrwydd.

nearsighted, *a.* byr ei olwg.

neat, *a.* destlus, twt, trefnus.

neat-herd, *n.* bugail gwartheg, cowmon, heusor, buelydd.

neatness, *n.* destlusrwydd, trefn, taclusrwydd.

nebula, *n.* niwlen (yn y ffurfafen), tywyllni, aneglurder.

nebulous, *a.* niwlog, amwys, amhendant, aneglur, annelwig.

necessarily, *ad.* o angenrheidrwydd.

necessary, *a.* angenrheidiol, anhepgorol. *np.* angenrheidiau, rheidiau.

necessitarians, *np.* rheidegwyr.

necessitate, *v.* gwneud yn angenrheidiol, gorfodi, peri bod eisiau.

necessitous, *a.* tlawd, anghenus, rheidus, amddifad.

necessity, *n.* angenrheidrwydd, angen, anghenraid, rhaid, rheidrwydd.

neck, *n.* gwddf, mwnwgl.

    NECK AND CROP, pendramwnwgl.

    NECK AND NECK, ochr yn ochr, cyfartal.

neck-band, *n.* coler crys.

neckcloth, *n.* cadach gwddf, sgarff, crafat.

neckerchief, *n.* cadach gwddf, crafat, sgarff.

necklace, *n.* gwddfdorch, addurn i'r gwddf, neclis.

neck-tie, *n.* tei.

necrology, *n.* cofrestr y meirw, rhestr marwolaethau.

necromancer, *n.* dewin, swynwr.

necromancy, *n.* ymofyn â'r meirw, dewiniaeth.

necropolis, *n.* mynwent, claddfa gyhoeddus.

necrosis, *n.* necrosis, marweiddiad asgwrn neu feinwe.

nectar, *n.* neithdar, diod y duwiau.

nectarine, *n.* nectarin, math o eirinen.

nectary, *n.* melfa, (rhan o flodyn, etc.).

née, *a.* (enw) cyn priodi, (ganedig).

need, *n.* angen, eisiau, rhaid. *v.* bod mewn angen.

needful, *a.* angenrheidiol, mewn angen.

needle, *n.* nodwydd.

   KNITTING-NEEDLE, gwaell.

needless, *a.* dianghenraid, diachos.

needlework, *n.* gwniadwaith, gwaith edau a nodwydd.

needs, *np.* anghenion, rheidiau.

   HE NEEDS MUST, rhaid iddo.

needy, *a.* anghenus, rheidus, mewn eisiau.

ne'er-do-well, *n.* un da i ddim, oferddyn, un diffrwyth.

nefarious, *a.* drwg, ysgeler, anfad.

negation, *n.* nacâd, negyddiad, negyddiaeth.

negative, *n.* negydd, nacâd. *a.* nacaol, negyddol. *v.* negyddu.

neglect, *n.* esgeulustra, diofalwch. *v.* esgeuluso.

neglecter, *n.* esgeuluswr, un diofal.

neglectful, *a.* esgeulus, diofal.

negligence, *n.* esgeulustod, diofalwch.

negligent, *a.* esgeulus, diofal.

negligible, *a.* dibwys, y gellir ei anwybyddu.

negotiable, *a.* y gellir ei drafod (cyfnewid, etc.).

negotiate, *v.* 1. trafod (busnes).

   2. trefnu.

   3. gorchfygu (anhawster).

negotiation, *n.* ymdriniaeth, trafodaeth, ymdrafodaeth.

negotiator, *n.* trafodwr, trefnwr, ymdriniwr.

negress, *n.* menyw ddu, negröes.

negro, *n.* dyn du, negro.

neigh, *n.* gweryrad. *v.* gweryru.

neighbour, *n.* cymydog.

neighbourhood, *n.* cymdogaeth, ardal, bro.

neighbouring, *a.* cyfagos, ar bwys.

neighbourly, *a.* cymdogol, cyfeillgar.

neither, *c.* na, nac, ychwaith. *pn.* ni(d) . . . yr un, nid y naill na'r llall.

nemesis, *n.* (duwies) dialedd.

neo-, *px.* newydd, diweddar, modern.

neolithic, *a.* yn perthyn i oes ddiweddar y meini.

neologism, *n.* gair gwneud, ymadrodd newydd.

neologist, *n.* newidiwr, cyflwynwr peth newydd (iaith neu grefydd).

neology, *n.* peth newydd, athrawiaeth newydd.

neon, *n.* neon, nwy diynni.

   NEON LIGHT, golau neon.

neoplasm, *n.* neoplasm, twf afiach.

nepotist, *n.* neieddwr.

nephew, *n.* nai.

nephritis, *n.* llid yr arennau, neffritis.

nepotism, *n.* ffafrio perthnasau.

nerve, *n.* nerf, gewyn, giewyn.

nerveless, *a.* egwan, llipa, diynni.

nervous, *a.* ofnus, nerfus, hawdd ei gyffroi.

nervousness, *n.* ofnusrwydd, nerfusrwydd.

nescience, *n.* anwybodaeth.

nescient, *a.* 1. anwybodus.

   2. anffyddiol.

ness, *n.* penrhyn, pentir, trwyn.

nest, *n.* nyth. *v.* nythu.

nest-egg, *n.* 1. wy llestr, wy addod.

   2. arian wrth gefn.

nestful, *n.* nythaid, llond nyth.

nestle, *v.* nythu, cysgodi, gwasgu'n glòs at.

nestling, *n.* aderyn bach.

net, *n.* rhwyd. *a.* union, net (am arian), gwir. *v.* rhwydo, dal.

   NET PROFIT, gwir elw.

   NET LOSS, gwir golled.

   NET WEIGHT, gwir bwysau.

net-ball, *n.* (chwarae) rhwydo pêl.

nether, *a.* isaf, o dan.

nethermost, *a.* isaf.

netting, *n.* rhwyd, netin.

nettle, *n.* danadl, dynad, dynaint.

network, *n.* rhwydwaith.

neural, *a.* nerfol, ynglŷn â'r nerfau.

neuralgia, *n.* gwayw (pen), gieuwst.

neurasthenia, *n.* gwendid y nerfau, blinder yr ymennydd, nerfwst.

neuritis, *n.* llid y nerfau, niwritis.

neurology, *n.* astudiaeth y nerfau.

neurosis, *n.* niwrosis, gwendid y nerfau.

neurotic, *a.* niwrotig, â nerfau gwan.

neuter, *a.* di-ryw.

neutral, *a.* amhleidiol, diduedd, niwtral. *n.* neodr (seinyddiaeth).

neutrality, *n.* amhleidiaeth.

neutralization, *n.* niwtraleiddiad.

neutralize, *v.* niwtraleiddio, dirymu.

neutron, *n.* niwtron, elfen niwtral (trydan).

never, *ad.* byth, erioed.

nevertheless, *ad.* er hynny.

new, *a.* newydd, diweddar, ffres.

new-born, *a.* newydd-eni.

new-comer, *n.* newydd-ddyfodiad, dyn dwad.

newel, *n.* post grisiau.
newfangled, *a.* ffasiwn newydd.
newly, *ad.* newydd, yn ddiweddar.
newness, *n.* newydd-deb.
news, *np.* newydd, newyddion.
newsboy, *n.* crwt y papur (newydd).
newsmonger, *n.* taenwr newyddion (chwedlau), clecyn.
newspaper, *n.* papur newydd, newyddiadur.
news-reel, *n.* ffilm sinema (sy'n rhoi newyddion), ffilm newyddion.
newsvendor, *n.* gwerthwr papurau (newydd).
newt (common), *n.* madfall y dŵr.
next, *a.* nesaf. *prp.* nesaf at.
    NEXT MORNING, trannoeth.
    NEXT TO NOTHING, y peth nesaf i ddim.
next-door, *ad.* drws nesaf, gerllaw.
nib, *n.* blaen, nib.
nibble, *v.* cnoi, deintio, brigbori.
nice, *a.* braf, hyfryd, neis, llednais, manwl.
nicety, *n.* manylwch, manylrwydd.
niche, *n.* cornelyn, cloer.
nick, *n.* 1. bwlch, toriad.
    2. ysbryd drwg (y dŵr).
    IN THE NICK OF TIME, i'r funud, ar y funud olaf.
nickel, *n.* nicel, math o fetel gwyn.
nickname, *n.* llysenw. *v.* llysenwi.
nicotine, *n.* gwenwyn tybaco, nicotin.
niece, *n.* nith.
niggard, *n.* cybydd.
niggardly, *a.* cybyddlyd, crintach.
nigger, *n.* negro, dyn du.
niggling, *a.* dibwys, crebachlyd, gwael.
nigh, *a. ad. prp.* agos, yn agos, gerllaw.
night, *n.* nos, noson, noswaith.
    GOOD-NIGHT, nos da.
    BY NIGHT, liw nos.
    TO BECOME NIGHT, nosi.
    LAST NIGHT, neithiwr.
    NIGHT BEFORE LAST, echnos.
    DEAD OF NIGHT, cefn nos, canol nos, perfedd nos.
night-cap, *n.* cap nos.
night-dress, *n.* gŵn nos, coban (nos).
nightfall, *n.* cyfnos, yr hwyr, brig y nos.
night-gown, *n.* gŵn nos, coban (nos).
nightingale, *n.* eos.
nightjar, *n.* troellwr, brân y nos.
nightly, *a.* nosol, bob nos. *ad.* bob nos, nosol, beunos.
nightmare, *n.* hunllef, breuddwyd gas.
night-school, *n.* ysgol nos.
nightshade, *n.* 1. (*weedy*) mochlys.
    2. (*deadly*) codwarth.

night-shirt, *n.* crys nos.
night-watch, *n.* gwyliadwriaeth nos.
nihilism, *n.* nihiliaeth.
nihilist, *n.* nihilydd.
nil, *n.* dim.
nimble, *a.* sionc, gwisgi, heini, ysgafndroed.
nimbleness, *n.* sioncrwydd, bywiogrwydd.
nimbus, *n.* 1. cwmwl glaw.
    2. corongylch.
nincompoop, *n.* creadur gwirion, penbwl, mwlsyn.
nine, *a.* naw.
ninepins, *np.* ceilys, (gêm pêl bren).
nineteen, *a.* pedwar (pedair) ar bymtheg, un deg naw.
nineteenth, *a.* pedwerydd (pedwaredd) ar bymtheg.
ninetieth, *a.* degfed a phedwar ugain.
ninety, *a.* pedwar ugain a deg, naw deg.
ninth, *a.* nawfed.
nip, *v.* cnoi, brathu, torri. *n.* cnoad, brath.
nipper, *n.* 1. crwt.
    2. ewin, crafanc.
    3. dant (ceffyl).
nippers, *np.* 1. gefel.
    2. sbectol (ddi-goes).
nipple, *n.* teth, diden.
nipplewort, *n.* cartheig, (blodyn melyn).
nippy, *n.* gweinyddes (mewn bwyty).
    a. llym, effro, craff, cyflym.
nisi, *c.* oni, onid, oddieithr.
nitrate, *n.* nitrad, halen asid nitrig.
nitre, *n.* nitr, nitrad potas.
nitric acid, *n.* asid nitrig.
nitrification, *n.* nitreiddiad.
nitrify, *v.* nitreiddio, troi'n nitr, nitradu.
nitrite, *n.* nitraid (*pl.* nitreidiau).
nitrogen, *n.* nitrogen, (nwy).
nitrogenous, *n.* yn cynnwys nitrogen.
nitrous, *a.* nitrus, o nitr, fel nitr.
nitrous acid, *n.* asid nitrus.
nits, *np.* nedd, wyau llau, etc.
nitwit, *n.* hurtyn, ffŵl, penbwl.
no, *n.* na, nacâd. *a.* ni(d) . . . (d)dim, ni(d) . . . neb. *ad.* ni, nid, na, nad, nac oes, naddo, nage.
nob, *n.* 1. uchelwr, gŵr mawr.
    2. y pen.
    3. bwl, bwlyn.
nobby, *a.* ardderchog, gwych.
nobility, *n.* bonedd, urddas, pendefigaeth, boneddigrwydd.
noble, *a.* urddasol, pendefigaidd, ardderchog, braf, nobl, taliaidd.

nobleman, *n.* pendefig, gŵr bonheddig.

noble-minded, *a.* mawrfrydig, hael, haelfrydig, anrhydeddus.

nobleness, *n.* haelfrydedd, uchelwredd, mawrfrydigrwydd.

noblewoman, *n.* pendefiges.

nobly, *ad.* yn anrhydeddus, yn urddasol, yn nobl.

nobody, *n.* neb, neb un, neb rhyw un.

nocturnal, *a.* nosol, yn y nos, gyda'r nos.

nocturne, *n.* hwyrgan.

nod, *n.* nôd, amnaid. *v.* 1. nodio, amneidio.
2. pendwmpian, pendrymu.

noddle, *n.* pen, penglog, clopa.

noddy, *n.* hurtyn, gwirionyn.

node, *n.* clwm, cwlwm, cwgn.

nodose, *a.* clymog.

nodosity, *n.* cyflwr clymog, chwyddi clymog.

nodule, *n.* cnepyn, clwm, cnap.

noggin, *n.* 1. cwpan bach.
2. chwarter peint.

noise, *n.* sŵn, trwst, twrw.
TO MAKE A NOISE, cadw sŵn, gwneud sŵn.
v. cyhoeddi.

noiseless, *a.* distaw, tawel.

noisome, *a.* atgas, ffiaidd, niweidiol, â gwynt cas.

noisy, *a.* swnllyd, trystiog.

nomad, *n.* crwydryn, un crwydr, nomad. *a.* crwydrol.

nomadic, *a.* crwydrol, crwydr, nomadig.

nom de plume, *n.* ffugenw.

nomenclature, *n.* enwedigaeth, dull enwi, cyfundrefn enwau.

nominal, *a.* mewn enw, yn cynnwys enwau, enwol.

nominalism, *n.* enwolaeth (y gwrthwyneb i *realaeth*).

nominate, *v.* enwi, enwebu.

nomination, *n.* enw, hawl i enwi.

nominative, *a.* enwol.

nominator, *n.* enwebydd, un sy'n enwi (enwebu).

nominee, *n.* un a enwir, un a ddewisir.

non-, *px.* an-, di-, ddim.

nonage, *n.* maboed, mebyd.

nonagenerian, *n.* un pedwar ugain a deng mlwydd oed.

non-agression, *n.* anhreisgyrch. *a.* anhreisgyrchog.

non-alcoholic, *a.* heb fod yn feddwol, heb gynnwys alcohol.

nonce, *n.*
FOR THE NONCE, am y tro.

nonchalance, *n.* difaterwch, difrawder, hunanfeddiant.

nonchalant, *a.* didaro, difater, hunanfeddiannol.

non-combatant, *n.* un nad yw'n ymladd.

non-commissioned, *a.* heb gomisiwn (yn y fyddin, etc.).

non-committal, *a.* heb fod un ffordd na'r llall.

non-conductor, *n.* peth nad yw'n arwain (trydan, etc.), anghludydd.

nonconformist, *n.* anghydffurfiwr.

nonconformity, *n.* anghydffurfiaeth.

nondescript, *a.* amhenodol, anodd ei ddisgrifio, diddosbarth, od.

none, *pn.* neb, dim.

nonentity, *n.* 1. un dibwys.
2. peth heb fod.
3. diffyg bodolaeth, anfodolaeth.

non-existence, *n.* diffyg bodolaeth, anfodolaeth.

non-existent, *a.* heb fod mewn bod.

non-hydrous, *a.* anhidrus.

non-intervention, *n.* anymyrraeth.

non-intoxicating, *a.* heb fod yn feddwol.

nonjuror, *n.* annhyngwr.

non-metals, *np.* anfeteloedd.

nonpareil, *a.* digymar. *n.* 1. peth digymar.
2. argrafflythrennau.
3. math o afal.

non-payment, *n.* methdaliad.

non-plussed, *a.* mewn penbleth, mewn dryswch.

nonproprietary, *a.* diberchenogaeth, heb freintlythyr iddo.

non-residence, *n.* anrhigiant, amhreswyliad.

non-resident, *n.* anhrigiwr, un nad yw'n byw (yno).

nonsense, *n.* lol, ffolineb.

nonsensical, *a.* ffôl, gwirion.

noodle, *n.* un gwirion, ffwlcyn, hurtyn.

nook, *n.* cilfach, cornel clyd.

noon, noonday, noontide, *n.* nawn, canol dydd, hanner dydd.

noose, *n.* dolen, cwlwm rhedeg.

nor, *c. ad.* na, nac.

Nordic, *a.* Llychlynaidd, ynglŷn â Norwy.

norm, *n.* norm, safon, rheol, math.

normal, *a.* rheolaidd, normal, safonol, arferol.
NORMAL COLLEGE, Coleg Normal.

normalise, *v.* normaleiddio, gwneud yn normal, rheoleiddio.

normality, *n.* rheoleidd-dra.

Norman, *n.* Norman, Normaniad. *a.* Normanaidd.

normative, *a.* normadol.

north, *n.* gogledd. *a.* gogleddol.

north-east, *n.* gogledd-ddwyrain.

north-easterly, north-eastern, *a.* (i'r, o'r) gogledd-ddwyrain.

northerly, northern, *a.* gogleddol. NORTHERN LIGHTS, goleuni'r gogledd.

northward, *ad.* tua'r gogledd.

north-west, *n.* gogledd-orllewin.

north-westerly, north-western, *a.* (i'r, o'r) gogledd-orllewin.

Norwegian, *n.* Llychlynwr, Llychlyneg (iaith Llychlyn neu Norwy). *a.* Llychlynaidd, ynglŷn â Norwy.

nose, *n.* trwyn. *v.* trwyno, ffroeni. SNUB-NOSE, trwyn pwt.

nosedive, *n.* disgyniad syth.

nosegay, *n.* blodeuglwm, pwysi, tusw.

nostalgia, *n.* hiraeth (am gartref).

nostalgic, *a.* hiraethus, yn dyheu am gartref.

nostril, *n.* ffroen, agoriad y trwyn.

not, *ad.* na, nac, ni, nid, nad. I HAVE NOT, nid oes gennyf.

notability, *n.* dyn o bwys, pwysigrwydd, bri.

notable, *a.* hynod, nodedig, cofiadwy.

notary, *n.* un â hawl i lunio gweithredoedd, etc. (cyfreithiol), notari.

notation, *n.* nodiant. STAFF (OLD) NOTATION, hen nodiant.

notch, *n.* rhic, bwlch, agen. *v.* rhicio, bylchu, agennu.

note, *n.* 1. nod, arwydd, nodiad.
2. llythyr, nodyn.
3. enwogrwydd, bri.
v. 1. nodi, sylwi.
2. cofnodi.

notebook, *n.* nodlyfr, llyfr nodiadau, llyfr cofnodi.

noted, *a.* nodedig, hynod, enwog.

note-paper, *n.* papur ysgrifennu.

noteworthy, *a.* nodedig, o bwys, pwysig.

nothing, *n.* dim. NOTHING AT ALL, dim yn y byd, dim o gwbl.

nothingarian, *n.* dyn digrefydd, dyn annuwiol.

notice, *n.* 1. sylw.
2. rhybudd.
3. hysbysiad. *v.* sylwi.

noticeable, *a.* amlwg, hawdd ei weld.

notifiable, *a.* y rhaid hysbysu'r awdurdodau amdano.

notification, *n.* hysbysiad, hysbysrwydd.

notify, *v.* hysbysu, rhoi gwybod.

notion, *n.* tyb, syniad, clem, meddwl.

notoriety, *n.* enwogrwydd (drwg).

notorious, *a.* enwog (am ddrygioni), carn.

notwithstanding, *prp.* er, er gwaethaf. *ad.* er hynny.

nought, *n.* dim, sero, gwagnod.

noun, *n.* enw.

nourish, *v.* meithrin, maethu, bwyda, bwydo.

nourishing, *a.* maethlon.

nourishment, *n.* maeth, lluniaeth, meithriniaeth.

novel, *n.* nofel, stori. *a.* newydd, dieithr.

novelette, *n.* nofelig.

novelist, *n.* nofelydd, storïwr.

novelty, *n.* newydd-deb, newyddbeth.

November, *n.* Tachwedd, Y Mis Du.

novice, *n.* dechreuwr, nofis, newyddian, dysgwr.

noviciate, novitiate, *n.* stad nofis, tymor prawf, nofisiaeth.

now, *ad.* yn awr, y pryd hwn, yr awron, bellach, weithion. NOW AND THEN, ambell waith, yn awr ac yn y man, yn awr ac eilwaith. JUST NOW, gynnau.

nowadays, *a.* yn y dyddiau hyn, heddiw.

nowhere, *ad.* ddim yn unlle, ddim yn unrhyw fan.

nowise, *ad.* ddim o gwbl.

noxious, *a.* niweidiol, afiach, adwythus.

nozzle, *n.* trwyn, ffroen, ffroenell.

nuclear, *a.* yn ymwneud â'r atom, etc., canolog, cnewyllol, niwclar. NUCLEAR FISSION, hollti'r atom.

nucleus, *n.* cnewyllyn, canol, nucleus, niwcleus.

nude, *a.* noeth, heb ddillad.

nudge, *v.* pwtio, rhoi pwt.

nudist, *n.* pleidiwr noethni.

nudity, *n.* noethni.

nugget, *n.* cnepyn o aur (neu fetel arall).

nuisance, *n.* pla, poendod, bodder, trafferth, niwsans.

null, *a.* diddim, di-rym, ofer.

nullification, *n.* dirymiad, diddymiad.

nullify, *v.* diddymu, dirymu.

nullity, *n.* bod yn ddiddim, bod yn ddirym, diddymder.

numb, *a.* dideimlad, diffrwyth, cwsg. *v.* fferru, merwino, amddifadu o deimlad.

number, *n.* 1. nifer.
    2. rhif, rhifol, rhifnod.
    3. rhifyn (o gylchgrawn, etc.).
    v. rhifo, cyfrif.
    DIRECTED NUMBER, rhif cyfeiriol.
    WHOLE NUMBER, rhif cyfan.
    MIXED NUMBER, rhif cymysg.
numberless, *a.* dirifedi, di-rif, aneirif, afrifed.
numbness, *n.* diffrwythder, fferdod, bod yn ddideimlad.
numeral, *n.* rhifol, rhifnod.
numerate, *v.* cyfrif, rhifo.
numeration, *n.* cyfrif, cyfrifiad, rhifo.
numerator, *n.* rhifwr, rhifydd, rhifiadur (*pl.* -iau).
numerical, *n.* niferol, yn ôl rhif.
numerous, *a.* niferus, lluosog, aml.
nun, *n.* lleian, mynaches.
nuncio, *n.* llysgennad pab.
nunnery, *n.* lleiandy.
nuptial, *a.* priodasol, ynglŷn â phriodas.
nurse, *n.* nyrs, gweinyddes. *v.* magu, nyrsio.
nurseling, *n.* baban (yng ngofal nyrs).

nursery, *n.* meithrinfa, magwrfa.
    NURSERY SCHOOL, Ysgol Feithrin, Ysgol Famaeth.
nurseryman, *n.* garddwr.
nursing-home, *n.* cartref mamaeth, ysbyty.
nurture, *n.* maeth, magwraeth. *v.* maethu, meithrin.
nut, *n.* 1. cneuen.
    2. pen sgriw, nyten, gwain, gweinell.
nutcracker, *n.* gefel gnau.
nutmeg, *n.* pergneuen, nytmeg, (ffrwyth pren India'r Gorllewin).
nutrient, *n.* maethydd. *a.* maethol.
nutriment, nutrition, *n.* maeth, bwyd.
nutritious, *a.* maethlon.
nutritive, *a.* maethol, yn cynnwys maeth.
nutshell, *n.* masgl cneuen, plisgyn cneuen.
nut-tree, *n.* pren cnau, collen.
nuzzle, *v.* 1. trwyno, cloddio â'r trwyn.
    2. cysgodi.
nylon, *n.* neilon, dillad neilon.
nymph, *n.* meinwen y môr, duwies y coed, merch luniaidd.

O

o, *int. prp.* o !
    O'CLOCK, o'r gloch.
oaf, *n.* llabwst, awff, delff, hurtyn.
oafish, *a.* trwsgl, lletchwith, hurt, fel awff.
oak, *n.* derwen, dâr.
oaken, *a.* derw, deri, o dderi.
oakum, *n.* carth, ocwm (hen raffau wedi eu mysgu).
oar, *n.* rhwyf.
oarsman, *n.* rhwyfwr.
oasis, *n.* gwerddon, man ffrwythlon mewn anialwch, oasis.
oast, *n.* odyn (i sychu hopys neu farlys).
oat, *n.* ceirchen (*pl.* ceirch).
oatcake, *n.* bara ceirch, teisen geirch.
oaten, *a.* ceirch, o geirch.
oath, *n.* llw, rheg.
oatmeal, *n.* blawd ceirch.
obduracy, *n.* ystyfnigrwydd, cyndynrwydd.
obdurate, *a.* ystyfnig, cyndyn.
obedience, *n.* ufudd-dod, gwarogaeth.
obedient, *a.* ufudd.
obeisance, *n.* 1. ymgrymiad.
    2. ymostyngiad.
obelisk, *n.* colofn, obelisg.
obese, *a.* tew, corfful.

obesity, *n.* tewdra, tewder.
obey, *v.* ufuddhau.
obituary, *n.* rhestr marwolaethau. *a.* marwolaethol.
object, *n.* 1. gwrthrych, peth.
    2. nod, amcan, pwrpas.
    v. gwrthwynebu.
objectification, *n.* gwrthrycholiad, corfforiad.
objection, *n.* gwrthwynebiad.
objectionable, *a.* atgas, annymunol, cas.
objective, *n.* nod, amcan. *a.* gwrthrychol, gwrthwynebol.
objectivity, *n.* gwrthrychedd.
objector, *n.* gwrthwynebwr.
objurgate, *v.* ceryddu, cymhennu, dwrdio.
oblate, *a.* fflat wrth y pegynau, fel oren. *n.* mynach.
oblation, *n.* offrwm, aberth, rhodd, aberthged.
obligate, *a.* o raid, llwyr-ddibynnol (*botany*). *v.* gorfodi, rhwymo.
    SEMI-OBLIGATE, rhan-ddibynnol.
obligation, *n.* dyled, rhwymedigaeth.
obligatory, *a.* gorfodol, rhwymedig.

oblige, *v.* 1. boddio, gwneud ffafr. 2. gorfodi, rhwymo.

obliging, *a.* caredig, cymwynasgar, parod.

oblique, *a.* lletraws, ar osgo, traws. OBLIQUE CASE, cyflwr traws. OBLIQUE SECTION, goledd-doriad.

obliquely, *ad.* ar letraws.

obliquity, *n.* gwyrni, llygredd, goleddfiad.

obliterate, *v.* dileu, difodi.

obliteration, *n.* dilead, difodiad.

oblivion, *n.* angof, ebargofiant.

oblivious, *a.* anghofus, anymwybodol.

obliviousness, *n.* anghofrwydd.

oblong, *a.* hirgul. *n.* ffigur hirgul, oblong.

obloquy, *n.* gwaradwydd, cywilydd, cerydd.

obnoxious, *a.* atgas, ffiaidd, cas, gwrthun.

oboe, *n.* obo (offeryn chwyth).

obscene, *a.* brwnt, aflan, anllad, ffiaidd, anweddus.

obscenity, *n.* bryntni, ffieidd-dra.

obscurant, *n.* gwrthwynebydd cynnydd (mewn gwyddoniaeth, etc.).

obscurantism, *n.* gwrthwynebu cynnydd neu welliannau.

obscure, *a.* 1. tywyll, aneglur, anodd ei ddeall. 2. anhysbys, di-nod. *v.* cymylu, tywyllu, cuddio.

obscurity, *n.* 1. aneglurder, tywyllni. 2. dinodedd.

obsequies, *np.* angladd, defodau angladdol, arwyl.

obsequious, *a.* gwasaidd, gor-ufudd.

obsequiousness, *n.* gwaseidd-dra, ufudd-dod gwasaidd.

observable, *a.* i'w weled, canfyddadwy.

observance, *n.* cadwraeth, cadw.

observant, *a.* sylwgar, craff, yn cadw.

observation, *n.* 1. sylw. 2. sylwadaeth, esboniad, arsylwadau.

observatory, *n.* arsyllfa, lle i ymchwil seryddol.

observe, *v.* dal sylw, sylwi, gwylio.

observer, *n.* sylwedydd, ardremiwr.

obsess, *v.* aflonyddu, blino, poeni.

obsession, *n.* aflonyddwch, anesmwythyd, blinder.

obsolescent, *a.* yn darfod, yn diflannu, heb ei arfer mwyach.

obsolete, *a.* ansathredig, heb fod mewn arfer, hen.

obstacle, *n.* rhwystr. OBSTACLE RACE, ras rwystrau.

obstetrician, *n.* meddyg geni, bydwr, colwynydd.

obstetrics, *n.* meddygiaeth geni, crefft bydwraig, bydwreigiaeth, obstetreg.

obstinacy, *n.* ystyfnigrwydd, cyndynrwydd.

obstinate, *a.* ystyfnig, cyndyn, croes.

obstreperous, *a.* afreolus, stwrllyd.

obstruct, *v.* atal, rhwystro.

obstruction, *n.* rhwystr, atalfa.

obstructive, *a.* gwrthwynebus, yn peri rhwystr.

obtain, *v.* cael, ennill.

obtainable, *a.* i'w gael.

obtrude, *v.* gwthio (hunan), ymwthio.

obtrusion, *n.* ymwthiad.

obtrusive, *a.* ymwthiol, yn dueddol i wthio hunan.

obtuse, *a.* 1. onglog, heb fod yn bigog. 2. hurt, twp. OBTUSE ANGLE, ongl aflem.

obverse, *n.* ochr ddeau, wyneb (darn arian), gwrthdro.

obviate, *v.* osgoi, arbed, gwaredu.

obvious, *a.* amlwg, eglur, clir, heb amheuaeth.

occasion, *n.* 1. achlysur, cyfle. 2. adeg, pryd, amser. 3. achos, rheswm. *v.* peri, achosi.

occasional *a.* achlysurol, anaml.

occasionalism, *n.* achlysuraeth.

occasionally, *ad.* ambell waith.

occident, *n.* y gorllewin.

occiput, *n.* gwegil, gwar.

occult, *a.* cudd, dirgel, cyfrin, argel.

occupant, *n.* deiliad, preswylydd.

occupation, *n.* 1. gwaith, galwedigaeth. 2. meddiant.

occupational, *a.* yn ymwneud â galwedigaeth.

occupier, *n.* deiliad, yr un sy'n byw yn.

occupy, *v.* 1. meddu, meddiannu. 2. dal. 3. cymryd.

occur, *v.* 1. digwydd. 2. dod i'r meddwl.

occurrence, *n.* digwyddiad, achlysur.

ocean, *n.* môr, cefnfor, eigion.

oceanography, *n.* cefnforeg.

oceanic, *a.* yn ymwneud â'r môr.

ochre, *n.* pridd melyn, lliw melyn.

o'clock, *ad.* o'r gloch.

octagon, *n.* wythongl, ffigur wyth ochr.

octagonal, *a.* wythonglog, ag wyth ochr.

octave, *n.* wythfed, octef.

octavo, *n.* llyfr wythblyg. *a.* wythblyg.

octet, *n.* wythawd.

October, *n.* Hydref.

octogenarian, *n.* un pedwar ugain mlwydd oed.

octopus, *n.* octopws, cymdeithas niweidiol, wythgoes.

ocular, *n.* sylladur. *a.* yn ymwneud â'r golwg.

oculist, *n.* meddyg llygaid.

odd, *a.* 1. od, rhyfedd, hynod.
  2. tros ben.
  3. un o nifer, gweddw.
  4. anghynifer, anghydrif, anghyfartal.
  ODD NUMBER, rhif anrhanadwy, rhif afrwydd.

oddity, *n.* 1. odrwydd, hynodrwydd.
  2. dyn neu beth od.

oddlegs, *np.* caliprau anghyfartal.

oddments, *np.* pethau dros ben.

odds, *np.* 1. gwahaniaeth, ots.
  2. mantais.
  ODDS AND ENDS, tameidiau.
  THE ODDS ARE THAT, y peth tebycaf yw.

ode, *n.* awdl, cân fer, telyneg.

odious, *a.* atgas, cas, ffiaidd, anymunol.

odium, odiousness, *n.* cas, gwarth, gwaradwydd.

odorous, *a.* ag aroglau (iach neu afiach), persawrus, peraroglus.

odour, *n.* aroglau, gwynt, sawr.

Oecumenical, *a.* Oecumenaidd, Eciwmenaidd.

oedema, *n.* edema, chwyddi, dropsi lleol.

oesophagus, *n.* esophagws, pibell fwyd.

of, *prp.* o, gan, am, ynghylch.

off, *ad.* ymaith, i ffwrdd, i bant. *a.* tu faes. *prp.* oddi ar, oddi wrth, oddi am.
  WELL OFF, yn dda ei fyd, cefnog.
  RIGHT OFF, yn glir o.
  OFF AND ON, yn awr ac yn y man.
  OFF SHORE, ger y lan.
  ON THE OFF CHANCE, a'i bod hi'n digwydd.

offal, *n.* tameidiau (o gig), gweddillion.

offence, *n.* trosedd, camwedd, ymosodiad.

offend, *v.* troseddu, tramgwyddo.

offender, *n.* troseddwr.

offensive, *a.* atgas, cas, ffiaidd. *n.* symudiad, ymosodiad.

offer, *n.* cynnig. *v.* cynnig.

offering, *n.* offrwm, cyfraniad.
  BURNT OFFERING, poeth offrwm.

offertory, *n.* casgliad, offrwm.

off-hand, *ad.* ar unwaith, heb baratoi, yn sydyn. *a.* difyfyr, dihidans, diseremoni.

office, *n.* 1. swydd, safle.
  2. swyddfa.

officer, *n.* swyddog.

official, *n.* swyddog. *a.* swyddogol.

officiate, *v.* gweinyddu, trefnu.

officious, *a.* ymyrgar, busneslyd.

offing, *n.* y môr a welir o'r tir.
  IN THE OFFING, yn y pellter, mewn golwg.

offscourings, *np.* gwehilion, ysbwriel.

offset, *v.* mantoli, cydbwyso, cael ei or-bwyso gan.
  n. 1. blaguryn.
  2. cydbwysedd.

off-side, *ad.* yn cam-sefyll (mewn chwarae), yn camochri.

offspring, *n.* plant, hil, epil, hiliogaeth.

oft, often, *ad.* yn aml, yn fynych, llawer gwaith.

ogle, *v.* cilwenu, llygadu. *n.* cilwen, golwg.

ogre, *n.* anghenfil, bwystfil.

oh, *int.* o ! och ! oho !

ohm, *n.* ôm, uned grym trydan.

oil, *n.* olew, oel. *v.* iro, oelio.

oilcloth, *n.* oelcloth.

oilfields, *np.* meysydd olew (oel).

oilskin, *n.* cot oel, etc.

oily, *a.* seimlyd.

ointment, *n.* eli, ennaint.

old, *a.* 1. hen, oedrannus.
  2. oed (e.e. dwy flwydd oed).
  OLD AGE, henaint.

olden, *a.* a fu, hen.

old-fashioned, *a.* henffasiwn, od.

oldish, *a.* henaidd, lled hen.

oleaginous, *a.* olewaidd, seimlyd.

oligarchy, *n.* llywodraeth (gan) yr ychydig.

olive, *n.* olewydden. *a.* gwyrddfelyn.
  OLIVE BRANCH, awgrym neu arwydd o gymod.

olympiad, *n.* ysbaid o bedair blynedd rhwng y campau Olympaidd (gynt), cyfrif blynyddoedd (Groegaidd).

Olympic, *a.* Olympaidd.
  OLYMPIC GAMES, campau Olympaidd.

omega, *n.* omega (y llythyren olaf yn yr wyddor Roeg), yr olaf.

omelet, omelette, *n.* ffroesen (crempog) wyau, omelet.

omen, *n.* argoel, arwydd.

ominous, *a.* bygythiol, argoelus.

omission, *n.* amryfusedd, gwall, esgeulustra.

omit, *v.* gadael allan, esgeuluso.

omnibus, *n.* bws.

omnipotence, *n.* hollalluowgrwydd, gallu diderfyn.

omnipotent, *a.* hollalluog.

omnipresence, *n.* bod yn hollbresennol.

omnnipresent, *a.* hollbresennol, ym mhobman.

omniscience, *n.* hollwybodaeth.

omniscient, *a.* hollwybodol.

omnivorous, *a.* yn bwyta popeth.

on, *prp.* ar, ar warthaf. *ad.* ymlaen.

once, *ad.* 1. unwaith, un tro.
 2. gynt.
 AT ONCE, ar unwaith.

one, *n.* un, rhywun, rhyw un, unig un. *a.* naill, un, unig.
 TO BE AT ONE WITH, cytuno â.
 IT IS ALL ONE, nid oes dim gwahaniaeth.
 ONE BY ONE, yn un ac un, bob yn un.

oneness, *n.* undod, unoliaeth.

onerous, *a.* trwm, beichus.

oneself, *pn.* (fy, dy, etc.) hunan.

one-sided, *a.* unochrog.

one-sidedness, *n.* unochredd.

one-way, *a.* un-ffordd, un-cyfeiriad.
 ONE-WAY ROAD, heol un-ffordd.

onion, *n.* wniwn, wynwyn.

onlooker, *n.* gwyliwr, un sy'n edrych ar.

only, *a.* unig. *ad.* yn unig, dim ond, ond.

onomatopoeia, *n.* gair â'i sain yn awgrymu ei ystyr.

onset, *n.* ymosod, cyrch.

on-side, *ad.* yn iawn ochri.

onslaught, *n.* ymosodiad, cyrch.

ontogeny, *n.* ontogeni, datblygiad yr unigolyn.

ontological, *a.* yn ymwneud â bodeg, bodegol.

ontology, *n.* athrawiaeth neu wyddor bod, bodeg.

onus, *n.* baich, cyfrifoldeb, pwys.

onward, onwards, *ad.* ymlaen.

onyx, *n.* math o faen gwerthfawr, onics.

oospore, *n.* wy-rith, oosbor.

ooze, *n.* llaid, mwd, llysnafedd.
v. gollwng, colli, diferu.

opal, *n.* opal, owmal, gem symudliw.

opaque, *a.* afloyw, nas gellir gweld trwyddo.

opaqueness, *n.* anhryloywder, afloywder, tywyllni.

opalescent, *a.* symudliw, yn dangos lluniau fel opal.

open, *n.* lle agored. *a.* 1. agored.
 2. didwyll.
v. 1. agor.
 2. dechrau.

 3. dadlennu.
 WIDE OPEN, lled y pen, yn llydan agored.

opencast (coal), *a.* (glo) brig.

opener, *n.* agorwr, agorydd.

open-handed, *a.* hael, parod, llawagored.

open-hearted, *a.* didwyll, gonest.

opening, *n.* agoriad, agorfa, bwlch. *a.* agoriadol.

openly, *ad.* yn agored, ar goedd, heb gêl.

openminded, *a.* teg, ystyriol, heb benderfynu ymlaen llaw.

open-mouthed, *a.* cegrwth, â cheg agored, yn dylyfu gên, yn rhyfeddu.

openness, *n.* didwylledd, gonestrwydd.

opera, *n.* opera, drama ar gân.

operatic, *a.* yn ymwneud ag opera, fel opera.

operate, *v.* 1. gweithio, gweithredu.
 2. trin.

operation, *n.* 1. gweithred, gweithrediad.
 2. triniaeth lawfeddygol, llawfeddygaeth.

operative, *a.* gweithiol, effeithiol, yn gweithredu.

operator, *n.* gweithredydd, trafodwr.

operetta, *n.* opera ysgafn, opereta.

ophidian, *a.* o dylwyth y seirff, fel neidr. *n.* sarff, neidr.

ophthalmia, *n.* offthalmia, llid y llygaid.

ophthalmic, *a.* yn ymwneud â'r llygaid.

ophthalmoscope, *n.* offthalmosgob, offeryn archwilio llygaid.

opiate, *n.* moddion cwsg. *a.* yn cynnwys opiwm, yn cymell cwsg.

opine, *v.* tybio, bod o'r farn.

opinion, *n.* tyb, cred, opiniwn, barn.

opinionated, *a.* ystyfnig, cyndyn.

opium, *n.* opiwm (moddion lleddfol).

opossum, *n.* oposwm (anifail bolgodog Americanaidd).

opponent, *n.* gwrthwynebydd.

opportune, *a.* amserol, ffafriol, cyfaddas.

opportunism, *n.* cymryd mantais o gyfle.

opportunist, *n.* un sy'n cymryd mantais o gyfle.

opportunity, *n.* cyfle, amser cyfaddas.

oppose, *v.* gwrthwynebu.

opposed, *a.* gwrthwynebol, croes, gwrthgyferbyniol, gelyniaethus.

opposer, *n.* gwrthwynebydd, un ar yr ochr nacaol.

opposite, *a.* 1. cyferbyn, gwrth-
gyferbyn.
2. croes.
n. cyferbyniad, gwrthwyneb.
oppositeness, *n.* gwrthgyferbynnedd.
opposition, *n.* 1. gwrthwynebiad.
2. gwrthblaid.
3. gwrthgyferbyniad.
oppress, *v.* gormesu, gorthrymu, lladd
ar.
oppression, *n.* gormes, gorthrwm,
baich.
oppressive, *a.* gormesol, gorthrymus,
trymaidd.
oppressor, *n.* gormeswr, gorthrymydd.
opprobrious, *a.* enllibus, cableddus.
opprobrium, *n.* gwarth, gwaradwydd.
optative, *a.* eiddunol, erfyniol, taer.
optic, *a.* ynglŷn â'r llygad.
optical, *a.* yn ymwneud â'r golwg.
optician, *n.* un sy'n gwneud neu
werthu gwydrau llygaid.
optics, *n.* opteg, gwyddor goleuni a
gwelediad.
optimism, *n.* optimistiaeth, gobaith,
hyder.
optimist, *n.* optimist, un sy'n llawn
hyder.
optimistic, *a.* gobeithiol, yn llawn
gobaith.
option, *n.* dewis, dewisiad.
optional, *a.* at (ei) ddewis, heb fod yn
orfodol.
opulence, *n.* cyfoeth, digonedd, golud.
opulent, *a.* cyfoethog, goludog.
opus, *n.* opus, darn cerddorol.
or, *c.* neu, ai, ynteu.
oracle, *n.* oracl, gŵr doeth, doethineb.
oracular, *a.* oraclaidd, doeth.
oral, *a.* llafar, ar dafod.
ORAL ARITHMETIC, rhifyddeg llafar.
orange, *n.* oren, oraens.
oration, *n.* araith, anerchiad.
orator, *n.* areithiwr.
oratorical, *a.* areithyddol, huawdl.
oratorio, *n.* oratorio, darn cerddorol
(cysegredig).
oratory, *n.* 1. areithyddiaeth, rhetoreg.
2. tŷ gweddi, capel bychan.
orb, *n.* 1. pêl, pelen.
2. y llygad.
orbit, *n.* 1. cylchdro, rhod.
2. twll y llygad, cylch llygad.
orchard, *n.* perllan.
orchestra, *n.* cerddorfa.
orchestral, *a.* i gerddorfa, cerddorfaol.
orchestrate, *v.* cyfansoddi ar gyfer
cerddorfa.
orchestration, *n.* trefniant (i gerdd-
orfa).

orchid, orchis, *n.* tegeirian, (blodeu-
yn).
ordain, *v.* 1. trefnu, penderfynu.
2. ordeinio.
ordeal, *n.* prawf llym, diheurbrawf.
order, *n.* 1. trefn. rheol.
2. gorchymyn.
3. urdd, dosbarth.
4. archeb.
v. 1. trefnu.
2. gorchymyn, erchi.
3. archebu.
IN ORDER TO, er mwyn.
IN ORDER, mewn trefn, trefnus.
orderliness, *n.* trefnusrwydd.
orderly, *n.* gwas milwr. *a.* trefnus,
gweddaidd.
ordinal, *n.* *a.* trefnol.
ORDINAL NUMERALS, trefnolion.
ordinance, *n.* ordinhad, deddfiad.
ordinarily, *ad.* fel rheol, yn gyffredin.
ordinary, *a.* cyffredin.
ordinate, *n.* mesuryn.
ordination, *n.* ordeiniad.
ordnance, *n.* stordy milwrol, magnel-
au, etc., ordnans.
ORDNANCE SURVEY MAPS, mapau
swyddogol y llywodraeth.
ore, *n.* mwyn (yn cynnwys metel).
organ, *n.* organ.
organic, *a.* organig, cyfansoddiadol,
cynhenid.
organism,*n.* 1. bod organig byw, cread-
ur neu blanhigyn, organeb (*pl.* -au).
2. cymdeithas, trefniad.
organist, *n.* organydd.
organization, *n.* 1. trefn, trefniant.
2. cymdeithas.
3. trefnoliad, trefnyddiaeth.
organize, *v.* trefnu.
organizer, *n.* trefnydd.
orgiastic, *a.* gloddestol, meddwol,
afreolus.
orgy, *n.* gloddest, cyfeddach.
oriel, *n.* oriel, ffenestr lydan.
orient, *n.* dwyrain. *a.* dwyreiniol.
oriental, *n.* dwyreiniwr. *a.* dwyreiniol.
orientalist, *n.* un hyddysg mewn ieith-
oedd a phynciau dwyreiniol.
orientate, *v.* amlygu, gweld y sefyllfa.
orifice, *n.* agoriad, genau (gwagle).
origin, *n.* dechrau, dechreuad, tardd-
iad, lleolbwynt.
original, *n.* gwreiddiol, ffynhonnell.
a. gwreiddiol, cyntefig.
originality, *n.* gwreiddioldeb.
originally, *ad.* yn wreiddiol, ar y
dechrau.
originate, *v.* dechrau, cychwyn.
originator, *n.* dechreuwr, crëwr.

ornament, *n.* addurn, tlws.

ornamental, *a.* addurnol.

ornamentation, *n.* addurniad, harddiad.

ornate, *a.* wedi ei addurno, gwych.

ornithologist, *n.* adarydd.

ornithology, *n.* adareg, astudiaeth o adar.

orography, *n.* gwyddor sy'n ymdrin â mynyddoedd.

orphan, *n. a.* amddifad, (plentyn) heb rieni.

orphanage, *n.* cartref plant amddifaid.

orthodox, *a.* uniongred, arferol.

orthodoxy, *n.* uniongrededd.

orthogonal, *a.* orthogonal.

orthographic, *a.* orthograffig, ynglŷn â sillafu a ffurfiau gramadeg.

orthography, *n.* orgraff, sillafu.

orthopaedic, *a.* yn ymwneud â gwendidau corfforol.

oscillate, *v.* siglo, ymsiglo, gwamalu, osgiladu.

oscillation, *n.* sigl, ymsiglad, dirgryniad.

oscillator, *n.* siglydd, osgiladur.

osculate, *v.* cyffwrdd, cusanu.

osier (willow), *n.* merhelygen, pren gwyddau bach, helygen wiail.

osmosis, *n.* osmosis, atyniad hylifau.

osprey, *n.* eryr y môr, gwalch y môr.

ossification, *n.* asgwrneiddiad, calediad.

ossify, *v.* asgwrneiddio, troi'n asgwrn, caledu.

ostensible, *a.* ymddangosiadol.

ostentation, *n.* rhodres, ymddangosiad balch.

ostentatious, *a.* rhodresgar, ffroenuchel, balch.

osteomyelitis, *n.* osteomielitis, llid yr asgwrn.

osteopath, *n.* llawdriniwr.

osteopathy, *n.* triniaeth feddygol â'r llaw (heb offeryn), llawdriniaeth.

ostler, *n.* gwas (sy'n gyfrifol am geffylau), ostler.

ostracism, *n.* diarddeliad, alltudiaeth.

ostracize, *v.* diarddel, alltudio.

ostrich, *n.* estrys.

other, *a.* arall, eraill, amgen. *pn.* arall, y llall. *ad.* dim, llai na.

EVERY OTHER, bob yn ail.

EACH OTHER, ei gilydd, y naill y llall.

otherness, *n.* arwahanrwydd, bod yn wahanol.

otherwise, *ad.* fel arall, yn wahanol, amgen, os amgen.

otherworldliness, *n.* arallfydolrwydd.

otherworldly, *a.* arallfydol, ysbrydol.

otitis, *n.* otitis, llid y glust.

otorrhoea, *n.* otorrhoea, clust rhedegog

otter, *n.* dwrgi, dyfrgi.

ought, *v.* dylwn, dylit, dylai, dylem, dylech, dylent.

ounce, *n.* 1. owns,

2. lincs, cath fawr.

our, *pn.* ein, 'n.

ours, *pn.* eiddom, yr eiddom.

ourselves, *pn.* ein hunain, ni, nyni.

oust, *v.* bwrw i maes, troi i maes.

out, *ad.* allan, i maes.

OUT OF DATE, hen, nas defnyddir mwyach.

OUT OF POCKET, ar (ei) golled.

out-, *px.* gor-, tra-, rhag-.

outbid, *v.* cynnig mwy na.

outbreak, *n.* 1. dechrau.

2. cynnwrf.

3. haint (sydyn).

outburst, *n.* geiriau dicllon, dicter.

outcast, *n.* alltud, di-gartref, heb gyfaill.

outclass, *v.* rhagori (ar), bod yn well na.

outcome, *n.* canlyniad, ffrwyth.

outcrop, *a.* brig. *n.* brigiad, cripell (ar wyneb y ddaear). *v.* brigo, ymwthio i'r wyneb.

outcry, *n.* gwaedd, dolef, dadwrdd.

outdo, *v.* rhagori ar, maeddu, cael y blaen ar.

outdoor, *a.* yn yr awyr agored.

outer, *a.* allanol.

outermost, *a.* 1. nesaf allan.

2. pellaf.

outfit, *n.* pethau pwrpasol, darpariaeth.

outfitter, *n.* gwerthwr (darpariaethau).

outflank, *v.* troi ystlys (gelyn).

outflow, *n.* llifo i maes, dylifiad, rhediad.

outgoings, *np.* treuliau.

outgrow, *v.* gordyfu, gorfyw.

outgrowth, *n.* ffrwyth, cynnyrch, canlyniad.

outhouse, *n.* allandy, adeilad y tu faes i'r tŷ, ychwanegiad.

outing, *n.* gwibdaith, siwrnai bleser.

outlandish, *a.* dieithr, anghysbell.

outlast, *v.* goroesi, parhau ar ôl, byw wedi.

outlaw, *n.* herwr, un digyfraith.

outlawry, *n.* herwriaeth.

outlay, *n.* traul, cost.

outlet, *n.* ffordd i maes, agorfa, twll (i awyr), arllwysfa.

outline, *n.* amlinell, amlinelliad, braslun. *v.* amlinellu.

outlive, *v.* goroesi, byw wedi.

outlook, *n.* 1. rhagolwg, disgwyliad.
2. golygfa.

outlying, *a.* pell (o ganolfan), pellennig, anghysbell.

outmanœuvre, *v.* trechu (trwy ystryw neu ddyfais), trin yn fwy cywrain.

outmoded, *a.* henffasiwn.

outnumber, *v.* bod yn fwy niferus na, gor-rifo.

outpace, *v.* mynd yn gyflymach na, blaenu, cael y blaen ar.

outpatient, *n.* un claf nad yw'n aros mewn ysbyty.

outpost, *n.* gwyliadwriaeth mintai (beth ffordd oddi wrth y fyddin).

outpour, *n.* tywalltiad, arllwysiad, cenllif, ffrwd (o eiriau).

output, *n.* 1. cynnyrch.
2. allosod, yr act o gynhyrchu.

outrage, *n.* trais, ysgelerder, gormes. *v.* treisio, gormesu.

outrageous, *a.* anfad, ysgeler, gormesol.

outright, *ad.* yn llwyr, yn gwbl.

outrun, *v.* blaenu, rhedeg yn gynt na, cael y blaen ar.

outset, *n.* dechrau, dechreuad.

outside, *n.* tu allan, tu faes. *a. ad.* allan, tu allan, allanol, oddi allan. *prp.* tu allan i, tu faes i.

outside-half, *n.* maeswr, maeswr.

outside-left, *n.* asgellwr chwith.

outsider, *n.* dieithryn, allanolyn.

outside-right, *n.* asgellwr de.

outsize, *a.* mawr iawn (am ddillad, etc.)

outskirts, *np.* cyrrau, ymylon, maestrefi.

outspoken, *a.* plaen, di-dderbynwyneb.

outspread, *a.* ar led.

outstanding, *a.* 1. amlwg, pwysig.
2. dyledus, heb ei dalu.

outstretched, *a.* yn ymestyn, estynedig.

outstrip, *v.* trechu, blaenu, mynd yn gynt na.

outward, *a.* allanol, tuag i maes, o'r tu allan.

outwardly, *ad.* yn allanol.

outwards, *ad.* tuag i maes.

outweigh, *v.* gorbwyso.

outwit, *v.* bod yn rhy gyflym neu gyfrwys i, trechu.

outworn, *a.* wedi treulio, hen.

ouzel (water), *n.* aderyn du'r dŵr.

oval, *a.* hirgrwn.

ovary, *n.* wygell, wyfa, hadlestr.

ovate, *n.* ofydd, un o urddau'r Orsedd.

ovate, *a.* wylun, o ffurf wy, hirgrwn.
OBOVATE, gwrthwylun.

ovation, *n.* cymeradwyaeth, croeso, clod.

oven, *n.* ffwrn, popty.
ELECTRIC OVEN, ffwrn drydan.

ovenful, *n.* ffyrnaid, llond popty.

over, *prp.* tros, dros, uwch, uwchben, ar draws. *ad.* drosodd, dros ben.

over-, *px.* gor-, tra-, rhy-.

overall, *n.* gorwisg, troswisg. *a.* o beni ben.

over-anxious, *a.* gorbryderus, rhy bryderus.

overawe, *v.* arswydo, peri arswyd i.

overbalance, *v.* troi'n groes, gorbwyso.

overbearing, *a.* gormesol, trahaus.

overboard, *ad.* dros fwrdd (llong).

overburden, *v.* gorlwytho, gwasgu.

overcast, *a.* cymylog, tywyll. *v.* cymylu, copri.

overcharge, *n.* gorbris, crocbris. *v.* 1. gorlwytho.
2. codi gormod, gorbrisio.

overcoat, *n.* cot fawr, cot uchaf.

overcome, *v.* gorchfygu, trechu, cael y gorau ar.

over-confident, *a.* gorhyderus, rhy ffyddiog.

overdo, *v.* gorwneud.

overdraft, *n.* yr hyn a godir yn ormod (o fanc), benthyciad.

overdraw, *v.* 1. codi gormod (o fanc).
2. gorliwio.

overdue, *a.* dros yr amser, wedi'r amser.

over-eager, *a.* gorawyddus.

overestimate, *v.* gorbrisio, gorgyfrif.

overflow, *n.* gorlif. *v.* gorlifo, goferu, diferu drosodd.

overflowing, *a.* helaeth, llifeiriol.

overgrow, *v.* gordyfu.

overgrowth, *n.* gor-dwf.

overhand, *a. ad.* dros yr ysgwydd (mewn nofio, criced, etc.).

overhang, *v.* 1. hongian dros, hongian uwchben.
2. bygwth.

overhaul, *v.* 1. dal.
2. archwilio ac atgyweirio, argyweirio.

overhead, *a. ad.* uwchben.

overhear, *v.* clywed yr hyn na ddylid, cipglywed.

overjoyed, *ad.* balch dros ben, llawen iawn.

overlap, *v.* darnguddio, gorgyffwrdd, mynd un dros y llall.

overlay, *v.* gorchuddio. *n.* gorchudd.

overload, *v.* gorlwytho.

overlook, *v.* 1. esgeuluso, diystyru.
2. edrych dros, goruchwylio.
3. peidio a sylwi ar.
overlord, *n.* penarglwydd, mechdeyrn.
overlordship, *n.* mechdeyrniaeth.
overnight, *ad.* dros nos.
overpower, *v.* trechu, maeddu, cael y gorau ar.
overpowering, *a.* llethol.
overrate, *v.* gorbrisio, gorgyfrif.
overreach, *v.* 1. cyrraedd yn rhy bell.
2. trechu (trwy dwyll).
override, *v.* 1. gor-redeg.
2. damsang, sathru.
3. trechu.
4. dirymu.
over-ripe, *a.* goraeddfed.
overrule, *v.* goruwchreoli, gwrthod.
overrun, *v.* goresgyn.
overseas, *ad.* dros y môr. tramor.
overseer, *n.* arolygwr, goruchwyliwr.
overshadow, *v.* cysgodi, dodi yn y cysgod.
overshoot, *v.* mynd dros (y nod), mynd yn rhy bell.
oversight, *n.* 1. camddealltwriaeth, amryfusedd.
2. arolygiaeth.
oversleep, *v.* cysgu'n hwyr, tra-chysgu.
overspan, *n.* pont, (heol dros heol arall).
overstep, *v.* mynd dros (y nod, etc.), mynd yn rhy bell.
overt, *a.* agored, amlwg, eglur.
overtake, *v.* goddiweddyd, dal.
overthrow, *n.* dymchweliad. *v.* dymchwelyd.
overtime, *n.* amser dros ben, amser ychwanegol.
overture, *n.* 1. cynnig, cynigiad.
2. agorawd (i opera).
overturn, *v.* dymchwelyd, troi wyneb i waered.
overweight, *a.* rhy drwm, gormod.

overwhelm, *v.* gorlethu.
overwhelming, *a.* llethol.
overwork, *v.* gorweithio. *n.* gwaith ychwanegol.
overwrought, *a.* 1. rhy ddyrys.
2. lluddedig, diffygiol.
ovoid, *a.* wyffurf, hirgrwn.
ovule, *n.* had-rith.
ovum, *n.* wy (heb ei ffrwythloni).
owe, *v.* bod mewn dyled, bod dan rwymau.
owing, *a.* dyledus.
OWING TO, oblegid.
owl, *n.* tylluan, gwdihŵ.
owlet, *n.* gwdihŵ fach, cyw tylluan.
owlish, *a.* difrifol a hurt.
own, *a.* ei hun. *v.* 1. meddu.
2. arddel, cydnabod.
3. cyfaddef, addef.
owner, *n.* perchen, perchennog.
ownerless, *a.* diberchen, diberchennog, heb berchen.
ownership, *n.* perchenogaeth.
ox, *n.* bustach, ych, eidion.
ox-eye daisy, *n.* 1. (*yellow*) melyn yr ŷd.
2. (*white*) llygad llo mawr.
ox-eyed, *a.* â llygaid mawr (fel ych).
oxidation, *n.* ocsidiad, yr act o droi'n ocsid.
oxide, *n.* ocsid, cyfansawdd o ocsigen, etc.
OXIDE OF LEAD, gorferw.
oxidise, *v.* ocsidio, troi'n ocsid. rhydu.
OXIDISING AGENT, ocsidydd.
oxlip, *n.* llysiau'r parlys.
oxy-acetylene, *a.* yn cynnwys ocsigen ac asetylin, ocsi-asetylin.
oxygen, *n.* ocsigen, (nwy a geir mewn dŵr ac awyr, etc.).
oyez, o yes, *int.* gosteg ! clywch !
oyster, *n.* llymarch, wystrysen.
ozone, *n.* osôn, (ffurf ar ocsigen yn yr awyr).

P

pace, *n.* cam, camre, cyflymdra.
v. camu, mesur â chamau.
pachytene, *n.* pacitên.
pacific, *a.* tawel, heddychol.
PACIFIC OCEAN, Y Môr Tawel.
pacification, *n.* heddychiad, tawelu.
pacifier, *n.* un sy'n heddychu neu dawelu.
pacifism, *n.* gwrthwynebiad i ryfel, pasiffistiaeth.
pacifist, *n.* heddychwr.
pacify, *v.* heddychu, tawelu.

pack, *n.* 1. pecyn, pwn, sypyn, bwndel.
2. cnud (o fleiddiaid, etc.).
3. pac (o gardau).
v. pacio, sypynnu.
package, *n.* pecyn, sypyn, bwndel.
packet, *n.* paced.
pack-horse, *n.* pynfarch.
pack-ice, *n.* plocfa iâ.
packing, *n.* defnydd cau cyswllt, pacyn.
packman, *n.* pedler, gwerthwr crwydrol.

pact, *n.* cytundeb, cyfamod, bargen.
pad, *n.* pad. *v.* pado, stwffio.
padding, *n.* peth i lanw, padyn.
paddle, *n.* rhodl, padl. *v.* rhodli, padlo.
paddock, *n.* marchgae, cae bach.
padlock, *n.* clo clwt, clo llyffant, clo egwyd.
paean, *n.* mawlgan, cân o orfoledd.
paediatrics, *np.* gwyddor plentyndod a'i glefydau.
pagan, *n.* pagan. *a.* paganaidd.
paganism, *n.* paganiaeth.
page, *n.* 1. gwas bach.
　　2. tudalen.
pageant, *n.* pasiant.
pageantry, *n.* rhwysg, rhodres, pasiantri.
pagoda, *n.* pagoda, tŵr cysegredig (dwyreiniol).
pail, *n.* ystwc, bwced.
pain, *n.* poen, gwayw, gloes, loes.
　　TO TAKE PAINS, cymryd trafferth.
painful, *a.* poenus, dolurus, anafus.
painless, *a.* di-boen, heb boen.
painstaking, *a.* gofalus, trylwyr, dyfal.
paint, *n.* paent. *v.* peintio.
painter, *n.* peintiwr.
painting, *n.* peintiad, peintio.
pair, *n.* pâr, dau, cwpl. *v.* paru, gwneud pâr.
pairing, *n.* cymheirio.
pal, *n.* cyfaill, cydymaith. *v.* cyfeillachu.
palace, *n.* plas, palas.
palaeographer, *n.* un sy'n astudio hen ysgrifau, palaeograffydd.
palaeography, *n.* astudiaeth hen ysgrifau, palaeograffeg.
palaeolithic, *a.* yn perthyn i hen oes y meini.
palanquin, *n.* elor gludo (India, etc.).
palatability, *n.* blasusrwydd.
palatable, *a.* blasus.
palatal, *a.* taflodol. yn ymwneud â thaflod y genau.
palate, *n.* 1. taflod y genau.
　　2. blas, archwaeth.
palatial, *a.* palasaidd, gwych, godidog.
palatinate, *n.* tir un breiniol.
palaver, *n.* ymdrafodaeth, cleber. *v.* clebran, baldorddi.
pale, *a.* gwelw, llwyd. *v.* gwelwi, llwydo.
　　n. 1. ffin.
　　2. pawl, polyn.
palea, *n.* eisin, rhuddion, masgl.
paleness, *n.* gwelwedd, gwelwder, llwydedd.
palette, *n.* llechen (peintiwr), plât peintio.

palfrey, *n.* ceffyl (i'w farchogaeth).
paling, *n.* ffens bolion, clawdd pyst.
palisade, *n.* ffens goed, ffens bolion.
pall, *v.* diflasu, alaru. *n.* mantell, llen elor, clogyn.
pallet, *n.* 1. gwely gwellt, gwely gwael.
　　2. plât peintio.
palliasse, *n.* matras caled, gwely gwellt.
palliate, *v.* lliniaru, lleddfu, esmwytho.
palliative, *n.* lleddfydd, lliniarydd. *a.* lleddfol, lliniarol.
pallid, *a.* gwelw, llwyd.
pallor, *n.* gwelwedd, gwelwder, llwydedd.
palm, *n.* 1. cledr llaw, palf, tor llaw.
　　2. palmwydden.
　　PALM SUNDAY, Sul y Blodau.
palmary, *a.* clodfawr, gorchestol, prif.
palmer, *n.* pererin (i Balesteina), mynach crwydrol.
palmist, *n.* llawddewin, llawofydd.
palmistry, *n.* llawddewiniaeth.
palmy, *a.* blodeuog, llewyrchus.
palpability, *n.* 1. hydeimledd.
　　2. amlygrwydd, eglurder.
palpable, *a.* 1. teimladwy, hydeiml.
　　2. amlwg, eglur.
palpation, *n.* teimlo, swmpo.
palpitate, *v.* curo, dychlamu.
palpitation, *n.* curiad (anarferol y galon), dychlamiad, crychguriad.
palsy, *n.* parlys.
paltriness, *n.* distadledd, gwaeledd.
paltry, *a.* distadl, gwael, diwerth.
pampas, *n.* paith, gwastadedd di-goed.
pamper, *v.* maldodi, mwytho, anwylo, tolach.
pampered, *a.* maldodus, anwesog, mwythlyd.
pamphlet, *n.* pamffled, llyfryn.
pamphleteer, *n.* pamffledwr.
pan, *n.* padell (fas).
panacea, *n.* moddion i bob pwrpas.
pancake, *n.* cramwythen, crempog(en), ffroesen, poncagen.
pancreas, *n.* cefndedyn, gland sy'n helpu'r treuliad, pancreas.
pandemonium, *n.* terfysg, tryblith, halibalŵ, mwstwr.
pander, *v.* porthi (chwaeth), mwytho, malpo.
pane, *n.* cwarel, paen.
panegyric, *n.* molawd, cân o fawl.
panel, *n.* panel.
panelling, *n.* addurn o baneli, paneli.
pang, *n.* gwayw, gloes, brath, cnofa.
panic, *n.* dychryn, braw, arswyd, ofn.
panicle, *n.* panigl, clwstwr, blodeugainc.

panic-stricken

pare

panic-stricken, *a.* wedi ei ddychrynu neu frawychu.

pannage, *n.* mesobr.

pannier, *n.* basged, cawell cefn.

panoply, *n.* cyflawn arfogaeth (yn ffigurol).

panorama, *n.* panorama, golygfa eang.

panoramic, *a.* fel panorama, eang.

pansy, *n.* pansi, llysieuyn y drindod.

pant, *v.* dyheu, hiraethu, dyhyfod (ci).

pantaloon, *n.* clown (mewn pantomeim).

pantaloons, *np.* trwser, trowsus, llodrau.

pantechnicon, *n.* stôr gelfi (dodrefn), fan i symud celfi.

pantheism, *n.* pantheistiaeth, yr athrawiaeth mai Duw yw'r bydysawd, holl-dduwiaeth.

panther, *n.* panther, math o lewpart.

pantomime, *n.* pantomeim, mudchwarae.

pantry, *n.* pantri.

pants, *np.* trwser, trowsus, pantos.

papacy, *n.* pabaeth, awdurdod pab, pabau.

papal, *a.* pabaidd, Catholig.

paper, *n.* papur, papur newydd, ysgrif. *v.* papuro.

    BROWN PAPER, papur llwyd.

    PAPER MONEY, arian papur.

paperer, *n.* papurwr.

paper-hanger, *n.* papurwr.

papier-mâché, *n.* mwydion papur (y gwneir nwyddau ohono).

papist, *n.* pabydd.

papyrus, *n.* papurfrwyn, brwynbapur, papur yr Aifft.

par, *n.* cyfartaledd, cyfwerth, llawn werth.

    ON A PAR, yn gyfartal.

    AT PAR, ar lawn werth.

parable, *n.* dameg, stori wers.

parabolical, *a.* ar ddull alegori, damhegol, arallegol.

parachute, *n.* parasiwt.

parachutist, *n.* parasiwtwr.

parade, *n.* 1. rhodfa, man cyfarfod.

    2. ymddangosfa, siew, sioe.

    3. gorymdaith, parêd.

    v. 1. ymdeithio.

    2. arddangos.

paradigm, *n.* cynllun, taflen, esiampl, model.

paradise, *n.* paradwys, gwynfyd.

    BIRD OF PARADISE, aderyn y gwynt, aderyn paradwys.

paradox, *n.* paradocs, gwrthddywediad, gwrthdyb.

paradoxical, *a.* paradocsaidd, yn croesddywedyd.

paraffin, *n.* páraffin.

paragon, *n.* patrwm o berffeithrwydd, peth di-ail.

paragraph, *n.* paragraff.

parallel, *a.* 1. cyfochrog, cyflin, paralel, ochr yn ochr.

    2. tebyg.

    PARALLEL OF LATITUDE, cyflinell ledred.

    PARALLEL LINES, llinellau paralel, llinellau cyflin.

    PARALLEL BARS, barrau cyflin.

parallelism, *n.* cyfochredd.

parallel-line, *n.* cyflinell.

parallelogram, *n.* ffigur cyfochrog, cyflinog, paralelogram.

paralogism, *n.* twyll ymresymiad, gau-ddadlau, camresymiad, paralogism.

paralyse, *v.* parlysu, diffrwytho.

paralysed, *a.* wedi parlysu, diffrwyth.

paralysis, *n.* parlys, diymadferthedd.

paralytic, *a.* diffrwyth, wedi ei barlysu.

parameter, *n.* paramedr.

parametric, *a.* parametrig.

    PARAMETRIC CO-ORDINATES, cydraddau parametrig.

paramount, *a.* pennaf, prif, mwyaf.

paramour, *n.* gordderch, cariadfab.

parapet, *n.* canllaw, rhagfur, parapet.

paraphernalia, *np.* eiddo personol, petheuach.

paraphrase, *n.* aralleiriad, amgeneiriad. *v.* aralleirio, amgeneirio.

paraphraser, *n.* aralleiriwr.

paraphrastic, *a.* aralleiriol, amgeneiriol.

paraphysis, *n.* paraffysyn.

parasite, *n.* 1. paraseit, arfil.

    2. cynffonnwr, dilynwr gwasaidd.

parasitic, *a.* yn byw ar arall, cynffonnaidd, parasitig.

parasol, *n.* ymbarél haul.

paratroops, *np.* milwyr sy'n glanio trwy foddion parasiwtau.

parcel, *n.* parsel, sypyn, swp.

parch, *v.* deifio, gograsu, sychu.

parched, *a.* cras, sych, eisiau peth i yfed.

parchment, *n.* memrwn, papur crwyn.

pardon, *n.* maddeuant, pardwn. *v.* maddau.

pardonable, *a.* esgusodol, y gellir ei faddau.

pardoner, *n.* 1. maddeuwr.

    2. pardynwr.

pare, *v.* pilio, digroeni, ceibio.

parent, *n.* tad neu fam.
   PARENTS, rhieni.

parentage, *n.* teulu, tylwyth, rhieni.

parental, *a.* yn ymwneud â'r rhieni.
   PARENTAL CARE, gofal rhieni.

parenthesis, *n.* sangiad. *np.* cromfachau.

parenthetical, *a.* rhwng cromfachau.

pariah, *n.* dyn ysgymun, Indiad o'r dosbarth isaf.

parings, *np.* pilion, creifion.

parish, *n.* plwyf.
   PARISH COUNCIL, cyngor plwyf.

parishioners, *np.* plwyfolion.

parity, *n.* cydraddoldeb, tebygrwydd, cyfatebiaeth.

park, *n.* parc, cae. *v.* parco, parcio.

parlance, *n.* ymadrodd, iaith gyffredin, modd o siarad.

parley, *v.* cynadledda, trafod. *n.* cynhadledd, ymdrafodaeth.

parliament, *n.* senedd.
   MEMBER OF PARLIAMENT (M.P.), aelod seneddol (A.S.).

parliamentarian, *n.* seneddwr, un hyddysg yng ngwaith y senedd.

parliamentary, *a.* seneddol.

parlour, *n.* parlwr, cegin orau.

parochial, *a.* plwyfol, lleol, cyfyng.

parochialism, *n.* trefniad lleol, plwyfoliaeth, plwyfoldeb, culni.

parody, *n.* parodi, efelychiad. *v.* gwawdio, gwatwar, efelychu.

parole, *n.* 1. addewid, bod ar ei air.
   2. trwyddedair.

paroxysm, *n.* ffit, pang (sydyn).

parrot, *n.* parot.

parry, *v.* osgoi, troi (peth) naill ochr.

parse, *v.* dosbarthu (brawddeg).

parsimonious, *a.* cybyddlyd, clòs, crintach.

parsimony, *n.* gorgynildeb, crintachrwydd.

parsing, *n.* dosbarthiad, dosbarthu.

parsley, *n.* persli.

parsnips, *np.* pannas, llysiau Gwyddelig.

parson, *n.* offeiriad, person.

parsonage, *n.* 1. persondy.
   2. bywoliaeth eglwysig.

part, *n.* rhan, cyfran, darn, parth. *v.* rhannu, gwahanu, ymadael.
   IN PART, o ran.
   COMPONENT PARTS, darnau.
   PARTS OF SPEECH, rhannau ymadrodd.

partake, *v.* cyfranogi, cymryd rhan o.

partaker, *n.* cyfranogwr, un sy'n cymryd siâr.

parthenogenesis, *n.* gwyrygenhedliad.

partial, *a.* 1. rhannol.
   2. pleidiol, tueddol.

partiality, *n.* pleidgarwch, tuedd.

participant, *a.* cyfrannog, yn cyfranogi. *n.* cyfranogwr.

participate, *v.* cyfranogi, cymryd rhan o, ymuno yn.

participation, *n.* cyfranogiad.

participator, *n.* cyfranogwr, cyfranogydd.

participle, *n.* rhangymeriad, berfansoddair.

particle, *n.* 1. mymryn, bribsyn, gronyn, llychyn.
   2. geiryn (gram.).

particoloured, *a.* amryliw, brith.

particular, *n.* neilltuol, arbennig, manwl, anodd ei blesio, arbenigol.

particularize, *v.* manylu, enwi bob yn un, arbenigo, canolbwyntio ar.

particulars, *np.* manylion.

parting, *n.* rhaniad, ymadawiad. *a.* rhaniadol, ymadawol.

partisan, *n.* pleidiwr, cefnogwr. *a.* pleidgar, cefnogol.

partisanship, *n.* ymbleidiaeth, pleidgarwch.

partition, *n.* 1. rhaniad.
   2. pared, canolfur.
   v. rhannu.

partitive, *a.* yn dynodi rhan, rhaniadol, dosbarthol. *n.* gair yn dynodi rhan.

partly, *ad.* o ran, mewn rhan, yn rhannol.

partner, *n.* cydymaith, cymar, partner.

partnership, *n.* partneriaeth.

partridge, *n.* petrisen.

part-time, *n.* rhan amser.

parturition, *n.* esgor ar, âl (buwch).

party, *n.* plaid, parti.

paschal, *a.* yn ymwneud â'r Pasg.

pass, *n.* 1. cyflwr, sefyllfa, stad.
   2. bwlch, ffordd gul.
   3. trwydded, tocyn.
   4. caniatâd.
   5. llwyddiant (mewn arholiad).
   v. 1. myned heibio, myned ymlaen.
   2. estyn.
   3. caniatáu.
   4. bwrw, treulio (amser).
   5. llwyddo, mynd trwy (arholiad)

passable, *a.* 1. y gellir ei groesi neu fynd heibio iddo.
   2. lled dda, purion.

passage, *n.* 1. mynedfa, tramwyfa, ffordd.

2. mordaith, taith.

3. mynediad (i mewn neu i maes).

4. rhan o gyfansoddiad (llên, etc.).

passenger, *n.* 1. teithiwr.

2. un diwerth.

passing, *n.* ymadawiad, myned heibio.

a. yn pasio, diflannol.

passion, *n.* nwyd, tymer ddrwg, dioddefaint.

THE PASSION, Y Dioddefaint.

THE PASSIONS, y nwydau.

passionate, *a.* angerddol, nwydwyllt.

passive, *a.* 1. goddefol.

2. goddefgar, amyneddgar.

Passover, *n.* y Pasg.

passport, *n.* trwydded teithio.

password, *n.* trwyddedair, gair i adnabod.

past, *n.* gorffennol. *a.* gorffennol, wedi myned. *prp.* wedi, tu hwnt i. *ad.* heibio.

paste, *n.* past. *v.* pasto, pastio.

pasteboard, *n.* 1. papur stiff, carbord.

2. borden does.

pastel, *n.* 1. pastel, sialc llunio.

2. lliwur.

pasteurized, *a.* wedi ei buro.

pastil, pastille, *n.* taffen, losin.

pastime, *n.* adloniant. difyrrwch, hamdden.

pastor, *n.* bugail, gweinidog.

pastoral, *n.* bugeilgerdd. *a.* bugeiliol, am y wlad.

pastorate, *n.* bugeiliaeth.

pastry, *n.* pasteiod, pasteiaeth, tarten, etc.

pasturage, *n.* porfa, tir pori, pori, porfelaeth.

pasture, *n.* 1. porfa.

2. cae, dôl, gwaun, maes.

v. pori.

pasty, *n.* pastai.

pat, *n.* pat, cyffyrddiad. *v.* taro'n ysgafn.

patch, *n.* 1. clwt, darn, pisyn.

2. llain, tamaid o dir.

3. smotyn.

v. clytio, cyweirio, ailwampio.

patchwork, *n.* clytwaith, cymysgfa.

patchy, *a.* 1. â darnau, clytiog.

2. anghyson.

pate, *n.* pen, corun.

patella, *n.* padell y ben-lin.

patent, *n.* breintlythyr, dogfen yn rhoi hawl, patent. *a.* amlwg, eglur.

patentee, *n.* un sy'n meddu ar freint-lythyr.

paternal, *a.* tadol, o ochr y tad.

paternity, *n.* bod yn dad, tadolaeth.

paternoster, *n.* Gweddi'r Arglwydd, pader, glain.

path, *n.* llwybr, troedffordd.

pathetic, *a.* truenus, gresynus.

pathogenic, *a.* pathogenig.

pathological, *a.* patholigol, ynglŷn â chlefydau.

pathologist, *n.* patholegydd.

pathology, *n.* patholeg, astudio clefyd-au.

pathos, *n.* pathos, mynegiad o deimlad dwys.

pathway, *n.* llwybr, troedffordd.

patience, *n.* amynedd, y gallu i oddef.

patient, *n.* claf, un dan ofal meddyg, panelydd. *a.* amyneddgar, dioddefgar.

patois, *n.* tafodiaith.

patriarch, *n.* patriarch, pennaeth teulu.

patriarchal, *a.* patriarchaidd.

patriarchy, *n.* llywodraeth patriarch, cyfundrefn batriarchaidd, patriarch-aeth.

patrician, *n.* 1. uchelwr, gŵr bon-heddig.

2. seneddwr (Rhufain).

patrimony, *n.* treftadaeth, etifedd-iaeth.

patriot, *n.* gwladgarwr.

patriotic, *a.* gwladgarol, gwlatgar.

patriotism, *n.* gwladgarwch.

patrol, *n.* gwyliadwriaeth, patrol. *v.* gwylio, patrolio.

patron, *n.* noddwr, cefnogwr, gwarch-eidwad.

patronage, *n.* nawdd, nawddogaeth.

patronising, *a.* 1. nawddogol.

2. yn coeg-ymostwng.

patronize, *v.* 1. noddi, nawddogi.

2. trin fel un isradd.

patronymic, *n.* cyfenw, enw'r teulu.

patter, *v.* 1. clebran, cyboli.

2. taro (yn ysgafn ac aml).

n. 1. cleber, mân siarad.

2. sŵn (fel glaw ar ffenestr).

pattern, *n.* patrwm, cynllun.

patterned, *a.* patrymog.

paucity, *n.* prinder, diffyg, eisiau.

paunch, *n.* bol, bola, cylla.

pauper, *n.* tlotyn, un tlawd, anghenog.

pauperism, *n.* tlodi, angen.

pause, *n.* saib, seibiant, hoe, hamdden. *v.* gorffwys, aros.

pave, *v.* palmantu, paratoi.

pavement, *n.* palmant.

pavilion, *n.* pafiliwn, pabell.

paw, *n.* pawen, palf. *v.* pawennu, crafu.

pawl, *n.* atalfar, bar capstan (dirwyn-lath).

pawn, *n.* 1. gwystl.

   2. un o werin gwyddbwyll (sies).

   v. gwystlo. gadael peth fel ernes.

pawn-broker, *n.* gwystlwr, un sy'n rhoi benthyg arian.

pawnshop, *n.* siop wystlo.

pay, *n.* tâl, cyflog, hur. *v.* talu.

   TO PAY DEARLY, talu'n hallt.

payable, *a.* dyledus, taladwy, i'w dalu.

paymaster, *n.* talwr (yn y lluoedd arfog), tâl-feistr.

   POSTMASTER-GENERAL, Y Tâl-feistr Cyffredinol.

payment, *n.* tâl, taliad.

pea, *n.* pysen.

peace, *n.* heddwch, hedd, tangnefedd.

peaceable, *a.* heddychol, heddychlon, tangnefeddus.

peaceful, *a.* heddychol, tangnefeddus.

peacemaker, *n.* tangnefeddwr, heddychwr.

peace-offering, *n.* hedd-offrwm.

peach, *n.* 1. eirinen wlanog.

   2. un teilwng iawn.

peacock, *n.* paun.

peahen, *n.* peunes.

peak, *n.* 1. pig (cap).

   2. copa (mynydd), pen, crib.

   3. uchafbwynt, pinacl.

peaked, *a.* pigfain, â phig.

peal, *n.* sain (clychau, etc.), twrw, twrf. *v.* canu (clychau).

peanut, *n.* cneuen bys.

pear, *n.* gellygen, peren.

   PEAR TREE, pren gellyg (pêr).

pearl, *n.* perl.

pearly, *a.* perlaidd.

peasant, *n.* gwerinwr, gwladwr.

peasantry, *n.* gwerin gwlad, y werin.

peat, *n.* mawn.

peaty, *a.* mawnog.

pebble, *n.* carreg lefn. *pl.* gro, cerrig mân, graean.

pebbly, *a.* caregog.

peccary, *n.* mochyn America, pecari.

peck, *n.* 1. pec, pecaid, (mesur).

   2. pigiad.

   v. pigo.

pectoral, *a.* yn ymwneud â'r frest. *n.* dwyfronneg.

peculiar, *a.* 1. neilltuol, arbennig.

   2. rhyfedd, od, hynod, priodorol.

peculiarity, *n.* arbenigrwydd, hynodrwydd.

peculiarly, *ad.* yn bersonol, yn arbennig.

pecuniary, *a.* ariannol.

pedagogical, *a.* mewn addysg.

pedagogue, *n.* athro, ysgolfeistr.

pedagogy, *n.* gwyddor addysgu, addysgiaeth, addysgyddiaeth.

pedal, *n.* pedal, troedlath. *v.* pedlo.

pedant, *n.* pedant, un coegddysgedig, crachysgolhaig.

pedantic, *a.* crachysgolheigaidd, coegddysgedig, pedantig, pedantaidd.

pedantry, *n.* coegddysgeidiaeth, ffug ddysg.

peddle, *v.* pedlera, mynd o amgylch i werthu.

pedestal, *n.* gwaelod, peth o dan. pedestl.

pedestrian, *n.* cerddwr, gŵr troed. *a.* ar draed.

pedicel, *n.* pedisel.

pedicle, *n.* blodeugoes.

pediculosis, *n.* pedicwlosis, pla'r llau.

pedigree, *n.* ach, bonedd, llinach, tras.

pediment, *n.* talog (math o adeiladwaith).

pedlar, *n.* pedler, gwerthwr nwyddau (ar daith).

pedology, *n.* priddeg.

peduncle, *n.* paledryn, coes (blodeuyn).

peel, *n.* croen, pil, rhisgl. *v.* pilio, rhisglo, crafu (tatws).

peelings, *np.* creifion, crafion.

peep, *n.* cipolwg, cip. *v.* 1. sbïo, llygadu, edrych (trwy agen, etc.).

   2. trydar, yswitian.

peer, *n.* 1. pendefig, urddolyn.

   2. cydradd, cyffelyb.

   v. syllu, llygadu.

peerage, *n.* pendefigaeth, pendefigion, yr arglwyddi, urddoliaeth.

peeress, *n.* pendefiges, arglwyddes.

peerless, *a.* digymar, digyffelyb.

peevish, *a.* croes, anfoddog, piwis, cwerylgar.

peevishness, *n.* piwisrwydd, anniddigrwydd, parodrwydd i gweryla.

peewit, pewit, *n.* cornicyll, cornchwiglen.

peg, *n.* peg. *v.* pegio.

   TO PEG AWAY, dyfalbarhau, dal ati.

Pegasus, *n.* march adeiniog yr Awen, yr Awen.

pelagic, *a.* eigionol, pelagig.

pelf, *n.* arian, cyfoeth, golud.

pelican, *n.* pelican.

pellet, *n.* 1. pelen.

   2. haelsen, pilsen.

pellitory, (wall), *n.* murlys.

pell-mell, *ad.* pendramwnwgl, dwmbwl-dambal.

pellucid, *a.* clir, tryloyw.

pelmet, *n.* pelmet.

pelt, *n.* croen anifail. *v.* taflu, lluchio, pledu, bwrw.

pelvis, *n.* gwaelod y bol, pelfis.
pen, *n.* 1. pin, ysgrifbin.
    2. lloc, ffald.
    v. 1. llocio, corlannu, dodi mewn ffald.
    2. ysgrifennu.
penal, *a.* penydiol, yn ymwneud â chosb.
penalize, *v.* cosbi.
penalty, *n.* cosb, penyd, dirwy.
    PENALTY-KICK, cic gosb.
    PENALTY-SPOT, sbotyn cosb.
    PENALTY-AREA, rhanbarth cosb.
penance, *n.* penyd, hunan-gosb.
pence, *np.* ceiniogau, pres.
penchant, *n.* tuedd, gogwydd.
pencil, *n.* pensil, pensel, pwyntil.
pendant, *n.* tlws (sy'n hongian), addurn (am wddf, etc.).
pendent, *a.* 1. yn hongian, yng nghrog.
    2. dibynnol, yn dibynnu ar.
pendentive, *n.* pendentif.
pending, *prp.* yn ystod, hyd, nes.
pendulous, *a.* yn hongian, yn siglo.
pendulum, *n.* pendil.
penetrable, *a.* y gellir ei dreiddio, dirnadwy.
penetrate, *v.* treiddio, dirnad.
penetrating, penetrative, *a.* treiddgar, craff, treiddiol.
penetration, *n.* treiddiad, craffter.
penguin, *n.* pengwin, (aderyn y môr).
penicillin, *n.* penisilin, math o ddryg.
peninsula, *n.* gorynys.
peninsular, *a.* gorynysol.
penis, *n.* cala, pidyn, gwialen.
penitence, *n.* edifeirwch.
penitent, *n.* dyn edifeiriol. *a.* edifar, edifeiriol.
penitential, *a.* penydiol, edifeiriol. *n.* llyfr penyd.
penitentiary, *n.* penydfa, carchar.
penknife, *n.* cyllell boced.
penmanship, *n.* crefft ysgrifennu.
pen-name, *n.* ffugenw.
pennant, *n.* baner, lluman (ar long, etc.)
penniless, *a.* llwm, anghenus, heb arian.
pennon, *n.* baner, lluman (trionglog), penwn.
penny, *n.* ceiniog.
pennyroyal, *n.* llysiau'r gwaed.
pennyweight, *n.* 24 o ronynnau, ceiniocbwys.
pennywort (navelwort), *n.* deilen gron, ceinioglys.
pennyworth, *n.* ceiniogwerth, gwerth ceiniog.
pensile, *a.* yn hongian.
pension, *n.* pensiwn, blwydd-dâl.
pensioner, *n.* pensiynwr.

pensive, *a.* meddylgar, synfyfyriol.
pent(-up), *a.* caeth.
pentagon, *n.* pumongl, ffigur pum ochr, pentagon.
pentagonal, *a.* â phum ochr, â phum ongl.
pentameter, *n.* mesur pumbannog.
Pentateuch, *n.* Y Pum Llyfr (Deddf).
Pentecost, *n.* Y Pentecost, Y Sulgwyn.
pentecostal, *a.* pentecostaidd.
pent-house, *n.* penty, pentis.
pentoxide, *n.* pentocsid.
pent-up, *a.* wedi ei gau i mewn, caeth.
penult, penultima, *n.* goben, sillaf olaf ond un.
penultimate, *a.* olaf ond un (sillaf).
penurious, *a.* prin, cybyddlyd, crintach, clôs.
penury, *n.* tlodi, adfyd.
peony, *n.* rhosyn y mynydd.
people, *n.* pobl, personau. *v.* poblogi.
pepper, *n.* pupur, pybyr.
peppermint, *n.* mintys poethion, botwm gwyn.
peppery, *a.* poeth, pupuraidd, pybyr.
pepsin, *n.* pepsin, (anghenraid yn sudd y cylla).
peptide, *n.* peptid.
per, *prp.* trwy, ar, wrth, y (flwyddyn, cant, etc.).
    PER CENT, y cant.
peradventure, *ad.* efallai, hwyrach.
perambulate, *v.* cerdded (oddi amgylch).
perambulator, *n.* cerbyd baban, pram.
perceive, *v.* canfod, deall, sylwi.
percentage, *n.* (hyn a hyn) y cant. canran.
percept, *n.* canfodiad.
perceptible, *a.* canfyddadwy, y gellir ei weld.
perception, *n.* canfyddiad, canfod.
perceptive, *a.* yn gallu dirnad (deall, canfod, gweled).
perch, *n.* 1. clwyd (i adar orffwys arni).
    2. draenogiad, (pysgodyn).
    3. perc, pum llath a hanner.
    v. clwydo, mynd i gysgu.
perchance, *ad.* efallai, dichon, hwyrach.
percipient, *a.* yn abl i ganfod (dirnad, deall, etc.).
percolate, *v.* hidlo, diferu, trylifo.
percolator, *n.* pot coffi (ac iddo hidlydd).
percussion, *n.* trawiad.
    PERCUSSION BAND, seindorf daro, band taro.
perdition, *n.* distryw, colledigaeth.

peregrination, *n.* pererindod, ymdaith, siwrnai.

peremptory, *a.* pendant, awdurdodol.

perennation, *n.* parhad.

perennial, *a.* bythol, lluosflwydd.

perfect, *a.* perffaith, cyflawn, gorffenedig. *v.* perffeithio.

    PERFECT TENSE, amser perffaith.

perfecter, *n.* perffeithydd.

perfection, *n.* perffeithrwydd.

perfectionism, *n.* perffeithiaeth.

perfectionist, *n.* perffeithydd, credwr mewn perffeithiaeth.

perfectly, *ad.* yn berffaith, yn hollol.

perfectness, *n.* perffeithrwydd.

perfidious, *a.* bradwrus, twyllodrus, dichellgar.

perfidy, *n.* brad, dichell, twyll.

perforate, *a.* tyllu.

perforated, *a.* tyllog, â thyllau.

perforation, *n.* twll.

perforce, *ad.* o raid, o orfod.

perform, *v.* 1. cyflawni, gwneuthur.

    2. chwarae, perfformio.

performance, *n.* 1. cyflawniad.

    2. perfformiad, chwarae.

performer, *n.* cyflawnwr, perfformiwr.

perfume, *n.* peraroglau, aroglau, persawr, *v.* perarogli.

perfumer, *n.* peraroglydd.

perfumery, *n.* (gwneuthur a gwerthu) peraroglau.

perfunctory, *a.* dihidans, rywsutrywfodd, diofal, esgeulus.

perfuse, *v.* darlifo, taenellu, gwasgaru, taenu.

pergola, *n.* deildy, rhodfa gardd.

perhaps, *ad.* efallai, hwyrach, dichon, ond odid, ysgatfydd.

perianth, *n.* perianth, fflurddail.

pericardium, *n.* pilen y galon.

perigynous, *a.* perigynaidd, cylchffrwythog, o amgylch yr hadlestr.

perihelion, *n.* y pwynt nesaf at yr haul (yng nghylchdro planed neu gomed).

peril, *n.* perygl, enbydrwydd.

perilous, *a.* peryglus, enbyd(us).

perimeter, *n.* cylchfesur, y mesur o amgylch, amfesur, perimedr.

period, *n.* 1. cyfnod, adeg, amser, oes.

    2. cyfadran (miwsig).

periodic, *a.* cyfnodol, cyson, rheolaidd.

periodical, *n.* cyfnodolyn, cylchgrawn. *a.* cyfnodol, ar adegau arbennig.

peripatetic, *a.* cylchynol, peripatetig.

periphery, *n.* cylchfesur, y mesur o amgylch.

periphrasis, *n.* cylchymadrodd, dull cwmpasog.

periphrastic, *a.* cwmpasog, amleiriog.

periscope, *n.* perisgob, drych.

perish, *v.* marw, trengi, darfod.

perishable, *a.* brau, hawdd ei niweidio, yn pydru'n rhwydd, di-bara.

peristalsis, *n.* peristalsis, ynglŷn â symudiadau'r perfedd.

peritoneum, *n.* peritoniwm, ffedog y bol, llieingig, pilen y bola.

peritonitis, *n.* llid pilen y bola, peritonitis, llid y ffedog.

periwig, *n.* gwallt gosod, perwig.

periwinkle, *n.* gwichiad (pysgodyn cragen).

perjure, *v.* tyngu anudon, camdyngu.

perjurer, *n.* tyngwr anudon, camdyngwr.

perjurious, *a.* yn tyngu anudon, yn camdyngu.

perjury, *n.* anudon, anudoniaeth, camdystiolaeth ar lw.

perky, *a.* hunan-hyderus, digywilydd, eofn.

permanence, *n.* parhad, sefydlogrwydd.

permanency, *n.* swydd barhaol.

permanent, *a.* parhaus, sefydlog.

permeability, *n.* hydreiddedd, y gallu i dreiddio, hydreiddiad.

permeable, *a.* hydraidd, treiddgar.

permeate, *v.* treiddio, trwytho.

permeation, *n.* treiddiad, trwythiad.

permissible, *a.* goddefol, caniataol.

permission, *n.* caniatâd, hawl.

permit, *n.* trwydded, tocyn hawl. *v.* caniatáu, cydsynio.

permutation, *n.* cyfrdroad, cydgyfnewidiad, amnewid.

permutate, *v.* amnewid.

permute, *v.* cyfrdroi, cydgyfnewid.

pernicious, *a.* dinistriol, niweidiol.

peroration, *n.* diweddglo araith.

peroxide, *n.* perocsid, cyfansawdd yn cynnwys ocsigen.

perpendicular, *a.* pensyth, unionsyth. perpendiclar, arsgwar.

    PERPENDICULAR TO EACH OTHER, perpendiclar (arsgwar) i'w gilydd.

perpetrate, *v.* cyflawni (trosedd, etc.).

perpetration, *n.* cyflawniad.

perpetrator, *n.* cyflawnwr (trosedd etc.).

perpetual, *a.* parhaus, gwastadol, parhaol.

perpetually, *ad.* yn barhaus, yn feunyddiol.

perpetuate, *v.* parhau, bytholi.

perpetuation, *n.* parhad.

perpetuity, *n.* (am) byth.

perplex, *v.* drysu, pendroni.
perplexity, *n.* dryswch, cyfyng-gyngor.
perquisite, *n.* tâl achlysurol (i swydd-og), ychwanegiad (at gyflog).
perry, *n.* diod o sudd gellyg (pêr).
persecute, *v.* erlid, poeni, blino.
persecution, *n.* erledigaeth.
persecutor, *n.* erlidiwr, poenwr.
perseverance, *n.* dyfalbarhad, diwyd-rwydd.
perseveration, *n.* gorbarhad.
persevere, *v.* dyfalbarhau, dal ati.
persevering, *a.* dyfal, diwyd.
persist, *v.* 1. mynnu, taeru.
    2. dal ati, dyfalbarhau.
persistence, *n.* dyfalwch.
persistent, *a.* dyfal, taer.
person, *n.* person.
personage, *n.* person (o bwys), cym-eriad.
personal, *a.* personol.
personality, *n.* personoliaeth.
personally, *ad.* yn bersonol.
personalty, *n.* eiddo personol.
personate, *v.* personoli, cynrychioli (ar gam).
personification, *n.* personoliad.
personify, *v.* personoli, donio â chyn-heddfau dynol.
personnel, *n.* staff, gweision, dwylo.
perspective, *n.* 1. gwelediad, golygfa.
    2. persbectif, cynrychioliad (ar bapur, etc.).
perspicacious, *a.* craff, sylwgar, cyf-lym, doeth.
perspicacity, *n.* craffter, sylw.
perspicuity, *n.* eglurder, clirdeb.
perspicuous, *a.* eglur, clir.
perspiration, *n.* chwys.
perspire, *v.* chwysu.
persuade, *v.* darbwyllo, cymell, per-swadio.
persuasion, *n.* darbwylliad, perswâd.
persuasive, *a.* medrus i ddarbwyllo neu berswadio.
pert, *a.* eofn, haerllug, beiddgar, digywilydd.
pertain, *v.* perthyn, yn ymwneud â.
pertinacious, *a.* dygn, ystyfnig, cyn-dyn.
pertinacity, *n.* dygnwch, cyndyn-rwydd, taerineb.
pertinence, *n.* cymhwyster, bod â chysylltiad â.
pertinent, *a.* cymwys, yn ei le.
pertness, *n.* ehofndra, haerllugrwydd, beiddgarwch.
perturb, *v.* aflonyddu, anesmwytho.
perturbation, *n.* aflonyddwch (meddwl).

perusal, *n.* darlleniad, archwiliad.
peruse, *v.* darllen, archwilio.
pervade, *v.* treiddio, trwytho.
pervasion, *n.* treiddiad, trwythiad.
pervasive, *a.* treiddiol.
perverse, *a.* gwrthnysig, croes.
perversion, *n.* camddefnydd, llygriad.
perversity, *n.* ymddygiad croes, ystyf-nigrwydd.
perversive, *a.* yn gwyrdroi, yn llygru.
pervert, *v.* gwyrdroi, camdroi, llygru.
    n. cyfeiliornwr, un llygredig.
pervious, *a.* hydraidd.
pessimism, *n.* pesimistiaeth.
pessimist, *n.* pesimist, gwaethafydd.
pessimistic, *a.* pesimistaidd, yn edrych ar yr ochr waethaf.
pest, *n.* pla, poendod.
pester, *v.* blino, poeni, aflonyddu.
pestilence, *n.* pla, haint.
pestilential, *a.* heintus, dinistriol.
pestle, *n.* pestl, (offeryn pwnio).
pestology, *n.* astudiaeth o bryfed niweidiol.
pet, *n.* 1. ffefryn, anwylyn.
    2. anifail hoff.
    3. tramgwydd.
    a. llywaeth, swci, hoff.
    v. anwesu, maldodi, tolach, mwytho.
petal, *n.* petal, dil.
petechiae, *n.* mân-waedu, smotiau cochion (yn y croen).
peter (out), *v.* dod i ben, marw.
petiole, *n.* deilgoes, coes deilen.
petition, *n.* deiseb, deisyfiad.
    v. deisebu, deisyf.
petitioner, *n.* deisyfwr, ymofynnwr, un sy'n deisebu.
petrel, *n.* aderyn y ddrycin, pedryn.
petrified, *a.* sefydledig (gram.), stwnd, fel carreg.
petrify, *v.* 1. troi'n garreg.
    2. parlysu.
petrochemicals, *np.* petrocemegolau.
petrol, *n.* petrol.
petroleum, *n.* petroliwm, oel o fwyn.
petrology, *n.* astudiaeth o natur creigiau.
petticoat, *n.* pais.
pettifogging, *a.* gwael, dibwys, mwys.
pettiness, *n.* bychander, gwaeledd.
pettish, *n.* croes, anfoddog, pwdlyd.
petty, *a.* dibwys, bach, gwael.
petty-officer, *n.* is-swyddog (yn y llynges).
petulance, *n.* natur ddrwg, anniddig-rwydd.
petulant, *a.* anniddig, croes, anfoddog.
pew, *n.* sedd, eistedde, sêt, côr.

pewter, *n.* piwter, cyfuniad o dun a phlwm, etc.

phaeton, *n.* cerbyd pedair olwyn.

phalanx, *n.* 1. mintai glôs (o bobl neu filwyr).
2. ffalancs, unrhyw un o esgyrn y bysedd.

phantasy, *n.* lledrith, dychymyg.

phantom, *n.* rhith, drychiolaeth.

Pharisaism, *n.* Phariseaeth, hunanfodlonrwydd, ffurfioldeb.

Pharisee, *n.* Pharisead.

pharmaceutical, *a.* yn ymwneud â fferylliaeth.

pharmacist, *n.* fferyllydd.

pharmacy, *n.* 1. fferylliaeth.
2. fferyllfa, siop fferyllydd.

pharyngitis, *n.* llid y llwnc, ffaringitis.

pharynx, *n.* y llwnc, ffarincs, argeg.

phase, *n.* 1. agwedd, gwedd.
2. tro, pwynt.

pheasant, *n.* ffesant, coediar.

phenomenal, *a.* rhyfeddol, eithriadol, ffenomenaidd.

phenomenon, *n.* ffenomen, rhyfeddod.

phenotype, *n.* ffenodeip.

phew, *int.* (arwydd o ddiflastod), ych-a-fi !

phial, *n.* ffiol, potel fach, costrel, fflasg.

philander, *v.* cellwair caru.

philanthropic, *a.* dyngarol, caredig, hael.

philanthropist, *n.* dyngarwr, un hael.

philanthropy, *n.* dyngarwch, haelioni.

philatelist, *n.* casglwr stampau post.

philately, *n.* casglu stampau post.

philharmonic, *a.* yn hoffi cerddoriaeth, cerddgar, cerdd.

Philistine, *n.* Philistiad.

philological, *a.* ieithegol.

philologist, *n.* ieithegwr, astudiwr ieithoedd.

philology, *n.* ieitheg, astudiaeth ieithoedd.

philosopher, *n.* athronydd, gŵr doeth.

philosophical, *a.* athronyddol, doeth.

philosophize, *v.* athronyddu, rhesymu.

philosophy, *n.* athroniaeth.
NATURAL PHILOSOPHY, anianeg, anianyddiaeth.

phlebitis, *n.* llid y gwythiennau, fflebitis.

phlebotomy, *n.* gwaedu, gollwng gwaed.

phlegm, *n.* 1. fflem, llysnafedd, crachboer.
2. difaterwch.

phlegmatic, *a.* 1. yn dioddef oddi wrth fflem.
2. difater, digyffro.

phlox, *n.* ladis gwynion, fflocs.

phoenix, *n.* ffenics, (aderyn chwedlonol).

phone, *n.* ffôn, teliffon.

phonetic, *a.* seinegol, yn ôl y sain.

phonetician, *n.* seinegwr, un hyddysg mewn seineg.

phonetics, *n.* seineg, gwyddor sain.

phoney, *a.* ffug, gau, amheus.

phonic, *a.* seiniol, lleisiol, ynglŷn â'r lleferydd.

phonograph, *n.* 1. ffonograff, (offeryn recordio seiniau).
2. llythyren, nod sain.

phonography, *n.* 1. recordio â ffonograff.
2. llaw-fer.

phonologist, *n.* seinyddwr, un hyddysg mewn seinyddiaeth.

phonology, *n.* seinyddiaeth, seineg.

phosphate, *n.* ffosffad, halen asid ffosfforig.

phosphatic, *a.* ffosffadig.

phosphor-bronze, *n.* ffosfforefydd.

phosphoresce, *v.* goleuo (heb fawr wres), ffosfforoleuo.

phosphorescence, *n.* mordan, ffosfforoleuedd, goleuad.

phosphoric acid, *n.* asid ffosfforig.

phosphorus, *n.* ffosfforws, (elfen anfetelaidd).

photo-finish, *n.* llun diwedd ras.

photograph, *n.* llun, ffotograff.
v. tynnu llun.

photographer, *n.* tynnwr lluniau, ffotograffydd.

photographic, *a.* ffotograffig.

photography, *n.* ffotograffiaeth, tynnu lluniau.

photosynthesis, *n.* ffotosynthesis, ffurfio carbohidrad trwy gyfrwng golau.

phrase, *n.* 1. cymal (o frawddeg).
2. ymadrodd (cyffredin).
v. mynegi.

phraseology, *n.* geiriad, mynegiad.

phrenologist, *n.* un sy'n astudio'r benglog.

phrenology, *n.* darllen pennau.

phycocyanin, *n.* ffeicosianin.

phylactery, *n.* phylacteri, memrwn â geiriau'r ddeddf.

phylogeny, *n.* ffilogeni, datblygiad anifeiliaid a phlanhigion.

physic, *n.* meddyginiaeth, moddion

physical, *a.* materol, corfforol, ffisegol.

PHYSICAL PROPERTIES, priodwedd-au ffisegol.

PHYSICAL GEOGRAPHY, daearyddiaeth ffisegol.

PHYSICAL EDUCATION, addysg gorfforol.

physician, *n.* meddyg.

physicist, *n.* ffisegwr, ffisegydd.

physics, *np.* ffiseg, gwyddor yr anorganig.

physiognomy, *n.* 1. ffisiognomi, darllen cymeriad wrth yr wyneb.

2. wynepryd.

physiological, *a.* ffisiolegol.

physiologist, *n.* ffisiolegwr, astudiwr anifeiliaid a phlanhigion.

physiology, *n.* ffisioleg, astudiaeth pethau byw.

physiotherapy, *n.* triniaeth trydan.

physique, *n.* corffolaeth, corffoledd.

pianist, *n.* pianydd, un sy'n canu ar y piano.

piano, *n.* piano. *ad.* yn dawel.

pibroch, *n.* cerdd bibau, bagbib.

pica, *n.* maint llythyren argraff.

piccaninny, *n.* plentyn bach (Negro).

piccolo, *n.* picolo, (ffliwt fechan â nodau uchel).

pick, *n.* 1. dewis, y gorau.

2. caib.

v. 1. dewis, pigo, tynnu.

2. ceibio.

pick-a-back, *ad.* ar y cefn (neu'r ysgwyddau).

pickaxe, *n.* picas, caib.

picket, *n.* 1. polyn.

2. gwyliwr, gwyliadwriaeth.

v. gosod gwylwyr.

pickle, *n.* 1. picl.

2. anhawster.

v. piclo.

pickpocket, *n.* pigwr pocedi, lleidr pocedi.

pick-up, *n.* dyfais i chwarae record trwy gorn y radio.

pick-up-baler, *n.* casglydd a byrnwr.

picnic, *n.* picnic, pryd awyr agored.

Pict, *n.* Brithiad, Brithwr, Pictiad, Ffichtiad.

pictorial, *n.* papur darluniau. *a.* darluniadol.

picture, *n.* darlun, llun. *v.* darlunio, dychmygu.

THE PICTURES, sinema.

picturesque, *a.* darluniadol, byw, tlws.

pie, *n.* 1. pastai.

2. pioden.

piebald, *a.* brith, brithlwyd.

piece, *n.* darn, clwt, llain. *v.* uno, clytio.

piecemeal, *ad.* bob yn damaid, yn ddarnau.

piecework, *n.* gwaith tâl, tâl yn ôl y gwaith.

pied, *a.* brith, braith.

pier, *n.* 1. piler, colofn.

2. pier, glanfa, rhodfa.

pierce, *v.* gwanu, brathu, treiddio.

piercing, *a.* treiddiol, llym.

pierrot, *n.* comedïwr, canwr (yn yr awyr agored).

piety, *n.* duwioldeb, crefydd.

pig, *n.* mochyn.

pigeon, *n.* colomen.

PIGEON-TOED, yn troi'r traed i mewn.

pigeon-hole, *n.* 1. lle i golomen.

2. adran mewn desg, lle llythyrau.

pigeon-house, *n.* colomendy.

piggery, *n.* twlc (cut) mochyn, lle afiach.

pig-headed, *a.* ystyfnig, cyndyn.

pigment, *n.* paent, lliw.

pignuts (groundnuts), *np.* cnau'r ddaear.

pigsty, *n.* twlc mochyn, cut mochyn.

pigtail, *n.* (mewn) pleth.

pike, *n.* 1. gwaywffon.

2. penhwyad (pysgodyn dŵr croyw).

pikestaff, *n.* paladr gwaywffon.

PLAIN AS A PIKESTAFF, fel golau dydd, amlwg.

pilaster, *n.* pilaster, colofn gyfongl wrth fur, atgolofn.

pilchard, *n.* math o bysgodyn, pilsiard.

pile, *n.* 1. twr, pentwr, crugyn.

2. pawl, bar.

3. blew (brethyn).

v. pentyrru, cruglwytho, taflu ar ei gilydd.

piles, *np.* clwyf y marchogion, lledewigwst.

pilewort (lesser celandine), *n.* llygad Ebrill, milfyw.

pilfer, *v.* lladrata (pethau bychain), chwiwladrata, celcio.

pilferer, *n.* lladratawr, chwiwgi.

pilgrim, *n.* pererin, teithiwr.

pilgrimage, *n.* pererindod, taith.

pill, *n.* pilsen, pelen.

pillage, *n.* ysbail, anrhaith. *v.* ysbeilio, anrheithio.

pillager, *n.* ysbeiliwr, anrheithiwr.

pillar, *n.* colofn, piler. *a.* pilerog.

PILLAR-BOX, bocs llythyrau.

pillion, *n.* ysgîl, sedd ôl.

pillory

plaice

pillory, *n.* rhigod, ffrâm bren i drosedd-wyr.

pillow, *n.* clustog, gobennydd.

pilot, *n.* peilot. *a.* ar brawf. *v.* llywio.

pilot-officer, *n.* peilot swyddog.

pimpernel, *n.* brithlys, llysau'r cryman.

pimple, *n.* tosyn, ploryn.

pin, *n.* pin (bach). *v.* pinio, sicrhau (â phin).
  PIN AND SLOT, cynffon a bwlch.

pinafore, *n.* brat, piner.

pincers, *np.* gefel.

pinch, *n.* pinsiad, gwasgfa. *v.* pinsio, gwasgu.

pincushion, *n.* pincas.

pine, *n.* pinwydden. *v.* nychu, dihoeni.

pineapple, *n.* pinafal, (planhigyn trofannol).

pine-end (gable-end), *n.* talcen tŷ.

pin-head, *n.* clopa pin.

pinion, *n.* 1. asgell, adain.
  2. olwyn gocos, cog.

pink, *a.* pinc, cochwyn. *n.* pinc, (blodyn, aderyn, neu long).

pin-money, *n.* arian poced (a roddir i wraig gan ei gŵr).

pinnace, *n.* bad llong (ryfel), llong fechan ysgafn.

pinnacle, *n.* pinacl, uchafbwynt.

pinpoint, *v.* nodi'n fanwl.

pint, *n.* peint.

pioneer, *n.* arloeswr, un sy'n paratoi'r ffordd. *v.* arloesi, torri tir newydd, dechrau mudiad newydd.

pious, *a.* duwiol, crefyddol, bucheddol.

pip, *n.* 1. carreg (afal, etc.).
  2. smotyn (ar gardau chwarae, etc.).

pipe, *n.* pib, pibell, cetyn. *v.* canu pib.

piper, *n.* pibydd.

pipette, *n.* piped, tiwb bach.

piping, *n.* pibau, pibellau. *a.* gwan, main, poeth (fel dŵr berw).

pippin, *n.* pipin, (math o afal).

pipit (titlark), *n.* ehedydd bach, pibydd y waun.

piquancy, *n.* siarprwydd, bod yn llymsur, awch.

piquant, *a.* pigog, llym, siarp.

pique, *n.* soriant, dicter, gwg. *v.* 1. trallodi, cythruddo.
  2. symbylu, cyffroi.

piracy, *n.* morladrad.

pirate, *n.* môr-leidr.

piscatorial, piscatory, *a.* yn ymwneud â physgota.

pistil, *n.* cynffrwyth, paladr, pistil.

pistol, *n.* llawddryll, pistol.

piston, *n.* piston, pistwn.

pit, *n.* 1. pwll, twll mawr.
  2. rhan o theatr, y sedd ôl.
  v. 1. pyllu.
  2. gosod i ymladd, profi.

pit-a-pat, *a.* yn curo'n wyllt, yn dychlamu.

pitch, *n.* 1. pyg (defnydd du o dar neu dyrpant).
  2. traw, cywair (miwsig).
  v. 1. pygu.
  2. taflu.
  3. gosod (pabell, etc.).
  4. taro (tôn).

pitch-dark, *a.* fel y fagddu, tywyll iawn.

pitcher, *n.* 1. piser, llestr pridd.
  2. taflwr (pêl).

pitchfork, *n.* picfforch, fforch wair.

piteous, *a.* truenus, gresynus.

pitfall, *n.* magl, trap, perygl.

pith, *n.* 1. bywyn, mwydyn, mêr.
  2. sylwedd.

pithead, *n.* pen pwll.

pithiness, *n.* crynodeb, byrhad, talfyriad, cwtogiad.

pithy, *a.* cryno, cynhwysfawr.

pitiable, *a.* truenus, gresynus.

pitiful, *a.* tosturiol, ag angen tosturi.

pitiless, *a.* didostur, didrugaredd, creulon.

pittance, *n.* cyfran (annigonol), cardod.

pituitary, *a.* pitwitari, yn ymwneud â glud neu fflem.

pity, *n.* tosturi, trugaredd, gresyn, trueni. *v.* tosturio, trugarhau.
  MORE'S THE PITY, gwaetha'r modd, ysywaeth.

pivot, *n.* colyn, pegwn. *v.* troi ar golyn.

pixy, *n.* picsi, un o'r tylwyth teg.

placability, *n.* hynawsedd, heddychiad, cymod, dyhuddiad.

placable, *a.* hynaws, cymodlawn.

placard, *n.* hysbyslen, poster.

placate, *v.* heddychu, cymodi.

place, *n.* 1. lle, man, mangre, llecyn.
  2. swydd, safle.
  v. dodi, gosod, lleoli.

placenta, *n.* brych, olysgar, y drwg.

placid, *a.* llonydd, diddig, hynaws.

placidity, *n.* llonyddwch, hynawsedd, mwynder, tynerwch.

plagiarism, *n.* llenladrad.

plagiarise, *v.* llenladrata, hawlio cyfansoddiad rhywun arall fel ei eiddo ei hun.

plagiarist, *n.* llenleidr.

plague, *n.* pla. *v.* poeni, blino.
  THE PLAGUE, Haint y Nodau.
  THE YELLOW PLAGUE, Y Fad Felen.

plaice, *n.* lleden.

plaid, *n.* brithwe, plod.
plain, *n.* gwastad, gwastadedd.
 a. 1. eglur, amlwg, plaen.
 2. diolwg, cyffredin, syml.
plainness, *n.* 1. eglurdeb.
 2. hagrwch.
plainsailing, *a.* di-rwystr.
plainsong, *n.* plaengan, siant unsain.
plain-spoken, *a.* didwyll, rhydd, agored.
plaint, *n.* cwyn, achwyniad.
plaintiff, *n.* achwynwr, achwynydd, cyhuddwr.
plaintive, *a.* cwynfanus, dolefus.
plait, *n.* pleth. *v.* plethu.
plan, *n.* cynllun, plan. *v.* cynllunio, planio, trefnu.
plane, *n.* 1. gwastad.
 2. plaen, plân, (offeryn saer).
 3. awyren.
 4. planwydden, (pren).
 a. gwastad, lefel.
 v. llyfnhau, plaenio.
 IRREGULAR PLANE FIGURES, ffigurau di-drwch afreolaidd.
 BOUNDING PLANE, plân terfyn.
 PICTURE PLANE, plân llun.
 TANGENT PLANE, plân tangiad.
planet, *n.* planed, seren grwydr.
planetary, *a.* planedol.
plank, *n.* astell, estyllen, planc.
plankton, *n.* plancton.
planner, *n.* cynlluniwr, trefnwr.
plant, *n.* 1. planhigyn.
 2. offer, offeriant.
 v. plannu, sefydlu.
plantain, *n.* 1. planhigyn trofannol a'i ffrwyth.
 2. dail llydain y ffordd.
plantation, *n.* 1. planhigfa (goed).
 2. gwladfa.
planter, *n.* plannwr.
plaque, *n.* llechen, plac.
plasma, *n.* plasma, sylwedd cell, defnydd di-liw.
plaster, *n.* plastr. *v.* plastro.
 PLASTER CAST, delw blastr.
plasterer, *n.* plastrwr.
plastic, *a.* plastig, hawdd ei lunio.
plasticity, *n.* plastigrwydd.
plastid, *n.* plastid.
plate, *n.* plât, llestri aur neu arian, haenell. *v.* haenellu, golchi.
 CATCH PLATES, platau cydio.
plateau, *n.* gwastatir uchel, llwyfandir.
plateful, *n.* plataid, llond plât.
plate-glass, *n.* gwydr ffenestr, gwydr trwchus.
platen, *n.* gwasgfwrdd argraffu, rholer teipiadur.

platform, *n.* llwyfan, platfform.
plating, *n.* haen (o aur neu arian), y grefft o ddodi haen ar fetel.
platinise, *v.* platineiddio.
platinum, *n.* platinwm, (metel llwydwyn caled).
platitude, *n.* dywediad cyffredin a dibwys, diflasrwydd, cyffredinedd.
Platonic, *a.* 1. yn ôl dull Plato.
 2. pur, glân, diniwed.
platoon, *n.* mintai o filwyr, platŵn.
platter, *n.* dysgl, plât.
plaudit, *n.* cymeradwyaeth, clod, mawl.
plausibility, *n.* tebygolrwydd, ffalster.
plausible, *a.* ymddangosiadol deg, ffals.
play, *n.* chwarae, drama. *v.* chwarae, canu (offeryn).
player, *n.* chwaraewr, actor, actwr.
playful, *a.* chwareus, direidus, nwyfus.
playfulness, *n.* bywiogrwydd, nwyf, cellwair.
playground, *n.* llawr chwarae, cae chwarae, iard, chwaraele.
playhouse, *n.* chwaraedy, theatr.
playmate, *n.* cydymaith, chwarae, cyd-chwaraewr.
plaything, *n.* tegan.
playwright, *n.* dramäydd, dramodydd.
plea, *n.* 1. ple, dadl, amddiffyniad.
 2. esgus.
 3. cais, erfyniad, deisyfiad.
 COMMON PLEAS, Pledion Cyffredin.
plead, *v.* dadlau, eiriol, pledio, ymbil.
pleader, *n.* dadleuwr, plediwr, eiriolwr.
pleading, *n.* eiriolaeth, dadl, plediad.
pleading, *n.* eiriolaeth, dadl.
pleasant, *a.* dymunol, hyfryd, llon, siriol.
pleasantness, *n.* sirioldeb, llonder, hyfrydwch.
pleasantry, *n.* digrifwch, smaldod, cellwair mwyn, cellwair teg.
please, *v.* boddhau, bodloni, rhyngu bodd.
 IF YOU PLEASE, os gwelwch yn dda.
pleased, *a.* boddhaus, wedi ei fodloni, bodlon.
pleasing, *a.* boddhaol, dymunol.
pleasurable, *a.* pleserus, dymunol.
pleasure, *n.* pleser, hyfrydwch.
pleat, *n.* plet, pleten.
plebeian, *a.* gwerinol, gwerinaidd, difonedd, iselwaed. *n.* gwerinwr, gwreng.
plebiscite, *n.* gwerinbleidlais, pleidlais y bobl.

pledge, *n.* gwystl, ernes, addewid.
v. gwystlo, addo, rhoi ernes.

plenary, *a.* llawn, cyflawn, diamod.

plenipotentiary, *n.* dirprwywr, cen-
nad. *a.* â gallu i weithredu.

plenitude, *n.* cyflawnder, digonedd.

plenteous, *a.* toreithiog, helaeth.

plentiful, *a.* toreithiog, aml, helaeth.

plenty, *n.* digonedd, helaethrwydd.

pleonasm, *n.* gair llanw, gorymadrodd.

pleura, *n.* plewra, pilen yr ysgyfaint.

pleurisy, *n.* llid (pilen) yr ysgyfaint,
eisglwyf, plewrisi.

pliability, *n.* ystwythder, hyblygedd.

pliable, *a.* ystwyth, hyblyg, hydwyth.

pliancy, *n.* ystwythder, hyblygedd.

pliant, *a.* ystwyth, hyblyg, hydwyth.

pliers, *np.* gefel.

plight, *n.* cyflwr, drych. *v.* addo.

plod, *v.* llafurio, pannu arni, dyfal-
barhau.

plodder, *n.* gweithiwr dyfal.

plosion, *n.* ffrwydrad.

plosive, *a.* ffrwydrol.

plot, *n.* 1. cynllun, plot, ystofiad.
2. cynllwyn, brad-fwriad.
3. darn o dir, llain.
v. 1. cynllunio, tynnu, olrhain.
2. cynllwyn, brad-fwriadu.
EXPERIMENTAL PLOT, talwrn.

plotter, *n.* cynllwynwr.

plough, *n.* aradr, gwŷdd. *v.* aredig,
troi, cochi tir.
SWING PLOUGH, aradr rydd.
THREE-FURROW PLOUGH, aradr
deircwys.
THE PLOUGH (STAR), Y Saith Seren.
SNOW PLOUGH, swch eira.

plough-beam, *n.* paladr aradr, arnodd.

ploughland, *n.* tir âr, tir coch.

ploughman, *n.* trowr, arddwr, aradwr.

ploughshare, *n.* swch (aradr).

plover, *n.* cornicyll, cornchwiglen.

pluck, *n.* 1. gwroldeb, dewrder, glew-
der.
2. plwc, gallu i ddal ati.
3. pliciad, tyniad.
v. 1. tynnu. 2. pluo, plufio.
3. ysbeilio, dwyn oddi ar.

plucky, *a.* dewr, glew, gwrol.

plug, *n.* plwg. *v.* plygio, llanw.

plum, *n.* eirinen.
PLUM TREE, pren eirin.

plumage, *n.* plu, pluf.

plumb, *n.* plymen. *a.* plwm, union-
syth. *v.* plymio.

plumber, *n.* plymwr.

plumbic, *a.* plymig.

plumbing, *n.* gwaith plymwr.

plumb-line, *n.* llinyn plwm.

plumbous, *a.* plymus.

plume, *n.* pluen, plufyn.

plumicle, *n.* plufhedyn.

plummet, *n.* plymen.

plump, *a.* tew, graenus, llyfndew,
cadwrus.
v. 1. tewhau. 2. disgyn yn sydyn.
3. pleidleisio i un (yn unig).
ad. yn blaen.

plumpness, *n.* tewdra, corffolaeth.

plumule, *n.* cyneginyn (mewn plan-
higyn), had-gyff.

plunder, *n.* ysbail, anrhaith, lladrad.
v. ysbeilio, anrheithio, dwyn oddi ar.

plunderer, *n.* ysbeiliwr, lleidr.

plunge, *n.* trochiad, gwthiad. *v.* trochi,
suddo, gwthio.

pluperfect, *a.* gorberffaith.

plural, *a.* lluosog.

pluralism, *n.* lluosogaeth, plwraliaeth.

plurality, *n.* 1. lluosogrwydd.
2. plwyf neu ddaliad ychwanegol
(gan offeiriad).

plurative, *a.* lluosogol.

plus, *n.* plws, adio. *prp.* a, gyda, at.
PLUS (SIGN), arwydd adio.

plush, *n.* plwsh, (math o frethyn
esmwyth).

plutocracy, *n.* 1. llywodraeth golud.
2. gwlad â llywodraeth golud.
3. y dosbarth goludog.

plutocrat, *n.* gŵr goludog, un dylan-
wadol oherwydd ei olud.

plutonium, *n.* plwtoniwm, (elfen
radio-actif).

ply, *v.* 1. arfer, gweithio. 2. poeni.
3. cyniwair, mynd yn ôl ac ymlaen.
n. trwch, plyg, tro.
ARMOURED PLY, pren haengaled.

ply-wood, *n.* pren tri thrwch (etc.),
astell haenau, pren haenog (tair-
haen, etc.).

pneumatic, *a.* niwmatig, yn gweithio
wrth awyr.

pneumatics, *n.* awyroliaeth, awyr-
iaeth, gwyddor gallu peiriannol awyr.

pneumoconiosis, *n.* pneumoconiosis,
clefyd y llwch.

pneumonia, *n.* niwmonia, llid yr
ysgyfaint.

poach, *v.* 1. herwhela, potsian.
2. berwi (wy heb y masgl).

poacher, *n.* herwheliwr, potsier.

pocket, *n.* poced, llogell. *v.* pocedu.
OUT OF POCKET, ar ei golled.

pocket-book, *n.* llyfr nodion, llyfr
poced.

pocketful, *n.* pocedaid, llogellaid,
llond poced.

pocket-knife, *n.* cyllell boced.

pod, *n.* coden, plisgyn, masgl.

podgy, *a.* byrdew.

podsol, *n.* potsol.

poem, *n.* cân, cerdd.

poesy, *n.* prydyddiaeth, awenydd-iaeth.

poet, *n.* bardd, prydydd, awenydd.

poetaster, *n.* crachfardd, bardd is-raddol.

poetical, *a.* barddonol, prydyddol.

poetry, *n.* barddoniaeth, prydyddiaeth, cerdd dafod.

   (POETRY) IN STRICT METRES, barddoniaeth gaeth.

   IN FREE METRES, barddoniaeth rydd.

pogrom, *n.* terfysg (yn erbyn yr Iddewon, etc. yn Rwsia).

poignancy, *n.* llymder, brathu, symbyliad i'r teimladau, etc.

poignant, *a.* tost, llym, brathog.

point, *n.* 1. pwynt, dot.
   2. man, lle.
   3. blaen.
   4. pwnc, mater.
   5. cyfeiriad.
  v. 1. dangos.
   2. blaenllymu.
  DECIMAL POINT, pwynt degol.

point-blank, *a.* unionsyth. *ad.* yn blaen, yn bendant.

pointed, *a.* pigog, llym, miniog, blaenllym, pigfain.

pointer, *n.* 1. pwyntydd, awgrym.
   2. ci saethu, ci heliwr.

poise, *n.* cydbwysedd, ystum, osgo. *v.* cydbwyso, hofran.

poison, *n.* gwenwyn. *v.* gwenwyno.

poisonous, *a.* gwenwynig.

poke, *n.* 1. cwd, sach.
   2. gwth, pwt.
  v. gwthio, pwtian, procio.

poker, *n.* pocer, procer.

poky, *a.* 1. cyfyng.
   2. gwael.

polar, *a.* pegynol, ynglŷn â phegwn, ger y pegwn. *n.* pegynlin.
  POLAR BEAR, arth wen (gwyn).

polarity, *n.* y gynneddf i ymateb i atyniad magnetig, atyniadaeth.

pole, *n.* 1. polyn, pawl.
   2. pegwn.
  POLE JUMP, naid bolyn.
  POLE STAR, seren y gogledd.

Pole, *n.* Pwyliad, brodor o Wlad Pŵyl.

polecat, *n.* ffwlbart.

pole-star, *n.* seren y gogledd.

polemics, *np.* dadlau, dadleuaeth, ysgrifau dadleuol.

poletechnic, *a.* poletecnig, ysgol gelfyddydau.

police, *n.* heddlu.
  POLICE STATION, swyddfa heddlu.

policeman, *n.* heddwas, plisman, heddgeidwad.

policewoman, *n.* heddforwyn, pliswraig.

policy, *n.* polisi, gwladweiniaeth.

polio, *n.* 1. un sy'n dioddef oddi wrth barlys y plant.
   2. parlys y plant, polio.

poliomyelitis, *n.* parlys y plant, llid madruddyn y cefn, polio.

polish, *n.* sglein, polis. *v.* caboli, gloywi, glanhau, llathru.

Polish, *a.* Pwylaidd, yn ymwneud â Gwlad Pŵyl.

polished, *a.* caboledig, gloyw, disglair, glân.

polite, *a.* boneddigaidd, moesgar, taliaidd.

politeness, *n.* boneddigeiddrwydd, moesgarwch, lledneisrwydd.

politic, *a.* 1. call, cyfrwys, doeth, craff.
   2. gwleidyddol.

political, *a.* gwleidyddol, politicaidd.

politician, *n.* gwleidyddwr, gwleidydd.

politics, *n.* gwleidyddiaeth, gwleidyddeg.

polity, *n.* ffurflywodraeth, cyfansoddiad.

polka, *n.* dawns fywiog, miwsig i'r ddawns, polca.

poll, *n.* 1. pen.
   2. pôl.
  v. 1. pleidleisio.
   2. torri.
  POLL EVIL, clwy'r gwegil.

pollen, *n.* paill.
  POLLEN MOTHER CELL, mamgell y paill.
  POLLEN SACS, peillgodau.
  POLLEN TUBE, peillbib.

pollinate, *v.* peillio, ffrwythloni (blodau), peillioni.

pollination, *n.* peilliad.

pollute, *v.* halogi, llygru, difwyno.

pollution, *n.* 1. amhuriad, llygriad.
   2. budreddi, aflendid.

polo, *n.* polo, (math o chwarae ar gefn ceffyl).

poltergeist, *n.* ysbryd stwrllyd drygionus.

poltroon, *n.* llwfrgi, llwfryn, cachgi.

polyandrous, *a.* ag amryw friger.

polyanthus, *n.* briallu cochion, briallu amryliw.

polyembryony, *n.* cynelwad lluosog.

polygamous, *a.* yn briod â rhagor nag un, amlbriod.

polygamy, *n.* amlwreicaeth, amlwriaeth.

polyglot, *a.* amlieithog, mewn amryw ieithoedd.

polygon, *n.* amlochr, poligon.

polygonal, *a.* amlochrog.

polygynous, *a.* ag amryw bistilau.

polyhedron, *n.* polihedron.

polymorphic, *a.* amlffurf.

polymorphism, *n.* amlffurfedd, newid ffurfiau.

polyp, *n.* polyp.

polyphonic, *a.* amlsain, amrywsain.

polypod, *n.* creadur amldroed. *a.* amldroed, â llawer o draed.

polypoid, *a.* polipoid.

polypus, *n.* polipws, math o diwmor (mewn ceudod).

polysyllabic, *a.* lluosill, lluosillafog.

polysyllable, *n.* gair lluosill.

polytheism, *n.* amldduwiaeth, addoli rhagor nag un duw.

polytheist, *n.* credwr mewn amldduwiaeth.

polytheistic, *a.* amldduwiol.

polythene, *n.* polythen.

pomegranate, *n.* pomgranad, (pren neu ei ffrwyth).

pommel, *n.* blaen cyfrwy, telpyn, corf, cnap. *v.* pwnio, dyrnodio.

pomp, *n.* rhwysg, gwychder, balchder.

pompous, *a.* rhwysgfawr, balch.

pond, *n.* llyn, pwll dŵr, pwllyn.

ponder, *v.* ystyried, myfyrio, meddwl.

ponderous, *a.* trwm, pwysfawr, pwysig.

poniard, *n.* dagr, bidog, cyllell glun.

pontage, *n.* pontreth.

pontiff, *n.* 1. y Pab. 2. archoffeiriad.

pontifical, *a.* archoffeiriadol, awdurdodol.

pontoon, *n.* 1. bad (â gwaelod fflat). 2. pontŵn (gêm cardiau).

pony, *n.* merlyn, merlen, poni.

poodle, *n.* math o gi mwythus, pwdl.

pooh, *int.* pw ! pwff (y baw) !

pool, *n.* 1. pwll, pwllyn. 2. cronfa, trysorfa. *v.* cydgasglu, cydgyfrannu.

poop, *n.* tu ôl llong, pŵp.

poor, *a.* 1. tlawd, anghenus. 2. truenus, gwael, gwan. POOR THING, druan bach !

poor-house, *n.* tloty.

poor-law, *n.* cyfraith y tlodion.

poorly, *a.* gwael, sâl, tost.

poorness, *n.* 1. tlodi. 2. gwaelder.

poor-rate, *n.* treth y tlodion.

pop, *n.* 1. pop, (peth i'w yfed). 2. sŵn (fel corcyn o botel). *v.* 1. gwneud sŵn fel corcyn. 2. mynd neu ddod yn sydyn.

pope, *n.* Pab.

popery, *n.* pabyddiaeth.

popinjay, *n.* 1. parot. 2. coegyn, dandi, un balch.

popish, *a.* pabaidd, pabyddol.

poplar, *n.* poplysen.

poplin, *n.* poplin, (defnydd o fath o gotwm).

poppy, *n.* pabi (coch).

populace, *n.* gwerin, y werin bobl.

popular, *a.* poblogaidd.

popularity, *n.* poblogrwydd.

popularize, *v.* poblogeiddio, gwneud yn boblogaidd.

populate, *v.* poblogi.

population, *n.* poblogaeth.

populous, *a.* poblog.

porcelain, *n.* llestri da, llestri tsieni, porslen.

porch, *n.* porth, cyntedd.

porcupine, *n.* porciwpin, ballasg, draenog fawr.

pore, *n.* twll chwys, meindwll, mandwll. *v.* astudio, myfyrio.

pork, *n.* cig moch, porc.

porker, *n.* mochyn ifanc.

porosity, *n.* hydreiddedd, bod yn fândyllog.

porous, *a.* hydraidd, tyllog, mandwll.

porpoise, *n.* llamhidydd, porpois.

porridge, *n.* uwd.

porringer, *n.* llestr uwd.

port, *n.* 1. porthladd, tref â phorthladd. 2. porth, drws. 3. ochr aswy (llong). 4. gwin, port. 5. osgo, ystum.

portable, *a.* cludadwy, y gellir ei gario.

portage, *n.* cludiad, tâl cludo.

portal, *n.* porth, cyntedd, drws.

portcullis, *n.* porthcwlis.

portend, *v.* rhybuddio, rhagarwyddo.

portent, *n.* argoel, rhybudd, rhyfeddod.

portentous, *a.* argoelus, difrifol.

porter, *n.* porthor, cludydd, ceidwad drws.

porterage, *n.* tâl cludo.

portfolio, *n.* 1. cas papurau. 2. swydd yn y weinyddiaeth.

port-hole, *n.* ffenestr llong.

portico, *n.* cyntedd colofnog, mynedfa (dan do).

portion, *n.* rhan, cyfran, gwaddol. *v.* rhannu, cyfrannu.

portly, *a.* tew, corfforol, swmpus.

portmanteau, *n.* bag teithio, portmanto.

portrait, *n.* llun, darlun.

portraiture, *n.* darluniaeth, disgrifiad, llun.

portray, *v.* darlunio, portreadu.

portrayal, *n.* portread, disgrifiad.

port-reeve, *n.* porthfaer.

pose, *n.* 1. ystum, agwedd, osgo.
  2. rhagrith, rhith, rhodres.
  v. 1. sefyll mewn ystum arbennig.
  2. cymryd arno.
  3. drysu, peri penbleth.

poser, *n.* pos, dyrysbwnc.

posh, *a.* cain, coeth, trwsiadus.

position, *n.* safle, swydd, sefyllfa.

positive, *a.* cadarnhaol, pendant, posidiol.
  POSITIVE DEGREE, y radd gysefin.

positiveness, *n.* pendantrwydd.

positivism, *n.* positifiaeth, credo sy'n dibynnu ar ffeithiau.

positron, *n.* electron posidiol.

possess, *v.* meddu, meddiannu.

possession, *n.* meddiant, eiddo, da.

possessive, *a.* meddiannol.

possessor, *n.* perchen, perchennog, meddiannwr.

possibility, *n.* posibilrwydd.

possible, *a.* posibl, dichonadwy.

possibly, *ad.* efallai, dichon, tebyg(ol).

post, *n.* 1. post (llythyrau, etc.).
  2. polyn, pawl, post, postyn.
  3. swydd, safle.
  v. cyhoeddi, postio.
  THE LAST POST, yr alwad olaf.

postage, *n.* cludiad (llythyr, etc.).

postage-stamp, *n.* stamp, llythyrnod.

postal, *a.* ynglŷn â'r post (llythyrdy).

postcard, *n.* cerdyn post, carden bost.

postdate, *v.* ôl-ddyddio, dyddio'n ôl.
  n. ôl-ddyddiad.

postdiluvian, *a.* wedi'r dilyw.

poster, *n.* hysbyslen, poster.

posterior, *a.* diweddarach, ar ôl.

posterity, *n.* hiliogaeth, dilynwyr.

postern, *n.* drws bach, drws cefn, cilddor.

post-graduate, *a.* graddedig.

post-haste, *ad.* yn frysiog, ar frys mawr.

posthumous, *a.* 1. (un a aned) wedi marw ei dad.
  2. (llyfr a gyhoeddwyd) wedi marw'r awdur.

postillion, *n.* marchog (o flaen cerbyd).

postman, *n.* llythyrgludydd, postman, postmon.

postmark, *n.* marc y post.

postmaster, *n.* postfeistr.

postmeridian (p.m.), *a.* yn y prynhawn, wedi canol dydd.

postmistress, *n.* postfeistres.

postmortem, *a.* ar ôl marw.
  POSTMORTEM EXAMINATION, archwiliad ar gorff marw, postmortem, cwest, trengholiad.

post-office, *n.* llythyrdy, post.

postpone, *v.* gohirio, oedi.

postponement, *n.* gohiriad, oediad.

postscript, *n.* ôl-ysgrif.

postulate, *n.* gosodiad, cynosodiad.
  v. rhagdybied, cymryd yn ganiataol, rhagosod.

postulation, *n.* 1. tybiaeth.
  2. hawl, arch.

posture, *n.* ystum, agwedd, osgo, safiad, ymddaliad.

posy, *n.* blodeuglwm, pwysi, tusw.

pot, *n.* llestr, pot. *v.* potio.

potash, *n.* potas, cyfansawdd o botasiwm.

potassium, *n.* potasiwm, (metel gwyn).

potato, *n.* taten, pytaten.

potency, *n.* nerth, grym (corff neu feddwl).

potent, *a.* nerthol, cryf, grymus.

potentate, *n.* pennaeth, llywodraethwr.

potential, *a.* dichonadwy, dichonol, posibl. *n.* potensial, peth dichonadwy.

potentiality, *n.* dichonolrwydd, posibilrwydd.

pot-hole, *n.* twll mewn heol, ceubwll.

potion, *n.* llymaid (o foddion neu wenwyn).

pot-pourri, *n.* cymysgfa, amrywiaeth.

potsherd, *n.* darn o lestr.

pottage, *n.* cawl, potes.

potter, *n.* crochenydd. *v.* ymdroi, ffidlan.

pottery, *n.* llestri pridd, siop crochenydd.

pouch, *n.* cod, cwd.

poulterer, *n.* gwerthwr dofednod (ffowls).

poultice, *n.* powltis, pwltis. *v.* powltisio.

poultry, *n.* dofednod, ffowls, adar dof, da pluog.

pounce, *v.* syrthio ar, neidio ar.

pound, *n.* 1. pwys, pownd.
2. punt.
3. ffald, lloc.
v. 1. ffaldio, cau i mewn.
2. malu, malurio.
3. pwyo, pwnio.
POUND NOTE, papur punt.
poundage, *n.* toll (yn ôl hyn a hyn y bunt neu'r pwys).
poundal, *n.* pwysal, (uned grym).
pour, *v.* arllwys, tywallt.
pout, *n.* pwd, tymer ddrwg. *v.* pwdu, sorri, llaesu gwefl.
poverty, *n.* tlodi, angen.
poverty-stricken, *a.* tlawd, llwm, gwael.
powder, *n.* pylor, powdr. *v.* powdro.
power, *n.* 1. gallu, nerth, pŵer.
2. awdurdod.
POWER POLITICS, gwleidyddiaeth grym.
POWER-TAKE-OFF, gwerthyd-yrru.
power-drive, *n.* nerthyriad.
powerful, *a.* galluog, grymus, nerthol.
power-house, *n.* tŷ trydan, pwerdy, gorsaf drydan.
powerless, *a.* dirym, di-nerth, an-alluog.
pox, *n.* brech.
practicable, *a.* y gellir ei wneud.
practical, *a.* ymarferol.
practically, *ad.* yn ymarferol, bron, agos.
practice, *n.* ymarfer, ymarferiad, practis (rhifyddeg).
PRACTICE METHOD, y dull practis.
practise, *v.* ymarfer.
practised, *a.* cyfarwydd, medrus.
practitioner, *n.* 1. meddyg.
2. cyfreithiwr.
3. un yn dilyn galwedigaeth, ymarferwr.
pragmatic, *a.* 1. ymyrgar, pendant.
2. ymarferol.
pragmatism, *n.* 1. pendantrwydd.
2. pwys ar yr ymarferol.
prairie, *n.* paith, gwastatir eang.
praise, *n.* mawl, moliant, clod. *v.* moli, clodfori, canmol, dweud yn dda am.
praiseworthy, *a.* canmoladwy, teilwng o glod.
prance, *v.* prancio, dawnsio.
prank, *n.* cast, pranc, tric.
prate, *v.* clebran, baldorddi.
prattle, *v.* clebran, baldorddi. *n.* cleber, baldordd.
prattler, *n.* clebryn, preblyn.
prawn, *n.* corgimwch.

pray, *v.* gweddïo, atolygu, eiriol, ymbil.
I PRAY THEE, atolwg.
prayer, *n.* gweddi.
FAMILY PRAYERS, dyletswydd deuluaidd.
THE LORD'S PRAYER, Gweddi'r Arglwydd.
prayer-book, *n.* llyfr gweddi.
COMMON-PRAYER BOOK, Llyfr Gweddi Gyffredin.
prayerful, *a.* gweddigar, defosiynol, duwiol.
pre-, *px.* cyn-, rhag-, blaen-.
preach, *v.* pregethu.
preacher, *n.* pregethwr, cennad hedd.
LAY PREACHER, pregethwr cynorthwyol, pregethwr lleyg.
preaching, *n.* pregethu.
preamble, *n.* rhagair, rhaglith.
prebend, *n.* cyfran o gyllid eglwys gadeiriol, prebend.
prebendary, *n.* clerigwr sy'n dal prebend, canon mygedol, prebendari.
precarious, *a.* ansicr, peryglus, enbyd.
precariousness, *n.* ansicrwydd, enbydrwydd, perygl.
precaution, *n.* rhagofal, gofal, carc.
precautionary, *a.* yn rhagofalu, yn paratoi ymlaen llaw.
precede, *v.* blaenori, rhagflaenu.
precedence, *n.* blaenoriaeth.
precedent, *n.* esiampl, peth i'w efelychu, cynsail, rhag-esiampl.
preceding, *a.* blaenorol, o'r blaen.
precentor, *n.* codwr canu, arweinydd y gân.
precept, *n.* rheol (ymddygiad), gwireb.
preceptor, *n.* athro, hyfforddwr.
precinct, *n.* cyffin, tir oddi amgylch.
precious, *a.* gwerthfawr, prid, drud.
preciousness, *n.* drudaniaeth, gwerthfawredd.
precipice, *n.* dibyn, clogwyn, tarren.
precipitate, *v.* 1. hyrddio, bwrw i lawr.
2. gwaelodi, gwaddodi.
3. prysuro.
a. anystyriol, byrbwyll.
n. gwaddod.
precipitation, *n.* 1. hyrddiad.
2. gwaelodiad, gwaddodiad.
3. byrbwylltra, diffyg ystyriaeth.
precipitous, *a.* serth, clogwynog.
précis, *n.* crynodeb, cwtogiad, byrhad.
precise, *a.* manwl, cywir.
precisely, *ad.* yn union, yn gymwys, yn hollol.
preciseness, *n.* manylrwydd, manyldeb, cywirdeb.

precision, *n.* manylrwydd, cywirdeb, trachywiredd. *a.* trachywir.
preclude, *v.* cau allan, atal, rhwystro.
precocious, *a.* henaidd, henffel, eofn.
precocity, *n.* rhagaeddfedrwydd.
precognition, *n.* rhagwybodaeth.
preconceive, *v.* rhagsynio, barnu ymlaen llaw, rhagdybio.
preconception, *n.* rhagdybiaeth, rhagsyniad.
precursor, *n.* rhagflaenydd, rhagredegydd.
precursory, *a.* ymlaen llaw.
predatory, *a.* ysglyfaethus, rheibus.
predecease, *v.* marw o flaen.
predecessor, *n.* rhagflaenydd.
predestinate, *v.* rhagarfaethu, rhaglunio, rhagordeinio.
predestination, *n.* rhagarfaeth, rhagluniaeth, rhagordeiniad, arfaeth.
predestine, *v.* trefnu ymlaen llaw, rhagarfaethu, rhaglunio.
predicament, *n.* sefyllfa anodd, cyflwr gwael, enbydrwydd.
predicate, *n.* traethiad, yr hyn a ddywedir.
predicative, *a.* traethiadol.
predict, *v.* rhagfynegi, proffwydo.
prediction, *n.* proffwydoliaeth, rhagfynegiad.
predictor, *n.* rhagfynegydd.
predilection, *n.* hoffter, ffafraeth, tueddfryd.
predispose, *v.* tueddu (o'r blaen), rhagdueddu.
predominance, *n.* goruchafiaeth, rhagoriaeth.
predominant, *a.* pennaf, prif, arbennig.
predominate, *v.* llywodraethu, rhagori.
pre-eminence, *n.* uchafiaeth, blaenoriaeth.
pre-eminent, *a.* yn rhagori ar, ar y blaen i.
preen, *v.* trwsio (plu â phig).
pre-existence, *n.* cynfodolaeth, byw o'r blaen.
prefabricate, *v.* gwneud yn barod (ymlaen llaw).
    PREFAB, PREFABRICATED HOUSE, tŷ parod.
preface, *n.* rhagymadrodd, rhagair.
prefatory, *a.* arweiniol, rhagarweiniol.
prefect, *n.* rhaglaw, prif ddsgybl, swyddog (ysgol).
prefer, *v.* bod yn well gan, caru'n fwy.
    I PREFER, gwell gennyf.
preferable, *a.* gwell, mwy dymunol.

preference, *n.* bod yn well gan, dewis, blaenoriaeth, ffafraeth.
    PREFERENCE SHARE, siâr ffafredig.
preferential, *a.* ffafriol, â ffafr.
preferment, *n.* dyrchafiad, codiad.
prefix, *n.* rhagddodiad, sillaf flaen. *v.* rhagddodi.
    PREFIXED PRONOUN, rhagenw blaen.
pregnancy, *n.* beichiogrwydd.
pregnant, *a.* beichiog, ffrwythlon.
prehensile, *a.* yn abl i afaelyd.
prehistoric, *a.* cynhanesyddol, cynhanesol.
prejudge, *v.* barnu ymlaen llaw, rhagfarnu.
prejudice, *n.* rhagfarn, niwed. *v.* rhagfarnu, barnu heb brawf, niweidio.
prejudiced, *a.* rhagfarnllyd, â rhagfarn, yn barnu heb brawf.
prejudicial, *a.* niweidiol, anfanteisiol.
prelate, *n.* esgob, prelad.
preliminary, *a.* arweiniol, rhagarweiniol.
prelude, *n.* rhagarweiniad, preliwd, cerdd agoriadol.
premature, *a.* cynamserol, anaeddfed, annhymig.
prematureness, *n.* anaeddfedrwydd.
premeditate, *v.* ystyried ymlaen llaw, cynllunio.
premeditated, *a.* wedi ei ragfwriadu, rhagfwriadedig, rhagfwriadol.
premeditation, *n.* ystyriaeth, myfyrdod (ymlaen llaw).
premier, *n.* prifweinidog. *a.* prif, blaenaf, pennaf.
premiership, *n.* prifweinidogaeth, swydd prifweinidog.
premise, *n.* rhagosodiad, cynsail. *v.* rhagosod, gosod sail trafodaeth.
premises, *np.* adeilad (ynghyd â'r tir, etc.).
premium, *n.* 1. gwobr, premiwm.
    2. tâl (yswiriant, etc.).
    3. bonws.
    AT A PREMIUM, ar bremiwm.
premolar, *n.* dant o flaen y cilddant.
premonition, *n.* rhagrybudd, rhybudd ymlaen llaw.
preoccupation, *n.* bod wedi ymgolli yn.
preoccupied, *a.* â baich ar ei feddwl, synfyfyriol.
preoccupy, *v.* ymgolli yn, llanw'r meddwl â.
preordain, *v.* rhagordeinio, trefnu ymlaen llaw.
preparation, *n.* paratoad, darpariaeth.
preparatory, *a.* paratoawl, rhagbaratoawl.

prepare, v. paratoi, darparu.
preparedness, n. parodrwydd.
prepay, v. talu ymlaen llaw, blaendalu.
prepayment, n. blaendal, tâl ymlaen llaw.
preperception, n. rhag-ganfyddiad.
preponderance, n. gorbwysedd, gormod.
preponderant, a. gorbwysol, yn gorbwyso, gormod.
preponderate, v. gorbwyso, rhagori ar.
preposition, n. arddodiad, gair i ddangos cysylltiad.
   CONJUGATED PREPOSITION, arddodiad rhedadwy.
prepositional, a. arddodiadol.
prepossess, v. rhagfeddiannu, rhagysbrydoli, peri rhagfarn.
prepossessing, a. boddhaol, dymunol.
prepossession, n. meddiannu ymlaen llaw, rhagfarn.
preposterous, a. afresymol, gwrthun.
prerequisite, n. anghenraid (ymlaen llaw).
prerogative, n. braint, rhagorfraint.
presage, n. argoel, rhagarwydd. v. argoeli, rhagfynegi.
Presbyterian, a. Presbyteraidd.
Presbyterianism, n. Henaduriaeth, Presbyteriaeth.
presbytery, n. 1. henaduriaeth.
   2. cafell.
prescience, n. rhagwybodaeth, rhagwelediad.
prescribe, v. gorchymyn, rhagnodi (cyffur, etc.), darnodi.
prescription, n. gorchymyn, rhagnodiad, darnodiad, presgripsiwn.
preselective, a. a ddewisir ymlaen llaw (am gêr).
presence, n. gŵydd, presenoldeb.
   PRESENCE OF MIND, hunan-feddiant.
   IN THE PRESENCE OF, gerbron, yng ngŵydd.
present, n. a. presennol.
   AT PRESENT, yn awr, ar hyn o bryd.
present, n. anrheg, rhodd. v. anrhegu, cyflwyno.
presentable, a. gweddus, addas i ymddangos.
presentation, n. cyflwyniad, anrhegiad.
presenter, n. cyflwynydd, anrhegydd.
presentiment, n. ofn, tybiaeth, rhagargoel.
presently, ad. yn y man, yn union.
preservation, n. cadwraeth, cadwedigaeth.
preservative, n. cyffur cadw.

preserve, n. 1. cyffaith, bwyd cadw.
   2. heldir, tir amgaeëdig.
   v. cadw, diogelu.
preserved, a. ar gael, ar gael a chadw, ar gadw, yn bod.
preserver, n. ceidwad, cynhaliwr, achubydd.
preside, v. llywyddu.
presidency, n. llywyddiaeth, arlywyddiaeth.
president, n. llywydd, arlywydd.
presidential, a. llywyddol, arlywyddol, y llywydd.
press, n. 1. gwasg, argraffwasg.
   2. torf.
   v. gwasgu, pwyso, gorfodi.
press-gang, n. mintai i orfodi i'r llynges, mintai orfod, y près.
pressing, a. taer, yn galw am sylw buan.
pressure, n. pwysau, gwasgedd, pwysedd (awyr).
   CENTRE OF PRESSURE, canolbwynt gwasgedd.
   SATURATION VAPOUR PRESSURE, gwasgedd-anwedd dirlawn.
prestidigitation, n. siwglo, consurio.
prestige, n. bri, gair da, dylanwad.
presumably, ad. yn ôl pob tebyg, gellid tybied.
presume, v. 1. tybio, cymryd yn ganiataol.
   2. beiddio.
   3. rhyfygu, manteisio ar.
presumption, n. 1. tyb.
   2. beiddgarwch, ehofndra, hyfdra.
   3. rhyfyg.
presumptive, a. tebygol, ymddangosiadol.
   HEIR PRESUMPTIVE, etifedd tebygol, aer.
presumptuous, a. haerllug, rhyfygus, hy, eofn.
presumptuousness, n. hyfdra, beiddgarwch, rhyfyg.
presuppose, v. rhagdybio, cymryd yn ganiataol.
presupposition, n. rhag-dyb, cred.
pretence, n. rhith, ffug, esgus.
pretend, v. cymryd ar, honni, proffesu.
pretender, n. ymhonnwr, proffeswr.
pretension, n. honiad, hawl, ymffrost.
pretentious, a. yn honni, rhodresgar.
preterite, a. gorffennol (gramadeg).
preternatural, a. annaturiol, croes i natur, gwyrthiol.
pretext, n. esgus.
prettiness, n. tlysni, tlysineb.
pretty, a. tlws, pert, del, prydferth.
   ad. cryn, go, gweddol.

prevail, *v.* 1. trechu, darbwyllo, llwyddo.

2. ffynnu, bod yn gyffredin.

prevalance, *n.* 1. bod yn gyffredin, cyffredinolrwydd.

2. rhagoriaeth.

prevalent, *a.* cyffredin, prif, arferol.

prevaricate, *v.* celu'r gwir, osgoi dweud y gwir, camarwain.

prevarication, *n.* celwydd, anwiredd.

prevent, *v.* rhwystro, atal, lluddias.

prevention, *n.* rhwystr, ataliad.

preventive, *n.* rhwystr. *a.* arbedadwy, y gellir ei osgoi.

preview, *n.* gweld ymlaen llaw (am ffilm, llyfr, etc.).

previous, *a.* blaenorol, cynt.

previously, *ad.* o'r blaen.

prey, *n.* ysglyfaeth. *v.* ysglyfaethu.

BIRDS OF PREY, adar ysglyfaethus.

price, *n.* pris. *v.* prisio.

priceless, *a.* amhrisiadwy, gwerthfawr.

prick, *n.* 1. pigyn, swmbwl.

2. pigiad, brathiad.

v. 1. pigo.

2. symbylu, annog, pwtio.

TO PRICK UP ONE'S EARS, gwrando'n sydyn.

prickle, *n.* draen, pigyn.

prickly, *a.* pigog.

pride, *n.* balchder, hunanbarch.

TO PRIDE ONESELF, ymfalchïo yn.

priest, *n.* offeiriad.

priestcraft, *n.* ystryw offeiriadol.

priesthood, *n.* offeiriadaeth.

priestly, *a.* offeiriadol.

prig, *n.* sychfoesolyn, un hunangyfiawn, ffrwmpyn.

priggish, *a.* sychgyfiawn, hunandybus.

priggishness, *n.* sychgyfiawnder, sychfoesoldeb, cysêt, cysactrwydd, ffrwmp.

prim, *a.* cymen, ffurfiol, cywir.

primacy, *n.* 1. archesgobaeth.

2. blaenoriaeth.

primadonna, *n.* prif gantores mewn opera.

primal, *a.* cyntaf, bore, cyntefig, cysefin, sylfaenol.

primarily, *ad.* yn y lle cyntaf.

primary, *a.* cyntaf, prif, elfennol, cynradd.

primate, *n.* archesgob, primas.

prime, *n.* anterth, preim. *a.* prif, pennaf, gorau, elfennol. *v.* llwyddo, cynliwio.

IN HIS PRIME, yn ei flodau.

PRIME MINISTER, Prif Weinidog.

PRIME FACTOR, ffactor elfennol.

PRIME NUMBER, rhif cysefin.

primer, *n.* 1. gwerslyfr cyntaf, llyfr elfennol.

2. math o deip.

primeval, *a.* cyntefig, cynoesol, bore.

priming, *n.* paent cyntaf, cynbaent, cynlliw.

primitive, *a.* 1. cyntefig, cynnar.

2. amrwd, syml, elfennol.

primitiveness, *n.* cyntefigrwydd.

primogeniture, *n.* cyntafanedigaeth, genedigaeth fraint yr hynaf.

primordial, *a.* cyntefig, gwreiddiol.

primrose, *n.* briallen, blodyn llo bach.

primula, *n.* primwla, (math o friallen).

prince, *n.* tywysog.

princely, *a.* tywysogaidd, urddasol.

princess, *n.* tywysoges.

principal, *n.* 1. prifathro, pen, pennaeth.

2. prifswm.

a. prif, pennaf.

principality, *n.* tywysogaeth, tir tywysog.

principally, *ad.* yn bennaf, gan mwyaf.

principle, *n.* egwyddor, rheol ymddygiad.

principled, *a.* egwyddorol, uniawn, cyfiawn.

print, *n.* argraff, print. *v.* argraffu, printio.

printer, *n.* argraffydd.

printing-press, *n.* gwasg argraffu.

prior, *n.* prior, pennaeth priordy. *a.* cyntaf, cynt, blaenorol.

prioress, *n.* priores, pennaeth priordy (i leianod).

priority, *n.* blaenoriaeth, y lle blaen.

priory, *n.* priordy, abaty, lleiandy.

prisage, *n.* preisaeth.

prise, *v.* gorfodi, defnyddio grym (bar, etc.). *n.* preis.

prism, *n.* prism, (solid cyfochrog).

prismatic, *a.* prismatig, fel prism, disglair.

prison, *n.* carchar.

prisoner, *n.* carcharor.

pristine, *a.* cyntefig, cynnar, cysefin, hen.

prithee, *int.* atolwg !

privacy, *n.* dirgel, dirgelfa, neilltuaeth.

private, *n.* milwr cyffredin. *a.* preifat, dirgel.

privation, *n.* caledi, bod heb angenrheidiau.

privet, *n.* gwyros, prifed.

privilege, *n.* braint, rhagorfraint.

privileged, *a.* breiniol, wedi ei freintio

privy, *a.* cyfrin, dirgel.

   PRIVY COUNCIL, Cyfrin Gyngor.

prize, *n.* 1. gwobr.

   2. ysbail.

   v. 1. prisio, gwerthfawrogi.

   2. agor (trwy rym).

probability, *n.* tebygolrwydd.

   IN ALL PROBABILITY, yn ôl pob tebyg.

probable, *a.* tebygol, tebyg.

probate, *n.* 1. prawf ewyllys.

   2. ewyllys brofedig.

probation, *n.* prawf, adeg prawf.

probationer, *n.* un ar brawf.

probe, *v.* chwilio, profi, archwilio.

probity, *n.* uniondeb, gonestrwydd.

problem, *n.* problem, dyrysbwnc, tasg.

problematic, *a.* amheus, ansicr, dyrys.

proboscis, *n.* trwyn, trwnc, duryn.

procedure, *n.* trefn, ffordd, dull o weithredu.

proceed, *v.* mynd ymlaen, mynd rhagddo.

proceedings, *np.* gweithrediadau, trafodion, trafodaethau.

proceeds, *np.* elw, enillion.

process, *n.* ffordd, gweithrediad, proses.

   IN PROCESS OF TIME, yn nhreigl amser.

procession, *n.* gorymdaith, ymdaith drefnus.

processional, *a.* gorymdeithiol.

proclaim, *v.* cyhoeddi, datgan.

proclamation, *n.* cyhoeddiad.

proclitic, *n.* proclitig, gair unsillaf diacen.

proclivity, *n.* tuedd, gogwydd.

proconsul, *n.* rhaglaw.

procrastinate, *v.* oedi, gohirio.

procrastination, *n.* oediad, hwyrfrydigrwydd.

procreate, *v.* cenhedlu, epilio.

procreative, *a.* epiliol, cenhedlol.

proctitis, *n.* proctitis, llid yr ymysgaroedd.

proctor, *n.* proctor, dirprwywr, dadleuydd.

procurable, *a.* i'w gael, ar gael.

procurator, *n.* procurator.

procure, *v.* cael, mynnu.

prod, *n.* swmbwl, symbyliad. *v.* pwtio, symbylu.

prodigal, *a.* afradlon, gwastraffus, ofer.

prodigality, *n.* afradlonedd, gwastraff.

prodigious, *a.* anferth, aruthrol, rhyfedd.

prodigy, *n.* rhyfeddod, peth aruthr.

produce, *v.* cynhyrchu, cael, dangos. *n.* cynnyrch.

producer, *n.* cynhyrchydd.

product, *n.* ffrwyth, cynnyrch, lluoswm.

   PARTIAL PRODUCT, rhan o'r lluoswm, gwahanol rannau o'r lluoswm.

production, *n.* cynnyrch, cynhyrchiad.

productive, *a.* cynhyrchiol, ffrwythlon, toreithiog.

productivity, *n.* ffrwythlonrwydd, ffrwythlondeb.

profanation, *n.* halogiad, amarch.

profane, *a.* anghysegredig, halogedig, cableddus. *v.* halogi, amharchu, camddefnyddio.

profanity, *n.* halogrwydd, cabledd.

profess, *v.* proffesu, dweud ar goedd.

professed, *a.* proffesedig, cyhoeddedig.

professedly, *ad.* yn ymddangosiadol, yn ôl ei addefiad.

profession, *n.* proffes, galwedigaeth.

professional, *a.* proffesyddol, proffesiynol.

professionalism, *n.* proffesiynoliaeth, chwarae, etc. am dâl.

professor, *n.* 1. un sy'n proffesu, proffeswr. 2. athro (sy'n dal cadair prifysgol).

professorial, *a.* proffesorol, cadeiriol.

professorship, *n.* cadeiryddiaeth.

proffer, *v. n.* cynnig.

proficiency, *n.* cymhwyster, medr.

proficient, *a.* medrus, hyddysg, hyfedr.

profile, *n.* 1. cernlun, proffil.

   2. bywgraffiad byr.

profit, *n.* elw, budd, lles. *v.* elwa, ennill.

   PROFIT AND LOSS, elw a cholled.

profitable, *a.* buddiol, llesol, yn talu.

profiteer, *v.* budrelwa, gorelwa, cribddeilio. *n.* cribddeiliwr.

profitless, *a.* di-fudd, di-les.

profligacy, *n.* afradlonedd, oferedd.

profligate, *n.* afradlon, oferddyn. *a.* afradlon, ofer.

profound, *a.* dwfn, dwys, gwybodus.

profundity, *n.* dyfnder, dwyster.

profuse, *a.* hael, helaeth.

profusion, *n.* helaethrwydd, digonedd.

progenitor, *n.* hynafiad, hendad.

progeny, *n.* hil, hiliogaeth, epil.

   PROGENY TESTING, epil-brofi, hil-brofi.

prognosticate, *v.* rhagfynegi, argoeli, arwyddo, darogan.

prognostication, *n.* arwydd, argoel, daroganiad.

programme, *n.* 1. rhaglen, program.
  2. bwriad, cynllun.
  PROGRAMME MUSIC, cerddoriaeth destunol.
  FEATURE PROGRAMME, rhaglen nodwedd.

progress, *n.* cynnydd, gwelliant.
  v. cynyddu, symud ymlaen.

progression, *n.* symudiad, treigl, dilyniad (*music, maths.*), graddiad.
  PROGRESSIONS, cyfresiadau rhifyddol a geometrig.

progressive, *a.* blaengar, yn hoffi cynnydd, cynyddol.

progressiveness, *n.* blaengaredd.

prohibit, *v.* gwahardd, gwarafun, rhwystro.

prohibition, *n.* gwaharddiad.

prohibitive, *a.* heb fod yn atyniadol, gormodol.
  PROHIBITIVE PRICE, crocbris.

project, *n.* cynllun, dyfais. *v.* 1. bwrw, hyrddio.
  2. cynllunio, dyfeisio.
  3. ymestyn, estyn.
  4. peri i ymddangos.
  PROJECTS, bwriadwaith.

projectile, *n.* teflyn, arf saethedig.

projection, *n.* ymestyniad, tafluniad.

projector, *n.* 1. dyfeisiwr, cynlluniwr.
  2. taflydd lluniau, taflunydd.

projective methods, *np.* dulliau ymdaflunio.

proletariat, *n.* proletariat, y werin, y gweithwyr.

prolific, *a.* ffrwythlon, cynhyrchiol, toreithiog.

prolix, *a.* maith, hir, amleiriog, cwmpasog.

prolixity, *n.* meithder, geiriogrwydd.

prolocutor, *n.* prolocwtor.

prologue, *n.* rhagair, agoriad, prolog.

prolong, *v.* estyn, hwyhau, ymestyn, parhau.

prolongation, *n.* estyniad, hwyhad, parhad.

prolonged, *a.* hir, maith, yn dal ymlaen.

promenade, *n.* rhodfa, promenâd.
  v. rhodianna, rhodio.

prominence, *n.* amlygrwydd, cyhoeddusrwydd.

prominent, *a.* amlwg, blaenllaw.

promiscuous, *a.* cymysg, diwahaniaeth.

promise, *n.* addewid. *v.* addo.
  TO KEEP HIS PROMISE, cadw ei air, cywiro'i addewid.

promising, *a.* addawol.

promissory, *a.* yn cynnwys addewid.
  PROMISSORY NOTE, addaweb.

promontory, *n.* penrhyn, pentir, trwyn.

promote, *n.* 1. hyrwyddo, helpu.
  2. dyrchafu, codi.

promoter, *n.* hyrwyddwr.

promotion, *n.* 1. hyrwyddiad, cymorth.
  2. dyrchafiad, codiad.

prompt, *a.* prydlon, di-oed.
  v. awgrymu, symbylu, atgoffa,

prompter, *n.* awgrymwr, promtwr, cofweinydd.

prompting, *n.* anogaeth, awgrym.

promptitude, *n.* parodrwydd, prydlondeb.

promulgate, *v.* cyhoeddi, datgan.

promulgation, *n.* cyhoeddiad, datganiad.

prone, *a.* 1. yn gorwedd â'r wyneb i lawr, yn gorwedd ar ei fola.
  2. tueddol, chwannog.

proneness, *n.* tuedd, tueddiad.

prong, *n.* pig, fforch, peth fforchog.

pronominal, *a.* rhagenwol.

pronominalia, *np.* rhagenwolion.

pronoun, *n.* rhagenw, gair yn lle enw.

pronounce, *v.* 1. cynanu, seinio.
  2. datgan, cyhoeddi, barnu.

pronounced, *a.* cryf, amlwg, pendant.

pronouncement, *n.* datganiad, cyhoeddiad.

pronunciation, *n.* cynaniad, seiniad.

proof, *n.* 1. prawf.
  2. proflen.
  a. abl i wrthsefyll.

prop, *n.* post, ateg, prop. *v.* cynnal, dal i fyny.

propaganda, *n.* propaganda, lledaenu syniadau.

propagandist, *n.* lledaenydd (athrawiaeth, etc.).

propagate, *v.* 1. adgynhyrchu, lluosogi, amlhau.
  2. lledaenu, taenu.

propagation, *n.* 1. adgynhyrchiad, cenhedliad.
  2. lledaeniad, taeniad, cyhoeddiad.

propagator, *n.* 1. cynhyrchwr.
  2. lledaenwr, cyhoeddwr.

propane, C_3H_8, *n.* propan.

propel, *v.* gyrru ymlaen, gwthio ymlaen.

propeller, *n.* sgriw (peiriant).

propensity, *n.* tuedd, gogwydd.

proper, *a.* priod, priodol, gweddus, addas, cymen.
  PROPER FRACTION, ffracsiwn bondrwm.

properly, *ad.* yn iawn.

property, *n.* 1. eiddo, perchenogaeth. 2. priodoledd, cynneddf. 3. priodwedd (Cemeg).
prophase, *n.* cyn-gyflwr.
prophecy, *n.* proffwydoliaeth.
prophesy, *v.* proffwydo, rhagweled.
prophet, *n.* proffwyd, gweledydd.
prophetess, *n.* proffwydes.
prophetic, *a.* proffwydol, arwyddocaol.
prophylactic, *n.* peth i atal clefyd.
prophylaxis, *n.* proffilacsis, heintrwystriad.
propinquity, *n.* agosrwydd (perthynas, lle, amser).
propitiate, *v.* cymodi, heddychu, dyhuddo.
propitiation, *n.* cymod, dyhuddiant, iawn.
propitiatory, *a.* yn cymodi, heddychol, yn gwneud iawn.
propitious, *a.* ffafriol.
proportion, *n.* 1. cyfartaledd, cyfartalwch, cymesuredd. 2. cyfran, rhan. 3. cyfrannedd.
    DIRECT PROPORTION, cyfrannedd union.
    INVERSE PROPORTION, cyfrannedd gwrthdro.
    IN PROPORTION, ar gyfartaledd, yn ôl yr herwydd.
proportional, *a.* yn ôl cyfartaledd, cymesur, cyfrannol.
    PROPORTIONAL PARTS, cyfrannau.
    PROPORTIONAL REPRESENTATION, cynrychioliad cyfrannol.
proportionate, *a.* cymesur, cyfartal.
proposal, *n.* cynnig, cynigiad.
propose, *v.* 1. cynnig, awgrymu. 2. bwriadu.
proposer, *n.* cynigydd, awgrymwr.
proposition, *n.* 1. gosodiad, datganiad. 2. cynnig, cynigiad. 3. gosodiant (*maths.*).
propound, *v.* cynnig, dodi gerbron.
proprietary, *a.* yn dal (neu wedi dal) fel perchennog, priodol, perchenogol.
proprietor, *n.* perchen, perchennog.
proprietorship, *n.* perchenogaeth.
propriety, *n.* priodoldeb, gwedduster.
propulsion, *n.* gwthiad, grym ymwthiol.
propulsive, *a.* gwthiol.
prorogation, *n.* gohiriad.
prorogue, *v.* gohirio.
prosaic, *a.* rhyddieithol, cyffredin.
proscribe, *v.* diarddel, gwahardd.
proscription, *n.* diarddeliad, gwaharddiad.
prose, *n.* rhyddiaith.

prosecute, *v.* 1. erlyn, cyhuddo mewn llys. 2. dilyn (ar), mynd ymlaen â.
prosecution, *n.* erlyniad, cyhuddiad.
prosecutor, *n.* erlynydd, cyhuddwr.
proselyte, *n.* proselyt, un wedi ei droi (at grefydd).
proselytize, *v.* proselytio, troi (at grefydd).
prosody, *n.* mydryddiaeth, rheolau mydryddu.
prospect, *n.* rhagolwg, golygfa. *v.* ymchwilio, chwilio am (aur, etc.).
prospective, *a.* darpar, disgwyliadwy.
prospector, *n.* ymchwiliwr (am fwynau gwerthfawr).
prospectus, *n.* rhaglen, prospectws.
prosper, *v.* llwyddo, ffynnu, blodeuo.
prosperity, *n.* llwyddiant, ffyniant.
prosperous, *a.* llwyddiannus.
prostate, *n.* y gland brostad (wrth enau'r bledren).
prosthetic, *a.* prosthetig, chwanegol (at y blaen).
prostitute, *n.* putain. *v.* darostwng, halogi.
prostitution, *n.* puteindra, halogiad, puteiniaeth.
prostrate, *a.* ar ei hyd, ar lawr, ymledol, diymadferth, diynni. *v.* 1. bwrw i lawr. 2. nychu, peri nychdod.
prostration, *n.* 1. ymostyngiad. 2. nychdod. 3. gorchfygiad.
prosy, *a.* rhyddieithol, cyffredin.
protagonist, *n.* prif chwaraewr, arweinydd.
protean, *a.* amryddawn, cyfnewidiol, yn newid ei ffurf.
protect, *v.* amddiffyn, noddi, diogelu.
protection, *n.* amddiffyniad, nawdd, nodded.
protectionism, *n.* diffyndollaeth, codi tollau amddiffynnol.
protectionist, *n.* diffyndollwr.
protective, *a.* amddiffynnol, yn diogelu.
protector, *n.* amddiffynnydd, noddwr.
protectorate, *n.* gwlad dan ofal un arall, llywodraeth warcheidiol.
protégé, *n.* person dan ofal un arall.
protein, *n.* prodin, maeth.
protest, *n.* gwrthdystiad. *v.* gwrthdystio.
Protestant, *n.* Protestant. *a.* Protestannaidd.
Protestantism, *n.* Protestaniaeth.
protestation, *n.* gwrthdystiad, datganiad dwys.
protocol, *n.* cytundeb, cynllun.

proton, *n.* proton.

protoplasm, *n.* protoplasm, defnydd sylfaenol bywyd.

prototype, *n.* y cyntaf, cynllun, model, cynddelw.

protozoa, *n.* protosoa, cynfilyn.

protract, *v.* estyn, hwyhau, ymestyn.

protracted, *a.* hir, maith, estynedig.

protractor, *n.* protractor, offeryn mesur onglau, onglydd.

protraction, *n.* estyniad.

protrude, *v.* ymwthio allan.

protrusion, *n.* ymwthiad allan.

protuberance, *n.* chwydd, ymchwyddiad.

protuberant, *a.* chwyddedig, amlwg.

proud, *a.* balch, ffroenuchel, trahaus, urddasol.

PROUD OF, yn falch o.

PROUD FLESH, croen marw, cig marw.

prove, *v.* profi.

provection, *n.* calediad, troi cytsain leisiol yn ddi-lais.

provender, *n.* bwyd anifeiliaid, porthiant, ebran.

proverb, *n.* dihareb, dywediad doeth.

proverbial, *a.* diarhebol.

provide, *v.* darpar, paratoi.

PROVIDED THAT, os.

PROVIDED SCHOOL, Ysgol Ddarpar.

NON-PROVIDED SCHOOL, Ysgol Ddiddarpar.

providence, *n.* rhagluniaeth, rhagwelediad.

provident, *a.* darbodus, yn dangos gofal.

providential, *a.* rhagluniaethol, ffodus.

provider, *n.* darparwr, cyflenwr, arlwywr.

province, *n.* talaith, cylch, swyddogaeth, gwlad.

provincial, *a.* taleithiol, gwladaidd.

provincialism, *n.* bod yn daleithiol, llediaith (ardal).

provision, *n.* darpariaeth. *pl.* bwyd a diod.

provisional, *ad.* dros dro.

provisions, *np.* lluniaeth, bwydydd.

proviso, *n.* cymal amodol, amod.

provocation, *n.* cyffroad, cythrudd, cynhyrfiad.

provocative, *a.* cythruddol, yn cyffroi.

provoke, *v.* cyffroi, annog, cythruddo.

provoker, *n.* cynhyrfwr, cyffrowr, cythruddwr.

provoking, *a.* profoclyd, blin, yn cyffroi.

provost, *n.* 1. maer.

     2. pennaeth coleg, provost.

prow, *n.* pen blaen llong.

prowess, *n.* dewrder, act ddewr, gwroldeb.

prowl, *v.* chwilio am ysglyfaeth, herwa.

proximity, *n.* agosrwydd.

proxy, *n.* dirprwy, un yn yn lle.

prude, *n.* mursen, coegen, un orlednais.

prudence, *n.* pwyll, callineb.

prudent, *a.* pwyllog, call, doeth.

prudery, *n.* mursendod, rhodres, maldod.

prudish, *a.* mursennaidd, maldodus.

prune, *v.* tocio, brigdorri, blaendorri.

     n. eirinen sych (sech).

pruning-hook, *n.* cryman.

prurience, *n.* meddwl aflan, trythyllwch, cywreinrwydd.

prurient, *a.* aflan, trythyll.

pry, *v.* chwilota, chwilmanta, chwilmentan.

psalm, *n.* salm.

psalmist, *n.* salmydd.

psalmody, *n.* canu salmau, trefniad salmau (i'w canu).

psalter, *n.* llyfr salmau, sallwyr.

psaltery, *n.* math o offeryn cerdd llinynnol, nabl.

pseudo-, *px.* gau, ffug.

pseudonym, *n.* ffugenw.

psittacosis, *n.* clefyd parotiaid.

psychiatrist, *n.* seiciatrydd.

psychiatry, *n.* triniaeth gwendidau'r meddwl, seiciatreg.

psychic, *a.* meddylegol, eneidegol, heb fod yn faterol.

psycho-analysis, *n.* seico-analysis, dadansoddiad seicolegol.

psychograph, *n.* seicograff.

psychological, *a.* seicolegol, meddylegol.

psychologist, *n.* seicolegwr, meddylegwr.

psychology, *n.* seicoleg, meddyleg, eneideg, astudiaeth y meddwl.

psychometrics, *n.* seicometreg.

psychometrist, *n.* seicometrydd.

psychosis, *n.* seicosis.

psycho-therapist, *n.* seicolegwr meddygol.

psycho-therapy, *n.* seicoleg feddygol, triniaeth corff trwy foddion y meddwl, seicotherapi.

pterodactyl, *n.* ymlusgiad adeiniog (gynt).

ptomaine, *n.* gwenwyn (yn codi o fudreddi), tomên.

ptyalin, *n.* tyalin.

puberty, *n.* blaenlencyndod.

pubescent, *a.* manflewog (*botany*).

public, *n.* y cyhoedd. *a.* cyhoeddus, cyffredin.

   IN PUBLIC, ar gyhoedd, ar goedd.

   PUBLIC SCHOOL, ysgol fonedd, ysgol freiniol.

publican, *n.* publican, tafarnwr.

publication, *n.* cyhoeddiad.

public-house, *n.* tŷ tafarn, tafarndy.

publicise, *v.* gwneud yn gyhoedd, cyhoeddi. cyhoedduso.

publicist, *n.* awdurdod (ar waith y cyhoedd), newyddiadurwr.

publicity, *n.* cyhoeddusrwydd.

publicly, *ad.* ar goedd, yn agored, heb gêl.

public-spirited, *a.* cyhoeddus, gwasanaethgar.

publish, *v.* cyhoeddi.

publisher, *n.* cyhoeddwr.

puce, *a.* glasgoch, gwineugoch.

puck, *n.* ellyll, coblyn.

pucker, *v.* crychu, rhychu.

pudding, *n.* pwdin.

puddle, *n.* pwllyn (o fwd), bwdel.

puerile, *a.* plentynnaidd, dibwys.

puerility, *n.* plentynrwydd.

puff, *n.* pwff, chwyth, chwa. *v.* chwythu.

puff-ball, *n.* coden fwg.

puffin, *n.* aderyn pâl, cornicyll y dŵr.

puffy, *a.* chwyddog, byr o anadl.

pug, *n.* math o gi trwyn smwt. *v.* cleilenwi, cleio.

pugilism, *n.* ymladd, paffio.

pugilist, *n.* ymladdwr, paffiwr.

pugnacious, *a.* cwerylgar, ymladdgar.

pugnacity, *n.* anian ymladdgar, natur gwerylgar.

puissant, *a.* grymus, nerthol, cryf, cadarn, galluog.

pull, *n.* tyniad. *v.* tynnu.

pullet, *n.* cywen, cywennen.

pulley, *n.* pwli, troell, chwerfan.

   CONE PULLEY, pwli brigfain, troell figwrn.

pullover, *n.* siersi, pwlofer.

pulmonary, *a.* yn ymwneud â'r ysgyfaint.

pulp, *n.* bywyn, mwydion, torion.

pulpit, *n.* pulpud.

pulpy, *a.* mwydionnog, meddal, llaith.

pulsate, *v.* curo (fel calon), dychlamu.

pulsating, *a.* yn curo, crynedig.

pulsation, *n.* curiad.

pulse, *n.* 1. curiad y galon, curiad. 2. pys neu ffa, etc.

pulverize, *v.* malurio, pylori, malu.

puma, *n.* y cwgar, pwma.

pumice-stone, *n.* maen llyfnu, llosgfaen, carreg bwmis.

pummel, *v.* curo, baeddu.

pump, *n.* pwmp, sugnedydd. *v.* pwmpio.

pumpkin, *n.* pwmpen.

pun, *n.* gair mwys, mwysair. *v.* mwyseirio, chwarae ar eiriau.

punch, *n.* 1. pwns, tylliedydd. 2. dyrnod. *v.* 1. tyllu, pwnsio. 2. dyrnodio, taro.

   CENTRE PUNCH, pwns canoli.

punctilious, *a.* manwl, gorfanwl, manwl-gywir.

punctual, *a.* prydlon, mewn pryd.

punctuality, *n.* prydlondeb, cadw i'r amser.

punctuate, *v.* atalnodi.

punctuation, *n.* atalnodiad.

puncture, *n.* twll, brath. *v.* tyllu.

pundit, *n.* ysgolhaig Hindŵaidd, pwndit.

pungency, *n.* bod yn siarp neu lym (ei flas neu aroglau).

pungent, *a.* siarp, llym, cryf, llymsur.

punish, *v.* cosbi, ceryddu.

punishable, *a.* yn haeddu cosb.

punishment, *n.* cosb.

   CAPITAL PUNISHMENT, dienyddiad.

punitive, *a.* i gosbi, cosbol.

punster, *n.* un yn chwarae â geiriau, mwyseiriwr.

punt, *n.* bad, cwch (â gwaelod fflat). *v.* cicio (pêl).

puny, *a.* egwan, eiddil, bychan.

pup, puppy, *n.* ci bach, cenau, colwyn.

pupa, *n.* cynrhonyn, lindys, chwiler.

pupil, *n.* 1. disgybl. 2. cannwyll (llygad).

pupil-teacher, *n.* disgybl-athro.

puppet, *n.* 1. delw, dol, pyped. 2. offeryn, gwas.

purblind, *a.* cibddall, hurt, dwl.

purchase, *n.* pryniad, pwrcas, pwrcasiad. *v.* prynu, pwrcasu.

   PURCHASE TAX, treth bwrcas.

purchaser, *n.* prynwr, pwrcaswr.

pure, *a.* pur, glân, difrycheulyd, diniwed.

purgation, *n.* carthiad, rhyddhad.

purgative, *a.* yn puro, yn glanhau. *n.* moddion glanhau.

purgatory, *n.* purdan.

purge, *v.* puro, carthu, glanhau, mynnu gwared o.

purification, *n.* puredigaeth.

purify, *v.* puro, coethi.

purist, *n.* purydd, amddiffynnwr iaith bur.

Puritan, *n.* Piwritan. *a.* Piwritanaidd.

Puritanical, *a.* Piwritanaidd.

Puritanism, *n.* Piwritaniaeth.

purity, *n.* purdeb.

purl, *n.* pyrl, math o bwyth. *v.* 1. gwneud pyrl. 2. crychleisio.

purlin, *n.* trawslath, tulath, trawst.

purloin, *v.* lladrata, dwyn.

purple, *a.* porffor, glasgoch, cochlas.

purport, *n.* ystyr, ergyd. *v.* dynodi, arwyddo, proffesu.

purpose, *n.* pwrpas, amcan, bwriad, diben. *v.* amcanu, bwriadu. ON PURPOSE, o fwriad. TO SERVE THE PURPOSE, ateb y diben.

purposeful, *a.* bwriadol, penderfynol.

purposeless, *a.* dibwrpas, diamcan.

purposely, *ad.* o bwrpas, yn fwriadol.

purposive, *a.* bwriadus.

purposiveness, *n.* rhesymegiad.

purpura, *n.* pwrpwra, mân-waedu.

purr, *v.* grwnan, canu grwndi, ' canu crwth.'

purse, *n.* pwrs. *v.* crychu, rhychu.

purser, *n.* cyfrifydd (ar long), trysor-ydd.

pursuance, *n.* cyflawniad, dilyniad.

pursuant, *ad.* mewn canlyniad (i), yn dilyn.

pursue, *v.* dilyn, erlid, ymlid.

pursuer, *n.* erlidiwr, erlynydd.

pursuit, *n.* 1. ymlidiad, erlid. 2. ymchwil, cais (am).

pursuivant, *n.* pwrsifant.

pursy, *a.* tew, corffol, byr ei anadl.

purulent, *a.* crawnllyd, gorllyd.

purvey, *v.* darparu (lluniaeth), arlwyo.

purveyance, *n.* darpariaeth (bwydydd)

purveyor, *n.* un sy'n darparu bwyd-ydd, arlwywr.

purview, *n.* 1. cymalau ystatud neu ddeddf. 2. maes, cylch.

pus, *n.* crawn, gôr.

push, *n.* gwth, hergwd, hwb. *v.* gwthio, ymwthio, hwpo.

pushful, pushing, *a.* ymwthgar, ym-hongar, eofn.

pusillanimity, *n.* llwfrdra, gwan-galondid.

pusillanimous, *a.* llwfr, gwangalon, cachgïaidd.

puss, *n.* cath, pws, ysgyfarnog.

pustule, *n.* tosyn, ploryn, llinoryn, pwstwla.

put, *v.* 1. gosod, dodi. 2. mynegi, datgan.

putrefaction, *n.* pydredd, madredd.

putrefy, *v.* pydru, madru.

putrid, *a.* pwdr, mall, diflas, aflan.

puttee, *n.* pyti, rhwymyn coes.

putty, *n.* pwti.

puzzle, *n.* penbleth, dryswch, pos.

puzzled, *a.* dryslyd, syn.

puzzling, *a.* dyrys, astrus, cymhleth.

pyaemia, *n.* piemia, gwenwyniad gwaed.

pygmy, *n.* corrach, elff. *pl.* dyneddon.

pyjamas, *np.* dillad nos, pyjama.

pylon, *n.* peilon, piler.

pylorus, *n.* pilorws, cysylltiad y stumog â'r perfedd.

pyogenic, *a.* piogenig, crawnllyd.

pyorrhoea, *n.* yr act o grawni, gori (ynglŷn â dannedd, etc.), piorea.

pyramid, *n.* pyramid, bera.

pyre, *n.* coelcerth (angladdol).

pyretic, *a.* yn ymwneud â thwymyn.

pyrexia, *n.* pyrecsia, twymyn.

pyrotechnics, *np.* tân gwyllt.

python, *n.* peithon (*pl.* -iaid), sarff fawr.

Q

quack, *n.* cwac, crachfeddyg. *a.* ffug, gau. *v.* cwacian, gwneud sŵn fel hwyad.

quackery, *n.* cwacyddiaeth, honni bod yn gelfydd.

Quadragesima, *n.* y Sul cyntaf yn y Grawys.

quadrangle, *n.* pedrongl, sgwâr (mewn adeilad).

quadrangular, *a.* pedronglog.

quadrant, *n.* 1. chwarter cylch. 2. cwadrant, offeryn mesur.

quadratic, *a.* ynglŷn â sgwâr, yn cynnwys sgwâr. QUADRATIC EQUATIONS, hafaliaid dwyradd. QUADRATIC CURVES, cromlinau dwyradd.

quadrilateral, *a.* â phedair ochr, pedrongl. *n.* pedrongl.

quadrille, *n.* 1. cadril, (math o ddawns). 2. miwsig i'r ddawns.

quadruped, *n.* pedwarcarnol, anifail pedair coes.

quadruple, *a.* pedwarplyg, pedrwbl.

quadruplet, *n.* pedrybled.

QUADS, pedwar plentyn ar enedigaeth, pedwar cydanedig.

quaff, *v.* yfed, drachtio.

quagmire, *n.* siglen, cors, mignen, sugn.

quail, *n.* sofliar. *v.* llwfrhau, cilio, gwangalonni.

quaint, *a.* od, henffasiwn, hynod, anarferol.

quaintness, *n.* odrwydd, hynodrwydd.

quake, *v.* crynu.

Quaker, *n.* Crynwr.

qualification, *n.* cymhwyster, teilyngdod.

qualified, *a.* cymwys, teilwng, trwyddedig.

qualify, *v.* 1. cymhwyso, cyfaddasu, teilyngu.

2. goleddfu (gram.).

qualitative, *a.* ansoddol.

quality, *n.* ansawdd, priodwedd. *pl.* nodweddion, teithi.

qualm, *n.* digalondid, petruster, amheuaeth.

quandary, *n.* penbleth, cyfyng-gyngor.

quantification, *n.* meintoliad, diffiniad.

quantitative, *a.* 1. yn ymwneud â swm, etc., meintiol.

2. y gellir ei fesur, mesuradwy.

quantity, *n.* swm, maint, mesur.

quantum, *n.* swm, cyfran, dogn.

quarantine, *n.* diheinbraw, neilltuaeth, cwarant. *v.* neilltuo (rhag haint).

quarrel, *n.* ymrafael, cweryl, ffrae. *v.* ymrafael, cweryla, ffraeo.

quarrelsome, *a.* cwerylgar, cecrus.

quarry, *n.* 1. chwarel.

2. ysglyfaeth, ysbail.

quarrying, *n.* chwarelyddiaeth.

quarryman, *n.* chwarelwr.

quart, *n.* chwart, cwart.

quarter, *n.* 1. chwarter, cwarter.

2. trugaredd, tosturi.

3. cwr, cyfeiriad, rhanbarth. *v.* 1. chwarteru.

2. lletya (milwyr, etc.).

quarter-deck, *n.* bwrdd uchaf llong (o'r tu ôl i'r hwylbren mawr).

quarterly, *a.* chwarterol, bob chwarter.

quarter-master, *n.* swyddog cyflenwi, is-swyddog (llynges), cwarterfeistr.

quartern, *n.* (torth) bedwar pwys.

quarter-sessions, *n.* llys chwarter, llys ustusiaid.

quartet, *n.* pedwarawd, parti pedwar.

quartile, *n.* chwartel.

quarto, *n.* llyfr pedwarplyg. *a.* pedwarplyg.

quartz, *n.* craig risial, (math o fwyn caled), carreg wen.

quash, *v.* diddymu, dirymu, dileu.

quasi, *c.* megis. *px.* lled, go, esgus o.

quatrain, *n.* pennill pedair llinell.

quaver, *n.* cwafer, hanner crosiet. *v.* cwafrio, crynu.

SEMIQUAVER, hanner-cwafer.

DEMI-SEMI-QUAVER, lled-hannercwafer.

quavering, *n.* cryndod.

quay, *n.* cei, glanfa.

queen, *n.* brenhines.

queenly, *a.* fel brenhines, breninesaidd.

queer, *a.* od, hynod, rhyfedd.

queerness, *n.* odrwydd.

quell, *v.* darostwng, llonyddu, rhoi pen ar.

quench, *v.* diffodd.

TO QUENCH THIRST, torri syched.

quenchless, *a.* nas gellir ei ddiffodd neu ei liniaru.

quern, *n.* melin law, breuan.

querulous, *a.* cwerylgar, cwynfanllyd.

querulousness, *n.* natur gwerylgar neu gwynfanus.

query, *n.* cwestiwn, gofyniad.

quest, *n.* ymchwil.

question, *n.* gofyniad, cwestiwn. *v.* holi, gofyn.

QUESTION MARK, gofynnod.

questionable, *a.* amheus, ansicr.

questionnaire, *n.* holiadur.

queue, *n.* cwt, cynffon, ciw. *v.* sefyll yn y gwt (ciw), ciwio.

quibble, *n. v.* geirddadlau, mânddadlau, chwarae â geiriau, amwyso.

quibbling, *a.* yn chwarae â geiriau, yn osgoi'r gwir, mwyseiriog.

quick, *n.* byw, teimlad. *a.* bywiog, byw, cyflym, craff, gwyllt.

TO THE QUICK, i'r byw.

quicken, *v.* 1. cyflymu.

2. bywhau, dodi bywyd yn.

3. bywiocáu, ysgogi, ysbrydoli.

quicklime, *n.* calch brwd, calch poeth.

quickly, *ad.* yn gyflym, yn fuan.

quickness, *n.* cyflymder, buander, craffter.

quicksands, *np.* traeth byw (gwyllt).

quickset, *a.* wedi ei blannu â choed. *n.* perth ddrain, etc.

quicksilver, *n.* arian byw, mercwri.

quid, *n.* bochaid o dybaco.

2. punt.

quidnunc, *n.* chwedleuwr, clebryn, un llawn chwilfrydedd.

quiescence, *n.* llonyddwch, tawelwch.

quiescent, *a.* llonydd, tawel.

quiet, *a.* tawel, llonydd, digyffro, distaw. *v.* llonyddu, tawelu, distewi. *n.* llonyddwch, tawelwch.
ON THE QUIET, yn ddistaw fach (bach).

quietness, quietude, *n.* llonyddwch, tawelwch, distawrwydd.

quietus, *n.* gollyngdod, rhyddhad (o ddyled).

quiff, *n.* cwrl ar y talcen.

quill, *n.* pluen, plufyn, cwilsyn.

quilt, *n.* cwrlid, cwilt.

quince, *n.* cwins, (math o ffrwyth), aeron cwins.

quinine, *n.* cwinîn, (math o donig).

Quinquagesima, *n.* Dydd Sul Ynyd.

quinquennial, *a.* bob pum mlynedd, am bum mlynedd.

quins, quintuplets, *np.* pum plentyn ar enedigaeth, pum cydanedig.

quinsy, *n.* cwinsi, llid y gwddf, y fynyglog, ysbinagl.

quintessence, *n.* rhinwedd pennaf. sylwedd mwyaf.

quintet, *n.* pumawd, parti pump.

quip, *n.* ffraethair, smaldod, ateb ffraeth.

quire, *n.* pedair dalen ar hugain o bapur sgrifennu, côr, cwir.

quirk, *n.* 1. ffraethair, cast, cnac.
2. ysgrifennu rhwysgfawr.

quisling, *n.* bradwr, un ffals i'w wlad.

quit, *v.* 1. gadael, ymadael.
2. ymddwyn.

quite, *ad.* cwbl, llwyr, hollol.

quits, *a.* yn gyfartal, wedi talu'r pwyth.

quittance, *n.* rhyddhad (o ddyled), taleb.

quiver, *n.* cawell saethau. *v.* crynu, ysgwyd.

quixotic, *a.* mympwyol, gwyllt.

quiz, *n.* pos, holiad, holawd. *v.* holi.

quizzical, *a.* dyrys, cellweirus, poenus.

quoit, *n.* coeten. *v.* coetio.

quorum, *n.* corwm, nifer angenrheidiol.

quota, *n.* rhan, cyfran, dogn, cwota.

quotation, *n.* dyfyniad, pris.
QUOTATION MARKS, dyfyn-nodau.

quote, *v.* dyfynnu, nodi (pris).

quoth, *v.* meddai, ebe, eb.

quotient, *n.* cwosiant, cyfran, cyniferydd.
QUOTIENT REMAINDER, gweddill.

R

rabbi, *n.* rabi, doctor yn y gyfraith (Iddewig).

rabbit, *n.* cwningen.

rabble, *n.* ciwed, torf afreolus, dihirod.

rabid, *a.* cynddeiriog, gwallgof, ynfyd.

rabies, *n.* y gynddaredd, bod yn gynddeiriog.

race, *n.* 1. ras, gyrfa.
2. hil, teulu, rhywogaeth.
v. ymryson rhedeg. rhedeg ras.
THE HUMAN RACE, yr hil ddynol.
220 YARDS RACE, ras ystaden.
CROSS COUNTRY RACE, ras draws gwlad.

race-course, *n.* maes rhedeg.

raceme, *n.* sypyn, clwstwr (o flodau unigol ar y prif goesgyn).

racer, *n.* rhedwr, ceffyl rhedeg.

rachilla, *n.* rachila.

rachis, *n.* rachis, coes deilen.

racial, *a.* perthynol i'r hil, tylwythol.

rack, *n.* 1. rhastl, rhesel, clwyd, crats.
2. arteithglwyd, offeryn poenydio.
3. dinistr, distryw.
v. arteithio, dirdynnu.

racket, *n.* 1. twrf, mwstwr, cynllwyn.
2. raced (tenis, etc.).

racketeer, *n.* terfysgwr, troseddwr, cynllwynwr.

racketeering, *n.* bygythiad i fasnachwyr (gan gynllwynwyr).

racy, *a.* 1. blasus, sawrus.
2. ffraeth, diddorol.

radar, *n.* radar, ffordd i ddarganfod awyrennau, etc.

raddle, *n.* lliw coch, nod coch.

radial, *a.* yn ymwneud â phelydrau (â chylch, neu â radiwm), rheiddiol.

radian, *n.* radian.

radiance, *n.* llewyrch, disgleirdeb.

radiant, *a.* disglair, tanbaid, llachar, pelydrol, rheiddiol.

radiate, *v.* 1. pelydru, rheiddiadu.
2. darlledu.
a. rheiddiol (*botany*).

radiation, *n.* 1. pelydriad, pelydredd, rheiddiad.
2. darllediad.

radiator, *n.* radiator (i dwymo ystafell neu i oeri peiriant), rheiddiadur.

radical, *n.* rhyddfrydwr, radical, radigl.
a. gwreiddiol, cynhenid, cysefin (gram.).

radicalism, *n.* radicaliaeth.

radices, *np.* (*sg.* radix), gwreiddiau, seiliau.

radicle, *n.* cynwreiddyn, hadwreiddyn.

radio, *n.* radio.

H   225

radioactive, *a.* trybelydrol, radioactif, radiofywiol, radioweithiol, radio-egnïol.

radioactivity, *n.* trybelydredd, y gallu i belydru.

radiogram, *n.* 1. radiogram. 2. teligram trwy'r radio.

radiograph, *n.* radiograff.
MASS RADIOGRAPHY, radiograffeg gyffredinol.

radiolocation, *n.* darganfod trwy radar.

radiology, *n.* astudiaeth o belydrau-X, etc., radioleg.

radio-therapy, *n.* triniaeth â phelydrau-X, etc., radiotherapeg, radiofeddygaeth.

radish, *n.* rhuddygl, radis.

radium, *n.* radiwm, (elfen drybelydrol).

radius, *n.* radiws, hanner tryfesur cylch.

raffia, *n.* raffia, (edefyn a geir o'r balmwydden).

raffle, *n.* raffl, hapchwarae, gwobr siawns.

raft, *n.* cludair, rafft.

rafter, *n.* tulath, trawst, ceubren.

rag, *n.* 1. cerpyn, brat. 2. direidi, pranc.
v. aflonyddu, poeni, chwarae pranciau.

ragamuffin, *n.* un bratiog neu garpiog, brilyn, bretyn.

rage, *n.* 1. llid, cynddaredd. 2. ffasiwn.
v. cynddeiriogi, terfysgu.

ragged, *a.* carpiog, bratiog, anniben.

raging, *a.* tymhestlog, cynddeiriog, chwyrn.

ragman, *n.* gwerthwr a phrynwr bratau.

rag-tag, *n.* gwehilion y bobl.

rag-time, *n.* math o fiwsig Negroaidd.

ragwort, *n.* llysiau'r gingroen.

raid, *n.* rhuthr, cyrch. *v.* anrheithio, gwneud (dwyn) cyrch.

raider, *n.* anrheithiwr, ysbeiliwr.

rail, *n.* canllaw, cledr, cledren, rheilen. *v.* 1. cledru, amgau â rheiliau. 2. difrïo, difenwi, gwawdio.

railer, *n.* difenwr, gwaradwyddwr, gwawdiwr.

railhead, *n.* pen draw rheilffordd.

railing, *n.* rheiliau, ffens, cledres.

raillery, *n.* gwaradwydd, difrïaeth, gwawd.

railroad, railway, *n.* rheilffordd, cledrffordd.

raiment, *n.* dillad, gwisg.

rain, *n.* glaw. *v.* bwrw glaw, glawio.

rainbow, *n.* enfys, bwa'r Drindod, bwa'r arch.

rainfall, *n.* swm y glaw, glaw.

rain-gauge, *n.* glawfesurydd, meidrydd.

rainy, *a.* gwlyb, glawog.

raise, *v.* codi, cyfodi, dyrchafu.

raisin, *n.* rhesinen (*pl.* rhesin).

raj, *n.* llywodraeth yn India.

rajah, *n.* llywodraethwr neu bendefig yn India, etc.

rake, *n.* 1. rhaca, cribin. 2. oferwr, dihiryn.
v. rhacanu, cribinio.
TO RAKE UP THE PAST, codi hen grach.

rakings, *np.* creifion, crafion.

rakish, *a.* ofer, afradlon, diffaith.

rally, *n.* rali, difyrrwch, sbri. *v.* adfyddino, cydgynnull, adgyfnerthu, bywiocáu.

ram, *n.* 1. maharen, hwrdd. 2. trawst taro. 3. pwmp dŵr.
v. taro.

ramble, *n.* gwib, tro, crwydr.
v. crwydro, mynd am dro, trampan.

rambler, *n.* crwydrwr, gwibiwr.

rambling, *a.* crwydrol, gwasgaredig.

ramification, *n.* datblygiad, canlyniad.

ramify, *v.* canghennu, dosbarthu, ymrannu.

ramp, *v.* codi ar y traed ôl. *n.* 1. twyll, hoced. 2. rhemp.

rampage, *v.* terfysgu, bod yn afreolus.

rampageous, *a.* afreolus, aflywodraethus, terfysglyd.

rampant, *a.* ymosodol, llidiog, rhonc.

rampart, *n.* gwrthglawdd, rhagfur.

ramrod, *n.* gwialen dryll (hen ffasiwn).

ramshackle, *a.* yn malurio, bregus.

ramson, *n.* craf y geifr, (planhigyn).

ranch, *n.* ffarm wartheg, rans.

rancher, *n.* ransiwr, perchen rans.

rancid, *a.* hen, mws, drewllyd, sur.

rancorous, *a.* maleisus, gwenwynllyd.

rancour, *n.* chwerwder, malais, casineb.

rand, *n.* ymyl, cwr, ucheldiroedd o boptu dyffryn (Deau Affrica).

random, *n.* antur, siawns. *a.* damweiniol.
AT RANDOM, ar amcan, ar antur.

randomise, *v.* trefnu ar amcan (antur).

range, *n.* 1. rhestr, rhes, cadwyn.
2. cylch, cyrhaeddiad, amrediad.
3. lle tân â ffwrn (neu ffyrnau).
4. raens, lle i saethu.
v. 1. rhestru, trefnu.
2. ymestyn, cyrraedd, amredeg.
3. gwibio, crwydro.
ranger, *n.* fforestwr, coedwigwr, ceidwad parc.
rank, *n.* 1. rhes, rheng, rhestr.
2. rhaniad.
3. gradd, dosbarth (o gymdeithas).
a. 1. mws, drewllyd.
2. rhonc, eithaf.
3. garw.
v. rhestru, rhesu.
rankle, *v.* llidio, poeni, gwasgu, gori.
ransack, *v.* chwilota, ysbeilio, archwilio.
ransom, *n.* pridwerth, tâl rhyddhau.
v. prynu, gwaredu, talu pridwerth.
rant, *v.* bragaldian, ymfflamychu, bostio.
ranter, *n.* ymfflamychwr, siaradwr ymfflamychol, bostiwr.
ranunculus, *n.* crafanc y frân, (planhigyn).
rap, *n.* 1. ergyd, cnoc.
2. mymryn, gronyn.
v. curo, cnocio.
rapacious, *a.* rheibus, ysglyfaethus, trachwantus.
rapacity, *n.* rhaib, gwanc, trachwant.
rape, *n.* 1. trais (ar ferch)
2. rêp (math o lysau).
v. treisio, dwyn trais.
rapid, *a.* cyflym, buan, chwyrn.
rapids, *np.* dwfr gwyllt, rhaeadr, sgwd, geirw.
rapidity, *n.* cyflymder, buander.
rapier, *n.* meingledd.
rapine, *n.* trais, anrhaith.
rapscallion, *n.* dihiryn, adyn, gwalch, cnaf, rabscaliwn.
rapt, *a.* llesmeiriol, synfyfyriol.
rapture, *n.* afiaith, perlewyg, gorawen, hwyl.
rapturous, *a.* afieithus, gorawenus, hwylus.
rare, *a.* prin, anghyffredin, godidog.
rarebit, *n.* peth amheuthun.
WELSH RAREBIT, caws pob.
rarefaction, *n.* teneuad, prinhad.
rarefy, *v.* teneuo, prinhau.
rarity, *n.* prinder, teneurwydd, odid, peth anghyffredin.
rascal, *n.* dihiryn, adyn, gwalch, cnaf, cenau.
rascality, *n.* dihirwch, cyflwr cnafaidd.
rascally, *a.* cnafaidd, cyfrwys, bawaidd.

rash, *a.* byrbwyll, anystyriol, brysiog.
n. brech, ysmotau llidus.
rasher, *n.* sleisen, golwyth.
rashness, *n.* byrbwylltra, brys.
rasp, *n.* rhathell, ffeil. *v.* rhathellu, rhygnu, crafu.
raspberry, *n.* afanen, mafonen.
rat, *n.* llygoden fawr (ffrengig).
v. dal llygod mawr.
ratable, *a.* trethadwy, i bwrpas trethi, ardrethol.
RATABLE VALUE, gwerth ardrethol.
ratchet, *n.* clo (ar olwyn gocos), cliced ddannedd.
rate, *n.* 1. pris.
2. treth (leol), ardreth.
3. cyfartaledd, cyfradd.
4. cyflymder.
v. 1. prisio.
2. rhestru.
3. trethu.
4. ceryddu, cymhennu.
RATE OF GROWTH, prifiant.
CURRENT RATE, cyfradd bresennol.
RATE OF CHANGE, cyfradd newid.
RATE OF EXCHANGE, cyfradd gyfnewid.
RATE OF INTEREST, cyfradd log.
RATE PER CENT, cyfradd y cant.
ratepayer, *n.* trethdalwr.
rather, *ad.* braidd, yn hytrach, go, lled, gwell.
RATHER THAN, yn hytrach na.
ratification, *n.* cadarnhad.
ratify, *v.* cadarnhau, cymeradwyo.
rating, *n.* 1. trethiad, treth.
2. gradd, dosbarth (ar long).
np. morwyr.
ratio, *n.* cyfartaledd, dognedd, perthynas, cymhareb, cyfradd, graddfa.
RATIOS, cymarebau.
DIRECT RATIO, cymhareb union.
INVERSE RATIO, cymhareb wrthdro.
ratiocination, *n.* rhesymu, ymresymiad, dadlau.
ration, *n.* dogn, cyfran. *v.* dogni, cyfrannu.
rational, *a.* rhesymol, teg, cymarebol.
rationalism, *n.* rhesymoliaeth.
rationalist, *n.* rhesymolwr, un sy'n dibynnu ar reswm.
rationalization, *n.* ad-drefnu diwydiant ar linellau gwyddonol.
rationalize, *v.* rhesymoli, dibynnu ar reswm.
rattan, *n.* corsen.
rattle, *n.* rhugl, ratl. *v.* rhuglo, gwneud sŵn byr siarp.

rattlesnake, *n.* neidr stwrllyd neu gynffondrwst.

raucous, *a.* cryg, aflafar, cras.

ravage, *v.* anrheithio, difrodi, difetha.

rave, *v.* gwallgofi, cynddeiriogi, ynfydu.

ravel, *v.* 1. drysu, cymysgu.
 2. datrys, mysgu, datod.

raven, *n.* cigfran. *a.* purddu.

ravenous, *a.* rheibus, gwancus.

ravine, *n.* hafn, ceunant, dyfnant.

raving, *a.* gorffwyll, gwyllt, cynddeiriog, ynfyd.

ravish, *v.* 1. treisio, cipio.
 2. swyno, hudo.

ravishment, *n.* perlewyg.

raw, *a.* 1. amrwd, heb ei goginio.
 2. crai, ffres.
 3. cignoeth.
 4. oerllyd.
 5. anfedrus, anaeddfed, dibrofiad.

raw-hide, *n.* croen ffres, croen heb ei drin.

ray, *n.* 1. pelydryn, paladr.
 2. cath fôr (pysgodyn).

rayon, *n.* reon, sidan wedi ei wneud o gelulos.

raze, *v.* dileu, dinistrio, tynnu i lawr.

razor, *n.* ellyn, rasal, raser.

razor-bill, *n.* gwalch y penwaig.

re, *prp.* ynglŷn â, mewn perthynas â, yn ymwneud â.

re-, *px.* ad-, ail-, eto.

reach, *n.* cyrraedd, cyrhaeddiad.
 v. estyn, cyrraedd, ymestyn.

react, *v.* adweithio, ymateb, ymweithio.

reaction, *n.* adwaith, ymateb, ymwaith.
 REACTION TIME, amser adwaith.

reactionary, *n.* adweithiwr. *a.* adweithiol.

reactive, *a.* adweithiol, ymatebol.

reactor, *n.* adweithydd, twr atomig, ymweithydd (niwclar).

read, *v.* darllen.

readable, *a.* darllenadwy, difyr.

readdress, *v.* ailgyfeirio (llythyr, etc.).

reader, *n.* darllenydd, darlithydd, llyfr darllen.

readership, *n.* swydd fel darlithydd.

readily, *ad.* yn union, o fodd, yn rhwydd.

readiness, *n.* parodrwydd.

reading, *n.* darllen, darlleniad.

reading-room, *n.* ystafell ddarllen.

readjust, *v.* ail-drefnu, ad-drefnu.

readjustment, *n.* ad-drefniad.

ready, *a.* parod.
 READY-MADE CLOTHES, dillad parod.

reagent, *n.* adweithydd, adweithredydd.

real, *a.* real, gwir, dirweddol, anghyffro (am eiddo).
 REAL ESTATE, REAL PROPERTY, tir ac adeiladau, etc.

realism, *n.* realaeth, dirweddaeth, cymryd pethau fel y maent.

realist, *n.* un ymarferol, realydd.

realistic, *a.* ymarferol, byw, naturiol.

reality, *n.* gwirionedd, sylwedd, realrwydd, dirwedd, realiti.

realization, *n.* sylweddoliad, deall.

realize, *v.* sylweddoli, deall.

really, *ad.* yn wir, mewn gwirionedd, o ddifrif.

realm, *n.* 1. teyrnas.
 2. byd, cylch, maes.

realty, *n.* stad, eiddo, da sefydlog.

ream, *n.* rîm, ugain cwir. *v.* ehangu twll, iawndyllu.

reamer, *n.* iawndyllwr, offeryn iawndyllu.

reaming, *n.* iawndyllu.

reanimate, *v.* adfywhau.

reap, *v.* medi, torri, cywain, crynhoi.

reaper, *n.* medelwr.

reaping-hook, *n.* cryman (medi).

reappear, *v.* ailymddangos.

rear, *n.* cefn, pen ôl, ôl. *v.* codi, magu, codi ar ei draed ôl.

rear-admiral, *n.* dirprwy lyngesydd.

rear-guard, *n.* ôl-fyddin.

reason, *n.* rheswm, achos, achlysur. *v.* rhesymu.
 FOR THAT REASON, o achos hynny.

reasonable, *a.* rhesymol, teg, cymedrol.

reasoning, *n.* rhesymiad, ymresymiad.

reassure, *v.* calonogi, codi calon.

reassuring, *a.* calonogol, cysurol.

rebate, *n.* gostyngiad, arian a roir yn ôl. *v.* rhoi (arian) yn ôl.

rebel, *n.* gwrthryfelwr. *v.* gwrthryfela.

rebellion, *n.* gwrthryfel.

rebellious, *a.* gwrthryfelgar.

rebound, *n.* adlam, gwrthnaid, llam yn ôl. *v.* adlamu, neidio'n ôl, gwrthneidio.
 ON THE REBOUND, ar adlam.

rebuff, *n.* atalfa, nacâd, gwrthodiad. *v.* atal, nacáu, gwrthod.

rebuild, *v.* ailadeiladu, ailgodi.

rebuke, *n.* cerydd. *v.* ceryddu, beio, cymhennu.

rebut, *v.* gwrthddweud, gwrthbrofi.

recalcitrant, *a.* gwrthnysig, cyndyn, anhydyn, ystyfnig.

recall, *v.* 1. galw'n ôl, tynnu'n ôl.
 2. galw i gof, cofio.

recant, *v.* tynnu (geiriau) yn ôl, gwadu.

recantation, *n.* y weithred o dynnu (geiriau) yn ôl, datgyffesiad.

recapitulate, *v.* ailadrodd, crynhoi.

recapitulation, *n.* ailadroddiad, crynodeb.

recapture, *v.* ail-ddal.

recede, *v.* cilio'n ôl, encilio.

receding, *a.* yn cilio'n ôl.

receipt, *n.* 1. derbyniad.
2. derbynneb, taleb.

receive, *v.* derbyn, croesawu.

receiver, *n.* derbynnydd, derbyniwr.

recent, *a.* diweddar. modern.

receptacle, *n.* llestr, cynheiliad (*botany*).

reception, *n.* derbyniad, croeso.

receptionist, *n.* croesawydd (cwsmeriaid).

receptive, *a.* abl neu gyflym i dderbyn (syniadau, etc.).

receptivity, *n.* y gallu i dderbyn (argraffiadau, etc.).

receptor, *n.* organ derbyn.

recess, *n.* 1. cilfach, gwagle.
2. ysbaid, egwyl.

recession, *n.* enciliad, ymadawiad.

recessional, *a.* ymadawol.

recessive, *a.* yn cilio'n ôl, yn cwympo'n ôl, isafol.

recessiveness, *n.* isafiaeth.

recipe, *n.* cyfarwyddyd, rysáit.

recipient, *n.* derbynnydd.

reciprocal, *a.* cilyddol, ymeffeithiol, yn gyfnewid, atgyrchol. *n.* cilydd.

reciprocate, *v.* gwneud yr un modd, cyfnewid, cilyddu.

reciprocating, *a.* cilyddol, yn cyfnewid.

reciprocation, *n.* ad-daliad, cyfnewidiad.

reciprocity, *n.* rhoi a derbyn, ymeffaith, cyfnewid.

recital, *n.* adroddiad, datganiad, perfformiad.

recitation, *n.* adroddiad.
CHORAL RECITATION, (datganiad) côr adrodd, cyd-adrodd.

recitative, *n.* adroddgan, canu ar ffurf adrodd, traethgan.

recite, *v.* adrodd, datgan.

reck, *v.* gofalu, ystyried.

reckless, *a.* anystyriol, diofal, di-hid, dibris, byrbwyll, gwyllt.

recklessness, *n.* dibristod, diofalwch.

reckon, *v.* 1. rhifo, cyfrif.
2. barnu, bwrw cyfrif.
3. dibynnu ar.

reckoner, *n.* cyfrifwr, cyfrifydd.

reckoning, *n.* cyfrifiad, barn, cownt.

reclaim, *v.* adennill, ailennill, hawlio, galw (am adfer).

reclaimable, *a.* y gellir ei ailennill.

reclamation, *n.* adenilliad, adferiad.

recline, *v.* lledorwedd, gorffwys.

recluse, *n.* meudwy, un mewn unigedd.

recognition, *n.* adnabyddiaeth, cydnabyddiaeth, adnabod, adwybod.

recognizable, *a.* y gellir ei adnabod.

recognizance, *n.* ymrwymiad, gwystl.

recognize, *v.* adnabod, cydnabod.

recognized, *a.* cydnabyddedig.

recoil, *v.* adlamu, neidio'n ôl.

recollect, *v.* cofio, atgofio.

recollection, *n.* cof, atgof.

recombination, *n.* atgyfuniad, atgynulliad.

recommend, *v.* cymeradwyo, argymell.

recommendation, *n.* cymeradwyaeth, argymhelliad.

recompense, *n.* tâl (am golled). *v.* talu, ad-dalu, gwobrwyo.

reconcilable, *a.* y gellir ei gymodi (neu gysoni).

reconcile, *v.* 1. cymodi, gwneud iawn.
2. cysoni, cytgordio.

reconciliation, *n.* cymod, heddychiad.

recondite, *a.* tywyll, dwfn, anodd, astrus.

recondition, *v.* atgyflyru, gwella, atgyweirio.

reconnaissance, *n.* ymchwiliad.

reconnoitre, *v.* ymchwilio, archwilio, chwilio'r tir, rhagchwilio.

reconsider, *v.* ailfeddwl, ailystyried, pwyso a mesur.

reconstruct, *v.* ail-lunio.

record, *n.* 1. cofnod.
2. adroddiad.
3. record, y gorau.
v. cofnodi, recordio.
ON RECORD, ar glawr, ar gof a chadw.
OFF THE RECORD, answyddogol.
TO BREAK THE RECORD, torri'r record.

recorder, *n.* 1. cofiadur, prif-swyddog cyfreithiol (tref).
2. math o ffliwt.
3. offeryn recordio, cofnodwr.

record-office, *n.* swyddfa cofnodion.

recount, *v.* adrodd, rhoi manylion.

re-count, *v.* n. ailgyfrif.

recoup, *v.* digolledu, talu iawn.

recourse, *n.* (gwneud) defnydd, y weithred o alw am gymorth.

recover, *v.* 1. adennill, cael yn ôl.
2. gwella, adfer (iechyd).

recovery, *n.* 1. adenilliad.
2. adferiad.
recreant, *a.* llwfr, gwangalon. *n.* llwfryn, gwrthgiliwr.
recreate, *v.* difyrru, adlonni.
recreation, *n.* difyrrwch, adloniant.
recreative, *a.* adloniadol, difyrrus.
recriminate, *v.* gwrthgyhuddo, cyhuddo'n ôl.
recrimination, *n.* gwrthgyhuddiad.
recrudesce, *v.* torri i maes eto, aildorri allan.
recrudescence, *n.* ailenyniad, ailglafychu.
recruit, *n.* dechreuwr, recriwt, adfilwr. *v.* ennill aelodau newydd, recriwtio.
rectangle, *n.* pedrongl, petryell, petryal.
rectangular, *a.* pedronglog, petryellog, petryalog.
RECTANGULAR SOLID, solid petryalog.
rectification, *n.* cywiriad.
rectifier, *n.* cywirydd, math o falf.
rectify, *v.* cywiro.
rectilinear, *a.* 1. yn ffurfio llinell union, unionlin.
2. yn cael ei amgylchu gan linellau union.
RECTILINEAR PLANE FIGURES, ffigurau unionlin di-drwch.
rectitude, *n.* uniondeb, cywirdeb, gonestrwydd.
rector, *n.* 1. rheithor, periglor.
2. pennaeth (prif)ysgol.
rectorship, *n.* swydd rheithor, rheithoriaeth.
rectory, *n.* rheithordy, swydd rheithor.
rectum, *n.* pen y berfedden fawr, pen ôl.
recumbent, *a.* gorweddol, ar ei orwedd.
recuperate, *v.* cryfhau, adfer (iechyd).
recuperation, *n.* adferiad.
recur, *v.* ad-ddigwydd, ailddigwydd.
recurrence, *n.* ailddigwyddiad, ad-ddigwyddiad.
recurrent, *a.* yn digwydd eto, ail-ddigwydd.
recurring, *a.* cylchol.
red, *a.* coch, rhudd.
RED CROSS, Y Groes Goch.
RED ENSIGN, baner goch.
BRIGHT RED, fflamgoch.
DARK RED, dugoch.
redbreast, *n.* brongoch, robin goch.
redden, *v.* cochi, gwrido.
reddish, *a.* cochlyd.
redeem, *v.* gwaredu, prynu'n ôl, achub, edfryd.

redeemable, *a.* y gellir ei waredu (achub, edfryd, etc.).
redeemer, *n.* gwaredwr, prynwr.
redemption, *n.* prynedigaeth, achubiaeth.
red-handed, *a.* wrth y gwaith, yn yr act.
red-hot, *a.* 1. gwynias, chwilboeth.
2. ffyrnig, cyffrous.
redness, *n.* cochni.
redolence, *n.* perarogl, persawr.
redolent, *a.* 1. yn sawru o.
2. yn awgrymu.
redouble, *v.* cynyddu, dyblu.
redoubt, *n.* caer fechan, rhag-gaer, amddiffynfa.
redoubtable, *a.* cryf, i'w ofni, gwrol.
redound, *v.* dwyn (clod, etc.), adlewyrchu.
redress, *n.* iawn (am gam). *v.* unioni, gwneud iawn.
redshank, *n.* coesgoch, troedgoch, (aderyn).
redskin, *n.* Indiad Gogledd America.
redstart, *n.* tingoch, dryw'r coed.
red-tape, *n.* mân-reolau (glynu wrthynt).
reduce, *v.* 1. lleihau, gostwng.
2. darostwng, diraddio.
3. rhydwytho, rhyddwytho, troi.
4. newid (*maths.*).
REDUCING AGENT, rhydwythydd, rhyddwythydd.
REDUCED PRICE, pris gostyngol.
reducible, *a.* y gellir ei leihau (ei ddarostwng, etc.).
reduction, *n.* 1. gostyngiad, lleihad.
2. rhyddwythiad, rhydwythiad.
REDUCTION DIVISION, gwahaniad (haneriad) lleihaol.
redundancy, *n.* gormodedd.
redundant, *a.* gormodol, yn ormod.
redwing, *n.* adain goch, asgell goch, coch yr adain.
reed, *n.* 1. corsen, cawnen.
2. pibell.
reef, *n.* 1. craig (yn y môr), basgraig.
2. rhan o hwyl, riff.
reek, *n.* mwg, tawch, drewdod. *v.* mygu, drewi.
reel, *n.* ril (i edau). *v.* 1. dirwyn.
2. chwyrlïo, chwyrn-droi, gwegian.
re-enact, *v.* ailddeddfu.
reeve, *n.* maer, ynad.
re-export, *v.* adforio.
re-exports, *np.* adforion.
refectory, *n.* ffreutur, ystafell fwyta.
refer, *v.* cyfeirio (at), crybwyll (am).
referee, *n.* canolwr, rheolwr, refferi.

reference, *n.* cyfeiriad, cymeradwy-
aeth.

referendum, *n.* llais y wlad.

refine, *v.* puro, coethi.

refined, *a.* coeth, bonheddig.

refinement, *n.* coethder, ceinder.

refinery, *n.* lle i buro neu goethi,
coethdy, purfa.

reflect, *v.* adlewyrchu, taflu'n ôl, ad-
fyfyrio.

reflection, *n.* adlewyrchiad, myfyrdod,
ailfeddwl, adfyfyrdod.

reflective, *a.* adlewyrchol, adfyfyriol.

reflector, *n.* adlewyrchydd, adlewyrch-
iadur.

reflex, *n.* adweithred, cylchweithred.
    REFLEXES, atblygion.

reflex, reflexive, *a.* atblyg(ol), yn
cyfeirio'n ôl, adweithredol, atgyrch-
ol, anymwybodol, greddfol.
    REFLEX ACTION, gweithred atblyg.

reflux, *n.* adlif, gwrthlif, llifo'n ôl.

reform, *n.* diwygiad.   *v.* diwygio,
gwella, cywiro.

re-form, *v.* ail-lunio, adlunio.

reformation, *n.* diwygiad.

reformatory, *n.* ysgol ddiwygio.
a. diwygiol.

reformed, *a.* diwygiedig.

reformer, *n.* diwygiwr.

refract, *v.* gwrthdorri, achosi plyg
(goleuni, etc.).

refraction, *n.* gwrthdoriad (pelydrau),
gwrthdrychiad.

refractory, *a.* anhydyn, cyndyn, gwrth-
nysig.

refrain, *n.* byrdwn, cytgan. *v.* ymatal,
atal, peidio.

refrangible, *a.* gwrthdoradwy, y gellir
ei wrthdorri.

refresh, *v.* adfywio, dadflino, ad-
newyddu.

refresher, *n.* peth sy'n adfywio (ad-
newyddu, etc.), tâl ychwanegol.

refreshing, *a.* adfywiol, amheuthun,
yn adnewyddu.

refreshment, *n.* ymborth, lluniaeth,
bwyd.

refrigerate, *v.* rheweiddio, cadw'n oer.

refrigeration, *n.* rheweiddiad.

refrigerator, *n.* rhewgell, oergell,
oeriedydd, rhewiadur.

refuge, *n.* noddfa, lloches, cysgod,
ynys (ar ganol heol).

refugee, *n.* ffoadur.

refulgence, *n.* disgleirdeb, llewyrch,
ysblander.

refulgent, *a.* disglair, llachar, ysblen-
nydd.

refund, *n.* ad-daliad.   *v.* talu'n ôl, ad-
dalu.

refusal, *n.* gwrthodiad, nacâd.

refuse, *n.* ysbwriel, ysgarthion.
v. gwrthod, nacáu.

refutable, *a.* y gellir ei wrthbrofi.

refutation, *n.* gwrthbrawf.

refute, *v.* gwrthbrofi, profi'n anwir.

regain, *v.* adennill, ailennill.

regal, *a.* brenhinol, teyrnaidd.

regale, *v.* gwledda, diddanu.

regalia, *np.* tlysau fel arwydd bren-
hindod, regalia, teyrnolion.

regard, *n.* 1. ystyriaeth.
    2. parch, hoffter.
v. 1. edrych ar.   2. ystyried.
    3. parchu.
    AS REGARDS, WITH REGARD TO,
ynglŷn â, gyda golwg ar.

regardful, *a.* ystyriol, gofalus.

regarding, *prp.* ynglŷn â, ynghylch.

regardless, *a.* heb ofal, diofal.

regatta, *n.* ras fadau, ymrysonfa
gychod.

regency, *n.* 1. swydd dirprwy.
    2. llywodraeth dirprwy, rhaglyw-
iaeth, rhaglofiaeth.

regenerate, *v.* aileni, dadeni.

regeneration, *n.* ailenedigaeth, dad-
eni.

regenerative, *a.* yn peri ailenedigaeth.

regent, *n.* dirprwy lywodraethwr,
dirprwy frenin, rhaglyw.

regicide, *n.* 1. teyrnleiddiad.
    2. teyrnladdiad.

regime, *n.* cyfundrefn (llywodraeth
neu reolaeth), trefn, system.

regimen, *n.* rheol (ymborth neu ym-
ddygiad), trefn.

regiment, *n.* catrawd, uned filwrol.

regimental, *a.* catrodol.

regimentals, *np.* gwisg swyddogol.

region, *n.* ardal, bro, goror, rhanbarth.

regional, *a.* rhanbarthol, cymdogaeth-
ol, lleol.

regionalism, *n.* rhanbarthiad.

register, *n.* 1. cofrestr, coflyfr.
    2. cwmpas (llais).
    3. peiriant cofrestru.
v. cofrestru, ymgofrestru, dangos
â'r wyneb.
    STORAGE REGISTER, cofgell (-au).

registrar, *n.* cofrestrydd, ceidwad
cofnodion.
    REGISTRAR GENERAL, Cofrestrydd
Cyffredinol.

registrarship, *n.* swydd cofrestrydd.

registration, *n.* cofrestriad, cofrestru.

registry, *n.* 1. cofrestriad.
    2. swyddfa gofrestru.

regression, *n.* symudiad yn ôl, dychweliad, enciliad, atchweliad.

regret, *n.* gofid, blinder, tristwch. *v.* gofidio, edifarhau, edifaru.
  I REGRET, blin gennyf, mae'n ddrwg gennyf.

regretful, *a.* gofidus, trist, yn edifaru, blin.

regrettable, *a.* gofidus, blin.

regrettably, *ad.* ysywaeth, gwaetha'r modd.

regular, *a.* rheolaidd, cyson, hollol.

regularity, *n.* rheoleidd-dra, cysondeb.

regulate, *v.* rheoli, rheoleiddio.

regulation, *n.* rheol, rheoliad.

regulator, *n.* rheolwr, rheolydd.

regurgitate, *v.* dadlyncu, codi cil.

regurgitation, *n.* dadlynciad, codi cil.

rehabilitate, *v.* adfer, edfryd, ailsefydlu.

rehabilitation, *n.* adferiad, ailsefydliad.

rehash, *v.* ail-wneud, aildwymo. *n.* adffurfiad, ailwampiad, cawl eildwym.

rehearsal, *n.* ymarferiad, rihyrsal, practis.

rehearse, *v.* rhagymarfer, cael practis.

reign, *n.* teyrnasiad. *v.* teyrnasu.

reimburse, *v.* talu'n ôl, ad-dalu.

reimbursement, *n.* ad-daliad.

rein, *n.* afwyn, awen, llinyn ffrwyn. *v.* ffrwyno.

reincarnate, *v.* ailymgnawdoli.

reincarnation, *n.* ailymgnawdoliad, ailymgorfforiad.

reindeer, *n.* carw Llychlyn.

reinforce, *v.* atgyfnerthu, rhoi nerth newydd yn.

reinforcement, *n.* atgyfnerthiad.

reins, *np.* arennau, llwynau.

reinstate, *v.* adfer, edfryd (i swydd, etc.).

reinstatement, *n.* adferiad (i'r selyllfa flaenorol).

re-integration, *n.* atgyfaniad. *v.* atgyfannu.

reiterate, *v.* ailadrodd.

reiteration, *n.* ailadroddiad.

reject, *v.* gwrthod, bwrw o'r neilltu.

rejection, *n.* gwrthodiad.

rejoice, *v.* llawenhau, gorfoleddu.

rejoicing, *n.* llawenydd, gorfoledd.

rejoin, *v.* 1. ateb (yn ôl).
  2. ailymuno, ailuno.

re-join, *v.* ailuno, ailymuno.

rejoinder, *n.* ateb, gwrthateb, gwrtheb.

rejuvenate, *v.* gwneud yn ifanc eilwaith, adfywiogi, adnewyddu.

rekindle, *v.* ailgynnau, ailennyn.

relapse, *n.* ail-bwl (o afiechyd, etc.). *v.*ailymhoelyd (ailfoelyd), atglafychu, cael ail-bwl.

relate, *v.* 1. adrodd, traethu.
  2. cysylltu, dwyn i gysylltiad.
  3. perthyn.

related, *a.* yn perthyn, wedi ei ddweud.

relation, *n.* 1. adroddiad.
  2. cysylltiad.
  3. perthynas.

relationship, *n.* perthynas, ach.

relative, *n.* perthynas, câr. *a.* cymharol, perthynol, perthnasol, cyfatebol.
  RELATIVE PRONOUN, rhagenw perthynol.
  RELATIVE ADVERB, adferf berthynol.

relativism, *n.* perthnasolaeth, y ddamcaniaeth mai amodol yw pob gwybodaeth.

relativity, *n.* perthnasedd, perthnasolrwydd, cymaroldeb.

relax, *v.* llaesu, llacio, ymlaesu, ymlacio.

relaxation, *n.* 1. llaesiad.
  2. adloniant, difyrrwch.

relaxed, *a.* yn llaes ac yn llac.

relay, *v.* 1. darlledu rhaglen gorsaf arall.
  2. cyfnewid.
  n. 1. rhaglen radio o orsaf arall.
  2. peth i gymryd lle un arall.
  RELAY RACE, ras gyfnewid.

release, *n.* rhyddhad. *v.* rhyddhau, gollwng yn rhydd.

relegate, *v.* 1. darostwng.
  2. alltudio.
  3. cyfeirio (at).

relegation, *n.* 1. darostyngiad.
  2. alltudiaeth.
  3. cyfeiriad.

relent, *v.* tyneru, tirioni, ildio.

relentless, *a.* didostur, creulon, llym.

relevance, *n.* perthynas, priodolder.

relevant, *a.* perthnasol, addas, priodol.

reliability, *n.* cyflwr y gellir dibynnu arno.

reliable, *a.* y gellir dibynnu arno, dibynadwy, diogel, sicr.

reliance, *n.* hyder, ymddiried, ffydd.

reliant, *a.* hyderus, gobeithiol, ymddiriedol.

relic, *n.* crair, gweddill.
  RELICS, gweddillion, creiriau.

relict, *n.* 1. gweddw (gŵr neu wraig).
  2. crair.

relief, *n.* 1. cymorth, un yn lle (arall).
2. esmwythyd, gollyngdod.
3. ymwared.
4. math o gerfiad.
RELIEF MAP, map yn dangos bryn a phant, map safdir, map tirwedd.
relieve, *v.* 1. cynorthwyo, cymryd lle (rhywun).
2. lliniaru, esmwytho.
3. rhyddhau.
religion, *n.* crefydd.
religious, *a.* crefyddol.
relinquish, *v.* gadael, gollwng, ymadael â, ymatal.
relish, *n.* 1. blas.
2. mwyniant, mwynhad.
3. enllyn, peth blasus.
v. blasu, mwynhau.
reluctance, *n.* amharodrwydd, anfodlonrwydd.
reluctant, *a.* amharod, anfodlon.
rely, *v.* dibynnu, ymddiried.
remain, *v.* aros, bod ar ôl.
remainder, *n.* gweddill, rhelyw.
remains, *np.* gweddillion, olion, gwarged.
remand, *v.* aildraddodi, cadw yn y ddalfa.
ON REMAND, mewn dalfa.
REMAND HOME, sefydliad i droseddwyr ieuainc.
remark, *n.* sylw, dywediad. *v.* sylwi, dweud.
remarkable, *a.* hynod, nodedig, anghyffredin.
remarkably, *ad.* yn od o, yn hynod o.
remedial, *a.* meddyginiaethol, rhyddhaol.
remedy, *n.* meddyginiaeth, moddion. *v.* gwella.
remember, *v.* cofio, cadw ar gof, galw i gof.
remembrance, *n.* coffa, coffadwriaeth.
remembrancer, *n.* cofiadur.
remind, *v.* atgoffa, atgofio.
reminder, *n.* awgrym (i atgoffa).
reminiscence, *n.* atgof.
reminiscent, *a.* atgoffaol, atgofus.
remiss, *a.* esgeulus, diofal.
remission, *n.* 1. maddeuant.
2. rhyddhad.
remissness, *n.* esgeulustod, diofalwch.
remit, *v.* 1. anfon (arian).
2. maddau.
3. llacio, lleihau.
remittance, *n.* taliad.
remnant, *n.* gweddill, gwarged.
remodel, *v.* adlunio, trawsffurfio.
remonstrance, *n.* gwrthdystiad, cwyn.

remonstrate, *v.* gwrthdystio, dadlau.
remorse, *n.* atgno, edifeirwch.
remorseful, *a.* edifeiriol.
remorseless, *a.* didostur, didrugaredd.
remote, *a.* pell, anghysbell, ansathredig, unig.
remotely, *ad.* o bell.
remoteness, *n.* pellter.
removable, *a.* symudadwy, y gellir ei symud.
removal, *n.* symudiad, diswyddiad.
remove, *n.* gwyriad, cam, gradd.
v. symud, diswyddo, mynd ymaith.
remunerate, *v.* talu, gwobrwyo.
remuneration, *n.* tâl.
remunerative, *a.* yn talu'n dda, buddiol, yn dwyn elw.
renaissance, *n.* dadeni (dysg).
renascence, *n.* aileni, dadeni.
rend, *v.* rhwygo, dryllio, llarpio.
render, *v.* 1. talu, gwneud, rhoi.
2. cyfieithu, trosi.
3. datgan, mynegi.
rendering, *n.* 1. datganiad, adroddiad.
2. cyfieithiad, trosiad.
rendezvous, *n.* man cyfarfod, oed, cyrchfa, cynullfan.
rendition, *n.* 1. ymroddiad.
2. cyfieithiad.
3. datganiad.
renegade, *n.* 1. gwrthgiliwr.
2. bradwr.
renew, *v.* adnewyddu.
renewable, *a.* y gellir ei adnewyddu.
renewal, *n.* adnewyddiad.
rennet, *n.* cyweirdeb (cwyrdeb), caul.
renounce, *v.* ymwrthod â, gwadu, diarddel.
renovate, *v.* adnewyddu, atgyweirio.
renovation, *n.* adnewyddiad, atgyweiriad.
renown, *n.* enwogrwydd, clod, bri.
renowned, *a.* enwog, clodfawr, o fri.
rent, *n.* 1. ardreth, rhent.
2. rhwyg, toriad.
v. rhentu, gosod ar rent.
rental, *n.* arian rhent, rhentol.
renunciation, *n.* ymwrthodiad, diarddeliad.
reopen, *v.* ailagor.
reorganize, *v.* ad-drefnu.
repair, *n.* cyweiriad. *v.* 1. atgyweirio, cyweirio.
2. cyfeirio, cyrchu.
repairable, *a.* y gellir ei atgyweirio.
reparable, *a.* y gellir ei unioni neu ei adfer.
reparation, *n.* iawn, iawndal.
repartee, *n.* ateb parod, gwrtheb.
repast, *n.* pryd bwyd, ymborth.

repatriate, *v.* danfon yn ôl i'w wlad, dadalltudio.

repatriation, *n.* adferiad i'w wlad.

repay, *v.* ad-dalu, gwobrwyo.

repayment, *n.* ad-daliad.

repeal, *n.* diddymiad, dirymiad. *v.* diddymu, dirymu, tynnu'n ôl.

repeat, *n.* ailadroddiad. *v.* ailadrodd.

repeatedly, *ad.* drosodd a throsodd.

repel, *v.* 1. bwrw'n ôl, gyrru'n ôl. 2. diflasu.

repellent, *a.* atgas, gwrthun, annymunol.

repent, *v.* edifarhau.

   I REPENT, y mae'n edifar gennyf.

repentance, *n.* edifeirwch.

repentant, *a.* edifeiriol.

repercussion, *n.* effaith, adlais.

reportoire, *n.* rhestr darnau (canwr, adroddwr, etc.).

repertory, *n.* cronfa, trysorfa, rhestr darnau.

   REPERTORY THEATRE, theatr â'r un actorion yn chwarae gwahanol ddramâu, theatr un-cwmni.

repetition, *n.* ailadroddiad.

repine, *v.* ymofidio, anfodloni, poeni.

replace, *v.* 1. ailosod, dodi'n ôl. 2. cymryd lle (arall).

replenish, *v.* cyflenwi, diwallu, aillanw.

replenishment, *n.* cyflenwad, stoc.

replete, *a.* yn llawn, gorlawn.

repletion, *n.* llawnder, gorlawnder.

replevin, *n.* replefin.

replica, *n.* copi manwl (o lun, cerflun, etc.).

replicate, *v.* aml-lunio, gwneud copi o.

replication, *n.* gwrthdystiolaeth.

reply, *n.* ateb, atebiad. *v.* ateb.

report, *n.* 1. adroddiad, cofnodiad, hanes. 2. si, sôn. 3. sŵn (ergyd neu ffrwydrad). *v.* adrodd, rhoi cyfrif am, gohebu.

reporter, *n.* gohebydd, adroddwr newyddion.

repose, *n.* gorffwys, tawelwch. *v.* gorffwys, gorffwyso.

repository, *n.* ystorfa, cadwrfa, cronfa.

reprehend, *v.* ceryddu, beio, cymhennu.

reprehensible, *a.* yn haeddu cerydd, i'w feio, beius.

reprehension, *n.* cerydd.

represent, *v.* 1. cynrychioli. 2. portreadu, darlunio.

representation, *n.* 1. cynrychioliad. 2. portread, darluniad.

representative, *n.* cynrychiolydd. *a.* cynrychioliadol.

repress, *v.* atal, darostwng, llethu.

repression, *n.* ataliad, darostyngiad, gwrthodiad, adwthiad.

repressive, *a.* llethol, darostyngol, yn atal.

reprieve, *v.* gohirio neu atal dienyddiad.

reprimand, *n.* cerydd, sen. *v.* ceryddu, dwrdio, sennu.

reprint, *n.* ailargraffiad. *v.* ailargraffu.

reprisal, *n.* dial, talu'r pwyth.

reprise, *n.* atbreis.

reproach, *n.* 1. edliwiad, danodiad. 2. cerydd. 3. gwaradwydd, amarch. *v.* 1. edliw, dannod. 2. ceryddu, beio. 3. gwaradwyddo, amharchu.

reproachful, *a.* yn llawn cerydd neu waradwydd.

reprobate, *n.* dihiryn, adyn. *a.* ofer, gwrthodedig, colledig, anobeithiol.

reproduce, *v.* 1. atgynhyrchu. 2. copïo. 3. epilio, cenhedlu.

reproduction, *n.* 1. atgynhyrchiad. 2. copi. 3. epiliad, cenhedliad.

reproof, *n.* cerydd, sen.

reprove, *v.* ceryddu, cymhennu, dwrdio.

reproductive, *a.* 1. atgynhyrchiol. 2. epiliol.

reproving, *a.* ceryddol, yn ceryddu.

reptile, *n.* ymlusgiad, anifail sy'n ymlusgo. *a.* ymlusgol.

republic, *n.* gweriniaeth, gwerinlywodraeth.

republican, *n.* gweriniaethwr. *a.* gweriniaethol.

repudiate, *v.* diarddel, gwadu.

repudiation, *n.* diarddeliad, gwadiad.

repugnance, *n.* atgasrwydd, cas, gwrthwynebiad.

repugnant, *n.* atgas, gwrthun, cas.

repulse, *v.* gwthio'n ôl, bwrw'n ôl. *n.* gwthiad, cilgwthiad, hyrddiad.

repulsive, *a.* atgas, ffiaidd, annymunol.

repulsion, *n.* bod yn atgas, gwrthodiad, gwrthnysedd.

reputable, *a.* parchus, cyfrifol.

reputation, *n.* cymeriad, enw da.

repute, *n.* bri, enw (da neu ddrwg). *v.* cyfrif, ystyried.

reputed, *a.* honedig, yn cael ei gyfrif.

request, *n.* cais, deisyfiad, dymuniad, arch. *v.* ceisio, deisyf, deisyfu, dymuno.

requiem, *n.* offeren i'r meirw, galar-gerdd.

require, *v.* ceisio, gofyn, ymofyn, bod ag eisiau.

requirements, *np.* gofynion, anghen-ion.

requisite, *a.* angenrheidiol, gofynnol.

requisites, *np.* angenrheidiau, an-hepgorion.

requisition, *n.* archeb, ordor. *v.* hawlio.

requite, *v.* talu, gwobrwyo, talu'r pwyth.

rescind, *v.* diddymu, dirymu, dileu.

rescission, *n.* diddymiad, dirymiad, dilead.

rescue, *n.* achubiaeth, gwarediad. *v.* achub, gwaredu.

rescuer, *n.* achubydd, achubwr.

research, *n.* ymchwil, ymholiad manwl. *v.* chwilio, ymchwilio, gwneud ymchwil.

resection, *n.* tociad, toriad.

reseda, *n.* lliw gwyrdd golau, plan-higyn o'r lliw hwn.

resemblance, *n.* tebygrwydd.

resemble, *v.* tebygu, bod yn debyg.

resent, *v.* llidio, teimlo'n ddig (oher-wydd rhywbeth), cymryd yn chwith.

resentful, *a.* digofus, chwerw, cas.

resentment, *n.* dig, dicter.

reservation, *n.* cadw, cadw'n ôl, yr hyn a gedwir yn ôl, neilltuad.

reserve, *n.* 1. cronfa, ystôr, cefnlu.
2. swildod. *v.* cadw'n ôl, neilltuo.
a. wrth law.
IN RESERVE, wrth gefn.
NATURE RESERVE, gwarchodfa natur.

reserved, *a.* 1. tawedog, swil.
2. wedi ei gadw.
RESERVED SEAT, sedd gadw.

reservist, *n.* aelod o'r cefnlu (lluoedd arfog).

reservoir, *n.* cronfa, storfa.

reside, *v.* preswylio, byw, trigo.

residence, *n.* preswylfa, cartref.

residency, *n.* preswylfa, cartref (swydd-ogol).

resident, *n.* preswylydd (*pl.* trigolion). *a.* arhosol, trigiannol.

residential, *a.* preswyl, trigiannol.

residual, *a.* gweddill, ar ôl.

residuary, *a.* ar ôl, gweddill.
RESIDUARY LEGATEE, un y gadewir gweddill ystad iddo.

residue, *n.* gweddill, gwarged.

residuum, *n.* gweddill, gwaddod.

resign, *v.* ymddiswyddo, ymddeol.

resignation, *n.* ymddiswyddiad.

resilience, *n.* hydwythder, ystwythder.

resilient, *a.* hydwyth, ystwyth, abl i wrthneidio.

resin, *n.* resin, ystôr, defnydd gludiog o goed.

resinous, *a.* glynol, cydiol, sticlyd.

resist, *v.* gwrthwynebu, gwrthsefyll.

resistance, *n.* gwrthwynebiad, gwrth-safiad.

resistant, *a.* gwrthwynebus, gwydn, caled.

resistible, *a.* y gellir ei wrthsefyll (gwrthwynebu, etc.).

resistless, *a.* anwrthwynebus, na ellir ei wrthwynebu.

resolute, *a.* penderfynol.

resolution, *n.* penderfyniad.

resolve, *n.* penderfyniad. *v.* 1. pen-derfynu.
2. cydrannu, dosrannu.

resonance, *n.* atsain.

resonant, *a.* atseiniol.

resort, *n.* cyrchfan, cyniweirfa.
v. cyrchu, ymgyrchu, mynd i.

resound, *v.* datseinio, diasbedain.

resource, *n.* modd, medr, dyfais.
RESOURCES, adnoddau.

resourceful, *a.* dyfeisgar, medrus.

resourcefulness, *n.* dyfais, medr.

respect, *n.* 1. parch.
2. modd, golwg.
v. parchu.
RESPECTS, cyfarchion.
WITH RESPECT TO, gyda golwg ar.
TO BE A RESPECTER OF PERSONS, derbyn wyneb.
IN RESPECT OF, ynglŷn â.

respectability, *n.* parchusrwydd, bod yn barchus.

respectable, *a.* parchus, yn haeddu parch.

respectful, *a.* boneddigaidd, yn dangos parch, talïaidd.

respectfully, *ad.* yn barchus.
YOURS RESPECTFULLY, yr eiddoch yn barchus.

respective, *a.* priodol, ei hun.

respectively, *ad.* y naill y llall, pob un yn ei dro.

respiration, *n.* anadliad.

respirator, *n.* mwgwd (nwy, etc.), anadlydd.

respiratory, *a.* anadlol.

respire, *v.* anadlu.

respite, *n.* seibiant, saib, egwyl, hoe.

resplendance, *n.* disgleirdeb.

resplendent, *a.* disglair, ysblennydd.

respond, *v.* ateb, ymateb, porthi (mewn gwasanaeth crefyddol).

respondent, *n.* diffynnydd, un a gy-huddir.

response, *n.* ateb, atebiad, ymateb.
responsibility, *n.* cyfrifoldeb.
responsible, *a.* cyfrifol.
responsions, *np.* arholiad cyntaf am radd (Rhydychen).
responsive, *a.* ymatebol, teimladol.
rest, *n.* 1. gorffwys, gorffwystra, gorffwysfa.
   2. y gweddill, y lleill.
   3. tawnod (miwsig).
   v. gorffwys, gorffwyso, bwrw ei flino.
restaurant, *n.* tŷ bwyta, bwyty.
restful, *a.* tawel, llonydd, esmwyth.
rest harrow, *n.* tag yr aradr (planhigyn).
restitution, *n.* adferiad, iawn (am golled).
restive, *a.* anhywaith, anhydyn, diamynedd.
restiveness, *n.* cyndynrwydd, ystyfnigrwydd.
restless, *a.* aflonydd, anesmwyth, rhwyfus, diorffwys.
restlessness, *n.* aflonyddwch, anesmwythder.
restoration, *n.* 1. adferiad.
   2. atgyweiriad, adnewyddiad.
restorative, *n.* moddion adfer iechyd, moddion iacháu, meddyginiaeth.
restore, *v.* adfer, atgyweirio, adnewyddu.
restrain, *v.* atal, rhwystro.
restrained, *a.* cynnil, gochelgar, cymedrol, o fewn terfynau.
restraint, *n.* 1. atalfa, caethiwed.
   2. hunan-ddisgyblaeth, ymddisgyblaeth.
restrict, *v.* cyfyngu, caethiwo.
restriction, *n.* cyfyngiad, amod.
restrictive, *a.* caeth, caethiwus.
result, *n.* canlyniad, effaith, ymateb, ateb. *v.* canlyn, dilyn, digwydd.
   ARITHMETICAL RESULTS, mesurebau (Cemeg).
resultant, *a.* canlyniadol, yn dilyn, cydeffeithiol. *n.* cyd-rym, effaith, cydeffaith, cyd-weithredu.
resulting, *a.* canlynol, yn dilyn.
resume, *v.* 1. ailddechrau.
   2. ailgymryd.
   3. crynhoi.
résumé, *n.* crynodeb, cwtogiad, cynnwys.
resumption, *n.* ailddechreuad.
resurgent, *a.* yn ailgodi, yn ailfyw.
resurrect, *v.* atgyfodi.
resurrection, *n.* atgyfodiad.
resuscitate, *v.* dadebru, adfywhau.

resuscitation, *n.* adfywiad, adnewyddiad.
retail, *v.* manwerthu. *n.* manwerthiant.
retailer, *n.* manwerthwr, ailwerthwr.
retain, *v.* cadw, dal gafael.
retainable, *a.* y gellir ei gadw (dal gafael ynddo, etc.).
retainer, *n.* 1. gwas pendefig (gynt).
   2. tâl twrnai.
retake, *v.* ailennill, adennill.
retaliate, *v.* dial, talu'r pwyth, talu'r hen chwech yn ôl.
retaliation, *n.* dial, ad-daliad.
retaliatory, *a.* dialgar, yn talu'r pwyth.
retard, *v.* rhwystro, lluddias, dal yn ôl, gohirio.
retardation, *n.* oediad, gohiriad, hwyrhad.
retarded, *a.* olgynnydd.
retch, *v.* ceisio chwydu, cyfogi.
retention, *n.* daliad, ataliad, cadwraeth.
retentive, *a.* gafaelgar, yn gallu dal.
retentiveness, *n.* y gallu i ddal gafael, cryfder (cof), cofusrwydd.
reticence, *n.* tawedogrwydd, swildod.
reticent, *a.* tawedog, swil, di-ddweud.
reticulum, *n.* rhwyden, y boten rwydog.
retina, *n.* rhwyden (y llygad), retina.
retinue, *n.* gosgordd, canlynwyr.
retire, *v.* ymneilltuo, ymddiswyddo, ymddeol.
retired, *a.* wedi ymneilltuo, wedi ymddiswyddo.
retiring, *a.* yn hoffi tawelwch, yn cadw o'r neilltu.
retirement, *n.* ymneilltuad, neilltuedd, neilltuaeth, ymddiswyddiad.
retort, *n.* 1. ateb parod.
   2. ritort (Cemeg).
   v. gwrthateb, ateb yn ôl.
retouch, *v.* ailgyffwrdd (i'w wella).
retrace, *v.* mynd yn ôl yr un ffordd, dychwelyd.
retract, *v.* tynnu'n ôl, dad-ddweud.
retractile, *a.* y gellir ei dynnu'n ôl.
retraction, *n.* tyniad yn ôl, dadddywediad.
retreat, *n.* 1. ffo, encil, enciliad.
   2. lloches, encilfa.
   v. encilio, ffoi, dianc.
retrench, *v.* cynilo, cwtogi, lleihau, byrhau.
retrenchment, *n.* cynildeb, lleihad.
retribution, *n.* dial, tâl, barn.
retributive, *a.* taliadol, yn talu, yn dial, ad-daliadol.

retrievable, *a.* y gellir ei adfer (ad-ennill, gwaredu, etc.), adferadwy.

retrieve, *v.* adfer, adennill, gwaredu.

retriever, *n.* (math o) adargi.

retrocede, *v.* encilio, symud yn ôl.

retrograde, *a.* yn dirywio, dirywiol, gwaeth.

retrogression, *n.* dirywiad, colli tir, symud yn ôl.

retrogressive, *a.* dirywiol, yn colli tir.

retrospect, *n.* adolwg, arolwg.

retrospective, *a.* adolygol, yn gweith-redu'n ôl.

retrospection, *n.* y weithred o edrych yn ôl (ar y gorffennol), olfyfyrdod.

retrovert, *v.* gwrthdroi, troi tuag yn ôl.

return, *v.* dychwelyd. *n.* dychweliad.

RETURNING OFFICER, arolygwr.

returnable, *a.* i'w ddychwelyd, y gellir ei ddychwelyd.

returns, *np.* cyfrifon, enillion.

reunion, *n.* adundeb, aduniad.

reunite, *v.* aduno, ailuno.

rev, *(slang) n.* cylchdro (modur). *v.* cyflymu.

revaluation, *n.* ailbrisiad.

reveal, *v.* datguddio, amlygu.

reveille, *n.* galwad, corn bore (i ddi-huno milwyr).

revel, *v.* gwneud miri, cyfeddach, gloddesta, ymhyfrydu.

revelation, *n.* datguddiad, amlygiad.

reveller, *n.* gloddestwr.

revelry, *n.* gloddest, miri.

revenge, *n.* dial, dialedd. *v.* dial, talu'r pwyth.

revengeful, *a.* dialgar.

revenue, *n.* cyllid, incwm.

INLAND REVENUE, cyllid y wlad.

reverberate, *v.* datseinio, atseinio.

reverberation, *n.* atsain, adlais, eco.

reverberatory, *a.* atseiniol, yn taro'n ôl.

revere, *v.* parchu, mawrygu.

revered, *a.* parchedig, a anrhydeddir.

reverence, *n.* parch, parchedigaeth.

reverend, *a.* parchedig.

THE RIGHT REVEREND, Y Gwir Barchedig.

reverent, *a.* parchus, gwylaidd, gos-tyngedig.

reverential, *a.* llawn parch, amlwg am ei barch.

reverie, *n.* synfyfyrdod, breuddwyd.

reversal, *n.* gwrthdroad, dymchweliad.

reverse, *n.* gwrthdro, anffawd. *a.* gwrthwyneb, chwith. *v.* gwrthdroi, troi wyneb i waered, troi o chwith, mynd tuag yn ôl, bacio.

reversible, *a.* gwrthdroadwy, y gellir ei wrthdroi.

reversion, *n.* dychweliad, oldafliad (Bywydeg).

revert, *v.* troi'n ôl, dychwelyd.

revertible, *a.* y gellir ei droi'n ôl, tueddol i droi'n ôl (dychwelyd).

review, *n.* adolygiad, archwiliad. *v.*adolygu, archwilio, bwrw golwg dros.

reviewer, *n.* adolygydd.

revile, *v.* difenwi, difrïo, dilorni, gwar-adwyddo.

revise, *v.* diwygio, adolygu.

revised, *a.* diwygiedig.

THE REVISED VERSION, Y Cyfieith-iad Diwygiedig.

revision, *n.* cywiriad, adolygiad.

revival, *n.* 1. adfywiad.

2. diwygiad.

revivalist, *n.* diwygiwr.

revive, *v.* adfywio, dadebru.

reviver, *n.* adnewyddwr, diod fywhaol.

revivify, *v.* adfywio, adfywiocáu.

revocation, *n.* diddymiad, dirymiad.

revoke, *v.* diddymu, dirymu, galw'n ôl, esgeuluso dilyn (chwist).

revolt, *n.* gwrthryfel, terfysg. *v.* gwrth-ryfela, codi yn erbyn.

revolting, *a.* atgas, ffiaidd, diflas, annymunol.

revolution, *n.* chwyldro, cylchdro.

revolutionary, *n.* chwyldrowr. *a.* chwyldroadol.

revolutionist, *n.* chwyldrowr.

revolutionize, *v.* chwyldroi, newid (yn gyfan gwbl).

revolve, *v.* cylchdroi, troi, chwyldroi.

revolver, *n.* llawddryll.

revulsion, *n.* tro sydyn, gwrthdro.

reward, *n.* gwobr, tâl. *v.* gwobrwyo, talu.

reynard, *n.* madyn, cadno, llwynog.

rhapsody, *n.* rhapsodi, ymfflamychiad, cerdd neu ymadrodd hwyliog.

rhetoric, *n.* rhetoreg, rhethreg, rheith-eg, y grefft o siarad.

rhetorical, *a.* rhetoregol, rhethregol, rheithegol.

rhetorician, *n.* rhetoregwr, athro rhetoreg.

rheum, *n.* llif, llysnafedd (o'r llygaid, trwyn, neu'r ysgyfaint).

rheumatic, *a.* yn ymwneud â gwyn-egon.

rheumatism, *n.* gwynegon, cryd cym-alau, cymalwst.

rhinoceros, *n.* rhinoseros, trwyngorn-fil.

rhizoid, *n.* coegwreiddyn.

rhizomatous, *a.* gwreiddgyffiol.

rhizome, *n.* gwreiddgyff, bonyn (dan yr wyneb), rhedgyff.
rhizomorphous, *a.* rheisomorffaidd.
rhododendron, *n.* rhododendron, (planhigyn bythwyrdd).
rhomb, rhombus, *n.* rhombws, ffigur cyfochr, ond heb fod yn gyfongl.
rhomboid, *a.* fel rhombws, rhomboid.
rhubarb, *n.* rhiwbob.
rhyme, *n.* 1. odl, seiniau tebyg.
  2. rhigwm, barddoniaeth.
  v. 1. odli.
  2. rhigymu, barddoni.
rhymer, rhymester, *n.* rhigymwr, bardd talcen slip, bardd cocos.
rhythm, *n.* rhythm, rhediad, aceniad, mydr.
rhythmic, rhythmical, *a.* rhythmig, mydraidd.
rib, *n.* 1. asen.
  2. eisen.
  3. rhes.
ribald, *n.* masweddwr, cablwr. *a.* anweddus, masweddol.
ribaldry, *n.* serthedd, maswedd, ysgafnder.
riband, *n.* ruban.
ribbed, *a.* rhesog, rib.
ribbon, *n.* ruban.
rice, *n.* reis.
rich, *a.* 1. cyfoethog, cefnog, ariannog.
  2. ffrwythlon, bras, maethlon.
  3. costus.
riches, *np.* cyfoeth, golud, da, arian.
richness, *n.* cyfoethogrwydd, braster, ffrwythlonrwydd.
rick, *n.* tas, bera, helm.
rickets, *n.* llech, llechau, clefyd yr esgyrn.
rickety, *a.* simsan, bregus, gwan, ansefydlog.
ricochet, *n.* adlam, gwrthnaid. *v.* gwrthneidio, adlamu.
rid, *v.* gwaredu, achub, mynnu gwared o.
  TO GET RID OF, cael gwared o.
riddance, *n.* gwared, gwaredigaeth.
riddle, *n.* 1. pos, dychymyg, problem.
  2. rhidyll, gogr, gwagr, hidl.
  v. 1. rhidyllu, gogri, gogrynu, gogrwn.
  2. torri tyllau lawer.
ride, *n.* reid, tro (ar gefn). *v.* 1. marchogaeth, mynd ar gefn.
  2. nofio (wrth angor).
rider, *n.* 1. marchog, marchogwr.
  2. atodiad, atodeg.
  3. ymarferiad, problem.
ridge, *n.* trum, crib, cefn, grwn.

ridicule, *n.* gwawd, gwatwar. *v.* gwawdio, gwatwar.
ridiculous, *a.* chwerthinllyd, gwrthun.
riding, *n.* 1. marchogaeth.
  2. rhanbarth o Swydd Efrog.
rife, *a.* cyffredin, aml.
riff-raff, *n.* gwehilion y bobl, dihirod, ciwed.
rifle, *n.* dryll, reiffl. *v.* ysbeilio, anrheithio.
rift, *n.* agen, rhwyg, hollt. *v.* rhwygo, hollti.
rig, *v.* taclu, darparu.
rigging, *n.* rhaffau llong.
right, *n.* 1. iawn, uniondeb.
  2. hawl, braint.
  a. 1. iawn, cywir.
  2. de. deau.
  ad. yn iawn, yn gywir.
  ALL RIGHT, o'r gorau.
  ABSOLUTELY RIGHT, yn llygad ei le.
  RIGHTS AND CUSTOMS, braint a defod.
  RIGHT-ANGLED, iawnonglog.
righteous, *a.* cyfiawn, uniawn.
righteousness, *n.* cyfiawnder, uniondeb.
rightful, *a.* cyfreithlon, cyfiawn, priodol.
righthandedness, *n.* llawddeheuedd.
rights, *np.* iawnderau, hawliau, breintiau.
rigid, *a.* anhyblyg, anystwyth.
rigidity, *n.* anhyblygedd, anystwythder.
rigmarole, *n.* lol, rhibidirês, ffregod, geiriau diystyr, ffiloreg.
rigor, *n.* rigor, annwyd sydyn a chryndod.
rigorous, *a.* garw, gerwin, llym, manwl gywir.
rigour, *n.* gerwindeb, llymder.
rile, *v.* cythruddo, llidio, poeni.
rill, *n.* cornant, ffrwd, nant.
rim, *n.* ymyl, cylch, cant, cantel.
rime, *n.* llwydrew, barrug, arien.
rind, *n.* croen, pil, crofen, rhisgl.
ring, *n.* 1. modrwy.
  2. cylch.
  3. swn cloch.
  4. trwyll (yn nhrwyn mochyn).
  v. 1. canu cloch.
  2. atseinio.
  3. modrwyo. trwyllo.
ringing, *a.* clochaidd, soniarus.
ringleader, *n.* arweinydd (mewn drwg), prif derfysgwr.
ringlet, *n.* cudyn cyrliog (o wallt), llyweth.
ringworm, *n.* tarwden, gwreinyn.
rink, *n.* rinc, llawr sglefrio, sleid wneud.

rinse, *v.* golchi (mewn dŵr glân), swilio.

riot, *n.* terfysg, cynnwrf, reiat. *v.* terfysgu, cynhyrfu.

TO RUN RIOT, torri pob rheol, terfysgu.

RIOT ACT, Deddf Terfysg.

rioter, *n.* terfysgwr, cynhyrfwr, aflonyddwr, gwrthryfelwr.

riotous, *a.* terfysglyd, cynhyrfus, aflonydd.

rip, *v.* rhwygo.

ripe, *a.* aeddfed, addfed, gwisgi (am gnau).

ripen, *v.* aeddfedu, addfedu.

ripeness, *n.* aeddfedrwydd, addfedrwydd.

ripping, *a.* campus, gwych, rhagorol.

ripple, *n.* crych, cyffro ar ddŵr, ton fechan, sŵn tonnau mân. *v.* crychu, tonni.

rise, *n.* 1. codiad.
2. cynnydd.
v. 1. codi.
2. tarddu.
3. cynyddu.

rising, *n.* 1. codiad.
2. gwrthryfel, terfysg.

risk, *n.* perygl, mentr, antur. *v.* mentro, peryglu.

risky, *a.* peryglus, mentrus.

rissole, *n.* risol, teisen friwgig.

rite, *n.* defod, arferiad, seremoni, arfer.

ritual, *a.* defodol. *n.* defod, arfer, seremoni.

ritualism, *n.* defodaeth, pwys ar seremoni.

ritualist, *n.* defodwr, un sy'n rhoi pwys ar ddefodaeth.

ritualistic, *a.* defodol, seremonïol.

rival, *n.* cydymgeisydd, cystadleuydd, gwrthwynebydd. *v.* cystadlu, gwrthwynebu.

rivalry, *n.* cydymgais, ymryson.

rive, *v.* hollti, rhwygo.

river, *n.* afon.

MOUTH OF RIVER, aber.

riverside, *n.* glan (yr) afon.

rivet, *n.* rhybed, hem. *v.* hemio, rhybedu.

riveted, *a.* rhybedog, hemog.

rivulet, *n.* nant, ffrwd, afonig, cornant.

roach, *n.* gwrachen, brachyn, (pysgodyn).

road, *n.* heol, ffordd.

ROADS, ROADSTEAD, angorfa.

roadside, *n.* ochr yr heol, min y ffordd.

roadstead, *n.* angorfa, hafan.

roadway, *n.* (canol) heol.

roam, *n.* crwydro, gwibio, mynd am dro.

roan, *a.* broc, brych. *n.* lledr o groen dafad.

roar, *n.* rhu, bugunad, sŵn. *v.* rhuo, bugunad.

roaring, *a.* rhuadwy, yn rhuo.

roast, *v.* rhostio, digoni, pobi.

rob, *v.* lladrata, ysbeilio, dwyn (o, oddi ar).

robber, *n.* lleidr, ysbeiliwr.

robbery, *n.* lladrad, ysbeiliad.

robe, *n.* gwisg, gŵn, mantell. *v.* gwisgo.

robin, *n.* brongoch, robin goch.

robot, *n.* robot, offeryn mecanyddol.

robust, *n.* cryf, grymus, nerthol.

robustness, *n.* cryfder, grymuster, nerth.

roc, *n.* aderyn anferth (chwedlonol).

rock, *n.* craig. *v.* siglo.

rockery, *n.* creigfa, creigiau, gwely cerrig (i flodau).

rocket, *n.* roced, ffrwydryn awyr.

rocking-horse, *n.* ceffyl siglo.

rocking-stone, *n.* carreg siglo.

rock-salt, *n.* halen mwyn, halen craig.

rocky, *a.* creigiog.

rod, *n.* 1. gwialen, rhoden.
2. (mesur) pum troedfedd a hanner.

rodent, *n.* anifail â dau ddant blaen uchaf cryf, cnofil, cnöwr.

rodeo, *n.* casglu gwartheg, lle i gadw gwartheg, marchogaeth ceffylau gwyllt.

roe, *n.* 1. iyrches.
2. grawn pysgod, gronell.

roebuck, *n.* iwrch, (math o garw).

roentgen, *n.* uned trybelydredd.

rogation, *n.* gweddi, deisyfiad dwys, litani'r saint.

rogue, *n.* gwalch, cnaf, dihiryn.

roguery, *n.* twyll, dihirwch.

roguish, *a.* cnafaidd, direidus, cellweirus.

role, *n.* rhan, cymeriad.

roll, *n.* 1. rhôl, rholyn.
2. rhestr, rhes.
3. corn (o wlanen).
v. 1. treiglo, troi, rholio.
2. dirwyn.

roll-call, *n.* galw enwau (o restr).

rolled, *a.* rholedig.

roller, *n.* rhowl, rholer.

roller-skate, *n.* sgêt ar olwyn.

rollick, *v.* bod yn galonnog, cadw mwstwr (reiat).

rollicking, *a.* llawn bywyd, calonnog, stwrllyd.

rolling-pin, *n.* rholbren.

roly-poly, *n.* rholi-poli, rholyn o bwdin jam.

Roman, *n.* Rhufeiniwr, brodor o Rufain. *a.* Rhufeinig.

romance, *n.* 1. rhamant, stori ddych-mygol.
2. carwriaeth.
v. rhamantu, gorliwio.

romancer, *n.* rhamantydd, cyfan-soddwr rhamantau.

romantic, *a.* rhamantus, rhamantaidd.

romanticism, *n.* rhamantiaeth.

romp, *n.* rhamp, chwarae (garw).
v. rhampio, rhampan, rhampian, chwarae'n arw.

rondo, *n.* rondo, (cyfansoddiad cerdd-orol).

rood, *n.* 1. croes, crog.
2. chwarter erw, rwd, 40 llathen sgwâr.
ROOD-SCREEN, croglofft.

roof, *n.* to, nen, cronglwyd. *v.* toi.
VALLEY ROOF, to cafnog.
ROOF OF THE MOUTH, taflod y gen-au.

roofless, *a.* di-do, digartref.

rook, *n.* 1. ydfran, brân bigwen.
2. twyllwr.
3. castell (sies).

rookery, *n.* nythau brain, nythfa brain.

room, *n.* 1. lle.
2. ystafell.
3. cyfle.

roomful, *n.* llond ystafell, ystafellaid.

roominess, *n.* helaethrwydd, ehang-der.

roomy, *a.* eang, helaeth.

roost, *n.* clwyd, esgynbren. *v.* clwydo, cysgu ar esgynbren.

rooster, *n.* ceiliog.

root, *n.* 1. gwreiddyn.
2. gwreiddair, bôn (gair).
3. isradd (*maths.*).
v. gwreiddio.
SQUARE ROOT, ail isradd.
CUBE ROOT, trydydd isradd.
ROOT OF THE EQUATION, gwreiddyn yr hafaliad.

rootcap, *n.* gwreiddflaen.

rootlet, *n.* gwreiddigyn, gwreiddionyn, gwreiddyn bach.

rootstock, *n.* bonyn (sydd dan y ddaear), gwreiddgyff, gwreiddyn.

rope, *n.* rhaff. *v.* rhaffo, rhwymo.

rosary, *n.* 1. paderau.
2. gardd rosynnau.

rose, *n.* rhosyn.
DOGROSE, rhosyn gwyllt.

roseate, *a.* rhosliw, gwridog.

rose-hips, *np.* egroes, ogfaen.

rosette, *n.* ruban, addurn ysnoden, rhosglwm.

rostrum, *n.* llwyfan, pulpud.

rosy, *a.* 1. rhosynnog, gwridog.
2. disglair, gobeithiol.

rot, *n.* 1. pydredd, malltod, braenedd, pwd.
2. lol.
v. pydru, mallu, braenu.
DRY ROT, braen sych.

rota, *n.* rhod, cylch, trefn.

rotary, *a.* amdro, yn troi (fel olwyn).
ROTARY SCREEN, gogr amdro.

rotate, *v.* troi, cylchdroi.

rotation, *n.* cylchdro, trefn reolaidd.
IN ROTATION (pawb) yn ei dro.
ROTATIONAL GRAZING, pori cylch-dro.
ROTATION OF CROPS, cylchdro cnydau.

rotary, *a.* yn troi.

rote, *n.* tafodleferydd, arferiad, adrodd peiriannol.

rotor, *n.* rotor, y rhan o beiriant sy'n troi.

rotten, *a.* pwdr, mall, diwerth.

rottenness, *n.* pydredd, malltod.

rotter, *n.* dihiryn, adyn, cnaf.

rotund, *a.* crwn, cyfrgrwn.

rotundity, *n.* crynder.

rouble, *n.* darn arian Rwsiaidd (gynt), rwbl.

rouge, *n.* lliw coch.

rough, *a.* 1. garw, cwrs, anghelfydd.
2. gwyntog, ystormus, gerwin, chwerw.
3. annymunol.
4. agos, lled gywir.
ROUGH AND READY, rywsut ryw-fodd.

roughcast, *n.* plastr garw.

roughen, *v.* garwhau, gerwino, chwer-wi.

rough-hew, *v.* brasnaddu.

rough-hewn, *a.* cwrs, garw, anfoesgar, anweddaidd.

roughness, *n.* garwedd, gerwinder.

roughshod, *a.* â hoelion rhew, trwsgl.

round, *n.* 1. cylch, peth crwn.
2. tro, taith.
3. rownd, twrn (mewn gêm).
4. rhan-gân, cylchgan. cân gron.
a. 1. crwn (*f.* cron).
2. cyfan, cyflawn.
ad. o amgylch, oddi amgylch.
prp. o gylch, o gwmpas.
v. casglu, crynhoi.

roundabout, *n.* 1. cylchdro, cylch ogylch, cylchfan.
2. ceffylau bach.
a. o amgylch, cwmpasog.
roundelay, *n.* cylchgan, cân â chytgan.
rounders,*np.*chwarae cylch(bat a phel).
roundhead, *n.* pengryniad, (enw dirmygus ar Biwritan).
roundly, *ad.* yn hollol, yn drwyadl, yn blaen.
roundness, *n.* crynder, bod yn grwn.
round-robin, *n.* deiseb gron (yr enwau arni mewn cylch).
round-shouldered, *a.* cefngrwm, gwargrwm.
rouse, *v.* deffro, dihuno.
rousing, *a.* byw, cyffrous, bywiog.
rout, *n.* anhrefn, ffo. *v.* gyrru ar ffo.
route, *n.* ffordd, llwybr, hynt.
routine, *n.* defod, arfer, rhigolaeth.
routine, *n.* defod, arfer.
rove, *v.* crwydro, gwibio, mynd am dro.
rover, *n.* crwydryn, môr-leidr, sgowt.
row, *n.* rhes, rhestr, gwanaf. *v.* rhwyfo.
row, *n.* ffrae, terfysg, ffrwgwd. *v.* ffraeo, dwrdio.
rowan, *n.* cerdinen, cerddinen, pren criafol.
rowdy, *a.* stwrllyd, afreolus.
rowel, *n.* troell ysbardun, rhywel.
rower, *n.* rhwyfwr.
rowlock, *n.* rhwyfbin, gafael rhwyf.
royal, *a.* brenhinol.
royalist, *n.* brenhinwr, cefnogwr brenhiniaeth.
royalty, *n.* 1. brenhindod, personau brenhinol.
2. toll, tâl (i ddyfeisiwr, etc.), breintal.
rub, *n.* 1. rhwbiad.
2. anhawster.
v. rhwbio, rhuglo, crafu.
rubber, *n.* rwber.
rubbish, *n.* 1. ysbwriel, sothach.
2. lol.
rubble, *n.* rwbel, cerrig geirwon.
rubefacient, *n.* plastr poeth.
rubicund, *a.* coch, gwritgoch.
rubric, *n.* 1. pennawd, llinell goch.
2. cyfarwyddyd, cyfeireb.
ruby, *n.* 1. rhuddem.
2. lliw rhuddgoch.
3. math o deip. *a.* rhuddgoch.
ruck, *n.* 1. plyg, crychni.
2. y mwyafrif (mewn cystadleuaeth).
v. plygu, crychu.

rucksack, *n.* rhychsach, bag ysgwydd.
rudder, *n.* llyw, peth i lywio llong.
ruddy, *a.* rhudd, gwritgoch.
rude, *a.* 1. anfoesgar, digywilydd.
2. diaddurn, anghelfydd.
rudeness, *n.* 1. anfoesgarwch, anghwrteisrwydd.
2. anfedrusrwydd, anallu.
rudiment, *n.* egwyddor, elfen (gyntaf), dechreuad.
rudimentary, *a.* elfennol, heb ddatblygu.
rue, *v.* edifarhau, gofidio. *n.* rhyw, (llysieuyn).
rueful, *a.* trist, galarus, gofidus.
ruff, *n.* 1. coler.
2. math o bysgodyn dŵr croyw.
ruffian, *n.* adyn, dihiryn, gwalch.
ruffle, *v.* crychu, aflonyddu, cythruddo.
n. addurn am arddwrn.
rug, *n.* hugan, cwrlid, ryg.
rugby, *n.* rygbi.
rugged, *a.* garw, gerwin.
ruggedness, *n.* garwedd.
ruin, *n.* 1. distryw, cwymp.
2. adfail, murddun.
v. distrywio, andwyo.
ruination, *n.* dinistr, cwymp.
ruinous, *a.* adfeiliedig, dinistriol.
rule, *n.* 1. rheol, deddf.
2. llywodraeth.
3. riwl, riwler.
v. 1. rheoli.
2. llywodraethu.
3. llinellu.
AS A RULE, fel rheol.
ruler, *n.* 1. rheolwr, llywodraethwr.
2. riwler, riwl, ffon fesur.
ruling, *n.* dyfarniad. *a.* llywodraethol.
rum, *n.* rwm, math o wirod. *a.* od, hynod.
rumble, *n.* trwst, twrf, godwrf.
v. trystio, cadw sŵn.
rumbustious, *a.* cyffrous, terfysglyd.
rumen, *n.* y cwd mawr, rhwmen.
ruminant, *n.* cilfilyn, cnöwr, anifail sy'n cnoi cil.
ruminate, *v.* 1. cnoi cil.
2. myfyrio, ystyried.
rumination, *n.* 1. cnoi cil.
2. myfyrdod.
rummage, *v.* chwilota, chwilmantan.
rumour, *n.* chwedl, sôn, achlust.
rump, *n.* 1. rhan ôl creadur, cloren, crwman.
2. gweddill.
rumple, *v.* crychu, annibennu.
rumpus, *n.* helynt, terfysg, cynnwrf.

run, *n.* rhediad, rhedeg. *v.* 1. rhedeg.
2. llifo.
3. osgoi.
4. rheoli.
IN THE LONG RUN, yn y pen draw.
runagate, *n.* dihiryn, crwydryn, ffo-adur, gwrthgiliwr.
runaway, *n.* ffoadur. *a.* ar ffo.
rune, *n.* llythyren Diwtonaidd.
rung, *n.* ffon (ysgol).
runnel, *n.* nant, gofer, cwter.
runner, *n.* rhedwr, rhedegydd, neges-ydd.
RUNNERS (of strawberries, etc.), rhediadau.
running, *n.* rhediad, llifiant. *a.* rhed-egog, yn llifo.
runway, *n.* man glanio (a chychwyn) ar faes glanio, rhedegfa, heol ero-drom.
rupee, *n.* arian Indiaidd (tua 1/6), rwpî.
rupture, *n.* 1. rhwyg, cweryl.
2. tor llengig, tor gest, hernia.
v. rhwygo, torri.
rural, *a.* gwledig.

ruse, *n.* ystryw, dichell, cast.
rush, *n.* 1. rhuthr.
2. brwynen.
v. rhuthro, brysio.
rush-candle, *n.* cannwyll frwyn.
rushlight, *n.* cannwyll frwyn.
rushy, *a.* brwynog.
russet, *a.* llwytgoch, cochddu, dugoch. *n.* afal coch.
rust, *n.* rhwd. *v.* rhydu.
rustic, *n.* gwladwr. *a.* 1. gwladaidd, gwledig.
2. garw, anghelfydd.
rusticate, *v.* 1. ymddeol i'r wlad.
2. cosbi (myfyriwr).
3. gwneud yn wledig.
rusticity, *n.* bod yn wladaidd.
rustle, *n. v.* siffrwd, sŵn dail.
rusty, *a.* rhydlyd.
rut, *n.* rhigol, rhych.
ruthless, *a.* didostur, creulon.
ruthlessness, *n.* creulondeb, annhos-turi.
rye, *n.* rhyg, (math o ŷd).
rye-grass, *n.* rhygwellt.

S

Sabbath, *n.* Sabath, Saboth, Sul.
sable, *n.* sabl, (anifail neu ei groen a'i flew). *a.* du, tywyll.
sabot, *n.* esgid bren.
sabotage, *n.* difrod (bwriadol). *v.* di-frodi, difetha.
sabre, *n.* sabr, cleddyf (gwŷr ceffylau).
sac, *n.* coden, bag, peillgod.
saccharin, *n.* sacarin, siwgr tar.
sacerdotal, *a.* offeiriadol.
sachet, *n.* cwd, cod (aroglus).
sack, *n.* 1. sach, ffetan.
2. diswyddiad.
3. math o win.
v. 1. diswyddo.
2. difrodi, anrheithio.
sackbut, *n.* dulsimer.
sackcloth, *n.* sachlen, sachliain.
sacking, *n.* sachlen.
sackful, *n.* sachaid, llond sach.
sacrament, *n.* sagrafen, sacrament.
sacramental, *a.* sacramentaidd.
sacred, *a.* cysegredig, glân, sanctaidd.
SACRED MUSIC, caniadaeth y cysegr.
sacredness, *n.* cysegredigrwydd.
sacrifice, *n.* offrwm, aberth. *v.* aberthu, offrymu.
sacrificial, *a.* aberthol.
sacrilege, *n.* halogiad, amarch, sarhad.
sacrilegious, *a.* halogedig, amharchus, anghysegredig.

sacristy, *n.* festri (lle cedwir llestri cymun, gwisgoedd, etc.), sacristi.
sacrosanct, *a.* dihalogadwy, cysegredig, glân, sanctaidd, dihalog.
sad, *a.* trist, digalon, blin.
sadden, *v.* tristáu, pruddhau.
saddle, *n.* cyfrwy. *v.* cyfrwyo, beichio.
saddler, *n.* cyfrwywr.
Sadducee, *n.* Sadwcead, aelod o sect Iddewaidd.
sadism, *n.* hoffter o greulondeb, llygriad (rhywiol).
sadly, *ad.* yn drist, yn brudd.
sadness, *n.* tristwch, prudd-der.
safe, *a.* diogel, gofalus. *n.* cist, cloer, cwpwrdd bwyd.
SAFE CONDUCT, trwydded (teith-iwr).
safeguard, *n.* diogelwch, amddiffyn. *v.* diogelu, amddiffyn.
safety, *n.* diogelwch.
safety-curtain, *n.* llen tân.
safety-pin, *n.* pin dwbl, pin cau.
safety-valve, *n.* falf ddiogelu.
saffron, *n.* saffrwm, saffrwn. *a.* melyn.
sag, *v.* yn rhoi (yn y canol), gwyro, hongian.
saga, *n.* saga, chwedl (o Norwy neu Ynys yr Iâ), cyfres o storïau.
sagacious, *a.* call, ffel, synhwyrol, craff.

sagacity, *n.* craffter, synnwyr, deall.
sage, *n.* 1. gŵr doeth.
   2. saets, (planhigyn gardd).
   a. doeth, call.
sago, *n.* sego, cynnyrch o fywyn palmwydden.
sail, *n.* hwyl. *v.* hwylio, morio.
sailing, *n.* hwyliad.
   SAILING SHIP, llong hwylio.
sailor, *n.* morwr, llongwr.
sainfoin, *n.* gwyran fendigaid, y godog.
saint, *n.* sant.
   PATRON SAINT, nawddsant.
   ALL SAINTS' DAY, Calan Gaeaf.
St. John's wort, *n.* dail y fendigaid, llysiau Ioan.
saintliness, *n.* santeiddrwydd, sancteiddrwydd.
saintly, *a.* santaidd, sanctaidd.
St. Vitus's dance, *n.* gwendid y nerfau.
sake, *n.* mwyn.
   FOR THE SAKE OF, er mwyn.
salaam, *n.* cyfarchiad, moesymgrymu.
salad, *n.* salad, bwydlys, addail.
salamander, *n.* salamander, math o fadfall.
salammoniac, *n.* halen amonia.
salaried, *a.* yn derbyn cyflog, cyflogedig.
salary, *n.* cyflog, tâl, hur.
sale, *n.* gwerthiant, arwerthiant.
   FOR SALE, ar werth.
saleable, *a.* gwerthadwy, addas neu hawdd eu gwerthu.
salesman, *n.* gwerthwr.
salesmanship, *n.* y ddawn i werthu.
salient, *a.* amlwg. *n.* camedd, gwyrni, blaen tro.
saline, *a.* hallt.   *n.* heli, peth yn cynnwys halen.
salinity, *n.* helïedd, halwynedd.
saliva, *n.* poer, poeri, salifa.
   SALIVA GLANDS, chwarennau (glandau) poer.
sallow, *a.* melyn afiach. *n.* helygen grynddail.
sally, *n.* 1. cyrch, rhuthr.
   2. ffraetheb, jôc.
   v. cyrchu, rhuthro.
salmon, *n.* eog, samwn.
saloon, *n.* ystafell (groeso neu fwyta), salŵn.
salt, *n.* halen, halwyn (Cemeg). *a.* hallt.
   v. halltu.
salt-cellar, *n.* llestr halen.
saltpetre, *n.* solpitar, creighalen.
salts, *np.* halen cemegol, halwynau.
salty, *a.* hallt.

salubrious, *a.* iach, iachusol.
salutary, *a.* iachus, llesol. buddiol, dymunol.
salutation, *n.* annerch, cyfarchiad.
salute, *v.* annerch. cyfarch, saliwto, saliwtio.
salvage, *n.* 1. yr act o achub.
   2. y peth a achubir, nwyddau gwastraff.
   3. tâl am achub.
salvation, *n.* iechydwriaeth, iachawdwriaeth.
salvationist, *n.* aelod o Fyddin yr Iachawdwriaeth.
salve, *n.* eli, ennaint. *v.* lleddfu, iacháu.
salver, *n.* hambwrdd, heilyr, trei.
salvia, *n.* math o flodyn, salfia.
salvo, *n.* 1. ergydion.
   2. cymeradwyaeth.
   3. **arbediad.**
samaras, *np.* had-gibau, hadau asgellog.
same, *a.* yr un fath, yr un. *pn.* hynny.
   ALL THE SAME, er hynny.
sameness, *n.* unrhywiaeth, undonedd, tebygrwydd.
sampan, *n.* bad bach pysgota (fel rhai Sieina), sampan.
samphire, *n.* ffennigl y môr, (planhigyn).
sample, *n.* enghraifft, sampl. *v.* samplu, samplo, profi.
sampler, *n.* samplydd, sampl o frodwaith.
sanatorium, *n.* iechydfa, sanatoriwm.
sanctification, *n.* sancteiddrwydd, sancteiddhad.
sanctify, *n.* sancteiddio, cysegru.
sanctimonious, *a.* ffug-sanctaidd, gorddduwiol.
sanctimony, *n.* ffug-sancteiddrwydd.
sanction, *n.* 1. caniatâd, goddefiad.
   2. ataliad.
   3. sancsiwn (*ethics*).
   v. caniatáu, cadarnhau, cymeradwyo.
sanctioned, *a.* a hawl ganddo, wedi cael caniatâd.
sanctity, *n.* sancteiddrwydd, cysegredigrwydd.
sanctuary, *n.* 1. cysegr, lle sanctaidd.
   2. noddfa, seintwar.
sanctum, *n.* cysegr-le, encil,
   SANCTUM SANCTORUM, cysegr santeiddiolaf.
sand, *n.* tywod. *pl.* traeth, tywod.
sandal, *n.* sandal, esgid fach.
sandbank, *n.* traethell, banc tywod.
sandcrack, *n.* hollt y carn, (math o glefyd y carn), hollt.

sand-dune, *n.* tywyn.

sandhill, *n.* tywyn, tywodfryn, twyn tywod.

sandpaper, *n.* papur tywod, papur llathru.

sandstone, *n.* tywodfaen.

sandwich, *n.* brechdan gig, etc. *v.* gwthio rhwng.

sandwich-board, *n.* hysbysfwrdd.

sandwich-man, *n.* dyn hysbysebu (trwy hysbysfwrdd).

sandy, *a.* 1. tywodlyd.
2. melyngoch.

sane, *a.* yn ei iawn bwyll, call, synhwyrol.

sang-froid, *n.* pwyll, hunanfeddiant, gwaed oer.

sanguinary, *a.* gwaedlyd, creulon.

sanguine, *a.* 1. hyderus, gobeithiol.
2. gwridog, rhuddgoch.

sanhedrim, *n.* sanhedrim, sanhedrin, cyngor Iddewig.

sanicle, *n.* clust yr arth, (planhigyn).

sanitary, *a.* iechydol, iach.

sanitation, *a.* iechydaeth, iechydeg, glendid.

sanity, *n.* iechyd meddwl, iawn bwyll, callineb.

sap, *n.* nodd, sug, sudd, gwynnin. *v.* 1. tanseilio.
2. sugno.

sapling, *n.* pren ifanc, glasbren.

saponification, *n.* seboneiddiad, troi'n sebon.

saponify, *v.* seboneiddio, troi'n sebon.

sapper, *n.* tanseiliwr, milwr blaen, cadgloddiwr.

sapphire, *n.* saffir, (maen gwerthfawr). *a.* glas.

sappy, *a.* ir, noddlyd.

saprophyte, *n.* saproffeit, (planhigyn sy'n bwyda ar lysiau marw), llys pydrysol.

saprophytic, *a.* pydrysol.

Saracen, *n.* Arab, Mohamedan.

sarcasm, *n.* gwatwareg, coegni, gair du.

sarcastic, *a.* gwawdiol, coeglyd, gwawdus, gwawdlyd.

sarcoma, *n.* sarcoma, twf cnodiog enbyd.

sarcophagus, *n.* arch garreg.

sard, *n.* math o faen gwerthfawr, sard.

sardine, *n.* sardîn.

sardonic, *a.* gwawdlyd, chwerw.

sari, *n.* gwisg gwraig Hindŵaidd, sari.

sarong, *n.* gwisg genedlaethol Malaya, math o sgyrt.

sartorial, *a.* teilwraidd.

sash, *n.* 1. gwregys, sgarff.
2. ffrâm ffenestr, ffenestr fframiog.

Sassenach, *n.* Sais.

Satan, *n.* Satan, y diafol, y gŵr drwg.

satanic, *a.* satanaidd, dieflig.

satchel, *n.* bag (lledr), bag ysgol, cod.

sate, *v.* 1. digoni, diwallu.
2. syrffedu.

sateen, *n.* ffug-sidan, satîn.

satellite, *n.* 1. canlynwr, cynffonnwr.
2. planed, lleuad, daearen, cylchen, lloeren. *a.* gwasaidd, is.

satiate, *v.* diwallu, syrffedu.

satiety, *n.* syrffed, diflastod.

satin, *n.* satin, pali.

satire, *n.* dychan, gogan, gogangerdd, gwatwareg.

satirical, *a.* dychanol, gwatwarus.

satirist, *n.* dychanwr, goganwr.

satirize, *v.* dychanu, goganu, gwawdio.

satisfaction, *n.* bodlonrwydd, boddhad.

satisfactory, *a.* boddhaol, yn rhoi boddhad, digonol.

satisfy, *v.* 1. bodloni, boddio.
2. digoni, diwallu.

satisfying, *a.* digonol, boddhaol.

satrap, *n.* rhaglaw (Persia gynt), gormeswr.

saturate, *v.* mwydo, hydrwytho.

saturated, *a.* trwythedig, llawn hylif, dirlawn.

saturation, *n.* hydrwythiad.

Saturday, *n.* dydd Sadwrn.

Saturn, *n.* Sadwrn, duw amaethyddiaeth.

saturnalian, *a.* anfad, trythyll, aflywodraethus.

satyr, *n.* 1. duw'r goedwig.
2. bwystfil o ddyn.

sauce, *n.* saws.
2. haerllugrwydd, beiddgarwch.

sauciness, *n.* ehofndra, beiddgarwch, digywilydd-dra.

saucepan, *n.* sosban, sgilet.

saucer, *n.* soser, sawser.

saucy, *a.* eofn, egr, digywilydd, haerllug, beiddgar.

saunter, *v.* rhodianna, ymlwybran.

sausage, *n.* sosej, selsig.

savage, *n.* anwariad, dyn gwyllt. *a.* gwyllt, ffyrnig, anwar.

savageness, *n.* ffyrnigrwydd, mileindra.

savagery, *n.* barbareiddiwch, creulondeb.

savant, *n.* dyn dysgedig, gwyddonydd.

save, *v.* 1. achub, arbed.
2. cynilo, tolio. *prp. c.* oddieithr, ond.

SAVE ONE'S FACE, ymachub, gochel gwarth.

saver, *n.* achubwr, achubydd.
saving, *a.* 1. achubol.
  2. cynnil, darbodus.
savings, *np.* cynilion.
savings-bank, *n.* banc cynilo.
savings-box, *n.* bocs arian, blwch cynilo, cadw-mi-gei.
saviour, *n.* achubwr, gwaredwr, iachawdwr, ceidwad.
savory, *n.* safri, (llysieuyn aroglus).
savour, *n.* sawr, aroglau, blas. *v.* sawru, arogleuo.
savoury, *n.* blasusfwyd. *a.* sawrus, blasus.
savoy, *n.* crychfresych.
saw, *n.* 1. llif.
  2. hen ddywediad, diharcb.
  v. llifio.
  TO SET A SAW, gosod llif.
sawdust, *n.* blawd llif.
sawfish, *n.* llifbysg.
sawmill, *n.* melin lifio.
sawyer, *n.* llifiwr.
saxifrage, *n.* tormaen, eglyn, (planhigyn).
Saxon, *n.* 1. Sacson, Sais.
  2. Sacsoneg.
  a. Sacsonaidd.
saxophone, *n.* sacsoffon, (offeryn cerdd o bres).
say, *v.* dywedyd, dweud.
saying, *n.* dywediad. (*participle*) gan ddywedyd.
scab, *n.* 1. crachen, cramen.
  2. clafr, clefyd y croen (ar anifail).
scabbard, *n.* gwain, poced i gleddyf.
scabby, *a.* crachlyd, clafrllyd.
scabies, *n.* y crafu, crach, clafr, ymgrafu.
scabious (field), *n.* penlas, clafrllys.
scaffold, *n.* 1. adeilglwyd, sgaffald.
  2. dienyddle.
scaffolding, *n.* ysgaffaldau, adeilglwyd.
scalar, *a.* sgalar.
scald, *v.* sgaldan, sgaldanu, lledferwi.
scalding, *a.* berw, poeth.
scale, *n.* 1. clorian, mantol, tafol.
  2. graddfa.
  3. cen.
  4. nodau cerdd.
  5. graddeg.
  v. 1. mantoli, pwyso.
  2. graddoli.
  3. mesur.
  4. dringo.
  5. cennu, pilio, digennu.
  SCALE DOWN, lleihau.
scale leaves, *np.* cen-ddail, craithddail, dail cennog.

scalene, *a.* (triongl) anghyfochrog.
scallop, scollop, *n.* 1. sgalop, (math o bysgodyn cragen).
  2. ymyl bylchog.
scallywag, *n.* dihiryn, gwalch, cnaf, adyn.
scalp, *n.* croen a gwallt y pen, copa. *v.* penflingo.
scalpel, *n.* cyllell llawfeddyg.
scaly, *a.* cennog.
  SCALY LEG, coes gennog.
scamp, *n.* cnaf, dihiryn, gwalch.
scamper, *v.* prancio, carlamu, brasgamu.
scan, *v.* 1. archwilio, craffu ar.
  2. dosbarthu'n farrau mydryddol, corfannu.
scandal, *n.* cywilydd, gwarth, enllib, stori ddifrïol.
scandalize, *v.* tramgwyddo, gwarthruddo, cywilyddio.
scandal-monger, *n.* clec, clecyn, clepgi.
scandalous, *a.* gwarthus, cywilyddus.
scansion, *n.* corfan, corfannu.
scant, *a.* prin, anaml.
scantiness, *n.* prinder.
scanty, *a.* prin, annigonol.
scapegoat, *n.* bwch dihangol, un a feiir.
scapegrace, *n.* dihiryn, adyn, gwalch, cnaf.
scapula, *n.* palfais, asgwrn yr ysgwydd, sgapwla.
scar, *n.* craith. *v.* creithio.
  GIRDLE SCAR, cylch-graith.
scarce, *a.* prin, anodd ei gael.
scarcely, *ad.* braidd, prin, odid, o'r braidd.
scarcity, *n.* prinder.
scare, *n.* dychryn, braw, ofn. *v.* brawychu, dychrynu, tarfu.
scarecrow, *n.* bwbach, bwgan (brain), bwci.
scared, *a.* wedi cael ofn, wedi rhuso.
scaremonger, *n.* taenwr chwedlau, brawychwr.
scarf, *n.* sgarff, crafat.
scarlet, *n. a.* ysgarlad, (lliw) coch golau.
  SCARLET FEVER, y dwymyn goch, y clefyd coch.
  SCARLET RUNNER, ffäen goch.
scarp, *n.* sgarp, erchwyn, tarren.
scathe, *v.* anafu, niweidio.
scatheless, *a.* dianaf, heb niwed.
scathing, *a.* deifiol, llym, miniog.
scatter, *v.* gwasgaru, taenu.
scattered, *a.* gwasgaredig, ar wasgar.
scavenger, *n.* carthwr (heolydd, etc.).

scenario, *n.* senario, (geiriau ffilm, etc.)

scene, *n.* 1. golygfa.
2. lle, man.

scenery, *n.* golygfeydd, golygfa.

scenic, *a.* golygfaol, chwaraeyddol.

scent, *n.* aroglau, trywydd, gwynt.
v. arogleuo, ffroeni, gwyntio.

sceptered, *a.* brenhinol, â theyrnwialen, teyrnaidd.

sceptic, *n.* amheuwr, sgeptig.

sceptical, *a.* amheugar, ansicr.

scepticism, *n.* amheuaeth, sgeptigaeth.

sceptre, *n.* teyrnwialen, arwydd brenhiniaeth.

schedule, *n.* rhestr, cofrestr, taflen.
v. rhestru.
SCHEDULED WEEDS, chwyn rhestredig.

scheme, *n.* cynllun, amlinelliad. *v.* cynllunio, cynllwyn.
SCHEME OF WORK, cynllun gwaith.

schemer, *n.* cynllwynwr, cynllwyn.

scheming, *a.* cyfrwys, dichellgar.

schism, *n.* rhwyg, ymraniad.

schismatic, *a.* rhwygol, ymraniadol.

scholar, *n.* ysgolhaig, ysgolor.

scholarly, *a.* ysgolheigaidd, academaidd.

scholarship, *n.* ysgolheictod, ysgoloriaeth.

scholastic, *a.* athrofaol, addysgol.

scholasticism, *n.* ysgoliaeth, (dysg yr Oesoedd Canol), sgolastigiaeth.

school, *n.* 1. ysgol.
2. haig (o bysgod).
v. dysgu, addysgu.
DAY SCHOOL, ysgol bob dydd.
SUNDAY SCHOOL, ysgol Sul.

school-days, *np.* dyddiau ysgol.

schoolhouse, *n.* ysgoldy, tŷ ysgol.

schooling, *n.* ysgol, addysg.

schoolmaster, *n.* ysgolfeistr, athro (ysgol).

schoolmistress, *n.* ysgolfeistres, athrawes.

schoolroom, *n.* ystafell ysgol.

schooner, *n.* sgwner, (math o long hwyliau).

sciatica, *n.* gwynegon (y forddwyd neu'r glun), clunwst.

science, *n.* gwyddoniaeth, gwyddor.
NATURAL SCIENCES, y gwyddorau naturiol.

scientific, *a.* gwyddonol.

scientist, *n.* gwyddonydd.

scimitar, *n.* cleddyf cam, cleddyf crwca, sgimitar.

scintilla, *n.* gwreichionen, mymryn, rhithyn, yr arwydd lleiaf.

scintillate, *v.* serennu, pefrio.

scion, *n.* impyn, blaguryn, etifedd.

scissors, *np.* siswrn.

sclerosis, *n.* sglerosis, calediad afiach.

scoff, *n.* gwawd, gwatwar. *v.* gwawdio, gwatwar.

scoffer, *n.* gwawdiwr. gwatwarwr.

scold, *v.* tafodi, dwrdio, cymhennu, dweud y drefn.

sconce, *n.* 1. canhwyllbren gwal.
2. amddiffynfa.
3. fforffed.

scone, *n.* sgon, teisen radell.

scoop, *n.* 1. lletwad, sgŵp.
2. newydd (cyfyngedig).
v. cafnu, sgwpio.

scoot, *v.* ei throedio hi, ei heglu hi, dodi traed yn y tir.

scooter, *n.* sgwter, (tegan dwy olwyn).

scope, *n.* cwmpas, cyfle, lle.

scorch, *v.* rhuddo, llosgi, deifio.

scorcher, *n.* seiclwr neu fodurwr gorwyllt.

scorching, *a.* deifiol, yn llosgi.

score, *n.* 1. rhic, hac, crac.
2. dyled, cyfrif.
3. sgôr, pwyntiau (mewn gêm).
4. ugain.
5. cerddoriaeth.
v. rhicio, cadw cyfrif, sgori, sgorio.
SCORE READING (miwsig), darllen sgôr.
SCORE BOARD, bwrdd sgôr.

scoring-board, *n.* bwrdd cyfrif.

scorn, *n.* dirmyg, diystyrwch, gwawd.
v. dirmygu, gwawdio, diystyru.

scorner, *n.* dirmygwr, gwawdiwr.

scornful, *a.* dirmygus, gwawdlyd, diystyrllyd.

scorpion, *n.* sgorpion, pla.

Scot, *n.* Albanwr, Ysgotyn, brodor o'r Alban (Sgotland).

scotch, *v.* analluogi, rhwystro, *n.* rhwystr.

Scots, Scottish, *a.* Albanaidd, Ysgotaidd.

scot-free, *a.* heb niwed, di-gosb.

scoundrel, *n.* dihiryn, adyn, cnaf.

scour, *v.* 1. glanhau, carthu, sgwrio.
2. chwilio (yn fanwl a chyflym).

scourge, *n.* 1. fflangell, chwip.
2. cosb.
3. pla.
v. fflangellu, ffrewyllu.

scout, *n.* sgowt, ysbïwr. *v.* 1. sgowtio, ysbïo, ymchwilio.
2. gwrthod, wfftio.

scowl, *n.* cuwch, gwg, cilwg. *v.* cuchio, crychu aelau.

scowling, *a.* cuchiog, gwgus.

scrag, *n.* un heb fod yn ddim ond croen ac esgyrn, creadur tenau.

scragginess, *n.* teneuwch.

scraggy, *a.* tenau, heb fod yn ddim ond croen ac esgyrn.

scramble, *n.* ymgiprys, ysgarmes, ymdrech. *v.* l. dringo, ymlusgo.
2. ymgiprys.
3. coginio wyau, sgramblo.

scrap, *n.* tamaid, dernyn, bribsyn, cilcyn. *a.* hen.

scrapbook, *n.* llyfr darnau, llyfr tameidiau.

scrape, *n.* l. crafiad.
2. helbul.
v. crafu, rhygnu.

scraper, *n.* crafwr, ysgrafell.

scrapings, *np.* creifion, crafion.

scrappy, *a.* anghyflawn, anhrefnus, digyswllt.

scratch, *n.* crafiad, cripiad. *v.* crafu, cripio.

scratchy, *a.* l. anwastad, anniben, anghyson.
2. yn crafu.

scrawl, *v.* ysgriblan, ysgriblo.

scream, *n.* gwaedd, ysgrech. *v.* gweiddi, ysgrechian.

screech, *n.* ysgrech.

screech-owl, *n.* tylluan wen, aderyn corff.

screed, *n.* l. ysgrifen neu ymadrodd diflas.
2. sŵn brethyn yn rhwygo.
3. darn o frethyn wedi ei rwygo.

screen, *n.* l. sgrin, gogr, gwagr.
2. cysgod.
3. llen (i luniau byw).
v. cysgodi, dangos ffilm.

screw, *n.* sgriw, hoelen dro. *v.* sgriwio. CORKSCREW, allwedd costrel.

screwdriver, *n.* peth i droi sgriw, sgriwdreifer.

scribble, *n.* ysgribl. *v.* ysgriblan, ysgriblo.

scribbler, *n.* ysgriblwr.

scribe, *n.* ysgrifennydd, ysgrifydd. *v.* ysgrifellu.

scriber, *n.* ysgrifell, (offeryn i wneud llinellau ar bren neu garreg).

scrimmage, scrummage, *n.* ysgarmes, sgrwm, sgrym (rygbi).

scrimp, *v.* crebachu, cyfyngu, bod yn brin, bod yn gybyddlyd.

scrip, *n.* l. ysgrepan.
2. ysgrif hawl, tystysgrif.

script, *n.* ysgrif, llawysgrif, sgript.

scriptural, *a.* ysgrythurol, beiblaidd.

scripture, *n.* ysgrythur, y Beibl.

scrivener, *n.* cynllunydd (dogfennau).

scrofula, *n.* clwy'r brenin, casgliad llidus.

scroll, *n.* rhòl (o bapur neu femrwn).

scrotum, *n.* sgrotwm, cod, pwrs.

scrub, *n.* l. prysgwydd, coed bach.
2. sgwriad, sgrwbiad.
v. sgrwbio, sgwrio.

scrubby, *a.* crablyd, corachaidd, salw.

scruff, *n.* gwegil, gwar.

scrumptious, *a.* gwych, campus.

scruple, *n.* anhawster, trafferth, petruster. *v.* petruso.

scrupulous, *a.* gofalus, cydwybodol, manwl.

scrupulousness, *n.* gofal, gwyliadwriaeth, manylder.

scrutineer, *n.* archwiliwr (pleidleisiau).

scrutinize, *v.* chwilio, archwilio, arolygu.

scrutiny, *n.* ymchwiliad.

scud, *v.* symud yn gyflym, gwibio. *n.* gwibiad cymylau, etc.

scuffle, *n.* ymgiprys, ysgarmes. *v.* ymgiprys, gwrthdaro.

scull, *n.* rhodl, rhwyf fer. *v.* rhodli, gyrru â rhodl.

sculler, *n.* rhodlwr, rhwyfwr ôl.

scullery, *n.* cegin fach, cegin gefn.

scullion, *n.* gwas bach y gegin, golchwr llestri.

sculptor, *n.* cerflunydd.

sculptural, *a.* cerfluniol.

sculpture, *n.* cerfluniaeth, cerflun. *v.* cerflunio, naddu.

scum, *n.* l. ewyn, ysgum, sgum.
2. sorod, gwehilion.

scupper, *n.* twll yn ystlys llong (i ollwng dŵr), sgwper.

scurf, *n.* cen, marwdon, mardon.

scurfy, *a.* cennog, â chen.

scurrility, *n.* difrïaeth, gwaradwydd.

scurrilous, *a.* tafotrwg, difrïol, niweidiol.

scurry, *v.* mynd ar ffrwst, ffoi ar frys.

scurvy, *a.* crachlyd, gwael. *n.* y clefri poeth, diffyg bwyd ffres, sgyrfi, y llwg.

scurvy-grass, *n.* llwglys, llysiau'r llwg.

scutage, *n.* tâl (yn lle gwasanaeth gynt), ysgwytreth.

scutcheon, *n.* pais arfau.

scuttle, *v.* l. suddo llong.
2. dodi traed yn y tir, ffoi.
n. l. bwced glo.
2. twll (a chlawr arno, ar long).

scutum, *n.* l. tarian (Rufeinig).
2. padell pen-lin.

scythe, *n.* pladur. *v.* pladuro.

sea, *n.* môr, cefnfor.

seaboard

seaboard, seacoast, *n.* glan y môr, arfordir, morlan.
sea-breeze, *n.* gwynt ysgafn (o'r môr).
sea-captain, *n.* capten llong.
seafarer, *n.* morwr, mordwywr.
seafaring, *a.* mordwyol, fel morwr.
seagirt, *a.* â môr o'i amgylch.
sea-gull, *n.* gwylan.
sea-holly, *n.* celyn y môr, môr-gelyn.
sea-horse, *n.* morfarch.
sea-kale, *n.* morfresych.
seal, *n.* 1. morlo.
    2. sêl, insel.
    v. selio, cadarnhau.
sealing-wax, *n.* cwyr selio.
sealskin, *n.* croen morlo.
seam, *n.* 1. gwnïad. 2. gwythïen, haenen, gwrym.
seaman, *n.* morwr, llongwr.
seamanship, *n.* morwriaeth.
sea-mew, *n.* gwylan (math o).
seamless, *a.* di-wnïad.
seamstress, *n.* gwnïyddes, gwniadyddes.
seamy, *a.* annymunol, gwael, yn dangos y gwnïad.
séance, *n.* cwrdd ysbrydegwyr neu gymdeithas, cynulliad.
sea-plane, *n.* awyren fôr.
seaport, *n.* tref â phorthladd, tref ar yr arfordir.
sear, *v.* serio, deifio.
search, *v.* 1. chwilio, edrych am.
    2. archwilio.
searcher, *n.* chwiliwr, ymchwiliwr.
searching, *a.* treiddiol, craff.
searchlight, *n.* chwilolau.
    SEARCHLIGHT DISPLAY, arddangosiad chwilolau.
sea-shell, *n.* cragen fôr.
seashore, *n.* glan y môr, traeth.
seasick, *a.* yn dioddef o glefyd y môr.
seasickness, *n.* clefyd y môr.
seaside, *n.* glan y môr.
season, *n.* tymor, amser. *v.* sychu, rhoi blas ar.
seasonable, *a.* tymhoraidd, amserol.
seasonal, *a.* amserol, yn ôl y tymor.
seasoning, *n.* peth i roi blas (ar fwyd).
seat, *n.* sedd, cadair, eisteddle.
    v. 1. seddu, eistedd.
    2. dal, cynnwys.
sea-urchin, *n.* draenog fôr.
sea-wall, *n.* morglawdd.
seaward, seawards, *ad.* tua'r môr.
seaweed, *n.* gwymon.
seaworthy, *a.* addas i'r môr.
sebaceous, *a.* swyfaidd, seimlyd.

secure

secant, *n.* secant (*pl.* secannau).
secateurs, *np.* gwellau (at dorri brigau).
secede, *v.* ymneilltuo, encilio.
seceder, *n.* ymneilltüwr, enciliwr.
secession, *n.* ymneilltuad, enciliad.
seclude, *v.* neilltuo, cau allan.
secluded, *a.* neilltuedig, diarffordd.
seclusion, *n.* neilltuaeth, unigrwydd.
second, *n.* 1. eiliad.
    2. cynorthwywr, cefnogwr.
    a. ail, arall.
    v. eilio, cefnogi.
    SECOND-COMING, ailddyfodiad.
secondary, *a.* uwchradd, eilradd, canolradd.
second-best, *a.* ailorau.
second-hand, *a.* ail-law.
seconder, *n.* eiliwr, cefnogwr.
second-nature, *n.* ailnatur.
second-rate, *a.* isradd, gwael, ailraddol, israddol.
secrecy, *n.* bod yn gyfrinachol, cyfrinach.
secret, *n.* cyfrinach. *a.* dirgel, cyfrinachol, cudd.
secretarial, *a.* ysgrifenyddol.
secretariat, *n.* 1. ysgrifenyddiaeth.
    2. ysgrifenyddion.
    3. swyddfa.
secretary, *n.* ysgrifenydd.
secretaryship, *n.* ysgrifenyddiaeth.
secrete, *v.* 1. cuddio, celu.
    2. cynhyrchu, bwrw allan (o chwarren).
secretion, *n.* 1. glandlif, rhiniad, rhidiad, cronlif, chwarenlif.
    2. yr act o guddio neu gelu.
secretive, *a.* yn celu, clôs, tawedog.
secretiveness, *n.* bod yn dawedog, tawedogrwydd, swildod.
sect, *n.* enwad, sect.
sectarian, *a.* 1. enwadol.
    2. cul (o feddwl).
section, *n.* 1. adran, rhan, dosbarth.
    2. toriad, trychiad.
    RIGHT SECTION, toriad union.
sectional, *a.* adrannol.
sector, *n.* rhan o gylch, sector.
secular, *a.* bydol, tymhorol, anghrefyddol, secwlar, lleyg.
secularism, *n.* secwlariaeth, moesoldeb anghrefyddol.
secularist, *n.* bydolyn, anffyddiwr.
secularize, *v.* bydoli, gwneud yn fydol, anghysegru.
secure, *a.* diogel, dan ofal, caeth.
    v. diogelu, sicrhau.

security, *n.* 1. diogelwch.
2. sicrwydd.
3. gwystl, ernes.
SECURITIES, gwarant, gwarannoedd.
GOVERNMENT SECURITIES, gwarant y Llywodraeth.
sedan (chair), *n.* cadair sedan, cadair gludo.
sedate, *a.* tawel, digyffro, difrif, llonydd.
sedateness, *n.* tawelwch, difrifoldeb.
sedative, *a.* lliniarol, lleddfol. *n.* cyffur lliniaru.
sedentary, *a.* eisteddol, ar ei eistedd, arseddog.
sedge, *n.* hesg, (planhigyn fel glaswelltyn).
sedge-warbler, *n.* telor yr hesg, llwyd y gors.
sediment, *n.* gwaelodion, gwaddod.
sedimentary, *a.* gwaddodol.
sedition, *n.* terfysg, brad, peri cynnwrf.
seditious, *a.* terfysglyd, bradwrus.
seduce, *v.* hudo, camarwain, arwain ar gyfeiliorn, denu.
seducer, *n.* hudwr, llithiwr, un sy'n denu.
seduction, *n.* llithiad, camarweiniad.
seductive, *a.* llithiol, hudolus, deniadol.
sedulous, *a.* dyfal, diwyd.
sedulousness, *n.* diwydrwydd, dyfalwch.
see, *n.* esgobaeth, swydd esgob. *v.* gweled, canfod, deall, gofalu.
SEE IT THROUGH, ei gwpláu.
SEE RED, colli hunan-feddiant.
SEE SOMEONE OFF, hebrwng, ffarwelio â.
seed, *n.* 1. had, hedyn.
2. hil, epil, plant. *v.* hadu.
SEED (CERTIFIED), had ardyst.
SEED (STOCK), had safonol.
SEED (NUCLEUS), had gwreiddiol.
SEEDED PLAYER. chwaraewr dewisedig.
seed-corn, *n.* hadyd.
seedless, *a.* di-had, heb hadau.
seedling, *n.* planhigyn ieuanc.
seedsman, *n.* gwerthwr hadau.
seed-time, *n.* tymor hau, adeg hau.
seed-vessel, *n.* had-lestr, cib.
seedy, *a.* 1. yn llawn o hadau.
2. anniben, aflêr.
3. sâl, tost.
seeing, *c.* gan, yn gymaint â.
seek, *v.* chwilio, ymofyn, ceisio.
seeker, *n.* ymofynnydd, chwiliwr.
seem, *v.* ymddangos, edrych fel pe bai.
seeming, *a.* ymddangosiadol.

seemingly, *ad.* ar yr olwg gyntaf, debygid.
seemliness, *n.* gwedduster, addasrwydd.
seemly, *a.* gweddaidd, gweddus.
seep, *v.* gollwng, colli.
seer, *n.* gweledydd, proffwyd.
seesaw, *n.* sigl, chwarae siglo.
seethe, *v.* berwi, byrlymu, cyffroi.
seething, *n.* berw, bwrlwm. *a.* berwedig, cyffrous.
segment, *n.* darn, rhan, segment (*pl.* segmennau), cylchran.
segmentation, *n.* cylchraniad.
segregate, *v.* gwahanu, neilltuo.
segregation, *n.* didoliad, gwahaniad, neilltuad.
seignory, *n.* arglwyddiaeth.
seismic, *a.* ynglŷn â daeargrynfâu, seismig.
seismograph, *n.* seismograff, offeryn (i fesur) daeargrynfâu.
seismology, *n.* seismoleg.
seize, *v.* gafael, ymaflyd, dal.
TO SEIZE THE OPPORTUNITY, dal ar y cyfle.
seizure, *n.* 1. ymafliad, daliad.
2. strôc, trawiad sydyn o afiechyd.
seldom, *ad.* anfynych, anaml.
select, *a.* dewis, detholedig. *v.* dewis, dethol.
selection, *n.* dewisiad, detholiad.
selective, *a.* â'r gallu i ddewis, tueddu i ddewis, detholus.
selectivity, *n.* y gallu i ddewis.
self, *pn.* *n.* hun, hunan. *px.* hunan-, ym-.
selfassertion, *n.* ymwthiad, ymhoniad.
self-complacency, *n.* hunanfoddhad.
self-conceit, *n.* hunan-dyb, hunanoldeb.
self-confidence, *n.* hunanhyder.
self-conscious, *a.* hunanymwybodol.
self-consciousness, *n.* hunanymwybod, hunan ymwybyddiaeth.
self-contained, *a.* 1. annibynnol, tawedog. 2. cyflawn.
self-contradiction, *n.* ymwrthebiad.
self-control, *n.* hunanlywodraeth, hunanhyder.
self-defence, *n.* hunanamddiffyniad.
self-denial, *n.* hunanymwadiad.
self-depreciation, *n.* hunanddibrisiad.
self-determination, *n.* ymarfaethiad, y gallu i lywodraethu hunan.
self-evident, *a.* ymwiriol, amlwg i bawb.
self-examination, *n.* hunanymholiad.

selfgovernment, *n.* ymreolaeth, hunanlywodraeth.

self-heal, *n.* craith unnos, (planhigyn).

self-hood, *n.* hunaniaeth.

selfish, *a.* hunanol.

selfishness, *n.* hunanoldeb.

self-interest, *n.* hunan-les, hunanfudd.

self-love, *n.* hunangarwch.

self-made, *a.* llwyddiannus (trwy ei ymdrechion ei hunan).

self-possessed, *a.* hunanfeddiannol, tawel.

self-regarding, *a.* hunangyfeiriol.

self-respect, *n.* hunan-barch.

self-righteous, *a.* hunangyfiawn.

self-sacrifice, *n.* hunanaberth.

selfsame, *a.* yr un, yr unrhyw.

self-satisfied, *a.* hunanddigonol, hunanfoddhaus.

selfsufficient, *a.* hunanddigonol, rhyfygus, hy, eofn.

self-will, *n.* hunanusrwydd, ystyfnigrwydd.

self-willed, *a.* hunanus, ystyfnig, cyndyn.

sell, *v.* 1. gwerthu.

　　2. bradychu, siomi.

　　n. siom, twyll.

seller, *n.* gwerthwr.

selvage, selvedge, *n.* ymylwe, ymyl brethyn.

semantics, *np.* semanteg, astudiaeth ystyron.

semaphore, *n.* semaffor, dull o anfon neges.

semblance. *n.* tebygrwydd, rhith, arlliw.

semen, *n.* had gwryw.

semi-, *px.* hanner, lled-, go.

semibreve, *n.* hanner-brif (miwsig).

semicircle, *n.* hanner-cylch.

semicolon, *n.* hanner-colon, atalnod.

semi-detached, *a.* un o ddau (dŷ).

semi-elliptic, *a.* hanner-hirgrwn.

semi-final (round), *n.* prawf cynderfynol.

semi-mounted, *a.* hanner-osod.

seminary, *n.* athrofa, meithrinfa.

semination, *n.* heuad, hadiad.

semi-permeable, *a.* gohydraidd.

semiquaver, *n.* hanner-cwafer.

　　SEMI-DEMI-SEMI-QUAVER, hanner-lled-hanner-cwafer.

Semitic, *a.* Semitaidd, yn perthyn i Sem.

semitone, *n.* hanner-tôn.

semivowel, *n.* lledlafariad.

semolina, *n.* semolina, (defnydd bwyd o wenith).

senate, *n.* senedd.

senator, *n.* seneddwr.

senatorial, *a.* seneddol.

send, *v.* anfon, gyrru, hela, hala.

sender, *n.* anfonwr.

seneschal, *n.* prif stiward, canghellor, goruchwyliwr, synysgal.

senile, *a.* hen, oedrannus, methedig.

senility, *n.* henaint, methiant.

senior, *a.* hŷn.

seniority, *n.* bod yn hynaf, hynafdod.

sensation, *n.* teimlad, ymdeimlad, ias.

sensational, *a.* cyffrous, cynhyrfus, iasol.

sensationalism, *n.* synwyriadaeth.

sense, *n.* synnwyr, ystyr, pwyll, ymwybod. *v.* synhwyro.

　　TO LOSE ONE'S SENSES, gwallgofi, ynfydu.

　　SENSE OF HUMOUR, synnwyr digrifwch, y gallu i chwerthin.

　　COMMON SENSE, synnwyr cyffredin.

senseless, *a.* disynnwyr, hurt, amhwyllog.

sensibility, *n.* teimladrwydd, y gallu i synhwyro, synwyriadrwydd.

sensible, *a.* synhwyrol, call, teimladwy, ymwybodol.

sensibly, *ad.* 1. yn synhwyrol, yn gall.

　　2. yn amlwg, cryn (lawer).

sensitive, *a.* 1. teimladol, croendenau.

　　2. manwl.

sensitiveness, *n.* hydeimledd, sensitifedd.

sensitivity, *n.* teimladrwydd.

sensory, *a.* yn ymwneud â'r synhwyrau, teimladol, synhwyraidd.

sensual, *a.* cnawdol, nwydus, trythyll.

sensualism, *n.* yr athrawiaeth fod pob syniad yn codi o'r teimlad, cnawdolrwydd.

sensualist, *n.* cnawdolyn.

sensuality, *n.* cnawdolrwydd, trythyllwch.

sensuous, *a.* synhwyrus, teimladol.

sensuousness, *n.* synwyrusrwydd.

sentence, *n.* 1. brawddeg.

　　2. dedfryd, barn, dyfarniad.

　　v. dedfrydu, collfarnu.

sententious, *a.* â llawer mewn ychydig (eiriau), pwysig, ffurfiol, rhwysgfawr.

sentient, *a.* y gellir ei ganfod (synio, dirnad), yn canfod, etc.

sentiment, *n.* syniad, teimlad.

sentimental, *a.* teimladol, yn ôl y teimlad, ffug deimladol.

sentimentalist, *n.* un teimladol.

sentimentality, *n.* teimladrwydd, ffug deimlad.

sentinel, sentry, *n.* gwyliwr, gwyliedydd.

sepal, *n.* cibron, sepal. cibran.

separate, *a.* gwahanol. *v.* gwahanu, didoli, ymrannu.

separately, *ad.* ar wahân.

separateness, *n.* gwahanolrwydd.

separation, *n.* gwahaniad, ysgariad, didoliad.

separatist, *n.* ymwahanwr.

separatism, *n.* ymwahaniaeth.

separator, *n.* separetor, gwahanwr.

sepia, *a.* gwinau, cochddu.

sepoy, *n.* milwr (Indiaidd).

September, *n.* Medi.

septic, *a.* yn magu (crawn), madreddol.

septicaemia, *n.* gwenwyniad gwaed.

Septuagesima, *n.* y trydydd Sul cyn y Grawys.

Septuagint, *n.* cyfieithiad y Deg a Thrigain, Hen Destament Groeg.

sepulchral, *a.* beddrodol, prudd.

sepulchre, *n.* bedd, beddrod.

sepulture, *n.* claddedigaeth, claddiad.

sequel, *n.* canlyniad, parhad.

sequence, *n.* trefn, canlyniad, dilyniant.

　SEQUENCE OF TENSES, cysondeb amserau.

sequester, *v.* 1. neilltuo, gorfodogi.

　2. atafaelu.

sequestered, *a.* neilltuedig, o'r neilltu.

sequestor, *n.* gorfodogwr.

sequestration, *n.* 1. atafeiliad, cymryd gafael mewn eiddo.

　2. gorfodogaeth.

sequin, *n.* addurn crwn o fetel, secwin, darn aur (yn Fenis).

seraph, *n.* seraff, angel.

seraphic, *a.* seraffaidd, angylaidd.

sere, *a.* wedi gwywo, wedi crino, crin, gwywedig.

serenade, *n.* nosgan, hwyrgan.

serene, *a.* tawel, tangnefeddus, araul.

serenity, *n.* tawelwch, sirioldeb, bod yn ddigyffro.

serf, *n.* taeog, caeth.

serfdom, *n.* taeogaeth, caethwasanaeth.

serge, *n.* twil (math o), brethyn gwrymiog.

sergeant, *n.* rhingyll, sarsiant.

sergeant-at-arms, *n.* rhingyll y brenin, sarsiant wrth arfau.

sergeant-major, *n.* uwch-sarsiant, uwch-ringyll.

serial, *a.* cyfresol, yn rhannu. *n.* stori gyfres.

seriatim, *ad.* o'r bron, yn olynol, yn drefnus.

series, *n.* cyfres, cyfresiadau.

　DIVERGENT SERIES, cyfres ddargyfeiriol.

serious, *a.* difrifol, difrif.

seriousness, *n.* difrifwch, difrifoldeb.

sermon, *n.* pregeth.

sermonette, *n.* pregeth fer.

sermonise, *v.* traethu neu siarad yn bregethwrol.

serpent, *n.* sarff, neidr.

serpentine, *a.* fel neidr, sarffaidd, troellog, bradwrus.

serrated, *a.* danheddog.

serried, *a.* clòs, tyn, ochr yn ochr.

serum, *n.* serwm, defnydd brechu.

servant, *n.* gwas, morwyn.

　CIVIL SERVANT, gwasanaethwr sifil.

serve, *v.* 1. gwasanaethu, gweini.

　2. trin.

　3. gosod (bwyd ar ford).

　4. gwneud y tro.

server, *n.* 1. gwas offeiriad.

　2. hambwrdd, trei.

service, *n.* 1. gwasanaeth, oedfa.

　2. llestri.

　3. gwrogaeth.

serviceable, *a.* gwasanaethgar, defnyddiol.

service-tree, *n.* pren criafol (math o).

serviette, *n.* napcyn (bord).

servile, *a.* gwasaidd, gor-ostyngedig.

servility, *n.* gwaseidd-dra.

servitor, *n.* gwas, gweinydd, dilynwr.

servitude, *n.* caethiwed.

　PENAL SERVITUDE, penyd-wasanaeth.

sesame, *n.* math o blanhigyn.

　OPEN SESAME, rhwydd hynt.

session, *n.* eisteddiad, tymor, blwyddyn (golegol), sesiwn.

　QUARTER SESSIONS, Llys Chwarter.

sestet, *n.* chwechawd, chweban.

set, *n.* set, to. *v.* 1. gosod, dodi.

　2. trefnu.

　3. sefydlu.

　4. machlud.

　5. hysio, annos, cymell (ci, etc.).

　a. ffurfiol, sefydlog.

　SET OUT, SET OFF, cychwyn, myned.

　SET FREE, rhyddhau.

　SET SAIL, codi angor, codi hwyl.

　SET FIRE, SET ON FIRE, llosgi.

　SET TO MUSIC, rhoi cân ar gerdd.

　SET ON, SET UPON, ymosod ar.

　SET ASIDE, diddymu, anwybyddu.

set-back, *n.* atalfa, rhwystr.

seton, *n.* setwn, llinyn clwyf.

set-square, *n.* sgwaryn (*pl.* -nau).

sett, *n.* twll (cartref) mochyn daear.

settee, *n.* glwth, esmwythfainc, setî.
setter, *n.* ci heliwr, ci saethu.
setting, *n.* 1. gosodiad.
2. ffrâm.
3. cefndir.
4. machludiad.
settle, *n.* sgiw, setl, sgrin.
settle, *v.* 1. sefydlu, anheddu.
2. penderfynu.
3. trefnu.
4. talu.
5. cytuno.
TO SETTLE A DISPUTE, torri dadl.
settled, *a.* sefydlog.
settlement, *n.* 1. cytundeb.
2. tâl.
3. anheddfa.
settler, *n.* gwladfäwr, gwladychwr, ymsefydlwr, anheddwr.
seven, *a.* saith.
sevenfold, *ad.* seithwaith, ar ei seithfed.
seventeen, *a.* dau (dwy) ar bymtheg. un deg saith.
seventh, *a.* seithfed.
seventieth, *a.* degfed a thrigain.
seventy, *a.* deg a thrigain, saith deg.
sever, *v.* torri, gwahanu.
several, *a.* amryw, gwahanol.
severally, *ad.* ar wahân.
severance, *n.* gwahaniad, toriad, datgysylltiad.
severe, *a.* gerwin, caled, llym, tost.
severity, *n.* llymder, gerwindeb, toster.
sew, *v.* gwnïo, pwytho.
sewage, *n.* carthion, budreddi, aflendid, carthffosiaeth.
sewer, *n.* ffos fudreddi, carthffos, ceuffos.
sewerage, *n.* ffosydd budreddi, carthffosiaeth.
sewin, *n.* gwyniedyn, penllwyd, sewin.
sewing-machine, *n.* peiriant gwnïo.
sex, *n.* rhyw.
SEX-LINKAGE, cysylltiad rhyw.
SEX-LINKED, rhyw-gysylltiol.
Sexagesima, *n.* yr ail Sul cyn y Grawys.
sex-education, *n.* addysg ryw.
sextant, *n.* mesurydd onglau.
sextet, *n.* chwechawd.
sexton, *n.* clochydd, torrwr beddau.
sexual, *a.* rhywiol.
shabbiness, *n.* bod yn garpiog neu racsog, tro gwael.
shabby, *a.* aflêr, carpiog, anniben, gwael.
shack, *n.* caban, bwth.
shackle, *n.* hual, llyffethair, gefyn.
v. llyffetheirio, gefynnu.
SHACKLE PIN, pin gefyn.

shade, *n.* 1. cysgod.
2. cysgodfa.
3. gwawr, lliw.
v. 1. cysgodi.
2. tywyllu.
shading, *n.* tywyllu (mewn llun).
shadoof, *n.* peiriant codi dŵr (yn yr Aifft).
shadow, *n.* 1. cysgod.
2. rhithyn, mymryn.
v. 1. cysgodi.
2. dilyn.
shadowy, *a.* 1. cysgodol.
2. rhithiol.
shady, *a.* 1. cysgodol.
2. amheus.
shaft, *n.* 1. paladr, saeth.
2. pwll.
3. siafft, llorp.
4. gwerthyd.
shafting, *n.* gwerthyd.
shaggy, *a.* blewog, cedennog, garw.
shah, *n.* brenin (Persia).
shake, *n.* siglad, ysgydwad. *v.* siglo, ysgwyd, crynu.
shake-down, *n.* gwely brys, gorwedd.
shakiness, *n.* ansefydlogrwydd, ansadrwydd.
shaking, *n.* ysgydwad, siglad.
shaky, *a.* crynedig, simsan, ansad.
shale, *n.* carreg glai, siâl.
2. eisin, plisgyn.
shallots, *np.* sibwn, sibwls, nionod dodwy.
shallow, *n.* beiston, basddwr. *a.* bas, arwynebol.
shallowness, *n.* baster.
sham, *a.* ffug, ffugiol, gau. *v.* ffugio. *n.* ffug, twyll.
shamble, *v.* llusgo traed (wrth gerdded).
shambles, *np.* lladd-dŷ, lladdfa, galanastra.
shame, *n.* cywilydd, gwarth, achlod. *v.* cywilyddio.
SHAME ON HIM, rhag ei gywilydd ! wfft iddo !
shamefaced, *a.* gwylaidd, swil, ofnus.
shameful, *a.* cywilyddus, gwarthus.
shameless, *a.* digywilydd, eofn, beiddgar.
shamelessness, *n.* digywilydd-dra, beiddgarwch, haerllugrwydd.
shampoo, *v.* cael siampŵ, golchi pen. *n.* siampŵ.
shamrock, *n.* math o feillionen, samrog.
shandygaff, *n.* cwrw sinsir.
shank, *n.* coes, gar, esgair, hegl.

shanty, *n.* 1. caban, bwthyn.
  2. cân morwr.
shape, *n.* ffurf, llun. *v.* ffurfio, llunio.
shapeless, *a.* afluniaidd, annelwig, dilun.
shapeliness, *n.* gosgeiddrwydd, llunieidd-dra.
shapely, *a.* lluniaidd, gosgeiddig, siapus.
shard, *n.* darnau (o lestri), teilchion, yfflon.
share, *n.* 1. rhan, cyfran, siâr.
  2. cyfranddaliad.
  3. swch (aradr).
  v. rhannu, cyfranogi.
shareholder, *n.* cyfranddaliwr.
sharer, *n.* 1. rhannwr.
  2. cyfranogwr.
shark, *n.* 1. siarc, morgi.
  2. twyllwr, rheibiwr.
sharp, *n.* llonnod (miwsig). *a.* llym, miniog, siarp, craff.
sharpen, *v.* hogi, minio.
sharpener, *n.* hogwr.
sharper, *n.* rheibiwr, twyllwr.
sharpness, *n.* llymder, awch.
sharpshooter, *n.* saethwr da.
shatter, *v.* chwilfriwio, dryllio, torri'n yfflon.
shattered, *a.* chwilfriw, yfflon, candryll, teilchion, drylliedig.
shatters, *np.* yfflon, teilchion, candryll.
shave, *n.* eilliad. *v.* eillio, torri barf.
shaveling, *n.* moelyn, mynach.
shaver, *n.* eilliwr.
shavings, *np.* naddion.
shawl, *n.* siôl.
she, *pn.* hi, hyhi, hithau.
sheaf, *n.* ysgub.
shear, *v.* 1. cneifio, gwelleifio.
  2. siero.
  n. croesrym, siêr.
shearer, *n.* cneifiwr.
shearing, *n.* cneifiad. *a.* croesrym.
  SHEARING STRESS, grymedd croesrym.
shearling, *n.* dafad flwydd (wedi ei chneifio unwaith), hesbin.
shears, *n.* gwellau, (*pl.* gwelleifiau).
sheath, *n.* gwain.
sheathe, *v.* gweinio.
sheathing, *n.* gweiniad.
shed, *n.* sied, penty. *v.* 1. tywallt.
  2. colli, diosg.
  TO SHED TEARS, colli dagrau.
sheen, *n.* llewyrch, disgleirdeb.
sheep, *n.* dafad.
sheepcote, *n.* corlan, ffald.
sheep-dog, *n.* ci defaid.
sheepfold, *n.* corlan, ffald.

sheepish, *a.* swil, gorwylaidd, lletchwith.
sheepishness, *n.* swildod, gorwyleidddra, lletchwithdod.
sheep-run, *n.* rhosfa, defeidiog, ffridd.
sheepwalk, *n.* rhosfa, ffridd, defeidiog.
sheer, *a.* 1. pur, noeth.
  2. serth.
  3. tryloyw.
  v. gwyro, troi oddi ar y llwybr.
sheet, *n.* 1. llen, cynfasen (ar wely).
  2. siten (o bapur, etc.).
sheet-anchor, *n.* prif angor.
sheet-metal, *n.* llenfetel.
sheik, *n.* pennaeth Arabaidd.
shekel, *n.* sicl, (arian Iddewig).
sheldrake, sheld-duck, *n.* hwyad yr eithin, hwyad fraith.
shelf, *n.* astell, silff, sgafell.
shell, *n.* 1. cragen, crogen.
  2. plisgyn, masgl.
  3. pelen (ffrwydrol), ffrwydryn, siel.
  v. masglu, masglo, tanio ar.
shell-fish, *np.* pysgod cregyn.
shelter, *n.* cysgod, lloches. *v.* cysgodi, llochesu.
shelve, *v.* 1. gosod estyll.
  2. gosod ar astell, gosod o'r neilltu.
  3. goleddfu, gwyro.
shepherd, *n.* bugail. *v.* bugeilio.
shepherdess, *n.* bugeiles.
shepherd's purse, *n.* pwrs y bugail, llysiau tryfal.
sheriff, *n.* sirydd, siryf.
sherry, *n.* gwin gwyn Ysbaen, sieri.
shewbread, *n.* bara gosod, (bara'r offeiriaid yn y Deml).
she-wolf, *n.* bleiddast.
shibboleth, *n.* shiboleth, arwyddair plaid.
shield, *n.* tarian, ysgwyd. *v.* cysgodi, amddiffyn.
shift, *n.* newid, tro, stem, sifft.
  v. 1. symud.
  2. ymdaro, ymdopi.
shiftless, *a.* didoreth, diddarbod.
shifty, *a.* anwadal, cyfrwys, di-ddal.
shillelagh, *n.* pastwn Gwyddel (o ddraenen ddu neu dderwen).
shilling, *n.* swllt.
  TEN SHILLINGS, chweugain.
shilly-shally, *v.* anwadalu, troi a throsi.
shimmer, *v.* tywynnu, pelydru.
shin, *n.* crimog, crimp.
shindy, *n.* mwstwr, terfysg, helynt.
shine, *n.* disgleirdeb, gloywder, llewyrch. *v.* disgleirio, tywynnu, gloywi.

shingle, *n.* 1. graean, gro.
    2. estyllen (at doi), peithynen.
shingles, *np.* llid y croen, yr eryr(od).
shining, *a.* claer, disglair.
shiny, *a.* gloyw, disglair, glân.
ship, *n.* llong. *v.* dodi mewn llong, cludo.
shipbuilder, *n.* saer llongau.
shipmate, *n.* cyd-forwr.
shipment, *n.* llwyth, cargo.
shipping, *n.* llongau (gwlad).
shipshape, *a.* trefnus, taclus, cryno.
shipwreck, *n.* llongddrylliad.
shipwright, *n.* saer llongau.
shipyard, *n.* iard llongau.
shire, *n.* sir, swydd.
shirk, *v.* gochel, osgoi.
shirker, *n.* osgowr, diogyn.
shirt, *n.* crys.
shiver, *n.* 1. cryndod, cryd, ysgryd.
    2. darn, tamaid.
    v. 1. crynu, rhynnu.
    2. chwilfriwio, dryllio, torri.
shivered, *a.* chwilfriw, yfflon, teilchion, candryll, drylliedig.
shivery, *a.* rhynllyd, crynedig, yn teimlo'n oer.
shoal, *n.* 1. haig, haid.
    2. basle, traethell (dan fôr), môr bas. *v.* heigio, heidio.
shock, *n.* 1. ysgydwad, ysgytiad.
    2. sioc.
    3. cnwd (o wallt).
    4. cogwrn (o wenith).
    v. 1. ysgytio, brawychu.
    2. cael (rhoi) sioc.
    3. cogyrno.
shocking, *a.* arswydus, cywilyddus.
shoddy, *n.* brethyn eilban. *a.* gwael, isradd.
shoe, *n.* 1. esgid fach.
    2. pedol.
    v. 1. gwisgo esgidiau am.
    2. pedoli.
shoeblack, *n.* glanhawr esgidiau.
shoehorn, *n.* siasbi, siesbin, siosbin, corn esgid.
shoelace, *n.* carrai esgid.
shoemaker, *n.* crydd.
shoemaking, *n.* cryddiaeth.
shoer, *n.* pedolwr.
shoot, *n.* blaguryn, impyn. *v.* 1. blaguro, egino.
    2. saethu.
    3. tynnu llun (i sinema).
shooter, *n.* saethwr, ergydiwr.
shop, *n.* siop. *v.* siopa, siopio.
    TO TALK SHOP, siarad busnes.
shopkeeper, *n.* siopwr.
shopman, *n.* siopwr.

shopper, *n.* prynwr.
shop-steward, *n.* cynrychiolydd (adran o weithwyr ffatri).
shopwalker, *n.* arolygwr, goruchwyliwr (mewn siop), cyfarwyddwr.
shop-worn, *a.* wedi ei ddiwyno neu ei faeddu.
shore, *n.* 1. glan y môr, traeth.
    2. ateg.
    RAKING SHORE, ateg ogwydd.
    DEAD SHORE, ateg fanwl.
    FLYING SHORE, ateg fwa.
short, *a.* byr, cwta, prin.
shortage, *n.* prinder, diffyg.
shortbread, shortcake, *n.* bisged (o gan, ymenyn, a siwgr).
short-circuit, *n.* torgylch (mewn trydan).
shortcoming, *n.* diffyg, bai.
short-cut, *n.* llwybr llygad.
shorten, *v.* byrhau, cwtogi, talfyrru.
shorthand, *n.* llaw-fer.
short-horn, *a.* byrgorn. *n.* buwch fyrgorn.
shortlived, *a.* byrhoedlog.
shortly, *ad.* ar fyr, yn union.
shortness, *n.* byrder, byrdra.
short-sighted, *a.* byr ei olwg, annoeth.
short-winded, *a.* byr ei anadl, â diffyg anadl.
shot, *n.* 1. ergyd.
    2. cynnig.
    3. saethwr.
    4. llun (i sinema).
    a. symudliw.
shoulder, *n.* ysgwydd, palfais. *v.* ysgwyddo, codi neu ddwyn (baich ar ysgwydd).
shoulder-blade, *n.* palfais, asgwrn yr ysgwydd, sgapwla.
shout, *n.* bloedd, gwaedd, llef. *v.* bloeddio, gweiddi.
shove, *n.* gwth, hergwd, hwb, hwp. *v.* gwthio, hwpo, hwpio.
shovel, *n.* rhaw. *v.* rhofio.
shovelful, *n.* rhawaid, rhofiaid.
show, *n.* arddangosfa, siew, sioe, adloniant. *v.* dangos, arddangos.
    SHOW OF HANDS, codiad llaw.
    SHOW OFF, bostio, rhodresa.
    SHOW UP, 1. arddangos.
    2. dinoethi.
shower, *n.* cawad, cawod.
showery, *a.* cawadog, cawodog.
showman, *n.* perchen arddangosfa, etc.
showmanship, *n.* crefft arddangos.
showy, *a.* coegwych, coegfalch.
shrapnel, *n.* tameidiau o fom, bwledi mewn bom, etc.

shred, *n.* cerpyn, rhecsyn, llarp. *v.* rhwygo, torri'n fân, malu. IN SHREDS, yn llarpiau.

shrew, *n.* 1. cecren, menyw dafodlyd. 2. llygoden goch, bathor, chwistlen.

shrewd, *a.* craff, medrus, sylwgar, call.

shrewdness, *n.* craffter, callineb.

shrewish, *a.* cecrus, croes, tafodlyd.

shriek, *n.* ysgrech. *v.* ysgrechian.

shrift, *n.* cyffes, gollyngdod, maddeuant. TO GIVE SHORT SHRIFT, cosbi'n fuan.

shrike, *n.* math o aderyn, y cigydd.

shrill, *a.* main, gwichlyd, treiddiol.

shrimp, *n.* perdysen, sioni naill ochr.

shrine, *n.* 1. ysgrîn, sgrin. 2. creirfa, beddrod. 3. cysegr, allor.

shrink, *v.* 1. crebachu, tynnu ato. 2. llwfrhau, gwangalonni.

shrive, *v.* gwrando cyffes, rhoi maddeuant.

shrivel, *v.* crychu, crebachu, tynnu ato.

shrivelled, *a.* crebachlyd, wedi crychu.

shroud, *n.* amdo, amwisg, gwisg y meirw. *v.* gor-doi, amdói.

Shrove Tuesday, *n.* Dydd Mawrth Ynyd.

shrub, *n.* prysgwydden, llwyn, pren bach.

shrubbery, *n.* prysglwyn, llwyn.

shrug, *v.* codi'r ysgwyddau, dangos anfodlonrwydd, etc.

shudder, *n.* crynfa, echryd, arswyd, ias. *v.* crynu, arswydo.

shuffle, *v.* 1. siffrwd. 2. llusgo traed. 3. symud, cymysgu (cardau). 4. gwamalu, osgoi.

shun, *v.* gochel, osgoi.

shunt, *v.* gwthio naill ochr, symud (trên).

shut, *v.* cau, caead. *a.* cau, caeëdig, yng nghaead, yngháu.

shutter, *n.* caead, clawr, sgrin.

shuttle, *n.* gwennol (gwehydd).

shuttle-cock, *n.* peth i chwarae badminton ag ef.

shuttle-service, *n.* teithiau'n ôl a blaen.

shy, *a.* swil, ofnus, gwylaidd. *v.* 1. rhuso, cilio. 2. taflu. FIGHT SHY OF, osgoi.

shyness, *n.* swildod, gwyleidd-dra.

sibilant, *n.* sisiad. *a.* sisiol.

sibyl, *n.* dewines, swynwraig, hudoles.

sibylline, *a.* oraclaidd.

sic, *ad.* felly, fel yna.

sick, *np.* cleifion. *a.* claf, yn cyfogi, yn chwydu, wedi alaru, wedi diflasu.

sick-benefit, *n.* tâl i glaf, claf-dâl.

sicken, *v.* clafychu, diflasu.

sickening, *a.* diflas, atgas, cyfoglyd.

sickle, *n.* cryman.

sick-list, *n.* rhestr y cleifion.

sickly, *a.* afiach, nychlyd, cas.

sickness, *n.* afiechyd, cyfog.

sick-room, *n.* ystafell y claf.

side, *n.* 1. ochr, ystlys, ymyl, glan. 2. plaid. *v.* ochri, pleidio. OFF-SIDE, cam-sefyll.

sideboard, *n.* seld, dreser.

side-car, *n.* cerbyd ochr.

sidelight, *n.* 1. golau pellach. 2. golau bach (ar gar), lamp fach.

side-line, *n.* llinell derfyn, asgell.

sidelong, *a.* naill ochr, ar osgo.

side-post, *n.* ystlysbost.

side-saddle, *n.* cyfrwy untu.

side-show, *n.* arddangosfa isradd, adloniant.

sidesman, *n.* is-warden.

side-step, *v.* ochrgamu, igamogamu.

side-track, *v.* troi o'r neilltu.

sideways, *ad.* tua'r ochr, yn wysg ei ochr.

side-whiskers, *np.* locsen, locsyn, cernflew.

siding, *n.* seidin.

sidle, *v.* symud i'r ddeau neu i'r chwith, gwyro.

siege, *n.* *v.* gwarchae.

sierra, *n.* rhes o fynyddoedd.

siesta, *n.* seibiant ganol dydd, hunell.

sieve, *n.* gogr, gwagr, rhidyll, sife.

sieve, sift, *v.* nithio, gogrwn, gogrynu, rhidyllu, sifeio.

sifter, *n.* rhidyll, gogr.

sigh, *n.* ochenaid, cwynfan, griddfan. *v.* ochneidio, griddfan.

sight, *n.* 1. golwg, trem. 2. golygfa. *v.* gweled, canfod. OUT OF SIGHT, o'r golwg. FROM SIGHT, ar olwg.

sightless, *a.* dall, tywyll.

sightly, *a.* golygus, gweddus, teg.

sign, *n.* arwydd, nod, amnaid, argoel. *v.* llofnodi, arwyddo, torri enw.

signal, *n.* arwydd. *v.* arwyddo. *a.* hynod, nodedig, amlwg. DISTRESS SIGNAL, arwydd o gyfyngder.

signal-box, *n.* caban arwyddion, bocs signals.

signalize, *v.* hynodi, enwogi, amlygu, nodweddu.

signalling, *n*. yr act o roi arwyddion, arwyddion.

signalman, *n*. un sy'n rhoi arwyddion, arwyddwr, gofalwr arwyddion.

signatory, *n*. cytundebwr, cyfamodwr, llofnodwr, arwyddwr.

signature, *n*. llofnod, enw.

　SIGNATURE TUNE, cân gyflwyno.

signboard, *n*. astell arwyddion, hysbysfwrdd.

signet, *n*. sêl, insel.

　SIGNET RING, sêl-fodrwy.

significance, *n*. arwyddocâd, ystyr, pwysigrwydd.

significant, *a*. arwyddocaol, pwysig.

signification, *n*. arwyddocâd, ystyr.

signify, *v*. arwyddocáu, arwyddo.

signpost, *n*. mynecbost.

silage, *n*. silwair, seiles.

silence, *n*. distawrwydd, gosteg. *v*. rhoi taw ar, distewi.

silencer, *n*. tawelydd.

silent, *a*. distaw, tawedog, tawel.

silhouette, *n*. silŵet, amlinell, llun du.

silica, *n*. math o fwyn, silica, silicon deuocsid, callestrai.

silicon, *n*. silicon (elfen anfetelaidd).

silicosis, *n*. clefyd y dwst, silicosis.

silk, *n*. sidan.

silkworm, *n*. pryf sidan, sidanbryf.

silky, *a*. sidanaidd.

sill, *n*. sil, silff, astell.

silliness, *n*. ffolineb, gwiriondeb, dwli.

silly, *a*. ffôl, gwirion, penwan, dwl, hurt.

silo, *n*. seilo, lle i seiles (silwair).

silt, *n*. gwaelodion (afon), llaid, silt. *v*. tagu, llanw â llaid, siltio.

Silures, *np*. Silwriaid.

silva, *n*. coed, fforest.

silvan, sylvan, *a*. coedog, gwledig.

silver, *n*. arian, arian gleision, arian gwynion. *a*. arian, ariannaid. *v*. ariannu.

silverplate, *v*. arianolchi. *n*. darn fflat o arian.

silversmith, *n*. gof arian.

silverweed, *n*. dail arian, tansi wyllt.

silvery, *a*. ariannaidd, arianlliw, o liw arian.

simian, *a*. fel epa, mwncïaidd.

similar, *a*. tebyg, cyffelyb, yr un fath, cyflun.

　SIMILARS, cyffelybion.

similarity, *n*. tebygrwydd, cyffelybiaeth, cyflunedd.

simile, *n*. cymhariaeth, cyffelybiaeth.

similitude, *n*. 1. ymddangosiad allanol.

　2. cyffelybiaeth.

simmer, *v*. lledferwi, berwi'n araf, goferwi.

simony, *n*. simoniaeth, (prynu neu werthu swydd eglwysig).

simoom, simoon, *n*. poethwynt, simŵm.

simper, *v*. cilwenu, glaswenu.

simple, *a*. syml, gwirion, diniwed.

simpleton, *n*. gwirionyn, symlyn.

simplicity, *n*. symlrwydd, diniweidrwydd.

simplification, *n*. symleiddiad.

simplify, *v*. symleiddio.

simply, *ad*. yn syml, yn unig.

simulate, *v*. ffugio, dynwared.

simulation, *n*. 1. rhith, ffug.

　2. efelychiad.

simultaneous, *a*. cyfamserol, yr un pryd.

sin, *n*. pechod, *v*. pechu.

since, *c*. gan, am, oherwydd. *prp*. er, er pan. *ad*. wedi hynny.

sincere, *a*. didwyll, diffuant, gonest, dilys.

sincerity, *n*. didwylledd, diffuantrwydd.

sine, *n*. sein, (llinell drwy gylch), sin. *prp*. heb.

sinecure, *n*. swydd segur, segurswydd, swydd heb waith.

sinew, *n*. gewyn, giewyn.

sinewy, *a*. gewynnog, cryf.

sinful, *a*. pechadurus, drwg.

sinfulness, *n*. pechadurusrwydd.

sing, *v*. canu.

singable, *a*. y gellir ei ganu, hawdd ei ganu, canadwy.

singe, *v*. deifio, rhuddo, llosgi'r blaen.

singer, *n*. canwr, cantwr, cantor (*f*. cantores).

single, *a*. 1. sengl.

　2. un.

　3. di-briod.

　v. dewis, pigo.

single-handed, *a*. wrtho'i hunan, heb gymorth.

single-hearted, *a*. didwyll, gonest.

single-minded, *a*. unplyg, cywir.

singleness, *n*. unplygrwydd, didwylledd.

singlet, *n*. crys isaf, fest.

singly, *ad*. yn unigol, ar wahân.

singsong, *a*. undonog. *n*. 1. undonedd.

　2. cyngerdd, (heb baratoi).

singular, *a*. 1. unigol.

　2. rhyfedd, od, hynod, anarferol, dihafal.

　SINGULAR NUMBER, rhif unigol.

singularity, *n*. hynodrwydd.

sinister, *a.* 1. ysgeler, drwg, anfad.
2. chwith, chwithig.
sink, *n.* sinc, ceubwll, cafn. *v.* suddo.
sinless, *a.* dibechod.
sinner, *n.* pechadur.
sin-offering, *n.* pechaberth, pechoff-rwm.
sinuous, *a.* troellog, dolennog, yn gwyro.
sinus, *n.* sinws, ceudwll.
sip, *n.* llymiad, dracht. *v.* llymeitian, sipian, sipio.
siphon, *n.* seiffon, pibell wacáu.
sipper, *n.* llymeitiwr.
sir, *n.* syr.
sirdar, *n.* pennaeth, arweinydd (India).
sire, *n.* tad.
siren, *n.* seiren.
sirloin, *n.* llwyn eidion, arlwyngig, syrlwyn.
sirocco, *n.* poethwynt (y Môr Canoldir).
siskin, *n.* pila gwyrdd, math o aderyn bach.
sissy, *n.* babi mawr, hen ferch o ddyn, cadi.
sister, *n.* chwaer.
sister-in-law, *n.* chwaer-yng-nghyfraith.
sit, *v.* eistedd.
site, *n.* safle, lle, man. *v.* lleoli.
sitter, *n.* eisteddwr.
sitting, *n.* eisteddiad. *a.* yn eistedd.
sitting-room, *n.* cegin orau, ystafell eistedd.
situated, *a.* wedi ei leoli, yn sefyll.
situation, *n.* safle, lle, sefyllfa.
six, *a.* chwech, chwe.
sixpence, *n.* chwecheiniog.
sixteen, *a.* un ar bymtheg, un deg chwech.
sixteenth, *a.* unfed ar bymtheg.
sixth, *a.* chweched.
sixtieth, *a.* trigeinfed.
sixty, *a.* trigain, chwe deg.
sizable, *a.* gweddol fawr, lled fawr.
size, *n.* 1. maint, maintioli.
2. seis, glud (gwan).
sizzle, *v.* 1. ffrio.
2. hisian, sïo.
skate, *n.* 1. sgêt, teclyn llithro.
2. cath fôr, (pysgodyn).
v. sglefrio, sgetio, llithro.
skedaddle, *v.* rhedeg bant (ymaith), dianc, ei gwadnu hi.
skein, *n.* cengl, sgain, ysgaing.
skeleton, *n.* 1. ysgerbwd, esgyrn sychion.
2. amlinelliad, braslun.
skeleton-key, *n.* allwedd pob clo.

sketch, *n.* 1. braslun, amlinelliad.
2. sgets, drama fer.
v. braslunio, amlinellu.
sketch-book, *n.* llyfr tynnu lluniau.
sketch-map, *n.* llinfap.
sketchy, *a.* bras, anorffenedig, amhendant.
skew, *a.* ar osgo, ar oleddf, ar ogwydd.
skewer, *n.* gwaell, sgiwer.
skewness, *n.* gwyrgamedd, sgiwedd.
ski, *n.* sgi. *v.* sgio.
skid, *v.* llithro (naill ochr).
skiff, *n.* bad bach, sgiff.
skilful, *a.* medrus, celfydd, cywrain.
skilfulness, *n.* medrusrwydd, celfydd-yd.
skill, *n.* medr, medrusrwydd, gallu, deheurwydd.
skilled, *a.* medrus, celfydd, deheuig.
skillet, *n.* sgiled, sosban, offeryn coginio.
skim, *v.* 1. tynnu, codi (hufen, etc.).
2. llithro dros.
skim-milk, *n.* llaeth glas, llaeth heb hufen.
skimp, *v.* 1. bod yn gybyddlyd.
2. bod yn esgeulus.
skimpy, *a.* crintach, cybyddlyd, rhy brin.
skin, *n.* croen. *v.* blingo.
skin-deep, *a.* ar yr wyneb, arwynebol.
skin-flint, *n.* cybydd, mab y crinwas.
skin-grafting, *v.* impio croen.
skinny, *a.* tenau, yn ddim ond croen ac esgyrn.
skip, *v.* 1. chwarae sgip, neidio trwy gortyn.
2. sgipio, llamsach.
n. sgip, llam.
skipper, *n.* capten.
skirmish, *n.* ysgarmes. *v.* ymgiprys.
skirt, *n.* 1. godre (dillad).
2. sgyrt.
v. ymylu, mynd gydag ymyl.
skirting-board, *n.* borden y wal, sgyrtin.
skit, *n.* sgets ddoniol, gwatwareg.
skittish, *a.* nwyfus, hoenus, sionc.
skittles, *np.* sgitl, ceilys.
skivvy, (*slang*), *n.* morwyn tŷ.
skulk, *v.* llechu, llercian, sgwlcan.
skulker, *n.* llechgi, llechwr, ystelciwr.
skull, *n.* penglog, esgyrn y pen.
skull-cap, *n.* paeled, cap clôs.
skunk, *n.* drewgi, (anifail Americanaidd tebyg i wenci).
sky, *n.* wybren, awyr.
sky-high, *ad.* i'r awyr, hyd y nen.
skylark, *n.* ehedydd, uchedydd.
skylight, *n.* ffenestr to, ffenestr do.

sky-line, *n.* trumwel.

skyscraper, *n.* adeilad uchel.

slab, *n.* llech, darn trwchus, tafell, slab.

slack, *n.* 1. darn rhydd.
    2. glo mân.
    3. llacrwydd.
    a. llac, diofal, esgeulus.
    v. llacio.
    SLACKS, trowsus llaes, trwser.

slacken, *v.* llacio, llaesu.

slackness, *n.* llacrwydd, esgeulustra.

slag, *n.* sorod, slag.

slake, *v.* torri (syched), lleihau, cymysgu â dŵr.

slaked-lime, *n.* calch tawdd.

slam, *v.* clepian, gwthio'n arw, cau'n drwsgl.

slander, *n.* enllib, athrod, absen. *v.* enllibio, athrodi, absennu.

slanderer, *n.* enllibiwr, athrodwr, absennwr.

slanderous, *a.* enllibus, athrodus, maleisus.

slang, *n.* iaith sathredig, geirfa ansafonol, tafodiaith wael.

slangy, *a.* sathredig, ansafonol.

slant, *n.* 1. gogwydd, goledd.
    2. drifft, awel (ar y môr).
    v. gogwyddo, goleddu, goleddfu, diwelyd, gwyro.
    SLANT EDGE, ymyl oledd.
    SLANT HEIGHT, uchder goleddol.

slanting, *a.* ar osgo, ar ogwydd, ar oledd, yn diwelyd.

slap, *n.* clewten, palfod, slap. *v.* clewtian, slapio.

slap-bang, *ad.* yn bendramwnwgl, yn galed.

slapdash, *a.* rywsut-rywfodd, ffwrdd-â-hi.

slash, *v.* 1. torri (â chyllell, etc.), archolli.
    2. chwipio, fflangellu.

slashing, *a.* gwawdlyd, llym, miniog, caled.

slat, *n.* slat, darn cul o bren neu fetel.

slate, *n.* llechen, llech. *v.* ceryddu, difrïo.

slater, *n.* töwr, tiler.

slating, *n.* cerydd llym.

slattern, *n.* slwt, merch front anniben.

slaughter, *n.* cyflafan, lladdfa. *v.* lladd.

slaughter-house, *n.* lladd-dy.

slave, *n.* caethwas, caethferch. *v.* llafurio (fel caethwas), ymboeni.

slave-dealer, *n.* caethfasnachwr.

slaver, *n.* poer, poeri, glafoer. *v.* glafoeri, dreflan, driflo.

slavery, *n.* caethiwed, caethwasanaeth.

slave-trade, *n.* caethfasnach.

slavish, *a.* gwasaidd, gwael.

slavishness, *n.* gwaseidd-dra.

slay, *v.* lladd, llofruddio.

slayer, *n.* lladdwr, llofruddiwr.

sled, sledge, sleigh, *n.* sled, car llusg.

sledge-hammer, *n.* gordd.

sleek, *n.* llyfndew, graenus.

sleekness, *n.* llyfnder, graen.

sleep, *n.* cwsg, hun. *v.* cysgu, huno.

sleeper, *n.* 1. cysgwr.
    2. sliper (rheilffordd).

sleepiness, *n.* cysgadrwydd, agwedd gysglyd, syrthni.

sleeping, *a.* yn cysgu, ynghwsg.

sleeping-sickness, *n.* hunglwyf, (clefyd Affricanaidd).

sleepless, *a.* effro, di-gwsg, ar ddi-hun.

sleeplessness, *n.* anhunedd, bod ar ddi-hun.

sleepy, *a.* cysglyd, swrth, diog.

sleepy-sickness, *n.* llid yr ymennydd.

sleet, *n.* eirlaw, slap eira.

sleeve, *n.* llawes.

sleeveless, *a.* heb lewys, dilewys.

sleight, *n.* deheurwydd, cyfrwystra.
    SLEIGHT OF HAND, siwglo, consurio.

slender, *a.* 1. main, tenau.
    2. prin.

slenderness, *n.* 1. meinder, teneudra.
    2. prinder.

sleuth(-hound), *n.* gwaedgi.

slew, slue, *v.* troi, troi'n rownd.

slice, *n.* tafell, golwythen, ysglisen. *v.* tafellu, torri'n denau.

slick, *a.* esmwyth, llyfn, tafodrydd.

slide, *n.* 1. sleid, llithrfa.
    2. plât gwydr.
    v. sglefrio, llithro.

sliding-scale, *n.* graddfa (yn newid yn ôl amgylchiadau).

slight, *n.* dirmyg, sarhad. *a.* ysgafn, tenau, main. *v.* dirmygu, sarhau.

slim, *a.* main. *v.* meinhau, teneuo.

slime, *n.* llysnafedd, llys, mwd.

slimy, *a.* llysnafeddog, diafael, llithrig.

sling, *n.* 1. ffon-dafl.
    2. rhwymyn.
    v. taflu, lluchio.

slink, *v.* cilio (yn llechwraidd), dihengyd.

slip, *n.* 1. llithr, llithrad.
    2. camgymeriad.
    3. darn o bapur, slip.
    4. cas gobennydd.
    v. 1. llithro.
    2. camgymryd.
    3. paratoi slipiau, slipio.
    SLIP EAR-MARK, carrai.

slip-knot, *n.* cwlwm rhedeg.

slipper, *n.* llopan, sliper.

slippery, *a.* llithrig, diafael, slip.

slipshod   smithy

slipshod, *a.* anniben, di-lun, esgeulus.
slit, *n.* hollt, agen, hac, hollten.
  v. hollti, agennu, hacio, holltennu.
slither, *v.* ymlusgo, llithro.
slobber, *v.* slobran, glafoeri, dreflan.
  n. glafoer, llysnafedd.
sloe, *n.* 1. draenen ddu.
  2. eirinen ddu fach.
sloes, *np.* eirin duon bach.
slog, *v.* 1. gweithio'n galed, pannu
  (wrthi).
  2. bwrw'n galed.
slogan, *n.* 1. slogan, hysbysair.
  2. rhyfelgri.
sloop, *n.* slŵp, llong un hwylbren.
slop, *v.* colli (dros ymyl).
  SLOP BASIN, llestr trochion.
  SLOPS, golchion.
slope, *n.* llechwedd, llethr, goleddf.
  v. gwyro, gogwyddo, goleddfu.
sloping, *a.* ar osgo, ar oleddf.
sloppiness, *n.* meddalwch, teimlad-
  rwydd, gwiriondeb.
sloppy, *a.* 1. bawlyd, budr.
  2. anniben, teimladol.
slosh, *v.* bwrw, curo.
slot, *n.* agen, twll. *v.* agennu.
  SLOT MACHINE, peiriant slot.
sloth, *n.* 1. diogi, syrthni.
  2. sloth, (anifail dioglyd Deau
  America).
slothful, *a.* diog, dioglyd, didoreth.
slouch, *n.* llipryn. *v.* symud yn llibin,
  gwargrymu.
slouch-hat, *n.* het lipa, het laith.
slouching, *a.* llibin, afrosgo, llipryn-
  naidd.
slough, *n.* 1. cors, siglen.
  2. hen groen nadredd ac ymlusg-
  iaid eraill.
  3. plisgyn, caenen.
  v. bwrw croen.
sloven, *n.* sopen, slebog, un anniben.
slovenliness, *n.* annibendod, aflerwch.
slovenly, *a.* anniben, aflêr, brwnt, budr.
slow, *a.* araf, hwyrfrydig, ar ôl.
  v. arafu.
slowly, *ad.* yn araf, yn araf deg, wrth
  ei bwysau.
slowness, *n.* arafwch.
slow-worm, *n.* neidr ddall, slorwm,
  neidr ddefaid.
sludge, *n.* llaid, llaca, mwd.
slug, *n.* gwlithen, malwoden (heb
  gragen).
sluggard, *n.* diogyn.
sluggish, *a.* diog, swrth, araf.
sluggishness, *n.* diogi, syrthni.
sluice, *n.* llifddor.
slum, *n.* slym, rhanbarth annymunol.

slumber, *n.* hun, cwsg. *v.* huno, cysgu,
  slwmbran.
slumberer, *n.* cysgadur, pwdryn.
slump, *n.* cwymp sydyn (mewn pris),
  gostyngiad.
slur, *n.* 1. anfri, gwaradwydd.
  2. llithrad, cyflusg (*music*).
  v. 1. difrïo, bychanu.
  2. llithro dros.
slush, *n.* llaid, mwd, llaca, eira gwlyb.
slut, *n.* slwt, benyw front anniben.
sluttish, *a.* brwnt, anniben, aflêr.
sluttishness, *n.* bryntni, aflerwch.
sly, *a.* dichellgar, ffals, cyfrwys.
slyness, *n.* dichell, ffalster, cyfrwystra.
smack, *n.* 1. blas.
  2. clec, trawiad.
  3. llong hwylio ag un mast, smac.
  v. 1. sawru, gwyntio.
  2. clecian, taro.
small, *a.* bach, bychan, mân.
  SMALL HOURS, bore bach.
  SMALL OF THE BACK, main y cefn,
  meingefn.
small-beer, *n.* diod fain.
small-coal, *n.* glo mân.
small-holding, *n.* tyddyn, darn o dir
  ar rent, mân-ddaliad.
smallness, *n.* bychander, bychandra.
small-pox, *n.* y frech wen.
small-talk, *n.* siarad dibwys, siarad
  bach, mân-siarad.
smarmy, *a.* gwenieithus, rhagrithiol.
smart, *n.* gwŷn, dolur, brath. *a.* 1. twt,
  taclus.
  2. cyflym.
  3. craff.
  v. gwynio, dolurio.
smarten, *v.* tacluso, trwsio, twtian.
smartness, *n.* smartrwydd, ffraethder.
smash, *n.* gwrthdrawiad, chwalfa.
  v. torri'n yfflon, malu, malurio.
smattering, *n.* crap, ychydig wybod-
  aeth.
smear, *v.* iro, rhwbio â saim, etc.
smell, *n.* aroglau, gwynt. *v.* arogleuo,
  gwyntio, gwynto.
smelly, *a.* ag aroglau cryf, â gwynt
  cryf (ganddo), drygsawrus.
smelt, *v.* toddi (metel). *n.* brwyniad
  (pysgodyn).
smile, *n.* gwên. *v.* gwenu.
smiling, *a.* siriol, ar (ei) wên, llawen.
smirch, *v.* llychwino, andwyo.
smirk, *n.* cilwen. *v.* cilwenu.
smite, *v.* taro, bwrw.
smith, *n.* gof.
smithereens, *np.* yfflon, darnau mân.
smithy, *n.* gefail, siop gof.

smock, *n.* smog, math o wisg, hugan, ceitlen.
smog, *n.* mwgwl, (mwg a niwl).
smoke, *n.* 1. mwg.
  2. mygyn.
  v. 1. mygu.
  2. ysmygu, smocio, smoco.
smoker, *n.* ysmygwr, smociwr, smoc-wr.
smoky, *a.* myglyd, llawn mwg.
smolt, *n.* eog ifanc.
smooth, *a.* llyfn, esmwyth.
smoothe, *v.* llyfnhau.
smoothly, *ad.* yn esmwyth, yn rhwydd.
smoothness, *n.* llyfnder.
smother, *v.* mygu, mogi, llethu.
smoulder, *v.* mudlosgi, llosgi heb fflam.
smudge, *n.* baw, staen, smotyn, ôl rhwbio. *v.* difwyno, trochi.
smudgy, *a.* brwnt, wedi ei ddifwyno.
smug, *a.* hunanol, hunanfoddhaol.
smuggle, *v.* smyglo, osgoi tollau.
smuggled, *a.* wedi ei smyglo, na thalwyd toll arno.
smuggler, *n.* smyglwr.
smugness, *n.* hunanoldeb, cysêt.
smut, *n.* parddu, huddygl, penddu, smwt, siarad aflan. *v.* partdduo, difwyno, duo.
smutty, *n.* brwnt, anfoesgar, aflan.
snack, *n.* byrbryd, tamaid, snac.
snaffle, *n.* genfa, bit (ffrwyn).
snag, *n.* 1. boncyff.
  2. rhwystr annisgwyliadwy, anfantais.
snail, *n.* malwoden, malwen.
snake, *n.* neidr, sarff.
snap, *n.* 1. clec, crap.
  2. cnoad.
  3. llun, ciplun.
  4. gêm (cardau).
  v. 1. clecian.
  2. cnoi.
  3. tynnu llun.
  4. torri.
  5. neidio at.
snapdragon, *n.* pen ci bach, trwyn y llo, (blodeuyn).
snappy, *a.* 1. o natur ddrwg.
  2. cyflym, clau.
snapshot, *n.* llun (cyflym), snap, ciplun, cipddarlun.
snare, *n.* magl, croglath, rhwyd. *v.* maglu, rhwydo.
snarl, *n.* chwyrnad. *v.* chwyrnu, ysgyrnygu.
snatch, *n.* 1. tamaid.
  2. ysbaid.

  3. crap.
  v. cipio, crafangu.
sneak, *n.* llechgi, cachgi. *v.* llechian, mynd neu ymddwyn yn lladradaidd.
sneaking, *a.* llechwraidd, cachgïaidd, lladradaidd.
sneer, *n.* glaswen. *v.* glaswenu, gwawdio.
sneering, *a.* gwawdlyd, gwawdus.
sneeze, *v.* taro untrew, tisian.
sniff, *v.* ffroeni, gwyntio.
snigger, *v.* chwerthin (yn ei ddwrn), chwerthin gwawdlyd.
snip, snick, *n.* bwlch, toriad, dernyn. *v.* torri (megis â siswrn).
snipe, *n.* gïach (aderyn â phig hir). *v.* saethu, celsaethu.
sniper, *n.* saethwr, celsaethwr.
snippet, *n.* tamaid, dernyn, pisyn.
snivel, *v.* 1. ffroeni, gwynto.
  2. cwynfan, crio.
snob, *n.* snob, crachfonheddwr. *pl.* crachach.
snobbish, *a.* snoblyd, trwyn-uchel, crachfonheddig.
snobbishness, snobbery, *n.* snobyddiaeth.
snoek, *n.* snwc, (pysgodyn mawr y môr).
snooker, *n.* snwcer, (gêm ar ford biliard).
snoop, *v.* chwilota, chwilmanta.
snooze, *n.* cyntun, cwsg bach. *v.* hepian, slwmbran.
snore, *n.* chwyrnad. *v.* chwyrnu.
snorer, *n.* chwyrnwr.
snort, *v.* ffroeni, chwythu drwy'r trwyn. *n.* trwyn perisgob.
snout, *n.* trwyn, duryn.
snow, *n.* eira, ôd. *v.* bwrw eira, odi.
snowball, *n.* pelen eira, caseg eira.
snowdrift, *n.* lluchfa, llochfa.
snowdrop, *n.* eirlys, cloch maban.
snowfall, *n.* bwrw eira.
snowflake, *n.* pluen eira.
snow-plough, *n.* aradr eira, swch eira.
snow-storm, *n.* storm o eira.
snow-white, *a.* claerwyn, gwyn fel yr eira.
snowy, *a.* eiraog.
snub, *n.* sen, sarhad, dirmyg. *a.* pwt, smwt. *v.* sennu, trin islaw sylw, dirmygu.
snub-nose, *a.* trwyn smwt.
snuff, *n.* trwynlwch, snisin. *v.* snwffian.
snuffbox, *n.* bocs snisin, blwch trewlwch.
snuffle, *v.* 1. ffroeni, gwynto.
  2. siarad drwy'r trwyn.
snug, *a.* clyd, diddos, cynnes.

snuggle, *v.* gwasgu at, closio at, an-wesu.

so, *ad.* *c.* mor, cyn, fel hynny, felly.
    NOT SO, nid felly.
    SO AND SO, hwn a hwn, hon a hon, y peth a'r peth.

soak, *v.* mwydo, rhoi yng ngwlych.

soap, *n.* sebon.
    SOAP SUDS, trochion.

soapy, *a.* sebonllyd, sebonaidd.

soar, *v.* esgyn, ehedeg (yn uchel).

sob, *v.* igian, beichio wylo.

sober, *a.* sobr, difrifol, cymedrol.

sobriety, *n.* sobrwydd.

sobriquet, *n.* llysenw, ffugenw.

socage, *n.* socaeth.

sociability, *n.* bod yn gymdeithasgar, hoffter o gwmni, cymdeithasgarwch.

sociable, *a.* cymdeithasgar, cyweithas.

social, *a.* cymdeithasol. *n.* ymgom-west, sosial.
    SOCIAL STUDIES, astudiaethau cymdeithasol.

socialism, *n.* sosialaeth, cymdeithas-iaeth.

socialist, *n.* sosialydd. *a.* sosialaidd.

socialistic, *a.* sosialaidd.

society, *n.* cymdeithas.

sociology, *n.* cymdeithaseg, astud-iaeth cymdeithas.

sociometry, *n.* sociometreg.

sock, *n.* soc, hosan fach.

socket, *n.* twll, crau, soced.

sod, *n.* tywarchen, tywoden.

soda, *n.* soda.

soda-water, *n.* dŵr soda.

sodden, *a.* soeglyd, gwlyb trwyddo.

sodium, *n.* sodiwm, (elfen fetelaidd).

sofa, *n.* soffa.

soft, *a.* 1. meddal, esmwyth, llaith.
    2. gwirion, dwl.
    3. distaw, tyner.

soften, *v.* meddalu, esmwytho, lleddfu.

softness, *n.* meddalwch, tynerwch.

softwood, *n.* pren meddal.

soggy, *a.* soeglyd, gwlyb, corslyd.

soil, *n.* 1. pridd, daear, gweryd.
    2. baw, llaid. *v.* difwyno, baeddu, trochi, syblachad.
    SOIL STRUCTURE, fframwaith y pridd.
    BLOWN SOIL, ehedbridd.

soirée, *n.* cwrdd adloniadol, parti amrywiol.

sojourn, *v.* arhosiad (am ysbaid), ymdaith.

sojourner, *n.* ymdeithydd, ymwelydd.

solace, *n.* cysur, diddanwch. *v.* cysuro, diddanu.

solar, *a.* solar, heulog.
    SOLAR SYSTEM, cysawd yr haul.

solatium, *n.* iawn, iawndal.

solder, *n.* solder, sawdur, sodr.
    v. soldro, asio, sawdurio, sodro.

soldered, *a.* wedi ei sodro, sodrog.

soldier, *n.* milwr.
    FOOT SOLDIERS, gwŷr traed.

soldiering, *n.* milwriaeth, gwaith milwr.

soldierly, *a.* milwraidd.

sole, *n.* 1. gwadn.
    2. lleden chwithig, (pysgodyn).
    a. unig, un.

solecism, *n.* torri rheolau (gramadeg, moesau, etc.), iaith wallus, gwrthuni.

solemn, *a.* 1. difrifol, dwys.
    2. defodol.

solemnity, *n.* 1. difrifwch.
    2. defod, arfer.

solemnize, *v.* gweinyddu, dathlu.

solemnization, *n.* gweinyddiad.

sol-fa, *n.* sol-ffa. *v.* solffeuo.

solicit, *v.* erfyn, deisyf, crefu.

solicitation, *n.* erfyniad, deisyfiad.

solicitor, *n.* cyfreithiwr.

solicitous, *a.* gofalus, pryderus, awyddus.

solicitude, *n.* gofal, pryder.

solid, *n.* soled. *a.* sylweddol, caled, cadarn, soled, solat.
    REGULAR SOLIDS, soledau rheol-aidd.
    SIMPLE SOLIDS, soledau syml.

solidarity, *n.* cydlyniad, cyd-dynnu, cydymddibyniaeth, bod yn gytûn.

solidify, *v.* caledu, ymsoledu.

solidity, *n.* cadernid, caledwch, solet-rwydd.

solifluction, *n.* priddlifiad.

soliloquize, *v.* ymson, siarad â hunan.

soliloquy, *n.* ymson, siarad â hunan.

solitary, *a.* unig.

solitude, *n.* unigedd, unigrwydd.

solo, *n.* unawd. *a.* unigol.

soloist, *n.* unawdydd.

so-long, *int.* da bo chwi ! ffarwél !

solstice, *n.* canol haf (gaeaf), heuldro.
    SUMMER SOLSTICE, Alban Hefin.
    WINTER SOLSTICE, Alban Arthan.

solubility, *n.* hydoddedd, bod yn doddadwy.

soluble, *a.* 1. hydawdd, toddadwy.
    2. y gellir ei ddatrys.

solute, *n.* toddydd, mater wedi ei doddi.

solution, *n.* 1. esboniad, eglurhad, datrysiad.
    2. toddiant, hylif yn cynnwys toddydd.

solvable, *a.* y gellir ei ddatrys, esboniadwy.

solve, *v.* datrys, esbonio.

solvency, *n.* y gallu i dalu dyled, y gallu i doddi.

solvent, *n.* toddfa, hylif toddi, toddydd. *a.* di-ddyled, abl i dalu dyled.

sombre, *a.* tywyll, prudd, isel-ysbryd.

some, *a.* rhai, rhyw, peth, ychydig. *pn.* rhai, rhywrai. *ad.* tua, rhyw.

somebody, *n.* rhywun.

somehow, *ad.* rhywfodd, rhywsut.

someone, *n.* rhywun.

SOMEONE ELSE, rhywun arall.

somersault, *n.* troi â thraed dros ei ben, trosben. *v.* trosbennu.

something, *n.* rhywbeth.

sometime, *ad.* rhywbryd, gynt.

sometimes, *ad.* weithiau, ambell waith, ar brydiau.

somewhat, *n.* rhywbeth. *ad.* lled, braidd, go.

somewhere, *ad.* yn rhywle, rhywle.

somnambulism, *n.* cerdded yn y cwsg.

somnambulist, *n.* un sy'n cerdded yn ei gwsg.

somniferous, *a.* yn peri cwsg, narcotig.

somnolent, *a.* cysglyd, yn peri cwsg.

son, *n.* mab.

sonant, *n.* sonant (*pl.* -iaid), sain a wneir â thannau'r llais.

sonata, *n.* cyfansoddiad cerddorol (i biano), sonata.

song, *n.* cân, caniad, cerdd.

songster, *n.* cantwr, canwr, cerddor.

son-in-law, *n.* mab-yng-nghyfraith.

sonnet, *n.* soned,

sonorous, *a.* soniarus, melodaidd.

sonship, *n.* mabolaeth.

soon, *ad.* yn fuan, yn gynnar, ar fyr o dro.

soot, *n.* parddu, huddygl.

soothe, *v.* esmwytho, lliniaru, lleddfu.

soothsayer, *n.* dewin, dyn hysbys.

sop, *n.* 1. tamaid (wedi ei wlychu). 2. llwgrwobrwy. *v.* mwydo, gwlychu.

sophism, *n.* soffyddiaeth, ymresymiad gwallus.

sophist, *n.* soffydd.

sophistical, *a.* soffyddol, gwallus.

sophisticated, *a.* 1. wedi ei amharu neu ei lygru. 2. profiadol, bydol.

sophistication, *n.* llygriad, amhariad, twyll.

sophistry, *n.* twyllymresymiad.

soporific, *n.* soporiffig, dryg cwsg.

soppy, *a.* gwlyb iawn, mwydlyd, soeglyd, teimladol.

soprano, *n.* soprano.

sorcerer, *n.* swynwr, dewin.

sorceress, *n.* dewines, hudoles.

sorcery, *n.* dewiniaeth, cyfaredd, hud.

sordid, *a.* brwnt, gwael, ffiaidd, bawaidd.

sordidness, *n.* bryntni, gwaeledd, baweidd-dra.

sore, *n.* dolur, man poenus, clwyf, gweli, cornwyd. *a.* dolurus, blin, poenus.

soreness, *n.* poen, tostrwydd, dolur.

sorrel, *n.* 1. suran, (blodeuyn). 2. (lliw) melyngoch.

sorrow, *n.* gofid, tristwch, galar. *v.* gofidio, tristáu.

sorrowful, *a.* gofidus, trist, blin, trallodus.

sorry, *a.* trist, blin, gofidus.

I AM SORRY, drwg (blin) gennyf.

sort, *n.* math, dosbarth. *v.* trefnu, dosbarthu.

OUT OF SORTS, anhwylus.

sorter, *n.* trefnwr, dosbarthwr.

sortie, *n.* rhuthrgyrch (gan filwyr).

so-so, *a.* canolig, gweddol, rhesymol.

sot, *n.* diotyn, meddwyn.

sottish, *a.* meddw, hurt.

sough, *n.* sŵn y gwynt, ochenaid, cwynfan.

soul, *n.* enaid, person.

soulless, *a.* dienaid, disynnwyr.

sound, *n.* 1. sain, sŵn. 2. culfor, swnt. *a.* iach, cyfan, cywir, diogel, dwfn, cadarn, sownd. *v.* 1. swnio, seinio. 2. plymio, profi.

SOUND RECORDING, recordiad sain.

sound-board, *n.* seinfwrdd.

soundly, *ad.* yn drwm, yn dda.

soundness, *n.* iachusrwydd, dilysrwydd, cyfanrwydd.

sound-resisting, *a.* yn lladd sŵn.

soup, *n.* cawl, potes.

sour, *a.* sur, cas, annymunol.

source, *n.* ffynhonnell, tarddiad, blaen (afon), tarddle, llygad y ffynnon.

sourness, *n.* surni, blas cas, tymer ddrwg.

souse, *v.* 1. piclo. 2. mwydo, gwlychu.

south, *n.* deau, de. *ad.* tua'r deau.

south-east, *n.* deau-ddwyrain. *a.* o'r deau-ddwyrain.

south-eastern, *a.* deau-ddwyreiniol.

southerly, *a.* deheuol, i'r deau, o'r deau.

southern, *a.* deheuol, i'r deau, o'r deau.

southward, *ad.* tua'r deau.

south-west, *n.* deau-orllewin. *a.* o'r deau-orllewin.

southwestern, *a.* deau-orllewinol.

souvenir, *n.* rhodd (goffa), peth i gofio.

souwester, *n.* cap morwr, gwynt neu storom o'r deau-orllewin.

sovereign, *n.* 1. brenin, teyrn.
2. sofren, punt.
a. goruchaf, brenhinol.

sovereignty, *n.* penarglwyddiaeth, sofraniaeth.

soviet, *n.* cyngor neu gynulliad (Rwsiaidd), pwyllgor chwyldroadol y werin, sofiet.

sow, *n.* hwch.

sow, *v.* hau, gwasgaru.

sower, *n.* heuwr.

soya-bean, *n.* soia, (math o ffäen).

spa, *n.* 1. ffynnon (feddygol).
2. lle a ffynhonnau iachusol ynddo.

space, *n.* 1. ysbaid, ennyd.
2. gwagle, lle, gofod, cyfwng.
v. gwahanu.

spacious, *a.* eang, helaeth.

spaciousness, *n.* ehangder.

spade, *n.* pâl.

spadeful, *n.* rhawaid, llond rhaw, rhofiaid.

spaghetti, *n.* spageti, (math o facaroni).

span, *n.* rhychwant, naw modfedd, dyrnfedd. *v.* rhychwantu, croesi.

spangle, *n.* spangl, (tlws disglair). *v.* serennu, pelydru.

spangled, *a.* â sêr, serennog.

Spaniard, *n.* Ysbaenwr, brodor o'r Ysbaen.

spaniel, *n.* sbaniel, (ci adar).

Spanish, *n.* Ysbaeneg. *a.* Ysbaenaidd.

spank, *v.* taro (â'r llaw agored), smacio.

spanking, *a.* anghyffredin, aruthrol. *n.* cosfa.

spanner, *n.* sbaner, peth i droi nyten sgriw.
BOX SPANNER, sbaner bocs.

span-new, *a.* newydd iawn, newydd sbon.

spar, *n.* 1. polyn, hwylbren.
2. mwyn crisial.
v. ffugymladd, ymarfer cwffio.

spare, *a.* 1. cynnil, prin.
2. dros ben, sbâr.
v. 1. arbed.
2. hepgor, gwneud heb.

sparerib, *n.* sbarib, asen frân (fras).

sparing, *a.* prin, cynnil, crintach.

spark, *n.* 1. gwreichionen, tamaid o beth llosg.
2. bachgen bywiog.

sparkle, *n.* disgleirdeb, pelydriad. *v.* serennu, pefrio.

sparkling, *a.* gloyw, disglair, llachar.

sparrow, *n.* aderyn y to, llwyd y to.

sparse, *a.* gwasgarog, tenau, prin.

spasm, *n.* pwl, gwayw, pang, sbasm.

spasmodic, *a.* ysbeidiol, anghyson, sbasmodig.

spastic, *a.* yn gwneud symudiadau anfwriadol, sbastig.

spat, *n.* sbat, brethyn dros dop esgid.

spate, *n.* llifeiriant (sydyn).

spathe, *n.* amddalen.

spatial, *a.* yn ymwneud â lle neu ofod.

spatter, *v.* tasgu, llychwino, ysgeintio, difrïo.

spatula, *n.* ysbodol, llwyarn, sbatwla.

spavin, *n.* sbafen, llyncoes, tiwmor ar goes ceffyl.

spawn, *n.* sil, grawn pysgod, etc., gronell. *v.* bwrw grawn, claddu wyau, silio.

spawner, *n.* pysgodyn benyw.

spawning ground, *n.* epilfan.

speak, *v.* siarad, areithio, annerch, llefaru.

speaker, *n.* siaradwr, llefarwr, llefarydd (senedd).

spear, *n.* gwayw, picell. *v.* trywanu.

spearhead, *n.* arweinydd, blaenwr, blaen.

spearmint, *n.* 1. mintys (cyffredin).
2. toffi cnoi.

spearwort, *n.* (*greater*) poethfflam. (*lesser*) blaen y gwayw.

special, *a.* arbennig, neilltuol, eithriadol.

specialist, *n.* arbenigwr.

speciality, *n.* prif (nwydd, diddordeb, etc.), nodwedd arbennig.

specialization, *n.* yr act o arbenigo, arbenigiad.

specialize, *v.* arbenigo, canolbwyntio.

specially, *ad.* yn enwedig, yn arbennig.

species, *n.* rhywogaeth, math.

specific, *a.* penodol, rhywogaethol, priodol, hynodol, cymharol.
SPECIFIC GRAVITY, dwysedd cymharol.
SPECIFIC HEAT, gwres cymharol.

specifically, *ad.* yn bendant.

specification, *n.* rhestr o fanylion.

specify, *v.* enwi, penodi, rhoi manylion.

specimen, *n.* enghraifft, sampl.

specious, *a.* ymddangosiadol, teg yr olwg.

speck, *n.* brycheuyn, smotyn. *v.* brychu.

speckle, *n.* brycheuyn, smotyn. *v.* britho.

speckled, *a.* brith, brych.
spectacle, *n.* golygfa.
spectacle-case, *n.* cas sbectol.
spectacles, *np.* sbectol, gwydrau.
spectacular, *a.* yn ymddangos yn wych, ysblennydd.
spectator, *n.* edrychwr, gwyliwr.
spectral, *a.* rhithiol, fel drychiolaeth, ansylweddol.
spectre, *n.* drychiolaeth, ysbryd.
spectrophotometer, *n.* spectroffoto-medr.
spectroscope, *n.* sbectrosgob, offeryn archwilio sbectrwm.
spectrum, *n.* sbectrwm, adlewyrch-iad, rhith.
speculate, *v.* 1. dyfalu, dychmygu.
2. mentro (arian).
speculation, *n.* 1. dyfaliad, tybiaeth.
2. mentr (ariannol).
speculative, *a.* 1. yn dyfalu, dyfaliad-ol.
2. mentrus (mewn masnach), hapfasnachol.
speculator, *n.* un mentrus (mewn busnes), hapfasnachwr.
speculum, *n.* sbecwlwm, offeryn meddygol.
speech, *n.* 1. lleferydd, ymadrodd.
2. iaith.
3. araith, anerchiad.
COMMON SPEECH, llafar gwlad.
SPEECH TRAINING, llefareg.
speechify, *v.* siarad, areithio, llefaru, traethu.
speechless, *a.* mud, dileferydd.
speed, *n.* cyflymder, cyflymdra.
AT FULL SPEED, nerth ei draed.
v. cyflymu, mynd yn gynt.
SPEED LIMIT, cyfyngiad ar gyflym-dra.
speedometer, *n.* offeryn i fesur cyf-lymder, sbidomedr, mesurydd cyf-lymdra.
speedway, *n.* lle i fesur cyflymder moduron, ras foduron.
speedwell (*germander*), *n.* llygad y gath, llygad doli.
speedy, *a.* cyflym, buan.
spell, *n.* 1. sbel, ysbaid, ennyd.
2. swyn. *v.* sillafu.
spellbound, *a.* dan gyfaredd, wedi ei swyno.
spelling, *n.* sillafiad.
spelter, *n.* sinc, math o fetel.
spend, *v.* treulio, bwrw, hala, gwario.
spendthrift, *n.* oferwr, oferddyn.
sperm, *n.* had, sberm.
spermatic, *a.* sbermaidd, hadol.
spermatozoid, *n.* spermatosoid.

spermatozoon, *n.* spermatoswn.
spew, spue, *v.* chwydu.
sphagnum, *n.* sbagnwm, (math o fwsogl).
sphere, *n.* 1. pelen.
2. cylch, maes.
3. sffêr.
spherical, *a.* crwn, sfferaidd.
spheroid, *n.* peth crwn neu letgrwn, sfferoid.
spherometer, *n.* sfferomedr.
sphincter, *n.* sffincter, math o gy-hyryn.
sphinx, *n.* sffincs, (anghenfil chwed-lonol), person rhyfedd.
spice, *n.* perlysiau, sbeis.
spick-and-span, *a.* twt, taclus, cymen.
spicule, *n.* spigylyn.
spicy, *a.* 1. blasus.
2. ffraeth, diddorol.
spider, *n.* corryn, pryf copyn.
GOSSAMER SPIDER, copyn (corryn) y gwawn.
spike, *n.* 1. hoel, hoelen, cethren.
2. tywysen.
spikelet, *n.* tywysennig, ysbigen.
spikenard, *n.* llysieuyn peraroglus y ceir nard ohono, sbignard.
spill, *n.* 1. sbilsen, sbil.
2. cwymp, damwain, anap.
v. colli, tywallt.
spin, *v.* nyddu, troi.
spinach, *n.* pigoglys, sbinais.
spinal, *a.* yn ymwneud ag asgwrn y cefn.
SPINAL COLUMN, asgwrn y cefn.
SPINAL CHORD, madruddyn y cefn.
spindle, *n.* echel, gwerthyd, roden.
spindle-tree, *n.* pisgwydden, (llwyn addurnol).
spine, *n.* 1. draen, pigyn.
2. asgwrn cefn.
spineless, *a.* di-asgwrn-cefn, gwan, llipa, amhenderfynol.
spinet, *n.* sbined, (hen offeryn tannau).
spinner, *n.* nyddwr.
spinnerets, *np.* peiriannau nyddu (corryn, etc.).
spinney, *n.* coedwig, gwig, celli.
spinning-wheel, *n.* troell.
spinster, *n.* merch ddi-briod, hen ferch.
spiracles, *np.* tyllau awyr, tyllau anadlu.
spiral, *a.* troellog, fel sgriw.
spirant, *a.* llaes (am gytsain).
spirants, *np.* llaesion.
spire, *n.* meindwr, pigwrn, clochdy.

spirit, *n.* 1. ysbryd.

2. gwirod.

IN HIGH SPIRITS, yn nwyfus, yn llawn o asbri.

IN LOW (POOR) SPIRITS, annedwydd, anhapus.

spirited, *a.* calonnog, ysbrydol, byw, nwyfus.

spiritless, *a.* digalon, difywyd, gwangalon.

spiritual, *a.* ysbrydol. *n.* cân Negroaidd.

spiritualism, *n.* ysbrydegaeth.

spiritualist, *n.* ysbrydegydd.

spiritualistic, *a.* ysbrydegol.

spirituality, *n.* ysbrydolrwydd.

spiritualize, *v.* ysbrydoli.

spirituous, *a.* o natur gwirod, yn cynnwys alcohol.

spit, *n.* 1. poer, poeri.

2. bêr, cigwain (i rostio cig). *v.* poeri.

spite, *n.* malais, sbeit. *v.* dwyn malais, sbeitio.

IN SPITE OF HIM, er ei waethaf.

spiteful, *a.* maleisus, sbeitlyd.

spittle, *n.* poer, poeryn.

spittoon, *n.* llestr poeri.

spiv, *n.* (slang), oferwr, un coegfalch.

splanchnic, *a.* perfeddol.

splash, *n.* sblas, tasgu. *v.* tasgu, sblasio.

splay, *n.* goleddf, gogwydd. *a.* yn goleddfu, llydan.

splayed, *a.* goleddfog, yn gogwyddo.

spleen, *n.* 1. pruddglwyf, natur ddrwg.

2. chwarren wrth y stumog, cleddyf Bleddyn, dueg, poten ludw.

splendid, *a.* ysblennydd, gogoneddus, ardderchog, rhagorol.

splendour, *n.* ysblander, gogoniant, gwychder.

splenetic, *a.* croes, blin.

splice, *v.* plethu.

TO SPLICE A ROPE, plethu rhaff.

splint, *n.* sblint, cnap ar goes.

splinter, *n.* darn llym, asglodyn, tamaid, pigyn. *v.* hollti'n ddarnau (main hir).

split, *n.* ymraniad, hollt, cilhollt (nod clust). *v.* hollti, rhannu.

splutter, *v.* poeri siarad, siarad yn gyffrous.

spoil, *n.* ysbail, anrhaith. *v.* 1. ysbeilio, anrheithio.

2. difetha, andwyo, sbwylio.

spoiler, *n.* difrodwr, difethwr, andwywr.

spoilt, *a.* maldodus, mwythlyd, anwesog.

spoke, *n.* aden (adain) olwyn, braich.

spoken, *a.* llafar.

spokeshave, *n.* plân deugarn.

spokesman, *n.* llefarwr, siaradwr.

spoliation, *n.* ysbeiliad, anrheithiad.

spondee, *n.* corfan hir (â dwy sillaf hir).

sponge, *n.* ysbwng. *v.* 1. sychu ag ysbwng.

2. cynffonna, manteisio ar arall.

sponger, *n.* un sy'n manteisio ar arall, cynffonnwr.

spongy, *a.* meddal, llaith, fel ysbwng.

SPONGY BONE, asgwrn meddal.

sponsor, *n.* 1. un sy'n gyfrifol am.

2. tad bedydd, mam fedydd.

spontaneity, *n.* digymhellrwydd, ymdarddiad, ymysgogaeth.

spontaneous, *a.* gwirfoddol, a wneir o wirfodd, ohono'i hun, digymell.

spook, *n.* ysbryd, bwgan, bwci.

spool, *n.* gwerthyd, sbŵl, ril.

spoon, *n.* llwy.

spoonbill, *n.* y llwybig, (math o aderyn).

spoonerism, *n.* dull ymadrodd, trawsddodiad llythrennau blaen geiriau.

spoonful, *n.* llwyaid, llond llwy.

spoor, *n.* ôl, trywydd (anifail).

sporadic, *a.* hwnt ac yma, achlysurol.

spore, *n.* hedyn, had, sbôr, rhith.

sporophyte, *n.* sborlys.

sport, *n.* chwarae, difyrrwch, sbort.

sporting, *a.* yn llawn difyrrwch, yn hoffi chwarae.

sportive, *a.* chwareus, nwyfus, bywiog.

sports, *np.* mabolgampau, chwaraeon.

sportsman, *n.* chwaraewr, mabolgampwr, un haelfrydig, sbortsmon.

sportsmanlike, *a.* teg, hael, parod.

sportsmanship, *n.* sbortsmonaeth.

spot, *n.* 1. man, lle, llecyn.

2. brycheuyn, smotyn, staen, mannyn.

v. brycheuo, smotio, adnabod.

ON THE SPOT, yn yr unfan.

spotless, *a.* difrycheulyd, glân, di-fai.

spotlight, *n.* golau (wedi ei ganolbwyntio ar rywbeth), goleugylch.

spotted, *a.* brith, brych.

spouse, *n.* priod, priodferch, priodfab.

spout, *n.* 1. pistyll, ffrwd.

2. pig, sbowt.

v. pistyllu, ffrydio.

sprag, *n.* sbragen, brêc. *v.* sbragio.

sprain, *n.* ysigiad. *v.* ysigo, anafu.

sprat, *n.* math o bysgodyn, sbrat.

sprawl, *v.* ymdaenu (ar lawr), gorweddian, ymledu, ymdreiglo.

I*

spray, *n.* 1. sbrigyn.
  2. chwistrelliad.
  3. offeryn chwistrellu, chwistrell.
  v. chwistrellu.
sprayer, *n.* chwistrell.
spread, *n.* taeniad, lledaeniad. *v.* taenu, lledaenu, lledu, ymledu.
spree, *n.* sbri, sbort, difyrrwch.
sprig, *n.* sbrigyn, impyn.
sprightliness, *n.* asbri, nwyf, bywyd.
sprightly, *a.* hoenus, bywiog.
spring, *n.* 1. ffynnon, ffynhonnell, tarddiad, llygad ffynnon.
  2. llam, naid, sbring.
  3. gwanwyn.
  4. sbring (wats, etc.).
  v. 1. llamu, neidio.
  2. tarddu.
  3. disgyn, hanfod.
  SPRING-CLEANING, glanhau'r gwanwyn.
springbok, *n.* gafrewig (Deau Affrig), llamfwch.
springiness, *n.* hydwythder, ystwythder.
spring-tide, *n.* gorllanw, llanw mawr.
springtime, *n.* gwanwyn, tymor y gwanwyn.
springy, *a.* hydwyth, ystwyth.
sprinkle, *v.* taenellu, gwasgaru.
sprinkler, *n.* taenellydd.
sprinkling, *n.* taenelliad, ychydig yma a thraw.
sprint, *v.* rhedeg cyflym, sbrintio. *n.* sbrint.
sprinter, *n.* rhedwr (buan).
sprit, *n.* polyn hwyl, sbrid.
sprite, *n.* ellyll, bwgan, ysbryd.
sprit-sail, *n.* yr hwyl flaen, blaenhwyl.
sprocket, *n.* dant olwyn (i gydio mewn cadwyn).
sprout, *n.* eginyn, blaguryn. *v.* egino, blaguro, glasu, tyfu.
sprouts (brussels), *np.* ysgewyll Brysel, adfresych.
spruce, *n.* pyrwydden, sbriws. *a.* taclus, trwsiadus, destlus.
spruceness, *n.* taclusrwydd, destlusrwydd, dillynder.
spry, *a.* sionc, heini, gwisgi, bywiog.
spume, *n.* ewyn. *v.* ewynnu.
spur, *n.* 1. ysbardun, symbyliad.
  2. clogwyn, darn crog (o fynydd).
  v. ysbarduno, symbylu.
spurge, *n.* fflamgoed.
spurious, *a.* ffug, gau.
spuriousness, *n.* geuedd, peth ffug, twyll, gwagedd.
spurn, *v.* dirmygu, diystyru.

spurt, *n.* egni, bywyd. *v.* 1. bod yn egnïol, ymegnïo.
  2. chwistrellu.
sputnik, *n.* daeren, lloeren.
sputter, *v.* poeri siarad, siarad yn gyffrous
sputum, *n.* poer, poeri.
spy, *n.* ysbïwr. *v.* ysbïo.
squabble, *n.* ffrae, ffrwgwd, cweryl. *v.* ffraeo, cweryla.
squad, *n.* mintai (o filwyr, etc.).
squadron, *n.* sgwadron.
squadron-leader, *n.* arweinydd adran (llu awyr), sgwadron-bennaeth.
squalid, *a.* brwnt, budr, aflan, gwael.
squall, *v.* sgrechian. *n.* hyrddwynt, cawad o wynt, gwth o wynt.
squally, *a.* gwyntog, stormus.
squalor, *n.* bryntni, aflendid.
squander, *v.* gwastraffu, afradu.
square, *n.* sgwâr. *a.* sgwâr, petryal, pedryfal.
  v. 1. cytuno. 2. sgwario.
  3. cymhwyso.
  SQUARE ROOT, datsgwar, arsawdd, gwreiddyn sgwâr, ail isradd.
  INCH SQUARE, sgwâr modfedd.
  SQUARE INCH, modfedd sgwâr.
squash, *v.* gwasgu, llethu.
squat, *n.* cwrcwd. *v.* swatio, cyrcydu, eistedd ar y sodlau, (garrau).
squatter, *n.* tresmaswr, tenant heb hawl.
squaw, *n.* gwraig (Indiad Coch).
squawk, *v.* crawcian.
  n. gwawch, sgrech, oernad.
squeak, *n.* gwich. *v.* gwichian.
squeaky, *a.* gwichlyd.
squeal, *n.* gwich. *v.* gwichian.
squeamish, *a.* misi, cysetlyd, anodd ei blesio, gorfanwl.
squeegee, *n.* offeryn rwber, brws rwber.
squeeze, *n.* gwasg, gwasgiad. *v.* gwasgu, mathru, llethu.
squelch, *v.* llethu, gostegu, diffodd.
squib, *n.* tân gwyllt, fflachen, sgwib.
squill, *n.* serenyn, wniwn y môr.
squint, *n.* llygad croes. *a.* llygatgroes.
squire, *n.* yswain, ysgwier, sgweier.
squirm, *v.* gwingo, troi a throsi.
squirrel, *n.* gwiwer.
squirt, *n.* chwistrell. *v.* chwistrellu.
stab, *n.* brath, gwân, pigad. *v.* brathu, gwanu.
stabilisation, *n.* sefydlu gwerth arian, sefydlogrwydd.
stabilise, *v.* gwneud yn gadarn neu sefydlog.
stability, *n.* sefydlogrwydd, sefydledd, sadrwydd.

stable, *n.* ystabl. *a.* sefydlog, diysgog, cadarn, sad.

staccato, *a. ad.* chwyrn a chroyw, yn torri nodau'n fyr, datgysylltiol.

stack, *n.* 1. tas, bera.
  2. stac, simnai.
  v. tasu, pentyrru, gosod ar ei gilydd.

stackyard, *n.* ydlan.

stadium, *n.* maes chwarae, lle i fabolgampau, stadiwm.

staff, *n.* 1. ffon, pastwn.
  2. staff, gweithwyr.
  3. pum llinell (hen nodiant).
  PERMANENT STAFF, staff sefydlog.

stag, *n.* carw, hydd.

stage, *n.* llwyfan, pwynt, gradd, gwastad. *v.* llwyfannu.
  LANDING STAGE, llawr glanio.
  STAGE MANAGEMENT, goruchwyliaeth y llwyfan.

stage-coach, *n.* coets fawr.

stager, *n.* llwyfannwr, un cyfrwys.
  OLD STAGER, hen law, un cyfarwydd.

stagger, *v.* 1. cerdded yn sigledig, honcian, gwegian.
  2. syfrdanu.
  3. trefnu oriau (etc.) gwahanol.

staggers, *np.* pendro, penddaredd, y gysb, y ddera.

staging, *n.* 1. llwyfannu.
  2. ysgaffaldau.

stagnant, *a.* llonydd, digyffro, marw.
  STAGNANT WATER, merddwr, marddwr

stagnate, *v.* cronni, sefyll, peidio â llifo, mynd yn gysglyd.

stagnation, *n.* llonyddwch, marweidddra, anegni.

staid, *a.* sobr, sad, urddasol, tawel, digyffro.

stain, *n.* staen, mefl, gwaradwydd.
  v. staenio, gwaradwyddo.

stainless, *a.* di-staen, glân, difrycheulyd, dieuog.

stair, *n.* gris, grisiau, staer, staeren.

staircase, *n.* grisiau, staer, staerau.

stake, *n.* 1. polyn, pawl, postyn.
  2. ystanc.
  3. cyngwystl, gwystl.
  v. 1. nodi â pholion.
  2. cyngwystlo.
  AT STAKE, yn y fantol.

stalactite, *n.* stalactid, pibonwy calch, bys calch.

stalagmite, *n.* stalagmid, post calch.

stale, *a.* hen, mws, diflas.

stalemate, *n.* dim symud, heb allu symud.

staleness, *n.* diflasrwydd, henaint.

stalk, *n.* coes, coesgyn, gwelltyn.
  v. mynd ar drywydd, rhodio'n falch.

stall, *n.* 1. stondin, bwth.
  2. rhan o ystabl, côr, stâl.
  3. sedd (eglwys neu theatr), côr.
  v. sefyll.

stallion, *n.* march, stalwyn.

stalwart, *a.* cydnerth, cadarn, dewr.

stamen, *n.* brigeryn, y rhan wrywaidd o flodeuyn.

stamina, *n.* gallu i ymddál, nerth.

stammer, *n.* atal dweud. *v.* siarad ag atal, hecian, hercian.

stammering, *a.* ag atal dweud, bloesg.

stamp, *n.* stamp, delw, argraff.
  v. 1. nodi.
  2. pwyo, curo traed, pystylad.
  3. stampio, dodi stamp ar.

stampede, *n.* rhuthr. *v.* rhuthro (gan fraw), ffoi, rhedeg yn wyllt.

stance, *n.* sefyllfa, stondin.

stanch, *v.* atal llif (gwaed etc.).

stand, *n.* 1. safiad.
  2. stand, stondin.
  v. 1. sefyll, aros.
  2. dioddef, goddef.
  IT STANDS TO REASON, y mae'n rhesymol.
  CAN STAND THE TEST, y gellir dibynnu arno.
  STAND BY, cynnal.

standard, *n.* 1. lluman, baner.
  2. safon, mesur prawf.
  3. dosbarth.
  4. hirgyff, (pren neu lwyn).
  a. safonol, cyffredin, arferol.
  STANDARD DEVIATION, gwyriad cyffredin.
  STANDARD ERROR, crwydr(i)ad cyffredin.
  STANDARD TESTS, profion safonol.
  STANDARD OF LIVING, safon byw.

standard-bearer, *n.* 1. banerwr, llumanwr.
  2. hyrwyddwr (achos).

standardise, *v.* gwneud yn safonol, safoni.

standardised, *a.* safonedig.
  STANDARDISED INTELLIGENCE TEST, prawf deallusrwydd safonedig.

standing, *n.* 1. safle.
  2. parhad.
  a. yn sefyll, parhaol.

standpoint, *n.* safbwynt.

stanza, *n.* pennill.

staple, *n.* 1. prif nwydd.
  2. stapal, stwffwl, stapl.
  a. prif, cyson.

star, *n.* seren. *v.* serennu.
  STAR TURN, prif eitem.

starboard, *n.* ochr ddeau (llong).

starch, *n.* starts. *v.* startsio.

starchy, *a.* yn cynnwys starts, anystwyth, ffurfiol, manwl-gywir.

stare, *n.* llygadrythiad. *v.* llygadrythu, syllu.

stark, *a.* rhonc, anystwyth. *ad.* hollol.

starlight, *n.* golau'r sêr.

starling, *n.* drudwen, drudwy, drydw, aderyn yr eira.

starry, *a.* serennog, serlog, serog.

start, *n.* 1. llam, naid.
2. cychwyn, cychwyniad.
v. 1. neidio (yn sydyn).
2. cychwyn.

starter, *n.* cychwynnydd, cychwynnwr.

startle, *v.* dychrynu, brawychu.

startling, *a.* brawychus, syn.

starvation, *n.* bod yn newynu, newyn, eisiau, prinder.

starve, *n.* newynu, marw o newyn (neu oerfel), peri marw o newyn.

starveling, *n.* un sy'n newynu, un gwanllyd.

state, *n.* 1. sefyllfa, stad, cyflwr.
2. gwladwriaeth.
3. rhwysg.
v. mynegi, datgan.

stated, *a.* penodol, penodedig, rheolaidd.

stateliness, *n.* urddas, rhwysg, mawredd.

stately, *a.* urddasol, mawreddog.

statement, *n.* mynegiad, dywediad, gosodiad, datganiad.

statesman, *n.* gwladweinydd, gwleidydd.

statesmanlike, *a.* craff, pwyllog, call.

statesmanship, *n.* gwladweiniaeth, cymhwyster gwleidydd.

static, *a.* statig, yn llonydd.

statics, *np.* cangen o ffiseg yn ymwneud â phethau sefydlog, stateg.

station, *n.* gorsaf, safle, stesion.
v. sefydlu, gosod.

stationary, *a.* sefydlog, llonydd, digyfnewid, yn ei unfan.

stationer, *n.* gwerthwr papur ysgrifennu, etc.

stationery, *n.* papur ysgrifennu, etc.

station-master, *n.* gorsaf-feistr.

statistical, *a.* ystadegol.

statistician, *n.* ystadegydd.

statistics, *np.* ystadegau, cofnodion, cyfrifon.

statuary, *n.* cerfluniaeth, cerfluniwr, cerfluniau.

statue, *n.* cerfddelw, cerflun, safddelw.

statuesque, *a.* fel delw, digyffro, urddasol.

statuette, *n.* cerfddelw fechan.

stature, *n.* taldra, corffolaeth, uchder.

status, *n.* safle, sefyllfa, braint, statws.

statute, *n.* deddf, ystatud.

statute-book, *n.* deddf-lyfr, llyfr deddfau.

statutory, *a.* cyfreithiol, yn ymwneud â deddfau.

staunch, *a.* pybyr, cywir, ffyddlon.

staunchness, *n.* ffyddlondeb, sêl, brwdfrydedd, pybyrwch.

stave, *n.1.* erwydd (miwsig). 2. estyllen, astell.
3. pastwn.
v. tyllu, dryllio.
TO STAVE OFF, cadw draw.

stay, *n.* 1. arhosiad.
2. ateg, cynhaliaeth, gwanas, post.
v. 1. aros.
2. atal, rhwystro.
3. oedi.
4. cynnal, cynorthwyo.
TO STAY AT HOME, gwarchod cartref, aros gartref.

stays, *np.* staes, corsed.

stead, *n.* lle.
INSTEAD OF, yn lle.

steadfast, *a.* sicr, diysgog, cadarn, disyfl.

steadfastness, *n.* sefydlogrwydd, dianwadalwch.

steadiness, *n.* cadernid, sadrwydd.

steady, *a.* cadarn, diysgog, cyson.
v. atal, ffrwyno, sadio. *n.* pwysfan (i'r llaw, etc.).

steak, *n.* golwyth.

steal, *v.* lladrata, dwyn, celcio.

stealth, *n.* lladrad, modd lladradaidd, cyfrwystra.

stealthy, *a.* lladradaidd, dirgel.

steam, *n.* ager, anwedd. *v.* ageru.

steamboat, *n.* agerfad.

steam-engine, *n.* agerbeiriant, injin, injan.

steamer, steamship, *n.* agerlong, stemar.

steamy, *a.* yn llawn ager, tawchog, llaith.

steed, *n.* ceffyl, march.

steel, *n.* dur. *v.* caledu.
CARBON STEEL, dur carbon.

steelyard, *n.* offeryn pwyso, stiliard.

steep, *n.* dibyn, clogwyn. *a.* serth, llethrog. *v.* mwydo, trwytho, gwlychu.

steeple, *n.* clochdy, meindwr.

steeple-chase, *n.* ras geffylau (ar draws gwlad), ras ffos a pherth.

steeple-jack, *n.* atgyweiriwr clochdai neu simneiau.

steepness, *n.* bod yn serth, serthedd, serthni.

steer, *n.* bustach, ych. *v.* llywio.

steerage, *n.* llywiad, y weithred o lywio, lle (rhataf) ar long.

steering, *n.* llyw (cerbyd).

steering-wheel, *n.* olwyn lywio.

steersman, *n.* llywiwr.

stele, *n.* stele, carreg neu golofn ac arysgrif arni.

stellar, *a.* serennol, yn ymwneud â sêr.

stem, *n.* coes, bôn, stem, cyff, blaen (llong). *v.* atal, gwrthsefyll.

stench, *n.* drewdod, gwynt cas, drycsawr.

stencil, *n.* stensil, rhwyll. *v.* defnyddio stensil.

stenographer, *n.* ysgrifennwr llaw-fer.

stenography, *n.* llaw-fer.

stentorian, *a.* â llais cryf, croch.

step, *n.* cam, gris. *v.* camu, cerdded.
  DOOR STEP, carreg y drws, hiniog, trothwy.
  STEP BY STEP, bob yn gam, cam a cham.
  TO STEP INTO THE BREACH, neidio i'r adwy.

stepbrother, *n.* llysfrawd, hanner brawd.

stepdaughter, *n.* llysferch.

stepfather, *n.* llystad.

stepmother, *n.* llysfam, mam wen.

steppe, *n.* gwastatir diffaith, rhos (Rwsia).

stepsister, *n.* llyschwaer, hanner chwaer

stepson, *n.* llysfab.

stereoscope, *n.* sterosgob, offeryn sy'n dangos dau lun fel un.

stereotyped, *a.* ystrydebol, digyfnewid.

sterile, *a.* diffrwyth, heb haint, dihaint.

sterilisation, *n.* 1. y weithred o ddiheintio, diheintiad.
  2. gwneud yn ddiffrwyth.

sterility, *n.* diffrwythedd, anffrwythlonedd.

sterilize, *v.* diheintio, diffrwythloni.

sterling, *a.* 1. sterling, yn ôl gwerth arian Seisnig.
  2. dilys, diffuant.
  3. o ansawdd da.

stern, *a.* llym, caled, penderfynol. *n.* rhan ôl llong.

sternal, *a.* ynglŷn ag asgwrn y frest.

sternness, *n.* llymder.

sternum, *n.* asgwrn y frest, sternwm.

stet, *v.* gadawer (wrth gywiro proflenni).

stethoscope, *n.* corn meddyg, stethosgob.

stevedore, *n.* llwythwr (neu ddadlwythwr) llongau.

stew, *n.* stiw. *v.* stiwio, berwi'n araf.

steward, *n.* ystiward, stiward, goruchwyliwr.

stewardess, *n.* ystiwardes, stiwardes.

stewardship, *n.* stiwardiaeth, goruchwyliaeth.

stick, *n.* ffon, gwialen, tamaid o bren. *v.* 1. glynu, dal wrth, cydio.
  2. gwanu.

stickleback, *n.* brithyll y don.

stickler, *n.* un selog neu gyndyn.

sticky, *a.* 1. gludiog, sticlyd.
  2. anhyblyg, anodd.

stiff, *a.* anystwyth, ystyfnig, anodd.

stiffen, *v.* 1. sythu.
  2. ystyfnigo.

stiffnecked, *a.* gwargaled, ystyfnig, cyndyn.

stiffness, *n.* anystwythder, ystyfnigrwydd.

stifle, *v.* mygu, tagu, diffodd.

stigma, *n.* gwarthnod, stigma, nod.

stigmata, *n.* archollnod, nod gwyrthiol.

stigmatise, *v.* dodi bai ar, cyhuddo, priodoli drwg i.

stile, *n.* camfa, sticil, sticill.

stiletto, *n.* 1. dagr bach.
  2. tyllwr, mynawyd.

still, *a.* llonydd, tawel, distaw. *v.* llonyddu, tewi.
  n. 1. llun llonydd.
  2. offer distyllu.
  ad. eto, er hyn, byth, o hyd.
  STILL LIFE, pethau di-fywyd (i'w peintio).
  STILL-BORN, marw-anedig, geni'n farw.

stillness, *n.* llonyddwch, tawelwch.

stilt, *n.* 1. piler.
  2. stilt (i gerdded), bachyn pren (*pl.* bachau coed), ystudfach.
  3. math o aderyn hirgoes.

stilted, *a.* mawreddog, rhodresgar.

stimulant, *n.* moddion i greu ynni, symbylydd, cyffur adfywio. *a.* adfywiol.

stimulate, *v.* symbylu, cyffroi.

stimulating, *a.* yn symbylu, anogol, bywhaol.

stimulation, *n.* symbyliad, anogaeth.

stimulus, *n.* symbyliad, swmbwl.

sting, *n.* colyn, llosg (danadl, etc.). *v.* pigo, brathu, llosgi.

stinginess, *n.* cybydd-dod, crintachrwydd.

stinging, *a.* brathog, llym.
stingy, *a.* 1. crintach, cybyddlyd, clôs. 2. tenau, prin.
stink, *n.* drewdod, gwynt cas. *v.* drewi.
stinking, *a.* drewllyd.
stint, *v.* prinhau, cyfyngu, bod yn gybyddlyd. *n.* prinder.
stinting, *a.* cynnil, darbodus, prin, clôs.
stipend, *n.* cyflog, tâl, hur.
stipendiary, *a.* cyflogedig.
   STIPENDIARY MAGISTRATE, ynad cyflogedig.
stipple, *v.* tynnu llun â dotau, peintio â chyffyrddiadau ysgafn.
stippling, *n.* llun dotau, gwaith dotau.
stipulate, *v.* amodi, gorchymyn, trefnu.
stipulation, *n.* amod, cytundeb, cyfamod.
stipule, *n.* stipiwl, deilen fach.
stir, *n.* cynnwrf, cyffro. *v.* cynhyrfu, cyffroi, ystwyrian.
stirring, *a.* cyffrous, cynhyrfus.
stirrup, *n.* gwarthol, gwarthafl.
stirrup-pump, *n.* pwmp troed, pwmp gwarthol.
stitch, *n.* 1. pwyth, gwnïad. 2. gwayw, poen (yn yr ystlys). *v.* pwytho, gwnïo.
stiver, *n.* ceiniog Holand, peth braidd yn ddiwerth, ceiniog goch.
stoat, *n.* carlwm, math o wenci.
stock, *n.* 1. bôn, cyff. 2. ach, tylwyth, gwehelyth. 3. stoc, nwyddau. *v.* cyflenwi, cadw, crynhoi.
stockade, *n.* ffens byst, palis.
stock-broker, *n.* deliwr mewn stocau a chyfranddaliadau.
stock-dove, *n.* ysguthan, colomen wyllt.
stock-exchange, *n.* cyfnewidfa stocau.
stocking, *n.* hosan.
   IN HIS STOCKINGS, yn nhraed ei sanau.
stocks, *np.* cyffion, cyffglo.
stock-size, *n.* y maint arferol, mesur cyffredin.
stock-still, *a.* hollol lonydd, fel post.
stocktaking, *n.* prisio neu gyfrif stoc.
stocky, *a.* cadarn, cryf.
stodgy, *a.* trymaidd, trwm, anniddorol.
stoep, *n.* cyntedd, feranda.
stoic, *n.* stoic, un yn trechu nwydau etc, un huanfeddiannol.
stoicism, *n.* stoiciaeth.
stoke, *v.* tanio, gofalu am dân, rhoi tanwydd ar dân.
stoker, *n.* taniwr.
stole, *n.* ystola, mantell.

stolid, *a.* digyffro, diynni, swrth.
stolidity, *n.* syrthni, cysgadrwydd, twpanrwydd.
stolon, *n.* stolon, cangen ymlusgol sy'n magu gwreiddiau.
stoloniferous, *a.* stolonog.
stomach, *n.* 1. ystumog, cylla. 2. awydd. *v.* dygymod â, bod ag awydd at.
   PIT OF THE STOMACH, pwll y galon.
stomata, *n.* mân-dyllau, tyllau anadlu.
stomatitis, *n.* stomatitis, llid y genau.
stone, *n.* 1. carreg, maen. 2. stôn, pedwar pwys ar ddeg. *a.* maen, carreg, cerrig. *v.* 1. llabyddio. 2. digaregu.
stonechat, *n.* crec yr eithin, tinwen y graig, clochdar y garreg.
stonecrop, *n.* pig y deryn, llysiau'r fagwyr, (planhigyn).
stone-dead, *a.* marw gelain, celain farw.
stone-deaf, *a.* hollol fyddar, yn clywed dim.
stone-mason, *n.* saer maen, meiswn.
stonewall, *n.* gwal gerrig. *v.* bato'n gyndyn.
stonewort, *n.* rhawn yr ebol, (planhigyn).
stony, *a.* caregog, cerigog, garw.
stook, *n.* stacan, ystacan, ysgafn.
stool, *n.* stôl, ystôl.
stoop, *v.* plygu, gwargrymu, ymostwng.
stop, *n.* stop, atalnod. *v.* atal, rhwystro, aros, sefyll, llenwi, stopi.
stop-cock, *n.* tap.
stopgap, *n.* peth dros dro, peth i lanw bwlch.
stoppage, *n.* ataliad, rhwystr, gadael gweithio.
stopper, *n.* corcyn, topyn.
stopping-place, *n.* man aros, (stopo).
stop-press, *n.* newydd diweddar.
stop-watch, *n.* wats rasys.
storage, *n.* storio, lle i storio, stordy.
store, *n.* stôr, ystôr, cronfa. *v.* storio, ystorio.
storehouse, *n.* stordy, ystordy.
storey, *n.* llawr (adeilad).
stork, *n.* ciconia, storc.
stork's bill, *n.* pig y crëyr (crychydd).
storm, *n.* storm, ystorm, tymestl. *v.* ymosod ar.
stormy, *a.* stormus, ystormus, tymhestlog.
story, *n.* stori, chwedl, hanes.
story-teller, *n.* chwedleuwr.
stout, *a.* tew, corfforol, gwrol, glew.

stoutness, *n.* tewdra, gwroldeb.

stove, *n.* stof, lle tân, ffwrn.

stow, *v.* cadw, pacio, dodi heibio, dodi o'r neilltu.

stowage, *n.* cadw, lle i gadw, tâl am gadw.

stowaway, *n.* un digennad (ar long), teithiwr cudd.

straddle, *v.* 1. marchogaeth ag un goes bob ochr.
2. cerdded yn goesgam, bongamu.

straddler, *n.* ystradlydd.

straggle, *v.* 1. crwydro, troi (oddi ar lwybr, etc.).
2. mynd ar led (tref neu blanhigyn).
3. dilyn o hirbell.

straggler, *n.* crwydryn, dilynydd (afreolaidd).

straight, *a.* union, syth, di-wyro.

straight-edge, *n.* riwl (o bren neu fetel i helpu torri).

straighten, *v.* unioni.

straightforward, *a.* didwyll, gonest.

straightness, *n.* unionder.

straightway, *ad.* yn y fan, yn ddiatreg, ar unwaith.

strain, *n.* 1. straen.
2. rhywogaeth, tras. *np.* nodau.
v. 1. ymestyn, anafu.
2. ymegnïo, ymdrechu.
3. hidlo.
STRAIN BUILDING, datblygu tras.

strained, *a.* tyn, ar dorri, annaturiol.

strainer, *n.* hidl, hidlen, lliain tyllog.

strait, *n.* culfor. *a.* cyfyng, cul.

straiten, *v.* cyfyngu, caethiwo.

strait-laced, *a.* gorfanwl, llym iawn.

straits, *n.* cyfyngder, trwbwl, argyfwng, taro.

strand, *n.* 1. traethell, beiston.
2. edau, gwifren, tres.

stranded, *a.* 1. wedi ei adael, unig, heb gymorth, ar y clwt.
2. amrygoll.

strange, *a.* dieithr, rhyfedd, hynod, od.

strangely, *ad.* yn rhyfedd.

strangeness, *n.* dieithrwch.

stranger, *n.* dieithryn, estron, (*coll.*) un o bant.

strangle, *v.* tagu, llindagu.

strangles, *np.* ysgyfeinwst, clwyf yr ysgyfaint.

strangulation, *n.* tagiad, tagfa.

strap, *n.* cengl, strapen, tres. *v.* strapio.

stratagem, *n.* ystryw, dichell, cast, twyll.

strapping, *a.* cadarn, cydnerth, tal a chryf.

strategic, *a.* pwysig wrth gynllunio, ynglŷn â threfnu, strategol.

strategist, *n.* cynlluniwr da, strategydd, cadofydd.

strategy, *n.* cynllunio, trefniant, tacteg filwrol, cadofyddiaeth, strategaeth.

stratification, *n.* haeniad.

stratify, *v.* haenu, bod (dodi, trefnu) yn haenau.

stratosphere, *n.* yr awyr uwchlaw'r troposffir, stratosffir.

stratum, *n.* haen, haenau o greigiau neu bridd.

straw, *n.* gwellt, gwelltyn.

strawberry, *n.* syfïen, mefusen.

strawboard, *n.* carbord gwellt.

stray, *n.* anifail crwydr. *v.* crwydro, cyfeiliorni. *a.* crwydr, coll.

streak, *n.* llinell, rhes, haen.

streaky, *a.* rhesog, brith (am gig).

stream, *n.* ffrwd, nant, afonig. *v.* ffrydio, llifo.

streamer, *n.* ruban, baner, lluman.

streamlet, *n.* cornant, afonig, gofer.

streamlined, *a.* hirfain, modern.

street, *n.* heol, stryd.

strength, *n.* nerth, cryfder, grym.

strengthen, *v.* nerthu, cryfhau.

strenuous, *a.* egnïol, ymdrechgar.

stress, *n.* 1. pwys, caledi, acen.
2. grymedd, diriant.
v. acennu, pwyso ar, pwysleisio.

stretch, *n.* estyniad, ymdrech, ehangder. *v.* estyn, tynnu, ymestyn.

stretcher, *n.* elorwely, trestl, stretsier.

strew, *v.* gwasgaru, taenu.

striated, *a.* rhychedig.

striations, *np.* rhychiadau.

strict, *a.* cyfyng, caeth, llym, caled.

strictness, *n.* caethder, llymder.

stricture, *n.* 1. cerydd, sen.
2. ymdynhad, cyfyngiad, caethder.

stride, *n.* brasgam, cam. *v.* brasgamu.
LONG STRIDES, camau breision.

strident, *a.* croch, gwichlyd, cras.

strife, *n.* cynnen, ymryson, ymrafael.

strike, *n.* streic. *v.* 1. streicio, mynd ar streic.
2. taro, bwrw, pwyo.
STRIKE OUT, dileu.
STRIKE UP, dechrau (canu, etc.).

striker, *n.* 1. streiciwr.
2. träwr, traw-wr.

striking, *a.* trawiadol, hynod, nodedig.

string, *n.* 1. llinyn.
2. rhes, rhestr.
3. tant.
v. 1. llinynnu, clymu â llinyn.
2. tantio.
OPEN STRING, tant agored.

stringency, *n.* caethder, llymder.

stringent, *a.* caeth, llym, caled, tyn.

stringy, *a.* llinynnog, edafog.
strip, *n.* llain, darn hir cul, rhimyn.
v. diosg, tynnu oddi am, ymddihatru, ymddiosg.
　　STRIP FILM, lluniau stribed.
stripe, *n.* 1. rhes, llinell.
　　2. ffonnod, cosfa.
striped, *a.* rhesog.
stripling, *n.* glaslanc, llanc, hoglanc, llencyn, llefnyn, bachgen, crwt.
strive, *v.* ymdrechu, ymegnïo.
stroke, *n.* 1. ergyd, arfod.
　　2. strôc.
　　3. llinell.
　　v. tynnu llaw dros, llochi, tolach.
stroll, *n.* tro (ar draed). *v.* rhodio, mynd am dro.
stroller, *n.* rhodiannwr, cerddwr hamddenol.
strong, *a.* cryf, grymus, cadarn, nerthol.
stronghold, *n.* amddiffynfa, noddfa.
strop, *n.* strapen hogi. *v.* hogi, minio.
structural, *a.* yn ymwneud ag adeiladu, saernïol.
structure, *n.* 1. adeiladwaith, saerniaeth, fframwaith.
　　2. cystrawiaeth, lluniad.
struggle, *n.* ymdrech, brwydr. *v.* ymdrechu, brwydro, gwingo.
strum, *v.* canu ar y tannau (yn anghelfydd).
strut, *v.* torsythu, cerdded yn falch.
　　n. cynheiliad, post, ateg, cynheilydd.
strychnine, *n.* stricnin, (math o wenwyn).
stub, *n.* 1. bonyn, boncyff.
　　2. tamaid byr.
　　STUB AXLE, echel bwt.
stubble, *n.* sofl, bonion gwellt.
stubborn, *a.* cyndyn, ystyfnig, diberswâd, cildyn(nus).
stubbornness, *n.* cyndynrwydd, ystyfnigrwydd.
stubby, *a.* llawn bonion, byr a thew.
stucco, *n.* stwco, math o blastr.
stuck-up, *a.* balch, ffroenuchel, diystyrllyd.
stud, *n.* 1. styden.
　　2. hoelen glopa.
　　3. botwm (ar heol).
student, *n.* myfyriwr, efrydydd.
stud-farm, *n.* ffarm i fagu ceffylau.
　　STUD OF HORSES, gre o feirch.
studied, *a.* pwyllog, bwriadol, cywir.
studio, *n.* stiwdio, lle i arlunio neu i ddarlledu.
studious, *a.* myfyrgar, meddylgar.
study, *n.* 1. myfyrdod, astudiaeth, efrydiaeth (*pl.* efrydiau).

　　2. myfyrgell, stydi.
　　v. astudio, myfyrio.
stuff, *n.* defnydd, deunydd. *v.* gwthio (i mewn), stwffio.
stuffing, *n.* stwffin.
stuffy, *a.* myglyd, trymllyd, clòs.
stultify, *v.* dirymu, peri colli gwerth.
stumble, *v.* hanner cwympo, tramgwyddo.
stumbling-block, *n.* maen tramgwydd, rhwystr.
stump, *n.* 1. bonyn, boncyff.
　　2. gwiced, wiced.
　　v. 1. cerdded yn stwrllyd neu drystfawr.
　　2. taro'r wiced.
stumpy, *a.* byrdew.
stun, *v.* syfrdanu, hurtio, peri colli anwybyddiaeth.
stunning, *a.* syfrdanol, aruthrol.
stunt, *v.* crabio, rhwystro twf.
stunted, *a.* crablyd, gwasgedig, anarferol fach.
stupefaction, *n.* syfrdandod, hurtwch.
stupefy, *v.* syfrdanu, hurtio.
stupendous, *a.* aruthrol, anferth.
stupid, *a.* hurt, dwl, twp.
　　STUPID PERSON, hurtyn, twpsyn.
stupidity, *n.* dylni, hurtrwydd, twpanrwydd, twptra.
stupor, *n.* cyflwr hurt, syfrdandod, cysgadrwydd, syrthni.
sturdiness, *n.* cadernid, cryfder.
sturdy, *a.* cadarn, cryf. *n.* y bendro.
sturgeon, *n.* stwrsiwn, (pysgodyn).
stutter, *n.* atal dweud. *v.* siarad ag atal.
sty, *n.* twlc, cwt, cut.
sty, stye, *n.* llefelyn, llefrithen, tosyn ar amrant.
style, *n.* 1. dull, modd, ffasiwn, rhwysg.
　　2. arddull.
　　3. cyfenw.
　　4. y golofn (*botany*).
　　5. pin cerfio.
　　v. cyfenwi.
stylish, *a.* trwsiadus, ffasiynol, lluniaidd, coeth, celfydd.
stylist, *n.* meistr ar arddull, meistr ar ei waith.
stylus, *n.* ystîl.
styptic, *n.* stiptig, moddion atal gwaed.
suasion, *n.* anogaeth, perswâd.
　　MORAL SUASION, ennill drwy deg.
suave, *a.* mwyn, tirion, hynaws.
suavity, *n.* mwynder, rhadlonrwydd, hynawsedd.
sub, *prp.* (*as prefix*), is-, tan-, go-, ail-.

subaltern, *n.* is-swyddog.
sub-committee, *n.* is-bwyllgor.
subconscious, *a.* isymwybodol.
subconsciousness, *n.* isymwybyddiaeth.
subdivide, *v.* isrannu, ailrannu.
subdivision, *n.* israniad, isadran.
subdominant, *n.* is-lywydd (miwsig).
subdue, *v.* 1. darostwng, meistroli.
    2. lleddfu, tyneru.
subdued, *a.* isel, sobr, wedi ei orchfygu.
suberin, *n.* swberin.
subject, *n.* 1. deiliad.
    2. testun, pwnc.
    3. goddrych (*gram.*).
    a. 1. darostyngedig.
    2. tueddol.   3. caeth.
    v. darostwng, dwyn dan lywodraeth.
subjectification, *n.* goddrychiad.
subjection, *n.* darostyngiad.
subjective, *a.* goddrychol.
subjugate, *v.* darostwng, gorchfygu.
subjugation, *n.* darostyngiad, gorchfygiad.
subjunctive, *a.* dibynnol.
sublet, *v.* tanosod, ailosod.
sublimate, *a.* sychdarth (Cemeg).
    v. sychdarthu, crisialu, dyrchafu, aruchelu.
sublimation, *n.* sychdarthiad (Cemeg), arddunoliad, dyrchafiad, trosgyfeiriad.
sublime, *a.* arddunol, aruchel.
sublimity, *n.* arddunedd, arucheledd.
submarine, *n.* llong danfor. *a.* tanforol.
submediant, *n.* is-feidon (miwsig).
submerge, *v.* soddi, suddo.
submerged, *a.* tansuddol, soddedig.
submergence, submersion, *n.* soddiad, suddiad.
submission, *n.* ymostyngiad, ufudddod.
submissive, *a.* gostyngedig, ufudd.
submit, *v.* ymostwng, plygu.
    2. cyflwyno, dodi gerbron.
subnormal, *a.* isnormal.
subordinate, *a.* israddol, isradd.
    v. darostwng, gosod dan awdurdod.
subordination, *n.* israddoliad, darostyngiad.
suborn, *v.* llwgrwobrwyo (i wneud drwg).
subpoena, *n.* gwŷs (i ymddangos mewn llys).
subscribe, *v.* 1. tanysgrifio.
    2. cydsynio.

subscriber, *n.* tanysgrifiwr, cyfrannwr.
subscription, *n.* tanysgrifiad, cyfraniad.
subsequent, *a.* dilynol, yn dilyn.
subsequently, *ad.* ar ôl hynny, wedyn.
subserve, *v.* gwasanaethu, bod yn wasaidd.
subservience, *n.* bod yn iswasanaethgar, bod yn wasaidd.
subservient, *a.* iswasanaethgar, gwasaidd.
subside, *v.* gostwng, cwympo, suddo, ymollwng, ymsuddo.
subsidence, *n.* cwymp, gostyngiad, ymollyngiad, ymsuddiant.
subsidiary, *a.* cynorthwyol, atodol, israddol, ychwanegol. *n.* cynorthwywr.
subsidize, *v.* rhoi cymhorthdal.
subsidy, *n.* cymorth dâl, cymhorthdal, arian cymorth.
subsist, *v.* bodoli, byw, gofodoli, ymgynnal.
subsistence, *n.* bywoliaeth, cynhaliaeth, gofodolaeth.
subsoil, *n.* isbridd, ail haen o bridd.
substance, *n.* sylwedd, defnydd, modd.
substantial, *a.* sylweddol, llawer.
substantiate, *v.* profi, gwireddu.
substantiation, *n.* prawf.
substantive, *n.* enw (*gram.*). *a.* sylweddol, gwahanol, annibynnol.
substitute, *n.* un yn lle arall, dirprwy.
    v. rhoi yn lle.
substitution, *n.* y weithred o roi un peth yn lle peth arall, cyfnewid.
substrate, *n.* is-haen.
substratum, *n.* is-haen, sylfaen.
subterfuge, *n.* ystryw, dichell, twyll.
subterranean, *a.* tanddaearol.
subtitle, *n.* is-deitl.
subtle, *a.* cyfrwys, cynnil, craff.
subtlety, *n.* cyfrwystra, cynildeb, crafter.
subtract, *v.* didynnu, tynnu (oddi wrth).
subtraction, *n.* didyniad, symdynnu.
suburb, *n.* maestref, amgylchoedd (tref).
suburban, *a.* maestrefol.
subvert, *v.* dymchwelyd, gwyrdroi.
subversion, *n.* dymchweliad, dinistriad.
subversive, *a.* dinistriol, â thuedd i wyrdroi.
subway, *n.* ceuffordd, isffordd, ffordd-dan-ddaear.
succeed, *v.* dilyn, llwyddo, ffynnu, tycio.

success, *n.* llwyddiant, ffyniant, tyc-iant.

successful, *a.* llwyddiannus.

succession, *n.* olyniaeth.

successive, *a.* olynol, yn dilyn ei gilydd.

successor, *n.* olynydd.

succinct, *a.* byr, cryno.

succour, *n.* cymorth, help. *v.* cynorth-wyo, helpu.

succulence, *n.* ireidd-dra, bod yn llawn sudd.

succulent, *a.* ir, iraidd, llawn sudd, llerw.

succumb, *v.* ymollwng, ildio, marw.

such, *a.* cyfryw, cyffelyb, y fath.

suck, *n.* sugn. *v.* sugno, dyfnu.

sucker, *n.* 1. sugnwr, sugnydd. 2. impyn.

suckle, *v.* rhoi bron, rhoi sugn.

suckling, *n.* plentyn neu anifail sugno.

sucrose, *n.* swcros.

suction, *n.* sugnad, sugndyniad.

sudden, *a.* sydyn, disymwth, disyfyd.

suddenly, *ad.* yn sydyn, yn ddi-symwth, yn ddisyfyd.

suddenness, *n.* sydynrwydd.

sudorifics, *np.* cyffuriau chwysu.

suds, *np.* trochion, golchion.

sue, *v.* 1. erlyn, cyhuddo mewn llys. 2. deisyf, ymbil, erfyn.

suede, *n.* swed, (math o ledr ystwyth).

suet, *n.* siwet, braster (gwedder neu eidion).

suffer, *n.* 1. dioddef, goddef, dygymod â. 2. caniatáu.

sufferance, *n.* 1. goddefiad. 2. caniatâd.

sufferer, *n.* dioddefydd.

suffering, *n.* dioddefaint, poen, loes, trallod.

suffice, *v.* digoni, bod yn ddigon.

sufficiency, *n.* digonedd, gwala.

sufficient, *n.* digon. *a.* digonol, digon.

suffix, *n.* olddodiad. *v.* ychwanegu.

suffocate, *v.* mygu, mogi, tagu.

suffocation, *n.* mygfa, tagiad.

suffragan, *a.* cynorthwyol (am esgob). *n.* esgob cynorthwyol, swffragan.

suffrage, *n.* pleidlais, yr hawl i bleid-leisio.

suffragette, *n.* swffraget.

suffragist, *n.* pleidiwr pleidlais i ferched.

suffuse, *v.* lledaenu, taenu dros.

suffusion, *n.* ymlediad, lledaeniad, taeniad (â lliw neu hylif).

sugar, *n.* siwgr. *v.* siwgro.

sugar-cane, *n.* siwgr-cên, sucros.

sugary, *a.* melys.

suggest, *v.* awgrymu, crybwyll, cyfeir-io (at).

suggestion, *n.* awgrym, crybwylliad.

suggestive, *a.* awgrymog, yn llawn o syniadau, yn cyfeirio at.

suicidal, *a.* hunanddinistriol, andwyol.

suicide, *n.* hunanladdiad.

suit, *n.* 1. cwyn, achwyniad (mewn llys). 2. deisyfiad, erfyniad. 3. siwt, pâr (o ddillad). *v.* gweddu, taro, bod yn addas.

suitability, *n.* addasrwydd, cymhwys-ter, priodoldeb.

suitable, *a.* addas, cymwys, cyfaddas, priodol.

suit-case, *n.* bag dillad.

suite, *n.* cyfres, nifer (o ystafelloedd, etc.), set.

suitor, *n.* 1. cwynwr (mewn llys) eirchiad. 2. cariadfab.

sulk, *v.* sorri, pwdu, bod yn ddiserch.

sulks, *np.* pwd, soriant.

sulky, *a.* diserch, sorllyd, blwng, sych, pwdlyd.

sullage, *n.* budreddi, ysbwriel, carthion.

sullen, *a.* diserch, sarrug, swrth.

sullenness, *n.* syrthni, sarugrwydd, bod yn ddiserch.

sully, *v.* diwyno, llychwino, trochi.

sulphate, *n.* sylffad, (halen asid sylffurig).

sulphide, *n.* sylffid, (cyfansawdd o sylffur, etc.).

sulphite, *n.* sylffaid, (halen asid sylffurus).

sulphur, *n.* sylffur, (math o fetel neu bowdr melyn).

sulphuric, *a.* sylffurig.

sulphurous, *a.* sylffurus.

sultan, *n.* swltan, tywysog Mohamet-anaidd.

sultana, *n.* 1. gwraig swltan, swltanes. 2. swltana (ffrwyth).

sultriness, *n.* myllni, tywydd clòs.

sultry, *a.* mwll, mwrn, mwygl, clòs.

sum, *n.* swm, cyfanrif, cyfanswm. *v.* symio, crynhoi.

summarily, *ad.* ar y foment, ar fyr, diymdroi.

summarize, *v.* crynhoi, byrhau, tal-fyrru.

summary, *n.* crynodeb, byrhad, tal-fyriad, cwtogiad.

summation, *n.* symiant.

summer, *n.* haf.

INDIAN SUMMER, Haf Bach Mi-hangel.

summer-house, *n.* hafdy.

summery, *a.* hafaidd, o haf.

summit, *n.* pen, copa, brig.

summon, *v.* gwysio, galw.

summons, *n.* gwŷs, (galwad i lys, etc.) llythyr dyfyn.

sump, *n.* swmp.

sumptuous, *a.* moethus, helaethwych, costus, godidog.

sumptuousness, *n.* moethusrwydd, gwychder.

sun, *n.* haul, huan. *v.* heulo.

sunbathe, *v.* torheulo.

sunbeam, *n.* pelydryn (o haul).

sunburnt, *a.* wedi llosgi yn yr haul, melyn, brown.

Sunday, *n.* Dydd Sul, Saboth.
  SUNDAY OBSERVANCE, cadwraeth y Saboth.

sunder, *v.* ysgar, ysgaru, gwahanu.

sundew, *n.* chwys yr haul, gwlithlys.

sun-dial, *n.* deial haul, cloc haul.

sundown, *n.* machlud haul.

sundries, *np.* amrywion, pethau afrifed (heb eu henwi).

sundry, *a.* amryw, amrywiol, amryfal, gwahanol.

sunflower, *n.* blodyn yr haul, heulflodyn.

sunken, *a.* 1. wedi suddo.
  2. tenau. crebachlyd.

sunlight, *n.* golau haul.

sunlit, *a.* heulog.

sunny, *a.* heulog.

sunrise, *n.* codiad haul.

sunset, *n.* machlud haul.

sunshine, *n.* heulwen.
  SUNSHINE ROOF, to symudol.

sunstroke, *n.* clefyd yr haul, ergyd tes.

sup, *n.* llymaid, ychydig, dracht. *v.* llymeitian, swperu, swpera, sipian.

super-, *px.* uwch, gor-, tra-, ar-.

superable, *a.* y gellir ei orchfygu.

superabundance, *n.* gormodedd.

superabundant, *a.* gormodol.

superannuate, *v.* peri i ymddiswyddo, talu pensiwn.

superannuation, *n.* ymddiswyddiad (oherwydd oedran), oed-dâl, pensiwn, tâl henoed.

superb, *a.* ardderchog, godidog, rhagorol.

supercharger, *n.* arlwythwr (mewn peiriant modur).

supercilious, *a.* balch, ffroenuchel, penuchel.

superficial, *a.* arwynebol, bas.

superficiality, *n.* baster, bod heb ddyfnder.

super-fine, *a.* tra theg, coeth.

superfluity, *n.* gormodedd, mwy na digon.

superfluous, *a.* gormodol, dros ben.

superheat, *v.* traboethi, poethi i radd uchel.

super-human, *a.* goruwch gallu dynol, mwy na dynol.

superimpose, *v.* gosod ar, arosod.

superintend, *v.* arolygu, trefnu, rheoli.

superintendence, *n.* arolygiad.

superintendency, *n.* arolygiaeth.

superintendent, *n.* arolygydd, arolygwr.

superior, *a.* 1. gwell, uwchnormal.
  2. balch.
  HIS SUPERIORS, ei well.

superiority, *n.* rhagoriaeth, rhagoroldeb, pwysigrwydd.

superlative, *a.* uchaf, eithaf, pwysig.
  SUPERLATIVE DEGREE, y radd eithaf.

supernatural, *a.* goruwchnaturiol.

supernormal, *a.* uchafradd.

supernumerary, *n.* un dros ben, un ychwanegol.

superpose, *v.* arosod, gosod ar.

superposition, *n.* arosodiad, peth a osodir ar.

supersaturate, *v.* gordrwytho.

supersaturated, *a.* gorddirlawn.

supersaturation, *n.* gorddirlawnder.

superscription, *n.* arysgrifen, ysgrifen ar yr wyneb.

supersede, *v.* disodli, diystyru, cymryd lle.

supersonic, *a.* cynt na swn.

superstition, *n.* ofergoel, ofergoeliaeth.

superstitious, *a.* ofergoelus, cred ddisail.

superstructure, *n.* adeilad ar sylfaen, rhan uchaf adeilad.

supertax, *n.* uwchdreth (incwm).

supertonic, *n.* uwchdonydd, ardonydd.

supervene, *v.* dod rhwng, digwydd.

supervention, *n.* digwyddiad, damweiniad.

supervise, *v.* arolygu, trefnu, bwrw golwg.

supervision, *n.* arolygiaeth, rheolaeth.

supervisor, *n.* arolygwr, trefnwr.

supine, *a.* ar y cefn, diog, didaro, esgeulus.

supper, *n.* swper.

supplant, *v.* disodli, cymryd lle (yn annheg).

supplanter, *n.* disodlwr.

supple, *a.* ystwyth, hyblyg, hydwyth.

supplement, *n.* atodiad, ychwanegiad. *v.* atodi, ychwanegu at.

supplementary, *a.* ychwanegol, atodol.

   SUPPLEMENTARY ANGLE, ongl atodol.

suppleness, *n.* ystwythder, hydwythedd.

suppliant, *a.* yn erfyn, yn ymbil. *n.* ymbiliwr, erfyniwr.

supplicate, *v.* erfyn, ymbil, gweddïo.

supplication, *n.* erfyniad, ymbil, gweddi.

supplier, *n.* cyflenwr, un sy'n llenwi angen.

supply, *n.* cyflenwad. *v.* cyflenwi, dod â, llenwi angen.

support, *n.* cynhaliaeth, cefnogaeth, cynheiliad. *v.* cynnal, cefnogi, eilio, ategu, ymgynnal.

supporter, *n.* pleidiwr, cefnogwr, cynhaliwr.

suppose, *v.* tybied, tybio.

   HE IS SUPPOSED TO, dylai.

supposition, *n.* tybiaeth, tyb, syniad, dyfaliad.

suppress, *v.* atal, llethu, mygu.

suppression, *n.* ataliad, llethiad.

suppurate, *v.* crawni, gori.

suppuration, *n.* crawn, crawni, gôr.

suprarational, *a.* goruwchresymol.

supremacy, *n.* goruchafiaeth, awdurdod.

supreme, *a.* uchaf, goruchaf, prif.

surcharge, *n.* gorllwyth, dirwy. *v.* codi ychwaneg, codi gormod.

sur-claim, *n.* hawl ychwanegol.

surds, *np.* syrdau.

sure, *a.* sicr, siwr, siŵr, diau.

   TO BE SURE, bid siwr (sicr).

surely, *ad.* yn sicr, yn ddiau, heb amheuaeth.

surety, *n.* 1. sicrwydd.

   2. mach, meichiau, ernes.

suretyship, *n.* mechnïaeth.

surf, *n.* beiston (ewynnog), gorewyn.

surface, *n.* arwynebedd, wyneb, gorwyneb, arwyneb.

   SURFACE TENSION, grym arwyneb.

surface-plate, *n.* wyneplat.

surfeit, *n.* syrffed, gormodedd, diflastod. *v.* syrffedu, alaru, peri diflastod.

surge, *n.* ymchwydd tonnau. *v.* ymchwyddo, dygyfor.

surgeon, *n.* llawfeddyg.

surgery, *n.* 1. llawfeddygaeth.

   2. meddygfa.

surgical, *a.* llawfeddygol.

surliness, *n.* sarugrwydd, digywilydddra.

surly, *a.* sarrug, afrywiog, drwg ei dymer.

surmise, *n.* tyb, dyfaliad, syniad. *v.* tybio, tybied, dyfalu, synio.

surmount, *v.* trechu, gorchfygu, bod neu godi uwchlaw.

surname, *n.* cyfenw, enw'r teulu. *v.* cyfenwi, rhoi enw i.

surpass, *v.* rhagori ar, bod yn well na.

surplice, *n.* gwenwisg (offeiriad), alb.

surplus, *n.* gwarged, gweddill.

   SURPLUS ENERGY, egni dros ben.

surprise, *n.* syndod. *v.* synnu, peri syndod.

surprising, *a.* syn, rhyfedd.

surreal, *a.* swreal, yn ymwneud â'r isymwybod.

surrealism, *n.* swrealaeth.

surrender, *n.* ymroddiad, ildiad. *v.* rhoi'r gorau i, ymroddi, ildio.

surreptitious, *a.* lladradaidd, llechwraidd, dirgel.

surround, *v.* amgylchu, amgylchynu, cwmpasu.

surroundings, *np.* amgylchoedd, cwmpasoedd.

surtax, *n.* gordreth (incwm).

surveillance, *n.* gwyliadwriaeth, arolygiaeth.

survey, *n.* 1. arolwg, archwiliad.

   2. mesuriad.

   v. 1. archwilio, gwneud arolwg.

   2. mesur, mapio, tirfesur.

   GENERAL SURVEY, braslun.

   ORDNANCE SURVEY MAPS, mapau swyddogol y llywodraeth.

surveyor, *n.* tirfesurydd, arolygwr (tir, adeiladau, etc.).

survival, *n.* goroesiad, bodolaeth.

   SURVIVAL OF THE FITTEST, goroesiad y cymhwysaf.

survive, *v.* byw, goroesi, para i fyw.

survivor, *n.* goroeswr.

susceptibility, *n.* tuedd, teimladrwydd, hydeimledd.

susceptible, *a.* agored i, tueddol i, teimladwy.

suspect, *n.* un a ddrwgdybir. *v.* drwgdybio, drwgdybied, amau.

suspend, *v.* 1. crogi, hongian.

   2. gohirio, oedi.

   3. gwahardd, atal.

   SUSPENDED NOTE, gohirnod, daliad.

suspenders, *np.* syspenders, gardyson.

suspense, *n.* pryder, ansicrwydd, amheuaeth.

suspension, *n.* 1. hongiad, trwyth (Cemeg).

   2. gohiriad.

   3. gohiriant (miwsig).

   4. gwaharddiad, ataliad.

   SUSPENSION BRIDGE, pont grog.

suspensoid, *n.* trwythyn (Cemeg, etc.).
suspicion, *n.* drwgdybiaeth, amheuaeth.
suspicious, *a.* drwgdybus, amheus.
sustain, *v.* 1. cynnal, dal i fyny, cefnogi.
    2. dioddef, goddef.
sustained, *a.* parhaus, cyson.
sustenance, *n.* cynhaliaeth, bwyd.
sustentation, *n.* cynhaliaeth, cymorth, cefnogaeth.
suzerain, *n.* penarglwydd.
suzerainty, *n.* penarglwyddiaeth.
swab, *n.* 1. mop.
    2. darn o wlân, etc., pad.
    v. glanhau â mop neu â phad.
swaddle, *v.* rhwymo mewn cadachau.
swaddling-clothes, *np.* cadachau.
swag, *n.* ysbail, lladrad.
swage, *n.* darfath, offeryn moldio.
swagger, *v.* torsythu, swagro, ymddwyn yn falch.
swaggerer, *n.* swagrwr, bwli, torsythwr, ymffrostiwr.
swain, *n.* 1. llanc neu grwt o'r wlad.
    2. cariadfab.
swallow, *n.* 1. gwennol. 2. llwnc.
    v. llyncu.
swamp, *n.* cors, siglen, mignen.
    v. 1. gorlifo.
    2. llethu, gorlethu.
swampy, *a.* corslyd, corsog, llaith.
swan, *n.* alarch.
swank, *n.* 1. bocsach, rhodres.
    2. rhodreswr, un ymwthiol.
swan-song, *n.* cân olaf, campwaith olaf.
sward, *n.* tywarchen, tir glas.
swarm, *n.* haid, torf. *v.* heidio, cydgrynhoi.
swarthy, *a.* croenddu, tywyll.
swash, *v.* tasgu, sblasio. *n.* 1. sŵn dŵr.
    2. bwyd moch.
swastika, *n.* swastica, croes grwca.
swat, *v.* taro.
swath, *n.* ystod, gwanaf.
    SWATH TURNER, ymhoelwr.
swathe, *v.* rhwymo, gwisgo â.
sway, *n.* 1. siglad.
    2. dylanwad.
    v. 1. siglo, gwegian.
    2. dylanwadu ar, rheoli.
swear, *v.* tyngu, rhegi.
sweat, *n.* chwys. *v.* chwysu.
sweater, *n.* siersi, gwasgod wlân.
swede, *n.* rwden, erfinen, meipen.
sweep, *n.* ysgubiad, ysgubwr. *v.* ysgubo, dysgub.
sweeper, *n.* ysgubwr, ysgubydd, offeryn ysgubo.

sweeping, *a.* ysgubol, eithafol.
sweepings, *np.* ysgubion, ysgarthion, ysbwriel.
sweepstake, *n.* hapchwarae.
sweet, *a.* melys, pêr, hyfryd, dymunol.
sweetbread, *n.* cefndedyn, pancreas (llo neu oen).
sweet-brier, *n.* miaren Mair, drysïen bêr.
sweeten, *v.* melysu, pereiddio.
sweetheart, *n.* cariad.
sweetmeat, *n.* candi, toffi, fferins, cyflaith.
sweetness, *n.* melyster, melystra.
sweet-peas, *np.* pys pêr.
sweets, *np.* melysion, taffys, cyflaith.
swell, *n.* ymchwydd, chwydd.
    v. chwyddo, codi.
swelled, *a.* chwyddedig.
swelling, *n.* chwydd, chwyddi. *a.* ymchwyddol.
swelter, *v.* chwysu, lluddedu, diffygio (gan wres).
sweltering, *a.* tesog, llethol.
swerve, *v.* osgoi, gwyro, troi, troi'n sydyn.
swift, *n.* gwennol ddu. *a.* buan, cyflym, clau.
swiftness, *n.* buander, cyflymder.
swig, *n.* dracht, llymaid. *v.* drachtio, traflyncu.
swill, *n.* golchion, bwyd moch. *v.* golchi, slotian, yfed yn awchus.
swim, *n.* nawf. *v.* nofio.
swimmer, *n.* nofiwr.
swindle, *n.* twyll, hoced, dichell. *v.* twyllo, hocedu.
swindler, *n.* twyllwr, hocedwr.
swine, *n.* mochyn.
    HERD OF SWINE, cenfaint o foch.
swine-fever, *n.* clefyd y moch.
swine-herd, *n.* meichiad, bugail moch.
swing, *n.* 1. siglen raff, swing.
    2. tro, symudiad, sigl.
    v. siglo, swingo.
swingletree, *n.* cambren.
swinish, *a.* mochaidd, mochynnaidd, creulon.
swipe, *v.* taro ag ergyd ysgubol, sweipio. *n.* sweip.
swirl, *v.* troi, chwyldroi.
swish, *v.* taro â gwialen, chwifio gwialen, swisio. *n.* swis.
Swiss, *n.* Swistirwr, brodor o'r Swistir. *a.* Swistirol.
switch, *n.* 1. gwialen.
    2. swits (trydan), troswr.
    v. 1. curo â gwialen.
    2. switsio, troi swits.
    SWITCHBOARD, panel trydan.

swivel, *n.* bwylltid, bolltid, swifl.

swoon, *n.* llewyg, llesmair. *v.* llewygu, llesmeirio.

swoop, *n.* disgyniad (ar). *v.* disgyn ar, dyfod ar warthaf.

swop, swap, *n.* cyfnewid. *v.* newid, cyfnewid.

sword, *n.* cleddyf, cleddau, cledd.

swordsman, *n.* cleddyfwr.

swordsmanship, *n.* celfyddyd cleddyfwr.

sycamore, *n.* masarnen, sycamorwydden.

sycophancy, *n.* gweniaith, truth.

sycophant, *n.* gwenieithiwr, truthiwr, cynffonnwr, sebonwr.

sycophantic, *a.* gwenieithol, cynffonnaidd, gwasaidd.

syllabic, *a.* sillafog.

syllable, *n.* sillaf, sill.

syllabus, *n.* rhaglen, maes llafur, crynodeb.

syllogism, *n.* cyfresymiad, dadl resymegol.

syllogize, *v.* cyfresymu, dadlau yn ôl rheolau rhesymeg.

sylph, *n.* 1. ysbryd (yr awyr).
2. meinwen.

sylvan, silvan, *a.* coedog, gwledig.

sylviculture, *n.* coedwigaeth, triniaeth coed.

symbiosis, *n.* cydfywyd, bywyd unedig.

symbiotic, *a.* cydfywydog.

symbol, *n.* symbol, arwyddlun, symlen (estheteg.).

symbolic, symbolical, *a.* symbolaidd, arwyddluniol, arwyddol, symbolig.

symbolism, *n.* symboliaeth, defnydd o arwyddluniau.

symbolize, *v.* symboleiddio, arwyddlunio, bod yn debyg mewn nodwedd.

symmetrical, *a.* cymesur, cydffurf, cymesurol.

symmetry, *n.* cymesuredd, cydffurfedd.

sympathetic, *a.* cyd-oddefol, cydymdeimladol, â chydymdeimlad.
    SYMPATHETIC SYSTEM, system ymatebol.

sympathize, *v.* cydymdeimlo.

sympathiser, *n.* cydymdeimlwr.

sympathy, *n.* cydymdeimlad.

sympetalous, *a.* cydbetalog, â'r petalau ynghyd.

symphonic, *a.* symffonig, mewn cynghanedd.
    SYMPHONIC POEM, cathl symffonig.

symphony, *n.* symffoni, cyfansoddiad i offerynnau cerdd.

sympodial, *a.* amlgainc, simpodaidd.

symposium, *n.* 1. trafodaeth, casgliad o farnau ar bwnc.
2. gwledd.

symptom, *n.* arwydd (afiechyd, etc.), y cyn-gyflwr.

symptomatic, *a.* arwyddol.

synagogue, *n.* synagog, addoldy Iddewaidd.

synchronize, *v.* cyfamseru, cydddigwydd.

synchronous, *a.* cyfamserol, yn cydddigwydd.

syncopate, *v.* 1. byrhau gair (yn ei ganol), cywasgu.
2. trawsacennu.

syncopation, *n.* 1. trawsacen.
2. cywasgiad.

syncope, *n.* 1. byrhad gair, cywasgiad.
2. llewyg, llesmair.

syncromesh, *a.* (newid gêr yn) awtomatig. *n.* basg gyfamser.

syndesis, *n.* cymheirio.

syndicalism, *n.* syndicaliaeth.

syndicate, *n.* cwmni (o gyfalafwyr).

synecdoche, *n.* cydgymeriad, dull ymadrodd lle mae'r rhan yn dynodi'r cyfan.

synod, *n.* cymanfa eglwysig, synod, senedd.

synonym, *n.* (gair) cyfystyr.

synonymous, *a.* cyfystyr.

synopsis, *n.* crynodeb, cwtogiad, talfyriad.

synoptic, *a.* synoptig, o'r un safbwynt.

synovitis, *n.* llid pilen y cymal.

syntactic, syntactical, *a.* cystrawennol.

syntax, *n.* cystrawen, trefn geiriau mewn brawddeg.

synthesis, *n.* cyfosodiad, synthesis.

synthesize, *v.* cyfosod, synthesisio (Cemeg), gwneud cyfansawdd.

synthetic, *a.* cyfosodol, synthetig.

syphilis, *n.* clefyd gwenerol.

syringe, *n.* chwistrell. *v.* chwistrellu.

syrup, *n.* sudd, triagl melyn.

system, *n.* cyfundrefn, trefn, system.

systematic, *a.* cyfundrefnol, trefnus.

systematisation, *n.* cyfundrefniant, systematigaeth, trefnu yn ôl rheol.

systematize, *v.* cyfundrefnu, trefnu, dosbarthu.

T

tab, *n.* tafod, llabed, pwyntl.
tabard, *n.* cot laes (negesydd), tabar.
tabby, *n.* 1. cath fenyw, cath frech.
  2. sidan symudliw.
  3. clebren.
tabernacle, *n.* tabernacl, pabell.
table, *n.* 1. bord, bwrdd.
  2. tabl, taflen, llechres.
  v. taflennu, dodi ar fwrdd.
  THE ROUND TABLE, Y Ford Gron.
  THREE TIMES TABLE, tabl tri.
tableau, *n.* golygfa (ddramatig), tablo.
table-cloth, *n.* lliain bord (bwrdd).
table-d'hote, *n.* bwrdd cyffredin(ol)
  (mewn gwesty), pryd cyffredin(ol)
tableful, *n.* bordaid, byrddaid.
table-land, *n.* gwastatir, tirfwrdd.
tablespoon, *n.* llwy gawl, llwy fawr.
tablet, *n.* 1. llechen.
  2. tabled, pilsen.
tabloid, *a.* wedi ei gywasgu. *n.* tabled,
  pilsen.
taboo, *n.* ysgymunbeth, gwahardd-
  iad, tabŵ.
tabor, tabour, *n.* tabwrdd, drwm
  bach.
tabular, *a.* taflennol, yn rhesi.
tabulate, *v.* taflennu, trefnu'n rhesi.
tabulation, *n.* tafleniad, trefniad.
tabulator, *n.* taflen, un sy'n taflennu,
  peth sy'n taflennu.
tacit, *a.* dealledig, distaw, heb fod
  mewn geiriau.
  TACIT PREMISE, rhagosodiad deall-
  edig.
taciturn, *a.* tawedog, distaw.
taciturnity, *n.* tawedogrwydd, distaw-
  rwydd.
tack, *n.* 1. tac, hoelen fer.
  2. pwyth, brasbwyth, pwyth mawr.
  v. 1. tacio.
  2. pwytho, brasbwytho.
tackle, *n.* 1. taclau, offer, celfi.
  2. tacl (mewn rygbi), taclad.
  v. taclo, myned ynghyd â, ym-
  godymu â.
tackler, *n.* taclwr.
tact, *n.* tact, doethineb, synnwyr
  cyffredin.
tactful, *a.* doeth, pwyllog, synhwyrol.
tactical, *a.* celfydd, ystrywgar.
tactician, *n.* un celfydd (i gynllunio),
  cynllunydd, strategydd.
tactics, *np.* cynlluniau, tacteg.
tactile, *a.* yn meddu'r gallu i deimlo, y
  gellir ei deimlo, cyffyrddol.
tactism, *n.* tactism.

tactless, *a.* di-dact, annoeth, trwsgl.
tactlessness, *n.* diffyg tact, annoeth-
  ineb.
tactual, *a.* ynglŷn â theimlo neu
  gyffwrdd.
tadpole, *n.* penbwl, penbwla.
taffeta, *n.* taffeta, (math o ddefnydd
  sidan).
taffrail, taeffrel, *n.* canllaw llong.
tag, *n.* 1. pwyntl.
  2. clust, llabed.
  3. dywediad.
tail, *n.* cynffon, cwt, llosgwrn.
tail-board, *n.* borden ôl.
tail-light, *n.* golau ôl.
tailor, *n.* teiliwr. *v.* teilwra.
tailoress, *n.* teilwres.
tailoring, *n.* teilwriaeth.
taint, *n.* staen, mefl, haint. *v.* difwyno,
  llygru.
tainted, *a.* staenedig, llygredig, pwdr.
take, *v.* 1. cymryd, derbyn.
  2. dal, cynnwys.
  3. mynd â, dwyn.
  TO TAKE NOTICE, dal sylw.
  TO TAKE PLACE, digwydd.
  TO TAKE AFTER, yn debyg i.
  TO TAKE TO HIM, ei hoffi.
  TO TAKE OFF, 1. symud.
  2. cychwyn, esgyn.
  3. gwatwar, dynwared.
taking, *a.* atyniadol, deniadol.
takings, *np.* derbyniadau, enillion.
talcum, *n.* talcwm, powdr ymbincio.
tale, *n.* chwedl, stori, hanes, clec, clep.
tale-bearer, *n.* clepgi, clecyn, cleci.
talent, *n.* talent, dawn, gallu arbennig.
talented, *a.* talentog, dawnus, galluog.
talisman, *n.* swynbeth, swyn, cyf-
  aredd.
talk, *n.* siarad, ymddiddan, sôn, ym-
  gom, sgwrs. *v.* siarad, ymddiddan,
  chwedleua, sôn.
talkative, *a.* siaradus, parablus.
talker, *n.* siaradwr, ymgomiwr, llefar-
  wr.
talkies, *np.* lluniau llafar (sinema).
tall, *a.* tal, uchel.
tallage, *n.* tollaeth.
tallness, *n.* taldra, uchder.
tallow, *n.* gwêr.
tally, *n.* cyfrif, pren cyfrif, rhicbren.
  v. cyfateb, cytuno.
Talmud, *n.* Talmwd, llyfr cyfreithiau
  a thraddodiadau Iddewaidd.
talon, *n.* crafanc, ewin (aderyn).
tambourine, *n.* tambwrîn, drwm bach.

tame   tax

tame, *a.* 1. dof, gwâr.
    2. difywyd, diflas.
    3. llwfr, gwangalon, difywyd.
    v. dofi.
tameness, *n.* bod yn ddof (gwâr, di-
    fywyd, etc.), llwfrdra.
tamer, *n.* dofwr.
tamper, *v.* ymhel (â), ymyrryd (â).
tan, *n.* llosg haul. *v.* 1. llosgi yn yr haul,
    melynu.
    2. trin lledr, barcio.
    a. melyngoch.
tandem, *n.* tandem, beic i ddau.
tang, *n.* 1. sawr, blas cryf, blas an-
    nymunol.
    2. coes offeryn.
    3. gwymon.
tangent, *n.* tangiad, llinell gyffwrdd.
tangible, *a.* y gellir ei deimlo, syl-
    weddol, gwirioneddol.
tangle, *n.* dryswch, cymhlethdod,
    cymysgedd. *v.* drysu, cymysgu.
tank, *n.* tanc, dyfrgist.
tankard, *n.* diodlestr, tancard.
tanker, *n.* llong olew.
tanner, *n.* barcwr, barcer, crwynwr.
tannery, *n.* crwynfa, barcty, tanerdy.
tannic, *a.* o risgl, ynglŷn â rhisgl.
    TANNIC ACID, (asid) tannin.
tannin, *n.* defnydd i drin lledr, tannin.
tansy, *n.* tansi, gwyn y merched.
tantalise, *v.* blino, poeni, profocio.
tantalising, *a.* profoclyd, blin, poenus.
tantamount, *a.* cyfwerth, cyfystyr.
tantivy, *n.* carlam. *a.* ar garlam, yn
    gyflym.
tantrum, *n.* natur ddrwg, nwydau.
tap, *n.* 1. trawiad, cyffyrddiad ysgafn,
    cnith, cis.
    2. tap, feis (*dial*).
    3. edeufollt.
    v. 1. taro, cyffwrdd yn ysgafn.
    2. tapio, gollwng.
tape, *n.* incil, tâp, llinyn.
    MEASURING TAPE, llinyn mesur.
taper, *n.* cannwyll gŵyr, tapr. *v.* mein-
    hau.
tape-recorder, *n.* tâp-cofnodi.
tapering, *a.* blaenfain, blaenllym,
    pigfain.
tapestry, *n.* tapestri, brithlen, tapin.
tape-worm, *n.* llyngyren.
tapioca, *n.* tapioca.
tapir, *n.* tapir, (anifail o drofannau
    America).
tappet, *n.* taped, math o roden symud-
    ol mewn modur.
tap-root, *n.* praff-wreiddyn.

tar, *n.* 1. tar.
    2. morwr, llongwr.
    v. tario, dodi tar.
tardiness, *n.* hwyrfrydigrwydd, araf-
    wch.
tardy, *a.* hwyrfrydig, araf, ymarhous.
tare, *n.* 1. efrau.
    2. pwysau (cerbyd, bocs, etc.).
target, *n.* nod, targed.
tariff, *n.* 1. toll.
    2. rhestr taliadau.
tarn, *n.* llyn (ar fynydd).
tarnish, *v.* pylu, llychwino, anurddo.
tarpaulin, *n.* tarpolen, cynfas tar.
tarry, *v.* aros, oedi, trigo, preswylio.
    a. a thar arno.
tart, *n.* tarten, pastai, teisen blât.
    a. sur, egr, llym.
tartan, *n.* brithwe, plod.
tartar, *n.* 1. gwaddod gwin, cen ar
    ddannedd, tartar.
    2. un anhydrin neu drwsgl.
tartaric acid, *n.* asid tartar (a geir o
    sudd grawnwin, etc.).
task, *n.* gorchwyl, tasg, gwaith. *v.* rhoi
    tasg, trethu, llethu.
taskmaster, *n.* meistr gwaith, tasg-
    feistr, goruchwyliwr (llym).
tassel, *n.* tasel, tusw.
tasselled, *a.* taselog, â thasel.
taste, *n.* chwaeth, blas. *v.* chwaethu,
    blasu, profi, clywed (blas).
tasteful, *a.* chwaethus, blasus.
tasteless, *a.* di-flas, di-chwaeth, mer-
    faidd.
tastelessness, *n.* diflasrwydd, diffyg
    chwaeth.
tasty, *a.* 1. blasus.
    2. twt, taclus.
tatter, *n.* cerpyn, rhecsyn.
tattered, *a.* carpiog, rhacsog.
tattle, *v.* clebran, clegar. *n.* cleber,
    baldordd.
tattler, *n.* clebryn, clecyn, chwedleu-
    wr.
tattoo, *n.* tatŵ, (llun ar groen, neu sain
    drymau). *v.* torri llun (yn y croen).
taunt, *n.* dannod, gwawd, sen, edliw-
    iad. *v.* edliw, dannod.
taut, *a.* tyn.
tauten, *v.* tynhau.
tautologous, *a.* ailadroddol, cyfystyr-
    ol.
tautology, *n.* ailadrodd, cyfystyredd,
    tawtologaeth.
tavern, *n.* tafarn, tŷ tafarn, tafarndy.
tawdry, *a.* coegwych, coegfalch, gor-
    wych.
tawny, *a.* melynddu, melyn.
tax, *n.* treth. *v.* trethu, cyhuddo.

taxable, *a.* trethadwy, agored i'w drethu.

taxation, *n.* trethiad, treth.

taxed, *a.* wedi ei drethu, trethol.

tax-gatherer, *n.* casglwr trethi.

taxi, *n.* tacsi, car hurio.

taxidermist, *n.* stwffiwr anifeiliaid.

taxidermy, *n.* y weithred o stwffio anifeiliaid.

taximeter, *n.* offeryn tâl (ar dacsi).

tea, *n.* te.

    TEA-PARTY, te parti, téparti, gŵyl de.

teach, *v.* dysgu, addysgu.

teachable, *a.* addas neu hawdd ei ddysgu, hyfforddadwy.

teacher, *n.* athro (*fem.* athrawes).

teaching, *n.* dysgeidiaeth, athrawiaeth.

teak, *n.* tîc, (math o bren caled).

teal, *n.* hwyad, corhwyad.

team, *n.* gwedd, pâr, tîm.

team-spirit, *n.* ysbryd cyd-weithio.

teamster, *n.* gyrrwr gwedd.

team-work, *n.* cydweithrediad.

teapot, *n.* tebot.

tear, *n.* deigryn.

tear, *n.* rhwyg. *v.* 1. rhwygo, llarpio. 2. rhuthro.

tearful, *a.* dagreuol, wylofus.

tease, *v.* 1. poeni, blino, profocio. 2. cribo gwlân.

teasel, *n.* llysiau'r cribau.

teaser, *n.* 1. poenwr. 2. pos. 3. cribwr gwlân.

teaspoon, *n.* llwy de.

teaspoonful, *n.* llond llwy de.

teat, *n.* teth, diden.

technical, *a.* technegol.

    TECHNICAL COLLEGE, coleg technegol.

    TECHNICAL WORD, gair technegol, celfair.

technicality, *n.* gair technegol. *pl.* manylion technegol.

technician, *n.* technegwr.

technique, *n.* techneg, ffordd o weithredu.

technocracy, *n.* trefnu adnoddau diwydiannol gan dechnegwyr.

technologist, *n.* technolegwr.

technology, *n.* gwyddor dechnegol, technoleg.

teddy-boy, *n.* glaslanc (afreolus). *pl.* bechgynnach (*sg.* un o'r bechgynnach).

tedious, *a.* blin, poenus, hir.

tediousness, *n.* blinder.

tedium, *n.* diflastod, poen.

tee, *n.* 1. nod (chwarae coet). 2. twmpath golff.

    TEE SLOT, agoriad-T.

teem, *v.* heigio, epilio, yn frith o.

teeming, *a.* heigiog, epiliog.

teenager, *n.* un yn yr arddegau, arddegydd.

teens, *np.* arddegau.

    MIDDLE TEENS, pymthegau.

teeth-ridge, *n.* trum y dannedd.

teethe, *v.* torri dannedd.

teetotal, *a.* llwyrymwrthodol.

teetotaller, *n.* llwyrymwrthodwr.

teg, *n.* llwdn (blwydd).

telecast, *n.* telediad.

telecommunication, *n.* cysylltiad trwy'r teliffon, etc.

telefilm, *n.* teleffilm, ffilm teledu mewn sinema.

telegenic, *a.* yn addas i'w deledu.

telegram, *n.* teligram.

telegraph, *n.* teligraff. *v.* teligraffio.

telegraphist, *n.* teligraffydd.

telegraphy, *n.* teligraffiaeth.

teleological, *a.* dibenyddol, yn ymwneud â dibenion.

teleology, *n.* dibenyddiaeth, bwriadaeth.

telepathy, *n.* telepathi, cymundeb o bell.

telephase, *n.* olgyflwr.

telephone, *n.* teliffon, ffôn.

telephonic, *a.* trwy'r teliffon.

telephonist, *n.* teliffonydd.

telephony, *n.* teliffoniaeth.

teleprinter, *n.* teipiadur (a weithir trwy deligraffiaeth).

telerecording, *n.* telerecordiad.

telescope, *n.* telisgob, telisgop, ysbienddrych.

telescopic, *a.* trwy'r telisgob, fel telisgob, wedi bwrw ynghyd.

televiewer, *n.* un sy'n defnyddio set deledu, gwyliwr teledu.

televise, *v.* teledu.

television, *n.* teledu.

    TELEVISION BROADCAST, telediad.

    T. V. NEWSREEL, telenewyddion.

    TELEVISION SET, teledydd.

televisor, *n.* offeryn teledu, teledydd.

tell, *v.* 1. dywedyd, dweud, traethu, adrodd, mynegi. 2. cyfrif, rhifo.

    TO TELL OFF, 1. gorchymyn. 2. cyhuddo, cymhennu.

teller, *n.* 1. adroddwr, mynegwr. 2. rhifwr.

telling, *a.* cyrhaeddgar, trawiadol.

telltale, *a.* arwyddocaol, *n.* clepgi, clepiwr, clecyn, cleci.

temerity, *n.* rhyfyg, byrbwylltra, hyfdra, ehofndra, digywilydd-dra.

temper, *n.* tymer, natur, naws, tymer ddrwg. *v.* tymheru, tempro.

temperament, *n.* anian, natur, anianawd.

temperamental, *a.* gwamal, oriog, diddal.

temperance, *n.* cymedroldeb, dirwest.

temperate, *a.* cymedrol, sobr, tymherus, tymheraidd.

temperature, *n.* tymheredd.

tempest, *n.* tymestl, storm.

tempestuous, *a.* tymhestlog, stormus.

template, *n.* patrymlun, mold.

temple, *n.* 1. teml.
2. arlais.

tempo, *n.* tempo, amseriad.

temporal, *a.* 1. tymhorol, amserol, bydol.
2. yn perthyn i'r arleisiau.

temporary, *a.* dros amser, dros dro.

temporize, *v.* oedi, ymdroi, anwadalu.

tempt, *v.* temtio, denu, llithio.

temptation, *n.* temtiad, temtasiwn, profedigaeth.

tempter, *n.* temtiwr.

tempting, *a.* dengar, deniadol, hudolus, atyniadol.

ten, *a.* deg (deng).
TENS AND UNITS, degau ac unau.

tenable, *a.* y gellir ei ddal neu ei gadw.

tenacious, *a.* gafaelgar, glynol, cyndyn, gwydn.

tenacity, *n.* cyndynrwydd, gwydnwch.

tenancy, *n.* deiliadaeth, tenantiaeth.

tenant, *n.* deiliad, tenant.

tenantry, *n.* deiliaid, tenantiaid.

tench, *n.* math o bysgodyn, tens.

tend, *v.* 1. tueddu, gogwyddo.
2. gweini, tendio, gofalu am.

tendance, *n.* sylw, gofal, tendans.

tendency, *n.* tuedd, gogwydd.

tendentious, *a.* pleidiol, pleidgar.

tender, *n.* 1. cynnig.
2. llong neu gerbyd sy'n gweini ar arall.
a. tyner, mwyn, tirion.
v. cynnig, cyflwyno.
LEGAL TENDER, arian cymeradwy.

tender-hearted, *a.* tyner-galon.

tenderness, *n.* tynerwch.

tendon, *n.* gewyn, tendon.
CONTRACTED TENDONS, crebachdod y gewynnau.

tendril, *n.* tendril, crafanc planhigyn, amglwm, corn (malwen).

tenement, *n.* annedd, rhandy, daliad.

tenet, *n.* barn, tyb, cred.

tenfold, *a.* dengwaith.

tennis, *n.* tenis.
TENNIS COURT, cwrt tenis.
LAWN TENNIS, tenis maes.
TABLE TENNIS, tenis bord.

tenon, *n.* tenon, tyno.

tenor, *n.* 1. cwrs, cyfeiriad.
2. ystyr.
3. tenor.
TENOR CLEF, allwedd (cleff) y tenor.

tense, *n.* amser (gram.). *a.* 1. tyn.
2. angerddol, dwys.

tenseness, *n.* 1. tyndra.
2. angerdd, dwyster.

tensile, *a.* y gellir ei ymestyn, hydwyth.

tension, *n.* tyndra, pwys, croes-dynnu, tyniant, gwrthdynfa.

tent, *n.* pabell, lluest.

tentacle, *n.* teimlydd (gan anifail neu blanhigyn), tentacl.

tentative, *a.* arbrofiadol, ar brawf, dros dro.

tenter-hook, *n.* bach deintur.
ON TENTER-HOOKS, ar bigau'r drain, ar binnau.

tenth, *a.* degfed, degwm.

tenuity, *n.* meinder, teneuedd, prinder (awyr, etc.).

tenuous, *a.* tenau, main, prin, cynnil.

tenure, *n.* daliadaeth, daliad.

tepid, *a.* claear, lled dwym.

tepidity, *n.* claerineb.

tercentenary, *n.* trichanmlwyddiant.

term, *n.* 1. ymadrodd, gair, term.
2. tymor (o'r flwyddyn).
v. enwi, galw.
TERMS, telerau, amodau.

termagant, *n.* gwraig anynad, menyw gas. *a.* stwrllyd, gwyllt, anynad.

terminal, *a.* terfynol, tymhorol, termol. *n.* pen.

terminate, *v.* terfynu, dibennu, diweddu.

terminating, *a.* terfynus.
NON TERMINATING, annherfynus.

termination, *n.* terfyniad.

terminological, *a.* termegol.

terminology, *n.* termeg, dull geirio, diffiniad.

terminus, *n.* terfyn, pen.

termites, *n.* morgrug gwynion.

tern, *n.* gwennol y môr, môr-wennol.

terrace, *n.* teras, rhes (o dai).

terra-cotta, *n.* defnydd cerflunio, llestri pridd (heb eu sgleinio), *a.* melyngoch.

terrain, *n.* tir, ardal, bro.

terrestrial, *a.* daearol.

terrible, *a.* dychrynllyd, ofnadwy, arswydus.

terrier, *n.* daeargi, terier.
terrific, *a.* dychrynllyd, erchyll.
terrify, *v.* dychrynu, brawychu.
terrifying, *a.* brawychus, dychrynllyd, ofnadwy.
territorial, *a.* tiriogaethol, rhanbarthol.
territory, *n.* tir, tiriogaeth.
terror, *n.* dychryn, ofn, braw.
terrorise, *v.* dychrynu, brawychu.
terrorism, *n.* brawychiad, bygythiad, rheolaeth braw.
terrorist, *n.* bygylydd, brawychwr, ymosodwr, terfysgwr.
terror-stricken, *a.* wedi ei ddychrynu, brawychus.
terse, *a.* cryno, byr, cynhwysfawr.
terseness, *n.* crynoder, byrdra.
tertiary, *a.* trydyddol, ynglŷn â thrydydd.
tessellated, *a.* brith, brithwaith, amryliw.
test, *n.* 1. prawf.
   2. cragen, *v.* profi.
testa, *n.* plisgyn, cragen.
testacean, *n.* pysgod cregyn, anifail â chragen.
testament, *n.* 1. testament.
   2. llythyr cymyn, ewyllys.
testamentary, *a.* cymynnol, ewyllysiol.
testator, *n.* cymynnwr, dyn sy'n gwneud ewyllys.
testatrix, *n.* cymynwraig, gwraig sy'n gwneud ewyllys.
tester, *n.* profwr.
testicle, *n.* carreg.
testify, *v.* tystiolaethu, tystio.
testimonial, *n.* tysteb, tystlythyr.
testimony, *n.* tystiolaeth.
testy, *a.* croendenau, llidiog, croes, cwerylgar, sarrug.
tetanus, *n.* gên-glo, tetanws.
tête-a-tête, *n.* ymgom (rhwng dau), ymddiddan cyfrinachol.
tetrachord, *n.* tetracord, â phedwar tant.
tetrahedral, *a.* tetrahedrol.
tetrahedron, *n.* pigwrn, côn pedair ochr, tetrahedron.
tetrarch, *n.* llywodraethwr Rhufeinig (dros chwarter talaith), tetrarch.
tetroxide, *n.* tetrocsid.
tether, *n.* tennyn, rhaff, rheffyn. *v.* clymu, rhwymo.
text, *n.* testun.
   TO CHOSE A TEXT, codi testun.
text-book, *n.* gwerslyfr, testun-lyfr.

textile, *n.* defnydd (wedi ei wau), brethyn, lliain. *a.* gweol, wedi ei wau.
   TEXTILE INDUSTRY, diwydiant gwau (gweol).
textual, *a.* testunol, ynglŷn â'r pwnc.
texture, *n.* gwe, gwead, cymhlethiad.
thalloid, *a.* thalig.
than, *c.* na, nag.
thane, *n.* uchelwr (gynt).
thank, *v.* diolch, talu diolch.
   THANK YOU, diolch (i chwi).
thankful, *a.* diolchgar.
thankfulness, *n.* diolchgarwch.
thankless, *a.* di-ddiolch, anniolchgar.
thanklessness, *n.* anniolchgarwch.
thank-offering, *n.* aberth hedd, offrwm diolch.
thanks, *np.* diolch, diolchiadau.
thanksgiving, *n.* diolchgarwch.
that, *pn.* *(dem.)* hwn (hon) yna, hwnna, hwn (hon) acw, honna, hwnnw, hynny ; dyna, dacw. *(rel.)* a, y, yr. *a.* hwnnw, honno, hynny, yna, acw. *c.* mai, taw ; fel y(r).
thatch, *n.* to, to gwellt, *v.* toi.
thatcher, *n.* töwr (â gwellt, etc.).
thaw, *n.* dadlaith, dadmer. *v.* dadlaith, toddi, dadmer, meirioli.
the, *def. art.* y, yr, 'r.
theatre, *n.* theatr, chwaraedy, gwarwyfa.
theatrical, *a.* theatraidd. *np.* chwaraeon dramatig.
thee, *pn.* ti, tydi, tithau.
theft, *n.* lladrad, ysbeiliad.
their, *pn.* eu.
theirs, *pn.* eiddynt, yr eiddynt (hwy).
theism, *n.* thëistiaeth, duwiaeth.
theist, *n.* un sy'n credu yn Nuw, thëist.
theistical, *a.* duwiaethol.
them, *pn.* hwy, hwynt, hwythau.
theme, *n.* thema, testun, pwnc.
themselves, *pn.* eu hunain.
then, *ad.* y pryd hwnnw ; yna, wedyn, wedi hynny. *c.* yna, am hynny ; ynteu.
   NOW AND THEN, yn awr ac yn y man, weithiau.
   EVERY NOW AND THEN, o bryd i'w gilydd.
thence, *ad.* oddi yno.
thenceforth, *ad.* o'r amser hwnnw.
theocracy, *n.* theocrataeth, duwlywodraeth.
theodolite, *n.* telisgob mesur tir.
theologian, *n.* diwinydd.
theological, *a.* diwinyddol.
   THEOLOGICAL COLLEGE, coleg diwinyddol.

theology, *n.* diwinyddiaeth.

theorem, *n.* theorem, gosodiad i'w brofi.

theoretical, *a.* damcaniaethol, mewn theori.

theorise, *v.* damcanu, tybio, damcaniaethu.

theorist, *n.* damcanwr, damcaniaethwr.

theory, *n.* damcaniaeth, tybiaeth, theori.

therapeutic, *a.* yn ymwneud â iechyd, meddygol, iachaol.

therapeutics, *np.* therapiwteg.

therapy, *a.* therapiwtig.

there, *ad.* yna, yno, acw ; dyna, dacw.

thereabout(s), *ad.* tua hynny, o boptu i hynny.

thereafter, *ad.* wedyn.

thereat, *ad.* ar hynny, yna.

thereby, *ad.* trwy hynny.

therefore, *c.* gan hynny, am hynny, felly.

therefrom, *ad.* oddi yno.

therein, *ad.* yno, ynddo, yn hynny, etc.

thereof, *ad.* o hynny, am hynny.

thereto, *ad.* at hynny.

thereupon, *ad.* ar hynny.

therewith, *ad.* gyda hynny.

therm, *n.* therm, uned mesur nwy.

thermal, *a.* 1. thermol.
2. yn ymwneud â ffynhonnau poeth.

thermometer, *n.* thermomedr, mesurydd gwres.

thermo-nuclear, *a.* yn ymwneud â ffrwydradau atomig, thermoniwcliar.

thermostat, *n.* thermostad, offeryn rheoli gwres.

thesaurus, *n.* trysorfa (gwybodaeth), geiriadur, gwyddoniadur.

these, *pn.* y rhai hyn, y rhain. *a.* hyn.

thesis, *n.* 1. thesis, traethawd, ysgrif.
2. gosodiad, testun.

thews, *np.* 1. cyhyrau.
2. grym, nerth, ynni.

they, *pn.* hwy, hwynt, hwythau.

thick, *n.* canol, trwch. *a.* 1. tew, trwchus, praff.
2. aml, lluosog.
ad. yn dew, yn aml, yn fynych.

thicken, *v.* tewhau, tewychu.

thicket, *n.* llwyn, prysglwyn, manwydd.

thick-headed, *a.* pendew, hurt, twp.

thickness, *n.* trwch, praffter, tewder.

thick-set, *a.* cydnerth, byrdew (am berson) ; tew, aml, trwchus (am goed, etc.).

thick-skinned, *a.* heb gymryd sylw, croendew, goddefgar.

thief, *n.* lleidr, lladrones, ysbeiliwr.

thieve, *v.* lladrata, dwyn, dwgyd (*dial*).

thievish, *a.* lladronllyd.

thigh, *n.* clun, morddwyd.

thimble, *n.* gwniadur.

thin, *a.* 1. tenau, main, cul.
2. anaml, prin.
v. teneuo.

thine, *pn.* eiddot, yr eiddot (ti), dy.

thing, *n.* peth, gwrthrych.

think, *v.* meddwl, synied, tybied, tybio, credu, ystyried, bwrw.

thinkable, *a.* meddyladwy, dirnadwy, y gellir ei synied, hygoel.

thinker, *n.* meddyliwr.

thinking, *n.* meddwl, barn, tyb.
a. meddylgar.

thinness, *n.* teneuwch, teneuder, meinder.

third, *a.* trydydd, trydedd. *n.* traean.

thirdly, *ad.* yn drydydd.

thirst, *n.* syched. *v.* sychedu.

thirsty, *a.* sychedig.
I AM THIRSTY, y mae syched arnaf.

thirteen, *a.* tri ar ddeg, tair ar ddeg, un deg tri (tair).

thirteenth, *a.* trydydd ar ddeg.

thirtieth, *a.* degfed ar hugain.

thirty, *a.* deg ar hugain, tri deg.

this, *a. pn.* hwn, hon, hyn.
THIS DAY, heddiw, y dydd hwn.
THIS NIGHT, heno, y nos hon.
THIS YEAR, eleni.

thistle, *n.* ysgallen, ysgellyn.

thistle (sow), *n.* llaethysgall, ysgall y moch.

thistle-down, *n.* had ysgall.

thistly, *a.* ysgallog.

thither, *ad.* yno, tuag yno.
HITHER AND THITHER, yma ac acw, yn ôl ac ymlaen.

thong, *n.* carrai.

thorax, *n.* y ddwyfron, y frest, thoracs.

thorn, *n.* draen, draenen.

thorn-bush, *n.* llwyn drain.

thorny, *a.* dreiniog, pigog.

thorough, *a.* trwyadl, trylwyr.

thoroughbred, *a.* tryryw, rhywiog, o rywogaeth dda.

thoroughfare, *n.* tramwyfa, heol agored.

thorough-going, *a.* trwyadl, di-ildio, cyndyn.

thoroughness, *n.* trylwyredd.

those, *pn.* y rhai hynny, y rhai yna, y rheiny, y rheini. *a.* hynny, yna.

thou, *pn.* ti, tydi, tithau.

though, *c.* er, serch, pe, cyd. *ad.* er hynny, serch hynny.
AS THOUGH, fel pe bai.

thought, *n.* meddwl, ystyriaeth.
thoughtful, *a.* meddylgar, ystyriol.
thoughtfulness, *n.* meddylgarwch.
thoughtless, *a.* difeddwl, anystyriol.
thoughtlessness, *n.* diffyg meddwl.
thousand, *a.* mil.
thousandth, *a.* milfed.
thraldom, *n.* caethiwed.
thrall, *n.* 1. caethwas, caethferch.
2. caethwasiaeth, caethiwed.
thrash, *v.* dyrnu, ffusto, curo.
thrashing, *n.* curfa, coten, cweir.
thread, *n.* edau, edefyn. *v.* dodi edau mewn nodwydd, dodi ar edau.
threadbare, *a.* llwm, treuliedig, wedi treulio, tenau.
threat, *n.* bygythiad.
threaten, *v.* bygwth.
threatening, *a.* bygythiol.
three, *a.* tri, tair.
THREE DAYS, tri diwrnod, tridiau.
three-cornered, *a.* trichornel, teirongl.
threefold, *a.* triphlyg.
three-legged, *a.* teircoes, trithroed, teirtroed.
threepence, *n.* tair ceiniog, pisyn tair.
threescore, *a.* trigain, chwe deg.
thresh, *v.* dyrnu, ffusto.
thresher, *n.* dyrnwr, ffustwr, peiriant dyrnu.
threshold, *n.* trothwy, hiniog, rhiniog.
thrice, *ad.* teirgwaith.
thrift, *n.* darbodaeth, cynildeb.
thriftless, *a.* gwastraffus, afradlon.
thrifty, *a.* darbodus, cynnil, diwastraff.
thrill, *n.* ias, gwefr. *v.* peri neu glywed ias, gwefreiddio, cyffroi.
thrilling, *a.* cyffrous, gwefreiddiol, iasol.
thrive, *v.* dyfod ymlaen, ennill tir, llwyddo, ffynnu, blodeuo.
throat, *n.* gwddf, gwddw, gwddwg, corn gwddf.
throaty, *a.* gyddfol.
throb, *v.* dychlamu, curo.
throe, *n.* poen, gloes, gwewyr.
thrombosis, *n.* torthen (clot) mewn gwythïen, thrombosis.
throne, *n.* gorsedd, gorseddfainc.
throng, *n.* torf, tyrfa, llu. *v.* tyrru, heidio, llifo.
throstle, *n.* bronfraith (fach).
throttle, *n.* 1. corn gwynt, corn gwddf, breuant.
2. falf nwy, throtl.
v. llindagu, tagu.
through, *prp.* trwy, drwy. *ad.* drwodd.
THROUGH TICKET, tocyn bob cam.
throughout, *prp.* trwy, trwy gydol. *ad.* o ben bwy gilydd, drwodd.

throw, *n.* tafliad.   *v.* taflu, lluchio, bwrw, hyrddio.
thrower, *n.* taflwr.
thrum, *n.* eddi, edafedd. *v.* 1. tynnu (ar dannau).
2. hymian, mwmian.
thrum-eyed, *a.* llygad siobyn.
thrush, *n.* 1. bronfraith, tresglen.
2. clwy bywyn y carn.
3. dolur y gwddf, llindag.
thrust, *n.* gwth, hwrdd, hergwd, hwb, hwp, brath. *v.* gwthio, hwpo, hwpio, gwanu, ymwthio.
thud, *n.* twrf, sŵn trwm.
thug, *n.* llindagwr, ysbeiliwr.
thumb, *n.* bawd. *v.* bodio.
RULE OF THUMB, synnwyr bawd.
thump, *n.* pwniad, dyrnod. *v.* pwnio, dyrnu, curo.
thumping (*coll.*), *a.* aruthrol, anferth, anghyffredin.
thunder, *n.* taranau, tyrfau, trystau. *v.* tyrfo, taranu.
THUNDER AND LIGHTNING, tyrfau a lluched, mellt a tharanau.
thunderbolt, *n.* llucheden, mellten, taranfollt, bollt.
thunderclap, *n.* taran, twrf.
thundering, *a.* taranllyd, aruthr, anghyffredin.
thunderstorm, *n.* storm o law tyrfau (taranau).
thunder-struck, *a.* wedi synnu, wedi rhyfeddu.
Thursday, *n.* dydd Iau, Difiau (*coll.*).
thus, *ad.* fel hyn, felly.
thwack, *v.* taro (â pheth trwm), pwnio.
thwart, *v.* croesi, gwrthwynebu, rhwystro.
thy, *pn.* dy, 'th.
thyme, *n.* teim, (planhigyn aroglus).
thyroid, *a.* thiroid, yn ymwneud â'r larinces.
thyself, *pn.* dy hun, dy hunan.
tiara, *n.* coron, coronig, penwisg, addurn.
tibia, *n.* asgwrn y grimog (crimp).
tick, *n.* 1. trogen (pryfyn).
2. tipian, tic (cloc, etc.).
3. lliain (gwely plu neu fatras).
4. nod, marc.
v. 1. tipian, ticio.
2. marcio, ticio.
ON TICK, ar goel.
TO TICK OVER, troi'n araf, (peiriant modur).
ticket, *n.* ticed, tocyn.
tickle, *n.* goglais. *v.* goglais, gogleisio.
ticklish, *a.* 1. gogleisiol. 2. anodd, dyrys.

tics, *np.* ticiau.

tidal, *a.* perthynol i'r llanw.

tidal-wave, *n.* blaen llanw, ton anferth.

tide, *n.* 1. llanw.

　2. amser, pryd.

　TURN OF THE TIDE, blaen llanw.

　SPRING TIDE, gorllanw.

tidiness, *n.* taclusrwydd, crynodeb.

tidings, *np.* newyddion.

tidy, *a.* cryno, taclus, twt, trefnus, destlus, cymen, graenus. *v.* tacluso, cymhennu, trefnu, crynhoddi (*dial.*)

tie, *n.* 1. cwlwm, clwm.

　2. cadach, tei.

　3. tyniant.

　v. 1. clymu, rhwymo.

　2. bod yn gyfartal.

tied, *a.* rhwym, caeth.

　TIED NOTES, nodau clwm.

tie-line, *n.* clymlin.

tier, *n.* rhes (o seddau neu dai, etc.).

tiff, *n.* ffrae fach, cweryl, ymrafael.

tiger, *n.* teigr.

tigerish, *a.* teigraidd.

tight, *a.* tyn, diddos, cyfyng, clòs, cyndyn.

tights, *np.* dillad tynion.

tighten, *v.* tynhau.

tightness, *n.* tyndra.

tigress, *n.* teigres.

tile, *n.* teilsen. *v.* toi (â theils).

tiler, *n.* towr, tôwr, tiler.

till, *prp.* hyd, hyd at, tan. *c.* hyd oni, nes.

till, *v.* trin (tir), amaethu. *n.* drâr arian, til.

tillage, *n.* triniaeth (tir), tir âr, âr.

tiller, *n.* 1. llafurwr, ffermwr, triniwr.

　2. cadeiren (*botany*).

　3. dolen llyw (llong).

tilt, *n.* 1. gogwydd, goleddf.

　2. gwth, brath.

　v. 1. gogwyddo.

　2. gwthio, gwanu.

tilth, *n.* âr, tir ffaeth, tymer (tir).

timbal, *n.* drwm bach.

timber, *n.* coed, pren. *v.* coedio.

timbering, *n.* gwaith coed.

timbre, *n.* sain, ansawdd, swn.

timbrel, *n.* tympan, tabwrdd.

time, *n.* 1. amser, pryd, adeg, tymor.

　2. tro, gwaith.

　v. amseru, cadw amser.

　TIME SIGNATURE, arwydd amser (miwsig).

　IN TIME, 1. mewn pryd.

　2. ymhen ychydig.

　ON TIME, i'r funud.

　AT TIMES, ar adegau, ar brydiau.

　FOR THE TIME BEING, am y tro.

　FOR SOME TIME, ers meitin.

　SIGNS OF THE TIMES, arwyddion yr amserau.

　AT THE TIME, ar y pryd, ar yr adeg.

　SPARE TIME, oriau hamdden, oriau segur.

　A GOOD TIME, byd da, pleser.

　FROM TIME TO TIME, o bryd i'w gilydd.

　MANY TIMES, droeon, lawer gwaith.

time-honoured, *a.* parchus (oherwydd ei hynafiaeth), hybarch.

timing, *n.* amseriad.

time-keeper, *n.* amserwr, cofnodwr amser, cloc, wats.

timeliness, *n.* prydlondeb, addasrwydd.

timelessness, *n.* diamseredd.

timely, *a.* amserol, prydlon.

timepiece, *n.* cloc, wats.

time-server, *n.* sioni-bob-ochr, cynffonnwr.

time-table, *n.* taflen amser, taflen gwaith.

timid, *a.* ofnus, swil, digalon, gwangalon.

timidity, *n.* ofnusrwydd, swildod, gwangalondid.

timorous, *a.* ofnus, ofnog, di-asgwrncefn.

timpano, *n.* tympan, drwm bach.

tin, *n.* alcam, tun. *v.* alcamu.

tincture, *n.* 1. trwyth, tentur.

　2. lliw.

　v. lliwio.

tinder, *n.* peth hawdd ei gynnau, tendar, gosgymon.

tinder-box, *n.* blwch tân.

tine, *n.* dant (og, crib, etc.), ewin (fforch).

ting, *n.* tincian, swn cloch. *v.* tincian.

tinge, *n.* lliw, arlliw, gwawr. *v.* lliwio, arlliwio.

tingle, *v.* gwefreiddio, goglais, gwrido, merwino, tincian.

tinker, *n.* tincer, cyweiriwr llestri tun.

tinkle, *v.* tincial, tincian.

tinkling, *n.* tincian.

tinned, *a.* mewn tun, tun.

tinsel, *n.* peth gwael, peth coegwych, tinsel.

tint, *n.* lliw, arlliw, gwawr. *v.* lliwio, arlliwio.

tinworker, *n.* alcamwr, gweithiwr tun.

tiny, *a.* bychan, bach, pitw, piti, mân.

tip, *n.* 1. blaen, brig, pen, top.

　2. awgrym, cyngor.

　3. cil-dwrn, gwobr, tip.

　4. tip, tomen.

v. 1. blaenu, dodi blaen ar.
   2. troi, dymchwelyd.
   3. gwobrwyo, rhoi cil-dwrn.
tippet, *n.* tiped, mantell, clogyn.
tipple, *v.* llymeitian, diota (cyson).
tippler, *n.* diotwr, meddwyn.
tipstaff, *n.* cwnstabl, rhingyll.
tipster, *n.* un sy'n rhoi awgrym (pa geffyl a enilla).
tipsy, *a.* meddw, brwysg, hanner meddw.
tiptoe, *n.* blaen troed.
   ON TIPTOE, ar flaenau'r traed.
tip-top, *a.* campus, ardderchog, penigamp.
tirade, *n.* araith lem, cyhuddiad ffyrnig.
tire, *v.* blino, diffygio, danto (*dial.*)
tire, tyre, *n.* cylch, cant, teiar.
tired, *a.* blinedig, lluddedig.
tiredness, *n.* blinder, lludded.
tireless, *a.* di-flino, dyfal, dygn.
tiresome, *a.* blinderus, blin, plagus, poenus.
tissue, *n.* 1. meinwe, manwe.
   2. defnydd cnawd, cnodwe.
   TISSUE PAPER, papur sidan.
   SCAR TISSUE, meinwe creithiog.
tit (family), *n.* yswidw, yswigw, titw.
titanic, *a.* cawraidd, anferth, enfawr, aruthrol.
titbit, *n.* amheuthun, peth blasus.
tithe, *n.* degwm, y ddegfed ran. *v.* degymu, trethu.
titivate, *v.* pincio, tacluso, ymbincio, ymdacluso, twtio.
titlark, *n.* hedydd y waun, ehedydd bach, pibydd y waun.
title, *n.* teitl, enw, hawl, cyfenw.
titled, *a.* â theitl.
title-deed, *n.* dogfen hawlfraint neu hawl.
title-page, *n.* wynebddalen.
titmouse, *n.* gwas y dryw, yswidw, glas bach y wal.
titter, *n. v.* lledchwerthin, cilchwerthin.
tittle, *n.* 1. gronyn, mymryn, tipyn.
   2. marc uwchben llythyren.
tittle-tattle, *n.* cleber, clep.
titular, *a.* mewn enw.
to, *prp.* i, tua, at, hyd at, yn.
toad, *n.* llyffant, llyffant du.
toadflax, *n.* llin y llyffant, llin y forwyn.
toadstool, *n.* caws llyffant, bwyd y boda, bwyd y barcut, madalch, madarch.
toady, *n.* cynffonnwr. *v.* cynffonna, bod yn wasaidd.

toast, *n.* 1. tost, bara crasu.
   2. llwncdestun, ' iechyd,' yfair.
v. 1. tostio, crasu.
   2. yfed iechyd, cynnig llwncdestun.
tobacco, *n.* tybaco, baco.
   TWIST TOBACCO, baco main.
tobacconist, *n.* gwerthwr tybaco.
toboggan, *n.* tybogan, sled fach.
tocsin, *n.* cloch-rybudd, larwm.
today, *ad.* heddiw.
toddle, *v.* llusgo cerdded (fel baban).
toddler, *n.* plentyn bach.
toe, *n.* bys troed. *v.* cyffwrdd â blaen y droed.
   ON THE TOES, ar flaenau'r traed.
toe-cap, *n.* blaen esgid, trwyn esgid, capandrwyn.
toffee, *n.* taffi, toffi, cyflaith, melysion.
toga, *n.* twyg, toga, (gwisg Rufeinig).
together, *ad.* ynghyd, gyda'i gilydd, cyd-.
toil, *n.* llafur. *v.* llafurio, ymboeni.
toiler, *n.* llafurwr, gweithiwr.
toilet, *n.* 1. trwsiad, gwisgiad, twtiad.
   2. ystafell wisgo ac ymolchi.
   3. ymolchi.
   4. tŷ bach, lafatri.
toils, *np.* magl, rhwyd.
toilsome, *a.* llafurus, trafferthus, poenus.
token, *n.* arwydd, arwyddlun, tocyn.
   TOKEN PAYMENT, rhan-dâl.
tolerable, *a.* goddefol, gweddol, cymedrol.
tolerance, *n.* goddefgarwch, goddefiant.
tolerant, *a.* goddefgar, yn cydymddwyn â.
tolerate, *v.* goddef, caniatáu, cydymddŵyn.
toleration, *n.* goddefiad. goddefgarwch.
toll, *n.* 1. toll, treth.
   2. canu (cloch).
v. 1. tolli, codi toll.
   2. cnulio, canu (cnul, cloch).
tollbooth, *n.* tollfa.
toll-gate, *n.* tollborth, tollglwyd.
tomahawk, *n.* bwyell (Indiaid Cochion).
tomato, *n.* tomato.
tomb, *n.* bedd, beddrod.
tomboy, *n.* hoeden, rhampen.
tombstone, *n.* carreg fedd, beddfaen.
tom-cat, *n.* cath wryw, gwrcath.
tome, *n.* cyfrol fawr, llyfr mawr.
tomfoolery, *n.* ynfydrwydd, ffwlbri, lol.
tomorrow, *ad.* yfory.
   THE DAY AFTER TOMORROW, trennydd.

tomtit, *n.* gwas y dryw, yswidw.

tomtom, *n.* drwm (Affrig, etc.).

ton, *n.* tunnell.

tonal, *a.* tonaidd.

 TONAL ANSWER, ateb tonaidd.

 TONAL SEQUENCE, dilyniant tonaidd.

tone, *n.* 1. tôn, goslef.

 2. lliw, gwawr.

 3. tyndra, ffyrfedd priodol (yn y cyhyrau, etc.), cywair, cyflwr.

 TO TONE DOWN, tyneru, lleihau (sŵn, etc.), gostwng.

tongs, *np.* gefel.

tongue, *n.* 1. tafod.

 2. iaith, tafodiaith, lleferydd.

 BLADE OF TONGUE, llafn.

 TIP OF TONGUE, blaen tafod.

 FRONT OF TONGUE, rhaglafn (seineg)

tongue-tied, *a.* distaw, dywedwst, tafodrwym.

tonic, *n.* tonig, meddyginiaeth gryfhaol.

tonight, *ad.* heno.

tonnage, *n.* pwysau llwyth (llong), toll.

 TONNAGE AND POUNDAGE, treth gasgen.

tonsil, *n.* tonsil, chwarren y gwddf.

tonsure, *n.* yr arfer o eillio corun (mynach, etc.), tonsur, corun moel.

tonsillitis, *n.* llid y tonsil.

tonus, *n.* tonws, ystwythder.

too, *ad.* rhy, gor-, hefyd.

 TOO MUCH, gormod.

tool, *n.* offeryn, arf, teclyn, *pl.* celfi.

 EDGED TOOLS, celfi min.

tool-bar, *n.* bar offer.

toot, *n.* sŵn corn, twt. *v.* canu corn.

tooth, *n.* dant (*pl.* dannedd), cocos (olwyn).

 FORE TEETH, dannedd blaen.

 BY THE SKIN OF THE TEETH, o'r braidd.

 TO FIGHT TOOTH AND NAIL, â'r holl egni.

toothache, *n.* dannoedd.

tooth-brush, *n.* brws dannedd.

toothed, *a.* danheddog.

toothless, *a.* diddannedd, mantach.

toothpick, *n.* peth i bigo dannedd.

tooth-powder, *n.* powdr dannedd.

toothsome, *a.* danteithiol, blasus.

top, *n.* 1. pen, brig, blaen, copa, top.

 2. corn tro (tegan).

 v. 1. tocio, torri brig.

 2. rhagori (ar).

 3. gorchuddio, dodi dros.

topaz, *n.* topas, (mwyn gwerthfawr).

top-coat, *n.* cot fawr.

top-hat, *n.* het uchel, het sidan.

top-heavy, *a.* pendrwm.

topic, *n.* pwnc, testun, mater.

topical, *a.* pynciol, amserol, testunol.

topmost, *a.* uchaf.

topographical, *a.* daearyddol.

topography, *n.* daearyddiaeth leol.

topping (*coll.*), *a.* campus, ardderchog, penigamp.

topple, *v.* cwympo, syrthio, dymchwelyd, ymhoelyd.

topsyturvy, *ad.* wyneb i waered, bendramwnwgl, blith draphlith.

tor, *n.* pen mynydd, bryn cribog, craig.

torch, *n.* ffagl, lamp drydan, tors.

torchbearer, *n.* ffagl-gludydd.

torch-light, *n.* golau tors.

toreador, *n.* ymladdwr teirw (Ysbaen).

torment, *n.* poenedigaeth. *v.* poenydio, poeni, cythruddo.

tormentor, *n.* poenydiwr, poenwr.

tornado, *n.* corwynt, trowynt.

torpedo, *n.* torpido.

torpid, *a.* marwaidd, cysglyd, swrth.

torpidity, torpor, *n.* marweidd-dra, cysgadrwydd.

torque, *n.* torch, gwddfdorch.

torrent, *n.* cenllif, ffrydlif, llifeiriant.

torrential, *a.* llifeiriol, trwm.

torrid, *a.* poeth, crasboeth.

 TORRID ZONE, Cylchfa Grasboeth.

torsion, *n.* tro, cwlwm.

torso, *n.* corff (heb y pen a'r aelodau), torso.

tort, *n.* cam, niwed.

tortoise, *n.* crwban.

tortoise-shell, *n.* cragen crwban.

tortuous, *a.* troellog, trofaus, a thro ynddo.

torture, *n.* artaith, dirboen. *v.* arteithio, dirboeni, dirdynnu, poenydio.

torturer, *n.* arteithiwr, poenydiwr.

tory, *n.* ceidwadwr, tori. *a.* ceidwadol, torïaidd.

toryism, *n.* torïaeth, daliadau tori (ceidwadwr).

toss, *n.* tafliad. *v.* taflu, lluchio, ymrwyfo.

tot, *n.* peth bach, ychydig. *v.* adio.

total, *n.* cyfanrif, cyfanswm, y cyfan. *a.* cwbl, cyfan, hollol.

totalitarian, *a.* totalitaraidd, heb ganiatáu gwrthwynebiad.

totality, *n.* crynswth, cyfanswm, cyfan.

totalizator, *n.* offeryn (peiriant) betio.

totem, *n.* arwyddlun (llwyth), totem.

totter, *v.* siglo, gwegian.

tottering, *a.* sigledig, ar gwympo.

toucan, *n.* towcan, (aderyn â phig mawr).

touch, *n.* cyffyrddiad, teimlad. *v.* cyff-wrdd, teimlo.

TOUCH AND RUN, chwarae cis, chwarae tyts.

touching, *a.* teimladwy. *prp.* ynglŷn â.

touch-line, *n.* llinell ochr, ffin yr ochr, ystlys.

touchstone, *n.* maen prawf, safon.

touchwood, *n.* pren pwdr, pren hawdd ei gynnau.

touchy, *a.* croendenau, llidiog, croes.

tough, *a.* gwydn, cyndyn, caled.

toughen, *v.* gwneud yn wydn, ym-gyndynnu.

toughness, *n.* gwydnwch.

tour, *n.* taith, siwrnai. *v.* teithio, mynd ar siwrnai.

tourist, *n.* teithiwr.

tournament, *n.* twrneimant, cystad-leuaeth, ymryson chwarae.

tourniquet, *n.* offeryn i atal gwaed.

tousle, *v.* annibennu, anhrefnu.

tousled, *a.* anhrefnus, anniben.

tout, *v.* 1. sbio (am wybodaeth).
2. ceisio cwsmeriaeth. *n.* towt.

tow, *n.* 1. carth.
2. llusg.
v. llusgo, tynnu.

towage, *n.* 1. llusgiad.
2. llusgdal.

toward, towards, *prp.* tua, tuag at, at.

towel, *n.* lliain sychu, tywel.

tower, *n.* tŵr. *v.* sefyll yn uchel, esgyn.

towering, *a.* uchel iawn.

town, *n.* tref, tre.

town-clerk, *n.* clerc y dref.

town-council, *n.* cyngor y dref.

town-crier, *n.* criwr y dref, cyhoedd-wr tref.

town-hall, *n.* neuadd y dref.

townlet, *n.* treflan.

township, *n.* trefgordd, darn o blwyf.

townsman, *n.* trefwr.

tow-rope, *n.* llusgraff, rhaff dynnu.

toxaemia, *n.* gwenwyniad, tocsemia.

toxic, *a.* gwenwynig.

toxicity, *n.* gwenwyndra.

toxicology, *n.* tocsicoleg, astudiaeth o wenwyn.

toxin, *n.* gwenwyn.

toy, *n.* tegan. *v.* chwarae â, cellwair.

trace, *n.* 1. ôl, trywydd.
2. arlliw.
3. blaenllinyn, gyt. *pl.* tresi (ceffyl).
v. 1. olrhain, dilyn.
2. amlinellu, dargopïo.
TRACE ELEMENTS, elfennau prin.

traceable, *a.* olrheiniadwy.

tracery, *n.* rhwyllwaith, addurn.

trachea, *n.* pibell wynt, breuant.

tracing, *n.* olrhead, olrheiniad.

track, *n.* 1. ôl.
2. llwybr, ffordd.
3. trac (rhedeg).
v. olrhain, dilyn.

trackless, *a.* di-lwybr, heb ôl, an-sathredig.

track-rod, *n.* gwialen lwybro, rhoden lwybro.

track-suit, *n.* tracwisg.

tract, *n.* 1. ardal, parth.
2. traethodyn, llyfryn.

tractable, *a.* hydrin, hywedd, hawdd ei drin.

traction, *n.* tyniad.

traction-engine, *n.* tractor.

tractor, *n.* tractor.

trade, *n.* 1. busnes, masnach.
2. galwedigaeth, crefft.
v. masnachu, prynu a gwerthu.
BOARD OF TRADE, Bwrdd Masnach.
TRADE SCHOOL, ysgol grefft.

trade-mark, *n.* nod masnach.

trader, *n.* masnachwr.

tradesman, *n.* masnachwr, siopwr.

trade-union, *n.* undeb llafur.

trade-wind, *n.* gwynt y dwyrain, gwynt y cyhydedd, gwynt trafnid.

tradition, *n.* traddodiad.

traditional, *a.* traddodiadol,

traduce, *v.* cablu, enllibio, difenwi.

traducement, *n.* cabledd.

traduction, *n.* traddwythiad (*logic*), trosglwyddiad.

traffic, *n.* trafnidiaeth, masnach, tramwy, traffig. *v.* trafnidio, mas-machu, tramwy.
TRAFFIC LIGHTS, goleuadau traffig.

trafficator, *n.* cyfeirydd (symudol ar fodur).

tragedian, *n.* trasiedydd, actor mewn trasiedi, awdur trasiedi.

tragedienne, *n.* trasiedyddes.

tragedy, *n.* trasiedi, trychineb, galan-as.

tragic, *a.* trychinebus, echryslon, enbyd.

trail, *n.* ôl, trywydd, llwybr. *v.* 1. llusgo.
2. dilyn trywydd.

trailer, *n.* 1. ôl-gerbyd, ôl-gart.
2. dilynwr trywydd.
3. dringiedydd.
4. rhaglun (ffilm).

train, *n.* 1. gosgordd.
2. godre, cynffon.
3. trên.
4. rhes, cyfres.

v. 1. hyfforddi, meithrin.
2. ymarfer, treinio.
UNDERGROUND TRAIN, trên-tan-
ddaear.

trainer, *n.* hyfforddwr, dysgwr, athro,
cyfarwyddwr, treiniwr.

training, *n.* hyfforddiant, dysg, cyf-
arwyddyd, ymarfer. *a.* hyfforddiad-
ol.
TRAINING GROUND, maes ymarfer.
TRAINING COLLEGE, coleg hyfforddi.
EMERGENCY TRAINING COLLEGE,
coleg brys.

trait, *n.* nodwedd, un o deithi.

traitor, *n.* bradwr, bradychwr, traetur.

traitorous, *a.* bradwrus, dichellgar,
twyllodrus.

trajectory, *n.* llwybr ergyd (neu
gomet), taflwybr.

tram, *n.* tram, dram.

tramcar, *n.* tram.

trammel, *n.* rhwystr, rhwyd. *v.* rhwys-
tro, lluddias, rhwydo.

tramp, *n.* crwydryn, tramp. *v.* crwy-
dro, cerdded.

trample, *v.* sathru, damsang, mathru,
sarnu.

tramway, *n.* tramffordd.

trance, *n.* llewyg, llesmair.

tranquil, *a.* tawel, llonydd, digyffro,
digynnwrf.

tranquility, *n.* tawelwch, llonyddwch.

trans-, *px.* tros-, tra-, try-, traws-.

transact, *v.* trin, trafod.

transaction, *n.* trafodaeth, ymdrafod-
aeth.

transactions, *np.* trafodion.

transatlantic, *a.* dros Iwerydd.

transcend, *v.* rhagori (ar), bod uwch-
law.

transcendence, *n.* rhagoriaeth, blaen-
oriaeth.

transcendent, *a.* tra-rhagorol, gor-
uchaf.

transcendental, *a.* trosgynnol.

transcribe, *v.* copïo, adysgrifio, ad-
ysgrifennu.

transcriber, *n.* adysgrifiwr, copïwr.

transcript, *n.* copi, adysgrif, ad-
ysgrifiad.

transcription, *n.* copi, copïo.

transept, *n.* croes (eglwys).

transfer, *n.* trosglwydd, trosglwydd-
iad. *v.* trosglwyddo.

transferable, *a.* trosglwyddadwy.

transference, *n.* trosglwyddiad.

transfiguration, *n.* gweddnewidiad.

transfigure, *v.* gweddnewid.

transfix, *v.* trywanu, brathu.

transform, *v.* trawsffurfio.

transformation, *n.* trawsffurfiad.

transformer, *n.* newidydd.

transfuse, *v.* trosglwyddo.

transfusion, *n.* trosglwyddiad (gwaed).

transgress, *v.* troseddu, torri rheol
(deddf, etc.).

transgression, *n.* trosedd, camwedd.

transgressor, *n.* troseddwr, drwg-
weithredwr.

transient, *a.* diflanedig, darfodedig,
dros dro.

transit, *n.* mynediad, trosglwyddiad,
taith.

transition, *n.* trawsfudiad, newid.

transitional, *a.* pan newidir, newid, ar
newid.

transitive, *a.* anghyflawn (*gram*).

transitoriness, *n.* bod dros dro, diflan-
edigrwydd.

transitory, *a.* diflannol, diflanedig,
dros dro.

translate, *v.* cyfieithu, trosi.

translation, *n.* cyfieithiad, trosiad.

translator, *n.* cyfieithydd.

translucent, *a.* lled-glir, lletglir, yn
gadael golau trwyddo.

transmigrate, *v.* mudo, trawsfudo.

transmigration, *n.* trawsfudiad.

transmission, *n.* trosglwyddiad, an-
foniad, trawsyriant.

transmit, *v.* trosglwyddo, anfon,
trawsyrru.

transmitter, *n.* trosglwyddwr, dar-
lledydd.

transmitting-station, *n.* gorsaf dros-
glwyddo.

transmutation, *n.* trawsnewidiad.

transmute, *v.* trawsnewid.

transparency, *n.* tryloywder.

transparent, *a.* tryloyw, y gellir
gweld trwyddo.

transpiration, *n.* trydarthiad, chwysu
(*botany*).

transpire, *v.* 1. anadlu (drwy'r croen),
trydarthu.
2. dyfod yn wybyddus.

transplant, *v.* trawsblannu.

transport, *v.* 1. cludo, symud, tros-
glwyddo.
2. alltudio.
n. 1. trosglwyddiad, cludiant.
2. gorawen.
TRANSPORTED SOIL, cludbridd.
MINISTRY OF TRANSPORT AND
CIVIL AVIATION, y Weinyddiaeth
Drafnidiaeth a Hedfan Sifil.

transportation, *n.* 1. cludiad.
2. alltudiaeth, penydwasanaeth
tramor.

transpose, *v*. trawsddodi, trosi, newid (lle neu drefn), trawsosod.

transposition, *n*. trosiad.

transubstantiation, *n*. trawssylweddiad.

transvaluation, *n*. trawsbrisio(-iad).

transversal, *n*. trawslin.

transverse, *a*. croes, traws, ar groes.

trap, *n*. trap, magl, telm, yslepan. *v*. maglu, dal, trapio.

trap-door, *n*. ceuddrws, drws llawr, drws to, gollyngddor.

trapeze, *n*. trapîs, bar croes (symudol).

trapezium, *n*. trapesiwm.

trapper, *n*. trapwr, maglwr.

trappings, *np*. harnais, gêr.

trash, *n*. sothach, sorod, sbwriel.

trashy, *a*. yn cynnwys sothach, diwerth.

travail, *n*. llafur, caledi, gwewyr (esgor).

travel, *n*. taith, teithio, siwrnai. *v*. teithio, trafaelu, mynd ar siwrnai.

traveller, *n*. teithiwr, trafaelwr.

COMMERCIAL TRAVELLER, trafaelwr masnach(ol).

travelling, *a*. teithiol.

traverse, *n*. 1. darn croes, atalfa.

2. gwely, grwn (*agriculture*).

a. croes, traws.

ad. ar draws.

v. myned ar draws, croesi, gwrthwynebu.

travesty, *n*. gwawd, dynwarediad, parodi.

trawl, *n*. treillrwyd. *v*. treillio.

trawler, *n*. llong bysgota, treillong.

tray, *n*. hambwrdd, trei.

treacherous, *a*. bradwrus, dichellgar, twyllodrus.

treachery, *n*. brad, bradwriaeth, dichell, twyll.

treacle, *n*. triagl, triog.

tread, *n*. sang, cerddediad. *v*. sangu, sengi, sathru, troedio.

treadle, *n*. troedlath. *v*. gweithio troedlath.

treadmill, *n*. troell droed, melin droed.

treason, *n*. teyrnfradwriaeth, traeturiaeth.

treasonable, *a*. bradwrus, dichellgar, twyllodrus.

treasure, *n*. trysor, aur ac arian. *v*. trysori, cronni.

treasure-house, *n*. trysordy.

treasurer, *n*. trysorydd.

treasureship, *n*. trysoryddiaeth.

treasure-trove, *n*. trysor cuddiedig (a gaed).

treasury, *n*. trysordy.

THE TREASURY, Y Trysorlys.

treat, *n*. amheuthun, gwledd, pleser. *v*. 1. traethu (ar).

2. ymdrin, trin, trafod.

3. rhoi, talu dros.

treatise, *n*. traethawd, ysgrif.

treatment, *n*. triniaeth, trafodaeth.

treaty, *n*. cytundeb, cyfamod.

treble, *n*. trebl, soprano. *a*. triphlyg. *v*. treblu.

TREBLE STAVE, erwydd y trebl.

TREBLE CLEF, allwedd y trebl.

trebly, *ad*. yn deirgwaith (cymaint).

tree, *n*. pren, coeden, colfen (*coll.*).

trefoil, *n*. meillionen.

trek, *v*. mudo, teithio (mewn men ychen), marchogaeth, marchocáu.

trellis, *n*. delltwaith, ffrâm.

tremble, *v*. crynu.

trembling, *a*. crynedig.

tremendous, *a*. anferth, dychrynllyd, ofnadwy.

tremolo, *n*. tremolo, nodyn crynedig.

tremor, *n*. cryndod, ias, daeargryn.

tremulous, *a*. crynedig.

trench, *n*. ffos, cwter, rhych, clais. *v*. cloddio, rhychu, rhigoli.

trenchant, *a*. llym, miniog.

trencher, *n*. treinsiwr, plât pren.

trend, *n*. tuedd, gogwydd. *v*. tueddu, gogwyddo.

trephine, *n*. tryffin, cylchlif llawfeddyg. *v*. tryffinio, llofio asgwrn y pen.

trepidation, *n*. cryndod, dychryn, ofn.

trespass, *n*. trosedd, camwedd, tresmas. *v*. troseddu, tresmasu, tresbasu.

trespasser, *n*. tresmaswr, troseddwr.

tress, *n*. cudyn, tres.

trestle, *n*. trestl, ffwrwm.

triad, *n*. tri, triawd, triad.

TRIADS, trioedd.

trial, *n*. 1. prawf, treial.

2. profedigaeth, trallod.

triangle, *n*. triongl, tryfal.

TRIANGLE OF FORCES, triongl grymoedd.

triangular, *a*. trionglog.

triangulation, *n*. triongliant.

tribal, *a*. llwythol.

tribalism, *n*. byw yn llwythau, teithi llwyth.

tribe, *n*. llwyth, tylwyth, gwehelyth.

tribulation, *n*. trallod, caledi, gorthrymder.

tribunal, *n*. tribiwnlys, brawdle.

tribune, *n*. 1. swyddog Rhufeinig.

2. areithfa, areithle.

tributary, *n*. 1. afon sy'n llifo i un fwy, cainc, rhagafon, aber, isafon.

2. un dan deyrnged.

tribute, *n.* teyrnged, treth.

tricar, *n.* modur tair olwyn, treicar.

trice, IN A TRICE, mewn munud (eiliad).

trick, *n.* ystryw, cast, tric, pranc, cnac, camp. *v.* twyllo, chwarae pranc ar. A SHABBY TRICK, tro gwael.

trickery, *n.* dichell, twyll, ystryw.

trickle, *v.* diferu, diferynnu. TRICKLE-CHARGER, diferynnydd trydan.

trickster, *n.* twyllwr, castiwr, chwaraewr cnacau.

tricky, *a.* 1. ystrywgar, castiog. 2. anodd, dyrys.

tricoline, *n.* tricolin, (math o boplin main).

tricycle, *n.* treisigl.

trident, *n.* tryfer.

triennial, *a.* bob tair blynedd.

trifle, *n.* 1. peth dibwys, peth diwerth. 2. treiffl, melysfwyd cymysg. *v.* cellwair, chwarae â.

trifling, *a.* dibwys, diwerth.

triforium, *n.* llofft dywyll (mewn eglwys), trifforiwm.

trigger, *n.* cliced, triger.

trigonometric, *a.* trigonometrig.

trigonometry, *n.* trigonometreg, ongleg, trigonomeg.

trihedral, *a.* trihedrol.

trill, *n.* tril, crychlais. *v.* trilio, crychleisio, cwafrio.

trilogy, *n.* cyfres o dair (nofel, drama, etc.).

trim, *n.* gwisg, trwsiad, trefn. *a.* trwsiadus, taclus, destlus, twt. *v.* trwsio, taclu, trimio, tocio. IN GOOD TRIM, mewn gwedd dda, mewn cas cadw da, cadwrus.

trimmer, *n.* trwsiwr, trimiwr, tociwr.

trimming, *n.* addurn, trimiant, *np.* addurniadau.

trimness, *n.* taclusrwydd, destlusrwydd.

trinity, *n.* trindod. THE TRINITY, Y Drindod.

trinket, *n.* tegan, tlws.

trio, *n.* triawd, trio.

trioxide, *n.* triocsid, cyfansawdd o ocsigen.

trip, *n.* 1. llithrad. 2. pleserdaith. *v.* llithro, tripio, cerdded yn ysgafn, baglu.

tripartite, *a.* teiran, rhwng tri, mewn tri chopi.

tripe, *n.* 1. bola (mochyn, etc.). 2. peth gwael, lol.

triple, *a.* triphlyg. TRIPLE CONCERTO, concerto triphlyg. TRIPLE CROWN, coron driphlyg (rygbi).

triplet, *n.* 1. tripled. 2. triban, tair llinell.

triplicate, *a.* triphlyg.

tripod, *n.* trybedd, stand deirtroed.

tripos, *n.* arholiad am radd ag anrhydedd (Caergrawnt).

tripper, *n.* pleserdeithiwr, gwibdeithiwr.

trireme, *n.* rhwyflong deir-res (gynt).

trisect, *v.* traeanu, rhannu'n dri, teirannu.

trismus, *n.* trismws, genglo, crebachiad cyhyrau'r gwddf a'r ên.

trisyllabic, *a.* (gair) trisill(afog).

trite, *a.* cyffredin, sathredig, hen.

triteness, *n.* cyffredinedd.

tritone, *n.* triton.

triumph, *n.* buddugoliaeth, goruchafiaeth. *v.* gorchfygu, ennill.

triumphal, *a.* buddugol.

triumphant, *a.* buddugoliaethus, gorfoleddus.

triumvir, *n.* y triwr.

triumvirate, *n.* llywodraeth tri (yn Rhufain gynt), y driwyriaeth.

trivet, *n.* trybedd (i degell, etc.).

trivial, *a.* distadl, dibwys.

triviality, *n.* peth distadl neu ddibwys.

trochee, *n.* corfan deusillaf (un hir ac un byr), corfan rhywiog.

Trojan, *n.* brodor o Gaerdroea, gŵr glew.

troll, *v.* 1. trolian, trolio, diofal ganu. 2. pysgota. *n.* 1. bod goruwchnaturiol. 2. cân. 3. gwialen bysgota.

trolley, *n.* troli.

trombone, *n.* trombôn.

troop, *n.* tyrfa, torf, mintai, catrawd. *v.* ymgynnull, tyrru. *pl.* milwyr.

trooper, *n.* milwr (ar farch).

trophy, *n.* gwobr, buddged, tlws, troffi.

tropic, *a.* trofan. THE TROPICS, y trofannau. TROPIC OF CANCER, Trofan Cancr. TROPIC OF CAPRICORN, Trofan Capricorn.

tropical, *a.* trofannol, bob ochr i'r cyhydedd.

tropism, *n.* tropism, ymateb i symbyliad, atroad.

troposphere, *n.* yr awyr uwchlaw rhyw saith milltir i fyny, troposffir.

trot, *n.* tuth, trot. *v.* tuthio, trotian.

troth, *n.* gwir, cywirdeb, cred.

trotter, *n.* 1. tuthiwr, ceffyl sy' n trotian.
2. troed anifail (yn fwyd).

troubadour, *n.* trwbadŵr, bardd telynegol.

trouble, *n.* gofid, trallod, helbul, trafferth. *v.* 1. blino, poeni, trafferthu, trwblu, meddwl am, malio.
2. trwblo (dŵr, etc.), cymylu, aflonyddu.

troubled, *a.* trallodus, helbulus, trafferthus, blin, aflonydd.

troublesome, *a.* blinderus, trafferthus, aflonydd.

troublous, *a.* helbulus, cythryblus, blin.

trough, *n.* cafn.

trough-full, *n.* cafnaid.

trounce, *v.* baeddu, curo, cystwyo.

trouncing, *n.* curfa, cystwyad.

troupe, *n.* mintai, parti.

trouper, *n.* aelod o barti o actorion, actor.

trousers, *np.* trowsus, llodrau, trwser.

trousseau, *n.* dillad priodasferch. trwso.

trout, *n.* brithyll.

trow, *v.* tybied, credu.

trowel, *n.* trywel, (offeryn meiswn).

troy, troy-weight, *n.* pwysau (aur neu arian).

truant, *n.* mitsiwr, triwant.
TO PLAY TRUANT, mitsio, chwarae triwant.

truce, *n.* cadoediad, heddwch dros dro.

truck, *n.* 1. gwagen, wagen, tryc.
2. newidiad, talu â nwyddau.
v. cyfnewid, ffeirio, tryco, trypo (*coll.*).
TO HAVE NO TRUCK WITH, gwrthod unrhyw ymdrafodaeth â.

truckle, *v.* 1. plygu, ymostwng.
2. symud ar olwynion.

truculence, *n.* ffyrnigrwydd, sarugrwydd.

truculent, *a.* ymladdgar, cwerylgar, egr, ffyrnig, sarrug.

trudge, *v.* ymlwybran, cerdded yn llafurus.

true, *a.* gwir, cywir, ffyddlon, gonest.

truism, *n.* gwireb, gwiredd, gwirionedd amlwg.

truly, *ad.* yn wir, yn gywir.

trump, *n.* trwmp (chwarae cardau).
TRUMPED-UP, wedi ei ddyfeisio.

trumpery, *n.* sothach, coegni.

trumpet, *n.* utgorn, corn, trwmped, trymped.

trumpeter, *n.* utganwr.

truncate, *v.* cwtogi, torri blaen.

truncation, *n.* cwtogiad, trychiad, byrhad.

truncheon, *n.* pastwn, trensiwn.

trundle, *v.* trolio, rholio.

trunk, *n.* 1. boncyff, bôn.
2. cist, cyff.
3. corff, bongorff.
4. duryn, trwnc (eliffant).

truss, *v.* 1. gwneud bwndel neu sypyn.
2. gwäellu (ffowlyn).
n. 1. bwndel, sypyn.
2. trws, (math o wregys tor llengig).
3. cwpwl.
CRUCK TRUSS, cwpwl bongam.

trussed, *a.* 1. cypledig.
2. wedi ei wäellu.

trust, *n.* ymddiried, ymddiriedaeth, hyder, goglyd. *v.* ymddiried, hyderu.

trustee, *n.* ymddiriedolwr, adneuwr.

trusteeship, *n.* ymddiriedolaeth.

trustful, *a.* ymddiriedus, hyderus.

trustiness, *n.* ffyddlondeb, teyrngarwch, cywirdeb.

trustworthy, *a.* y gellir dibynnu arno.

trusty, *a.* ffyddlon, cywir, teyrngar.

truth, *n.* gwir, gwirionedd.
THE VERY TRUTH, calon y gwir.

truthful, *a.* geirwir, cywir.

truthfulness, *n.* geirwiredd, uniondeb.

try, *n.* 1. cynnig, ymgais.
2. cais (pêl-droed).
v. 1. ceisio, cynnig, treio.
2. profi, dodi ar brawf.
TO TRY HIS PATIENCE, trethu ei amynedd.

trying, *a.* poenus, anodd, blin, caled.

tryst, *n.* oed, man cyfarfod.

tsetse, *n.* pryf gwenwynig Deau Affrig, setsi.

tub, *n.* twba, twb, twbyn.

tuba, *n.* tiwba, utgorn rhyfel (Rhufeinig).

tube, *n.* pib, pibell, tiwb, corn.

tuber, *n.* cloronen.

tubercle, *n.* tiwbercwl, tiwmor yn yr ysgyfaint, etc.

tubercular, *a.* yn dioddef o ddarfodedigaeth.

tuberculin, *n.* tiwbercwlin, hylif darfodedigaeth.

tuberculosis, *n.* darfodedigaeth; dicáu, diclein (*coll.*), pla gwyn.

tubular, *a.* ar ffurf pibell, cau, tiwbaidd.

tuck, *n.* plygu, twc.
v. 1. plygu, torchi (llewys).
2. troi tuag i mewn.
3. dodi i gadw, rhoi ynghadw.
Tuesday, *n.* dydd Mawrth.
SHROVE TUESDAY, Dydd Mawrth Ynyd.
tuft, *n.* cudyn, cobyn, tusw, twffyn.
tug, *n.* 1. tyniad, plwc.
2. tyg, tynfad.
v. tynnu, llusgo.
TUG O' WAR, tynnu rhaff.
tuition, *n.* hyfforddiant, addysg.
tulip, *n.* tiwlip.
tumble, *n.* codwm, cwymp. *v.* cwympo, syrthio, llithro.
tumbler, *n.* 1. gwydr, gwydryn.
2. acrobat.
tumbrel, tumbril, *n.* trol, cart.
tumid, *a.* chwyddedig.
tummy, (*slang*) *n.* bola, bol.
tumour, *n.* tyfiant (llidus), chwydd.
tump, *n.* twyn, crug, twmpath, twmp, twmpyn.
tumult, *n.* terfysg, cynnwrf, cyffro.
tumultuous, *a.* terfysglyd, cynhyrfus, cyffrous.
tumulus, *n.* carnedd, carn, cladd.
tun, *n.* 1. casgen.
2,252 galwyn.
tundra, *n.* gwastadedd corsog, twndra.
tune, *n.* tôn, tiwn, cywair. *v.* tiwnio, cyweirio, tonyddu.
tuneful, *a.* soniarus, persain.
tuneless, *a.* heb dôn, amhersain, cras.
tuner, *n.* cyweiriwr, tiwniwr.
tunic, *n.* siaced, crysbais, tiwnig.
tuning-fork, *n.* fforch draw.
tunnel, *n.* ceuffordd, twnnel. *v.* twnelu, tyllu.
tunny, *n.* tynni, (pysgodyn mawr y môr).
tup, *n.* maharen, hwrdd.
turban, *n.* twrban, penwisg ddwyreiniol.
turbid, *a.* lleidiog, mydlyd, cymysglyd.
turbidity, *n.* cyflwr lleidiog neu fydlyd.
turbine, *n.* twrbin, olwyn ddŵr (neu ager), twrbein.
turbot, *n.* torbwt, (pysgodyn).
turbulence, *n.* terfysg, cynnwrf, cyffro.
turbulent, *a.* terfysglyd, cyffrous, cynhyrfus.
tureen, *n.* dysgl gawl, llestr cawl, etc.
turf, *n.* tywarchen, tywoden. *v.* tywarchu, torri tywod.
THE TURF, maes rhedeg ceffylau.
turgid, *a.* chwyddedig.
turgor, *n.* turgor, tynchwydd.
Turk, *n.* Twrc, brodor o Dwrci.

turkey, *n.* twrci.
TURKEY COCK, ceiliog twrci.
TURKEY HEN, twrcen.
Turkish, *n.* Tyrceg, iaith Twrci. *a.* Twrcaidd, Tyrcaidd.
turmoil, *n.* cythrwfl, cyffro, berw, helbul.
turn, *n.* 1. tro, troad, trofa.
2. twrn, tyrn, stem, cyfnod o waith.
3. cyfle.
4. turn, turnen, peiriant trin coed, etc.
v. 1. troi, newid.
2. turnio.
TURN TURTLE, troi wyneb i waered.
TURN THE TABLES ON, talu'r pwyth.
TURN OVER A NEW LEAF, dechrau o'r newydd.
TURN TAIL, dianc, ffoi.
turncoat, *n.* gwrthgiliwr.
turner, *n.* turniwr.
turnery, *n.* gwaith turnio.
turning, *n.* tro, trofa, tröedigaeth.
turning-point, *n.* trobwynt.
turnip, *n.* erfinen, meipen.
turnkey, *n.* ceidwad carchar, ceidwad allwedd.
turnout, *n.* 1. cynulliad.
2. arddangosfa.
turnover, *n.* 1. arian cyfnewid, cyfanswm busnes.
2. pastai (hanner cylch).
turnpike, *n.* tollborth, tyrpeg.
TURNPIKE ROAD, ffordd fawr, ffordd dyrpeg, lôn bost.
TURNPIKE TRUST, cwmni tyrpeg.
turnspit, *n.* ci i droi bêr neu gigwain (gynt), gwas cegin.
turnstile, *n.* camfa dro.
turn-table, *n.* trofwrdd, peth sy'n troi ar golyn.
turpentine, *n.* tyrpant, twrpant, twrbant.
turpitude, *n.* ysgelerder, gwarth.
turquoise, *n.* maen glas (gwerthfawr).
turret, *n.* tŵr bach, twred.
turtle, *n.* crwban y môr.
turtle-dove, *n.* turtur.
tusk, *n.* ysgithr, dant hir llym.
tusked, *a.* ysgithrog.
tussle, *n.* ymladdfa, ysgarmes, ymgiprys. *v.* ymgiprys, ymladd.
tussock, *n.* tusw, twmpath.
tut, *int.* twt !
tutelage, *n.* nawdd, ymgeledd.
tutelar, *a.* gwarcheidiol, yn noddi.
tutor, *n.* athro, hyfforddwr, cyfarwyddwr. *v.* dysgu, hyfforddi.

tutorial, *a.* addysgol, hyfforddiadol, tiwtorial.

tutorship, *n.* swydd athro, gwarchodaeth.

twaddle, *n.* lol, ffwlbri.

twain, *a.* dau, dwy.

twang, *n.* 1. llediaith, twang.
2. sŵn, sain (telyn, etc.).

twayblade, *n.* dwyddalen, deulafn.

tweak, *n.* pinsiad, gwasgfa.

tweed, *n.* brethyn gwlân, twid.

tweezers, *n.* gefel (fach).

twelfth, *a.* deuddegfed.
TWELFTH-DAY,   Dydd   Gŵyl Ystwyll.

twelve, *a.* deuddeg (deuddeng), un deg dau.

twentieth, *a.* ugeinfed.

twenty, *a.* ugain, dau ddeg.

twice, *ad.* dwywaith.
TWICE AS MUCH (AS MANY), cymaint arall, cymaint ddwywaith, dau cymaint.

twiddle, *v.* chwarae (bodiau, etc.), ffidlan, troi'n ddiamcan.

twig, *n.* brigyn, ysbrigyn, cangen. *v.* deall, amgyffred.

twilight, *n.* cyfnos, cyfddydd, dechrau nos, gwawr.

twill, *n.* brethyn rhesog, twil.

twin, *n.* gefell.

twine, *n.* llinyn cryf. *v.* cyfrodeddu, cordeddu, nyddu.

twiner, *n.* tröwr.

twinge, *n.* gwayw, brath, cno.

twinkle, *n.* amrantiad, wincad, chwinciad. *v.* pefrio, serennu.
TWINKLE OF AN EYE, trawiad llygad (amrant).

twinkling, *n.* eiliad, amrantiad, chwinciad.

twin-nut, *n.* conglen.

twirl, *v.* cylchdroi, chwyldroi.

twist, *n.* 1. tro.
2. edau gyfrodedd.
3. baco main.
v. 1. nyddu, cyfrodeddu.
2. troi, dirdroi.

twit, *v.* dannod, edliw.

twitch, *n.* gwayw, gloes, brath, plwc. *v.* brathu, tynnu'n sydyn, plycio.

twitter, *n. v.* trydar, gwneud sŵn fel aderyn.

two, *a.* dau, dwy.
WE TWO, ni'n dau (dwy).
THEY TWO, hwy ill dau (dwy).
TWO BY TWO, bob yn ddau, fesul dau.

two-edged, *a.* daufiniog.

two-faced, *a.* dauwynebog.

twofold, *ad.* deublyg, dau ddyblyg.

two-piece, *n.* deuddarn.

two-stroke, *a.* dwystroc.

tympan, *n.* tabwrdd, tympan.

tympanites, *n.* timpanites, bolchwyddi.

type, *n.* math, dosbarth, teip, argraffnod, llythyren argraffu. *v.* teipio.

typescript, typewriting, *n.* teipysgrif.

typewriter, *n.* teipiadur, peiriant teipio.

typhoid, *n.* twymyn yr ymysgaroedd.

typhoon, *n.* gyrwynt, corwynt.

typhus, *n.* twymyn heintus.

typical, *a.* nodweddiadol.

typify, *v.* nodweddu, bod yn enghraifft.

typist, *n.* teipydd, teipyddes.

typographer, *n.* argraffydd, argraffwr, printiwr.

typographical, *a.* argraffyddol, ac argraff arno.

typography, *n.* argraffyddiaeth.

tyrannical, *a.* gormesol, gorthrymus.

tyrannise, *v.* gormesu, treisio.

tyranny, *n.* gormes, trais.

tyrant, *n.* gormeswr, treisiwr, teirant.

tyre, *n.* cylch, cant, teiar.

tyro, tiro, *n.* dechreuwr, nofis.

U

ubiquitous, *a.* hollbresennol, cyffredinol.
UBIQUITOUS PERSON, Sioni-bobman.

ubiquity, *n.* bod ymhobman, hollbresenoldeb.

udder, *n.* pwrs (buwch, etc.), piw, cadair.

ugh, *int.* ach ! ych !

ugliness, *n.* hagrwch, hylltra.

ugly, *a.* hagr, hyll, salw, gwrthun.

ukelele, *n.* offeryn cerdd pedwar tant, wceleli.

ulcer, *n.* clwyf crawnllyd, cornwyd, wlser.

ulcerate, *v.* casglu (crawn), crawni.

ulcerous, *a.* o natur cornwyd, cornwydog.

ulna, *n.* wlna, asgwrn mawr blaen y fraich.

ulterior, *a.* 1. tu draw i.
2. cudd, dirgel, ffals.

ultimate, *a.* diwethaf, olaf, eithaf.
ultimately, *ad.* o'r diwedd.
ultimatum, *n.* gair olaf, amod olaf.
ultimo, (ult.), *ad.* o'r mis o'r blaen.
ultra, *a.* eithafol, tu hwnt, dros ben, gor.
   ULTRA-VIOLET, uwch-las.
   ULTRA-SHORT WAVE, tonfedd or-fer.
ultramarine, *a.* 1. tramor.
   2. glas, o liw'r asur.
ultra-modern, *a.* diweddar iawn, tra modern.
ultra-total, *a.* gorgyfan.
umbel, *n.* clwstwr o flodau ar un goes; ffedon.
umbelliferous, *a.* yn dwyn clwstwr o flodau ar un goes.
umbrage, *n.* 1. tramgwydd, anafu teimladau.
   2. cysgod (o goed neu o ddail).
umbrageous, *a.* cysgodol.
umbrella, *a.* ymbarél, ambarél, ymbrelo.
umpire, *n.* canolwr, rheolwr, dyfarnwr.
un-, *px.* an-, am-, ang-, af-, di-, heb, (nacâd).
unabashed, *a.* digywilydd, hy, eofn.
unabated, *a.* heb osteg, heb leihau.
unable, *a.* analluog.
unabridged, *a.* cyflawn, llawn.
unaccented, *a.* diacen.
unacceptable, *a.* annerbyniol, anghymeradwy.
unaccompanied, *a.* heb gwmni, heb gyfeiliant.
unaccomplished, *a.* 1. heb ei gyflawni.
   2. anghelfydd, anorffenedig, trwsgl.
unaccountable, *a.* anesboniadwy.
unaccustomed, *a.* anghyfarwydd, anghynefin.
unacquainted, *a.* anghyfarwydd, anghydnabyddus.
unadulterated, *a.* pur, digymysg.
unadvisedly, *ad.* yn fyrbwyll, yn annoeth, yn ddifeddwl.
unaffected, *a.* 1. dirodres, didwyll, naturiol.
   2. heb ei effeithio gan, didaro.
unalloyed, *a.* digymysg, pur.
unalterable, *a.* digyfnewid, sefydlog.
unambiguous, *a.* diamwys, eglur.
unanimity, *n.* unfrydedd, cytundeb.
unanimous, *a.* unfryd, unfrydol.
unanimously, *ad.* o un fryd, yn unfryd, yn gytûn.
unanswerable, *a.* anatebol, nas gellir ei ateb.
unapprehensive, *a.* dibryder, di-ofn.
unarmed, *a.* diamddiffyn, di-arf.

unashamed, *a.* digywilydd, beiddgar, hy.
unaspirated, *a.* dianadlog.
unassailable, *a.* diysgog, cadarn.
unassisted, *a.* heb gymorth, wrtho ei hunan, ohono'i hunan.
unassuming, *a.* diymhongar, gwylaidd.
unattainable, *a.* anghyraeddadwy.
unauthorised, *a.* heb awdurdod.
unavailing, *a.* ofer, anfuddiol.
unavoidable, *a.* anorfod, anocheladwy, na ellir ei osgoi.
unaware, *a.* heb wybod, anymwybodol.
unawares, *ad.* yn ddiarwybod.
unbalanced, *a.* wedi drysu, ansefydlog.
unbearable, *a.* annioddefol.
unbecoming, *a.* anweddus, gwrthun.
unbelief, *n.* anghrediniaeth, diffyg cred.
unbeliever, *n.* anghredadun, anffyddiwr.
unbelieving, *a.* anghrediniol.
unbending, *a.* gwargaled, ystyfnig, anhyblyg, cadarn.
unbiassed, *a.* amhleidiol, diduedd, teg.
unbind, *v.* datglymu, datod, rhyddhau, mysgu.
unblamable, *a.* difai, difeius.
unblemished, *a.* di-nam, di-fefl, di-fai.
unborn, *a.* heb ei eni.
unbounded, *a.* diderfyn, diddiwedd.
unbridled, *a.* heb ei ffrwyno, penrhydd.
unbroken, *a.* di-dor, parhaol.
unburden, *v.* dadlwytho, ysgafnhau.
unbutton, *v.* datod, rhyddhau, mysgu.
uncalled, *a.* heb ei alw, heb ei wahodd.
   UNCALLED FOR, di-alw-amdano.
uncanny, *a.* rhyfedd, dieithr, annaearol.
unceasing, *a.* di-baid, diddiwedd, gwastadol.
unceremonious, *a.* diseremoni.
uncertain, *a.* ansicr.
uncertainty, *n.* ansicrwydd.
uncertificated, *a.* heb dystysgrif, didrwydded.
unchangeable, *a.* digyfnewid, anghyfnewidiol.
unchanging, *a.* digyfnewid, sefydlog.
unchaste, *a.* anniwair, anllad, trythyll.
unchastity, *n.* anniweirdeb, trythyllwch.
unchecked, *a.* dirwystr, diatal.
unchristian, *a.* anghristionogol.
uncircumcised, *a.* dienwaededig.
uncivil, *a.* anfoesgar, anfwyn, anfoneddigaidd.
uncivilised, *a.* anwar, anwaraidd.
unclad, *a.* heb ddillad, noeth.

uncle, *n.* ewythr.

unclean, *a.* brwnt, budr, aflan.

uncleanness, *n.* aflendid, bryntni.

unclothe, *v.* dadwisgo, diosg, dihatru, tynnu (oddi am).

uncomfortable, *a.* anghysurus, anghyfforddus.

uncommon, *a.* anghyffredin, eithriadol, rhyfedd.

uncomplaining, *a.* diachwyn, dirwgnach.

uncompromising, *a.* di-ildio, cyndyn.

unconcern, *n.* difaterwch, difrawder, diofalwch.

unconcerned, *a.* diofal, difater, didaro.

unconditional, *a.* diamodol, didelerau.

unconfirmed, *a.* 1. heb ei gadarnhau. 2. heb dderbyn bedydd esgob.

uncongenial, *a.* anghydnaws, anaddas, anghymdeithasgar, afrywiog.

unconquerable, *a.* anorchfygol, anorfod, na ellir ei drechu.

unconscientious, *a.* digydwybod.

unconscionable, *a.* afresymol, digydwybod.

unconscious, *a.* anymwybodol, diarwybod.

THE UNCONSCIOUS, yr isymwybyddiaeth, yr isymwybod.

unconsciousness, *n.* bod yn anymwybodol, anymwybodolrwydd.

unconstitutional, *a.* anghyfansoddiadol.

uncontaminated, *a.* dilwgr, dilychwin, pur.

uncontrollable, *a.* afreolus, aflywodraethus.

uncontrolled, *a.* nas rheolir.

unconventional, *a.* annefodol, croes i arfer.

unconvinced, *a.* heb ei argyhoeddi, anargyhoeddedig, amheus.

unconvincing, *a.* heb fod yn argyhoeddi, nas gellir dibynnu arno.

uncouple, *v.* datod, gwahanu, mysgu.

uncourteous, *a.* anfoesgar, anfwyn, anfoneddigaidd.

uncouth, *a.* trwsgl, garw, difoes.

uncover, *v.* dadorchuddio, dinoethi, datguddio.

uncovered, *a.* noeth, heb orchudd.

unction, *n.* 1. eneiniad. 2. eli, ennaint. 3. hwyl, arddeliad.

unctuous, *a.* 1. seimlyd, sebonllyd. 2. rhagrithiol, ffals.

uncultivated, *a.* heb ei drin, heb ei ddiwyllio.

undamaged, *a.* heb ei niweidio.

undaunted, *a.* eofn, hy, gwrol, dewr.

undeceive, *v.* didwyllo.

undecided, *a.* 1. petrus, amheus. 2. heb ei benderfynu. 3. mewn penbleth.

undefended, *a.* diamddiffyn, agored i ymosodiad.

undefiled, *a.* dihalog, glân, pur.

undefined, *a.* amhenodol, annelwig.

undemonstrative, *a.* tawel, llonydd, digyffro.

undeniable, *a.* anwadadwy, diymwad.

under, *prp.* tan, dan, o dan, oddi tan, is, islaw. *ad.* danodd, oddi tanodd.

undercarriage, *n.* gwaelod awyren.

undercreep, *n.* ceuffordd (dan heol), twnnel.

MULTI-PURPOSE UNDERCREEP, ceuffordd gul.

undercurrent, *n.* islif, peth cudd, peth heb fod ar yr wyneb.

underestimate, *v.* prisio'n rhy isel, rhoi pris rhy fach ar, gobrisio.

undergo, *v.* dioddef, mynd dan, profi.

undergraduate, *n.* efrydydd di-radd (prifysgol), is-raddedig.

underground, *a.* tanddaearol. *ad.* dan y ddaear.

undergrowth, *n.* prysgwydd, gwŷdd, llwyni.

underhand, *a.* llechwraidd, lladradaidd, twyllodrus.

underlay, *n.* defnydd i'w ddodi o dan garped neu fatras, islen.

underline, *v.* tynnu llinell dan, tanlinellu, tanosod, pwysleisio. *n.* geiriau (disgrifiadol) o dan lun.

underling, *n.* is-was, is-swyddog.

undermine, *v.* tanseilio, gwanhau.

undermost, *a.* isaf.

underneath, *prp.* tan, dan, oddi tan. *ad.* oddi tanodd.

underrate, *v.* tanbrisio, dibrisio, iselbrisio.

undersign, *v.* arwyddo, torri enw (dan).

undersized, *a.* crablyd, corachaidd.

understand,*v.* deall, amgyffred, dirnad.

TO GIVE TO UNDERSTAND, rhoi ar ddeall.

understanding, *n.* amgyffred, deall, dealltwriaeth. *a.* deallus.

understudy, *n.* dirprwy actor, actor cadw.

undertake, *v.* ymgymryd (â).

undertaker, *n.* trefnwr angladdau.

undertaking, *a.* 1. ymrwymiad, cytundeb. 2. busnes.

undertone, *n.* 1. llais isel, islais, murmur.
  2. lliw tawel.

undervalue, *v.* tanbrisio, dibrisio, iselbrisio.

underwood, *n.* manwydd, prysgwydd.

underworld, *n.* 1. annwn, trigle'r meirw.
  2. gwehilion cymdeithas.

underwriter, *n.* yswiriwr llongau.

undeserved, *a.* heb ei haeddu, anhaeddiannol.

undesirable, *a.* annymunol.

undetected, *a.* heb ei ganfod, heb sylwi arno, disylw.

undeveloped, *a.* heb ei ddatblygu.

undeviating, *a.* diwyro.

undexterous, *a.* anghelfydd, anfedrus, trwsgl.

undignified, *a.* di-urddas, anurddasol.

undisciplined, *a.* heb ei ddisgyblu, diddisgyblaeth.

undismayed, *a.* di-ofn, calonnog, eofn.

undisputed, *a.* di-ddadl, diamheuol.

undisturbed, *a.* di-darf, tawel, digyffro.

undivided, *a.* diwahân, cyfan, cytûn.

undo, *v.* 1. datod, mysgu.
  2. difetha, andwyo, dad-wneud.

undoing, *n.* dinistr, distryw.

undoubted, *a.* diamheuol.

undress, *v.* dadwisgo, tynnu (oddi am), diosg, ymddihatru.

undue, *a.* gormodol, annheg, amhriodol.

undulate, *v.* tonni, dirgrynu, ymdonni.

undulation, *n.* tonni, codi a gostwng.

unduly, *ad.* yn ormodol, yn amhriodol.

undying, *a.* anfarwol, di-dranc.

unearned, *a.* heb ei ennill.

unearth, *a.* dwyn i'r amlwg, datguddio.

unearthly, *a.* annaearol, gor-gynnar.

uneasiness, *n.* anesmwythder, pryder.

uneasy, *a.* anesmwyth, aflonydd, pryderus.

unedifying, *a.* aflesol, di-fudd, heb fod yn adeiladol.

uneducated, *a.* annysgedig, di-ddysg.

unemotional, *a.* dideimlad, anemosiynol.

unemployed, *a.* segur, di-waith.

unemployment, *n.* diweithdra, bod heb waith, anghyflogaeth.

  UNEMPLOYMENT BENEFIT, tâl y diwaith.

unending, *a.* diddiwedd, diderfyn, dibaid.

unendowed, *a.* heb ei waddoli, digynhysgaeth.

unendurable, *a.* annioddefol.

unequal, *a.* anghyfartal, anghyfoed.

unequalled, *a.* digymar, dihafal, di-ail.

unequivocal, *a.* diamwys, eglur, clir, plaen.

unerring, *a.* sicr, cywir, digyfeiliorn.

unessential, *a.* afraid, heb eisiau.

uneven, *a.* 1. anwastad.
  2. anghyfartal.

unevenness, *n.* 1. anwastadrwydd.
  2. anghyfartaledd.

uneventful, *a.* diddigwyddiad.

unexampled, *a.* digyffelyb, annhebyg.

unexpected, *a.* annisgwyliadwy.

unexpired, *n.* heb ddarfod.

unextinguishable, *a.* anniffoddadwy.

unfailing, *a.* di-ball, di-feth, sicr.

unfair, *a.* annheg.

unfairness, *n.* annhegwch.

unfaithful, *a.* anffyddlon.

unfaithfulness, *n.* anffyddlondeb.

unfamiliar, *a.* anghyfarwydd, anghynefin, anadnabyddus.

unfasten, *v.* datod, rhyddhau, mysgu.

unfathomable, *a.* 1. diwaelod.
  2. annirnadwy, annealladwy.

unfavourable, *a.* anffafriol.

unfeeling, *a.* dideimlad, caled (o galon).

unfeigned, *a.* diffuant, didwyll, pur, dilys.

unfermented, *a.* heb weithio, heb eplesu.

unfertile, *a.* anffrwythlon, diffrwyth.

unfettered, *a.* dilyffethair, rhydd.

unfinished, *a.* anorffenedig, diorffen, heb ei ddibennu.

unfirm, *a.* sigledig, simsan, ansad.

unfit, *a.* anghymwys, anaddas, amhriodol, afiach. *v.* anaddasu.

unfitness, *n.* anghymhwyster, anaddasrwydd.

unfitting, *a.* anweddaidd, anweddus, amhriodol.

unfix, *v.* datod, tynnu'n rhydd.

unflagging, *a.* diflin, dyfal, diwyd, prysur.

unfledged, *a.* di-blu, noeth.

unflinching, *a.* diysgog, pybyr, dewr.

unfold, *v.* 1. datblygu.
  2. lledu.
  3. esbonio, mynegi.

unforbidden, *a.* heb ei wahardd, diwahardd, diwarafun.

unforeseen, *a.* heb ei ragweled, anrhagweledig.

unforgiving, *a.* anfaddeugar.

unforgotten, *a.* diangof, cofiadwy.

unformed, *a.* afluniaidd, di-ffurf, anffurfiedig.

unfortunate, *a.* anffortunus, anffodus, chwithig.

unfortunately, *ad.* yn anffodus, gwaetha'r modd, ysywaeth.

unfounded, *a.* di-sail.

unfrequented, *a.* anhygyrch, ansathredig, heb ei fynychu, unig.

unfriendliness, *n.* anghyfeillgarwch.

unfriendly, *a.* anghyfeillgar.

unfrock, *v.* diosg, diurddo, diarddel.

unfruitful, *a.* diffrwyth, anffrwythlon.

unfulfilled, *a.* heb ei gyflawni.

unfurl, *v.* lledu, agor.

unfurnished, *a.* heb ddodrefn, heb gelfi.

ungainly, *a.* afrosgo, trwsgl, salw.

ungenerous, *a.* crintach, cybyddlyd.

ungentle, *a.* annhirion, anfwyn, cwrs.

ungentlemanly, *a.* anfoneddigaidd.

ungodliness, *n.* annuwioldeb.

ungodly, *a.* annuwiol, drwg.

ungraceful, *a.* anhardd, salw, diolwg.

ungrammatical, *a.* anramadegol.

ungrateful, *a.* anniolchgar, di-ddiolch.

ungratefulness, *n.* anniolchgarwch.

ungrudging, *a.* dirwgnach, diwarafun.

unguarded, *a.* ar awr wan, annisgwyl, diamddiffyn.

unguent, *n.* eli, ennaint.

ungulate, *a.* carnol, carnog, â charnau.

unhallowed, *a.* halogedig, llwgr, llygredig.

unhappiness, *n.* annedwyddwch, tristwch, anhapusrwydd.

unhappy, *a.* annedwydd, anhapus, trist.

unharmed, *a.* dianaf, heb niwed.

unhealthiness, *n.* afiechyd.

unhealthy, *a.* afiach, gwael.

unheeding, *a.* diofal, esgeulus.

unhesitating, *a.* dibetrus.

unhook, *v.* dadfachu, rhyddhau.

unhorse, *v.* taflu (neu dynnu) oddi ar gefn ceffyl.

unhospitable, *a.* anlletygar, digroeso, anghroesawus.

unhurt, *a.* dianaf, heb niwed.

unicellular, *a.* un-gellog.

unicorn, *n.* uncorn, (anifail chwedlonol).

unification, *n.* unoliad, uniad.

uniform, *n.* gwisg unffurf, gwisg swyddogol. *a.* cyson, unffurf, tebyg.

uniformity, *n.* unffurfiaeth, unffurfedd, cysondeb.

unify, *v.* uno, unoli.

unilateral, *a.* untu, unochrog.

unimaginable, *a.* na ellir synied amdano, annychmygol(-adwy).

unimpaired, *a.* dianaf, cyfan.

unimpeded, *a.* dirwystr, dilestair.

unimportance, *n.* amhwysigrwydd.

unimportant, *a.* dibwys.

unimposing, *a.* cyffredin, anhrawiadol, diolwg.

uninhabited, *a.* anghyfannedd.

uninjured, *a.* dianaf, heb niwed.

uninspired, *a.* diawen, heb ei ysbrydoli.

unintelligent, *a.* anneallus.

unintelligible, *a.* annealladwy.

unintentional, *a.* anfwriadol.

uninteresting, *a.* anniddorol.

union, *n.* undeb, uniad.

unionism, *n.* undebaeth.

unionist, *n.* undebwr, aelod o undeb.

unique, *a.* dihafal, ar-ei-ben-ei-hun, digyffelyb, unigryw.

unison, *n.* unsain, cytundeb, cytgord.

unit, *n.* uned, uned fesur, undod, un.
   TYING UNIT, uned clymu.
   CENTRAL UNIT, llywodraethydd.

Unitarian, *n.* Undodwr, Undodiad. *a.* Undodaidd.

Unitarianism, *n.* Undodiaeth.

unitary, *a.* unedol.

unite, *v.* uno, cyfuno, cysylltu, cydio.

united, *a.* unol, unedig.

unity, *n.* undod, unoliaeth, cyfundeb.

universal, *a.* cyffredinol, *n.* cymal cyffredinol.

universality, *n.* cyffredinolrwydd.

universe, *n.* cyfanfyd, bydysawd, cosmos.

university, *n.* prifysgol.

univocal, *a.* unystyr.

unjust, *a.* anghyfiawn, annheg, anonest.

unjustly, *ad.* ar gam.

unkempt, *a.* anniben, aflêr.

unkind, *a.* angharedig, cas.

unknowing, *a.* diarwybod, heb wybod i.

unknown, *a.* anadnabyddus, anhysbys.

unlace, *v.* datod, mysgu.

unlawful, *a.* anghyfreithlon.

unlawfulness, *n.* anghyfreithlondeb.

unlearned, *a.* annysgedig, di-ddysg.

unleavened, *a.* croyw, crai, heb furum (berman).

unless, *c.* oni, onid, oddieithr.

unlettered, *a.* anllythrennog, annysgedig.

unlicensed, *a.* didrwydded, heb ganiatâd.

unlike, *a.* annhebyg.

unlikely, *a.* annhebygol, dim tebyg.

unlimited, *a.* diderfyn, annherfynol, anghyfyng(edig).

unload, *v.* dadlwytho.

unlock, *v.* datgloi.

unloose, *v.* datod, rhyddhau.

unlucky, *a.* anffodus, anlwcus.

unman, *v.* digalonni, gwanhau.

unmanageable, *a.* afreolus, aflywod-raethus.

unmanliness, *n.* anwroldeb.

unmanly, *a.* anwrol, llwfr, annheilwng o ddyn.

unmannerly, *a.* anfoesgar, digywilydd, anfoneddigaidd.

unmarred, *a.* dianaf, di-nam, heb ei niweidio.

unmarried, *a.* di-briod.

     UNMARRIED GIRL, merch ifanc.

unmask, *v.* dinoethi, datguddio.

unmatched, *a.* digymar, di-ail.

unmeditated, *a.* difyfyr, heb ystyried ymlaen llaw.

unmerciful, *a.* didrugaredd, anhrug-arog.

unmerited, *a.* anhaeddiannol.

unmindful, *a.* difeddwl, anystyriol, esgeulus.

unmistakeable, *a.* digamsyniol.

unmitigated, *a.* hollol, cyfan gwbl, heb ei liniaru.

unmixed, *a.* digymysg, pur, diledryw.

unmoved, *a.* digyffro, didaro.

unnatural, *a.* annaturiol.

unnecessary, *a.* afraid, heb eisiau, di-anghenraid.

unneighbourly, *a.* anghymdogol, ang-hyfeillgar.

unnerve, *v.* gwanhau, dinerthu.

unnoticed, *a.* disylw.

unnumbered, *a.* di-rif, heb rif.

unobserved, *a.* heb ei weled, disylw.

unobtainable, *a.* na ellir ei gael.

unobtrusive, *a.* anymwthiol, heb ymyrryd â.

unoccupied, *a.* 1. di-waith, segur.
     2. gwag, diddeiliad.

unoffending, *a.* diniwed, didram-gwydd.

unopened, *a.* heb ei agor, caeëdig.

unopposed, *a.* heb neb yn ei erbyn, yn ddiwrthwynebiad.

unorthodox, *a.* anuniongred, anarfer-ol.

unorthodoxy, *n.* anuniongrededd, peidio â bod yn unol â chredo.

unostentatious, *a.* diymhongar, di-rodres.

unpack, *v.* dadbacio, agor pac.

unpaid, *a.* di-dâl, heb ei dalu.

unpalatable, *a.* annymunol, anflasus, diflas.

     UNPALATABLE TRUTH, caswir.

unparalleled, *a.* digymar, digyffelyb, anghyfochrog.

unpardonable, *a.* anfaddeuol.

unparliamentary, *a.* anseneddol.

unpatriotic, *a.* anwlatgar, heb fod yn wlatgar.

unpleasant, *a.* anhyfryd, annymunol, cas.

unpleasantness, *n.* anghydfod, ffrae, cynnen, diflastod.

unpleasing, *a.* anfoddhaus, anfodd-haol.

unpolished, *a.* anghaboledig, garw.

unpolite, *a.* anfoesgar, anfoneddigaidd.

unpolitical, *a.* anwleidyddol, am-holiticaidd.

unpolluted, *a.* dihalog, anllygredig, pur.

unpopular, *a.* amhoblogaidd.

unpopularity, *n.* amhoblogrwydd.

unpractical, *a.* anymarferol, academ-aidd.

unprecedented, *a.* heb ei debyg o'r blaen, digyffelyb, digynsail.

unprejudiced, *a.* diragfarn.

unprepared, *a.* 1. amharod.
     2. difyfyr.

unpretentious, *a.* diymhongar, gwyl-aidd, iselfryd, iselfrydig.

unprincipled, *a.* diegwyddor.

unproductive, *a.* digynnyrch, gwael.

unprofitable, *a.* anfuddiol, di-fudd.

unprohibited, *a.* heb ei wahardd, di-wahardd, diwarafun.

unpromising, *a.* anaddawol.

unpronounceable, *a.* anghynanadwy.

unprosperous, *a.* aflwyddiannus.

unprotected, *a.* diamddiffyn, agored (i ymosodiad).

unprovoked, *a.* heb ei achosi, heb ei ennyn, heb achos.

unpublished, *a.* heb ei gyhoeddi, ang-hyhoeddedig.

unqualified, *a.* 1. heb gymhwyster, di-drwydded, anghymwys, anaddas.
     2. digymysg, diamodol.

unquestionable, *a.* diamheuol, dilys.

unravel, *v.* datod, datrys, dadrys.

unreactive, *a.* anymadweithiol.

unready, *a.* amharod, anewyllysgar.

unreal, *a.* ansylweddol, disylwedd, dychmygol.

unreasonable, *a.* afresymol.

unreasonableness, *n.* afresymoldeb.

unredeemed, *a.* heb ei achub.

unrelated, *a.* amherthynol, amherth-nasol, diberthynas.

unrelenting, *a.* didostur, di-ildio, creulon.

unremitting, *a.* dyfal, di-baid, di-orffwys.

unrepenting, *a.* diedifar.

unrequited, *a.* diwobrwy, heb ei dalu'n ôl.

unreserved, *a.* 1. agored, heb eu cadw (seddau).

    2. llawn, cyflawn.

unrespected, *a.* di-barch.

unrest, *n.* anesmwythder, aflonyddwch.

unresting, *a.* diorffwys, diwyd, dyfal.

unrestrained, *a.* aflywodraethus, dilywodraeth.

unrighteous, *a.* anghyfiawn, pechadurus.

unrighteousness, *n.* anghyfiawnder.

unripe, *a.* anaeddfed, glas, gwyrdd.

unripeness, *n.* anaeddfedrwydd.

unrivalled, *a.* digymar, dihafal.

unroll, *v.* dadrolio, datblygu, agor.

unroof, *v.* di-doi.

unruffled, *a.* tawel, digyffro.

unruly, *a.* afreolus, annosbarthus.

unsafe, *a.* peryglus, anniogel.

unsaleable, *a.* anwerthadwy, na ellir ei werthu.

unsatisfactory, *a.* anfoddhaol.

unsatisfied, *a.* anfodlon, anfoddhaus.

unsatisfying, *a.* annigonol.

unsavoury, *a.* diflas, ansawrus.

unscathed, *a.* dianaf, croeniach.

unscriptural, *a.* anysgrythurol.

unscrupulous, *a.* diegwyddor, digydwybod.

unscrupulousness, *n.* diffyg egwyddor.

unsearchable, *a.* anchwiliadwy.

unseasonable, *a.* anamserol, annhymorol.

unseat, *v.* 1. diswyddo, troi o'i swydd.

    2. taflu (oddi ar geffyl).

unsectarian, *a.* anenwadol.

unseemliness, *n.* anweddustra, afledneisrwydd, gwrthuni.

unseemly, *a.* anweddaidd, aflednais, gwrthun.

unseen, *a.* anweledig.

unserviceable, *a.* annefnyddiol.

unsettle, *v.* ansefydlogi, aflonyddu, poeni.

unsettled, *a.* 1. anwadal, ansefydlog, cyfatal.

    2. heb ei dalu.

unshackle, *a.* rhyddhau, dilyffetheirio.

unshaken, *a.* disigl, diysgog, cadarn.

unsheathe, *v.* dadweinio.

unsighted, *a.* heb allu gweld (gwrthrych)

unsightly, *a.* di-lun, diolwg, hyll, salw.

unskilful, *a.* anfedrus, anghelfydd.

unskilled, *a.* 1. anghyfarwydd, anhyddysg, anghelfydd.

    2. heb eisiau medr.

unslaked-lime, *n.* calch brwd, calch poeth.

unsociable, *a.* anghymdeithasgar, anghyweithas, annibynnol, anghymdogol.

unsolicited, *a.* heb ei ofyn.

unsound, *a.* 1. gwan, afiach.

    2. diffygiol, cyfeiliornus.

unsophisticated, *a.* diniwed, pur.

unspairing, *a.* diarbed, dibrin, hael.

unspeakable, *a.* anhraethol, anhraethadwy.

unspent, *a.* anhreuliedig, heb ei dreulio.

unspotted, *a.* difrycheulyd, pur, glân.

unstable, *a.* ansafadwy, gwamal, sigledig, ansefydlog.

unstained, *a.* dilychwin, glân, pur.

unsteadiness, *n.* ansefydlogrwydd, ansadrwydd, gwamalrwydd.

unsteady, *a.* ansefydlog, simsan, ansad, gwamal.

unstinted, *a.* dibrin, hael, haelionus.

unsubstantial, *a.* ansylweddol, bach.

unsuccessful, *a.* aflwyddiannus.

unsuitable, *a.* anaddas, anghymwys, amhriodol.

unsullied, *a.* dilychwin, difrycheulyd, pur.

unsurmountable, *a.* anorchfygol.

unsurpassed, *a.* diguro, digymar, dihafal.

unsuspecting, *a.* di-feddwl-ddrwg, didyb, heb amau dim.

untainted, *a.* dilwgr, pur, dilychwin.

untamed, *a.* heb ei ddofi, anghydweddog.

untangle, *v.* datrys.

untarnished, *a.* dilychwin, gloyw, glân.

untempered, *a.* heb ei dymheru.

untenanted, *a.* di-ddeiliad, heb ddeiliad, anghyfannedd.

unthankful, *a.* anniolchgar, di-ddiolch.

unthinking, *a.* difeddwl, anystyriol.

untidy, *a.* anniben, anhrefnus, aflêr. *v.* annibennu, anhrefnu.

untie, *v.* datod, mysgu, gollwng yn rhydd.

until, *prp. c.* hyd, nes, hyd nes, hyd oni, tan, oni.

untimely, *a.* anamserol.

untiring, *a.* diflin, diflino.

unto, *prp.* i, at, hyd at, wrth.

untold, *a.* 1. heb ei fynegi.

    2. di-ben-draw, diddiwedd, afrifed.

untouchable, *n.* Indiad o'r radd isaf. *a.* anghyffwrdd.

untoward, *a.* 1. anhywaith, cyndyn.

    2. anffodus, blin.

    3. trwsgl, trwstan.

untractable, *a.* ystyfnig, anhydrin, anhydyn.

untrodden, *a.* disathr, ansathredig, unig.

untrue, *a.* celwyddog, anwireddus, anwir.

untruth, *n.* anwiredd, celwydd.

untruthful, *a.* celwyddog, anwireddus.

unusual, *a.* anarferol, anghyffredin.

unutterable, *a.* anhraethadwy, an-addas i'w fynegi, na ellir ei ddatgan.

unvarying, *a.* digyfnewid, sefydlog.

unveil, *v.* dadorchuddio.

unversed, *a.* anhyddysg, anwybodus, di-ddysg.

unwarranted, *a.* heb awdurdod, heb warant, heb ei warantu.

unwary, *a.* diofal, anwyliadwrus.

unwavering, *a.* diysgog, dianwadal.

unwearied, *a.* diflino, diflin.

unwell, *a.* claf, afiach, anhwylus.

unwept, *a.* heb ddeigryn (ar ei ôl), heb alar.

unwholesome, *a.* afiach, afiachus.

unwieldy, *a.* afrosgo, trwsgl, beichus.

unwilling, *a.* anfodlon, anewyllysgar.

unwise, *a.* annoeth, ffôl, ynfyd.

unwitting, *a.* heb ymwybod, heb wybod.

unwonted, *a.* anarferol.

unworthiness, *n.* annheilyngdod.

unworthy, *a.* annheilwng.

unwounded, *a.* dianaf, diarcholl, holl-iach.

unwrap, *v.* datod, mysgu, agor, tynnu (oddi am).

unwritten, *a.* heb ei ysgrifennu, an-ysgrifenedig.

unyielding, *a.* di-ildio, heb roi'r gorau i.

up, *ad. prp.* i fyny, i'r lan.
     UP IN ARMS, yn barod i ymladd, yn gwrthwynebu.
     WELL UP, hyddysg, gwybodus.
     TO MAKE UP, 1. ymbincio.
     2. ceisio ffafr.

upbraid, *v.* ceryddu, dannod, edliw.

upbringing, *n.* codi a magu, magwr-aeth.

upheaval, *n.* dygyfor, chwalfa, cyffro, terfysg.

upheave, *v.* ymgodi, cyffroi.

uphill, *ad.* i fyny, i'r lan, ar i fyny.

uphold, *v.* cynnal, ategu, amddiffyn.

upholster, *v.* dodrefnu, addurno (celfi tŷ).

upholsterer, *n.* dodrefnwr, gwerthwr celfi tŷ, addurnwr.

upholstery, *n.* dodrefn, celfi tŷ.

upkeep, *n.* cynhaliaeth, cadw mewn cyflwr da.

upland, *n.* ucheldir, blaenau, uwchdir.

uplift, *n.* 1. dygyfor, codiad, ymgodiad.
     2. dylanwad da.
     v. dyrchafu, codi i fyny, ymgodi.

uplifting, *n.* codiad, dyrchafiad.

upon, *prp.* ar, ar uchaf, ar warthaf.

upper, *a.* uchaf.
     UPPER (OF SHOE, ETC.), uchafed.

uppermost, *a. ad.* uchaf.

upright, *a.* union, syth, unionsyth, gonest.

uprightness, *n.* uniondeb, gonest-rwydd.

uprising, *n.* cyfodiad, terfysg, gwrth-godiad, gwrthryfel.

uproar, *n.* terfysg, cynnwrf, cythrwfl.
     WILD UPROAR, berw gwyllt.

uproot, *v.* diwreiddio, codi, tynnu o'r gwraidd.

upset, *v.* 1. dymchwelyd, troi, bwrw i lawr.
     2. cyffroi, gofidio.

upshot, *n.* canlyniad, diwedd.

upside-down, *a. ad.* (â'i) wyneb i waered.

upstairs, *ad.* ar y llofft.

upstart, *n.* crachfonheddwr, un a gafodd olud neu allu yn hawdd.
     pl. crachach, crachfoneddigion.

upward, *a. ad.* i fyny, i'r lan.

upwards, *ad.* i fyny, tuag i fyny, i'r lan.
     UPWARDS OF, mwy na.

uranium, *n.* wraniwm, (elfen fetel-aidd).

urban, *a.* trefol, dinesig.

urbane, *a.* boneddigaidd, hynaws, moesgar.

urbanity, *n.* boneddigeiddrwydd, mwynder, hynawsedd.

urbanize, *v.* gwneud yn drefol.

urchin, *n.* crwt (drygionus).

urea, *n.* y prif sylwedd yn nŵr y corff.

ureter, *n.* pibell ddŵr (rhwng yr arennau a'r bledren).

urethra, *n.* pibell ddŵr (o'r bledren).

urge, *v.* cymell, annog. *n.* cymhelliad, anogaeth.

urgency, *n.* anghenraid, brys.

urgent, *a.* pwysig, yn galw am sylw buan

uric acid, *n.* asid urig.

urine, *n.* dŵr (o'r bledren).

urn, *n.* wrn.

us, *pn.* ni, nyni, 'n, ninnau.

usage, *n.* arfer, defod, triniaeth.
     COMMON USAGE, arfer gwlad.

use, *n.* 1. arfer, arferiad.
     2. defnydd, diben, iws.
     v. defnyddio.
     IN USE, ar arfer, mewn arfer.

useful, *a.* defnyddiol.

usefulness, *n.* defnyddioldeb.

useless, *a.* diwerth, diddefnydd, annefnyddiol.

user, *n.* 1. defnyddiwr.
    2. defnydd (neu fwynhad) o hawl.

usher, *n.* 1. ceidwad drws.
    2. tywysydd.
    3. is-athro.
    v. hysbysu, cyflwyno.

usherette, *n.* gweinyddes (mewn sinema, etc.).

usual, *a.* arferol.
    AS USUAL, fel arfer.

userer, *n.* usuriwr, benthyciwr.

usurp, *v.* trawsfeddiannu, meddiannu heb hawl.

usurpation, *n.* trawsfeddiant, meddiannu trwy drais.

usurper, *n.* trawsfeddiannwr, un sy'n cymryd trwy drais.

usury, *n.* usuriaeth, rhoi benthyg am log uchel.

utensil, *n.* llestr, teclyn.   *pl.* celfi, llestri.

uterus, *n.* croth, bru.

utilitarian, *a.* defnyddiol, llesol, buddiol. *n.* credwr mewn llesyddiaeth.

utilitarianism, *n.* llesyddiaeth, lles y mwyafrif, defnyddiolaeth.

utility, *n.* defnyddioldeb, lles. *a.* llym, safonol.

utilization, *n.* defnyddiad, defnydd.

utilize, *v.* defnyddio.

utmost, *a.* eithaf, pellaf.
    TO THE UTMOST, i'r eithaf.

utopia, *n.* gwlad ddelfrydol (ddychmygol), delfryd anymarferol.

utopian, *a.* delfrydol (ond amhosibl).

utter, *a.* eithaf, pellaf, hollol, llwyr. *v.* traethu, yngan, llefaru, cynanu.
    TO UTTER WORDS, torri geiriau.

utterance, *n.* parabl, lleferydd, ymadrodd.

uttermost, utmost, *a.* eithaf, pellaf.

uvula, *n.* tafod bach, tafodig.

uvular, *a.* tafodigol.

V

vacancy, *n.* lle gwag, gwacter.

vacant, *a.* 1. gwag.
    2. hurt, synfyfyriol.

vacate, *v.* ymadael â, ymddeol, ymddiswyddo.

vacation, *n.* gwyliau, seibiant.

vaccinate, *v.* rhoi'r frech, brechu.

vaccination, *n.* y frech, y cowpog, brechiad.

vaccine, *n.* brech, brechlyn.

vacillate, *v.* petruso, anwadalu, gwamalu.

vacillation, *n.* petruster, anwadalwch.

vacuity, *n.* gwacter, golwg pell, gwegni.

vacuole, *n.* gwagyn.

vacuum, *n.* gwactod, man di-awyr.

vacuum-cleaner, *n.* sugnydd llwch.

vade-mecum, *n.* cyfarwyddwr, llawlyfr.

vagabond, *n.* crwydryn, dihiryn, diogyn. *a.* crwydrol, crwydr.

vagary, *n.* mympwy, chwilen yn y pen.

vagrancy, *n.* crwydro, bod yn ddigartref.

vagrant, *n.* crwydryn. *a.* crwydrol.

vague, *a.* amwys, amhendant, ansicr.

vagueness, *n.* amwysedd, amhendantrwydd, aneglurder, ansicrwydd.

vain, *a.* 1. balch, ymffrostgar, penuchel.
    2. ofer, seithug.
    IN VAIN, yn ofer.

vainglorious, *a.* ymffrostgar, llawn ffrwmp.

vainglory, *n.* ymffrost, gwag-ogoniant, ffrwmp, bost.

vainness, *n.* balchder, gwagedd, ymffrost.

valance, *n.* llen ffrâm wely.

vale, *n.* dyffryn, cwm, bro, glyn.

valediction, *n.* ffarwél, ffarwel.

valedictory, *a.* ymadawol, wrth ymado.

valency, *n.* falensi, gallu atom i gyfuno.

valentine, *n.* 1. cariad.
    2. ffolant (a anfonir ar Ŵyl Sant Falentein), neges serch.

valerian, *n.* y driaglog, (planhigyn).

valet, *n.* gwas.

valetudinarian, *n.* un gwanllyd, un gor-ofalus am ei iechyd.

valetudinarianism, *n.* gor-ofal am iechyd.

valiant, *n.* dewr, gwrol, glew.

valid, *a.* dilys, iawn, yn dal dŵr.

validate, *v.* cadarnhau, cyfreithloni.

validation, *n.* dilysiant.

validity, *n.* dilysrwydd, grym.

valise, *n.* bag teithio, falîs.

valley, *n.* dyffryn, glyn, cwm.

valorize, *v.* codi neu sefydlu gwerth nwyddau.

valorous, *a.* dewr, gwrol, glew.

valour, *n.* dewrder, glewder, gwroldeb.

valuable, *a.* gwerthfawr, costus.

valuation, *n.* prisiad, prisiant.

value, *n.* gwerth. *v.* gwerthfawrogi, prisio.

    NOMINAL VALUE, gwerth enwol.

    PLACE VALUE, gwerth lle.

    RATABLE VALUE, gwerth ardrethol.

valueless, *a.* diwerth.

valuer, *n.* prisiwr.

valve, *n.* falf.

valvular, *a.* yn ymwneud â falf.

vamp, *n.* 1. uchafed (esgid).

    2. gwraig hudolus.

    v. 1. trwsio, cyweirio.

    2. cyfeilio difyfyr.

    3. hudo, ymelwa ar.

vampire, *n.* 1. sugnwr gwaed, (ellyll chwedlonol).

    2. ystlum (sy'n sugno gwaed).

van, *n.* 1. blaen byddin.

    2. men, fan, cerbyd caeëdig.

vanadium, *n.* fanadiwm, (math o fetel caled).

vandal, *n.* fandal, dinistriwr.

vandalism, *n.* fandaliaeth, distryw.

vandyke, *a.* 1. pigfain.

    2. (brown) tywyll.

vane, *n.* 1. ceiliog gwynt.

    2. llafn sgriw peiriant.

    3. cribell, baner.

vanguard, *n.* blaen cad.

vanilla, *n.* fanila, (perlysieuyn).

vanish, *v.* diflannu, dianc.

vanishing-point, *n.* diflanbwynt.

vanity, *n.* balchder, gwagedd, ymffrost, ffrwmp.

vanquish, *v.* gorchfygu, trechu, maeddu.

vanquisher, *n.* gorchfygwr, trechwr, enillwr.

vantage, *n.* mantais.

vapid, *a.* diflas, merfaidd.

vapidity, *n.* diflasrwydd.

vaporization, *n.* anweddiad, tarthiad, ageriad.

vaporize, *v.* anweddu, tarthu, tochi.

vaporous, *a.* llawn tarth (anwedd, ager, etc.).

vapour, *n.* anwedd, tarth, tawch, ager.

variability, *n.* amrywioldeb.

variable, *a.* cyfnewidiol, oriog, anwadal. *n.* newidyn.

    DEPENDENT VARIABLE, newidyn dibynnol.

INDEPENDENT VARIABLE, newidyn annibynnol.

variableness, *n.* anwadalwch.

variance, *n.* anghytundeb, anghydfod, amrywioldeb.

    AT VARIANCE, yn anghytuno â.

variant, *n.* amrywiad. *a.* gwahanol.

variation, *n.* amrywiad, gwahaniaeth.

    DIRECT VARIATION, amrywiad union.

    INVERSE VARIATION, amrywiad gwrthdro.

varicose (vein), *a.* (gwythïen) chwyddedig.

varied, *a.* amrywiol, gwahanol.

variegate, *v.* britho.

variegated, *a.* brith, amryliw.

variety, *n.* amrywiaeth, math.

variola, *n.* y frech wen.

various, *a.* gwahanol, amrywiol, amryfal.

varlet, *n.* 1. gwas bach.

    2. dihiryn, adyn, ysgelerddyn.

varnish, *n.* farnais, arlliw, barnais.

    v. farneisio, arlliwio, barneisio.

varnisher, *n.* farneisiwr, barneisiwr.

vary, *v.* amrywio, gwahaniaethu, newid.

vase, *n.* cawg, cwpan, ffiol.

vaseline, *n.* faselin, eli o betroliwm.

vassal, *n.* taeog, gwas, deiliad, gŵr.

vassalage, *n.* 1. gwrogaeth.

    2. taeogaeth.

vast, *a.* anferth, dirfawr, eang, helaeth.

vastness, *n.* mawredd, ehangder, helaethrwydd.

vat, *n.* cerwyn, twba mawr, tanc.

Vatican, *n.* plas y Pab.

vaticinate, *v.* proffwydo, darogan.

vaticination, *n.* proffwydoliaeth, darogan.

vaudeville, *n.* fodfil, math o ddrama (ynghyd â dawns a chân).

vault, *n.* 1. claddgell, daeargell, cromgell.

    2. cromen, to crwm.

    3. naid, llam, llofnaid.

    v. neidio (dros).

vaulted, *a.* bwaog.

vaulter, *n.* neidiwr.

vaunt, *n.* ymffrost, bost. *v.* ymffrostio, bostio, brolio.

vaunter, *n.* ymffrostiwr, broliwr, bostiwr.

V-cut, *n.* nod clust ar ddefaid, llysenfforch, gwennol, cnoead, cannwyr.

veal, *n.* cig llo.

vector, *n.* fector.

    RADIUS VECTOR, radiws fector.

vectorial, *a.* fectoraidd.

veer, *v.* araf-droi, cylch-droi, troi, newid.

vegetable, *n.* llysieuyn (bwyd). *a.* llysieuol.

    VEGETABLE MARROW, pwmpen.

vegetarian, *n.* un sy'n byw ar lysau (heb gig), bwytawr llysau, bwydlysiwr. *a.* heb gig.

vegetarianism, *n.* (astudiaeth) byw ar lysau.

vegetate, *v.* 1. byw fel llysieuyn.

    2. segura, ofera.

vegetation, *n.* tyfiant (llysau, coed, etc.), llystyfiant.

    VEGETATIVE REPRODUCTION, atgynhyrchiad llysieuol.

vegetative, *a.* llysieuol, yn tyfu fel planhigyn, llysiol, tyfiannol.

vehemence, *n.* angerdd, tanbeidrwydd.

vehement, *a.* angerddol, tanbaid.

vehicle, *n.* 1. cerbyd.

    2. cyfrwng, moddion.

vehicular,a.yn ymwneud â cherbydau.

veil, *n.* llen, gorchudd. *v.* gorchuddio.

vein, *n.* 1. gwythïen.

    2. tymer, ysbryd.

velar, *a.* felar.

veldt, *n.* maestir, tir pori.

vellum, *n.* felwm, memrwn (o groen llo).

velocity, *n.* cyflymder, buander, buanedd.

    RELATIVE VELOCITY, buanedd perthnasol.

    VELOCITY RATIO, cymhareb buanedd.

    ANGULAR VELOCITY, buanedd troi.

velvet, *n.* melfed, felfed.

velveteen, *n.* defnydd tebyg i felfed, melfedîn.

velvety, *a.* melfedaidd.

venal, *a.* llygredig, anonest.

venality, *n.* anonestrwydd, parodrwydd i gymryd llwgrwobrwy.

vend, *v.* gwerthu.

vendetta, *n.* dial tylwythau, cynnen teuluoedd.

vendor, *n.* gwerthwr.

veneer, *n.* caen, haen, rhith, ffug, argaen, wynebiad. *v.* gorchuddio â haen.

venerable, *a.* hybarch, i'w barchu.

venerate, *v.* parchu, mawrygu.

veneration, *n.* parch.

venereal, *a.* gwenerol.

Venetian blind, *n.* llen Fenis, llen ffenestr o bren.

vengeance, *n.* dial, dialedd.

vengeful, *a.* dialgar, sbeitlyd.

venial, *a.* maddeuadwy, y gellir ei faddau.

venison, *n.* cig carw.

venom, *n.* gwenwyn, sbeit.

venomous, *a.* gwenwynig, gwenwynol, sbeitlyd.

vent, *n.* agorfa, twll (i awyr). *v.* 1. arllwys, gollwng.

    2. datgan.

ventilate, *v.* awyru, gwyntyllu.

ventilation, *n.* awyriad, gwyntylliad.

ventilator, *n.* awyrydd, gwyntyllydd, twll awyr.

ventricle, *n.* ceudod, bolgell y galon, fentrigl.

ventriloquist, *n.* taflwr llais.

venture, *n.* antur, mentr. *v.* anturio, mentro.

venturesome, *a.* mentrus, anturus.

venturous, *a.* anturus, mentrus.

venue, *n.* lle i gynnal achos cyfreithiol, man cyfarfod, oed.

Venus, *n.* Gwener, duwies serch.

veracious, *a.* geirwir, cywir, union.

veracity, *n.* geirwiredd, gwirionedd.

verandah, *n.* feranda, balcon.

verb, *n.* berf.

    SUBSTANTIVE VERB, berf fodoli.

verbal, *a.* 1. berfol.

    2. geiriol.

    VERBAL ADJECTIVE, ansoddair berfol.

    VERBAL INTELLIGENCE TEST, geirbrawf deallusrwydd.

verbalism, *n.* gor-bwys ar eirio, geirioldeb.

verbalist, *n.* un sy'n gor-bwysleisio, un hyddysg mewn geiriau.

verbally, *ad.* 1. mewn geiriau.

    2. air am air.

verbatim, *ad.* air am air.

verbena, *n.* llysiau'r hudol.

verbiage, *n.* geiriogrwydd, amleiriaeth.

verb-noun, *n.* berfenw.

verbose, *a.* amleiriog, cwmpasog.

verbosity, *n.* amleiriau, geiriogrwydd.

verdant, *a.* gwyrdd, gwyrddlas, tirf.

verdict, *n.* dedfryd, dyfarniad.

verdigris, *n.* rhwd copr.

verdure, *n.* gwyrddlesni, glesni.

verge, *n.* 1. gwialen (i ddangos awdurdod).

    2. ffin, min, ymyl.

    v. ymylu, tueddu.

verger, *n.* ceidwad, gofalydd (eglwys).

veridical, *a.* gwir, geirwir.

verification, *n.* gwireddiad.

verify, *v.* gwireddu, gwirio.

verily, *ad.* yn wir.

verisimilitude, *n.* 1. tebygolrwydd.
   2. ymddangosiad.

veritable, *a.* gwirioneddol, dilys.

verity, *n.* gwir, gwirionedd.

vermifuge, *n.* moddion (cyffur) at lyngyr.

vermilion, *n.* fermiliwn, lliw cochlyd.

vermin, *n.* pryfetach (niweidiol, etc.), pryf.

verminate, *v.* pryfedu.

verminous, *a.* pryfedog, wedi pryfedu.

vernacular, *a.* cynhenid, brodorol.

vernal, *a.* gwanwynol, yn ymwneud â'r gwanwyn.

vernalisation, *n.* gwanwyneiddiad, gwanwyneiddio.

vernier, *n.* fernier, offeryn mesur.

veronica, *n.* feronica, llysiau Llywelyn.

versatile, *a.* amryddawn, amlochrog.

versatility, *n.* bod yn amryddawn, amlochredd.

verse, *n.* 1. adnod.
   2. pennill.
   3. prydyddiaeth, barddoniaeth.
   BLANK VERSE, mesur di-odl.
   IN VERSE, ar gân.

versed, *a.* hyddysg, cynefin (â).

Versicles, *np.* Gwersiglau (mewn gwasanaeth Eglwys).

versification, *n.* mydryddiaeth.

versifier, *n.* mydryddwr, prydydd.

versify, *v.* prydyddu, barddoni.

version, *n.* 1. cyfieithiad, trosiad.
   2. adroddiad, ffurf.

vers libre, *n.* mesur rhydd, gwers rydd.

versus, *prp.* yn erbyn.

vertebra, *n.* cymal (asgwrn cefn).

vertebrae, *np.* yr asgwrn cefn.

vertebral, *a.* yn ymwneud â'r asgwrn cefn.

vertebrata, *np.* anifeiliaid ag asgwrn cefn.

vertebrate, *a.* ag asgwrn cefn. *n.* anifail ag asgwrn cefn.

vertex, *n.* uchafbwynt, crib, copa, fertig.

vertical, *a.* unionsyth, plwm, fertigol.
   VERTICALLY OPPOSITE ANGLES, onglau croesfertig.
   VERTICAL LINE, llinell blwm, llinell fertigol, llinell fertig.

vertigo, *n.* pendro, penwendid, madrondod.

vervain, *n.* llysau hudol, y ferfain.

verve, *n.* bywyd, egni, asbri.

very, *a. ad.* gwir, iawn, i'r dim, tra.
   VERY WELL, o'r gorau.
   THE VERY THING, y peth i'r dim, yr union beth.

vesica, *n.* pledren, pothell, chwysigen.

vesicate, *v.* chwysigennu, pothellu.

vesicant, *n.* pothellydd. *a.* yn pothellu.

vesicle, *n.* chwysigen, pothell.

vespers, *np.* gosber, gwasanaeth hwyrol.

vessel, *n.* llestr, llong.

vest, *n.* 1. dilledyn.
   2. gwasgod.
   3. crys isaf, fest.
   v. gwisgo, urddo, breinio.

vestal, *a.* lleianol, gwyryfol, pur. *n.* lleian, gwyry.

vested, *a.* 1. wedi ei urddo.
   2. yn ymwneud ag eiddo, etc.
   3. sefydledig.
   VESTED INTERESTS, diddordeb mewn eiddo.

vestibule, *n.* porth, cyntedd.

vestige, *n.* ôl, gweddill.

vestigial, *a.* gweddilliol, ôl.

vestment, *n.* dilledyn, gwisg (swyddogol), urddwisg.

vestry, *n.* festri, ystafell eglwys.

vesture, *n.* gwisg, dillad.

vet, *v.* 1. arholi, holi'n fanwl.
   2. archwilio, cywiro.
   n. meddyg anifeiliaid.

vetch, *n.* pys llygod, ffacbys.

veteran, *n.* un profiadol, hen law. *a.* hen, profiadol.

veterinary, *a.* milfeddygol.
   VETERINARY SURGEON, milfeddyg, ffarier.
   VETERINARY COLLEGE, coleg milfeddygol.

veto, *n.* gwaharddiad. *v.* gwahardd, gwrthod cydsynio, rhoi feto ar.

vex, *v.* blino, poeni, gofidio, trallodi.

vexation, *n.* blinder, gofid, trallod.

vexatious, *a.* blin, gofidus, trallodus.

vexed, *a.* blin, dig, gofidus, trallodus.

vexing, *a.* blin, plagus.

via, *prp.* trwy, ar hyd.

viability, *n.* hyfywdra (*botany*).

viable, *a.* hyfyw (*botany*), abl i fodoli.

viaduct, *n.* pont (dros heol neu reilffordd).

vial, *n.* ffiol, costrel, potel.

viands, *np.* bwyd, ymborth.

vibrant, *a.* dirgrynol, atseiniol.

vibrate, *v.* dirgrynu, ysgwyd, siglo.

vibration, *n.* dirgryniad.
   VIBRATION-WAVES, dirgryndonnau.

vibratory, *a.* dirgryniadol, sigledig, crynedig.

vicar, *n.* ficer.

vicarage, *n.* 1. ficeriaeth.
   2. ficerdy.

vicarious, *a.* dirprwyol, yn lle.

vice, *n.* gwŷd, drygioni.
2. gwasg, feis, crafanc.
vice-, *px.* is-, rhag-.
vice-admiral, *n.* is-lyngesydd.
vice-chairman, *n.* is-gadeirydd.
vice-chancellor, *n.* is-ganghellor.
vice-president, *n.* is-lywydd.
viceroy, *n.* rhaglaw, llywodraethwr.
vice versa, *ad.* i'r gwrthwyneb.
vicinity, *n.* cymdogaeth, ardal o
amgylch.
vicious, *a.* gwydlon, drygionus, sbeit-
lyd.
viciousness, *n.* drygioni, sbeit.
vicissitude, *n.* cyfnewidiad, tro, tro ar
fyd.
victim, *n.* aberth, ysglyfaeth, dioddef-
wr.
victimise, *v.* erlid, ymlid, gormesu.
victor, *n.* buddugwr, gorchfygwr, y
buddugol.
victorious, *a.* buddugol, buddugol-
iaethus.
victory, *n.* buddugoliaeth.
victual, *v.* porthi, bwydo.
victualler, *n.* gwerthwr bwyd.
LICENSED VICTUALLER, tafarnwr.
victuals, *np.* bwyd, lluniaeth.
vide, *v.* gwêl.
videlicet (viz.), *ad.* sef, hynny yw (h.y.)
vie, *v.* cystadlu, ceisio goruchafiaeth,
ymdrechu.
view, *n.* 1. golygfa, golwg.
2. barn, tyb, syniad, bwriad.
v. edrych, gweld, gwylio.
FRONT VIEW, blaenolwg.
SIDE VIEW, golwg ochrol.
SECTIONAL VIEW, golwg doriadol.
viewer, *n.* un sy'n edrych ar (deledu,
etc.), edrychwr, gwyliwr.
viewpoint, *n.* safbwynt, tyb, golyg-
wedd.
vigil, *n.* gwylnos, gwyliadwriaeth.
vigilance, *n.* gwyliadwriaeth, gofal.
vigilant, *a.* gwyliadwrus, effro, diflino.
vignette, *n.* addurn, llun, disgrifiad.
vigorous, *a.* grymus, egnïol, caled.
vigour, *n.* grym, nerth, egni, ynni.
viking, *n.* môr-leidr (o Lychlyn gynt).
vile, *a.* gwael, bawaidd, aflan, brwnt,
ffiaidd.
vileness, *n.* gwaelder, baweidd-dra,
bryntni.
vilify, *v.* difrïo, difenwi, pardduo, en-
llibio.
villa, *n.* fila, tŷ (ar wahân neu yn y
wlad).
village, *n.* pentref.
villager, *n.* pentrefwr.
villain, *n.* dihiryn, adyn, cnaf.

villainous, *a.* anfad, ysgeler, echryslon.
villainy, *n.* anfadwaith, ysgelerder.
villein, *n.* taeog, bilain.
vim, *n.* grym, ynni.
vindicate, *v.* cyfiawnhau, diheuro.
vindication, *n.* cyfiawnhad, amddi-
ffyniad.
vindictive, *a.* dialgar, hoff o ddial.
vindictiveness, *n.* dialedd, hoffter o
ddial.
vine, *n.* gwinwydden.
vinegar, *n.* finegr.
vinery, *n.* tŷ gwydr (i winwydd).
vineyard, *n.* gwinllan.
vintage, *n.* cynhaeaf gwin, gwin.
vintner, *n.* gwerthwr gwin, gwinwr.
viola, *n.* fiola (1. offeryn cerdd.
2. blodeuyn).
violate, *v.* treisio, halogi.
violation, *n.* treisiad, halogiad.
violence, *n.* ffyrnigrwydd, trais.
violent, *a.* ffyrnig, gwyllt, angerddol.
violet, *n.* fioled, crinllys. *a.* dulas, o
liw'r fioled.
violin, *n.* ffidil, feiol.
violinist, *n.* crythor, ffidler.
violoncello, *n.* basgrwth.
viper, *n.* gwiber, (neidr wenwynig).
viper's bugloss, *n.* tafod y bwch,
glesyn y wiber.
virago, *n.* cecren, un ddrwg ei thymer,
menyw gas.
virgin, *n.* gwyry, morwyn. *a.* gwyryf-
ol, morwynol, pur.
virginal, *n.* math o offeryn cerdd.
a. gwyryfol, morwynol.
virginity, *n.* gwyryfdod, morwyndod.
virile, *a.* gwrol, egnïol, nerthol.
virility, *n.* gwrolaeth, gwroldeb.
virtual, *a.* 1. yn cynnwys nodweddion
cynhenid.
2. o ran effaith.
virtue, *n.* rhinwedd, nerth, diweirdeb.
IN VIRTUE OF, oherwydd.
virtuoso, *n.* un celfydd, celfyddydwr,
carwr celfyddyd.
virtuous, *a.* rhinweddol, pur, difrych-
eulyd.
virulence, *n.* gwenwyn, casineb,
chwerwedd.
virulent, *a.* 1. gwenwynig.
2. chwerw, ffyrnig.
virus, *n.* firws, gwenwyn.
visa, *n.* nod dilysrwydd (ar drwydded
teithio).
visage, *n.* wyneb, wynepryd, gwep.
vis-a-vis, *ad.* wyneb yn wyneb,
gyferbyn.
viscera, *np.* ymysgaroedd, perfedd.
viscid, *a.* gludiog, sticlyd, tew.

viscose, *n.* celulos gludiog.
viscosity, *n.* gludedd, y gallu i lynu.
viscount, *n.* is-iarll.
viscous, *a.* gludiog, sticlyd.
visibility, *n.* cyflwr gweledig, awyr glir, gwelededd.
visible, *a.* gweladwy, gweledig, hywel.
vision, *n.* 1. gweledigaeth, rhag-welediad.
  2. golwg, golygiad, gwelediad.
  3. drychiolaeth, breuddwyd.
visionary, *n.* breuddwydiwr. *a.* breu-ddwydiol.
visit, *n.* ymweliad. *v.* ymweled â.
visitation, *n.* ymweliad, archwiliad, gofwy.
visitor, *n.* ymwelwr, ymwelydd.
visor, vizor, *n.* mwgwd helm, miswrn.
vista, *n.* golygfa (rhwng coed).
visual, *a.* golygol, gweledol.
visualise, *v.* gwneud yn weledig, disgrifio, dangos.
vital, *a.* 1. bywiol, bywydol.
  2. hanfodol, pwysig.
vitalism, *n.* bywydaeth (damcaniaeth ynglŷn â bywyd).
vitality, *n.* bywyd, bywiogrwydd, nerth.
vitalize, *v.* bywiogi, bywiocáu.
vitals, *np.* organau hanfodol (y corff).
vitamin, *n.* fitamin, sylwedd (bwyd-ydd).
vitiate, *v.* llygru, difetha.
vitiation, *n.* llygriad, difethiad.
viticulture, *n.* gwinwyddaeth.
vitreous, *a.* gwydrog, o wydr.
vitrify, *v.* troi'n wydr.
vitriol, *n.* fitriol, asid sylffurig.
vitriolic, *a.* fitriolaidd, chwerw, atgas, deifiol.
vituperate, *v.* difenwi, difrïo, pardduo.
vituperative, *a.* difrïol, difenwol, cablaidd.
vituperation, *n.* difenwad, difrïaeth.
vivacious, *a.* bywiog, heini, nwyfus.
vivacity, *n.* hoen, bywyd, nwyf.
vivarium, *n.* bywydfa (*pl.* bywydfâu), parc anifeiliaid (gwyllt).
viva voce, *ad.* ar lafar.
vivid, *a.* byw, clir, llachar.
vividness, *n.* eglurder, tanbeidrwydd.
vivify, *v.* bywhau, ysbrydoli.
vivisect, *v.* dadelfennu, dadansoddi, difynio (anifeiliaid byw).
vivisection, *n.* dadelfeniad (anifeil-iaid), arbrawf.
vixen, *n.* llwynoges, cadnöes, cadnawes.
viz. (see *videlicet*).
vizier, *n.* swyddog gwlad (Mohamet-anaidd).

vocabulary, *n.* geirfa, rhestr geiriau.
vocal, *a.* lleisiol, llafar.
  VOCAL CHORDS, tannau llais.
vocalic, *a.* llafarog.
vocalist, *n.* cantwr, cantwraig, cantor, cantores, canwr.
vocalize, *v.* llafarseinio, swnio'r llafar-iaid, defnyddio'r llais.
vocally, *ad.* â'r llais.
vocation, *n.* galwedigaeth, gorchwyl, gwaith.
vocational, *a.* ynglŷn â galwedigaeth.
vocative, *a.* cyfarchol.
vociferate, *v.* gweiddi, bloeddio.
vociferous, *a.* uchel, stwrllyd, croch.
vodka, *n.* fodca, math o wirod Rws-iaidd.
vogue, *n.* arfer, ffasiwn.
  IN VOGUE, mewn bri.
voice, *n.* 1. llais, lleferydd.
  2. stad (gram.).
  v. lleisio, mynegi.
  AT THE TOP OF HIS VOICE, nerth ei geg.
voiced, *a.* llafar, llafarog, lleisiol.
  VOICED MUTE, lleisiol mud.
voiceless, *a.* mud, a yngenir ag an-adliad cryf, chwyrn, di-lais.
void, *n.* gwagle. *a.* 1. gwag.
  2. di-rym, ofer.
  v. 1. gwacáu.   2. dirymu.
voile, *n.* defnydd (dillad) lled-dryloyw, foil.
volatile, *a.* hedegog, cyfnewidiol.
volatility, *n.* hydarthedd (cemeg), tuedd i anweddu.
volcanic, *a.* yn ymwneud â llosg-fynydd, llosg, tanllyd, folcanig.
volcano, *n.* llosgfynydd, folcano, myn-ydd tân.
vole, *n.* llygoden y maes, llygoden y dŵr.
volition, *n.* ewyllysiad.
volitional, *a.* ewyllysiol.
volley, *n.* cawad o ergydion, term mewn tenis a chriced.
volt, *n.* uned grym (trydan), folt.
voltage, *n.* grym trydan.
voltmeter, *n.* mesurydd grym trydan.
volubility, *n.* huawdledd, bod yn siaradus, ffraethineb.
voluble, *a.* siaradus, huawdl, parablus.
volume, *n.* 1. cyfrol.
  2. crynswth, swm.
  3. folum (cemeg), cyfaint.
volumetric, *a.* folumedrig.
voluminous, *a.* mawr, helaeth, aml-eiriog.
voluntariness, *n.* gwirfoddolrwydd.
voluntary, *a.* gwirfoddol. *n.* unawd ar organ, dirfoddol.

volunteer, *n.* gwirfoddolwr. *v.* gwirfoddoli, gwneud o wirfodd.

voluptuary, *n.* trythyllwr, ymbleserwr.

voluptuous, *a.* trythyll, yn bodloni'r synhwyrau.

voluptuousness, *n.* trythyllwch, anniweirdeb, cnawdolrwydd.

volvulus, *n.* cwlwm perfedd, rhwystr yn yr ymysgaroedd.

vomit, *n.* cyfog, chwydiad. *v.* cyfogi, chwydu.

voracious, *a.* gwancus, rheibus, barus.

voracity, *n.* gwanc, rhaib, trachwant.

vortex, *n.* trobwll, chwyldro, llynclyn.

votary, *a.* 1. addunedwr, diofrydwr, un ymroddedig.
2. pleidiwr.

vote, *n.* pleidlais. *v.* pleidleisio.

voter, *n.* pleidleisiwr.

votive, *a.* addunedol, wedi ei addo.

vouch, *v.* gwirio, gwarantu, ateb dros.

voucher, *n.* 1. gwiriwr.
2. taleb, gwarant.

vouchsafe, *v.* gweld yn dda, caniatáu, rhoi.

vow, *n.* adduned, diofryd, ymrwymiad. *v.* addunedu, diofrydu, addo.

vowel, *n.* llafariad.
VOWEL MUTATION, gwyriad.
VOWEL AFFECTION, affeithiad.

voyage, *n.* mordaith. *v.* morio, mordwyo.

voyager, *n.* mordwywr, mordeithiwr.

vulcanite, *n.* rwber caled.

vulcanize, *v.* caledu rwber.

vulgar, *a.* 1. cyffredin, gwerinol.
2. gwael, anghoeth, aflednais.
VULGAR   FRACTION,   rhanrif cyffredin.

vulgarisation, *n.* y weithred o wneud yn aflednais neu gyffredin.

vulgarism, *n.* ymadrodd aflednais (brwnt, difoes).

vulgarity, *n.* diffyg moes, afledneisrwydd.

vulgarize, *v.* anghoethi, gwneud yn gyffredin, iselhau, diraddio.

Vulgate, *n.* Y Fwlgat, cyfieithiad Lladin o'r Beibl.

vulnerable, *a.* archolladwy, hawdd ei niweidio.

vulture, *n.* fwltur, (aderyn mawr ysglyfaethus).

W

wad, *n.* sypyn, wad.

wadding, *n.* gwlân cotwm, wadin.

waddle, *v.* siglo cerdded, honcian, cerdded fel hwyad, mynd o glun i glun.

wade, *v.* rhydio, cerdded drwy ddŵr.

wader, *n.* rhydiwr, esgid (ddiddos uchel).

wadi, *n.* gwely afon (sy'n dueddol i sychu).

wafer, *n.* afrlladen, teisen denau.

waft, *v.* cludo, dygludo.

wag, *n.* cellweiriwr, wag. *v.* ysgwyd, siglo.

wage, *n.* cyflog, hur, tâl am waith.
TO WAGE WAR, rhyfela.

wager, *n.* cyngwystl, bet. *v.* cyngwystlo, betio, dal.

waggish, *a.* cellweirus, digrif, chwareus.

waggle, *v.* siglo, gwegian, honcian.

waggon, *n.* gwagen, wagen, men.

waggoner, *n.* gwagennwr, wagennwr.

waggonette, *n.* wagenét, (cerbyd ysgafn pedair olwyn).

wagtail, *n.* sigl-i-gwt, brith yr oged.

waif, *n.* 1. plentyn digartref.
2. crwydryn.
3. peth diberchen.

wail, *n.* cwynfan, oergri, nâd. *v.* llefain, nadu, cwynfan.

wain, *n.* men, wagen, gwagen.

wainscot, *n.* palis, panel pren (ar wal).

waist, *n.* gwasg, canol.

waistcoat, *n.* gwasgod.

wait, *n.* arhosiad. *v.* 1. aros, disgwyl.
2. gweini.

waiter, *n.* gweinydd.

waiting, *n.* aros, sefyll, oedi.

waitress, *n.* gweinyddes.

waits, *np.* carolwyr, cerddorion.

waive, *v.* rhoi heibio (hawl, etc.), ildio.

wake, *n.* 1. gwylnos, gwylmabsant.
2. ôl llong neu gwch.
v. deffro, dihuno.
IN THE WAKE OF, o'r tu ôl i.

wakeful, *a.* effro, di-hun.

wakefulness, *n.* anhunedd.

waken, *v.* deffro, dihuno.

wale, weal, *n.* gwrym, ôl ffonnod.

walk, *n.* 1. cerddediad.
2. tro.
3. rhodfa, cwrs.
v. cerdded, mynd am dro, rhodio.

walker, *n.* cerddwr, rhodiwr.

walkie-talkie, *n.* set (radio) symud a siarad.

walking-stick, *n.* ffon.

walkover, *n.* goruchafiaeth hawdd, dim cystadleuaeth.

wall, *n.* mur, gwal, magwyr, pared. *v.* gwalio, codi gwal, murio.
WITH BACKS TO THE WALL, mewn cyfyngder.

wallaby, *n.* cangarŵ bach.

wallaroo, *n.* cangarŵ mawr.

wall-cress, *n.* berw'r fagwyr.

wallet, *n.* gwaled, ysgrepan, cas lledr.

wallflower, *n.* llysiau'r fagwyr, blodau mam-gu.

wallop (*coll.*), *v.* curo, baeddu, wado (*coll.*), cledro, pwnio.

wallow, *v.* ymdreiglo, ymdrybaeddu.

wall-paper, *n.* papur gwal.

wall-plate, *n.* walblat, walbant.

walnut, *n.* cneuen ffrengig.

walrus, *n.* môr-farch.

waltz, *n.* wols, (math o ddawns). *v.* wolso.

wan, *a.* gwelw, llwyd.

wand, *n.* gwialen, hudlath.

wander, *v.* crwydro (o ran corff neu feddwl), gwibio, pensyfrdanu.

wanderer, *n.* crwydryn.

wandering, *a.* ar grwydr, ar ddisberod.

wanderlust, *n.* elfen grwydro, awydd i grwydro.

wane, *n.* lleihad, trai, adeg, cil, gwendid (lleuad). *v.* lleihau, treio, darfod, cilio.

wangle, *v.* dyfeisio, cynllunio, ystumio.

wanness, *n.* gwelwedd.

want, *n.* eisiau, angen. *v.* bod mewn angen, bod heb.
I WANT, y mae arnaf eisiau.

wanting, *a.* yn eisiau, diffygiol, yn fyr.

wanton, *n.* masweddwr, un chwantus. *a.* anllad, trythyll, maswedd(ol), anystyriol, rhyfygus, chwantus.

wantonness, *n.* anlladrwydd, maswedd, rhyfyg.

wapiti, *n.* carw America, wapiti.

war, *n.* rhyfel. *v.* rhyfela.
WAR OF NERVES, rhyfel nerfau.

warble, *v.* telori, pyncio.

warbler, *n.* telor, telorydd.

warbles, *np.* pryfed gweryd, gweryn, chwyddi cnapiog ar wartheg.

war-cry, *n.* rhyfelgri, cadlef, cadfloedd.

ward, *n.* gward, un dan ofal, nawdd. *v.* gwarchod, amddiffyn, noddi.

warden, *n.* gwarden, warden.

wardenship, *n.* gwardeiniaeth.

warder, *n.* gwyliwr, gwarchodwr.

wardress, *n.* gwarchodes.

wardrobe, *n.* cwpwrdd dillad, gwardrob, cist ddillad.

wardship, *n.* gwarchodaeth, nawdd.

ware, *n.* nwydd, nwyddau.

war-horse, *n.* march rhyfel, cadfarch.

warehouse, *n.* ystordy.

warfare, *n.* rhyfel.

wariness, *n.* pwyll, gwyliadwriaeth.

warlike, *a.* rhyfelgar, ymladdgar.

warm, *a.* twym, cynnes, gwresog. *v.* twymo, cynhesu, gwresogi.

warming-pan, *n.* padell twymo gwely, padell boeth.

warmonger, *n.* rhyfelgi, un rhyfelgar.

warmth, *n.* cynhesrwydd, gwres.

warn, *v.* rhybuddio.

warning, *n.* rhybudd.

warp, *n.* 1. ystof, edau ar wŷdd.
2. dylif.
v. 1. ystofi.
2. dylifo.
3. gwyro, sychgamu.

warrant, *n.* gwarant, awdurdod. *v.* gwarantu, cyfiawnhau.

warrantable, *a.* gwarantadwy, y gellir ei warantu.

warrantor, warrantee, *n.* gwarantydd.

warranty, *n.* awdurdod, cyfiawnhad, sicrwydd.

warren, *n.* tyllau cwningod.

warrior, *n.* rhyfelwr (profiadol).

warship, *n.* llong ryfel, cadlong.

wart, *n.* dafaden.

warty, *a.* dafadennog.

wary, *a.* gwyliadwrus, gochelgar, pwyllog.

wash, *n.* golch. *v.* golchi, ymolchi.

washable, *a.* y gellir ei olchi, golchadwy.

washer, *n.* 1. golchwr.
2. wasier (*coll.*), cylch o fetel, etc.

washerwoman, *n.* golchwraig.

wash-house, *n.* tŷ golchi.

washing, *n.* golch, golchiad.

wassail, *n.* gwasael, yfed, rhialtwch (Nadolig).

washing-machine, *n.* peiriant golchi.

washing-soda, *n.* soda, sodiwm-carbonad.

wash-stand, *n.* bwrdd ymolchi.

wash-tub, *n.* twb, twbyn golchi.

washy, *a.* dyfrllyd, gwlyb.

wasp, *n.* cacynen, gwenynen feirch, picwnen.

wastage, *n.* colled, traul.

waste, *n.* 1. gwastraff.
2. difrod, distryw.
3. diffeithwch, gorest.
a. anial, diffaith, diwerth.
v. 1. gwastraffu.

2. difrodi, anrheithio.

3. treulio, nychu.

TO WASTE TIME, colli amser.

wasteful, *a.* gwastraffus, afradus, afradlon.

wastefulness, *n.* afradlonedd, gwastraff.

waster, *n.* oferwr, afradwr.

wastrel, *n.* 1. peth gwrthodedig.

2. oferwr.

3. plentyn crwydr.

watch, *n.* 1. gwyliadwriaeth.

2. wats, waets.

3. gwyliwr.

v. gwylio, gwarchod.

watcher, *n.* gwyliwr.

watchful, *a.* gwyliadwrus.

watchfulness, *n.* gwyliadwriaeth, bod yn wyliadwrus.

watchmaker, *n.* oriadurwr.

watchman, *n.* gwyliwr, gwyliedydd.

watch-night, *n.* gwylnos, noson olaf o'r flwyddyn.

watchtower, *n.* tŵr gwylio.

watchword, *n.* arwyddair, gair amnaid.

water, *n.* dwfr, dŵr. *v.* dyfrhau, rhoi dŵr i.

TERRITORIAL WATERS, dyfroedd tiriogaethol.

water-cock, *n.* tap, dwsel.

water-colour, *n.* 1. paent (i'w gymysgu â dŵr).

2. llun wedi ei beintio.

water-course, *n.* afonig, rhedfa ddŵr, gwely afon.

watercress, *n.* berw'r dŵr, berwr y dŵr.

waterfall, *n.* rhaeadr, sgwd, cwymp dŵr.

water-fowl, *n.* adar dŵr.

water-hen, *n.* iâr fach y dŵr, iâr fach yr hesg.

watering-place, *n.* 1. lle i anifeiliaid i gael dŵr.

2. tref glan y môr, tref ffynhonnau.

water-lily, *n.* lili'r dŵr, alaw.

water-line, *n.* llinell ddŵr.

waterlogged, *a.* llawn dŵr.

water-man, *n.* cychwr. badwr.

water-mark, *n.* dyfrnod, argraff wan (mewn papur).

water-mill, *n.* melin ddŵr.

water-proof, *a.* diddos, yn dal dŵr.

water-shed, *n.* trum, cefn (mynydd), gwahanfa ddŵr, cefndeuddwr.

water-spout, *n.* pistyll, colofn o ddŵr (yn codi o'r môr).

water-tight, *a.* yn dal dŵr, diddos.

water-wagtail, *n.* sigwti fach y dŵr.

waterworks, *np.* gwaith dŵr, cronfa ddwfr.

watery, *a.* dyfrllyd, gwlyb.

watt, *n.* wat, uned pŵer trydan.

wattle, *n.* 1. ffens (o wialennod).

2. tagell (ceiliog, etc.).

v. gwneuthur ffens, plethu.

waul, *v.* ysgrechian, llefain fel cath.

wave, *n.* 1. ton, gwaneg.

2. chwifiad llaw.

v. 1. tonni.

2. chwifio, codi (llaw).

wavelength, *n.* tonfedd.

waver, *n.* anwadalu, petruso, gwamalu.

waverer, *n.* anwadalwr, un dau feddwl.

wavering, *a.* anwadal, gwamal.

wavy, *a.* tonnog.

wax, *n.* cwyr. *v.* 1. cwyro.

2. cynyddu, tyfu.

wax-candle, *n.* cannwyll gŵyr.

waxen, *a.* o gŵyr, fel cwyr.

waxworks, *np.* arddangosfa delwau cwyr.

waxy, *a.* 1. fel cwyr.

2. mewn tymer ddrwg.

way, *n.* ffordd, llwybr, cyfeiriad, modd.

ALL THE WAY, bob cam.

wayfarer, *n.* teithiwr, fforddolyn.

wayfaring tree, *n.* ysgawen y gors, corswigen.

waylay, *v.* cynllwyn, rhagod.

wayside, *n.* ymyl y ffordd, ochr heol.

wayward, *a.* cyndyn, ystyfnig.

waywardness, *n.* cyndynrwydd, ystyfnigrwydd.

we, *pn.* ni, nyni, ninnau.

weak, *a.* gwan, egwan.

weaken, *v.* gwanhau, gwanychu.

weak-hearted, *a.* gwangalon.

weakly, *a.* gwannaidd, gwanllyd, llesg, egwan.

weakling, *n.* edlych, un gwan, llipryn.

weak-minded, *a.* diniwed, gwirion, gwan o feddwl.

weakness, *n.* 1. gwendid, eiddilwch, llesgedd.

2. bai, diffyg, nam.

weal, *n.* 1. gwrym, ôl ffonnod.

2. lles, llwyddiant.

weald, *n.* 1. fforest.

2. gwlad agored.

wealth, *n.* cyfoeth, golud, da.

wealthy, *a.* cyfoethog, goludog, cefnog.

wean, *v.* diddyfnu.

weapon, *n.* arf, erfyn.

wear, *n.* 1. gwisg.

2. traul.

v. 1. gwisgo (dillad), dodi yn ei gylch.

2. treulio.

wearer, *n.* gwisgwr.
weariness, *n.* blinder, lludded.
wearisome, *a.* blinderus, blinderog, poenus.
weary, *a.* blin, blinedig, lluddedig. *v.* blino, lluddedu, diflasu.
  TO GROW WEARY, blino, llaesu dwylo.
weasel, *n.* gwenci, bronwen.
weather, *n.* tywydd, hin.
  WEATHER FORECAST, rhagolygon y tywydd.
  WEATHERING, hindreulio, hindreuliad.
weather-beaten, *a.* ag ôl y tywydd (arno).
weather-glass, *n.* hinfynegydd, baromedr.
weather-vane, weather-cock, *n.* ceiliog gwynt.
weave, *v.* gwau, gweu, gwehyddu.
weaver, *n.* gwehydd, gwëydd, gwŷdd.
web, *n.* gwe.
webbing, *n.* webin, (defnydd cwrs o gotwm, etc.).
web-footed, *a.* cyfandroed, â thraed gweog.
wed, *v.* priodi.
wedding, *n.* priodas.
wedge, *n.* gaing, cŷn, lletem. *v.* lletemu.
wedlock, *n.* priodas, ystad briodasol.
Wednesday, *n.* dydd Mercher.
  ASH WEDNESDAY, Dydd Mercher y Lludw.
wee, *a.* bach, pitw, bitw.
weed, *n.* chwyn(nyn). *v.* chwynnu.
weeds, *np.* galarwisg (gwraig weddw).
weedy, *a.* 1. yn llawn chwyn.
  2. gwannaidd.
week, *n.* wythnos.
week-day, *n.* diwrnod gwaith.
week-end, *n.* dros y Sul.
weekly, *n.* wythnosolyn (cylchgrawn). *a.* wythnosol. *ad.* yn wythnosol, bob wythnos.
week-night, *n.* noson waith, noswaith waith.
ween, *v.* tybied, credu.
weep, *v.* wylo, llefain, wylofain, crio.
weevil, *n.* gwyfyn yr ŷd.
weft, *n.* anwe, edau groes (wrth wau).
weigh, *v.* pwyso, cloriannu, tafoli, ystyried.
  TO WEIGH ANCHOR, codi angor.
weighbridge, *n.* tafal (tafol) cerbydau.
weigher, *n.* pwyswr.
weight, *n.* pwys, pwysau.
  WEIGHTS AND MEASURES, pwysau a mesurau.
weighty, *a.* pwysig, trwm.

weir, *n.* cored, argae.
weird, *a.* iasol, annaearol, dieithr, rhyfedd.
weir-net, *n.* rhwyd cored.
welcome, *n.* croeso. *a.* derbyniol, cymeradwy. *v.* croesawu.
weld, *v.* asio.
  BRONZE WELDING, asio efydd.
welfare, *n.* lles, budd, llesiant.
  WELFARE STATE, gwladwriaeth les.
  WELFARE HALL, neuadd les (lesiant).
  INFANT WELFARE, Gwasanaeth Lles Babanod.
welkin, *n.* yr awyr, wybren.
well, *n.* ffynnon. *v.* llifo, ffrydio. *a.* iach, iawn, da. *int.* wel! *ad.* yn dda, yn dipyn.
  WELL DONE, da iawn.
  FAIRLY WELL, yn lled dda.
  VERY WELL, o'r gorau.
well-a-day, *int.* och fi! och! ow! wala!
well-advised, *n.* call, synhwyrol, doeth, hirben.
well-balanced, *a.* cytbwys.
well-being, *n.* lles, budd.
well-bred, *a.* 1. boneddigaidd.
  2. o frid da, o rywogaeth dda.
well-fed, *a.* mewn cas cadw da, cadwrus, mewn gwedd dda.
well-off, *a.* cefnog, abl, da ei fyd.
Welsh (*language*), *n.* Cymraeg.
Welsh, *a.* 1. Cymraeg (o ran iaith).
  2. Cymreig (o ran teithi).
welsher, *n.* un sy'n dianc rhag talu, ymgiliwr.
Welshman, *n.* Cymro (*pl.* Cymry).
Welshwoman, *n.* Cymraes.
Welshy, *a.* Cymreigaidd.
welt, *n.* gwaldas, gwald, gwaltes. *v.* gwaldasu, gwaldu, gwalteisio.
welter, *v.* ymdrybaeddu, rholio mewn mwd. *a.* 1. lled ysgafn (paffio).
  2. i farchog trwm.
  n. anhrefn, pentwr.
wen, *n.* wen, tiwmor dan y croen.
wench, *n.* geneth, llances, merch.
wend, *v.* mynd, ymlwybro.
werewolf, *n.* dyn a drowyd yn flaidd.
Wesleyan, *a.* Wesleaidd. *n.* Weslead.
west, *n.* gorllewin. *a.* gorllewinol.
westerly, *a.* gorllewinol, i'r gorllewin, o'r gorllewin.
western, *a.* gorllewinol.
westwards, *ad.* tua'r gorllewin.
wet, *n.* gwlybaniaeth. *a.* gwlyb, llaith. *v.* gwlychu.
wether, *n.* gwedder, mollt, llwdn dafad.
wetness, *n.* gwlybaniaeth, lleithder.
wetting, *n.* gwlychfa.

whack, *n.* 1. trawiad, ffonnod.
　　2. dogn.
　　v. taro, ffonodio.
whacking, *(slang). n.* curfa, cosfa, cweir. *a.* anferth.
whale, *n.* morfil.
whalebone, *n.* asgwrn morfil.
wharf, *n.* porthfa, glanfa.
wharfage, *n.* 1. lle mewn porthfa.
　　2. tâl porthfa.
what, *int.* beth ! *a.* pa. *pn.* pa beth.
whatever, *pn.* beth bynnag.
whatsoever, *pn.* pa beth bynnag.
wheat, *n.* gwenith.
　　WHEATEN BREAD, bara gwenith, bara can.
wheatear, *n.* y gynffonwen, tinwen y garreg.
wheedle, *v.* denu, hudo.
wheel, *n.* olwyn, rhod.
wheelbarrow, *n.* berfa (drol), whilber.
wheelwright, *n.* saer troliau (ceirt).
wheeze, *n.* gwich, gwichian. *v.* gwichian, anadlu'n uchel.
wheezy, *a.* gwichlyd, caeth (ei anadl).
whelk, *n.* gwalc, chwalc, malwoden fôr.
whelp, *n.* cenau, anifail ifanc.
when, *ad. pn.* pa bryd ? pan.
whence, *ad.* o ba le, o ble ?
whenever, *ad.* pa bryd bynnag.
where, *ad.* ymha le, pa le, pa fan ? yn y lle, lle.
whereabouts, *ad.* ymhle. *n.* lle (y mae), mangre.
whereas, *c.* gan, yn gymaint â.
whereby, *ad.* trwy yr hyn (hwn).
wherefore, *ad.* paham, am hynny.
wherein, *ad.* yn yr hyn (hwn).
whereinto, *ad.* i'r hyn, i'r hwn.
whereof, *ad.* y . . . amdano.
whereon, *ad.* ar yr hwn (hyn).
whereto, *ad.* y . . . iddo.
whereupon, *ad.* ar hynny.
wherever, wheresoever, *ad.* ble bynnag, ymhle bynnag.
wherewith, wherewithal, *ad.* â'r hyn, â'r hwn, y . . . ag ef.
　　THE WHEREWITHAL, y modd (arian).
wherry, *n.* ysgraff, bad ysgafn.
whet, *n.* hogiad. *v.* hogi, minio, dodi awch ar.
whether, *c.* ai, pa un ai.
whetstone, *n.* carreg hogi, hogfaen, agalen.
whey, *n.* maidd.
which, *rel. pn.* a, y, yr. *int. pn.* pa un. p'run, p'un ? *a.* pa.
whichever, *pn. a.* pa un bynnag.
whiff, *n.* pwff, chwiff. *v.* pwffio, chwiffio.

Whig, *n.* Whig, Chwig, (gwrth-Dori gynt).
while, *n.* ennyd, talm, encyd, amser. *v.* treulio, bwrw (amser, etc.). *ad.* tra, pan.
　　A LITTLE WHILE, ennyd, ysbaid.
　　WORTH WHILE, gwerth y drafferth.
　　A GOOD WHILE SINCE, er ys tro, er ys talm, ers tro, ers talm.
whilst, *ad.* cyhyd, tra.
whim, *n.* mympwy, chwilen (yn y pen).
whimper, *v.* crio, cwynfan, swnian crio, gerain.
whimsical, *a.* mympwyol.
whimsicality, *n.* bod yn fympwyol.
whin, *n.* eithin, eithinen.
whinchat, *n.* clochdar yr eithin.
whine, *v.* cwynfan, nadu, swnian crio.
whinny, *n.* gweryrad, gweryriad. *v.* gweryru.
whip, *n.* chwip, fflangell, ffrewyll. *v.* chwipio, fflangellu, ffrewyllu.
　　TO WHIP EGGS, corddi wyau.
whip-hand, *n.* llaw uchaf, mantais.
whipper-snapper, *n.* plentyn bach, ffrwmpyn, coegyn.
whippet, *n.* milgi bach, corfilgi.
whipping, *n.* chwipiad, fflangelliad.
whir, *n.* chwyrn-dro. *v.* chwyrn-droi.
whirl, *n.* chwyrlïad. *v.* chwyrlïo, chwyrnellu.
whirligig, *n.* chwyrligwgan.
whirlpool, *n.* pwll tro, trobwll.
whirlwind, *n.* trowynt, corwynt, awel dro.
whisk, *v.* 1. ysgubo.
　　2. chwyrlïo.
　　3. symud yn gyflym.
whiskered, *a.* blewog, barfog.
whiskers, *np.* barf, blew.
whisky, *n.* chwisgi, (math o wirod).
whisper, *n.* sibrydiad, sibrwd, sisial. *v.* sibrwd, sisial.
whisperer, *n.* sibrydwr, sisialwr.
whist, *n.* chwist.
whistle, *n.* chwibanogl, chwiban, chwît, whît, chwisl, whisl. *v.* chwibanu, whislan.
whit, *n.* mymryn, gronyn, tamaid.
white, *a.* gwyn, can.
　　WHITE FEATHER, pluen wen (arwydd o lwfrdra).
　　WHITE FLAG, baner wen (arwydd o roi'r gorau i).
　　WHITE LIE, celwydd golau.
white-metal, *n.* aloi gwyn.
whiten, *v.* gwynnu, cannu.
whiteness, *n.* gwynder, gwyndra.

whitewash, *n.* gwyngalch. *v.* gwyn-galchu.
whither, *ad.* i ba le ?
whithersoever, *ad.* i ba le bynnag.
whiting, *n.* 1. gwyniad y môr, (pysgodyn).
   2. gwyngalch.
whitish, *a.* gwyn, gwynnaidd, lled wyn.
whitlow, *n.* ewinor, ffelwm, bystwn.
whitlow grass, *n.* llysiau'r bystwn, llysiau'r ewinor.
Whitmonday, *n.* Llungwyn.
Whitsunday, *n.* Sulgwyn.
Whitsuntide, *n.* dros y Sulgwyn, gŵyl y Sulgwyn, adeg y Sulgwyn.
whittle, *v.* naddu, lleihau (yn raddol).
whiz, *v.* sïo, chwyrnellu. *n.* si.
who, *pn.* a, (y, yr), pwy.
whoever, *pn.* pwy bynnag.
whole, *n.* cwbl, cyfan. *a.* 1. cyfan, holl.
   2. iach, holliach.
   ON THE WHOLE, at ei gilydd.
   WHOLE NUMBER, rhif cyfan.
wholehearted, *a.* o ddifrif, calonnog, â'i holl galon.
wholemeal, *a.* â'r grawn cyfan.
wholeness, *n.* cyfanrwydd.
wholesale, *n.* cyfanwerth. *a.* ar gyfanwerth, yn y crynswth.
wholesaler, *n.* cyfanwerthwr, gwerthwr i fanwerthwr.
wholesome, *a.* iach, iachus, iachusol, llesol.
wholesomeness, *n.* iachusrwydd, buddioldeb.
wholly, *ad.* yn hollol, yn gyfan gwbl.
whom, *pn.* a, (y, yr).
whomsoever, *pn.* pwy bynnag.
whoop, *n.* bloedd, gwaedd.
whooping-cough, *n.* pas.
whop, *v.* maeddu, ffusto.
whopper, *n.* un mawr.
whopping, *a.* mawr iawn, anferth.
whore, *n.* putain. *v.* puteinio.
whorl, *n.* 1. tro, troell.
   2. cylch o ddail (am goesig blodyn).
whortleberry, *n.* llus, llusi duon bach.
whose, *pn.* y . . . ei, eiddo pwy ?
whosoever, *pn.* pwy bynnag.
why, *ad.* paham, pam.
wick, *n.* pabwyr, pabwyryn, wic.
wicked, *a.* drwg, drygionus, pechadurus.
wickedness, *n.* drygioni, drygedd, pechod.
wicker, *n.* (gwaith) gwiail.
wickerwork, *n.* peth wedi ei wneud trwy blethu gwiail, gwneud cewyll, plethwaith, basgedwaith.

wicket, *n.* 1. clwyd fach, llidiart.
   2. gwiced, wiced.
   WICKET-KEEPING, cadw wiced.
   WICKET-KEEPER, ceidwad wiced.
wide, *a.* llydan, eang, rhwth, pell.
wide-awake, *a.* effro, ar ddi-hun.
widely, *ad.* yn eang, yn helaeth, ar led.
widen, *v.* lledu, llydanu.
wideness, *n.* ehangder, helaethrwydd.
wide-spread, *a.* cyffredinol, wedi ei daenu, eang.
widgeon, *n.* wiwell, (math o hwyad wyllt), chwiwell.
widow, *n.* gweddw, gwraig weddw, gwidw. *a.* gweddw.
widowed, *a.* gweddw.
widower, *n.* gŵr gweddw, gwidman, gwidwer.
widowhood, *n.* gweddwdod.
width, *n.* lled.
wield, *v.* trafod, arfer, dal.
wife, *n.* gwraig, gwraig briod, priod.
wifely, *a.* fel gwraig, gwreigaidd.
wig, *n.* gwallt gosod, perwig, wig. *v.* ceryddu.
wigging, *n.* cerydd, cymhennad.
wight, *n.* person, bod.
wigwam, *n.* pabell, lluest (Indiaid Cochion).
wild, *n.* anial, diffeithwch. *a.* gwyllt, anial.
wilderness, *n.* anialwch, anial, diffeithwch.
wildfire, *n.* tân gwyllt.
wildness, *n.* gwylltineb.
wile, *n.* dichell, ystryw, cast, cnac.
wilful, *a.* bwriadol, pwrpasol, ystyfnig, croes.
wilfully, *ad.* o fwriad, o bwrpas.
wilfulness, *n.* ystyfnigrwydd, cyndynrwydd.
wiliness, *n.* dichell, cyfrwystra.
will, *n.* ewyllys. *v.* ewyllysio, mynnu.
   FREE WILL, ewyllys rydd.
   COME WHAT WILL, doed a ddelo.
   AGAINST ONE'S WILL, o anfodd.
willing, *a.* bodlon, parod, ewyllysgar.
   QUITE WILLING, yn eithaf bodlon.
willingly, *ad.* o wirfodd, o fodd.
willingness, *n.* parodrwydd, gwirfoddolrwydd.
will-o-the-wisp, *n.* jacolantern, cannwyll gorff, peth di-ddal.
willow, *n.* helygen.
willow-herb, *n.* helyglys.
willowy, *a.* 1. helygaidd.
   2. gosgeiddig, lluniaidd.
will-power, *n.* grym ewyllys.
willy-nilly, *ad.* o fodd neu anfodd, bodlon neu beidio.

wilt, *v.* edwino, lledwywo, gwyro.

wily, *a.* cyfrwys, dichellgar.

wimple, *n.* gwempl, math o benwisg (gan leian).

win, *v.* ennill, llwyddo, cipio (gwobr).
TO WIN THE DAY, cario'r dydd.

wince, *v.* gwingo, troi a throsi, ymnyddu.

winch, *n.* wins, peth i ddirwyn rhaff, etc.

wind, *n.* gwynt, awel, anadl.
WIND INSTRUMENTS, offer chwyth.
NORTH WIND, gwynt y gogledd.
PREVAILING WINDS, prifwyntoedd.

wind, *v.* dirwyn, troi, troelli, gwau.

windbag, *n.* siaradwr di-daw, clebryn.

winder, *n.* dirwynwr.

windfall, *n.* 1. ffrwyth (yr achosir ei gwymp gan wynt).
2. lwc, ffawd (dda).

wind-flower, *n.* blodyn y gwynt, anemoni.

windlass, *n.* wins.

windless, *a.* di-wynt, heb awel, tawel.

windmill, *n.* melin wynt.

window, *n.* ffenestr.
SASH WINDOW, ffenestr fframiog.

window-pane, *n.* paen, cwarel.

windpipe, *n.* breuant, y bibell wynt, corn gwddf.

windscreen, *n.* sgrin wynt, ffenestr flaen.

windward, *a. ad.* tua'r gwynt, at y gwynt.

windy, *a.* gwyntog.

wine, *n.* gwin.

wine-bibber, *n.* yfwr gwin, diotwr, meddwyn.

wineglass, *n.* gwydr gwin.

wine-press, *n.* gwinwryf.

wing, *n.* adain, aden, asgell, asgellwr (pêl-droed, etc.).

wing-commander, *n.* asgell-gomander.

winged, *a.* adeiniog, asgellog, ar adain.

wing-forward, *n.* asgellwr blaen, blaenasgell.

wink, *n.* winc, amrantiad. *v.* wincio.
FORTY WINKS, cyntun, nap.

winner,n.enillwr, enillydd, (y) buddugol.

winning, *a.* enillgar, deniadol, atyniadol.

winnings, *np.* enillion.

winnow, *n.* nithio, gwahanu, gwyntyllu.

winnower, *n.* nithiwr.

winnowing, *n.* nithiad.

winsome, *a.* serchus, deniadol, swynol, atyniadol.

winter, *n.* gaeaf. *v.* gaeafu.
WINTERGREEN, gaeafwyrdd.

wintry, *a.* gaeafol, gaeafaidd.

wipe, *v.* sychu.
TO WIPE OUT, dinistrio, difa.
WIPING-UP CLOTH, lliain sychu (llestri).

wiper, *n.* sychwr, braich sychu.

wire, *n.* wifren, gwifren, wirsen.
v. gwifrio, weiro, wirso.

wireless, *n.* radio.

wire-pulling, *n.* cynllwyn, "tynnu gwifrau".

wireworm, *n.* hoelen ddaear, (pryfyn).

wiring, *n.* gwifrio, gwifriad, weiro, wirso.

wiry, *a.* gwydn, caled, fel gwifren.

wisdom, *n.* doethineb, callineb, synnwyr.

wise, *n.* dull, modd, gwedd, ffordd.
a. doeth, call, synhwyrol.

wiseacre, *n.* creadur call, doethyn, ymhonnwr.

wish, *n.* dymuniad, gofuned, ewyllys.
v. dymuno, ewyllysio.

wish-bone, *n.* asgwrn tynnu.

wishful, *a.* awyddus, chwannog.
WISHFUL THINKING, cred gyfeiliornus, breuddwyd gwrach.

wishy-washy, *a.* gwan, disylwedd.

wisp, *n.* tusw, twffyn, dyrnaid.

wistful, *a.* hiraethus, trist, meddylgar.

wistfulness, *n.* hiraeth, tristwch.

wit, *n.* 1. synnwyr, deall.
2. ffraethineb, donioldeb, smaldod.
3. un ffraeth, un doniol, un smala.
TO WIT, hynny yw.

witch, *n.* dewines, gwiddon.

witchcraft, witchery, *n.* dewiniaeth.

with, *prp.* â, ag, gyda, gydag, efo.

withal, *ad.* gyda, hefyd, heblaw hynny.

withdraw, *v.* 1. cilio, tynnu'n ôl, galw'n ôl.
2. codi (arian).

withdrawal, *n.* 1. ciliad, enciliad.
2. codiad (arian).

withe, withy, *n.* gwden, gwialen helyg.

wither, *v.* gwywo, crino, edwino.

withering, *a.* gwywol, deifiol, crin.

withers, *np.* ysgwydd march, gwar.

withhold, *v.* atal, dal yn ôl.

within, *prp.* i mewn, yn, o fewn.
ad. tu mewn.

without, *prp.* heb. *ad.* tu allan, tu faes.

withstand, *v.* gwrthsefyll, gwrthwynebu.

witless, *a.* disynnwyr, ynfyd, ffôl, diddychymyg.

witness, *n.* 1. tyst.
2. tystiolaeth.
v. tystio, tystiolaethu.
wits, *np.* synhwyrau, pwyll.
witticism, *n.* ffraetheb, ffraethair, jôc.
wittiness, *n.* ffraethineb, doniolwch, smaldod.
wittingly,*ad.*yn fwriadol, yn bwrpasol.
witty, *a.* ffraeth, arab, doniol, smala.
wizard, *n.* dewin, swynwr.
wizardry, *n.* dewiniaeth, hud.
wizened, *a.* gwyw, crin, crebachlyd.
woad, *n.* lliwur glas.
wobble, *v.* siglo, honcian.
wobbly, *a.* sigledig, simsan.
woe, *n.* gwae, adfyd, trallod, ing.
woebegone, *a.* athrist, prudd.
woeful, *a.* athrist, gofidus, trallodus, trist, blin.
wold, *n.* mynydd-dir, rhos, maestir.
wolf, *n.* blaidd (*f.* bleiddast).
TO KEEP THE WOLF FROM THE DOOR, cadw newyn draw.
wolf's bane, *n.* llysiau'r blaidd, (planhigyn).
woman, *n.* gwraig, benyw, merch.
womanhood, *n.* gwreictod, oed gwraig.
womanish, *a.* benywaidd, merchedaidd.
womankind, *n.* y benywod, y gwragedd.
womanliness, *n.* rhinweddau benywaidd.
womanly, *a.* gwreigaidd, benywaidd.
womb, *n.* croth, bru.
wonder, *n.* rhyfeddod, syndod. *v.* rhyfeddu, synnu.
I WONDER, tybed.
wonderful, *a.* rhyfeddol, i synnu ato, i'w ryfeddu (irfeddu).
wondrous, *a.* rhyfeddol, aruthr.
wont, *n.* arfer. *v.* arfer.
woo, *v.* caru, canlyn, dilyn.
wood, *n.* 1. coed, gwŷdd, coedwig.
2. pren.
woodbine, *n.* gwyddfid.
woodcock, *n.* cyffylog.
woodcraft, *n.* gwybodaeth am fywyd mewn coedwigoedd.
woodcutter, *n.* torrwr coed, cymynwr.
wooded, *a.* coedog, llawn coed, a choed yn tyfu yno.
wooden, *a.* 1. coed, pren.
2. prennaidd, ystyfnig.
woodland, *n.* coetir, ardal goedog, coedwig.
woodlark, *n.* ehedydd y coed, uchedydd y coed.
woodlouse, *n.* mochyn y coed, gwrachen y lludw.

woodman, *n.* coedwr, cwympwr coed.
woodpecker, *n.* cnocell y coed, tyllwr y coed.
wood-pigeon, *n.* ysguthan, colomen wyllt.
woodruff, *n.* llysiau'r eryr.
wood-sage, *n.* chwerwlys yr eithin, saets gwyllt.
woodsorrel, *n.* suran y coed.
woodwind, *np.* cerddbrenni, chwythoffer pren.
woodwork, *n.* gwaith coed, gwaith saer.
woody, *a.* coedog, prennaidd.
wooer, *n.* carwr.
woof, *n.* anwe, edau groes (wrth wau).
wool, *n.* gwlân.
woollen, *a.* gwlanog, gwlân.
woolly, *a.* gwlanog.
Woolsack, *n.* sedd yr Arglwydd Ganghellor.
word, *n.* gair.
WORD-REACTION TIME, amser geiradwaith.
wordiness, *n.* geiriogrwydd.
wording, *n.* geiriad.
wordy, *a.* geiriog, amleiriog.
work, *n.* gwaith, swydd, gorchwyl, llafur. *v.* gweithio, llafurio.
workable, *a.* y gellir ei wneud, ymarferol.
workbag, *n.* bag gwnïo.
worker, *n.* gweithiwr, llafurwr.
work-harden, *v.* gwaithgaledu.
workhouse, *n.* 1. gweithdy.
2. tloty, wyrcws.
working, *a.* yn gweithio, gwaith, gweithiol.
WORKING DAY, diwrnod gwaith.
WORKING-PARTY, gweithgor.
workless, *a.* di-waith.
workman, *n.* gweithiwr, llafurwr.
worldling, *n.* bydolddyn, bydolyn.
workmanlike, *a.* celfydd, cywrain, gweithgar, diwyd.
workmanship, *n.* saernïaeth, crefft.
workshop, *n.* gweithdy, siop waith.
world, *n.* byd, bydysawd.
worldliness, *n.* bydolrwydd.
worldly, *a.* bydol.
world-wide, *a.* byd-eang.
worm, *n.* pryf, abwydyn, llyngyren.
wormeaten, *a.* tyllog, â thyllau pryfed.
wormery, *n.* abwydfa.
wormwood, *n.* wermod, wermwd lwyd.
worn-out, *a.* wedi difa, wedi blino.

worry, *n.* pryder, gofid. *v.* 1. pryderu, gofidio.
  2. poeni, peri pryder.
worse, *a.* gwaeth, dirywiol.
  WORSE LUCK, gwaetha'r modd.
worsen, *v.* gwaethygu, mynd ar ei waeth.
worship, *n.* addoliad. *v.* addoli.
  HIS WORSHIP THE MAYOR. Ei Deilyngdod y Maer.
worshipful, *a.* parchedig, anrhydeddus.
worshipper, *n.* addolwr.
worst, *a.* gwaethaf. *v.* gorchfygu, trechu.
worsted, *n.* edau wlân, edafedd gwlanog. *a.* gwlanog, gwlân.
wort, *n.* cwrw (heb eplesu), breci.
worth, *n.* gwerth, pwysigrwydd, haeddiant, teilyngdod.
worthiness, *n.* teilyngdod, haeddiant.
worthless, *a.* diwerth.
worthy, *n.* gŵr clodfawr. *a.* teilwng, gwiw, parchus.
wot, *v.* gwn, gŵyr, etc.
would-be, *a.* fel y mynnai fod, ymddangosiadol, honiadol. *n.* ymhonnwr, ymffrostiwr.
wound, *n.* clwyf, briw, archoll, cwt. *v.* clwyfo, archolli.
woundwort, *n.* briwlys, clafrllys.
wrack, *n.* 1. gwymon.
  2. drylliad, dinistr.
wraith, *n.* drychiolaeth, ysbryd.
wrangle, *n.* ymryson, ffrae, cweryl. *v.* cecru, ffraeo, cweryla.
wrangler, *n.* cecryn, cwerylwr.
wrap, *v.* plygu, rhwymo.
wrapping, wrapper, *n.* amwisg, amlen.
wrasse, *n.* gwrachen y môr, (pysgodyn).
wrath, *n.* digofaint, llid, dicter, soriant.
wrathful, *a.* digofus, llidiog, dig.
wreak, *v.* bwrw (llid), dial.
wreath, *n.* torch, blodeudorch.
wreathe, *v.* 1. amdorchi, amgylchu.
  2. plethu, crychu.
wreathed, *a.* torchedig.
wreck, *n.* drylliad, llongddrylliad. *v.* dryllio.
wreckage, *n.* broc môr, yr hyn a ddrylliwyd.
wrecker, *n.* 1. drylliwr.
  2. lleidr glan môr.
wren, *n.* dryw.
wrench, *n.* 1. rhwyg, ysigiad.
  2. rens, allwedd, sgriw, tyndro. *v.* rhwygo, ysigo, tyndroi.

wrest, *v.* 1. cipio, dwyn trwy drais.
  2. rhwygo, dirdynnu, gwyrdroi.
wrestle, *v.* ymgodymu, ymaflyd codwm, taflu codwm.
wrestler, *n.* ymgodymwr, taflwr codwm.
wretch, *n.* adyn, truan.
  POOR WRETCH ! druan ohono !
wretched, *a.* truenus, gresynus.
  WRETCHED MAN, truan o ddyn.
wretchedness, *n.* trueni, annifyrrwch, trallod.
wriggle, *v.* ymnyddu, gwingo, troi a throsi.
wriggler, *n.* gwingwr, ymnyddwr.
wright, *n.* saer, gweithiwr, etc.
wring, *v.* troi, gwasgu.
wringer, *n.* peiriant gwasgu (dŵr o ddillad), gwasgydd.
wrinkle, *n.* 1. crych, rhych, crychni.
  2. awgrym, syniad. *v.* crychu, rhychu.
wrinkled, wrinkly, *a.* crychiog, crych, crychlyd.
wrist, *n.* arddwrn, (garddwrn).
wristband, *n.* rhwymyn llawes (crys).
wristlet, *n.* addurn (g)arddwrn, rhwymyn (g)arddwrn.
wristwatch, *n.* wats fraich, wats arddwrn.
writ, *n.* gwŷs, dogfen gyfreithiol, arch llys, gwrit.
  HOLY WRIT, y Beibl, Yr Ysgrythur Lân.
write, *v.* ysgrifennu.
  TO WRITE ONE'S NAME, torri enw.
writer, *n.* ysgrifennwr.
writhe, *v.* gwingo, troi a throsi, ymnyddu.
writing, *n.* 1. ysgrifen.
  2. ysgrifeniad, cyfansoddiad.
wrong, *n.* cam, camwedd. *a.* anghywir, cam, cyfeiliornus, rong. *v.* niweidio, gwneud cam â.
  TO BE WRONGED, cael cam.
wrongdoer, *n.* troseddwr, camweddwr.
wrongdoing, *n.* camwedd, trosedd, drygedd.
wrongful, *a.* anghyfiawn, ar gam.
wroth, *a.* dig, llidiog, digofus.
wrought-iron, *n.* haearn gyr.
wry, *a.* cam, a thro ynddo.
wry-mouthed, *a.* mingam.
wryneck, *n.* gyddfgam, (math o aderyn), pengam.
wrynecked, *a.* gyddfgam, wedi ei wyrdroi.

X

xenophobia, *n.* cas at estroniaid, senoffobia.

X-rays, *np.* pelydrau-X.

xylophone, *n.* seiloffon, (offeryn cerdd).

Y

yacht, *n.* llong bleser, tlysfad, iot.

yachtsman, *n.* hwyliwr iot.

yak, *n.* ych (canolbarth Asia).

yam, *n.* taten iam.

Yankee, *n.* Ianci, Americanwr.

yap, *n.* cyfarthiad.

yard, *n.* 1. llath, llathen, llathaid.
2. buarth, clos, beili, iard, lle chwarae.
PER YARD, y llath.
YARD STICK, llathen, ffon fesur.

yarn, *n.* 1. edefyn, edau.
2. stori.

yarrow, *n.* milddail, llysiau gwaedlif.

yawl, *n.* 1. bad llong.
2. cwch hwyliau.

yawn, *v.* dylyfu gên, agor y genau.

ye, *pn.* chwi, chwychwi, chwithau.

yea, *ad.* ie, yn wir.

year, *n.* blwyddyn (*pl.* blynyddoedd), blwydd (oed), blynedd (*after cardinal numerals*). *a.* blwydd.
YEAR OLD, blwydd oed.
NEW YEAR'S DAY, Dydd Calan.
WELL STRICKEN IN YEARS, mewn gwth o oedran, hen.
LAST YEAR, y llynedd.
THIS YEAR, eleni.
A HAPPY NEW YEAR, blwyddyn newydd dda.

yearling, *n.* anifail blwydd.

yearly, *a.* blynyddol, bob blwyddyn.

yearn, *v.* hiraethu, dyheu.

yearning, *n.* hiraeth, dyhead.

yeast, *n.* berem, burum, berman.

yell, *n.* sgrech, gwaedd. *v.* sgrechian, gweiddi.

yellow, *a.* melyn.
YELLOW FEVER, clefyd melyn.

yellow-bunting, yellow hammer, *n.* melyn yr eithin, y benfelen.

yellow-flag, *n.* gellhesg.

yellowish, *a.* melynaidd, lled felyn, hanner melyn.

yelp, *v.* cyfarth. *n.* cyfarthiad.

yeoman, *n.* amaethwr, ffarmwr.

yeomanry, *n.* meirchfilwyr (gwirfodd-ol gynt).

yes, *ad.* ie, do, oes, etc.

yesterday, *n. ad.* doe, ddoe.
THE DAY BEFORE YESTERDAY, echdoe.

yet, *ad.* eto, er hynny, ychwaith.

yew, *n.* ywen.

Yiddish, *n.* Almaeneg Iddewaidd.

yield, *n.* cynnyrch. *v.* 1. rhoi'r gorau i, ildio.
2. cynhyrchu, dwyn (ffrwyth).

yodel, *v.* canu (ffalseto, fel Swis).

yoke, *n.* iau. *v.* ieuo, uno.

yokel, *n.* gwladwr, lleban, taeog.

yolk, *n.* melyn wy, melynwy.

yonder, *ad.* draw, acw.

yore, *n.* yr hen amser.
OF YORE, gynt.

you, *pn.* chwi, chwychwi, chwithau.

young, *a.* ieuanc, ifanc.

younger, *a.* iau, (ieuangach, ifancach).

youngest, *a.* ieuaf, (ieuangaf, ifancaf).

youngster, *n.* crwt, hogyn. *pl.* bech-gynnach, hogiau, ieuenctid.

your, *pn.* eich, 'ch.

yours, *pn.* eiddoch, yr eiddoch (chwi).
YOURS FAITHFULLY, Yr eiddoch yn ffyddlon.
YOURS TRULY, Yr eiddoch yn gywir.
YOURS SINCERELY, Yr eiddoch yn bur.
YOURS IN ALL SINCERITY, Yr eiddoch yn ddiffuant (yn ddi-dwyll).

yourself, *pn.* eich hun (hunan).

yourselves, *pn.* eich hunain.

youth, *n.* 1. bachgen, llanc, pobl ieuanc.
2. ieuenctid, bachgendod.
YOUTH HOSTEL, gwesty heicwyr.
YOUTH CLUB, clwb ieuenctid.

youthful, *a.* ieuanc, ifanc.

youthfulness, *n.* ieuengrwydd.

yule-log, *n.* boncyn Nadolig.

yule-tide, *n.* tymor y Nadolig.

Z

zeal, *n.* sêl, eiddgarwch, brwdfrydedd.
zealot, *n.* un penboeth. un brwdfrydig.
zealous, *a.* selog, eiddgar, brwdfrydig.
zebra, *n.* sebra.
     ZEBRA-CROSSING, lle i groesi (stryd), croesfan sebra.
zebu, *n.* ych (India).
zenith, *n.* 1. entrych, nen.
     2. anterth, uchafbwynt, eithaf.
zephyr, *n.* 1. gwynt y gorllewin.
     2. awel dyner.
zero, *n.* sero, dim, gwagnod, isafbwynt.
     ABSOLUTE ZERO, sero diamod.
zero-hour, *n*, yr awr apwyntiedig.
zest, *n*, eiddgarwch, awch, blas, afiaith, hwyl.
zigzag, *a.* igam-ogam, *v.* igam-ogamu.
zinc, *a.* sinc.
zip, *n.* sip.
     ZIP-FASTENER, cau â sip.

zither, *n.* sither, (math o offeryn tannau).
zodiac, *n.* sidydd.
     SIGN OF THE ZODIAC, sygn, arwydd y sidydd.
zonation, *n.* cylchedd, haeniad.
zone, *n.* cylch, parth, rhanbarth, cylched, cylchfa.
     TEMPERATE ZONE, Cylchfa Dymherus.
zoo, *n.* sw. *px.* mil-.
zoological, *a.* swolegol.
zoologist, *n.* swolegwr.
zoology, *n.* swoleg.
zoospore, *n.* milsbor.
zygomorphic, *a.* seigomorffig, yn rhannu'n ddau.
zygospore, *n.* ieusbor.
zygote, *n.* seigot, y cynnyrch o uno gamedau, ieurith.

MISCELLANEOUS LISTS
English—Welsh

RHESTRAU AMRYWIOL
Saesneg—Cymraeg

Personal Names - Enwau Personau

Adam, Adda.
Ambrose, Emrys.
Andrew, Andreas.
Arnold, Arnallt.
Augustine, Awstin.
Bartholomew, Bartholomeus.
Bede, Beda.
Bedivere, Bedwyr.
Bennet, Bened.
Betty, Beti, Betsy, Betsan, Betsi.
Boudicca, (Boadicea), Buddug.
Buddha, Bwda.
Cadoc, Catog, Cadog, Cadwg.
Caesar, Cesar.
Caratacus, Caradog.
Cassivellaunus, Caswallon.
Catherine, Catrin, Cadi.
Charlemagne, Siarlymaen.
Charles, Siarl.
Constantine, Custennin, Cystennin.
Cymbeline, Cynfelyn.
David, Dewi, Dafydd, Deio, Dai.
Edmund, Edmwnd, Emwnt.
Edward, Iorwerth, Edwart, Edward.
Elijah, Elias.
Elisha, Eliseus.
Elizabeth, Lisbeth, Leisa.
Evan, Ieuan, Ifan, Iwan.
Eve, Efa.
Geoffrey, Sieffre.
George, Siôr, Siors.
Gerald, Gerallt.
Germanus, Garmon.
Gerontius, Geraint.
Gladys, Gwladus.
Glendower, Glyn Dŵr.
Griffith, Gruffudd.
Guinevere, Gwenhwyfar.
Helen, Elen.
Henry, Henri, Harri.
Hopkin, Hopcyn.
Horace, Horas.
Horsa, Hors.
Howell, Hywel.
Hugh, Huw.
Humphrey, Wmffre.
Isaiah, Esaia.
Iseult, Esyllt.
James, Iago, Siâm, Siâms, Siams.
Jane, Siân, Siani.
Janet, Sioned.
Jenkin, Siencyn.
Jesus Christ, Iesu Grist.
John, Ioan, Siôn, Sionyn, Sioni.
Julius, Iwl.
Jupiter, Jove, Iau.
Kay, Cai.

Lancelot, Lawnslot.
Laura, Lowri.
Lear, Llŷr.
Levy, Lefi.
Lloyd, Llwyd.
Lucy, Lleucu.
Lud, Lludd.
Luke, Luc.
Mabel, Mabli.
Madoc, Maddock, Madog.
Magdalene, Madlen, Modlen, Magdalen.
Margaret, Marged. Mererid.
Mark, Marc.
Mary, Mair, Mari.
Matilda, Maud, Mallt.
Maurice, Meurig.
Meredith, Maredudd.
Merlin, Myrddin.
Michael, Mihangel.
Molly, Mali.
Morris, Morys, Morus, Moris.
Moses, Moses, Moesen.
Nelly, Neli.
Neptune, Neifion.
Oswald, Oswallt.
Ovid, Ofydd.
Owen, Owain, Owen.
Patrick, Padrig.
Paul, Pawl.
Paulinus, Pawl Hen.
Perceval, Peredur.
Peter, Pedr.
Philip, Phylip.
Pierce, Pyrs.
Price, Pryse, Preece, Prys.
Pugh, Puw.
Rees, Rice, Rhys.
Reginald, Rheinallt.
Richard, Rhisiart.
Roderick, Rhydderch.
Rosser, Roger, Rhosier.
Rowena, Rhonwen.
Saint Mary, Y Santes Fair.
Solomon, Solomon, Selyf.
Stephen, Steffan.
Tacitus, Tegid.
Thomas, Tomos, Tom, Twm.
Timothy, Timotheus.
Tristan, Tristram, Trystan.
Tudor, Tudur.
Vaughan, Fychan.
Virgil, Fyrsil, Fferyll.
Vortigern, Gwrtheyrn.
Walter, Gwallter.
William, Gwilym, Wiliam.
Winifred, Gwenffrewi.

Place Names - Enwau Lleoedd

Abergavenny, Y Fenni.
Africa, Affrica, Affrig.
Alps, Yr Alpau, Mynydd Mynnau.
America, America, Amerig.
Ammanford, Rhydaman.
Anglesea, Môn, Sir Fôn.
Argentine, Ariannin.
Atlantic Ocean, Môr Iwerydd.
Australia, Awstralia.
Austria, Awstria.
Bala Lake, Llyn Tegid.
Baltic Sea, Môr Llychlyn.
Bardsey Island, Ynys Enlli.
Barmouth, Abermo.
Barry, Y Barri.
Bath, Caerfaddon.
Belgium, Gwlad Belg.
Blackwood, Coed-duon.
Brecknock Beacons, Bannau Brycheiniog.
Brecon, Aberhonddu.
Breconshire, Brycheiniog.
Bridgend, Pen-y-bont ar Ogwr.
Bristol, Bryste, Caerodor.
Bristol Channel, Môr Hafren.
Britain, Prydain.
Brittany, Llydaw.
Builth Wells, Llanfair-ym-Muallt.
Burgundy, Bwrgwyn, Burgundy.
Caerleon, Caerllion.
Caernarvon(shire), Caernarfon.
Caldy, Ynys Bŷr.
Cambridge, Caer-grawnt.
Canterbury, Caer-gaint.
Cardiff, Caerdydd.
Cardigan, Aberteifi.
Cardiganshire, Ceredigion, Sir Aberteifi.
Carlisle, Caerliwelydd.
Carmarthen(shire), Caerfyrddin.
Chepstow, Cas-gwent.
Chester, Caer.
Chirk, Y Waun.
Constantinople (Istanbul), Caergystennin.
Conway, Conwy.
Cornwall, Cernyw.
Cowbridge, Y Bont-faen.
Crickhowell, Crucywel.
Danube, Donaw.
Dead Sea, Y Môr Marw.
Dee, Dyfrdwy.
Demetia, Dyfed.
Denbigh(shire), Dinbych.
Devil's Bridge, Pontarfynach.
Devon. Dyfnaint.
Dolgelley, Dolgellau.

Dublin, Dulyn.
Ebbw Vale, Glynebwy.
Edinburgh, Caeredin.
Egypt, Yr Aifft.
England, Lloegr.
English Channel, Môr Udd.
Europe, Ewrop.
Fishguard, Abergwaun.
Flanders, Fflandrys.
Flintshire, Sir y Fflint, Y Fflint.
France, Ffrainc.
Gaul, Gâl.
Germany, Yr Almaen.
Glamorgan, Morgannwg, Sir Forgannwg.
Glasbury, Y Clas-ar-Wy.
Glastonbury, Ynys Afallon.
Gloucester(shire), Caerloyw.
Gower, Gŵyr.
Greece, Groeg.
Gwent, Gwent.
Gwynedd, Gwynedd.
Haverfordwest, Hwlffordd.
Hawarden, Penarlâg.
Hay, Y Gelli.
Hereford, Henffordd.
Holland, Holand, Isalmaen.
Holyhead, Caergybi.
Holy Isle, Ynys Gybi.
Holywell, Treffynnon.
Iceland, Ynys-yr-iâ.
Ilston, Llanilltud Gŵyr.
Ireland, Iwerddon.
Isle of Man, Ynys Manaw.
Isle of Wight, Ynys Wyth.
Italy, Yr Eidal.
Jerusalem, Caersalem, Jerwsalem.
Jordan, Iorddonen.
Kent, Caint.
Knighton, Trefyclo.
Lampeter, Llanbedr Pont Steffan.
Lancashire, Sir Gaerhirfryn.
Laugharne, Lacharn, Talacharn.
Lebanon, Libanus.
Leicester, Caerlŷr.
Leominster, Llanllieni.
Liverpool, Lerpwl, (Llynlleifiad).
Llandaff, Llandaf.
Llandovery, Llanymddyfri, (Llanddyfri.)
Llanthony, Llanddewi(Nant)Hodni.
Llantwit Major, Llanilltud Fawr.
Llantwit Vardre, Llanilltud Faerdref.
London, Llundain, Caerludd.
Loughor, Casllwchwr.
Ludlow, Llwydlo.
Manchester, Manceinion.
Manorbier, Maenorbŷr.

Mediterranean Sea, Y Môr Canoldir.
Menevia, Mynyw.
Menai Bridge, Porthaethwy.
Menai Straits, Afon Menai.
Merioneth, Meirionnydd, Meirionydd, Meirion.
Milford Haven, Aberdaugleddyf.
Mold, Yr Wyddgrug.
Monmouthshire, Mynwy, Sir Fynwy.
Monmouth (town), Trefynwy.
Monnow (river), Mynwy.
Montgomeryshire, Trefaldwyn.
Morriston, Treforys.
Mountain Ash, Aberpennar.
Neath, Castell-nedd.
Netherlands, Yr Iseldiroedd.
Nevern, Nanhyfer, Nyfer.
Newborough, Niwbwrch, (Rhosyr).
Newmarket (Flintshire), Trelawnyd.
Newport (Mon.), Casnewydd.
Newport (Pem.), Trefdraeth.
New Quay, Ceinewydd.
Newtown, Y Drenewydd.
New York, Efrog Newydd.
Nile, Nil, Neil.
Norway, Norwy.
Offa's Dike, Clawdd Offa.
Orkney Islands, Ynysoedd Erch.
Oswestry, Croesoswallt.
Oxford, Rhydychen.
Pacific Ocean, Y Môr Tawel.
Painscastle, Castell-paen.
Pembroke(shire), Penfro, Sir Benfro.
Plynlimon, Pumlumon.
Poland, Gwlad Pŵyl.
Port Dinorwic, Y Felinheli.
Powys, Powys.
Presteign, Llanandras.
Puffin Island, Ynys Seiriol.
Pyrenees, Pyreneau.
Radnorshire, Maesyfed.
Red Sea, Y Môr Coch.
Rhayader, Rhaeadr Gwy.
Rhine, Rhein.
Rome, Rhufain.

Russia, Rwsia.
St. Asaph, Llanelwy.
St. Athans, Sain Tathan.
St. David's, Tyddewi, Mynyw.
St. Dogmael's, Llandudoch.
St. Fagan's, Sain Ffagan.
St. Mellons, Llaneirwg.
Salisbury, Caersallog.
Scandinavia, Llychlyn.
Scotland, Yr Alban, Sgotland.
Severn, Hafren.
Shrewsbury, Amwythig.
Sketty, Sgeti.
Snowdon, Yr Wyddfa.
Snowdonia, Eryri.
Somerset, Gwlad-yr-haf.
Spain, Yr Ysbaen, Sbaen.
Switzerland, Y Swistir.
Strata Florida, Ystrad-fflur.
Sugar Loaf (Abergavenny), Pen-y-fâl.
Swansea, Abertawe.
Talley, Talyllychau.
Tenby, Dinbych-y-pysgod.
Thames, Tafwys.
The Hebrides, Ynysoedd Heledd.
Troy, Caerdroea, Troea.
United States, Yr Unol Daleithiau.
Usk (river), Wysg.
Usk (town), Brynbuga.
Vale, Valley, Cwm, Dyffryn, Bro, Glyn.
Vale of Clwyd, Dyffryn Clwyd.
Vale of Glamorgan, Bro Morgannwg.
Valle Crucis, Glyn Egwestl.
Wales, Cymru.
Welshpool, Y Trallwng.
Wenvoe, Gwenfô.
West Indies, India'r Gorllewin.
Whitland, Hendy-gwyn.
Winchester, Caer-wynt.
Worcester(shire), Caerwrangon.
Wrexham, Wrecsam.
Wye (river), Gwy.
York, Efrog, Caer Efrog.

Animals - Anifeiliaid

MAMMALS, INSECTS, Etc., and REPTILES (MAMOLION, TRYCH-FILOD, Etc., ac YMLUSGIAID).

adder (viper), gwiber, neidr.
alligator, crocodil America, aligator.
ant, morgrugyn.
ape, epa.
aphides (green fly, etc.), llyslau, pryfed (clêr) gwyrdd.
asp, asb.
ass, asyn (f. asen).

baboon, babŵn.
badger, mochyn daear, mochyn bych-an, broch, pry llwyd.
bat, ystlum, slumyn.
bear, arth (f. arthes).
beaver, afanc, llostlydan.
bee (honey), gwenynen.
beetle, chwilen.

blackbeetle (cockroach), chwilen ddu.
blindworm (slow-worm), neidr ddef-
aid, neidr ddall, slorwm.
bluebottle, cleren las, cleren chwythu.
boa, boa.
burying beetle, chwilen bridd.
butterfly, glöyn byw, iâr fach yr haf.
  BRIMSTONE, iâr fach felynlliw.
  COMMON BLUE, iâr fach las.
  LARGE WHITE, iâr wen fawr.
  ORANGE TIP, boneddiges y wig.
  SCARLET ADMIRAL, iâr fach goch.
  SMALL BLUE, iâr fach werddlas.
  SMALL COPPER, iâr fach goprlliw.
  SMALL WHITE, iâr fach wen.
caddis fly, pry pric, pryf y gwellt,
  caesbryf.
camel, camel.
cat, cath.
  TOMCAT, gwrcath.
  WILD CAT, cath wyllt.
caterpillar, lindys.
  CABBAGE, lindys y bresych.
  LOOPER, lindys dolennog.
cattle, da, gwartheg.
  COW, buwch.
  BULL, tarw.
  OX, bustach, ych.
  HEIFER, treisiad, anner.
  CALF, llo.
  BARRENER, myswynog.
centipede, neidr gantroed.
chameleon, madfall symudliw.
chrysalis, chwiler, crisalis.
cleg, cleren lwyd.
cobra, cobra, sarff gycyllog.
cockchafer, chwilen bwm.
cockroach (black beetle), chwilen
  ddu.
cocoon, rhwydwe (pryfyn).
crane-fly (daddy-long-legs), pryf
  teiliwr, jac-y-baglau.
cricket, cricsyn, cricedyn, pryf tân.
crocodile, crocodil (pl. -od).
daddy-long-legs, pryf teiliwr, jac-y-
  baglau, hirheglyn.
death watch beetle, pryf corff.
deer (hart), hydd, carw.
  FALLOW DEER, danys, gafr danys.
  RED DEER, carw coch.
  ROE DEER : HIND, ewig, iyrches.
  ROEBUCK, iwrch.
dog, ci.
  BITCH, gast.
  PUP, ci bach, cenau, colwyn.
dog winkle, gwichydd y cŵn.
dorbeetle, chwilen y bwm, chwilen y
  baw.
dormouse, pathew, pathor.
dragon fly, gwas y neidr, gwachell y
  neidr.

drone fly, gwenynen ormes.
earwig, chwilen glust, pryf clust.
earthworm, abwydyn, pryf genwair.
eelworm, llyngyr llysiau (tatws).
eft, madfall y dŵr.
elephant, eliffant.
ferret, ffured.
flea, chwannen.
fly (house), cleren, cylionen.
fox, cadno, llwynog.
fritillary, iâr fach fritheg.
  SNAKE'S HEAD, britheg pen y neidr.
frog (common), broga, llyffant melyn.
froghopper, llyffant gwair.
gadfly, pryf llwyd, cleren lwyd.
gall flies, clêr y derw.
gall wasps, cacwn bustl.
glow-worm, magïen, tân bach di-
  niwed.
gnat, gwybedyn, cylionyn.
goat, gafr.
  BILLY GOAT, bwch gafr.
  KID, myn.
grasshopper, ceiliog y rhedyn, sionc-
  yn y gwair.
greenfly, llyslau, buchod y morgrug,
  clêr gwyrdd.
hare (brown), ysgyfarnog, ceinach.
hart (deer), hydd, carw.
hedgehog, draenog.
hornet (wasp), cacynen, picwnen.
horse, ceffyl, cel.
  MARE, caseg.
  STALLION, march, stalwyn.
  FOAL, ebol, swclyn.
  FILLY, eboles, swclen.
horse-fly, cleren lwyd, robin y gyrrwr.
hover flies, gwybed hofran.
hyena, udfil.
jackal, siacal.
lady bird, buwch fach (goch) gota.
leech, gelen, gele.
leopard, llewpart.
limpet, llygad maharen.
lion, llew (f. llewes).
liver fluke, lledod bach yr iau.
lizard, madfall, genau goeg, madr-
  chwilen, budrchwilen.
louse, lleuen.
maggot, cynrhonyn, pryf, pryfyn.
mandrill, babŵn wyneblas, mandril.
marmoset, mwnci bach â chwt hir,
  marmoset.
marten (pine), bele, belau.
may fly, cleren (cylionen) Fai.
midge (gnat), gwybedyn, cylionyn.
millepede, neidr filtroed.
mites, gwiddon.
mole, gwadd, twrch daear.
monkey, mwnci.
mosquito, mosgito.

326

moth, gwyfyn, pryfyn dillad.
  CINNABAR, gwyfyn claergoch.
  TIGER : GARDEN, teigr wyfyn, gwyfyn adeiniog.
mouse (*house*), llygoden fach.
  FIELD, llygoden y maes.
mule, mul, bastard mul, mwlsyn.
mussel, misglen, cregynen las.
newt (*common*), madfall y dŵr.
  CRESTED, madfall gribog.
otter, dwrgi, dyfrgi.
pig, mochyn.
  SOW, hwch. GILT, hwch ifanc.
  BOAR, baedd, twrch.
  PIGLING, porchell.
  YOUNGEST of BROOD, cardydwyn.
polecat, ffwlbart.
pondskater, rhiain y dŵr.
pupa (chrysalis), lindys, cynrhonyn, chwiler.
python, peithon (*pl.* -iaid), sarff fawr.
rabbit, cwningen.
rat, llygoden fawr, llygoden ffrengig.
rattlesnake, neidr stwrllyd neu gynffondrwst.
reptile, ymlusgiad.
sand-hopper, chwannen draeth.
sea cucumber, gwerddwr.
scarlet admiral, iâr fach goch, atalanta.
sheep, dafad.
  EWE, mamog.
  RAM, maharen, hwrdd.
  WETHER, gwedder, mollt, llwdn.
  LAMB, oen.
  YEARLING EWE, hesbin.
  YEARLING SHEEP : TEG, hesbwrn.
shrew, llygoden goch.
silk-worm, sidanbryf, pryf sidan.

slow-worm (blindworm), neidr ddefaid, neidr ddall, slorwm.
slug : snail, malwoden, malwen.
snake (*grass*), neidr (fraith).
spider, corryn, pryf copyn.
  GOSSAMER, copyn (corryn) y gwawn.
squirrel, gwiwer.
  GREY, gwiwer las.
  RED, gwiwer goch.
stag beetle, chwilen gorniog.
stoat, carlwm.
tadpole, penbwl, penbwla.
tape worm, llyngyren.
tick, trogen.
toad, llyffant.
tortoise, crwban.
turtle, crwban y môr.
viper, gwiber.
vole (*field*), llygoden y maes.
  WATER, llygoden y dŵr.
warble fly, pryf gweryd, robin y gyrrwr.
wasp (hornet), cacynen, picwnen, gwenynen feirch.
waterbeetle, chwilen ddŵr.
waterboatman, rhwyfwr mawr, ceffyl dŵr.
water flea, chwannen ddŵr.
water gnat, gwybedyn y dŵr, piwiad.
weasel, gwenci, bronwen.
weevil, gwiddon, gwyfyn yr ŷd.
whale, morfil.
whirligig beetle, chwilen fwgan, chwyrligwgan.
wolf, blaidd (*f.* bleiddast).
woodlouse, mochyn y coed, gwrachen y lludw.
woolly bear (larva of tiger moth), siani flewog, teiliwr blewog.

Birds - Adar

bird, aderyn.
  BIRD OF PREY, aderyn ysglyfaethus, aderyn rhaib.
bittern, aderyn y bwn, bwm y gors.
  LITTLE, bwm bach y gors.
blackbird, aderyn du, mwyalchen (yr iâr).
blackcap, penddu.
blackcock (blackgame), ceiliog y mynydd, iâr ddu y mynydd.
blue tit, yswidw, glas bach y wal.
brambling (mountain finch), bronrhuddyn y mynydd.
bullfinch, coch y berllan.

bunting (corn), bras yr ŷd.
  BLACKHEADED : REED, bras yr ŷd penddu.
  SNOW, bras yr eira.
  YELLOW : YELLOW HAMMER, bras yr eithin, y benfelen, melyn yr eithin.
  CIRL, bras Ffrainc.
bustard, gwerniar.
buzzard, boda, bwncath.
cassowary, (aderyn tebyg i'r estrys), casowari.
chaffinch, asgell fraith, pinc, ji-binc.
chiff-chaff, pia bach, dryw felen.

chough, brân Gernyw, brân goesgoch.
cockatoo, cocatŵ, parrot cribog.
coot, cotiar, iâr y gors.
cormorant, morfran, mulfran, bilidowcar, llanciau Llandudno, wil wal waliog.
    GREEN : SHAG, mulfran werdd.
corncrake (landrail), rhegen yr ŷd, rhegen y rhych, sgrech yr ŷd, sgrech wair.
crane, garan, crychydd, crëyr.
crossbill, y gylfin groes, croesbig.
crow, brân.
    CARRION, brân dyddyn (syddyn).
    HOODED, brân lwyd.
cuckoo, cog, y gog, y gwcw.
curlew, gylfinir, cwrlig, cwrlip, cwrlif.
dabchick, gwyach bach.
dipper (water ouzel), trochwr, aderyn du'r dŵr.
diver, (math o aderyn y dŵr), trochydd.
dotterel, hutan.
    RINGED : RINGED PLOVER, hutan y môr.
dove, colomen.
    RING : WOOD PIGEON, ysguthan, colomen wyllt.
    ROCK, colomen y graig.
    STOCK, cuddan, ysgythell.
    TURTLE, turtur, colomen Fair.
duck, hwyad, hwyaden.
    DRAKE, meilart, adiad, barlat.
    BLACK : SCOTER, hwyad ddu (wyllt).
    EIDER, (math o hwyad wyllt).
    PINTAIL, hwyad lostfain.
    SCAUP, hwyad benddu.
    SHOVELLER, hwyad lydanbig, hwyad biglydan.
    WILD : MALLARD, hwyad wyllt, corshwyad.
    TUFTED, hwyad gopog.
dunlin (red-backed sandpiper), pibydd y mawn, llwyd y tywod.
eagle, eryr.
    GOLDEN, eryr melyn, eryr euraidd.
    SPOTTED, eryr brith.
    WHITE-TAILED, eryr tinwyn, eryr cynffon wen.
falcon, hebog, curyll.
    PEREGRINE, hebog glas, gwalch glas.
fieldfare, sogiar, caseg y ddrycin.
finch, asgell fraith, pinc.
    BACHELOR, ji-binc.
    GREEN, llinos werdd, pila gwyrdd.
    MOUNTAIN : BRAMBLING, bronrhuddyn y mynydd.
firecrest, dryw rhuddgribog. *
flamingo, fflamingo.
flycatcher, gwybedog.

gadwall, corshwyad lwyd, corshwyaden wyllt.
gannet, mulfran wen, gwylanwydd.
garden warbler, telor y berllan.
garganey, hwyad addfain.
glede, boda, barcud.
godwit, (math o aderyn rhydio), gїach pengafr.
goldcrest, dryw eurben.
goldeneye, hwyad lygad-aur.
golden oriole, eurgeg.
goldfinch, nico, eurbinc, teiliwr Llundain.
goosander, hwyad ddanheddog.
goose, gŵydd.
    GANDER, ceiliagwydd, clacwydd.
    BARNACLE, gŵydd y môr.
    BEAN, gŵydd y llafur.
    BRENT, gŵydd ddu.
    GREY-LAG, WILD GOOSE, gŵydd wyllt.
    PINK-FOOTED, gŵydd droed-binc.
    RED-BREASTED, gŵydd frongoch.
    SNOW, gŵydd yr eira.
    WHITE-FRONTED, gŵydd dalcen wen, gŵydd fronwen.
goshawk, gwyddwalch, gosog.
grasshopper warbler, nyddwr bach.
grebe, gwyach.
    LITTLE : DABCHICK, gwyach bach (fach).
greenfinch, llinos werdd.
greenshank, pibydd coeswerdd.
grouse, grugiar, iâr y mynydd.
guillemot, heligog, gwylog.
gull, gwylan, yr wylan, (see *seagull*).
harrier (*hen*), boda dinwen, hebog llwydlas.
    MARSH, bod y gwerni, hebog y gors.
    MONTAGU'S, boda Montagu, hebog Montagu.
hawfinch, (aderyn o deulu'r pinc), pendew.
hawk, hebog, gwalch, curyll, cudyll.
    SPARROW, gwalch glas, curyll glas.
hen, iâr.
    COCKEREL, ceiliog.
    CHICKEN, cyw.
    PULLET, cywen, cywennen.
heron, crychydd, crëyr glas.
hobby, hebog yr hedydd, hebog bitw.
house martin, gwennol y bondo, gwennol y bargod.
humming bird, aderyn y si.
jackdaw, corfran, cogfran, jac-y-do.
jay, sgrech y coed.
kestrel, curyll coch.
kingfisher, glas y dorlan, pysgotwr.
kite, barcut, boda gwennol.
kittiwake, (aderyn o deulu'r wylan), gwylan goesddu.

knot, (math o aderyn rhydio o deulu'r cornicyll), myniar y traeth.

landrail (corncrake), rhegen yr ŷd, rhegen y rhych.

lapwing (peewit), cornicyll, cornchwiglen.

lark (skylark), ehedydd, uchedydd.
  WOOD, ehedydd y coed.

lesser woodchat, y cigydd bach.

linnet, llinos, melynog.
  GREEN : GREEN FINCH, llinos werdd, pila gwyrdd.

little auk, pengwyn bach.

long tailed tit, yswidw hirgwt, yswidw gynffon hir.

love bird, (math o barrot).

mallard, hwyad wyllt.

magpie, pioden, pia.

meadow pipit, pibydd y waun, ehedydd bach, hedydd y waun.

merlin, gwalch bach.

moorhen, iâr fach y dŵr, iâr fach yr hesg.

nightjar, troellwr, brân y nos.

nightingale, eos.

nuthatch, telor y cnau.

osprey, gwalch y môr, eryr y môr.

ostrich, estrys.

ouzel (ring), mwyalchen y mynydd.
  WATER : DIPPER, aderyn du'r dŵr, trochwr.

owl, tylluan, gwdihŵ.
  BARN : SCREECH : WHITE, tylluan wen, aderyn corff.
  BROWN : TAWNY : WOOD, tylluan frech, gwdihŵ goch.
  LITTLE, tylluan fechan.
  LONG-EARED, tylluan glustiog.
  SNOWY, tylluan yr eira.

oyster-catcher, pioden fôr, twm pib, llymarchog.

parakeet, parotan.

partridge, petrisen, coriar.

peacock, paun.

peewit (lapwing, plover), cornicyll, cornchwiglen.

pelican, pelican.

penguin, pengwin.

petrel, aderyn y ddrycin, pedryn.

pheasant, ffesant, ceiliog y coed, coediar.

pied wagtail, brith yr oged, siglen fraith, sigl-i-gwt.

pigeon, colomen.
  WOOD : RING DOVE, ysguthan, colomen wyllt.

pintail, hwyad gynffonfain, hwyad lostfain.

plover (green, lapwing, peewit), cornicyll, cornchwiglen.
  GOLDEN, chwilgorn y mynydd.

RINGED : RINGED DOTTEREL, hutan y môr, môr-hedydd.

pochard, hwyad bengoch.
  WHITE-EYED, hwyad gochddu.

ptarmigan, grugiar yr Alban.

puffin, aderyn pâl, cornicyll y dŵr.

quail, sofliar.

rail, rhegen.

raven, cigfran.

razorbill, gwalch y penwaig, aderyn brith.

redbreast, brongoch, robin goch, y goch-gam.

red-headed pochard, hwyad bengoch.

redpoll (lesser), llinos frongoch, y goch-gam.
  MEALY, llinos lwydwen.

redshank, coesgoch, troedgoch, pibydd coesgoch.

redstart, tingoch.

redwing, adain goch, asgell goch, coch yr adain.

robin (see redbreast).

rock pipit, ehedydd y graig, pibydd y graig.

rook, ydfran, brân bigwen.

sanderling, hutan lwyd, hutan y tywod.

sand martin, gwennol y glennydd, gwennol y traeth.

sandpiper (common), pibydd y dorlan.
  PURPLE, pibydd du.
  GREEN, pibydd gwyrdd y traeth.

scoter (common), môr-hwyad ddu.

scaup, hwyad benddu.

seagull, gwylan.
  BLACKHEADED, gwylan benddu.
  BLACKBACKED, gwylan gefnddu.
  HERRING, gwylan lwyd.

shag, mulfran werdd.

shearwater (sea swift), gwylan Manaw, pwffin Manaw.

sheld-duck, hwyad fraith, hwyad yr eithin.

shoveller, hwyad lydanbig, hwyad biglydan.

shrike (red-backed, butcher bird), y cigydd cefngoch.
  GREAT GREY, y cigydd llwyd mawr.

siskin, pila gwyrdd, (math o aderyn bach).

skylark, ehedydd, uchedydd.

smew, lleian wen.

snipe, gïach, ysniden.

sparrow hawk, curyll glas, gwalch glas.

sparrow (house), aderyn y to, llwyd y to.
  HEDGE, llwyd y berth (gwrych).
  TREE, llwyd y mynydd.

starling, drudwen, drydw, aderyn yr eira.

stonechat, tinwen y graig, clochdar y garreg.

stork, ciconia, storc.
swallow, gwennol.
swan, alarch.
    MUTE, alarch dof.
    BEWICK'S, alarch Bewic.
    WHOOPER, alarch gwyllt.
swift, gwennol ddu.
teal, hwyad, corhwyad.
tern, gwennol y môr, môr-wennol.
    SANDWICH, môr-wennol bigddu.
    BLACK, môr-wennol ddu.
    ARCTIC, môr-wennol y Gogledd.
    LITTLE, môr-wennol fach.
thrush (missel), tresglen, bronfraith
    fawr.
    SONG, bronfraith (fach).
tit, yswidw, yswigw, titw.
    BEARDED, yswidw farfog, titw
    barfog.
    BLUE : TITMOUSE : TOMTIT, glas
    bach y wal, yswidw las.
    COAL, penloyw, glas bach penddu,
    yswidw benddu.
    GREAT : OX-EYE, yswidw'r coed,
    yswidw fawr.
    LONG-TAILED, yswidw hirgwt, ys-
    widw gynffon hir.
    MARSH, yswidw'r gwern.
    WILLOW, yswidw'r helyg.
titlark (meadow pipit), hedydd y
    waun, ehedydd bach, pibydd y
    waun.
tomtit (see tit).
toucan, towcan, (aderyn â phig mawr).
tree creeper (brown woodpecker),
    y dringwr bach, y grepianog.
tree pipit, pibydd y coed.
turkey, twrci (f. twrcen).
twite, llinos y mynydd.
vulture, fwltur.

wagtail, siglen, sigl-i-gwt.
    GREY, siglen las.
    PIED, siglen fraith, brith yr oged.
    WATER, sigwti fach y dŵr.
    WHITE, siglen wen.
    YELLOW, siglen felen.
warbler, telor.
    GARDEN, llwyd y berllan, telor y
    berllan.
    GRASSHOPPER, nyddwr bach.
    WILLOW, telor yr helyg, dryw'r
    helyg.
    WOOD, telor y coed, dryw'r coed.
    SEDGE : REED, telor yr hesg, llwyd
    y gors.
water hen (moorhen), iâr fach y dŵr,
    iâr fach yr hesg.
water-rail, rhegen y dŵr.
waxwing, aden gŵyr, y gynffon sidan.
wheatear, y gynffonwen, tinwen y
    garreg.
whimbrel, coegylfinir.
whinchat, clochdar yr eithin.
whitethroat (willow wren), dryw
    wen.
widgeon, wiwell, (math o hwyad
    wyllt), chwiwell.
windhover (kestrel), curyll coch.
wind thrush (redwing), coch yr aden,
    aden goch, tresglen goch.
woodcock, cyffylog.
woodlark, ehedydd y coed, uchedydd
    y coed.
woodpecker (brown, tree creeper),
    y dringwr bach, y grepianog.
    GREEN, cnocell y coed, tyllwr y
    coed, taradr y coed.
woodpigeon, ysguthan, colomen wyllt.
wren, dryw.
wryneck, gyddfgam, pengam.
yellow hammer (yellow bunting),
    melyn yr eithin, y benfelen.

Fishes - Pysgod

anchovy, (pysgodyn bach Y Môr
    Canoldir), brwyniad.
barbel, barfogyn.
barnacle, crach y môr, cregyn llongau,
    gwyrain.
bass (sea perch), draenogiad y môr.
bream, gwrachen ddu, brêm.
    WHITE : SILVER, gwrachen wen.
brill, pysgodyn tebyg i'r torbwt, bril.
bullhead, penbwl, penlletwad.
burbot, llofen, (penfras dŵr croyw).
carp, carp, (pysgodyn llyn).
catfish, morgath.
char, torgoch.

chub, annog.
cockles, cocos, rhython.
cod, penfras.
conger eel, cyhyren, môr-lysywen.
cowry, cragen Fair.
crab, cranc.
crayfish, cimwch coch, seger.
dace, brwyniad.
dogfish, penci.
dragonet, bwgan dŵr.
eel, llysywen.
flounder (fluke), lleden fach.
grayling, crothell.
gudgeon, gwyniad.

gwyniad, gwyniad (Llyn Tegid).
haddock, corbenfras, hadog.
hake, cegddu.
halibut, lleden y môr.
heart urchin, gwelchyn y dŵr.
herring, ysgadenyn, pennog.
jelly fish, slefren fôr.
kipper, ysgadenyn hallt (neu sych), ciper.
ling, honos, brenhinbysg.
loach, gwrachen farf.
lobster, cimwch.
mackerel, macrell.
miller's thumb (bullhead), penbwl, penlletwad.
minnow, sildyn, silcyn.
mullet, hyrddyn.
oyster, llymarch, wystrysen.
perch, draenogiad.
periwinkle, gwichiad.
pike, penhwyad.
plaice, lleden.
porpoise, llamhidydd (pl. llamhidydd-ion), llambedyddiol (coll.).
prawn, corgimwch.
ray, cath fôr.
roach, gwrachen, brachyn.
rudd, rhuddbysg.

salmon, eog, samwn.
scallop, cragen gylchog.
sea-horse, morfarch.
seal, morlo.
sea-perch (bass), draenogiad y môr.
sea-trout, brithyll y môr.
sea-urchin, draenog y môr.
sewin, gwyniedyn, penllwyd, sewin.
shad, gwangen.
shark, morgi, siarc.
skate (ray), cath fôr.
shrimp, perdysen, sioni naill ochr.
smelt, morfrithyll.
sole, lleden chwithig.
sponge, ysbwng.
starfish, seren fôr.
stickleback, brithyll y don.
sting winkle, gwichiad coliog.
sturgeon, stwrsiwn.
tench, tens.
top shell, cragen grib.
trout, brithyll.
turbot, torbwt.
venus shell, cragen y forwyn.
whelk, gwalc, chwalc.
whiting, gwyniad y môr.
wrasse, gwrachen y môr.

Plants - Planhigion

abele (white poplar), poplysen wen.
acacia (false, locust tree), acesia.
acanthus, troed yr arth.
adonis, blodau'r gwynt, llysiau'r cwsg.
agrimony, llysiau'r dryw.
  HEMP, y byddon (fedon) chwerw.
alder, gwernen.
alga, gwman, teulu'r gwymon.
allheal, llysiau'r gŵr da.
anemone, blodyn y gwynt, anemoni.
  SCARLET, anemoni coch.
anemophilous plants, llysiau anemo-ffilaidd (rhai y dygir eu had gan y gwynt).
angelica, llysiau'r angel, llysiau'r ysgyfaint.
anise, anis, llysieuyn o deulu'r persli.
annual, (llysieuyn) blynyddol.
  HARDY ANNUAL, blodeuyn caled blynyddol.
anther, blychau paill, peillgod, briger.
antirrhinum (snapdragon), pen ci bach, trwyn y llo.
apple tree, afallen, pren afalau.
aquilegia (columbine), troed y gol-omen, blodau'r sipsi.
artichoke, march-ysgall.

ash, onnen.
  MOUNTAIN : ROWAN, cerdinen, cerddinen, pren criafol.
asparagus (sparrow grass), merllys, llysiau'r dyfrglwyf.
aspen, aethnen.
aster, sêr-flodau, aster.
aubretia, obrisia, (blodyn bach gwas-tadol).
avens (water), bendigeidlys y dŵr.
bachelor's button, botwm gŵr ifanc.
balm, balm.
balsam (touch-me-not), ffromlys.
barberry, y pren melyn, pren y clefyd melyn.
barrenwort, anhiliog.
bay tree (laurel), llawryfen, pren llawryf.
beans (broad), ffa.
  BUCK, ffa'r gors.
  KIDNEY, ffa ffrengig, cidnabèns.
  RUNNER : SCARLET RUNNERS, ffa coch, ffa dringo.
bear's foot (green hellebore), crafanc yr arth werdd.
bedstraw, (yellow), llysiau'r cywer, briwydd felen.

beech, ffawydden.
beet, betys.
betony (wood), cribau St. Ffraid.
biennial, blodeuyn sy'n blodeuo'r ail flwyddyn, blodeuyn ail-flynyddol.
bilberries (whinberries), llus, llusi, llusi (llysau) duon bach.
bindweed (field), taglys, ladi wen.
    LARGER : CONVOLVULUS, tagwydd, clych y perthi.
    SEA : KIDNEY-SHAPED, y gynghafog arfor.
bi-pinnate leaves, dail dwbl-blufog.
birch, bedwen.
    SILVER BIRCH, bedwen arian.
bird's nest (twayblade), dwyddalen, deulafn.
bitter-sweet (woody nightshade), mochlys.
blackberry (bramble), miaren.
black-thorn, draenen ddu.
bloom (blossom), blodau, ffluron.
bluebell, clychau'r gog, croeso haf.
bluebottle (corn, blue cornflower), penlas yr ŷd.
bogbean (buckbean), ffa'r gors.
bole (stem, trunk), bôn pren, boncyff.
borage, tafod yr ych.
box tree (box bush), pren bocs, pren bocys, bocysen, bocyswydden.
bract, blodeulen, bract, deiligen.
bramble, miaren, pren mwyr duon.
branch, cainc, cangen.
briar, drysïen, draenen, miaren.
    SWEET, miaren Mair, drysïen bêr.
broccoli, blodfresych caled, blodfresych gaeaf.
brooklime, llysiau Taliesin, llynclyn y dŵr.
broom, banadl.
    BUTCHER'S, banadl pigog, celyn Mair.
    WITCHES, ysgubellau'r witsis (ar y fedwen).
broom rape, corn yr hydd.
bruisewort (soapwort), sebonllys.
brussels sprouts, ysgewyll Brysel.
bryony, grawn y perthi, cwlwm y coed.
    BLACK, meipen Fair.
buckthorn, breuwydden.
bud, eginyn, blaguryn.
bugle, glesyn y coed, bual.
bugloss (viper's), gwiberlys, tafod y bwch.
bulb, oddf, gwreiddyn crwn, bwlb.
bullace, eirin perthi.
bulrushes, hesg, llafrwyn.
burdock, cedowrach, cacamwci.
burnet (great), cochlys.
butcher's broom, celyn Mair, banadl pigog.

butterbur, dail tryfan.
buttercup, blodyn melyn, crafanc y frân, blodyn ymenyn.
    CREEPING : CREEPING CROWFOOT, crafanc orweddol, egyllt ymlusgol.
butterwort, tafod y gors, euryfedig.
cabbage, bresych, cabaits.
calamint, mintys y twyni, calamint.
calendula (common marigold), gold Mair, melyn Mair.
calyx (sepal), blodamlen, calics.
camomile, camri.
    CORN, camri'r ŷd.
campion (red, red robin), llysiau'r ychen, ceiliog coch.
    WHITE, blodau'r neidr, lluglys gwyn.
canterbury bells, clychau'r perthi, clychau'r cawr.
capsule, hadlestr.
carnation, carnasiwn, ceian.
carpels (pistil cells), ffrwythddail.
carrots, moron.
    WILD, moron y meysydd.
catkins, cenawon, gwyddau bach.
cat's ear, clust y gath, melynydd.
cauliflower, bresychen wen, colifflwr, blodfresych (haf).
cedar, cedrwydden.
celandine (greater), llym y llygad.
    LESSER, llygad Ebrill, milfyw.
celery, seleri, helogan.
centaury, ysgol Fair, camri'r coed.
charlock, cadafarth, esgynnydd, aur yr ŷd.
cherry tree, pren ceirios.
    WILD : GEAN, rhuddwernen.
chervil, y berllys, sierfel.
    ROUGH, gorthyfail.
    WILD : BEAKED PARSLEY, nodwydd y bugail.
chickweed, llysau'r dom, gwlydd y dom.
    MOUSE-EAR, cornwlyddyn brechlys.
    WILD : SUCCORY, ysgall y meirch, sicori.
chives, cennin syfi.
chrysanthemum, ffárwel haf.
cinquefoil, pumbys, pumnalen.
    STRAWBERRY-LEAVED : BARREN STRAWBERRY, syfïen goeg, mefusen goeg.
clary, clais y moch.
cleavers (goose grass), gwlydd y perthi, llau'r perthi.
clematis, barf yr hen ŵr.
cloudberry, miaren gor, miaren y mynydd.
clover, meillionen.
    HOP : HOP TREFOIL, llewyg y blaidd.

RED, meillion coch.
WHITE, meillion gwyn.
cockle (darnel), ller, efrau.
CORN-COCKLE, bulwg, clychau'r ŷd.
cocksfoot, troed y ceiliog, byswellt.
coltsfoot, dail troed yr ebol.
columbine, troed y glomen, blodau'r sipsi.
column (style), colofnig.
comfrey, llysiau'r cwlwm.
convolvulus (bindweed), clych y perthi, tagwydd.
coriander, llysiau'r bara.
cornel (*wild*, **dogwood),** cwyros.
cornflower (corn bluebottle), penlas yr ŷd.
corolla, coronig, corola.
cosmary, llysiau Mair Fagdalen.
cotton grass, plu'r gweunydd, sidan y waun.
cotyledons ("keys"), had-ddail.
cowbane, cegid y dŵr.
cow-parsnip (hogweed), panas y fuwch, efwr.
cowslip, briallu Mair, sawdl y fuwch.
cow-wheat, clinogai, biwlith melyn.
crab-apple tree, coed afalau surion (bach).
cranebill, pig yr aran, mynawyd y bugail.
MEADOW, garanbig y weirglodd.
SHINING, garanbig llachar.
creeping-jenny (moneywort), can-clwyf, ceinioglys.
cress, berw, berwr.
GARDEN, berw'r ardd.
HAIRY BITTER, berw chwerw.
THALE : WALL, berw'r fagwyr.
WATER, berw'r dŵr, berwr y dŵr.
crocus, saffrwn.
crossfertilize, croesffrwythloni, croes-beillioni.
crosswort, croeslys.
crowberry (black-berried heath), creiglys.
crowfoot (*bulbous*, **buttercup),** blodyn ymenyn, crafanc y frân, blodyn melyn.
CREEPING : CREEPING BUTTERCUP, crafanc orweddol, egyllt ym-lusgol.
CORN, egyllt yr ŷd.
MEADOW, crafanc y maes, egyllt y gweunydd.
WATER, egyllt y dŵr, egyllt yr afon.
WOOD (goldilocks), egyllt y coed, peneuraid.
cruciform, (llwyth) croesweddog, croesffurf.

cuckoo-pint, (wild arum), pidyn y gog.
cudweed, llwyd y ffordd, yr edafedd-og.
cyme, blodeugainc ganghennog, seim.
cypress, cypreswydden.
daffodil, cenhinen Bedr, lili bengam.
dahlia, delia.
daisy, llygad y dydd.
MICHAELMAS, blodyn Mihangel.
dandelion, dant y llew.
darnel (cockle), efrau, ller, drewg.
deadnettle, marddanhadlen, danhad-len fud.
RED : HENBIT, marddanhadlen goch.
WHITE, marddanhadlen wen.
YELLOW : YELLOW ARCHANGEL, marddanhadlen felen.
delphinium (larkspur), llysiau'r hed-dwg.
devil-in-a-bush (true-love knot), cwlwm cariad cywir.
devil's bit (scabious), glaswenwyn.
dicotyledon, dau-hadgibog, planhig-yn â dwy had-ddeilen.
didynamous, (planhigyn) dau-rinweddog.
dill, ffennigl, llysiau'r gwewyr.
dioecious plants, llysiau dwyaneddol.
dock, dail tafol.
WATER, tafol y dŵr.
dog-daisy (marguerite), llygad y dydd mawr, llygad llo mawr.
dogrose (wild rose), rhosyn gwyllt.
dog's mercury (herb mercury), bresych y cŵn.
dogwood (wild cornel), cwyros.
dove's foot (columbine), troed y golomen, blodau'r sipsi.
dropwort, cegiden.
WATER, cegiden y dŵr, gysplys.
duckweed, bwyd yr hwyad, llinos y dŵr.
dyer's weed, eurfanadl.
earth star, seren ddaear, (ffwng).
eglantine (sweet briar), miaren Mair, drysïen bêr.
elder, ysgawen.
elecampane (large scabious), clafr-llys mawr.
elm, llwyfen.
entomophilous plants, llysiau entom-offilaidd (y dygir eu had gan drych-filod).
ergot, mallryg.
eryngo (sea holly), môr-gelyn, celyn y môr.
eyebright, effros, arian gwynion.
fennel, ffennigl.

fern, rhedyn.
ADDER'S TONGUE, tafod y neidr.
HARD, rhedyn bras.
HART'S TONGUE, tafod yr hydd.
HORSETAIL, rhawn y march.
LADY'S, rhedyn Mair.
MALE, marchredyn.
POLYPODY, marchredyn y dŵr.
ROYAL, rhedyn cyfrodedd.
fertilize, ffrwythloni, ffrwythogi.
fescue, peisgwellt.
feverfew, wermod wen.
figwort, gwenith y gog.
fir, ffynidwydden, ffe:ren.
flag (*yellow*, **iris**), gellhesg.
flax, llin, cywarch.
MOUNTAIN, llin y mynydd.
fleabane, amhrydlwyd, chweinllys.
fleawort, llysiau'r lludw.
floret, blodigyn.
flower, blodeuyn, blodyn, fflur.
flowerbud, blaguryn, eginyn.
flowerheads (capitate flowers),
fflurbennau, (twr o ffluron un-goesig).
forget-me-not, glas y gors, n'ad fi'n
angof.
foxgloves, bysedd y cŵn, bysedd
cochion.
fuchsia, ffwsia, drops cochion.
fumitory, mwg y ddaear.
fungus, ffwng, ffwngau, ffyngoedd,
caws llyffant.
BRACKET, ffwng ysgwydd.
CLUB, cnwp fadarch.
CUP, cwpan robin goch.
GIGANTIC, ffwng cawraidd.
STINKHORN, y gingroen.
furze (gorse), eithin.
galingale, ysnoden Fair.
garlic, garlleg, craf.
BROAD-LEAVED, craf y geifr, cra'r
gerddi.
gean (wild cherry), rhuddwernen.
geranium, mynawyd y bugail.
gillyflower (wallflower), llysiau'r
fagwyr, blodyn mam-gu.
gladioli, blodau cleddyf.
goat's beard, llysiau'r gwenyn.
YELLOW, barf yr afr felen.
golden chain (laburnum), tresi aur.
golden rod, y wialen aur, eurwialen,
melyn euraidd.
goldilocks (wood crowfoot), pen-
euraid, egyllt y coed.
goose grass (cleavers), gwlydd y
perthi, llau'r perthi.
gorse, eithin.
grass, glaswellt, porfa.
greater stitchwort, bara can a llaeth.
groundsel, greulys, penfelen.
hardhead (knapweed), pengaled.

harebell, cloch yr eos.
hawk's beard, gwalchlys.
hawkweed, llysiau'r hebog, heboglys.
MOUSE-EAR, clust y llygoden.
WALL, heboglys y mur.
hawthorn, draenen wen.
hazel, collen, pren cnau.
heartsease (wild pansy), llysieuyn y
drindod, pansi.
heath (*black-berried*, **crowberry**),
creiglys.
heather, grug.
CROSS-LEAVED, grug croesddail.
SCOTCH : LING, grug mêl.
hellebore (*black*), hydyf du.
GREEN : BEAR'S FOOT, crafanc yr
arth werdd.
STINKING : SETTERWORT, crafanc
yr arth, pawen yr arth.
hemlock, cegid, cegr pumbys, hemlog.
hemp, cywarch.
hemp nettle, penboeth.
henbane, llewyg yr iâr, ffa'r moch.
henbit (red deadnettle), marddan-
hadlen goch.
herb bennet (wood avens), llysiau
f'anwylyd, y fapgoll.
herb mercury (dog's mercury),
sawdl y crydd, bresych y cŵn.
herb robert, llysiau'r llwynog, dail
robin, y goesgoch.
hogweed (cow parsnip), efwr, pannas
y fuwch.
holly, celynnen.
SEA, môr-gelyn.
holly hock, hocys (y gerddi).
holm-oak, prinwydden, derwen fyth-
wyrdd.
honesty, ceiniog arian, sbectol hen ŵr.
honeysuckle, gwyddfid, llaeth y gaseg.
hops, hopys.
hornbeam, oestrwydd.
horse chestnut, castanwydden.
SWEET CHESTNUT, castanwydden
bêr.
hound's tongue, tafod y ci.
hyacinth (*wild*, **bluebell**), croeso haf,
clychau'r gog.
hyssop, isop.
impatiens (balsam), ffromlys.
inflorescence, fflurben, blodeugainc.
involucre, cylchamlen.
iris (yellow flag), gellhesg.
ivy, iorwg, eiddew.
GROUND, eiddew'r ddaear, iorwg
llesg.
jack-by-the-hedge (garlic mustard),
garllegog, jac-y-gwrych.
jasmine, jessamine, siasmin.
Jew's ear, clust yr Iddew (ffwng ar
goed byw).

334

jonquil (narcissus), croeso'r gwan-
wyn.
juniper, merywen.
kale, bresych deiliog.
keys (cotyledons), had-gibau.
knapweed (hardhead), pengaled.
 GREATER, y gramenog fawr.
knotgrass, canclwm, berw'r ieir.
kohl rabi, meipen ddeiliog.
laburnum, tresi aur.
lady's bedstraw, llysiau'r cywer.
lady's bower (clematis), barf yr hen
 ŵr.
lady's comb, nodwydd y bugail.
lady's fingers (kidney vetch), meill-
ion melyn, pys yr aren.
lady's mantle, troed y llew, mantell
 Fair.
lady's nightcap (convolvulus), clych
 y perthi, tagwydd.
lady's slipper (bird's-foot trefoil),
 basged bysgota, pys y ceirw.
lady's smock, blodyn y gog (gwcw).
lady's thimble (bluebell), clychau'r
 gog, croeso haf.
lady's tresses, canclwm.
lampas, mintag, mindag.
larch, llarwydden.
larkspur (delphinium), llysiau'r hed-
 ydd.
latex (plant milk), llaeth.
laurel (common, bay), llawryfen, pren
 llawryf.
lavender, lafant.
leeks, cennin.
 HOUSE, cennin tŷ, gerllys.
lettuce, letys.
 COS, letys cos.
lichen, cen y cerrig, cen y coed.
lilac, lelog.
lily, lili, alaw.
 ARUM, lili'r grog, lili'r Pasg.
 MARTAGON, cap y Twrc.
 WATER, lili'r dŵr, alaw.
lily of the valley, lili'r dyffrynnoedd,
 lili'r maes.
lime tree, palalwyfen, pisgwydden.
linden (lime tree), palalwyfen, pisg-
 wydden.
ling, grug ysgub.
liverwort, llysiau'r afu, clust yr asen.
lobelia, bidoglys.
locust tree (false acacia), acesia
 (math o).
London pride, balchder Llundain, crib
 y ceiliog.
loosestrife, llysiau'r milwr coch.
lords and ladies (cuckoo pint),
 pidyn y gog.
lousewort (marsh, red rattle), cribell
 goch, blodyn y llyffant.

love lies bleeding, y galon waedlyd,
 Mari waedlyd.
lucerne, maglys, lwsern.
lungwort (pulmonaria), llysiau'r ys-
 gyfaint.
lupin, bys y blaidd.
lychnis (meadow, ragged robin),
 blodau'r brain, carpiog y gors.
lyme grass, amdowellt.
madder, y friwydd wen.
magnolia, magnolia.
mallow (common), malws, hocys.
 MARSH, hocys y gors.
mandrake, mandragora.
maple, masarnen fach, gwniolen.
marguerite (white ox-eye daisy),
 llygad-y-dydd mawr, llygad llo
 mawr.
marigold, gold Mair, melyn Mair.
 CORN : YELLOW OX-EYE DAISY, gold
 yr ŷd, melyn yr ŷd.
 MARSH, gold y gors, melyn y gors.
marjoram, mintys y graig.
masterwort, llysiau'r ddannoedd.
may tree (hawthorn), draenen wen.
mayweed (scentless, corn mayweed),
 llygad yr ych, amranwen.
meadow sweet, erwain, blodau'r mêl.
medlar tree, meryswydden.
melitot, mêl y ceirw.
 COMMON YELLOW, meillionen felen
 y ceirw.
mercury (dog, herb mercury), bres-
 ych y cŵn.
mignonette, perllys.
mildew, llwydni, llwydi.
milfoil (yarrow), milddail, llysiau'r
 gwaedlif.
milkwort, amlaethai, llaethlys.
mint, mintys.
 WATER, mintys y dŵr.
mistletoe, uchelwydd, uchelfar.
moneywort (creeping jenny), can-
 clwyf, ceinioglys.
monkshood (wolf's bane), llysiau'r
 blaidd, cwcwll y mynach.
monocotyledon, unhadgibog, plan-
 higyn ag un had-ddeilen.
moonwort, crib y ceiliog (rhedyn).
moschatel, mwsglys.
moss, mwsogl, mwswm.
 BOG, migwyn.
 CLUB, corn carw'r mynydd.
 COMMON CORD, rheffyn mwsogl.
 COMMON HAIR, gwallt y ddaear.
 FEATHER, mwsogl plufaidd.
 SPRING, mwsogl y ffynhonnau.
motherwort, llysiau'r fam.
mugwort, llysiau llwyd, gwrysgen
 lwyd.
mulberry tree, morwydden.

mullein, clust y fuwch.
mushroom, madarch.
musk, mwsg.
  MONKEY, mwsg yr epa.
mustard, mwstard.
  GARLIC : HEDGE, garllegog, jac-y-gwrych.
  WILD : CHARLOCK, cadafarth, aur yr ŷd, esgynnydd.
myrtle, myrtwydd.
narcissus, croeso'r gwanwyn.
nasturtium, capan cornicyll, meri a mari.
navelwort (wall pennywort), deilen gron, ceinioglys.
  WILD, llysiau'r geiniog.
navew (*common wild*), maip yr ŷd.
nettles (*stinging*), danadl, dynaint, dynad, danadl (dail) poethion.
  BLIND, danadl dall.
  COMMON HEMP, penboeth.
nightshade (*black*), mochlys duon.
  DEADLY : BELLADONNA, codwarth.
  ENCHANTER'S, llysiau Steffan, llysiau'r swynwr.
  WOODY : BITTER SWEET, mochlys, llysiau'r moch.
nipplewort, cartheig.
node, clwm, cwlwm, cwgn.
oak, derwen, dâr.
oat, ceirchen.
old man (southernwood), hen ŵr, siligabŵd.
old man's beard (clematis), barf yr hen ŵr.
oleander, rhoswydden.
oleaster, olewydden wyllt.
olive tree, olewydden.
onions, wniwn, wynwyn.
orchis, tegeirian.
  BUTTERFLY, tegeirian dwyddalen.
  EARLY PURPLE, tegeirian coch y gwanwyn.
  MEADOW, tegeirian y waun.
  SPOTTED, tegeirian mannog.
organy (*wild*), mintys y creigiau.
osmons royal, rhedyn Mair.
ox-eye daisy, llygad llo mawr, llygad y dydd mawr.
  YELLOW : CORN MARIGOLD, melyn yr ŷd, gold yr ŷd.
oxlip, llysiau'r parlys.
palm, palmwydden.
pansy, llysieuyn y drindod, pansi.
  PURPLE, pansi las, y feidiog las.
  WHITE, pansi wen, y feidiog wen.
  YELLOW, pansi felen, y feidiog felen.
parsley, persli.
  BEAKED : WILD CHERVIL, nodwydd y bugail.

FOOL'S, geuberlys.
  HEDGE, troed y cyw.
parsnip, panasen.
pear tree, pren gellyg, pren pêr, gellygen.
peas, pys.
  EVERLASTING, pys tragwyddol.
  YELLOW : MEADOW VETCHLING, yt-bys y waun.
pedicle, blodeugoes.
peduncle, paledryn, coes.
pellitory (*wall*), murlys, pelydr y gwelydd.
pennyroyal, llysiau'r gwaed, coluddlys.
pennywort (*wall*, **navelwort**), deilen gron, ceinioglys.
peony, rhosyn y mynydd, rhosyn y grog.
peppermint, mintys poethion, botwm gwyn.
perennial, (blodyn) bythol, gwastadol, parhaol.
perianth (flower-leaves), fflurddail, perianth.
persicaria (*pink*), llysiau'r domen.
petal, fflurddalen, petal.
phlox, ladis gwynion, fflocs.
pilewort (lesser celandine), milfyw, llygad Ebrill.
pillwort, pelenllys (rhedyn).
pine, pinwydden, pin.
pink, pinc, ceilys.
  SEA : THRIFT, blodau Gorffennaf, clustog Fair.
pinnate leaves, dail plufog.
pistil, cynffrwyth, paladr, pistil, paledryn.
plane tree, plân, planwydden.
plantain (*broad-leaved*), dail llydain y ffordd.
  RIBWORT, llwynhidydd.
  SEA, llyriad y morfa.
  SMALL, dail llwyn y neidr.
  WATER, llyriad y dŵr.
plum tree, pren eirin.
plumicle, plufhedyn.
pollen, paill.
polyanthus, briallu cochion, briallu amryliw.
polypodium, llawredyn.
poplar, poplysen.
  BLACK, poplysen ddu.
  GREY, poplysen lwyd.
  LOMBARDY, poplysen Lombardi.
  WHITE : ABELE, poplysen wen.
poppy (*field*), pabi coch yr ŷd.
  SCARLET, pabi coch, llygad y bwgan.
potatoes, tatws, cloron.

primrose(s), briallu, blodau llo bach.
   DOUBLE. briallu dwbl.
   PIN-EYED, briallu llygad pin.
   THRUM-EYED, briallu llygad siobyn.
privet, gwyros, prifed, yswydden.
puff ball, coden fwg.
pulmonaria, llysiau'r ysgyfaint.
quaking grass (quakers), gwenith yr
   ysgyfarnog.
quillwort, gwair merllyn, (rhedyn).
radicle (stem), cynwreiddyn, coesig.
radish, rhuddygl, radis.
ragged robin, blodau'r brain, carpiog
   y gors, ffrils y merched.
ragwort, llysiau'r gingroen.
ramsons (broad-leaved garlic), craf
   y geifr, cra'r gerddi.
rape, rêp, erfin gwyllt.
   BROOM, corn yr hydd.
red hot poker, lili'r ffagl.
red rattle (marsh lousewort), cribell
   coch, blodyn llyffant.
red robin (red campion), llysiau'r
   ychen, ceiliog coch.
reed, corsen, cawnen.
rest harrow (wild liquorice), tag yr
   aradr.
rhizome, gwreiddgyff.
rhododendron, rhododendron.
rhubarb, rhiwbob.
rocket (*field, yellow*), berw Caersalem.
rose, rhosyn.
   DOG : WILD, rhosyn gwyllt.
   GUELDER, ysgawen y gors, cors-
   wigen.
   TRAILING DOG, marchfiaren ym-
   lusgol.
   WINTER : CHRISTMAS, rhosyn Nad-
   olig.
rosemary, rhos Mair, rhosmari.
rose of Sharon, rhosyn Saron.
rowan (mountain ash), cerdinen,
   cerddinen, pren criafol.
rue (*meadow*), rhyw (blodyn).
rush, brwynen, pabwyren.
rye, rhyg.
rye-grass, rhygwellt.
   PERENNIAL RYE GRASS, rhygwellt
   Eidalaidd.
saffron, saffrwn, saffrwm.
   MEADOW, saffrwn y gweunydd.
sage, saets.
   WOOD : WILD, saets gwyllt, chwerw-
   lys yr eithin.
sainfroin, gwyran fendigaid, y godog.
St. John's wort, dail y fendigaid,
   llysiau Ioan.
sallow (goat willow), helygen gryn-
   ddail, merhelygen.
samaras, hadau asgellog.
sanicle (*wood*), clust yr arth.

savory, safri.
savoy, safwy.
saxifrage (*burnet*), gwreiddeiriog.
   GOLDEN, tormaen, eglyn.
scabious (field), penlas, clafrlys, clais.
   DEVIL'S BIT, glaswenwyn.
   LARGE : ELECAMPANE, clafrllys
   mawr.
   SHEEP'S BIT, clefryn.
   SMALL, clafrllys lleiaf.
scale leaves, cen-ddail, craith-ddail.
scarlet pimpernel, brithlys, llysau'r
   cryman, coch yr ŷd.
scarlet runner (runner bean), ffäen
   goch.
scorpion grass, ysgorpionllys.
scurvy grass, dail ysgyrfi.
seakale, morfresych.
seaweed, gwymon, gwmon.
sedges, hesg.
self-heal, craith unnos, y feddyges las.
sepal (calyx), cibran, cibron, sepal.
service tree, pren criafol (math o).
setterwort (stinking hellebore),
   crafanc yr arth, pawen yr arth.
shallots, sibwn, sibwls, nionod dodwy.
shamrock, samrog, math o feillionen.
shepherd's purse, pwrs y bugail,
   llysiau tryfal.
shoes and stockings, pys y ceirw.
silverweed, dail arian, tansi wyllt.
snapdragon (antirrhinum), pen ci
   bach, trwyn y llo.
   IVY-LEAVED : IVY-LEAVED TOAD-
   FLAX, trwyn y llo dail iorwg.
snowdrop, eirlys, blodyn yr eira, cloch
   maban.
soapwort (bruisewort), sebonllys.
solomon's seal, llysiau Solomon, sêl
   Selyf.
sorrel (common), dail surion bach,
   suran.
   SHEEP'S, suran yr ŷd.
   WOOD, suran y coed.
sparrow grass (asparagus), merllys,
   llysiau'r dyfrglwyf.
spathe, amddalen.
spearwort (*greater*), poethfflam.
   LESSER, blaen y gwayw.
speedwell, llysiau Llywelyn, llygad y
   gath.
   MOUNTAIN, rhwyddlwyn y bryn-
   iau.
spindle tree, piswydden.
spleenwort (*black*), du-wallt y forwyn,
   (rhedyn).
   MAIDEN HAIR, gwallt y forwyn.
   WALL RUE, rhyw'r muriau.
spore, hedyn, had, imprith.
spruce, pyrwydden, sbriws.

spurge, fflamgoed.

   PETTY, llaeth y cythraul.

   SEA, llaeth y famaeth.

   SUN, llaeth yr ysgyfarnog.

spurrey (corn), llin y llyffant, troellig yr ŷd.

squill, serenyn, wniwn y môr.

stalk, coes, coesigen, gwelltyn.

stamen, briger.

star of Bethlehem, seren Fethlehem, (blodyn).

stem (bole, radicle), coes, bôn.

stigma, stigma.

stinkhorn, cingroen.

stipule, stipiwl.

stitchwort, llygad madfall, botwm crys, blodau nadredd.

stomata, mân-dyllau.

stonecrop (yellow), pig y deryn, llysiau'r fagwyr.

stonewort, rhawn yr ebol.

stork's bill, pig y crëyr (crychydd).

style (column), y golofn, colofnig.

succory (chicory), ysgall y meirch, sicori.

sundew, chwys yr haul, gwlithlys.

sunflower, blodyn yr haul, heulflodyn.

swedes, rwdins, swêds, erfin (cochion).

sycamore, sycamorwydden, masarnen.

syringa, pibwydd.

tamarisk, (math o lwyn bythwyrdd).

tansy, tansi.

tares (hairy vetch), efrau, pys y wig.

teasel, llysiau'r cribau, llysiau'r creigiau.

   SMALL, ffon y bugail.

teil (linden), pisgwydden.

tendril, tendril, amdorch.

thistle, ysgallen, ysgellyn.

   FIELD, ysgall, ysgall yr âr.

   MARSH, ysgall y gors.

   MUSK, ysgall gogwydd.

   SOW : MILK, llaeth-ysgall, ysgall y moch.

   SPEAR PLUME, marchysgall.

thorn, draen, draenen.

   BLACK, draenen ddu.

   WHITE : HAWTHORN, draenen wen.

thrift (sea), blodau Gorffennaf, clustog Fair.

thyme, teim.

timothy, rhonwellt y gath.

toadflax (ivy-leaved, ivy-leaved snapdragon), trwyn y llo dail iorwg.

   YELLOW, llin y llyffant, trwyn y llo.

toadstool, bwyd y boda (barcut), caws llyffant.

torchweed, cannwyll yr adar.

tormentil, triagl (tresgl) y moch, melyn yr eithin.

traveller's joy (clematis), barf yr hen ŵr.

trefoil, meillionen.

   BIRD'S FOOT : LADY'S SLIPPER, basged bysgota, pys y ceirw.

   HARE'S FOOT, meillionen gedennog.

   HOP : HOP CLOVER, llewyg y blaidd, y we felen.

   MARSH : BUCKBEAN, ffa'r gors.

   MARSH BIRD'S FOOT, ffa'r ieir, troed aderyn.

true love-knot (devil in a bush), cwlwm cariad cywir.

trunk (bole), boncyff, cyff, bôn.

tuber, cloronen.

tulip, tiwlip.

turnip, erfinen, meipen.

twayblade (bird's nest), dwyddalen, deulafn.

twining plant, llysieuyn dirwynol.

umbrel, (ffurf) ffedon, clwstwr o flodau ar un goes.

valerian, triaglog.

   GREAT WILD, llysiau Cadwgan.

   RED SPUR, triaglog coch.

vervain, llysiau'r hudol, y ferfain.

vetch, pys llygod, ffacbys.

   BITTER : MEADOW PEA, pys y maes.

   BUSH, pys y berth.

   HAIRY : TARES, efrau.

   HORSESHOE, pys y bedol.

   KIDNEY : LADY'S FINGERS, pys yr aren, meillion melyn.

   TUFTED, pys y gath.

   TUBEROUS BITTER, pys y coed.

   WOOD, ffacbys y wig.

   YELLOW, eurbys.

violet, fioled, crinllys.

   DOG, fioled y ci, sanau'r gwcw.

   HAIRY, fioled flewog.

   SWEET, fioled bêr.

   MARSH, fioled y gors.

   WHITE SWEET, fioled wen bêr.

virgin's bower (clematis), barf yr hen ŵr.

wake robin (cuckoo pint), pidyn y gog.

wallflower, llysiau'r fagwyr, blodau mam-gu.

wayfaring tree, ysgawen y gors, corswigen.

whitlow grass, llysiau'r bystwn, llysiau'r ewinor.

wild arum (cuckoo pint), pidyn y gog.

wild liquorice (rest harrow), tag yr aradr.

willow, helygen.

   GOAT : SALLOW, helygen grynddail, merhelygen.

OSIER, helygen wiail, pren gwydd-au bach.
WEEPING, helygen wylofus, helygen Babilon.
willow herb (lesser), helyglys.
GREATER, llysiau'r milwr.
ROSEBAY : FRENCH, llysiau St. Mair.
windflower (wood anemone), blodyn y gwynt, anemoni'r coed.
witches broom, ysgubellau'r witsis (ar y fedwen).
witches butter, ymenyn y witsis, (ffwng ar goed marw).
wolf's bane (monkshood), llysiau'r blaidd, cwcwll y mynach.

woodbine (honeysuckle), gwyddfid, llaeth y gaseg.
woodruff, llysiau'r eryr, fandon.
wormwood, wermod, wermwd lwyd.
woundwort (stachys), briwlys, clafr-llys.
yarrow, milddail, llysiau gwaedlif.
yellow archangel (yellow dead-nettle), marddanhadlen felen.
yellow pimpernel, gwlydd melyn Mair, melyn y tywydd, seren felen.
yellow rattle, pwrs y bugail, clychau'r meirch, pen siarad, pwrs broga, arian cor, clychau bach.
yew, ywen.

Fruits - Ffrwythau

acorn, mesen.
almond, almon.
apple, afal.
CRAB-APPLE, afal sur, afal gwyllt.
apricots, bricyll.
berries, aeron, grawn.
bilberries (whinberries), llus, llusi (llysau) duon bach, llusi.
blackberries, mwyar (duon), mafon duon.
blackcurrants, cyren duon, cwrens duon.
bullace, eirin perthi, eirin bwlas.
cherries, ceirios.
WINTER, suran codog.
BIRD, llwngwr.
cucumber, cucumer.
currants, cyren, cwrens, rhyfon.
damsons, eirin duon.
dewberry, mwyaren laslwyd, mwyaren Mair.
earthnuts (groundnuts), cnau'r ddaear.
elderberries, eirin ysgaw.
figs, ffigys.
gooseberries, gwsber, gwsberys, eirin Mair.
grapes, grawnwin.
greengage, eirinen werdd.

groundnuts (earthnuts, pignuts), cnau'r ddaear.
haws, criafol y moch, crawel y moch.
hips, egroes, afalau'r bwci, ogfaen.
kernel, cnewyllyn.
lemon, lemon, lemwn.
linseed, had llin.
nuts, cnau.
orange, oren, oraens.
peaches, eirin gwlanog.
pear, gellygen, peren.
pignuts (groundnuts), cnau'r ddaear.
pip, carreg (afal, etc.), deincodyn.
plums, eirin.
pomegranate, pomgranad.
quince, cwins, aeron cwins.
raspberries, afan (cochion), mafon.
rose-hips, egroes, ogfaen.
rowanberries, criafol, crawel.
sloes, eirin perthi, eirin duon bach.
stone fruits, maen-ffrwythau.
strawberries, mefus, syfi.
WILD, syfi, mefus y goedwig.
vegetable marrow, pwmpen.
walnut, cneuen ffrengig.
whinberries (bilberries), llus, llusi duon bach.
whortleberries (bilberries), llus, llusi duon bach.

Numerals (Rhifolion).

<table>
<tr><td colspan="2">CARDINALS.</td><td>ORDINALS.</td></tr>
<tr><td>1</td><td>un.</td><td>cyntaf (*first*), unfed.</td></tr>
<tr><td>2</td><td>dau, dwy (*fem.*).</td><td>ail, eilfed.</td></tr>
<tr><td>3</td><td>tri, tair (*fem.*).</td><td>trydydd, trydedd (*fem.*).</td></tr>
<tr><td>4</td><td>pedwar, pedair (*fem.*).</td><td>pedwerydd, pedwaredd (*fem.*).</td></tr>
<tr><td>5</td><td>pump (pum).</td><td>pumed.</td></tr>
<tr><td>6</td><td>chwech (chwe).</td><td>chweched.</td></tr>
<tr><td>7</td><td>saith.</td><td>seithfed.</td></tr>
<tr><td>8</td><td>wyth.</td><td>wythfed.</td></tr>
<tr><td>9</td><td>naw.</td><td>nawfed.</td></tr>
<tr><td>10</td><td>deg.</td><td>degfed.</td></tr>
<tr><td>11</td><td>un ar ddeg.</td><td>unfed ar ddeg.</td></tr>
<tr><td>12</td><td>deuddeg.</td><td>deuddegfed.</td></tr>
<tr><td>13</td><td>tri (tair) ar ddeg.</td><td>trydydd (trydedd) ar ddeg.</td></tr>
<tr><td>14</td><td>pedwar (pedair) ar ddeg.</td><td>pedwerydd (pedwaredd) ar ddeg.</td></tr>
<tr><td>15</td><td>pymtheg.</td><td>pymthegfed.</td></tr>
<tr><td>16</td><td>un ar bymtheg.</td><td>unfed ar bymtheg.</td></tr>
<tr><td>17</td><td>dau (dwy) ar bymtheg.</td><td>ail ar bymtheg.</td></tr>
<tr><td>18</td><td>deunaw.</td><td>deunawfed.</td></tr>
<tr><td>19</td><td>pedwar (pedair) ar bymtheg.</td><td>pedwerydd (pedwaredd) ar bymtheg.</td></tr>
<tr><td>20</td><td>ugain.</td><td>ugeinfed.</td></tr>
<tr><td>21</td><td>un ar hugain.</td><td>unfed ar hugain.</td></tr>
<tr><td>30</td><td>deg ar hugain (tri deg).</td><td>degfed ar hugain.</td></tr>
<tr><td>40</td><td>deugain (pedwar deg).</td><td>deugeinfed.</td></tr>
<tr><td>50</td><td>hanner cant, deg a deugain (pum deg).</td><td>hanner canfed, degfed a deugain.</td></tr>
<tr><td>60</td><td>trigain (chwe deg).</td><td>trigeinfed.</td></tr>
<tr><td>70</td><td>trigain a deg, deg a thrigain (saith deg).</td><td>degfed a thrigain.</td></tr>
<tr><td>80</td><td>pedwar ugain (wyth deg).</td><td>pedwar ugeinfed.</td></tr>
<tr><td>90</td><td>pedwar ugain a deg, deg a phedwar ugain (naw deg).</td><td>degfed a phedwar ugain.</td></tr>
<tr><td>100</td><td>cant (can).</td><td>canfed.</td></tr>
<tr><td>500</td><td>pum cant.</td><td>pum canfed.</td></tr>
<tr><td>1,000</td><td>mil.</td><td>milfed.</td></tr>
<tr><td>1,000,000</td><td>miliwn.</td><td>miliynfed.</td></tr>
</table>

ADDENDA

N.B.—Words in brackets have already appeared in the English-Welsh Section
The meanings given here are additional to those previously given.

(abacus), *n.* abacus
(aberration), *n.* egwyriant
abortionist, *n.* erthylydd
abseil, *n.* abseil, *v.* abseilu.
absenteeism, *n.* absenoliaeth
(absolute), *a.* absoliwt
    ABSOLUTE VALUE, gwerth absoliwt
(abundance), *n.* llaweroedd
accelerated, *a.* cyflymedig
(accelerator), *n.* cyflymiadur
acceptor circuit, *n.* cylched derbyn.
(accession) 3 (*np.*) derbynion
(accommodation), *n.* 2. cynhwysiad
accompaniments, *np.* cyfwydydd
(account) CURRENT ACCOUNT, cownt
    cyfredol
(accumulator) *n.* cronadur
(achromatic), *a.* achromatig
(acidity), *n.* asidrwydd
acnode, *n.* acnod
(accoustics), *np.* acwsteg
(act), *n.* 1. perfformiad
actable, *a.* actadwy
(acting) ACTING AREA, cylch chwarae.
    ACTING HEAD, is-bennaeth.
(action), *n.* 1. arwaith
activation, *n.* actifiant.
(activator), *n.* actifiadur.
(active), *a.* actif.
(activity), *n.* actifedd.
    CO-OPERATIVE ACTIVITY, cyweith-
    garedd.
(actor), ACTOR-MANAGER, actor-reolwr.
(adagio), *ad.* adagio.
adaptor, *n.* adaptor.
adaxial, *n.* adechelin.
addend, *n.* adend.
(addition) COMPLEMENTARY ADDITION,
    adio cyflenwol (correction).
additive, *a.* adiol, ychwanegol.
    ddress) *v.* 2. cyfarch.
    dhesion), *n.* adlyniad.
adjoined, *a.* cydiedig.
adjoint (adjugate), *n.* atgyd.
    a. atgydiol.
(admittance), *n.* derbyniant.
(adsorb), *v.* arsugno, amsugno.
(adsorption), *n.* arsugnad.
(advance), *v.* blaenu.
    ADVANCE BOOKING, rhagarchebu
    tocynnau.
    ADVANCE MANAGER, rhagdrefnydd.

(aerial), *a.* aerol.
aerodynamics, *np.* aerodynameg.
(aeronautics), *np.* aeronoteg.
aether, *n.* aether.
affine, *a.* affin.
(affinity), *n.* affinedd.
aftercare, *n.* gofal pellach, ymgeledd.
after-piece, *n.* ôl-chwarae
(agent), *n.* trefnydd.
    RAISING AGENT, codydd.
(aggregate), *n.* cyfanrhed, agreg.
    v. ymglosio, agregu.
(aggression), *n.* ymosodoldeb.
(agriculture) MINISTRY OF AGRICUL-
    TURE, Y Weinyddiaeth Amaeth.
(aid), AIDS, cymhorthion.
air-lock, *n.* aerglo.
(airport), *n.* porth-awyr.
(airtight), *a.* aerglos.
albedo, *n.* albedo.
(albumen) *n.* 2. albumen.
aldehyde, *n.* aldehyd.
alga, *n.* math o blanhigyn sy'n ei at-
    gynhyrchu ei hun.
algorithm (algorism) *n.* algorithm.
(alight), *ad.* ynghŷn.
(align), *v.* alinio.
(alignment), *n.* aliniad.
(aliquot), *n.* alicwot.
alkaloid, *n.* alcaloid.
(alloy), *n.* aloe, cyfuniad o fetelau.
all-round, *a.* amryddawn.
(alternating), *a.* bob yn ail, eiledol.
alternator, *n.* eiladur.
altimeter, *n.* altimedr.
amino-acid, *n.* amino-asid.
(amphibious) AMPHIBIOUS VEHICLE,
    lori-gwch.
(amplification), *n.* mwyhad.
(amplifier), *n.* mwyhadur.
(amplify), *v.* mwyhau.
(amplitude), *n.* osgled, arg.
(anachronism), *n.* anachroniad.
(analogous), *a.* cydweddol.
    ANALOGOUS COMPUTER, efelychydd,
    cyfrifiadur cydweddol.
(analogue), *n.* analog.
analyser, *n.* dadansoddydd.
(anchovy), *n.* ansiofi.
(aneroid), *n.* aneroid.
aneurin, *n.* aneurin.
(annuity), *n.* blwydd-daliad.

(annular), *n.* annular.
(annulus), *n.* annulus.
(anomalous), *a.* anrheolaidd.
(answer) ROUGH ANSWER, ateb bras.
anticlockwise, *a.* gwrthgloc.
antifreeze, *n.* (hylif) gwrthrew.
antinode, *n.* antinod.
antiparallel, *a.* gwrthbaralel.
antiphase, *a.* gwrthwedd.
antiproton, *n.* antiproton.
(antique), *n.* hynafolyn.
antisymmetric, *a.* gwrthgymesur.
antisymmetry, *n.* gwrthgymesuredd.
aperiodic, *a.* digyfnod.
(aperture), *n.* agorfa.
(apex), *n.* apig.
(aphelion), *n.* aphelion.
apical, *a.* apigol.
(apogee), *n.* apogee.
(apparent), *a.* ymddangosol.
(applause), *n.* curo dwylo.
(apple) BAKED APPLE, afal-pob.
    COOKING APPLE, afal digoni (cogin-io, cwcio).
(applied), *a.* cymwys.
(approach), *v.* nesáu.
(approve) APPROVED SCHOOL, ysgol warchod.
(approximate), *a.* bras. *v.* bras-amcanu, lledamcanu.
(approximation), *n.* brasamcan, lled-amcan.
(apricot), *n.* apricot.
(apron), THE APRON (BLACK), y barclod.
arabesque, *a.* arabesc.
arc lamp, *n.* arc, arc drydan.
(arch) ARCH BORDER, borden fwa.
(archer), *n.* saethwr.
(architrave), *n.* amgylchen.
(arena), *n.* arena.
    ARENA STAGING, canol-lwyfannu.
(arithmetic) MECHANICAL ARITHMETIC, rhifyddeg fecanaidd.
arming, *v.* breichio.
(array), *n.* arrae.
(artichoke), *n.* artisiog.
(artificial) ARTIFICIAL RESPIRATION, adfer anadlu.
(asbestos), *n.* llen dân.
ascending, *a.* esgynnol.
ascorbic acid, *n.* asid ascorbig.
(ash), *n.* 2. ulw.
    ASH CONTENT, cynnwys ulw.
(aside), *n.* neilleb.
(asparagus), *n.* asbaragus.
aspic, *a.* asbig.
(assistance) NATIONAL ASSISTANCE, pwrs y wlad, cymorth gwladol.
associated, *a.* cysylltiol.
associative, *a.* cysylltiadol.

(asteroid), *n.* asteroid.
(astigmatism), *n.* astigmatedd.
(astringent) ASTRINGENT LOTION, cuff-ur wyneb.
astroid, *n.* astroid.
astronaut, *n.* gofodwr.
astrophysics, *np.* astroffiseg.
(asymmetric), *a.* asymetrig.
    ASYMMETRIC CENTRE, canolran as-ymetry.
(atmosphere), *n.* atmosffer.
atomicity, *n.* atomigedd.
(atomiser), *n.* atomadur.
(attenuate), *v.* gwanhau.
(attenuation), *n.* gwanhad.
attenuator, *n.* gwanhadur.
(attitude), *n.* agwedd.
(attract), *v.* tynnu at, atynnu.
audibility, *n.* clywededd.
audio-visual aids *np.* cynorthwyon clyweled.
(audition), *n.* l. praw-wrandawiad.
(auditorium), *n.* awditoriwm.
(aurora), *n.* awrora, aurora.
automorphic, *a.* awtomorffig.
autoregression, *n.* ymatchweliad.
autoregressive, *a.* ymatchwelaidd.
(avalanche), *n.* rhewlif.
(average) AVERAGE PRICE, pris cyfar-talog.
axial, *a.* echelinol.
(axis) MINOR AXIS, echelin leiaf. AXIS OF REFERENCE, echelinau lleoli.
azimuth, *n.* azimuth.

B

(back) BACK TO BACK, cefn wrth gefn.
backbearing, *n.* olgyfeiriad.
back-bench, *n,* ol-sedd.
backboard, *n.* bwrdd cefn.
back-cloth, *n.* cefnlen.
backer, *n.* bacwr.
backhand, *n.* gwrthlaw.
(backing) BACKING (FLAT), fflat celu.
(bacon) HOME CURED BACON, bacwn cartref.
    SHORT BACK BACON, bacwn byr.
    SMOKED BACON, bacwn mwg.
    STREAKY BACON, bacwn brith.
(bacterium), (*pl*) bacteria.
(baffle), *n.* baffl.
(bag), *v.* bago. bagio.
(bail), *n.* 2. (cricket), caten.
(bake) BAKING PAN, padell bobi.
    BAKING POWDER, powdr codi.
    BAKING SHEET, silff bobi.
    BAKING TIN, tin pobi.

baked, a. wedi ei bobi, pob.

(bakestone), n. maen, planc.

(balance) OFF BALANCE, colli cydbwysedd.

    TORSION BALANCE, clorian ddirdro.

    BEAM BALANCE, mantol drawst.

    WORKING BALANCE, arian gweithredol.

balancing, a. cydbwysol.

(ball) HAND BALL, pêl-law.

    DROPPED BALL, pêl gwymp.

    LOST BALL, pêl goll.

ballistic, a. balistig, n. balisteg.

(ballroom) BALLROOM DANCE, dawns neuadd.

(ballyhoo), n. cybôl.

(balustrade), n. fflat canllaw.

(bandit) ONE-ARMED BANDIT, peiriant gamblo.

(bar), n. 4. gwahanfur.

(barge), n. 2. hyrddiad. v. hyrddio.

(barker), n. 2. cyfarthwr.

(barn) BARNDOOR (theatre), sgrîn sbot.

barograph, n. barograff.

barre, n. bar bale.

(barrier), n. barier.

(base), n. 1. sail. 2. bas.

    HOME BASE, cartref.

    BASE LINE, llinell fas.

baseman, n. baswr (cyntaf, ail, etc.)

(basket-ball), n. pêl-fasged.

(baste), v. 1. basteru.

(bathos), n. disgynneb.

((bathroom), n. ymolchfa.

(batten), n. stribed.

(batter), n. cytew.

    COATING BATTER, cytew cotio (caenu).

    FRENCH BATTER, cytew ffrengig.

(beam), n. 4. lled (canŵ).

    BEAM ANGLE, ongl paladr.

(bean) BAKED BEANS, ffa pob.

    FRENCH BEANS, ffa ffrengig.

(bearing), n. 3. cyfeiriant. 4. beryn, cyfeiriad.

(beat), n. 2. hynt, rhawd. 3. trawiad.

    BEAT FREQUENCY, amledd curiad.

beater, n. curydd.

(beef), n. biff.

    BEEF EXTRACT, rhin biff.

    BEEF TEA, te biff.

(beet), n. bitrwt, betys coch.

    BEET SUGAR, siwgr betys.

bell-jar, n. clochen.

(belt), n. belt, rhwymyn.

    GREEN BELT, strimyn glas.

(benefit), n. budd-daliad.

(berth), n. 1. glanfa, angorfa.

(beverage), n. maethlyn.

(bias), n. 2. bias. v. biasu.

(bicarbonate) BICARBONATE OF SODA, soda pobi, cabi.

(bifocal), a. deuffocal.

(bigamy), n. amlwreica.

(bile) BILE DUCTS, pibellau y beil.

bilinear, a. deulinol.

(bill) BILL BOARD, bwrdd biliau.

billing, n. bilio.

bimetallic, n. deufetel.

binary, n, deuaidd, dwbl.

    BINARY STAR, seren ddwbl.

(binding), n. rhwymyn.

    BINDING ENERGY, egni uno.

bing, n. penllawr.

(binoculars) np. deulygadur.

    BINOCULAR VISION, golwg deulygad

(binomial), a. binomaidd.

bio-box, n. bwth taflunydd.

biomechanics, np. biomecaneg.

biosynthesis, n. biosynthesis.

bipartite, a. deurannol.

(bisector), n. hanerydd.

bisque (soup), n. (swp) bisque.

(bit), n. 1. briwsionyn.

(blackcurrants), np. rhyfon.

(blackleg), n. 1. bradwr.

(blackmail), n. bygythiad.

(black-out), n. 1. llwyrddüwch.

(blade) BLADE BONE, asgwrn palfais.

blancmange, n. blancmange.

(blank) BLANK VERSE, mesur moel.

(blend), v. blend(i)o.

blinder, n. dallydd.

blobby, a. blotiog.

(block), n. 1. blocyn. v bloc(i)o.

blocking, v. bras-actio.

(blow), n. pwyad.

blower, n. chwythydd.

blowlamp, n. chwythlamp, fflamwr.

(blue-bell), n. cennin y brenin.

(blueprint), n. glaslun.

blurb, n. gwagfoliant, broliant.

(board), n. 1. bwrdd.

(boat) BOAT TRUCK, tryc llwyfan.

(bobbin), n. bobyn, rhedegydd.

(body), n. gwrthrych.

    BODY-BUILDING FOODS, bwydydd twf.

(bog) PEAT BOG, mawnog.

    BLANKET BOG, mignen.

    RAISED BOG, siglen.

bogie (boat truck), n. tryc llwyfan.

(boil) PAR BOIL, lledferwi.

boiled, a. wedi ei ferwi.

(boiler), n. boiler.

boilerhouse, n. bwylerdy.

(boiling-point), n. pwynt berwi, berwbwynt.

(bomb), n. ffrwydryn.

(bone) IN THE BONE, yn y mêr.

boning, v. tynnu esgyrn, diesgyrni.

(bonus), n. tâl dros ben.

(book) PROGRAMMED BOOK, rhaglun-lyfr.

SCRAMBLED BOOK, rhaglunlyfr gwasgar.

(boomerang), n. bŵm.

(border), n. rhiden, borden.

(bore), n. 1. bôr. v. 1. bor(i)o.

(bosh) BOSH LINE, llinyn ffidil.

bo'sun, n. boswn.

(bounce), n. bownd.

(bound), n. 1. arffin.

OUT OF BOUNDS, tu hwnt i'r ffin.

bounded, a. ffinedig.

BOUNDED SET, casgliad arffin.

(bout), n. 1. bowt.

(bow), n. 2. bow.

(bowels), np. coluddion.

(bowl), n. 1. powlen. 2. bowliad. v. powlio.

bowlful, a. powlaid. bowlaid.

(bowline), n. bowlin,

(bowling-green), n. maes bowlio.

bowstring, n. llinyn bwa.

(box), v. bocs(i)o.

(box-office), n. bwth tocynnau.

(brace), v. bresu.

bracer, n. breichydd.

brachistochrone, n. brachistochron.

brail-line, n. lein halio.

(braise), v. brwysio.

(brake) BRAKE RESISTANCE, gwrthedd brêc.

(brawn), n. 2. brôn.

(bread) STALE BREAD, bara henbob.

MALT BREAD, bara brag.

MIXED BREAD, bara amyd

UNLEAVENED BREAD, bara crai.

WHITE BREAD, bara can, bara gwyn

WHOLEMEAL BREAD, bara gwenith trwyddo.

(break), n. brêc (criced), sbel.

(breaker), n. 2. atalydd.

(breast-stroke), n. nofio ar y frest.

(breeder) BREEDER REACTOR, ymweithydd bridiol.

(brew), v. bwrw ffrwyth.

(broccoli), n. brocoli.

browning, n. brownin.

(bubble), n. bwbwl. v. bybylu.

(bulb), n. bylb.

bulliform, n. bulifform.

(bun), HOT CROSS BUNS, byns y Grog.

CHELSEA BUNS, byns Chelsea.

FRENCH BUNS, byns Ffrengig.

CREAM BUNS, byns hufen.

bunces (bunch lights) np. golau clwstwr.

(bung), n. byng.

(bunker), n. bwncer.

(bureau), n. 2. cynghorfa.

(burette), n. biwret.

(burner), n. byrner.

BURNER LIGHTS, clwstwr polyn.

(bushel), n. pwysel.

(business), n. gorchwyl.

(butler) BUTLER PART, part gwas.

(butterfly), n. pilipala.

BUTTERFLY (stroke) v. pilipalan.

(buttress), n. gwanas.

(by-pass), n. ffordd osgoi, cylchffordd. heibiad. v. heibiadu.

by-play, n. chwarae o'r neilltu.

by-product, n. cil-gynnyrch, ôl-gynnyrch.

C

(caddie), n. cadi.

CADI CAR (TROLLEY), car cadi.

(cadet), SEA CADETS, morlanciau.

(cake) TEA CAKE, cacen de.

WELSH CAKES, picau ar y maen, teisiennau cri.

(calcium), n. calcium.

(calculus), n. 1. calculus.

DIFFERENTIAL CALCULUS, calculus differol.

INTEGRAL CALCULUS, calculus integral.

(call), v. 1. hysbysu.

CALL BOARD, hysbysfwrdd.

CALL BOY, hysbyswr.

(caller), n. geilwad (dawns).

calorific, a. caloriffig.

calorimeter, n. calorimedr.

calypso, n. calypso.

(cameo), n. cameo.

(camouflage), n. gwarchodliw.

(can), n, can. v. 2. canio.

(candle power), n. canhwyllnerth.

(candy), CANDIED PEEL, pil candi.

canoeing, v. cwnŵa.

(canopy), n. canopi.

cantilever, n. cantilifer.

capacitative, a. cynhwysaidd.

capacitor, n. cynhwyswr.

capacitance, n. cynhwysedd.

(capillary) CAPILLARY TUBE, tiwb capilari.

(capsule), n. pelen.

caramel, n. caramel.

(carbohydrate), n. carbohydrad.

(carbonate), v. carbonadu.

carotenoids, np. carotenau.

(carrier) CARRIER WAVE), ton gario.

(carrot), n. caretsen.

carr, *n.* allt wleb.

cartesian, *a.* cartesaidd.

(carver), *n.* carfiwr, torrwr cig.

(case) WING CASES, cloresgyll.

(cash) CASH VALUE, gwerth ariannol.

casserole, *n.* caserol.

(cast), *n.* cast.

    CAST OUT OF TYPE, castien anghymwys.

(casting), *v.* cast(i)o.

(catch), *n.* daliad.

catcher, *n.* daliwr.

catafalque, *n.* elor (dros dro).

catenary, *n.* catenari.

catenoid, *n.* catenoid.

catharsis, *n.* catharsis.

(cathode), *n.* catod.

    CATHODE RAYS, pelydrau catod.

cation, *n.* catïon.

catwalk, *n.* brigdrawst.

(cauliflower), *n.* coliffŵer.

(caustic), *a.* cawstig.

(celestial), *n.* wybrennol.

(cell) LIVING CELL, cell fywiol.

    FUEL CELL, cynydydd.

(centigrade), *n.* canfedd.

(central) CENTRAL HEATING, gwres canolog.

(centre), *n.* canol, canolwr.

    CENTRE LINE, llinell ganol.

centre-half,*n.* hanerwr canol, canolwr.

(centrifuge), *n.* allgyrchydd, chwyrndroell. *v.* allgyrchu.

centroid, *n.* craidd.

(ceramic), *n.* ceramig.

(chaffinch), *n.* ji-binc.

(chain) CHAIN REACTION, ymwaith cadwynol.

chainé, *n.* cadwyn bale.

(chalet), *n.* hafoty.

(championship), *n.* pencampwriaeth.

(character) IN CHARACTER, cymeriadol

(characterisation), *n.* cymeriadaeth.

(characterise), *v.* cymeriadu.

(characteristic), *n.* nodweddol.

(charge), *n.* 5. hyrddiad. *v.* 4. hyrddio.

    CHARGE DOWN, siars.

(check), *v.* 5. siec, pylu golau.

checkpoint, *n.* rheolfa.

(cheek), *n.* 1. bochgern.

(chemicals), *np.* cemegau.

(cherry), GLACE CHERRIES, ceirios siwgr

(chestnuts), *np.* cnau cyffylog.

chiff-chaff, *n.* bi fach, pia bach, dryw felen.

(chip), *v.* sipio (pêl).

(chips), *np.* sglodion tatws, tships.

chironomy, *n.* ystumiaeth.

chockstone, *n.* tagen.

(choke), *n.* tagydd, tagell.

(chop), *v.* cildorri, golwytho, dryllio.

chopping-board, *n.* ystyllen falu.

choreograph, *n.* coriograff.

choreographer, *n.* coriograffydd.

choreography, *n.* coriograffacth.

chromatography, *n.* cromatograffi.

chromatographic, *n.* cromatograffig.

chromosphere, *n.* cromosffer.

(cine-camera), *n.* camera cine.

(circle), *n.* 2. seddau'r cylch (theatr).

(circuit), *n.* 3. cylchynydd, cylched.

    CLOSED CIRCUIT TELEVISION, teledu cyfyngedig mewnol.

    TUNED CIRCUIT, cylched cysain.

    OIL CIRCUIT BREAKER, atalydd i'r cylchynydd olew.

    PARALLEL RESONANT CIRCUIT, cylched cysain cyflin.

    REJECTOR CIRCUIT, cylched gwrthod.

    SERIES RESONANT CIRCUIT, cylched cysain cyfres.

    SHORT CIRCUIT, cylched pwt.

(circular), *n.* cylchneges, cylcheb.

circumcentre, *n.* amganol.

circumpolar, *n.* ambegynnol.

(circumscribe), *v.* amsgrifio, amgylchu.

cissoid, *n.* cisoid.

(citric) CITRIC ACID, asid sitrig.

citrus fruit, *n.* ffrwyth sitraidd.

(clap), *v.* clap(i)o.

claque, *n.* clapwyr tâl.

classified, *a.* dosbarthiadol.

clearway, *n.* ffordd rydd, ffordd ddi-aros.

(climatic), *a.* hinsoddegol.

climatology, *n.* hinsoddeg.

clockwise, *a.* clocwedd.

(clog) CLOG DANCE, Dawns y Glocsen.

(cloth), *n.* clwt, clwtyn.

(clotted) CLOTTED CREAM, hufen tolch.

(cloud) CLOUD CHAMBER, llestr niwl.

(clove), *n.* clofen.

coaming, *n.* ymyled.

(coarse), *a.* 1. bras.

(coat), *n,* caen, haen, *v.* caenu.

(coating), *n.* araen.

coaxial, *n.* cyfechelin.

cockfeather, *n.* pluen geiliog.

cocktail, *n.* coctèl, gwirod.

(coconut) DESICATED COCONUT, coconut mân.

(coefficient) COEFFICIENT OF FRICTION, cyfernod ffrithiant.

co-enzyme, *a.* cydensymau.

(cog), *n.* cocsen.

(coil), *n.* coil.

    MOVING COIL, coil symudol.

(coin), *n.* bathyn.

(**coincide**), v. cyd-daro.

coincident, a. cyd-daro, cyd-drawol.

col, n. col.

(**colander**), n. colander.

colatitude, a. cyfledred.

(**colloid**), a. coloidaidd.

collimator, n. cyflinydd.

collinear, a. unllin.

collinearity, n. unllinedd.

collineation, n. unlluniad.

cologarithm, n. cyflogarithm.

(**colony**), n. 2. cytref o organebau.

(**colour**) COLOUR BAR, gwahanfur lliw.

colouration, n. lliwiau.

    WARNING COLOURATION, lliwiau rhybuddiol.

colouring, n. lliw, lliwiad.

(**column**) COLUMN MATRICS, matrics colofn.

    COLUMN VECTOR, fector colofn.

    COLUMN OF THREES, colofn drioedd.

(**combat**), n. gornest. v. taro.

(**combine**) COMBINE HARVESTER, dyrnwr medi.

comedist, n. comedydd.

(**comedy**) BROAD COMEDY, comedi amlwg.

    MUSICAL COMEDY, comedi fiwsig, comedi gerdd.

(**comic**) COMIC RELIEF, ysgafnhad comig.

(**commissionaire**), n. 2. porthor.

(**communicate**), v. 1. mynegi.

(**communication**) COMMUNICATION CORD, cordyn cyswllt.

(**commutative**), a. cymudol.

(**commutator**), n. cymudadur.

(**commute**), v. cymudo.

commuter, n. cymudwr.

(**compatibility**), n. cytunedd.

(**compatible**), a. cytûn.

(**compensate**), v. cyfadfer.

compensator, n. cysonydd.

(**compere**), n. cyflwynydd, disgrifiwr.

(**complex**), a. 2. cymhlyg.

    COMPLEX VARIABLE, newidyn cymhlyg.

    COMPLEX FUNCTION, ffwythiant cymhlyg.

(**complimentary**), a. di-dâl.

(**component**) COMPONENT OF A FORCE, cydran grym.

    COMPONENT OF VELOCITY, cydran cyflymder.

(**compound**), n. 2. cyfansoddyn.

compressed, a. cywasgedig, cywasg.

(**compressibility**), n. hywasg.

compressible, a. hywasgedd.

compression, n, cywasgedd

compressor, n. cywasgydd.

computational, a. cyfrifiannol.

(**computer**), n. cyfrifiannydd, ymenyddiadur.

(**concave**), a. dargyfeiriol.

(**concavity**), n. ceugrymedd.

(**conceive**), v. 2. cyfebru.

(**concentrated**), a. crynod.

conchoid, a. conchoid.

concycle, a. cydgylchol.

(**condense**), v. 3. cyddwyso.

(**condenser**), n. cyddwysydd, cynhwysor.

(**condiments**), np. confennau.

conductance, n. dargludiant.

conductivity, n. dargludedd.

(**conductor**), n. dargludydd.

(**configuration**), n. ffurfwedd, cyfluniad.

(**confluence**), n. cydlifiad.

confocal, a. cyffocal.

(**conformable**), a. cyffurfiadwy.

conformal, a. cyffurf, cyffurfiol.

    CONFORMAL MAPPING, mapiad cyffurfiol.

conicoid, a. conicoid.

(**conjugate**), a. cyfiau.

(**connection**), n. cyswllt

(**conoid**), a. conoid.

(**conservancy**), n. seintwar, gwarchodfa.

    NATURE CONSERVANCY, seintwar natur.

(**conservative**) CONSERVATIVE FIELD OF FORCE, maes cadwrol grym.

(**conserve**), n. cyffaith.

consortium, n. cydgwmni, clymblaid.

(**constant**), n. constant, cysonyn.

    PROPORTIONALITY CONSTANT, cysondeb cymesuredd.

    ARBITRARY CONSTANT, constant mympwy, cysonyn rhydd.

(**constrain**) CONSTRAINED MOTION, mudiant cyfyngedig.

(**constraint**), n. cyfyngydd.

constructivism, n. lluniadaeth.

(**consumer**), n. cwsmer.

    CONSUMER GOODS, nwyddau traul.

(**contact**), n. contact. v. contact(i)o, cyffwrdd.

content, n. cynnwys, crynodiad.

(**continuation**), n. helaethiad.

(**continuity**) PRINCIPLE OF CONTINUITY, egwyddor didoriant.

continuum, n. continuum.

(**contour**), n. cyfuchlinell, cyfuchlin, amlin. v. ogylchu (Math).

(**contract**), n. bargen. v. 2. cyfangu.

(**contraction**), n. cyfangiad.

(**contrary**), a. cyferbyn.

(control), n. rheolydd.

     OUT OF CONTROL, dilywodraeth, direolaeth.

(conurbation), n. clymdref.

convergence, n. cydgyfeiriant.

converging, a. cydgyfeiriol.

(conversation), n. ymgom.

(converse) CONVERSE THEOREM, theorem cyfdro.

(conversion), n. trawsnewidiad.

(convert), v. trawsnewid.

convertor, n. trawsnewidydd.

conveyor, n. cludydd.

     CONVEYOR BELT, cludfelt.

(convolution), n. ffaltung.

(cook), v. digoni, cwc(i)o, cwcan.

(cooker), n. cwcer.

     PRESSURE COOKER, sosban frys.

coplanar, a. cymhlan.

co-precipitate, v. cydwaddodi.

copunctual, a. cydbwyntol.

(copyright) COPYRIGHT LAW, deddf hawlfraint.

(cord) NET CORD, cordyn rhwyd.

cornflakes, np. creision ŷd.

(cornflour) CORNFLOUR MOULD, mowld blawd corn.

(corollary), n. canlynol.

(corona), n. corona.

coronary, a. coronol.

(correlate), a. cydberthyn. v. cymhathu.

(corrosion), n. cyrydu.

cosech, n. cosech.

cosh, n. cosh.

(costume) COSTUME PLOT, gwisgrestr.

coterminal, a. cyd-derfynol.

coth, n. coth.

(couch), n. tyle.

coulomb, n. coulomb.

(count), n. cownt. v. cowntio.

countability, n. rhifadwyedd.

countable, a. rhifadwy.

(counter), n. rhifydd, gwrthiad.

counterattack, v. gwrthymosod.

counterclockwise, a. gwrthgloc.

(couple), v. cyplu.

coupled, a. cypledig.

coupler, n. cyplydd.

covalent, a. cofalent.

(cover), v. 1. gwarchod. 2. dirprwyo, cyfro.

coversine, n. cyfersin.

(coxswain), n. cocs. v. llywio, cocsio.

(crab) TO CATCH A CRAB, cranca.

crampon, n. crampon.

(cranberry), n. (pl) llugaeron.

(crash) CRASH BOX, cist ddadwrdd.

(cream) SALAD CREAM, hufen salad.

     WHIPPED CREAM, hufen chwisg.

(creamy), a. hufennog.

(crease), n. 2. cris.

(creation) CONTINUOUS CREATION, creu parhaol.

(credit), n. 1. credyd.

(creep), n. ymlusgiad.

(crescent), n. cilgant.

(crisps) np. creision tatws.

(criterion), n. criterion.

(critic), n. critig.

(critical), a. 2. critigol.

cropar paper, n. papur cropar.

(cross), a. croes.

cross-ratio, n. cymhareb groes.

cruck-truss, np. cyplau crwca, nenffyrch, cwpwl bongam, gafael (-ion).

(crumpet), n. cramwythen.

crunode, n. crunod.

cryogenics, np. cryogeneg.

(crystalline), a. crisialog.

(crystallisation), n. crisialad.

(crystallise), v. crisialu.

(cubic), a. ciwbigol.

(cultivated), a. diwylliedig, wedi ei feithrin.

(culture) MOTHER CULTURE, mamdyfiant.

(curd), n. ceuled.

(curiosity), n. 1. chwilfrydedd.

(curl), n. cyrl.

(curlew), n. cwrlig.

(current), n. rhedlif.

     ALTERNATING CURRENT, cerrynt eiledol.

     LONG SHORE CURRENT, lli hyddraethog.

     OFFSHORE CURRENT, lli rip.

     CURRENT ACCOUNT, cownt cyfredol.

(curry), n. cyrri.

(curtain) CURTAIN CALL, llen-alwad.

     CURTAIN MUSIC, llen-fiwsig.

     CURTAIN SET, set lenni.

     CURTAIN SPEECH, claplafar.

     ROLLER CURTAIN, llen-ddirwyn.

(curtsy), n. cyrtsi.

(curvature) CONCAVE CURVATURE, ceugrymedd.

     CONVEX CURVATURE, amgrymedd.

cusp, n. cusb.

(custard) EGG CUSTARD, cwstard ŵy.

(cut), n. trychiad. v. trychu.

     CUT AND THRUST, trychu a gwanu.

     CUT IN, torri ar draws.

     CUT OUT, gadael allan

(cutlet), n. cytled.

cutoff, n. torbwynt.

(cutter), n. 2. torrell.

     FLUTED CUTTER, torell rhychog.

     PLAIN CUTTER, torrell blaen.

(cycloid), n. seicloid.

cyclorama, *n.* sciclorama.
cyclotron, *n.* sciclotron.
cyclosymmetry, *n*, cylchgymesuredd
(cylindrical), *a.* silindral.
cylindroid, *a.* silindroid.
cytochrome, *n.* seitocrôm.
cytogenetics, *np.* seitogeneteg.

D

(dainty) DAINTY DAVY, Dafydd Gain.
(dam), *n.* argae.
(damper), *n.* damper, tagell.
damping, *n.* gwanychiad.
(damson), *n.* eirin damson.
(dance) PUBLIC DANCE, twmpath dawns.
(dance-band), *n.* band dawns.
deadwood, *n.* sbâr (tocynnau).
(decagon), *n.* decagon.
(decay), *v.* darfod.
decibel, *n.* decibel.
(declare), *v.* 2. cau batiad (criced).
declination, *n.* goleddiad.
decor, *n.* addurn.
decouple, *v.* dadgyplu.
decreasing, *a.* lleihaol.
decrement, *n.* decrement.
(defect), *n.* datgymaliad, ystumiad (crisial).
defined, *a.* diffinedig.
deformation, *n.* anffurfiad.
ANGULAR DEFORMATION, anffurfiad ongl.
degenerative, *a.* dirywiol.
DEGENERATIVE DISEASES, clefydau dirywiol.
demodulate, *v.* dadfodylu.
demodulation, *n.* dadfodyliad.
demographic, *a.* demograffig.
(density) RELATIVE DENSITY, dwysedd cymharol.
denumerable, *a.* rhifadwy.
(deposit) DEPOSIT ACCOUNT, cyfrif adnau.
(depreciation), *n.* debrisiant.
(depression), *n.* 4. gostyngiad.
CENTRE OF DEPRESSION, craidd dibrisiant.
(depth) DEPTH LINE, llinell ddyfnder.
(derrick), *n.* derig.
desalination, *n.* troi dŵr hallt yn ddŵr ffres.
descending, *a.* disgynnol.
(design), *n.* 2. arlunwaith.
(dessert), *n.* ancwyn.
(detail) DETAIL SCENERY, set fanwl.
(detective) DETECTIVE PLAY, drama gyffro, drama dditectif, thriler.
(detector), *n.* detector.

determinant), *n.* determinant.
(determined) DETERMINED COEFFICIENT, cyfernod pendant.
(deuce), *n.* diws.
deuteron, *n.* deuteron.
(deviation) STANDARD DEVIATION, gwyriad safonol.
(diabetes) DIABETES MELITUS, dyfrlif melys, afiechyd y siwgr.
(diagonal), *a.* lletraws.
(dice), *v.* disio.
(diction), *n.* ynganiad.
(dielectric), *n.* dielectryn. *a.* dielectrig.
DIELECTRIC CONSTANT, cysonyn dielectrig.
(diet), *n.* diet.
(dietetics), *np.* dieteteg.
(differential), *n.* differyn.
(differentiate), *v.* differu.
(digestion), *n.* traul.
digital, *a.* digidol.
DIGITAL COMPUTER, cyfrifiadur digidol.
(dihedral), *a.* deuhedrol.
(dimension) DIMENSION LINE, llinell ddimensiwn.
dimensional, *a.* dimensiynol.
dimmer, *n.* pylydd.
DIMMER BOARD, panel pylu.
LIQUID DIMMER, pylydd gwlyb.
diode, *n.* deuod.
(dip), *n.* gogwyddiad.
dipole, *n.* deupol.
directed, *a.* cyfeiriedig.
(direction) OPPOSITE DIRECTION, cyfeiriad dirgroes.
directional, *a.* cyfeiriadol.
(director) DIRECTOR CIRCLE, cyfeirgylch.
directrix, *n.* cyfeirlin.
(discharge), *v.* 5. dadwefru (trydan).
DISRUPTIVE DISCHARGE, dadwefru rhwygol.
discontinuity, *n.* toriant.
discontinuous, *a.* toredig.
(disengage), *v.* datgyweddu. *n.* datgyweddiad.
(dish), *n.* 2. saig.
SERVING DISHES, llestri gweini.
dishing-up, *v.* dysglo.
(disperse), *v.* ymchwalu.
(dispersion), *n.* gwasgariant.
dispersive, *a*, gwasgarol.
(disqualification), *n.* 2. gwrthodiad.
(disqualify), *v.* gwrthod.
(distress), *n.* cyfyngder.
distributive, *a.* dosbarthol.
distributor, *n.* dosrannwr.
(disturbance), *n.* cynnwrf.
(dive), *n.* deif.

divisibility, *n.* rhanadwyedd.
divot, *n.* difod.
dodecahedron, *n.* dodecahedron.
(domain), *n.* 3. parth.
(dominant) DOMINANT GRASS, gwair trech.
(door) DOOR SPACE, lle drws.
door-post, *n.* cynor, gorsin(g), ystlysbost, amhin(i)og.
doubles (tenis), *np.* parau.
doughnut, *n.* toesen.
downstroke, *n.* olstroc.
(drag), *n.* llusgiad, llusgiant.
(drain), *v.* traenio.
     DRAINING BOARD, ystyllen draenio.
(drama) DOMESTIC DRAMA, drama gartrefol.
drapes, *np.* gorchudd.
(draw), *v.* 3. paru (timau). 4. cyfartalu.
(drawing) DRAWING TO SCALE, graddluniadu, lluniadu wrth raddfa.
     SCALE DRAWING, lluniad wrth raddfa.
(dredger), *n.* carthlong, sgeintiwr.
drencher, *n.* drensiwr.
(dress) DRESS CIRCLE. seddau'r cylch.
(dresser), *n.* 2. gwisgwraig.
(dressing), *v.* trin, dresio.
     SALAD DRESSING, dresin salad.
(dribble), *n.* driblad, dribl.
(drive), *v.* dreifo, dreifio, *n.* dreif.
(drone), *n.* 1. gwenynen segur.
(drum) DRUM ROLL, sŵn drwm.
dry-dock, *n.* sychborth.
duality, *n.* deuoliaeth.
(dub), *v.* 3. lleisio (ffilm).
(dubbing), *n.* 2. cefnsain.
(duck), *n.* 2. lori-gwch.
(ductile), *a.* hydwyth.
(ductility), *n.* hydwythedd.
(dummy), *n.* 4. dymi.
duodecagon, *n.* duodecagon.
duodecahedron, *n.* duodecahedron.
duodecimal, *n.* deuddegol.
(dustbin), *n.* cist sbwriel.
dustman, *n.* casglwr sbwriel.
dyad, *n.* deuad.
dynamical, *a.* dynamegol.
(dynamometer), *n.* dynamomedr.
dynatron, *n.* dynatron.
dyne, *n.* dein.

E

(eaves), *np.* cant.
(ebb), *n.* distyll.
(ebullition), *n.* 1. bybylu.
ecentre, *n.* allganol.
echo-sounder, *n.* gwreichionnydd.
ecircle, *n.* allgylch.
(eclipse), *n.* eclips. *v.* eclips(i)o.

(eddy) EDDY CURRENT, trolif.
(efficiency), *n.* effeithlonedd.
(effluence), *n.* elifiant.
(egg) POACHED EGG, ŵy wedi ei botsio
élance, *n.* gwibio.
(elastic), *n.* elastig.
(elasticity), *n.* hydwythder, elastigedd.
(electric), *n.* electrig.
(electrolysis), *n.* electrolysis.
electromagnetism, *n.* electromagneteg.
electrometer, *n.* electromedr.
electronic computer, *n.* cyfrifiadur electronig.
electronics, *np.* electroneg.
electrophoresis, *n.* electrophoresis.
electrophorus, *n.* electrophorus.
electroscope, *n.* electrosgop.
electrostatics, *np.* electrostateg.
eliminant, *n.* dilëydd.
ellipsoid, *n.* elipsoid.
(elocutionist), *n.* areithydd.
(elongation), *n.* hwyhad.
elytrae (wing cases), *np.* cloresgyll.
(embezzlement), *n.* twyll ariannol.
(emerge), *v* allddod.
emergent, *a.* allddodol.
(emission), *n.* allyriant.
emissivity, *n.* allyrredd.
(enamel), *n.* colour.
enchainement, *n.* dolen ddawns.
(encore), *n.* encôr.
(end) BIG END, bonyn mawr.
     LITTLE END, bonyn bach.
(engage), *v.* 3. cyweddu.
(engagement), *n.* cyweddiad.
(engine), *n.* injan.
(ensemble), *n.* cydeffaith.
(enterprise), *n.* antur, menter.
(entertainer), *n.* diddanreg.
(entomology), *n.* entomoleg.
entr'acte, *n.* eitem saib.
entropy, *n.* entropi.
enumerable, *a.* rhifadwy.
(enunciation), *n.* geirio.
(enzyme), *n.* ensim, eples.
environmental, *a.* amgylchol.
ephemeris, *n.* ephemeris.
epicycloid, *n.* episeicloid.
(epidermal), *a.* epidermaidd.
(epidermis), *n.* epidermis.
(equal), *a.* unfaint.
     EQUAL AND OPPOSITE, hafal a dirgroes.
(equation) AUXILIARY EQUATION, hafaliad cynorthwyol.
     BIQUADRATIC EQUATION, hafaliad pedradd.
equipotential, *a.* unbotensial.
equivalence, *n.* cywerthedd.

(equivalent) ELECTROCHEMICAL EQUI-
VALENT, cywerth electrocemegol.
(eruption), *n.* echdoriad.
(escalator), *n.* escaladur.
(escapist) ESCAPIST PLAY, drama osgoi.
escribe, *v.* allgylchu.
escribed circle, *n.* allgylch.
(essence), *n.* 1. rhinflas.
ester, *n.* ester.
ethnologist, *n.* ethnyddwr.
euclidian, *a.* euclidaidd.
(eurthythmics), *np.* ewrhythmeg.
(evacuate), *v.* 3. datnwyo.
(evaluate), *v.* enrhifo.
evaporator, *n.* anweddwr.
(even) EVEN NUMBER, eilrif.
evolute, *a.* efoliwt.
(exact), *a.* cymwys.
(executive) EXECUTIVE COMMITTEE,
gweithgor.
(exhaust), *n.* carth bib.
(exhaustion), *n.* disbyddu.
(exit), *n.* mynd allan, allanfa.
(expand), *v.* ymestyn.
(expediency), *n.* hwylustod.
(experimental) EXPERIMENTAL EVI-
DENCE, tystiolaeth arbrofol.
(explicit), *a.* echblyg.
(export), *n.* allforfa.
(exposure), *n.* 1. anghlydwr.
(expression), *n.* mynegyn.
expressiveness, *n.* myneglonrwydd.
(extension), *n.* estyniad.
(extent), *n.* ystent.
(exterior), *n.* allanedd.
    EXTERIOR ANGLES, onglau allanol.
(extract), *n.* rhan. *v.* cyfrifiannu.
(extraneous), *a.* allanus.
extrapolate, *a.* allosod.
extrapolation, *n.* allosodiad.
(extravaganza), *n.* chwydd-chwarae.
(extrusion) EXTRUSION BLOWING,
chwythiad (o bolymer).
(eyelet), *n.* llygad.
(eye-piece), *n.* sylladur.

F

(face) FACE CREAM, eli wyneb.
(factor) DOMINANT FACTOR, nodwedd
drech.
    RECESSIVE FACTOR, nodwedd en-
ciliol.
factorial, *a.* ffactorial.
factorizable, *a.* ffactoradwy.
factorization, *n.* ffactoriad.
factorizing, *n.* ffactoriaeth.
(fade) FADE OUT, tywyllu'n araf.
fairway, *n.* ffordd deg.

fallout, *n.* alldafliad.
    RADIOACTIVE FALLOUT, alldafliad
ymbelydrol.
(false), *a.* anwir.
faltung, *n.* ffaltwng.
(fancy) PRINCESS ELIZABETH'S FANCY,
Ffansi Lisa.
farad, *n.* ffarad.
(fasten), *v.* bachu.
(fat), *n.* saim.
    CLARIFIED FAT, saim gloywedig.
(fate), *n.* ffawd.
(fault), *n.* ffawt.
(feast) FEAST OF ST. JOHN, Gŵyl Ifan.
(feed) FEED BACK, adborth.
(feint), *v.* ffugio.
(fence), *v.* ffenso, ffensio.
(fencing), *n.* 2. cleddyfaeth.
ferromagnetism, *n.* fferomagnetedd.
(festoon) FESTOON CURTAIN, llen blyg.
(filament), *n.* ffilament.
(fillet), *n.* 2. ffilet. *v.* ffileto.
(filter), *n.* ffilter.
(final), *n.* gornest derfynol.
    SEMI-FINAL, cyn-derfynol, olaf ond
un.
    QUARTER FINAL, olaf ond dau.
(finale), *n.* diweddglo.
(finc), *a.* manwl.
(fire) CROSS FIRE, croeslafar.
(fission), *n.* ymholltiad.
(five) FIVES, pumoedd.
(fix), *v.* pennu.
flakes, *np.* creision.
(flank) THICK FLANK, ystlys tew.
(flash) FLASH-BACK, ôl-fflash.
(flat) FLAT-BOTTOMED, bonfflat.
(flavour), *n.* cyflas. *v.* cyflasu.
flavouring, *n.* cyflasyn.
flecnode, *n.* fflecnod.
(flex), *n.* fflecs.
flexure, *n.* plygiant.
(flick), *v.* fflicio.
flick, *v.* fflicio.
(float), *n.* arnofyn. *v.* ffloto, fflotio.
flotation, *n.* ymnofiad, arnofiant.
    FROTH FLOTATION, ymnofiad mewn
ewyn.
(flour), *n.* fflŵr.
    SELF-RAISING FLOUR, can codi,
blawd codi.
(flow), *n.* dylifiad.
flow-sheet, *n.* llifdaflen.
(fluff), *v.* bwnglera.
(fluid), *a.* llifol. *n.* llifedd.
fluidity, *n.* llifedd.
fluoresce, *v.* ffluroleuo.
(fluorescence), *n.* ffluroleuedd.
(fluorescent lighting), *n.* fflurolau.
(fluoride), *n.* ffluorid.

fluorosis, *n.* ffluorosis.
flutea, *a.* rhychog.
  FLUTEA CUTTER, torrell rychog.
(flutter), *v.* 2. hwyfo.
(flux), *n.* 3. fflycs.
(fly) FLY GALLERY, briglofft.
flyover, *n.* trosbont, pontffordd, traws-
  ffordd.
(focal), *a.* ffocal.
(focus), *n.* ffocus. *v.* ffocuso, ffocusio.
(foetus), *n.* beichiogi.
(foil), *n.* 2. ffwyl.
foilist, *n.* ffwyliwr.
folding, *n.* plyg.
folium, *n.* ffolium.
folk-play, *n.* chwarae gwerin.
(follow) FOLLOW THROUGH, cyflawni
  strôc.
(food) CANNED FOOD, bwyd tun.
  BABY-BUILDING FOODS, bwydydd
  twf.
(foothold), *n.* gafael troed.
footlights, *np.* golau'r godre.
(force) FORCES, grymoedd.
  ELECTROMOTIVE FORCE, grym elec-
  tromotif.
  FORCE RATIO, cymhareb grym.
  LINES OF FORCE, llinellau grym.
forcemeat, *n.* stwffin.
forehand, *n.* blaen llaw.
(foresail), *n.* jib.
foresheet, *n.* rhaff flaen.
formalmis, *n.* ffurfiolaeth.
formant, *n.* ffurfyn.
(formation), *n.* ffurf.
  FORMATION FLYING, cydhedfan.
(forward) WING FORWARD, blaen asgell,
  asgellwr.
(fossil), *n.* gloddolion.
(foul), *n.* ffowl.
  FOUL THROW, camdaflu.
  FOUL PLAY, anfadwaith.
(foursome), *n.* pedwarawd.
foyer, *n.* cyntedd.
(fraction), *n.* 2. rhanned.
(fractional), *a.* 1. ffracsiynol.
(fraudulent), *a.* cam.
(freeze) DEEP FREEZE CABINET, cwp-
  wrdd rhew caled, dyfnrew, rhewgell.
(frequency), *n.* amledd.
  AUDIO FREQUENCY, *n.* seinamledd.
  a. seinamlog.
  HIGH FREQUENCY, amledd uchel.
  LOW FREQUENCY, amledd isel.
(fringe), *n.* eddi.
(fruit) CRYSTALLISED FRUIT, ffrwythau
  crisial.
  FRUIT JUICE, sudd ffrwyth.
(fruity), *a.* 1. ffrwythus.

(fry) DEEP FAT FRYING, ffrio dwfn.
  DRY FRYING, ffrio sych.
  SHALLOW FRYING, ffrio bas.
(frying-pan), *n.* ffrimpan.
fudge, *n.* cyffug.
(fuel), *n.* cynnud.
  FUEL OIL, olew tanwydd.
(fume), *n.* 1. mygdarth.
(fun) FUN FAIR, ffair wagedd.
(functional), *n.* ffwythiannedd.
  a. ffwythiannol.
(fungicide), *n.* gwenwyn ffwngws.
(funicular) FUNICULAR POLYGON, poli-
  gon rhaff.
(fusion), *n.* 1. ymasiad.
futurism, *n.* dyfodoliaeth.

G

(gag), *n.* 1. smaldod. *v.* smalio.
(gala), *n.* campau nofio, gala.
(galaxy), *n.* galacsi, galaeth.
galvanometer, *n.* galfanomedr.
(game), *n.* 2. gêm.
(gammon), *n.* 1. gamon.
(garden) GARDEN CITY, treflan.
(garland), *n.* garlant, borden bleth.
gastight, *n.* nwyglos.
(gate), *n.* dorglwyd.
(gauge), *n.* 4. medrydd. *v.* med-
  ryddu.
gauss, *n.* gaus.
(gauze), *n.* rhwyllen.
(gelatine), *n.* gludai.
(gene), *n.* genedyn, gened.
  GENE MUTATION, trawsblygiad
  genedyn.
generalized, *a.* cyffredinoledig.
(genetic) *a.* etifeddegol.
(genetics), *np.* etifeddeg.
geochemistry, *n.* geocemeg.
(geometry) PLANE AND SOLID GEO-
  METRY, geometreg plân a soled.
(germ), *n.* hedyn afiechyd.
(glance) GLANCING ANGLE, ongl ar-
  wyneb.
(glide), *v.* llithran.
(glove) INSIDE OF GLOVE, cledr y faneg.
(glow), *n.* tywyn. *v.* tywynnu.
(gluten), *n.* gluten.
(go) GO ABOUT, ogamu.
(goal) DROP GOAL, gôl adlam.
(goalkeeper), *n.* golwr.
go-cart, *n.* cart (trol) modur.
(gold) THE GOLD, y gold.
gooseneck, *n.* mynwydd.
(graduation), *n.* graddnod.
grapefruit, *n.* grawnffrwyth.
graphical, *a.* graffigol.

(**grater**), *n.* grater.
graticule, *n.* grategl.
(**gravitation**), *n.* disgyrchedd.
    LAW OF GRAVITATION, deddf disgyrchedd.
(**gravy**) GRAVY BOAT, jwg grefi.
(**grease**), *n.* iraid. *v.* ireidio, seimio.
    GREASE PROOF PAPER. papur gwrthsaim, papur menyn.
greasepaint, *n.* paent iro.
(**grid**) GRID RESISTOR, gwrthydd grid.
(**griddle**), *n.* gridyll.
(**gridiron**), *n.* gridyll.
(**grill**), *n.* gridyll. *v.* gridyllio.
    MIXED GRILL, gril cymysg.
    GRILL PAN, tun gridyll.
(**grind**), *v.* mathru.
(**gristle**), *n.* gïau.
groats, *np.* rhynion.
(**ground**), *n.* 1. tir, cae chwarae, cwrt chwarae. *v.* llorio.
(**group**) SUB GROUP, is-grŵp.
(**guerilla**), *n.* gerila.
(**gun**), *n.* ergyd (rhwyfo).
(**gunwale**), *n.* gynwal.
gurnet, gurnard, *n.* pengernyn.
(**guy**), *n.* 2. dol (tafleisydd).
gybe, *n.* starn ogam. *v.* starn ogamu.

H

half-life, *n.* hanner oes.
(**halibut**), *n.* halibwt.
(**halo**), *n.* halo.
(**handicap**), *n.* handicap.
(**handle**), *n.* gafael.
handling, *v.* llawio.
hand-props, *np.* offer llaw.
(**haricot**), *n.* haricot
(**harmonic**) HARMONIC MOTION, mudiant harmonig.
(**hash**), *n.* hash.
(**hazard**), *n.* llestair.
headgear, *n.* penffest.
(**heat**), *v.* gwresogi.
(**heavenly**), *a.* wybrennol.
(**heel**) BACK HEEL, olsodli.
(**helical**), *a.* helical.
helicoid, *a.* helicoid.
helix, *n.* helics.
helminths (tapeworms), *np.* llyngyr.
(**helmsman**), *n.* llywiwr.
helve (handle of axe), *n.* menybr.
(**heptagon**), *n.* heptagon.
(**herb**) HERBS, llysiau blas.
(**herbicide**), *n.* gwenwyn chwyn.
(**hereditary**), *a.* etifeddegol.
hermitian, *a.* hermitian.

(**heroic**) HEROIC DRAMA, drama arwrol.
(**hexagonal**), *n.* hecsagonal.
hexahedron, *n.* hecsahedron.
hey, *int.* hai.
hidden, *a.* cudd.
    HIDDEN LINE, llinell gudd.
highboard, *n.* llwyfan uchel.
highlight, *v.* amlygu.
histogram, *n.* histogram.
histon, *n.* histon.
(**histrionic**), *a.* histrionig.
(**hitch**), *v.* clymu.
    CLOVE HITCH, cwlwm glŷn.
hodograph, *n.* hodograff.
holdfast, *n.* clud fach.
(**holding**), *n.* dal.
holomorphic, *a.* holomorffig.
homography, *n.* homograffeg.
(**homologous**), *a.* homologus.
homomorphic, *a.* homomorffig.
(**homosexual**), *a.* gwrywgydiol. *n.* gwrywgydiwr.
(**homosexuality**), *n.* gwrywgydiaeth, sodomiaeth.
homothetic, *a.* homothetig.
(**honour**), *n.* braint. *v.* cydnabod.
(**hook**), *n.* bachiad. *v.* tynnu.
(**hop**), *v.* hopian.
horsechestnuts, *np.* cnau cyffylog.
horseradish, *n.* radys poeth.
hotel-management, *n.* gwestyaeth.
hotness, *n.* poethder.
hotpot. *n.* hotpot.
hotspot, *n.* sbot llachar.
(**hour**) HOUR ANGLE, ongl awr.
housing estate, *n.* treflan.
(**hull**), *n.* hwl.
(**hydraulic**), *n.* hydroleg.
hydrocarbon, *n.* hydrocarbon.
hydrodynamics, *np.* hydrodynameg.
(**hydrolyse**), *v.* hydrolu.
(**hydrometer**), *n.* hydromedr.
hydrostatic, *a.* hydrostatig.
hyperbolic, *a.* hyperbolig.
hypergeometric, *n.* hypergeometrig.
hypertrochoid, *a.* hypertrochoid.
hypocycloid, *n.* hyposeicloid.
(**hypotenuse**), *n.* hypotenws.
hypsometer, *n.* hypsomedr.
hysteresis, *n.* hysteresis.

I

ice-axe, *n.* picas iâ.
ice-rink, *n.* rinc iâ.
(**icing**), *n.* eising. *v.* eisio.
    ICING PUMP, pwmp eisio.
    ICING NOZZLE, trwyn eisio.
icosahedron, *n.* icosahedron.

(ideal), n. ideal. a. perffaith.
idemfactor, n. idemffactor.
(identical), a. unfath.
identikit (picture), n. llun tybiedig.
(illuminate) ILLUMINATING POWER, goleunerth.
(illumination), n. goleuant, goleuadau
(image) ERECT IMAGE, delwedd ddidro.
   IMAGE INTENSIFIER, addwysydd delwedd.
   INVERTED IMAGE, delwedd wrthdro
imbed, v. plannu.
(immersion) IMMERSION HEATER, gwresogydd troch.
(immunity), n. imunedd.
impedence, n. rhwystriant.
(impersonation), n. cymeriadaeth.
implosion, n. mewnffrwydrad.
(importune), v. ymofyn.
impressionism, n. argraffiaeth.
(impromptu), a. ar y pryd.
(improper), a. 1. anghymen, afreolaidd.
(impulse), n. ergyd, ergydiant.
(impulsive), a. ergydiol.
incentre, a. mewnganol.
(incidence), n. trawiant. a. 3. trawol.
(incidental) INCIDENTAL MUSIC, miwsig achlysurol.
(inclination), n. aroledd.
(incline), n. inclin, aroleddu.
incompressible, a. anhywasg.
increasing, a. cynyddol.
indeterminancy, n. amhenodrwydd.
(indeterminate), a. amhenderfynedig, amhenderfynadwy.
(index) MELT INDEX, mynegai toddi.
   REFRACTIVE INDEX, indecs plygiant.
(indicator), n. dangosydd.
(indirect), a. anunion, anuniongyrch.
induced, a. anwythol.
inductance, n. anwythiad.
   SELF INDUCTANCE, hunanwythiad.
   MUTUAL INDUCTANCE, cydanwythiad.
(induction), n. 2. ymffurfiad.
(industrial) INDUSTRIAL ESTATE, diwydianfa.
(inelastic), a. anelastig.
(inequality), n. anhafaledd.
(inertia) MOMENT OF INERTIA, moment inertia.
inextensible, a. anestynadwy.
in-fighting, v. paffio clos.
(infinitesimal), n. gorfychanyn.
(infinity), n. anfeidredd.
(inflate), v. enchwythu.
influescence, n. fflurgainc.

(ingredient), n. cynnwys.
   INGREDIENTS, cynhwysion.
(initial), a. dechreuol.
(injection) INJECTION MOULDING, mewnsaethiad.
(inlet), n. mewnfa.
(input), n. mewnbwn.
(inscribe), v. 1. mewnsgrifo.
(insoluble), a. 2. annhoddadwy.
(inspection) INSPECTION CENTRE, archwilfa.
(instability), n. ansadrwydd.
(instant), n. ennyd.
(instantaneous), a. enydus.
(instruction), n. cyfarwyddyd.
instrumentation, n. offeryniaeth.
(insulation), n. ynysaeth.
(integer), n. cyfanrhif.
(integral), a. 1. cyfannol. n. integryn.
   PARTICULAR INTEGRAL, integryn arbenigol.
   DEFINITE INTEGRAL, integryn pendant.
(integration), n. integriad.
(intensifier), n. addwysydd.
   IMAGE INTENSIFIER, addwysydd delwedd.
(intensity), n. addwysedd.
(interaction), n. cydarwaith.
(intercept), v. rhyngdorri.
(interception), n. rhyngdoriad.
(interior), n. mewnedd.
   INTERIOR ANGLES, onglau mewnol.
(interpolate), v. rhyngosod.
(intersection), n. croestoriad.
   POINT OF INTERSECTION, croestorfan.
interstellar, a. rhyngserol.
(interval), n. 1. saib. 2. ysbaid.
(interview), n. cyfweliad. v. cyfweld.
(intransitive), a. anhrosaidd.
(invalid), n, claf, efrydd.
invariant, n. sefydlyn. a. sefydlog.
(inverse) INVERSE SQUARE, gwrthdro sgwâr.
(involute), n. infoliwt.
involution, n. infolytedd.
involvement, n. ymglymiant, ymglymiad. a. ymglymog.
(ionize), v. ïoneiddio.
   IONIZING RADIATIONS, pelydrau ïoneiddio.
(iron) WROUGHT IRON, haearn gyr.
   IRON CORED, craidd haearn.
   IRONS (golf), clybiau haearn.
(irradiate), v. arbelydru.
(irradiation), n. arbelydrad.
(irrational), a. anghymarebol.
irreducible, a. anostwng.
isobaric, a. isobarig.

isochronous, *a.* isochronus.
isogonal, *a.* isogonal.
(iso)ate), *v.* arunigo, arwahanu.
isolated, *a.* arunig.
isomorphic, *a.* isomorffig.
isoperimetric, *a.* isoperimedrig.
isothermal, *a.* isothermal.
isotropic, *a.* isotropig.
(iterate), *v.* iteru.
(iteration), *n.* iteriad.
iterative, *a.* iterus.

J

(jab), *v.* jab.
(jacket) LIFE JACKET, siaced achub.
(jam) HAND JAM, clo llaw.
(jamb), *n.* post ystlys.
(jaundice), *n.* clwy melyn.
(jet), *n.* 3. jet.
    JET ENGINE, peiriant jet.
(jig), *n.* jig. *v.* jigio.
    BISHOP OF BANGOR'S JIG, dawns
      Esgob Bangor.
    EVANS' JIG, dawns Ifan.
(jink), *n.* jinc.
(join), *n.* asiad.
(joke), *n.* ffraetheb.
(joule), *n.* joul.
(juice), *n.* sug.
    DIGESTION JUICES, sugion treuliad
      (traul).
(junket), *n.* llaeth a maidd, jwncet.
Jupiter, *n.* Iau.

K

(kale), *n.* celys.
(keel), *n.* cilbren.
(ketch-up), *n.* ketchup.
(key) KEY WORKERS, gweithwyr han-
    fodol.
(kilocycle), *n.* kiloseicl.
kinematics, *np.* cinematig.
kinetics, *np.* cineteg.
(kiosk), *n.* bwth.
(kiss) KISS-OF-LIFE, cusan anadl
    (bywyd).
(kite), *n.* boda gwennol.
klunk, *n.* clonc.
(knife), *v.* naddu.
    BREAD KNIFE, cyllell fara.
    CARVING KNIFE, cyllell gerfio.
    COOK'S KNIFE, cyllell cogydd.
(knob), *n.* bwlyn, nobyn.
(knock) KNOCK ON, taro ymlaen.
(knock-out), *n.* llorio.
kurtosis, *n.* kurtosis.

L

(laboratory) LANGUAGE LABORATORY,
    labordy iaith.
(lactic), *a.* lactig.
lacunary, *a.* bylchus.
(lag) LAG AND LEAD, *n.* lag a led.
    v. lag(i)o a led(i)o.
lamina, *n.* lamina.
laminar, *a.* laminaidd.
laminated, *a.* laminedig.
lamination, *n.* laminiad.
lampshade, *n.* llen-lamp.
land-form, *n.* tir-ffurf.
(landscape), *n.* tirwedd.
(landslide), *n.* llithrad.
(lard), *v.* lard(i)o.
(larder), *n.* larder.
(legume) LEGUMES, ciblys.
leitmotif, *n.* prif ddrychfeddwl.
lemma, *n.* lema.
(lemon) LEMON SOLE, lleden lemon.
(lens) CONCAVE LENS, lens ddargyfeiriol
leptokurtic, *a.* leptokurtig.
(level) LEVEL 'O' EXAMINATION, Ar-
    holiad lefel 'O', Arholiad y gwastad
    'O', Arholiad Safon 'O'.
(leverage), *n.* trosoledd.
libration, *n.* mantoliad.
(libretto), *n.* libreto.
licensed, *a.* trwyddedol, trwyddedig.
(lie), *n.* gorweddiad.
life-saving, *v.* achub bywyd.
(lift), *n.* codiant, codfa.
(light) LIGHT YEAR, blwyddyn goleuni.
    POLARIZED LIGHT, golau polar.
    LIGHT AND SHADE, du a gwyn.
(likelihood), *n.* tebygoliaeth.
(limb), *n.* 2. braich.
(lime) LIME-JUICE, sudd leim.
(limit), *n.* terfan. *v.* pennu.
    LIMIT OF SEQUENCES, terfan dibyn-
      iannau
    LIMIT OF FUNCTION, terfan ffwyth-
      iannau
    LIMIT OF INTEGRATION, ter-
      fan integriad.
limiting, *n.* terfannol.
(line), *n.* 2. rhych.
(linear), *a.* sythlin, llinol.
line-out, *n.* lein.
    TO FORM A LINE-OUT, leinio.
(linesman), *n.* ystlyswr.
liquefaction, *n.* hylifiant.
lobbying, *v.* pledio â, annog.
(lobscouse), *n.* lobsgows.
(lock), *n.* 2. loc.
(loft), *n.* 1. taflod beudy.
(loganberry), *n.* logan.

(loin) FORE LOIN, lwyn flaen.

CRUMP END OF LOIN, lwyn drwch.

(longitudinal) a. arhydol.

(loom) PADDLE LOOM, coes padl.

(loop), n. dolennen.

(loose), v. gollwng.

(loud), a. seinfan.

(loudness), n. seinfannedd.

(lounge) n. parlwr.

(love) LOVE ALL (tenis, dim-dim.

LOVE GAME, gêm i ddim.

loxodrome, n. locsodrom.

(lumen), n. lumen.

luminescence, n. ymoleuedd, goleuedd

(luminous) a. goleuog.

(lunar) LUNAR DAY, diwrnod lleuad.

LUNAR ECLIPSE, eclips lleuad.

lune, n. lŵn.

lux, n. lux.

lych-gate, n. clwyd y meirw.

(lying) LYING IN STATE, dan ei grwys.

M

(mace), n. 1. meis.

(machine), n. mashîn.

machine-made, a. peiriannol.

(macrocosm), n. macrocosm.

(magnetic) MAGNETIC FIELD, maes magnetig.

magnetometer, n. magnetomedr.

magnetisation, n. magneteiddiad.

magnetron, n. magnetron.

magnification, n. chwyddhad, mawrygiad.

ANGULAR MAGNIFICATION, mawrygiad ' ongl '.

magnifier, n. chwyddhadur, v. chwyddhau.

mainsheet, n. y brif raff.

(marker), n. marciwr.

(market), MARKET GARDENER, garddwr masnachol.

(marrow), n. maro.

marzipan, n. marzipan.

(mush), v. stwnsio.

MASHED POTATOES, tatws stwns.

(mask), n. masg.

(masque), n. masc.

(mass), CENTRE OF MASS, craidd mas.

(mast), n. mast.

(mate), n. 2. gwas.

(mathematics), APPLIED MATHEMATICS, mathemateg gymwysedig.

(mechanism), n. mecanwaith.

(medicine), PREVENTIVE MEDICINE, meddygaeth atal(iol).

melanism, n. melanedd.

(melt), v. 1. ymdoddi, n. toddiant.

MELTING POINT, ymdoddbwynt.

(meniscus), n. meniscus.

(menu), n. menu.

(mercury), MERCURY, Mercher, Mercuri.

meringue, n. meringue.

meromorphic, a. meromorffig.

mesokurtic, a. mesokurtig.

meson, n. meson.

(metabolism), METABOLIC CYCLE, rhod-fetaboleg.

metacentre, n. metabwynt.

metastable, a. metasad.

(meteor), n. meteor.

(meteorig), a. meteorig.

(meteorite), n. gwibfaen, meteorit, meteoryn.

(meter), n. meidr.

methane gas, n. methan.

microbiology, n. mân-fywydeg.

(microcosm), n. microcosm.

micrograph, n. micrograph.

(micrometer), n. micromedr, clywadur, meic.

micron, n. micron.

(microscope). n. microsgop.

microscopy, n. microsgopeg.

(midriff), n. sgert.

(milk) CONDENSED MILK, llaeth cyddwys.

DRIED MILK, llaeth powdr sych.

EVAPORATED MILK, llaeth anwedd.

TUBERCULIN TESTED MILK, llaeth ardyst.

(milky), MILKY WAY, y Llwybr Llaethog.

milibar, n. milibar.

(mince), v. briwio.

(mincemeat), n. briwdda.

(mincepie), n. teisen briwdda, pastai Nadolig.

mincer, n. briwell.

(mine), n. mwynfa.

(mineral), a. mwynol.

minimal, a. minimal.

(minimum), n. minimum.

(ministry), n. 2. gweinyddiaeth.

(minor), n. minor.

(mint), n. 2. mint.

minuend, n. minuend

(miracle) MIRACLE PLAY, drama firagl.

miscast, v. camgastio, camgasto.

(missile), n. saethyn.

BALISTIC MISSILES, arfau traw.

(mist), v. niwlo, niwlio.

modify, v. goleddfu.

(modulate), v. modylu.

modulated, a. modyledig.

(**modulation**), *n.* modyliad.
(**modulator**), *n.* modylydd.
modulus, *n.* modulus.
(**molar**), *n.* molar.
(**mole**), *n.* 4. môl.
(**molecule**), *n.* molecul.
molecular, *a.* molecular.
   MOLECULAR STRUCTURE, saernïaeth molecwl.
(**momentum**), *n.* momentum.
monic, *n.* moneg.
monochromatic, *a.* unlliw.
monodromy, *n.* monodromi.
monodrama, *n.* drama un.
monogenic, *a.* monogenig.
monomial, *n.* monomial.
monophobia, *n.* monophobia.
monopolylogue, *n.* monopolilog.
monotonic, *a.* monotonig.
(**moon**) HALF MOON, hanner lleuad.
   QUARTER MOON, chwarter lleuad.
   HUNTER'S MOON, lleuad hela.
   GIBBON'S MOON, lleuad amgrwm.
   PHASES OF THE MOON, gweddau'r lleuad.
(**morality**), MORALITY PLAY, drama foes, moes-chwarae.
(**moratorium**), *n.* oediad.
mortar, *n.* breuan.
(**mosaic**), *n.* darnlun.
(**moth**), *n.* meisgyn.
(**motion**), *n.* 1. mudiant.
(**motivation**), *n.* motifyddiaeth.
(**motor**), *n.* motor.
motorway, *n.* traffordd.
mould, *n.* 2. mowld.
mountaineering, *n.* mynydda.
muffin, *n.* mwffin.
multi-, *px.* aml-.
multinomial, *n.* multinomial. *a.* multinomaidd.
multiple), MULTIPLE ANGLES, onglau cyfansawdd.
   SUB MULTIPLE ANGLES, onglau ffracsiynol.
(**multiplicand**), *n.* lluosyn.
(**multiplicity**), *n.* lluosogrwydd.
multi-range, *n.* amlarfod.
multi-valued, *a.* lluoswerth.
multivibrator, *n.* multivibrator.
(**municipal**), *a.* trefol.
music-hall, *n.* theatr fiwsig.
(**mussel**),*n.* misglen.
(**mutton**), *n.* cig dafad.
(**mutual**), *a.* ei gilydd.
(**mutually**), MUTUALLY SQUARE, yn gyd-sgwâr, yn sgwâr i'w gilydd.

N

napierian, *n.* naturiol.
(**nativity**), NATIVITY PLAY, drama'r geni.
(**naturalism**), *n.* naturolaeth.
(**nebula**), *n.* nifwl.
   RING NEBULA, nifwl modrwy.
(**neck**), *n.* gwddw.
(**negative**), *a.* negatif.
(**negotiate**), *v.* bargeinio.
(**neighbourhood**), *n.* cyfyl.
Neptune, *n.* Neifion.
nested, *a.* amnyth.
(**net**), NET PROFIT, elw clir.
(**net-ball**), *n.* pêl-rwyd.
(**neutralization**), *n.* neutraliad.
(**neutralize**), *v.* niwtralu.
neutralized, *a.* niwtraledig.
neutrino, *n.* neutrino.
(**neutron**), *n.* neutron.
nilpotent, *a.* nilpotent.
(**ninth**), ONE NINTH, un nawfed.
nock, *n.* hic. *v.* hicio.
nodal, *a.* nodal.
nomogram, *n.* nomogram.
nonagon, *n.* nonagon.
non-crystalline, *a.* anghrisialaidd.
non-freeman, *n.* aillt, taeog.
non-reactive, *a.* anadweithiol.
non-singular, *a.* anhynod.
normaliser, *n.* normalydd.
(**notebook**), *n.* nodiadur.
noticeboard, *n.* hysbysfwrdd.
(**nought**), *n.* zero.
nova, *n.* nova.
(**nuclear**), *a.* nuclear.
nucleic, *a.* niwcleig.
nucleon, *n.* nucleon.
(**nudge**), *v.* pwnio.
(**null**), *a.* nwl.
   NULL POINT, nwlbwynt.
   NULL SET, sitwag.
(**numerical**), *n.* rhifiadol.
nutate, *v.* troellu.
nutation, *n.* troëlliad, troëllu.
(**nutrient**), *a.* maethlon.
THE SCIENCE OF NUTRITION, maethloneg

O

(**oblique**), *a.* arosgo.
obscuration, *n.* amguddiad.
(**observation**), *n.* 2. arsylliad.
   ERROR OF OBSERVATION, gwyriad, sylwedyddiaeth.
(**observe**), *v.* arsylwi, arsyllu.
(**obstruction**), *n.* rhwystrad.
occulation, *n.* arguddiad.

(oceanography), *n.* eigioneg.
octahedron, *n.* octahedron
octant, *n.* octant.
octave, *n.* octaf.
(ocular), *n.* ocular.
(odd), ODD NUMBER, odrif.
(offal), *n.* offal, syrth.
(offensive), *a.* ymosodol.
(offset), *v.* ongli.
ogive, *n.* ogif.
off-stage, *n.* ger-llwyfan.
(ohm), *n.* ohm.
(olive), OLIVES, olifau.
    OLIVE OIL, oel olif.
(ombudsman), *n,* y comisiwnydd seneddol, ombwdsmon.
(omelet), *n.* omlet.
(onion), *n.* winwnsyn, nionyn.
opacity, *n.* didreiddiad.
opaque, *a.* didraidd.
(open), OPEN AIR, awyr agored.
(opening), *n.* cyntaf.
(opera), BALLAD OPERA, opera faled.
    GRAND OPERA, opera drom.
    LIGHT OPERA, opera ysgafn.
(operate), *v.* operadu.
(operation), *n.* 2. operadiad.
(operator), *n.* operadur.
(opponent), *n.* gwrthwynebwr.
(opposite), *n.* 2. dirgroes.
(optic), *a.* optegol.
optimum, *n.* optimum.
(orbit), *n.* 1. orbit.
orbital, *a.* orbital.
ordered, *a.* trefnedig.
(organic), *a.* organaidd.
(orientate), *v.* cyfeiriadu.
orientation, *n.* cyfeiriadedd.
Orienteering, *v.* cyfeiriadu.
oscilloscope, *n.* osgilosgop.
orthocentre, *a.* orthograidd.
orthoganality, *n.* orthogonoledd.
orthonormal, *a.* orthonormal.
(oscillation), *n.* siglad, osgledd, osgilad.
    DAMPED OSCILLATION, osgiladiaa gwanychol.
    FORCED OSCILLATION, osgiladiad gorfod.
(oscillator), BEAT FREQUENCY OSCILLATOR, osgiladur amledd curiad.
oscillatory, *a.* osgiladol.
oscilloscope, *n.* osgilosgop.
(osculate), *v.* minialu.
osculating, *a.* minialaidd.
osculation, *n.* minialedd.
(outlet), *n.* allfa.
(output), *n.* allbwn.
(overhang), *n.* trosgrog.
(overtime), *n.* goramser.

(ox), OX TONGUE, tafod ych.
(oxidation), OXIDATION-REDUCTION, ocsido-rhydwytho.

P

(painter), *n.* 2. rhaff-glymu.
(palette), *n.* palet.
panatrope, *n.* panatrop.
(pancake), *n.* pancosen.
panchromaic, *a.* ⸲ancromatig.
(pancreas), *n.* chwaren y pancreas.
parabola, *n.* parabola.
parabolic, *a.* parabolig.
paraboloid, *a.* parabolaid.
parallax, *n.* paralacs.
parallelepiped, *n.* paralelepiped.
paramagnetism, *n.* paramagnetedd.
(parametric), *a.* paramedrig.
paraxial, *a.* parechelin.
(parenthesis), *n.* parenthesis.
(parity), *n.* paredd.
(part), BIT PART, manion.
(partial), *n.* rhannol.
(partition), *n.* 2. palis.
(pass), *n.* 6. pas (i bêl). *v.* 6. paso (pêl).
(passion), PASSION PLAY, drama dioddefaint.
(pastry), *n.* crwst.
    FLAKY PASTRY, crwst haenog.
    HOT WATER CRUST PASTRY, crwst dŵr poeth.
    PUFF PASTRY, crwst pwff.
    ROUGH PUFF PASTRY, crwst pwff bras.
    SHORT CRUST PASTRY, crwst brau.
    PASTRY BOARD, ystyllen grwst, bwrdd crwst.
(pasture), MOUNTAIN PASTURE (gweler 'hysfa, rhosfa').
(pasty), *n.* pasten.
(pat), *v.* pato, patio.
(pattern), *v.* patrymu.
patty, *n.* pati.
(pea), GREEN PEAS, pys gleision.
(peak), PEAK VALUE, brigwerth.
(peat), PEAT BOG, mawnog.
pectin, *n.* pectin.
(peel), *v.* plicio.
(penalty), PENALTY GOAL, gôl gosb.
    PENALTY-SPOT, marc cosb.
    PENALTY-AREA, cwrt cosb.
pentadecagon, *n.* pentadecagon.
(pentagonal), *n.* pentagonal.
pentagram, *n.* pentagram.
penumbra, *n.* penumbra.
percentile, *n.* canradd. *a.* canraddol.
(perch), *n.* 1. esgynbren, sgimren. 2. draenogyn.

(percolator), n. percoladur.
(percussion), CENTRE OF PERCUSSION, craidd (canolfan) taro.
(performance), COMMAND PERFORMANCE, arch berfformiad.
(performer), n. chwaraewr.
perigee, n. perigee.
(perihelion), a. perihelion.
(period), PERIOD PLAY, drama gyfnod.
periodicity, n. cyfnodedd.
(periphery), n. amgant.
(periscope), n. perisgop.
(permeability), n. athreiddedd.
(permutate), v. trynewid.
    PERMUTATE COMBINATION, cyfddewis.
(perpendicular), a. perpendicular.
perspectivity, n. persbectifedd.
(petty), PETTY THEFT, mân-ladrad.
(phase), IN PHASE, cydwedd.
    NOT IN PHASE, anghydwedd.
(pheasant), n. iâr goed.
phon, n. phon.
phosphor, n. phosphor.
photocell, n. photogell.
photodrennial, a. photogemegol.
photoelectric, a. photo-electrig.
photoelectricity, n. photodrydan.
(photograph), n. photograff.
(photography), n. photograffaeth.
photometer, n. photomedr.
photometric, a. photomedrig.
photometry, n. photomedreg.
photon, n. photon.
photosphere, n. photosffer.
physiographic, a. ffisiograffig.
physiography, n. ffisiograffeg.
(pickle), n. piclen.
(pick-up), n. picyn.
(pie), SHEPHERD'S PIE, pastai'r bugail.
piecewise, a. bob yn ddarn.
(piecework), n. tâl wrth y gwaith.
(pierce), v. trywanu.
pikelets, np. picau burum (berman).
(pile), n. 2. duryn.
(pineapple), n. afal pîn.
pin-hole, n. pindwll.
pinpoint, v. pinbwyntio.
(pip), n. dincodyn.
(pipe), v. peipio.
pirouette, n. pirŵet.
(pit), n. 2. y seddau ôl.
(pitch), n. 2. cyweirnod. 3. chwaraefa, pits. 4. dringen.
    DEGREE OF PITCH, serthiant. v. 5. pitsio.
(pitcher), n. 2. pitsiwr.
(pivot), n. pifod. v. colynnu, pifodi
pivotal, a. colynnol.
pivoted, a. argolyn.

placing, n. gosodiad.
planar, a. planar.
(plane), INCLINED PLANE, plân goleddol
planisphere, n. planisffer.
(plankton), STUDY OF PLANKTON, planctonoleg.
    THOSE WHO STUDY PLANKTON, planctonolegwyr.
platykurtic, a. platykurtig.
(play), MATCH PLAY, chwarae gornest.
    STROKE PLAY, chwarae strôc.
playgoer, n. mynychwr drama.
playitis, n. clefyd drama.
(pleasure), n. ewyllys.
(pliers), np. gefelen.
(plot), v. 1. plotio.
    COUNTER PLOT, gwrthblot.
(plum), n. plwmsen.
(plunge), n. plymiad. v. plymio.
(plus), n. plus.
(ply-wood), n. haenbren (tair-haenog, etc.)
(poach), v. potsio.
(poacher), EGG POACHER, potsier ŵy.
(poetical), POETIC DRAMA, drama fydryddol.
(point), v. 1. pwyntio.
    YIELD POINT, pwynt ildio.
polarimeter, n. polarimedr.
polarimetry, n. polarimedreg.
(polarity), n. polaredd.
polarization, n. polareiddiad.
polarize, v. polaru.
polarizer, n. polarydd.
(pole), POLE STRENGTH, poledd.
    UNIT POLE, poluned.
    NORTH CELESTIAL POLE, pegwn wybrennol y gogledd.
    SOUTH CELESTIAL POLE, pegwn wybrennol y de.
(policewoman), n. polisferch.
(polish), v. sgleinio.
(polygon), CIRCUMSCRIBED POLYGON, poligon amgylchol.
polyhedral, a. polihedral
polymer, n. polimer.
    CONDENSATION POLYMER, polimer cyddwys.
(polymorphism), n. amlffurfiaeth.
polynomial, n. polinomial. a. polinomaidd.
pony-trekking, v. merlota.
pornographic, a. llygredig, anllad, anniwair.
pornography, n. gwaith ysgrifenedig anllad, ysgrif anniwair.
(porous), a. mandyllog, amrydyllog.
(port), n. 3. port. 6. agoriad, crwndwll.
(portico), n. portico.
(position), n. lleoliad.

(positive), a. positif.
(positron), n. positron.
postal-order, n. archeb bost.
post-multiply, v. ôl-luosi.
(post-office), n. swyddfa bost.
    SUB POST-OFIFCE, is-lythyrdy.
(postulate), v. cynosod.
(potato), POTATO PEELER, piliwr tatws.
    POTATOES IN JACKET, tatws trwy eu crwyn.
    BAKED POTATOES, tatws wedi eu pobi, tatws pob.
    BOILED POTATOES, tatws wedi eu berwi.
    FRIED POTATOES, tatws wedi eu ffrio.
    STEAMED POTATOES, tatws wedi eu stem(i)o.
(potential), a. potensial.
potentiometer, n. potensiomedr.
(poultry), n. powltri.
(power), n. gradd.
(prawn), n. prôn.
preces, n. preses. v. presesu.
precession, n. presesiad.
(precipitation), n. 1. cwymp (glaw, eira, etc.).
(pregnancy), n. beichiogiad.
premiere, n. blaen berfformiad.
pre-multiply, v. rhag-luosi.
(preselective), a. rhagddetholus.
(preserve), v. cyffeithio, preserfo.
(press), BAD PRESS, adroddiad gwael.
pressure-cooker, n. gwascogydd.
pressurize, v. gwasgeddu.
pressurized, a. gwasgeddedig.
(preventive), a. ataliol.
(preview), n. blaenweled.
(price), PRICE RING, twyllbriswyr.
(primadonna), n. blaengantores.
(prime), a. cysefin.
    PRIME FACTOR, ffactor gysefin.
(prism), RIGHT PRISM, prism union.
    OBLIQUE PRISM, prism oblig.
prismatoid, a. prismatoid.
prismoid, a. prismoid.
prismoidal, a. prismoidal.
(probation), PROBATION AND AFTER-CARE, prawf a gofal.
(process), REDUCTIVE AND OXIDATIVE PROCESS, proses ocsidiadau.
(produce), v. estyn.
producer-gas, n. nwy cynnyrch.
program, n. rhaglen, program.
(programme), n. rhaglun.
(programming), v. rhaglunio.
    LINEAR PROGRAMME, rhaglunio union.
    BRANCHING PROGRAMME, rhaglunio fforchog.

(progress), v. esgyn.
(progressive), a. esgynnol.
(project), n. cywaeth. v. 1. taflu. 4. taflunio.
projective, a. tafluniol.
projectivity, n. taflunedd.
(prompt), v. cofweini.
(proper), a. rheolaidd.
(property), n. 1. celfi.
(proportion), IN PROPORTION, mewn cyfrannedd, yn y cyfrannedd.
proportionality, n. cymesuredd.
proscenium, n. proseniwm.
(protective), PROTECTIVE FOODS, bwydydd amddiffyn.
(protein), n. protein.
(prune), n. prŵn.
(pudding), CHRISTMAS PUDDING, pwdin Nadolig.
    YORKSHIRE PUDDING, pwdin Efrog.
(pulley), DIFFERENTIAL PULLEY, pwli differol.
(pump), EXHAUST PUMP, pwmp gwacáu
    FORCE PUMP, pwmp grym.
    LIFT PUMP, pwmp codi.
    SUCTION PUMP, pwmp sugno
(punch), v. 2. dyrnio.
(punt), n. pwnt. v. pyntio.
(puppet), n. 1. pwped.
    PUPPET THEATRE, theatr bwped.
puppeteer, n. pwpidwr.
(purchase), n. gafael.
putt, v. pyto, pytio.
putter, n. pytwr, pytiwr.
pyramidal, a. pyramidiol.
pyrometer, n. pyromedr.
pyrometry, n. pyromedreg.

Q

(quadrilateral), a. pedrochr.
(quadruple), n. pedwarawd (dawns).
quantisation, n. cwanteiddiad.
(quantum), n. quantum.
quartic, a. cwartaidd.
quaternion, n. cwaternian.

R

(race), CONWAY RACES, campau Conwy.
(racket), n. 2. rhaced.
(radial), a. radial.
(radiation), BLACK BODY RADIATION, (FULL RADIATION), pelydrad cyflawn.
(radiator), n. pelydrydd.
(radio), RADIO STAR, seren radio.
(radioactive), a. ymbelydrol.

(radioactivity),*n.* ymbelydredd, radio-actifedd.

radioastronomy, *n.* radioseryddiaeth.

radiobiology, *n.* radiobioleg.

radiography, *n.* radiograffaeth.

radiovision, *n.* lluniau radio.

(radish), *n.* radys.

(raft), *v.* rafftio.

(rainfall), *n.* glawiad.

(ramp), *n.* 3. ramp.

ram wing, *n.* aden-bwrdd.

(random), *n.* hap.

RANDOM NUMBER, haprif.

(range), *n.* 5. rheng, arfod.

(rank), *n.* rhenc.

(rapids), *n.* sgwd y geirw.

(rarebit), *n.* enllyn.

(raspberry), *n.* afanen goch.

(rate), *n.* 3. cyfraddfa. 4. amseriad.

RATE OF EXCHANGE, cyfradd cyf-newid.

RATE OF INTEREST, cyfradd llog.

(rattle), *n.* rhuglgroen.

(rave), *v.* gorawenu.

(ray), CATHODE RAYS, pelydrau catod.

(reach), *v.* trawsio.

reactance, *n.* adweithedd.

(recession), *n.* ciliad.

(recessive), *a.* enciliol.

(recipe), *n.* resipi.

reciter, *n.* adroddwr.

(reckoning), DEAD RECKONING, gogyf-rif.

(reconstruct), *v.* adlunio.

reconstruction, *n.* adluniad.

(record-office), *n.* cofnodfa.

(recover), *v.* 1. ymadfer.

(recreation), *n.* chwarae.

RECREATION GROUND, maes chwarae.

(rectification), *n.* unionad.

(rectifier), *n.* unionydd.

GAS RECTIFIER, unionydd nwy.

(rectify), *v.* unioni.

redeployment, *n.* symud gweithwyr.

reductant, *n.* rhydwytbydd.

(reef), *v.* riffio.

(reel), LLANDAFF REEL, Dawns Llan-daf.

LLANOVER PEEL, Dawns Llanofer.

re-enter, *v.* adfewni.

re-entry, *n.* adfewniad.

(refine), *v.* dadelfennu, mwyndoddi.

reflected, *a.* adlewyrchol.

(reflex), *a.* ymatblyg.

REFLEX ANGLE, ongl atblyg

refracted, *a.* plvg.

(refraction), *n.* plygiant.

re'ractivity, *n.* plygiannedd.

refractometer, *n.* reffractomedr.

refrigerant, *n.* rhewydd.

(refrigerator), *n.* rhewadur, cwpwrdd rhew.

regelation, *n.* adrewi.

(register), HIGH REGISTER, cwmpas uchel.

(regression), LINES OF REGRESSION, llinellau atchwel.

(rehearsal), DRESS REHEARSAL, ri-hyrsal wisg.

re-heat, *v.* ail-dwymo. *a.* eildwym.

RE-HEATED DISHES, bwydydd eil-dwym.

(related), *a.* perthnasol.

(relation), RELATIONS OFFICER, swydd-og cyswllt.

(relative), *a.* o'i gymharu â.

relativistic, *a.* perthnaseddol.

(relaxation), *n.* ymllaes.

(relay), *n.* 2. relái.

(reluctance), *n.* gwrthiant.

remote-control, *n.* pell-reoli.

repeated, *a.* oilfydd.

repeating, *a.* eilaidd.

(repel), *v.* gwrthyrru.

(repertory), REPERTORY PLAYERS, ac-torion stoc.

(repose), *n.* ymdawelwch.

(reprieve), *v.* lledfaddau.

(repulsion), *n.* gwrthyriad.

(reserve), *n.* adnoddau wrth gefn.

(residue), *n.* rhelyw.

(resistance), *n.* gwrthiant (trydanol).

resistivity, *n.* gwrthedd.

resistor, *n.* gwrthydd.

(resolute), *n.* cydran.

(resolution), *n.* cydraniad, datrysiad.

resolvent, *n.* cydrennydd.

(resonance), *n.* cyseiniant.

(resonant), *a.* cysain.

resonator, *n.* cyseinydd.

(respect), WITH RESPECT TO, o'i gym-haru â, o berthynas i.

(respectively), *ad.* yn ôl eu trefn.

(respiration), ARTIFICIAL RESPIRATION adfer anadlu.

(rest), *n.* 1. disymudedd.

BACK REST, cefnen.

AT REST, disymud.

(restitution), *n.* adfer.

(restrain), RESTRAINING CIRCLE, cylch atal.

(restrict), *v.* rhwystro.

(restrictive), *a.* rhwystrol.

(retard), *v.* arafu.

(retardation), *n.* arafiad.

(retire), *v.* cilio.

(return), RETURNING OFFICER, arol-ygwr etholiad.

(reverberation), *n.* datseiniad.

(reverberatory), *a.* datseiniol.
(reversal), *n.* cildroad.
(reverse), *n.* cilymwrthol. *v.* cildroi.
(reversible), *a.* cildro, gwrthdro.
(reversion), *n.* cildroad.
(revolve), REVOLVING STAGE, llwyfan droi.
rheostat, *n.* rheostat.
rhombohedron, *n.* rhombohedron.
(rhubarb), *n.* riwbob.
(rib), CHUCK RIB, asen war.
    FORE RIB, asen flaen.
ribosome, *n.* ribosom.
rickyard, *n.* ydlan.
(ridge), *n.* cefnen.
ridge-piece, *n.* nenbren.
riggers, *np.* rigeri.
(rigging), *n.* rigin. *v.* rigio, rigo.
right-half, *n.* hanerwr de.
(rigid), *a.* di-blyg.
(rigour), *n.* manwlgywirdeb.
(ring), *n.* 5. rhwy.
    EYE RING, cylch llygad.
(ripple), *n.* crychdon. *v.* crychdonni.
(rise), AT RISE, ar godiad (theatr).
(roach), *n.* torgoch.
(roast), ROAST POTATOES, tatws rhost.
(roe), *n.* 2. bol caled.
    3. (soft) lleithan, bol meddal.
roller-bearing, *n.* rholferyn.
roller-skate, *n.* olwyn troed.
(roly-poly), *n.* roli-poli, rowlyn powlyn
(room), GREEN ROOM, lolfa actorion.
(root), ROOT MEAN SQUARE, isradd cymedr sgwâr.
(rostrum), *n.* esgynlawr, rostrwm.
(rotor), *n.* troell.
(rotten), *a.* drwg.
(rouge), *n.* rhuddliw.
rough-out, *v.* bras-osod.
(round), ROUND-BOTTOMED, bongrwn.
    TO ROUND OFF, talgrynnu.
roundabout, *n.* trogylch.
(rounders), *n.* cylchu, rownders.
(routine), *a.* rhigolaidd.
(row), *n.* rheng.
(rowlock), *n.* roloc.
rudderlines, *np.* rhaffau llyw.
(rugby), TOUCH RUGBY, Rygbi Bach.
ruled, *a.* riwledig.
(ruling), *n.* riwliad.
(running), *n.* rhedeg.
(runway), *n.* rhedfa.
rush-hour, *n.* adeg brysur.
(rye-grass), PERENNIAL RYE-GRASS, rhygwellt Eidalaidd.

S

saddlepoint, *n.* col.
(safety), SAFETY REGULATIONS, rheolau diogelwch.
(sail), SET OF SAILS, set o liain.
(salt), *v.* halwyno.
(sample), REPRESENTATIVE SAMPLE, profion teg.
    RANDOM SAMPLE, hapsampl.
(sand), SAND CLOTH, caenen dywod
(sandbank), *n.* tywyn.
(sandwich), SANDWICH CAKE, teisen ddwbl.
(satire), *n.* drama watwar.
(saturate), *v.* dirlenwi.
(saturated), *a.* trylawn.
    SUPER SATURATED, gorddirlawn.
(saturation), *n.* dirlawnder.
(sauce), SAUCE BOAT, jwg saws.
(savory), *n.* safri fach.
(savoury), *pl.* safrïau, blasusau.
(savoy), *n.* savoy, cabaets crych.
(scald), *v.* scaldio.
(scale), DIVISION OF SCALE, gradden.
scanning, *v.* sganio, sgano.
(scatter), *v.* ymchwalu, ymwahanu.
scattering, *n.* gwasgariad.
(scenery), *n.* set.
(scintillate), *v.* fflachennu.
(score), SCORE SHEET, taflen scor(i)o.
scorer, *n.* cyfrifwr, sgorwr.
(scorpion), *n.* pla theatr.
(scrag), SCRAG END, sgrag.
(scramble), SCRAMBLED EGGS, wyau sgrambl.
(scrapbook), *n.* llyfr manion.
scrap-metal, *n.* sborion metal.
scree, *n.* sgri.
scrum, *n.* sgrym.
(scull), *n.* sgwl. *v.* sgwlo, sgwlio.
(seasonal), *a.* tymhorol.
(seat), *n.* sêt.
sech, *n.* sech.
seconds, *np.* cynheiliaid.
(secretary), SECRETARY OF STATE, Yr Ysgrifennydd Gwladol.
(security), GOVERNMENT SECURITIES, gwarannoedd y Llywodraeth.
(sedative), *n.* lliniarydd.
(seed), SEED CAKE, teisen garwe.
(selection), NATURAL SELECTION, deth-ol naturiol.
(selective), PRE-SELECTIVE, rhag-ddetholus.
(selectivity), *n.* detholedd.
(semi-), *px.* semi-.
(semi-detached), SEMI-DETACHED HOUSE, tŷ clwm.
semi-skilled, *a.* o ran

(senior), *a.* prif, uwch-.

(sensitive), *a.* 1. sensitif.

(sensitivity), *n.* sensitifedd.

separable, *a.* gwahanadwy.

(sequence), *n.* olyniaeth ,cyfres.

(serve), *v.* 1. serfo, serfio. *n.* serfad, serfiad.

(server), *n.* 3. serfiwr.

(service), *n.* 1. serfiad.

   SERVICE LINE, llinell serfio.

(set), *n.* casgliad.

(setting), *n.* 2. set.

   3. lleoliad.

(seventh), ONE SEVENTH, un seithfed.

(sewin), *n.* gleisiad.

sexagesimal, *a.* socsagesimal.

(sextant), *n.* secstant.

sextic, *n.* secstig.

(shade), *n.* 2. llen.

(shallots), *np.* sialots. (*sg.*) sialotsyn.

(shape), *n.* siâp.

(shear), *v.* 2. croeswasgu, croesrwygo.

(shearing), SHEARING STRESS, diriant.

(shelter), *n.* cysgodle (bws).

(shield), GUM SHIELD, tarian geg.

(shift), RED SHIFT, rhuddiad.

(shin), *n.* coes las.

(shoe), *n.* 1. esgid fflat.

(shortbread), *n.* teisennau Aberffro.

(short-circuit), *n.* cylched bwt. *v.* pwtgylchedu, pwtio.

(shot), DROP SHOT, ergyd bwt.

(shoulder), *n.* ysbawd.

(shred), *v.* carpio, cynhinio.

   SHREDED WHEAT, carpion gwenith, cynhinion.

(shrimp), *n.* berdasen, berdysyn.

(shroud), *n.* rhaff mast.

(shunt), *n.* siynt.

(shuttle-cock), *n.* gwennol.

(side-car), *n.* cydgerbyd.

sidcreal, *a.* yn ymwneud â'r sêr,

   SIDEREAL DAY, diwrnod sêr.

(side-step), *v.* mogamu.

side-st:oke, *v.* nofio ar yr ochr.

(sieve), HAIR-SIEVE, gogr rawn.

(sign), OPPOSITE SIGNS, arwyddau dirgroes.

signalling, *v.* rhoi arwyddion.

(signature), *n.* arwyddiant

   SIGNATURE TUNE, arwydd gân, alaw-nod, nod alaw.

signum, *n.* signum.

(silk), TAKE SILK, dod yn dwrnai brenhinol.

(similitude), *n.* 1. cyfluniant.

   CENTRE OF SIMILITUDE, pwynt cyfluniant.

(simmer), *v.* mudferwi.

simplified, *a.* symledig.

simulator (analogue computer), *n.* efelychydd, cyfrifydd analog.

(simultaneous), *a.* cydamserol, cydfriol.

   SIMULTANEOUS EQUATION, hafaliad cydamserol.

singles, *np.* senglau.

single-valued, *a.* unwerth.

sinh, *n.* sinh.

(singularity), *n.* hynodyn.

(sirloin), *n.* arlwyn.

(skate), *v.* sgeto.

(skew), *n.* sgiw.

(skim-milk), *n,* llaeth sgim.

(skit), *n.* sgit.

(sky), *v.* awyru.

skycloth, *n.* nenlen.

(slash), *v.* slaesu.

(slice), *n.* crafell, sleisen. *v.* sleiso, sleisio.

(slide), *v.* symud.

   SLIDING SEAT, sêt symudol.

slide rule, *n.* llithriwl, riwl rhifo.

(sling), *n.* 2. sling.

(slit), *n.* slit.

(slope), *n.* goledd. *v.* goleddu.

(slot), *n.* slot.

(slug), *n.* slug.

(smelt), *v.* mwyndoddi.

smelting works, *np.* mwyndoddfa.

snaplink, *n.* clesbyn, (*pl.*) clasbiau.

(soft), SOFT DRINKS, diodydd gwan.

(solar), SOLAR SYSTEM, cyfundrefn yr haul.

   SOLAR ERUPTIONS, echdoriadau yr haul.

   SOLAR ACTIVITY, gweithgaredd yr haul.

   SOLAR ECLIPSE, eclips haul.

   SOLAR DAY, diwrnod haul.

(sole) DOVER SOLE, lleden Dover.

solenoid, *n.* solenoid.

   AIR CORED SOLENOID, solenoid craidd awyr.

(solid), *n.* solid. *a.* solet.

solidification, *n.* solidiad.

(solidify), *v.* solidio.

(solstice), *n.* heulsaf.

(solute), *n.* toddyn.

(solvent), *n.* hydawddlif.

sonic, *a.* sonig.

   SONIC BANGS, ergydion sonig.

sonics, *np.* seineg.

soubrette, *n.* coegen.

soufflé, *n.* souffle.

(soup), *n.* sŵp.

   OXTAIL SOUP, sŵp cynffon ych.

   VEGETABLE SOUP, sŵp llysiau.

(sour), *v.* suro.

south-paw, *n.* peilennwr llaw chwith.

(soya-bean), *n.* ffäen soya.

(spa), *n.* tre ffynhonnau.

(space), FREE SPACE, gofod gwag.

spacecraft (ship), *n.* gofoden, awyren y gwagle (gofod).

spaceman, *n.* gŵr y gwagle, gofotwr, gofotreg.

spacetime, *n.* gofod-amser.

(spaghetti), *n.* spaghetti.

(spark), *v.* gwreichioni.

sparring, *v.* sbarian.

   SPARRING PARTNER, partner sbarian.

(spatial), *a.* gofodol.

(specific), *a.* sbesiffig.

spectra, *n.* sbectra.

spectometer, *n.* sbectromedr.

spectrometry, *n.* sbectromedreg.

spectroscopy, *n,* sbectrosgopeg, tonnau byr-byr.

(spectrum), ADSORPTION SPECTRUM, sbectrwm bylchliw.

(speculate), *v.* hapbrynu.

(speech), *n.* 1. llafar, llefaru.

   SPEECH THERAPIST, meddyg llefareg.

(speed), *n.* buanedd, sbid.

   SPEED LIMIT, rheoli sbid.

(sphere), CELESTIAL SPHERE, sffêr wybrennol.

   SPHERICAL TRIANGLE, triongl sfferig.

(spicy), *a.* 1. sbeislyd, perlysiog.

(spin), *v.* sbin.

spin-dryer, *n.* troellsychwr.

(sponge), SPONGE PUDDING, pwdin sbwng.

(spoor), TEA SPOON, llwy de.

   DESSERT SPOON, llwy bwdin.

   PERFORATED SPOON, llwy dyllog.

   SOUP SPOON, llwy gawl.

   TABLE SPOON, llwy ford (fwrdd).

   WOODEN SPOON, llwy bren.

(spot), *n.* sbot.

(spotlight), *n.* golau sbot.

(spray), *n.* trochion.

(spring), SPIRAL SPRING, sbring sbiral.

springboard, *n.* astell ddeifio.

   SPRINGBOARD DIVING, deifio o'r astell.

spring-cleaning, *n.* glanhau'r gwanwyn.

(sprinkle), *v.* ysgeintio. *n.* ysgeintiad.

(sprinkler), *n.* ysgeintⱦ l.

(spur), *n.* 3. cainc.

(sputnik), *n.* daearen.

(spy), SPY DRAMA, drama gynllwyn

(square), ALL SQUARE, yn sgwâr.

(squat), *a.* byrdew.

(squeezer), *n.* gwasg.

   LEMON SQUEEZER, gwasg lemon.

stabiliser, *n.* sadiwr.

(stage), ELEVATOR STAGE, llwyfan deulawr.

stagecraft, *n.* crefft llwyfan.

stakeboat, *n.* bad clwm.

(stall), *v.* stolo, stolio.

(stance), *n.* stans, safiad.

(standard), STANDARD DEVIATION, gwyriad safonol.

   STANDARD ERROR, cyfeiliornad safonol.

   STANDARD TESTS, profion safonedig

(standard-bearer), *n.* 1. llumanydd.

standardisation, *n.* safonoldeb.

(star), SEASONAL STAR, seren dymor.

   CIRCUMPOLAR STAR, seren ambegwn.

   BINARY STAR, seren ddwbl.

   VARIABLE STAR, seren newidiol.

   GIANT STAR, seren gawr.

   SUPER GIANT STAR, seren orgawr.

   DWARF STAR, seren gorrach.

   MAIN SEQUENCE STARS, sêr prifddibyniant.

   PULSATING STAR, seren guriadol.

(state), *n.* 1. ffurf.

(stationary), STATIONARY WAVES, tonnau-unfan.

stator, *n.* stator.

(stave), *n.* 3. cledren.

(steak), *n.* stêc, llygoden (mochyn)

   BUTTOCK (RUMP), stêc ffolen (rwmp)

   SHOULDER STEAK, stêc balfais.

(steam), *v.* stemo, stemio.

(steamed), *a.* wedi ei stemo.

(steamer), *n.* stemydd, agerydd.

(stellar), *a.* serol.

(stem), *n.* duryn.

steradian, *n.* steradian.

stereographic, *a.* stereograffig.

stereophonic, *a.* stereophonig.

stereoscopic, *a.* stereosgopig.

sterilizer, *n.* diheintydd, steryllydd.

(sterilize), *v.* steryllu.

(stern), *n.* starn.

stewpan, *n.* sosban stiwio, stiwpan.

(stock), *n.* 3. isgell.

   STOCK POT, pot isgell.

   VEGETABLE STOCK, isgell llysiau.

(stole), *n.* ffunen ysgwyddau.

(storage), *n.* stôr.

(storey), TWO-STOREY, deulawr.

(strain), *n.* 1. ildiant.

(stratosphere), *n.* stratosffer.

streamline flow, *n.* llif llilin.

(strength), TENSILE STRENGTH, nerth croesdyniad.

stretched, *a.* estynedig.

(**striker**), *n.* 2. ergydiwr.
(**string**), *n.* 1. cordyn, cortyn.
strip-tease show, *n.* siew noeth, sioe ddiosg.
stroboscope, *n.* strobosgop.
(**stroke**), *n.* trawiad.
(**strong**), STRONG ROOM, ystafell gadarn
(**strut**), *n.* pwyslath.
stylus, *n.* steilws.
sub-class, *n.* isddosbarth.
sub-factorial, *a.* isffactorial.
sup-group, *n.* is-grwp.
sub-harmonic, *a.* is-harmonig.
sub-plot, *n.* is-blot.
sub-region, *n.* isardal.
subscript, *n.* isnodiad.
subsequence, *n.* isddilyniant.
subset, *n.* isgasgliad.
subsonic, *a.* subsonig.
(**substitution**), *n.* amnewid, toddrylliad (cemeg).
(**substrate**), *n.* substrat.
subtangent, *n.* istangiad.
subtend, *v.* cynnal.
     SUBTENDED ANGLE, ongl a gynhelir, ongl gynnal.
(**subtraction**), *n.* sym dynnu.
(**suction**), *n.* sugnedd.
(**suet**), *n.* siwed.
     SUET PUDDING, pwdin siwed, poten wêr.
(**sugar**), LUMP SUGAR, siwgr lwmp.
     INVERT SUGAR, siwgr gwrthdro.
     CASTER SUGAR, siwgr caster.
     CRYSTALS, siwgr bras.
     GRANULATED SUGAR, siwgr mân.
(**suitability**), *n.* cyfaddasrwydd.
     ICING SUGAR, siwgr eising
(**sum**), *n.* sym.
     SUM TOTAL, cyfanswm.
summable, *a.* symadwy, integradwy.
sunspots, *np.* brychau haul.
super, *n.* rhodiwr (drama).
superconductivity, *n.* uwchddargludedd.
supercooled, *a.* goroer.
(**superior**), *a.* 1. uwch.
supernova, *n.* supernova.
superosculate, *a.* uwchfinial.
superosculating, *a.* uwchfinialodd.
(**supersaturation**), *a.* gordrylawnder.
superscript, *n.* uwchnodiad.
supersonic, *a.* supersonig.
(**support**), *n.* cynhaliad.
     SUPPORTING CAST, cast cynhaliol.
(**surds**), *np.* (*sg*) swrd.
(**surface**), SURFACE OF REVOLUTION, arwyneb chwyldro.
(**susceptibility**), *n.* derbynnedd.

suspected, *a.* tybiedig.
     SUSPECTED PERSON, cymeriad amheus.
(**suspend**), *v.* 3. diarddel.
(**suspension**), *n.* 1. croglin (Ffis).
     BIFILAR SUSPENSION, croglin dwbl.
(**swag**), *v.* dolennu.
(**swamp**), *n.* mawnog.
(**sway**), *n.* 1. swae. *v.* 1. swaeo.
(**swede**), *n.* sweden, swedsen.
(**swerve**), *v.* swerfo, swerfio.
(**swim**), SWIM SUIT, gwisg nofio.
(**swine**), SWINE FEVER, clefyd (clwy) y moch.
(**swing**), *n.* 3. gwyriad (pêl).
(**symbolism**), *n.* symbolaeth.
synchromesh, *n.* cyd-ddant.
synchronization, *n.* cydamseriad.
(**syrup**), *n.* syrup, suddog.
     GOLDEN SYRUP, triog (triagl) melyn.
     ROSE HIP SYRUP, suddog egroes.

T

(**tab**), *n.* tab.
(**tabular**), *a.* tablaidd.
(**tabulate**), *v.* tablu.
(**tacnode**), *n.* tacnod.
(**tag**), *n.* 3. y gair olaf.
(**take**), TAKE THE CORNER, troi'r cornel.
tangency, *n.* tangiadaeth.
tangential, *a.* tangiadol.
tanh, *n.* tanh.
(**tanker**), *n.* lori danc.
(**tap**), *v.* 1. tapo, tapio.
     TAP DANCE, dawnsio tap.
(**tartar**), CREAM OF TARTAR, hufen tartar.
(**tartaric acid**), *n.* asid tartarig.
(**teaching**), TEACING MACHINE, peiriant rhaglunddysgu.
teacloth, *n.* lliain llestri.
(**teaser**), *n.* 3. brigfasg.
(**technician**), *n.* technegydd.
(**tee**), *n.* 2. ti. *v.* tïo.
     TEEING GROUND, llawr tïo.
(**television**), PIPED TELEVISION, teledu gwifr.
(**temperature**), EFFECTIVE TEMPERATURE, ffug dymheredd.
(**ten**), TENS AND UNITS, degau a unedau
(**tensile**), *a.* tynnol.
tensor, *n.* tensor.
(**terminal**), *a.* eithaf. *n.* terfynell.
terpene, *n.* terpen (-au).
(**test**), MULTIPLE CHOICE TEST, prawf aml-ddewis.
tetrode, *n.* tetrod.

(theorem), EXISTENCE THEOREMS, theoremau bodolaeth.

   REMAINDER THEOREM, theorem y gweddill.

thermocouple, *n.* thermocwpl.

thermodynamics, *np.* thermodynamig.

thermoelectric, *a.* thermoelectrig.

thermojunction, *n.* thermocydiad.

thermopile, *n.* thermopil.

thermoscope, *n.* thermosgop.

(thesis), *n.* 1. pwnc.

   THESIS PLAY, drama bwnc.

thickening, *n.* tewychydd.

thoracoplasty, *n.* thoracoplasti.

threequarter, *n.* trichwarterwr (Rygbi).

threesome, *n.* triawd.

thriller, *n.* drama gyffro (ditectif).

(throw), THROW UP, cydnaid.

thrust, *n.* gwaniad. *v.* hyrddio.

(thwart), *n.* sêt ystlys (llong).

(tide), NEAP TIDE, ertrai.

(tie), *n.* 4. tynlath.

(tights), *np.* tynion.

(tiller), *n.* 3. tiler. *v.* tileru.

(time), MEAN TIME, amser cymedr.

   GREENWICH MEAN TIME, amser Greenwich.

   SOLAR TIME, amser yr haul.

   SIDEREAL TIME, amser y sêr.

   HALF TIME, hanner amser.

time-book, *n.* llyfr amser.

time-constant, *n.* constant amser, cysonyn amser.

time-table, *n.* amserlen.

timothy, *n.* rhonwellt y gath.

tinplate, *n.* alcam, tun.

(toad), TOAD IN THE HOLE, cytew sosej (selsig).

(toe), HEEL AND TOE (step), sawdl a bawd.

(top), *v.* 4. topo, topio.

   SPINNING TOP, top tro.

topological, *a.* topolegol.

topology, *n.* topoleg.

topshell, *n.* cragen grib.

(tormentor), *n.* encilydd.

(torsion), *n.* dirdro.

torus, *n.* torws.

(touch), TOUCH JUDGE, ystlyswr.

   TOUCH DOWN, llorio'r bêl.

(touch-line), *n.* llinell ystlys.

(tour), ON TOUR, ar dramp.

(tournament), *n.* twrnamaint.

(trace), *n.* 1. olin, mymryn.

   TRACE ELEMENT, elfen fymryn.

tracer, *n.* olinydd.

(track), TRACKER DOGS, cŵn yr heddlu.

(tract), *n.* 3. tract.

   VOCAL TRACT, tract llafar.

tractive (force), *n.* grym tyniadol.

tractrix, *n.* tractrics.

trading-estate, *n.* diwydianfa.

trading stamps, *np.* stampiau siop.

(traffic), TRAFFIC JAM, rhwystr traffig.

tragi-comedy, *n.* trasigomedi.

tramline, *n.* tramlin.

trampoline, *n.* bwrdd sbring.

transfer list, *n.* rhestr symud (trosglwyddo).

transfinite, *a.* trawsfeidraidd.

(transform), *n.* trawsffurf.

(transformation), *n.* trawsffurfiant.

(transformer), *n.* trawsnewidydd.

   STEP-UP TRANSFORMER, newidydd codi.

   STEP-DOWN TRANSFORMER, newidydd gostwng.

transistor, *n.* transistor.

(transit), *n.* croesiad.

(transitive), *a.* trosaidd.

(translate), *v.* trawsfudo.

(translation), *n.* trawsfudiad.

(translucent), *a.* tryleu.

(transmit), *v.* trawsyrru (trydan, etc.)

(truss), *v.* 2. tryso, trysio.

   n. 1. trysad, trysiad.

   n. 3. nenffyrch, gafael.

   CRUCK TRUSS, cyplau crwca.

(tub), *v.* twbio.

(tuberculin), TUBERCULIN TESTED MILK, llaeth ardyst.

(tuberculosis), *n.* clefyd yr ysgyfaint

tubing, *n.* tiwbin.

(turbine), *n.* tyrbin.

(turbot), *n.* twrbot.

(turbulence), *n.* tyrfedd.

(turbulent), *a.* tyrfol.

turmeric, *a.* turmeric.

(turning), *n.* troad.

twenty-five (line), *n.* y pump-ar-hugain.

twisted, *a.* dirdro.

U

(ultra), ULTRA-VIOLET, uch-fioled, ultra-fioled.

ultracentrifuge, *n.* uwch-allfwrydd.

ultrasonic, *n.* ultrasonig.

ultrasonics, *np.* ultrasoneg.

umbilic, *a.* umbilig.

(unaccompanied), *a.* digyfeiliant.

(unbounded), *a.* diarffin.

(unconditional), *a.* diamod.

(undefined), *a.* anniffiniedig.

undercutting, *v.* tandorri

undertaker, *n*. saer eirch.
undetermined, *a*. amhendant.
    UNDETERMINED COEFFICIENT, cy-
     fernod amhendant.
(unequal), *a*. anunfaint.
(unfasten), *v*. dadfachu.
unhitch, *v*. dadfachu, datglymu.
unicursal, *a*. uncwrsaidd.
unimodular, *a*. unmodylaidd.
(union), *n*. cyswllt.
(unit), CONTROL UNIT, llywodraethydd.
unmodulated,*a*.anfodyledig.
(unreactive), *a*. diegni.
(unstable), *a*. ansad.
upstroke, *n*. blaenstroc.
upthrust, *n*. brigwth.
Uranus, *n*. Uranus.
(utility), *a*. defnyddiol.

versine, *n*. fersin.
vibrating, *a*. dirgrynnol.
(vibration), *n*. dirgryniant.
    FORCED VIBRATION, dirgryniad gor-
     fod.
(vibratory), *a*. dirgryn.
(vinegar), MALT VINEGAR, finegr brag.
(violation), *n*. trosedd.
(virtual), *a*. 1. rhithwir.
(virtreous), VITREOUS BODY, pêl y
    llygad, mablygad, holl gylch y llygad.
(volley), *n*. foli, *v*. folian.
    VOLLEY BALL, pêl foli.
(voltage), *n*. foltedd.
voltameter, *n*. foltamedr.
(vortex), *n*. fortecs.
(vulgar), VULGAR FRACTION, rhanned
    cyffredin, ffracsiwn cyffredin.

V

(vacancy), *n*. bwlch.
    VACANCY SITE, bwlch, hecin.
(vacuum), *n*. faciwm.
(valance), *n*. falans.
(valid), *a*. falid.
(validity), *n*. falidedd.
(valley) HEADS OF THE VALLEYS ROAD,
    Ffordd y Blaenau.
(value), *n*. enrhif.
    PRINCIPAL VALUE, penrhif.
    RATEABLE VALUE, gwerth ar-
     drethol.
(vamp), *n*. 3. drws ffrwst.
(vane). *n*. 3. pluen (saeth).
    vanishing, *a*. diflannol.
vapourization, *n*. anweddiad.
(variable), *a*. newidiol.
(variance), *n*. amrywiant.
(variation), JOINT VARIATION, cyd-
    amrywiad.
    CALCULUS OF VARIATIONS, calculus
     amrywiad.
(vegetable), VEGETABLE KNIFE, cyllell
    lysiau.
    VEGETABLES, llysiau, bwydlys.
(velocity), RELATIVE VELOCITY, cyf-
    lymder cymharol.
    VELOCITY RATIO, cymhareb cyf-
     lymder.
    ANGULAR VELOCITY, cyflymder tro.
(venison), *n*. fenswn.
(ventilate), *v*. awyro.
(ventilation), *n*. awyriant.
(ventriloquist), *n*. tafleisydd.
vermicelli, *n*. vermiceli.
(verse), *n*. VERSE PLAY, drama fydr.
    BLANK VERSE, mesur moel.
    FREE VERSE, mesur rhydd.

W

(wafer), *n*. arlladen.
waffles, *np*. wafflau.
(waggon), *n*. trolen.
(wainscot), WAINSCOT BED, gwely cwp-
    wrdd, gwely wensgod.
(waist), WAISTE TIE, cwlwm gwasg.
(waiting), WAITINGROOM, ystafell ddis-
    gwyl.
(wake), OSWESTRY WAKE, Dawns
    Croesoswallt.
(wane), WANING MOON, lleuad ar ei chil.
(wash-house), *n*. golchdy.
water-gas, *n*. nwy dŵr.
water-polo, *n*. polo'r dŵr.
(water-tight), *a*. dwrglos.
(watt), *n*. wat.
wattage, *n*. watedd.
(wattle), *n*. 1. bangor, perth blethedig.
(wave), SOUND WAVE, seindon.
    WAVE FORM, tonffurf.
    WAVE MOTION, mudiant ton.
    SURFACE WAVES, tonnau arwyn-
     ebol.
wavelet, *n*. tonnell.
(wax), WAXING MOON, lleuad ar ei
    chynnydd.
(weigh), WEIGH IN, pwyso.
weighed, *a*. pwysedig.
(weight), *v*. pwysoli. *n*. pwysyn.
weighted, *a*. pwysol.
(Welsh), WELSH NOTE, gorchymyn yn
    gwahardd siarad Cymraeg.
(wheat), WHEAT-GERM, bywyn.
(wheel), *v*. olwyno.
(whinberries), *np*. llus.
(whinberries), *np*. llus, llusi duon
    bach.

(whinchat), *n.* clap yr eithin, crec yr eithin.

whipped cream, *n.* hufen chwisg.

(whisk), *n.* chwisg. *v.* 2. chwisgo.

(white), WHITE OF EGG, gwyn-wy, gwynnwy.

(wholemeal), WHOLEMEAL BREAD, bara gwenith drwyddo.

(wicket), WICKET-KEEPER, wicedwr.

(winch), *v.* winsio.

windproof, *a.* gwyntglos.

wing-half, *n.* hanerwr asgell.

winkle, *n.* gwichiad.

(wire), *n.* weiar.

(wiring), *n.* weirad, weiriad.

(wit), *n.* ffraetheb.

(witch), *n.* cromlin.

(wood), WOODS (golf), clybiau pren.

(wooden), *a.* 2. dienaid.

word-perfect, *a.* gair berffaith.

(wretch), *v.* cyfogi, chwydu.

(wretching), *n.* hen wrthwyneb.

(wring), *v.* ymdorchi.

(wringer), *n.* gwasgwr.

wronksian, *n.* wronksian.

Y

(yard), PER YARD, wrth y llath.

(yolk), *n.* melynnwy.

Z

(zenith), *n.* zenith.

(zero), *n.* ABSOLUTE ZERO, sero eithaf.

(zodiac), *n.* zodiac.

    SIGNS OF THE ZODIAC, y Sygnau.

zonal, *a.* cylchfaol.

zoologist, *n.* swolegydd.